Manzur Esskandari/Daniela Bick (Hrsg.)

Praktiker-Kommentar Umsatzsteuer

2017
HDS-Verlag
Weil im Schönbuch

HDS Verlag

Bibliografische Information der Deutschen Nationalbibliothek
Die Deutsche Nationalbibliothek verzeichnet diese Publikation
in der Deutschen Nationalbibliografie; detaillierte bibliografische Daten
sind im Internet über http://dnb.dnb.de abrufbar

Gedruckt auf säure- und chlorfreiem, alterungsbeständigem Papier

ISBN: 978-3-95554-060-9

www.hds-verlag.de
info@hds-verlag.de

Einbandgestaltung: Peter Marwitz
Layout: Peter Marwitz – etherial.de
Druck und Bindung: STANDARTU SPAUSTUVE Druckerei

Printed in Lithuania
2017

HDS-Verlag Weil im Schönbuch

Die Herausgeber

Prof. Dr. Manzur Esskandari, Rechtsanwalt, Fachanwalt für Steuerrecht, Fachanwalt für Arbeitsrecht, Fachanwalt für Strafrecht ist bundesweit anwaltlich wie wissenschaftlich, publizierend wie vortragend auf nahezu allen Bereichen des Steuerrechts und der angrenzenden Rechtsgebiete seit langen Jahren tätig. Über die Jahre hat sich neben der Unternehmens- und Vermögensnachfolge und dem Steuerstrafrecht die Beratung und Vertretung auf dem Gebiet der Umsatzsteuer zu einem Tätigkeitsschwerpunkt entwickelt. Prof. Dr. Esskandari ist Honorarprofessor der Universität des Saarlandes sowie Mitglied des Landesjustizprüfungsamtes im Niedersächsischen Justizministerium.

Rechtsanwältin **Daniela Bick**, LL.M. (Taxation), ist als Fachanwältin für Steuerrecht und Fachanwältin für Strafrecht im gesamten Bundesgebiet nicht nur beratend im gesamten Steuerrecht tätig, sondern vertritt ihre Mandanten auch in allen streitigen steuerlichen Verfahren. Fundiert wurde und wird die Expertise von Frau Rechtsanwältin Bick durch ihre wissenschaftliche Tätigkeit, die sich in zahlreichen Veröffentlichungen und Vorträgen zeigt. Vor allem neben dem Steuerstrafrecht hat sich die Beratung und Vertretung auf dem Gebiet der Umsatzsteuer, insbesondere unter Berücksichtigung des Unionsrechts, zu einem Schwerpunkt in der Tätigkeit von Frau Rechtsanwältin Bick herausgebildet.

Die Autoren

Prof. Dr. Ralf Alefs, Professor für Steuern und Rechnungslegung an der Hochschule Deggendorf, Steuerberater, Fachautor und Seminarleiter mit Schwerpunkt Umsatzsteuerrecht.

Prof. Dr. jur. Bernhard Becht†, LL.M. (M&A), Steuerberater, war Professor für Unternehmensbesteuerung an der Hochschule Harz in Wernigerode, Fachautor für verschiedene Fachgebiete (insbesondere Internationales Steuerrecht) und Lehrbeauftragter an der Dualen Hochschule Baden-Württemberg (Standort Mannheim). Bis 2011 war er in verschiedenen Positionen in der Finanzverwaltung (u.a. als Prozessvertreter) und als Richter am Finanzgericht tätig.

Rechtsanwältin **Daniela Bick**, LL.M. (Taxation), ist als Fachanwältin für Steuerrecht und Fachanwältin für Strafrecht im gesamten Bundesgebiet nicht nur beratend im gesamten Steuerrecht tätig, sondern vertritt ihre Mandanten auch in allen streitigen steuerlichen Verfahren. Fundiert wurde und wird die Expertise von Frau Rechtsanwältin Bick durch ihre wissenschaftliche Tätigkeit, die sich in zahlreichen Veröffentlichungen und Vorträgen zeigt. Vor allem neben dem Steuerstrafrecht hat sich die Beratung und Vertretung auf dem Gebiet der Umsatzsteuer, insbesondere unter Berücksichtigung des Unionsrechts, zu einem Schwerpunkt in der Tätigkeit von Frau Rechtsanwältin Bick herausgebildet.

Prof. Dr. Adrian Cloer, Dipl.-Volksw., RA/StB ist Tax Partner bei einer Wirtschaftsprüfungsgesellschaft in Berlin sowie Inhaber des Steuerlehrstuhls an der EBS Universität für Wirtschaft und Recht in Wiesbaden.

Michael Connemann, LL.M. (Taxation) MBA, ist Rechtsanwalt bei der international tätigen WTS Steuerberatungsgesellschaft in München. Er ist auf die Beratung nationaler und internationaler Unternehmen in allen Fragen des europäischen und internationalen Umsatzsteuer- und Zollrechts spezialisiert. Seine Tätigkeit umfasst u.a. streitige Verfahren, Tax Compliance und Governance sowie komplexe umsatzsteuerrechtliche Transaktionen. Er veröffentlicht regelmäßig in Fachzeitschriften und gibt Seminare zu umsatzsteuerrechtlichen und zollrechtlichen Themen.

Brigitte Dankl, Dipl.Finanzwirt, Steuerberater, ist Director in der Service Line Indirect Tax bei der Ernst & Young GmbH, Wirtschaftsprüfungsgesellschaft in München.

Marcus Ermers, Dipl.-Kfm., Steuerberater. Gründer und Gesellschafter der Steuerkanzlei HEPP RA & StB in Essen. Ein Schwerpunkt seiner Tätigkeit ist die Beratung von nationalen und internationalen Mandanten in umsatzsteuerlichen Fragestellungen. Er ist Dozent im Rahmen der Ausbildung von Bilanzbuchhaltern und Steuerfachwirten und Prüfer für die Steuerberaterprüfung.

Prof. Dr. Manzur Esskandari, Rechtsanwalt, Fachanwalt für Steuerrecht, Fachanwalt für Arbeitsrecht, Fachanwalt für Strafrecht ist bundesweit anwaltlich wie wissenschaftlich, publizierend wie vortragend auf nahezu allen Bereichen des Steuerrechts und der angrenzenden Rechtsgebiete seit langen Jahren tätig. Über die Jahre hat sich neben der Unternehmens- und Vermögensnachfolge und dem Steuerstrafrecht die Beratung und Vertretung auf dem Gebiet der Umsatzsteuer zu einem Tätigkeitsschwerpunkt entwickelt. Prof. Dr. Esskandari ist Honorarprofessor der Universität des Saarlandes sowie Mitglied des Landesjustizprüfungsamtes im Niedersächsischen Justizministerium.

Stefan Greif, Rechtsanwalt, Steuerberater, ist Manager bei der Ernst & Young GmbH Wirtschaftsprüfungsgesellschaft in München. Er ist seit mehreren Jahren im Bereich Indirect Tax tätig und berät nationale und internationale Mandanten in allen Fragen des Umsatzsteuerrechts.

Dr. Jörg W. Hellmer, Steuerberater, Diplom-Kaufmann und Diplom-Finanzwirt, war Leiter des Fachbereichs Steuern an einer Hochschule für Finanzen. Er ist Dozent im Rahmen der Steuerberater-, Wirtschaftsprüfer- und Fachanwaltsausbildung. Fachlicher Leiter der Steuerfachschule Hemmer-Econect in Frankfurt. Mitinhaber der Steuerkanzlei Deist und Hellmer in Frankfurt am Main und Rotenburg an der Fulda.

Prof. Dr. Dennis Klein, Steuerberater, Rechtsanwalt und Fachanwalt für Steuerrecht, ist Professor für Wirtschafts- und Steuerrecht sowie Rechnungslegung an der Leibniz-Fachhochschule Hannover, zugleich in eigener Kanzlei in Toppenstedt bei Hamburg tätig und daneben Lehrbeauftragter und Dozent bei verschiedenen Hochschulen und Bildungsträgern.

Torsten Krause, Dipl.-Finanzwirt (FH), Steuerberater, Hannover, Dozent und Autor zahlreicher Fachbeiträge vor allem im Bereich Steuern und Verfahrensrecht.

Franziska Leich, BSc., ist wissenschaftliche Mitarbeiterin an der EBS Universität für Wirtschaft und Recht in Wiesbaden.

Jochen Meyer-Burow, LL.M., Magister der Steuerwissenschaften, Rechtsanwalt, ist Partner im Bereich Umsatzsteuer der Kanzlei Baker & McKenzie, Partnerschaft von Rechtsanwälten, Wirtschaftsprüfern, Steuerberatern und Solicitors in Frankfurt.

Andre Ossinger, Diplom-Finanzwirt (FH), ist Richter am Niedersächsischen Finanzgericht und daneben Lehrbeauftragter an der Universität Lüneburg sowie Dozent im Rahmen der Steuerberaterausbildung. Zuvor war er, nach langjährigem Dienst in der niedersächsischen Finanzverwaltung, als Rechtsanwalt und Steuerberater tätig.

Klaus Pientka, Steuerberater, Diplom-Finanzwirt (FH), LL.M., Lehrbeauftragter an der Uni Kassel und seit Jahren in der Aus- und Weiterbildung von Steuerberatern bundesweit tätig.

Holger Raudszus, Diplom-Finanzwirt, ist hauptamtlicher Dozent und Leiter des Fachbereichs Umsatzsteuer an der Norddeutschen Akademie für Finanzen und Steuerrecht in Hamburg. Daneben fungiert er langjährig als Referent und ist Verfasser zahlreicher Beiträge zum Umsatzsteuerrecht.

Dr. Christian Reiter, Rechtsanwalt, Steuerberater, ist Partner bei einer international orientierten Wirtschaftsprüfungsgesellschaft in München. Er leitet vor Ort den Bereich Steuerstrafrecht und vertritt hier Individualpersonen sowie Unternehmen bzw. deren Organe. Er ist Lehrbeauftragter an der Universität Regensburg.

Ashok Riehm, Wirtschaftsmediator & Consultant in der Kellermann & Riehm Consulting GmbH, KKC Berater® Personalberatung. Er ist Referent und Fachbuchautor und hat zahlreiche Artikel zu steuerrechtlichen und betriebswirtschaftlichen Themen veröffentlicht.

Prof. Dr. iur. Michael Stahlschmidt, M.R.F., LL.M, MBA, Steuerberater, Rechtsanwalt, Fachanwalt für Steuerrecht, Fachanwalt für Insolvenzrecht, Fachanwalt für Medizinrecht, Diplom-Betriebswirt/FH, Studiengangsleiter Wirtschaftsrecht (Steuerrecht und Bilanzierung) FDHW Nordrhein-Westfalen, Paderborn.

Carsten Timm, Dipl. Finanzwirt (FH), Rechtsanwalt, Steuerberater, ist im Bereich Tax für die KPMG AG Wirtschaftsprüfugsgesellschaft in Hamburg tätig. Ein Schwerpunkt seiner Tätigkeit ist die Beratung von nationalen und internationalen Mandanten in umsatzsteuerlichen Fragestellungen. Er ist Dozent im Rahmen der Ausbildung von Bilanzbuchhaltern und war über 6 Jahre als Betriebsprüfer und Umsatzsteuer-Sonderprüfer für die niedersächsische Finanzverwaltung tätig.

Prof. Dr. jur. Norbert Tonner, Steuerberater, ist Hochschullehrer für Steuerrecht und Wirtschaftsprivatrecht an der Hochschule Osnabrück, Studiengangsleiter des Masterstudiengangs MAFT mit Anerkennung nach § 8a WPO, der auf das Wirtschaftsprüferexamen vorbereitet.

Matthias Trinks, Dipl.-Jurist, ist freier Mitarbeiter der WD Treuhand GmbH Wirtschaftsberatung Steuerberatungsgesellschaft in Eisenhüttenstadt. Er ist Lehrbeauftragter für Steuerrecht an der FH Dortmund.

Hans-Hinrich von Cölln, Rechtsanwalt, Steuerberater, ist Senior Manager in der Service Line Indirect Tax bei der Ernst & Young GmbH Wirtschaftsprüfungsgesellschaft in Berlin. Er betreut nationale und internationale Mandate auf dem Gebiet des Umsatzsteuerrechts. Hans-Hinrich von Cölln ist zudem Lehrbeauftragter für Umsatzsteuer und Verfahrensrecht an der Humboldt-Universität zu Berlin und Autor des Buches „Brennpunkte der Umsatzsteuer bei Immobilien“.

Frank Weigand, Dipl. Finanzwirt (FH), Steueroberamtsrat, Hauptsachgebietsleiter Umsatzsatzsteuer beim Finanzamt für Fahndung und Strafsachen Berlin und Leiter des Arbeitsgebietes Umsatzsteuerbetrugsbekämpfung. Von 1996 bis 2012 war er Steuerfahnder und dabei im Schwerpunkt der Bekämpfung des Umsatzsteuerbetruges eingesetzt. Er ist seit Jahren als Dozent und Autor mit dem Schwerpunkt Umsatzsteuer tätig.

Vorwort

Der Höhe nach ist die Umsatzsteuer die wichtigste Einnahmequelle von Bund, Ländern und Gemeinden. Um die 180 Milliarden € sind es pro Jahr. Von der Bedeutung her kann niemand der Umsatzsteuer aus dem Weg gehen. Von der Komplexität her pflegt ein jedes Erläuterungsbuch zur Umsatzsteuer deren Abhängigkeit vom Unionsrecht zu betonen; ein zutreffender Hinweis, der die Handhabbarkeit der Umsatzsteuer für die tägliche Praxis aber nicht leichter macht. Tipke hat sich zur Rechtfertigung der Umsatzsteuer viele kluge Gedanken gemacht (Tipke, Die Steuerrechtsordnung Teil II, § 16, 2. Aufl.). Dies ist gut und wichtig und hilft in vielen grundsätzlichen Streitfragen weiter.

Daneben benötigt die Praxis konkrete Handreichungen für alle die Fragen, die sich im Tagesgeschäft stellen. Hier gibt das vorliegende Werk Hilfestellung. Mit dem Fokus auf die Auffassung der Finanzverwaltung für die planungssichere Gestaltungsberatung einerseits und die Rechtsprechung der Finanzgerichte und des EuGH und in geeigneten Fällen weiterführender Literatur andererseits, um bei abweichender Rechtsauffassung substantiiert argumentieren zu können. Der vorliegende Kommentar bietet insofern kritisch, auf der Grundlage sowohl von Rechtsprechung als auch in geeigneten Fällen von Fachschrifttum, Argumentationshilfen auch für die Fälle der Abwehrberatung.

Handlich im Format, damit man bei der Lektüre und beim Nachschlagen schnell auf den Punkt kommen kann. Wir hoffen, es gefällt.

Osnabrück, im Dezember 2016 **Die Herausgeber**

Inhaltsverzeichnis

Bearbeiterübersicht

§ 1 UStG	**Meyer-Burow/Connemann**
§ 1a UStG	**Becht†/Esskandari**
§ 1b UStG	**Krause**
§ 1c UStG	**Becht†/Esskandari**
§ 2 Abs. 1 UStG	**Klein**
§ 2 Abs. 2 UStG	**Trinks**
§ 2 Abs. 3 UStG	**Esskandari**
§ 2a UStG	**Raudszus**
§ 2b UStG	**Esskandari**
§ 3 UStG	**Tonner**
§ 3a UStG	**Alefs**
§ 3b UStG	**Alefs**
§ 3c UStG	**Raudszus**
§ 3d UStG	**Becht†/Esskandari**
§ 3e UStG	**Becht†/Esskandari**
§ 3f UStG	**Becht†/Esskandari**
§ 3g UStG	**Trinks**
§ 4 UStG	**Raudszus**
§ 4 Nr. 1 UStG	**Raudszus**
§ 4 Nr. 2 UStG	**Becht†/Bick**
§ 4 Nr. 3 UStG	**Becht†/Bick**
§ 4 Nr. 4 UStG	**Bick**
§ 4 Nr. 4a UStG	**Becht†/Bick**
§ 4 Nr. 4b UStG	**Becht†/Bick**
§ 4 Nr. 5 UStG	**Bick**
§ 4 Nr. 6 UStG	**Becht†/Bick**
§ 4 Nr. 7 UStG	**Bick**
§ 4 Nr. 8 UStG	**Cloer/Leich**
§ 4 Nr. 9 UStG	**von Cölln**
§ 4 Nr. 10 UStG	**Bick**
§ 4 Nr. 11 UStG	**Bick**
§ 4 Nr. 11a UStG	**Becht†/Bick**
§ 4 Nr. 11b UStG	**Bick**
§ 4 Nr. 12 UStG	**von Cölln**
§ 4 Nr. 13 UStG	**Klein**
§ 4 Nr. 14 UStG	**Bick**
§ 4 Nr. 15 UStG	**Bick**
§ 4 Nr. 15a UStG	**Bick**
§ 4 Nr. 15b UStG	**Bick**
§ 4 Nr. 16 UStG	**Bick**
§ 4 Nr. 17 UStG	**Klein**
§ 4 Nr. 18 UStG	**Bick**
§ 4 Nr. 18a UStG	**Bick**
§ 4 Nr. 19 UStG	**Bick**
§ 4 Nr. 20 UStG	**Bick**
§ 4 Nr. 21 UStG	**Bick**
§ 4 Nr. 21a UStG	**Bick**

§ 4 Nr. 22 UStG	**Bick**
§ 4 Nr. 23 UStG	**Bick**
§ 4 Nr. 24 UStG	**Bick**
§ 4 Nr. 25 UStG	**Bick**
§ 4 Nr. 26 UStG	**Bick**
§ 4 Nr. 27 UStG	**Bick**
§ 4 Nr. 28 UStG	**Bick**
§ 4a UStG	**Trinks**
§ 4b UStG	**Becht†/Esskandari**
§ 5 UStG	**Becht†/Esskandari**
§ 6 UStG	**Becht†/Esskandari**
§ 6a UStG	**Esskandari**
§ 7 UStG	**Becht†/Esskandari**
§ 8 UStG	**Becht†/Esskandari**
§ 9 UStG	**von Cölln**
§ 10 UStG	**Esskandari**
§ 11 UStG	**Raudszus**
§ 12 UStG	**Stahlschmidt**
§ 13 UStG	**Klein**
§ 13a UStG	**Raudszus**
§ 13b UStG	**Esskandari**
§ 13c UStG	**Stahlschmidt**
§ 14 UStG	**Ossinger/Timm**
§ 14a UStG	**Stahlschmidt**
§ 14b UStG	**Riehm**
§ 14c UStG	**Krause**
§ 15 UStG	**Ossinger/Timm**
§ 15a UStG	**von Cölln**
§ 16 UStG	**Esskandari**
§ 17 UStG	**Ermers**
§ 18 UStG	**Krause**
§ 18a UStG	**Krause**
§ 18b UStG	**Krause**
§ 18c UStG	**Krause**
§ 18d UStG	**Krause**
§ 18e UStG	**Krause**
§ 18f UStG	**Krause**
§ 18g UStG	**Krause**
§ 18h UStG	**Krause**
§ 19 UStG	**Hellmer**
§ 20 UStG	**Stahlschmidt**
§ 21 UStG	**Becht†/Esskandari**
§ 22 UStG	**Weigand**
§ 22a UStG	**Stahlschmidt**
§ 22b UStG	**Stahlschmidt**
§ 22c UStG	**Stahlschmidt**
§ 22d UStG	**Stahlschmidt**
§ 22e UStG	**Stahlschmidt**
§ 23 UStG	**Becht†/Esskandari**
§ 23a UStG	**Pientka**

§ 24 UStG	**Klein**
§ 25 UStG	**Becht†/Esskandari**
§ 25a UStG	**Krause**
§ 25b UStG	**Dankl**
§ 25c UStG	**Ossinger/Timm**
§ 25d UStG	**Becht†/Esskandari**
§ 26 UStG	**Greif**
§ 26a UStG	**Reiter**
§ 26b UStG	**Reiter**
§ 26c UStG	**Reiter**
§ 27 UStG	**Trinks**
§ 27a UStG	**Becht†/Esskandari**
§ 27b UStG	**Becht†/Esskandari**
§ 28 UStG	**Trinks**
§ 29 UStG	**Trinks**

Abkürzungsverzeichnis

a.A.	anderer Ansicht
a.a.O.	am angegebenen Ort
Abb.	Abbildung
ABl.	Amtsblatt
Abs.	Absatz
Abschn.	Abschnitt
a.E.	am Ende
a.F.	alte/r Fassung
AfA	Absetzung für Abnutzung
AG	Aktiengesellschaft
Alt.	Alternative
AmtshilfeRLUmsG	Amtshilferichtlinie-Umsetzungsgesetz
Anm.	Anmerkung
AO	Abgabenordnung
Art.	Artikel
Aufl.	Auflage
Az.	Aktenzeichen
BA	Betriebsausgabe
BB	Betriebs-Berater (Zeitschrift)
BBK	Buchführung, Bilanzierung, Kostenrechnung (Zeitschrift)
BE	Betriebseinnahmen
BeckRS	Beck Rechtsprechung
BeckOK	Beck'scher Online-Kommentar
BewG	Bewertungsgesetz
BFH	Bundesfinanzhof
BFHE	Sammlungen der Entscheidungen des BFH (Zeitschrift)
BFH/NV	Nicht amtlich veröffentlichte Entscheidungen des BFH (Zeitschrift)
BGB	Bürgerliches Gesetzbuch
BGBl	Bundesgesetzblatt
BGH	Bundesgerichtshof
BMF	Bundesministerium der Finanzen
BR	Bundesrat
BR-Drs.	Bundesratsdrucksache
BStBl	Bundessteuerblatt
BT	Bundestag
BT-Drs.	Bundestags-Drucksache
Buchst.	Buchstabe
BV	Betriebsvermögen
BVerfG	Bundesverfassungsgericht
BVerfGE	Entscheidungen des Bundesverfassungsgerichts (Zeitschrift)
BW	Buchwert
bzgl.	bezüglich
BZSt	Bundeszentralamt für Steuern
bzw.	beziehungsweise
d.h.	das heißt

DB	Der Betrieb (Zeitschrift)
Drs.	Drucksache
DStR	Deutsches Steuerrecht (Zeitschrift)
DStRE	Deutsches Steuerrecht – Entscheidungsdienst (Zeitschrift)
EFG	Entscheidungen der Finanzgerichte (Zeitschrift)
EG	Europäische Gemeinschaft
EG-KOM	Kommission der Europäischen Gemeinschaften
EGV	Vertrag zur Gründung der Europäischen Gemeinschaft
El./EL	Ergänzungslieferung
ENeuOG	Eisenbahnneuordnungsgesetz
EStDV	Einkommensteuerdurchführungsverordnung
EStG	Einkommensteuergesetz
EStR	Einkommensteuerrichtlinien
EU	Europäische Union/Einzelunternehmen
EuGH	Europäischer Gerichtshof
EuGHE	Entscheidungssammlung des EuGH
EUSt	Einfuhrumsatzsteuer
EUStBV	Einfuhrumsatzsteuer-Befreiungsverordnung
evtl.	eventuell
f.	folgend
ff.	fortfolgende
FG	Finanzgericht
FinMin	Finanzministerium
FVG	Finanzverwaltungsgesetz
GbR	Gesellschaft bürgerlichen Rechts
gem.	gemäß
Ges-Begr	Gesetzesbegründung
GewStG	Gewerbesteuergesetz
GG	Grundgesetz
ggf.	gegebenenfalls
GmbH	Gesellschaft mit beschränkter Haftung
GrEStG	Grunderwerbsteuergesetz
GWG	Geringwertiges Wirtschaftsgut
H	Hinweis
h.M.	herrschende(r) Meinung
HGB	Handelsgesetzbuch
Hrsg.	Herausgeber
HS.	Halbsatz
i.d.R.	in der Regel
i.e.S.	im eigentlichen/engeren Sinn
i.H.v.	in Höhe von
INF	Information über Steuer und Wirtschaft (Zeitschrift)
InvStG	Investmentsteuergesetz
InvStRefG	Investmentsteuerreformgesetz
i.S.d.	im Sinne des

i.S.v.	im Sinne von
IStR	Internationales Steuerrecht (Zeitschrift)
i.V.m.	in Verbindung mit
IWB	Internationale Wirtschaftsbriefe (Zeitschrift)
JStG	Jahressteuergesetz
KAGB	Kapitalanlagegesetzbuch
Kap.	Kapitel
KG	Kommanditgesellschaft
KStG	Körperschaftsteuergesetz
KStR	Körperschaftsteuerrichtlinien
KWG	Kreditwesengesetz
Kz.	Kennziffer
KVStG	Kapitalverkehrsteuergesetz
lfd.	laufende
LKW	Lastkraftwagen
lt.	laut
m.E.	meines Erachtens
m.w.N.	mit weiterem Nachweis/mit weiteren Nachweisen
max.	maximal
mbH	mit beschränkter Haftung
Mio.	Millionen
Mrd.	Milliarde
MwStR	MehrwertSteuerrecht (Zeitschrift)
MwStVO	Mehrwertsteuerverordnung
MwStSystRL	Mehrwertsteuersystemrichtlinie
MwStSystRLDV	Durchführungsverordnung (EU) Nr. 282/2011 des Rates vom 15. März 2011 zur Festlegung von Durchführungsvorschriften zur Richtlinie 2006/112/EG über das gemeinsame Mehrwertsteuersystem
n.F.	neue(r) Fassung
n.v.	nicht veröffentlicht
Nr.	Nummer
NWB	Neue Wirtschafts-Briefe (Zeitschrift)
OFD	Oberfinanzdirektion
OGAW	Organismus für gemeinsame Anlagen in Wertpapieren
OHG	Offene Handelsgesellschaft
OLG	Oberlandesgericht
PartG	Parteiengesetz
PfandlVO	Pfandleiherverordnung
R	Richtlinie
RdE	Recht der Energiewirtschaft (Zeitschrift)
RFH	Reichsfinanzhof
RFHE	Sammlung der Entscheidungen des RFH
rkr.	rechtskräftig

RL	Richtlinie
Rn.	Randnummer
Rs.	Rechtssache
Rz.	Randziffer
S.	Satz
s.	siehe
s.a.	siehe auch
SGB	Sozialgesetzbuch
Slg.	Sammlung
sog.	sogenannt(e)
StÄndG	Steueränderungsgesetz
StB	Steuerbilanz
StEK	Steuer-Erlaß-Kartei
StMBG	Mißbrauchsbekämpfungs- und Steuerbereinigungsgesetz
StEurglG	Steuer-Euroglättungsgesetz
Tz.	Textziffer/Teilziffer
u.a.	unter anderem
u.Ä.	und Ähnliche
u.E.	unseres Erachtens
UmwG	Umwandlungsgesetz
UmwStG	Umwandlungssteuergesetz
Unterabs.	Unterabsatz
UR	Umsatzsteuer-Rundschau (Zeitschrift)
USt	Umsatzsteuer
UStAE	Umsatzsteuer-Anwendungserlass
UStÄndG	Umsatzsteuer-Änderungsgesetz
UStB	Umsatz-Steuerberater (Zeitschrift)
UStDV	Umsatzsteuer-Durchführungsverordnung
UStG	Umsatzsteuergesetz
USt-IdNr.	Umsatzsteuer-Identifikationsnummer
UStR	Umsatzsteuer-Richtlinien
UStVA	Umsatzsteuervoranmeldung
u.U.	unter Umständen
UVR	Umsatzsteuer- und Verkehrsteuer-Recht (Zeitschrift)
UZK	Unionszollkodex
VersStG	Versicherungsteuergesetz
Vfg.	Verfügung
vgl.	vergleiche
VO	Verordnung
VV	Vervielfältiger
VZ	Veranlagungszeitraum
WG	Wirtschaftsgut
z.B.	zum Beispiel
K	Zollkodex

ZK-DVO	Zollkodex-Durchführungsverordnung
ZM	Zusammenfassende Meldung
ZollkodexAnpG	Gesetz zur Anpassung der Abgabenordnung an den Zollkodex
zzgl.	zuzüglich

§ 1 UStG Steuerbare Umsätze

(1) Der Umsatzsteuer unterliegen die folgenden Umsätze:

1. die Lieferungen und sonstigen Leistungen, die ein Unternehmer im Inland gegen Entgelt im Rahmen seines Unternehmens ausführt. 2Die Steuerbarkeit entfällt nicht, wenn der Umsatz aufgrund gesetzlicher oder behördlicher Anordnung ausgeführt wird oder nach gesetzlicher Vorschrift als ausgeführt gilt;
2. (weggefallen)
3. (weggefallen)
4. die Einfuhr von Gegenständen im Inland oder in den österreichischen Gebieten Jungholz und Mittelberg (Einfuhrumsatzsteuer);
5. der innergemeinschaftliche Erwerb im Inland gegen Entgelt.

(1a) [1]Die Umsätze im Rahmen einer Geschäftsveräußerung an einen anderen Unternehmer für dessen Unternehmen unterliegen nicht der Umsatzsteuer. [2]Eine Geschäftsveräußerung liegt vor, wenn ein Unternehmen oder ein in der Gliederung eines Unternehmens gesondert geführter Betrieb im Ganzen entgeltlich oder unentgeltlich übereignet oder in eine Gesellschaft eingebracht wird. [3]Der erwerbende Unternehmer tritt an die Stelle des Veräußerers.

(2) [1]Inland im Sinne dieses Gesetzes ist das Gebiet der Bundesrepublik Deutschland mit Ausnahme des Gebiets von Büsingen, der Insel Helgoland, der Freizonen des Kontrolltyps I nach § 1 Abs. 1 Satz 1 des Zollverwaltungsgesetzes (Freihäfen), der Gewässer und Watten zwischen der Hoheitsgrenze und der jeweiligen Strandlinie sowie der deutschen Schiffe und der deutschen Luftfahrzeuge in Gebieten, die zu keinem Zollgebiet gehören. [2]Ausland im Sinne dieses Gesetzes ist das Gebiet, das danach nicht Inland ist. [3]Wird ein Umsatz im Inland ausgeführt, so kommt es für die Besteuerung nicht darauf an, ob der Unternehmer deutscher Staatsangehöriger ist, seinen Wohnsitz oder Sitz im Inland hat, im Inland eine Betriebsstätte unterhält, die Rechnung erteilt oder die Zahlung empfängt.

(2a) [1]Das Gemeinschaftsgebiet im Sinne dieses Gesetzes umfasst das Inland im Sinne des Absatzes 2 Satz 1 und die Gebiete der übrigen Mitgliedstaaten der Europäischen Union, die nach dem Gemeinschaftsrecht als Inland dieser Mitgliedstaaten gelten (übriges Gemeinschaftsgebiet). [2]Das Fürstentum Monaco gilt als Gebiet der Französischen Republik; die Insel Man gilt als Gebiet des Vereinigten Königreichs Großbritannien und Nordirland. [3]Drittlandsgebiet im Sinne dieses Gesetzes ist das Gebiet, das nicht Gemeinschaftsgebiet ist.

(3) [1]Folgende Umsätze, die in den Freihäfen und in den Gewässern und Watten zwischen der Hoheitsgrenze und der jeweiligen Strandlinie bewirkt werden, sind wie Umsätze im Inland zu behandeln:

1. die Lieferungen und die innergemeinschaftlichen Erwerbe von Gegenständen, die zum Gebrauch oder Verbrauch in den bezeichneten Gebieten oder zur Ausrüstung oder Versorgung eines Beförderungsmittels bestimmt sind, wenn die Gegenstände
   a) nicht für das Unternehmen des Abnehmers erworben werden, oder
   b) vom Abnehmer ausschließlich oder zum Teil für eine nach § 4 Nr. 8 bis 27 steuerfreie Tätigkeit verwendet werden;
2. die sonstigen Leistungen, die
   a) nicht für das Unternehmen des Leistungsempfängers ausgeführt werden, oder
   b) vom Leistungsempfänger ausschließlich oder zum Teil für eine nach § 4 Nr. 8 bis 27 steuerfreie Tätigkeit verwendet werden;
3. die Lieferungen im Sinne des § 3 Abs. 1b und die sonstigen Leistungen im Sinne des § 3 Abs. 9a;
4. die Lieferungen von Gegenständen, die sich im Zeitpunkt der Lieferung
   a) in einem zollamtlich bewilligten Freihafen-Veredelungsverkehr oder in einer zollamtlich besonders zugelassenen Freihafenlagerung oder
   b) einfuhrumsatzsteuerrechtlich im freien Verkehr befinden;
5. die sonstigen Leistungen, die im Rahmen eines Veredelungsverkehrs oder einer Lagerung im Sinne der Nummer 4 Buchstabe a ausgeführt werden;

6. (weggefallen)
7. der innergemeinschaftliche Erwerb eines neuen Fahrzeugs durch die in § 1a Abs. 3 und § 1b Abs. 1 genannten Erwerber.

[2]Lieferungen und sonstige Leistungen an juristische Personen des öffentlichen Rechts sowie deren innergemeinschaftlicher Erwerb in den bezeichneten Gebieten sind als Umsätze im Sinne der Nummern 1 und 2 anzusehen, soweit der Unternehmer nicht anhand von Aufzeichnungen und Belegen das Gegenteil glaubhaft macht.

Bearbeiter: Jochen Meyer-Burow/Michael Connemann

Inhaltsverzeichnis

Rn.

1. Steuerbare Umsätze nach § 1 Abs. 1 UStG

1.1 Unionsrechtliche Vorgabe und Begrifflichkeiten

1 § 1 Abs. 1 setzt im Wesentlichen Art. 2 MwStSystRL in nationales Recht um.

2

§ 1 Abs. 1 UStG	Art. 2 Abs. 1 MwStSystRL
Der Umsatzsteuer unterliegen die folgenden Umsätze:	Der Mehrwertsteuer unterliegen folgende Umsätze:
1. die Lieferungen und sonstigen Leistungen, die ein Unternehmer im Inland gegen Entgelt im Rahmen seines Unternehmens ausführt …	a) Lieferungen von Gegenständen, die ein Steuerpflichtiger als solcher im Gebiet eines Mitgliedstaates gegen Entgelt tätigt; … c) Dienstleistungen, die ein Steuerpflichtiger als solcher im Gebiet eines Mitgliedstaates gegen Entgelt erbringt;
4. die Einfuhr von Gegenständen im Inland oder in den österreichischen Gebieten Jungholz und Mittelberg (Einfuhrumsatzsteuer);	d) die Einfuhr von Gegenständen.
5. der innergemeinschaftliche Erwerb im Inland gegen Entgelt.	b) der innergemeinschaftliche Erwerb von Gegenständen im Gebiet eines Mitgliedstaats gegen Entgelt

Das UStG verwendet zwar teilweise andere Begrifflichkeiten als die MwStSystRL. Inhaltlich ergeben sich dadurch keine Abweichungen. 3

4

UStG	MwStSystRL
Umsatzsteuer	Mehrwertsteuer
Sonstige Leistung	Dienstleistung
Unternehmer	Steuerpflichtiger
im Rahmen seines Unternehmens	als solcher
im Inland	im Gebiet eines Mitgliedstaats

Die Grundnorm des § 1 Abs. 1 Satz 1 UStG entspricht den unionsrechtlichen Vorgaben. Die Klarstellung in § 1 Abs. 1 Satz 2 UStG, wonach die Steuerbarkeit nicht entfällt, wenn der Umsatz aufgrund gesetzlicher oder behördlicher Anordnung ausgeführt wird oder nach gesetzlicher Vorschrift als ausgeführt gilt, findet seine unionsrechtliche Vorgabe in Art. 14 Abs. 2 Buchst. a MwStSystRL bzw. in Art. 25 Buchst. c MwStSystRL. 5

Ergänzt wird der Tatbestand des § 1 Abs. 1 UStG durch die Gleichstellung bestimmter unentgeltlicher Wertabgaben und Verbringensvorgänge (s. Rn. 14 ff.). 6

1.2 Zweck und Bedeutung der Vorschrift

§ 1 definiert den sachlichen und räumlichen Anwendungsbereich des UStG. Damit stellt diese Vorschrift als «Türöffner» des UStG die zentrale Vorschrift im Ersten Abschnitt (Steuergegenstand und Geltungsbereich, §§ 1 bis 3g UStG) dar. Während in § 1 Abs. 1 UStG die steuerbaren Tatbestände normiert sind, legen § 1 Abs. 2, 2a und 3 UStG den räumlichen Anwendungsbereich des UStG fest. 7

Folgende Umsätze unterliegen der Umsatzbesteuerung nach dem UStG: 8

- die Lieferungen und sonstigen Leistungen, die ein Unternehmer im Inland gegen Entgelt im Rahmen seines Unternehmens ausführt. Die Steuerbarkeit entfällt nicht, wenn der Umsatz aufgrund gesetzlicher oder behördlicher Anordnung ausgeführt wird oder nach gesetzlicher Vorschrift als ausgeführt gilt (s. § 1 Abs. 1 Nr. 1 UStG),
- die Einfuhr von Gegenständen im Inland oder in den österreichischen Gebieten Jungholz und Mittelberg (§ 1 Abs. 1 Nr. 4 UStG),
- der innergemeinschaftliche Erwerb im Inland gegen Entgelt (s. § 1 Abs. 1 Nr. 5 UStG).

9 Die eben genannten Umsätze i.S.d. § 1 Abs. 1 UStG unterliegen grundsätzlich nur dann der Umsatzbesteuerung nach dem UStG, wenn sie im räumlichen Anwendungsbereich des UStG bewirkt werden.

10 **Beachte!** Wird ein Umsatz im räumlichen Anwendungsbereich des UStG ausgeführt, so kommt es nach § 1 Abs. 2 Satz 3 UStG für die Frage der Besteuerung nicht darauf an, ob der Unternehmer (s. zum Begriff des Unternehmers § 2 Abs. 1 Rn. 4 ff.) (oder auch der einführende Nichtunternehmer) deutscher Staatsangehöriger ist, seinen Wohnsitz oder Sitz im Inland hat, im Inland eine Betriebsstätte unterhält, die Rechnung erteilt oder die Zahlung empfängt.

11 Es kommt lediglich darauf an, dass die Umsätze im Sinne des § 1 Abs. 1 UStG oder diesen Umsätzen gleichgestellte Umsätze (s. § 1a Abs. 2, § 3 Abs. 1a, 1b und 9a UStG) nach Maßgabe der jeweiligen Ortsregelungen des UStG im räumlichen Anwendungsbereich des UStG ausgeführt werden.

12 Liegt ein steuerbarer Umsatz im räumlichen Anwendungsbereich des UStG vor, kann dieser umsatzsteuerpflichtig oder umsatzsteuerfrei (s. § 4 UStG; s. § 4 Rn. 1 ff.) sein. Sind umgekehrt nicht alle Tatbestandsvoraussetzungen eines Steuertatbestandes der § 1 Abs. 1 Nr. 1, Nr. 4 oder Nr. 5 UStG – oder deren Ergänzungstatbestände nach § 1a Abs. 2, § 3 Abs. 1a, 1b und 9a UStG – erfüllt, unterliegt der Vorgang nicht der Umsatzbesteuerung nach dem UStG. In diesem Falle erübrigt sich eine weitere Prüfung nach Maßgabe des UStG.

13 Zur Prüfung des Vorliegens eines steuerbaren Umsatzes nach § 1 Abs. 1 UStG muss auf die weiteren Vorschriften insbesondere des Ersten Abschnitts des UStG zurückgegriffen werden, da § 1 Abs. 1 UStG keine gesetzliche Definition der einzelnen Tatbestandsmerkmale enthält.

14 Neben den drei in § 1 Abs. 1 UStG genannten steuerbaren Umsätzen bestimmt das UStG, dass bestimmte Verbringensvorgänge und so genannte unentgeltliche Wertabgaben den steuerbaren Umsätzen im Sinne von § 1 Abs. 1 UStG gleichgestellt werden, obwohl die Tatbestandsvoraussetzungen des § 1 Abs. 1 UStG nicht alle vorliegen.

15 So gilt als Lieferung gegen Entgelt auch das unternehmensinterne Verbringen eines Unternehmensgegenstandes in einen anderen Mitgliedstaat (s. § 3 Abs. 1a UStG). Ferner wird die Entnahme eines Gegenstandes aus dem Unternehmen oder die unentgeltliche Zuwendung eines Gegenstandes durch einen Unternehmer unter den Voraussetzungen des § 3 Abs. 1b UStG als Lieferung gegen Entgelt fingiert.

16 Weiter gelten sonstige Leistungen eines Unternehmers, die er für außerunternehmerische Zwecke oder für den privaten Bedarf seines Personals erbringt, unter den Voraussetzungen des § 3 Abs. 9a UStG als sonstige Leistungen gegen Entgelt (s. § 3 Abs. 9a UStG).

17 **Beachte!** Nicht steuerbar sind gemäß § 1 Abs. 1a UStG, selbst wenn die Voraussetzungen für steuerbare Umsätze vorliegen würden, die Umsätze, die im Rahmen einer Geschäftsveräußerung an einen anderen Unternehmer für dessen Unternehmen erfolgen (s. Rn. 270 ff.).

1.3 Weitere Tatbestände, die zu einer Steuerschuld führen können

18 Zusätzlich zu den nach § 1 Abs. 1 UStG steuerbaren Umsätzen sowie diesen gleichgesetzten Vorgängen (s. Rn. 13 ff.), kann eine Steuerschuld auch in den folgenden Fällen gegeben sein:

- Unter den in § 6a Abs. 4 UStG genannten Voraussetzungen schuldet der Abnehmer einer Lieferung die entgangene Steuer für eine Lieferung, die vom liefernden Unternehmer als steuerfreie innergemeinschaftliche Lieferung behandelt wurde, obwohl die Voraussetzungen dafür nicht vorliegen, wenn die Inanspruchnahme der Steuerbefreiung auf unrichtigen Angaben des Abnehmers beruht und der Unternehmer die Unrichtigkeit dieser Angaben auch bei Beachtung der Sorgfalt eines ordentlichen Kaufmanns nicht erkennen konnte.
- Nach § 14c Abs. 1 UStG schuldet der Unternehmer, der in einer Rechnung für eine Lieferung oder sonstige Leistung einen höheren Steuerbetrag, als er nach diesem Gesetz für den Umsatz schuldet, gesondert ausgewiesen (unrichtiger Steuerausweis), auch den Mehrbetrag.

- § 14c Abs. 2 UStG normiert eine Haftung für den Aussteller der Rechnung, der in dieser einen Steuerbetrag gesondert ausweist, obwohl er zum gesonderten Ausweis der Steuer nicht berechtigt ist (unberechtigter Steuerausweis).
- Im Falle eines innergemeinschaftlichen Dreiecksgeschäfts (§ 25b UStG; s. zum Begriff mit Beispielen § 25b Rn. 2 ff.) schuldet der letzte Abnehmer unter den Voraussetzungen des § 25b Abs. 2 UStG die Steuer für die Lieferung des mittleren Unternehmers an ihn.
- Steuerschuldner ist schließlich im Falle des § 4 Nr. 4a Satz 1 Buchst. a Satz 2 UStG der Unternehmer, dem die Auslagerung zuzurechnen ist (Auslagerer); daneben auch der Lagerhalter als Gesamtschuldner, wenn er entgegen § 22 Abs. 4c Satz 2 UStG die inländische USt-IdNr. des Auslagerers oder dessen Fiskalvertreters nicht oder nicht zutreffend aufzeichnet.

1.4 Lieferung und sonstige Leistung gegen Entgelt, § 1 Abs. 1 Nr. 1 UStG

1.4.1 Allgemeines

§ 1 Abs. 1 Nr. 1 UStG normiert den Haupttatbestand der steuerbaren Umsätze des UStG. Keines der in § 1 Abs. 1 Nr. 1 UStG normierten Tatbestandsmerkmale erfährt in § 1 UStG eine gesetzliche Definition. 19

Damit kann eine Prüfung eines steuerbaren Umsatzes nicht losgelöst nur anhand von § 1 UStG erfolgen, sondern muss unter Einbeziehung insbesondere der weiteren Vorschriften des ersten Abschnitts des UStG geschehen. 20

Ein steuerbarer Umsatz ist nach dieser Vorschrift gegeben, wenn: 21

- ein Unternehmer (s. Rn. 42 ff. und § 2 UStG)
- eine Lieferung oder sonstige Leistung (s. Rn. 46 ff. und § 3 UStG)
- im Inland (s. Rn. 425 ff. und zur Bestimmung des Ortes der Leistung s. § 3 Abs. 6 bis 8 und der §§ 3a bis 3g UStG)
- gegen Entgelt (s. Rn. 168 ff.)
- im Rahmen des Unternehmens (s. Rn. 232 ff.)

ausführt.

Nur wenn alle fünf der eben genannten Tatbestandsmerkmale erfüllt sind, liegt ein steuerbarer Umsatz vor, der der Umsatzbesteuerung nach dem UStG unterliegt. Liegt ein im räumlichen Anwendungsbereich des UStG steuerbarer Umsatz vor, so ist weiter zu prüfen, ob dieser steuerfrei (steuerbar aber steuerfrei) oder steuerpflichtig (steuerbar und steuerpflichtig) ist. Nur bei den steuerbaren und steuerpflichtigen Umsätzen wird Umsatzsteuer erhoben. Die §§ 4–9 UStG bestimmen, welche der im Inland steuerbaren Umsätze steuerfrei sind. 22

Sowohl bei nicht steuerbaren als auch bei steuerfreien Umsätzen entsteht im Inland keine Umsatzsteuer. Die Unterscheidung kann jedoch für das Recht auf Vorsteuerabzug (s. § 15 UStG) von entscheidender Bedeutung sein, soweit die Nichtsteuerbarkeit darauf beruht, dass der Ort der Leistung nicht im Inland ist. 23

Liegt eines der oben genannten Tatbestandsmerkmale nicht vor, so unterliegt der Vorgang nicht der Umsatzbesteuerung nach dem UStG. Dies ist z.B. dann der Fall, wenn: 24

- Die Leistung nicht von einem Unternehmer erbracht wird, oder
- keine Leistung im Sinne des § 1 Abs. 1 Nr. 1 UStG ausgeführt wird, oder
- zwar eine Leistung ausgeführt wird, der Ort dieser Leistung aber nicht im Inland liegt, oder
- die Leistung nicht gegen Entgelt ausgeführt wird und diese auch nicht fingiert wird (s. § 3 Abs. 1a, 1b und Abs. 9a UStG),
- die Leistung vom Unternehmer nicht im Rahmen seines Unternehmens ausgeführt wird.

1.4.1.1 Zivilrechtlich unwirksame Rechtsgeschäfte

Unerheblich für die Besteuerung ist es, ob der Leistung eine wirksame zivilrechtliche Vereinbarung zugrunde liegt (s. Beschluss des BFH vom 15.07.2010, XI B 47/09, UR 2010, 814, m.w.N.). Etwaige Rechts- und Sachmängel des schuldrechtlichen Verpflichtungsgeschäfts sind grundsätzlich umsatzsteuerrechtlich unbeachtlich. Daher unterliegen auch nichtige oder anfechtbare Rechtsgeschäfte der Besteuerung, soweit 25 und solange die Beteiligten das wirtschaftliche Ergebnis gleichwohl eintreten und bestehen lassen (s. § 41 AO).

1.4.1.2 Rechts- und sittenwidrige Leistungen

26 Nach deutschem Rechtsverständnis ist es für die Besteuerung grundsätzlich unerheblich, ob das Verhalten des Unternehmers strafbar, sittenwidrig oder aus anderen Gründen rechtsunwirksam ist (s. §§ 40, 41 AO). Daher kommt es für die Steuerbarkeit eines Vorganges grundsätzlich nicht darauf an, ob die Rechtsordnung derartige Tätigkeiten billigt oder sie verbietet (s. Urteil des BFH 24.02.2005, V R 1/03, BeckRS 2005, 25007863), denn das Umsatzsteuerrecht knüpft an tatsächliche Leistungsvorgänge an.

27 Der Grundsatz der steuerlichen Neutralität verbietet eine Differenzierung zwischen erlaubten Umsätzen und unerlaubten Geschäften (s. auch Rn. 30). Denn nach der Rechtsprechung des EuGH sind die Begriffe „Lieferung und Leistung", „wirtschaftliche Tätigkeit" und „Steuerpflichtiger als solcher" objektiv festgelegt und unabhängig vom Zweck und Ergebnis zu betrachten (s. Urteil des EuGH vom 12.01.2006, C-354/03, C-355/03 und C-484/03, UR 2006, 157; s. aber auch Rn. 30 ff. im Falle von betrugsbehafteten Umsätzen).

28 Daher unterliegt z.B. der Handel mit nachgeahmten Waren unter Verletzung der Schutzrechte der Umsatzbesteuerung (s. Urteil des EuGH vom 28.05.1998, C-3/97, EuZW 1998, 472). Auch die Vermietung eines Tisches in einem Coffeeshop zum Verkauf von Haschisch ist umsatzsteuerbar (s. Urteil des EuGH vom 29.06.1999, C-158/98, DStRE 99, 555). In Übereinstimmung mit dem deutschen Recht hält der EuGH auch die Umsätze aus verbotenen Glücksspielen für umsatzsteuerbar und stellt sie auch hinsichtlich der Steuerfreiheit den zugelassenen Spielbanken gleich (s. Urteil des EuGH vom 11.06.1998, C-283/95, BeckRS 2004, 75977).

29 Etwas anderes gilt nach der Rechtsprechung des EuGH dann, wenn die betroffenen Waren oder Dienstleistungen einem völligen Verkehrsverbot unterliegen und deshalb „zu den Bestimmungen der 6. EG-Richtlinie (seit 01.01.2007: MwStSystRL) in keiner Beziehung stehen" (zum Beispiel mit Betäubungsmitteln und Falschgeld, s. Urteil des EuGH vom 05.07.1988, C-269/86, UR 1989, 18).

1.4.1.3 Rechtsmissbräuchliches Verhalten/Betrugsbehaftete Umsätze

30 Die Umsatzsteuer ist aufgrund ihrer Systematik besonders betrugsanfällig (s. dazu auch Kemper, MwStR 2014, 640). Nach der Rechtsprechung des EuGH ist die Bekämpfung von Steuerhinterziehungen, Steuerumgehungen und etwaigen Missbräuchen daher auch ein Ziel, das von der Mehrwertsteuersystemrichtlinie anerkannt und gefördert wird (s. Urteil des EuGH vom 18.12.2014, C-131/13, UR 2015, 106, m.w.N.). In diesem Zusammenhang hat der EuGH entschieden, dass sich nicht auf die Bestimmungen des Unionsrechts berufen werden kann, wenn dies in betrügerischer oder missbräuchlicher Absicht geschieht (s. Urteil des EuGH vom 13.03.2014, C-107/13, BeckRS 2014, 80523, m.w.N.; dazu auch ausführlich s. Meyer-Burow/Connemann, UStB 2014, 204 und Meyer-Burow/Connemann, UStB 2014, 255).

31 Die Qualifizierung von nicht anzuerkennenden missbräuchlichen Umsätzen ist anhand der Umstände des Einzelfalls vorzunehmen und häufig umstritten. Eine betrügerische oder missbräuchlicher Absicht ist nach Ansicht der Finanzverwaltung gegeben, wenn „aufgrund objektiver Umstände feststeht, dass der Unternehmer wusste oder hätte wissen müssen, dass der Umsatz in einen vom Lieferer oder einem anderen Wirtschaftsteilnehmer begangenen Betrug eingebunden war" (s. BMF vom 07.02.2014, DStR 2014, 331; zur ausführlichen Kritik an dem BMF-Schreiben s. Meyer-Burow/Connemann, UStB 2014, 204 und Meyer-Burow/Connemann, UStB 2014, 255).

32 Zudem geht die Finanzverwaltung häufig in Betrugsfällen davon aus, dass wenn der Lieferer Betrugsabsicht hatte, er gar keine Lieferung i.S.d. deutschen Umsatzsteuerrechts ausgeführt hat (s. Meyer-Burow/Connemann, UStB 2014, 204).

33 In der Literatur wird die Rechtsprechung des EuGH ebenfalls teilweise so interpretiert, dass sie eine wirtschaftliche Tätigkeit des betrügerisch Leistenden und damit eine Steuerschuld seinerseits verneint mit der Folge, dass ein Vorsteuerabzug ausgeschlossen wäre (s. Wolf, Intertax, Volume 39, Issue 1, 26, wobei die Aussage auf den Handel eines „Missing Trader" selbst beschränkt wird).

Wichtig! Wichtig zu verstehen ist in diesem Zusammenhang zum einen, dass eine tatsächliche Lieferung nicht allein deshalb zu einer Scheinlieferung umzuqualifizieren ist, weil der Leistende Betrugsabsicht hatte. Dabei ist zu berücksichtigen, dass die Begriffe der „Leistung" und des „anderen Unternehmers" objektiv zu bestimmen sind, unabhängig von ihrem Zweck und ihrem Ergebnis, weshalb die mit der Tätigkeit verfolgte Absicht unerheblich ist (s. Urteil des EuGH vom 21.02.2006, C-223/03, UR 2006, 217; Urteil des EuGH vom 06.07.2006, C-439/04 und C-440/04, UR 2006, 594). 34

Zum anderen bleibt der leistende Unternehmer aus Sicht des unbescholtenen Leistungsempfängers für die Zwecke des § 15 UStG auch dann Unternehmer, wenn der Leistende oder ein Vorlieferant einen Mehrwertsteuerbetrug bezweckt (s. Meyer-Burow/Connemann, UStB 2014, 204). 35

Auch im Fall einer Steuerhinterziehung z.B. durch falsche Steuererklärungen oder die Ausstellung nicht ordnungsgemäßer Rechnungen liegt eine „wirtschaftliche Tätigkeit" unter den üblichen Voraussetzungen vor, ohne dass es darauf ankommt, ob der betreffende Umsatz ausschließlich zur Erlangung eines Steuervorteils getätigt wurde (s. Urteil des EuGH vom 21.02.2006, C-223/03, UR 2006, 217). 36

Beachte! Oft wird auch übersehen, dass der Leistende nicht notwendig der Inhaber der übertragenen Forderung oder der Eigentümer des veräußerten Gegenstands sein muss, damit ihm umsatzsteuerrechtlich die Leistung zugerechnet werden kann. Grundsätzlich richtet sich die Zurechnung von umsatzsteuerrechtlichen Leistungsbeziehungen nicht danach, wer rechtlich über den geleisteten Gegenstand „verfügt". Maßgeblich ist vielmehr, wer nach den zugrunde liegenden schuldrechtlichen Rechtsverhältnissen zu der Leistung verpflichtet war (s. Urteil des BFH vom 18.02.2009, V R 82/07, UR 2009, 596). 37

Vereinfacht ausgedrückt ist demnach nicht entscheidend, wer eine Leistung physisch erbringt, sondern welches Schuldverhältnis damit erfüllt wird (so auch für „Betrugsketten" Beschluss des BGH vom 05.02.2014, 1 StR 422/13, MwStR 2014, 278). Dieser Grundsatz wird besonders deutlich bei Reihengeschäften, Subunternehmer- oder Kommissionsverhältnissen, bei denen regelmäßig nicht immer derjenige Unternehmer der Leistende ist, welcher die geschuldete Handlung tatsächlich physisch vornimmt bzw. zu veranlassen hat (s. Beschluss des BFH vom 31.01.2002, V B 108/01, UR 2002, 275). 38

Daher sind grundsätzlich auch solche Umsätze, die ausschließlich in der Absicht getätigt werden, einen rechtsmissbräuchlichen Steuervorteil zu erlangen oder eine Steuerhinterziehung zu begehen, und sonst keinen wirtschaftlichen Zweck verfolgen, Lieferungen oder Dienstleistungen und eine wirtschaftliche Tätigkeit im Sinne des gemeinsamen Mehrwertsteuerrechts, wenn sie die objektiven Kriterien dafür erfüllen (s. Urteil des EuGH vom 21.02.2006, C-223/03, UR 2006, 217). 39

Eine tatsächliche Leistung entfällt auch nicht etwa deshalb, weil der (betrügerische) Leistende sich einer „Briefkasten- oder „Domizilgesellschaft" oder einer vorgeschalteten „Strohmanngesellschaft" bedient. Entscheidend ist allein, dass der Leistende tatsächlich wirtschaftlich tätig geworden ist (s. auch Rn. 85 ff.). 40

Hinweis! Die Finanzverwaltung versucht in jüngster Zeit dem Umsatzsteuerbetrug mit einem „Merkblatt zur Umsatzsteuer" mit welchem auf die „Beachtung des gemeinschaftsrechtlichen Missbrauchsverbots" aufmerksam gemacht werden soll, zu begegnen (dazu ausführlich s. Meyer-Burow/Connemann, UStB 2014, 356). In diesem Zusammenhang ist es wichtig zu verstehen, dass das Merkblatt der Finanzverwaltung keine Gesetzeskraft hat und keine Prüfungspflichten begründen kann, die über die gesetzlich angeordneten Pflichten hinausgehen. 41

1.4.2 Unternehmer

Die Unternehmereigenschaft ist ausschließlich unter Berücksichtigung der Vorgaben des § 2 UStG (s. § 2 Abs. 1 Rn. 4 ff.) zu bestimmen. Die Unternehmereigenschaft ist nach objektiven Kriterien zu bestimmen. 42

Dies bedeutet, dass u.E. auch im Betrugsfalle der Leistende grundsätzlich Unternehmer i.S.d. UStG ist (dazu s. Meyer-Burow/Connemann in UStB 2014, 204). Andernfalls wäre z.B. ein sog. „Missing Trader", der bei der tatsächlichen Ausführung der Leistung einen Betrug plant, dann ja angeblich kein Unternehmer. Würde sich der Leistende (ehemals „Missing Trader") dann doch entscheiden, die Umsatzsteuer rechtzeitig 43 anzumelden (um dadurch letztlich einer Bestrafung zu entgehen), ohne jedoch eine Rechnung mit Ausweis von Umsatzsteuer zu stellen (um einer Haftung nach § 14c UStG zu entgehen), würde sich die Frage stellen, ob er sich daraufhin an sein Finanzamt wenden könnte und die Umsatzsteuer auf die tatsächlich ausgeführte Leistung zurückfordern könnte (s. auch Wäger, UR 2015, 81, der die Sichtweise, dass wenn der Unternehmer selbst eine Steuerhinterziehung begeht, die objektiven Kriterien für die Lieferung von Gegenständen und für die Erbringung von Dienstleistungen sowie die objektiven Kriterien einer wirtschaftlichen Tätigkeit nicht erfüllt sein sollen, als absurd bezeichnet).

44 Liegt Unternehmereigenschaft nach § 2 UStG vor, kann es u.U. bei Kleinunternehmern nach § 19 Abs. 1 Satz 1 UStG – vorbehaltlich eines Verzichts auf die Anwendung der Vorschrift – zur Nichterhebung der für die Umsätze i.S.d. § 1 Abs. 1 Nr. 1 UStG geschuldeten Umsatzsteuer von den betroffenen Kleinunternehmern kommen. Der Kleinunternehmer ist somit Unternehmer im Sinne des § 2 UStG, scheidet aber unter den Voraussetzungen des § 19 UStG aus der Besteuerung aus.

45 **Beachte!** Nach § 2a UStG werden Nichtunternehmer wie Unternehmer behandelt, wenn sie neue Fahrzeuge an einen in einem anderen Mitgliedstaat ansässigen Abnehmer im Inland liefern.

1.4.3 Leistung

1.4.3.1 Allgemeines

46 Ein Vorgang wird nur dann von § 1 Abs. 1 Nr. 1 UStG erfasst, wenn eine Lieferung oder sonstige Leistung ausgeführt wird. Das UStG enthält gesetzliche Definitionen der Begriffe der „Lieferung" (s. § 3 Abs. 1 UStG) und „sonstigen Leistung" (s. § 3 Abs. 9 Satz 1 UStG), die gemeinhin unter dem Oberbegriff „Leistung" geführt werden. Das UStG enthält jedoch keine Legaldefinition des Oberbegriffs der „Leistung".

47 **Hinweis!** Die Abgrenzung zwischen einer Lieferung und einer sonstigen Leistung ist unter anderem deshalb so wichtig, da das UStG unterschiedliche Regelungen hinsichtlich des Ortes eines Umsatzes vorsieht. Für Lieferungen (s. §§ 3 Abs. 6 bis 8, 3c, 3e, 3f, 3g UStG; siehe § 3 Abs. 5a UStG) sind andere Ortsregelungen anzuwenden, als für sonstigen Leistungen (s. §§ 3a, 3b, 3e und 3f UStG). Zudem hat die Qualifizierung Auswirkung auf eine mögliche Steuerbefreiung, den Steuersatz, die Bestimmung des Steuerschuldners und auch hinsichtlich der Entstehung der Steuer.

48 Aus Art. 9 Satz 1 MwStSystRL folgt, dass alle Tätigkeiten eines Erzeugers, Händlers oder Dienstleistenden einschließlich der Tätigkeiten der Urproduzenten, der Landwirte sowie der freien Berufe und der diesen gleichgestellten Berufe, als Leistungen im wirtschaftlichen Sinne gelten, soweit damit dem Leistungsempfänger ein verbrauchbarer Vorteil verschafft wird.

49 Der Begriff der „Leistung" und das, was danach Inhalt einer Leistung sein kann, ist entsprechend dem Zweck der Umsatzsteuer weit zu fassen (s. Birkenfeld in Birkenfeld/Wäger, Das große Umsatzsteuer-Handbuch, 47. Lieferung, § 31 Rn. 12; Husmann in Rau/Dürrwächter, 8. A., 160. Lieferung, § 1 UStG Rn. 72). Eine Leistung im Sinne des § 1 Abs. 1 Nr. 1 UStG liegt vor:

- Wenn eine Person (regelmäßig ein Unternehmer; andernfalls kommt das UStG nicht zur Anwendung)
- einer identifizierbaren anderen Person (Leistungsempfänger)
- einen (wirtschaftlichen) Vorteil verschafft,
- über den diese selbst bestimmen darf (s. Urteil des BFH vom 06.12.2007, V R 42/06, UR 2008, 263), den sie verwenden oder verbrauchen kann und der einen Kostenfaktor in der Tätigkeit eines anderen Beteiligten am Wirtschaftsleben bilden könnte(s. Urteil des EuGH vom 18.12.1997, C-384/95, UR 1998, 102; s. Birkenfeld in Birkenfeld/Wäger, Das große Umsatzsteuer-Handbuch, 47. Lieferung, § 31 Rn. 41).

50 Eine Leistung liegt auch dann vor, wenn der Leistungsempfänger die Leistung nicht oder nicht vertragsgemäß erhalten hat, aber zivilrechtlich so behandelt wird, als hätte er die vereinbarte Leistung bekommen. Das ist z.B. der Fall, wenn beim Kauf- oder Werkvertrag zivilrechtlich die Gefahr des zufälligen Untergangs des Gegenstandes auf den Käufer übergegangen ist (s. §§ 446, 447, 644, 651 Satz 3 BGB), d.h. dieser den

Kaufpreis trotz des Untergangs bzw. der Beschädigung des Gegenstandes zu zahlen hat (siehe dazu Stadie in Stadie, 2. A., § 1 UStG Rn. 33).

51 Eine Leistung kann nur sein, was der leistende Unternehmer (willentlich und wirklich) tut, duldet oder unterlässt (s. Birkenfeld in Birkenfeld/Wäger, Das große Umsatzsteuer-Handbuch, 47. Lieferung, § 31 Rn. 51). Daher ist keine Leistung:

- Das Tun durch unmittelbaren physischen Zwang,
- die Hinnahme eines Schadens
- die Vermögensübergänge kraft Gesetzes durch Erbfolge nach § 1922 BGB oder Anwachsung es Anteils eines Gesellschafters nach § 738 BGB (gesetzliche Folgen, die sich aus der Innehabung einer Rechtsposition ergeben).

52 Für die Annahme einer Leistung kommt es nicht auf den Erhalt einer Gegenleistung an. Ob eine Gegenleistung vorliegt, ist vielmehr eine Frage, ob eine Leistung „gegen Entgelt“ ausgeführt wird (s. dazu Rn. 168 ff.).

53 Alleine die Übernahme von Aufgaben (schuldrechtliches Verpflichtungsgeschäft) führt grundsätzlich nicht zu einer steuerbaren Leistung, sondern erst die tatsächliche Erfüllung und Vornahme der Tätigkeiten, zu deren Erfüllung sich der Unternehmer verpflichtet hat, begründet eine Leistung (s. Urteil des BFH vom 18.06.2009, V R 4/08, UR 2009, 793). Denn das Umsatzsteuerrecht knüpft an tatsächliche Leistungsvorgänge an, ohne dass auf das Vorhandensein wirksamer zugrunde liegender Verträge oder sonstiger Leistungspflichten abgestellt würde (s. Oelmaier in Sölch/Ringleb, 75. Ergänzungslieferung, § 1 UStG Rn. 13). Daher sind die einem Leistungsaustausch zugrunde liegenden Verträge nicht steuerbegründend; sie erleichtern in Zweifelsfällen lediglich die Beantwortung der Frage nach dem Vorhandensein und dem Umfang einer – für den Leistungsaustausch maßgeblichen – Wechselbeziehung (s. Urteil des BFH vom 24.02.2005, V R 1/03, BeckRS 2005, 25007863, m.w.N.).

54 Jedoch kann die vertragliche Verpflichtung einer Leistungsbereitschaft (das Anbieten von Leistungen) eine steuerbare Leistung sein, wenn dafür ein Entgelt gezahlt wird (s. Abschn. 1.1 Abs. 3 Satz 4 UStAE; Oelmaier in Sölch/Ringleb, 75. Ergänzungslieferung, § 1 UStG Rn. 13).

55 Keine Leistung ist zudem die bloße Entgeltentrichtung (insbesondere die Geldzahlung oder Überweisung; s. Oelmaier in Sölch/Ringleb, 75. Ergänzungslieferung, § 1 UStG Rn. 6; s. Abschn. 1.1 Abs. 3 Satz 3 UStAE).

1.4.3.2 Leistungswille

56 Nach h.M. setzt die Leistung grundsätzlich ein von einem Leistungswillen getragenes menschliches Verhalten voraus (s. z.B. Husmann in Rau/Dürrwächter, 8. A., 160. Lieferung, § 1 UStG Rn. 100; Nieskens in Rau/Dürrwächter, 8. A., 160. Lieferung, § 3 UStG Rn. 521; Stöcker in Küffner/Stöcker/Zugmaier, Umsatzsteuer Kommentar Online, Juli 2010, UStG § 1 Rn. 35).

57 Das Umsatzsteuergesetz macht von diesem Grundsatz in § 1 Abs. 1 Nr. 1 Satz 2 UStG eine Ausnahme, wenn danach eine Leistung auch dann vorliegt, wenn der Unternehmer gegen seinen Willen durch gesetzliche oder behördliche (gerichtliche) Anordnung zu einem Tun, Dulden oder Unterlassen veranlasst wird.

58 Nach Ansicht von Stadie kommt es auf einen Leistungswillen dagegen nicht – und zwar nicht nur in den in § 1 Nr. 1 Satz 2 UStG genannten Fällen – an. Die Vorschrift stelle vielmehr klar, dass auch bei unfreiwilligen Güter- und Nutzungsabgängen Leistungen vorliegen („Die Steuerbarkeit entfällt nicht ...“; s. Stadie in Stadie, 2. A., § 1 UStG Rn. 46 f.). Diese Sichtweise stehe zudem auch im Einklang mit Art. 25 Buchst. c MwStSystRL.

1.4.3.3 Leistender und Leistungsempfänger

59 Eine Leistung setzt grundsätzlich mehrere Beteiligte im umsatzsteuerrechtlichen Sinne voraus, nämlich einen Leistenden und einen Leistungsempfänger (zu den Ausnahmen s. Rn. 109). Denn eine Leistung erfordert grundsätzlich, dass ein Wechsel in der Rechtszuständigkeit über den geleisteten Gegenstand stattfindet oder die Möglichkeit des Empfangs der zugewendeten sonstigen Leistung besteht (s. Birkenfeld in Birkenfeld/Wäger, Das große Umsatzsteuer-Handbuch, 47. Lieferung, § 31 Rn. 61). Daher ist z.B. alleine

die Produktion von Wirtschaftsgütern noch keine Leistung. Erst durch die Verwertung der Produkte durch den Leistenden an einen identifizierbaren Leistungsempfänger entsteht eine Leistung.

60 Keine Leistungen sind daher (aufgrund der Abwesenheit eines umsatzsteuerrechtlich selbständigen Leistungsempfängers) die Gütererzeugung oder Dienstleistungen für das eigene Unternehmen und Warenbewegungen oder Dienstleistungen zwischen den eigenen Unternehmensteilen oder innerhalb eines inländischen Organkreises (s. dazu Rn. 100 ff.).

1.4.3.3.1 Grundsätze zur Bestimmung des Leistenden und des Leistungsempfängers

61 Die Bestimmung des Leistenden und des Leistungsempfängers ist von zentraler Bedeutung, da das UStG an die Eigenschaft des leistenden Unternehmers und auch die des Leistungsempfängers bestimmte Rechte (z.B. das Recht auf Vorsteuerabzug, § 15 UStG) und Verpflichtungen (z.B. die Frage der Steuerschuldnerschaft, § 13a UStG) knüpft.

1.4.3.3.1.1 Zivilrechtliche Vereinbarungen

62 Wer Leistender und wer Leistungsempfänger ist, bestimmt sich regelmäßig nach den zugrundeliegenden zivilrechtlichen Vereinbarungen (s. Urteil des EuGH vom 20.06.2013, C-653/11, UR 2013, 628; Urteil des BFH vom 30.03.2006, V R 9/03, UR 2006, 395; Oelmaier in Sölch/Ringleb, 75. Ergänzungslieferung, § 1 UStG Rn. 2a; Husmann in Rau/Dürrwächter, 8. A., 160. Lieferung, § 1 UStG Rn. 92; Abschn. 2.1 Abs. 3 Satz 2 UStAE).

63 Daher kommt auch der zivilrechtlichen Auslegung eines möglichen Vertragsverhältnisses eine erhebliche Bedeutung zu (s. dazu Vogler in MwStR 2014, 288). In diesem Sinne sind alle für die Interessenlage der Beteiligten bedeutsamen Begleitumstände zu erforschen und zu würdigen. Hierbei sind insbesondere die Denkgesetze und Erfahrungssätze sowie die für die Vertragsauslegung zu beachtenden Auslegungsregeln zutreffend anzuwenden (s. Vogler, MwStR 2014, 288; zur Auslegung von Willenserklärungen s. Meyer-Burow/Connemann, MwStR 2013, 267).

64 Besteht eine Vielzahl von vertraglichen Beziehungen, ist eine sorgfältige Analyse der maßgeblichen schuldrechtlichen Beziehungen erforderlich, um zu identifizieren, wer Leistungsempfänger ist oder ob u.U. eine Vielzahl von Leistungsempfängern gegeben ist (s. Urteil des BFH vom 28.08.2013, XI R 4/11, UR 2014, 22 zum Vorsteuerabzug eines Fußballvereins aus der Rechnung eines Spielervermittlers. Für den BFH ist vorliegend fraglich, ob (nur) der Fußballverein Leistungsempfänger der Leistungen des Spielervermittlers war oder nicht auch der vermittelte Spieler, wenn der Spielervermittler bereits in einer umsatzsteuerrechtlichen Leistungsbeziehung zu dem jeweiligen Spieler steht).

65 Im dem Urteil des BFH zugrunde liegenden Sachverhalt bestanden zivilrechtlich eindeutige Vereinbarungen zwischen den Berufsfußballspielern und ihren jeweiligen Spielervermittlern in Gestalt von branchenüblichen Managementverträgen. Demgegenüber hat der BFH die zwischen dem Fußballverein und den Spielervermittlern vorhandenen schriftlichen Zahlungsvereinbarungen nicht ausreichend erachtet, um einen eigenständigen zivilrechtlichen Vertrag zwischen dem Fußballverein und dem jeweiligen Spielervermittlern zu dokumentieren (s. Urteil des BFH vom 28.08.2013, XI R 4/11, UR 2014, 22).

66 **Hinweis!** Das Urteil des BFH zur Spielervermittlung verdeutlicht, wie wichtig dokumentierte eindeutige vertragliche Vereinbarungen sind. Denn fehlt es an solchen nachweisbaren schriftlichen oder mündlichen zivilrechtlichen Vereinbarungen, bleibt nur der Rückgriff auf objektive Anhaltspunkte zum Nachweis eines (möglicherweise konkludenten) Vertragsabschlusses. Gerade in Bezug auf den konkreten Umfang und die Art der zu erbringen Leistungen ergeben sich dabei in der Praxis regelmäßig Nachweisschwierigkeiten, die als Konsequenz z.B. zum Verlust des Vorsteuerabzugs führen können.

1.4.3.3.1.2 Wirtschaftliche und geschäftliche Realität

67 Stellt sich heraus, dass (einige) Vertragsbestimmungen nicht die wirtschaftliche und geschäftliche Realität der Transaktionen vollständig widerspiegeln, ist eine Bestimmung des Leistungsempfängers nach wirtschaftlichen Kriterien vorzunehmen (s. Urteil des EuGH vom 20.06.2013, C-653/11, UR 2013, 628; Englisch,

UR 2014, 461; Oelmaier in Sölch/Ringleb, 75. Ergänzungslieferung, § 1 UStG Rn. 2a). Dies soll z.B. dann der Fall sein, wenn die Vertragsbestimmungen mit der wirtschaftlichen und geschäftlichen Realität der Transaktionen nicht übereinstimmen, sondern eine rein künstliche, jeder wirtschaftlichen Realität baren Gestaltung darstellen, die allein zu dem Zweck erfolgt, einen Steuervorteil zu erlangen (s. Urteil des EuGH vom 20.06.2013, C-653/11, DStRE 2014, 32).

Dies kann nach der Rechtsprechung des EuGH z.B. dann in Betracht zu ziehen sein, wenn zur Erlangung des Vorsteuerabzugs Dritte in Vertrags- und Leistungsbeziehungen zwischengeschaltet werden (s. Urteil des EuGH vom 20.06.2013, C-653/11, UR 2013, 628). 68

1.4.3.3.2 Leistender

Leistender ist in der Regel derjenige, der die Lieferungen oder sonstigen Leistungen im eigenen Namen gegenüber einem anderen selbst ausführt oder durch einen Beauftragten ausführen lässt (s. Urteil des BFH vom 12.05.2011, V R 25/10, BeckRS 2011, 95859; Abschn. 2.1 Abs. 3 Satz 3 UStAE). Ob eine Leistung dem Handelnden oder einem anderen zuzurechnen ist, hängt deshalb grundsätzlich davon ab, ob der Handelnde gegenüber dem Leistungsempfänger im eigenen Namen oder berechtigterweise im Namen eines anderen bei der Ausführung der entgeltlichen Leistungen aufgetreten ist (s. Urteil des BFH vom 12.05.2011, V R 25/10, BeckRS 2011, 95859; s. auch Abschn. 2.1 Abs. 3 Satz 1 ff. UStAE; s. dazu auch Rn. 75 ff.). Umsatzsteuerrechtlich ohne Bedeutung ist grundsätzlich, ob der im eigenen Namen Handelnde auch auf eigene Rechnung tätig ist. 69

Der Leistende muss Unternehmer sein, damit die Leistung steuerbar wird. Denn nur Leistungen eines Unternehmers unterliegen grundsätzlich der Umsatzbesteuerung. Ob der Leistende Unternehmer ist, bestimmt sich nach § 2 UStG. Wird ein Unternehmer tätig, muss er die Leistung zudem im Rahmen seines Unternehmens ausführen (dazu s. Rn. 215 ff.). 70

Führt ein Nichtunternehmer eine Lieferung oder sonstige Leistung aus, ergibt sich grundsätzlich kein steuerbarer Umsatz. Eine Ausnahme dazu stellt § 2a UStG (Lieferung eines neuen Fahrzeugs) dar. Unter den in § 2a UStG genannten Voraussetzungen wird der Nichtunternehmer wie ein Unternehmer behandelt. 71

1.4.3.3.3 Leistungsempfänger

Leistungsempfänger ist nach ständiger Rechtsprechung des BFH grundsätzlich derjenige, der aus dem der Leistung zugrunde liegenden Schuldverhältnis als Auftraggeber berechtigt und verpflichtet ist (s. Urteil des BFH vom 24.08.2006, V R 16/05, UR 2007, 63). 72

Auf den tatsächlichen Zahlenden kommt es nicht an (s. Urteil des BFH vom 28.08.2013, XI R 4/11, UR 2014, 22). Insoweit kann ein Fall des durchlaufenden Posten (s. § 10 Abs. 1 Satz 5 UStG) oder ein Fall des Entgeltes von Dritter Seite (§ 10 Abs. 1 Satz 3 UStG) gegeben sein. 73

Bei dem Leistungsempfänger kann es sich sowohl um einen Unternehmer als auch um einen Nichtunternehmer handeln. Die Eigenschaft des Leistungsempfängers kann aber Einfluss haben auf den Ort des Umsatzes. 74

1.4.3.3.4 Zurechnung von Leistungen

Wie oben ausgeführt, kommt es für die Bestimmung des Leistenden und des Leistungsempfängers im Rahmen des § 1 Abs. 1 Nr. 1 UStG grundsätzlich darauf an, wer nach dem zugrunde liegenden – ggf. konkludent begründeten – Rechtsverhältnis die Leistung zu erbringen hat und die Gegenleistung fordern kann. Ob eine Leistung dem Handelnden oder einem anderen zuzurechnen ist, hängt grundsätzlich davon ab, ob der Handelnde im **Außenverhältnis** gegenüber Dritten im eigenen Namen oder berechtigterweise im Namen des anderen aufgetreten ist (s. Urteil des BFH vom 28.11.1990, V R 31/85, UR 1991, 166). 75

1.4.3.3.4.1 Handeln im eigenen Namen und auf eigene Rechnung (Eigenhändler)

Erbringt der Handelnde eine Leistung im eigenen Namen gegenüber einem anderen selbst oder durch einen Beauftragten, ist er der Leistende und ihm wird die Leistung zugerechnet. 76

77 Ein Fall des Handels im eigenen Namen ist auch bei einer Vertretung (s. § 164 Abs. 1 BGB) gegeben. In diesem Falle werden die Handlungen eines Stellvertreters dem Vertretenen zugerechnet.

78 **Beachte!** Ein Handeln im eigenen Namen des Unternehmers ist auch dann gegeben, wenn der Unternehmer die Leistung nicht höchstpersönlich erbringt, sondern durch einen Erfüllungsgehilfen (Subunternehmer) ausführen lässt.

79 Im Rahmen der Bestimmung der Leistungen und Leistungsbeziehungen ist zu beachten, dass nach der Rechtsprechung des BFH derjenige, der im eigenen Laden Waren verkauft, umsatzsteuerrechtlich grundsätzlich als Eigenhändler und nicht als Vermittler anzusehen ist (sog. **Ladenrechtsprechung**, s. Urteil des BFH vom 15.05.2012, XI R 16/10, UR 2013, 27, m.w.N.). Dem liegt die Überlegung zugrunde, dass der Kunde, der in einem Laden Waren kauft, grundsätzlich nur mit dem Ladeninhaber in Geschäftsbeziehungen treten will. Ihm sind im Regelfall etwaige Vereinbarungen zwischen dem Ladeninhaber und einem Dritten, wonach es sich lediglich um eine Vermittlungstätigkeit handeln soll, nicht bekannt.

80 Auf das Innenverhältnis des Ladeninhabers zu seinem Vertragspartner, der Waren oder Leistungen zur Verfügung stellt, kommt es für die Frage, ob Eigenhandels- oder Vermittlungsgeschäfte (Handeln im fremden Namen) vorliegen, nicht entscheidend an. Wesentlich ist das Außenverhältnis, d.h. das Auftreten des Ladeninhabers dem Kunden gegenüber. Nur wenn der Ladeninhaber in eindeutiger Weise vor oder bei dem Geschäftsabschluss zu erkennen gibt, dass er für einen anderen tätig wird, also in fremdem Namen und für fremde Rechnung handelt, und der Kunde, der dies erkannt hat, sich ausdrücklich oder stillschweigend damit einverstanden erklärt, kann die Vermittlereigenschaft des Ladeninhabers umsatzsteuerrechtlich anerkannt werden (s. Urteil des BFH vom 15.05.2012, XI R 16/10, UR 2013, 27, m.w.N.).

81 Diese Grundsätze gelten nach Ansicht des BFH auch für die Erbringung von sonstigen Leistungen, soweit sie im Internet angeboten werden (s. Urteil des BFH vom 15.05.2012, XI R 16/10, UR 2013, 27). Danach ist ein Unternehmer, der über seine Internetseite den Nutzern die Möglichkeit verschafft, kostenpflichtige erotische oder pornografische Bilder und Videos zu beziehen, auch dann umsatzsteuerrechtlich Leistender, wenn der Nutzer hierzu auf Internetseiten anderer Unternehmer weitergeleitet wird, ohne dass dies in eindeutiger Weise kenntlich gemacht wird.

82 Danach ist der Betreiber einer Internetseite als derjenige zu behandeln, der die dort angebotenen kostenpflichtigen Leistungen erbracht hat. Daher kommt es auch bei über das Internet bezogenen kostenpflichtigen Leistungen auf das Außenverhältnis an, d.h. das Auftreten des Betreibers einer Internetseite dem Nutzer gegenüber.

83 Nur dann wenn der Betreiber einer Internetseite in eindeutiger Weise vor oder bei dem Geschäftsabschluss zu erkennen gibt, dass er für einen anderen tätig wird, also in fremdem Namen und für fremde Rechnung handelt, und der Kunde, der dies erkannt hat, sich ausdrücklich oder stillschweigend damit einverstanden erklärt, kann dessen Vermittlereigenschaft umsatzsteuerrechtlich anerkannt werden (s. Urteil des BFH vom 15.05.2012, XI R 16/10, UR 2013, 27).

1.4.3.3.4.2 Handeln im eigenen Namen und auf fremde Rechnung (Kommissionär)

84 Ein Kommissionär kauft oder verkauft Waren oder Dienstleistungen im eigenen Namen, aber für Rechnung des Kommittenten. Der Kommissionär, der die Verträge im eigenen Namen abschließt, wird somit zivilrechtlich selbst Vertragspartner des Dritten, an den er verkauft oder von dem er kauft. Die zivilrechtlichen Folgen des Geschäfts treffen damit den Kommissionär selbst. Die wirtschaftlichen Folgen der Ausführungsgeschäfte sollen dagegen grundsätzlich vom Kommittenten getragen werden.

85 Der Kommissionär handelt insofern als mittelbarer Stellvertreter. Während bei der direkten Stellvertretung Erklärungen im Außenverhältnis im Namen des Vertretenen abgegeben werden müssen, damit die rechtlichen Wirkungen unmittelbar den Vertretenen treffen (s. §§ 164 ff. BGB), wird bei der mittelbaren Stellvertretung des im eigenen Namen handelnden Kommissionärs nur dieser zivilrechtlich selbst verpflichtet. Zudem erbringt der Kommissionär zivilrechtlich eine Geschäftsbesorgung (im Sinne des § 675 BGB) an den Kommittenten.

Hinweis! Das Umsatzsteuerrecht folgt nicht der zivilrechtlichen Bewertung. Umsatzsteuerrechtlich wird der Kommissionär dem Eigenhändler gleichgestellt; s. § 3 Abs. 3 UStG für die Lieferungen und § 3 Abs. 11 UStG für sonstige Leistungen. Dies hat zur Folge, dass auch eine Lieferung bzw. sonstige Leistung des Kommittenten an den Kommissionär vorliegt, obwohl es sich zivilrechtlich um eine Geschäftsbesorgung des Kommissionärs für den Kommittenten handelt. 86

Diese Sichtweise grundsätzlich greift auch bei Treuhandverhältnissen u.Ä. ein. Aus den zu verallgemeinernden Regelungen des § 3 Abs. 3 und Abs. 11 UStG zur Kommission folgt, dass generell beim Handeln im eigenen Namen aber für fremde Rechnung die zwischengeschaltete Person als Leistungsempfänger und Leistender anzusehen ist. 87

1.4.3.3.4.2.1 Strohmann, Scheingeschäfte

Von einer Leistung durch denjenigen, der im eigenen Namen und für fremde Rechnung handelt, ist auch bei Strohmann- und Treuhandgeschäften auszugehen (s. auch Abschn. 2.1 Abs. 3 Satz 5 UStAE). Sofern der Strohmann oder der Treuhänder Unternehmer i.S.d. § 2 UStG ist und im Rahmen seines Unternehmens handelt, steht es einer einem Strohmann oder dem Treuhänder zuzurechnenden Leistung oder einem Leistungsbezug nach § 3 Abs. 3 und Abs. 11 UStG nicht entgegen, dass diese auf fremde Rechnung tätig sind (s. Urteil des BFH vom 28.01.1999, V R 4/98, UR 1999, 283). 88

Dabei ist zwischen der Leistungserbringung und dem Leistungsbezug durch Treuhänder oder Strohmänner nicht zu differenzieren, da die Bestimmung von Leistendem und Leistungsempfänger nach einheitlichen Grundsätzen erfolgt (s. Urteil des BFH vom 18.02.2009, V R 82/07, UR 2009, 596). 89

Entsprechend der Anwendung des § 3 Abs. 3 und Abs. 11 UStG auf Kommissionsverhältnisse kann es auch bei Strohmann- und Treuhandgeschäften zu einer **Verdoppelung der Leistungsbeziehungen** kommen, sodass z.B. der „Hintermann" an den „Strohmann" und dieser an den Abnehmer liefert oder leistet (s. Urteil des BFH vom 12.05.2011, V R 25/10, BeckRS 2011, 95859). 90

Ohne Bedeutung ist insoweit, ob der „Hintermann" als tatsächlich Handelnder die Leistungen im Namen des Strohmannes ausgeführt hat, z.B. gegenüber dem Leistungsempfänger als Angestellter des Vertragspartners (des Strohmannes oder Treuhänders) oder als dessen Subunternehmer aufgetreten ist (s. Urteil des BGH vom 10.03.2010, VIII ZR 65/09, UR 2010, 627). 91

In diesem Sinne hat der BFH wiederholt klargestellt, dass auch ein „Strohmann" leistender Unternehmer ist, solange zivilrechtlich nur der Strohmann aus dem Rechtsgeschäft berechtigt und verpflichtet wird (s. Urteil des BFH vom 12.08.2009, XI R 48/07, UR 2010, 423; so auch für „Betrugsketten" Urteil des BGH vom 05.02.2014, 1 StR 422/13, MwStR 2014, 278) 92

Unbeachtlich ist das „vorgeschobene" Strohmanngeschäft aber, wenn es nur **zum Schein** abgeschlossen wird, d.h. wenn die Vertragsparteien einverständlich oder stillschweigend davon ausgehen, dass die Rechtswirkungen des Geschäfts gerade nicht zwischen ihnen, sondern zwischen dem Leistungsempfänger und dem „Hintermann" eintreten sollen (s. § 41 Abs. 2 AO; ausführlich s. Beschluss des BFH vom 31.01.2002, V B 108/01, UR 2002, 275; s. auch Abschn. 2.1 Abs. 3 Satz 7 UStAE). 93

Letzteres ist insbesondere dann zu bejahen, wenn der Leistungsempfänger weiß oder davon ausgehen muss, dass derjenige, mit dem oder in dessen Namen das Rechtsgeschäft abgeschlossen wird (sog. Strohmann), selbst keine eigene – ggf. auch durch Subunternehmer auszuführende – Verpflichtung aus dem Rechtsgeschäft übernehmen will (s. Urteil des BFH vom 12.08.2009, XI R 48/07, UR 2010, 423). 94

Verdeckt das Scheingeschäft ein anderes Rechtsgeschäft, ist nach § 41 Abs. 2 Satz 2 AO das verdeckte Rechtsgeschäft für die Besteuerung maßgeblich. 95

1.4.3.3.4.3 Handeln im fremden Namen

Tritt der Handelnde berechtigterweise im Namen eines anderen auf, ist die Leistung dem Vertretenen (s. § 164 Abs. 1 BGB) zuzurechnen. Eine Zurechnung des Handels eines Dritten kann auch nach den Grundsätze der Anscheins- und Duldungsvollmacht erfolgen (s. Urteil des BFH vom 07.04.2011, V R 44/09, 96

UR 2011, 831 zur Inanspruchnahme der in einer Rechnung als Aussteller bezeichneten Person nach § 14c UStG unter Berücksichtigung der Grundsätze der Anscheins- und Duldungsvollmacht).

97 Eine **Anscheinsvollmacht** liegt vor, wenn der Vertretene das Handeln eines angeblichen Vertreters nicht kennt, aber bei pflichtgemäßer Sorgfalt hätte erkennen und verhindern können und der Geschäftsgegner nach Treu und Glauben annehmen durfte, der Vertretene dulde und billige das Handeln seines angeblichen Vertreters (s. Urteil des BFH vom 07.04.2011, V R 44/09, UR 2011, 831).

98 Eine **Duldungsvollmacht** ist anzunehmen, wenn der Vertretene es wissentlich geschehen lässt, dass ein anderer für ihn wie ein Vertreter auftritt und der Geschäftsgegner dieses Dulden nach Treu und Glauben dahin verstehen darf, dass der als Vertreter Handelnde bevollmächtigt ist (s. Urteil des BFH vom 07.04.2011, V R 44/09, UR 2011, 831).

1.4.3.3.4.4 Handeln unter fremden Namen

99 Beim Handeln unter fremden Namen bedient sich der Handelnde eines fremden Namens zur Verschleierung seiner eigenen Identität. Die Leistung ist dem dennoch Handelnden zuzurechnen. Denn wer unter fremdem Namen auftritt, erbringt eine eigene Leistung, wenn nach den erkennbaren Umständen durch sein Handeln in fremdem Namen lediglich verdeckt wird, dass er und nicht der Vertretene der Leistende ist (s. Urteil des BFH vom 04.09.2003, V R 10/02, UR 2004, 27).

1.4.3.3.5 Organschaft und Niederlassung

100 Leistender und Leistungsempfänger müssen verschiedene umsatzsteuerrechtliche Rechtssubjekte sein, da niemand an sich selbst leisten kann. So führen Warenbewegungen oder Dienstleistungen innerhalb eines inländischen Organkreises nicht zu einer Leistung im Sinne des § 1 Abs. 1 Nr. 1 UStG, denn die in eine umsatzsteuerrechtliche Organschaft einbezogenen Gesellschaften gelten als ein Unternehmen (s. § 2 Abs. 2 Nr. 2 Satz 3 UStG; s. Urteil des EuGH vom 22.05.2008, DStRE 2008, 902; s. Meyer-Burow/Connemann, UR 2011, 612). Umsätze zwischen inländischen Organgesellschaften unterliegen damit nicht der Umsatzbesteuerung, da sie innerhalb desselben Unternehmens bewirkt werden.

101 Auch in- und ausländische Niederlassungen eines Unternehmers gehören grundsätzlich zu dem einheitlichen umsatzsteuerrechtlichen Unternehmen (s. Abschn. 2.9 Abs. 2 Satz 2 UStAE). Eine Zweigniederlassung ist grundsätzlich kein eigenes Rechtssubjekt im umsatzsteuerrechtlichen Sinne. Damit unterliegen Leistungen zwischen einzelnen Unternehmensteilen als Innenumsätze grundsätzlich nicht der Umsatzbesteuerung, selbst wenn es sich um grenzüberschreitende Vorgänge handelt (s. Urteil des EuGH vom 23.03.2006, C-210/04, UR 2006, 331).

102 **Wichtig!** Etwas anderes gilt nur dann, wenn eine inländische Zweigniederlassung eines ausländischen Stammhauses in einen inländischen Organkreis eingebunden ist. Die Kombination von nicht steuerbaren Innenumsätze eines Stammhauses gegenüber einer Zweigniederlassung mit nicht steuerbaren Innenumsätzen eines Organkreises ist nach Ansicht des EuGH nicht zulässig (s. Urteil des EuGH vom 17.09.2014, C-7/13, UR 2014, 847).

103 In dem vom EuGH zu entscheidenden Sachverhalt (s. Urteil des EuGH vom 17.09.2014, C-7/13, UR 2014, 847) war Skandia America Corp. (US-amerikanische Gesellschaft), die Teil eines international tätigen Versicherungskonzerns war, die globale Einkaufsgesellschaft für IT-Dienstleistungen. Die von ihr eingekauften IT-Dienstleistungen verwendete sie, um ihrerseits IT-Dienstleistungen an Konzerngesellschaften zu erbringen. Skandia America Corp. hatte eine Zweigniederlassung in Schweden. Diese Zweigniederlassung war zugleich auch Teil des umsatzsteuerrechtlichen Organkreises von Skandia in Schweden. Die Zweigniederlassung verwendete die ihr vom US-amerikanischen Hauptsitz zur Verfügung gestellten IT-Dienstleistungen als Vorleistungen, um selbst IT-Dienstleistungen gegenüber anderen Gesellschaften zu erbringen. Die Leistungsempfänger befanden sich sowohl innerhalb als auch außerhalb des umsatzsteuerrechtlichen Organkreises in Schweden.

104 Die in den USA eingekauften Leistungen unterlagen dort vermutlich keiner indirekten Besteuerung. Leistungen zwischen einem Stammhaus und einer Zweigniederlassung sind grundsätzlich nicht steuer-

bar (s. Urteil des EuGH vom 23.03.2006, C-210/04, UR 2006, 331). Leistungen innerhalb einer umsatzsteuerrechtlichen Organschaft sind als Innenumsätze ebenfalls nicht steuerbar. Skandia wollte auf diese Weise den anderen Organgesellschaften IT-Dienstleistungen zuwenden, ohne dass diese mit schwedischer Umsatzsteuer belastet sind, da Skandia nicht (voll) zum Vorsteuerabzug berechtigt war.

Diesem Gestaltungswunsch hat der EuGH einen Riegel vorgeschoben. Die Organschaft entfaltet u.E. 105
über ihre Wirkungen im Innenverhältnis zwischen den an der Organschaft beteiligten Unternehmensteilen und im Verhältnis zum Finanzamt hinaus auch **Wirkungen im Außenverhältnis** (s. Meyer-Burow/Connemann, UR 2011, 612). Dieser Auffassung scheint im Ergebnis auch der EuGH zu folgen (s. Urteil des EuGH vom 17.09.2014, C-7/13, UR 2014, 847; a.A. Sauer/Gissel, UR 2014, 918). Dies hat zur Folge, dass die inländische Zweigniederlassung eines ausländischen Stammhauses aufgrund der Eingliederung in den Organkreis umsatzsteuerrechtlich unselbständig wird. Ein nicht steuerbarer Innenumsatz zwischen dem Stammhaus und der Zweigniederlassung scheidet dann aus. Durch die Eingliederung der Zweigniederlassung in einen umsatzsteuerrechtlichen Organkreis verliert diese ihre Unselbständigkeit im Verhältnis zum Stammhaus. Leistungen des Stammhauses an die Zweigniederlassung stellen damit Umsätze des Stammhauses an den Organkreis dar, sodass zwei umsatzsteuerrechtlich getrennte Rechtssubjekte vorliegen.

Die EuGH-Entscheidung in der Rechtssache C-7/13 (s. Urteil des EuGH vom 17.09.2014, C-7/13, UR 106
2014, 847) findet keine Anwendung auf Leistungsbeziehungen zwischen Stammhaus und (ausländischen) Niederlassungen einer Gesellschaft, wenn keine der betreffenden Einheiten in ihrem Belegenheitsstaat Teil einer umsatzsteuerrechtlichen Organschaft ist (so auch Hahne, BB 2014, 2664; Maunz, UR 2014, 851).

Ist dagegen eine Niederlassung Teil einer umsatzsteuerrechtlichen Organschaft in ihrem Belegenheits- 107
staat, liegen nach der vorliegenden EuGH-Entscheidung keine Innenumsätze zwischen ausländischem Haupthaus und Niederlassung vor (so auch Hahne, BB 2014, 2664), da der Organschaft Außenwirkung zukommt.

Handelt es sich dagegen um eine ausländische Niederlassung des umsatzsteuerrechtlichen Organträgers, 108
ist auf beiden Seiten derselbe Unternehmer tätig sein, sodass nichtsteuerbare Innenumsätze vorliegen (so wohl auch Hahne, BB 2014, 2664).

1.4.3.3.6 Leistung ohne Leistungsempfänger

Das Umsatzsteuerrecht fingiert in bestimmten Fällen, in denen kein Leistungsempfänger gegeben ist, den- 109
noch eine Leistung, um eine sachgerechte Besteuerung herbeizuführen. So wird das unternehmensinterne Verbringen in einen oder das Erwerben eines Gegenstands aus einem anderen Mitgliedstaat (s. § 1a Abs. 2, § 3 Abs. 1a UStG), die Entnahme eines Gegenstands aus dem Unternehmen (s. § 3 Abs. 1b Nr. 1 UStG) oder die Verwendung eines Unternehmensgegenstands (s. § 3 Abs. 9a Nr. 1 UStG), jeweils für Zwecke, die außerhalb des Unternehmens liegen, einer Lieferung oder einer sonstigen Leistung gleichgestellt.

1.4.3.4 Verbrauchbarer Vorteil

Der Leistungsempfänger muss zudem einen verbrauchbaren Vorteil erhalten, aufgrund dessen er als Emp- 110
fänger einer Dienstleistung betrachtet werden kann (s. Urteil des EuGH vom 29.02.1996, C-215/94, UR 1996, 1). Der verbrauchbare Vorteil wird regelmäßig durch positives Tun, durch Unterlassen, Dulden oder Verzichten verschafft. Indiz dafür, dass die Zuwendung für den Empfänger einen verwendbaren Vorteil bedeutet, ist seine Gegenleistung (s. Birkenfeld in Birkenfeld/Wäger, Das große Umsatzsteuer-Handbuch, 47. Lieferung, § 31 Rn. 72).

Verwendbar aus der Sicht des Leistungsempfängers ist eine Zuwendung auch, wenn sie verboten, unsitt- 111
lich, unsinnig, objektiv wertlos ist, unfreiwillig erfolgt oder keine wirksame zivilrechtliche Grundlage hat.

An der Zuwendung eines verbrauchsfähigen wirtschaftlichen Vorteils fehlt es beispielsweise, wenn ein 112
Landwirt sich verpflichtet, seine Ernte ganz oder teilweise einzuschränken, und er dafür von einer öffentlichen Stelle eine Geldentschädigung erhält. Mit der Beschränkung seiner Ernte wendet der Landwirt keinem individualisierbaren Leistungsempfänger einen verbrauchbaren wirtschaftlichen Vorteil zu (s. Urteil des EuGH vom 18.12.1997, C-384/95, UR 1998, 102).

1.4.3.5 Mehrheit von Leistungen

113 In der Praxis bereitet die Einordnung von Leistungen häufig dann Probleme, wenn der zu beurteilende Vorgang aus einer Vielzahl von verschiedenen Einzelleistungen und Handlungen besteht, z.B. einer oder mehrerer Lieferungen und/oder auch Dienstleistungselemente enthält. Bei solchen Vorgängen kann es fraglich sein, ob umsatzsteuerrechtlich eine Vielzahl von Leistungen vorliegt, die jeweils gesondert zu behandeln sind, oder ob die verschiedenen Leistungselemente umsatzsteuerrechtlich als eine Leistung zu behandeln sind. Ist eine Vielzahl von Leistungselementen gegeben, die umsatzsteuerrechtlich eine (einheitliche) Leistung darstellen, kann es sich um eine sog. untrennbare Leistung handeln oder um eine Haupt- und Nebenleistung.

1.4.3.5.1 Allgemeines

114 Nach der Rechtsprechung des EuGH gilt es, die verschiedenen Einzelleistungen ihrem Charakter entsprechend differenziert zu beurteilen. Bei der Beurteilung eines Vorganges, der aus einer Vielzahl von Handlungen und Elementen besteht, sind folgende Gesichtspunkte zu berücksichtigen:

- Grundsätzlich ist jede Leistungen umsatzsteuerrechtlich als eigenständige Leistung zu behandeln (s. Urteil des EuGH vom 27.10.2005, C-41/04, UR 2006, 20, m.w.N.).
  Erbringt daher ein Unternehmer gegenüber einem Leistungsempfänger eine Vielzahl von Einzelleistungen, ist grundsätzlich von mehreren umsatzsteuerrechtlich selbständigen Leistungen auszugehen. Diese sind umsatzsteuerrechtlich separat zu bewerten in Bezug auf den Ort der Besteuerung, der Frage des Steuersatzes, einer eventuellen Steuerbefreiung usw.

> **Beispiel:** K betrieb ein Theater. Zu dem Theater gehörte ein ebenfalls von der K betriebenes Theaterrestaurant, in dem Speisen und Getränke angeboten wurden. Die zuständige Kulturbehörde bescheinigte der K, dass sie mit ihren Vorführungen nach § 4 Nr. 20 Buchst. a UStG steuerfreie Leistungen erbringe. Die K behandelte die Gastronomieumsätze, die ca. 11–12 % der Gesamtumsätze ausmachten, als steuerfreie Nebenleistungen zu den steuerbefreiten Theaterleistungen.
>
> **Lösung:** Die Abgabe von Speisen und Getränken in dem Theater ist keine steuerbefreite Nebenleistung zur Theatervorstellung, sondern eine eigenständige und damit auch steuerpflichtig Leistung (s. Urteil des BFH vom 18.08.2005, V R 20/03, UR 2006, 24, m.w.N.).

Unter bestimmten Umständen sind jedoch mehrere formal unterschiedliche Einzelleistungen, die getrennt erbracht werden und damit jede für sich zu einer Besteuerung oder Befreiung führen könnten, als ein (einheitlicher) Umsatz anzusehen, wenn sie nicht selbständig sind (s. Urteil des EuGH vom 21.02.2008, C-425/06, UR 2008, 461, m.w.N.).

> **Beispiel:** K veranstaltete eine sog. „Dinner-Show“. Die Eintrittskarten beinhalteten eine Varieté- und Theatershow, ein Menü mit vier Gängen und die Garderobe. Getränke wurden gesondert berechnet. Während der Veranstaltung saßen die Teilnehmer nicht in Stuhlreihen, sondern an Tischen. Vor und zwischen den musikalischen und künstlerischen Darbietungen wurden die einzelnen Gänge und Getränke serviert und abgeräumt. Zur Unterhaltung während des Essens fand als Nebenprogramm eine musikalische Begleitung statt. Die Gesamtdauer der Veranstaltung betrug vier Stunden, von denen ca. eineinhalb Stunden auf das Menü entfielen.
> K versteuerte einen Anteil von 15 € pro Teilnehmer nach dem Regelsteuersatz (Menü) und den Rest nach dem ermäßigten Steuersatz (Varieté). Demgegenüber unterwarf das FA den gesamten Umsatz dem Regelsteuersatz, weil aus der Sicht des Durchschnittsverbrauchers ein „Kombinationserlebnis“ im Vordergrund stehe.
>
> **Lösung:** Die Kombination von künstlerischen und kulinarischen Elementen in Form einer „Dinner-Show“ kann eine komplexe Leistung sein, die dem Regelsteuersatz unterliegt (s. Urteil des BFH vom 10.01.2013, V R 31/10, UR 2013, 385, m.w.N.).

Der Qualifizierung von einer Vielzahl von formal eigenständigen Leistungen als eine (einheitliche oder komplexe) Leistung liegt der Gedanke zugrunde, dass das Funktionieren des Mehrwertsteuersystems nicht dadurch gefährdet werden soll, dass wirtschaftlich einheitliche Leistungen künstlich aufgespalten werden, sog. Grundsatz der Einheitlichkeit der Leistung (s. Urteil des EuGH vom 27.10.2005, C-41/04, UR 2006, 20). Eine zu starke Aufspaltung einer Gesamtleistung in gesondert zu qualifizierende Einzelleistungen würde nämlich die Anwendung der Mehrwertsteuervorschriften verkomplizieren (s. Urteil des EuGH vom 17.01.2013, C-224/11, UR 2013, 262, m.w.N.).

- Deshalb ist das Wesen (die charakteristischen Merkmale) des fraglichen Umsatzes zu ermitteln, um festzustellen, ob der Unternehmer dem Leistungsempfänger mehrere selbstständige Leistungen oder eine (einheitliche) Leistung erbringt (in diesem Sinne s. Urteil des EuGH vom 02.05.1996, C-231/94, UR 1996, 220, m.w.N.; Abschn. 3.10 Abs. 1 Satz 2 UStAE).
- Liegt danach eine (einheitliche) Leistung vor, ist aufgrund der charakteristischen Merkmale zu bestimmen, ob es sich bei dieser (einheitlichen) Leistung um eine sonstige Leistung oder um eine Lieferung handelt (in diesem Sinne s. Urteil des EuGH vom 02.05.1996, C-231/94, UR 1996, 220, m.w.N.).
- Im Rahmen der Prüfung ist ein objektiver Maßstab anzulegen, wobei auf die Sicht eines Durchschnittsverbrauchers abzustellen ist (s. Urteil des EuGH vom 21.06.2007, C-453/05, UR 2007, 617, m.w.N., Urteil des BFH vom 13.07.2006, V R 24/02, UR 2006, 648, m.w.N.; s. ebenso Abschn. 3.10 Abs. 1 Satz 3 UStAE; Lange, UR 2009, 289; a.A. Leisner-Egensperger, UR 2010, 557). Auf die subjektive Sicht des Leistungserbringers und/oder -empfängers kommt es dabei nicht an.
- Für die Bestimmung des Umfangs und des Wesen (der charakteristischen Merkmale) einer Leistung sind die Gesamtumstände zu berücksichtigen (s. Urteil des EuGH vom 25.02.1999, C-349/96, UR 1999, 254, m.w.N.). Der dominierende Bestandteil muss – im Rahmen der Gesamtbetrachtung – mit Rücksicht auf die qualitative und nicht nur quantitative Bedeutung der Leistungselemente bestimmen werden (s. Urteil des EuGH vom 10.03.2011, C-497/09, C-499/09, C-501/09 und C-502/09, UR 2011, 272, m.w.N.).

Nach der Rechtsprechung des BFH ist die Sicht des Durchschnittsverbrauchers keinem Beweis zugänglich, 115 sondern lediglich eine „gedankliche Perspektive“ (s. Urteil des BFH vom 17.04.2008, V R 39/05, BeckRS 2008, 25013733). Bei dem Abstellen auf einen Durchschnittsverbraucher müssen die konkreten Sichtweisen der beteiligten Wirtschaftskreise und deren Erkenntnisstand berücksichtigt werden (Lange, UR 2009, 289). Dementsprechend hat der BFH bei der Beurteilung der Überlassung von Sportanlagen konkret auf den „Benutzer einer Sportanlage (als „Durchschnittsverbraucher“)“ abgestellt (s. Urteil des BFH vom 31.05.2001, V R 97/98, UR 2001, 396).

1.4.3.5.2 Eine (einheitliche) Leistung

Eine (einheitliche) Leistung liegt vor, wenn schon nach einer anhand objektiver Kriterien durchgeführten 116 Analyse festgestellt wird, dass eine oder mehrere Einzelleistungen eine Hauptleistung bilden und die andere Einzelleistung oder die anderen Einzelleistungen eine oder mehrere Nebenleistungen bilden, die das steuerrechtliche Schicksal der Hauptleistung teilen (s. Urteil des EuGH vom 27.10.2005, C-41/04, UR 2006, 20, m.w.N.).

Eine (einheitliche) Leistung liegt auch dann vor, wenn der Steuerpflichtige zwei oder mehr Handlungen 117 vornimmt oder Elemente liefert, die so eng miteinander verbunden sind, dass sie objektiv eine einzige untrennbare wirtschaftliche Leistung bilden, deren Aufspaltung wirklichkeitsfremd wäre (s. Urteil des EuGH vom 27.10.2005, C-41/04, UR 2006, 20, m.w.N.).

Eine (einheitliche) Leistung kann grundsätzlich nur vorliegen, wenn diese (einheitliche) Leistungen von 118 **einem Leistenden** im umsatzsteuerrechtlichen Sinne ausgeführt wird (s. Urteil des EuGH vom 11.06.2009, C-572/07, UR 2009, 557; Urteil des BFH vom 11.04.2013, V R 28/12, UR 2014, 149, m.w.N.; s. auch Abschn. 3.10 Abs. 4 Satz 1 UStAE). Zudem darf die (einheitliche) Leistung auch nur an **einen Leistungsempfänger** im umsatzsteuerrechtlichen Sinne erbracht werden (s. Urteil des BFH vom 24.40.2013, XI R 7/11, UR 2014, 13, m.w.N.).

119 Bei einer **Organschaft** ist die eben genannte Voraussetzung erfüllt, wenn eine Leistung von dem Organträger und eine andere von einer Organgesellschaft ausgeführt werden (s. Urteil des BFH vom 29.10.2008, XI R 74/07, UR 2009, 47; s. auch Abschn. 3.10 Abs. 4 Satz 3 UStAE). Ebenfalls genügt es, wenn die (einheitliche) Leistungen von verschiedenen Organgesellschaften desselben Organkreises empfangen werden.

120 **Beachte!** Eine Ausnahme von dem Grundsatz, dass Leistungen mehrerer Unternehmer getrennt zu beurteilen sind, soll nach Ansicht des EuGH dann bestehen, wenn verschiedene in wechselseitigem und wirtschaftlichem Zusammenhang stehende Leistungen missbräuchlich in mehrere Verträge zwischen mehreren Unternehmen einer Unternehmensgruppe (die nicht organschaftlich verbunden sind) aufgeteilt werden (s. Urteil des EuGH vom 21.02.2008, C-425/06, UR 08, 461; zur berechtigten Kritik an diesem Urteil s. die Ausführungen von Korf, IStR 2008, 261).

121 Für die Frage, ob eine (einheitliche) Leistung vorliegt, sind sämtliche Umstände des Einzelfalls zu berücksichtigen. Aus der notwendigerweise vorzunehmenden Gesamtschau aller Umstände aus der Sicht eines Durchschnittsverbrauchers ergibt sich, dass folgende Umstände alleine nicht zu einer (einheitlichen) Leistung führen, sondern (allenfalls) indizielle Wirkung haben:

- Die Vereinbarungen über die zu erbringenden Leistungselemente sind in einer Vertragsurkunde oder mehreren Vertragsurkunden niedergelegt (s. Urteil des BFH vom 19.03.2009, V R 50/07, UR 2009, 560; s. auch Abschn. 3.10 Abs. 2 Satz 4 UStAE).
- Es wurde ein getrenntes oder ein einheitliches Entgelt vereinbart und/oder gezahlt (s. Urteil des EuGH vom 27.10.2005, C-41/04, UR 2006, 20; Urteil des BFH vom 19.03.2009, V R 50/07, UR 2009, 560; zur Aufteilung eines Gesamtentgelts bei mehreren Leistungen s. Beschluss des BFH vom 03.04.2013, V B 125/12, UR 2013, 429; s. auch s. auch Abschn. 3.10 Abs. 2 Satz 4 UStAE).
- Ein Gesamtpreis wird in Rechnung gestellt (s. Urteil des BFH vom 02.03.2011, XI R 25/09, UR 2011, 692).
- Mehrere Leistungen dienen demselben wirtschaftlichen Ziel (s. Urteil des BFH vom 31.05.2007, V R 18/05, UR 2007, 691).
- Dem Verhältnis zwischen dem Preis des Gegenstands und dem der Dienstleistungen kommt allein keine ausschlaggebende Bedeutung für die Frage zu, ob zwei getrennte Leistungen vorliegen oder eine einheitliche Leistung; es ist aber eine objektive Gegebenheit, die einen Anhaltspunkt für die Beurteilung geben kann (s. Urteil des BFH vom 25.06.2009, V R 25/07, UR 2009, 809).
- Die dem Leistungsempfänger aufgezwungene Koppelung mehrerer Leistungen allein führt nicht zu einer einheitlichen Leistung (s. Abschn. 3.10 Abs. 2 Satz 6 UStAE; s. Urteil des BFH vom 13.07.2006, V R 24/02, UR 2006, 648).

122 Liegt aber eine (einheitliche) Leistung vor, so kann diese nicht in getrennt zu bewertende Leistungen aufgeteilt werden, durch:

- Die bloße Willensbekundung in einer vertraglichen Abrede (s. Urteil des BFH vom 13.11.2013, XI R 24/11, UR 2014, 693);
- die Abrechnung in einer Rechnung (Gesamtrechnung; vielmehr können auch mehrere Teilrechnungen erstellt werden, mit denen über die Gesamtleistung insgesamt abgerechnet wird; Urteil des BFH vom 19.06.2013, XI R 41/10, UR 2014, 58);
- die Tatsache, dass Leistungselemente grundsätzlich von einem Dritten erbracht werden könnten (dies lässt nicht notwendigerweise den Schluss zu, dass damit keine einheitliche Leistung vorliegt; s. Urteil des EuGH vom 07.09.2012, C-392/11, UR 2012, 964).

123 **Hinweis!** Da eine Gesamtwürdigung aller Umstände vorzunehmen ist, sollte der Unternehmer bei der **Vertragsgestaltung** die eben genannten Aspekte berücksichtigen. Durch eine entsprechende Vertragsgestaltung kann das Ergebnis der Würdigung zumindest beeinflusst werden. Dabei ist zu berücksichtigen,

dass der EuGH insbesondere dem Inhalt eines Vertrages für die Beurteilung der Qualifizierung der Leistungen eine gewisse Bedeutung beimisst (s. Urteil des EuGH vom 27.09.2012, C-392/11, UR 2012, 964). So hat der EuGH die vertragliche Verknüpfung von mehreren Leistungen durch die Möglichkeit, den gesamten Vertrag zu kündigen, falls der Vertragspartner ein Teilentgelt nicht zahlt, als einen Hinweis angesehen, der für das Vorliegen einer einheitlichen Leistung spricht (s. Urteil des EuGH vom 27.09.2012, C-392/11, UR 2012, 964).

1.4.3.5.2.1 Untrennbare Leistung

Eine einzige untrennbare Leistung liegt vor, wenn der Unternehmer für den Leistungsempfänger, wobei auf einen Durchschnittsverbraucher abzustellen ist, zwei oder mehr Handlungen vornimmt oder Elemente liefert, die so eng miteinander verbunden sind, dass sie objektiv eine einzige untrennbare wirtschaftliche Leistung bilden, deren Aufspaltung wirklichkeitsfremd wäre (s. Urteil des EuGH vom 27.10.2005, C-41/04, UR 2006, 20; Urteil des BFH vom 17.04.2008, V R 39/05, BeckRS 2008, 25013733). 124

Stellt sich im Rahmen einer qualitativen und nicht nur quantitativen Prüfung des gesamten Umsatzes heraus, dass die Lieferung nur ein Teil des Umsatzes ist, die Dienstleistungen aber überwiegen (also den dominierenden Bestandteil darstellen), ist der Umsatz insgesamt als Dienstleistung zu betrachten (s. Urteil des EuGH vom 17.05.2001, C-323/99, UR 2001, 293; s. Connemann, UStB 2009, 364). Überwiegen dagegen im Rahmen einer qualitativen Prüfung die Lieferelemente gegenüber den Dienstleistungselementen, ist der Umsatz insgesamt als Lieferung zu betrachten. 125

1.4.3.5.2.2 Haupt- und Nebenleistung

Eine (einheitliche) Leistung liegt auch vor, wenn eine oder mehrere Einzelleistungen eine Hauptleistung bilden und die andere Einzelleistung oder die anderen Einzelleistungen eine oder mehrere Nebenleistungen bilden, die das steuerrechtliche Schicksal der Hauptleistung teilen. Eine Leistung ist insbesondere dann Neben- und nicht Hauptleistung, wenn sie für den Leistungsempfänger keinen eigenen Zweck, sondern das Mittel darstellt, um die Hauptleistung des Leistungserbringers unter optimalen Bedingungen in Anspruch zu nehmen (s. Urteil des EuGH vom 10.03.2011, C-497/09, UR 2011, 272; s. Abschn. 3.10 Abs. 5 Satz 4 UStAE). 126

Für die Annahme einer Nebenleistung ist es aber nicht erforderlich, dass beide Leistungen derart miteinander verbunden sind, dass die eine Leistung nicht ohne die andere erbracht werden könnte. Maßgeblich ist vielmehr, ob die zu beurteilende Leistung aus der Sicht des Durchschnittsverbrauchers im Vergleich zur Hauptleistung nebensächlich ist, mit ihr eng – im Sinne einer wirtschaftlich gerechtfertigten Abrundung und Ergänzung – zusammenhängt und üblicherweise in ihrem Gefolge vorkommt (s. Urteil des BFH vom 15.01.2009, V R 91/07, UR 2009, 315). 127

Beachte! Eine Ausnahme von dem Grundsatz, dass eine Nebenleistung das umsatzsteuerrechtliche Schicksal der Hauptleistung teilt, kann aber in Bezug auf den anzuwendenden Steuersatz bzw. bei einer Steuerbefreiung bestehen. So sind die Mitgliedstaaten nach der Rechtsprechung des EuGH nicht daran gehindert, eine Nebenleistung von einer bestimmten Ausnahmeregelung auszuschließen, mit dem Ergebnis, dass die Nebenleistung mit einem anderen (höheren) Steuersatz zu besteuern ist als die Hauptleistung (s. Urteil des EuGH vom 06.07.2006, C-251/05, UR 2006, 582; zur Kritik am Aufteilungsgebot s. von Streit, UStB 2014, 19). 128

Dementsprechend bestehen auch in Deutschland gesetzliche **Aufteilungsgebote**. So ist z.B. beim Verkauf eines Grundstücks mit Betriebsvorrichtung zwischen der nach § 4 Nr. 9 Buchst. a UStG (s. § 4 Nr. 9 Rn. 11 ff.) steuerfreien Grundstückslieferung und der steuerpflichtigen (nicht unter das GrEStG fallenden) Veräußerung der Betriebsvorrichtung zu unterscheiden. 129

Ferner besteht ein Aufteilungsgebot bei der Vermietung von Wohn- und Schlafräumen, die ein Unternehmer zur kurzfristigen Beherbergung von Fremden bereithält, sowie bei kurzfristiger Vermietung von Campingflächen (s. § 12 Abs. 2 Nr. 11 UStG). Denn nach § 12 Abs. 2 Nr. 11 Satz 2 gilt der ermäßigte Steuersatz 130 nicht für Leistungen, die nicht unmittelbar der Vermietung dienen, auch wenn diese Leistungen mit dem Entgelt für die Vermietung abgegolten sind (z.B. Frühstücksleistungen; s. Urteil des BFH vom 24.04.2013, XI R 3/11, UR 2014, 229; kritisch Dudde/Zielinski, BB 2010, 603).

1.4.3.5.3 Einzelfälle

131 **Betreutes Wohnen**

- Erbringt ein gemeinnütziger Verein gegenüber Senioren im Rahmen des „betreuten Wohnens“ ein Leistungsbündel (bestehend z.B. aus Sozial- und Gesundheitsbetreuung für Bewohner durch zeitweise, werktägliche Präsenz einer Fachkraft, Vermittlung von Mahlzeitendienst, Vermittlung von ambulanten Hilfsleistungen, usw.), das durch die Leistungen der in § 75 BSHG bzw. nun § 71 SGB XII (Altenhilfe) genannten Art geprägt wird, liegt eine einheitliche Leistung vor (s. Urteil des BFH vom 08.06.2011, XI R 22/09, UR 2011, 821).

132 **Beförderungsleistung**

- Die Überlassung eines Fahrzeugs mit Chauffeur zu im Voraus vereinbarte und für zusätzliche fakultative Fahrtstrecken ist eine einheitliche Beförderungsleistung i.S.v. § 3b UStG (s. Urteil des BFH vom 08.09.2011, V R 5/10, UR 2012, 227).
- Bei einer mehrtägigen Hochseeangelreise stellen die Unterkunft und Verpflegung sowie diejenigen Dienstleistungen, die dazu dienen, dass die Passagiere den Angelsport optimal ausüben und das Fanggut transportieren können, Nebenleistungen zu der Personenbeförderung dar (s. Urteil des BFH vom 02.03.2011, XI R 25/09, UR 2011, 692).

133 **Dinner Show**

- Die Kombination von künstlerischen und kulinarischen Elementen in Form einer „Dinner-Show“ kann eine komplexe Leistung sein, die dem Regelsteuersatz unterliegt (s. Urteil des BFH vom 10.01.2013, V R 31/10, UR 2013, 385).

134 **Einpflanzen**

- Übernimmt der Betreiber einer Baumschule auf Wunsch eines Teils seiner Kunden auch das Einpflanzen der dort gekauften Pflanzen, können die (dem ermäßigten Steuersatz unterliegende) Lieferung der Pflanzen und das (dem Regelsteuersatz unterliegende) Einpflanzen umsatzsteuerrechtlich jeweils selbständige Leistungen sein (s. Urteil des BFH vom 25.06.2009, V R 25/07, UR 2009, 809).

135 **Entsorgungsleistungen**

- Die Übernahme von ausgedienten Strahlenquellen durch einen inländischen Unternehmer im Ausland kann im Verhältnis zu den in diesem Zusammenhang erbrachten weiteren Leistungen als Hauptleistung anzusehen sein (s. Urteil des BFH vom 13.01.2011, V R 63/09, UR 2011, 497).
- Übernimmt ein Landwirt von einer kommunalen Abwasserbehandlungsanlage Klärschlamm und bringt er diesen auf eigenen landwirtschaftlich genutzten Feldern als Dünger auf, liegt eine einheitliche Entsorgungsleistung (Übernahme, Abfuhr und Entsorgung des Klärschlamms) und keine der Durchschnittssatzbesteuerung nach § 24 UStG unterliegende landwirtschaftliche Dienstleistung vor (s. Urteil des BFH vom 23.01.2013, XI R 27/11, UR 2013, 352).

136 **Finanzumsätze**

- Übernimmt bei der durch eine Beteiligungsklausel im Versicherungsvertrag offengelegten Mitversicherung eines Risikos durch mehrere Versicherer (sog. offene Mitversicherung) der führende Versicherer die bei Begründung und Abwicklung der Mitversicherungsverträge anfallenden Verwaltungsaufgaben (sog. Führungsleistungen) gegen einen erhöhten Anteil aus dem Versicherungsentgelt (sog. Führungsprovision), liegt darin eine steuerbare und steuerpflichtige sonstige Leistung an den/die Mitversicherer und keine Nebenleistung zur dem Versicherungsnehmer erbrachte Hauptleistung, dem Gewähren von (anteiligem) Versicherungsschutz (s. Urteil des BFH vom 24.04.2013, XI R 7/11, UR 2014, 13).

Garantiezusage 137

- Die Garantiezusage eines Autoverkäufers, durch die der Käufer gegen Entgelt nach seiner Wahl einen Reparaturanspruch gegenüber dem Verkäufer oder einen Reparaturkostenersatzanspruch gegenüber einem Versicherer erhält, ist als einheitliche Leistung eigener Art steuerpflichtig (s. Urteil des BFH vom 10.02.2010, XI R 49/07, UR 2010, 371).

Grundstück 138

- Die Standplatzvermietung durch eine Gemeinde bei Kirmesveranstaltungen ist im vollen Umfang gemäß § 4 Nr. 12 Buchst. a UStG steuerfrei. Die Überlassung der Standplätze ist das wesentliche Leistungselement (Hauptleistung), sodass die darüber hinaus erbrachten Leistungen als Nebenleistungen anzusehen sind (s. Urteil des BFH vom 13.02.2014, V R 5/13, UR 2014, 566).
- Die Einräumung eines Nutzungsrechts und die Bestellung einer beschränkt persönlichen Dienstbarkeit ist keine Nebenleistung zu dem gemäß § 4 Nr. 9 Buchst. a UStG steuerfreien Verkauf eines Grundstücks (s. Urteil des BFH vom 21.02.2013, V R 10/12, BeckRS 2013, 95697).
- Ein nach § 4 Nr. 9 Buchst. a UStG insgesamt steuerfreier einheitlicher Grundstücksumsatz kann nicht nur bei der Veräußerung eines bereits bebauten Grundstücks vorliegen, sondern auch dann, wenn derselbe Veräußerer in zwei getrennten Verträgen ein Grundstück veräußert und die Pflicht zur Erstellung eines schlüsselfertigen Bürohauses und Geschäftshauses übernimmt. Leistungsgegenstand ist in diesem Fall ein noch zu bebauendes Grundstück (s. Urteil des BFH vom 19.03.2009, V R 50/07, UR 2009, 560).
- Die Vermietung von Grundstücken und die mit dieser Vermietung zusammenhängenden Dienstleistungen (die u.a. die Wasserversorgung, die Heizung im gesamten Gebäude, die Reparaturen von Infrastruktur und Maschinen dieses Gebäudes (u.a. der Aufzüge), die Reinigung der Gemeinschaftsräume und die Sicherheit des Gebäudes umfasst), können eine einheitliche Leistung darstellen (s. Urteil des EuGH vom 27.09.2012, C-392/11, UR 2012, 964).
- Die Vermietung eines Grundstücks und die Dienstleistung der Reinigung seiner Gemeinschaftsräume sind als selbständige, voneinander trennbare Umsätze anzusehen (s. Urteil des EuGH vom 11.06.2009, C-572/07, UR 2009, 557).
- Die Vermietung einer Immobilie und die Lieferung von Wasser, Elektrizität und Wärme sowie die Abfallentsorgung, die diese Vermietung begleiten, sind grundsätzlich als mehrere unterschiedliche und unabhängige Leistungen anzusehen sind, die unter Mehrwertsteuergesichtspunkten getrennt zu beurteilen sind, es sei denn, dass gewisse Bestandteile des Umsatzes, einschließlich derer, die die wirtschaftliche Grundlage des Vertragsabschlusses bilden, so eng miteinander verbunden sind, dass sie objektiv eine einzige untrennbare wirtschaftliche Leistung bilden, deren Aufspaltung wirklichkeitsfremd wäre (s. Urteil des EuGH vom 16.04.2015, C-42/14, MwStR 2015, 2015, 413).

Haftungsvergütung 139

- Die Festvergütung, die der geschäftsführungs- und vertretungsberechtigte Komplementär einer KG von dieser für seine Haftung nach §§ 161, 128 HGB erhält, ist als Entgelt für eine einheitliche Leistung, die Geschäftsführung, Vertretung und Haftung umfasst, umsatzsteuerpflichtig (s. Urteil des BFH 03.03.2011, V R 24/10, UR 2011, 585).

Kontroll- und Überwachungsleistungen 140

- Die Tätigkeit einer internationalen Kontroll- und Überwachungsgesellschaft, deren „Bescheinigung über die Entladung und Einfuhr" von Erzeugnissen in das Drittland Voraussetzung für eine im Inland zu gewährende Ausfuhrerstattung ist, stellt eine einheitliche Leistung dar (s. BFH vom 10.11.2010, V R 27/09, UR 2011, 495).

Lagerung von Waren 141

- Bei einer komplexen Dienstleistung im Bereich der Lagerung von Waren, die u.a. die Annahme der Waren in einem Lager, ihre Unterbringung auf geeigneten Lagerregalen, ihre Aufbewahrung, ihr Verpacken für die Kunden, ihre Ausgabe sowie ihr Ent- und Verladen umfasst, ist die Lagerung von Waren grundsätzlich als Hauptleistung anzusehen. Die Annahme, die Unterbringung, die Ausgabe, das Ent- und das Verladen der Waren stellen demgegenüber nur Nebenleistungen dar. Das Umpacken von in Sammelpackungen gelieferten Waren in individuelle Zusammenstellungen ist immer dann als eigenständige Hauptleistung anzusehen, wenn dieses Umpacken nicht unerlässlich ist, um eine bessere Lagerung der fraglichen Waren zu gewährleisten (s. Urteil des EuGH vom 27.06.2013, C-155/12, UR 2013, 708).

142 **Leasing**

- Die in der Versicherung eines Leasingobjekts bestehende Dienstleistung und die im Leasing selbst bestehende Dienstleistung müssen mehrwertsteuerlich grundsätzlich als eigene und selbständige Dienstleistungen behandelt werden (s. Urteil des EuGH vom 17.01.2013, C-224/11, UR 2013, 262).

143 **Rennservice**

- Stellt ein Unternehmer mit Sitz im Inland einem Motorradrennfahrer einen vollständigen Rennservice (bestehend aus folgenden Leistungen: Überlassung einer Rennmaschine und einer Ersatzmaschine, Transport der Motorräder zu den Renn- und Trainingsorten, Wartung, Einstellung und Reparatur der Rennmaschinen am Veranstaltungsort, Aufbau der hierfür notwendigen Infrastruktur an der Rennstrecke, Organisation der Teilnahme an den Rennen und Trainingsläufen) mit Fahrzeug für im Ausland veranstaltete Motorradrennen zur Verfügung, führt er damit eine einheitliche sonstige Leistung aus (s. Urteil des BFH vom 01.12.2010, XI R 27/09, UR 2011, 623).

144 **Reprografietätigkeit**

- Die Reprografietätigkeit, die Merkmale einer Lieferung von Gegenständen aufweist, ist als „Dienstleistung“ einzustufen, wenn sich erweist, dass sie mit ergänzenden Dienstleistungen verbunden ist, die wegen der Bedeutung, die sie für ihren Abnehmer haben, der Zeit, die für ihre Ausführung nötig ist, der erforderlichen Behandlung der Originaldokumente und des Anteils an den Gesamtkosten, der auf diese Dienstleistungen entfällt, im Vergleich zur Lieferung von Gegenständen überwiegen, sodass sie für den Empfänger einen eigenen Zweck darstellen (s. Urteil des EuGH vom 11.02.2010, C-88/09, UR 2010, 230).

145 **Seminar**

- Die Aushändigung von Broschüren ist eine unselbständige Nebenleistung zu einer Seminarleistung, sodass auf die gesamten im Zusammenhang mit den Gruppenseminaren erbrachten Leistungen der Regelsteuersatz (s. § 12 Abs. 1 UStG) anzuwenden ist (s. Urteil des BFH vom 17.04.2008, V R 39/05, BeckRS 2008, 25013733).

146 **Software**

- Überlässt ein Steuerpflichtiger einem Verbraucher eine zuvor entwickelte und in den Verkehr gebrachte, auf einem Datenträger gespeicherte Standard-Software und passt er diese anschließend an die besonderen Bedürfnisse dieses Erwerbers, so liegt eine einheitliche Dienstleistung vor (s. Urteil des EuGH vom 27.10.2005, C-41/04, UR 2006, 20).

147 **Transporthilfsmitteln und Warenumschließungen**

- Die Hingabe eines Transporthilfsmittels gegen Pfandgeld soll nach Ansicht der Finanzverwaltung als eigenständige Lieferung zu beurteilen sein (s. Abschn. 3.10 Abs. 5a Satz 1 UStAE). Warenumschließungen sollen dagegen Nebenleistungen sein (s. Abschn. 3.10 Abs. 5a Satz 2 UStAE). Bei Rückgabe und Rückzahlung des Pfandgeldes liegen sowohl bei Transporthilfsmitteln als auch bei Warenumschließungen Entgeltminderungen vor (s. Abschn. 3.10 Abs. 5a Satz 3 UStAE).

148 **Überlassung von Inventar**

- Die Steuerfreiheit nach § 4 Nr. 12 Buchst. a UStG umfasst die Vermietung möblierter Räume oder Gebäude, wenn es sich um eine auf Dauer angelegte und nicht um eine kurzfristige Überlassung handelt. Leistungen, die für die Nutzung einer gemieteten Immobilie nützlich oder sogar notwendig sind, können im Einzelfall entweder Nebenleistungen darstellen oder mit der Vermietung untrennbar verbunden sein und mit dieser eine einheitliche Leistung bilden (s. Urteil des BFH vom 11.11.2015, V R 37/14, DStR 2016, 403).

Übernahme von Verbindlichkeiten 149

- Die entgeltlichen Übertragung eines Bestands von Lebensrückversicherungsverträgen ist eine einheitliche Leistung und kann nicht künstlich in zwei Leistungen, nämlich die Übernahme von Verbindlichkeiten und einen Umsatz im Geschäft mit Forderungen, aufgespalten werden (s. Urteil des EuGH vom 22.10.2009, C-242/08, UR 2009, 891).

Verlag 150

- Erstellt ein Verlag aufgrund eines Verlagsvertrags mit einem Autor ein Buch und liefert er zur Abdeckung der Druckkosten dem Autor vertragsgemäß eine bestimmte Anzahl von Erstexemplaren zu einem höheren Preis als dem Ladenpreis, liegt neben der (dem ermäßigten Steuersatz unterliegenden) Lieferung von Büchern eine sonstige (dem Regelsteuersatz zu unterwerfende) verlegerische Leistung vor (s. Urteil des BFH vom 21.10.2015, XI R 22/13, DStR 2016, 170).

Verlegen eines Glasfaserkabels 151

- Eine Leistung, die in der Lieferung und Verlegung eines Glasfaserkabels besteht, das zwei Mitgliedstaaten verbindet und teilweise außerhalb des Hoheitsgebiets der Gemeinschaft liegt, ist als eine Lieferung von Gegenständen anzusehen, wenn das Kabel im Anschluss an vom Lieferer durchgeführte Funktionsprüfungen auf den Kunden übertragen wird, der dann als Eigentümer darüber verfügen kann, wenn der Preis des Kabels den eindeutig überwiegenden Teil der Gesamtkosten dieser Leistung ausmacht und wenn die Dienstleistungen des Lieferers sich auf die Verlegung des Kabels beschränken, ohne dieses der Art nach zu verändern oder den besonderen Bedürfnissen des Kunden anzupassen (s. Urteil des EuGH vom 29.03.2007, C-111/05, UR 2007, 420).

Vermittlung von Krediten 152

- Die Vermittlung von Krediten kann eine Hauptleistung sein, zu der die Vermögensberatung eine Nebenleistung ist (s. Urteil des EuGH vom 21.06.2007, C-453/05, UR 2007, 617).

Vermögensverwaltung 153

- Eine Leistung der Vermögensverwaltung mit Wertpapieren, d.h. eine entgeltliche Tätigkeit, bei der ein Steuerpflichtiger aufgrund eigenen Ermessens über den Kauf und Verkauf von Wertpapieren entscheidet und diese Entscheidung durch den Kauf und Verkauf der Wertpapiere vollzieht, besteht aus zwei Elementen, die so eng miteinander verbunden sind, dass sie objektiv eine einzige wirtschaftliche Leistung bilden (s. Urteil des EuGH vom 19.07.2012, C-44/11, UR 2012, 667).

Verpflegungsleistungen 154

- Von einem Hotelier ausgeführte Verpflegungsleistungen sind Nebenleistungen zur Übernachtungsleistung (s. Urteil des BFH vom 20.03.2014, V R 25/11, UR 2014, 710; beachte aber insoweit das Aufteilungsgebot; s. Rn. 127 f).
- Snacks, kleine Süßigkeiten und Getränke, die an Bord eines Flugzeugs während einer Beförderung innerhalb des Gemeinschaftsgebiets gegen gesondertes Entgelt abgegeben werden, sind keine Nebenleistung zur Flugbeförderung (s. Urteil des BFH vom 27.02.2014, V R 14/13, UR 2014, 564).
- Die in einer Großküche eines Altenwohnheims und Pflegeheims zur Verpflegung der Bewohner zubereiteten Speisen sind keine „Standardspeisen" als Ergebnis einfacher und standardisierter Zubereitungsvorgänge nach Art eines Imbissstandes, sodass deren Abgabe zu festen Zeitpunkten in Warmhaltebehältern keine Lieferung, sondern eine dem Regelsteuersatz unterliegende sonstige Leistung ist (s. Urteil des BFH vom 12.10.2011, V R 66/09, UR 2012, 101).
- Die Umsätze aus dem Verkauf von Nachos und Popcorn an Verkaufstheken im Eingangsbereich zu Kinosälen unterliegen als Lieferungen dem ermäßigten Steuersatz. Als Dienstleistungselement ist bereitgestelltes Mobiliar des Leistenden nicht zu berücksichtigen, wenn es nicht ausschließlich dazu bestimmt ist, den Verzehr von Lebensmitteln zu erleichtern (s. Urteil des BFH vom 30.06.2011, V R 3/07, UR 2012, 37; Nachfolgeentscheidungen zum Urteil des EuGH vom 10.03.2011, C-497/09, C-499/09, C-501/09, C-502/09, UR 2011, 272).

- Die Abgabe von Bratwürsten, Pommes frites und ähnlichen standardisiert zubereiteten Speisen an einem nur mit behelfsmäßigen Verzehrvorrichtungen ausgestatteten Imbissstand ist eine einheitliche Leistung, die als Lieferung dem ermäßigten Steuersatz unterliegt (s. Urteil des BFH vom 30.06.2011, V R 35/08, UR 2011, 696; Nachfolgeentscheidungen zum Urteil des EuGH vom 10.03.2011, C-497/09, C-499/09, C-501/09, C-502/09, UR 2011, 272).
- Die Leistungen eines Partyservice stellen grundsätzlich sonstige Leistungen (Dienstleistungen) dar, die dem Regelsteuersatz unterliegen. Anderes gilt nur dann, wenn der Partyservice lediglich Standardspeisen ohne zusätzliches Dienstleistungselement liefert oder wenn besondere Umstände belegen, dass die Lieferung der Speisen der dominierende Bestandteil des Umsatzes ist (s. Urteil des BFH vom 23.11.2011, XI R 6/08, UR 2012, 150).
- Die Zubereitung und dem Verkauf von Pizzateilen an einem Imbissstand sind Lieferungen, die dem ermäßigten Steuersatz unterliegen (s. Urteil des BFH vom 08.06.2011, XI R 33/08, BeckRS 2011, 96314).

155 **Werkzeuge**

- Bei der Lieferung von Gegenständen, zu deren Herstellung Formen, Modelle oder besondere Werkzeuge benötigt werden, erteilt der Abnehmer dem Unternehmer häufig neben dem Auftrag über die Lieferung der Gegenstände auch den Auftrag über die Herstellung oder Beschaffung der Formen, Modelle oder Werkzeuge. Nach Ansicht der Finanzverwaltung kann die Leistung des Unternehmers hinsichtlich der Formen, Modelle oder Werkzeuge eine unselbständige Nebenleistung zu einer steuerfreien Ausfuhrlieferungen oder innergemeinschaftlichen Lieferung sein (s. BMF vom 27.11.1975, BStBl I 1975, 1126).

156 Eine unselbständige Nebenleistung ist danach in folgenden Fällen anzunehmen (s. BMF vom 27.11.1975, BStBl I 1975, 1126):

- Die Verfügungsmacht über die Formen, Modelle oder Werkzeuge geht nicht auf den ausländischen Abnehmer über, sondern verbleibt bei dem Unternehmer. Die Art der Abrechnung der Kosten für die Formen, Modelle oder Werkzeuge ist hierbei ohne Bedeutung.
- Die Verfügungsmacht über die Formen, Modelle oder Werkzeuge geht zwar auf den ausländischen Abnehmer über (z.B. durch Besitzkonstitut nach § 930 BGB). Der Abnehmer will jedoch die Formen, Modelle oder Werkzeuge nicht für eigene wirtschaftliche Zwecke verwenden. Vielmehr will er durch den Erwerb der Formen, Modelle oder Werkzeuge nur verhindern, dass der Unternehmer sie zur Herstellung von Gegenständen für andere Unternehmer verwendet. Dieser Sachverhalt muss sich aus den vertraglichen Vereinbarungen ergeben. Ist dies der Fall, so ist die Art der Abrechnung der Kosten für die Formen, Modelle oder Werkzeuge auch hier ohne Bedeutung.
- Die Leistung des Unternehmers ist hinsichtlich der Formen, Modelle oder Werkzeuge als eine selbständige Lieferung anzusehen, wenn der ausländische Abnehmer die Verfügungsmacht über die Formen, Modelle oder Werkzeuge erwirbt und wenn er sie für eigene wirtschaftliche Zwecke verwenden will. Eine selbständige Lieferung ist hiernach insbesondere in den Fällen anzunehmen, in denen der Abnehmer die Formen, Modelle oder Werkzeuge auch anderen Unternehmern zur Herstellung von Gegenständen zur Verfügung stellen will. Die Lieferung der Formen, Modelle oder Werkzeuge ist hier unabhängig von den Lieferungen der Gegenstände zu beurteilen (s. BMF vom 27.11.1975, BStBl I 1975, 1126).
- Die Ausführungen des BMF aus dem Jahre 1975 beziehen sich zwar auf Ausfuhrlieferungen, finden aber auch auf innergemeinschaftliche Lieferungen Anwendung.

157 **Wohlfahrtspflege**

- Ein Bündel von Leistungen bestehend aus dem Bereitstellen von Notfallfahrzeugen mit Fahrern, dem Bereitstellen und dem Betrieb einer Leitzentrale, die Annahme und der Vermittlung eingehender Notfallrufe, dem Führen schriftlicher Aufzeichnungen über die Tätigkeiten sowie die fernmündliche Vermittlung von Konsiliarwünschen des Notfallarztes an Fachärzte, stellt einen einheitlichen, von § 4 Nr. 18 UStG umfassten, Umsatz dar (s. Urteil des BFH vom 08.08.2013, V R 13/12, UR 2014, 225).

158 **Zahlungseinzug**

- Die Dienstleistung des „Zahlungseinzugs“ (bestehend aus der Einziehung, Bearbeitung und Weiterleitung von Geldbeträgen; Übermittelung einer Aufstellung über die erhaltenen Beträge, usw.) ist in mehrwertsteuerrechtlicher Hinsicht untrennbar miteinander verbunden sind. Der wirtschaftliche Zweck dieser Handlungen ist die Übertragung des geschuldeten Betrags (s. Urteil des EuGH vom 28.10.2010, C-175/09, UR 2011, 265).

- Ein zusätzliches Entgelt, das ein Erbringer von Telekommunikationsdiensten seinen Kunden berechnet, wenn diese nicht im Lastschriftverfahren oder durch BACS-Überweisung bezahlen, sondern z.B. per Kredit- oder Debitkarte, ist keine Gegenleistung für eine eigenständige, von der in der Erbringung von Telekommunikationsdiensten bestehenden Hauptleistung unabhängige Leistung (s. Urteil des EuGH vom 02.12. 2010, C-276/09, UR 2011, 261).

1.4.3.6 Fiktion einer Leistung

In bestimmten Fällen fingiert das UStG eine Leistung. Bei der Verkaufskommission (s. § 3 Abs. 3 UStG) 159 wird abweichend von den zivilrechtlichen Leistungsbeziehungen eine Lieferung vom Kommittenten an den Kommissionär fingiert.

Gleiches gilt bei der Dienstleistungskommission in Gestalt des „Dienstleistungsverkaufs" (s. § 3 Abs. 11 160 UStG). Abweichend von den zivilrechtlichen Leistungsbeziehungen fingiert das UStG, dass der Auftraggeber eine Dienstleistung gegenüber dem Beauftragten erbringt.

Zudem gilt nach § 3 Abs. 1a UStG als Lieferung gegen Entgelt das Verbringen eines Gegenstands des 161 Unternehmens aus dem Inland in das übrige Gemeinschaftsgebiet durch einen Unternehmer zu seiner Verfügung, ausgenommen zu einer nur vorübergehenden Verwendung. Der Unternehmer gilt als Lieferer.

Schließlich werden unter bestimmten Voraussetzungen unentgeltliche Wertabgaben nach § 3 Abs. 1b 162 und 9a UStG jeweils einer Leistung gegen Entgelt gleichgestellt.

1.4.4 Inland

Damit ein Umsatz nach § 1 Abs. 1 Nr. 1 UStG der Besteuerung nach dem UStG unterliegen kann, muss sich 163 der Ort des fraglichen Umsatzes im räumlichen Anwendungsbereich des UStG befinden.

Der räumliche Anwendungsbereich des UStG beschränkt sich im Wesentlichen auf das Inland im Sinne 164 des § 1 Abs. 2 UStG (s. Rn. 426 ff.).

Darüber hinaus können bestimmte Umsätze, die zwar außerhalb dieses räumlichen Anwendungs- 165 bereichs des § 1 Abs. 2 UStG ausgeführt werden, aber unter den Anwendungsbereich des § 1 Abs. 3 UStG fallen (Umsätze in den Freihäfen und den Gewässern und Watten zwischen der Strandlinie und der Hoheitsgrenze), wie ein Umsatz im Inland behandelt werden (s. Rn. 439 ff.).

Wird ein Umsatz im räumlichen Anwendungsbereich des UStG ausgeführt, so kommt es nach § 1 Abs. 2 166 Satz 3 UStG für die Frage der Besteuerung nicht darauf an, ob der Unternehmer (oder auch der einführende Nichtunternehmer) deutscher Staatsangehöriger ist, seinen Wohnsitz oder Sitz im Inland hat, im Inland eine Betriebsstätte unterhält, die Rechnung erteilt oder die Zahlung empfängt. Es kommt lediglich darauf an, dass die Umsätze im Sinne des § 1 Abs. 1 UStG oder diesen Umsätzen gleichgestellte Umsätze (s. § 1a Abs. 2, § 3 Abs. 1a, 1b und 9a UStG) nach Maßgabe der jeweiligen Ortsregelungen des UStG im räumlichen Anwendungsbereich des UStG ausgeführt werden.

Ob eine Leistung im räumlichen Anwendungsbereich des UStG ausgeführt wird, bestimmt sich nach dem 167 jeweiligen Ort des Steuertatbestands (Lieferung und sonstige Leistung). Dieser Ort der Leistung ist anhand des § 3 Abs. 6 bis 8 und der §§ 3a bis 3g UStG zu bestimmen.

1.4.5 Gegen Entgelt (Leistungsaustausch)

1.4.5.1 Allgemeines

Ein Umsatz nach § 1 Abs. 1 Nr. 1 UStG setzt voraus, dass die Leistung „gegen Entgelt" also im Rahmen 168 eines sog. Leistungsaustausches erfolgt.

Das UStG enthält keine Definition, unter welchen Voraussetzungen ein Umsatz „gegen Entgelt" erfolgt. 169 Auch wenn in § 10 Abs. 1 Satz 2 UStG für Zwecke der Bemessungsgrundlage eine gesetzlich Definition des Entgelts enthalten ist („Entgelt ist alles, was der Leistungsempfänger aufwendet, um die Leistung zu erhalten, jedoch abzüglich der Umsatzsteuer."), ergibt sich daraus nicht, ob eine Leistung „gegen Entgelt" ausgeführt wird, also ein Leistungsaustausch vorliegt. Vielmehr gilt umgekehrt, dass nur dann, wenn feststeht, dass ein Umsatz im Rahmen eines Leistungsaustausches erfolgt, die Bemessungsgrundlage nach Maßgabe des § 10 Abs. 1 UStG bestimmt werden kann.

170 Auf die Bezeichnung und die zivil- oder öffentlich-rechtliche Qualifizierung der Gegenleistung kommt es nicht an (s. auch Stadie in Stadie, 2. A., § 1 UStG Rn. 77). Vielmehr ist allein maßgeblich, ob die Gegenleistung wegen der Leistung erfolgt.

171 Die Gegenleistung besteht häufig in der Zahlung eines Geldbetrages. Sie kann aber auch in der Übernahme von Schulden oder in der Aufrechnung mit einer Gegenforderung bestehen.

172 Handelt es sich bei der Gegenleistung um eine Lieferung oder sonstige Leistung, bezeichnet das Gesetz den Leistungsaustausch als Tausch oder tauschähnlichen Umsatz (s. § 3 Abs. 12 UStG).

173 Die Gegenleistung kann auch teilweise in Geld und teilweise in einer Leistung im umsatzsteuerrechtlichen Sinne bestehen. Solche Vorgänge werden als Tausch bzw. tauschähnlicher Umsatz mit Baraufgabe bezeichnet.

174 Ist kein Entgelt gegeben, liegt kein steuerbarer Umsatz nach § 1 Abs. 1 Nr. 1 UStG vor. Denn nach der Rechtsprechung des EuGH setzt die Steuerbarkeit eine Vereinbarung zwischen den Parteien über einen Preis oder einen Gegenwert voraus. Beschränkt sich die Tätigkeit des Leistenden ausschließlich darauf, Leistungen ohne unmittelbare Gegenleistung zu erbringen, fehlt es daher an einer Besteuerungsgrundlage und diese Leistungen unterliegen nicht der Besteuerung (s. Urteil des EuGH vom 29.10.2009, C-246/08, UR 2010, 224, m.w.N.).

175 **Beachte!** Unter den Voraussetzungen des § 3 Abs. 1b und Abs. 9a UStG kann aber eine Besteuerung als unentgeltlichen Wertabgabe erfolgen.

176 Auf die Angemessenheit des Entgelts kommt es diesbezüglich grundsätzlich nicht an (s. auch Abschn. 1.1 Abs. 1 Satz 9 UStAE). Nach der Rechtsprechung des EuGH ist es unerheblich, dass eine wirtschaftliche Tätigkeit zu einem Preis unter oder über dem Selbstkostenpreis ausgeführt wird, wenn es darum geht, einen Umsatz als „entgeltlichen Umsatz" zu qualifizieren (s. Urteil des EuGH vom 20.01.2005, C-412/03, UR 2005, 98). Daher kann auch eine „symbolische Gegenleistung" zur Annahme eines „entgeltlichen Umsatzes" führen, soweit kein Fall von Steuerhinterziehung oder -umgehung vorliegt (s. Urteil des EuGH vom 20.01.2005, C-412/03, UR 2005, 98).

177 Die Frage des Wertes der Gegenleistung stellt sich erst bei der Ermittlung der Bemessungsgrundlage (§ 10 UStG). Liegt der Wert der Gegenleistung unter den Werten der unentgeltlichen Wertabgaben, kann die Mindestbemessungsgrundlage nach § 10 Abs. 5 UStG zur Anwendung kommen.

178 Wie es sich aus der Wertung des § 17 Abs. 2 Nr. 1 UStG ergibt, ist es für die Annahme eines Leistungsaustausches unerheblich, dass das Entgelt uneinbringlich wird oder dass es sich nachträglich mindert (s. auch Abschn. 1.1 Abs. 1 Satz 6 UStAE; m.w.N.).

179 Auch ist es nicht erforderlich, dass die Gegenleistung für die Leistung unmittelbar vom Leistungsempfänger erbracht wird. Sie kann auch durch einen Dritten erfolgen (s. § 10 Abs. 1 Satz 6 UStG; s. Urteil des EuGH vom 21.11.2013, C-494/12, BeckRS 2013, 82185 m.w.N.).

180 Der Umstand, dass eine Vergütung gesetzlich festgelegt ist, steht der Beurteilung als Entgelt nicht entgegen (s. Urteil des BFH vom 02.09.2010, V R 23/09, BeckRS 2011, 94017).

1.4.5.2 Unmittelbarer Zusammenhang zwischen Leistung und Entgelt

181 Eine nach § 1 Abs. 1 Nr. 1 UStG steuerbare Leistung gegen Entgelt setzt nach der Rechtsprechung des EuGH (s. z.B. Urteil des EuGH vom 18.07.2007, C-277/05, UR 2007, 643, m.w.N.) und des BFH (s. z.B. Urteil des BFH vom 04.07.2013, V R 33/11, UR 2013, 751, m.w.N.) voraus, dass zwischen dem Unternehmer und dem Leistungsempfänger ein Rechtsverhältnis besteht, in dem gegenseitige Leistungen ausgetauscht werden, das einen unmittelbaren Zusammenhang zwischen Leistung und Entgelt begründet, wobei die vom Leistenden empfangene Vergütung den tatsächlichen Gegenwert für die dem Leistungsempfänger erbrachte Leistung bildet.

In anderen Urteilen hingegen verzichten der EuGH und der BFH auf das Erfordernis des Rechtsverhältnisses. Danach setzt die Möglichkeit, einen Umsatz als „Umsatz gegen Entgelt" einzustufen, nur das Bestehen eines unmittelbaren Zusammenhangs zwischen der Leistung und einer tatsächlich vom Steuerpflichtigen empfangenen Gegenleistung voraus (s. Urteil des EuGH vom 26.09.2013, C-283/12, DStRE 2014, 476, m.w.N.; Urteil des BFH vom 06.12.2007, V R 24/05, UR 2008, 334, m.w.N.). 182

Ein solcher unmittelbarer Zusammenhang soll z.B. dann besteht, wenn zwischen dem Leistenden und dem Leistungsempfänger ein Rechtsverhältnis besteht, in dessen Rahmen gegenseitige Leistungen ausgetauscht werden, wobei die vom Leistenden empfangene Vergütung den tatsächlichen Gegenwert für die dem Leistungsempfänger erbrachte Dienstleistung bildet (s. Urteil des EuGH vom 26.09.2013, C-283/12, DStRE 2014, 476 m.w.N.; Urteil des BFH vom 06.12.2007, V R 24/05, UR 2008, 334, m.w.N.; s. auch Abschn. 1.1 Abs. 1 Satz 4 UStAE). 183

Ein Abstellen auf das Bestehen eines Rechtsverhältnisses ist aus verbrauchsteuerrechtlicher Sicht nicht geboten (s. dazu Stadie in Stadie, 2. A., § 1 UStG Rn. 76). Zu beachten ist zudem, dass auch nach der Rechtsprechung des BFH ein wirksamer zivilrechtlicher Vertrag keine Voraussetzung für den Leistungsaustausch ist (s. Urteil des BFH vom 06.12.2007, V R 24/05, UR 2008, 334, m.w.N.). 184

Daher erscheint es u.E. sinnvoller, das Bestehen eines Rechtsverhältnisses nicht als Voraussetzung für einen Leistungsaustausch anzunehmen. Das Bestehen eines Rechtsverhältnisses, in dem gegenseitige Leistungen ausgetauscht werden, stellt daher lediglich einen (möglichen) Fall dar, in dem ein unmittelbarer Zusammenhang im oben genannten Sinne besteht, soweit die vom Leistenden empfangene Vergütung den tatsächlichen Gegenwert für die dem Leistungsempfänger erbrachte Leistung bildet. Daher kann bei Leistungen, aufgrund eines gegenseitigen Vertrages, durch den sich eine Vertragspartei zu einem Tun, Dulden oder Unterlassen und die andere sich hierfür zur Zahlung einer Gegenleistung verpflichtet (falls der leistende Vertragspartner Unternehmer ist) von einer Leistung gegen Entgelt i.S.d. § 1 Abs. 1 Nr. 1 UStG ausgegangen werden (Regelfall eines Leistungsaustausches). 185

Nach einem Urteil des BFH setzt § 1 Abs. 1 Nr. 1 UStG für den Leistungsaustausch einen unmittelbaren, nicht aber einen inneren (synallagmatischen) Zusammenhang zwischen Leistung und Entgelt voraus (s. Urteil des BFH vom 15.04.2010, V R 10/08, UR 2010, 657; s. auch Abschn. 1.1 Abs. 1 Satz 3 UStAE). Dies gilt auch für Tausch und tauschähnliche Umsätze (§ 3 Abs. 12 UStG). Damit ist eine Zielgerichtetheit des Handelns in dem Sinne, dass die Leistung nur um der Gegenleistung Willen erfolgt, für den unmittelbaren Zusammenhang zwischen Leistung und Entgelt nicht erforderlich (s. z.B. Urteil des BFH vom 16.01.2003, V R 92/01, DStR 2003, 733). Der Leistende muss daher nicht leisten, um eine Gegenleistung zu erhalten; seine Handlung muss also nicht final auf die Gegenleistung gerichtet sein. 186

Schließlich kann ein Umsatz nicht nur im Rahmen eines zivilrechtlichen Rechtsverhältnisses erfolgen, sondern auch im Rahmen eines gesetzlichen Schuldverhältnisses (§ 1 Abs. 1 Nr. 1 Satz 2 UStG). 187

1.4.5.3 Einzelfälle

1.4.5.3.1 Rückgängigmachung eines Umsatzes

Kein Leistungsaustausch ist die Rückgängigmachung einer Lieferung im Sinne des § 17 Abs. 2 Nr. 3 UStG (s. auch Abschn. 1.1 Abs. 4 Satz 1 UStAE). Die Steuerbarkeit eines Umsatzes entfällt vielmehr, wenn der Leistungsvorgang rückgängig gemacht wird, d.h. Leistung und Gegenleistung zurückgewährt werden. 188

Die Rückgabe eines gelieferten Gegenstandes durch den Lieferungsempfänger kann den zugrunde liegenden Leistungsaustausch beseitigen (Rückgängigmachung) oder aber auf einem neuen, also weiteren Leistungsaustausch beruhen (Rücklieferung). 189

Ob eine (nicht steuerbare) Rückgängigmachung einer Lieferung oder eine (weitere) steuerbare Rücklieferung vorliegt, ist aus der Sicht des ursprünglichen Lieferungsempfängers und nicht aus der Sicht des ursprünglichen Lieferers zu beurteilen (s. Urteil des BFH vom 27.06.1995, V R 27/94, UR 1996, 16; Urteil des BFH vom 12.11.2008, XI R 46/07, UR 2009, 84; Abschn. 1.1 Abs. 4 Satz 2 UStAE). 190

Eine Rückgängigmachung ist nach der Rechtsprechung des BFH anzunehmen, wenn der Liefernde oder der Lieferungsempfänger das der Hinlieferung zugrunde liegende Umsatzgeschäft beseitigt oder sich auf dessen Unwirksamkeit berufen, die zuvor begründete Erwartung des Lieferers auf ein Entgelt dadurch ent- 191 fällt und der Lieferungsempfänger den empfangenen Gegenstand in Rückabwicklung des Umsatzgeschäftes zurückgibt (s. BFH vom 12.11.2008, XI R 46/07, UR 2009, 84, Peltner in BeckOK UStG, Weymüller, 4. A., § 1 UStG Rn. 72.1).

192 Dagegen liegt eine (einen selbständigen Umsatz auslösende) Rücklieferung vor, wenn die Beteiligten ein neues Umsatzgeschäft eingehen und der Empfänger der Hinlieferung dieses dadurch erfüllt, dass er dem ursprünglichen Lieferer die Verfügungsmacht an dem gelieferten Gegenstand in Erwartung einer Gegenleistung überträgt (s. Urteil des BFH vom 27.06.1995, V R 27/94, UR 1996, 16, m.w.N.; Peltner in BeckOK UStG, Weymüller, 4. A., § 1 UStG Rn 72.2).

193 Bei der Rückgängigmachung liegt typischerweise eine Vertragsstörung im weiteren Sinne vor (s. z.B. Urteil des BFH vom 17.12.1981, V R 75/77, UR 1982, 75; Urteil des BFH vom 08.05.2003, V R 20/02, UR 2003, 546). Sie ist zudem dadurch gekennzeichnet, dass das ursprüngliche Entgelt zurückzuzahlen ist.

194 Bei einem Umtausch wird nicht die Lieferung rückgängig gemacht, sondern der Liefergegenstand ausgetauscht.

195 **Beachte!** Die Rückgängigmachung einer sonstigen Leistung ist grundsätzlich nicht möglich, soweit sie mit ihrer Erbringung bereits verbraucht wurde.

1.4.5.3.2 Entschädigung/Schadensersatz

196 Ein Geschädigter erbringt mit der Erduldung eines Schadens keine Leistung an den Schädiger. Daher kann der Schadensersatz, den der Schädiger als Ausgleich für den entstandenen Schaden leistet, keine Gegenleistung für eine im Leistungsaustausch erbrachte Leistung sein.

197 Dementsprechend sind Entschädigungen oder Schadensersatzzahlungen grundsätzlich kein Entgelt im Sinne des Umsatzsteuerrechts, wenn die Zahlung nicht für eine Lieferung oder sonstige Leistung an den Zahlenden erfolgt, sondern weil der Zahlende nach Gesetz oder Vertrag für einen Schaden und seine Folgen einzustehen hat (s. z.B. Urteil des EuGH vom 21.03.2002, C-174/00, UR 2002, 320; Urteil des BFH vom 20.03.2013, XI R 6/11, UR 2014, 188). In diesen Fällen besteht kein unmittelbarer Zusammenhang zwischen der Zahlung und der Leistung (s. Urteil des BFH vom 16.01.2014, V R 22/13, MwStR 2014, 333).

198 Für die Abgrenzung, ob eine Ersatzleistung steuerbares Entgelt für eine Leistung oder nicht steuerbarer Schadensersatz ist, kommt es weder auf die Bezeichnung des Vorganges noch auf die zivilrechtliche Bewertung des Vorganges an. Die Abgrenzung ist alleine nach umsatzsteuerrechtlichen Kriterien vorzunehmen (s. z.B. Urteil des BFH vom 16.01.2014, V R 22/13, MwStR 2014, 333).

199 Es muss daher die Frage beantwortet werden, ob die Zahlung eines Geldbetrages durch den vermeintlichen Schädiger eine Gegenleistung für eine eigenständige, bestimmbare Leistung des Geschädigten darstellt. Das setzt voraus, dass ein unmittelbarer Zusammenhang zwischen der Geldzahlung und der empfangenen Leistung (soweit überhaupt eine Leistung gegeben ist) besteht.

200 Auch hier kommt es wieder auf eine sorgfältige Analyse der (vertraglichen) Beziehungen der involvierten Parteien an. So hat der EuGH entschieden, dass die von einem Gast an einen Hotelbetreiber als Angeld geleisteten Beträge in Fällen, in denen der Gast von der ihm eröffneten Möglichkeit des Rücktritts Gebrauch macht und der Hotelbetreiber diese Beträge einbehält, als pauschalierte Rücktrittsentschädigung anzusehen sind und damit einen steuerbaren Vorgang verneint (s. Urteil des EuGH vom 18.07.2007, C-277/05, UR 2007, 643). Nach Ansicht des EuGH hat nach den allgemeinen Grundsätzen des Zivilrechts jede Vertragspartei einen abgeschlossenen Vertrag einzuhalten und die vertraglich vereinbarte Leistung zu erbringen. Die Verpflichtung, sich an den Vertrag zu halten, folge damit nicht aus dem Abschluss einer anderen, speziell zu diesem Zweck getroffenen Vereinbarung. Folglich erfülle der Hotelbetreiber, wenn er aufgrund einer Reservierung die vereinbarte Leistung erbringe, nur den mit dem Gast geschlossenen Vertrag nach dem Grundsatz, dass Verträge eingehalten werden müssen. Die Einhaltung dieser Verpflichtung könne also nicht als Gegenleistung für das geleistete Angeld angesehen werden. Da sich die Reservierungsverpflichtung aus dem Beherbergungsvertrag selbst und nicht aus dem geleisteten Angeld ergebe, bestehe kein direkter Zusammenhang zwischen der erbrachten Dienstleistung und der erhaltenen Gegenleistung.

Nach Ansicht der Finanzverwaltung ist ein sog. echter (nicht steuerbarer) Schadensersatz insbesondere gegeben bei (s. Abschn. 1.3 Abs. 1 UStAE): 201

- Schadensbeseitigung durch den Schädiger oder durch einen von ihm beauftragten selbständigen Erfüllungsgehilfen,
- bei Schadensbeseitigung durch den Geschädigten oder in dessen Auftrag durch einen Dritten ohne einen besonderen Auftrag des Ersatzverpflichteten,
- bei Zahlung einer Geldentschädigung durch den Schädiger.

Erfolgt dagegen die Schadensbeseitigung durch den Geschädigten im Auftrag des Schädigers soll ein grundsätzlich steuerbarer Leistungsaustausch anzunehmen sein (s. Abschn. 1.3 Abs. 11 UStAE). Der durch die Beauftragung begründete Leistungsaustausch überlagert in diesem Falle den nichtsteuerbaren Schadenersatz. 202

Verpflichtet sich ein Leasingnehmer im Leasingvertrag, für am Leasingfahrzeug durch eine nicht vertragsgemäße Nutzung eingetretene Schäden nachträglich einen Minderwertausgleich zu zahlen, ist diese Zahlung beim Leasinggeber nicht der Umsatzsteuer zu unterwerfen (s. Urteil des BFH vom 20.03.2013, XI R 6/11, UR 2014, 188). Die Zahlung eines Minderwertausgleichs wegen Schäden am Leasingfahrzeug erfolgt nicht für die Nutzungsüberlassung, sondern weil der Zahlende nach den vertraglichen Vereinbarungen für den Schaden und seine Folgen einzustehen hat. Insbesondere liegt keine eigenständige Leistung des Leasinggebers darin, dass dieser die Nutzung des Leasingfahrzeugs über den vertragsgemäßen Gebrauch hinaus geduldet hat. Die Zahlung ist beim Leasinggeber nicht der Umsatzsteuer zu unterwerfen (s. BMF vom 06.02.2014, UR 2014, 374). 203

Die Vergütungen für sog. Mehr- und Minderkilometer stellen dagegen je nach Zahlungsrichtung zusätzliches Entgelt oder aber eine Entgeltminderung für die Nutzungsüberlassung dar. Dies gilt entsprechend für Vergütungen zum Ausgleich von Restwertdifferenzen in Leasingverträgen mit Restwertausgleich. Nutzungsentschädigungen wegen verspäteter Rückgabe des Leasingfahrzeugs stellen ebenfalls keinen Schadensersatz dar, sondern sind Entgelt für die Nutzungsüberlassung des Fahrzeugs zwischen vereinbarter und tatsächlicher Rückgabe des Fahrzeugs (s. BMF vom 06.02.2014, UR 2014, 374). 204

1.4.5.3.3 Verzicht

Ein Leistungsaustausch liegt vor, wenn ein Unternehmer auf eine ihm, sei es auf gesetzlicher oder vertraglicher Grundlage, zustehende Rechtsposition gegen Entgelt verzichtet (s. Urteil des BFH vom 16.01.2014, V R 22/13, MwStR 2014, 333). Deshalb ist z.B. der entgeltliche Verzicht darauf, eine gewerbliche oder berufliche Tätigkeit auszuüben, eine steuerbare sonstige Leistung (s. Urteil des BFH vom 16.01.2014, V R 22/13, MwStR 2014, 333). 205

Ebenso hat der BFH entschieden, dass wenn der Inhaber einer Genehmigung zum Betrieb einer Sonderabfalldeponie aufgrund eines Vertrages mit einem Bundesland das Vorhaben aufgibt und dafür vom Land einen Geldbetrag erhält, ein steuerbarer Umsatz i.S.d. § 1 Abs. 1 Nr. 1 Satz 1 UStG vorliegt (s. Urteil des BFH vom 24.08.2006, V R 19/05, UR 2007, 139). 206

Der Verzicht auf die Ausübung des Amtes als Testamentsvollstrecker gegen „Entschädigung bzw. Schadensersatz" kann nach der Rechtsprechung des BFH eine sonstige Leistung i.S.d. § 1 Abs. 1 Nr. 1 Satz 1 UStG sein (s. Urteil des BFH vom 06.05.2004, V R 40/02, UR 2004, 470). 207

1.4.5.3.4 Entgeltminderung versus Leistung

In der Praxis fordern insbesondere Handelsunternehmen (Kunden) von ihren Zulieferern oder Produzenten Zahlungen in Form von sog. Konditionen. Diese Konditionen werden als Werbungskostenzuschuss, Mengenrabatt, Sofortabzug, Bonus, Treuerabatt, Jahresbonus, Servicepauschale, Sortimentsprämie, usw. bezeichnet. Umsatzsteuerrechtlich stellt sich vielfach die Abgrenzungsfrage, ob es sich dabei um Entgelt gem. § 1 Abs. 1 Nr. 1 UStG für eine konkrete Leistung des Kunden oder um eine Entgeltminderung gem. § 17 UStG auf die zwischen den Handelspartnern getätigten Umsätzen handelt. Zudem kann es sich bei den Zahlungen auch um echte Zuschüsse im Sinne des Abschn. 10.2 Abs. 7 UStAE handeln. 208

209 Die umsatzsteuerrechtlichen Konsequenzen sind abhängig vom konkreten Sachverhalt zu bewerten. U.U. kann das Risiko der Falschbewertung sehr hoch sein. Die Abgrenzung hat erhebliche praktische Bedeutung z.B. im Hinblick auf die korrekte Rechnungstellung. Im Rahmen der Abgrenzung kommt es nicht auf die Bezeichnung der jeweiligen Zahlung an. Vielmehr ist nach den oben aufgestellten Grundsätzen zu prüfen, ob ein Leistungsaustausch vorliegt.

210 Verpflichtet sich daher ein Abnehmer zur Durchführung konkreter Werbemaßnahmen (z.B. Druck einer Werbebroschüre, die (auch) die Produkte des Lieferanten zur Geltung bringt), so ist der „Werbekostenzuschuss" Entgelt im Rahmen eines Leistungsaustausches. Der Zahlung des Lieferanten steht in diesem Beispiel eine konkrete Leistung entgegen, die im Rahmen eines gegenseitigen Rechtsverhältnisses ausgetauscht werden.

211 Besteht hingegen zwischen der Zahlung und einer (ursprünglichen) Warenlieferung ein unmittelbarer Zusammenhang, so handelt es sich entweder um eine nachträgliche Entgeltminderung nach § 17 UStG oder um einen Preisnachlass vom Wareneinkaufspreis, der direkt bei Rechnungstellung gegenüber dem jeweiligen Vertragspartner abgezogen wird und sich umsatzmindernd auswirkt.

212 Häufig komm es auch vor, dass eine nachträgliche Entgeltminderung nicht durch eine Geldzahlung, sondern in Form von Ware (= Naturalrabatt) gewährt werden soll. Umsatzsteuerrechtlich handelt es sich in einem solchen Falle nicht um eine nachträgliche Minderung der Bemessungsgrundlage im Sinne des § 17 UStG. Die Gewährung sog. Naturalrabatte (Lieferung nicht gesondert berechneter Mehrstücke) führt umsatzsteuerrechtlich nicht zu einer Entgeltminderung, da sich durch den Naturalrabatt zwar der Stückpreis, nicht aber der Gesamtaufwand mindert. Zwar mindert sich das Entgelt für die berechneten Waren; der insoweit überzahlte Betrag wird jedoch zum Entgelt für die unberechneten Waren (s. Abschn. 3.3 Abs. 18 UStAE). Bei wirtschaftlicher Betrachtungsweise handelt es sich um eine insgesamt entgeltliche Lieferung, wenn ein Unternehmer dem Abnehmer bei Abnahme einer bestimmten Menge zusätzlich andere Gegenstände ohne Berechnung zukommen lässt (s. Abschn. 3.3 Abs. 18 UStAE).

1.4.5.3.5 Gesellschaft und Gesellschafter

213 Auch Leistungen, die ein Gesellschafter an seine Gesellschaft erbringt, sind steuerbar, wenn ihnen ein Rechtsverhältnis zugrunde liegt, das einen unmittelbaren Zusammenhang zwischen Leistung und Entgelt begründet. Ein steuerbarer Leistungsaustausch liegt z.B. dann vor, wenn der Gesellschafter einen Gegenstand nicht gegen Beteiligung am Gewinn und Verlust in seine Gesellschaft einbringt, sondern ihn ihr im Wege der Verpachtung gegen Zahlung eines Pachtzinses zur Verfügung stellt (s. Urteil des EuGH vom 27.01.2000, C-23/98, UR 2000, 121).

214 Ebenso liegt bei einem Konsortium ein steuerbarer Leistungsaustausch vor, wenn Arbeiten, die die Mitglieder eines Konsortiums entsprechend ihrem jeweiligen Arbeitsanteil durchführen, vergütet werden (s. Urteil des EuGH vom 29.04.2004, C-77/01, UR 2004, 292).

215 Als Besonderheit bei Gesellschaftsverhältnissen ist zu berücksichtigen, dass sich der erforderliche unmittelbare Zusammenhang zwischen Leistung und Gegenleistung bei einer durch den Gesellschafter erbrachten Leistung nicht aus der Beteiligung des Gesellschafters am allgemeinen Gewinn und Verlust der Gesellschaft ergibt (s. Urteil des BFH vom 04.07.2013, V R 33/11, UR 2013, 751). Auch wenn sich der Gesellschafter nicht auf das Halten seiner Beteiligung beschränkt, sondern weiter gehende Leistungen gegenüber der Gesellschaft erbringt, ist die allgemeine Gewinnbeteiligung nicht als Entgelt anzusehen (s. Urteil des BFH vom 05.12.2007, V R 60/05, UR 2008, 616). Dementsprechend besteht der für die Steuerbarkeit erforderliche unmittelbare Zusammenhang zwischen Dividende (Gewinnanteil) und Dienstleistung selbst dann nicht, wenn die Leistung von einem Aktionär (Gesellschafter) erbracht wird (s. Urteil des EuGH vom 14.11.2000, C-142/99, UR 2000, 530).

216 Die Festvergütung, die der geschäftsführungs- und vertretungsberechtigte Komplementär einer KG von dieser für seine Haftung nach §§ 161, 128 HGB erhält, ist als Entgelt für eine einheitliche Leistung, die Geschäftsführung, Vertretung und Haftung umfasst, umsatzsteuerpflichtig (s. Urteil des BFH 30.03.2011, V R 24/10, UR 2011, 585).

217 Eine Personengesellschaft erbringt bei der Aufnahme eines Gesellschafters gegen Bar- oder Sacheinlage an diesen keinen steuerbaren Umsatz (s. Urteil des BFH vom 01.07.2004, V R 32/00, UR 2004, 537; Urteil des EuGH vom 26.06.2003, C-442/01, UR 2003, 443).

218 Die Ausgabe neuer Aktien stellt keinen Leistungsaustausch dar (s. Urteil des EuGH vom 26.05.2005, C-465/03, UR 2005, 382).

1.4.5.3.6 Mitgliederbeiträge

219 Ein Verein kann gegenüber seinen Mitgliedern entgeltliche Leistungen erbringen, die gemäß § 1 Abs. 1 Nr. 1 UStG steuerbar sind. Nach der Rechtsprechung des EuGH führt ein Verein, der seinen Mitgliedern dauerhaft Sportanlagen und damit verbundene Vorteile zur Verfügung stellt, entgeltliche Leistungen aus, die die Mitglieder z.B. durch ihre Jahresbeiträge vergüten, ohne dass es für die Steuerbarkeit dieses Leistungsaustausches darauf ankommt, ob der Verein „auf Verlangen seiner Mitglieder gezielte Leistungen erbringt" (s. Urteil des EuGH vom 21.03.2002, C-174/00, UR 2002, 320; Urteil des BFH vom 09.08.2007, V R 27/04, UR 2007, 811). Zu dieser Rechtsprechung steht die Auffassung der Finanzverwaltung im Widerspruch, nach der es bei „echten Mitgliederbeiträgen" allgemein an einem Leistungsaustausch fehle (s. Abschn. 1.4 Abs. 1 Satz 1 UStAE; s. BFH vom 20.03.2014, V R 4/13, UR 2014, 732).

220 Demgegenüber soll alleine die Begründung einer Mitgliedschaft in einem Verein, die eine Beitragspflicht auslöst, keinen Umsatz darstellen (s. Urteil des BFH vom 12.12.2012, XI R 30/10, UR 2013, 499; Abschn. 1.1 Abs. 15a UStAE).

1.4.5.3.7 Zahlungen aus öffentlichen Kassen

221 Auch für Leistungen an eine Körperschaft des öffentlichen Rechts gelten keine Besonderheiten (s. Urteil des BFH vom 02.09.2010, V R 23/09, BeckRS 2011, 94017 und Urteil des BFH vom 05.08.2010, V R 54/09, UR 2011, 353). Bei Zahlungen aus öffentlichen Kassen kann es zwar an dem für die Steuerbarkeit einer Leistung erforderlichen Leistungsaustausch fehlen, wenn die Zahlung lediglich der Förderung der Tätigkeit des Zahlungsempfängers allgemein – aus strukturpolitischen, volkswirtschaftlichen oder allgemeinpolitischen Gründen – dient und deshalb nicht im unmittelbaren Zusammenhang mit einer Leistung an den Zahlenden steht (s. Urteil des BFH vom 19.11.2009, V R 29/08, BeckRS 2009, 25015939; Urteil des BFH vom 27.11.2008, V R 8/07, UR 2009, 231).

222 Erbringt jedoch ein Unternehmer in Erfüllung eines gegenseitigen Vertrages mit einer juristischen Person des öffentlichen Rechts Leistungen gegen Entgelt, ist grundsätzlich von einem steuerbaren Leistungsaustausch auszugehen (s. Urteil des BFH vom 08.11.2007, V R 20/05, UR 2008, 425; Urteil des BFH vom 05.12,2007, V R 63/05, BeckRS 2007, 25013222). Ohne Bedeutung ist, ob es sich bei der übernommenen Tätigkeit um eine grundsätzlich der betreffenden Körperschaften des öffentlichen Rechts obliegenden Pflichtaufgabe handelt (s. Urteil des BFH vom 19.11.2009, V R 29/08, BeckRS 2009, 25015939). Unerheblich ist auch, ob die Leistung dem Nutzen der Allgemeinheit dient, denn die Motive für die Begründung des Leistungsaustausches stellen den für den Leistungsaustausch erforderlichen Zusammenhang nicht infrage (s. Urteil des BFH vom 18.06.2009, V R 4/08, UR 2009, 793).

223 Verpflichtet sich der Unternehmer zur Errichtung und für die Dauer von 10 Jahren zum Betrieb eines Schwimmbades gegen Entgelt, liegt ein Leistungsaustausch vor (s. BFH vom 11.02.2010, V R 30/08, BeckRS 2010, 25016431). Dass eine an eine Körperschaft des öffentlichen Rechts erbrachte Leistung mittelbar der Allgemeinheit zugutekommt und letztlich im öffentlichen Interesse liegt, ist für die Steuerbarkeit eines Leistungsaustausches unerheblich (s. BFH vom 11.02.2010, V R 30/08, BeckRS 2010, 25016431). Auch soweit die öffentliche Hand konkrete Leistungen für ihre im öffentlichen Interesse liegende Betätigung bezieht (wie z.B. die Überlassung von Büroräumen oder Lieferung von Büromaterial oder Energie) und hierfür Zahlungen leistet, liegt ein steuerbarer Leistungsaustausch vor (s. Urteil des BFH vom 27.11.2008, V R 8/07, UR 2009, 231).

224 Stellt ein Landwirt auf vertraglicher Grundlage gegen Entgelt dauerhaft und durch die Eintragung einer Dienstbarkeit gesichert einer Stadt ein Grundstück zu Erfüllung ihrer naturschutzrechtlichen Verpflichtun-

gen zur Verfügung und stellt er gegen Entgelt eine bestimmte Ausgleichsmaßnahme erstmals her, ist dieser Vorgang steuerbar und steuerpflichtig (BFH vom 28.05.2013, XI R 32/11, UR 2014, 264).

1.4.5.3.8 Weitere Einzelfälle

225 **Abonnementvertrag über Beratungsdienstleistungen**

- Der Begriff der „Dienstleistung" in Art. 24 Abs. 1 MwStSystRL ist dahin auszulegen, dass die Fälle von Abonnementverträgen über die Erbringung von Beratungsdienstleistungen, insbesondere im Rechts-, Wirtschafts- und Finanzbereich, gegenüber einem Unternehmen umfasst werden, in deren Rahmen sich der Leistende dem Auftraggeber für die Dauer des Vertrags zur Verfügung gestellt hat (s. Urteil des EuGH vom 03.09.2015, C-463/14, MwStR 2015, 855).

226 **Arbeitnehmer**

- Die Gewährung von Unterkunft gegen Lohneinbehalt stellt eine entgeltliche Leistungen an die Erntehelfer gemäß § 1 Abs. 1 Nr. 1 UStG dar. Der nach dieser Vorschrift erforderliche Leistungsaustausch ergibt sich daraus, dass der Lohneinbehalt zulasten des Erntehelfers wie eine Zahlung durch diesen wirkt (s. Urteil des BFH vom 08.08.2013, V R 7/13, DStRE 2014, 28).
- In diesem Sinne hatte auch schon der EuGH entschieden, dass die Aushändigung eines Einkaufsgutscheins durch ein Unternehmen, das diesen Gutschein zu einem Preis einschließlich Umsatzsteuer erworben hat, an seine Bediensteten gegen deren Verzicht auf einen Teil ihrer Barvergütung eine Dienstleistung gegen Entgelt darstellt (s. Urteil des EuGH vom 29.07.2010, C-40/09, UR 2010, 734).

227 **Arbeitsmarktförderung**

- Führt ein Verein u.a. für Langzeitarbeitslose Arbeitsförderungs-, Qualifizierungs- und Weiterbildungsmaßnahmen durch, die durch Zahlungen eines Landkreises, eines Bundeslandes bzw. der Bundesagentur für Arbeit finanziert werden, handelt es sich um umsatzsteuerbare Leistungen des Vereins, wenn dessen Leistungen derart mit den Zahlungen verknüpft sind, dass sie sich auf die Erlangung der Zahlungen richten. Für die Annahme eines Leistungsaustauschs ist ohne Bedeutung, ob der (gemeinnützige) Unternehmer damit auch einen seiner Satzungszwecke verwirklicht; die wirtschaftliche Tätigkeit wird nicht durch eine gleichzeitig verfolgte ideelle Betätigung verdrängt (s. Urteil des BFH vom 22.04.2015, XI R 10/14, MwStR 2015, 768).

228 **Beistellung**

- Zur Abgrenzung zwischen steuerbarer Leistung und nicht steuerbarer Beistellung s. Abschn. 1.1 Abs. 6 und Abschn. 3.8 Abs. 2-4 UStAE.

229 **Bitcoin**

- Umsätze, die im Umtausch konventioneller Währungen in Einheiten der virtuellen Währung „Bitcoin" und umgekehrt bestehen und die gegen Zahlung eines Betrags ausgeführt werden, der der Spanne entspricht, die durch die Differenz zwischen dem Preis, zu dem der betreffende Wirtschaftsteilnehmer die Währungen ankauft, und dem Preis, zu dem er sie seinen Kunden verkauft, gebildet wird, stellen gegen Entgelt erbrachte Dienstleistungen dar (s. Urteil des EuGH vom 22.10.2015, C-264/14, MwStR 2015, 930).

230 **Gutschein**

- Weder die Ausgabe von Gutscheinen, die zu zehn Spielen im Wert von je 10 € in einer Spielhalle berechtigten, noch deren Einlösung stellen eine entgeltliche Leistung dar (s. Urteil des BFH vom 19.11.2014, V R 55/13, DB 2015, 229).

231 **Werbeleistungen**

- Kein Leistungsaustausch soll nach Ansicht der Finanzverwaltung vorliegen, wenn der Empfänger von Zuwendungen aus einem Sponsoringvertrag auf Plakaten, in Veranstaltungshinweisen, in Ausstellungskatalogen, auf seiner Internetseite oder in anderer Weise auf die Unterstützung durch den Sponsor lediglich hinweist (s. Abschn. 1.1 Abs. 23 Satz 1 UStAE).

- Dagegen soll von einer Leistung des Zuwendungsempfängers an den Sponsor auszugehen sein, wenn dem Sponsor das ausdrückliche Recht eingeräumt wird, die Sponsoringmaßnahme im Rahmen eigener Werbung zu vermarkten (s. Abschn. 1.1 Abs. 23 Satz 4 UStAE).

1.4.6 Im Rahmen des Unternehmens

Das UStG enthält keine Definition, unter welchen Voraussetzungen ein Unternehmer eine Leistung „im Rahmen seines Unternehmens" ausführt. Die Bestimmung in § 2 Abs. 1 Satz 2 UStG (s. im Einzelnen § 2 Abs. 1 Rn. 4 ff.), dass das Unternehmen die gesamte gewerbliche oder berufliche Tätigkeit des Unternehmers umfasst (Unternehmenseinheit), hilft in diesem Zusammenhang nur bedingt. 232

Leistungen werden im Rahmen des Unternehmens erbracht, wenn eine Wertabgabe aus dem Unternehmen vorliegt (Oelmaier in Sölch/Ringleb, 75. Ergänzungslieferung, § 1 UStG Rn. 25). In den Rahmen des Unternehmens fallen insoweit alle Leistungen, die durch die unternehmerische Betätigung bedingt sind oder mit ihr im Zusammenhang stehen. 233

Zum unternehmerischen Bereich gehören weiter auch die nicht dem Anwendungsbereich der Umsatzsteuer unterliegenden nichtwirtschaftlichen Tätigkeiten, wie etwa die Wahrnehmung der allgemeinen Interessen der Mitglieder durch eine Vereinigung (s. Urteil des EuGH vom 12.02.2009, C-515/07, UR 2009, 199). 234

Zu den Leistungen im Rahmen eines Unternehmens zählen in erster Linie die Grundgeschäfte, also die Geschäfte, die den eigentlichen Gegenstand der geschäftlichen Betätigung des Unternehmens bilden (s. Abschn. 2.7 Abs. 2 UStAE). 235

In den Rahmen eines Unternehmens fallen auch sogenannte Hilfsgeschäfte oder Hilfsumsätze (s. § 19 Abs. 3 Nr. 2 UStG; s. § 19 Rn. 50 ff.). Solche Hilfsgeschäfte sind Leistungen, die zwar nicht den eigentlichen Gegenstand des Unternehmens betreffen, die sich jedoch üblicherweise im wirtschaftlichen Zusammenhang mit der Haupttätigkeit eines Unternehmens ergeben, wie zum Beispiel der Verkauf gebrauchter Büromöbel oder ausrangierter EDV-Ausstattung, wenn die Gegenstände zum unternehmerischen Bereich des Unternehmers gehören. Auf die Nachhaltigkeit der Hilfsgeschäfte kommt es nicht an (s. Abschn. 2.7 Abs. 2 UStAE). 236

Nicht in den Rahmen eines Unternehmens fallen Leistungen, die den nichtunternehmerischen Bereich des Unternehmers oder des Unternehmens betreffen. Dies sind Tätigkeiten, die für Zwecke, die außerhalb des Unternehmens liegen (s. § 3 Abs. 1b und Abs. 9a UStG), oder allgemein für unternehmensfremde Zwecke (s. Art. 26 Abs. 1 MwStSystRL) ausgeübt werden. 237

1.4.7 Umsatz aufgrund behördlicher oder gesetzlicher Anordnung

Ein steuerbarer Leistungsaustausch kann auch vorliegen, wenn der Umsatz aufgrund gesetzlicher oder behördlicher Anordnung ausgeführt wird oder nach gesetzlicher Vorschrift als ausgeführt gilt. Damit soll zum Ausdruck gebracht werden, dass insbesondere die Eigentumsübertragung kraft Gesetzes (z.B. im Falle der Zwangsversteigerung) genauso besteuert wird, wie die auf vertraglicher Grundlage erfolgende Lieferung (s. Stadie in Stadie, 2. A., § 1 UStG Rn. 45). 238

1.5 Einfuhr, § 1 Abs. 1 Nr. 4 UStG

1.5.1 Allgemeines

Die unionsrechtliche Vorgabe des § 1 Abs. 1 Nr. 4 UStG zum Steuertatbestand der Einfuhr ist in Art. 2 Abs. 1 Buchst. d MwStSystRL geregelt. 239

Die Vorschrift dient der Sicherstellung der Besteuerung des Verbrauchs von Gegenständen im räumlichen Anwendungsbereich der Vorschrift sowie der Gewährleistung der Wettbewerbsneutralität (s. zur Entstehung und zum Abzug der Einfuhrumsatzsteuer auch Meyer-Burow/Connemann, Zoll.Export 06/2015, 18). Durch die Besteuerung von eingeführten Gegenständen mit der Einfuhrumsatzsteuer wird das inländische Besteuerungsniveau erreicht. Für Unternehmer besteht unter den Voraussetzungen des § 15 Abs. 1 Nr. 2 UStG das Recht, die Einfuhrumsatzsteuer als Vorsteuer abzuziehen. 240

241 **Beachte!** Im Unterschied zu den in § 1 Abs. 1 Nr. 1 UStG genannten steuerbaren Umsätzen setzt die Einfuhr im Sinne von § 1 Abs. 1 Nr. 4 UStG keine unternehmerische Tätigkeit voraus, sondern kann von jedermann, der Gegenstände im Inland oder in den österreichischen Gebieten Jungholz und Mittelberg einführt, ausgeführt werden.

242 Abgabenrechtlich zählt die Einfuhrumsatzsteuer nicht zur Umsatzsteuer (s. § 21 AO), sondern zu den Verbrauchsteuern (s. § 21 Abs. 1 UStG). Die Einfuhrumsatzsteuer ist eine Einfuhrabgabe i.S. des Zollrechts (s. Art. 5 Nr. 20 UZK, § 1 Abs. 1 ZollVG) und wird von den Zollbehörden verwaltet (§ 12 Abs. 2 FVG, § 23 Abs. 1 AO).

243 Nach § 21 Abs. 2 UStG gelten für die Einfuhrumsatzsteuer die Vorschriften für Zölle „sinngemäß". Damit finden die allgemeinen verfahrensrechtlichen Vorschriften der AO nur Anwendung, soweit sie nicht vom Unionsrecht verdrängt werden. So gilt nicht die einjährige Festsetzungsfrist nach § 169 Abs. 2 Nr. 1 AO, sondern die Dreijahresfrist des Art. 103 Abs. 1 UZK. Weiterhin finden nicht die Änderungsvorschriften der §§ 172 ff. AO Anwendung, sondern die Vorschriften des Art. 103 ff. UZK.

244 Der Tatbestand des § 1 Abs. 1 Nr. 4 UStG erfordert:

- Die Einfuhr
- von Gegenständen
- im Inland oder in den österreichischen Gebieten Jungholz und Mittelberg.

245 Eine Legaldefinition des Begriffs „Einfuhr" oder „Gegenstände" enthält das UStG nicht. Jedoch enthält das UStG zahlreiche Sondervorschriften für die Einfuhrumsatzsteuer (s. dazu Rn. 239).

246 Die entstandene Einfuhrumsatzsteuer für Gegenstände, die für sein Unternehmen nach § 1 Abs. 1 Nr. 4 eingeführt worden sind, kann der Unternehmer unter den Voraussetzungen des § 15 UStG als Vorsteuer abziehen (s. § 15 Abs. 1 Nr. 2 UStG). Dadurch wird der einführende Unternehmer wirtschaftlich nicht mit Einfuhrumsatzsteuer belastet.

247 Das UStG enthält zudem für die Einfuhrumsatzsteuer besondere Vorschriften:

- § 5 UStG (Steuerbefreiungen bei der Einfuhr),
- § 11 UStG (Bemessungsgrundlage für die Einfuhr),
- § 13 Abs. 3 in Verbindung mit § 21 Abs. 2 UStG (Entstehung der Steuer und Steuerschuldner),
- § 15 Abs. 1 Nr. 2 UStG (Vorsteuerabzug bei Einfuhren),
- § 16 Abs. 7 i.V.m. § 11 Abs. 5, § 21 Abs. 2 UStG (Steuerberechnung),
- § 21 UStG (besondere Vorschriften für die Einfuhrumsatzsteuer),
- § 22 Abs. 2 Nr. 6 UStG (Aufzeichnungspflichten).

1.5.2 Einfuhr

248 Eine Legaldefinition des Begriffs „Einfuhr" enthält das UStG nicht. Unter Berücksichtigung von Art. 30 MwStSystRL ergibt sich aber, dass als Einfuhr die Verbringung eines Gegenstands gilt, der sich nicht im freien Verkehr befindet, in das Zollgebiet der Union (s. Urteil des BFH vom 25.10.2006, VII R 64/05, BeckRS 2006, 25010915). Als im zollrechtlich freien Verkehr eines Mitgliedstaats befindlich gelten diejenigen Waren aus Drittländern, für die in dem betreffenden Mitgliedstaat die Einfuhr-Förmlichkeiten erfüllt sowie die vorgeschriebenen Zölle und Abgaben gleicher Wirkung erhoben und nicht ganz oder teilweise rückvergütet worden sind (Art. 24 EGV). Die Einfuhr von Gegenständen erfolgt in dem Mitgliedstaat, in dessen Gebiet sich der Gegenstand zu dem Zeitpunkt befindet, in dem er in die Gemeinschaft verbracht wird (Art. 60 MwStSystRL).

249 Das Verbringen einer Ware erfordert neben dem tatsächlichen Gelangen einer Ware in das Zollgebiet (Realakt), dass die Ware durch einen Verbringer, also aufgrund eines von einem Menschen getragenen Willens (sog. natürlicher Handlungswille), in das Zollgebiet gelangt ist (s. Kock in Dorsch, Zollrecht, Mai 2013, Art. ZK 37 Rn. 23). Der natürliche Handlungswille ist als subjektives Element erforderlich, wobei es nicht auf eine konkrete Kenntnis hinsichtlich der zu verbringenden Waren ankommt (s. Kock in Dorsch, Zollrecht, Mai 2013, Art. ZK 37 Rn. 23).

Beachte! Im Gegensatz zu den steuerbaren Umsätzen nach § 1 Abs. 1 Nr. 1 UStG erfordert die Einfuhr nach § 1 Abs. 1 Nr. 4 UStG keinen Leistungsaustausch. Auch das rechtsgeschäftslose Verbringen eines Gegenstandes aus dem Drittlandsgebiet in das Inland oder die bezeichneten österreichischen Gebiete wird daher grundsätzlich als Einfuhr besteuert. 250

Für den Einfuhrtatbestand ist es jedoch nicht nur entscheidend, dass der Gegenstand aus dem Drittland in das Inland oder die österreichischen Gebiete Jungholz und Mittelberg gelangt, sondern auch, dass der Gegenstand grundsätzlich der Besteuerung unterliegt (s. Ges-Begr. in BR-Drs. 630/03; s. auch Abschn. 15.8 Abs. 2 UStAE). Mit dem Verbringen von Gegenständen aus dem Drittland (sog. Unionsware, s. Art. 5 Nr. 23 UZK) unterliegen diese zunächst der zollamtlichen Überwachung (Art. 134 UZK) und befinden sich – solange sie ihren zollrechtlichen Status nicht wechseln – nicht im zollrechtlich freien Verkehr. 251

Eine Einfuhr im umsatzsteuerrechtlichen Sinne liegt somit solange nicht vor, solange sich ein Gegenstand unter zollamtlicher Überwachung befindet (s. Urteil des BFH vom 25.10.2006, VII R 64/05, BeckRS 2006, 25010915). Die Überführung in den zollrechtlich freien Verkehr ist Voraussetzung für die Entstehung der Einfuhrumsatzsteuer. Dies hat zu Folge, dass eine steuerbare Einfuhr nur dann vorliegt, wenn ein im Unionsgebiet befindlicher Drittlandsgegenstand in den zoll- und steuerrechtlich freien Verkehr übergeführt wird. Das kann jedoch auch durch ein vorschriftswidriges Verbringen dieser Gegenstände über die Zollgrenze der Union in den räumlichen Anwendungsbereich geschehen (s. Weymüller in Dorsch, Zollrecht, Januar 2010, § 1 UStG Rn. 33). 252

1.5.3 Gegenstände

§ 1 Abs. 1 Nr. 4 UStG besteuert die Einfuhr von Gegenständen. Das UStG enthält keine Legaldefinition des Begriffes „Gegenstände". Nach allgemeiner Auffassung ist der umsatzsteuerrechtliche Begriff der „Gegenstände" weiter als der zollrechtliche Begriff der „Ware" (Stöcker in Küffner/Stöcker/Zugmaier, Umsatzsteuer Kommentar Online, Juli 2010, § 1 UStG Rn. 491; Husmann in Rau/Dürrwächter, 8. A., 160. Lieferung, § 1 UStG Rn. 1067). Dementsprechend hat der Gesetzgeber in § 21 Abs. 5 UStG geregelt, dass auf Gegenstände, die nicht Waren i.S.d. Zollrechts sind und für die deshalb keine Zollvorschriften bestehen, die Bestimmungen des § 21 Abs. 2 bis 4 UStG entsprechend anzuwenden sind. 253

Unter Gegenstände im umsatzsteuerrechtlichen Sinne sind körperliche Gegenstände zu verstehen (s. Art. 14 Abs. 1 MwStSystRL). Darüber hinaus umfasst der Begriff des Gegenstandes auch solche Wirtschaftsgüter, die im Wirtschaftsverkehr wie Sachen umgesetzt werden, insbesondere Wasser, Gas, elektrischer Strom, Wärme, Dampf (s. Husmann in Rau/Dürrwächter, 8. A., 160. Lieferung, § 1 UStG Rn. 1067; Stöcker in Küffner/Stöcker/Zugmaier, Umsatzsteuer Kommentar Online, Juli 2010, § 1 UStG Rn. 491). Dienstleistungen können demnach grundsätzlich nicht Gegenstand einer Einfuhr sein. 254

Allerdings können Lizenzrechte oder Rechte an einer Software und Ähnliches, die in einer Einfuhrware (z.B. einem Computer) verkörpert werden, als Teil der Steuerbemessungsgrundlage der Einfuhrbesteuerung unterworfen werden (s. Urteil des EuGH vom 16.11.2006, C-306/04, BeckRS 2006, 70899). 255

Grundsätzlich sind daher z.B. **Werkzeugkosten** bei der Zollwertermittlung für eingeführte Waren und auch bei der Ermittlung der Bemessungsgrundlage für die Einfuhrumsatzsteuer zu berücksichtigen sind (s. zu den Methoden der Zollwertermittlung Connemann/Reiser, Zoll.Export 12/2013, 18). Gemäß § 21 Abs. 2 1. Halbsatz UStG gelten für die Einfuhrumsatzsteuer die Vorschriften für Zölle sinngemäß. § 11 Abs. 1 UStG bestimmt hinsichtlich der Ermittlung der Bemessungsgrundlage für die Einfuhrumsatzsteuer, dass der Umsatz bei der Einfuhr nach dem Wert des eingeführten Gegenstands nach den jeweiligen Vorschriften über den Zollwert zu bemessen ist. 256

Der Zollwert eingeführter Waren ist bei einem Kaufgeschäft nach der sogenannten Transaktionswertmethode gemäß Art. 70 UZK zu ermitteln (s. zu den Methoden der Zollwertermittlung Connemann/Reiser, Zoll.Export 12/2013, 18 und zur Zollwertermittlung nach der Transaktionswertmethode Connemann/Reiser, Zoll.Export 10/2015, 18). Basis für die Ermittlung des Zollwertes ist dabei der für die Waren gezahlte oder zu zahlende Preis (Transaktionswert). Dieser Transaktionswert ist gegebenenfalls durch Hinzurechnungen zu berichtigen. Der tatsächlich gezahlte oder zu zahlende Preis ist die vollständige Zahlung, die der 257

Käufer an den Verkäufer oder zu dessen Gunsten für die eingeführten Waren entrichtet oder zu entrichten hat, und schließt alle Zahlungen ein, die als Bedingung für das Kaufgeschäft über die eingeführten Waren vom Käufer an den Verkäufer oder vom Käufer an einen Dritten zur Erfüllung einer Verpflichtung des Verkäufers tatsächlich entrichtet werden oder zu entrichten sind (sog. abgespaltene Kaufpreisbestandteile, s. Art. 70 Abs. 2 UZK).

258 Grundsätzlich sind Kosten für Werkzeuge, die vom Käufer neben dem eigentlichen Warenpreis bezahlt werden, vom Regelungskreis des Art. 70 Abs. 2 UZK erfasst. Gem. Art. 71 Abs. 1 Buchst. b ii UZK ist der entsprechend aufgeteilte Wert der bei der Herstellung der eingeführten Waren verwendeten Werkzeuge, Matrizen, Gussformen und dergleichen, die unmittelbar oder mittelbar vom Käufer unentgeltlich oder zu ermäßigten Preisen zur Verwendung im Zusammenhang mit der Herstellung und dem Verkauf zur Ausfuhr der zu bewertenden Waren geliefert oder erbracht worden sind, soweit dieser Wert nicht in dem tatsächlich gezahlten oder zu zahlen den Preis enthalten ist, bei der Ermittlung des Zollwerts nach Art. 70 UZK dem für die eingeführten Waren tatsächlich gezahlten oder zu zahlenden Preis hinzuzurechnen.

1.5.4 Inland/österreichische Gebiete Jungholz und Mittelberg

259 § 1 Abs. 1 Nr. 4 UStG besteuert die Einfuhr von Gegenständen aus dem Drittlandsgebiet in das Inland oder in den österreichischen Gebieten Jungholz und Mittelberg (diese Gebiete gehören nicht zum Inland i.S.d. § 1 Abs. 2 Satz 1 UStG) mit der Einfuhrumsatzsteuer. Der räumliche Anwendungsbereich der Einfuhrumsatzsteuer umfasst somit das Inland und aufgrund ihrer geografischen Lage die früheren Zollanschlussgebiet Jungholz und Mittelberg.

1.6 Innergemeinschaftlicher Erwerb, § 1 Abs. 1 Nr. 5 UStG

260 Die Vorschrift des § 1 Abs. 1 Nr. 5 UStG sorgt dafür, dass der über die weiteren Vorschriften des UStG definierte innergemeinschaftliche Erwerb (§ 1a bis § 1c UStG) der Umsatzbesteuerung unterliegt. Eine Definition des innergemeinschaftlichen Erwerbs enthält § 1 Abs. 1 Nr. 5 UStG nicht.

261 Die unionsrechtliche Vorgabe des § 1 Abs. 1 Nr. 5 UStG zum Steuertatbestand des innergemeinschaftlichen Erwerbs ist in Art. 2 Abs. 1 Buchst. b MwStSystRL geregelt.

262 § 1 Abs. 1 Nr. 4 UStG besteuert die Einfuhr von Gegenständen aus dem Drittlandsgebiet in das Inland oder in den österreichischen Gebieten Jungholz und Mittelberg (diese Gebiete gehören nicht zum Inland i.S.d. § 1 Abs. 2 Satz 1 UStG) mit der Einfuhrumsatzsteuer. Gelangt ein Gegenstand nicht aus dem Drittland in das Inland, sondern aus einem anderen Mitgliedstaat der EU, kommt es unter bestimmten Voraussetzungen zur Besteuerung als innergemeinschaftlicher Erwerb. In diesem Falle bewirkt der Abnehmer und nicht der Lieferer einen steuerbaren Umsatz im Inland.

263 Der Tatbestand des § 1 Abs. 1 Nr. 5 UStG erfordert:

- Einen innergemeinschaftliche Erwerb (s §§ 1a bis 1c UStG)
- im Inland (s. § 3d UStG)
- gegen Entgelt.

264 Der innergemeinschaftliche Erwerb ist unter den Voraussetzungen des § 4b UStG steuerfrei.

265 Die Steuern für den innergemeinschaftlichen Erwerb von Gegenständen für das Unternehmen kann der unternehmerische Erwerber unter den Voraussetzungen des § 15 UStG als Vorsteuer abziehen (§ 15 Abs. 1 Nr. 3 UStG). Dadurch werden die Erwerber, wie bei der Einfuhr durch einen Unternehmer (§ 15 Abs. 1 Nr. 2 UStG), nicht mit Umsatzsteuer belastet.

1.6.1 Innergemeinschaftlicher Erwerb

266 Ein innergemeinschaftlicher Erwerb setzt insbesondere voraus, dass an den Erwerber eine Lieferung ausgeführt wird und der Gegenstand dieser Lieferung aus dem Gebiet eines EU-Mitgliedstaates in den räumlichen Anwendungsbereich des UStG gelangt.

1.6.2 Inland

Der innergemeinschaftliche Erwerb unterliegt der deutschen Umsatzbesteuerung, wenn er im Inland bewirkt wird. Ob ein innergemeinschaftlicher Erwerb im Inland bewirkt wird, richtet sich nach § 3d UStG. Liegt der Ort des innergemeinschaftlichen Erwerbs in einem der in § 1 Abs. 3 UStG bezeichneten Gebiete, so ist der innergemeinschaftliche Erwerb nur nach Maßgabe dieser Vorschrift steuerbar. 267

Zusätzlich zum innergemeinschaftlichen Erwerb im Inland nach § 3d Satz 1 UStG kann es noch zu einem innergemeinschaftlichen Erwerb nach § 3d Satz 2 UStG kommen, wenn der Leistungsempfänger gegenüber dem Lieferer mit einer USt-IdNr. aus einem anderen Mitgliedstaat auftritt, als dem, in dem sich der Gegenstand am Ende der Beförderung oder Versendung befunden hat. Der Erwerb gilt solange (auch) als in diesem Mitgliedstaat bewirkt, bis der Erwerber nachweist, dass er den innergemeinschaftlichen Erwerb in dem Mitgliedstaat der Besteuerung unterworfen hat, in dem sich der Gegenstand am Ende der Beförderung oder Versendung befindet. Ein Vorsteuerabzug nach § 15 Abs. 1 UStG ist im Falle des innergemeinschaftlichen Erwerbs nach Maßgabe des § 3d Satz 2 UStG nicht möglich. In diesem Fall wird der innergemeinschaftliche Erwerb im Rahmen einer Änderung der Bemessungsgrundlage nach § 17 Abs. 2 Nr. 4 UStG in dem Meldezeitraum rückgängig gemacht, in dem der Nachweis geführt werden kann. 268

1.6.3 Gegen Entgelt

Hinsichtlich der Frage, ob ein Umsatz „gegen Entgelt" vorliegt, s. Rn. 168 ff. 269

2. Geschäftsveräußerung im Ganzen, § 1 Abs. 1a UStG

2.1 Allgemeines/Zweck der Nichtsteuerbarkeit

Gemäß § 1 Abs. 1a Satz 1 UStG unterliegen Umsätze im Rahmen einer Geschäftsveräußerung an einen anderen Unternehmer für dessen Unternehmen nicht der Umsatzsteuer. Gemäß § 1 Abs. 1a Satz 2 UStG liegt eine Geschäftsveräußerung vor, wenn ein Unternehmen oder ein in der Gliederung eines Unternehmers gesondert geführter Betrieb im Ganzen entgeltlich oder unentgeltlich übereignet oder in eine Gesellschaft eingebracht wird. 270

Nach der Rechtsprechung des EuGH (zu Art. 5 Abs. 8 der 6. EG-Richtlinie) bezwecken die Regelungen zur Geschäftsveräußerung im Ganzen neben dem Schutz der Liquidität des Unternehmers, die Übertragung von Unternehmen oder Unternehmensteilen zu erleichtern und zu vereinfachen. Die meist schwierige Bestimmung und Bewertung sämtlicher Einzelleistungen in umsatzsteuerrechtlicher Hinsicht soll den Parteien erspart werden (s. Urteil des EuGH vom 30.05.2013, C-651/11, UR 2013, 582; Urteil des EuGH vom 27.11.2003, C-497/01, UR 2004, 19 unter Hinweis u.a. auf die Rn. 24 und 35 des Urteils des EuGH vom 22.02.2001, C-408/98, UR 2001, 164; Urteil des EuGH vom 10.11.2011, C-444/10, UR 2011, 937). 271

2.2 Entwicklung der Vorschrift und Grundlagen des EU-Rechts

Die Nichtsteuerbarkeit wurde zum 01.01.1994 in das deutsche UStG eingeführt. § 1 Abs. 1a UStG ist seitdem unverändert (zur Einführung der Regelung s. Robisch in Bunjes, 14. A., § 1 UStG Rn. 117, mit Verweis auf Vfg. der OFD Frankfurt vom 12.08.2008, UR 2008, 900; Husmann, UR 1994, 333; Schlienkamp, UR 1994, 94; Schwarz, UR 1994, 185; Widmann, UR 1995, 435; Oldenburg, DB 1996, 199). 272

Die Regelung basiert auf Art. 5 Abs. 8 der 6. EG-Richtlinie bzw. seit dem 01.01.2007 auf Art. 19 (für Lieferungen) und Art. 29 (unter den gleichen Voraussetzungen für Dienstleistungen) MwStSystRL. Diese Regelungen sehen im Kern vor, dass die Mitgliedstaaten die entgeltliche oder unentgeltliche „Übertragung eines Gesamt- oder Teilvermögens" so behandeln können, als ob keine Leistung vorliegt („Kannbestimmung"; es besteht keine Verpflichtung, die Regelung einzuführen (vgl. Beschluss des BFH vom 25.07.2001, V B 49/01, BFH/NV 2001, 1622)). 273

Wenn ein Mitgliedstaat von seinem Recht Gebrauch macht, die Übertragung des Gesamtvermögens als nichtsteuerbar zu behandeln, obliegt ihm allerdings kein Ermessen hinsichtlich der näheren Voraussetzungen der Nichtsteuerbarkeit. Die rechtliche Konkretisierung der Tatbestände der „Übertragung eines Gesamt- oder Teilvermögens" obliegt dem Unionsrecht und dessen Auslegung dem EuGH. 274

275 Der Wortlaut des § 1 Abs. 1a UStG stimmt zwar nicht mit demjenigen der Art. 19 und 29 MwStSystRL überein. Grundsätzlich kann durch Auslegung der Vorschrift die EU-Konformität sichergestellt werden. Der BFH hat dementsprechend betont, dass § 1 Abs. 1a UStG richtlinienkonform auszulegen ist (s. Urteil des BFH vom 18.01.2005, V R 53/02, UR 2005, 575; Urteil des BFH vom 28.10.2010, V R 22/09, BFH/NV 2011, 854; Urteil des BFH vom 27.01.2011, V R 38/09, UR 2011, 307).

276 Die gesetzlichen Normen im Unionsrecht und im deutschen Recht enthalten keine nähere Definition des Tatbestands der Übertragung des Gesamt- oder Teilvermögens. Die Auslegung dieser Begriffe soll jedenfalls nicht auf dem Recht der Mitgliedstaaten beruhen. Nach der Rechtsprechung des EuGH handelt es sich um autonome unionsrechtliche Begriffe. Eine unterschiedliche Auslegung der Voraussetzungen für eine Geschäftsveräußerung im Ganzen soll in den einzelnen Mitgliedstaaten verhindert werden (s. Urteil des EuGH vom 27.11.2003, C-497/01, UR 2004, 19; Urteil des BFH vom 11.10.2007, V R 57/06, UR 2008, 182). Der Begriff des Teilbetriebs nach § 75 AO oder ähnliche Erwägungen nach nationalem deutschen Recht sind deshalb nicht ausschlaggebend für das Verständnis des Tatbestands der Geschäftsveräußerung im Ganzen.

277 Der EuGH hat mit seiner Rechtsprechung Grundsätze für die Auslegung des Rechtsbegriffs der Übertragung des Gesamt- oder Teilvermögens vorgegeben (s. Urteil des EuGH vom 27.11.2003, C-497/01, UR 2004, 19; Urteil des EuGH vom 10.11.2011, C-444/10, UR 2011, 937). Die Abwägung der Umstände des Einzelfalls bzw. die Vornahme der für die Entscheidung notwendigen „Gesamtbetrachtung" obliegt allerdings den nationalen Gerichten.

2.3 Geschäftsveräußerung, § 1 Abs. 1a Satz 2 UStG

278 Laut EuGH gilt die Nichtsteuerbarkeit für die Übertragung eines Geschäftsbetriebs oder eines selbständigen Unternehmensteils, welche jeweils materielle und ggf. immaterielle Bestandteile umfassen, die zusammengenommen ein Unternehmen oder einen Unternehmensteil bilden, mit dem eine selbständige wirtschaftliche Tätigkeit fortgeführt werden kann (s. Urteil des EuGH vom 27.11.2003, C-497/01, UR 2004, 19).

279 Nach ständiger Rechtsprechung des BFH im Anschluss an das EuGH-Urteil vom 27.11.2003 (s. Urteil des EuGH vom 27.11.2003, C-497/01, UR 2004, 19) setzt die Geschäftsveräußerung im Ganzen nach § 1 Abs. 1a UStG die Übertragung eines Geschäftsbetriebs oder eines selbständigen Unternehmensteils voraus, der als Zusammenfassung materieller und immaterieller Bestandteile ein Unternehmen oder einen Unternehmensteil bildet, mit dem eine selbständige wirtschaftliche Tätigkeit fortgeführt werden kann. Der Erwerber muss die Unternehmensfortführung beabsichtigen, sodass das übertragene Vermögen die Fortsetzung einer bisher durch den Veräußerer ausgeübten Tätigkeit ermöglichen muss.

280 Im Rahmen einer Gesamtwürdigung ist in jedem Einzelfall zu entscheiden, ob das übertragene Unternehmensvermögen als hinreichendes Ganzes die Ausübung einer wirtschaftlichen Tätigkeit ermöglicht, und ob die vor und nach der Übertragung ausgeübten Tätigkeiten übereinstimmen oder sich hinreichend ähneln (s. Urteil des BFH vom 06.05.2010, V R 26/09, UR 2010, 902; Urteil des BFH vom 28.10.2010, V R 22/09, BFH/NV 2011, 854; Urteil des BFH vom 30.04.2009, V R 4/07, UR 2009, 797). Die Einordnung hängt vor allem von der Art der unternehmerischen Tätigkeit und dem Wirtschaftszweig des Unternehmens ab (s. Urteil des BFH vom 24.02.2005, V R 45/02, UR 2005, 547).

2.3.1 Unternehmen oder gesondert geführter Betrieb im Ganzen

281 Der Veräußerer kann im Rahmen einer Geschäftsveräußerung im Ganzen sein gesamtes Unternehmensvermögen oder einen „gesondert geführten Betrieb" aus seinem Unternehmen an den Erwerber übertragen. Die Finanzverwaltung formuliert lapidar (s. Abschn. 1.5 Abs. 6 Satz 2 UStAE): „Ein in der Gliederung eines Unternehmens gesondert geführter Betrieb liegt vor, wenn der veräußerte Teil des Unternehmens vom Erwerber als selbständiges wirtschaftliches Unternehmen fortgeführt werden kann (s. Urteil des BFH vom 19.12.2012, XI R 38/10, UR 2013, 494)".

282 Der Begriff des Teilvermögens soll sich nicht auf einen oder mehrere lose Bestandteile eines Unternehmens beziehen, sondern auf eine Kombination von ihnen, die zur Ausübung einer wirtschaftlichen Tätigkeit ausreicht, auch wenn diese Tätigkeit nur Teil eines größeren Unternehmens ist, von dem sie abgespal-

ten wurde (s. Urteil des BFH vom 19.12.2012, XI R 38/10, UR 2013, 494 unter Bezug auf die Schlussanträge des Generalanwalts Jacobs vom 26.12.2002, Slg. 2003, I-14393, Rn. 35; vgl. ferner Urteil des BFH vom 06.05.2010, V R 26/09, UR 2010, 902, Urteil des BFH vom 28.10.2010, V R 22/09, BFH/NV 2011, 854; Urteil des BFH vom 30.04.2009, V R 4/07, UR 2009, 797).

2.3.1.1 Eigenständige betriebliche Organisation

Regelmäßig liegt ein gesondert geführter Betrieb vor, wenn eine organisatorische Selbständigkeit innerhalb des Unternehmens des Veräußerers gegeben ist. Manifestieren kann sich diese Trennung etwa durch besondere Räumlich- oder Örtlichkeiten, durch eigenes Personal und eine getrennte Geschäftsführung, eine getrennte Buchführung, besonderes Marketing bzw. durch eine gesonderte Wahrnehmung am Markt (vgl. Tatbestand in Urteil des BFH vom 19.12.2012, XI R 38/10, UR 2013, 494; vgl. ehemaliger Abschn. 1.5 Abs. 6 Satz 2 UStAE; Fassung vor 2013). 283

Es kommt für die Annahme des „in der Gliederung eines Unternehmens gesondert geführten Betriebs" im Sinne des § 1 Abs. 1a bei richtlinienkonformer Auslegung allerdings nicht mehr zwingend darauf an, ob bei dem Veräußerer eine eigenständige betriebliche Organisation vorlag. Der BFH hat im Zusammenhang mit der Übertragung eines Erbbaurechts mit verpachtetem Gebäude entschieden, dass entgegen dem damaligen Abschn. 1.5 Abs. 6 Satz 2 UStAE nicht maßgeblich war, ob „der veräußerte Teil des Unternehmens einen für sich lebensfähigen Organismus gebildet hat, der unabhängig von den anderen Geschäften des Unternehmers nach Art eines selbständigen Unternehmens betrieben worden ist und nach außen hin ein selbständiges, in sich abgeschlossenes Wirtschaftsgebilde gewesen (s. Urteil des BFH vom 29.12.2012, XI R 38/10, BStBl 2013, 1053). 284

Hinweis! In BFH XI R 38/10 wurde kein verpachtetes oder vermietetes Grundstück übertragen. Das Erbbaurecht war jedoch eine Berechtigung, für die die Vorschriften des bürgerlichen Rechts über Grundstücke galten. Die Übertragung des Erbbaurechts wurde begleitet von dem Eintritt des Erwerbers in den Miet- oder Pachtvertrag für ein auf dem Grundstück unterhaltenes und verpachtetes Reha-Zentrum. Zusammen mit dem Erbbaurecht ergab der Pachtvertrag die für die Teilvermögensveräußerung erforderliche Sachgesamtheit. Das Gebäude des übertragenen Reha-Zentrums wurde vom BFH zudem als wesentlicher Bestandteil des Erbbaurechts bezeichnet (bzgl. des für § 15a UStG maßgebenden Berichtigungszeitraums). 285

Die Finanzverwaltung ist dem gefolgt (s. Abschn. 1.5 Abs. 6 Satz 2 UStAE n.F.; eingeführt mit BMF vom 11.12.2013, MwStR 2014, 38). Diese Formulierung ist u.E. nicht beschränkt auf den Spezialfall der Erbbaurechte. Die Aussage des BFH war so formuliert, dass sie eine generelle Aussage mit Bedeutung auch für andere Fallkonstellationen treffen sollte. Der BFH hat das Urteil dementsprechend mittlerweile auch in anderen Zusammenhängen zitiert (s. etwa Urteil des BFH vom 04.02.2015, XI R 42/13). 286

Schon vor dem Urteil des BFH zu dem Erbbaurecht (s. Urteil des BFH vom 19.12.2012, XI R 38/10, UR 2013, 494) war anerkannt dass der Verkauf eines von mehreren vermieteten Grundstücken eine nicht steuerbare Veräußerung eines gesondert geführten Betriebs sein kann, auch wenn es insofern an einer eigenständigen betrieblichen Organisationsstruktur fehlte (Vfg. der OFD Karlsruhe vom 01.08.2000, UR 2001, 174). 287

2.3.1.2 „Lebendes" Unternehmen

Nicht erforderlich ist es für einen gesondert geführten Betrieb, dass damit schon Umsätze erzielt worden sind. Es genügt, dass die Absicht des Veräußerers erkennbar ist, Umsätze erzielen zu wollen. Die Absicht des Veräußerers muss spätestens im Zeitpunkt der Übergabe bestanden haben. Die Absicht ist anhand objektiver Anhaltspunkte zu belegen. 288

Die Geschäftsveräußerung im Ganzen setzt nicht voraus, dass zum Zeitpunkt der Veräußerung ein aktiv am Markt tätiges bzw. „lebendes" Unternehmen besteht (s. Urteil des BFH vom 06.05.2010, V R 26/09, UR 2010, 902). 289

290 Ein Unternehmen, das sich in der Gründungsphase befindet, noch keine Umsätze ausführt und am Markt wenig oder gar nicht in Erscheinung tritt, bildet deshalb grundsätzlich einen genügenden Geschäftsbetrieb. Es muss noch nicht zu dem ersten der beabsichtigten Umsätze gekommen sein.

291 Ein Miethaus kann durch den Bauherrn unter § 1 Abs. 1a UStG übertragen werden, wenn die Veräußerung erfolgt, bevor es zu der beabsichtigten Vermietung gekommen ist. Dies gilt auch dann, wenn das Grundstück vor der beabsichtigten Vermietung zwangsversteigert wird (s. Radeisen in Schwarz/Widmann/Radeisen, Stand: 08.04.2013, § 1 UStG Rn. 414 m.w.N.).

292 Es genügt, wenn ein Grundstück („Vermietungsunternehmen") nur teilweise vermietet ist, sofern die nicht vermieteten Teile durch den Veräußerer zur Vermietung und Verpachtung bestimmt sind (der Erwerber führe dann die bisherige Vermietungsabsicht fort; s. Urteil des BFH vom 30.04.2009, V R 4/07, UR 2009, 797).

292/1 Die Vorgründungsgesellschaft (GbR) kann Unternehmer werden durch die (bloße) Übertragung des Gesamtunternehmens auf die durch den notariellen Gesellschaftsvertrag entstehende Gründungsgesellschaft. Die Übertragung fällt dann als nichtsteuerbarer Umsatz unter § 1 Abs. 1a UStG. Die Vorgründungsgesellschaft hat grundsätzlich den Vorsteuerabzug aus ihren Eingangsleistungen. Das gilt unabhängig davon, ob die Vorgründungsgesellschaft beabsichtigt, andere Ausgangsumsätze zu erbringen. Die nichtsteuerbaren Umsätze im Rahmen der Geschäftsveräußerung im Ganzen nach § 1 Abs. 1a UStG sollen genügen (s. Urteil des BFH vom 15.07.2004, V R 84/99, UR 2002, 265).

2.3.1.3 Stillgelegter Betrieb

293 Aus unserer Sicht kann ein Unternehmen auch bei einer endgültigen Einstellung durch den Veräußerer fortführbar sein, sofern die übertragenen Vermögensgegenstände noch nicht abgewickelt sind und im Sinne der Rechtsprechung des BFH ein „hinreichendes Ganzes" bilden, um die Ausübung einer bisher vom Veräußerer ausgeübten wirtschaftlichen Tätigkeit bzw. deren Fortführung zu ermöglichen. Die Rechtsprechung betont jedenfalls zunehmend, dass für die Beurteilung des Teilvermögens im Sinne des § 1 Abs. 1a UStG auf die Sichtweise des Erwerbers abzustellen ist (s. Urteil des BFH vom 19.12.2012, XI R 38/10, UR 2013, 494; dazu auch Robisch in Bunjes, 14. A., § 1 UStG Rn. 133 m.w.N.).

2.3.1.4 Vorübergehender Leerstand

294 Die Frage, ob für eine Geschäftsveräußerung im Ganzen ein „lebendes Unternehmen" vorliegen muss, war u.E. nicht zweifelhaft in einem vom BFH zu „vorübergehenden Leerständen" entschiedenen Fall. Es ging um die Veräußerung unvermieteter Ferienwohnungen. Hierbei war laut BFH die Besonderheit zu berücksichtigen, dass sie nicht zur langfristigen, sondern zur wiederholten kurzfristigen Vermietung bestimmt waren, sodass aus vorübergehenden Leerständen nicht auf eine Unterbrechung oder Beendigung der Vermietungstätigkeit zu schließen sei (s. Urteil des BFH vom 05.06.2014, V R 10/13, BFH/NV 2014, 1600).

2.3.1.5 Fortführbar „ohne großen finanziellen Aufwand"

295 Nach neuerer BFH-Rechtsprechung soll die „Übertragung aller wesentlichen Betriebsgrundlagen und die Möglichkeit zur Unternehmensfortführung ohne großen finanziellen Aufwand nicht erforderlich" sein (s. Urteil des BFH vom 18.09.2008, V R 21/07, UR 2009, 15; Urteil des BFH vom 06.05.2010, V R 25/09, BFH/NV 2010, 1873).

296 Ein gesondert geführter Betrieb kann demnach je nach Sachlage mit oder ohne großen finanziellen Aufwand des Erwerbers vorliegen. Entscheidend ist nach dieser Rechtsprechung letztlich nicht so sehr der etwaige finanzielle Aufwand zur Fortsetzung des Geschäftsbetriebs, sondern die Frage, ob der Erwerber den Betrieb fortzusetzen beabsichtigt und ob das übertragene Unternehmensvermögen als hinreichendes Ganzes die Ausübung einer wirtschaftlichen Tätigkeit ermöglicht (s. Urteil des BFH vom 23.08.2007, V R 14/05, UR 2008, 150). Um zu ermitteln, ob dies der Fall ist, sind die Veräußerung und ihre Begleitumstände einer Gesamtbewertung zu unterziehen, bei der insbesondere die Art der übertragenen Vermögensgegenstände und der Grad der Übereinstimmung oder Ähnlichkeit zwischen den vor und nach der Übertragung

ausgeübten Tätigkeiten zu berücksichtigen sind (s. Urteil des BFH vom 28.11.2002, V R 3/01, UR 2003, 135).

Der finanzielle Aufwand der Betriebsfortführung durch den Erwerber ist damit wohl lediglich als Indiz heranzuziehen, ob alle wesentlichen Betriebsgrundlagen in diesem Sinne übertragen worden sind („finanzieller Aufwand" als Indiz für den Übergang aller wesentlichen Betriebsgrundlagen, s. Urteil des BFH vom 30.04.2009, V R 4/07, UR 2009, 797; s. auch Abschn. 1.5 Abs. 4 UStAE). 297

2.3.1.6 Einzelne Wirtschaftsgüter

Die Geschäftsveräußerung im Ganzen erfasst im Grundsatz die Übertragung von Sachgesamtheiten, die als „hinreichendes Ganzes" die Ausübung einer wirtschaftlichen Tätigkeit ermöglichen. Die Übertragung einzelner Gegenstände bildet in der Regel kein „hinreichendes Ganzes" in diesem Sinne. Der Verkauf eines bloßen Warenbestands oder einer einzelnen Maschine ist deshalb regelmäßig keine Geschäftsveräußerung im Ganzen. 298

Anders verhält es sich, wenn der veräußerte Einzelgegenstand ausnahmsweise für sich genommen ein selbständiger Unternehmensteil bzw. (aus Erwerbersicht!) der einzig wesentliche Teil dieses Unternehmens ist. Der Verkauf eines einzelnen Grundstück bzw. Gebäudes (ohne Mietvertrag) könnte die Übertragung eines „Vermietungsbetriebs" sein, sofern der Mietvertrag ausnahmsweise nicht mit übergehen muss, weil der Erwerber (als Vermieter) bereits einen eigenen Mieter gefunden hat und dem Veräußerer dies bekannt ist (zu diesem Thema s. Beschluss des BFH vom 01.04.2004, V B 112/03, UR 2004, 417; Urteil des BFH vom 07.07.2005, V R 78/03, UR 2005, 608; s. auch Abschn. 1.5 Abs. 4 UStAE: „auch ein einzelnes Grundstück kann wesentliche Betriebsgrundlage sein"; so auch Urteil des BFH vom 05.06.2014, V R 10/13, BFH/NV 2014, 1600). 299

Zu beachten ist allerdings, dass die Rechtsprechung zumindest im Regelfall ohne Übergang eines Mietvertrags gerade keine Übertragung eines Vermietungsunternehmens annimmt (s. Urteil des BFH vom 11.10.2007, V R 57/06, UR 2008, 182; s. auch Urteil des FG Köln vom 12.12.2006, 8 K 1130/05, UStB 2007, 127, welches den Übergang des bedeutenderen von zwei betriebswesentlichen Mietverhältnissen genügen ließ; im Ergebnis bestätigt s. Urteil des BFH vom 30.04.2009, V R 4/07, UR 2009, 797; zur Einschätzung bzgl. der Geschäftsveräußerung im Ganzen bei einzelnen Grundstücken, Schiffen oder Flugzeugen siehe ferner Vfg. der OFD Karlsruhe vom 03.08.2009, UR 2009, 908; Robisch in Bunjes, § 1 UStG Rn. 130 m.w.N.). 300

2.3.1.7 Gesellschaftsanteile

Gesellschaftsanteile sind grundsätzlich kein gesondert geführter Betrieb. Entgegen seiner früheren Rechtsprechung (s. Urteil des EuGH vom 29.10.2009, C-29/08, UR 2010, 107) hat der EuGH in seinem Urteil vom 30.05.2013 (s. Urteil des EuGH vom 30.05.2013, C-651/11, UR 2013, 582) entschieden, dass die bloße Übertragung von Gesellschaftsanteilen keine Geschäftsveräußerung im Ganzen darstellt. 301

Dies soll entgegen der vorherigen Rechtsprechung auch dann gelten, wenn sämtliche Gesellschaftsanteile (100 %) veräußert werden (s. kritisch Wäger in UR 2014, 85), und zwar auch unabhängig davon, ob die anderen Anteilseigner die übrigen Anteile an dieser Gesellschaft praktisch gleichzeitig an dieselbe Person übertragen (jeder Vorgang sei einzeln und selbstständig zu beurteilen). 302

Ausnahme! Nach Auffassung des EuGH kann die Veräußerung von Gesellschaftsanteilen Teil einer Geschäftsveräußerung im Ganzen sein, wenn gleichzeitig Vermögenswerte („Assets") des betroffenen Unternehmens an den Erwerber übertragen werden, welche einen eigenständigen Unternehmensteil darstellen. Der EuGH hatte sich für die Urteilsfindung in dieser Sache mit dem BMF beraten. In diesem Sinne hat auch das BMF im Anschluss an das Urteil des EuGH vom 30.05.2013 (s. Urteil des EuGH vom 30.05.2013, C-651/11, UR 2013, 582) den UStAE entsprechend angepasst und zitiert den EuGH nunmehr in Abschn. 1.6 Abs. 9 UStAE. 303

Die frühere Rechtsprechung des BFH, derzufolge die bloße Veräußerung von 100 % der Anteile (und auch grundsätzlich nur von 100 %, d.h. nicht weniger) als Geschäftsveräußerung im Ganzen zu bewerten sei, 304 ist nicht mehr im Einklang mit der Rechtsauffassung des EuGH. Es ist anzunehmen, dass der BFH nicht mehr daran festhalten wird.

305 Wird die Veräußerung von Gesellschaftsanteilen ausnahmsweise als Geschäftsveräußerung im Ganzen behandelt, so hat dies mangels Steuerbarkeit keinen Einfluss auf das Vorsteuerabzugsrecht des Veräußerers. Dieses richtet sich dann nach der gesamten Geschäftstätigkeit des Veräußerers.

306 Teilweise wird auch vertreten, es käme für den Vorsteuerabzug des Übertragenden auf die operative Tätigkeit des übertragenen Unternehmens an. Dieser Ansatz ist u.E. zutreffend, wenn der Vorsteuerabzug in direktem und unmittelbarem Zusammenhang mit der übertragenen betrieblichen Tätigkeit des Veräußerers steht (in dem Fall ist gemäß § 15 Abs. 4 UStG nicht auf die darüber hinausgehende Gesamttätigkeit des Veräußerers abzustellen; s. zu diesem Thema Rn. 414 ff.)

307 Systematisch zweifelhaft ist u.E. aber die Sichtweise, dass bei einem „share deal" nicht auf die wirtschaftliche Tätigkeit des Übertragenden abzustellen sein soll, sondern auf die des Unternehmens, dessen Anteile veräußert wird (so wohl auch Robisch in Bunjes, 14. A., § 1 UStG Rn. 144, der eine Ausnahme nur bei übertragenen Organgesellschaften für möglich hält).

308 Andernfalls wird die Veräußerung von Gesellschaftsanteilen regelmäßig als steuerfreie Dienstleistung gemäß § 4 Nr. 8 Buchst. f UStG behandelt mit der Konsequenz, dass der Veräußerer die Vorsteuer auf Eingangskosten, die unmittelbar der Anteilsveräußerung zuzuordnen sind, nicht in Abzug bringen kann. Diese negativen Auswirkungen auf das Vorsteuerabzugsrecht des Veräußerers können nach Auffassung des EuGH (s. Urteil des EuGH vom 30.05.2013, C-651/11, UR 2013, 582) allerdings verhindert werden, wenn der Veräußerer nachweist, dass die betreffenden Allgemeinkosten des Unternehmens keinen Eingang in den Kaufpreis für die Gesellschaftsanteile gefunden haben. Denkbar ist auch, dass der Veräußerer zur Umsatzsteuer optiert (diese Möglichkeit setzt nach § 9 Abs. 1 UStG voraus, dass der Erwerber Unternehmer ist und keine reine Finanzholding).

2.3.2 Wesentliche Wirtschaftsgüter

2.3.2.1 Definition

309 Eine Geschäftsveräußerung im Ganzen erfordert im Grundsatz, dass die „wesentlichen Grundlagen" des Geschäfts in der Weise übertragen werden, dass der erwerbende Unternehmer sie fortsetzen kann.

310 Die Übertragung aller wesentlichen Betriebsgrundlagen ist allerdings keine eigenständige Voraussetzung für die Nichtsteuerbarkeit, sondern lediglich im Rahmen der Gesamtwürdigung zu berücksichtigen (s. Urteil des BFH vom 23.08.2007, V R 14/05, UR 2008, 150; Urteil des EuGH vom 10.11.2011, C-444/10, UR 2011, 937; andererseits aber Urteil des BFH vom 24.02.2005, V R 45/02, UR 2005, 547; s. Abschn. 1.5 Abs. 3, 4 UStAE mit Übergangsregelung laut BMF vom 24.10.2012, UR 2012, 895).

311 Maßgeblich ist letztlich allein, ob das übertragene Unternehmensvermögen aus Sicht des Erwerbers als „hinreichendes Ganzes" die Ausübung einer wirtschaftlichen Tätigkeit ermöglicht.

2.3.2.2 Abgrenzung zu unwesentlichen Wirtschaftsgütern

312 Die Abgrenzung von für den Betrieb wesentlichen und unwesentlichen Wirtschaftsgütern ist eine Frage des Einzelfalls und kann nicht immer klar beantwortet werden. Maßgeblich sind die tatsächlichen Verhältnisse im Zeitpunkt der Übereignung (s. Urteil des BFH vom 25.11.1965, V 173/63 U, BFHE 85, 343).

313 Bei einem landwirtschaftlichen Produktionsbetrieb bilden nach Auffassung des FG Mecklenburg-Vorpommern insbesondere die Betriebsgrundstücke mit den Maschinen die wesentlichen Grundlagen des Betriebes (s. Beschluss des FG Mecklenburg-Vorpommern vom 22.08.2014, 3 V 38/14 n.v.).

314 Bei einem Herstellungsunternehmer bilden die Betriebsgrundstücke mit den Maschinen und sonstigen der Fertigung dienenden Anlagen regelmäßig die wesentlichen Grundlagen des Unternehmens (s. Urteil des BFH vom 05.02.1970, V R 161/66, UR 1970, 101). Bei einem Leasingunternehmen zählen hierzu auch die Verträge mit den Leasingnehmern; bei einer Kfz-Werkstatt sind grundsätzlich auch die Kundendienstverträge mit den Autofirmen wesentlich (s. Urteil des BFH vom 27.05.1986, VII R 183/83, BB 1986, 1976).

315 Bei Betrieben, die in gemieteten oder gepachteten Räumen unterhalten werden, gehört gleichzeitig auch das Miet- oder Pachtrecht zu den wesentlichen Betriebsgrundlagen. So verhält es sich auch bei Betrieben,

die mit gepachteten Maschinen unterhalten werden (s. Urteil des BFH vom 19.12.1968, V 225/65, UR 1969, 135).

Bei Vermietungsunternehmen sind wiederum grundsätzlich die vermieteten Gegenstände und die Mietverträge wesentliche Geschäftsgrundlagen. 316

Verträge mit für den veräußerten Geschäftsbetrieb wichtigen Mitarbeitern können wesentliche Betriebsgrundlagen sein, wenn ihr Know-How von entscheidender Bedeutung ist (zum regelmäßigen Übergang der Arbeitsverhältnisse auf den Erwerber ist § 613a BGB zu beachten). 317

2.3.2.3 Finanzieller Aufwand als Indiz

Als ein Indiz gegen die Übertragung der wesentlichen Betriebsgrundlagen ist heranzuziehen, ob der Erwerber den Betrieb nur mit einem hohen finanziellen Aufwand fortführen kann (s. Rn. 349 ff.; als Indiz für den Übergang aller wesentlicher Betriebsgrundlagen, s. Urteil des BFH vom 30.04.2009, V R 4/07, UR 2009, 797). 318

2.3.2.4 Sachgesamtheit und einzelne Wirtschaftsgüter

Grundsätzlich eignen sich nur Sachgesamtheiten als wesentliche Betriebsgrundlagen – insofern die Sachgesamtheit als „hinreichendes Ganzes" die Ausübung einer wirtschaftlichen Tätigkeit ermöglicht. 319

Die Übertragung einzelner Gegenstände genügt im Regelfall nicht für die erforderliche Übertragung der wesentlichen Betriebsgrundlagen. Anders verhält es sich, wenn der veräußerte Einzelgegenstand ausnahmsweise für sich genommen ein selbständiger Unternehmsteil bzw. aus Erwerbersicht der einzig wesentliche Teil dieses Unternehmens ist. Für die Frage der Wesentlichkeit eines Wirtschaftsguts im Hinblick auf die Fortführung des erworbenen Betriebs dürfte der BFH in diesem Sinne allein auf die Sicht des Erwerbers abstellen (zur Übertragbarkeit einzelner Gegenstände unter § 1 Abs. 1a UStG s. Rn. 299). 320

Da es für die Geschäftsveräußerung im Ganzen auf die Übertragung der wesentlichen Betriebsgrundlagen ankommt, ist es unschädlich, wenn unwesentliche Wirtschaftsgüter zurückbehalten werden (s. Abschn. 1.5 Abs. 3 Satz 1 UStAE). 321

Der EuGH hat erklärt, dass die Übertragung eines Geschäftsbetriebs auch ohne die Übereignung des hierfür erforderlichen Grundstücks möglich sein kann, wenn der Erwerber entweder einen Mietvertrag erhält oder „selbst über eine geeignete Immobilie verfügt" (s. Urteil des EuGH vom 10.11.2011, C-444/10, UR 2011, 937). Die Übertragung aller wesentlichen Betriebsgrundlagen wird von der Rechtsprechung demnach ausdrücklich nicht mehr streng gefordert. 322

U.E. ist unter Zugrundelegung der neueren Entwicklung der Rechtsprechung für eine Geschäftsveräußerung im Ganzen nicht (mehr) erforderlich, dass sämtliche aus Sicht des Veräußerers für dessen Geschäftsbetrieb wesentliche Wirtschaftsgüter auf den Erwerber übergehen müssen. Gerade die neuere Rechtsprechung betont, dass maßgeblich die Sicht des Erwerbers entscheiden soll, welche Gegenstände wesentlich sind. 323

2.3.3 Übereignung oder Einbringung (Übertragung)

Eine Geschäftsveräußerung im Ganzen erfordert eine Übertragung des Geschäfts. Die wesentlichen Betriebsgrundlagen müssen „übereignet" oder in eine Gesellschaft „eingebracht" werden (s. § 1 Abs. 1a Satz 2 UStG). 324

2.3.3.1 Übereignung

Der Begriff der „Übereignung" wird nicht im Sinne der zivilrechtlichen Übereignung (sowie Forderungsübertragungen u.a.) verstanden. In Anlehnung an die umsatzsteuerrechtlichen Rechtsbegriffe der „Lieferung" und der „sonstigen Leistung" wird auf die Verschaffung der Verfügungsmacht an den wesentlichen Betriebsgegenständen bzw. auf die Erbringung von Dienstleistungen abgestellt, etwa auf die Übertragung von Forderungen und Verträgen, vor allem aber von IP-Rechten und sonstigen betriebswesentlichen Rechtspositionen wie z.B. den Kundenstämmen. 325

2.3.3.2 Einbringung

326 Erfasst werden Einbringungen eines Unternehmens oder gesondert geführten Betriebs in eine Personen- oder Kapitalgesellschaft. Die Gesellschaft kann bestehen oder neu gegründet werden (Beispiel: s. Urteil des BFH vom 31.07.1969, V 94/65, UR 1969, 313: zur Einbringung des Vermögens einer Einzelfirma in eine OHG als Veräußerung eines Geschäfts im Ganzen).

327 **Zur Abgrenzung!** Außerhalb einer Geschäftsveräußerung im Ganzen sind Sacheinlagen eines Gesellschafters in eine Gesellschaft grundsätzlich steuerbar.

328 Auch die Übertragung eines Miteigentumsanteils an einem Grundstück fällt als Einbringung unter § 1 Abs. 1a UStG (wenn die Gesellschaft die Vermietungstätigkeit des Übertragenden fortführt; s. Urteil des BFH vom 06.09.2007, V R 41/05, UR 2007, 858).

329 Die ertragsteuerrechtliche Behandlung (Aufdeckung der stillen Reserven oder nicht) ist ohne Auswirkung auf die Geschäftsveräußerung im Ganzen nach § 1 Abs. 1a UStG.

330 Auch bei der Einbringung eines Betriebs in eine Gesellschaft genügt es, wenn einzelne wesentliche Wirtschaftsgüter, insbesondere auch die dem Unternehmen dienenden Grundstücke, nicht mit dinglicher Wirkung an die Gesellschaft übertragen, sondern an den Erwerber vermietet oder verpachtet werden und eine dauerhafte Fortführung des Unternehmens oder des gesondert geführten Betriebs durch den Erwerber gewährleistet ist (s. Urteil des BFH vom 15.10.1998, V R 69/97, UR 1999, 127; Urteil des BFH vom 04.07.2002, V R 10/01, UR 2003, 16).

331 Andererseits hat der BFH in einem anderen Fall einer unentgeltlichen Nutzungsüberlassung eines Gegenstands (durch einen Einzelunternehmer an eine Personengesellschaft, an der er beteiligt war) keine Geschäftsveräußerung im Ganzen angenommen, weil es an einer Übereignung oder Einbringung des Gegenstands fehlte. Die Geschäftsveräußerung im Ganzen erfordert demnach im Kern die Übertragung von Wirtschaftsgütern (s. Urteil des BFH vom 21.05.2014, V R 20/13, UR 2014, 769).

332 Die Gesamtrechtsnachfolge fällt nach (wohl) herrschender Meinung nicht unter § 1 Abs. 1a UStG. Das gilt auch für die Einbringung (s. hierzu und zum Meinungsstreit näher unter Rn. 324 f.).

333 Im Hinblick auf die „Aufspaltung" einer Kapitalgesellschaft kommt eine „Einbringung" in eine Gesellschaft im Sinne des § 1 Abs. 1a Satz 2 2. Alt. UStG nicht in Frage, weil es an der erforderlichen Übertragung eines Betriebs in eine Gesellschaft fehlt. Das Gleiche muss für die Realteilung von Personengesellschaften gelten.

2.3.3.3 Überlassung statt Übertragung

334 Eine Geschäftsveräußerung im Ganzen ist auch dann möglich, wenn nicht alle wesentlichen Gegenstände übertragen werden. Eine Geschäftsveräußerung im Ganzen kann vorliegen, wenn einzelne für die Fortführung der Unternehmenstätigkeit notwendige Gegenstände von der Übereignung oder Einbringung ausgenommen sind, diese dem Erwerber aber entgeltlich oder unentgeltlich dauerhaft zur Nutzung überlassen werden und sich daraus kein Hindernis für die dauerhafte Fortführung der wirtschaftlichen Tätigkeit ergeben kann.

335 **Hinweis zur Vermietung!** Wenn ein für das Unternehmen wesentlicher Gegenstand nur an den Erwerber vermietet wird, liegt eine Geschäftsveräußerung im Ganzen vor, wenn die übertragenen Sachen hinreichen, damit der Erwerber eine selbständige wirtschaftliche Tätigkeit dauerhaft fortführen kann (Vermietung Geschäftslokal: s. Urteil des EuGH vom 10.11.2011, C-444/10, UR 2011, 937; Urteil des BFH vom 18.01.2012, XI R 27/08, UR 2012, 393).

2.3.3.4 Dauerhafte Fortführung bei kurzfristiger Kündbarkeit

336 Eine mittel- oder langfristig unkündbare Vermietung kann die Fortführung des Unternehmens und damit die „Übertragung durch dauerhafte Überlassung" sicherstellen. Die kurzfristige Kündbarkeit eines Mietvertrags allein spricht allerdings nicht dafür, dass der Erwerber beabsichtigte, den übertragenen Geschäftsbetrieb oder Unternehmensteil „sofort abzuwickeln" anstatt ihn fortzuführen. Wenn ein für das Unternehmen

wesentlicher Gegenstand unbefristet, aber kurzfristig kündbar vermietet wird, liegt deshalb dennoch eine Geschäftsveräußerung im Ganzen vor, wenn die übertragenen Sachen hinreichen, damit der Erwerber eine selbständige wirtschaftliche Tätigkeit dauerhaft fortführen kann (s. Urteil des EuGH vom 10.11.2011, C-444/10, UR 2011, 937; zur Vermietung eines Geschäftslokals s. Urteil des BFH vom 18.01.2012, XI R 27/08, UR 2012, 393).

2.3.3.5 Notwendiger Zeitraum der Überlassung

Zur Verdeutlichung bisheriger Einzelfallentscheidungen: Eine langfristige Vermietung oder Verpachtung **337** für z.B. „acht Jahre" hatte der BFH in einem Einzelfall genügen lassen (s. Urteil des BFH vom 23.08.2007, V R 14/05, UR 2008, 150). Eine Fortführung bis auf Weiteres bzw. auf unbestimmte Zeit war ebenfalls hinreichend (s. Urteil des EuGH vom 10.11.2011, C-444/10, UR 2011, 937, und Urteil des BFH vom 18.01.2012, XI R 27/08, UR 2012, 393). Die Möglichkeit, den Miet- oder Pachtvertrag kurzfristig zu kündigen, ist hierbei unschädlich (s. Abschn. 1.5 Abs. 3 UStAE). Eine Vermietung für fünf Jahre wurde in einem Fall für zu kurz erachtet (s. Urteil des FG Baden-Württemberg vom 28.09.2004, 10 K 59/02, EFG 2004, 1833).

2.3.3.6 Anpachtung von einem Dritten

Nach Auffassung des FG Düsseldorf (s. Urteil des FG Düs vom 12.07.2013, 1 K 4421/10 U, EFG 2014, 1034) **338** war eine Geschäftsveräußerung im Ganzen auch dann anzunehmen, wenn es sich bei der übertragenen Geschäftsausstattung (Kücheneinrichtung einer vom Veräußerer gepachteten Gaststätte) um eine für die Fortführung des Betriebes wesentliche Sachgesamtheit handelt und der Erwerber die weiteren, zum Betrieb des Geschäfts wesentlichen Gegenstände einschließlich der Räumlichkeiten nicht vom Veräußerer, sondern lediglich von einem Dritten (dem bisherigen Verpächter) anpachtet. Der überwiegende Teil der für die Fortführung des Betriebs (Schützenhauses) erforderlichen Betriebsgrundlagen wurde hier nicht vom Veräußerer selbst auf den Erwerber übertragen, sondern dem Erwerber von einem Dritten vermietet.

Im Revisionsverfahren sollte sich der BFH zu der Frage äußern, ob eine Geschäftsveräußerung im Ganzen **339** auch dann anzunehmen ist, wenn es sich bei der übertragenen Geschäftsausstattung zwar um eine für die Fortführung des Betriebes wesentliche Sachgesamtheit handelt, der Erwerber jedoch die weiteren, zum Betrieb erforderlichen Gegenstände einschließlich der Räumlichkeiten von einem Dritten anpachtet (Urteil des BFH vom 04.02.2015, XI R 42/13). Unseres Erachtens kann diese Frage grundsätzlich zu bejahen sein, wenn auf diese Weise sichergestellt wird, dass der Erwerber das Unternehmen fortführen kann; s. zu weiteren Fallkonstellationen vertiefend, Meyer-Burow/Connemann in Hans-Ulrich Lang/Claudia Ossola-Haring (Hrsg.), Kauf, Verkauf und Übertragung von Unternehmen, 2. A., Teil 13, 7.6). Der BFH hat die Geschäftsveräußerung im Ergebnis allerdings verneint, anscheinend mit der Wertung, dass der Übernehmende nur einzelne Wirtschaftsgüter übernommen habe. Eine „Kücheneinrichtung, Geschirr und diverse Küchenartikel seien kein abgespaltener, selbständiger Teil" des Unternehmens des A. Es seien „nur einzelne" zum Betrieb einer Gaststätte notwendige Gegenstände an die Klägerin veräußert worden (zu beachten ist für eine solche Wertung u.E. auf der anderen Seite, dass der BFH, streng genommen, ja eigentlich gar keinen organisatorisch verselbständigten Betrieb des übertragenen Unternehmers mehr fordert; s. Rn. 319 ff.; der BFH bewegt sich mit dieser Rechtsprechung deshalb auf einem sehr „schmalen Grat").

Anders hat der BFH den späteren Fall bewertet (s. Urteil des BFH vom 03.12.2015, V R 36/13) indem ein **340** Einzelunternehmer sein Unternehmensvermögen mit Ausnahme des Anlagevermögens auf eine KG übertrug, die das Unternehmen fortführte. Nach ständiger Rechtsprechung des BFH müsse dem Unternehmer nicht das gesamte Unternehmensvermögen übertragen werden, sodass eine Geschäftsveräußerung auch vorliegen könne, wenn der Übertragende „einzelne Wirtschaftsgüter" seines Unternehmensvermögens an den Erwerber vermiete. Es genüge auch, dass das für dieses Unternehmen wesentlich Anlagevermögen auf einen Dritten übertragen wurde, der es dem Erwerber der (übrigen) Unternehmensteile überließ. Im Hinblick auf den vorgenannten Fall des BFH vom 04.02.2015, XI R 42/13 ist hierbei u.E. entweder ein Wertungswiderspruch des XI. Senats zum V. Senat des BFH zu verzeichnen oder lediglich eine mangelnde Klarstellung des Umstands, dass die Richter in Kombination mit der Überlassung wesentlicher Wirtschaftsgüter die Übertragung einzelner Wirtschaftsgüter an den Übernehmenden nur dann genügen lassen wollen, wenn diese einzelnen Wirtschaftsgüter ein Mindestmaß an „Wesentlichkeit" aufweisen, welches über die Bedeutung der bloßen Kücheneinrichtung im Fall XI R 42/13 hinauszugehen habe.

341 **Beachte!** Die Übertragung des Anlagevermögens an den Dritten (s. BFH vom 03.12.2015, V R 36/13) war keine Geschäftsveräußerung im Ganzen. Das Gleiche würde für die Verpachtung gelten (XI R 42/13). Der Verpächter überträgt hier keinen Geschäftsbetrieb, sondern bekommt lediglich einen anderen Pächter. Die Verpachtung würde unter den genannten Umständen demnach selbst dann nicht unter § 1 Abs. 1a UStG fallen, wenn in einem Einzelfall im Übrigen eine Geschäftsveräußerung angenommen werden könnte.

2.3.3.7 Erwerb von Rechten von einem Dritten

342 Für die Fortführung des Unternehmens können auch Rechte wesentlich sein, die von einem Dritten gehalten werden. Gerade innerhalb eines Konzerns wird es oft vorkommen, dass beispielsweise Lieferverträge oder Markenrechte nicht von der Gesellschaft selbst gehalten werden, die ihr Geschäft veräußert, sondern von einem verbundenen Unternehmen. Der Vereinfachungszweck der Geschäftsveräußerung im Ganzen gebietet es, dass auch in solchen Fällen die Rechtsfolge des § 1 Abs. 1a UStG zur Anwendung kommen kann. Entweder werden dem Erwerber Lizenz-, Pacht- oder ähnliche Rechte durch den Dritten eingeräumt oder die Rechte bzw. Vertragspositionen werden von dem Dritten auf den Veräußerer selbst oder auf ein mit diesem verbundenes Unternehmen übertragen (s. dazu vertiefend Meyer-Burow/Connemann in Hans-Ulrich Lang/Claudia Ossola-Haring (Hrsg.), Kauf, Verkauf und Übertragung von Unternehmen, 2. A., Teil 13, 7.7).

343 **Beachte!** Die Übertragung durch den Dritten selbst kann ebenfalls eine Geschäftsveräußerung im Ganzen sein, wenn der Dritte die Rechte z.B. auf ein mit dem Erwerber verbundenes Unternehmen überträgt, das diese wiederum dem Erwerber entgeltlich überlässt und wenn das verbundene Unternehmen damit eine betriebliche Tätigkeit des veräußernden Dritten („hinreichendes Ganzes") fortführt; s. Meyer-Burow/Connemann, UR 2011, 612.

344 Der BFH hat diesen Gedanken indirekt bestätigt, als er eine Geschäftsveräußerung an den Erwerber eines Unternehmens bestätigte, obwohl das für dieses Unternehmen wesentlich Anlagevermögen auf einen Dritten übertragen wurde, der es dem Erwerber der (übrigen) Unternehmensteile überließ (s. Urteil des BFH vom 03.12.2015, V R 36/13). Es sei dabei unerheblich, ob die Überlassung durch den Dritten entgeltlich oder unentgeltlich erfolge.

2.3.3.8 Einheitlicher Übertragungsvorgang

345 Grundsätzlich erfolgt die Geschäftsveräußerung im Ganzen in einem – umsatzsteuerrechtlich gesehen – einheitlichen Übertragungsvorgang, der auf mehreren, zeitlich versetzten Kausalgeschäften beruhen kann. Es genügt, wenn die Kausalgeschäfte in einem engen sachlichen und zeitlichen Zusammenhang stehen und die Übertragung des ganzen Vermögens auf einen Erwerber offensichtlich ist (s. Urteil des BFH vom 01.08.2002, V R 17/01, UR 2003, 133; Abschn. 1.5 Abs. 5 UStAE).

2.3.3.9 Wettbewerbsverbot

346 Zu den Umsätzen im Rahmen einer Geschäftsveräußerung im Ganzen zählen alle in unmittelbarem wirtschaftlichem Zusammenhang mit dem Veräußerungsvorgang bewirkten Einzelleistungen. Das in einem Unternehmenskaufvertrag vereinbarte Wettbewerbsverbot gehört laut BFH dazu, wenn ihm keine eigenständige wirtschaftliche Bedeutung zukommt (s. Urteil des BFH 29.08.12, XI R 1/11, UR 2013, 412). Dies ist der Fall, wenn es dem Käufer die Fortführung des Unternehmens ermöglicht. Hier ist laut BFH auch die Art der Leistung zu berücksichtigen. Der BFH bejahte die Geschäftsveräußerung im Ganzen für einen Pflegedienst, dessen (für wesentlich erachteten) Kundenstamm das Wettbewerbsverbot erhalten sollte (s. Urteil des BFH vom 29.08.12, XI R 11/11, UR 2013, 330). Das FG Nürnberg bejahte demgegenüber eine eigenständige wirtschaftliche Bedeutung in einem Fall angesichts der Dauer (3 ½ Jahre) des Wettbewerbsverbots,

des in absoluter Hinsicht hohen Preises von 2,3 Millionen € sowie wegen der Höhe der Vertragsstrafe von 500.000 € (s. Urteil des FG Nürnberg vom 27.11.2012, 2 K 96/10 n.v.).

2.3.3.10 Vollzug des Umsatzes ausgesetzt

Eine Geschäftsveräußerung im Ganzen i.S.d. § 1 Abs. 1a UStG liegt auch dann vor, wenn der Vollzug der Unternehmensübertragung zum Zwecke der Klärung einer damit zusammenhängenden steuerrechtlichen Frage vorübergehend ausgesetzt wird (s. Urteil des BFH vom 30.01.2014, V R 33/13, BFH/NV 2014, 1238; Geschäftsveräußerung und Ergänzungsvereinbarung). 347

2.3.4 Fortführungsabsicht/Fortführung

Der durch die Übertragung Begünstigte muss beabsichtigen, den übertragenen Geschäftsbetrieb oder Unternehmensteil zu betreiben („Fortführungsabsicht"). Für die Geschäftsveräußerung im Ganzen ist es insofern unerheblich, dass der Erwerber nicht den Namen des übernommenen Unternehmens weiter führt. Entscheidend ist, dass der Erwerber die Tätigkeit des Veräußerers im Rahmen seiner bisherigen eigenen Geschäftstätigkeit fortführt (s. Urteil des BFH vom 29.08.2012, XI R 1/11, UR 2013, 412, Abschn. 1.5 Abs. 1 UStAE). 348

2.3.4.1 Fortführbar „ohne großen finanziellen Aufwand"

Als ein Indiz gegen die Fortführungsabsicht ist heranzuziehen, ob der Erwerber den Betrieb nur mit einem hohen finanziellen Aufwand fortführen kann (als Indiz für den Übergang aller wesentlicher Betriebsgrundlagen, s. Urteil des BFH vom 30.04.2009, V R 4/07, UR 2009, 797). Die Möglichkeit zur Unternehmensfortführung „ohne großen finanziellen Aufwand" ist laut neuerer bzw. klarstellender BFH-Rechtsprechung keine zwingende Voraussetzung (s. Urteil des BFH vom 18.09.2008, V R 21/07, UR 2009, 15; Urteil des BFH vom 06.05.2010, V R 25/09, BFH/NV 2010, 1873). 349

2.3.4.2 Fortführung ohne Beendigung des Geschäftsbetriebs des Veräußerers

Umsatzsteuerrechtlich setzt die Fortführungsabsicht des Erwerbers nicht voraus, dass der Veräußerer seine unternehmerischen Betätigung beendet (s. Urteil des BFH vom 29.08.2012, XI R 10/12, UR 2013, 415). Im Streitfall konnte der Erwerber den veräußerten Klinikbetrieb auch ohne Einstellung der unternehmerischen Tätigkeit durch den Veräußerer fortführen. Der Veräußerer setzte seine bisherige Tätigkeit zwar in anderen Räumen und mit neuen oder teilweise zurückbehaltenen Ausrüstungsgegenständen und Warenbeständen fort. Entscheidend war für das Gericht jedoch, dass die übernommenen Vermögensgegenstände alle Bestandteile umfassten, mit denen der Unternehmensteil „Venenmedizin" fortgeführt werden konnte (s. Urteil des BFH vom 29.08.2012, XI R 10/12, UR 2013, 415 Rn. 28 mit Verweis auf Büchter-Hole, EFG 2012, 1194; Birkenfeld in Birkenfeld/Wäger, Das große Umsatzsteuer-Handbuch, 47. Lieferung, § 34 Rn. 111). 350

In einem Fall, in dem der Veräußerer eines Grundstücks sein Vermietungsunternehmen mit den bisherigen Mietern fortführte (nicht mehr als Eigentümer, sondern aufgrund eines ihm vom Erwerber eingeräumten Mietrechts), fehlt es laut BFH allerdings an einer Fortführung durch den Erwerber und damit an einer Geschäftsveräußerung im Ganzen (s. Urteil des BFH vom 03.07.2014, V R 12/13, BFH/NV 2014, 1603). 351

Hinweis! Die derzeitige Linie der Rechtsprechung ist u.E. so zusammenzuführen, dass eine Geschäftsveräußerung im Ganzen in solchen Fällen voraussetzt, dass Gegenstand der Veräußerung ein Betrieb ist, welchen im Rahmen einer Gesamtbetrachtung der Erwerber fortsetzt, wohingegen der Veräußerer zwar seine (ggf. durchaus gleichartige) unternehmerische Tätigkeit weiter verfolgt, ohne dass sich seine Tätigkeit als Fortführung des Betriebs darstellt, welcher Gegenstand der Übertragung ist; s. vertiefend Meyer-Burow/Connemann in Hans-Ulrich Lang/Claudia Ossola-Haring (Hrsg.), Kauf, Verkauf und Übertragung von Unternehmen, 2. A., Teil 13, 8.2. 352

2.3.4.3 Sicht des Erwerbers

353 Aus der vorgenannten BFH-Entscheidung (s. Urteil des BFH vom 29.08.2012, XI R 10/12, UR 2013, 415) lässt sich u.E. darüber hinaus herleiten, dass für eine Geschäftsveräußerung im Ganzen nicht sämtliche aus Sicht des Veräußerers für dessen Geschäftsbetrieb wesentlichen Wirtschaftsgüter übertragen werden müssen, sondern dass es auch insofern allein auf die Sicht des Erwerbers für die Zwecke seiner Fortführung des Betriebs ankommt. Für den Erwerber waren die zurückbehaltenen Wirtschaftsgüter nach diesem Ansatz jedenfalls nicht wesentlich; denn er hatte ein „hinreichendes Ganzes" bekommen, um den Betrieb fortführen zu können (s. vertiefend Meyer-Burow/Connemann in Hans-Ulrich Lang/Claudia Ossola-Haring (Hrsg.), Kauf, Verkauf und Übertragung von Unternehmen, 2. A., Teil 13, 8.3).

2.3.4.4 Sofortige Abwicklung

354 Der Erwerber muss beabsichtigen, den übertragenen Geschäftsbetrieb oder Unternehmensteil zu betreiben. Keine Fortführungsabsicht ist der Plan des Erwerbers, die betreffende Geschäftstätigkeit sofort abzuwickeln sowie gegebenenfalls den Warenbestand zu verkaufen (s. Urteil des EuGH vom 27.11.2003, C-497/01, UR 2004, 19; Urteil des BFH vom 30.04.2009, V R 4/07, UR 2009, 797; Urteil des BFH vom 28.10.2010, V R 22/09, BFH/NV 2011, 854; Beschluss des BFH vom 14.11.2011, XI B 66/11, BFH/NV 2012, 460; s. auch Abschn. 1.5 Abs. 1 Sätze 2 bis 5 UStAE, a.A. Stadie in Lehrbuch zur Umsatzsteuer, 1. A.; Kapitel 5.: eine Übertragung i.S.v. § 1 Abs. 1a UStG erfolge auch, wenn der Erwerber das Unternehmen sofort liquidiere).

2.3.4.5 Durchgangserwerb

355 Die sofortige Weiterveräußerung („Durchgangserwerb") ist u.E. zumindest dann keine sofortige Abwicklung, wenn innerhalb desselben Erwerberkonzerns Umstrukturierungen dahin gehend vorgenommen werden, dass eine andere als die unmittelbar vom Veräußerer erwerbende Konzerngesellschaft das Unternehmen fortführen soll. Dem Vereinfachungszweck des § 1 Abs. 1a UStG folgend sollten beide Veräußerungen dieser Veräußerungskette nicht steuerbar sein.

356 Darüber hinausgehend sollte der Durchgangserwerb im Rahmen der notwendigen Gesamtbetrachtung auch dann eine genügende Fortführungsabsicht begründen, wenn auch außerhalb einer erwerbenden Organschaft oder eines erwerbenden Konzerns eine sofortige Weiterveräußerung zwecks Fortführung des Unternehmens durch einen Dritten „auf einer zweiten Stufe" erfolgt (so wohl auch Robisch in Bunjes, 14. A., § 1 UStG Rn. 113).

357 Es sollte für die Fortführungsabsicht auch genügen, wenn der Erwerber eines Einzelunternehmens beabsichtigt, den Betrieb sofort in eine Personengesellschaft einzubringen (s. Tehler in Reiß/Kraeusel/Lang, Stand: Juli 2012, § 1 UStG Rn. 520 m.w.N.; anders noch Urteil des BFH vom 15.01.1987, V R 3/77, UR 1987, 261).

2.3.4.6 „Hinreichend ähneln"

358 Die vor und nach der Übertragung ausgeübten Tätigkeiten müssen nicht identisch sein, sondern sich „hinreichend ähneln" (s. Urteil des BFH vom 23.08.2007, V R 14/05, UR 2008, 150; Urteil des BFH vom 06.05.2010, V R 25/09, BFH/NV 2010, 1873). Dieser sehr vage Ansatz der Rechtsprechung stellt die Parteien vor erhebliche Rechtsunsicherheiten und Steuerrisiken.

359 Es ist jedenfalls nicht erforderlich, dass die wirtschaftliche Tätigkeit des Erwerbers derselben Art wie die des Übertragenden ist (s. Urteil des EuGH vom 27.11.2003, C-497/01, UR 2004, 19). Der Erwerber kann das Unternehmen im Grundsatz also auch in veränderter Form fortführen.

2.3.4.7 Änderung des Zuschnitts/Modernisierung

360 Eine Geschäftsveräußerung im Ganzen liegt grundsätzlich auch dann vor, wenn der Erwerber den von ihm erworbenen Geschäftsbetrieb lediglich in seinem Zuschnitt ändert oder modernisiert (s. Urteil des BFH vom 23.08.2007, V R 14/05, UR 2008, 150; Urteil des BFH vom 18.09.2008, V R 21/07, UR 2009, 15; Urteil des BFH vom 06.05.2010, V R 25/09, BFH/NV 2010, 1873).

Eine bloße Änderung des Zuschnitts oder eine Modernisierung wird man zumindest dann annehmen können, wenn der Erwerber organisatorische Änderungen vornimmt, die „das Wesen“ des Unternehmens bestehen lassen. Das kann eine Änderung der Absatzwege oder des Kundenbestands bzw. der Zulieferer betreffen oder Modifikationen der Betriebswege, Umbaumaßnahmen, Verlegung von Warenlagern aus logistischen Gründen etc. (s. auch Urteil des BFH vom 23.08.2007, V R 14/05, UR 2008, 150). 361

Eine bloße Änderung des Zuschnitts kann auch dann vorliegen, wenn der Erwerber das Unternehmen nicht separat fortführt, sondern in seinen bestehenden Betrieb integriert und in diesem Rahmen fortführt. Auch in einem solchen Fall soll grundsätzlich eine Geschäftsveräußerung im Ganzen vorliegen. Maßgeblich muss u.E. sein, ob dabei das übertragene Betriebsvermögen im Rahmen einer dem bisherigen Betrieb des Veräußerers hinreichend ähnlichen wirtschaftlichen Tätigkeit fortgeführt wird. 362

2.3.4.8 Andersartige Tätigkeit

Die bloße Änderung des Zuschnitts oder Modernisierung der Tätigkeit ist abzugrenzen von den – für die Geschäftsveräußerung im Ganzen schädlichen – Fällen, in denen der Erwerber einer gänzlich andersartigen wirtschaftlichen Tätigkeit nachzugehen gedenkt und das Unternehmen deshalb nicht i.S.d. § 1 Abs. 1a UStG fortführt. 363

Eine Handelstätigkeit wird nicht als Fortführung einer Vermietungstätigkeit eines Vermieters bewertet, welcher ein Gebäude überträgt (s. Vfg. der OFD Hannover vom 31.05.2006, DStR 2006, 1227). 364

Ein „Bauträgerunternehmen“ ist laut BFH grundsätzlich mit der Errichtung, der Findung von Mietern und dem Verkauf des Objekts abgeschlossen. Die Übertragung des Gebäudes an einen Erwerber, der es als „Vermietungsunternehmen“ betreibt, soll eine andersartige Tätigkeit begründen und deshalb keine Fortführung des bisherigen Unternehmens sein (s. auch Urteil des BFH vom 24.02.2005, V R 45/02, UR 2005, 547; s. auch BFH vom 04.09.2008, V R 23/06, UR 2009, 528; bei Änderung einer Sanierungs- und sofortigen Veräußerungsabsicht in eine Vermietungsabsicht (mehrere Jahre sukzessive Vermietung) sah das FG Saarland eine nicht steuerbare Geschäftsveräußerung im Ganzen (s. Urteil des FG Saarland vom 05.03.2014, 1 K 1265/11, EFG 2014, 1240; vom BFH bestätigt; Urteil des BFH vom 12.08.2015, XI R 16/14). 365

2.3.4.9 Andere Branche

Eine von einer Parfümeriekette beabsichtigte Tätigkeit stellt keine Fortführung der Tätigkeit eines Bekleidungsunternehmens dar. Die Erwerberin sei nicht in derselben Branche wie der Veräußerer tätig. Daher handelte es sich laut EuGH nicht um eine Fortführung des Unternehmens (s. Urteil des EuGH vom 27.11.2003, C-497/01, UR 2004, 19). 366

2.3.4.10 Vorübergehender Verzicht

Die Fortführung scheiterte in einem Fall des BFH nicht an dem vorübergehenden Verzicht des Erwerbers auf die mit dem erworbenen Unternehmen erzielten (Pacht-)Einnahmen. Entscheidend war, dass der Erwerber die wirtschaftliche Tätigkeit mit dem zeitweiligen Verzicht nicht endgültig aufgeben wollte (s. Urteil des BFH vom 07.07.2005, V R 78/03, UR 2005, 608). 367

2.3.4.11 Absicht der Fortführung

Entscheidend ist die belegbare „Absicht“ des Erwerbers, mit dem erworbenen Geschäftsbetrieb unternehmerisch tätig zu werden und diesen nicht nur abwickeln zu wollen. Wenn der Erwerber die Absicht später aufgibt, ändert dies nichts daran, dass die für § 1 Abs. 1a UStG notwendige Fortführungsabsicht im Zeitpunkt der (somit nichtsteuerbaren) Übertragung bestand. 368

Es kann u.E. nicht erforderlich sein, dass sich die Absicht zwingend auf die sofortige, unmittelbare Fortführung bezieht. Die Fortführung der Tätigkeit des Veräußerers nach einer nur zeitweisen Verzögerung muss angesichts des Vereinfachungszwecks der Vorschrift für die Geschäftsveräußerung im Ganzen genügen. 369

2.3.4.12 Fortführung einer Absicht

370 Es genügt, wenn ein Grundstück („Vermietungsunternehmen“) nur teilweise vermietet ist, sofern die nicht vermieteten Teile durch den Veräußerer zur Vermietung und Verpachtung bestimmt sind. Der Erwerber führt dann die bisherige Vermietungsabsicht fort (s. Urteil des BFH vom 30.04.2009, V R 4/07, UR 2009, 797).

2.3.4.13 Zeitraum der Fortführung

371 Es gibt keine generelle Antwort darauf, auf welchen Zeitraum sich die Absicht zur Fortführung beziehen muss. Im Einzelfall sollte sich der beabsichtige Zeitraum der Fortführung des Unternehmens u.E. auf eine hierfür geeignete Zeitspanne beziehen. Ergänzend kann man die Entscheidungen zum Zeitraum der ggf. mit der Geschäftsveräußerung im Ganzen einhergehenden Nutzungsüberlassung heranziehen (s. auch das Urteil des BFH vom 25.11.2015, V R 66/14 zu einem Beispiel mit 17 Monaten).

2.3.4.14 Fortführung durch Organschaft

372 Wenn der Erwerber ein Organträger ist, der das von einem Dritten erworbene Grundstück an eine Organgesellschaft vermietet, soll darin laut BFH keine Fortführung des „Vermietungsunternehmens“ des Veräußerers gesehen. Denn der Erwerber (Organträger) habe umsatzsteuerrechtlich ja keine Vermietungsumsätze beabsichtigt, sondern das Grundstück selbst (durch seinen Betriebsteil Organgesellschaft) genutzt (s. Urteil des BFH vom 06.05.2010, V R 26/09, UR 2010, 902; Abschn. 1.5 Abs. 2 Satz 2 UStAE; s. auch Beschluss des FG Hamburg vom 11.02.2014, 3 V 247/13 n.v.; zur Kritik s. Meyer-Burow/Connemann, UR 2011, 612).

2.3.5 Entgeltlich oder unentgeltlich

373 Eine Geschäftsveräußerung im Ganzen erfordert, dass die wesentlichen Grundlagen eines Unternehmens oder eines gesondert geführten Betriebes „entgeltlich oder unentgeltlich“ übereignet oder in eine Gesellschaft eingebracht werden. Der Vorgang ist grundsätzlich nichtsteuerbar unabhängig von der Höhe des Entgelts und unabhängig davon, ob überhaupt ein Entgelt gezahlt wird.

374 **Beachte!** Für den Fall, dass die Finanzverwaltung später (unanfechtbar) entscheiden sollte, dass die Voraussetzungen der Geschäftsveräußerung im Ganzen doch nicht vorlagen, können Fragen der Mindestmessungsgrundlage bzw. der Angemessenheit des Entgelts bzgl. verschiedener „Asset“-Klassen Bedeutung erlangen (Gestaltungsmissbrauch). Das Gleiche kann gelten, wenn der Umfang der Geschäftsveräußerung zu anderen steuerpflichtigen Transaktionen abzugrenzen ist.

2.3.5.1 Unentgeltliche Wertabgabe

375 Wenn die Voraussetzungen der Geschäftsveräußerung im Ganzen erfüllt sind, ist der Vorgang nach § 1 Abs. 1a UStG nichtsteuerbar. Eine unentgeltliche Wertabgabe kommt nicht in Betracht, da die Wertabgabenbesteuerung gesetzessystematisch der Geschäftsveräußerung im Ganzen nachgeordnet ist (s. § 3 Abs. 1b bzw. § 3 Abs. 9a UStG).

2.3.5.2 Negativer Kaufpreis

376 Auch wenn der Übernehmer der Vermögensgegenstände an den Übertragenden keine Zahlung leistet, sondern umgekehrt der Veräußerer bzw. der Übertragende den Übernehmer dafür bezahlt, dass er das Unternehmen übernimmt, sollte eine Geschäftsveräußerung im Ganzen infrage kommen (s. Robisch in Bunjes, 14. A., § 1 UStG 1 Rn. 122a). Auf die Zahlung des Veräußerers sollte deshalb keine Umsatzsteuer anfallen.

2.3.5.3 Übernahme von Schulden

377 Nach Auffassung des BFH hat eine Schuldübernahme im Rahmen einer Geschäftsübertragung in der Regel nur einen umsatzsteuerrechtlich nicht relevanten Entgeltscharakter. Zumindest wird sie von dem Gesamtziel der Geschäftsveräußerung überlagert, sodass dass ihr praktisch keine Bedeutung beizumessen ist

(s. Urteil des BFH vom 31.07.1969, V 94/65, UR 1969, 313; anders ist es, wenn die Schuldübernahme wirtschaftlich Leistungscharakter hat und deshalb als eigene Leistungen steuerbar ist (s. Urteil des BFH vom 18.04.1962, V 246/59 S, BB 1962, 669; Urteil des BFH vom 18.04.1962, V 46/61, HFR 1962, 247).

2.4 Umsätze im Rahmen einer Geschäftsveräußerung an einen anderen Unternehmer für dessen Unternehmen, § 1 Abs. 1a Satz 1 UStG

2.4.1 Umsätze im Rahmen einer Geschäftsveräußerung

2.4.1.1 Umsätze

Eine Geschäftsveräußerung umfasst zivilrechtlich meistens eine Vielzahl von einzelnen Umsätzen (z.B. 378
die Übertragung von immateriellen und materiellen beweglichen oder unbeweglichen Wirtschaftsgütern wie Grundstücken und Gebäuden, Maschinen, Forderungen und Verträgen und IP-Rechten wie Patenten, Marken, Urheberrechten, den Kundenstamm, Know-How, Warenbestände). Diese Leistungen werden einheitlich als Geschäftsveräußerung im Ganzen erfasst und nach § 1 Abs. 1a UStG als nichtsteuerbar behandelt.

2.4.1.2 Übertragung der Betriebsgrundlagen

Die Nichtsteuerbarkeit erfasst die mit der Übertragung des Unternehmens oder gesondert geführten 379
Betriebs in unmittelbarem Zusammenhang stehenden Leistungen. Das betrifft in erster Linie die Übertragung der wesentlichen Betriebsgrundlagen auf den Erwerber. Erfasst werden auch die mit übertragenen unwesentlichen Betriebsgrundlagen.

2.4.1.3 Sonstige Umsätze und Dienstleistungen des Veräußerers

Sonstige Umsätze können u.E. ebenfalls erfasst sein. Das kann etwa Übergangsleistungen („transitional 380
services“) betreffen, die der Veräußerer für einen begrenzten Zeitraum im Zusammenhang mit dem übertragenen Geschäft an den Erwerber erbringt (ein klares Meinungsbild fehlt hierzu aber noch).

2.4.1.4 Internationale Geschäftsveräußerung

Die Regeln der Geschäftsveräußerung im Ganzen nach § 1 Abs. 1a Satz 1 UStG behandeln Leistungen als 381
nicht steuerbar, deren Besteuerungsort in Deutschland gelegen hätte, wenn sie steuerbar wären.

Für die Frage, ob die übertragenen Assets einen Gesamt- oder gesondert geführten Betrieb i.S.d. deut- 382
schen Umsatzsteuerrechts betreffen, sind u.E. nach dem Wortlaut und dem Sinn der Regelung zudem auch nicht in Deutschland steuerbare Übertragungen mit in Betracht zu beziehen, die im gleichen Sachzusammenhang (grundsätzlich: vom selben Verkäufer) in anderen Jurisdiktionen übertragen werden.

2.4.1.5 Grenzüberschreitende Geschäftsveräußerung

Innergemeinschaftliche Lieferungen oder Ausfuhrlieferungen aus Deutschland heraus fallen unter § 1 383
Abs. 1a UStG (es sich um grundsätzlich um in Deutschland steuerbare Umsätze; die entsprechenden Steuerbefreiungen für die grenzüberschreitende Lieferung gehen systematisch den Regeln über die Geschäftsveräußerung im Ganzen nach).

Wenn das Bestimmungsland in der EU liegt und dieses die Regeln über die Geschäftsveräußerung im 384
Ganzen nicht umgesetzt hat (Kannbestimmung) oder für diesen Fall nicht akzeptiert, kann es sich zumindest aus praktischen Erwägungen anbieten, die innergemeinschaftlichen Erwerbe und die korrespondierenden innergemeinschaftliche Lieferungen zu melden, anstatt sie als nichtsteuerbar zu behandeln.

Grenzüberschreitende Dienstleistungen aus Deutschland an einen ausländischen Unternehmer unterlie- 385
gen nach § 3a Abs. 2 UStG nicht den Regeln des § 1 Abs. 1a UStG, da sie nicht in Deutschland steuerbar sind. Sie können aber im Ausland als Geschäftsveräußerung im Ganzen nach dortigem Rechtsverständnis nicht steuerbar sein.

Grenzüberschreitende Dienstleistungen an einen deutschen Unternehmer (etwa die Übertragung von 386
IP-Rechten) unterliegen gemäß § 3a Abs. 2 UStG dem deutschen Besteuerungsrecht und sollten u.E. wie-

derum nach § 1 Abs. 1a UStG nichtsteuerbar sein, wenn sie im Rahmen einer Geschäftsveräußerung im Ganzen nach deutschem Rechtsverständnis übertragen werden. Das muss nach richtiger Auffassung unabhängig davon sein, ob die übrigen Vermögensgegenstände ebenfalls mit Besteuerungsort in Deutschland oder im Ausland übertragen werden.

387 Da die Einfuhrumsatzsteuer durch die Zollbehörden erhoben wird, welche die Voraussetzungen der Geschäftsveräußerung im Ganzen nicht prüfen, wird die Einfuhrumsatzsteuer weiterhin als steuerbar behandelt und erhoben werden. Definitorisch handelt es sich aber um einen „Umsatz" i.S.d. § 1 Abs. 1a Satz 1 UStG, sodass u.E. die Regeln über die Geschäftsveräußerung im Ganzen Anwendung finden sollten.

388 Klenk ist demgegenüber der Auffassung, grenzüberschreitende Lieferungen und Leistungen könnten generell nicht unter § 1 Abs. 1a UStG fallen (s. Klenk, MwStR 2013, 687 unter Verweis auf die gemeinschaftsrechtlichen Grundlagen, vor allem die vorgesehene „Steuerentstrickung" und die daraus resultierende Hinderung des Erwerbers, bei grenzüberschreitenden Sachverhalten die Rechtsstellung des Veräußerers bei möglichen Verwendungsänderungen im Hinblick auf die Vorsteuer im Ausgangsstaat im Sinne des § 1 Abs. 1a UStG zu übernehmen).

2.4.1.6 Umsätze „unter Lebenden"/Gesamtrechtsnachfolge

389 Nach (soweit erkennbar) herrschender Meinung soll die Gesamtrechtsnachfolge (Universalsukzession) kein Umsatz im Rahmen einer Geschäftsveräußerung im Ganzen nach § 1 Abs. 1a UStG sein (Erwerb von Todes; Anwachsung, Erbfall, Erbauseinandersetzung; zum Meinungsstreit hierzu siehe Stadie in Stadie, 2. A., § 1 UStG Rn. 126).

390 Die (wohl) herrschende Meinung nimmt bei Umwandlungen Umsätze im Rahmen einer Geschäftsveräußerung im Ganzen an (s. nur Husmann in Rau/Dürrwächter, 131. Lieferung, § 1 UStG Rn. 480; Ausnahme: formwechselnde Umwandlung, bei der es mangels Wechsels des Rechtsträgers nicht zu einer Vermögensübertragung kommt; s. auch Radeisen in Schwarz/Widmann/Radeisen, Stand: 08.04.2012, § 1 UStG Rn. 459; weitergehender Stadie in Stadie, 2. A., § 1 UStG Rn. 126 m.w.N. zum Meinungsstreit; nur bei der Spaltung in Form der Abspaltung und Ausgliederung bejaht Stadie die Geschäftsveräußerung im Ganzen). Die Einbringung ist eine Geschäftsveräußerung im Ganzen (s. dazu auch Rn. 324 ff.).

2.4.2 Von einem Unternehmer

391 Die erforderliche Unternehmereigenschaft des Übertragenden (s. § 2 UStG) wird regelmäßig erfüllt sein. Es genügt ggf. die belegbare Absicht des Veräußerers im Zeitpunkt der Übergabe, Umsätze erzielen zu wollen (bei übertragenden Holdings ist darauf zu achten, ob sie unternehmerisch tätig waren; zum Verkauf von Gesellschaftsanteilen s. Rn. 301 ff.).

2.4.3 An einen Unternehmer für dessen Unternehmen

2.4.3.1 Unternehmer, Absicht, Zeitrahmen, Holding

392 Der Erwerber des Geschäftsbetriebs muss Unternehmer sein (s. § 2 UStG; Regelversteuerung ist nicht erforderlich). Es genügt, wenn der Erwerber mit dem Erwerb seine unternehmerische Tätigkeit erstmalig aufnimmt oder wenn er das Unternehmen in veränderter Form fortführt (s. Abschn. 1.5 Abs. 1 UStAE). Maßgeblich ist die belegbare Absicht des Erwerbers, mit dem erworbenen Geschäftsbetrieb unternehmerisch tätig werden zu wollen (s. Urteil des BFH vom 05.06.2014, V R 10/13, BFH/NV 2014, 1600).

393 Es muss insofern genügen, dass der Erwerber sofort oder in absehbarer Zeit Umsätze erzielen möchte. Die Fortführung scheiterte in einem Fall nicht an dem vorübergehenden Verzicht des Erwerbers auf die mit dem erworbenen Unternehmen erzielten (Pacht-)Einnahmen (s. Urteil des BFH vom 07.07.2005, V R 78/03, UR 2005, 608).

394 Bei übernehmenden Holding-Gesellschaften ist darauf zu achten, ob sie selbst unternehmerisch tätig werden (zum „Durchgangserwerb" innerhalb von erwerbenden Konzernen s. unter Rn. 355 ff.; zum Erwerb von Gesellschaftsanteilen s. Rn. 301 ff.).

2.4.3.2 Organschaft als „ein" Unternehmer

395 Die Übertragung eines Betriebs aufgeteilt an mehrere Erwerbergesellschaften innerhalb derselben Organgesellschaften wird dem Unternehmen des Organträgers zugerechnet und ist als Übertragung an „einen Unternehmer" i.S.d. § 1 Abs. 1a Satz 1 UStG zu behandeln (s. Meyer-Burow/Connemann, UR 2011, 612).

396 Die Übertragung eines Betriebs innerhalb einer Organschaft fällt hingegen nicht unter § 1 Abs. 1a Satz 1 UStG, da sie nicht an einen anderen Unternehmer erfolgt („Innenumsatz").

2.4.3.3 Mehrere Erwerber

397 Grundsätzlich erfolgt eine Geschäftsveräußerung im Ganzen durch einen Veräußerer an einen Erwerber (s. Wortlaut der Norm: „Geschäftsveräußerung an einen anderen Unternehmer" gemäß § 1 Abs. 1a Satz 1 UStG).

398 Denkbar ist, dass aus einem Unternehmen mehrere Teilvermögen als wirtschaftlich selbstständige Unternehmensteile auf mehrere Erwerber jeweils nach § 1 Abs. 1a UStG übertragen werden. Gegen eine Kombination aus mehreren (eindeutigen) Geschäftsveräußerungen von mehreren Konzerngesellschaften an mehrere Erwerbergesellschaften sind ebenfalls keine Einwände ersichtlich (s. Meyer-Burow/Connemann in UR 2011, 612).

399 Das FG Nürnberg ist immerhin bei einer Übertragung eines Geschäftsbetriebs auf mehrere Umsatzsteuersubjekte von einer Geschäftsveräußerung im Ganzen ausgegangen. Das Gericht erklärte, dass im entschiedenen Fall die beiden erwerbenden Gesellschaften nur gemeinsam in der Lage waren, den bisherigen Geschäftsbetrieb fortzuführen. Bei wirtschaftlicher Betrachtungsweise, so das Gericht, bildeten die beiden Gesellschaften zusammen das frühere Einzelunternehmen des Klägers ab (s. Urteil des FG Nürnberg vom 06.08.2013, 2 K 1964/10, EFG 2013, 1964; anders noch z.B. Urteil des FG Köln vom 14.11.2007, 4 K 605/05, DStRE 2008, 1086).

400 Der BFH hat dies im Revisionsverfahren im Ergebnis bestätigt und darauf abgestellt, dass das für das veräußerte Unternehmen wesentliche Anlagevermögen auf einen Dritten übertragen werden durfte, solange dieser es dem Erwerber der (übrigen) Unternehmensteile (entgeltlich oder unentgeltlich) überließ (s. Urteil des BFH vom 03.12.2015, V R 36/13). Fraglich ist, in welcher Form einer oder sämtliche Erwerber in die Vorsteuer-Berichtigungszeiträume eintreten (s. § 15a Abs. 10 UStG; s. dazu kritisch Meiisel/Walzer, DB 2014, 83 m.w.N.).

401 Einen weiteren Fall der Aufteilung von Vermögensgegenständen auf verschiedene Erwerber einer Erwerbergruppe behandelte das FG Rheinland-Pfalz angesichts der Gesamtumstände als nicht steuerbar (s. Urteil des FG Rheinland-Pfalz vom 13.03.2014, 6 K 1396/10, EFG 2014, 1036: „Geschäftsveräußerung durch Aufteilung auf eine Gruppe von Erwerbern"). Der BFH trat dem in der Revision entgegen (s. Urteil des BFH vom 04.02.2016, XI R 14/14). Jeder Veräußerungsvorgang sei einzeln und selbständig zu beurteilen. Für die Prüfung der Voraussetzungen einer Geschäftsveräußerung im Ganzen müssten „Leistungen außer Betracht bleiben die Gegenstand von weiteren – davon zu unterscheidenden – umsatzsteuerrechtlichen Leistungsbeziehungen zwischen anderen Unternehmern" seien.

2.4.3.4 Für dessen Unternehmen

402 Die Übertragung darf nicht für den Privatbereich des Erwerbers, sondern muss für sein Unternehmen bestimmt sein. Die Gegenstände sind deshalb dem bestehenden oder neu entstehenden Unternehmen des Erwerbers zuzuordnen.

2.5 Verhältnis Geschäftsveräußerung: Umsatzsteuer und Ertragsteuer/ § 75 AO

403 Oft wird mit einer Geschäftsveräußerung im Ganzen eine mögliche Haftung des Erwerbers für Steuerschulden des Veräußerers unter den engen Voraussetzungen des § 75 AO in Betracht kommen. Die Finanzverwaltung erklärt insofern, dass bei einer Teilbetriebsveräußerung nach dem EStG grundsätzlich unmittelbar auch umsatzsteuerrechtlich eine Veräußerung eines gesondert geführten Betriebes vorliege (s. Abschn. 1.5

Abs. 6 Satz 4 UStAE). Der Begriff des Teilbetriebs nach § 75 AO oder ähnliche Erwägungen nach nationalem deutschen Recht sind aber rechtlich nicht maßgeblich für den Tatbestand der Geschäftsveräußerung im Ganzen (s. Urteil des BFH vom 28.11.2002, V R 3/01, UR 2003, 135; Urteil des EuGH vom 10.11.2011, C-444/10, UR 2011, 937).

2.6 Rechtsfolgen

2.6.1 Unterliegt nicht der Umsatzsteuer, § 1 Abs. 1a Satz 1 UStG

404 Die Umsätze im Rahmen der Geschäftsveräußerung im Ganzen unterliegen nicht der Umsatzsteuer. Eine unzutreffend mit gesondertem Steuerausweis erteilte Rechnung berechtigt den Erwerber nach allgemeinen Grundsätzen nicht zum Vorsteuerabzug, da es sich nicht um eine gesetzlich geschuldete Umsatzsteuer handelt.

405 Nimmt der Erwerber den Vorsteuerabzug dennoch irrtümlich in Anspruch, unterliegt der Betrag der Verzinsung nach § 233a AO; die Vorsteuer ist nicht (ex nunc) entsprechend § 17 UStG, sondern rückwirkend (ex tunc) nach der Abgabenordnung zu berichtigen (s. §§ 172 ff. AO; s. Urteil des BFH vom 06.12.2007, V R 3/06, UR 2008, 588; zur Verzinsung u.a. auch Beschluss des BFH vom 29.10.2010, V B 48/10, UR 2011, 616).

406 Aus der unzutreffenden Rechnung schuldet der Veräußerer die Steuer nach § 14c Abs. 1 UStG (§ 14c Abs. 1 Satz 3 UStG). Der leistende Unternehmer kann den unrichtigen Steuerausweis gegenüber dem Leistungsempfänger nach allgemeinen Grundsätzen berichtigen (§ 14c Abs. 1 Satz 2 i.V.m. § 14c Abs. 2 Satz 5 UStG).

2.6.2 Folgen für den Erwerber, § 1 Abs. 1a Satz 3 UStG

407 Der Erwerber tritt an „die Stelle des veräußernden Unternehmers“ (s. § 1 Abs. 1a Satz 3 UStG) und führt den bisherigen Berichtigungszeitraum fort (s. Urteil des BFH vom 19.12.2012, XI R 38/10, UR 2013, 494; Urteil des BFH vom 22.11.2007, V R 5/06, UR 2008, 255; Urteil des BFH vom 30.04.2009, V R 4/07, UR 2009, 797). Berichtigungszeiträume, die ggf. bereits auf Ebene des Übertragenden in Gang gesetzt wurden, werden nicht unterbrochen (s. § 15a Abs. 10 UStG).

408 Bei Verwendungsänderung ist der Erwerber deshalb ggf. zur Berichtigung der Vorsteuer (gem. § 15a UStG) verpflichtet bzw. berechtigt. Bei Änderungen der Bemessungsgrundlage nach der Geschäftsveräußerung im Ganzen ist der Erwerber (nicht der Veräußerer) berichtigungspflichtig (entsprechend § 17 UStG; s. Urteil des BFH vom 17.12.2006, V R 2/05, UR 2007, 277; nach Auffassung der OFD Magdeburg sollen etwaige Berichtigungen nach § 17 UStG demgegenüber noch vom Übertragenden zu erklären sein, soweit er die Zahlungen vereinnahmt oder entrichtet, die sich auf von ihm getätigte Umsätze beziehen; z.B. wenn die Umstände erst nach dem Übertragungsstichtag eintreten; s. Vfg. der OFD Magdeburg vom 27.11.2013, MwStR 2014, 177).

409 Der Erwerber übernimmt u.E. lediglich die umsatzsteuerrechtlichen Verpflichtungen, die der Übertragende im Zusammenhang mit den übertragenen Wirtschaftsgütern begründet hat (der Erwerber kann diese dann nach den allgemeinen Regeln in eigener Person ändern; dies betrifft etwa Optionsfristen zur Umsatzsteuer; s. hierzu Husmann in Rau/Dürrwächter, 8. A., 160. Lieferung, § 1 UStG Rn. 1127; zum Meinungsstreit auch Robisch in Bunjes, 14. A., § 1 UStG Rn. 138).

410 Der Erwerber tritt nach der hier vertretenen Auffassung nicht in das gesamte Steuerschuldverhältnis des Übertragenden ein und haftet deshalb auch nicht für Umsatzsteuer, die noch auf Ebene des Übertragenden festzusetzen war. Eine Haftung des Erwerbers ergibt sich aber aus § 75 AO, wenn die Voraussetzungen im Einzelfall erfüllt sind (auch § 25 HGB ist zu beachten).

411 Angesichts der objektbezogenen Rechtsnachfolge des Erwerbers ist der Veräußerer verpflichtet, dem Erwerber die für die Durchführung der Berichtigung erforderlichen Angaben zu machen (§ 15a Abs. 10 Satz 2 UStG).

2.6.3 Vorsteuerabzug des Erwerbers aus den Umsätzen der Geschäftsveräußerung selbst

Der Vorsteuerabzug des Erwerbers aus den mit der Geschäftsveräußerung im Ganzen entstandenen Umsätzen richtet sich u.E. nicht nach den Umsätzen, die der Veräußerer mit dem übertragenen Unternehmen erzielte, sondern danach, welche Umsätze der Erwerber damit zu erzielen beabsichtigt. 412

2.6.4 Vorsteuerabzug des Übertragenden für den Geschäftsbetrieb

Der Übertragende/Veräußerer beansprucht nach den Grundsätzen des § 15 UStG weiterhin die Vorsteuern, 413
die er im Hinblick auf seine Ausgangsumsätze bezogen hat, welche er selbst vor der Geschäftsveräußerung im Ganzen mit dem später übertragenen Betrieb getätigt hat (die Geschäftsveräußerung im Ganzen löst beim Veräußerer keine Vorsteuerberichtigung aus; der Berichtigungszeitraum wird nicht unterbrochen und die Nichtsteuerbarkeit führt auch nicht zu einer Änderung der Verhältnisse nach § 15a Abs. 1 UStG; s. Urteil des BFH vom 06.09.2007, V R 41/05, UR 2007, 858).

2.6.5 Vorsteuerabzug des Übertragenden für Kosten der Geschäftsveräußerung selbst

Bei den Kosten der Geschäftsveräußerung im Ganzen handelt es sich um Gemeinkosten des veräußerten 414
Unternehmers, die einen direkten und unmittelbaren Zusammenhang mit seiner gesamten wirtschaftlichen Tätigkeit aufweisen (s. Urteil des EuGH vom 22.02.2001, C-408/98, UR 2001, 164). Der Vorsteuerabzug für Kosten der Geschäftsveräußerung im Ganzen bemisst sich demnach nach den Ausgangsumsätzen im Rahmen des Gesamtunternehmens des Veräußerers.

Andererseits können Vorsteuern oft (gem. § 15 Abs. 4) einem klar abgegrenzten Teil des Unternehmens 415
zugeordnet werden und sind dann nach allgemeinen Grundsätzen nur nach den damit erzielten Ausgangsumsätzen abzugsfähig. Es ist u.E. davon auszugehen, dass die Dienstleistungen, die der Übertragende für die Übertragung eines gesondert geführten Geschäftsbetriebs in Anspruch genommen hat, einen direkten und unmittelbaren Zusammenhang mit diesem klar abgrenzbaren Teil seiner unternehmerischen Tätigkeit aufweisen. Deshalb wird nach unserem Verständnis für die Vorsteuer des Veräußerers oft maßgeblich sein, welche Ausgangsumsätze er mit dem veräußerten Betriebsteil (und nicht mit seinem Gesamtunternehmen) hatte.

Für die Ermittlung des Vorsteuerschlüssels ist u.E. ein sachgerecht ermittelter Vorsteuerschlüssel zu 416
akzeptieren. Üblicherweise können dies die Umsätze des laufenden Besteuerungszeitraums sein. Dies soll grundsätzlich das Wirtschaftsjahr der Veräußerung sein bzw. nötigenfalls das vorausgehende Jahr (s. Vfg. der OFD Hannover vom 31.05.2006, UR 2006, 606; Vfg. der OFD Münster vom 16.11.2006, UR 2007, 196). Laut Probst ist auf „den gesamten Verwendungszeitraum des Grundstücks vor Veräußerung" abzustellen (s. Probst in Hartmann/Metzenmacher, § 1 UStG, 7. A., Rn. 80).

2.7 Zuständiges Finanzamt

Die Finanzverwaltung hat mittlerweile begrüßenswerter Weise interne Anweisungen erteilt, denen zufolge 417
hinsichtlich des Vorliegens einer Geschäftsveräußerung im Ganzen bei fehlender Einigung der Behörden die Beurteilung durch das Finanzamt des Veräußerers maßgebend sein soll (s. Vfg. der OFD Frankfurt vom 12.08.2008, UR 2008, 900). Die Regelung soll bundeseinheitlich abgestimmt sein und auch bei länder- (oder OFD-bezirks-)übergreifenden Sachverhalten beachtet werden.

2.8 Wahlrecht und andere Wege zur Rechtssicherheit

Die Vorschrift begründet nach ganz herrschender Meinung kein Wahlrecht der Parteien, die Übertragung 418
als entweder steuerbar oder als nicht steuerbar zu behandeln. Umsätze, die als Geschäftsveräußerung im Ganzen zu bewerten sind, dürfen daher nicht mit Umsatzsteuer abgerechnet werden (angesichts der nicht akzeptablen Rechtsunsicherheiten hierzu kritisch Meyer-Burow/Connemann, UR 2011, 612).

2.9 Vertragsklauseln und Option zur Umsatzsteuer

419 Angesichts der Einzelfallrechtsprechung zu Fragen der Geschäftsveräußerung im Ganzen werden die Parteien regelmäßig durch Vertragsklauseln ihre rechtlichen Risiken einzugrenzen suchen, indem ein gemeinsames Verständnis der Rechtslage und der Folgen einer abweichenden Auffassung der Finanzverwaltung geregelt wird. In Zweifelsfällen kann z.B. die Fortführungsabsicht des Erwerbers vertraglich zugesichert werden.

420 Wenn Lieferungen – ihre Steuerbarkeit unterstellt – steuerfrei wären und dem Veräußerer deshalb kein Vorsteuerabzugsrecht zustände, kann der Veräußerer grundsätzlich vorsorglich zur Umsatzsteuer optieren. Das kommt vor allem bei Grundstücksübertragungen im Rahmen einer Geschäftsveräußerung vor („aufschiebend bedingte" Option sollten hierbei vermieden werden; siehe kritisch zu den entsprechenden Überlegungen der Finanzverwaltung und zu Vorschlägen für entsprechend formulierte Klauseln Meyer-Burow/Connemann, MwStR 2013, 267 und Meyer-Burow/Connemann, UStB 2013, 362).

3. Inland und Ausland, § 1 Abs. 2 UStG

3.1 Allgemeines

421 Die Umsätze i.S.d. § 1 Abs. 1 UStG unterliegen grundsätzlich nur dann der Umsatzbesteuerung nach dem UStG, wenn sie im Inland bewirkt werden.

422 Lediglich bei § 1 Nr. 4 UStG ist der räumliche Anwendungsbereich über das Inland hinaus weiter gefasst und besteuert auch Einfuhren in den österreichischen Gebieten Jungholz und Mittelberg.

423 Zudem unterliegen bestimmte Umsätze, die in den Freihäfen und in den Gewässern und Watten zwischen der Hoheitsgrenze und der jeweiligen Strandlinie bewirkt werden, dennoch nach § 1 Abs. 3 UStG der Umsatzbesteuerung, obwohl diese Gebiete nicht zum Inland i.S.d. § 1 Abs. 2 Satz 1 UStG gehören (s. Rn. 438 ff.).

424 Das Inland ist in § 1 Abs. 2 UStG definiert. Die Vorschrift definiert damit den räumlichen Anwendungsbereich des UStG. § 1 Abs. 2 UStG beruht auf den Art. 5 bis 7 MwStSystRL.

3.2 Inland

425 Der territoriale Anwendungsbereich des Inlands i.S.d. § 1 Abs. 2 Satz 1 UStG deckt sich nicht vollständig mit dem EU-Recht (s. Art. 5 ff. MwStSystRL; siehe dazu Peltner, in BeckOK UStG, Weymüller, 4. A., § 1 UStG Rn. 212.7). Inland im Sinne des UStG ist das Gebiet der Bundesrepublik Deutschland mit Ausnahme bestimmter Gebiete (s. Rn. 428).

426 Botschaften, Gesandtschaften und Konsulate anderer Staaten gehören selbst bei bestehender Exterritorialität zum Inland (s. Abschn. 1.9 Abs. 1 Satz 3 UStAE). Das Gleiche gilt für Einrichtungen, die von Truppen anderer Staaten im Inland unterhalten werden (s. Abschn. 1.9 Abs. 1 Satz 4 UStAE). Zum Inland gehört auch der Transitbereich deutscher Flughäfen (s. Urteil des BFH vom 03.11.2005, V R 63/02, BeckRS 2005, 24002446).

427 Die Gebiete der österreichischen Gemeinden Mittelberg (Kleines Walsertal) und Jungholz gehören umsatzsteuerrechtlich nicht zum Inland. Nur hinsichtlich der Einfuhrumsätze unterliegen diese Gebiete gemäß § 1 Abs. 1 Nr. 4 UStG der Besteuerung nach dem UStG.

3.3 Ausland

428 Ausland i.S.d. UStG ist das Gebiet, das danach nicht Inland ist. Dazu zählen die Staatsgebiete ausländischer Staaten, auch die der anderen Mitgliedstaaten sowie die nach § 1 Abs. 2 Satz 1 UStG ausgenommenen Gebiete. Nicht zum Inland i.S.d. § 1 Abs. 2 Satz 1 UStG gehören die folgenden Gebiete:

- das Gebiet von Büsingen,
- die Insel Helgoland,
- die Freizonen des Kontrolltyps I nach § 1 Abs. 1 Satz 1 UStG des Zollverwaltungsgesetzes (Freihäfen),
- die Gewässer und Watten zwischen der Hoheitsgrenze und der jeweiligen Strandlinie sowie
- die deutschen Schiffe und die deutschen Luftfahrzeuge in Gebieten, die zu keinem Zollgebiet gehören.

Umsätze in den eben genannten Gebieten, welche zwar zum deutschen Hoheitsgebiet gehören, unterliegen grundsätzlich nicht der Umsatzsteuer, da diese Gebiete umsatzsteuerrechtlich nicht zum Inland gehören. Unter bestimmten Voraussetzungen können aber Umsätze in Teilen dieser Gebiete wieder nach § 1 Abs. 3 UStG wie ein Umsatz im Inland behandelt werden (s. Rn. 439 ff.). 429

Bei den Freizonen des Kontrolltyps I (Freihäfen) handelt sich derzeit um die Freihäfen Bremerhaven und Cuxhaven, die vom übrigen deutschen Teil des Zollgebiets der EU getrennt sind. 430

4. Gemeinschaftsgebiet und Drittlandgebiet, § 1 Abs. 2a UStG

4.1 Allgemeines

Die Begriffsdefinitionen in § 1 Abs. 2a UStG für das „Gemeinschaftsgebiet“ und das „Drittlandsgebiet“ sind erforderlich, um eine Abgrenzung der Einfuhr von Gegenständen aus dem Drittland in das Inland (s. § 1 Abs. 1 Nr. 4 UStG) vom innergemeinschaftlichen Erwerb aus dem übrigen Gemeinschaftsgebiet im Inland (s. § 1 Abs. 1 Nr. 5 UStG) vornehmen zu können. 431

4.2 Gemeinschaftsgebiet

Das Gemeinschaftsgebiet i.S.d. UStG umfasst das Inland i.S.d. § 1 Abs. 2 Satz 1 UStG und die Gebiete der übrigen Mitgliedstaaten der Europäischen Union, die nach dem Gemeinschaftsrecht als Inland dieser Mitgliedstaaten gelten (übriges Gemeinschaftsgebiet). Der Begriff des „übrigen Gemeinschaftsgebiets“ umfasst somit das „Gemeinschaftsgebiet“ ohne das Inland i.S.d. § 1 Abs. 2 Satz 1 UStG. 432

Gebiete, die nach der MwStSystRL nicht zum Gemeinschaftsgebiet gehören, aber Teil des Zollgebiets der Gemeinschaft darstellen (s. Art. 6 Abs. 1 MwStSystRL), sind: 433

- Berg Athos;
- Kanarische Inseln;
- französische überseeische Departements;
- Åland-Inseln;
- Kanalinseln.

Gebiete, die nach der MwStSystRL sowohl nicht zum Gemeinschaftsgebiet gehören, als auch nicht Teil des Zollgebiets der Gemeinschaft sind (s. Art. 6 Abs. 2 MwStSystRL), sind 434

- Insel Helgoland;
- Gebiet von Büsingen;
- Ceuta;
- Melilla;
- Livigno;
- Campione d’Italia;
- der zum italienischen Gebiet gehörende Teil des Luganer Sees.

Zum Gemeinschaftsgebiet gehören: 435

- Königreich Belgien (seit 1952);
- Republik Bulgarien (seit 2007);
- Tschechische Republik (seit 2004);
- Königreich Dänemark (seit 1973); ohne Grönland und die Färöer;
- Bundesrepublik Deutschland (seit 1952); ohne Gebiet von Büsingen, Insel Helgoland sowie ohne Freizonen des Kontrolltyps I (Freihäfen), Gewässer und Watten zwischen der Hoheitsgrenze (12-Seemeilengrenze) und der jeweiligen Strandlinie;
- Republik Estland (seit 2004);
- Irland (seit 1973);
- Griechenland (Hellenische Republik; seit 1981); ohne Berg Athos;
- Königreich Spanien (seit 1986) einschließlich der Balearen – ohne Kanarische Inseln, Ceuta und Melilla;
- Französische Republik (seit 1952); einschließlich Fürstentum Monaco – ohne die französischen Gebiete, die in Artikel 349 und Artikel 355 Absatz 1 des Vertrages über die Arbeitsweise der Europäischen Union

genannt sind (Guadeloupe, Französisch-Guayana, Martinique, Mayotte, Réunion, Saint-Martin, Saint-Barthèlemy);

- Republik Kroatien (seit Juli 2013);
- Italienische Republik (seit 1952); ohne Livigno, Campione d'Italia und dem zum italienischen Hoheitsgebiet gehörenden Teil des Luganer Sees;
- Republik Zypern (seit 2004); einschließlich der Hoheitszonen des Vereinigten Königreichs Akrotiri und Dhekelia – ohne die Landesteile, in denen die Regierung der Republik tatsächlich keine Kontrolle ausübt, also ohne den türkischen Nordteil der Insel;
- Republik Lettland (seit 2004);
- Republik Litauen (seit 2004);
- Großherzogtum Luxemburg (seit 1952);
- Republik Ungarn (seit 2004);
- Republik Malta (seit 2004);
- Königreich der Niederlande (seit 1952); ohne die überseeischen Länder und Hoheitsgebiete: Aruba, die Niederländischen Antillen (Bonaire, Curacao, Saba, Sint Eustatius, Sint Maarten);
- Republik Österreich (seit 1995);
- Republik Polen (seit 2004);
- Portugiesische Republik (seit 1986); einschließlich Azoren und Madeira;
- Rumänien (seit 2007);
- Republik Slowenien (seit 2004);
- Slowakische Republik (seit 2004);
- Republik Finnland (seit 1995); ohne Ålandinseln ;
- Königreich Schweden (seit 1995);
- Vereinigtes Königreich Großbritannien (England, Schottland, Wales) und Nordirland (seit 1973) einschließlich Insel Man; ohne die Kanalinseln, die Hoheitszonen auf Zypern: Akrotiri und Dhekelia, Gibraltar und überseeische Länder und Hoheitsgebiete: Anguilla, Kaimaninseln, Falklandinseln, Südgeorgien und südliche Sandwichinseln, Montserrat, Pitcairn, St. Helena und Nebengebiete, Britisches Antarktis-Territorium, Britisches Territorium im Indischen Ozean, Turks- und Caicosinseln, Britische Jungferninseln, Bermuda.

4.3 Drittlandsgebiet

436 Drittlandsgebiet i.S.d. § 1 Abs. 2a Satz 3 UStG ist das Gebiet, das nicht Gemeinschaftsgebiet ist. Zum Drittlandsgebiet zählen damit alle Staaten, die nicht der Europäischen Union angehören (s. Art. 5 Abs. 4 MwStSystRL). Die Hoheitsgebiete anderer Mitgliedstaaten, die nicht zum jeweiligen Inland des Mitgliedstaats gehören, sind auch Drittlandsgebiet. Zum Drittlandsgebiet gehören zudem die deutschen Hoheitsgebiete die Gemeinde Büsingen sowie die Insel Helgoland, da sie nach § 1 Abs. 2 Satz 1 UStG nicht zum Inland gehören.

437 Auch die internationalen Gewässer und der Luftraum darüber sind Drittlandsgebiet.

5. Umsätze in den in § 1 Abs. 3 UStG bezeichneten Gebieten

5.1 Allgemeines

438 Grundsätzlich unterliegen Umsätze, die in den Freihäfen und in den Gewässern und Watten zwischen der Hoheitsgrenze und der jeweiligen Strandlinie bewirkt werden, nicht der Umsatzbesteuerung, da diese Gebiete nicht zum Inland i.S.d. § 1 Abs. 2 Satz 1 UStG gehören. § 1 Abs. 3 UStG normiert jedoch, dass bestimmte Umsätze in diesem Gebieten wie Umsätze im Inland zu behandeln sind.

5.2 Lieferungen und innergemeinschaftliche Erwerbe, § 1 Abs. 3 Nr. 1 UStG

Als steuerbare Umsätze gelten nach § 1 Abs. 3 Nr. 1 UStG die Lieferungen und die innergemeinschaftlichen Erwerbe von Gegenständen, die zum Gebrauch oder Verbrauch in den bezeichneten Gebieten oder zur Ausrüstung oder Versorgung eines Beförderungsmittels bestimmt sind: 439

- Wenn die Gegenstände nicht für das Unternehmen des Abnehmers erworben werden (§ 1 Abs. 3 Nr. 1 Buchst. a UStG), oder
- vom Abnehmer ausschließlich oder zum Teil für eine nach § 4 Nr. 8 bis 27 UStG steuerfreie Tätigkeit verwendet werden (§ 1 Abs. 3 Nr. 1 Buchst. b UStG).

Voraussetzung für die Behandlung als Umsatz im Inland ist somit, dass es sich bei dem Leistungsempfänger nicht um einen vorsteuerabzugsberechtigten Unternehmer handelt. Die Vorschrift will einen unversteuerten Letztverbrauch verhindern (s. Oelmaier in Sölch/Ringleb, 75. Ergänzungslieferung, § 1 UStG Rn. 218). 440

441 Unter § 1 Abs. 3 Satz 1 Nr. 1 UStG fallen z.B. der Verkauf von Tabakwaren aus Automaten in Freizonen des Kontrolltyps I nach § 1 Abs. 1 Satz 1 ZollVG (Freihäfen) sowie Lieferungen und innergemeinschaftliche Erwerbe von Schiffsausrüstungsgegenständen, Treibstoff und Proviant an private Schiffseigentümer zur Ausrüstung und Versorgung von Wassersportfahrzeugen (s. Abschn. 1 11 Abs. 1 UStAE).

442 Nach dem Wortlaut der Vorschrift muss die Lieferung der Gegenstände zum Gebrauch oder Verbrauch in den genannten Gebieten bestimmt sein. Dies soll dann der Fall sein, wenn unter normalen Voraussetzungen damit gerechnet werden kann, dass er in diesen Gebieten genutzt oder aufgebraucht wird. Ob der Gegenstand dann tatsächlich dort ge- oder verbraucht wird, ist für die Erfassung als steuerbarer Umsatz unbeachtlich (s. Radeisen in Schwarz/Widmann/Radeisen, Stand: 08.04.2012, § 1 UStG Rn. 551; Oelmaier in Sölch/Ringleb, 75. Ergänzungslieferung, § 1 UStG Rn. 219).

443 Als Beförderungsmittel sind Gegenstände anzusehen, deren Hauptzweck auf die Beförderung von Personen und Gütern zu Lande, zu Wasser oder in der Luft gerichtet ist und die sich auch tatsächlich fortbewegen (s. Abschn. 3a.5 Abs. 2 Satz 1 UStAE mit Hinweis auf Artikel 38 Abs. 1 MwStVO).

5.3 Sonstige Leistungen, § 1 Abs. 3 Nr. 2 UStG

Sonstige Leistungen, die in den in § 1 Abs. 3 Satz 1 UStG bezeichneten Gebieten ausgeführt werden, gelten als steuerbare Umsätze im Inland i.S.d. § 1 Abs. 3 Nr. 2 UStG wenn sie: 444

- Nicht für das Unternehmen des Leistungsempfängers ausgeführt werden (s. § 1 Abs. 3 Nr. 2 Buchst. a UStG), oder
- vom Leistungsempfänger ausschließlich oder zum Teil für eine nach § 4 Nr. 8 bis 27 UStG steuerfreie Tätigkeit verwendet werden (s. § 1 Abs. 3 Nr. 2 Buchst. b UStG).

Voraussetzung für die Behandlung als Umsatz im Inland ist somit auch bei dieser Vorschrift, dass es sich bei dem Leistungsempfänger nicht um einen vorsteuerabzugsberechtigten Unternehmer handelt. Die Vorschrift will ebenfalls einen unversteuerten Letztverbrauch verhindern (s. Oelmaier in Sölch/Ringleb, 75. Ergänzungslieferung, § 1 UStG Rn. 218). 445

446 Unter § 1 Abs. 3 Satz 1 Nr. 2 UStG fallen z.B. die Abgabe von Speisen und Getränken zum Verzehr an Ort und Stelle, Beförderungen für private Zwecke, Reparaturen an Wassersportfahrzeugen, die Veranstaltung von Wassersport-Lehrgängen und die Vermietung eines Röntgengerätes an einen Arzt (s. Abschn. 1.11 Abs. 2 UStAE).

5.4 Lieferungen und sonstige Leistungen an juristische Personen des öffentlichen Rechts sowie deren innergemeinschaftlicher Erwerb, § 1 Abs. 3 Satz 2 UStG

Ist eine juristische Person des öffentlichen Rechts Empfänger einer Lieferung i.S.d. § 1 Abs. 3 Nr. 1 UStG oder einer sonstigen Leistung i.S.d. § 1 Abs. 3 Nr. 2 UStG in den in § 1 Abs. 3 Satz 1 UStG bezeichneten Gebieten, enthält § 1 Abs. 3 Satz 2 1. Halbsatz UStG die gesetzliche Vermutung, dass die juristische Personen des öffentlichen Rechts diese Leistungen nicht für ihren unternehmerischen, sondern für ihren hoheitlichen Bereich bezieht. 447

448 Gleiches gilt, wenn die juristische Person des öffentlichen Rechts einen innergemeinschaftlichen Erwerb in den in § 1 Abs. 3 Satz 1 UStG bezeichneten Gebieten tätigt.

449 Der leistende Unternehmer kann diese gesetzliche Vermutung jedoch widerlegen, indem er durch Aufzeichnungen und Belege (z.B. durch eine Bescheinigung der juristischen Personen des öffentlichen Rechts; s. Abschn. 1.11 Abs. 3 Satz 2 UStAE) den unternehmerischen Bezug mit Berechtigung zum Vorsteuerabzug durch die juristische Personen des öffentlichen Rechts glaubhaft macht (§ 1 Abs. 3 Satz 2 2. Halbsatz UStG).

5.5 Unentgeltliche Wertabgaben, § 1 Abs. 3 Nr. 3 UStG

450 Unentgeltliche Wertabgaben i.S.d. § 3 Abs. 1b und des § 3 Abs. 9a UStG, die nach § 3f UStG in den in § 1 Abs. 3 Satz 1 UStG benannten Gebieten ausgeführt werden, werden nach § 1 Abs. 3 Nr. 3 UStG als steuerbare Umsätze behandelt. Unentgeltliche Wertabgaben kommen daher nur dann zu einer Besteuerung aufgrund des § 1 Abs. 3 Nr. 3 UStG, soweit diese von einem Unternehmer erbracht werden, der sein Unternehmen oder eine Betriebsstätte in den in § 1 Abs. 3 Satz 1 UStG bezeichneten Gebieten betreibt.

451 Die Vorschrift dient ebenfalls dazu, einen unversteuerten Letztverbrauch zu verhindern (s. Peltner in BeckOK UStG, Weymüller, 4. A., § 1 UStG Rn. 230).

5.6 Lieferungen im Rahmen eines Freihafen-Veredelungsverkehrs oder einer Freihafenlagerung, § 1 Abs. 3 Nr. 4 Buchst. a UStG

452 Nach § 1 Abs. 3 Nr. 4 Buchst. a UStG gelten die Lieferungen von Gegenständen in den in § 1 Abs. 3 Satz 1 UStG genannten Gebieten, die sich im Zeitpunkt der Lieferung in einem zollamtlich bewilligten Freihafen-Veredelungsverkehr oder in einer zollamtlich besonders zugelassenen Freihafenlagerung befinden, als im Inland bewirkt.

453 Der zollamtlich bewilligte Freihafen-Veredelungsverkehr i.S.d. § 12b EUStBV dient der Veredelung von Unionswaren (s. Art. 5 Nr. 23 UZK), die in einem Freihafen bearbeitet oder verarbeitet und anschließend im Inland oder in den österreichischen Gebieten Jungholz und Mittelberg eingeführt werden.

454 Die vorübergehende Lagerung von Gemeinschaftswaren kann nach § 12a EUStBV im Freihafen zugelassen werden, wenn dort für den Außenhandel geschaffene Anlagen sonst nicht wirtschaftlich ausgenutzt werden können und der Freihafen durch die Lagerung seinem Zweck nicht entfremdet wird (s. § 12a Abs. 2 EUStBV).

455 Bei der Einfuhr dieser veredelten oder vorübergehend gelagerten Gegenstände im Inland oder in den österreichischen Gebieten Jungholz und Mittelberg wird keine Einfuhrumsatzsteuer erhoben (s. § 12a Abs. 1 EUStBV bzw. § 12b Abs. 1 EUStBV). Allerdings bewirkt § 1 Abs. 3 Satz 1 Nr. 4 Buchst. a UStG, dass steuerbare Inlandslieferungen vorliegen, wenn sich der Lieferungsgegenstand im Zeitpunkt der jeweiligen Lieferung in einem zollamtlich bewilligten Freihafen-Veredelungsverkehr oder in einer zollamtlich besonders zugelassenen Freihafenlagerung befindet.

456 Steuerbare Lieferungen nach § 1 Abs. 3 Satz 1 Nr. 4 Buchst. a UStG liegen nicht vor, wenn der Lieferungsgegenstand nicht in das Inland gelangt oder wenn die Befreiung von der Einfuhrumsatzsteuer auf anderen Vorschriften als den §§ 12a oder 12b EUStBV beruht (s. Abschn. 1.12 Abs. 3 UStAE).

457 Die Regelung dient zum einen der Vereinfachung und soll zum anderen den Veredelungs- und Lagerbetrieben keine Wettbewerbsvorteile gegenüber den Betrieben im Zollgebiet verschaffen (Peltner in BeckOK UStG, Weymüller, 4. A., § 1 UStG Rn. 233).

5.7 Lieferung von Gegenständen, die sich einfuhrumsatzsteuerrechtlich im freien Verkehr befinden, § 1 Abs. 3 Nr. 4 Buchst. b UStG

458 Nach § 1 Abs. 3 Nr. 4 Buchst. b UStG gelten die Lieferungen von Gegenständen in den in § 1 Abs. 3 Satz 1 UStG genannten Gebieten, die sich im Zeitpunkt der Lieferung bereits einfuhrumsatzsteuerrechtlich im freien Verkehr befinden, als im Inland bewirkt.

459 § 1 Abs. 3 Nr. 4 Buchst. b erfasst Lieferungen von Gegenständen, die aus dem Drittlandsgebiet in einen Freihafen eingeführt und dort bei einer vorgeschobenen Zollstelle (s. § 21 Abs. 2a UStG) in den freien Ver-

kehr überführt werden (s. Art. 201 UZK). Durch die Regelung des § 1 Abs. 3 Satz 1 Nr. 4 Buchst. b UStG sollen insbesondere in Abholfällen technische Schwierigkeiten beim Abzug der Einfuhrumsatzsteuer als Vorsteuer vermieden werden (s. Abschn. 1.12 Abs. 4 UStAE).

Werden Waren zum freien Verkehr abgefertigt, entsteht grundsätzlich Einfuhrumsatzsteuer (s. § 21 UStG). Diese Einfuhrumsatzsteuer kann nur unter den Voraussetzungen des § 15 UStG als Vorsteuer geltend gemacht werden. Nach § 15 Abs. 1 Nr. 2 UStG kann der Unternehmer die entstandene Einfuhrumsatzsteuer für Gegenstände, die für sein Unternehmen nach § 1 Abs. 1 Nr. 4 UStG eingeführt worden sind, als Vorsteuer abziehen. Das Recht, die entstandene Einfuhrumsatzsteuer als Vorsteuer zum Abzug zu bringen, setzt somit u.a. voraus, dass der Unternehmer die eingeführten Gegenstände im Rahmen seiner unternehmerischen Tätigkeit zur Ausführung von Umsätzen im Inland einsetzt (s. Abschn. 15.8 Abs. 4 Satz 1 UStAE). Die Regelung des § 1 Abs. 3 Nr. 4 Buchst. b UStG führt dazu, dass ein Umsatz im Inland vorliegt. 460

Beispiel (nach Abschn. 1.12 Abs. 4 UStAE): 461
Ein Importeur lässt einen im Freihafen lagernden, aus dem Drittlandsgebiet stammenden Gegenstand bei einer vorgeschobenen Zollstelle (s. § 21 Abs. 2a UStG) in den freien Verkehr überführen (Artikel 201 UZK). Anschließend veräußert er den Gegenstand. Der Abnehmer holt den Gegenstand im Freihafen ab und verbringt ihn in das Inland.

Lösung: Die Lieferung des Importeurs unterliegt nach § 1 Abs. 3 Satz 1 Nr. 4 Buchst. b UStG der Umsatzsteuer. Er kann die entstandene Einfuhrumsatzsteuer nach § 15 Abs. 1 Satz 1 Nr. 2 UStG als Vorsteuer abziehen.

5.8 Sonstige Leistungen im Rahmen eines Freihafen-Veredelungsverkehrs oder einer Freihafenlagerung, § 1 Abs. 3 Nr. 5 UStG

Nach § 1 Abs. 3 Nr. 5 UStG gelten sonstige Leistungen, die im Rahmen eines Veredelungsverkehrs oder einer Lagerung i.S.d. § 1 Abs. 3 Nr. 4 Buchst. a UStG in den in § 1 Abs. 3 Satz 1 UStG genannten Gebieten erbracht werden, als im Inland ausgeführt. 462

Diese Regelung dient ebenfalls im Wesentlichen der Vereinfachung und gleichzeitig der Vermeidung von Wettbewerbsvorteilen von Freihafenunternehmern gegenüber inländischen Unternehmern (Peltner in BeckOK UStG, Weymüller, 4. A., § 1 UStG Rn. 236). 463

Die Vorschrift des § 1 Abs. 3 Nr. 5 UStG erfasst sonstigen Leistungen im Zusammenhang mit einem zollamtlich bewilligten Freihafen-Veredelungsverkehr (s. § 12b EUStBV) oder einer zollamtlich besonders zugelassenen Freihafenlagerung (s. § 12a EUStBV), also insbesondere die sonstigen Leistungen des Veredelers, des Lagerhalters und des Beförderungsunternehmers (s. Abschn 12.1 Abs. 5 Satz 1 UStAE). 464

5.9 Innergemeinschaftlicher Erwerb eines neuen Fahrzeugs, § 1 Abs. 3 Nr. 7 UStG

Gemäß § 1 Abs. 3 Nr. 7 UStG gilt der innergemeinschaftliche Erwerb eines neuen Fahrzeugs durch die in § 1a Abs. 3 und § 1b Abs. 1 UStG genannten Erwerber in den in § 1 Abs. 3 Satz 1 UStG genannten Gebieten als im Inland bewirkt. 465

Der Erwerbsbesteuerung nach § 1 Abs. 3 Nr. 7 UStG unterliegen somit die folgenden Erwerber, wenn sie in den in § 1 Abs. 3 Satz 1 UStG genannten Gebieten ein neues Fahrzeug aus dem EU-Ausland erwerben und die Erwerbsschwelle von 12.500 € nicht überschreiten (s. § 1a Abs. 3 Nr. 2 UStG): 466

- Unternehmer, die nur steuerfreie Umsätze ausführen, die zum Ausschluss vom Vorsteuerabzug führen (s. § 1a Abs. 3 Nr. 1 Buchst. a UStG),
- Unternehmer, für deren Umsätze Umsatzsteuer nach § 19 Abs. 1 UStG nicht erhoben wird (s. § 1a Abs. 3 Nr. 1 Buchst. b UStG),
- Unternehmer, die den Gegenstand zur Ausführung von Umsätzen verwenden, für die die Steuer nach den Durchschnittssätzen des § 24 UStG festgesetzt ist (s. § 1a Abs. 3 Nr. 1 Buchst. c UStG) und

- juristische Personen, die nicht Unternehmer sind oder die den Gegenstand nicht für ihr Unternehmen erwerben (s. § 1a Abs. 3 Nr. 1 Buchst. d UStG).

467 Auch Nichtunternehmer (Erwerber, die nicht Unternehmer sind oder die für ihren nichtunternehmerischen Bereich erwerben, s. § 1b Abs. 1 UStG) werden von der Vorschrift erfasst.

§ 1a UStG Innergemeinschaftlicher Erwerb

(1) Ein innergemeinschaftlicher Erwerb gegen Entgelt liegt vor, wenn die folgenden Voraussetzungen erfüllt sind:
   1. Ein Gegenstand gelangt bei einer Lieferung an den Abnehmer (Erwerber) aus dem Gebiet eines Mitgliedstaates in das Gebiet eines anderen Mitgliedstaates oder aus dem übrigen Gemeinschaftsgebiet in die in § 1 Abs. 3 bezeichneten Gebiete, auch wenn der Lieferer den Gegenstand in das Gemeinschaftsgebiet eingeführt hat,
   2. der Erwerber ist
      a) ein Unternehmer, der den Gegenstand für sein Unternehmen erwirbt, oder
      b) eine juristische Person, die nicht Unternehmer ist oder die den Gegenstand nicht für ihr Unternehmen erwirbt,

   und
   3. die Lieferung an den Erwerber
      a) wird durch einen Unternehmer gegen Entgelt im Rahmen seines Unternehmens ausgeführt und
      b) ist nach dem Recht des Mitgliedstaates, der für die Besteuerung des Lieferers zuständig ist, nicht auf Grund der Sonderregelung für Kleinunternehmer steuerfrei.

(2) [1]Als innergemeinschaftlicher Erwerb gegen Entgelt gilt das Verbringen eines Gegenstands des Unternehmens aus dem übrigen Gemeinschaftsgebiet in das Inland durch einen Unternehmer zu seiner Verfügung, ausgenommen zu einer nur vorübergehenden Verwendung, auch wenn der Unternehmer den Gegenstand in das Gemeinschaftsgebiet eingeführt hat. [2]Der Unternehmer gilt als Erwerber.

(3) Ein innergemeinschaftlicher Erwerb im Sinne der Absätze 1 und 2 liegt nicht vor, wenn die folgenden Voraussetzungen erfüllt sind:
   1. Der Erwerber ist
      a) ein Unternehmer, der nur steuerfreie Umsätze ausführt, die zum Ausschluss vom Vorsteuerabzug führen,
      b) ein Unternehmer, für dessen Umsätze Umsatzsteuer nach § 19 Abs. 1 nicht erhoben wird,
      c) ein Unternehmer, der den Gegenstand zur Ausführung von Umsätzen verwendet, für die die Steuer nach den Durchschnittssätzen des § 24 festgesetzt ist, oder
      d) eine juristische Person, die nicht Unternehmer ist oder die den Gegenstand nicht für ihr Unternehmen erwirbt,

   und
   2. der Gesamtbetrag der Entgelte für Erwerbe im Sinne des Absatzes 1 Nr. 1 und des Absatzes 2 hat den Betrag von 12.500 € im vorangegangenen Kalenderjahr nicht überstiegen und wird diesen Betrag im laufenden Kalenderjahr voraussichtlich nicht übersteigen (Erwerbsschwelle).

(4) [1]Der Erwerber kann auf die Anwendung des Absatzes 3 verzichten. [2]Als Verzicht gilt die Verwendung einer dem Erwerber erteilten Umsatzsteuer-Identifikationsnummer gegenüber dem Lieferer. [3]Der Verzicht bindet den Erwerber mindestens für zwei Kalenderjahre.

(5) [1]Absatz 3 gilt nicht für den Erwerb neuer Fahrzeuge und verbrauchsteuerpflichtiger Waren. [2]Verbrauchsteuerpflichtige Waren im Sinne dieses Gesetzes sind Mineralöle, Alkohol und alkoholische Getränke sowie Tabakwaren.

Bearbeiter: Bernhard Becht†/Manzur Esskandari

Inhaltsverzeichnis

1. Bedeutung der Norm

1 Mit Einführung des Binnenmarktes und damit Wegfall der Zollgrenzen innerhalb der EG im Jahr 1993 wurde § 1 Abs. 1 Nr. 5 UStG als **eigener Steuertatbestand** in das Gesetz eingefügt. Der danach geregelte innergemeinschaftliche Erwerb ersetzt den bisherigen Tatbestand der EUSt (s. § 1 Abs. 1 Nr. 4 UStG) für Einfuhren aus dem EU-Binnenmarkt. Dadurch wechselt auch die Zuständigkeit von den Zollbehörden zu den Finanzämtern. Entsprechende Regelungen haben auch die anderen EU-Mitgliedstaaten.

2 § 1a UStG regelt die tatbestandlichen Voraussetzungen des innergemeinschaftlichen Erwerbs.

3 **Innergemeinschaftlicher Erwerb** und innergemeinschaftliche Lieferung entsprechen sich dabei. Sie beruhen auf einem Verpflichtungsgeschäft und sind zwei Seiten einer einheitlichen Lieferung. Erforderlich ist eine Warenbewegung im unternehmerischen Bereich (von Unternehmen zu Unternehmen oder von Betriebsstätte zu Betriebsstätte) oder ein Erwerb durch juristische Personen. Nach dem System der MwStSystRL korrespondiert mit der Erwerbsbesteuerung im Bestimmungsland die Steuerbefreiung mit Vorsteuerabzug für den Lieferer im Ursprungsland (Art. 138 i.V.m. Art. 169b) MwStSystRL). Allerdings ist nicht Voraussetzung für die Erwerbsbesteuerung, dass im Ursprungsland der Befreiungstatbestand verwirklicht wird und auch von der dortigen Finanzbehörde anerkannt wird (näher s. Stadie in Rau/Dürrwächter, § 1a UStG, Rn. 9, 30 ff., 116).

4 Die Staaten vermeiden eine Doppelbesteuerung mit Umsatzsteuer durch die Anwendung des sog. **Bestimmungslandprinzips**. Die Steuer auf den innergemeinschaftlichen Erwerb (Erwerbsteuer) schuldet der Abnehmer der Ware (Erwerber). Der Erwerber wird letztlich so behandelt, als schulde er die Steuer für die im Inland steuerpflichtige Lieferung.

5 **Beispiel:** Der Unternehmer A in Straßburg liefert Waren an den Unternehmer B in Stuttgart und versendet sie im Auftrag von B von Straßburg nach Stuttgart.

Lösung: Die Lieferung von A an B ist in Straßburg erbracht (s. § 3 Abs. 6 Satz 1 UStG) und daher nach dem UStG nicht steuerbar. B hat jedoch von A im Rahmen einer Versendungslieferung über eine innergemeinschaftliche Grenze hinweg die Verfügungsmacht an der Ware erlangt und damit die Voraussetzungen des § 1 Abs. 1 Nr. 5 UStG i.V.m. § 1a Abs. 1 UStG erfüllt. Dieser in Deutschland steuerbare und steuerpflichtige innergemeinschaftliche Erwerb in Deutschland (s. § 3d Satz 1 UStG) erfüllt in Frankreich die Voraussetzungen einer innergemeinschaftlichen Lieferung, die dort steuerfrei zu behandeln. Trotz Aufhebung der innergemeinschaftlichen Grenzen können damit Waren weiterhin unbelastet über die Grenze gelangen und erst im Bestimmungsland der Besteuerung unterworfen werden.

Nach Abs. 2 werden auch **Tatbestände des innergemeinschaftlichen Verbringens** einer entgeltlichen Lieferung gleichgestellt. Damit wird auch hier die Besteuerung nach dem Bestimmungslandprinzip sichergestellt. 6

Das Modell des Ursprungslandprinzips mit grenzüberschreitendem Vorsteuerabzug dürfte endgültig gescheitert sein. Hierzu hätte es der Einigung der EU-Mitgliedstaaten auf ein **Clearing-System** bedurft (s. Widmann, UR 2013, 19). Durch dieses System würde Steueraufkommen aus Netto-Exportstaaten an Netto-Importstaaten zugewiesen, um sie aufkommensmäßig gegenüber einer Besteuerung nach dem Bestimmungslandprinzip gleichzustellen (s. Robisch in Bunjes, UStG, § 1a Rn. 2). 7

Dem **Bestimmungslandprinzip** wird je nach Fallgruppe durch 2 Regelungen Rechnung getragen: 8

- Durch Besteuerung des innergemeinschaftlichen Erwerbs und
- durch Verlagerung Lieferorts in das Bestimmungsland (dazu s. § 3d UStG).

Das Ursprungslandprinzip gilt dagegen uneingeschränkt für innergemeinschaftliche Lieferungen und Erwerbe durch private Verbraucher. Hier greift die Umsatzbesteuerung nur noch im Staat der Lieferung. 9

Beispiel: Eine luxemburgische Touristin macht einen Ausflug von Luxemburg nach Stuttgart. Sie kauft in Stuttgart u.a. ein Kleid für 800 € und nimmt es mit nach Frankreich. 10

Lösung: Es liegt eine Lieferung im Inland vor, die nach § 3 Abs. 6 UStG steuerbar und mangels Steuerbefreiung auch steuerpflichtig ist.

Um Wettbewerbsverzerrungen, aber auch Haushaltsausfälle zu vermeiden, wollten die Mitgliedstaaten allerdings der uneingeschränkten Geltung des Ursprungslandprinzips nicht zustimmen. Daher gilt für Versendungslieferungen ab einer bestimmten Größenordnung (s. § 3c UStG), Lieferungen verbrauchsteuerpflichtiger Waren (Abs. 5 UStG) oder die Lieferung neuer Fahrzeuge (s. § 1b UStG) die Besteuerung nach dem Bestimmungslandprinzip. Dementsprechend erweitert Abs. 5 UStG den Erwerbstatbestand und unterwirft den Erwerb neuer Fahrzeuge und verbrauchsteuerpflichtiger Ware immer der Besteuerung nach § 1a Abs. 1 UStG. 11

Die **Erwerbsbesteuerung** greift damit vor allem in folgenden Fällen ein: 12

- Bei Warenbewegungen im unternehmerischen Bereich (von Unternehmen zu Unternehmen oder von **Betriebsstätte** zu Betriebsstätte),
- bei der Lieferung von Neufahrzeugen.

Zur Steuerbefreiung des innergemeinschaftlichen Erwerbs s. § 4b UStG. 13

2. Tatbestandsmerkmale des § 1a UStG

§ 1a Abs. 1 UStG setzt folgende **Tatbestandsmerkmale** voraus: 14

- Lieferung eines Unternehmers gegen Entgelt im Rahmen seines Unternehmens in einen Mitgliedstaat der EU,
- an einen anderen Unternehmer für dessen Unternehmen oder
- an eine juristische Person, die nichtunternehmerisch handelt,
- Transport des Liefergegenstandes aus dem Staat der Lieferung in einen anderen Mitgliedstaat der EU oder
- aus dem übrigen Gemeinschaftsgebiet in ein in § 1 Abs. 3 UStG bezeichnetes Zollfreigebiet.

2.1 Lieferung gegen Entgelt

15 Der Grundtatbestand des innergemeinschaftlichen Erwerbs wird nur bei einer Lieferung eines Gegenstandes an den Abnehmer verwirklicht (s. § 1a Abs. 1 Nr. 1 UStG). Dazu gehören körperliche Gegenstände (s. Art. 14 Abs. 1 MwStSystRL; Sachen nach dem Zivilrecht) und nicht körperliche Gegenstände i.S.d. Art. 15 Abs. 2 MwStSystRL (Elektrizität, Gas, Wärme, Kälte (Energie) und ähnliche Sachen). Die Lieferung von Erdgas und Elektrizität wird allerdings von § 13b UStG erfasst. Das Gelangen in einen anderen Mitgliedstaat setzt einen Liefergegenstand voraus, der beweglich ist. Es muss sich immer um einen Liefervertrag handeln, der im Wege einer Versendungs- oder Beförderungslieferung zu erfüllen ist.

16 Bei einem **Tausch** liegen nach § 3 Abs. 12 UStG Lieferungen gegen Entgelt vor, sodass diese von § 1 Abs. 1 Nr. 5 i.V.m. § 1a UStG erfasst werden (dazu näher kritisch s. Stadie in Rau/Dürrwächter, § 1a UStG, Rn. 24 ff.).

17 Eine **Werklieferung** ist ebenfalls eine Lieferung (s. § 3 Abs. 4 UStG); sie fällt jedoch nur dann unter § 1a, wenn das fertige Werk versendet oder befördert wird. Nicht erfasst werden die Fälle, in denen im Rahmen einer sonstigen Leistung (s. § 3 Abs. 9 UStG) Verfügungsmacht an Gegenständen verschafft wird (z.B. bei einer Werkleistung durch eine Reparatur eines Gegenstandes, bei der die Gegenstände Nebensachen darstellen) und diese von einem Mitgliedstaat in den anderen gelangen.

18 Eine Lieferung ist auch bei der Lieferung des Kommissionärs an den Kommittenten im Rahmen einer Einkaufs-Kommission gegeben, unabhängig davon, ob es sich um eine echte Lieferung oder entsprechend § 3 Abs. 3 UStG und Art. 14 Abs. 2 c) MwStSystRL nur um eine fiktive Lieferung handelt.

19 Die Lieferung an den Erwerber muss gegen Entgelt erfolgen. Bei **unentgeltlichen Lieferungen** (z.B. zwischen Mutter- und Tochtergesellschaft) ist der Tatbestand des § 1 Abs. 1 Nr. 5 UStG in der Person des Erwerbers nicht erfüllt. Hier handelt es sich um ein Verbringen mit einer anschließenden unentgeltlichen Lieferung im Inland (s. § 3 Abs. 1 Nr. 3 UStG).

20 Sonstige Leistungen, bei denen **Verfügungsmacht** an Gegenständen verschafft wird, z.B. an Materialien bei einer Reparatur in Gestalt einer Werkleistung, fallen nicht hierunter.

21 Nach Auffassung der Finanzverwaltung kann bei **Reparaturleistungen** aus Vereinfachungsgründen im Zweifelsfall von Werklieferungen ausgegangen werden, wenn der Entgeltsteil, der auf das bei der Reparatur verwendete, vom Werkunternehmer selbstbeschaffte Material entfällt, mehr als 50 % des für die Reparatur berechneten Gesamtentgelts beträgt (s. Abschn. 3.8 Abs. 6 Satz 6 UStAE). Auch wenn im Ergebnis die steuerrechtliche Behandlung in beiden Fällen zum gleichen Ergebnis führt, können Abgrenzungsschwierigkeiten vermieden werden, wenn die Lohn- und Materialkosten getrennt berechnet werden, da dann hinsichtlich des Materials von einer eigenständigen Lieferung und hinsichtlich der berechneten **Lohnkosten** von einer eigenständigen Dienstleistung auszugehen ist (s. Stadie in Rau/Dürrwächter, § 1a UStG, Rn. 22).

2.2 Lieferer

22 Der Lieferer muss Unternehmer sein und die Lieferung im Rahmen seines Unternehmens tätigen. Kleinunternehmer gem. § 19 Abs. 1 UStG (s. zu den Voraussetzungen § 19 Rn. 3 ff.) gelten insoweit nicht als Unternehmer und fallen ausdrücklich nicht in den Geltungsbereich der Regelung (s. § 1a Abs. 1 Nr. 3 b), Abs. 3 Nr. 1 b) UStG).

23 Der Erwerber kann diese Voraussetzung als erfüllt ansehen:

- Wenn der Lieferer ihm gegenüber die USt-IdNr. eines anderen Mitgliedstaates verwendet,
- in der Rechnung keine (ausländische) Umsatzsteuer ausweist
- und auf die im anderen Mitgliedstaat eingreifende Steuerbefreiung hinweist.

24 Auf die Ansässigkeit des Lieferers kommt es nicht an. Unerheblich ist auch die umsatzsteuerliche Erfassung in einem Mitgliedstaat.

2.3 Erwerber

25 Erwerber ist der Lieferungsempfänger. Dies ist in der Regel derjenige, mit dem der Lieferer den Lieferungsvertrag abgeschlossen hat. Erworben ist der Gegenstand, wenn der Abnehmer wie ein Eigentümer darüber

verfügen kann, ihm also im Rahmen der Lieferung die Verfügungsmacht am Gegenstand tatsächlich verschafft wurde.

Beim Gelangen des Gegenstandes von einem Mitgliedstaat in einen anderen muss der Abnehmer bereits feststehen, d.h. es muss ein Lieferungsvertrag vorliegen. Wird der Gegenstand vom Lieferer erst über die Grenze befördert oder versendet und dann der Liefervertrag geschlossen, liegt tatbestandlich ein Verbringen i.S.d. Abs. 2 vor. 26

2.3.1 Erwerbstatbestände

Bei einer **Abholung** durch den Abnehmer gelangt der Gegenstand auch dann noch „bei einer Lieferung" über die Grenze, wenn der Gegenstand nicht sogleich in das Inland verbracht wird (s. BFH vom 28.9.2006, V R 65/03, BStBl II 2007, 672). An den Abnehmer wird ebenfalls geliefert, wenn in dessen Auftrag der Gegenstand zu einem Dritten zum Zweck der Be- oder Verarbeitung befördert oder versendet wird. 27

Wird der Gegenstand nach Ausführung der Lieferung im Auftrag des Abnehmers im Ursprungsland von einem anderen Unternehmer bearbeitet oder verarbeitet und erst danach zum Abnehmer befördert oder versendet, so gelangt der Gegenstand ebenfalls bei einer Lieferung über die Grenze (s. Stadie in Rau/Dürrwächter, § 1a UStG, Rn. 56 f. mit Beispiel). 28

Wird das Eigentum bei rollender, schwimmender oder fliegender Ware durch (Einigung und) **Abtretung des Herausgabeanspruchs** übertragen (s. §§ 929, 931 BGB), so ist auch die Verfügungsmacht i.S.d. § 3 Abs. 1 UStG bzw. Art. 14 Abs. 1 MwStSystRL bereits mit der entsprechenden Vereinbarung verschafft. Auch wenn die Lieferung damit ausgeführt worden ist, gelangt der Gegenstand noch „bei" einer Lieferung über die Grenze. Dafür ist es ohne Belang, wo sich der Gegenstand zur Zeit der Abtretung des Herausgabeanspruchs befinde (s. Stadie in Rau/Dürrwächter, § 1a UStG, Rn. 53, mit Beispiel). 29

Zur Lieferung mittels eines Traditionspapieres s. Stadie in Rau/Dürrwächter, § 1a UStG, Rn. 54 f., mit Beispiel. 30

Wird die Lieferung nach der Annahme durch den Erwerber rückgängig gemacht (z.B. wegen eines Sachmangels) wird dadurch der Erwerbstatbestand nicht berührt. Die **Rückgängigmachung** ist nach § 17 Abs. 2 Nr. 3 i.V.m. § 17 Abs. 1 UStG zu behandeln. 31

2.3.2 Erwerbereigenschaft

Voraussetzung ist auch hier, dass der Erwerber als Unternehmer für sein Unternehmen erwirbt (s. Abschn. 1a.1 Abs. 2 Satz 1 UStAE). Auf die Ansässigkeit des Erwerbers kommt es nicht an. Unerheblich ist auch die umsatzsteuerliche Erfassung in einem Mitgliedstaat. 32

Ist der Abnehmer eine natürliche Person, muss der Gegenstand Unternehmensvermögen werden. Damit ist erforderlich, dass: 33

- Der Gegenstand nach § 15 Abs. 1 Satz 2 UStG zu mindestens 10 % für das Unternehmen verwendet wird und
- der Unternehmer den Gegenstand sofort beim Erwerb seinem Unternehmen zu 100 % zuordnet. Wird der Gegenstand nur teilweise dem Unternehmen zugeordnet, wird der Tatbestand nur in entsprechendem Umfang verwirklicht.

Verwendet der Erwerber beim Erwerb gegenüber dem Lieferer eine **USt-Identifikationsnummer** (s. § 27a UStG), kann darin grundsätzlich die volle Zuordnung des Gegenstands zum Unternehmen gesehen werden. Der Lieferer kann die Lieferung nach dem Recht des Ursprungslands als innergemeinschaftliche Lieferung steuerfrei belassen, der Erwerber muss dafür den innergemeinschaftlichen Erwerb im Bestimmungsland besteuern. Dabei wird grundsätzlich vermutet, dass Bestimmungsland das Land ist, von welchem die verwendete USt-Identifikationsnummer stammt (s. § 3d Satz 2 UStG). 34

Beim Erwerb durch eine juristische Person des privaten Rechts, die Teil einer **Organschaft** ist, ist Abnehmer die Organgesellschaft (Unternehmer i.S.d. § 1a Abs. 1 Nr. 2 Buchst. a UStG). Damit sind die weiteren Voraussetzungen des § 1a UStG auch nach den Verhältnissen der Organgesellschaft zu prüfen, da die Organschaftsregeln nur im Innenverhältnis zwischen den Beteiligten von Bedeutung sind (dazu auch 35

s. § 27a Abs. 1 Satz 3 UStG). Dagegen sind die steuerlichen Pflichten durch den Organträger (s. § 2 Abs. 2 Nr. 2 Satz 1 bzw. 4 UStG; s. § 2 Abs. 2 Rn. 5 ff.) zu erfüllen.

36 **Nicht- oder teilrechtsfähige Personenvereinigungen** (insbesondere Personengesellschaften) und andere nichtrechtsfähige Gebilde des Privatrechts sind keine juristischen Personen und unterliegen daher der Erwerbsbesteuerung nur dann, wenn sie Unternehmer sind. Allerdings sind sie im Rahmen des UStG bei richtlinienkonformer Auslegung als juristische Personen zu verstehen (s. Stadie in Rau/Dürrwächter, § 1a UStG, Rn. 103).

37 Darüber hinaus werden nach § 1a Abs. 1 Nr. 2b UStG **juristische Personen des öffentlichen und privaten Rechts** erfasst, auch wenn sie nicht unternehmerisch tätig werden, sei es, dass sie nicht Unternehmer sind oder nicht für ihr Unternehmen erwerben. Die Erwerbsbesteuerung kommt daher auch in Betracht bei Erwerben durch eingetragene Vereine für ihren ideellen Bereich und bei Erwerben durch juristische Personen des öffentlichen Rechts für ihren Hoheitsbereich. Juristische Personen des öffentlichen Rechts sind rechtsfähige Körperschaften, Stiftungen und Anstalten des öffentlichen Rechts. Nichtrechtsfähige Körperschaften des öffentlichen Rechts sind der übergeordneten juristischen Person des öffentlichen Rechts zuzurechnen.

38 Erfasst werden auch ausländische, internationale und supranationale juristische Personen des öffentlichen Rechts. Dabei ist allerdings zu beachten, dass nach § 1c Abs. 1 UStG im Inland ansässige ständige diplomatische Missionen, berufskonsularische Vertretungen und zwischenstaatliche Einrichtungen sowie im Inland stationierte **NATO-Streitkräfte** von der Erwerbsbesteuerung ausgenommen, soweit sie Gegenstände für den nichtunternehmerischen Bereich erwerben (dazu s. § 1c Rn. 1 ff. UStG).

39 Bei Überschreiten der Erwerbsschwelle des § 1a Abs. 3 UStG sind sie als Nichtunternehmer Steuerschuldner und damit in das Umsatzbesteuerungsverfahren mit einbezogen.

2.4 Gelangen in einen anderen Mitgliedstaat

40 Der Liefergegenstand muss nachweislich von einem Mitgliedstaat der EU in einen anderen Mitgliedstaat gelangen. Dies ist dann der Fall, wenn die Lieferung durch den Transport des Liefergegenstandes in einem Mitgliedstaat beginnt und in einem anderen endet. Dabei kommt es nicht darauf an, ob der Lieferer oder der Abnehmer den Transport durchführt. Beide können sich auch Erfüllungsgehilfen bedienen.

41 Nicht erforderlich ist, dass der Gegenstand unmittelbar von dem einen in den anderen Mitgliedstaat befördert wird, der Gegenstand kann demnach auch zwischendurch durch Drittlandsgebiet bewegt werden. Als Beginn des Transportes in einem Mitgliedstaat wird auch der Fall angesehen, dass der Transport im Drittlandsgebiet beginnt, in einem Mitgliedstaat der Einfuhrumsatzsteuer unterworfen wird und in einem anderen Mitgliedstaat endet (s. Abschn. 1a.1 Abs. 1 Satz 4 UStAE).

42 Das Gebiet eines Mitgliedstaates umfasst das jeweilige Hoheitsgebiet, bestimmte Regionen oder Inseln können jedoch ausgenommen sein (s. Abschn. 1.10 Abs. 1 UStAE; zum Drittlandsgebiet s. Abschn. 1.10 Abs. 2 UStAE).

43 **Beispiel:** Unternehmer A bestellt beim französischen Händler B eine Maschine, die sich dieser beim Schweizer Hersteller C besorgt.

Lösung: Transportiert C die Maschine von der Schweiz über Frankreich nach Deutschland und entrichtet er die bei der Einfuhr in Frankreich anfallende EUSt, so liegt bei A ein steuerbarer innergemeinschaftlicher Erwerb vor.

44 **Beispiel:** Das in Stuttgart ansässige Maschinenbauunternehmen MB beauftragt den in Frankreich ansässigen Büroeinrichter BE mit der Lieferung und dem Einbau von Büroschränken. Der Auftrag ist mit Abnahme der Möbel in Stuttgart erfüllt. Beide Unternehmen verwenden die USt-IdNr. ihrer Mitgliedstaaten.

Lösung: Es liegt kein Tatbestand des innergemeinschaftlichen Erwerbs vor. Die Werklieferung ist wegen ihres Erfüllungsorts in Deutschland steuerbar und steuerpflichtig. BE als ausländischer Unternehmer darf die deutsche Umsatzsteuer nicht ausweisen. Sie wird nach § 13b UStG von MB als Auftraggeber geschuldet.

Kein innergemeinschaftlicher Erwerb liegt im Fall der **Durchfuhr** durch einen anderen Mitgliedstaat vor, wenn also die Ware erst in Deutschland zum **freien Verkehr** angemeldet und zollrechtlich abgefertigt wird (s. Abschn. 1a.1 Abs. 1 Satz 5 UStAE). 45

Bei ruhenden Lieferungen kommt ein innergemeinschaftlicher Erwerb nicht in Betracht. Dies gilt auch bei der Lieferung von Gas über das Erdgasnetz, von Elektrizität über das Stromnetz sowie von Wärme oder Kälte über Wärme- oder Kältenetze (s. Abschn. 3g Abs. 6 UStAE). 46

2.5 Innergemeinschaftlicher Erwerb im Inland

Zum Ort des innergemeinschaftlichen Erwerbs s. näher die Kommentierung zu § 3d Rn. 5 ff. Liefer- und Erwerbsort liegen in den Fällen des innergemeinschaftlichen Erwerbs in verschiedenen EU-Mitgliedstaaten. Der **Erwerbsort** ist grundsätzlich nicht mit dem Lieferort identisch. Eine Ausnahme gilt beim fingierten Erwerb nach § 3d Satz 2 UStG (dazu das Beispiel in s. Abschn. 3.4 UStAE). 47

Der innergemeinschaftliche Erwerb erfolgt nach § 3d UStG im Inland, wenn sich der Gegenstand am Ende der Beförderung oder Versendung im Inland befindet. Wird das Inland nur im Wege der Durchfuhr berührt, liegt kein innergemeinschaftlicher Erwerb vor. Zur Fiktion des § 3d Satz 2 UStG, wenn der Gegenstand von einem EU-Mitgliedstaat in einen dritten Mitgliedstaat gelangt s. § 3d UStG Rn. 10 ff. 48

Die in § 1 Abs. 2 Satz 1 UStG genannten Gebiete gehören nicht zum Gebiet Deutschlands und damit nicht zum Gebiet eines Mitgliedstaates i.S.d. UStG (s. § 1 Abs. 2a Satz 1 UStG). Der **innergemeinschaftliche Erwerb** kann aber dadurch verwirklicht werden, dass der Gegenstand bei einer Lieferung vom übrigen Gemeinschaftsgebiet (s. § 1 Abs. 2a Sätze 1 und 2 UStG) in die in § 1 Abs. 3 UStG bezeichneten Gebiete gelangt (Abs. 1 Nr. 1 2. Alt.). Hierbei handelt es sich um die Freihäfen und Wattenmeere (dazu näher s. § 1 UStG Rn. 395 ff.). Damit können auch dort bestimmte Erwerbe besteuert werden, um einen unbelasteten Letztverbrauch zu vermeiden (s. § 1 Abs. 3 Satz 1 Nr. 1 und 7 i.V.m. Satz 2 UStG). Zum übrigen Gemeinschaftsgebiet gehört nicht das Inland. Gelangt ein Gegenstand bei einer Lieferung vom Inland in eines der genannten Gebiete, so kann mithin der Tatbestand des § 1a UStG nicht erfüllt werden. Hierzu besteht auch keine Notwendigkeit. Die Lieferung an Letztverbraucher ist in diesem Fall steuerpflichtig ist (s. § 6 Abs. 1 Nr. 3 a) UStG). 49

2.6 Zeitpunkt des innergemeinschaftlichen Erwerbs

Aus der Definition des Orts des innergemeinschaftlichen Erwerbs (s. § 3d Rn. 5 ff.) kann nicht geschlossen werden, dass die Steuerschuld generell auch mit dem Eintreffen der Gegenstände beim Abnehmer (Beendigung der Beförderung oder Versendung) entsteht. Nach § 13 Abs. 1 Nr. 6 UStG entsteht die Steuerschuld des Erwerbers mit dem Tag der Rechnungsausstellung des Lieferers (**juristische Fiktion**). 50

Allerdings wird der Tag der Rechnungsausstellung des Lieferers dem Erwerber erst nach Rechnungseingang bekannt. Gleichwohl sollte für die Praxis immer der Rechnungseingang entscheidend sein. In den Fällen, in denen der Zeitpunkt des Wareneingangs und der Zeitpunkt des Rechnungseingangs erheblich voneinander abweichen, sieht das Umsatzsteuergesetz als spätesten Zeitpunkt für das Eintreten des Erwerbsteuertatbestands den Monat vor, der dem Monat des Wareneingangs (des innergemeinschaftlichen Erwerbs) folgt (s. § 13 Abs. 1 Nr. 6 UStG). 51

2.7 Reihengeschäft

Beim **Reihengeschäft** liegen mehrere Lieferungen vor, sodass alle Abnehmer Erwerber i.S.d. § 1a Abs. 1 Nr. 1 UStG sein könnten, da der Gegenstand jeweils an sie über eine innergemeinschaftliche Grenze gelangt. Im Fall der Versendung wird allerdings davon ausgegangen, dass nur bei der gedanklich ersten Lieferung der Gegenstand die innergemeinschaftliche Grenze überschreitet, nur bei dieser der Ort der Lieferung im 52

Ursprungsland liege und nur für diese die Steuerbefreiung nach Art. 138 Abs. 1 MwStSystRL in Betracht komme (s. Abschn. 3.14. Abs. 13 UStAE; s. EuGH Urteil vom 06.04.2006, Rs. C-245/04, UR 2006, 342).

3. Gleichgestellte Tatbestände (Abs. 2)

53 Abs. 2 fingiert für das rechtsgeschäftslose, grenzüberschreitende unternehmensinterne Verbringen eines Gegenstandes (Unternehmensvermögen) aus dem übrigen Gemeinschaftsgebiet in das Inland einen innergemeinschaftlichen Erwerb (innergemeinschaftliches Verbringen) sowie auch das für die Verwirklichung des § 1 Abs. 1 Nr. 5 UStG erforderliche Entgelt. Der Unternehmer gilt im Ausgangsmitgliedstaat als Lieferer, im Bestimmungsmitgliedstaat als Erwerber (Abs. 2 Satz 2).

54 Damit korrespondiert eine entsprechende Befreiung mit Vorsteuerentlastung im Herkunftsland (s. Art. 138 Abs. 2 Buchst. c MwStSystRL). Daraus ist weiter zu folgern, dass nur solche Gegenstände erfasst werden, die im übrigen Gemeinschaftsgebiet von der Umsatzsteuer entlastet worden sind oder mit vom Unternehmer prinzipiell abziehbarer Umsatzsteuer belastet sind. Dies wird auch durch Abs. 2 Satz 1 a.E. deutlich.

55 Dementsprechend fingiert § 3 Abs. 1a UStG im Ursprungsmitgliedstaat für diesen Tatbestand das Vorliegen einer Lieferung. Der Zweck dieser Regelung liegt vor allem darin, aus dem übrigen Gemeinschaftsgebiet stammende Gegenstände, die endgültig im Inland verbleiben, im Bestimmungsland mit der Umsatzsteuer zu belasten. Die der Einfuhrumsatzsteuer vor Einfügung des Tatbestands des innergemeinschaftlichen Erwerbs unterliegenden Vorgänge werden also weiterhin der Besteuerung unterworfen.

3.1 Unternehmensinternes Verbringen

56 Ein **unternehmensinternes Verbringen** liegt vor, wenn ein Unternehmer Ware über die Grenze verbringt, ohne in Erfüllung eines Verpflichtungsgeschäftes zu handeln. Die Verbringung des Gegenstandes kann durch Befördern (s. § 3 Abs. 6 Satz 2 UStG) oder Versenden (s. § 3 Abs. 6 Satz 3 UStG) erfolgen. Die Verbringung muss durch den Unternehmer, d.h. auf seine Veranlassung, durchgeführt werden.

57 Dieses rechtsgeschäftslose Verbringen wurde vor Einfügung des § 1a UStG als sog. **Innenumsatz** nicht der Umsatzsteuer unterworfen. Allerdings löste der Sachverhalt bei der Einfuhr Einfuhrumsatzsteuer aus. Nach Wegfall der Grenzkontrollen durch den Binnenmarkt sind auch diese unternehmensinternen Vorgänge vom Unternehmer steuerlich zu erfassen, sofern das Verbringen nicht nur zur vorübergehenden Verwendung erfolgt (dazu s. Abschn. 1a.2 Abs. 9 ff. UStAE auf Art. 17 und 23 MwStSystRL [= Art. 28a Abs. 5 der 6. EG-Richtlinie]). Wird der Gegenstand nur teilweise dem Unternehmen zugeordnet, wird der Tatbestand des Verbringens nur in entsprechendem Umfang verwirklicht.

58 Der Gegenstand muss aus dem übrigen Gemeinschaftsgebiet (s. § 1 Abs. 2a Satz 1 und 2 UStG) in das Inland gelangen. Bei der Verbringung des Gegenstandes in ein nach § 1 Abs. 2 Satz 1 UStG vom Inland ausgenommenes Gebiet (z.B. Freihafen) ist der Tatbestand nicht erfüllt. Ein solches Gebiet ist Drittland (s. § 1 Abs. 2a Satz 2 UStG). Bei einer späteren Verbringung von dort in das Inland wird der Tatbestand der Einfuhr (s. § 1 Abs. 1 Nr. 4 UStG).

59 War der Gegenstand aus dem **Drittlandsgebiet** (s. § 1 Abs. 1a Satz 3 UStG) in das übrige Gemeinschaftsgebiet und von dort in das Inland gelangt, so kann der Tatbestand nur dann verwirklicht werden, wenn der Unternehmer den Gegenstand in das übrige Gemeinschaftsgebiet eingeführt hatte (Abs. 2 Satz 1 a.E.). Der Gegenstand muss demnach der Einfuhrumsatzsteuer eines Mitgliedstaates unterworfen worden sein.

60 Der UStAE geht in Abschn. 1a.2 Abs. 4 davon aus, dass der Tatbestand des Verbringens grundsätzlich nur dann verwirklicht ist, wenn der Unternehmer über einen im Inland gelegenen Unternehmensteil verfügt, in dem der Gegenstand dort anschließend auf Dauer verwendet oder verbraucht wird. Weder der Gesetzeswortlaut noch Art. 17 MwStSystRL enthalten eine solche Einschränkung, die auch vom Gesetzesweck nicht gefordert ist.

61 Bei der Auslegung des negativen Tatbestandsmerkmals „nicht nur zur vorübergehenden Verwendung" ist zu unterscheiden, ob diese eine der Art nach (dazu s. Abschn. 1a.2 Abs. 10 und 11 UStAE) oder der Zeit nach (dazu s. Abschn. 1a.2 Abs. 12 und 13 UStAE) vorübergehende ist (befristete Verwendung).

Zu den nach der Art nach zu unterscheidenden Fällen gehören: 62

- Der Materialtransport im Rahmen einer Werklieferung (s. Abschn. 1a.2 Abs. 10 Nr. 1 UStAE),
- das Verbringen im Zusammenhang mit einer sonstigen Leistung (s. Abschn. 1a.2 Abs. 10 Nr. 2 UStAE),
- das Verbringen im Zusammenhang mit einer Reparatur (s. Abschn. 1a.2 Abs. 10 Nr. 3 UStAE) sowie
- das Verbringen im Zusammenhang mit einem **Gesellschafterbeitrag** (s. Abschn. 1a.2 Abs. 10 Nr. 4 UStAE).

Von einer befristeten Verwendung ist auszugehen, wenn beim Transport über die Grenze feststeht, dass der Gegenstand alsbald wieder in den Ursprungsstaat zurückgelangt. Nach den dabei entsprechend anzuwendenden zoll- und einfuhrumsatzsteuerrechtlichen Rechts- und Verwaltungsvorschriften beträgt die **Verwendungsfrist** bis längstens 24 Monate (s. Abschn. 1a.2 Abs. 12 UStAE). 63

Zu dieser Gruppe zählen: 64

- Der Transport von Berufsausrüstungen,
- das Beschicken von Ausstellungen, Messen und Kongressen
- u.Ä. im Umsatzsteuer-Anwendungserlass aufgeführte Sachverhalte.

Ein **Verbringen zur nicht nur vorübergehenden Verwendung in Inland** liegt damit insbesondere in folgenden Fällen vor (dazu s. Abschn. 1a.2 Abs. 6, 11 und 12 UStAE): 65

- Der verbrachte Gegenstand wird unverändert oder nach vorangegangener Be- oder Verarbeitung im Inland vom Unternehmer veräußert oder selbst verbraucht.
- Der verbrachte Gegenstand geht im Inland unter.
- Der verbrachte Gegenstand bleibt länger als 24 Monate im Inland.
- Bestimmte Gegenstände (z.B. Eisenbahnfahrzeuge) verbleiben länger als 12 Monate im Bestimmungsmitgliedstaat.
- Bestimmte Gegenstände (z.B. Straßenfahrzeuge) verbleiben länger als 6 Monate im Bestimmungsmitgliedstaat.

Einstweilen frei 66

Geht der Gegenstand in den Fällen der befristeten Verwendung unter, wird er weiterveräußert oder wird die Frist nicht eingehalten, liegt kein vorübergehendes Verbringen mehr vor, sodass die Rechtsfolgen des § 1a Abs. 2 UStG bzw. § 3 Abs. 1a UStG eintreten. 67

Entgegen dem Wortlaut des Abs. 2 UStG lässt die Verwaltung unter Berufung auf Art. 17 Abs. 2 MwStSyst-RL (= Art. 28a Abs. 5 der 6. EG-Richtlinie) auch das Verbringen von Gegenständen als der Art nach vorübergehendes Verbringen unbesteuert, wenn die Gegenstände zur Ausführung einer im Inland steuerbaren Werklieferung oder Werkleistung verwendet werden, selbst wenn die Gegenstände als Bestandteile in die Leistung eingehen, da schon die Werklieferung im Inland umsatzsteuerlich zu erfassen ist (s. Abschn. 1a.2 Abs. 10 Nr. 1 und 2 UStAE). In diesen Fällen wird die Besteuerung im Bestimmungsland bereits durch die Besteuerung der Leistung gesichert, für welche die Gegenstände verwendet werden (**Besteuerung im Reverse-Charge-Verfahren nach § 13b Abs. 5 UStG**). 68

Ein **fiktiver innergemeinschaftlicher Erwerb** liegt nicht vor, wenn ein Gegenstand im Rahmen eines Kommissionsgeschäftes von einem anderen EU-Mitgliedstaat ins Inland gelangt und der Kommissionär den Gegenstand veräußert. Zwar ist in diesem Fall ein rechtsgeschäftsloses Verbringen beim Kommittenten anzunehmen. Aus Vereinfachungsgründen ist jedoch davon auszugehen, dass die Lieferung an den Kommissionär bereits bei Beginn des Transports erbracht wurde. Deshalb liegt kein innergemeinschaftlicher Erwerb beim Kommittenten nach Abs. 2, sondern ein solcher nach Abs. 1 beim Kommissionär vor (s. Abschn. 1a.2 Abs. 7 UStAE; s. OFD Frankfurt vom 04.04.2014, S 7103a A – 8 – St 110, DStR 2014, 1340). 69

Steuerfreies innergemeinschaftliches Verbringen liegt damit insbesondere in den folgenden Fällen vor: 70

- Anlagevermögen wird vom Inland in einen im anderen EU-Staat belegenen Unternehmensteil verbracht und dort auf Dauer genutzt.
- Gegenstände werden auf ein eigenes Auslieferungslager oder Konsignationslager im anderen EU-Staat verbracht.
- Gegenstände werden im Zusammenhang mit Messen oder Ausstellungen im anderen EU-Staat verkauft.

- Gegenstände werden vom Händler direkt beim vorher nicht bekannten Kunden im anderen EU-Staat abgesetzt.
- Gegenstände, die im Rahmen der nicht steuerbaren vorübergehenden Verwendung in einen anderen EU-Staat verbracht wurden, gehen anschließend im Bestimmungsland unter oder werden dort veräußert.
- Für Gegenstände, die im Rahmen der befristeten Verwendung in einen anderen EU-Staat verbracht wurden, wird die Verwendungsfrist überschritten.

70/1 Dagegen ist die vorübergehende Verwendung in folgenden Fällen nicht steuerbar:

- Verbrachte Gegenstände werden im Rahmen einer Werklieferung, die im Bestimmungsland steuerbar ist, verwendet.
- Gegenstände werden im Rahmen oder in unmittelbarem Zusammenhang mit einer sonstigen Leistung im Bestimmungsland verbracht.
- **Materialbeistellungen** oder Materialgestellungen erfolgen zu einer an den Unternehmer ausgeführten Werklieferung, die im anderen EU-Staat als innergemeinschaftliche Lieferung an ihn steuerfrei ist.
- Inanspruchnahme von sonstigen Leistungen (z.B. Reparaturen) an den verbrachten Gegenständen im Bestimmungsland.
- Gegenstände werden an eine Arbeitsgemeinschaft im anderen EU-Staat als Gesellschafterbeitrag überlassen.
- Die verbrachten Gegenstände werden im Bestimmungsland befristet verwendet. Zu den unterschiedlichen Verwendungsfristen von 6, 12 und 24 Monaten und den erfassten Gegenständen s. BMF vom 19.11.1993, IV C 3-S 7100 a-30/93, BStBl I 1993, 1004.

3.2 Ausnahmen

71 Im Folgenden wird zu den Ausnahmen für steuerfreie Lieferungen, die Lieferung an Bord eines **Beförderungsmittels** und die Vereinfachungsregel des Abschn. 1a.2. Abs. 14 UStAE eingegangen. Zu weiteren Ausnahmen s. Stadie in Rau/Dürrwächter, § 1a, Rn. 176 ff.

3.2.1 Steuerfreie Lieferungen

72 Der Verbringenstatbestand ist nicht erfüllt, wenn der Gegenstand in Ausführung der Lieferung in das Ausland gelangt, die Lieferung im Inland daher nach § 4 Nr. 1 oder 2 i.V.m. §§ 6-8 UStG steuerfrei ist. Dies ist zwar nicht unmittelbar dem Wortlaut des Abs. 2 zu entnehmen. Die Vorschrift ist jedoch aufgrund von Art. 17 Abs. 2 e) MwStSystRL restriktiv im Sinne einer gemeinschaftskonformen Auslegung auszulegen (s. Stadie in Rau/Dürrwächter, § 1a, Rn. 183).

3.2.2 Lieferung an Bord eines Beförderungsmittels

73 Gelangen Gegenstände, die zwecks Lieferung während einer innergemeinschaftlichen Beförderung an Bord eines Schiffes, in einem Luftfahrzeug oder in einer Eisenbahn von einem Mitgliedstaat in einen anderen Mitgliedstaat, gilt als Ort der Lieferung nach § 3e UStG der Abgangsort des jeweiligen Beförderungsmittels, sofern die Gegenstände nicht zum Verzehr an Ort und Stelle bestimmt sind. Obwohl der Unternehmer bis zum Zeitpunkt der Lieferung noch die Verfügungsmacht hat, ist der Verbringenstatbestand nicht als verwirklicht anzusehen, er wird durch die Lieferung verdrängt wird, die nach der speziellen Regelung des § 3e UStG als im Ursprungsland ausgeführt gilt (s. Art. 17 Abs. 2 c) MwStSystRL).

3.2.3 Vereinfachungsregel (Abschn. 1a.2 Abs. 14 UStAE)

74 Kein Verbringen zur Verfügung des Unternehmers liegt vor, wenn die Beförderung oder Versendung in Erfüllung einer innergemeinschaftlichen Lieferung erfolgt, insbesondere wenn der Gegenstand bereits bei Beginn der Beförderung verkauft war und lediglich zum Abnehmer gebracht wird (s. Abschn. 1a.2 Abs. 14 Satz 1 UStAE). In diesem Fall gilt die Lieferung als dort ausgeführt, wo die Beförderung beginnt.

Nach der Vereinfachungsregel des Abschn. 1a.2 Abs. 14 Satz 2 UStAE darf der Unternehmer unter bestimmten Umständen dennoch einen innergemeinschaftlichen Erwerb versteuern. Dazu müssen alle folgenden Voraussetzungen erfüllt werden: 75

1. Lieferungen werden regelmäßig an eine größere Zahl von Abnehmern im Bestimmungsland ausgeführt.
2. Bei entsprechender Lieferung aus dem Drittland wären die Voraussetzungen für eine Verlagerung des Ortes der Lieferung in das Gemeinschaftsgebiet nach § 3 Abs. 8 UStG erfüllt.
3. Der liefernde Unternehmer behandelt die Lieferung im Inland als steuerbar. Er wird bei einem Finanzamt für Umsatzsteuerzwecke geführt. Er gibt in den Rechnungen seine inländische USt-Identifikationsnummer an.
4. Die zuständige Finanzbehörde im Ausgangsmitgliedstaat und das inländische Finanzamt erklären sich mit der Anwendung dieses Verfahrens einverstanden.

Zweck dieser Regelung ist es, dass der Unternehmer selbst einen innergemeinschaftlichen Erwerb versteuert und anschließend die Ware mit deutscher Umsatzsteuer liefern kann. Dadurch wird vermieden, dass die Abnehmer eine USt-Identifikationsnummer beantragen müssen und den besonderen Aufzeichnungspflichten unterliegen. Dadurch wird in der Praxis ein **einheitlicher Abrechnungsprozess** gewährleistet, indem nicht unterschieden werden muss, ob innergemeinschaftliche Lieferungen aus dem Ausland oder steuerpflichtige Inlandslieferungen getätigt werden. Ein ggf. vorgeschaltetes Verbringen aus dem Ausland in das Inland vermeidet diese Unterscheidung (s. Robisch in Bunjes, § 1a UStG, Rn. 46). 76

Beispiel: Der niederländische Großhändler N in Venlo beliefert im grenznahen deutschen Raum eine Vielzahl von Kleinabnehmern (z.B. Imbissbuden, Gaststätten und Casinos) mit Pommes Frites. N verpackt und portioniert die Waren bereits in Venlo nach den Bestellungen der Abnehmer und liefert sie an diese mit eigenem LKW aus. 77

Lösung: N kann die gesamte Sendung als innergemeinschaftliches Verbringen (innergemeinschaftlichen Erwerb nach § 1a Abs. 2) UStG) behandeln und die Lieferung als Inlandslieferungen bei dem zuständigen inländischen Finanzamt versteuern, sofern er in den Rechnungen seine deutsche USt-IdNr. angibt und die für ihn zuständige niederländische Steuerbehörde diesem Verfahren zustimmt.

Zur Praxis der Finanzverwaltung, die genannten Voraussetzungen streng zu handhaben, kritisch s. Dankl, UR 2011, 454. 78

3.2.4 Belegausstellung

In den Fällen des steuerfreien innergemeinschaftlichen Verbringens soll der Unternehmer nach Auffassung der Finanzverwaltung eine „**Pro-forma-Rechnung**" für den ausländischen Unternehmensteil ausstellen (s. Abschn. 14a.1 Abs. 5 Satz 2 UStAE), deren Inhalt umfassen soll: 79

- Angabe der verbrachten Gegenstände,
- Angabe der Bemessungsgrundlagen,
- Angabe der USt-IdNr. des inländischen Unternehmensteils,
- Angabe der USt-IdNr. des ausländischen Unternehmensteils.

Der Beleg dient als **Aufzeichnung**: 80

- Für die buchmäßige Erfassung der innergemeinschaftlichen Lieferung im Ausgangsstaat in der Voranmeldung und in der Zusammenfassenden Meldung sowie
- für die Besteuerung des innergemeinschaftlichen Erwerbs im Bestimmungsstaat.

4. Keine Anwendung des § 1a UStG in Einzelfällen (Abs. 3)

Um das Besteuerungsverfahren zu vereinfachen, werden nach § 1a Abs. 3 UStG bestimmte Personen grundsätzlich von der Erwerbsbesteuerung ausgenommen. 81

4.1 Personenbezogene Ausnahmen (Abs. 3 Nr. 1)

82 In Bagatellfällen sollen die erforderlichen Formalien erspart werden. Die Besteuerung nach dem Ursprungslandprinzip wird hier für ausreichend gehalten. Im Einzelnen werden folgende Personen (sog. Exoten) nach Abs. 3 Nr. 1 erfasst:

a) Unternehmer, die nur vorsteuerschädlich steuerfreie Umsätze ausführen,
b) Kleinunternehmer gem. § 19 Abs. 1 UStG,
c) nach Durchschnittssätzen besteuernde Land- und Forstwirte (s. § 24 UStG),
d) nichtunternehmerisch erwerbende juristische Personen.

83 **Zu a):** Dazu zählen nach § 1a Abs. 3 Nr. 1 a) Unternehmer, die nur steuerfreie Umsätze ausführen, welche zum Ausschluss vom Vorsteuerabzug führen. Darunter fallen Umsätze, die nach § 4 Nr. 7 ff. UStG steuerfrei sind (s. § 15 Abs. 2 und Abs. 3 Nr. 1 a), Nr. 2 a) UStG), und bei denen nicht nach § 9 UStG auf die Steuerbefreiung verzichtet worden ist und die auch nicht unter § 15 Abs. 3 Nr. 1 Buchst. b oder Nr. 2 b) UStG fallen. Voraussetzung ist, dass der Unternehmer ausschließlich solche steuerfreien Umsätze tätigt.

84 **Beispiel:** Ein in Deutschland ansässiger Arzt A bezieht für seine Praxis ein Laborgerät von einem Unternehmer aus Frankreich. Der Kaufpreis beträgt 21.000 €. Wegen der ausschließlich steuerfreien Umsätze ohne Vorsteuerabzugsmöglichkeit hatte A bisher keine USt-Identifikationsnummer beantragt. Der französische Unternehmer berechnete daher französische Umsatzsteuer (keine steuerfreie innergemeinschaftliche Lieferung).

Lösung: Da der Warenbezug aus dem übrigen Gemeinschaftsgebiet für die Praxis des A der Erwerbsbesteuerung unterliegt, muss A den Antrag auf Erteilung einer USt-Identifikationsnummer stellen, damit eine steuerfreie innergemeinschaftliche Lieferung vorliegt. Nur so kann eine Doppelbelastung vermeiden werden, da die Erwerbsteuer ansonsten nicht zum Vorsteuerabzug berechtigen würde.

85 **Zu b):** Wie steuerbefreite Unternehmer sind **Kleinunternehmer** nach § 19 Abs. 1 UStG zu behandeln (Abs. 3 Nr. 1 b)). Dies gilt nicht für nicht im Inland oder in den in § 1 Abs. 3 UStG bezeichneten Gebieten ansässige Kleinunternehmer, da die Steuer bei diesen Unternehmern erhoben wird. Für den Verbringungsfall des Abs. 2 verstößt diese Rechtsfolge gegen Art. 139 Abs. 1 Unterabs. 2 MwStSystRL, der dem Kleinunternehmer, der unter die Art. 282 ff. MwStSystRL fällt, die Steuerbefreiung und damit die Vorsteuerentlastung gem. Art. 169 Buchst. b MwStSystRL versagt. Eine Erwerbsbesteuerung kann insoweit zu einer Doppelbesteuerung führen. In diesem Fall darf Abs. 2 UStG auf einen solchen Kleinunternehmer nicht angewendet werden (s. Stadie in Rau/Dürrwächter, § 1a UStG, Rn. 225).

86 **Zu c):** Nach Abs. 3 Nr. 1 c) werden von der Erwerbsbesteuerung Land- oder Forstwirte befreit, wenn sie den Gegenstand zur Ausführung von Umsätzen verwendet, für die die Steuer nach Durchschnittssätzen des § 24 UStG festgesetzt wird. Die Vorschrift gilt nur für den Bereich der Land- und Forstwirtschaft. Für andere Unternehmensbereiche greift für diesen Bereich die Befreiung nicht.

87 **Zu d):** Die grundsätzliche Verpflichtung zur Erwerbsbesteuerung kann auch für die unter § 1a Abs. 1 Nr. 2 b) UStG fallenden juristischen Personen, welche nicht Unternehmer sind oder soweit sie Gegenstände nicht für Unternehmen erwerben, entfallen (Abs. 3 Nr. 1 d)). Ist die juristische Person teilweise Unternehmer und erwirbt sie den Gegenstand für ihren unternehmerischen Bereich (z.B. bei Betreiben gewerblicher Art von juristischen Personen des öffentlichen Rechts) findet die Ausnahmeregelung keine Anwendung.

88 Die Ausweitung der „Befreiung" auf juristische Personen, die Unternehmer sind, hinsichtlich solcher Gegenstände, die nicht für das Unternehmen erworben werden, verstößt gegen Art. 3 Abs. 1 Buchst. b MwStSystRL, der die Möglichkeit der Nichtbesteuerung nur für „nichtsteuerpflichtige" juristische Personen vorsieht (dazu näher s. Stadie in Rau/Dürrwächter, § 1a UStG, Rn. 228).

4.2 Erwerbsschwelle (Abs. 3 Nr. 2)

89 Neben den persönlichen Eigenschaften des Abs. 3 Nr. 1 ist für die Nichtanwendung der Absätze 1 und 2 nach Abs. 3 Nr. 2 weiterhin erforderlich, dass eine **Erwerbsschwelle** von 12.500 € nicht überschritten wird.

Bei der Ermittlung der Erwerbsschwelle werden alle innergemeinschaftlichen Erwerbe einer Person aus dem übrigen Gemeinschaftsgebiet erfasst. Die Erwerbsbesteuerung kann unterbleiben, wenn der Gesamtbetrag der für alle innergemeinschaftlichen Erwerbe geschuldeten Entgelte i.S.d. § 10 UStG die Erwerbsschwelle im vorangegangenen Kalenderjahr nicht überschritten hat und auch im laufenden Kalenderjahr voraussichtlich nicht überschreiten wird (s. Abschn. 1a.1 Abs. 2 Satz 5 UStAE). Die Umsatzsteuer ist nicht anzusetzen (s. § 10 Abs. 1 Satz 2 UStG). Nicht zu berücksichtigen sind dabei die immer der Erwerbsbesteuerung unterliegenden Erwerbe von neuen Fahrzeugen und verbrauchsteuerpflichtigen Waren. Art. 3 Abs. 2 Unterabs. 2 i.V.m. Abs. 1 Buchst. b MwStSystRL nimmt diese ausdrücklich aus, sodass Abs. 3 Nr. 2 UStG richtlinienkonform ausgelegt werden muss, da sich diese Ausnahme nicht aus dem Gesetzeswortlaut ergibt (s. Abschn. 1a.1 Abs. 2 Satz 2 UStAE). Für Tatbestände des Abs. 2 bemisst sich das Entgelt nach dem Einkaufspreis und Nebenkosten für den Gegenstand oder einen gleichartigen Gegenstand, mangels Kaufpreises nach den Selbstkosten im Zeitpunkt des Umsatzes (s. § 10 Abs. 4 Nr. 1 UStG). 90

Wurde die Tätigkeit erst aufgenommen, ist auf die Prognose zu Beginn des Jahres abzustellen. Wird nach dieser Prognose die Erwerbsschwelle voraussichtlich nicht überschritten, so ist dieses Ergebnis auch dann maßgebend, wenn tatsächlich die Erwerbsschwelle überschritten wird (s. Abschn. 1a Abs. 2 Satz 5, 19.1 Abs. 3 und 4 UStAE). Bei Aufnahme der unternehmerischen Tätigkeit im Laufe des Jahres erfolgt keine Umrechnung auf einen Jahreswert (wie dies für Kleinunternehmer in § 19 Abs. 3 Satz 3 UStG vorgesehen ist). 91

Beispiel: Der deutsche Unternehmer U tätigt nur geringe Umsätze, für die nach § 19 Abs. 1 UStG keine Umsatzsteuer erhoben wird. Er kauft in Frankreich Ware für sein Unternehmen und bringt sie nach Deutschland. 92

Lösung: Überschreitet U nicht die Erwerbsschwelle in Höhe von 12.500 €, ist ein Erwerb i.S.d. § 1a Abs. 1 UStG zu verneinen.

Ist die Erwerbsbesteuerung nach Abs. 3 zu verneinen, entfällt im EU-Ausland die Voraussetzung einer Steuerbefreiung der innergemeinschaftlichen Lieferung (entsprechend § 6a UStG). 93

Hat eine juristische Person einen unternehmerischen und einen nichtunternehmerischen Bereich, sind nach dem Wortlaut des Abs. 3 Nr. 2 auch Entgelte für Erwerbe zu berücksichtigen, die für den unternehmerischen Bereich erfolgten. 94

Gleiches gilt für Unternehmer, die neben ihrem land- oder forstwirtschaftlichen Betrieb, für den die Durchschnittssatzbesteuerung nach § 24 UStG angewendet wird, noch einen weiteren Unternehmensbereich haben. 95

5. Option zur Erwerbsbesteuerung (Abs. 4)

Nach Abs. 4 UStG kann der Erwerber, bei dem die Voraussetzungen des Abs. 3 an sich Vorliegen auf die Befreiung verzichten und zur Erwerbsbesteuerung optieren. Er ist an die **Option zur Erwerbsbesteuerung** für zwei Kalenderjahre gebunden (Abs. 4 Satz 3), also für das Jahr, für das er freiwillig die Erwerbsbesteuerung wählt und das folgende Jahr. 96

Eine Frist für die Erklärung des Verzichts ist gesetzlich nicht vorgesehen, sodass dieser bis zur Unanfechtbarkeit der Steuerfestsetzung des betreffenden Jahres erklärt werden kann. 97

Während früher die Option ausschließlich gegenüber dem für die Veranlagung zuständigen Finanzamt zu erklären war, wurde die Vorschrift durch das JStG 2010 dahin gehend geändert, dass auch die Verwendung der dem Erwerber erteilten USt-Identifikationsnummer gegenüber dem Lieferer als Verzicht gilt (Abs. 4 Satz 2; s. Abschn. 1a.1 Abs. 2 Satz 6 UStAE). Der Verzicht ist bis zur Unanfechtbarkeit der Steuerfestsetzung bzw. solange, wie sie unter dem Vorbehalt der Nachprüfung steht, möglich (analog s. § 19 Abs. 2 Satz 1, § 23 Abs. 3 Satz 1 UStG). 98

Bis zum 31.12.2010 war es rechtlich zulässig, von einer Besteuerung des innergemeinschaftlichen Erwerbs abzusehen, auch wenn der Abnehmer im Geschäftsverkehr eine USt-Identifikationsnummer verwendete und beim Warenbezug aus dem übrigen Gemeinschaftsgebiet die Erwerbsschwelle i.H.v. 12.500 € 99 pro Kalenderjahr nicht überschritten wurde. Um die hierdurch bedingte Nichtbesteuerung der Umsätze zu unterbinden, wurde eine generelle Erwerbsteuerpflicht im Fall der Verwendung einer USt-IdNr. eingeführt.

100 Der Verzicht kann nur widerrufen werden, solange noch kein Erwerb erfolgt ist.

Häufig kann der Erwerber beim Bezug der Waren aus dem übrigen Gemeinschaftsgebiet noch nicht exakt ermitteln, welche Gegenstände in welchem Umfang im Inland, in das übrige Gemeinschaftsgebiet oder in das Drittlandsgebiet weiter geliefert werden. Hier bietet es sich an, generell zur Erwerbsbesteuerung zu optieren.

101 Die **Option zur Erwerbsteuer** ist auch bei kleineren, aber regelmäßigen Warenbezügen aus EU-Mitgliedstaaten mit hohen Umsatzsteuersätzen wirtschaftlich vorteilhaft, da dadurch die definitive Steuerbelastung auf den günstigeren UmsatzsteuerSatz nach § 12 UStG heruntergeschleust wird.

6. Erwerb neuer Fahrzeuge und verbrauchsteuerpflichtiger Waren (Abs. 5)

102 Abs. 5 erweitert den Erwerbstatbestand und unterwirft den Erwerb neuer Fahrzeuge und verbrauchsteuerpflichtiger Ware immer der Besteuerung nach Abs. 1.

6.1 Verbrauchsteuerpflichtige Waren

103 Verbrauchsteuerpflichtige Waren sind nach der Definition des Abs. 5 UStG nur Mineralöle, Alkohol und alkoholische Getränke sowie Tabakwaren. Da für sie die Anwendung des Abs. 3 ausgeschlossen ist, ist ihr Erwerb – sofern die übrigen Voraussetzungen des § 1a Abs. 1 UStG gegeben sind – immer steuerbar.

104 **Beispiel:** Der Unternehmer U bestellt 100 Flaschen Rotwein beim französischen Winzer für Präsente an Weihnachten.

Lösung: W erbringt eine (steuerfreie) innergemeinschaftliche Lieferung in Frankreich (s. § 3c Abs. 5 UStG und § 6a UStG). Die Voraussetzungen des § 1a Abs. 1 UStG liegen vor. Abs. 3 ist nach Abs. 5 nicht anwendbar. U muss daher den Erwerb der 100 Flaschen Rotwein der Erwerbsbesteuerung unterwerfen.

6.2 Erwerb neuer Fahrzeuge

105 Aus den unter Rn. 1 a.E. genannten Gründen wird die Erwerbsbesteuerung durch § 1b Abs. 1 UStG auch auf den **Erwerb neuer Fahrzeuge** durch nichtunternehmerisch tätige Unternehmer sowie alle Privatpersonen ausgeweitet (s. Abschn. 1b.1 UStAE).

106 Neue Fahrzeuge sind nach § 1b Abs. 2 UStG:

- Motorbetriebene Landfahrzeuge mit einem Hubraum von mehr als 48 Kubikzentimetern oder einer Leistung von mehr als 7,2 Kilowatt,
- Wasserfahrzeuge mit einer Länge von mehr als 7,5 Metern,
- Luftfahrzeuge, deren Starthöchstmasse mehr als 1.550 kg beträgt.

107 Weiterhin ist nach § 1b Abs. 3 UStG erforderlich, dass Landfahrzeuge noch nicht länger als 6 Monate, Wasserfahrzeuge und Luftfahrzeuge nicht länger als 3 Monate vor Erwerb in Betrieb genommen wurden oder:

- Landfahrzeuge nicht mehr als 6.000 km zurückgelegt haben,
- Wasserfahrzeuge nicht mehr als 100 Betriebsstunden auf dem Wasser zurückgelegt haben,
- Luftfahrzeuge nicht länger als 40 Betriebsstunden genutzt worden sind.

108 Es können danach auch ältere Fahrzeuge unter die Regelung des § 1a Abs. 1 UStG und § 1b UStG fallen.

109 Erfasst werden diese Umsätze im Wege der sog. **Fahrzeugeinzelbesteuerung** gem. § 16 Abs. 5a UStG i.V.m. § 18 Abs. 5a UStG in dem Land, in dem das Fahrzeug nach dem Erwerb erstmals zugelassen wird (s. § 18 Abs. 10 UStG; s. § 18 Rn. 48 ff.). Damit werden auch Nichtunternehmer verpflichtet, Steuererklärungen abzugeben.

Beispiel: Der deutsche D (Privatmann) kauft von einem Arbeiter eines französischen Automobilwerkes einen sog. Jahreswagen, den dieser erst 5.000 km gefahren hat. D holt den Pkw selbst ab und überführt ihn nach Deutschland. 110

Lösung: Bei P liegt nach § 1b i.V.m. § 1a und § 1 Abs. 1 Nr. 5 UStG ein steuerpflichtiger Erwerb des Pkw im Inland vor. Dieser ist im Wege der Fahrzeugeinzelbesteuerung zu erfassen. D hat die anfallende Steuer an das Finanzamt abführen (s. § 16 Abs. 5a; § 18 Abs. 5a UStG).

7. Steuerliche Erfassung des innergemeinschaftlichen Erwerbs

Dem innergemeinschaftlichen Erwerb entspricht aufseiten des Lieferers eine innergemeinschaftliche Lieferung. Diese ist nach den innerstaatlichen Vorschriften eines anderen EU-Mitgliedstaates steuerbar, allerdings steuerbefreit. Zur Anwendung dieser Steuerbefreiung werden dem Lieferer Aufzeichnungs- und Nachweispflichten auferlegt. Danach muss nachgewiesen werden, dass die Voraussetzungen für eine innergemeinschaftliche Lieferung vorliegen. Damit ergibt sich andererseits auch, dass auf Seiten des Empfängers der Tatbestand eines innergemeinschaftlichen Erwerbs vorliegt. Darüber hinaus wird dem Lieferer die Verpflichtung auferlegt, für jedes Quartal eine besondere Meldung über seine innergemeinschaftlichen Lieferungen abzugeben (Zusammenfassende Meldung, s. § 18a UStG). Zwischen den Mitliedstaaten erfolgt diesbezüglich ein **Datenaustausch**, mit dessen Hilfe die Versteuerung des innergemeinschaftlichen Erwerbs überwacht werden soll. 111

8. Berechnung der Steuer

Für den Erwerb eines Gegenstandes gelten dieselben Steuersätze wie für die Lieferung des Gegenstandes nach § 12 UStG. Anzuwenden ist der Steuersatz, der für die Lieferung des bezogenen Erzeugnisses im Inland maßgeblich ist. Im Zweifel muss eine Zolltarifauskunft eingeholt werden. Besonderheiten der ermäßigten Besteuerung von Zweckbetrieben bei Einrichtungen, die gemeinnützigen Zwecken dienen, oder der Durchschnittsbesteuerung der Land- und Forstwirte gelten auch bei diesen Steuerpflichtigen für die Erwerbsteuer nicht. 112

Bemessungsgrundlage ist nach § 10 Abs. 1 UStG das Entgelt. 113

Der an den Veräußerer entrichtete Betrag ist ein Nettobetrag, weil die vom Lieferer getätigte Lieferung im Ursprungsland als innergemeinschaftliche Lieferung steuerfrei ist. Umsatzsteuer ist also nicht aus dem Entgelt herauszurechnen. 114

Verbrauchsteuern, die vom Erwerber geschuldet oder entrichtet werden, sind in die Bemessungsgrundlage einzubeziehen (s. § 10 Abs. 1 Satz 4 UStG), d.h. der vom Erwerber erbrachten Gegenleistung hinzuzurechnen. Diese Bestimmung dient der Gleichstellung mit der Einfuhrumsatzbesteuerung, bei der nach § 11 Abs. 3 Nr. 2 Halbs. 2 UStG die Verbrauchsteuern in die Bemessungsgrundlage einzubeziehen sind und damit der Gleichbehandlung des Gegenstandes mit einem im Inland gelieferten Gegenstand. Hätte der Erwerber den Gegenstand im Inland erworben, so wären diese Verbrauchsteuern vom Lieferer geschuldet und damit in die Kalkulation des Kaufpreises eingegangen. 115

Bei einem steuerpflichtig gewordenen innergemeinschaftlichen Erwerb im Falle der **Auslagerung** (s. § 4 Nr. 4a Satz 1 Buchst. a Satz 2 UStG) sind die Kosten der Lagerung, der Erhaltung, der Verbesserung der Aufmachung und Handelsgüte und der Vorbereitung des Vertriebs oder Weiterverkaufs der eingelagerten Gegenstände (s. § 4 Nr. 4a Satz 1 Buchst. b UStG) sowie die vom Auslagerer geschuldeten oder entrichteten Verbrauchsteuern in die Bemessungsgrundlage einzubeziehen (s. § 10 Abs. 1 Satz 5 UStG; zum Begriff der Bemessungsgrundlage s. § 10 Rn. 6 ff.). Damit wird sichergestellt, dass bei einer Auslagerung u.Ä. die zu erhebende Steuer derjenigen entspricht, die bei der Besteuerung dieser Umsätze im Inland geschuldet worden wäre. 116

Im Fall des rechtsgeschäftslosen Verbringens nach Abs. 2 ermittelt sich die Bemessungsgrundlage nach § 10 Abs. 4 Nr. 1 UStG wie bei Tatbeständen, die nach § 3 Abs. 1b UStG Lieferungen gegen Entgelt gleichgestellt sind. 117

9. Vorsteuerabzug

118 Erwirbt der Erwerber den Gegenstand zur Verwendung für zum Vorsteuerabzug berechtigende Zwecke, kann er die nach § 13 Abs. 1 Nr. 6 UStG entstandene Steuer als Vorsteuer geltend machen (s. § 15 Abs. 1 Satz 1 Nr. 3 UStG). Eine Rechnung des Lieferanten mit den Angaben nach §§ 14, 14a UStG ist nicht erforderlich. Die Verrechnung der für den innergemeinschaftlichen Erwerb entstandenen Steuer als abziehbare Vorsteuer erfolgt mithin stets für den denselben Voranmeldungszeitraum (s. § 1 Abs. 1 Satz 2 i.V.m. § 16 Abs. 2 UStG), mit dessen Ablauf die Steuer entstanden ist. Indem die Steuer mit sich selbst als Vorsteuer in gleicher Höhe verrechnet wird, liegt bei voller Vorsteuerabzugsberechtigung ein Nullsummenspiel vor. Die Besteuerung des innergemeinschaftlichen Erwerbs ist damit im Ergebnis bei vorsteuerabzugsberechtigten Unternehmern liquiditätsneutral.

§ 1b UStG Innergemeinschaftlicher Erwerb neuer Fahrzeuge

(1) Der Erwerb eines neuen Fahrzeugs durch einen Erwerber, der in den in § 1a Abs. 1 Nr. 2 genannten Personen gehört, ist unter den Voraussetzungen des § 1a Abs. 1 Nr. 1 innergemeinschaftlicher Erwerb.

(2) [1]Fahrzeuge im Sinne dieses Gesetzes sind

1. motorbetriebene Landfahrzeuge mit einem Hubraum von mehr als 48 Kubikzentimetern oder einer Leistung von mehr als 7,2 Kilowatt;
2. Wasserfahrzeuge mit einer Länge von mehr als 7,5 Metern;
3. Luftfahrzeuge, deren Starthöchstmasse mehr als 1.550 Kilogramm beträgt.

[2]Satz 1 gilt nicht für die in § 4 Nr. 12 Satz 2 und Nr. 17 Buchstabe bezeichneten Fahrzeuge.

(3) Ein Fahrzeug gilt als neu, wenn das

1. Landfahrzeug nicht mehr als 6.000 Kilometer zurückgelegt hat oder wenn seine erste Inbetriebnahme im Zeitpunkt des Erwerbs anicht mehr als sechs Monate zurückliegt;
2. Wasserfahrzeug nicht mehr als 100 Betriebsstunden auf dem Wasser zurückgelegt hat oder wenn seine erste Inbetriebnahme Zeitpunkt des Erwerbs nicht mehr als drei Monate zurückliegt;
3. Luftfahrzeug nicht länger als 40 Betriebsstunden genutzt worden ist oder wenn seine erste Inbetriebnahme im Zeitpunkt des Erwerbs nicht mehr als drei Monate zurückliegt.

Bearbeiter: Torsten Krause

Inhaltsverzeichnis

1. Rechtsentwicklung

1.1 Rechtsgrundlage und Bedeutung

1 Rechtsgrundlage für § 1b UStG ist seit 01.01.2007 Art. 2 Abs. 1 Buchst. b Ziff. Ii bzw. Abs. 2 Buchst. a–c MwStSyStRL. Die bis dahin geltenden Regelungen aus Art. 28a Abs. 1 Buchst. b der 6. EG-Richtlinie blieben hierbei jedoch im Wesentlichen unverändert. Die Vorschrift regelt den **innergemeinschaftlichen Erwerb neuer Fahrzeuge** für alle die Personen, die nicht in den Anwendungsbereich des § 1a Abs. 1 Nr. 2 UStG fallen, mithin insbesondere Privatpersonen. Ziel der Vorschrift ist es, ergänzend zu dem Regelungen des innergemeinschaftlichen Erwerbs im Allgemeinen, dass sog. **Bestimmungslandprinzip** herbeizuführen. Aufgrund des regelmäßig hohen Stückwerts bei Fahrzeugen sollte so vermieden werden, dass es zu Wettbewerbsverzerrungen durch Ausnutzung von differierenden Umsatzsteuersätzen kommt. Derartige Verzerrungen waren und sind beispielsweise denkbar, wenn aufgrund z.T. stark differierender Umsatzsteuersätzen auch Endverbraucher Fahrzeuge in Ländern erwerben, die einen weitaus niedrigeren Umsatzsteuersatz geregelt haben.

2 Sofern der genannte Personenkreis im übrigen **Gemeinschaftsgebiet** ein Neufahrzeug erwirbt, ist durch die Personen im Inland eine Erwerbsbesteuerung vorzunehmen, wenn das Fahrzeug aus dem übrigen Gemeinschaftsgebiet ins Inland gelangt. In einem solchen Fall wird ein innergemeinschaftlicher Erwerb

angenommen. Die sich aus dem innergemeinschaftlichen Erwerb resultierenden Erklärungspflichten der vorwiegend nichtunternehmerischen Erwerber regelt § 16 Abs. 5a UStG.

1.2 Entwicklung der Vorschrift

3 Eingeführt wurde die Vorschrift bereits im Rahmen der allgemeinen Einführung der **Binnenmarktregelungen** zum 01.01.1993 (s. Art. 1 Nr. 2 des Umsatzsteuer-Binnenmarktgesetzes). Die einzige nennenswerte Änderung erfolgte zum 01.01.1995 in Form einer Anpassung des **Begriffes eines neuen Landfahrzeuges** (s. Art. 1 Nr. 1 des Umsatzsteueränderungsgesetzes vom 09.08.1994, BGBl I 1994, 2058). Hierdurch wurden mehr Fahrzeuge in die Erwerbsbesteuerung einbezogen.

2. Inhaltliche Grundsätze

2.1 Personenkreis

4 Die Sonderregelung findet nach § 1b Abs. 1 UStG nur auf solche Erwerber neuer Fahrzeuge Anwendung, die nicht zu den in § 1a Abs. 1 Nr. 2 UStG genannten Personen gehören. Somit ist der Anwendungsbereich auf folgende Gruppen von **Neufahrzeugkäufern** beschränkt:

- Privatpersonen (Nichtunternehmer),
- Unternehmer i.S.d. § 2 UStG (s. § 2 Abs. 1 Rn. 4 ff.), die ein neues Fahrzeug für ihren nichtunternehmerischen (privaten) Bereich erwerben,
- nichtunternehmerisch tätige Personenzusammenschlüsse (z.B. Personengesellschaften, Bruchteilsgemeinschaften, Erbengemeinschaften).

5 Generell kaufen diese Abnehmergruppen das Fahrzeug ohne USt-IdNr. (s. § 27a UStG) ein und haben infolge des aus § 1b UStG resultierenden Erwerbes die Erwerbsteuer im Rahmen der **Fahrzeugeinzelbesteuerung** zu entrichten (s. § 16 Abs. 5a UStG).

6 Alle anderen Erwerber, somit vor allem Unternehmer, die ein **neues Fahrzeug** für Zwecke ihres Unternehmens erwerben und dementsprechend unter Angabe ihrer USt-IdNr. einkaufen, sind in den Anwendungsbereich des § 1b UStG nicht mit einzubeziehen. Für diese erfolgt die **Erwerbsbesteuerung** durch § 1a UStG. Auch eine Körperschaft des öffentlichen Rechts, die ein neues Fahrzeug für ihren unternehmerischen oder nichtunternehmerischen (hoheitlichen) Bereich erwirbt, hat die Erwerbsbesteuerung in jedem Fall nach § 1a UStG vorzunehmen. Gleiches gilt für rechtsfähige oder nichtrechtsfähige Vereine, die ein neues Fahrzeug für ihren unternehmerischen Bereich (wirtschaftlicher Geschäftsbetrieb) oder nichtunternehmerischen Bereich (Idealbereich) erwerben und auch für Land- und Forstwirte, die die Durchschnittssatzbesteuerung nach § 24 UStG anwenden (sog. pauschalierende Land- und Forstwirte). Insofern ist der Personenkreis, für den § 1b UStG zu beachten ist, streng begrenzt auf die o.g. Personen.

2.2 Vorliegen eines innergemeinschaftlichen Erwerbs

7 Ausweislich § 1b Abs. 1 UStG muss für die Erfüllung des Steuertatbestandes ein **innergemeinschaftlicher Erwerb** i.S.d. § 1a Abs. 1 Nr. UStG vorliegen. Ein solcher liegt insbesondere dann vor, wenn das Fahrzeug bei einer entgeltlichen Lieferung aus dem übrigen Gemeinschaftsgebiet in das Inland gem. § 1 Abs. 2 UStG oder in die in § 1 Abs. 3 UStG bezeichneten Gebiete gelangt. Von einer Lieferung i.d.S. wird dann ausgegangen, wenn das neue Fahrzeug aus dem Gebiet eines EU-Mitgliedstaats in das Gebiet eines anderen EU-Mitgliedstaats durch Beförderung oder Versendung des Lieferers oder des Abnehmers gelangt. Schenkungen erfüllen den Tatbestand hingegen nicht, da diese weder im Rahmen einer Lieferung noch gegen Entgelt erfolgen.

8 Sollte sich das Fahrzeug dagegen im Zeitpunkt der Verschaffung der Verfügungsmacht bereits im Inland befunden haben, liegt ein innergemeinschaftlicher Erwerb nicht vor. Ferner muss der innergemeinschaftliche Erwerb in Deutschland steuerbar sein, d.h. der Ort des innergemeinschaftlichen Erwerbs i.S.d. § 3d UStG im Inland liegen. Dies ist regelmäßig der Fall, wenn das Fahrzeug letztendlich in das Inland gem. § 1 Abs. 2 UStG oder in die in § 1 Abs. 3 UStG bezeichneten Gebiete gelangt. Problematisch könnte dies im Einzelfall z.B. bei Wasserfahrzeugen sein. Daher liegt bei diesen Fahrzeugen der Ort des Erwerbs im

Inland, wenn sich das jeweilige **Wasserfahrzeug** am Ende der Beförderung oder Versendung in Deutschland befindet. Die anschließende Nutzung durch den Erwerber hat für den Erwerb keinen Einfluss (s. BFH, Urteil vom 20.12.2006, V R 11/06, BStBl II 2007, 424). Problematisch könnte auch ein Wohnsitzwechsel in zeitlicher Nähe zum Erwerb des Fahrzeuges sein.

Anders als bei § 1a UStG ist das Eintreten einer Besteuerung gem. § 1b UStG nicht von dem umsatz- 9
steuerlichen Status des Lieferers des Neufahrzeugs abhängig. Der Fahrzeuglieferer kann mithin z.B. ein Kfz-Händler, ein sonstiger Unternehmer mit oder ohne USt-IdNr. oder auch ein Nichtunternehmer sein. Daher hat der Erwerber eines **Neufahrzeugs** den innergemeinschaftlichen Erwerb in jedem Fall zu versteuern, auch wenn es sich bei dem Verkäufer um einen Nichtunternehmer handeln sollte.

2.3 Begriff des Fahrzeuges

Der zu betrachtende Erwerb von Fahrzeugen in anderen EU-Mitgliedstaaten führt nur dann zur Erwerbs- 10
besteuerung in Deutschland, wenn das erworbene Fahrzeug die in § 1b Abs. 2 und 3 UStG genannten Voraussetzungen erfüllt. Diese Voraussetzungen differenzieren zunächst in Abs. 2 nach der Fahrzeugart und anschließend in Abs. 3 danach, unter welchen Bedingungen dieses als neu anzusehen ist. Durch § 1b Abs. 2 S. 2 UStG wird klargestellt, dass der in § 1b Abs. 2 UStG definierte Fahrzeugbegriff nicht für die in den Steuerbefreiungsvorschriften des § 4 Nr. 12 S. 2 UStG und des § 4 Nr. 17 Buchst. b UStG genannten Fahrzeuge gilt.

2.3.1 Landfahrzeuge

Ein **Landfahrzeug** i.S.d. § 1b Abs. 2 Nr. 1 UStG ist dann anzunehmen, wenn es sich um ein motorbe- 11
triebenes Fahrzeug handelt, dessen Motor entweder einen **Hubraum** von mehr als 48 Kubikzentimetern oder eine Leistung von mehr als 7,2 Kilowatt besitzt. Ob es sich um einen Ottomotor, Dieselmotor oder Elektromotor handelt, ist unerheblich. Nach § 1b Abs. 3 UStG gilt ein solches Fahrzeug als neu, wenn das Landfahrzeug nicht mehr als 6.000 km zurückgelegt hat oder wenn seine erste **Inbetriebnahme** im Zeitpunkt des Erwerbs nicht mehr als sechs Monate zurückliegt.

Bereits in Art. 28a Abs. 2 Buchst. a der 6. EG-Richtlinie wurde geregelt, dass sich die Sonderregelung 12
nur auf solche Fahrzeuge beziehe, die der Personen- oder Güterbeförderung dienen. Diese Regelung wurde zwar nicht in den Gesetzeswortlaut des § 1b UStG übernommen, wurde jedoch im Verwaltungswege eingeführt. Mithin gelten:

- Wohnwagen, Packwagen und andere Anhänger ohne eigenen Motor, die nur von Kraftfahrzeugen mitgeführt werden können, und
- selbstfahrende Arbeitsmaschinen und land- und forstwirtschaftliche Zugmaschinen, die nach ihrer Bauart oder ihren besonderen, mit dem Fahrzeug fest verbundenen Einrichtungen nicht zur Beförderung von Personen oder Gütern bestimmt und geeignet sind,

nicht als Landfahrzeuge i.S.d. § 1b UStG (s. Abschn. 1b.1 S. 5 UStAE).

Für den **Beginn der Sechsmonatsfrist** ist in allen Fällen die erste Inbetriebnahme des Fahrzeugs maß- 13
geblich, welche auch vor dem Tag der ersten verkehrsrechtlichen Zulassung liegen kann. Für das Ende der Fristen ist bei der Lieferung von Neufahrzeugen dagegen stets der Zeitpunkt des Erwerbs maßgeblich. Für die Ermittlung der km-Stände und **Betriebsstunden** kommt es somit stets auf den Zeitpunkt des Erwerbs, mithin dem Tag der Verschaffung der Verfügungsmacht am Fahrzeug an. Entscheidend ist mithin auch für die Ermittlung des Endes der Sechsmonatsfrist der Tag der Lieferung. Bei der Beförderung des Pkw durch den Lieferer an den Abnehmer ist der km-Stand bei der Übergabe des Fahrzeugs an den Erwerber maßgebend. Bei der Abholung durch den Abnehmer kommt es dagegen auf den km-Stand bei der Übergabe des Fahrzeugs in einem anderen EU-Mitgliedstaat an. Zur Prüfung der Voraussetzungen der Vorschrift ist der (ausländische) Lieferer EU-rechtlich zur Ausstellung einer Rechnung verpflichtet, aus der die Eigenschaft des betreffenden Fahrzeugs **innergemeinschaftlichen Erwerb neuer Fahrzeuge** hervorgeht (s. Art. 226 Nr. 12 MwStSystRL bzw. § 14a Abs. 4 UStG).

14 Da die **Sechsmonatsfrist bei Landfahrzeugen** (wie auch die Dreimonatsfrist bei den Wasser- und Luftfahrzeugen) und die weiteren Voraussetzungen der Vorschrift nicht kumulativ vorliegen müssen, können z.B. auch ältere Fahrzeuge (z.B. ein 3jähriges Leasingfahrzeug) als neues Fahrzeug gelten, wenn der Kilometerstand die Grenze von 6.000 km nicht überschreitet.

2.3.2 Wasserfahrzeuge

15 Wasserfahrzeuge im Sinne der Vorschrift sind anzunehmen, wenn die Länge des Fahrzeuges 7,50 Metern übersteigt. Nicht abschließend geklärt ist indes, wie genau die Länge eines Wasserfahrzeugs zu messen ist, z.B. ob eine über den Bootskörper hinausragende Réling oder ein Mast einzubeziehen ist oder nicht. Da es bei den Wasserfahrzeugen nicht auf eine Motorisierung ankommt, sind neben Schiffen und größeren Motorbooten auch größere Segelyachten, ja sogar über 7,50 m lange Ruderboote, Tretboote und Schlauchboote als Fahrzeuge i.S.d. § 1b Abs. 2 Nr. 2 UStG anzusehen. Nach § 1b Abs. 3 UStG gelten diese Wasserfahrzeuge als neu, wenn sie nicht mehr als 100 **Betriebsstunden** auf dem Wasser zurückgelegt haben oder wenn die erste Inbetriebnahme im Zeitpunkt des Erwerbs nicht mehr als drei Monate zurückliegt.

2.3.3 Luftfahrzeuge

16 Bei **Luftfahrzeugen** erfolgt eine Differenzierung nach der sog. **Starthöchstmasse** (zulässiges Gesamtgewicht beim Aufstieg, auch als Startgewicht bezeichnet). Beträgt diese mehr als 1.550 kg, so handelt es sich um ein Fahrzeug i.S.d. § 1b Abs. 2 Nr. 3 UStG. Regelmäßig unterschreiten vor allem Segelflugzeuge, die sog. Ultraleichtflugzeuge und Motordrachen diese Gewichtsgrenze. Alle übrigen Luftfahrzeuge dürften hingegen diese Gewichtsgrenze überschreiten. Daher dürften vor allem auch z.B. auch Propeller- und Düsenflugzeuge sowie Luftschiffe und Freiballons (Gas- und Heißluftballons), die zu Ausflugs- und Sportzwecken verwendet werden, zu den Luftfahrzeugen i.S.d. § 1b Abs. 2 Nr. 3 UStG gehören. Da Luftfahrzeuge, die von Luftfahrtgesellschaften eingesetzt werden, die hauptsächlich im entgeltlichen internationalen Verkehr tätig sind, in der Praxis regelmäßig von Unternehmern für Zwecke ihres Unternehmens erworben werden, unterliegen diese ohnehin der Erwerbsbesteuerung nach § 1a UStG. Insofern dürften diese – trotz fehlender ausschließender Regelung – kaum in den Anwendungsbereich des § 1b UStG fallen.

17 Ein neues Luftfahrzeug ist nach § 1b Abs. 3 UStG anzunehmen, wenn das Luftfahrzeug nicht länger als 40 **Betriebsstunden** (Flugstunden) genutzt worden ist oder wenn seine erste Inbetriebnahme im Zeitpunkt des Erwerbs nicht mehr als drei Monate zurückliegt.

18 Die unter Rn. 13 ff. genannten Anmerkungen sind entsprechend anzuwenden.

2.4 Folgen des Erwerbs neuer Fahrzeuge

19 Der **innergemeinschaftliche Erwerb neuer Fahrzeuge** kommt häufig bei dem Erwerb entsprechender Fahrzeuge durch Privatpersonen in Betracht. Typisch für diese Erwerbergruppe ist, dass weder USt-Voranmeldungen noch USt-Jahreserklärungen abzugeben sind. Aus diesem Grund hat dieser Personenkreis den innergemeinschaftlichen Erwerb des neuen Fahrzeugs in einem besonderen Verfahren zu besteuern, welches als sog. Fahrzeugeinzelbesteuerung (s. § 16 Abs. 5a UStG; dazu s. § 16 Rn. 40 ff.) bezeichnet wird. Gem. § 13 Abs. 1 Nr. 7 UStG entsteht die Steuerschuld am Tag des Erwerbs, der Steuerschuldner ist der Erwerber (s. § 13a Abs. 1 Nr. 2 UStG). Der Erwerber muss beim Vorliegen der gesetzgeberischen Voraussetzungen innerhalb von zehn Tagen ab dem Tag des Erwerbs eine besondere – eigenhändig unterzeichnete – Steueranmeldung (Vordruck USt 1 b – Umsatzsteuererklärung für die Fahrzeugeinzelbesteuerung –) abgeben. Der Erklärung ist eine Kopie der Rechnung des (ausländischen) Fahrzeuglieferers beizufügen. Zur besseren Kontrolle sind die deutschen **Zulassungsbehörden** verpflichtet, Kontrollmitteilungen zu fertigen, welche an die Finanzbehörden übersendet werden. Sofern der Erwerber des Fahrzeuges seiner Verpflichtung zur Anmeldung der Erwerbsteuer nicht nachkommt, hat die Kfz-Zulassungsstelle auf Antrag des zuständigen Finanzamts die Zulassungsbescheinigung Teil I (Fahrzeugschein) einzuziehen und das amtliche Kennzeichen zu entstempeln.

§ 1c UStG Innergemeinschaftlicher Erwerb durch diplomatische Missionen, zwischenstaatliche Einrichtungen und Streitkräfte der Vertragsparteien des Nordatlantikvertrags

(1) [1]Ein innergemeinschaftlicher Erwerb im Sinne des § 1a liegt nicht vor, wenn ein Gegenstand bei einer Lieferung aus dem Gebiet eines anderen Mitgliedstaates in das Inland gelangt und die Erwerber folgende Einrichtungen sind, soweit sie nicht Unternehmer sind oder den Gegenstand nicht für ihr Unternehmen erwerben:

1. im Inland ansässige ständige diplomatische Missionen und berufskonsularische Vertretungen,
2. im Inland ansässige zwischenstaatliche Einrichtungen oder
3. im Inland stationierte Streitkräfte anderer Vertragsparteien des Nordatlantikvertrags.

[2]Diese Einrichtungen gelten nicht als Erwerber im Sinne des § 1a Abs. 1 Nr. 2. [3]§ 1b bleibt unberührt.

(2) Als innergemeinschaftlicher Erwerb gegen Entgelt im Sinne des § 1a Abs. 2 gilt das Verbringen eines Gegenstands durch die deutschen Streitkräfte aus dem übrigen Gemeinschaftsgebiet in das Inland für den Gebrauch oder Verbrauch dieser Streitkräfte oder ihres zivilen Begleitpersonals, wenn die Lieferung des Gegenstands an die deutschen Streitkräfte im übrigen Gemeinschaftsgebiet oder die Einfuhr durch diese Streitkräfte nicht der Besteuerung unterlegen hat.

Bearbeiter: Bernhard Becht†/Manzur Esskandari

Inhaltsverzeichnis

1. Bedeutung der Norm

Nach § 1a Abs. 1 Nr. 2 UStG unterliegt auch der innergemeinschaftliche Erwerb durch juristische Personen der **Erwerbsbesteuerung**. Dazu gehören auch inländische und ausländische Personen des öffentlichen Rechts. Art. 161 MwStSystRL (s. Art. 28a Abs. 1a a) i.V.m. Art. 15 Nr. 10 6. EG-RL nimmt dagegen die in Abs. 1 genannten Einrichtungen grundsätzlich von der Erwerbsbesteuerung aus. Erwerber nach Abs. 1 unterliegen nicht der Besteuerung nach § 1a UStG (Abs. 1 Satz 2). Sie können daher auch keine USt-IdNr. beantragen. Erfasst werden daher entgeltliche **Lieferungen von Unternehmen im Rahmen ihres Unternehmens**, wobei der Gegenstand aus einem Mitgliedstaat in das Inland befördert oder versendet werden muss. Abs. 1 gilt auch dann, wenn die Gegenstände in die in § 1 Abs. 3 UStG genannten Gebiete verbracht werden, da diese Fälle unter den Voraussetzungen des § 1 Abs. 3 Nr. 6 UStG der Besteuerung im Inland unterliegen. Es kommt nicht darauf an, wo der Unternehmer ansässig ist (dazu s. § 1a Rn. 24). 1

Die Vorschrift gilt nicht für den **Erwerb neuer Fahrzeuge**, § 1b UStG ist insoweit anzuwenden (s. Abs. 1 Satz 3). 2

Das **innergemeinschaftliche Verbringen** durch juristische Personen, die nicht Unternehmer sind, unterliegt grundsätzlich nicht der Erwerbsbesteuerung. Nach Art. 22 MwStSystRL (s. Art. 28a Abs. 6 6. EG-RL), der durch Abs. 2 umgesetzt wird, gilt dies allerdings nicht für das Verbringen eines Gegenstands, der in einem Mitgliedstaat erworben wurde, durch die **Streitkräfte** eines Mitgliedstaates oder ihres Begleitpersonals in den Heimatsstaat. 3

2. Ausnahmen vom innergemeinschaftlichem Erwerb nach § 1a UStG

4 Voraussetzung für die Erwerbsbesteuerung ist, dass die Lieferung oder die Einfuhr im übrigen Gemeinschaftsgebiet **nicht der Besteuerung unterlegen** hat. Durch Absatz 2 wird dadurch die **Gleichstellung mit Einfuhren aus Drittstaaten** bewirkt.

5 § 3c UStG verlagert den Lieferort für den Fall, dass zwei oder mehrere Mitgliedstaaten von der Lieferung berührt sind, in den Mitgliedstaat, in dem die **Beförderung** oder **Versendung** endet. Diese **Ortsverlagerung** in den Mitgliedstaat des Endes der Beförderung/Versendung hat zur Folge, dass die Besteuerung der Lieferung von vornherein nur in diesem Mitgliedstaat als dem Bestimmungsland der Lieferung stattzufinden hat.

6 **Dadurch wird das Bestimmungslandprinzip durchgesetzt sowie** Wettbewerbsverzerrungen vermieden, die sich bei unterschiedlichen Steuersätzen durch die Besteuerung nach dem Steuersatz des Ursprungslieferstaates ergeben würden.

7 Damit entspricht das Ergebnis der Besteuerung dem eines innergemeinschaftlichen Erwerbs i.S.d. § 1a UStG, allerdings mit dem Unterschied, dass nicht der Erwerber, sondern der Lieferer im Bestimmungsland besteuert wird. § 1a UStG ist vorrangig anzuwenden. § 3c UStG betrifft nur Fallgestaltungen, für die der Gemeinschaftsrichtliniengeber (und der deutsche Gesetzgeber) von der Einführung der Erwerbsbesteuerung abgesehen hat, dennoch aber das **Bestimmungslandprinzip** gelten soll.

3. Persönlicher Anwendungsbereich

8 Die **Ausnahme von der Erwerbsbesteuerung** nach Abs. 1 gilt für im Inland ansässige:
- Ständige **diplomatische** Missionen und berufskonsularische Vertretungen (z.B. Botschaften),
- **zwischenstaatliche Einrichtungen** (z.B. das Europäische Patentamt, ESA, EUROCONTROL) sowie
- **stationierte Streitkräfte anderer NATO-Staaten**.

9 Diese Einrichtungen werden nicht dem in § 1a Abs. 1 Nr. 2 UStG genannten Personenkreis zugeordnet (Abs. 1 Satz 2).

10 **Die Ausnahme gilt nicht:**
- Für nicht berufskonsularische Vertretungen (z.B. Honorarkonsulate),
- für nicht im Inland stationiert Streitkräfte anderer NATO-Staaten und

soweit die erfassten Einrichtungen Unternehmer sind und Gegenstände für ihr Unternehmen erwerben (z.B. Kantinenbetrieb).

4. Rückausnahme für den Erwerb neuer Fahrzeuge (Abs. 1 Satz 3)

11 Nach Abs. 1 Satz 3 bleibt die Besteuerung des **Erwerbs neuer Fahrzeuge** nach § 1b UStG unberührt. Insoweit werden die oben genannten Einrichtungen Personen gleichgestellt, die nicht der Erwerbsbesteuerung unterliegen. § 1b UStG ist insgesamt anzuwenden, damit sind auch die Verfahrensvorschriften zu beachten.

5. Innergemeinschaftliches Verbringen durch deutsche Streitkräfte (Abs. 2)

12 Das innergemeinschaftliche Verbringen von Gegenständen durch **Streitkräfte** oder ihr **ziviles Begleitpersonal** unterliegt nach Abs. 2 der Besteuerung, wenn die Lieferung oder die Einfuhr in dem anderen Mitgliedstaat von der Besteuerung befreit war. Betroffen sind nur die deutschen Streitkräfte. Der bestimmungsgemäße Gebrauch oder Verbrauch durch andere Streitkräfte oder deren Begleitpersonal wird nicht erfasst. Die Vorschrift gilt daher nicht, wenn Streitkräfte anderer NATO-Mitgliedstaaten Gegenstände aus anderen Mitgliedstaaten in das Inland verbringen.

13 Das Verbringen in die in § 1 Abs. 3 UStG genannten Gebiete unterliegt dagegen nicht der Besteuerung.

14 Der **Untergang oder der Gebrauch oder Verbrauch entgegen der Bestimmung** im Zeitpunkt der Beförderung oder Versendung führt nicht zur Erwerbsbesteuerung.

15 Bei **nur vorübergehendem Verbringen von Gegenständen in das Inland** greift die Erwerbsbesteuerung ebenfalls nicht.

§ 2 Abs. 1 UStG Unternehmer, Unternehmen

(1) [1]Unternehmer ist, wer eine gewerbliche oder berufliche Tätigkeit selbständig ausübt. [2]Das Unternehmen umfasst die gesamte gewerbliche oder berufliche Tätigkeit des Unternehmers. [3]Gewerblich oder beruflich ist jede nachhaltige Tätigkeit zur Erzielung von Einnahmen, auch wenn die Absicht, Gewinn zu erzielen, fehlt oder eine Personenvereinigung nur gegenüber ihren Mitgliedern tätig wird.

Bearbeiter: Dennis Klein

Inhaltsverzeichnis

1. Bedeutung und Systematik

Die Qualifikation als Unternehmer ist eine zentrale „Weichenstellung" für die weitere umsatzsteuerliche Behandlung. Grundsätzlich kann nur ein Unternehmer **Steuerpflichtiger** und **Steuerschuldner** der Umsatzsteuer sein, von Sonderfällen wie bei der Einfuhrumsatzsteuer nach § 1 Abs. 1 Nr. 4 UStG oder beim innergemeinschaftlichen Fahrzeugerwerb nach § 1b UStG abgesehen. Regelmäßig hat nur ein Unternehmer das Recht zum **Vorsteuerabzug** nach § 15 UStG (s. § 15 Rn. 49 ff.) wie umgekehrt seine Leistungen und Rechnungen andere zum Vorsteuerabzug berechtigen können. Den Unternehmer treffen umfangreiche **Erklärungspflichten** (s. § 18 Rn. 6 ff.). Zahlreiche Tatbestände wie etwa die **Kleinunternehmerregelung** (s. § 19 Rn. 3 ff.) nehmen auf die Unternehmereigenschaft Bezug. 1

Der Unternehmer ist zwar Schuldner der Umsatzsteuer. Bei der als **Verbrauchsteuer** konzipierten Umsatzsteuer fungiert er aber gewissermaßen als verlängerter Arm des Staates und zieht für diesen die Umsatzsteuer ein. Die Eigenschaft als **Verbraucherversorger** ist prägend für die Unternehmereigenschaft, was bei der Auslegung des Unternehmerbegriffs zu berücksichtigen ist (s. Stadie, § 2 UStG Rn. 2). 2

In der Richtlinie 2006/112/EG des Rates vom 28.11.2006 über das gemeinsame Mehrwertsteuersystem (Mehrwertsteuersystemrichtlinie) befinden sich die maßgeblichen Bestimmungen zum Unternehmer in **Art. 9–13.** Die Mehrwertsteuersystemrichtlinie verwendet allerdings den Begriff **„Steuerpflichtiger"** anstatt der Bezeichnung „Unternehmer". An anderen Stellen verwendet sie freilich den Begriff „Unternehmen", etwa in Art. 16–18, 21, 26 Mehrwertsteuersystemrichtlinie. Eine inhaltliche Abweichung vom deutschen Begriff Unternehmer geht mit dem Begriff „Steuerpflichtiger" in der Mehrwertsteuersystemrichtlinie denn auch nicht einher (s. Korn in Bunjes, § 2 UStG Rn. 3). Gem. Art. 9 Abs. 1 Mehrwertsteuersystemrichtlinie gilt als Steuerpflichtiger, wer eine **wirtschaftliche Tätigkeit** selbstständig ausübt. Die Mehrwertsteuersystemrichtlinie liefert in Art. 9–13 keine geschlossene Definition des Begriffs Steuerpflichtiger bzw. Unternehmer, sondern (lediglich) eine **typologische Umschreibung** anhand bestimmter Verhaltensweisen 3 bzw. Tätigkeiten. Diese konturieren aber den auch in § 2 UStG zu erkennenden Typusbegriff des Unternehmers (s. Urteil des EuGH vom 26.09.1996, C-230/94 „Enkler", DStR 1996, 1686; s. Urteil des BFH vom 16.07.1987, X R 48/82, BStBl II 1987, 752).

2. Tatbestandsmerkmale

4 Unternehmer ist nach § 2 Abs. 1 S. 1 UStG, wer eine gewerbliche oder berufliche Tätigkeit selbständig ausübt. Nach der weiteren Bestimmung in § 2 Abs. 1 S. 3 UStG ist gewerblich oder beruflich jede nachhaltige Tätigkeit zur Erzielung von Einnahmen.

5 Dieser Unternehmerbegriff ist umsatzsteuerlich **eigenständig** zu bestimmen. Da die Umsatzsteuer eine Verkehrsteuer ist, besteht keine Kongruenz zu ertragsteuerlichen Unternehmerbegriffen (s. §§ 2 Abs. 5, 15 Abs. 1 Nr. 1 EStG, § 5 GewStG). Aus Gründen der **Wettbewerbsneutralität** und der **Verbrauchsbesteuerung** ist gegenüber Ertragsteuern insb. eine stärkere Berücksichtigung der **Vermögensverwaltung** geboten (s. Urteil des BFH vom 05.09.1963, V 117/60 U, BStBl III 1963, 520; Urteil des BFH vom 10.12.1992, V R 90/92, BStBl II 1993, 700). Der umsatzsteuerliche Unternehmerbegriff ist somit **weiter** zu fassen als der ertragsteuerliche. Auch gebietet die Mehrwertsteuersystemrichtlinie aus Wettbewerbsgründen eine über die bloße deutsche Perspektive hinausgehende Bestimmung.

2.1 Rechtsformneutralität

6 Der umsatzsteuerliche Unternehmerbegriff ist **rechtsformneutral** und nimmt keine Rücksicht auf die Ansässigkeit des Unternehmers (s. Korn in Bunjes, § 2 UStG Rn. 8). Dies gebietet bereits eine mit der Mehrwertsteuersystemrichtlinie konforme Auslegung, da die Rechtsformen in den Mitgliedsstaaten durchaus unterschiedlich geregelt sein können. Sowohl **natürliche** als auch **juristische Personen** des privaten wie des öffentlichen Rechts können Unternehmer sein. Ebenso aber auch **Personengesellschaften**, nicht rechtsfähige **Personenzusammenschlüsse** oder **Gemeinschaften** von Personen. Maßgeblich für die Unternehmerfähigkeit ist allein, ob diese die Eigenschaft als **Verbraucherversorger** haben und hierzu an einer **Leistungsaustauschbeziehung** beteiligt sein können. Dies trifft auf jedes **Wirtschaftsgebilde** zu, das nachhaltig Leistungen gegen Entgelt ausführt (s. Abschn. 2.1 Abs. 1 S. 2 UStAE). Die **Rechtsfähigkeit** ist keine Bedingung für die Unternehmereigenschaft (s. Urteil des BFH vom 21.04.1994, V R 105/91, BStBl II 1994, 671).

7 Unternehmer können danach Gewerbetreibende, Land- und Forstwirte, Freiberufler, natürliche Personen, juristische Personen, Personenzusammenschlüsse oder Zweckvermögen sein, sofern sie durch entgeltliche Leistungen am Wirtschaftsverkehr teilnehmen (s. Ehrt in Weymüller, § 2 UStG Rn. 25).

8 **Beispiele:** Vermietungs-GbR, KG, GmbH & Co. KG, wirtschaftlicher Verein, GmbH, Limited, Erbengemeinschaft, Wohnungseigentümergemeinschaft.

9 Die Ansässigkeit ist ebenfalls keine Bedingung für die Unternehmereigenschaft an sich, sondern erst bei den weiteren Tatbestandsmerkmalen wie § 1 Abs. 1 Nr. 1 UStG relevant, ob ein steuerbarer Umsatz im Inland vorliegt (s. Ehrt in Weymüller, § 2 UStG Rn. 34).

2.1.1 Personenzusammenschlüsse

10 Bei Personenzusammenschlüssen ist maßgeblich, wer dem Leistungsempfänger gegenüber als Schuldner auftritt (s. Abschn. 2.1 Abs. 3 UStAE). Nur wenn dieser Personenzusammenschluss dem Dritten als Schuldner der vereinbarten Leistung als **Gläubiger des Entgelts** gegenübersteht, kann auch der Zusammenschluss an sich Unternehmer sein (s. Urteil des BFH vom 28.11.1990, V R 31/85, BStBl II 1991, 381; Ehrt in Weymüller, § 2 UStG Rn. 30). Dies kann etwa bei einem Zusammenschluss der Fall sein, wenn dieser Zusammenschluss als Gesellschaft bürgerlichen Rechts **nach Außen auftritt** und die Leistungen **gemeinschaftlich erbringt** (s. Urteil des BFH vom 16.08.2001, V R 67/00, UR 2002, 213). Oder bei einer Sozietät von Freiberuflern (s. Urteil des BFH zu einer Anwaltssozietät vom 26.01.1984, V R 65/76, BStBl II 1984, 231; Urteil des BFH zu einer Steuerberatersozietät vom 07.11.1991, V R 116/86, BStBl II 1992, 269).

Entscheidend sind letztlich die abgeschlossenen **zivilrechtlichen Vereinbarungen**. Wer danach die Lieferungen oder sonstigen Leistungen **im eigenen Namen** gegenüber Dritten ausführt, ist Leistender und damit Unternehmer (s. Abschn. 2.1 Abs. 3 UStAE).

Sind an einem Vorgang sowohl die Gesellschaft als auch die Gesellschafter als Unternehmer beteiligt, können zwei getrennte umsatzsteuerliche Vorgänge und **mehrere Unternehmer vorliegen** (s. Korn in Bunjes, § 2 UStG Rn. 17). 11

2.1.2 Gemeinschaften

Die Rechtsprechung und die Verwaltung sprechen auch **Gemeinschaften** die Unternehmereigenschaft zu. So kann eine Bruchteilsgemeinschaft Unternehmer sein (s. Urteil des BFH vom 06.09.2007, V R 41/05, BStBl II 2008, 65; Abschn. 2.1 Abs. 2 S. 3 UStAE). Vermieten etwa Ehegatten in ihrem Bruchteilseigentum stehende Immobilien, soll die Bruchteilsgemeinschaft Unternehmer sein (s. Urteil des BFH vom 25.03.1993, V R 42/89, BStBl II 1993, 729). Wenn die Ehepartner mehrere in unterschiedlichen Beteiligungsverhältnissen stehende Immobilien vermieten, ist die jeweilige Bruchteilsgemeinschaft ein gesonderter Unternehmer, sofern eine einheitliche Willensbildung über sämtliche dieser Bruchteilsgemeinschaften hinweg nicht gewährleistet ist (s. Urteil des BFH vom 29.04.1993, V R 38/89, BStBl II 1993, 734). Die Mitgemeinschafter qualifizieren sich selbst dadurch aber noch nicht zu Unternehmern (s. Urteil des BFH vom 06.09.2007, V R 41/05, BStBl II 2008, 65). 12

Bei Lichte betrachtet ist insbesondere die Behandlung von Gemeinschaften jedoch problematischer. Wenn nämlich (zutreffend) für den Außenauftritt auf die **zivilrechtlichen Vereinbarungen** abzustellen ist, kann das Kriterium der **Rechtsfähigkeit** nicht gänzlich unterschlagen werden (s. Stadie in Rau/Dürrwächter, § 2 UStG Rn. 108; Stadie, § 2 UStG Rn. 13). Denn die zivilrechtliche Vereinbarung setzt ein **beteiligungsfähiges Rechtssubjekt** voraus. Zivilrechtlich Berechtigter und Verpflichteter aus der Leistungsaustauschbeziehung ist in diesem Sinne aber der **Unternehmensträger**, nicht die nicht **rechtsfähige Gemeinschaft** an sich. 13

Für die Praxis sind die Auswirkungen gleichwohl weniger dramatisch: Denn soweit die Gemeinschafter nach außen hin tätig werden, bilden sie zumindest eine personen- und beteiligungsidentische **Gesellschaft** bürgerlichen Rechts, die wiederum Unternehmer sein kann (s. Stadie, § 2 UStG Rn. 14). Die Bezeichnung der Bruchteilsgemeinschaft als Unternehmer ist damit ungenau, im wirtschaftlichen Ergebnis aber zutreffend. 14

2.1.3 Leistungsbeziehungen zwischen Gesellschaft und Gesellschaftern

Auch wenn eine Personenvereinigung nur gegenüber ihren Mitgliedern tätig wird, kann sie gem. § 2 Abs. 1 S. 3 UStG Unternehmer sein. Eine nach außen in Erscheinung tretende **allgemeine Marktbeteiligung** ist also nicht zwingend erforderlich (s. Ehrt in Weymüller, § 2 UStG Rn. 31). Die Gesellschaft muss dann aber zumindest gegenüber ihren Mitgliedern tätig werden, d.h., sie muss mit diesen in einen **Leistungsaustausch** treten. Die bloße Mitgliedschaft in einer Personenvereinigung begründet noch keinen Leistungsaustausch in diesem Sinne. Die Gewinnbeteiligung des Gesellschafters ist Ausfluss seiner **Gesellschafterstellung**, nicht jedoch die Gegenleistung für die Einlage. Das bloße Halten einer Gesellschaftsbeteiligung bewirkt daher **mangels Entgeltlichkeit** und Leistungsaustausches noch keine Unternehmerstellung (s. Urteil des EuGH vom 21.10.2004, C-8/03 „Banque Bruxelles Lambert“, DStRE 2005, 45; Urteil des BFH vom 26.05.1955, V 104/54 S, BStBl III 1955, 234; Urteil des BFH vom 27.05.1982, V R 110/81, BStBl II 1982, 678; Korn in Bunjes, § 2 UStG Rn. 21). 15

Stattdessen muss zusätzlich eine Leistung erfolgen, die in der Form prinzipiell auch gegenüber Außenstehenden erfolgen könnte. Das ist der Fall, soweit die Leistungen auf einer **schuldrechtlichen Grundlage** beruhen, also gegen ein **Sonderentgelt** und damit im Rahmen eines **gesonderten Leistungsaustausches** erfolgen (s. Urteil des EuGH vom 27.01.2000, Rs. C-23/98 „Heerma“, IStR 2000, 119). 16

Beispiel: Die Zurverfügungstellung von Sportanlagen an die Mitglieder eines Vereins ist eine Leistung, die Gegenleistung kann im (pauschalen) Mitgliedsbeitrag bestehen (s. Urteil des EuGH vom 21.03.2002, C-174/00 „Kennemer Golf & Country Club“, DStRE 2002, 642). 17

18 Die Finanzverwaltung hält an ihrer Auffassung fest, dass ein **Ideal-Verein** kein Unternehmer ist, soweit er in Erfüllung des **satzungsmäßigen Zweckes** gegenüber den Mitgliedern tätig wird (s. Abschn. 2.10 Abs. 1 S. 1 UStAE). Dem EuGH folgend hat die Rechtsprechung indes ihre damit noch übereinstimmende frühere Sichtweise aufgegeben (s. Urteil des BFH vom 09.08.2007, V R 27/04, DStR 2007, 1719; Urteil des BFH vom 11.10.2007, V R 69/06, DStRE 2008, 303; Urteil des BFH vom 18.06.2009, V R 77/07, DStRE 2009, 1321). Auch **Mitgliedsbeiträge** können danach Gegenleistung für Vereinsleistungen sein, insoweit also ein **Leistungsaustausch** vorliegen. Nur bei der Wahrnehmung **allgemeiner Interessen** der Mitglieder fehlt es an einem gesonderten Leistungsaustausch, sodass ein Verein insoweit kein Unternehmer ist (s. Urteil des EuGH vom 29.07.2010, C-515/09 „VNLTO", DStR 2009, 369).

19 **Reine Innengesellschaften** sind nach diesen Kriterien keine Unternehmer. Denn diese treten nach außen überhaupt nicht in einem Leistungsaustauschverhältnis auf, auch nicht gegenüber den Gesellschaftern. Nach außen handeln bei diesen lediglich deren Mitglieder.

20 **Beispiel:** Bei einer **stillen Gesellschaft** beteiligt sich eine Person nach § 230 HGB an dem Handelsgewerbe eines anderen; dieser andere tritt gem. § 230 Abs. 2 HGB alleine nach außen auf, allein er wird aus den in seinem Betrieb geschlossenen Geschäften berechtigt und verpflichtet. Unternehmer ist demnach der **Inhaber** des Handelsgeschäfts, nicht aber die stille Gesellschaft.

21 Weitere Beispiele solcher nicht als Unternehmer anzusehenden Innengesellschaften sind etwa **Einkaufsringe, Vertriebskartelle, Interessengemeinschaften, Meta-Gesellschaften** oder ein **Gewinnpool**, bei dem Unternehmer nach außen hin im eigenen Namen auftreten, intern aber die Gewinne oder auch Risiken teilen.

22 Unternehmer kann aber andererseits eine **Arbeitsgemeinschaft** sein, sofern diese nach außen hin selbst in eine Leistungsaustauschbeziehung tritt (s. Abschn. 2.1 Abs. 4 UStAE).

23 **Beispiel:** Eine Arbeitsgemeinschaft aus mehreren Unternehmern im Baugewerbe schließt allein die Bauverträge mit dem Auftraggeber ab. Die Rechtsbeziehungen entstehen zwischen der Arbeitsgemeinschaft und dem Auftraggeber. Die Arbeitsgemeinschaft ist selbst Unternehmerin (s. Urteil des BFH vom 21.05.1971, V R 117/67, BStBl II 1971, 540).

24 Schließen sich mehrere Personen zu einer Bürogemeinschaft, Praxisgemeinschaft, Laborgemeinschaft o.ä. zusammen, kommt es darauf, inwieweit diese **Gemeinschaft selbst Leistungen** erbringt. Nach den o.g. Kriterien (Rn. 16) kann dies auch eine Tätigkeit gegenüber den Gesellschaftern oder Mitgliedern sein (s. Urteil des BFH vom 05.12.2007, V R 60/05, BStBl II 2009, 486). Praktische Bedeutung für die Beteiligten hat diese richtige Unternehmeridentifikation insb. um das Recht zum **Vorsteuerabzug** zu erhalten. Denn der Vorsteuerabzug nach § 15 UStG setzt die **korrekte Bezeichnung** des **Leistenden** und des **Leistungsempfängers** auf Rechnungen voraus (s. § 14 Abs. 4 S. 1 Nr. 1, Nr. 2 UStG).

25 Problematisch sind **Holding-Gesellschaften.** Eine Holding-Gesellschaft in Form einer **Finanzholding** beschränkt sich darauf, Anteile an anderen Gesellschaften zu halten. Das bloße Halten von Anteilen ist keine Leistung gegen Entgelt, sodass eine reine Finanzholding kein Unternehmer ist (s. Urteil des EuGH vom 20.06.1991, C-60/90 „Polysar Investments", UR 1991, 315; Urteil des EuGH vom 14.11.2000, C-142/99 „Floridienne und Berginvest", DStR 2001, 1795).

26 Eine **Führungs- oder Funktionsholding** greift hingegen aktiv in das laufende Tagesgeschäft ihrer Tochtergesellschaften ein und erbringt damit **gesonderte Leistungen** (s. Abschn. 2.3 Abs. 3 S. 3 UStAE). Dies können **administrative, finanzielle, kaufmännische** oder **technische Dienstleistungen** sein, die sie zu einem Unternehmer qualifizieren.

2.2 Berufliche oder gewerbliche Tätigkeit

27 Neben der Unternehmerfähigkeit an sich setzt § 2 Abs. 1 S. 1 UStG die selbständige Ausübung einer gewerblichen oder beruflichen Tätigkeit voraus. § 2 Abs. 1 S. 3 UStG wiederum beschreibt die gewerbliche oder berufliche Tätigkeit als jede nachhaltige Tätigkeit zur Erzielung von Einnahmen. Der Gesetzeswortlaut legt insofern nahe, eine gewerbliche bzw. berufliche Tätigkeit mit einer nachhaltigen Tätigkeit gleich

zu setzen. In dem Sinne wäre Unternehmer schlichtergreifend derjenige, der eine **nachhaltige Tätigkeit** zur Erzielung von Einnahmen selbstständig ausübt.

Diese wortlautentsprechende Ersetzung des Merkmals „gewerblich oder beruflich" erscheint allerdings zweifelhaft (s. Korn in Bunjes, § 2 UStG Rn. 50). Denn die geballte Verwendung der Begriffe „gewerblich" bzw. „beruflich" allein in § 2 Abs. 1 UStG in jedem einzelnen Satz indiziert bereits eine **spezifische Relevanz.** 28

2.2.1 Wirtschaftliche Tätigkeit

Auch Art. 9 Mehrwertsteuersystemrichtlinie steht einer schlichten Gleichsetzung von „gewerblich oder beruflich" mit „nachhaltig" entgegen. Denn in Art. 9 Abs. 1 S. 1 Mehrwertsteuersystemrichtlinie findet sich die Bezeichnung „**wirtschaftliche Tätigkeit**". Als „wirtschaftliche Tätigkeiten" gelten nach dem weiteren Wortlaut in Art. 9 Abs. 1 Mehrwertsteuersystemrichtlinie alle Tätigkeiten eines **Erzeugers, Händlers** oder **Dienstleistenden** einschließlich der Tätigkeiten der Urproduzenten, der Landwirte sowie der **freien Berufe** und der diesen gleichgestellten Berufe. Ferner sind dort als wirtschaftliche Tätigkeiten insbesondere die **Nutzung** von körperlichen oder nicht körperlichen Gegenständen zur nachhaltigen Erzielung von Einnahmen aufgeführt. Die aufgezählten Erzeuger, Händler oder Dienstleistenden sind typischerweise gewerblich tätig, freie und diesen gleichgestellte Berufe wiederum typischerweise beruflich tätig. Dies ist im Rahmen von § 2 Abs. 1 UStG zu berücksichtigen. 29

Die Formulierung in § 2 Abs. 1 S. 3 UStG sollte ausweislich der Gesetzesbegründung verhindern, dass eine Tätigkeit nur deshalb nicht vom Unternehmerbegriff umfasst ist, weil sie nicht als gewerblich oder beruflich im engeren Sinne aufzufassen ist (s. UStG 1934, RStBl 1934, 1549; Korn in Bunjes, § 2 UStG Rn. 50). Insofern ist korrigierend zu lesen „... Gewerblich oder beruflich ist [auch] jede nachhaltige Tätigkeit zur Erzielung von Einnahmen ...". Mit diesem **weiten Verständnis** ist von einer unternehmerischen Tätigkeit gem. § 2 Abs. 1 UStG auszugehen, wenn es sich um eine wirtschaftliche Tätigkeit handelt. Wirtschaftliche Tätigkeiten wiederum sind dem umsatzsteuerlichen Telos folgend **Leistungen gegen Entgelt** (s. Ehrt in Weymüller, § 2 UStG Rn. 35). Damit geht der Begriff der gewerblichen oder beruflichen Tätigkeit deutlich über den einkommensteuerlichen oder gewerbesteuerlichen Gewerbebegriff hinaus und kann eben auch **vermögensverwaltende** Tätigkeiten i.S.d. EStG umfassen (s. Urteil des BFH vom 05.09.1963, V 117/60 U, BStBl III 1963, 520). 30

Bei den Leistungen muss es sich um Leistungen im wirtschaftlichen Sinne handeln. Dafür muss der Leistungsempfänger ein über die reine Entgeltentrichtung hinausgehendes eigenes wirtschaftliches Interesse haben (s. Urteil des BFH vom 31.07.1969, V 94/65, BStBl II 1969, 637). Da die Umsatzsteuer wirtschaftlich den Verbrauch von Gütern oder Dienstleistungen belasten soll, muss die Leistung dem Leistungsempfänger einen verbrauchsfähigen Vorteil verschaffen können (s. Urteil des EuGH vom 18.12.1997, C-384/95 „Landboden-Agrardienste", DStR 1998, 888). 31

Beispiel: Die Unterhaltung von Girokonten, Bausparkonten oder Sparkonten führt für sich genommen noch nicht zu einer Leistung im wirtschaftlichen Sinne. 32

2.2.2 Tun, Dulden oder Unterlassen

§ 2 Abs. 1 S. 1 UStG verlangt außerdem eine „Tätigkeit". Eng am Wortlaut orientiert würde dies nur ein **aktives Verhalten** umfassen. Aus dem Zweck der Verbrauchsbesteuerung und dem umsatzsteuerlichen Verständnis der wirtschaftlichen Leistung ist aber geboten, auch **passives Verhalten** wie ein Unterlassen oder Dulden zu erfassen. Denn nach § 3 Abs. 9 S. 2 UStG kann eine umsatzsteuerliche Leistung auch in einem Unterlassen oder Dulden bestehen. Tätigkeit i.S.v. § 2 UStG ist daher im weitesten Sinne als Verhalten zu verstehen, also Tun, Dulden oder Unterlassen. 33

Dulden ist das **Gestatten** einer fremden Tätigkeit im eigenen Rechtskreis (s. Nieskens in Rau/Dürrwächter, § 3 Rn. 3561). 34

35 **Beispiel:** Bei der Vermietung gestattet der Vermieter dem Mieter die Nutzung der Mietsache gegen Entgelt.

36 **Unterlassen** bedeutet eine **bewusste Nichtvornahme** von eigenen Handlungen (s. Nieskens in Rau/Dürrwächter, § 3 Rn. 3571).

37 **Beispiel:** Wettbewerbsverzicht, Verzicht auf die Ausübung einer gewerblichen Tätigkeit.

2.2.3 Einnahmenerzielungsabsicht

38 Die Tätigkeit muss nach § 2 Abs. 1 S. 3 UStG zur Erzielung von Einnahmen erfolgen. Gewinnerzielungsabsicht ist hingegen nicht erforderlich (s. Abschn. 2.3 Abs. 8 S. 2 UStAE); dies könnte bei einer Verkehrsteuer auch schwerlich gefordert werden. Die Einnahmenerzielungsabsicht setzt voraus, dass Leistungen gegen **Entgelt** bewirkt werden (s. Abschn. 2.3 Abs. 8 S. 4 UStAE). Entgelt ist nach § 10 Abs. 1 S. 2 UStG alles, was der Leistungsempfänger aufwendet, um die Leistung zu erhalten, abzüglich der Umsatzsteuer. Neben Geld kann es sich beim Entgelt und damit bei den Einnahmen also auch um Sachen oder um sonstige Leistungen handeln.

39 **Beispiel:** Tausch oder tauschähnliche Umsätze.

40 Die Einnahmenerzielung muss nicht der **Hauptzweck der Tätigkeit sein** (s. Korn in Bunjes, § 2 UStG Rn. 61). Gemeinnützige oder ehrenamtliche Tätigkeit kann etwa die Unternehmereigenschaft bewirken.

41 Fraglich ist, inwiefern **Hobbytätigkeiten** die Unternehmereigenschaft begründen können. Bedeutung hat dies vor allem für die Möglichkeit, bei (insb. kostspieligen) Hobbys die Vorsteuer geltend zu machen. Das einkommensteuerliche Institut der **Liebhaberei** kann wegen der Verschiedenartigkeit des Steuergegenstandes keine direkte Geltung beanspruchen (s. Urteil des BFH vom 12.02.2009, V R 61/06, BStBl II 2009, 828). Zwischen der **unternehmerischen** und der **privaten Sphäre** ist aber zu differenzieren, wie etwa die Entnahme (s. § 3 Abs. 1b S. 1 Nr. 1 UStG) oder die Änderung der Verhältnisse (s. § 15a Abs. 3 S. 3 UStG) belegen. Den Typus des Unternehmers mit seiner gewerblichen oder beruflichen Tätigkeit kennzeichnet gegenüber einer nichtunternehmerischen Privatperson, dass seine Tätigkeit zumindest **objektiv** zur Erzielung von Gewinnen **geeignet** sein muss (s. Stadie, § 2 UStG Rn. 92). Fehlt es hieran, spricht dies dafür, die Tätigkeit dem nichtunternehmerischen Bereich zuzuordnen (s. Ehrt in Weymüller, § 2 UStG Rn. 36).

42 Gleichwohl geht die h.M. für die Praxis davon aus, dass Liebhaberei die Unternehmereigenschaft nicht ausschließt (s. Urteil des EuGH vom 26.09.1996, C-230/94 „Enkler", DStR 1996, 1686; Urteil des BFH vom 06.08.1998, 5 R 74/96, BStBl II 1999, 104). Umsatzsteuerlich kann auch jemand Unternehmer sein, der **Dauerverluste** erleidet.

43 **Beispiel:** Ein Karnevalsprinz mit seinen Werbeeinnahmen kann daher Unternehmer sein, auch wenn seine Einnahmen die Kosten nicht decken (s. Urteil des BFH 27.10.1993, XI R 86/90, BStBl II 1994, 274).

44 Andererseits soll aber die nur gelegentliche Vermietung eines im Übrigen privat genutzten Gegenstandes noch keine unternehmerische Tätigkeit sein (s. Abschn. 2.3 Abs. 7 S. 2 UStAE). Maßgebliche Beurteilungskriterien seien dafür, ob es sich um einen seiner Art nach um einen für die **Freizeitgestaltung** geeigneten Gegenstand handele, eine Nutzung überwiegend für private eigene Zwecke oder nichtunternehmerische Zwecke des Ehepartners erfolge oder der Gegenstand nur mit Verlusten eingesetzt werde (s. Urteil des BFH vom 12.12.1996, V R 23/93, BStBl II 1997, 368). Je nach dem **Gesamtbild der Verhältnisse** kann die Tätigkeit dann unternehmerisch sein oder nicht.

45 **Beispiel:** Vermietung eines Reisemobils oder einer Segeljacht; Betreiben eines Pferdegestüts.

2.2.4 Factoring

46 Forderungskauf bzw. Factoring begegnen als **echtes** und als **unechtes Factoring** (s. Abschn. 2.4 UStAE). Im Falle des **echten** Factoring liegt eine unternehmerische Tätigkeit des Forderungskäufers vor, wenn seine

Leistung im Wesentlichen darin besteht, den Forderungsverkäufer von der **Einziehung der Forderung** und dem **Risiko der Nichterfüllung** zu entlasten (s. Urteil des EuGH vom 26.06.2003, C-305/01 „MKG-Kraftfahrzeuge-Factoring GmbH“, BStBl II 2004, 688).

Das **unechte** Factoring ist dadurch gekennzeichnet, dass der Forderungsverkäufer wegen eines dem Factor zustehenden **Rückgriffsrechts** nicht endgültig vom Ausfallrisiko der Forderung entlastet wird (s. Abschn. 2.4 Abs. 1 S. 3 UStAE). Der somit nur den Forderungseinzug übernehmende Forderungskäufer soll aber auch in solchen Fällen Unternehmer sein (s. Urteil des EuGH vom 26.06.2003, C-305/01 „MKG-Kraftfahrzeuge-Factoring GmbH“, BStBl II 2004, 688). 47

Kein Factoring und vom EuGH auch nicht explizit entschieden sind Fälle, in denen ein Forderungskauf ohne Übernahme des tatsächlichen Forderungseinzugs erfolgt (Forderungseinzug durch den Forderungsverkäufer in eigenem Namen aber für fremde Rechnung); der Forderungskäufer soll gleichwohl eine unternehmerische Tätigkeit ausüben (s. Abschn. 2.4 Abs. 2 S. 1 UStAE). Der Forderungseinzug durch einen Dritten in fremdem Namen und für fremde Rechnung ist zwar ebenfalls kein Factoring, aber eine unternehmerische Tätigkeit (s. Abschn. 2.4 Abs. 2 S. 3 UStAE). 48

Beispiele: Stille Sicherungszession im Rahmen von Darlehensgewährungen; Inkasso. 49

2.3 Selbständigkeit

Nach § 2 Abs. 1 S. 1 UStG muss die gewerbliche oder berufliche Tätigkeit selbstständig ausgeübt werden. Selbstständige Ausübung bedeutet ein Tätigwerden auf **eigene Rechnung** und auf **eigenes Risiko.** Maßgeblich ist hierfür der Auftritt nach außen und wie sich aus Sicht des Geschäftspartners die Leistungsbeziehung darstellt. Wer danach Beteiligter der Leistungsbeziehung ist, kommt für die Unternehmereigenschaft in Betracht. Für Einzelheiten s. die Kommentierung zu § 2 Abs. 2 UStG. 50

2.4 Nachhaltigkeit

§ 2 Abs. 1 S. 3 UStG führt als weiteres Kriterium die Nachhaltigkeit auf. Umstritten ist, inwieweit die Nachhaltigkeit eine gleichwertige Tatbestandsvoraussetzung ist (s. Korn in Bunjes, § 2 UStG Rn. 51). Die h.M. verlangt eine nachhaltige Tätigkeit, die zur Erzielung von Einnahmen selbstständig ausgeübt wird (s. Urteil des BFH vom 27.10.1993, XI R 86/90, BStBl II 1994, 274; Abschn. 2.3 Abs. 5 UStAE). Die Tätigkeit muss **auf Dauer** zur Erzielung von Entgelten angelegt sein (s. Urteil des BFH vom 30.07.1986, V R 41/76, BStBl II 1986, 874). Dazu gehört, dass diese **beständig** ausgeübt wird und auf **Wiederholung** angelegt ist. 51

Abzustellen ist auf das **Gesamtbild der Verhältnisse** (s. Urteil des BFH vom 18.07.1991, V R 86/87, BStBl II 1991, 776) bzw. die Gesamtheit der Gegebenheiten (s. Urteil des EuGH vom 26.09.1996, C-230/94 „Enkler“, UR 1996, 418). Typische Indizien für Nachhaltigkeit sind **mehrjährige**, auf **Wiederholung** angelegte Tätigkeiten, ein **planmäßiges Handeln**, die Ausführung mehr als nur eines Umsatzes, das Unterhalten eines **Geschäftslokals** oder die Vornahme **mehrerer gleichartiger Handlungen** (s. Abschn. 2.3 Abs. 5 S. 4 UStAE). Da eine Leistung aber auch in einem Dulden und damit einem fortwährenden Unterlassen bestehen kann, kann eine einmalige Aktivität bereits nachhaltig sein. Auch **Saisontätigkeiten** können nachhaltig sein, wenn denn die Wiederaufnahme bzw. Fortführung in der nächsten Saison beabsichtigt ist. 52

Beispiele für nachhaltige Tätigkeit sind danach etwa die mehrjährige Testamentsvollstreckung, die Nießbrauchsbestellung als Duldungsleistung, der An- und Verkauf mehrerer Kraftfahrzeuge oder der auf Dauer angelegte Verkauf einer Vielzahl von Gegenständen über eine Internet-Plattform. 53

Beispiel für fehlende Nachhaltigkeit ist demgegenüber der Erwerb und Wiederverkauf eines Kraftfahrzeugs durch einen Werksangehörigen des Fahrzeugherstellers, wenn dessen Behaltefrist mehr als ein Jahr beträgt (s. Urteil des BFH vom 18.07.1991, V R 86/87, BStBl II 1991, 776); oder eine private Briefmarken- oder Münzsammlung, auch wenn die Sammlung teilweise umgeschichtet oder veräußert wird (s. Urteil des BFH vom 29.06.1987, X R 23/82, BStBl II 1987, 744). 54

3. Umfang des Unternehmens

55 Nach § 2 Abs. 1 S. 2 UStG umfasst das Unternehmen die **gesamte** gewerbliche oder berufliche Tätigkeit des Unternehmers. Ein Unternehmer kann also nur ein **einziges** Unternehmen haben. Zwar kann ein Unternehmen aus mehreren **Betrieben** bestehen, d.h. verselbstständigten Organisationseinheiten innerhalb eines Unternehmens. Zwischen diesen verschiedenen Betrieben eines einzigen Unternehmens kann es jedoch **keine Leistungsaustauschbeziehung** geben, da der Unternehmer als Unternehmensträger ein und dieselbe Person ist.

56 **Beispiel:** Ein Unternehmer betreibt ein Ingenieurbüro, ein Bauunternehmen, einen Brennstoffhandel und eine Spedition. Trotz dieser verschiedenartigen Betätigungen liegt umsatzsteuerlich ein Unternehmen vor. Dies gilt auch dann, wenn ertragsteuerlich verschiedene Einkunftsarten vorliegen.

57 Ebenfalls zu einem einzigen Unternehmen zusammenzufassen sind daher die verschiedenen **unselbstständigen Zweigniederlassungen.**

58 Für die Anwendung der **Kleinunternehmerregelung** ist dementsprechend auf die **gesamte** unternehmerische Tätigkeit abzustellen, nicht auf die einzelnen Betriebe.

59 Für andere umsatzsteuerliche Tatbestandsmerkmale wie **Ort der Leistung** (s. §§ 3a Abs. 1 S. 2, Abs. 2 S. 2, 3f S. 2 UStG) kann die **jeweilige Betriebsstätte** indes sehr wohl relevant sein (s. Ehrt in Weymüller, § 2 UStG Rn. 51). Auch für die Differenzierung zwischen **Soll-** und **Ist-Besteuerung** besteht gem. § 20 S. 2 UStG eine **betriebsbezogene** Betrachtung.

60 Unternehmer ist der **Unternehmensträger**, der nach § 2 Abs. 1 S. 2 UStG nicht per se mit dem Unternehmen gleichzusetzen ist. Der Unternehmer hat ein Unternehmen, ist jedoch nicht selbst das Unternehmen. Missverständlich ist etwa die Aussage der Verwaltung, die Insolvenzverwaltertätigkeit eines Rechtsanwaltes seien der „Kanzlei“ zuzurechnen (s. Abschn. 2.2 Abs. 3 S. 6 UStAE). Die Kanzlei ist als Organisationsform lediglich das Unternehmen, Unternehmer ist hingegen der die Kanzlei tragende und betreibende Inhaber.

61 Zu differenzieren ist außerdem zwischen dem **unternehmerischen** und dem **nichtunternehmerischen Bereich**. Unmittelbar einleuchtend haben etwa natürliche Person zwangsläufig auch eine nichtunternehmerische Sphäre. Entsprechendes gilt aber auch für juristische Personen wie etwa einen Verein mit seinem ideellen Bereich oder juristische Personen des öffentlichen Rechts mit ihren Hoheitstätigkeiten. Das Überschreiten der unternehmerischen Sphäre kann einen **Verwendungseigenverbrauch** nach § 3 Abs. 9a Nr. 1 UStG oder einen (teilweisen) **Vorsteuerausschluss** bewirken.

4. Beginn der Unternehmereigenschaft

62 Die Unternehmereigenschaft beginnt mit der Aufnahme **objektiv unternehmensbezogener Aktivitäten.** Dies ist bereits bei **Vorbereitungshandlungen** der Fall, ggf. also auch vor der Handelsregistereintragung oder der Gewerbeanmeldung. Relevant ist dies insb. für den Vorsteuerabzug im **Gründungsstadium**.

63 Eine objektiv unternehmerische Verwendung bejaht die Finanzverwaltung etwa bei der Anschaffung von **Investitionsgütern**, dem Erwerb eines **Warenlagers** oder **Betriebsinventars**, Anmietung von **Geschäftsräumen** oder der Beauftragung eines Architekten (s. Abschn. 2.6 Abs. 2 UStAE).

64 Schwieriger zu beurteilen sind die Fälle, in denen sich Gegenstände nicht ausschließlich für eine unternehmerische Verwendung eignen. Dazu gehören Fahrzeuge, Freizeitgegenstände wie Segelboote oder Computer, bei denen ebenso eine **nichtunternehmerische** Verwendung **möglich** wäre. Um nicht den unerlaubten Vorsteuerabzug für private Aktivitäten und damit eine Wettbewerbsverzerrung zu riskieren, ist in solchen Situationen auf der Basis **objektiver Anhaltspunkte** die Unternehmereigenschaft zu überprüfen. Dies muss jedenfalls mit den an **Amtsstelle** zur Verfügung stehenden **Ermittlungsmethoden** oder **Erkenntnismöglichkeiten** beurteilbar sein, ggf. kommt eine **Umsatzsteuernachschau** in Betracht (s. Abschn. 2.6 Abs. 2 UStAE). Ansonsten ist die Unternehmereigenschaft zunächst zu **verneinen** (s. Abschn. 2.6 Abs. 2 S. 3 UStAE).

65 Ein etwaiges **Scheitern** der Unternehmensgründung beseitigt nicht rückwirkend die Unternehmereigenschaft. Das ist wichtig für den **Vorsteuerabzug** nach § 15 UStG. Denn maßgeblich ist aus der damaligen

Perspektive die Absicht, das Unternehmen gründen zu wollen. Ein solcher objektiver Zusammenhang wird nicht durch das Scheitern beseitigt, da dieses Risiko einer jeden unternehmerischen Aktivität innewohnt.

5. Ende der Unternehmereigenschaft

Die Unternehmereigenschaft endet erst mit dem **endgültigen Einstellen** der unternehmerischen Aktivitäten. Das ist nicht gleichbedeutend mit der Beendigung des Unternehmens. Beschließen etwa die Gesellschafter die Auflösung der Gesellschaft, so beseitigt dies noch nicht deren Unternehmereigenschaft. Denn auch die sich der Auflösung anschließende Liquidationsphase gehört noch zur unternehmerischen Tätigkeit. Die **Abwicklung** aller mit dem aufgegebenen Betrieb in Zusammenhang stehenden **Rechtsbeziehungen** ist noch unternehmerisch (s. Urteil des BFH vom 21.04.1993, XI R 50/90, BStBl II 1993, 696). 66

Beispiel: Eine Nachtragsliquidation steht noch im objektiven Unternehmenszusammenhang und ist daher der vormaligen unternehmerischen Tätigkeit zuzuordnen. 67

Beispiel: Die Insolvenzeröffnung beseitigt nicht die Unternehmereigenschaft. 68

Bei **ruhenden Unternehmen** oder **Saisonbetrieben** besteht die Unternehmereigenschaft fort, solange die **Fortsetzung** des Unternehmens geplant ist bzw. die letzten unternehmerischen Tätigkeiten noch nicht **endgültig** eingestellt worden sind (s. Abschn. 2.6 Abs. 6 S. 5 UStAE). 69

Bei **Tod** des Unternehmers tritt zwar zivilrechtlich Gesamtrechtsnachfolge ein, die Unternehmereigenschaft an sich ist aber **nicht vererblich** (s. Urteil des BFH vom 19.11.1970, V R 14/67, BStBl II 1971, 121; Stadie in Rau/Dürrwächter, § 2 UStG Rn. 547). Ein Gesamtrechtsnachfolger wird jedoch selber Unternehmer, wenn er das Unternehmen **fortführt** – und sei es nur zum Zwecke der Liquidation (s. Abschn. 2.6 Abs. 5 UStAE). Entsprechend kann auch eine **Erbengemeinschaft** Unternehmer sein. 70

§ 2 Abs. 2 UStG Zusammenschlüsse und Organschaft

(2) Die gewerbliche oder berufliche Tätigkeit wird nicht selbständig ausgeübt,

1. soweit natürliche Personen, einzeln oder zusammengeschlossen, einem Unternehmen so eingegliedert sind, dass sie den Weisungen des Unternehmers zu folgen verpflichtet sind,
2. wenn eine juristische Person nach dem Gesamtbild der tatsächlichen Verhältnisse finanziell, wirtschaftlich und organisatorisch in das Unternehmen des Organträgers eingegliedert ist (Organschaft). [2]Die Wirkungen der Organschaft sind auf Innenleistungen zwischen den im Inland gelegenen Unternehmensteilen beschränkt. [3]Diese Unternehmensteile sind als ein Unternehmen zu behandeln. [4]Hat der Organträger seine Geschäftsleitung im Ausland, gilt der wirtschaftlich bedeutendste Unternehmensteil im Inland als der Unternehmer.

Bearbeiter: Matthias Trinks

Inhaltsverzeichnis

1. Zusammenschlüsse (§ 2 Abs. 2 Nr. 1 UStG)

1 Die Vorschrift hat in der Praxis keine übermäßige Bedeutung. Klargestellt wird, dass **Arbeitnehmer** mangels Selbständigkeit nicht unter § 2 UStG fallen. Gleiches gilt für den Zusammenschluss von Arbeitnehmern, allerdings nur für die Tätigkeiten, die gegenüber dem Arbeitgeber erbracht werden. Betätigt sich ein solcher Zusammenschluss am Markt, liegt Unternehmereigenschaft vor.

2. Organschaft

2.1 Bedeutung der Norm

2 Eine Organschaft liegt, wenn eine „juristische Person nach dem Gesamtbild der tatsächlichen Verhältnisse finanziell, wirtschaftlich und organisatorisch in das Unternehmen des Organträgers eingegliedert ist." Die Regelung führt dazu, dass die Unternehmen innerhalb des Organkreises wie ein einziger Steuerpflichtiger behandelt werden.

3

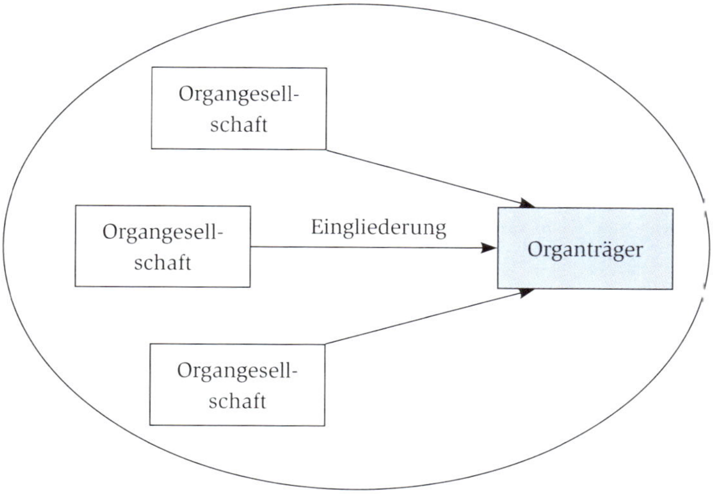

Abb. 1: Organkreis

Aufgrund der Eingliederung verliert die Organgesellschaft ihre Selbständigkeit und ist insoweit kein Unternehmen mehr. Als wesentlicher Faktor ergibt sich, dass Leistungen innerhalb des Organkreises als nicht steuerbare Innenumsätze behandelt werden. 4

2.2 Voraussetzungen

2.2.1 Organträger

Organträger kann jedes Unternehmen sein. Eine Restriktion hinsichtlich der Rechtsform existiert insoweit nicht. Organträger können demnach sowohl natürliche, als auch juristische Personen und Personengesellschaften sein. 5

Voraussetzung ist jedoch, dass potenzielle Organträger die **Unternehmereigenschaften** aufweisen. Eine **Holding-Gesellschaft**, die lediglich das Halten und Verwalten von Gesellschaftsanteilen wahrnimmt, erfüllt nicht die Definition eines Unternehmens und kann demnach kein Organträger sein. Dieser sogenannten **Finanzholding** stehen die **Führungsholdings** gegenüber (zur Abgrenzung s. Abschn. 2.3 Abs. 3 UStAE). Aus der EuGH-Rechtsprechung ist indes der Einbezug auch von Finanzholdings abzuleiten (s. Urteil des EuGH vom 16.07.2015, verb. Rs. C-108/14, 109/14, UR 2015, 671). Der deutsche Gesetzgeber beruft sich jedoch nach hier vertretener Auffassung zulässigerweise auf die **Missbrauchsabwehr** zum Ausschluss von Holdings. Eine abschließende Entscheidung obliegt dem BFH. Die jüngste Rechtsprechung lässt darauf schließen, dass reine Finanzholdings auch weiterhin ausgeschlossen werden (s. BFH vom 02.12.2015, V R 67/14, DStR 2016, 232). 6

Die **Unternehmereigenschaft** muss beim potenziellen Organträger bereits vor Beginn der Organschaft vorliegen, da es sich insoweit um ein Tatbestandsmerkmal handelt. Der Organträger muss originär eigene Umsätze gegenüber Dritten oder zumindest gegenüber den eingegliederten Organgesellschaften erbringen. 7

Zwar können innerhalb eines Organkreises mehrere Organgesellschaften bestehen, jedoch immer nur ein Organträger. Wesentlicher Anwendungsfall dieser Bestimmung ist das Verbot der sogenannten **Mehrmütterorganschaft**. Danach schließen sich mehrere Unternehmen zu einem Organträger zusammen, in der Erwartung, dass Leistungen zwischen ihnen als Gesellschafter des Organträgers und den dort eingegliederten Organgesellschaften als nicht steuerbare Innenumsätze zu behandeln sind. Dies wird jedoch durch die Rechtsprechung zutreffend abgelehnt (s. BFH vom 30.04.2009, V R 3/08, BStBl II 2013, 873). 8

2.2.2 Organgesellschaft

Als Organgesellschaften können nur juristische Personen des Privatrechts, insbesondere Kapitalgesellschaften, qualifiziert werden. Die Unterschiedsbehandlung von Kapital- und Personengesellschaften ist 9 charakteristisch für das deutsche Steuerrecht. Gleichwohl dürfte die Beschränkung gegen die Vorgaben der MwStSystRL verstoßen. Der EuGH hat klargestellt, dass ein Ausschluss von Personengesellschaften nur zur Verhinderung von steuerlichem **Missbrauch** möglich sei (s. EuGH vom 16.07.2015, verb. Rs. C-108/14, 109/14, UR 2015, 671). Ein solcher ist generell allerdings nicht ersichtlich.

9/1 Unter vertretbarem Hinweis auf zivilrechtliche Gestaltungsmöglichkeit nimmt der V. Senat des BFH die Eingliederungsfähigkeit nur für Eigen-Personengesellschaften an (s. BFH vom 02.12.2015, V R 25/13, DStR 2016, 219 mit Anmerkung Trinks, NWB 2016, 391). Demgegenüber verfolgt der XI. Senat eine andere Begründung. Dies könnte zu Widersprüchen zwischen den beiden Umsatzsteuersenaten führen (hierzu Trinks, Organschaft: Misstöne zwischen V. und XI. Senat?, NWB-Experten-Blog vom 11.03.2016).

2.2.3 Eingliederung

2.2.3.1 Finanzielle Eingliederung

10 Die finanzielle Eingliederung ist die grundlegende Voraussetzung für die Möglichkeit zur **Beherrschung der Organgesellschaft**. Sie liegt vor, wenn der Organträger im Besitz der entscheidenden Anteilsmehrheit an der Organgesellschaft ist. Dies ist der Fall, wenn mehr als 50 % am Unternehmen durch den Organträger gehalten werden. Entscheidend ist aber die Stimmenmehrheit, sodass im Einzelfall eine geringere Beteiligung ausreicht. Eine solche Konstellation ergibt sich etwa, wenn aufgrund von stimmrechtslosen Anteilen oder Stimmrechtsbeschränkungen bei anderen Anteilseignern die Stimmenmehrheit beim Organträger verbleibt. Ist auf Ebene der Organgesellschaft eine größere Mehrheit vorgesehen, muss der Organträger über diese qualifizierte Mehrheit verfügen (s. BFH vom 01.12.2010, XI R 43/08, BStBl II 2011, 600).

11 Die **Annahme** einer finanziellen Eingliederung bei weniger als 50 % + 1 der Stimmrechte beim Organträger ist kritisch zu betrachten. Zwar wird der potenzielle Organträger aus einer Position mit annähernd oder genau 50 % der Stimmrechte heraus, insbesondere wenn sich die restlichen Anteile mit Stimmrecht im Steuerbesitz befinden, regelmäßig seinen Willen durchsetzen können. Dennoch verbleibt eine Möglichkeit zu entgegengesetzten Beschlussfassungen. Daraus resultierend bestünde die Gefahr, dass der vermeintliche Organträger seine Entscheidung immer im Sinne eines **Mehrheitsbeschlusses** wählt, nur um die Organschaft zu erhalten. Dann aber kann nicht mehr von einer finanziellen Eingliederung gesprochen werden. Eine lediglich relative bestehende Stimmenmehrheit reicht demnach nicht aus. Die Bestimmung erscheint unionsrechtskonform.

12 Die finanzielle Eingliederung kann unterschiedlich stark ausgeprägt sein. Eine **schwächere Eingliederung** liegt beispielsweise vor, wenn ein Anteilseigener neben dem Organträger eine **Sperrminorität** auf sich vereinigen kann, was im Zweifel die Beherrschung der Organgesellschaft im Wege der Entscheidungsdurchsetzung erschwert. Insofern muss eine große Anzahl an Stimmrechten im Hinblick auf die anderen Eingliederungsmerkmale auch höher gewichtet werden und kann folglich eine schwäche Ausprägung eines anderen Eingliederungsmerkmals kompensieren oder zumindest dazu beitragen. Entsprechendes muss dann gleichsam im umgekehrten Fall der eher niedrigen Beteiligung durch den Organträger gelten. Bei gleichrangigen **Schwestergesellschaften** liegt gerade keine Eingliederung vor. Allein zwischen diesen Unternehmen besteht keine Organschaft (s. Abschn. 2.7 Abs. 5 UStAE; BFH vom 02.12.2015, V R 15/14, DStR 2016, 226).

2.2.3.2 Wirtschaftliche Eingliederung

13 Für eine wirtschaftliche Eingliederung eines Unternehmens ist eine enge **wirtschaftliche Verflechtung** mit der Tätigkeit des Organträgers erforderlich. Die Tätigkeiten von Organträger und -gesellschaft müssen aufeinander abgestimmt sein, sich fördern und ergänzen. Eine Abhängigkeit der Organgesellschaft vom Organträger ist nicht erforderlich. Insbesondere die Bestimmung, dass der Anteil an Fremdumsätzen der Organgesellschaft nicht überwiegen darf, ist obsolet. Ein solcher Fall stellt die höchstmögliche Ausprägung der wirtschaftlichen Eingliederung dar. Der zur Beurteilung eingesetzte Indikator ist der Strom an Gütern bzw. Leistungen zwischen Organträger und Organschaft. Eine Abhängigkeit kann insoweit in beiden Richtungen entstehen. Dies wäre zum einen der Fall, wenn die Organgesellschaft ihre Arbeitsmittel ausschließ-

lich vom Organträger bezieht, zum anderen wenn sie ihre Leistungen ausschließlich an den Organträger erbringt und insoweit keinen Fremdumsatz erzielt.

Hinsichtlich des unteren Endes der **Eingliederungsintensität** genügt eine mehr als nur unerhebliche wirtschaftliche Beziehung zwischen Organträger und -gesellschaft. Dennoch ist zu beachten, dass das Kriterium der wirtschaftlichen Eingliederung einer selbständigen Beurteilung bedarf. So kann insbesondere nicht automatisch von einer finanziellen auf eine wirtschaftliche Eingliederung geschlossen werden (s. Urteil des BFH vom 20.09.2006, BFH/NV 2007, 281). Weder der Einkauf von Arbeitsmitteln am Markt, noch das hohe Bewirken von Fremdumsätzen müssen schädlich für das Vorliegen einer wirtschaftlichen Eingliederung sein. Ausschlaggebend ist allein eine Abstimmung der Tätigkeiten von Organschaft und Organträger. Diese Abstimmung wird insbesondere durch die Rechtsprechung sehr weit gefasst. Danach soll eine wirtschaftliche Eingliederung erst dann nicht mehr vorliegen, wenn weder im Einkauf, noch in der Leistungserstellung oder im Absatz eine gemeinsame Marktaktivität – etwa der gemeinsame Rohstoffeinkauf – gegeben ist (s. BFH vom 15.12.1966, V 51/63, BStBl III 1967, 191). Voraussetzung für die wirtschaftliche Eingliederung ist demnach zumindest eine nicht gänzlich unerhebliche Kooperation der Beteiligten oder ein Tätigwerden für den anderen. 14

2.2.3.3 Organisatorische Eingliederung

Schließlich ist eine organisatorische Eingliederung der Organgesellschaft erforderlich. Diese liegt vor, wenn der Organträger in Fortsetzung zur finanziellen Eingliederung seinen Willen im täglichen Geschäft durchsetzen kann. Der Organträger muss dementsprechend solche organisatorischen Maßnahmen ergreifen, die es ihm ermöglichen, nicht nur in rechtlicher, sondern auch in tatsächlicher Hinsicht Einfluss auf die Führung der Geschäfte in der Organgesellschaft zu nehmen. Hier gilt ebenfalls, dass aus einer finanziellen nicht auf eine weitergehende Eingliederung geschlossen werden kann (s. BFH vom 05.12.2007, V R 26/06, BStBl II 2008, 451). 15

Die organisatorische Eingliederung ergibt sich vorwiegend aus der sogenannten **Personalunion**. Danach besteht eine Personenidentität zwischen der Geschäftsführung von Organträger und Organgesellschaft. Diese ist vollständig – und damit am stärksten ausgeprägt – wenn in der Organgesellschaft niemand zum Geschäftsführer bestellt ist, der nicht gleichzeitig der Geschäftsführung des Organträgers angehört. Unschädlich ist insoweit auch die Bestellung eines **Arbeitnehmers** des Organträgers zum Geschäftsführer einer Organgesellschaft, da dieser den Weisungen seines Arbeitgebers, also des Organträgers, unterliegt (s. BFH vom 20.08.2009, V R 30/06, BStBl II 2010, 863). Im diesen Fällen liegt eine organisatorische Beherrschung der Organgesellschaft durch den Organträger vor, da die Willensbildung der Organgesellschaft in dieser Hinsicht allein vom Organträger ausgeht. Auf den Rang des Mitarbeiters beim Organträger kommt es nicht an. 16

Eine Abstufung der organisatorischen Eingliederung von der Beherrschung wird nach ganz überwiegender Meinung zutreffend bejaht. Grundlage ist der Umstand, dass – wie bei der finanziellen Eingliederung – keine Beherrschung, sondern lediglich die Möglichkeit zur Einflussnahme auf die Entscheidungsfindung möglich sein muss. Der Organträger muss in der Lage sein, seinen Willen bei der Organgesellschaft durchsetzen zu können. 17

Folglich ist im Rahmen der Abstufung ebenso ein Fall der teilweisen Personenidentität der Geschäftsführung für das Bestehen einer organisatorischen Eingliederung hinreichend. Zu beachten ist jedoch, dass der Organträger in tatsächlicher Hinsicht Einfluss auf die Führung der Geschäfte der Organgesellschaft nehmen können muss. Dies wäre dann nicht mehr gegeben, wenn ein vom Organträger fremder Geschäftsführer Einzelgeschäftsführungsbefugnis für die Organgesellschaft besitzt. In diesem Fall müsste der Einfluss durch andere organisatorische Maßnahmen des Organträgers sichergestellt werden. Dass erfolgt etwa durch eine sogenannte Geschäftsführerordnung. Diese muss schriftlich festgehalten werden, und dem Organträger umfangreiche Einsichtsmaßnahmen und Kontrollrechte zugestehen. Zudem müssen wichtige Entscheidungen des fremden Geschäftsführers einem Zustimmungsvorbehalt des Organträgers unterliegen, oder diesem zumindest ein Vetorecht einräumen, um dessen tatsächliche Einflussnahme garantieren zu können. 18

Ferner ist er erforderlich, dass Zuwiderhandlungen gegen die Geschäftsführerordnung sanktionsbewährt sind.

19 Im Anschluss stellt sich die Frage, ob eine organisatorische Eingliederung auch ohne **personelle Verflechtung** zwischen Organträger und -gesellschaft bestehen kann. Neben der personellen Verflechtung und der **Geschäftsführungsordnung,** können zudem gemeinsame Buchführungsarbeiten, Controlling oder Personalmanagement für eine organisatorische Eingliederung sprechen. Gleichwohl wirken diese nicht hinreichend für die Eingliederung. Entscheidend ist allein die Möglichkeit des Organträgers in der Organgesellschaft von seinem Willen abweichende Entscheidungen verhindern zu können. Dies kann im Rahmen von rein organisatorischen Maßnahmen nur durch Zustimmungsvorbehalte oder Vetorechte des Organträgers etwa in Gestalt einer Geschäftsführerordnung erreicht werden.

2.2.3.4 Ausprägung der Eingliederung

20 Für das **Bestehen eine Organschaft** ist es erforderlich, dass alle drei **Eingliederungsmerkmale** vorhanden sind. Der Wegfall auch nur eines der Eingliederungsmerkmale führt zur sofortigen Aufhebung der Organschaft. Nicht erforderlich ist jedoch, dass alle drei Eingliederungsmerkmale vollumfänglich ausgeprägt sind. So kann die Eingliederung einer Organgesellschaft selbst dann vorliegend, wenn eines der Merkmale eher schwach ausgeprägt oder zweifelhaft ist, sofern dies durch die starke Ausprägung der anderen Eingliederungsmerkmale kompensiert wird. Eine Organschaft ist demnach erst dann anzunehmen, wenn sowohl alle Eingliederungsmerkmale vorliegen, als auch in mindestens einem Merkmal voll oder in zwei Merkmalen zumindest stärker ausgeprägt sind.

21 **Ausprägung der Eingliederungsmerkmale**

	Finanzielle Eingliederung	**Wirtschaftliche Eingliederung**	**Organisatorische Eingliederung**
Höchste Ausprägung	100 %-Beteiligung	Abhängigkeit der Organgesellschaft	vollständige Personenidentität der Leitungsgremien im Organkreis
Niedrigste Ausprägung	(50 % + 1)-Beteiligung	gemeinsame Marktaktivitäten	Geschäftsführer-Ordnung, (faktische) Vetorechte des Organträgers

22 Ausweislich der jüngsten Rechtsprechung des EuGH ist durch die MwStSystRL keine Eingliederung, sondern nur eine enge Verbindung zwischen Organträger und -gesellschaft erforderlich (s. EuGH vom 16.07.2015, verb. C-108/14, 109/14, UR 2015, 671). Bei den inhaltlichen Anforderungen an die Verbindung steht den Mitgliedstaaten jedoch ein weiter Ermessensspielraum zu. Daher ist von der Rechtmäßigkeit der geltenden Anforderungen nach dem Umsatzsteuergesetz auszugehen (so im Ansatz bereits s. BFH vom 02.12.2015, V R 15/14, DStR 2016, 226).

2.2.4 Inlandsbeschränkung

23 Zudem existieren in territorialer Hinsicht **Einschränkungen für das Bestehen einer Organschaft**. Danach sind die Wirkungen der Organschaft auf das Inland beschränkt. Besteht der Unternehmensverbund grenzüberschreiten, treten die Rechtsfolgen der Organschaft nur im Inland ein. Insbesondere entstehen nicht steuerbare Innenumsätze nur im Inland. Grenzüberschreitende Lieferungen sind insoweit steuerbar, können jedoch nach den allgemeinen Befreiungstatbeständen – etwa als innergemeinschaftliche Lieferung – aus der Besteuerung ausgenommen werden. Anders als im Ertragsteuerrecht nimmt ein möglicher Austritt Großbritanniens aus der EU („Brexit") daher keinen unmittelbaren Einfluss auf Organschaften mit Bezug dorthin.

23/1 Ein Sonderfall ergibt sich, wenn nicht eine Organgesellschaft, sondern der Organträger im Ausland sitzt. Für diesen Fall sieht das Gesetz vor, dass der wirtschaftlich bedeutendste Teil im Inland als Unternehmer zu behandeln ist.

2.3 Rechtsfolgen

Ausgangspunkt der Rechtsfolgen der umsatzsteuerlichen Organschaft ist, dass alle Beteiligten im Organkreis für Zwecke der Umsatzbesteuerung wie ein einziger Steuerpflichtiger behandelt werden. Unternehmer ist insoweit nur der Organträger. Alle Umsätze der Organgesellschaften sind dem Organträger zuzurechnen. Gleiches gilt für die Ansprüche auf Vorsteuerabzug aus den Eingangsrechnungen der Organgesellschaften. Umsätze innerhalb des Organkreises, also zwischen Organträger und Organgesellschaften, wie auch zwischen Organgesellschaften, werden als nicht steuerbare **Innenumsätze** behandelt. Auf Steuerbefreiungen hat die Organschaft indes keinen Einfluss. Eine Steuerbefreiung nach § 4 UStG (s. § 4 Rn. 1 ff.) für Tätigkeiten einer Organgesellschaft strahlt demnach nicht auf andere Teile des Organkreises aus. 24

2.3.1 Wahlrecht

Die Rechtsfolgen der Organschaft treten nach geltendem Recht stets zwingend ein. Liegt die Eingliederung der Organgesellschaft in das Unternehmen des Organträgers vor, besteht kein Recht zur (Ab-)Wahl der Organschaft. Insoweit ist die deutsche Regelungslage unionsrechtskonform. Gleichwohl wäre die Einführung eines Wahlrechts ebenso zulässig. Hierfür müsste jedoch der Gesetzgeber aktiv werden (s. Trinks, NWB 2013, 2370). Die Organschaft beginnt daher stets mit dem Bestehen der Eingliederung. Sie endet mit dem Wegfall einer der Voraussetzungen. 25

2.3.2 Organschaft als Gestaltungsinstrument

Mit Einführung des **Allphasen-Netto-Umsatzsteuersystems** hat die Organschaft ihr Potenzial zur Steueroptimierung im Wesentlichen verloren. Etwas anderes gilt jedoch, wenn sich ein Unternehmen, dessen Rechts auf Vorsteuerabzug nach § 15 Abs. 2, 3 UStG zumindest eingeschränkt wird, der Organschaft bedient. Eine verbreitete Gestaltung ist das Insourcing personalintensiver Leistungen. 26

27

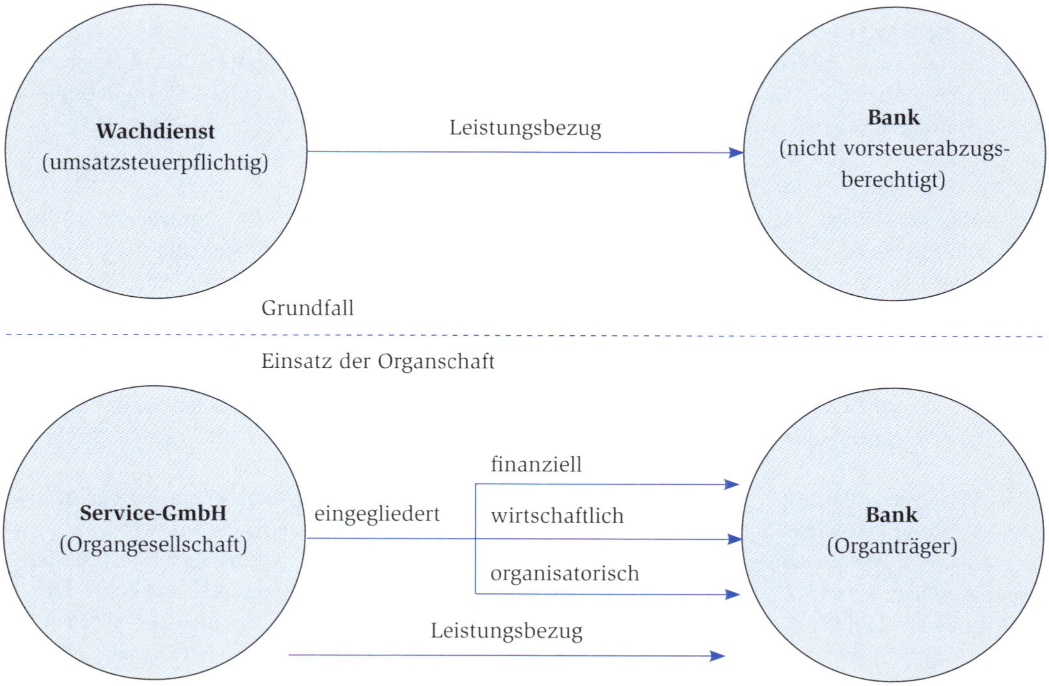

Abb. 2: Insourcing personalintensiver Leistungen

Bezieht ein Unternehmen aufgrund der ausschließlichen Ausführung steuerfreier Umsätze, wie beispielsweise eine Bank, so besteht beim Einkauf von steuerpflichtigen Dienstleistungen wie dem Wachschutz oder der Reinigungsdienste nach § 15 Abs. 2 UStG kein Recht zum Vorsteuerabzug. Dieser Nachteil entfällt aber 28 indirekt durch Bildung einer Organschaft. Dazu gründen die Bank und der Wachschutz eine Service-GmbH, an der die Bank mehrheitlich beteiligt. Schließlich wird die Beziehung zwischen Service-GmbH und Bank so gestaltet, dass in wirtschaftlicher wie auch in organisatorischer Hinsicht eine Eingliederung vorliegt.

29 Mithin kommt es zwischen der Bank und der Service-GmbH zu einer Organschaft. Vom Wachschutz mit Personal ausgestattet, erbringt nun die Service-GmbH die Sicherheitsdienste gegenüber der Bank. Zwar bleibt die Bank weiter nicht zum Vorsteuerabzug berechtigt, doch fällt auf die Sicherheitsdienste der Service-GmbH keine Umsatzsteuer mehr an, da es sich um nicht steuerbare Innenumsätze der Organschaft handelt. Eine solche Regelung ist im Wege höchstrichterlicher Rechtsprechung als mit geltendem Recht, insbesondere mit § 42 AO vereinbar angesehen worden. Im Schrifttum bestehen gleichwohl teilweise Bedenken gegen solche Gestaltungen (ausführlich Hummel, MwStR 2013, 294).

2.3.3 Rechnungsstellung

30 Besonderheiten im Hinblick auf die Organschaft ergeben sich für auf die **Behandlung von Rechnungen** aus dem Organkreis. Im Rahmen von Innenumsätzen ist eine Umsatzsteuer aufgrund der Nicht-Steuerbarkeit der Umsätze nicht auszuweisen. Geschieht dies dennoch, so liegt kein **unrichtiger Steuerausweis** (zum Begriff s. § 14c Rn. 4 ff.) nach § 14c Abs. 2 UStG vor. Die ausgewiesene Umsatzsteuer wird nicht geschuldet. Dies ist sachgerecht. Denn Grundgedanke der Regelung ist nicht etwa eine Bestrafung des Rechnungserstellers, sondern die Sicherung des Besteuerungsaufkommens. So kann eine Berichtigung erst erfolgen, wenn sichergestellt ist, dass durch den Rechnungsempfänger keine Vorsteuer mehr abzogen wird oder bereits zurückgezahlt wurde. Im Falle der Organschaft ist aber stets ausschließlich der Organträger derjenige, der Umsatzsteuer abführt und Vorsteueransprüche geltend macht. Unabhängig von der Richtung des Innenumsatzes besteht insoweit eine Personenidentität zwischen Steuerschuldner und Steuergläubiger, was eine Gefährdung des Steueraufkommens ausschließt.

31 Auf **Rechnungen für Außenumsätze** der Organgesellschaften wirken sich insbesondere die Regelungen zur Vergabe und Ausweis von Steuernummern aus. Da die Organgesellschaften umsatzsteuerlich keine Unternehmen sind, können sie keine Steuernummer auf ihren Rechnungen angeben. Sofern ihnen keine eigene Umsatzsteuer-Identifikationsnummer zugeteilt wurde, ist auf den Rechnungen die Steuernummer des Organträgers, beziehungsweise dessen Umsatzsteuer-Identifikationsnummer anzugeben.

2.3.4 Verfahrensrecht/Haftung

32 Als umsatzsteuerlichen Unternehmer in einer Organschaft, treffen allein den Organträger die Pflichten des § 18 UStG. So ist er insbesondere zur Abgabe von Umsatzsteuervoranmeldungen und Abführung der entsprechenden Vorauszahlungsbeträge verpflichtet. Zudem obliegen ihm die Erstellung einer Umsatzsteuerjahreserklärung, sowie die Zahlung eines gegebenenfalls zu den Vorauszahlungen bestehenden Unterschiedsbetrags. Die Organgesellschaften treffen im nationalen Rahmen keinerlei Steuererklärungspflichten.

33 Eine weitere Besonderheit ergibt sich verfahrensrechtlich in der Frage der **Haftung** für die abzuführende Umsatzsteuer der Organschaft. Diese obliegt zunächst grundsätzlich allein dem Organträger, da er als einziger Unternehmer Steuerschuldner ist. § 73 AO dehnt die Haftung jedoch auch auf die Organgesellschaften aus.

34 Die Vorschrift soll im Falle von Zahlungsausfällen seitens des Organträgers zur **Sicherung des Besteuerungsaufkommens** beitragen. Danach steht den Finanzbehörden, beispielsweise bei wirtschaftlicher Schwächung des Organträgers, der Rückgriff auf das Vermögen der Organgesellschaften zu. Das wirkt zutreffend. Zum einen kommt es im Wege der Organschaft häufig zu Vermögensverschiebungen, welche die finanzielle Stabilität des Organträgers nachhaltig beeinträchtigen können. Zum anderen wird ein Teil der vom Organträger für die gesamte Organschaft geschuldeten Umsatzsteuer von den Organgesellschaften wirtschaftlich verursacht. Da es ohne die Nutzung der Rechtsfigur der Organschaft aber nicht zur Verlagerung der Steuerschuldnerschaft weg von den Organgesellschaften kommen würde, erscheint eine Erstreckung der Haftung auf selbige dem Grunde nach legitim.

35 Über den **Umfang der Haftung** im Wege des § 73 AO besteht in Literatur und Rechtsprechung weitestgehend Einigkeit. So beschränkt sich nach einhelliger Meinung, ob des klaren Wortlauts der Regelung, die

Haftung auf die Steuern, auf welche sich ebenfalls die Organschaft bezieht. Im Rahmen einer ausschließlich umsatzsteuerlich bestehenden Organschaft kommt daher keine Haftung der Organgesellschaften für vom Organträgers abzuführende Ertragsteuern in Betracht. Auch erstreckt sich die Haftung nur auf Steuern, nicht aber auf Zinsen oder steuerliche Nebenleistungen. Eine zeitliche Begrenzung der Haftung findet insoweit statt, als dass eine Haftung nur für während der Organschaft entstandene Steueransprüche in Betracht kommt. Die Haftungsinanspruchnahme kann dem Bestehen der Organschaft gleichwohl zeitlich nachgelagert sein.

Umstritten ist jedoch, inwieweit die Haftung der Organgesellschaften im Hinblick auf die wirtschaftliche 36
Verursachung der Steueransprüche zu begrenzen ist. Nach zutreffender Auffassung haftet jede Organgesellschaft auch für Steuern die wirtschaftlich durch den Organträger oder durch andere Organgesellschaften im Organkreis verursacht wurden.

Wegen ihrer **umsatzsteuerlichen Unselbständigkeit** werden die Organgesellschaften nicht mehr ein- 37
zeln durch das jeweilig **zuständige Finanzamt** betreut. Unternehmer in der Organschaft ist lediglich der Organträger. Dementsprechend wird die Organschaft nur bei einem Finanzamt geführt. Die örtliche Zuständigkeit dieses Finanzamtes bestimmt sich für die Umsatzsteuer nach § 21 Abs. 1 AO. Es liegt in dem Bezirk, von dem aus der Organträger sein Unternehmen betreibt. Die Konzentration der Zuständigkeit eines Finanzamtes für die Organschaft kann als ein Vorteil selbiger angesehen werden, da keine Abstimmung mit mehreren Behörden, insbesondere über Ländergrenzen hinweg, erforderlich ist.

2.3.5 Unerkannte Organschaft

Besondere Probleme kann eine unerkannte Organschaft bereiten. Ausgangspunkt ist, dass diesbezüglich 38
die formelle Rechtslage der materiellen angepasst werden muss. Da die Wirkungen der Organschaft nicht erst ab deren **Aufdeckung**, sondern ab dem Vorliegen der Voraussetzungen einer Organschaft eintreten, muss eine Änderung der Steuerfestsetzungen für die Vergangenheit vorgenommen werden.

Dem Organträger werden rückwirkend die Umsätze der Organgesellschaften zugerechnet und eine 39
insoweit höhere Steuer festgesetzt. Korrespondierend dazu werden die Festsetzungen für die Organgesellschaften nach untern korrigiert. Die durch sie gezahlten Steuern sind zur unrecht entrichtet, s. § 37 Abs. 1 AO. Entsprechend stünde der jeweiligen Organgesellschaft ein Erstattungsanspruch zu. Jedoch wird bereits deutlich, dass lediglich eine „Umbuchung" der Zahlung vom den Organgesellschaften auf den Organträger vorliegt. Zur Vereinfachung des Verfahrens sollen daher die Zahlungen Organgesellschaften auch dem Organträger zugerechnet werden. Dies erscheint jedoch insoweit problematisch, als dass der Erstattungsanspruch zwingend der jeweiligen Organgesellschaft und nicht dem Organträger zusteht, und ebenso unbedingt eine Änderung der Festsetzungen für die Vergangenheit erfolgen muss. Um nicht zu dem unerwünschten Ergebnis zu gelangen, die in Rede stehenden Steuerzahlungen den Organgesellschaften zu erstatten, und gleichzeitig vom Organträger einzuziehen und ihm zusätzlich das Geltend machen einer Forderung gegenüber den Organgesellschaften im Innenverhältnis aufzubürden, kann dem Erstattungsanspruch der Organgesellschaften die Haftung nach § 73 AO entgegengehalten werden. Diese Regelung erscheint durchaus sinnvoll, da den Unternehmen so ein unnötiger Verwaltungsaufwand erspart bleibt. Dennoch ist den Unternehmern zu empfehlen, rechtzeitig eine Prüfung zum Vorliegen einer Organschaft vorzunehmen, da sich bei einer nachträglichen Feststellung einer Organschaft abseits des Besteuerungsverfahrens neben den potentiell unerwünschten Rechtsfolgen in der Zukunft, auch vergangenheitsbezogen unliebsame Folgen ergeben können. Zu denken wäre an Rechnungsberichtungen seitens der Organgesellschaften ob des fehlerhaften Ausweises der Steuernummer in Rechnungen an Dritte.

2.3.6 Insolvenzfälle

Eine **Insolvenz im Organkreis** hat häufig Auswirkungen auf den Fortbestand der Organschaft. Die Eröff- 40
nung des Insolvenzverfahrens über das Vermögen des Organträgers berührt die Organschaft zunächst nicht. Weder die finanzielle, noch die wirtschaftliche Eingliederung der Organgesellschaften werden insoweit berührt. Anders ist die bei der organisatorischen Eingliederung. Beruht diese auf einer Personalunion, endet die Organschaft mit der Bestellung des Insolvenzverwalters. Eine Ausnahme besteht für den

Fall, in dem sich die Insolvenz auch auf die Organgesellschaften erstreckt (so genannte Doppelinsolvenz, Abschn. 2.8 Abs. 12 Satz 4 UStAE). Liegt der organisatorischen Eingliederung eine Geschäftsführerordnung zugrunde, bleibt die Insolvenzeröffnung ohne Auswirkungen. In jedem Fall endet die Organschaft mit Abschluss des Verfahrens, sofern der Organträger seine unternehmerische Tätigkeit einstellt.

41 Wird über das Vermögen einer Organgesellschaft das Insolvenzverfahren eröffnet, endet die Organschaft – außer bei Doppelinsolvenz – stets bereits mit der Bestellung des Insolvenzverwalters. Dies gilt nach einer Änderung der Rechtsprechung ebenso bei der Bestellung eines vorläufigen Insolvenzverwalters (grundlegend s. Trinks, UVR 2010, 12; jüngst Wagner/Marchal, BB 2015, 86).

§ 2 Abs. 3 UStG Unternehmer, Unternehmen

(Fassung bis 31.12.2015; zur Anwendbarkeit darüber hinaus s. § 27 Abs. 22 UStG)

(3) [1]Die juristischen Personen des öffentlichen Rechts sind nur im Rahmen ihrer Betriebe gewerblicher Art (§ 1 Abs. 1 Nr. 6, § 4 des Körperschaftsteuergesetzes) und ihrer land- oder forstwirtschaftlichen Betriebe gewerblich oder beruflich tätig. [2]Auch wenn die Voraussetzungen des Satzes 1 nicht gegeben sind, gelten als gewerbliche oder berufliche Tätigkeit im Sinne dieses Gesetzes

1. (weggefallen)
2. die Tätigkeit der Notare im Landesdienst und der Ratschreiber im Land Baden-Württemberg, soweit Leistungen ausgeführt werden, für die nach der Bundesnotarordnung die Notare zuständig sind;
3. die Abgabe von Brillen und Brillenteilen einschließlich der Reparaturarbeiten durch Selbstabgabestellen der gesetzlichen Träger der Sozialversicherung;
4. die Leistungen der Vermessungs- und Katasterbehörden bei der Wahrnehmung von Aufgaben der Landesvermessung und des Liegenschaftskatasters mit Ausnahme der Amtshilfe;
5. die Tätigkeit der Bundesanstalt für Landwirtschaft und Ernährung, soweit Aufgaben der Marktordnung, der Vorratshaltung und der Nahrungsmittelhilfe wahrgenommen werden.

Bearbeiter: Manzur Esskandari

Inhaltsverzeichnis

1. Juristische Personen des öffentlichen Rechts, § 2 Abs. 3 UStG

1.1 Anwendungsbereich und Zweck der Vorschrift

1 Die **juristischen Personen des öffentlichen Rechts** sind nur im Rahmen ihrer **Betriebe gewerblicher Art** (s. § 1 Abs. 1 Nr. 6, § 4 KStG) und ihrer **land- oder forstwirtschaftlichen Betriebe gewerblich** oder beruflich tätig, § 2 Abs. 3 UStG. Darüber hinaus gelten stets als unternehmerisch die in § 2 Abs. 3 Satz 2 Nr. 2–5 UStG genannten Tätigkeiten der juristischen Person des öffentlichen Rechts. Von den Betrieben gewerblicher Art einer juristischen Person des öffentlichen Rechts sind die Betriebe zu unterscheiden, die in eine privatrechtliche Form (z.B. AG, GmbH) gekleidet sind. Solche **Eigengesellschaften** sind grundsätzlich selbständige Unternehmer.

2 Die **Gesamtheit aller Betriebe** gewerblicher Art und aller land- und forstwirtschaftlichen Betriebe sowie die Tätigkeitsbereiche, die nach § 2 Abs. 3 Satz UStG als unternehmerische Tätigkeit gelten, stellen das **Unternehmen** der juristischen Personen des öffentlichen Rechts dar und führen zu umsatzsteuerbaren Umsätzen.

3 **Hoheitliche Tätigkeiten** der juristischen Personen des öffentlichen Rechts sind **nichtunternehmerisch** und führen **nicht zu umsatzsteuerbaren Umsätzen**. Sie stellen vielmehr eine Ausübung der öffentlichen Gewalt dar. Für das KStG ist nach der Rechtsprechung des BFH von öffentlicher bzw. hoheitlicher Gewalt bei Tätigkeiten auszugehen, die den juristischen Personen des öffentlichen Rechts als Träger öffentlicher Gewalt „eigentümlich und vorbehalten“ sind (s. BFH vom 23.10.1996, I R 1-2/94, I R 1/94, I R 2/94, BStBl II 1997, 139). Dies gilt im UStG gleichermaßen.

4 Das KStG wie das UStG verwenden den Begriff der juristischen Personen des öffentlichen Rechts, ohne ihn zu definieren. Für das **KStG** gilt, dass dieser **Begriff weit auszulegen** ist (s. BFH vom 13.03.1974, I R 7/71, BStBl II 1974, 391). Im **UStG** gilt nichts anderes. **Juristische Personen des öffentlichen Rechts**

sind danach Personenvereinigungen oder Vermögensmassen, denen vom Staat Rechtspersönlichkeit verliehen ist. Diese Körperschaften des öffentlichen Rechts sind durch Hoheitsakt errichtet, mitgliedschaftlich verfasst, unabhängig vom Wechsel ihrer Mitglieder als Organisationen bestehend und erfüllen die Aufgaben öffentlicher Verwaltung. Im Einzelnen handelt es sich hierbei insbesondere um (s. Abschn. 2.11 Abs. 1 UStAE):

- **Gebietskörperschaften** (Bund, Länder, Gemeinden, Gemeindeverbände, Zweckverbände),
- **öffentlich-rechtliche Religionsgemeinschaften,**
- Innungen, Handwerkskammern, Industrie- und Handelskammern,
- Landeszentralbanken,
- Universitäten,
- Ärzte-, Steuerberater- und Rechtsanwaltskammern,
- Landwirtschaftskammern,
- Landesversicherungsanstalten,
- Ortskrankenkassen, Landkrankenkassen,
- öffentlich-rechtliche Stiftungen, andere rechtsfähige Anstalten (öffentliche Banken, Sparkassen, Versicherungsanstalten und Rundfunkanstalten) und ihnen vergleichbare Einrichtungen.

5 Nach Abschn. 2.11 Abs. 1 Satz 4 UStAE ist § 2 Abs. 3 UStG auf **ausländische Personen des öffentlichen** Rechts analog anzuwenden. Ob eine solche Einrichtung eine juristische Person des öffentlichen Rechts ist, ist dabei grundsätzlich nach deutschem Recht zu entscheiden (s. Abschn. 2.11 Abs. 1 Satz 5, 6 UStAE).

6 Nicht zu den juristischen Personen des öffentlichen Rechts gehören **juristische Personen des Privatrechts,** denen – lediglich – eine öffentlich-rechtliche Aufgabe übertragen ist (sog. **Beliehene**; s. BFH vom 10.11.1977, V R 115/74, BStBl II 1978, 80). Ein mit der Durchführung einer hoheitlichen Pflichtaufgabe betrauter Unternehmer ist als Leistender an den Dritten anzusehen, wenn er bei der Ausführung der Leistung diesem gegenüber – unabhängig von der öffentlich-rechtlichen Berechtigung – in eigenem Namen und für eigene Rechnung auftritt, leistet und abrechnet (s. BFH vom 28.02.2002, V R 19/01, BStBl II 2003, 950). Die beliehenen Unternehmer sind selbständig und üben eine unternehmerische Tätigkeit nach § 2 Abs. 1 aus.

7 Juristische Personen des öffentlichen Rechts können im Rahmen des geltenden Rechts zur Erfüllung ihrer gesetzlichen Pflichtaufgaben (z.B. Müll- und Abwasserbeseitigung) Unternehmer im Sinne des § 2 Abs. 1 UStG (z.B. privatrechtliche Gesellschaften) einschalten. Bei eigener Durchführung der Aufgaben würden die Hoheitsträger als Letztverbraucher mit der auf den Leistungsbezügen ruhenden Umsatzsteuer belastet, da im hoheitlichen Bereich **keine Berechtigung zum Vorsteuerabzug** besteht. Wenn jedoch der eingeschaltete Unternehmer statt des Hoheitsträgers die Leistungen bezieht, wird damit grundsätzlich die Möglichkeit des Vorsteuerabzugs beim eingeschalteten Unternehmer eröffnet. Andererseits sind die Leistungen des eingeschalteten Unternehmers an den Hoheitsträger steuerbar und steuerpflichtig. Bei der Einschaltung von Unternehmern in die Erfüllung hoheitlicher Aufgaben hat das BMF Grundsätze aufgestellt, die zu beachten sind (s. BMF vom 27.12.1990, BStBl I 1991, 81).

8 Durch das Steueränderungsgesetz 2015 (StÄndG 2015) vom 02.11.2015 (BGBl I 2015, 1834) wurde § 2 Abs. 3 UStG als besondere Vorschrift zur Unternehmereigenschaft der juristischen Personen des öffentlichen Rechts mit Wirkung ab dem 01.01.2016 aufgehoben (s. Art. 12 Nr. 2 i.V.m. Art. 18 Abs. 4 StÄndG 2015; Meurer, UStB 2016, 14) und dafür ein neuer § 2b UStG eingefügt (s. Art. 12 Nr. 3 i.V.m. Art. 18 Abs. 4 StÄndG 2015). Zugleich wurde § 27 UStG im Rahmen des StÄndG 2015 um den neuen Abs. 22 erweitert. Danach ist § 2 Abs. 3 UStG in der am 31.12.2015 geltenden Fassung auf Umsätze, die nach dem 31.12.2015 und vor dem 01.01.2017 ausgeführt werden, weiterhin anzuwenden. Die juristischen Personen des öffentlichen Rechts können bis zum 31.12.2016 für die weitere Anwendung des § 2 Abs. 3 UStG auf ihre sämtlichen Umsätze bis Ende Dezember 2020 optieren (s. BMF vom 19.04.2016, III C 2 - S 7106/07/10012-06, UStB 2016, 144). Die Erklärung kann nur mit Wirkung vom Beginn eines auf die Abgabe folgenden Kalenderjahres widerrufen werden. Nunmehr ist der Begriff der „größeren Wettbewerbsverzerrung“ ausdrücklich im nationalen Recht implementiert (s. § 2b Abs. 1 S. 2 UStG).

Einstweilen frei 9

1.2 Betriebe gewerblicher Art von juristischen Personen des öffentlichen Rechts

Bei den in § 2 Abs. 3 Satz 2 UStG genannten Fällen liegt ohne Weiteres eine gewerbliche oder berufliche Tätigkeit vor. 10

In anderen Fällen muss ein Betrieb gewerblicher Art oder ein land- und forstwirtschaftlicher Betrieb gegeben sein. Der Begriff des **Betriebs gewerblicher Art** ist nicht nach körperschaftsteuerlichen Grundsätzen, sondern richtlinienkonform unter Beachtung des Art. 9 der MwStSystRL und der zu dieser Bestimmung bzw. ihrer Vorgängerregelung ergangenen Rechtsprechung (s. z.B. BFH vom 27.02.2003, V R 78/01, BStBl II 2004, 431; vom 05.02.2004, V R 90/01, BStBl II 2004, 795; vom 31.07.2007, V B 44/06, BFH/NV 2007, 2365; vom 20.08.2009, V R 70/05, DStR 2009, 2308) zu verstehen. 11

Nach der Rechtsprechung des EuGH (s. EuGH vom 06.02.1997, C-247/95 Marktgemeinde Welden, BStBl II 1999, 779; vom 16.09.2008, C-288/07 Commissioners of Her Majestys Revenue & Customs/Isle of Wight Council u.a., DStRE 2008, 1455; vom 04.06.2009, C-102/08 SALIX Grundstücks-Vermietungsgesellschaft mbH & Co. Objekt Offenbach KG, DStR 2009, 1196) und des BFH (s. nur BFH vom 15.04.2010, V R 10/09, DStR 2010, 1440) ist eine juristische Person des öffentlichen Rechts unternehmerisch (wirtschaftlich) tätig, wenn sie auf **privatrechtlicher Grundlage** und nicht im Rahmen der eigens für sie geltenden öffentlich-rechtlichen Regelungen handelt. 12

Wird eine juristische Person des öffentlichen Rechts im Rahmen der öffentlichen Gewalt und damit an sich nicht unternehmerisch (wirtschaftlich) tätig, wird sie jedoch **als Unternehmer behandelt**, wenn die Behandlung als Nichtunternehmer zu größeren **Wettbewerbsverzerrungen** führen würde (s. Art. 13 Abs. 1 MwStSystRL). Eine Wettbewerbsverzerrung liegt nicht vor, wenn private Anbieter entweder keine vergleichbaren Leistungen erbringen oder aber die Leistungen der privaten Anbieter umsatzsteuerfrei sind. 13

Nach Art. 13 Abs. 2 i.V.m. Art. 135 Abs. 1 Buchst. l MwStSystRL können die Mitgliedsstaaten **bestimmte steuerfreie Umsätze**, z.B. die Grundstücksvermietung, als nichtunternehmerische Tätigkeit behandeln. Wenn ein Mitgliedstaat hiervon Gebrauch machen möchte, muss er dies aus Gründen der Rechtssicherheit und -klarheit ausdrücklich gesetzlich regeln. Erforderlich ist eine entsprechende Regelung im Gesetz selbst oder in einer aufgrund einer gesetzlichen Ermächtigung erlassenen Rechtsverordnung (s. EuGH vom 04.06.2009, C-102/08 SALIX Grundstücks-Vermietungsgesellschaft mbH & Co. Objekt Offenbach KG, DStR 2009, 1196). Der deutsche nationale Gesetzgeber hat eine solche Regelung bislang nicht getroffen. Deshalb ist beispielsweise die Vermietung eines Grundstücks durch eine juristische Person des öffentlichen Rechts eine unternehmerische Tätigkeit. 14

Auch eine vermögensverwaltende Tätigkeit kann zum unternehmerischen Bereich einer juristischen Person des öffentlichen Rechts gehören oder die Unternehmereigenschaft einer juristischen Person des öffentlichen Rechts begründen. Handelt die juristische Person des öffentlichen Rechts dabei auf privatrechtlicher Grundlage durch Vertrag, kommt es auf weitere Voraussetzungen wie z.B. das Bestehen einer Gewinnerzielungsabsicht oder eine Beteiligung am allgemeinen wirtschaftlichen Verkehr, nicht an (s. Sächsisches FG vom 29.10.2015, 6 K 1104/13, nicht rkr. Az. BFH: V R 44/15, EFG 2016, 940). Verpachtet demgemäß eine juristische Person des öffentlichen Rechts ein neu gebautes Sportzentrum an eine Betreibergesellschaft und ist ein handelsrechtlicher Verlustausgleich durch die juristische Person des öffentlichen Rechts vereinbart, führt dieser Verlustausgleich bei der gebotenen getrennten Betrachtungsweise der Leistungsbeziehungen weder auf der Ebene des § 4 Abs. 1 KStG dazu, dass eine Einnahmeerzielungsabsicht fehlt, noch auf der Ebene des § 4 Abs. 4 KStG dazu, dass von einer unentgeltlichen Verpachtung auszugehen ist. Die Zuschussverpflichtung der juristischen Person des öffentlichen Rechts steht einer Unternehmereigenschaft nicht. 14/1

Weitere Einzelfälle (s. Abschn. 2.11 Abs. 12-19 UStAE und zu den aktuellen Entscheidungen des BFH im Überblick s. Ismer/Keyer, UR 2011, 81): 15

- Betreibt eine Gemeinde ein **Parkhaus**, kann ein Betrieb gewerblicher Art auch dann anzunehmen sein, wenn sie sich mit einer Benutzungssatzung der Handlungsformen des öffentlichen Rechts bedient

(s. BFH vom 10.12.1992, V R 31/88, BStBl II 1993, 380; vom 01.12.2011, V R 1/11, DStR 2012, 352). Überlässt sie hingegen aufgrund der Straßenverkehrsordnung Parkplätze durch Aufstellung von **Parkscheinautomaten gegen Parkgebühren**, handelt sie insoweit nicht als Unternehmer im Sinne des UStG (s. BFH vom 27.02.2003, V R 78/01, BStBl II 2004, 431).

- Gemeindliche **Kurverwaltungen**, die Kurtaxen und Kurförderungsabgaben erheben, sind in der Regel Betriebe gewerblicher Art (s. BFH vom 15.10.1962, I 53/61 U, BStBl III 1962, 542). Sofern die Voraussetzungen von R 6 Abs. 4 und 5 KStR 2004 bzw. R 4.1 Abs. 4 und 5 KStR 2015 gegeben sind, unterliegen die Gemeinden mit den durch die Kurtaxe abgegoltenen Leistungen der Umsatzsteuer. Die **Kurförderungsabgaben** (Fremdenverkehrsbeiträge A) sind dagegen nicht als Entgelte für Leistungen der Gemeinden zu betrachten und nicht der Steuer zu unterwerfen.
- Die staatlichen **Materialprüfungsanstalten oder Materialprüfungsämter** üben neben ihrer hoheitlichen Tätigkeit vielfach auch Tätigkeiten wirtschaftlicher Natur, z.B. entgeltliche Untersuchungs-, Beratungs- und Begutachtungsleistungen für private Auftraggeber, aus. Unter den Voraussetzungen von R 6 Abs. 4 und 5 KStR 2004 bzw. R 4.1 Abs. 4 und 5 KStR 2015 sind in diesen Fällen Betriebe gewerblicher Art anzunehmen.
- Nach Auffassung der Finanzverwaltung stellt die **Gestellung von Personal durch juristische Personen des öffentlichen Rechts** gegen **Erstattung der Kosten** grundsätzlich einen **Leistungsaustausch** dar, sofern die gestellende juristische Person Arbeitgeber bleibt (s. Abschn. 2.11 Abs. 15 Satz 1 UStAE). Ob dieser Leistungsaustausch der Umsatzsteuer unterliegt, hängt nach § 2 Abs. 3 UStG davon ab, ob die Personalgestellung im Rahmen eines Betriebs gewerblicher Art im Sinne von § 1 Abs. 1 Nr. 6, § 4 KStG vorgenommen wird (s. Abschn. 2.11 Abs. 15 Satz 2 UStAE). Der **BFH** hat demgegenüber nicht nur entschieden, dass eine Gemeinde **unternehmerisch tätig** ist, wenn sie gegen Entgelt die Nutzung einer Sport- und Freizeithalle entweder auf zivilrechtlicher oder – im Wettbewerb zu Privaten – auf öffentlich-rechtlicher Grundlage erbringt (s. BFH vom 10.11.2011, V R 41/10, DStR 2012, 348). Nach zutreffender Auffassung des BFH gilt Gleiches für die entgeltliche Nutzungsüberlassung der Halle an eine Nachbargemeinde für Zwecke des Schulsports. Auch eine sog. Beistandsleistung, die zwischen juristischen Personen des öffentlichen Rechts gegen Entgelt erbracht wird, ist steuerbar und bei Fehlen besonderer Befreiungstatbestände steuerpflichtig (s. BFH vom 10.11.2011, V R 41/10, DStR 2012, 348). Diese Rechtsprechung führt zu erheblichen Problemen für die öffentliche Hand. Denn derartige Beistandsleistungen erbringen Bund, Länder und Kommunen mit- und untereinander. Beispiele für Beistandsleistungen gibt es viele (hierzu s. Suck, UR 2013, 205). Im Verhältnis zwischen Bund und den Kommunen ist an die Kostenerstattungen für Beistandsleistungen im Rahmen der Verwaltung der Grundsicherung für Arbeitssuchende nach dem Sozialgesetzbuch II zu denken. Im Verhältnis zwischen den Ländern und den Kommunen sind überlassene Personal- und Sachkostenausstattungen der Länder an die Kommunen für die Wahrnehmung von Aufgaben der anderen Ebene ein Beispiel für Beistandsleistungen. Der vielfältigste Bereich an Beistandsleistungen erfolgt auf kommunaler Ebene. Hier sind zum Beispiel gegen Aufwendungsersatz erfolgende Personal- und Beihilfeabrechnungen, die gemeinsame Ausbildung kommunaler Nachwuchskräfte, der gemeinsame Betrieb von Rechen- und Callcentern oder Personalgestellungen zu nennen. Die Finanzverwaltung wendet diese Rechtsprechung des BFH nach wie vor nicht an. Sofern sich eine juristische Person des öffentlichen Rechts auf die neue Rechtsprechung des BFH beruft, beanstandet das die Finanzverwaltung nicht (s. OFD Niedersachsen vom 26.01.2011, S 7106/283/St 171, DStR 2011, 525). Allerdings ist dieses faktische Wahlrecht einheitlich für alle Tätigkeiten und Zeiträume auszuüben.
- Wird ein gemeindliches **Schwimmbad** sowohl für das **Schulschwimmen** (nichtwirtschaftliche Tätigkeit i.e.S.) als auch für den öffentlichen Badebetrieb genutzt, ist unabhängig davon, welche Nutzung überwiegt, die Nutzung für den öffentlichen Badebetrieb grundsätzlich als wirtschaftlich selbständige Tätigkeit im Sinne des § 4 Abs. 1 KStG anzusehen.
- Gestattet eine **Universität** als juristische Person des öffentlichen Rechts durch privatrechtlichen Vertrag das **Aufstellen von Automaten** gegen Entgelt, erbringt sie als Unternehmer steuerbare und steuerpflichtige Leistungen (s. BFH vom 15.04.2010, V R 10/09, DStR 2010, 1280).

- **Veräußert eine Gemeinde ein Grundstück**, handelt es sich nicht um eine Tätigkeit im Rahmen der öffentlichen Gewalt (s. FG Berlin-Brandenburg vom 01.10.2009, 5 K 858/05, DStRE 2010, 551). Mithin kann die Gemeinde auf die Umsatzsteuerfreiheit gem. § 4 Nr. 9 Buchst. a i.V.m. § 9 Abs. 1 UStG verzichten.
- **Produziert** und **verkauft eine selbständige Kirchengemeinde Strom** mit einer auf dem Dach des Gemeindesaals installierten Fotovoltaikanlage, so stellt dies keine hoheitliche, sondern allein eine privatrechtliche Tätigkeit dar (s. FG Niedersachsen vom 22.03.2010, 16 K 1119/08, EFG 2010, 1264). Ein Mindestjahresumsatz von 30.678 € muss dabei nicht überschritten werden.
- Die bloße Überlassung von Standplätzen auf Wochenmärkten ist keine hoheitliche Tätigkeit (s. BFH vom 17.05.2000, I R 50/98, BStBl II 2001, 558; vom 22.10.2009, V R 33/08, BFH/NV 2010, 957). Vermietet – deshalb – eine Gemeinde Standflächen bei einer Kirmesveranstaltung auf zivilrechtlicher Grundlage, handelt sie als Unternehmerin (BFH vom 13.02.2014, V R 5/13, DStRE 2014, 806). Die Standplatzvermietung ist im vollen Umfang gemäß § 4 Nr. 12 Buchst. a UStG steuerfrei.
- Ein **kommunaler Zweckverband** in der Rechtsform einer Körperschaft des öffentlichen Rechts, der eine Wasserversorgungsanlage zur Förderung und Abgabe von Trink- und Gebrauchswasser betreibt, ist bei richtlinienkonformer Auslegung Unternehmer (BFH vom 02.03.2011, XI R 65/07, DStRE 2011, 9595).
- Veranstaltet eine Gemeinde als juristische Person des öffentlichen Rechts ein **Gemeindefest** wird sie unternehmerisch tätig (s. BFH vom 05.11.2014, XI R 42/12, DStRE 2015, 215). Die Eintrittsgelder, die eine Gemeinde dabei von den Besuchern für die von ihr organisierten „Schaustellungen, Musikaufführungen, unterhaltenden Vorstellungen oder sonstige Lustbarkeiten" verlangt, unterliegen dem ermäßigten Umsatzsteuersatz nach § 12 Abs. 2 Nr. 7 Buchst. d UStG.

Eine Körperschaft des öffentlichen Rechts, die als gesetzlicher Träger der Sozialversicherung im Rahmen 16
der von ihr betriebenen Rehabilitationskliniken ohne medizinische Notwendigkeit Begleitpersonen von Patienten gegen privatrechtlich vereinbartes gesondertes Entgelt unterbringt und verpflegt sowie an ihre Mitarbeiter entgeltliche Verpflegungsleistungen erbringt, ist insoweit unternehmerisch tätig und führt steuerbare und steuerpflichtige Umsätze aus, wenn die genannten Leistungen für die Tätigkeiten in den Rehabilitationskliniken nicht unerlässlich sind oder dazu bestimmt sind, den Rehabilitationskliniken zusätzliche Einnahmen zu verschaffen (s. BFH vom 16.12.2015, XI R 52/13, DStRE 2016, 425). In der Literatur war bislang überwiegend davon ausgegangen worden, dass die Mitarbeiterverpflegung steuerbefreit sei (s. nur Oelmaier in Sölch/Ringleb, § 4 Nr. 15 UStG Rn. 14). Gestützt wurde dies auf die Entscheidung des BFH vom 28.09.2006 (s. BFH vom 28.9.2006, V R 57/05, BStBl II 2007, 846; dazu Nichtanwendungserlass des BMF vom 27.09.2007, IV A 6 – S 7175/07/0003, BStBl I 2007, 768), in der die Abgabe von Mahlzeiten durch ein Studentenwerk an Studenten und Bedienstete, die zur Durchführung der Aufgaben der sozialen Betreuung und Förderung der Studenten am Hochschulort tätig waren, als steuerfrei anerkannt worden war. Der BFH lehnt jedoch nunmehr zu Recht eine Vergleichbarkeit mit der „Studentenwerks-Entscheidung" ab, da die Klinik keine Einrichtung des öffentlichen Rechts ist, die gerade mit solchen Aufgaben betraut ist. Die Verpflegung von Mitarbeitern in einer Klinik hat einen eigenen Zweck (nämlich die Versorgung der Mitarbeiter) und stellt damit kein unerlässliches Mittel dar, um die Hauptleistung (nämlich die medizinische Versorgung/Rehabilitation der Patienten) unter den bestmöglichen Bedingungen zu erhalten (s. EuGH vom 14.06.2007, Rs. C434/05, Horizon College, UR 2007, 587).

Eine Landesärztekammer ist als juristische Person des öffentlichen Rechts im Rahmen der „externen 17
Qualitätssicherung Krankenhaus" nicht unternehmerisch tätig, wenn sie insoweit auf öffentlich-rechtlicher Grundlage handelt und ihre Behandlung als Nichtunternehmerin nicht zu größeren Wettbewerbsverzerrungen führen würde (s. BFH vom 10.02.2016, XI R 26/13, DStR 2016, 805).

1.3 Land- und forstwirtschaftliche Betriebe von juristischen Personen des öffentlichen Rechts

18 Zum Unternehmensbereich der juristischen Personen des öffentlichen Rechts gehören ihre **land- und forstwirtschaftlichen Betriebe**, § 2 Abs. 3 Satz 1 Alt. 2. (vgl. z.B. am Beispiel des landwirtschaftlichen Eigenbetriebs einer Justizvollzugsanstalt, FG Nürnberg vom 02.04.1974, II 153/71, EFG 1974, 499). Die Frage, ob ein land- und forstwirtschaftlicher Betrieb vorliegt, ist unabhängig von einer Umsatzgrenze nach den gleichen Merkmalen zu beurteilen, die grundsätzlich auch bei der Durchschnittssatzbesteuerung nach § 24 UStG maßgebend sind (s. Abschn. 2 11 Abs. 5 UStAE). Danach gelten als land- oder forstwirtschaftliche Betriebe die **Landwirtschaft**, die **Forstwirtschaft**, der Wein-, Garten-, Obst- und Gemüsebau, die Baumschulen, alle Betriebe, die Pflanzen und Pflanzenteile mithilfe der Naturkräfte gewinnen, die Binnenfischerei, die Teichwirtschaft, die Fischzucht für die Binnenfischerei und Teichwirtschaft, die Imkerei, die Wanderschäferei sowie die Saatzucht. Darüber hinaus sind auch die Tierzucht- und Tierhaltungsbetriebe, soweit die Tierbestände nach § 51 und § 51a BewG zur landwirtschaftlichen Nutzung gehören, als land- oder forstwirtschaftliche Betriebe anzusehen. Dazu gehören auch die **Nebenbetriebe**, die dem land- oder forstwirtschaftlichen Betrieb zu dienen bestimmt sind (s. § 24 Abs. 2 Satz 2 UStG). Ein Gewerbebetrieb kraft Rechtsform gilt auch dann nicht als land- oder forstwirtschaftlicher Betrieb, wenn die übrigen Merkmale eines land- oder forstwirtschaftlichen Betriebs vorliegen (s. § 24 Abs. 2 Satz 3 UStG).

19 Eine juristische Person des öffentlichen Rechts wird mit **der Verpachtung ihrer Eigenjagd** im Rahmen ihres bestehenden land- und forstwirtschaftlichen Betriebs nach § 2 Abs. 3 UStG **gewerblich** oder beruflich tätig (s. BFH vom 22.09.2005, V R 28/03, BStBl II 2006, 280; s. Abschn. 2.11 Abs. 19 UStAE). Dies gilt unabhängig davon, dass die Umsätze aus der Jagdverpachtung nicht der Durchschnittssatzbesteuerung nach § 24 UStG unterliegen (s. BFH vom 22.09.2005, V R 28/03, BStBl II 2006, 280).

20–21 Einstweilen frei

1.4 Gewerbliche Betriebe kraft ausdrücklicher gesetzlicher Anordnung, § 2 Abs. 3 Satz 2 UStG

22 Auch wenn die Voraussetzungen eines Betriebs gewerblicher Art oder eines land- und forstwirtschaftlichen Betriebs nicht gegeben sind, gelten die in § 2 Abs. 3 Satz 2 Nr. 2 bis 5 UStG bezeichneten Tätigkeitsbereiche als unternehmerische Tätigkeiten. Faktisch handelt es sich bei § 2 Abs. 2 Satz 2 UStG lediglich um eine **Klarstellung**, denn die dort aufgeführten Tätigkeiten unterfallen – bei unionsrechtskonformer Auslegung – ohnehin den Voraussetzungen des § 2 Abs. 2 Satz 1 UStG. Denn bei diesen Tätigkeiten liegt kein Handeln auf hoheitlichem Gebiet, sondern auf dem der Verbrauchsvorsorge vor. Möglicherweise war der Gesetzgeber durch die Klarstellung bemüht, jede denkbare Wettbewerbsverzerrung in den aufgeführten Bereichen im Verhältnis zu den Vertretern der Privatwirtschaft zu vermeiden, die dieselben Tätigkeiten am Markt anbieten.

23 § 2 Abs. 3 Satz 2 Nr. 1 UStG erfasst die Tätigkeit der **Notare im Landesdienst** und der **Ratschreiber im Land Baden-Württemberg**, soweit Tätigkeiten ausgeführt werden, für die nach der Bundesnotarordnung die Notare zuständig sind.

24 Mit den sog. **Amtsnotaren** leistet sich Baden-Württemberg eine Sonderheit. Umsatzsteuerlich werden die Amtsnotare aber zumindest den Notaren im Übrigen gleichgestellt, damit es nicht zu Wettbewerbsvorteilen für die Amtsnotare kommt. Das badische Amtsnotariat ist aber ohnedies ein Auslaufmodell. Denn zum Stichtag 01.01.2018 werden die staatlichen Notariate im Rahmen der Notariatsreform aufgelöst; ab diesem Zeitpunkt werden die notariellen Aufgaben in Baden-Württemberg von freien (nicht beamteten) Notaren zur hauptberuflichen Amtsausübung wahrgenommen.

25 **Ratschreiber** ist in Baden-Württemberg der Titel eines kommunalen Beamten, der u.a. auch Aufgaben erfüllt, die üblicherweise den Notaren vorbehalten sind (z.B. öffentliche Beglaubigungen von Unterschriften oder Abschriften). Auch insoweit soll – mit Blick auf die Notare – eine Wettbewerbsverzerrung vermieden werden.

Die **Abgabe von Brillen und Brillenteilen** einschließlich der **Reparaturarbeiten** durch **Selbstabgabestellen der gesetzlichen Träger der Sozialversicherung** gilt nach § 2 Abs. 3 Satz 2 Nr. 3 UStG ebenfalls als unternehmerisch, damit Wettbewerbsverzerrungen zulasten der privatwirtschaftlich tätigen Optiker verhindert werden. 26

Der Grundgedanke des § 2 Abs. 3 Satz 2 UStG findet sich auch für die **Vermessungs- und Katasterbehörden** konkretisiert. Nach § 2 Abs. 3 Satz 2 Nr. 4 UStG unterliegen solche Tätigkeiten der Umsatzsteuer, die ihrer Art nach auch von den in fast allen Bundesländern zugelassenen öffentlich bestellten Vermessungsingenieuren ausgeführt werden. Die Vorschrift beschränkt sich auf hoheitliche Vermessungen, deren Ergebnisse zur Fortführung des Liegenschaftskatasters bestimmt sind (Teilungsvermessungen, Grenzfeststellungen und Gebäudeeinmessungen). Nicht dazu gehören hoheitliche Leistungen, wie z.B. die Führung und Neueinrichtung des Liegenschaftskatasters. 27

Die entgeltliche **Erteilung von Auszügen aus dem Liegenschaftskataster** durch Vermessungs- und Katasterbehörden gilt nach § 2 Abs. 3 Satz 2 Nr. 4 UStG als unternehmerische Tätigkeit, soweit in dem betreffenden Bundesland nach den jeweiligen landesrechtlichen Gegebenheiten eine entgeltliche Erteilung von Auszügen aus dem Liegenschaftskataster auch durch öffentlich bestellte Vermessungsingenieure rechtlich und technisch möglich ist (s. Abschn. 2.11 Abs. 7 Satz 4 UStAE). Dies gilt jedoch nicht, soweit öffentlich bestellte Vermessungsingenieure nach den jeweiligen landesrechtlichen Bestimmungen lediglich als Erfüllungsgehilfen der Vermessungs- und Katasterbehörden tätig werden (s. Abschn. 2.11 Abs. 7 Satz 4 UStAE). 28

Soweit Gemeinden **entgeltlich Auszüge aus dem Liegenschaftskataster** erteilen, gelten sie als Vermessungs- und Katasterbehörden im Sinne von § 2 Abs. 3 Satz 2 Nr. 4 UStG (s. Abschn. 2.11 Abs. 7 Satz 4 UStAE). 29

Der Umsatzsteuer unterliegen **nur Leistungen an Dritte**, dagegen nicht **unentgeltliche Wertabgaben,** z.B. Vermessungsleistungen für den Hoheitsbereich der eigenen Trägerkörperschaft. Gleiches gilt für den Bereich Amtshilfe, z.B. Überlassung von Unterlagen an die Grundbuchämter und Finanzämter. 30

Zum **Vorsteuerabzug** sind die **Vermessungs- und Katasterbehörden** nur insoweit berechtigt, als sie die bezogenen Leistungen für ihr Unternehmen verwenden. Da die sachgerechte Zuordnung der Vorsteuern bei den Vermessungs- und Katasterbehörden vielfach zu verwaltungsmäßigen Schwierigkeiten führt, hat die Finanzverwaltung zur Vereinfachung zugelassen, dass hier die insgesamt abziehbaren Vorsteuerbeträge mit 1,9 % der Bemessungsgrundlage für die steuerpflichtigen Vermessungsumsätze ermittelt werden (s. Abschn. 2.11 Abs. 10, 11 UStAE). Soweit diese **Vereinfachungsregelung** gewählt wird, ist die Behörde für mindestens fünf Jahre daran gebunden (s. Abschn. 2.11 Abs. 11 Satz 5 UStAE). Bei Anwendung der Vereinfachungsregelung entfällt weiterhin die Besteuerung der unentgeltlichen Nutzung von Gegenständen im nichtunternehmerischen Bereich nach § 3 Abs. 9a UStG (s. Abschn. 2.11 Abs. 11 Satz 2 UStAE). 31

Die Tätigkeit der **Bundesanstalt für Landwirtschaft und Ernährung**, soweit Aufgaben der **Marktordnung,** der **Vorratshaltung** und der **Nahrungsmittelhilfe** wahrgenommen werden, erfolgt ebenfalls unternehmerisch (s. § 2 Abs. 3 Satz 2 Nr. 5 UStG). Die Bundesanstalt für Landwirtschaft und Ernährung nimmt ganz unterschiedliche Verwaltungsaufgaben im Geschäftsbereich des Bundesministeriums für Ernährung und Landwirtschaft wahr. Sie gilt aber nur insoweit nach § 2 Abs. 3 Satz 2 Nr. 5 UStG als Unternehmer, als sie selbst Umsätze ausführt. Und eine unternehmerische (wirtschaftliche) Tätigkeit setzt immer voraus, dass – auf privatrechtlicher Grundlage – Lieferungen oder sonstige Leistungen im eigenen Namen gegen Entgelt erbracht werden. Vor diesem Hintergrund hat der BFH entschieden, dass die Bundesanstalt für Landwirtschaft und Ernährung nicht unternehmerisch tätig wird, wenn sie im Zusammenhang mit der Schweinepest Schweine gerade nicht durch Umsätze für ihr Unternehmen verwendet, sondern lediglich in **Tierkörperbeseitigungsanstalten** entsorgen lässt (s. BFH vom 03.07.2008, V R 51/06, BStBl II 2009, 213). 32

Einstweilen frei 33–34

§ 2a UStG Fahrzeuglieferer

[1]Wer im Inland ein neues Fahrzeug liefert, das bei der Lieferung in das übrige Gemeinschaftsgebiet gelangt, wird, wenn er nicht Unternehmer im Sinne des § 2 ist, für diese Lieferung wie ein Unternehmer behandelt. [2]Dasselbe gilt, wenn der Lieferer eines neuen Fahrzeugs Unternehmer im Sinne des § 2 ist und die Lieferung nicht im Rahmen des Unternehmens ausführt.

Bearbeiter: Holger Raudszus

Inhaltsverzeichnis

1. Allgemeines und Abgrenzung zu anderen Vorschriften

1 § 2a UStG ist eine **Spezialvorschrift** der Besteuerung im Binnenmarkt, die das Bestimmungslandprinzip bei der Lieferung von Neufahrzeugen sicherstellen will. Die Vorschrift ist nur aus dem Verständnis vom Zusammenspiel diverser umsatzsteuerrechtlicher Vorschriften verständlich. Im Ergebnis schließt § 2a UStG lediglich eine Besteuerungslücke und ist nur in speziell gelagerten Ausnahmefällen von Bedeutung.

2 Nach dem Willen der Mitgliedstaaten soll lediglich aus Gründen der nationalen Sicherung des Umsatzsteuersteueraufkommens bei der Lieferung neuer Fahrzeuge im Sinne des § 1b UStG innerhalb der EU die Besteuerung in dem Mitgliedstaat erfolgen, in dem das Fahrzeug verwendet (verbraucht) wird (sog. **Bestimmungslandprinzip**). Der „Verbrauchsmitgliedstaat" soll die Einnahmen aus der Umsatzsteuer bekommen und nicht der „Lieferstaat". Folglich ist die Regelung nur für Fälle bedeutsam, in denen das neue Fahrzeug bei der Lieferung aus dem Gebiet eines Mitgliedstaats in einen anderen Mitgliedstaat gelangt.

3 Im Normalfall, in dem ein Fahrzeughändler als Unternehmer gem. § 2 Abs. 1 UStG ein neues Fahrzeug aus dem Gebiet eines Mitgliedstaats in einen anderen Mitgliedstaat liefert, findet § 2a UStG keine Anwendung. So ein Fall löst sich nach den allgemeinen Vorschriften (s. dazu nachfolgende Beispiele 1 und 2).

4 **Beispiel 1:** Ein in Dänemark einen Firmensitz innehabender Unternehmer U-DK erwirbt in Flensburg bei dem Händler H-DE einen Neuwagen für netto 50.000 €. Das Fahrzeug wird an U-DK nach Dänemark überführt und dort erstmalig zugelassen. Beide Unternehmer verwenden die von ihrem Mitgliedstaat zugeteilte Umsatzsteuer-Identifikationsnummer.

Lösung: H-DE ist aufgrund seiner Händlertätigkeit nachhaltig tätig und damit Unternehmer gem. § 2 Abs. 1 UStG. Er tätigt mit seiner Lieferung an U-DK unter den weiteren Voraussetzungen des § 6a Abs. 1 Nr. 1, **2 Buchst. a** und 3 UStG eine nach § 4 Nr. 1 Buchst. b UStG steuerfreie innergemeinschaftliche Lieferung. **Die Vorschrift des § 2a UStG findet keine Anwendung**. Die anzumeldende Bemessungsgrundlage beträgt 50.000 €. Zudem hat H-DE unter den weiteren Voraussetzungen des § 18a UStG eine Zusammenfassende Meldung an das BZSt zu übermitteln.
U-DK tätigt in **analoger Anwendung** des § 1a Abs. 1 UStG in Dänemark einen dort steuerpflichtigen innergemeinschaftlichen Erwerb.

Beispiel 2: Eine in Dänemark ansässige Privatperson P-DK erwirbt in Flensburg bei dem Händler H-DE einen Neuwagen für netto 50.000 €. Das Fahrzeug wird an P-DK nach Dänemark überführt und dort erstmalig zugelassen. P-DK verfügt über keine Umsatzsteuer-Identifikationsnummer. 5

Lösung: H-DE ist aufgrund seiner Händlertätigkeit nachhaltig tätig und damit Unternehmer gem. § 2 Abs. 1 UStG. Er tätigt mit seiner Lieferung an P-DK unter den weiteren Voraussetzungen des § 6a Abs. 1 Nr. 1, **2 Buchst. c** und 3 UStG eine nach § 4 Nr. 1 Buchst. b UStG steuerfreie innergemeinschaftliche Lieferung. **Die Vorschrift des § 2a UStG findet keine Anwendung**. Die anzumeldende Bemessungsgrundlage beträgt 50.000 €. H-DE hat wegen der Vorschrift des § 18a Abs. 6 Nr. 1 UStG **keine** Zusammenfassende Meldung an das BZSt zu übermitteln.
P-DK tätigt in **analoger Anwendung** des § 1b Abs. 1 UStG in Dänemark einen dort steuerpflichtigen innergemeinschaftlichen Erwerb.

2. Nichtunternehmer als Fahrzeuglieferer

2.1 Allgemeines

§ 2a UStG soll auch dann eine Besteuerung im Bestimmungsland sicherstellen, wenn der Lieferer gerade **kein Unternehmer** im Sinne des § 2 Abs. 1 UStG ist, weil er beispielsweise nicht nachhaltig im Sinne des § 2 Abs. 1 Satz 3 UStG als Fahrzeughändler tätig ist, sondern dies lediglich einmalig oder allenfalls gelegentlich macht. In diesem Spezialfall wird der Lieferer über die Vorschrift des § 2a UStG nur für diesen Vorgang zum Unternehmer (siehe nachfolgendes Beispiel 3). 6

Beispiel 3: Eine in Dänemark ansässige Privatperson P-DK erwirbt in Flensburg bei der dort wohnhaften Privatperson P-DE einen Neuwagen für Netto 50.000 €. Das Fahrzeug wird an P-DK nach Dänemark überführt und dort erstmalig zugelassen. Weder P-DE noch P-DK verfügen über eine Umsatzsteuer-Identifikationsnummer. Für P-DE stellt dieser Verkauf einen einmaligen Vorgang dar. 7

Lösung: P-DE ist mangels seiner Händlertätigkeit nicht nachhaltig tätig, da er keine auf Wiederholungsabsicht angelegte Tätigkeit entfaltet und damit kein Unternehmer gem. § 2 Abs. 1 UStG ist. Allerdings macht ihn die Vorschrift des § 2a UStG für diese Fahrzeuglieferung zum Unternehmer gem. § 2a UStG. Er tätigt mit seiner Lieferung an P-DK unter den weiteren Voraussetzungen des § 6a Abs. 1 Nr. 1, 2 Buchst. c und 3 UStG eine nach § 4 Nr. 1 Buchst. b UStG steuerfreie innergemeinschaftliche Lieferung. Die anzumeldende Bemessungsgrundlage beträgt 50.000 €. H-DE hat wegen der Vorschrift des § 18a Abs. 6 Nr. 1 UStG keine Zusammenfassende Meldung an das BZSt zu übermitteln (zu den weiteren Erklärungspflichten und zur rechtlichen und technischen Abwicklung des Vorgangs für P-DE s. Rn. 11).
P-DK tätigt in analoger Anwendung des § 1b Abs. 1 UStG in Dänemark einen dort steuerpflichtigen innergemeinschaftlichen Erwerb.

2.2 Personenkreis des § 2a UStG

Die Formulierung „wer" in § 2a UStG führt, wie auch in § 2 UStG, dazu, dass von dieser Vorschrift **jedes nicht nach § 2 UStG tätige „Gebilde"** erfasst werden kann. Dazu gehören natürliche Personen, juristische Personen und Zusammenschlüsse, im Einzelnen s. Abschn. 2.1 UStAE. 8

Die Besonderheit des § 2a UStG besteht darin, dass eine im Übrigen nicht unternehmerisch tätige natürliche oder juristische Person oder ein Zusammenschluss nur für den Fall des Verkaufs eines Neufahrzeugs, das bei der Lieferung in das übrige Gemeinschaftsgebiet gelangt, **zum Unternehmer wird**. 9

Für Unternehmer, die nicht wie in Beispiel 1 oder 2 (s. Rn. 4, 5) Fahrzeughändler sind, stellt die Lieferung eines neuen Fahrzeugs ein **Hilfsgeschäft** dar, das im Rahmen des Unternehmens erfolgt. Die Anwendung des § 2a UStG scheidet folglich auch in diesen Fällen aus. 10

2.3 Neues Fahrzeug

11 Der Begriff des „neuen Fahrzeugs" ergibt sich aus § 1b Abs. 2 und Abs. 3 UStG, s. die Kommentierung zu § 1b UStG.

12 Liefert jemand, der kein Unternehmer gem. § 2 UStG ist, ein Fahrzeug, dass **nicht** unter die in § 1b Rn. 12 genannten Kriterien fällt, in das übrige Gemeinschaftsgebiet, findet § 2a UStG keine Anwendung. Daraus folgt weiter, dass in diesem Fall kein steuerbarer Vorgang im Sinne des § 1 Abs. 1 Nr. 1 Satz 1 UStG vorliegt.

13 **Beispiel 4:** Eine in Dänemark ansässige Privatperson P-DK erwirbt in Flensburg bei der dort wohnhaften Privatperson P-DE einen gebrauchten zwei Jahre alten PKW für 30.000 €. Der Wagen hat beim Verkauf eine Laufleistung von 15.000 km. Das Fahrzeug wird an P-DK nach Dänemark überführt und dort erstmalig zugelassen. Weder P-DE noch P-DK verfügen über eine Umsatzsteuer-Identifikationsnummer. Für P-DE stellt dieser Verkauf einen einmaligen Umstand dar.

Lösung: P-DE ist aufgrund seiner Händlertätigkeit nicht nachhaltig tätig, da er keine auf Wiederholungsabsicht angelegte Tätigkeit entfaltet und damit kein Unternehmer gem. § 2 Abs. 1 UStG ist. Auch macht ihn die Vorschrift des § 2a UStG für diese Fahrzeuglieferung nicht zu einem Unternehmer gem. § 2a UStG, da er kein Neufahrzeug gem. § 1b Abs. 3 Nr. 1 UStG liefert. Der Vorgang erfolgt nicht steuerbar gem. § 1 Abs. 1 Nr. 1 Buchst. a Satz 1 UStG.

2.4 Vorsteuerabzug für den Fahrzeuglieferer

14 Da im Normalfall der Fahrzeuglieferer im Sinne des § 2a UStG kein Unternehmer ist, kann regelmäßig davon ausgegangen werden, dass er das neue Fahrzeug selbst erworben hat. Unter den weiteren Voraussetzungen des § 15 UStG ist auch ein Fahrzeuglieferer zum **Vorsteuerabzug** berechtigt. Dabei sind die Besonderheiten und **Einschränkungen** des nur für ihn geltenden § 15 Abs. 4a UStG zu beachten (s. § 15 UStG).

2.5 Erklärungspflichten für den Fahrzeuglieferer

15 Da die Regelung des § 2a UStG nur für innergemeinschaftliche Lieferungen gilt, die steuerfrei nach § 4 Nr. 1 Buchst. b UStG erfolgen, entfällt eine Steuerberechnung und -entstehung. Allerdings verpflichtet § 18 Abs. 4a UStG den Fahrzeuglieferer zur Abgabe einer **Umsatzsteuer-Voranmeldung** sowie einer **Umsatzsteuer-Jahreserklärung** (s. § 18 UStG).

§ 2b UStG Juristische Personen des öffentlichen Rechts

(zeitliche Geltung ab 01.01.2017, § 27 Abs. 22 UStG)

(1) [1]Vorbehaltlich des Absatzes 4 gelten juristische Personen des öffentlichen Rechts nicht als Unternehmer im Sinne des § 2, soweit sie Tätigkeiten ausüben, die ihnen im Rahmen der öffentlichen Gewalt obliegen, auch wenn sie im Zusammenhang mit diesen Tätigkeiten Zölle, Gebühren, Beiträge oder sonstige Abgaben erheben. [2]Satz 1 gilt nicht, sofern eine Behandlung als Nichtunternehmer zu größeren Wettbewerbsverzerrungen führen würde.

(2) Größere Wettbewerbsverzerrungen liegen insbesondere nicht vor, wenn
1. der von einer juristischen Person des öffentlichen Rechts im Kalenderjahr aus gleichartigen Tätigkeiten erzielte Umsatz voraussichtlich 17.500 Euro jeweils nicht übersteigen wird oder
2. vergleichbare, auf privatrechtlicher Grundlage erbrachte Leistungen ohne Recht auf Verzicht (§ 9) einer Steuerbefreiung unterliegen.

(3) Sofern eine Leistung an eine andere juristische Person des öffentlichen Rechts ausgeführt wird, liegen größere Wettbewerbsverzerrungen insbesondere nicht vor, wenn
1. die Leistungen aufgrund gesetzlicher Bestimmungen nur von juristischen Personen des öffentlichen Rechts erbracht werden dürfen oder
2. die Zusammenarbeit durch gemeinsame spezifische öffentliche Interessen bestimmt wird. Dies ist regelmäßig der Fall, wenn
   a) die Leistungen auf langfristigen öffentlich-rechtlichen Vereinbarungen beruhen,
   b) die Leistungen dem Erhalt der öffentlichen Infrastruktur und der Wahrnehmung einer allen Beteiligten obliegenden öffentlichen Aufgabe dienen,
   c) die Leistungen ausschließlich gegen Kostenerstattung erbracht werden und
   d) der Leistende gleichartige Leistungen im Wesentlichen an andere juristische Personen des öffentlichen Rechts erbringt.

(4) Auch wenn die Voraussetzungen des Absatzes 1 Satz 1 gegeben sind, gelten juristische Personen des öffentlichen Rechts bei Vorliegen der übrigen Voraussetzungen des § 2 Absatz 1 mit der Ausübung folgender Tätigkeiten stets als Unternehmer:
1. die Tätigkeit der Notare im Landesdienst und der Ratschreiber im Land Baden-Württemberg, soweit Leistungen ausgeführt werden, für die nach der Bundesnotarordnung die Notare zuständig sind;
2. die Abgabe von Brillen und Brillenteilen einschließlich der Reparaturarbeiten durch Selbstabgabestellen der gesetzlichen Träger der Sozialversicherung;
3. die Leistungen der Vermessungs- und Katasterbehörden bei der Wahrnehmung von Aufgaben der Landesvermessung und des Liegenschaftskatasters mit Ausnahme der Amtshilfe;
4. die Tätigkeit der Bundesanstalt für Landwirtschaft und Ernährung, soweit Aufgaben der Marktordnung, der Vorratshaltung und der Nahrungsmittelhilfe wahrgenommen werden;
5. Tätigkeiten, die in Anhang I der Richtlinie 2006/112/EG des Rates vom 28. November 2006 über das gemeinsame Mehrwertsteuersystem (ABl. L 347 vom 11.12.2006, S. 1) in der jeweils gültigen Fassung genannt sind, sofern der Umfang dieser Tätigkeiten nicht unbedeutend ist.

Bearbeiter: Manzur Esskandari

Inhaltsverzeichnis

1. Anwendungsbereich und Zweck der Vorschrift

1 Durch das **Steueränderungsgesetz 2015** (StÄndG 2015) vom 02.11.2015 wurde § 2 Abs. 3 UStG als besondere Vorschrift zur Unternehmereigenschaft der juristischen Personen des öffentlichen Rechts mit Wirkung **ab dem 01.01.2016** aufgehoben (s. Art. 12 Nr. 2 i.V.m. Art. 18 Abs. 4 StÄndG 2015) und dafür ein neuer § 2b UStG in eingefügt (s. Art. 12 Nr. 3 i.V.m. Art. 18 Abs. 4 StÄndG 2015). Zugleich erweiterte das StÄndG 2015 § 27 UStG um den neuen Abs. 22. Danach ist § 2 Abs. 3 UStG in der am 31.12.2015 geltenden Fassung auf Umsätze, die nach dem 31.12.2015 und vor dem 01.01.2017 ausgeführt werden, weiterhin anzuwenden.

2 Die juristischen Personen des öffentlichen Rechts können bis zum 31.12.2016 für die weitere Anwendung des § 2 Abs. 3 UStG auf ihre sämtlichen Umsätze bis **Ende Dezember 2020 optieren**. Es handelt sich um eine **nicht verlängerbare Ausschlussfrist** (s. BMF vom 19.04.2016, III C 2 – S 7106/07/10012-06). Die Erklärung nach § 27 Abs. 22 Satz 3 UStG ist durch die juristische Person des öffentlichen Rechts für **sämtliche** von ihr ausgeübte **Tätigkeiten** einheitlich abzugeben (s. BMF vom 19.04.2016, III C 2 – S 7106/07/10012-06). Eine Beschränkung auf einzelne Tätigkeitsbereiche oder Leistungen ist nicht zulässig. Die Abgabe einer Optionserklärung durch eine einzelne Organisationseinheit oder Einrichtung der juristischen Person des öffentlichen Rechts (z.B. Behörde, Dienststelle, Betrieb gewerblicher Art oder land- und forstwirtschaftlicher Betrieb) nur für ihren Bereich ist nicht zulässig (s. BMF vom 19.04.2016, III C 2 – S 7106/07/10012-06). Die **Optionserklärung** ist durch den gesetzlichen Vertreter oder einen Bevollmächtigten abzugeben und grundsätzlich an das nach § 21 AO zuständige Finanzamt zu richten. Eine ggf. abweichende Zuständigkeit nach den Vorschriften der Abgabenordnung bleibt hiervon unberührt.

3 Das Umsatzsteuergesetz sieht für die Optionserklärung **keine spezielle Form** vor. Zur besseren Nachvollziehbarkeit sollen die Finanzämter die **Schriftform anregen** (s. BMF vom 19.04.2016, III C 2 – S 7106/07/10012-06). Aus der Erklärung muss sich hinreichend deutlich ergeben, dass die juristische Person des öffentlichen Rechts § 2 Abs. 3 UStG in der am 31.12.2015 geltenden Fassung für sämtliche nach dem 31.12.2016 und vor dem 01.01.2021 ausgeführte Leistungen weiterhin anwendet. Hat sich eine juristische Person des öffentlichen Rechts bisher auf die neuere Rechtsprechung des Bundesfinanzhofs zur Unternehmereigenschaft juristischer Personen des öffentlichen Rechts berufen, kann sie dennoch eine Optionserklärung mit der Wirkung abgeben, dass für sie ab dem 01.01.2017 § 2 Abs. 3 UStG in der am 31.12.2015 geltenden Fassung anzuwenden ist (s. BMF vom 19.04.2016, III C 2 – S 7106/07/10012-06).

4 Die Erklärung kann nur mit Wirkung vom Beginn eines auf die Abgabe folgenden Kalenderjahres **widerrufen** werden. Der Widerruf muss sich hinreichend deutlich auf die ursprünglich abgegebene Optionserklärung beziehen. Nach einem Widerruf ist die Abgabe einer erneuten Optionserklärung ausgeschlossen (s. BMF vom 19.04.2016, III C 2 – S 7106/07/10012-06).

5 Eine nach dem 31.12.2016 **neu errichtete juristische Person des öffentlichen Rechts** kann wegen des Ablaufs der gesetzlichen Ausschlussfrist keine wirksame Optionserklärung abgeben (s. BMF vom 19.04.2016, III C 2 – S 7106/07/10012-06). Im Fall der **Gesamtrechtsnachfolge** wirkt die Optionserklärung auch für den Rechtsnachfolger. Im Fall des Zusammenschlusses mehrerer bestehender Körperschaften, von denen nicht alle die Option wirksam ausgeübt haben, hat die daraus entstandene Körperschaft einheitlich zu entscheiden, ob die Rechtsfolgen der Option gelten sollen. Eine Beschränkung auf einzelne Tätigkeiten ist auch in diesem Fall nicht möglich.

6 In den vergangenen Jahren hatte der BFH, auf der Grundlage der Rechtsprechung des **EuGH** verschiedene Entscheidungen zur **umsatzsteuerrechtlichen Behandlung juristischer Personen des öffentlichen Rechts** getroffen, mit denen § 2 Abs. 3 UStG faktisch außer Kraft gesetzt worden und stattdessen Art. 13 MwStSystRL (damals noch Art. 4 Abs. 5 der 6. EG-Richtlinie) zur Anwendung gekommen ist (s. Heidner, UR 2016, 45; zuletzt BFH vom 10.2.2016, XR R 26/13: Landesärztekammer im Bereich der „externen Qualitätssicherung Krankenhaus“ nicht unternehmerisch tätig). Denn spätestens seit der Entscheidung des EuGH in der Sache Salix (s. EuGH vom 04.06.2009, C-102/08, Salix-Grundstücks-Vermietungsgesellschaft mbH & Co. Objekt Offenbach, UR 2009, 484) war klar, dass die ausdrückliche Anknüpfung des § 2 Abs. 3 UStG an das **Vorliegen eines Betriebs gewerblicher Art i.S.v. § 1 Abs. 1 Nr. 6, § 4 KStG** hinsichtlich der Unternehmereigenschaft der öffentlichen Hand keine unionsrechtliche Grundlage hat (s. Widmann, UR

2015, 5). Dies deshalb, weil Art. 13 MwStSystRL – ebenso wie schon in Art. 5 Abs. 6 der 6. EG-Richtlinie – keine Ausgrenzung der vermögensverwaltenden Aktivitäten aus der wirtschaftlichen und damit umsatzsteuerbaren Tätigkeit der juristischen Person öffentlichen Rechts kennt. Die Problematik wurde noch offenkundiger, als der BFH im Betrieb einer Gemeindehalle – entgegen der Verwaltungspraxis – auch dann eine wirtschaftliche Tätigkeit erblickte, wenn diese Halle von der Gemeinde gegen Entgelt einer anderen Kommune für deren Schulsportzwecke vermietet wurde (s. BFH vom 10.11.2011, V R 41/10, UR 2012, 272). Explizit stellte der BFH fest, dass auch eine **sog. Beistandsleistung**, die zwischen juristischen Personen des öffentlichen Rechts gegen Entgelt erbracht wird, **umsatzsteuerbar** und bei Fehlen besonderer Befreiungstatbestände auch umsatzsteuerpflichtig ist (s. BFH vom 10.11.2011, V R 41/10, UR 2012, 272). Nur wenig später wies der BFH ausdrücklich darauf hin, dass eine Gemeinde, die nicht auf privatrechtlicher, sondern auf hoheitlicher Grundlage **Stellplätze für PKW in einer Tiefgarage** gegen Entgelt überlasse, als Unternehmer handele und umsatzsteuerpflichtige Leistungen erbringe, wenn ihre Behandlung als Nichtsteuerpflichtige zu größeren Wettbewerbsverzerrungen führen würde (s. BFH vom 01.12.2011, V R 1/11, UR 2012, 363). Dies folge aus einer **richtlinienkonformen Auslegung des § 2 Abs. 3 Satz 1 UStG i.V.m. § 4 KStG** (s. BFH vom 01.12.2011, V R 1/11, UR 2012, 363).

Die Entscheidungen des BFH sind nicht in das Bundessteuerblatt Teil II aufgenommen und auf diese Weise quasi mit einem **stillen Nichtanwendungserlass** belegt worden. Die Verwaltung hat seitdem auftretende Probleme anscheinend im Vorfeld einer gerichtlichen Auseinandersetzung zugunsten der juristischen Personen des öffentlichen Rechts geregelt, denn seit 2012 sind kaum noch Verfahren aus dem Rechtsgebiet der Umsatzbesteuerung der öffentlichen Hand zum BFH gekommen (s. Heidner, UR 2016, 45). Diese Ausgangssituation und die Erkenntnis, dass § 2 Abs. 3 UStG Art. 13 MwStSystRL nicht zutreffend umsetzt, haben zur Einführung des § 2b UStG geführt. 7

Mit § 2b UStG will der Gesetzgeber nun eine **Sonderregelung für die Besteuerung der öffentlichen Hand** schaffen. Die Vorschrift führt zu einem Systemwechsel in der Umsatzbesteuerung der öffentlichen Hand (s. Müller in BeckOK UStG, § 2b Rn. 8). Im Grundsatz, also solange die juristische Person des öffentlichen Rechts ausschließlich hoheitlich tätig wurde, unterlag sie bislang nicht der Umsatzsteuer. Ebenfalls bislang galt ausnahmsweise dann etwas anderes, wenn die **juristische Person des öffentlichen Rechts** im Rahmen ihrer **Betriebe gewerblicher Art** (s. § 1 Abs. 1 Nr. 6, § 4 KStG) und ihrer **land- oder forstwirtschaftlichen Betriebe gewerblich** oder beruflich tätig (s. § 2 Abs. 3 UStG) und somit nach § 2 Abs. 1 UStG Unternehmer im Sinne des UStG (s. zum Begriff § 2 Abs. 1 Rn. 4 ff.) wurde. Dieses Prinzip von Grundsatz (keine Umsatzbesteuerung) und Ausnahme (Umsatzbesteuerung) wird mit § 2b UStG umgekehrt. Im Ergebnis sollen damit öffentliche Körperschaften, die in Konkurrenz zu Tätigkeiten privatwirtschaftlicher Unternehmer treten, aus Gründen der steuerlichen Gerechtigkeit und der Wettbewerbsgleichheit derselben Besteuerung unterworfen sein (s. Müller in BeckOK UStG, § 2b Rn. 8). 8

Einstweilen frei 9–10

2. § 2b Abs. 1 Satz 1 UStG

Zum Begriff der **juristischen Person des öffentlichen Rechts** s. Anmerkung zu § 2 Abs. 3 Rn. 4 ff. 11

§ 2b Abs. 1 Satz 1 UStG deckt sich in der Formulierung im Wesentlichen mit dem **Wortlaut des Art. 13 MwStSystRL**. § 2b Abs. 1 Satz 1 UStG spricht allerdings nur von **„Tätigkeiten" der juristischen Person des öffentlichen Rechts**, die grundsätzlich nicht der Umsatzsteuer unterfallen, wenn die „Tätigkeiten" im Rahmen der öffentlichen Gewalt ausgeübt werden, auch wenn juristische Person des öffentlichen Rechts im Zusammenhang mit diesen „Tätigkeiten" Zölle, Gebühren, Beiträge oder sonstige Abgaben erhebt. Art. 13 MwStSystRL stellt demgegenüber diesen „Tätigkeiten" die „Bewirkung von Umsätzen" im hoheitlichen Bereich gleich. Dies ist systematisch genauer, denn die Mehrwertsteuersystemrichtlinie verwendet den Begriff der Tätigkeit zwar bei der Definition des Steuerpflichtigen, unterwirft aber nur Umsätze der Besteuerung (s. Widmann, UR 2015, 5, 7). Das Tätigwerden im Hoheitsbereich allein interessiert die Umsatzsteuer nicht; erst die **Bewirkung von Umsätzen** wirft die Frage der Besteuerung auf (s. Widmann, UR 2015, 5, 7). Diese Aussagen gelten für die Mehrwertsteuersystemrichtlinie wie das UStG. Deshalb ist richtigerweise 12 davon auszugehen, dass mit „Tätigkeiten" im Sinne des § 2b Abs. 1 UStG dasselbe gemeint ist, wie mit der Formulierung „Tätigkeiten" und „Bewirkung von Umsätzen" in Art. 13 MwStSystRL.

13 Die Tätigkeiten obliegen der juristischen Person des öffentlichen Rechts, wenn sie **im Rahmen und/ oder auf der Grundlage einer öffentlich-rechtlichen Sonderregelung** erfolgen. Dies ist der Fall, wenn die Tätigkeiten z.B. aufgrund eines Gesetzes durch Verwaltungsakt, auf Grundlage eines Staatsvertrages oder auf Grundlage besonderer kirchenrechtlicher Regelungen ausgeführt werden (s. Gesetzesbegründung zu Art. 12 Nr. 3 Abs. 1 in der Beschlussempfehlung und dem Bericht des Finanzausschusses zum Gesetzentwurf der Bundesregierung – Drs. 18/4902 – Entwurf eines Gesetzes zur Umsetzung der Protokollerklärung zum Gesetz zur Anpassung der Abgabenordnung an den Zollkodex der Union und zur Änderung weiterer steuerlicher Vorschriften, BT-Drs. 18/6094 vom 23.09.2015).

14 Im Umkehrschluss folgt aus § 2b Abs. 1 Satz 1 UStG, dass solche Umsätze, die die juristische Person des öffentlichen Rechts **außerhalb ihres Hoheitsbereichs** erbringt, von der Norm überhaupt nicht erfasst werden. Davon ging auch der Gesetzgeber aus, der in der Gesetzesbegründung ausdrücklich klarstellte, dass es nicht von § 2b UStG erfasst werde, wenn eine juristische Person des öffentlichen Rechts **Leistungen auf privatrechtlicher Grundlage** erbringe. Denn in diesem Fall habe sie unter den gleichen rechtlichen Bedingungen wie private Wirtschaftsteilnehmer am Wettbewerb teilzunehmen, vgl. Gesetzesbegründung zu Art. 12 Nr. 3 Abs. 1 in der Beschlussempfehlung und dem Bericht des Finanzausschusses zum Gesetzentwurf der Bundesregierung – Drs. 18/4902 – Entwurf eines Gesetzes zur Umsetzung der Protokollerklärung zum Gesetz zur Anpassung der Abgabenordnung an den Zollkodex der Union und zur Änderung weiterer steuerlicher Vorschriften, BT-Drs. 18/6094 vom 23.09.2015). Solche Leistungen unterfallen § 2 Abs. 1 UStG und sind damit **umsatzsteuerbar**.

15–17 Einstweilen frei

3. § 2b Abs. 1 Satz 2 UStG

18 § 2 Abs. 1 Satz 2 UStG deckt sich – ebenfalls – im Wesentlichen mit Art. 13 MwStSystRL. Danach gilt die Aussage von § 2b Abs. 1 Satz 1 UStG nicht, sofern die umsatzsteuerrechtliche Behandlung der juristischen Person des öffentlichen Rechts hinsichtlich ihres Tätigwerdens im Rahmen der öffentlichen Gewalt als Nichtunternehmer zu **größeren Wettbewerbsverzerrungen** führen würde.

19 Der **EuGH** hatte zum Begriff der „größeren" **Wettbewerbsverzerrung** entschieden, „dass die gegenwärtigen oder potenziellen Wettbewerbsverzerrungen **mehr als unbedeutend** sein müssen" (s. EuGH vom 16.09.2008, C-288/07, Isle of Wight Council, UR 2008, 816). Der BFH führte hierzu aus, dass es damit **nicht** erforderlich sei, dass **„erhebliche" oder „außergewöhnliche" Wettbewerbsverzerrungen** vorliegen müssen (s. BFH vom 01.12.2011, V R 1/11, UR 2012, 363). Weiter sei für die Wettbewerbsbeurteilung nicht nur der gegenwärtige, sondern auch der **potentielle Wettbewerb** zu berücksichtigen (s. BFH vom 01.12.2011, V R 1/11, UR 2012, 363). Der potenzielle Wettbewerb muss zwar nicht lokal vorhanden sein, aber er darf auch nicht nur rein hypothetisch existieren, sondern muss real durch Tatsachen, objektive Indizien oder Marktanalysen untermauert sein (s. Widmann, UR 2015, 5, 8).

20 Der Gesetzgeber zählt dann in § 2b Abs. 2 UStG mit der Formulierung „insbesondere" **Regelbeispiele** auf, in welchen Fällen eine „größere Wettbewerbsverzerrungen" vorliegt. Sofern eine Leistung an eine andere juristische Person des öffentlichen Rechts ausgeführt wird, hat der Gesetzgeber – wiederum in Form von Regelbeispielen „insbesondere" – in § 2b Abs. 3 UStG die Fälle aufgeführt, in denen von einer „größeren Wettbewerbsverzerrung" nicht auszugehen ist. Weil es sich in § 2b Abs. 2 wie in Abs. 3 UStG jeweils um Regelbeispiele, also **nicht abschließende** Aufzählungen handelt, sind auch andere Konstellationen denkbar, in denen entweder nach Abs. 2 eine größere Wettbewerbsverzerrung anzunehmen ist oder nach Abs. 3 gerade nicht (s. Gesetzesbegründung zu Art. 12 Nr. 3 Abs. 1 in der Beschlussempfehlung und dem Bericht des Finanzausschusses zum Gesetzentwurf der Bundesregierung – Drs. 18/4902 – Entwurf eines Gesetzes zur Umsetzung der Protokollerklärung zum Gesetz zur Anpassung der Abgabenordnung an den Zollkodex der Union und zur Änderung weiterer steuerlicher Vorschriften, BT-Drs. 18/6094 vom 23.09.2015).

Einstweilen frei 21–23

4. § 2b Abs. 2 UStG

§ 2b Abs. 2 UStG enthält eine **nicht abschließende Aufzählung** von Fällen, in denen auch bei einer **an sich wirtschaftlichen Betätigung** einer juristischen Person des öffentlichen Rechts **keine größeren Wettbewerbsverzerrungen** vorliegen. 24

Nach § 2b Abs. 2 Nr. 1 UStG soll dies zum einen der Fall sein, wenn der von einer juristischen Person des öffentlichen Rechts **im Kalenderjahr aus gleichartigen Tätigkeiten** erzielte **Umsatz** voraussichtlich **17.500 € jeweils nicht übersteigen** wird. Gleiches soll nach § 2b Abs. 2 Nr. 2 UStG gelten, wenn vergleichbare, auf privatrechtlicher Grundlage erbrachte Leistungen ohne Recht auf Verzicht (s. zu den Voraussetzungen des Verzichts § 9 Rn. 4 ff.) einer Steuerbefreiung unterliegen. 25

Die Umsatzgrenze von 17.500 € soll sich augenscheinlich an dem der **Kleinunternehmerregelung des § 19 UStG** innewohnenden Gedanken des Gesetzgebers, dass bis zu dieser Umsatzgrenze regelmäßig keine größere Störung des Wettbewerbs stattfindet, orientieren. Anders als bei § 19 UStG knüpft die Umsatzgrenze aber nun nicht an die Summe aller wirtschaftlichen Aktivitäten im Hoheitsbereich der juristischen Person des öffentlichen Rechts an, sondern nur auf die jeweils gleichartigen Tätigkeiten (s. Müller in BeckOK UStG, § 2b Rn. 140). Dies führt zu einer **Privilegierung** der juristischen Personen des öffentlichen Rechts **gegenüber anderen Unternehmen** (s. Widmann, UR 2015, 5, 8). 26

Beispiel (nach Widmann, UR 2015, 5, 8): 27
Eine Gemeinde betreibt ein Schwimmbad mit einem Jahresumsatz von 75.000 €. Das ist eine unternehmerische Tätigkeit, die von § 2b UStG nicht erfasst wird. Wenn die Gemeinde nun auch noch mit ihrer zum hoheitlichen Bauhof gehörenden Häckselmaschine gegen Entgelt von 10.000 € Gartenabfälle bei privaten Garten- und Waldbesitzern bearbeitet und dazu noch für insgesamt 15.000 € den Maschinenpark des Bauhofs vermietet, bleiben diese Umsätze unberücksichtigt, denn sie sind nicht gleichartig und liegen jeweils unter 17.500 €.

Nach § 2b Abs. 2 Nr. 2 UStG liegt eine größere Wettbewerbsverzerrung nicht vor, wenn **vergleichbare, auf privatrechtlicher Grundlage erbrachte Leistungen ohne Recht auf Verzicht** (s. § 9 Rn. 4 ff.) einer Steuerbefreiung unterliegen. Wenn also ein privater Unternehmer einen nach § 9 UStG unverzichtbar steuerfreien Umsatz bewirkt, hat er kein Recht zum Vorsteuerabzug gem. § 15 Abs. 2 UStG und wird so gestellt wie die öffentliche Hand, die in ihrer Hoheitssphäre per se keinen Vorsteuerabzug geltend machen kann (s. Widmann, UR 2015, 5, 9). Hier kann in der Tat eine Wettbewerbsverzerrung von vornherein nicht in Betracht kommen. 28

Ausgenommen von dieser Regelung sind Leistungen, die **ihrer Art** nach zwar grundsätzlich **steuerfrei** sind, bei denen jedoch ein **Verzicht auf die Steuerbefreiung nach § 9 UStG grundsätzlich möglich** ist. So soll vermieden werden, dass die Nichtbesteuerung derartiger Leistungen zu größeren Wettbewerbsverzerrungen zulasten der öffentlichen Hand führt (s. Gesetzesbegründung zu Art. 12 Nr. 3 Abs. 1 in der Beschlussempfehlung und dem Bericht des Finanzausschusses zum Gesetzentwurf der Bundesregierung – Drs. 18/4902 – Entwurf eines Gesetzes zur Umsetzung der Protokollerklärung zum Gesetz zur Anpassung der Abgabenordnung an den Zollkodex der Union und zur Änderung weiterer steuerlicher Vorschriften, BT-Drs. 18/6094 vom 23.09.2015). In Betracht kommen dabei z.B. Vermietungsumsätze gem. § 4 Nr. 12 UStG. Hier will der Gesetzgeber erkennbar juristischen Personen des öffentlichen Rechts – insbesondere also bei steuerfreien Umsätzen mit Optionsmöglichkeit gem. § 9 UStG – den Zugang zum **Vorsteuerabzug** eröffnen (s. Widmann, UR 2015, 5, 9). 29

§ 2b Abs. 2 Nr. 2 UStG erfasst nicht die **steuerfreien Exportumsätze**; auf diese Steuerbefreiungen kann man nicht gem. § 9 UStG verzichten. Mithin muss bei derartigen Umsätzen die Wettbewerbsprüfung nach § 2b Abs. 1 Satz 2 UStG ohne Rücksicht auf die Vermutung gem. § 2b Abs. 2 UStG vorgenommen werden (s. Widmann, UR 2015, 5, 9). 30

Einstweilen frei 31–33

5. § 2b Abs. 3 UStG

34 Nach der Gesetzesbegründung sah der Gesetzgeber aufgrund des demografischen Wandels und dem bestehenden Erfordernis von Einsparungen die Notwendigkeit, dass juristische Personen des öffentlichen Rechts in immer größerem Umfang zur **Zusammenarbeit** gezwungen sind (vgl. Gesetzesbegründung zu Art. 12 Nr. 3 Abs. 1 in der Beschlussempfehlung und dem Bericht des Finanzausschusses zum Gesetzentwurf der Bundesregierung – Drs. 18/4902 – Entwurf eines Gesetzes zur Umsetzung der Protokollerklärung zum Gesetz zur Anpassung der Abgabenordnung an den Zollkodex der Union und zur Änderung weiterer steuerlicher Vorschriften, BT-Drs. 18/6094 vom 23.09.2015). Diese Zusammenarbeit aber erfolge **nicht marktorientiert**, sondern allein im öffentlichen Interesse bei der **Erfüllung hoheitlicher Aufgaben bzw. Leistungen der Daseinsvorsorge**. Diese würden zum Beispiel durch die Erzielung von Synergieeffekten und die Auslastung der im öffentlichen Bereich bereits vorhandenen sachlichen und personellen Ressourcen gefördert. Insoweit stehe die Zusammenarbeit der öffentlichen Einrichtungen nicht im Wettbewerb mit Leistungen, die auf dem freien Markt angeboten würden. Eine Besteuerung der Zusammenarbeit öffentlicher Einrichtungen bei hoheitlichen Tätigkeiten könne zu einer Verteuerung öffentlicher Leistungen und zu unerwünschten Belastungen der Bürgerinnen und Bürger führen.

35 Vor diesem Hintergrund enthält § 2b Abs. 3 UStG eine – ebenfalls nicht abschließende – Aufzählung von **Regelbeispielen**, bei deren Vorliegen eine „größere Wettbewerbsverzerrungen" nicht vorliegt, sofern eine juristische Person des öffentlichen Rechts eine **Leistung an eine andere juristische Person des öffentlichen Rechts** ausführt.

36 Bezieht sich die Zusammenarbeit von juristischen Personen des öffentlichen Rechts auf Leistungen, die aufgrund gesetzlicher Bestimmungen **nur von einer juristische Person des öffentlichen Rechts erbracht werden dürfen**, liegen nach der Regelung in § 2 Abs. 3 Nr. 1 UStG **keine wettbewerbsrelevanten** und damit **keine unternehmerischen Tätigkeiten** vor (s. Gesetzesbegründung zu Art. 12 Nr. 3 Abs. 1 in der Beschlussempfehlung und dem Bericht des Finanzausschusses zum Gesetzentwurf der Bundesregierung – Drs. 18/4902 – Entwurf eines Gesetzes zur Umsetzung der Protokollerklärung zum Gesetz zur Anpassung der Abgabenordnung an den Zollkodex der Union und zur Änderung weiterer steuerlicher Vorschriften, BT-Drs. 18/6094 vom 23.09.2015). Dies soll z.B. dann der Fall sein, wenn zwei Kommunen gemeinsame Standes- und Ordnungsamtsbezirke bilden oder die Tätigkeiten der Einwohnermeldeämter zentralisieren. Solche – schon gegenständlich marktfernen – Tätigkeiten sind sicherlich aufgrund der gesetzlichen Bestimmungen den juristischen Personen des öffentlichen Rechts vorbehalten. Jedoch erhellt dieses Anwendungsbeispiel aus der Gesetzesbegründung nicht die Frage, ob es sich bei diesen Gestaltungen um einen steuerbaren Vorgang handelt (s. Widmann, UR 2015, 5, 9). Das ist hier schon deshalb nicht der Fall, weil derartige **Zentralisierungen** gar nicht auf Leistungen der beteiligten Behörden beruhen, die in einem Austauschverhältnis stehen. Jede Kommune bringt hier ihre Personal- und Sachmittel ein. Das ist umsatzsteuerrechtlich ohne Interesse. Erst wenn ein Spitzenausgleich zwischen den Beteiligten erfolgt, kann sich überhaupt die Frage stellen, ob damit eine Leistung des einen Beteiligten an den anderen abgegolten wird. Dazu verhält sich die Gesetzesbegründung jedoch nicht.

37 Nach § 2b Abs. 3 Nr. 2 UStG liegen keine größeren Wettbewerbsverzerrungen vor, wenn die **Zusammenarbeit öffentlicher Einrichtungen** durch **gemeinsame spezifische öffentliche Interessen** bestimmt wird. Sind alle in den Buchstaben a bis d des Abs. 3 Nr. 2 genannten Kriterien erfüllt, ist regelmäßig davon auszugehen, dass die Zusammenarbeit der öffentlichen Einrichtungen durch solche Interessen bestimmt wird und die entsprechenden Tätigkeiten der leistenden juristischen Person des öffentlichen Rechts nicht der Umsatzbesteuerung unterliegen.

38 Sämtliche der in § 2b Abs. 3 Nr. 2 UStG in den Buchstaben a bis d genannten Kriterien müssen also grundsätzlich **kumulativ** erfüllt sein, damit eine größere Wettbewerbsverzerrung ausgeschlossen ist. Danach muss es sich also um eine Leistung handeln, die:

- Aufgrund **langfristiger öffentlich-rechtlicher Vereinbarungen** erbracht werden,
- dem **Erhalt der öffentlichen Infrastruktur** und der **Wahrnehmung einer allen Beteiligten obliegenden öffentlichen Aufgabe dienen**.

- ausschließlich **gegen Kostenerstattung** erbracht werden und die
- der Leistende **in vergleichbaren Fällen im Wesentlichen an andere juristische Personen des öffentlichen Rechts erbringt**.

Eine **allen Beteiligten obliegende öffentliche Aufgabe** i.S.d. Abs. 3 Nr. 2 Buchstabe b liegt auch dann vor, wenn die **Aufgabe** auf die leistende juristische Person des öffentlichen Rechts (z.B. einen Zweckverband) **übertragen** wurde (sog. „**vertikale Zusammenarbeit**") (vgl. Gesetzesbegründung zu Art. 12 Nr. 3 Abs. 1 in der Beschlussempfehlung und dem Bericht des Finanzausschusses zum Gesetzentwurf der Bundesregierung – Drs. 18/4902 – Entwurf eines Gesetzes zur Umsetzung der Protokollerklärung zum Gesetz zur Anpassung der Abgabenordnung an den Zollkodex der Union und zur Änderung weiterer steuerlicher Vorschriften, BT-Drs. 18/6094 vom 23.09.2015). 39

Wenn der Gesetzgeber in § 2b Abs. 3 Nr. 2 UStG formuliert, dass die Zusammenarbeit durch gemeinsame spezifische öffentliche Interessen bestimmt werde und dies „regelmäßig der Fall" sei, wenn die in den Buchstaben a bis d genannten Kriterien – gleichzeitig – erfüllt seien, scheint es auch **Ausnahmen** von dieser Regel geben zu müssen. Also entweder muss es Fallgestaltungen geben, in denen nicht alle der genannten Kriterien erfüllt sind oder sogar gar keine. Weder der Gesetzeswortlaut, noch die Gesetzesbegründung enthalten aber einen Hinweis darauf, ob bestimmte Kriterien zwingend vorliegen müssen, andere aber entbehrlich sind oder ob grundsätzlich eine Gewichtung im Einzelfall mit Blick auf die Kriterien vorzunehmen ist. 40

Die Regelungen in § 2b Abs. 3 Nr. 2 UStG gehen auf die **Rechtsprechung des EuGH zum Wettbewerbsbegriff** im Bereich des **Vergaberechts** zurück. Die Grundsätze dieser Rechtsprechung werden für den Bereich der Umsatzsteuer übernommen. Sofern mit den verbindlichen Vorgaben der Mehrwertsteuer-Systemrichtlinie vereinbar, orientiert sich die Anwendung von § 2b Abs. 3 Nr. 2 UStG an vergaberechtlichen Regelungen (s. Gesetzesbegründung zu Art. 12 Nr. 3 Abs. 1 in der Beschlussempfehlung und dem Bericht des Finanzausschusses zum Gesetzentwurf der Bundesregierung – Drs. 18/4902 – Entwurf eines Gesetzes zur Umsetzung der Protokollerklärung zum Gesetz zur Anpassung der Abgabenordnung an den Zollkodex der Union und zur Änderung weiterer steuerlicher Vorschriften, BT-Drs. 18/6094 vom 23.09.2015). 41

Leistungen öffentlicher Einrichtungen an andere juristische Personen des öffentlichen Rechts stehen im **Wettbewerb zu den Leistungen** von Unternehmern, wenn sie ihrer **Art nach vergleichbar** sind und sie **unter vergleichbaren Rahmenbedingungen erbracht** werden (s. EuGH vom 23.04.2009, C-357/07, TNT, UR 2009, 348). Dienen die Leistungen dagegen dem **Erhalt der öffentlichen Infrastruktur** (z.B. Verwaltungs-, Dienstleistungs- oder technische Infrastruktur) und der **Wahrnehmung einer allen am Leistungsaustausch Beteiligten obliegenden Aufgabe** (s. § 2b Abs. 3 Nr. 2 Buchstabe b UStG), dürften die Rahmenbedingungen, unter denen sie erbracht werden, bereits ihrer Natur nach in der Regel nicht mit denen privater Unternehmer vergleichbar sein (vgl. Entwurf eines Gesetzes zur Umsetzung der Protokollerklärung zum Gesetz zur Anpassung der Abgabenordnung an den Zollkodex der Union und zur Änderung weiterer steuerlicher Vorschriften). Dies kann sowohl bei der gleichberechtigten Zusammenarbeit öffentlicher Einrichtungen als auch in den Fällen erfüllt sein, in denen der öffentliche Auftraggeber die leistende juristische Person des öffentlichen Rechts kontrolliert (**horizontale und vertikale Zusammenarbeit**). Eine allen Beteiligten obliegende Aufgabe liegt auch dann vor, wenn die leistende Körperschaft zur Aufgabenerfüllung gegründet wurde (z.B. ein Zweckverband). Das in § 2b Abs. 3 Nr. 2 Buchstabe b UStG genannte Kriterium basiert auf Art. 12 Abs. 4 der EU-Vergaberichtlinie und den vom EuGH entwickelten Grundsätzen (s. Entwurf eines Gesetzes zur Umsetzung der Protokollerklärung zum Gesetz zur Anpassung der Abgabenordnung an den Zollkodex der Union und zur Änderung weiterer steuerlicher Vorschriften). 42

Die Zusammenarbeit darf zudem nicht zu Finanztransfers zwischen den beteiligten öffentlichen Einrichtungen führen, die über eine – ggf. anteilige – **Kostenerstattung** hinausgehen (s. § 2b Abs. 3 Nr. 2 Buchstabe b UStG; s. Entwurf eines Gesetzes zur Umsetzung der Protokollerklärung zum Gesetz zur Anpassung der Abgabenordnung an den Zollkodex der Union und zur Änderung weiterer steuerlicher Vorschriften). Die leistungserbringende Einrichtung darf ihre Preise bzw. Umlagen nur **kostendeckend** kalkulieren. Andernfalls würde dies für eine Gewinnorientierung der leistenden juristischen Person des öffentlichen 43

Rechts sprechen, die ein Indiz dafür wäre, dass die juristischen Person des öffentlichen Rechts ihre Leistungen unter vergleichbaren Bedingungen wie ein privater Unternehmer erbringt (s. Entwurf eines Gesetzes zur Umsetzung der Protokollerklärung zum Gesetz zur Anpassung der Abgabenordnung an den Zollkodex der Union und zur Änderung weiterer steuerlicher Vorschriften).

44 In allen Fällen, in denen das EU-Vergaberecht durch die Zusammenarbeit von öffentlichen Einrichtungen begründete Wettbewerbsverzerrungen ausschließt, dürfen sich die leistenden öffentlichen Einrichtungen mit gleichartigen Leistungen nur **in unbedeutendem Umfang am wirtschaftlichen Markt beteiligen**. Dieses Kriterium muss auch aus umsatzsteuerrechtlicher Sicht erfüllt sein (s. § 2b Abs. 3 Nr. 2 Buchstabe b UStG; vgl. Entwurf eines Gesetzes zur Umsetzung der Protokollerklärung zum Gesetz zur Anpassung der Abgabenordnung an den Zollkodex der Union und zur Änderung weiterer steuerlicher Vorschriften). Die leistende juristische Person des öffentlichen Rechts muss daher in dem von der Zusammenarbeit erfassten Tätigkeitsbereich im Wesentlichen Leistungen für andere juristische Personen des öffentlichen Rechts erbringen. Leistungen, die aufgrund originärer Zuständigkeit im eigenen Hoheitsbereich erbracht werden, werden bei dieser Wesentlichkeitsbetrachtung nicht berücksichtigt. Beteiligt sich die leistende juristische Person des öffentlichen Rechts dagegen in einem solchen Umfang am wirtschaftlichen Markt, dass der entsprechende Tätigkeitsbereich davon insgesamt dominiert wird, besteht ganz real und nicht mehr nur hypothetisch die Möglichkeit des Auftretens größerer Wettbewerbsverzerrungen vgl. Entwurf eines Gesetzes zur Umsetzung der Protokollerklärung zum Gesetz zur Anpassung der Abgabenordnung an den Zollkodex der Union und zur Änderung weiterer steuerlicher Vorschriften).

45–47 Einstweilen frei

6. § 2b Abs. 4 UStG

48 Die **bisher in § 2 Abs. 3 Satz 2 UStG enthaltenen Ausnahmetatbestände** sind in § 2b Abs. 4 Nr. 1–4 UStG übernommen worden, um die bisher bestehende Rechtslage insoweit unverändert fortzuführen (s. insoweit die Anmerkung zu § 2 Abs. 3 UStG).

49 Daneben wurde in § 2b Abs. 3 Nr. 5 UStG auf den **Anhang I der MwStSystRL verwiesen**, der ein Verzeichnis von Tätigkeiten enthält, die nach den verbindlichen Vorgaben in Art. 13 Abs. 1 Unterabs. 3 MwStSystRL stets einer Besteuerung unterliegen, sofern der Umfang der Tätigkeiten nicht unbedeutend ist. Damit sollte eine vollständige **Angleichung** der nationalen Regelungen an das **Unionsrecht** erfolgen.

50–52 Einstweilen frei

§ 3 UStG Lieferung, sonstige Leistung

(1) Lieferungen eines Unternehmers sind Leistungen, durch die er oder in seinem Auftrag ein Dritter den Abnehmer oder in dessen Auftrag einen Dritten befähigt, im eigenen Namen über einen Gegenstand zu verfügen (Verschaffung der Verfügungsmacht).

(1a) [1]Als Lieferung gegen Entgelt gilt das Verbringen eines Gegenstands des Unternehmens aus dem Inland in das übrige Gemeinschaftsgebiet durch einen Unternehmer zu seiner Verfügung, ausgenommen zu einer nur vorübergehenden Verwendung, auch wenn der Unternehmer den Gegenstand in das Inland eingeführt hat. [2]Der Unternehmer gilt als Lieferer.

(1b) [1]Einer Lieferung gegen Entgelt werden gleichgestellt

1. die Entnahme eines Gegenstands durch einen Unternehmer aus seinem Unternehmen für Zwecke, die außerhalb des Unternehmens liegen;
2. die unentgeltliche Zuwendung eines Gegenstands durch einen Unternehmer an sein Personal für dessen privaten Bedarf, sofern keine Aufmerksamkeiten vorliegen;
3. jede andere unentgeltliche Zuwendung eines Gegenstands, ausgenommen Geschenke von geringem Wert und Warenmuster für Zwecke des Unternehmens.

[2]Voraussetzung ist, dass der Gegenstand oder seine Bestandteile zum vollen oder teilweisen Vorsteuerabzug berechtigt haben.

(2) weggefallen

(3) [1]Beim Kommissionsgeschäft (§ 383 des Handelsgesetzbuchs) liegt zwischen dem Kommittenten und dem Kommissionär eine Lieferung vor. [2]Bei der Verkaufskommission gilt der Kommissionär, bei der Einkaufskommission der Kommittent als Abnehmer.

(4) [1]Hat der Unternehmer die Bearbeitung oder Verarbeitung eines Gegenstands übernommen und verwendet er hierbei Stoffe, die er selbst beschafft, so ist die Leistung als Lieferung anzusehen (Werklieferung), wenn es sich bei den Stoffen nicht nur um Zutaten oder sonstige Nebensachen handelt. [2]Das gilt auch dann, wenn die Gegenstände mit dem Grund und Boden fest verbunden werden.

(5) [1]Hat ein Abnehmer dem Lieferer die Nebenerzeugnisse oder Abfälle, die bei der Bearbeitung oder Verarbeitung des ihm übergebenen Gegenstands entstehen, zurückzugeben, so beschränkt sich die Lieferung auf den Gehalt des Gegenstands an den Bestandteilen, die dem Abnehmer verbleiben. [2]Das gilt auch dann, wenn der Abnehmer an Stelle der bei der Bearbeitung oder Verarbeitung entstehenden Nebenerzeugnisse oder Abfälle Gegenstände gleicher Art zurückgibt, wie sie in seinem Unternehmen regelmäßig anfallen.

(5a) Der Ort der Lieferung richtet sich vorbehaltlich der §§ 3c, 3e, 3f und 3g nach den Absätzen 6 bis 8.

(6) [1]Wird der Gegenstand der Lieferung durch den Lieferer, den Abnehmer oder einen vom Lieferer oder vom Abnehmer beauftragten Dritten befördert oder versendet, gilt die Lieferung dort als ausgeführt, wo die Beförderung oder Versendung an den Abnehmer oder in dessen Auftrag an einen Dritten beginnt. [2]Befördern ist jede Fortbewegung eines Gegenstands. [3]Versenden liegt vor, wenn jemand die Beförderung durch einen selbständigen Beauftragten ausführen oder besorgen lässt. [4]Die Versendung beginnt mit der Übergabe des Gegenstands an den Beauftragten. [5]Schließen mehrere Unternehmer über denselben Gegenstand Umsatzgeschäfte ab und gelangt dieser Gegenstand bei der Beförderung oder Versendung unmittelbar vom ersten Unternehmer an den letzten Abnehmer, ist die Beförderung oder Versendung des Gegenstands nur einer der Lieferungen zuzuordnen. [6]Wird der Gegenstand der Lieferung dabei durch einen Abnehmer befördert oder versendet, der zugleich Lieferer ist, ist die Beförderung oder Versendung der Lieferung an ihn zuzuordnen, es sei denn, er weist nach, dass er den Gegenstand als Lieferer befördert oder versendet hat.

(7) [1]Wird der Gegenstand der Lieferung nicht befördert oder versendet, wird die Lieferung dort ausgeführt, wo sich der Gegenstand zur Zeit der Verschaffung der Verfügungsmacht befindet. [2]In den Fällen des Absatzes 6 Satz 5 gilt Folgendes:

1. Lieferungen, die der Beförderungs- oder Versendungslieferung vorangehen, gelten dort als ausgeführt, wo die Beförderung oder Versendung des Gegenstands beginnt.
2. Lieferungen, die der Beförderungs- oder Versendungslieferung folgen, gelten dort als ausgeführt, wo die Beförderung oder Versendung des Gegenstands endet.

(8) Gelangt der Gegenstand der Lieferung bei der Beförderung oder Versendung aus dem Drittlandsgebiet in das Inland, gilt der Ort der Lieferung dieses Gegenstands als im Inland gelegen, wenn der Lieferer oder sein Beauftragter Schuldner der Einfuhrumsatzsteuer ist.

(8a) weggefallen

(9) [1]Sonstige Leistungen sind Leistungen, die keine Lieferungen sind. [2]Sie können auch in einem Unterlassen oder im Dulden einer Handlung oder eines Zustands bestehen. [3]In den Fällen der §§ 27 und 54 des Urheberrechtsgesetzes führen die Verwertungsgesellschaften und die Urheber sonstige Leistungen aus.

(9a) Einer sonstigen Leistung gegen Entgelt werden gleichgestellt

1. die Verwendung eines dem Unternehmen zugeordneten Gegenstands, der zum vollen oder teilweisen Vorsteuerabzug berechtigt hat, durch einen Unternehmer für Zwecke, die außerhalb des Unternehmens liegen, oder für den privaten Bedarf seines Personals, sofern keine Aufmerksamkeiten vorliegen; dies gilt nicht, wenn der Vorsteuerabzug nach § 15 Absatz 1b ausgeschlossen oder wenn eine Vorsteuerberichtigung nach § 15a Absatz 6a durchzuführen ist;
2. die unentgeltliche Erbringung einer anderen sonstigen Leistung durch den Unternehmer für Zwecke, die außerhalb des Unternehmens liegen, oder für den privaten Bedarf seines Personals, sofern keine Aufmerksamkeiten vorliegen.

(10) Überlässt ein Unternehmer einem Auftraggeber, der ihm einen Stoff zur Herstellung eines Gegenstands übergeben hat, an Stelle des herzustellenden Gegenstands einen gleichartigen Gegenstand, wie er ihn in seinem Unternehmen aus solchem Stoff herzustellen pflegt, so gilt die Leistung des Unternehmers als Werkleistung, wenn das Entgelt für die Leistung nach Art eines Werklohns unabhängig vom Unterschied zwischen dem Marktpreis des empfangenen Stoffs und dem des überlassenen Gegenstands berechnet wird.

(11) Wird ein Unternehmer in die Erbringung einer sonstigen Leistung eingeschaltet und handelt er dabei im eigenen Namen, jedoch für fremde Rechnung, gilt diese Leistung als an ihn und von ihm erbracht.

(11a) [1]Wird ein Unternehmer in die Erbringung einer sonstigen Leistung, die über ein Telekommunikationsnetz, eine Schnittstelle oder ein Portal erbracht wird, eingeschaltet, gilt er im Sinne von Absatz 11 als im eigenen Namen und für fremde Rechnung handelnd. [2]Dies gilt nicht, wenn der Anbieter dieser sonstigen Leistung von dem Unternehmer als Leistungserbringer ausdrücklich benannt wird und dies in den vertraglichen Vereinbarungen zwischen den Parteien zum Ausdruck kommt. [3]Diese Bedingung ist erfüllt, wenn

1. in den von jedem an der Erbringung beteiligten Unternehmer ausgestellten oder verfügbar gemachten Rechnungen die sonstige Leistung im Sinne des Satzes 2 und der Erbringer dieser Leistung angegeben sind;
2. in den dem Leistungsempfänger ausgestellten oder verfügbar gemachten Rechnungen die sonstige Leistung im Sinne des Satzes 2 und der Erbringer dieser Leistung angegeben sind.

[4]Die Sätze 2 und 3 finden keine Anwendung, wenn der Unternehmer hinsichtlich der Erbringung der sonstigen Leistung im Sinne des Satzes 2

1. die Abrechnung gegenüber dem Leistungsempfänger autorisiert,
2. die Erbringung der sonstigen Leistung genehmigt oder
3. die allgemeinen Bedingungen der Leistungserbringung festlegt.

[5]Die Sätze 1 bis 4 gelten nicht, wenn der Unternehmer lediglich Zahlungen in Bezug auf die erbrachte sonstige Leistung im Sinne des Satzes 2 abwickelt und nicht an der Erbringung dieser sonstigen Leistung beteiligt ist.

(12) [1]Ein Tausch liegt vor, wenn das Entgelt für eine Lieferung in einer Lieferung besteht. [2]Ein tauschähnlicher Umsatz liegt vor, wenn das Entgelt für eine sonstige Leistung in einer Lieferung oder sonstigen Leistung besteht.

Bearbeiter: Norbert Tonner

Inhaltsverzeichnis

1. Allgemeines

1 § 3 UStG steht im Zusammenhang mit § 1 Abs. 1 Nr. 1 UStG, der als umsatzsteuerlichen Grundtatbestand Lieferungen und sonstige Leistungen, die ein Unternehmer im Inland gegen Entgelt im Rahmen seines Unternehmens ausführt.

1.1 Bedeutung der Vorschrift

2 § 3 UStG definiert die umsatzsteuerrechtlich zentralen Begriffe der Lieferung und der sonstigen Leistung (Abs. 1 und Abs. 9), deren Abgrenzung z.B. bei der Bestimmung des Leistungsortes, des Leistungszeitpunktes, der Prüfung von Steuerbefreiungen oder der Anwendbarkeit von Steuersätzen Bedeutung hat. Die Vorschrift behandelt ferner Sonderfälle der Lieferung und der sonstigen Leistung (Abs. 3 bis Abs. 5 und Abs. 10 bis Abs. 12), bestimmte Fälle der Fiktion einer Lieferung oder sonstigen Leistung (Abs. 1a, Abs. 1b und Abs. 9a) und enthält Regelungen zur Bestimmung des Ortes von Lieferungen (Abs. 5a bis Abs. 8).

1.2 Gemeinschaftsrecht

3 § 3 UStG fußt auf unionsrechtlichen Regelungen, MwStSystRL, VO (EG) Nr. 282/2011 (zuvor 6. EG RL VO [EG] Nr. 1777/2005). Soweit sich dadurch inhaltliche Unterschiede ergeben, sind die unionsrechtlichen Bestimmungen im Wege der richtlinienkonformen Auslegung zu berücksichtigen.

4 Im Einzelnen sind folgende Richtlinienbestimmungen zu beachten (ständige Rechtsprechung z.B. BFH vom 27.07.2000, V R 55/99, BStBl II 2001, 426):

- § 3 Abs. 1, Abs. 12 UStG: Art. 5 Abs. 1, 2, 4 der 6. RL/Art. 14 Abs. 1 MwStSystRL,
- § 3 Abs. 1a UStG: Art. 28a Abs. 5 Buchst. b der 6. RL/Art. 17 MwStSystRL,
- § 3 Abs. 1b Nr. 1-3 UStG: Art. 5 Abs. 6 der 6. RL/Art. 16 MwStSystRL,
- § 3 Abs. 3 UStG: Art. 5 Abs. 4c der 6. RL/Art. 14 Abs. 2 Buchst. c MwStSystRL,
- § 3 Abs. 4 und Abs. 5 UStG: Art. 5 der 6. RL/s. Art. 24 und 25 MwStSystRL,
- § 3 Abs. 5a UStG: Art. 8 der 6. RL/Art. 31 ff. MwStSystRL,
- § 3 Abs. 6 UStG: Art. 8 Abs. 1 Buchst. a der 6. RL/Art. 32 Abs. 1 MwStSystRL,
- § 3 Abs. 7 UStG: Art. 8 Abs. 1 Buchst. b der 6. RL/Art. 31 MwStSystRL,
- § 3 Abs. 8 UStG: Art. 8 Abs. 2 der 6. RL/Art. 32 Abs. 2 MwStSystRL,
- § 3 Abs. 9 UStG: Art. 6 Abs. 1 der 6. RL; Art. 24 und 25 MwStSystRL Art. 3 VO, (EG) Nr. 1777/2005,
- § 3 Abs. 9a Nr. 1, Nr. 2 UStG: Art. 6 Abs. 2 der 6. RL/Art 26 MwStSystRL,
- § 3 Abs. 10 UStG: Art. 6 Abs. 1 der 6. RL/s. Art. 24 und 25 MwStSystRL,
- § 3 Abs. 11 UStG: Art. 6 Abs. 4 der 6. RL/Art. 28 MwStSystRL.

1.3 Abgrenzung Lieferung und sonstige Leistung

5 Die Abgrenzung ist bedeutsam für:

- die Bestimmung des Zeitpunkts und Orts der Leistung (s. § 3 Abs. 5a–8 UStG, § 3a UStG),

- Steuerbefreiungen (s. §§ 4, 6, 6a, 7, 8 UStG),
- den Steuersatz, (s. § 12 Abs. 2 UStG),
- die Steuererhebung (§§ 18 ff. UStG, § 13b UStG).

Jede Leistung (Lieferung oder sonstige Leistung/Dienstleistung) ist grundsätzlich als eigene, selbstständige Leistung zu betrachten (s. BFH vom 19.03.2009, IV R 84/06, BFH/NV 2009, 1395; EuGH vom 02.12.2010, C-76/09, Everything Everywhere, BFH/NV 2011, 396). Besteht ein Umsatz aus mehreren Teilen, ist zu prüfen, ob es sich um eine einheitliche Leistung oder um mehrere voneinander unabhängige Leistungen handelt. Einheitliche wirtschaftliche Vorgänge dürfen jedoch umsatzsteuerrechtlich – im Interesse eines funktionierenden Mehrwertsteuersystems – nicht künstlich aufgespalten werden, wenn sie wirtschaftlich zusammengehören und ein einheitliches Ganzes bilden (s. Abschn. 3.5 Abs. 1 S. 1 UStAE). Maßgebend ist eine Gesamtbetrachtung aller Umstände, unter denen der Umsatz erfolgt (z.B. BFH vom 28.09.2000, V R 14, 15/99, BStBl II 2001, 78 und EuGH vom 18.01.2001, C-150/99, Stockholm Lindöpark, UR 2001, 153 zur Überlassung von Sportanlagen; zu grenzüberschreitenden Sachverhalten s. EuGH vom 25.01.2001, C-429/97, Kommission ./. Frankreich, UR 2001, 142). Dabei ist auf die Sicht des Durchschnittsverbrauchers abzustellen (z.B. BFH vom 19.03.2009, V R 50/07, BStBl II 2010, 78, m.w.N. aus der Rechtsprechung des EuGH; die subjektive Einschätzung der Vertragsparteien ist daher unerheblich (z.B. BFH vom 04.03.2011, V B 51/10, BFH/NV 2011, 1035; EuGH vom 25.02.1999, C-349/96, CCP, UR 1999, 157)). Der **Grundsatz der Einheitlichkeit der Leistung** greift auch im **Verhältnis Haupt- und Nebenleistung**. Eine Lieferung, die sich als unselbständige Nebenleistung zu einer sonstigen Leistung darstellt, teilt **das Schicksal der Hauptleistung**. Eine Nebenleistung liegt vor, wenn sie für den Leistungsempfänger keinen eigenen Zweck hat, sondern lediglich als Mittel anzusehen ist, um die **Hauptleistung unter optimalen Bedingungen in Anspruch** zu nehmen (s. EuGH vom 25.02.1999, C-349/96, Card Protection Plan Ltd, UR 1999, 254). Dabei ist auf die Sicht des Durchschnittsverbrauchers abzustellen (s. BFH vom 09.10.2002, V R 5/02, BStBl II 2004, 470). 6

1.4 Beispiele (ABC) einer Lieferung/sonstige Leistung

Beispiele (ABC) einer Lieferung sind z.B.: 7

- **Bilddateien**: die Bearbeitung von auf physischen Datenträgern oder auf elektronischem Weg übersandten Bilddateien ist eine Lieferung, wenn gleichzeitig Abzüge angefertigt oder dem Kunden die bearbeiteten Bilder auf einem anderen Datenträger übergeben werden. Das Entwickeln des Films und das Bearbeiten der Bilder stellt eine unselbständige Nebenleistung zu einer einheitlichen Werklieferung dar (s. Abschn. 3.5 Abs. 3 Nr. 11 UStAE).
- **Catering** wird nur als begünstigte Lieferung von Nahrungsmitteln angesehen, sofern keine – über die Essensausgabe hinausgehenden – zusätzlichen Serviceleistungen gegenüber Kunden erbracht werden, zum unschädlichen/schädlichen Umfang (s. Abschn. 3.6 UStAE und Rn. 13).
- **Erschließungsvertrag** stellt eine Werklieferung dar (s. BFH vom 22.07.2010, V R 14/09, BStBl II 2012, 428).
- **Ölwechsel** ohne sonstige Inspektionsleistungen ist als Lieferung anzusehen (s. BFH vom 30.09.1999, V R 77/98, BStBl II 2000, 14).
- **Imbiss:** Ist grundsätzlich begünstigte Lieferung folgend EuGH vom 10.03.2011, C-497/09, C-499/09, C-501/09 und C-502/09, Bog u.a., DStR 2011, 515; Abschn. 3.6 UStAE neu eingeführt durch BMF vom 20.03.2013, IV D 2 – S 7100/07/10050-06, BStBl I 2013, 444, mit Übergangsregelung für vor dem 01.10.2013 ausgeführte Umsätze bei Berufung auf günstigere Besteuerung nach den aufgehobenen BMF-Schreiben vom 16.10.2008, IV B 8 – S 7100/07/10050, BStBl I 2008, 949 und vom 29.03.2010, IV D 2 – S 7100/07/10050, BStBl I 2010, 330. Bei Imbisswagen und -ständen ist von einer Lieferung von Nahrungsmitteln auszugehen, da hier zwar auch Dienstleistungen in Gestalt der Zubereitung erbracht werden, diese aber nicht den Charakter der Hauptleistung prägen, s.a. Rn. 13.
- **Filmentwicklung** ist eine Lieferung, wenn gleichzeitig Abzüge angefertigt oder dem Kunden die bearbeiteten Bilder auf einem anderen Datenträger übergeben werden. Das Entwickeln des Films und das

Bearbeiten der Bilder stellt eine unselbständige Nebenleistung zu einer einheitlichen Werklieferung dar (s. Abschn. 3.5 Abs. 5 und 11 UStAE).

- **Kino:** Die Abgabe von Speisen und Getränken an Eingangstheken im Kino ist eine begünstigte Lieferung. Als Dienstleistungselement ist bereitgestelltes Mobiliar des Kinos nicht zu berücksichtigen, wenn es nicht ausschließlich dazu bestimmt ist, den Verzehr von Lebensmitteln zu erleichtern (s. BFH vom 30.06.2011, V R 3/07, BStBl II 2013, 241; EuGH vom 10.03.2011, C-497/09, C-499/09, C-501/09 und C-502/09, DStR 2011, 515).
- **Kopien**: Die Anfertigung von Kopien ist eine Lieferung, wenn sich die Tätigkeit auf die bloße Vervielfältigung von Dokumenten beschränkt (s. EuGH vom 11.02.2010, C-88/09, EuGHE I, 1049) oder wenn hieraus zugleich neue Gegenstände (Bücher, Broschüren) hergestellt werden und den Abnehmern an diesen Gegenständen Verfügungsmacht verschafft wird (s. BFH vom 19.12.1991, V R 107/86, BStBl II 1992, 449).
- **Leasing bei wirtschaftlichem Eigentum des Leasingnehmers**: s. Abschn. 3.5 Abs. 7 UStAE und Rn. 21.
- **Mobilfunk:** Die Ausgabe des Startpakets mit Mobilfunkgerät wird als einheitliche Lieferung angesehen. Starterpaket ohne Mobilfunkgerät ist dagegen eine sonstige Leistung (s. Abschn. 13.5 Abs. 15 UStAE und BMF vom 03.12.2001, IV B 7 – S 7100-292/01, UR 2002, 101). Gleiches gilt für die Ausgabe einer prepaid calling card s. OFD Frankfurt vom 05.03.2010 – S 7100 A – 172 – St 110, DB 2010, 1969.
- **Offsetfilme**: Die Überlassung von Offsetfilmen, die unmittelbar zum Druck von Reklamematerial im Offsetverfahren verwendet werden können, ist eine Lieferung (s. BFH vom 25.11.1976, V R 71/72, BStBl II 1977, 270).
- **Partyservice** ist (begünstigte) Lieferung von Nahrungsmitteln, sofern keine – über die Essensausgabe hinausgehenden – zusätzlichen Serviceleistungen gegenüber Kunden erbracht werden (s. Abschn. 3.6 UStAE i.V.m. BMF vom 20.03.2013, BStBl I 2013, 444; hierzu s. EuGH vom 10.03.2011, C-497/09, Bog u.a., DStR 2011, 515 und Rz. 248 f., s.a. Rn. 13).
- **Saatgut**: Die Abgabe von Basissaatgut an Züchter im Rahmen sog. Vermehrerverträge sowie des daraus gewonnenen sog. zertifizierten Saatguts an Landwirte zur Produktion von Konsumgetreide oder an Handelsunternehmen stellt eine Lieferung dar (s. Abschn. 3.5 Abs. 7 UStAE).
- **Standardsoftware**: Der Verkauf auf Datenträgern ist als Lieferung anzusehen (CD-ROM, DVD usw.), s. BFH vom 13.03.1997, V R 13/96, BStBl II 1997, 372 und vom 27.09.2001, V R 14/01, BStBl II 2002, 114.
- **Warengutscheine**: Der Verkauf und die Einlösung von Warengutscheinen für Werbegeschenke, die nicht unmittelbar an den Unternehmer, sondern an dessen Kunden und Geschäftsfreunde abgegeben werden, sind als zwei Lieferungen anzusehen (s. BFH vom 24.08.2006, V R 16/05, BStBl II 2007, 340).

8 **Beispiele (ABC) einer sonstigen Leistung sind z.B.:**

- **Abfallsammlung** (s. EuGH vom 25.01.2001, C-429/97, Kommission/Frankr, BFH/NV 2001, Beilage 2, 126).
- **An- und Verkauf in- und ausländischer Banknoten und Münzen** im Rahmen von Sortengeschäften (Geldwechselgeschäft); (s. BFH vom 19.05.2010, XI R 6/09, BStBl II 2011, 831).
- **Angelerlaubnis** (einheitliche sonstige Leistung), wenn Fisch in zuvor vom Kunden bestimmter Menge in einen Fischteich eingesetzt und von diesem dann in einer festgelegten Zeit geangelt werden darf, s. BFH vom 04.07.2002, V R 41/01, BFH/NV 2002 1622. Hochseeangelreise ist als einheitliche Beförderungsleistung anzusehen, s. BFH vom 02.03.2011, XI R 25/09, BStBl II 2011, 737.
- **Anteilsübertragung** bei ideellem Miteigentum (s. Abschn. 3.5 Abs. 3 Nr. 2 UStAE, dagegen u.a. Sölch/Ringleb/Klenk/Martin, § 3 Rn. 557. Lieferung) Für eine Lieferung spricht m.E., dass auch die Übertragung eines Miteigentumsanteils voraussetzt, dass der Miteigentümer – wenn auch eingeschränkt durch die Rechte der anderen Miteigentümer – d.h. die Verfügungsmacht an dem Gegenstand erhält. Der XI. Senat des BFH hat eine Lieferung angenommen, wenn der Miteigentumsanteil mit Wohnungseigentum verbunden ist (s. BFH vom 27.04.1994, XI R 85/92, BStBl II 1995, 30), s.a. Rn. 13.

- **Bau- und Konstruktionszeichnungen** zur Überlassung für technische Bauvorhaben sowie die Überlassung nicht geschützter Erfahrungen und technischer Kenntnisse ist sonstige Leistung (s. BFH vom 18.05.1956, V 276/55 U, BStBl III 1956, 198).
- **Besamung** von Rindern (keine Lieferung von Samen, s. BFH vom 26.10.1998, V B 80/98, BFH/NV 1999, 529).
- **Bestattung** – Einsargung des Leichnams für Zwecke der Überführung (eigenständige sonstige Leistung, keine Nebenleistung zur Beförderung (s. BFH vom 24.02.2005, V R 26/03, BFH/NV 05, 1395)). Die Überführung des Leichnams ins Ausland ist als grenzüberschreitende Beförderungsleistungen nach § 4 Nr. 3 Buchst. a Doppelbuchst. aa befreit.
- **Bildüberlassung** zu Presse und Werbezwecken, s. BFH vom 12.05.1977, V R 111/73, BStBl II 1977, 808.
- **Car-Garantie** nach Auffassung des 5. BFH-Senats eigenständige sonstige Leistung, d.h. regelmäßig keine Nebenleistung zur Lieferung des Wagens (s. BFH vom 09.10.2002, V R 67/01, BStBl II 2003, 378). Allerdings hat der XI. Senat bei entsprechender Vertragsgestaltung die Garantiezusage des Autoverkäufers als einheitliche steuerpflichtige Leistung gewertet (s. BFH vom 10.02.2010, XI R 49/07, BStBl II 2010, 1109). Die Garantiezusage stellt m.E. grundsätzlich eine eigenständige sonstige Leistung dar, die nur ausnahmsweise bei entsprechender Vertragsgestaltung zu einer einheitlichen Leistung führen kann.
- **Devisengeschäfte** (s. EuGH vom 14.07.1998, C-172/96, First National Bank of Chicago, DB 1998, 1598).
- **Erbbaurechtsbestellung** sonstige (Dauer-)Leistung (s. BFH vom 20.04.1988, X R 4/80, BStBl II 1988, 744).
- **Factoring** auch beim sog echten Factoring (s. EuGH vom 26.06.2003, C-305/01, MKG-Fahrzeuge-Factoring-GmbH, BStBl II 2004, 668; nachfolgend BFH vom 04.09.2003, V R 34/99, BStBl II 2004, 667).
- **Filme,** Überlassung sendefertiger durch einen Filmhersteller im Sinne von § 94 UrhG – sog. **Auftragsproduktion** (s. BFH vom 19.02.1976, V R 92/74, BStBl II 1976, 515).
- **Fotokopien** sofern über das bloße Vervielfältigen hinaus weitere Dienstleistungen erbracht werden, z.B. Beratung des Kunden oder Anpassung bzw. Umgestaltung des Originals, s. EuGH vom 11.02.2010, C-88/09, EuGHE I 2010, 1049. Die Herstellung und Zusammenfassung in Buchform ist dagegen eine Lieferung (s. BFH vom 19.12.1991, V R 107/86, BStBl II 1992, 449).
- **Grabpflege** (s. BFH vom 21.06.2001, V R 80/99, BStBl II 2003, 810; hinsichtlich der dabei verwendeten Blumen und Pflanzen liegt keine eigenständige Lieferung vor).
- **Imbiss** = nach bisheriger Rechtsprechung sonstige Leistung sofern – nicht notwendig unternehmereigene – Tische, Bänke und Stühle zur Verfügung stehen (s. BFH vom 26.10.2006, V R 58 und 59/04, BStBl II 2007, 487; s. Abschn. 3.6 UStAE i.V.m. BMF vom 16.10.2008, IV B 8 – S7100/07/10050, BStBl I 2008, 949 und vom 29.03.2010, IV D 2 – S 7100/07/10050, BStBl I 2010, 330); nunmehr: Begünstigte Lieferung (s. EuGH C-497/09, Bog u.a., DStR 11, 515). Abschn. 3.6 UStAE neugefasst durch BMF vom 20.03.2013, IV D 2 – S 7100/07/10050-06, BStBl I 2013, 444, mit Übergangsregelung für vor dem 01.10.2013 ausgeführte Umsätze bei Berufung auf günstigere Besteuerung nach den aufgehobenen BMF-Schreiben vom 16.10.2008, IV B 8 – S 7100/07/10050, BStBl I 2008, 949, und vom 29.03.2010, IV D 2 – S 7100/07/10050, BStBl I 2010, 330.
- **Kfz-Inspektion** ist auch, wenn ein Ölwechsel vorgenommen wird, keine Lieferung (s. BFH vom 30.09.1999, V R 77-98, BStBl II 2000, 14).
- **Know-how** Überlassung von Ergebnissen einer **Meinungsumfrage** auf dem Gebiet der **Marktforschung** (s. BFH vom 22.11.1973, V R 164/72, BStBl II 1974, 259).
- **Kreditgewährung** im Zusammenhang mit einer Lieferung/sonstigen Leistung kann zu zwei Leistungen führen, einerseits die Warenlieferung bzw. sonstige Leistung und andererseits die Bewilligung der Teilzahlung gegen jeweils gesondert vereinbartes und berechnetes Entgelt (s. BFH-Beschluss vom 18.12.1980, V B 24/80, BStBl II 1981, 197). Eine gesonderte Leistung kann nur dann angenommen werden, wenn eine eindeutige Trennung zwischen dem Kreditgeschäft und der Lieferung/sonstigen Leistung vorliegt. Dazu ist erforderlich (s. Abschn. 3.5 Abs. 2 UStAE):

  - Lieferung/sonstige Leistung und Kreditgewährung mit den dafür aufzuwendenden Entgelten müssen bei Abschluss des Umsatzgeschäfts gesondert vereinbart worden sein. Eine nachträgliche Aufteilung ist nicht zulässig.
  - In der Vereinbarung über die Kreditgewährung muss auch der Jahreszins angegeben werden.
  - Die Entgelte für die beiden Leistungen müssen getrennt abgerechnet werden.
- **Leasing bei wirtschaftlichem Eigentum des Leasinggebers** (s. Abschn. 3.5 Abs. 7 UStAE und Rz. 76 f.).
- **Leistungskommission** ist eine doppelte sonstige Leistung (s. BFH vom 31.05.2006, DStRE 2004, 98).
- **Lichtbilderüberlassung** zu Werbezwecken (s. BFH vom 12.01.1956, V 272/55 S, BStBl III 1956, 62).
- **Mailing-Aktionen** – Planung, Herstellung und Distribution von Werbebroschüren = einheitliche sonstige Leistung (s. BFH vom 15.10.2009, XI R 52/06, BStBl II 2010, 869).
- **Mobilfunk:** Die Ausgabe eines Startpakets ohne Mobilfunkgerät (s. Abschn. 13.5 Abs. 15 UStAE) und prepaid calling cards ist als sonstige Leistung anzusehen.
- **Modellskizzen** – Veräußerung derselben (s. BFH vom 26.10.1961, V 307/59, HFR 1962, 118).
- **Nachrichtenübermittlung** zur Veröffentlichung, s. Abschn. 3.5 UStAE.
- **Restaurationsumsätze** eine einheitliche sonstige Leistung (s. EuGH vom 02.05.1996, C-231/94, Faarborg Gelting Linien, UR 1996, 220).
- **Saatgut** – Lieferung von Saatgut und dessen anschließender Einsaat sind zwei selbständige Leistungen (BFH vom 09.10.2002, V R 5/02, UR 2003, 143).
- **Schulspeisung** (s. BFH vom 10.08.2006, V R 38/05, BStBl II 2007, 482 – bei portionierter Abgabe auf Tellern und anschließender Reinigung von Geschirr und Besteck).
- **Software**. Die Überlassung und Erstellung von Individual-Software ist eine sonstige Leistung (s. Abschn. 3.5 Abs. 8 UStAE). Gleiches gilt für die Überlassung von Basissoftware mit nicht nur nebensächlicher individueller Anpassung (s. EuGH vom 27.10.2005, C-41/04, Levob Verzekeringen und OV Bank, UR 2006, 20). Software-Download: Die Übertragung von Software auf elektronischem Weg ist eine sonstige Leistung (s. Abschn. 3.5 Abs. 8 UStAE).
- **Sportanlagen**: Die Überlassung von Golf- und Tennisplätzen ist eine einheitliche sonstige Leistung (s. EuGH vom 18.01.2001, C-150/99, Stockholm Lindöpark, UR 2001, 153; BFH vom 31.05.2001, V R 97/98, BStBl II 2001, 658).
- Verlagsrecht Übertragung derselben (s. BFH vom 16.07.1970, V R 95/66, BStBl II 1970, 706).
- **Zwischenhandel** mit **Eintrittskarten** ist sonstige Leistung (s. BFH vom 03.06.2009, XI R 34/08, BStBl II 2010, 857).

1.5 Übertragung von Gesellschaftsanteilen

9 Die Übertragung von Anteilen an Personen- oder Kapitalgesellschaften ist als sonstige Leistung zu beurteilen (s. EuGH vom 26.05.2005, C-465/03, EuGHE I 4357).Dies gilt entsprechend bei der Übertragung von Wertpapieren anderer Art, z.B. Fondsanteilen oder festverzinslichen Wertpapieren, s. Abschn. 3.5 Abs. 8 UStAE.

2. Lieferungen, § 3 Abs. 1 UStG

10 Bei einer Lieferung ist Steuergegenstand die Änderung der Zuordnung eines Gegenstandes zu einer Person. Der Begriff der Lieferung enthält zwei Komponenten, den Liefergegenstand und die Verschaffung der Verfügungsmacht.

2.1 Gegenstand der Lieferung

11 Der Gegenstandsbegriff des § 3 Abs. 1 UStG, der sich nach spezifisch umsatzsteuerlichen Gesichtspunkten vollzieht, ist enger als der in § 90 BGB. Als Liefergegenstand kommen vorwiegend körperliche Gegenstände (**Sachen i.S.v. § 90 BGB**) in Betracht. Unerheblich ist, ob es sich um bewegliche/unbewegliche, vertretbare/nicht vertretbare Sachen, um Tiere (s. § 90a BGB), Zubehör (s. § 97 BGB) usw. handelt. Gleiches gilt für solche Wirtschaftsgüter, die im Wirtschaftsverkehr wie körperliche Sachen behandelt werden, z.B.

Elektrizität, Gas, Wärme, Kälte und Wasserkraft, s. Art. 15 Abs. 1 MwStSystRL; Abschn. 3.1 Abs. 4. Auch eine Sachgesamtheit, d.h. die Zusammenfassung bisher selbständiger Gegenstände zu einem einheitlichen Ganzen, dem im Wirtschaftsverkehr über die Summe der einzelnen Gegenstände hinaus eine eigenständige Bedeutung zukommt, ist als Liefergegenstand geeignet, BFH vom 08.11.1995, XI R 63/94,114, BStBl II 1996 betr. „Rebanlage". **Liefergegenstände** können daher auch ungetrennte Bodenerzeugnisse sein, gleich ob es sich hierbei um wesentliche Bestandteile eines Grundstücks i.S.v. § 94 Abs. 1 Satz 2 BGB handelt, Abschn. 3.1 Abs. 1 S. 4 UStAE.

Die **Übertragung immaterieller Wirtschaftsgüter**, z.B. die Einräumung Lizenzen stellt i.d.R. eine sonstige Leistung i.S.v. § 3 Abs. 9 UStG dar, s. Abschn. 3.1 Abs. 4 UStAE. Dies gilt nach Satz 2 der Verwaltungsanweisung auch für die Übertragung eines Firmenwerts, Kundenstamms oder eines Bündels von Lebensrückversicherungsverträgen (folgend EuGH vom 22.10.2009, C-242/08, Swiss Re Germany Holding, BStBl II 2011, 559; entgegen der früheren BFH-Rechtsprechung z.B. Urteil vom 25.02.1993, V R 35/89, BStBl II 1993, 641, und Verwaltungsanweisung). Sofern diese immateriellen Wirtschaftsgüter – wie regelmäßig – im Rahmen einer nichtsteuerbaren Geschäftsveräußerung nach § 1 Abs. 1a UStG übertagen werden, ergeben sich keine Auswirkungen aus der geänderten Beurteilung. Anders ist es aber z.B. bei einer Übertragung ohne Teilbetriebsveräußerung, die mangels Lieferung nicht mehr nach § 4 Nr. 28 UStG befreit ist. 12

Die Einräumung **eines ideellen Miteigentumsanteils** wird von der h.M. als sonstige Leistung beurteilt (s. BFH vom 27.04.1994, XI R 85/92, BStBl II 1995, 30; Abschn. 3.5 Abs. 3 Nr. 2 UStAE). Dagegen spricht, dass sich die Übertragung des Miteigentumsanteils an einer Sache im Wirtschaftsleben wie die bei einem Volleigentum vollzieht, s. Nieskens in Rau/Dürrwächter, § 3 Rn. 1153.1 f.; Martin, in Sölch/Ringleb, § 3 Rn. 48; FG Niedersachsen vom 13.12.2012, 16 K 305/12, in der Revisionsentscheidung hat BFH, vom 02.07.2014, XI R 4/13 (NV), DStRE 2014, 163 die Frage offen gelassen, Auch der EuGH hat zur Veräußerung von Grundstücken durch zwei unterschiedliche Rechtsakte entschieden, dass beide Veräußerungen als Lieferungen i.S.d. Art. 14 Abs. 1 MwStSystRL zu bewerten sein können, wenn den Erwerbern das Grundstück jeweils so übertragen wird, dass sie jeweils über den Gegenstand faktisch so verfügen können, als wären sie ihr Eigentümer (Urteil vom 15.12.2005, C-63/04, HR 2006, 2014. 13

Schließlich hat der BFH in zwei Entscheidungen die unentgeltliche Übertragung eines Bruchteils eines zu Vermietungszwecken genutzten Grundstücks als Geschäftsveräußerung im Ganzen gemäß § 1 Abs. 1a UStG angesehen und ist damit von seiner bisherigen Rechtsprechung, wonach ein solcher Vorgang zu einer unentgeltlichen Wertabgabe nach § 3 Abs. 9a UStG führe, abgerückt (Urteile vom 06.09.2007, V R 41/05, BStBl II 2008, 65 und vom 22.09.2007, V R 5/06, BStBl II 2008, 448). M.E. dürfte die Übertragung eines Miteigentumsanteils als Lieferung anzusehen sein. Ungeachtet von Art. 15 Abs. 2 MwStSystRL ist nach §§ 747 S. 1, 1008 BGB der Miteigentumsanteil als ideeller Bruchteil wie der Gegenstand als solcher selbständig verfügungsfähig. 14

Bei der **Abgabe von Speisen und/oder Getränken** ist zu differenzieren, ob diese als – meist nach § 12 Abs. 2 UStG dem ermäßigten Steuersatz unterliegende (s. § 12 Rn. 7 ff.) – Lieferung oder als Dienstleistung und somit als sonstige Leistung i.S.d. § 3 Abs. 9 UStG zu qualifizieren sind, die als sog. Restaurationsleistungen dem Regelsteuersatz unterliegen. 15

Nach dem durch BMF vom 20.03.2013, IV D 2 – S 7100/07/10050-06, BStBl I 2013, 444 neu formulierten Abschn. 3.6 UStAE sind die nachfolgend dargestellten Elemente notwendig mit der Vermarktung verzehrfertiger Speisen verbunden und lassen die Einordnung als Lieferung unberührt: 16

- Darbietung von Waren in Regalen;
- Zubereitung von Speisen;
- Transport der Speisen und Getränke zum Ort des Verzehrs einschließlich der damit in Zusammenhang stehenden Leistungen wie Kühlen, Gefrieren oder Wärmen, der hierfür erforderlichen Nutzung von besonderen Behältnissen und Geräten sowie der Vereinbarung eines festen Lieferzeitpunkts;
- Übliche Nebenleistungen (z.B. Verpacken, Beigabe von Einweggeschirr oder -besteck);
- Bereitstellung von Papierservietten;
- Abgabe von Senf, Ketchup, Mayonnaise, Apfelmus oder ähnlicher Beigaben;
- Bereitstellung von Abfalleimern an Kiosken, Verkaufsständen, Würstchenbuden usw.;

- Bereitstellen von Einrichtungen und Vorrichtungen, die in erster Linie dem Verkauf von Waren dienen (z.B. Verkaufstheken und -tresen sowie Ablagebretter an Kiosken, Verkaufsständen, Würstchenbuden usw.);
- Bloße Erstellung von Leistungsbeschreibungen (z.B. Speisekarten oder -pläne);
- Allgemeine Erläuterung des Leistungsangebots;
- Einzug des Entgelts für Schulverpflegung von den Konten der Erziehungsberechtigten.

17 Dagegen liegen **schädliche Dienstleistungselemente**, die zur Annahme einer Lieferung führen, vor bei:

- Bereitstellung von Vorrichtungen, die den bestimmungsgemäßen Verzehr an Ort und Stelle fördern sollen (z.B. Räumlichkeiten, Tische und Stühle oder Bänke, Bierzeltgarnituren oder Stühle);
- Servieren von Speisen und Getränken;
- Gestellung von Bedienungs-, Koch- oder Reinigungspersonal;
- Durchführung von Service-, Bedien- oder Spülleistungen im Rahmen einer die Bewirtung fördernden Infrastruktur oder in den Räumlichkeiten der Kunden;
- Nutzungsüberlassung von Geschirr oder Besteck;
- Überlassung von Mobiliar (z.B. Tischen und Stühlen);
- Reinigung bzw. Entsorgung von Gegenständen, wenn die Überlassung dieser Gegenstände ein berücksichtigungsfähiges Dienstleistungselement darstellt;
- Individuelle Beratung bei der Auswahl der Speisen und Getränke.

18 Die neuen Grundsätze des BMF vom 20.03.2013, BStBl I 2013, 444, gelten rückwirkend zum 01.07.2011. Die Finanzverwaltung beanstandet aber nicht, wenn sich ein Unternehmer für die vor dem 01.10.2013 ausgeführten Umsätze auf eine für ihn nach der bisherigen Verwaltungsanweisung (BMF vom 16.10.2008, DStR 2008, 2111) günstigere Besteuerung beruft.

2.2 Verschaffung der Verfügungsmacht

19 Nach Art. 14 Abs. 1 MwStSystRL gilt als Lieferung eines Gegenstandes die Übertragung der Befähigung, wie ein Eigentümer über einen körperlichen Gegenstand zu verfügen. Dem entsprechend beschreibt § 3 Abs. 1 UStG Lieferungen als Leistungen, durch die der Unternehmer den Abnehmer befähigt, im eigenen Namen über einen Gegenstand zu verfügen (im Klammerzusatz als „Verschaffung der Verfügungsmacht" bezeichnet). Bei der Lieferung handelt es sich um einen Vorgang tatsächlicher Art, bei dem der Lieferer dem Abnehmer Substanz, Wert und Ertrag an dem betreffenden Gegenstand unbedingt und endgültig überträgt (z.B. s. BFH vom 08.11.1995, XI R 63/94, BStBl II 1996, 114). Dies geschieht regelmäßig durch Eigentumsübertragung.

20 Soweit sich inhaltliche Unterschiede zum Unionsrecht ergeben, sind die unionsrechtlichen Bestimmungen im Wege der richtlinienkonformen Auslegung zu berücksichtigen (ständige Rechtsprechung z.B. BFH vom 27.07.2000, V R 55/99, BStBl II 2001, 426). Bei der Auslegung des UStG ist ab 01.07.2011 die verbindliche Auslegung durch die VO (EG) Nr. 282/2011 (zuvor die VO [EG] Nr. 1777/2005) zu beachten. § 3 Abs. 1 UStG fußt auf Art. 14 und Art. 15 MwStSystRL (zuvor Art. 5 Abs. 1 der 6. RL). Das Unionsrecht definiert als Lieferung eines Gegenstandes die Übertragung der Befähigung, wie ein Eigentümer über einen körperlichen Gegenstand zu verfügen. Die Begriffe „Lieferungen von Gegenständen" und „Dienstleistungen" haben sämtlich objektiven Charakter und sind unabhängig von Zweck und Ergebnis der betroffenen Umsätze anwendbar (s. EuGH vom 27.10.2011, C-504/10, Tanoarch, BFH/NV 2011, 2220, Rz. 45; EuGH vom 21.02.2006, University of Huddersfield, C-223/03, Slg. 2006, I-1751, Rz. 48). Nach ständiger Rechtsprechung des EuGH bezieht sich der Begriff „Lieferung eines Gegenstands" nicht auf die Eigentumsübertragung in den durch das anwendbare nationale Recht vorgesehenen Formen. Er umfasst jede Übertragung eines Gegenstandes durch eine Partei, die die andere Partei ermächtigt, über diesen Gegenstand faktisch so zu verfügen, als wäre sie sein Eigentümer (z.B. s. EuGH vom 15.12.2005, C-63/04, Centralan Property Ltd, UR 2006, 20).

2.3 Lieferung durch Eigentumsübertragung

Die Verschaffung der Verfügungsmacht geschieht regelmäßig durch die zivilrechtliche Eigentumsübertragung. Bei **beweglichen Sachen** setzt dies nach § 929 S. 1 BGB regelmäßig Einigung und Übergabe voraus. Die Übergabe, d.h. die Übertragung des unmittelbaren Besitzes kann durch sog. Übergabesurrogate, ersetzt werden. Bei einem **Besitzkonstitut** behält der Eigentümer den Besitz und nutzt über ein Besitzmittlungsverhältnis (z.B. Miete, Pacht oder Verwahrung) den Gegenstand nach § 930 BGB vereinbarungsgemäß nicht mehr als Eigen- sondern als Fremdbesitzer (z.B. als Mieter). Bei nur mittelbarem Beitz des Eigentümers (Liefergegenstand ist vermietet) wird die Übertragung durch **Abtretung des Herausgabeanspruchs** nach § 931 BGB ersetzt. Zur Verschaffung der Verfügungsmacht durch einen vom Lieferer beauftragten Dritten (s. BFH vom 04.09.2003, V R 10/02, BStBl II 2004, 627). 21

Bei der **Lieferung kurzer Hand** ist der Erwerber bereits im Besitz des Liefergegenstandes (z.B. bei Erwerb eines angemieteten Fahrzeugs) und erfolgt die Lieferung nach § 929 S. 2 BGB mit der Einigung über den Eigentumsübergang, eine Besitzübertragung ist entbehrlich. In Fällen, bei denen das Eigentum an einem Traditionspapier i.S.d. §§ 363 ff. HGB (z.B. Orderlagerschein, Ladeschein oder Konnossement, s. §§ 475g, 448 bzw. 650 HGB) das Eigentum am Liefergegenstand ersetzt, ersetzt die Übereignung des Traditionspapiers die Übergabe der Sache und bestimmt so den Zeitpunkt der Lieferung. Bei Grundstücken setzt der Eigentumsübergang nach §§ 873, 925 BGB Einigung (Auflassung) und Eintragung im Grundbuch voraus. Da der Zeitpunkt der Eintragung für die Vertragsparteien nicht vorhersehbar ist, wird in der Auflassung regelmäßig der Zeitpunkt des Besitz-, Nutzen- und Lastenübergangs geregelt, der für die Verschaffung der Verfügungsmacht dann maßgeblich ist. Bei einem Kauf auf Probe (s. § 454 BGB) wird die Verfügungsmacht erst nach Billigung des Angebots durch den Empfänger verschafft (s. BFH vom 06.12.2007, V R 24/05, BStBl II 2009, 490; Abschn. 13.1 Abs. 6 Sätze 1 und 2 UStAE). Dagegen wird bei einem Kauf mit Rückgaberecht die Verfügungsmacht mit der Zusendung der Ware verschafft (s. Abschn. 13.1 Abs. 6 Satz 3 UStAE). 22

Auch **kraft Gesetzes** kann eine Übereignung erfolgen z.B. durch Verbindung, Vermischung, Verarbeitung nach §§ 946-947 BGB (s. BFH vom 28.07.1993, I R 88/92, BStBl II 1994, 164 und BFH vom 09.04.1997, II R 95/94, BStBl II 1997, 452). Derjenige, der durch Verbindung/Vermischung/Verarbeitung zivilrechtlicher Eigentümer geworden ist, erlangt jedoch nicht zwangsläufig die Verfügungsmacht. Errichtet ein Dritter auf fremden Grund und Boden ein Bauwerk oder nimmt er in einem fremdem Gebäude Einbauten vor (sog. Mietereinbauten), so erteilt dann i.d.R. der Dritte dem Bauunternehmer den Auftrag und nicht der Eigentümer. Dabei sind folgende Leistungsbeziehungen zu unterscheiden: 23

1. **Leistungsbeziehungen zwischen Auftraggeber und Bauunternehmer:**
   Der Bauunternehmer erbringt die Werklieferung (Erstellung des Bauwerks) gegenüber seinem zivilrechtlichen Vertragspartner. Die Verfügungsmacht wird dem Auftraggeber/Besteller mit Übergabe des fertiggestellten Werks verschafft, dem die Wirtschaftsgüter („Gebäude“ bzw. „Einbauten“) als eigene zuzurechnen sind.
2. **Leistungsbeziehungen zwischen Auftraggeber und Grundstücks- bzw. Gebäudeeigentümer:**
   Eine Weiterlieferung des Bauwerks seitens des Auftraggebers an den Grundstück- bzw. Gebäudeeigentümer liegt nur dann vor, wenn diesem auch Substanz, Wert und Ertrag des Bauwerks zugewendet werden. Das ist nur dann der Fall, wenn der Besteller (z.B. Mieter) schon bei Beginn des Nutzungsverhältnisses auf sein Wegnahmerecht verzichtet, weil der Grundstücks- bzw. Gebäudeeigentümer ihm die Herstellungskosten erstattet oder diese mit der Miete) verrechnet (s. BFH vom 07.05.1987, V R 108/79, BFH/NV 1988, 602; BMF vom 23.07.1986, IV A 2 – S 7100 – 6/86, BStBl I 1986, 432) oder wenn auf die Ausübung des Wegnahmerechts und eine Entschädigung verzichtet wird (Fall der unentgeltlichen Lieferung i.S.d. § 3 Abs. 1b UStG). Die vorgenannten Grundsätze gelten entsprechend, wenn Ehegatten auf dem Grundstück des anderen oder auf einem im Miteigentum stehenden Grundstück bauen (s. BFH vom 24.06.1999, V R 99/98, BFH/NV 1999, 1648) oder wenn ein Gesellschafter auf dem Grundstück der Gesellschaft baut. Bei einer Ehegattengemeinschaft/Gesellschaft als Besteller kann auch der einzelne Ehegatte oder Gesellschafter Leistungsempfänger sein (s. EuGH vom 21.04.2005, C-25/03, BStBl II 2007, 24; BFH vom 29.08.2002, V R 40/01, BFHE 200, 111).

2.4 Lieferung ohne Eigentumsübertragung

2.4.1 Lieferung gestohlener oder abhandengekomener Sachen

24 Nach § 935 BGB ist der Eigentumserwerb an gestohlenen oder gehehlten Sachen ausgeschlossen. Nach §§ 40, 41 AO ist es dagegen für die Frage der Steuerbarkeit einer Lieferung bedeutungslos, welcher Mangel dem Grund- oder dem Erfüllungsgeschäft anhaftet. Da **unter wirtschaftlichen Gesichtspunkten** auch in diesen Fällen **Verfügungsmacht verschafft** wird, liegt beim Verkauf von Diebesgut eine Lieferung vor. Dies gilt selbst dann, wenn der Erwerber bösgläubig ist, d.h. weiß, dass es sich um Diebesgut handelt. Nach Auffassung des EuGH ist der Begriff der Lieferung jedoch bei einem mit einem Mehrwertsteuerbetrug behafteten Umsatz nicht erfüllt (z.B. s. EuGH vom 06.07.2006, C-439/04, 440/04 Halifax, DStR 2006, 1274). Es ist aber zu berücksichtigen, dass jeder Umsatz in einer Lieferkette für sich zu betrachten ist; Umsätze, die nicht selbst mit einem Mehrwertsteuerbetrug behaftet sind, sind eine wirtschaftliche Tätigkeit eines Steuerpflichtigen und stellen Lieferungen dar (s. BFH vom 19.04.2007, V R 48/04, BStBl II 2009, 315; BFH vom 19.05.2010, XI R 78/07, BFH/NV 2010, 2132). Außerdem ist zu beachten, dass es sich um einen eigenständigen Vorsteuerversagungsgrund handelt (s. BFH vom 19.04.2007, V R 48/04, BStBl II 2009, 315). Für die Besteuerung von Ausgangsumsätzen ist dies aber ohne Bedeutung. Die vom Steuerhinterzieher ausgeführte Lieferung ist bei diesem steuerbar und steuerpflichtig (s. BFH vom 05.08.2010, V R 13/09, BFH/NV 2011, 81).

2.4.2 Eigentumsvorbehaltslieferung

25 Trotz fehlender Übereignung liegt eine Lieferung vor, wenn ein Gegenstand unter **Eigentumsvorbehalt** verkauft und übergeben wird, s. Abschn. 3.1 Abs. 3 Satz 4 UStAE. Hier wird nach § 449 BGB der Kaufgegenstand dem Käufer in unmittelbaren Fremdbesitz übergeben und Käufer und Verkäufer einigen sich aufschiebend bedingt (s. § 158 Abs. 1 BGB) über den Eigentumsübergang. Der Erwerber besitzt damit eine dem wirtschaftlichen Eigentum nach § 39 Abs. 2 AO entsprechende sicherte **Anwartschaftsposition**. Durch Zahlung der letzten Kaufpreisrate wird er Eigentümer der Kaufsache.

2.4.3 Leasing und Mietkauf

26 Werden Gegenstände im Leasing-Verfahren überlassen, ist die Übergabe des Leasing-Gegenstands durch den Leasing-Geber an den Leasing-Nehmer eine Lieferung, wenn der Leasing-Nehmer nach den vertraglichen Vereinbarungen und deren tatsächlicher Durchführung berechtigt ist, wie ein Eigentümer über den Leasing-Gegenstand zu verfügen. Hiervon kann in der Regel ausgegangen werden, wenn der Leasing-Gegenstand einkommensteuerrechtlich dem Leasing-Nehmer zuzurechnen ist, s. Abschn. 3.5 Abs. 5 ff.; Abschn. 13.1 Abs. 4 UStAE. Für die ertragsteuerliche Zurechnung sind § 39 AO und die Auslegungskriterien der Leasingurteile der BFH und der Leasingerlasse maßgeblich, s. z.B. BFH vom 01.10.1970, V R 49/70, BStBl II 1971, 34 und BMF vom 19.04.1971, IV B/2-S 2170-31/71, BStBl I 1971, 264. Die Annahme einer Lieferung **setzt voraus, dass die Verfügungsmacht, d.h. die Chancen und Risiken an dem Gegenstand auf den Abnehmer übergeht**.

27 Beim Hauptfall des Leasing, dem sog. **Finanzierungsleasing**, ist der Leasinggegenstand (ertragsteuerlich: das Wirtschaftsgut) dem Leasingnehmer insbesondere zuzurechnen, wenn:

- Die vereinbarte Grundmietzeit über 90 %, bei beweglichen Wirtschaftsgütern unter 40 % und über 90 % der betriebsgewöhnliche Nutzungsdauer beträgt,
- die Grundmietzeit zwar außerhalb der vorgenannten Zeiträume liegt, dem Leasingnehmer aber eine Mietverlängerungs- oder Kaufoption zusteht, bei deren Ausübung er nur noch einen geringfügigen Preis (sog. Anerkennungsgebühr) zu zahlen hat oder
- der Leasinggegenstand speziell auf die Verhältnisse des Leasingnehmers zugeschnitten und nach Ablauf der Mietzeit nur für diesen sinnvoll verwertbar ist (sog. Spezialleasing).

28 Beim **Operative Leasing**, mit kürzeren Laufzeiten und entweder ohne Kaufoption am Ende der Laufzeit oder Option ohne festen Kaufpreis sowie oft zusätzlichen Leistungen (z.B. Wartung) des Leasingebers, ist

das Wirtschaftsgut dagegen dem Leasinggeber zuzurechnen. Dieser übernimmt beim Operate Leasing das wirtschaftliche Risiko der weiteren Wertentwicklung des Leasingguts.

Der EuGH (Urteil vom 16.02.2012, C-118/11, Eon Aset Menidjmund, UR 2012, 230) beurteilt das wirtschaftliche Eigentum nach den Internationalen Rechnungslegungsstandards (IAS), die als in das Recht der EU inkorporierte Rechnungsgrundsätze anzuwenden seien. Für das Leasing unterscheidet er unter Berufung auf IAS 17 zwischen Operate-Leasing und Finanzierungsleasing. Dabei ist zu beachten, dass die Zuordnung nach IAS 17 nicht identisch mit den ertragsteuerlichen Leasinggrundsätzen sein muss (zu Abweichungen s. von Wallis, UStB 12, 227). 29

Beim **sog. sale-and-lease-back**, d.h. in den Fällen, in denen der Überlassung des Gegenstands eine zivilrechtliche Eigentumsübertragung vom späteren Nutzenden des Gegenstands an den überlassenden Unternehmer vorausgeht, ist zu prüfen, ob die Verfügungsmacht an dem Gegenstand sowohl im Rahmen dieser Eigentumsübertragung, als auch im Rahmen der nachfolgenden Nutzungsüberlassung jeweils tatsächlich übertragen wird und damit eine Hin- und Rücklieferung stattfindet oder ob dem der Nutzung vorangehenden Übergang des zivilrechtlichen Eigentums an dem Gegenstand vielmehr eine bloße Sicherungs- und Finanzierungsfunktion zukommt, sodass insgesamt eine Kreditgewährung vorliegt (s. BFH vom 09.02.2006, V R 22/03, BStBl II 2006. 727; BMF vom 04.12.2008, IV B 8 - S 7100/07/10031, BStBl I 2008, 1084). Diese Prüfung richtet sich nach dem Gesamtbild der Verhältnisse des Einzelfalls, d.h. den konkreten vertraglichen Vereinbarungen und deren jeweiliger tatsächlicher Durchführung unter Berücksichtigung der Interessenlage der Beteiligten. Von einem Finanzierungsgeschäft ist insbesondere auszugehen, wenn die Vereinbarungen über die Eigentumsübertragung und über das Leasingverhältnis bzw. über die Rückvermietung in einem unmittelbaren sachlichen Zusammenhang stehen und eine Ratenkauf- oder Mietkaufvereinbarung geschlossen wird, aufgrund derer das zivilrechtliche Eigentum mit Ablauf der Vertragslaufzeit wieder auf den Nutzenden zurückfällt oder den Überlassenden zur Rückübertragung des Eigentums verpflichtet, s. Abschn. 3.5 Abs. 6 UStAE. 30

Beispiel 1 (s. Abschn. 3.5 Abs. 6 Beispiel 1 UStAE): Der Hersteller von Kopiergeräten H und die Kopiervermietungsgesellschaft V schließen einen Kaufvertrag über die Lieferung von Kopiergeräten, wobei das zivilrechtliche Eigentum auf die Vermietungsgesellschaft übergeht. Gleichzeitig verpflichtet sich V, dem Hersteller H die Rückübertragung der Kopiergeräte nach Ablauf von 12 Monaten anzudienen, H macht regelmäßig von seinem Rücknahmerecht Gebrauch. Zur endgültigen Rückübertragung bedarf es eines weiteren Vertrags, in dem die endgültige Rückgabe – und Rücknahmekonditionen einschließlich des Rückkaufpreises – festgelegt werden. Während der „Vertragslaufzeit“ von 12 Monaten vermietet die Vermietungsgesellschaft die Kopiergeräte an ihre Kunden. Umsatzsteuerrechtlich liegen zwei voneinander getrennt zu beurteilende Lieferungen i.S.d. § 3 Abs. 1 UStG vor. Die Verfügungsmacht an den Kopiergeräten geht zunächst auf V über und fällt nach Ablauf von 12 Monaten bei regelmäßigem Ablauf durch einen neuen Vertragsabschluss wieder an H zurück. 31

Beispiel 2 (s. Abschn. 3.5 Abs. 6 Beispiel 2 UStAE): Wie Beispiel 1, wobei V nunmehr einen weiteren Vertrag mit der Leasinggesellschaft L zur Finanzierung des Geschäfts mit H schließt. Hiernach verkauft V die Kopiergeräte an L weiter und least sie gleichzeitig von L zurück, die sich ihrerseits **unwiderruflich zur Rückübertragung des Eigentums** nach Ablauf des Leasingzeitraums verpflichtet. Das zivilrechtliche Eigentum wird übertragen und L ermächtigt V, die geleasten Kopiergeräte im Rahmen des Vermietungsgeschäfts für ihre Zwecke zu nutzen. Die Laufzeit des Vertrags beschränkt sich auf 12 Monate und die für die spätere Bestimmung des Rückkaufpreises maßgebenden Konditionen werden bereits jetzt vereinbart. In der Veräußerung der Kopiergeräte von H an V und deren Rückübertragung nach 12 Monaten liegen entsprechend den Ausführungen zum Ausgangsfall zwei voneinander zu trennende Lieferungen vor. Die Übertragung des zivilrechtlichen Eigentums an den Kopiergeräten durch V an L dient dagegen 32 lediglich der Besicherung der Refinanzierung des V bei L. Es findet keine Übertragung von Substanz, Wert und Ertrag der Kopiergeräte statt. Die Gesamtbetrachtung aller Umstände und vertraglichen Vereinbarungen des Einzelfalls führt zu dem Ergebnis, dass insgesamt nur eine Kreditgewährung von L an V vorliegt. Im Gegensatz zum Ausgangsfall wird die Verfügungsmacht an den Kopiergeräten nicht übertragen.

33 **Beispiel 3 (s. Abschn. 3.5 Abs. 6 Beispiel 3 UStAE):** Wie Beispiel 1, wobei die Leasinggesellschaft L dem zuvor zwischen H und V geschlossenen Kaufvertrag mit Rückandienungsverpflichtung in Form von Nachtragsvereinbarungen beitritt, bevor die Kopiergeräte von H an V ausgeliefert werden. Infolge des Vertragsbeitritts wird L schuldrechtlich neben V Vertragspartnerin der späteren Kauf- und Rückkaufverträge mit H. Über die Auslieferung der Kopiergeräte rechnet H mit L ab, welche anschließend einen Leasingvertrag bis zum Rückkauftermin mit V abschließt. Im Unternehmen der V werden die Kopiergeräte den Planungen entsprechend ausschließlich für Vermietungszwecke genutzt. Zum Rückkauf-Termin nach 12 Monaten werden die Geräte gemäß den vereinbarten Konditionen von V an H zurückgegeben. Die Vorstellungen der Beteiligten H, V und L sind bei der gebotenen Gesamtbetrachtung darauf gerichtet, V unmittelbar die Verfügungsmacht an den Geräten zu verschaffen, während L lediglich die Finanzierung des Geschäfts übernehmen soll. Mit der Übergabe der Geräte werden diese deshalb durch H an V geliefert. Es findet mithin weder eine (Weiter-)Lieferung der Geräte von V an L noch eine Rückvermietung der Geräte durch L an V statt. L erbringt vielmehr eine sonstige Leistung in Form der Kreditgewährung an V. Die Rückübertragung der Geräte an H nach Ablauf der 12 Monate führt zu einer Lieferung von V an H.

34 Erfolgt die Überlassung eines Gegenstands **außerhalb des Leasing-Verfahrens** (z.B. bei Mietverträgen mit Ankaufsrecht des Mieters), gelten die vorgenannten Grundsätze entsprechend. Daher ist z.B. bei einer als Lieferung zu qualifizierenden Nutzungsüberlassung mit vorangehender Eigentumsübertragung auf den Überlassenden (sog. **sale-and-Mietkauf-back**) ein Finanzierungsgeschäft anzunehmen, s. Abschn. 3.5 Abs. 6 UStAE.

35 Die Überlassung eines Gegenstands aufgrund eines Vertrags, der die Vermietung oder die Verpachtung dieses Gegenstands während eines bestimmten Zeitraums oder den Verkauf dieses Gegenstands gegen eine nicht nur einmalige Zahlung vorsieht, **Lieferung, wenn der Vertrag den Übergang des zivilrechtlichen Eigentums an dem Gegenstand spätestens mit der letzten vereinbarten fälligen Zahlung vorsieht.**

36 Ist der Übergang des zivilrechtlichen Eigentums von weiteren Willenserklärungen, z.B. der Ausübung eines **Optionsrechts abhängig**, liegt eine **Lieferung erst in dem Zeitpunkt vor, in dem dieser Wille übereinstimmend erklärt wird**. Bis zu diesem Zeitpunkt ist die Überlassung des Gegenstands eine sonstige Leistung. Die sonstige Leistung und die später folgende Lieferung sind hinsichtlich Steuerbarkeit, Steuerpflicht und anzuwendendem Steuersatz getrennt voneinander zu beurteilen. Wird das für die Nutzungsüberlassung vereinbarte Entgelt ganz oder teilweise auf die für die Lieferung vereinbarte Gegenleistung angerechnet, liegt insoweit eine Änderung der Bemessungsgrundlage für die sonstige Leistung vor (s. Abschn. 17.1 UStAE).

37 Bei einer grenzüberschreitenden Überlassung eines Leasing-Gegenstands (sog. **Cross-Border-Leasing**) kann die ertragsteuerliche Zuordnung des Leasinggegenstands nach ausländischem Rechtsvorschriften abweichen. So könnte nach inländischen Grundsätzen von einem wirtschaftlichen Eigentum des Leasingnehmers, d.h. einer Lieferung und nach ausländischen Grundsätzen von einem wirtschaftlichen Eigentum des Leasinggebers, d.h. einer sonstigen Leistung ausgegangen werden. Dies kann umsatzsteuerlich dazu führen, dass einerseits zu Beginn des Vertragsverhältnisses eine Lieferung und andererseits laufende sonstige Leistungen vorlägen. Weichen die Regelungen des Rechts eines anderen Mitgliedstaates von den inländischen Grundsätzen ab, sieht Abschn. 3.5 Abs. 5 S. 4 UStAE eine Härtefallregelung vor. Danach darf, soweit die Zuordnung nach dem Recht eines anderen Mitgliedstaates abweichend von den inländischen Grundsätzen bei dem im Inland ansässigen Vertragspartner bzw. bei dem im anderen Mitgliedstaat ansässigen Vertragspartner erfolgt, dieser gefolgt werden, wenn der Nachweis erbracht wird, dass die Überlassung in dem anderen Mitgliedstaat der Besteuerung unterlegen hat.

2.5 Eigentumsübergang ohne Lieferung

2.5.1 Sicherungsübereignung

Bei der Sicherungsübereignung erfolgt trotz Eigentumsübergangs keine Lieferung. Die Sicherungsübereignung steht wirtschaftlich dem Pfandrecht nahe, das nach dem BGB nicht besitzlos möglich ist. Der Sicherungsübereigner behält die Verfügungsmacht. Entsprechendes gilt bei der rechtsgeschäftlichen Verpfändung eines Gegenstands (s. BFH vom 16.04.1997, XI R 87/96, BStBl II 1997, 585; Abschn. 3.1 Abs. 3 UStAE). 38

Sobald jedoch der Sicherungsnehmer das Sicherungsgut verwertet, geht die endgültige Verfügungsmacht auf ihn über, und es findet eine Lieferung des Sicherungsgebers an den Sicherungsnehmer statt. In dem Falle, dass die Verwertungshandlung in einer Weiterveräußerung des Sicherungsgutes besteht, wird ein Doppelumsatz, d.h. gleichzeitig zwei Lieferungen verwirklicht: eine Lieferung des Sicherungsgebers an den Sicherungsnehmer und eine des Sicherungsnehmers an den Dritterwerber (s. BFH vom 09.12.1993, V R 108/91, BStBl II 1994, 483; Abschn. 1.2 Abs. 1 S. 2 UStAE). Für den Fall, dass der Sicherungsgeber im eigenen Namen, aber für Rechnung des Sicherungsnehmers die diesem zur Sicherheit übereigneten Gegenstände an einen Dritten verkauft, liegt eine Lieferung vom Sicherungsgeber an den Dritten vor. Gleichzeitig erstarkt die Sicherungsübereignung zur Lieferung zwischen Sicherungsgeber und Sicherungsnehmer, der eine logische Sekunde später gem. § 3 Abs. 3 UStG den Gegenstand an den Sicherungsgeber zurückliefert (Theorie vom Dreifachumsatz, s. BFH vom 30.03.2006, V R 9/03, BStBl II 2006, 933; Abschn. 1.2 Abs. 1 S. 5 UStAE). Dies gilt aber nur, wenn aufgrund der konkreten Sicherungsabrede die Verwertungsreife eingetreten ist, es sich bei dem vom Sicherungsgeber getätigten Umsatz um ein sog. Verwertungsgeschäft handelt, das dazu dient, den Erlös zur Rückführung des vom Sicherungsnehmer gewährten Kredits zu verwenden (s. BFH vom 23.07.2009, V R 27/07, BStBl II 2010, 859, Abschn. 1.2 Abs. 1 S. 6 UStAE). Nach § 13b Abs. 2 Nr. 2 i.V.m. Abs. 5 ist der Sicherungsnehmer Schuldner der USt für die vom Sicherungsgeber an ihn ausgeführte Lieferung. 39

Allerdings wird nur eine Lieferung verwirklicht, wenn staatliche Vollzugsorgane hoheitliche Verwertungshandlungen vornehmen (z.B. Versteigerung oder freihändiger Verkauf durch den Gerichtsvollzieher im Rahmen einer Zwangsvollstreckung). Hier vollzieht sich die Lieferung unmittelbar zwischen dem Vollstreckungsschuldner und dem Erwerber der Sache (s. Abschn. 1.2 Abs. 2 UStAE). 40

2.5.2 Treuhandschaft

Die Treuhandvereinbarung ist noch keine Lieferung, weil dem Treuhänder zwar zivilrechtlicher aber nicht wirtschaftlicher Eigentümer des Gegenstandes wird (s. § 39 Abs. 2 Nr. 1 S. 2 AO). Grundsätzlich ist der Treuhänder von den Weisungen des Treugebers abhängig. Dementsprechend hat der BFH mit Urteilen vom 28.01.1999, V R 4/98, BStBl II 1999, 628 und vom 26.06.2003, V R 22/02, BFH/NV 2004, 233, entschieden, dass ein sog. **Strohmann** nur Leistender ist, wenn er tatsächlich und wirtschaftlich in der Lage ist, dem Abnehmer Verfügungsmacht am Gegenstand zu verschaffen. 41

2.6 Lieferung bei Insolvenz

Veräußert der Insolvenzverwalter, dem das Verwertungsrecht an sicherungsübereigneten Gegenständen grundsätzlich zusteht (s. §§ 148 Abs. 1, 165, 166 InsO), so erfolgt nur eine unmittelbare Lieferung des Sicherungsgebers/Insolvenzschuldners an den Abnehmer (s. BFH vom 18.05.2005, V R 31/04, BStBl II 2007, 183). Es erfolgt kein Doppelumsatz. Die dadurch ausgelöste USt gehört zu den Masseverbindlichkeiten (s. § 55 Abs. 1 Nr. 1 InsO). Gleiches gilt für eine Verwertung von Sicherungsgut vor Insolvenzeröffnung durch den sog. starken (qualifizierten) vorläufigen Insolvenzverwalter i.S.d. § 22 Abs. 1 InsO (Masseverbindlichkeit nach § 55 Abs. 2 InsO). 42

Mit der freihändigen Veräußerung eines grundpfandrechtbelasteten Grundstücks („kalte Zwangsvollstreckung") erbringt der Insolvenzverwalter eine steuerpflichtige Geschäftsbesorgung an den Grundpfandgläubiger (Sicherungsnehmer) gegen Entgelt, wenn er vom Verwertungserlös einen Massekostenbeitrag zugunsten der Masse einbehalten darf (s. BFH vom 18.08.2005, X R 45/03, BStBl II 2007, 103 und 43

Abschn. 1.2 Abs. 3 S. 3 UStAE). Entsprechendes gilt für die freihändige Verwaltung grundpfandrechtbelasteter Grundstücke („kalte Zwangsverwaltung“) und die freihändige Verwertung von Sicherungsgut durch den Insolvenzverwalter.

44 **Verwertet der Sicherungsnehmer**, d.h. überlässt der Insolvenzverwalter das Sicherungsgut dem Sicherungsnehmer zur Verwertung (s. § 170 Abs. 2 InsO) kommt es im Zeitpunkt der Veräußerung zum Doppelumsatz. Die Freigabeerklärung ist noch keine Lieferung (s. BFH vom 19.07.2007, V B 222/06, BStBl II 2008, 163). Der Sicherungsnehmer hat die aus der Lieferung des Sicherungsgutes an ihn angefallene Umsatzsteuerschuld aus dem Verwertungserlös in analoger Anwendung von § 170 Abs. 2, § 171 Abs. 2 S. 3 InsO an die Masse abzuführen (s. BGH vom 12.10.2006, UR 2007, 583). Die Anwendung des § 13b Abs. 2 Nr. 2 scheidet aus, weil die Lieferung nicht „außerhalb des Insolvenzverfahrens“ stattfindet (s. BFH vom 19.07.2007, V B 222/06, BStBl II 2008, 163).

45 **Verwertet der Insolvenzschuldner** nach Freigabe des Sicherungsguts durch den Insolvenzverwalter dieses selbst, stellt die Freigabe an ihn keine Lieferung dar. Die Freigabe bedeutet hier nur die Lösung aus dem Insolvenzbeschlag. Die Veräußerung des Sicherungsguts durch den Insolvenzschuldner führt dann zu einer die Masse betreffenden Verwertung (USt = Masseverbindlichkeit), wenn der Erlös der Masse zugutekommt (s. BFH vom 16.08.2001, V R 59/99, BStBl II 2003, 208). Dies ist der Fall, wenn der Erlös an die Stelle des Gegenstandes tritt, vereinbarungsgemäß an den absonderungsberechtigten Gläubiger ausgekehrt wird und deshalb die Masse in dieser Höhe entlastet. Die insolvenzrechtliche Unterscheidung zwischen echter und modifizierter Freigabe hat sich damit erledigt.

46 Bei **schwebenden Verträgen**, z.B. **noch nicht abgeschlossenen Werklieferungen** ist zu differenzieren, s. Abschn. 3.9 UStAE: Wird über das **Vermögen eines Unternehmers** vor Lieferung des auf einem fremden Grundstück errichteten Bauwerks das **Insolvenzverfahren** eröffnet und lehnt der Insolvenzverwalter die weitere Erfüllung des Werkvertrags nach § 103 InsO ab, ist neu bestimmter Gegenstand der Werklieferung das nicht fertiggestellte Bauwerk (s. BFH vom 02.02.1978, V R 128/76, BStBl II 1978, 483 zum Werkunternehmer-Konkurs).

47 Wird über das **Vermögen des Bestellers** eines Werks vor dessen Fertigstellung das **Insolvenzverfahren** eröffnet und lehnt der Insolvenzverwalter die weitere Erfüllung des Werkvertrags ab, beschränkt sich der Leistungsaustausch zwischen Werkunternehmer und Besteller auf den vom Werkunternehmer gelieferten Teil des Werks, der nach § 105 InsO nicht mehr zurückgefordert werden kann (s. BFH vom 24.04.1980, V S 14/79, BStBl II 1980, 541, zum Besteller-Konkurs).

2.7 Verbringen, § 3 Abs. 1a UStG

48 Der Verbringenstatbestand entspricht spiegelbildlich dem des § 1a Abs. 2 S. 1, § 3 Abs. 1a UStG stellt das Verbringen eines Gegenstandes, der zu einem Unternehmen gehört, aus dem Inland in das übrige Gemeinschaftsgebiet zur eigenen Verfügung des Unternehmers einer entgeltlichen Lieferung gleich. Davon ausgenommen das Verbringen zu einer nur vorübergehenden Verwendung.

49 Durch diese Regelung soll sichergestellt werden, dass die den innergemeinschaftlichen Lieferungen gleichgestellten (s. auch § 1a Abs. 2 UStG und § 6a Abs. 2 UStG; s. zum Begriff und den Voraussetzungen § 6a Rn. 10 ff.) Vorgänge im Übrigen insbesondere auch hinsichtlich der formalen Vorschriften gleichgestellt werden, um so sicherzustellen, dass auch der Erwerb im Bestimmungsland erfasst werden kann. Die der Lieferung gleichgestellte Verbringung ist unter den weiteren Voraussetzungen des § 6a UStG im Inland steuerbefreit.

3. Unentgeltliche Lieferung, § 3 Abs. 1b UStG

3.1 Zuordnung zum Unternehmen

50 Die nach § 3 Abs. 1b UStG einer entgeltlichen Lieferung gleichgestellte Entnahme oder unentgeltliche Zuwendung eines Gegenstands aus dem Unternehmen setzt die **Zugehörigkeit des Gegenstands zum Unternehmen** voraus, s. Abschn. 3.3 Abs. 1 UStAE. Die Zuordnung eines Gegenstands zum Unternehmen richtet sich nicht nach ertragsteuerrechtlichen Merkmalen, also nicht nach der Einordnung als Betriebs-

oder Privatvermögen. Maßgebend ist, ob der Unternehmer den Gegenstand dem unternehmerischen oder dem nichtunternehmerischen Tätigkeitsbereich zugewiesen hat (s. BFH vom 21.04.1988,V R 135/83, BStBl II 1988, 746). Zum nichtunternehmerischen Bereich gehören sowohl nichtwirtschaftliche Tätigkeiten i.e.S. als auch unternehmensfremde Tätigkeiten (s. Abschn. 3.3 Abs. 1 S. 4 i.V.m. Abschn. 2.3 Abs. 1a UStAE). Bei Gegenständen, die sowohl unternehmerisch als auch unternehmensfremd genutzt werden sollen, hat der Unternehmer unter den Voraussetzungen, die durch die Auslegung des Tatbestandsmerkmals „für sein Unternehmen" in § 3 Abs. 1b UStG zu bestimmen sind, grundsätzlich die Wahl der Zuordnung (s. BFH-Urteil vom 07.07.2011, V R 42/09, BStBl II 2014, 76). Beträgt die unternehmerische Nutzung jedoch weniger als 10 %, ist die Zuordnung des Gegenstands zum Unternehmen unzulässig (s. § 15 Abs. 1 Satz 2 UStG; zur Vorlage zur Reichweite des Vorsteuerausschlusses bei teilweise unternehmerischer Nutzung eines erworbenen Gegenstands BFH Vorlagebeschluss vom 16.06.2015, XI R 15/13, BStBl II 2015, 865). Zur Zuordnung eines einheitlichen Gegenstandes zum Unternehmen: BFH vom 19.07.2011, XI R 29/09, BStBl II 2012, 430, XI R 21/10, BStBl II 2012, 434 und XI R 29/10, BStBl II 2012, 438; BMF vom 02.01.2014, IV D 2 – S 7300/12/10002 :001, BStBl I 2014, 119.

Das BMF stellt folgende Zuordnungsgrundsätze auf: Bezieht der Unternehmer die Leistungen für nicht- 51
unternehmerische Zwecke, ist der Vorsteuerabzug grundsätzlich ausgeschlossen. Bezieht der Unternehmer eine Leistung sowohl für seine unternehmerische als auch für seine nichtwirtschaftliche Tätigkeit i.e.S., ist der Vorsteuerabzug nur insoweit zulässig, als die Aufwendungen seiner unternehmerischen Tätigkeit zuzuordnen sind und bei Gegenständen die 10 %-Grenze nach § 15 Abs. 1 Satz 2 UStG erreicht ist. Bei teilunternehmerischer Verwendung ist zwischen nichtwirtschaftlicher und unternehmensfremder Verwendung zu unterscheiden.

Bei einer Leistung, die **sowohl für die unternehmerischen als auch für die nichtunternehmerischen** 52
Tätigkeiten bezogen wird, ist zwischen vertretbaren Sachen und sonstigen Leistungen und einheitlichen Gegenständen zu differenzieren. Bei bezogenen vertretbaren Sachen und sonstige Leistungen besteht ein Aufteilungsgebot entsprechend der beabsichtigten Verwendung. Besteht die nichtunternehmerische (teilunternehmerische) Tätigkeit in einer sog. nichtwirtschaftlichen Tätigkeit, hat der Unternehmer kein Wahlrecht zur vollständigen Zuordnung; es besteht grundsätzlich ein Aufteilungsgebot. Aus Billigkeitsgründen kann der Unternehmer den Gegenstand im vollen Umfang in seinem nichtunternehmerischen Bereich belassen (eine spätere Vorsteuerberichtigung ist dann ausgeschlossen). Bei unternehmensfremder Verwendung der nichtunternehmerischen Tätigkeit besteht ein Zuordnungswahlrecht. Erreicht der Umfang der unternehmerischen Verwendung nicht mindestens 10 %, gilt ein Zuordnungsverbot. Geht der bezogene Gegenstand als Bestandteil in einen bereits vorhandenen Gegenstand ein, muss die unternehmerische Mindestnutzung für den Bestandteil gesondert geprüft werden.

Aufwendungen, die im Zusammenhang mit dem Gebrauch, der Nutzung oder der Erhaltung eines ein- 53
heitlichen, nur teilweise unternehmerisch genutzten Gegenstands stehen, sind grundsätzlich nur in Höhe der unternehmerischen Verwendung für das Unternehmen bezogen. Die Aufteilung erfolgt gemäß § 15 Abs. 4 UStG.

Das Objekt der Zuordnungsentscheidung des Unternehmers ist grundsätzlich jeder Leistungsbezug, d.h. 54
jeder Gegenstand und jede sonstige Leistung. Dies gilt auch für Erhaltungsaufwendungen, weil die Vorsteuern aus der Anschaffung bzw. Herstellung eines Gegenstands und die Vorsteuern aus seinem Gebrauch und seiner Erhaltung einer getrennten umsatzsteuerlichen Beurteilung unterliegen. Die Prognoseentscheidung für die Zuordnung eines einheitlichen Gegenstands ist grundsätzlich im Zeitpunkt des Leistungsbezugs zu treffen.

3.2 Berechtigung zum Vorsteuerabzug

Die Besteuerung der Wertabgabe setzt nach § 3 Abs. 1b Satz 2 UStG voraus, dass die Anschaffungs- oder 55
Herstellungskosten des abgegebenen bzw. privat verwendeten Gegenstands oder seiner Bestandteile mit Umsatzsteuer belastet waren und der Unternehmer bezüglich dieser Steuer zumindest zum teilweisen Vorsteuerabzug berechtigt war, s. Abschn. 3.3 Abs. 2 S. 1, 3 UStAE.

56 Falls an einem Gegenstand (z.B. Pkw), der ohne Berechtigung zum Vorsteuerabzug erworben wurde, nach seiner Anschaffung Arbeiten ausgeführt worden sind, die zum Einbau von Bestandteilen geführt haben und für die der Unternehmer zum Vorsteuerabzug berechtigt war, unterliegen bei einer Entnahme des Gegenstands nur diese Bestandteile der Umsatzbesteuerung, s. Abschn. 3.3 Abs. 2 Satz 2 UStAE. Bestandteile eines Gegenstands sind diejenigen gelieferten Gegenstände, die aufgrund ihres Einbaus ihre körperliche und wirtschaftliche Eigenart endgültig verloren haben und die zu einer dauerhaften, im Zeitpunkt der Entnahme nicht vollständig verbrauchten Werterhöhung des Gegenstands geführt haben (z.B. eine nachträglich in einen Pkw eingebaute Klimaanlage). Dienstleistungen (sonstige Leistungen) einschließlich derjenigen, für die zusätzlich kleinere Lieferungen von Gegenständen erforderlich sind (z.B. Karosserie- und Lackarbeiten an einem Pkw), führen nicht zu Bestandteilen des Gegenstands (s. Abschn. 3.3 Abs. 2 Satz 3 UStAE; s. BFH vom 20.12.2001, V R 8/98, BStBl II 2002, 557).

57 Der Einbau eines Bestandteils in einen Gegenstand hat nur dann zu einer **dauerhaften**, im Zeitpunkt der Entnahme nicht vollständig verbrauchten **Werterhöhung** des Gegenstands geführt, wenn er nicht lediglich zur **Werterhaltung** des Gegenstands beigetragen hat, s. Abschn. 3.3 Abs. 3 UStAE, zur Bagatellgrenze, die eine dauerhafte Werterhöhung ausschließt s. BFH-Urteil vom 08.10.2001, V R 106/98, BStBl II 2002, 551.

58 Aus Vereinfachungsgründen wird **keine dauerhafte Werterhöhung** des Gegenstands angenommen, wenn die vorsteuerentlasteten Aufwendungen für den Einbau von Bestandteilen **weder 20 % der Anschaffungskosten des Gegenstands noch einen Betrag von 1.000 € übersteigen, s. Abschn. 3.3 Abs. 4 S. 1 UStAE**. Werden an einem Wirtschaftsgut mehrere Bestandteile in einem zeitlichen oder sachlichen Zusammenhang eingebaut, ist für jede einzelne Maßnahme die Vereinfachungsregelung zu prüfen, s. Abschn. 3.3 Abs. 4 S. 4 UStAE.

3.3 Entnahme von Gegenständen, § 3 Abs. 1b S. 1 Nr. 1 UStG

59 **§ 3 Abs. 1b Satz 1 Nr. 1 UStG** setzt voraus, dass ein Unternehmer Gegenstände aus seinem Unternehmen für Zwecke entnimmt, die außerhalb des Unternehmens liegen.

60 Eine Entnahme eines Gegenstands aus dem Unternehmen im Sinne des § 3 Abs. 1b Satz 1 Nr. 1 UStG liegt nur dann vor, wenn der Vorgang bei entsprechender entgeltlicher Ausführung an einen Dritten als Lieferung – wozu auch die Werklieferung gehört – anzusehen wäre. Der Grundsatz der Einheitlichkeit der Leistung gilt auch für die unentgeltlichen Wertabgaben (s. BFH vom 05.04.1984, V R 51/82, BStBl II 1984, 499). Wird auf einer Privatfahrt mit dem Betriebs-Pkw dieser durch äußere Einwirkungen, z.B. einen Unfall total zerstört wird, liegt keine willentliche Entnahme und damit keine fiktive Lieferung i.S.d. § 3 Abs. 1b UStG vor, s. BFH vom 28.02.1980, V R 138/72, BStBl II 1980, 309 und BFH vom 28.06.1995, XI R 66/94, BStBl II 1995, 850.

61 Bei einem **Rohbauunternehmer**, der für eigene Wohnzwecke ein schlüsselfertiges Haus mit Mitteln des Unternehmens errichtet, ist Gegenstand der **Entnahme** das **schlüsselfertige Haus**, nicht lediglich der Rohbau (s. Abschn. 3.3 Abs. 7 Satz 1 UStAE, BFH vom 03.11.1983, V R 4, 5/73, NJW 1985, 343). Entscheidend ist nicht, was der Unternehmer in der Regel im Rahmen seines Unternehmens herstellt, sondern was im konkreten Fall Gegenstand der Wertabgabe des Unternehmens ist (s. Abschn. 3.3 Abs. 7 Satz 2 UStAE), Wird ein Einfamilienhaus für unternehmensfremde Zwecke auf einem zum Betriebsvermögen gehörenden Grundstück errichtet, überführt der Bauunternehmer das Grundstück in aller Regel spätestens im Zeitpunkt des Baubeginns in sein Privatvermögen (s. Abschn. 3.3 Abs. 7 Satz 3 UStAE). Dieser Vorgang ist unter den Voraussetzungen des § 3 Abs. 1b Satz 1 Nr. 1 UStG eine nach § 4 Nr. 9 Buchstabe a UStG steuerfreie Lieferung im Sinne des § 3 Abs. 1b Satz 1 Nr. 1 UStG (s. Abschn. 3.3 Abs. 7 Satz 4 UStAE). Bei konsequenter Anwendung der Grundsätze des Urteils des BFH vom 03.11.1983, V R 4, 5/73, NJW 1985, 343 erfolgt m.E. die Errichtung des schlüsselfertigen Hauses im Unternehmensbereich. Konsequenterweise steht dem Unternehmer hinsichtlich des Bezugs der für den Ausbau benötigten Fremdleistungen der Vorsteuerabzug zu (s. EuGH vom 06.05.1992, C-20/91, UR 1994, 309).

62 Die unentgeltliche Übertragung eines Betriebsgrundstücks durch einen Unternehmer auf seine Kinder unter Anrechnung auf deren Erb- und Pflichtteil eine steuerfreie Lieferung im Sinne des § 3 Satz 1 Nr. 1

UStG, auch wenn das Grundstück aufgrund eines mit den Kindern geschlossenen Pachtvertrages weiterhin für die Zwecke des Unternehmens verwendet wird und die Kinder als Nachfolger des Unternehmers nach dessen Tod vorgesehen sind, s. BFH vom 02.10.1986, V R 91/78, BStBl II 1987, 44; Abschn. 3.3 Abs. 8 Satz 1 UStAE. Die mögliche spätere Pacht betrifft nicht die Verwendung des Grundstücks für das bestehende Unternehmen des Erblassers, sondern bezeichnet das Motiv für die Übertragung des Grundstücks. Auch die Bestellung eines lebenslänglichen unentgeltlichen Nießbrauchs an einem unternehmerisch genutzten bebauten Grundstück ist i.d.R. ein steuerfreier Entnahmeeigenverbrauch, s. BFH vom 02.02.1989, V R 98/84, UR 1989, 181 und BFH vom 16.09.1987, X R 51/81 und BStBl II 1988, 205.

3.4 Sachzuwendungen an das Personal für dessen privaten Bedarf, § 3 Abs. 1b S. 1 Nr. 2 UStG

Sachzuwendungen an das Personal (Beschäftigte, ausgeschiedene Arbeitnehmer aufgrund eines früheren Dienstverhältnisses und Auszubildende) für dessen privaten Bedarf sind auch dann steuerbar, wenn sie unentgeltlich sind, d.h. wenn sie keine Vergütungen für die Dienstleistung des Arbeitnehmers darstellen (s. Abschn. 3.3 Abs. 9 UStAE). Die Steuerbarkeit setzt voraus, dass Leistungen aus unternehmerischen (betrieblichen) Gründen für den privaten, außerhalb des Dienstverhältnisses liegenden Bedarf des Arbeitnehmers ausgeführt werden, s. BFH vom 11.03.1988, V R 30/84, BStBl II 1988, 643. Der Arbeitnehmer erhält Sachzuwendungen und sonstige Leistungen unentgeltlich, wenn er seine Arbeit lediglich für den vereinbarten Barlohn und unabhängig von dem an alle Arbeitnehmer gerichteten Angebot oder unabhängig von dem Umfang der gewährten Zuwendungen leistet, s. BFH vom 10.06.1999, V R 104/98, BStBl II 1999, 582. Unbeachtlich ist, ob der Unternehmer die Zuwendungen zur Ablösung tarifvertraglicher Verpflichtungen erbringt, s. BFH vom 11.05.2000, V R 73/99, BStBl II 2000, 505. 63

Keine steuerbaren Umsätze sind, s. BFH vom 09.07.1998, V R 105/92, BStBl II 1998, 635; Abschn. 1.8 Abs. 2–4 UStAE: 64

1. Aufmerksamkeiten, d.h. Zuwendungen des Arbeitgebers, die nach Art und Wert Geschenken entsprechen, die im gesellschaftlichen Verkehr üblicherweise ausgetauscht werden und zu keiner ins Gewicht fallenden Bereicherung des Arbeitnehmers führen, s. BFH vom 22.03.1985, V R 26/82, BStBl II 1985, 641, R 19.6 LStR 2011. Zu den Aufmerksamkeiten rechnen danach gelegentliche Sachzuwendungen bis zu einem Wert von 60 €, z.B. Blumen, Genussmittel, ein Buch oder ein Tonträger, die dem Arbeitnehmer oder seinen Angehörigen aus Anlass eines besonderen persönlichen Ereignisses zugewendet werden. Gleiches gilt für Getränke und Genussmittel, die der Arbeitgeber den Arbeitnehmern zum Verzehr im Betrieb unentgeltlich überlässt.
2. Leistungen, die überwiegend durch das betriebliche Interesse des Arbeitgebers veranlasst sind, d.h. wenn betrieblich veranlasste Maßnahmen zwar auch die Befriedigung eines privaten Bedarfs der Arbeitnehmer zur Folge haben, diese Folge aber durch die mit den Maßnahmen angestrebten betrieblichen Zwecke überlagert wird (s. EuGH vom 11.12.2008, C-285/07, BStBl II 2009, 940). Dies ist regelmäßig anzunehmen, wenn die Maßnahme die dem Arbeitgeber obliegende Gestaltung der Dienstausübung betrifft.

Hierzu gehören insbesondere: 65

- Leistungen zur Verbesserung der Arbeitsbedingungen, z.B. die Bereitstellung von Aufenthalts- und Erholungsräumen sowie von betriebseigenen Duschanlagen und ggf. auch Sporteinrichtungen,
- die betriebsärztliche Betreuung sowie die Vorsorgeuntersuchung des Arbeitnehmers, wenn sie im ganz überwiegenden betrieblichen Interesse des Arbeitgebers liegt, s. BFH vom 17.09.1982, VI R 75/79, BStBl II 1983, 39,
- betriebliche Fort- und Weiterbildungsleistungen,
- die Überlassung von Arbeitsmitteln zur beruflichen Nutzung einschließlich der Arbeitskleidung, wenn es sich um typische Berufskleidung, insbesondere um Arbeitsschutzkleidung, handelt,
- das Zurverfügungstellen von Parkplätzen auf dem Betriebsgelände,

- Zuwendungen im Rahmen von Betriebsveranstaltungen, soweit sie sich im üblichen Rahmen (= bis 110 € brutto je Arbeitnehmer und Betriebsveranstaltung bei maximal zwei Betriebsveranstaltungen im Jahr) halten,
- das Zurverfügungstellen von Betriebskindergärten,
- das Zurverfügungstellen von Übernachtungsmöglichkeiten in gemieteten Zimmern, wenn der Arbeitnehmer an weit von seinem Heimatort entfernten Tätigkeitsstellen eingesetzt wird, s. BFH vom 21.07.1994, V R 21/92, BStBl II 1994, 881,
- die unentgeltliche Abgabe von Speisen anlässlich und während eines außergewöhnlichen Arbeitseinsatzes (z.B. bei außergewöhnlicher betrieblichen Besprechung), s. EuGH vom 11.12.2008, C-285/07, BStBl II 2009, 940.

3.5 Andere unentgeltliche Zuwendungen, § 3 Abs. 1b Satz 1 Nr. 3 UStG

66 § 3 Satz 1 Nr. 3 UStG erfasst unentgeltliche Sachzuwendungen, die nicht bereits in der Entnahme von Gegenständen oder in Sachzuwendungen an das Personal bestehen. Mit der Regelung soll ein umsatzsteuerlich unbelasteter Endverbrauch vermieden werden. Sachzuwendungen aus unternehmensfremden (privaten) Gründen fallen in den Anwendungsbereich der Entnahmen nach § 3 Abs. 1b Satz 1 Nr. 1 UStG, Sachzuwendungen aus unternehmerischen Gründen, sind als unentgeltliche Zuwendungen nach § 3 Abs. 1b Satz 1 Nr. 3 UStG zu besteuern.

67 Der Begriff „unentgeltliche Zuwendung" i.S.v. § 3 Abs. 1b Satz 1 Nr. 3 UStG setzt nicht lediglich die Unentgeltlichkeit einer Lieferung voraus, sondern verlangt darüber hinaus, dass der Zuwendende dem Empfänger **zielgerichtet einen Vermögensvorteil verschafft** (s. BFH vom 14.05.2008, XI R 60/07, BStBl II 2008, 721). Unbeachtlich ist, ob der Empfänger die zugewendeten Geschenke in seinem Unternehmen verwendet. Hierzu gehört die Abgabe von neuen oder gebrauchten Gegenständen insbesondere zu Werbezwecken, zur Verkaufsförderung oder zur Imagepflege, z.B. Sachspenden an Vereine oder Schulen, Warenabgaben anlässlich von Preisausschreiben, Verlosungen usw. zu Werbezwecken.

68 Ausgenommen sind:

1. **Geschenke von geringem Wert**. Diese liegen vor, wenn die Anschaffungs- oder Herstellungskosten der dem Empfänger im Kalenderjahr zugewendeten Gegenstände insgesamt 35 € (Nettobetrag ohne Umsatzsteuer) nicht übersteigen. Dies kann bei geringwertigen Werbeträgern (z.B. Kugelschreiber, Feuerzeuge, Kalender usw.) unterstellt werden. Bei Geschenken über 35 €, für die nach § 15 Abs. 1a UStG i.V.m. § 4 Abs. 5 Satz 1 Nr. 1 EStG entfällt, da kein Vorsteuerabzug vorgenommen werden kann, nach § 3 Abs. 1b Satz 2 UStG die Besteuerung, s. Abschn. 3.3 Abs. 10-12 UStAE.
2. **Warenmuster für Zwecke des Unternehmens**. Ein Warenmuster ist eine Probeexemplar eines Produkts, durch das dessen Absatz gefördert werden soll und das eine Bewertung der Merkmale und der Qualität dieses Produkts ermöglicht, ohne zu einem anderen als dem mit solchen Werbeumsätzen naturgemäß verbundnen Endverbrauch zu führen (s. EuGH vom 30.09.2010, C581/08, DStR 2010, 2030). Ist das Probeexemplar ganz oder im Wesentlichen identisch mit dem im allgemeinen Verkauf erhältlichen Produkt, kann es sich gleichwohl um ein Warenmuster handeln, wenn die Übereinstimmung mit dem verkaufsfertigen Produkt für die Bewertung durch den potenziellen oder tatsächlichen Käufer erforderlich ist und die Absicht der Absatzförderung des Produkts im Vordergrund steht. Ohne Bedeutung ist, ob Warenmuster einem anderen Unternehmer für dessen unternehmerische Zwecke oder einem Endverbraucher zugewendet werden.

69 Nicht steuerbar ist die unentgeltliche Abgabe von z.B. (s. auch Abschn. 3.3 Abs. 13 UStAE):

- Probierpackungen im Getränke- und Lebensmitteleinzelhandel,
- Verkaufs-, Versand- und Reisekatalogen, Werbeprospekten und -handzettel, Veranstaltungsprogrammen und -kalender und Anzeigenblättern mit einem redaktionellen Teil (z.B. für Lokales, Vereinsnachrichten usw.), die an alle Haushalte in einem bestimmten Gebiet kostenlos verteilt werden,
- Werbe- und Dekorationsmaterial, das nach Ablauf der Werbe- oder Verkaufsaktion vernichtet wird oder bei dem Empfänger nicht zu einer (privaten) Bereicherung führt,

- Verkaufsschilder, Preisschilder und sonstige **Verkaufshilfen** (z.B. Warenständer).

Dagegen liegt eine steuerbare unentgeltliche Sachzuwendung vor, wenn die Gegenstände nach Ablauf von Werbe- oder Verkaufsaktionen für den Empfänger noch einen Gebrauchswert haben (z.B. Fahrzeuge, Spielzeug, Sport- und Freizeitartikel). 70

Keine unentgeltliche Zuwendung nach § 3 Abs. 1b Satz 1 Nr. 3 UStG sondern **insgesamt entgeltliche Lieferung** liegt vor, wenn der Empfänger eines scheinbar kostenlos abgegebenen Gegenstands für den Erhalt dieses Gegenstands tatsächlich eine Gegenleistung erbringt, die auch in Form einer Lieferung bzw. sonstigen Leistung bestehen kann (s. UStG). Dies ist z.B. in folgenden Fällen anzunehmen, vgl. Abschn. 3.3 Abs. 18–20 UStAE. 71

Beispiele: 72

- Unternehmer lässt dem Abnehmer bei Abnahme einer bestimmten Menge zusätzliche Stücke desselben Gegenstands ohne Berechnung zukommen (z.B. elf Stücke zum Preis von zehn Stücken),
- Unternehmer lässt dem Abnehmer bei Abnahme einer bestimmten Menge zusätzlich andere Gegenstände ohne Berechnung zukommen (z.B. bei Abnahme von 20 Kühlschränken wird ein Mikrowellengerät ohne Berechnung zugesandt),
- die unberechnete Abgabe von Untersetzern (Bierdeckel), Saugdecken (Tropfdeckchen), Aschenbechern und Gläsern einer Brauerei oder eines Getränkevertriebs an einen Gastwirt im Rahmen einer Getränkelieferung,
- die unberechnete Abgabe von Autozubehörteilen (Fußmatten, Warndreiecke) und Pflegemitteln usw. eines Fahrzeughändlers an den Käufer eines Neuwagens,
- die unberechnete Abgabe von Schuhpflegemitteln eines Schuhhändlers an einen Schuhkäufer,
- die unberechnete Übereignung eines Mobilfunk-Geräts (Handy) von einem Mobilfunk-Anbieter an einen neuen Kunden, der gleichzeitig einen längerfristigen Netzbenutzungsvertrag abschließt,
- Sachprämien von Zeitungs- und Zeitschriftenverlagen an die Neuabonnenten,
- Sachprämien an Altkunden für die Vermittlung von Neukunden,
- Sachprämien eines Automobilherstellers an das Verkaufspersonal eines Vertragshändlers, wenn dieses Personal damit für besondere Verkaufserfolge belohnt wird.

4. Kommissionsgeschäft, § 3 Abs. 3 UStG

Beim **Kommissionsgeschäft** sind **drei Personen** beteiligt: Kommittent, Kommissionär und Abnehmer. Beim der Verkaufskommission (s. § 383 Abs. 1 HGB) übernimmt es der Kommissionär, gewerbsmäßig Waren für Rechnung des Kommittenten im eigenem Namen zu verkaufen. Der Kommissionär verkauft die Ware im eigenen Namen aber auf fremde Rechnung. Dazu wird dem Kommissionär lediglich der Besitz aber nicht das Eigentum an der Ware übertragen. Zivilrechtlich erfolgt beim Kommissionsverkauf daher lediglich eine Eigentumsübertragung vom Kommittenten auf den Abnehmer. Nach § 3 Abs. 3 UStG findet demgegenüber ein doppelter Leistungsaustausch statt: Der Kommittent liefert die Ware an den Kommissionär und dieser wiederum an den Abnehmer. Dabei liegt eine Lieferung des Kommittenten an den Kommissionär erst im Zeitpunkt der Lieferung des Kommissionsguts an den Abnehmer vor (s. BFH-Urteil vom 25.11.1986, V R 102/78, BStBl II 1987, 278; Abschn. 3.1 Abs. 3 Satz 7 UStAE). 73

Denn erst in dem Moment, in dem ein Abnehmer feststeht, will der Kommittent dem Kommissionär **endgültig** an der Ware Verfügungsmacht verschaffen, damit dieser sie im eigenen Namen seinem Abnehmer weiterveräußern kann. Falls die Ware nicht veräußert werden sollte, ist zwischen den Parteien von Anfang an klar, dass der Kommissionär die nicht verkaufte Ware dem Kommittenten zurückgeben muss und **gerade keine (endgültige) Verfügungsmacht** im Sinne einer Lieferung daran erhalten hat. 74

Für den Fall der **Einkaufskommission** ist umsatzsteuerrechtlich entsprechend ein Doppelumsatz vom Lieferer an den Kommissionär und vom Kommissionär an den Kommittenten im Zeitpunkt des Kaufs beim Lieferer anzunehmen. 75

76 Bei einem **Kommissionsgeschäft über eine innergemeinschaftliche Grenze** hinweg bestimmt Abschn. 1a.2 Abs. 7, Abschn. 3.1 Abs. 3 S. 8 UStAE abweichend, dass die Lieferung an den Kommissionär aus Vereinfachungsgründen **schon beim Ausliefern der Ware** an ihn als erbracht angesehen werden kann.

5. Werklieferung, Werkleistung, § 3 Abs. 4 UStG

5.1 Abgrenzungskriterium: Überwiegen des Dienstleistungs- oder Lieferelements

77 Umsätze im Zusammenhang mit Werkverträgen i.S.v. § 631 BGB beinhalten häufig Leistungsbündel, die sowohl Elemente der Lieferung als auch Elemente der sonstigen Leistung enthalten. Die Aufteilung dieses Leistungsbündels in eine oder mehrere Lieferungen und sonstige Leistungen lässt die gesetzliche Regelung in § 3 Abs. 4 UStG und der von der Rechtsprechung entwickelte **Grundsatz der Einheitlichkeit der Leistung** nicht zu. Vielmehr im Rahmen einer **Gesamtbetrachtung** des Sachverhaltes zu prüfen, ob aus der **Sicht eines Durchschnittsverbrauchers** das Dienstleistungselement oder das Lieferelement qualitativ überwiegt. Es liegt, je nachdem, welches Element überwiegt, **immer nur eine einheitliche Lieferung oder eine einheitliche sonstige Leistung** vor. Ob von einer einheitlichen Leistung oder von mehreren getrennt zu beurteilenden selbständigen Einzelleistungen auszugehen ist, hat umsatzsteuerrechtlich insbesondere Bedeutung für die Bestimmung des Orts und des Zeitpunkts der Leistung sowie für die Anwendung von Befreiungsvorschriften und des Steuersatzes.

78 Nach Auffassung des BFH können die Lieferung von Pflanzen und deren Einpflanzen durch den liefernden Unternehmer umsatzsteuerrechtlich jeweils selbständig zu beurteilende Leistungen sein, s. BFH vom 25.06.2009, V R 25/07, BStBl II 2010, 239. Das Einpflanzen sei keine Nebenleistung zum (steuersatzbegünstigten) Kauf der Pflanze, da der Abnehmer, ein gleich starkes Interesse am sachgerechten Einpflanzen seiner gekauften Pflanzen habe. Nach Auffassung der Verwaltung (s. BMF vom 04.02.2010, IV D 2 – S 7221/09/10001, BStBl I 2010, 214) setzt die Annahme einer ermäßigt zu besteuernden Pflanzenlieferung danach insbesondere voraus, dass es das vorrangige Interesse des Abnehmers ist, die Verfügungsmacht über die Pflanze zu erhalten. Entgegen der früheren Verwaltungsauffassung (s. BMF vom 05.08.2004, IV B 7 – S 7220-46/04; IV B 7 – S 7220-08/04, BStBl I 2004, 638) nach der schon das Einpflanzen der gekauften Ware durch den Unternehmer dieses Interesse und damit eine ermäßigt besteuerte Pflanzenlieferung ausschließe, sei jedoch erst dann eine einheitliche Werklieferung anzunehmen, wenn eine Gesamtbetrachtung des Falles zeige, dass das Interesse des Leistungsempfängers vorrangig an den gärtnerischen Pflegearbeiten bestehe. Davon sei insbesondere bei zusätzlichen gestalterischen Arbeiten (z.B. Planungsarbeiten, Gartengestaltung) auszugehen. In diesen Fällen sei auch weiterhin insgesamt von einer einheitlichen Werklieferung – Erstellung einer Gartenanlage – auszugehen, die dem allgemeinen Umsatzsteuersatz unterliegt. Die Abgrenzung zwischen Lieferung und Dienstleistung hat m.E. aus der Sicht des Durchschnittsverbrauchers unter Gesamtbetrachtung aller umsatzbezogenen Umstände zu erfolgten Im Rahmen dieser Gesamtbetrachtung ist das qualitativ überwiegende Element des besteuerten Umsatzes zu ermitteln, s. EuGH-Urteile vom 10.03.2011, C-497/09, C-499/09, C-501/09, C-502/09, Bog u.a., DStR 2011, 511. Insoweit dürfte, soweit das Einpflanzen nicht von völlig untergeordneter Bedeutung ist, von einer einheitlichen Leistung auszugehen sein.

5.2 Hautstoff/Zutaten

79 Nach § 3 Abs. 4 UStG liegt eine **Werklieferung** vor, wenn der Werkhersteller für das Werk selbst beschaffte Stoffe (**Hauptstoffe**) verwendet, die nicht nur **Zutaten** oder sonstige Nebensachen sind. Hauptstoffe zeichnen sich dadurch aus, dass sie die Eigenart des aus ihnen hergestellten Gegenstandes bestimmen.

80 Die Werkstoffe müssen gegenständlich im fertigen Werk enthalten sein. So ist Elektrizität, die bei der Herstellung des Werks verwendet wird, kein Werkstoff (s. BFH-Urteil vom 08.07.1971, VR 38/68, BStBl II 1972, 44; Abschn. 3.8 Abs. 1 Satz 10 UStAE).

81 Besteht das Werk aus mehreren Hauptstoffen, bewirkt der Werkunternehmer bereits dann eine Werklieferung, wenn er nur einen Hauptstoff oder einen Teil eines Hauptstoffs selbst beschafft hat, während alle

übrigen Stoffe vom Besteller beigestellt werden, Abschn. 3.8 Abs. 1 S. 2 UStAE. Wann ein Stoff (**Hauptstoff**) oder Stoffe, die nur Zutaten und sonstige Nebensachen (**Nebenstoff**) vorliegen, ist gesetzlich nicht definiert. Die Unterscheidung richtet sich danach, welche **Bedeutung** der einzelne Stoff in Bezug auf den herzustellenden Gegenstand hat, s. BFH vom 09.06.2005, V R 50/02, BStBl II 2006, 98. Die Unentbehrlichkeit eines Gegenstands allein macht diesen noch nicht zu einem Hauptstoff. Kleinere technische Hilfsmittel, z.B. Nägel, Schrauben, Splinte usw., sind in aller Regel Nebensachen, s. Abschn. 3.8 Abs. 1 S. 7 UStAE. Bei **Reparaturarbeiten** stellt die Rechtsprechung darauf ab, ob Teile ersetzt werden, denen eine selbständige Bedeutung zukommt. Ist dies der Fall, stellen sie Hauptstoffe dar. Verwendet der Unternehmer zur Reparatur eines defekten Motors Schrauben, Splinte, Dichtungen (sog. Kleinmaterialien), kommt den Kleinmaterialien nur nebensächliche Bedeutung zu. Auf die Wichtigkeit (Dichtung!) kommt es nicht an. Es liegt ungeachtet der Wichtigkeit der Kleinteile (Dichtung) eine Werkleistung vor, s. EuGH vom 17.05.2001, C-322/99 und C-323/99, C-322/99, C-323/99; Fischer/Brandenstein, IStR 2001, 376. Tauscht der Unternehmer bei der Motorreparatur hingegen die defekte Kurbelwelle aus, weil diese unbrauchbar geworden ist, erbringt er eine Werklieferung, da die Kurbelwelle im Vergleich zum Motor nicht von untergeordneter Bedeutung ist und einen Hauptstoff darstellt (s. BFH vom 25.03.1965, V 253/63 U, BStBl III 1965, 338). Auch die Feuerverzinkung einer Gießkanne hat der BFH als Werklieferung angesehen, s. BFH vom 19.01.1961, V 160/58 U, BStBl III 1961, 112. Das vom Unternehmer gestellte Zink ist Hauptstoff, da es im Falle der Feuerverzinkung mit dem Eisen eine feste Verbindung eingeht und so einen Gegenstand anderer Marktgängigkeit schafft. Ihm kommt, im Gegensatz zu einem Anstrich aus Rostschutzfarbe, eine über diese reine Schutzfunktion hinausgehende Funktion als Dicht-, Löt- und Stabilisierungsmittel zu.

Unter „**Zutaten**" und „**sonstigen Nebensachen**" sind **Nebenstoffe** zu verstehen, die bei einer Gesamtbe- 82
trachtung aus der Sicht eines Durchschnittsbetrachters nicht das Wesen des Umsatzes bestimmen (s. BFH vom 09.06.2005, V R 50/02, BStBl II 2006, 98). Zur Abgrenzung ist entscheidend auf den Willen der Vertragsparteien und auf die Verkehrsanschauung abzustellen und im Rahmen einer Gesamtbetrachtung das Wesen des zu beurteilenden Umsatzes zu ermitteln (s. Abschn. 3.8 Abs. 1 S. 4 und 5 UStAE). Wenn die Lieferung des Stoffs danach nur einen Teil des Umsatzes darstellt, die Dienstleistungen aber überwiegen, ist der Umsatz als Dienstleistung und damit als sonstige Leistung zu beurteilen. So sind z.B. Reparaturarbeiten an einem Pkw, für die zusätzlich kleinere Lieferungen von Gegenständen notwendig sind, insgesamt sonstige Leistungen (s. EuGH vom 17.05.2001, C-322/99 und C-323/99, C-322/99, C-323/99; Fischer/Brandenstein, IStR 2001, 376). Dieser richtlinienkonformen Auslegung folgend hat der BFH einen Kfz-Ölwechsel als Lieferung von Motoröl, eine Kfz-Inspektion mit Ölwechsel aber als sonstige Leistung (s. BFH vom 30.09.1999, V R 77/98, BStBl II 2000, 14), bestimmte Grabpflegeleistungen als sonstige Leistungen (s. BFH vom 21.06.2001, V R 80/99, BStBl II 2003, 810) und die orthopädische Zurichtung von Konfektionsschuhen unter Verwendung von speziell für orthopädische Schuhzurichtungen hergestellter Materialien ebenfalls als Dienstleistung beurteilt (s. BFH vom 09.06.2005, V R 50/02, BStBl II 2006, 98).

Die **Wertrelation** der verwendeten Stoffe zum Gegenstandswert oder zum Wert der Arbeitsleistung 83
oder die **Unentbehrlichkeit** des Stoffes sind **keine Kriterien**, sondern allenfalls Indizien im Rahmen einer Gesamtwürdigung der Parteivereinbarung, s. schon BFH vom 28.05.1953 V 22/53 U, BStBl III 1953, 217; auch EuGH-Urteil vom 29.03.2007, C-111/05, EuGHE I, 2697. Sofern im Rahmen der vorgenannten Gesamtwürdigung nicht zweifelsfrei entschieden werden kann, ob die Reparaturleistung als Werklieferung oder Werkleistung zu qualifizieren ist, kann von einer Werklieferung ausgegangen werden, wenn der Entgeltanteil, der auf das bei der Reparatur verwendete Material entfällt, mehr als 50 % des für die Reparatur berechneten Gesamtentgelts beträgt, s. Abschn. 3.8 Abs. 6 UStAE (gilt nach BMF-Schreiben vom 12.12.2012, IV D 2 – S 7112/11/10001, BStBl I 2012, 1259 auf nach dem 31.12.2012 ausgeführte Umsätze).

84

Werklieferung	Werkleistung
• Unternehmer beschafft Haupt- und Nebenstoff • Unternehmer beschafft Hauptstoff, Werkbesteller Nebenstoff (**Materialbeistellung**) • Unternehmer und Besteller beschaffen jeweils einen Teil des Hauptstoffes (**Materialbeistellung**)	• Unternehmer beschafft keinen (Haupt-)Stoff (**Materialgestellung**) • Unternehmer verwendet keinen Hauptstoff (Reparatur)

5.3 Arbeiten an Gebäuden

85 Zivilrechtrechtlich wird ein Gebäude nach § 94 BGB wesentlicher Bestandteil des Grundstück des Bestellers. Dies würde dazu führen, dass bei **Bauleistungen** stets von einer Werkleistung auszugehen wäre. § 3 Abs. 4 S. 2 UStG bestimmt demgegenüber, dass **umsatzsteuerrechtlich ein Grundstück** bei der Beurteilung, von wem die Hauptstoffe stammen, **außer Betracht bleibt**. Der Bau eines Gebäudes wird also isoliert betrachtet. Stellt der Bauunternehmer dabei Hauptstoffe, wie z.B. Steine, Beton oder Fenster, so liegt immer eine Werklieferung vor.

5.4 Materialbeistellungen

86 Bei Werklieferungen scheiden **Materialbeistellungen** des Bestellers aus dem Leistungsaustausch aus. Das Material, das der Besteller dem Auftragnehmer zur Bewirkung der Werklieferung beistellt, geht nicht in die Verfügungsmacht des Werkherstellers über (s. BFH-Urteil vom 17.01.1957, V 157/55 U, BFH III 1957, 92). Die beigestellte Sache kann ein Hauptstoff sein, die Beistellung kann sich aber auch auf Nebenstoffe oder sonstige Beistellungen, z.B. Arbeitskräfte, Maschinen, Hilfsstoffe wie Elektrizität, Kohle, Baustrom und Bauwasser oder ähnliche Betriebsmittel, beziehen (s. BFH-Urteil vom 07.03.1957, V 173/56 U, BStBl III 1957, 199), nicht dagegen auf die Bauwesenversicherung. Die Annahme einer Materialbeistellung hat zur Folge, dass der Umsatz des Werkunternehmers sich nicht auf die vom Besteller eingekauften Stoffe erstreckt.

87 **Beispiel:** Ein Unternehmer erstellt ein schlüsselfertiges Wohnhaus für den Auftraggeber zu einem Pauschalfestpreis von 300.000 € brutto. Der Auftraggeber kürzt den Rechnungsbetrag um 3.000 € für beigestellten Baustrom und beigestelltes Bauwasser sowie um weitere 1.000 € für eine abgeschlossene Bauwesenversicherung (s. BMF vom 12.10.2009, IV B 8 – S 7270/07/10001, BStBl I 2009, 1192).

Lösung: Der Unternehmer hat insgesamt 297.000 € (als Bruttobetrag) der Umsatzsteuer zu unterwerfen. Nur der Baustrom und das Bauwasser (3.000 €) nehmen nicht am Leistungsaustausch teil.

88 Wenn dagegen unmittelbare Rechtsbeziehungen zwischen dem Lieferer der Werkstoffe und dem Werkunternehmer und eine Werklieferung dieses Unternehmers an den Besteller vorliegen, ist davon auszugehen, dass eine Lieferung der Stoffe vom Lieferer an den Werkunternehmer und eine Werklieferung dieses Unternehmers an den Besteller vorliegt. In einem solchen Fall schließt die Werklieferung den vom Werkunternehmer beschafften Stoff ein.

89 Es gehört grundsätzlich zu den Voraussetzungen für das Vorliegen einer Materialbeistellung, dass das beigestellte Material im Rahmen einer Werklieferung für den Auftraggeber be- oder verarbeitet wird. Der Werkunternehmer muss sich verpflichtet haben, die ihm überlassenen Stoffe ausschließlich zur Herstellung des bestellten Werks zu verwenden (s. BFH-Urteil vom 17.01.1957, V 157/55 U, BStBl III 1957, 92, 1292). Auf das Erfordernis der Stoffidentität kann verzichtet werden, wenn die anderen Voraussetzungen für die Materialbeistellung zusammen gegeben sind, der Auftragnehmer den vom Auftraggeber zur Verfügung gestellten Stoff gegen gleichartiges und gleichwertiges Material austauscht und der Austausch wirtschaftlich geboten ist (s. BFH vom 10.02.1966, V 105/63, BStBl III 1966, 257 und vom 03.12.1970, V R 122/67, BStBl II 1971, 355). Eine Materialbeistellung ist jedoch zu verneinen, wenn der beigestellte Stoff

ausgetauscht wird und der mit der Herstellung des Gegenstands beauftragte Unternehmer den Auftrag weitergibt (s. BFH vom 21.09.1970, V R 76/67, BStBl II 1971, 77).

Eine Materialbeistellung liegt nicht vor, wenn der Werkunternehmer an der Beschaffung der Werkstoffe 90
als Kommissionär (s. § 3 Abs. 3 UStG) mitgewirkt hat. In diesem Fall umfasst die Lieferung des Werkunternehmers auch die beschafften Stoffe. Eine Materialbeistellung ist aber anzunehmen, wenn der Werkunternehmer nur als Agent oder Berater an der Stoffbeschaffung beteiligt ist und dementsprechend zwischen dem Lieferer und dem Besteller der Werkstoffe unmittelbare Rechtsbeziehungen begründet werden.

Die Grundsätze der Materialbeistellung gelten auch bei der Beistellung von Personal (s. Abschn. 1.1 91
Abs. 6 UStAE). Eine nicht steuerbare Personalbeistellung des Auftraggebers liegt vor, wenn das Personal nur im Rahmen der Leistung des Auftragnehmers für den Auftraggeber eingesetzt wird (s. BFH vom 06.12.2007, V R 42/06, BStBl II 2009, 493). Der Einsatz von Personal des Auftraggebers für Umsätze des Auftragnehmers an Drittkunden muss vertraglich und tatsächlich ausgeschlossen sein. Die Entlohnung des überlassenen Personals muss weiterhin ausschließlich durch den Auftraggeber erfolgen. Ihm allein muss auch grundsätzlich das Weisungsrecht obliegen. Dies kann nur in dem Umfang eingeschränkt und auf den Auftragnehmer übertragen werden, soweit es zur Erbringung der Leistung erforderlich ist (s. Abschn. 1.1 Abs. 7 UStAE).

Gibt der Auftraggeber zur Herstellung des Werks den gesamten Hauptstoff hin, liegt eine **Materialgestellung** vor, was insgesamt zu einer Werkleistung führt (s. BFH vom 10.09.1959, V 32/57 U, BStBl III 1959, 435; Abschn. 3.8 Abs. 4 UStAE). Zur umsatzsteuerrechtlichen Behandlung der Beistellung von Personal zu sonstigen Leistungen s. Abschn. 1.1 Abs. 6 und 7 UStAE. 92

6. Gehaltslieferung, § 3 Abs. 5 UStG

Bei einer Gehaltslieferung will der liefernde Unternehmer dem Abnehmer nur einen Teil dessen, was er 93
ihm übergibt, auch zuwenden, die übrigen Bestandteile des Hingegebenen will er behalten bzw. zurücknehmen (s. Klenk/Martin in Sölch/Ringleb, UStG § 3 Rz. 442, EL 71; Nieskens in Rau/Dürrwächter, UStG § 3 Anm. 2784). D.h. die Nebenerzeugnisse, die bei der Verarbeitung oder Bearbeitung entstehen, werden dem Lieferanten wieder zurückgegeben.

Beispiel: Der Landwirt übergibt der Zuckerfabrik Zuckerrüben, will aber nur deren Zuckergehalt liefern 94
und die ausgepressten Rübenschnitzel als Viehfutter verwenden, s. BMF vom 01.12.2008, IV B 8 - S 7203/07/10002, BStBl I 2008, 992.

§ 3 Abs. 5 UStG beschränkt den Umfang der Lieferung auf das, was der Empfänger behält, also den Zucker- 95
gehalt der Zuckerrüben, den Fettgehalt der Vollmilch, den Schwefelgehalt des Schwefelkieses usw.

Eine Gehaltslieferung liegt nicht vor, wenn der liefernde Unternehmer auch diejenigen Bestandteile des 96
gelieferten Stoffes zurückerhält, die er übergeben hat. **Unschädlich** ist, **wenn** der liefernde Unternehmer an Nebenerzeugnissen oder Abfällen **Bestandteile gleicher Art und Güte** zurückerhält. Die Regelung des § 3 Abs. 5 UStG folgt der Tatsache, dass der Abnehmer der Gehaltslieferung wirtschaftlich betrachtet an den zurückzugebenden Nebenprodukten keine Verfügungsmacht erhalten hat. Diese nehmen am Leistungsaustausch nicht teil, weder ihre Hingabe noch die Rückgabe sind Lieferung und steuerbarer Vorgang. Zu beachten ist jedoch, dass die zurückgegebenen Bestandteile **mengenmäßig** dem entsprechen müssen, was bei der jeweiligen Gehaltslieferung angefallen ist. Außerdem muss die Rücknahme der Nebenerzeugnisse von vornherein zwischen den Beteiligten vereinbart worden sein. Falls diese letztgenannten Gesichtspunkte nicht gewahrt sind, liegt eine Lieferung des gesamten ursprünglichen Stoffes und eine Rücklieferung der Nebenerzeugnisse vor (§ 3 Abs. 1 UStG); (so schon das sog. „Rüben"-Urteil des RFH vom 08.05.1925, V A 87/25, RFHE 16, 195).

Bei der Abgabe von Biomasse durch Landwirte an den Betreiber der Biogasanlage ist regelmäßig nicht 97
von einer Gehaltslieferung auszugehen, denn das Biogas wird der Biomasse nicht etwa nur entzogen, sondern entsteht erst im Rahmen der anaeroben Vergärung, s. OFD Niedersachsen Vfg. vom 30.11.2010, StEK UStG 1980 § 24/179.

7. Ort der Lieferung

7.1 Systematik der Lieferungsorte, § 3 Abs. 5a UStG

98 Die speziellen Ortsbestimmungen der §§ 3c, 3e, 3f und 3g UStG gehen den allgemeinen Regelungen des § 3 Abs. 6 bis 8 UStG nach § 3 Abs. 5a UStG vor. Die Bestimmung des Lieferorts nach den Grundvorschriften des § 3 Abs. 6 bis 8 UStG kommt daher nur in Betracht, wenn zuvor festgestellt wurde, dass die vorrangig zu prüfenden Spezialvorschriften hinsichtlich des Lieferorts bei Versandhandelsgeschäften, bei Lieferungen während einer Beförderung an Bord eines Schiffes, in einem Flugzeug oder in einer Eisenbahn, bei unentgeltlichen Lieferungen sowie bei der Lieferung von Gas, Elektrizität, Wärme und Kälte nicht eingreifen.

7.2 Ort der Lieferung bei Versendungs- oder Beförderungslieferung

99 § 3 Abs. 6 UStG geht von der Beförderungs- und Versendungslieferung (bewegte Lieferung) als Regelfall aus, wobei es keine Rolle spielt, ob die Warenbewegung durch den Lieferer oder den Abnehmer der Ware veranlasst wird. Bei der bewegten Lieferung gilt gem. § 3 Abs. 6 UStG die Verfügungsmacht **bei Beginn** der Warenbewegung als verschafft. Dadurch dass der Zeitpunkt der Lieferung und damit auch deren Ort vorverlagert wird, können, je nachdem ob es sich um eine Hol-, Bring- oder Schickschuld handelt, die Verschaffung der tatsächlichen Sachherrschaft und der Augenblick der Lieferung auseinanderfallen, s. BFH vom 06.12.2007, V R 24/05, BStBl II 2009, 490 und vom 06.12.2007, V R 24/05, BStBl II 2009, 490; Abschn. 3.12 Abs. 7 UStAE.

100 Bei der **Beförderungslieferung** transportiert der liefernde **Unternehmer**, der **Abnehmer** oder deren **nichtselbständiger Erfüllungsgehilfe** den Liefergegenstand **selbst** zu dem Abnehmer oder zu einem von diesem beauftragten Dritten. Nach § 3 Abs. 6 Satz 1 UStG gilt der Umsatz als an dem Ort ausgeführt, an dem die Beförderung beginnt. Unter **Befördern** ist nach § 3 Abs. 6 Satz 2 UStG jede Fortbewegung des Gegenstandes zu verstehen, also auch das sich Fortbewegen des Liefergegenstandes aus eigener Kraft, wie z.B. bei einem Kraftfahrzeug oder Schiff. Es spielt keine Rolle, wem das Transportmittel gehört.

101 Bei der **Versendungslieferung** transportiert der Lieferer oder der Abnehmer den Liefergegenstand **durch** einen **selbständigen Beauftragten** an den Abnehmer oder in dessen Auftrag an einen Dritten. Auch hier gilt die Lieferung als an dem Ort ausgeführt, an dem die Versendung beginnt (s. § 3 Abs. 6 Satz 3 UStG), wobei die Versendung nach § 3 Abs. 6 Satz 4 UStG dort beginnt, wo die **Übergabe an den Beauftragten** erfolgt.

7.3 Ort der Lieferung bei ruhenden Lieferungen, § 3 Abs. 7 UStG

102 § 3 Abs. 7 Satz 1 UStG erfasst in Abgrenzung zu § 3 Abs. 6 UStG Lieferungen, die keine Beförderungs- bzw. Versendungslieferungen sind (sog. **ruhende Lieferungen**). Der Lieferort richtet sich in diesen Fällen nach dem Ort, an dem sich der Gegenstand zur Zeit der Verschaffung der Verfügungsmacht befindet. Diese Regelung greift insbesondere in den Fällen einer:

- Lieferung kurzer Hand (§ 929 Abs. 2 BGB),
- Lieferung durch Abtretung des Herausgabeanspruchs (§ 931 BGB),
- Lieferung durch Vereinbarung eines Besitzkonstituts (§ 930 BGB),
- Lieferung durch Übergabe eines handelsrechtlichen Traditionspapiers,
- Lieferung eines Grundstücks.

103 § 3 Abs. 7 Satz 2 UStG erfasst ruhende Lieferungen bei vorangehenden oder folgenden bewegten Lieferungen im Reihengeschäft.

7.4 Lieferort beim Reihengeschäft, § 3 Abs. 6 i.V.m. § 3 Abs. 7 Satz 2 UStG

104 Ein **Reihengeschäft** i.S.v. § 3 Abs. 6 Satz 5 1. Halbsatz UStG liegt vor, wenn folgende Voraussetzungen erfüllt sind:

1. Es sind zwei oder mehr Unternehmer beteiligt, wobei der Endabnehmer nicht notwendig Unternehmer sein muss.
2. Es liegen mehrere Umsatzgeschäfte über denselben Gegenstand vor und

3. der Gegenstand der Lieferung gelangt **vom ersten Unternehmer** in der Kette **unmittelbar an den letzten Abnehmer**. Der Transport kann dabei auch durch einen Beteiligten innerhalb der Reihe erfolgen (s. § 3 Abs. 6 Satz 6 UStG).

Bei Reihengeschäften werden im Rahmen einer Warenbewegung (Beförderung oder Versendung) mehrere Lieferungen ausgeführt, die in Bezug auf den Lieferort und den Lieferzeitpunkt jeweils gesondert betrachtet werden müssen. Nach § 3 Abs. 6 Satz 5 UStG werden beim Reihengeschäft die Lieferungen **nacheinander** ausgeführt, d.h. es gibt keinen einheitlichen Lieferzeitpunkt und -ort. Für jede Lieferung ist der **Ort gesondert zu bestimmen**. 105

Dabei gilt folgende Zuordnungsregel: 106

1. Die Warenbewegung ist **einer der Lieferungen** zuzuordnen, die dann die Beförderungs- oder Versendungslieferung ist (sog. **bewegte Lieferung**, s. § 3 Abs. 6 Satz 5 UStG a. E.). Nur die bewegte Lieferung kann gem. § 4 Nr. 1a oder 1b UStG steuerbefreit sein und auch nur, wenn bei ihr die übrigen Voraussetzungen wie ausländischer Abnehmer, Ausfuhrnachweis, Buchnachweis, innergemeinschaftlicher Erwerb usw. gegeben sind.
2. bei allen anderen Lieferungen finden keine Warenbewegungen statt (sog. **ruhende Lieferungen**). Für sie ist der Lieferort nach § 3 Abs. 7 Satz 2 UStG zu bestimmen. Gehen sie der bewegten Lieferung voraus greift § 3 Abs. 7 Satz 2 Nr. 1 UStG, folgen sie der bewegten Lieferung nach ist § 3 Abs. 7 Satz 2 Nr. 2 UStG anzuwenden.

Die ruhenden Lieferungen, die der Beförderungs- oder Versendungslieferung vorangehen, gelten nach **§ 3 Abs. 7 Satz 2 Nr. 1 UStG** an dem Ort als ausgeführt, an dem die Beförderung oder Versendung des Gegenstands beginnt. Die ruhenden Lieferungen, die der Beförderungs- oder Versendungslieferung nachfolgen, gelten nach § **3 Abs. 7 Satz 2 Nr. 2 UStG** an dem Ort als ausgeführt, an dem die Beförderung oder Versendung des Gegenstands endet. 107

Die Beförderung oder Versendung kann durch den Lieferer, den Abnehmer oder einen vom Lieferer oder vom Abnehmer beauftragten Dritten durchgeführt werden (s. § 3 Abs. 6 Satz 1 UStG). Ein Beförderungs- oder Versendungsfall liegt daher auch dann vor, wenn ein an einem Reihengeschäft beteiligter Abnehmer den Gegenstand der Lieferung selbst abholt oder abholen lässt (Abholfall). Beauftragter Dritter kann z.B. ein Lohnveredelungsunternehmer oder ein Lagerhalter sein, der jeweils nicht unmittelbar in die Liefervorgänge eingebunden ist. Beauftragter Dritter ist nicht der selbständige Spediteur, da der Transport in diesem Fall dem Auftraggeber zugerechnet wird (Versendungsfall). 108

Beispiel: Der Unternehmer U1 in Köln bestellt bei dem Großhändler U2 in München eine dort nicht vorrätige Maschine. U2 gibt die Bestellung an den Hersteller U3 in Prag weiter. U3 befördert die Maschine mit eigenem Lkw unmittelbar nach Köln und übergibt sie dort U1. 109

Lösung: U3 führt eine Beförderungs- oder Versendungslieferung aus. Die Lieferung gilt dort als ausgeführt, wo die Beförderung oder Versendung an den Abnehmer oder in dessen Auftrag an einen Dritten beginnt, also in Prag (§ 3 Abs. 6 Satz 1 UStG). Für die nachfolgende ruhende Lieferung ist der Lieferort nach § 3 Abs. 7 Satz 2 Nr. 2 UStG, der Zielort Köln.

7.5 Zuordnung der Beförderung oder Versendung (§ 3 Abs. 6 Satz 6 UStG)

Die Zuordnung der Beförderung oder Versendung zu einer der Lieferungen des Reihengeschäfts ist nach Auffassung der Finanzverwaltung davon abhängig, ob der Gegenstand der Lieferung durch den ersten Unternehmer, den letzten Abnehmer oder einen mittleren Unternehmer in der Reihe befördert oder versendet wird. Die Zuordnungsentscheidung entsprechend der Transportveranlassung muss einheitlich für alle Beteiligten getroffen werden. Aus den vorhandenen Belegen muss sich eindeutig und leicht nachprüfbar ergeben, wer die Beförderung durchgeführt oder die Versendung veranlasst hat. Im Fall der Versendung ist dabei auf die Auftragserteilung an den selbständigen Beauftragten abzustellen. Sollte sich aus den Geschäftsunterlagen nichts anderes ergeben, ist auf die Frachtzahlerkonditionen abzustellen, s. Abschn. 3.14 Abs. 7 Satz 5 UStAE. Der EuGH hat im Urteil vom 16.12.2010, C-137/09, Euro Tyre Hol- 110 ding BV, DStR 2011, 23, festgestellt, dass **Artikel 28c** MwStSystRL keine allgemeine Regelung zur Zuordnung der bewegten Lieferung im innergemeinschaftlichen Reihengeschäft enthält. Die Beantwortung dieser Frage hänge von einer umfassenden Würdigung aller Umstände ab, die die Feststellung ermöglichen, welche Lieferung alle Voraussetzungen für eine innergemeinschaftliche Lieferung erfülle. Die Zuordnung sei anhand einer **umfassenden Würdigung aller Umstände** vorzunehmen. So seien die Übertragung der Verfügungsmacht (wann, wo) oder Absichtsbekundungen des Ersterwerbers (USt-IdNr.) zu berücksichtigen. Die Transportveranlassung allein sei nicht ausschlaggebend. Im Urteilsfall wurde die zweite Lieferung als bewegte Lieferung angesehen, da der Übergang der Verfügungsmacht an den Zweiterwerber vor dem physischen Transport der Ware erfolgte. Der BFH hat mit Urteilen vom 28.05.2013, XI R 11/09, BFH/NV 2013, 1524 und vom 25.02.2015, XI R 15/14, BFH/NV 2015, 772, entschieden, dass die widerlegbare Vermutung der Finanzverwaltungsauffassung unionskonform auszulegen sei. Die erste Lieferung sei die (nach § 4 Nr. 1a UStG steuerfreie) Lieferung, wenn der Lieferer hinreichend belegt, dass der Ersterwerber Steuerpflichtiger ist und der Übergang der Verfügungsmacht auf den Zweiterwerber erst nach der innergemeinschaftlichen Versendung erfolgt.

111 Durch BMF-Schreiben vom 16.09.2013, IV D 3 – S 7141/13/10001, BStBl I 2013, 1192, ist Abschn. 3.14 UStAE daraufhin um Abs. 10a ergänzt worden, der bestimmt, dass zum Nachweis der Zuordnung der Beförderung oder Versendung zur Lieferung des Unternehmers ggf. auch die Vorlage einer schriftlichen Vollmacht zum Nachweis der Abholberechtigung gehört und beim Vorliegen konkreter Zweifel das Finanzamt die Möglichkeit hat, im Einzelfall diesen Nachweis zu überprüfen.

112 Wird der Gegenstand der Lieferung durch den **ersten Unternehmer in der Reihe befördert oder versendet**, ist seiner Lieferung die Beförderung oder Versendung zuzuordnen. Wird der Liefergegenstand durch den **letzten Abnehmer befördert oder versendet**, ist die Beförderung oder Versendung der Lieferung des letzten Lieferers in der Reihe zuzuordnen, s. Abschn. 3.14 Abs. 7 S. 5 UStAE.

113 **Befördert oder versendet ein mittlerer Unternehmer** in der Reihe den Liefergegenstand, ist dieser zugleich Abnehmer der Vorlieferung und Lieferer seiner eigenen Lieferung. In diesem Fall ist die Beförderung oder Versendung nach § 3 Abs. 6 Satz 6 1. Halbsatz UStG grundsätzlich der Lieferung „an ihn“, d.h. der des vorangehenden Unternehmers zuzuordnen (widerlegbare Vermutung). Der befördernde oder versendende Unternehmer kann jedoch anhand von Belegen, z.B. durch eine Auftragsbestätigung, das Doppel der Rechnung oder andere handelsübliche Belege und Aufzeichnungen nachweisen, dass er als Lieferer aufgetreten und die Beförderung oder Versendung dementsprechend seiner eigenen Lieferung zuzuordnen ist (s. § 3 Abs. 6 S. 6 2. HS UStG).

114 Aus den Belegen im Sinne des Absatzes 9 muss sich eindeutig und leicht nachprüfbar ergeben, dass der Unternehmer die Beförderung oder Versendung in seiner Eigenschaft als Lieferer getätigt hat und nicht als Abnehmer der Vorlieferung. Hiervon kann regelmäßig ausgegangen werden, wenn der Unternehmer unter der USt-IdNr. des Mitgliedstaates auftritt, in dem die Beförderung oder Versendung des Gegenstands beginnt, und wenn er aufgrund der mit seinem Vorlieferanten und seinem Auftraggeber vereinbarten Lieferkonditionen Gefahr und Kosten der Beförderung oder Versendung übernommen hat. Den Anforderungen an die Lieferkonditionen ist genügt, wenn handelsübliche Lieferklauseln (z.B. Incoterms) verwendet werden. Wird die Beförderung oder Versendung der Lieferung des mittleren Unternehmers zugeordnet, muss dieser die Voraussetzungen der Zuordnung nachweisen (z.B. über den belegmäßigen und den buchmäßigen Nachweis der Voraussetzungen für seine Ausfuhrlieferung – §§ 8 bis 17 UStDV – oder innergemeinschaftliche Lieferung – §§ 17a bis 17c UStDV; s. Abschn. 3.13 Abs. 10 UStAE). Zum Nachweis der Zuordnung der Beförderung oder Versendung zur Lieferung des Unternehmers gehört ggf. auch die Vorlage einer schriftlichen Vollmacht zum Nachweis der Abholberechtigung, s. Abschn. 3.14 Abs. 10a S. 1 UStAE.

115 **Beispiel:** Der Unternehmer SP aus Spanien bestellt eine Maschine bei dem Unternehmer D1 in Kassel. D1 bestellt die Maschine seinerseits bei dem Großhändler D2 in Bielefeld. D2 wiederum gibt die Bestellung an den Hersteller D3 in Dortmund weiter. D2 lässt die Maschine durch einen Transportunternehmer bei D3 abholen und sie von Dortmund unmittelbar nach Spanien transportieren. Dort übergibt sie der Transportunternehmer an SP. Alle Beteiligten treten unter der USt-IdNr. ihres Landes auf und es werden keine besonderen Lieferklauseln vereinbart.

Lösung: Bei diesem Reihengeschäft werden nacheinander drei Lieferungen (D3 an D2, D2 an D1 und D1 an SP) ausgeführt. Die Versendung ist der ersten Lieferung D3 an D2 zuzuordnen, da D2 als mittlerer Unternehmer in der Reihe die Maschine mangels besonderer Lieferklauseln in seiner Eigenschaft als Abnehmer der Lieferung des D 3 transportieren lässt. Der Ort der Lieferung liegt nach § 3 Abs. 6 Satz 5 i.V.m. Satz 1 UStG in Deutschland (Beginn der Versendung). Die zweite Lieferung D2 an D1 und die dritte Lieferung D1 an SP sind ruhende Lieferungen. Für diese Lieferungen liegt der Lieferort nach § 3 Abs. 7 Satz 2 Nr. 2 UStG jeweils in Spanien (Ende der Versendung), da sie der Versendungslieferung folgen; sie sind daher nach spanischem Recht zu beurteilen. D2 und D1 müssen sich demnach in Spanien steuerlich registrieren lassen.

116 **Abwandlung:** Es werden folgende Lieferklauseln vereinbart: D 2 vereinbart mit D1 „Lieferung frei Haus Spanien (Lieferklausel DDP)" und mit D3 „Lieferung ab Werk Dortmund (Lieferklausel EXW)". Die vereinbarten Lieferklauseln ergeben sich sowohl aus der Rechnungsdurchschrift als auch aus der Buchhaltung des D2.

Lösung: Bei diesem Reihengeschäft werden nacheinander drei Lieferungen (D3 an D2, D2 an D1 und D1 an SP) ausgeführt. Die Versendung kann in diesem Fall der zweiten Lieferung D2 an D1 zugeordnet werden, da D2 als mittlerer Unternehmer in der Reihe die Maschine in seiner Eigenschaft als Lieferer versendet. Er tritt unter seiner deutschen USt-IdNr. auf und hat wegen der Lieferklauseln DDP mit seinem Kunden und EXW mit seinem Vorlieferanten Gefahr und Kosten des Transports übernommen. Darüber hinaus kann D2 nachweisen, dass die Voraussetzungen für die Zuordnung der Versendung zu seiner Lieferung erfüllt sind. Der Ort der Lieferung liegt nach § 3 Abs. 6 S. 5 i.V.m. S. 1 UStG in Deutschland (Beginn der Versendung). Die erste Lieferung D3 an D2 und die dritte Lieferung D1 an SP sind ruhende Lieferungen. Da die erste Lieferung der Versendungslieferung vorangeht, gilt sie nach § 3 Abs. 7 S. 2 Nr. 1 UStG ebenfalls als in Deutschland ausgeführt (Beginn der Versendung). Für die dritte Lieferung liegt der Lieferort nach § 3 Abs. 7 S. 2 Nr. 2 UStG in Spanien (Ende der Versendung), da sie der Versendungslieferung folgt; sie ist daher nach spanischem Recht zu beurteilen. D1 muss sich demnach in Spanien steuerlich registrieren lassen. Die Registrierung von D2 in Spanien ist nicht erforderlich.

117 Die Grundsätze der Absätze 1 bis 10 finden auch bei Reihengeschäften Anwendung, bei denen keine grenzüberschreitende Warenbewegung stattfindet. Ist an solchen Reihengeschäften ein in einem anderen Mitgliedstaat oder im Drittland ansässiger Unternehmer beteiligt, muss er sich wegen der im Inland steuerbaren Lieferung stets im Inland steuerlich registrieren lassen, s. Abschn. 3.14 Abs. 12 UStAE.

118 Im Rahmen eines Reihengeschäfts, bei dem die Warenbewegung im Inland beginnt und im Drittlandsgebiet endet, kann mit der Beförderung oder Versendung des Liefergegenstands in das Drittlandsgebiet nur eine Ausfuhrlieferung im Sinne des § 6 UStG (zum Begriff und den Voraussetzungen s. § 6 Rn. 6 ff.) bewirkt werden. Die Steuerbefreiung nach § 4 Nr. 1 Buchst. a UStG kommt demnach nur bei der Beförderungs- oder Versendungslieferung zur Anwendung.

119 Gelangt im Rahmen eines Reihengeschäfts der Gegenstand der Lieferungen aus dem Drittlandsgebiet in das Inland, kann eine Verlagerung des Lieferorts nach § 3 Abs. 8 UStG nur für die Beförderungs- oder Versendungslieferung in Betracht kommen

120 Gelangt der Gegenstand der Lieferungen im Rahmen eines Reihengeschäfts aus dem Drittlandsgebiet in das Inland und hat ein Abnehmer in der Reihe oder dessen Beauftragter den Gegenstand der Lieferung eingeführt, sind die der Einfuhr in der Lieferkette vorausgegangenen Lieferungen nach § 4 Nr. 4b UStG steuerfrei.

7.6 Innergemeinschaftliche Dreiecksgeschäfte

121 Ein besonderer Fall des Reihengeschäfts ist das innergemeinschaftliche Dreiecksgeschäft im Sinne des § 25b Abs. 1 UStG (s. § 25b Rn. 4 ff.).

122 Einstweilen frei.

7.7 Lieferungsort bei Einfuhrlieferungen, § 3 Abs. 8 UStG

123 Als **Ausnahmeregelung zu § 3 Abs. 6 UStG** soll § 3 Abs. 8 UStG eine gleichmäßige umsatzsteuerliche Belastung in grenzüberschreitenden Lieferfällen sicherstellen. Die Vorschrift verlagert den Ort der Lieferung unter den in § 3 Abs. 8 UStG genannten Voraussetzungen in das Einfuhrland und ermöglicht damit dem Einführer den Vorsteuerabzug. Ferner stellt sie sicher, dass es im Importstaat zu keinem (auch nicht teilweisem) unversteuerten Endverbrauch kommen kann (s. Abschn. 3.13 Abs. 2 sowie 15.8 Abs. 4 und 6 UStAE).

124 § 3 Abs. 8 UStG greift unter folgenden Voraussetzungen:

- Es liegt eine Beförderungs- oder Versendungslieferung gem. § 3 Abs. 6 UStG vor.
- Der Liefergegenstand wird vom **Drittlandsgebiet in das Inland** verbracht.
- Der **Lieferer** oder sein Beauftragter sind **Schuldner der EUSt**.

124/1 **Drittlandsgebiet** ist gem. § 1 Abs. 2a Satz 3 UStG das Gebiet, das **nicht Gemeinschaftsgebiet** ist (s. im Einzelnen § 1 Rn. 436 ff.). Das **Gemeinschaftsgebiet** (s. dazu § 1 Rn. 432 ff.) umfasst dabei das Inland i.S.d. § 1 Abs. 2 Satz 1 UStG und die Gebiete der übrigen Mitgliedstaaten der **EU**, die nach dem Gemeinschaftsrecht als Inland dieser Staaten gelten (= **übriges Gemeinschaftsgebiet**), also z.B. nicht die überseeischen Departements Frankreichs. Nach dem Gesetzeswortlaut gilt dies ausdrücklich nicht für Monaco und die Insel Man. Diese werden den Gebieten Frankreichs, Großbritanniens bzw. Nordirlands und damit dem Gemeinschaftsgebiet zugerechnet (s. § 1 Abs. 2a Satz 1 und 2 UStG, Abschn. 1.10 UStAE). **Inland** ist das Gebiet der Bundesrepublik Deutschland, ausgenommen die in § 1 Abs. 2 S. 1 UStG näher bezeichneten Gebiete, Schiffe und Luftfahrzeuge. Da diese damit auch nicht zum Gemeinschaftsgebiet zählen, sind sie dem Drittlandsgebiet zuzurechnen.

125 Schuldner der Einfuhrumsatzsteuer ist derjenige, der nach zollrechtlichen Vorschriften die Einfuhrumsatzsteuer zu entrichten hat, d.h. **Zollbeteiligter** ist. Dies ist immer der, der beim Verbringen des Gegenstandes über eine Außengrenze den Antrag auf Abfertigung zum zoll- und steuerrechtlich freien Verkehr gestellt hat.

126 Die Ortsverlagerung nach § 3 Abs. 8 UStG soll dem Einführer den Abzug der EUSt als Vorsteuer ermöglichen, um ihn so den inländischen Wettbewerbern gleichzustellen (s. § 15 Abs. 1 Nr. 2 UStG). Bei einem **Reihengeschäft** gilt § 3 Abs. 8 UStG daher nur für die bewegte Lieferung und auch nur in den Fällen, in denen der **Lieferer Schuldner der EUSt ist.**

8. Sonstige Leistung, § 3 Abs. 9 UStG

8.1 Sonstige Leistung als Auffangtatbestand

127 Als Auffangtatbestand zur Lieferung nach § 3 Abs. 1 UStG regelt § 3 Abs. 9 UStG die sonstige Leistung ist. Eine sonstige Leistung ist somit jedes aktive oder passive willentliche Verhalten (Tun, Dulden, Unterlassen), das darin besteht, einem anderen ein verkehrsfähiges Gut zuzuwenden, wobei es sich nicht um die Verschaffung der Verfügungsmacht an einem Gegenstand handeln darf (zur Abgrenzung Lieferung von der sonstigen Leistung s. Rn. 5 ff.).

128 Sonstige Leistungen sind z.B.:

- **Arbeits- und Dienstleistungen**: Handwerker-Werkleistungen, Dienstleistungen der freien Berufe, Vermittlungsleistungen von Handelsvertretern und der Handlungsmaklern, Besorgungsleistungen der Spediteure, Beförderungsleistungen der Frachtführer.
- die **Substanzüberlassung:** Rechtsübertragung, Forderungsabtretung, Wertpapierverkauf, „Verkauf" eines Fußballspielers, Überlassen von Know-how.
- ein **Unterlassen:** z.B. Wettbewerbsverbot.

- **Gebrauchs- und Nutzungsüberlassung:** Vermietung und Verpachtung, Leihe, Darlehen, Übertragung von Urheberrechten, Gestellung von Arbeitskräften.

Wegen Beispielen sonstiger Leistungen, s. Rn. 8 ABC. 129

8.2 Den sonstigen Leistungen gleichgestellte Wertabgaben, § 3 Abs. 9a UStG

Die unentgeltlichen Wertabgaben im Sinne des § 3 Abs. 9a UStG umfassen alle sonstigen Leistungen, die ein Unternehmer im Rahmen seines Unternehmens für eigene, außerhalb des Unternehmens liegende Zwecke oder für den privaten Bedarf seines Personals ausführt, s. Abschn. 3.4 UStAE. Sie erstrecken sich auf alles, was seiner Art nach Gegenstand einer sonstigen Leistung im Sinne des § 3 Abs. 9 UStG sein kann. 130

8.2.1 Nutzungsentnahme, § 3 Abs. 9a Nr. 1 UStG

Voraussetzung der Besteuerung ist, dass die Wertabgabe aus dem **Unternehmensbereich** erfolgt. Betroffen sind nur Leistungen, die in den Unternehmensbereich gelangt sind und daher dem Grunde nach **zum Vorsteuerabzug berechtigt** haben, können Grundlage einer Besteuerung gem. § 9a UStG sein. Die Wertabgabe muss **für Zwecke** erfolgen, die ihre Ursache **im nichtunternehmerischen Bereich** haben. Dies ist bei Unternehmen jeder Rechts- und Organisationsform möglich. **Unternehmensfremde Zwecke** sind gegeben, wenn eine zulasten des Unternehmens erfolgte Leistung die Unternehmertätigkeit des Unternehmers nicht fördert, siehe Rn. 43 ff. 131

Die **Besteuerung der Wertabgabe** nach § 3 Abs. 9a Nr. 1 UStG setzt voraus, dass: 132

1. Der verwendete Gegenstand dem Unternehmen zugeordnet ist und
2. die unternehmerische Nutzung des Gegenstands zum vollen oder teilweisen Vorsteuerabzug berechtigt hat.

Unter § 3 Abs. 9a Nr. 1 UStG fällt z.B. die private Nutzung eines unternehmenseigenen Fahrzeugs durch den Unternehmer oder den Gesellschafter. Nutzt der Unternehmer dagegen ein von einer Privatperson erworbenes Fahrzeug für nichtunternehmerische Zwecke, liegt keine sonstige Leistung im Sinne des § 3 Abs. 9a Nr. 1 UStG vor. 133

Ändern sich bei einem dem unternehmerischen Bereich zugeordneten Gegenstand die Verhältnisse für den Vorsteuerabzug durch Erhöhung der Nutzung für nichtwirtschaftliche Tätigkeiten i.e.S., ist eine unentgeltliche Wertabgabe nach § 3 Abs. 9a Nr. 1 UStG zu versteuern. Ändern sich die Verhältnisse durch Erhöhung der Nutzung für unternehmerische Tätigkeiten, kann eine Vorsteuerberichtigung nach § 15a UStG in Betracht kommen, s. § 44 UStDV und Abschn. 15a.1 Abs. 7 UStAE. 134

Überträgt ein Unternehmer die Hälfte eines betrieblichen vermieteten Grundstücks auf den Ehegatten, entsteht eine Bruchteilsgemeinschaft, die in den Mietvertrag eintritt. Hinsichtlich des dem Unternehmer verbleibenden Miteigentumsanteils liegt keine unentgeltliche Nutzungsüberlassung im Sinne des § 3 Abs. 9a UStG vor (s. BFH vom 06.09.2007, V R 41/05, BStBl II 2008, 65, und vom 22.11.2007, V R 5/06, BStBl II 2008, 448). 135

8.2.2 Teilunternehmerische Nutzung von Grundstücken

Ist der dem Unternehmen zugeordnete Gegenstand ein Grundstück – insbesondere ein Gebäude als wesentlicher Bestandteil eines Grundstücks – und wird das Grundstück teilweise für **unternehmensfremde (private oder hoheitliche) Tätigkeiten** genutzt, sodass der Vorsteuerabzug nach § 15 Abs. 1b UStG insoweit ausgeschlossen ist (s. Abschn. 15.6a UStAE), entfällt eine Wertabgabenbesteuerung nach § 3 Abs. 9a Nr. 1 UStG. Sofern sich später der Anteil der unter-nehmensfremden Nutzung des dem Unternehmensvermögen insgesamt zugeordneten Grundstücks im Sinne des § 15 Abs. 1b UStG erhöht, erfolgt eine Berichtigung nach § 15a Abs. 6a UStG (s. Abschn. 15.6a Abs. 5 UStAE) und keine Wertabgabenbesteuerung nach § 3 Abs. 9a Nr. 1 UStG. 136

Wird das Grundstück nicht für unternehmensfremde, sondern für **nichtwirtschaftliche Tätigkeiten i.e.S.** verwendet (z.B. für ideelle Zwecke eines Vereins, s. Abschn. 2.3 Abs. 1a UStAE), ist insoweit eine Zuordnung nach § 15 Abs. 1 UStG nicht möglich (s. BFH vom 03.03.2011, V R 23/10, BStBl II 2012, 74; 137

Abschn. 15.2 Abs. 15a UStAE). Erhöht sich später der Anteil der Nutzung des Grundstücks für nichtwirtschaftliche Tätigkeiten i.e.S., erfolgt eine **Wertabgabenbesteuerung nach § 3 Abs. 9a Nr. 1 UStG**. Vermindert sich später der Anteil der Nutzung des Grundstücks für nichtwirtschaftliche Tätigkeiten i.e.S., kann der Unternehmer aus Billigkeitsgründen eine Berichtigung entsprechend § 15a Abs. 1 UStG vornehmen (s. Abschn. 15a.1 Abs. 7 UStAE).

138 Überlässt eine Gemeinde eine **Mehrzweckhalle** unentgeltlich an Schulen, Vereine usw., handelt es sich um eine Nutzung für nichtwirtschaftliche Tätigkeiten i.e.S. (s. Abschn. 2.3 Abs. 1a UStAE); insoweit ist eine Zuordnung der Halle zum Unternehmen nach § 15 Abs. 1 UStG nicht möglich (s. Abschn. 3.4 Abs. 6 und Abschn. 15.2 Abs. 13 UStAE) und dementsprechend keine unentgeltliche Wertabgabe zu besteuern. Das gilt nicht, wenn die Halle ausnahmsweise zur Anbahnung späterer Geschäftsbeziehungen mit Mietern für kurze Zeit unentgeltlich überlassen wird (s. BFH vom 28.11.1991, V R 95/86, BStBl II 1992, 569). Aufgrund eines partiellen Zuordnungsverbots liegt auch keine unentgeltliche Wertabgabe vor, wenn Schulen und Vereine ein gemeindliches Schwimmbad unentgeltlich nutzen können (s. Abschn. 2.11 Abs. 18 UStAE). Die Mitbenutzung von Parkanlagen, die eine Gemeinde ihrem unternehmerischen Bereich – Kurbetrieb als Betrieb gewerblicher Art – zugeordnet hat, durch Personen, die nicht Kurgäste sind, führt bei der Gemeinde weder zu einem partiellen Zuordnungsverbot noch zu einer steuerbaren unentgeltlichen Wertabgabe (s. BFH vom 18.08.1988, V R 18/83, BStBl II 1988, 971). Das Gleiche gilt, wenn eine Gemeinde ein Parkhaus den Benutzern zeitweise (z.B. in der Weihnachtszeit) gebührenfrei zur Verfügung stellt, wenn damit neben dem Zweck der Verkehrsberuhigung auch dem Parkhausunternehmen dienende Zwecke (z.B. Kundenwerbung) verfolgt werden (s. BFH vom 10.12.1992, V R 3/88, BStBl II 1993, 380).

8.2.3 Bezug von Telefondienstleistungen

139 Ein Unternehmer kann **Telefondienstleistungen** je nach Anlass des einzelnen Gesprächs entweder **direkt** für den **Unternehmensbereich oder** aber für den **Privatbereich** beziehen, was einer Nutzungsentnahmen systematisch entgegensteht, s. BFH vom 23.09.1993, V R 87/89, BStBl II 1994, 200. Gleichwohl lässt es die Finanzverwaltung aus Vereinfachungsgründen zu, dass Umsatzsteuer aus den Anschaffungskosten unternehmerisch genutzter Telekommunikationsgeräte (z.B. von Telefonanlagen nebst Zubehör, Faxgeräten, Mobilfunkeinrichtungen) vom Unternehmer unter den Voraussetzungen des § 15 UStG in voller Höhe als Vorsteuer abgezogen werden können, Abschn. 3.4 Abs. 4 S. 1 UStAE. Die unternehmensfremde (private) Nutzung dieser Geräte unterliegt dann nach § 3 Abs. 9a Nr. 1 UStG der Umsatzsteuer (s. Abschn. 15.2 Abs. 21 Nr. 2 UStAE).

140 Bemessungsgrundlage sind die Ausgaben für die jeweiligen Geräte (s. Abschn. 10.6 Abs. 3 UStAE). Nicht zur Bemessungsgrundlage gehören die Grund- und Gesprächsgebühren (s. BFH vom 23.09.1993, V R 87/89, BStBl II 1994, 200). Die auf diese Gebühren entfallenden Vorsteuern sind in einen abziehbaren und einen nicht abziehbaren Anteil aufzuteilen (s. Abschn. 15.2 Abs. 21 Nr. 1 UStAE).

8.2.4 Entnahme einer sonstigen Leistung, § 3 Abs. 9a Nr. 2 UStG

141 Der Einsatz betrieblicher Arbeitskräfte für unternehmensfremde (private) Zwecke zulasten des Unternehmens (z.B. Einsatz von Betriebspersonal im Privatgarten oder im Haushalt des Unternehmers) ist grundsätzlich eine steuerbare Wertabgabe nach § 3 Abs. 9a Nr. 2 UStG (s. BFH vom 18.05.1993, V R 134/09, BStBl II 1993, 885).

9. Werkleistung, § 3 Abs. 10 UStG

142 § 3 Abs. 10 UStG trägt den Fällen des **Umtauschgewerbes** (Umtauschmüllerei, Umtauschmosterei, Umtauschspinnerei u.Ä.) Rechnung, die sich zivilrechtlich in den Formen des Tausches vollziehen (§ 3 Abs. 12 UStG). Dem Besteller wird nicht sein bearbeiteter Gegenstand, sondern ein **gleichartiger Gegenstand** zurückgegeben. Wirtschaftlich ist gleichwohl nur eine **Werkleistung** gewollt. § 3 Abs. 10 UStG zieht die umsatzsteuerliche Konsequenz, sofern das Entgelt ausschließlich für die Bearbeitung als **Werklohn** und nicht nach dem Materialpreis berechnet wird. Überlässt ein Unternehmer einem Auftraggeber, der ihm

einen Stoff zur Herstellung eines Gegenstands übergeben hat, anstelle des herzustellenden Gegenstands einen gleichartigen Gegenstand, wie er ihn in seinem Unternehmen aus solchem Stoff herzustellen pflegt, so gilt die Leistung des Unternehmers als Werkleistung, wenn das Entgelt für die Leistung nach Art eines Werklohns unabhängig vom Unterschied zwischen dem Marktpreis des empfangenen Stoffs und dem des überlassenen Gegenstands berechnet wird.

Beispiel: Ein Landwirt bringt Weizen zur Mühle und erhält eine dem angelieferten Getreide entsprechende Menge Weizenmehl (aus fremdem Getreide). Ihm wird nur der Werklohn für das Mahlen berechnet. 143

Lösung: Hier liegt eine sonstige Leistung gem. § 3 Abs. 10 UStG vor. Anders verhält es sich, wenn der Landwirt Roggenmehl zurückerhält (kein gleichartiger Gegenstand).

Kann der Unternehmer den Gegenstand der bestellten Art **nicht selbst herstellen** (Großhändler, der Getreide gegen Mehr tauscht) greift **§ 3 Abs. 10 UStG** nicht (s. BFH vom 15.12.1966, V 103/65, BStBl III 1967, 235 unter Verweis auf den eindeutigen Wortlaut). In diesem Fall liegt ein Tausch i.S.v. § 3 Abs. 12 UStG vor. 144

10. Leistungskommission, § 3 Abs. 11 UStG

10.1 Wirkungsweise der Leistungskommission

Mit der durch das StÄndG 2003 neu gefassten Regelung des § 3 Abs. 11 UStG sind die gemeinschaftsrechtlichen Vorgaben des Art. 28 MwStSystRL für die Leistungskommission im UStG umgesetzt. Danach werden Unternehmer, die bei der Erbringung von **Dienstleistungen im eigenen Namen, aber für Rechnung Dritte** tätig werden, so behandelt, als ob sie diese Dienstleistung selbst erhalten und erbracht hätten. Entsprechend der Regelung für Kommissionsgeschäfte in § 3 Abs. 3 UStG wird nach § 3 Abs. 11 UStG eine Leistungskette fingiert. Der Auftragnehmer (Kommissionär) wird im Verhältnis zum Kunden als Leistungsempfänger behandelt und im Verhältnis zum Auftraggeber (Kommittent) als Leistender. Die Leistungen des Kommissionärs gegenüber dem Kommittenten und die Leistung des Kunden an den Auftragnehmer werden bezüglich ihres Leistungsinhaltes gleich behandelt und gelten als im gleichen Zeitpunkt erbracht. 145

Die umsatzsteuerliche Behandlung steht im Widerspruch zur zivilrechtlichen Regelung, nach der der Geschäftsbesorger eine Vermittlungsleistung nach § 975 BGB gegenüber dem Auftraggeber erbringt. Diese Leistung wird vielmehr durch die fingierte Leistung verdrängt. Der Geschäftsbesorger darf daher über die zivilrechtlich vereinbarte Geschäftsbesorgung gegenüber dem Auftraggeber keine Rechnung mit offen ausgewiesener Umsatzsteuer erteilen. Eine solche Rechnung wäre eine Rechnung nach § 14c Abs. 2 UStG, s. Abschn. 3.15 Abs. 4 S. 4 UStAE. 146

Fraglich ist, ob der Geschäftsbesorger entgeltlich tätig werden muss. Das FG Niedersachsen (5 K 228/02, EFG 2007, 1041) bejaht dies unter Hinweis auf den Leistungsbegriff des § 1 Abs. 1 Nr. 1 UStG und die Entgeltlichkeit des Geschäftsbesorgungsvertrages nach § 675 BGB. Die Revisionsinstanz hatte die Frage wegen fehlender Unternehmereigenschaft des Auftragnehmers offen gelassen (s. BFH vom 18.06.2009, V R 30/07, BFH/NV 2009, 2005). Gegen das Erfordernis der Entgeltlichkeit spricht das Konzept der Leistungsfiktion des Art. 28 MwStSystRL das die Entgeltlichkeit als zwingendes Tatbestandsmerkmal nicht vorsieht (s. Meyer, EFG 2007, 1043). 147

Die **Fiktion** des § 3 Abs. 11 UStG bezieht sich auf die Leistungen selbst und deren Inhalt, nicht aber auf die leistenden Personen. So ist z.B. zu berücksichtigen, ob der Auftraggeber ein Nichtunternehmer, ein Kleinunternehmer oder ein Land- und Forstwirt mit Durchschnittsbesteuerung ist (s. Abschn. 3.15 Abs. 3 UStAE). Auswirkungen hat die neue Sichtweise auf den **Leistungsort** und möglichen **Befreiungsvorschriften**. Sie ist auch für den möglichen **Vorsteuerabzug des Hintermanns** von Bedeutung, der nunmehr selbst (fingierte) Umsätze erbringt und damit zum vorsteuerabzugsberechtigten Unternehmer wird. 148

10.2 Leistungsverkauf

149 **Beispiel:** E, Eigentümer einer Ferienwohnung, beauftragt den Verwalter V mit der Vermietung der Wohnung an Feriengäste gegen Provision in Höhe von 10 % der Mieteinnahmen. V vermietet die Wohnung steuerpflichtig (§ 4 Nr. 12 S. 2 UStG; s. zu den Voraussetzungen § 4 Nr. 12 Rn. 12) im eigenen Namen für Rechnung des E.

Lösung: Da V als Unternehmer in die Erbringung einer sonstigen Leistung, hier einer steuerpflichtigen Vermietung eingeschaltet ist und dabei im eigenen Namen, jedoch für fremde Rechnung handelt, gilt die kurzfristige Vermietungsleistung gemäß § 3 Abs. 11 UStG als an ihn und von ihm erbracht. Beide Vermietungsleistungen (E an V und V an Feriengäste) sind im Inland steuerbar und steuerpflichtig. E ist aufgrund der fingierten Vermietungsleistung an V als Unternehmer anzusehen mit der Folge, dass ihm z.B. der Vorsteuerabzug aus den Bauleistungen zusteht.

150 Befindet sich die Ferienwohnung nicht im Inland liegt der Ort der Vermietungsleistung nach § 3a Abs. 3 Nr. 1 Buchst a UStG im ausländischen Belegenheitsort. Beide Vermietungsleistungen sind dann nicht im Inland steuerbar. Bei innergemeinschaftlichen Belegenheitsorten müssen sich beide Unternehmer unter den dort geltenden Voraussetzungen für Zwecke der Umsatzbesteuerung registrieren lassen.

10.3 Leistungseinkauf

151 **Beispiel:** Der im Inland ansässige Spediteur S besorgt für den im Inland ansässigen Unternehmer U im eigenen Namen und für Rechnung des U die inländische Beförderung eines Gegenstandes von Berlin nach Köln. Die Beförderungsleistung wird durch den im Inland ansässigen Unternehmer C bewirkt.

Lösung: Die Leistungskette wird fingiert. C erbringt gegenüber S eine im Inland steuerpflichtige Beförderungsleistung (§ 3a Abs. 2 UStG). S erbringt seinerseits gegenüber U eine im Inland steuerpflichtige Beförderungsleistung.

10.4 Leistungskommission bei Leistungen in der Kreditwirtschaft

152 **Beispiel** (s. Abschn. 3.15 Abs. 7 UStAE): Ein im Inland ansässiges Kreditinstitut K (ausländischer Geldgeber) beauftragt eine im Inland ansässige GmbH G mit der Anlage von Termingeldern im eigenen Namen für fremde Rechnung bei inländischen Banken.

Lösung: Da G als Unternehmer in die Erbringung einer sonstigen Leistung (Kreditgewährungsleistung, § 4 Nr. 8 Buchst. a UStG) eingeschaltet wird und dabei im eigenen Namen, jedoch für fremde Rechnung handelt, gilt die Leistung als an sie und von ihr erbracht. K erbringt an G und G an die inländischen Banken durch die Kreditgewährung im Inland nach § 3a Abs. 2 UStG steuerbare, jedoch nach § 4 Nr. 8 Buchst. a steuerfreie Leistungen.

11. Dienstleistungskommission für elektronische Dienstleistungen

153 § 3 Abs. 11a UStG, der durch KroatienAnpG vom 03.07.2014 (BGBl I 2014, 1266) mit Wirkung zum 01.01.2015 eingefügt wurde, ersetzt die im früheren § 45h Abs. 4 des Telekommunikationsgesetzes (TKG) geregelte Dienstleistungskommission. Die Vorschrift enthält für umsatzsteuerliche Zwecke die **Vermutung einer Dienstleistungskommission**, wenn ein Endnutzer über seinen Teilnehmernetzbetreiber Leistungen vorgelagerter Unternehmer in Anspruch nimmt. Durch diese „Branchenlösung“ wird die Besteuerung des Letztverbrauchs im Bestimmungsland sichergestellt, da nur der Teilnehmernetzbetreiber über die notwendigen Informationen zur Leistungsortbestimmung und Rechnungserteilung verfügt. Dieser wird er nach § 3 Abs. 11a S. 1 UStG wie ein Kommissionär behandelt.

Beispiel: Deutscher Privatmann P bestellt über den inländischen Internetanbieter I eine Software zum Download beim Softwareanbieter S auf Frankreich. Die Abrechnung erfolgt durch I. S erbringt eine elektronische Dienstleistung an I (gem. § 3a Abs. 2 im Inland) und I erbringt gem. § 3 Abs. 11a die nämliche Leistung an P. 154

Abweichend von § 3 Abs. 11 UStG werden gem. § 3 Abs. 11a UStG auch dann zwei Umsätze angenommen, wenn der eingeschaltete Unternehmer nicht im eigenen Namen und für Rechnung des Inhaltsanbieters auftritt. Damit weicht der Gesetzgeber (bewusst) vom Rahmen des Art. 9a der EU-VO 282/2011 ab. Dies kann zu Praxisproblemen bei grenzüberschreitenden Umsätzen innerhalb der EU führen, wenn nach § 3 Abs. 11a UStG eine Dienstleistungskommission anzunehmen ist, während sich nach dem Recht anderer Mitgliedstaaten keine Fiktion einer Dienstleistungskommission ergibt, sofern diese die MwStSystRL im nationalen Recht unverändert anwenden. Abweichend von Art. 7 Abs. 1 MwStVO betrifft § 3 Abs. 11a nicht nur elektronisch erbrachte Dienstleistungen sondern alle sonstigen Leistungen, die über ein Telekommunikationsnetz, eine Schnittstelle oder ein Portal erbracht werden. 155

Die **gesetzliche Vermutung kann nach Satz 2 widerlegt werden**, d.h. der eingeschaltete Unternehmer gilt nicht als Kommissionär, wenn er den Anbieter der sonstigen Leistung gegenüber seinem Kunden ausdrücklich benennt und dies vertraglich zum Ausdruck kommt. Dies ist nach Satz 3 Buchst. a, b gegeben, wenn alle Rechnungen in der Kette der Unternehmer, die an der über das Telekommunikationsnetz, die Schnittstelle oder ein Portal an den Endkunden erbrachten Leistung beteiligt sind, die jeweiligen Leistungen und deren Erbringer angegeben haben und in der Rechnung die konkreten sonstigen Leistungen und deren Erbringer angegeben werden. 156

Die Widerlegung nach Satz 2 wird durch Satz 4 wieder aufgehoben. Dieser fingiert stets eine Dienstleistungskommission, wenn der eingeschaltete Unternehmer hinsichtlich der Erbringung der sonstigen Leistung: 157

- Die Abrechnung gegenüber dem Leistungsempfänger autorisiert,
- die Erbringung der sonstigen Leistung genehmigt oder
- die allgemeinen Bedingungen der Leistungserbringung festlegt.

Satz 5 stellt klar, dass die Fiktion nicht greift wird, wenn der Unternehmer lediglich Zahlungen in Bezug auf die erbrachte sonstige Leistung abwickelt. 158

12. Tausch und tauschähnliche Umsätze, § 3 Abs. 12 UStG

§ 3 Abs. 12 UStG betrifft Lieferungen oder sonstige Leistungen, bei denen das Entgelt in einer Lieferung oder sonstigen Leistung besteht. In dem Fall unterliegen sowohl die Leistung als auch die Gegenleistung der Umsatzsteuer. Tausch und Tauschähnlichkeit sind nur eine besondere Modalität der Entgeltvereinbarung, die den unmittelbaren Zusammenhang zwischen Leistung und Entgelt begründet (s. BFH vom 06.12.2007, V R 42/06, BStBl II 2009, 493 und vom 15.04.2010, V R 10/08, BStBl II 2010, 879). Tausch und tauschähnliche Umsätze haben vor allem Bedeutung für die Höhe des Entgelts nach § 10 Abs. 2 S. 2 UStG. 159

Als tauschähnliche Umsätze hat die Rechtsprechung z.B. eingestuft: 160

- Die Gewährung eines unverzinslichen Darlehns gegen Einräumung eines Nießbrauchs (s. BFH vom 28.02.1991 ,V R 12/85, BStBl II 1991, 649),
- die Einbringung von Wirtschaftsgütern in eine Personengesellschaft gegen Schuldübernahme (s. BFH vom 15.05.1997, V R 67/94, BStBl II 1997, 705),
- die Einbringung von Wirtschaftsgütern in eine Personengesellschaft gegen Gewährung von Gesellschaftsrechten (s. BFH vom 08.11.1995, XI R 63/94, BStBl II 1996, 114),
- Die Fahrzeugüberlassung an Geschäftsführer (s. BFH vom 10.06.1999, V R 87/98, BStBl II 1999, 580; Abschn. 1.8 UStAE),
- Geschenke an Gastgeberin bei Tupperware-Partys (s. BFH vom 28.03.1996, V R 33/95, UR 1997, 29),
- Werbeprämien für ein Zeitungsabo (s. BFH vom 07.03.1995, XI R 72/93, BStBl II 1995, 518),

- Sachprämien (s. BFH vom 05.08.1999, V R 14/98, BFH/NV 2000, 159 und EuGH vom 03.07.2001, C-380/99; Bertelsmann, UR 2001, 346),
- Werbeflüge mit Ballon (s. BFH vom 01.08.2002, V R 21/01, BStBl II 2003, 438),
- Die Überlassung eines Pkw mt Werbeaufdrucken (s. BFH vom 16.04.2008, XI R 56/06, BStBl II 2008, 909).

161 Einen Sonderfall des Tauschgeschäfts stellt das **Austauschverfahren in der Kraftfahrzeugwirtschaft** dar (z.B. Lieferung eines Austauschmotors bei Entgegennahme des alten Motors). Es handelt sich dabei i.d.R. um einen sog. Tausch mit Baraufgabe (das Entgelt setzt sich aus der Gegenlieferung einem Spitzenausgleich in Geld zusammen, s. BMF vom 10.03.1965, IV A/3-S 7280-78/68, BStBl I 1969, 139).

162 **Nicht als tauschähnliche Umsätze** wurde z.B. angesehen: die nichtsteuerbare sog **Personalbeistellung**. Eine Beistellung ist nur gegeben, wenn der Empfänger der Leistung dem Leistenden Sachmittel nur für die Leistungserbringung an ihn zur Verfügung stellt und eine anderweitige Verwendung ausgeschlossen ist (s. BFH vom 06.12.2008, V R 10/08, BStBl II 2010, 879). Sofern diese engen Voraussetzungen nicht vorliegen, ist von einer steuerbaren sog. **Personalgestellung** auszugehen, die auch als tauschähnlicher Umsatz erfolgen kann.

163 **Kein Tauschgeschäft ist der Umtausch wegen Mängeln** der gekauften Sache. Vom Tausch zu unterscheiden sind ebenfalls die sog. **Gefälligkeitsdarlehen** bezüglich vertretbarer Sachen.

164 **Beispiel:** Ein Heizölhändler, dem die Ware ausgegangen ist, beschafft sich zur Belieferung seiner Kunden Öl bei einem befreundeten Kollegen und gibt diesem nach Auffüllung seiner Vorräte die gleiche Menge des gleichen Heizöls zurück. Das Geschäft war von vornherein nicht auf einen Leistungsaustausch gerichtet (s. Leonard in Bunjes, § 3 UStG Rn. 308).

165 Wegen Einzelheiten s. BMF vom 10.03.1965, IV A/3-S 7280-78/68, BStBl I 1969, 139. Ähnlich verhält es sich in dem Fall, in dem der Bearbeiter wertvollen Materials (insbesondere Edelmetall) neben dem Stücklohn den bei der Bearbeitung anfallenden Abfall behalten darf (s. BFH vom 15.12.1988, V R 24/84, BStBl II 1989, 252; hierzu Unvericht, DStR 1989, 409). Zu Verkaufswettbewerben s. BFH vom 27.01.2011, V R 7/09, BFH/NV 2011, 1030.

§ 3a UStG Ort der sonstigen Leistung
§ 3a UStG Ort der sonstigen Leistung ab 2015

(1) [1]Eine sonstige Leistung wird vorbehaltlich der Absätze 2 bis 8 und der §§ 3b, 3e und 3f an dem Ort ausgeführt, von dem aus der Unternehmer sein Unternehmen betreibt. [2]Wird die sonstige Leistung von einer Betriebsstätte ausgeführt, gilt die Betriebsstätte als der Ort der sonstigen Leistung.

(2) [1]Eine sonstige Leistung, die an einen Unternehmer für dessen Unternehmen ausgeführt wird, wird vorbehaltlich der Absätze 3 bis 8 und der §§ 3b, 3e und 3f an dem Ort ausgeführt, von dem aus der Empfänger sein Unternehmen betreibt. [2]Wird die sonstige Leistung an die Betriebsstätte eines Unternehmers ausgeführt, ist stattdessen der Ort der Betriebsstätte maßgebend. [3]Die Sätze 1 und 2 gelten entsprechend bei einer sonstigen Leistung an eine ausschließlich nicht unternehmerisch tätige juristische Person, der eine Umsatzsteuer-Identifikationsnummer erteilt worden ist, und bei einer sonstigen Leistung an eine juristische Person, die sowohl unternehmerisch als auch nicht unternehmerisch tätig ist; dies gilt nicht für sonstige Leistungen, die ausschließlich für den privaten Bedarf des Personals oder eines Gesellschafters bestimmt sind.

(3) Abweichend von den Absätzen 1 und 2 gilt:

1. [1]Eine sonstige Leistung im Zusammenhang mit einem Grundstück wird dort ausgeführt, wo das Grundstück liegt. [2]Als sonstige Leistungen im Zusammenhang mit einem Grundstück sind insbesondere anzusehen:
   a) sonstige Leistungen der in § 4 Nr. 12 bezeichneten Art,
   b) sonstige Leistungen im Zusammenhang mit der Veräußerung oder dem Erwerb von Grundstücken,
   c) sonstige Leistungen, die der Erschließung von Grundstücken oder der Vorbereitung, Koordinierung oder Ausführung von Bauleistungen dienen.
2. [1]Die kurzfristige Vermietung eines Beförderungsmittels wird an dem Ort ausgeführt, an dem dieses Beförderungsmittel dem Empfänger tatsächlich zur Verfügung gestellt wird. [2]Als kurzfristig i.S.d. Satzes 1 gilt eine Vermietung über einen ununterbrochenen Zeitraum
   a) von nicht mehr als 90 Tagen bei Wasserfahrzeugen,
   b) von nicht mehr als 30 Tagen bei anderen Beförderungsmitteln.

   [3]Die Vermietung eines Beförderungsmittels, die nicht als kurzfristig i.S.d. Satzes 2 anzusehen ist, an einen Empfänger, der weder ein Unternehmer ist, für dessen Unternehmen die Leistung bezogen wird, noch eine nicht unternehmerisch tätige juristische Person, der eine Umsatzsteuer-Identifikationsnummer erteilt worden ist, wird an dem Ort erbracht, an dem der Empfänger seinen Wohnsitz oder Sitz hat. [4]Handelt es sich bei dem Beförderungsmittel um ein Sportboot, wird abweichend von Satz 3 die Vermietungsleistung an dem Ort ausgeführt, an dem das Sportboot dem Empfänger tatsächlich zur Verfügung gestellt wird, wenn sich auch der Sitz, die Geschäftsleitung oder eine Betriebsstätte des Unternehmers, von wo aus diese Leistung tatsächlich erbracht wird, an diesem Ort befindet.
3. Die folgenden sonstigen Leistungen werden dort ausgeführt, wo sie vom Unternehmer tatsächlich erbracht werden:
   a) kulturelle, künstlerische, wissenschaftliche, unterrichtende, sportliche, unterhaltende oder ähnliche Leistungen, wie Leistungen im Zusammenhang mit Messen und Ausstellungen, einschließlich der Leistungen der jeweiligen Veranstalter sowie die damit zusammenhängenden Tätigkeiten, die für die Ausübung der Leistungen unerlässlich sind, an einen Empfänger, der weder ein Unternehmer ist, für dessen Unternehmen die Leistung bezogen wird, noch eine nicht unternehmerisch tätige juristische Person, der eine Umsatzsteuer-Identifikationsnummer erteilt worden ist,
   b) die Abgabe von Speisen und Getränken zum Verzehr an Ort und Stelle (Restaurationsleistung), wenn diese Abgabe nicht an Bord eines Schiffs, in einem Luftfahrzeug oder in einer Eisenbahn während einer Beförderung innerhalb des Gemeinschaftsgebiets erfolgt,

c) Arbeiten an beweglichen körperlichen Gegenständen und die Begutachtung dieser Gegenstände für einen Empfänger, der weder ein Unternehmer ist, für dessen Unternehmen die Leistung ausgeführt wird, noch eine nicht unternehmerisch tätige juristische Person, der eine Umsatzsteuer-Identifikationsnummer erteilt worden ist.

4. Eine Vermittlungsleistung an einen Empfänger, der weder ein Unternehmer ist, für dessen Unternehmen die Leistung bezogen wird, noch eine nicht unternehmerisch tätige juristische Person, der eine Umsatzsteuer-Identifikationsnummer erteilt worden ist, wird an dem Ort erbracht, an dem der vermittelte Umsatz als ausgeführt gilt.
5. Die Einräumung der Eintrittsberechtigung zu kulturellen, künstlerischen, wissenschaftlichen, unterrichtenden, sportlichen, unterhaltenden oder ähnlichen Veranstaltungen, wie Messen und Ausstellungen, sowie die damit zusammenhängenden sonstigen Leistungen an einen Unternehmer für dessen Unternehmen oder an eine nicht unternehmerisch tätige juristische Person, der eine Umsatzsteuer-Identifikationsnummer erteilt worden ist, wird an dem Ort erbracht, an dem die Veranstaltung tatsächlich durchgeführt wird.

(4) [1]Ist der Empfänger einer der in Satz 2 bezeichneten sonstigen Leistungen weder ein Unternehmer, für dessen Unternehmen die Leistung bezogen wird, noch eine nicht unternehmerisch tätige juristische Person, der eine Umsatzsteuer-Identifikationsnummer erteilt worden ist, und hat er seinen Wohnsitz oder Sitz im Drittlandsgebiet, wird die sonstige Leistung an seinem Wohnsitz oder Sitz ausgeführt. [2]Sonstige Leistungen i.S.d. Satzes 1 sind:

1. die Einräumung, Übertragung und Wahrnehmung von Patenten, Urheberrechten, Markenrechten und ähnlichen Rechten;
2. die sonstigen Leistungen, die der Werbung oder der Öffentlichkeitsarbeit dienen, einschließlich der Leistungen der Werbungsmittler und der Werbeagenturen;
3. die sonstigen Leistungen aus der Tätigkeit als Rechtsanwalt, Patentanwalt, Steuerberater, Steuerbevollmächtigter, Wirtschaftsprüfer, vereidigter Buchprüfer, Sachverständiger, Ingenieur, Aufsichtsratsmitglied, Dolmetscher und Übersetzer sowie ähnliche Leistungen anderer Unternehmer, insbesondere die rechtliche, wirtschaftliche und technische Beratung;
4. die Datenverarbeitung;
5. die Überlassung von Informationen einschließlich gewerblicher Verfahren und Erfahrungen;
6. a) Bank- und Finanzumsätze, insbesondere der in § 4 Nummer 8 Buchstabe a bis h bezeichneten Art und die Verwaltung von Krediten und Kreditsicherheiten, sowie Versicherungsumsätze der in § 4 Nummer 10 bezeichneten Art,
   b) die sonstigen Leistungen im Geschäft mit Gold, Silber und Platin. Das gilt nicht für Münzen und Medaillen aus diesen Edelmetallen;
7. die Gestellung von Personal;
8. der Verzicht auf Ausübung eines der in Nummer 1 bezeichneten Rechte;
9. der Verzicht, ganz oder teilweise eine gewerbliche oder berufliche Tätigkeit auszuüben;
10. die Vermietung beweglicher körperlicher Gegenstände, ausgenommen Beförderungsmittel;
11. (weggefallen)
12. (weggefallen)
13. (weggefallen)
14. die Gewährung des Zugangs zum Erdgasnetz, zum Elektrizitätsnetz oder zu Wärme- oder Kältenetzen und die Fernleitung, die Übertragung oder Verteilung über diese Netze sowie die Erbringung anderer damit unmittelbar zusammenhängender sonstiger Leistungen.

(5) [1]Ist der Empfänger einer der in Satz 2 bezeichneten sonstigen Leistungen

1. kein Unternehmer, für dessen Unternehmen die Leistung bezogen wird,
2. keine ausschließlich nicht unternehmerisch tätige juristische Person, der eine Umsatzsteuer-Identifikationsnummer erteilt worden ist,

3. keine juristische Person, die sowohl unternehmerisch als auch nicht unternehmerisch tätig ist, bei der die Leistung nicht ausschließlich für den privaten Bedarf des Personals oder eines Gesellschafters bestimmt ist,

wird die sonstige Leistung an dem Ort ausgeführt, an dem der Leistungsempfänger seinen Wohnsitz, seinen gewöhnlichen Aufenthaltsort oder seinen Sitz hat. [2]Sonstige Leistungen i.S.d. Satzes 1 sind:

1. die sonstigen Leistungen auf dem Gebiet der Telekommunikation;
2. die Rundfunk- und Fernsehdienstleistungen;
3. die auf elektronischem Weg erbrachten sonstigen Leistungen.

(6) [1]Erbringt ein Unternehmer, der sein Unternehmen von einem im Drittlandsgebiet liegenden Ort aus betreibt,

1. eine in Absatz 3 Nr. 2 bezeichnete Leistung oder die langfristige Vermietung eines Beförderungsmittels,
2. eine in Absatz 4 Satz 2 Nummer 1 bis 10 bezeichnete sonstige Leistung an eine im Inland ansässige juristische Person des öffentlichen Rechts oder
3. eine in Absatz 5 Satz 2 Nummer 1 und 2 bezeichnete Leistung,
4. ist diese Leistung abweichend von Absatz 1, Absatz 3 Nummer 2, Absatz 4 Satz 1 oder Absatz 5 als im Inland ausgeführt zu behandeln, wenn sie dort genutzt oder ausgewertet wird. [2]Wird die Leistung von einer Betriebsstätte eines Unternehmers ausgeführt, gilt Satz 1 entsprechend, wenn die Betriebsstätte im Drittlandsgebiet liegt.

(7) [1]Vermietet ein Unternehmer, der sein Unternehmen vom Inland aus betreibt, kurzfristig ein Schienenfahrzeug, einen Kraftomnibus oder ein ausschließlich zur Beförderung von Gegenständen bestimmtes Straßenfahrzeug, ist diese Leistung abweichend von Absatz 3 Nr. 2 als im Drittlandsgebiet ausgeführt zu behandeln, wenn die Leistung an einen im Drittlandsgebiet ansässigen Unternehmer erbracht wird, das Fahrzeug für dessen Unternehmen bestimmt ist und im Drittlandsgebiet genutzt wird. [2]Wird die Vermietung des Fahrzeugs von einer Betriebsstätte eines Unternehmers ausgeführt, gilt Satz 1 entsprechend, wenn die Betriebsstätte im Inland liegt.

(8) [1]Erbringt ein Unternehmer eine Güterbeförderungsleistung, ein Beladen, Entladen, Umschlagen oder ähnliche mit der Beförderung eines Gegenstandes im Zusammenhang stehende Leistungen i.S.d. § 3b Absatz 2, eine Arbeit an beweglichen körperlichen Gegenständen oder eine Begutachtung dieser Gegenstände, eine Reisevorleistung i.S.d. § 25 Absatz 1 Satz 5 oder eine Veranstaltungsleistung im Zusammenhang mit Messen und Ausstellungen, ist diese Leistung abweichend von Absatz 2 als im Drittlandsgebiet ausgeführt zu behandeln, wenn die Leistung dort genutzt oder ausgewertet wird. [2]Satz 1 gilt nicht, wenn die dort genannten Leistungen in einem der in § 1 Absatz 3 genannten Gebiete tatsächlich ausgeführt werden.

§ 3a UStG Ort der sonstigen Leistung bis 2014

(1) [1]Eine sonstige Leistung wird vorbehaltlich der Absätze 2 bis 8 und der §§ 3b, 3e und 3f an dem Ort ausgeführt, von dem aus der Unternehmer sein Unternehmen betreibt. [2]Wird die sonstige Leistung von einer Betriebsstätte ausgeführt, gilt die Betriebsstätte als der Ort der sonstigen Leistung.

(2) [1]Eine sonstige Leistung, die an einen Unternehmer für dessen Unternehmen ausgeführt wird, wird vorbehaltlich der Absätze 3 bis 8 und der §§ 3b, 3e und 3f an dem Ort ausgeführt, von dem aus der Empfänger sein Unternehmen betreibt. [2]Wird die sonstige Leistung an die Betriebsstätte eines Unternehmers ausgeführt, ist stattdessen der Ort der Betriebsstätte maßgebend. [3]Die Sätze 1 und 2 gelten entsprechend bei einer sonstigen Leistung an eine ausschließlich nicht unternehmerisch tätige juristische Person, der eine Umsatzsteuer-Identifikationsnummer erteilt worden ist, und bei einer sonstigen Leistung an eine juristische Person, die sowohl unternehmerisch als auch nicht unternehmerisch tätig ist; dies gilt nicht für sonstige Leistungen, die ausschließlich für den privaten Bedarf des Personals oder eines Gesellschafters bestimmt sind.

(3) Abweichend von den Absätzen 1 und 2 gilt:

1. [1]Eine sonstige Leistung im Zusammenhang mit einem Grundstück wird dort ausgeführt, wo das Grundstück liegt. [2]Als sonstige Leistungen im Zusammenhang mit einem Grundstück sind insbesondere anzusehen:
   a) sonstige Leistungen der in § 4 Nr. 12 bezeichneten Art,
   b) sonstige Leistungen im Zusammenhang mit der Veräußerung oder dem Erwerb von Grundstücken,
   c) sonstige Leistungen, die der Erschließung von Grundstücken oder der Vorbereitung, Koordinierung oder Ausführung von Bauleistungen dienen.
2. [1]Die kurzfristige Vermietung eines Beförderungsmittels wird an dem Ort ausgeführt, an dem dieses Beförderungsmittel dem Empfänger tatsächlich zur Verfügung gestellt wird. [2]Als kurzfristig i.S.d. Satzes 1 gilt eine Vermietung über einen ununterbrochenen Zeitraum
   a) von nicht mehr als 90 Tagen bei Wasserfahrzeugen,
   b) von nicht mehr als 30 Tagen bei anderen Beförderungsmitteln.

   [3]Die Vermietung eines Beförderungsmittels, die nicht als kurzfristig i.S.d. Satzes 2 anzusehen ist, an einen Empfänger, der weder ein Unternehmer ist, für dessen Unternehmen die Leistung bezogen wird, noch eine nicht unternehmerisch tätige juristische Person, der eine Umsatzsteuer-Identifikationsnummer erteilt worden ist, wird an dem Ort erbracht, an dem der Empfänger seinen Wohnsitz oder Sitz hat. [4]Handelt es sich bei dem Beförderungsmittel um ein Sportboot, wird abweichend von Satz 3 die Vermietungsleistung an dem Ort ausgeführt, an dem das Sportboot dem Empfänger tatsächlich zur Verfügung gestellt wird, wenn sich auch der Sitz, die Geschäftsleitung oder eine Betriebsstätte des Unternehmers, von wo aus diese Leistung tatsächlich erbracht wird, an diesem Ort befindet.
3. Die folgenden sonstigen Leistungen werden dort ausgeführt, wo sie vom Unternehmer tatsächlich erbracht werden:
   a) kulturelle, künstlerische, wissenschaftliche, unterrichtende, sportliche, unterhaltende oder ähnliche Leistungen, wie Leistungen im Zusammenhang mit Messen und Ausstellungen, einschließlich der Leistungen der jeweiligen Veranstalter sowie die damit zusammenhängenden Tätigkeiten, die für die Ausübung der Leistungen unerlässlich sind, an einen Empfänger, der weder ein Unternehmer ist, für dessen Unternehmen die Leistung bezogen wird, noch eine nicht unternehmerisch tätige juristische Person, der eine Umsatzsteuer-Identifikationsnummer erteilt worden ist,
   b) die Abgabe von Speisen und Getränken zum Verzehr an Ort und Stelle (Restaurationsleistung), wenn diese Abgabe nicht an Bord eines Schiffs, in einem Luftfahrzeug oder in einer Eisenbahn während einer Beförderung innerhalb des Gemeinschaftsgebiets erfolgt,
   c) Arbeiten an beweglichen körperlichen Gegenständen und die Begutachtung dieser Gegenstände für einen Empfänger, der weder ein Unternehmer ist, für dessen Unternehmen die Leistung ausgeführt wird, noch eine nicht unternehmerisch tätige juristische Person, der eine Umsatzsteuer-Identifikationsnummer erteilt worden ist.
4. Eine Vermittlungsleistung an einen Empfänger, der weder ein Unternehmer ist, für dessen Unternehmen die Leistung bezogen wird, noch eine nicht unternehmerisch tätige juristische Person, der eine Umsatzsteuer-Identifikationsnummer erteilt worden ist, wird an dem Ort erbracht, an dem der vermittelte Umsatz als ausgeführt gilt.
5. Die Einräumung der Eintrittsberechtigung zu kulturellen, künstlerischen, wissenschaftlichen, unterrichtenden, sportlichen, unterhaltenden oder ähnlichen Veranstaltungen, wie Messen und Ausstellungen, sowie die damit zusammenhängenden sonstigen Leistungen an einen Unternehmer für dessen Unternehmen oder an eine nicht unternehmerisch tätige juristische Person, der eine Umsatzsteuer-Identifikationsnummer erteilt worden ist, wird an dem Ort erbracht, an dem die Veranstaltung tatsächlich durchgeführt wird.

(4) [1]Ist der Empfänger einer der in Satz 2 bezeichneten sonstigen Leistungen weder ein Unternehmer, für dessen Unternehmen die Leistung bezogen wird, noch eine nicht unternehmerisch tätige juristische

Person, der eine Umsatzsteuer-Identifikationsnummer erteilt worden ist, und hat er seinen Wohnsitz oder Sitz im Drittlandsgebiet, wird die sonstige Leistung an seinem Wohnsitz oder Sitz ausgeführt. [2]Sonstige Leistungen i.S.d. Satzes 1 sind:

1. die Einräumung, Übertragung und Wahrnehmung von Patenten, Urheberrechten, Markenrechten und ähnlichen Rechten;
2. die sonstigen Leistungen, die der Werbung oder der Öffentlichkeitsarbeit dienen, einschließlich der Leistungen der Werbungsmittler und der Werbeagenturen;
3. die sonstigen Leistungen aus der Tätigkeit als Rechtsanwalt, Patentanwalt, Steuerberater, Steuerbevollmächtigter, Wirtschaftsprüfer, vereidigter Buchprüfer, Sachverständiger, Ingenieur, Aufsichtsratsmitglied, Dolmetscher und Übersetzer sowie ähnliche Leistungen anderer Unternehmer, insbesondere die rechtliche, wirtschaftliche und technische Beratung;
4. die Datenverarbeitung;
5. die Überlassung von Informationen einschließlich gewerblicher Verfahren und Erfahrungen;
6. a) die sonstigen Leistungen der in § 4 Nr. 8 Buchstabe a bis h und Nr. 10 bezeichneten Art sowie die Verwaltung von Krediten und Kreditsicherheiten,
   b) die sonstigen Leistungen im Geschäft mit Gold, Silber und Platin. Das gilt nicht für Münzen und Medaillen aus diesen Edelmetallen;
7. die Gestellung von Personal;
8. der Verzicht auf Ausübung eines der in Nummer 1 bezeichneten Rechte;
9. der Verzicht, ganz oder teilweise eine gewerbliche oder berufliche Tätigkeit auszuüben;
10. die Vermietung beweglicher körperlicher Gegenstände, ausgenommen Beförderungsmittel;
11. die sonstigen Leistungen auf dem Gebiet der Telekommunikation;
12. die Rundfunk- und Fernsehdienstleistungen;
13. die auf elektronischem Weg erbrachten sonstigen Leistungen;
14. die Gewährung des Zugangs zum Erdgasnetz, zum Elektrizitätsnetz oder zu Wärme- oder Kältenetzen und die Fernleitung, die Übertragung oder Verteilung über diese Netze sowie die Erbringung anderer damit unmittelbar zusammenhängender sonstiger Leistungen.

(5) Ist der Empfänger einer in Absatz 4 Satz 2 Nr. 13 bezeichneten sonstigen Leistung weder ein Unternehmer, für dessen Unternehmen die Leistung bezogen wird, noch eine nicht unternehmerisch tätige juristische Person, der eine Umsatzsteuer-Identifikationsnummer erteilt worden ist, und hat er seinen Wohnsitz oder Sitz im Gemeinschaftsgebiet, wird die sonstige Leistung abweichend von Absatz 1 dort ausgeführt, wo er seinen Wohnsitz oder Sitz hat, wenn die sonstige Leistung von einem Unternehmer ausgeführt wird, der im Drittlandsgebiet ansässig ist oder dort eine Betriebsstätte hat, von der die Leistung ausgeführt wird.

(6) [1]Erbringt ein Unternehmer, der sein Unternehmen von einem im Drittlandsgebiet liegenden Ort aus betreibt,

1. eine in Absatz 3 Nr. 2 bezeichnete Leistung oder die langfristige Vermietung eines Beförderungsmittels,
2. eine in Absatz 4 Satz 2 Nummer 1 bis 10 bezeichnete sonstige Leistung an eine im Inland ansässige juristische Person des öffentlichen Rechts oder
3. eine in Absatz 4 Satz 2 Nr. 11 und 12 bezeichnete Leistung,

ist diese Leistung abweichend von Absatz 1, Absatz 3 Nr. 2 oder Absatz 4 Satz 1 als im Inland ausgeführt zu behandeln, wenn sie dort genutzt oder ausgewertet wird. [2]Wird die Leistung von einer Betriebsstätte eines Unternehmers ausgeführt, gilt Satz 1 entsprechend, wenn die Betriebsstätte im Drittlandsgebiet liegt.

(7) [1]Vermietet ein Unternehmer, der sein Unternehmen vom Inland aus betreibt, kurzfristig ein Schienenfahrzeug, einen Kraftomnibus oder ein ausschließlich zur Beförderung von Gegenständen bestimmtes Straßenfahrzeug, ist diese Leistung abweichend von Absatz 3 Nr. 2 als im Drittlandsgebiet ausgeführt zu behandeln, wenn die Leistung an einen im Drittlandsgebiet ansässigen Unternehmer erbracht wird, das Fahrzeug für dessen Unternehmen bestimmt ist und im Drittlandsgebiet genutzt wird. [2]Wird die

Vermietung des Fahrzeugs von einer Betriebsstätte eines Unternehmers ausgeführt, gilt Satz 1 entsprechend, wenn die Betriebsstätte im Inland liegt.

(8) [1]Erbringt ein Unternehmer eine Güterbeförderungsleistung, ein Beladen, Entladen, Umschlagen oder ähnliche mit der Beförderung eines Gegenstandes im Zusammenhang stehende Leistungen i.S.d. § 3b Absatz 2, eine Arbeit an beweglichen körperlichen Gegenständen oder eine Begutachtung dieser Gegenstände, eine Reisevorleistung i.S.d. § 25 Absatz 1 Satz 5 oder eine Veranstaltungsleistung im Zusammenhang mit Messen und Ausstellungen, ist diese Leistung abweichend von Absatz 2 als im Drittlandsgebiet ausgeführt zu behandeln, wenn die Leistung dort genutzt oder ausgewertet wird. [2]Erbringt ein Unternehmer eine sonstige Leistung auf dem Gebiet der Telekommunikation, ist diese Leistung abweichend von Absatz 1 als im Drittlandsgebiet ausgeführt zu behandeln, wenn die Leistung dort genutzt oder ausgewertet wird. [3]Die Sätze 1 und 2 gelten nicht, wenn die dort genannten Leistungen in einem der in § 1 Absatz 3 genannten Gebiete tatsächlich ausgeführt werden.

Bearbeiter: Ralf Alefs

Inhaltsverzeichnis

1. Bedeutung der Norm

1.1 Allgemeines

1 Die **Unterscheidung in Lieferung und sonstige Leistung bzw. Dienstleistung** ist vor allem für die Ortsbestimmung bedeutsam. Bei den Dienstleistungen wiederum kann es je nach Dienstleistungsart unterschiedliche umsatzsteuerliche Orte geben.

1.2 Neuregelung ab 2010

2 Bei **innergemeinschaftlichen Dienstleistungen** zwischen Unternehmern gilt ab 2010 als Grundregel der Ort des Leistungsempfängers kombiniert mit der Umkehr der Steuerschuldnerschaft mit einheitlichen Vorschriften innerhalb des EU-Gemeinschaftsgebietes. Zudem wurde die Zusammenfassende Meldung (im Detail s. § 18a UStG) auf diese innergemeinschaftliche Dienstleistungen erweitert, die zuvor als Kontrollsystem nur für innergemeinschaftliche Lieferungen infrage kam. Damit wird in diesem Teilbereich eine größere Rechtssicherheit innerhalb des EU-Binnenmarkts geschaffen. Insgesamt gibt es aber nach wie vor viele Ausnahmen, über 10 verschiedene Ortsbestimmungsregelungen sowie unterschiedliche Vorschriften bei internationalen Dienstleistungen.

3 Die Neuregelung wurde mit der Richtlinie 2008/8/EG des Rates vom 12.02.2008 zur Änderung der Richtlinie 2006/112/EG bezüglich des Orts der Dienstleistung in die im EU-Binnenmarkt gültige Mehrwertsteuer-Systemrichtlinie implementiert (Richtlinie 2008/8/EG des Rates vom 12.02.2008, ABl. 2008 L 44/11-22).

4 Ein zentrales Ergebnis der Neuregelungen ist, dass bei internationalen Dienstleistungen verstärkt auf die **Art des Kundenkreises** geachtet werden muss:

Kundenkreis bei internationalen Dienstleistungen

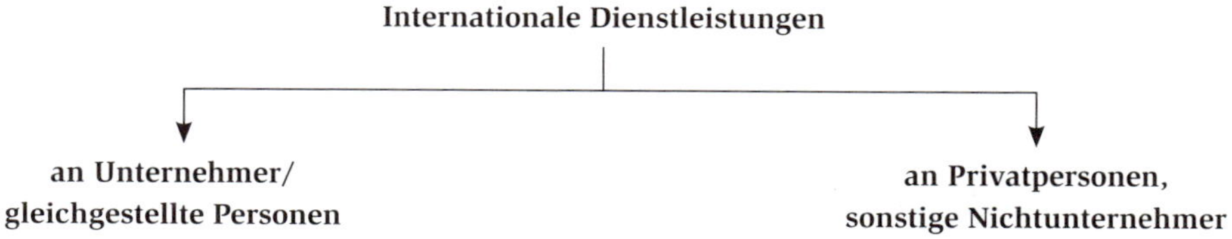

5 Während vor 2010 als Grundregel der Leistungsort bei Dienstleistungen an Unternehmer und Nichtunternehmer am Ort des Leistenden war, hat sich ab 2010 die Grundregel nur für Dienstleistungen an Unternehmer geändert. **Ausnahmen** bleiben, werden aber bei Dienstleistungen an Unternehmer durch die Neuregelung zurückgedrängt.

6 Auch 2011 und in den Folgejahren sind weitere Neuregelungen im Detail umgesetzt worden, insbesondere ergeben sich Neuerungen bei verschiedenen Dienstleistungen wie Veranstaltungen, Güterbeförderungen sowie Arbeiten an beweglichen Gegenständen. Zuletzt wurde bei elektronischen Dienstleistungen an Nichtunternehmer die Ortsbestimmung ab 2015 geändert.

1.3 Prüfschritte bei der Ortsbestimmung von Dienstleistungen

7 Aus dem § 3a UStG kann seit der Neuregelung 2010 grundsätzlich folgende **Prüfungsreihenfolge zur Ermittlung des Ortes einer Dienstleistung** entnommen werden.

Ortsbestimmung Dienstleistungen 8

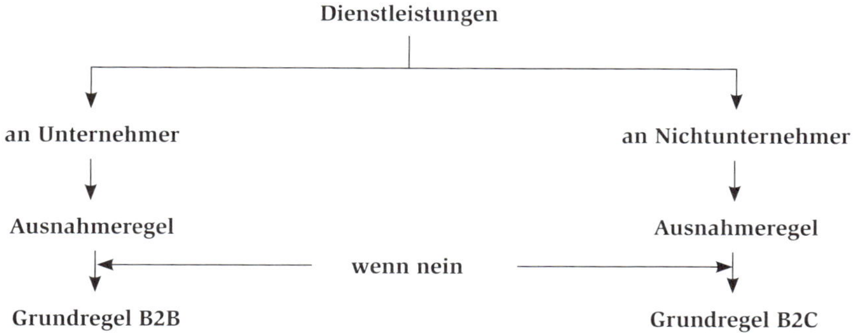

Der erste Prüfungsschritt ist die Einteilung der Dienstleistung nach dem Kundenkreis. Im zweiten Schritt werden jeweils die Ausnahmeregelungen, also die besonderen Ortsbestimmungsregelungen für bestimmte Dienstleistungen, überprüft. Dabei ist zu beachten, dass die Ausnahmeregelungen bei B2C-Geschäften nicht identisch sind im Vergleich zu den Ausnahmeregelungen bei B2B-Geschäften. Es gibt **Ausnahmeregelungen**, die unabhängig vom Kundenkreis gelten sowie Ausnahmeregelungen, die nur bei B2B- bzw. B2C-Geschäften anwendbar sind. Erst wenn keine – vorrangig anzuwendende – Ausnahmeregelung einschlägig ist, greift jeweils die Grundregel der Ortsbestimmung ein (ausführliches Prüfschema s. Rn. 235 ff.). 9

2. Grundregel bei der Ortsbestimmung von Dienstleistungen an Unternehmer und Nichtunternehmer

Bei Dienstleistungen an Unternehmer wurde die frühere Grundregel, nach der Leistungen am Sitzort des leistenden Unternehmens steuerbar sind, aufgehoben. Ab 2010 wird als Grundregel festgeschrieben, dass Dienstleistungen dort steuerbar sind, wo der Leistungsempfänger seinen Sitz hat (s. § 3a Abs. 2 UStG). Bei Dienstleistungen an Nichtunternehmer bleibt es hingegen bei dem bisherigen Dienstleistungsort „Ort des Leistenden" (s. § 3a Abs. 1 UStG). 10

11

Grundregel Ort der Dienstleistung ab 2010		
Dienstleistungen	**an Nichtunternehmer**	**an Unternehmer**
Grundregel:	Ort des Leistenden bzw. Ort seiner Betriebsstätte, wenn die Leistung von dort ausgeführt wird (s. § 3a Abs. 1 UStG) → keine Änderung	Ort des Leistungsempfängers bzw. Ort seiner Betriebsstätte, wenn die Leistung dort ausgeführt wird (s. § 3a Abs. 2 UStG) → Änderung ab 2010

2.1 Grundregel bei Dienstleistungen an Nichtunternehmer

Folgende Personengruppen werden als **Nichtunternehmer** verstanden (s. Abschn. 3a.1 Abs. 1 UStAE): 12

- Leistungsempfänger, die nicht Unternehmer sind;
- Unternehmer, wenn die Leistung nicht für ihr Unternehmen bezogen wird und es sich nicht um eine juristische Person handelt;
- sowohl unternehmerisch als auch nicht unternehmerisch tätige juristische Personen, wenn die Leistung für den privaten Bedarf des Personals bestimmt ist, oder
- nicht unternehmerisch tätige juristische Personen, denen keine USt-IdNr. erteilt worden ist.

Als **Grundregel** bei der Ortsbestimmung ist der Ort des leistenden Unternehmers ausschlaggebend (s. § 3a Abs. 1 UStG). Dieser ist nur einschlägig, wenn keine spezielle Ortsbestimmungsregelung eingreift. Im Falle der Grundregel ist dies bei Kapitalgesellschaften und Personenvereinigungen der Ort der Geschäftsleitung, 13 während bei natürlichen Personen im Zweifelsfall der Wohnsitz oder der gewöhnliche Aufenthalt infrage kommt (s. §§ 8 bis 10 AO).

14 Abweichend kann auch der Ort einer **Betriebsstätte** des leistenden Unternehmers einschlägig sein, nämlich wenn die Dienstleistung von der Betriebsstätte ausgeführt wird. Der umsatzsteuerliche Begriff der Betriebsstätte ist eine beständige, feste Geschäftseinrichtung, die mit den erforderlichen Personal- und Betriebsmitteln ausgestattet ist, um Dienstleistungen zu erbringen. Dies liegt z.B. vor, wenn die Einrichtung über eine Anzahl von Beschäftigen verfügt, von der Betriebsstätte aus Entscheidungen getroffen und Verträge abgeschlossen werden sowie dort Rechnungslegung und Aufzeichnungen erfolgen können. Auch eine Organgesellschaft (s. § 2 Abs. 2 UStG) kann Betriebsstätte sein. In Mischfällen, bei der die Dienstleistung zum Teil durch die Betriebsstätte und zum Teil durch den Hauptsitz des Unternehmers ausgeführt wird, entscheidet sich der Ort nach dem überwiegenden Element.

15 Die Grundregel bei der **Dienstleistungsortbestimmung** an nichtunternehmerische Kunden i.S.v. § 3a Abs. 1 UStG kommt z.B. in folgenden Fällen in Betracht:

- Katalogleistungen, wenn der nichtunternehmerische Leistungsempfänger innerhalb der EU ansässig ist (Umkehrschluss aus § 3a Abs. 4 Satz 2 UStG); beachte aber Neuregelung für elektronisch erbrachte Dienstleistungen sowie Telekommunikations- und Rundfunkleistungen ab 2015 (s. Rn. 186 ff.);
- Reiseleistungen (s. § 25 Abs. 1 Satz 4 UStG);
- Reisebetreuungsleistungen von angestellten Reiseleitern;
- Leistungen der Vermögensverwalter und Testamentsvollstrecker;
- Leistungen der Notare, soweit sie nicht Grundstücksgeschäfte beurkunden oder nicht selbstständige Beratungsleistungen an im Drittlandsgebiet ansässige Leistungsempfänger erbringen;
- Dienstleistungen im Rahmen einer Bestattung, soweit diese Leistungen als einheitliche Leistungen anzusehen sind.

16 Da bei der Grundregel der Ort beim leistenden Unternehmen liegt, ist die Rechnung grundsätzlich bei steuerpflichtigen Dienstleistungen mit Umsatzsteuer des Staates, in dem der leistende Unternehmer ansässig ist, auszustellen. Für einen deutschen Unternehmer ist es deshalb im Grundfall grundsätzlich unerheblich, ob der Nichtunternehmer im Inland, im übrigen EU-Gemeinschaftsgebiet oder im Drittlandsgebiet ansässig ist. Bei EU-Sachverhalten sind bei Dienstleistungen an Nichtunternehmer prinzipiell keine ZM abzugeben. Bei Drittlandssachverhalten ist das Umsatzsteuerrecht dieses Staates zusätzlich zu prüfen.

17 **Beispiel:** Ein deutscher Rechtsanwalt (Sitz in Deutschland) erbringt eine beratende Leistung an eine österreichische Privatperson (Wohnsitz in Österreich).

Lösung: Die Leistung ist nach der Grundregel (s. § 3 Abs. 1 UStG) beim leistenden Unternehmer in Deutschland steuerbar und steuerpflichtig. Der deutsche Rechtsanwalt stellt eine Rechnung mit deutscher Umsatzsteuer aus. Er deklariert die Meldung in seiner Umsatzsteuer-Voranmeldung (Zeile 26, Kz 81) und führt die Umsatzsteuer an das Finanzamt ab.

2.2 Grundregel bei Dienstleistungen an Unternehmer

18 Der **Ort der Dienstleistungen an Unternehmer** wechselte im Grundfall vom Ort des Leistenden vor 2010 an den Ort des Leistungsempfängers. Insbesondere folgende Dienstleistungen fallen unter die Ortsbestimmung nach § 3a Abs. 2 UStG:

- Arbeiten an beweglichen körperlichen Gegenständen und deren Begutachtung, soweit nicht Auswertung/Nutzung im Drittlandsgebiet;
- alle Vermittlungsleistungen, soweit diese nicht unter Grundstückleistungen § 3a Abs. 3 Nr. 1 UStG fallen, wie z.B. Maklertätigkeit;
- Katalogleistungen, die in § 3a Abs. 4 Satz 2 UStG aufgelistet sind, z.B.:
  - die Einräumung, Übertragung und Wahrnehmung von Patenten, Urheberrechten, Markenrechten;
  - Werbung oder der Öffentlichkeitsarbeit;

   - Beratungsleistungen und ähnliche Leistungen, z.B. als Rechtsanwalt, Patentanwalt, Steuerberater, Wirtschaftsprüfer, Sachverständiger, Ingenieur, Aufsichtsratsmitglied;
   - die Datenverarbeitung;
   - die Überlassung von Informationen einschließlich gewerblicher Verfahren;
   - bestimmte Bank- und Versicherungsgeschäfte (in § 4 Nr. 8 Buchst. a bis h und Nr. 10 UStG) wie Kreditgewährung u.a.;
   - Personalgestellung;
- die langfristige Vermietung eines Beförderungsmittels;
- Kulturelle, künstlerische, wissenschaftliche, unterrichtende, sportliche, unterhaltende oder ähnliche Dienstleistungen, wie im Zusammenhang mit Messen und Ausstellungen, soweit nicht eine Eintrittsberechtigung, eine Grundstücksleistung oder Drittlandsbezug vorliegt;
- Güterbeförderungen, soweit nicht Nutzung im Drittlandsgebiet einschließlich innergemeinschaftlicher Güterbeförderungen sowie der Vor- und Nachläufe;
- das Beladen, Entladen, Umschlagen und ähnliche mit einer Güterbeförderung im Zusammenhang stehende selbstständige Dienstleistungen soweit nicht Nutzung im Drittlandsgebiet;
- elektronisch erbrachte Dienstleistungen sowie Telekommunikations-, Rundfunk-, Fernsehdienstleistungen. Wird eine derartige Dienstleistung an Orten wie Telefonzellen, Kiosk-Telefonen, WLAN-Hot-Spots, Internetcafés, Restaurants oder Hotellobbys erbracht und muss der Leistungsempfänger an diesem Ort physisch anwesend sein, damit ihm der leistende Unternehmer die sonstige Leistung erbringen kann, gilt der Leistungsempfänger insoweit als an diesem Ort ansässig (s. Art. 24a Abs. 1 MwStVO). Werden diese Leistungen an Bord eines Schiffs, eines Flugzeugs oder in einer Eisenbahn während des innerhalb des Gemeinschaftsgebiets stattfindenden Teils einer Personenbeförderung (s. § 3e Abs. 2 UStG) erbracht, gilt abweichend von § 3a Abs. 2 UStG der Abgangsort des jeweiligen Beförderungsmittels im Gemeinschaftsgebiet als Leistungsort (s. Art. 24a Abs. 2 MwStVO).

2.2.1 Leistungsempfänger

Voraussetzung für die Grundregel **Ort des Leistungsempfängers** ist, dass der Leistungsempfänger Unternehmer ist. Im EU-Binnenmarkt wird die USt-IdNr. regelmäßig der relativ einfach zu führende **„Unternehmerausweis"** sein. Eine Überprüfung, ob der Unternehmer die Dienstleistung auch wirklich für den unternehmerischen Bereich verwendet, kann und muss der leistende Unternehmer nicht vornehmen. Der Leistende geht bei innergemeinschaftlichen Dienstleistungen aus Sicht der Finanzverwaltung nachträglichen Komplikationen aus dem Weg, wenn er sich die Gültigkeit der USt-IdNr. sowie den Namen und die Anschrift der Person durch das Bundeszentralamt für Steuern (BZSt) analog zu innergemeinschaftlichen Lieferungen qualifiziert, also im Detail bestätigen lässt. 19

Ab 2013 sieht die Finanzverwaltung aber für folgende Dienstleistungen den **Nachweis** des Leistungsempfängers als Unternehmer, insbesondere mittels **USt-IdNr. nicht** mehr als **ausreichend** an, da sie hier eine hohe Wahrscheinlichkeit für eine private Motivation sieht (s. BMF vom 30.11.2012, BStBl I 2012, 1230, IV D 3 – S-7117c/12/10001): 20

- Bereitstellen von digitalisierten Texten einschließlich Büchern, ausgenommen Fachliteratur,
- Abonnements von Online-Zeitungen und -Zeitschriften, mit Ausnahme von Online-Fachzeitungen und -Fachzeitschriften,
- Online-Nachrichten einschließlich Verkehrsinformationen und Wettervorhersagen,
- Herunterladen von Filmen und Musik,
- Dienstleistungen im Zusammenhang mit sportlicher Betätigung einschließlich der entgeltlichen Nutzung von Anlagen wie Turnhallen und vergleichbaren Anlagen,
- Beratungsleistungen im Zusammenhang mit der persönlichen Einkommensteuererklärung und Sozialversicherungsfragen,
- Beratungsleistungen in familiären und persönlichen Angelegenheiten,
- Krankenhausbehandlungen und ärztliche Heilbehandlungen,
- von Zahnärzten und Zahntechnikern erbrachte sonstige Leistungen,

- persönliche und häusliche Pflegeleistungen,
- Dienstleistungen im Bereich der Sozialfürsorge und der sozialen Sicherheit,
- Betreuung von Kindern und Jugendlichen,
- Erziehung von Kindern und Jugendlichen, Schul- und Hochschulunterricht,
- Nachhilfeunterricht für Schüler oder Studierende,
- Wetten, Lotterien und sonstige Glücksspiele mit Geldeinsatz.

21 In diesem Fällen soll der leistende Unternehmer über ausreichende Informationen verfügen, die eine Verwendung der sonstigen Leistung für die unternehmerischen Zwecke dieses Leistungsempfängers bestätigen. Als ausreichende Information sieht die Finanzverwaltung i.d.R. eine Erklärung des Leistungsempfängers an, in der dieser bestätigt, dass die bezogene sonstige Leistung für sein Unternehmen bestimmt ist.

22 Der Ort des Leistungsempfängers als Grundregel gilt darüber hinaus für eine nichtunternehmerisch tätige **juristische Person** (juristische Personen des öffentlichen Rechts, juristische Personen ohne Unternehmereigenschaft wie eine vermögensverwaltende Holding), der eine USt-IdNr. erteilt wurde. Die USt-IdNr. muss dann vom Leistungsempfänger verwendet werden; der Leistende hat bei derartigen Leistungsempfängern im Zweifelsfalle nachzufragen, ob eine Nummer erteilt wurde. Soweit keine spezielle Ortsbestimmung eingreift, richtet sich der Ort von Dienstleistungen insbesondere auch an juristische Personen, die unternehmerisch sowie nicht unternehmerisch tätig sind, ab Mitte 2013 aufgrund des Amtshilferichtlinie-Umsetzungsgesetzes nach dem Sitz des Leistungsempfängers (s. AmtshilfeRLUmsG vom 26.06.2013, BGBl I 2013, 1809). Dies gilt nicht für Dienstleistungen, die ausschließlich für den privaten Bedarf des Personals oder eines Gesellschafters bestimmt sind (s. § 3a Abs. 2 Satz 3 UStG).

23 Der Ort bei Dienstleistungen an juristische Personen mit einem unternehmerischen und nicht unternehmerischen Bereich war bisher für deren nicht unternehmerischen Bereich grundsätzlich beim Ort des Leistenden (s. § 3a Abs. 1 UStG). Mit der Neuregelung entfällt die komplizierte Unterscheidung aus Sicht des Leistenden und Leistungsempfängers, ob die Dienstleistung an den unternehmerischen oder nicht unternehmerischen Bereich einer juristischen Person erfolgt ist. Die Neuregelung trat am Tag nach der Verkündung in Kraft (s. Art. 31 Abs. 1 AmtshilfeRLUmsG).

24 Maßgeblich für den Dienstleistungsort bei B2B-Geschäften gemäß der Grundregel ist grundsätzlich der Ort, an dem der **unternehmerische Leistungsempfänger sein Unternehmen betreibt** (s. § 21 AO). Bei Kapitalgesellschaften und Personenvereinigungen ist dies der Ort der Geschäftsleitung i.S.d. § 10 AO, bei natürlichen Personen kann im Zweifelsfall der Wohnsitz oder der Ort seines gewöhnlichen Aufenthalts herangezogen werden (s. §§ 8, 9 AO).

25 **Hinweis!** Es ist zu beachten, dass der Ort der Dienstleistung auch bei einer **Betriebsstätte** des unternehmerischen Leistungsempfängers liegen kann.

26 Der umsatzsteuerliche **Begriff der Betriebsstätte** ist eine beständige, feste Geschäftseinrichtung, die mit den erforderlichen Personal- und Betriebsmitteln ausgestattet ist, um Dienstleistungen erhalten zu können. Eine Betriebsstätte kann nur angenommen werden, wenn sie einen hinreichenden Grad an Beständigkeit sowie eine Struktur aufweist, die es ihr von der personellen und technischen Ausstattung her erlaubt, Dienstleistungen, die an sie für ihren eigenen Bedarf erbracht werden, zu empfangen und zu verwenden (s. Abschn. 3a.2 Abs. 4 UStAE; BMF vom 11.12.2014, BStBl I 2014, 1631, IV D 3 – S-7340/14/10002). Kriterium bei der Zuordnung des Orts ist hier grundsätzlich, dass die Dienstleistung für die Betriebsstätte bestimmt ist.

27 Unerheblich ist hingegen, ob die Beauftragung durch die Betriebsstätte erfolgt oder das Entgelt von der Betriebsstätte bezahlt wird. Im Zweifelsfall ist laut BMF der Ort des Hauptsitzes des unternehmerischen Leistungsempfängers ausschlaggebend (s. Abschn. 3a.2 Abs. 4 UStAE). Eine Aufteilung einer einheitlichen Dienstleistung ist nicht möglich.

28 Bei **EU-Dienstleistungen** ist zudem die verwendete USt-IdNr. bei unklarer Situation Indiz, in welchem Mitgliedstaat der Ort der Dienstleistung ist. Schließlich ist eine Betriebsstätte des Leistungsempfängers

im Land des Leistenden unbeachtlich, wenn die Dienstleistung am Hauptsitz des Leistungsempfängers in einem anderen Staat erbracht wird (s. § 13b Abs. 7 UStG).

2.2.2 Auswirkungen in der Praxis

Welche Auswirkungen ergeben sich aus dieser Leistungsortbestimmung für Dienstleistungen an Unterneh- 29
mer? Hierfür kann aus Sicht des inländischen leistenden Unternehmers in folgende Kategorien unterschieden werden:

Kategorien des Leistungsorts

Internationale Dienstleistungen

im Inland | **im übrigen EU-Binnenmarkt** | **im Drittland**

Bei **Dienstleistungen zwischen inländischen Geschäftspartnern** bei dem der Ort der Dienstleistung im 30
Inland ist, ist mit inländischer Umsatzsteuer abzurechnen. Diese Fälle sind i.d.R. unproblematisch, die Ortsbestimmung ohne großen Einfluss.

Es kann aber z.B. sein, dass eine Dienstleistung, die unter die Grundregel fällt, im Ausland zwischen 31
zwei inländischen Geschäftspartnern durchgeführt wird. Der Ort ist dennoch im Inland beim inländischen Leistungsempfänger. Komplexer sind hingegen die **internationalen Dienstleistungen**. Bei Dienstleistungen mit Drittlandsempfängern ist das Umsatzsteuerrecht dieses Drittlandes zusätzlich zum deutschen Recht zu prüfen. Es kann hier zur Nicht-, Einfach- oder Doppelbesteuerung kommen, da insbesondere die im Ertragsteuerrecht vorhandenen Doppelbesteuerungsabkommen nicht für den Umsatzsteuerbereich anwendbar sind.

Ist der unternehmerische Leistungsempfänger in einem anderen EU-Mitgliedstaat ansässig, führt die 32
Regelung innerhalb der EU im Grundsatz zwingend zur Umkehr der Steuerschuld auf den Leistungsempfänger. Damit muss sich der Leistende nicht in anderen EU-Staaten registrieren lassen und umsatzsteuerliche Pflichten ausführen. Dieses sog. **Reverse-charge-Verfahren** vereinheitlicht in diesen Fällen die Vorgehensweise im EU-Binnenmarkt erheblich und sorgt für eine EU-weite Vereinfachung (in Deutschland s. § 13b UStG; s. § 13b Rn. 1 ff.).

Ausnahmsweise kann jedoch ab 2011 bei Dienstleistungen wie Güterbeförderungen, Arbeiten an beweg- 33
lichen Gegenständen sowie Reisevorleistungen, die im Drittland genutzt oder ausgewertet werden, der Ort im Drittland liegen (s. § 3 Abs. 8 UStG, Jahressteuergesetz 2010 vom 08.12.2010, BGBl I 2010, 1768).

2.2.3 Praxisfall innergemeinschaftliche Dienstleistungen

2.2.3.1 Bedeutung der USt-IdNr.

Die USt-IdNr. des Leistungsempfängers hat ab 2010 bei innergemeinschaftlichen Dienstleistungen erheblich 34
an Bedeutung gewonnen, da sie als **Unternehmerausweis** gleichzeitig regelmäßig den Ort der Dienstleistung angibt. Es ist bereits generell abzusehen, dass die Nachweisproblematik, wie in den letzten Jahren bei den innergemeinschaftlichen Lieferungen, zunehmend in den Mittelpunkt bei Prüfungen durch die Finanzverwaltung geraten wird. Die Verwendung der USt-IdNr. soll laut der Finanzverwaltung bereits vor der Ausführung der Dienstleistung regelmäßig bei Vertragsabschluss durch ein **positives Tun** erfolgen und in den Auftragsdokumenten schriftlich festgehalten werden (s. Abschn. 3a.2 Abs. 10 UStAE).

Hinweis! Es reicht für künftige Geschäfte eine einmalige Erklärung des Leistungsempfängers aus, dass 35
er die USt-IdNr. für die zukünftigen Dienstleistungen verwendet; nicht ausreichend ist hingegen lediglich die im Briefkopf eingedruckte USt-IdNr. ohne weitere Erklärung. Bei mündlichen Verträgen soll die Erklärung des Leitungsempfängers, dass die USt-IdNr. verwendet wird, aufgezeichnet werden.

36 Zudem soll der leistende Unternehmer sich die USt-IdNr. vom BZSt bestätigen lassen. Es wird hier wie bei den innergemeinschaftlichen Lieferungen eine **qualifizierte Bestätigung** erforderlich sein, die postalisch oder bei bestimmten Voraussetzungen auch elektronisch (s. BMF vom 15.12.2015, III C 3 – S 7015/15/10003) vom BZSt an das anfragende Unternehmen geschickt wird. Die Rechnung wird aufgrund der Umkehr der Steuerschuld auf den unternehmerischen Leistungsempfänger ohne Umsatzsteuer ausgestellt. In der Rechnung ist auf die Steuerschuldnerschaft des unternehmerischen Leistungsempfängers hinzuweisen. Dabei ist zu beachten, dass zusätzlich sowohl die USt-IdNr. des Leistenden als auch des Leistungsempfängers enthalten sein muss (im Einzelnen s. § 14a Abs. 1 UStG).

2.2.3.2 Deklarationspflichten insbesondere Zusammenfassende Meldung (ZM)

37 Als weitere Folge ist eine **Ausdehnung der Pflicht zur Abgabe der ZM** (im Einzelnen s. § 18a UStG) ab 2010 EU-weit verankert worden. Während diese bislang nur für innergemeinschaftliche Lieferungen galt, ist eine ZM auch für alle innergemeinschaftlichen Dienstleistungen abzugeben, jedoch nur die, die unter die neue Grundregel fallen (im Einzelnen s. § 18a UStG):

Zusammenfassende Meldung ab 2010

Innergemeinschaftliche Lieferungen

Innergemeinschaftliche Dienstleistungen mit Grundregel

38 Bei den innergemeinschaftlichen Dienstleistungen sind jedoch nur die Grundregelfälle von B2B-Geschäften i.S.d. § 3a Abs. 2 UStG in der ZM zu deklarieren.

39 Die Meldung könnte wie folgt aussehen:

Meldung der Warenlieferungen vom Inland in das übrige Gemeinschaftsgebiet (§ 18a Abs. 7 Nr. 1 u. 2 UStG), der sonstigen Leistungen (§ 18a Abs. 7 Satz 1 Nr. 3 UStG) und der Lieferungen i.S.d. § 25 b Abs. 2 UStG im Rahmen innergemeinschaftlicher Dreiecksgeschäfte (18a Abs. 7Satz 1 Nr. 4 UStG)

(falls ja, bitte "x" eintragen)

Bitte beachten!

Sonstige Leistungen bzw. Dreiecksgeschäfte sind in Spalte 3 jeweils durch Eintragung der Ziffer "1" oder "2" entsprechend zu kennzeichnen. Wurden sowohl Warenlieferungen, sonstige Leistungen und/oder Dreiecksgeschäfte an denselben Unternehmer erbracht, sind diese in getrennten Zeilen anzugeben.

	1		2		3
Zeile	Länder-kenn-zeichen	USt-IdNr. des Erwerbers/ Unternehmers in einem anderen EU-Mitgliedstaat	Summe der Bemessungsgrundlagen volle EUR	Ct	Sonstige Leistungen (falls JA, bitte **1** eintragen) ---------------- Dreiecksgeschäfte (falls JA, bitte **2** eintragen)
1	AT	U87654321	1000	[redacted]	
2	FR	98765432109	3000	[redacted]	
3	GB	321654987	2000	[redacted]	2
4	AT	U87654321	500	[redacted]	1

(Quelle: BZSt)

40 In diesem Fall sind an den österreichischen Unternehmer mit der USt-IdNr. ATU87654321 sowohl innergemeinschaftliche Lieferungen (Zeile 1) als auch innergemeinschaftliche Dienstleistungen nach der Grundregel des § 3a Abs. 2 UStG (Zeile 4) erfolgt. Deshalb muss dies zweimal in der ZM festgehalten werden, obwohl die Leistungen an den gleichen Unternehmer gingen. Außerdem ist in der Spalte 3 die Zahl «1» einzutragen. Weitere Informationen sind unter www.bzst.de eingestellt.

40/1 Schließlich hat der leistende Unternehmer die Dienstleistung in der Umsatzsteuer-Voranmeldung (Zeile 41, Kennziffer 21) bzw. ggf. in der Umsatzsteuer-Jahreserklärung anzugeben.

Auszug Umsatzsteuervoranmeldung 41

→	40	Übrige steuerpflichtige Umsätze, für die der **Leistungsempfänger** die **Steuer nach § 13b Abs. 5 UStG schuldet**	60		–
	41	**Nicht steuerbare sonstige Leistungen** gem. § 18b Satz 1 Nr. 2 UStG	21		–
	42	**Übrige nicht steuerbare Umsätze** (Leistungsort nicht im Inland)	45		–

Beispiel: Ein deutscher Rechtsanwalt (Sitz in Deutschland) erbringt eine beratende Leistung an einen österreichischen Unternehmer (Sitz in Österreich). 42

Lösung: Die Leistung ist nach der Grundregel (s. § 3a Abs. 2 UStG) beim unternehmerischen Leistungsempfänger in Österreich steuerbar und steuerpflichtig (sog. Katalogleistung). Der Leistungsempfänger ist Schuldner der Umsatzsteuer und führt diese direkt an das österreichische Finanzamt ab, hat aber unter den allgemeinen Voraussetzungen gleichzeitig den Vorsteuerabzug. Der Rechtsanwalt stellt eine Rechnung ohne Umsatzsteuer, aber mit dem seit 2013 zwingenden Hinweis **Steuerschuldnerschaft des Leistungsempfängers** (s. § 14a UStG). Die Rechnung enthält die USt-IdNr. sowohl des deutschen Leistenden als auch des österreichischen Leistungsempfängers. Der Rechtsanwalt hat in seiner ZM die Dienstleistung, verknüpft mit der österreichischen USt-IdNr. des Kunden, anzugeben. Darüber hinaus hat der Rechtsanwalt die Dienstleistung in seiner Umsatzsteuer-Voranmeldung (Zeile 41, Kennziffer 21) zu deklarieren.

2.2.4 Leistungsempfänger mit Sitz im Drittland

Bei internationalen Dienstleistungen mit einem unternehmerischen Leistungsempfänger im Drittland ist 43 die Lage unübersichtlicher. Nach deutscher und europäischer Rechtslage ist der Ort im Drittland beim Leistungsempfänger (s. § 3a Abs. 2 UStG), ob dies aber auch aus Sicht des Drittstaats so gesehen wird, hängt vom Umsatzsteuerrecht des jeweiligen Staats ab. Es kann folglich zu einer Besteuerung im Drittstaat kommen oder es findet keine Versteuerung statt. Ist die Besteuerung im Drittstaat gegeben, ist zu prüfen, ob ein innerhalb der EU vergleichbares Reverse-charge-Verfahren (Umkehr der Steuerschuld) greift. Der hohe Harmonisierungsstandard innerhalb der EU wird demgemäß durch eine große Heterogenität der umsatzsteuerlichen Handhabung bei Drittlandssachverhalten abgelöst.

Zumindest wenn zweifelhaft ist, ob der Leistungsempfänger im Drittlandsgebiet als Unternehmer ansässig ist, kann z.B. mit einer vom Drittland ausgestellten Unternehmerbescheinigung ein Nachweis durchgeführt werden. Bei den sog. **Katalogleistungen** (s. § 3a Abs. 4 Satz 2 UStG) gegenüber Leistungsempfängern im Drittland sowie gleichermaßen bei Vermittlungsleistungen, wenn zusätzlich der Ort der vermittelten Leistung im Drittland liegt (s. § 3a Abs. 3 Nr. 4 UStG), ist jedoch kein Nachweis notwendig. Hier führt die jeweilige Ortsbestimmung unabhängig von der Qualifikation des Leistungsempfängers als Unternehmer oder Nichtunternehmer zum Ort im Drittland. 44

Abweichend von der hier dargestellten Grundregel sind jedoch vorrangig einige Ausnahmen zu beachten. 45

3. Ausnahmeregelungen

Die Ausnahmeregelungen sind im UStG derart verankert, dass die jeweiligen Grundregeln bei B2B- und B2C-Geschäften nur vorbehaltlich dieser Ausnahmeregelungen eingreifen. D.h. die Ausnahmeregelungen haben Vorrang vor der jeweiligen Grundregel. 46

Das Mehrwertsteuerpaket hat ab 2010 bei Dienstleistungen an Unternehmer zwar bei der Grundregel eine Trennung der Ortsbestimmung im Vergleich zu Dienstleistungen an Nichtunternehmer bewirkt, aber zugleich auch die zahlreichen bisherigen Ausnahmeregelungen bei Dienstleistungen an Unternehmer eingedämmt. Dennoch sind weiterhin einige Ausnahmen zu beachten, die sowohl unabhängig vom Kundenkreis als auch nur für nichtunternehmerische oder nur für unternehmerische Kunden gelten. Schließlich sind auch wieder neue Ausnahmeregelungen ab 2010 hinzugekommen. Im Folgenden werden die Ausnahmeregelungen mit den dazugehörigen Dienstleistungskategorien im Detail analysiert. 47

4. Dienstleistungen im Zusammenhang mit einem Grundstück

4.1 Dienstleistungsort

48 Eine **Dienstleistung im Zusammenhang mit einem Grundstück** wird dort ausgeführt, wo das Grundstück liegt (**Belegenheitsort**, s. § 3a Abs. 3 Nr. 1 UStG). Diese Ausnahmeregelung gilt unabhängig vom Kundenkreis.

4.2 Begriff Grundstück

49 Der Grundstücksbegriff ist im Umsatzsteuerrecht eigenständig definiert.

50 Unter dem Begriff „**Grundstück**" ist Folgendes zu verstehen (s. Abschn. 3a.3 Abs. 2 UStAE):

- Ein bestimmter über- oder unterirdischer Teil der Erdoberfläche, an dem Eigentum und Besitz begründet werden können,
- jedes mit oder in dem Boden über oder unter dem Meeresspiegel befestigte Gebäude oder jedes derartige Bauwerk, das nicht leicht abgebaut oder bewegt werden kann,
- jede Sache, die einen wesentlichen Bestandteil eines Gebäudes oder eines Bauwerks bildet, ohne die das Gebäude oder das Bauwerk unvollständig ist, wie zum Beispiel Türen, Fenster, Dächer, Treppenhäuser und Aufzüge,
- Sachen, Ausstattungsgegenstände oder Maschinen, die auf Dauer in einem Gebäude oder einem Bauwerk installiert sind, und die nicht bewegt werden können, ohne das Gebäude oder das Bauwerk zu zerstören oder zu verändern.

4.3 Dienstleistungsarten

51 Folgende **Dienstleistungskategorien** sind insbesondere im Zusammenhang mit einem Grundstück anzusehen:

- Vermietung und die Verpachtung von Grundstücken und weitere Dienstleistungen i.S.v. § 4 Nr. 12 UStG (s. dazu insbesondere § 4 Nr. 12 Rn. 65 ff.),
- Dienstleistungen im Zusammenhang mit der Veräußerung oder dem Erwerb von Grundstücken,
- Dienstleistungen im Rahmen der Erschließung von Grundstücken,
- Dienstleistungen, die der Vorbereitung, Koordinierung oder Ausführung von Bauleistungen dienen.

4.3.1 Vermietung und die Verpachtung von Grundstücken und weitere Dienstleistungen i.S.v. § 4 Nr. 12 UStG

52 Die Begriffe **Vermietung und Verpachtung** sind grundsätzlich nach bürgerlichem Recht zu beurteilen (s. BFH vom 25.03.1971, V R 96/67, BStBl II 1971, 473, und vom 04.12.1980, V R 60/79, BStBl II 1981, 231).

53 Im Gesetz steht „sonstige Leistungen der in § 4 Nr. 12 bezeichneten Art". Auf die dort normierte Steuerbefreiung der Dienstleistung kommt es bei der Ortsbestimmung also nicht an (vgl. Ausführungen zu § 4 Nr. 12 UStG).

54 Folgende **Dienstleistungen** sind insbesondere bei dieser Kategorie einzuordnen:

- Vermietungs- und Verpachtungsleistungen von Grundstücken,
- Übernachtungen in Hotels, Gaststätten, Pensionen, Ferienwohnungen,
- Vermittlung von Vermietungen von Grundstücken; nicht aber die Vermittlung der kurzfristigen Vermietung von Zimmern in Hotels, Gaststätten oder Pensionen und vergleichbaren Einrichtungen,
- die Vermietung von Plätzen, um Fahrzeuge abzustellen,
- die entgeltliche Unterbringung auf einem Schiff, das für längere Zeit auf einem Liegeplatz befestigt ist (BFH vom 07.03.1996, V R 29/95, BStBl II 1996, 341),
- die Überlassung von Wochenmarkt-Standplätzen an Markthändler (BFH vom 24.01.2008, V R 12/05, BStBl II 2009, 60),
- die Einräumung des Nutzungsrechts an einem Grundstück oder einem Grundstücksteil einschließlich der Gewährung von Fischereirechten und Jagdrechten, der Benutzung einer Straße, einer Brücke oder

eines Tunnels gegen eine Mautgebühr und der selbständigen Zugangsberechtigung zu Warteräumen auf Flugplätzen gegen Entgelt,
- die Umwandlung von Teilnutzungsrechten – sog. Timesharing – von Grundstücken oder Grundstücksteilen (s. EuGH vom 03.09.2009, C-37/08, DStR 2009, 2003).

Hinweis! Auch die Vermietung und Verpachtung von Vorrichtungen oder Maschinen einer Betriebsanlage, die wesentliche Bestandteile eines Grundstücks sind, fällt unter diese spezielle Ortsbestimmungsregelung. 55

4.3.2 Dienstleistungen im Zusammenhang mit der Veräußerung oder dem Erwerb von Grundstücken

Hierunter fallen vor allem **Dienstleistungen der Notare, Grundstücksmakler und Grundstückssachverständigen**. Bei **Notaren** ist aber genau abzugrenzen. Bei der notariellen Beurkundung von Grundstückskaufverträgen und anderen Verträgen, die auf die Veränderung von Rechten an einem Grundstück gerichtet sind, greift der Belegenheitsort ein. Dies liegt z.B. bei der Bestellung einer Grundschuld vor. 56

Bei anderen davon unabhängigen Beratungsleistungen der Notare ist der Leistungsort regelmäßig nach den jeweiligen Grundregeln, also bei einem B2C-Geschäft der Ort beim leistenden Notar und beim B2B-Geschäft der Ort beim Leistungsempfänger. Ausnahmsweise kann der Ort aber auch im Drittland liegen, sofern der Kunde ein Nichtunternehmer ist und dort seinen Wohnsitz/Sitz hat. 57

4.3.3 Dienstleistungen im Rahmen der Erschließung und Ausführung von Bauleistungen

In diesen Bereich fallen vor allem Dienstleistungen von Architekten, Bauingenieuren, Vermessungsingenieuren, Bauträgergesellschaften, Sanierungsträgern sowie Unternehmern, die Abbruch- und Erdarbeiten ausführen. 58

Für die Praxis wichtig ist die Auflistung vieler Einzelleistungen durch die Finanzverwaltung und die Abgrenzung der Dienstleistungen im engen Zusammenhang mit einem Grundstück zu anderen Dienstleistungen (s. Abschn. 3a.3 Abs. 8 UStAE): 59

- Wartungs-, Renovierungs- und Reparaturarbeiten an einem Gebäude oder an Gebäudeteilen einschließlich Abrissarbeiten, Verlegen von Fliesen und Parkett sowie Tapezieren, Errichtung von auf Dauer angelegten Konstruktionen, wie Gas-, Wasser- oder Abwasserleitungen,
- die Installation oder Montage von Maschinen oder Ausrüstungsgegenständen, soweit diese wesentliche Bestandteile des Grundstücks sind,
- Bauaufsichtsmaßnahmen,
- Leistungen zum Aufsuchen oder Gewinnen von Bodenschätzen,
- die Begutachtung und die Bewertung von Grundstücken, auch zu Versicherungszwecken und zur Ermittlung des Grundstückswerts,
- die Vermessung von Grundstücken, und
- Errichtung eines Baugerüsts.

Mit einem Grundstück eng verbundene Dienstleistungen sind bei folgenden Leistungen anzunehmen: 60

- die Einräumung dinglicher Rechte, z.B. dinglicher Nießbrauch, Dienstbarkeiten, Erbbaurechte, sowie sonstige Leistungen, die dabei ausgeführt werden, z.B. Beurkundungsleistungen eines Notars;
- die Vermittlung von Vermietungen von Grundstücken, nicht aber die Vermittlung der kurzfristigen Vermietung von Zimmern in Hotels, Gaststätten oder Pensionen, von Fremdenzimmern, Ferienwohnungen, Ferienhäusern und vergleichbaren Einrichtungen;
- die Verwaltung von Grundstücken und Grundstücksteilen;
- die Bearbeitung landwirtschaftlicher Grundstücke, einschließlich sonstiger Leistungen wie Landbestellung, Säen, Bewässerung, Düngung;
- Lagerung von Gegenständen, wenn dem Empfänger dieser sonstigen Leistung ein Recht auf Nutzung eines ausdrücklich bestimmten Grundstücks oder eines Teils desselben gewährt wird (vgl. EuGH vom 27.06.2013, C-155/12, HFR 2013, 859);

- Reinigung von Gebäuden oder Gebäudeteilen;
- Wartung und Überwachung von auf Dauer angelegten Konstruktionen, wie Gas-, Wasser- oder Abwasserleitungen;
- Wartung und Überwachung von Maschinen oder Ausrüstungsgegenständen, soweit diese wesentliche Bestandteile des Grundstücks sind;
- grundstücksbezogene Sicherheitsleistungen;
- Leistungen bei der Errichtung eines Windparks im Zusammenhang mit einem ausdrücklich bestimmten Grundstück, insbesondere Studien und Untersuchungen zur Prüfung der Voraussetzungen zur Errichtung eines Windparks sowie für bereits genehmigte Windparks, ingenieurtechnische und gutachterliche Leistungen sowie Planungsleistungen im Rahmen der Projektzertifizierung (z.B. gutachterliche Stellungnahmen im Genehmigungsverfahren und standortbezogene Beratungs-, Prüf- und Überwachungsleistungen bei Projektzertifizierungen), die parkinterne Verkabelung einschließlich Umspannplattform sowie der parkexterne Netzanschluss zur Stromabführung an Land einschließlich Konverterplattform (s. BMF vom 28.02.2014, IV D 3 – S 7117-a/10/10002 (2014/0197080), BStBl I 2014, 279).

61 Folgende **Leistungen stehen nicht im engen Zusammenhang mit einem Grundstück**:

- Erstellung von Bauplänen für Gebäude und Gebäudeteile, die keinem bestimmten Grundstück oder Grundstücksteil zugeordnet werden können;
- Installation oder Montage, Arbeiten an Maschinen oder Ausstattungsgegenständen sowie deren Kontrolle oder Überwachung, die kein wesentlicher Bestandteil eines Grundstücks sind bzw. werden;
- Portfolio-Management in Zusammenhang mit Eigentumsanteilen an Grundstücken;
- der Verkauf von Anteilen und die Vermittlung der Umsätze von Anteilen an Grundstücksgesellschaften;
- die Veröffentlichung von Immobilienanzeigen, z.B. durch Zeitungen;
- die Finanzierung und Finanzierungsberatung im Zusammenhang mit dem Erwerb eines Grundstücks und dessen Bebauung;
- Dienstleistungen einschließlich Beratungsleistungen, die die Vertragsbedingungen eines Grundstücksvertrags, die Durchsetzung eines solchen Vertrags oder den Nachweis betreffen, dass ein solcher Vertrag besteht, sofern diese Leistungen nicht mit der Übertragung von Rechten an Grundstücken zusammenhängen, z.B. die Rechts- und Steuerberatung in Grundstückssachen (s. BMF vom 18.12.2012, BStBl I 2012, 1272, IV D 3 S-7117 -a/12/10001); kritisch in Bezug auf die Rechts- und Steuerberatung wegen fehlender Eindeutigkeit BStBK, Aktuelle Praxisprobleme in der Umsatzsteuer, Hinweise an das BMF und die obersten Finanzbehörden der Länder vom März 2014, 8 ff.;
- Planung, Gestaltung sowie Aufbau, Umbau und Abbau von Ständen im Zusammenhang mit Messen und Ausstellungen (s. EuGH vom 27.10.2011, C-530/09, BStBl II 2012, 160);
- Lagerung von Gegenständen auf einem Grundstück, wenn hierfür zwischen den Vertragsparteien kein bestimmter Teil eines Grundstücks zur ausschließlichen Nutzung festgelegt worden ist;
- Werbeleistungen, selbst wenn sie die Nutzung eines Grundstücks einschließen;
- Zurverfügungstellung von Gegenständen oder Vorrichtungen, mit oder ohne Personal für deren Betrieb, mit denen der Leistungsempfänger Arbeiten im Zusammenhang mit einem Grundstück durchführt (z.B. Vermietung eines Baugerüsts), wenn der leistende Unternehmer mit der Zurverfügungstellung keinerlei Verantwortung für die Durchführung der genannten Arbeiten übernimmt;
- Leistungen bei der Errichtung eines Windparks, die nicht im Zusammenhang mit einem ausdrücklich bestimmten Grundstück stehen, insbesondere die Übertragung von Rechten im Rahmen der öffentlich-rechtlichen Projektverfahren sowie von Rechten an in Auftrag gegebenen Studien und Untersuchungen, Planungsarbeiten und Konzeptionsleistungen (z.B. Ermittlung der Eigentümer oder Abstimmung mit Versorgungsträgern), Projektsteuerungsarbeiten wie Organisation, Terminplanung, Kostenplanung, Kostenkontrolle und Dokumentation (z.B. im Zusammenhang mit der Kabelverlegung, Gleichstromübertragung und Anbindung an das Umspannwerk als Leistungsbündel bei der Netzanbindung) (s. BMF vom 28.02.2014, IV D 3 – S 7117-a/10/10002 (2014/0197080), BStBl I 2014, 279).

5. Vermietung eines Beförderungsmittels

5.1 Einordnung

Bei der Vermietung von Beförderungsmitteln sind zwei **Ausnahmeregelungen** implementiert worden (s. § 3a Abs. 3 Nr. 2 UStG). Entscheidendes Kriterium ist, ob eine kurzfristige oder langfristige Vermietung eines Beförderungsmittels vorliegt, um die richtige Ortsbestimmung vorzunehmen. 62

5.2 Begriff Beförderungsmittel

Als **Beförderungsmittel** gelten Fahrzeuge, deren Hauptzweck auf die Beförderung von Personen und Gütern zu Lande, zu Wasser oder in der Luft gerichtet ist und die sich auch tatsächlich fortbewegen (s. Art. 38 Abs. 1 der MwStVO). Dazu gehören insbesondere folgende Beförderungsmittel (s. Art. 38 Abs. 2 MwStVO): 63

- Landfahrzeuge wie Lkws, Pkws, Motorräder, Fahrräder, Wohnanhänger;
- Anhänger und Sattelanhänger;
- Eisenbahnwagen;
- Wasserfahrzeuge;
- Luftfahrzeuge;
- Krankentransportwägen;
- landwirtschaftliche Zugmaschinen und andere landwirtschaftliche Fahrzeuge.

Keine Beförderungsmittel sind hingegen Bagger, Planierraupen, Bergungskräne, Schwertransportkräne, Transportbänder, Gabelstapler, Elektrokarren, Rohrleitungen, Ladekräne, Schwimmkräne, Schwimmrammen sowie Container (s. Abschn. 3a.5 Abs. 2 UStAE). 64

5.3 Kurzfristige Vermietung von Beförderungsmitteln

5.3.1 Dienstleistungsort

Eine relativ neue europaweit gültige Ausnahmeregelung wurde mit der kurzfristigen Vermietung von Beförderungsmitteln ab 2010 eingeführt. Der **Ort einer kurzfristigen Vermietungsleistung** ist der Ort, an dem das Beförderungsmittel tatsächlich zur Verfügung gestellt wird (Übergabeort). Diese Ausnahmeregelung gilt unabhängig vom Kundenkreis (s. § 3a Abs. 3 Nr. 2 S. 1, 2 UStG). 65

Beispiel: Das Autovermietungsunternehmen A mit Sitz in München vermietet an einen Kunden K einen Pkw für drei Wochen. Die Übergabe des Pkws erfolgt an der Betriebsstätte des A in Frankreich. 66

Lösung: Der Ort für die Vermietungsleistung des A an K ist in Frankreich, genaugenommen am Übergabeort des PKW bei der Betriebsstätte.

5.3.2 Begriff kurzfristige Vermietung

Eine kurzfristige Vermietung liegt bei einer ununterbrochenen Vermietung von **Wasserfahrzeugen von maximal 90 Tagen** und bei **anderen Beförderungsmitteln von maximal 30 Tagen** vor. 67

Grundsätzlich sind die vertraglichen Grundlagen ein wichtiger Anknüpfungspunkt für die Ermittlung der Vermietungsdauer. Entscheidend ist aber letztendlich die tatsächliche Vermietungsdauer. 68

Eine Überschreitung der **Vermietungsdauer** aufgrund höherer Gewalt ist gem. der EU-weit gültigen Durchführungsverordnung zur MwStSysRL jedoch unbeachtlich (s. Art. 39 Abs. 1 MwStVO). 69

Werden für ein und dasselbe Beförderungsmittel mehrere aufeinanderfolgende (kurzfristige) Mietverträge zwischen den gleichen Personen vereinbart, so ist die Mietzeit zusammenzurechnen (s. Art. 39 Abs. 1 MwStVO). 70

Wird ein Beförderungsmittel zunächst kurzfristig und anschließend über einen als langfristig geltenden Zeitraum an denselben Leistungsempfänger vermietet, sind die beiden Vermietungszeiträume hingegen getrennt voneinander zu betrachten, sofern diese vertraglichen Regelungen nicht steuerlich motiviert waren (s. Art. 39 Abs. 2 MwStVO). Ebenfalls sind aufeinander folgende Verträge, die jedoch tatsächlich unterschiedliche Beförderungsmittel betreffen, gesondert zu betrachten, sofern wiederum keine steuerlich motivierte missbräuchliche Praktiken dahinterstehen (s. Art. 39 Abs. 3 der MwStVO). 71

5.3.3 Dienstleistungsarten

72 Bei der kurzfristigen Vermietung von Beförderungsmitteln steht die Beförderung von Personen und Gegenständen zu Lande, zu Wasser und in der Luft im Mittelpunkt, z.B. kurzfristige Vermietung eines Pkw, Lkw, Schiffs, Flugzeugs.

5.4 Langfristige Vermietung von Beförderungsmitteln

5.4.1 Dienstleistungsort

73 Eine neue grundsätzlich ab 2013 EU-weit gültige Ausnahmeregelung wurde mit der **langfristigen Vermietung** von Beförderungsmitteln an Nichtunternehmer eingeführt. Die langfristige Vermietung von Beförderungsmitteln an Nichtunternehmer, also einen Empfänger, der weder ein Unternehmer ist, für dessen Unternehmen die Leistung bezogen wird, noch eine nicht unternehmerisch tätige juristische Person, der eine Umsatzsteuer-Identifikationsnummer erteilt worden ist, wird an dem Ort erbracht, an dem der **Empfänger seinen Wohnsitz, gewöhnlichen Aufenthaltsort oder Sitz** hat (s. § 3a Abs. 3 Nr. 2 S. 3 UStG). Die konkrete Ortsbestimmung wird vom leistenden Unternehmer unter Darlegung von zwei der nachfolgenden, sich nicht widersprechenden Beweismitteln (s. Abschn. 3a.5 Abs. 8 UStAE; BMF vom 11.12.2014, BStBl I 2014, 1631, IV D 3 – S-7340/14/10002) als Leistungsort bestimmt (s. Art. 24c MwStVO). Als Beweismittel gelten insbesondere (s. Art. 24e MwStVO):

- Rechnungsanschrift des Leistungsempfängers;
- Bankangaben, wie der Ort, an dem das bei der unbaren Zahlung der Gegenleistung verwendete Bankkonto geführt wird, oder die der Bank vorliegende Rechnungsanschrift des Leistungsempfängers;
- die Zulassungsdaten des vom Leistungsempfänger gemieteten Beförderungsmittels, wenn dieses in dem Staat, in dem es genutzt wird, zugelassen sein muss, oder vergleichbare Informationen;
- sonstige für die Vermietung wirtschaftlich wichtige Informationen.

74 Liegen Hinweise vor, dass der leistende Unternehmer den Ort falsch oder missbräuchlich festgelegt hat, kann das für den leistenden Unternehmer zuständige Finanzamt die Vermutungen widerlegen (s. Art. 24d Abs. 2 MwStVO).

75 Wird die langfristige Vermietung eines Beförderungsmittels an einen Nichtunternehmer erbracht, der in verschiedenen Ländern ansässig ist oder seinen Wohnsitz in einem Land und seinen gewöhnlichen Aufenthaltsort in einem anderen Land hat (s. Abschn. 3a.5 Abs. 8a UStAE, BMF vom 11.12.2014, BStBl I 2014, 1631, IV D 3 – S-7340/14/10002), ist:

- Bei Leistungen an eine nicht unternehmerisch tätige juristische Person, der keine USt-IdNr. erteilt worden ist, der Leistungsort vorrangig an dem Ort, an dem die Handlungen zur zentralen Verwaltung der juristischen Person vorgenommen werden, soweit keine Anhaltspunkte dafür vorliegen, dass die Leistung an deren Betriebsstätte genutzt oder ausgewertet wird (Art. 24 Buchst. a MwStVO);
- bei Leistungen an eine natürliche Person der Leistungsort vorrangig an deren gewöhnlichem Aufenthaltsort (s. Abschn. 3a.1 Abs. 1 Sätze 10 bis 14 UStAE), soweit keine Anhaltspunkte dafür vorliegen, dass die Leistung an deren Wohnsitz genutzt oder ausgewertet wird (s. Art. 24 Buchst. b MwStVO).

76 Abweichend wird eine **langfristige Vermietung eines Sportbootes** prinzipiell an dem Ort ausgeführt, an dem das Sportboot dem nichtunternehmerischen Empfänger tatsächlich zur Verfügung gestellt wird (s. § 3a Abs. 3 Nr. 2 S. 4 UStG, Art. 56 Abs. 2 MwStSystRL).

77 Die Neuregelung betrifft in Deutschland ab dem 30.06.2013 ausgeführte **langfristige Vermietungen von Beförderungsmitteln an Nichtunternehmer**. Wegen der im Vergleich zur EU-Vorgabe verspäteten Umsetzung in deutsches Recht durch das Amtshilferichtlinienumsetzungsgesetz (s. AmtshilfeRLUmsG vom 26.06.2013, BGBl I 2013, 1809) hat die Finanzverwaltung eine Nichtbeanstandungsregelung bezüglich grenzüberschreitender Sachverhalte erlassen. Ist die Festlegung des Leistungsortes bei der langfristigen Vermietung von Beförderungsmitteln an Nichtunternehmer aufgrund des Rechts eines anderen Mitgliedstaates für nach dem 31.12.2012 und vor dem 30.06.2013 bereits nach der Neuregelung erfolgt, ist es nicht zu beanstanden, wenn dieser Ortsregelung gefolgt wird (s. BMF vom 12.09.2013, BStBl I 2013, 1176, IV D 3 – S-7117-e/13/10001).

Der Ort der **langfristigen Vermietung eines Beförderungsmittels an Privatpersonen** unterlag bis Mitte 2013 der Grundregel für B2C-Geschäfte am Ort des Leistenden (s. § 3a Abs. 1 UStG). 78

Diese Ausnahmeregelung ist abhängig vom Kundenkreis und greift nur bei B2C-Geschäften ein. 79

Ist der Kunde hingegen ein **Unternehmer** gilt die Grundregel des § 3a Abs. 2 UStG mit **Ort beim unternehmerischen Leistungsempfänger** (s. Rn. 18 ff.). 80

5.4.2 Langfristige Vermietung

Eine **langfristige Vermietung** liegt vor, wenn die Vermietung über einen ununterbrochenen Zeitraum von mehr als 90 Tagen bei Wasserfahrzeugen und von mehr als 30 Tagen bei anderen Beförderungsmitteln erfolgt. 81

Beispiel: Ein Italiener mit Wohnsitz in Rom mietet bei einem längeren Urlaub in Deutschland einen Pkw bei einem Autovermieter mit Sitz in Berlin für 35 Tage. Das Fahrzeug soll ausschließlich in Deutschland genutzt werden. 82

Lösung: Es handelt sich um eine langfristige Vermietung eines Beförderungsmittels. Der Leistungsort ist deshalb nach dem Ausnahmetatbestand des § 3a Abs. 3 Nr. 2 Satz 3 UStG beim Wohnsitz des Empfängers der Dienstleistung, also in Italien. Auch wenn der Pkw ausschließlich im Inland genutzt wird, ist dieser Umsatz insgesamt in Italien und nicht in Deutschland zu besteuern.

6. Dienstleistungen am Tätigkeitsort

6.1 Einordnung

Insbesondere folgende **Kategorien von Dienstleistungen** sind von dieser Regelung betroffen: 83

- Kulturelle, künstlerische, wissenschaftliche, unterrichtende, sportliche, unterhaltende oder ähnliche Leistungen, wie Leistungen im Zusammenhang mit Messen und Ausstellungen, insbesondere bei Einräumung einer Eintrittsberechtigung (s. § 3a Abs. 3 Nr. 3 Buchst. a sowie Nr. 5 UStG),
- die Abgabe von Speisen und Getränken zum Verzehr an Ort und Stelle (Restaurationsleistung), wenn diese Abgabe nicht an Bord eines Schiffs, in einem Luftfahrzeug oder in einer Eisenbahn während einer Beförderung innerhalb des Gemeinschaftsgebiets erfolgt (s. § 3a Abs. 3 Nr. 3 Buchst. b UStG),
- Arbeiten an beweglichen körperlichen Gegenständen und die Begutachtung dieser Gegenstände für nichtunternehmerische Leistungsempfänger (s. § 3a Abs. 3 Nr. 3 Buchst. c UStG).

Der **Kundenkreis** und damit der Umfang des Ausnahmetatbestandes ist bei diesen Dienstleistungskategorien gesetzlich nicht homogen festgelegt und muss bei jeder Kategorie im Einzelnen überprüft werden. 84

Bei diesen Dienstleistungen bestimmt sich der Leistungsort im Rahmen der Ausnahmeregelung nach dem Ort, an dem die sonstige Leistung tatsächlich bewirkt wird (s. EuGH vom 09.03.2006, C-114/05, DStRE 2006, 816). Ohne Bedeutung ist der Ort, an dem der Erfolg eintritt oder die Dienstleistung sich auswirkt (s. BFH vom 04.04.1974, V R 161/72, BStBl II 1974, 532). Entscheidend ist auch nicht, wo der Unternehmer, z.B. Künstler, im Rahmen seiner Gesamttätigkeit überwiegend tätig wird; vielmehr ist der jeweilige Umsatz zu betrachten (s. Abschn. 3a.6 Abs. 1 UStAE). 85

6.2 Kulturelle, künstlerische, wissenschaftliche, unterrichtende, sportliche, unterhaltende Dienstleistungen

6.2.1 Dienstleistungsort

Der umsatzsteuerliche Ort ist bei der **Einräumung der Eintrittsberechtigung bei Veranstaltungen** (s. Rn. 91) im Zusammenhang mit kulturellen, künstlerischen, wissenschaftlichen, unterrichtenden, sportlichen, unterhaltenden oder ähnlichen Leistungen, wie Leistungen im Zusammenhang mit Messen und Ausstellungen, sowie die damit zusammenhängenden Dienstleistungen, der **Tätigkeitsort**. Diese Ausnahmeregelung ist im Ergebnis **unabhängig vom Kundenkreis** anzuwenden (s. § 3a Abs. 3 Nr. 3 Buchst. a sowie Nr. 5 UStG). Mit dieser Ausnahmeregelung soll insbesondere erreicht werden, dass ein Verkäufer von Eintrittskarten nicht nach der Unternehmereigenschaft des Kunden fragen muss. 86

87 Außerhalb des Bereiches der Einräumung der Eintrittsberechtigung sind die **kulturellen, künstlerischen, wissenschaftlichen, unterrichtenden, sportlichen, unterhaltenden oder ähnlichen Dienstleistungen, wie Dienstleistungen im Zusammenhang mit Messen und Ausstellungen**, einschließlich der Dienstleistungen der jeweiligen Veranstalter sowie die damit zusammenhängenden Tätigkeiten, die für die Ausübung der Dienstleistungen unerlässlich sind, hinsichtlich des Kundenkreises zu unterteilen, um die richtige umsatzsteuerliche Ortsbestimmung zu ermitteln.

88 Handelt es sich beim **Kunden um einen Nichtunternehmer** (= Empfänger, der weder ein Unternehmer ist, für dessen Unternehmen die Leistung bezogen wird, noch eine nicht unternehmerisch tätige juristische Person, der eine Umsatzsteuer-Identifikationsnummer erteilt worden ist) ist der umsatzsteuerliche Ort aufgrund der Ausnahmeregelung des § 3a Abs. 3 Nr. 3 Buchst. a UStG wiederum der **Tätigkeitsort**.

89 Handelt es sich beim **Kunden** hingegen **um einen Unternehmer** (= Empfänger, der Unternehmer ist) für dessen Unternehmen die Leistung bezogen wird oder der eine **nicht** unternehmerisch tätige juristische Person, der eine USt-IdNr. erteilt worden ist, bzw. eine juristische Person, die sowohl unternehmerisch als auch nicht unternehmerisch tätig ist, greift die Grundregel für B2B-Geschäfte mit umsatzsteuerlichem Ort beim unternehmerischen Leistungsempfänger ein (s. § 3a Abs. 2 UStG, s. Rn. 18 ff.).

90 Die **Ortsbestimmung bei Veranstaltungsleistungen** lässt sich exemplarisch wie folgt darstellen:

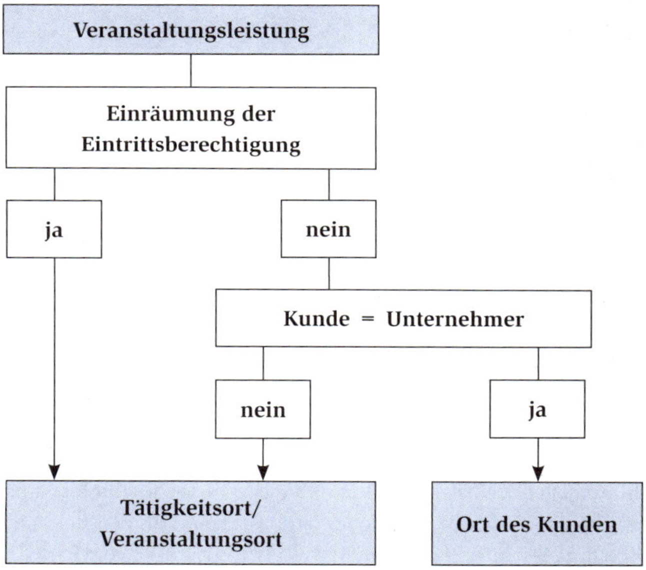

6.2.2 Einräumung der Eintrittsberechtigung

91 Der Ausnahmetatbestand der **Einräumung der Eintrittsberechtigung** ist 2011 neu EU-weit eingeführt worden und im § 3a Abs. 3 Nr. 5 UStG verankert worden (s. Jahressteuergesetz 2010 vom 08.12.2010, BGBl I 2010, 1768) Unter Einräumung der Eintrittsberechtigung von Veranstaltungen der oben benannten Dienstleistungen sind Dienstleistungen zu verstehen, deren wesentliche Merkmale darin bestehen gegen eine Eintrittskarte oder eine Vergütung, z.B. auch als Abonnements, einer Zeitkarte oder einer regelmäßigen Gebühr, das Recht auf Eintritt zu einer Veranstaltung zu gewähren (s. Art. 32 Abs. 1 MwStVO).

92 Insbesondere folgende **Dienstleistungskategorien** fallen unter diese Regelung (s. Art. 32 Abs. 2 MwStVO):

Das Recht auf:

- Eintritt zu Veranstaltungen auf dem Gebiet des Unterrichts und der Wissenschaft, wie beispielsweise Seminare und Konferenzen,
- Eintritt zu Messen, Ausstellungen und Kongressen für die der Leistungsempfänger Kongress-, Teilnehmer- oder Seminarentgelte entrichtet, sowie damit im Zusammenhang stehende Nebenleistungen, wie

z.B. Beförderungsleistungen, Vermietung von Fahrzeugen oder Unterbringung, wenn diese Leistungen vom Veranstalter der Messe, der Ausstellung oder des Kongresses zusammen mit der Einräumung der Eintrittsberechtigung als einheitliche Leistung angeboten werden (s. Abschn. 3a.6 Abs. 13 UStAE),

- Eintritt zu Darbietungen, Theateraufführungen, Konzerten, Zirkusvorstellungen, Freizeitparks sowie anderen ähnlichen kulturellen Veranstaltungen,
- Eintritt zu Sportveranstaltungen wie Spielen und Wettkämpfen.

Die Regelung ist auch anzuwenden beim Verkauf von Eintrittskarten im eigenen/fremden Namen und auf eigene Rechnung durch einen anderen Unternehmer als den Veranstalter. 93

Bei **Seminaren** sieht die Finanzverwaltung das Recht auf Zugang zu der Allgemeinheit offen stehenden Veranstaltungen als Kriterium an. Damit fallen Inhouse-Seminare nicht unter diese Regelung, sondern unter die Grundregel mit Ort beim unternehmerischen Leistungsempfänger (s. § 3a Abs. 2 UStG), während Seminare an denen z.B. Mitarbeiter aus verschiedenen Unternehmen teilnehmen, im Bereich der Vorschrift, also am Tätigkeitsort gesehen werden. 94

Die **Einräumung einer Eintrittsberechtigung** greift dabei unabhängig davon ein, ob der Unternehmer selbst oder ein Arbeitnehmer an der Veranstaltung teilnimmt und das Entgelt vom Unternehmer (Arbeitgeber) entrichtet wird (s. Abschn. 3a.6 Abs. 13 UStAE). 95

Im Zuge der Eintrittsberechtigung einer Veranstaltung anfallende **Nebenleistungen** sind insbesondere die Nutzung von Garderoben und sanitären Einrichtungen gegen gesondertes Entgelt (s. Art. 33 MwStVO). 96

Die **Berechtigung zur Nutzung von Räumlichkeiten**, wie beispielsweise Turnhallen oder anderen Räumen gegen Entgelt fällt hingegen nicht unter die Vorschrift (s. Art. 32 Abs. 3 der MwStVO). Gleiches gilt für die Vermittlung von Eintrittsberechtigungen. Bei letztgenannten Vermittlungsleistungen richtet sich der Ort bei B2B-Geschäften nach der Grundregel i.S.v. § 3a Abs. 2 UStG mit Ort beim unternehmerischen Leistungsempfänger (s. Rn. 18 ff.) und bei B2C-Geschäften nach der Ausnahmeregelung gem. § 3a Abs. 3 Nr. 4 UStG mit Ort beim vermittelten Umsatz (s. Rn. 119 ff.). 97

6.2.3 Dienstleistungsarten

6.2.3.1 Details zu den vorliegenden Dienstleistungsarten

Zu den einzelnen Dienstleistungskategorien kann Folgendes festgehalten werden: 98

Tontechnische Dienstleistungen, die im Zusammenhang mit **künstlerischen oder unterhaltenden** Dienstleistungen unerlässlich sind, werden an dem Ort erbracht, an dem diese Leistungen tatsächlich bewirkt werden (s. EuGH-Urteil vom 26.09.1996, C-327/94, BStBl II 1998, 313).

In Abgrenzung zu der hier dargelegten Ausnahmeregelung ist bei **künstlerischen und wissenschaftlichen** Dienstleistungen zu beachten, dass bei einer reinen Übertragung von Nutzungsrechten an Urheberrechten und ähnlichen Rechten der umsatzsteuerliche Ort anders ermittelt wird. Der umsatzsteuerliche Ort bei einem B2C-Geschäft befindet sich beim Ort des Leistenden (s. § 3a Abs. 1 UStG, s. Rn. 12 ff.) bzw. im Drittlandsfall am Wohnsitz/Sitz des nichtunternehmerischen Leistungsempfängers im Drittland (s. § 3a Abs. 4 Sätze 1 und 2 Nr. 1 UStG, s. Rn. 126). 99

Bei B2B-Geschäften greift wiederum die Grundregel „Ort beim unternehmerischen Leistungsempfänger" ein (s. § 3a Abs. 2 UStG, s. Rn. 18). 100

Bei **wissenschaftlichen Gutachten** gibt es einen Grenzbereich, ob die Dienstleistung eine Beratungsleistung (s. § 3a Abs. 4 Nr. 3 UStG) oder eine wissenschaftliche Dienstleistung (s. § 3a Abs. 3 Nr. 3 Buchstabe a UStG) im Sinne dieses Ausnahmetatbestandes ist. Hierbei ist auf den Zweck abzustellen, den der Auftraggeber mit dem von ihm bestellten Gutachten verfolgt. Eine wissenschaftliche Dienstleistung setzt voraus, dass das erstellte Gutachten nicht auf Beratung des Auftraggebers gerichtet ist. Ein wichtiges Kriterium ist, dass das Gutachten nach seinem Zweck keine konkrete Entscheidungshilfe für den Auftraggeber darstellt. Liegt hingegen eine konkrete Entscheidungshilfe für die Lösung konkreter technischer, wirtschaftlicher oder rechtlicher Fragen vor, ist von einer Beratungsleistung auszugehen. 101

6.2.3.2 Dienstleistungen bei Messen, Ausstellungen und Kongressen

102 Auch wenn die **Dienstleistungen im Zusammenhang mit Messen und Ausstellungen** bei dieser Ausnahmeregelung explizit benannt werden, unterliegen sie je nach Sachverhalt unterschiedlichen Ortsbestimmungsregelungen.

103 Diese **Ausnahmeregelung mit Ort beim Veranstaltungsort** (s. § 3a Abs. Nr. 3 Buchst. a UStG) liegt vor, wenn der **Kunde ein Nichtunternehmer** ist und es sich insbesondere um eine Veranstaltungsleistung (s. Abschn. 3a.4 Abs. 2 S. 4 UStAE) bzw. die Einräumung einer Eintrittsberechtigung zu einer derartigen Veranstaltung (s. Abschn. 3a.6 Abs. 13 S. 2 UStAE) handelt.

104 Viel häufiger wird aber bei einer Veranstaltungsleistung eine B2B-Fallkonstellation vorliegen, bei der insbesondere der **unternehmerische Aussteller** und damit Leistungsempfänger vielfältige Messedienstleistungen in Form einer Veranstaltungsleistung erhält. In diesem Fall unterliegt die Veranstaltungsleistung (mit Ausnahme der Einräumung der Eintrittsberechtigung, § 3a Abs. 3 Nr. 5 UStG, s. Rn. 91) bei der Ortsbestimmung der Grundregel für B2B-Geschäfte mit **Ort beim Sitz des Leistungsempfänger** (s. § 3a Abs. 2 UStG, s. Rn. 18), es sein denn sie wird ausschließlich im **Drittlandsgebiet genutzt oder ausgewertet** (s. § 3a Abs. 8 S. 1 UStG, s. Rn. 217 ff.). Dann wird der **Ort im Drittlandsgebiet** gesehen.

105 Der Begriff der einheitlichen „**Veranstaltungsleistung im Zusammenhang mit Messen und Ausstellungen**“ (s. auch EuGH-Urteil vom 09.03.2006, C-114/05, DStRE 2006, 816), wird von der Finanzverwaltung angenommen, wenn **neben der Überlassung von Standflächen** zumindest noch **drei weitere Leistungen** der folgenden Dienstleistungen vertraglich vereinbart worden sind und auch tatsächlich erbracht werden (s. Abschn. 3a.4 Abs. 2 UStAE):

- Technische Versorgung der überlassenen Stände. Hierzu gehören z.B.
  - Herstellung der Anschlüsse für Strom, Gas, Wasser, Wärme, Druckluft, Telefon, Telex, Internetzugang und Lautsprecheranlagen,
  - die Abgabe von Energie, z.B. Strom, Gas, Wasser und Druckluft, wenn diese Leistungen umsatzsteuerrechtlich Nebenleistungen zur Hauptleistung der Überlassung der Standflächen darstellen;
- Planung, insbesondere Architektenleistungen, z.B. Anfertigung des Entwurfs für einen Stand, Gestaltung z.B. die Leistung eines Gartengestalters oder eines Beleuchtungsfachmannes sowie Aufbau, Umbau und Abbau von Ständen;
- Überlassung von Standbauteilen und Einrichtungsgegenständen, einschließlich Miet-System-Ständen;
- Standbetreuung und Standbewachung;
- Reinigung von Ständen;
- Überlassung von Garderoben und Schließfächern auf dem Messegelände;
- Überlassung von Eintrittsausweisen einschließlich Eintrittskarten;
- Überlassung von Telefonapparaten, Telefaxgeräten und sonstigen Kommunikationsmitteln zur Nutzung durch die Aussteller;
- Überlassung von Informationssystemen, z.B. von Bildschirmgeräten oder Lautsprecheranlagen, mit deren Hilfe die Besucher der Messen und Ausstellungen unterrichtet werden sollen;
- Schreibdienste und ähnliche sonstige Leistungen auf dem Messegelände;
- Beförderung und Lagerung von Ausstellungsgegenständen wie Exponaten und Standausrüstungen;
- Übersetzungsdienste;
- Eintragungen in Messekatalogen, Aufnahme von Werbeanzeigen usw. in Messekatalogen, Zeitungen, Zeitschriften usw., Anbringen von Werbeplakaten, Verteilung von Werbeprospekten und ähnliche Werbemaßnahmen;
- Besuchermarketing;
- Vorbereitung und Durchführung von Foren und Sonderschauen, von Pressekonferenzen, von Eröffnungsveranstaltungen und Ausstellerabenden;
- Gestellung von Hosts und Hostessen (s. Abschn. 3a.4 Abs. 2 UStAE, BMF vom 21.05.2015, BStBl I 2015, 491, IV D 3 – S-7117-a/0 :001).

Auch die vereinbarte **nachträgliche Erbringung weiterer Leistungen** zwischen den Vertragsparteien wird in die Beurteilung für das Vorliegen einer Veranstaltungsleistung einbezogen und gilt als Vertragsergänzung. Die vorstehenden Ausführungen gelten entsprechend bei der Überlassung eines Kongresszentrums oder Teilen hiervon einschließlich des Veranstaltungsequipments an einen Veranstalter. Werden im Zusammenhang mit der Veranstaltungsleistung auch Übernachtungs- und/oder Verpflegungsleistungen erbracht, sind diese stets als eigenständige Leistungen zu beurteilen (s. Abschn. 3a.4 Abs. 2, 2a UStAE, BMF vom 21.05.2015, BStBl I 2015, 491, IV D 3 – S-7117-a/0 :001). 106

Im Falle, dass die genannten Voraussetzungen nicht vorliegen, handelt es sich bei der Überlassung von **Standflächen auf Messen und Ausstellungen** an die Aussteller um Dienstleistungen im Zusammenhang mit einem Grundstück mit **Ort beim Grundstück** (s. § 3a Abs. 1 Nr. 1 UStG). Die vorstehenden Ausführungen gelten entsprechend für folgende Leistungen an die Aussteller (s. Abschn. 3a.4 Abs. 1 UStG): 107

- Überlassung von Räumen und ihren Einrichtungen auf dem Messegelände für Informationsveranstaltungen einschließlich der üblichen Nebenleistungen;
- Überlassung von Parkplätzen auf dem Messegelände.

Örtlich getrennte Kongresszentren sind als Messegelände anzusehen. 108

Werden die aufgelisteten Dienstleistungen nicht im Rahmen einer einheitlichen Veranstaltungsleistung erbracht, sondern als einzelne selbständige Leistungen, dann sind diese einzeln und gesondert zu beurteilen. 109

6.3 Restaurationsdienstleistungen

6.3.1 Dienstleistungsort

Der umsatzsteuerliche Ort bei **Abgabe von Speisen und Getränken zum Verzehr an Ort und Stelle, wenn diese Abgabe nicht an Bord eines Schiffs, in einem Luftfahrzeug oder in einer Eisenbahn während einer Beförderung innerhalb des Gemeinschaftsgebiets erfolgt**, ist der Ort, an dem diese Leistung tatsächlich erbracht wird (**Tätigkeitsort**, s. § 3a Abs. 3 Nr. 3 Buchst. b UStG). Diese Ausnahmeregelung greift bei diesen Dienstleistungen **unabhängig vom Kundenkreis** ein. 110

Hinweis! Die Vorschrift des § 3a Abs. 3 Nr. 3 Buchst. b UStG regelt nur die Ortsbestimmung der Restaurationsdienstleistungen mit Ausnahme der mobilen innergemeinschaftlichen Restaurationsleistungen. Bei innergemeinschaftlichen mobilen Restaurationsleistungen wird als umsatzsteuerlicher Ort hingegen der Abgangsort festgelegt (s. im Einzelnen die Ausführungen zu § 3e). 111

6.3.2 Dienstleistungsart

Die **Restaurationsleistung** ist umsatzsteuerlich als Dienstleistung zu beurteilen, damit diese Ausnahmeregelung einschlägig ist (zur Abgrenzung zwischen Lieferung und Dienstleistung s. Abschn. 3.6 UStAE). 112

6.4 Arbeiten an beweglichen körperlichen Gegenständen und Begutachtung

6.4.1 Dienstleistungsort

Bei **Arbeiten an beweglichen körperlichen Gegenständen und die Begutachtung dieser Gegenstände** für einen **Nichtunternehmer** liegt der umsatzsteuerliche Ort am **Tätigkeitsort**. 113

Als Nichtunternehmer ist ein Empfänger definiert, der weder ein Unternehmer ist, für dessen Unternehmen die Leistung ausgeführt wird, noch eine nicht unternehmerisch tätige juristische Person, der eine USt-IdNr. erteilt worden ist. 114

Derartige Dienstleistungen an **Unternehmer** bzw. gleichgestellte Personen unterliegen hingegen der Grundregel für B2B-Geschäften am **Ort des unternehmerischen Leistungsempfängers** (s. § 3a Abs. 2 UStG, s. Rn. 18 ff.) **oder** im **Drittland** (s. § 3a Abs. 8 S. 1 UStG, s. Rn. 227 ff.). 115

6.4.2 Dienstleistungsarten

116 Unter **Arbeiten an beweglichen körperlichen Gegenständen** sind insbesondere auch Reparaturleistungen zu verstehen. Vielfach werden Werkleistungen, die die Bearbeitung oder Verarbeitung von beweglichen körperlichen Gegenständen, wie beweglichen Anlagen, Maschinen und Kraftfahrzeugen beinhalten, erbracht. In Abgrenzung zur Werkleistung fallen Werklieferungen, bei denen selbst beschaffte Stoffe, die nicht nur die Zutaten oder sonstige Nebensachen sind, nicht unter diese Regelung (s. § 3 Abs. 4 UStG, s. im Einzelnen die Ausführungen zu § 3).

117 **Wartungsleistungen** an beweglichen Gegenständen sind häufig als Werkleistungen im Sinne dieser Ausnahmeregelung zu qualifizieren.

118 Bei der **Begutachtung beweglicher körperlicher Gegenstände durch Sachverständige** hat diese Ausnahmeregelung Vorrang vor einer Dienstleistung i.S.v. § 3a Abs. 4 Satz 1 und 2 Nr. 3 UStG (Katalogleistung, s. Rn. 142 sowie Abschn. 3a.6 Abs. 12 UStAE), obwohl die letztgenannte Ausnahmeregelung explizit die Dienstleistungen von Sachverständigen enthält.

7. Vermittlungsleistungen

7.1 Dienstleistungsort

119 **Vermittlungsleistungen** an **Nichtunternehmer** (Begriff s. Rn. 12), werden gem. dieser Ausnahmeregelung an dem Ort erbracht, an dem der jeweils **vermittelte Umsatz als ausgeführt gilt** (s. § 3a Abs. 3 Nr. 4 UStG).

120 **Vermittlungsleistungen an Unternehmen** bzw. gleichgestellte Personen unterliegen dagegen der Grundregel für B2B-Geschäfte am **Ort des unternehmerischen Leistungsempfängers** (s. § 3a Abs. 2 UStG, s. Rn. 18 ff.).

121 Schließlich werden **Vermittlungen von Vermietungen** von Grundstücken vorrangig unter die Ausnahmeregelung Dienstleistungen im Zusammenhang mit einem Grundstück mit **Ort des Grundstückes** subsumiert (s. § 3a Abs. 3 Nr. 1 UStG, s. Rn. 54). **Vermittlungen von kurzfristigen Vermietungen** von Zimmern in Hotels, Gaststätten, Pensionen und vergleichbarer Einrichtungen an Nichtunternehmer werden jedoch dem an dieser Stelle besprochenen Ausnahmetatbestand des § 3a Abs. 3 Nr. 4 UStG mit **Ort des vermittelten Umsatzes** zugeordnet (s. Art. 31 Buchst. b der MwStVO).

7.2 Dienstleistungsart

122 Unter einer **Vermittlungsleistung** ist eine Dienstleistung von Vermittlern zu verstehen, die im Namen und für Rechnung sowohl des Leistungsempfängers der vermittelten Leistung als auch des Erbringers der vermittelten Leistung erfolgen kann (s. Art. 30 MwStVO).

123 Wird eine nicht steuerbare Leistung zwischen Nichtunternehmern vermittelt, greift die Ortsbestimmung, an dem die vermittelte Leistung ausgeführt wird, ein (s. EuGH vom 27.05.2004, C-68/03, DStRE 2004, 987).

124 **Werbung von Mitgliedschaften** kann keine Vermittlungsleistung eines Umsatzes sein, da die Mitgliedschaft grundsätzlich keinen Leistungsaustausch und damit Umsatz auslöst. Der Leistungsort dieser Leistung in Form der Werbung einer Mitgliedschaft bestimmt sich daher nach den jeweiligen Grundregeln. Im Falle, dass der Leistungsempfänger ein Nichtunternehmer ist, liegt der umsatzsteuerliche Ort beim Leistenden (s. § 3a Abs. 1 UStG, s. Rn. 12 ff., auch s. BFH vom 12.12.2012, XI R 30/10, BStBl II 2013, 348); im Falle, dass der Leistungsempfänger ein Unternehmer ist, liegt der umsatzsteuerliche Ort hingegen beim Leistungsempfänger (s. § 3a Abs. 2 UStG, s. Rn. 18 ff.).

8. Katalogleistungen

8.1 Einordnung

125 Bei dieser Ausnahmeregelung werden katalogartig die Dienstleistungen aufgelistet, die von dieser Vorschrift betroffen sind. Folgende Dienstleistungen werden genannt (s. § 3a Abs. 4 S. 2 UStG):

1. Die Einräumung, Übertragung und Wahrnehmung von Patenten, Urheberrechten, Markenrechten und ähnlichen Rechten;

2. die sonstigen Leistungen, die der Werbung oder der Öffentlichkeitsarbeit dienen, einschließlich der Leistungen der Werbungsmittler und der Werbeagenturen;
3. die sonstigen Leistungen aus der Tätigkeit als Rechtsanwalt, Patentanwalt, Steuerberater, Steuerbevollmächtigter, Wirtschaftsprüfer, vereidigter Buchprüfer, Sachverständiger, Ingenieur, Aufsichtsratsmitglied, Dolmetscher und Übersetzer sowie ähnliche Leistungen anderer Unternehmer, insbesondere die rechtliche, wirtschaftliche und technische Beratung;
4. die Datenverarbeitung;
5. die Überlassung von Informationen einschließlich gewerblicher Verfahren und Erfahrungen;
6. a) die sonstigen Leistungen der in § 4 Nr. 8 Buchstabe a bis h und Nr. 10 bezeichneten Art sowie die Verwaltung von Krediten und Kreditsicherheiten,
   b) die sonstigen Leistungen im Geschäft mit Gold, Silber und Platin. Das gilt nicht für Münzen und Medaillen aus diesen Edelmetallen;
7. die Gestellung von Personal;
8. der Verzicht auf Ausübung eines der in Nummer 1 bezeichneten Rechte;
9. der Verzicht, ganz oder teilweise eine gewerbliche oder berufliche Tätigkeit auszuüben;
10. die Vermietung beweglicher körperlicher Gegenstände, ausgenommen Beförderungsmittel;
11. die sonstigen Leistungen auf dem Gebiet der Telekommunikation bis 2014;
12. die Rundfunk- und Fernsehdienstleistungen bis 2014;
13. die auf elektronischem Weg erbrachten sonstigen Leistungen bis 2014;
14. die Gewährung des Zugangs zum Erdgasnetz, zum Elektrizitätsnetz oder zu Wärme- oder Kältenetzen und die Fernleitung, die Übertragung oder Verteilung über diese Netze sowie die Erbringung anderer damit unmittelbar zusammenhängender sonstiger Leistungen.

8.2 Dienstleistungsort

Ist der Empfänger einer **Katalogleistung** ein **Nichtunternehmer** (Begriff s. Rn. 12) und hat er seinen Wohnsitz oder Sitz im **Drittlandsgebiet**, wird die sonstige Leistung an **seinem Wohnsitz oder Sitz ausgeführt** (s. § 3a Abs. 4 S. 1 UStG). 126

Da diese Ausnahmeregelung nur auf Drittlandsfälle beschränkt ist, werden die umsatzsteuerlichen Ortsbestimmungen der Katalogleistungen in den anderen Fällen grundsätzlich durch die jeweiligen Grundregeln festgelegt. D.h. **Katalogleistungen an Nichtunternehmer**, der **nicht** seinen Wohnsitz oder Sitz im **Drittland** hat, sind gem. der Grundregel für B2C-Geschäfte am **Sitz des Leistenden** verortet (s. § 3a Abs. 1 UStG, s. Rn. 12 ff.). 127

Wird eine derartige Dienstleistung an einen Nichtunternehmer erbracht, der in verschiedenen Ländern ansässig ist oder seinen Wohnsitz in einem Land und seinen gewöhnlichen Aufenthaltsort in einem anderen Land hat (s. Abschn. 3a.8 Nr. 2a UStAE; BMF vom 11.12.2014, BStBl I 2014, 1631), ist: 128

- Bei Leistungen an eine nicht unternehmerisch tätige juristische Person, der keine USt-IdNr. erteilt worden ist, der Leistungsort vorrangig an dem Ort, an dem die Handlungen zur zentralen Verwaltung der juristischen Person vorgenommen werden, soweit keine Anhaltspunkte dafür vorliegen, dass die Leistung an deren Betriebsstätte genutzt oder ausgewertet wird (s. Art. 24 Buchst. a MwStVO);
- bei Leistungen an eine natürliche Person der Leistungsort vorrangig an deren gewöhnlichem Aufenthaltsort (s. Abschn. 3a.1 Abs. 1 Sätze 10 bis 14 UStAE), soweit keine Anhaltspunkte dafür vorliegen, dass die Leistung an deren Wohnsitz genutzt oder ausgewertet wird (s. Art. 24 Buchst. b MwStVO).

Der Ort von **Katalogleistungen an Unternehmer** bzw. gleichgestellte Personen liegt gem. der Grundregel für B2B-Geschäfte beim **Sitz des Leistungsempfänger** (s. § 3a Abs. 2 UStG, s. Rn. 18 ff.). 129

130 **Beispiel:** Ein Unternehmer U1 aus Hamburg verkauft eine auf elektronischem Weg erbrachte Dienstleistung an

1. einen Unternehmer U2 mit Sitz in Frankreich,
2. einen Privatmann P1 mit Wohnsitz in Frankreich,
3. einen Unternehmer U3 mit Sitz in der Schweiz,
4. einen Privatmann P2 mit Wohnsitz in der Schweiz.

Lösung: Mit der auf elektronischem Weg erbrachten sonstigen Leistung des U1 liegt eine Dienstleistung vor, die als Katalogleistung bezeichnet wird (s. § 3a Abs. 4 S. 2 Nr. 13 UStG a.F., s. Rn. 186 ff.).

Variante 1.:

1. **Ist die Dienstleistung steuerbar?** Der umsatzsteuerliche Ort der Dienstleistung ist gem. der Grundregel für B2B-Geschäfte beim Sitz des unternehmerischen Leistungsempfängers (§ 3a Abs. 2 UStG) bei U2 in Frankreich und damit in Deutschland nicht steuerbar.
2. **Rechnungsstellung?** Die Rechnung ist ohne Umsatzsteuer zu stellen und, da es sich um eine innergemeinschaftliche Dienstleistung handelt, mit dem zwingenden Hinweis „Steuerschuldnerschaft des Leistungsempfängers" sowie mit den Umsatzsteuer-Identifikationsnummern der beiden Unternehmer.
3. **Meldepflichten?** Angabe der Bemessungsgrundlage bei Kz. 21 der Umsatzsteuer-Voranmeldung (UStVA) und in der ZM die Spalten 1 und 2 sowie in Spalte 3 die Ziffer 1.

Variante 2.:

1. **Ist die Dienstleistung steuerbar?** Der umsatzsteuerliche Ort der Dienstleistung ist gem. der Grundregel für B2C-Geschäfte beim Sitz des leistenden Unternehmers U1 in Hamburg und damit in Deutschland steuerbar und steuerpflichtig. Der vorrangig anzuwendende Ausnahmetatbestand des § 3a Abs. 4 UStG greift mangels Drittlandbezug nicht ein.
2. **Rechnungsstellung?** Die Rechnung ist mit deutscher Umsatzsteuer zu stellen.
3. **Meldepflichten?** Angabe der Bemessungsgrundlage und der Umsatzsteuer bei Kz. 81 der UStVA.

Hinweis! Ab 2015 liegt bei diesem Fall gem. der Europäischen Mehrwertsteuersystemrichtlinie als neue Ausnahmeregelung der umsatzsteuerliche Ort bei elektronisch erbrachten Dienstleistungen grundsätzlich beim Wohnsitz des privaten Leistungsempfängers. Damit wäre in diesem Beispielsfall nicht mit deutscher sondern mit französischer Umsatzsteuer abzurechnen (s. Art. 58 MwStSystRL, s. Rn. 186 ff.).

Variante 3.:

1. **Ist die Dienstleistung steuerbar?** Der umsatzsteuerliche Ort der Dienstleistung ist gem. der Grundregel für B2B-Geschäfte beim Sitz des unternehmerischen Leistungsempfängers U3 in der Schweiz und damit in Deutschland nicht steuerbar.
2. **Rechnungsstellung?** Die Rechnung ist von U1 ohne deutsche Umsatzsteuer zu stellen.
3. **Meldepflichten?** Angabe der Bemessungsgrundlage bei Kz. 45 der UStVA.

Hinweis! Unabhängig von der Beurteilung nach deutschem Recht sind zusätzlich die umsatzsteuerlichen Regelungen des Drittlandes (hier Schweiz) zu überprüfen.

Variante 4.:

1. **Ist die Dienstleistung steuerbar?** Der umsatzsteuerliche Ort der Dienstleistung ist gem. der Ausnahmeregelung für B2C-Geschäfte (s. § 3a Abs. 4 S. 2 Nr. 13 UStG a.F., s. ab 2015 Rn. 186 ff.) beim Wohnsitz des Kunden P2 in der Schweiz und damit in Deutschland nicht steuerbar.
2. **Rechnungsstellung?** Die Rechnung ist von U1 ohne deutscher Umsatzsteuer zu stellen.
3. **Meldepflichten?** Angabe der Bemessungsgrundlage und der Umsatzsteuer bei Kz. 45 der UStVA.

Hinweis! Unabhängig davon sind zusätzlich die umsatzsteuerlichen Regelungen des Drittlandes (hier Schweiz) zu überprüfen.

8.3 Dienstleistungsarten

8.3.1 Einräumung, Übertragung und Wahrnehmung von Patenten, Urheberrechten, Markenrechten und ähnlichen Rechten

Diese **Dienstleistungen** (s. § 3a Abs. 4 Satz 2 Nr. 1 UStG) ergeben sich insbesondere aufgrund folgender Gesetze (s. Abschn. 3a.9 Abs. 1 UStAE): 131

- Gesetz über Urheberrecht und verwandte Schutzrechte;
- Gesetz über die Wahrnehmung von Urheberrechten und verwandten Schutzrechten;
- Patentgesetz;
- Markenrechtsreformgesetz;
- Gesetz über das Verlagsrecht;
- Gebrauchsmustergesetz.

Zur **Abgrenzung zwischen Lieferung und Dienstleistungen bei Auftragsproduktion von Filmen** s. BFH vom 19.02.1976, V R 92/74, BStBl II 1976, 515. Fernsehübertragungsrechte sind als ähnliche Rechte anzusehen (s. Abschn. 3a.9 Abs. 2 UStAE). 132

8.3.2 Dienstleistungen, die der Werbung oder der Öffentlichkeitsarbeit dienen, einschließlich der Dienstleistungen der Werbungsmittler und der Werbeagenturen

Der Begriff „**Dienstleistungen, die der Werbung dienen**" (s. § 3a Abs. 4 Satz 2 Nr. 2 UStG) bedeutet lt. Rechtsprechung, dass bei den Werbeadressaten der Entschluss zum Erwerb von Gegenständen oder zur Inanspruchnahme von Dienstleistungen ausgelöst werden soll (s. BFH vom 24.09.1987, V R 105/77, BStBl II 1988, 303). Auch Werbeleistungen mit außerwirtschaftlichem Bezug wie im politischen, sozialen und religiösen Bereich fallen darunter. Auch ist es nicht erforderlich, dass die Dienstleistungen ausschließlich der Werbung dienen (s. Abschn. 3a.9 Abs. 3 UStAE). 133

Zu den **Dienstleistungen, die der Werbung dienen**, zählt die Finanzverwaltung insbesondere (s. Abschn. 3a.9 Abs. 4, 5 UStAE): 134

- Die Werbeberatung i.S.v. Informationen über die Möglichkeiten der Werbung;
- die Werbevorbereitung und die Werbeplanung. Im Mittelpunkt steht hier die Erforschung und Planung der Grundlagen für einen Werbeeinsatz, z.B. die Markterkundung, die Verbraucheranalyse, die Erforschung von Konsumgewohnheiten, die Entwicklung einer Marktstrategie und die Entwicklung von Werbekonzeptionen;
- die Werbegestaltung, insbesondere die grafische Arbeit, die Abfassung von Werbetexten und die vorbereitenden Arbeiten für die Film-, Funk- und Fernsehproduktion;
- die Werbemittelherstellung, insbesondere die Herstellung oder Beschaffung der Unterlagen, die für die Werbung notwendig sind, z.B. Reinzeichnungen und Tiefdruckvorlagen für Anzeigen, Prospekte, Plakate usw., Druckstöcke, Bild- und Tonträger, einschließlich der Überwachung der Herstellungsvorgänge;
- die Werbemittlung. Der Begriff umfasst die Auftragsabwicklung in dem Bereich, in dem die Werbeeinsätze erfolgen sollen, z.B. die Erteilung von Anzeigenaufträgen an die Verleger von Zeitungen, Zeitschriften, Fachblättern und Adressbüchern sowie die Erteilung von Werbeaufträgen an Funk- und Fernsehanstalten und an sonstige Unternehmer, die Werbung durchführen;
- die Durchführung von Werbung, insbesondere die Aufnahmen von Werbeanzeigen in Zeitungen, Zeitschriften, Fachblättern, auf Bild- und Tonträgern und in Adressbüchern, die sonstige Adresswerbung, z.B. Zusatzeintragungen oder hervorgehobene Eintragungen, die Beiheftung, Beifügung oder Verteilung von Prospekten oder sonstige Formen der Direktwerbung, das Anbringen von Werbeplakaten und Werbetexten an Werbeflächen, Verkehrsmitteln usw., das Abspielen von Werbefilmen in Filmtheatern oder die Ausstrahlung von Werbesendungen im Fernsehen oder Rundfunk;
- Zeitungsanzeigen von Unternehmern im Gegensatz zu Nichtunternehmern, die Stellenangebote enthalten, ausgenommen Chiffreanzeigen, und sog. Finanzanzeigen, z.B. Veröffentlichung von Bilanzen, Emissionen, Börsenzulassungsprospekten usw., sind Werbeleistungen.

135 Der Begriff „**Dienstleistungen, die der Öffentlichkeitsarbeit dienen**" beschreibt Dienstleistungen, die die Unterrichtung der Öffentlichkeit über die Zielsetzungen, Leistungen und die soziale Aufgeschlossenheit beinhalten.

136 Unter **Werbungsmittler** ist ein Unternehmer zu verstehen, der Werbeaufträge für andere im eigenen Namen und für eigene Rechnung erteilt und ausführt.

137 Eine **Werbeagentur** ist noch umfassender als ein Werbungsmittler tätig. Zu den weiteren Dienstleistungen gehören insbesondere Werbeplanung, Werbeberatung und Werbegestaltung.

138 Im Rahmen von **Messen und Ausstellungen** liegt auch eine Dienstleistung gem. § 3a Abs. 4 Satz 2 Nr. 2 UStG bei der Planung, Gestaltung sowie Aufbau und Abbau von Ständen vor, wenn dieser Stand für Werbezwecke verwendet wird (s. EuGH vom 27.10.2011, C-530/09, BStBl II 2012, 160).

8.3.3 Beratungsleistungen und Dienstleistungen bestimmter Berufsgruppen

139 Unter diese Dienstleistungskategorie fallen explizit die **Dienstleistungen aus der Tätigkeit als Rechtsanwalt, Patentanwalt, Steuerberater, Steuerbevollmächtigter, Wirtschaftsprüfer, vereidigter Buchprüfer, Sachverständiger, Ingenieur, Aufsichtsratsmitglied, Dolmetscher und Übersetzer.** Zudem werden ähnliche **Dienstleistungen anderer Unternehmer, insbesondere die rechtliche, wirtschaftliche und technische Beratung** in diese Katalogleistungsart eingeordnet (s. § 3a Abs. 4 Satz 2 Nr. 3 UStG).

140 Die berufstypischen Dienstleistungen von den explizit im UStG genannten Berufsbildern wie **Rechtsanwälten, Steuerberatern und Wirtschaftsprüfern** u.a. sind grundsätzlich umfassend in diese Dienstleistungskategorie einzusortieren. Tätigkeiten als Testamentsvollstrecker oder Nachlasspfleger sind hingegen keine berufstypische Tätigkeit dieser Berufsgruppen (s. BFH vom 03.04.2008, V R 62/05, BStBl II 2008, 900).

141 Auch Beratungsleistungen von **Notaren** sind prinzipiell unter diese Regelung zu subsumieren, sofern die Beratung nicht unselbständig im Zusammenhang mit einer Beurkundung steht.

142 Ein weiterer Bereich sind die Dienstleistungen von **Sachverständigen**. Die Dienstleistungen umfassen die Erstellung von wirtschaftlichen, rechtlichen und technischen Gutachten und von Finanzierungsplänen, die Auswahl von Herstellungsverfahren und die Prüfung ihrer Wirtschaftlichkeit. Vorrangig sind diese Dienstleistungen jedoch, wenn sie im engen Zusammenhang mit einem Grundstück erfolgen, als Grundstücksdienstleistung mit Ort beim Grundstück (s. § 3a Abs. 3 Nr. 1 UStG, s. Rn. 58) einzugruppieren. Erfolgt die Dienstleistung des Sachverständigen im engem Zusammenhang mit einem beweglichen Gegenstand, gilt sie als Begutachtungsleistung mit Tätigkeitsort, sofern der Kunde ein Nichtunternehmer ist (s. § 3a Abs. 3 Nr. 3 Buchstabe c UStG, s. Rn. 118).

143 **Berufstypische Dienstleistungen eines Ingenieurs** werden grundsätzlich vollumfänglich als die hier vorliegende Katalogleistung qualifiziert. Es ist aber nicht zwingend erforderlich, dass der leistende Unternehmer Ingenieur ist. Berufstypische Ingenieurleistungen werden von der Rechtsprechung als die Anwendung von Kenntnissen und bestehenden Prozessen auf konkrete Probleme sowie das Erwerben von neuen Kenntnissen sowie die Entwicklung von neuen Prozessen zur Lösung dieser und neuer Probleme verstanden (s. BFH vom 13.01.2011, V R 63/09, BStBl II 2011, 461). Dienstleistungen eines Ingenieurs im Bereich Forschungs- und Entwicklungsarbeiten sind im Umfang der Ingenieurleistungen enthalten (s. EuGH vom 07.10.2010, C-222/09, EuGHE I 2010, 9277).

144 Die Anpassung von Software an die besonderen Bedürfnisse des Abnehmers sind als Ingenieurleistungen zu qualifizieren (s. EuGH vom 27.10.2005, C-41/04, EGHE 2005, 9463).

145 **Ingenieurleistungen in engem Zusammenhang mit einem Grundstück** werden vorrangig der Ausnahmeregelung für Grundstücksdienstleistungen mit Ort des Grundstückes zugeordnet (s. § 3a Abs. 3 Nr. 1 UStG, s. Rn. 48 ff.).

146 Im Leistungsumfang der Übersetzer sind auch Übersetzungen von Texten, mit Ausnahme der urheberrechtlich geschützten Übersetzungen, enthalten (s. Art. 41 MwStVO).

Hinweis! Nur selbständige Beratungsleistungen sind als Katalogleistungen gem. § 3a Abs. 4 Satz 2 Nr. 3 UStG zu beurteilen. Eine Beratungsleistung als Nebenleistung, z.B. im Rahmen eine Werklieferung, teilt das umsatzsteuerliche Schicksal dieser Werklieferung. 147

8.3.4 Datenverarbeitung

Der Begriff „**Datenverarbeitung**" beinhaltet die manuelle, mechanische oder elektronische Speicherung, Umwandlung, Verknüpfung und Verarbeitung von Daten (s. § 3a Abs. 4 Satz 2 Nr. 4 UStG). Kernbereich bildet die Automatisierung von gleichförmig wiederholbaren Abläufen, die Sammlung, Aufbereitung, Organisation, Speicherung und Wiedergewinnung von Informationsmengen sowie die Verknüpfung von Datenmengen oder Datenstrukturen mit der Verarbeitung dieser Informationen aufgrund computerorientierter Verfahren. 148

In Abgrenzung ist die Softwareerstellung in Form von Datenverarbeitungsprogrammen keine Datenverarbeitung i.S.v. § 3a Abs. 4 Satz 2 Nr. 4 UStG (s. Abschn. 3a.9 Abs. 15 UStAE). 149

8.3.5 Überlassung von Informationen einschließlich gewerblicher Verfahren und Erfahrungen

Im Mittelpunkt dieser Regelung „Überlassung von **Informationen**" steht die Überlassung aller Erkenntnisse, die ihrer Art nach geeignet sind, technisch oder wirtschaftlich verwendet zu werden (s. § 3a Abs. 4 Satz 2 Nr. 5 UStG). Dazu gehört die Überlassung von Know-how und von Ergebnissen einer Meinungsumfrage auf dem Gebiet der Marktforschung (s. BFH vom 22.11.1973, V R 164/72, BStBl II 1974, 259). 150

Zudem umfasst die Vorschrift Informationen durch **Journalisten** oder Pressedienste, soweit diese nicht urheberrechtlich geschützt sind. 151

Darüber hinaus sind die Dienstleistungen der **Detektive** grundsätzlich Teil dieser Katalogleistung. 152

Die Unterrichtung des Erben über den Erbfall durch einen Erbenermittler ist nicht als Überlassung von Informationen anzusehen (s. BFH vom 03.04.2008, V R 62/05, BStBl II 2008, 900). 153

Der Begriff **„Gewerbliche Verfahren und Erfahrungen"** umfasst insbesondere die Überlassung von Betriebsvorschriften, Unterrichtung über Fabrikationsverbesserungen sowie Unterweisung von Arbeitern des Auftraggebers im Betrieb des Unternehmers. Sie können im Rahmen der laufenden Produktion oder der laufenden Handelsgeschäfte gesammelt, aber auch im Rahmen besonderer Auftragsforschung gewonnen werden, wie Analysen für chemische Produkte, Methoden der Stahlgewinnung, Formeln für die Automation. Die Übermittlung der gewerblichen Verfahren und Erfahrungen kann auf vielfältige Weise wie z.B. durch Vortrag, Zeichnungen, Gutachten oder durch Übergabe von Mustern und Prototypen erfolgen (s. Abschn. 3a.9 Abs. 16 UStAE). 154

Dienstleistungen dieser Kategorie können im Grenzbereich auch unter § 3a Abs. 4 Satz 2 Nr. 1, 3 und 4 UStG fallen. 155

8.3.6 Bestimmte Bank- und Versicherungsdienstleistungen

Diese Dienstleistungskategorie umfasst Dienstleistungen der in § 4 Nr. 8 Buchstabe a bis h und Nr. 10 bezeichneten Art (s. im Einzelnen die Ausführungen zu § 4), die **Verwaltung von Krediten und Kreditsicherheiten** sowie Dienstleistungen im Geschäft mit **Gold, Silber und Platin** mit Ausnahme von Münzen und Medaillen aus diesen Edelmetallen (s. § 3a Abs. 4 Satz 2 Nr. 6 UStG). 156

Zu beachten ist, dass auch die dort als **nicht steuerfrei** bezeichneten Leistungen der hier erörterten Ausnahmeregel unterfallen. In den Anwendungsbereich fällt auch die Vermögensverwaltung mit Wertpapieren (s. EuGH vom 19.07.2012, C-44/11, BStBl II 2012, 945 sowie BFH-Urteil vom 11.10.2012, V R 9/10, BStBl II 2014, 279). 157

Bei **Edelmetallen** umfasst diese Regelung auch den börsenmäßigen Handel mit Platinmetallen (Palladium, Rhodium, Iridium, Osmium, Ruthenium). In Abgrenzung sind Geschäfte mit Platinmetallen, bei denen die Versorgungsfunktion der Verarbeitungsunternehmen im Vordergrund steht, Warengeschäfte (s. Abschn. 3a.9 Abs. 18 UStAE). 158

8.3.7 Gestellung von Personal

159 Der Begriff „**Personalgestellung**" liegt vor, wenn eine Beschäftigung bei einem Dritten unter Fortsetzung des bestehenden Arbeitsverhältnisses besteht.

160 In der Regel werden Personalgestellungen zwischen Unternehmern vereinbart; der Ort bestimmt sich dann nach der Grundregel bei B2B-Geschäften beim Sitz des unternehmerischen Leistungsempfängers (s. § 3a Abs. 2 UStG, s. Rn. 18 ff.).

161 Nur in Ausnahmefällen wird demgemäß die Ausnahmeregelung mit Ort im Drittland eingreifen, da Voraussetzung ist, dass ein Nichtunternehmer mit Wohnsitz/Sitz die Personalgestellung beauftragt.

8.3.8 Verzicht auf Ausübung eines der in § 3a Abs. 4 S. 2 Nr. 1 UStG bezeichneten Rechte

162 Die **bezeichneten Rechte** sind die **Einräumung, Übertragung und Wahrnehmung von Patenten, Urheberrechten, Markenrechten und ähnlichen Rechten**. Bei dieser sonstigen Leistung wird auf diese Rechte verzichtet und der Verzichtende erhält dafür regelmäßig ein Entgelt, damit ein anderer diese verwerten und nutzen kann.

163 Damit die Ausnahmeregelung eingreift, ist auch hier erforderlich, dass der Leistungsempfänger dieses Verzichtes ein Nichtunternehmer mit Wohnsitz/Sitz Drittland ist. Der Anwendungsbereich ist damit unwesentlich.

8.3.9 Verzicht, ganz oder teilweise eine gewerbliche oder berufliche Tätigkeit auszuüben

164 Der Verzicht, ganz oder teilweise eine gewerbliche oder berufliche Tätigkeit auszuüben, wird im Rahmen der Ausnahmeregelung mit der Voraussetzung eines nichtunternehmerischen Leistungsempfängers aus dem Drittland keinen großen Anwendungsbereich haben.

165 Einstweilen frei

8.3.10 Vermietung beweglicher körperlicher Gegenstände, ausgenommen Beförderungsmittel

166 Eine Vermietung von beweglichen körperlichen Gegenständen i.S.d. § 3a Abs. 4 Satz 2 Nr. 10 UStG ist z.B. gegeben, wenn ein bestehender Messestand oder wesentliche Bestandteile eines Standes im Zusammenhang mit **Messen und Ausstellungen** an Aussteller vermietet werden und die Vermietung ein wesentliches Element dieser Dienstleistung ist (s. EuGH-Urteil vom 27.10.2011, C-530/09, BStBl II 2012, 160).

167 Weitere Dienstleistungen im Zusammenhang mit Messen und Ausstellungen s. Rn. 102 ff.

168 Einstweilen frei

8.3.11 Dienstleistungen auf dem Gebiet der Telekommunikation bis 2014

169 Der Begriff „**Dienstleistungen auf dem Gebiet der Telekommunikation**" (s. § 3a Abs. 4 Satz 2 Nr. 11 UStG) enthält die Übertragung, die Ausstrahlung oder den Empfang von Signalen, Schrift, Bild und Ton oder Informationen jeglicher Art über Draht, Funk, optische oder sonstige elektromagnetische Medien, einschließlich der damit im Zusammenhang stehenden Abtretung und Einräumung von Nutzungsrechten an Einrichtungen zur Übertragung, zur Ausstrahlung oder zum Empfang.

170 Die Finanzverwaltung hat eine für die Praxis wichtige detaillierte Übersicht über die konkreten Dienstleistungen zusammengestellt (s. Abschn. 3a.10 Abs. 2, 5 UStAE):

- Die Übertragung von Signalen, Schrift, Bild, Ton, Sprache oder Informationen jeglicher Art, einschließlich Videoübertragungen und Schaltungen von Videokonferenzen:
  - via Festnetz;
  - via Mobilfunk;
  - via Satellitenkommunikation;
  - via Internet.
- die Bereitstellung von Leitungskapazitäten oder Frequenzen im Zusammenhang mit der Einräumung von Übertragungskapazitäten, einschließlich Kontroll- und Überwachungsmaßnahmen im Zusammen-

hang mit der Einräumung von Übertragungskapazitäten zur Sicherung der Betriebsbereitschaft durch Fernüberwachung oder Vor-Ort-Service:
- im Festnetz;
- im Mobilfunk;
- in der Satellitenkommunikation;
- im Rundfunk- und Fernsehnetz;
- beim Kabelfernsehen.

- die Verschaffung von Zugangsberechtigungen (einschließlich der Überlassung von sog. „Calling-Cards") zu:
  - den Festnetzen;
  - den Mobilfunknetzen;
  - der Satellitenkommunikation;
  - dem Internet;
  - dem Kabelfernsehen.
- die Vermietung und die Zurverfügungstellung von Telekommunikationsanlagen im Zusammenhang mit der Einräumung von Nutzungsmöglichkeiten der verschiedenen Übertragungskapazitäten. Dagegen handelt es sich bei der Vermietung von Telekommunikationsanlagen ohne Einräumung von Nutzungsmöglichkeiten von Übertragungskapazitäten um die Vermietung beweglicher körperlicher Gegenstände i.S.d. § 3a Abs. 4 Satz 2 Nr. 10 UStG.
- die Einrichtung von „voice-mail-box-Systemen".
- die Anbieter globaler Informationsnetze (sog. **Online-Anbieter**) erbringen häufig ein Bündel von Dienstleistungen an ihre Abnehmer, die als Dienstleistungen auf dem Gebiet Telekommunikation angesehen werden:
  - Die Einräumung des Zugangs zum Internet;
  - die Ermöglichung des Bewegens im Internet;
  - die Übertragung elektronischer Post (E-Mail) einschließlich der Zeit, die der Anwender zur Abfassung und Entgegennahme dieser Nachrichten benötigt, sowie die Einrichtung einer Mailbox.

Bei den Dienstleistungen der **Online-Anbieter** erfolgt grundsätzlich für jede einzelne Dienstleistung eine gesonderte Beurteilung. Anders ist die Situation zu beurteilen, wenn die Dienstleistungen vornehmlich darin bestehen, dem Abnehmer den Zugang zum Internet oder das Bewegen im Internet zu ermöglichen. Die daneben erbrachten Dienstleistungen sind dann lediglich Nebenleistungen, die das Schicksal der Hauptleistungen auf dem Gebiet der Telekommunikation teilen. 171

Hinweis! Ab 2015 liegt bei Dienstleistungen auf dem Gebiet der Telekommunikation gem. der Europäischen Mehrwertsteuersystemrichtlinie als neue Ausnahmeregelung der umsatzsteuerliche Ort grundsätzlich beim Wohnsitz/Sitz des nichtunternehmerischen Leistungsempfängers (s. Art. 58 MwStSystRL, § 3a Abs. 5 S. 2 Nr. 1 UStG n.F., s. Rn. 207). Neuregelungen gibt es bei Telekommunikationsleistungen auch im Bereich der Dienstleistungskommission (s. § 3 Abs. 11a n.F.). 172

8.3.12 Rundfunk- und Fernsehdienstleistungen bis 2014

Unter dem Begriff „**Rundfunk- und Fernsehdienstleistungen**" (s. § 3a Abs. 4 Satz 2 Nr. 12 UStG) sind Rundfunk- und Fernsehprogramme, die über Kabel, Antenne oder Satellit verbreitet werden, zu verstehen. Eine gleichzeitige Verbreitung über das Internet oder ein ähnliches elektronisches Netz ist möglich. Wird ein Rundfunk- und Fernsehprogramm hingegen nur über das Internet oder ein ähnliches elektronisches Netz verbreitet, liegt eine auf elektronischem Weg erbrachte Dienstleistung vor (s. § 3a Abs. 4 Satz 2 Nr. 13 UStG, s. Rn. 186). Dies gilt auch bei einer Bereitstellung von Sendungen und Veranstaltungen aus den Bereichen Politik, Kultur, Kunst, Sport, Wissenschaft und Unterhaltung über das Internet, z.B. Radio nur über das Internet. 173

174 **Hinweis!** Ab 2015 liegt bei Rundfunk- und Fernsehdienstleistungen gem. der Europäischen Mehrwertsteuersystemrichtlinie als neue Ausnahmeregelung der umsatzsteuerliche Ort grundsätzlich beim Wohnsitz/Sitz des nichtunternehmerischen Leistungsempfängers (s. Art. 58 MwStSystRL, § 3a Abs. 5 S. 2 Nr. 2 UStG n.F., s. Rn. 211).

8.3.13 Auf elektronischem Weg erbrachte Dienstleistungen bis 2014

175 Der Begriff „**auf elektronischem Weg erbrachte Dienstleistungen**" (s. § 3a Abs. 4 Satz 2 Nr. 13 UStG) umfasst Dienstleistungen, die über das Internet oder ein ähnliches elektronisches Netz erbracht werden, deren Erbringung aufgrund ihrer Art im Wesentlichen automatisiert und nur mit minimaler menschlicher Beteiligung erfolgt und ohne Informationstechnologie nicht möglich wäre (s. Art. 7 Abs. 1 MwStVO).

176 In der EU-weit gültigen Mehrwertsteuerdurchführungsverordnung ist – für die Praxis von großer Bedeutung – sehr detailliert der Umfang dieser Dienstleistungskategorie aufgelistet (s. Art. 7 Abs. 2 MwStVO):

- Überlassung digitaler Produkte allgemein, z.B. Software und zugehörige Änderungen oder Upgrades;
- Dienste, die in elektronischen Netzen eine Präsenz zu geschäftlichen oder persönlichen Zwecken, z.B. eine Website oder eine Webpage, vermitteln oder unterstützen;
- von einem Computer automatisch generierte Dienstleistungen über das Internet oder ein ähnliches elektronisches Netz auf der Grundlage spezifischer Dateninputs des Dienstleistungsempfängers;
- Einräumung des Rechts, gegen Entgelt eine Leistung auf einer Website, die als Online-Marktplatz fungiert, zum Kauf anzubieten, wobei die potenziellen Käufer ihr Gebot im Wege eines automatisierten Verfahrens abgeben und die Beteiligten durch eine automatische, computergenerierte E-Mail über das Zustandekommen eines Verkaufs unterrichtet werden;
- Internet-Service-Pakete, in denen die Telekommunikations-Komponente ein ergänzender oder untergeordneter Bestandteil ist (d.h. Pakete, die mehr ermöglichen als nur die Gewährung des Zugangs zum Internet und die weitere Elemente wie etwa Nachrichten, Wetterbericht, Reiseinformationen, Spielforen, Webhosting, Zugang zu Chatlines usw. umfassen).

177 Weitere konkrete Detailbeschreibungen über den **Umfang der Dienstleistungen** sind im Anhang I zu Art. 7 MwStVO festgehalten:

- Webhosting (Websites und Webpages);
- automatisierte Online-Fernwartung von Programmen;
- Fernverwaltung von Systemen;
- Online-Data-Warehousing (Datenspeicherung und -abruf auf elektronischem Wege);
- Online-Bereitstellung von Speicherplatz nach Bedarf;
- Gewährung des Zugangs zu oder Herunterladen von Software (z.B. Beschaffungs- oder Buchführungsprogramme;
- Software zur Virusbekämpfung) und Updates;
- Bannerblocker (Software zur Unterdrückung der Anzeige von Werbebannern);
- Herunterladen von Treibern (z.B. Software für Schnittstellen zwischen Computern und Peripheriegeräten wie z.B. Printer);
- automatisierte Online-Installation von Filtern auf Websites;
- automatisierte Online-Installation von Firewalls;
- Gewährung des Zugangs zu oder Herunterladen von Desktop-Gestaltungen;
- Gewährung des Zugangs zu oder Herunterladen von Fotos, Bildern und Screensavern;
- digitalisierter Inhalt von E-Books und anderen elektronischen Publikationen;
- Abonnement von Online-Zeitungen und -Zeitschriften;
- Web-Protokolle und Website-Statistiken;
- Online-Nachrichten, -Verkehrsinformationen und -Wetterbericht;
- Online-Informationen, die automatisch anhand spezifischer, vom Dienstleistungsempfänger eingegebener Daten etwa aus dem Rechts- oder Finanzbereich generiert werden (z.B. Börsendaten in Echtzeit);
- Bereitstellung von Werbeplätzen (z.B. Bannerwerbung auf Websites und Webpages);

- Benutzung von Suchmaschinen und Internetverzeichnissen;
- Gewährung des Zugangs zu oder Herunterladen von Musik auf Computer und Mobiltelefon;
- Gewährung des Zugangs zu oder Herunterladen von Jingles, Ausschnitten, Klingeltönen und anderen Tönen;
- Gewährung des Zugangs zu oder Herunterladen von Filmen;
- Herunterladen von Spielen auf Computer und Mobiltelefon;
- Gewährung des Zugangs zu automatisierten Online-Spielen, die nur über das Internet oder ähnliche elektronische Netze laufen und bei denen die Spieler räumlich voneinander getrennt sind;
- Automatisierter Fernunterricht, dessen Funktionieren auf das Internet oder ein ähnliches elektronisches Netz angewiesen ist und dessen Erbringung wenig oder gar keine menschliche Beteiligung erfordert, einschließlich sogenannter virtueller Klassenzimmer, es sei denn, das Internet oder das elektronische Netz dient nur als Kommunikationsmittel zwischen Lehrer und Schüler;
- Arbeitsunterlagen, die vom Schüler online bearbeitet und anschließend ohne menschliches Eingreifen automatisch korrigiert werden.

Aus dieser umfangreichen Auflistung ist zu erkennen, wie wichtig diese Dienstleistungskategorie in der Praxis ist und dass sie zukünftig weiter an Bedeutung gewinnen wird. 178

Der umsatzsteuerliche Ort ist grundsätzlich wie bei den anderen Katalogleistungen im Rahmen dieser Ausnahmeregelung bei **nichtunternehmerischen Kunden** beim Wohnsitz/Sitz im Drittland. 179

Ansonsten greifen die Grundregeln, **B2C-Geschäft Ort des Leistenden** und **B2B-Geschäft Ort des Leistungsempfängers**, ein (s. zum letztgenannten Fall auch Beispiel Rn. 130). 180

Als Besonderheit ist bei einem im Drittland ansässigen Dienstleister zu beachten, dass der Ort seiner Dienstleistungen an einen nichtunternehmerischen Leistungsempfänger mit Wohnsitz/Sitz im Gemeinschaftsgebiet beim Wohnsitz des Leistungsempfänger ist (s. § 3a Abs. 5 UStG a.F.). Gleiches gilt, wenn der Unternehmer die Dienstleistung von einer im Drittland ansässigen Betriebsstätte erbringt. 181

Hinweis! Ab 2015 liegt bei auf elektronischem Weg erbrachten Dienstleistungen gem. der Europäischen Mehrwertsteuersystemrichtlinie grundsätzlich als neue Ausnahmeregelung der umsatzsteuerliche Ort beim Wohnsitz/Sitz des nichtunternehmerischen Leistungsempfängers (s. Art. 58 MwStSystRL, § 3a Abs. 5 S. 2 Nr. 3 UStG n.F., s. Rn. 213). 182

8.3.14 Gewährung des Zugangs zum Erdgas-, Elektrizitäts-, Wärme-, Kältenetzen

In diese Dienstleistungsgruppe im Rahmen der Katalogleistungen fällt die **Gewährung des Zugangs zum Erdgasnetz, zum Elektrizitätsnetz oder zu Wärme- oder Kältenetzen und die Fernleitung, die Übertragung oder Verteilung über diese Netze sowie die Erbringung anderer damit unmittelbar zusammenhängender sonstiger Leistungen** (s. § 3a Abs. 4 Satz 2 Nr. 14 UStG). 183

Zu den **unmittelbar zusammenhängenden Umsätzen** gehören insbesondere Serviceleistungen wie Überwachung, Netzoptimierung, Notrufbereitschaften (s. Abschn. 3a.13 Abs. 2 UStAE). 184

Vermittlungsleistungen im Rahmen dieser Dienstleistungen fallen bei B2C-Geschäften grundsätzlich unter den Ausnahmetatbestand für Vermittlungsleistungen gem. § 3a Abs. 3 Nr. 4 UStG, s. Rn. 119 ff. 185

9. Telekommunikations-, Rundfunk-, Fernseh- sowie elektronisch erbrachte Dienstleistungen ab 2015

9.1 Einordnung

Nach dem Gesetz zur Anpassung des nationalen Steuerrechts an den Beitritt Kroatiens zur EU und zur Änderung weiterer steuerlicher Vorschriften vom 25.07.2014, BGBl I 2014, 1266 wurde in § 3a Abs. 5 UStG n.F. der Leistungsort neu geregelt. Gleichzeitig wurden der bisherige § 3a Abs. 4 Satz 2 Nr. 11–13 UStG, s. Rn. 169 ff. aufgehoben und § 3a Abs. 6 Satz 1 sowie Abs. 8 UStG an diese Neuregelungen beim Leistungsort angepasst. 186

187 Ab 01.01.2015 hat sich damit bei **B2C-Geschäften** im Rahmen von:

- Dienstleistungen auf dem Gebiet der Telekommunikation,
- Rundfunkdienstleistungen,
- Fernsehdienstleistungen sowie
- auf elektronischem Weg erbrachte Dienstleistungen

grundsätzlich die Ortsbestimmung geändert (s. § 3a Abs. 5 n.F.). Diese Dienstleistungen werden ab 2015 zudem nicht mehr unter den Katalogleistungen gelistet (s. Altregelung bis Ende 2014 unter Kap. 8.).

188 In diesem Zusammenhang wurde für Unternehmer, die derartige Umsätze in anderen EU-Mitgliedstaaten erbringen als dem, in dem sie ihren Sitz oder eine Betriebsstätte haben, ab 2015 ein besonderes Besteuerungsverfahren erstmalig eingeführt (s. §§ 18 Abs. 4e, 18h UStG).

189 Schließlich wurde das **besondere Besteuerungsverfahren** für im Drittlandsgebiet ansässige Unternehmer (s. § 18 Abs. 4c, 4d UStG), das bis zum 31.12.2014 auf Unternehmer beschränkt war, die im Gemeinschaftsgebiet Dienstleistungen auf elektronischem Weg an Nichtunternehmer erbringen, ab 01.01.2015 auf Unternehmer erweitert, die Telekommunikations-, Rundfunk- und Fernsehdienstleistungen an Nichtunternehmer erbringen.

190 Weiterhin zu berücksichtigen ist, dass mit der Durchführungsverordnung (EU) Nr. 1042/2013 des Rates vom 07.10.2013 zur Änderung der Durchführungsverordnung (EU) Nr. 282/2011 bezüglich des Ortes der Dienstleistung (ABl. EU Nr. L 284 S. 1) die unmittelbar in allen Mitgliedstaaten anwendbare Mehrwertsteuer-Durchführungsverordnung geändert wurde. Konkret wurden eine Reihe von Auslegungsvorschriften zu den Ortsregelungen bei Dienstleistungen geändert und insbesondere zum Dienstleistungsort bei Telekommunikations-, Rundfunk-, Fernsehdienstleistungen sowie auf elektronischem Weg erbrachten Dienstleistungen an Nichtunternehmer ergänzt.

191 Zu beachten ist auch eine unionsweit abgestimmte Nichtbeanstandungsregelung für nach dem 31.12.2014 ausgeführte Umsätze eingeführt, wenn für diese Umsätze vor dem 01.01.2015 Anzahlungen vom nichtunternehmerischen Leistungsempfänger entrichtet wurden (s. BMF vom 11.12.2014, BStBl I 2014, 1631).

192 Bei nach dem 31.12.2014 ausgeführten Telekommunikations-, Rundfunk-, Fernsehdienstleistungen sowie auf elektronischem Weg erbrachten Dienstleistungen an Nichtunternehmer richtet sich der Leistungsort nach dem Sitz, dem Wohnsitz oder dem gewöhnlichen Aufenthaltsort des Leistungsempfängers. Dies gilt unabhängig davon, ob der leistende Unternehmer das Entgelt oder Teile des Entgelts vor dem 01.01.2015 vereinnahmt hat oder nicht.

193 Hat der leistende Unternehmer das Entgelt oder Teile des Entgelts für eine nach dem 31.12.2014 an einen Nichtunternehmer erbrachte Telekommunikations-, Rundfunk-, Fernsehdienstleistung oder auf elektronischem Weg erbrachte Dienstleistung vor dem 01.01.2015 vereinnahmt und diese nach den bis zum 31.12.2014 geltenden Regelungen an dem Ort versteuert, an dem er seinen Sitz oder eine Betriebsstätte hat, die die Entgelte oder Teilentgelte tatsächlich vereinnahmt hat, wird es aus Vereinfachungsgründen nicht beanstandet, wenn der Unternehmer bei der endgültigen Abrechnung der Leistung diese Zahlungen nicht berichtigt. In der endgültigen Abrechnung sind dann die gezahlten **Abschlagszahlungen** mit ihrem Nettobetrag (ohne Umsatzsteuer) auf die Bemessungsgrundlage anzurechnen, wenn die Umsatzsteuer bis zum Zeitpunkt der endgültigen Abrechnung nicht an den Leistungsempfänger zurückerstattet wurde.

194 Voraussetzung hierfür ist, dass die Anzahlung vom leistenden Unternehmer in zutreffender Höhe versteuert (= in einer Umsatzsteuer-Voranmeldung oder in einer Umsatzsteuererklärung für das Kalenderjahr angemeldet) wurde. In derartigen Fällen sind etwaige Rechnungen, mit denen über die Anzahlungen abgerechnet wurde, nicht zu berichtigen.

9.2 Dienstleistungsort

195 Ist der Empfänger einer dieser Dienstleistungen:

1. **Kein Unternehmer**, für dessen Unternehmen die Leistung bezogen wird,
2. keine ausschließlich nicht unternehmerisch tätige juristische Person, der eine Umsatzsteuer-Identifikationsnummer erteilt worden ist,

3. keine juristische Person, die sowohl unternehmerisch als auch nicht unternehmerisch tätig ist, bei der die Leistung nicht ausschließlich für den privaten Bedarf des Personals oder eines Gesellschafters bestimmt ist,

wird diese Dienstleistung gem. § 3a Abs. 5 S. 1 UStG n.F. ab 01.01.2015 an dem Ort ausgeführt, an dem der Leistungsempfänger seinen Wohnsitz, seinen gewöhnlichen Aufenthaltsort oder seinen Sitz hat.

Der Ort dieser Umsätze **an Unternehmer** bzw. gleichgestellte Personen liegt gem. der Grundregel für B2B-Geschäfte weiterhin beim Sitz des Leistungsempfängers (s. § 3a Abs. 2 UStG, s. Rn. 18 ff.). 196

Ungeachtet gegenteiliger Informationen kann jedoch der **Erbringer von Telekommunikations-, Rundfunk- oder elektronisch erbrachten Dienstleistungen** davon ausgehen, dass ein innerhalb der Gemeinschaft ansässiger Dienstleistungsempfänger den Status eines Nichtsteuerpflichtigen hat, solange der Dienstleistungsempfänger ihm seine individuelle USt-IdNr. nicht mitgeteilt hat. (s. Art. 18 Abs. 2 MwStVO). 197

Wird eine in § 3a Abs. 5 UStG n.F. bezeichnete sonstige Leistung an einen Nichtunternehmer erbracht, der in verschiedenen Ländern ansässig ist oder seinen Wohnsitz in einem Land und seinen gewöhnlichen Aufenthaltsort in einem anderen Land hat, gilt Folgendes (s. Art. 24 MwStVO): 198

- Bei Dienstleistungen an eine nicht unternehmerisch tätige juristische Person, der keine USt-IdNr. erteilt worden ist, ist der Leistungsort vorrangig an dem Ort, an dem die Handlungen zur zentralen Verwaltung der juristischen Person vorgenommen werden, soweit keine Anhaltspunkte dafür vorliegen, dass die Leistung an deren Betriebsstätte genutzt oder ausgewertet wird,
- bei Leistungen an eine natürliche Person der Leistungsort vorrangig an deren gewöhnlichem Aufenthaltsort, soweit keine Anhaltspunkte dafür, vorliegen, dass die Leistung an deren Wohnsitz genutzt oder ausgewertet wird.

Wird eine der benannten **Dienstleistungen an einen Nichtunternehmer** an Orten wie Telefonzellen, Kiosk-Telefonen, WLAN-Hot-Spots, Internetcafés, Restaurants oder Hotellobbys erbracht, und muss der Leistungsempfänger an diesem Ort physisch anwesend sein, damit ihm der leistende Unternehmer die Dienstleistung erbringen kann, so wird vermutet, dass der Leistungsempfänger an diesem Ort ansässig ist (s. Art. 24a Abs. 1 MwStVO). Werden diese Dienstleistungen an Bord eines Schiffs, eines Flugzeugs oder in einer Eisenbahn während des innerhalb des Gemeinschaftsgebiets stattfindenden Teils einer Personenbeförderung (s. § 3e Abs. 2 UStG) erbracht, gilt der Abgangsort des jeweiligen Beförderungsmittels im Gemeinschaftsgebiet als Leistungsort (s. Art. 24a Abs. 2 MwStVO). 199

Folgende weitere **Ortsvermutungen** bestehen bei bestimmten Einzelfällen an Nichtunternehmer bei dieser Dienstleistungsgruppe (s. Art. 24b Buchst. a–c MwStVO): 200

- Bei über den Festnetzanschluss des Leistungsempfängers erbrachte Dienstleistungen, der Ort, an dem sich der Festnetzanschluss befindet,
- bei über mobile Netze erbrachte Dienstleistungen, das Land, das durch den Ländercode der bei Inanspruchnahme der Dienstleistungen verwendeten SIM-Karte bezeichnet wird,
- bei erbrachten Dienstleistungen, für die ein Decoder oder ein ähnliches Gerät oder eine Programm- oder Satellitenkarte verwendet werden muss und kein Festnetzanschluss verwendet wird, der Ort, an dem sich der Decoder oder das ähnliche Gerät befindet, oder, wenn dieser Ort unbekannt ist, an dem Ort, an den die Programm- oder Satellitenkarte zur Verwendung gesendet wird.

Die **Ortsvermutungen** nach Art. 24a oder 24b Buchst. a–c MwStVO können durch drei einander nicht widersprechende Beweismittel widerlegt werden, aus denen hervorgeht, dass der Dienstleistungsempfänger an einem anderen Ort ansässig ist oder seinen Wohnsitz oder seinen gewöhnlichen Aufenthaltsort hat (s. Art. 24d MwStVO). 201

Folgende **Beweismittel** stehen hierbei zur Verfügung (s. Art. 24f MwStVO): 202

- Die Rechnungsanschrift des Dienstleistungsempfängers;
- die Internet-Protokoll-Adresse (IP-Adresse) des von dem Dienstleistungsempfänger verwendeten Geräts oder jedes Verfahren der Geolokalisierung;
- Bankangaben wie der Ort, an dem das für die Zahlung verwendete Bankkonto geführt wird oder die der Bank vorliegende Rechnungsanschrift des Dienstleistungsempfängers;

- der Mobilfunk-Ländercode (Mobile Country Code — MCC) der Internationalen Mobilfunk-Teilnehmerkennung (International Mobile Subscriber Identity — IMSI), der auf der von dem Dienstleistungsempfänger verwendeten SIM-Karte (Teilnehmer-Identifikationsmodul — Subscriber Identity Module) gespeichert ist;
- der Ort des Festnetzanschlusses des Dienstleistungsempfängers, über den ihm die Dienstleistung erbracht wird;
- sonstige wirtschaftlich relevante Informationen.

203 Bei unter anderen als den in den Art. 24a oder 24b Buchst. a-c MwStVO genannten Bedingungen erbrachte derartige Dienstleistungen gilt die Vermutung, dass der Dienstleistungsempfänger an dem Ort ansässig ist oder seinen Wohnsitz oder seinen gewöhnlichen Aufenthaltsort hat, der vom Leistungserbringer unter Verwendung von zwei einander nicht widersprechenden Beweismitteln gem. Art. 24f MwStVO als solcher bestimmt wird.

204 Das für den leistenden Unternehmer zuständige Finanzamt kann die Vermutungen widerlegen, wenn ihm Hinweise vorliegen, dass der leistende Unternehmer den Leistungsort falsch oder missbräuchlich festgelegt hat (s. Abschn. 3a.9 Abs. 7 UStAE).

205 **Beispiel:** Der Unternehmer A mit Sitz in Hannover schließt einen Vertrag über die Erbringung von Telekommunikationsleistungen (Übertragung von Signalen, Schrift, Bild, Ton oder Sprache) mit der Privatperson P ab. Nach den Vertragsvereinbarungen werden an P Telekommunikationsleistungen über den Festnetzanschluss des P in Spanien sowie über mobile Netze erbracht, bei denen P eine deutsche SIM-Karte verwendet. P gibt als Rechnungsadresse die Adresse der ihm gehörenden Ferienwohnung in Spanien an. Die für die Telekommunikationsleistungen in Rechnung gestellten Beträge werden von A über das von P angegebene Konto einer Bank in Spanien abgewickelt. A sieht als Leistungsort entsprechend der Beweismittel Spanien an. Bei einer Betriebsprüfung stellt das Finanzamt des A fest, dass die mobil erbrachten Telekommunikationsleistungen des A über das Handy des P mit deutscher SIM-Karte erbracht wurden.

Lösung: Die Ortsvermutung ist von A falsch angewendet worden. Als Leistungsort gilt danach insoweit Deutschland.

206 Wird an einen Nichtunternehmer neben der kurzfristigen Vermietung von Wohn- und Schlafräumen oder Campingplätzen noch eine in § 3a Abs. 5 Satz 2 UStG bezeichnete Dienstleistung erbracht, gilt diese als am Ort der Vermietungsleistung erbracht (s. Art. 31c MwStVO).

9.3 Dienstleistungsarten

9.3.1 Dienstleistungen auf dem Gebiet der Telekommunikation ab 2015

207 Der Begriff „**Dienstleistungen auf dem Gebiet der Telekommunikation**" i.S.v. § 3a Abs. 5 S. 2 Nr. 1 UStG enthält die Übertragung, die Ausstrahlung oder den Empfang von Signalen, Schrift, Bild und Ton oder Informationen jeglicher Art über Draht, Funk, optische oder sonstige elektromagnetische Medien, einschließlich der damit im Zusammenhang stehenden Abtretung und Einräumung von Nutzungsrechten an Einrichtungen zur Übertragung, zur Ausstrahlung oder zum Empfang.

208 Die Finanzverwaltung hat eine für die Praxis wichtige detaillierte Übersicht über die konkreten Dienstleistungen zusammengestellt (s. Abschn. 3a.10 Abs. 2, 5 UStAE):

- Die Übertragung von Signalen, Schrift, Bild, Ton, Sprache oder Informationen jeglicher Art, einschließlich Videoübertragungen und Schaltungen von Videokonferenzen
  - via Festnetz;
  - via Mobilfunk;
  - via Satellitenkommunikation;
  - via Internet.
- die Bereitstellung von Leitungskapazitäten oder Frequenzen im Zusammenhang mit der Einräumung von Übertragungskapazitäten, einschließlich Kontroll- und Überwachungsmaßnahmen im Zusammen-

hang mit der Einräumung von Übertragungskapazitäten zur Sicherung der Betriebsbereitschaft durch Fernüberwachung oder Vor-Ort-Service
  - im Festnetz;
  - im Mobilfunk;
  - in der Satellitenkommunikation;
  - im Rundfunk- und Fernsehnetz;
  - beim Kabelfernsehen.
- die Verschaffung von Zugangsberechtigungen (einschließlich der Überlassung von sog. „Calling-Cards") zu
  - den Festnetzen;
  - den Mobilfunknetzen;
  - der Satellitenkommunikation;
  - dem Internet;
  - dem Kabelfernsehen.
- die Vermietung und die Zurverfügungstellung von Telekommunikationsanlagen im Zusammenhang mit der Einräumung von Nutzungsmöglichkeiten der verschiedenen Übertragungskapazitäten. Dagegen handelt es sich bei der Vermietung von Telekommunikationsanlagen ohne Einräumung von Nutzungsmöglichkeiten von Übertragungskapazitäten um die Vermietung beweglicher körperlicher Gegenstände i.S.d. § 3a Abs. 4 Satz 2 Nr. 10 UStG.
- die Einrichtung von „voice-mail-box-Systemen".
- die Anbieter globaler Informationsnetze (sog. Online-Anbieter) erbringen häufig ein Bündel von Dienstleistungen an ihre Abnehmer, die als Dienstleistungen auf dem Gebiet Telekommunikation angesehen werden:
  - Die Einräumung des Zugangs zum Internet;
  - die Ermöglichung des Bewegens im Internet;
  - die Übertragung elektronischer Post (E-Mail) einschließlich der Zeit, die der Anwender zur Abfassung und Entgegennahme dieser Nachrichten benötigt, sowie die Einrichtung einer Mailbox.

Zu den Telekommunikationsdienstleistungen gehören beispielsweise (s. Abschn. 3a.10 Abs. 2 S. 2 UStAE; **209**
BMF vom 11.12.2014, BStBl I 2014, 1631, IV D 3 – S-7340/14/10002):

- Festnetz- und Mobiltelefondienste zur wechselseitigen Ton-, Daten- und Videoübertragung einschließlich Telefondienstleistungen mit bildgebender Komponente (Videofonie);
- über das Internet erbrachte Telefondienstleistungen einschließlich VoIP-Dienstleistungen (Voice over Internet Protocol);
- Sprachspeicherung (Voicemail), Anklopfen, Rufumleitung, Anruferkennung, Dreiwegeanruf und andere Anrufverwaltungsdienste;
- Personenrufdienste (sog. Paging-Dienste);
- Audiotextdienste;
- Fax, Telegrafie und Fernschreiben;
- der Zugang zum Internet und World Wide Web;
- private Netzanschlüsse für Telekommunikationsverbindungen zur ausschließlichen Nutzung durch den Dienstleistungsempfänger.

Bei den Dienstleistungen der **Online-Anbieter** erfolgt grundsätzlich für jede einzelne Dienstleistung eine **210**
gesonderte Beurteilung. Anders ist die Situation zu beurteilen, wenn die Dienstleistungen vornehmlich darin bestehen, dem Abnehmer den Zugang zum Internet oder das Bewegen im Internet zu ermöglichen. Die daneben erbrachten Dienstleistungen sind dann lediglich Nebenleistungen, die das Schicksal der Hauptleistungen auf dem Gebiet der Telekommunikation teilen.

9.3.2 Rundfunk- und Fernsehdienstleistungen ab 2015

Unter dem Begriff „**Rundfunk- und Fernsehdienstleistungen**" i.S.v. § 3a Abs. 5 S. 2 Nr. 2 UStG sind **211**
Rundfunk- und Fernsehprogramme, die auf der Grundlage eines Sendeplans über Kommunikationsnetze,

wie Kabel, Antenne oder Satellit, durch einen Mediendiensteanbieter unter dessen redaktioneller Verantwortung der Öffentlichkeit zum zeitgleichen Anhören oder Ansehen verbreitet werden, zu verstehen (s. Art. 6b Abs. 1 MwStVO). Eine gleichzeitige Verbreitung über das Internet oder ein ähnliches elektronisches Netz ist möglich. Wird ein Rundfunk- und Fernsehprogramm hingegen nur über das Internet oder ein ähnliches elektronisches Netz verbreitet und nicht zeitgleich durch herkömmliche Rundfunk- oder Fernsehdienstleister übertragen wird, gehört nicht zu den Rundfunk- und Fernsehdienstleistungen, liegt eine auf elektronischem Weg erbrachte Dienstleistung vor (s. Rn. 213). Dies gilt auch bei einer Bereitstellung von Sendungen und Veranstaltungen aus den Bereichen Politik, Kultur, Kunst, Sport, Wissenschaft und Unterhaltung über das Internet, z.B. Radio nur über das Internet.

212 **Nicht** zu den **Rundfunk- und Fernsehdienstleistungen** i.S.d. § 3a Abs. 5 Satz 1 Nr. 2 UStG n.F. gehören insbesondere (s. Abschn. 3a.11 Abs. 2a UStAE, BMF vom 11.12.2014, BStBl I 2014, 1631 IV D 3 – S-7340/14/10002):

- Die Bereitstellung von Informationen über bestimmte auf Abruf erhältliche Programme;
- die Übertragung von Sende- oder Verbreitungsrechten;
- das Leasing von Geräten und technischer Ausrüstung zum Empfang von Rundfunk- und Fernsehdienstleistungen.

9.3.3 Auf elektronischem Weg erbrachte Dienstleistungen ab 2015

213 Der Begriff „**auf elektronischem Weg erbrachte Dienstleistungen**" i.S.v. § 3a Abs. 5 S. 2 Nr. 3 UStG umfasst Dienstleistungen, die über das Internet oder ein ähnliches elektronisches Netz erbracht werden, deren Erbringung aufgrund ihrer Art im Wesentlichen automatisiert und nur mit minimaler menschlicher Beteiligung erfolgt und ohne Informationstechnologie nicht möglich wäre (s. Art. 7 Abs. 1 MwStVO).

214 In der EU-weit gültigen Mehrwertsteuerdurchführungsverordnung ist – für die Praxis von großer Bedeutung – sehr detailliert der Umfang dieser **Dienstleistungskategorie** aufgelistet (Art. 7 Abs. 2 MwStVO):

- Überlassung digitaler Produkte allgemein, z.B. Software und zugehörige Änderungen oder Upgrades;
- Dienste, die in elektronischen Netzen eine Präsenz zu geschäftlichen oder persönlichen Zwecken, z.B. eine Website oder eine Webpage, vermitteln oder unterstützen;
- von einem Computer automatisch generierte Dienstleistungen über das Internet oder ein ähnliches elektronisches Netz auf der Grundlage spezifischer Dateninputs des Dienstleistungsempfängers;
- Einräumung des Rechts, gegen Entgelt eine Leistung auf einer Website, die als Online-Marktplatz fungiert, zum Kauf anzubieten, wobei die potenziellen Käufer ihr Gebot im Wege eines automatisierten Verfahrens abgeben und die Beteiligten durch eine automatische, computergenerierte E-Mail über das Zustandekommen eines Verkaufs unterrichtet werden;
- Internet-Service-Pakete, in denen die Telekommunikations-Komponente ein ergänzender oder untergeordneter Bestandteil ist (d.h. Pakete, die mehr ermöglichen als nur die Gewährung des Zugangs zum Internet und die weitere Elemente wie etwa Nachrichten, Wetterbericht, Reiseinformationen, Spielforen, Webhosting, Zugang zu Chatlines usw. umfassen).

215 Weitere konkrete **Detailbeschreibungen über den Umfang der Dienstleistungen** sind im Anhang I zu Art. 7 MwStVO festgehalten:

- Webhosting (Websites und Webpages);
- automatisierte Online-Fernwartung von Programmen;
- Fernverwaltung von Systemen;
- Online-Data-Warehousing (Datenspeicherung und -abruf auf elektronischem Wege);
- Online-Bereitstellung von Speicherplatz nach Bedarf;
- Gewährung des Zugangs zu oder Herunterladen von Software (z.B. Beschaffungs- oder Buchführungsprogramme);
- Software zur Virusbekämpfung) und Updates;
- Bannerblocker (Software zur Unterdrückung der Anzeige von Werbebannern);

- Herunterladen von Treibern (z.B. Software für Schnittstellen zwischen Computern und Peripheriegeräten wie z.B. Printer);
- automatisierte Online-Installation von Filtern auf Websites;
- automatisierte Online-Installation von Firewalls;
- Gewährung des Zugangs zu oder Herunterladen von Desktop-Gestaltungen;
- Gewährung des Zugangs zu oder Herunterladen von Fotos, Bildern und Screensavern;
- digitalisierter Inhalt von E-Books und anderen elektronischen Publikationen;
- Abonnement von Online-Zeitungen und -Zeitschriften;
- Web-Protokolle und Website-Statistiken;
- Online-Nachrichten, -Verkehrsinformationen und -Wetterbericht;
- Online-Informationen, die automatisch anhand spezifischer, vom Dienstleistungsempfänger eingegebener Daten etwa aus dem Rechts- oder Finanzbereich generiert werden (z.B. Börsendaten in Echtzeit);
- Bereitstellung von Werbeplätzen (z.B. Bannerwerbung auf Websites und Webpages);
- Benutzung von Suchmaschinen und Internetverzeichnissen;
- Gewährung des Zugangs zu oder Herunterladen von Musik auf Computer und Mobiltelefon;
- Gewährung des Zugangs zu oder Herunterladen von Jingles, Ausschnitten, Klingeltönen und anderen Tönen;
- Gewährung des Zugangs zu oder Herunterladen von Filmen;
- Herunterladen von Spielen auf Computer und Mobiltelefon;
- Gewährung des Zugangs zu automatisierten Online-Spielen, die nur über das Internet oder ähnliche elektronische Netze laufen und bei denen die Spieler räumlich voneinander getrennt sind;
- Empfang von Rundfunk- oder Fernsehsendungen, die über ein Rundfunk- oder Fernsehnetz, das Internet oder ein ähnliches elektronisches Netz verbreitet werden und die der Nutzer auf individuellen Abruf zum Anhören oder Anschauen zu einem von ihm bestimmten Zeitpunkt aus einem von dem Mediendiensteanbieter bereitgestellten Programmverzeichnis auswählt, wie Fernsehen auf Abruf oder Video-on-Demand;
- Empfang von Rundfunk- oder Fernsehsendungen, die über das Internet oder ein ähnliches elektronisches Netz (IP-Streaming) übertragen werden, es sei denn, sie werden zeitgleich zu ihrer Verbreitung oder Weiterverbreitung durch herkömmliche Rundfunk- und Fernsehnetze übertragen;
- die Erbringung von Audio- und audiovisuellen Inhalten über Kommunikationsnetze, die weder durch einen Mediendiensteanbieter noch unter dessen redaktioneller Verantwortung erfolgt;
- die Weiterleitung der Audio- und audiovisuellen Erzeugnisse eines Mediendiensteanbieters über Kommunikationsnetze durch eine andere Person als den Mediendiensteanbieter;
- Automatisierter Fernunterricht, dessen Funktionieren auf das Internet oder ein ähnliches elektronisches Netz angewiesen ist und dessen Erbringung wenig oder gar keine menschliche Beteiligung erfordert, einschließlich sogenannter virtueller Klassenzimmer, es sei denn, das Internet oder das elektronische Netz dient nur als Kommunikationsmittel zwischen Lehrer und Schüler;
- Arbeitsunterlagen, die vom Schüler online bearbeitet und anschließend ohne menschliches Eingreifen automatisch korrigiert werden.

Aus dieser umfangreichen Auflistung ist zu erkennen, wie wichtig diese Dienstleistungskategorie in der **216**
Praxis ist und dass sie zukünftig weiter an Bedeutung gewinnen wird.

Von dieser Dienstleistungskategorie sind andere Dienstleistungen sowie Lieferungen abzugrenzen **217**
(s. Abschn. 3a.12 Abs. 6 UStAE). **Lieferungen** und damit keine auf elektronischem Weg erbrachte Dienstleistungen liegen beispielsweise bei folgenden Sachverhalten vor:

- Lieferungen von Gegenständen nach elektronischer Bestellung und Auftragsbearbeitung;
- Lieferungen von CD-ROM, Disketten und ähnlichen körperlichen Datenträgern;
- Lieferungen von Druckerzeugnissen wie Büchern, Newsletter, Zeitungen und Zeitschriften;
- Lieferungen von CD, Audiokassetten, Videokassetten und DVD;
- Lieferungen von Spielen auf CD-ROM.

218 In den folgenden Fällen handelt es sich um **andere Dienstleistungen**, d.h. Dienstleistungen, die zum wesentlichen Teil durch Menschen erbracht werden, wobei das Internet oder ein elektronisches Netz nur als Kommunikationsmittel dient:

- Data-Warehousing – offline –. Der Leistungsort richtet sich nach § 3a Abs. 1 oder 2 UStG;
- Versteigerungen herkömmlicher Art, bei denen Menschen direkt tätig werden, unabhängig davon, wie die Gebote abgegeben werden – z.B. persönlich, per Internet oder per Telefon –. Der Leistungsort richtet sich nach § 3a Abs. 1 oder 2 UStG;
- Fernunterricht, z.B. per Post. Der Leistungsort richtet sich nach § 3a Abs. 2 oder 3 Nr. 3 Buchstabe a UStG;
- Reparatur von EDV-Ausrüstung. Der Leistungsort richtet sich nach § 3a Abs. 2 oder 3 Nr. 3 Buchstabe c UStG;
- Zeitungs-, Plakat- und Fernsehwerbung (s. § 3a Abs. 4 Satz 2 Nr. 2 UStG). Der Leistungsort richtet sich nach § 3a Abs. 1, 2 oder 4 Satz 1 UStG;
- Beratungsleistungen von Rechtsanwälten und Finanzberatern usw. per E-Mail (s. § 3a Abs. 4 Satz 2 Nr. 3 UStG). Der Leistungsort richtet sich nach § 3a Abs. 1, 2 oder 4 Satz 1 UStG;
- Anpassung von Software an die besonderen Bedürfnisse des Abnehmers (s. § 3a Abs. 4 Satz 2 Nr. 3 UStG). Der Leistungsort richtet sich nach § 3a Abs. 1, 2 oder 4 Satz 1 UStG;
- Internettelefonie (s. § 3a Abs. 5 Satz 2 Nr. 1 UStG). Der Leistungsort richtet sich nach § 3a Abs. 2 oder 5 Satz 1 UStG;
- Kommunikation, wie z.B. E-Mail (s. § 3a Abs. 5 Satz 2 Nr. 1 UStG). Der Leistungsort richtet sich nach § 3a Abs. 2 oder 5 Satz 1 UStG;
- Telefon-Helpdesks (s. § 3a Abs. 5 Satz 2 Nr. 1 UStG). Der Leistungsort richtet sich nach § 3a Abs. 2 oder 5 Satz 1 UStG;
- Videofonie, d.h. Telefonie mit Video-Komponente (s. § 3a Abs. 5 Satz 2 Nr. 1 UStG). Der Leistungsort richtet sich nach § 3a Abs. 2 oder 5 Satz 1 UStG;
- Zugang zum Internet und World Wide Web (s. § 3a Abs. 5 Satz 2 Nr. 1 UStG). Der Leistungsort richtet sich nach § 3a Abs. 2 oder 5 Satz 1 UStG;
- Rundfunk- und Fernsehdienstleistungen über das Internet oder ein ähnliches elektronisches Netz bei gleichzeitiger Übertragung der Sendung auf herkömmlichem Weg (s. § 3a Abs. 5 Satz 2 Nr. 2 UStG). Der Leistungsort richtet sich nach § 3a Abs. 2 oder 5 Satz 1 UStG;
- Online gebuchte Eintrittskarten für kulturelle, künstlerische, wissenschaftliche, unterrichtende, sportliche, unterhaltende oder ähnliche Veranstaltungen. Der Leistungsort richtet sich nach § 3a Abs. 3 Nr. 3 Buchstabe a oder Nr. 5 UStG;
- Online gebuchte Beherbergungsleistungen. Der Leistungsort richtet sich nach § 3a Abs. 3 Nr. 1 UStG;
- Online gebuchte Vermietung von Beförderungsmitteln. Der Leistungsort richtet sich nach § 3a Abs. 2, 3 Nr. 2, Abs. 6 Satz 1 Nr. 1 oder Abs. 7 UStG;
- Online gebuchte Restaurationsleistungen. Der Leistungsort richtet sich nach § 3a Abs. 3 Nr. 3 Buchstabe b oder § 3e UStG;
- Online gebuchte Personenbeförderungen. Der Leistungsort richtet sich nach § 3b Abs. 1 Satz 1 und 2 UStG;
- Die Online-Vermittlung von online gebuchten Leistungen. Der Leistungsort richtet sich nach § 3a Abs. 2 oder 3 Nr. 1 und 4 UStG.

10. Besonderheiten im Rahmen von Sachverhalten mit Drittlandsbezug

10.1 Bestimmte Dienstleistungen eines Drittlandsunternehmers

219 Erbringt ein Unternehmer, der sein Unternehmen von einem im Drittlandsgebiet liegenden Ort aus betreibt (**Drittlandsunternehmer**), nachfolgende Dienstleistungen, so sind diese Dienstleistungen als **im Inland** ausgeführt zu behandeln, wenn sie dort **genutzt oder ausgewertet** werden (s. § 3a Abs. 6 UStG):

- Eine in § 3a Abs. 3 Nr. 2 UStG (s. Rn. 62 ff.) bezeichnete Dienstleistung. Im Kern kurzfristige Vermietungen von Beförderungsmitteln unabhängig vom Kundenkreis und langfristige Vermietungen von Beförderungsmitteln an Nichtunternehmer,
- eine in § 3a Abs. 4 Satz 2 Nr. 1 bis 10 UStG (s. Rn. 125 ff.) bezeichnete Dienstleistung an eine im Inland ansässige nichtunternehmerische juristische Person des öffentlichen Rechts oder
- eine in § 3a Abs. 4 Satz 2 Nr. 11 und 12 UStG bis 2014 bzw. § 3a Abs. 5 Satz 2 Nr. 1 und 2 UStG ab 2015 (s. Rn. 207 ff. bezeichnete Leistung).

Gleiches gilt, wenn die Dienstleistung von einer Betriebsstätte eines Unternehmers ausgeführt wird, und die **Betriebsstätte** im Drittlandsgebiet liegt. 220

Folgendes kann zu den Begriffen „**genutzt oder ausgewertet**" festgestellt werden: Die Leistungen eines **Aufsichtsratsmitgliedes** werden am Sitz der Gesellschaft genutzt oder ausgewertet. Dienstleistungen im Bereich der **Werbung oder der Öffentlichkeitsarbeit** werden dort genutzt oder ausgewertet, wo die Werbung oder Öffentlichkeitsarbeit wahrgenommen werden soll. 221

Liegt eine Nutzung oder Auswertung sowohl im Inland als auch im Ausland vor, ist auf die überwiegende Nutzung oder Auswertung abzustellen (s. Abschn. 3a.14 Abs. 3 UStAE). 222

Führt ein Drittlandsunternehmer auf **elektronischem Weg erbrachte Dienstleistungen** an einen Nichtunternehmer mit Wohnsitz/Sitz im Europäischen Gemeinschaftsgebiet aus, liegt der umsatzsteuerliche Ort beim Ort des Nichtunternehmers (s. § 3a Abs. 5 i.V.m. § 3a Abs. 4 S. 2 Nr. 13 UStG a.F. bis 2014). 223

10.2 Vermietungen von Schienenfahrzeugen, Kraftomnibussen, ausschließlich zur Beförderung von Gegenständen bestimmte Straßenfahrzeuge an Drittlandsunternehmer

Vermietet ein Unternehmer, der sein Unternehmen vom Inland aus betreibt, kurzfristig ein **Schienenfahrzeug, einen Kraftomnibus oder ein ausschließlich zur Beförderung von Gegenständen bestimmtes Straßenfahrzeug**, ist diese Leistung abweichend von § 3a Abs. 3 Nr. 2 UStG (s. Rn. 62 ff.) als im **Drittlandsgebiet** ausgeführt zu behandeln, wenn die Vermietung an **einen im Drittlandsgebiet ansässigen Unternehmer** erbracht wird, das Fahrzeug für dessen Unternehmen bestimmt ist und im Drittlandsgebiet genutzt wird (s. § 3a Abs. 7 S. 1 UStG). 224

Gleiches gilt, wenn die Vermietung des Fahrzeugs von einer **inländischen Betriebsstätte** eines Unternehmers ausgeführt wird. 225

Wird die Vermietungsleistung sowohl im Inland als auch im Drittlandsgebiet genutzt, ist darauf abzustellen, wo die Leistung überwiegend genutzt wird (s. Abschn. 3a.14 Abs. 4 S. 2 UStAE). 226

10.3 B2B-Dienstleistungen , wie Güterbeförderung, Arbeit an beweglichen körperlichen Gegenständen, Reisevorleistung, Messeveranstaltung im Drittlandsgebiet

Bei **folgenden B2B-Dienstleistungen** liegt der umsatzsteuerliche Ort im **Drittland**, wenn die Leistung dort **genutzt oder ausgewertet** wird (s. § 3a Abs. 8 S. 1 UStG): 227

- Güterbeförderungsleistung,
- ein Beladen, Entladen, Umschlagen oder ähnliche mit der Beförderung eines Gegenstandes im Zusammenhang stehende Leistungen i.S.d. § 3b Abs. 2 UStG,
- eine Arbeit an beweglichen körperlichen Gegenständen oder eine Begutachtung dieser Gegenstände,
- eine Reisevorleistung i.S.d. § 25 Abs. 1 Satz 5 oder
- eine Veranstaltungsleistung im Zusammenhang mit Messen und Ausstellungen.

Nutzung oder Auswertung im Drittland liegt vor, wenn sie tatsächlich **ausschließlich** dort in Anspruch genommen werden können. 228

Die Regelung soll nur in den Fällen gelten, in denen der Dienstleistungsort ohne die Ausnahmeregelung gem. der Grundregel für Dienstleistungen an Unternehmer beim Leistungsempfänger (s. § 3a Abs. 2 UStG) 229 im Inland liegen würde (s. Abschn. 3a.14 Abs. 5 UStAE). Diese Regelung gilt nicht bei in § 1 Abs. 3 UStG ausgeführten Dienstleistungen (s. § 3a Abs. 8 S. 3 UStG), z.B. Freihäfen.

10.4 B2C-Dienstleistungen auf dem Gebiet der Telekommunikation im Drittlandsgebiet bis 2014

230 Eine **Dienstleistung auf dem Gebiet der Telekommunikation an einen Nichtunternehmer** wird im **Drittlandsgebiet** ausgeführt, wenn die Leistung dort **genutzt oder ausgewertet** wird (s. § 3a Abs. 8 S. 2 UStG a.F.).

231 **Nutzung oder Auswertung** im Drittland liegt vor, wenn sie tatsächlich ausschließlich dort in Anspruch genommen werden können.

232 Voraussetzung dieser Ausnahmeregelung ist, dass der Leistungsempfänger im EU-Gemeinschaftsgebiet ansässig ist, sich aber tatsächlich vorübergehend im Drittlandsgebiet aufhält. Zudem soll der Ort der Dienstleistung ohne diese Ausnahmeregelung gem. der Grundregel bei B2C-Geschäften beim Leistenden (s. § 3a Abs. 1 UStG) im Inland liegen (s. Abschn. 3a.14 Abs. 6 UStAE a.F.).

233 Diese Regelung gilt nicht bei in § 1 Abs. 3 UStG ausgeführten Dienstleistungen (s. § 3a Abs. 8 S. 3 UStG a.F.), z.B. Freihäfen.

234 Ab 2015 sind die Telekommunikationsdienstleistungen neu geregelt worden (s. § 3a Abs. 5 S. 2 Nr. 1 UStG, Rn. 186).

11. Zusammenfassende Prüfschemen

235 Aus Sicht eines inländischen Dienstleisters kann die Ortsbestimmung grundsätzlich anhand der folgenden zwei Prüfschemen durchgeführt werden. Vorausgegangen ist die Einteilung der Kunden in unternehmerische und nichtunternehmerische Leistungsempfänger.

11.1 Prüfschema 1: Ortsbestimmung von Dienstleistungen an Unternehmer (B2B-Geschäfte)

236

Ort der Dienstleistung an Unternehmer

Ausnahmeregelung?

ja

Dienstleistungen im Zusammenhang mit Grundstücken
→ Ort: Belegenheitsort (Ort des Grundstücks)
(s. § 3a Abs. 3 Nr. 1 UStG)

Kurzfristige Vermietung von Beförderungsmitteln
→ Ort: Übergabeort (s. § 3a Abs. 3 Nr. 2 UStG)
Ausnahme: Nutzung Schienenfahrzeug, Omnibus u.a. durch einen Drittlandsunternehmer ausschließlich im Drittlandsgebiet
→ Ort: Drittland (s. § 3a Abs. 7 UStG)

Einräumung einer Eintrittsberechtigung bei kulturellen, künstlerischen, wissenschaftlichen, unterrichtenden, sportlichen, unterhaltenden Veranstaltungsleistungen
→ Ort: Veranstaltungsort (s. § 3a Abs. 3 Nr. 5 UStG)

Restaurant- und Verpflegungsleistungen, die nicht an Bord eines Schiffs, eines Flugzeugs oder in einer Bahn während der innerhalb der Gemeinschaft stattfindenden Personenbeförderung ausführt werden
→ Ort: Tätigkeitsort (s. § 3a Abs. 3 Nr. 3 UStG)

Restaurant- und Verpflegungsleistungen die an Bord eines Schiffs, eines Flugzeugs oder in einer Bahn während der innerhalb der Gemeinschaft stattfindenden Personenbeförderung ausführt werden
→ Ort: Abgangsort (s. § 3e UStG)

- Güterbeförderungsleistung,
- Beladen, Entladen, Umschlagen,
- Arbeiten an beweglichen körperlichen Gegenständen + Begutachtung,
- Reisevorleistung i.S.v. § 25 Abs. 1 S. 5 UStG,
- Veranstaltungsleistung im Zusammenhang mit Messen und Ausstellungen

und Nutzung bzw. Auswertung im Drittland
→ Ort: Drittland (s. § 3a Abs. 8 UStG)

Personenbeförderungen
→ Ort: i.d.R. zurückgelegter Beförderungsstreckenanteil je Staat
(s. § 3b Abs. 1 S. 1, 2, 4 UStG)

Unentgeltliche Dienstleistungen (Entnahmen, Wertabgaben)
→ Ort: Ort des Leistenden (s. § 3f UStG)

nein

Grundregel
→ Ort:
Ort des Leistungsempfängers
(s. § 3a Abs. 2 UStG)

237 Das vorliegende Prüfschema veranschaulicht die Ortsbestimmung bei Dienstleistungen an Unternehmer. Als Erstes ist zu prüfen, ob die erbrachte Leistung unter eine Ausnahmeregelung fällt. Ist eine der dort genannten Dienstleistungen einschlägig, muss der spezielle Ort der Dienstleistung beachtet werden. Im Falle, dass keine Ausnahmeregelung vorliegt, fällt die Dienstleistung unter die Grundregel mit Ort beim Leistungsempfänger. Bei einer innergemeinschaftlichen Dienstleistung ist bei der Grundregel europaweit grundsätzlich geregelt, dass:

- Der Leistungsempfänger Steuerschuldner ist;
- die Rechnung ohne Umsatzsteuer mit Hinweis auf die Steuerschuldnerschaft des Leistungsempfänger und mit beiden Umsatzsteuer-Identifikationsnummern gestellt wird;
- eine Zusammenfassende Meldung vom Leistenden erstellt werden muss.

238 Derartig klare Regelungen fehlen bei den **Ausnahmeregelungen**. Auch wenn nach deutschem Recht unter Berücksichtigung der allgemeinen Voraussetzungen im Regelfall die Umkehr der Steuerschuld eintritt, wird dies nicht europaweit einheitlich gehandhabt, sondern liegt im Ermessen der einzelnen Mitgliedstaaten.

239 Einstweilen frei

11.2 Prüfschema 2: Ortsbestimmung von Dienstleistungen an Nichtunternehmer (B2C-Geschäfte)

240

Ort der Dienstleistung an Nichtunternehmer

Ausnahmeregelung?

ja:

Dienstleistungen im Zusammenhang mit Grundstücken
→ Ort: Belegenheitsort (Ort des Grundstücks)
(s. § 3a Abs. 3 Nr. 1 UStG)

Kurzfristige Vermietung von Beförderungsmitteln
→ Ort: Übergabeort (s. § 3a Abs. 3 Nr. 2 UStG)

Langfristige Vermietung von Beförderungsmitteln
→ Ort: Ort des Leistungsempfängers (s. § 3a Abs. 3 Nr. 2 UStG)
Ausnahme: Sportboot: Übergabeort beim Leistenden

- Kulturelle, künstlerische, wissenschaftliche, unterrichtende, sportliche, unterhaltende Leistungen
- Arbeiten an beweglichen körperlichen Gegenständen und die Begutachtung dieser Gegenstände
- Restaurant- und Verpflegungsleistungen die nicht an Bord eines Schiffs, eines Flugzeugs oder in einer Bahn, während der innerhalb der Gemeinschaft stattfindenden Personenbeförderung ausgeführt werden

→ Ort: Tätigkeitsort (s. § 3a Abs. 3 Nr. 3 UStG)

Restaurant- und Verpflegungsleistungen die an Bord eines Schiffs, eines Flugzeugs oder in einer Bahn während der innerhalb der Gemeinschaft stattfindenden Personenbeförderung ausführt werden
→ Ort: Abgangsort (s. § 3e UStG)

Personenbeförderungen
→ Ort: i.d.R. zurückgelegter Beförderungsstreckenanteil je Staat
(s. § 3b Abs. 1 S. 1, 2, 4 UStG)

Güterbeförderungsleistungen
- innergemeinschaftlich → Ort: Abgangsort (§ 3b Abs. 3 UStG)
- andere → Ort: i.d.R. zurückgelegter Beförderungsstreckenanteil je Staat (s. § 3b Abs. 1 S. 3, 4 UStG) (Vereinfachungen beachten)
- Beladen, Entladen, Umschlagen → Ort: Ort der tatsächlichen Leistungserbringung (s. § 3b Abs. 2 UStG)

Vermittlungsleistungen
→ Ort: Ort des vermittelten Umsatzes (s. § 3a Abs. 3 Nr. 4 UStG)

Dienstleistung auf dem Gebiet der Telekommunikation und Nutzung bzw. Auswertung im Drittland → Ort: Drittland (s. § 3a Abs. 8 UStG a.F. bis 2014)

Katalogleistungen an private Drittlandsempfänger
→ Ort: Ort des Leistungsempfängers im Drittland (s. § 3a Abs. 4, 5 UStG)

Telekommunikations-, Rundfunk-, Fernsehdienstleistungen und auf elektronischem Weg erbrachte Dienstleistungen
→ ab 2015 Ort: Ort des Leistungsempfängers (s. § 3a Abs. 5 UStG)

nein:

Grundregel
→ Ort:
Ort des Leistenden
(s. § 3a Abs. 1 UStG)

241 Sehr komplex ist nach wie vor die Ortsbestimmung von Dienstleistungen an Nichtunternehmer, insbesondere da hier die Grundregel nicht so umfangreich ist und es viele Ausnahmen gibt. Auch hier ist zuerst anhand der konkreten Dienstleistung zu prüfen, ob eine Ausnahmeregelung mit dazugehöriger spezieller Ortsregelung vorliegt. Lediglich wenn die Dienstleistung unter keine Ausnahmeregelung zu subsumieren ist, greift der Auffangtatbestand der Grundregel mit Ort des Leistenden ein.

§ 3b UStG Ort der Beförderungsleistungen und der damit zusammenhängenden sonstigen Leistungen

(1) [1]Eine Beförderung einer Person wird dort ausgeführt, wo die Beförderung bewirkt wird. [2]Erstreckt sich eine solche Beförderung nicht nur auf das Inland, fällt nur der Teil der Leistung unter dieses Gesetz, der auf das Inland entfällt. [3]Die Sätze 1 und 2 gelten entsprechend für die Beförderung von Gegenständen, die keine innergemeinschaftliche Beförderung eines Gegenstands im Sinne des Absatzes 3 ist, wenn der Empfänger weder ein Unternehmer, für dessen Unternehmen die Leistung bezogen wird, noch eine nicht unternehmerisch tätige juristische Person ist, der eine Umsatzsteuer-Identifikationsnummer erteilt worden ist. [4]Die Bundesregierung kann mit Zustimmung des Bundesrates durch Rechtsverordnung zur Vereinfachung des Besteuerungsverfahrens bestimmen, dass bei Beförderungen, die sich sowohl auf das Inland als auch auf das Ausland erstrecken (grenzüberschreitende Beförderungen),

1. kurze inländische Beförderungsstrecken als ausländische und kurze ausländische Beförderungsstrecken als inländische angesehen werden;
2. Beförderungen über kurze Beförderungsstrecken in den in § 1 Abs. 3 bezeichneten Gebieten nicht wie Umsätze im Inland behandelt werden.

(2) Das Beladen, Entladen, Umschlagen und ähnliche mit der Beförderung eines Gegenstands im Zusammenhang stehende Leistungen an einen Empfänger, der weder ein Unternehmer ist, für dessen Unternehmen die Leistung bezogen wird, noch eine nicht unternehmerisch tätige juristische Person ist, der eine Umsatzsteuer-Identifikationsnummer erteilt worden ist, werden dort ausgeführt, wo sie vom Unternehmer tatsächlich erbracht werden.

(3) Die Beförderung eines Gegenstands, die in dem Gebiet eines Mitgliedstaates beginnt und in dem Gebiet eines anderen Mitgliedstaates endet (innergemeinschaftliche Beförderung eines Gegenstands), an einen Empfänger, der weder ein Unternehmer ist, für dessen Unternehmen die Leistung bezogen wird, noch eine nicht unternehmerisch tätige juristische Person, der eine Umsatzsteuer-Identifikationsnummer erteilt worden ist, wird an dem Ort ausgeführt, an dem die Beförderung des Gegenstands beginnt.

Bearbeiter: Ralf Alefs

Inhaltsverzeichnis

1. Bedeutung der Norm

1 Die Vorschrift regelt als Ausnahmetatbestand für einen Teilbereich der selbständigen Beförderungsleistungen und der damit zusammenhängenden selbständigen Dienstleistungen den umsatzsteuerlichen Ort. Die Vorschrift umfasst dabei sowohl die **Personenbeförderungen** als auch die **Güterbeförderungen**.

2 Bei den Personenbeförderungen gilt die Ausnahmeregelung unabhängig vom Kundenkreis. D.h. sowohl B2B-Geschäfte als auch B2C-Geschäfte fallen unter diese Regelung.

3 Bei den Güterbeförderungen ist der § 3b UStG im Zuge der großen Reform 2010 geändert worden (JStG 2009, BGBl I 2009, 2794) und auf den nichtunternehmerischen Kundenkreis eingeschränkt worden. Im Rahmen der EU-weiten Neuregelung wurde bei B2B-Geschäften als neue Grundregel der Ort des Leistungsempfängers eingeführt (s. Richtlinie 2008/8/EG vom 12.02.08, ABl. EU 2008 Nr. L 44, 11). In diesem Bereich der Güterbeförderungen gilt damit ab 2010 die Grundregel der Ortsbestimmung (s. § 3a Abs. 2 UStG, s. § 3a Rn. 18 ff.) und ist nicht mehr durch diese Ausnahmeregelung umfasst.

2. Personenbeförderungen

2.1 Allgemeines

4 Ein Teil der speziellen Ortsbestimmungsregelung beinhaltet die Personenbeförderungen. Bei dieser Regelung gibt es **keine Einschränkungen hinsichtlich des Kundenkreises**. Bei Personenbeförderungen im Gelegenheitsverkehr mit Omnibussen, die nicht im Inland zugelassen sind, greift die Beförderungseinzelbesteuerung (s. § 16 Abs. 5 UStG).

2.2 Dienstleistungsort

5 Im § 3b Abs. 1 S. 1 UStG heißt es als Ortsbestimmung, dass eine Beförderung einer Person dort ausgeführt wird, wo die **Beförderung bewirkt** wird.

6 Schaltet das beauftragte Beförderungsunternehmen ein Subunternehmen ein, sind beide Beförderungsleistungen dort, wo der Subunternehmer die Beförderung bewirkt.

7 Die Sonderregelung über die Besteuerung von Reiseleistungen (s. § 25 UStG) ist jedoch vorrangig anzuwenden (s. § 25 UStG).

2.3 Grenzüberschreitende Beförderungen

8 Bei grenzüberschreitenden Beförderungen ist lediglich der **inländische Teil der Beförderung steuerbar**, da für diesen Teil der Beförderung der Ort im Inland ist. Der ausländische Beförderungsanteil unterliegt gegebenenfalls im Ausland der Besteuerung.

9 Innerhalb der EU wird die Ortsbestimmungsregel einheitlich angewendet (s. Art. 48 MwStSystRL). D.h. bei einer innergemeinschaftlichen grenzüberschreitenden Personenbeförderung wird der jeweilige Streckenanteil der Beförderung in dem jeweiligen EU-Land besteuert.

2.4 Ermittlung der Bemessungsgrundlage

10 Bei der Ermittlung der Bemessungsgrundlage bei einer Beförderungsleistung, die nur zum Teil steuerbar und steuerpflichtig ist, wird auf das Gesamtentgelt abgestellt. Die Bemessungsgrundlage ist das Entgelt, das auf den steuerbaren Teil entfällt.

11 Ausgangsgröße ist hierbei der vereinbarte oder vereinnahmte **Nettobeförderungspreis**. Die Umsatzsteuer und ähnliche Steuern bleiben unberücksichtigt.

12 Die Aufteilung des **Nettobeförderungspreises** erfolgt für jede einzelne Beförderungsleistung im Verhältnis der Längen der inländischen und ausländischen Streckenanteile – einschließlich sog. Leerkilometer (s. BFH vom 12.03.1998, V R 17/93, BStBl II 1998, 523). Als Leerkilometer können nur die während der Beförderung entstandenen Kilometer ohne Personenbeförderung verstanden werden. Die Hinfahrt vor der ersten Personenbeförderung und die Rückfahrt nach der letzten Personenbeförderung können nicht berücksichtigt werden.

Das auf den inländischen Streckenanteil entfallende Entgelt lässt sich dann wie folgt ermitteln: 13

$$\text{Entgelt für den inländischen Streckenanteil} = \frac{\text{Nettobeförderungspreis für die Gesamtstrecke} \times \text{Anzahl der km des inländischen Streckenanteils}}{\text{Anzahl der km der Gesamtstrecke}}$$

Eine zweite Möglichkeit, die bei Personenbeförderungen von der Finanzverwaltung akzeptiert wird, ist die Verwendung des **Bruttobeförderungspreises**. Dieser Preis enthält die im Inland und im Ausland erhobenen Umsatzsteuern oder ähnlichen Steuern. Das Entgelt kann dann wie nachfolgend errechnet werden: 14

$$\text{Bruttoentgelt (= Entgelt zuzüglich Umsatzsteuer) für den inländischen Streckenanteil} = \frac{\text{Bruttobeförderungspreis für die Gesamtstrecke} \times \text{Anzahl der km des inländischen Streckenanteils}}{\text{Anzahl der km der Gesamtstrecke}}$$

Bei allen Beförderungen einer Verkehrsart, z.B. bei Personenbeförderungen im Gelegenheitsverkehr mit Kraftfahrzeugen, muss aber innerhalb eines Besteuerungszeitraumes nach ein und derselben Methode verfahren werden (s. Abschn. 3b.1 Abs. 6 UStAE). 15

2.5 Sonderregelungen bei der Streckenaufteilung

Die Bundesregierung hat in den §§ 2-7 UStDV bei grenzüberschreitenden Beförderungen Regelungen zur Vereinfachung des Besteuerungsverfahrens erlassen (s. § 3b Abs. 1 S. 4 UStG). 16

In der ersten Fallgruppe geht es um grenzüberschreitende Beförderungen zwischen zwei Orten im Ausland, die aber über das Inland führen. Die **inländische Verbindungsstrecke** ist aus Vereinfachungsgründen als ausländische Verbindungsstrecke anzusehen, wenn diese Verbindungsstrecke nachweisbar den nächsten oder verkehrstechnisch günstigsten Weg darstellt und der inländische Streckenanteil nicht mehr als 30 Kilometer beträgt (s. § 2 UStDV). Die Beförderung ist dann nicht steuerbar in Deutschland, da der Ort der Beförderung als im Ausland angesehen wird. 17

Bei in folgenden Abkommen und Verträgen genannten Strecken ist eine Prüfung, ob sie den nächsten oder verkehrstechnisch günstigsten Weg darstellen, nicht erforderlich (s. Abschn. 3b Abs. 7 UStAE): 18

- Deutsch-Schweizerisches Abkommen vom 05.02.1958, Anlage III (BGBl II 1960, 2162), geändert durch Vereinbarung vom 15.05.1981 (BGBl II 1981, 211);
- Deutsch-Österreichisches Abkommen vom 14.09.1955, Art. 1 Abs. 1 (BGBl II 1957, 586);
- Deutsch-Österreichisches Abkommen vom 14.09.1955, Art. 1 (BGBl II 1957, 589);
- Deutsch-Österreichischer Vertrag vom 06.09.1962, Anlage II (BGBl II 1963, 1280), zuletzt geändert durch Vereinbarung vom 03.12.1981 (BGBl II 1982, 28);
- Deutsch-Österreichischer Vertrag vom 17.02.1966, Art. 1 und 14 (BGBl II 1967, 2092);
- Deutsch-Niederländischer Vertrag vom 08.04.1960, Art. 33 (BGBl II 1963, 463).

Diese Regelung gilt nicht für die **Personenbeförderung im Linienverkehr mit Kraftfahrzeugen**. 19

Bei grenzüberschreitenden Beförderungen im Passagier- und Fährverkehr mit Wasserfahrzeugen ist § 7 UStDV vorrangig anzuwenden (s. Rn. 27). 20

Die zweite Fallgruppe befasst sich mit **Verbindungsstrecken im Ausland** zwischen zwei Orten im Inland (s. § 3 UStDV). Der Steckenteil im Ausland wird als inländische Beförderungsstrecke gesehen, wenn der ausländische Streckenanteil nicht länger als 10 Kilometer ist. Diese Beförderungen sind insgesamt steuerbar, da der Ort der Beförderung vollumfänglich in Deutschland ist. 21

Ausländische Verbindungsstrecken mit maximal 10 Kilometern sind insbesondere in den obengenannten Verträgen (s. Rn. 18) und in den nachfolgend aufgeführten Abkommen und Verträgen enthalten: 22

- Deutsch-Österreichischer Vertrag vom 17.02.1966, Art. 1 (BGBl II 1967, 2086);
- Deutsch-Belgischer Vertrag vom 24.09.1956, Art. 12 (BGBl II 1958, 263).

23 Diese Vorschrift gilt wiederum nicht für die Personenbeförderung im Linienverkehr mit Kraftfahrzeugen. Bei grenzüberschreitenden Beförderungen im Passagier- und Fährverkehr mit Wasserfahrzeugen hat § 7 UStDV Vorrang (s. Rn. 27).

24 Bei der dritten Fallgruppe geht es um grenzüberschreitende Personenbeförderungen mit **Ausschlussstrecken im Schienenbahnverkehr** (s. § 4 UStDV). In einigen speziellen Fällen betreiben Eisenbahnverwaltungen kurze Beförderungsstrecken im Nachbarstaat bis zum dort befindlichen vertraglich festgelegten Gemeinschafts- bzw. Betriebswechselbahnhof (Anschlussstrecken). Folgende Regeln sind hier anzuwenden:

- Als inländische Beförderungsstrecken werden die Anschlussstrecken im Ausland, die von Eisenbahnverwaltungen mit Sitz im Inland betrieben werden, sowie Schienenbahnstrecken in den in § 1 Abs. 3 UStG bezeichneten Gebieten, angesehen;
- Als ausländische Beförderungsstrecken werden die inländischen Anschlussstrecken, die von Eisenbahnverwaltungen mit Sitz im Ausland betrieben werden, angesehen.

25 Zudem sind bei grenzüberschreitenden Personenbeförderungen im Gelegenheitsverkehr mit Kraftfahrzeugen inländische Streckenanteile, die in einer Fahrtrichtung nicht länger als 10 Kilometer sind, als **ausländische Beförderungsstrecken** anzusehen (s. § 5 UStDV). § 6 UStDV ist aber zu beachten.

26 Im § 6 UStDV wird festgehalten, dass grenzüberschreitende Personenbeförderungen mit Kraftfahrzeugen von und zu den in § 1 Abs. 3 UStG bezeichneten Gebieten sowie zwischen diesen Gebieten die Streckenanteile in diesen Gebieten als **inländische Beförderungsstrecken** betrachtet werden.

27 Schließlich gibt es noch folgende Regelungen bei kurzen Strecken im Rahmen von **grenzüberschreitenden Beförderungen im Passagier- und Fährverkehr mit Wasserfahrzeugen**: Bei derartigen Beförderungen, die sich ausschließlich auf das Inland und die in § 1 Abs. 3 des Gesetzes bezeichneten Gebiete erstrecken, sind die Streckenanteile in den in § 1 Abs. 3 des Gesetzes bezeichneten Gebieten als inländische Beförderungsstrecken anzusehen (s. § 7 Abs. 1 UStDV).

28 Bei diesen **Beförderungen, die in inländischen Häfen beginnen und enden**, sind:

- Ausländische Streckenanteile als **inländische Beförderungsstrecken** anzusehen, wenn die ausländischen Streckenanteile nicht länger als 10 Kilometer sind, und
- inländische Streckenanteile als **ausländische Beförderungsstrecken** anzusehen, wenn die ausländischen Streckenanteile länger als 10 Kilometer und die inländischen Streckenanteile nicht länger als 20 Kilometer sind.

29 Streckenanteile in den in § 1 Abs. 3 UStG bezeichneten Gebieten werden in diesen Fällen als inländische Beförderungsstrecken betrachtet (s. § 7 Abs. 2 UStDV).

30 Schließlich ist bei grenzüberschreitenden Beförderungen im Passagier- und Fährverkehr mit Wasserfahrzeugen für die Seeschifffahrt, die **zwischen ausländischen Seehäfen oder zwischen einem inländischen Seehafen** und einem ausländischen Seehafen durchgeführt werden, Folgendes geregelt (s. § 7 Abs. 3 UStDV):

- Ausländische Streckenanteile als **inländische Beförderungsstrecken** anzusehen, wenn die ausländischen Streckenanteile nicht länger als 10 Kilometer sind, und
- Beförderungen in den in § 1 Abs. 3 UStDV bezeichneten Gebieten **nicht wie Umsätze im Inland** zu behandeln.

31 **Inländische Häfen** sind in diesem Zusammenhang auch Freihäfen und die Insel Helgoland (s. § 7 Abs. 4 UStDV). Bei grenzüberschreitenden Beförderungen im Fährverkehr über den Rhein, die Donau, die Elbe, die Neiße und die Oder sind die inländischen Streckenanteile als ausländische Beförderungsstrecken anzusehen (s. § 7 Abs. 5 UStDV).

3. Güterbeförderungen

3.1 Allgemeines

Bei Güterbeförderungen ist zwischen den **innergemeinschaftlichen** (s. § 3b Abs. 3 UStG) und den **übrigen Güterbeförderungen** (s. § 3b Abs. 1 S. 3 UStG) zu unterscheiden. Zudem ist zu beachten, dass der Kundenkreis bei dieser Ausnahmeregelung nur **Nichtunternehmer** betreffen darf. Unter Nichtunternehmer werden Empfänger verstanden, die weder Unternehmer sind, für dessen Unternehmen die Leistung bezogen wird, noch nicht unternehmerisch tätige juristische Personen, denen eine Umsatzsteuer-Identifikationsnummer erteilt worden ist. 32

Dies bedeutet im Umkehrschluss, dass die Güterbeförderungen, die an Unternehmer und gleichgestellte Personen erbracht werden, grundsätzlich der Grundregel für B2B-Geschäfte unterliegen. 33

Hinweis! Die Vorschrift des § 3b UStG regelt nur die Ortsbestimmung der selbständigen Güterbeförderungsleistungen. Unselbständige Güterbeförderungen teilen hingegen umsatzsteuerlich das Schicksal der Hauptleistung, der Lieferung. 34

3.2 Güterbeförderungen mit Ausnahme des innergemeinschaftlichen Bereichs

3.2.1 Dienstleistungsort

Bei **Güterbeförderungen an Nichtunternehmer**, die nicht als innergemeinschaftliche Beförderungen klassifiziert werden, liegt der Ort dort – als Ausnahmetatbestand wie bei den Personenbeförderungen –, wo die **Beförderung bewirkt** wird (s. § 3b Abs. 1 S. 3 i.V.m. S. 1 UStG). 35

Derartige Güterbeförderungen an Unternehmen bzw. gleichgestellte Personen unterliegen hingegen der Grundregel für B2B-Geschäfte vollumfänglich am Ort des unternehmerischen Leistungsempfängers (s. § 3a Abs. 2 UStG, s. § 3a Rn. 18 ff.) oder im Drittland (s. § 3a Abs. 8 S. 1 UStG, s. § 3a Rn. 227 ff.). 36

3.2.2 Grenzüberschreitende Güterbeförderungen

Wie bei den grenzüberschreitenden Personenbeförderungen muss bei grenzüberschreitenden Güterbeförderungen i.S.d. § 3b UStG in einen steuerbaren und nicht steuerbaren Teil aufteilt werden (s. Rn. 8). 37

Das auf den inländischen Streckenanteil entfallende Entgelt lässt sich wie folgt ermitteln: 38

$$\textbf{Entgelt für den inländischen Streckenanteil} = \frac{\textbf{Nettobeförderungspreis für die Gesamtstrecke} \times \textbf{Anzahl der km des inländischen Streckenanteils}}{\textbf{Anzahl der km der Gesamtstrecke}}$$

Weitere Einzelheiten sind bei der Abhandlung zu grenzüberschreitenden Personenbeförderungen und deren Entgeltermittlung zu finden, die auch grundsätzlich bei grenzüberschreitenden Güterbeförderungen Anwendung finden (s. Rn. 8–13). 39

Die Verwendung des **Bruttobeförderungspreises**, wie bei den Personenbeförderungen, ist jedoch nicht anwendbar (s. Rn. 14). 40

Auch die **Sonderregelungen bei der Streckenaufteilung** sind grundsätzlich wie bei den Personenbeförderungen anzuwenden (s. Rn. 16 ff.). Die Anschlussstrecken im Schienenbahnverkehr (s. § 4 UStDV), die kurzen Straßenstrecken im Inland (s. § 5 UStDV) und die Straßenstrecken in den in § 1 Abs. 3 UStG bezeichneten Gebieten (s. § 6 UStDV) greifen bei den Güterbeförderungen jedoch nicht ein. 41

Grenzüberschreitende Güterbeförderungen können auch einer Steuerbefreiung unterliegen (s. § 4 Nr. 3, 6 UStG). 42

3.3 Innergemeinschaftliche Güterbeförderungen

3.3.1 Dienstleistungsort

43 Der Ort einer innergemeinschaftlichen Beförderung an einen Nichtunternehmer ist bei dieser Ausnahmeregelung der **Abgangsort** (s. § 3b Abs. 3 UStG). Eine innergemeinschaftliche Beförderung liegt vor, wenn die Beförderung des Gegenstandes in dem Gebiet eines Mitgliedstaates beginnt und in dem Gebiet eines anderen Mitgliedstaates endet. Diese Regelung wird EU-weit einheitlich angewendet (s. Art. 50 MwStSystRL).

44 Innergemeinschaftliche Güterbeförderungen zwischen Unternehmen sowie gleichgestellten Personen unterliegen hingegen der Grundregel für B2B-Geschäfte am Ort des unternehmerischen Leistungsempfängers (s. § 3a Abs. 2 UStG, s. § 3a Rn. 18 ff.), regelmäßig verbunden mit der Umkehr der Steuerschuld (s. § 13b UStG). Für die Ortsbestimmung ist die Anfahrt zum Abgangsort unbeachtlich (s. Abschn. 3b.3 Abs. 2 S. 2 UStAE).

45 Die Voraussetzungen müssen sich aus den Unterlagen wie schriftlicher Speditionsauftrag oder Frachtbrief ergeben und sind für jede einzelne Beförderung zu prüfen (s. Abschn. 3b.3 Abs. 2 S. 4 UStAE).

46 Eine **innergemeinschaftliche Güterbeförderung** ist auch dann gegeben, wenn die Beförderung in einem deutschen Freihafen beginnt und in einem anderen EU-Mitgliedstaat endet oder umgekehrt (s. Abschn. 3b.3 Abs. 3 UStAE). Zudem steht einer inngemeinschaftlichen Beförderung nicht entgegen, wenn die Beförderungsstrecke auch teilweise über Drittland verläuft, sofern Abgangsort und Ankunftsort zwei verschiedene Mitgliedstaaten betreffen (s. Abschn. 3b.3 Abs. 2 S. 5 UStAE).

3.3.2 Gebrochene innergemeinschaftliche Güterbeförderungen

47 Das Besondere an den sogenannten gebrochenen innergemeinschaftlichen Güterbeförderungen ist, dass **mehrere Beteiligte** die Beförderung durchführen. Der Auftragnehmer erteilt Unteraufträge. Daraus lassen sich Schlüsse auf die Ortsbestimmung ziehen. Die Güterbeförderung zwischen zwei EU-Mitgliedsstaaten vom Auftragnehmer an den nichtunternehmerischen Auftraggeber ist unter den Ausnahmetatbestand der innergemeinschaftlichen Güterbeförderung einzuordnen. Der Abgangsort ist hier der umsatzsteuerlich relevante Ort (s. § 3b Abs. 3 UStG). Die Güterbeförderungen der Subunternehmer an den Auftragnehmer unterliegen hingegen der Grundregel mit Dienstleistungsort beim Auftragnehmer als Leistungsempfänger (s. § 3a Abs. 2 UStG), da hier Güterbeförderungen zwischen Unternehmern stattfinden (s. § 3a Rn. 18 ff.).

4. Beladen, Entladen, Umschlagen und ähnliche selbständige Dienstleistungen

4.1 Allgemeines

48 Das **Beladen, Entladen, Umschlagen** und ähnliche mit der Beförderung eines Gegenstands im Zusammenhang stehende Leistungen erfolgen bei diesem Ausnahmetatbestand wiederum an einen Empfänger, der weder ein Unternehmer ist, für dessen Unternehmen die Leistung bezogen wird, noch eine nicht unternehmerisch tätige juristische Person ist, der eine USt-IdNr. erteilt worden ist (s. § 3b Abs. 2 UStG).

49 **Hinweis!** Die Vorschrift des § 3b Abs. 2 UStG regelt nur die Ortsbestimmung der selbständigen Dienstleistungen. Unselbständiges Beladen, Entladen u.a. im Zusammenhang mit einer Güterbeförderung teilt hingegen umsatzsteuerlich das Schicksal der Hauptleistung der Güterbeförderung.

4.2 Dienstleistungsort

50 Diese Dienstleistungen werden dort ausgeführt, wo sie vom Unternehmer tatsächlich erbracht werden (**Tätigkeitsort**) (s. § 3b Abs. 2 UStG).

51 Derartige Dienstleistungen zwischen Unternehmen unterliegen hingegen der Grundregel für B2B-Geschäfte am Ort des unternehmerischen Leistungsempfängers (s. § 3a Abs. 2 UStG, s. § 3a Rn. 18 ff.) oder im Drittland (s. § 3a Abs. 8 S. 1 UStG, s. § 3a Rn. 227 ff.).

§ 3c UStG Ort der Lieferung in besonderen Fällen

(1) [1]Wird bei einer Lieferung der Gegenstand durch den Lieferer oder einen von ihm beauftragten Dritten aus dem Gebiet eines Mitgliedstaates in das Gebiet eines anderen Mitgliedstaates oder aus dem übrigen Gemeinschaftsgebiet in die in § 1 Abs. 3 bezeichneten Gebiete befördert oder versendet, so gilt die Lieferung nach Maßgabe der Absätze 2 bis 5 dort als ausgeführt, wo die Beförderung oder Versendung endet. [2]Das gilt auch, wenn der Lieferer den Gegenstand in das Gemeinschaftsgebiet eingeführt hat.

(2) [1]Absatz 1 ist anzuwenden, wenn der Abnehmer

1. nicht zu den in § 1a Abs. 1 Nr. 2 genannten Personen gehört oder
2. a) ein Unternehmer ist, der nur steuerfreie Umsätze ausführt, die zum Ausschluss vom Vorsteuerabzug führen, oder
   b) ein Kleinunternehmer ist, der nach dem Recht des für die Besteuerung zuständigen Mitgliedstaates von der Steuer befreit ist oder auf andere Weise von der Besteuerung ausgenommen ist, oder
   c) ein Unternehmer ist, der nach dem Recht des für die Besteuerung zuständigen Mitgliedstaates die Pauschalregelung für landwirtschaftliche Erzeuger anwendet, oder
   d) eine juristische Person ist, die nicht Unternehmer ist oder die den Gegenstand nicht für ihr Unternehmen erwirbt,

und als einer der in den Buchstaben a bis d genannten Abnehmer weder die maßgebende Erwerbsschwelle überschreitet noch auf ihre Anwendung verzichtet. [2]Im Fall der Beendigung der Beförderung oder Versendung im Gebiet eines anderen Mitgliedstaates ist die von diesem Mitgliedstaat festgesetzte Erwerbsschwelle maßgebend.

(3) [1]Absatz 1 ist nicht anzuwenden, wenn bei dem Lieferer der Gesamtbetrag der Entgelte, der den Lieferungen in einen Mitgliedstaat zuzurechnen ist, die maßgebliche Lieferschwelle im laufenden Kalenderjahr nicht überschreitet und im vorangegangenen Kalenderjahr nicht überschritten hat. [2]Maßgebende Lieferschwelle ist

1. im Fall der Beendigung der Beförderung oder Versendung im Inland oder in den in § 1 Abs. 3 bezeichneten Gebieten der Betrag von 100.000 Euro;
2. im Fall der Beendigung der Beförderung oder Versendung im Gebiet eines anderen Mitgliedstaates der von diesem Mitgliedstaat festgesetzte Betrag.

(4) [1]Wird die maßgebende Lieferschwelle nicht überschritten, gilt die Lieferung auch dann am Ort der Beendigung der Beförderung oder Versendung als ausgeführt, wenn der Lieferer auf die Anwendung des Absatzes 3 verzichtet. [2]Der Verzicht ist gegenüber der zuständigen Behörde zu erklären. [3]Er bindet den Lieferer mindestens für zwei Kalenderjahre.

(5) [1]Die Absätze 1 bis 4 gelten nicht für die Lieferung neuer Fahrzeuge. [2]Absatz 2 Nr. 2 und Absatz 3 gelten nicht für die Lieferung verbrauchsteuerpflichtiger Waren.

Bearbeiter: Holger Raudszus

Inhaltsverzeichnis

1. Sinn und Zweck der Vorschrift, Allgemeines

1 § 3c UStG ist eine Spezialvorschrift der Besteuerung im Binnenmarkt, die das Bestimmungslandprinzip bei der Versendung von Waren an Endverbraucher sicherstellen will.

2 Grundsätzlich gilt für Wareneinkäufe, die durch Nichtunternehmer im Gemeinschaftsgebiet (§ 1 Abs. 2a UStG) getätigt werden, das **Ursprungslandprinzip**. Danach zahlt jeder EU-Bürger beim Einkauf einer Ware den am Lieferort geltenden Steuersatz des entsprechenden Mitgliedstaats. Anders als beim Einkauf im Drittland erfolgt keine weitere Besteuerung, wenn die Ware in das Inland gelangt. Die erstmalige Besteuerung im Gemeinschaftsgebiet ist damit definitiv.

3 Nach dem Willen der Mitgliedstaaten soll lediglich aus Gründen der nationalen Sicherung des Umsatzsteuersteueraufkommens jedoch beim Versand von Gegenständen in den vorgenannten Fällen die Besteuerung grundsätzlich in dem Mitgliedstaat erfolgen, in dem der Gegenstand verwendet (verbraucht) wird (sog. **Bestimmungslandprinzip**). Der „Verbrauchsmitgliedstaat" soll die Einnahmen aus der Umsatzsteuer bekommen und nicht der „Lieferstaat". Damit soll verhindert werden, das Letztverbraucher sich „bequem" von zu Hause aus Waren per Versandhandel aus dem übrigen Gemeinschaftsgebiet kommen lassen, die dann mit dem für den „Versandstaat" geltenden Steuersatz besteuert werden. Zum einen will der Gesetzgeber hiermit erreichen, dass die Steuer dem Verbrauchsmitgliedstaat ganz allgemein zukommt, zum anderen sollen Wettbewerbsnachteile für Mitgliedstaaten mit einem hohen Steuersatz (z.B. Dänemark mit 25 %) verhindert werden, indem sich dänische Bürger per Versandhandel aus Staat mit einem niedrigen Steuersatz (z.B. Luxemburg mit 15 %) versorgen.

4 Gelöst wird dies dadurch, dass in den nachstehenden Fällen der Lieferort der bewegten Lieferung abweichend von § 3 Abs. 6 Satz 1, 3 und 4 UStG nicht am Beginn sondern gem. § 3c Abs. 1 Satz 1 UStG am Ende der Warenbewegung liegt, wenn die Beförderung oder Versendung durch den Lieferer oder einem von ihm beauftragten Dritten erfolgt.

5 **Beispiel 1:** Eine in Skagen, Dänemark ansässige Privatperson P-DK erwirbt von einem in Hamburg gelegenen Versandhaus H-DE Kleidungsstücke für netto 1.000 €. Das Paket wird durch ein von H-DE beauftragtes Logistikunternehmen an P-DK nach Dänemark versendet. P-DK verfügt über keine Umsatzsteuer-Identifikationsnummer.

Lösung: H-DE ist aufgrund seiner Händlertätigkeit nachhaltig tätig und damit Unternehmer gem. § 2 Abs. 1 UStG. Es tätigt nach den allgemeinen Grundsätzen des § 3 Abs. 6 Satz 1, 3 und 4 UStG eine bewegte Versendungslieferung, die ihren Lieferort am Beginn der Warenbewegung in Hamburg hätte. Diese Lieferung wäre auch nicht steuerfrei nach §§ 4 Nr. 1 Buchst. b, 6a UStG (innergemeinschaftliche Lieferung; s. zu den Voraussetzungen § 6a Rn. 10 ff.), da der Abnehmer die Gegenstände nicht für sein Unternehmen erworben hat (s. § 6a Abs. 1 Nr. 2 Buchst. a UStG). Damit wäre der Umsatz steuerbar und steuerpflichtig mit 19 % USt (s. § 12 Abs. 1 UStG). Die weiteren Voraussetzungen des § 3c UStG als erfüllt unterstellt verlagert sich wegen § 3c Abs. 1 Satz 1 UStG der Lieferort in diesem Fall jedoch an das Ende der Warenbewegung nach Dänemark. Damit erfolgt die Lieferung im Inland nicht steuerbar und wird in Dänemark steuerbar und steuerpflichtig mit einem Steuersatz in Höhe von 25 % besteuert.

2. Die einzelnen Tatbestandsmerkmale

2.1 Liefernder, Lieferarten

6 Zwar spricht § 3c Abs. 1 Satz 1 UStG lediglich vom „Lieferer". Der Begriff ist für den normalen Anwendungsfall durch den des Unternehmers ersetzbar.

7 Weitere Voraussetzung des § 3c Abs. 1 Satz 1 UStG ist, dass der Gegenstand bei einer Lieferung (s. § 3 Abs. 1 UStG) aus dem Gebiet eines Mitgliedstaates in das Gebiet eines anderen Mitgliedstaates (innergemeinschaftliche Warenbewegung) gelangt (bewegte Lieferung) und der **Lieferer** oder ein vom Lieferer beauftragter Dritter den Gegenstand befördert oder versendet. Da derartige Voraussetzungen im Regelfall im Versandhandel auftreten, hat sich als Umschreibung der sehr allgemeinen Überschrift in § 3c UStG der Begriff „Versandhandelsregelung" durchgesetzt.

Holt der Abnehmer die Ware beim Lieferer ab (Regelfall eines Einkaufs im Ladengeschäft) oder beauftragt der Abnehmer einen Dritten mit dem Transport, gelten die allgemeinen Grundsätze; es verbleibt kein Raum für die Anwendung des § 3 c UStG mit der Folge, dass der Umsatz im Ursprungsland steuerbar ist. 8

§ 3c Abs. 1 Satz 2 UStG erfasst die Fälle, in denen der gelieferte Gegenstand seinen „eigentlichen" **Lieferort im Drittlandsgebiet** hat, der sich jedoch unter den weiteren Voraussetzungen des § 3 Abs. 8 UStG in das Gemeinschaftsgebiet verlagert. Auch dann soll § 3c Abs. 1 Satz 1 UStG gelten. 9

Beispiel 2: Eine in Skagen (Dänemark) ansässige Privatperson P-DK erwirbt von einem in Schaffhausen gelegenen Versandhaus S-DE Werkzeuge für netto 1.000 €. Das Paket wird durch ein von S-DE beauftragtes Logistikunternehmen an P-DK aus dem in der Nähe von Zürich (Schweiz) belegenen Auslieferungslager nach Dänemark versendet. P-DK verfügt über keine Umsatzsteuer-Identifikationsnummer. Bei der Einfuhr in das Gemeinschaftsgebiet entrichte S-DE die deutsche Einfuhrumsatzsteuer. 10

Lösung: S-DE ist aufgrund seiner Händlertätigkeit nachhaltig tätig und damit Unternehmer gem. § 2 Abs. 1 UStG. Es tätigt nach den allgemeinen Grundsätzen des § 3 Abs. 6 Satz 1, 3 und 4 UStG eine bewegte Versendungslieferung, die ihren Lieferort am Beginn der Warenbewegung in der Schweiz hätte. Wegen der Regelung des § 3 Abs. 8 UStG verlagert sich jedoch der Lieferort in das Inland. Damit wäre der Umsatz steuerbar und steuerpflichtig mit 19 % USt (s. § 12 Abs. 1 UStG). Die weiteren Voraussetzungen des § 3c UStG als erfüllt unterstellt, verlagert sich wegen § 3c Abs. 1 Satz 1 UStG der Lieferort in diesem Fall jedoch an das Ende der Warenbewegung nach Dänemark. Damit erfolgt die Lieferung im Inland nicht steuerbar und wird in Dänemark steuerbar und steuerpflichtig mit einem Steuersatz in Höhe von 25 % besteuert.

2.2 Personenkreis des Abnehmers

Eine weitere Voraussetzung für die Anwendung des § 3c Abs. 1 Satz 1 UStG liegt in der Person des Abnehmers begründet. Gem. § 3c Abs. 2 Nr. 1 UStG muss der **Abnehmer** eine Person sein, die den Gegenstand nicht für ihr Unternehmern erwirbt (Regelfall Privatkauf – siehe Beispiele 1 und 2). 11

Die Regelung des § 3c Abs. 2 Nr. 2 UStG ist inhaltlich ein Gegenentwurf zu § 1a Abs. 3 UStG und wie folgt zu verstehen. Treten die dort genannten Personen gegenüber dem Lieferer als Unternehmer unter einer USt-IdNr. auf, findet § 3c Abs. 1 Satz 1 UStG keine Anwendung. Nur wenn die dort genannten Unternehmer nicht als Unternehmer auftreten, weil sie die Schwelle für den innergemeinschaftlichen Erwerb unterschreiten und auf deren Anwendung nicht verzichtet haben, findet § 3c Abs. 1 Satz 1 UStG Anwendung. Wegen Einzelheiten s. die Kommentierung zu § 1a Abs. 3 ff. UStG. 11/1

2.3 Lieferschwelle

2.3.1 Überschreiten der Lieferschwelle

§ 3c Abs. 3 UStG beinhaltet eine optionale (s. Rn. 18) Vereinfachungsregelung für den Lieferer. Liegen die vorgenannten Voraussetzungen für den Versand einer Ware und für die Person des Abnehmers vor, liegt in der Rechtsfolge des § 3c Abs. 1 Satz 1 UStG der Lieferort aus Sicht des Lieferers im übrigen Gemeinschaftsgebiet. Daraus resultiert eine Registrierungs- und Steuerpflicht des Lieferers in jedem anderen EU-Mitgliedstaat, in den er unter den vorgenannten Bedingungen liefert. Um ihn davon in gesamtwirtschaftlich weniger bedeutsamen Fällen zu entlasten, sieht § 3c Abs. 3 UStG eine Lieferschwelle vor, bei deren Unterschreiten § 3c Abs. 1 Satz 1 UStG keine Anwendung findet und der Lieferort am Beginn der Warenbewegung verbleibt. Dabei ist die festgelegte Lieferschwelle des Mitgliedstaats maßgeblich, in dem die **Warenbewegung endet** (s. § 3c Abs. 3 Satz 2 UStG). Die **deutsche Lieferschwelle** für Warenbewegungen, die in Deutschland enden, beträgt gem. § 3c Abs. 3 Satz 2 Nr. 1 UStG 100.000 €. Die Lieferschwellen der **anderen Mitgliedstaaten** sind in Abschn. 3c.1 Abs. 3 Satz 2 UStAE aufgeführt. 12

Die in Abschn. 3c.1 Abs. 2 UStAE aufgeführten **Erwerbsschwellen** führen gelegentlich zur Verwirrung. Eigentlich spielen sie für die Anwendung des § 3c UStG nur mittelbar eine Rolle. Die dort aufgeführten 13

Erwerbsschwellen sind ausschließlich für den in Rn. 10 genannten Abnehmerkreis von Bedeutung und sind für den Regelfall der Lieferung an einen Nichtunternehmer bedeutungslos.

14 Einstweilen frei

2.3.2 Ermitteln der Lieferschwelle

15 Die **Lieferschwelle** ermittelt sich aus der Summe der Lieferungen im Sinne des § 3c Abs. 1 Satz 1 i.V.m. Abs. 2 UStG. Andere Lieferungen an andere Personen, insbesondere innergemeinschaftliche Lieferungen gem. § 6a UStG sind in die Ermittlung der Lieferschwelle nicht einzubeziehen (s. Abschn. 3c Abs. 3 Satz 1 UStAE).

16 Dabei ist zu beachten, dass § 3c Abs. 1 Satz 1 UStG keine Anwendung findet, wenn die so ermittelte Lieferschwelle im vorangegangenen Kalenderjahr nicht überschritten wurde und im laufenden Kalenderjahr nicht überschritten wird. Wird die Lieferschwelle im laufenden Kalenderjahr überschritten, so führt bereits der Umsatz, der die Überschreitung auslöst zur Anwendung des § 3c Abs. 1 Satz 1 UStG (s. Abschn. 3c Abs. 3 Satz 5 UStAE mit Beispiel in Satz 6).

17 **Beispiel 4:** Der in Hamburg ansässige Unternehmer H-DE handelt mit orthopädischen Sitzmöbeln. Im vorangegangenen Kalenderjahr betrug sein Gesamtumsatz 1 Mio. €. Für 550.000 € lieferte er mit eigener Spedition Möbel in das Inland, für 300.000 € an ein Möbelhaus in Frankreich, für 9.000 € an private Abnehmer in Frankreich, für 140.000 € an private Abnehmer in den Niederlanden und für 1.000 € an private Abnehmer in der Schweiz.
Im laufenden Kalenderjahr betrug sein Umsatz nur noch 950.000 €. Für 550.000 € lieferte er mit eigener Spedition Möbel in das Inland, für 300.000 € an ein Möbelhaus in Frankreich, für 9.000 € an private Abnehmer in Frankreich, für 90.000 € an private Abnehmer in den Niederlanden und für 1.000 € an private Abnehmer in der Schweiz.

Lösung: Die Lieferungen an das Möbelhaus in Frankreich sind nicht in die Ermittlung einzubeziehen, da das Möbelhaus kein Abnehmer im Sinne das § 3c Abs. 2 UStG ist. Die Lieferungen in die Schweiz und innerhalb Deutschlands sind ebenso unbeachtlich, da gem. § 3c Abs. 1 Satz 1 UStG nur Warenbewegungen in einen anderen Mitgliedsaat beachtlich sind. Lediglich die Lieferungen an private Abnehmer in Frankreich und die Niederlande erfüllen die Voraussetzungen des § 3c Abs. 1 und 2 UStG. Allerdings ist weiter die Lieferschwelle zu beachten. Für Frankreich liegt diese bei 100.000 €. Da dieser Wert weder im vorangegangenen Jahr erreicht wurde, noch im laufenden Kalenderjahr erreicht wird, findet § 3c UStG für Lieferungen nach Frankreich keine Anwendung. Anders ist dies mit den Lieferungen in die Niederlande. Die ebenfalls 100.000 € wurden zwar im laufenden Kalenderjahr nicht erreicht jedoch im vorangegangenen Kalenderjahr. Also findet § 3c UStG auch im laufenden Kalenderjahr für Lieferungen in die Niederlande Anwendungen. Die Lieferungen sind in den Niederlanden zu besteuern.

2.3.3 Verzicht auf die Lieferschwelle

18 Gem. § 3c Abs. 4 UStG kann auf die Anwendung der Lieferschwelle verzichtet werden. Der Verzicht ist gegenüber den „Behörden“ des jeweiligen Mitgliedstaats zu erklären und löst eine Bindungswirkung für mindestens zwei Kalenderjahre aus.

2.3.4 Keine Anwendung der Lieferschwelle

19 Nach der klaren Regelung des § 3c Abs. 5 Satz 1 findet die gesamte Vorschrift des § 3c auf die Lieferung neuer Fahrzeuge keine Anwendung. Hier gilt in allen Fällen das **Bestimmungslandprinzip**. Für verbrauchsteuerpflichtige Waren findet das Prinzip der Lieferschwellen keine Anwendung, sodass in allen Fällen des § 3c Abs. 1 und 2 UStG das Bestimmungslandprinzip gilt.

§ 3d UStG Ort des innergemeinschaftlichen Erwerbs

[1]Der innergemeinschaftliche Erwerb wird in dem Gebiet des Mitgliedstaates bewirkt, in dem sich der Gegenstand am Ende der Beförderung oder Versendung befindet. [2]Verwendet der Erwerber gegenüber dem Lieferer eine ihm von einem anderen Mitgliedstaat erteilte Umsatzsteuer-Identifikationsnummer, gilt der Erwerb so lange in dem Gebiet dieses Mitgliedstaates als bewirkt, bis der Erwerber nachweist, dass der Erwerb durch den in Satz 1 bezeichneten Mitgliedstaat besteuert worden ist oder nach § 25b Abs. 3 als besteuert gilt, sofern der erste Abnehmer seiner Erklärungspflicht nach § 18a Absatz 7 Satz 1 Nummer 4 nachgekommen ist.

Bearbeiter: Bernhard Becht†/Manzur Esskandari

Inhaltsverzeichnis

1. Bedeutung der Norm

Die Vorschrift, die auf Art. 40–42 MwStSystRL beruht, legt für den Tatbestand des innergemeinschaftlichen Erwerbs im Sinne des § 1 Abs. 1 Nr. 5 UStG – entsprechend der Regelung des § 3c UStG – den Ort fest, an dem der Umsatz als ausgeführt gilt (Ort, an dem sich der Gegenstand zum Zeitpunkt der Beendigung der Versendung oder der Beförderung an den Erwerber befindet). Nach Satz 1 der Vorschrift gilt der innergemeinschaftliche Erwerb an dem Ort als bewirkt, an dem die Beförderung oder Versendung der Gegenstände endet. Diese Definition zielt auf den körperlichen Warenweg ab. In dem Mitgliedstaat, in dem der Gegenstand im Zusammenhang mit einer Lieferung ankommt, ist der Warenbezug steuerbar und ggf. steuerpflichtig. Der Bestimmung des genauen Ortes des Umsatzes kommt dabei keine Bedeutung zu; erforderlich ist lediglich die Zuordnung zu einem Mitgliedstaat. Liegt danach der Lieferungsort im Inland, ist der innergemeinschaftliche Erwerb nach § 1a Abs. 1 Nr. 5 UStG steuerbar. 1

Durch Satz 1 wird die Besteuerung im Bestimmungsland sichergestellt (Bestimmungslandprinzip). Dieser Mitgliedstaat nimmt seine Besteuerungskompetenz unabhängig von der umsatzsteuerlichen Behandlung des Vorgangs im Abgangsstaat war. 2

Satz 2 enthält eine Sonderreglung für die Verwendung der USt-IdNr. eines Mitgliedstaates, in dem nicht die Versendung oder Beförderung nach Satz 1 endet. Der Zweck des Satzes 2 liegt darin, die Besteuerung der Erwerbe wenigstens innerhalb der EU sicherzustellen. Da der Lieferer in seiner Zusammenfassenden Meldung (s. Art. 264 Abs. 1 Buchst. b MwStSystRL bzw. § 18a Abs. 4 Nr. 1 Buchst. a UStG) u.a. die USt-IdNr. jedes Erwerbers, die diesem in einem anderen Mitgliedstaat erteilt worden, unter der die innergemeinschaftlichen Warenlieferungen an ihn ausgeführt worden sind, anzugeben hat, ist die Besteuerung in diesem Land gewährleistet. Diese Informationen werden aufgrund der Verordnung über die Zusammenarbeit der Verwaltungsbehörden dem Mitgliedstaat weitergegeben, der die USt-IdNr. erteilt hat. Demgegenüber können die Finanzbehörden des Bestimmungslandes die in ihrem Gebiet verwirklichten Erwerbstatbestände nur aufgrund konkreter Betriebsprüfungen im Einzelfall erfahren. Satz 2 wurde im Hinblick auf die Neuregelung des innergemeinschaftlichen Dreiecksgeschäfts (s. zu den Voraussetzungen § 25b Rn. 4 ff.) zum 01.01.1997 ergänzt. 3

Satz 2 ist keine Ausnahmeregelung, die die Grundregel des Satz 1 verdrängt. Das Besteuerungsrecht des Bestimmungslandes bleibt unberührt (s. Art. 41 MwStSystRL „unbeschadet“). Der Ort ist lediglich auch im anderen Mitgliedstaat, jedoch nur solange, wie der Erwerber nicht die Besteuerung im erstgenannten 4

Land nachgewiesen hat. Die Rechtsfolge des Satz 2 ist danach nur subsidiär und auflösend bedingt. Eine zweifache Besteuerung soll vermieden werden.

2. Ort des innergemeinschaftlichen Erwerbs

2.1 Ort der Beendigung der Beförderung oder Versendung

5 Nach Satz 1 gilt ein innergemeinschaftlicher Erwerb als in dem Mitgliedstaat bewirkt, in dem sich der Liefergegenstand am Ende der Beförderung oder Versendung befindet. Durch diese Grundregel wird das Bestimmungslandprinzip verwirklicht. Im Fall der Fiktion eines innergemeinschaftlichen Erwerbs nach § 1a Abs. 2 UStG ist die Vorschrift nicht anwendbar, da das Verbringen des Gegenstandes in das Inland zur Verfügung des Unternehmers verlangt wird (s. Stadie in Rau/Dürrwächter, § 3d Rn. 6 mit Nachweisen auch zur Gegenauffassung; a.A. auch Korn in Bunjes, § 3d Rn. 3).

6 Abzustellen ist auf das tatsächliche Ende der Beförderung zum Erwerber. Dieses ist regelmäßig dort, wo der oder die mit der Beförderung Beauftragten (s. § 3 Abs. 6 Satz 4 UStG) nach der bei Beginn der Beförderung erteilten Weisung den Gegenstand hingebracht haben (s. BFH Urteil vom 20.12.2006, V R 11/06, BStBl II 2007, 424). Ob die Beförderung durch den Lieferer oder den Abnehmer erfolgt, ist unerheblich. Eine Beförderung liegt auch dann vor, wenn der Erwerber den Gegenstand abholt. Verbringt dieser den Gegenstand nicht unmittelbar in das Bestimmungsland, sondern verbleibt dieser vorerst (kurzfristige Unterbrechung) noch im Ursprungsland (z.B. anlässlich des Urlaubs oder einer Geschäftsreise), endet die Beförderung gleichwohl erst am Ort des Unternehmens.

7 Die **Beförderung einer erworbenen Yacht** (auch auf eigenem Kiel) ist jedenfalls dann im Inland beendet, wenn sie in einen inländischen Heimathafen verbracht wird und in ein inländisches Schiffsregister eingetragen wird (s. BFH-Urteil vom 20.12.2006, V R 11/06, a.a.O.). Wird der Gegenstand in dem Mitgliedstaat, in dem die Beförderung beginnt oder einem dritten Mitgliedstaat be- oder verarbeitet, endet die Beförderung erst dann, wenn der Gegenstand nach der Be- oder Verarbeitung zum Abnehmer gelangt. Bei der sog. gebrochenen innergemeinschaftlichen Güterbeförderung (s. dazu § 3b Rn. 33) kommt es darauf an, wo die letzte Beförderungsstrecke endet.

8 Die Beurteilung der Frage, in welchem Mitgliedstaat die Beförderung eines Gegenstands endet, ist im Wesentlichen das Ergebnis einer Würdigung der tatsächlichen Umstände. Beim Erwerb einer Yacht können die Angaben im sog. **T2L-Papier** im Sinne des Artikel 315 ZK-DVO sowie ein im Schiffsregister eingetragener Heimathafen Anhaltspunkte für die Beendigung der Beförderung nach dem Erwerb sein, die sich an das Ende der Beförderung anschließende Verwendung hat auf den Bestimmungsort grundsätzlich keinen Einfluss (s. BFH-Urteil vom 20.12.2006, V R 11/06, BStBl II 2007, 424; Abschn. 3d.1 Abs. 1 Satz 2 UStAE).

9 Nach § 1 Abs. 3 Satz 1 Nr. 1 (i.V.m. Satz 2) und Nr. 7 UStG ist ein innergemeinschaftlicher Erwerb, der in den **Freihäfen** und den sog. Wattenmeeren bewirkt wird, wie ein Umsatz im Inland zu behandeln. Es fehlt eine Vorschrift, die festlegt, wann ein innergemeinschaftlicher Erwerb in diesen Gebieten bewirkt wird. Satz 1 ist hier analog anzuwenden, sodass der innergemeinschaftliche Erwerb in einem dieser Gebiete bewirkt wird, wenn die Beförderung oder Versendung dort endet.

2.2 Maßgeblichkeit des Mitgliedstaats der Erteilung der USt-IdNr. (Satz 2 1. Alternative)

10 Verwendet der Erwerber eine Umsatzsteuer-Identifikationsnummer eines anderen Mitgliedstaates, so gilt gem. § 3d Satz 2 UStG unabhängig davon der innergemeinschaftliche Erwerb auch als in dem Staat bewirkt, von dem die USt-IdNr. erteilt wurde, wenn dort die Versendung oder Beförderung nicht endet. Der innergemeinschaftliche Erwerb gilt in diesem Fall (auch) im Gebiet des Mitgliedstaates als bewirkt, dessen USt-IdNr. der Erwerber den Lieferer im Rahmen der Lieferung angegeben hat.

Beispiel: Der deutsche Pkw-Hersteller P bestellt bei einem französischen Zulieferer Ersatzteile. Diese werden zu einer in Frankreich belegenen Fertigungsstätte geliefert. Bei der Bestellung verwendet P seine deutsche USt-IdNr. 11

Lösung: Der Ort des innergemeinschaftlichen Erwerbs durch D ist nach der Grundregel in Frankreich. Nach Satz 2 1. HS. gilt der innergemeinschaftliche Erwerb (auch) als in Deutschland bewirkt.

Die Lieferung muss unter einer USt-Identifikationsnummer ausgeführt werden. Der Begriff der „Verwendung" einer USt-IdNr. erfordert die ausdrückliche Bezugnahme darauf im Auftrag oder der Rechnung (s. Art. 222 Nr. 4 MwStSystRL), sie muss auch in der Zusammenfassenden Meldung (s. Art. 264 Abs. 1 Buchst. b MwStSystRL; s. für den umgekehrten Fall auch § 18a Abs. 4 Nr. 1 a) UStG) angegeben werden. 12

Dabei ist die Besteuerung in diesem Mitgliedstaat unabhängig davon vorzunehmen, ob die Besteuerung im Bestimmungsland erfolgt. Die Fiktion kann durch den Nachweis der Besteuerung im Bestimmungsland oder der Voraussetzungen des § 25b Abs. 3 i.V.m. Abs. 2 UStG beseitigt werden. 13

Satz 2 ist keine Ausnahmeregelung, die die Grundaussage des Satzes 1 verdrängt. Das Besteuerungsrecht des Bestimmungslandes bleibt unberührt (s. Art. 41 MwStSystRL: „unbeschadet"). Der Ort ist lediglich auch im anderen Mitgliedstaat, jedoch nur solange, wie der Erwerber nicht die Besteuerung im erstgenannten Land nachgewiesen hat. Die Rechtsfolge nach Satz 2 ist mithin nur subsidiär und auflösend bedingt. Dadurch wird eine zweifache Besteuerung vermieden. 14

Eine **Doppelbesteuerung** kann in diesen Fällen nur dadurch vermieden werden, dass der Erwerber die Besteuerung durch den Staat durch Vorlage geeigneter Aufzeichnungen (s. dazu Abschn. 3d.1 Abs. 4 UStAE) nachweist, in dem der Erwerb gem. § 3d Satz 1 UStG stattgefunden hat (s. Satz 2 2. Halbsatz). Unter diesen Voraussetzungen ist die Besteuerung in dem Mitgliedstaat, der die USt-IdNr. erteilt hat, rückgängig zu machen (für die Besteuerung in Deutschland s. § 17 Abs. 2 Nr. 4 UStG i.V.m. Abs. 1). 15

Der Vorsteuerabzug der Umsatzsteuer auf den sich aus Satz 2 ergebenden innergemeinschaftlichen Erwerb ist ausgeschlossen (s. § 15 Abs. 1 Satz 1 Nr. 3 UStG; die Vorschrift wurde durch das AmtshilfeRLUmsG zum 30.06.2013 klarstellend in das Gesetz eingefügt; s. dazu auch EuGH Beschluss vom 22.04.2010, Rs. C-536 und 539/08, X und Facet Trading, BFH/NV 2010, 1225; BFH-Urteil vom 01.09.2010, V R 39/08, BStBl II 2011, 658; BFH-Urteil vom 08.09.2010, XI R 40/08, BStBl II 2011, 661). 16

2.3 Innergemeinschaftliche Dreiecksgeschäfte (Satz 2 2. HS., 2. Alt.)

Die Bestimmungen des § 3d greifen auch bei Reihengeschäften. Solche liegen insbesondere dann vor, wenn an einem Reihengeschäft i.S.d. § 3 Abs. 6 Satz 5 drei Unternehmer mit drei verschiedenen USt-Identifikationsnummern beteiligt sind und der Liefergegenstand direkt zum letzten Abnehmer befördert oder versendet wird. Da so viele Lieferungen vorliegen, wie Umsatzgeschäfte abgeschlossen worden sind, könnten nach dem Wortlaut des § 1a grundsätzlich alle Abnehmer den Tatbestand des innergemeinschaftlichen Erwerbs verwirklichen. Durch die Regeln über den Ort der Lieferungen wird erreicht, dass nur ein innergemeinschaftlicher Erwerb vorliegt, für den der Ort zu bestimmen ist. Das kann zu Steuerausfällen führen. 17

Satz 2 2. HS. 2. Alternative verlangt daher den Nachweis der Besteuerung bei **innergemeinschaftlichen Dreiecksgeschäften** i.S.d. § 25b UStG. Nach § 25b UStG kann die Steuerschuld vom ersten Abnehmer (der mittlere Abnehmer), der im Staat der Beendigung der Beförderung oder Versendung einen innergemeinschaftlichen Erwerb und eine Lieferung zu versteuern hätte, auf die auf den Erwerb folgende Lieferung auf den letzten Abnehmer übertragen werden (s. dazu im Einzelnen die Ausführungen zu § 25b). Nach § 25b Abs. 3 UStG gilt die Steuer auf den Erwerb dann als entrichtet. Daneben besteht die Steuerschuld für den Erwerb aufgrund der Verwendung der USt-Identifikationsnummer. Diese entfällt nach Satz 2, wenn der erste Abnehmer nachweist, dass er seinen Erklärungspflichten nach § 18a Abs. 7 Satz 1 Nr. 4 UStG in der sog. Zusammenfassenden Meldung nachgekommen ist (s. dazu Abschn. 3d.1 Abs. 4 UStAE) und die Voraussetzungen des § 25b Abs. 2 UStG vorliegen. Dabei hat er die USt-Identifikationsnummer seines Abnehmers anzugeben und auf die Anwendung des § 25b UStG hinzuweisen. D.h., er muss nachweisen, 18 dass sein Erwerb nach § 25b Abs. 3 UStG als besteuert gilt. Wird diese Verpflichtung erfüllt, entfällt die Steuerpflicht nach Satz 2 1. HS. (innergemeinschaftlicher Erwerb aufgrund der Verwendung der USt-IdNr.).

19 **Beispiel:** Unternehmer U2 bestellt bei dem ebenfalls in Deutschland ansässigen Unternehmer U1 Waren, die dieser direkt an den Kunden des U2 in Österreich versenden soll.

Lösung: Nach § 3 Abs. 6 Satz 1 UStG ist die Warenbewegung von Deutschland nach Österreich der Lieferung des U1 an U2 zuzuordnen. U2 ist der Abnehmer (Erwerber) in Österreich (s. § 1a Abs. 1 i.V.m. § 3d Satz 1 UStG). Solange U2 nicht in Österreich umsatzsteuerrechtlich registriert ist und nur mit deutscher USt-Identifikationsnummer auftritt, ist der Erwerb auch in Deutschland steuerpflichtig. Es kommt daher zu einer Doppelbelastung, da auch die Abrechnung des U1 an U2 den gesonderten Ausweis deutscher Umsatzsteuer enthalten muss (s. BMF vom 05.05.2010, BStBl I 2010, 508, Rn. 11 f.). Der Abnehmer sollte daher den umsatzsteuerlichen Registrierungspflichten im Bestimmungsland nachkommen, wenn mit den bestellten Gegenständen dort steuerbare Umsätze ausgeführt werden (zur Vorsteuerabzugsberechtigung s. EuGH Beschluss vom 22.04.2010, Rs. C-536 und 539/08, X und Facet Trading, BFH/NV 2010, 1225; BFH-Urteil vom 01.09.2010, V R 39/08, BStBl II 2011, 658; BFH-Urteil vom 08.09.2010, XI R 40/08, BStBl II 2011, 66).

3. Besteuerung im Abgangsstaat

20 Die Besteuerung im Inland ist unabhängig von der umsatzsteuerlichen Behandlung im Abgangsstaat. Wurde dort Umsatzsteuer fälschlicherweise festgesetzt, ist dort ein Antrag auf Berichtigung zu stellen. Dieser ist nach den nationalen Vorschriften des Abgangsstaats zu behandeln (s. Art. 16 MwStVO, Abschn. 3d.1 UStAE).

§ 3e UStG Ort der Lieferung und der Restaurationsleistung während einer Beförderung an Bord eines Schiffs, in einem Luftfahrzeug oder in der Eisenbahn

(1) Wird ein Gegenstand an Bord eines Schiffs, in einem Luftfahrzeug oder in einer Eisenbahn während einer Beförderung innerhalb des Gemeinschaftsgebiets geliefert oder dort eine sonstige Leistung ausgeführt, die in der Abgabe von Speisen und Getränken zum Verzehr an Ort und Stelle (Restaurationsleistung) besteht, gilt der Abgangsort des jeweiligen Beförderungsmittels im Gemeinschaftsgebiet als Ort der Lieferung oder der sonstigen Leistung.

(2) [1]Als Beförderung innerhalb des Gemeinschaftsgebiets im Sinne des Absatzes 1 gilt die Beförderung oder der Teil der Beförderung zwischen dem Abgangsort und dem Ankunftsort des Beförderungsmittels im Gemeinschaftsgebiet ohne Zwischenaufenthalt außerhalb des Gemeinschaftsgebiets. [2]Abgangsort im Sinne des Satzes 1 ist der erste Ort innerhalb des Gemeinschaftsgebiets, an dem Reisende in das Beförderungsmittel einsteigen können. [3]Ankunftsort im Sinne des Satzes 1 ist der letzte Ort innerhalb des Gemeinschaftsgebiets, an dem Reisende das Beförderungsmittel verlassen können. [4]Hin- und Rückfahrt gelten als gesonderte Beförderungen.

Bearbeiter: Bernhard Becht†/Manzur Esskandari

Inhaltsverzeichnis

1. Bedeutung der Norm

1 § 3e UStG regelt den Ort von Lieferungen, die an **Bord eines Schiffes**, in einem **Luftfahrzeug** oder in einer **Eisenbahn** während einer Beförderung innerhalb des Gemeinschaftsgebietes ausgeführt werden. Als Lieferort gilt der Abgangsort des Beförderungsmittels im Gemeinschaftsgebiet. Die Regelung des § 3e UStG geht insoweit den allgemeinen Regeln über den Ort der Lieferung gemäß § 3 Abs. 6–8a UStG vor, § 3 Abs. 5a UStG. Aufgrund der Richtlinie 2008/8/EG vom 12.02.2008 (ABl. EU 2008 Nr. L 44, 11 („Mehrwertsteuerpaket")), die bis zum 01.01.2010 in nationales Recht umzusetzen war, wurde Satz 1 durch das JStG 2009 (BGBl I 2009, 2794) um die sonstige Leistung von **Restaurationsleistungen** (sonstige Leistung) an Bord von Beförderungsmitteln ergänzt.

2 Die Vorschrift erleichtert die Besteuerung in den Fällen, in denen die Beförderung sich auf mehrere EU-Mitgliedstaaten erstreckt. Die Ermittlung, in welchem Staat die Lieferung erfolgte, wird dadurch erspart genauso wie die Registrierung in mehreren Mitgliedstaaten, in denen die Beförderung erfolgt. Für die Finanzbehörden wird die steuerliche Erfassung wie auch die Nachprüfung erheblich erleichtert. Der Unternehmer muss aber weiterhin darauf achten, dass er seinen steuerlichen Erklärungs- und Zahlungspflichten in einem anderen Mitgliedstaat als seinem Heimatstaat nachkommt.

3 § 3e UStG enthält lediglich eine spezielle Regelung zum Ort der Lieferung, wenn diese während einer Beförderung im Gemeinschaftsgebiet erfolgt. Unberührt bleiben im jeweiligen Mitgliedstaat der Lieferung geltende Befreiungsvorschriften (z.B. über die innergemeinschaftliche Lieferung gemäß § 4 Nr. 1b i.V.m. § 6a UStG; s. zu den Voraussetzungen einer innergemeinschaftlichen Lieferung § 6a Rn. 10 ff.) sowie die für den Lieferungsempfänger ggf. bestehende Steuerbarkeit des Erwerbs entsprechend §§ 1 Abs. 1 Nr. 5, 1a, 3d UStG.

2. Erfasste Leistungen

4 Die Vorschrift erfasst grundsätzlich alle **Lieferungen von Gegenständen in Beförderungsmitteln**. Typischerweise sind dies Zigaretten, Parfums, Kosmetikartikel, Spielzeug, Alkoholika oder auch nicht zum sofortigen Verzehr bestimmte Nahrungsmittel, die an Bord eines Flugzeugs oder Schiffes angeboten werden. Soweit letztere zum Verzehr an Ort und Stelle angeboten werden, waren diese Leistungen früher nicht von der Vorschrift erfasst. Daher wurde ab 01.10.2010 der Tatbestand um Restaurationsleistungen (sonstige Leistungen) ergänzt. Damit ist im Ergebnis die Abgrenzung zwischen der Lieferung von Nahrungsmitteln und Restaurationsleistungen für die Bestimmung des Ortes der Leistung nicht mehr notwendig. Für die Bestimmung des Steuersatzes ist sie allerdings weiter erforderlich (s. dazu § 12 Rn. 28).

5 Unerheblich ist, wer der Erwerber ist, die Vorschrift gilt damit auch für Unternehmer als Erwerber.

3. Leistungen während der Beförderung in den bestimmten Beförderungsmitteln

6 Die Vorschrift gilt nur für Lieferungen und Restaurationsleistungen, die in den im Gesetz genannten Beförderungsmitteln erfolgen. Nicht erfasst wird z.B. die Lieferung in einem Taxi oder einem Omnibus. Findet die Lieferung oder Restaurationsleistung außerhalb (z.B. im Hafen oder im Flughafen) statt, greift sie nicht. Auf andere Beförderungsmittel, wie Reisebusse, ist sie nicht anwendbar. Hier gelten die allgemeinen Regelungen des § 3 Abs. 6 bis 8 UStG bzw. für Restaurationsleistungen des § 3a Abs. 3 Nr. 3 Buchst. b UStG. Unter Heranziehung des Abs. 2 ist die Regelung weiterhin dahingehend einzuschränken, dass sie nur dann gilt, wenn diese Verkehrsmittel der Beförderung von Personen dienen. Auch Art. 37 Abs. 1 MwStSystRL setzt die Personenbeförderung ausdrücklich voraus. Sie gilt daher nicht für andere Schiffe (z.B. Containerschiffe), Luftfahrzeuge (Frachtflugzeuge) oder Eisenbahnen (Güterwaggons), auch wenn ausnahmsweise Personen befördert werden (s. näher zur Problematik aufgrund des weiten Wortlauts der Vorschrift Reiß in Rau/Dürrwächter, § 3e Rn. 10).

4. Räumlicher Anwendungsbereich: Beförderung innerhalb des Gemeinschaftsgebietes

7 Die Vorschrift ist nur anwendbar, wenn die Lieferung oder Restaurationsleistung während einer Beförderung innerhalb des Gemeinschaftsgebiets der EU erfolgt (Abs. 2 Satz 1). Als Beförderung innerhalb des Gemeinschaftsgebiets gilt jede Beförderung, wenn der Abgangsort und der Ankunftsort sich in diesem Gebiet befinden. Dabei darf kein Zwischenaufenthalt außerhalb des Gemeinschaftsgebiets erfolgen. Lieferungen von Gegenständen und Restaurationsleistungen auf einem Schiff während eines solchen Zwischenaufenthalts und im Verlauf der Beförderung im Hoheitsgebiet dieses Staates, unterliegen der Besteuerungskompetenz des Staates, in dem der Zwischenaufenthalt erfolgt (s. EuGH Urteil vom 15.09.2005, C-58/04, BStBl II 2007, 150; BFH Urteil vom 20.12.2005, V R 30/02, BStBl II 2007, 139; Abschn. 3e.1 UStAE). Als Abgangsort ist der erste Ort innerhalb des Gemeinschaftsgebiets anzusehen, an dem Reisende in das Beförderungsmittel einsteigen können (Abs. 2 Satz 2). Als Ankunftsort ist der letzte Ort innerhalb des Gemeinschaftsgebiets anzusehen, an dem Reisende das Beförderungsmittel verlassen können (Abs. 2 Satz 3). Die Beförderung zwischen diesen beiden Orten gilt als innergemeinschaftliche Beförderung, auch wenn sie über Drittlandsgebiet führt, solange dort kein **Zwischenaufenthalt** stattfindet.

8 Die Vorschrift verlangt nicht, dass der Reisende, der die Gegenstände erwirbt, erst innerhalb des Gemeinschaftsgebiets dem Beförderungsmittel zugestiegen ist oder dieses wieder verlässt. Abzustellen ist auf die Strecke, auf der das Beförderungsmittel innerhalb des Gemeinschaftsgebiets zur Beförderung von Reisenden zur Verfügung steht. Hier muss es einen Abgangs- und einen Ankunftsort geben. Dies ist z.B. dann der Fall, wenn ein Zug aus Drittlandsgebiet kommt, im Unionsgebiet mehrfach hält und dann wieder in Drittlandsgebiet fährt (s. dazu auch das Beispiel bei Korn in Bunjes, § 3e, Rz. 5). Soweit zwischen zwei Haltepunkten im Unionsgebiet die Leistung erfolgt, ist die Vorschrift anzuwenden, auch dann wenn der Reisende schon im Drittland zugestiegen war.

Hin- und Rückfahrten zwischen zwei Orten im Gemeinschaftsgebiet sind als getrennte Beförderungen zu betrachten (Abs. 2 Satz 4). Damit gilt als Abgangsort für die Rückfahrt der Ankunftsort der Hinfahrt. 9

5. Ausführung der Leistung am Abgangsort

Um die Bestimmung des Leistungsortes zu erleichtern, gelten Lieferungen und Restaurationsleistungen insgesamt als an dem **Abgangsort** ausgeführt, wenn die vorstehend erläuterten Voraussetzungen der Vorschrift vorliegen. 10

Beispiel: Ein Flugzeug mit Personenbeförderung fliegt von Zürich nach Frankfurt am Main, Warschau und Moskau. Der Rückflug erfolgt über Warschau und Frankfurt am Main nach Zürich. 11

Lösung: Beim Hinflug gelten erst die Lieferungen und Restaurationsleistungen auf dem Flug von Frankfurt am Main nach Warschau als in Frankfurt am Main bewirkt, da erst auf dieser Strecke die Beförderung im Gemeinschaftsgebiet erfolgt. Dies gilt auch, soweit die deutsche Grenze überflogen wird. Für Lieferungen und Restaurationsleistungen, die vor der Ankunft in Frankfurt am Main ausgeführt werden, findet die Vorschrift des § 3e UStG keine Anwendung, da es sich nicht um Lieferungen und Restaurationsleistungen während einer Beförderung innerhalb des Gemeinschaftsgebiets handelt. Lieferungen und Restaurationsleistungen auf der Strecke zwischen Warschau und Moskau sind in Deutschland nicht steuerbar.

Beim Rückflug fallen erst die Lieferungen und Restaurationsleistungen ab Warschau unter § 3e UStG. Sie gelten als in Warschau bewirkt, unterliegen daher der polnischen Umsatzsteuer. Für Lieferungen und Leistungen, die nach dem Abflug in Frankfurt am Main ausgeführt werden, richtet sich der Ort der Besteuerung nach den allgemeinen Vorschriften des § 3 Abs. 6 bis 8 UStG bzw. § 3a Abs. 3 Nr. 3 Buchst. b) UStG, da der Ankunftsort nicht im Gemeinschaftsgebiet liegt.

§ 3f UStG Ort der unentgeltlichen Lieferungen und sonstigen Leistungen

[1]Lieferungen im Sinne des § 3 Abs. 1b und sonstige Leistungen im Sinne des § 3 Abs. 9a werden an dem Ort ausgeführt, von dem aus der Unternehmer sein Unternehmen betreibt. [2]Werden diese Leistungen von einer Betriebsstätte ausgeführt, gilt die Betriebsstätte als Ort der Leistungen.

Bearbeiter: Bernhard Becht†/Manzur Esskandari

Inhaltsverzeichnis

1. Bedeutung der Norm

1 Die Vorschrift regelt den **Ort der Tatbestände** der unentgeltlichen Lieferungen nach § 3 Abs. 1b UStG und der unentgeltlichen sonstigen Leistungen nach § 3 Abs. 9a UStG. Die Vorschrift wurde als Ergänzung zu diesen neuen Vorschriften durch das Steuerentlastungsgesetz 1999/2000/2002 neu erlassen (zur Notwendigkeit einer besonderen Bestimmung kritisch s. Nieskens in R/D, § 3f UStG, Anm. 4f.).

2 Wegen des eindeutigen Wortlauts der Vorschrift scheidet eine **richtlinienkonforme Auslegung** aus. Die nationale Regelung darf jedoch nicht zu Ungunsten des Steuerpflichtigen angewandt werden (Anwendungsvorrang des EU-Rechts; s. Korn in Bunjes, § 3f UStG, Rz. 1; Nieskens in R/D, § 3f Rz. 13 mit problematischen Beispielen).

3 Zweifelhaft ist, ob die Regelung mit der **MwStSystRL** vereinbar ist, da diese keine § 3f UStG entsprechende Vorschrift beinhaltet. Die MwStSystRL enthält zwar in Art. 16 und 26 Regelungen für bestimmte unentgeltliche Lieferungen und sonstige Leistungen, gibt aber keine Regelung des Leistungsortes für diese Tatbestände vor, sodass zu bezweifeln ist, ob die Richtlinie eine Regelung wie § 3f UStG überhaupt zulässt.

2. Bestimmung des Leistungsorts bei unentgeltlichen Leistungen

4 Nach § 3f UStG wird für alle unentgeltlichen Lieferungen nach § 3 Abs. 1b UStG und unentgeltlichen sonstigen Leistungen nach § 3 Abs. 9a UStG der Sitz des Unternehmens (s. auch Abschn. 3f.1 UStAE) für maßgeblich erklärt. Werden die **unentgeltlichen Wertabgaben von einer Betriebsstätte** ausgeführt, so gilt diese als Ort der Leistung. Im Fall der Konkurrenz zwischen der Zuordnung zum Sitz des Unternehmens und einer Betriebsstätte sind die Grundsätze des § 3a Abs. 1 anzuwenden, insbesondere ist hier der **Grundsatz des Vorrangs der Besteuerung am Sitz des Unternehmens** gegenüber der Zuordnung zu einer Betriebsstätte entsprechend zu beachten (Abschn. 3f.1 Satz 2 ff., Abschn. 3a.1 Abs. 2 und 3 entsprechend).

5 Gemäß § 3f UStG ist nicht mehr der Ort der willentlichen **Wertabgabe** für **außerunternehmerische, also private Zwecke** maßgeblich, wie dies nach den früher geltenden Eigenverbrauchstatbestsands-regelungen der Fall war. Die Tatsache, dass ein im Ausland verwirklichter **Eigenverbrauch** im Inland zur Besteuerung führen soll, widerspricht dem **Charakter der Umsatzsteuer als Endverbrauchersteuer** (s. Nieskens in R/D, § 3f UStG, Rz. 13f mit Beispiel der Ferienhausvermietung an die Tochter im Ausland).

6 Außerdem kann es mangels Harmonisierung zu Doppelbesteuerungen kommen (s. dazu Nieskens in R/D, § 3f UStG, Rz. 16 mit Beispiel).

§ 3g UStG Ort der Lieferung von Gas, Elektrizität, Wärme oder Kälte

(1) [1]Bei einer Lieferung von Gas über das Erdgasnetz, von Elektrizität oder von Wärme oder Kälte über Wärme- oder Kältenetze an einen Unternehmer, dessen Haupttätigkeit in Bezug auf den Erwerb dieser Gegenstände in deren Lieferung besteht und dessen eigener Verbrauch dieser Gegenstände von untergeordneter Bedeutung ist, gilt als Ort dieser Lieferung der Ort, an dem der Abnehmer sein Unternehmen betreibt. [2]Wird die Lieferung an die Betriebsstätte eines Unternehmers im Sinne des Satzes 1 ausgeführt, so ist stattdessen der Ort der Betriebsstätte maßgebend.

(2) [1]Bei einer Lieferung von Gas über das Erdgasnetz, von Elektrizität oder von Wärme oder Kälte über Wärme- oder Kältenetze an andere als die in Absatz 1 bezeichneten Abnehmer gilt als Ort der Lieferung der Ort, an dem der Abnehmer die Gegenstände tatsächlich nutzt oder verbraucht. [2]Soweit die Gegenstände von diesem Abnehmer nicht tatsächlich genutzt oder verbraucht werden, gelten sie als an dem Ort genutzt oder verbraucht, an dem der Abnehmer seinen Sitz, eine Betriebsstätte, an die die Gegenstände geliefert werden, oder seinen Wohnsitz hat.

(3) Auf Gegenstände, deren Lieferungsort sich nach Absatz 1 oder Absatz 2 bestimmt, sind die Vorschriften des § 1a Abs. 2 und § 3 Abs. 1a nicht anzuwenden.

Bearbeiter: Matthias Trinks

Inhaltsverzeichnis

1. Bedeutung der Norm

Die Norm regelt als Spezialbestimmung den Lieferort im (grenzüberschreitenden) **Handel mit Energieträgern**. Europarechtliche Grundlagen sind die Art. 38 f. MwStSystRL. Absatz 1 betrifft die Lieferung an sog. Wiederverkäufer, Abs. 2 die Lieferung an Unternehmer, die keine Wiederverkäufer sind und Nicht-Unternehmer. Absatz 3 stellt klar, dass solche Lieferungen als unbewegt geltend, was innergemeinschaftliche Lieferungen und Erwerbe sowie Ausfuhren ausschließt. Die Einfuhr ist steuerfrei. 1

2. Energieträger

Erfasst ist nur die Lieferung der genannten Energieträger über Netze, unabhängig von Druck- oder Spannungsstufe. Die **Lieferung von Energieträgern in Behältnissen** (z.B. Gaskartusche, Batterie) unterfällt der Grundregel nach § 3 Abs. 6–8 UStG. 2

3. Wiederverkäufer

Die Eigenschaft als **Wiederverkäufer** wird durch zwei Faktoren determiniert. Zum einem muss der Wiederverkauf die Haupttätigkeit des Unternehmens darstellen. Danach müssen eingekaufte Energieträger zu mindestens 50 % weiterveräußert werden. Dies ist für jeden Energieträger gesondert zu bestimmen, sodass die Eigenschaft z.B. nur für Strom, nicht aber für Gas vorliegt. Im Übrigen können im Unternehmen in Art und Umfang beliebig viele andere Umsätze ausgeführt werden. 3

Zum anderen darf nur ein **untergeordneter Eigenverbrauch** vorliegen. Nach Abschn. 3g.1 Abs. 2 UStAE dürfen max. 5 % der erworbenen Energieträger selbst genutzt werden. Netzverluste und selbst erzeugte Energie bleiben außer Betracht. Für die Berechnung maßgeblich ist das Kalendervorjahr. Überschreitungen bis max. 10 % bleiben unbeanstandet, wenn das Mittel der letzten drei Jahre den Wert von 5 % nicht über- 4 schreitet, s. Abschn. 3g.1 Abs. 3 Satz 2 UStAE. Die Speicherung von Energieträgern ist weder Wiederverkauf, noch Eigenverbrauch. Zur Bestimmung der Wertgrenzen ist vorrangig eine unmittelbare Zuordnung, subsidiär eine Schlüsselung durch Verhältnisrechnung vorzunehmen.

5 Die Finanzverwaltung bescheinigt auf Antrag die Eigenschaft als Wiederverkäufer nach dem Vordruckmuster USt 1 TH (BStBl I 2015, 513). Sofern kein Missbrauchsfall vorliegt, führt die Vorlage der Bescheinigung zu Vertrauensschutz bei Geschäftspartnern. Der externe Anlagenbetreiber (sog. **Contractor**) ist grundsätzlich kein Wiederverkäufer (rkr. s. OLG Frankfurt Beschluss vom 13.03.2012, 21 U 41/11, RdE 2012, 36).

6 Bei **Organschaften** ist die Eigenschaft als Wiederverkäufer für den gesamten Organkreis zu bestimmen. Für Zwecke des § 13b UStG soll es gleichwohl auf eine isolierte Betrachtung jedes einzelnen Organmitglieds angekommen, s. Abschn. 13b.3a Abs. 3 UStAE.

4. Lieferort

7 Entscheidend ist, ob der Leistungsempfänger als Wiederverkäufer anzusehen ist. Erfolgt die Lieferung an einen Wiederkäufer, ist die Leistung am Empfängerort (**Sitz des Leistungsempfängers**) steuerbar.

8 Ist der Leistungsempfänger kein Wiederkäufer, ist der Leistungsort der Verbrauchsort. Dieser ist in aller Regel am Ort des Zählers des Abnehmers. Erfolgt kein Verbrauch, ist der Leistungsort der Empfängerort.

5. Steuerschuldnerschaft

9 Wird Energie von einem im Ausland ansässigen Unternehmer bezogen, kommt in Deutschland das **Reverse-Charge-Verfahren** zur Anwendung. Das gilt unabhängig davon, ob der Leistungsempfänger ein Wiederverkäufer ist.

10 Seit dem 01.09.2013 gilt das Reverse-Charge-Verfahren für bestimmte Energielieferungen zwischen inländischen Unternehmern. Beim **Handel von Elektrizität** müssen Leistender und Leistungsempfänger Wiederverkäufer sein. Beim **Handel mit Gas** muss der Leistungsempfänger selbst auch Gas liefern. Beim **Handel mit Kälte/Wärme** gilt im rein innerstaatlichen Fall kein Reverse-Charge.

§ 4 UStG Steuerbefreiungen bei Lieferungen und sonstigen Leistungen

[1]Von den unter § 1 Abs. 1 Nr. 1 fallenden Umsätzen sind steuerfrei:

1. a) die Ausfuhrlieferungen (§ 6) und die Lohnveredelungen an Gegenständen der Ausfuhr (§ 7),
   b) die innergemeinschaftlichen Lieferungen (§ 6a);
   c) weggefallen
2. die Umsätze für die Seeschifffahrt und für die Luftfahrt (§ 8);
3. [1]die folgenden sonstigen Leistungen:
   a) die grenzüberschreitenden Beförderungen von Gegenständen, die Beförderungen im internationalen Eisenbahnfrachtverkehr und andere sonstige Leistungen, wenn sich die Leistungen
      aa) unmittelbar auf Gegenstände der Ausfuhr beziehen oder auf eingeführte Gegenstände beziehen, die im externen Versandverfahren in das Drittlandsgebiet befördert werden, oder
      bb) [1]auf Gegenstände der Einfuhr in das Gebiet eines Mitgliedstaates der Europäischen Union beziehen und die Kosten für die Leistungen in der Bemessungsgrundlage für diese Einfuhr enthalten sind. [2]Nicht befreit sind die Beförderungen der in § 1 Abs. 3 Nr. 4 Buchstabe a bezeichneten Gegenstände aus einem Freihafen in das Inland;
   b) die Beförderungen von Gegenständen nach und von den Inseln, die die autonomen Regionen Azoren und Madeira bilden;
   c) [1]sonstige Leistungen, die sich unmittelbar auf eingeführte Gegenstände beziehen, für die zollamtlich eine vorübergehende Verwendung in den in § 1 Abs. 1 Nr. 4 bezeichneten Gebieten bewilligt worden ist, wenn der Leistungsempfänger ein ausländischer Auftraggeber (§ 7 Abs. 2) ist. [2]Dies gilt nicht für sonstige Leistungen, die sich auf Beförderungsmittel, Paletten und Container beziehen.

   [2]Die Vorschrift gilt nicht für die in den Nummern 8, 10 und 11 bezeichneten Umsätze und für die Bearbeitung oder Verarbeitung eines Gegenstands einschließlich der Werkleistung im Sinne des § 3 Abs. 10. [3]Die Voraussetzungen der Steuerbefreiung müssen vom Unternehmer nachgewiesen sein. [4]Das Bundesministerium der Finanzen kann mit Zustimmung des Bundesrates durch Rechtsverordnung bestimmen, wie der Unternehmer den Nachweis zu führen hat;
4. die Lieferungen von Gold an Zentralbanken;

4a. [1]die folgenden Umsätze:
   a) [1]die Lieferungen der in der Anlage 1 bezeichneten Gegenstände an einen Unternehmer für sein Unternehmen, wenn der Gegenstand der Lieferung im Zusammenhang mit der Lieferung in ein Umsatzsteuerlager eingelagert wird oder sich in einem Umsatzsteuerlager befindet. [2]Mit der Auslagerung eines Gegenstands aus einem Umsatzsteuerlager entfällt die Steuerbefreiung für die der Auslagerung vorangegangene Lieferung, den der Auslagerung vorangegangenen innergemeinschaftlichen Erwerb oder die der Auslagerung vorangegangene Einfuhr; dies gilt nicht, wenn der Gegenstand im Zusammenhang mit der Auslagerung in ein anderes Umsatzsteuerlager im Inland eingelagert wird. [3]Eine Auslagerung ist die endgültige Herausnahme eines Gegenstands aus einem Umsatzsteuerlager. [4]Der endgültigen Herausnahme steht gleich der sonstige Wegfall der Voraussetzungen für die Steuerbefreiung sowie die Erbringung einer nicht nach Buchstabe b begünstigten Leistung an den eingelagerten Gegenständen,
   b) [1]die Leistungen, die mit der Lagerung, der Erhaltung, der Verbesserung der Aufmachung und Handelsgüte oder der Vorbereitung des Vertriebs oder Weiterverkaufs der eingelagerten Gegenstände unmittelbar zusammenhängen. [2]Dies gilt nicht, wenn durch die Leistungen die Gegenstände so aufbereitet werden, dass sie zur Lieferung auf der Einzelhandelsstufe geeignet sind.

   [2]Die Steuerbefreiung gilt nicht für Leistungen an Unternehmer, die diese zur Ausführung von Umsätzen verwenden, für die die Steuer nach den Durchschnittssätzen des § 24 festgesetzt ist. [3]Die Voraussetzungen der Steuerbefreiung müssen vom Unternehmer eindeutig und leicht nachprüfbar nachgewiesen sein. [4]Umsatzsteuerlager kann jedes Grundstück oder Grundstücksteil im Inland sein, das zur Lagerung

der in Anlage 1 genannten Gegenstände dienen soll und von einem Lagerhalter betrieben wird. [5]Es kann mehrere Lagerorte umfassen. [6]Das Umsatzsteuerlager bedarf der Bewilligung des für den Lagerhalter zuständigen Finanzamts. [7]Der Antrag ist schriftlich zu stellen. [8]Die Bewilligung ist zu erteilen, wenn ein wirtschaftliches Bedürfnis für den Betrieb des Umsatzsteuerlagers besteht und der Lagerhalter die Gewähr für dessen ordnungsgemäße Verwaltung bietet;

4b. [1]die einer Einfuhr vorangehende Lieferung von Gegenständen, wenn der Abnehmer oder dessen Beauftragter den Gegenstand der Lieferung einführt. [2]Dies gilt entsprechend für Lieferungen, die den in Satz 1 genannten Lieferungen vorausgegangen sind. [3]Die Voraussetzungen der Steuerbefreiung müssen vom Unternehmer eindeutig und leicht nachprüfbar nachgewiesen sein;

5. [1]die Vermittlung
   a) der unter die Nummern 1 Buchstabe a, Nummern 2 bis 4b und Nummern 6 und 7 fallenden Umsätze,
   b) der grenzüberschreitenden Beförderungen von Personen mit Luftfahrzeugen oder Seeschiffen,
   c) der Umsätze, die ausschließlich im Drittlandsgebiet bewirkt werden,
   d) der Lieferungen, die nach § 3 Abs. 8 als im Inland ausgeführt zu behandeln sind.

   [2]Nicht befreit ist die Vermittlung von Umsätzen durch Reisebüros für Reisende. [3]Die Voraussetzungen der Steuerbefreiung müssen vom Unternehmer nachgewiesen sein. [4]Das Bundesministerium der Finanzen kann mit Zustimmung des Bundesrates durch Rechtsverordnung bestimmen, wie der Unternehmer den Nachweis zu führen hat;

6. a) die Lieferungen und sonstigen Leistungen der Eisenbahnen des Bundes auf Gemeinschaftsbahnhöfen, Betriebswechselbahnhöfen, Grenzbetriebsstrecken und Durchgangsstrecken an Eisenbahnverwaltungen mit Sitz im Ausland,
   b) (weggefallen)
   c) [1]die Lieferungen von eingeführten Gegenständen an im Drittlandsgebiet, ausgenommen Gebiete nach § 1 Abs. 3, ansässige Abnehmer, soweit für die Gegenstände zollamtlich eine vorübergehende Verwendung in den in § 1 Abs. 1 Nr. 4 bezeichneten Gebieten bewilligt worden ist und diese Bewilligung auch nach der Lieferung gilt. [2]Nicht befreit sind die Lieferungen von Beförderungsmitteln, Paletten und Containern,
   d) Personenbeförderungen im Passagier- und Fährverkehr mit Wasserfahrzeugen für die Seeschifffahrt, wenn die Personenbeförderungen zwischen inländischen Seehäfen und der Insel Helgoland durchgeführt werden,
   e) [1]die Abgabe von Speisen und Getränken zum Verzehr an Ort und Stelle im Verkehr mit Wasserfahrzeugen für die Seeschiffahrt zwischen einem inländischen und ausländischen Seehafen und zwischen zwei ausländischen Seehäfen. [2]Inländische Seehäfen im Sinne des Satzes 1 sind auch die Freihäfen und Häfen auf der Insel Helgoland;

7. [1]die Lieferungen, ausgenommen Lieferungen neuer Fahrzeuge im Sinne des § 1b Abs. 2 und 3, und die sonstigen Leistungen
   a) an andere Vertragsparteien des Nordatlantikvertrages, die nicht unter die in § 26 Abs. 5 bezeichneten Steuerbefreiungen fallen, wenn die Umsätze für den Gebrauch oder Verbrauch durch die Streitkräfte dieser Vertragsparteien, ihr ziviles Begleitpersonal oder für die Versorgung ihrer Kasinos oder Kantinen bestimmt sind und die Streitkräfte der gemeinsamen Verteidigungsanstrengung dienen,
   b) an die in dem Gebiet eines anderen Mitgliedstaates stationierten Streitkräfte der Vertragsparteien des Nordatlantikvertrags, soweit sie nicht an die Streitkräfte dieses Mitgliedstaates ausgeführt werden,
   c) an die in dem Gebiet eines anderen Mitgliedstaates ansässigen ständigen diplomatischen Missionen und berufskonsularischen Vertretungen sowie deren Mitglieder und
   d) an die in dem Gebiet eines anderen Mitgliedstaates ansässigen zwischenstaatlichen Einrichtungen sowie deren Mitglieder.

[2]Der Gegenstand der Lieferung muss in den Fällen des Satzes 1 Buchstabe b bis d in das Gebiet des anderen Mitgliedstaates befördert oder versendet werden. [3]Für die Steuerbefreiungen nach Satz 1 Buchstabe b bis d sind die in dem anderen Mitgliedstaat geltenden Voraussetzungen maßgebend. [4]Die Voraussetzungen der Steuerbefreiungen müssen vom Unternehmer nachgewiesen sein. [5]Bei den Steuerbefreiungen nach Satz 1 Buchstabe b bis d hat der Unternehmer die in dem anderen Mitgliedstaat geltenden Voraussetzungen dadurch nachzuweisen, dass ihm der Abnehmer eine von der zuständigen Behörde des anderen Mitgliedstaates oder, wenn er hierzu ermächtigt ist, eine selbst ausgestellte Bescheinigung nach amtlich vorgeschriebenem Muster aushändigt. [6]Das Bundesministerium der Finanzen kann mit Zustimmung des Bundesrates durch Rechtsverordnung bestimmen, wie der Unternehmer die übrigen Voraussetzungen nachzuweisen hat;

8. a) die Gewährung und die Vermittlung von Krediten,
   b) [1]die Umsätze und die Vermittlung der Umsätze von gesetzlichen Zahlungsmitteln. [2]Das gilt nicht, wenn die Zahlungsmittel wegen ihres Metallgehalts oder ihres Sammlerwerts umgesetzt werden,
   c) die Umsätze im Geschäft mit Forderungen, Schecks und anderen Handelspapieren sowie die Vermittlung dieser Umsätze, ausgenommen die Einziehung von Forderungen,
   d) die Umsätze und die Vermittlung der Umsätze im Einlagengeschäft, im Kontokorrentverkehr, im Zahlungs- und Überweisungsverkehr und das Inkasso von Handelspapieren,
   e) die Umsätze im Geschäft mit Wertpapieren und die Vermittlung dieser Umsätze, ausgenommen die Verwahrung und die Verwaltung von Wertpapieren,
   f) die Umsätze und die Vermittlung der Umsätze von Anteilen an Gesellschaften und anderen Vereinigungen,
   g) die Übernahme von Verbindlichkeiten, von Bürgschaften und anderen Sicherheiten sowie die Vermittlung dieser Umsätze,
   h) die Verwaltung von Investmentfonds im Sinne des Investmentsteuergesetzes und die Verwaltung von Versorgungseinrichtungen im Sinne des Versicherungsaufsichtsgesetzes,
   i) die Umsätze der im Inland gültigen amtlichen Wertzeichen zum aufgedruckten Wert;
   j) (weggefallen)
   k) (weggefallen)
9. a) die Umsätze, die unter das Grunderwerbsteuergesetz fallen,
   b) [1]die Umsätze, die unter das Rennwett- und Lotteriegesetz fallen. [2]Nicht befreit sind die unter das Rennwett- und Lotteriegesetz fallenden Umsätze, die von der Rennwett- und Lotteriesteuer befreit sind oder von denen diese Steuer allgemein nicht erhoben wird;
10. a) [1]die Leistungen auf Grund eines Versicherungsverhältnisses im Sinne des Versicherungsteuergesetzes. [2]Das gilt auch, wenn die Zahlung des Versicherungsentgelts nicht der Versicherungsteuer unterliegt;
    b) die Leistungen, die darin bestehen, dass anderen Personen Versicherungsschutz verschafft wird;
11. die Umsätze aus der Tätigkeit als Bausparkassenvertreter, Versicherungsvertreter und Versicherungsmakler;

11a. die folgenden vom 1. Januar 1993 bis zum 31. Dezember 1995 ausgeführten Umsätze der Deutschen Bundespost TELEKOM und der Deutsche Telekom AG:
   a) die Überlassung von Anschlüssen des Telefonnetzes und des diensteintegrierenden digitalen Fernmeldenetzes sowie die Bereitstellung der von diesen Anschlüssen ausgehenden Verbindungen innerhalb dieser Netze und zu Mobilfunkendeinrichtungen,
   b) die Überlassung von Übertragungswegen im Netzmonopol des Bundes,
   c) die Ausstrahlung und Übertragung von Rundfunksignalen einschließlich der Überlassung der dazu erforderlichen Sendeanlagen und sonstigen Einrichtungen sowie das Empfangen und Verteilen von Rundfunksignalen in Breitbandverteilnetzen einschließlich der Überlassung von Kabelanschlüssen;

11b. [1]Universaldienstleistungen nach Artikel 3 Absatz 4 der Richtlinie 97/67/EG des Europäischen Parlaments und des Rates vom 15. Dezember 1997 über gemeinsame Vorschriften für die Entwicklung des

Binnenmarktes der Postdienste der Gemeinschaft und die Verbesserung der Dienstequalität (ABl. L 15 vom 21.1.1998, S. 14, L 23 vom 30.1.1998, S. 39), die zuletzt durch die Richtlinie 2008/6/EG (ABl. L 52 vom 27.2.2008, S. 3) geändert worden ist, in der jeweils geltenden Fassung. [2]Die Steuerbefreiung setzt voraus, dass der Unternehmer sich entsprechend einer Bescheinigung des Bundeszentralamtes für Steuern gegenüber dieser Behörde verpflichtet hat, flächendeckend im gesamten Gebiet der Bundesrepublik Deutschland die Gesamtheit der Universaldienstleistungen oder einen Teilbereich dieser Leistungen nach Satz 1 anzubieten. [3]Die Steuerbefreiung gilt nicht für Leistungen, die der Unternehmer erbringt

a) auf Grund individuell ausgehandelter Vereinbarungen oder
b) auf Grund allgemeiner Geschäftsbedingungen zu abweichenden Qualitätsbedingungen oder zu günstigeren Preisen als den nach den allgemein für jedermann zugänglichen Tarifen oder als den nach § 19 des Postgesetzes vom 22. Dezember 1997 (BGBl I S. 3294), das zuletzt durch Artikel 272 der Verordnung vom 31. Oktober 2006 (BGBl I S. 2407) geändert worden ist, in der jeweils geltenden Fassung, genehmigten Entgelten;

12. [1]a) die Vermietung und die Verpachtung von Grundstücken, von Berechtigungen, für die die Vorschriften des bürgerlichen Rechts über Grundstücke gelten, und von staatlichen Hoheitsrechten, die Nutzungen von Grund und Boden betreffen,
b) die Überlassung von Grundstücken und Grundstücksteilen zur Nutzung auf Grund eines auf Übertragung des Eigentums gerichteten Vertrags oder Vorvertrags,
c) die Bestellung, die Übertragung und die Überlassung der Ausübung von dinglichen Nutzungsrechten an Grundstücken.

[2]Nicht befreit sind die Vermietung von Wohn- und Schlafräumen, die ein Unternehmer zur kurzfristigen Beherbergung von Fremden bereithält, die Vermietung von Plätzen für das Abstellen von Fahrzeugen, die kurzfristige Vermietung auf Campingplätzen und die Vermietung und die Verpachtung von Maschinen und sonstigen Vorrichtungen aller Art, die zu einer Betriebsanlage gehören (Betriebsvorrichtungen), auch wenn sie wesentliche Bestandteile eines Grundstücks sind;

13. die Leistungen, die die Gemeinschaften der Wohnungseigentümer im Sinne des Wohnungseigentumsgesetzes in der im Bundesgesetzblatt Teil III, Gliederungsnummer 403-1, veröffentlichten bereinigten Fassung, in der jeweils geltenden Fassung an die Wohnungseigentümer und Teileigentümer erbringen, soweit die Leistungen in der Überlassung des gemeinschaftlichen Eigentums zum Gebrauch, seiner Instandhaltung, Instandsetzung und sonstigen Verwaltung sowie der Lieferung von Wärme und ähnlichen Gegenständen bestehen;

14. a) [1]Heilbehandlungen im Bereich der Humanmedizin, die im Rahmen der Ausübung der Tätigkeit als Arzt, Zahnarzt, Heilpraktiker, Physiotherapeut, Hebamme oder einer ähnlichen heilberuflichen Tätigkeit durchgeführt werden. [2]Satz 1 gilt nicht für die Lieferung oder Wiederherstellung von Zahnprothesen (aus Unterpositionen 9021 21 und 9021 29 00 des Zolltarifs) und kieferorthopädischen Apparaten (aus Unterposition 9021 10 des Zolltarifs), soweit sie der Unternehmer in seinem Unternehmen hergestellt oder wiederhergestellt hat;
b) [1]Krankenhausbehandlungen und ärztliche Heilbehandlungen einschließlich der Diagnostik, Befunderhebung, Vorsorge, Rehabilitation, Geburtshilfe und Hospizleistungen sowie damit eng verbundene Umsätze, die von Einrichtungen des öffentlichen Rechts erbracht werden. [2]Die in Satz 1 bezeichneten Leistungen sind auch steuerfrei, wenn sie von
  aa) zugelassenen Krankenhäusern nach § 108 des Fünften Buches Sozialgesetzbuch,
  bb) Zentren für ärztliche Heilbehandlung und Diagnostik oder Befunderhebung, die an der vertragsärztlichen Versorgung nach § 95 des Fünften Buches Sozialgesetzbuch teilnehmen oder für die Regelungen nach § 115 des Fünften Buches Sozialgesetzbuch gelten,
  cc) Einrichtungen, die von den Trägern der gesetzlichen Unfallversicherung nach § 34 des Siebten Buches Sozialgesetzbuch an der Versorgung beteiligt worden sind,
  dd) Einrichtungen, mit denen Versorgungsverträge nach den §§ 111 und 111a des Fünften Buches Sozialgesetzbuch bestehen,

ee) Rehabilitationseinrichtungen, mit denen Verträge nach § 21 des Neunten Buches Sozialgesetzbuch bestehen,

ff) Einrichtungen zur Geburtshilfe, für die Verträge nach § 134a des Fünften Buches Sozialgesetzbuch gelten,

gg) Hospizen, mit denen Verträge nach § 39a Abs. 1 des Fünften Buches Sozialgesetzbuch bestehen, oder

hh) Einrichtungen, mit denen Verträge nach § 127 in Verbindung mit § 126 Absatz 3 des Fünften Buches Sozialgesetzbuch über die Erbringung nichtärztlicher Dialyseleistungen bestehen,

erbracht werden und es sich ihrer Art nach um Leistungen handelt, auf die sich die Zulassung, der Vertrag oder die Regelung nach dem Sozialgesetzbuch jeweils bezieht, oder

ii) von Einrichtungen nach § 138 Abs. 1 Satz 1 des Strafvollzugsgesetzes erbracht werden;

c) Leistungen nach den Buchstaben a und b, die von

aa) Einrichtungen, mit denen Verträge zur hausarztzentrierten Versorgung nach § 73b des Fünften Buches Sozialgesetzbuch oder zur besonderen ambulanten ärztlichen Versorgung nach § 73c des Fünften Buches Sozialgesetzbuch bestehen, oder

bb) Einrichtungen nach § 140b Absatz 1 des Fünften Buches Sozialgesetzbuch, mit denen Verträge zur integrierten Versorgung nach § 140a des Fünften Buches Sozialgesetzbuch bestehen,

erbracht werden;

d) sonstige Leistungen von Gemeinschaften, deren Mitglieder Angehörige der in Buchstabe a bezeichneten Berufe oder Einrichtungen im Sinne des Buchstaben b sind, gegenüber ihren Mitgliedern, soweit diese Leistungen für unmittelbare Zwecke der Ausübung der Tätigkeiten nach Buchstabe a oder Buchstabe b verwendet werden und die Gemeinschaft von ihren Mitgliedern lediglich die genaue Erstattung des jeweiligen Anteils an den gemeinsamen Kosten fordert,

e) die zur Verhütung von nosokomialen Infektionen und zur Vermeidung der Weiterverbreitung von Krankheitserregern, insbesondere solcher mit Resistenzen, erbrachten Leistungen eines Arztes oder einer Hygienefachkraft, an in den Buchstaben a, b und d genannte Einrichtungen, die diesen dazu dienen, ihre Heilbehandlungsleistungen ordnungsgemäß unter Beachtung der nach dem Infektionsschutzgesetz und den Rechtsverordnungen der Länder nach § 23 Absatz 8 des Infektionsschutzgesetzes bestehenden Verpflichtungen zu erbringen;

15. die Umsätze der gesetzlichen Träger der Sozialversicherung, der gesetzlichen Träger der Grundsicherung für Arbeitsuchende nach dem Zweiten Buch Sozialgesetzbuch sowie der gemeinsamen Einrichtungen nach § 44b Abs. 1 des Zweiten Buches Sozialgesetzbuch, der örtlichen und überörtlichen Träger der Sozialhilfe sowie der Verwaltungsbehörden und sonstigen Stellen der Kriegsopferversorgung einschließlich der Träger der Kriegsopferfürsorge

a) untereinander,

b) [1]an die Versicherten, die Bezieher von Leistungen nach dem Zweiten Buch Sozialgesetzbuch, die Empfänger von Sozialhilfe oder die Versorgungsberechtigten. [2]Das gilt nicht für die Abgabe von Brillen und Brillenteilen einschließlich der Reparaturarbeiten durch Selbstabgabestellen der gesetzlichen Träger der Sozialversicherung;

15a. die auf Gesetz beruhenden Leistungen der Medizinischen Dienste der Krankenversicherung (§ 278 SGB V) und des Medizinischen Dienstes der Spitzenverbände der Krankenkassen (§ 282 SGB V) untereinander und für die gesetzlichen Träger der Sozialversicherung und deren Verbände und für die Träger der Grundsicherung für Arbeitsuchende nach dem Zweiten Buch Sozialgesetzbuch sowie die gemeinsamen Einrichtungen nach § 44b des Zweiten Buches Sozialgesetzbuch;

15b. [1]Eingliederungsleistungen nach dem Zweiten Buch Sozialgesetzbuch, Leistungen der aktiven Arbeitsförderung nach dem Dritten Buch Sozialgesetzbuch und vergleichbare Leistungen, die von Einrichtungen des öffentlichen Rechts oder anderen Einrichtungen mit sozialem Charakter erbracht werden. [2]Andere Einrichtungen mit sozialem Charakter im Sinne dieser Vorschrift sind Einrichtungen,

a) die nach § 178 des Dritten Buches Sozialgesetzbuch zugelassen sind,

b) die für ihre Leistungen nach Satz 1 Verträge mit den gesetzlichen Trägern der Grundsicherung für Arbeitsuchende nach dem Zweiten Buch Sozialgesetzbuch geschlossen haben oder
c) die für Leistungen, die denen nach Satz 1 vergleichbar sind, Verträge mit juristischen Personen des öffentlichen Rechts, die diese Leistungen mit dem Ziel der Eingliederung in den Arbeitsmarkt durchführen, geschlossen haben;

16. [1]die mit dem Betrieb von Einrichtungen zur Betreuung oder Pflege körperlich, geistig oder seelisch hilfsbedürftiger Personen eng verbundenen Leistungen, die von
a) juristischen Personen des öffentlichen Rechts,
b) Einrichtungen, mit denen ein Vertrag nach § 132 des Fünften Buches Sozialgesetzbuch besteht,
c) Einrichtungen, mit denen ein Vertrag nach § 132a des Fünften Buches Sozialgesetzbuch, § 72 oder § 77 des Elften Buches Sozialgesetzbuch besteht oder die Leistungen zur häuslichen Pflege oder zur Heimpflege erbringen und die hierzu nach § 26 Abs. 5 in Verbindung mit § 44 des Siebten Buches Sozialgesetzbuch bestimmt sind,
d) Einrichtungen, die Leistungen der häuslichen Krankenpflege oder Haushaltshilfe erbringen und die hierzu nach § 26 Abs. 5 in Verbindung mit den §§ 32 und 42 des Siebten Buches Sozialgesetzbuch bestimmt sind,
e) Einrichtungen, mit denen eine Vereinbarung nach § 111 des Neunten Buches Sozialgesetzbuch besteht,
f) Einrichtungen, die nach § 142 des Neunten Buches Sozialgesetzbuch anerkannt sind,
g) Einrichtungen, soweit sie Leistungen erbringen, die landesrechtlich als niedrigschwellige Betreuungs- oder Entlastungsangebote nach § 45b des Elften Buches Sozialgesetzbuch anerkannt sind,
h) Einrichtungen, mit denen eine Vereinbarung nach § 75 des Zwölften Buches Sozialgesetzbuch besteht,
i) Einrichtungen, mit denen ein Vertrag nach § 8 Absatz 3 des Gesetzes zur Errichtung der Sozialversicherung für Landwirtschaft, Forsten und Gartenbau über die Gewährung von häuslicher Krankenpflege oder Haushaltshilfe nach den §§ 10 und 11 des Zweiten Gesetzes über die Krankenversicherung der Landwirte, § 10 des Gesetzes über die Alterssicherung der Landwirte oder nach § 54 Absatz 2 des Siebten Buches Sozialgesetzbuch besteht,
j) Einrichtungen, die aufgrund einer Landesrahmenempfehlung nach § 2 der Frühförderungsverordnung als fachlich geeignete interdisziplinäre Frühförderstellen anerkannt sind,
k) Einrichtungen, die als Betreuer nach § 1896 Absatz 1 des Bürgerlichen Gesetzbuchs bestellt worden sind, sofern es sich nicht um Leistungen handelt, die nach § 1908i Absatz 1 in Verbindung mit § 1835 Absatz 3 des Bürgerlichen Gesetzbuchs vergütet werden, oder
l) Einrichtungen, bei denen im vorangegangenen Kalenderjahr die Betreuungs- oder Pflegekosten in mindestens 25 Prozent der Fälle von den gesetzlichen Trägern der Sozialversicherung oder der Sozialhilfe oder der für die Durchführung der Kriegsopferversorgung zuständigen Versorgungsverwaltung einschließlich der Träger der Kriegsopferfürsorge ganz oder zum überwiegenden Teil vergütet worden sind,

erbracht werden. [2]Leistungen im Sinne des Satzes 1, die von Einrichtungen nach den Buchstaben b bis l erbracht werden, sind befreit, soweit es sich ihrer Art nach um Leistungen handelt, auf die sich die Anerkennung, der Vertrag oder die Vereinbarung nach Sozialrecht oder die Vergütung jeweils bezieht;

17. a) die Lieferungen von menschlichen Organen, menschlichem Blut und Frauenmilch,
b) die Beförderungen von kranken und verletzten Personen mit Fahrzeugen, die hierfür besonders eingerichtet sind;

18. [1]die Leistungen der amtlich anerkannten Verbände der freien Wohlfahrtspflege und der der freien Wohlfahrtspflege dienenden Körperschaften, Personenvereinigungen und Vermögensmassen, die einem Wohlfahrtsverband als Mitglied angeschlossen sind, wenn
a) diese Unternehmer ausschließlich und unmittelbar gemeinnützigen, mildtätigen oder kirchlichen Zwecken dienen,

b) die Leistungen unmittelbar dem nach der Satzung, Stiftung oder sonstigen Verfassung begünstigten Personenkreis zugute kommen und
c) die Entgelte für die in Betracht kommenden Leistungen hinter den durchschnittlich für gleichartige Leistungen von Erwerbsunternehmen verlangten Entgelten zurückbleiben.

[2]Steuerfrei sind auch die Beherbergung, Beköstigung und die üblichen Naturalleistungen, die diese Unternehmer den Personen, die bei den Leistungen nach Satz 1 tätig sind, als Vergütung für die geleisteten Dienste gewähren;

18a. die Leistungen zwischen den selbständigen Gliederungen einer politischen Partei, soweit diese Leistungen im Rahmen der satzungsgemäßen Aufgaben gegen Kostenerstattung ausgeführt werden;

19. a) [1]die Umsätze der Blinden, die nicht mehr als zwei Arbeitnehmer beschäftigen. [2]Nicht als Arbeitnehmer gelten der Ehegatte, der eingetragene Lebenspartner, die minderjährigen Abkömmlinge, die Eltern des Blinden und die Lehrlinge. [3]Die Blindheit ist nach den für die Besteuerung des Einkommens maßgebenden Vorschriften nachzuweisen. 4Die Steuerfreiheit gilt nicht für die Lieferungen von Energieerzeugnissen im Sinne des § 1 Abs. 2 und 3 des Energiesteuergesetzes und Branntweinen, wenn der Blinde für diese Erzeugnisse Energiesteuer oder Branntweinabgaben zu entrichten hat, und für Lieferungen im Sinne der Nummer 4a Satz 1 Buchstabe a Satz 2,
b) die folgenden Umsätze der nicht unter Buchstabe a fallenden Inhaber von anerkannten Blindenwerkstätten und der anerkannten Zusammenschlüsse von Blindenwerkstätten im Sinne des § 143 des Neunten Buches Sozialgesetzbuch:
   aa) die Lieferungen von Blindenwaren und Zusatzwaren,
   bb) die sonstigen Leistungen, soweit bei ihrer Ausführung ausschließlich Blinde mitgewirkt haben;

20. a) [1]die Umsätze folgender Einrichtungen des Bundes, der Länder, der Gemeinden oder der Gemeindeverbände: Theater, Orchester, Kammermusikensembles, Chöre, Museen, botanische Gärten, zoologische Gärten, Tierparks, Archive, Büchereien sowie Denkmäler der Bau- und Gartenbaukunst. [2]Das Gleiche gilt für die Umsätze gleichartiger Einrichtungen anderer Unternehmer, wenn die zuständige Landesbehörde bescheinigt, dass sie die gleichen kulturellen Aufgaben wie die in Satz 1 bezeichneten Einrichtungen erfüllen. [3]Steuerfrei sind auch die Umsätze von Bühnenregisseuren und Bühnenchoreographen an Einrichtungen im Sinne der Sätze 1 und 2, wenn die zuständige Landesbehörde bescheinigt, dass deren künstlerische Leistungen diesen Einrichtungen unmittelbar dienen. [4]Museen im Sinne dieser Vorschrift sind wissenschaftliche Sammlungen und Kunstsammlungen,
b) die Veranstaltung von Theatervorführungen und Konzerten durch andere Unternehmer, wenn die Darbietungen von den unter Buchstabe a bezeichneten Theatern, Orchestern, Kammermusikensembles oder Chören erbracht werden,

21. a) die unmittelbar dem Schul- und Bildungszweck dienenden Leistungen privater Schulen und anderer allgemeinbildender oder berufsbildender Einrichtungen,
   aa) wenn sie als Ersatzschulen gemäß Artikel 7 Abs. 4 des Grundgesetzes staatlich genehmigt oder nach Landesrecht erlaubt sind oder
   bb) wenn die zuständige Landesbehörde bescheinigt, dass sie auf einen Beruf oder eine vor einer juristischen Person des öffentlichen Rechts abzulegende Prüfung ordnungsgemäß vorbereiten,
b) die unmittelbar dem Schul- und Bildungszweck dienenden Unterrichtsleistungen selbständiger Lehrer
   aa) an Hochschulen im Sinne der §§ 1 und 70 des Hochschulrahmengesetzes und öffentlichen allgemeinbildenden oder berufsbildenden Schulen oder
   bb) an privaten Schulen und anderen allgemeinbildenden oder berufsbildenden Einrichtungen, soweit diese die Voraussetzungen des Buchstabens a erfüllen;

21a. (weggefallen)

22. a) die Vorträge, Kurse und anderen Veranstaltungen wissenschaftlicher oder belehrender Art, die von juristischen Personen des öffentlichen Rechts, von Verwaltungs- und Wirtschaftsakademien, von Volkshochschulen oder von Einrichtungen, die gemeinnützigen Zwecken oder dem Zweck eines Berufsverbandes dienen, durchgeführt werden, wenn die Einnahmen überwiegend zur Deckung der Kosten verwendet werden,
    b) andere kulturelle und sportliche Veranstaltungen, die von den in Buchstabe a genannten Unternehmern durchgeführt werden, soweit das Entgelt in Teilnehmergebühren besteht;
23. [1]die Gewährung von Beherbergung, Beköstigung und der üblichen Naturalleistungen durch Einrichtungen, wenn sie überwiegend Jugendliche für Erziehungs-, Ausbildungs- oder Fortbildungszwecke oder für Zwecke der Säuglingspflege bei sich aufnehmen, soweit die Leistungen an die Jugendlichen oder an die bei ihrer Erziehung, Ausbildung, Fortbildung oder Pflege tätigen Personen ausgeführt werden. [2]Jugendliche im Sinne dieser Vorschrift sind alle Personen vor Vollendung des 27. Lebensjahres. [3]Steuerfrei sind auch die Beherbergung, Beköstigung und die üblichen Naturalleistungen, die diese Unternehmer den Personen, die bei den Leistungen nach Satz 1 tätig sind, als Vergütung für die geleisteten Dienste gewähren. [4]Die Sätze 1 bis 3 gelten nicht, soweit eine Leistung der Jugendhilfe des Achten Buches Sozialgesetzbuch erbracht wird;
24. [1]die Leistungen des Deutschen Jugendherbergswerkes, Hauptverband für Jugendwandern und Jugendherbergen e.V., einschließlich der diesem Verband angeschlossenen Untergliederungen, Einrichtungen und Jugendherbergen, soweit die Leistungen den Satzungszwecken unmittelbar dienen oder Personen, die bei diesen Leistungen tätig sind, Beherbergung, Beköstigung und die üblichen Naturalleistungen als Vergütung für die geleisteten Dienste gewährt werden. [2]Das Gleiche gilt für die Leistungen anderer Vereinigungen, die gleiche Aufgaben unter denselben Voraussetzungen erfüllen;
25. [1]Leistungen der Jugendhilfe nach § 2 Abs. 2 des Achten Buches Sozialgesetzbuch und die Inobhutnahme nach § 42 des Achten Buches Sozialgesetzbuch, wenn diese Leistungen von Trägern der öffentlichen Jugendhilfe oder anderen Einrichtungen mit sozialem Charakter erbracht werden. [2]Andere Einrichtungen mit sozialem Charakter im Sinne dieser Vorschrift sind
    a) von der zuständigen Jugendbehörde anerkannte Träger der freien Jugendhilfe, die Kirchen und Religionsgemeinschaften des öffentlichen Rechts sowie die amtlich anerkannten Verbände der freien Wohlfahrtspflege,
    b) Einrichtungen, soweit sie
        aa) für ihre Leistungen eine im Achten Buch Sozialgesetzbuch geforderte Erlaubnis besitzen oder nach § 44 oder § 45 Abs. 1 Nr. 1 und 2 des Achten Buches Sozialgesetzbuch einer Erlaubnis nicht bedürfen,
        bb) Leistungen erbringen, die im vorangegangenen Kalenderjahr ganz oder zum überwiegenden Teil durch Träger der öffentlichen Jugendhilfe oder Einrichtungen nach Buchstabe a vergütet wurden oder
        cc) Leistungen der Kindertagespflege erbringen, für die sie nach § 23 Abs. 3 des Achten Buches Sozialgesetzbuch geeignet sind.

    [3]Steuerfrei sind auch
    a) die Durchführung von kulturellen und sportlichen Veranstaltungen, wenn die Darbietungen von den von der Jugendhilfe begünstigten Personen selbst erbracht oder die Einnahmen überwiegend zur Deckung der Kosten verwendet werden und diese Leistungen in engem Zusammenhang mit den in Satz 1 bezeichneten Leistungen stehen,
    b) die Beherbergung, Beköstigung und die üblichen Naturalleistungen, die diese Einrichtungen den Empfängern der Jugendhilfeleistungen und Mitarbeitern in der Jugendhilfe sowie den bei den Leistungen nach Satz 1 tätigen Personen als Vergütung für die geleisteten Dienste gewähren,
    c) Leistungen, die von Einrichtungen erbracht werden, die als Vormünder nach § 1773 des Bürgerlichen Gesetzbuchs oder als Ergänzungspfleger nach § 1909 des Bürgerlichen Gesetzbuchs bestellt worden sind, sofern es sich nicht um Leistungen handelt, die nach § 1835 Absatz 3 des Bürgerlichen Gesetzbuchs vergütet werden;

26. die ehrenamtliche Tätigkeit,
   a) wenn sie für juristische Personen des öffentlichen Rechts ausgeübt wird oder
   b) wenn das Entgelt für diese Tätigkeit nur in Auslagenersatz und einer angemessenen Entschädigung für Zeitversäumnis besteht;
27. a) die Gestellung von Personal durch religiöse und weltanschauliche Einrichtungen für die in Nummer 14 Buchstabe b, in den Nummern 16, 18, 21, 22 Buchstabe a sowie in den Nummern 23 und 25 genannten Tätigkeiten und für Zwecke geistigen Beistands,
   b) die Gestellung von land- und forstwirtschaftlichen Arbeitskräften durch juristische Personen des privaten oder des öffentlichen Rechts für land- und forstwirtschaftliche Betriebe (§ 24 Abs. 2) mit höchstens drei Vollarbeitskräften zur Überbrückung des Ausfalls des Betriebsinhabers oder dessen voll mitarbeitenden Familienangehörigen wegen Krankheit, Unfalls, Schwangerschaft, eingeschränkter Erwerbsfähigkeit oder Todes sowie die Gestellung von Betriebshelfern an die gesetzlichen Träger der Sozialversicherung;
28. die Lieferungen von Gegenständen, für die der Vorsteuerabzug nach § 15 Abs. 1a ausgeschlossen ist oder wenn der Unternehmer die gelieferten Gegenstände ausschließlich für eine nach den Nummern 8 bis 27 steuerfreie Tätigkeit verwendet hat.

Bearbeiter: Holger Raudszus

Inhaltsverzeichnis

Rn.

1. Vom Normalsteuersatz abweichende Regelungen

Nach der Grundvorschrift des § 1 Abs. 1 UStG unterliegen der **Umsatzsteuer** die Lieferungen und sonstigen Leistungen, die ein Unternehmer im Inland gegen Entgelt im Rahmen seines Unternehmens ausführt: 1

- Die Einfuhr aus dem Drittlandsgebiet in das Inland;
- der innergemeinschaftliche Erwerb im Inland gegen Entgelt.

Sind die jeweils erforderlichen Tatbestandsmerkmale gegeben, so liegen stets steuerbare Umsätze vor. Daraus leitet sich folgender Grundsatz ab:

- Steuerbare Umsätze unterliegen der Umsatzsteuer, sind demnach steuerpflichtig, regelmäßig mit einem Steuersatz in Höhe von 19 % (s. § 12 Abs. 1 UStG).

Von diesem Grundsatz gibt es jedoch Ausnahmen. 2

Zwar wird überwiegend das Ertragsteuerrecht und dort namentlich das Einkommensteuerrecht dazu benutzt, um bestimmte wirtschafts-, sozial-, kultur-, verkehrs- oder umweltpolitische Ziele zu verwirklichen. Diese Praxis ist zwischenzeitlich soweit gediehen, dass der eigentliche Gesetzeszweck des Einkommensteuergesetzes (Besteuerung der Erträge natürlicher Personen nach deren Leistungsfälligkeit) teilweise nicht mehr erkennbar ist. 3

Allerdings ist auch das Umsatzsteuerrecht in ähnlicher Weise von politischen Bestrebungen nicht unberührt geblieben und an diversen Stellen durchsetzt von Ausnahmen, die letztlich immer dem Ziel dienen, bestimmte Umsätze nicht dem Regelsteuersatz von 19 % zu unterwerfen. 4

Darüber hinaus ist der Gesetzgeber bestrebt, nicht gewollte Doppelbesteuerungen zu vermeiden. So verhindert § 4 Nr. 10 UStG, dass Leistungen auf Grund eines Versicherungsverhältnisses neben der Versicherungssteuer nochmals mit Umsatzsteuer belastet werden, § 4 Nr. 9 Buchst. a UStG soll eine Doppelbesteuerung mit Umsatz- und Grunderwerbsteuer verhindern und § 4 Nr. 3 Buchst. a Doppelbuchst. bb UStG soll eine Doppelbesteuerung mit EUSt verhindern (dazu auch § 11 UStG). Ziel des Gesetzgebers ist es jedoch nicht, in allen Fällen eine Doppelbesteuerung zu auszuschließen. So fließt beispielsweise die Mineralölsteuer stets in die umsatzsteuerliche Bemessungsgrundlage für die Lieferung von Mineralölerzeugnissen (z.B. Benzin) ein. 5

6 Hauptinstrument dieser Bestrebungen ist die Schaffung von Steuerbefreiungen gewesen, mit dem Ergebnis, dass auf bestimmte Umsätze keine Umsatzsteuer erhoben wird. Davon sind sämtliche Umsatzarten berührt.

7 Zweites Instrument des Gesetzgebers, bestimmte Umsätze abweichend vom obigen Grundsatz zu belasten, ist die Einführung eines Steuersatzes gewesen, der niedriger ist als der Regelsteuersatz § 12 Abs. 2 UStG beinhaltet eine abschließende Aufzählung der Umsätze, die lediglich einem ermäßigten Steuersatz (derzeit 7 %) unterworfen werden.

8 Schließlich ist im Umsatzsteuerrecht noch ein drittes jedoch sehr restriktiv angewandtes Instrument zu beachten – die sog. **Steuervergütung**. Gem. § 4a UStG können bestimmte, insbesondere gemeinnützige Körperschaften bereits gezahlte Umsatzsteuern vergütet, d.h. erstattet bekommen. Ein weiteres Vergütungsverfahren ist in Form der Umsatzsteuererstattungsverordnung für konsularische Vertretungen etabliert. Schließlich beinhaltet § 26 Abs. 3 UStG eine Erlassregelung für Luftverkehrsunternehmen.

2. Aufbau und Bedeutung des § 4 UStG

9 Dem Geflecht der beispielhaft aufgeführten und vom Grundsatz der Besteuerung abweichenden Bestimmungen geht der § 4 UStG voran und ist gleichzeitig dessen umfangreichste Vorschrift.

10 Im bis 1967 geltenden Umsatzsteuersystem, das den Vorsteuerabzug nicht kannte, hatten Steuerbefreiungsvorschriften stets eine entlastende Wirkung und waren mithin bedeutsam.

11 Seit Einführung des Mehrwertsteuersystems zum 01.01.1968, dessen zentraler Bestandteil der Vorsteuerabzug ist, haben bestimmte Steuerbefreiungen, die den Vorsteuerabzug ausschließen, einen weniger entlastenden, keinen entlastenden oder sogar einen belastenden Effekt. Somit ist die Bedeutung der einzelnen Steuerbefreiungsvorschriften stets von der Höhe des Entlastungseffekts abhängig. Ursächlich dafür ist § 15 Abs. 2 Satz 1 Nr. 1 UStG, der den Vorsteuerabzug für steuerfreie Umsätze ausschließt. Eine Rückausnahme für die vorstehend aufgeführten Umsätze beinhaltet § 15 Abs. 3 UStG, der für die dort aufgeführten steuerfreien Umsätze doch wieder einen Vorsteuerabzug erlaubt.

12 Der belastende Effekt stellt sich regelmäßig in den Fällen ein, in denen eine steuerfreie, den Vorsteuerabzug ausschließende Leistung an einen vorsteuerabzugsberechtigten Unternehmer erbracht wird.

13 **Beispiel 1:** Ein Bauträger (B) errichtet ein Bürogebäude und veräußert dieses gemeinsam mit dem Grund und Boden an einen zum vollen Vorsteuerabzug berechtigten Unternehmer (U). Das Gebäude ließ der Bauträger von einem Generalunternehmer (G) errichten. G berechnet dem B 500.000 € zzgl. 95.000 € USt. B liefert das bebaute Grundstück an U für 1 Mio. €.

Lösung: Die Lieferung des B erfolgt steuerfrei nach § 4 Nr. 9 Buchst. a UStG (s. zur Befreiung im Einzelnen § 4 Nr. 9 Rn. 3 ff.). Wegen § 15 Abs. 2 Satz 1 Nr. 1 UStG ist der Vorsteuerabzug aus der Lieferung des G für B ausgeschlossen. Er ist damit mit der USt belastet und muss diese in seine Kalkulation einbeziehen.

14 Für diese die Neutralität der USt innerhalb der Unternehmerkette behindernden Vorschriften lässt der Gesetzgeber optional und in enger Begrenzung Ausnahmen zu. Diese sehen allerdings keine Steuerbefreiung sondern eine wählbare Steuerpflicht vor. Über die Regelung des § 9 UStG können bestimmte steuerfreie, den Vorsteuerabzug ausschließende Umsätze, als steuerpflichtig behandelt werden (s. dazu § 9 Rn. 1 ff.).

15 **Beispiel 2:** Wie Beispiel 1, jedoch verzichtet B unter Anwendung der §§ 9 Abs. 1 und 3 UStG auf die Anwendung der Steuerbefreiung und wählt die Steuerpflicht für den Umsatz.

Lösung: Der optional zulässige Verzicht auf die Steuerbefreiung führt zu einer Steuerpflicht des Umsatzes des B. Allerdings ist wegen der Regelung des § 13b Abs. 2 Nr. 3 UStG der U Steuerschuldner dieses steuerpflichtigen Umsatzes. U steht in gleicher Höhe nach § 15 Abs. 1 Nr. 4 UStG ein Vorsteuerabzug zu, der ihn von der USt vollkommen entlastet. Durch die Steuerpflicht des Umsatzes ist B ihm der Vorsteuerabzug nicht mehr versagt. Er könnte bei gleichem Rohgewinn nunmehr das Grundstück für netto 905.000 € anbieten.

Damit lässt sich folgende Übersicht über die **Steuerbefreiungen des § 4 UStG** entsprechend ihrer Wirkungsweise erstellen: 16

Den **Vorsteuerabzug ausschließende** steuerfreie Umsätze (§ 4 Nr. 8 bis 28, teilweise ohne § 4 Nr. 8 Buchst. a bis g oder Nr. 10 Buchst. a UStG)	Den **Vorsteuerabzug einschließende** steuerfreie Umsätze (§§ 4 Nr. 1 bis 7, 25 Abs. 2, 26 Abs. 5 teilweise § 4 Nr. 8 Buchst. a bis g oder Nr. 10 Buchst. a UStG)
Möglichkeit des **Verzichts auf die Steuerbefreiung** zur Erlangung des Vorsteuerabzugs (§ 4 Nr. 8 Buchst. a bis g, Nr. 9 Buchst. a, Nr. 12, 13 oder 19 UStG)	

3. Umfang der Steuerbefreiungen

Nach ständiger Rechtsprechung des EuGH (s. EuGH vom 21.02.2013, C-18/12, DStR 2013, 407 m.w.N.) sind 17 die Regelungen zu Steuerbefreiungen eng auszulegen. Sie sollen den Charakter einer Ausnahme haben. Grundsätzlich gelten sämtliche Steuerbefreiungen nur sachlich und nicht persönlich. Mit Ausnahme von § 4 Nr. 19 Buchst. a UStG werden lediglich die in § 4 UStG aufgeführten Leistungen steuerbefreit. Es findet sich keine generelle persönliche Steuerbefreiung. So ist z.B. ein im Bereich der Humanmedizin tätiger Arzt nur insoweit mit seinen Leistungen von der USt befreit, wie er Heilbehandlungen ausführt (s. § 4 Nr. 14 Buchst. a Satz 1 UStG). Tätigt er andere Leistungen, gelten für ihn die allgemeinen Regelungen zur Steuerpflicht (s. z.B. die in Abschn. 4.14.1 Abs. 5 UStAE aufgeführten Leistungen). § 4 UStG kennt mithin mit Ausnahme des § 4 Nr. 19 Buchst. a UStG keine persönliche Steuerbefreiung. Lediglich unter den weiteren Voraussetzungen des § 4 Nr. 19 Buchst. a UStG sind die Umsätze von Blinden generell von der Umsatzsteuer befreit.

§ 4 Nr. 1 UStG Steuerbefreiungen bei Ausfuhrlieferungen, Lohnveredelungen an Gegenständen und innergemeinschaftlichen Lieferungen

[1]Von den unter § 1 Abs. 1 Nr. 1 fallenden Umsätzen sind steuerfrei:

1. a) die Ausfuhrlieferungen (§ 6) und die Lohnveredelungen an Gegenständen der Ausfuhr (§ 7),
   b) die innergemeinschaftlichen Lieferungen (§ 6a);
   c) weggefallen

Bearbeiter: Holger Raudszus

Inhaltsverzeichnis

1. Allgemeines

1 § 4 Nr. 1 UStG befreit die in § 6 UStG, § 6a UStG und § 7 UStG genannten Umsätze. Bei der Befreiung des § 4 Nr. 1 UStG handelt es sich um eine sogenannte echte Steuerbefreiung, die den Vorsteuerabzug zulässt (s. § 15 Abs. 2 Nr. 1 UStG i.V.m. § 15 Abs. 3 Nr. 1 Buchst. a UStG).

2 Für die Frage, ob ein Umsatz nach § 4 Nr. 1 UStG steuerbefreit ist, sollte mit den genannten Vorschriften weitergearbeitet werden.

§ 4 Nr. 2 UStG Umsätze für die Seeschifffahrt und für die Luftfahrt

[1]Von den unter § 1 Abs. 1 Nr. 1 fallenden Umsätzen sind steuerfrei:

....

2. die Umsätze für die Seeschifffahrt und für die Luftfahrt (§ 8);

.....

Bearbeiter: Bernhard Becht†/Daniela Bick

Inhaltsverzeichnis

1. Bedeutung der Norm

Die Vorschrift befreit im Sinne einer **Vorstufenbefreiung** die **Erwerbsseeschifffahrt** und den **internationalen entgeltlichen Luftverkehr** von der Umsatzsteuer. Sie stellt lediglich eine **Rechtsfolgenvorschrift** dar, indem auf § 8 UStG verwiesen wird. Eine Liste der im Inland ansässigen Unternehmer, die im entgeltlichen Luftverkehr überwiegend internationalen Luftverkehr betreiben wird laufend vom BMF veröffentlicht (s. zuletzt BMF vom 28.12.2015, III C 3 – S 7155 – a/15/10002 – DOK 2015/1182685, UR 2016, 120). 1

Begünstigt werden auch **Seenotrettungsschiffe** und in bestimmten Umfang **Kriegsschiffe**. Forschungsschiffe unterliegen nicht der Steuerbefreiung (s. OFD Niedersachsen vom 26.11.2015, S 7155 – 78 – St 187, UR 2016, 329). Die Empfänger der von § 8 UStG genannten Lieferungen und Leistungen sind in der Regel zum Vorsteuerabzug berechtigte Unternehmer. § 4 Nr. 2 UStG i.V.m. § 8 UStG hat daher eine eher **steuertechnische Bedeutung**. Es findet auf der Vorstufe eine Steuerbefreiung statt, sodass keine Vorsteuer für die leistungsempfangenden Unternehmen anfällt. 2

Die **unionsrechtliche Grundlage** für die Steuerbefreiung findet sich in Art. 148 MwStSystRL. 3

2. Umfang der Steuerbefreiung

Zum Umfang der Steuerbefreiung verweist die Vorschrift auf § 8 UStG. Siehe daher dazu die Kommentierung zu dieser Vorschrift. Dementsprechend verweist auch Abschn. 4.2.1 UStAE auf die Erläuterungen zu § 8 UStG in Abschn. 8.1 und 8.3 UStAE. 4

Auch die **Besorgung** der in der Vorschrift genannten Umsätze (s. dazu § 3 Abs. 11 UStG) ist nach § 4 Nr. 5 UStG steuerbefreit (zu Vermittlungsleistungen s. § 4 Nr. 5 Rn. 10 ff.). 5

3. Verhältnis zum Vorsteuerabzug

Die Steuerbefreiung hat nicht den Verlust des Vorsteuerabzugs zur Folge (vollständige Umsatzsteuerbefreiung; s. § 15 Abs. 3 Nr. 1 Buchst. a UStG). 6

Nach dem Urteil des BFH vom 02.04.1998 (V R 34/97, BStBl II 1998, 695) setzt der Vorsteuerabzug nach § 15 Abs. 1 Nr. 1 UStG immer voraus, dass bei richtlinienkonformer Auslegung eine **Steuer für den berechneten Umsatz** geschuldet wird. 7

Für die Frage, ob sich durch dieses Urteil Auswirkungen auf den **Vorsteuerabzug bei Eingangsumsätzen** für die Seeschifffahrt ergeben haben, hat die Verwaltung Stellung genommen (s. FinMin MV vom 18.06.2001, IV 320 – S 7300 – 21/00, UR 2002, 287). Danach sind Umsätze für die Seeschifffahrt nach § 4 Nr. 2 UStG steuerfrei, wenn die Voraussetzungen des § 8 UStG erfüllt sind. Insoweit ist die **materiell-rechtliche Voraussetzung** für die Steuerbefreiung auch der in § 8 Abs. 3 UStG i.V.m. §§ 13, 18 UStDV geforderte buchmäßige Nachweis. Fehle dieser, seien die entsprechenden Leistungen steuerpflichtig. Der leistende Unternehmer schulde die in Rechnung gestellte Umsatzsteuer für den berechneten Umsatz. Die Grundsätze 8 des BFH-Urteils vom 02.04.1998, V R 34/97, BStBl II 1998, 695, seien daher nicht einschlägig; es handele sich gerade nicht um eine der in § 14 Abs. 2 und 3 UStG geregelten Fallgestaltungen, in denen die Umsatzsteuer in einer Rechnung zu hoch oder unberechtigt ausgewiesen wird. Seien die übrigen Voraussetzungen des § 15 UStG erfüllt, könnten die Vorsteuerbeträge abgezogen werden.

9 Der Auffassung der Finanzverwaltung ist zu folgen. Das BFH-Urteil betrifft den Fall von **Grundstücksumsätzen**. Wenn der BFH hier verlangt, dass bei richtlinienkonformer Auslegung eine Steuer für den berechneten Umsatz geschuldet wird, unterscheidet sich der hier vorliegende Fall davon, dass bestimmte Nachweise für die Steuerfreiheit verlangt werden. Nur darauf kann es ankommen.

§ 4 Nr. 3 UStG Grenzüberschreitende Beförderung, Beförderungen von Gegenständen und Sonstige Leistungen

[1]Von den unter § 1 Abs. 1 Nr. 1 fallenden Umsätzen sind steuerfrei:

....

3. [1]die folgenden sonstigen Leistungen:
   a) die grenzüberschreitenden Beförderungen von Gegenständen, die Beförderungen im internationalen Eisenbahnfrachtverkehr und andere sonstige Leistungen, wenn sich die Leistungen
      aa) unmittelbar auf Gegenstände der Ausfuhr beziehen oder auf eingeführte Gegenstände beziehen, die im externen Versandverfahren in das Drittlandsgebiet befördert werden, oder
      bb) [1]auf Gegenstände der Einfuhr in das Gebiet eines Mitgliedstaates der Europäischen Union beziehen und die Kosten für die Leistungen in der Bemessungsgrundlage für diese Einfuhr enthalten sind. [2]Nicht befreit sind die Beförderungen der in § 1 Abs. 3 Nr. 4 Buchstabe a bezeichneten Gegenstände aus einem Freihafen in das Inland,
   b) die Beförderungen von Gegenständen nach und von den Inseln, die die autonomen Regionen Azoren und Madeira bilden,
   c) sonstige Leistungen, die sich unmittelbar auf eingeführte Gegenstände beziehen, für die zollamtlich eine vorübergehende Verwendung in den in § 1 Abs. 1 Nr. 4 bezeichneten Gebieten bewilligt worden ist, wenn der Leistungsempfänger ein ausländischer Auftraggeber (§ 7 Abs. 2) ist. [2]Dies gilt nicht für sonstige Leistungen, die sich auf Beförderungsmittel, Paletten und Container beziehen.

   [2]Die Vorschrift gilt nicht für die in den Nummern 8, 10 und 11 bezeichneten Umsätze und für die Bearbeitung oder Verarbeitung eines Gegenstandes einschließlich der Werkleistung im Sinne des § 3 Abs. 10. [3]Die Voraussetzungen der Steuerbefreiung müssen vom Unternehmer nachgewiesen sein. [4]Das Bundesministerium der Finanzen kann mit Zustimmung des Bundesrates durch Rechtsverordnung bestimmen, wie der Unternehmer den Nachweis zu führen hat;

....

Bearbeiter: Bernhard Becht†/Daniela Bick

Inhaltsverzeichnis

1. Bedeutung der Norm

1 Der Zweck der Norm dient der Verwaltungsvereinfachung. Bei der **grenzüberschreitenden Beförderung** würde sich ohne die Befreiung eine Doppelbesteuerung bei Einfuhrvorgängen in das Unionsgebiet mit Umsatzsteuer und **Einfuhrumsatzsteuer** (s. § 11 Abs. 3 Nr. 3 UStG) ergeben, bei Ausfuhrvorgängen die Belastung des Exports von Waren mit USt für die **Beförderungsleistung**. Andererseits hat die Vorschrift den Zweck, Nichtbesteuerungen zu vermeiden, die nach der früheren Rechtslage insbesondere dann eintreten konnten, wenn eine für einen anderen Mitgliedstaat bestimmte Drittlandsware bereits in der Bundesrepublik Deutschland zum freien Verkehr abgefertigt wurde. Hierbei wurden die Kosten für die mit der Einfuhr der Ware in die Gemeinschaft zusammenhängenden sonstigen Leistungen nicht in vollem Umfang in die Bemessungsgrundlage für die Einfuhr abgezogen (s. Schuhmann in Rau/Dürrwächter, § 4 Nr. 3 UStG, Rn. 19). Zur Bedeutung des zivilrechtlichen Frachtrechts s. Schuhmann in Rau/Dürrwächter, § 4 Nr. 3 UStG, Rn. 20 ff.

2. Grenzüberschreitende Beförderung

2 Eine Beförderung ist „grenzüberschreitend“, wenn sie sich auf das Inland und das Ausland erstreckt (s. § 3b Abs. 1 Satz 4 UStG bzw. § 3b Rn. 8 ff.; Abschn. 4.3.2 UStAE). Steuerbar ist nach den Bestimmungen über den Leistungsort nur der inländische **Streckenanteil** (s. § 3b Abs. 1 Satz 2 UStG bzw. § 3b Rn. 16 ff.), die Steuerbefreiung bezieht sich daher auch nur auf diesen Streckenanteil.

3. Beförderung

3.1 Allgemeines

3 Die Beförderung ist jede Fortbewegung eines Gegenstandes (dazu näher s. § 3 Abs. 6 Satz 2 UStG). Das UStG definiert den Begriff des Gegenstandes nicht. Darunter ist jeder bewegliche und unbewegliche körperliche Gegenstand zu verstehen. Es muss eine Sache i.S.d. § 90 BGB vorliegen. Darüber hinaus ist aufgrund einer umsatzsteuerspezifischen Auslegung auch jedes nichtkörperliche Wirtschaftsgut zu erfassen, das im Wirtschaftsverkehr wie eine **Sache** behandelt wird (s. BFH vom 21.12.1988, V R 24/87, BStBl II 1989, 430; BFH vom 08.11.1995, XI R 63/94, BStBl II 1996, 114).

4 Der Unternehmer muss die Fortbewegung des Gegenstandes bewirken, er muss selbst unmittelbar darauf Einfluss nehmen. Das Beförderungsmittel muss dem Unternehmer selbst nicht gehören. Es reicht aus, wenn er damit die Beförderung durchführt. Im Fall der Anmietung von Beförderungsmitteln ist der Mieter derjenige, der die Beförderung ausführt. Die Überlassung des Beförderungsmittels durch den Vermieter ist davon zu unterscheiden. Die Beförderung kann ganz unterschiedlich erfolgen. Das Beförderungsmittel muss nicht beweglich sein (z.B. feste Erdgasleitungen). Ein Beförderungsmittel ist nicht immer zwingend erforderlich. Auch die grenzüberschreitende Beförderung **selbstfahrender Gegenstände** fällt unter die Vorschrift.

5 Zu den einzelnen Beförderungsarten s. Schuhmann in Rau/Dürrwächter, § 4 Nr. 3 UStG, Rn. 57 ff.

3.2 Beförderung als Hauptleistung

6 Die Beförderung muss die Hauptleistung darstellen. **Vortransporte** zu anschließenden Luftbeförderungen z.B. sind keine unselbständigen Nebenleistungen (s. Abschn. 4.3.1 UStAE). Ist sie nur Nebenleistung, unterliegt der gesamte Umsatz den Regeln der Besteuerung der Hauptleistung (z.B. **Gepäckbeförderung** als Nebenleistung einer Personenbeförderung). Dies gilt nach Auffassung der Verwaltung auch für den Transport eines Pkw im **Auto-Reisezug** (s. Abschn. 4.3.1 UStAE, zweifelnd Heidner in Bunjes, § 4 Nr. 3 UStG Rn. 3).

3.3 Innergemeinschaftliche Beförderung

Die innergemeinschaftliche Beförderung (s. § 3b Abs. 3 Satz 1 UStG und § 3b Rn. 43 ff.) war bis zur Neufassung der Vorschrift durch das UStÄndG 1994 in § 4 Nr. 3 Abs. Satz 2 a.F. UStG ausdrücklich von der Steuerbefreiung ausgenommen gewesen. Diese Vorschrift konnte gestrichen werden, da die Steuerbefreiung die grenzüberschreitende Beförderung von Gegenständen nur erfasst, sofern sie sich auf Gegenstände der Ausfuhr, der Einfuhr in das Gebiet eines Mitgliedstaates sowie auf eingeführte Gegenstände, die im externen Versandverfahren in das Drittland befördert werden, erstreckt. 7

4. Internationaler Eisenbahnfrachtverkehr

Der internationale Eisenbahnfrachtverkehr kann als Unterfall der grenzüberschreitenden Beförderung angesehen werden (dazu näher s. Abschn. 4.3.2 Abs. 2 UStAE). Die Vorschrift stellt dies ausdrücklich klar. Dadurch soll die Aufspaltung der einheitlichen Leistung unter Berücksichtigung der nationalen Eisenbahnstrecken vermieden werden. Eine neue Leistung liegt damit nach Überschreiten der Grenze nicht vor. Zu den einzelnen Beförderungsarten vgl. Schuhmann in Rau/Dürrwächter, § 4 Nr. 3 UStG, Rn. 57 ff. 8

5. Beförderungen von und nach Madeira und die Azoren

Die innergemeinschaftliche Beförderung wird zwar vom Tatbestand des § 4 Nr. 3 UStG (nicht mehr) umfasst. Die in der früheren Fassung des § 4 Nr. 3 Satz 2 UStG geltende Befreiung von Beförderungen von und nach Madeira und den Azoren ist jetzt in Nr. 3 b) geregelt. 9

6. Beginn und das Ende der grenzüberschreitenden Beförderung

Der Beginn und das Ende der grenzüberschreitenden Beförderung einschließlich des internationalen Eisenbahnfrachtverkehrs bestimmen sich nach dem Inhalt des entsprechenden Frachtvertrags. Daraus muss hervorgehen, dass die Beförderung im Inland beginnt und im Ausland endet oder umgekehrt. Unterbrechungen der grenzüberschreitenden Beförderung sind unschädlich, solange eine einheitliche Beförderung noch vorliegt. Werden Unterfrachtführer eingesetzt, ist dies für die Steuerbefreiung der Leistung des Hauptfrachtführers unbeachtlich. Die Leistung des Unterfrachtführers ist steuerlich getrennt zu beurteilen. S. dazu das Beispiel bei Heidner in Bunjes, § 4 Nr. 3 Rn. 7. 10

7. Andere sonstige Leistungen

Andere sonstige Leistungen, die sich auf Gegenstände der Ausfuhr oder auf im externen Versandverfahren beförderte Gegenstände beziehen, sind im Rahmen der Nr. 3 a) aa) steuerfrei (s. Abschn. 4.3.4 UStAE). Erforderlich ist damit ein unmittelbarer Bezug zwischen der steuerfreien Leistungen i.S.v. § 4 Nr. 3 Satz 1 a) aa) UStG und den Ausfuhrgegenständen. Es muss sich nicht um eine handelsübliche Nebenleistung zu einer **Güterbeförderung** als Hauptleistung handeln (s. BFH vom 10.11.2010, V R 27/09, BStBl II 2011, 557; BFH vom 27.02.2008, XI R 55/07, BFH/NV 2008, 1211). Für den unmittelbaren Bezug muss die Leistung nicht unmittelbar der Beförderung der Ausfuhrgegenstände dienen (s. Heidner in Bunjes, § 4 Nr. 3 UStG Rn. 9, m.w.N. zu abweichenden Auffassungen). 11

Die Steuerbefreiung gilt insbesondere für: 12

- Die grenzüberschreitende Güterbeförderung und Beförderung im internationalen Eisenbahnfrachtverkehr ins Drittlandgebiet (s. Abschn. 4.3.2 Abs. 2 UStAE);
- die inländische und innergemeinschaftliche Güterbeförderung, die einer Beförderung nach Nr. 1 eins vorangehen, zum Beispiel Beförderung durch Rollfuhrunternehmer vom Absender zum Flughafen, Binnenhafen oder Bahnhof oder Beförderungen von leeren Seetransportbehältern zum Badeort;
- den Umschlag und Lagerung von Gegenständen vor ihrer Ausfuhr oder während ihrer Durchfuhr;
- die handelsüblichen Nebenleistungen, die bei der Güterbeförderung aus dem Inland in das Drittlandsgebiet oder durch das Inland oder bei den in den Nr. 1 bis 3 bezeichneten Leistungen vorkommen, zum Beispiel Wiegen, Messen oder Probeziehen;

- die Besorgung der in den Nr. 1 bis 4 bezeichneten Leistungen (s. Abschn. 4.3.4 UStAE).

8. Einfuhr

13 Nr. 3 a) aa) befreit Leistungen, die sich auf Gegenstände der Einfuhr in die EU beziehen, betrifft also nicht nur Einfuhren nach Deutschland. Die Kosten für die Leistungen müssen in der Bemessungsgrundlage der EUSt in einem Mitgliedstaat enthalten sein (s. Abschn. 4.3.3 Abs. 1 Satz 3 UStAE). Dabei genügt ein mittelbarer Zusammenhang zwischen der Leistung und dem Gegenstand der Einfuhr.

14 Die Umsatzsteuerbefreiung kommt insbesondere in Betracht für folgende sonstige Leistungen in Betracht (dazu s. Abschn. 4.3.3 Abs. 1 Satz 1 UStAE; Beispiel in Abschn. 4.3.3 Abs. 8 UStAE):

1. Für grenzüberschreitende Güterbeförderungen und Beförderungen im internationalen Eisenbahnfrachtverkehr (vgl. Abschnitt 4.3.2) bis zum ersten Bestimmungsort in der Gemeinschaft;
2. für Güterbeförderungen, die nach vorangegangener Beförderung nach Nr. 1 nach einem weiteren Bestimmungsort in der Gemeinschaft durchgeführt werden, z.B. Beförderungen aufgrund einer nachträglichen Verfügung oder Beförderungen durch Rollfuhrunternehmer vom Flughafen, Binnenhafen oder Bahnhof zum Empfänger;
3. für den Umschlag und die Lagerung von eingeführten Gegenständen;
4. für handelsübliche Nebenleistungen, die bei grenzüberschreitenden Güterbeförderungen oder bei den in den Nummern 2 und 3 bezeichneten Leistungen vorkommen, z.B. Wiegen, Messen, Probeziehen oder Anmelden zur Abfertigung zum freien Verkehr;
5. für die Besorgung der in den Nummern 1 bis 4 bezeichneten Leistungen;
6. für Vermittlungsleistungen, für die die Steuerbefreiung nach § 4 Nr. 5 UStG (zum Anwendungsbereich des § 4 Nr. 5 UStG s. § 4 Rn. 10 ff.) nicht in Betracht kommt, z.B. für die Vermittlung von steuerpflichtigen Lieferungen, die von einem Importlager im Inland ausgeführt werden.

9. Einfuhr von Gegenständen zur vorübergehenden Verwendung

15 Nach Nr. 3c sind auch sonstige Leistungen, die sich auf zollamtlich zur vorübergehenden Verwendung eingeführte Gegenstände beziehen, steuerbefreit.

10. Einschränkung der Steuerbefreiung (Nr. 3 Satz 2)

16 Nach Satz 2 der Vorschrift gilt die Steuerbefreiung nicht für die Umsätze nach § 4 Nr. 8, 10 und 11 UStG (Geld- und Kapitalverkehr, Versicherungsumsätze, Umsätze der Bausparkassen- und Versicherungsvertreter) sowie für die Be- und Verarbeitung von Gegenständen der Ein-, Aus- und Durchfuhr (dazu auch s. Abschn. 4.3.5 UStAE). Die Be- oder Verarbeitung kann allerdings nach § 4 Nr. 1 Buchst. a i.V.m. § 7 UStG steuerfrei sein.

17 Dadurch wird bei Umsätzen des **Geld- und Kapitalverkehrs** und bei Versicherungsumsätzen eine Steuerbefreiung mit Vorsteuerabzug in anderen als in den in § 15 Abs. 3 Nr. 1 Buchst. b und Nr. 2 Buchst. b UStG bezeichneten Fällen vermieden. Dies gilt allerdings nur für umsatzsteuerrechtlich selbständige Leistungen. Eine solche liegt z.B. bei der Besorgung der Versicherung von zu befördernden Gegenständen durch den Unternehmer, der auch die Beförderung der versicherten Gegenstände durchführt oder besorgt, nicht vor. Die Besorgung der Versicherung stellt hier eine unselbständige Nebenleistung zu der Beförderung oder der Besorgung der Beförderung als Hauptleistung dar. Der Vorsteuerabzug beurteilt sich deshalb in diesen Fällen nach der Hauptleistung der Beförderung oder der Besorgung der Beförderung.

11. Nachweispflicht des Unternehmers (Nr. 3 Satz 3 und 4)

18 Der Unternehmer hat die Voraussetzungen für die Steuerbefreiung nachzuweisen. Diese sind in den neugefassten §§ 20, 21 UStDV geregelt, die auf der Ermächtigung des § 6 Nr. 3 Satz 4 UStG beruhen. Damit ist der dort geregelte Beleg- und Buchnachweis **Voraussetzung der Steuerbefreiung**. § **20 UStDV regelt** den **Belegnachweis** bei steuerfreien Leistungen, die sich auf Gegenstände der Ausfuhr oder der Einfuhr

beziehen. **§ 21 UStDV** regelt entsprechend den **Buchnachweis**. Zu den Nachweispflichten im Einzelnen s. näher die entsprechenden Ausführungen zu § 6 UStG Rn. 52 ff.

11.1 Belegnachweis

Nach § 20 Abs. 1 UStDV muss der Unternehmer bei einer Leistung i.S.d. § 4 Nr. 3 Buchst. a Doppelbuchst. aa UStG durch Belege die Ausfuhr oder Wiederausfuhr des Gegenstands – eindeutig und leicht nachprüfbar – nachweisen. Die Vorschriften über den Ausfuhrnachweis in den **§§ 9 bis 11 UStDV** sind **entsprechend anzuwenden (s. § 20 Abs. 1 Satz 3 UStDV)**. Demzufolge gelten auch die bei Ausfuhrlieferungen maßgebenden Ausführungen in den Abschn. 6.6 ff. UStAE für den Ausfuhrnachweis bei Leistungen i.S.d. § 4 Nr. 3 Buchst. a Doppelbuchst. aa UStG analog. 19

Der Unternehmer muss die Nachweise im **Geltungsbereich der UStDV**, also im Inland führen (s. § 20 Abs. 3 UStDV). 20

Bei grenzüberschreitenden Güterbeförderungen i.S.d. § 4 Nr. 3 Buchst. a Doppelbuchst. aa UStG kommen insbesondere die vorgeschriebenen **Frachturkunden** (z.B. Frachtbrief, Konnossement), der schriftliche Speditionsauftrag oder im EDV-gestützten Ausfuhrverfahren (ATLAS-Ausfuhr) die durch die AfZSt per EDIFACT-Nachricht übermittelte Statusmeldung über die Erlaubnis des Ausgangs „STA" (s. BMF vom 17.07.2009, IV B 9 – S 7134/07/10003, BStBl I 2009, 855, Anlage 1) **als Nachweisbelege** in Betracht. **Bei anderen sonstigen Leistungen** dienen als Ausfuhrbelege insbesondere Belege mit einer **Ausfuhrbestätigung** der den Ausgang aus dem Zollgebiet der Gemeinschaft überwachenden Grenzzollstelle, Versendungsbelege oder sonstige handelsübliche Belege. Zu Vortransporten s. Abschn. 4.3.4 Abs. 5 UStAE. 21

Bei Leistungen i.S.d. § 4 Nr. 3 Buchst. a Doppelbuchst. bb UStG muss der Unternehmer nach § 20 Abs. 2 UStDV bei einer Leistung, die sich auf einen Gegenstand der Einfuhr in das Gemeinschaftsgebiet bezieht, durch – im Inland zu führende – Belege **nachweisen,** dass die **Kosten** für diese Leistung **in der Bemessungsgrundlage für die Einfuhr enthalten sind**. Dieser Nachweis ist wie andere Belegnachweise auch Voraussetzung für die Steuerbefreiung. Aus **Vereinfachungsgründen** verzichtet die Finanzverwaltung aber bei Leistungen an ausländische Auftraggeber auf den Nachweis durch Belege, wenn das Entgelt für die einzelne Leistung weniger als 100 € beträgt und sich aus der Gesamtheit der beim leistenden Unternehmer vorhandenen Unterlagen keine berechtigten Zweifel daran ergeben, dass die Kosten für die Leistung Teil der Bemessungsgrundlage für die Einfuhr sind (s. Abschn. 4.3.3 UStAE). 22

Sämtliche bis zum Zeitpunkt des Entstehens der Einfuhrumsatzsteuer feststehenden Kosten sind in der Bemessungsgrundlage der Einfuhr zwingend zu erfassen sind, dennoch bedarf es des Nachweises für die Steuerbefreiung nach § 4 Nr. 3 a) bb) UStG durch den Unternehmer. Die Finanzverwaltung beanstandet es aus Vereinfachungsgründen aber nicht, wenn der Unternehmer den in § 20 Abs. 2 UStDV vorgeschriebenen Nachweis durch einen Beleg erbringt, aus dem sich eindeutig und leicht nachprüfbar ergibt, dass im Zeitpunkt seiner Leistungserbringung die Einfuhrumsatzsteuer noch nicht entstanden ist. Hierfür kommen beispielsweise die von einem Lagerhalter im Rahmen der vorübergehenden Verwahrung oder eines bewilligten Zolllagerverfahrens zu führenden Bestandsaufzeichnungen sowie das im Seeverkehr übliche Konnossement in Betracht. Im Übrigen gilt Abschn. 4.3.4 Abs. 4 UStAE sinngemäß (Abschn. 4.3.5 UStAE). Als Belege für den Nachweis, dass die jeweilige Leistung in der Bemessungsgrundlage für die Einfuhr enthalten ist, kommen danach die in Abschn. 4.3.3 Abs. 4 UStAE genannten Belege und Fotokopien in Betracht. 23

Bei Leistungen, die sich auf in das Gebiet der EU eingeführte Gegenstände beziehen, muss durch Belege nachgewiesen werden, dass die Kosten für die Leistungen in der Bemessungsgrundlage für die Einfuhr enthalten sind (Nr. 3 bb), s. § 20 Abs. 2 UStDV. Die Nachweise sind im Inland aufzubewahren (s. § 20 Abs. 3 UStDV). 24

Für die in Nr. 3 Buchst. b und Buchst. c steuerfreien Leistungen sieht die UStDV keine besonderen Nachweise vor. Es gelten damit die allgemeinen Beweisregeln. Als Nachweisbelege kommen insbesondere die vorgeschriebenen **Frachturkunden** (z.B. Frachtbrief, Konnossement), der schriftliche Speditionsauftrag, das im Speditionsgewerbe übliche Bordero (Frachtkarte oder Rollkarte im Sammelgutverkehr) oder ein Doppel des Versandscheins in Betracht. Bei den sonstigen Leistungen i.S.d. § 4 Nr. 3 Buchst. c UStG muss 25 der Unternehmer insbesondere nachweisen, dass der Leistungsempfänger ein **ausländischer Auftraggeber** ist und dass die **zollamtliche Bewilligung** einer vorübergehenden Verwendung existiert. Der Unternehmer sollte sich von der **Identität und Ansässigkeit des Auftraggebers** überzeugt haben und über eine **Kopie der zollamtlichen Bewilligung** verfügen.

11.2 Buchnachweis

26 Für alle Leistungen i.S.d. Nr. 3 Buchst. a sind die nach § 13 Abs. 1 und 2 Nr. 1 bis 4 UStDV sowie § 21 Satz 2 Nr. 1 und 2 UStDV erforderlichen Aufzeichnungen zu führen. Dieser Buchnachweis, als zweite Voraussetzung für die Steuerbefreiung, ist damit erforderlich für Leistungen, die sich auf einen Gegenstand der Ausfuhr beziehen oder auf einen eingeführten Gegenstand, der im externen Versandverfahren in das Drittlandsgebiet befördert wird. Hier ist aufzuzeichnen, dass der Gegenstand ausgeführt oder wiederausgeführt ist. Bei einer Leistung, die sich auf einen Gegenstand der Einfuhr in das Gebiet eines Mitgliedstaates der Europäischen Union bezieht, ist aufzuzeichnen, dass die Kosten für die Leistung in der Bemessungsgrundlage für die Einfuhr enthalten sind.

27 Der UStAE geht hierbei von der entsprechenden Geltung der Ausführungen zum buchmäßigen Nachweis bei Ausfuhrlieferungen aus (s. Abschn. 4.3.6 Satz 2 UStAE). Der Inhalt der Aufzeichnungen wird in Abschn. 4.3.6 Satz 3 UStAE näher erläutert. Weiter wird auf die Ausführungen zum Buchnachweis nach § 6 UStG verweisen.

28 Der Buchnachweis muss im Inland geführt werden, dabei müssen die Voraussetzungen der Steuerbefreiung eindeutig und leicht aus der Buchführung zu ersehen sein.

29 Durch den Verweis auf **§ 13 Abs. 2 Nr. 1 bis 4 UStDV** ergibt sich, dass der Unternehmer regelmäßig Folgendes aufzeichnen soll:

- Die Art und den Umfang der sonstigen Leistung – bei Besorgungsleistungen einschließlich der Art und des Umfangs der besorgten Leistung,
- den Namen und die Anschrift des Auftraggebers,
- den Tag der sonstigen Leistung,
- das vereinbarte Entgelt oder das vereinnahmte Entgelt und den Tag der Vereinnahmung.

30 Nach § 21 S. 2 UStDV **soll der Unternehmer zusätzlich aufzeichnen** (s. auch Abschn. 4.3.6 Abs. 3 Satz 5 UStAE):

- Die Ausfuhr oder Wiederausfuhr der Gegenstände, auf die sich die Leistung bezogen hat, z.B. durch Hinweis auf die Ausfuhrbelege oder durch entsprechende Aufzeichnungen,
- die Einbeziehung der Kosten für die Leistung in die Bemessungsgrundlage für die Einfuhr, z.B. durch Hinweis auf die Belege i.S.d. § 20 Abs. 1 UStDV.

12. Vorsteuerabzug

31 Die Steuerbefreiung führt zur vollständigen Entlastung von Umsatzsteuer, da der Vorsteuerabzug nach § 15 Abs. 3 Nr. 1 Buchst. a UStG möglich ist.

13. Keine Option nach § 9 UStG

32 Ein Unternehmer, der steuerfreie grenzüberschreitende Beförderungen von Gegenständen, Beförderungen im internationalen Eisenbahnfrachtverkehr und andere sonstige Leistungen ausführt, kann nicht auf die gesetzlich vorgeschriebene Steuerbefreiung verzichten, da § 4 Nr. 3 UStG nicht in § 9 UStG enthalten ist.

§ 4 Nr. 4 UStG Lieferung von Gold an Zentralbanken

[1]Von den unter § 1 Abs. 1 Nr. 1 fallenden Umsätzen sind steuerfrei:

...

4. die Lieferungen von Gold an Zentralbanken;

...

Bearbeiter: Daniela Bick

Inhaltsverzeichnis

1. Inhalt und Zweck der Vorschrift

§ 4 Nr. 4 UStG befreit die **Lieferung von Gold an Zentralbanken** von der Umsatzsteuer. Die Steuerbefreiung steht im Zusammenhang mit der Steuerbefreiung der Einfuhr von Gold durch die Zentralbanken (s. § 5 Abs. 1 Nr. 2 UStG zum Umfang s. § 5 Rn. 9 ff.) und der Steuerbefreiung von Gold beim innergemeinschaftlichen Erwerb (s. § 4b Nr. 2 UStG). Die Steuerbefreiung dient damit währungspolitischen Zwecken. Sie stellt sicher, dass auch für inländische Lieferungen von Gold an Zentralbanken die Umsatzsteuerfreiheit gegeben ist unabhängig von der Frage der Unternehmereigenschaft der Zentralbanken. Ferner steht die Regelung im Zusammenhang mit § 25c UStG, der Regelungen zur Steuerfreiheit und der Besteuerung von Umsätzen mit Anlagegold enthält. 1

Der Gesetzeswortlaut der Steuerbefreiung des § 4 Nr. 4 UStG ist seit dem Umsatzsteuergesetz 1980 in der Fassung der Bekanntmachung vom 21.02.2005 (BGBl I 2005, 386) unverändert geblieben. 2

Einstweilen frei 3–4

2. Unionsrechtlicher Hintergrund

Unionsrechtlich beruht die Steuerbefreiung aus § 4 Nr. 4 UStG auf **Art. 152 MwStSystRL.** Die Regelung sieht vor, dass die Mitgliedstaaten die Lieferung von Gold an Zentralbanken von der Umsatzsteuer befreien. Die Umsetzung in das Umsatzsteuergesetz ist daher unionsrechtskonform. 5

Einstweilen frei 6–7

3. Voraussetzungen der Steuerfreiheit im Einzelnen

Die Steuerbefreiung des § 4 Nr. 4 UStG setzt die Lieferung von Gold an Zentralbanken voraus. 8

Gemäß § 3 Satz 1 des **Gesetzes über die Deutsche Bundesbank** (ursprüngliche Fassung vom 26.07.1957 (BGBl I 1957, 745), in Fassung der Neubekanntmachung vom 22.10.1992 (BGBl I 1992, 1782) ist Zentralbank der Bundesrepublik Deutschland die Deutsche Bundesbank. Durch die Steuerbefreiung kann die Deutsche Bundesbank Währungsgold – gleichgültig wer Lieferer des Goldes ist – ohne Umsatzsteuerbelastung erwerben. Erfasst sind zudem Goldlieferungen an die **Europäische Zentralbank**, an **Zentralbanken anderer Staaten** oder an die den **Zentralbanken entsprechenden Währungsbehörden anderer Staaten**, s. Abschn. 4.4.1 Satz 1 und 2 UStAE. Es ist hierbei nicht erforderlich, dass das gelieferte Gold in das Ausland gelangt, s. Abschn. 4.4.1 Satz 3 UStAE. 9

Von der Steuerbefreiungsvorschrift erfasst ist lediglich die **Lieferung von Gold**. Der Handel mit **Goldzertifikaten** kann nur über § 25c UStG (zu den Voraussetzungen s. § 25c Rn. 2, 8 ff.) als Umsätze mit Anlagegold begünstigt sein. Liegen für die Goldlieferungen nach § 4 Nr. 4 UStG auch die Voraussetzungen der Steuerbefreiung für Anlagegold (s. § 25c Abs. 1 und 2 UStG) vor, geht die Steuerbefreiung des § 25c Abs. 1 und 2 UStG der Steuerbefreiung des § 4 Nr. 4 UStG vor, s. Abschn. 4.4.1 Satz 4 UStAE (die Regelung 10 folgt dem Grundsatz, dass die Steuerbefreiungen ohne Vorsteuerabzug (s. § 4 Nr. 8 bis 28, § 25c UStG) den Steuerbefreiungen mit Vorsteuerabzug (s. § 4 Nr. 1 bis 7 UStG) vorgehen, zu dem Grundsatz s. EuGH vom 07.12.2006, C-240/05, BFH/NV 2007, Beilage 2, 204). Für die Vermittlung der in § 4 Nr. 4 UStG aufgeführten Goldlieferungen gilt die Steuerbefreiung des § 4 Nr. 5 UStG.

11–12 Einstweilen frei

4. Vorsteuerabzug

13 Der **Vorsteuerabzug** ist gemäß § 15 Abs. 3 Nr. 1 Buchst. a UStG bei Goldlieferungen an Zentralbanken grundsätzlich **nicht ausgeschlossen**

14–15 Einstweilen frei

§ 4 Nr. 4a UStG Umsatzsteuerlager

[1]Von den unter § 1 Abs. 1 Nr. 1 fallenden Umsätzen sind steuerfrei:

...

4a. [1]die folgenden Umsätze:

a) die Lieferungen der in der Anlage 1 bezeichneten Gegenstände an einen Unternehmer für sein Unternehmen, wenn der Gegenstand der Lieferung im Zusammenhang mit der Lieferung in ein Umsatzsteuerlager eingelagert wird oder sich in einem Umsatzsteuerlager befindet. [2]Mit der Auslagerung eines Gegenstands aus einem Umsatzsteuerlager entfällt die Steuerbefreiung für die der Auslagerung vorangegangene Lieferung, den der Auslagerung vorangegangenen innergemeinschaftlichen Erwerb oder die der Auslagerung vorangegangene Einfuhr; dies gilt nicht, wenn der Gegenstand im Zusammenhang mit der Auslagerung in ein anderes Umsatzsteuerlager im Inland eingelagert wird. [3]Eine Auslagerung ist die endgültige Herausnahme eines Gegenstands aus einem Umsatzsteuerlager. [4]Der endgültigen Herausnahme steht gleich der sonstige Wegfall der Voraussetzungen für die Steuerbefreiung sowie die Erbringung einer nicht nach Buchstabe b begünstigten Leistung an den eingelagerten Gegenständen;

b) die Leistungen, die mit der Lagerung, der Erhaltung, der Verbesserung der Aufmachung und Handelsgüte oder der Vorbereitung des Vertriebs oder Weiterverkaufs der eingelagerten Gegenstände unmittelbar zusammenhängen. [2]Dies gilt nicht, wenn durch die Leistungen die Gegenstände so aufbereitet werden, dass sie zur Lieferung auf der Einzelhandelsstufe geeignet sind.

[2]Die Steuerbefreiung gilt nicht für Leistungen an Unternehmer, die diese zur Ausführung von Umsätzen verwenden, für die die Steuer nach den Durchschnittssätzen des § 24 festgesetzt ist. [3]Die Voraussetzungen der Steuerbefreiung müssen vom Unternehmer eindeutig und leicht nachprüfbar nachgewiesen sein. [4]Umsatzsteuerlager kann jedes Grundstück oder Grundstücksteil im Inland sein, das zur Lagerung der in Anlage 1 genannten Gegenstände dienen soll und von einem Lagerhalter betrieben wird. [5]Es kann mehrere Lagerorte umfassen. [6]Das Umsatzsteuerlager bedarf der Bewilligung des für den Lagerhalter zuständigen Finanzamts. [7]Der Antrag ist schriftlich zu stellen. [8]Die Bewilligung ist zu erteilen, wenn ein wirtschaftliches Bedürfnis für den Betrieb des Umsatzsteuerlagers besteht und der Lagerhalter die Gewähr für dessen ordnungsgemäße Verwaltung bietet;

...

Bearbeiter: Bernhard Becht†/Daniela Bick

Inhaltsverzeichnis

1. Bedeutung der Norm

Die durch das StÄndG 2003 ab 01.01.2004 eingeführte Vorschrift beruht auf Art. 16 6. EG-RL bzw. 157 MwStSystRL. Danach ist es – vorbehaltlich einer Konsultation des Mehrwertsteuerausschusses nach Art. 398 MwStSystRL – den Mitgliedstaaten der EU erlaubt, die Steuerbefreiung für Lieferungen in ein 1

Umsatzsteuerlager einzuführen. Durch die Vorschrift sollen praktische Schwierigkeiten bei der Abwicklung von Umsätzen, bei denen die Ware nicht bewegt wird, vermieden werden (s. BT-Drs. 15/1562, 42; BMF vom 28.01.2004, BStBl I 2004, 242). Außerdem soll die Gleichbehandlung bestimmter Gemeinschaftswaren mit Drittlandswaren in **Zollagern** erreicht werden.

2. Umsatzsteuerlager

2.1 Anforderungen an das Umsatzsteuerlager

2 Ein Umsatzsteuerlager kann jedes Grundstück oder jeder Grundstücksteil im Inland sein, der zur Lagerung der in der Anlage 1 zur Vorschrift genannten Gegenstände dienen soll und von einem Lagerhalter betrieben wird. Das Lager kann sich an mehreren Orten befinden. Umsatzsteuerlager können in Räumen oder an jedem anderen festen Ort, der als Zolllager (zum Zolllager ausführlich s. Awenasch, IWB 2009/18 Fach 3, Gruppe 10, 719) zugelassen ist, errichtet werden (s. BMF vom 20.01.2004, BStBl I 2004, 242, Tz. 3).

2.2 Lagerhalter

3 Als **Lagerhalter** kommt jeder Unternehmer in Betracht, der die in der Anlage 1 zu Nr. 4a genannten Gegenständen in seinem Unternehmen lagern kann. Er muss die Gewähr für die ordnungsgemäße Verwaltung des Umsatzsteuerlagers bieten. Diese Voraussetzung ist daran zu messen, ob der Unternehmer seinen steuerlichen Pflichten (Abgabe der Steuererklärungen, Steuerzahlungen) regelmäßig und rechtzeitig nachkommt.

2.3 Bewilligung

4 Das Umsatzsteuerlager muss durch das für den Lagerhalter zuständige Finanzamt bewilligt werden. Dazu hat der Unternehmer einen schriftlichen Antrag zu stellen. Folgende Angaben sind dabei insbesondere zu machen (s. BMF vom 28.01.2004, BStBl I 2004, 242, Tz. 3 und vom 27.03.2012, BStBl I 2012, 370):

- Ort und Anschrift des Umsatzsteuerlagers sowie evtl. weiterer dazugehöriger Lagerstätten,
- Zeitpunkt der beabsichtigten Inbetriebnahme,
- Beschreibung der Gegenstände, die in dem Umsatzsteuerlager gelagert werden sollen,
- Angabe der Bewilligungsnummer, falls bereits ein Zolllagerverfahren bewilligt wurde.

5 Der Unternehmer muss für die Bewilligung ein wirtschaftliches Bedürfnis nachweisen. Ein solches ist insbesondere dann gegeben, wenn die einzulagernden Gegenstände mehrfach ohne Warenbewegung umgesetzt werden sollen (z.B. an **Warenterminbörsen**).

6 Bei **Tanklagerbetreibern**, die Vermietungsumsätze mit diesen Lagern tätigen, kann es sich folglich um Lagerhalter im Sinne des UStG handeln, wenn dem Vermieter für den Betrieb des betreffenden Lagers eine Bewilligung des zuständigen Finanzamts erteilt wurde (s. FinMin Schleswig-Holstein vom 10.06.2014, USt-Kurzinformation Nr. 2014/04). Hat sich der Mieter das Umsatzsteuerlager bewilligen lassen, ist dieser Lagerhalter. Der Vermieter eines Tanklagers wird alleine durch die Vermietungsleistung nicht zwangsläufig Lagerhalter eines Umsatzsteuerlagers, da dies stets einer Bewilligung durch die zuständige Finanzbehörde bedarf.

3. Gegenstände der Lieferung

7 Die von der Regelung erfassten Gegenstände sind abschließend in der Anlage 1 zur Vorschrift aufgeführt. Sie dürfen nicht für die Lieferung auf der Einzelhandelsstufe aufgemacht sein (s. Nr. 4a b) Satz 2; BMF vom 28.01.2004, BStBl I 2004, 242, Tz. 11). Die Steuerbefreiung gilt sowohl für die Lieferung von Gemeinschaftsgegenständen als auch von Waren aus Drittländern, die sich in einem Zollverfahren befinden (**Nichterhebungsverfahren**). Der gemeinsamen Lagerung von Gemeinschaftsgegenständen und Waren aus Drittländern muss das Hauptzollamt zustimmen (s. Art. 106 ZK).

4. Steuerbefreiung

Unter den Befreiungstatbestand fällt nur die Lieferung von Gegenständen, keine sonstigen Leistungen. **Optionsgeschäfte** etc. mit solchen Gegenständen oder die Vermittlung solcher Geschäfte werden nicht begünstigt. Hierfür ist aber ggf. die Steuerbefreiung nach § 4 Nr. 8 Buchst. e UStG einschlägig. 8

Freigestellt wird die Lieferung der in der Anlage 1 zu Nr. 4a bezeichneten Gegenstände an einen Unternehmer für sein Unternehmen, wenn der Liefergegenstand im Zusammenhang mit der Lieferung im Umsatzsteuerlager eingelagert wird. Gleiches gilt, wenn solche Gegenstände geliefert werden, die sich bereits in einem Umsatzsteuerlager befinden. Ebenfalls erfasst wird die Lieferung, wenn der Gegenstand vom liefernden Unternehmer oder Abnehmer in ein anderes Umsatzsteuerlager befördert oder versendet wird. Steuerfrei ist außerdem der vor der Einlagerung in ein Umsatzsteuerlager liegende innergemeinschaftliche Erwerb (s. § 4b Nr. 2 UStG und zu den Voraussetzungen der Steuerfreiheit des innergemeinschaftlichen Erwerbs § 4b Rn. 3 ff.). Weiterhin sind steuerbefreit, Leistungen, die mit der Lagerung, der Erhaltung, der Verbesserung der Aufmachung und Handelsgüte oder der Vorbereitung des Vertriebs oder des Verkaufs der eingelagerten genstände unmittelbar zusammenhängen. Dabei ist zu beachten, dass durch solche Leistungen die eingelagerten Gegenstände nicht so aufbereitet werden dürfen, dass sie zur Lieferung auf der Einzelhandelsstufe geeignet sind. 9

Zur **Steuerbefreiung von Leistungen durch einen Unternehmer, der nicht Lagerhalter ist**, im Zusammenhang mit nach § 4 Nr. 4a befreiten Umsätzen, s. BMF vom 28.01.2004, BStBl II 2004, 242, Tz. 17 ff. 10

5. Auslagerung aus einem Umsatzsteuerlager

5.1 Auslagerungstatbestände

Die **Auslagerung** erfolgt, wenn die begünstigten Gegenstände endgültig aus dem Umsatzsteuerlager herausgenommen werden. Diesem tatsächlichen Vorgang sind gleichzustellen: 11

- Wegfall der Voraussetzungen der Steuerbefreiung, z.B. durch Widerruf der Bewilligung des Umsatzsteuerlagers,
- die nichtbegünstige Verwendung (z.B. Lieferung an Nichtunternehmer, Entnahme für nichtunternehmerische Zwecke),
- Die nichtbegünstigte Aufbereitung des Gegenstandes (insbesondere so, dass die Eignung der Lieferung auf der Einzelhandelsstufe erreicht wird).

5.2 Wegfall der Steuerbefreiung

Wird ein Gegenstand, der sich in einem Umsatzsteuerlager befindet, ausgelagert, entfällt die Steuerbefreiung für die vorangegangene Lieferung, den der Auslagerung vorangegangenen innergemeinschaftlichen Erwerb oder die der Einlagerung **vorangegangene Einfuhr** (Nr. 4a Satz 1 Buchst. a Satz 2). 12

Damit unterliegt der Besteuerung der letzte vor der Auslagerung – zunächst steuerfreie – Umsatz. 13

5.3 Steuerschuldner

Steuerschuldner ist im Fall der **Auslagerung** der **Auslagerer**. Daneben ist der Lagerhalter als Gesamtschuldner ebenfalls Steuerschuldner, wenn er entgegen § 22 Abs. 4c Satz 2 UStG die inländische USt-Identifikationsnummer des Auslagerers oder dessen Fiskalvertreters nicht oder unzutreffend aufzeichnet. 14

Auslagerer ist dabei der Unternehmer, dem die Auslagerung zuzurechnen ist (s. § 13a Abs. 1 Nr. 6 UStG), also der Unternehmern, dem in Zeitpunkt der Auslagerung die **Verfügungsmacht** über den Gegenstand zuzurechnen ist. Auslagerer kann auch ein Kleinunternehmer sein, oder ein blinder Unternehmer, dessen Umsätze unter § 4 Nr. 19 UStG fallen (s. § 4 Nr. 19 Rn. 12 ff.). In diesen Fällen kommt die Steuerbefreiung nach § 4 Nr. 19 UStG bzw. die Kleinunternehmer-Regelung des § 19 UStG (zu den Voraussetzungen des Kleinunternehmers s. § 19 Rn. 3 ff.) nicht zur Anwendung (s. BMF vom 28.01.2004, BStBl I 2004, 242, Tz. 27, 36). 15

§ 4 Nr. 4b UStG Lieferungen vor der Einfuhr

[1]Von den unter § 1 Abs. 1 Nr. 1 fallenden Umsätzen sind steuerfrei:

...

4b. [1]die einer Einfuhr vorangehende Lieferung von Gegenständen, wenn der Abnehmer oder dessen Beauftragter den Gegenstand der Lieferung einführt. [2]Dies gilt entsprechend für Lieferungen, die den in Satz 1 genannten Lieferungen vorausgegangen sind. [3]Die Voraussetzungen der Steuerbefreiung müssen vom Unternehmer eindeutig und leicht nachprüfbar nachgewiesen sein;

...

Bearbeiter: Bernhard Becht†/Daniela Bick

Inhaltsverzeichnis

1. Bedeutung der Norm

1 Neben der allgemeinen Umsatzsteuerlagerregelung in § 4 Nr. 4a UStG enthält § 4 Nr. 4b UStG eine eigene Regelung für solche Lieferungen von Gegenständen, die sich in einem **Zollverfahren** (**Nichterhebungsverfahren**) befinden, vgl. dazu auch Art. 154 MwStSystRL. Die Regelung steht in unmittelbarem Zusammenhang mit dem Einfuhrtatbestand des § 1 Abs. 1 Nr. 4 UStG (s. § 1 Rn. 239 ff.). Zu systematischen Bedenken und offenen Fragen ausführlich s. Hiller, UR 2015, 45 f.

2. Voraussetzungen der Steuerbefreiung

2 § 4 Nr. Nr. 4b UStG befreit steuerbare Lieferungen, die der Einfuhr (zur Definition der Einfuhr nach Art. 30, 60 MwStSystRL, Hiller, UR 2015, 47) nach § 1 Abs. 1 Nr. 4 UStG (s. § 1 Rn. 239 ff.) vorausgehen (hierzu kritisch von Streit, UStB 2004, 89). Erfasst werden steuerbare Lieferungen von Gegenständen, die vor deren Überführung in den **freien Verkehr** liegen.

3 Nach dem Zollrecht ist nicht allein die Überführung des Gegenstandes von einem Drittlandsgebiet in das Inland für die Steuerbarkeit der Einfuhr entscheidend, sondern die Überführung in den zoll- und steuerrechtlich freien Verkehr. Daher ist eine Sonderregelung notwendig für die Fälle, in denen der Gegenstand zwar in das Inland gelangt, aber sich zunächst noch in einem Nichterhebungsverfahren befindet. Wird der Gegenstand in und aus diesem Nichterhebungsverfahren geliefert und danach in den zoll- und steuerrechtlich freien Verkehr überführt, so ist der steuerbaren Einfuhr nach § 1 Abs. 1 Nr. 4 UStG (s. § 1 Rn. 239 ff.) zwingend eine steuerbare Lieferung vorgeschaltet. Diese im Inland steuerbare Lieferung muss steuerfrei gestellt werden, um eine Doppelbelastung ein und desselben Vorgangs zu vermeiden. Die Steuerbefreiung setzt damit voraus, dass der Abnehmer oder dessen Beauftragter den Gegenstand der Lieferung eingeführt haben muss, also zum zoll- und steuerrechtlichen freien Verkehr hat abfertigen lassen, den Gegenstand in den freien Verkehr überführt und damit i.d.R. Schuldner der EUSt wird (s. BMF vom 28.01.2004, BStBl I 2004, 242).

4 Zu Anwendungsbeispielen s. Nieskens in Rau/Dürrwächter, § 4 Nr. 4b UStG Rn. 26 ff.

3. Wahlrecht zwischen § 4 Nr. 4a und Nr. 4b UStG

5 Der einführende Unternehmer hat nach den Regelungen in § 4 Nr. 4a und 4b UStG ein **Wahlrecht**:

- Er kann den Gegenstand bereits im Zeitpunkt der räumlichen Verbringung vom Drittland ins Inland zum zoll- und steuerrechtlichen freien Verkehr abfertigen lassen und sodann in ein Steuerlager einführen. Liefert er diesen Gegenstand dann innerhalb des Umsatzsteuerlagers steuerfrei nach § 4 Nr. 4a

Satz 1 Buchst. a Satz 1 UStG weiter, so befreit § 5 Abs. 1 Nr. 4 UStG die Einfuhr. Dies gilt allerdings nur für Waren, die in der Anlage 1 aufgelistet sind.

- Der einführende Unternehmer kann aber auch den körperlich vom Drittland in das Inland verbrachten Gegenstand zunächst dem Zollverfahren unterwerfen. So lange dieser dem Nichterhebungsverfahren unterliegt, ist er noch nicht zoll- und steuerrechtlich zum freien Verkehr abgefertigt worden. Erst wenn dies erfolgt, ist der Tatbestand der Einfuhr nach § 1 Abs. 1 Nr. 4 UStG erfüllt. Für vorausgegangene Lieferungen greift dann die Steuerfreiheit nach § 4 Nr. 4b UStG. Dies gilt für alle Gegenstände, die Anlage 1 zu § 4 Nr. 4a UStG ist hier nicht zu beachten.

4. Nachweispflichten (§ 4 Nr. 4b Satz 2 UStG)

Die Voraussetzungen der Steuerbefreiung müssen nach § 4 Nr. 4b Satz 2 UStG vom Unternehmer **eindeutig und leicht nachprüfbar nachgewiesen** sein. Wird eine Nichtgemeinschaftsware, die sich in einem Nichterhebungsverfahren befindet, geliefert, muss der liefernde Unternehmer, also der Unternehmer, der die Steuerfreiheit in Anspruch nehmen will, im Besitz eines Belegs sein, aus dem hervorgeht, dass sich diese Ware in einem Nichterhebungsverfahren befindet (s. Hiller, UR 2015, 45, 48 mit Verweis auf BMF vom 28.01.2004, BStBl I 2004, 242). 6

§ 4 Nr. 5 UStG Vermittlung steuerfreier Umsätze

[1]Von den unter § 1 Abs. 1 Nr. 1 fallenden Umsätzen sind steuerfrei:

...

5. [1]die Vermittlung
   a) der unter die Nummern 1 Buchstabe a, Nummern 2 bis 4b und Nummern 6 und 7 fallenden Umsätze,
   b) der grenzüberschreitenden Beförderungen von Personen mit Luftfahrzeugen oder Seeschiffen,
   c) der Umsätze, die ausschließlich im Drittlandsgebiet bewirkt werden,
   d) der Lieferungen, die nach § 3 Abs. 8 als im Inland ausgeführt zu behandeln sind.

   [2]Nicht befreit ist die Vermittlung von Umsätzen durch Reisebüros für Reisende. [3]Die Voraussetzungen der Steuerbefreiung müssen vom Unternehmer nachgewiesen sein. [4]Das Bundesministerium der Finanzen kann mit Zustimmung des Bundesrates durch Rechtsverordnung bestimmen, wie der Unternehmer den Nachweis zu führen hat;

...

§ 22 UStDV Buchmäßiger Nachweis bei steuerfreien Vermittlungen

(1) Bei Vermittlungen im Sinne des§ 4 Nr. 5 Gesetzes ist § 13 Abs. 1 entsprechend anzuwenden.

(2) Der Unternehmer soll regelmäßig Folgendes aufzeichnen:
1. die Vermittlung und den vermittelten Umsatz;
2. den Tag der Vermittlung;
3. den Namen und die Anschrift des Unternehmers, der den vermittelten Umsatz ausgeführt hat;
4. das für die Vermittlung vereinbarte Entgelt oder bei der Besteuerung nach vereinnahmten Entgelten das für die Vermittlung vereinnahmte Entgelt und den Tag der Vereinnahmung.

Bearbeiter: Daniela Bick

Inhaltsverzeichnis

1. Inhalt und Zweck der Vorschrift

1 § 4 Nr. 5 UStG befreit die im Inland **steuerbaren Vermittlungsleistungen bestimmter grenzüberschreitenden Umsätze** von der Umsatzsteuer. Die Steuerbefreiung ist auf Umsätzen beschränkt, die ausschließlich **im Drittlandsgebiet ausgeführt** werden. Die Vermittlung von innergemeinschaftlichen Warenlieferungen und Güterbeförderungsleistungen ist von der Steuerbefreiung nach § 4 Nr. 5 Buchst. a UStG ausgeschlossen. Explizit ausgenommen ist gemäß § 4 Nr. 5 Satz 2 UStG zudem die Vermittlung von Umsätzen durch

Reisebüros für Reisende. Der Unternehmer hat die Voraussetzungen der Steuerbefreiung des § 4 Nr. 5 UStG unter Beachtung von § 22 UStDV nachzuweisen, s. § 4 Nr. 5 Satz 3 und 4 UStG.

Die Steuerbefreiung dient dazu bestimmte Vermittlungsleistungen grenzüberschreitender Umsätze **nicht durch steuerpflichtige Kostenbestandteile indirekt mit Umsatzsteuer zu belasten**. Dies könnte zwar auch dadurch geschehen, dass derjenige, der die Vermittlungsleistung in Anspruch nimm den Vorsteueranspruch geltend macht. Allerdings vereinfacht die Steuerbefreiung des § 4 Nr. 5 UStG insoweit das Verfahren, da sie Vorsteuererstattungen des Empfängers der Vermittlungsleistung entbehrlich macht (s. BT-Drs. 8/1779, 32). 2

Die Steuerbefreiung des § 4 Nr. 5 UStG wurde durch das **UStG 1980 eingeführt**. Der Anwendungsbereich der Steuerbefreiung hat im Laufe der Jahre erhebliche Änderungen erfahren. Durch das Umsatzsteuer-Binnenmarktgesetz (s. BGBl I 1992, 1548) wurde die Vermittlung innergemeinschaftlicher Lieferungen von der Steuerbefreiung nach § 4 Nr. 5 UStG ausgenommen, gleichzeitig wurde die Steuerbefreiung auf die Umsätze ausgedehnt, die nach § 4 Nr. 6 und 7 UStG steuerbefreit sind (s. BT-Drs. 12/2463, 29). Ebenfalls wurde die Befreiung nach Buchst. c auf die Vermittlung der Umsätze beschränkt, die ausschließlich im Drittlandsgebiet bewirkt werden, die Befreiung nach Buchst. d wurde durch Beschränkung des Regelungsbereichs des § 3 Abs. 8 UStG auf Lieferungen aus dem Drittlandsgebiet in das Gemeinschaftsgebiet beschränkt (s. BT-Drs. 12/2463, 29). Eine Erweiterung auf die Vermittlung der nach § 4 Nr. 4a und 4b UStG befreiten Umsätze wurde zum 01.01.2004 durch das StÄndG 2003 (s. BStBl I 2003, 710) eingeführt (vgl. BT-Drs. 15/1562, 44). Auswirkungen auf den Anwendungsbereich der Steuerbefreiung des § 4 Nr. 5 UStG hatte zudem das Jahressteuergesetz 2009 (s. BGBl I 2008, 2794), da durch dieses die Vorschriften der §§ 3a ff. über den Ort der Dienstleistungen neu gefasst wurden. Die Steuerbefreiung des § 4 Nr. 5 UStG wird ergänzt durch die Regelung des § 22 UStDV über den Buchnachweis. 3

Einstweilen frei 4–5

2. Unionsrechtlicher Hintergrund

Unionsrechtrechtlich beruht die Steuerbefreiung aus § 4 Nr. 5 UStG auf **Art. 153 MwStSystRL und Art. 370 i.V.m. Anhang X Teil A Nr. 4 bzw. Anhang X Teil B Nr. 10 MwStSystRL.** Nach Art. 153 Satz 1 MwStSystRL befreien die Mietgliedstaaten Dienstleistungen von Vermittlern, die im Namen und für Rechnung Dritter handeln, von der Steuer, wenn sie in den Kapiteln 6 (Art. 146 und 147), 7 (Art. 148 bis 150) und 8 (Art. 151 und 152) MwStSystRL genannte Umsätze oder Umsätze außerhalb der Gemeinschaft betreffen (d.h. nach Kapiteln 6 MwStSystRL die Steuerbefreiungen bei der Ausfuhr, Kapitel 7 MwStSystRL die Steuerbefreiungen bei grenzüberschreitenden Beförderungen und Kapitel 8 MwStSystRL die Steuerbefreiungen bei bestimmten, den Ausfuhren gleichgestellten Umsätzen betreffen). 6

Die Befreiung gilt nach **Art. 153 Satz 2 MwStSystRL nicht für Reisebüros**, wenn diese im Namen und für Rechnung des Reisenden Leistungen bewirken, die **in anderen Mitgliedstaaten erbracht** werden. Die Steuerpflicht derartiger Vermittlungsumsätze der Reisebüros für Reisende beruht auf Art. 370 i.V.m. Anhang X Teil A Nr. 4 MwStSystRL bzw. i.V.m. Anhang X Teil B Nr. 10 MwStSystRL. Die nationale Regelung in § 4 Nr. 5 Satz 2 schließt insoweit teilweise entgegen des Unionsrechts die Steuerbefreiung für die Vermittlung von Umsätzen durch Reisebüros an Reisende insgesamt aus. Nach nationalem Recht ist insoweit auch die Vermittlung von im Inland bewirkten Leistungen von Reisebüros von der Steuerbefreiung ausgeschlossen. Soweit die Regelung insoweit enger ist als das Unionsrecht (Art. 370 MwStSystRL gilt nicht), ist dies von der Mehrwertsteuersystemrichtlinie nicht gedeckt. Für die Steuerfreiheit von Reiseleistungen, die im Inland bewirkt werden – soweit der Umsatz von der Steuerbefreiung des Art. 153 Abs. 1 MwStSystRL gedeckt ist – kann sich ein Steuerpflichtiger daher unmittelbar auf die Mehrwertsteuersystemrichtlinie berufen. Bei der Berufung auf das Unionsrecht ist zu beachten, dass die Befreiung den Vorsteuerabzug nicht ausschließt (s. § 15 Abs. 3 Nr. 1 UStG, Art. 169 Buchst. b MwStSystRL). 7

Einstweilen frei 8–9

3. Voraussetzungen der Steuerfreiheit im Einzelnen

3.1 Begriff der Vermittlung

10 Der Begriff der Vermittlung ist im UStG nicht geregelt. Der **Begriffe der Vermittlung** ist ein autonomer **unionsrechtlicher Begriff**, der richtlinienkonform nach dem Unionsrecht auszulegen ist. Dabei muss die Auslegung grundsätzlich eng erfolgen, da Steuerbefreiungen Ausnahmen von dem allgemeinen Grundsatz darstellen, dass jede Dienstleistung, die ein Steuerpflichtiger gegen Entgelt erbringt, der Mehrwertsteuer unterliegt (s. EuGH vom 03.03.2005, C-472/03, Arthur Andersen, UR 2005, 201). Nach Art. 153 Abs. 1 MwStSystRL erfordert die Vermittlungsleistung ein Handeln in fremdem Namen und für fremde Rechnung, (s. auch Abschn. 4.5.1 Abs. 1 Satz 1 UStAE). Nach der Rechtsprechung des Gerichtshofs vom 13.12.2001 (C-235/00, DStRE 2002, 236) ist Vermittlung eine eigenständig vergütete Tätigkeit, die von einer Mittelsperson ausgeübt wird, die nicht den Platz einer Vertragspartei einnimmt und deren Tätigkeit sich von den typischen vertraglichen Leistungen unterscheidet, die von den Parteien solcher Verträge erbracht werden. Ziel der Tätigkeit ist es, das Erforderliche zu tun, damit zwei Parteien einen Vertrag schließen, ohne dass der Vermittler ein Eigeninteresse am Inhalt des Vertrages hat (s. EuGH vom 05.07.2012, C-259/11, DTZ Zadelhoff, DStR 2012, 1440). Ausreichend ist eine Vermittlungsvollmacht, eine Abschlussvollmacht ist nicht erforderlich, s. Abschn. 4.5.1 Abs. 1 Satz 3 UStAE. Der Wille, in fremdem Namen zu handeln und unmittelbare Rechtsbeziehungen zwischen dem leistenden Unternehmer und dem Leistungsempfänger herzustellen, muss hierbei den Beteiligten gegenüber deutlich zum Ausdruck kommen, s. Abschn. 4.5.1 Abs. 1 Satz 2 UStAE (s. BFH vom 19.01.1967, V 52/63, BStBl III 1967, 211).

11 Die Steuerbefreiung des § 4 Nr. 5 UStG erstreckt sich nicht auf die als **handelsübliche Nebenleistungen** bezeichneten Tätigkeiten, die im Zusammenhang mit Vermittlungsleistungen selbständige Leistungen sind. Nebenleistungen sind daher im Rahmen des § 4 Nr. 5 UStG nur dann steuerfrei, wenn sie als unselbständiger Teil der Vermittlungsleistung anzusehen sind, z.B. die Übernahme des Inkasso oder die Entrichtung der Eingangsabgaben durch den Vermittler für den Auftraggeber, s. Abschn. 4.5.1 Abs. 2 UStAE. Für die selbständigen Leistungen, die im Zusammenhang mit den Vermittlungsleistungen ausgeübt werden, kann jedoch Steuerbefreiung nach § 4 Nr. 2 UStG oder nach § 4 Nr. 3 UStG in Betracht kommen (s. Abschn. 4.5.1 Abs. 2 Satz 3 UStAE). Zur Steuerbefreiung von Ausgleichszahlungen an Handelsvertreter s. Abschn. 4.5.1 Abs. 6 UStAE unter Bezug auf BFH vom 25.06.1998, V R 57/97, BStBl II 1999, 102.

12–13 Einstweilen frei

3.2 Vermittlung von Umsätzen nach § 4 Nr. 5 S. 1 Buchst. a UStG

14 Die Steuerbefreiung des § 4 Nr. 5 Satz 1 Buchst. a UStG befreit die **Vermittlung folgender steuerfreier Umsätze**:

- **Ausfuhrlieferungen** (s. § 4 Nr. 1 Buchst. a UStG),
- **Lohnveredelungen an Gegenständen der Ausfuhr** (s. § 4 Nr. 1 Buchst. a UStG),
- Umsätze für die Seeschifffahrt (s. § 4 Nr. 2 UStG),
- Umsätze für die Luftfahrt (s. § 4 Nr. 2 UStG),
- bestimmte grenzüberschreitende Güterbeförderungen (s. § 4 Nr. 3 Satz 1 Buchst. a UStG),
- bestimmte Beförderungen im internationalen Eisenbahnfrachtverkehr (s. § 4 Nr. 3 Satz 1 Buchst. a UStG),
- andere sonstige Leistungen i.S.d. § 4 Nr. 3 Satz 1 Buchst. a UStG,
- Güterbeförderungen nach und von den Azoren und Madeira (s. § 4 Nr. 3 Satz 1 Buchst. b UStG),
- sonstige Leistungen i.S.d. § 4 Nr. 3 Satz 1 Buchst. c UStG,
- Lieferungen von Gold an Zentralbanken (s. § 4 Nr. 4 UStG),
- Lieferungen in ein Umsatzsteuerlager bzw. Lieferungen im Umsatzsteuerlager (s. § 4 Nr. 4a Satz 1 Buchst. a UStG),
- Leistungen, die mit den eingelagerten Gegenständen unmittelbar zusammenhängen (s. § 4 Nr. 4a Satz 1 Buchst. b UStG),

- die einer Einfuhr vorangehende Lieferung unter Vorliegen bestimmter Voraussetzungen (s. § 4 Nr. 4b UStG),
- bestimmte Eisenbahnumsätze (s. § 4 Nr. 6 Buchst. a UStG),
- bestimmte Lieferungen von zur vorübergehenden Verwendung, eingeführten Gegenständen (s. § 4 Nr. 6 Buchst. c UStG),
- Personenbeförderungen zur Insel Helgoland (s. § 4 Nr. 6 Buchst. d UStG),
- bestimmte **Restaurationsumsätze an Bord von Seeschiffen** (s. § 4 Nr. 6 Buchst. e UStG),
- bestimmte Leistungen an Vertragsparteien des Nordatlantikvertrages (s. § 4 Nr. 7 Satz 1 Buchst. a UStG),
- bestimmte Leistungen an Streitkräfte (s. § 4 Nr. 7 Satz 1 Buchst. b UStG),
- bestimmte Leistungen an diplomatische Missionen und berufskonsularische Vertretungen (s. § 4 Nr. 7 Satz 1 Buchst. c UStG),
- bestimmte Leistungen an zwischenstaatliche Einrichtungen (s. § 4 Nr. 7 Satz 1 Buchst. d UStG).

§ 4 Nr. 1 Buchst. b UStG ist in der Auflistung nicht enthalten. Deshalb fällt die Vermittlung einer **innergemeinschaftlichen Lieferung** nicht unter die Steuerbefreiung des § 4 Nr. 5 UStG. Hauptanwendungsfall des § 4 Nr. 5 Satz 1 Buchst. a UStG ist die Vermittlung von Ausfuhrlieferungen und Lohnveredelungen. Dabei hat § 4 Nr. 5 Satz 1 Buchst. a UStG nur Bedeutung, wenn der Vermittlungsumsatz steuerbar ist, der Ort der Vermittlung sich also im Inland befindet. 15

Beispiel: Handelsvertreter H (Mannheim) vermittelt die Lieferung einer Maschine für den Maschinenbauer M aus Essen. M lässt die Maschine zum Abnehmer R in Russland durch den in Essen ansässigen Spediteur S versenden. 16

Lösung: Die Vermittlungsleistung wird nach § 3a Abs. 2 UStG am Ort des Leistungsempfängers der Vermittlungsleistung, also bei M in Essen ausgeführt. Sie ist nach § 1 Abs. 1 UStG steuerbar aber nach § 4 Nr. 5 Buchst. a UStG umsatzsteuerfrei. Die selbständige Beförderungsleistungen des S im Zusammenhang mit Ausfuhren und Lohnveredelungen sind nach § 4 Nr. 3 Buchst. a UStG steuerbefreit.

Einstweilen frei 17–18

3.3 Vermittlung von grenzüberschreitenden Beförderungen von Personen mit Luftfahrzeugen oder Seeschiffen, § 4 Nr. 5 Satz 1 Buchst. b UStG

Die Steuerbefreiung des § 4 Nr. 5 Satz 1 Buchst. b UStG befreit im Inland steuerbare **Vermittlungen von grenzüberschreitenden Beförderungen von Personen mit Luftfahrzeugen oder Seeschiffen** von der Umsatzsteuer. Die **Begriffe** Luftfahrzeuge und Seeschiffe sind in Anlehnung an die in § 8 UStG verwendete Begriffe auszulegen. Die Befreiung kann nicht auf die Personenbeförderung mit anderen Verkehrsmitteln erweitert werden. Bei der Vermittlung ist es unerheblich, wenn kurze ausländische Streckenanteile als Beförderungsstrecken im Inland oder kurze Streckenanteile im Inland als Beförderungsstrecken im Ausland anzusehen sind (s. Abschn. 4.5.1 Abs. 4 und Abschn. 3b.1 Abs. 7 bis 18 UStAE). Liegt eine Grenzüberschreitung vor, ist § 4 Nr. 5 Buchst. b UStG anwendbar. Vermittelt ein Reisebüro die grenzüberschreitende Personenbeförderung mit einem Luftfahrzeug oder einem Seeschiff für Reisende, so ist die Steuerbefreiung nach § 4 Nr. 5 Satz 2 ausgeschlossen. 19

Die Steuerbefreiung nach § 4 Nr. 5 erstreckt sich zunächst einmal auch auf steuerbare Vermittlungsleistungen der Reisebüros (s. Abschn. 4.5.2 Abs. 1 Satz 1 UStAE). Ausgenommen sind jedoch die in § 4 Nr. 5 S. 2 UStG bezeichneten Vermittlungsleistungen (s. Abschn. 4.5.2 Abs. 1 Satz 2 UStAE). Die Befreiung kommt insbesondere für Vermittlungsleistungen in Betracht, bei denen die **Reisebüros als Vermittler für die sog. Leistungsträger, z.B. Beförderungsunternehmer,** auftreten (s. Abschn. 4.5.2 Abs. 1 Satz 3 und 4 UStAE). Zu Abgrenzungsfragen beim Zusammentreffen von Vermittlungsleistungen und Reiseleistungen s. Abschn. 25.1 Abs. 5 UStAE und Abschn. 4.5.2 UStAE. Erhält ein Reisebüro eine Zahlung von einem Luftverkehrsunternehmen, das die dem Reisenden vermittelte grenzüberschreitende Personenbeförderung im Luftverkehr erbringt, obwohl eine Vermittlungsprovision nicht vereinbart wurde (z.B. im Rahmen des 20 sog. Nullprovisionsmodells oder einer sog. Incentive-Vereinbarung), gilt die Regelung des Abschn. 4.5.2 Abs. 6 UStAE. Eine von einem Reisebüro an einen Reiseveranstalter erbrachte Leistung ist auch dann noch als Vermittlungsleistung anzusehen, wenn der Reisende von der Reise vertragsgemäß zurücktritt und das Reisebüro in diesem Fall vom Reiseveranstalter nur noch ein vermindertes Entgelt (sog. Stornoprovision) für die von ihm erbrachte Leistung erhält, s. Abschn. 4.5.2 Abs. 9 UStAE. Zu Vermittlungsleistungen von Firmenkunden-Reisebüros s. Abschn. 4.5.2 Abs. 7 und 8 UStAE.

21 Zum **Verkauf von Flugscheinen durch Reisebüros** oder Tickethändler („Consolidator") s. die ausführlichen Regelung in Abschn. 4.5.3 UStAE. Insofern kann aus Vereinfachungsgründen der Verkauf von Einzeltickets für grenzüberschreitende Flüge (Linien- oder Charterflugschein) vom Reisebüro im Auftrag des Luftverkehrsunternehmens an die Kunden als steuerfreie Vermittlungsleistung nach § 4 Nr. 5 S. 1 Buchst. b UStG behandelt werden (s. Abschn. 4.5.3 Abs. 2 Satz 1 UStAE). Gleiches gilt für die Umsätze eines Tickethändlers (Consolidators), der in den Verkauf der Einzeltickets eingeschaltet worden ist (s. Abschn. 4.5.3 Abs. 2 Satz 2 UStAE). Die Vereinfachungsregelung findet ausschließlich Anwendung beim Verkauf von Einzelflugtickets durch Reisebüros und Tickethändler. Zu Pauschalreisen s. § 25 Rn. 12 ff.

22–23 Einstweilen frei

3.4 Vermittlung von Umsätzen, die ausschließlich im Drittlandsgebiet bewirkt werden, § 4 Nr. 5 Satz 1 Buchst. c UStG

24 Die Steuerbefreiung des § 4 Nr. 5 Satz 1 Buchst. c UStG gilt für Umsätze, die ausschließlich **im Drittlandsgebiet** (s. § 1 Abs. 2 Satz 3 UStG; und § 1 Rn. 421 ff.) bzw. **im „Drittgebiet"** gemäß Art. 5 Abs. 3 i.V.m. Art. 6 MwStSystRL **bewirkt** werden. Ob ein Umsatz im Drittlandsgebiet stattfindet, richtet sich für sonstige Leistungen nach § 3a UStG. Nur wenn danach eine steuerbare Leistung gegeben ist, kann § 4 Nr. 5 UStG zur Anwendung kommen. Ist Leistungsempfänger einer Vermittlungsleistung ein Nichtunternehmer, wird die Vermittlungsleistung an dem Ort bewirkt, an dem der vermittelte Umsatz ausgeführt wird (s. § 3a Abs. 4 Nr. 4 UStG). Es liegt damit bereits kein im Inland steuerbarer Umsatz vor. Die Anwendbarkeit des § 4 Nr. 5 Buchst. c UStG setzt daher voraus, dass der Ort der Vermittlungsleistung nach § 3a Abs. 2 UStG im Inland liegt, weil der Leistungsempfänger der Vermittlungsleistung ein im Inland ansässiger Unternehmer ist, der die Leistung für sein Unternehmen bezieht, oder die Leistung an eine inländische Betriebsstätte des Leistungsempfängers ausgeführt wird oder der Leistungsempfänger eine nicht unternehmerisch tätige juristische Person ist, der eine deutsche USt-IdNr. erteilt worden ist. Die Steuerbefreiung erstreckt sich auch auf unselbständige Nebenleistungen zur Vermittlungsleistung.

25 Soweit die **Vermittlung von Einfuhrgeschäften** vorliegt, wird die Befreiung des § 4 Nr. 5 UStG über § 11 Abs. 3 Nr. 3 wieder rückgängig gemacht. Die Kosten für die Vermittlungsleistung werden in die Bemessungsgrundlage für die EUSt einbezogen. Denn in diesen Fällen wirkt sich die Vermittlung von Umsätzen im Drittlandsgebiet (s. § 4 Nr. 5 Buchst. c UStG) im wirtschaftlichen Ergebnis im Inland aus, sodass keine Entlastung mit USt erforderlich ist.

26–27 Einstweilen frei

3.5 Vermittlung von Lieferungen, die nach § 3 Abs. 8 UStG im Inland als ausgeführt gelten, § 4 Nr. 5 S. 1 Buchst. d UStG

28 Steuerfrei ist gem. § 4 Nr. 5 Satz 1 Buchst. d UStG die Vermittlung der Lieferungen, die nach § 3 Abs. 8 UStG als **im Inland ausgeführt gelten**. Gemeint sind Lieferungen, bei denen der **Liefergegenstand aus dem Drittlandsgebiet** (s. § 1 Abs. 2 Satz 3 UStG und § 1 Rn. 421 ff.) oder Drittgebiet (s. Art. 5 Abs. 3 i.V.m. Art. 6 MwStSystRL) **im Wege der Beförderung oder Versendung in das Inland gelangt** und der **Lieferer oder sein Beauftragter** (z.B. Spediteur) **Schuldner der Einfuhrumsatzsteuer** ist. Die Steuerbefreiung des § 4 Nr. 5 Buchst. d UStG verhilft dem Vermittler zur Steuerbefreiung, unabhängig davon, wer im Falle des § 3 Abs. 8 Schuldner der Einfuhrumsatzsteuer ist und wie die Einfuhrlieferung einfuhrumsatzsteuerrechtlich behandelt wird.

Nicht unter die Befreiungsvorschrift des § 4 Nr. 5 UStG fällt die **Vermittlung der Lieferungen, die im Anschluss an die Einfuhr an einem Ort im Inland bewirkt** werden, d.h. insbesondere bei Fällen, in denen der Gegenstand nach der Einfuhr gelagert und erst anschließend vom Lager aus an den Abnehmer geliefert wird, s. Abschn. 4.5.1 Abs. 5 UStAE. Für die Vermittlung dieser Lieferungen kann jedoch die Steuerbefreiung nach § 4 Nr. 3 Satz 1 Buchst. a Doppelbuchst. bb UStG in Betracht kommen (s. Abschn. 4.3.3 Abs. 1 Satz 1 Nr. 6). 29

Einstweilen frei 30–31

3.6 Ausnahme bei Vermittlung von Umsätzen durch Reisebüros für Reisende, § 4 Nr. 5 Satz 2 UStG

Von der Steuerbefreiung **ausdrücklich ausgenommen** ist nach § 4 Nr. 5 Satz 2 UStG die **Vermittlung von Umsätzen durch Reisebüros für Reisende**. Dieser Ausschluss erstreckt sich nur auf Vermittlungsleistungen die von Reisebüros unmittelbar für Reisende erbracht werden, weiterhin nach § 4 Nr. 5 UStG steuerbefreit bleiben die in § 4 Nr. 5 Satz 1 bezeichneten steuerbare Vermittlungsleistungen von Reisebüros, wenn diese für sog. Leistungsträger, z.B. Beförderungsunternehmer oder Hotels, auftreten sowie die Vermittlung für Reiseveranstalter i.S.d. § 25 UStG. 32

Ausgenommen sind lediglich **Vermittlungen für Reisende**. Für Reisende ist die Vermittlungsleistung erbracht, wenn der Reisende einen Vermittlungsauftrag erteilt hat und hierfür ein Entgelt an den Vermittler zu zahlen hat, s. Abschn. 4.5.2 Abs. 5 UStAE. Für die Ausnahme kommt es nicht darauf an, ob sich der Unternehmer als Reisebüro bezeichnet, sondern nur darauf, dass er eine entsprechende Tätigkeit eines Reisebüros ausübt (s. Abschn. 4.5.2 Abs. 5 S. 2 und 3 UStAE). Da die Reisebüros die Reiseleistungen in der Regel im Auftrag der Leistungsträger und nicht im Auftrag der Reisenden vermitteln, fällt nur die Vermittlung solcher Leistungen unter die Ausnahmeregelung, für die das Reisebüro dem Reisenden ein **gesondertes Entgelt** berechnet (z.B. der Leistungsträger hat die Zahlung einer Vergütung an das Reisebüro ausgeschlossen und das Reisebüro berechnet dem Reisenden ein Entgelt, z.B. für Telefon- oder Telefaxkosten, Visabeschaffungsgebühren oder besondere Bearbeitungsgebühren), s. Abschn. 4.5.2 Abs. 5 Satz 4 und 5 UStAE. Die Steuerbefreiung scheidet also aus, wenn sie im Zusammenhang mit nicht steuerbaren oder steuerbefreiten Vermittlungsleistungen an einen Leistungsträger erbracht werden (s. Abschn. 4.5.2 Abs. 5 S. 4 bis 7 UStAE mit Beispiel). 33

Zu Einzelheiten zum Bereich der **steuerfreien bzw. steuerpflichtigen Vermittlungsleistungen der Reisebüros** s. Abschn. 4.5.2 und 4.5.3 UStAE sowie die Kommentierung zu § 25 UStG. Veranstaltet ein inländisches Reisebüro selbst eine Reise, besteht keine Steuerbefreiung. Es greift die Margenbesteuerung des § 25 UStG. Pauschalreisen stellen gemäß § 25 Abs. 1 UStG eine einheitliche Leistung des Reiseveranstalters dar. Ihre Vermittlung ist daher nur dann gemäß § 4 Nr. 5 Buchst. c UStG steuerfrei, wenn der Reiseveranstalter die Reiseleistung gemäß § 3a Abs. 3 Nr. 4 im Drittlandsgebiet bewirkt. Die Vermittlung von Pauschalreisen für inländische und für innergemeinschaftliche Reiseveranstalter ist steuerpflichtig 34

Erhält ein Reisebüro eine Zahlung von einem Luftverkehrsunternehmen, das die dem Reisenden vermittelte grenzüberschreitende Personenbeförderung im Luftverkehr erbringt, obwohl eine Vermittlungsprovision nicht vereinbart wurde (z.B. im Rahmen des sog. **Nullprovisionsmodells** oder einer **sog. Incentive-Vereinbarung**), gilt die Regelung des Abschn. 4.5.2 Abs. 6 UStAE. Eine von einem Reisebüro an einen Reiseveranstalter erbrachte Leistung ist auch dann noch als Vermittlungsleistung anzusehen, wenn der Reisende von der Reise vertragsgemäß zurücktritt und das Reisebüro in diesem Fall vom Reiseveranstalter nur noch ein vermindertes Entgelt (sog. **Stornoprovision**) für die von ihm erbrachte Leistung erhält, s. Abschn. 4.5.2 Abs. 9 UStAE. 35

Einstweilen frei 36–37

3.7 Nachweis der Steuerbefreiung, § 4 Nr. 5 Satz 3 und 4 UStG

Gemäß § 4 Nr. 5 Satz 3 UStG hat der Unternehmer die Voraussetzung der Steuerbefreiung nachzuweisen. 38
Das Bundesministerium der Finanzen kann mit Zustimmung des Bundesrates durch Rechtsverordnung

bestimmen, wie der Unternehmer den Nachweis zu führen hat, § 4 Nr. 5 Satz 4 UStG. Die ist in der UStDV geschehen. Der **Nachweis** der Voraussetzungen für die Steuerbefreiung ist gemäß § 22 UStDV i.V.m. § 13 Abs. 1 UStDV **buchmäßig** zu führen. Entsprechend ergibt sich aus § 22 Abs. 2 UStDV i.V.m. § 13 Abs. 1 UStDV, welche Angaben der Unternehmer für die Steuerbefreiung des § 4 Nr. 5 UStG regelmäßig aufzeichnen soll, s. Abschn. 4.5.4 Abs. 2 Satz 1 UStAE. Die Richtigkeit der buchmäßigen Aufzeichnung ist durch geeignete Unterlagen über das vermittelte Geschäft nachzuweisen. Die Voraussetzungen müssen eindeutig und leicht nachprüfbar aus der Buchführung zu ersehen sein. Zu beachten ist, dass der Unternehmer den buchmäßigen Nachweis bis zu dem Zeitpunkt führen muss, zu dem er die Umsatzsteuer-Voranmeldung abzugeben hat, s. Abschn. 4.5.4 Abs. 1 Satz 1 UStAE i.V.m. Abschn. 6.10 Abs. 3 Satz 2 und 3 UStAE. Fehlende oder fehlerhafte Aufzeichnungen eines im Übrigen rechtszeitig erbrachten Buchnachweises kann der Unternehmer bis zum Schluss der letzten mündlichen Verhandlung vor dem FG nach den für Rechnungsberichtigungen geltenden Grundsätzen ergänzen oder berichtigen (s. BFH vom 28.05.2009, V R 23/08, BStBl II 2010, 517). Im Hinblick auf die weiteren Voraussetzungen und Wirkungen des Buchnachweise wird auf die Kommentierung zu § 6 UStG verwiesen. Zu beachten ist, dass der buchmäßige Nachweis nicht materiell-rechtliche Voraussetzung für die Steuerbefreiung ist. Zu Einzelheiten des Nachweises s. Abschn. 4.5.4 Abs. 2 bis 4 UStAE. Dabei insbesondere Abschn. 4.5.4 Abs. 3 UStAE zu mündlich vereinbarten Vermittlungsleistungen.

39–40 Einstweilen frei

4. Vorsteuerabzug

41 Der **Vorsteuerabzug** ist gemäß § 15 Abs. 3 Nr. 1 Buchst. a UStG bei der Vermittlung der in § 4 Nr. 5 UStG genannten steuerfreien Umsätze grundsätzlich **nicht ausgeschlossen** (zu den Voraussetzungen des Vorsteuerabzugs s. § 15 Rn. 48 ff.). Etwas anderes gilt nur, wenn gleichzeitig die Voraussetzungen einer Steuerbefreiung nach § 4 Nr. 8 bis 28, § 25c Abs. 1 und 2 UStG vorliegen.

42–43 Einstweilen frei

5. Steuerbefreiung durch unmittelbare Berufung auf das Unionsrecht im Überblick

44 § 4 Nr. 5 Satz 2 UStG schließt entgegen des Unionsrechts die Steuerbefreiung für die Vermittlung von Umsätzen durch Reisebüros an Reisende insgesamt aus. Nach nationalem Recht ist insoweit auch die Vermittlung von im Inland bewirkten Leistungen von Reisebüros von der Steuerbefreiung ausgeschlossen. Art. 153 Satz 2 MwStSystRL sieht einen Ausschluss der Steuerbefreiung nur für die Fälle vor, in denen Reisebüros im Namen und für Rechnung des Reisenden Leistungen bewirken, die in anderen Mitgliedstaaten erbracht werden. Für die **Steuerfreiheit von Reiseleistungen, die im Inland bewirkt werden** – soweit der Umsatz von der Steuerbefreiung des Art. 153 Abs. 1 MwStSystRL gedeckt ist (d.h. überhaupt steuerfreie Vermittlungsleistungen vorliegen) – kann sich ein Steuerpflichtiger daher **unmittelbar auf die Mehrwertsteuersystemrichtlinie** berufen. Bei der Berufung auf das Unionsrecht ist zu beachten, dass die Befreiung den Vorsteuerabzug nicht ausschließt (s. § 15 Abs. 3 Nr. 1 UStG, Art. 169 Buchst. b MwStSystRL).

45–46 Einstweilen frei

§ 4 Nr. 6 UStG Leistungen der Bundesbahn im Grenzbereich, Lieferungen an Drittlandsabnehmer, Personenbeförderungen zwischen inländischen Seehäfen und der Insel Helgoland, Restaurationsumsätze auf Seeschiffen

[1]Von den unter § 1 Abs. 1 Nr. 1 fallenden Umsätzen sind steuerfrei:

...

6. a) die Lieferungen und sonstigen Leistungen der Eisenbahnen des Bundes auf Gemeinschaftsbahnhöfen, Betriebswechselbahnhöfen, Grenzbetriebsstrecken und Durchgangsstrecken an Eisenbahnverwaltungen mit Sitz im Ausland,
   b) (weggefallen)
   c) die Lieferungen von eingeführten Gegenständen an im Drittlandsgebiet, ausgenommen Gebiete nach § 1 Abs. 3, ansässige Abnehmer, soweit für die Gegenstände zollamtlich eine vorübergehende Verwendung in den in § 1 Abs. 1 Nr. 4 bezeichneten Gebieten bewilligt worden ist und diese Bewilligung auch nach der Lieferung gilt. [2]Nicht befreit sind die Lieferungen von Beförderungsmitteln, Paletten und Containern,
   d) Personenbeförderungen im Passagier- und Fährverkehr mit Wasserfahrzeugen für die Seeschifffahrt, wenn die Personenbeförderungen zwischen inländischen Seehäfen und der Insel Helgoland durchgeführt werden,
   e) die Abgabe von Speisen und Getränken zum Verzehr an Ort und Stelle im Verkehr mit Wasserfahrzeugen für die Seeschifffahrt zwischen einem inländischen und ausländischen Seehafen und zwischen zwei ausländischen Seehäfen. [2]Inländische Seehäfen im Sinne des Satzes 1 sind auch die Freihäfen und Häfen auf der Insel Helgoland;

...

Bearbeiter: Bernhard Becht†/Daniela Bick

Inhaltsverzeichnis

1. Bedeutung der Norm

§ 4 Nr. 6 Buchst. a UStG stellt eine Vereinfachungsregelung dar, die die steuerliche Erfassung der genannten Lieferungen und Leistungen der Eisenbahnen des Bundes vermeidet. 1

§ 4 **Nr. 6 Buchst. b UStG** ist gestrichen worden, da die Steuerbefreiung für Lieferungen an Bord eines Schiffes, die nach § 3e UStG steuerbar waren, wenn der Abgangsort im Inland lag, nach Art. 28k 6. EG-RL zeitlich befristet war. Da die Geltung zum 30.06.1999 ausgelaufen ist, wurde die Steuerbefreiung durch das StEuGlG vom 19.12.2000 (BGBl I 2000, 1790) aufgehoben. 2

§ 4 **Nr. 6 Buchst. c UStG** stellt sicher, dass die betreffenden Gegenstände während der vorübergehenden Verwendung im Sinne des Gesetzes steuerfrei bleiben (s. auch § 4 Nr. 3c UStG). Diese Regelung stellt letztlich auch eine Vereinfachungsreglung dar. 3

§ 4 Nr. 6 Buchst. d UStG enthält eine Sonderregelung, die vermeiden soll, dass durch Mehrbelastungen durch die Umsatzsteuer die Fahrpreise für die Ausflugsschifffahrt steigen. Die von der Steuerbefreiung erfassten Umsätze waren bis zum 31.12.1995 nicht steuerbar gewesen. 4

5 § 4 Nr. 6 Buchst. e UStG stellt eine Sonderregelung dar, die Wettbewerbsnachteile für inländische Unternehmer beseitigen soll, da die Restaurationsumsätze an Bord von Schiffen im übrigen Unionsgebiet zu einem großen Teil von der USt befreit sind. Die Vorschrift ist auch eine Vereinfachungsregelung, da sie zur Vermeidung von Wettbewerbsnachteilen und Abgrenzungsschwierigkeiten aus Vereinfachungsgründen die im internationalen Seeverkehr ausgeführten Restaurationsumsätze von der USt befreit.

2. Leistungen der Eisenbahnen (§ 4 Nr. 6 Buchst. a UStG)

6 Die in § 4 Nr. 6 Buchst. a UStG genannten Leistungen der Eisenbahnen des Bundes im Grenzbereich sind aus Vereinfachungsgründen von der Umsatzsteuer befreit. Erfasst werden insbesondere die Gestellung von Personal, Zugmaterial, Räumen und Anlagen, die Lieferung von Betriebsstoffen, Schmierstoffen und Energie (Elektrizität).

7 Als **Grenzbetriebsstrecken** sind Strecken zwischen einem Gemeinschafts- oder Betriebswechselbahnhof und der Grenze anzusehen (BT-Drs. 8/1779, 32). Der Begriff der Grenzbetriebsstrecke ist eng auszulegen. Daher können als Grenzbetriebsstrecke nur grenznahe Strecken angesehen werden (s. BFH vom 04.07.2013, V R 33/11, BStBl II 2013, 937 m.w.N. zur Rechtsprechung des Gerichtshofs).

8 Die Vorschrift befreit die erfassten **Lieferungen und sonstigen Leistungen an Eisenbahnverwaltungen mit dem Sitz im Ausland**. Zum Ausland gehören das Drittlandsgebiet (einschließlich der Gebiete, die nach § 1 Abs. 2 Satz 1 UStG vom Inland ausgenommen sind) und das übrige Gemeinschaftsgebiet. Es kommt damit nicht darauf an, ob die Leistungsempfänger ihrer Sitz in einem anderen Mitgliedstaat der EU haben oder in einem Drittland.

9 Der Ort der Leistung muss im Inland liegen.

10 Die Deutsche Bahn AG behält für die nach § 4 Nr. 6 Buchst. a UStG steuerfreien Umsätze den vollen Vorsteuerabzug. Sie kann aber in ihren Abrechnungen mit den Eisenbahnverwaltungen mit dem Sitz im Ausland die Umsatzsteuer nicht offen ausweisen. Ein Verzicht auf die Steuerbefreiung ist nach § 9 UStG nicht möglich.

11 Durch das Gesetz zur Neuordnung des Eisenbahnwesens (Eisenbahnneuordnungsgesetz) vom 27.12.1993 sind die Bundeseisenbahnen zusammengeführt worden. Nach § 1 ENeuOG wurde das unter dem Namen „Deutsche Bundesbahn" als nicht rechtsfähiges Sondervermögen verwaltete Bundeseisenbahnvermögen sowie das Sondervermögen Deutsche Reichsbahn (s. Art. 26 des Einigungsvertrages) zu einem nicht rechtsfähigen Sondervermögen des Bundes zusammen geführt. Es wird vom Bund unter dem Namen „**Bundeseisenbahnvermögen**" verwaltet. Mit dem 01.01.1994 ist dann durch das Gesetz über die Gründung einer Deutsche Bahn Aktiengesellschaft – Deutsche Bahn Gründungsgesetz – vom 01.01.1994 die Aktiengesellschaft mit der Firma „Deutsche Bahn Aktiengesellschaft" zum 01.01.1994 gegründet worden.

3. Vorübergehende Zollverwendung (§ 4 Nr. 6 Buchst. c UStG)

12 § 4 Nr. 6 Buchst. c UStG ergänzt die Befreiung, die für die Einfuhr von Gegenständen zur vorübergehenden Verwendung im Zollgebiet gilt. Hierfür ist notwendig eine zollamtliche Bewilligung der vorübergehenden Verwendung in den in § 1 Abs. 1 Nr. 4 UStG bezeichneten Gebieten (Erhebungsgebiet; Inland und die österreichischen Gemeinden Jungholz und Mittelberg), die auch nach der Lieferung gilt. Das **Zollverfahren der vorübergehenden Verwendung** erfasst Fälle, in denen Waren nur zeitweise in das Zollgebiet verbracht, dort während einer gewissen Zeit genutzt und anschließend wieder ausgeführt werden sollen. Die Waren gehen also nicht endgültig in die Wirtschaft der Union ein, treten jedoch während der Zeit ihrer Nutzung in Konkurrenz zu Wirtschaftsgütern aus der Union. Eine volle Verzollung wäre nicht gerechtfertigt.

13 Das **Verfahren zur Bewilligung der zollbegünstigten vorübergehenden Verwendung** ist in Art. 691–707 ZKDVO geregelt. Die Zollstelle hält bei der Überführung der Waren in die vorübergehende Verwendung die Bemessungsgrundlagen fest, legt ggf. eine zu leistende Sicherheit fest und bestimmt die Verwendungsfrist zu bestimmen. Während des Verbleibs der Waren im Zollgebiet kann der Beteiligte die Waren zu dem in der Bewilligung festgelegten Zweck verwenden. Die Bewilligung muss auch nach der Lieferung gelten.

Diesen Nachweis hat der Unternehmer durch den verwendungsschein führen. Dass der liefernde Unternehmer im Inland ansässig sein muss, wird von der Vorschrift nicht vorausgesetzt.

Nicht befreit sind die Lieferungen von Beförderungsmitteln, Paletten und Containern. 14

4. Personenbeförderungen (§ 4 Nr. 6 Buchst. d UStG)

Die seit 01.01.1996 geltende Vorschrift stellt **Personenbeförderungen** im Passagier- und Fährverkehr von 15
der Umsatzsteuer frei, wenn sie zwischen inländischen Seehäfen und der Insel Helgoland durchgeführt werden. Da die Steuerfreiheit nur für Personenbeförderungen zwischen inländischen Seehäfen und der Insel Helgoland gilt, sind andere Personenbeförderungen innerhalb der 12-Seemeilen-Zone grundsätzlich steuerpflichtig. Nur Personenbeförderungen, also nicht Güterbeförderungen, sind begünstigt. Dabei kommt nicht darauf an, ob sie an einen Endverbraucher oder an einen Unternehmer ausgeführt werden.

Die Regelung war als Folgeänderung zur Neufassung des § 1 Abs. 3 Satz 1 UStG notwendig. Die sog. 16
Helgoland-Box – das Seegebiet im Bereich der Deutschen Bucht südlich und westlich der Insel Helgoland bis zur Tiefwasserreede – wird seit 01.01.1996 von dem einheitlich auf 12 Seemeilen ausgedehnten Küstenmeer erfasst (bis 1995 wurde die sog. Helgoland-Box durch die Verweisung in § 1 Abs. 3 UStG a.F. auf die Anlage IV zur Seeschifffahrtstraßen-Ordnung vom Geltungsbereich des UStG ausgenommen).

5. Restaurationsumsätze auf Seeschiffen (§ 4 Nr. 6 Buchst. e UStG)

Da Restaurationsumsätze auf Schiffen im übrigen Unionsgebiet weitgehend von der Umsatzsteuer befreit 17
sind, soll § 4 Nr. 6 Buchst. e UStG der Vermeidung von Wettbewerbsnachteilen für deutsche Unternehmer dienen.

Die Steuerbefreiung lässt sich auf keine unionsrechtliche Ermächtigung zurückführen und wird deshalb 18
teilweise als unionsrechtswidrig angesehen (s. FG Berlin-Brandenburg vom 14.02.2013, 7 K 7079/09, EFG 2013, 973 m.w.N. zu den unterschiedlichen Auffassungen in der Literatur). Aus diesem Grund ist auch eine erweiternde Auslegung von § 4 Nr. 6 Buchst. e UStG auf das Geschäftsfeld von Luftverkehrsunternehmen im Wege analoger Anwendung nicht möglich (FG Berlin-Brandenburg vom 14.02.2013, 7 K 7079/09, EFG 2013, 973).

Die Steuerbefreiung bezieht sich in erster Linie auf den **Fährverkehr zwischen deutschen und aus-** 19
ländischen Seehäfen. Sie umfasst die entgeltliche und unentgeltliche Abgabe von Speisen und Getränken zum Verzehr an Ort und Stelle an Passagiere und an Arbeitnehmer sowie den Leistungseigenverbrauch von Speisen und Getränken an Bord des Seeschiffes, sofern die Abgabe eine selbständige Leistung ist.

Nach dem Urteil des Gerichtshofs vom 02.05.1996 (C-231/94, BStBl II 1998, 282) sind **Restaurationsum-** 20
sätze als sonstige Leistungen zu beurteilen. Nach § 3a Abs. 1 UStG werden diese sonstigen Leistungen an dem Ort ausgeführt, von dem aus der Unternehmer sein Unternehmen betreibt. Damit sind auch Umsätze deutscher Unternehmer steuerbar, wenn sie außerhalb inländischer Hoheitsgewässer erbracht werden. Bis zur Entscheidung des EuGH wurden Restaurationsumsätze aus deutscher Sicht als Lieferungen betrachtet. Der Ort der Lieferung bestimmte sich nach § 3 Abs. 7 UStG. Danach war für die Besteuerung entscheidend, wo sich das Schiff im Zeitpunkt der Abgabe der Speisen und Getränke befand. Steuerbar waren daher nur solche Umsätze, die innerhalb inländischer **Hoheitsgewässer** ausgeführt wurden.

§ 4 Nr. 7 UStG Leistungen an NATO-Streitkräfte, diplomatischen Missionen und berufskonsularischen Vertretungen sowie zwischenstaatlichen Einrichtungen

[1]Von den unter § 1 Abs. 1 Nr. 1 fallenden Umsätzen sind steuerfrei:

...

7. [1]die Lieferungen, ausgenommen Lieferungen neuer Fahrzeuge im Sinne des § 1b Abs. 2 und 3, und die sonstigen Leistungen
   a) an andere Vertragsparteien des Nordatlantikvertrags, die nicht unter die in § 26 Abs. 5 bezeichneten Steuerbefreiungen fallen, wenn die Umsätze für den Gebrauch oder Verbrauch durch die Streitkräfte dieser Vertragsparteien, ihr ziviles Begleitpersonal oder für die Versorgung ihrer Kasinos oder Kantinen bestimmt sind und die Streitkräfte der gemeinsamen Verteidigungsanstrengung dienen,
   b) an die in dem Gebiet eines anderen Mitgliedstaates stationierten Streitkräfte der Vertragsparteien des Nordatlantikvertrags, soweit sie nicht an die Streitkräfte dieses Mitgliedstaates ausgeführt werden,
   c) an die in dem Gebiet eines anderen Mitgliedstaates ansässigen ständigen diplomatischen Missionen und berufskonsularischen Vertretungen sowie deren Mitglieder und
   d) an die in dem Gebiet eines anderen Mitgliedstaates ansässigen zwischenstaatlichen Einrichtungen sowie deren Mitglieder.

[2]Der Gegenstand der Lieferung muss in den Fällen des Satzes 1 Buchstabe b bis d in das Gebiet des anderen Mitgliedstaates befördert oder versendet werden. [3]Für die Steuerbefreiungen nach Satz 1 Buchstabe b bis d sind die in dem anderen Mitgliedstaat geltenden Voraussetzungen maßgebend. [4]Die Voraussetzungen der Steuerbefreiungen müssen vom Unternehmer nachgewiesen sein. [5]Bei den Steuerbefreiungen nach Satz 1 Buchstabe b bis d hat der Unternehmer die in dem anderen Mitgliedstaat geltenden Voraussetzungen dadurch nachzuweisen, dass ihm der Abnehmer eine von der zuständigen Behörde des anderen Mitgliedstaates oder, wenn er hierzu ermächtigt ist, eine selbst ausgestellte Bescheinigung nach amtlich vorgeschriebenem Muster aushändigt. [6]Das Bundesministerium der Finanzen kann mit Zustimmung des Bundesrates durch Rechtsverordnung bestimmen, wie der Unternehmer die übrigen Voraussetzungen nachzuweisen hat;

...

Bearbeiter: Daniela Bick

Inhaltsverzeichnis

1. Inhalt und Zweck der Vorschrift

§ 4 Nr. 7 UStG befreit von der Umsatzsteuer: 1

- Lieferungen und sonstige Leistungen, die zum Gebrauch oder Verbrauch durch die **Streitkräfte der anderen Vertragsparteien des Nordantlantikvertrags**, ihres **zivilen Begeleitpersonals** oder für die Versorgung ihres **Kasinos** oder ihrer **Kantinen** (s. § 4 Nr. 7 Satz 1 Buchst. a UStG),
- Lieferungen an die in dem Gebiet **eines anderen EU-Mitgliedstaates stationierten Streitkräfte der Vertragsparteien des Nordatlantikpaktes**, ausgenommen die Lieferungen an die Streitkräfte des Mitgliedstaates (s. § 4 Nr. 7 Satz 1 Buchst. b UStG),
- Lieferungen und sonstige Leistungen an die in dem Gebiet eines anderen Mitgliedstaates ansässigen **ständigen diplomatische Missionen** und **berufskonsularische Vertretungen** sowie deren Mitglieder (s. § 4 Nr. 7 Satz 1 Buchst. c UStG) und
- Lieferungen und sonstige Leistungen an die in dem Gebiet eines anderen Mitgliedstaates ansässigen **zwischenstaatlichen Einrichtungen sowie deren Mitglieder** (s. § 4 Nr. 7 Satz 1 Buchst. d UStG).

Für die Leistungen an Einrichtungen, die in einem anderen EU-Mitgliedstaat ansässig sind, gelten für die Steuerbefreiung die **Voraussetzungen, die in dem anderen Mitgliedstaat maßgebend** sind. Ausgenommen von der Steuerbefreiung ist die **Lieferung neuer Fahrzeuge** i.S.d. § 1b Abs. 2 und 3 UStG. Allerdings kommt für die Ausnahmen die Steuerbefreiung des § 4 Nr. 1 Buchst. b i.V.m. § 6a insbesondere Abs. 1 Nr. 2 Buchst. c UStG in Betracht. Zweck des § 4 Nr. 7 Satz 1 Buchst. a UStG ist die Entlastung des Endverbrauchs militärischer Truppenteile anderer Staaten durch inländische Steuern und damit die Entlastung des Haushalts der Staaten, die sich militärisch engagieren. 2

Grundsätzlich **ergänzt** die Steuerbefreiung des § 4 Nr. 7 Satz 1 Buchst. a UStG die in den Abkommen mit den Vertragsparteien des Nordatlantikvertrages vorgesehenen Steuerbefreiungen (s. **§ 26 Abs. 5 UStG**, zu den Voraussetzungen s. § 26 Rn. 31 ff.) zugunsten der inländischen Unternehmer, die bei Gemeinschaftsprojekten der NATO eingeschaltet sind und im Inland steuerbare Umsätze tätigen. Die in § 4 Nr. 7 Satz 1 Buchst. b–d UStG enthaltenen Steuerbefreiungen gelten für Umsätze, die nicht die Voraussetzungen für steuerfreie innergemeinschaftliche Lieferungen nach § 4 Nr. 1 Buchst. b i.V.m. § 4 Nr. 6a UStG erfüllen. Zur Vermeidung von Wettbewerbsverzerrungen werden Leistungen an die anderen EU-Mitgliedstaaten von der Steuer befreit, und zwar unter Nr. 7 Satz 3 UStG. 3

Die Steuerbefreiung ist mit Wirkung ab 01.01.1987 (damals noch als § 4 Nr. 6b UStG) in das UStG aufgenommen worden. Mit dem UStBinnenmarktG wurde die Regelung in § 4 Nr. 7 UStG verschoben. Zum 30.12.1993 haben die Buchstaben a und b der Norm ihre heutige Fassung erhalten (s. STMBG, BGBl I 1993, 2310). Die Befreiung für Leistungen an die in dem Gebiet eines Mitgliedstaates ansässigen ständigen diplomatischen Missionen, berufskonsularischen Vertretungen, zwischenstaatlichen Einrichtungen und deren Mitglieder wurde in Buchst. c und d eingefügt. Zur Klarstellung wurde durch das JStG 1996 Satz 2 in die Norm eingefügt (s. BGBl I 1995, 1250). Es hat im Folgenden lediglich redaktionelle Anpassungen gegeben, zuletzt durch das JStG 2009 (BGBl I 2009, 2794). 4

Einstweilen frei 5–6

2. Unionsrechtlicher Hintergrund

Unionsrechtliche Grundlage der Steuerbefreiungen aus § 4 Nr. 7 UStG ist Art. 151 Abs. 1 MwStSystRL. Für die Steuerbefreiung des **§ 4 Nr. 7 Satz 1 Buchst. a UStG** ist Grundlage der **Art. 151 Abs. 1 Buchst. c MwStSystRL**, nach dem die Mitgliedstaaten Lieferungen von Gegenständen und Dienstleistungen, die in den Mitgliedstaaten, die Vertragsparteien des Nordatlantikvertrags sind, an die Streitkräfte anderer Vertragsparteien bewirkt werden von der Mehrwertsteuer befreit, wenn diese Umsätze für den Gebrauch oder Verbrauch durch diese Streitkräfte oder ihr ziviles Begleitpersonal oder für die Versorgung ihrer Kasinos oder Kantinen bestimmt sind und wenn diese Streitkräfte der gemeinsamen Verteidigungsanstrengung dienen. 7

Unionsrechtlicher Hintergrund der Steuerbefreiung des **§ 4 Nr. 7 Satz 1 Buchst. b UStG** ist **Art. 151 Abs. 1 Buchst. d MwStSystRL**. Diese sieht vor, dass die Mitgliedstaaten Lieferungen von Gegenständen und Dienstleistungen, deren Bestimmungsort in einem anderen Mitgliedstaat liegt und die für die 8

Streitkräfte anderer Vertragsparteien des Nordatlantikvertrags als die des Bestimmungsmitgliedstaats selbst bestimmt sind von der Mehrwertsteuer befreien, wenn diese Umsätze für den Gebrauch oder Verbrauch durch diese Streitkräfte oder ihr ziviles Begleitpersonal oder für die Versorgung ihrer Kasinos oder Kantinen bestimmt sind und wenn diese Streitkräfte der gemeinsamen Verteidigungsanstrengung dienen.

9 Basis für die Befreiungen von Lieferungen und sonstigen Leistungen an diplomatische Missionen und berufskonsularische Vertretungen sowie an die zwischenstaatlichen Einrichtungen in **§ 4 Nr. 7 Satz 1 Buchst. c und d UStG** bilden die Vorschriften des **Art. 151 Abs. 1 Buchst. a, Doppelbuchst. aa und Buchst. b MwStSystRL**. Insofern sieht das Unionsrecht vor, dass die Mitgliedstaaten folgende Umsätze von der Steuer befreien:

a) Lieferungen von Gegenständen und Dienstleistungen, die im Rahmen der diplomatischen und konsularischen Beziehungen bewirkt werden;
   aa) Lieferungen von Gegenständen und Dienstleistungen, die für die Europäische Gemeinschaft, die Europäische Atomgemeinschaft, die Europäische Zentralbank oder die Europäische Investitionsbank oder die von den Europäischen Gemeinschaften geschaffenen Einrichtungen, auf die das Protokoll vom 8. April 1965 über die Vorrechte und Befreiungen der Europäischen Gemeinschaften anwendbar ist, bestimmt sind, und zwar in den Grenzen und zu den Bedingungen, die in diesem Protokoll und den Übereinkünften zu seiner Umsetzung oder in den Abkommen über ihren Sitz festgelegt sind, sofern dies nicht zu Wettbewerbsverzerrungen führt;

b) Lieferungen von Gegenständen und Dienstleistungen, die für nicht unter Buchstabe aa genannte internationale Einrichtungen, die vom Aufnahmemitgliedstaat als internationale Einrichtungen anerkannt sind, sowie für die Angehörigen dieser Einrichtungen bestimmt sind, und zwar in den Grenzen und zu den Bedingungen, die in den internationalen Übereinkommen über die Gründung dieser Einrichtungen oder in den Abkommen über ihren Sitz festgelegt sind.

10 In Art. 51 der Durchführungsverordnung (EU) 282/2011 des Rates vom 15.03.2011 zur Festlegung von Durchführungsvorschriften zur Richtlinie 2006/112/EG über das gemeinsame Mehrwertsteuersystem (MwStSystRL-DVO, ABl. 2006 L 77, 1) wird bestimmt, dass in den Fällen, in denen der Leistungsempfänger innerhalb der Gemeinschaft, aber nicht in dem Mitgliedstaat der Lieferung oder Dienstleistung ansässig ist, für die **Bescheinigung** über die Befreiung von der Mehrwertsteuer und/oder der Verbrauchsteuer ein in **Anhang II vorgesehenes Muster** zu verwenden ist.

11 **Art. 151 enthält in Buchst. e MwStSystRL** noch eine weitere Steuerbefreiung. Danach stellen die Mitgliedstaaten die Lieferungen von Gegenständen und Dienstleistungen, die für die gemäß dem Vertrag zur Gründung der Republik Zypern vom 16. August 1960 auf der Insel Zypern stationierten Streitkräfte des Vereinigten Königreichs bestimmt sind von der Mehrwertsteuer frei, wenn diese Umsätze für den Gebrauch oder Verbrauch durch die Streitkräfte oder ihr ziviles Begleitpersonal oder für die Versorgung ihrer Kasinos oder Kantinen bestimmt sind.

12–13 Einstweilen frei

3. Die Steuerbefreiung im Einzelnen

3.1 Gemeinsame Voraussetzungen der Steuerbefreiungen

14 Voraussetzung für die Anwendbarkeit der Steuerbefreiungen ist zunächst, dass der **Umsatz im Inland ausgeführt** worden ist, ansonsten liegt bereits eine nicht steuerbarer Umsatz vor.

15 Explizit **von den Steuerbefreiungen ausgenommen** ist die **Lieferung neuer Fahrzeuge** im Sinne des § 1b Abs. 2 und 3 UStG. **Ausfuhren in Drittländer** können unter den entsprechenden Voraussetzungen nach § 4 Nr. 1 Buchst. a i.V.m. § 6a UStG steuerfrei sein. Bei grenzüberschreitenden Beförderungen ins übrige Gemeinschaftsgebiet liegt eine **steuerfreie innergemeinschaftliche Lieferung** i.S.v. § 4 Nr. 1 Buchst. b i.V.m. § 6a UStG vor, s. auch Abschn. 4.7.1 Abs. 4 UStAE.

16–17 Einsteilen frei

3.2 Umsätze an andere Vertragsparteien des Nordatlantikvertrags, § 4 Nr. 7 Satz 1 Buchst. a UStG

§ 4 Nr. 7 Satz 1 Buchst. a UStG befreit Lieferungen und sonstige Leistungen, die an andere Vertragsparteien des Nordatlantikvertrages erbracht werden, von der Umsatzsteuer, wenn die Umsätze für den Gebrauch oder Verbrauch durch die Streitkräfte dieser Vertragsparteien, ihr ziviles Begleitpersonal oder für die Versorgung ihrer Kasinos oder Kantinen bestimmt sind und wenn die Streitkräfte der gemeinsamen Verteidigungsanstrengung dienen (s. schon NATO-Vertrag vom 04.04.1949 i.d.F. vom 15.10.1951, BGBl II 1955, 289). 18

Ist die **Bundesrepublik Deutschland selbst der Leistungsempfänger**, ist die Steuerbefreiung nicht anwendbar, es handelt sich nicht um einen anderen Vertragspartner, vgl. Abschn. 4.7.1 Abs. 3 UStAE. Begünstigt sind Leistungsbezüge, die für unmittelbare amtliche Zwecke der Streitkraft selbst und für den persönlichen Gebrauch oder Verbrauch durch Angehörige der Streitkraft bestimmt sind. Die Steuerbefreiung kann **nicht** für **Leistungen an den einzelnen Soldaten** in Anspruch genommen werden, sondern nur, wenn die Beschaffungsstelle der im übrigen Gemeinschaftsgebiet stationierten Streitkraft Auftraggeber und Rechnungsempfänger der Leistung ist, s. auch Abschn. 4.7.1 Abs. 3 Satz 4 UStAE. 19

§ 4 Nr. 7 Satz 1 Buchst. a UStG setzt voraus, dass Leistungen **an andere Vertragsparteien des Nordatlantikvertrages** erbracht werden, die nicht unter die in § 26 Abs. 5 UStG (zu den Voraussetzungen s. § 26 Rn. 31 ff.) genannten Steuerbefreiungen fallen. Dies betrifft das **Offshore-Steuerabkommen** und das **Natozusatzabkommen**. Das Offshore-Steuerabkommen ist ein bilaterales Abkommen zwischen der Bundesrepublik Deutschland und den Vereinigten Staaten von Amerika. Art. 1 gewährt Vergünstigungen, soweit durch die Erhebung der Abgaben Verteidigungsausgaben der Vereinigten Staaten von Amerika betroffen sind. Art. 2 nennt als Verteidigungsausgaben alle Ausgaben, die von den Vereinigten Staaten für Ausrüstung, Materialien, Einrichtungen oder Leistungen für die gemeinsamen Verteidigungsbemühungen geleistet werden. Art. 3 erfasst alle Leistungen an Stellen der Vereinigten Staaten und an Stellen anderer von den Vereinigten Staaten bezeichneter Regierungen. Das Abkommen zwischen den Parteien des Nordatlantikvertrages über die Rechtsstellung ihrer Truppen hinsichtlich der in der Bundesrepublik Deutschland stationierten ausländischen Truppen (NATO-Zusatzabkommen, NATO-ZAbk) enthält in Art. 67 NATO-ZAbk (s. § 26 Abs. 5 Nr. 2 UStG) eine eigenständige Steuerbefreiung, welche von der Steuerbefreiung des sog. Offshore-Steuerabkommens nicht berührt wird. Art. 67 NATO-ZAbk setzt für die Steuerbefreiung voraus, dass eine Leistung an eine Truppe oder ein ziviles Gefolge erbracht wurde. Unter Art. 67 Abs. 3 NATO-ZAbk fallen dabei nur Leistungen an Streitkräfte (inklusive des zivilen Gefolges) der damaligen Parteien des Nordatlantikvertrages, die im Inland stationiert sind. § 26 Abs. 5 UStG nennt daneben das Abkommen zwischen der Bundesrepublik Deutschland und dem Obersten Hauptquartier der Alliierten Mächte, Europa, über die besonderen Bedingungen für die Einrichtung und den Betrieb internationaler militärischer Hauptquartiere in der Bundesrepublik Deutschlands. Greift eine Steuerbefreiung des § 26 Abs. 5 UStG ein, ist diese vorrangig. Für die erforderlichen Nachweise sind § 4 Nr. 7 Satz 4 und 5 zu beachten. 20

Die Leistung muss **unmittelbar gegenüber den NATO-Vertragsparteien erbracht** werden, s. zu typischen Leistungen Abschn. 4.7.1 Abs. 1 und 2 UStAE. Sie müssen dem Gebrauch oder Verbrauch durch die Streitkräfte, ihrem zivilen Begleitpersonal oder der Versorgung ihrer Kasinos und Kantinen dienen. Diese Voraussetzung dürfte im Regelfall erfüllt sein, der Leistungsempfänger eine amtliche Beschaffungsstelle ist. Dies kann sich aus der Bestätigung im Abwicklungsschein nach § 73 UStDV ergeben. Zu einzelenen Arten von Leistungen und deren Voraussetzungen für die Steuerbefreiung sowie zum Beschaffungsverfahren, Muster von Beschaffungsaufträgen zu den einzelenen Beschaffungsstellen, zum Abwicklungsschein und zur Bescheinigung nach § 73 UStDV s. BMF vom 22.12.2004, IV A 6 – S 7492 – 13/04, BStBl I 2004, 1200. 21

Sie müssen der **gemeinsamen Verteidigungsanstrengung**, insbesondere wehrtechnischen Gemeinschaftsprojekten der NATO-Partner dienen (s. Aschn. 4.7.1 Abs. 2 UStAE), bei denen der Generalunternehmer im Inland ansässig ist. Entscheidend ist – unabhängig von der Einordnung der Leistung als wehrtechnisches Gemeinschaftsprojekt –, dass die Streitkräfte in Erfüllung des NATO-Vertrages tätig werden. Dies kann der Leistende regelmäßig nicht nachprüfen, die Beauftragung durch eine amtliche „NATO-Beschaffungsstelle" muss daher ausreichen. 22

23 Voraussetzung ist **nicht**, dass eine **grenzüberschreitende Leistung** erfolgt. Daher kann eine Leistung an eine andere Vertragspartei des Nordatlantikvertrages steuerfrei sein, wenn die Streitkräfte im Inland stationiert sind. Sind die Nato-Streitkräfte im Inland stationiert, greift für die damaligen Vertragsunterzeichner grundsätzlich die Steuerfreiheit des Art. 67 Abs. 3 NATO-ZAbk, für alle anderen NATO-Vertragsparteien die Steuerfreiheit des § 4 Nr. 7 Buchst. a UStG. Bei Stationierung Drittland kommt die Steuerbefreiung des § 4 Nr. 1 Buchst. a i.V.m. § 6 UStG für Lieferungen in Betracht; für sonstige Leistungen die des § 4 Nr. 7 Buchst. a UStG. Sind sie in einem anderen EU-Mitgliedstaat stationiert, gilt die Befreiung des § 4 Nr. 7 Buchst. b UStG, sofern die weiteren Voraussetzungen des § 4 Nr. 7 Satz 2 ff. UStG, insbesondere der örtliche Bezugspunkt in diesem Mitgliedstaat, erfüllt sind.

24–25 Einstweilen frei

3.3 Umsätze an Streitkräfte im Gebiet eines EU-Mitgliedstaates der Vertragsparteien des Nordatlantikpaktes, § 4 Nr. 7 Satz 1 Buchst. b UStG

26 Steuerbefreit nach § 4 Nr. 7 Satz 1 Buchst. b UStG sind Lieferungen und sonstige Leistungen an die im Gebiet eines anderen Mitgliedstaats **stationierten NATO-Streitkräfte**. Es darf sich nicht um die Streitkräfte dieses Mitgliedstaates handeln, gleichfalls darf **nicht der einzelne Soldat** Leistungsempfänger sein. Voraussetzung ist, dass die **Beschaffungsstelle** der im übrigen Gemeinschaftsgebiet ansässigen Streitkraft Auftraggeber und Rechnungsempfänger ist. Ist dass der Fall sind Leistungsbezüge, die für unmittelbare amtliche Zwecke der Streitkraft selbst und für den persönlichen Gebrauch oder Verbrauch durch Angehörige der Streitkraft bestimmt sind, steuerfrei, s. Abschn. 4.7.1 Abs. 3 UStAE. Begünstigt sind Leistungsbezüge, die für **unmittelbare amtliche Zwecke der Streitkraft** selbst und für den **persönlichen Gebrauch oder Verbrauch durch Angehörige** der Streitkraft bestimmt sind. Die Steuerbefreiung für Leistungen an den einzelnen Soldaten greift nur, wenn die Beschaffungsstelle der im übrigen Gemeinschaftsgebiet stationierten Streitkraft Auftraggeber und Rechnungsempfänger der Leistung ist. Leistungen an nicht im übrigen Gemeinschaftsgebiet stationierte Streitkräfte fallen nicht unter die Steuerbefreiung des § 4 Nr. 7 Buchst. b UStG, sondern nur unter die Steuerbefreiung als Ausfuhrlieferungen nach § 4 Nr. 1 Buchst. a i.V.m. § 6 UStG bzw. nach § 4 Nr. 7 Buchst. a UStG.

27 Der Gegenstand der Lieferung muss gemäß § 4 Nr. 7 Satz 2 UStG **in das Gebiet des anderen EU-Mitgliedstaates befördert oder versendet werden** (zur Beförderung und Versendung s. § 3 Abs. 6 UStG bzw. § 3 Rn. 104 ff.). Für die **Steuerbefreiung** sind die in dem **anderen Mitgliedstaat geltenden Voraussetzungen maßgebend**, § 4 Nr. 7 Satz 3 UStG. Der andere Mitgliedstaat bestimmt also, unter welchen Voraussetzungen und in welchem Umfang die Steuerbefreiung im Ursprungsland anzuwenden ist. Wie bei anderen Steuerbefreiungen auch, müssen die Voraussetzungen vom **Unternehmer nachgewiesen** werden. Gemäß § 4 Nr. 7 Satz 5 hat der Unternehmer die Voraussetzungen Steuerbefreiungen in dem anderen Mitgliedstaat nach § 4 Nr. 7 Satz 1 Buchst. b bis d UStG dadurch nachzuweisen, dass ihm der Abnehmer eine von der zuständigen Behörde des anderen Mitgliedstaates oder, wenn er hierzu ermächtigt ist, eine selbst ausgestellte **Bescheinigung nach amtlich vorgeschriebenem Muster** aushändigt. Für die zu erteilende Bestätigung bzw. Eigenbestätigung ist ein Vordruck nach amtlich vorgeschriebenem Muster nach **Art. 51 i.V.m. Anhang II MwStSystRLDV** zu verwenden, s. Anlage zum BMF-Schreiben vom 23.06.2011, IV D 3 – S 7158b/11/10001 – DOK 2011/0502963, UR 2011, 591.

28 Die Voraussetzungen der Steuerbefreiungen aus § 4 Nr. 7 Satz 1 Buchst. b-d UStG müssen vom Unternehmer im Geltungsbereich der UStDV durch einen **Beleg entsprechend § 17a UStDV nachgewiesen** werden, s. Abschn. 4.7.1 Abs. 5 UStAE. Allerdings sind die Belege nach § 17a UStDV keine materiell-rechtliche Voraussetzung für die Steuerbefreiung (s. die Ausführungen bei § 6a UStG). Nach Auffassung der Finanzverwaltung soll der Unternehmer den Nachweis der Steuerbefreiung buchmäßig **bei Lieferungen entsprechend § 17c UStDV** und bei **sonstigen Leistungen entsprechend § 13 Abs. 2 UStDV** führen. Auch der Buchnachweis ist nicht materiell-rechtliche Voraussetzung für die Steuerbefreiung (s. die Kommentierung zu § 6a UStG).

Die Finanzverwaltung geht davon aus, dass grundsätzlich anzunehmen ist, dass die Voraussetzungen der **Steuerfreiheit nicht erfüllt** sind, wenn der Unternehmer den **beleg- und buchmäßigen Nachweis** nicht, nicht vollständig oder nicht zeitnah führen kann, s. Abschn. 4.7.1 Abs. 5 Satz 4 UStAE. Etwas anderes soll ausnahmsweise dann gelten, wenn auf Grund der vorliegenden Belege und der sich daraus ergebenden tatsächlichen Umstände objektiv feststeht ist, dass die Voraussetzungen der Steuerbefreiung vorliegen (s. auch BFH-Urteil vom 05.07.2012, V R 2012, V R 10/10, BStBl II 2014, 539). 29

Nach **Auffassung der Finanzverwaltung** ist weitere Voraussetzung der Steuerbefreiung, dass die Leistungsbezüge nach ihrer Lieferung noch **für mindestens sechs Monate** zum Gebrauch oder Verbrauch im übrigen Gemeinschaftsgebiet bestimmt sind, so Abschn. 4.7.1 Abs. 5 Satz 3 UStAE. Woraus sich diese Voraussetzung ergeben soll bleibt unklar, sie ergibt sich jedenfalls weder aus dem Unionsrecht noch dem Gesetz selbst. 30

Einstweilen frei 31–32

3.4 Umsätze an in anderen EU-Staaten ansässige diplomatische Missionen, § 4 Nr. 7 Satz 1 Buchst. c UStG

Befreit sind nach § 4 Nr. 7 Satz1 Buchst. c UStG die Lieferungen und sonstigen Leistungen an die in dem Gebiet eines anderen Mitgliedstaates **ansässigen ständigen diplomatischen Missionen und berufskonsularischen Vertretungen** sowie deren **Mitglieder**. Berufskonsularischen Vertretungen sind von Berufskonsularbeamten geführte konsularische Vertetungen. Zu deren Mitglieder gehören Berufskonsulare, Mitglieder ders dienstlichen Hauspersonals, Bedienstete des Verwaltungs- oder technischen Dienstes. Keine Steuerbefereiung kommt für **im Privathaushalt Angestellte** im häuslichen Bereich eines Mitglieds der diplomatischen Mission in Betracht. 33

Der Liefergegenstand muss gem. § 4 Nr. 7 Satz 2 UStG in **das Gebiet des anderen Mitgliedstaates befördert oder versendet werden** (s. zu den Voraussetzungen Rn. 27). Für die Steuerbefreiung sind die in dem anderen Mitgliedstaat geltenden Voraussetzungen maßgebend, § 4 Nr. 7 Satz 3 UStG. Die Voraussetzungen der Steuerfreiheit sind genauso nachzuweisen wie bei § 4 Nr. 7 Buchst. b UStG, s. zu den Voraussetzungen im Einzelnen Rn. 27–30. Insbesondere gelten die Voraussetzungen zum **buch- und belegmäßigen Nachweis**. 34

Einstweilen frei 35–36

3.5 Umsätze an in anderen EU-Saaten ansässige zwischenstaatliche Einrichtungen, § 4 Nr. 7 Satz 1 Buchst. d UStG

Von der Umsatzsteuer befreit sind nach § 4 Nr. 7 Satz 1 Buchst. d UStG die Lieferungen und sonstigen Leistungen an die in dem Gebiet eines anderen Mitgliedstaates ansässigen **zwischenstaatlichen Einrichtungen** (internationale Organisationen) sowie **deren Mitglieder**. Zwischenstaatlichen Einrichtungen sowie deren Mitglieder sind auch deren Organe bzw. Organisationseinheiten (z.B. die EU-Kommission, das EU-Parlament, EUMETSAT, EMBL, EPO oder eine OECD-Vertretung). Ebenso gehören dazu **NATO-Hauptquartiere** (s. zur Umsatzsteuer bei Lieferungen und sonstige Leistungen an NATO-Hauptquartieren auch BMF vom 19.12.2014, IV D 3 – S 7493/07/10001, BStBl I 2015 48) und Einrichtungen, die als Konsortium für eine europäische Forschungsinfrastruktur (ERIC) unter bestimmten Voraussetzungen gegründet werden. Die Steuerbefreiung gilt zudem nach Art. 151 Abs. 1 Buchst. a Doppelbuchst. aa MwStSystRL auch für Lieferungen von Gegenständen und Dienstleistungen, die für die Europäische Gemeinschaft, die Europäische Atomgemeinschaft, die Europäische Zentralbank oder die Europäische Investitionsbank bestimmt sind. Die zwischenstaatlichen Einrichtungen müssen in einem anderen EU-Mitgliedstaat ansässig sein. Organe von zwischenstaatlichen Einrichtungen (z.B. die EU-Kommission) oder sonstige Organisationseinheiten sind dort ansässig, wo sie sich befinden (bei der EU-Kommission wäre dies Brüssel). 37

Der Liefergegenstand muss gem. § 4 Nr. 7 Satz 2 UStG **in das Gebiet des anderen Mitgliedstaates befördert oder versendet werden** (s. zu den Voraussetzungen Rn. 27). Für die Steuerbefreiung sind die in dem anderen Mitgliedstaat geltenden Voraussetzungen maßgebend, § 4 Nr. 7 Satz 3 UStG. Die Voraussetzungen 38 der Steuerfreiheit sind genauso nachzuweisen wie bei § 4 Nr. 7 Buchst. b UStG, s. zu den Voraussetzungen im Einzelnen Rn. 27–30. Insbesondere gelten die Voraussetzungen zum buch- und belegmäßigen Nachweis.

39–40 Einstweilen frei

4. Vorsteuerabzug

41 Der **Vorsteuerabzug** ist gemäß § 15 Abs. 3 Nr. 1 Buchst. a UStG bzw. § 15 Abs. 3 Nr. 2 Buchst. a UstG bei nach § 4 Nr. 7 UStG steuerbefreieten Lieferungen und sonstigen Leistungen grundsätzlich **nicht ausgeschlossen**.

42–43 Einstweilen frei

§ 4 Nr. 8 UStG Steuerbefreiungen bei Finanzumsätzen

[1]Von den unter § 1 Abs. 1 Nr. 1 fallenden Umsätzen sind steuerfrei:

...

8.

a) die Gewährung und die Vermittlung von Krediten,

b) die Umsätze und die Vermittlung der Umsätze von gesetzlichen Zahlungsmitteln. Das gilt nicht, wenn die Zahlungsmittel wegen ihres Metallgehalts oder ihres Sammlerwerts umgesetzt werden,

c) die Umsätze im Geschäft mit Forderungen, Schecks und anderen Handelspapieren sowie die Vermittlung dieser Umsätze, ausgenommen die Einziehung von Forderungen,

d) die Umsätze und die Vermittlung der Umsätze im Einlagengeschäft, im Kontokorrentverkehr, im Zahlungs- und Überweisungsverkehr und das Inkasso von Handelspapieren,

e) die Umsätze im Geschäft mit Wertpapieren und die Vermittlung dieser Umsätze, ausgenommen die Verwahrung und die Verwaltung von Wertpapieren,

f) die Umsätze und die Vermittlung der Umsätze von Anteilen an Gesellschaften und anderen Vereinigungen,

g) die Übernahme von Verbindlichkeiten, von Bürgschaften und anderen Sicherheiten sowie die Vermittlung dieser Umsätze,

h) die Verwaltung von Investmentfonds im Sinne des Investmentsteuergesetzes und die Verwaltung von Versorgungseinrichtungen im Sinne des Versicherungsaufsichtsgesetzes,

i) die Umsätze der im Inland gültigen amtlichen Wertzeichen zum aufgedruckten Wert,

j) weggefallen,

k) weggefallen.

...

Bearbeiter: Adrian Cloer/Franziska Leich

Inhaltsverzeichnis

1. Unionsrechtliche Grundlagen und Entwicklung

1 Unionsrechtliche Grundlage für die vorliegende Steuerbefreiung des § 4 Nr. 8 UStG ist Art. 135 Abs. 1 Buchst. b)–h) MwStSystRL (Steuerbefreiung) sowie Art. 45 der Durchführungsverordnung 282/2011 vom 15.3.2011; Art. 137 Abs. 1 Buchst. A MwStSystRL, welche den Mitgliedsstaaten gestatten, eine Option zur Besteuerung der befreiten Finanzumsätze vorzusehen (in Deutschland § 9 Abs. 1 UStG). Die EU-Kommission legte 2007 einen Entwurf (28.11.2007, KOM (2007), 746) zur Neuordnung der Steuerbefreiungen im Bankensektor vor. Jedoch ist die Diskussion um eine solche Neuordnung zwischenzeitlich zur Ruhe gekommen. Neu entflammt ist sie im Hinblick auf die umsatzsteuerliche Sonderstellung von Finanzdienstleistern im Nachgang zur Finanzkrise, da die EU-Kommission die Einführung einer **Finanztransaktionsteuer** vorschlägt. Dies rechtfertigt sie mit einer angeblichen Minderbesteuerung des Finanzdienstleistungsbereichs aufgrund der Umsatzsteuerbefreiung. Ob dies zutrifft, ist zumindest nach einer Studie von Locke/PwC fraglich, vielmehr sei allein im Jahr 2007 von einer Benachteiligung des EU-Bankensektors in Höhe von 33 Mrd. € aufgrund der fehlenden Vorsteuerabzugsmöglichkeit auszugehen.

1.1 Vorschrift im Überblick

§ 4 Nr. 8 UStG befreit bestimmte sonstige Leistungen i.S.v. § 3 Abs. 9 UStG im Finanzdienstleistungsbereich von der Umsatzsteuerpflicht. In den Fällen des § 4 Nr. 8 Buchst. a–g UStG besteht die Möglichkeit zum Verzicht auf die Umsatzsteuerbefreiung. Die Befreiung bezieht sich nur auf die abschließend aufgezählten Umsatzarten und nicht auf sämtliche Finanzumsätze. 2

1.1.1 Leistungsort

Der Ort der Leistung ist bei sonstigen Leistungen i.S.d. § 4 Nr. 8 Buchst. a–h UStG der Ort des Leistungsempfängers bzw. seiner Betriebsstätte, sofern dieser ein Unternehmer (§ 3a Abs. 2 S. 1 oder S. 2 UStG) oder ein Drittlandsempfänger (§ 3a Abs. 4 Nr. 6 UStG) ist. Andernfalls ist der Ort des Leistenden der Leistungsort (§ 3a Abs. 1 UStG). 3

1.1.2 Entgelt

Das Entgelt der sonstigen Dienstleistung richtet sich nach dem Aufwand des Leistungsempfängers (§ 10 Abs. 1 UStG). 4

1.1.3 Leistungserbringer

Bei den genannten Umsätzen ist nur die Leistungsart entscheidend und nicht die Art des ausführenden Unternehmens (s. Urteil des EuGH vom 19.04.2007, C-455/05; vom 22.10.2009, C-242/08, Rn. 46; Urteil des EuGH vom 28.10.2010, C-175/09). Die Vorschrift gilt daher für alle Arten von Unternehmern und ist nicht auf die Finanzdienstleistungsbranche i.e.S. beschränkt (s. Urteil des EuGH vom 05.06.1997, C-2/95, Rn. 34). Dies kann dazu führen, dass auch Leistungen von Subunternehmern als steuerfreie Finanzdienstleistung anzusehen sind. Auf die Eigenschaft als Finanzinstitut oder auf die unmittelbare Kundennähe kommt es nicht an (s. Urteil des EuGH vom 28.07.2011, C-350/10, Rn. 27). 5

1.1.4 Vorsteuerabzug

Mit der Umsatzsteuerbefreiung korrespondiert der Ausschluss des Vorsteuerabzugs auf Seiten des leistungserbringenden Unternehmens (§ 15 Abs. 2 Satz 1 Nr. 1 UStG), sofern der Umsatz nicht drittlandsbezogen ist (§ 15 Abs. 3 Nr. 1 Buchst. b bzw. Nr. 2 Buchst. b UStG). Im Inlandsfall ist im B2B-Kontext die Option nach § 9 Abs. 1 UStG für die Dienstleistungen i.S.v. § 4 Nr. 8 Buchst. a–g UStG (d.h. nicht Verwaltung von Investmentvermögen sowie Wertzeichenumsätze, Buchst. h und j) möglich. Im Verhältnis zu anderen EU-Mitgliedsstaaten ist zu prüfen, ob der andere Mitgliedsstaat die Optionsmöglichkeit (in Ausübung des Wahlrechts von Art. 137 MwStSystRL) vorsieht. Werden sowohl umsatzsteuerpflichtige als auch -befreite Umsätze erbracht, ist eine Vorsteueraufteilung unter Beachtung der Vereinfachungsregel (§ 43 UStDV) erforderlich (§ 15 Abs. 4 UStG). 6

1.1.5 Auswirkungen auf Kleinunternehmereigenschaft

Für die Ermittlung der Umsatzgrenze von Unternehmern, die von der Kleinunternehmerregelung Gebrauch machen wollen, sind Finanzumsätze i.S.v. § 4 Nr. 8 Buchst. a–h UStG nur dann abzuziehen, wenn sie Hilfsumsätze sind, Wertzeichenumsätze i.S.v. § 4 Nr. 8 Buchst. i jedoch stets (§ 19 Abs. 3 Satz 1 Nr. 1 bzw. Nr. 2 UStG). Banken, Sparkassen und Versicherungsunternehmen sind daher regelmäßig keine Kleinunternehmer. 7

1.1.6 Zweck

Die **Finanzumsätze** werden als atypisch angesehen, da sie weitgehend auf ein „Hin- und Herschieben von Kapital“ (s. Heidner in Bunjes, 15. A., § 4 UStG, Rn. 2) gerichtet sind. Als Zweck für die Steuerbefreiung werden daher Vereinfachungsgründe, insbesondere im Hinblick auf die Bestimmung der Bemessungsgrundlage sowie soziale Gründe (Vermeidung der Erhöhung von Kreditkosten) genannt. Diese werden aber z.T. auch als wenig überzeugend angesehen (s. Stadie, 3. A., § 4 Nr. 8 Rn. 2f). 8

1.1.7 Auslegung

9 Die Steuerbefreiungen sind aufgrund ihres Ausnahmecharakters eng auszulegen (s. Urteil des EuGH vom 19.07.2012, C-44/11, Rn. 42; vom 20.11.2003, C-8/01, Rn. 36; vom 05.07.2012, C-259/11, Rn. 20). Die von den Steuerbefreiungen erfassten Begriffe sind Unionsrechtliche, die eine unterschiedliche Anwendung des Mehrwertsteuersystems durch die Mitgliedstaaten verhindern sollen. Sie sind daher nicht im Lichte des innerstaatlichen Rechts, insbesondere des BGB auszulegen.

2. Befreiungsvorschriften im Einzelnen

2.1 Kreditgewährung und Kreditvermittlung, § 4 Nr. 8 Buchst. a UStG

2.1.1 Kreditgewährung

10 **Kreditgewährung** ist die zeitweise Überlassung von Kapital gegen Entgelt (s. Urteil des EuGH vom 11.07.1996, C-306/94). Der Kreditgeber verschafft dem Kreditnehmer Kapital, überlässt es diesem fortdauernd während der Laufzeit und erhält hierfür eine nach Zeitabschnitten bemessene Vergütung. Es liegt somit eine Gewährung von Kaufkraft auf Zeit vor (s. Urteil des BFH vom 21.07.1988, V R 201/83, BFHE 154, 261). Unerheblich ist die Form des Kapitals, d.h. auch Wertpapiere und Waren kommen als Kreditgegenstand in Betracht. Auch im Fall der sog. Pfandleihe ist ungeachtet von § 5 Abs. 11 PfandlVO eine Kreditgewährung anzunehmen (s. Urteil des BFH vom 09.07.1990, V R 137/69, BStBl II 1970, 602).

11 Erfolgt die Kreditvergabe im Zusammenhang mit einer Lieferung oder sonstigen Leistung, ist eine **Kreditgewährung** nur dann als gesonderte Leistung anzusehen, wenn eine eindeutige Trennung zwischen dem Kreditgeschäft und der Lieferung bzw. sonstigen Leistung vorliegt (s. Abschn. 3.11 UStAE). Hierzu bedarf es insbesondere eines gesonderten Entgelts. Die Qualifikation einer gesonderten Leistung erfordert nach Auffassung der Finanzverwaltung den gesonderten Ausweis des Jahreszinses in der Vereinbarung über die Kreditgewährung (Abschn. 3.11 Abs. 2 S. 2 Nr. 2 UStAE). Hieran ist nach Auffassung des BFH jedoch nicht festzuhalten (Urteil des BFH vom 13.11.2013, XI R 24/11, DStR 2014, 93).

12 Achtung! Eine Besonderheit gilt für Warenkredite. Denn abzugrenzen ist der **Warenkredit** von der nicht in Anspruch genommenen Skontomöglichkeit. Erfolgt eine eindeutige Trennung zwischen Kreditgewährung und Warenlieferung, insbesondere durch Ausweis des Entgelts für die Lieferung und den Kredit sowie die Angabe des Zinses, liegt insoweit eine umsatzsteuerbefreite sonstige Leistung i.S.v. § 4 Nr. 8 Buchst. a UStG vor. Auf die Steuerfreiheit kann unter den Voraussetzungen des § 9 UStG verzichtet werden. Eine nach Auffassung der FinVerw nicht eigenständige Leistung liegt dagegen vor, wenn der Leistungsempfänger die Skontomöglichkeit nicht wahrnimmt und somit wirtschaftlich ein Entgelt zahlt (s. Abschn. 3.11 Abs. 5 UStAE).

13 **Entgelt** ist nicht der Rückzahlungsanspruch, sondern die Zinsen einschließlich etwaiger Gebühren. Eingeschlossen sind etwaige Nebenleistungen (s. Urteil des BFH vom 09.07.1970, V R 32/70, BStBl II 1970, 645). Hierzu gehören auch Kosten bei der Ermittlung der Beleihungsgrenzen, denn sie stehen in unmittelbarem Zusammenhang mit der Hauptleistung. Das Entgelt kann auch in einer Beteiligung am Gewinn bestehen (sog. partiarisches Darlehen); eine Beteiligung am Verlust ist jedoch mit dem Wesen eines Kreditvertrages unvereinbar (s. Urteil des BFH vom 19.03.1970, V R 137/69, BStBl II 1970, 602).

2.1.2 Vermittlung von Krediten

14 Die **Vermittlung eines Kredits** stellt eine Dienstleistung dar, die einer Vertragspartei erbracht und von dieser als eigenständige Mittlertätigkeit vergütet wird. Sie kann u.a. darin bestehen, der Vertragspartei die Gelegenheiten zum Abschluss eines solchen Vertrages zu verschaffen, mit der anderen Partei Kontakt aufzunehmen oder im Namen und für Rechnung des Kunden über die Einzelheiten der gegenseitigen Leistungen zu verhandeln. Zweck dieser Tätigkeit ist es also, das Erforderliche zu tun, damit zwei Parteien einen Vertrag schließen, ohne dass der Vermittler ein Eigeninteresse am Inhalt des Vertrages hat (s. Urteil des EuGH vom 08.02.2007, C-435/05 Rn 28 unter Hinweis auf Urteil des EuGH vom 13.12.2001, C-235/00, Rn. 39). Die Steuerbefreiung setzt voraus, dass die Vermittlung ein im Gesamtbild der Verhältnisse eigen-

ständiges Ganzes ist, das die spezifischen und wesentlichen Funktionen einer Vermittlungsleistung erfüllt (s. Urteil des EuGH vom 08.02.2007, C-435/05 Rn. 36). Auch Nebenleistungen im Zusammenhang mit einer steuerfreien Vermittlungshauptleistung sind steuerbefreit. Keine steuerfreien Nebenleistungen sind – zumindest in Bezug auf Vermittlungsleistungen für den Vertrieb von Fondsanteilen i.S.d. § 4 Nr. 8 Buchst. e und f UStG – das Anwerben selbständiger Abschlussvermittler sowie deren Produkt-Schulung und die Überprüfung von Kaufverträgen (s. Urteil des BFH vom 14.05.2014, XI R 13/11, BStBl II 2014, 734). Dies ist u.E. auf die Vermittlungsleistungen von Krediten übertragbar. Eine Nebenleistung liegt vor, wenn hierbei der Unternehmer in tatsächlicher Weise zumindest die „mittelbare Tatherrschaft" in Bezug auf den einzelnen Vertragsschluss hat wie z.B. die inhaltliche Kontrolle jedes einzelnen Antrags (s. Philipowski in Rau/Dürrwächter, § 4 Nr. 8, Rz. 654).

Sog. Untervermittlungsleistungen von Krediten können ebenfalls umsatzsteuerfrei sein, denn eine steuerfreie Kreditvermittlung setzt nicht den direkten Kontakt des Erbringers der Vermittlungsleistung zu beiden Vertragspartnern voraus (EuGH vom 21.06.2007, C-453/05). 15

2.2 Umsätze und Vermittlung der Umsätze von gesetzlichen Zahlungsmitteln außer Zahlungsmittel, die wegen ihres Metallgehalts oder Sammlerwerts umgesetzt werden, § 4 Nr. 8 Buchst. b UStG

2.2.1 Umsätze von gesetzlichen Zahlungsmitteln

Gesetzliche Zahlungsmittel sind im In- und Ausland kursgültige, d.h. gesetzlich vorgeschriebene, Münzen und Banknoten. Ein steuerbarer Umsatz entsteht nur, wenn eine wirtschaftliche Leistung erbracht wird, bei der das Zahlungsmittel Leistungsgegenstand ist und nicht bloßes Entgelt. Devisengeschäfte sind steuerbefreit, auch wenn sie ohne Einbehaltung von Provisionen oder unmittelbaren Gebühren durchgeführt werden (s. EuGH, Urteil vom 14.07.1998, C-172/96). Somit sind auch Umsätze von Banken oder Wechselstuben aus dem An- und Verkauf von Devisen (**Geldsortengeschäfte**) steuerfrei (s. Urteil des BFH vom 19.05.2010, XI R 6/09, BStBl II 2011, 831). Nach EuGH-Rechtsprechung ist der Handel von Falschgeld nicht steuerbar (s. Urteil des EuGH vom 06.12.1990, Rs. C-343/89) und folglich nicht steuerbefreit (sog. Grundsatz des absoluten Handelsverbots). Wird eine Währung außer Kraft gesetzt, endet die Steuerfreiheit mit dem Ablauf der Umtauschfrist. 16

Der Umtausch konventioneller Währung in die Internetwährung Bitcoin (und umgekehrt) stellt eine sonstige Leistung dar. Diese Dienstleistung ist nach § 4 Nr. 8 Buchst. b UStG steuerbefreit (s. Urteil des EuGH vom 22.10.2015, C-264/14, Rn. 53). 16/1

Giralgeld (s. Urteil des BFH vom 31.05.1972, V B 12, 13/72, n.v.), „Platin Nobels" (Art. 33 Durchführungsverordnung 282/2011 vom 15.03.2011) und Umsätze aus dem Geschäft mit Geldspielautomaten (s. Abschn. 4.8.3 Abs. 4 UStAE) sind keine gesetzlichen Zahlungsmittel. Umsätze mit regionalen Währungen (z.B. Roland, Chiemgauer, Havelblüte) sind ebenfalls keine gesetzlichen Zahlungsmittel, sondern Gutscheine. Eine Steuerfreiheit nach § 4 Nr. 8 Buchst. b UStG ist ungeachtet der regionalen Nutzung als quasi-offizielles Zahlungsmittel zu verneinen (s. Philipowski in Rau/Dürrwächter, § 4 Nr. 8 UStG, Rn. 149). 17

Die Barbezahlung einer Leistung (s. Urteil des BFH vom 31.07.1969, V 94/65, BStBl II 1969, 637) stellt keine sonstige Leistung dar. Dagegen ist die sog. Umwechselungsleistung (d.h. der Umtausch von Banknoten gegen Münzen) eine sonstige Leistung, die bei Entgeltlichkeit aber steuerbefreit wäre (s. Philipowski in Rau/Dürrwächter, § 4 Nr. 8 UStG, Rn. 153). 18

2.2.2 Vermittlung der Umsätze von gesetzlichen Zahlungsmitteln

Zum Begriff der Vermittlung s. Rn. 12. 19

2.2.3 Zahlungsmittel, die wegen ihres Metallgehalts oder Sammlerwerts umgesetzt werden

Ausdrücklich ausgenommen von der Steuerfreiheit ist der mit **Sammlerstücken** erwirtschaftete Umsatz gem. § 4 Nr. 8 Buchst. b Satz 2 UStG. Die Finanzverwaltung unterstellt, dass deren Handel dem Warenhandel gleichkommt, wenn sie mit einem höheren Wert als ihrem Nennwert umgesetzt werden (s. Abschn. 4.8.3 20

Abs. 2 UStAE). Geldsorten, die aufgrund ihres Metall- oder Sammlerwertes als Waren gehandelt werden, sollen umsatzsteuerlich nicht als Finanzleistungen behandelt werden. Umsätze und die Vermittlung von Umsätzen mit Goldmünzen, die als gesetzliche Zahlungsmittel gelten, wurden bis 31.12.1999 von einer eigenständigen Befreiungsvorschrift erfasst (s. § 4 Nr. 8 Buchst. k UStG). Dies verstieß nach Auffassung der EG-KOM gegen Art. 13 der 6. EG-Richtlinie, woraufhin ein Vertragsverletzungsverfahren (C-432/97) eingeleitet wurde. Derartige Umsätze fallen seit 01.01.2000 unter § 25c UStG (s. Huschens in Schwarz/ Widmann/Radeisen, UStG, § 4 Nr. 8k UStG).

2.3 Umsätze im Geschäft mit Forderungen, Schecks und anderen Handelspapieren sowie die Vermittlung dieser Umsätze, ausgenommen die Einziehung von Forderungen, § 4 Nr. 8 Buchst. c UStG

2.3.1 Umsätze im Geschäft mit Forderungen, Schecks und anderen Handelspapieren

21 Umsätze im Geschäft mit **Forderungen** i.S.d. § 4 Nr. 8 Buchst. c UStG sind nur solche Leistungen, die den Charakter einer Finanzleistung besitzen und somit ausschließlich Umsätze mit Geldforderungen (s. Urteil des EuGH vom 19.04.2007, C-455/05 und vom 22.10.2009, C-242/08). Diese Umsätze müssen aber nicht von Banken oder Finanzinstituten erbracht werden. Sachforderungen sind dementsprechend nicht erfasst (a.A. s. Stadie, 3. A., § 4 Nr. 8 Rn. 2f).

22 Die Steuerbefreiung ist unabhängig davon, ob die Forderung verbrieft ist, fällig oder aufschiebend bedingt ist (s. Urteil des BFH vom 12.12.1963, V 60/61 U, BStBl III 1964, 109), verzinst und ob ein fester/ variabler Zins bzw. eine Gewinnbeteiligung vereinbart wurde. Es spielt ebenso wenig eine Rolle, ob sie besichert ist, Nachrangigkeitsklauseln vereinbart wurden, ob sie manuell oder elektronisch gebucht wird, vollständig oder in Teilen übernommen wird, oder ob sie von einem bestimmten Unternehmenstypus (z.B. Finanzunternehmen) übertragen wird (s. Urteile des EuGH vom 05.06.1997, C-2/95, vom 26.06.2003, C-305/01, vom 04.05.2006, C-169/04). Auf die vereinbarte Währung kommt es ebenfalls nicht an. Auch ist unerheblich, ob der Steuerpflichtige die Steuerbefreiung für Leistungen für Rechnung eines Dritten, in dessen Namen die Leistung angeboten wird, beansprucht (s. Urteil des EuGH vom 05.06.1997, C-2/95).

23 Eine Forderung gibt dem Gläubiger das Recht, eine Leistung von dem Schuldner zu verlangen (§ 241 Abs. 1 BGB). Dieses Recht kann auf einen anderen übertragen werden, der an die Stelle des bisherigen Gläubigers tritt (Forderungsabtretung). Zeitpunkt der entgeltlichen Übertragung ist der wirtschaftliche Übergang des Forderungsvermögens, d.h. aller Chancen und Risiken auf den Käufer (s. Philipowski in Rau/Dürrwächter, § 4 Nr. 8 UStG, Rn. 171 ff.). Dies betrifft typischerweise die Übertragung von Kaufpreis-, Darlehnsforderungen sowie Bausparvorratsverträge (s. Abschn. 4.8.4 Abs. 2 UStAE) und Wechsel- oder Scheckforderungen.

24 Nicht steuerfrei ist die Übertragung anderer geldwerter Rechte (z.B. Einfuhrkontingente) oder von Einzweckguthabenkarten im Mobilfunkbereich (BMF vom 24.09.2012, IV D 2 – S 7100/08/10004). Gleiches gilt für die Ausgabe und den Verkauf von übertragbaren Karten, die zur (teilweisen) Bezahlung von Waren und Dienstleistungen verwendet werden können, sog. Rabattkarten (EuGH vom 12.06.2014, C-461/12).

25 **Andere Handelspapiere** sind zum Erlangen von Zahlungen dienende Dokumente wie Wechsel und andere ähnliche Zahlungspapiere (s. Art. 2 Buchst. b i der Einheitlichen Richtlinien für Inkassi (ERI), Revision 1995, ICC-Publikation 522). Handelspapiere, die keine Zahlungspapiere darstellen (Rechnungen, Transportdokumente oder Dispositionsdokumente) sind keine anderen steuerbefreiten Handelspapiere.

2.3.2 Umsatzrealisierung

26 Der Umsatz wird realisiert, wenn entweder die originäre Vollrechtsübertragung bzw. die derivative, z.B. durch Optionsgeschäfte übertragene, Rechtsübertragung stattfindet. Dies ist dann nicht der Fall bei öffentlichen Beihilfen wie z.B. bei der GAP-Reform (Urteil des BFH vom 30.03.2011, XI R 19/10, BStBl II 2011, 772).

2.3.3 Vermittlung

Zum Begriff der Vermittlung s. Rn. 14. 27

2.3.4 Einziehung von Forderungen

Die **Einziehung von Forderungen** in eigenem oder fremden Namen, unabhängig davon, ob das Ausfallrisiko übernommen wird, stellt eine eigene steuerpflichtige Leistung dar. Der EuGH legt den Begriff der „Einziehung von Forderungen" weit aus und bezieht sich auf finanzielle Transaktionen, die darauf gerichtet sind, die Erfüllung einer Geldschuld zu erwirken (s. Urteil des EuGH vom 26.06.2003, C-305/01). 28

Hinweis! Bei Forderungskäufen kommt es auf den tatsächlichen Forderungseinzug an. Zwar sind sowohl das **echte Factoring** (Forderungsankäufe inklusive der Übernahme des tatsächlichen Einzugs und ggf. des Ausfallrisikos durch den Factor ohne Rückgriffsrecht, in eigenem oder fremden Interesse – s. Urteil des EuGH vom 26.06.2003, C-305/01, Rz. 49 und 52), als auch das **unechte Factoring** (das Ausfallrisiko verbleibt aufgrund eines Rückgriffsrechts bei Forderungsausfall beim Verkäufer – s. Urteil des EuGH vom 26.06.2003, C-305/01, Rn. 52 und 54) steuerpflichtig. Wird bei Forderungskauf allerdings der tatsächliche Forderungseinzug nicht übernommen, ist der Kauf steuerfrei (Huschens in Schwarz/Widmann/Radeisen, § 4 Nr. 8 Rn. 107, Stand 2010). Der Verkauf zahlungsgestörter Forderungen zu einem unter dem Nennwert liegenden Preis ist nach § 4 Nr. 8 Buchst. c UStG steuerfrei, wenn der Kaufpreis den tatsächlichen wirtschaftlichen Wert der Forderung widerspiegelt (s. BFH vom 04.07.2013, V R 8/10, DStR 2013, 359). Ebenso steuerfrei ist der Kauf und Einzug **notleidender Forderungen**, wenn sich der Kaufpreis nach dem konkreten Ausfallrisiko richtet und dem Forderungseinzug nur untergeordnete Bedeutung zukommt (s. Urteil des BFH vom 26.01.2012, V R 18/08, DStR 2012, 513). 29

2.4 Umsätze und die Vermittlung der Umsätze im Einlagengeschäft, im Kontokorrentverkehr, im Zahlungs- und Überweisungsverkehr und das Inkasso von Handelspapieren, § 4 Nr. 8 Buchst. d UStG

2.4.1 Umsätze und die Vermittlung der Umsätze im Einlagengeschäft, im Kontokorrentverkehr, im Zahlungs- und Überweisungsverkehr

Beim **Einlagengeschäft** handelt es sich um typische Bankgeschäfte (Heidner in Bunjes, 25. A., § 4 Nr. 8 Rn. 26). Es umfasst gemäß § 1 Abs. 1 Nr. 1 S. 2 KWG die Annahme fremder Gelder als Einlagen oder anderer unbedingt rückzahlbarer Gelder des Publikums, sofern der Rückzahlungsanspruch nicht in Inhaber- oder Orderschuldverschreibungen verbrieft wird, ohne Rücksicht darauf, ob Zinsen gezahlt werden. Hierzu gehören insbesondere Umsätze aus Kontenauflösungen und Kontensperrungen sowie mit dem Einlagengeschäft zusammenhängende Leistungen (s. Abschn. 4.8.5 Abs. 1 UStAE). Bei Bausparkassen wird auch die Bearbeitung von Wohnungsbauprämienanträgen erfasst (s. Abschn. 4.8.5 Abs. 2 UStAE). 30

Kontokorrentverkehr umfasst die Geschäftsbeziehung mit einem Kaufmann, aus welcher Ansprüche und Leistungen nebst Zinsen in Rechnung gestellt werden können, diese jedoch regelmäßig durch Verrechnung ausgeglichen werden (s. § 355 Abs. 1 HGB). Dies sind z.B. Banken- oder Lieferantenkontokorrentvereinbarungen. Eng hängt damit der Zahlungs- und Überweisungsverkehr zusammen. Dieser hat i.d.R. den nichtkörperlichen Geldtransfer vom Zahlenden an den Zahlungsempfänger durch ein oder mehrere Kreditinstitute oder sonstige Unternehmer zum Gegenstand. Die Ein- oder Auszahlung kann in bar oder durch Überweisung von einem Konto des Zahlenden auf ein Konto des Zahlungsempfängers erfolgen (s. Urteil des BFH vom 27.08.1998, V R 84/97, BStBl II 1999, 106, Rn. 15). Die Umsätze sind nur dann steuerfrei, wenn die erbrachten Leistungen eine Weiterleitung von Geldern bewirken und zu rechtlichen und finanziellen Änderungen führen (s. Urteil des BFH vom 13.07.2006, V R 57/04, BStBl II 2007, 19). Die Gebühren mit dem Kontokorrent- bzw. Zahlungsverkehr sind steuerbefreit. 31

Auch ausgelagerte **Dienstleistungen** sind von der Steuerbefreiung erfasst, sofern deren Leistungsbestandteile ein „ein im Großen und Ganzen eigenständiges Ganzes" bilden, welche die „spezifischen und wesentlichen Funktionen" der relevanten steuerbefreiten Leistung erfüllen (s. Urteil des EuGH vom 32

05.06.1997, C-2/95). Hierunter fällt z.B. der ausgelagerte Betrieb von Geldautomaten (FG Rheinland Pfalz vom 23.10.2014, 6 K 1465/12, EFG 2015, 588) oder Leistungen eines **Rechenzentrums** an Banken, wenn hierbei auch die entsprechende Verantwortung durch den Leistungserbringer übernommen wird. Dies ist nicht der Fall, wenn diese Vorgänge nur EDV-technisch abgewickelt werden (s. Urteil des EuGH vom 28.10.2010, C-175/09).

2.4.2 Inkasso von Handelspapieren

33 Das **Inkasso** (Einziehung fälliger Ansprüche für fremde Rechnung und anschließende Auskehrung des Erlöses an den Berechtigten) von Handelspapieren wie z.B. Wechseln, Schecks, Quittungen und ähnlichen Dokumenten i.S.d. „Einheitlichen Richtlinien für das Inkasso von Handelspapieren" der Internationalen Handelskammer ist steuerbefreit (s. Abschn. 4.8.6 UStAE).

2.4.3 Vermittlung

34 Zum Begriff der Vermittlung s. Rn. 14.

2.5 Umsätze im Geschäft mit Wertpapieren und die Vermittlung dieser Umsätze, ausgenommen die Verwahrung und die Verwaltung von Wertpapieren, § 4 Nr. 8 Buchst. e UStG

2.5.1 Umsätze im Geschäft mit Wertpapieren

35 Die **Leistungen im Wertpapiergeschäft** müssen im Wesentlichen ein eigenständiges Ganzes sein, das die wesentlichen und besonderen Funktionen einer der in Art. 135 Abs. 1 Buchst. f beschriebenen Dienstleistungen erfüllt, zu rechtlichen und finanziellen Änderungen führen kann und die Verantwortung der ausführenden Gesellschaft auf technische Aspekte beschränkt ist oder sich auf spezifische und wesentliche Elemente der genannten finanziellen Umsätze erstreckt (s. Urteil des EuGH vom 28.07.2011, C-350/10, Rn. 24 und 28 zur 6. MwSt-RL). Zum Wertpapiergeschäft gehören keine Dienstleistungen, die mit der Anlageberatung oder der Erteilung von Informationen über Finanzprodukte zusammenhängen (s. Urteil des EuGH vom 13.12.2001, C-235/00, Rn. 40).

36 Der **Wertpapier**begriff ist ein unionsrechtlicher. Inhaltlich entspricht er im Wesentlichen § 19 Abs. 1 Nr. 1 KVStG (s. Urteil des FG Düsseldorf vom 20.03.2002, 5 K 5950/98 U, EFG 2002, 1332, Rn. 30; Urteil des BFH vom 10.12.1959, V 317/57, BStBl III 1960, 77; Offerhaus/Söhn/Lange, UStG, § 4 Nr. 8, Rz. 109, 110). Als Wertpapiere gelten Schuldverschreibungen, Dividendenwerte, Aktien, Kuxen und andere Anteile an inländischen und ausländischen Kapitalgesellschaften, Zertifikate über Aktien, Aktienanteile, Genussscheine, Anteilscheine an Kapitalanlagegesellschaften und vergleichbare Urkunden ausländischer Unternehmen, deren Geschäftszweck dem der Kapitalanlagegesellschaften entspricht. Dem stehen Bezugsrechte auf Dividendenwerte gleich. Mangels nachhaltiger wirtschaftlicher Betätigung ist die Erstausgabe von Wertpapieren nicht steuerbar (s. Urteil des EuGH vom 26.05.2005, C 465/03). Rabattmarken gehören nicht zu den Wertpapieren (s. Urteil des EuGH vom 07.10.2010, C-55/09).

37 Die Verwahrung und Verwaltung von Wertpapieren (**Depotgeschäft**, § 1 Abs. 1 S. 2 Nr. 5 KWG) ist nicht steuerbefreit. Die Verwahrung umfasst die bankmäßige Verwahrung (Sonderverwahrung gem. § 2 DepotG und Sammelverwahrung gem. § 5 DepotG) und die im Rahmen der depotgeschäftlichen Verwahrtätigkeit getätigten Verfügungs- und Verwaltungsgeschäfte (s. Urteile des BFH vom 10.12.1981, V R 36/76, BStBl II 1982, 178; vom 29.09.1987, X R 4/81, BFH/NV 1988, 268; Urteil des FG Düsseldorf vom 16.01.2004, 1 K 3363/00 U, EFG 2004, 1012). Die Abgrenzung wertpapierbezogener und somit steuerfreier Umsätze zu der steuerpflichtigen Verwahrung und Verwaltung erfolgt grundsätzlich nach der Rechnungsstellung: Steuerfreiheit ist anzunehmen, wenn die Rechnungsstellung gegenüber dem Emittenten und Steuerpflichtigkeit ist anzunehmen, wenn die Rechnungsstellung gegenüber dem Depotkunden erfolgt (s. Abschn. 4.8.9 Abs. 1 UStAE).

38 **Achtung!** Im Fall von **Vermögensberatungs- oder Managementleistungen** ist die Steuerfreiheit einzelfallabhängig, denn sie können Nebenleistungen zu den steuerfreien Umsätzen sein oder eine eigenständige steuerpflichtige Hauptleistung darstellen. Erfolgt die Vermögensverwaltung dergestalt, dass die Bank eine Beobachtung und Analyse des Wertpapiermarktes vornimmt und hierauf aufbauend eigenständig die An- bzw. Verkaufsentscheidung trifft, liegt eine steuerpflichtige Leistung vor, wobei die Transaktionsleistung insoweit nur eine Nebenleistung darstellt. Nur im Fall der Verwaltung von Sondervermögen i.S.v. § 4 Nr. 8 Buchst. h UStG kommt eine Steuerbefreiung in Betracht. Entscheidet der Kunde jeweils selbst, liegen getrennt zu beurteilende Leistungen vor.

39 Transaktionsgebühren von Börsen im Zusammenhang mit Wertpapieren stellen steuerbefreite Umsätze dar, welche de lege ferenda als steuerpflichtig behandelt werden könnten. I.d.F. erübrigte sich die Einführung einer nationalen oder EU-weiten Finanztransaktionssteuer (s. Wäger, DStR 2012, 1829, 1832).

40 Steuerbefreit sind hingegen die sonstigen Leistungen im Emissionsgeschäft, z.B. die Übernahme und Platzierung von Neu-Emissionen und die Börseneinführung von Wertpapieren (s. Abschn. 4.8.8 UStAE).

2.5.2 Optionsgeschäfte

41 Umsätze aus Optionsgeschäften gehören zu den steuerbefreiten Wertpapierumsätzen (s. Abschn. 4.8.8 Abs. 1 S. 1 UStAE), sofern sich das Recht auf eine Forderung (Kaufoption) oder Lieferung (Verkaufsoption) von Wertpapieren bezieht (Janzen in Lippross/Seibel, BKSt, § 4 Nr. 8 Rn. 42). Die Steuerbefreiung greift nicht im Fall von Warentermingeschäften (s. Abschn. 4.8.4 UStAE).

2.5.3 Vermittlung

42 Neben den Umsätzen im Wertpapiergeschäft ist die Vermittlungstätigkeit im Wertpapiergeschäft steuerbefreit. Wegen Einzelheiten hierzu s. Rn. 14. Zu den engen Kriterien für die Steuerfreiheit s. Urteil des BFH vom 14.05.2014, XI R 13/11, BStBl II 2014, 734.

2.6 Die Umsätze und die Vermittlung der Umsätze von Anteilen an Gesellschaften und anderen Vereinigungen, § 4 Nr. 8 Buchst. f UStG

2.6.1 Umsätze von Anteilen an Gesellschaften und anderen Vereinigungen

43 Gesellschaftsanteile sind Anteile an einer Kapital- oder Personengesellschaft (einschließlich sog. Grundstücksgesellschaften und zwar aufgrund der Nichtgebrauchmachung des Wahlrechts in Art. 15 Abs. 2 Buchst. c MWStSystRL, wenn Sondernutzungsrechte mit der Immobilie verbunden sind). Weiterhin sind andere Vereinigungen, z.B. Genossenschaften, Vereine, Partenreedereien erfasst.

44 Die **Erstemission** von Gesellschaftsanteilen bzw. die **Bareinlage eines neuen Gesellschafters** in eine Gesellschaft sind nicht steuerbar (s. Urteil des EuGH vom 26.05.2005, C-465/03), da insoweit die Gesellschaft keine Leistung an den Gesellschafter erbringt. Anders verhält es sich jedoch, wenn es sich um eine Sacheinlage des Gesellschafters handelt, die dieser im Rahmen seines Unternehmens erbringt und insoweit keine Geschäftsveräußerung im Ganzen vorliegt (Abschn. 1.6 Abs. 2 UStAE). Der Umsatz ist in diesem Fall steuerbefreit (§ 4 Nr. 8 Buchst. f UStG). Die Vermittlung (s. Rn. 13) erstmalig ausgegebener Gesellschaftsanteile ist ebenfalls steuerbar, aber auch steuerbefreit (§ 4 Nr. 8 Buchst. g UStG). Dies muss entgegen Abschn. 4.8.10 Abs. 5 UStAE auch für die Vermittlung von Mitgliedschaftsrechten an einem Idealverein gelten (s. Janzen, BKSt § 4 Nr. 8 Rn. 50).

45 Der bloße Erwerb, Halten und Verkaufen der Gesellschaftsanteile, ist nicht steuerbar (s. Urteil des EuGH vom 29.04.2004, C-77/01, Rn. 58). Der Erwerb eines Gesellschaftsanteils als Treuhänder und die entsprechende entgeltliche Verwahrung ist dagegen steuerbar und – sofern § 4 Nr. 8 Buchst. h UStG nicht anwendbar ist – auch steuerpflichtig (s. Abschn. 4.8.10 Abs. 2 UStAE).

2.6.2 Vermittlung

46 Zum Begriff der Vermittlung s. Rn. 14. Zu den engen Kriterien für die Steuerfreiheit s. Urteil des BFH vom 14.05.2014, XI R 13/11, BStBl II 2014, 734.

2.7 Übernahme von Verbindlichkeiten, von Bürgschaften und anderen Sicherheiten sowie die Vermittlung dieser Umsätze, § 4 Nr. 8 Buchst. g UStG

2.7.1 Übernahme von Verbindlichkeiten, Bürgschaften und anderen Sicherheiten

47 Die Befreiungsvorschrift zielt auf die Übernahme und nicht die Eingehung von Verbindlichkeiten ab (s. Heidner in Bunjes, 15. A., § 4 Nr. 8, Rn. 52). Bei diesen Verbindlichkeiten, Bürgschaften und anderen Sicherheiten kann es sich nur um Finanzgeschäfte handeln (s. Urteil des EuGH vom 19.04.2007, C-455/05, Rz. 21 und 22), d.h. lediglich Geldverbindlichkeiten werden von der Befreiung erfasst (s. Abschn. 4.8.11 UStAE), nicht jedoch z.B. die Verbindlichkeit eine Immobilie zu renovieren (s. Urteil des EuGH 29.04.2007, C-455/05). Damit eine Steuerbarkeit überhaupt vorliegt, bedarf es eines über die bloße Übernahme der Verbindlichkeit hinausgehenden Zwecks (s. Janzen, BKSt § 4 Nr. 8, Rn. 50).

48 Die **Übernahme von Verbindlichkeiten** erfasst sowohl die Schuldübernahme (§§ 414 ff. BGB), d.h. eine Schuld wird von einem Dritten durch Vertrag mit dem Gläubiger in der Weise übernommen werden, dass der Dritte an die Stelle des bisherigen Schuldners tritt, als auch den Schuldbeitritt, d.h. der Beitretende steht gleichberechtigt neben dem bisherigen Schuldner.

49 Bei einem **Bürgschaftsvertrag** verpflichtet sich der Bürge, gegenüber dem Gläubiger eines Dritten für die Erfüllung der Verbindlichkeit des Dritten einzustehen (§ 765 Abs. 1 BGB), z.B. Ausfall-, Global-, Nach- und Rückbürgschaft. Auch die Übernahme von Vereinbarungen, durch die Versicherer sich verpflichten, für den Versicherungsnehmer Bürgschaft oder sonstige Sicherheit zu leisten (§ 2 Abs. 2 VerStG), sind umsatzsteuerbefreit.

50 Die Übernahme einer **anderen Sicherheit** liegt vor, wenn eine Garantie dafür übernommen wird, dass ein bestimmter tatsächlich oder rechtlich möglicher Erfolg eintritt oder dass sich die Gefahr eines künftigen Schadens nicht realisiert (s. Urteile des BFH vom 16.01.2003, V R 16/02, BStBl II 2003, 445; vom 14.12.1989, V R 125/84, BStBl II 1990, 401). Die Zusicherung, eine ohnehin geschuldete Leistung ordnungsgemäß zu erbringen, wird von der Steuerbefreiung nicht erfasst (s. Urteil des BFH vom 14.12.1989, V R 125/84, BStBl II 1990, 401). Entscheidend ist, dass dem Leistungsempfänger eine zusätzliche Sicherheit verschafft wird. Andere Sicherheiten sind z.B. Kautionsversicherungen, Zinshöchstbetragsgarantie, Liquiditätsgarantie, und Ausbietungsgarantien (s. Abschn. 4.8.12 Abs. 1 und 2 UStAE).

2.7.2 Vermittlung

51 Zum Begriff der Vermittlung s. Rn. 14.

2.8 Die Verwaltung von Investmentfonds im Sinne des Investmentsteuergesetzes und die Verwaltung von Versorgungseinrichtungen im Sinne des Versicherungsaufsichtsgesetzes, § 4 Nr. 8 Buchst. h UStG

52 In Umsetzung des Art. 135 Abs. 1 Buchst. g MwStSystRL soll die Verwaltung von mitgliedstaatlich definierten Investmentvermögen steuerfrei sein. Ziel ist die Gewährung der umsatzsteuerlichen Neutralität in Bezug auf die Wahl zwischen unmittelbarer oder mittelbarer Anlage (direkter Wertpapiererwerb vs. mittelbare Anlage über OGAW), s. Urt des EuGH vom 28.06.2007, C-363/05. Die aktuelle Fassung des § 4 Nr. 8 Buchst. h UStG geht auf Änderungen durch das Gesetz zur Anpassung des Investmentsteuergesetzes und anderer Gesetze an das AIFM-Umsetzungsgesetz (AIFM-StAnpG) mit Wirkung vom 24.12.2013 zurück. Damit wollte man überwiegend redaktionelle Änderungen vornehmen, die aufgrund der Aufhebung des Investmentgesetzes vorzunehmen waren (s. BT-Drs. 95/13, 66). Gleichsam wurde der Umsatzsteueranwendungserlass an die neue Fassung des § 4 Nr. 8 Buchst. h UStG nachträglich angepasst (s. BMF vom 12.11.2015, BStBl I 2015, 887). Änderungen ergaben sich ebenfalls insbesondere durch Anpassungen

des Erlasses an Begrifflichkeiten des InvStG und des KAGB, sowie zu ausgelagerten Fondsverwaltungsleistungen in Abschn. 4.8.13 Abs. 16 Nr. 4 i.V.m. Abs. 17 UStAE.

2.8.1 Verwaltung von Investmentfonds im Sinne des Investmentsteuergesetzes

Steuerbegünstigt im Sinne des § 4 Nr. 8 Buchst. h UStG ist die Verwaltung von Investmentfonds und nicht das Objekt der Verwaltung. Damit fallen Verwahrungstätigkeiten von **Investmentfonds** und andere Aufgaben i.S.d. §§ 72 bis 7 KAGB bzw. §§ 81 bis 89a KAGB nicht unter die Begünstigung (s. Abschn. 4.8.13 Abs. 8 UStAE). § 4 Nr. 8 Buchst. h UStG bezieht sich dabei ausdrücklich auf „Investmentfonds im Sinne des Investmentsteuergesetzes". Begünstigt ist daher grundsätzlich die Verwaltung von Investmentfonds im Sinne des § 1 Abs. 1 InvStG und somit von inländischen und europäischen Organismen für gemeinsame Anlagen in Wertpapieren (OGAW) i.S.d. Richtlinie 2009/65/EG vom 13. Juli 2009 (§ 1 Abs. 2 KAGB) und Alternativen Investmentfonds (AIF) (§ 1 Abs. 1 und 3 KAGB). 53

Voraussetzung ist aber, dass der OGAW oder der AIF ein **Investmentfonds nach § 1 Abs. 1b S. 2 InvStG** darstellen und die dort festgelegten Anlagebestimmungen erfüllen (s. Abschn. 4.8.13 Abs. 1–3, 9 UStAE). Nicht begünstigt ist damit die Verwaltung von geschlossenen Fonds, da diese regelmäßig nicht die Anforderung einer mindestens einmal im Jahr bestehenden Rückgabemöglichkeit des Anlegers nach § 1 Abs. 1b S. 2 Nr. 2 InvStG erfüllen. (s. Abschn. 4.8.13 Abs. 9 UStAE). 54

Als **steuerfreie Verwaltungstätigkeiten** gelten die Portfolioverwaltung, Risikomanagement, die Ausübung des Sicherheitsmanagements und nicht dem Anteilsvertrieb dienende administrative Leistungen (s. Abschn. 4.8.13 Abs. 16 UStAE). Wird von einem Dritten, auf den Verwaltungsaufgaben übertragen wurden, nur ein Teil der Leistungen aus dem vorstehenden Leistungskatalog erbracht, kommt die Steuerbefreiung nur in Betracht, wenn die erbrachte Leistung ein im Großen und Ganzen eigenständiges Ganzes bildet und für die Verwaltung eines Investmentvermögens spezifisch und wesentlich ist Für übertragene administrative Leistungen ergeben sich i.V.m. Abs. 16 Nr. 4 UStAE indes besondere Einschränkungen (s. Abschn. 4.8.13 Abs. 17 Satz 3 UStAE). 55

Nicht nach§ 4 Nr. 8 Buchst. h UStG steuerbefreite Tätigkeiten sind, soweit sie nicht lediglich Nebenleistungen sind, insbesondere die Erstellung von Steuererklärungen, Tätigkeiten im Zusammenhang mit der Portfolioverwaltung, Beratungsleistungen ohne konkrete Kaufs-oder Verkaufsempfehlung sowie Tätigkeiten im Zusammenhang mit dem Anteilsvertrieb (s. Abschn. 4.8.13 Abs. 18 UStAE). Ferner nicht unter die Befreiung nach § 4 Nr. 8 Buchst. h UStG fallen insbesondere alle Leistungen der Verwahrstelle als Verwahr- oder Kontrollstelle gegenüber der Kapitalverwaltungsgesellschaft (s. Abschn. 4.8.13 Abs. 19 UStAE). 56

Beratungsleistungen, die ein **Dritter** gegenüber einer Kapitalanlagegesellschaft erbringt, die ein Sondervermögen für Wertpapieranlagen verwaltet, können indes als Verwaltung von Sondervermögen steuerfrei sein (s. Urteil des BFH vom 11.04.2013, V R 51/10 nach Urteil des EuGH vom 07.03.2013, C-275/11). Bei der Portfolioverwaltung kommt die Steuerbefreiung in Betracht, soweit tatsächlich Investmentfonds i.S.d. InvStG verwaltet werden (zu der alten Rechtslage s. Abschn. 4.8.13 Abs. 21 UStAE). 57

2.8.2 Europarechtswidrigkeit von § 4 Nr. 8 Buchst. h UStG

Mit Urteil 09.12.2015 stellt der EuGH fest, dass die auf Art. 135 Abs. 1 Buchst. g MwStSystRL basierende niederländische Regelung zu eng gefasst sei (s. Urteil des EuGH 09.12.2015, Rs. C-595/13). Der Niederländische Hoge Raad legte dem EuGH die Frage vor, ob Gesellschaften, die durch mehr als einen Anleger mit dem alleinigen Ziel errichtet wurde, das gesammelte Vermögen in Immobilien anzulegen (ohne aber ein OGAW zu sein), in den Geltungsbereich der mehrwertsteuerlichen Befreiung nach Art. 135 Abs. 1 Buchst. g MwStSystRL falle. Der EuGH stellte fest, dass auch Immobilien-Sondervermögen von der Befreiung des Art. 135 Abs. 1 Buchst. g MwStSystRL erfasst seien, die nicht unter die OGAW-Richtlinie fallen. 58

Vor dem Hintergrund dieses Urteils ist anzunehmen, **dass die deutsche Rechtslage nach § 4 Nr. 8h UStG nicht den europarechtlichen Anforderungen der MwStSystRL standhält** (Faller/Kratz, BB 2016, 23; Faller/Kratz, BB 2016, 860; Prätzler/Stuber, StB 2016, 172). Von der Befreiung sind nämlich z.B. geschlossene Fonds pauschal nicht erfasst, weil sie die Anforderungen des § 1 Abs. 1b Nr. 2 InvStG nicht erfüllen 59 und damit keine „Investmentfonds im Sinne des Investmentsteuergesetzes" sind, wie es § 4 Nr. 8h UStG erfordert (s. auch Abschn. 4.8.13 Abs. 9 S. 2 UStAE).

59/1 Aufgrund des ergangenen Urteils sah sich auch der nationale Gesetzgeber im Rahmen des Investmentsteuerreformgesetzes (Art. 5 InvStRefG) (Verabschiedung des Bundestages am 09.06.2016, Zustimmung des Bundesrates am 08.07.2016) veranlasst § 4 Nr. 8 Buchst. h UStG neu zu fassen. Demnach soll zukünftig nach § 4 Nr. 8h UStG n.F. „Die Verwaltung von OGAW im Sinne des § 1 Abs. 2 des Kapitalanlagengesetzbuches, die Verwaltung von mit diesen vergleichbaren AIF im Sinne des § 1 Abs. 3 Kapitalanlagengesetzbuches, und die Verwaltung von Versorgungseinrichtungen im Sinne des Versicherungsaufsichtsgesetzes" umsatzsteuerbefreit sein. Mit dem Gesetzesentwurf stellt der Gesetzgeber nun nicht mehr auf die Verwaltung von „Investmentfonds im Sinne des Investmentsteuergesetzes" ab. Die Kriterien für die Vergleichbarkeit mit einem OGAW können dem o.g. Urteil entnommen werden. Die neue Fassung wird ab dem 01.01.2018 zusammen mit den übrigen Änderungen durch das Investmentsteuerreformgesetz in Kraft treten.

2.8.3 Verwaltung von Versorgungseinrichtungen im Sinne des Versicherungsaufsichtsgesetzes

59/2 Die Verwaltung von **Versorgungseinrichtungen**, welche Leistungen im Todes- oder Erlebensfall, bei Arbeitseinstellung oder bei Minderung der Erwerbstätigkeit vorsehen (§ 1 Abs. 4 VAG), ist steuerfrei. Versorgungswerke der Ärzte, Apotheker, Architekten, Notare, Rechtsanwälte, Steuerberater bzw. Steuerbevollmächtigten, Tierärzte, Wirtschaftsprüfer und vereidigten Buchprüfer sowie Zahnärzte sind von § 1 Abs. 4 VAG erfasst. Pensionsfonds sind Versorgungseinrichtungen i.S.d. § 112 Abs. 1 VAG (s. Abschn. 4.8.13 Abs. 20 UStAE).

59/3 Damit sind die unmittelbaren Verwaltungsleistungen durch Unternehmer an die auftraggebenden Versorgungseinrichtungen steuerfrei. Diese müssen nicht der Versicherungsaufsicht unterliegen. Zu weiteren Einzelheiten, insbesondere bei Unterstützungskassen s. BMF vom 18.12.1997, BStBl I 1997, 1046.

59/4 Bei Leistungen zur Durchführung des Versorgungsausgleichs nach dem VersAusglG handelt es sich um steuerfreie Verwaltungsleistungen (s. Abschn. 4.8.13 Abs. 20 UStAE).

2.9 Umsätze der im Inland gültigen amtlichen Wertzeichen zum aufgedruckten Wert, § 4 Nr. 8 Buchst. i UStG

60 Im Inland gültige amtliche **Wertzeichen** sind Karten, Marken, Stempel, Scheine oder ähnliche Urkunden, die übertragbar sind und den Aussteller gegenüber dem Inhaber der Wertzeichen zur Erbringung der versprochenen Leistung verpflichten. Sie können ausschließlich von Hoheitsträgern im Inland, das sind der Bund, die Länder, Gemeinden oder Kommunen sowie weitere Körperschaften des öffentlichen Rechts im Rahmen ihrer hoheitlichen Befugnisse ausgestellt werden. Dies sind u.a. Postwertzeichen, Steuermarken, Gebührenmarken, Beitragsmarken der Rentenversicherungsträger. Nicht erfasst sind ausländische oder entwertete (ungültige) Wertzeichen, die im Inland gehandelt werden. Eintrittskarten öffentlich-rechtlicher Dienstleistungsbetriebe (z.B. Fahrkarte) sind ebenfalls keine amtlichen Wertzeichen (s. Janzen, BKSt § 4 Nr. 8 Rn. 63).

61 Der Umsatz entsteht bei Lieferung des Wertzeichens (s. Urteil des BFH vom 21.06.1990, VR 94/85, BFH/NV 1992, 773, Rn. 37). Es müssen also die Verfügungsmacht an Substanz, Wert und Ertrag auf den Empfänger übergehen (s. Urteil des BFH vom 29.09.1987, X R 13/84, BStBl II 1988, 153).

62 Die Norm erfasst nur Umsätze mit Wertzeichen die zu ihrem aufgedruckten Wert verkauft werden. Zum aufgedruckten Wert zählen auch aufgedruckte Zuschläge bei Sondermarken. Lieferungen mit Entgelt über dem aufgedruckten Wert unterliegen vollumfänglich der Steuerpflicht, somit sind Verkäufe von Briefmarken grundsätzlich steuerpflichtig.

2.10 § 4 Nr. 8 Buchst. j UStG

(entfallen) 63

2.11 § 4 Nr. 8 Buchst. k UStG

(entfallen) 64

§ 4 Nr. 9 UStG Umsätze, die unter das Grunderwerbsteuergesetz oder unter das Rennwett- und Lotteriegesetz fallen

[1]Von den unter § 1 Abs. 1 Nr. 1 fallenden Umsätzen sind steuerfrei:

...

9. a) die Umsätze, die unter das Grunderwerbsteuergesetz fallen,
   b) die Umsätze, die unter das Rennwett- und Lotteriegesetz fallen. Nicht befreit sind die unter das Rennwett- und Lotteriegesetz fallenden Umsätze, die von der Rennwett- und Lotteriesteuer befreit sind oder von denen diese Steuer allgemein nicht erhoben wird;

...

Bearbeiter: Hans-Hinrich von Cölln

Inhaltsverzeichnis

1. § 4 Nr. 9 Buchst. a UStG Umsätze, die unter das Grunderwerbsteuergesetz fallen

1 Gemäß § 4 Nr. 9 Buchst. a UStG ist ein Umsatz, der **unter das GrEStG fällt**, von der Umsatzsteuer befreit.

2 **Hinweis!** Aus der Systematik des UStG wie auch aus dem Wortlaut des § 4 Nr. 9 Buchst. a UStG „Von den (...) Umsätzen sind umsatzsteuerfrei: Umsätze, die unter das Grunderwerbsteuergesetz fallen." ergibt sich, dass die Frage, ob ein Immobilienerwerb umsatzsteuerfrei ist, erst dann zu prüfen ist, wenn er keine Geschäftsveräußerung im Ganzen gem. § 1 Abs. 1a UStG darstellt. Denn eine Geschäftsveräußerung im Ganzen ist nicht umsatzsteuerbar. Deutlicher ausgedrückt: Eine Geschäftsveräußerung im Ganzen ist bereits gar kein Umsatz. Mithin kann er weder von der Umsatzsteuer befreit, noch umsatzsteuerpflichtig sein. Die Unterscheidung ist aber dennoch von erheblicher Bedeutung. Denn bei einer umsatzsteuerfreien Veräußerung gemäß § 4 Nr. 9 Buchst. a UStG ergeben sich gewichtige Unterschiede zu einer nicht umsatzsteuerbaren Geschäftsveräußerung im Ganzen gem. § 1 Abs. 1a UStG, vor allem:

Für einen Umsatz gem. § 4 Nr. 9 Buchst. a UStG kann der Steuerpflichtige unter den Voraussetzungen des § 9 UStG (s. dazu § 9 Rn. 4 ff.) zur Umsatzsteuerpflicht optieren. Für eine Geschäftsveräußerung im Ganzen gem. § 1 Abs. 1a UStG (s. § 1 Rn. 270 ff.) ist dies nicht möglich.

Bei einer Veräußerung gem. § 4 Nr. 9 Buchst. a UStG geht der Berichtigungszeitraum i.S.d. § 15 UStG nicht mit auf den Erwerber über, bei einer Geschäftsveräußerung im Ganzen ist dies der Fall.

1.1 Voraussetzungen des § 4 Nr. 9 Buchst. a UStG

Unter den Voraussetzungen des § 4 Nr. 9 Buchst. a UStG befindet sich insofern eine Besonderheit, als auf ein anderes Gesetz, das GrEStG verwiesen wird. Die Umsatzsteuerfreiheit gem. § 4 Nr. 9 Buchst. a UStG hängt u.a. davon ab, dass der **Umsatz unter das Grunderwerbsteuergesetz fällt**. 3

1.1.1 Allgemeine Voraussetzungen

§ 4 Nr. 9 Buchst. a UStG kommt nur in Betracht, wenn der Erwerb bzw. die Veräußerung der Immobilie überhaupt ein **umsatzsteuerbarer Vorgang** i.S.d. § 1 Abs. 1 Nr. 1 UStG ist. Das ist dann der Fall, wenn: 4

- Das **Grundstück dem Unternehmen zugeordnet war** (s. Abschn. 15.2 Abs. 2 Satz 1 Nr. 3 UStAE). War das Grundstück nur teilweise dem Unternehmen zugeordnet, greift § 4 Nr. 9 Buchst. a UStG nur für den dem Unternehmen zugeordneten Teil. Die Veräußerung des übrigen, nichtunternehmerischen Teils stellt bereits keinen Umsatz i.S.d. § 1 Abs. 1 Nr. 1 UStG dar.
- der **Ort der Grundstückslieferung** im **Inland** liegt. Dies ist gem. § 3 Abs. 7 Abs. 1 UStG gegeben, wenn die Immobilie im Inland belegen ist (s. zum Inlandsbegriff § 1 Rn. 425 ff.).
- die Grundstücksveräußerung **keine Geschäftsveräußerung im Ganzen** i.S.d. § 1 Abs. 1a UStG ist. Diese geht der umsatzsteuerfreien Veräußerung vor.

1.1.2 „Fallen unter das Grunderwerbsteuergesetz"

§ 4 Nr. 9 Buchst. a UStG befreit Umsätze von der Umsatzsteuer, die unter das GrEStG fallen. Dieser Formulierung ist besondere Beachtung zu schenken. Denn der Wortlaut des § 4 Nr. 9 Buchst. a UStG gibt nicht vor, dass auf den jeweiligen Umsatz Grunderwerbsteuer festgesetzt oder entrichtet wurde (s. Boruttau, GrEStG, § 9 Rn. 237). Voraussetzung ist lediglich, dass der **Umsatz grunderwerbsteuerbar** ist. Ob das der Fall ist, richtet sich im Wesentlichen nach § 1 GrEStG, der die der Grunderwerbsteuer unterliegenden Erwerbsvorgänge enumerativ aufzählt. 5

Hinweis! Es ist daher auch unerheblich, ob der Umfang oder die Bemessungsgrundlage des umsatzsteuerrechtlichen Umsatzes einerseits und Umfang oder Bemessungsgrundlage des unter das Grunderwerbsteuergesetz fallenden Rechtsgeschäfts andererseits identisch sind (s. Rau/Dürrwächter, UStG, 129. Lfg., § 4 Nr. 9 Rn. 7.). Lediglich der Umsatz selbst muss mit dem Rechtsgeschäft i.S.d. Grunderwerbsteuergesetzes identisch sein (s. Rau/Dürrwächter, UStG, 129. Lfg., § 4 Nr. 9 Rn. 7). 6

§ 4 Nr. 9 Buchst. a UStG gilt nicht allein für die Übertragung eines Grundstücks. **Jeglicher Umsatz**, der unter das **GrEStG** fällt, ist **umsatzsteuerbefreit**. Da gem. § 2 GrEStG auch Rechte, z.B. das Erbbaurecht, oder bewegliche Sachen, z.B. Gebäude auf fremden Grund und Boden, den Grundstücken gleichgestellt werden, können auch sonstige Leistungen und die Lieferung von Gegenständen, die keine Grundstücke darstellen, nach § 4 Nr. 9 Buchst. a UStG umsatzsteuerbefreit sein. 7

Der Gesetzeszweck der Umsatzsteuerfreiheit besteht darin, bei einer Immobilienveräußerung die **Doppelbelastung** mit **zwei Verkehrssteuern** zu **vermeiden** (s. Rau/Dürrwächter, UStG, 129. Lfg., § 4 Nr. 9 Rn. 1 f.). 8

Dies ist für den Steuerpflichtigen eine Entlastung, aber auch gesetzessystematisch notwendig. Denn **Art. 401 MwStSystRL** duldet neben der Belastung eines Umsatzes mit Umsatzsteuer keine weitere mit einer zweiten Verkehrssteuer. Eine von beiden hatte daher zugunsten der anderen zurückzutreten. Die Wahl fiel dabei auf die Umsatzsteuer, weil die Grunderwerbsteuer eine wesentliche Einnahmequelle der Kommunen und Länder darstellt (s. Rau/Dürrwächter, UStG, 129. Lfg., § 4 Nr. 9 Rn. 16). 9

10 **Hinweis!** Wird gemäß § 9 UStG auf die Umsatzsteuerfreiheit gemäß § 4 Nr. 9 Buchst. a UStG verzichtet, folgt hieraus aber nicht eine höhere Grunderwerbsteuerbelastung. Zwar erhöht die Umsatzsteuer zivilrechtlich den Bruttokaufpreis, der gem. § 9 Abs. 1 Nr. 1 GrEStG grundsätzlich die Bemessungsgrundlage für die Grunderwerbsteuer darstellt. Da aber der Erwerber die Umsatzsteuer gem. § 13b Abs. 2 Nr. 3, Abs. 5 UStG im Wege der umgekehrten Steuerschuldnerschaft schuldet und diese somit nicht von dem Grundstücksverkäufer als Teil des Kaufpreises vereinnahmt wird, ist die Umsatzsteuer nicht Teil der Bemessungsgrundlage i.S.d. § 9 GrEStG (s. Boruttau, GrEStG, § 9 Rn. 237).

1.1.2.1 Grundstück

1.1.2.1.1 Keine Deckungsgleichheit zwischen BGB und UStG

11 Soweit die Vorschriften des UStG den Begriff des Grundstücks verwenden, stimmt dieser weitestgehend mit dem **Grundstücksbegriff** des BGB überein (s. Sölch/Ringleb, UStG, § 4 Nr. 12 Rn. 14; s. BFH vom 15.12.1966, BStBl III 1967, 209). Dennoch ist hierbei Vorsicht geboten. Der EuGH betont in seinen Urteilen stetig, dass die MwStSystRL bzw. ihre Vorläuferin, die 6. EG-RL, ein selbständiges Recht darstellt und die von ihr verwendeten Begriffe demgemäß auch selbständig aus sich heraus auszulegen sind (s. EuGH vom 25.04.2013, C-480/10; Sölch/Ringleb, UStG, § 4 Nr. 12 Rn. 14; Abschn. 3a.3 Abs. 2 Satz 2 UStAE). Daraus folgt, dass bei der Auslegung des Grundstücksbegriffs der Verweis auf das BGB und damit die zivilrechtliche Rechtsprechung hierzu nicht stets „automatisch" auf das UStG angewendet werden kann. Die Finanzverwaltung definiert im Rahmen des § 3a UStG den Begriff des Grundstücks (s. Abschn. 3a Abs. 2 Satz 3 UStAE). Diese Definition dürfte aber auch im Rahmen des UStG allgemeingültig sein. Denn ein Grund für unterschiedliche Grundstücksbegriffe innerhalb des UStG ist nicht ersichtlich. Danach ist unter einem Grundstück zu verstehen:

- Ein bestimmter über- oder unterirdischer Teil der Erdoberfläche, an dem Eigentum und Besitz begründet werden kann,
- jedes mit oder in dem Boden über oder unter dem Meeresspiegel befestigte Gebäude oder jedes derartige Bauwerk, das nicht leicht abgebaut oder bewegt werden kann,
- jede Sache, die einen wesentlichen Bestandteil eines Gebäudes oder eines Bauwerks bildet, ohne die das Gebäude oder das Bauwerk unvollständig ist, wie zum Beispiel Türen, Fenster, Dächer, Treppenhäuser und Aufzüge,
- Sachen, Ausstattungsgegenstände oder Maschinen, die auf Dauer in einem Gebäude oder einem Bauwerk installiert sind und die nicht bewegt werden können, ohne das Gebäude oder das Bauwerk zu zerstören oder zu verändern (s. Abschn. 3a.3 Abs. 2 Satz 3 UStAE).

1.1.2.1.2 Die sachenrechtliche Einheit des Grundstücks im Zivilrecht

12 Das BGB unterscheidet – von Ausnahmen abgesehen – nicht zwischen dem **Grund und Boden** und darauf aufstehenden **Gebäuden**. Beide bilden das Grundstück. Oder anders ausgedrückt: Ein Gebäude ist ein unselbständiger Teil des Grundstücks (s. BGH vom 02.12.2005, NJW 2006, 990; Palandt, BGB § 94 Rn. 1). Zivilrechtlich kann es zwar mehrere Eigentümer eines Grundstückes geben, aber nicht unterschiedliche Eigentümer des Grund und Bodens einerseits und des Gebäudes andererseits. Eine Ausnahme gilt für ein Grundstück, das nach dem **Wohnungseigentumsgesetz** (WEG) geteilt wurde. Hier kann Sonder- und Teileigentum an bestimmten Teilen des Objekts bestehen (zur Steuerbefreiung von Leistungen der Wohnungseigentümergemeinschaften s. § 4 Nr. 13 UStG).

13 Halten mehrere Personen das Eigentum an einem Grundstück, sind diese **Miteigentümer** i.S.d. § 1008 BGB. Hierbei ist das Miteigentum in der Form der Bruchteilsgemeinschaft gemäß § 1008 BGB der gesetzliche Grundfall. Miteigentum an einem einheitlichen, real nicht geteilten Grundstück i.S.d. § 1008 BGB wird zivilrechtlich wie das gesamte Grundstück behandelt (s. Palandt, BGB, § 1008 Rn. 1, 4f). Umsatzsteuerrechtlich bewertet die bisherige Rechtsprechung und die Finanzverwaltung die Übertragung eines Miteigentumsanteils dagegen als sonstige Leistung gem. § 3 Abs. 9 UStG und nicht als Lieferung eines Gegenstandes bzw. Teil eines Gegenstandes i.S.d. § 3 Abs. 1 UStG (s. Abschn. 3.5 Abs. 3 Nr. 2 UStAE;

Rau/Dürrwächter, UStG, 155. Lfg., § 3 Rn. 630; BFH vom 27.04.1994, BStBl II 1994, 826; a.A. s. Stadie in Rau/Dürrwächter, UStG, 143. Lfg., § 3a Rn. 30.2; offengelassen: BFH vom 28.08.2014, BFH/NV 2015, 128, Rz. 22). Der BFH hat nunmehr seine Rechtsprechung geändert und bewertet die Veräußerung eines Miteigentumsanteils als eine Lieferung (BFH vom 18.02.2016, BFH/NV 2016, 869). Für die Übertragung eines Miteigentumsanteils an einem Grundstück dürfte diese Änderung der Rechtsprechung aber kaum Auswirkungen haben. Denn zum einen wird der Ort der Leistung sowohl gemäß dem für eine Lieferung geltenden § 3 Abs. 7 UStG als auch gemäß dem für eine sonstige Leistung geltenden § 3a Abs. 2 Nr. 1 UStG derselbe sein; nämlich dort, wo das Grundstück liegt. Auch die Umsatzsteuerbefreiung des § 4 Nr. 9a) UStG greift sowohl im Falle der Lieferung als auch der sonstigen Leistung eines Miteigentumsanteils an einem Grundstück (s. Abschn. 4.9.1 Abs. 2 Nr. 2 UStAE). Ebenso ist die Möglichkeit der Option gem. § 9 UStG und die umgekehrte Steuerschuldnerschaft gem. § 13b Abs. 2 Nr. 3 UStG gegeben.

1.1.2.1.3 Wesentliche Bestandteile des Grundstücks

Ein **wesentlicher Bestandteil** i.S.d. § 94 BGB verfügt zivilrechtlich über die stärkste Bindung zu dem Grundstück, ist ein unselbständiger Teil dessen. Er ist vor allem von dem sogenannten Scheinbestandteil i.S.d. § 95 BGB abzugrenzen, der zivilrechtlich eine selbständige Sache bleibt. 14

Wesentliche Bestandteile des Grundstücks gem. § 94 Abs. 1 Satz 1 BGB sind unselbständige Teile des Grundstücks. Sie folgen also sachenrechtlich dem eigentlichen Grundstück. Präziser formuliert bilden das eigentliche Grundstück und alle gem. § 94 BGB als wesentliche Bestandteile qualifizierten Gegenstände zusammen das Grundstück. 15

Ein **wesentlicher Bestandteil** ist ein zuvor rechtlich selbständiger Gegenstand, der mit dem Erdreich dauerhaft verbunden ist bzw. wird. Durch die physische Verbindung verliert er seine sachenrechtliche Selbständigkeit und geht in dem Grundstück auf. Wesentliche Bestandteile können sein: Gebäude, Garagen, Brücken, Windkraftanlagen, Mauern, Zäune, Leitungen, Pflanzen und Erzeugnisse des Bodens wie Getreide, Obst und Nutzholz (s. Palandt, BGB, § 94 Rn. 3). 16

Ist umsatzsteuerrechtlich ein Grundstück Gegenstand einer Leistung i.S.d. § 1 Abs. 1 Nr. 1 UStG, weicht das UStG bezüglich der wesentlichen Bestandteile von der Betrachtung des BGB grundsätzlich nicht ab. Die **wesentlichen Bestandteile** werden auch **umsatzsteuerrechtlich** als unselbständiger Teil des Grundstücks betrachtet. Das gilt allerdings nicht für **Betriebsvorrichtungen** (s. Sölch/Ringleb, UStG, § 4 Nr. 12 Rn. 15). Selbst wenn diese zivilrechtlich wesentliche Bestandteile des Grundstücks gem. § 94 BGB sind, werden sie umsatzsteuerrechtlich als selbständige, bewegliche Wirtschaftsgüter behandelt (s. Birkenfeld, Das große Umsatzsteuerhandbuch, 40. Lfg., § 192 Rn. 96; s. Abschn. 4.12.10 Satz 1 UStAE). 17

1.1.2.1.4 Scheinbestandteile des Grundstücks

Sachen, die nicht dauerhaft, sondern nur zu einem vorübergehenden Zweck mit dem Grundstück verbunden werden, gehören gem. § 95 Abs. 1 Satz 1 BGB nicht zu den Bestandteilen des Grundstücks. Sie stellen sog. **Scheinbestandteile** dar (s. Palandt, BGB, § 95 Rn. 1). 18

Hinweis! Das BGB verwendet den Begriff „Scheinbestandteil" selbst nicht. Er ist auch missverständlich. Wichtig dabei ist zu beachten, dass ein Scheinbestandteil gerade kein Bestandteil eines Grundstücks ist. 19

Ist bei der physischen Verbindung mit dem Grundstück von vornherein beabsichtigt, dass die Sache wieder von dem Grundstück getrennt wird oder liegt dies in der Natur der Verbindung, ist die **Verbindung nur zu einem vorübergehenden Zweck** gem. § 95 Abs. 1 Satz 1 BGB. Die Sache wird nicht Bestandteil des Grundstücks und behält ihre sachenrechtliche Selbständigkeit. Das Eigentum an ihr geht nicht auf den Grundstückseigentümer über. Eine vorübergehende Verbindung ist dabei hauptsächlich dann gegeben, wenn sie nur in Ausübung eines zeitlich begrenzten Nutzungsrechts eingegangen wurde (s. Palandt, BGB, § 95 Rn. 3). Selbst Gebäude und andere Anlagen, die physisch massiv mit dem Grund und Boden verbunden oder verankert werden, können daher zivilrechtlich nur vorübergehend verbunden und somit Scheinbestandteile sein. 20

21 **Beispiele:** Versorgungsleitungen für Gas, Wasser, Elektrizität, Fernwärme, Telekommunikation; Baumschulbestände; militärische Anlagen.

22 Umsatzsteuerrechtlich bleibt ein Scheinbestandteil entsprechend der zivilrechtlichen Sichtweise nicht zwingend, aber zumeist ein separater Gegenstand (s. Rau/Dürrwächter, UStG, 155 Lfg., § 3 Rn. 572). Damit ist die Lieferung eines Scheinbestandteils grundsätzlich auch eine separate Lieferung, für die die Umsatzsteuerbefreiung gem. § 4 Nr. 9 Buchst. a UStG nicht gilt. Der Scheinbestandteil ist auch nicht Bestandteil des Grundstücks im grunderwerbsteuerrechtlichen Sinne gem. § 2 GrEStG (s. Pahlke/Franz, GrEStG, § 2 Rn. 19). Somit kommt eine Umsatzsteuerbefreiung gem. § 4 Nr. 9 Buchst. a UStG auch deshalb nicht in Betracht. Eine Ausnahme hierzu bildet jedoch das **Gebäude auf fremden Grund und Boden**, das – obwohl Scheinbestandteil – gem. § 2 Abs. 2 Nr. 2 GrEStG der Grunderwerbsteuer (s. Pahlke/Franz, GrEStG, § 2 Rn. 19) und demgemäß auch der Umsatzsteuerbefreiung unterfällt (s. Sölch/Ringleb, UStG, § 4 Nr. 9 Rn. 12).

23 Fraglich ist allerdings, ob ein Scheinbestandteil nicht eine **Nebenleistung** zu der Grundstückslieferung sein kann. Wäre dies der Fall, erstreckte sich die Umsatzsteuerbefreiung gem. § 4 Nr. 9 Buchst. a UStG auch auf die Nebenleistung, selbst wenn sie selbst nicht dem Grunderwerbsteuergesetz unterliegt (s. Rau/Dürrwächter, UStG, 129. Lfg., § 4 Nr. 9 Rn. 7). Eine – selbständige, d.h. im ersten Schritt als von der Hauptleistung getrennte Leistung einzuordnende – Nebenleistung liegt vor, wenn sie die Hauptleistung ermöglicht, abrundet, ergänzt oder verbessert (s. Abschn. 3.10 Abs. 5 Satz 3, 4 UStAE; Rau/Dürrwächter, UStG, 127. Lfg., § 1 Rn. 145). Gemäß dem EuGH erfüllt sie keinen eigenständigen Zweck, sondern stellt das Mittel dar, um die Hauptleistung unter bestmöglichen Bedingungen in Anspruch nehmen zu können (s. Abschn. 3.10 Abs. 5 Satz 4 UStAE; Rau/Dürrwächter, UStG, 127. Lfg., § 1 Rn. 145; EuGH vom 25.02.1999, C-349/96, Card Protection Plan, Rn. 30; BFH vom 09.10.2002, BStBl II 2003, 378). Nach diesen Grundsätzen kann die (Mit-)Lieferung eines Scheinbestandteils zu der Lieferung des Grundstücks als dessen Nebenleistung in Betracht kommen. Dies liegt insbesondere nahe, wenn das Grundstück nach der Vereinbarung der Parteien einem bestimmten Zweck dient und der Scheinbestandteil notwendig ist, um diesen Zweck zu erreichen.

24 Zu beachten ist dann aber, dass in einer solchen Konstellation typischerweise eine nicht umsatzsteuerbare **Geschäftsveräußerung im Ganzen** nach § 1 Abs. 1a UStG (zum Begriff s. § 1 Rn. 270 ff.) vorliegen wird. Scheidet diese aber aus, weil nicht alle wesentlichen Betriebsvorrichtungen mit auf den Erwerber übertragen worden sind (s. Abschn. 1.5 Abs. 3 Satz 1 UStAE), stellt sich die Frage, ob der Scheinbestandteil eine Nebenleistung zu der umsatzsteuerfreien Grundstückslieferung sein kann.

25 **Hinweis!** Beim bloßen Betrachten des Grundstücks und der darauf aufstehenden Gebäude und Anlagen kann nicht entschieden werden, ob diese unselbständige Teile des Grundstücks sind oder nicht. Demgemäß ist umsatzsteuerrechtlich zu klären:

- Ob sie überhaupt mitgeliefert werden sollen bzw. können,
- ob sie wesentliche Bestandteile und damit Teil der Grundstückslieferung oder
- ob sie Scheinbestandteile darstellen, die nicht Teil der Grundstückslieferung sind,
- ob die Scheinbestandteile eine Nebenleistung darstellen können, die das Schicksal der Hauptleistung, somit letztlich doch deren Umsatzsteuerfreiheit gemäß § 4 Nr. 9 Buchst. a UStG teilen.

1.1.2.1.5 Zubehör

26 **Zubehör** sind gem. § 97 BGB bewegliche Sachen, die dem wirtschaftlichen Zweck der Hauptsache zu dienen bestimmt sind. Dem Zubehör ist mit dem Scheinbestandteil i.S.d. § 95 BGB gemein, dass es zivilrechtlich gegenüber dem Grundstück selbständig bleibt (s. Palandt, BGB, § 97 Rn. 1; Rau/Dürrwächter, UStG, 109. Lfg., § 4 Nr. 12 Rn. 63). Das Eigentum geht also nicht zugunsten des Eigentums an dem Grundstück unter. Zubehör steht jedoch in einem wirtschaftlichen Zusammenhang mit dem Grundstück und teilt daher dessen Schicksal. Wird das Eigentum an dem Grundstück übertragen, haben die Parteien regelmäßig auch den Willen, das Eigentum an dem Zubehör mit zu übertragen. Belastungen des Grundstücks, zum

Beispiel ein Grundpfandrecht, erfasst auch das Zubehör. Das Zubehör haftet folglich mit (s. Rau/Dürrwächter, UStG, 109. Lfg., § 4 Nr. 12, Rn. 63).

Hinweis! Zubehör ist nicht nur zu einem Grundstück möglich, sondern auch zu beweglichen Sachen (zum Beispiel ein Autotelefon zu einem Fahrzeug) oder zu Sach- und Rechtsgesamtheiten wie einem Geschäftsbetrieb (zum Beispiel ein Omnibus zu einem Hotelbetrieb). 27

Beispiele für Zubehör zu einem Grundstück: Satellitenempfangsanlage, Alarmanlage, Anschlussgleis für Fabrikgrundstück, Bagger auf einem Grundstück zur Kiesgewinnung, Maschinen auf einem Fabrikgrundstück, Einbauküche, Vorräte zum Heizen wie Kohle oder Öl, Baumaterial auf einem Baugrundstück. 28

Beispiele, die kein Zubehör zu einem Grundstück darstellen: Möbel, Rohstoffe auf einem Fabrikgrundstück, Baumaschinen, die nicht auf dem Grundstück, sondern auf Baustellen eingesetzt werden, Pflanzen einer Baumschule. 29

Hinweis! Etwas, das Zubehör sein kann, kann häufig auch bereits wesentlicher Bestandteil des Grundstücks sein. Das ist vorrangig vor der Eigenschaft als Zubehör zu prüfen. 30

Umsatzsteuerrechtlich bleibt das Zubehör entsprechend der zivilrechtlichen Sichtweise ein **separater Gegenstand** (s. Rau/Dürrwächter, UStG, 129. Lfg., § 4 Nr. 9, Rn. 88). Damit ist die Lieferung von Zubehör grundsätzlich auch eine separate Lieferung, die selbst nicht umsatzsteuerfrei gem. § 4 Nr. 9 Buchst. a UStG ist (s. Rau/Dürrwächter, UStG, 129. Lfg., § 4 Nr. 9 Rn. 88; Sölch/Ringleb, UStG, § 4 Nr. 9 Rn. 11; FG München vom 16.04.2013, DStRE 2014, 415, Nr. II.2.b). Das Zubehör ist gemäß § 2 GrEStG auch nicht im grunderwerbsteuerrechtlichen Sinne Bestandteil des Grundstücks. Somit kommt eine Umsatzsteuerbefreiung gem. § 4 Nr. 9 Buchst. a UStG auch deshalb nicht in Betracht, weil dessen Veräußerung nicht unter das Grunderwerbsteuergesetz fällt (s. Rau/Dürrwächter, UStG, 129. Lfg., § 4 Nr. 9 Rn. 41.8; Sölch/Ringleb, UStG, § 4 Nr. 9 Rn. 11). 31

Fraglich ist allerdings, ob Zubehör nicht eine **Nebenleistung** zu der **Grundstückslieferung** sein kann. Wäre dies der Fall, erstreckte sich die Umsatzsteuerbefreiung gem. § 4 Nr. 9 Buchst. a UStG auch auf die Nebenleistung, selbst wenn sie selbst nicht dem Grunderwerbsteuergesetz unterliegt (s. Rn. 21 ff.; s. Rau/Dürrwächter, UStG, 129. Lfg., § 4 Nr. 9 Rn. 7). 32

In einer solchen Konstellation ist zu beachten, dass eine nicht umsatzsteuerbare Geschäftsveräußerung im Ganzen nach § 1 Abs. 1a UStG vorliegen kann. Scheidet diese aber aus, weil nicht alle wesentlichen Betriebsvorrichtungen mit auf den Erwerber übertragen worden sind (s. Abschn. 1.5 Abs. 3 Satz 1 UStAE), stellt sich die Frage, ob das Zubehör eine Nebenleistung zu der umsatzsteuerfreien Grundstückslieferung sein kann. 33

Beispiel: Ein forstwirtschaftliches Grundstück wird zusammen mit speziellen Maschinen veräußert, mit denen Bäume geschlagen, vorbehandelt und durch den Wald hindurch abtransportiert werden können. 34

1.1.2.1.6 Mit dem Grundstück verbundene Rechte

Rechte, die mit dem Eigentum an einem Grundstück verbunden sind, sind gem. § 96 BGB ebenfalls **wesentliche Bestandteile** des Grundstücks. Dies sind hauptsächlich: Grunddienstbarkeiten (s. BayObLG vom 10.05.1990, NJW-RR 1990, 1043), Reallasten (s. BayObLG vom 11.07.1990, BayObLGZ 90, 212), u.U. dingliche Vorkaufsrechte (s. Palandt, BGB, § 96 Rn. 2) sowie die Anwartschaftsrechte auf Eintragung all dieser Rechte (s. OLG Köln vom 26.06.1968, OLGZ 68, 453). Es handelt sich hierbei um Rechte, die dem Eigentümer eines sog. herrschenden Grundstücks an einem anderen, dienenden Grundstück eingerichtet werden. Diese Rechte an dem dienenden Grundstück sind mithin wesentlicher Bestandteil des herrschenden Grundstücks. 35

36 Das Umsatzsteuergesetz folgt dieser zivilrechtlichen Betrachtung, sodass derartige Rechte Teil des Gegenstandes herrschendes Grundstück sind (s. Rau/Dürrwächter, UStG, 109. Lfg., § 4 Nr. 12 Rn. 70, 72). Wird das herrschende Grundstück zusammen mit den Rechten übereignet, liegt somit ein **einheitlicher Gegenstand** vor, für den die umsatzsteuerrechtlichen Regelungen über Lieferungen, nicht über sonstige Leistungen gelten. Die Rechte unterfallen daher als Teil des Grundstücks der **Umsatzsteuerfreiheit** des § 4 Nr. 9 Buchst. a UStG.

37 Werden solche **Rechte** dagegen **allein gegen Entgelt** eingeräumt, ist dies eine sonstige Leistung gem. § 3 Abs. 9 Satz 1 UStG, die nicht gem. § 4 Nr. 9 Buchst. a UStG umsatzsteuerfrei ist. Denn die Einräumung dieser Rechte allein unterfällt nicht dem GrEStG, wie sich aus § 2 Abs. 2 GrEStG ergibt.

38 **Hinweis!** Die Einräumung eines solchen Rechts, z.B. eines Nießbrauchs an einem Grundstück gemäß § 1030 BGB oder einer beschränkt persönlichen Dienstbarkeit gemäß § 1090 BGB können aber gem. § 4 Nr. 12 Satz 1 Buchst. c UStG umsatzsteuerfrei sein (s. Birkenfeld, Das große Umsatzsteuerhandbuch, 43. Lfg., § 94 Rn. 301).

39 **Hinweis!** Die hier beschriebenen mit dem Grundstück verbundenen Rechte sind nicht zu verwechseln mit den grundstücksgleichen Rechten, wie z.B. dem Miteigentumsanteil an einem Grundstück, dem Erbbaurecht oder Nutzungsrechten gemäß § 15 WEG. Diese werden grunderwerbsteuerrechtlich den Grundstücken gleichgestellt. Ihre Veräußerung fällt daher unter die Umsatzsteuerbefreiung des § 4 Nr. 9 Buchst. a UStG.

1.1.2.2 Grunderwerbsteuerbare aber grunderwerbsteuerfreie Übertragungen

40 Da für die Umsatzsteuerbefreiung gem. § 4 Nr. 9 Buchst. a UStG nur Voraussetzung ist, dass der Umsatz dem Grunderwerbsteuergesetz unterliegt, nicht aber, dass tatsächlich Grunderwerbsteuer anfällt (s. bereits den Wortlaut des § 4 Nr. 9 Buchst. a UStG: „die Umsätze, die unter das Grunderwerbsteuergesetz fallen.“; auch s. Art. 401 MwStSystRL; s. BFH vom 24.01.2008, BFH/NV 2008, 1081), greift die Umsatzsteuerbefreiung gem. § 4 Nr. 9 Buchst. a UStG auch dann ein, wenn ein nach § 1 GrEStG **grunderwerbsteuerbarer Vorgang** gem. den §§ 3, 4 GrEStG von der **Grunderwerbsteuer befreit** ist. So ist beispielsweise eine Grundstücksveräußerung zwischen Ehegatten oder Lebenspartnern im Wege der scheidungsbedingten Vermögensauseinandersetzung gem. § 3 Nr. 4 bzw. 5 GrEStG von der Grunderwerbsteuer befreit, aber dennoch gem. § 4 Nr. 9 Buchst. a UStG ebenfalls umsatzsteuerfrei.

41 **Beispiel:** Unternehmerin U veräußert das in ihrem Unternehmen gehaltene Grundstück an ihren Ehemann E, der das Grundstück unternehmerisch zu verwenden beabsichtigt.

Lösung: Die Veräußerung des Grundstücks ist – sofern es sich nicht um eine Geschäftsveräußerung im Ganzen gem. § 1 Abs. 1a UStG handelt – gem. § 1 Abs. 1 Nr. 1 UStG umsatzsteuerbar und nach § 4 Nr. 9 Buchst. a UStG umsatzsteuerfrei. Zudem ist die Grundstücksveräußerung aber auch gem. § 3 Nr. 4 GrEStG von der Grunderwerbsteuer befreit, da U an ihren Ehegatten veräußert. Der Umstand, dass U aus ihrer unternehmerischen Sphäre veräußert und E es für seine unternehmerische Sphäre erwirbt, hindert die Grunderwerbsteuerbefreiung des § 3 Nr. 4 GrEStG nicht, da die Vorschrift nicht voraussetzt, dass der Grundstückserwerb aus dem privaten oder in den privaten Bereich der Ehegatten veräußert wird.

1.2 Die grunderwerbsteuerrechtlichen Umsätze

42 Das Grunderwerbsteuergesetz erfasst gem. § 1 GrEStG bestimmte Rechtsvorgänge, soweit sie sich auf inländische Grundstücke beziehen. Diese **Rechtsvorgänge** sind **abschließend** aufgezählt. Somit fällt nicht unter das Grunderwerbsteuergesetz, damit auch nicht unter die Umsatzsteuerbefreiung des § 4 Nr. 9 Buchst. a UStG, was nicht in § 1 GrEStG benannt ist. Die wesentlichen Erwerbsvorgänge des GrEStG sind:

- **Kaufvertrag** und sonstige Rechtsgeschäfte, die den Anspruch auf Übereignung eines Grundstücks begründen, § 1 Abs. 1 Nr. 1 GrEStG,

- Die **Auflassung** – also die sachenrechtliche Übereignung – des Grundstücks, § 1 Abs. 1 Nr. 2 GrEStG. Dieser Tatbestand greift allerdings nur ein, wenn der Auflassung kein schuldrechtliches Rechtsgeschäft i.S.d. § 1 Abs. 1 Nr. 1 GrEStG vorausgegangen ist.

> **Hinweis!** Dass § 1 GrEStG in Nr. 1 den Kaufvertrag und in Nr. 2 nachrangig die Auflassung des Grundstücks erfasst, ist dem im BGB verankerten **Abstraktionsprinzip** geschuldet. Das BGB unterscheidet zwischen dem schuldrechtlichen Kaufvertrag gem. § 433 BGB und der sachenrechtlichen Übereignung des Grundstücks durch die sogenannte Auflassung gem. den §§ 873, 925 BGB (s. Palandt, BGB, Überblick vor § 104 Rn. 22; Einführung vor § 433 Rn. 1). Der Kaufvertrag begründet lediglich die Verpflichtung, das Grundstück auf den Käufer zu übertragen (s. Palandt, BGB, Einführung vor § 433 Rn. 4). Durch ihn geht das Eigentum an dem Grundstück aber noch nicht über. Dies geschieht erst durch Auflassung, einem von dem Grundstück getrennten, also „abstrakten“ Rechtsgeschäft.

- Das Meistgebot oder der Übergang des Eigentums an dem Grundstück jeweils im **Zwangsversteigerungsverfahren**, § 1 Abs. 1 Nr. 4, 3c) GrEStG.
- **Rechtsvorgänge**, die es einem anderen rechtlich oder wirtschaftlich **ermöglichen**, ein Grundstück **auf eigene Rechnung zu verwerten**, § 1 Abs. 2 GrEStG.

> **Hinweis!** Zur Vermeidung der Grunderwerbsteuer wird in jüngerer Zeit eine Rechtsprechung genutzt, gem. der § 1 Abs. 2 GrEStG voraussetzt, dass der Erwerber die jederzeitige Verwertungsbefugnis mit übertragen erhält. Fehlt eine solche, liegt ein Erwerbstatbestand gem. § 1 Abs. 2 GrEStG nicht vor. Zu beachten ist dann aber, dass umsatzsteuerrechtlich eine Lieferung gem. § 3 Abs. 1 UStG vorliegen kann, die umsatzsteuerpflichtig ist, weil § 4 Nr. 9 Buchst. a UStG mangels Grunderwerbsteuerbarkeit nicht eingreift. Denn für eine umsatzsteuerrechtliche Lieferung ist ausreichend, dass der Erwerber die tatsächliche Sachherrschaft an dem Grundstück gem. § 39 Abs. 2 Nr. 1 AO, also das wirtschaftliche Eigentum, erlangt. Eine umsatzsteuerrechtliche Rechtsprechung, die hierfür eine jederzeitige Verwertungsbefugnis verlangt, existiert aber bislang nicht. Insofern kann die Ersparnis der Grunderwerbsteuer zu einem Pyrrhussieg werden, wenn eine umsatzsteuerfreie Veräußerung erwünscht ist. Soll dagegen ohnehin umsatzsteuerpflichtig veräußert werden, ist die Ersparnis der Grunderwerbsteuer im Rahmen des § 1 Abs. 2 GrEStG umsatzsteuerrechtlich ohne Nachteil.

- Die **Übertragung von Anteilen an einer Gesellschaft**, die ein inländisches Grundstück hält, § 1 Abs. 3 GrEStG.

> **Hinweis!** Die Grundstücksübertragung durch Gesamtrechtsnachfolge im Wege der Erbschaft gem. § 1922 Abs. 1 BGB oder durch Einzelrechtsnachfolge im Wege der Schenkung gem. § 516 Abs. 1 BGB sind gem. § 1 Abs. 1 Nr. 3 GrEStG ebenfalls von dem Grunderwerbsteuergesetz erfasst, gem. § 3 Nr. 2 GrEStG jedoch von der Grunderwerbsteuer befreit. Umsatzsteuerrechtlich fehlt es hier jedoch bereits gem. § 1 Abs. 1 Nr. 1 UStG an der Entgeltlichkeit, da keinerlei Gegenleistungen gewährt werden. Erbschaft und Schenkung sind also bereits nicht umsatzsteuerbar, sodass es auf § 4 Nr. 9 Buchst. a UStG gar nicht mehr ankommt, wobei für eine Schenkung aus dem Unternehmen heraus § 3 Abs. 1b UStG zu beachten ist. Im Übrigen unterfallen solche Rechtsträgerwechsel der Erbschaft- bzw. Schenkungssteuer.

Das Grunderwerbsteuergesetz versteht unter **Grundstücken** gemäß § 2 Abs. 1 Nr. 1 GrEStG solche im Sinne des BGB, erfasst aber nicht nur Rechtsvorgänge, die sich auf Grundstücke beziehen. Es werden gemäß § 2 GrEStG verschiedene Rechte bzw. bewegliche Gegenstände den Grundstücken im engeren Sinn gleichgestellt. Diese **grundstücksgleichen Rechte bzw. Mobilien** unterfallen damit gleichermaßen dem Grunderwerbsteuergesetz. Dies sind: **43**

- **Erbbaurechte**,
- **Gebäude auf fremden Grund und Boden** sowie
- bestimmte **dinglich gesicherte Sondernutzungsrechte**.

1.3 Nichtige Rechtsgeschäfte

44 Verträge, mit denen Eigentum an einem Grundstück übertragen werden sollen, bedürfen gem. § 311b Abs. 1 Satz 2 BGB der **notariellen Beurkundung**. Wird diese **Form** nicht beachtet, ist ein solcher Vertrag gem. § 125 Satz 1 BGB **nichtig** (eine solche Formnichtigkeit kann sich aber auch ergeben, wenn die Parteien einvernehmlich zum Schein vor dem Notar einen niedrigeren als den tatsächlich vereinbarten Kaufpreis beurkunden, um die Grunderwerbsteuer und auch die Notargebühren zu reduzieren. Der Kauf zu dem zum Schein angegebenen, nicht gewollten Kaufpreis ist gem. § 116 Abs. 1 BGB nichtig, der Kauf zu dem wirklich gewollten Kaufpreis aber nicht notariell beurkundet und daher gem. § 125 Satz 1 BGB formnichtig). Ist der Vertrag formnichtig, existiert daher kein Rechtsgeschäft i.S.d. § 1 Abs. 1 GrEStG. Ein umsatzsteuerbarer Umsatz besteht zu diesem Zeitpunkt ohnehin noch nicht, da ein wirksamer schuldrechtlicher Vertrag für sich allein noch nicht zu einem Verschaffen der Verfügungsmacht gem. § 3 Abs. 1 UStG führt. Kommt es daher aufgrund des nichtigen Grundstückskaufvertrages nicht zu einer Übertragung des Eigentums, liegt keine **Lieferung** i.S.d. § 1 Abs. 1 Nr. 1 UStG vor, die gem. § 4 Nr. 9 Buchst. a UStG umsatzsteuerbefreit werden müsste oder könnte. Die zivilrechtliche Formnichtigkeit eines Grundstückskaufvertrages bedeutet somit im Ergebnis **keine Umsatzsteuerbelastung**.

45 Wird aufgrund des formnichtigen Rechtsgeschäftes das Grundstück durch **Auflassung** und Eintragung in das Grundbuch dennoch auf den Käufer übertragen, wird der Kaufvertrag gem. § 311b Abs. 1 Satz 2 BGB vollumfänglich wirksam. In diesem Fall kommt es, allerdings erst in diesem Zeitpunkt, zu einem **Verschaffen der Verfügungsmacht** gem. § 3 Abs. 1 UStG und damit zu einer umsatzsteuerbaren Lieferung. Gleichzeitig liegt nun aber wieder ein grunderwerbsteuerpflichtiges Rechtsgeschäft vor, sodass § 4 Nr. 9 Buchst. a UStG regulär gegeben ist.

46 Zusammenfassend bleibt festzuhalten, dass die **Formnichtigkeit** eines Grundstückskaufvertrages oder sonstigen Rechtsgeschäfts, das sich auf das Recht an einem Grundstück bezieht, **kein Risiko im Hinblick auf die Anwendung des § 4 Nr. 9 Buchst. a UStG** bedeutet.

1.4 Unmittelbare und mittelbare Rechtsfolgen

47 Die **unmittelbare Rechtsfolge** des § 4 Nr. 9 Buchst. a UStG besteht darin, dass der Grundstücksumsatz von der Umsatzsteuer befreit wird. Aus dieser Rechtsfolge ergeben sich weitere **mittelbare Konsequenzen**, die mit zu berücksichtigen sind:

- Die **Vorsteuer** auf Eingangsumsätze, die der umsatzsteuerfreien Grundstücksveräußerung zuzuordnen sind, sind gem. § 15 Abs. 2 Satz 1 Nr. 1 UStG vom Abzug ausgeschlossen.
- Sofern für die veräußerte Immobilie ein oder mehrere **Berichtigungszeiträume** i.S.d. § 15a UStG laufen, wird gem. § 15a Abs. 8 Satz 1, Abs. 9 UStG fingiert, dass der Veräußerer die Immobilie bis zum Ablauf des Berichtigungszeitraums umsatzsteuerfrei weitergenutzt hat. Sofern der Veräußerer aus Eingangsumsätzen zur Anschaffung oder Herstellung Vorsteuern abgezogen hat, sind diese dann teilweise zu korrigieren, d.h. dem Finanzamt zurückzuerstatten.
- Die Veräußerung von Gegenständen, die der Veräußerer **ausschließlich oder zu nicht weniger als 95 %** (s. Abschn. 4.28.1 Abs. 2 Satz 1 UStAE) für die **umsatzsteuerfreie Grundstücksveräußerung** oder sonstige gem. den § 4 Nr. 8 bis 27 UStG umsatzsteuerfreie Tätigkeiten **verwendet** hat, sind gem. § 4 Nr. 28 UStG umsatzsteuerfrei.

> **Beispiel:** B veräußert Grundstücke ausschließlich an Nichtunternehmer für deren private Wohnzwecke. Seine Grundstücksveräußerungen sind somit zwingend gemäß § 4 Nr. 9 Buchst. a UStG umsatzsteuerfrei ohne die Möglichkeit zur Umsatzsteuerpflicht. Veräußert der B nun Anlagevermögen, gleich ob einen Firmenwagen, Büromöbel oder sonstiges Inventar, sind diese Lieferungen gemäß § 4 Nr. 28 UStG umsatzsteuerfrei.
> Fraglich ist, wie der Fall zu lösen ist, wenn der B ein Grundstück veräußert, das er als Firmengrundstück im Anlagevermögen zur Ausübung seiner Bauträgertätigkeit genutzt hat. Denn die Veräußerung dieses Grundstücks fällt sowohl unter die Umsatzsteuerbefreiung des § 4 Nr. 9 Buchst. a UStG

als auch des § 4 Nr. 28 UStG. Während aber im Falle des § 4 Nr. 9 Buchst. a UStG gemäß § 9 UStG die Option zur Umsatzsteuerpflicht möglich ist, besteht eine solche Möglichkeit bei § 4 Nr. 28 UStG nicht. Somit stellt sich die Frage, ob einer der beiden Befreiungsvorschriften der Vorrang einzuräumen ist. Grundsätzlich stehen die Befreiungsvorschriften des § 4 UStG selbstständig und gleichrangig nebeneinander. Da somit § 4 Nr. 9 Buchst. a UStG den § 4 Nr. 28 UStG nicht verdrängt und § 9 UStG nicht für § 4 Nr. 28 UStG gilt, ist davon auszugehen, dass es mithin bei einer zwingenden Umsatzsteuerfreiheit – eben gemäß § 4 Nr. 28 UStG – verbleibt.

- Der Veräußerer kann **gemäß § 9 UStG** vollständig oder teilweise zu einem **umsatzsteuerpflichtigen Umsatz optieren**.

Hinweise! Die Option hat bei einer Grundstücksveräußerung einerseits und der Bestellung und Übertragung von Erbbaurechten andererseits unterschiedliche Anforderungen.
Bei einer **Geschäftsveräußerung im Ganzen** gem. § 1 Abs. 1a UStG besteht die Möglichkeit nicht, zu einer Umsatzsteuerpflicht zu optieren.

1.5 Umfang der Umsatzsteuerbefreiung

§ 4 Nr. 9 Buchst. a UStG, der „Umsätze" von der Umsatzsteuer befreit, erfasst nicht nur die Lieferung 48 von Grundstücken, sondern auch von **beweglichen Gegenständen und auch sonstige Leistungen** (Rau/Dürrwächter, Umsatzsteuergesetz, Kommentar, Lfg. 129, § 4 Nr. 9, Rz. 20). Unter § 4 Nr. 9a) UStG fallen somit auch die Übertragungen von:

- **Anteilen an grundstückshaltenden Gesellschaften** i.S.d. § 1 Abs. 3 GrEStG (s. Rau/Dürrwächter, Umsatzsteuergesetz, Kommentar, Lfg. 129, § 4 Nr. 9, Rz. 20),
- **Miteigentumsanteilen** an einem Grundstück (s. Abschn. 4.9.1 Abs. 2 Nr. 2 UStAE),
- **Erbbaurechten** (s. Abschn. 4.9.1 Abs. 2 Nr. 1 UStAE),
- dinglich gesicherten **Sondernutzungsrechte**, z.B. ein Nutzungsrecht für das Sondereigentum i.S.d. § 15 WEG.
- **Gebäuden auf fremden Grund und Boden**.

Aber auch die **Entnahme von Grundstücken aus dem Unternehmen** ist nach § 4 Nr. 9 Buchst. a UStG 49 umsatzsteuerbefreit und zwar nach **Ansicht der Finanzverwaltung** auch dann, wenn zivilrechtlich gar kein Rechtsträgerwechsel gegeben ist (s. Abschn. 4.9.1 Abs. 2 Nr. 6 UStAE). Diese Ansicht ist allerdings **fraglich**. Denn bei einer solchen Entnahme ohne Rechtsträgerwechsel – z.B. bei einer natürlichen Person als Unternehmer, der das Grundstück in seinen privaten Bereich entnimmt – liegt gar kein dem Grunderwerbsteuergesetz unterfallender Umsatz vor.

Wie oben dargelegt, ist für die Umsatzsteuerbefreiung gem. § 4 Nr. 9 Buchst. a UStG nur Voraussetzung, 50 dass der Umsatz dem Grunderwerbsteuergesetz unterliegt, nicht aber, dass tatsächlich Grunderwerbsteuer anfällt. Aus diesem Grund ist § 4 Nr. 9 Buchst. a UStG auch dann gegeben, wenn ein nach § 1 GrEStG grunderwerbsteuerbarer Vorgang gemäß den §§ 3, 4 GrEStG von der Grunderwerbsteuer befreit ist. So ist beispielsweise eine Grundstücksveräußerung zwischen Ehegatten oder Lebenspartnern im Wege der scheidungsbedingten Vermögensauseinandersetzung gemäß § 3 Nr. 4 bzw. 5 GrEStG von der Grunderwerbsteuer befreit, aber dennoch gemäß § 4 Nr. 9 Buchst. a UStG ebenfalls umsatzsteuerfrei.

Beispiel: Unternehmerin U veräußert das in ihrem Unternehmen gehaltene Grundstück an ihren Ehemann E, der das Grundstück unternehmerisch zu verwenden beabsichtigt. 51

Lösung: Die Veräußerung des Grundstücks ist – sofern es sich nicht um eine Geschäftsveräußerung im Ganzen gemäß § 1 Abs. 1a UStG handelt – gemäß § 1 Abs. 1 Nr. 1 UStG umsatzsteuerbar und nach § 4 Nr. 9 Buchst. a UStG umsatzsteuerfrei. Zudem ist die Grundstücksveräußerung aber auch gemäß § 3 Nr. 4 GrEStG von der Grunderwerbsteuer befreit, da U an ihren Ehegatten veräußert. Der Umstand, dass

U aus ihrer unternehmerischen Sphäre veräußert und E es für seine unternehmerische Sphäre erwirbt, hindert die Grunderwerbsteuerbefreiung des § 3 Nr. 4 GrEStG nicht, da die Vorschrift nicht voraussetzt, dass der Grundstückserwerb aus dem privaten oder in den privaten Bereich der Ehegatten veräußert wird.

52 Die Umsatzsteuerbefreiung erstreckt sich auch auf **umsatzsteuerrechtliche Nebenleistungen** (s. Rau/Dürrwächter, UStG, 129. Lfg., § 4 Nr. 9 Rn. 41.8), selbst wenn diese für sich allein gar nicht der Grunderwerbsteuer unterliegen (s. Rau/Dürrwächter, UStG, 129. Lfg., § 4 Nr. 9 Rn. 7).

2. § 4 Nr. 9 Buchst. b UStG Umsätze, die unter das Rennwett- und Lotteriegesetz fallen

53 § 4 Nr. 9 Buchst. b UStG befreit **Umsätze** von der Umsatzsteuer, die unter das **Rennwett- und Lotteriegesetz** (RennwLottG) fallen. Wie bei § 4 Nr. 9 Buchst. a UStG auch stellt dies insofern eine Besonderheit dar, als die Umsatzsteuerfreiheit direkt an ein anderes Gesetz anknüpft. Entsprechend besteht der Zweck des § 4 Nr. 9 Buchst. b UStG ebenfalls in der Vermeidung einer Doppelbesteuerung (s. Rau/Dürrwächter, UStG, 148. Lfg.; § 4 Nr. 9 Rn. 133).

54 Ein Verzicht auf die Umsatzsteuerbefreiung des § 4 Nr. 9 Buchst. b UStG ist gem. § 9 Abs. 1 UStG nicht möglich. Die **Umsatzsteuerbefreiung** ist daher zwingend.

2.1 Voraussetzungen des § 4 Nr. 9 Buchst. b UStG

55 Die Umsatzsteuerbefreiung gemäß § 4 Nr. 9 Buchst. b UStG setzt voraus, dass die Leistung dem **RennwLottG unterfällt**. Dies ist bei Weitem nicht jede Leistung im Bereich des Glückspiels, sondern nur:

- Rennwetten,
- Lotterien,
- Ausspielungen,
- Oddset-Wetten.

56 Insbesondere nicht von § 4 Nr. 9 Buchst. b UStG erfasst ist der Betrieb von Geldspielautomaten (s. BFH vom 10.11.2010, XI R 79/07, BStBl II 2011, 311). Dies ist zumindest für Umsätze aus dem Betrieb von Geldspielautomaten seit dem 06.05.2006 mit dem Unionsrecht vereinbar (s. EuGH vom 10.6.2010, C-58/09, Leo-Liberia, UR 2010, 494). Zu der aktuellen Entscheidung des EuGH im Bereich der Geldspielautomaten vgl. die Ausführungen unter Rn. 63.

57 Weiterhin dürfen die Umsätze **nicht** von der **Rennwettsteuer befreit** oder von der Erhebung der Rennwettsteuer **ausgenommen** sein. § 4 Nr. 9 Buchst. b Satz 2 UStG schränkt – insofern anders als § 4 Nr. 9 Buchst. a UStG die Umsatzbesteuerung auf die Fälle der tatsächlichen Doppelbesteuerung ein. Der Rennwettsteuer unterliegen insbesondere die Leistungen der Buchmacher im Wettgeschäft. Diese sind nach § 4 Nr. 9 Buchst. b UStG von der Umsatzsteuer befreit. Buchmacher, die nicht selbst Wetten abschließen, sondern nur vermitteln, sind mit ihrer Vermittlungsleistung, für die sie eine Provision erhalten, nicht nach § 4 Nr. 9 Buchst. b UStG von der Umsatzsteuer befreit (s. Abschn. 4.9.2 Abs. 2 Satz 1 UStAE).

2.2 Rennwette

58 **Rennwetten** sind gemäß § 2 RennwLottG Wetten, die bei öffentlichen Leistungsprüfungen für Pferde abgegeben werden. Zwar mag es angehen, dass auch andere Wetten darunter zählen, wenn sie „bei" – also im Rahmen – öffentlicher Leistungsprüfungen abgeschlossen werden (s. Rau/Dürrwächter, UStG, 148. Lfg., § 4 Nr. 9 Rn. 138). Darunter werden aber keine Wetten auf Rennen fallen, die mit Pferderennen und deren Einrichtungen in keinem Zusammenhang stehen, z.B. Windhund- oder Schlittenhundrennen.

2.3 Lotterie

59 Eine **Lotterie** i.S.d. § 17 Abs. 1 Satz 1 RennwLottG ist ein Spiel, bei dem gemeinsam spielende Teilnehmer, die einen Einsatz leisten müssen, die Chance auf einen Geldgewinn nach einem vorher durch einen Spiel-

plan festgelegten Modus erhalten (s. Rau/Dürrwächter, UStG, 148. Lfg., § 4 Nr. 9 Rn. 154). Dass nach einem Spielplan gespielt wird, ist dabei das wesentliche Merkmal einer Lotterie in Abgrenzung zu sonstigen Glücksspielen (s. Rau/Dürrwächter, UStG, 148. Lfg., § 4 Nr. 9 Rn. 157).

2.4 Ausspielung

Die **Ausspielung** unterscheidet sich von der Lotterie lediglich dadurch, dass der Gewinn nicht in Geld, 60
sondern in Sachwerten oder geldwerten Vorteilen besteht (Rau/Dürrwächter, Umsatzsteuergesetz, Kommentar, 148. Lfg., § 4 Nr. 9, Rn. 154). Hierzu zählen auch die auf Volksfesten üblicherweise veranstalteten Ausspielungen (s. Rau/Dürrwächter, UStG, 148. Lfg., § 4 Nr. 9 Rn. 175).

2.5 Oddset-Wetten

Bei einer **Oddset-Wette** sagt der Leistungsempfänger das Ergebnis einer Sportveranstaltung voraus. Ist das 61
Ergebnis richtig vorhergesagt, ist der Leistende verpflichtet, den Einsatz des Leistungsempfängers nach einer festen Gewinnquote – „Odd" – zu vervielfältigen (s. BVerfG vom 28.03.2006, BVerfGE 115, 276).

2.6 Mögliche Unionsrechtswidrigkeit des § 4 Nr. 9 Buchst. b UStG

Nicht abschließend geklärt ist, ob § 4 Nr. 9 **Buchst. b UStG** gegen Art. 135 Abs. 1 Buchst. i MwStSystRL 62
verstößt und damit **unionsrechtswidrig** ist. Denn durch den direkten Verweis auf das RennwLottG sind nur Wettumsätze in den dort erfassten Glückspielen der Lotterie, Ausspielung und Oddset-Wetten von der Umsatzsteuerfreiheit umfasst. Eine solche **Begrenzung sieht** Art. 135 Abs. 1 Buchst. i **MwStSystRL** aber gar **nicht vor**. Stattdessen erfasst Art. 135 Abs. 1 Buchst. i MwStSystRL auch sonstige Wetten (s. Rau, UStG, Kommentar, 148. Lfg., § 4 Nr. 9, Rn. 133.4). Zwar sieht die Vorschrift dabei vor, dass der Mitgliedstaat Bedingungen und Beschränkungen erlassen kann. Insofern ist der Verweis des § 4 Nr. 9 Buchst. b UStG auch nicht per se unionsrechtswidrig. Allerdings erfasst die Erlaubnis, Beschränkungen anzuordnen dann nicht die Begrenzung auf Umsätze mit bestimmten Glückspielen, wenn sonstige Wetten dadurch ausgeschlossen werden. In diesem Fall hat der nationale Gesetzgeber Art. 135 Abs. 1 Buchst. i MwStSystRL unrichtig umgesetzt, sodass sich der Steuerpflichtige direkt auf das weitergehende Gemeinschaftsrecht berufen kann (s. EuGH vom 17.02.2005, C-453/02 und C-462/02, Linneweber, Akritidis, Rn. 35, DStR 2005, 371).

Aufgrund eines Vorlageverfahrens des FG Hamburg konnte der EuGH in seinem Urteil vom 24.10.2013 63
erneut zu der Umsatzbesteuerung aus dem Betrieb von Geldspielautomaten Stellung nehmen. Dabei hat er folgende allgemeine Grundsätze für die Umsatzbesteuerung im Bereich der Rennwett- und Lotteriegesetze bestätigt (s. EuGH vom 24.10.2013, C-440/12, Metropol Spielstätten UG, UR 2013, 866):

- Neben der Mehrwertsteuer dürfen die Mitgliedstaaten bei Spiel- und Wettumsätzen eine Sonderabgabe erheben, wenn diese keinen Umsatzsteuercharakter hat. Die Vergnügungssteuer in Deutschland stellt eine solche Sonderabgabe dar.
- Bemessungsgrundlage ist nur der dem Spielautomatenbetreiber am Monatsende verbleibende Betrag, da der Betreiber aufgrund von gesetzlichen Regelungen nur über diesen Betrag verfügen kann (s. EuGH vom 05.05.1994, C-38/93, Glawe, BStBl II 1994, 548).
- Der EuGH hat keine Bedenken, dass bei den öffentlichen Spielbanken die von ihnen geschuldete Umsatzsteuer auf die nicht harmonisierte Spielbankengewinnabgabe angerechnet wird.

§ 4 Nr. 10 UStG Versicherungsumsätze

[1]Von den unter § 1 Abs. 1 Nr. 1 fallenden Umsätzen sind steuerfrei:

...

10. a) die Leistungen auf Grund eines Versicherungsverhältnisses im Sinne des Versicherungsteuergesetzes. [2]Das gilt auch, wenn die Zahlung des Versicherungsentgelts nicht der Versicherungsteuer unterliegt,

 b) die Leistungen, die darin bestehen, dass anderen Personen Versicherungsschutz verschafft wird;

...

Bearbeiter: Daniela Bick

Inhaltsverzeichnis

1. Inhalt und Zweck der Vorschrift

1 Die Steuerbefreiung des § 4 Nr. 10 Buchst. a UStG befreit die **Leistungen**, die **aufgrund eines Versicherungsverhältnisses** gezahlt werden von der Umsatzsteuer. § 4 Nr. 10 Buchst. b UStG befreit zusätzlich Leistungen, die darin bestehen, dass anderen Personen Versicherungsschutz verschafft wird. Verallgemeinernd gesagt befreit der § 4 Nr. 10 UStG Versicherungsumsätze.

2 Zweck des § 4 Nr. 10 Buchst. a Satz 1 UStG war es ursprünglich eine **Doppelbelastung der Versicherungsumsätze mit Umsatzsteuer und Versicherungsteuer zu verhindern** (s. BT-Drs. IV/1590), um so die Doppelbelastung des Endverbrauchers zu verhindern (s. BFH vom 13.07.1972, V R 33/68, BFHE 107, 60). Nach § 4 Nr. 10 Buchst. a Satz 2 UStG gilt die Steuerbefreiung auch dann, wenn keine Versicherungssteuer anfällt, d.h. insbesondere bei nach § 1 Abs. 2–4 VersStG nicht steuerbaren Leistungen (sog. Auslandsgeschäften). § 4 Nr. 10 Buchst. a Satz 2 UStG soll insoweit die Wettbewerbsneutralität von deutschen Unternehmern im Auslandsgeschäft gewährleisten. Zweck des § 4 Nr. 10 Buchst. b UStG ist es insbesondere Arbeitgebern steuerliche Anreize dazu zu geben, im Rahmen der betrieblichen Altersversorgung Versicherungsverträge zugunsten ihrer Arbeitnehmer abzuschließen (Direktversicherung).

3 Eine **Steuerbefreiung für Versicherungen** gab es bereits in § 2 Nr. 8 UStG 1918 vom 26.07.1918 (RGBl 1918, 779). Nach Einführung der VerSt zum 08.04.1922 wurde die Steuerbefreiung auf Versicherungen im Sinne des VerStG angepasst. Die Steuerbefreiung wurde mit Änderungen in die Folgegesetzte und schließlich in § 4 Nr. 9 Buchst. a UStG 1967 vom 29.05.1967 (BGBl I 1967, 545) übernommen. Eine Vorgängervorschrift zu dem in § 4 Nr. 10 Buchst. a Satz 2 UStG 1967 übernommenen Regelung fand sich in dem zum 01.04.1958 eingeführten § 27b UStDB 1951 (s. BStBl I 1958, 697 und BStBl I 1959, 14). Die erste Steuerbefreiung für die Verschaffung von Versicherungsschutz (heute § 4 Nr. 10 Buchst. b UStG) wurde erstmals durch § 24 des Gesetzes zur Verbesserung der betrieblichen Altersversorgung vom 19.12.1974 (BGBl I 1974, 3610 = BStBl I 1975, 22) in § 4 Nr. 27 UStG 1973 aufgenommen. Durch das UStG 1980 erhielt § 4 Nr. 10 UStG schließlich seine noch heute gültige Fassung.

4–5 Einstweilen frei

2. Unionsrechtlicher Hintergrund

6 Unionsrechtliche Grundlage der Steuerbefreiung in § 4 Nr. 10 UStG ist **Art. 135 Abs. 1 Buchst. a MwStSystRL**. Danach befreien die Mitgliedstaaten die Versicherungs- und Rückversicherungsumsätze ein-

schließlich der dazugehörigen Dienstleistungen, die von Versicherungsmaklern und -vertretern erbracht werden von der Umsatzsteuer. Die Steuerbefreiung für Versicherungs- und Rückversicherungsumsätze wurde durch den deutschen Gesetzgeber in § 4 Nr. 10 UStG umgesetzt. Die Steuerbefreiung des § 4 Nr. 11 UStG bezieht sich auf die dazugehörigen Dienstleistungen von Versicherungsmaklern und -vertretern. Die MwStSystRL sieht insofern den nach dem UStG erforderlichen Rückgriff auf das deutsche Versicherungssteuergesetz nicht vor. Der Verweis auf das VersStG steht daher unter dem Vorbehalt, dass die nationalen Bestimmungen mit der Befreiung in Art. 135 Abs. 1 Buchst. a MwStSystRL übereinstimmen. Gleichzeitig enthält das Unionsrecht keine ausdrückliche Steuerbefreiung für die Verschaffung von Versicherungsschutz. Soweit eine Umsetzung in das deutsche Recht enger ist, als das Unionsrecht kann eine Berufung unmittelbar auf das Unionsrecht in Betracht kommen. Soweit das deutsche Recht weiter gefasst ist, kann sich ein Steuerpflichtiger gleichwohl hierauf berufen.

Der **Begriffe der Versicherung** ist ein autonomer **unionsrechtlicher Begriff**, der richtlinienkonform nach dem Unionsrecht auszulegen ist. Dabei muss die Auslegung grundsätzlich eng erfolgen, da Steuerbefreiungen Ausnahmen von dem allgemeinen Grundsatz darstellen, dass jede Dienstleistung, die ein Steuerpflichtiger gegen Entgelt erbringt, der Mehrwertsteuer unterliegt (s. EuGH vom 03.03.2005, C-472/03, Arthur Andersen, UR 2005, 201). Nach Auffassung des Gerichtshofs ist der Begriff „Versicherung" wir in der Versicherungsrichtlinie 73/239/EWG (ABl. 1973, L 228/3), geändert durch die Richtlinie 84/641/EWG (ABl. 1984, L 339/21), zu verstehen (s. EuGH vom 25.02.1999, C-349/96, Card Protection Plan (CPP), UR 2009, 254). Daher kann zwar auf die Regelungen des deutschen Versicherungssteuergesetzes zurückgegriffen werden, aber nur insoweit, als diese der Versicherungsrichtlinie nicht widersprechen. **Wesentliches Merkmal einer Versicherung ist nach Auffassung des Gerichtshofs, dass der Versicherer sich verpflichtet, dem Versicherten gegen vorherige Zahlung einer Prämie beim Eintritt des Versicherungsfalls die bei Vertragsschluss vereinbarte Leistung zu erbringen** (s. EuGH vom 16.07.2015, C-584/13, Mapfre warranty, DB 2015, 1762). Dabei ist zu beachten, dass die Steuerbefreiung zwar grundsätzlich eng auszulegen ist (s. EuGH vom 15.06.1989, C-348/87, UR 1991, 29), dennoch ist aber der Ausdruck „Versicherungsumsätze" nicht restriktiv in dem Sinne zu verstehen sei, dass hiervon nur Umsätze der Versicherer selbst erfasst sind. Nach Auffassung des Gerichtshofs ist der Begriff der Versicherungsumsätze weit genug, um die Gewährung von Versicherungsschutz durch einen Steuerpflichtigen zu umfassen, der selbst kein Versicherer ist, aber im Rahmen einer Gruppenversicherung seinen Kunden einen solchen Schutz durch Inanspruchnahme der Leistungen eines Versicherers, der das versicherte Risiko zu decken übernimmt, verschafft (s. EuGH vom 04.02.2015, C-584/13, Mapfre warranty, DB 2015, 1762). 7

Art. 135 Abs. 1 Buchst. a MwStSystRL hat – entgegen der nationalen Steuerbefreiung des § 4 Nr. 10 UStG – nicht die Vermeidung einer Doppelbesteuerung mit Umsatz- und Versicherungssteuer zum Ziel. Art. 135 Abs. 1 Buchst. a MwStSystRL schließt allein die Erhebung einer Umsatzsteuer aus. Gemäß Art. 401 MwStSystRl hindert die Mehrwertsteuersystemrichtlinie Mitgliedstaaten explizit nicht daran – unbeschadet anderer gemeinschaftsrechtlicher Vorschriften – Abgaben auf Versicherungsverträge, sowie ganz allgemein alle Steuern, Abgaben und Gebühren, die nicht den Charakter von Umsatzsteuern haben, beizubehalten oder einzuführen. 8

Einstweilen frei 9–10

3. Zusammenhang mit anderen Steuerbefreiungen

Die **Steuerbefreiung** des § 4 Nr. 10 UStG steht in engem Zusammenhang mit der Steuerbefreiung des § 4 Nr. 11 **UStG**, der die Umsätze aus der Tätigkeit des Bausparkassenvertreters, Versicherungsvertreters und Versicherungsmaklers von der Umsatzsteuer befreit. Beide betreffen den Versicherungsbereich. Während § 4 Nr. 10 UStG auf die Art des Umsatzes abstellt, bestimmt sich der Anwendungsbereich des § 4 Nr. 11 UStG personenbezogen. Ist bereits eine Steuerbefreiung nach § 4 Nr. 10 UStG gegeben, ist die Steuerbefreiung aus § 4 Nr. 11 UStG nachrangig. Versicherungsmakler vermitteln nur Versicherungen; sie unterliegen daher nicht dem VersStG. Die Leistungen des Versicherungsmaklers können aber nach § 4 Nr. 11 UStG umsatzsteuerfrei sein. Die Darlehenshingabe durch die Bausparkassen fällt nicht unter § 4 Nr. 10 UStG, 11 sie kann aber eine **steuerfreie Kreditgewährung nach § 4 Nr. 8 Buchst. a UStG** sein. Lieferungen von Gegenständen, die der Unternehmer ausschließlich für eine nach § 4 Nr. 10 steuerfreie Tätigkeit verwendet hat, sind nach § 4 Nr. 28 HS. 2 UStG (s. § 4 Nr. 28 Rn. 9 ff.) steuerfrei.

12–13 Einstweilen frei

4. Voraussetzungen der Steuerfreiheit im Einzelnen

4.1 Leistungen aufgrund eines Versicherungsverhältnisses, § 4 Nr. 10 Buchst. a UStG

14 Die Umsatzsteuerbefreiung nach § 4 Nr. 10 Buchst. a erfasst seinem Wortlaut nach alle Leistungen aufgrund eines **Versicherungsverhältnisses** i.S.d. VersStG. Eine gesetzliche Definition des Versicherungsverhältnisses existiert nicht. Der BFH versteht unter einem Versicherungsverhältnis i.S.d. VersStG (vom 10.01.1996, BGBl I 1996, 23) das Verhältnis des einzelnen (Versicherungsnehmers) zum Versicherer sowie seine Wirkungen, die hieraus erwachsen (s. BFH 20.04.1977, II R 36/76, BStBl II 1977, 688). Wesentliches Merkmal ist das Vorhandensein eines vom Versicherer gegen Entgelt übernommenen Wagnisses ist (s. BFH vom 08.12.2010, II R 21/09, BFH/NV 11, 549). Keine Wagnisübernahme liegt etwa vor, wenn der Leasinggeber den Leasingnehmer gegen zusätzliches Entgelt von der Haftung für die Beschädigung oder Zerstörung des Leasingguts „freistellt" (s. BFH vom 08.12.2010, II R 21/09, BFH/NV 11, 549). Grundsätzlich kann Gegenstand einer Versicherung auch eine Sachleistung sein (s. RFH vom 07.12.1933, V A 913/32, RStBl 34, 589).

15 Die Beschränkung des Versicherers auf Unternehmen, die **nach nationalem Recht zur Durchführung der Versicherungstätigkeit zugelassen** sind, ist mit Art. 135 Abs. 1 Buchst. a MwStSystRL nicht vereinbar (s. EuGH vom 25.02.1999, C-349/96, DStRE 1999, 271). Insofern ist anerkannt, dass auch ein Automobilclub, der sich gegen Zahlung eines festen Jahresbeitrags seinen Mitgliedern gegenüber verpflichtet, im Falle einer Panne oder eines Unfalls Beistand zu leisten, steuerfreie Versicherungsleistungen erbringt (s. EuGH vom 07.12.2006, C-13/06, IStR 2007, 298).

16 Ein **Versicherungsverhältnis** wird durch Vertrag oder auf sonstige Weise begründet (s. § 1 Abs. 1 VersStG), wie beispielsweise durch Gesetz im Bereich der betrieblichen Altersversorgung, s. § 10 BetrAVG. Versicherungsvertrag im Sinne des § 2 VersStG ist damit auch eine Vereinbarung zwischen mehreren Personen oder Personenvereinigungen, solche Verluste oder Schäden gemeinsam zu tragen, die den Gegenstand einer Versicherung bilden können. Nach einer Erörterung auf Bund-Läner-Ebene kommt für den Teil der Mitgliedsbeiträge eines Vereins für Haus-, Grund- und Wohungseigentümer der auf die Rechtsberatung der Mitglieder entfällt, die Steuerbefraiung nach § 4 Nr. 10 Buchst. a UStG in Betracht (s. LSF Sachsen vom 03.02.2016, 213 – S 7163/1/1-2016/487). **Kein Versicherungsvertrag** – und damit nicht steuerfrei – sind Verträge, nach denen sich der Versicherer verpflichtet, für den Versicherungsnehmer Bürgschaft oder sonstige Sicherheit zu leisten, § 2 Abs. 2 VersStG. Hierunter sind insbesondere die Kautionsversicherungen (Bürgschafts- und Personenkautionsversicherungen) zu verstehen (s. BFH vom 13.07.1972, V R 33/68, VersR 1973, 335; Abschn. 4.10.1 Abs. 2 S. 3 UStAE). Für diese Leistungen kann unter Umständen die **Steuerbefreiung des § 4 Nr. 8 Buchst. g UStG** in Betracht kommen, s. Abschn. 4.10.1 Abs. 2 Satz 4 UStAE. Gleiches gilt für **Bausparverträge**, sonstigen **Kapitalansammlungsverträge** und **Sparversicherungsverträgen ohne Übernahme eines Wagnisses**.

17 Steuerbefreit nach § 4 Nr. 10 Buchst. a UStG ist neben der Zahlung des Versicherungsentgelts durch den Versicherungsnehmer an den Versicherungsgeber auch **jede Leistung aufgrund des Versicherungsverhältnisses** (z.B. Gewährung des Versicherungsschutzes, Leistung bei Eintritt des Versicherungsfalles) und die Leistungen des Versicherungsnehmers. Als Gegenleistung für die Gewährung von Versicherungsschutz ist das vom Versicherungsnehmer gezahlte Versicherungsentgelt steuerfrei nach § 4 Nr. 10 Buchst. a UStG. Zum **Versicherungsentgelt** zählt gemäß § 3 Abs. 1 Satz 1 VersStG jede Leistung, die für die Begründung und zur Durchführung des Versicherungsverhältnisses an den Versicherer zu bewirken ist. Erfasst sind damit insbesondere die Prämien, Zuschläge bei halb- oder vierteljährlicher Zahlungsweise, „Gebühren" für die Ausfertigung der Versicherungspolice (s. RFH vom 23.11.1928, V A 398/28, RFHE 25, 117), Hebegebüh-

ren für den Einzug der Prämien durch den Versicherer unmittelbar beim Versicherungsnehmer (FG Hamburg vom 29.07.1966, II R 229/64, EFG 66, 546) oder Eintrittsgelder (s. RFH vom 03.08.1926, II A 213/26, RStBl 19, 241). Zum Versicherungsentgelt gehört gemäß § 3 Abs. 1 Satz. 2 VersStG nicht, was zur Abgeltung einer Sonderleistung des Versicherers oder aus einem sonstigen in der Person des einzelnen Versicherungsnehmers liegenden Grund gezahlt wird. Hierzu zählen insbesondere Kosten für die Ausstellung von Ersatzurkunden, Verzugs- und Prozesszinsen und Mahnkosten. Verzugs- und Prozesszinsen sowie mahnkosten sind als echter Schadensersatz nicht umsatzsteuerbar, s. Abschn. 1.3 Abs. 6 Satz 2 und 3 UStAE.

Voraussetzung der Steuerfreiheit des § 4 Nr. 10 Buchst. a UStG ist, dass die **Leistungen aufgrund des** 18
Versicherungsverhältnisses erbracht werden. Es muss also ein unmittelbarer Zusammenhang zwischen der Leistungserbringung und dem Versicherungsverhältnis bestehen. Erfolgt die Leistungserbringung erst auf einer nachfolgenden Stufe, unterfallen die Leistungen nicht der Steuerermäßigung des § 4 Nr. 10 Buchst. a UStG, (s. RFH vom 25.03.1931, II A 149/31, RStBl 28, 201). Die betrifft beispielsweise Entgelte, die der Versicherer für die Verwertung versicherter Gegenstände (z.B. Unfallwagen) erhält. Ebenfalls nicht aufgrund eines Versicherungsverhältnisses erbracht ist die Übertragung eines Bestandes von Lebensrückversicherungsverträgen (der Umsatz stellt zudem keine Versicherungsleistung i.S.d. § 4 Nr. 10 UStG dar; s. EuGH vom 22.10.2009, C-242/08, Swiss Re Germany Holding, BStBl II 2011, 559). Auch bei der sog. **Führungsprovision** bei der offenen **Mitversicherung** liegt keine Leistung aufgrund eines Versicherungsverhältnisses vor. Auch diese sind nicht nach § 4 Nr. 10 Buchst. a UStG umsatzsteuerbefreit (s. BFH vom 24.04.2013, IX R 7/11, DStRE 2013, 995, s. Abschn. 4.10.1 Abs. 3 UStAE). Hintergrund: Bei der internen Mitversicherung tritt gegenüber dem Versicherungsnehmer nur der ursprüngliche Versicherer (sog. führender Versicherer) in Erscheinung. Bei der offenen Mitversicherung wird ein weiterer (Mit-)Versicherer in den Versicherungsvertrag aufgenommen, der dem Versicherungsnehmer im Außenverhältnis anteilig Versicherungsschutz bietet; der Versicherungsnehmer zahlt allerdings die gesamte Versicherungsprämie weiter an den führenden Versicherer, der den dem Mitversicherer zustehenden Anteil weiterleitet. Sowohl bei der internen als auch bei der externen Mitversicherung erhält die führende Gesellschaft für die mit der Führungsfunktion verbundenen Verwaltungsaufgaben (Begründung, Durchführung und Abwicklung der Verträge) von dem Mitversicherer eine sog. Führungsprovision in Höhe eines bestimmten Prozentsatzes der Gesamtprämie. Diese ist steuerpflichtig. Nicht umsatzsteuerfrei sind außerdem Leistungen, die nach einem **Outsourcing** von Dritten an den Versicherer erbracht werden (s. EuGH vom 03.03.2005, C-472/05, Arthur Anderson, UR 2005, 201). Derartige Backoffice-Dienstleistungen (wie z.B. zählen Organisation und Verwaltung der Informationstechnologie, Erstellung von Berichten an Versicherungsnehmer und Dritte, Entgegennahme von Versicherungsanträgen Festsetzung und Auszahlung von Provisionen an Versicherungsvertreter, Aufnahme der Schadensereignisse durch externe Callcenter) sind steuerpflichtig, s. EuGH vom 20.11.2003, C-8/01, Taksatorringen, UR 2004, 82.

Aus dem Wortlaut des § 4 Nr. 10 Buchst. a Satz 1 und 2 UStG folgt, dass zunächst einmal die Leistungen 19
auf Grund eines Versicherungsverhältnisses i.S.d. Versicherungssteuergesetzes, die der **Versicherungssteuer unterliegen** von der Umsatzsteuer befreit sind. Grundsätzlich unterliegt die Zahlung des Versicherungsentgelts eines durch Vertrag oder auf sonstige Weise entstandenen Versicherungsverhältnisses der Versicherungssteuer, § 1 Abs. 1 VersStG. Versicherungssteuer fällt aber nur an, sofern die Leistung weder aufgrund Auslandsbezuges gemäß § 1 Abs. 2 bis 4 VersStG nicht steuerbar, noch nach § 4 VersStG steuerbefreit ist. Insofern unterliegen der VersSt typischerweise Haftpflicht-, Kasko-, Rechtsschutz-, Diebstahl-, Gebäude-, Hausrats-, Forderungsausfall- und Transportversicherungen. Voraussetzung für die Steuerbarkeit ist dabei grundsätzlich, dass die Zahlung des Versicherungsentgelts (s. § 3 VersStG) aufgrund eines Vertrages oder auf sonstige Weise entstandenen Versicherungsverhältnisses erfolgt. Als Ausnahme dazu entsteht die Steuerpflicht bei einem Versicherungsverhältnis mit einem im **Gebiet der EU- oder EWR Staaten niedergelassenen Versicherer** nur, sofern der Versicherungsnehmer eine natürliche Person ist wenn er bei Zahlung des Versicherungsentgelts seinen Wohnsitz oder gewöhnlichen Aufenthalt im Geltungsbereich des VersStG hat, oder wenn der Versicherungsnehmer keine natürliche Person ist wenn sich das Unternehmen, die Betriebsstätte oder die entsprechende Einrichtung, auf die sich das Versicherungsverhältnis bezieht, bei Zahlung des Versicherungsentgelts im Geltungsbereich des VersStG befindet. **Zusätzliche Voraussetzung**

ist bei der Versicherung von **unbeweglichen Sachen** (insbesondere Gebäude und Anlagen), dass sich die versicherten Gegenstände im Geltungsbereich des VersStG befinden (s. § 1 Abs. 2 Nr. 1 VersStG). Ist Versicherungsrisiko ein **Fahrzeug**, ist weiter Voraussetzung, dass dieses im Geltungsbereich des VersStG in ein amtliches oder amtlich anerkanntes Register eingetragen ist und ein Unterscheidungskennzeichen erhalten hat (s. § 1 Abs. 2 Nr. 2 VersStG). Bei abgesicherte **Reise- oder Ferienrisiken** auf Grund eines Versicherungsverhältnisses mit einer Laufzeit von nicht mehr als vier Monaten ist weitere Voraussetzung der Steuerpflicht, dass der Versicherungsnehmer die zur Entstehung des Versicherungsverhältnisses erforderlichen Rechtshandlungen im Geltungsbereich des VersStG vorgenommen hat (s. § 1 Abs. 2 Nr. 3 VersStG). Besteht das Versicherungsverhältnis mit einem Versicherer, der sein **Unternehmen im Gemeinschaftsgebiet** betreibt, oder hier eine Betriebsstätte hat, und ist der Versicherungsnehmer nicht im Inland ansässig, so entsteht die Versicherungsteuer nach § 1 Abs. 3 VersStG nur, wenn:

1. Der Versicherungsnehmer bei der Zahlung des Versicherungsentgelts seinen Wohnsitz oder gewöhnlichen Aufenthalt oder seinen Sitz im Geltungsbereich dieses Gesetzes hat oder
2. ein Gegenstand versichert ist, der sich zur Zeit der Begründung des Versicherungsverhältnisses im Geltungsbereich dieses Gesetzes befand, oder
3. sich dieses Versicherungsverhältnis auf ein Unternehmen, eine Betriebsstätte oder eine sonstige Einrichtung im Geltungsbereich dieses Gesetzes unmittelbar oder mittelbar bezieht; dies ist insbesondere der Fall bei der Betriebsstättenhaftpflichtversicherung oder der Berufshaftpflichtversicherung für Angehörige des Unternehmens, der Betriebsstätte oder der sonstigen Einrichtung.

20 Darüber hinaus stellt § 4 Nr. 10 Buchst. a Satz 2 UStG auch Leistungen von der Umsatzsteuer frei, die **nicht mit der Versicherungssteuer belastet** sind. Dies erfasst die nach § 4 VersStG von der Versicherungssteuer befreiten Leistungen sowie die nach § 1 Abs. 2 bis 4 VersStG nicht steuerbaren Leistungen (s. dazu auch Rn. 19). Entsprechend sind die Leistungen aufgrund eines Versicherungsverhältnisses nach § 4 Nr. 10 Buchst. a Satz 2 UStG auch dann steuerbefreit, wenn die Zahlung des Versicherungsentgelts nicht der Versicherungsteuer unterliegt, s. Abschn. 4.10.1 Abs. 1 Satz 2 UStAE. Die versicherungsteuerfreien Leistungen zählt § 4 VersStG **abschließend** auf. Steuerbefreite Leistungen liegen danach beispielsweise vor bei Rückversicherungen (s. § 4 Nr. 1 VersStG), Beitragszahlungen an die Unfallversicherung (s. § 4 Nr. 3 VersStG), Arbeitslosenversicherungen (s. § 4 Nr. 4 VersStG), Berufs- oder Erwerbsunfähigkeitsversicherungen, Renten- und Lebensversicherungen sowie gesetzliche oder private Krankenversicherungen (s. § 4 Nr. 5 VersStG), bestimmte Viehversicherungen, (s. § 4 Nr. 9 VersStG) und Transportgüterversicherungen (s. § 4 Nr. 10 VersStG). Für die Träger der gesetzlichen Sozialversicherung gilt die Sonderregelung des § 4 Nr. 15 UStG. Von § 4 Nr. 10 Buchst. a Satz 2 UStG erfasste auch umsatzsteuerbare Versicherungsumsätze, die ein im Inland ansässiger Versicherer tätigt, die jedoch nicht der Versicherungsteuer unterliegen. Gemeint sind die Umsätze, die **von der Versicherungssteuer ausgenommen** sind, d.h. von § 1 Abs. 2–4 VersStG nicht erfasst sind, etwa die Leistungen, die ein inländisches Versicherungsunternehmen mit einem im Ausland (EU-Mitgliedstaat) wohnhaften Versicherungsnehmer tätigt. Schließt ein in Frankreich wohnhafter Versicherungsnehmer mit einer deutschen Versicherungsgesellschaft eine Lebensversicherung ab, unterliegen diese nicht der deutschen VersSt, die auf einem solchen Versicherungsverhältnis beruhende Umsätze können nach § 4 Nr. 10 Buchst. a Satz 2 UStG steuerfrei sein.

21–22 Einstweilen frei

4.2 Verschaffung von Versicherungsschutz, § 4 Nr. 10 Buchst. b UStG

23 § 4 Nr. 10 Buchst. b UStG befreit Leistungen von der Umsatzsteuer, die darin bestehen, dass **anderen Personen Versicherungsschutz verschafft** wird. Der Unionsrechtliche Begriff der „**Versicherungsumsätze**" erfasst grundsätzlich auch die Verschaffung von Versicherungsschutz (s. EuGH vom 25.02.1999, C-349/96, Card Protection Plan (CPP), UR 1999, 254). Allerdings wir das Verschaffen von Versicherungsschutz nicht vom VerStG erfasst, so dass die Regelung des § 4 Nr. 10 Buchst. a UStG nicht eingreift und es der Regelung des § 4 Nr. 10 Buchst. b UStG bedarf, damit sich Steuerpflichtige hinsichtlich der Steuerfreiheit der Verschaffung von Versicherungsschutz nicht unmittelbar auf das Unionsrecht berufen müssen. Der Begriff

„**Versicherungsschutz**" umfasst alle Versicherungsarten, wie z.B. Lebens-, Kranken-, Unfall-, Haftpflicht-, Rechtsschutz-, Diebstahl-, Feuer- und Hausratversicherungen, s. Abschn. 4.10.2 Abs. 1 UStAE.

Die **Verschaffung** eines Versicherungsschutzes liegt vor, wenn der Unternehmer mit einem Versicherungsunternehmen einen Versicherungsvertrag zugunsten eines Dritten abschließt (s. BFH vom 09.10.2002, V R 67/01, BStBl II 2003, 378; Abschn. 4.10.2 Abs. 1 Satz 1 UStAE). Dabei liegt das Verschaffen eines Versicherungsschutzes nur vor, wenn der Unternehmer selbst Versicherungsnehmer wird (s. BFH vom 24.04.2013, XI R 7/11, BStBl II 2013, 648), der Dritte ist der Versicherte. Die VersSt fällt nur im Verhältnis zwischen Versicherer und Unternehmer an. Die nach § 4 Nr. 10 Buchst. b UStG steuerbefreite sonstige Leistung in Form der Verschaffung erbringt der Unternehmer gegenüber dem Dritten. Die Versicherungsleistung des Versicherers an den Dritten ist bereits nach § 4 Nr. 10 Buchst. a UStG steuerfrei. Es liegt demnach jeweils mindestens ein Dreipersonenverhältnis vor. Durch den Versicherungsvertrag muss der begünstigte Dritte das Recht erhalten, im Versicherungsfall die Versicherungsleistung zu fordern. Eine Ausnahme gilt bei Lebensversicherungen auf den Todesfall, bei diesen steht dem Bezugsberechtigten regelmäßig das Recht zu, im Versicherungsfall die Versicherungsleistung zu fordern (s. FG Köln vom 03.08.1999, 9 K 3734/96, EFG 2000, 42; Abschn. 4.10.2 Abs. 2 Satz 1 UStAE). Dabei ist unerheblich, ob dieses Recht unmittelbar gegenüber dem Versicherungsunternehmen oder mittelbar über den Unternehmer geltend gemacht werden kann, s. Abschn. 4.10.2 Abs. 2 Satz 2 UStAE. Die Frage des Vorliegens eines Versicherungsverhältnisses richtet sich nach den Grundsätzen des VersStG, s. Abschn. 4.10.2 Abs. 2 Satz 3 UStAE. Ein Vertrag, der einem Dritten (Arbeitnehmer oder Vereinsmitglied) lediglich die Befugnis einräumt, einen Versicherungsvertrag zu günstigeren Konditionen abzuschließen, verschafft keinen unmittelbaren Anspruch des Dritten gegen das Versicherungsunternehmen und demnach keinen Versicherungsschutz nach § 4 Nr. 10 Buchst. b UStG, s. Abschn. 4.10.2 Abs. 2 Satz 4 UStAE. Auch in der Übernahme weiterer Aufgaben für das Versicherungsunternehmen (insbesondere Beitragsinkasso und Abwicklung des Geschäftsverkehrs) liegt kein Verschaffen von Versicherungsschutz, s. Abschn. 4.10.2 Abs. 2 Satz 5 UStAE. Insoweit kommt auch eine Steuerbefreiung nach § 4 Nr. 11 UStG nicht in Betracht, s. Abschn. 4.10.2 Abs. 2 Satz 6 UStAE. 24

Hauptanwendungsfall für die Steuerbefreiung des § 4 Nr. 10 Buchst. b UStG ist die **betriebliche Altersversorgung**, insbesondere die **Direktversicherung** für Arbeitnehmer. Steuerfrei ist die Leistung des Arbeitgebers (d.h. Verschaffung des Versicherungsschutzes) nach § 4 Nr. 10 Buchst. b UStG. Das Entgelt des Arbeitnehmers ergibt sich aus der Erbringung der Arbeitsleistung. 25

Außerhalb von Arbeitsverhältnissen ist das Verschaffen von Versicherungsschutz häufig nur ein Teil einer aus mehreren Einzelleistungen bestehenden Rechtsbeziehung zwischen Unternehmer und Kunde. Es ist dann zu hinterfragen, ob das Verschaffen von Versicherungsschutz als **unselbstständige Nebenleistung** das Schicksal der (umsatzsteuerpflichtigen) Hauptleistung teilt oder als eigenständige Leistung nach § 4 Nr. 10 Buchst. b UStG umsatzsteuerfrei ist. Denn Steuerbefreiung des § 4 Nr. 10 Buchst. b UStG findet keine Anwendung, wenn die Verschaffung des Versicherungsschutzes nur eine unselbständige Nebenleistung zu einer (nicht steuerbefreiten) Hauptleistung ist. Maßgeblich für die Frage, ob eine eigenständige Hauptleistung vorliegt ist, ob sie für den Leistungsempfänger einen eigenen Zweck hat und sich nicht lediglich als Mittel darstellt, um die Hauptleistung unter optimalen Bedingungen in Anspruch zu nehmen (s. EuGH vom 25.02.1999, C-349/96, Card Protection Plan (CPP), UR 1999, 254; BFH vom 09.10.2002, V R 67/01, BStBl II 2003, 378). 26

Ein wichtiger Anwendungsfall ist die sog. **Car-Garantie**. Beim Kauf von Gebrauchtwagen bieten Händler häufig gegen zusätzliches Entgelt eine Händlergarantie auf bestimmte Bauteile des Gebrauchtwagens an. Für daraus bestehende Risiken kann sich der Händler durch Garantieversicherungen absichern. Die umsatzsteuerliche Beurteilung hängt von den jeweils getroffenen Vereinbarungen ab (s. auch BMF vom 15.12.2010, BStBl I 2010, 1502): 27

- **Versicherungsmodell**: Verweisen die Garantiebedingungen des Händlers den Käufer im Schadensfall ausschließlich und unmittelbar an den Versicherer, verschafft der Händler dem Käufer Versicherungsschutz. Diese Leistung ist als eigenständige nach § 4 Nr. 10 Buchst. b UStG steuerbefreite Leistung neben der steuerpflichtigen Fahrzeuglieferung zu beurteilen (s. BFH vom 09.10.2002, V R 67/01, BStBl II 2003, 378).

- **Händlermodell**: Gewährt der Händler dagegen bloß eine eigene Garantie, wonach dem Käufer im Schadensfall ein Anspruch nur gegen ihn zusteht, liegt eine (umsatzsteuerpflichtige) unselbstständige Nebenleistung zum Gebrauchtwagenverkauf vor (s. FG Münster vom 08.06.2009, 5 K 3002/05 U, EFG 2009, 2068).
- **Wahlrecht**: Räumen die Garantiebedingungen dem Käufer ein Wahlrecht ein, im Schadensfall entweder die Reparatur durch seinen Händler durchführen zu lassen oder den verschafften Versicherungsschutz in Anspruch zu nehmen und die Reparatur durch eine andere Werkstatt ausführen zu lassen, liegt eine insgesamt umsatzsteuerpflichtige Leistung vor (s. BFH vom 10.02.2010, XI R 49/07, BStBl II 2010, 1109).

28 Als selbständige Leistung gegenüber der Reiseleistung ist stets eine (obligatorische oder fakultative) **Reiserücktrittskostenversicherung** anzusehen. Durch die Reiserücktrittskostenversicherung wird kein der Reiseleistung innewohnendes Risiko versichert, sondern bestimmte Risiken im persönlichen Bereich des Reisenden als Leistungsempfänger wie Tod, schwerer Unfall oder unerwartete schwere Erkrankungen. Die Reiserücktrittskostenversicherung ist daher eigenständig und nach § 4 Nr. 10 Buchst. b UStG umsatzsteuerfrei (s. BFH vom 13.07.2006, V R 24/02, BStBl II 2006, 935). Wird die Versicherung durch ein Reisebüro oder einen Reiseveranstalter vermittelt, kann auf Ebene des Reisebüros oder des Reiseveranstalters nach § 4 Nr. 11 UStG eine steuerfreie Vermittlungsleistungen vorliegen.

29 Eine unselbstständige Leistung liegt vor, wenn ein **Leasinggeber** mit einem Versicherer **Pkw-Haftpflichtversicherungen** abschließt und den Leasingnehmern diesen Versicherungsschutz zusammen mit der Fahrzeugüberlassung verschafft (s. FG Rheinland-Pfalz vom 14.09.2006, 6 K 1584/04, EFG 2007, 797, rkr.). Das vom Leasingnehmer neben den Leasingraten hierfür bezahlte Entgelt ist daher umsatzsteuerpflichtig.

30–31 Einstweilen frei

5. Vorsteuerabzug

32 Der **Vorsteuerabzug** ist gemäß § 15 Abs. 2 Satz 1 Nr. 1 UStG bei den in § 4 Nr. 10 UStG genannten Leistungen grundsätzlich **ausgeschlossen.** Ein Verzicht auf die Steuerbefreiung ist nach § 9 Abs. 1 UStG nicht möglich.

33 Bis zum Inkrafttreten des AmtshilfeRLUmsG (vom 26.06.2013, BStBl I 2013, 802) trat der Ausschluss vom Vorsteuerabzug gem. § 15 Abs. 3 Nr. 1 Buchst. b UStG a.F. nicht ein, wenn die Umsätze nach § 4 Nr. 10 Buchst. a UStG steuerfrei waren und sich unmittelbar auf Gegenstände bezogen, die in das Drittlandsgebiet ausgeführt wurden. Seit dem 30.06.2013 gilt der Ausschluss auch für Umsätze im Sinne des § 4 Nr. 10 Buchst. b UStG. Der Vorsteuerabzug bleibt somit erhalten für mit § 4 Nr. 10 Buchst. a und b UStG zusammenhängende Lieferungen und sonstige Leistungen, wenn sich die die Leistungen aufgrund eines Versicherungsverhältnisses, **unmittelbar auf Gegenstände beziehen, die in das Drittlandsgebiet** (s. § 1 Abs. 2a Satz 3 UStG) ausgeführt werden. Solche Versicherungsleistungen stehen im Zusammenhang mit den sog. Exportumsätzen und sollen hinsichtlich des Vorsteuerabzugs mit den Exportumsätzen selbst (s. § 15 Abs. 3 Nr. 1 Buchst. a UStG) gleichgestellt werden.

34 § 15 Abs. 3 Nr. 2 Buchst. b UStG ermöglicht als weitere Ausnahme zu § 15 Abs. 2 Nr. 1 UStG einen Vorsteuerabzug für mit § 4 Nr. 10 Buchst. a und b UStG zusammenhängende Lieferungen und sonstige Leistungen, wenn es sich bei den Leistungen aufgrund eines Versicherungsverhältnisses um einen **Auslandsumsatz** handelt und der **Leistungsempfänger im Drittlandsgebiet** (s. § 1 Abs. 2a Satz 3 UStG) ansässig ist. Mit dieser Erweiterung des Vorsteuerabzugsrechts ab dem 30. Juni 2013 wurde Art. 169 Buchstabe c MwStSystRL vollständig in das nationale Recht umgesetzt. Art. 169 Buchstabe c MwStSystRL räumt dem Unternehmer das Recht auf Vorsteuerabzug für die nach Art. 135 Abs. 1 Buchstabe a bis f MwStSystRL befreiten Versicherungs- und Finanzumsätze ein, wenn der Dienstleistungsempfänger außerhalb der Gemeinschaft ansässig ist oder diese Umsätze unmittelbar mit Gegenständen zusammenhängen, die zur Ausfuhr aus der Gemeinschaft bestimmt sind. Für Zeiträume vor dem Inkrafttreten des AmtshilfeRLUmsG kann sich der Unternehmer in offenen Fällen für die Erweiterung des Vorsteuerabzugsrechts nach § 15

Abs. 3 UStG unmittelbar auf Art. 169 Buchstabe c MwStSystRL berufen (s. auch. BMF vom 15.11.2013, IV D 2 – S 7300/12/10003, BStBl I 2013, 1475).

Einstweilen frei 35–36

§ 4 Nr. 11 UStG Bausparkassenvertreter, Versicherungsvertreter und Versicherungsmakler

[1]Von den unter § 1 Abs. 1 Nr. 1 fallenden Umsätzen sind steuerfrei:

...

11. die Umsätze aus der Tätigkeit als Bausparkassenvertreter, Versicherungsvertreter und Versicherungsmakler;

...

Bearbeiter: Daniela Bick

Inhaltsverzeichnis

1. Inhalt und Zweck der Vorschrift

1 Die Steuerbefreiung des § 4 Nr. 11 UStG erfasst die Umsätze aus der **Tätigkeit als Bausparkassenvertreter, Versicherungsvertreter und Versicherungsmakler**. Kennzeichnend für die Tätigkeit dieser Berufsgruppen ist es, Kunden zu suchen und diese mit dem Versicherer bzw. der Bausparkasse für ein konkretes Geschäft zusammenzubringen (**Vermittlungstätigkeit**). Insoweit besteht eine Parallele zwischen den Steuerbefreiungen für den Versicherungs-/Bausparkassenbereich gemäß § 4 Nr. 11 UStG und für den Bank- und Finanzbereich gemäß § 4 Nr. 8 UStG.

2 Die Steuerbefreiung dient dem **Wettbewerbsschutz für selbständig tätige Bausparkassenvertreter, Versicherungsvertreter und Versicherungsmakler**. Denn grundsätzlich sind die Leistungen der Bausparkassen und Versicherungsgesellschaften gemäß § 4 Nr. 8 Buchst. a UStG (s. § 4 Nr. 8 Rn. 10 ff.) hinsichtlich der Gewährung und Vermittlung von Krediten und gemäß § 4 Nr. 10 UStG hinsichtlich Versicherungsleistungen steuerbefreit. Wenn diese selbständig tätige Bausparkassenvertreter, Versicherungsvertreter und Versicherungsmakler beschäftigen, wäre daher ein Vorsteuerabzug aus deren Rechnungen ausgeschlossen. Die damit verbundene Kostenbelastung könnte zu einer Verdrängung der selbständigen Bausparkassenvertreter, Versicherungsvertreter und Versicherungsmakler im Wettbewerb mit angestellten Vertretern führen. Um dies zu vermeiden wurde auch die Tätigkeit der selbständigen Bausparkassenvertreter, Versicherungsvertreter und Versicherungsmakler gemäß § 4 Nr. 11 UStG von der Umsatzsteuer befreit.

3 Im UStG 1951 hatte in § 4 Nr. 17 zunächst lediglich eine Steuerbefreiung für selbständige Bausparkassenvertreter, Versicherungsvertreter und Versicherungsmakler im Bereich der verwaltenden Tätigkeit bestanden. **Zum 01.01.1986** wurde – aus Gründen des Wettbewerbsschutzes selbständig tätiger Vertreter in diesem Bereich – mit dem UStG 1967 § 4 Nr. 11 UStG **geschaffen**, der auch die Tätigkeit der Bausparkassenvertreter, der Versicherungsvertreter und Versicherungsmakler steuerbefreit. Die Steuerbefreiung des § 4 Nr. 11 UStG ist seit ihrer Einführung inhaltlich unverändert geblieben.

4–5 Einstweilen frei

2. Unionsrechtlicher Hintergrund

6 Unionsrechtlicher Hintergrund der Steuerbefreiung des § 4 Nr. 11 UStG ist **Art. 135 Abs. 1 Buchst. a MwStSystRL**. Danach befreien die Mitgliedstaaten die Versicherungs- und Rückversicherungsumsätze einschließlich der dazugehörigen Dienstleistungen, die von Versicherungsmaklern und -vertretern erbracht

werden von der Umsatzsteuer. Die Steuerbefreiung für Versicherungs- und Rückversicherungsumsätze wurde durch den deutschen Gesetzgeber in § 4 Nr. 10 UStG umgesetzt (zu den Voraussetzungen im Einzelnen s. § 4 Nr. 10 Rn. 14 ff.). Die Steuerbefreiung des § 4 Nr. 11 UStG bezieht sich auf die dazugehörigen Dienstleistungen von Versicherungsmaklern und -vertretern. Nicht unmittelbar aus Art. 135 Abs. 1 Buchst. a MwStSystRL ergibt sich die Steuerbefreiung für Umsätze aus der Tätigkeit als Bausparkassenvertreter. Insoweit geht der BFH allerdings davon aus, dass Bausparer nicht mit Umsatzsteuer belastet werden sollen, soweit die Kosten der **Bausparkassenvertreter** in die gemäß § 4 Nr. 8 UStG steuerfreien Leistungen der Bausparkassen an die Bausparer eingehen (s. BFH vom 10.06.1999, V R 10/98, BStBl II 1999, 686). Nach Auffassung des BFH sollen insoweit nach der Protokollerklärung 5 zu Art. 13 der 6. RL 77/388/EWG die Tätigkeiten der Bausparkassenvertreter von Art. 13 Teil B Buchst. d RL 77/388/EWG (s. Art. 135 Abs. 1 Buchst. b bis g MwStSystRL) erfasst werden. Insoweit wäre Art. 135 Abs. 1 Buchst. b bis g MwStSystRL die unionsrechtliche Grundlage für die Steuerbefreiung von Tätigkeiten der Bausparkassenvertreter. Ob es angesichts der insoweit geltenden Steuerbefreiung des § 4 Nr. 8 UStG einer weiteren Steuerbefreiung in Art. 4 Nr. 11 UStG hinsichtlich der Bausparkassenvertreter noch bedurft hätte, wäre insoweit zu bezweifeln. Im Ergebnis bleibt jedoch: Die Tätigkeit von Bausparkassenvertretern ist steuerbefreit. Zur Geltendmachung vor nationalen Behörden und Gerichten ist zu empfehlen sich auf die Steuerbefreiung in § 4 Nr. 11 UStG zu berufen, da insoweit nationalrechtlich dem Wortlaut nach klar definiert ist, dass eine Steuerbefreiung besteht.

Die Begriffe des **Versicherungsvertreters und Versicherungsmaklers** sind autonome **unionsrechtliche Begriffe**, die richtlinienkonform nach dem Unionsrecht (s. Art. 135 Abs. 1 Buchst. a MwStSystRL) auszulegen sind (s. BFH 06.09.2007, V R 50/05, BStBl II 2008, 829; Abschn. 4.11.1 Abs. 1 Satz 3 UStAE). Die Begriffe des Versicherungsmaklers und Versicherungsvertreters sind in der Mehrwertsteuersystemrichtlinie nicht definiert. Das Unionsrecht kennt nach Aufhebung der RL 77/92/EWG vom 13.12.1976 (ABl. Nr. L 26 vom 31.01.1977, 14) nur noch den Begriff der **Versicherungsvermittlung**. Nach Art. 2 Nr. 3 Abs. 1 RL 2002/92/EG ist unter „Versicherungsvermittlung“ aber das Anbieten, Vorschlagen oder Durchführen anderer Vorbereitungsarbeiten zum Abschließen von Versicherungsverträgen oder das Abschließen von Versicherungsverträgen oder das Mitwirken bei deren Verwaltung und Erfüllung, insbesondere im Schadensfall zu verstehen. Keine Versicherungsvermittlung liegt nach Art. 2 Nr. 3 Abs. 2 RL 2002/92/EG vor, wenn sie von einem Versicherungsunternehmen oder einem Angestellten eines Versicherungsunternehmens, der unter der Verantwortung des Versicherungsunternehmens tätig wird, ausgeübt wird (s. EuGH vom 17.10.2013, C-555/11, EEAE, r + s 2014, 428). Von dem Begriff des Versicherungsvermittlers dürften die Versicherungsmakler und Versicherungsvertreter erfasst sein. In der **zwischenzeitlich aufgehobenen RL 77/92/EWG** vom 13.12.1976 (ABl. Nr. L 26 vom 31.01.1977, 14) über Maßnahmen zur Erleichterung der tatsächlichen Ausübung der Niederlassungsfreiheit und des freien Dienstleistungsverkehrs für die Tätigkeiten des Versicherungsagenten und des Versicherungsmaklers waren folgende Definitionen enthalten: 7

- Tätigkeit der **Versicherungsvertreter** ist die Berufstätigkeit von Personen, die auf Grund eines oder mehrerer Verträge oder von Vollmachten damit betraut sind, im Namen und für Rechnung oder nur für Rechnung eines oder mehrerer Versicherungsunternehmen Versicherungsverträge anzubieten, vorzuschlagen und vorzubereiten oder abzuschließen oder bei deren Verwaltung und Erfüllung, insbesondere im Schadensfall, mitzuwirken (s. Art. 2 Abs. 1 Buchst. b, Abs. 2 Buchst. b RL 77/92/EWG).
- Tätigkeit der **Versicherungsmakler** ist die Berufstätigkeit von Personen, die zum Zweck der Herstellung eines Versicherungs- oder Rückversicherungsschutzes als Vermittler zwischen Versicherungsnehmern und frei von ihnen gewählten Versicherungs- oder Rückversicherungsunternehmen auftreten, den Abschluss von Versicherungsverträgen vorbereiten und gegebenenfalls bei ihrer Verwaltung und Erfüllung, insbesondere im Schadensfall, mitwirken (s. Art. 2 Abs. 1 Buchst. a, Abs. 2 Buchst. a RL 77/92/EWG).

Der **Gerichtshof** hat sich bei seiner Auslegung bislang an den Definitionen der Begriffe „Versicherungsmakler oder Versicherungsvertreter“ der RL 77/92/EWG orientiert. Ob diese Begriffe aus der RL 77/92/EWG identisch sind mit den Begriffen in Art. 135 Abs. 1 Buchst. a MwStSystRL genannten Begriffen hat er 8 bislang offen gelassen (s. EuGH vom 20.11.2003, C-8/01, Taksatorringen, UR 2004, 82). Nach Rechtsprechung des Gerichtshofs befreit jedenfalls Art. 135 Abs. 1 Buchst. a MwStSystRL allein die Dienstleistungen der Berufsausübenden, die mit dem Versicherer und dem Versicherten in Verbindung stehen (s. EuGH vom 20.11.2003, C-8/01, Taksatorringen, UR 2004, 82). **Wesentlicher Aspekt der Vermittlungstätigkeit ist es, Kunden zu suchen und mit dem Versicherer zusammenzubringen** (s. EuGH vom 03.03.2005, C-472/03 Arthur Andersen, DStR 2005, 467).

9–10 Einstweilen frei

3. Voraussetzungen der Steuerfreiheit im Einzelnen

3.1 Allgemeines

11 Die Befreiungsvorschrift des § 4 Nr. 11 UStG enthält eine **abschließende Aufzählung** der **begünstigten Berufsgruppen**, s. Abschn. 4.11.1 UStAE. Sie kann auf andere Berufe, z.B. Bankenvertreter, auch wenn sie ähnliche Tätigkeitsmerkmale aufweisen, nicht angewendet werden (s. BFH vom 16.07.1970, V R 138/69, BStBl II 1970, 709; vom 06.12.2012, XI B 98/11, BFH/NV 2013, 778).

12 Die Steuerbefreiung ist **nicht an eine bestimmte Rechtsform gebunden**, s. Abschn. 4.11.1 Abs. 2 Satz 2 UStAE. Insofern können sowohl Einzelunternehmer, als auch Personengesellschaften und juristische Personen Bausparkassenvertreter, Versicherungsvertreter und Versicherungsmakler sein. Entscheidend ist die Tätigkeit als solche und nicht die Bezeichnung, unter der die Vertreter auftreten; deshalb kann auch ein „Vermögensberater" ein Versicherungs- und Bausparkassenvertreter sein (s. BFH vom 09.07.1998, V R 62/97, BStBl II 1999, 253). Unter die Befreiung fällt danach z.B. auch ein Kreditinstitut, das Bauspar- oder Versicherungsverträge vermittelt (s. Abschn. 4.11.1 Abs. 2 Satz 3, 4 UStAE). Zu der Tätigkeit der Kreditinstitute als Bausparkassenvertreter gehören auch die im Zusammenhang mit dieser Tätigkeit übernommene Bewilligung und Auszahlung der Bauspardarlehen, s. Abschn. 4.11.1 Abs. 2 Satz 4 UStAE. Keine Voraussetzung der Steuerbefreiung ist, dass die Tätigkeit als Bausparkassenvertreter, Versicherungsvertreter und Versicherungsmakler einen gewissen Umfang hat oder sogar im Rahmen der gesamten unternehmerischen Tätigkeit überwiegen. Daher kommt auch wenn die Tätigkeit als Bausparkassenvertreter **nebenberuflich** ausgeübt wird, die Steuerbefreiung des § 4 Nr. 11 UStG zur Anwendung.

13 Nach dem Wortlaut der Norm („aus der Tätigkeit als") ergibt sich, dass von der Steuerbefreiung des § 4 Nr. 11 UStG **nur die berufstypischen**, d.h. die für den Beruf charakteristischen **Tätigkeiten** erfasst sind. Damit sind Hilfsgeschäfte von der Steuerbefreiung ausgeschlossen (s. BFH vom 11.04.1957, V R 46/56 U, BStBl III 1957, 222; Abschn. 4.11.1 Abs. 2 Satz 10 UStAE). In Betracht kommt insoweit allerdings unter den entsprechenden Voraussetzungen eine Steuerbefreiung nach § 4 Nr. 28 UStG (s. zu den Voraussetzungen § 4 Nr. 28 Rn. 9 ff.; s. Schleswig Holsteinisches FG vom 27.06.1990, IV 122/89, EFG 90, 602, rkr.; Abschn. 4.11.1 Abs. 2 Satz 11 UStAE). Bestandspflegeleistungen in Form von nachwirkender Vertragsbetreuung, z.B. durch Hilfen bei Modifikationen oder Abwicklung von Verträgen, die gegen Bestandspflegeprovision erbracht werden, sind berufstypisch und somit nach § 4 Nr. 11 UStG steuerfrei, s. Abschn. 4.11.1 Abs. 3 UStAE.

14–15 Einstweilen frei

3.2 Tätigkeit als Bausparkassenvertreter

16 **Bausparkassenvertreter** ist, wer damit betraut ist, Bausparverträge zu vermitteln oder abzuschließen sowie laufende Verträge zu betreuen und Bausparer zu beraten. Unter die Befreiung fällt auch ein Kreditinstitut, das Bausparverträge vermittelt, s. Abschn. 4.11.1 Abs. 2 Satz 3 UStAE. Auf die Rechtsform kommt es nicht an. Bausparkassen sind Kreditinstitute, deren Geschäftsbetrieb darauf gerichtet ist, Einlagen von Bausparern entgegenzunehmen und aus den angesammelten Beträgen den Bausparern für wohnungswirtschaftliche Maßnahmen Gelddarlehen (Bauspardarlehen) zu gewähren (Bauspargeschäft; s. § 1 Abs. 1 des Gesetzes über Bausparkassen).

17 Die **berufstypische Tätigkeit** des Bausparkassenvertreters ist es, Bausparverträge zu vermitteln oder abzuschließen sowie laufende Verträge zu betreuen und abzuwickeln und an Beleihungen und Finan-

zierungen mitzuwirken. Die Vermittlung des Verkaufs von Bausatzhäusern gehört nicht zu den berufstypischen Tätigkeiten eines Bausparkassenvertreters, sie ist daher steuerpflichtig (s. BFH vom 29.03.1994, V B 131/93, BFH/NV 1995, 452). Zu den Tätigkeiten der Kreditinstitute als Bausparkassenvertreter gehört auch die im Zusammenhang mit dieser Tätigkeit übernommene Bewilligung und Auszahlung der Bauspardarlehen, s. Abschn. 4.11.1 Abs. 2 Satz 4 UStAE. Auch die Betreuung, Überwachung oder Schulung von nachgeordneten selbständigen Vermittlern kann zur berufstypischen Tätigkeit eines Bausparkassenvertreters gehören, wenn der Unternehmer, der diese Leistungen übernimmt, durch Prüfung eines jeden Vertragsangebots im Einzelfall mittelbar auf eine der Vertragsparteien einwirken kann, s. Abschn. 4.11.1 Abs. 2 Satz 6 UStAE. Die Zahlung erfolgsabhängiger Vergütungen (sog. Superprovisionen) ist ein Beweisanzeichen, dass berufstypische Leistungen erbracht werden (s. BFH vom 09.07.1998, V R 62/97, BStBl II 1999, 253; Abschn. 4.11.1 Abs. 2 Satz 7 UStAE). Hilfsgeschäfte sind von der Steuerbefreiung ausgeschlossen (s. Rn. 12).

Einstweilen frei 18–19

3.3 Tätigkeit als Versicherungsvertreter oder Versicherungsmakler

Die Begriffe des **Versicherungsvertreters und Versicherungsmaklers** sind autonome unionsrechtliche Begriffe, die **richtlinienkonform nach dem Unionsrecht** (s. Art. 135 Abs. 1 Buchst. a MwStSystRL) und nicht handelsrechtlich i.S.v. § 92 und § 93 HGB **auszulegen** sind (s. BFH vom 06.09.2007, V R 50/05, BStBl II 2008, 829, Abschn. 4.11.1 Abs. 1 Satz 3 UStAE). Zum unionsrechtlichen Begriff s. Rn. 7. 20

Ähnliche Definitionen wie die aufgehobene RL 77/92/EWG vom 13.12.1976 enthält das VVG. Nach § 59 Abs. 2 VVG ist Versicherungsvertreter, wer von einem Versicherer oder Versicherungsvertreter damit betraut ist, gewerbsmäßig Versicherungsverträge zu vermitteln oder abzuschließen. Versicherungsmakler i.S.d. § 59 Abs. 3 Satz 1 VVG ist, wer gewerbsmäßig für den Auftraggeber die Vermittlung oder den Abschluss von Versicherungsverträgen übernimmt, ohne von einem Versicherer oder Versicherungsvertreter damit betraut zu sein. Oberbegriff für Versicherungsvertreter und Versicherungsmakler i.S.d. VVG sind Versicherungsvermittler (s. § 59 Abs. 1 VVG). Der Begriff des **Versicherungsvermittlers** findet sich auch in der RL 2002/92/EG vom 09.12.2002 über Versicherungsvermittlung (s. ABl. Nr. L 9 vom 15.01.2003, 3). Unionsrechtlich ist darunter jede natürliche oder juristische Person, die die Tätigkeit der Versicherungsvermittlung gegen Vergütung aufnimmt oder ausübt (s. Art. 2 Nr. 5 RL 2002/92/EG) zu verstehen (s. Rn. 7 f.). 21

Der BFH folgt dem unionsrechtlichen Verständnis der Vermittlungstätigkeit, die als wesentliches Kriterium voraussetzt **Kunden zu suchen und diese mit dem Versicherer zusammen zu bringen** (s. BFH vom 14.08.2006, V B 65/04, BFH/NV 2007, 114; vom 28.05.2009, V R 7/08, BStBl II 2010, 80). Ob und worin ein Unterschied zu der Begriffsbestimmung in §§ 92, 93 HGB liegen soll, hat der BFH bislang offen gelassen. 22

Versicherungsvertreter ist damit, wer damit betraut ist, Versicherungsverträge zu vermitteln oder abzuschließen. **Versicherungsmakler** ist, wer gewerbsmäßig für andere Personen vermittelnd tätig ist und dabei keine vertraglichen Bindungen an einen oder mehrere Auftraggeber hat. Er kann sowohl für den Versicherungsnehmer wie für den Versicherer oder zugleich für beide Seiten tätig sein. Versicherungsmakler kann auch sein, wer sog. Blanko-Deckungskarten für Kurzzeitversicherungen an- und verkauft, s. BFH vom 24.07.2014, V R 9/13 und BMF vom 08.12.2015, III C 3, S 7163/0:002, BStBl I 2015, 1066. Auf die Rechtsform des Versicherungsvertreters oder Versicherungsmaklers kommt es nicht an. Auch die Betreuung, Überwachung oder Schulung von nachgeordneten selbständigen Vermittlern bzw. Makler kann zur berufstypischen Tätigkeit eines Versicherungsvertreters gehören, wenn der Unternehmer, der diese Leistungen übernimmt, durch Prüfung eines jeden Vertragsangebots im Einzelfall mittelbar auf eine der Vertragsparteien einwirken kann, s. Abschn. 4.11.1 Abs. 2 Satz 6 UStAE. Die Zahlung erfolgsabhängiger Vergütungen (sog. Superprovisionen) ist ein Beweisanzeichen, dass berufstypische Leistungen erbracht werden (s. BFH vom 09.07.1998, V R 62/97, BStBl II 1999, 253; Abschn. 4.11.1 Abs. 2 Satz 7 UStAE). Allerdings kann sich die Steuerfreiheit der Vermittlung nicht aus einer von Vermittlungserfolgen abhängigen Vergütungsregelung ergeben, wenn keine Vermittlungstätigkeit vorliegt (s. BFH vom 30.10.2008, V R 44/07, DStR 2008, 2474). Die Vermittlung kann in einer **Nachweis-, einer Kontaktaufnahme- oder in einer Verhandlungstätigkeit** 23 bestehen, wobei sich die Tätigkeit auf ein **einzelnes Geschäft, das vermittelt werden soll**, beziehen muss (s. BFH vom 30.10.2008, V R 44/07, DStR 2008, 2474; vom 27.05.2015, V B 31/15, BFH/NV 2015, 1274). Keine Voraussetzung der Steuerbefreiung ist, dass es tatsächlich zum Abschluss des zu vermittelnden Vertragsverhältnisses gekommen ist (s. BFH vom 03.11.2005, V R 21/05, DStR 2006, 87).

24 **Berufstypische Tätigkeiten** eines Versicherungsvertreters sind neben dem Abschluss und der Vermittlung von Versicherungsverträgen auch die Maßnahmen zur Bestandspflege d.h. Verwaltungstätigkeiten wie Inkasso, Organisationsmaßnahmen und Gebühren für Bestätigungen über Prämienzahlungen an Versicherungsnehmer sowie sonstige Nebenleistungen wie Schadenermittlung, Schadenbearbeitung und Schadenabwicklung. Gleichfalls erfasst sind Hilfen bei der Abwicklung und Modifikation von Verträgen, die gegen Bestandspflegeprovisionen erbracht werden. Bei Versicherungsmaklern ist von der berufstypischen Tätigkeit die Vermittlung und der Abschluss von Versicherungsverträgen erfasst, nicht aber die verwaltende Tätigkeit für Versicherungsunternehmen.

25 Der Versicherungsvertreter, der nur **für Rechnung eines oder mehrerer Versicherungsunternehmen** Versicherungsverträge „vermittelt", dabei aber im eigenen Namen handelt, verschafft Versicherungsschutz; diese Leistung ist nach § 4 Nr. 10 Buchst. b UStG steuerfrei. Versicherungsvertreter und -makler müssen für die Anwendbarkeit der Steuerbefreiung aus § 4 Nr. 11 UStG nicht in unmittelbarer Verbindung – sondern nur in mittelbarer Verbindung – zu den Parteien des Versicherungsvertrages stehen, zu dessen Abschluss sie beitragen. Ausreichend kann insoweit sein, dass der Versicherungsvertreter durch Betreuung, Überwachung oder Schulung von nachgeordneten selbständigen Vermittlern sowie durch Prüfung eines jeden Vertragsangebots mittelbar auf den Kunden einwirken kann (s. BFH vom 09.07.1998, V R 62/97, BStBl II 1999, 253). Die **einmalige Prüfung und Genehmigung von Standardverträgen** und standardisierten Vorgängen reicht jedoch nicht aus (s. BFH vom 30.10.2008, V R 44/07, DStR 2008, 2474). Leistungen eines Untervermittlers, der bei der Vermittlung von Bauspar- oder Versicherungsverträgen ohne unmittelbare Beauftragung durch eine der beiden Parteien des abzuschließenden Vertrages tätig wird, sind steuerfrei wenn der **Untervermittler** über einen anderen Steuerpflichtigen eine mittelbare Verbindung zu den Vertragsparteien unterhält, der selbst in unmittelbarer Verbindung zu einer dieser Parteien steht und mit dem der Versicherungsmakler oder -vertreter vertraglich verbunden ist (s. EuGH vom 03.04.2008, C-124/07 Beheer, BB 2008, 1152). Bloße Beratungsleistungen stellen nur dann steuerbefreite Vermittlungsleistungen dar, wenn sie als bloße Nebenleistung der Vermittlung anzusehen sind (s. EuGH 21.06.2007, C-453/05 Ludwig, DStR 2007, 1160). Die selbständige gegen eine Festvergütung ausgeübte Tätigkeit, durch Werbung von Versicherungsvertretern Unterstrukturen eines Strukturvertriebs aufzubauen, ist keine Tätigkeit als Versicherungsverteter, die durch § 4 Nr. 11 UStG steuerfrei gestellt ist bzw. unter Berufung auf Art. 135 Abs. 1 MwStSystRL steuerfrei wäre, s. Sächsisches FG vom 03.03.2016, 8 K 942/15.

26 Sog. **„Backoffice-Tätigkeiten"**, die darin bestehen, gegen Vergütung Dienstleistungen für ein Versicherungsunternehmen zu erbringen, stellen keine zu Versicherungsumsätzen gehörenden Dienstleistungen im Sinne des § 4 Nr. 11 UStG dar, die von Versicherungsmaklern oder Versicherungsvertretern erbracht werden (s. EuGH vom 03.03.2005, C-472/03 Arthur Andersen, DStR 2005, 467; Abschn. 4.11.1 Abs. 2 Satz 9 UStAE). Hilfsgeschäfte sind von der Steuerbefreiung ausgeschlossen (s. Rn. 12).

27 Die **entgeltliche Weitergabe von Anschriften** von Interessenten am Abschluss von Versicherungsverträgen an Versicherungsgesellschaften ist nicht steuerfrei (s. FG Münster 14.11.1996, 5 K 1451/95 U, EFG 1997, 504). Werden allerdings sämtliche zum Versicherungsabschluss relevanten Daten weitergegeben, kann es sich um eine steuerfreie Tätigkeit handeln. Dies kann etwas gegeben sein, wenn der Betreiber einer Website im Internet einen Preisvergleich für bestimmte Versicherungsprodukte anbietet und die Nutzer der Website ihr Interesse am Abschluss einer bestimmten Versicherung durch ausdrückliches Anforderungen von Vertragsangeboten aufgrund der Dateneingabe vom Betreiber der Website anfordern (s. FG München vom 19.05.2010, 3 K 134/07).

28–29 Einstweilen frei

4. Vorsteuerabzug

Der **Vorsteuerabzug** ist gemäß § 15 Abs. 2 UStG bei den in § 4 Nr. 11 UStG genannten Leistungen von Bausparkassenvertretern, Versicherungsvertretern und Versicherungsmaklern **ausgeschlossen** Ein Verzicht auf die Steuerbefreiung ist nach § 9 Abs. 1 UStG nicht möglich. 30

Einstweilen frei 31–32

§ 4 Nr. 11a UStG Umsätze der Deutsche Bundespost TELEKOM und der Deutsche Telekom AG

[1]Von den unter § 1 Abs. 1 Nr. 1 fallenden Umsätzen sind steuerfrei:

...

11a. die folgenden vom 1. Januar 1993 bis zum 31. Dezember 1995 ausgeführten Umsätze der Deutsche Bundespost TELEKOM und der Deutsche Telekom AG:

a) die Überlassung von Anschlüssen des Telefonnetzes und des diensteintegrierenden digitalen Fernmeldenetzes sowie die Bereitstellung der von diesen Anschlüssen ausgehenden Verbindungen innerhalb dieser Netze und zu Mobilfunkendeinrichtungen,

b) die Überlassung von Übertragungswegen im Netzmonopol des Bundes,

c) die Ausstrahlung und Übertragung von Rundfunksignalen einschließlich der Überlassung der dazu erforderlichen Sendeanlagen und sonstigen Einrichtungen sowie das Empfangen und Verteilen von Rundfunksignalen in Breitbandverteilnetzen einschließlich der Überlassung von Kabelanschlüssen;

...

Bearbeiter: Bernhard Becht†/Daniela Bick

Inhaltsverzeichnis

1. Bedeutung der Norm

1 Die Tätigkeit der **Deutschen Bundespost Telekom** war durch § 2 Abs. 3 Nr. 1 UStG in der bis zum 31.12.1995 geltenden Fassung teilweise von der Zuordnung zum Betrieb gewerblicher Art ausgenommen. Diese Regelung wurde ab 01.01.1993 dahingehend geändert, dass die gesamte Tätigkeit der Deutschen Bundespost TELEKOM als Betrieb gewerblicher Art angesehen wurde. Damit sind sämtliche Umsätze des Unternehmens steuerbar.

2 Die **Tätigkeit** der Deutschen Telekom AG ab 01.01.1995 ist privatwirtschaftlich und damit ohne Weiteres steuerbar.

3 Zur Rechtsentwicklung hinsichtlich der unternehmerischen Tätigkeiten des Unternehmens s. ausführlich BFH vom 05.02.2004, V R 90/01, BStBl II 2004, 795.

4 Die Vorschrift stellt die Umsätze bis zum 31.12.1995 von der Umsatzsteuer frei (insbesondere **Telefonumsätze**). Es handelt sich um eine unvollständige Steuerbefreiung, da der Vorsteuerabzug nach § 15 Abs. 2 Nr. 1 UStG ausgeschlossen ist.

5 Zur **Besteuerung von Telefonkarten und Chipkarten** s. BMF vom 24.09.2012, BStBl I 2012, 947. Guthabenkarten im Mobilfunkbereich fallen nicht unter § 4 Nr. 8 c) oder d) UStG (s. BMF vom 03.12.2011, BStBl I 2001, 1010; BMF vom 24.09.2012 BStBl I 2012, 947). Ob die Guthabenkarte ein Wertpapier i.S.d. § 4 Nr. 8 e) UStG darstellt, ist noch ungeklärt (s. Heidner in Bunjes, § 4 Nr. 8 UStG, Rn. 25).

2. Zeitlicher Anwendungsbereich

6 Die ab 01.01.1993 eingeführte Vorschrift galt bis zum 31.12.1995. Die Vorschrift hat damit aktuell keine Bedeutung mehr.

§ 4 Nr. 11b UStG Post-Universaldienstleistungen

[1]Von den unter § 1 Abs. 1 Nr. 1 fallenden Umsätzen sind steuerfrei:

...

11b. [2]Universaldienstleistungen nach Artikel 3 Absatz 4 der Richtlinie 97/67/EG des Europäischen Parlaments und des Rates vom 15. Dezember 1997 über gemeinsame Vorschriften für die Entwicklung des Binnenmarktes der Postdienste der Gemeinschaft und die Verbesserung der Dienstequalität (ABl. L 15 vom 21.1.1998, S. 14, L 23 vom 30.1.1998, S. 39), die zuletzt durch die Richtlinie 2008/6/EG (ABl. L 52 vom 27.2.2008, S. 3) geändert worden ist, in der jeweils geltenden Fassung. [3]Die Steuerbefreiung setzt voraus, dass der Unternehmer sich entsprechend einer Bescheinigung des Bundeszentralamtes für Steuern gegenüber dieser Behörde verpflichtet hat, flächendeckend im gesamten Gebiet der Bundesrepublik Deutschland die Gesamtheit der Universaldienstleistungen oder einen Teilbereich dieser Leistungen nach Satz 1 anzubieten. [4]Die Steuerbefreiung gilt nicht für Leistungen, die der Unternehmer erbringt
  a) auf Grund individuell ausgehandelter Vereinbarungen oder
  b) auf Grund allgemeiner Geschäftsbedingungen zu abweichenden Qualitätsbedingungen oder zu günstigeren Preisen als den nach den allgemein für jedermann zugänglichen Tarifen oder als den nach § 19 des Postgesetzes vom 22. Dezember 1997 (BGBl I S. 3294), das zuletzt durch Artikel 272 der Verordnung vom 31. Oktober 2006 (BGBl I S. 2407) geändert worden ist, in der jeweils geltenden Fassung, genehmigten Entgelten;

...

Bearbeiter: Daniela Bick

Inhaltsverzeichnis

1. Inhalt und Zweck der Vorschrift

Die Steuerbefreiung des § 4 Nr. 11b in seiner Neufassung seit 01.07.2010 durch Art. 6 Nr. 2 des Gesetzes zur Umsetzung steuerlicher EU-Vorgaben sowie zur Änderung steuerlicher Vorschriften vom 08.04.2010 (BGBl I 2010, 386) fallen nur bestimmte **„Post-Universaldienstleistungen"**. Erfasst sind nicht nur entsprechende Dienstleistungen der Deutschen Post AG, sondern sämtlicher Unternehmer- und Unternehmenszusammenschlüsse, die die Voraussetzungen erfüllen. Das Bundeszentralamt für Steuern erstellt bei Vorliegen der Voraussetzungen eine entsprechende Bescheinigung. Ausdrücklich von der Steuerbefreiung ausgenommen sind nach § 4 Nr. 11b Satz 3 UStG Leistungen, die der Unternehmer aufgrund individueller Vereinbarung erbringt oder die auf Grund allgemeiner Geschäftsbedingungen zu abweichenden Qualitätsbedingungen oder zu günstigeren Preisen angeboten werden, die nicht für den durchschnittlichen Privathaushalt bestimmt sind. 1

Die Steuerbefreiung dient dem **Gemeinwohl** und erfüllt die verfassungsrechtlichen Vorgaben aus Art. 87f GG. Sie soll es ermöglichen, dass Unternehmer, die im gesamten Gebiet der Bundesrepublik Deutschland flächendeckend steuerbare Post-Universaldienstleistungen erbringen, den Preis für diese Leistungen trotz höherer Kosten vermindern können, so dass er für die Nutzer erschwinglich bleibt (s. BR-Drs. 4/10). 2

3 Die ursprüngliche zum 01.01.1995 in das UStG aufgenommene Steuerbefreiung hatte lediglich bestimmte Dienstleistungen der Deutschen Bundespost von der Umsatzsteuer befreit (s. PostneuordnungsG, BGBl I 1004, 2325). Die Vorschrift ist durch Art. 6 Nr. 2 des Gesetzes zur Umsetzung steuerlicher EU-Vorgaben sowie zur Änderung steuerlicher Vorschriften vom 08.04.2010 mit Wirkung ab 01.07.2010 (BGBl I 2010, 386, BStBl I 2010, 334) neu gefasst worden und an das Unionsrecht angepasst worden (s. BT-Drs. 17/506).

4–5 Einstweilen frei

2. Unionsrechtlicher Hintergrund

6 Gemäß Art. 132 Abs. 1 Buchst. a MwStSystRL befreiten die Mitgliedstaaten von öffentlichen Posteinrichtungen erbrachte Dienstleistungen und dazugehörende Lieferungen von Gegenständen mit Ausnahme von Personenbeförderungs- und Telekommunikationsdienstleistungen von der Umsatzsteuer. Dabei ist der Begriff **„öffentliche Posteinrichtung"** nach Auffassung des Gerichtshofs dahin auszulegen, dass Unternehmen erfasst sind, die verpflichtet wurden oder sich verpflichtet haben, in einem Mitgliedstaat die Gesamtheit der Post-Universaldienstleistungen, wie sie in Art. 3 der Richtlinie 97/67/EG der Europäischen Parlaments und des Rates vom 15.12.1997 gemeinschaftsweit festgelegt sind, oder einen Teil davon, zu gewährleisten (s. EuGH vom 15.01.2009, C-357/07, TNT Post UK, BFH/NV 2009, 1056 L). Die Grundversorgung der Bevölkerung mit Post-Universaldienstleistungen soll sichergestellt sein. Die Steuerbefreiung gilt **nicht** für Dienstleistungen und die dazugehörenden Lieferungen von Gegenständen, deren Bedingungen **individuell ausgehandelt** worden sind (s. EuGH vom 23.04.2009, C-357/07, TNT Post UK, IStR 09, 323). Gleichfalls gilt die Steuerbefreiung nicht für ein Beförderungsunternehmen, das ohne mit dem Publikum in Berührung zu kommen, nur die Langstreckenbeförderung zwischen zwei Postdienststellen übernimmt (s. EuGH vom 11.07.1985, 107/84, Kommission/Deutschland, Slg. 85, 2655).

7–8 Einstweilen frei

3. Voraussetzungen der Steuerfreiheit im Einzelnen

3.1 Post-Universaldienstleistungen, § 4 Nr. 11b Satz 1 UStG

9 Unter die Steuerbefreiung nach § 4 Nr. 11b UStG fallen nur **bestimmte Post-Universaldienstleistungen**. Nach Abschn. 4.11b.1 Abs. 1 Satz 2 UStAE sind Post-Universaldienstleistungen ein **Mindestangebot** an Postdienstleistungen, die **flächendeckend im gesamten Gebiet der Bundesrepublik Deutschland** in einer **bestimmten Qualität** und zu einem **erschwinglichen Preis** erbracht werden (s. § 11 PostG). Inhalt, Umfang und Qualitätsmerkmale von Post-Universaldienstleistungen sind in der Post-Universaldienstleistungsverordnung (PUDLV) festgelegt, s. Abschn. 4.11b.1 Abs. 1 Satz 3 UStAE.

10 Nach dem Wortlaut des Gesetzes müssen die begünstigten Leistungen solche nach über gemeinsame Vorschriften für die Entwicklung des Binnenmarkts der Postdienste der Gemeinschaft und die Verbesserung der Dienstequalität (s. ABl. L 15 vom 21.01.1998, 14 und L 23 vom 30.01.1998, 39), zuletzt geändert durch die Richtlinie 2008/6/EG (ABl. L 52 vom 27.02.2008, 3) sein, Art. 3 Abs. 4 der RL 97/67/EG des Europäischen Parlaments und des Rates vom 15.12.1997. Der Inhalt der jeweils geltenden Fassung der **Richtlinie wird damit unmittelbar anzuwendendes Gesetz** i.S.v. § 4 AO. Die Regelung bewegt sich damit im Rahmen der Vorgaben von Art. 132 Abs. 1 Buchst. a MwStSystRL. Nach der Verweisung auf die EU-Richtlinie erlässt jeder Mitgliedstaat die **erforderlichen Maßnahmen**, damit der Universaldienst folgendes Angebot umfasst:

- Abholung, Sortieren, Transport und Zustellung von Postsendungen bis 2 kg,
- Abholung, Sortieren, Transport und Zustellung von Postpaketen bis 10 kg und
- die Dienste für Einschreib- und Wertsendungen.

11 Eine **Aufstellung der einzelnen befreiten Leistungen** findet sich zudem in Abschn. 4.11b.1 Abs. 2 UStAE.

12 **Keine Universaldienstleistungen** i.S.d. Unionsrechts (s. Art. 132 Abs. 1 Buchst. a MwStSystRL) sind **förmliche Zustellungen**. Nach zutreffender Auffassung des FG Baden-Württemberg sind diese daher auch nicht von der Steuerbefreiung des § 4 Nr. 11b UStG erfasst (s. FG Baden-Württemberg vom 17.08.2015, 9 K 403/12, EFG 2016, 330, s. zudem Abschn. 4.11b.1 Abs. 8 UStAE). Eine Entscheidung des BFH steht noch aus (s. die anhängige Revision unter V R 30/15).

Um in den Genuss der Steuerbefreiung zu kommen, muss der **Preis** der ihrer Art nach begünstigten Post-Universaldienstleistung **erschwinglich** sein, s. Abschn. 4.11b.1 Abs. 4 Satz 1 UStAE. Der Preis gilt als erschwinglich, wenn er dem realen Preis für die durchschnittliche Nachfrage eines Privathaushalts nach der jeweiligen Post-Universaldienstleistung entspricht, s. Abschn. 4.11b.1 Abs. 4 Satz 2 UStAE sowie die Aufzählung in Abschn. 4.11.b Abs. 4 Satz 3-6 UStAE. 13

Die Steuerbefreiung ist unabhängig davon zu gewähren, ob die befreiten Dienstleistungen von einem öffentlichen oder einem privaten Anbieter erbracht werden (s. EuGH vom 21.04.2015, C-114/14 Kommission/Schweden, DB 2015, 1263 L). Nach **Auffassung der Finanzverwaltung** ist aber erforderlich, dass die Unternehmer die Leistung selbst erbringen, s. Abschn. 4.11b.1 Abs. 4 Satz 1 UStAE. Eine Entscheidung durch den BFH existiert noch nicht. Eine Antwort hat auch die Entscheidung vom 02.03.2016, V R 20/15 nicht gebracht. 14

Einstweilen frei 15–16

3.2 Bescheinigung des Bundeszentralamts für Steuern, § 4 Nr. 11b Satz 2 UStG

Weitere Voraussetzung der Steuerbefreiung des § 4 Nr. 11b UStG ist nach § 4 Nr. 11b Satz 2 UStG, dass der Unternehmer bzw. der Unternehmerzusammenschluss sich **gegenüber** dem **Bundeszentralamt für Steuern verpflichtet, flächendeckend im gesamten Gebiet der Bundesrepublik Deutschland die Gesamtheit der Universaldienstleistungen oder einen Teilbereich dieser Leistungen anzubiete**n und das Bundeszentralamt für Steuern dem Unternehmer bzw. dem Unternehmerzusammenschluss darüber eine **Bescheinigung** ausgestellt hat. Die Feststellung, dass die Voraussetzungen für die Anwendung der Steuerbefreiung erfüllt sind, trifft nicht das für den Postdienstleister zuständige Finanzamt, sondern – nach formlosem Antrag des Unternehmers – das BZSt, s. Abschn. 4.11b.1 Abs. 10 UStAE. Das Gesetz selbst enthält keine Vorgaben für den Inhalt des Antrags. Zu den Voraussetzungen des Antrags nach Auffassung der Finanzverwaltung s. Abschn. 4.11b.1 Abs. 10–12 UStAE. Stellt sich im Nachhinein heraus, dass die Voraussetzungen für die Bescheinigung nicht oder nicht mehr vorliegen, nimmt sie das Bundeszentralamt für Steuern – ggf. auch rückwirkend – zurück, s. Abschn. 4.11b.1 Abs. 12 UStAE (eine Rechtsgrundlage für die Rücknahme nennt der UStAE nicht, hier sollte im Einzelfall geprüft werden, ob die Rücknahme rechtmäßig ist). 17

Der BFH hat entschieden, dass ein Unternehmer, der nur an fünf Arbeitstagen pro Woche Post zustellt keine Universaldienstleistungen erbringt und daher keinen Anspruch gegen das BZSt auf Erteilung einer für die Inanspruchnahme der Steuerbefreiung erforderlichen Bescheinigung hat (BFH vom 02.03.2016, V R 20/15, DStR 2016, 1204). Nach Art. 3 Abs.3 der Richtlinie 97/67/EH muss der Universaldienst an „mindestens fünf Arbeitstagen" stattfinden. Der nationale Gesetzgeber hat die Richtlinie mit § 11 Abs. 2 PostG i.V.m. § 2 Ziff. 5 der Post-Universaldienstleistungsverordnung (PUDLV vom 15.12.1999, BGBl I 1999, 2418) dahin umgesetzt, dass „**die Zustellung einmal werktäglich** zu erfolgen hat". Damit verlang das nationale Recht die Zustellung an sechs Tagen pro Woche. Diese Umsetzung dürfte angesichts der Bestimmung „mindestens" mit dem Unionsrecht im Einklang stehen. Wer sich also zur Erbringung von **Universaldienstleistungen** verpflichtet, um eine Bescheinigung des BZSt zu bekommen, muss an sämtlichen Werktagen Zustellungen vornehmen. Nur dann liegen Universaldienstleistungen vor, sodass ein Anspruch auf Erteilung einer Bescheinigung nach § 4 Nr. 11b Satz 2 UStG bestehen kann. 18

Einstweilen frei 19–20

3.3 Von der Steuerbefreiung ausgeschlossene Leistungen, § 4 Nr. 11b Satz 3 UStG

Ausdrücklich ausgenommen von der Steuerbefreiung sind nach § 4 Nr. 11b Satz 3 UStG 21

- Leistungen, deren Bedingungen zwischen den Vertragsparteien **individuell vereinbart** werden (s. § 4 Nr. 11b Satz 3 Buchst. a) UStG und
- sog. **AGB-Leistungen** (s. § 4 Nr. 11b Satz 3 Buchst. b) UStG.

Unter AGB-Leistungen zu verstehen sind Leistungen, aufgrund allgemeiner Geschäftsbedingungen zu abweichenden Qualitätsbedingungen oder zu günstigeren Preisen als den nach den allgemein für jeder- 22 mann zugänglichen Tarifen oder als den nach § 19 des Postgesetzes vom 22. Dezember 1997 (BGBl I 1997, 3294), das zuletzt durch Artikel 16 des Gesetzes zur Umsetzung der Richtlinie über alternative Streitbeilegung und zur Durchführung der Verordnung über Online-Streitbeilegung in Verbraucherangelegenheiten vom 19.02.2016 (BGBl I 2016, 254) geändert worden ist, in der jeweils geltenden Fassung, genehmigten Entgelten.

23 Eine ausführliche Aufzählung der von der Steuerbefreiung ausgenommenen Postdienstleistungen findet sich in Abschn. 4.11b.1 Abs. 5–9 UStAE.

24–25 Einstweilen frei

3.4 Befreiung der Universaldienste nach anderen Vorschriften

26 Erbringt ein deutscher Universaldienstleister Beförderungsleistungen, die zwar im Inland steuerbar sind, sachlich aber nicht vom Begriff des Universaldienstes umfasst werden, können sie unter **andere Steuerbefreiungen** fallen, z.B. unter § 4 Nr. 7 UStG für die Leistungen z.B. an NATO-Truppen und § 4 Nr. 3 Buchst. a UStG für Leistungen im Zusammenhang mit Ein- und Ausfuhren.

27 **Beispiel:** P Postdienstleistungsanbieter befördert Pakete mit einem Gewicht von mehr als 20 kg in die Schweiz.

Lösung: Diese Beförderung stellt keine Universaldienstleistung dar, sie ist aber – soweit sie im Inland steuerbar ist – nach § 4 Nr. 3 Buchst, a Doppelbuchst. aa UStG unter den übrigen Voraussetzungen steuerfrei.

28 Sind Leistungen des Universaldienstleisters, die im Inland steuerbar sind, sowohl vom Begriff des Universaldienstes umfasst und damit nach § 4 Nr. 11b UStG steuerfrei als auch nach anderen Vorschriften steuerbefreit, geht die Steuerbefreiung das § 4 Nr. 11b UStG dieser Steuerbefreiung vor.

29–30 Einstweilen frei

4. Vorsteuerabzug

31 Der **Vorsteuerabzug** ist gemäß § 15 Abs. 2 UStG bei den in § 4 Nr. 11b UStG genannten Leistungen gesetzlicher sozialer Einrichtungen **ausgeschlossen** Ein Verzicht auf die Steuerbefreiung ist nach § 9 UStG nicht möglich.

32–33 Einstweilen frei

§ 4 Nr. 12 UStG Vermietung und Verpachtung von Grundstücken, Berechtigungen und hoheitsrechtlichen Nutzungsrechten

[1]Von den unter § 1 Abs. 1 Nr. 1 fallenden Umsätzen sind steuerfrei:

...

12. a) die Vermietung und die Verpachtung von Grundstücken, von Berechtigungen, für die die Vorschriften des bürgerlichen Rechts über Grundstücke gelten, und von staatlichen Hoheitsrechten, die Nutzungen von Grund und Boden betreffen,
    b) die Überlassung von Grundstücken und Grundstücksteilen zur Nutzung auf Grund eines auf Übertragung des Eigentums gerichteten Vertrags oder Vorvertrags,
    c) die Bestellung, die Übertragung und die Überlassung der Ausübung von dinglichen Nutzungsrechten an Grundstücken.

    [2]Nicht befreit sind die Vermietung von Wohn- und Schlafräumen, die ein Unternehmer zur kurzfristigen Beherbergung von Fremden bereithält, die Vermietung von Plätzen für das Abstellen von Fahrzeugen, die kurzfristige Vermietung auf Campingplätzen und die Vermietung und die Verpachtung von Maschinen und sonstigen Vorrichtungen aller Art, die zu einer Betriebsanlage gehören (Betriebsvorrichtungen), auch wenn sie wesentliche Bestandteile eines Grundstücks sind;

...

Bearbeiter: Hans-Hinrich von Cölln

Inhaltsverzeichnis

1. Allgemeines

1 Gemäß § 4 Nr. 12 Buchst. a UStG sind umsatzsteuerfrei:

- Die Vermietung und Verpachtung von
  - Grundstücken,
  - Berechtigungen, für die die Vorschriften des bürgerlichen Rechts über Grundstücke gelten und von
  - staatlichen Hoheitsrechten, die Nutzung von Grund und Boden betreffend,
- die Überlassung von Grundstücken und Grundstücksteilen zur Nutzung aufgrund eines auf Übertragung des Eigentums gerichteten Vertrags oder Vorvertrags,
- die Bestellung, die Übertragung und die Überlassung der Ausübung von dinglichen Nutzungsrechten an Grundstücken.

2 Die Vermietung und Verpachtung von Grundstücken einerseits und die Bestellung, Übertragung und Überlassung der Ausübung von dinglichen Nutzungsrechten andererseits stellen sicherlich die im Rechtsverkehr überwiegend auftretenden Fälle dar. Bei den anderen von § 4 Nr. 12 Buchst. a UStG genannten Fallgruppen handelt es sich um selten in Erscheinung tretende Fallkonstellationen, wenn nicht gar um Exoten. Andererseits ist die wohl bedeutendste und am häufigsten auftretende Fallgruppe gar nicht im Wortlaut der Vorschrift erwähnt: die Vermietung von Wohnungen.

2. Der Begriff des Grundstücks

3 Soweit die Vorschriften des UStG den Begriff des Grundstücks verwenden, stimmt dieser weitgehend mit dem Grundstücksbegriff des BGB überein (s. Schüler-Täsch in Sölch/Ringleb, § 4 Nr. 12 Rn. 14; s. BFH vom 15.12.1966, V 252/63, BStBl III 1967, 209). Dennoch ist hierbei Vorsicht geboten. Der EuGH betont in seinen Urteilen stetig, dass die MwStSystRL bzw. ihre Vorläuferin, die 6. EG-RL, ein selbständiges Recht darstellt und die von ihr verwendeten Begriffe demgemäß auch selbständig aus sich heraus auszulegen sind (s. Abschn. 3a.3 Abs. 2 Satz 2; 4.12.1 Abs. 1 Satz 1 UStAE; s. EuGH vom 25.04.2013, C-480/10, Rs. Kommission gegen Schweden, MwStR 2013, 276; s. EuGH vom 12.06.2003, C-275/01, DStRE 2003, 874, m.w.N.; s. EuGH vom 11.06.2009, C-572/07, DStR 2009, 1260; s. Schüler-Täsch in Sölch/Ringleb, § 4 Nr. 12 Rn. 14). Daraus folgt, dass bei der Auslegung des Grundstücksbegriffs i.S.d. UStG der Verweis auf das BGB und damit die zivilrechtliche Rechtsprechung hierzu nicht stets „automatisch“ auf das UStG angewendet werden kann. Dies ergibt sich bereits daraus, dass § 4 Nr. 12 Buchst. a UStG selbst Abweichungen aufstellt, indem er Betriebsvorrichtungen, die zivilrechtlich gemäß § 94 BGB unselbständiger Teil des Grundstücks sind, dennoch von der Umsatzsteuerbefreiung ausnimmt (s. Abschn. 4.12.10 Satz 1 UStAE).

4 Ein Grundstück ist ein räumlich abgegrenzter Teil der Erdoberfläche, gleich ob Festland oder Wasserfläche (s. Schüler-Täsch in Sölch/Ringleb, § 4 Nr. 12 Rn. 14). Die Finanzverwaltung definiert im Rahmen des § 3a UStG ein Grundstück (s. Abschn. 3a Abs. 2 Satz 3 UStAE). Diese Definition dürfte aber auch im Rahmen des UStG allgemeingültig sein. Denn ein Grund für unterschiedliche Grundstücksbegriffe innerhalb des UStG ist nicht ersichtlich. Danach ist unter einem Grundstück zu verstehen:

- Ein bestimmter über- oder unterirdischer Teil der Erdoberfläche, an dem Eigentum und Besitz begründet werden kann,
- jedes mit oder in dem Boden über oder unter dem Meeresspiegel befestigte Gebäude oder jedes derartige Bauwerk, das nicht leicht abgebaut oder bewegt werden kann,
- jede Sache, die einen wesentlichen Bestandteil eines Gebäudes oder eines Bauwerks bildet, ohne die das Gebäude oder das Bauwerk unvollständig ist, wie zum Beispiel Türen, Fenster, Dächer, Treppenhäuser und Aufzüge,
- Sachen, Ausstattungsgegenstände oder Maschinen, die auf Dauer in einem Gebäude oder einem Bauwerk installiert sind und die nicht bewegt werden können, ohne das Gebäude oder das Bauwerk zu

zerstören oder zu verändern (s. Abschn. 3a.3 Abs. 2 Satz 3 UStAE). Vgl. auch § 13b Abs. 2 Nr. 4 Satz 2 UStG.

Zu einem Grundstück gehören weiterhin deren wesentliche Bestandteile gemäß § 94 BGB (s. Ellenberger in Palandt, Überblick vor § 90 Rn. 3; Schüler-Täsch in Sölch/Ringleb, § 4 Nr. 12 Rn. 15). Bedeutendster Fall eines wesentlichen Bestandteils ist das mit dem Grundstück fest verbundene Gebäude (s. Schüler-Täsch in Sölch/Ringleb, § 4 Nr. 12 Rn. 15). Auch Betriebsvorrichtungen können wesentliche Bestandteile im zivilrechtlichen Sinne sein, sind aber gemäß § 4 Nr. 12 Buchst. a UStG ausdrücklich von der Umsatzsteuerbefreiung ausgenommen (s. Abschn. 4.12.10. Satz 1 UStAE). 5

Als Grundstücke i.S.d. § 4 Nr. 12 Buchst. a UStG zählen auch Teile des Grundstücks (s. Abschn. 4.12.1. Abs. 3 Satz 1 UStAE); und zwar selbst dann, wenn sie zivilrechtlich unselbständig sind. Die Teile müssen also nicht real geteilt sein, wie z.B. das Wohnungs- oder Teileigentum nach dem WEG. Insofern fallen auch Gebäude, Stockwerke, Wohnungen, Werkdienstwohnungen und Geschäftsräume sowie einzelne Räume unter den Grundstücksbegriff des § 4 Nr. 12 Buchst. a UStG (s. Abschn. 4.12.1. Abs. 3 Satz 2 UStAE; s. Schüler-Täsch in Sölch/Ringleb, § 4 Nr. 12 Rn. 15). Auch Wohn- und Schlafplätze, Raumteile – wie Stellflächen in einer Halle, die nach der Grundfläche bemessen und durch sie abgrenzbar sind –, sind Grundstücksteile (s. Birkenfeld in Birkenfeld/Wäger, § 97 Rn. 162). 6

Gemäß § 4 Nr. 12 Satz 2 UStG ausdrücklich ausgenommen und daher nicht umsatzsteuerfrei vermietbar sind solche Teilflächen aber, wenn sie dazu dienen, Fahrzeuge abzustellen. Der Begriff des Fahrzeugs ist dabei weit gefasst und umfasst einerseits nicht nur Fortbewegungsmittel, die zu Lande oder zu Wasser fahren, sondern auch Luftfahrzeuge (s. Abschn. 4.12.2. Abs. 2 Satz 2 UStAE). Andererseits umfasst der Begriff nicht nur Fahrzeuge, die hauptsächlich der Beförderung dienen, sondern auch solche, die für andere Zwecken verwendet werden (s. Abschn. 4.12.2. Abs. 2 Satz 6 UStAE). 7

2.1 Scheinbestandteile

Gebäude und Gebäudeteile zählen auch dann als ein Grundstück i.S.d. § 4 Nr. 12 Buchst. a UStG, wenn sie Scheinbestandteile i.S.d. § 95 Abs. 1 Satz 1 BGB darstellen (s. Schüler-Täsch in Sölch/Ringleb, § 4 Nr. 12 Rn. 16; s. EuGH vom 16.01.2003, C-315/00, Rs. Maierhofer, DB 2003, 254; differenzierender s. Birkenfeld in Birkenfeld/Wäger, § 97 Rn. 167). Zu beachten ist, dass sie nicht zu dem Grundstück gehören, das den Grund und Boden ausmacht. Das Gebäude bzw. der Gebäudeteil, der einen Scheinbestandteil darstellt, fällt als selbständiger, von dem Grund und Boden abgelöster Gegenstand unter den Grundstücksbegriff des § 4 Nr. 12 Buchst. a UStG. Insofern ist es möglich, dass ein Vermieter ein Gebäude auf einem Grundstück, das im Eigentum eines Anderen steht, als Gebäude auf fremden Grund und Boden errichtet und der Vermieter dieses Gebäude auf fremden Grund und Boden an den Anderen vermietet (s. Schüler-Täsch in Sölch/Ringleb, § 4 Nr. 12 Rn. 15; s. EuGH vom 16.01.2003, C-315/00, Rs. Maierhofer, DB 2003, 254). 8

Scheinbestandteile im Übrigen, die selbst keine Räumlichkeit darstellen, fallen nicht unter den Begriff des Grundstücks i.S.d. § 4 Nr. 12 Buchst. a UStG. Jedoch kommt in Betracht, dass sie als Nebenleistung zur Grundstücksvermietung deren Umsatzsteuerbefreiung teilen (s. Schüler-Täsch in Sölch/Ringleb, § 4 Nr. 12 Rn. 21, „Einbaumöbel"). 9

2.2 Zubehör

Zubehör i.S.d. § 97 Abs. 1 BGB fällt nicht unter den Grundstücksbegriff, jedoch kommt für diesen auch in Betracht, dass er als Nebenleistung zur Grundstücksvermietung umsatzsteuerfrei mit vermietet wird (s. Schüler-Täsch in Sölch/Ringleb, § 4 Nr. 12 Rn. 16). 10

2.3 Betriebsvorrichtungen

Betriebsvorrichtungen gehören nicht zu dem Grundstücksbegriff i.S.d. § 4 Nr. 12 Buchst. a UStG. Sie sind gemäß dieser Vorschrift ausdrücklich von der umsatzsteuerfreien Vermietung oder Verpachtung ausgenommen. Dies gilt selbst dann, wenn sie wesentliche Bestandteile des Grundstücks sind (s. Abschn. 4.12.10. Satz 1 UStAE). Zu beachten ist in Abgrenzung zu § 4 Nr. 12 Buchst. a UStG, dass § 13b Abs. 2 Nr. 4 Satz 2 11

UStG Betriebsvorrichtungen aber sehr wohl als Grundstücksbestandteil erfasst (s. § 13b Rn. 61 ff.). Arbeiten an solchen Betriebsvorrichtungen können daher die umgekehrte Steuerschuldnerschaft gemäß § 13b Abs. 5 Satz 2 UStG auslösen.

2.3.1 Das Aufteilungsgebot des § 4 Nr. 12 Satz 2 UStG

12 Gemäß der allgemeinen Systematik des UStG sollte auch bei Betriebsvorrichtungen eigentlich nicht von vornherein ausgeschlossen und daher zu prüfen sein, ob sie als Nebenleistung zur Vermietung oder Verpachtung letztlich doch der Umsatzsteuerbefreiung des § 4 Nr. 12a) UStG unterfallen (s. Schüler-Täsch in Sölch/Ringleb, § 4 Nr. 12 Rn. 19). Dass dies möglich ist, wird aber von der Rechtsprechung und von der wohl überwiegenden Literatur verneint (s. BFH vom 28.05.1998 – V R 19/96, BStBl II 2010, 307; s. BFH vom 14.07.1977 – V R 20/74, BStBl II 1977, 881; s. Wenzel in Rau/Dürrwächter, § 4 Nr. 12 Rn. 125; s. Birkenfeld in Birkenfeld/Wäger, § 97 Rn. 198). Zur Begründung wird angeführt, dass § 4 Nr. 12 Satz 2 UStG ein spezielles Aufteilungsgebot enthalte (s. BFH vom 28.05.1998, V R 19/96, BStBl II 2010, 307; s. Birkenfeld in Birkenfeld/Wäger, § 97 Rn. 198, s. BFH vom 24.04.2013, XI R 3/11, BStBl II 2014, 86 Rn. 50 f.).

13 Diese Auffassung vermag nicht zu überzeugen. Die – allerdings wohl – herrschende Meinung der Rechtsprechung und Literatur setzt voraus, dass § 4 Nr. 12 Satz 2 UStG eine Spezialvorschrift ist, die die grundsätzliche Systematik der Bestimmung einer Leistung i.S.d. § 3 UStG abändert. Dafür aber ist nichts ersichtlich. Bereits ihre systematische Einordnung zeigt, dass § 4 Nr. 12 Satz 2 UStG lediglich eine Vorschrift ist, die den Umfang einer Umsatzsteuerbefreiung regelt. Sie bestimmt also nur, ob eine selbständige, alleinige Leistung umsatzsteuerfrei ist.

14 Dass aber eine Leistung, die als selbständige Leistung nicht umsatzsteuerfrei ist, als Nebenleistung einer umsatzsteuerfreien Hauptleistung umsatzsteuerfrei wird, ist aber eine allgemeine und auch anerkannte Systematik des UStG (z.B. s. Wenzel in Rau Dürrwächter, Umsatzsteuergesetz, Kommentar, Lfg. 129, § 4 Nr. 9 Rn. 7). Diese Systematik ist auch keine Besonderheit, die nur bei der Vermietung und Verpachtung nach § 4 Nr. 12 UStG zu finden wäre, sondern kommt bei allen Befreiungstatbeständen des § 4 UStG vor (für § 4 Nr. 9 UStG: s. Wenzel in Rau Dürrwächter, Umsatzsteuergesetz, Kommentar, Lfg. 129, § 4 Nr. 9 Rn. 7). Insofern ist nicht ersichtlich, warum § 4 Nr. 12 Satz 2 UStG, der die Reichweite des Befreiungstatbestandes durch eine Negativabgrenzung konkretisiert, eine weitergehende Bedeutung und Funktion zukommen sollte, die die allgemeine Systematik der Leistungsbestimmung und des Verhältnisses von Haupt- und Nebenleistung speziell für die Vermietung und Verpachtung von Grundstücken abändern können soll. Dabei ist auch zu berücksichtigen, dass die Wirkung, die die wohl herrschende Meinung § 4 Nr. 12 Satz 2 UStG zubilligt, sich nicht auf die Frage der Umsatzsteuerfreiheit beschränkt, sondern auch Auswirkungen auf den Ort der Leistung gemäß den §§ 3, 3a UStG hat.

15 Denn wenn eine Leistung nicht Nebenleistung sein kann, ist der Ort, an dem sie erbracht wird, ebenfalls eigenständig zu beurteilen. Das mag im Bereich des § 4 Nr. 12 UStG häufig keine Auswirkungen zeitigen, weil die eigenständige Leistung, die keine Nebenleistung sein kann, häufig wohl eine grundstücksnahe Leistung gemäß § 3a Abs. 3 Nr. 1 UStG ist und wie die Vermietung oder Verpachtung an dem Ort umsatzsteuerbar ist, an dem das Grundstück belegen ist. Gleichwohl ist weder aus dem Wortlaut noch systematisch erkennbar, dass der Gesetzgeber § 4 Nr. 12 Satz 2 UStG über die Reichweite einer Umsatzsteuerbefreiung hinaus solch weitreichende Wirkungen zubilligen wollte.

16 Abschließend ist darauf hinzuweisen, dass die Finanzverwaltung es selbst wohl anders sieht oder sich zumindest aber teilweise in Widerspruch zu der Rechtsprechung und wohl überwiegenden Literaturmeinung setzt. Sie geht nämlich für die Vermietung von Stellplätzen für Fahrzeuge, die gemäß § 4 Nr. 12 Satz 2 UStG umsatzsteuerpflichtig ist, davon aus, dass diese als Nebenleistung zu einer umsatzsteuerfreien Grundstücksvermietung oder -verpachtung mit von deren Umsatzsteuerfreiheit erfasst wird (s. Abschn. 4.12.2. Abs. 3 Satz 4 UStAE). Ferner verweist sie – völlig zu Recht – auf die allgemeine Systematik, gemäß der im Falle von mehreren Leistungen nach den allgemeinen Grundsätzen zu prüfen ist, ob sie einheitlich zu beurteilen sind (s. Abschn. 4.12.5. Abs. 1 Satz 3 UStAE), bzw. – im Falle einer zusammengefassten, einheitlichen Leistung – welcher Leistungsbestandteil das Gepräge gibt (s. Abschn. 4.12.5. Abs. 2 Satz 1 UStAE).

Obwohl unrichtig, wird für die weiteren Ausführungen aber dennoch die wohl herrschende Meinung zugrunde gelegt. 17

2.3.2 Der Begriff der Betriebsvorrichtung

Den Begriff der Betriebsvorrichtung wird in gleicher Weise ausgelegt wie für das Bewertungsrecht (s. Abschn. 4.12.10 Satz 2 UStAE; s. BFH vom 16.10.1980, V R 51/76, BStBl II 1981, 228). Dabei ist aber auch hier zu berücksichtigen, dass der EuGH in seinen Urteilen stetig betont, dass die MwStSystRL bzw. ihre Vorläuferin, die 6. EG-RL, ein selbständiges Recht darstellt und die von ihr verwendeten Begriffe demgemäß auch selbständig aus sich heraus auszulegen sind (s. EuGH vom 12.06.2003, C-275/01, Rs. Sinclair Collis Ltd., DStRE 2003, m.w.N.; s. EuGH vom 25.4.2013, C-480/10, Rs. Kommission gegen Schweden, MwStR 2013, 276; EuGH vom 11.6.2009, C-572/07, Rs. RLRE Tellmer Property, DStR 2009, 1260; s. Schüler-Täsch in Sölch/Ringleb, § 4 Nr. 12 Rn. 14). Daraus folgt, dass – wie bei der Auslegung des Grundstücksbegriffs auch – bei der Auslegung des Begriffs der Betriebsvorrichtung der Verweis auf das Bewertungsrecht nicht stets und „automatisch" auf das UStG angewendet werden kann. 18

Betriebsvorrichtungen sind Maschinen, maschinenähnliche Anlagen und Anlagen, die in besonderer und unmittelbarer Beziehung zu der auf dem Grundstück, Grundstücksteil oder den Räumlichkeiten ausgeübten unternehmerischen Tätigkeit stehen (s. BFH vom 11.12.1991, II R 14/89, BStBl II 1992, 278; s. Birkenfeld in Birkenfeld/Wäger, § 192 Rn. 96; Abschn. 4.12.10 Satz 6 UStAE). Hierbei genügt es jedoch nicht, dass die Anlage für die unternehmerische Tätigkeit nützlich, notwendig oder gewerbepolizeilich vorgeschrieben ist (s. BFH vom 28.02.2013, III R 35/12, BStBl II 2013). Entscheidend ist, ob sie von ihrer unmittelbaren Funktion her unmittelbar zur Ausübung der unternehmerischen Tätigkeit genutzt wird (s. BFH vom 28.02.2013, III R 35/12, BStBl II 2013, 606). Die Anlage darf keine Funktion für das Gebäude haben, sondern muss eigenen Zwecken dienen, also eine Betriebs- keine Gebäudefunktion haben (s. BFH vom 28.08.2014, V R 7/14, BStBl II 2015, 682). 19

Hinweis! Eine prägnante „Faustformel" für die Abgrenzung zwischen Betriebsvorrichtung und Gebäudebestandteil ist die folgende Formulierung des BFH: Betriebsvorrichtungen dienen einem gegenüber dem Bauwerk eigenständigen Zweck. Sie haben keine Funktion für das Gebäude, sondern sind dort lediglich untergebracht (s. BFH vom 28.08.2014, V R 7/14, BStBl II 2015, 682). 20

Anlagen, die einen Teil des vermieteten Gebäudes, selbst ein Gebäude oder eine Außenanlage darstellen, scheiden als Betriebsvorrichtung aus (s. BFH vom 11.12.1991, II R 14/89, BStBl II 1992, 278; s. Abschn. 4.12.10 Satz 3, 6 UStAE). Solche Anlagen, die Gebäudeteile sind, fallen also unter § 4 Nr. 12a) UStG. 21

Beispiel: Eine Heizungsanlage, Belüftungs- und Klimaanlagen, Einbaumöbel oder Bäder mögen gerade in großen Gebäuden durchaus komplexe technische Anlagen darstellen. Sie dienen aber grundsätzlich der Funktion und dem „Funktionieren" des Gebäudes als solchem. Sie fallen damit als Teil des Gebäudes mit unter § 4 Nr. 12a) UStG. Anders aber, wenn es sich um eine separate Klima- oder Heizungsanlage handelt, die nicht der Temperierung des Gebäudes selbst dient, sondern ausschließlich einem in dem Gebäude stattfindenden Produktionsprozess oder sonstigen Tätigkeit. Die Anlage hat dann keine Funktion für das Gebäude, sondern eine separate Betriebsfunktion (s. BFH vom 28.08.2014, V R 7/14, BStBl II 2015, 682). 22

Diese Zuordnung als Gebäudeteil gilt aber nur für solche Anlagen, die originär Gebäudeteile sind und nicht für Anlagen, die erst und nur über die rechtliche Zuordnung als wesentlicher Bestandteil i.S.d. § 94 BGB dem Grundstück zugeordnet werden (s. Abschn. 4.12.10 Satz 1 UStAE). Eben dies schließt § 4 Nr. 12 Satz 2 UStG gerade aus. 23

24 **Beispiel:** Ein in einem Gebäude aufgebautes und mit diesem verbundenes Förderband dient dem in dem Gebäude ausgeübten Betrieb, nicht der Funktion des Gebäudes als solchem. Es ist daher eine Betriebsvorrichtung, für die eine umsatzsteuerfreie (Mit-)Vermietung gemäß § 4 Nr. 12 Satz 2 UStG ausgeschlossen ist. Dies gilt, obwohl das Förderband durch seine feste und dauerhafte Verbindung mit dem Gebäude zivilrechtlich ein wesentlicher Bestandteil des Gebäudes ist. Zu beachten ist auch, dass § 13b Abs. 2 Nr. 4 Satz 2 UStG Betriebsvorrichtungen aber sehr wohl als Grundstücksbestandteil erfasst (s. § 13b Rn. 61 ff.). Arbeiten an solchen Betriebsvorrichtungen können daher die umgekehrte Steuerschuldnerschaft gemäß § 13b Abs. 5 Satz 2 UStG auslösen.

2.3.3 Der Begriff des Gebäudes

25 Eine Vorrichtung scheidet als Betriebsvorrichtung aus, die selbst ein Gebäude, Gebäudeteil oder eine Außenanlage darstellt, selbst wenn sie unmittelbar der Ausführung der auf dem Grundstück oder in dem Gebäude verrichteten unternehmerischen Tätigkeit dient (s. BFH vom 11.12.1991, II R 14/89, BStBl II 1992, 278; Abschn. 4.12.10 Satz 3, 6 UStAE). Anders gewendet: Die Eignung als Grundstück i.S.d. § 4 Nr. 12a) UStG geht der Eignung als Betriebsvorrichtung gemäß § 4 Nr. 12 Satz 2 UStG vor (s. FG Düsseldorf vom 19.09.2013, 11 K 211/12 BG, EFG 2014, 116). Ein Bauwerk, das ein Gebäude darstellt, kann keine Betriebsvorrichtung (mehr) sein (s. FG Düsseldorf vom 19.09.2013, 11 K 211/12 BG, EFG 2014, 116). Wird die Eigenschaft als Betriebsvorrichtung in einem ersten Schritt bejaht, ist daher stets in einem zweiten Schritt zu prüfen, ob sie (zugleich) ein Gebäude ist.

25/1 Ein Gebäude ist ein Bauwerk:

- In dem sich Menschen aufhalten können (s. Abschn. 4.12.10 Satz 5 UStAE). Unerheblich ist, ob es vorrangig dem Aufenthalt von Menschen dient (s. Schüler-Täsch in Sölch/Ringleb, § 4 Nr. 12 Rn. 21). Ist das Bauwerk allerdings nur teilweise zum Aufenthalt von Menschen geeignet, darf dieser Teil nach Größenverhältnis und Nutzungsintensität nicht nur von untergeordneter Bedeutung sein (s. FG Düsseldorf vom 19.09.2013, 11 K 211/12 BG, EFG 2014, 116. Das FG Düsseldorf wendet hierbei eine Grenze von 10 % an.).

  Beispiel: Ein Stall ist ein Gebäude, ein nicht begehbares Transformatorenhäuschen ist kein Gebäude (s. Schüler-Täsch in Sölch/Ringleb, § 4 Nr. 12 Rn. 21).

- das durch räumliche Einfassung Menschen, Tieren oder Sachen Schutz vor der Witterung bietet (Abschn. 4.12.10 Satz 5 UStAE),

  Beispiel: Eine Bahnhofshalle ist ein Gebäude, eine Bahnsteigüberdachung ist kein Gebäude (s. Schüler-Täsch in Sölch/Ringleb, § 4 Nr. 12 Rn. 21).

- mit dem Grund und Boden verbunden ist. Bauwerke, die nicht dauerhaft verbunden sind, sondern nur zu einem vorübergehenden Zweck auf dem Grund und Boden aufstehen, scheiden hierbei regelmäßig als Gebäude i.S.d. Umsatzsteuerrechts aus (s. Abschn. 4.12.1 Abs. 4 Satz 1 UStAE).

  Beispiel: Ein aufgestellter Verkaufscontainer ist kein Gebäude, ein auf einer Großbaustelle mit Fundament oder dauerhaften Verankerung und mit Versorgungsleitungen versehener Wohn- oder Bürocontainer ist ein Gebäude (s. Schüler-Täsch in Sölch/Ringleb, § 4 Nr. 12 Rn. 21).

- von einiger Beständigkeit ist (s. Gleichlautender Ländererlass vom 15.03.2006, BStBl I 2006, 314 Rn. 2.6). Dies richtet sich nach der Beschaffenheit des Materials (Gleichlautender Ländererlass vom 15.03.2006, BStBl I 2006, 314 Rn. 2.6).
- von ausreichender Standfestigkeit ist (s. Schüler-Täsch in Sölch/Ringleb, § 4 Nr. 12 Rn. 20, s. Gleichlautender Ländererlass vom 15.03.2006, BStBl I 2006, 314 Rn. 2.7).

  Beispiel: Eine Trag(luft-)halle ist kein Gebäude (s. Schüler-Täsch in Sölch/Ringleb, § 4 Nr. 12 Rn. 21).

Beispiele für Gebäude: Ausstellungshallen, Bahnhofshallen, fest mit dem Boden verbundene Baracken oder Wohncontainer, Garagen, Ställe, Gewächshäuser. 25/2

Beispiele für Vorrichtungen, die keine Gebäude sind: Aufgestellte, nicht mit dem Boden fest verbundene Wohn-, Büro- oder Verkaufscontainer, Carports, überdachte Bushaltestellen, Transformatoren- und Pumpenhäuschen, Zelte, Zelthallen, Trag(luft-)hallen. 25/3

3. Der Begriff der Vermietung

Nicht nur der Begriff des Grundstücks i.S.d. § 4 Nr. 12 UStG wird – wie oben dargelegt – grundsätzlich aus dem Zivilrecht abgeleitet, sondern auch der Begriff der Vermietung (s. Abschn. 4.12.1 Abs. 1 Satz 2 UStAE). Maßgeblich sind dabei die §§ 535 ff. BGB. Erneut ist an dieser Stelle aber darauf hinzuweisen, dass der Verweis nicht „automatisch" angewendet werden kann, weil die MwStSystRL bzw. ihre Vorläuferin, die 6. EG-RL, ein selbständiges Recht darstellt und die von ihr verwendeten Begriffe demgemäß auch selbständig aus sich heraus auszulegen sind (s. BFH vom 13.02.2014, V R 5/13, BFH/NV 2014, 1159; s. BFH vom 8.11.2012, V R 15/12, BStBl II 2013, 455; s. Schüler-Täsch in Sölch/Ringleb, § 4 Nr. 12 Rn. 14). 26

Abweichungen zum zivilrechtlichen Begriff sind somit auch für den umsatzsteuerrechtlichen Begriff der Vermietung nicht ausgeschlossen (s. FG Düsseldorf vom 01.02.2013, 1 K 3144/11, EFG 2013, 1525, bestätigend: s. BFH vom 03.07.2014, V R 12/13, BFH/NV 2014, 1603). Weichen die Beteiligten faktisch von den zivilrechtlichen Rechten und Pflichten ab, sind diese tatsächlich durchgeführten Leistungsbeziehungen entscheidend (s. FG Düsseldorf vom 01.02.2013, 1 K 3144/11, EFG 2013, 1525, bestätigend s. BFH vom 03.07.2014, V R 12/13, BFH/NV 2014, 1603). Missachten beispielsweise alle Beteiligten den gesetzlichen Übergang des Mietverhältnisses auf den Erwerber und führen Mieter und Veräußerer dieses Mietverhältnis fort, ist dies umsatzsteuerlich beachtlich (s. FG Düsseldorf vom 01.02.2013, 1 K 3144/11, EFG 2013, 1525, bestätigend: s. BFH vom 03.07.2014, V R 12/13, BFH/NV 2014, 1603.). Der Veräußerer überträgt dann nicht alle wesentlichen Grundlagen auf den Erwerber, sodass keine Geschäftsveräußerung im Ganzen vorliegt (s. FG Düsseldorf vom 01.02.2013, 1 K 3144/11, EFG 2013, 1525, bestätigend: s. BFH vom 03.07.2014, V R 12/13, BFH/NV 2014, 1603). 27

Ein Grundstück wird vermietet, wenn einem anderen zeitweise der Gebrauch eines Grundstücks gegen eine Vergütung gewährt wird (s. Abschn. 4.12.1 Abs. 2 Satz 1 UStAE). Dem Vertragspartner wird dabei das Recht eingeräumt, das Grundstück in der Weise in Besitz zu nehmen, als wäre er dessen Eigentümer und jede andere Person davon auszuschließen (s. BFH vom 06.12.2012, V R 36/11, BFH/NV 2013, 994; s. BFH vom 8.11.2012, V R 15/12, BStBl II 2013, 455; s. EuGH vom 11.6.2009, C-572/07, Rs. RLRE Tellmer Property, DStR 2009, 1260; s. EuGH vom 22.01.2015, C-55/14, MwStR 2015, 172). 28

Die Dauer des Vertragsverhältnisses ist ohne Bedeutung (s. Abschn. 4.12.1 Abs. 2 Satz 6 UStAE). Es kann kurzfristig (s. Abschn. 4.12.1 Abs. 2 Satz 7 UStAE), langfristig, auf bestimmte oder auf unbestimmte Zeit überlassen werden. Die Benutzung darf aber grundsätzlich nicht nur gelegentlichen oder vorübergehenden Charakter haben (s. EuGH vom 22.01.2015, C-55/14, MwStR 2015, 172). Eine sehr kurze Mietdauer ist allerdings ein Anzeichen für einen Umsatz eigener Art, der nicht gemäß § 4 Nr. 12a) UStG von der Umsatzsteuer befreit ist (s. FG Baden-Württemberg vom 19.05.2010, EFG 2010, 1456; s. auch BFH vom 17.12.2014, BStBl II 2015, 427). Die Nutzung darf andererseits aber auch nicht endgültig, z.B. bis zur Übereignung auf einen anderen Eigentümer überlassen werden (s. BFH vom 08.11.2012, V R 15/12, BStBl II 2013, 455). In diesem Fall kommt nur die Umsatzsteuerbefreiung gemäß § 4 Nr. 12 b) UStG in Betracht (s. Wenzel in Rau/Dürrwächter, § 4 Nr. 12 Rn. 50). Diese setzt aber voraus, dass die Nutzung im Rahmen eines auf die Übereignung des Grundstückseigentums gerichteten Vertrages oder Vorvertrages überlassen wird. Der Nutzende und der Erwerbende müssen somit dieselbe Rechtsperson sein. 29

30 **Hinweis!** Es ist zu unterscheiden: Für den Begriff der Vermietung kommt es grundsätzlich nicht auf die Dauer der Gebrauchsüberlassung an, (sofern nicht ein in § 4 Nr. 12 Satz 2 UStG beschriebener Fall gegeben ist (s. Birkenfeld in Birkenfeld/Wäger, § 97 Rn. 113). Eine nur sehr kurze Mietdauer kann allerdings ein Anzeichen für einen Umsatz eigener Art sein, der nicht gemäß § 4 Nr. 12a) UStG von der Umsatzsteuer befreit ist, z.B. eine Vermietung von Straßenland für ein Straßenfest (s. Birkenfeld in Birkenfeld/Wäger, § 97 Rn. 113). Für die Frage, ob ein Gebäude sich als Grundstück bzw. Grundstücksteil i.S.d. § 4 Nr. 12 UStG qualifiziert, ist dagegen von Bedeutung, ob es dauerhaft oder nur für einen vorübergehenden Zweck mit dem Grund und Boden verbunden ist (s. Abschn. 4.12.1 Abs. 4 Satz 1 UStAE).

31 Eine Vermietung liegt nur vor, wenn die Leistung im Tatsächlichen die Überlassung zur Nutzung eines Grundstücks zum Inhalt hat (s. Abschn. 4.12.1 Abs. 1 Satz 4 UStAE). Unerheblich ist, ob der Vertrag als Mietvertrag bezeichnet wird (s. Abschn. 4.12.1 Abs. 1 Satz 3 UStAE, s. BFH vom 08.11.2012, V R 15/12, BStBl II 2013, 455). Umgekehrt liegt eine Vermietung i.S.d. § 4 Nr. 12a) UStG nicht dadurch vor, dass die Parteien das Rechtsverhältnis als Mietvertrag bezeichnen, wenn es die inhaltlichen Anforderungen daran nicht erfüllt.

32 Dem ist besondere Beachtung zu schenken. Denn die Abgrenzung zwischen einer Vermietung i.S.d. § 4 Nr. 12 Buchst. a UStG zu einem Grundstückskauf i.S.d. § 4 Nr. 9 Buchst. a UStG ist insbesondere durch das Institut des Leasings teilweise wirtschaftlich verwischt und umsatzsteuerrechtlich dadurch nicht eindeutig. Ein Leasingverhältnis muss umsatzsteuerrechtlich aber entweder als Mietverhältnis oder als Kauf eingeordnet werden, u. a. weil zu entscheiden ist, ob § 4 Nr. 12 Buchst. a UStG oder § 4 Nr. 9 Buchst. a UStG anzuwenden ist. Obwohl beide Vorschriften zur Umsatzsteuerfreiheit des betreffenden Umsatzes führen, kann diese Einordnung nicht dahinstehen. Denn insbesondere für den Verzicht auf die Umsatzsteuerbefreiung des § 4 Nr. 12 Buchst. a UStG und des § 4 Nr. 9 Buchst. a UStG gelten gemäß § 9 UStG unterschiedliche Voraussetzungen.

33 **Hinweis!** Sowohl für den umsatzsteuerrechtlichen Begriff der Vermietung i.S.d. § 4 Nr. 12 Buchst. a UStG als auch für die umsatzsteuerrechtliche Unternehmereigenschaft i.S.d. § 2 UStG (s. § 2 Abs. 1 Rn. 4 ff.) ist aber die ertragsteuerliche Einordnung völlig ohne Belang. Es kommt umsatzsteuerrechtlich daher nicht darauf an, ob ertragsteuerrechtlich eine Vermögensverwaltung i.S.d. § 21 Abs. 1 Satz 1 Nr. 1 EStG oder eine gewerbliche Tätigkeit i.S.d. § 15 Abs. 1 Satz 1 Nr. 1 Satz 1 EStG vorliegt (s. Birkenfeld in Birkenfeld/Wäger, § 97 Rn. 114).

4. Der Begriff der Verpachtung

34 Die Verpachtung unterscheidet sich von der Vermietung dadurch, dass der Pächter nicht nur das Grundstück oder Grundstücksteil nutzt, sondern auch dessen Früchte ziehen darf (s. Abschn. 4.12.1. Abs. 2 Satz 8 UStAE). Auch bei der Definition der Verpachtung besteht grundsätzliche Übereinstimmung mit dem zivilrechtlichen Begriff gemäß § 581 BGB (s. Abschn. 4.12.1. Abs. 2 Satz 8 UStAE). Unter Früchte des Grundstücks fallen nicht nur die Sachfrüchte i.S.d. § 99 Abs. 1 BGB, wie der Ertrag und die Erzeugnisse des Grundstücks, sondern auch die Rechtsfrüchte i.S.d. § 99 Abs. 1, 2 BGB (s. Birkenfeld in Birkenfeld/Wäger, § 97 Rn. 186), wie beispielsweise die Untermiete aus einem Untermietverhältnis (s. Ellenberger in Palandt, § 99 Rn. 4).

35 **Beispiel:** Grundstückseigentümer G gewährt P entgeltlich das Recht, das Grundstück zu nutzen und dieses oder Teile davon für eigene Rechnung des P unterzuvermieten. Die Leistung des G ist somit eine Verpachtung, weil P die (mittelbaren) Rechtsfrüchte aus dem Grundstück ziehen darf. Unerheblich ist, ob G und P das Rechtsverhältnis als Miete oder Pacht bezeichnen. P seinerseits erbringt an etwaige Untermieter eine Mietleistung, keine Pachtleistung. Denn der Vertragspartner des P darf das Grundstück zwar nutzen, aber keine Früchte ziehen.

5. Leistung eigener Art und gemischte Verträge

Nicht jegliche Überlassung eines Grundstücks, Gebäudes oder Teile davon ist von § 4 Nr. 12 Buchst. a UStG erfasst. Wenn zu der eigentlichen Nutzungsüberlassung und Fruchtziehung weitere Leistungen oder Leistungsbestandteile hinzukommen, ist zu prüfen, ob diese die Überlassung des Grundstücks überwiegen oder den Charakter der Vermietung in der Weise verändern, dass sie zu einer Leistung eigener Art wird (s. Wenzel in Rau/Dürrwächter, § 4 Nr. 12 Rn. 45 ff; s. EuGH vom 22.01.2015 – C-55/14, MwStR 2015, 172). Diese Leistung eigener Art ist dann insgesamt nicht mehr gemäß § 4 Nr. 12 Buchst. a UStG umsatzsteuerfrei, auch nicht bezüglich ihrer Vermietungselemente. 36

Beispiel: Der Betreiber eines Seniorenwohnheims überlässt den Senioren nicht nur eine Wohneinheit, sondern erbringt zusätzlich Verpflegungs-, Betreuungs- und Pflegedienste (s. Abschn. 4.12.6 Abs. 2 Nr. 12 Satz 1 UStAE; s. BFH vom 21.04.1993, XI R 55/90, BStBl II 1994, 266). 37

Hinweis! Die Verneinung einer Umsatzsteuerbefreiung gemäß § 4 Nr. 12 Buchst. a UStG schließt aber nicht aus, dass eine solche Leistung eigener Art nach anderen Befreiungsvorschriften umsatzsteuerfrei sein kann. So ist in dem obigen Beispiel zu prüfen, ob die Leistung des Seniorenwohnheimbetreibers gemäß § 4 Nr. 16 Satz 1 UStG (zu den Voraussetzungen s. § 4 Nr. 16 Rn. 88) umsatzsteuerbefreit ist (s. Abschn. 4.12.6 Abs. 2 Nr. 12 Satz 3 UStAE). 38

Enthält ein Vertrag sowohl Bestandteile einer Grundstücksvermietung als auch andere Elemente, ist nach den allgemeinen Grundsätzen für die Leistungsbestimmung zunächst zu prüfen, ob eine einheitliche Leistung oder mehrere selbständige Leistungen vorliegen (s. Abschn. 4.12.5. Abs. 1 Satz 2 UStAE; s. Wenzel in Rau/Dürrwächter, § 4 Nr. 12 Rn. 45; Abschn. 3.10 Abs. 1–4 UStAE). Dies ist aus Sicht eines durchschnittlichen Leistungsempfängers zu beurteilen (s. Wenzel in Rau/Dürrwächter, § 4 Nr. 12 Rn. 45). 39

Bestehen statt einer einheitlichen Leistung mehrere selbständige Leistungen, liegt ein gemischter Vertrag vor (s. Schüler-Täsch in Sölch/Ringleb, § 4 Nr. 12 Rn. 31). Hierbei ist zu prüfen, ob unter diesen selbständigen Leistungen eine Hauptleistung auszumachen ist (s. BFH vom 06.12.2012, V R 36/11, BFH/NV 2013, 994), sodass die anderen Leistungen zu Nebenleistungen werden, die das Schicksal der Hauptleistung teilen (s. Abschn. 3.10 Abs. 5 Satz 1 UStAE) und bezüglich einer Umsatzsteuerfreiheit einheitlich zu beurteilen sind (s. Abschn. 4.12.5 Abs. 1 Satz 3 UStAE). Ist die Vermietung des Grundstücks oder Gebäudes i.S.d. § 4 Nr. 12 Buchst. a UStG die Hauptleistung, ist somit auch die Nebenleistung umsatzsteuerfrei, selbst wenn sie für sich allein betrachtet umsatzsteuerpflichtig ist. Ist dagegen die andere Leistung die Haupt- und die Grundstücksvermietung die Nebenleistung, teilt die Vermietungsleistung das umsatzsteuerrechtliche Schicksal der Hauptleistung. Ist die Hauptleistung beispielsweise umsatzsteuerpflichtig, so gilt dies auch für die Vermietungsleistung. 40

Liegen keine selbständigen Leistungen vor, kommt stattdessen eine einheitliche, aus Grundstücksvermietungs- und anderen Leistungselementen zusammengefügte Leistung in Betracht. Ob die neben der Grundstücksüberlassung erbrachte Leistungskomponente eine Nebenleistung ist oder zu einer einheitlichen Leistung führt, hängt davon ab, welche Bedeutung dem oder den zusätzlichen Leistungselementen zuzumessen ist. Dies ist aus Sicht des Leistungsempfängers zu beurteilen (s. FG Baden-Württemberg vom 19.05.2010, 1 K 29/10, EFG 2010, 1456; s. auch FG München vom 23.10.2012, 2 K 3457/09, EFG 2013, 247). 41

Beispiel: Der Unternehmer überlässt dem Leistungsempfänger Räume zur Nutzung und verpflichtet sich zusätzlich, Kälte zu liefern. Ob die neben der Grundstücksüberlassung zu liefernde Kälte eine Nebenleistung ist oder zu einer einheitlichen Leistung führt, hängt davon ab, welche Bedeutung die Kältelieferung einnimmt. 42

Die Lieferung von Strom, Wasser, Warmwasser und Wärme werden als Nebenleistungen angesehen (s. Abschn. 4.12.1 Abs. 5 Satz 1, 3 UStAE). Das Gleiche wird grundsätzlich für Kälte gelten, wenn klimatisierte Räume, wie Büro- oder Wohnräume vermietet werden. Der EuGH hat allerdings weitere Kriterien für die Abgrenzung zwischen einer Neben- und einer selbständigen Hauptleistung im Bereich

der Vermietung aufgestellt (s. EuGH vom 16.04.2015, C-42/14, DStR 2015, 888). Der BFH hat sich dem ohne nähere Begründung angeschlossen (BFH vom 11.11.2015, V R 37/14, BFH/NV 2016, 495). Danach soll u.a. maßgeblich sein, ob der Mieter für die Leistung den Lieferanten oder die Nutzungsmodalitäten auswählen konnte. Die Urteile überzeugen diesbezüglich nicht und sind abzulehnen. Es bleibt abzuwarten, ob die Finanzverwaltung hierauf reagiert.
Zu einer einheitlichen Leistung statt einer Nebenleistung führt die Kältelieferung aber dann, wenn sie aus Sicht des Leistungsempfängers ein anderes wirtschaftliches Gewicht erhält. Für den Mieter von Kühlräumen oder eines Kühlhauses ist die Kältelieferung nicht nur eine solche, die üblicherweise im Gefolge einer Hauptleistung mit zu erbringen ist. Vielmehr kommt es ihm gerade darauf an, Räume zur Verfügung zu haben, die eine gewisse Maximaltemperatur nicht überschreiten, sodass sie sich zur Lagerung bestimmter Waren oder für bestimmte Tätigkeiten eignen. Die Kältelieferung, die im Rahmen einer Vermietung von Büro- oder Wohnräumen als Nebenleistung einzuordnen sind, ist bei der Vermietung von Kühlräumen erheblich bedeutender und untrennbar mit der Überlassung der Kühlräume verbunden. Mithin werden die Grundstücksüberlassung und die Kältelieferung zu einer einheitlichen Leistung (s. Wenzel in Rau/Dürrwächter, § 4 Nr. 12 Rn. 48). S. auch BFH vom 25.02.2011, XI B 63/10, BFH/NV 2011 zur Überlassung eines Gemeindesaals für Veranstaltungen; BFH vom 17.12.2014, XI R 16/11, BStBl II 2015, 427 zur Überlassung möblierter Zimmer zur Ausübung der Prostitution.

43 Liegt danach eine aus mehreren Leistungselementen zusammengefügte, einheitliche Leistung vor, ist wiederum zu prüfen, ob ihr die Grundstücks- oder Gebäudevermietung das Gepräge gibt (s. Abschn. 4.12.5 Abs. 2 Satz 1 UStAE). Ist dies der Fall, ist die einheitliche Leistung als Grundstücks- bzw. Gebäudevermietung insgesamt umsatzsteuerfrei (s. Abschn. 4.12.5 Abs. 2 Satz 2 UStAE). Gibt jedoch die Grundstücks- bzw. Gebäudevermietung der einheitlichen Leistung nicht das Gepräge und tritt hinter den anderen Leistungsbestandteilen zurück, liegt eine Leistung eigener Art vor (s. Abschn. 4.12.6 Abs. 1 Satz 1 UStAE; s. Schüler-Täsch in Sölch/Ringleb, § 4 Nr. 12 Rn. 32). Für diese greift die Umsatzsteuerbefreiung gemäß § 4 Nr. 12a) UStG nicht (s. Abschn. 4.12.6 Abs. 1 Satz 2 UStAE). Die Leistung ist stattdessen insgesamt umsatzsteuerpflichtig, eine Aufteilung in einen umsatzsteuerfreien und umsatzsteuerpflichtigen Teil nicht möglich (s. Wenzel in Rau/Dürrwächter, § 4 Nr. 12 Rn. 48).

44 **Hinweis!** Die Konstellation, dass die Grundstücks- oder Gebäudevermietung die Nebenleistung darstellt, ist – von der Verpachtung eines gesamten Gewerbebetriebes abgesehen – selten (s. Wenzel in Rau/Dürrwächter, § 4 Nr. 12 Rn. 90). Dies liegt daran, dass eine Grundstücks- oder Gebäudevermietung zumeist wirtschaftlich überwiegend eine so gewichtige Leistung ist, dass sie neben einer zweiten selbständigen Leistung nicht als Nebenleistung zurückgedrängt werden kann. Typischerweise ergibt die Abwägung daher entweder, dass Haupt- und Nebenleistungen vorliegen, bei denen die Grundstücks- bzw. Gebäudevermietungsleistung die Hauptleistung ist oder die Abwägung ergibt stattdessen eine einheitliche Leistung der Grundstücksvermietung mit den anderen Leistungsbestandteilen. Liegt eine solche einheitliche Leistung vor, ist aber bei Weitem nicht selbstverständlich, dass die Grundstücks- bzw. Gebäudevermietung dieser einheitlichen Leistung ihr Gepräge gibt.

6. Die kurzfristige Vermietung von Wohn- und Schlafräumen

45 § 4 Nr. 12 Satz 2 UStG nimmt die kurzfristige Vermietung von Wohn- und Schlafräumen von der Umsatzsteuerfreiheit aus. Für die Umsatzsteuerpflicht kommt es somit nur auf die Kurzfristigkeit des Mietverhältnisses an. Nicht erforderlich ist für § 4 Nr. 12 Satz 2 UStG, dass der Vermieter zusätzliche Leistungskomponenten oder Nebenleistungen erbringt, die für Hotellerie oder Gaststätten üblich sind (s. Abschn. 4.12.9 Abs. 1 Satz 1 UStAE). Anders gewendet: Beherbergungsleistungen scheiden bereits gemäß § 4 Nr. 12 Satz 1 Buchst. a UStG aus, weil die zusätzlichen Komponenten wie Zimmerreinigung, Zimmerservice und Verpflegung zusammen mit der Raumüberlassung eine Leistung eigener Art bilden, die umsatzsteuerbar ist. Aber selbst wenn solche Komponenten nicht gegeben sind, die Leistung sich ihrem Wesen nach also

auf eine einfache Überlassungen von Wohnräumen beschränkt, ist sie gemäß § 4 Nr. 12 Satz 2 UStG nicht umsatzsteuerfrei, wenn sie kurzfristig ist.

6.1 Die Voraussetzungen der kurzfristigen Vermietung von Wohn- und Schlafräumen

Die Einschränkung des § 4 Nr. 12 Satz 2 UStG gilt ausschließlich für Wohn- und Schlafräume (s. Wenzel in Rau/Dürrwächter, § 4 Nr. 12 Rn. 103). Die Einordnung als Wohn- und Schlafraum ist dabei nicht dadurch ausgeschlossen, dass sie unmöbliert sind (s. Wenzel in Rau/Dürrwächter, § 4 Nr. 12 Rn. 102). 46

Die Vermietung anderer Räume, wie Büro-, Gewerbe-, Verkaufs- und Lagerräume, werden nicht erfasst. Sie sind auch dann umsatzsteuerfrei, wenn sie kurzfristig sind (s. Wenzel in Rau/Dürrwächter, § 4 Nr. 12 Rn. 103; Beachte aber Abschn. 4.12.1 Abs. 6 Satz 2 UStAE. Gemäß Auffassung der Finanzverwaltung soll die Überlassung der Einrichtungsgegenstände „in der Regel" nicht umsatzsteuerfrei sein; s. BFH vom 19.02.2014, XI R 1/12, BFH/NV 2014, 1398). 47

Kurzfristig ist die Überlassung der Räume, wenn sie 6 Monate nicht überschreitet (s. Wenzel in Rau/Dürrwächter, § 4 Nr. 12 Rn. 104). Diese Zeitspanne ist zwar weder in § 4 Nr. 12 Satz 2 UStG noch in der MwStSystRL festgelegt, jedoch von der Rechtsprechung entwickelt (s. Wenzel in Rau/Dürrwächter, § 4 Nr. 12 Rn. 104; s. EuGH vom 12.02.1998, C-346/95, Rs. Elisabeth Blasi, DB 1998, 608). Entscheidend ist dabei die Absicht des Unternehmers im Rahmen des geschlossenen Mietverhältnisses, die Räume nicht langfristig, also mehr als 6 Monate, oder gar dauerhaft zu überlassen (s. Abschn. 4.12.9 Abs. 1 Satz 2 UStAE; s. BFH vom 18.01.1973, V B 47/72, BStBl II 1973, 426). 48

Die Wohnraumüberlassung ist somit auch dann umsatzsteuerpflichtig, wenn sie kurzfristig vereinbart war, aber im Anschluss daran über sechs Monate verlängert wird (s. BFH vom 06.08.1998, V R 26/98, BFH/NV 1999, 84; s. EuGH vom 12.02.1998, C-346/95, Rs. Elisabeth Blasi, DB 1998, 608; s. Wenzel in Rau/Dürrwächter, § 4 Nr. 12 Rn. 104). Sie ist umgekehrt nicht kurzfristig und damit gemäß § 4 Nr. 12 Buchst. a UStG umsatzsteuerfrei, wenn sie für mehr als sechs Monate vereinbart, aber aufgrund davon unabhängiger, neuer Entschlüsse bereits vor Ablauf von sechs Monaten beendet wurde (s. BFH vom 26.03.1992, V R 71/87, BFH/NV 1993, 198; s. BFH vom 27.10.1993, XI R 69/90, BFH/NV 1994, 744; s. Wenzel in Rau/Dürrwächter, § 4 Nr. 12 Rn. 104). Entscheidend für die Frage, ob eine kurzfristige oder eine auf Dauer angelegte Überlassung von Räumen i.S.d. § 4 Nr. 12 Satz 2 UStG vorliegt, ist nicht die tatsächliche Dauer der Vermietung, sondern die aus den äußeren Umständen ableitbare diesbezügliche Absicht des Vermieters (s. BFH vom 23.09.2014, V B 37/14, BFH/NV 2015, 67 Rn. 7). 49

Hinweis! Bietet der Vermieter Wohn- und Schlafräume sowohl zur kurz- als auch zur langfristigen Vermietung an, verlangen Finanzverwaltung und Rechtsprechung eine nachweisbare räumliche Trennung (s. Abschn. 4.12.9. Abs. 2 Satz 1, 2 UStAE; s. BFH vom 20.04.1988, XI R 5/82, BStBl II 1988, 795). Werden die Räume wahlweise für beides angeboten, behandelt die Finanzverwaltung die daraus erzielten Umsätze insgesamt als umsatzsteuerpflichtig (s. Abschn. 4.12.9 Abs. 2 Satz 2 UStAE; s. BFH vom 20.04.1988, XI R 5/82, BStBl II 1988, 795). 50

Insgesamt kann der Ansatz der Finanzverwaltung aber nicht richtig sein. Es ist nicht ersichtlich, warum derselbe Wohnraum nicht sowohl zur kurzfristigen als auch zur langfristigen Wohnraumüberlassung verwendet werden kann. Denn es handelt sich hier um nicht zeitgleich erbrachte Umsätze, die einer räumlichen Trennung bedürfen, um sie voneinander abgrenzen zu können. Vielmehr werden zeitlich aufeinanderfolgende, voneinander unabhängige Leistungen erbracht, die auf unterschiedlichen Vereinbarungen beruhen. Zeitlich voneinander trennbare Leistungen müssen aber nicht zusätzlich räumlich getrennt werden. Dies ist im Falle von kurz- und langfristigen Vermietungen i.S.d. § 4 Nr. 12 Satz 2 UStG genauso wenig erforderlich, wie für eine umsatzsteuerfreie Vermietung gemäß § 4 Nr. 12 Buchst. a UStG von Räumen, für die bei einem nachfolgenden, anderen Mietverhältnis gemäß § 9 UStG auf die Umsatzsteuerbefreiung verzichtet wird. Denn die Leistungen, die sich auf dieselben Räumlichkeiten beziehen, sind aufgrund ihrer zeitlichen Abfolge und der getrennten Mietverträge voneinander unterscheidbar.

Demgemäß verlangt die Finanzverwaltung für gemäß § 4 Nr. 12 Buchst. a UStG umsatzsteuerfreie Vermietungen auch nicht, dass sie in Räumen erbracht werden, die nicht zuvor oder danach für Vermietungen verwendet werden, die gemäß § 9 UStG durch Option (zu den Voraussetzungen s. § 9 Rn. 4 ff.) umsatzsteuerpflichtig sind. Auch ist es möglich, leer stehende Räume sowohl für umsatzsteuerfreie und umsatzsteuerpflichtige Mietverhältnisse anzubieten, ohne dass die Umsatzsteuerbefreiung gefährdet ist, wenn die Wahl letztlich auf ein solches umsatzsteuerfreies Mietverhältnis fällt.
Da Finanzverwaltung und Rechtsprechung aber im Rahmen der kurz- und langfristigen Vermietung i.S.d. § 4 Nr. 12 Satz 2 UStG von dem Erfordernis einer strikten räumlichen Trennung ausgehen, sollten die Räumlichkeiten entweder ausschließlich für kurzfristige oder ausschließlich für langfristige Überlassung angeboten und zur Verfügung gestellt werden.

51 Die kurzfristige Vermietung von Wohn- oder Schlafräumen wird nur dann von § 4 Nr. 12 Satz 2 UStG erfasst, wenn sie an Fremde erbracht wird. Der Begriff des Fremden ist weit auszulegen (s. BFH vom 06.08.1998, V R 26/98, BFH/NV 1999, 84; s. Birkenfeld in Birkenfeld/Wäger, § 97 Rn. 291). Es sind Personen, die weder Angehörige des Unternehmers sind, noch in seinem Haushalt wohnen (s. Birkenfeld in Birkenfeld/Wäger, § 97 Rn. 291). Das Tatbestandsmerkmal des Fremden hat kaum abgrenzenden Charakter und auch keine große Bedeutung (s. Birkenfeld in Birkenfeld/Wäger, § 97 Rn. 291; s. BFH vom 08.08.2013, V R 7/13, BFH/NV 2013).

7. Die Vermietung von Plätzen für das Abstellen von Fahrzeugen

52 Ebenfalls per se von der Umsatzsteuerbefreiung des § 4 Nr. 12 UStG ausgenommen ist gemäß § 4 Nr. 12 Satz 2 UStG die Vermietung oder Verpachtung von Plätzen für das Abstellen von Fahrzeugen (s. Abschn. 4.12.2 Abs. 1 Satz 1 UStAE).

7.1 Die Voraussetzungen der Vermietung von Plätzen für das Abstellen von Fahrzeugen

53 Eine Vermietung von Plätzen für das Abstellen von Fahrzeugen gemäß § 4 Nr. 12 Satz 2 UStG liegt vor, wenn dem Mieter eine Stellfläche überlassen wird, die eben diesem Zweck dient (s. Abschn. 4.12.2 Abs. 3 Satz 1 UStAE). Es kommt nicht darauf an, dass der Mieter diese Stellfläche auch tatsächlich zum Abstellen von Fahrzeugen nutzt (s. Abschn. 4.12.2 Abs. 3 Satz 2 UStAE, Niedersächsisches FG vom 15.10.2015, 5 K 220/12, EFG 2016, 75). Die Vermietung der Stellfläche ist daher auch dann umsatzsteuerpflichtig, wenn der Mieter sie – anstatt selbst Fahrzeuge abzustellen – an dritte Fahrzeughalter untervermietet (s. Abschn. 4.12.2 Abs. 3 Satz 3 UStAE; s. BFH vom 30.03.2006, V R 52/05, BStBl II 2006, 731) oder andere Gegenstände darauf lagert.

54 **Hinweis!** Missverständlich ist insofern die Formulierung im UStAE: „Eine Vermietung von Plätzen für das Abstellen von Fahrzeugen liegt vor, wenn dem Fahrzeugbesitzer der Gebrauch einer Stellfläche überlassen wird." (s. Abschn. 4.12.2 Abs. 3 Satz 1 UStAE), denn es kommt für die Einschränkung der Umsatzsteuerpflicht nicht darauf an, dass die Stellfläche an einen Fahrzeugbesitzer vermietet wird. Entscheidend ist vielmehr nur, ob eine dem Abstellen von Fahrzeugen gewidmete Fläche vermietet wird.

55 Andererseits ist es für § 4 Nr. 12 Satz 2 UStG nicht ausreichend, dass ein Abstellen von Fahrzeugen auf der vermieteten Fläche möglich ist. Anderenfalls wäre jede Fläche, gleich ob frei oder in einem Gebäude, von der Umsatzsteuerbefreiung des § 4 Nr. 12 Satz 1 UStG ausgeschlossen, wenn sie mit einem Fahrzeug befahrbar wäre und es daher dort auch abgestellt werden könnte. Entscheidend ist somit nicht nur, dass die Fläche zum Abstellen von Fahrzeugen geeignet, sondern diesem Zweck tatsächlich auch gewidmet ist. Dies wiederum ergibt sich aus dem konkreten Mietvertrag zwischen Vermieter und Mieter.

56 An die Eignung als Stellplatz sind im Übrigen nicht mehr Anforderungen zu stellen, als dass Fahrzeuge tatsächlich diesen erreichen und dort abgestellt werden können. Es bedarf ansonsten keiner baulichen oder technischen Ausstattung des Stellplatzes (s. Abschn. 4.12.2 Abs. 1 Satz 3 UStAE). Auf die Dauer der

Vermietung kommt es nicht an (s. Abschn. 4.12.2 Abs. 1 Satz 4 UStAE). Auch ist nicht erforderlich, dass ein bestimmter, exakt zugewiesener Stellplatz vermietet wird (s. BFH vom 08.10.1991, V R 46/88, BStBl II 1992, 368; s. Birkenfeld in Birkenfeld/Wäger, § 97 Rn. 314).

Beispiele: 57

1. Vermieter V vermietet dem Mieter M eine Einzelgarage. Vertraglich ist nichts weiter vereinbart. M stellt dort aber kein Fahrzeug unter, sondern nutzt die Garage als Lagerraum für seinen persönlichen Hausrat.
2. Vermieter V vermietet dem Mieter M eine Einzelgarage. V, der auf dem Grundstück selbst wohnt und keinen Lärm haben will, vermietet diese aber nur als Lagerraum. In dem Vertrag ist es dem M ausdrücklich untersagt, Fahrzeuge abzustellen.
3. Bauer B vermietet seine Wiese an die Stadt S, die darauf Verkehrsteilnehmern Parkplätze zur Verfügung stellen möchte.

Lösung: 58

1. Die Vermietung ist gemäß § 4 Nr. 12 Satz 2 UStG von der Umsatzbesteuerung ausgeschlossen, weil V an M vertraglich die Fläche als Stellplatz für Fahrzeuge vermietet hat. M ist danach zivilrechtlich berechtigt, Fahrzeuge abzustellen. Dass er die Garage tatsächlich anderweitig nutzt, ist umsatzsteuerrechtlich unbeachtlich.
2. Die Vermietung ist nicht durch § 4 Nr. 12 Satz 2 UStG von der Umsatzsteuerfreiheit ausgeschlossen, denn – obwohl baulich eine Garage – wird diese nicht als Stellplatz für ein Fahrzeug vermietet.
3. Die Vermietung der Wiese ist gemäß § 4 Nr. 12 Satz 2 UStG von der Umsatzsteuerbefreiung ausgeschlossen (s. Abschn. 4.12.2 Abs. 1 Satz 6 UStAE). Denn die Wiese ist tatsächlich als Abstellfläche für Fahrzeuge geeignet und als solche vermietet worden. Es ist weder erforderlich, dass sie dauerhaft dafür hergerichtet oder vermietet wird (s. Abschn. 4.12.2 Abs. 1 Satz 3 UStAE), noch dass die Stadt sie selbst zum Abstellen eigener Fahrzeuge nutzt.

Fahrzeuge i.S.d. § 4 Nr. 12 Satz 2 UStG sind nicht nur Beförderungsmittel, sondern auch solche Fortbewegungsmittel, die anderen Zwecken dienen (s. Abschn. 4.12.2 Abs. 2 Satz 6 f. UStAE; s. Birkenfeld in Birkenfeld/Wäger, § 97 Rn. 313). Auch ist der Begriff des Fahrzeugs nicht auf Land- und Wasserfahrzeuge begrenzt, sondern schließt auch Luftfahrzeuge mit ein (Abschn. 4.12.2 Abs. 2 Satz 2 UStAE; s. Birkenfeld in Birkenfeld/Wäger, § 97 Rn. 312). Erforderlich ist auch nicht, dass sie motorgetrieben sind oder überhaupt über einen Antrieb verfügen. Die Vermietung eines Stellplatzes zum Gebrauch für einen stationären Wohnwagen ist allerdings gemäß § 4 Nr. 12a) UStG umsatzsteuerfrei. § 4 Nr. 12 Satz 2 UStG greift nicht (s. Birkenfeld in Birkenfeld/Wäger, § 97 Rn. 315). 59

7.2 Vermietung von Stellplätzen als Nebenleistung

Eine an sich § 4 Nr. 12 Satz 2 UStG unterliegende Überlassung von Stellplätzen ist aber doch umsatzsteuerfrei, wenn sie eine Nebenleistung zu einer umsatzsteuerfreien Grundstücks- oder Gebäudevermietung ist (s. Abschn. 4.12.2 Abs. 3 Satz 4 UStAE; s. Birkenfeld in Birkenfeld/Wäger, § 97 Rn. 321, Niedersächsisches FG vom 15.10.2015, 5 K 220/12, EFG 2016, 75, das allerdings missverständlich die Vermietung des Stellplatzes als „Zubehör“ zur Grundstücksvermietung bezeichnet).). 60

Die Vermietung des Stellplatzes kann, muss aber nicht in demselben Vertrag geregelt sein, in dem die umsatzsteuerfreie Hauptleistung, die Vermietung des Grundstücks, geregelt ist (s. Abschn. 4.12.2 Abs. 3 Satz 5 UStAE). Vermieter und Mieter müssen aber bezüglich der Vermietung des Stellplatzes und des Grundstücks personenidentisch sein (s. Abschn. 4.12.2 Abs. 3 Satz 6 UStAE). Nebenleistungen Dritter oder an Dritte gibt es nicht (s. BFH vom 24.04.2013, XI R 7/11, BStBl II 2013, 648). Hierbei ist jedoch zu beachten, dass zivilrechtlich selbständige Rechtspersonen gemäß § 2 Abs. 2 Nr. 2 Satz 3 UStG ein Unternehmer sind, wenn sie in einer Organschaft verbunden sind. In diesem Fall können also zivilrechtlich unterschiedliche Personen Vermieter oder Mieter sein, solange die beiden Mieter oder Vermieter jeweils in einer Organschaft verbunden sind. 61

62 Nicht erforderlich ist, dass die Vermietung des Stellplatzes und des Gebäudes im Übrigen miteinander verbunden sind. Sie können – auch zwischen zivilrechtlich identischen Personen – in getrennten Mietverträgen geregelt sein (s. Abschn. 4.12.2 Abs. 3 Satz 5 UStAE). Auch müssen die Verträge nicht zeitgleich abgeschlossen werden (s. Abschn. 4.12.2 Abs. 3 Satz 7 UStAE). Sie müssen auch nicht beide über den gleichen Zeitraum abgeschlossen sein. Die Vermietung des Stellplatzes kann allerdings nur dann und solange als Nebenleistung umsatzsteuerfrei sein, solange die Hauptleistung, die Vermietung des Grundstücks oder Gebäudes andauert.

63 Um die Vermietung des Fahrzeugstellplatzes als Nebenleistung zu der Grundstücksvermietung einordnen zu können, ist weiterhin Voraussetzung, dass ein räumlicher Zusammenhang zwischen Grundstück und Stellplatz gegeben ist (s. Abschn. 4.12.2 Abs. 3 Satz 8 UStAE; s. OFD Köln vom 01.09.1992, UR 1992, 385; s. Birkenfeld in Birkenfeld/Wäger, § 97 Rn. 322). Hierbei ist allerdings nicht erforderlich, dass es sich um dasselbe Grundstück handelt. Es genügt, wenn sich der Stellplatz in unmittelbarer Nähe des vermieteten Grundstücks bzw. Gebäudes befindet (s. OFD Köln vom 01.09.1992, UR 1992, 385; s. Birkenfeld in Birkenfeld/Wäger, § 97 Rn. 322) oder Teil eines einheitlichen Gebäudekomplexes ist (Abschn. 4.12.2 Abs. 3 Satz 9 UStAE). Für die unmittelbare Nähe ist nicht erforderlich, dass die Grundstücke aneinander angrenzen.

64 Wieweit das vermietete Grundstück bzw. Gebäude und der Stellplatz auseinanderliegen dürfen, um noch in unmittelbarer Nähe zu sein, ist nicht durch einen in Metern oder Gehminuten ausgedrückten, absoluten Grenzwert definiert. Von einer unmittelbaren Nähe ist dabei auszugehen, wenn nach der allgemeinen Verkehrsanschauung Grundstück und Gebäude noch so nah beieinanderliegen, dass der Mieter das Fahrzeug auf dem Stellplatz noch abstellen würde, um es im Alltag zu nutzen. Eben das ist von den Gegebenheiten des Einzelfalls abhängig. In einer Gegend, in der Parkplätze auf öffentlichem Straßenland rar sind, wird ein Stellplatz zumeist weniger gemietet, um den Wagen geschützt oder gesichert abstellen zu können. Den Mietern geht es eher darum, keinen Parkplatz suchen zu müssen. In einer solchen Gegend wird der Begriff der unmittelbaren Nähe weiter zu ziehen sein, als in einer Gegend, in der Parkplätze auf den öffentlichen Straßen ausreichend zur Verfügung stehen.

8. Grundstücksgleiche Berechtigungen

65 Nicht nur die Vermietung von Grundstücken oder Grundstücksteilen, sondern auch von grundstücksgleichen Berechtigungen, für die die Vorschriften des bürgerlichen Rechts gelten, ist gemäß § 4 Nr. 12 Buchst. a UStG von der Umsatzsteuer befreit.

66 Von wesentlicher Bedeutung ist dabei grundsätzlich nur das Wohnungs- und das Teileigentum gemäß den §§ 1, 6 WEG (s. Schüler-Täsch in Sölch/Ringleb, § 4 Nr. 12 Rn. 22). Unter grundstücksgleiche Rechte fallen des Weiteren Wassernutzungsrechte, Fischerei- und Jagdrechte und Bergwerkseigentum (s. Schüler-Täsch in Sölch/Ringleb, § 4 Nr. 12 Rn. 22).

67 **Hinweis!** Die Bestellung, Übertragung und Überlassung zur Nutzung eines Erbbaurechts gemäß § 11 ErbbauRG fällt demgegenüber unter § 4 Nr. 9 Buchst. a UStG (s. § 4 Nr. 9 Rn. 7 f.; Schüler-Täsch in Sölch/Ringleb, § 4 Nr. 12 Rn. 22).

9. Überlassung aufgrund eines auf Übertragung gerichteten Vertrages oder Vorvertrages gemäß § 4 Nr. 12 Buchst. b UStG

68 Die Überlassung von Grundstücken oder Grundstücksteilen zur Nutzung aufgrund eines auf Eigentumsübertragung gerichteten Vertrages oder Vorvertrages wird gemäß § 4 Nr. 12 Buchst. b UStG von der Umsatzsteuer befreit (s. Abschn. 4.12.7 Satz 1 UStAE; s. Birkenfeld in Birkenfeld/Wäger, § 97 Rn. 246).

69 Schließen Verkäufer und Käufer einen Kaufvertrag über ein Grundstück oder einen Miteigentumsanteil an einem Grundstück, vergehen bis zur Übertragung des dinglichen Eigentums zuweilen noch größere Zeitspannen. Das liegt zum einen daran, dass die Übereignung eines Grundstücks die Eintragung des Erwerbers in das Grundbuch voraussetzt. Zum anderen ist die Übertragung an mannigfache Voraussetzungen geknüpft, die erst nach und nach eintreten, z.B. die Entrichtung der Grunderwerbsteuer und der

darauf folgenden Erteilung einer Unbedenklichkeitsbescheinigung des Finanzamts gemäß § 22 GrEStG. Käufer und Verkäufer vereinbaren daher häufig, dass der Käufer bereits vor dem Übergang des Eigentums das Grundstück nutzen darf. Wird hierfür eine Nutzungsgebühr vereinbart, ist diese entgeltliche Nutzungsüberlassung gemäß § 4 Nr. 12 Buchst. b UStG umsatzsteuerfrei.

Vom Wesen her liegt eine Nutzungsüberlassung im Sinne eines Mietverhältnisses gemäß § 535 BGB vor. 70
Die Nutzungsüberlassung aufgrund eines auf Eigentumsübergang gerichteten Vertrages oder Vorvertrages unterscheidet sich aber von einem Mietvertrag, da die Nutzungsüberlassung nicht vorübergehend, sondern endgültig ist (s. Wenzel in Rau/Dürrwächter, § 4 Nr. 12 Rn. 50). Denn der Eigentümer wird die Nutzungsbefugnis aufgrund der nachfolgenden Eigentumsübertragung nicht zurück erhalten. Da die Tatbestände, die von der Umsatzsteuer befreien, eng auszulegen sind (s. Schüler-Täsch in Sölch/Ringleb, § 4 Rn. 16; s. EuGH vom 11.06.2009, C-572/07, Rs. RLRE Tellmer Property Rn. 16, DStR 2009, 1260; s. EuGH vom 06.12.2007, C-451/06, Rs. Walderhoff, IStR 2008, 110), wurde ergänzend § 4 Nr. 12 Buchst. b UStG eingefügt (s. Wenzel in Rau/Dürrwächter, § 4 Nr. 12 Rn. 50). Ansonsten ergeben sich grundsätzlich aber keine Besonderheiten im Verhältnis zu der Umsatzsteuerbefreiung i.S.d. § 4 Nr. 12 Buchst. a UStG.

10. Die Bestellung, Übertragung und Überlassung der Ausübung dinglicher Nutzungsrechte an Grundstücken gemäß § 4 Nr. 12 Buchst. c UStG

Die Bestellung, Übertragung und Überlassung dinglicher Nutzungsrechte an Grundstücken stellt ein anderes 71
Rechtsverhältnis dar als die Vermietung oder Verpachtung von Grundstücken und wird daher durch eine eigene Vorschrift von der Umsatzsteuer befreit. Allerdings ist nicht jedwede Bestellung, Übertragung oder Überlassung eines dinglichen Nutzungsrechts umsatzsteuerbefreit. Aus der richtlinienkonformen Auslegung des § 4 Nr. 12 Buchst. c UStG ergibt sich, dass dies nur der Fall ist, wenn das eingeräumte Recht in seinem Inhalt einer Vermietung und Verpachtung vergleichbar ist (s. BFH vom 08.11.2012, V R 15/12, BStBl II 2013, 455).

Beispiel: Grundstückseigentümer E überlässt der Gemeinde G entgeltlich ein dingliches Nutzungsrecht 72
an seinem Grundstück, damit G darauf eine Ausgleichsmaßnahme durchführen kann, zu der sie nach dem Bundesnaturschutzgesetz (BNatSchG) verpflichtet ist. Darüber hinaus kann E sein Grundstück weiter nutzen, wie es ihm beliebt. G hat kein weiteres Interesse an dem Grundstück. Das Nutzungsrecht wird nur deshalb bestellt, damit die Ausgleichsmaßnahme dinglich gesichert bleibt und nicht von E verändert oder rückgängig gemacht werden kann.

Lösung: Die Einräumung des dinglichen Nutzungsrechts ist nicht gemäß § 4 Nr. 12 Buchst. c UStG von der Umsatzsteuerbefreit, weil das bestellte Recht nicht einer Vermietung vergleichbar ist. Es fehlt an der Befugnis, wie ein Eigentümer über das Grundstück zu verfügen und andere auszuschließen (s. BFH vom 06.12.2012, V R 36/11, BFH/NV 2013, 994; s. BFH vom 08.11.2012, V R 15/12, BStBl II 2013, 455).

Die Umsatzsteuerbefreiung gemäß § 4 Nr. 12 Buchst. c UStG erfasst im Wesentlichen (s. Abschn. 4.12.8 73
Abs. 1 Satz 1 UStAE):

- Den Nießbrauch gemäß § 1030 BGB. Ein Nießbrauch kann sowohl an einem Grundstück als auch an einem nicht real geteilten, somit ideellen Grundstücksteil bestellt werden. Der Miteigentümer eines Grundstücks, das von mehreren Miteigentümern zur gesamten Hand gehalten wird, kann somit gemäß § 1066 Abs. 1 BGB auch ein Bruchteilsnießbrauch über seinen Miteigentumsanteil bestellen (s. Bassenge in Palandt, § 1066 Rn. 1).
- Ein Nießbrauch kann aber nicht an Einheiten eines Gebäudes bestellt werden (s. Birkenfeld in Birkenfeld/Wäger, § 97 Rn. 259). Hierin liegt die Abgrenzung zum Dauernutzungs- oder Dauerwohnrecht gemäß § 31 WEG, das in solchen Fällen eingeräumt werden muss (s. BFH vom 28.02.1991, V R 12/85, BStBl II 1991, 649; s. Birkenfeld in Birkenfeld/Wäger, § 97 Rn. 259).
- Die Grunddienstbarkeit gemäß § 1018 BGB (s. BFH vom 08.11.2012, V R 15/12, BStBl II 2013, 455).

- Die beschränkt persönliche Dienstbarkeit gemäß § 1090 BGB. Für die Umsatzsteuerbefreiung ist dabei unerheblich, ob die persönliche Dienstbarkeit zu einer Vornahme, Duldung oder Unterlassung einer auf das Grundstück bezogenen Handlung berechtigt (s. Abschn. 4.12.8 Abs. 1 Satz 2 UStAE).
- Das Dauernutzungsrecht gemäß § 31 Abs. 2 WEG.
- Das Dauerwohnrecht gemäß § 31 Abs. 1 WEG.

74 Wird ein dingliches Nutzungsrecht i.S.d. § 4 Nr. 12 Buchst. c UStG bestellt oder gewährt, um die Rechtsstellung eines Mieters oder Pächters dinglich abzusichern, hat dies neben der Vermietung keine selbständige Bedeutung (s. BFH vom 11.11.2004, V R 30/04, DStRE 2005, 278; s. Abschn. 4.12.8 Abs. 2 Satz 2 UStAE; s. BFH vom 11.05.1995, V R 4/92, BStBl II 1995, 610; s. Birkenfeld in Birkenfeld/Wäger, § 97 Rn. 260). Dessen Gewährung wird dann bereits als Nebenleistung zu der Vermietung oder Verpachtung gemäß § 4 Nr. 12 Buchst. a UStG erfasst.

11. Untervermietung

75 Die Untervermietung zeitigt gegenüber einer Vermietung durch den Eigentümer des Grundstücks bzw. des Gebäudes grundsätzlich keine Besonderheiten. Zivilrechtlich ist sie ein reguläres Mietverhältnis gemäß den §§ 535 ff. BGB. Denn die Rechtsposition eines Vermieters setzt nicht voraus, Eigentümer des Grundstücks zu sein. Demgemäß ist die Umsatzsteuerfreiheit einer Vermietungsleistung gemäß § 4 Nr. 12 UStG nicht dem Eigentümer des Objekts vorbehalten (s. Birkenfeld in Birkenfeld/Wäger, § 97 Rn. 146). Das Untermietverhältnis steht auch nicht in Abhängigkeit zu dem Eigentum. Es ist Sache des untervermietenden Unternehmers, wie er seine vertragliche Verpflichtung gemäß § 535 Abs. 1 Satz 1 BGB, dem (Unter-)Mieter die Mietsache zum Gebrauch zu überlassen, sicherstellt. Geschieht dies dadurch, dass der Vermieter das ihm nicht gehörende Grundstück zunächst selbst anmietet, entstehen zwei rechtlich völlig getrennte Mietverhältnisse; einerseits zwischen Eigentümer und dem weitervermietenden Unternehmer und andererseits zwischen diesem und dem Untermieter.

76 **Hinweis!** Ist der Vermieter nicht Eigentümer des Grundstücks, wird er seine Berechtigung, die Sache zu vermieten regelmäßig entweder dadurch herstellen, dass er sich einen Nießbrauch gemäß § 1030 BGB von dem Eigentümer einräumen lässt oder das Grundstück von ihm anmietet. Die Einräumung eines Nießbrauchrechts ist dabei als dingliche Belastung des Grundstücks die stärkere Position. Im Falle der Anmietung von dem Eigentümer sollte der Unternehmer sich zusichern lassen, dass ihm die Untervermietung erlaubt ist. Ist nämlich in einem Mietvertrag hierzu nichts geregelt, ist die Untervermietung gemäß § 540 Abs. 1 Satz 1 BGB nicht gestattet.

77 Will der Eigentümer im Obermietverhältnis zur Umsatzsteuerpflicht gemäß § 9 Abs. 1 UStG optieren, setzt dies – sofern kein Altobjekt i.S.d. § 27 Abs. 2 UStG vorliegt –, gemäß § 9 Abs. 2 UStG voraus, dass in der Kette bis zum letzten (Unter-)Mieter ununterbrochen die Voraussetzungen des § 9 Abs. 2 UStG vorliegen und alle Zwischen- bzw. Untervermieter auch tatsächlich zur Umsatzsteuerpflicht optieren (s. BMF vom 30.12.1994, BStBl I 1994, 944; s. Birkenfeld in Birkenfeld/Wäger, § 97 Rn. 146).

12. Nebenleistungen zur Vermietung oder Verpachtung

78 Enthält ein Vertrag sowohl Bestandteile einer Grundstücksvermietung als auch andere Elemente, ist nach den allgemeinen Grundsätzen für die Leistungsbestimmung zunächst zu prüfen, ob eine einheitliche Leistung oder mehrere selbständige Leistungen vorliegen (s. Abschn. 4.12.5 Abs. 1 Satz 2 UStAE; s. Wenzel in Rau/Dürrwächter, § 4 Nr. 12 Rn. 45; Abschn. 3.10 Abs. 1–4 UStAE). Dies ist aus Sicht eines durchschnittlichen Leistungsempfängers aus zu beurteilen (s. Wenzel in Rau/Dürrwächter, § 4 Nr. 12 Rn. 45).

79 Bestehen statt einer einheitlichen Leistung mehrere selbständige Leistungen, liegt ein gemischter Vertrag vor (s. Schüler-Täsch in Sölch/Ringleb, § 4 Nr. 12 Rn. 31). Hierbei ist zu prüfen, ob diese Haupt- und Nebenleistung darstellen und insofern einheitlich, somit auch einheitlich bezüglich der Umsatzsteuerfreiheit, einzuordnen sind (s. Abschn. 4.12.5 Abs. 1 Satz 3 UStAE). Ist die Vermietung des Grundstücks oder Gebäudes i.S.d. § 4 Nr. 12a) UStG die Hauptleistung, ist auch die Nebenleistung umsatzsteuerfrei, selbst

wenn sie für sich allein betrachtet umsatzsteuerpflichtig ist (s. Schüler-Täsch in Sölch/Ringleb, § 4 Nr. 12 Rn. 33). Denn sie teilt das umsatzsteuerrechtliche Schicksal der Hauptleistung (s. Abschn. 3.10 Abs. 5 Satz 1 UStAE; s. BFH vom 28.04.1966, V 158/63, BStBl III 1966, 476; s. Birkenfeld in Birkenfeld/Wäger, § 97 Rn. 196).

Hinweis! Liegen keine selbständigen Leistungen vor, besteht eine einheitliche, aus Grundstücksvermietungs- und anderen Elementen zusammengefügte Leistung. 80

Eine Nebenleistung ist gegeben, wenn sie im Verhältnis zur Vermietung des Grundstücks oder des Gebäudes: 81

- Nebensächlich ist,
- mit ihr eng verknüpft ist, indem sie die Grundstücksvermietung wirtschaftlich abrundet und ergänzt und
- üblicherweise im Gefolge der Grundstücksvermietung vorkommt (s. Abschn. 3.10 Abs. 5 Satz 3 UStAE).
  Der EuGH hat weitere Kriterien für die Abgrenzung zwischen einer Neben- und einer selbständigen Hauptleistung im Bereich der Vermietung aufgestellt (s. EuGH vom 16.04.2015, C-42/14, DStR 2015, 888). Danach soll u.a. maßgeblich sein, ob der Mieter für die Leistung den Lieferanten oder die Nutzungsmodalitäten auswählen konnte. Das Urteil überzeugt nicht und ist abzulehnen. Es bleibt abzuwarten, ob die Finanzverwaltung oder die nationale Rechtsprechung hierauf reagiert.
  Leistender und Leistungsempfänger der Haupt- und der Nebenleistung müssen identisch sein. Eine Nebenleistung von oder an Dritte gibt es nicht (s. BFH vom 24.04.2013, XI R 7/11, BStBl II 2013, 648).

Davon kann insbesondere ausgegangen werden, wenn die Leistung keinen selbständigen Zweck hat, sondern dazu dienen soll, die Hauptleistung unter optimalen Bedingungen in Anspruch nehmen zu können (s. Abschn. 3.10 Abs. 5 Satz 4 UStAE; s. BFH vom 31.05.2001, V R 97/98, BStBl II 2001, 658; s. FG Berlin-Brandenburg vom 14.02.2013, 7 K 7079/09, EFG 2013, 973). Gegenstand einer Nebenleistung kann sowohl eine Lieferung als auch eine sonstige Leistung sein (s. Abschn. 3.10 Abs. 5 Satz 5 UStAE). Eine Nebenleistung ist nicht dadurch zu verneinen, dass für sie ein gesondertes Entgelt berechnet wird (s. Abschn. 3.10 Abs. 5 Satz 2 UStAE; s. FG Berlin-Brandenburg vom 14.02.2013, 7 K 7079/09, EFG 2013, 973). Andererseits kann ein einheitliches Entgelt für mehrere Bestandteile ein Indiz für eine einheitliche Leistung darstellen (s. EuGH vom 11.06.2009, C-572/07, Rs. RLRE Tellmer Property, DStR 2009, 1260; s. FG Berlin-Brandenburg vom 14.02.2013, 7 K 7079/09, EFG 2013, 973). Ebenso ist ein Indiz für eine Nebenleistung, dass sie zusammen mit den anderen Bestandteilen in einem einheitlichen Vertrag geregelt wird (s. BFH vom 02.03.2011, XI R 25/09, BStBl II 2011, 737; s. FG Berlin-Brandenburg vom 14.02.2013, 7 K 7079/09, EFG 2013, 973). Jedoch kann umgekehrt eine Nebenleistung nicht dadurch verneint werden, dass sie separat vereinbart oder geregelt ist (s. BFH vom 02.03.2011, XI R 25/09, BStBl II 2011, 737; s. FG Berlin-Brandenburg vom 14.02.2013, 7 K 7079/09, EFG 2013, 973). 82

Werden Wohn- oder Geschäftsräume vermietet, sind folgende Leistungen typischerweise Nebenleistungen zur Vermietung und somit ebenfalls von der Umsatzsteuerbefreiung gemäß § 4 Nr. 12 Buchst. a UStG mit erfasst: 83

- Lieferung von Wärme (s. Abschn. 4.12.1 Abs. 5 Satz 3 UStAE; s. Birkenfeld in Birkenfeld/Wäger, § 97 Rn. 196).
- Lieferung von Kalt- oder Warmwasser (s. Abschn. 4.12.1 Abs. 5 Satz 3 UStAE; s. Birkenfeld in Birkenfeld/Wäger, § 97 Rn. 196).
- Lieferung von Strom (s. Abschn. 4.12.1 Abs. 5 Satz 3 UStAE; s. BFH vom 15.01.2009, V R 91/07, BStBl II 2009, 615; s. Schüler-Täsch in Sölch/Ringleb, § 4 Nr. 12 Rn. 33 (wohl noch der alten Ansicht in Abschn. 76 Abs. 6 Satz 1 UStR folgend) s. Wenzel in Rau/Dürrwächter, § 4 Nr. 12 Rn. 46).
- Reinigung der Treppen und Flure (s. Abschn. 4.12.1 Abs. 5 Satz 3 UStAE; s. Birkenfeld in Birkenfeld/Wäger, § 97 Rn. 196). Nicht jegliche Gebäudereinigungsleistung ist jedoch eine Nebenleistung zur Vermietung (s. EuGH vom 11.06.2009, C-572/07, Rs. RLRE Tellmer Property, DStR 2009, 1260).
- Nutzungsüberlassung von Wasch- und Trockenräumen sowie Waschmaschinen und Trocknern (s. Abschn. 4.12.1 Abs. 5 Satz 3 UStAE; s. Birkenfeld in Birkenfeld/Wäger, § 97 Rn. 196).

- Nutzungsüberlassung von Nebenräumen oder Kellerräumen.
- Nutzungsüberlassung von Abstellflächen für Kraftfahrzeuge oder Fahrräder. Dies gilt jedoch nur, wenn ein räumlicher Zusammenhang zwischen Grundstück und Stellplatz gegeben ist (s. Abschn. 4.12.2 Abs. 3 Satz 8 UStAE; s. OFD Köln vom 01.09.1992, UR 1992, 385; s. Birkenfeld in Birkenfeld/Wäger, § 97 Rn. 322). Hierbei ist allerdings nicht erforderlich, dass es sich um dasselbe Grundstück handelt. Es genügt, wenn sich der Stellplatz in unmittelbarer Nähe des vermieteten Grundstücks bzw. Gebäudes befindet (s. OFD Köln vom 01.09.1992, UR 1992, 385; s. Birkenfeld in Birkenfeld/Wäger, § 97 Rn. 322) oder Teil eines einheitlichen Gebäudekomplexes ist (s. Abschn. 4.12.2 Abs. 3 Satz 9 UStAE). Ansonsten ist die Vermietung eines Stellplatzes gemäß § 4 Nr. 12 Satz 2 UStG umsatzsteuerpflichtig.
- Treppenbeleuchtung (s. Abschn. 4.12.1 Abs. 5 Satz 3 UStAE).
- Balkonbepflanzung (s. Abschn. 4.12.1 Abs. 5 Satz 4 UStAE).
- Vermietung des Mobiliars bei der Vermietung von Wohnräumen oder Zimmern (s. Birkenfeld in Birkenfeld/Wäger, § 97 Rn. 197; s. Wenzel in Rau/Dürrwächter, § 4 Nr. 12 Rn. 46; s. BFH vom 30.11.1994, XI R 3/94, BStBl II 1995, 513). Gemäß Auffassung der Finanzverwaltung in Abschn. 4.12.1 Abs. 6 Satz 2 UStAE soll die Überlassung der Einrichtungsgegenstände „in der Regel" nicht umsatzsteuerfrei sein (s. BFH vom 19.02.2014, XI R 1/12, BFH/NV 2014, 1398). Der BFH hat dieser Auffassung der Finanzverwaltung in Abschn. 4.12.1 Abs. 6 Satz 2 UStAE eine Absage erteilt. Die Mitvermietung von Mobiliar ist von der Umsatzsteuerfreiheit gemäß § 4 Nr. 12a) UStG umfasst, wenn es sich um eine auf Dauer angelegte Überlassung handelt. BFH vom 11.11.2015, V R 37/14, BFH/NV 2016, 495; s. Wenzel in Rau/Dürrwächter, § 4 Nr. 12 Rn. 46; BFH vom 19.02.2014, XI R 1/12, BFH/NV 2014, 1398).
- Entgeltliche Herstellung eines im Miet- oder Pachtvertrag vorgesehenen Zustandes der Mietsache (s. Wenzel in Rau/Dürrwächter, § 4 Nr. 12 Rn. 46).

84 Keine Nebenleistungen zur Vermietung eines Grundstücks oder Gebäudes und daher nicht mit von der Umsatzsteuerbefreiung des § 4 Nr. 12 Buchst. a UStG miterfasst sind:

- Lieferung von Heizöl (s. Abschn. 4.12.1 Abs. 6 Satz 1 UStAE), Koks, Kohle, Holz oder Holzpellets. Anders aber die Lieferung von Wärme (s. Abschn. 4.12.1 Abs. 5 Satz 3 UStAE).
- Lieferung von Heizgas (s. Abschn. 4.12.1 Abs. 6 Satz 1 UStAE). Anders aber die Lieferung von Wärme (s. Abschn. 4.12.1 Abs. 5 Satz 3 UStAE).
- Vermietung von Mobiliar und Inventar in Büro- oder Gewerberäumen (s. Abschn. 4.12.1 Abs. 6 Satz 2 UStAE; s. Wenzel in Rau/Dürrwächter, § 4 Nr. 12 Rn. 46). Gemäß Auffassung der Finanzverwaltung in Abschn. 4.12.1 Abs. 6 Satz 2 UStAE soll die Überlassung der Einrichtungsgegenstände „in der Regel" nicht umsatzsteuerfrei sein (s. BFH vom 19.02.2014, XI R 1/12, BFH/NV 2014, 1398 Rn. 23).
- Anders aber die Vermietung des Mobiliars bei der Vermietung von Wohnräumen oder Zimmern (s. Birkenfeld in Birkenfeld/Wäger, § 97 Rn. 197; s. Wenzel in Rau/Dürrwächter, § 4 Nr. 12 Rn. 46). Gemäß Auffassung der Finanzverwaltung in Abschn. 4.12.1 Abs. 6 Satz 2 UStAE soll die Überlassung der Einrichtungsgegenstände „in der Regel" nicht umsatzsteuerfrei sein (s. BFH vom 19.02.2014, XI R 1/12, BFH/NV 2014, 1398 Rn. 23).
- Nutzungsüberlassung von Abstellflächen für Kraftfahrzeuge oder Fahrräder, wenn kein räumlicher Zusammenhang zwischen Grundstück und Stellplatz gegeben ist (s. Abschn. 4.12.2 Abs. 3 Satz 8 UStAE; s. OFD Köln vom 01.09.1992, UR 1992, 385; s. Birkenfeld in Birkenfeld/Wäger, § 97 Rn. 322). Die Vermietung eines Stellplatzes ist dann gemäß § 4 Nr. 12 Satz 2 UStG umsatzsteuerpflichtig.
- Der Anschluss an eine zentrale Telefonanlage und Nutzungsüberlassung der Endgeräte wie Telefone oder Faxe (s. Abschn. 4.12.1 Abs. 6 Satz 3 UStAE).

13. Verzichtsleistungen des Mieters

85 Sollte dem Mieter für den Verzicht auf eines seiner Rechte aus dem Mietvertrag, zum Beispiel die vorfristige Aufhebung des Mietverhältnisses eine Abfindung gezahlt werden, stellt dies keinen Schadensersatz, sondern eine umsatzsteuerbare Leistung des Mieters dar, sofern dieser Unternehmer ist (s. Abschn. 4.12.1 Abs. 1 Satz 5 UStAE; Abschn. 2.10 Abs. 9 Beispiel 3 Satz 10 UStAE; s. Abschn. 2.10 Abs. 9 Beispiel 2 Satz 6 f.

UStAE). Sie ist gemäß § 4 Nr. 12 Buchst. a UStG umsatzsteuerfrei, da sie eine der Vermietung gleichzusetzende Leistung ist (s. Abschn. 4.12.1 Abs. 1 Satz 5 UStAE; s. Abschn. 2.10 Abs. 9 Beispiel 3 Satz 10 UStAE; s. EuGH vom 15.12.1993, C-63/92, Rs. Lubbock Fine, BStBl II 1995, 480; s. FinMin Sachsen-Anhalt vom 25.06.1996, UR 1996, 309). Wurde dagegen für den betreffenden Mietvertrag, auf dessen Rechte daraus der Mieter verzichtet, durch den Vermieter zur Umsatzsteuerpflicht optiert, dürfen die Verzichtsleistung des Mieters nach Auffassung des EuGH wohl ebenfalls der Umsatzsteuer unterworfen werden (s. EuGH vom 15.12.1993, C-63/92, Rs. Lubbock Fine, BStBl II 1995, 480).

Diese Auffassung des EuGH ist nicht ganz stringent. Denn die Umsatzsteuerfreiheit oder -pflicht der Verzichtsleistung des Mieters hingen dann von der Option auf die Vermietungsleistung ab. Optiert hat aber nicht der Mieter, sondern der Vermieter. Die Umsatzsteuerpflicht der Verzichtsleistung ergäbe sich mithin aus der Option durch einen anderen Unternehmer auf eine andere Leistung. 86

So erscheint es dann auch so, als zöge die Finanzverwaltung diesen Schluss aus dem Urteil des EuGH nicht nach (s. Abschn. 4.12.1 Abs. 1 Satz 5 UStAE; s. Abschn. 2.10 Abs. 9 Beispiel 3 Satz 10 UStAE). Zu dem „umgekehrten" Fall, in dem sich ein zukünftiger Mieter zum Abschluss eines Mietvertrages verpflichtet, s. FG Berlin-Brandenburg vom 04.11.2015, 7 K 7351/13. 87

14. Die Option zur Umsatzsteuerpflicht

Nicht nur bei einer Grundstückslieferung i.S.d. § 4 Nr. 9 Buchst. a UStG, sondern auch bei den Umsätzen i.S.d. § 4 Nr. 12 UStG ist eine Option zur Umsatzsteuerpflicht gemäß § 9 UStG (s. zu den Voraussetzungen § 9 Rn. 4 ff.) möglich. Allerdings bestehen abweichende Voraussetzungen. Der wichtigste Unterschied besteht darin, dass für den Verzicht der Umsatzsteuerbefreiung für ein Vermietungs- und Verpachtungsumsatz i.S.d. § 4 Nr. 12 UStG der Mieter bzw. Pächter seinerseits gemäß § 9 Abs. 2 Satz 1 UStG das Objekt für umsatzsteuerpflichtige Ausgangsleistungen verwenden muss. Dies ist für Grundstückslieferungen nicht erforderlich, für die Bestellung oder Übertragung von Erbbaurechten gemäß § 4 Nr. 9 Buchst. a UStG jedoch auch. 88

15. Leasing

Leasingverträge sind nicht nur bei der ertragsteuerrechtlichen, sondern auch bei der umsatzsteuerrechtlichen Einordnung komplex. Dies liegt zum einen daran, dass es keine spezialgesetzliche Regelung für sie gibt. Zum anderen ist zu berücksichtigen, dass es nicht das eine Leasingverhältnis gibt. Leasing ist in den unterschiedlichsten Konstellationen möglich und anzutreffen (s. Schüler-Täsch in Sölch/Ringleb, § 3 Rn. 97). Da Leasing sowohl Elemente der Miete in sich trägt als auch Elemente des Kaufs (s. Schüler-Täsch in Sölch/Ringleb, § 3 Rn. 97), treffen Elemente einer sonstigen Leistung i.S.d. § 3 Abs. 9 UStG, die nach § 4 Nr. 12 Buchst. a UStG umsatzsteuerfrei sein kann, auf Elemente einer Lieferung i.S.d. § 3 Abs. 1 UStG, die nach § 4 Nr. 9 Buchst. a UStG umsatzsteuerfrei sein kann. Auch eine Geschäftsveräußerung im Ganzen gemäß § 1 Abs. 1a UStG kann bei einem Leasingverhältnis vorliegen (s. § 1 Rn. 270 ff.; Birkenfeld in Birkenfeld/Wäger, § 97 Rn. 211). 89

Hinweis! Bei Leasingverhältnissen reicht die Bandbreite von überwiegend mietvertraglichen Elementen bis zum Kaufvertrag auf Raten (s. Schüler-Täsch in Sölch/Ringleb, § 3 Rn. 97). Für die richtige umsatzsteuerrechtliche Einordnung bedarf es daher einer genauen Prüfung des Einzelfalls und der vereinbarten Konditionen. 90

15.1 Die Übertragung des wirtschaftlichen Eigentums beim Leasing

Ist festgestellt, dass es sich um einen Leasingvertrag handelt, ist für die umsatzsteuerrechtliche – und im Übrigen auch ertragsteuerrechtliche – Einordnung die entscheidende Frage zu klären, ob das wirtschaftliche Eigentum an dem Leasinggegenstand zu Beginn des Leasingvertrages bei dem Leasinggeber verbleibt oder sogleich auf den Leasingnehmer übergeht. Diese Frage ist deshalb so bedeutend, weil das Leasing sowohl Merkmale einer Lieferung als auch Merkmale einer sonstigen Leistung in sich trägt. Umsatzsteuerrechtlich kann es aber bei dieser „Hybridstellung" nicht bleiben, weil dem UStG nur die zwei Leistungstypen 91

Lieferung und sonstige Leistung bekannt sind. Das Leasing muss daher trotz seiner Existenz als Hybride im Wege einer „Entweder-Oder“-Entscheidung letztlich als eine Lieferung oder als eine sonstige Leistung eingestuft werden. Hierzu s. Abschn. 3.5 Abs. 5 Satz 1 f. UStAE; s. BMF vom 21.03.1972, BStBl I 1972, 188 betreffend die ertragsteuerliche Behandlung von Finanzierungs-Leasing-Verträgen über unbewegliche Wirtschaftsgüter und BMF vom 23.12.1991, BStBl I 1992, 13 betreffend die ertragsteuerliche Behandlung von Teilamortisations-Leasing-Verträgen über unbewegliche Wirtschaftsgüter.

92 Obwohl das Umsatzsteuerrecht grundsätzlich auf den zivilrechtlichen Leistungsbeziehungen und deren Inhalten aufsetzt, kommt es im Bereich des Leasings nicht auf den Übergang des zivilrechtlichen Eigentums an, sondern auf das rein steuerliche Konstrukt des wirtschaftlichen Eigentums gemäß § 39 Abs. 2 Nr. 1 Satz 1 AO. Das zivilrechtliche Eigentum bietet zur Klärung der umsatzsteuerrechtlichen Natur des jeweiligen Leasingvertrages kein geeignetes Abgrenzungskriterium, weil es typischerweise bei dem Leasinggeber verbleibt. Das Leasing wäre dann immer als Lieferung gemäß § 3 Abs. 1 UStG einzustufen. Die Vermietungs- bzw. Verpachtungskomponenten des Leasings blieben dann stets außer Acht, seien sie auch noch so stark und prägend.

93 Ob das wirtschaftliche Eigentum bei dem Leasinggeber verbleibt oder auf den Leasingnehmer übergeht, wird nahezu standardisiert nach den für ertragsteuerliche Zwecke entwickelten Leasingerlassen geprüft (s. Abschn. 3.5 Abs. 5 Satz 1 f. UStAE; s. BMF vom 21.03.1972, BStBl I 1972, 188 betreffend die ertragsteuerliche Behandlung von Finanzierungs-Leasing-Verträgen über unbewegliche Wirtschaftsgüter und BMF vom 23.12.1991, BStBl I 1992, 13 betreffend die ertragsteuerliche Behandlung von Teilamortisations-Leasing-Verträgen über unbewegliche Wirtschaftsgüter).

94 **Hinweis!** Die Leasing-Erlasse, die für umsatzsteuerrechtliche Zwecke aus dem Ertragsteuerrecht herangezogen werden, sind mit Bedacht anzuwenden. Sie geben zwar verlässlich Auskunft darüber, ob das wirtschaftliche Eigentum auf den Leasinggeber übergeht oder nicht (s. Abschn. 3.5 Abs. 5 Satz 2 UStAE). Ihre Aussage ist aber im Wesentlichen darauf begrenzt. Insofern ist stets ein Augenmerk darauf zu richten, ob die Leasingkonditionen des jeweiligen Einzelfalls dennoch zu einem gesonderten bzw. abweichenden Gesamtbild führen.

15.2 Das wirtschaftliche Eigentum verbleibt bei dem Leasinggeber

95 Verbleibt das wirtschaftliche Eigentum bei dem Leasinggeber, liegt umsatzsteuerrechtlich eine sonstige Leistung gemäß § 3 Abs. 9 UStG in Form der Vermietung und Verpachtung vor (s. Wenzel in Rau/Dürrwächter, § 4 Nr. 12 Rn. 40). Umsatzsteuerrechtlich werden eventuelle Hin- und Rückübertragungen des zivilrechtlichen Eigentums vollständig ausgeblendet. Sie stellen weder eine Hin- und Rücklieferung gemäß § 3 Abs. 1 UStG dar noch eine Lieferung und eine spätere Rückabwicklung der Lieferung i.S.d. § 17 Abs. 2 Nr. 2 UStG. Die Leasingraten sind dann Miet- bzw. Pachtzins, für den die Umsatzsteuerbefreiung gemäß § 4 Nr. 12 UStG in Betracht kommt. Der Ort der Leistung richtet sich nach § 3a Abs. 3 Nr. 1 Buchst. a UStG.

96 Da umsatzsteuerrechtlich keinerlei Lieferungen vorliegen, entfällt auch eine Aufteilung der Leasingraten auf Kaufraten, die nicht nach § 4 Nr. 12 UStG, sondern allenfalls nach § 4 Nr. 9 Buchst. a UStG umsatzsteuerfrei sein könnten.

15.3 Das wirtschaftliche Eigentum geht auf den Leasingnehmer über

97 Komplexer wird die umsatzsteuerrechtliche Behandlung, wenn das wirtschaftliche Eigentum nicht bei dem Leasinggeber verbleibt, sondern auf den Leasingnehmer übergeht. Wie dargelegt, liegt dann eine Lieferung gemäß § 3 Abs. 1 UStG vor (s. Abschn. 3.5 Abs. 5 Satz 1 UStAE). Ob eine zivilrechtliche Eigentumsübertragung ebenfalls, überhaupt nicht oder zeitlich versetzt vorliegt, ist umsatzsteuerrechtlich ohne Belang. Sofern eine zivilrechtliche Eigentumsübertragung gegeben ist, wird diese also umsatzsteuerrechtlich ausgeblendet. Es kommt dagegen nur auf den Übergang des wirtschaftlichen Eigentums gemäß den in den Leasingerlassen dargelegten Grundsätzen an (s. Abschn. 3.5 Abs. 5 Satz 1 f. UStAE; s. BMF vom 21.03.1972, BStBl I 1972, 188 betreffend die ertragsteuerliche Behandlung von Finanzierungs-Leasing-Verträgen über

unbewegliche Wirtschaftsgüter und BMF vom 23.12.1991, BStBl I 1992, 13 betreffend die ertragsteuerliche Behandlung von Teilamortisations-Leasing-Verträgen über unbewegliche Wirtschaftsgüter).

§ 4 Nr. 13 UStG Leistungen der Wohnungseigentümergemeinschaften

[1]Von den unter § 1 Abs. 1 Nr. 1 fallenden Umsätzen sind steuerfrei:

...

13. die Leistungen, die die Gemeinschaften der Wohnungseigentümer im Sinne des Wohnungseigentumsgesetzes in der im Bundesgesetzblatt Teil III, Gliederungsnummer 403-1, veröffentlichten bereinigten Fassung, in der jeweils geltenden Fassung an die Wohnungseigentümer und Teileigentümer erbringen, soweit die Leistungen in der Überlassung des gemeinschaftlichen Eigentums zum Gebrauch, seiner Instandhaltung, Instandsetzung und sonstigen Verwaltung sowie der Lieferung von Wärme und ähnlichen Gegenständen bestehen;

...

Bearbeiter: Dennis Klein

Inhaltsverzeichnis

1. Wohnungseigentümergemeinschaft

1 An Wohnungen kann **Wohnungseigentum** (s. § 1 Abs. 2 WEG), an nicht zu Wohnzwecken dienenden Räumen kann **Teileigentum** (s. § 1 Abs. 3 WEG) begründet werden. Abgesehen von dieser begrifflichen Unterscheidung sind Wohnungs- und Teileigentum gem. § 1 Abs. 6 WEG gleich zu behandeln. Das Wohnungs- bzw. Teileigentum setzt sich wiederum zusammen aus dem Sondereigentum an der einzelnen Wohnung bzw. bestimmten Geschäftsräumen sowie dem Anteil an dem gemeinschaftlichen Eigentum. Das jeweilige Sondereigentum wird entweder durch Vereinbarung zwischen allen Miteigentümer (§ 3 WEG) oder durch Teilungserklärung des Alleineigentümers (s. § 8 WEG) begründet.

2 **Beispiele:** Zum Sondereigentum gehört die einzelne Eigentumswohnung in einem Mehrfamilienhaus. Das einzelne Ladenlokal in einem Mehrfamilienhaus gehört ebenfalls zum Sondereigentum (Fall des Teileigentums).

3 **Gemeinschaftliches Eigentum** sind insb. das Grundstück sowie die Teile, Anlagen und Einrichtungen des Gebäudes, die nicht im Sondereigentum oder im Eigentum eines Dritten stehen.

4 **Beispiele:** Das gemeinsame Treppenhaus, die Außenmauern, das Dach oder die Zuwegung zum Gebäude stehen im gemeinschaftlichen Eigentum der Miteigentümer.

5 Die Wohnungs- bzw. Teileigentümer bilden eine Wohnungseigentümergemeinschaft (s. § 10 WEG). Diese Wohnungseigentümergemeinschaft übernimmt nach § 21 WEG die Verwaltung des gemeinschaftlichen Eigentums. Dessen Überlassung an die Miteigentümer, Instandhaltung oder Instandsetzung sowie die Lieferung von Wärme und ähnlichen Gegenständen durch die Gemeinschaftsleitungen sind steuerbare Leistungen der Wohnungseigentümergemeinschaft gegenüber ihren Mitgliedern.

2. Zweck und Rechtfertigung der Steuerbefreiung

6 Die Wohnungseigentümergemeinschaft sichert die **Erhaltung und Überlassung des gemeinschaftlichen Eigentums** zum Gebrauch durch die einzelnen Wohnungseigentümer. Ähnlich wie die Überlassung an Mieter sollen diese Leistungen aus sozialen Gründen steuerbefreit sein. Die Steuerbefreiung schließt inso-

weit eine Lücke zur Steuerfreiheit der Vermietungsumsätze nach § 4 Nr. 12 UStG (s. zur Steuerfreiheit von Vermietungsumsätzen § 4 Nr. 12 Rn. 26 ff.) und dient der Gleichbehandlung zwischen Mietern und Eigentümern von Einfamilienhäusern einerseits sowie Wohnungseigentümern andererseits, Ges-Begr (s. BT-Drs. 4/1371, 61). Die nach § 10 WEG notwendige Zwischenschaltung einer Wohnungseigentümergemeinschaft soll keine Zusatzbelastung bewirken (s. Spilker in Weymüller, BeckOK UStG, § 4 Nr. 13 Rn. 13).

Die **unionsrechtliche Rechtfertigung** ergibt sich deshalb wie bei § 4 Nr. 12 UStG aus Art. 135 Abs. 1 Buchst. l MwStSystRL, wonach die Gebrauchsüberlassung eines Grundstücks steuerfrei ist. Nach anderer Auffassung ist die Protokollerklärung Nr. 7 zu Art. 13 6. EG-RL a.F. maßgeblich (s. FG Sachsen vom 14.01.2009, 2 K 1725/06, EFG 2009, 1344). 7

3. Umfang der Steuerbefreiung

Im Rahmen ihrer Verwaltungsaufgaben ist die Wohnungseigentümergemeinschaft selbst Unternehmerin und erbringt steuerbare Leistungen an ihre Mitglieder. Deren Steuerbefreiung beschränkt sich auf Leistungen im Zusammenhang mit dem Gemeinschaftseigentum und umfasst dessen Überlassung, Instandhaltung und Instandsetzung. 8

Beispiele: Flurbeleuchtung, Fahrstühle, Straßenreinigung, Entwässerung, Müllabfuhr, Hausmeisterlohn, Schornsteinreinigung. 9

Zu diesen steuerbefreiten Leistungen gehören dementsprechend Pflege-, Wartungs- und Reinigungsleistungen am Gemeinschaftseigentum wie etwa die Treppenhausreinigung. Auch **Ersatzbeschaffungen** sind als Instandhaltungsmaßnahme anerkannt (s. BayObLG vom 15.07.1975, 2 Z 34/75, NJW 1975, 2296). Beispiele steuerbefreiter Leistungen sind außerdem in Abschn. 4.13.1 Abs. 2 S. 2 UStAE aufgeführt. 10

Individuelle Sonderleistungen an einzelne Wohnungseigentümer bleiben hingegen steuerpflichtig (s. Abschn. 4.13.1 Abs. 3 S. 5 UStAE). Denn insofern fehlt es an der spezifischen Rechtfertigung für die Steuerbefreiung. 11

Beispiel: Reparatur innerhalb einer Wohnung. 12

Einen Sonderfall stellt demgegenüber die **Lieferung von Wärme und ähnlichen Gegenständen** dar. Denn diese ist nach dem Wortlaut steuerbefreit, auch soweit sie sich auf das Sondereigentum bezieht. Ähnliche Gegenstände können Warmwasser, Heizenergie oder Strom sein; nicht hingegen die Lieferung von Heizöl oder Gas (s. Abschn. 4.13.1 Abs. 3 S. 6 UStAE). 13

Voraussetzung für die steuerfreie Lieferung ist allerdings deren Erzeugung in einer gemeinschaftlichen Heizungsanlage, Fotovoltaikanlage o.ä., von wo aus sie an die einzelnen Wohnungs- bzw. Teileigentümer weitergegeben wird. Besteht hingegen für die einzelne Wohnung ein gesonderter Zähler, findet eine Leistung und Abrechnung direkt zwischen Versorgungsunternehmen und Verbraucher statt (s. Huschens, in Vogel/Schwarz, UStG, § 4 Nr. 13 Rn. 32). 14

4. Umlagen der Wohnungseigentümergemeinschaft

Das **Entgelt für die Leistungen** besteht in den zur Kostendeckung erhobenen Umlagen, auch als Wohngeld oder Verwaltungsvergütung bezeichnet (s. Abschn. 4.13.1 Abs. 2 UStAE). Die Wohnungseigentümergemeinschaft ist selbst Unternehmer nach § 2 UStG (s. zum Begriff § 2 Abs. 1 Rn. 4 ff.) und unterfällt ggf. der Kleinunternehmerregelung nach § 19 UStG. Unter § 4 Nr. 13 UStG fallen hingegen nicht die für die Gemeinschaft tätig werdenden selbständigen Hausverwalter mit ihren Dienstleistungen. 15

5. Verzicht auf die Steuerbefreiung (Option)

Kehrseite der Steuerbefreiung ist der **Verlust des Vorsteuerabzugs** (s. § 15 Abs. 2 Nr. 1 UStG). Soweit ein Wohnungseigentümer sein Teileigentum zur Ausführung steuerpflichtiger Umsätze verwendet, darf die Wohnungseigentümergemeinschaft durch Beschluss für jede einzelne Leistung zur Steuerpflicht optieren (s. BayObLG vom 13.06.1996, 2 ZBR 28/96, UR 1997, 481). Der einzelne Wohnungseigentümer hat hierauf 16 einen Anspruch, jedenfalls sofern er die übrigen Eigentümer von Mehrbelastungen freistellt (s. OLG Hamm vom 12.05.1992, 15 W 33/92, NJW-RR 1992, 1232).

§ 4 Nr. 14 UStG Heilberufe

[1]Von den unter § 1 Abs. 1 Nr. 1 fallenden Umsätzen sind steuerfrei:

...

14. a) Heilbehandlungen im Bereich der Humanmedizin, die im Rahmen der Ausübung der Tätigkeit als Arzt, Zahnarzt, Heilpraktiker, Physiotherapeut, Hebamme oder einer ähnlichen heilberuflichen Tätigkeit durchgeführt werden. [2]Satz 1 gilt nicht für die Lieferung oder Wiederherstellung von Zahnprothesen (aus Unterpositionen 9021 21 und 9021 29 00 des Zolltarifs) und kieferorthopädischen Apparaten (aus Unterposition 9021 10 des Zolltarifs), soweit sie der Unternehmer in seinem Unternehmen hergestellt oder wiederhergestellt hat;

b) Krankenhausbehandlungen und ärztliche Heilbehandlungen einschließlich der Diagnostik, Befunderhebung, Vorsorge, Rehabilitation, Geburtshilfe und Hospizleistungen sowie damit eng verbundene Umsätze, die von Einrichtungen des öffentlichen Rechts erbracht werden. [2]Die in Satz 1 bezeichneten Leistungen sind auch steuerfrei, wenn sie von

aa) zugelassenen Krankenhäusern nach § 108 des Fünften Buches Sozialgesetzbuch,

bb) Zentren für ärztliche Heilbehandlung und Diagnostik oder Befunderhebung, die an der vertragsärztlichen Versorgung nach § 95 des Fünften Buches Sozialgesetzbuch teilnehmen oder für die Regelungen nach § 115 des Fünften Buches Sozialgesetzbuch gelten,

cc) Einrichtungen, die von den Trägern der gesetzlichen Unfallversicherung nach § 34 des Siebten Buches Sozialgesetzbuch an der Versorgung beteiligt worden sind,

dd) Einrichtungen, mit denen Versorgungsverträge nach den §§ 111 und 111a des Fünften Buches Sozialgesetzbuch bestehen,

ee) Rehabilitationseinrichtungen, mit denen Verträge nach § 21 des Neunten Buches Sozialgesetzbuch bestehen,

ff) Einrichtungen zur Geburtshilfe, für die Verträge nach § 134a des Fünften Buches Sozialgesetzbuch gelten,

gg) Hospizen, mit denen Verträge nach § 39a Abs. 1 des Fünften Buches Sozialgesetzbuch bestehen, oder

hh) Einrichtungen, mit denen Verträge nach § 127 in Verbindung mit § 126 Absatz 3 des Fünften Buches Sozialgesetzbuch über die Erbringung nichtärztlicher Dialyseleistungen bestehen,

erbracht werden und es sich ihrer Art nach um Leistungen handelt, auf die sich die Zulassung, der Vertrag oder die Regelung nach dem Sozialgesetzbuch jeweils bezieht, oder

ii) von Einrichtungen nach § 138 Abs. 1 Satz 1 des Strafvollzugsgesetzes erbracht werden;

c) Leistungen nach den Buchstaben a und b, die von

aa) Einrichtungen, mit denen Verträge zur hausarztzentrierten Versorgung nach § 73b des Fünften Buches Sozialgesetzbuch oder zur besonderen ambulanten ärztlichen Versorgung nach § 73c des Fünften Buches Sozialgesetzbuch bestehen, oder

bb) Einrichtungen nach § 140b Abs. 1 des Fünften Buches Sozialgesetzbuch, mit denen Verträge zur integrierten Versorgung nach § 140a des Fünften Buches Sozialgesetzbuch bestehen,

erbracht werden;

d) sonstige Leistungen von Gemeinschaften, deren Mitglieder Angehörige der in Buchstabe a bezeichneten Berufe oder Einrichtungen im Sinne des Buchstaben b sind, gegenüber ihren Mitgliedern, soweit diese Leistungen für unmittelbare Zwecke der Ausübung der Tätigkeiten nach Buchstabe a oder Buchstabe b verwendet werden und die Gemeinschaft von ihren Mitgliedern lediglich die genaue Erstattung des jeweiligen Anteils an den gemeinsamen Kosten fordert,

e) die zur Verhütung von nosokomialen Infektionen und zur Vermeidung der Weiterverbreitung von Krankheitserregern, insbesondere solcher mit Resistenzen, erbrachten Leistungen eines Arztes oder einer Hygienefachkraft, an in den Buchstaben a, b und d genannte Einrichtungen, die diesen dazu dienen, ihre Heilbehandlungsleistungen ordnungsgemäß unter Beachtung der nach dem Infektionsschutzgesetz und den Rechtsverordnungen der Länder nach § 23 Abs. 8 des Infektionsschutzgesetzes bestehenden Verpflichtungen zu erbringen;

...

Bearbeiter: Daniela Bick

Inhaltsverzeichnis

1. Inhalt und Zweck der Vorschrift

1 § 4 Nr. 14 UStG regelt die **Steuerbefreiung im Gesundheitswesen**. Die Vorschrift wurde durch das JStG 2009 (BGBl I 2008, 2794) mit Wirkung zum 01.01.2009 vollständig neu gefasst. Dabei sind Heilbehandlungsleistungen, die bisher von der Befreiungsvorschrift des § 4 Nr. 16 UStG umfasst waren, in § 4 Nr. 14 UStG integriert worden. § 4 Nr. 14 Buchst. a UStG befreit Leistungen einzelner Heilberufe von der Umsatzsteuer. § 4 Nr. 14 Buchst. b UStG stellt daneben Krankenhausbehandlungen und ärztliche Heilbehandlungen einschließlich der Diagnostik, Befunderhebung, Vorsorge, Rehabilitation, Geburtshilfe und Hospizleistungen sowie damit eng verbundene Umsätze durch Einrichtungen des öffentlichen Rechts oder

anderer anerkannter Einrichtungen gleicher Art, die bestimmte sozialrechtliche Kriterien erfüllen, von der Umsatzsteuer frei. Die Anwendungsbereiche des § 4 Nr. 14 Buchst. a und Buchst. b UStG werden nach dem Ort ihrer Erbringung voneinander abgegrenzt. Während § 4 Nr. 14 Buchst. a UStG auf Leistungen anzuwenden ist, die außerhalb von Krankenhäusern und ähnlichen Einrichtungen im Rahmen eines persönlichen Vertrauensverhältnisses zwischen Patient und Behandelndem, z.B. in Praxisräumen des Behandelnden oder in der Wohnung des Patienten erbracht werden, betrifft § 4 Nr. 14 Buchst. b UStG Leistungen aus einer Gesamtheit von ärztlichen Heilbehandlungen in Einrichtungen mit sozialer Zweckbestimmung wie beispielsweise Krankenhäusern (s. EuGH vom 06.11.2003, C-45/01, Dornier, IStR 2004, 20).

§ 4 Nr. 14 Buchst. c UStG befreit unter anderem die Leistungen von **Managementgesellschaften**, die eine Versorgung durch dazu berechtigte Leistungserbringer anbieten, denen im Rahmen eines mit einer Krankenkasse geschlossenen Vertrags zur **integrierten Versorgung** gem. §§ 140a ff. SGB V die vollständige oder teilweise ambulante oder stationäre Versorgung der Mitglieder der Krankenkasse übertragen wird. Zudem werden insbesondere Leistungen von der Umsatzsteuer befreit, die von Einrichtungen erbracht werden, mit denen Verträge zur **hausarztzentrierten Versorgung** nach § 73b SGB V oder zur besonderen ambulanten ärztlichen Versorgung nach § 73c SGB V bestehen. Die Steuerbefreiung von **Leistungen von Gemeinschaften an ihre Mitglieder** ist in § 4 Nr. 14 Buchst. d UStG geregelt. In Ergänzung zu den Befreiungen aus § 4 Nr. 14 Buchst a-c UStG werden Leistungen eines Arztes oder einer **Hygienefachkraft**, die der Erbringung von Heilbehandlungsleistungen unter Beachtung des Infektionsschutzes dienen, steuerbefreit. 2

Steuerbefreiungen im Bereich des Gesundheitswesens fanden sich bereit in § 2 Nr. 9 UStG 1919. Auch bei der Übernahme in § 4 Nr. 11 UStG 1934 und § 4 Nr. 11 UStG 1951 war eine entsprechende Steuerbefreiung geregelt. Die Begünstigung von heilberuflichen Leistungen wurde im Laufe der Jahre weiter ausgedehnt. So wurden durch das UStG 1967 alle Leistungen der begünstigten Unternehmer umsatzsteuerfrei, gleichgültig, ob sie an Sozialversicherungsträger oder an andere Leistungsempfänger erbracht wurden. Durch Einfügung von Satz 2 durch Art. 6 des StÄndG 1973 wurde die Steuerfreiheit auch auf Praxis- und Apparategemeinschaften ausgedehnt. Im UStG 1980 wurden einige inhaltliche Anpassungen vorgenommen. In den Folgeänderungen erfolgten überwiegend redaktionelle Anpassungen (Ersetzung des Wortes Krankengymnast durch Physiotherapie zum 01.01.2000 (s. Art. 9 Nr. 3 Buchst. c StBereinG vom 22.12.1999, BGBl I 1999, 2601) sowie Anpassung des § 4 Nr. 14 Buchst. v an die Neufassung des Zolltarifs durch das JStG 2007 (BGBl I 2003, 2645)). 3

Mit **Wirkung zum 01.01.2009** wurde die Vorschrift in **Struktur und Anwendungsbereich** schließlich durch das JStG 2009 (BGBl I 2008, 2794) **vollständig neu gefasst**. Es wurde versucht sämtliche ambulanten und stationären Leistungen, die der medizinischen Betreuung von Menschen durch das Diagnostizieren und Behandeln von Krankheiten oder anderen Gesundheitsstörungen dienen, in einer Befreiungsvorschrift zusammenzufassen. Dazu wurden insbesondere die Heilbehandlungsleistungen, die bisher von § 4 Nr. 16 UStG umfasst waren, in § 4 Nr. 14 UStG integriert. Die Steuerbefreiung der Leistungen bestimmter Berufe (§ 4 Nr. 14 a.F.) ist nunmehr in § 4 Nr. 14 Buchst. a UStG geregelt. Der klinische Chemiker ist aus dem Katalog ausgegliedert worden, seine Umsätze sind nunmehr unter den zusätzlichen Voraussetzungen des § 4 Nr. 14 Buchst. b S. 2 Doppelbuchst. bb UStG (gemeint ist wohl Doppelbuchst. bb). In § 4 Nr. 14 Buchst. b UStG werden die bisher in § 4 Nr. 16 Buchst. a bis c UStG behandelten Leistungen zusammengefasst und weiterentwickelt. Insofern regelt § 4 Nr. 14 Buchst. b Doppelbuchst. aa bis hh UStG ausdrücklich, welche Einrichtungen in Deutschland ordnungsgemäß anerkannter Einrichtungen gleicher Art sind, die Leistungen in sozialer Hinsicht unter vergleichbaren Bedingungen erbringen, wie die Einrichtungen des öffentlichen Rechts. Diese Umsetzung ist dem deutschen Gesetzgeber nicht gelungen, sodass Steuerpflichtige sich gegebenenfalls zur Geltendmachung Ihrer Steuerfreiheit unmittelbar auf das Unionsrecht berufen können. Dies betrifft beispielsweise Privatkliniken, die nach den Vorgaben des UStG nicht (mehr) steuerbefreit sind (s. Rn. 103 ff.). Durch § 4 Nr. 14 Buchst. c UStG werden erstmals Leistungen von Einrichtungen nach § 140b Abs. 1 SGB V befreit, mit denen Verträge zur integrierten Versorgung nach § 140a SGB V bestehen (z.B. Managementgesellschaften). Das BMF hat in einem umfassenden Schreiben vom 26.06.2009 (BStBl I 2009, 756 i.V.m. BMF vom 27.03.2012, BStBl I 2012, 370 Nr. 1244) zur Neufassung des § 4 Nr. 14 Stellung genommen. 4

5 Zum **01.07.2013** wurden durch das AmtshilfeRLUmsG vom 26. 6. 2013 Einrichtungen, mit denen Verträge nach §§ 73b, 73c SGB V (**hausarztzentrierte Versorgung** und besondere ambulante Versorgung) abgeschlossen wurden, sowie bestimmte **infektionshygienische Leistungen** eines Arztes oder einer Hygienefachkraft in die Befreiung mit einbezogen (s. BT-Drs. 17/11 220, 46 f. i.V.m. BT-Drs. 17/12 532, 81 f. und BT-Drs. 17/10 000, 85 i.V.m. BT-Drs. 17/12 532, 81 f.).

6 Zuletzt wurden durch Art. 9 Nr. 2 ZollkodexAnpG vom 22.12.2014 (BGBl I 2014, 2417) zum **01.01.2015** Leistungen von Einrichtungen, mit denen Verträge nach § 127 i.V.m. **§ 126 Abs. 3 SGB V über die** Erbringung **nichtärztlicher Dialyseleistungen** bestehen, von der Umsatzsteuer befreit (s. BT-Drs. **18/3017, 55,** Rn. 190).

7 Schon immer war anerkannter Zweck der Vorschrift **die Sozialversicherungsträger von der Umsatzsteuer zu entlasten** (s. Bericht des Finanzausschusses zum Entwurf eines Umsatzsteuergesetzes zu BT-Drs V/1581, 5, 12; BVerfG vom10.11.1999, 2 BvR 2861/93, DStR 1999, 1984). Die Vorschrift bezweckt daneben allerdings auch – in Übereinstimmung mit dem Unionsrecht (s. zum Unionsrecht Art. 132 Abs. 1 Buchst. b und c MwStSystRL sowie EuGH vom 20.11.2003, C-212/01, Margarete Unterpertinger, UR 2004, 70, Rn. 41) – die **Kosten im Gesundheitswesen** insgesamt zu **verringern**. Auch nach der Rechtsprechung des BFH ist Zweck der Vorschrift vorrangig die Kostensenkung für Heilbehandlungen, um diese Behandlungen dem Einzelnen zugänglicher zu machen (s. BFH vom 29.01.1998, V R 3/96, BStBl II 1998; vom 30.01.2008, XI R 53/06, BStBl II 2008, 647).

8–9 Einstweilen frei

2. Unionsrechtlicher Hintergrund

10 Die unionsrechtliche Grundlage für § 4 Nr. 14 Buchst. a UStG ist für Heilbehandlungen im Bereich der Humanmedizin Art. 132 Abs. 1 Buchst. c MwStSystRL und für Prothetikumsätze der Zahnärzte und Zahntechniker Art. 132 Abs. 1 Buchst. e i.V.m. Art. 370 und Anhang X Teil A Nr. 1 MwStSystRL. Unionsrechtliche Grundlage des § 4 Nr. 14 Buchst. b und c UStG ist Art. 132 Abs. 1 Buchst. b MwStSystRL. Grundlage des § 4 Nr. 14 Buchst. d UStG ist Art. 132 Abs. 1 Buchst. f MwStSystRL.

11 Nach **Art. 132 Abs. 1 Buchst. b MwStSystRL** befreien die Mitgliedstaaten **Krankenhausbehandlungen und ärztliche Heilbehandlungen** sowie damit **eng verbundene Umsätze**, die von Einrichtungen des öffentlichen Rechts oder unter Bedingungen, welche mit den Bedingungen für diese Einrichtungen in sozialer Hinsicht vergleichbar sind, von Krankenanstalten, Zentren für ärztliche Heilbehandlung und Diagnostik und anderen ordnungsgemäß anerkannten Einrichtungen gleicher Art durchgeführt beziehungsweise bewirkt werden, von der Mehrwertsteuer. Nach **Art. 133 MwStSystRL** kann die Steuerbefreiung von den Mitgliedstaaten **fakultativ für Einrichtungen**, die keine solchen des öffentlichen Rechts sind, **von bestimmten Bedingungen abhängig** gemacht werden. Zu diesen Bedingungen gehört beispielsweise, dass die Einrichtungen keine systematische Gewinnerzielung anstreben dürfen oder dass Leitung und Verwaltung der Einrichtung im Wesentlichen durch ehrenamtliche Personen erfolgen. Als weitere Bedingung kann vorgesehen werden, dass die Preise, die diese Einrichtungen verlangen, von den zuständigen Behörden genehmigt sein oder die genehmigten Preise nicht übersteigen dürfen. Weitere Bedingung kann sein, dass die Befreiung nicht zu einer Wettbewerbsverzerrung zum Nachteil von der Mehrwertsteuer unterliegenden gewerblichen Unternehmen führen. Nach **Art. 134 MwStSystRL** sind Lieferungen und Dienstleistungen von der Steuerbefreiung ausgeschlossen, wenn sie für die steuerbefreiten Umsätze nicht unerlässlich sind oder im Wesentlichen dazu bestimmt sind, der Einrichtung zusätzliche Einnahmen durch Umsätze zu verschaffen, die in unmittelbarem Wettbewerb mit steuerpflichtigen Umsätzen stehen. Die auf dieser unionsrechtlichen Grundlage beruhende Vorschrift des § 4 Nr. 14 Buchst. b UStG ist nicht vollständig richtlinienkonform. In geeigneten Fällen kann sich der Steuerpflichtige daher zur Geltendmachung seiner Steuerfreiheit unmittelbar auf das Unionsrecht berufen.

12 **Art. 132 Abs. 1 Buchst. c MwStSystRL** sieht die steuerliche Befreiung für Heilbehandlungen im Bereich der Humanmedizin vor, die im Rahmen der Ausübung der von dem betreffenden Mitgliedstaat definierten

ärztlichen und arztähnlichen Berufe erbracht werden. Die Einschränkungen aus Art. 133 und 134 MwStSystRL finden keine Anwendung.

Im **Unterschied zu Art. 132 Abs. 1 Buchst. b MwStSystRL**, der Leistungen steuerfrei stellt, die aus einer Gesamtheit von ärztlichen Heilbehandlungen in Einrichtungen mit sozialer Zweckbestimmung wie der des Schutzes der menschlichen Gesundheit erbracht werden, sind nach **Art 132 Abs. 1 Buchst. c MwStSystRL** steuerfrei Leistungen, die außerhalb von Krankenhäusern im Rahmen eines Vertrauensverhältnisses zwischen Patient und Behandelndem erbracht werden, sei es in den Praxisräumen des Behandelnden, in der Wohnung des Patienten oder an einem anderen Ort (s. EuGH vom 10.06.2010, C-86/09, Future Health Technology, UR 10, 540; vom 10.06.2010, C-262/08, CopyGene, UR 10, 526; vom 08.06.2006, C-106/05, LuP, IStR 2006, 453; 06.11.2003, C-45/01, Dornier, IStR 2004, 20). Diese Abgrenzung ist vom BFH in verfassungsrechtlich nicht zu beanstandender Weise übernommen worden (s. BFH vom 18.03.2004, V R 53/00, BStBl II 2004, 677; BVerfG vom 31.05.2007, 1 BvR 1316/04, DStRE 2007, 1335). 13

Art. 132 Abs. 1 Buchst e MwStSystRL stellt Dienstleistungen, die Zahntechniker im Rahmen ihrer Berufsausübung erbringen, sowie Lieferungen von Zahnersatz durch Zahnärzte und Zahntechniker von der Umsatzsteuer frei. **Art. 132 Abs. 1 Buchst. f MwStSystRL** schließlich befreit Dienstleistungen, die selbstständige Zusammenschlüsse von Personen, die eine Tätigkeit ausüben, die von der Steuer befreit ist oder für die sie nicht Steuerpflichtige sind, an ihre Mitglieder für unmittelbare Zwecke der Ausübung dieser Tätigkeit erbringen, soweit diese Zusammenschlüsse von ihren Mitgliedern lediglich die genaue Erstattung des jeweiligen Anteils an den gemeinsamen Kosten fordern, vorausgesetzt, dass diese Befreiung nicht zu einer Wettbewerbsverzerrung führt. Bei Umsetzung in das deutsche Recht wurde in Art. 4 Nr. 14 Buchst. d UStG bewusst auf die unionsrechtlich zwingende Einschränkung des Nichtvorliegens von Wettbewerbsverzerrungen verzichtet. 14

Einstweilen frei 15–16

3. Anwendungsbereich der Kommentierung erst ab 01.01.2009

Grundsätzlich gelten die Ausführungen in der folgenden Kommentierung für den **Anwendungsbereich ab dem 01.01.2009**. Auf die bis zu diesem Zeitpunkt geltende Rechtslage wird nur in Einzelfällen eingegangen, wo es zum aktuellen Verständnis der Norm erforderlich ist. Zur Bearbeitung von Sachverhalten vor dem 01.01.2009 wird auf die Kommentierungen in Großkommentaren oder ältere Auflagen von Umsatzsteuer-Kommentaren verwiesen. 17

Einstweilen frei 18–19

4. Voraussetzungen der Steuerfreiheit des § 4 Nr. 14 UStG

4.1 Steuerfreiheit für Heilbehandlungen bestimmter Berufsgruppen, § 4 Nr. 14 Buchst. a UStG

Die Steuerfreiheit des § 4 Nr. 14 Buchst. a UStG setzt voraus, dass der Steuerpflichtige Heilbehandlungen im Bereich der Humanmedizin im Rahmen eines der dort genannten Berufe ausübt und dass der Umsatz aus einer typischen Tätigkeit des betreffenden Berufs erzielt worden ist. 20

Einstweilen frei 21–22

4.1.1 Heilbehandlung im Bereich der Humanmedizin

Voraussetzung für das Eingreifen der Steuerbefreiung nach § 4 Nr. 14 Buchst. a UStG ist zunächst, dass die erbachten Leistungen **Heilbehandlungen im Bereich der Humanmedizin** darstellen. Eine gesetzliche Definition des Begriffs der Heilbehandlung existiert bis heute nicht. Jedenfalls handelt es sich bei dem Begriff der Heilbehandlung nach ständiger Rechtsprechung des EuGH um einen autonomen gemeinschaftsrechtlichen Begriff, s. EuGH vom 20.11.2003, C-212/01, Unterpertinger, IStR 2004, 56. Unter Beachtung der Rechtsprechung des EuGH sind „ärztliche Heilbehandlungen" ebenso wie „Heilbehandlungen im Bereich der Humanmedizin" Tätigkeiten, die zum Zweck der Vorbeugung, Diagnose, Behandlung und, soweit möglich, der Heilung von Krankheiten oder Gesundheitsstörungen bei Menschen vorgenommen werden. 23

24 Dabei sind heilberufliche Leistungen nur dann steuerfrei, wenn bei der Tätigkeit ein **therapeutisches Ziel** im Vordergrund steht (s. Abschn. 4.14.1 Abs. 4 Satz 4 UStAE). Nicht befreit sind Tätigkeiten, die nicht Teil eines konkreten, individuellen, der Diagnose, Behandlung, Vorbeugung und Heilung von Krankheiten oder Gesundheitsstörungen dienenden Leistungskonzeptes sind. Daher sind Leistungen zur Prävention und Selbsthilfe i.S.d. § 20 SGB V, die keinen unmittelbaren Krankheitsbezug haben, weil sie lediglich „den allgemeinen Gesundheitszustand verbessern und insbesondere einen Beitrag zur Verminderung sozial bedingter Ungleichheit und Gesundheitschancen" erbringen sollen, keine heilberufliche Tätigkeit (s. BFH vom 07.07.2005, V R 23/04, UR 2005, 677; vom 04.10.2012, XI B 46/12). Unerheblich ist für die Steuerbefreiung, ob die gesetzlichen Krankenkassen die Kosten getragen haben (s. BFH vom 30.01.2008, XI R 53/06, DStRE 2008, 767). Auch beispielsweise sog. **IGEL-Leistungen** können umsatzsteuerfrei sein, wenn sie einem therapeutischen Zweck dienen. Die ärztlichen Heilbehandlungsleistungen müssen auch nicht unmittelbar gegenüber dem Patienten erbracht werden. Für die Steuerbefreiung reicht es z.B. aus, wenn eine medizinische Analyse gegenüber dem anordnenden Arzt erbracht wird (s. BFH vom 15.03.2007, V R 55/03, DStR 2007, 946).

25 Auch wenn die Heilbehandlungen im Bereich der Humanmedizin einen therapeutischen Zweck haben müssen, folgt daraus doch nicht, dass dieser Begriff eine besonders enge **Auslegung** verlangt (s. EuGH vom 20.11.2003, Unterpertinger, IStR 2004, 56; auch unter Berufung auf EuGH vom 11.01.2001, C – 76/99, Kommission der Europäischen Gemeinschaften/Französische Republik, UR 2001, 62). Vielmehr geht der EuGH in seiner Rechtsprechung explizit davon aus, dass der Begriff angesichts der mit der Steuerbefreiung verfolgten Zielsetzung, die Heilungskosten zu senken, nicht besonders eng auszulegen ist (s. EuGH vom 06.11.2003, C-45/01, Dornier, DStRE 2004, 99). So sind von dem Begriff auch ärztliche Leistungen erfasst, die zum Zweck der Vorbeugung erbracht werden (s. EuGH vom 10.06.2010, C-262/08, CopyGene, BFH/NV 2010, 1589). Von dem Begriff der Heilbehandlungen erfasst sind nach der heutigen Auslegung des EuGH beispielsweise auch die ärztliche Gutachtenerstellung, sofern deren Hauptzweck im Schutz der menschlichen Gesundheit liegt (s. EuGH vom 20.11.2003, C-212/01, Unterpertinger, IStR 2004, 56; s. auch EuGH vom 20.11.2003, C-307/01, Peter d"Ambrumenil, UR 2004, 75) und das Herauslösen von Gelenkknorpelzellen aus dem einem Menschen entnommenen Knorpelmaterial und ihre anschließende Vermehrung zur Reimplantation aus therapeutischen Zwecken (s. EuGH vom 18.11.2010, C-156/09, Verigen Transplantation Service International AG, BFH/NV 2011, 179).

26 Nach **Auffassung der Finanzverwaltung** dürfen neben (Zahn-)Ärzten und Psychotherapeuten lediglich Heilpraktiker als Angehörige der Heilberufe eigenverantwortlich körperliche oder seelische Leiden behandeln (s. Abschn. 4.14.1 Abs. 4 Satz 6 UStAE). Das gilt auch für die auf das Gebiet der Physiotherapie beschränkten Heilpraktiker (s. BVerwG-Urteil vom 26.08.2009, 3 C 19.08, BVerwGE 134, 345). Daher erkennt die Finanzverwaltung bei anderen Heilberuflern steuerfreie Heilbehandlungsleistungen i.S.v. § 4 Nr. 14 Buchst. a Satz 1 UStG nur an, wenn eine ärztliche Verordnung **(Kassenrezept oder Privatrezept)**, eine Verordnung eines Heilpraktikers oder eine Vorsorge- oder Rehabilitationsmaßnahme vorliegt (s. Abschn. 4.14.1 Abs. 4 Satz 8 und 9 UStAE). Für physiotherapeutische Leistungen gilt dies erst ab dem 01.01.2012 (s. BMF vom 19.06.2012, IV D 3 – S 7170/10/10012 – DOK 2012/0542896, DStR 2012, 1279). Auch Behandlungen durch Angehörige von Gesundheitsfachberufen im Anschluss/Nachgang einer Verordnung eines Arztes oder Heilpraktikers sind nach Auffassung der Finanzverwaltung grundsätzlich nicht als steuerfreie Heilbehandlung anzusehen, sofern für diese Anschlussbehandlungen keine neue Verordnung vorliegt (s. Abschn. 4.14.1 Abs. 4 Satz 9 UStAE). Lediglich bei der Tätigkeit einer Hebamme bzw. eines Entbindungspflegers bei der Betreuung, Beratung und Pflege der Frau von Beginn der Schwangerschaft an, bei der Geburt, im Wochenbett und in der gesamten Stillzeit ist keine ärztliche Verordnung erforderlich.

27 Der **BFH** hat entschieden, dass als Nachweis des therapeutischen Zwecks von Leistungen **nicht nur ärztliche Verordnungen** in Form eines Kassen- oder Privatrezepts dienen können, sondern auch andere Unterlagen, die zum therapeutischen Zweck eine vergleichbare Aussagekraft wie ärztliche Verordnungen haben und von Personen stammen, die zur Feststellung des therapeutischen Zwecks befähigt sind. Dabei muss der Nachweis des therapeutischen Zwecks einer Leistung grundsätzlich für jede Leistung gesondert

erbracht werden (s. BFH vom 01.10.2014, XI R 13/14, BFH/NV 2015, 451). Wie ein solcher Nachweis aussehen kann, ergibt sich aus der Entscheidung jedoch nicht.

Zu **Abgrenzungsfällen** s. insbesondere Abschn. 4.14.1 Abs. 5 UStAE sowie OFD Karlsruhe vom 15.01.2013, S 7170, UR 2013, 520 und OFD Frankfurt/M. vom 16.09.2011, S 7170 A – 63 – St 112; zu Gutachterleistungen s. OFD Karlsruhe vom 19.02.2015, S 7170 Karte 3, DStR 2015, 1002). **28**

Nicht befreit sind grundsätzlich **Lieferungen** (Sachleistungen) oder **Entnahmen**, es sei denn, es kommt die Steuerbefreiung **nach § 4 Nr. 28 UStG** (zu den Voraussetzungen s. § 4 Nr. 28 Rn. 9 ff.) in Betracht. **29**

Einstweilen frei **30–31**

4.1.2 Begünstigter Personenkreis

Die Heilbehandlungsleistung muss zudem von einer Person des begünstigten Kreises erbracht werden. Der **begünstigte Personenkreis** ergibt sich grundsätzlich aus der Aufzählung des § 4 Nr. 14 Buchst a i.V.m. den betreffenden Berufsgesetzen. In den Anwendungsbereich der Norm fallen somit Ärzte, Zahnärzte, Heilpraktiker, Physiotherapeuten, Hebammen und ähnliche Heilberufler, die die Leistung außerhalb eines Krankenhauses oder einer ähnlichen Einrichtung erbringen. **32**

§ 4 Nr. 14 Buchst. a UStG knüpft an die Zugehörigkeit eines **Unternehmers** (s. § 2 Abs. 1 Rn. 4 ff.) zu einer **bestimmten Berufsgruppe** und damit an eine **bestimmte Befähigung** an. Die Rechtsform (Gesellschaftsform), in der die von § 4 Nr. 14 UStG erfassten Leistungen erbracht werden, ist für die Anwendung der Steuerbefreiung irrelevant (s. BVerfG vom 10.11.1999, 2 BvR 2861/93, BStBl II 2000, 160; BFH vom 18.03.2004, V R 53/00, BStBl II 2004, 677; EuGH vom 10.09.2002, C-141/00 – Kügler, BFH/NV Beilage 03, 30). Auch mit angestellten „begünstigten Personen" können steuerfreie Umsätze nach § 4 Nr. 14 Buchst. a UStG ausgeführt werden (s. BFH vom 01.04.2004, V R 54/98, BStBl II 2004, 681). Der Steuerbefreiung nach § 4 Nr. 14 UStG steht es nicht entgegen, wenn der Unternehmer seine Leistungen nicht selbst gegenüber den Patienten erbringt, sondern Angestellte einsetzt. Dieser muss dann aber über einen eigenen nach § 4 Nr. 14 UStG erforderlichen Befähigungsnachweis verfügen (s. BFH vom 08.08.2013, V R 8/12, UR 2013, 2720). **33**

Den genannten Berufen ist gemeinsam, dass ihre Ausübung einer **staatlichen Erlaubnis** bedarf und der Überwachung durch die Gesundheitsbehörden unterliegt (s. BFH vom 06.06.1973, V R 88/72, BStBl II 1975, 522). Der Unternehmer muss nicht selbst entsprechend qualifiziert sein, es reicht die Qualifikation eines Angestellten (s. EuGH vom 06.11.2003, C-45/01, Dornier, BFH/NV Beilage 04, 40). Es genügt allerdings nicht, wenn der Unternehmer Subunternehmer ist und sein Auftraggeber (Arzt) Leistungen abrechnet, die von Krankenkassen erstattet werden (s. BFH vom 08.08.2013, V R 8/12, DStR 13, 2502). Befreit sind nur diejenigen Heilbehandlungen, auf die sich die Qualifikation des Leistungserbringers jeweils bezieht. **34**

In dem ab dem 01.01.2009 geltenden § 4 Nr. 14 Buchst. a UStG ist der Beruf des **Klinischen Chemikers** gestrichen worden. Da dieser aus Sicht des Gesetzgebers seine Leistungserbringung nicht aufgrund eines Vertrauensverhältnisses zum Patienten erbring, sollen seine Umsätze nur unter den (einschränkenden) Voraussetzungen des § 4 Nr. 14 Buchst. b Satz 2 Doppelbuchst. bb UStG steuerfrei sein (s. Rn. 108 ff.). **35**

Einstweilen frei **36**

4.1.2.1 Tätigkeit als Arzt

Arzt ist, wer unter der Berufsbezeichnung **Arzt** oder Ärztin aufgrund einer Approbation nach der Bundesärzteordnung (BGBl I 1987, 1218) die Heilkunde ausübt (§ 2 Abs. 1, Abs. 5 der Bundesärzteordnung). Aus der Tätigkeit als Arzt ist ein Umsatz nur dann erzielt, wenn die Tätigkeit sich auf bestimmte Personen bezieht und ein Ergebnis der ärztlichen Heilkunde ist (s. BFH vom 18.08.2011, V R 27/10, BFH/NV 2011, 2214). Zu den Heilbehandlungsleistungen s. Rn. 23 ff. Keine ärztliche Tätigkeit sind insbesondere allgemeine wissenschaftliche Arbeiten, Abhandlungen in Fachzeitschriften, Vorträge (auch Fachvorträge vor Ärzten im Rahmen einer Fortbildung) und dergleichen, weil es am Bezug zu bestimmten Personen fehlt (s. Abschn. 14.1 Abs. 5 UStAE). Auch die entgeltliche Überlassung von Praxiseinrichtung fällt daher nicht unter die Steuerbefreiung (s. BFH vom 24.09.2004, V B 177/02, BFH/NV 2005, 258; zu medizinischen Großgeräten: UStAE Abschn. 14.1 Abs. 5). **37**

38 Auch **infektionshygienische Leistungen** eines Arztes, die sicherstellen sollen, dass Ärzte und Krankenhäuser die für sie bestehenden Verpflichtungen nach dem IfSG im jeweiligen Einzelfall erfüllen, stellen Heilbehandlungsleistungen im Sinne des § 4 Nr. 14 UStG dar (s. BFH vom 18.08.2011, V R 27/10, DStRE 11, 1405). Eine entsprechende gesetzliche Klarstelllung der Steuerfreiheit ist zum 01.07.2013 in das Umsatzsteuergesetz mit § 4 Nr. 14 Buchst. e UStG eingefügt worden (s. Rn. 158 ff.).

39 Leistungen eines **Arztes aus dem Betrieb eines Krankenhauses** oder einer anderen Einrichtung im Sinne des § 4 Nr. 14 Buchst. b UStG sind auch hinsichtlich der ärztlichen Leistung nur dann befreit, wenn die in § 4 Nr. 14 Buchst. b UStG bezeichneten Voraussetzungen erfüllt sind (s. BFH vom 18.03.2004, V R 53/00, BStBl II 2004, 677). **Heilbehandlungsleistungen eines selbständigen Arztes**, die in einem Krankenhaus erbracht werden (z.B. **Belegarzt**), sowie die selbständigen ärztlichen Leistungen eines im Krankenhaus angestellten Arztes (z.B. in der eigenen Praxis im Krankenhaus), sind demgegenüber nach § 4 Nr. 14 Buchst. a UStG steuerfrei (s. Abschn. 4.14.2 Abs. 2 UStAE). Die beratende Tätigkeit eines Arztes für die abteilungsmedizinischen Grundsatzfragen einer privaten Krankenversicherung ist nicht umsatzsteuerfrei, s. FG Hamburg vom 25.11.2015, 6 K 205/14. Zur Frage der Umsatzsteuerfreiheit telefonischer Beratungsleistungen mittels Gesundheitstelefon und Patientenbegleitprogramm durch Krankenkassen ist unter dem Az. XI R 19/15 ein Verfahren beim BFH anhängig, vorgehend FG Düsseldorf vom 14.08.2015, 1 K 1570/14 U, EFG 2015, 2232.

40–42 Einstweilen frei

4.1.2.2 Tätigkeit als Zahnarzt

43 **Zahnarzt** ist, wer die Zahnheilkunde unter der Berufsbezeichnung aufgrund einer Approbation nach dem Gesetz über die Ausübung der Zahnheilkunde (BGBl I 1987, 1225) ausübt. Die Steuerfreiheit gilt auch für die Umsätze der **Dentisten** (s. Abschn. 4.14.3 Abs. 1, 9 UStAE). Als Ausübung der Zahnheilkunde ist die berufsmäßige, auf zahnärztlich wissenschaftliche Kenntnisse gegründete Feststellung und Behandlung von Zahn-, Mund- und Kieferkrankheiten anzusehen (s. Abschn. 4.14.3 Abs. 2 UStAE).

44 Zum Vorliegen einer **Heilbehandlung** s. die Ausführungen zu Rn. 23 ff. sowie zur besonderen Abgrenzung bei Tätigkeiten als Zahnarzt Abschn. 4.14.3 UStAE. Die Lieferungen und Wiederherstellung von Zahnprothesen und kieferorthopädischen Apparaten gehören nicht zu den nach § 4 Nr. 14 Buchst. a S. 2 UStG steuerbefreiten Leistungen; sie unterliegen aber dem ermäßigten Steuersatz gem. § 12 Abs. 2 Nr. 6 UStG. Auch die Überlassung von Praxiseinrichtung an einen anderen Zahnarzt zur Mitbenutzung gegen Entgelt ist keine Heilbehandlung und damit nicht nach § 4 Nr. 14 UStG steuerbefreit befreit (s. BFH vom 24.09.2004, V B 177/02, BFH/NV 2005, 258).

45–46 Einstweilen frei

4.1.2.3 Tätigkeit als Heilpraktiker

47 **Heilpraktiker** ist, wer Inhaber einer Erlaubnis gemäß § 1 Abs. 1 HeilpraktikerG ist und berufsmäßig Heilkunde an Menschen ausübt. Als Ausübung der Heilkunde bezeichnet § 1 Abs. 2 HeilpraktikerG jede berufs- und gewerbsmäßig vorgenommene Tätigkeit zur Feststellung, Heilung oder Linderung von Krankheiten, Leiden oder Körperschäden bei Menschen. Grundsätzlich ist ein Heilpraktiker danach für den gesamten Bereich der Heilkunde befähigt, ausgenommen sind lediglich die Behandlung von meldepflichtigen Infektionskrankheiten (s. § 24 des IfSG), die Ausübung der Zahnheilkunde (s. § 1 Abs. 1 ZHG), die Geburtshilfe (s. § 4 Abs. 1 des HebG) und das Verordnen verschreibungspflichtiger Medikamente und Betäubungsmittel (s. § 48 Abs. 1 AMG).

48 Für Allgemeines zum Begriff der Heilbehandlung vgl. Rn 23 ff. Zudem ist bereits entschieden, dass **Supervisionsleistungen** eines (psychotherapeutisch tätigen) Heilpraktikers, sofern ihr Zweck die Steuerung, Korrektur und Überwachung der beruflichen Tätigkeit der Teilnehmer ist, auch wenn sich der Unternehmer Methoden bedient, die auch bei Heilbehandlungen angewandt werden, nicht nach § 4 Nr. 14 Buchst. a UStG steuerbefreit sind (s. BFH vom 30.06.2005, V R 1/02, BStBl II 2005, 675). Diese Leistungen können aber unter unmittelbare Berufung auf Art. 132 Abs. 1 Buchst. j MwStSystRL steuerfrei sein (s. BFH vom 20.03.2014, V R 3/13, DStR 2014, 1160).

Einstweilen frei 49–50

4.1.2.4 Tätigkeit als Physiotherapeut

Die Tätigkeit eines **Physiotherapeuten** im Sinne des § 4 Nr. 14 Buchst. a UStG besteht darin, Störungen des Bewegungssystems zu beheben und die sensomotorische Entwicklung zu fördern. Ein Teilbereich der Physiotherapie ist die Krankengymnastik. Die Berufsbezeichnung des Krankengymnasten ist mit Einführung des Masseur- und Physiotherapeutengesetzes – MPhG – durch die Bezeichnung „Physiotherapeut" ersetzt worden. Physiotherapeuten haben die Möglichkeit, eine **partielle Heilpraktikerzulassung** auf dem Gebiet der Physiotherapie zu erlangen um berufsrechtlich befähigt zu sein, eigenständig Diagnosen zu stellen, sodass die Steuerbefreiung auch ohne ärztliche Verordnung zur Anwendung kommen kann. 51

Grundsätzlich erfolgen die **krankengymnastischen Behandlungen** aufgrund ärztlicher Diagnose und wird auf diese hin abgestimmt, selbständig aufgebaut und laufend vom Arzt überwacht. Die Finanzverwaltung vertritt insofern die Auffassung, dass eine steuerbefreite heilberufliche Dienstleistung nur vorliegt, wenn sie aufgrund einer ärztlichen Verordnung, eine Verordnung eines Heilpraktikers oder im Rahmen einer genehmigten Vorsorge- oder Rehabilitationsmaßnahme erbracht wird (s. Rn. 26 f. auch dazu, dass diese Auffassung nicht zutreffend ist). Sind die Behandlungen eines Physiotherapeuten im Anschluss/Nachgang einer ärztlichen Diagnose als steuerpflichtig einzustufen, gilt der ermäßigte Steuersatz von 7 % (s. § 12 Abs. 2 Nr. 9 UStG, Abschn. 12.11 Abs. 3 Nr. 3 UStAE). 52

Zu den Heilmethoden der Physiotherapie kann u.a. die Hippotherapie gehören (s. BFH vom 30.01.2008, XI R 53/06, BStBl II 2008, 647). Die von einem Physiotherapeuten auf ärztliche Verordnung durchgeführte **Hippotherapie** ist eine steuerbefreite Heilbehandlung (s. BFH vom 30.01.2008, XI R 53/06, UStB 2008, 196). Sofern die Hippotherapie von Diplom-Sozialarbeitern ohne Kassenzulassung nach § 124 Abs. 2 SGB V erbracht wird, ist die Leistung steuerpflichtig (s. BFH vom 26.01.2012, V R 52/10, BFH/NV 2012, 817). Leistungen eines Physiotherapeuten an eine Selbsthilfegruppe im Bereich des Rehabilitationssports und Funktionstrainings sind steuerpflichtig, wenn diese nicht insgesamt auf ärztliche Verordnung erfolgt (s. LSF Sachsen vom 09.01.2015, S 7170 -93/5 – 213, DStR 2015, 759). 53

Einsteilen frei 54–55

4.1.2.5 Tätigkeit als Hebamme

Wer die Berufsbezeichnung „**Hebamme**" führen will, bedarf einer Erlaubnis nach dem HebG. Die Tätigkeit einer Hebamme bzw. eines Entbindungspflegers im Sinne des § 4 Nr. 14 Buchstabe a UStG umfasst die eigenverantwortliche Betreuung, Beratung und Pflege der Frau von Beginn der Schwangerschaft an, bei der Geburt, im Wochenbett und in der gesamten Stillzeit. Eine ärztliche Verordnung ist für die Umsatzsteuerbefreiung dieser Tätigkeit nicht erforderlich (s. Abschn. 4.14.4 Abs. 3 UStAE). 56

Zu den **steuerfreien Leistungen** einer Hebamme gehören u.a. die Aufklärung und Beratung zu den Methoden der Familienplanung, die Feststellung der Schwangerschaft, die Schwangerschaftsvorsorge, Vorbereitung auf die Elternschaft, Geburtsvorbereitung, Geburtshilfe, Pflege und Überwachung im Wochenbett von Wöchnerin und Kind, Überwachung der Rückbildungsvorgänge, Hilfe beim Stillen/Stillberatung, Rückbildungsgymnastik und Beratung zur angemessenen Pflege und Ernährung des Neugeborenen (s. Abschn. 4.14.4 Abs. 4 UStAE). 57

Hebammen, die zur Aufdeckung von Vernachlässigung und Misshandlung von Kindern eingesetzt werden („**Familienhebammen**"), erbringen keine steuerfreien Umsätze nach § 4 Nr. 14 Buchst. a UStG. Die Leistungen können jedoch gem. § 4 Nr. 25 UStG steuerfrei sein (s. OFD Frankfurt/M. vom 20.10.2008, S 7170 A – 82 – St 112, UR 2009, 395). Die Leistungen im Rahmen der Entbindung in **von Hebammen geleiteten Einrichtungen** können unter den weiteren Voraussetzungen des § 4 Nr. 14 Buchst. **b Satz 2 Doppelbuchst. ff UStG** steuerfrei sein (s. Abschn. 4.14.5 Abs. 19 UStAE). 58

Einstweilen frei 59–60

4.1.2.6 Tätigkeiten in Gemeinschaftspraxen

61 Schließen sich Angehörige der Heil- oder Heilhilfsberufe i.S.v. § 4 Nr. 14 zur gemeinsamen Ausübung der Berufstätigkeit zusammen, sind die Umsätze dieser **Gemeinschaftspraxen** nach § 4 Nr. 14 Buchst. a UStG steuerbefreit, wenn alle Gesellschafter die nach § 4 Nr. 14 erforderliche berufliche Qualifikation aufweisen und die Umsätze aus der berufstypischen Tätigkeit stammen (s. BFH vom 13.07.1994, XI R 90/92, BStBl II 1995, 84). Auf die einkommensteuerliche Einordnung kommt es nicht an; unerheblich ist daher für die Steuerbefreiung, ob die Einkünfte einer GbR einkommensteuerlich insgesamt als gewerbliche Einkünfte zu beurteilen sind, weil sie neben den Einkünften aus freiberuflicher Tätigkeit auch solche aus Gewerbebetrieb erzielt (s. Abschn. 4.14.7 UStAE). Auch die Gesellschaftsform ist für die Steuerbefreiung unerheblich, selbst die von einer KG mit angestellten Ärzten erbrachten Leistungen sind umsatzsteuerfrei (s. BVerfG vom 10.11.1999, 2 BvR 2861/93, UR 1999, 498).

62–63 Einstweilen frei

4.1.2.7 Tätigkeit als ähnlicher Heilberufler

64 Der Katalog der in § 4 Nr. 14 Buchst. a UStG aufgeführten begünstigten Berufe ist nicht abschließend. Es werden ausdrücklich auch die Umsätze aus einer „ähnlichen heilberuflichen Tätigkeit" in die Befreiung einbezogen. Dies gilt jedoch nur dann, wenn es sich um eine einem Katalogberuf ähnliche heilberufliche Tätigkeit handelt und die sonstigen Voraussetzungen dieser Vorschrift erfüllt sind. Maßgebliches Kriterium ist zunächst der Nachweis der erforderlichen Berufsqualifikation (s. BFH vom 26.01.2012, V R 52/10, BFH/NV 2012, 817). Grundsätzlich kann vom Vorliegen der Befähigungsnachweise ausgegangen werden, wenn die heilberufliche Tätigkeit in der Regel von Sozialversicherungsträgern finanziert wird, d.h., wenn ein Großteil der Träger der gesetzlichen Krankenkassen eine Kostentragung in ihrer Satzung regelt (s. BVerfG vom 29.10.1999, 2 BvR 1264/90, BStBl II 2000, 155). Ein Beruf ist einem der im Gesetz genannten Katalogberufe ähnlich, wenn **das typische Bild des Katalogberufs** mit seinen wesentlichen Merkmalen dem Gesamtbild des zu beurteilenden Berufs vergleichbar ist. Dazu gehören die Vergleichbarkeit der jeweils ausgeübten Tätigkeit nach den sie charakterisierenden Merkmalen, die Vergleichbarkeit der Ausbildung und die Vergleichbarkeit der Bedingungen, an die das Gesetz die Ausübung des zu vergleichenden Berufs knüpft (s. BFH vom 29.01.1998, V R 3/96, BStBl II 1998, 453). Dies macht vergleichbare berufsrechtliche Regelungen über Ausbildung, Prüfung, staatliche Anerkennung sowie staatliche Erlaubnis und Überwachung der Berufsausübung erforderlich (s. Abschn. 4.14.4 Abs. 7 UStAE).

65 **Fehlt** eine **berufsrechtliche Regelung**, ist ausreichendes Indiz für das Vorliegen der erforderlichen Qualifikation die Zulassung des jeweiligen Unternehmers bzw. die regelmäßige Zulassung seiner Berufsgruppe gemäß § 124 Abs. 2 SGB V durch die zuständigen Stellen der gesetzlichen Krankenkassen. Gibt es eine solche nicht, kann Indiz für das Vorliegen eines beruflichen Befähigungsnachweises die Aufnahme von Leistungen der betreffenden Art in den Leistungskatalog der gesetzlichen Krankenkassen (s. § 92 SGB V) sein (s. BFH vom 11.11.2004, V R 34/02, BStBl II 2005, 316).

66 Darüber hinaus kommt eine Steuerbefreiung auch dann in Betracht, wenn eine Rehabilitationseinrichtung aufgrund eines **Versorgungsvertrages** gemäß §§ 11 Abs. 2, 40, 111 SGB V mit Hilfe von Fachkräften Leistungen zur medizinischen Rehabilitation erbringt. In diesem Fall sind regelmäßig sowohl die Leistungen der Rehabilitationseinrichtung als auch die Leistungen der Fachkräfte an die Rehabilitationseinrichtung steuerfrei, soweit sie die in dem Versorgungsvertrag benannte Qualifikation haben (s. BFH vom 08.03.2012, V R 30/09, BStBl II 12, 623). Der berufliche **Befähigungsnachweis** kann sich auch aus dem Abschluss eines integrierten Versorgungsvertrages nach §§ 140a ff. SGB V zwischen dem Berufsverband des Leistungserbringers und den gesetzlichen Krankenkassen ergeben (s. Abschn. 4.14.4 Abs. 9a UStAE). Nach Auffassung des FG Hamburg (vom 17.03.2016, 2 K 263/14) reicht für einen Befähigungsnachweis nicht die theoretische Möglichkeit einer Zulassung für eine Therapie, sofern dieser nicht tatsächlich erteilt wurde.

67 Hinsichtlich weiterer **Abgrenzungsfälle** und **Einzelfälle** s. **Abschn. 4.14.4 (insbesondere Abs. 11) UStAE**, OFD Koblenz vom 19.06.2008, S 7170 A – St 442, UR 2008, 754 und OFD Frankfurt/M. vom 10.04.2014, S 7170 A – 59 – St 16, DStR 2014, 1497.

Die Steuerbefreiung nach § 4 Nr. 14 Buchst. a UStG setzt nicht voraus, dass der Unternehmer seine Leistung gegenüber dem Patienten als Leistungsempfänger erbringt und er darüber mit ihm oder seiner Krankenkasse abrechnet (s. BFH vom 12.10.2004, V R 54/03, BStBl II 2005, 106). Es reicht aus, wenn er seine Leistungen an einen Arzt oder eine sonstige unter § 4 Nr. 14 UStG fallende Person oder Einrichtung erbringt, die die Leistungen ihrerseits an den Patienten weiterleitet und ihm oder seiner Krankenkasse gegenüber abrechnet. 68

Einstweilen frei 69–70

4.1.2.8 Ausschluss der Prothetikumsätze nach § 4 Nr. 14 Buchst. a Satz 2 UStG

Entsprechend des Ausschlusses in § 4 Nr. 14 Buchst. a Satz 2 UStG sind die Lieferung und **Wiederherstellung von Zahnprothesen** (aus Unterpositionen 9021 21 und 9021 29 00 des Zolltarifs) und kieferorthopädischen Apparaten (aus Unterposition 9021 10 des Zolltarifs), soweit sie der Unternehmer in seinem Unternehmen hergestellt oder wiederhergestellt hat, steuerpflichtig. Für diese gilt allerdings ein ermäßigter Steuersatz nach § 12 Abs. 2 Nr. 6 UStG. Obwohl es **Prothetikumsätze** stets mit ärztlichen Leistungen des Zahnarztes verbunden sind, sind die Leistungen nach dem Gesetzeswortlaut aufzuteilen in eine steuerfreie ärztliche und eine steuerpflichtige technische Leistung. Als Entgelt für die Lieferung oder Wiederherstellung des Zahnersatzes usw. sind die Material- und zahntechnischen Laborkosten anzusetzen, die der Zahnarzt nach § 9 der Gebührenordnung für Zahnärzte (BGBl I 1987, 2316) berechnen kann (s. BMF vom 26.06.2009, IV B 9-S 7170/08/10009, BStBl I 2009, 756). 71

Einstweilen frei 72–73

4.2 Steuerfreiheit für Krankenhäuser und andere Einrichtungen, § 4 Nr. 14 Buchst. b UStG

Krankenhausbehandlungen und ärztliche Heilbehandlungen einschließlich der Diagnostik, Befunderhebung, Vorsorge, Rehabilitation, Geburtshilfe und Hospizleistungen sowie damit eng verbundene Umsätze, sind nach § 4 Nr. 14 Buchst. b UStG steuerfrei, wenn sie 74

- von Einrichtungen des öffentlichen Rechts (s. § 4 Nr. 14 Buchst. b Satz 1 UStG) oder
- von den in § 4 Nr. 14 Buchst. b Satz 2 Doppelbuchst. aa bis gg UStG genannten Einrichtungen jeweils im Rahmen des von der Zulassung, dem Vertrag bzw. der Regelung nach Sozialgesetzbuch erfassten Bereichs erbracht werden.

Die Behandlung der Leistungen im Maßregelvollzug durch Einrichtungen des privaten Rechts bestimmt sich nach § 4 Nr. 14 Buchst. b Satz 2 Doppelbuchst. hh UStG. 75

Einstweilen frei 76

4.2.1 Steuerbegünstigte Umsätze

Unter die Steuerbefreiung fallen **Krankenhausbehandlungen** und ärztliche Heilbehandlungen in Krankenhäusern und ähnlichen Einrichtungen sowie damit **eng verbundene Umsätze**. Grundsätzlich müssen die Leistungen müssen nicht unmittelbar an die Patienten erbracht werden (s. EuGH vom 08.06.2006, C-106/05, L. u. P. GmbH, BFH/NV Beilage 2006, 442). Dem Begriff der Krankenhausbehandlung kommt keine eigenständige Bedeutung zu. Vielmehr wird der Begriff von den **Heilbehandlungen im Bereich der Humanmedizin** nach der Rechtsprechung des Gerichtshofs erfasst (s. EuGH vom 10.06.2010, C-262/08, CopyGene, UR 2010, 526). 77

Einstweilen frei 78–79

4.2.1.1 Ärztliche Heilbehandlungen einschließlich der Diagnostik, Befunderhebung, Vorsorge, Rehabilitation, Geburtshilfe und Hospizleistungen

Die ärztliche Heilbehandlung im Sinne des § 4 Nr. 14 Buchst. b UStG umfasst sämtliche Heilbehandlungen im Bereich der Humanmedizin im Sinne von § 4 Nr. 14 Buchst. a UStG. Der Begriff ärztliche Heilbehandlung umfasst daher nicht nur Leistungen, die unmittelbar von Ärzten oder anderen Heilkundigen unter 80 ärztlicher Aufsicht erbracht werden, sondern auch arztähnliche Leistungen, die in Krankenhäusern unter der alleinigen Verantwortung von Personen erbracht werden, die keine Ärzte sind (s. EuGH vom 06.11.2003, C-45/01, Dornier, BFH/NV Beilage 2004, 40). Zum Begriff der Heilbehandlung wird auf die Ausführungen in Rn. 23 ff. verwiesen. Die weitere Nennung von Diagnostik, Befunderhebung, Vorsorge, Rehabilitation, Geburtshilfe und der Hospizleistungen in § 4 Nr. 14 Buchst. b UStG hat daher nur klarstellende Funktion (s. BT-Drs. 16/10 189, 75).

81–82 Einstweilen frei

4.2.1.2 Eng verbundene Umsätze

83 Neben den eigentlichen Krankenhausbehandlungen und ärztlichen Heilbehandlungen sind nach § 4 Nr. 14 Buchst. b UStG auch die damit **eng verbundenen Umsätze** steuerfrei. Als eng verbundene Umsätze in diesem Sinne sind Leistungen anzusehen, die für diese Einrichtungen nach der Verkehrsauffassung **typisch und unerlässlich** sind, **regelmäßig und allgemein beim laufenden Betrieb vorkommen** und damit **unmittelbar oder mittelbar zusammenhängen** (s. BFH vom 01.12.1977, V R 37/75, BStBl II 1978, 173). Die Umsätze dürfen nicht im Wesentlichen dazu bestimmt sein, den Einrichtungen zusätzliche Einnahmen durch Tätigkeiten zu verschaffen, die in unmittelbarem Wettbewerb zu steuerpflichtigen Umsätzen anderer Unternehmer stehen. Leistungen, die lediglich den Komfort und das Wohlbefinden der Patienten verbessern, gehören nicht zu den eng verbundenen Umsätzen.

84 In **zeitlicher Hinsicht** erfordert das Vorliegen eines eng verbundenen Umsatzes, dass eine Krankenhausbehandlung oder ärztliche Heilbehandlung zumindest begonnen hat oder geplant ist (s. EuGH vom 10.06.2010, C-262/08, Copy Gene, UR 2010, 526). Eng verbundene Umsätze können Lieferungen und sonstige Leistungen sein (s. BFH vom 24.09.2014, V R 19/11, DStR 2014, 2505). Der **Leistende der Hauptleistung** muss nicht auch der Leistende des eng verbundenen Umsatzes sein, entscheidend ist die Identität des Leistungsempfängers (s. BFH vom 24.09.2014, V R 19/11, DStR 2014, 2505 unter Bezugnahme auf EuGH vom 01.12.2005, C-394/04 und C-395/04, Ygeia, UR 06, 171, Rn. 18 und EuGH vom 10.06.2010, C-262/08, Copy Gene, UR 2010, 526).

85 Zu **Einzelfällen** der eng verbundenen und nicht eng verbundener Umsätze s. Abschn. 4.14.6 Abs. 2 und 3 UStAE sowie BMF vom 26.06.2009, IV B 9-S 7170/08/10009, BStBl I 2009, 756, Tz. 64 ff.

86–87 Einstweilen frei

4.2.1.3 Einschränkung des § 4 Nr. 14 Buchst. b Satz 2 UStG

88 Die Leistungen der in § 4 Nr. 14 Buchst. b Satz 2 Doppelbuchst. aa bis gg UStG genannten Einrichtungen sind nur steuerfrei, wenn es sich ihrer Art nach um Leistungen handelt, auf die sich die Zulassung, der Vertrag oder die Regelung nach dem Sozialgesetzbuch jeweils bezieht (s. BT-Drs. 16/10 189, 75). In diesem Zusammenhang unionsrechtlich problematisch ist, dass sich die Einschränkung auf die Steuerbefreiung des § 4 Nr. 14 Buchst. a Doppelbuchst. ii UStG nicht bezieht.

89–90 Einstweilen frei

4.2.2 Steuerbegünstigte Einrichtungen

91 Weitere Voraussetzung der Steuerfreiheit ist, dass die Leistungen entweder von **Einrichtungen des öffentlichen Rechts** oder von **ordnungsgemäß anerkannten Einrichtungen des privaten Rechts** erbracht werden. In § 4 Nr. 14 Buchst. b Satz 2 Doppelbuchst. aa bis hh UStG sind die Voraussetzungen geregelt, die der Gesetzgeber an andere ordnungsgemäß anerkannte stellt. Diese **Sozialkriterien** nehmen auf Regelungen in den SGB Bezug die unionsrechtlich nicht vorgesehen sind. Zuletzt enthält § 4 Nr. 14 Buchst. b Doppelbuchst. ii UStG Vorgaben zur Umsatzsteuerfreiheit im Maßregelvollzug.

92–93 Einstweilen frei

4.2.2.1 Einrichtungen des öffentlichen Rechts nach § 4 Nr. 14 Buchst. b Satz 1 UStG

Krankenhausbehandlungen, ärztliche Heilbehandlungen und eng verbundene Umsätze sind steuerbefreit, wenn sie von einer **Einrichtung des öffentlichen Rechts** erbracht werden. Auf den Kreis der Benutzer kommt es nicht an. Das gilt auch für die Eigenbetriebe, d.h. für privatwirtschaftlich organisierte Einrichtungen, deren Anteile sich voll im Besitz von juristischen Personen des öffentlichen Rechts befinden. 94

Einstweilen frei 95–96

4.2.2.2 Einrichtungen des privaten Rechts nach § 4 Nr. 14 Buchst. b Satz 2 UStG

Die Steuerbefreiung für Einrichtungen des privaten Rechts ist davon abhängig, dass Voraussetzungen nach dem SGB erfüllt werden. Diese Anbindung an das Sozialversicherungsrecht bietet der Finanzverwaltung eine erheblich leichtere Bearbeitung, es führt allerdings teilweise dazu, dass das Unionsrecht nicht zutreffend umgesetzt wurde, so dass eine unmittelbare Berufung auf das Unionsrecht zur Begründung der Steuerfreiheit erforderlich ist. 97

Einstweilen frei 98–99

4.2.2.2.1 Krankenhäuser, § 4 Nr. 14 Buchst. b Doppelbuchst. aa UStG

Als Einrichtungen, die steuerfreie Leistungen im Sinne des § 4 Nr. 14 Buchst. b UStG erbringen können, werden gemäß § 4 Nr. 14 Buchst. b Satz 2 Doppelbuchst. aa UStG die **zugelassenen Krankenhäuser** nach § 108 SGB V anerkannt. 100

Krankenhäuser sind Einrichtungen, die der Krankenhausbehandlung oder Geburtshilfe dienen, fachlich-medizinisch unter ständiger ärztlicher Leitung stehen, über ausreichende, ihrem Versorgungsauftrag entsprechende diagnostische und therapeutische Möglichkeiten verfügen und nach wissenschaftlich anerkannten Methoden arbeiten, mit Hilfe von jederzeit verfügbarem ärztlichen, Pflege-, Funktions- und medizinisch-technischen Personal darauf eingerichtet sind, vorwiegend durch ärztliche und pflegerische Hilfeleistung Krankheiten der Patienten zu erkennen, zu heilen, ihre Verschlimmerung zu verhüten, Krankheitsbeschwerden zu lindern oder Geburtshilfe zu leisten, und in denen die Patienten untergebracht und verpflegt werden können (s. § 107 Abs. 1 SGB V). 101

Krankenhäuser, die von Einrichtungen des privaten Rechts betrieben werden, fallen unter die Steuerbefreiung nach § 4 Nr. 14 Buchst. b Satz 2 Doppelbuchst. aa UStG, wenn sie nach § 108 SGB V **zugelassen** sind; das sind: 102

- Krankenhäuser, die nach den landesrechtlichen Vorschriften als Hochschulklinik anerkannt sind,
- Krankenhäuser, die im Krankenhausplan eines Landes aufgenommen sind (**Plankrankenhäuser**) sowie
- Krankenhäuser, die einen Versorgungsvertrag mit den Landesverbänden der Krankenkassen und den Verbänden der Ersatzkassen abgeschlossen haben (s. Abschn. 4.15.5 Abs. 3 UStAE).

Nach **Auffassung der Finanzverwaltung** sind Umsätze von Privatkliniken, die nicht die Sozialkriterien des § 4 Nr. 14 Buchst. b Satz 2 Doppelbuchst. aa UStG erfüllen, grundsätzlich nicht nach § 4 Nr. 14 Buchst. b UStG steuerbefreit. Auch die in einer Vielzahl sonstiger Krankenhausbehandlungen eingebetteten ärztlichen Heilbehandlungsleistungen sollen von der Umsatzsteuerbefreiung ausgeschlossen sein (s. Abschn. 4.14.5 Abs. 4 UStAE). 103

Diese Auffassung ist unzutreffend uns **widerspricht dem Unionsrecht** ebenso wie die derzeitige Ausgestaltung des § 4 Nr. 14 Buchst. b Doppelbuchst. aa UStG. Privatkliniken können sich – unter den dortigen Voraussetzungen – **unmittelbar** auf Art. 132 Abs. 1 Buchst. b MwStSystRL zur Begründung ihrer Steuerfreiheit berufen (s. BFH vom 23.10.2014, V R 20/14, BFH/NV 2015, 631). Die Umsatzsteuerfreiheit privater Krankenhäuser ergibt sich außerhalb des § 108 SGB V aus dem mit ihrer Tätigkeit verbundenen Gemeinwohlinteresse, der Steuerfreiheit vergleichbarer Unternehmen und aus der (teilweisen) Übernahme der Kosten für die erbrachten Leistungen durch Krankenkassen und Beihilfestellen (s. BFH vom 23.10.2014, V R 20/14, BFH/NV 2015, 631). Ohne Bedeutung ist es insofern, ob private Krankenhausbetreiber ggf. 104

höhere Vergütungssätze als eine vergleichbare öffentlich-rechtliche Einrichtung verlangen (so BFH vom 23.10.2014, V R 20/14, BFH/NV 2015, 631).

105 Ein Krankenhaus, das **keine Zulassung nach § 108 SGB V** hat, weil für das Krankenhaus im Rahmen der gesetzlichen Krankenversicherung kein Bedarf besteht und dies durch einen Ablehnungsbescheid nachweisen kann, kann aus **Billigkeitsgründen** steuerfreie Umsätze nach § 4 Nr. 14 Buchst. b UStG erbringen, wenn die Umsätze vor dem 01.01.2009 nach § 4 Nr. 16 Buchst. b UStG i.V.m. § 67 Abs. 2 AO umsatzsteuerfrei waren (s. OFD Münster vom 15.6.2009, StEK UStG 1980 § 4 Ziff. 14 Nr. 110, UR 2010, 80).

106-107 Einstweilen frei

4.2.2.2.2 Zentren für ärztliche Heilbehandlung und Diagnostik, § 4 Nr. 14 Buchst. b Doppelbuchst. bb UStG

108 Steuerfrei sind Leistungen im Sinne des § 4 Nr. 14 Buchst. b UStG, die von **Zentren für ärztliche Heilbehandlung und Diagnostik** nach § 4 Nr. 14 Buchst. b Satz 2 Doppelbuchst. bb UStG erbracht werden. In Zentren für ärztliche Heilbehandlung und Diagnostik werden durch ärztliche Leistungen Krankheiten, Leiden und Körperschäden festgestellt, geheilt oder gelindert. Im Gegensatz zu Krankenhäusern wird den untersuchten und behandelten Personen regelmäßig weder Unterkunft noch Verpflegung gewährt. Die Leistungen unterliegen nur der Steuerbefreiung, sofern ein therapeutisches Ziel im Vordergrund steht.

109 Zentren für ärztliche Heilbehandlung und Diagnostik oder Befunderhebung, fallen unter die Begünstigung, wenn sie an der **vertragsärztlichen Versorgung nach § 95 SGB V** teilnehmen oder wenn für sie die Regelungen nach § 115 SGB V gelten. Medizinische Versorgungszentren, Einrichtungen von Laborärzten, klinische Chemiker, Praxiskliniken, Hochschulambulanzen nach § 117 SGB V, Psychiatrische Institutsambulanzen nach § 118 SGB V und Sozialpädagogische Zentren nach § 119 SGB V sind gleichfalls von der Steuerbefreiung erfasst (s. Abschn. 4.14.5 Abs. 5-7 UStAE).

110 **Medizinische Versorgungszentren** sind rechtsformunabhängige fachlich übergreifende ärztlich geleitete Einrichtungen, in denen Ärzte – mit verschiedenen Facharzt- oder Schwerpunktbezeichnungen – als Angestellte oder Vertragsärzte tätig sind (s. § 95 Abs. 1 SGB V). Medizinische Versorgungszentren, die an der vertragsärztlichen Versorgung nach § 95 SGB V teilnehmen, erbringen steuerfreie Leistungen nach § 4 Nr. 14 Buchst. b Satz 2 Doppelbuchstabe bb UStG. Die an einem medizinischen Versorgungszentrum als selbständige Unternehmer tätigen Ärzte erbringen dagegen steuerfreie Leistungen im Sinne des § 4 Nr. 14 Buchst. a Satz 1 UStG, wenn sie ihre Leistungen gegenüber dem medizinischen Versorgungszentrum erbringen. 4Zu den Leistungen von Einrichtungen, mit denen Verträge nach §§ 73b, 73c oder 140a SGB V bestehen, s. Abschn. 4.14.9 UStAE.

111 Die Regelungen des § 115 SGB V beziehen sich auf Verträge und **Rahmenempfehlungen zwischen Krankenkassen, Krankenhäusern und Vertragsärzten**, deren Ziel in der Gewährleistung einer nahtlosen ambulanten und stationären Heilbehandlung gegenüber dem Leistungsempfänger besteht. Hierunter fallen insbesondere Einrichtungen, in denen Patienten durch Zusammenarbeit mehrerer Vertragsärzte ambulant oder stationär versorgt werden (z.B. **Praxiskliniken**).

112–113 Einstweilen frei

4.2.2.2.3 Einrichtungen der gesetzlichen Unfallversicherung, § 4 Nr. 14 Buchst. b Doppelbuchst. cc UStG

114 Steuerfrei sind Leistungen im Sinne des § 4 Nr. 14 Buchst. b UStG, die von **Einrichtungen der gesetzlichen Unfallversicherung** nach § 4 Nr. 14 Buchst. b Satz 2 Doppelbuchst. cc UStG erbracht werden. Es handelt sich um Einrichtungen, mit denen die Unfallversicherungsträger Verträge über die Durchführung von Heilbehandlungen nach § 34 SGB VII abgeschlossen haben (s. § 4 Nr. 14 Buchst. b Satz 2 Doppelbuchst. cc UStG). Die Beteiligung von Einrichtungen an der Durchführung von Heilbehandlungen bzw. der Versorgung durch Träger der gesetzlichen Unfallversicherungen nach § 34 SGB VII kann auch durch Verwaltungsakt erfolgen.

115–116 Einstweilen frei

4.2.2.2.4 Einrichtungen, mit denen Versorgungsverträge nach § 111 und § 111a SGB V bestehen, § 4 Nr. 14 Buchst. b Doppelbuchst. dd UStG

Steuerfrei sind Leistungen im Sinne des § 4 Nr. 14 Buchst. b UStG von Einrichtungen, mit denen Versorgungsverträge nach § 111 und § 111a SGB V bestehen nach § 4 Nr. 14 Buchst. b Satz 2 Doppelbuchst. dd UStG. **Versorgungsverträge nach §§ 111, 111a SGB V** sind Versorgungsverträge mit Vorsorge- oder Rehabilitationseinrichtungen bzw. Versorgungsverträge mit Einrichtungen des Müttergenesungswerks oder gleichartigen Einrichtungen (s. hierzu Abschn. 4.14.5 Abs. 15-17 UStAE).Unter den Voraussetzungen des § 111 Abs. 3 SGB V und § 111 a Abs. 2 SGB V gelten Versorgungsverträge als geschlossen; sie betreffen Einrichtungen, die bereits vor dem 1. Januar 1989 (s. § 111 Abs. 2 SGB V) oder vor dem 1. August 2002 (s. § 111 a Abs. 2 SGB V) stationäre medizinische Leistungen für die Krankenkassen erbracht haben. 117

Einstweilen frei 118–119

4.2.2.2.5 Medizinische Rehabilitationseinrichtungen, § 4 Nr. 14 Buchst. b Doppelbuchst. ee UStG

Steuerfrei sind Leistungen im Sinne des § 4 Nr. 14 Buchst. b UStG von **medizinischen Rehabilitationseinrichtungen** nach § 4 Nr. 14 Buchst. b Satz 2 Doppelbuchst. ee UStG. Nach § 4 Nr. 14 Buchst. b Satz 2 Doppelbuchst. ee UStG gelten Rehabilitationsdienste und Rehabilitationseinrichtungen, mit denen Verträge nach § 21 SGB IX (Rehabilitation und Teilhabe behinderter Menschen) bestehen, als anerkannte Einrichtungen. Dies gilt auch für ambulante Rehabilitationseinrichtungen, die Leistungen nach § 40 Abs. 1 SGB V erbringen und mit denen Verträge unter Berücksichtigung von § 21 SGB IX bestehen s. Abschn. 4.14.5 Abs. 18 UStAE). 120

Einstweilen frei 121–122

4.2.2.2.6 Einrichtungen zur Geburtshilfe, § 4 Nr. 14 Buchst. b Doppelbuchst. ff UStG

Steuerfrei sind Leistungen im Sinne des § 4 Nr. 14 Buchst. b UStG, die von **Einrichtungen zur Geburtshilfe** erbracht werden nach § 4 Nr. 14 Buchst. b Satz 2 Doppelbuchst. ff UStG. Von Hebammen geleitete Einrichtungen zur Geburtshilfe fallen gem. § 4 Nr. 14 Buchst. b Satz 2 Doppelbuchst. ff UStG unter die Steuerbefreiung, wenn für sie Verträge nach § 134a SGB V gelten. Verträge dieser Art dienen der Regelung und Versorgung mit Hebammenhilfe. Die Steuerbefreiung ist unabhängig von einer sozialversicherungsrechtlichen Abrechnungsfähigkeit dieser Leistung (s. Abschn. 4.14.5 Abs. 19 UStAE). 123

Einstweilen frei 124–125

4.2.2.2.7 Hospize, § 4 Nr. 14 Buchst. b Doppelbuchst. gg UStG

Steuerfrei sind Leistungen im Sinne des § 4 Nr. 14 Buchst. b UStG, die von **Hospizen** erbracht werden nach § 4 Nr. 14 Buchst. b Satz 2 Doppelbuchst. gg UStG. Hospize dienen der Ermöglichung eines würdevolleren Sterbens. Stationäre und teilstationäre Hospizleistungen fallen unter die Befreiungsvorschrift nach § 4 Nr. 14 Buchst. b Satz 2 Doppelbuchst. gg UStG, sofern sie von Einrichtungen erbracht werden, mit denen Verträge nach § 39a Abs. 1 SGB V bestehen. Sonstige ambulant erbrachte Hospizleistung und die ambulante Palliativversorgung fallen unter die Steuerbefreiung von § 4 Nr. 14 Buchst. a UStG (s. Abschn. 4.14.5 Abs. 22 UStAE). 126

Einstweilen frei 127–128

4.2.2.2.8 Dialyse, § 4 Nr. 14 Buchst. b Doppelbuchst. hh UStG

Steuerfrei sind nach § 4 Nr. 14 Buchst. Doppelbuchst. hh UStG Leistungen im Sinne des § 4 Nr. 14 Buchst. b UStG von Einrichtungen, mit denen Verträge nach § 127 i.V.m. § 126 Abs. 3 SGB V über die Erbringung **nichtärztlicher Dialyseleistungen** bestehen. Die Vorschrift ist erst zum 01.01.2015 in das Gesetz aufgenommen worden (s. Art. 9 und Art. 16 Abs. 3 ZollkodexAnpG vom 22.12.2014 (BGBl I 2014, 2417)). Sie ermöglicht die umsatzsteuerliche Gleichstellung der Leistungen dieser Einrichtungen mit nach § 95 SGB V zugelassenen Dialysezentren. Die nichtärztlichen Dialyseleistungen umfassen nichtärztliche Sach- und Dienstleistungen. Außerdem kommen nichtärztliche Dialyseleistungen bei der Heimdialyse in Betracht. 129

130–131 Einstweilen frei

4.2.2.2.9 Maßregelvollzug, § 4 Nr. 14 Buchst. b Doppelbuchst. ii UStG

132 Steuerfrei sind nach § 4 Nr. 14 Buchst. Doppelbuchst. ii UStG Leistungen im Sinne des § 4 Nr. 14 Buchst. b UStG, die von Einrichtungen nach § 138 Abs. 1 Satz 1 des StVollzG (d.h. **Krankenhäusern des Maßregelvollzugs**) erbracht werden. Einrichtungen des privaten Rechts, denen im Wege der Beleihung die Durchführung des Maßregelvollzugs übertragen wird und die nicht über eine Zulassung nach § 108 SGB V verfügen, sind mit ihren Leistungen nach § 4 Nr. 14 Buchstabe b Satz 2 Doppelbuchstabe ii UStG ebenfalls von der Umsatzsteuer befreit, wenn es sich um Einrichtungen nach § 138 Abs. 1 Satz 1 StVollzG handelt. Hierunter fallen insbesondere psychiatrische Krankenhäuser und Entziehungsanstalten, in denen psychisch kranke oder suchtkranke Straftäter behandelt und untergebracht werden. Neben den ärztlichen Behandlungsleistungen umfasst die Steuerbefreiung auch die Unterbringung, Verpflegung und Verwahrung der in diesen Einrichtungen untergebrachten Personen.

133 Regelmäßig werden diese Leistungen durch öffentlich-rechtliche Einrichtungen erbracht. Deren Leistungen sind schon nach § 4 Nr. 14 Buchst. b S. 1 UStG steuerbefreit. Bedeutung hat diese Befreiung nach der Gesetzesbegründung für beliehene Einrichtungen (s. BT-Drs. 16/11 108, 45).

134 Im Gegensatz zu den übrigen in § 4 Nr. 14 Buchst. b S. 2 UStG genannten Einrichtungen müssen sich die Leistungen dieser Einrichtungen ihrer Art nach nicht auf die Regelung des § 138 Abs. 1 S. 1 StVollzG und damit auf die Unterbringung im Sinne dieser Vorschrift beziehen.

135–136 Einstweilen frei

4.3 Steuerfreiheit für hausarztzentrierte Versorgung und integrierte Versorgung, § 4 Nr. 14 Buchst. c UStG

137 Einrichtungen i.S.d. § 140b Abs. 1 SGB V, die Leistungen nach § 4 Nr. 14 Buchst. a und b UStG erbringen, führen nach § 4 Nr. 14 Buchst. c Doppelbuchst. bb UStG steuerfreie Umsätze aus, wenn mit ihnen Verträge zur **integrierten Versorgung** nach § 140a SGB V bestehen. Seit dem 01.07.2013 werden auch Einrichtungen von der Steuerbefreiung erfasst, mit denen Verträge zur **hausarztzentrierten Versorgung** nach § 73b SGB V oder zur besonderen ambulanten ärztlichen Versorgung nach § 73c SGB V bestehen (s. § 4 Nr. 14 Buchst. b Doppelbuchst. aa UStG). Steuerfrei ist die **ambulante und/oder stationäre Versorgung**. Sofern lediglich Steuerungs-, Koordinierungs- und/oder Managementaufgaben übernommen werden, handelt es sich um steuerpflichtige Verwaltungsleistungen.

138–139 Einstweilen frei

4.3.1 Steuerfreiheit gem. § 4 Nr. 14 Buchst. c Doppelbuchst. aa UStG

140 § 4 Nr. 14 Buchst. c Doppelbuchst. aa UStG gewährt seit dem 01.07.2013 eine Steuerbefreiung für die hausarztzentrierte Versorgung (s. BT-Drs. 17/11 220, 46f. i.V.m. BT-Drs. 17/12 532, 81). Die Vorschrift gewährt Einrichtungen, mit denen Verträge zur **hausarztzentrierten Versorgung** nach § 73b des SGB V oder zur besonderen **ambulanten ärztlichen Versorgung** nach § 73c SGB V bestehen, für Leistungen nach § 4 Nr. 14 Buchst a und b UStG Steuerfreiheit.

141 Nach § 73b SGB V stellt die sog. **hausarztzentrierte Versorgung** eine besondere hausärztliche Versorgung dar, die für die Krankenkassenmitglieder freiwillig ist. Die Teilnehmer verpflichten sich schriftlich gegenüber ihrer Krankenkasse, nur einen von ihnen aus dem Kreis der Hausärzte nach § 73b Abs. 4 SGB V gewählten Hausarzt sowie ambulante fachärztliche Behandlung mit Ausnahme der Leistungen der Augenärzte und Frauenärzte nur auf dessen Überweisung in Anspruch zu nehmen. Der Versicherte ist an diese Verpflichtung und an die Wahl seines Hausarztes mindestens ein Jahr gebunden; er darf den gewählten Hausarzt nur bei Vorliegen eines wichtigen Grundes wechseln (s. § 73b Abs. 3 SGB V). Zur flächendeckenden Sicherstellung des Angebots der hausarztzentrierten Versorgung haben Krankenkassen allein oder in Kooperation mit anderen Krankenkassen flächendeckend Verträge mit Gemeinschaften zu schließen, die

mindestens die Hälfte der an der hausärztlichen Versorgung teilnehmenden Allgemeinärzte des Bezirks der Kassenärztlichen Vereinigung vertreten, s. § 73b Abs. 4 SGB V.

Gemäß § 73c Abs. 1 SGB V können die Krankenkassen ihren Versicherten die Sicherstellung der **ambulanten ärztlichen Versorgung** durch Abschluss von Verträgen nach Maßgabe von § 73a Abs. 4 SGB V anbieten. Die Teilnahme der Versicherten ist freiwillig. Die Versicherten verpflichten sich gegenüber ihrer Krankenkasse, für die Erfüllung der in den Verträgen umschriebenen Versorgungsaufträge nur die vertraglich gebundenen Leistungserbringer und andere ärztliche Leistungserbringer nur auf deren Überweisung in Anspruch zu nehmen. Der Versicherte ist an diese Verpflichtung und an die Wahl seines Hausarztes mindestens ein Jahr gebunden (vgl. § 73c Abs. 2 SGB V). Zur Durchführung der ambulanten ärztlichen Versorgung können die Krankenkassen allein oder in Kooperation mit anderen Krankenkassen mit vertragsärztlichen Leistungserbringern, Gemeinschaften dieser Leistungserbringer, Trägern von Einrichtungen, die eine besondere ambulante Versorgung nach Absatz 1 durch vertragsärztliche Leistungserbringer anbieten und Kassenärztlichen Vereinigungen Einzelverträge schließen, s. § 73c Abs. 3 SGB V. 142

Einstweilen frei 143–144

4.3.2 Steuerfreiheit gem. § 4 Nr. 14 Buchst. c Doppelbuchst. bb UStG

§ 4 Nr. 14 Buchst. c Doppelbuchst. aa UStG gewährt eine Steuerfreiheit für Leistungen nach § 4 Nr. 14 Buchst. a und b UStG, die von Einrichtungen nach § 140b Abs. 1 SGB V, mit denen **Verträge zur integrierten Versorgung** nach § 140a SGB V bestehen, erbracht werden. 145

Zu den **Einrichtungen** nach § 140b Abs. 1 SGB V zählen (s. Abschn. 4.14.9 Abs. 5 UStAE): 146

- Einzelne, zur vertragsärztlichen Versorgung zugelassene Ärzte und Zahnärzte und einzelne sonstige, nach dem Vierten Kapitel des SGB V zur Versorgung der Versicherten berechtigte Leistungserbringer;
- Träger zugelassener Krankenhäuser, soweit sie zur Versorgung berechtigt sind, Träger von stationären Vorsorge- und Rehabilitationseinrichtungen, soweit mit ihnen ein Versorgungsvertrag nach § 111 SGB V besteht, Träger von ambulanten Rehabilitationseinrichtungen;
- Träger von Einrichtungen nach § 95 Abs. 1 Satz 2 SGB V (medizinische Versorgungszentren);
- Träger von Einrichtungen, die eine integrierte Versorgung nach § 140 a SGB V durch zur Versorgung der Versicherten nach dem Vierten Kapitel des SGB V berechtigte Leistungserbringer anbieten (sog. Managementgesellschaften);
- Pflegekassen und zugelassene Pflegeeinrichtungen auf der Grundlage des § 92b SGB XI;
- Gemeinschaften der vorgenannten Leistungserbringer und deren Gemeinschaften;
- Praxiskliniken nach § 115 Abs. 2 Satz 1 Nr. 1 SGB V.

Von besonderer Bedeutung sind in diesem Zusammenhang die in § 140b Abs. 1 Nr. 4 SGB V genannten sog. **Managementgesellschaften**. Auch diese sind nur hinsichtlich ihrer Leistungen nach § 4 Nr. 14 Buchst. a und b UStG steuerbefreit. Erbringen die Managementgesellschaften lediglich Steuerungs-, Koordinierungs- und/oder Managementaufgaben, sind diese nicht nach § 4 Nr. 14 Buchst. c UStG steuerfrei (s. BT-Drs. 16/10189, 76). 147

Durch **Verträge zur integrierten Versorgung** nach § 140a SGB V können Krankenkassen Verträge über eine verschiedene Leistungssektoren übergreifende Versorgung der Versicherten oder eine interdisziplinär-fachübergreifende Versorgung mit den in § 140b Abs. 1 SGB V genannten Vertragspartnern abschließen. Die Verträge zur integrierten Versorgung sollen eine bevölkerungsbezogene Flächendeckung der Versorgung ermöglichen. Die Teilnahme der Versicherten an den integrierten Versorgungsformen ist freiwillig. 148

Grundsätzlich ist der **Anwendungsbereich** des § 4 Nr. 14 Buchst. c Doppelbuchst. bb UStG eher begrenzt. Die Leistungen der in § 140b Abs. 1 Nr. 1, 2 SGB V genannten Leistungserbringer oder der medizinischen Versorgungszentren nach § 140b Abs. 1 Nr. 3 SGB V dürften in der Regel bereits nach § 4 Nr. 14 Buchst. a oder b UStG steuerbefreit sein. Die Leistungen der in § 140b Abs. 1 Nr. 5 SGB V genannten Pflegekassen als Träger der sozialen Pflegeversicherung (s. § 1 Abs. 3 SGB XI) an die Krankenkassen sind bereits nach § 4 Nr. 15 steuerfrei. Zudem handelt es sich bei den Einrichtungen um öffentlich-rechtliche Körperschaften, so dass ihre Leistungen auch nach § 4 Nr. 14 Buchst. b S. 1 UStG steuerfrei sind. Erbringen zugelassene Pflege- 149 einrichtungen Leistungen nach § 4 Nr. 14 Buchst. a oder b UStG im Rahmen der integrierten Versorgung, greift die Steuerbefreiung nach § 4 Nr. 14 Buchst. c ein. Für die Gemeinschaften der Leistungserbringer nach § 140b Abs. 1 Nr. 1 bis Nr. 5 SGB V kommen auch die Befreiungsvorschriften des § 4 Nr. 14 Buchst. d UStG zur Anwendung.

150 Einstweilen frei

4.4 Steuerfreiheit für Praxis- und Apparategemeinschaften, § 4 Nr. 14 Buchst. d UStG

151 § 4 Nr. 14 Buchst. d UStG befreit **sonstige Leistungen von Gemeinschaften**, deren **Mitglieder ausschließlich Angehörige der in § 4 Nr. 14 Buchst. a UStG** bezeichneten Berufe bzw. der in § 4 Nr. 14 Buchst. b UStG genannten **Einrichtungen** sind, von der Umsatzsteuer. Voraussetzung der Steuerfreiheit ist, dass die Leistungen für unmittelbare Zwecke der Ausübung der Tätigkeit nach § 4 Nr. 14 Buchst a oder b UStG verwendet werden und die Gemeinschaft von ihren Mitgliedern lediglich die genaue Erstattung des jeweiligen Anteils an den gemeinsamen Kosten fordert. Als Gemeinschaften gelten nur Einrichtungen, die als Unternehmer im Sinne des § 2 UStG anzusehen sind.

152 Erfasst werden nur **Leistungen an Mitglieder der Gemeinschaft**. Es ist nicht notwendig, dass die Leistungen allen Mitgliedern gegenüber in gleicher Weise erbracht werden (s. EuGH vom 11.12.2008, C-407/07, Stichting Centraal, UR 2009, 52). Die Leistungen der Gemeinschaften nach § 4 Nr. 14 Buchst. d UStG bestehen insbesondere darin medizinische Einrichtungen, Apparate und Geräte zentral zu beschaffen und den Mitgliedern für ihre Praxen zur Verfügung zu stellen. Weiteren führen die Gemeinschaften beispielsweise mit eigenem medizinisch-technischen Personal Laboruntersuchungen, Röntgenaufnahmen und andere medizinisch-technische Leistungen an ihre Mitglieder aus (s. Abschn. 4.14.8 Abs. 2 UStAE).

153 Die Leistungen von den Mitgliedern müssen zudem **unmittelbar für ihre nach § 4 Nr. 14 Buchstabe a oder b UStG steuerfreien Umsätze verwendet** werden. Die Gemeinschaftsleistung muss also gegenüber den Patienten eingesetzt werden. Diese Voraussetzung der Unmittelbarkeit ist nicht erfüllt, wenn eine Gemeinschaft für die Praxen ihrer Mitglieder z.B. die Buchführung, die Rechtsberatung oder die Tätigkeit einer ärztlichen Verrechnungsstelle übernimmt. Es handelt sich hierbei um sonstige Leistungen, die nur mittelbar zur Ausführung der steuerfreien ärztlichen Leistungen verwendet werden und die deshalb nicht unter § 4 Nr. 14 Buchst. d UStG fallen (s. Abschn. 4.14.8 Abs. 7 UStAE). Erbring eine Praxis- und Apparategemeinschaft Umsätze an Personen erbringt, die nicht Mitglieder sind, sind diese Umsätze nicht nach § 4 Nr. 14 Buchst. d UStG steuerfrei.

154 Die Steuerbefreiung kommt aufgrund der gemeinschaftsrechtlichen Vorgabe (s. Art. 132 Abs. 1 Buchst. f MwStSystRL) nur in Betracht, wenn die Gemeinschaft lediglich die genaue **Erstattung des jeweiligen Anteils an den gemeinsamen Kosten** fordert. Es steht der Steuerbefreiung nicht entgegen, wenn die Gemeinschaft den jeweiligen Anteil der gemeinsamen Kosten des Mitglieds als Serviceleistung direkt mit der Krankenkasse abrechnet (s. Abschn. 4.14.8 Abs. 4 UStAE). Auch Laborleistungen gemäß § 25 Abs. 3 des Bundesmantelvertrags-Ärzte, wonach die Laborgemeinschaft für den Arzt die auf ihn entfallenden Analysekosten gegenüber der zuständigen Kassenärztlichen Vereinigung abrechnet, erfüllen hinsichtlich der dort geforderten „genauen Erstattung des jeweiligen Anteils an den gemeinsamen Kosten" die Voraussetzung des § 4 Nr. 14 Buchstabe d UStG (s. Abschn. 4.14.8 Abs. 5 UStAE).

155 In der **Beschaffung von Praxisräumen** und ihrer Überlassung zur Nutzung an die einzelnen Mitglieder durch die Praxisgemeinschaft liegt keine steuerfreie Leistungen im Sinne des § 4 Nr. 14 Buchst. d UStG. In Betracht kommt jedoch die Steuerbefreiung für die **Vermietung von Grundstücken** (s. § 4 Nr. 12 Satz 1 Buchst. a UStG), wenn die dortigen Voraussetzungen erfüllt sind.

156–157 Einstweilen frei

4.5 Steuerfreiheit für infektionshygienische Leistungen, § 4 Nr. 14 Buchst. e UStG

§ 4 Nr. 14 Buchst. e UStG befreit zur **Verhütung von nosokomialen Infektionen** und zur Vermeidung der Weiterverbreitung von Krankheitserregern, insbesondere solcher mit Resistenzen, erbrachten **Leistungen eines Arztes oder einer Hygienefachkraft** an in den § 4 Nr. 14 Buchst. a, b und d UStG genannte Einrichtungen, die dazu dienen, ihre Heilbehandlungsleistungen ordnungsgemäß unter Beachtung der nach dem Infektionsschutzgesetz und den Rechtsverordnungen der Länder nach § 23 Abs. 8 des IfSG bestehenden Verpflichtungen zu erbringen, von der Umsatzsteuer. 158

Die Steuerbefreiung ist mit Wirkung zum 01.07.2013 durch das Amtshilferichtlinie-Umsetzungsgesetz vom 26.06.2013 (s. BT-Drs. 17/10000, 85 i.V.m. BT-Drs. 17/12532, 81 f.) in das Gesetz aufgenommen worden. Hintergrund war eine Entscheidung des BFH aus dem Jahr 2011 (s. BFH vom 18.08.2011, V R 27/10, BFH/NV 2011, 2214). Darin hatte der BFH entschieden, dass infektionshygienische Leistungen eines Arztes zur Verhütung von nosokomialen Infektionen und zur Vermeidung der Weiterverbreitung von Krankheitserregern, insbesondere solcher mit Resistenten, steuerfreie Heilbehandlungsleistungen sind, wenn die Leistungsempfänger (Ärzte und Krankenhäuser) damit ihre Heilbehandlungsleistungen ordnungsgemäß unter Beachtung der nach dem IfSG und den RVO der Länder gem. § 23 Abs. 8 IfSG bestehenden Verpflichtungen erbringen. 159

Grundsätzlich befreit § 4 Nr. 14 Buchst. e UStG nicht nur Leistungen von Ärzten, sondern auch die Leistungen von Hygienefachkräften. **Hygienefachkräfte** sind die Fachgesundheits- und Krankenpfleger für Hygiene und Infektionsprävention. Diese staatlich anerkannte Berufsbezeichnung wird nach einer abgeschlossenen ein- bis zweijährigen Weiterbildung erteilt. Der Lehrgang erfolgt auf der Grundlage der Weiterbildungs- und Prüfungsverordnung zu Fachkranken- oder Fachkinderkrankenschwestern und -pflegern für Krankenhaushygiene – Hygienefachkraft – **WeiVHygPfl** vom 11.04.1995 (GVBl S. 315). Grundlage der Weiterbildung ist die Erlaubnis zur Führung der Berufsbezeichnung Gesundheits- und Krankenpfleger oder Gesundheits- und Kinderkrankenpfleger sowie mehrjährige Berufspraxis in diesem Bereich. Voraussetzung für das Eingreifen der Steuerbefreiung ist, dass die Leistung an eine in § 4 Nr. 14 Buchst. a, b oder d UStG genannte **Einrichtung erbracht** wird. Steuerpflichtig ist daher nach dem Gesetzeswortlaut z.B. eine Leistung an ein Krankenhaus, das keine Zulassung nach § 108 SGB V hat. Werden Leistungen beispielsweise an Privatkliniken erbracht, welche die Steuerfreiheit des § 4 Nr. 14 Buchst. b UStG nicht erfüllen, die aber unter unmittelbarer Berufung auf das Unionsrecht steuerfrei sind, ist nicht nachvollziehbar, warum die Leistungen im Bereich der Infektionshygiene nicht gleichfalls – ebenfalls unter Berufung auf Art. 132 Abs. 1 Buchst. b MwStSystRL – steuerfrei sein sollten. Denn diese dienen in derartigen Fällen, wenn die weiteren Voraussetzungen der Steuerfreiheit erfüllt sind, gleichfalls dem Schutz der menschlichen Gesundheit. 160

Grundsätzlich können auch infektionshygienische Leistungen eines Fachkrankenpflegers für Krankenhaushygiene an **Altenheime oder Pflegeheimen** steuerfrei sein. Allerdings kann nicht von einer grundsätzlichen Steuerfreiheit insoweit ausgegangen werden, nur weil die Zahl von Personen mit chronischen Krankheiten, Abwehrschwäche und Behinderungen mit den Folgen von Multimorbidität und Pflegebedürftigkeit zunehme und betreuungsbedürftige Personen immer früher aus Einrichtungen der Akutversorgung in Nachsorgeeinrichtungen, Heime oder nach Hause entlassen würden (s. BFH vom 05.11.2014, XI R 11/13, DStRE 2015, 218). Denn Alten- bzw. Pflegeheime erbringen nicht (ausschließlich) Heilbehandlungsleistungen, sondern regelmäßig auch Leistungen der Grundpflege und der hauswirtschaftlichen Versorgung. Nach der Rechtsprechung des BFH müssen die Leistungsempfänger vielmehr mit den empfangenen Leistungen bei der Ausübung ihrer Heilbehandlungstätigkeit die hierfür bestehenden medizinisch unerlässlichen und gesetzlich vorgeschriebenen infektionshygienischen Anforderungen im Einzelfall erfüllen. Ist dies gegeben, ist auch bei entsprechenden infektionshygienischen Leistungen in Alten- und Pflegeheimen eine Steuerfreiheit gegeben. 161

Eine **nosokominale Infektion** ist eine Infektion mit lokalen oder systemischen Infektionszeichen als Reaktion auf das Vorhandensein von Erregern oder ihrer Toxine, die im zeitlichen Zusammenhang mit 162 einer stationären oder einer ambulanten medizinischen Maßnahme steht, soweit die Infektion nicht bereits vorher bestand (s. § 2 Nr. 8 IfSG).

163 Zu beachten ist, dass auch **schon vor Einführung des § 4 Nr. 14 Buchst. e UStG** die Leistungen in dem nunmehr auch gesetzlich festgelegten Rahmen **steuerfrei** waren. Denn es hat sich hierbei – bei Vorliegen der entsprechenden Voraussetzungen – stets um Heilbehandlungsleistungen gehandelt (s. BFH vom 05.11.2014, XI R 11/13, DStRE 2015, 218).

164–165 Einstweilen frei

5. Vorsteuerabzug

166 Die Befreiung schließt gemäß § 15 Abs. 2 Nr. 1 UStG den **Vorsteuerabzug** aus. Ein Verzicht auf die Befreiung nach § 9 UStG ist nicht möglich. Die Umsätze nach § 4 Nr. 14 UStG sind also **zwingend umsatzsteuerfrei**

167–168 Einstweilen frei

6. Voraussetzungen der Steuerfreiheit unter unmittelbarer Berufung auf das Unionsrecht im Überblick

169 Die unionsrechtliche Grundlage für § 4 Nr. 14 Buchst. a ist für Heilbehandlungen im Bereich der Humanmedizin Art. 132 Abs. 1 Buchst. c MwStSystRL und für Prothetikumsätze der Zahnärzte und Zahntechniker Art. 132 Abs. 1 Buchst. e i.V.m. Art. 370 und Anhang X Teil A Nr. 1 MwStSystRL. Unionsrechtliche Grundlage des § 4 Nr. 14 Buchst. b und c UStG ist Art. 132 Abs. 1 Buchst. b MwStSystRL. Grundlage des § 4 Nr. 14 Buchst. d ist Art. 132 Abs. 1 Buchst. f MwStSystRL.

170 Nach **Art. 132 Abs. 1 Buchst. b MwStSystRL** befreien die Mitgliedstaaten **Krankenhausbehandlungen und ärztliche Heilbehandlungen** sowie damit **eng verbundene Umsätze**, die von Einrichtungen des öffentlichen Rechts oder unter Bedingungen, welche mit den Bedingungen für diese Einrichtungen in sozialer Hinsicht vergleichbar sind, von Krankenanstalten, Zentren für ärztliche Heilbehandlung und Diagnostik und anderen ordnungsgemäß anerkannten Einrichtungen gleicher Art durchgeführt beziehungsweise bewirkt werden, von der Mehrwertsteuer. Nach **Art. 133 MwStSystRL** kann die Steuerbefreiung von den Mitgliedstaaten **fakultativ für Einrichtungen**, die keine solchen des öffentlichen Rechts sind, **von bestimmten Bedingungen abhängig** gemacht werden (s. Rn. 11). Nach **Art. 134 MwStSystRL** sind Lieferungen und Dienstleistungen von der Steuerbefreiung ausgeschlossen, wenn sie für die steuerbefreiten Umsätze nicht unerlässlich sind oder im Wesentlichen dazu bestimmt sind, der Einrichtung zusätzliche Einnahmen durch Umsätze zu verschaffen, die in unmittelbarem Wettbewerb mit steuerpflichtigen Umsätzen stehen.

171 Der BFH zwischenzeitlich wiederholt zutreffend entschieden, dass die Umsetzung der Steuerbefreiung in § 4 Nr. 14 Buchst. b UStG mit dem dort niedergelegten **Bedarfsvorbehalts** mit zwingenden **unionsrechtlichen Vorgaben nicht vereinbar** ist, so dass sich beispielsweise Betreiber einer Privatklinik für die Steuerfreiheit ihrer Leistungen unmittelbar auf Art. 132 Abs. 1 Buchst. b MwStSystRL berufen können (s. BFH vom 23.10.2014, V R 20/14, BFH/NV 2015, 631 und vom 18.03.2015, XI R 38/13, BFH/NV 2015, 1224, die Finanzgerichte geben in aktuellen Entscheidungen Kriterien zur Anerkennung der Steuerfreiheit in geeigneten Fällen, so zuletzt FG Köln vom 13.04.2016, 9 K 3310/11). In geeigneten Fällen kann sich der Steuerpflichtige daher zur Geltendmachung seiner Steuerfreiheit unmittelbar auf das Unionsrecht berufen.

172 **Art. 132 Abs. 1 Buchst. c MwStSystRL** sieht die steuerliche Befreiung für Heilbehandlungen im Bereich der Humanmedizin vor, die im Rahmen der Ausübung der von dem betreffenden Mitgliedstaat definierten ärztlichen und arztähnlichen Berufe erbracht werden. Die Einschränkungen aus Art. 133 und 134 MwStSystRL finden keine Anwendung.

173 Im **Unterschied zu Art. 132 Abs. 1 Buchst. b MwStSystRL**, der Leistungen steuerfrei stellt, die aus einer Gesamtheit von ärztlichen Heilbehandlungen in Einrichtungen mit sozialer Zweckbestimmung wie der des Schutzes der menschlichen Gesundheit erbracht werden, sind nach **Art. 132 Abs. 1 Buchst. c MwStSystRL** steuerfrei Leistungen, die außerhalb von Krankenhäusern im Rahmen eines Vertrauensverhältnisses zwischen Patient und Behandelndem erbracht werden, sei es in den Praxisräumen des Behandelnden, in der

Wohnung des Patienten oder an einem anderen Ort (s. EuGH vom 10.06.2010, C-86/09, Future Health Technology, UR 10, 540). Diese Abgrenzung ist vom BFH in verfassungsrechtlich nicht zu beanstandender Weise übernommen worden (s. BFH vom 18.03.2004, V R 53/00, BStBl II 2004, 677; BVerfG vom 31.05.2007, 1 BvR 1316/04, DStRE 2007, 1335). Das Unionsrecht gibt insoweit für eine Anerkennung der Steuerfreiheit vor, dass es sich bei der Leistung um eine Heilbehandlung im Bereich der Humanmedizin handeln muss sowie dass diese im Rahmen der Ausübung der von dem betreffenden Mitgliedsaat definierten ärztlichen oder arztähnlichen Berufe erbracht werden. Bei der Bestimmung der **arztähnlichen Berufe** hat der Mitgliedstaat den Grundsatz der steuerlichen Neutralität zu beachten (s. EuGH vom 27.04.2006, C-443/04 und C-444/04 Solleveld, DStRE 2007, 377). Entscheidend für eine Gleichwertigkeit ist insoweit, dass die Leistung für die Patienten eine gleichwertige Qualifikation aufweist, die in der beruflichen Qualifikation des Behandelnden den Ausdruck findet (s. EuGH vom 27.04.2006, C-443/04 und C-444/04, Solleveld, DStRE 2007, 377). Hauptziel der ärztlichen oder arztähnlichen Leistung muss der Schutz einschließlich der Aufrechterhaltung oder Wiederherstellung der menschlichen Gesundheit liegen (s. EuGH vom 20.11.2003, C-212/01, Unterpertinger, DStRE 2004, 44). Ob diese Kriterien im Einzelfall durch den nationalen Gesetzgeber zutreffend umgesetzt wurden, ist zu prüfen. In geeigneten Fällen kann sich der Steuerpflichtige zur Geltendmachung seiner Umsatzsteuerfreiheit unmittelbar auf das Unionsrecht berufen. Zu beachten ist zudem, dass Leistungen der **Grundpflege** (z.B. Körperpflege, Zubereiten und Hilfe bei der Aufnahme der Nahrung, An- und Auskleiden etc.) sowie Leistungen der **hauswirtschaftlichen Versorgung** (z.B. Einkaufen, Kochen Wohnungsreinigung, Waschen der Kleidung) von der Steuerbefreiung des § 4 Nr. 14 UStG nicht erfasst werden. Es handelt sich dabei aber um Leistungen, die eng mit der Sozialfürsorge und der sozialen Sicherheit im Sinne von Art. 132 Abs. 1 Buchst. g MwStSystRL verbunden sind (s. EuGH vom 10.09.2002, C-141/00, Kügler GmbH, DStRE 2002, 1196; BFH vom 22.04.2004, V R 1/98, DStRE 2004, 1043). Greift daher keine andere Steuerbefreiung des UStG ein, kann eine unmittelbare Berufung auf das Art. 132 Abs. 1 Buchst. g MwStSystRL in Betracht kommen (s. EuGH vom 10.09.2002, C-141/00, Kügler GmbH, DStRE 2002, 1196; EuGH vom 26.05.2005, C-498/03, Kingscrest und Montecello, UR 2005, 453).

Art. 132 Abs. 1 Buchst. e MwStSystRL stellt Dienstleistungen, die Zahntechniker im Rahmen ihrer Berufsausübung erbringen, sowie Lieferungen von Zahnersatz durch Zahnärzte und Zahntechniker von der Umsatzsteuer frei. **Art. 132 Abs. 1 Buchst. f MwStSystRL** schließlich befreit Dienstleistungen, die selbstständige Zusammenschlüsse von Personen, die eine Tätigkeit ausüben, die von der Steuer befreit ist oder für die sie nicht Steuerpflichtige sind, an ihre Mitglieder für unmittelbare Zwecke der Ausübung dieser Tätigkeit erbringen, soweit diese Zusammenschlüsse von ihren Mitgliedern lediglich die genaue Erstattung des jeweiligen Anteils an den gemeinsamen Kosten fordern, vorausgesetzt, dass diese Befreiung nicht zu einer Wettbewerbsverzerrung führt. Bei Umsetzung in das deutsche Recht wurde in Art. 4 Nr. 14 Buchst. d UStG bewusst auf die unionsrechtlich zwingende Einschränkung des **Nichtvorliegens von Wettbewerbsverzerrungen** verzichtet. 174

Einstweilen frei 175–176

§ 4 Nr. 15 UStG Gesetzliche soziale Einrichtungen

[1]Von den unter § 1 Abs. 1 Nr. 1 fallenden Umsätzen sind steuerfrei:

...

15. die Umsätze der gesetzlichen Träger der Sozialversicherung, der gesetzlichen Träger der Grundsicherung für Arbeitsuchende nach dem Zweiten Buch Sozialgesetzbuch sowie der gemeinsamen Einrichtungen nach § 44b Abs. 1 des Zweiten Buches Sozialgesetzbuch, der örtlichen und überörtlichen Träger der Sozialhilfe sowie der Verwaltungsbehörden und sonstigen Stellen der Kriegsopferversorgung einschließlich der Träger der Kriegsopferfürsorge
    a) untereinander,
    b) an die Versicherten, die Bezieher von Leistungen nach dem Zweiten Buch Sozialgesetzbuch, die Empfänger von Sozialhilfe oder die Versorgungsberechtigten. [2]Das gilt nicht für die Abgabe von Brillen und Brillenteilen einschließlich der Reparaturarbeiten durch Selbstabgabestellen der gesetzlichen Träger der Sozialversicherung;

...

Bearbeiter: Daniela Bick

Inhaltsverzeichnis

1. Inhalt und Zweck der Vorschrift

1 § 4 Nr. 15 UStG befreit die **Umsätze der gesetzlichen Träger der Sozialversicherung**, der gesetzlichen Träger der **Grundsicherung für Arbeitsuchende** nach dem SGB II sowie der **Arbeitsgemeinschaften nach § 44b Abs. 1 SGB II**, der örtlichen und überörtlichen Träger der Sozialhilfe sowie der Verwaltungsbehörden und sonstigen Stellen der **Kriegsopferversorgung** einschließlich der Träger der **Kriegsopferfürsorge** von der Umsatzsteuer, sofern es sich um Umsätze von diesen untereinander oder an die Versicherten, die Bezieher von Leistungen nach dem SGB II, die Empfänger von Sozialhilfe oder die Versorgungsberechtigten handelt. Die Abgabe von Brillen und Brillenteilen, einschließlich Reparaturarbeiten durch Selbstabgabestellen der gesetzlichen Träger der Sozialversicherung, ist von der Steuerbefreiung ausgenommen und somit steuerpflichtig.

2 Die Befreiung bezweckt die **Umsatzsteuerentlastung der Sozialversicherungsträger im Gesundheitsbereich**. Bis zum Jahr 1967 waren Steuerbefreiungen für bestimmte Leistungen von und an Sozialversicherungsträger im Gesundheitsbereich in § 4 Nr. 11 UStG 1951 i.V.m. § 39 UStDB 1951 geregelt. Der Umfang der befreiten Leistungen hat sich über die Jahre verändert. Leistungen an Sozialversicherungsträger sind nun lediglich noch nach § 4 Nr. 14, 16, 18 und Nr. 25 steuerbefreit. Zuletzt wurden mit Wirkung zum 06.08.2004 zusätzlich die „gesetzlichen Träger der Grundsicherung für Arbeitsuchende nach dem Zweiten Buch Sozialgesetzbuch sowie der Arbeitsgemeinschaften nach § 44b Abs. 1 des Zweiten Buches Sozialgesetzbuch" als Subjekte der Steuerbefreiung aufgenommen sowie die Liste der Leistungsempfänger um „die Bezieher von Leistungen nach dem Zweiten Buch Sozialgesetzbuch" ergänzt (s. BGBl I 2004, 2014).

3–4 Einstweilen frei

2. Unionsrechtlicher Hintergrund

Unionsrechtrechtlich beruht die Steuerbefreiung aus § 4 Nr. 15 UStG auf **Art. 132 Abs. 1 Buchst. g MwSt-SystRL** (s. BR-Drs. 145/78 und BT-Drs. 8/1779 vom 15.03.1987). Danach befreien die Mitgliedstaaten eng mit der Sozialfürsorge und der sozialen Sicherheit verbundene Dienstleistungen und Lieferungen von Gegenständen, einschließlich derjenigen, die durch Altenheime, Einrichtungen des öffentlichen Rechts oder andere von dem betreffenden Mitgliedstaat als Einrichtungen mit sozialem Charakter anerkannte Einrichtungen bewirkt werden. Die Mitgliedstaaten können die Befreiung für Einrichtungen, die keine Einrichtungen des öffentlichen Rechts sind, von den in **Art. 133 MwstSystRL genannten Bedingungen** abhängig machen. Zudem sind nach **Art. 134 MwStSystRL** Leistungen von der Befreiung ausgeschlossen, die zur Ausübung der Tätigkeit **nicht unerlässlich** sind oder im Wesentlichen dazu bestimmt sind, der Einrichtung zusätzliche Einnahmen durch Umsätze zu verschaffen, die in unmittelbarem Wettbewerb mit Umsätzen von der Mehrwertsteuer unterliegenden gewerblichen Unternehmen bewirkt werden. Eine Ausprägung hat dieser unionsrechtliche Vorgabe im Ausschluss von Brillen, Brillenteilen, einschließlich Reparaturarbeiten durch Selbstabgabestellen der gesetzlichen Träger der Sozialversicherung in § 4 Nr. 15 Buchst. b Satz 2 UStG gefunden. Denn derartige Leistungen stehen regemäßig im Wettbewerb mit entsprechenden Umsätzen von Optikern. 5

Zu beachten ist, dass § 4 Nr. 15 UStG **nur einen Teil der in Art. 132 Abs. 1 Buchst. g MwStSystRL genannten Umsätze** steuerfrei stellt. Auch weitere Vorschriften des UStG (z.B. § 4 Nr. 16, 18 und Nr. 25 UStG) stellen Umsätze des Art. 132 Abs. 1 Buchst. g UStG steuerfrei. Soweit die Vorgaben des Unionsrechts in der Norm nicht hinreichend umgesetzt wurden, kann der Steuerpflichtige seine Steuerfreiheit unmittelbar unter Berufung auf das Unionsrecht geltend machen (s. Rn. 30 ff.). 6

Einstweilen frei 7–8

3. Voraussetzungen der Steuerfreiheit im Einzelnen

3.1 Begünstigte Einrichtungen

Die Steuerbefreiung aus § 4 Nr. 15 UStG gilt nur für Umsätze der: 9

- Gesetzlichen Träger der Sozialversicherung,
- der gesetzlichen Träger der Grundsicherung für Arbeitsuchende nach dem SGB II sowie
- der Arbeitsgemeinschaften nach § 44b Abs. 1 SGB II,
- der örtlichen und überörtlichen Träger der Sozialhilfe sowie
- der Verwaltungsbehörden und sonstigen Stellen der Kriegsopferversorgung einschließlich der Träger der Kriegsopferfürsorge.

Die Inanspruchnahme der Steuerbefreiung durch Körperschaften des öffentlichen Rechts setzt voraus, dass diese durch **Betriebe gewerblicher Art** handeln. Soweit diese nämlich Leistungen in Erfüllung der ihnen gesetzlich übertragenen öffentlich-rechtlichen Aufgaben ausführen, ist die Vorschrift ohne Bedeutung, da die Leistungen insoweit nicht steuerbar sind (s. BFH vom 23.04.2009, V R 5/07, DStRE 2009, 1324. 10

Gesetzliche Träger der Sozialversicherung sind die nach § 29 Abs. 1 SGB IV rechtsfähigen Körperschaften des öffentlichen Rechts mit Selbstverwaltung (s. BFH vom 23.04.2009, V R 5/07, DStRE 09, 1324). Diese sind mit ihren Betrieben gewerblicher Art Unternehmer i.S.v. § 2 Abs. 3 UStG. Erfasst sind damit: 11

- Die Träger der **Krankenversicherung** nach § 4 Abs. 2 SGB V, d.h. die Krankenkassen, bestehend aus den Allgemeine Ortskrankenkassen (s. §§ 143 ff. SGB V), Betriebskrankenkassen (s. §§ 147 ff. SGB V), Innungskrankenkassen (s. §§ 157 ff. SGB V), der landwirtschaftlichen Krankenkassen (s. § 166 SGB V), der Deutschen Rentenversicherung Knappschaft-Bahn-See (s. § 167 SGB V) sowie der zugelassenen Ersatzkassen (§§ 168 SGB V). Privatkrankenkassen gehören nicht zu den begünstigten Trägern;
- die Träger der gesetzlichen **Unfallversicherung** im Sinne des § 114 Abs. 1 SGB VII;.
- die Träger der gesetzlichen **Rentenversicherung** nach § 125 SGB VI sowie die Sozialversicherung für Landwirtschaft, Forsten und Gartenbau ab 1. Januar 2013 (vorher: landwirtschaftliche Alterskassen) nach § 111 des Gesetzes über die Alterssicherung der Landwirte i.V.m. § 3 des Gesetzes zur Errichtung der Sozialversicherung für Landwirtschaft, Forsten und Gartenbau;

- die Träger der **Pflegeversicherung**, d.h. die bei den Krankenkassen errichteten Pflegekassen.

12 Begünstige Einrichtungen sind zudem die Träger der Grundsicherung für Arbeitsuchende, d.h. gem. § 6 SGB II die **Bundesagentur für Arbeit** sowie die kreisfreien Städte und Kreise, wenn keine anderen Träger der Grundsicherung für Arbeitsuchende bestimmt wurden. Bei den in § 4 Nr. 15 UStG genannten **Arbeitsgemeinschaften nach § 44b SGB II** handelt es sich um privatrechtlich oder öffentlich-rechtlich errichtete Arbeitsgemeinschaften, die die Aufgaben der Agentur für Arbeit als Leistungsträger nach SGB II wahrnehmen.

13 **Örtliche Träger der Sozialhilfe** sind nach § 3 Abs. 2 SGB XII die kreisfreien Städte und Landkreise, soweit nicht nach Landesrecht etwas anderes bestimmt wird. Überörtliche Träger sind Stellen, die durch das Land als solche bestimmt sind (s. § 3 Abs. 3 SGB XII), z.B. Landeswohlfahrtsverbände.

14 Zuletzt zählen auch die **Verwaltungsstellen** und **sonstigen Stellen der Kriegsopferversorgung** einschließlich der Träger der Kriegsopferfürsorge zu den begünstigten Einrichtungen. Entsprechende Verwaltungsstellen sind die Versorgungsämter und Landesversorgungsämter, die nach dem Bundesversorgungsgesetz zur Versorgung von Kriegsopfern und dem Gesetz über die Errichtung der Verwaltungsbehörden der Kriegsopferversorgung (s. § 1 KOVVwG, BGBl I 1951, 169) existieren. Sonstige Stellen der Kriegsopferversorgung sind nach § 2 KOVVwG orthopädische Versorgungsstellen und versorgungsärztliche Untersuchungsstellen sowie Versorgungskuranstalten, Versorgungsheilstätten und Versorgungskrankenhäuser sowie auch Beschaffungsstellen für Heil- und Hilfsmittel.

15 Andere als die in der Norm genannten Einrichtungen fallen nicht in den Anwendungsbereich des § 4 Nr. 15 UStG (s. BFH vom 18.08.2005, V R 71/03, BStBl II 2006, 143 zu einer Legasthenie-Therapeutin). Die **Aufzählung ist abschließend**. Nicht erfasst sind damit beispielsweise die **Tätigkeiten von Genossenschaften** (in denen sich Krankenkassen zusammengeschlossen haben und Arbeitsgemeinschaften nach § 219 SGB V (s. auch BFH vom 23.04.2009, V R 5/07, DStRE 2009, 1324)). Wenn es durch diese nicht zu Wettbewerbsverzerrungen kommt, können diese aber unter unmittelbare Berufung auf Art. 132 Abs. 1 Buchst. f MwStSystRL steuerfrei sein.

16–17 Einstweilen frei

3.2 Steuerbefreite Leistungen

18 Steuerbefreit sind die Umsätze der in § 4 Nr. 15 UStG genannten Unternehmer **untereinander** (Buchst. a) und **an die Versicherten, die Empfänger von Sozialhilfe, die Versorgungsberechtigten** sowie die **Bezieher von Leistungen nach SGB II** (Buchst. b Satz 1).

19 Steuerbefreit sind danach die sich aus § 4 Abs. 2 SGB I ergebenden Umsätze der gesetzlichen Träger der Sozialversicherung. Im Bereich der Krankenversicherungen handelt es sich dabei beispielsweise um Leistungen zur Förderung der Gesundheit, zur Prävention und Früherkennung von Krankheiten nach § 21 Abs. 1 SGB I. Einzelheiten zu den befreiten Leistungen der Unfallversicherung ergeben sich aus § 22 SGB I, zu den Maßnahmen der Rentenversicherung aus § 23 SGB I und denjenigen der Pflegeversicherung aus § 21a SGB I.

20 Die in einer von einem Sozialversicherungsträger betriebenen **Reha-Klinik** erbrachte nicht medizinisch notwendige **Beherbergung und Verpflegung von Begleitpersonen** ihrer Patienten sowie die **Verpflegung und ggf. Beherbergung von Mitarbeitern** ist demgegenüber umsatzsteuerpflichtig. Die Leistungen werden außerhalb eines bestehenden Sozialversicherungsverhältnisses erbracht, auch handelt es sich nicht um mit den Dienstleistungen der Sozialfürsorge und der sozialen Sicherheit eng verbundene Leistungen, sodass die Steuerbefreiung des § 4 Nr. 15 UStG nicht in Betracht kommt (s. BFH vom 16.12.2015, XI R 52/13).

21 **Leistungen zur Grundsicherung** für Arbeitssuchende erfassen jedenfalls in der Auszahlung von Arbeitslosengeld II etc. sowie der Kostenübernahme von Unterkunft, Heizung und Schuldnerberatung etc. Bei **Sozialhilfeleistungen** handelt es sich beispielsweise um persönliche und wirtschaftliche Hilfeleistungen an hilfsbedürftige Personen nach ihrem besonderen Bedarf, um diese zur Selbsthilfe zu befähigen, ihnen die Führung eines menschenwürdigen Lebens oder ihnen die Teilnahme am Leben in der Gemeinschaft zu ermöglichen. Die **Leistungen der Kriegsopferversorgung** folgen aus § 1 Abs. 1 BVG, sie bestehen bei-

spielsweise in der Gewährung von Hilfen zur beruflichen Rehabilitation, von Erziehungsbeihilfen, ergänzenden Hilfen zum Lebensunterhalt etc.

Einstweilen frei 22–23

3.3 Von der Steuerbefreiung ausgeschlossene Leistungen

Ausgeschlossen ist die Steuerbefreiung ausdrücklich **nach § 4 Nr. 15 Buchst. b Satz 2 UStG** für die **Abgabe von Brillen und Brillenteilen** (z.B. Gläser oder Gestelle), einschließlich der **Reparaturarbeiten**, durch Selbstabgabestellen durch gesetzliche Träger der Sozialversicherung. Zu den von der Steuerbefreiung ausgenommenen Umsätzen gehört auch die entsprechende unentgeltliche Wertabgabe, also die Entnahme von Brillen und Brillenteilen sowie die Reparaturarbeiten an diesen Gegenständen für Zwecke außerhalb des Unternehmens (s. Abschn. 4.15.1 UStAE). 24

Einstweilen frei 25–26

4. Vorsteuerabzug

Der **Vorsteuerabzug** ist gemäß § 15 Abs. 2 UStG bei den in § 4 Nr. 15 UStG genannten Leistungen gesetzlicher sozialer Einrichtungen **ausgeschlossen**. Ein Verzicht auf die Steuerbefreiung ist nach § 9 UStG nicht möglich. 27

Einstweilen frei 28–29

5. Steuerbefreiung durch unmittelbare Berufung auf das Unionsrecht im Überblick

Die Steuerbefreiung des Art. 132 Abs. 1 Buchst. g MwStSystRL setzt nach der Rechtsprechung des EuGH voraus, dass es sich **1)** um **Leistungen** handelt, die mit der **Sozialfürsorge oder der sozialen Sicherheit eng verbunden** sind und **2)** dass diese Leistungen **von Einrichtungen des öffentlichen Rechts** oder **anderen Einrichtungen, die von dem betreffenden Mitgliedstaat als Einrichtungen mit im Wesentlichen sozialem Charakter** anerkannt worden sind, erbracht werden (s. EuGH vom 26.05.2005, C-498/03, Kingscrest Associates und Montecello, BFH/NV Beilage 2005, 310). Nach Art. 133 MwStSystRL können die Mitgliedstaaten die Steuerbefreiung des Art. 132 Abs. 1 Buchst. g MwStSystRL u.a. von den Bedingungen abhängig machen: 30

- Dass die betreffenden Einrichtungen keine systematische Gewinnerzielung anstreben dürfen (Buchst. a),
- dass die Befreiung nicht zu Wettbewerbsverzerrungen zuungunsten gewerblicher Unternehmen führen darf (Buchst. d) oder
- dass die Preise, die die Einrichtungen verlangen, von den zuständigen Behörden genehmigt sein müssen oder die genehmigten Preise nicht übersteigen; bei Umsätzen, für die eine Preisgenehmigung nicht vorgesehen ist, müssen die verlangten Preise unter den Preisen liegen, die der Mehrwertsteuerpflicht unterliegende gewerbliche Unternehmen für entsprechende Umsätze fordern (Buchst. c).

Zudem sind nach **Art. 134 MwStSystRL** Leistungen von der Befreiung ausgeschlossen, die zur Ausübung der Tätigkeit **nicht unerlässlich** sind oder im Wesentlichen dazu bestimmt sind, der Einrichtung zusätzliche Einnahmen durch Umsätze zu verschaffen, die in unmittelbarem Wettbewerb mit Umsätzen von der Mehrwertsteuer unterliegenden gewerblichen Unternehmen bewirkt werden. 31

Hätte der deutsche Gesetzgeber die **unionsrechtlichen Vorgaben** in der Steuerbefreiung des § 4 Nr. 15 UStG **nicht ordnungsgemäß umgesetzt**, könnte sich ein Steuerpflichtiger zur Geltendmachung seiner Umsatzsteuerfreiheit unmittelbar auf das Unionsrecht berufen. 32

Insofern nicht zu beanstanden ist, dass § 4 Nr. 15 UStG die in einer von einem Sozialversicherungsträger betriebenen Reha-Klinik erbrachte nicht medizinisch notwendige Beherbergung und Verpflegung von Begleitpersonen ihrer Patienten sowie die Verpflegung und ggf. **Beherbergung von Mitarbeitern** nicht steuerfrei stellt (s. Rn. 20). Die Leistungen sind nicht eng mit der Sozialfürsorge oder sozialen Sicherheit verbunden. 33

34 **Tätigkeiten von Genossenschaften** (in denen sich Krankenkassen zusammengeschlossen haben) und Arbeitsgemeinschaften nach § 219 SGB V können unter Berufung auf Art. 132 Abs. 1 Buchst. f MwStSystRL steuerfrei sein, wenn es durch diese nicht zu Wettbewerbsverzerrungen kommt (s. BFH vom 23.04.2009, V R 5/07, DStRE 2009, 1324). Art. 132 Abs. 1 Buchst. f MwStSystRL befreit insofern Dienstleistungen, die die selbständigen Zusammenschlüsse von Personen, die eine Tätigkeit ausüben, die von der Steuer befreit ist, oder für die sie nicht Steuerpflichtige sind, an ihre Mitglieder für unmittelbare Zwecke der Ausübung dieser Tätigkeit erbringen von der Mehrwertsteuer, soweit diese Zusammenschlüsse von ihren Mitgliedern lediglich die genaue Erstattung des jeweiligen Anteils an den gemeinsamen Kosten fordern, vorausgesetzt, dass diese Befreiung nicht zu Wettbewerbsverzerrungen führt.

35–36 Einstweilen frei

§ 4 Nr. 15a UStG Medizinische Dienste

[1]Von den unter § 1 Abs. 1 Nr. 1 fallenden Umsätzen sind steuerfrei:

...

15a. die auf Gesetz beruhenden Leistungen der Medizinischen Dienste der Krankenversicherung (§ 278 SGB V) und des Medizinischen Dienstes der Spitzenverbände der Krankenkassen (§ 282 SGBV) untereinander und für die gesetzlichen Träger der Sozialversicherung und deren Verbände und für die Träger der Grundsicherung für Arbeitsuchende nach dem Zweiten Buch Sozialgesetzbuch sowie die gemeinsamen Einrichtungen nach § 44b des Zweiten Buches Sozialgesetzbuch;

...

Bearbeiter: Daniela Bick

Inhaltsverzeichnis

1. Inhalt und Zweck der Vorschrift

§ 4 Nr. 15a UStG regelt die **Steuerbefreiung für Leistungen der medizinischen Dienste**. Von der Umsatzsteuer befreit sind danach die auf Gesetz beruhenden Leistungen der medizinischen Dienste der Krankenversicherung (s. § 278 SGB V) und des Medizinisches Dienstes (s. § 282 SGB V) untereinander und für die gesetzlichen Träger der Sozialversicherung und deren Verbände. Die Medizinischen Dienste der Krankenversicherung sowie der Medizinische Dienst der Spitzenverbände der Krankenkassen sind als Einrichtungen mit sozialem Charakter anzusehen, da sie allgemein gesetzlich geregelte Aufgaben auf dem Gebiet des Gesundheitswesens wahrnehmen (s. BT-Drs. 13/3084, 25). Nach dem Wortlaut der Norm sind allerdings nur Leistungen der Medizinischen Dienste selbst befreit (s. BFH vom 08.10.2008, V R 32/07, UR 2009, 22). 1

Zweck der Steuerbefreiung des § 4 Nr. 15a UStG ist es in Übereinstimmung mit dem Unionsrecht – ebenso wie bei § 4 Nr. 14 und § 4 Nr. 15 UStG – aus sozialen Gründen die **Kosten im Bereich des Gesundheitswesens** insgesamt zu **verringern** (zum Unionsrecht s. Art. 132 Abs. 1 Buchst. b und c MwStSystRL sowie EuGH vom 20.11.2003, C-212/01, Margarete Unterpertinger, UR 2004, 70, Rn. 41). Es sollen die Medizinischen Dienste der Krankenversicherungen und der Medizinische Dienst der Spitzenverbände der Krankenkassen als Einrichtungen mit sozialem Charakter von der Umsatzsteuer entlastet werden. Die Medizinischen Dienste in Form eingetragener Vereine sollen damit ebenso behandelt werden, wie solche, die als Körperschaft des öffentlichen Rechts betriebenen werden. 2

Die Steuerbefreiung des § 4 Nr. 15a UStG ist durch Art. 12 des Jahressteuer-Ergänzungsgesetzes 1996 (JStErgG 1996 vom 18.12.1995, BGBl I 1995, 1959) in das UStG aufgenommen worden. Die Vorschrift ist rückwirkend zum 01.01.1991 in Kraft getreten. Bis zum heutigen Tage hat es lediglich eine Änderung an dem Wortlaut der Norm gegeben. Durch das Gesetz zur Ermittlung von Regelbedarfen und zur Änderung des Zweiten und Zwölften Buches Sozialgesetzbuch (vom 24.03.2011, BGBl I 2011, 453) wurde der letzte Halbsatz ergänzt. Dies sollte Fälle erfassen, in denen der medizinische Dienst einer Krankenversicherung nach § 56 Abs. 2 SGB II mit einer Begutachtung bei Zweifeln an der Arbeitsunfähigkeit beauftragt wird (s. BT-Drs. 13/3404, 134). 3

Einstweilen frei 4–5

2. Unionsrechtlicher Hintergrund

6 Die unionsrechtliche Grundlage für § 4 Nr. 15a UStG ist **Art. 132 Abs. 1 Buchst. f und Buchst. g MwSt-SystRL** (s. BT-Drs. 13/3084, 25). Nach Art. 132 Abs. 1 Buchst. f MwStSystRL befreien die Mitgliedstaaten Dienstleistungen, die selbstständige Zusammenschlüsse von Personen, die eine Tätigkeit ausüben, die von der Steuer befreit ist oder für die sie nicht Steuerpflichtige sind, an ihre Mitglieder für unmittelbare Zwecke der Ausübung dieser Tätigkeit erbringen, soweit diese Zusammenschlüsse von ihren Mitgliedern lediglich die genaue Erstattung des jeweiligen Anteils an den gemeinsamen Kosten fordern, vorausgesetzt, dass die Befreiung nicht zu Wettbewerbsverzerrungen führt, von der Mehrwertsteuer. Nach Art. 132 Abs. 1 Buchst. g MwStSystRL befreien die Mitgliedstaaten die eng mit der Sozialfürsorge und der sozialen Sicherheit verbundenen Dienstleistungen und Lieferungen von Gegenständen, einschließlich derjenigen, die durch Altenheime, Einrichtungen des öffentlichen Rechts oder andere von dem betreffenden Mitgliedstaat als Einrichtungen mit sozialem Charakter anerkannte Einrichtungen bewirkt werden. Nach Art. 133 MwStSystRL können die Mitgliedstaaten die Steuerbefreiung des Art. 132 Abs. 1 Buchst. g MwStSystRL u.a. von den Bedingungen abhängig machen:

- Dass die betreffenden Einrichtungen keine systematische Gewinnerzielung anstreben dürfen (Buchst. a),
- dass die Befreiung nicht zu Wettbewerbsverzerrungen zuungunsten gewerblicher Unternehmen führen darf (Buchst. d) oder
- dass die Preise, die die Einrichtungen verlangen, von den zuständigen Behörden genehmigt sein müssen oder die genehmigten Preise nicht übersteigen; bei Umsätzen, für die eine Preisgenehmigung nicht vorgesehen ist, müssen die verlangten Preise unter den Preisen liegen, die der Mehrwertsteuerpflicht unterliegende gewerbliche Unternehmen für entsprechende Umsätze fordern (Buchst. c).

7 Gemäß Art. 134 MwStSystRL ist in den Fällen des Art. 132 Abs. 1 Buchst. g MwStSystRL die Steuerbefreiung für die Lieferung von Gegenständen und Dienstleistungen ausgeschlossen, wenn die Umsätze, für die die Steuerbefreiung gewährt wird, nicht unerlässlich sind oder/und wenn sie im Wesentlichen dazu bestimmt sind der Einrichtung zusätzliche Einnahmen durch Umsätze zu verschaffen, die in **unmittelbarem Wettbewerb mit Umsätzen von der Mehrwertsteuer unterliegenden gewerblichen Unternehmen** bewirkt werden.

8 Einstweilen frei

3. Voraussetzungen der Steuerfreiheit des § 4 Nr. 15a UStG

3.1 Steuerbefreite Leistungserbringer

9 Nur die von den in der Vorschrift selbst genannten **Leistungserbringern** erbrachten Leistungen können nach § 4 Nr. 15a UStG umsatzsteuerbefreit sein. Insofern kommen als Leistungserbringer die Medizinischen Dienste der Krankenversicherungen sowie der Medizinische Dienst der Spitzenverbände der Krankenkassen in Betracht. Im Rahmen ihrer Betriebe gewerblicher Art sind sie als Unternehmer i.S.v. § 2 Abs. 1 und Abs. 3 Satz 1 UStG tätig, sodass sie insoweit grundsätzlich steuerbare Leistungen erbringen (zur Finanzierung der Medizinischen Dienste s. § 281 SGB V, § 46 Abs. 3 Satz 5 SGB XI).

10 Gemäß § 278 Abs. 1 SGB V wird in jedem Land eine von den Krankenkassen folgender Kassenarten: die Landesverbände der Orts-, Betriebs- und Innungskrankenkassen, die landwirtschaftliche Krankenkasse, die Ersatzkassen und die BAHN-BKK eine gemeinsam getragene Arbeitsgemeinschaft „**Medizinischer Dienst der Krankenversicherung**" errichtet. Diese Arbeitsgemeinschaft stellt nach Art. 73 Abs. 4 Satz 3 und 4 des Gesundheits-Reformgesetzes eine rechtsfähige Körperschaft des öffentlichen Rechts dar. In einem Land können mehrere Medizinische Dienste errichtet werden, es kann auch für mehrere Länder durch Beschluss ein gemeinsamer Medizinischer Dienst errichtet werden. Die auf Grundlage von § 282 SGB V auf Bundesebene errichtete **Arbeitsgemeinschaft „Medizinischer Dienst der Spitzenverbände der Krankenkassen"** soll den Spitzenverband Bund der Krankenkassen in allen medizinischen Fragen der diesem zugewiesenen Aufgaben beraten. Des Weiteren soll die Arbeitsgemeinschaft eine wirksame Durchführung der Aufgaben und die Zusammenarbeit der Medizinischen Dienste koordinieren und fördern. Dazu bewirken die Spitzenverbände der Krankenkassen unter anderem eine Richtlinie über die Zusammenarbeit der Krankenkassen

mit den Medizinischen Diensten zur Sicherstellung einheitlicher Begutachtung sowie über Grundsätze zur Fort- und Weiterbildung.

Nicht als steuerfreie Leistungserbringer i.S.d. § 4 Nr. 15a UStG kommen daher insbesondere **private Versicherungen** in Betracht. Auch wenn **Leistungen auf Dritte** (z.B. eine Begutachtung Krankenpfleger gem. § 18 Abs. 7 SGB IX), nicht in § 4 Nr. 15a UStG genannte Personen, übertragen werden, sind die Leistungen nicht steuerbefreit (s. BFH vom 28.06.2000, V R 72/99, BStBl II 2000, 554). 11

Einstweilen frei 12–13

3.2 Leistungsempfänger

Leistungsempfänger der steuerbefreiten Leistungen können nur **die Medizinischen Dienste der Krankenversicherung und der Medizinische Dienst der Spitzenverbände der Krankenkassen** sowie die gesetzlichen Träger der Sozialversicherung und deren Verbände sein. Bei den **gesetzlichen Trägern der Sozialversicherungen** handelt es sich gem. § 29 SGB IV um rechtsfähige Körperschaften des öffentlichen Rechts mit Selbstverwaltung, insb. Orts-, Betriebs- und Innungskrankenkassen, die landwirtschaftlichen Krankenkassen, die Deutsche Rentenversicherung, Knappschaft-Bahn-See, die bei den Krankenkassen errichteten Pflegekassen (für den Bereich der Pflegeversicherung) und im Bereich der Unfallversicherung beispielsweise um die gewerblichen und landwirtschaftlichen Berufsgenossenschaften, die Unfallversicherungsverbände und Unfallkassen. **Verbänden der gesetzlichen Träger der Sozialversicherung** sind die von den einzelnen Krankenkassenarten gebildeten Landesverbände, die sich jeweils in einem Bundesverband organisieren (z.B. AOK-Bundesverband). 14

Als Leistungsempfänger im Sinne des § 4 Nr. 15a UStG kommen danach insbesondere **nicht** die **privaten Krankenkasse** und die **Beamtenkrankenkassen** in Betracht. 15

Einstweilen frei 16–17

3.3 Steuerbefreite Leistungen

Steuerbefreit nach § 4 Nr. 15a UStG sind lediglich die **im Gesetz genannten Leistungen**. Diese ergeben sich insbesondere aus den §§ 275, 282 Abs. 2 SGB V sowie §§ 18, 40, 45b, 53a SGB XI. Die gesetzlichen Vorgaben werden durch die Richtlinien des Medizinischen Dienstes der Spitzenverbände der Krankenkassen und die Richtlinien des Spitzenverbandes Bund der Pflegekassen konkretisiert. Im Wesentlichen handelt es sich bei den Leistungen der Medizinischen Dienste um die Erstellung von **gutachtlichen Stellungnahmen** für die Krankenkassen und in Beratungsleistungen zu Fragen sozialmedizinischer Relevanz gegenüber den Krankenkassen. 18

Einstweilen frei 19–20

4. Vorsteuerabzug

Der **Vorsteuerabzug** ist gemäß § 15 Abs. 2 Satz 1 Nr. 1 UStG bei den in § 4 Nr. 15a UStG genannten Leistungen grundsätzlich ausgeschlossen Ein Verzicht auf die Steuerbefreiung ist nach § 9 Abs. 1 UStG nicht möglich. 21

Einstweilen frei 22–23

§ 4 Nr. 15b UStG Eingliederungsleistungen, sowie Leistungen der aktiven Arbeitsförderung nach dem SGB III und vergleichbare Leistungen

[1]Von den unter § 1 Abs. 1 Nr. 1 fallenden Umsätzen sind steuerfrei:

...

15b. [1]Eingliederungsleistungen nach dem Zweiten Buch Sozialgesetzbuch, Leistungen der aktiven Arbeitsförderung nach dem Dritten Buch Sozialgesetzbuch und vergleichbare Leistungen, die von Einrichtungen des öffentlichen Rechts oder anderen Einrichtungen mit sozialem Charakter erbracht werden. [2]Andere Einrichtungen mit sozialem Charakter im Sinne dieser Vorschrift sind Einrichtungen,

a) die nach § 178 des Dritten Buches Sozialgesetzbuch zugelassen sind,
b) die für ihre Leistungen nach Satz 1 Verträge mit den gesetzlichen Trägern der Grundsicherung für Arbeitsuchende nach dem Zweiten Buch Sozialgesetzbuch geschlossen haben oder
c) die für Leistungen, die denen nach Satz 1 vergleichbar sind, Verträge mit juristischen Personen des öffentlichen Rechts, die diese Leistungen mit dem Ziel der Eingliederung in den Arbeitsmarkt durchführen, geschlossen haben;

...

Bearbeiter: Daniela Bick

Inhaltsverzeichnis

1. Inhalt und Zweck der Vorschrift

1 § 4 Nr. 15b UStG befreit Eingliederungsleistungen, die im Rahmen des SGB II an erwerbsfähige Leistungsberechtigte in Ausbildung oder Arbeit oder für deren Eingliederung erbracht werden, sowie Leistungen der aktiven Arbeitsförderung nach dem SGB III und vergleichbare Leistungen, die von Einrichtungen des öffentlichen Rechts oder anderen Einrichtungen mit sozialem Charakter erbracht werden, von der Umsatzsteuer.

2 Die Regelung ist durch Art. 9 Nr. 3 Buchst. a des **KroatienAnpG** vom 25.07.2014 (BGBl I 2014, 1266) mit **Wirkung ab dem 01.01.2015** in das UStG eingefügt worden.

3 Die Vorschrift befreit **eng mit der Sozialfürsorge und der sozialen Sicherheit verbundene Leistungen** von der Umsatzsteuer. Sie steht daher in engem Zusammenhang mit den entsprechend zweckgerichteten Steuerbefreiungen des § 4 Nr. 15 UStG für gesetzliche soziale Einrichtungen und § 4 Nr. 15 a UStG für Medizinische Dienste. Einzelne Maßnahmen zur Aktivierung und beruflichen Eingliederung nach dem SGB III sind zudem von § 4 Nr. 21 Buchst. a Doppelbuchst. bb UStG unter dem Tatbestand „Vorbereitung auf einen Beruf" von der Umsatzsteuer befreit. Die Befreiung zielt darauf ab, die Kosten bestimmter Leistungen der Sozialfürsorge zu senken und dadurch diese Leistungen dem Einzelnen, der sie in Anspruch nehmen könnte, zugänglicher zu machen (EuGH vom 26.05.2005, C-498/03, IStR 2005, 468, Kingscrest Associates Ltd., Montecello Ltd./Commissioners of Customs & Excise).

4–5 Einstweilen frei

2. Unionsrechtlicher Hintergrund

Nach der Gesetzesbegründung dient die Einführung des § 4 Nr. 15b UStG der Umsetzung des **Art. 132 Abs. 1 Buchst. g MwStSystRL im Bereich der Arbeitsförderung** (BT-Drucks. 18/1529, S. 76). Danach befreien die Mitgliedstaaten eng mit der Sozialfürsorge und der sozialen Sicherheit verbundene Dienstleistungen und Lieferungen von Gegenständen, einschließlich derjenigen, die durch Altenheime, Einrichtungen des öffentlichen Rechts oder andere von dem betreffenden Mitgliedstaat als Einrichtungen mit sozialem Charakter anerkannte Einrichtungen bewirkt werden. Die Mitgliedstaaten können die Befreiung für Einrichtungen, die keine Einrichtungen des öffentlichen Rechts sind, von den in **Art. 133 MwstSystRL genannten Bedingungen** abhängig machen. Zudem sind nach **Art. 134 MwStSystRL** Leistungen von der Befreiung ausgeschlossen, die zur Ausübung der Tätigkeit **nicht unerlässlich** sind oder im Wesentlichen dazu bestimmt sind, der Einrichtung zusätzliche Einnahmen durch Umsätze zu verschaffen, die in unmittelbarem Wettbewerb mit Umsätzen von der Mehrwertsteuer unterliegenden gewerblichen Unternehmen bewirkt werden. 6

Zu beachten ist, dass § 4 Nr. 15b UStG **nur einen Teil der in Art. 132 Abs. 1 Buchst. g MwStSystRL genannten Umsätze** steuerfrei stellt. Auch weitere Vorschriften des UStG (z.B. § 4 Nr. 15, 16, 18 und Nr. 25 UStG) stellen Umsätze des Art. 132 Abs. 1 Buchst. g UStG steuerfrei. Soweit die Vorgaben des Unionsrechts in der Norm nicht hinreichend umgesetzt wurden, kann der Steuerpflichtige seine Steuerfreiheit unmittelbar unter Berufung auf das Unionsrecht geltend machen. 7

Die **Begriffe der „Sozialfürsorge" und „sozialen Sicherheit"** in Art. 132 Abs. 1 Buchst. g MwStSystRL sind nach der Rechtsprechung des Gerichtshofs als Ausnahme von dem Grundsatz, dass jede Dienstleistung, die ein Steuerpflichtiger gegen Entgelt erbringt, der Mehrwertsteuer unterliegt, eng auszulegen, die Auslegung muss allerdings die mit den von den Steuerbefreiungen verfolgten Zielen und den Erfordernissen des Grundsatzes der steuerlichen Neutralität im Einklang stehen (vgl. EuGH vom 26.05.2005, C-498/03, IStR 2005, 486, Kingscrest Associates Ltd., Montecello Ltd./Commissioners of Customs & Excise). Art. 132 Abs. 1 Buchst. g MwStSystRL (ehemals Art. 13 Teil A Abs. 1 Buchst. g der 6. EG-RL) setzt die Steuerbefreiung nach dem Unionsrecht voraus, dass es sich um Leistungen handeln, die mit der Fürsorge oder der sozialen Sicherheit verbunden sind sowie, dass die Leistungen von Einrichtungen des öffentlichen Rechts oder anderen Einrichtungen, die von dem betreffenden Mitgliedstaat **als Einrichtungen mit sozialem Charakter anerkannt** worden sind, erbracht werden (EuGH vom 26.05.2005, C-498/03, IStR 2005, 486, Kingscrest Associates Ltd., Montecello Ltd./Commissioners of Customs & Excise). Keine Voraussetzung der Steuerfreiheit ist, dass die Einrichtung ohne Gewinnerzielungsabsicht betrieben wird (s. EuGH vom 26.05.2005, C-498/03, IStR 2005, 486, Kingscrest Associates Ltd., Montecello Ltd./Commissioners of Customs & Excise; BFH vom 29.07.2015, XI R 35/15). 8

Einstweilen frei 9–10

3. Voraussetzungen der Steuerfreiheit des § 4 Nr. 15b UStG

Voraussetzung der Steuerfreiheit des § 4 Nr. 15 b UStG ist, dass es sich um Leistungen handelt, die **mit der Fürsorge oder der sozialen Sicherheit verbunden** sind und dass diese Leistungen **von Einrichtungen des öffentlichen Rechts** oder **anderen Einrichtungen mit sozialem Charakter** erbracht werden. 11

Einstweilen frei 12–13

3.1 Steuerbefreite Leistungen

Als steuerbefreite Leistungen kommen eine Vielzahl Leistungen in Betracht, deren Einzelheiten sich aus den Sozialgesetzbüchern ergeben. Die Norm nennt zunächst **Eingliederungsleistungen** nach dem SGB II, d.h. die in §§ 14 ff. SGB II geregelt Leistungen zur Eingliederung in Arbeit und den Leistungen zur Sicherung des Lebensunterhalts gem. §§ 19 ff. SGB II. Erfasst sind sowohl Dienstleistungen (z.B. Beratung), als auch Geldleistungen (z.B. Arbeitslosengeld II) und Sachleistungen (z.B. Umschulungen). Als zweite Variante der steuerbefreiten Leistungen nenn § 4 Nr. 15b UStG die **Leistungen der aktiven Arbeitsförderung** nach den §§ 29 ff. SGB III. Als dritte Kategorie nennt § 4 Nr. 15b UStG **vergleichbare Leistungen**. Gemeint 14 sind damit insbesondere Leistungen, die im Rahmen von Bundes- und Landesprogrammen sowie Programmen anderer Gebietskörperschaften an die genannten Personenkreise mit dem Ziel der Eingliederung in den Arbeitsmarkt (Ausbildung oder Arbeit) erbracht werden (BT-Drs. 18/1529, 77).

15–16 Einstweilen frei

3.2 Steuerbefreite Leistungserbringer

17 Steuerbefreite Leistungen können nach dem Wortlaut des § 4 Nr. 15b UStG lediglich von **Einrichtungen des öffentlichen Rechts** oder anderen Einrichtungen mit sozialem Charakter erbracht werden. Der **Begriff der Einrichtung** erfasst neben juristischen Personen auch Personenvereinigungen und natürliche Personen (EuGH vom 07.09.1999, C-216/97, Gregg, UR 1999, 419). Liegt eine Einrichtung des öffentlichen Rechts vor, sind deren Leistungen, die die Voraussetzungen des § 4 Nr. 15b UStG erfüllen, ohne die Erfüllung weiterer Voraussetzungen in der Person des Leistungserbringers umsatzsteuerbefreit. Die Leistungserbringung durch „andere Einrichtungen" ist demgegenüber nicht per se steuerbefreit. Vielmehr ist erforderlich, dass diese als **Einrichtungen mit sozialem Charakter „anerkannt"** sind. Insofern erläutert § 4 Nr. 15b Satz 2 UStG, welche Möglichkeit der Anerkennung es gibt.

18 Nach § 4 Nr. 15b Satz 2 Buchst. a UStG ergibt sich die Anerkennung aus einer **Zulassung der Einrichtung nach § 178 SGB III**. Zuständig für eine entsprechende Zulassung sind die von der Akkreditierungsstelle für die Zulassung nach dem Recht der Arbeitsförderung akkreditierten Zertifizierungsstellen (§ 177 Abs. 1 SGB III). Die Akkreditierung erfolgt durch die Deutsche Akkreditierungsstelle GmbH. Erforderlich ist, dass die Einrichtung selbst zugelassen ist. Eine Maßnahmenzulassung nach § 179 SGB III ist nicht ausreichend.

19 Als begünstigte Einrichtungen kommen daneben nach § 4 Nr. 15b Satz 2 Buchst. b UStG solche in Betracht, die für ihre Leistungen nach § 4 Nr. 15b S. 1 UStG **Verträge mit den gesetzlichen Trägern der Grundsicherung für Arbeitsuchende** nach dem SGB II über Leistungen geschlossen haben. Träger der Grundsicherung ist nach § 6 Abs. 1 S. 1 Nr. 1 SGB II die Bundesagentur für Arbeit, soweit nicht den kreisfreien Städten und Kreisen gem. § 6 Abs. 1 S. 1 Nr. 2 SGB II oder nach Landesrecht anderen Trägern die Aufgabe obliegt.

20 Gemäß § 4 Nr. 15b Satz 2 Buchst. c UStG sind begünstigte Einrichtungen auch solche, die für **Leistungen, die denen nach § 4 Nr. 15b S. 1 UStG vergleichbar sind, Verträge mit juristischen Personen des öffentlichen Rechts, die diese Leistungen mit dem Ziel der Eingliederung in den Arbeitsmarkt durchführen, geschlossen** haben. Verträge i.S.d. § 4 Nr. 15b Satz 2 Buchst. c UStG sollen auch dann vorliegen, wenn der Leistungsaustausch auf einem Zuwendungsbescheid beruht, der die gegenseitigen Rechte und Pflichten bestimmt (BT-Drucks. 18/1529, S. 77). Das erscheint aber aufgrund des klaren Wortlauts zweifelhaft.

21 Für die Anerkennung eines Unternehmers als eine Einrichtung mit sozialem Charakter reicht es nicht aus, wenn der Unternehmer lediglich als **Subunternehmer** für eine anerkannte Einrichtung tätig wird. Der Subunternehmer bedarf einer eigenen Anerkennung (BFH vom 08.11.2007, V R 2/06, BStBl II 2008, 634; BT-Drs. 18/1529, 77).

22 Vor dem 01.04.2012 konnten sich **private Arbeitsvermittler**, die Beratungs- oder Vermittlungsleistungen an Arbeitssuchende erbracht haben und mit Arbeitslosen Vermittlungsverträge abgeschlossen haben, zur Geltendmachung der Steuerfreiheit ihrer Leistungen unmittelbar auf die Steuerbefreiung des Art. 132 Abs. 1 Buchst. g MwStSystRL, wenn er das Entgelt für seine Vermittlungsleistung aufgrund von durch die Arbeitslosen vorgelegten Vermittlungsgutscheinen von der Bundesagentur für Arbeit erhielt, vgl. dazu OFD Frankfurt am Main vom 20.4.2015, DStR 2015, 1453. Die Anerkennung als Einrichtung mit sozialem Charakter ergab sich, weil die Bundesagentur für Arbeit zur Kostenübernahme nach § 421g und § 296 SGB III verpflichtet war (s. BFH vom 29.07.2015, XI R 35/13, UStB 2015, 310). Seit dem 01.04.2012 bedürfen Arbeitsvermittler eine Zulassung nach § 176 SGB III. Ob dies für eine Steuerbefreiung unter Berufung auf Art. 132 Abs. 1 Buchst. g MwStSystRL ausreichend ist, hatte der BFH bislang nicht zu entscheiden. Regelmäßig dürfte für diese aber schon die Steuerbefreiung des § 4 Nr. 15b in Betracht kommen.

23–24 Einstweilen frei

4. Vorsteuerabzug

Der **Vorsteuerabzug** ist gemäß § 15 Abs. 2 Satz 1 Nr. 1 UStG bei den in § 4 Nr. 15b UStG genannten Leistungen grundsätzlich ausgeschlossen Ein Verzicht auf die Steuerbefreiung ist nach § 9 Abs. 1 UStG nicht möglich. 25

Einstweilen frei 26–27

§ 4 Nr. 16 UStG Betreuung und Pflege Hilfsbedürftiger

[1]Von den unter § 1 Abs. 1 Nr. 1 fallenden Umsätzen sind steuerfrei:

...

16. [1]die mit dem Betrieb von Einrichtungen zur Betreuung oder Pflege körperlich, geistig oder seelisch hilfsbedürftiger Personen eng verbundenen Leistungen, die von
    a) juristischen Personen des öffentlichen Rechts,
    b) Einrichtungen, mit denen ein Vertrag nach § 132 des Fünften Buches Sozialgesetzbuch besteht,
    c) Einrichtungen, mit denen ein Vertrag nach § 132a des Fünften Buches Sozialgesetzbuch, § 72 oder § 77 des Elften Buches Sozialgesetzbuch besteht oder die Leistungen zur häuslichen Pflege oder zur Heimpflege erbringen und die hierzu nach § 26 Abs. 5 in Verbindung mit § 44 des Siebten Buches Sozialgesetzbuch bestimmt sind,
    d) Einrichtungen, die Leistungen der häuslichen Krankenpflege oder Haushaltshilfe erbringen und die hierzu nach § 26 Abs. 5 in Verbindung mit den §§ 32 und 42 des Siebten Buches Sozialgesetzbuch bestimmt sind,
    e) Einrichtungen, mit denen eine Vereinbarung nach § 111 des Neunten Buches Sozialgesetzbuch besteht,
    f) Einrichtungen, die nach § 142 des Neunten Buches Sozialgesetzbuch anerkannt sind,
    g) Einrichtungen, soweit sie Leistungen erbringen, die landesrechtlich als niedrigschwellige Betreuungs- oder Entlastungsangebote nach § 45b des Elften Buches Sozialgesetzbuch anerkannt sind,
    h) Einrichtungen, mit denen eine Vereinbarung nach § 75 des Zwölften Buches Sozialgesetzbuch besteht,
    i) Einrichtungen, mit denen ein Vertrag nach § 8 Absatz 3 des Gesetzes zur Errichtung der Sozialversicherung für Landwirtschaft, Forsten und Gartenbau über die Gewährung von häuslicher Krankenpflege oder Haushaltshilfe nach den §§ 10 und 11 des Zweiten Gesetzes über die Krankenversicherung der Landwirte, § 10 des Gesetzes über die Alterssicherung der Landwirte oder nach § 54 Absatz 2 des Siebten Buches Sozialgesetzbuch besteht,
    j) Einrichtungen, die aufgrund einer Landesrahmenempfehlung nach § 2 der Frühförderungsverordnung als fachlich geeignete interdisziplinäre Frühförderstellen anerkannt sind,
    k) Einrichtungen, die als Betreuer nach § 1896 Absatz 1 des Bürgerlichen Gesetzbuchs bestellt worden sind, sofern es sich nicht um Leistungen handelt, die nach § 1908i Absatz 1 in Verbindung mit § 1835 Absatz 3 des Bürgerlichen Gesetzbuchs vergütet werden, oder
    l) Einrichtungen, bei denen im vorangegangenen Kalenderjahr die Betreuungs- oder Pflegekosten in mindestens 25 Prozent der Fälle von den gesetzlichen Trägern der Sozialversicherung oder der Sozialhilfe oder der für die Durchführung der Kriegsopferversorgung zuständigen Versorgungsverwaltung einschließlich der Träger der Kriegsopferfürsorge ganz oder zum überwiegenden Teil vergütet worden sind,

    erbracht werden. [2]Leistungen im Sinne des Satzes 1, die von Einrichtungen nach den Buchstaben b bis l erbracht werden, sind befreit, soweit es sich ihrer Art nach um Leistungen handelt, auf die sich die Anerkennung, der Vertrag oder die Vereinbarung nach Sozialrecht oder die Vergütung jeweils bezieht;

...

Bearbeiter: Daniela Bick

Inhaltsverzeichnis

1. Inhalt und Zweck der Vorschrift

1 § 4 Nr. 16 UStG befreit die mit dem Betrieb von **Einrichtungen zur Betreuung oder Pflege körperlich, geistig oder seelisch hilfsbedürftiger Personen** eng verbundenen Leistungen, die von bestimmten juristischen Personen oder Einrichtungen unter den jeweils genannten Voraussetzungen erbracht werden, von der Umsatzsteuer. Mit der Befreiungsvorschrift fördert der Gesetzgeber **sozialpolitisch erwünschte Zwecke**, da Träger von Altenheimen und ähnlichen Einrichtungen, die Sozialversicherungsträger und betroffene Bevölkerungskreise durch Befreiung der mit den begünstigten Einrichtungen eng verbundenen Umsätze entlastet werden. Damit werden die Pflegekosten gesenkt.

2 In § 4 Nr. 15 UStG 1951 waren ursprünglich die Umsätze der Krankenanstalten öffentlich-rechtlicher Körperschaften von der Umsatzsteuer befreit. Eine Befreiung für Altenheime war in der Norm seit dem 01.07.1961 vorgesehen. Seit dem UStG 1967 fand sich eine Befreiung für Krankenhäuser und Altenheime in § 4 Nr. 16 UStG. In der Folgezeit wurde der Anwendungsbereich des Befreiungstatbestandes ständig erweitert, zudem wurden die Voraussetzungen der Steuerfreiheit angepasst. Die Vorschrift wurde durch das JStG 2009 (BGBl I 2008, 2794) mit Wirkung zum 01.01.2009 vollständig neu gefasst. § 4 Nr. 16 enthält seitdem nur noch die Befreiung von Einrichtungen zur Betreuung und Pflege (bislang § 4 Nr. 16 Buchst. d und e). Die bisher in § 4 Nr. 16 Buchst. a bis c geregelten Befreiungen sind nunmehr in § 4 Nr. 14 Buchst. b enthalten. Durch das Amtshilferichtlinie-Umsetzungsgesetz vom 26.06.2013 wurden zum einen mit Wirkung zum 01.07.2013 Einrichtungen steuerbefreit, die als Betreuer bestellt worden sind (s. § 4 Nr. 16 Satz 1 Buchst. k UStG), der bisherige § 4 Nr. 16 S. 1 Buchst. k UStG wurde in § 4 Nr. 16 S. 1 Buchst. l verschoben und angepasst und § 4 Nr. 16 S. 1 Buchst. i UStG wurde überarbeitet (s. BT-Drs. 17/11 220, 47 und BT-Drs. 17/10 000, 85, jeweils i.V.m. BT-Drs. 17/12 532, 81 f.). Seine letzte Änderung hat § 4 Nr. 16 UStG durch das Steueränderungsgesetz 2015 (vom 24.09.2015, BGBl I 2015, 1834) zum 01.01.2016 erfahren. Darin wurde die Steuerbefreiung aus § 4 Nr. 16 Satz 1 Buchst. g UStG auf in seinem Befreiungsumfang von Betreuungsangeboten auf Betreuungs- oder Entlastungsangebote erweitert.

3–4 Einstweilen frei

2. Unionsrechtlicher Hintergrund

5 Die Vorschrift beruht **unionsrechtlich** auf **Art. 132 Abs. 1 Buchst g MwStSystRL**. Danach befreien die Mitgliedstaaten eng mit der Sozialfürsorge und der sozialen Sicherheit verbundene Dienstleistungen und

Lieferungen von Gegenständen, einschließlich derjenigen, die durch Altenheime, Einrichtungen des öffentlichen Rechts oder andere von dem betreffenden Mitgliedstaat als Einrichtungen mit sozialem Charakter anerkannte Einrichtungen bewirkt werden. Die Mitgliedstaaten können die Befreiung für Einrichtungen, die keine Einrichtungen des öffentlichen Rechts sind, von den in **Art. 133 MwstSystRL genannten Bedingungen** abhängig machen. Zudem sind nach Art. **134 MwStSystRL** Leistungen von der Befreiung ausgeschlossen, die zur Ausübung der Tätigkeit **nicht unerlässlich** sind oder im Wesentlichen dazu bestimmt sind, der Einrichtung zusätzliche Einnahmen durch Umsätze zu verschaffen, die in unmittelbarem Wettbewerb mit Umsätzen von der Mehrwertsteuer unterliegenden gewerblichen Unternehmen bewirkt werden. Zu beachten ist, dass § 4 Nr. 16 UStG nur einen Teil der in Art. 132 Abs. 1 Buchst. g MwStSystRL genannten Umsätze steuerfrei stellt. Auch weitere Vorschriften des UStG (z.B. s. § 4 Nr. 18 und Nr. 25 UStG) stellen Umsätze des Art. 132 Abs. 1 Buchst. g UStG steuerfrei. Soweit die Vorgaben des Unionsrechts in den Normen nicht hinreichend umgesetzt wurden, kann der Steuerpflichtige seine Steuerfreiheit unmittelbar unter Berufung auf das Unionsrecht geltend machen (s. Rn. 102 ff.).

6–7 Einstweilen frei

3. Voraussetzungen der Steuerfreiheit des § 4 Nr. 16 UStG

8 Die Strafbefreiung des § 4 Nr. 16 UStG setzt voraus, dass Betreuungs- und Pflegeleistungen an hilfsbedürftige Personen durch eine juristische Person des öffentlichen Rechts oder eine andere nach Maßgabe des § 4 Nr. 16 Buchst. b–l UStG **sozial anerkannte Einrichtung** erbracht werden.

9–10 Einstweilen frei

3.1 Hilfsbedürftige Personen

11 Die Steuerbefreiung des § 4 Nr. 16 UStG erfasst sowohl Betreuungs- als auch Pflegeleistungen für **hilfsbedürftige Personen**. **Hilfsbedürftig** sind alle Personen, die aufgrund ihres körperlichen, geistigen oder seelischen Zustands der Betreuung oder Pflege bedürfen (s. Abschn. 4.16.1 Abs. 4 UStAE). Der **Betreuung oder Pflege bedürfen** Personen, die krank, behindert oder von einer Behinderung bedroht sind. Dies schließt auch Personen mit ein, bei denen ein Grundpflegebedarf oder eine erhebliche Einschränkung der Alltagskompetenz (s. § 45a SGB XI), besteht. Hilfsbedürftig sind darüber hinaus auch Personen, denen Haushaltshilfe nach dem KVLG 1989, dem ALG oder dem SGB VII gewährt wird, etwa im Fall der Arbeitsunfähigkeit nach § 10 Abs. 1 KVLG 1989.

12 Soweit in **stationären Einrichtungen** Pflege- oder Betreuungsleistungen in geringem Umfang (d.h. nicht mehr als 10 %) auch an nicht hilfsbedürftige Personen erbracht werden, ist die Inanspruchnahme der Steuerbefreiung nicht zu beanstanden (Abschn. 4.16.1 Abs. 5 UStAE). Die Steuerbefreiung gilt dann insgesamt für die mit dem Betrieb eines Altenheims oder Pflegeheims eng verbundenen Umsätze.

13–14 Einstweilen frei

3.2 Betreuungs- und Pflegeleistungen nach § 4 Nr. 16 Satz 1 UStG

15 Die Steuerbefreiung in § 4 Nr. 16 UStG betrifft **ambulante oder stationäre erbrachte Betreuungs- und Pflegeleistungen** für hilfsbedürftige Personen. Unter den Begriff der Betreuung oder Pflege fallen z.B. die in § 14 Abs. 4 SGB XI bzw. § 61 Abs. 5 SGB XII aufgeführten Leistungen für die gewöhnlichen und regelmäßig wiederkehrenden Verrichtungen im Ablauf des täglichen Lebens, bei teilstationärer oder stationärer Aufnahme auch die Unterbringung und Verpflegung (s. BFH vom 05.02.2004, V R 2/03, BStBl II 2004, 669 zu § 4 Nr. 16 Buchst. d und e a.F.; s. BMF vom 20.07.2009, BStBl I 2009, 774, Tz. 5; BT-Drs. 16/11 108, 46). Demgegenüber sollen Vermietungsleistungen und individuell angepasste Pflegeleistungen, die ein Unternehmer aufgrund getrennter Verträge gegenüber Senioren im Rahmen einer Seniorenwohngemeinschaft erbringt, umsatzsteuerrechtlich getrennt – und dabei steuerfrei nach § 4 Nr. 12 und § 4 Nr. 16 Buchst. e UStG – zu behandeln sein (s. BFH-Urteil vom 04.05.2011, XI R 35/10, DStR 11, 1421). Welche Leistungen letztlich im Einzelnen in den Anwendungsbereich der Steuerbefreiung fallen, ergibt sich aus der Definition der nach § 4 Nr. 16 Satz 1 Buchstaben a bis l UStG begünstigten Einrichtungen. Soweit

diese im Rahmen ihrer sozialrechtlichen Anerkennung Betreuungs- und Pflegeleistungen ausführen, fallen ihre Leistungen in den Anwendungsbereich der Steuerbefreiung. Unter die Umsatzsteuerbefreiung können nach Abschn. 4.16.5 Abs. 21 Satz 2 UStAE auch Leistungen fallen, die im Rahmen der Eingliederungshilfe erbracht werden nach § 54 SGB XII (zur Anwendung vor dem 01.01.2016 s. BMF vom 01.02.2016, III C 3 – S 7172/07/10004, DStR 2016, 246).

Auch in den Fällen, in denen eine Einrichtung im Sinne von § 4 Nr. 16 UStG für eine hilfsbedürftige Person ausschließlich Leistungen der **hauswirtschaftlichen Versorgung** erbringt, handelt es sich um mit dem Betrieb von Einrichtungen zur Betreuung oder Pflege **eng verbundene** und somit steuerfreie Leistungen (s. Abschn. 4.16.1 Abs. 7 UStAE). 16

Einstweilen frei 17–18

3.3 Eng verbundene Umsätze

Für alle in § 4 Nr. 16 UStG genannten Einrichtungen gilt die Steuerbefreiung nur für die mit dem Betrieb von Einrichtungen zur Betreuung oder Pflege körperlich, geistig oder seelisch hilfsbedürftiger Personen eng verbundenen Umsätze. **Eng verbunden** sind Leistungen, wenn sie tatsächlich als **Nebenleistungen** zu einer Betreuungs- oder Pflegeleistung, die die Hauptleistung darstellt, erbracht werden. Nebenleistungen werden regelmäßig erbracht, um Hauptleistungen unter optimalen Bedingungen in Anspruch zu nehmen (s. EuGH vom 01.12.2005, C-394/04, Diagnostiko & Therapeftiko Kentro AE, UR 2006, 171; EuGH vom 06.11.2003, C-45/01, Dornier, UR 2003, 584). „Eng verbunden" ist jede Leistung, die für die Pflege und Versorgung dieses Personenkreises unerlässlich ist und regelmäßig unmittelbar damit in Zusammenhang steht (s. BFH vom 01.12.1977, V R 37/75, BStBl II 1978, 173). Zudem dürfen die Leistungen nicht dazu bestimmt sein, den Einrichtungen zusätzliche Einnahmen durch Tätigkeiten zu verschaffen, die in unmittelbarem Wettbewerb zu steuerpflichtigen Umsätzen anderer Unternehmer stehen (s. EuGH vom 01.12.2005, C-394/04, Diagnostiko & Therapeftiko Kentro, UR 2006, 171). 19

Zu den eng verbundenen Umsätzen gehören beispielsweise die **stationäre oder teilstationäre Aufnahme** von hilfsbedürftigen Personen die ärztliche und pflegerische Betreuung, einschließlich der **Lieferung** erforderlicher **Medikamente**, an stationäre oder ambulante Patienten, die Lieferung von Körperersatzstücken und orthopädischen Hilfsmitteln, die Überlassung von Einrichtungen und Gestellung von medizinischem Hilfspersonal, **Schulungsveranstaltungen** sowie die **Verabreichung von Zytostatika** im Rahmen einer ambulant durchgeführten ärztlichen Heilbehandlung (s. BFH vom 24.09.2014, V R 19/11, DStR 2014, 2505). Eine beispielhafte Auflistung eng verbundener Umsätzen findet sich in Abschn. 4.16.6 Abs. 2 UStAE. 20

Nicht eng – und damit nicht nach § 4 Nr. 16 UStG steuerbefreit – sind sog. **Hilfsgeschäfte**. Hierzu zählen beispielsweise die entgeltliche Abgabe von Speisen und Getränken an Besucher oder die Telefongestellung an Patienten sowie Vermietung von Fernsehgeräten und die Unterbringung und Verpflegung von Begleitpersonen (s. EuGH vom 01.12.2005, C-394/04, Diagnostiko & Therapeftiko Kentro, UR 2006, 171). Auch die **Veräußerung des gesamten beweglichen Anlagevermögens** und der Warenvorräte nach Einstellung des Betriebs stellen keine eng verbundenen Umsätze im Sinne des § 4 Nr. 16 UStG dar (s. BFH vom 01.12.1977, V R 37/75, BStBl II 1978, 173). Es kann jedoch die Steuerbefreiung nach § 4 Nr. 28 UStG in Betracht kommen. 21

Einstweilen frei 22–23

3.4 Begünstigte Einrichtungen

Die Steuerfreiheit des § 4 Nr. 16 UStG setzt zudem voraus, dass die befreiten Leistungen von **Einrichtungen** erbracht werden, die die in § 4 Nr. 16 UStG genannten Voraussetzungen erfüllen. Es muss sich also um Einrichtungen mit einer Zweckbindung handeln, die in der Betreuung oder Pflege körperlich, geistig oder seelisch hilfsbedürftiger Personen liegt. 24

Der Begriff „**Einrichtungen**" ist **unionsrechtlich** zu verstehen und umfasst sowohl natürliche Personen als auch Personengesellschaften und juristische Personen (s. EuGH vom 07.09.1999, C-216/97, Gregg, UR 99, 419; EuGH vom 03.04.2003, C-144/00, Hoffmann, UR 03, 286). Umsätze des Unternehmers, die nicht 25 unmittelbar durch die begünstigte Einrichtung selbst ausgeführt werden, sind nicht nach § 4 Nr. 16 UStG steuerfrei (s. BFH vom 22.05.2003, V R 94/01, BStBl II 2003, 954).

26 Steuerfrei sind die **Leistungen von juristischen Personen des öffentlichen Rechts** gemäß § 4 Nr. 16 Satz 1 Buchst. a UStG. Ferner sind die Betreuungs- oder Pflegeleistungen nach § 4 Nr. 16 Satz 1 Buchst. b bis l UStG steuerfrei, wenn sie von den dort genannten anerkannten Einrichtungen mit sozialem Charakter erbracht werden. Zudem gelten die Einschränkungen des § 4 Nr. 16 Satz 2 UStG.

27–28 Einstweilen frei

3.4.1 Juristische Personen des öffentlichen Rechts nach § 4 Nr. 16 Satz 1 Buchst. a UStG

29 § 4 Nr. 16 Satz 1 Buchst. a UStG befreit die Betreuungs- und Pflegeleistungen von der Umsatzsteuer, sofern diese von Einrichtungen erbracht werden, die von **juristischen Personen des öffentlichen Rechts** betrieben werden. Zum Begriff der juristischen Personen des öffentlichen Rechts vgl. die Ausführungen zu § 2 Abs. 3 Rn. 1 ff. UStG. Voraussetzung für die Steuerbefreiung ist, dass die juristische Person des öffentlichen Rechts insoweit unternehmerisch handelt. Juristische Personen des öffentlichen Rechts im Sinne von § 2 Abs. 3 UStG sind insbesondere die Gebietskörperschaften (Bund, Länder, Gemeinden, Gemeindeverbände, Zweckverbände), die öffentlich-rechtlichen Religionsgemeinschaften, die Innungen, Handwerkskammern, Industrie- und Handelskammern und sonstige Gebilde, die auf Grund öffentlichen Rechts eigene Rechtspersönlichkeit besitzen. Dazu gehören neben Körperschaften auch Anstalten und Stiftungen des öffentlichen Rechts, z.B. Rundfunkanstalten des öffentlichen Rechts (s. Abschn. 2.11 Abs. 1 UStAE).

30–31 Einstweilen frei

3.4.2 Einrichtungen nach § 4 Nr. 16 Satz 1 Buchst. b UStG

32 Nach § 4 Nr. 16 Satz 1 Buchst. b UStG sind **private Einrichtungen** von der Umsatzsteuer befreit, die **Leistungen der Haushaltshilfe** erbringen, mit denen ein Vertrag nach § 132 SGB V besteht. Befreit sind damit Pflege- und Betreuungsleistungen i.R.d. Haushalthilfe von Einrichtungen, mit denen ein Vertrag nach § 132 SGB V besteht. Nach § 132 SGB V kann die Krankenkasse zur Gewährung von Haushaltshilfe geeignete Personen anstellen. Sie hat dazu über Inhalt, Umfang, Vergütung sowie Prüfung der Qualität und Wirtschaftlichkeit der Dienstleistungen nach § 132 Abs. 1 SGB V Verträge zu schließen.

33 Hierunter fallen insbesondere Umsätze, die eine Einrichtung durch Gestellung von **Haushaltshilfen i.S.d. § 38 SGB V** erzielt (s. BFH vom 30.07.2008, XI R 61/07, BStBl II 2009, 68). Versicherte erhalten gemäß § 38 SGB V Haushaltshilfe, wenn ihnen die Weiterführung des Haushalts unmöglich ist und im Haushalt ein Kind lebt, das bei Beginn der Haushaltshilfe das 12. Lebensjahr noch nicht vollendet hat oder das behindert und auf Hilfe angewiesen ist. Auch die Leistungen von Einrichtungen, die hierzu nach § 26 Abs. 5 i.V.m. § 42 SGB VII bestimmt sind (s. § 4 Nr. 16 Satz 1 Buchst. d UStG) bzw. mit denen ein Vertrag nach den §§ 10 und 11 KVLG 1989 nach den §§ 10, 36, 37 und 39 ALG oder nach § 54 Abs. 2 SGB VII besteht (s. § 4 Nr. 16 Satz 1 Buchst. i UStG), sind steuerfrei (s. Abschn. 4.16.5 Abs. 3 UStAE). Zudem sind Haushaltshilfeleistungen steuerfrei, wenn die Voraussetzungen des § 4 Nr. 16 Satz 1 Buchstabe l UStG erfüllt sind. Für die Leistungen aus der Gestellung von **Betriebshelfern** kann die Steuerbefreiung nach § 4 Nr. 27 Buchst. b UStG unter den dortigen Voraussetzungen in Betracht kommen (s. dazu § 4 Nr. 27 Rn. 13 ff.).

34–35 Einstweilen frei

3.4.3 Einrichtungen nach § 4 Nr. 16 Satz 1 Buchst. c UStG

36 Nach § 4 Nr. 16 Satz 1 Buchst. c UStG sind Einrichtungen, die Leistungen zur **häuslichen Pflege und Betreuung** sowie zur **hauswirtschaftlichen Versorgung** erbringen, mit ihren Leistungen steuerfrei, wenn mit ihnen die Krankenkasse einen Vertrag nach § 132a SGB V (Versorgung mit häuslicher Krankenpflege) besteht bzw. die zuständige Pflegekasse einen Vertrag nach § 77 SGB XI (Häusliche Pflege durch Einzelpersonen) geschlossen hat oder mit ihnen ein Versorgungsvertrag:

- Nach § 72 SGB XI (zugelassene Pflegeeinrichtungen – § 4 Nr. 16 Satz 1 Buchst. c UStG) bzw.
- nach § 8 Abs. 3 Satz 2 SVLFGG (Inanspruchnahme anderer geeigneter Personen, Einrichtungen oder Unternehmen zur Gewährung von häuslicher Krankenpflege, Betriebs- und Haushaltshilfe – § 4 Nr. 16

Satz 1 Buchst. i UStG) über die Gewährung von Leistungen nach § 8 KVLG 1989 in Verbindung mit § 37 SGB V besteht,

- oder wenn sie hierzu nach § 26 Abs. 5 in Verbindung mit §§ 32 bzw. 44 SGB VII (Leistungen bei Pflegebedürftigkeit durch häusliche Krankenpflege bzw. Pflege) bestimmt sind (s. § 4 Nr. 16 Satz 1 Buchst. c UStG)

bzw. wenn die Voraussetzungen nach § 4 Nr. 16 Satz 1 Buchst. l UStG erfüllt sind. Unter die Steuerbefreiung fallen auch die von diesen Einrichtungen erbrachten **Pflegeberatungsleistungen** nach §§ 7a bzw. 37 Abs. 3 SGB XI (s. Abschn. 4.16.5 Abs. 5 UStAE).

In den mit den **Krankenkassen oder Pflegekassen geschlossenen Verträgen** werden Inhalt und Umfang 37 der von den Leistungserbringern geschuldeten Leistung geregelt. Im Rahmen der häuslichen Krankenpflege sind nach § 4 Nr. 16 UStG nur die Grundpflegeleistungen und die hauswirtschaftliche Versorgung steuerbefreit. Die Leistungen der Behandlungspflege können unten den Voraussetzungen des § 4 Nr. 14 UStG steuerfrei sein (s. dazu § 4 Nr. 14 Rn. 160 ff.).

Einstweilen frei 38–39

3.4.4 Einrichtungen nach § 4 Nr. 16 Satz 1 Buchst. d UStG

Nach § 4 Nr. 16 Satz 1 Buchst. d UStG sind Einrichtungen, die Leistungen der **häuslichen Krankenpflege** 40 **oder Haushaltshilfe** erbringen und hierzu nach § 26 Abs. 5 i.V.m. §§ 32, 42 SGB VII bestimmt sind, von der Umsatzsteuer befreit. Dabei bestimmen die Unfallversicherungsträger nach § § 26 Abs. 5 SGB VII im Einzelfall Art, Umfang und Durchführung der Heilbehandlung und der Leistungen zur Teilhabe nach pflichtgemäßem Ermessen. Über § 32 SGB VII erhalten Versicherte in ihrem Haushalt oder ihrer Familie neben der ärztlichen Behandlung häusliche Krankenpflege durch geeignete Pflegekräfte, wenn dies geboten ist. Dabei sind die Grundpflegeleistungen und die hauswirtschaftliche Versorgung über § 4 Nr. 16 UStG steuerbefreit. Die Leistungen der Behandlungspflege können in Ergänzung unten den Voraussetzungen des § 4 Nr. 14 UStG steuerfrei sein (s. dazu § 4 Nr. 14 Rn. 160 ff.). Gemäß § 42 SGB VII werden Haushaltshilfe und Leistungen zur Kinderbetreuung (s. § 54 Abs. 1 bis 3 SGB XI) auch bei Leistungen zur Teilhabe am Leben in der Gemeinschaft erbracht.

Einstweilen frei 41–42

3.4.5 Einrichtungen nach § 4 Nr. 16 Satz 1 Buchst. e UStG

Nach § 4 Nr. 16 Satz 1 Buchst. e UStG sind **Integrationsfachdienste**, die im Auftrag von Integrationsämtern 43 oder der Rehabilitationsträger tätig werden, von der Umsatzsteuer befreit, wenn mit diesen eine Vereinbarung nach § 111 SGB IX besteht.

Dazu schließen die Integrationsämter oder Rehabilitationsträger (s. §§ 6, 6a SGB IX) mit Integrationsfach- 44 diensten zur Beauftragung, Zusammenarbeit, fachlichen Leitung, Aufsicht sowie zur Qualitätssicherung und Ergebnisbeobachtung Verträge (s. § 111 Abs. 1, 4 SGB IX). **Integrationsfachdienste** sind Dienste Dritter, die bei der Durchführung der Maßnahmen zur Teilhabe schwerbehinderter Menschen am Arbeitsleben, um die Erwerbsfähigkeit des genannten Personenkreises herzustellen oder wiederherzustellen, beteiligt sind (s. § 109 Abs. 1 SGB IX; Abschn. 4.16.4 Abs. 7 UStAE). Anders als bei den Leistungen der **Arbeitsvermittlungsagenturen** steht die Betreuung behinderter Menschen zur Eingliederung ins Arbeitsleben im Vordergrund. Die Aufgaben der Integrationsfachdienste werden in § 110 SGB IX umschrieben. Zu beachten ist, dass die Integrationsfachdienste unter weiteren Voraussetzungen auch zur beruflichen Eingliederung von behinderten Menschen, die nicht schwer behindert sind, tätig werden (s. § 109 Abs. 1 und 4 SGB IX).

Voraussetzung für die Steuerbefreiung aus § 4 Nr. 16 Satz 1 Buchst. e UStG für Leistungen der Inte- 45 grationsfachdienste ist daher zunächst, dass diese im Auftrag der Integrationsämter oder der Rehabilitationsträger tätig werden und mit ihnen eine **Vereinbarung** nach § 111 SGB IX besteht in welchem der **Integrationsfachdienst als solcher benannt** ist. Infolgedessen sind alle Tätigkeiten des bezeichneten Integrationsfachdienstes im Rahmen des gesetzlichen Auftrages (s. § 110 SGB IX) steuerbefreit (s. Abschn. 4.16.4 Abs. 8 UStAE). In dem Auftrag werden Art, Umfang und Dauer des im Einzelfall notwendigen Einsatzes des Integrationsfachdienstes sowie auch das Entgelt festgelegt.

46–47 Einstweilen frei

3.4.6 Einrichtungen nach § 4 Nr. 16 Satz 1 Buchst. f UStG

48 Nach § 4 Nr. 16 Satz 1 Buchst. f UStG sind Leistungen von **Werkstätten für behinderte Menschen und deren angegliederte Betreuungseinrichtungen**, die nach § 142 SGB IX anerkannt sind, einschließlich deren Zusammenschlüsse, von der Umsatzsteuer befreit.

49 Eine **Werkstatt für behinderte Menschen** ist eine Einrichtung zur Teilhabe behinderter Menschen am Arbeitsleben und zur Eingliederung in das Arbeitsleben. Eine solche Werkstatt steht allen behinderten Menschen offen, sofern erwartet werden kann, dass sie spätestens nach Teilnahme an Maßnahmen im Berufsbildungsbereich wenigstens ein Mindestmaß wirtschaftlich verwertbarer Arbeitsleistungen erbringen werden (s. § 136 Abs. 1 und 2 SGB IX). Behinderte Menschen, die die Voraussetzungen für die Beschäftigung in der Werkstatt nicht erfüllen, sollen in Einrichtungen oder Gruppen betreut und gefördert werden, die der Werkstatt angegliedert sind (s. § 136 Abs. 3 SGB IX).

50 Die nach dem Sozialgesetzbuch an Werkstätten für behinderte Menschen und deren angegliederten Betreuungseinrichtungen gezahlten **Pflegegelder** sind als **Entgelte für die Betreuungs-, Beköstigung-, Beherbergungs- und Beförderungsleistungen** dieser Werkstätten anzusehen (s. Abschn. 4.17.1 Abs. 11 UStAE). Diese Leistungen sind nach § 4 Nr. 16 Satz 1 Buchst. f UStG befreit, wenn sie von Werkstätten bzw. deren Zusammenschlüssen erbracht werden, die nach § 142 SGB IX anerkannt sind (s. BMF vom 26.06.2009, BStBl I 2009, 774 i.V.m. BMF vom 27.03.12, BStBl I 2012, 370 Nr. 1244).

51 Die Entscheidung über die **Anerkennung von Werkstätten** für behinderte Menschen trifft nach § 142 SGB IX auf Antrag die Bundesagentur für Arbeit im Einvernehmen mit dem überörtlichen Träger der Sozialhilfe. Die Bundesagentur für Arbeit führt ein Verzeichnis der anerkannten Werkstätten für Behinderte (s. § 142 Sätze 3 und 4 SGB IX).

52 Zum Umfang der befreiten Leistungen vgl. Rn. 15 ff. Die Leistungen der anerkannten Werkstätten für Behinderte, die im Rahmen der **Jugendhilfe** erbracht werden, können unter den in der Norm genannten Voraussetzungen auch nach § 4 Nr. 25 steuerfrei sein (s. § 4 Nr. 25 Rn. 15 ff.).

53 Zur **umsatzsteuerlichen Behandlung der Umsätze im Werkstattbereich** wird auf Abschn. 12.9 Abs. 4 Nr. 4 sowie die Ausführungen zu § 12 UStG verwiesen.

54–55 Einstweilen frei

3.4.7 Einrichtungen nach § 4 Nr. 16 Satz 1 Buchst. g UStG

56 Nach § 4 Nr. 16 Satz 1 Buchst. g UStG sind Leistungen von Einrichtungen von der Umsatzsteuer befreit, soweit diese landesrechtlich als **niedrigschwellige Betreuungsangebote** gemäß § 45b SGB XI anerkannt sind. Niedrigschwellige Betreuungsangebote sind Betreuungsangebote, in denen Helfer und Helferinnen unter pflegefachlicher Anleitung die Betreuung von Pflegebedürftigen mit erheblichem Bedarf an allgemeiner Beaufsichtigung und Betreuung in Gruppen oder im häuslichen Bereich übernehmen sowie pflegende Angehörige entlasten und beratend unterstützen (§ 45c Abs. 3 SGB XI). Das sind z.B. Betreuungsgruppen für Pflegebedürftige mit demenzbedingten Fähigkeitsstörungen, mit geistigen Behinderungen oder mit psychischen Erkrankungen, Helferinnen- und Helferkreise zur stundenweisen Entlastung pflegender Angehöriger im häuslichen Bereich, die Tagesbetreuung in Kleingruppen oder die Einzelbetreuung durch anerkannte Helferinnen und Helfer oder familienentlastende Dienste. Die Befreiung umfasst nach ihrem Wortlaut nur die **zusätzlichen Betreuungsleistungen** in Form von anerkannten niedrigschwelligen Betreuungsangeboten (s. § 45b Abs. 1 Satz 5 Nr. 4 SGB XI). Die darüber hinaus in § 45b Abs. 1 Satz 5 Nr. 1–3 SGB XI aufgeführten Leistungen der **Tages- und Nachtpflege, Kurzzeitpflege und der zugelassenen Pflegedienste** können aber nach anderen Buchstaben des **§ 4 Nr. 16 UStG** von der Umsatzsteuer befreit sein.

57 Niedrigschwellige Betreuungsangebote werden z.B. von ambulanten Pflegediensten, von Wohlfahrtsverbänden, Betroffenenverbänden, Nachbarschaftshäusern, Kirchengemeinden und anderen Organisationen und Vereinen erbracht, aber auch von Einzelpersonen. Die Umsätze der Einrichtungen sind nach § 4 Nr. 16 Satz 1 Buchst. g UStG steuerfrei, soweit sie Leistungen erbringen, die landesrechtlich als niedrigschwellige Betreuungsangebote nach § 45b SGB XI anerkannt oder zugelassen sind (s. Abschn. 4.16.4 Abs. 13 UStAE).

Dabei können die jeweiligen Landesregierungen das Nähere der landesrechtlichen Anerkennung (s. § 45b Abs. 1 Satz 5 Nr. 4 SGB XI) in einer Rechtsverordnung regeln (s. § 45b Abs. 3 SGB XI).

Durch das Steueränderungsgesetz 2015 vom 24.09.2015 (BGBl I 2015, 1834) wurde die Steuerbefreiung 58
auf **niedrigschwellige Entlastungsleistungen** durch Einrichtungen, die landesrechtlich nach § 45b SGB XI anerkannt sind, erweitert. Dabei handelt es sich um Leistungen zur Deckung des Bedarfs hilfsbedürftiger Personen an Unterstützung im Alltag, wie z.B. die hauswirtschaftliche Versorgung, die Unterstützung bei der Bewältigung von allgemeinen oder pflegebedingten Anforderungen des Alltags oder die Unterstützung bei der eigenverantwortlichen Organisation individuell benötigter Hilfeleistungen.

Einstweilen frei 59

3.4.8 Einrichtungen nach § 4 Nr. 16 Satz 1 Buchst. h UStG

Werden die unter Rn. 15 ff. genannten Leistungen von Einrichtungen und Diensten erbracht, die nach § 75 60
SGB XII **Vereinbarungen mit Trägern der Sozialhilfe** getroffen haben, sind diese nach § 4 Nr. 16 Satz 1 Buchst. h UStG von der Umsatzsteuer befreit. Im Bereich des SGB XII werden insbesondere Verträge für folgende Leistungsbereiche abgeschlossen:

- Einrichtungen für Menschen mit **geistiger, körperlicher und/oder mehrfacher Behinderung** nach § 53 und § 54 SGB XII; s. insoweit BMF vom 01.02.2016, III C 3 – S 7172/07/10004, DStR 2016, 246),
- Einrichtungen für Menschen mit **seelischer Behinderung** nach § 53 und § 54 SGB XII,
- Einrichtungen und soziale Dienste für den **Personenkreis nach § 67 und § 68 SGB XII**.

Soweit Vereinbarungen nach § 75 SGB XII mit den Trägern der Sozialhilfe bestehen, ist der Träger der Sozi- 61
alhilfe zur Übernahme der Vergütung für die durch die Einrichtung zur Erfüllung der Aufgaben der Sozialhilfe erbrachten Leistung nur verpflichtet, wenn mit dem **Träger der Einrichtung oder seinem Verband eine entsprechende Vereinbarung** über Inhalt, Umfang und Qualität der Leistungen sowie Vergütung und Prüfung der Wirtschaftlichkeit und Leistungsqualität besteht (s. § 75 Abs. 3 SGB XII). Dabei können neben den üblichen Rahmenvereinbarungen auch einrichtungsindividuelle Leistungs-, Prüfungs- und Vergütungsvereinbarungen gemäß § 75 SGB XII getroffen werden.

Unter die Befreiung fallen nicht nur **teilstationäre und stationäre Leistungen** der Einrichtungen im 62
Sinne des §§ 75, 13 SGB XII, sondern auch die **ambulanten Leistungen** der in § 75 SGB XII erwähnten Dienste (s. BT-Drs. 16/11 108, 47).

Liegt kein Abschluss einer Vereinbarung nach § 75 Abs. 3 SGB XII vor, genügt die Übernahme der Vergü- 63
tung für eine Steuerfreiheit der Umsätze nicht (s. § 75 Abs. 4 SGB XII). Es kann aber eine Steuerbefreiung über **§ 4 Nr. 16 Buchst. l UStG** in Betracht kommen, wenn die dortigen Voraussetzungen erfüllt sind.

Einstweilen frei 64–65

3.4.9 Einrichtungen nach § 4 Nr. 16 Satz 1 Buchst. i UStG

Nach § 4 Nr. 16 Satz 1 Buchst. i UStG sind Einrichtungen, die **Leistungen der häuslichen Krankenpflege** 66
oder Haushaltshilfe erbringen und die einen Vertrag nach § 8 Abs. 3 des SVLFGG über die Gewährung von häuslicher Krankenpflege oder Haushaltshilfe nach den §§ 10 und 11 des KVLG 1989, § 10 des ALG oder nach § 54 Abs. 2 SGB VII abgeschlossen haben, von der Umsatzsteuer befreit. Befreit sind nach dem Wortlaut der Vorschrift nur die häusliche Krankenpflege und die Haushaltshilfe. Hinsichtlich weiterer Leistungen kann eine Steuerbefreiung nur unter den jeweiligen Voraussetzungen anderer Buchstaben des § 4 Nr. 16 UStG oder Befreiungstatbestände des § 4 UStG in Betracht kommen.

Während die Haushaltshilfe seit dem 01.01.2009 nunmehr in dieser Befreiungsvorschrift – und damit 67
nicht länger in § 4 Nr. 27 UStG – geregelt ist (s. BT-Drs. 16/11 108, 48), umfasst **§ 4 Nr. 27 UStG** aber weiterhin Steuerbefreiung für die **Betriebshilfe** (s. § 4 Nr. 27 Rn. 18 ff.).

Einstweilen frei 68–69

3.4.10 Einrichtungen nach § 4 Nr. 16 Satz 1 Buchst. j UStG

70 Nach § 4 Nr. 16 Satz 1 Buchst. j UStG sind Leistungen von **interdisziplinäre Frühförderstellen** steuerfrei, wenn die Stellen auf der Grundlage einer Landesrahmenempfehlung nach § 2 Frühförderungsverordnung als fachlich geeignet anerkannt sind. Interdisziplinäre Frühförderstellen sind familien- und wohnortnahe Dienste und Einrichtungen, die der Früherkennung, Behandlung und Förderung von Kindern (in der Regel noch nicht eingeschulten Kindern) dienen, um in interdisziplinärer Zusammenarbeit von qualifizierten medizinisch-therapeutischen und pädagogischen Fachkräften eine drohende oder bereits eingetretene Behinderung zum frühestmöglichen Zeitpunkt zu erkennen und die Behinderung durch gezielte Förder- und Behandlungsmaßnahmen auszugleichen oder zu mildern (s. Abschn. 4.16.4 Abs. 17 UStAE).

71 Dabei erfasst § 4 Nr. 16 S. 1 Buchst. j UStG nur die Leistungen der interdisziplinären Frühförderstellen (s.§ 30 Abs. 2 SGB IX). Diese müssen aufgrund einer **Landesrahmenempfehlung** nach § 2 FrühV als fachlich geeignete interdisziplinäre Frühförderstellen **anerkannt** sein. Demgegenüber erfasst **§ 4 Nr. 16 Satz 1 Buchst. j UStG** nicht die Leistungen der **Sozialpädiatrischen Zentren** nach § 30 Abs. 1 SGB IX. Derartige Leistungen können nach Auffassung der Finanzverwaltung unter den weiteren Voraussetzungen nach § 4 Nr. 14 Buchst. b Doppelbuchst. bb UStG steuerfrei sein (s. Abschn. 4.16.4 Abs. 19 UStAE sowie die Ausführungen insoweit zu § 4 Nr. 14 UStG).

72 Leistungen durch interdisziplinäre Frühförderstellen werden in der Regel in **ambulanter**, einschließlich mobiler Form erbracht (§ 3 Frühförderungsverordnung). Die nach § 30 Abs. 2 SGB IX erbrachten Leistungen der interdisziplinären Frühförderstellen sind dadurch gekennzeichnet, dass diese einen medizinischen sowie einen pädagogischen Anteil enthalten und als solche „**Mischleistungen**“ darstellen. Es stellt sich daher regelmäßig die Frage der Abgrenzung der befreiten Betreuungs- und Pflegeleistungen von den – ausschließlich – nach § 4 Nr. 14 UStG befreiten Heilbehandlungsleistungen (s. insoweit auch die Ausführungen zu § 4 Nr. 14 UStG). Dabei gelten die Allgemein Grundsätze von einheitlichen Leistungen und Nebenleistungen.

73-74 Einstweilen frei

3.4.11 Einrichtungen nach § 4 Nr. 16 Satz 1 Buchst. k UStG

75 Nach § 4 Nr. 16 Satz 1 Buchst. k UStG sind Leistungen von Einrichtungen steuerfrei, denen die **rechtliche Betreuung nach § 1896 BGB** durch Betreuungsbeschluss übertragen wurde, sofern es sich nicht um Leistungen handelt, die nach § 1908i Absatz 1 in Verbindung mit § 1835 Absatz 3 BGB vergütet werden. Rechtliche Betreuung erhalten volljährige Personen, die ihre Angelegenheiten auf Grund einer psychischen Krankheit oder einer körperlichen, geistigen oder seelischen Behinderung ganz oder teilweise nicht besorgen können. Die rechtlichen Betreuungsleistungen nach §§ 1896 ff. BGB sind nach § 4 Nr. 16 Satz 1 Buchst. k UStG steuerfrei, wenn sie von Einrichtungen erbracht werden, denen die rechtliche Betreuung nach § 1896 BGB durch einen Betreuungsbeschluss übertragen wurde. Die Befreiung umfasst alle Betreuer, auch Betreuungsvereine, Vereinsbetreuer und Berufsbetreuer (BT-Drs. 17/11220, 47 i.V.m. BT-Drs. 17/12532, 81 f.).

76 **Ausgeschlossen** von der Steuerbefreiung sind Leistungen, die nach § 1908i Abs. 1 Satz 1 BGB i.V.m. § 1835 Abs. 3 BGB vergütet werden (Dienste, die zum Gewerbe oder Beruf des Betreuers gehören). Denn insoweit handelt es sich nicht um Betreuungsleistungen im eigentlichen Sinne. Damit sind insbesondere **Rechtsberatungs-, Steuerberatungs- und Prozessführungsleistungen** nicht nach § 4 Nr. 16 Satz 1 Buchst. k UStG steuerbefreit (s. BFH vom 25.04.2013, V R 7/11, BStBl II 2013, 976).

77 **Vor Inkrafttreten des § 4 Nr. 16 Satz 1 Buchst. k UStG** gab es im UStG keine Steuerbefreiung für Berufsbetreuer. Demgemäß können sich **Berufsbetreuer** die gemäß § 1896 BGB gerichtlich zur Erbringung von Betreuungsleistungen bestellt worden sind für Zeiträume vor Inkrafttreten des § 4 Nr. 16 Satz 1 Buchst. k UStG zur Begründung ihrer Steuerfreiheit unmittelbar auf **Art. 132 Abs. 1 Buchst g MwStSystRL** (s. Art. 13 Teil A Abs. 1 Buchst g 6. EG-RL) berufen (s. BFH vom 25.04.2013, V R 7/11, BStBl II 2013, 976; BMF vom 15.11.2013, BStBl I 2013, 1477).

78 Im Zusammenhang mit der Steuerbefreiung nach § 4 Nr. 16 Satz 1 Buchst. k UStG steht insbesondere die **Steuerbefreiung für Vormünder** nach § 1773 BGB und **Ergänzungspfleger** nach § 1909 BGB **nach § 4**

Nr. 25 UStG (vgl. die dortigen Ausführungen für Einzelheiten der Steuerbefreiung). Zu rechtlichen Betreuungsleistungen für Kinder und Jugendliche s. Abschn. 4.25.2 Abs. 7 ff.

Einstweilen frei 79–80

3.4.12 Einrichtungen nach § 4 Nr. 16 Satz 1 Buchst. l UStG

§ 4 Nr. 16 Satz 1 Buchst. k UStG stellt eine Art **Auffangklausel** dar für Leistungen von Einrichtungen, bei denen im vorangegangenen Kalenderjahr die Betreuungs- oder Pflegekosten in mindestens 25% der Fälle von den gesetzlichen Trägern der Sozialversicherung oder der Sozialhilfe oder der für die Durchführung der Kriegsopferversorgung einschließlich der Träger der Kriegsopferfürsorge ganz oder zum überwiegenden Teil vergütet worden sind. Auch für diese greift eine Umsatzsteuerbefreiung ein. Es ist dann gerade nicht erforderlich, dass die Einrichtung nach dem Sozialrecht anerkannt ist oder dass mit der Einrichtung ein Vertrag oder eine Vereinbarung nach Sozialrecht besteht (s. BT-Drs. 16/11 108, 47). Die Norm kommt also zur Anwendung, wenn die **Einrichtung** die **Voraussetzungen der anderen Buchstaben des § 4 Nr. 16 Satz 1 UStG nicht erfüllt**. 81

Zum 01.07.2013 wurde die **„Sozialgrenze"** von bisher 40 % auf **25 %** – im Hinblick auf die weitere Verbreitung des Persönlichen Budgets (s. § 17 SGB IX) – gesenkt (s. BT-Drs. 17/10000, 85 i.V.m. BT-Drs. 17/12532, 81 f. und Abschn. 4.16.3 UStAE). Der V. Senat des BFH hielt die Sozialgrenze des § 4 Nr. 16 Buchst. e UStG a.F. für verfassungs- und unionsrechtskonform (s. BFH vom 24.01.2008, V R 54/06, BStBl II 2008, 643). Demgegenüber hatte der XI. Senat Zweifel an der Unionsrechtskonformität der 40 %-Grenze (damals noch ⅔-Grenze) des § 4 Nr. 16 Buchst. e UStG a.F. (vgl. das Vorabentscheidungsersuchen vom 02.03.2011, BFH XI R 47/07, BFHE 232, 568). Der Gerichtshofs hat entschieden, dass die „Sozialgrenze" wegen des Verstoßes gegen den Grundsatz der Steuerneutralität **nicht unionsrechtskonform** ist, weil amtlich anerkannte Verbände der freien Wohlfahrtspflege und deren Mitglieder die gleichen Umsätze gem. § 4 Nr. 18 UStG steuerfrei bewirken, diese Grenze nicht einhalten zu müssen (s. EuGH vom 15.11.2012, C-174/11 – Zimmermann, UR 13, 35; Nachfolgeentscheidung des BFH vom 19.03.2013, XI R 47/07, MwStR 13, 312). Die Rechtsprechung des Gerichtshofs (und nachfolgende auch des BFH) ist auch auf die 25 %-Grenze zu übertragen. Solange in § 4 Nr. 18 UStG für vergleichbare Leistungen der Wohlfahrtsverbände und ihrer Mitglieder diese Voraussetzung nicht gilt, können sich private Einrichtungen zur Geltendmachung Ihrer Steuerfreiheit – wenn Sie die 25 %-Grenze nicht erfüllen – zur Geltendmachung Ihrer Steuerfreiheit **unmittelbar auf Art. 132 Abs. 1 Buchst. g MwStSystRL berufen**. 82

Für die Ermittlung der 25 %-Grenze gemäß § 4 Nr. 16 Satz 1 Buchst. k UStG müssen die Betreuungs- und Pflegekosten im **vorangegangenen Kalenderjahr** in mindestens **25 % der Fälle** von den in der Norm genannten Trägern ganz oder zum überwiegenden Teil vergütet worden sein. Für die Auslegung des Begriffs „Fälle" ist nach Auffassung der Finanzverwaltung von der **Anzahl der hilfsbedürftigen Personen im Laufe eines Kalendermonats** auszugehen (s. Abschn. 4.16.3 Abs. 3 UStAE). Das Gesetz selbst sieht als maßgeblichen Zeitraum dagegen nur das „letzte Kalenderjahr" vor. Sollte im Einzelfall die Beurteilung nach der Verwaltungsauffassung für den Steuerpflichtigen ungünstiger sein, als eine Beurteilung nach dem Gesetzeswortlaut, empfiehlt es sich daher die Auffassung der Finanzverwaltung gerichtlich prüfen zu lassen. 83

Die Kosten eines „Falls" werden von den gesetzlichen Trägern der Sozialversicherung, Sozialhilfe, Kriegsopferfürsorge oder der für die Durchführung der Kriegsopferversorgung zuständigen Versorgungsverwaltung zum überwiegenden Teil getragen, wenn sie die Kosten des Falls allein oder gemeinsam zu **mehr als 50 %** übernehmen. Der Zeitpunkt der Kostenerstattung ist dabei ohne Bedeutung. Kostenzuschüsse oder Kostenerstattungen anderer Einrichtungen (z.B. private Krankenkassen, Beihilfestellen für Beamte, Wohlfahrtsverbände) sind den eigenen Aufwendungen der hilfsbedürftigen Person zuzurechnen (s. Abschn. 4.16.3 Abs. 4 UStAE). Eine Vergütung der Betreuungs- oder Pflegeleistungen aus Geldern des Persönlichen Budgets (s. § 17 SGB IX) durch die hilfsbedürftige Person als mittelbare Vergütung ist nicht in die Ermittlung der Sozialgrenze bei der erbringenden Einrichtung mit einzubeziehen. 84

85 Für die Ermittlung der 25 %-Grenze sind die Verhältnisse des Vorjahres maßgebend. Nimmt der Unternehmer **seine Tätigkeit im Laufe eines Kalenderjahres neu** auf, ist auf die voraussichtlichen Verhältnisse des laufenden Jahres abzustellen (s. Abschn. 4.16.3 Abs. 5 UStAE).

86 **Schulungskurse und Beratungen**, die Pflegeeinrichtungen im Auftrag der Pflegekassen durchführen, sind **eng mit den Pflegeleistungen verbundene Umsätze**. Sie werden grundsätzlich nicht als „Fall" angesehen und bei der Berechnung der 25 %-Grenze außen vor gelassen. Diese Umsätze sind danach steuerfrei, wenn im vorangegangenen Kalenderjahr mindestens 25 % der Fälle der Einrichtung ganz oder zum überwiegenden Teil von der Sozialversicherung, Sozialhilfe, Kriegsopferfürsorge oder der für die Durchführung der Kriegsopferversorgung zuständigen Versorgungsverwaltung getragen worden sind (s. Abschn. 4.16.3 Abs. 6 UStAE).

87 Auf Vorlage des BFH (Beschluss vom 21.08.2013, V R 20/12, DStR 2013, 2509) hat der Gerichtshof entschieden, dass sich weder **staatlich geprüfte Pflegekräfte**, die ihre Leistungen unmittelbar an Pflegebedürftige erbringen, noch ein **Zeitarbeitsunternehmen**, das solche Pflegekräfte anerkannten Einrichtungen zur Verfügung stellt, unmittelbar auf Art. 132 Abs. 1 Buchst. g MwStSystRL berufen können (s. EuGH vom 12.03.2015, C-594/13, „go fair" Zeitarbeit OHG, DStR 2015, 645). Die Leistungen sind also nicht steuerfrei, sondern – entsprechend des UStG – steuerpflichtig.

88 Die Steuerbefreiung des § 4 Nr. 14 Satz 1 Buchst. l UStG findet – obschon das Gesetz sie nicht ausdrücklich erwähnt – auch auf **Altenheime** Anwendung. Altenheime sind Einrichtungen in denen ältere, grundsätzlich nicht pflegebedürftige Menschen, die zur Führung eines eigenen Hausstands aber außerstande sind, Unterkunft, Verpflegung und Betreuung erlangen (s. Abschn. 4.16.4 Abs. 1 UStAE). Nach Auffassung der Finanzverwaltung setzt die Inanspruchnahme der Steuerbefreiung nach § 4 Nr. 16 Satz 1 Buchst. l UStG für Betreuungs- oder Pflegeleistungen an hilfsbedürftige Personen durch private Altenheime ebenfalls die Erfüllung der **25 %-Grenze** voraus. Auch insoweit bestehen erhebliche Zweifel an der Unionsrechtskonformität der Norm (s. die Ausführungen zu Rn. 82). Da Art. 132 Abs. 1 Buchst. g MwStSystRL die Altenheime ausdrücklich erwähnt, die Befreiung ihrer Leistungen aber nicht von einer sozialen Anerkennung abhängig macht, kann sich ein Altenheim u. U. unmittelbar auf Art. 132 Abs. 1 Buchst. g MwStSystRL berufen, wenn ihnen für ihre Leistung die soziale Anerkennung versagt wird (s. BFH vom 19.03.2013, IX R 45/10, MwStR 2013, 409).

89 Nach Neuregelung des § 4 Nr. 16 UStG fallen **Altenwohnheime** nicht mehr ohne Weiteres unter die Befreiung. Die Finanzverwaltung geht insofern davon aus, dass beim Betrieb eines Altenwohnheims grundsätzlich nur von einer nach § 4 Nr. 12 UStG steuerfreien Vermietungsleistung auszugehen ist (s. Abschn. 4.16.4 Abs. 5 UStAE). Die Finanzverwaltung unterstellt damit, dass bei den Umsätzen der Altenwohnheime (inkl. Pflege- und Betreuungsleistungen) eine einheitliche Leistung vorliegt, bei der die Vermietungsteilleistung prägend ist, so dass die Gesamtleitsung als Vermietungsleistung nach § 4 Nr. 12 Buchst. a UStG steuerfrei ist. Wird demgegenüber mit den Bewohnern eines Altenwohnheims ein Vertrag über die Aufnahme in das Heim geschlossen, der neben der Wohnraumüberlassung auch Leistungen zur Betreuung oder Pflege vorsieht, wobei die Betreuungs- und Pflegeleistungen die Wohnraumüberlassung aber nicht überlagern, handelt es sich um zwei steuerlich getrennt voneinander zu betrachtende Leistungen. Die Wohnraumüberlassung ist nach § 4 Nr. 12 UStG regelmäßig steuerfrei. Die eigenständigen Leistungen der Betreuung oder Pflege können unter den Voraussetzungen der einzelnen Buchstaben des § 4 Nr. 16 UStG steuerfrei sein (s. BFH vom 04.05.2011, XI R 35/10, BStBl II 2011, 836). Ob allerdings die von der deutschen Finanzverwaltung getroffene Unterscheidung zwischen Altenheimen und Altenwohnheimen unionsrechtskonform ist, darf bezweifelt werden. Denn das Unionsrechts selbst nennt nur den Begriff der Altenheime. Es kann daher in geeigneten Fällen unter Berufung auf eine Steuerbefreiung gestützt auf das Unionsrecht argumentiert werden, dass auch die Altenwohnheime vom unionsrechtlichen Begriff der Altenheime erfasst sind. Ob dies tatsächlich der Fall ist, hatte der Gerichtshof bislang noch nicht zu entscheiden.

90 Die Betreuungs- oder Pflegeleistungen an hilfsbedürftige Personen in **stationären Pflegeeinrichtungen** sind nach **§ 4 Nr. 16 Satz 1 Buchst. c bzw. d UStG** steuerfrei, wenn mit den Einrichtungen ein Versorgungsvertrag nach § 72 SGB XI besteht bzw. diese zur Heimpflege nach § 26 Abs. 5 i.V.m. § 44 SGB VII bestimmt sind. Sind die dortigen Voraussetzungen nicht erfüllt, können die Leistungen unter den Voraussetzungen

des § 4 Nr. 16 Satz 1 Buchst. l UStG steuerfrei sein. Hinsichtlich der Erfüllung der 25 %-Grenze und einer möglichen Berufung auf das Unionsrechts zur Geltendmachung der Steuerfreiheit vgl. die Ausführungen unter Rn. 82). Dabei sind unter stationäre Pflegeeinrichtungen (**Pflegeheime**) selbständige wirtschaftliche Einrichtungen, in denen Pflegebedürftige unter ständiger Verantwortung einer ausgebildeten Pflegefachkraft gepflegt werden und ganztägig (vollstationär) oder nur tagsüber oder nur nachts (teilstationär) untergebracht und verpflegt werden (s. § 71 Abs. 2 SGB XI), zu verstehen.

Einstweilen frei **91–92**

3.5 Beschränkung der Steuerfreiheit gemäß § 4 Nr. 16 Satz 2 UStG

Bei den **privaten Einrichtungen** nach § 4 Nr. 16 Satz 1 Buchst. b–l UStG sind die **Einschränkung des § 4 Nr. 16 Satz 2 UStG** zu beachten. Danach muss es sich ihrer Art nach um Leistungen handeln, auf die sich die Anerkennung, der Vertrag oder die Vereinbarung nach Sozialrecht oder die Vergütung jeweils beziehen (s. BMF vom 20.07.2009, BStBl I 2009, 774, Tz 36 mit Beispiel). Ein Unternehmer, der Leistungen in verschiedenen Bereichen erbringt, z.B. neben einem nach § 72 SGB XI zugelassenen Pflegeheim auch einen Integrationsfachdienst betreibt, muss die Voraussetzungen für die Steuerbefreiung für beide Bereiche gesondert nachweisen (s. Abschn. 4.12.1 Abs. 8 UStAE). **93**

Einstweilen frei **94–95**

3.6 Nachweis der Voraussetzungen der Steuerfreiheit

Um die Steuerbefreiung zu erlangen, muss **beleg- und buchmäßig nachgewiesen** werden, dass die Leistungen an hilfsbedürftige Personen erbracht wurden. Dabei finden die allgemeinen Vorschriften des § 22 UStG sowie der §§ 63 ff. UStDV Anwendung. Daneben gibt die Finanzverwaltung in Abschn. 4.16.2 Abs. 1 UStAE vor, welche Belege und Aufzeichnungen als Nachweis über die Hilfsbedürftigkeit in Betracht kommen. Daneben können Betreuungstagebücher, Pflegeleistungsaufzeichnungen, der Anerkennungsbescheid einer Pflegestufe nach §§ 14 f. SGB XI oder Bescheinigungen gem. § 45a SGB XI geeignete Nachweise darstellen (s. Abschn. 4.16.2 Abs. 2 UStAE). **96**

Einstweilen frei **97–98**

4. Vorsteuerabzug

Die Befreiung schließt gemäß § 15 Abs. 2 Nr. 1 UStG den **Vorsteuerabzug** aus. Ein Verzicht auf die Befreiung nach § 9 UStG ist nicht möglich. Die Umsätze nach § 4 Nr. 16 UStG sind also **zwingend umsatzsteuerfrei.** **99**

Einstweilen frei **100–101**

5. Voraussetzungen der Steuerfreiheit unter unmittelbarer Berufung auf das Unionsrecht im Überblick

Unionsrechtliche Grundlage des § 4 Nr. 14 UStG ist Art. 132 Abs. 1 Buchst. g MwStSystRL. Die Steuerbefreiung des Art. 132 Abs. 1 Buchst g MwStSystRL setzt nach der Rechtsprechung des Gerichtshofs voraus, dass es sich **1)** um **Leistungen** handelt, die mit der **Sozialfürsorge oder der sozialen Sicherheit eng verbunden** sind und **2)** dass diese Leistungen **von Einrichtungen des öffentlichen Rechts** oder **anderen Einrichtungen, die von dem betreffenden Mitgliedstaat als Einrichtungen mit im Wesentlichen sozialem Charakter** anerkannt worden sind, erbracht werden (s. EuGH vom 26.05.2005, C-498/03, Kingscrest Associates und Montecello, BFH/NV Beilage 2005, 310). Nach Art. 133 MwStSystRL können die Mitgliedstaaten die Steuerbefreiung des Art. 132 Abs. 1 Buchst. g MwStSystRL u.a. von den Bedingungen abhängig machen: **102**

- Dass die betreffenden Einrichtungen keine systematische Gewinnerzielung anstreben dürfen (Buchst. a),
- dass die Befreiung nicht zu Wettbewerbsverzerrungen zuungunsten gewerblicher Unternehmen führen darf (Buchst. d) oder

- dass die Preise, die die Einrichtungen verlangen, von den zuständigen Behörden genehmigt sein müssen oder die genehmigten Preise nicht übersteigen; bei Umsätzen, für die eine Preisgenehmigung nicht vorgesehen ist, müssen die verlangten Preise unter den Preisen liegen, die der Mehrwertsteuerpflicht unterliegende gewerbliche Unternehmen für entsprechende Umsätze fordern (Buchst. c).

103 Der deutsche Gesetzgeber hat die **unionsrechtlichen Vorgaben** in der Steuerbefreiung des § 4 Nr. 16 UStG **nicht ordnungsgemäß umgesetzt**. Soweit dies der Fall ist, kann sich ein Steuerpflichtiger zur Geltendmachung seiner Umsatzsteuerfreiheit unmittelbar auf das Unionsrecht berufen.

104 An einer ordnungsgemäßen Umsetzung fehl es zunächst im Hinblick auf Betreuungsleistungen von **Berufsbetreuern** für Leistungen, die vor dem 01.07.2013 erbracht wurden. Denn eine Befreiungsvorschrift existiert mit § 4 Nr. 16 Buchst. k UStG erst für nach dem Zeitpunkt erbrachte Betreuungsleistungen (s. Rn. 77). Zudem verlangt der Grundsatz der steuerlichen Neutralität aber, dass alle Einrichtungen, die keine Einrichtungen des öffentlichen Rechts sind, in Bezug auf ihre Anerkennung des sozialen Charakters nach Art. 132 Abs. 1 Buchst. g MwStSystRL bei der Erbringung vergleichbarer Leistungen gleich behandelt werden (s. EuGH vom 15.11.2012, C-174/11, Zimmermann, UR 13, 35). Es liegt daher ein Verstoß gegen diesen Grundsatz vor, wenn Leistungen von Einrichtungen ohne Gewinnstreben nach § 4 Nr. 18 steuerfrei sind, andererseits vergleichbare Leistungen von Einrichtungen, die nicht unter § 4 Nr. 18 fallen, die Voraussetzungen des § 4 Nr. 16 Buchst. k UStG erfüllen müssen. Der Unternehmer kann sich daher unmittelbar auf Art. 132 Abs. 1 Buchst. g MwStSystRL berufen, wenn er die **Sozialklausel der 25 %** nicht erfüllen sollte (s. Rn. 82 ff.). Zudem ist unionsrechtlich noch nicht geklärt, ob der unionsrechtliche Begriff der **Altenheime** auch **Altenwohnheime** nach dem deutschen recht erfasst. Sollte dies der Fall sein, könnten die Umsätze der Altenwohnheime nicht nur nach § 4 Nr. 12 Buchst. a UStG und § 4 Nr. 14 UStG steuerbefreit sein, sondern auch nach § 4 Nr. 16 UStG (s. Rn. 89). Jedenfalls verstößt aber wohl das Erfordernis der sozialen Anerkennung von Altenheimen gegen das Unionsrecht. Denn Art. 132 Abs. 1 Buchst. g MwStSystRL enthält eine solche Einschränkung in Bezug auf Altenheime gerade nicht. Altenheime können sich daher insoweit auf das günstigere Unionsrecht berufen (s. Rn. 88).

105–106 Einstweilen frei

§ 4 Nr. 17 UStG Lieferungen von menschlichen Organen, Blut, Frauenmilch; Krankentransport

[1]Von den unter § 1 Abs. 1 Nr. 1 fallenden Umsätzen sind steuerfrei:

…

17. a) die Lieferungen von menschlichen Organen, menschlichem Blut und Frauenmilch,
    b) die Beförderungen von kranken und verletzten Personen mit Fahrzeugen, die hierfür besonders eingerichtet sind;

…

Bearbeiter: Dennis Klein

Inhaltsverzeichnis

1. Zweck und Rechtfertigung der Steuerbefreiung

1 Die Befreiungsvorschrift vervollständigt die **Steuerbefreiungen im Gesundheitswesen**. Die Steuerbefreiung für die Lieferung menschlicher Organe bzw. Stoffe enthält eine Förderung des Gesundheitswesens. Die Steuerbefreiung der Krankenbeförderung soll eine Gleichstellung mit der öffentlichen Hand bewirken, deren Krankenbeförderungen bereits steuerfrei waren, Ges-Begr (s. BT-Drs. 8/1779, 34). Konsequenz der Steuerbefreiungen ist der Verlust des Vorsteuerabzugs; ein Verzicht ist nicht möglich.

2 Die unionsrechtlichen Grundlagen für die Befreiung finden sich in Art. 132 Abs. 1 Buchst. d) sowie Buchst. p) MwStSystRL („(1) Die Mitgliedstaaten befreien folgende Umsätze von der Steuer: … d) Lieferung von menschlichen Organen, menschlichem Blut und Frauenmilch; … p) von ordnungsgemäß anerkannten Einrichtungen durchgeführte Beförderung von kranken und verletzten Personen in dafür besonders eingerichteten Fahrzeugen; …“). Im Gegensatz zum Unionsrecht verwendet § 4 Nr. 17 Buchst. b UStG nicht die Wendung „ordnungsgemäß anerkannte Einrichtungen“, ist somit also weiter als die unionsrechtliche Grundlage.

2. Liefertatbestände

3 Die **Steuerbefreiungen des § 4 Nr. 17 Buchst. a UStG** betreffen die Lieferung natürlicher menschlicher Organe, gleichgültig in welcher Form. Das UStG enthält keine eigenständige Definition des menschlichen Organs, so dass der Rückgriff auf die gesetzliche Definition nach § 1a Transplantationsgesetz (TPG) gegeben ist. Danach sind Organe die aus verschiedenen Geweben bestehenden Teile des menschlichen Körpers, die in Bezug auf Struktur, Blutgefäßversorgung und Fähigkeit zum Vollzug physiologischer Funktionen eine funktionale Einheit bilden.

4 **Beispiele:** Herz, Lunge, Leber, Niere, Bauchspeicheldrüse.

5 Erfasst sind auch die einzelnen Gewebe eines Organs wie etwa die Hornhaut oder Teile eines menschlichen Organs wie Knochenmark (s. Ehrt in Weymüller, BeckOK UStG, § 4 Nr. 17 Rn. 22). Es darf sich jedoch nicht um künstlich hergestellte Organe, Körperersatzstücke wie etwa Prothesen oder um Geräte handeln, welche die natürlichen menschlichen Organe ersetzen oder in ihrer Funktion lediglich unterstützen, wie etwa Herzschrittmacher oder künstliche Linsen.

6 **Menschliches Blut fällt in jeder Form unter die Befreiungsvorschrift, gleich ob frisch, getrocknet oder gefroren.** Ebenso gehören aus menschlichem Blut hergestellte Erzeugnisse hierzu. Nach Abschn. 4.17.1

Abs. 1 UStAE sind dies folgende Erzeugnisse: Frischblutkonserven, Vollblutkonserven, Serum- und Plasmakonserven, Heparin-Blutkonserven und Konserven zellulärer Blutbestandteile.

7 Nicht unter die Befreiung fallen demgegenüber chemisch hergestellte Blutersatzstoffe und die aus Mischungen von humanem Blutplasma hergestellten Plasmapräparate (s. Abschn. 4.17.1 Abs. 2 UStAE).

8 **Beispiele:** Albumin, Globulin, Faktoren-Präparate, Humanalbumin, Fibrinogen, Immunglobuline.

9 Dritte Variante nach § 4 Nr. 17 Buchst. a UStG ist schließlich die Lieferung von Frauenmilch. Für die steuerbefreite Lieferung von Frauenmilch ist es ohne Bedeutung, ob diese bearbeitet wird, etwa gereinigt, erhitzt oder getrocknet (s. Abschn. 4.17.1 Abs. 3 UStAE).

10 Dienstleistungen im Zusammenhang mit den Lieferungen sind nicht steuerbefreit, so die Mitwirkung im Blutspendedienst oder der Transport von Organen (s. EuGH vom 03.06.2010, C-237/09, Nathalie de Fruytier, DB 2010, 1508). Die Steuerbefreiung nach § 4 Nr. 17 Buchst. a UStG geht etwaigen Steuerbefreiungen als Ausfuhrlieferung nach §§ 4 Nr. 1 Buchst. a, 6 UStG oder als innergemeinschaftliche Lieferung nach §§ 4 Nr. 17 Buchst. b, 6a UStG vor (s. Abschn. 4.17.1 Abs. 4 UStAE).

3. Krankentransport

11 § 4 Nr. 17 Buchst. b UStG befreit die Krankenbeförderung in besonders hierfür eingerichteten Fahrzeugen von der Umsatzsteuer. Befreit ist die **inländische Beförderung kranker oder verletzter Personen, gleichgültig durch wen.** Beförderungsleistung ist die räumliche Fortbewegung i.S.v. § 3 Abs. 6 Satz 2 UStG.

12 Krank sind Menschen, die vom Leitbild eines gesunden Menschen durch regelwidrigen Körper- oder Geisteszustand abweichen, einerlei ob akut, dauerhaft oder nur vorübergehend (s. Urteil des BFH vom 12.08.2004, V R 45/03, BStBl II 2005, 314). So ist auch die **Beförderung von Personen mit körperlichen Einschränkungen wie etwa Querschnittsgelähmten erfasst.** Neben Beförderungen im Rahmen der Notfallrettung ist also auch die Beförderung chronisch erkrankter Personen erfasst.

13 Weitere Voraussetzung für die Steuerbefreiung ist die Verwendung besonders eingerichteter Fahrzeuge. Dies sind zunächst alle Fahrzeuge, die nach dem Fahrzeugschein als **Krankenkraftwagen** gem. § 4 Abs. 6 PBefG anerkannt sind. Bei diesen ist stets davon auszugehen, dass sie für die Beförderung von kranken und verletzten Personen besonders eingerichtet sind (s. Abschn. 4.17.2 Abs. 1 S. 3 UStAE), sodass es eines weiteren Nachweises nicht bedarf. Darüber hinaus kommen aber auch alle sonstigen Fahrzeuge einschl. Luft- und Wasserfahrzeugen in Betracht, sofern diese mit speziellen Einrichtungen für die Krankenbeförderung versehen sind.

14 **Beispiele:** Liegen, Spezialsitze, Bodenverankerungen für Rollstühle, Auffahrrampen oder Trittstufen

15 Lediglich mit Blaulicht und Einsatzhorn **nachgerüstete Serienfahrzeuge** erfüllen diese Voraussetzungen jedoch nicht (s. BFH vom 16.11.1989, V R 9/85, BStBl II 1990, 255). Ebenso wenig reichen eine bloße Ausstattung mit einer Trage und einer Grundausstattung für „Erste Hilfe“ (s. Abschn. 4.17.2 Abs. 1 S. 5 UStAE). Dementsprechend gehören Fahrzeuge wie Taxis, die in erster Linie für die Beförderung anderer Personen bestimmt sind, nicht zu den Krankenfahrzeugen, selbst wenn sie im Einzelfall eine kranke Person befördern oder mit schwenkbaren Sitzen ausgestattet sind (s. Heidner in Bunjes, UStG, § 4 Nr. 17 Rn. 3).

16 Die Fahrzeuge müssen aber nicht dauerhaft mit den speziellen Einrichtungen versehen sein, die Möglichkeit zum Rückbau in den Serienzustand ist unschädlich. Ebenso wenig müssen die Fahrzeuge **ausschließlich zur Krankenbeförderung eingesetzt sein** (s. BFH vom 12.08.2004, V R 45/03, BStBl II 2005, 314); dann ist jedoch eine Aufteilung der Fahrten und der Nachweis erforderlich, etwa anhand eines Fahrtenbuchs (s. Abschn. 4.17.2 Abs. 2 Satz 2 UStAE). Dementsprechend sind bereits der Ausbau der hinteren zwei Sitzbänke, eine Auffahrrampe und Befestigungsschienen für Rollstühle ausreichend, um ein Fahrzeug als „eingerichtet“ i.S.v. § 4 Nr. 17 Buchst. b UStG zu qualifizieren (a.A. s. FG Baden-Württemberg vom 9.01.2009, 1 V 4533/08, EFG 2009, 707). Zur Anwendung des ermäßigten Steuersatzes nach § 12 Abs. 2 Nr. 10 UStG für durch Taxen oder Mietwagenunternehmen durchgeführte Krankentransporte vgl. die Ausführungen zu § 12 sowie BFH vom 02.07.2014, XI R 39/10, BStBl II 2015, 421.

4. Notfallrettung

Bei Leistungen der Notfallrettung werden regelmäßig sowohl Leistungen der Lebensrettung, Betreuung von Notfallpatienten als auch deren Beförderung erbracht. Die lebensrettenden Maßnahmen selbst dürften regelmäßig unter § 4 Nr. 14 Buchst. a UStG fallen. Die der **Vorbereitung der Transportfähigkeit** des Patienten dienenden Maßnahmen und dessen anschließende Beförderung stellen demgegenüber eine einheitliche Leistung dar, die nach § 4 Nr. 17 Buchst. b UStG steuerfrei ist (s. Heidner in Bunjes, UStG, § 4 Nr. 17 Rn. 4). 17

Auch **Vorhalteleistungen fallen unter die Steuerbefreiung nach § 4 Nr. 17 Buchst. b UStG. Um Vorhalteleistungen handelt es sich bei Leistungen zur Sicherstellung der Einsatzbereitschaft der Rettungsmittel und des Personals** (s. Abschn. 4.17.2 Abs. 6 S. 1 UStAE). Bedingung ist jedoch, dass sie von demselben Unternehmer erbracht werden, der auch die Beförderung von Notfallpatienten durchführt. Nur dann teilen die Vorhalteleistungen als Nebenleistung das Schicksal der Hauptleistung. 18

§ 4 Nr. 18 UStG Wohlfahrtsverbände

[1]Von den unter § 1 Abs. 1 Nr. 1 fallenden Umsätzen sind steuerfrei:

...

18. [1]die Leistungen der amtlich anerkannten Verbände der freien Wohlfahrtspflege und der der freien Wohlfahrtspflege dienenden Körperschaften, Personenvereinigungen und Vermögensmassen, die einem Wohlfahrtsverband als Mitglied angeschlossen sind, wenn
    a) diese Unternehmer ausschließlich und unmittelbar gemeinnützigen, mildtätigen oder kirchlichen Zwecken dienen,
    a) die Leistungen unmittelbar dem nach der Satzung, Stiftung oder sonstigen Verfassung begünstigten Personenkreis zugute kommen und
    a) die Entgelte für die in Betracht kommenden Leistungen hinter den durchschnittlich für gleichartige Leistungen von Erwerbsunternehmen verlangten Entgelten zurückbleiben.

    [2]Steuerfrei sind auch die Beherbergung, Beköstigung und die üblichen Naturalleistungen, die diese Unternehmer den Personen, die bei den Leistungen nach Satz 1 tätig sind, als Vergütung für die geleisteten Dienste gewähren;

...

Bearbeiter: Daniela Bick

Inhaltsverzeichnis

1. Inhalt und Zweck der Vorschrift

1 § 4 Nr. 18 UStG befreit die Leistungen der amtlich **anerkannten Verbände der freien Wohlfahrtspflege** und ihrer Mitglieder von der Umsatzsteuer. Voraussetzung ist, dass diese Unternehmer ausschließlich und unmittelbar gemeinnützigen, mildtätigen oder kirchlichen Zwecken dienen und die Leistungen unmittelbar dem nach der Satzung, Stiftung oder sonstigen Verfassung begünstigten Personenkreis zugutekommen. Daneben nimmt § 4 Nr. 18 Satz 2 auch die Beherbergung, Beköstigung und die üblichen Naturalleistungen von der Umsatzsteuer aus, die diese Unternehmer den Personen, die bei den genannten Leitungen tätig sind, als Vergütung für die geleisteten Dienste gewähren. Mit der Befreiungsvorschrift fördert der Gesetzgeber **sozialpolitisch erwünschte Zwecke**, da die begünstigten Wohlfahrtseinrichtungen den Staat von einem großen Teil seiner **sozialpolitischen Aufgaben im Interesse der Allgemeinheit** entlasten.

2 Eine Steuerbefreiung für Leistungen der Wohlfahrtspflege gab es bereits im UStG 1919. nach zeitweiliger Abschaffung wurde mit Wirkung ab dem 01.07.1951 die Steuerbefreiung für Leistungen der amtlich anerkannten Verbände der freien Wohlfahrtspflege einschließlich der angeschlossenen Untergliederungen und

Anstalten wieder eingeführt. Bis auf die Erweiterung in § 4 Nr. 18 Satz 2 UStG durch das UStG 1967 ist die Steuerbefreiung bis heute im Wesentliche unverändert geblieben.

Eine Liste der Vereinigungen, die als amtlich anerkannte Verbände der freien **Wohlfahrtspflege** gelten, enthält die jeweils aktuelle Fassung des **heutigen § 23 UStDV.** Zuletzt wurde § 23 UStDV mit Wirkung zum 30.12.2014 an zwei Stellen verändert (s. Art. 6 Nr. 2 der Verordnung zur Änderung steuerlicher Verordnung und weiterer Vorschriften vom 22.12.2014, BGBl I 2014. 2392). Als redaktionelle Änderung wurde das Diakonische Werk der Evangelischen Kirche in Deutschland e.V. aufgrund einer Fusion mit dem Evangelischen Entwicklungsdienst e. V. zum Evangelischen Werk für Diakonie und Entwicklung e.V. In die neue Nr. 12 wurde der Arbeiter-Samariter-Bund Deutschland e.V. aufgenommen, der bundesweit im Bereich der Wohlfahrtspflege tätig ist und ab 30.12.2014 als amtlich anerkannter Verband der freien Wohlfahrtspflege gilt. 3

Sofern Leistungen von privatrechtlichen Einrichtungen mit **Gewinnstreben** erbracht werden, und ihrer Art nach von § 4 Nr. 16 UStG oder § 4 Nr. 14 UStG umfasst werden können, gehen diese Steuerbefreiungen derjenigen aus § 4 Nr. 18 UStG als lex specialis vor (s. BFH vom 08.08.2013, V R 13/12, DStR 2013, 2506, zuletzt auch BFH vom 18.08.2015, V R 13/14, BFH/NV 2015, 1784). 4

Einstweilen frei 5–6

2. Unionsrechtlicher Hintergrund

§ 4 Nr. 18 UStG beruht **unionsrechtlich** auf **Art. 132 Abs. 1 Buchst. g MwStSystRL**. Danach sind die eng mit der Sozialfürsorge und der sozialen Sicherheit verbundenen Dienstleistungen und Lieferungen von Gegenständen, einschließlich derjenigen der Altenheime, befreit, wenn sie entweder von Einrichtungen des öffentlichen Rechts oder von anderen Einrichtungen erbracht werden, die von dem betreffenden EU-Mitgliedstaat als Einrichtungen mit sozialem Charakter anerkannt sind. Darüber hinaus ermöglicht es Art. 133 Buchst. c MwStSystRL dem nationalen Gesetzgeber die Gewährung der Steuerbefreiung davon abhängig zu machen, dass die Preise, die diese Einrichtungen verlangen, von den zuständigen Behörden genehmigt sind oder die genehmigten Preise nicht übersteigen; bei Umsätzen, für die eine Preisgenehmigung nicht vorgesehen ist, kann vorgesehen werden, dass die verlangten Preise unter den Preisen liegen, die der Mehrwertsteuer unterliegende gewerbliche Unternehmen für entsprechende Umsätze fordern. 7

Die Vorgaben des Art. 132 Abs. 1 Buchst g. MwStSystRL wurden in § 4 Nr. 18 UStG **nicht ordnungsgemäß umgesetzt**. Zudem hat der deutsche Gesetzgeber die in Art. 133 Buchst. c MwStSystRL vorgesehene Möglichkeit der **Einschränkung der Steuerbefreiung nicht korrekt umgesetzt** (s. BFH vom 17.02.2009, XI R 67/06, DStR 2009, 687 und OFD Münster vom 28.04.2011, S 7175-70-St 44-32, DB 2011, 1305). Es kommt in geeigneten Fällen eine Geltendmachung der Steuerfreiheit unmittelbar unter Berufung auf das Unionsrecht in Betracht (s. Rn. 42 ff.). 8

Einstweilen frei 9–10

3. Geplante Änderungen im JStG 2013 und geplante Änderungen

Um den verbindlichen Anforderungen des Art. 132 Abs. 1 Buchst. g MwStSystRL (s. EuGH vom 15.11.2012, C-174/11-Zimmermann, UStR 2013, 35) gerecht zu werden, wurde dem Gesetzgeber im Rahmen des **Jahressteuergesetzes 2013** (JStG 2013) vom Finanzausschuss des Deutschen Bundestages eine Neufassung des § 4 Nr. 18 UStG vorgeschlagen. Die vom Deutschen Bundestag beschlossene Änderung (s. Art. 10 Nr. 3 Buchst. c des JStG 2013 – BT-Drs. 17/11190) ist jedoch im Vermittlungsverfahren gestrichen worden. Die Neufassung des § 4 Nr. 18 UStG ist somit nicht in Kraft getreten. 11

Ein erneuter **Entwurf zur Neufassung des § 4 Nr. 18 UStG** wird derzeit insbesondere unter Einbeziehung des Urteils des Gerichtshofs in der Rechtssache Zimmermann (EuGH vom 15.11.2012, C-174/11, UStR 2013, 35) und den Folgeurteilen des BFH im Finanzausschuss des Deutschen Bundestages erarbeitet. Diesen Urteilen folgend, soll die Steuerbefreiung des § 4 Nr. 18 UStG künftig nur eine Umsatzsteuerbefreiung von eng mit der Sozialfürsorge und der sozialen Sicherheit verbundenen Leistungen umfassen, die nicht bereits nach anderen Normen unter den dortigen Voraussetzungen von der Umsatzsteuer zu befreien sind und von Einrichtungen ohne Gewinnstreben erbracht werden. 12

13–14 Einstweilen frei

4. Voraussetzungen der Steuerfreiheit im Einzelnen

4.1 Kreis der Begünstigten

15 Der **Kreis der begünstigten Einrichtungen** in § 4 Nr. 18 UStG ist **abschließend** aufgezählt. Steuerfrei sind nur die Leistungen:

- Der amtlich anerkannten Verbände der freien Wohlfahrtspflege und
- der freien Wohlfahrtspflege dienenden Körperschaften, Personenvereinigungen und Vermögensmassen, die einem Wohlfahrtsverband als Mitglied angeschlossen sind (unter den weiteren Voraussetzungen der Vorschrift).

4.1.1 Amtlich anerkannte Verbände der freien Wohlfahrtspflege

16 Amtlich **anerkannte Verbände der freien Wohlfahrtspflege** sind nur die in § 23 UStDV aufgeführten Vereinigungen (s. Abschn. 4.18.1 Abs. 1 UStAE). Die Aufzählung ist abschließend. In § 23 UStDV nicht aufgeführte Verbände können, auch wenn sie vergleichbare Leistungen erbringen, die Steuerfreiheit nach § 4 Nr. 18 UStG nicht beanspruchen.

17 **§ 23 UStDV Amtlich anerkannte Verbände der freien Wohlfahrtspflege**

Die nachstehenden Vereinigungen gelten als amtlich anerkannte Verbände der freien Wohlfahrtspflege:

1. Evangelische Werk für Diakonie und Entwicklung e.V.;
2. Deutscher Caritasverband e.V.;
3. Deutscher Paritätischer Wohlfahrtsverband – Gesamtverband e.V.;
4. Deutsches Rotes Kreuz e.V.;
5. Arbeiterwohlfahrt – Bundesverband e.V.;
6. Zentralwohlfahrtsstelle der Juden in Deutschland e.V.;
7. Deutscher Blinden- und Sehbehindertenverband e.V.;
8. Bund der Kriegsblinden Deutschlands e.V.;
9. Verband Deutscher Wohltätigkeitsstiftungen e.V.;
10. Bundesarbeitsgemeinschaft Selbsthilfe von Menschen mit Behinderung und chronischer Erkrankung und ihren Angehörigen e.V.;
11. Sozialverband VdK Deutschland e.V.;
12. Arbeiter-Samariter-Bund Deutschland e.V.

18 Einstweilen frei

4.1.2 Mitglieder von Wohlfahrtsverbänden

19 **Mitglieder von Wohlfahrtsverbänden** sind von § 4 Nr. 18 UStG erfasst, wenn es sich um selbstständige Körperschaften, Personenvereinigungen oder Vermögensmassen handelt, die der freien Wohlfahrtspflege dienen. Nach § 66 Abs. 2 AO ist Wohlfahrtspflege die planmäßige, zum Wohle der Allgemeinheit und nicht des Erwerbs wegen ausgeübte Sorge für notleidende oder gefährdete Mitmenschen. Eine beispielhafte Aufzählung entsprechender Einrichtungen enthält § 68 AO.

20 Als Mitgliedschaft im Sinne des § 4 Nr. 18 UStG ist nicht nur die unmittelbare Mitgliedschaft in einem amtlich anerkannten Wohlfahrtsverband anzusehen. Auch bei einer nur **mittelbaren Mitgliedschaft** kann die Steuerbefreiung in Betracht kommen (s. Abschn. 4.18.1 Abs. 4 UStAE). Als mittelbare Mitgliedschaft ist die Mitgliedschaft bei einer der freien Wohlfahrtspflege dienenden Körperschaft oder Personenvereinigung anzusehen, die ihrerseits einem amtlich anerkannten Wohlfahrtsverband als Mitglied angeschlossen ist (z.B. Werkstätten für behinderte Menschen als Mitglieder einer Wohlfahrtseinrichtung, die Mitglied eines amtlich anerkannten Wohlfahrtsverbandes ist), s. Abschn. 4.18.1 Abs. 4 UStAE. Für Einzelfälle (Altenheime, Studentenwerke, Kolpinghäuser, Behindertenwerkstätten etc.) s. Abschn. 4.18.1 UStAE.

21 Die Beschränkung auf die amtlich anerkannten Verbände der freien Wohlfahrtspflege und deren Mitglieder hat nur noch geringe praktische Bedeutung, weil sich ein Steuerpflichtiger – sofern die weiteren

Voraussetzungen der Norm erfüllt sind – **unmittelbar** 7 **Art. 132 Abs. 1 Buchst. g MwStSystRL** berufen kann (s. Rn. 42 ff.).

Einstweilen frei 22–23

4.2 Zweckbestimmung der Leistung, § 4 Nr. 18 Satz 1 Buchst. a UStG

Die Steuerfreiheit ist gem. § 4 Nr. 18 Satz 1 Buchst. a UStG davon abhängig, dass die betreffenden Unternehmer **ausschließlich und unmittelbar gemeinnützigen, mildtätigen oder kirchlichen Zwecken** dienen. Ob ein Unternehmer ausschließlich und unmittelbar gemeinnützigen, mildtätigen oder kirchlichen Zwecken dient, ist nach den §§ 52 bis 68 AO zu beurteilen (s. Abschn. 4.18.1 Abs. 2 UStAE). Die Merkmale der Ausschließlichkeit und Unmittelbarkeit sind daher in der **Satzung** festzulegen und durch die tatsächliche Geschäftsführung zu verwirklichen. Ausschließlichkeit liegt gemäß § 56 AO vor, wenn eine Körperschaft nur ihre steuerbegünstigten satzungsmäßigen Zwecke verfolgt. Nach Auffassung des BFH ist es nicht erforderlich, dass sämtliche Leistungen des Unternehmers die gesetzlichen Voraussetzungen des § 4 Nr. 18 UStG erfüllen (s. BFH vom 27.08.1998, V R 45/97, BFH/NV 1998, 524). Vielmehr soll in jedem Einzelfall geprüft werden, ob jedenfalls ein Teil der von dem Unternehmer ausgeführten Leistungen die Anforderungen des § 4 Nr. 18 UStG erfüllen. Es kommt dann auch eine Aufteilung der Umsätze in einen steuerpflichtigen und einen steuerfreien Teil in Betracht. Ein Unternehmer verfolgt steuerbegünstigte Zwecke unmittelbar, wenn er sie selbst oder durch Hilfspersonen verwirklicht, § 57 AO. Unmittelbar gemeinnützigen Zwecken können Leistungen aber auch dann dienen, wenn sie an einen Empfänger bewirkt werden, der seinerseits ausschließlich gemeinnützige oder wohltätige Zwecke verfolgt (s. BFH-Urteil vom 08.07.1971, V R 1/68, BStBl II 1972, 70). 24

Einstweilen frei 25–26

4.3 Unmittelbares Zugutekommen, § 4 Nr. 18 Satz 1 Buchst. b UStG

§ 4 Nr. 18 Satz 1 Buchst. b UStG setzt voraus, dass die Leistungen **unmittelbar** dem nach der Satzung, Stiftung oder sonstigen Verfassung begünstigten **Personenkreis zugutekommen**. Voraussetzung dafür ist, dass die Leistung selbst den nach der Satzung etc. begünstigten Personenkreis unmittelbar und nicht nur mittelbar zugutekommen (s. BFH vom 15.09.2011, V R 16/11, BFHE 226, 435). **Leistungen** einer Einrichtung der Wohlfahrtspflege **an andere steuerbegünstigte Körperschaften** oder Behörden sind nicht nach § 4 Nr. 18 UStG steuerfrei, wenn sie nicht unmittelbar, sondern allenfalls mittelbar hilfsbedürftigen Personen im Sinne der §§ 53, 66 AO zugutekommen (s. BFH vom 07.11.1996, V R 34/96, BStBl II 1997, 366). Deshalb sind z.B. die Übernahme von Verwaltungsaufgaben und die Nutzungsüberlassung von Telefonanlagen steuerpflichtig. **Fehlt es an der Unmittelbarkeit**, kommt aber eine **unmittelbare Berufung auf Art. 132 Abs. 1 Buchst. g MwStSystRL** in Betracht, weil das Unionsrecht auf die Art der Dienstleistung, nicht aber auf die schuldrechtlichen Vertragsbeziehungen abstellt (s. BFH vom 08.06.2011, XI R 22/09, DStR 11, 1659). Ob eine Leistung dem nach der Satzung, Stiftung oder sonstigen Verfassung begünstigten Personenkreis unmittelbar zugutekommt, ist unabhängig davon zu prüfen, wer Vertragspartner der Wohlfahrtseinrichtung und damit Leistungsempfänger im Rechtssinne ist. 27

Zu Einzelfällen s. Abschn. 4.18.1 UStAE. 28

Einstweilen frei 29–30

4.4 Entgeltsbeschränkung, § 4 Nr. 18 Satz 1 Buchst. c UStG

Die Steuerfreiheit des § 4 Nr. 18 UStG setzt zudem voraus, dass die **Entgelte** für die in Betracht kommenden Leistungen hinter den durchschnittlich für gleichartige Leistungen von Erwerbsunternehmen verlangten Entgelten zurückbleiben. Um die Einhaltung der Entgeltbeschränkung prüfen zu können, muss also zunächst festgestellt werden, dass die Leistungen von Erwerbsunternehmen und Wohlfahrtsverband nach Art und Umfang gleichartig sind und diese auch nach den äußeren Bedingungen (z.B. Standorten) vergleichbar sind. Maßgeblich ist sodann der berechnete Durchschnitt des Entgelts, die bei den Erwerbsunternehmen für gleichartige Leistungen verlangt werden. Zu beachten ist, dass die **Entgeltbeschränkung** 31 in § 4 Nr. 18 Satz 1 Buchst. c UStG über die im Unionsrecht vorgesehene Ermächtigung hinausgeht, sodass sich ein Steuerpflichtiger der diese Voraussetzung nicht erfüllt unter Umständen zur Geltendmachung seiner Steuerfreiheit unmittelbar auf das Unionsrecht berufen kann (s. Rn. 42 ff.).

32 Soweit die **Leistungen ausschließlich von gemeinnützigen Unternehmen** erbracht werden, kann die Voraussetzung des § 4 Nr. 18 S. 1 Buchst. c UStG als erfüllt angesehen werden, da davon auszugehen ist, dass auf diesem Gebiet Gewinne nicht zu erwirtschaften sind. Eine Beschränkung der Abgabe zu Selbstkostenpreisen ist dem Gesetzeswortlaut nicht zu entnehmen. Nicht gefolgt werden kann daher der Auffassung der OFD Koblenz, die beispielsweise bei Leistungen von Integrationsfachdiensten und Psychosozialen Diensten eine „spürbare" Preisdifferenz verlangt, die ab einem Unterschreiten der Preise der gewerblichen Anbieter von 10 % als erfüllt angesehen wird, sowie bei fehlenden gewerblichen Mitbewerbern eine an den Selbstkosten orientierte Preisgestaltung fordert (s. OFD Koblenz vom 31.07.2002, S 7175 A – St 442, UR 2002, 485), weil das Gesetz in § 4 Nr. 18 Satz 1 Buchst. c UStG keine derartige Einschränkung vorsieht.

33 Die Voraussetzung des § 4 Nr. 18 S. 1 Buchst. c UStG gilt auch als erfüllt, wenn das Entgelt für die in Betracht kommende Leistung **von den zuständigen Behörden genehmigt** ist oder das **genehmigte Entgelt** nicht übersteigt (s. BFH vom 17.02.2009, XI R 67/06, BStBl II 2013, 967). Dementsprechend erfüllen auch die im Rahmen des außergerichtlichen Verbraucherinsolvenzverfahrens gezahlten Fallpauschalen, die sich der Höhe nach an die im RVG geregelte Beratungshilfevergütung anlehnen, die Voraussetzungen des § 4 Nr. 18 Buchst. c UStG (s. Abschn. 4.18.1 Abs. 15 UStAE).

34–35 Einstweilen frei

4.5 Beherbergung, Beköstigung und die üblichen Naturalleistungen als Vergütung für Personal, § 4 Nr. 18 Satz 2 UStG

36 Nach § 4 Nr. 18 Satz 2 UStG sind steuerfrei die Beherbergung, Beköstigung und die üblichen Naturalleistungen, die die steuerbegünstigten Einrichtungen den Personen, die bei den steuerbegünstigten Leistungen nach § 4 Nr. 18 UStG tätig sind, als Vergütung für die geleisteten Dienste gewähren. Die Vorschrift entspricht der Reglung aus § 4 Nr. 23 Satz 3 UStG, sodass hinsichtlich der Voraussetzungen für die Steuerfreiheit auf die dortigen Ausführungen verwiesen wird (s. § 4 Nr. 23 Rn. 38 ff.). Darüber hinaus kann für Leistungen, die nicht von § 4 Nr. 18 UStG umfasst werden, eine **Steuerfreiheit unter unmittelbarer Berufung auf Art. 132 Abs. 1 Buchst. g, Art. 133 MwStSystRL** in Betracht kommen (s. Rn. 42 ff.).

37–38 Einstweilen frei

5. Vorsteuerabzug

39 Die Befreiung schließt gemäß § 15 Abs. 2 Nr. 1 UStG den **Vorsteuerabzug** aus. Ein Verzicht auf die Befreiung nach § 9 UStG ist nicht möglich. Die Umsätze nach § 4 Nr. 18 UStG sind also **zwingend umsatzsteuerfrei**.

40–41 Einstweilen frei

6. Voraussetzungen der Steuerfreiheit unter unmittelbarer Berufung auf das Unionsrecht im Überblick

42 Die Steuerbefreiung des Art. 132 Abs. 1 Buchst g MwStSystRL setzt nach der Rechtsprechung des EuGH voraus, dass es sich 1) um **Leistungen** handelt, die mit der **Sozialfürsorge oder der sozialen Sicherheit eng verbunden** sind und 2) dass diese Leistungen **von Einrichtungen des öffentlichen Rechts** oder **anderen Einrichtungen, die von dem betreffenden Mitgliedstaat als Einrichtungen mit im Wesentlichen sozialem Charakter** anerkannt worden sind, erbracht werden (s. EuGH vom 26.05.2005, C-498/03, Kingscrest Associates und Montecello, BFH/NV Beilage 2005, 310). Nach Art. 133 MwStSystRL können die Mitgliedstaaten die Steuerbefreiung des Art. 132 Abs. 1 Buchst. g MwStSystRL u.a. von den Bedingungen abhängig machen:

- Dass die betreffenden Einrichtungen keine systematische Gewinnerzielung anstreben dürfen (Buchst. a),

- dass die Befreiung nicht zu Wettbewerbsverzerrungen zuungunsten gewerblicher Unternehmen führen darf (Buchst. d) oder
- dass die Preise, die die Einrichtungen verlangen, von den zuständigen Behörden genehmigt sein müssen oder die genehmigten Preise nicht übersteigen; bei Umsätzen, für die eine Preisgenehmigung nicht vorgesehen ist, müssen die verlangten Preise unter den Preisen liegen, die der Mehrwertsteuerpflicht unterliegende gewerbliche Unternehmen für entsprechende Umsätze fordern (Buchst. c).

Der deutsche Gesetzgeber hat die **unionsrechtlichen Vorgaben** in der Steuerbefreiung des § 4 Nr. 18 UStG **nicht ordnungsgemäß umgesetzt**. Soweit dies der Fall ist, kann sich ein Steuerpflichtiger zur Geltendmachung seiner Umsatzsteuerfreiheit unmittelbar auf das Unionsrecht berufen. **43**

Schon in der **Beschränkung** der Steuerfreiheit auf **amtlich anerkannte Verbände der freien Wohlfahrtspflege** liegt eine unionsrechtswidrige Beschränkung vor (s. EuGH vom 15.11.2012 C-174/11, Zimmermann, UStR 2013, 35). Nach Auffassung des EuGH dürfen für Einrichtungen mit Gewinnerzielungsabsicht einerseits und die unter § 4 Nr. 18 UStG fallenden juristischen Personen ohne Gewinnerzielungsabsicht andererseits keine sachlich unterschiedlichen Bedingungen in der Steuerbefreiungsvorschrift vorgesehen werde. Die Anerkennung einer Einrichtung als Einrichtung mit im Wesentlichen sozialem Charakter muss also auch dann möglich sein, wenn es sich bei dem Unternehmer um keinen der in § 23 UStDV genannten Wohlfahrtsverbände handelt und der Betroffene auch nicht an einen solchen Verband angeschlossen ist. **44**

Gleichfalls kommt eine unmittelbare Berufung auf Art 132 Abs. 11 Buchst. g MwStSystRL in Betracht, wenn es an der gemäß § 4 Nr. 18 UStG geforderten **Unmittelbarkeit** fehlt, da das Unionsrecht lediglich auf die Art der Dienstleistung, nicht aber auf die schuldrechtlichen Vertragsbeziehungen abstellt (s. BFH vom 08.06.2011, XI R 22/09, BFH/NV 2011, 1804). Zudem können zu den eng mit der Sozialfürsorge und sozialen Sicherheit verbundenen Leistungen beispielsweise auch „**Nebenleistungen**“ wie die Grundpflege und die hauwirtschaftliche Versorgung körperlich und wirtschaftlich hilfsbedürftiger Personen (s. EuGH vom 10.09.2002, C-141/00, Kügler GmbH, DStRE 02, 1196) oder die Kinderbetreuung durch Tageseltern (s. EuGH vom 09.02.2006, C 415/04, Kinderopvang Enschede, IStR 2006, 238) gehören. Nicht richtlinienkonform ist auch die **Entgeltbeschränkung** des § 4 Nr. 18 UStG. Im Gegensatz zu Art. 133 Buchst. c MwStSystRL, in dem ein Preisabstandsgebot nur bei Preisen erlaubt wird, die keiner gesetzlichen Preisgenehmigung unterliegen, verlangt die nationale Regelung dies auch für Tätigkeiten, für die behördlich genehmigte und insofern festgelegte Preise bestehen (s. BFH vom 17.02.2009, XI R 67/06, DStR 2009, 687 und OFD Münster vom 28.04.2011, S 7175 – 70 – St 44-32, DB 2011, 1305). Auch **Betreuungsvereine** können sich zur Begründung Ihrer Steuerfreiheit nach Ansicht des BFH gegen die Entgeltbeschränkung des § 4 Nr. 18 UStG unmittelbar auf Art. 132 Abs. 1 Buchst. g. MwStSystRL berufen (s. BFH vom 25.04.2013, V R 7/11, DStR 2013, 1540). **45**

Mit der Gewährung der Steuerbefreiung für Beherbergung, Beköstigung und sonstige **Naturalleistungen** an Mitarbeiter nach § 4 Nr. 18 Satz 2 UStG **geht** die Vorschrift **über Art. 132 Abs. 1 Buchst. g MwStSystRL hinaus**. Denn die Leistungen sind nicht eng mit der Sozialfürsorge oder sozialen Sicherheit verbunden (s. EuGH vom 26.05.2005, C-498/03, Kingscrest Associates und Montecello, BFH/NV Beilage 2005, 310; BFH vom 18.01.2005, V R 35/02, BStBl II 2005, 507). **46**

Einstweilen frei **47**

§ 4 Nr. 18a UStG Selbständige Gliederungen von Parteien

[1]Von den unter § 1 Abs. 1 Nr. 1 fallenden Umsätzen sind steuerfrei:

...

18a. die Leistungen zwischen den selbständigen Gliederungen einer politischen Partei, soweit diese Leistungen im Rahmen der satzungsgemäßen Aufgaben gegen Kostenerstattung ausgeführt werden;

...

Bearbeiter: Daniela Bick

Inhaltsverzeichnis

1. Inhalt und Zweck der Vorschrift

1 § 4 Nr. 18a UStG befreit die Leistungen von selbstständigen Gliederungen einer **politischen Partei** von der Umsatzsteuer, soweit derartige Leistungen im Rahmen der satzungsgemäßen Aufgaben der Partei gegen Kostenerstattung ausgeführt werden.

2 Damit sieht die gesetzliche Reglung eine Steuerbefreiung für politische Parteien vor.

3 Die Vorschrift ist durch das Steueränderungsgesetz 1992 vom 25.02.1992 (BGBl I 1992, 297) zum **01.01.1992 in Kraft** getreten (s. BT-Drs. 12/1506, 178). Sie hat seit ihrer Einführung keine Änderungen erfahren.

4 Der Anwendungsbereich der Steuerbefreiung ist jedoch eher beschränkt, da die in § 4 Nr. 18a UStG angesprochenen **Leistungen oft schon nicht steuerbar** sind (s. Rn. 25).

5–6 Einstweilen frei

2. Unionsrechtlicher Hintergrund

7 Unionsrechtlich findet sich in Art. 132 Abs. 1 Buchst. l MwStSystRL eine Steuerbefreiung u.a. für Dienstleistungen und eng damit verbundene Lieferungen, die von Einrichtungen ohne Gewinnstreben, welche [...] politische [...] oder staatsbürgerliche Ziele verfolgen, an ihre Mitglieder in deren gemeinsamen Interesse gegen einen satzungsgemäß festgelegten Beitrag erbringen. Art. 134 MwStSystRL sieht zudem vor, dass die Lieferungen und Dienstleistungen nur dann steuerbefreit sind, wenn diese für die Umsätze, für die Steuerbefreiung gewährt wird, **unerlässlich** sind und die Gewährung der Steuerbefreiung **nicht zu einer Wettbewerbsverzerrung** führt.

8 Das **Unionsrecht** erfasst insofern nur Leistungen an die **Mitglieder bestimmter Einrichtungen** gegen einen **satzungsgemäß festgelegten Beitrag**.

9 Der deutsche Gesetzgeber hat in seiner Gesetzesbegründung das Unionsrecht jedoch nicht erwähnt (s. BT-Drs. 12/1506, 178).

10–11 Einstweilen frei

3. Voraussetzungen der Steuerfreiheit im Einzelnen

12 Steuerfrei sind die Lieferungen oder sonstige Leistungen an andere selbstständige Gliederungen der politischen Partei, die im Rahmen der in den Satzungen festgelegten Aufgaben ausgeführt werden und bei denen das geforderte Entgelt die eigenen Kosten nicht übersteigt.

13–14 Einstweilen frei

3.1 Selbständige Gliederungen der politischen Parteien

Die Steuerbefreiung sieht – insoweit **anders als das Unionsrecht**, das nur Leistungen an die Mitglieder bestimmter Einrichtungen erfasst – eine Steuerbefreiung für **selbständige Glieder einer politischen Partei** vor. 15

Einen eigenständigen **Parteibegriff** enthält das UStG nicht. Es gilt insofern § 2 Abs. 1 PartG (vom 31.01.1994, BGBl I 1994, 149). Danach sind Parteien Vereinigungen von Bürgern, die dauernd oder für längere Zeit für den Bereich des Bundes oder eines Landes auf die politische Willensbildung Einfluss nehmen und an der Vertretung des Volkes im Deutschen Bundestag oder einem Landtag mitwirken wollen, wenn sie nach dem Gesamtbild der tatsächlichen Verhältnisse, insbesondere nach Umfang und Festigkeit ihrer Organisation, nach der Zahl ihrer Mitglieder und nach ihrem Hervortreten in der Öffentlichkeit eine ausreichende Gewähr für die Ernsthaftigkeit dieser Zielsetzung bieten. Mitglieder einer Partei können nur natürliche Personen sein. 16

Nicht erfasst von der Steuerbefreiung des § 4 Nr. 18a UStG sind damit Parteien, die nur auf **kommunaler Ebene** tätig sind oder **Wählervereinigungen**, die nur für bestimmte Wahlen kandidieren und dadurch keinen dauernden Einfluss auf die politische Willensbildung nehmen wollen. 17

Nach § 7 PartG gliedern sich die Parteien in **Gebietsverbände**. Dabei können die Untergliederungen rechtlich verselbständigt sein. Solche Gliederung sind Bunde-, Landes- Kreis-, Bezirks- oder Ortsverbände. Mitglieder einer Partei sind demgegenüber keine selbständigen Gliederungen eine Partei, sodass **Leistungen an die Mitglieder** nicht unter die Steuerbefreiung des § 4 Nr. 18a UStG fallen. 18

Einstweilen frei 19–20

3.2 Erbringung von steuerbefreiten Leistungen

Weitere **Voraussetzung der Steuerbefreiung** ist, dass **Umsätze i.S.d. § 1 Abs. 1 UStG** gegeben sind (s. für Einzelheiten § 1 Rn. 19 ff.). Die selbständigen Gliederungen einer Partei müssen als unternehmerisch tätig werden. Voraussetzung dafür ist die aktive Teilnahme am allgemeinen Wirtschaftsverkehr durch die nachhaltige Erbringung von Leistungen gegen Entgelt. 21

Keine entsprechenden Umsätze sind gegeben, wenn die Erbringung von Leistungen bereits **durch Mitgliedsbeiträge, Spenden oder Zuschüsse abgegolten** wird. Ebenfalls keine Leistungen im unternehmerischen Bereich stellen Hilfsgeschäfte des nichtunternehmerischen Bereichs dar, da diese **nicht nachhaltig** i.S.d. § 2 Abs. 1 UStG sind. Für diese gilt die Steuerbefreiung des § 4 Nr. 18a UStG gleichfalls nicht. Hierunter fallen beispielsweise der Verkauf gebrauchter Pkw oder die Pkw- und Telefonüberlassung an Arbeitnehmer. 22

Für die Anwendbarkeit der Steuerbefreiung des § 4 Nr. 18a UStG darf eine **Gewinnerzielungsabsicht** nicht gegeben sein. Die Steuerbefreiung greift nur ein, wenn sich das Entgelt für die erbrachten Leistungen auf die Erstattung von entstandenen Kosten beschränkt. 23

Steuerbefreit sind zudem nur Leistungen zwischen den selbständigen Gebietsverbänden und der Parteizentrale sowie den Gebietsverbänden einer Partei untereinander. **Leistungen zwischen verschiedenen Parteien** bzw. Gebietskörperschaften verschiedener Parteien (auch innerhalb einer Fraktion) sind demgegenüber steuerpflichtig. Nicht von der Steuerbefreiung erfasst sind zudem Leistungen an Parteimitglieder (s. Rn. 18) bzw. solche Leistungen, die sich an die Öffentlichkeit richten. 24

Für viele Leistungen, die von Gebietsverbänden politischer Parteien erbracht werden, kommt die Steuerbefreiung des § 4 Nr. 18a UStG schon deshalb nicht in Betracht, weil **keine steuerbaren Leistungen** gegeben sind. So hat der **Gerichtshof** bereits am 06.10.2009 entschieden, dass die von der Landesorganisation einer Partei erbrachten Leistungen im Bereich der Öffentlichkeitsarbeit, der Werbung und der Informationstätigkeit („Außenwerbung") für ihre untergeordneten Bezirks- und Ortsorganisationen bereits schon nicht steuerbar sind (s. EuGH vom 06.10.2009 C-267/08, SPÖ, UR 2009, 760). Eine nach außen gerichtete Tätigkeit von Parteien im Rahmen der Verwirklichung ihrer politischen Ziele stellt keine wirtschaftliche Tätigkeit im Sinne des Unionsrechts dar. 25

26 Für steuerbare Leistungen kann die Steuerbefreiung nur in Betracht kommen, wenn die **Leistungen im Rahmen der in der Satzung festgelegten Aufgaben** erfolgen. Nach dem nunmehr aufgehobenen BMF-Schreiben vom 01.03.1991 (IV A 2 – S 7104 – 6/91, UR 1991, 117) kamen als steuerbare Leistungen beispielsweis die entgeltliche Personalgestellung durch die Zentrale an die selbständigen Untergliederungen für die Erfüllung politischer Aufgaben, die zentrale Übernahme von EDV-Leistungen und Buchhaltungsarbeiten gegen Kostenersatz, die entgeltliche Lieferung von politischem Informationsmaterial sowie die entgeltliche Überlassung von Kraftfahrzeugen, Kopiergeräten usw. durch die Parteizentrale an eine selbständige Untergliederung in Betracht. Da das genannte BMF-Schreiben nicht mehr in der Positivliste des BMF vom 29.03.2007, IV C 6 - O 1000/07/0018, BStBl I 2007, 369) enthalten ist, ist es für Steuertatbestände nach dem 31.12.2004 grundsätzlich nicht mehr anwendbar. Die Beispiele sind jedoch weiterhin zutreffend.

27 Über das Unionsrecht in Art. 132 Abs. 1 Buchst. l MwStSystRL hinausgehend enthält § 18a UStG **keine Einschränkung** dahin gehend, dass die zu befreienden Leistungen zur Ausübung der Tätigkeit der Partei **unerlässlich** sein müssten (s. Rn. 7). Insoweit entspricht die Regelung nicht dem Unionsrecht.

28–29 Einstweilen frei

4. Vorsteuerabzug

30 Die Befreiung schließt gemäß § 15 Abs. 2 Nr. 1 UStG den **Vorsteuerabzug** aus. Ein Verzicht auf die Befreiung nach § 9 UStG ist nicht möglich. Die Umsätze nach § 4 Nr. 18a UStG sind also **zwingend umsatzsteuerfrei**.

31–32 Einstweilen frei

§ 4 Nr. 19 UStG Blinde und Blindenwerkstätten

[1]Von den unter § 1 Abs. 1 Nr. 1 fallenden Umsätzen sind steuerfrei:

...

19. a) die Umsätze der Blinden, die nicht mehr als zwei Arbeitnehmer beschäftigen. [2]Nicht als Arbeitnehmer gelten der Ehegatte, der eingetragene Lebenspartner, die minderjährigen Abkömmlinge, die Eltern des Blinden und die Lehrlinge. [3]Die Blindheit ist nach den für die Besteuerung des Einkommens maßgebenden Vorschriften nachzuweisen. [4]Die Steuerfreiheit gilt nicht für die Lieferungen von Energieerzeugnissen im Sinne des § 1 Abs. 2 und 3 des Energiesteuergesetzes und Branntweinen, wenn der Blinde für diese Erzeugnisse Energiesteuer oder Branntweinabgaben zu entrichten hat, und für Lieferungen im Sinne der Nummer 4 a Satz 1 Buchstabe a Satz 2,

b) die folgenden Umsätze der nicht unter Buchstabe a fallenden Inhaber von anerkannten Blindenwerkstätten und der anerkannten Zusammenschlüsse von Blindenwerkstätten im Sinne des § 143 des Neunten Buches Sozialgesetzbuch:

aa) die Lieferungen von Blindenwaren und Zusatzwaren,

bb) die sonstigen Leistungen, soweit bei ihrer Ausführung ausschließlich Blinde mitgewirkt haben;

...

Bearbeiter: Daniela Bick

Inhaltsverzeichnis

1. Inhalt und Zweck der Vorschrift

§ 4 Nr. 19 UStG befreit die **Umsätze von Blinden** und **Inhabern anerkannter Blindenwerkstätten** sowie die Umsätze von anerkannten **Zusammenschlüssen von Blindenwerkstätten** ohne Rücksicht auf die Art des Umsatzes von der Umsatzsteuer. Um eine Doppelvergünstigung zu vermeiden ist die Lieferung von Mineralöl und Branntwein, für die von dem Blinden Verbrauchsteuern zu entrichten sind, von der Steuerfreiheit ausgenommen. 1

Die Befreiung dient **sozialpolitischen Zwecken**. Blinde und anerkannte Blindenwerkstätte sollen durch die Gewährung der Umsatzsteuerfreiheit wirtschaftliche gefördert werden und dadurch einen Wettbewerbsvorteil erhalten. Dies soll dazu dienen Arbeitsplätze für Blinde zu schaffen (s. BT-Drs. 11/934, Frage 17, UR 1987, 355). 2

Die Steuerbefreiung war bereits **1923** – zunächst für Kriegsblinde – **eingeführt** worden und ist seit 1926 auf Blinde insgesamt erweitert worden. Die ursprüngliche Regelung gewährte die Steuerfreiheit für blinde Unternehmer mit nicht mehr als zwei Arbeitnehmern uneingeschränkt, nur die Steuerfreiheit der Blindenwerkstätten war von bestimmten Voraussetzungen abhängig. Die Regelung wurde – ergänzt um 3 die Lieferungen von Zusatzwaren im Sinne des Blindenwarenvertriebsgesetzes vom 09.05.1965 (BGBl I 1965, 311) in das UStG 1967 übernommen. Zum 01.07.1973 wurde durch das StÄndG 1973 vom 26.06.1973 (BGBl I 1973, 676) in § 4 Nr. 19 Buchst. a Satz 4 UStG eine Beschränkung der Steuerfreiheit für Lieferungen von Mineralölen und Branntweinen, wenn der Blinde für diese Erzeugnisse Mineralölsteuer oder Branntweinabgaben (an den Fiskus) zu entrichten hatten, implementiert. Die Regelung wurde durch das StÄndG 2003 (BGBl I 2003, 2645) neu gefasst, um die nicht besteuerte Auslagerung von Gegenständen aus einem Steuerlager durch Blinde, deren Umsätze nach dieser Vorschrift steuerbefreit sind, zu verhindern. Zum 19.12.2006 wurde die Vorschrift durch das JStG 2007 (BGBl I 2006, 2878) an die Vorschriften des Energiesteuergesetzes angepasst. Durch Art. 28 Abs. 2 des Zweiten Gesetzes zum Abbau bürokratischer Hemmnisse insbesondere in der mittelständischen Wirtschaft vom 07.09.2007 (BGBl I 2007, 2246) wurde § 4 Nr. 19 Buchst. b UStG neu gefasst und in Folge der Aufhebung des Blindenwarenvertriebsgesetz vom 09.04.1965 (BGBl I 1965, 311) zum 14.09.2007 auf die nun in § 143 SGB IX genannten förderungsfähigen Einrichtungen bezogen (s. BT-Drs. 16/4391). Zuletzt geändert wurde die Vorschrift zum 30.06.2013 durch das **AmtshilfeRLUmsG** (BGBl I 2013, 1809). Der Kreis der nicht als Arbeitnehmer geltenden Personen wurde um den **eingetragenen Lebenspartner** ergänzt.

4–5 Einstweilen frei

2. Unionsrechtlicher Hintergrund

6 Das Unionsrecht sieht **keine Steuerbefreiung für Blinde und Blindenwerkstätten** vor. Da die Steuerbefreiung jedoch vor Inkrafttreten der 6. EG-RL (des Rates vom 17.05.1977 zur Harmonisierung der Rechtsvorschriften der Mitgliedstaaten über die Umsatzsteuer – Gemeinsames Mehrwertsteuersystem: einheitliche steuerpflichtige Bemessungsgrundlage, 77/388/EWG, ABl. L 145 vom 13.06.1977, 1) existiert hat durfte die Bundesregierung Deutschland auf Grundalge der Regelung in Art. 371 i.V.m. Anhang X Teil B Nr. 5 MwStSystRL bei Inkrafttreten der Richtlinie die bestehende Steuerbefreiung beibehalten. Voraussetzung ist dabei, dass diese keine erheblichen Wettbewerbsverzerrungen verursacht.

7–8 Einstweilen frei

3. Voraussetzungen der Steuerfreiheit im Einzelnen

9 Die Steuerbefreiung des § 4 Nr. 19 UStG enthält in Buchstabe a eine Regelung für die Umsätze von Blinden, in Buchstabe b enthält sie eine Regelung für Umsätze von Inhabern von anerkannten Blindenwerkstätten und Zusammenschlüssen entsprechender Werkstätten.

10–11 Einstweilen frei

3.1 Steuerbefreiung für Blinde, § 4 Nr. 19 Buchst. a UStG

3.1.1 Blinde mit maximal zwei Arbeitnehmern

12 Die Steuerbefreiung nach § 4 Nr. 19 Buchst. a UStG setzt zunächst voraus, dass Umsätze von **Blinden** erbracht werden, die nicht mehr als zwei Arbeitnehmer beschäftigen.

13 Die Steuerbefreiung findet nur auf **natürliche Personen,** d.h. blinde Einzelunternehmer, Anwendung. Für Personen- und Kapitalgesellschaft kann allenfalls die Steuerbefreiung nach § 4 Nr. 19 Buchst. b UStG (s. zu den Voraussetzungen Rn. 33 ff.) in Betracht kommen.

14 **Blind** sind Personen, denen an beiden Augen das Augenlicht fehlt. Als blind im Sinne des UStG gelten ebenfalls Personen, die aufgrund ihrer **Sehbehinderung** nach § 5 SGB XII als blind gelten.

15 Gemäß § 4 Nr. 19 Buchst. a Satz 3 UStG ist die Blindheit den für die Besteuerung des Einkommens maßgebenden Vorschriften nachzuweisen. Insofern gelten die Voraussetzungen wie bei der Einkommensteuer für die Inanspruchnahme eines Pauschbetrags nach § 33b Abs. 3 Satz 3 EStG i.V.m. § 65 EStDV (s. Abschn. 4.19.1 Abs. 1 UStAE). Der **Nachweis** kann insofern durch einem amtlich anerkannten Schwerbehindertenausweis mit dem Merkzeichen „Bl“ oder durch einen Bescheid der für die Durchführung des Bundesversorgungsgesetzes zuständigen Behörde, der die entsprechenden Feststellungen enthält, geführt werden.

Um die Steuerbefreiung nutzen zu können, darf der blinde Unternehmer **nicht mehr als zwei Arbeitnehmer** beschäftigen. **Arbeitnehmer** sind Personen, die Einkünfte aus nichtselbständiger Arbeit i.S.d. § 19 EStG erzielen. Dabei ist es nicht entscheidend, ob die Arbeitnehmer blind sind oder nicht. Bei der Frage nach den beschäftigten Arbeitnehmern kommt es nicht auf die Anzahl der Arbeitnehmer schlechthin, sondern auf ihre zeitliche Arbeitsleistung an (s. Abschn. 4.19.1 Abs. 2 Satz 1 UStAE). Die Umsätze von Blinden sind daher auch dann steuerfrei, wenn mehr als zwei Teilzeitkräfte beschäftigt werden, sofern ihre Beschäftigungszeit – bezogen jeweils auf den Kalendermonat – diejenige von zwei ganztägig beschäftigten Arbeitnehmern nicht übersteigt (s. Abschn. 4.19.1 Abs. 2 Satz 2 UStAE). Keine Arbeitnehmer sind Handelsvertreter und Agenten nach §§ 84 ff. HGB, die für den Blinden Geschäfte vermitteln oder in dessen Namen abschließen, da es sich um selbständige Gewerbetreibende handelt. 16

Das Gesetz bestimmt, dass der Ehegatte, der eingetragene Lebenspartner, die minderjährigen Abkömmlinge, die Eltern des Blinden und die Lehrlinge **nicht als Arbeitnehmer** im Sinne des § 4 Nr. 19 Buchst. a UStG **gelten**, auch wenn sie tatsächlich im Unternehmen des Blinden Arbeit leisten und wie Arbeitnehmer in lohnsteuerrechtlicher und sozialversicherungsrechtlicher Hinsicht behandelt werden. Bei den Ausnahmen handelt es sich im Einzelnen um: 17

- Die **Ehegatten**, d.h. Ehemann oder Ehefrau des Unternehmers, auch wenn die Ehegatten getrennt oder in Scheidung leben;
- der **eingetragene Lebenspartner** i.S.d. Gesetzes über die Eingetragene Lebenspartnerschaft (vom 16.02.2001, BStBl I 2001, 266);
- die **minderjährigen Abkömmlinge**, d.h. Verwandte des Blinden in absteigender Linie, also (nicht) eheliche (Adoptiv- oder Stief-)Kinder und deren Abkömmlinge (s. zum Begriff des Abkömmlings nach Art. 116 Abs. 2 Satz 1 GG BVerwG vom 11.01.1994, 1 C 35/93, NJW 1994, 2164);
- die **Eltern** des Blinden;
- die **Lehrlinge**, d.h. **Auszubildende** nach §§ 1 ff. Berufsausbildungsgesetz. Es handelt sich um Personen, die zum Zwecke der Berufsausbildung nach den einschlägigen Vorschriften in einem Ausbildungsverhältnis beschäftigt werden. Nicht zu den Auszubildenden (Lehrlingen) gehören **Volontäre** und **Praktikanten**, die zu den „schädlichen Arbeitnehmern" zählen (a.A. Ehrt in Beck OK UStG, § 4 Nr. 19 Rn. 26, der entgegen dem Gesetzeswortlaut auch für diese annimmt, dass sie nicht zu den Arbeitnehmer im Sinne des § 4 Nr. 19 Buchst. a UStG zählen).

Einstweilen frei 18–19

3.1.2 Steuerbefreite Leistungen

Sind die weiteren Voraussetzungen erfüllt, sind grundsätzlich – abgesehen von den Ausnahmen in § 4 Nr. 19 Buchst. a Satz 4 UStG – alle Lieferungen und sonstigen Leistungen blinder Unternehmer **ohne Rücksicht auf Art und Höhe des Umsatzes** von der Umsatzsteuer befreit. Erfasst sind neben gewerblichen Umsätzen also auch solche aus **freiberuflicher** Tätigkeit (s. zur Steuerfreiheit von Leistungen eines blinden Rechtsanwalts BFH vom 10.05.1973, V R 145/72, BStBl II 1973, 647). 20

Einstweilen frei 21–22

3.1.3 Ausnahmen von der Steuerbefreiung, § 4 Nr. 19 Buchst. a Satz 4 UStG

Von der **Steuerbefreiung ausgenommen** ist nach § 4 Nr. 19 Buchst. a Satz 4 UStG die Lieferung von Energieerzeugnissen und Branntweinen, wenn der Blinde für diese Erzeugnisse Energiesteuer oder Branntweinabgaben zu entrichten hat, sowie für Lieferungen im Sinne von § 4 Nr. 4a Satz 1 Buchst. a Satz 2 UStG aus einem Umsatzsteuerlager. 23

Was unter **Energieerzeugnisse** zu verstehen ist, richtet sich nach § 1 Abs. 2 und 3 EnergieStG; erfasst sind damit vor allem Vergaserkraftstoffe, Dieselkraftstoffe und Flüssiggase (Autogase) (s. Abschn. 4.19.1 Abs. 3 Satz 2 und 3 UStAE). Hat der Blinde für die Energieerzeugnisse keine Energiesteuer zu entrichten, bleibt es bei der Umsatzsteuerfreiheit der Lieferung. Die Einschränkung der Steuerbefreiung für die Lieferungen von Mineralöl ist nach Auffassung der Finanzverwaltung insbesondere für blinde Tankstellen- 24 unternehmer von Bedeutung, denen nach § 7 EnergieStG ein Lager für Energieerzeugnisse bewilligt ist, s. Abschn. 4.19.1 Abs. 3 Satz 1 UStAE.

25 Der Begriff **Branntwein** umfasst nach § 130 des Gesetzes über das Branntweinmonopol (BranntwMonG) sowohl unverarbeiteten Branntwein als auch die trinkfertigen Erzeugnisse (Spirituosen), s. Abschn. 4.19.1 Abs. 3 Satz 4 UStAE. Branntweinabgaben sind Branntweinsteuer, Branntweinaufschlag oder Monopolausgleich. Hat der Blinde keine Branntweinsteuer zu entrichten, bleibt es bei der Umsatzsteuerfreiheit der Lieferung.

26 Die Finanzverwaltung geht davon aus, dass im Fall einer Erhöhung der Energiesteuer oder Branntweinabgaben die entsprechenden Waren einer **Nachsteuer** unterliegen können, s. Abschn. 4.19.1 Abs. 3 Satz 5 UStAE. Ist eine solche Nachsteuer lediglich durch blinde Unternehmer zu entrichten, entfällt die Steuerbefreiung nach § 4 Abs. 19 Buchst a UStG nicht (s. Abschn. 4.19.1 Abs. 3 Satz 6 UStAE).

27 Ausgenommen von der Steuerbefreiung des § 4 Nr. 19 UStG sind zudem **Lieferungen aus einem Umsatzsteuerlager** i.S.d. § 4 Nr. 4a Satz 1 Buchst. a Satz 2 UStG. Die durch das StÄndG 2003 (vom 23.09.2003, BGBl I 2003, 2645) eingefügte Regelung soll die unbesteuerte Auslagerung von Gegenständen durch Blinde verhindern, deren Umsätze nach der Vorschrift steuerbefreit sind (s. BT-Drs. 15/1562, 45).

28–29 Einstweilen frei

3.1.4 Zusammenhang mit anderen Steuerbefreiungen

30 Liegen für die Lieferungen durch einen in § 4 Nr. 19 Buchst. a UStG genannten Unternehmer auch die Voraussetzungen einer **Ausfuhrlieferung** (s. § 4 Nr. 1 Buchst. a, § 6 UStG) bzw. einer **innergemeinschaftlichen Lieferung** (s. § 4 Nr. 1 Buchstabe b, § 6a UStG) vor, geht die Steuerbefreiung des § 4 Nr. 19 Buchst. a UStG diesen Steuerbefreiungen vor, s. Abschn. 4.19.1 Abs. 4 UStAE.

31–32 Einstweilen frei

3.2 Steuerbefreiung für Blindenwerkstätte, § 4 Nr. 19 Buchst. b UStG

33 Die Steuerbefreiung nach § 4 Nr. 19 Buchst. b UStG setzt zunächst voraus, dass Umsätze von nicht unter § 4 Nr. 19 Buchst. a UStG fallenden Inhabern **anerkannter Blindenwerkstätten** oder der **anerkannten Zusammenschlüsse von Blindenwerkstätten** i.S.d. § 143 SGB IX erbracht werden.

34–35 Einstweilen frei

3.2.1 Anerkannte Einrichtungen

36 **Blindenwerkstätten** sind Betriebe, in denen ausschließlich Blindenwaren hergestellt und in denen bei der Herstellung andere Personen als Blinde nur mit Hilfs- oder Nebenarbeiten beschäftigt werden, s. Abschn. 4.19.2 Abs. 1 Satz 1 UStAE. Für die Anerkennung müssen die Unternehmer – die nicht selbst blind zu sein brauchen – im Besitz eines Anerkennungsbescheids aufgrund des Blindenwarenvertriebsgesetzes vom 09.04.1965 (BGBl I 1965, 311) in der bis zum 13.09.2007 geltenden Fassung (BGBl I, 2246) sein, s. Abschn. 4.19.2 Abs. 1 Satz 2 UStAE. Für die Steuerbefreiung kommt es auf die Zahl der Beschäftigten nicht an. Problematisch ist im Einzelfall regelmäßig die Abgrenzung zwischen Herstellungsbetrieb und Hilfs- und Nebenarbeiten. Jedenfalls die Beschaffung von Rohstoffen und der Vertrieb der hergestellten Erzeugnisse werden regelmäßig nicht in den Bereich des Herstellungsbetriebs fallen.

37 Nach dem Prinzip der **Abschnittsbesteuerung** kann die Steuerbefreiung des § 4 Nr. 19 Buchst. b UStG nur für den Besteuerungszeitraum in Anspruch genommen werden, in dem die Voraussetzungen der Steuerbefreiung erfüllt sind. Ist dies beispielsweise in einem Jahr nicht der Fall, sind die Leistungen des Besteuerungszeitraums grundsätzlich umsatzsteuerpflichtig.

38 **Anerkannte Zusammenschlüsse von Blindenwerkstätten** sind gem. § 5 Abs. 1 Nr. 2 BliwaG Betriebe, deren Zweck ausschließlich auf den Vertrieb von Blindenwaren und Zusatzwaren sowie auf den gemeinsamen Ankauf von Rohstoffen gerichtet ist. Weder bei den Blindenwerkstätten, noch bei deren Zusammenschlüssen ist eine bestimmte Rechtsform vorgeschrieben. In Betracht kommen insoweit sowohl Einzelunternehmen, Personenvereinigungen und -gesellschaften, als auch juristische Personen und Betriebe von

Körperschaften des öffentlichen Rechts. Bei diesen Vereinigungen ist die Beschäftigung von Blinden nicht erforderlich, sondern lediglich bei den zur Vereinigung gehörenden Werkstätten. Für die Steuerbefreiung ist zudem Voraussetzung, dass die Blindenwerkstätten bzw. deren Zusammenschlüsse im Besitz eines **Anerkennungsbescheides** nach § 5 BliwaG sind.

Einstweilen frei 39–40

3.2.2 Die steuerbefreiten Umsätze

Im Gegensatz zu den sehr umfassend befreiten Umsätzen blinder Unternehmer (s. Rn. 20 ff.) sind nur die **in § 4 Nr. 19 Buchst. b Doppelbuchst. aa und bb genannten Umsätze** von Blindenwerkstätten und Zusammenschlüssen von Blindenwerkstätten von der Umsatzsteuer **steuerbefreit**. Dazu zählen Lieferungen von Blindenwaren und Zusatzwaren sowie sonstige Leistungen, soweit bei ihrer Ausführung ausschließlich Blinde mitgewirkt haben. Welche Waren als Blindenwaren und Zusatzwaren anzusehen sind, bestimmt sich abschließend nach § 2 des BliwaG (vom 09.04.1965 (BGBl I 1965, 311) in der bis zum 13.09.2007 geltenden Fassung (BGBl I, 2246) und nach §§ 1 und 2 Durchführungsverordnung – DVO – BliwaG vom 11.08.1965 (BGBl I 1965, 807) in der bis zum 13.09.2007 geltenden Fassung, s. Abschn. 4.19.2 Abs. 2 Satz 1 UStAE). 41

Bei **Blindenwaren** handelt sich beispielsweise um Gegenstände wie überwiegend handgefertigte Bürsten und Besen aller Art, Korbflechtarbeiten sowie Rahmen- und Stuhlflechtarbeiten, Webwaren, Strick-, Knüpf- und Häkelwaren sowie Arbeitsschürzen aus Segeltuch, Drillich, Gummi oder Kunststoff. Bei Blindenseife handelt es sich nicht um eine Blindenware (s. BFH vom 16.03.1961, V 20/59, HFR 1962, 213). Unter die Steuerbefreiung fallen auch die Umsätze von solchen Blindenwaren, die nicht in der eigenen Blindenwerkstätte hergestellt sind, s. Abschn. 4.19.2 Abs. 2 Satz 2 UStAE. 42

Zusatzwaren im Sinne der Vorschrift sind Waren, die zusammen mit Blindenwaren verwendet zu werden pflegen, oder deren gleichzeitiger Vertrieb den Absatz von Blindenwaren besonders zu fördern geeignet ist. Dabei handelt es sich beispielsweise um Korb- und Seilerwaren, Pinsel und Matten sowie einfaches Reinigungsgerät und Putzzeug. Auf den Umfang der gelieferten Zusatzwaren kommt es für die Steuerbefreiung nicht an (s. FG Rheinland-Pfalz vom 12.09.1983, S 12/83, EFG 1984, 204). 43

Von der Steuerbefreiung erfasst sind zudem **sonstige Leistungen**, soweit bei ihrer Ausführung **ausschließlich Blinde mitgewirkt** haben, § 4 Nr. 19 Buchst. b Doppelbuchs. bb (z.B. Ausbesserungen an Korbmöbeln, Klavierstimmen). 44

Einstweilen frei 45–46

3.2.3 Zusammentreffen mit anderen Steuerbefreiungen

Liegen für die Lieferungen durch einen in § 4 Nr. 19 Buchst. b UStG genannten Unternehmer auch die Voraussetzungen einer **Ausfuhrlieferung** (s. § 4 Nr. 1 Buchst. a, § 6 UStG) bzw. einer **innergemeinschaftlichen Lieferung** (s. § 4 Nr. 1 Buchst. b, § 6a UStG) vor, geht die Steuerbefreiung des § 4 Nr. 19 Buchst. b UStG diesen Steuerbefreiungen vor, s. Abschn. 4.19.2 Abs. 3 UStAE. 47

Einstweilen frei 48–49

4. Vorsteuerabzug

Die Befreiung schließt gemäß § 15 Abs. 2 Nr. 1 UStG den **Vorsteuerabzug** aus. Der Ausschluss gilt grundsätzlich auch bei innergemeinschaftlichen Lieferungen, die den Tatbestand des § 4 Nr. 19 UStG erfüllen, da die Steuerbefreiung insoweit vorrangig gilt (s. Abschn. 4.19.2 Abs. 3 UStAE). 50

Ein **Verzicht auf die Steuerbefreiung** aus § 4 Nr. 19 UStG ist nach § 9 Abs. 1 UStG grundsätzlich möglich. Der Unternehmer kann die Umsätze nach § 4 Nr. 19 UStG dann insoweit als steuerpflichtig behandeln, wenn der Umsatz an einen anderen Unternehmer für dessen Unternehmen ausgeführt wird. Der Unternehmer kann sein Optionsrecht für **jede optionsfähige Leistung gesondert** ausüben. 51

Einstweilen frei 52–53

§ 4 Nr. 20 UStG Kulturelle Einrichtungen

[1]Von den unter § 1 Abs. 1 Nr. 1 fallenden Umsätzen sind steuerfrei:

...

20. a) die Umsätze folgender Einrichtungen des Bundes, der Länder, der Gemeinden oder der Gemeindeverbände: Theater, Orchester, Kammermusikensembles, Chöre, Museen, botanische Gärten, zoologische Gärten, Tierparks, Archive, Büchereien sowie Denkmäler der Bau- und Gartenbaukunst. [2]Das Gleiche gilt für die Umsätze gleichartiger Einrichtungen anderer Unternehmer, wenn die zuständige Landesbehörde bescheinigt, dass sie die gleichen kulturellen Aufgaben wie die in Satz 1 bezeichneten Einrichtungen erfüllen. [3]Steuerfrei sind auch die Umsätze von Bühnenregisseuren und Bühnenchoreographen an Einrichtungen im Sinne der Sätze 1 und 2, wenn die zuständige Landesbehörde bescheinigt, dass deren künstlerische Leistungen diesen Einrichtungen unmittelbar dienen. [4]Museen im Sinne dieser Vorschrift sind wissenschaftliche Sammlungen und Kunstsammlungen,

b) die Veranstaltung von Theatervorführungen und Konzerten durch andere Unternehmer, wenn die Darbietungen von den unter Buchstabe a bezeichneten Theatern, Orchestern, Kammermusikensembles oder Chören erbracht werden;

...

Bearbeiter: Daniela Bick

Inhaltsverzeichnis

1. Inhalt und Zweck der Vorschrift

1 § 4 Nr. 20 Buchst. a UStG befreit **kulturelle Dienstleistungen**. Dabei zählen zu den begünstigte Unternehmern Gebietskörperschaften sowie gleichartige Einrichtungen privater Unternehmer, sofern sie eine entsprechende Bescheinigung der zuständigen Landesbehörde vorweisen können. In Ergänzung begünstigt § 4 Nr. 20 Buchst. b UStG die Veranstaltung von Theatervorführungen und Konzerten anderer Unternehmer, sofern sie ihre Dienstleistungen in den unter § 4 Nr. 20 Buchst. a UStG aufgeführten Einrichtungen erbringen. Zweck des § 4 Nr. 20 UStG ist es kulturpolitische erwünschte Umsätze zu fördern und die begünstigten Einrichtungen als Teil der Kultur nicht mit Umsatzsteuer zu belasten.

2 Eine Befreiung kultureller Umsätze von der Umsatzsteuer gibt es bereits seit dem **UStG 1926** für das Halten von durch die Länder und Gemeinden geführten Theatern. Seit dem UStG 1951 waren die Gebietskörperschaften und privaten Unternehmer mit den von ihnen geführten Theatern und Museen von der USt befreit. In der Folgezeit wurde die Befreiung stetig auf weitere kulturelle Einrichtungen ausgedehnt. Durch das Amtshilferichtlinie-Umsetzungsgesetz vom 26.06.2013 sind mit Wirkung zum 01.07.2013 auch die Umsätze von selbstständigen Bühnenregisseuren und Bühnenchoreographen an Einrichtungen im Sinne des § 4 Nr. 20 Nr. 1 S. 1 und 2 UStG steuerfrei (s. BT-Drs. 17/10000, S. 85 f. i.V.m. BT-Drs. 17/12532, 81 f.). Die Änderung zum 01.01.2011 durch Einfügung des vierten Satzes „Für die Erteilung der Bescheinigung gilt § 181 Abs. 1 und 5 der Abgabenordnung (AO) entsprechend“ (JStG 2010 vom 08.10.2010, BGBl I 2010,

1786), wurde durch Art. 9 Nr. 2 Buchst. b ZollkodexAnpG mit Wirkung **zum 01.01.2015 wieder aufgehoben** (s. BGBl I 2014, 2417). Die Beschränkung der rückwirkenden Erteilung der Bescheinigung gilt nicht mehr. Die Vorgaben in Abschn. 4.20.5 Abs. 2 UStAE sind damit hinfällig.

Soweit die Voraussetzungen des § 4 Nr. 20 UStG bei privaten Theatern, Orchestern, Kammermusikensembles, Chören, Museen und Veranstaltungen nicht vorliegen, kann der ermäßigte Steuersatz nach § 12 Abs. 2 Nr. 7 Buchst. a UStG einschlägig sein. 3

Einstweilen frei 4–5

2. Unionsrechtlicher Hintergrund

Unionsrechtliche Grundlage ist **Art. 132 Abs. 1 Buchst. n MwStSystRL** und den Einschränkungen aus Art. 134 MwStSystRL. Danach befreien die Mitgliedstaaten bestimmte kulturelle Dienstleistungen und eng damit verbundene Lieferungen von Gegenständen, die von Einrichtungen des öffentlichen Rechts oder anderen von dem betreffenden Mitgliedstaat anerkannten Einrichtungen erbracht werden. Grundsätzlich steht es den Mietgliedstaaten frei zu entscheiden, welche kulturellen Dienstleitungen sie von der Umsatzsteuer befreien und welche von der Steuerbefreiung ausgenommen bleiben sollen (s. BFH vom 04.05.2011, XI R 44/08, DStR 2011, 1222). Die Umsätze dürfen allerdings u.a. nicht dazu bestimmt sein, der Einrichtung zusätzliche Einnahmen durch Tätigkeiten zu verschaffen, die in unmittelbarem Wettbewerb mit Tätigkeiten von der Mehrwertsteuer unterliegenden gewerblichen Unternehmen durchgeführt werden. 6

Soweit die unionsrechtlichen Vorgaben durch den deutschen Gesetzgeber nicht ordnungsgemäß umgesetzt sind, kann sich ein Steuerpflichtiger zur Geltendmachung seiner Steuerfreiheit unmittelbar auf Art. 132 Abs. 1 Buchst. n MwStSystRL berufen (s. Rn. 34). Dies ist beispielsweise bei **Solokünstlern** der Fall, wenn die Musiker im Sinne des Art. 132 Abs. 1 Buchst. n MwStSystRL anerkannt sind, da der Gesetzeswortlaut des § 4 Nr. 20 UStG die Einbeziehung einzelner Personen (Solokünstler) nicht zulässt (s. Rn. 34). 7

Einstweilen frei 8–9

3. Voraussetzungen der Steuerfreiheit des § 4 Nr. 20 UStG

§ 4 Nr. 20 UStG begünstig **drei verschiedene Unternehmergruppen** bzw. Einrichtungen dieser Unternehmer steuerlich: 10

- Gebietskörperschaften mit ihren Theatern, Orchestern usw.;
- andere Unternehmer als die Gebietskörperschaften mit gleichartigen Einrichtungen (Theater, Orchester usw.) mit Bescheinigung der zuständigen Landesbehörde, dass die gleichen kulturellen Aufgaben erfüllt werden;
- Bühnenregisseure und Bühnenchoreographen mit ihren künstlerischen Leistungen an Gebietskörperschaften oder an andere Unternehmer als die Gebietskörperschaften mit gleichartigen Einrichtungen (Theater, Orchester usw.) mit Bescheinigung der zuständigen Landesbehörde, dass die künstlerischen Leistungen der Bühnenregisseure und Bühnenchoreographen den Leistungsempfängern unmittelbar dienen;
- andere Unternehmer mit der Veranstaltung von Theatervorführungen und Konzerten, wenn die Darbietungen von den in § 4 Nr. 20 Buchst. a UStG genannten Theatern, Orchestern, Kammermusikensembles oder Chören erbracht werden.

Begünstigte Umsätze sind dabei nur solche, die **eng mit dem Betrieb** der betreffenden Einrichtungen zusammenhängen, d.h. die für diesen Betrieb typisch sind einschließlich der damit üblicherweise verbundenen Nebenleistungen (s. BFH vom 04.05.2011, XI R 44/08, DStR 2011, 1222). 11

Einstweilen frei 12

3.1 Steuerfreiheit für Einrichtungen nach § 4 Nr. 20 Buchst. a Satz 1 UStG

§ 4 Nr. 20 Buchst. a Satz 1 UStG befreit die Umsätze von **Bund, Ländern, Gemeinden und Gemeindeverbänden** mit ihren Theatern, Orchestern usw. Die Steuerbefreiung setzt voraus, dass die entsprechende **Gebietskörperschaft** die Einrichtungen in der Form eines Betriebs gewerblicher Art nach § 2 Abs. 1 UStG 13 führt. Erforderlich ist somit, dass die Einrichtungen von der Gebietskörperschaft **unmittelbar in eigener Verwaltung geführt** werden. Dies setzt voraus, dass die Gebietskörperschaft selbst die Leitung, Verwaltung, Organisation, Personalführung etc. wahrnimmt. Es reicht daher nicht aus, wenn die Gebietskörperschaft nur an einer zwischengeschalteten Gesellschaft (z.B. einer GmbH) beteiligt ist, da in diesem Fall die Gesellschaft, nicht aber die Gebietskörperschaft selbst, der Unternehmer ist. In derartigen Fällen kommt aber die Steuerbefreiung nach § 4 Nr. 20 Buchst. a Satz 2 UStG in Betracht (s. BFH vom 04.12.1958, V 102/58 U, BStBl III 1959, 64).

14 Steuerbefreit sind die in § 4 Nr. 20 Buchst. a Satz 1 UStG genannten, von Gebietskörperschaften betriebenen, Einrichtungen. Unter dem Begriff **Einrichtung** sind alle erforderlichen Vorrichtungen sowie die Vorhaltung der künstlerischen und technischen Fachkräfte, um die im Gesetz aufgezählten Institutionen (Theater, Orchester, Museen, Parks etc.) betreiben zu können, zu verstehen. Keine Voraussetzung ist daher, dass die begünstigte Einrichtung ihre Umsätze in eigenen Bauwerken (z.B. Operngebäude) erbringt. Daher sind beispielsweise auch Freilichtaufführungen begünstigt (s. Abschn. 4.20.1 Abs. 1 UStAE). Solange die Gebietskörperschaft ein **eigenes Ensemble** unterhält, sind die Voraussetzungen der Norm erfüllt. Dies gilt auch, wenn die künstlerischen und technischen Kräfte jeweils nur für die Spielzeit eines Stücks verpflichtet werden. Auch Laientheater können sich auf die Steuerbefreiung berufen. Zum Umfang des **Theaterbegriffs** s. Abschn. 4.20.1 Abs. 1 und 2 UStAE (Achtung: währen die Verwaltung nur literarisches Kabarett nicht aber Varieté und sonstige Veranstaltungen der Kleinkunst zu den Formen des Theaters zählt, hat der BFH entschieden, dass unter Theatervorführungen i.S.d. § 12 Abs. 2 Nr. 7 Buchst. a UStG nicht nur Aufführungen von Theaterstücken, Opern und Operetten, sondern auch Darbietungen der Pantomime und Tanzkunst, der Kleinkunst und des Variétés bis zu den Puppenspielen zu verstehen sind, s. BFH vom 26.04.1995, XI R 20/94, BStBl II 1995, 519. Die Auffassung des BFH dürfte auch auf den Begriff des Theaters in § 4 Nr. 20 UStG zu übertragen sein). Befreit sind die eigentlichen Theaterleistungen einschließlich der damit üblicherweise verbundenen Nebenleistungen. Zu den Nebenleistungen gehören insbesondere die Aufbewahrung der Garderobe, der Verkauf von Programmen und die Vermietung von Operngläsern (s. Abschn. 4.20.1 Abs. 3 UStAE). Die Abgabe von Speisen und Getränken bei Theatervorstellungen ist keine nach § 4 Nr. 20 Buchstabe a UStG steuerfreie Nebenleistung (s. BFH vom 14.05.1998, V R 85/97, BStBl II 1999, 145). Werden bei Theatervorführungen mehrere Veranstalter tätig, kann jeder Veranstalter die Steuerbefreiung des § 4 Nr. 20 Buchstabe b UStG unter den Voraussetzungen dieser Vorschrift in Anspruch nehmen.

15 Befreit sind zudem die Umsätze von **Orchestern, Kammermusikensembles und Chören**. Dazu gehören alle Musiker- und Gesangsgruppen, die aus zwei oder mehr Mitwirkenden bestehen. Der Wortlaut der Norm erfasst damit eigentlich nicht Solokünstler und Dirigenten. Insofern ist Art. 132 Abs. 1 Buchst n MwStSystRL nicht ordnungsgemäß umgesetzt worden. Denn der Begriff der darin genannten „anderen … anerkannten Einrichtungen“ bezieht sich auch auf Solokünstler (s. EuGH vom 03.04.2003, C-144/00, BStBl II 2003, 679). Ein Einzelkünstler (z.B. ein Orchestermitglied gegenüber dem Orchester) kann sich daher für seine Steuerfreiheit unmittelbar auf das Unionsrecht berufen (s. BFH vom 18.02.2010, V R 28/08, BStBl II 2010, 876 und Rn. 34). Unter die Steuerbefreiung fallen auch typische Leistungen im Zusammenhang mit der musikalischen Darbietung einschließlich der damit üblicherweise verbundenen Nebenleistungen (s. die Ausführungen unter Rn. 14 zu Theatern).

16 **Museen** im Sinne des § 4 Nr. 20 UStG sind wissenschaftliche Sammlungen und Kunstsammlungen, § 4 Nr. 20 Buchst. a Satz 4 UStG. Ob eine Sammlung wissenschaftlich ist, richtet sich nach dem Gesamtbild der Umstände, z.B. danach, ob die Sammlung nach wissenschaftlichen Gesichtspunkten zusammengestellt oder geordnet ist und ob sie entsprechend durch Beschriftungen und/oder Kataloge erläutert wird. Als Gegenstände derartiger Sammlungen kommen auch technische Gegenstände wie Luftfahrzeuge in Betracht (s. BFH vom 19.05.1993, V R 110/88, BStBl II 1993, 779). Typische steuerfreie Museumsleistungen sind solche, für die als Entgelte Eintrittsgelder erhoben werden, das Dulden der Anfertigung von Reproduktionen, Abgüssen und Nachbildungen sowie die Restaurierung und Pflege von Kunstwerken in Privatbesitz. Die Steuerbefreiung erfasst auch die üblichen Nebenleistungen, z.B. den Verkauf von Katalogen und Museumsführern und die Aufbewahrung der Garderobe. Der Verkauf von Kunstpostkarten, Fotografien, Dias, Plakaten, Klischees, Reproduktionen, Abgüssen, Nachbildungen, Farbdrucken und Bildbänden ist nur dann als typische Museumsleistung steuerfrei, wenn es sich um Darstellungen von Objekten des betreffenden Museums handelt, das Museum die genannten Gegenstände selbst herstellt oder herstellen lässt und diese Gegenstände ausschließlich in diesem Museum vertrieben werden. Die Veräußerung von Museumsobjekten sowie von Altmaterial ist dagegen von der Steuerbefreiung nach § 4 Nr. 20 UStG ausgeschlossen. Es kann jedoch die **Steuerbefreiung nach § 4 Nr. 28 UStG** in Betracht kommen.

Botanische Gärten sind nach wissenschaftlichen Gesichtspunkten zusammengestellte Anlagen, die eine 17
große Anzahl verschiedener Pflanzen darbieten. Ein **zoologischer Garten** ist eine der Schaustellung, der Belehrung und wissenschaftlichen Zwecken dienende Einrichtung, in der inländische und ausländische Tiere in regelmäßig hoher Anzahl gehalten, gepflegt und auch gezüchtet werden; dies erfasst auch Aquarien und Terrarien. Beim **Tierpark** ist die Haltung dagegen meist auf eine geringe Anzahl beschränkt. Sog. Vergnügungsparks und Delphinarien sind keine begünstigten Einrichtungen (s. BFH vom 20.04.1988, X R 20/82, BStBl II 796). Steuerfrei sind die Umsätze von zoologischen Gärten und Tierparks nur, wenn es sich um typische Leistungen der bezeichneten Einrichtungen handelt (zu den typischen Einrichtungen s. Abschn. 4.20.4 Abs. 2 UStAE).

Als **Archive** bezeichnet man Einrichtungen, die der systematischen Erfassung, Ordnung, Verwahrung, 18
Betreuung und Erschließung von Schrift-, Bild- und Tongut staatlicher Stellen, anderer Institutionen (Verbände, Unternehmen) oder Einzelpersonen dienen. In Betracht kommen Staats-, Stadt-, Diözesan- oder Ordinariats-, Kloster-, Familien- und Privatarchive. Steuerfrei ist in diesem Zusammenhang insbesondere die entgeltliche Zurverfügungstellung der archivierten Dokumente gegenüber der Allgemeinheit. Auch die Erstellung von Gutachten über rechtliche oder anderen Forschungen, das Sichten der Bestände für private Forschungen, die Anfertigung von Fotokopien sowie der Verkauf von Siegelabgüssen fallen unter die Steuerbefreiung. Für die Hilfsleistungen und Nebenleistungen gelten dieselben Grundsätze wie bei Museumsleistungen. **Büchereien** (Bibliotheken) sind planmäßige, öffentlich oder privat angelegte Sammlungen von Büchern, die den Lesern gegen Entgelt zur Verfügung stehen. Bei den Büchereien fallen insbesondere die Umsätze mit dem Ausleihen, der Vorbestellung von Büchern oder Neuerscheinungen, mit Kopien und mit der verspäteten Rückgabe unter die Steuerfreiheit. Nicht zu den büchereitypischen – und damit steuerbefreiten – Leistungen gehört die Veräußerung von Büchern sowie von Altmaterial. Insoweit könnte allenfalls eine Steuerbefreiung nach § 4 Nr. 28 UStG in Betracht kommen.

Denkmäler der Baukunst sind Bauwerke, die nach denkmalpflegerischen Gesichtspunkten als schüt- 19
zenswerte Zeugnisse der Architektur anzusehen sind. Hierzu gehören z.B. Kirchen, Schlösser, Burgen und Burgruinen. **Denkmälern der Gartenbaukunst** sind beispielsweise Parkanlagen mit künstlerischer Ausgestaltung.

Einstweilen frei 20–21

3.2 Steuerfreiheit für Einrichtungen nach § 4 Nr. 20 Buchst. a Satz 2 UStG

Andere Unternehmen, die keine Gebietskörperschaften sind, sind nach § 4 Nr. 20 Buchst. a Satz 2 UStG 22
von der Umsatzsteuer befreit, wenn durch eine **Bescheinigung der zuständigen Landesbehörde** nachgewiesen wird, dass sie die **gleichen kulturellen Aufgaben** erfüllen wie die in Satz 1 bezeichneten Einrichtungen. In Betracht kommen dabei insbesondere andere öffentlich-rechtliche Körperschaften (z. B. Anstalten, Kirchen, Institute, Stiftungen usw.), Körperschaften des Privatrechts (juristische Personen), Personengesellschaften und natürliche Personen. Die von diesen Unternehmern betriebenen Einrichtungen müssen den in § 4 Nr. 20 Buchst. a Satz 1 UStG aufgezählten Einrichtungen gleichartig sein, das heißt es muss sich ebenfalls um Theater, Orchester, Kammermusikensembles, Chöre, Museen, botanische Gärten, zoologische Gärten, Tierparks, Archive, Büchereien und Denkmäler der Bau- und Gartenkunst handeln (s. insoweit die Ausführungen unter Rn. 14 ff.). Darüber hinausgehende Einrichtungen sind nicht erfasst. Die Umsätze anderer Unternehmer, die begünstigte Einrichtungen betreiben, sind nur dann befreit, wenn die zuständige Landesbehörde bescheinigt, dass diese die gleichen kulturellen Aufgaben wie die Einrichtungen der öffentlichen Hand erfüllen. Die Bescheinigung ist dabei **materiell-rechtliche Voraussetzung** für die Steuerbefreiung und stellt einen **Grundlagenbescheid** i.S.v. § 175 Abs. 1 Satz 1 Nr. 1 AO dar. Der

Antrag kann sowohl durch den Unternehmer selbst, als auch durch die Finanzverwaltung – auch gegen den Willen des Unternehmers – gestellt werden. Frist für die Erteilung, Änderung oder Aufhebung von Bescheinigungen durch die zuständigen Landesbehörden sind grundsätzlich vier Jahre (s. § 4 Nr. 20 Buchst. a Satz 3 UStG i.V.m. § 181 Abs. 1 Satz 1 i.V.m. § 169 Abs. 1 und 2 Satz 1 und § 170 Abs. 1 und 3 AO) und beginnt mit Ablauf des Jahres, für das die Bescheinigung gilt; die Anlaufhemmung nach § 170 Abs. 2 Nr. 1 AO kommt nicht zur Anwendung.

23–24 Einstweilen frei

3.3 Steuerfreiheit für Einrichtungen nach § 4 Nr. 20 Buchst. a Satz 3 UStG

25 Seit dem 01.07.2013 gilt die Steuerbefreiung auch für die Umsätze der **Bühnenregisseure und Bühnenchoreographen** an den in § 4 Nr. 20 Buchst. a Satz 1 und Satz 2 UStG genannten Einrichtungen, wenn die zuständige Landesbehörde bescheinigt, dass deren künstlerische Leistungen diesen Einrichtungen unmittelbar dienen. Leistungsempfänger müssen also Theater, Orchester, Kammermusikensembles, Chöre, Museen, botanische Gärten, Tierparks, Archive, Büchereien sowie Denkmäler der Bau- und Gartenkunst als Einrichtungen der Gebietskörperschaften oder gleichartige Einrichtungen anderer Unternehmer, denen die zuständige Landesbehörde bescheinigt hat, dass sie die gleichen kulturellen Aufgaben wie die in § 4 Nr. 20 Buchst. a S. 1 UStG bezeichneten Einrichtungen erfüllen, sein. Erfasst sind daher insbesondere nicht Leistungen an nicht begünstigte Leistungsempfänger und nicht künstlerische Leistungen (z.B. reine Gutachten). Nicht von der Steuerbefreiung erfasst werden die Leistungen selbständiger Bühnen- oder Kostümbildner, die an den genannten Einrichtungen tätig werden. Auch die Leistungen von Bühnenregisseuren und Choreographen an andere Leistungsempfänger sowie die Leistungen selbständiger Filmregisseure, Hörspielregisseure und Fernsehregisseure sind zukünftig nicht begünstigt. Zu den Voraussetzungen für die Bescheinigung der zuständigen Landesbehörde s. Rn. 22.

26–27 Einstweilen frei

3.4 Steuerfreiheit für Einrichtungen nach § 4 Nr. 20 Buchst. b UStG

28 Nach § 4 Nr. 20 Buchst. b UStG sind steuerfrei die Veranstaltung von Theatervorführungen und Konzerten durch **andere Unternehmer**, wenn die Darbietungen von den unter Buchstabe a bezeichneten Theatern, Orchestern, Kammermusikensembles oder Chören erbracht werden. Die Vorschrift begünstigt insb. **Gastspiele fremder Ensembles**, die von Gemeinden oder Konzertdirektionen veranstaltet werden. Mit „anderen Unternehmern" sind alle Unternehmer gemeint, die nicht bereits nach § 4 Nr. 20 Buchst. a UStG begünstigt sind. Dies betrifft Unternehmer, die nicht selbst eine begünstigte Einrichtung (Theater, Orchester usw.) führen, sondern lediglich die **Veranstaltungen organisieren** und Aufführungen durch Unternehmer, die selbst kein eigenes Theater, Orchester oder sonstiges Ensemble haben. Veranstalter ist derjenige, der im eigenen Namen und für eigene Rechnung die organisatorischen Maßnahmen dafür trifft, dass das Konzert bzw. die Theatervorführung abgehalten werden kann. Der bloße Tickethandel fällt nicht unter den Veranstalterbegriff, es kommt aber unter Umständen für den Verkauf von Eintrittsberechtigungen für Theater, Konzerte und Museen der **ermäßigte Steuersatz nach § 12 Abs. 2 Nr. 7 Buchst. a UStG** in Betracht. Auch ein darbietender Solist kann Veranstalter sein (s. BFH vom 14.12.1995, V R 13/95, BStBl II 1996, 386). Die Darbietungen müssen zudem von den in § 4 Nr. 20 Buchst. a UStG genannten Theatern, Orchester etc. erbracht werden. Zudem müssen die Theatervorführungen und Konzerte den eigentlichen Zweck der Veranstaltung ausmachen. Sind die Darbietungen im Zusammenhang mit anderen Angeboten nur von untergeordneter Bedeutung, greift die Steuerbefreiung nicht ein. Ein besonders eigenständiges **Bescheinigungsverfahren** für die Veranstalter von Theateraufführungen und Konzerten nach § 4 Nr. 20 Buchst. b UStG gibt es nicht. Die Bescheinigung des Künstlers wirkt auf den Veranstalter durch. Werden bei Theatervorführungen mehrere Veranstalter tätig, so kann jeder Veranstalter die Steuerbefreiung des § 4 Nr. 20 Buchst. b UStG unter den Voraussetzungen dieser Vorschrift in Anspruch nehmen.

29–30 Einstweilen frei

4. Vorsteuerabzug

Die Befreiung schließt gemäß § 15 Abs. 2 Nr. 1 UStG den **Vorsteuerabzug** aus. Ein Verzicht auf die Befreiung nach § 9 UStG (s. zu den Voraussetzungen § 9 Rn. 4 ff.) ist nicht möglich. Die Umsätze nach § 4 Nr. 20 UStG sind also zwingend umsatzsteuerfrei 31

Einstweilen frei 32–33

5. Voraussetzungen der Steuerfreiheit unter unmittelbarer Berufung auf das Unionsrecht im Überblick

Unionsrechtliche Grundlage der Steuerbefreiung nach § **4 Nr. 20 UStG ist Art. 132 Abs. 1 Buchst. n MwStSystRL**. Danach befreien die Mitgliedstaaten bestimmte kulturelle Dienstleistungen und eng damit verbundene Lieferungen von Gegenständen, die von Einrichtungen des öffentlichen Rechts oder anderen von dem betreffenden Mitgliedstaat anerkannten Einrichtungen erbracht werden. Der **unionsrechtliche Begriff der Einrichtung** ist weit zu verstehen und erfasst auch Personenvereinigungen und natürliche Personen (s. EuGH vom 07.09.1999, C-216/97, Gregg, UR 99, 419). Nach der Einschränkung des Art. 134 MwStSystRL sind die Umsätze von der Steuerbefreiung ausgeschlossen, wenn sie für die Umsätze, für die die Steuerbefreiung gewährt wird, nicht unerlässlich sind und wenn sie im Wesentlichen dazu bestimmt, der Einrichtung zusätzliche Einnahmen durch Umsätze zu verschaffen, die in unmittelbarem Wettbewerb mit Umsätzen von der Mehrwertsteuer unterliegenden gewerblichen Unternehmen bewirkt werden. In diesem Rahmen steht es den Mitgliedstaaten grundsätzlich frei zu entscheiden, welche kulturellen Dienstleistungen sie von der Umsatzsteuer befreien und welche von der Steuerbefreiung ausgenommen bleiben sollen (s. BFH vom 04.05.2011, XI R 44/08, DStR 2011, 1222). Sofern die Vorgaben des Unionsrechts nicht zutreffend umgesetzt werden, kann sich der Steuerpflichtige zur Geltendmachung seiner Steuerfreiheit allerdings unmittelbar auf das Unionsrecht berufen. Dies ist im deutschen Recht im Hinblick auf **Solokünstler** der Fall. nach dem eindeutigen Wortlaut erfasst der § 4 Nr. 20 UStG nur Gruppen, nicht aber Einzelkünstler. Dies steht nicht im Einklang mit dem Unionsrecht. Insofern hat der EuGH bereits entschieden, dass die Mitgliedstaaten jedenfalls nicht berechtigt sind, bei der Definition der kulturellen Dienstleistungen danach zu unterscheiden, ob eine kulturelle Leistung im Bereich der Musik durch einen oder mehrere Musiker ausgeführt wird (s. EuGH vom 03.04.2003, C-144/00, Matthias Hoffmann, BStBl II 2003, 679). Allgemein dürfen die Mitgliedstaaten bei der Anerkennung als gleichartige Einrichtung Einzelkünstler nicht anders behandeln als kulturelle Gruppen (s. BFH vom 04.05.2011, XI R 44/08, DStR 2011, 1222; s. auch Abschn. 4.20.2 Abs. 1 UStAE). 34

Einstweilen frei 35–36

§ 4 Nr. 21 UStG Steuerfreiheit für Bildungseinrichtungen und selbständige Lehrer

[1]Von den unter § 1 Abs. 1 Nr. 1 fallenden Umsätzen sind steuerfrei:

...

21. a) die unmittelbar dem Schul- und Bildungszweck dienenden Leistungen privater Schulen und anderer allgemein bildender oder berufsbildender Einrichtungen,
    - aa) wenn sie als Ersatzschulen gemäß Artikel 7 Abs. 4 des Grundgesetzes staatlich genehmigt oder nach Landesrecht erlaubt sind oder
    - bb) wenn die zuständige Landesbehörde bescheinigt, dass sie auf einen Beruf oder eine vor einer juristischen Person des öffentlichen Rechts abzulegende Prüfung ordnungsgemäß vorbereiten,

    b) die unmittelbar dem Schul- und Bildungszweck dienenden Unterrichtsleistungen selbständiger Lehrer
    - aa) an Hochschulen im Sinne der §§ 1 und 70 des Hochschulrahmengesetzes und öffentlichen allgemein bildenden oder berufsbildenden Schulen oder
    - bb) an privaten Schulen und anderen allgemein bildenden oder berufsbildenden Einrichtungen, soweit diese die Voraussetzungen des Buchstaben a erfüllen;

...

Bearbeiter: Daniela Bick

Inhaltsverzeichnis

Rn.

1. Inhalt und Zweck der Vorschrift

1 § 4 Nr. 21 UStG befreit die unmittelbar dem **Schul- und Bildungszweck** dienenden Leistungen privater und anerkannt vergleichbarer Schulen und Bildungseinrichtungen sowie die Unterrichtsleistungen selbständiger Lehrer an Hochschulen oder privaten oder anerkannt vergleichbaren Schulen und Bildungseinrichtungen.

Eine **Steuerbefreiung** für **private Schulen** von der Umsatzsteuer gab es bereits seit dem 01.01.1922. 2
Im UStG 1967/73 wurde der Umfang der Befreiung erheblich erweitert, eine besondere Zweckrichtung der Einrichtung ist nicht mehr erforderlich, die **Beschränkung** der Höhe des Entgelts (**Selbstkosten**) ist **weggefallen** und neben Ersatzschulen wurden die Ergänzungsschulen und andere allgemeinbildende und berufsbildende Einrichtungen aufgenommen. Durch das StEntlG 1999/2000/2002 (BGBl I 1999, 402) wurde die Vorschrift dahin gehend ergänzt, dass auch die Leistungen der selbstständigen Lehrer an öffentlichen allgemeinbildenden oder berufsbildenden Schulen sowie an Hochschulen und anderen allgemeinbildenden oder berufsbildenden Einrichtungen befreit sind.

Die Vorschrift soll die **schulische** und **berufliche Ausbildung** und **Fortbildung fördern** und zugleich 3
Privatschulen **umsatzsteuerlich** den öffentlichen **Schulen gleichstellen**. Denn die von juristischen Personen des öffentlichen Rechts unterhaltenen (staatlichen) Schulen unterliegen gemäß § 2 Abs. 3 UStG (s. § 2 Abs. 3 Rn. 1 ff.) nicht der Umsatzsteuer (s. BFH vom 27.08.1989, V R 73/79, BStBl II 1999, 376). Die Befreiung führt – wie bei der hoheitlichen Tätigkeit der staatlichen Schulen – zum Verlust des Vorsteuerabzugs und damit auch insoweit zu einer Gleichstellung mit diesen. Ein Verzicht auf die Steuerbefreiung nach § 9 UStG ist nicht möglich.

§ 4 Nr. 21 UStG steht im Zusammenhang mit den Befreiungsvorschriften nach § 4 Nr. 22, Nr. 23 und 4
Nr. 25 UStG, die Umsätze im Bereich von Erziehung, Pädagogik und Jugendarbeit von der Umsatzsteuer ausnehmen.

Einstweilen frei 5–6

2. Unionsrechtlicher Hintergrund

Unionsrechtlicher Hintergrund der Steuerbefreiungen des § 4 Nr. 21 UStG finden sich in **Art. 132 Abs. 1** 7
Buchst. i und j MwStSystRL. Danach müssen die Mitgliedstaaten der Europäischen Union die Erziehung von Kindern und Jugendlichen, den Schul- oder Hochschulunterricht, die Ausbildung, die Fortbildung oder die berufliche Umschulung sowie die damit eng verbundenen Dienstleistungen und Lieferungen von Gegenständen durch Einrichtungen des öffentlichen Rechts, die mit solchen Aufgaben betraut sind oder andere Einrichtungen mit dem von dem betreffenden Mitgliedstaat anerkannter vergleichbarer Zielsetzung sowie den von Privatlehrern erteilten Schul- und Hochschulunterricht von der Umsatzsteuer befreien. Diese Vorgaben wurden vom nationalen Gesetzgeber nicht hinreichend umgesetzt, § 4 Nr. 21 UStG entspricht daher nicht vollumfänglich dem Unionsrecht. Unter Umständen kann der Steuerpflichtige daher seine Steuerfreiheit unmittelbar unter Berufung auf das Unionsrecht geltend machen (s. Rn. 79 ff.).

Einstweilen frei 8–9

3. Voraussetzungen der Steuerfreiheit des § 4 Nr. 21 UStG

3.1 Steuerfreiheit für Bildungseinrichtungen nach § 4 Nr. 21 Buchst. a UStG

Die Steuerbefreiung des § 4 Nr. 21 Buchst. a UStG setzt zunächst voraus, dass unmittelbar dem Schul- und 10
Bildungszweck dienende Leistungen privater Schulen und anderer allgemein bildender oder berufsbildender Einrichtungen vorliegen.

3.1.1 Private Schulen oder andere allgemeinbildende oder berufsbildende Einrichtungen

Neben öffentlichen Schulen besteht auch die Möglichkeit zur Errichtung von **Privatschulen** (s. Art. 7 11
Abs. 3 und 4 GG). Kennzeichnend für Privatschulen ist, dass in ihr ein eigenverantwortlich geprägter und gestalteter Unterricht erteilt wird, insbesondere im Hinblick auf die Erziehungsziele, die weltanschauliche Basis, die Lehrmethode und die Lehrinhalte (s. BVerfG vom 08.04.1987, 1 BvL 8/84, 1 Bvl 16/84, BVerfGE 75, 40). Privaten Schulen sind unterteilt in Ersatzschulen und Ergänzungsschulen.

Unter **Ersatzschulen** sind solche Privatschulen zu verstehen, die nach dem mit ihrer Errichtung verfolg- 12
ten Gesamtzweck als Ersatz für eine in dem Land vorhandene oder grundsätzlich vorgesehene öffentliche Schule dienen sollen. Sie unterscheiden sich damit von den **Ergänzungsschulen** dadurch, dass für diese vergleichbare öffentliche Schulen i.d.R. nicht bestehen und in diesen der Schulpflicht nicht genügt werden

kann (s. BVerfG vom 14.11.1969, 1 BvL 24/64, BVerfGE 27, 195). Ersatzschulen können alle Schulformen sein, die die Funktion haben, einen im öffentlichen Schulwesen vorgesehenen Schulabschluss zu vermitteln. Hierunter können beispielsweise fallen sämtliche allgemein bildenden Schulen wie Grundschulen, Hauptschulen, Realschulen, Fachoberschulen, Gesamtschulen und Gymnasien, Sonderschulen für geistig oder körperlich behinderte Kinder, Berufsschulen und Berufsfachschulen zur Vorbereitung auf eine berufliche Tätigkeit oder zur Weiterbildung nach einer abgeschlossenen Berufsausbildung, höhere Fachschulen, wie z.B. Akademien. Ergänzungsschulen sind z.B. Sprachschulen, Schauspielschulen, Ballettschulen, Theaterschulen, Kunstschulen, Nähschulen, Kosmetikschulen, Abendschulen und Haushaltsschulen, die nicht Berufsschulen sind, sowie Tanzschulen, Sportschulen oder Fahrschulen. Keine Schulen und damit auch keine Ergänzungsschule sind **Volkshochschulen** (s. BVerfG vom 08.04.1987, 1 BvL 8/84, 1 Bvl 16/84, BVerfGE 75, 40) oder **Familienbildungsstätten**.

13 Andere **allgemeinbildende oder berufsbildende Einrichtungen** sind Einrichtungen, denen ebenso wie den Ergänzungsschulen kein unmittelbares öffentliches Interesse entgegen gebracht wird, und die über den Schulbegriff hinausgehen.

14 **Allgemeinbildende Einrichtung** sind solche, die Allgemeinbildung vermitteln und nicht die Organisationsform einer Schule haben (s. BVerwG vom 03.12.1976, VII C 73.75, BStBl II 1977, 334). Dabei erfordert die Vermittlung von Allgemeinbildung nicht, dass die Einrichtung eigenen Lehrstoff anbietet oder dies in der gleichen umfassenden Weise tut wie die Schule. Es genügt eine die Schule unterstützende und sich auf die Vorbereitung oder Repetition des von der Schule angebotenen Stoffs beschränkende Tätigkeit.

15 **Berufsbildende Einrichtungen** sind Einrichtungen, die Leistungen erbringen, die ihrer Art nach den Zielen der Berufsaus- oder Berufsfortbildung oder Umschulung dienen (s. Abschn. 4.21.2 UStAE). Sie müssen spezielle Kenntnisse und Fertigkeiten vermitteln, die zur Ausübung bestimmter beruflicher Tätigkeiten notwendig sind (s. BFH vom 18.12.2003, V R 62/02, BStBl II 2004, 252). Auf die **Rechtsform** des Trägers der Einrichtung kommt es nicht an (s. Abschn. 4.21.2 UStAE). Der Unternehmer ist Träger einer Bildungseinrichtung, wenn er selbst entgeltliche Unterrichtsleistungen gegenüber seinen Vertragspartnern (z.B. Schüler, Studenten, Berufstätige oder Arbeitgeber) anbietet (s. Abschn. 4.21.2 UStAE).

16 Zu den allgemein bildenden oder berufsbildenden Einrichtungen gehören beispielsweise **Fernlehr**- und **Nachhilfeinstitute** (s. OFD Frankfurt a.M. vom 23.08.2010, S 7179 A – 7 – St 112, USt-Kartei § 4 Karte 20), Heilpraktiker-Schulen und Institute, die **Repetitorien** zur Vorbereitung auf akademische Prüfungen oder **PC-Kurse** anbieten (s. Abschn. 4.21.2 UStAE).

17 **Fahrschulen** sind grundsätzlich keine berufsbildenden Einrichtungen. Ihre Umsätze können aber nach § 4 Nr. 21 UStG steuerfrei sein, soweit sie **Lehrgänge zur Ausbildung** für die Fahrerlaubnis der Klassen C, CE, D, DE, D1, D1E, T und L durchführen. Auch Lehrgänge zum Führen von Gabelstaplern sind gem. § 4 Nr. 21 UStG steuerfrei (s. OFD Frankfurt a.M. vom 11.03.2010, S 7179 A – 2 – St 112, UR 2010, 711). Umsätze aus Fahrsicherheitstraining, die nicht speziell der beruflichen Ausbildung, Fortbildung oder beruflichen Umschulung der Teilnehmer dienen, sind keine gem. § 4 Nr. 21 bzw. 22 UStG steuerfreien Leistungen, auch eine unter Berufung auf Artikel 132 Abs. 1 Buchst. i und j MwStSystRL scheidet aus (s. FM Schleswig-Holstein vom 27.11.2015, USt-Kurzinfo Nr. 2015/07, UR 2016, 295).

18–19 Einstweilen frei

3.1.2 Als Ersatzschule genehmigt oder erlaubt

20 Liegt eine allgemein bildende oder berufsbildende Einrichtung vor, ist die Steuerbefreiung davon abhängig, dass die Einrichtung gemäß § 4 Nr. 21 Buchst. a Doppelbuchst. aa UStG eine gemäß Art. 7 Abs. 4 GG **staatlich genehmigte** oder nach **Landesrecht erlaubte Ersatzschule** darstellt.

21 Unter **staatlicher Genehmigung** sind die in den Gesetzen der Bundesländer über die Privatschulen vorgesehenen Genehmigungen zu verstehen. Die Genehmigung bzw. **landesrechtliche Erlaubnis** ist Angelegenheit der Schulaufsichtsbehörden des jeweiligen Bundeslandes. Eine nach Landesrecht erteilte Erlaubnis, eine Privatschule bzw. andere allgemein- oder berufsbildende Einrichtung führen zu dürfen, steht der staatlichen Genehmigung gleich.

22–23 Einstweilen frei

3.1.3 Bescheinigung der Landesbehörde

Liegt keine Genehmigung oder Erlaubnis im Sinne des § 4 Nr. 21 Buchst. a Doppelbuchst. aa UStG vor, kann eine Steuerfreiheit nach § 4 Nr. 21 Buchst. a Doppelbuchst. bb UStG dennoch gegeben sein, wenn die **zuständige Landesbehörde bescheinigt**, dass die Einrichtung auf einen Beruf oder eine vor einer juristischen Person des öffentlichen Rechts abzulegende Prüfung ordnungsgemäß vorbereitet. 24

Das Erfordernis einer **Bescheinigung** durch die zuständige Landesbehörde ist **materiell-rechtliche Voraussetzung** für die **Steuerbefreiung**. Die für die Erteilung der Bescheinigung zuständige Landesbehörde kann nicht nur vom Unternehmer, sondern auch von Amts wegen eingeschaltet werden (s. BVerwG vom 04.05.2006, 10 C 10.05, BFH/NV Beilage 2007, 132); hierüber ist der Unternehmer zu unterrichten. Die Bescheinigung ist zwingend zu erteilen, wenn die gesetzlichen Voraussetzungen für die Steuerbefreiung vorliegen (s. Abschn. 4.21.5 UStAE). Die Umsätze der Einrichtungen sind ebenfalls zwingend steuerfrei, wenn die gesetzlichen Voraussetzungen vorliegen. Die Bescheinigung muss dem Wortlaut des Gesetzes entsprechen, Mängel führen zur Versagung der Steuerbefreiung (s. BFH vom 20.03.2014, V R 3/13, DStR 2014, 1160). 25

Die Entscheidung, ob die Bildungseinrichtung auf einen Beruf oder eine vor einer juristischen Person des öffentlichen Rechts abzulegende Prüfung vorbereitet, obliegt der zuständigen Landesbehörde und unterliegt der Nachprüfung durch die allgemeinen Verwaltungsgerichte (s. FG Nürnberg vom 26.08.2014, 2 K 110/14). Solange die Genehmigung den tatsächlichen Umständen entspricht, **bindend** diese **Finanzbehörden und Finanzgerichte** gleichermaßen. Dabei ist steuerlich nicht nachprüfbarer Gegenstand der Bescheinigung nur, ob die Einrichtung die Voraussetzungen der Steuerbefreiung nach § 4 Nr. 21 Buchst. a Doppelbuchst. bb UStG erfüllt, also die Einrichtung in ihrer Tätigkeit auf einen Beruf oder eine Prüfung ordnungsgemäß vorbereitet (s. BFH vom 03.05.1989, V R 83/84, BStBl II 1989, 815). 26

Es besteht **keine Frist** zur Erteilung der Bescheinigung, sie kann daher auch für lange Jahre zurückliegende Zeiträume erteilt werden (so das BMF entgegen der Auffassung des BFH vom 15.09.1994, XI R 101/92, BStBl II 1995, 912 in BMF vom 30.11.1995, IV C 4 – S 7177 – 22/95, BStBl II 1995, 827). Bei der Bescheinigung handelt es sich um einen **Grundlagenbescheid** i.S.d. § 175 Abs. 1 Satz 1 Nr. 1 AO. Eine Berichtigung nach § 175 Abs. 1 Satz 1 Nr. 1 AO ist durch Vorlage einer (geänderten) Bescheinigung nur solange möglich, wie noch keine Festsetzungsverjährung für die Umsatzsteuer eingetreten ist. Die Ablaufhemmung nach § 171 Abs. 10 AO gilt nicht, weil die Bescheinigung nicht von einer Finanzbehörde erteilt wird (s. BFH vom 21.02.2013, V R 27/11, DStR 2013, 1081). 27

Die zuständige Landesbehörde prüft in **angemessenen Zeitabständen**, ob die Voraussetzungen für die Erteilung der Bescheinigung weiterhin bestehen. Bei vorläufigen Bescheinigungen (etwa der erstmaligen Erteilung einer Erlaubnis über einen neuen Leistungsbereich des Unternehmers) wird die Steuerbefreiung bis zur Vorlage der endgültigen Bescheinigung nach § 165 Abs. 1 AO vorläufig gewährt. Die zuständigen Landesbehörden **unterrichten die Oberfinanzdirektionen** über die Erteilung der Bescheinigung, den Widerruf einer Bescheinigung, die Erteilung einer Bestätigung und die etwaige Ablehnung eines bestätigten Antrags durch Übersendung entsprechender Durchschriften. 28

Erbringt der Unternehmer die dem Schul- und Bildungszweck dienenden **Leistungen** in **mehreren Bundesländern**, ist eine Bescheinigung der zuständigen Behörde des Bundeslands, in dem der Unternehmer steuerlich geführt wird, als für umsatzsteuerliche Zwecke ausreichend anzusehen (s. Abschn. 4.21.5 Abs. 2 UStAE). Werden Leistungen erbracht, die **verschiedenartigen Bildungszwecken** dienen, ist der Begünstigungsnachweis im Sinne des § 4 Nr. 21 Buchst. a Doppelbuchst. bb UStG durch getrennte Bescheinigungen, bei Fernlehrinstituten z.B. für jeden Lehrgang, zu führen (s. Abschn. 4.21.5 Abs. 3 UStAE). 29

In Einzelfällen wird auf die Erteilung der **Bescheinigung** der zuständigen Landesbehörde **verzichtet**. Beispielsweise geht die Finanzverwaltung davon aus, dass in Fällen, in denen die BA und die Träger der **Grundsicherung für Arbeitssuchende** nach §§ 6, 6a SGB II gewerbliche Unternehmen oder andere Einrichtungen (z.B. Berufsverbände, Kammern, Schulen, anerkannte Werkstätten für behinderte Menschen, die übergeeignete Ausbildungsstätten verfügen) damit beauftragen Maßnahmen zur Aktivierung und beruflichen Eingliederung im Sinne von § 45 SGB II mit Ausnahme von § 45 Abs. 4 Satz 3 Nr. 2 und Abs. 7 SGB III, Weiterbildungsmaßnahmen entsprechend den Anforderungen der §§ 179, 180 SGB III, Aus- und 30

Weiterbildungsmaßnahmen i.S.v. § 112 SGB III sowie berufsvorbereitende, berufsbegleitende bzw. außerbetriebliche Maßnahmen nach §§ 48, 130 SGB III, §§ 51, 53 SGB III, §§ 75, 76 SGB III bzw. § 49 SGB III, die von der BA und – über § 16 SGB II – den Trägern der Grundsicherung für Arbeitsuchende nach §§ 6, 6a SGB II gefördert werden, durchzuführen, diese Leistungen im Rahmen einer berufsbildenden Einrichtung im Sinne des § 4 Nr. 21 Buchst. a UStG erbringen (s. Abschn. 4.21.2 Abs. 3 UStAE).

31 Bei **Fahrschulen** gelten als **Bescheinigung** im Sinne des § 4 Nr. 21 Buchst. a Doppelbuchst. bb UStG für den Nachweis, dass sie ordnungsgemäß auf einen Beruf vorbereiten:

- Die Fahrschulerlaubnisurkunde (s. § 13 Abs. 1 FahrlG), die zur Ausbildung zum Erwerb der Fahrerlaubnis der Klasse 2 bzw. 3 (ausgestellt bis zum 31.12.1998) bzw. der Fahrerlaubnisklassen C, CE, D, DE, D1, D1E, T und L (ausgestellt ab Januar 1999) berechtigt oder
- bei Fahrschulen, die bei Inkrafttreten des FahrlG bestanden und die Fahrschulerlaubnis somit nach § 49 FahrlG als erteilt gilt, eine Bescheinigung der zuständigen Landesbehörde, welche die Angabe enthält, dass die Fahrschulerlaubnis für die Ausbildung zum Erwerb der Klasse 2 berechtigt (s. Abschn. 4.21.2 Abs. 6 UStAE).

32 Für Veranstaltungen und **Kurse**, die unter § 4 Nr. 22 UStG fallen, sind **keine Bescheinigungen** auszustellen. Es ist dann Aufgabe der Finanzbehörden zu entscheiden, ob die Voraussetzungen der Steuerbefreiung gegeben sind. Dies betrifft insbesondere Kurse der Volkshochschulen, der Industrie- und Handelskammern, der Handwerkskammer sowie Fortbildungskurse von Berufsverbänden und dem Deutschen Gewerkschaftsbund.

33–34 Einstweilen frei

3.1.4 Unmittelbar dem Schul- und Bildungszweck dienenden Leistungen

35 Die Steuerbefreiung nach § 4 Nr. 21 Buchst a UStG kommt nur für Leistungen der dort genannten Einrichtungen in Betracht, die **unmittelbar dem Schul- und Bildungszweck dienen**. Die Steuerbefreiung erstreckt sich dann auf **alle Leistungen**, nicht nur – wie nach § 4 Nr. 21 Buchst b UStG – für Unterrichtsleistungen. Leistungen dienen dem Schul- und Bildungszweck dann unmittelbar, wenn dieser gerade durch die jeweils infrage stehende Leistung erfüllt wird (s. BFH vom 26.10.1989, V R 25/84, BStBl II 1990, 98). Dies betrifft insbesondere die eigentlichen **Unterrichtsleistungen**, da der Schul- und Bildungszweck hierdurch erfüllt wird. Stellt der Unternehmer im Rahmen der Erteilung des Unterrichts Lehrkräfte oder für den Unterricht geeignete Räume zur Verfügung, fallen auch diese Leistungen unter die Steuerbefreiung nach § 4 Nr. 21 Buchst. a UStG (s. BFH vom 10.06.1999, V R 84/98, BStBl II 1999, 578). Auf die Ziele der Personen, welche die Einrichtung betreiben kommt es nicht an. Unerheblich ist, ob die Personen, an die sich die Leistungen der Einrichtung richten, sich tatsächlich auf eine Prüfung vor einer juristischen Person des öffentlichen Rechts vorbereiten (s. BFH vom 03.05.1989, V R 83/84, BStBl II 1989, 815).

36 Für die Annahme eines Schul- und Bildungszwecks ist entscheidend, ob vergleichbare Leistungen in Schulen erbracht werden und ob die Leistungen der bloßen Freizeitgestaltung dienen (s. Abschn. 4.21.4 Abs. 1a UStAE). Die Bescheinigung der zuständigen Landesbehörde, dass eine Einrichtung auf einen Beruf oder eine von einer juristischen Person des öffentlichen Rechts abzulegende Prüfung ordnungsgemäß vorbereitet, hat insoweit Indizierung für das Vorliegen umsatzsteuerfreier, unmittelbar dem Schul- und Bildungszweck dienender Leistungen, als – sofern keine gegenteiligen Anhaltspunkte vorliegen – davon auszugehen ist, dass Leistungen, die tatsächlich dem Anforderungsprofil der Bescheinigung entsprechend, nicht den Charakter einer bloßen Freizeitgestaltung haben (s. FG Düsseldorf vom 13.11.2013, 5 K 2434/09 U, EFG 2014, 686). Entsprechende Anhaltspunkte können sich beispielsweise aus dem Teilnehmerkreis oder der thematischen Zielsetzung der Unterrichtsleistung ergeben (s. Abschn. 4.21.4 Abs. 1a UStAE).

37 An einem **unmittelbaren Bezug** zwischen der Leistung und dem Schul- und Bildungszweck fehlt es dann, wenn eine Leistung noch nicht direkt auf den Bildungszweck hinzielt – etwa **beim** bloßen **Verkauf von Lehr- und Lernmaterial** –, weil erst die Verwendung des Materials dem Zweck unmittelbar dient. Die Lieferung von Lehr- und Lernmaterial durch Schulen oder andere allgemeinbildende oder berufsbildende Einrichtungen an ihre Schüler kann nur steuerfrei sein, wenn es sich um **unselbstständige Nebenleistun-**

gen zum Unterricht handelt. Das ist der Fall, wenn das den Lehrgangsteilnehmern überlassene Lehr- und Lernmaterial inhaltlich den Unterricht ergänzt, zum Einsatz im Unterricht bestimmt ist, von der Schule oder der Bildungseinrichtung oder dem Lehrer für diese Zwecke selbst entworfen worden ist und bei Dritten nicht bezogen werden (s. Abschn. 4.21.4 Abs. 2 UStAE). Leistungen von Studienleitern, die nur organisatorische bzw. administrative Aufgaben erfüllen, fallen nicht unter die Steuerbefreiung (s. BayLfSt vom 19.02.2016, S 7179.1.1 – 15/1 St 33, DStR 2016, 1165).

Veräußert ein **Fahrschule Übungsmaterial**, handelt es sich um eine selbständige Leistung, für die der ermäßigte Steuersatz in Betracht kommen kann (s. OFD Hannover vom 09.07.2007, S 7100 – 648 – StO 171, UR 2007, 871). 38

Die **Beherbergung und Beköstigung** von **Seminarteilnehmern** kann grundsätzlich nur unter den Voraussetzungen des § 4 Nr. 23 UStG steuerfrei sein. Lediglich geringfügige Verpflegungsleistungen (z.B. die Verpflegung mit kalten und kleinen Gerichten in den Seminarpausen), die für die Durchführung der Veranstaltung unerlässlich sind, können unter die Steuerbefreiung des § 4 Nr. 21 UStG fallen (s. BFH vom 07.10.2010, V R 12/10, BFHE 231, 349). 39

Die Finanzverwaltung hat in Abschn. 4.21.2 Abs. 3 und Abs. 3a UStAE klargestellt, welche **Maßnahmen nach dem SGB III** nach ihrer Auffassung unter die Steuerbefreiung des § 4 Nr. 21 UStG fallen. Auch Integrationskurse nach § 43 AufenthG fallen unter die Steuerbefreiung des § 4 Nr. 21 Buchst. a UStG, wenn sie von einem vom Bundesamt für Migration und Flüchtlinge zur Durchführung der **Integrationskurse** zugelassenen Kursträger erbracht werden (s. Abschn. 4.21.2 Abs. 3a UStAE). 40

Nach Auffassung der Kultusministerien der Länder ist es wünschenswert die Kurse für „**Erste Hilfe**" und „**Sofortmaßnahmen am Unfallort**" in den Schulunterricht zu integrieren, sodass sie nicht den Charakter bloßer Freizeitgestaltung haben (s. BFH vom 10.01.2008, V R 52/06, UR 2008, 276). Dasselbe gilt für den **Schwimmunterricht** für Kinder und Jugendliche (s. FG Köln vom 31.05.2010, 4 V 312/10, EFG 2010, 1461). Dagegen dienen **Babyschwimmkurse** sowie die Kurse Aqua-Jogging und Aqua-Fitness in erster Linie der Freizeitgestaltung und sind daher mit dem Regelsteuersatz steuerpflichtig (s. BFH vom 05.06.2014, V R 19/13UR 2014, 735). 41

Die Leistungen eines **Ballettstudios** sind als Schul- und Hochschulunterricht anzusehen, wenn vergleichbare Leistungen in Schulen erbracht werden und sie nicht der reinen Freizeitgestaltung dienen. Liegt die Bescheinigung der zuständigen Landesbehörde vor, hat dies Indizwirkung, dass die Leistungen nicht der reinen Freizeitgestaltung dienen (s. BFH vom 24.01.2008, V R 3/05, UR 2008, 552) 42

Einstweilen frei 43–44

3.2 Steuerfreiheit für selbständige Lehrer nach § 4 Nr. 21 Buchst. b UStG

3.2.1 Selbständige Lehrer

Die Steuerbefreiung des § 4 Nr. 21 Buchst. b UStG gilt für Personen, die als **freie Mitarbeiter** an Schulen, Hochschulen oder ähnlichen Bildungseinrichtungen (z.B. Volkshochschulen) Unterricht erteilen (s. Abschn. 4.21.3 Abs. 1 UStAE). Auf die Rechtsform des Unternehmers kommt es nicht an. 45

Nach Auffassung der Finanzverwaltung ist die Vorschrift daher auch anzuwenden, wenn **Personenzusammenschlüsse** oder **juristische Personen beauftragt** werden, an **anderen Bildungseinrichtungen Unterricht** zu erteilen (s. Abschn. 4.21.3 Abs. 1 UStAE). Eine Unterrichtsleistung eines selbständigen Lehrers als Honorarkraft liegt vor, wenn er an der Bildungseinrichtung Kenntnisse im Rahmen festliegender Lehrprogramme und Lehrpläne vermittelt (s. BMF vom 31.05.1999, IV D 2 – S 7179 – 177/99, BStBl I 1999, 579). **Einzelne Vorträge** fallen nicht unter die Steuerbefreiung, **Abschn. 4.21.3 Abs. 2 Satz 5 UStAE**. 46

Demgegenüber ist der BFH der Auffassung, dass § 4 Nr. 21 Buchst b UStG nur die **Träger privater Schulen** und anderer allgemeinbildender oder berufsbildender Einrichtungen steuerbefrei, nicht aber freie Mitarbeiter, die an diesen Schulen oder ähnlichen Bildungseinrichtungen Unterricht erteilen (s. BFH vom 27.08.1998, V R 73/97, BStBl II 1999, 376 sowie BFH vom 17.04.2008, V R 58/05, BFHE 221, 489). 47

Aus **Vertrauensschutzgründen** kann ein selbständiger Lehrer, der an anderen Bildungseinrichtungen Unterricht erteilt (sofern die weiteren Befreiungsvoraussetzungen vorliegen) im Hinblick auf Abschn. 4.21.3 48

Abs. 1 UStAE derzeit seine Leistungen als umsatzsteuerfrei behandeln. Sollte die Finanzverwaltung allerdings ihre Rechtsauffassung ändern, ist von einer Umsatzsteuerpflicht auszugehen. Dabei ist zu beachten, dass der BFH ausdrücklich der Verwaltungsauffassung widerspricht, wonach die Kenntnisvermittlung durch Gastdozenten an der Bundesfinanzakademie (s. BMF vom 12.09.1990, IV A 3 – S 7179 – 5/90, StEK, UStG 19080, § 4 Nr. 21, Rechtsspruch 21). und die Leistungen externer Dozenten und Moderatoren bei dienstlichen Fortbildungsveranstaltungen im Bundesministerium für wirtschaftliche Zusammenarbeit und Entwicklung (s. BMF vom 30.12.1996, IV C 4 – S 7179 – 21/96, StEK, UStG 1980, § 4 Nr. 21, Rechtsspruch 36) als steuerfreie Leistungen einzuordnen sind.

49 Jedenfalls setzt die Steuerbefreiung nach allgemeiner Meinung die **Unternehmereigenschaft** (s. zum Begriff des Unternehmers § 2 Abs. 1 Rn. 4 ff.) des Lehrers voraus. Unterrichtsleistungen im Rahmen von Arbeits- oder Dienstverhältnissen sind nicht von § 4 Nr. 21 Buchst. b UStG erfasst (s. EuGH vom 14.6.2007 – C-445/05). Zudem kommt eine Steuerfreiheit nach Art. 132 A Abs. 1 Buchst. j MwStSystRL in Betracht, wenn ein Privatlehrer seine Unterrichtsleistung nicht direkt an die Schüler oder Hochschüler als Leistungsempfänger, sondern an einer Schule oder Hochschule erbringt (s. BFH vom 27.09.2007, V R 75/03, BStBl II 2008, 323). Unterrichtsleistungen sind aber nur dann nach § 4 Nr. 21 Buchst b UStG steuerfrei, wenn sie von einem selbstständigen Lehrer **persönlich** und nicht durch von diesem **beauftragte selbstständige Dozenten** erbracht werden (s. BFH vom 23.08.2007, V R 10/05, BFHE 217, 332).

50 Die Steuerbefreiung setzt voraus, dass der selbstständige Lehrer in geeigneter Weise den **Nachweis** führt, dass er an einer Hochschule, Schule oder anderen Bildungseinrichtung i.S.d. § 4 Nr. 21 Buchst. a UStG tätig ist. Dient die Einrichtung verschiedenartiger Bildungszwecke, hat er nachzuweisen, dass er in einem begünstigten Bereich tätig ist. Der Nachweis ist durch eine **Bestätigung der Bildungseinrichtung** zu führen, aus der sich ergibt, dass die Voraussetzungen des § 4 Nr. 21 Buchst. a Doppelbuchst. bb UStG erfüllt und die Unterrichtsleistung des Unternehmers im begünstigten Bereich der Einrichtung erfolgt (s. Abschn. 4.21.3 Abs. 3 UStAE mit den in Abs. 4 aufgeführten inhaltlichen Vorgaben einer solchen Bescheinigung).

51 Die Bescheinigung der zuständigen Bildungseinrichtung nach § 4 Nr. 21 Buchst. b UStG ist **materiell-rechtliche Voraussetzung für die Steuerbefreiung** der in der Vorschrift bezeichneten Umsätze. Sie ist für denjenigen beizubringen, der sich auf die Steuerbefreiung beruft (s. BFH vom 17.04.2008, V R 58/05, BFHE 221, 489). Es reicht nicht aus, dass eine derartige Bescheinigung der Bildungseinrichtung erteilt worden ist, an der die Person unterrichtet (s. BFH vom 23.08.2007, V R 4/05, BFHE 217, 327).

52 Auf die **Bestätigung** wird **verzichtet**, wenn die Unterrichtsleistungen an folgenden Einrichtungen erbracht werden:

- Hochschulen i.S.d. §§ 1 und 70 HRG,
- öffentliche allgemein- und berufsbildende Schulen, z.B. Gymnasien, Realschulen, Berufsschulen,
- als Ersatzschulen nach Art. 7 Abs. 4 GG staatlich genehmigte oder nach Landesrecht erlaubte Schulen.

53 Erteilt der selbstständige Lehrer bei einer Bildungseinrichtung in **mehreren Fächern**, Kursen oder Lehrgängen Unterricht, können diese in einer Bestätigung zusammengefasst werden. Sie sind gesondert aufzuführen. Die Bestätigung ist **für jedes Kalenderjahr gesondert** zu erteilen (s. Abschn. 4.21.3 Abs. 4 UStAE).

54 Die **Bildungseinrichtung** darf dem bei ihr tätigen selbstständigen Lehrer nur dann eine Bestätigung erteilen, wenn sie **selbst** über eine **Bescheinigung der zuständigen Landesbehörde** verfügt. Es wird nicht beanstandet, wenn der Bestätigung eine Bescheinigung der Behörde eines anderen Bundeslands zugrunde liegt. Erstreckt sich die Bescheinigung der Landesbehörde für die Bildungseinrichtung nur auf einen Teilbereich ihres Leistungsangebots, darf die Bildungseinrichtung dem selbstständigen Lehrer nur dann eine Bestätigung erteilen, soweit er bei ihr im begünstigten Bereich unterrichtet. Erteilt die Bildungseinrichtung dem selbstständigen Lehrer eine Bestätigung, obwohl sie selbst keine Bescheinigung der zuständigen Landesbehörde besitzt, oder erteilt die Bildungseinrichtung eine Bestätigung für einen Tätigkeitsbereich, für den die ihr erteilte Bescheinigung der zuständigen Landesbehörde nicht gilt, ist die Steuerbefreiung für die Unterrichtsleistung des selbstständigen Lehrers zu untersagen (s. Abschn. 4.21.3 Abs. 4 UStAE).

55–56 Einstweilen frei

3.2.2 Unmittelbar dem Schul- und Bildungszweck dienende Unterrichtsleistungen

Steuerfrei sind die Unterrichtsleistungen der Lehrer. Eine **Unterrichtstätigkeit** liegt vor, wenn Kenntnisse im Rahmen festliegender Lehrprogramme und Lehrpläne vermittelt werden (s. auch die Erläuterungen unter Rn. 35 ff.). Die Tätigkeit muss regelmäßig und für eine **gewisse Dauer** ausgeübt werden. Sie dient Schul- und Bildungszwecken **unmittelbar**, wenn sie den Schülern und Studenten tatsächlich zugutekommt. Auf die Frage, wer Vertragspartner der den Unterricht erteilenden Personen und damit Leistungsempfänger im Rechtssinne ist, kommt es hierbei nicht an. Einzelne Vorträge fallen nicht unter die Steuerbefreiung (s. Abschn. 4.21.3 Abs. 2 UStAE). 57

Voraussetzung für die Steuerfreiheit der Unterrichtsleistung im Sinne des § 4 Nr. 21 Buchst. b Doppelbuchst. bb UStG ist zudem, dass sie von einem **selbständigen Lehrer persönlich** – und nicht durch von diesem beauftragte selbständige Dozenten – erbracht wird (s. BFH vom 23.08.2007, V R 10/05, BFHE 217, 332). Organisatorische bzw. administrative Aufgaben von Studienbegleitern sind nicht steuerfrei (s. BayLfSt vom 19.02.2016, S 7179.1.1 – 15/1 St 33). 58

Einstweilen frei 59–60

3.2.3 Begünstigte Einrichtung

Die von den selbständigen Lehrern erbrachten Unterrichtsleistungen müssen an Hochschulen und öffentlichen allgemeinbildenden oder berufsbildenden Schulen oder an privaten Schulen und anderen allgemeinbildenden oder berufsbildenden Einrichtungen erbracht werden. 61

3.2.3.1 Hochschulen

Unter **Hochschulen** in Sinne des § 4 Nr. 21 Buchst. b Doppelbuchst. aa UStG sind nur Hochschulen im Sinne der §§ 1 und 70 HRG zu verstehen. Nach § 1 HRG sind Hochschulen die Universitäten, die Pädagogischen Hochschulen, die Kunsthochschulen, die Fachhochschulen und die sonstigen Einrichtungen des Bildungswesens, die nach Landesrecht staatliche Hochschulen sind. Sind die in § 70 HRG genannten Voraussetzungen erfüllt, können auch (kirchliche) Einrichtungen des Bildungswesens, die nach Landesrecht nicht staatliche Hochschulen sind, nach näherer Bestimmung des Landesrechts die Eigenschaft einer staatlich anerkannten Hochschule erhalten. 62

Einstweilen frei 63–64

3.2.3.2 Öffentliche allgemein bildende oder berufsbildende Schulen

Unter öffentlichen allgemein bildenden oder berufsbildenden Schulen sind insbesondere die öffentlichen (staatlichen) Schulen wie Hauptschulen, Realschulen, Gymnasien, Handelsschulen, Berufsschulen usw. zu verstehen. 65

Bei **Ganztagsschulen** wir der laufende Schulunterricht ergänzt und durch außerunterrichtliche Angebote abgerundet. Dazu arbeiten die Schulen mit schulischen und außerschulischen Partnern zusammen. Nach Ergebnis einer Erörterung mit den obersten Finanzbehörden der Länder geht die **Finanzverwaltung** davon aus, dass Leistungen freier Mitarbeiter an allgemein bildenden Schulen, die im Rahmen eines Ganztagsschulkonzeptes erbracht werden, als **unmittelbar dem Schul- und Bildungszweck dienende Unterrichtsleistungen** selbstständiger Lehrer i.S.d. § 4 Nr. 21 Buchst. b. Doppelbuchst. aa UStG steuerfrei sind, wenn: 66

- Die Schülerinnen und Schüler an diesen unterrichtsergänzenden Veranstaltungen **ohne Entrichtung** eines **zusätzlichen Entgelts** im Rahmen der allgemeinen Schulpflicht verbindlich teilnehmen und
- die Unterrichtstätigkeit regelmäßig und für eine **gewisse Dauer** ausgeübt wird (so OFD Chemnitz vom 02.11.2006, S 7179 – 364/2 – St 23, s. auch OFD Rheinland vom 05.06.2007, S 7179 – 1001 St 434 und OFD Koblenz vom 09.05.2006, S 7179 A St 44 2).

Leistungen freier Mitarbeiter, die im Rahmen eines **offenen Ganztagsschulkonzepts** erbracht werden, können in diese Vereinfachungsregelung nicht mit einbezogen werden; in diesen Fällen ist eine Prüfung der Steuerbefreiung im Einzelfall erforderlich (s. OFD Rheinland vom 05.06.2007, S 7179 – 1001 St 434). 67

68 Die Finanzverwaltung vertritt die Auffassung, dass eine **staatliche Einrichtung**, z.B. eine Behörde, die Aus- und Fortbildungsmaßnahmen für ihre Mitarbeiter durchführt, insoweit als allgemein- bzw. berufsbildende Einrichtung i.S.d. § 4 Nr. 21 Buchst. b UStG angesehen werden kann. Die Steuerbefreiung von Unterrichtsleistungen selbstständiger Dozenten an solchen Einrichtungen soll deshalb auch derzeit noch ohne Vorlage einer Bescheinigung der zuständigen Landesbehörde gewährt werden (s. Fin-Min NRW vom 24.11.1999, S 7179 – 10 – VC 4, UR 2000, 91; s. Rn. 89). Zu beachten ist, dass der BFH die Leistungen als steuerpflichtig einstufen dürfte. Insofern ist in geeigneten Fällen stets zu prüfen, ob die Finanzverwaltung ihre Rechtsauffassung geändert hat.

69–70 Einstweilen frei

3.2.3.3 Private Schulen und andere allgemein bildende oder berufsbildende Einrichtungen

71 Auch die Erbringung von Unterrichtsleistungen durch **selbständige Lehrer** an privaten Schulen und anderen allgemeinbildenden oder berufsbildenden Einrichtungen (z.B. Volkshochschulen) kann steuerfrei sein. Voraussetzung dafür ist, dass die Schulen und Einrichtungen insoweit die **Voraussetzungen des § 4 Nr. 21 Buchst. a UStG** erfüllen. Sie müssen daher entweder als Ersatzschulen i.S.v. Art. 7 Abs. 4 GG staatlich genehmigt, oder nach Landesrecht erlaubt sein, oder sie verfügen über eine Bescheinigung der zuständigen Landesbehörde, dass sie auf einen Beruf oder eine vor einer juristischen Person des öffentlichen Rechts abzulegende Prüfung ordnungsgemäß vorbereiten (s. zu den Mindestinhalten einer solchen Bestätigung Abschn. 4.21.3 Abs. 4 UStAE).

72 Voraussetzung für die Steuerbefreiung ist, dass die **zuständige Landesbehörde** der **Einrichtung bescheinigt**, dass sie auf einen Beruf oder eine vor einer juristischen Person des öffentlichen Rechts abzulegende Prüfung (z.B. vor einer Handelskammer) ordnungsgemäß vorbereitet (s. Rn. 11 ff.). Die Bildungseinrichtung erteilt dann ihrerseits dem selbstständigen Lehrer eine entsprechende Bestätigung (s. Rn. 42 ff.).

73 Für Leistungen eines **Dozenten an einer Volkshochschule** kann sich eine Steuerbefreiung sowohl aus § 4 Nr. 22 Buchst. a UStG als auch zugleich aus § 4 Nr. 21 Buchst. b UStG ergeben (s. FG Rheinland-Pfalz vom 16.03.1994, 1 K 2193/91, EFG 1994, 808). Eine Steuerbefreiung nach § 4 Nr. 21 Buchst. b UStG kommt aber nur in Betracht, wenn die Leistung des freien Mitarbeiters im Rahmen festliegender Lernprogramme und Lehrpläne erbracht wird und nicht als Einzelvortrag (s. Fin-Min Hessen vom 15.04.2002, S 7179 A – 2 – II A 4a).

74 Lediglich eingebundene **einzelne Vorträge** von Lehrern in ein Fortbildungsprogramm, das im Übrigen ein Lehrprogramm darstellt, sind für die diesbezügliche Steuerbefreiung der Bildungseinrichtung nach § 4 Nr. 21 Buchst. a Doppelbuchst. bb unschädlich, verwehren jedoch dem Lehrer die Steuerbefreiung nach § 4 Nr. 21 Buchst. b Doppelbuchst. bb UStG (s. FinMin Hessen vom 15.04.2002, S 7179 A – 2 – II A 4a).

75 Nur **Fortbildungsveranstaltungen von staatlichen Einrichtungen**, die Aus- und Fortbildungsmaßnahmen für ihre Mitarbeiter durchführt, sieht die Finanzverwaltung regelmäßig insoweit als allgemein- bzw. berufsbildende Einrichtung an und gewährt die Steuerfreiheit für die Lehrtätigkeiten der Dozenten (s. BMF vom 30.12.1996, IV C 4 – S 7179 – 21/96, dazu Rn. 61). Andere Einrichtungen, wie z.B. ein Berufsverband, können sich für ihre Leistungen nicht auf diese Ausnahmeregelung berufen, da bei ihnen die Voraussetzungen für eine allgemein- bzw. berufsbildende Einrichtung erst geprüft werden müssen. Für diesbezügliche Leistungen der Berufsverbände verbleibt es daher bei den grundsätzlichen Regelungen (s. FinMin Hessen vom 15.04.2002, S 7179 A – 2 – II A 4a).

76 Eine **Abgrenzung** zwischen **Vortrag** und **Fortbildungsmaßnahme** kann nicht allein aufgrund der jeweiligen Dauer vorgenommen werden oder sich danach richten, ob die Unterrichtseinheiten an einem Tag am Stück oder an mehreren aufeinander folgenden Tagen abgehalten werden. Es ist eine Entscheidung im Einzelfall zu treffen (zu Abgrenzungskriterien s. Fin-Min Hessen vom 15.04.2002, S 7179 A – 2 – II A 4a).

77–78 Einstweilen frei

4. Voraussetzungen der Steuerfreiheit unter unmittelbarer Berufung auf das Unionsrecht im Überblick

Der deutsche Gesetzgeber hat die **unionsrechtlichen Vorgaben** in den Steuerbefreiungen des § 4 Nr. 21 UStG **nicht ordnungsgemäß umgesetzt** (s. oben Rn. 7 ff.). Ein Steuerpflichtiger kann sich daher zur Geltendmachung seiner Umsatzsteuerfreiheit unmittelbar auf das Unionsrecht berufen (s. BFH vom 24.01.2008, V R 3/05, UStB 2008, 166). 79

Dabei sind die beiden **Befreiungsvorschriften** nach Art. 132 Abs. 1 Buchst. i MwStSystRL und nach Art. Art. 132 Abs. 1 Buchst. j MwStSystRL **getrennt voneinander** zu betrachten. Sie bilden kein einheitliches System, mit dem eine Umsatzsteuerbefreiung für Tätigkeiten gewährt werden soll, die nicht jeweils die Voraussetzungen nach der einen oder nach der anderen Vorschrift erfüllen. 80

Einstweilen frei 81–82

4.1 Voraussetzungen einer Steuerbefreiung nach Art. 132 Abs. 1 Buchst. i MwStSystRL

Art. 132 Abs. 1 Buchst. i MwStSystRL befreit von der Umsatzsteuer die Erziehung von Kindern und Jugendlichen, Schul- und Hochschulunterricht, Aus- und Fortbildung sowie berufliche Umschulungen und damit eng verbundene Dienstleistungen und Lieferungen von Gegenständen durch Einrichtungen des öffentlichen Rechts, die mit solchen Aufgaben betraut sind, oder andere Einrichtungen mit von dem betreffenden Mitgliedstaat anerkannter vergleichbarer Zielsetzung. 83

Die Begriffe der „**Schule**" und „**Hochschule**" sind unionsrechtlicher Art. Sie können daher nicht mit nationalen Auslegungskriterien beschrieben werden, sondern sind mit Mitteln des **Unionsrechts auszulegen** (s. EuGH vom 04.10.1995. Rs. C-145/96, EuGHE I 1995, 2775). Die Begriffe können nicht eng ausgelegt werden, da die Unterrichtssysteme in den einzelnen Mitgliedstaaten unterschiedlich ausgestaltet sind. Es erfolgt keine Beschränkung darauf, dass der Unterricht zur Erlangung einer besonderen Qualifikation oder Prüfung führen muss. Voraussetzung ist vielmehr lediglich, dass die Kenntnisse und Fähigkeiten nicht lediglich für die Freizeitgestaltung vermittelt werden (s. EuGH vom 14.06.2007. C-445/05, Haderer, UR 2007, 592). 84

Eine **unmittelbare Berufung** auf Art. 132 Abs. 1 Buchst. i MwStSystRL zur Geltendmachung der Steuerfreiheit käme wohl – entgegen der Auffassung der Finanzverwaltung (s. Abschn. 4.21.2 Abs. 7 UStAE) – für **Jagdschulen** in Betracht, die auf Jägerprüfungen vorbereiten. Denn bei diesen dürfte fraglich sein, ob sie den bloßen Charakter reiner Freizeitgestaltung haben. 85

Auch Umsätze aus dem **Betrieb einer Kampfsportschule** können nach Art. 132 Abs. 1 Buchst. i MwStSystRL steuerfrei sein, soweit sie nicht lediglich den Charakter bloßer Freizeitgestaltung haben und vergleichbare Leistungen in Schulen und Hochschulen erbracht werden (s. BFH vom 28.05.2013, XI R 35/11, BStBl II 2013, 879). Gleichfalls sind Leistungen einer Fahrschule zum Erwerb des PKW-Führerscheins im Rahmen von der Bundesagentur für Arbeit finanzierten Qualifizierungsmaßnahmen zur mobilen Hauswirtschafter, mobilen Betreuungsassistenten in der häuslichen Pflege und zur Fachkraft für Kurierdienste unter Berufung auf Artikel 132 Abs. 1 Buchst. 1 MwStSyStRL umsatzsteuerfrei (FG Sachsen vom 13.04.2016, 8 K 1486/15). 86

Einstweilen frei 87–88

4.2 Voraussetzungen einer Steuerbefreiung nach Art. 132 Abs. 1 Buchst. j MwStSystRL

Nach **Art. 132 Abs. 1 Buchst. j MwStSystRL** ist steuerfrei von Privatlehrern erteilter Schul- und Hochschulunterricht. 89

Wegen des **Begriffs** des **Schul- und Hochschulunterrichts** s. Rn. 84 ff. 90

Der Unterricht wird von einem **Privatlehrer** erteilt, wenn der Unterricht „privat" erteilt wird. Anhand dieses Begriffs kann zwischen den Leistungen, die von den in Art. 13 Teil A Abs. 1 Buchst. i MwStSystRL genannten Einrichtungen erbracht werden, und den Leistungen im Sinne von Abs. 1 Buchst. j dieser Vor- 91 schrift, die Lehrer für eigene Rechnung und in eigener Verantwortung erbringen, unterschieden werden (s. EuGH vom 14.06.2007, C-445/05, Harderer, UR 2007, 592). Die Steuerbefreiung des Art. 132 Abs. 1 Buchst. j MwStSystRL kommt daher nicht zur Anwendung, wenn Unterrichtsleistungen an einem Lehrinstitut erteilt werden und das Lehrinstitut in Rechtsbeziehungen zu den Unterrichtenden tritt (s. EuGH vom 28.01.2010, C-473/08, Ingenieurbüro Eulitz GbR, EU-UStB 2010, 6). Unschädlich ist dagegen, wenn der Lehrer Personal seines Auftraggebers unterrichtet (s. BFH vom 20.03.2014, V R 3/13, DStR 2014, 1160).

92 Der Wortlaut von Art. 13 Teil A Abs. 1 Buchst. j MwStSystRL schließt insofern nicht aus, dass Unterricht, der **mehreren Personen gleichzeitig** erteilt wird, unter die in dieser Vorschrift vorgesehene Steuerbefreiung fällt. Außerdem setzt das Erfordernis, dass der Unterricht privat erteilt wird, **nicht** unbedingt das Bestehen einer **unmittelbaren Vertragsbeziehung** zwischen den Teilnehmern und dem Unterrichtenden voraus. Eine solche Vertragsbeziehung besteht nämlich oft mit anderen Personen als den Teilnehmern, etwa mit den Eltern der Schüler oder Hochschüler (s. EuGH vom 14.06.2007, C-445/05, Harderer, UR 2007, 592). Der private Lehrer ist daher sozusagen selbst Träger der Bildungseinrichtung.

93 Soweit § 4 Nr. 21 Buchst. b UStG voraussetzt, dass es sich bei der Lehrkraft um einen selbständigen Lehrer handelt, der an einer entsprechenden fremden Einrichtung Unterrichtsleistungen erbringt, entspricht dies **nicht** der **unionsrechtlichen** Regelung. Die deutsche Regelung gewährt also eine über die unionsrechtlichen Vorgaben hinausgehende Steuerbefreiung. Denn § 4 Nr. 21 Buchst. b UStG gewährt die Steuerbefreiung auch für Unterrichtsleistungen freier Mitarbeiter an Schulen, Hochschulen oder ähnlichen Einrichtungen (z.B. Volkshochschulen) Unterricht. Diese **weitergehende Befreiung** kann den selbständigen Lehrern nicht durch unmittelbare Anwendung des Unionsrechts versagt werden. Der Anwendungsvorrang der MwStSystRL besteht nur zugunsten der Bürger. Dem Steuerpflichtigen bleibt es jedoch unbenommen, sich auf die MwStSystRL zu berufen, wenn er insoweit als steuerpflichtig behandelt werden möchte, um etwa in den Genuss des Vorsteuerabzugs nach § 15 UStG (s. zum Vorsteuerabzug § 15 Rn. 48 ff.) zu kommen.

94 **Anhaltspunkte** dafür, dass ein Lehrer seine **Tätigkeit privat** ausführt, können sein, dass dieser für eigene Rechnung und in eigener Verantwortung tätig wird. Dies gilt beispielsweise für das Nichtbestehen eines Anspruchs auf Fortzahlung der Bezüge im Verhinderungsfall und wenn der Lehrer bei Ausfallen der Kurse das Honorarrisiko trägt.

95 Entgegen der Auffassung des BFH (s. BFH vom 17.04.2008, V R 58/08, UR 2008, 581) dürfte nach Auffassung des EuGH auch **Fortbildungsunterricht** in den Anwendungsbereich des Art. 132 Abs. 1 Buchst. j MwStSyStRL fallen, solange dieser von einem „Privatlehrer“ erbracht wird. Auch die Rechtsauffassung der Finanzverwaltung zur Steuerfreiheit von Fortbildungsunterricht dürfte nicht mit dem Unionsrecht im Einklang stehen. Nach Auffassung der Finanzverwaltung fallen auch Fortbildungslehrgänge unter die Steuerbefreiung von § 4 Nr. 21 Buchst. b UStG wenn entsprechende Bescheinigungen bzw. Bestätigungen vorliegen. Bescheinigungen sind weder im nationalen Gesetz noch in der MwStSystRL vorgesehen.

96 Auch wenn die **staatlichen Genehmigungen** nicht vorliegen, kann **Schwimmunterricht** als von Privatlehrern erteilter Schwimmunterricht unter Berufung auf Art. 132 Abs. 1 Buchst. j MwStSystRL steuerfrei sein (s. BFH vom 05.06.2014, V R 19/13). Auch **Supervisionen** können als Unterrichtseinheiten, die von Privatlehrern erteilt werden und die sich auf Schuld- und Hochschulunterricht beziehen unter Berufung auf Art. 132 Abs. 1 Buchst j. UStG steuerfrei sein (s. BFH vom 20.3.2014, V R 3/13, BFHE 245, 391).

97–98 Einstweilen frei

4.3 Unmittelbare Berufung auf das Unionsrecht im Bereich der Sozialfürsorgeleistungen

99 Erbringt ein Unternehmer gegenüber den Arbeitsämtern auf der Grundlage von § 37a SGB III **Leistungen zur aktiven Arbeitsförderung**, die sich an Ausbildungs- und Arbeitsstellensuchende richten und diese aktiv bei der Stellensuche, dem Erstellen von individuellen Bewerbungsunterlagen, der Vor- und Nachbereitung von Bewerbungsgesprächen usw. unterstützen, kann sie sich zum Erhalt der Steuerfreiheit der Umsätze unmittelbar auf Art. 132 Abs. 1 Buchst. g MwStSyStRL berufen, da eine Steuerfreiheit aufgrund

des UStG nach **unzureichender Umsetzung der unionsrechtlichen Vorgaben** in nationales Steuerrecht nicht zu erreichen ist (s. FG Berlin-Brandenburg vom 21.04.2010, 2 K 998/05, EFG 2010, 2037; Revision anhängig unter V R 15/10).

Eine **unmittelbare Berufung** auf Art. 132 Abs. 1 Buchst. i und/oder Buchst g MwStSystRL kommt **100**
auch in Betracht, wenn ein Unternehmer **Fortbildungs- und Umschulungsmaßnahmen** im **Auftrag der Bundesagentur für Arbeit** erbringt und er hierfür die erforderliche Bescheinigung nach § 4 Nr. 21 UStG besitzt, für sozialpädagogische Betreuungsleistungen der Teilnehmer (z.B. Kümmern um Fahrgelegenheiten zur Unterrichtsstätte, Besorgung von Kinderbetreuungsleistungen, Vermittlung von Kontaktstellen bei Drogenabhängigen, Hilfestellung bei Überschuldung), die zusätzlich nach dem AFG vergütet werden. Zum Erwerb des PKW-Führerscheins s. Rn. 86.

Einstweilen frei **101–102**

§ 4 Nr. 21a UStG Drittmittelforschung staatlicher Hochschulen

[Weggefallen]

Die Vorschrift ist zum 31.12.2003 weggefallen. Eine Darstellung des Inhalts erfolgt lediglich als Ergänzung bzgl. Steuerpflicht der Auftragsforschung an staatlichen Hochschulen. Nach derzeitigem Recht kommt in Fällen der Auftragsforschung allenfalls eine Steuerermäßigung nach § 12 Abs. 2 Nr. 8 Buchst. a UStG in Betracht.

Fassung bis zum 31.12.2003:

[1]Von den unter § 1 Abs. 1 Nr. 1 fallenden Umsätzen sind steuerfrei:

...

21a. [außer Kraft ab 01.01.2004:] die Umsätze der staatlichen Hochschulen aus Forschungstätigkeit. [2]Nicht zur Forschungstätigkeit gehören Tätigkeiten, die sich auf die Anwendung gesicherter Erkenntnisse beschränken, die Übernahme von Projektträgerschaften sowie Tätigkeiten ohne Forschungsbezug;

...

Bearbeiter: Daniela Bick

Inhaltsverzeichnis

1. Außerkrafttreten der Vorschrift

1 § 4 Nr. 21a UStG a.F. ist mit Wirkung vom 01.01.2004 durch das StÄndG 2003 (BGBl I 2003, 2645) **aufgehoben** worden. Hintergrund der Aufhebung war die Entscheidung des EuGH in einem Vertragsverletzungsverfahren der Europäischen Kommission gegen die Bundesrepublik Deutschland, in der festgestellt wurde, dass die Umsatzsteuerbefreiung der gegen Entgelt ausgeübten Forschungstätigkeit staatlicher Hochschulen nach § 4 Nr. 21a a.F. UStG gegen **Unionsrecht verstößt** (s. EuGH vom 20.06.2002, Rs. C-287/00 Kommission der EG/Bundesrepublik Deutschland, BFH/NV 2002, Beil. 4, 135). Liegen für Umsätze von Hochschulen aus der Auftragsforschung die Voraussetzungen des § 12 Abs. 2 Nr. 8 Buchst. a UStG i.V.m. § 52 Abs. 2 Nr. 1, § 64 Abs. 1 und § 68 Nr. 9 AO vor, kommt der **ermäßigte Steuersatz** zur Anwendung.

2. Übergangsregelung

2 Im Zuge der Aufhebung der Steuerbefreiung ist für alte Forschungsverträge eine Übergansregelung in § 27 Abs. 10 UStG geschaffen worden. Danach war § 4 Nr. 21a UStG auf Antrag noch auf vor dem 01.01.2005 erbrachte Umsätze der staatlichen Hochschulen aus Forschungstätigkeit anzuwenden, wenn die Leistungen auf einem Vertrag beruhen, der vor dem 03.09.2003 abgeschlossen worden war. Leistungen, die ab dem 01.01.2005 erbracht werden, sind in jedem Fall steuerpflichtig.

3. Hintergrund der Steuerbefreiung

3 Die Vorschrift beruhte auf Art. 1 Nr. 5 des UStÄndG 1997 (vom 12.12.1996, BGBl I 1996, 1851) und war am 01.01.1997 in Kraft getreten. Die Regelung sollte nach der Gesetzesbegründung die bisherige Verwaltungspraxis die Auftragsforschung der staatlichen Hochschulen nicht zu besteuern, gesetzlich absichern (BT-Drs. 13/5758, 13).

4. Voraussetzungen der Steuerbefreiung

Von der Steuerbefreiung des § 4 Nr. 21a UStG erfasst waren ausschließlich Umsätze **staatlicher Hochschulen** im Sinne des § 1 Satz 1 HRG aus der **Auftragsforschung**. **Institute/Fachbereiche** an einer Hochschule und öffentlich-rechtlich organisierte **außeruniversitäre Forschungseinrichtungen** fielen nicht unter die Befreiungsvorschrift (s. BMF vom 17.04.1997, IV C 4 – S 7130 15/97, DStR 1997, 873). 4

Grundsätzlich unterliegen staatliche Hochschulen mit ihrer der Wissenschaft und Lehre dienenden Forschungstätigkeit nicht der Umsatzbesteuerung. Ein steuerbarerer Umsatz liegt bei der Finanzierung der Forschungstätigkeiten von Hochschulen durch Drittmittel nur vor, soweit nach den Vereinbarungen zwischen Hochschule und Drittmittelgeber die Forschungstätigkeit der Hochschule gegenüber dem Drittmittelgeber und dessen Zahlungen als Gegenleistungen anzusehen sind (Auftragsforschung). Ein steuerbarer **Leistungsaustausch** ist also nur gegeben, wenn im **Eigeninteresse** des **Drittmittelgebers geforscht** wird und die Drittmittel nicht die Forschung im Allgemeinen fördern sollen (zur Abgrenzung s. BFH vom 23.02.1989, V R 141/84, BStBl II 1989, 638 sowie Lang/Seer, Die Besteuerung der Drittmittelforschung, 1992, 56 ff.). Keine entgeltliche Auftragsforschung liegt vor, soweit das Hochschulinstitut aus öffentlichen Mitteln des Hochschulträgers finanziert wird oder echte Forschungszuschüsse von Seiten Dritter vorliegen (s. BFH vom 28.07.1994, V R 19/92, BStBl II 1995, 86). 5

§ 4 Nr. 22 UStG Erwachsenenbildung

[1]Von den unter § 1 Abs. 1 Nr. 1 fallenden Umsätzen sind steuerfrei:

…

22. a) die Vorträge, Kurse und anderen Veranstaltungen wissenschaftlicher oder belehrender Art, die von juristischen Personen des öffentlichen Rechts, von Verwaltungs- und Wirtschaftsakademien, von Volkshochschulen oder von Einrichtungen, die gemeinnützigen Zwecken oder dem Zweck eines Berufsverbandes dienen, durchgeführt werden, wenn die Einnahmen überwiegend zur Deckung der Kosten verwendet werden,

b) andere kulturelle und sportliche Veranstaltungen, die von den in Buchstabe a genannten Unternehmern durchgeführt werden, soweit das Entgelt in Teilnehmergebühren besteht;

…

Bearbeiter: Daniela Bick

Inhaltsverzeichnis

Rn.

1. Inhalt und Zweck der Vorschrift

1 Die Vorschrift des § 4 Nr. 22 UStG soll Einrichtungen, die der **Erwachsenenbildung** dienen, wegen ihrer **kulturellen Bedeutung steuerlich entlasten** und dadurch die **allgemeine Bildungsarbeit** fördern. Insofern befreit § 4 Nr. 22 Buchst. a UStG wissenschaftliche oder belehrende Vorträge, Kurse oder andere Veranstaltungen bestimmter Einrichtungen von der Umsatzsteuer. Zudem befreit § 4 Nr. 22 Buchst. b UStG andere sportliche und kulturelle Veranstaltungen von der Umsatzsteuer.

2 Seit dem 16.08.1961 (11. UStÄndG, BGBl I 1961, 1330) existiert im UStG eine Steuerbefreiung für von öffentlich-rechtlichen Körperschaften oder von Volkshochschulen sowie Verwaltungs- und Wirtschaftsakademien veranstalteten Vorträge, Kurse und sonstige Veranstaltungen wissenschaftlicher und belehrender Art. Nach Erweiterungen des Anwendungsbereiches durch das UStG 1967/1973 auf entsprechende Leistungen von Einrichtungen, die gemeinnützigen Zwecken oder den Zwecken eines Berufsverbands dienen wurde zum **01.01.1980** mit der **Einfügung des § 4 Nr. 22 Buchst. b UStG** die Steuerbefreiung auf (andere) kulturelle und sportliche Veranstaltungen ausgedehnt, soweit das Entgelt in Teilnehmergebühren besteht.

3 Im Bereich der Bildung sind Überschneidungen mit den **Befreiungsvorschriften** des § 4 Nr. 21 Buchst. a UStG und § 4 Nr. 23 UStG möglich. § 4 Nr. 22 Buchst. a UStG begünstigt insbesondere außerschulische Bildungsleistungen vor allem an Erwachsene. In Abgrenzung dazu setzt die Steuerbefreiung des § 4 Nr. 21 Buchst. a UStG die Erteilung von Unterrichtsleistungen an Schulen und anderen anerkannten Bildungseinrichtungen zur Erreichung eines Schulabschlusses voraus. Da § 4 Nr. 23 Satz 4 UStG nur die Beherbergung, Beköstigung und die üblichen Naturalleistungen umfasst, kommt hinsichtlich der anderen Leistungen im

Zusammenhang mit Erziehung, Ausbildung und Fortbildung von Jugendlichen eine Steuerbefreiung über § 4 Nr. 21 UStG, § 4 Nr. 22 UStG und unter Umständen des § 4 Nr. 25 UStG in Betracht.

Einstweilen frei 4–5

2. Unionsrechtlicher Hintergrund

Unionsrechtliche Grundlage der Befreiungsvorschriften des § 4 Nr. 22 UStG **sind Art. 132 Abs. 1 Buchst. i, Buchst. m bis o MwStSystRL**. Danach müssen die Mitgliedstaaten der Europäischen Union die Erziehung von Kindern und Jugendlichen, Schul- und Hochschulunterricht, Aus- und Fortbildung sowie berufliche Umschulung und damit eng verbundene Dienstleistungen und Lieferungen von Gegenständen durch Einrichtungen des öffentlichen Rechts, die mit solchen Aufgaben betraut sind, oder andere Einrichtungen mit von dem betreffenden Mitgliedstaat anerkannter vergleichbarer Zielsetzung von der Umsatzsteuer befreien. Gleiches gilt für bestimmte, in engem Zusammenhang mit Sport und Körperertüchtigung stehende Dienstleistungen, die Einrichtungen ohne Gewinnstreben an Personen erbringen, die Sport oder Körperertüchtigung ausüben, bestimmte kulturelle Dienstleistungen und eng damit verbundene Lieferungen von Gegenständen, die von Einrichtungen des öffentlichen Rechts oder anderen von dem betreffenden Mitgliedstaat anerkannten kulturellen Einrichtungen erbracht werden und unter bestimmten Voraussetzungen auch Dienstleistungen und Lieferungen von Gegenständen bei Veranstaltungen durch Einrichtungen, deren Umsätze nach den Buchstaben b, g, h, i, l, m und n des Art. 132 Abs. 1 MwStSystRL befreit sind. 6

Die unionsrechtlichen Vorgaben wurden vom nationalen Gesetzgeber **nicht hinreichend umgesetzt**, § 4 Nr. 22 UStG entspricht daher nicht vollumfänglich dem Unionsrecht. Unter Umständen kann der Steuerpflichtige daher seine Steuerfreiheit **unmittelbar unter Berufung auf das Unionsrecht** geltend machen (s. Rn. 33 ff.). Teilweise nimmt auch der BFH eine richtlinienkonforme Auslegung vor. 7

Einstweilen frei 8–9

3. Voraussetzungen der Steuerfreiheit des § 4 Nr. 22 Buchst. a UStG

Die Regelung des § 4 Nr. 22 Buchst. a UStG soll **außerschulische Bildungsleistungen**, die vornehmlich bei der **Erwachsenenbildung** eine Rolle spiele, von der Umsatzsteuer befreien und dadurch die Leistungen zu verbilligen und einem größeren Publikum zugänglich zu machen. Die Norm steht damit in engem Zusammenhang mit § 4 Nr. 21 UStG, der für die Schuldbildung Umsatzsteuerfreiheit gewährt. 10

3.1 Begünstigte Einrichtungen

Die Steuerfreiheit des § 4 Nr. 22 Buchst. a UStG setzt zunächst voraus, dass Leistungen von einer **begünstigten Einrichtung** erbracht werden. Begünstigte Einrichtungen i.S.d. Vorschrift sind: 11

- **Juristische Personen des öffentlichen Rechts** (s. zum Begriff die Kommentierung zu § 2 Abs. 3 UStG),
- **Verwaltungs- und Wirtschaftsakademien** (auch wenn sie von natürlichen Personen betrieben werden),
- **Volkshochschulen** (s. zum Begriff Abschn. 4.22.1 Abs. 1 UStAE),
- **Gemeinnützige Einrichtungen** (i.S.d. § 52 Abs. 1 Satz 1 AO),
- **Einrichtungen von Berufsverbänden** (z.B. gewerbliche und freiberufliche Kammern, Fachvereinigungen, Verbraucherverbände, Gewerkschaften, sowie Haus- und Grundbesitzervereinigungen; sofern Vereinigungen nicht die Interessen des gesamten Berufsstandes sondern nur einzelner Berufsangehöriger vertreten, liegt kein Berufsverband vor (s. BFH vom 20.08.1992, V R 2/88, BFH/NV 1993, 204)).

Dabei befreit § 4 Nr. 22 Buchst. a UStG **ausschließlich** die im **Gesetz genannten Unternehmer**, wenn diese als Veranstalter der begünstigten Leistungen tätig werden (s. BFH vom 17.06.1998, XI R 68/97, BFH/NV 1999, 81). Nicht begünstigt sind die vergleichbaren Leistungen der **selbständigen Dozenten** an die o.g. begünstigten Einrichtungen (s. Abschn. 4.22.1 Abs. 3 Satz 3 UStAE unter Verweise auf BFH vom 27.04.2006, V R 53/04, BStBl II 2007, 16). Solche Leistungen können nur unter den Voraussetzungen von 12

§ 4 Nr. 21 UStG bzw. Art. 132 Abs. 2 Buchst. j MwStSystRL steuerfrei sein. Insofern ist beispielsweise die Vortragstätigkeit des geschäftsführenden Gesellschafters einer Steuerberatungsgesellschaft im Rahmen einer Weiterbildungsveranstaltung umsatzsteuerpflichtig (s. BFH vom 24.06.1999, V R 6/08, BFH/NV 2000, 238).

13–14 Einstweilen frei

3.2 Steuerfreiheit für Vorträge, Kurse und andere Veranstaltungen

15 Begünstigt sind nach § 4 Nr. 22 Buchst. a UStG **Vorträge, Kurse und Veranstaltungen wissenschaftlicher oder belehrender Art** durch die o.g. Einrichtungen, soweit sie nicht den Charakter bloßer Freizeitgestaltung haben (s. EuGH vom 14.05.2007, C-445/05, Haderer, HFR 07, 806). Die **Aufzählung** der befreiten Leistungen ist **abschließend**. Die Steuerbefreiung erstreckt sich aber auch auf die mit den befreiten Veranstaltungen üblicherweise zusammenhängenden (unselbstständigen) Nebenleistungen, wie z.B. den Verkauf von Vorlesungsverzeichnissen oder Studienmaterialien. Allerdings stellt die Beherbergungen und Beköstigungen, die ein begünstigter Unternehmer erbringt, selbständige Leistungen dar, die als solche grundsätzlich nur unter den Voraussetzungen des § 4 Nr. 23 UStG steuerfrei sind (s. BFH vom 07.10.2010, V R 12/10, BStBl II 2011, 303). Eine Steuerbefreiung nach § 4 Nr. 22 Buchst. a UStG kommt lediglich für solche **Verpflegungsleistungen** in Betracht, die für die Durchführung der Veranstaltung unerlässlich sind (s. BFH vom 07.10.2010, V R 12/10, BStBl II 2011, 303).

16 Die erbrachten Veranstaltungen müssen **wissenschaftlicher oder belehrender Art** sein. Erfasst sind auch Veranstaltungen zur Berufsausbildung und Berufsfortbildung, soweit sie nicht bereits unter die Steuerbefreiung nach § 4 Nr. 21 UStG fallen. Es sind daher nicht sämtliche Veranstaltungen wissenschaftlicher und belehrender Art steuerfrei, sondern – durch richtlinienkonforme Auslegung des § 4 Nr. 22 Buchst. a UStG – nur diejenigen, die als Erziehung von Kindern und Jugendlichen, als Schul- oder Hochschulunterricht, als Ausbildung, Fortbildung oder berufliche Umschulung anzusehen sind (s. BFH vom 07.10.2010, V R 12/10, DStRE 2011, 374). Die **Finanzverwaltung** hat diese Einschränkung in ihr Verständnis der Norm übernommen (s. Abschn. 4.22.1 Abs. 2 UStAE). Auf die **Dauer der angebotenen Veranstaltungen** kommt es nicht entscheidend an, beispielsweise sind auch Aus- und Fortbildungen im Rahmen von Tagesveranstaltungen erfasst (s. BFH vom 07.10.2010, V R 12/10, BStBl II 2011, 303).

17 Zu den in § 4 Nr. 22 Buchstabe a UStG bezeichneten Veranstaltungen belehrender Art gehört auf dem Gebiet des Sports die **Erteilung von Sportunterricht** durch **Zweckbetriebe i.S.d. § 67a AO**, z.B. die Erteilung von Schwimm-, Tennis-, Reit-, Segel- und Skiunterricht (s. Abschn. 4.22.1 Abs. 4 UStAE). Ein bestimmter Stunden- und Stoffplan sowie eine von den Teilnehmern abzulegende Prüfung sind nicht erforderlich (s. Abschn. 4.22.1 Abs. 4 Satz 4 UStAE). Die Steuerbefreiung gilt unabhängig davon, ob der Sportunterricht Mitgliedern des Vereins oder anderen Personen erteilt wird (s. Abschn. 4.22.1 Abs. 4 Satz 5 UStAE).

18 **Tanzkurse** stellen nur dann Sportunterricht dar, wenn die Teilnehmer das Tanzen als Tanzsportler in erster Linie als Wettkampf zwischen Paaren bzw. Formationen im Rahmen des Vereins- bzw. Leistungssports betreiben (s. BFH vom 27.06.2006, V R 53/04, BStBl II, 16). Durch gemeinnützige Vereine durchgeführte Tanzkurse sind nicht gemäß § 4 Nr. 22 Buchst. a UStG von der Umsatzsteuer befreit; sie können aber dem ermäßigten Steuersatz nach § 12 Abs. 2 Nr. 8 Buchst. a UStG unterliegen (s. BFH vom 27.04.2006, V R 53/04, BStBl II 2007, 16). Allerdings kommt für Ballett- und Tanzunterricht, wenn dem Studio bescheinigt worden ist, dass es auf einen Beruf oder auf eine vor einer juristischen Person des öffentlichen Rechts abzulegende Prüfung ordnungsgemäß vorbereitet, eine Steuerbefreiung nach Art. 132 Abs. 1 Buchst. i, j MwStSystRL in Betracht (s. BFH vom 24.01.2008, V R 3/05, BFH/NV 2008, 1078).

19 Auch der **Flugunterricht** sowie die fliegerische Weiterbildung durch einen gemeinnützigen Flugsportverein stellt eine Veranstaltung belehrender Art dar (Niedersächsisches FG vom 06.02.2003, 5 K 459/98, EFG 2003, 963). Nach Auffassung der Finanzverwaltung handelt es sich demgegenüber bei der Erbringung von **Funktionstraining** (physiotherapeutische Maßnahmen für an Osteoporose erkrankte Menschen) nicht um eine Veranstaltung, die als Schul- oder Hochschulunterricht, als Ausbildung, Fortbildung oder beruf-

liche Umschulung zu qualifizieren ist (s. OFD NRW, Kurzinfo USt Nr. 14/2014 vom 07.10.2014, MwStR 2015, 41). Eine Steuerfreiheit nach § 4 Nr. 22 Buchst. a UStG scheidet daher aus (s. LSF Sachsen vom 09.01.2015, S 7170 – 93/5 – 213). Allerdings können die Leistungen eines entsprechenden Vereins an die Kursteilnehmer insgesamt als sportliche Veranstaltung nach § 4 Nr. 22 Buchst. b UStG steuerfrei sein, wenn der Verein gemeinnützigen Zwecken dient und das Entgelt in Teilnahmegebühren besteht (s. LSF Sachsen vom 09.01.2015, S 7170 – 93/5 -213). Ernstliche Zweifel bestehen, ob es sich bei dem Abhalten von **Fahrsicherheitstraining** durch eine Berufsgenossenschaft um Schul- oder Hochschulunterricht im Sinne des § 4 Nr. 22 Buchst a UStG, Art. 132 Abs. 1 Buchst. i MwStSystRL handelt (s. BFH vom 10.07.2012, V B 33/12, BFH/NV 2012, 1676).

Einstweilen frei 20–21

3.3 Überwiegende Kostendeckung

Weitere Voraussetzung der Steuerfreiheit des § 4 Nr. 22 Buchst. a UStG ist, dass die erzielten Einnahmen „überwiegend" zur **Deckung der Kosten** verwendet werden. Dies soll verhindern, dass die Unternehmer aufgrund der Steuerbefreiung erheblich Gewinne erzielen. Der Unternehmer muss daher den Verwendungszweck der Einnahmen für jede einzelne Veranstaltung oder Veranstaltungsreihe nachweisen. „Überwiegend" bedeutet grundsätzlich, dass die Einnahmen zu mehr als 50 %. die Unkosten decken müssen. 22

Einstweilen frei 23–24

4. Voraussetzungen der Steuerfreiheit des § 4 Nr. 22 Buchst. b UStG

Nach § 4 Nr. 22 Buchst. b UStG sind auch **andere kulturelle und sportliche Veranstaltungen** der oben genannten Unternehmer (s. Rn. 11 ff.) steuerfrei, soweit das **Entgelt** in **Teilnehmergebühren** besteht. Dadurch soll verhindert werden, dass aktive Teilnehmer an kulturellen und sportlichen Veranstaltungen mit USt belastet werden. 25

4.1 Steuerfreiheit für andere kulturelle und sportliche Veranstaltungen

Als **andere kulturelle Veranstaltungen** kommen z.B. in Betracht Musikwettbewerbe und Trachtenfeste (s. Abschn. 4.22.2 Abs. 1 UStAE). Unter dem Begriff **sportliche Veranstaltungen** sind – ebenso wie in § 67a AO – organisatorische Maßnahme eines Sportvereins zu verstehen, die es aktiven Sportlern (nicht nur Mitgliedern des Vereins) ermöglichen, Sport zu treiben. Eine bestimmte Organisationsform oder -struktur schreibt das Gesetz nicht vor. Anwesenheit von Publikum ist nicht vorausgesetzt (s. BFH vom 25.07.1996, V R 7/95, BStBl II 1997, 154). Auch das bloße Training, Sportkurse und Sportlehrgänge können sportliche Veranstaltungen sein (s. Abschn. 4.22.2 Abs. 2 Satz 4 UStAE). 26

Einstweilen frei 27–28

4.2 Entgelt

Die vorgenannten Veranstaltungen sind steuerfrei, soweit das Entgelt in Teilnehmergebühren besteht. Unter den Begriff **Teilnehmergebühren** fallen nur solche Entgelte, die für die aktive Teilnahme von Sportlern zu entrichten sind (Start-, Meldegelder), nicht aber Eintrittsgelder der Zuschauer bzw. Gebühren der Verbände für die Veranstaltung (s. Abschn. 4.22.2 Abs. 5 UStAE). 29

Einstweilen frei 30–31

5. Vorsteuerabzug

Die Befreiung schließt gemäß § 15 Abs. 2 Nr. 1 UStG den **Vorsteuerabzug** aus. Ein Verzicht auf die Befreiung nach § 9 UStG ist nicht möglich. Die Umsätze nach § 4 Nr. 22 UStG sind also **zwingend umsatzsteuerfrei** 32

Einstweilen frei 33–34

6. Steuerfreiheit unter unmittelbarer Berufung auf das Unionsrecht im Überblick

35 Der deutsche Gesetzgeber hat die **unionsrechtlichen Vorgaben** in den Steuerbefreiungen des § 4 Nr. 22 UStG **teilweise nicht ordnungsgemäß umgesetzt**. Soweit der Steuerpflichtigen dadurch beeinträchtigt wird, kann er sich zur Geltendmachung seiner Umsatzsteuerfreiheit unmittelbar auf das Unionsrecht berufen. Unionsrechtliche Grundlage der Befreiungsvorschriften des § 4 Nr. 22 UStG sind **Art. 132 Abs. 1 Buchst. i, Buchst. m und o MwStSystRL**. Die Gewährung der vorgenannten Steuerbefreiungen können die Mitgliedstaaten für Einrichtungen, die keine Einrichtungen des öffentlichen Rechts sind, von der Erfüllung der in **Art. 133 MwStSystRL** aufgeführten Bedingungen abhängig machen. Zudem sind von den Steuerbefreiungen nach Art. 132 Abs. 1 Buchst. i und m Dienstleistungen und Lieferungen von Gegenständen ausgeschlossen, wenn sie für die Umsätze, für die die Steuerbefreiung gewährt wird, nicht unerlässlich sind oder wenn sie im Wesentlichen dazu bestimmt sind, der Einrichtung zusätzliche Einnahmen durch Umsätze zu verschaffen, die in unmittelbarem Wettbewerb mit Umsätzen von der Mehrwertsteuer unterliegenden gewerblichen Unternehmen durchgeführt werden, **Art. 134 MwStSystRL**.

36–37 Einstweilen frei

6.1 Steuerfreiheit nach Art. 132 Abs. 1 Buchst. i MwStSystRL

38 § 4 Nr. 22 Buchst**. a UStG** beruht auf **Art. 132 Abs. 1 Buchst. i MwStSystRL**. Art. 132 Abs. 1 Buchst. i MwStSystRL befreit von der Umsatzsteuer die Erziehung von Kindern und Jugendlichen, Schul- und Hochschulunterricht, Aus- und Fortbildung sowie berufliche Umschulungen und damit eng verbundene Dienstleistungen und Lieferungen von Gegenständen durch Einrichtungen des öffentlichen Rechts, die mit solchen Aufgaben betraut sind, oder andere Einrichtungen mit von dem betreffenden Mitgliedstaat anerkannter vergleichbarer Zielsetzung. Gemäß Art. 133 MwStSystRL können die Mitgliedstaaten die Gewährung der in Art. 132 Abs. 1 Buchst. i MwStSystRL vorgesehenen Steuerbefreiung bei Einrichtungen, die keine Einrichtungen des öffentlichen Rechts sind, im Einzelfall von der Erfüllung bestimmter Bedingungen abhängig machen. Dazu gehört u.a., dass die Einrichtungen keine systematische Gewinnerzielung anstreben dürfen. Dies wurde in § 4 Nr. 22 Buchst. a UStG dadurch umgesetzt, dass der deutsche Gesetzgeber nur die Leistungen der dort **im Einzelnen benannten Bildungseinrichtungen** von der USt befreit hat. (Vor-) Bildungsleistungen für den gemeinnützigen Verein durch natürliche Personen sind daher nicht umsatzsteuerfrei (s. BFH vom 28.02.2002, V B 31/01, BFH/NV 2002, 957). Eine **richtlinienwidrige Umsetzung** dieser Vorschrift in nationales Recht ist **nicht erkennbar**.

39–40 Einstweilen frei

6.2 Steuerfreiheit nach Art. 132 Abs. 1 Buchst. m und o MwStSystRL

41 § 4 Nr. 22 Buchst. b UStG beruht auf **Art. 132 Abs. 1 Buchst. m und o MwStSystRL**. Danach befreien die Mitgliedstaaten „bestimmte in engem Zusammenhang mit Sport und Körperertüchtigung stehende Dienstleistungen, die Einrichtungen ohne Gewinnstreben an Personen erbringen, die Sport oder Körperertüchtigung ausüben“, sowie „Dienstleistungen und Lieferungen von Gegenständen bei Veranstaltungen durch Einrichtungen, deren Umsätze nach den Buchstaben b, g, h, i, l, m und n befreit sind, wenn die Veranstaltungen dazu bestimmt sind, den Einrichtungen eine finanzielle Unterstützung zu bringen und ausschließlich zu ihrem Nutzen durchgeführt werden, vorausgesetzt, dass diese Befreiung nicht zu Wettbewerbsverzerrungen führt“. Die Gewährung der Steuerbefreiung in Art. 132 Abs. 1 Buchst. m MwStSystRL können die Mitgliedstaaten für Einrichtungen, die keine Einrichtungen des öffentlichen Rechts sind, von der Erfüllung der in Art. 133 MwStSystRL aufgeführten Bedingungen abhängig machen. Zudem sind von dieser Steuerbefreiung Dienstleistungen und Lieferungen von Gegenständen ausgeschlossen, wenn sie für die Umsätze, für die die Steuerbefreiung gewährt wird, nicht unerlässlich sind oder wenn sie im Wesentlichen dazu bestimmt sind, der Einrichtung zusätzliche Einnahmen durch Umsätze zu verschaffen, die in unmittelbarem Wettbewerb mit Umsätzen von der Mehrwertsteuer unterliegenden gewerblichen Unternehmen durchgeführt werden, Art. 134 MwStSystRL.

Der **BFH** geht davon aus, dass die Vorschrift des § 4 Nr. 22 Buchst. b UStG die unionsrechtliche Befreiungsbestimmung des Art. 132 Abs. 1 Buchst. m MwStSystRL **nicht korrekt umsetzt**, sondern an die Verwendung des Begriffs „**sportliche Veranstaltung**" als sog. **Zweckbetrieb** in § 67a AO anknüpft (s. BFH vom 03.04.2008, V R 74/07, BFH/NV 2008, 1631). Damit ist der Begriff „sportliche Veranstaltung" nicht in dem Sinne auslegbar, dass er alle „eng in Zusammenhang mit Sport und Körperertüchtigung stehenden Dienstleistungen" umfasst und damit weiter als nach der bisherigen Rechtsprechung zu verstehen ist (s. BFH vom 03.04.2008, V R 74/07, BFH/NV 2008, 1631). Soweit durch die mangelhafte Umsetzung der unionsrechtlichen Befreiungsvorschrift in das deutsche Recht eine Benachteiligung für Steuerpflichte verbunden ist, können sich diese zur Geltendmachung der Steuerfreiheit unmittelbar auf Art. 132 Abs. 1 Buchst. m MwStSystRL berufen. Dies hat der BFH für die Überlassung von Golfbällen und die Nutzungsüberlassung einer **Golfanlage** an Nichtmitglieder eines gemeinnützigen Golfvereins gegen Entgelt bereits explizit klargestellt (s. BFH vom 03.04.2008, V R 74/07, BFH/NV 2008, 1631). Gleiches gilt für einen gemeinnützigen Golfverein, der **Golfeinzelunterricht** durch angestellte Golflehrer gegenüber seinen Mitgliedern gegen Entgelt erbringt (s. BFH vom 02.03.2011, XI R 21/09, UR 2011, 589). 42

Für das **Unionsrecht** hat der Gerichtshof entscheiden, dass Sportvereine und die übergeordneten Verbände Einrichtungen ohne Gewinnstreben im Sinne des Art. 132 Abs. 1 Buchst m MwStSystRL sind, wenn sie nach ihrem s**atzungsmäßigen Zweck keinen Gewinn für ihre Mitglieder anstreben** (s. EuGH vom 21.03.2002, C-174/00, Kennemer Golf, UStB 2002, 247; vom 16.10.2008, C-253/07, Canterbury Hockey Club, UR 2008, 854). Insofern können beispielsweise unter Berufung auf das Unionsrecht ebenfalls steuerfrei sein die Gewährung von **Eintrittsberechtigungen zu einem Schwimmbad**, das der sportlichen Betätigung dient (s. EuGH vom 21.02.2013, C-18/12, Mesto Žamberk (Stadt Senftenberg), DStR 2013, 407) und die **Pensionspferdehaltung** durch gemeinnützige Reitsportvereine (s. BFH vom 16.10.2013, XI R 34/11, UStB 2014, 69). 43

Übernimmt ein als gemeinnützig anerkannter Stadtsportverband e.V. für eine Kommune die **Organisation der Nutzung der Turn- und Sporthallen** und erhält er hierfür von der Kommune einen Aufwendungsersatz, bewirkt der Stadtsportverband an die Kommune eine mit dem Regelsteuersatz steuerpflichtige Dienstleistung. Die Steuerbefreiung des Art. 132 Abs. 1 Buchst. m MwStSystRL ist nicht anwendbar, weil die Leistungen der Art nach nicht unmittelbar den Sportlern zugutekommen (s. BFH vom 05.08.2010, V R 54/09, BStBl II 2011, 191). 44

Einstweilen frei 45–46

§ 4 Nr. 23 UStG Versorgung von Jugendlichen zu Erziehungs- und Ausbildungszwecken

[1]Von den unter § 1 Abs. 1 Nr. 1 fallenden Umsätzen sind steuerfrei:

...

23. die Gewährung von Beherbergung, Beköstigung und der üblichen Naturalleistungen durch Einrichtungen, wenn sie überwiegend Jugendliche für Erziehungs-, Ausbildungs- oder Fortbildungszwecke oder für Zwecke der Säuglingspflege bei sich aufnehmen, soweit die Leistungen an die Jugendlichen oder an die bei ihrer Erziehung, Ausbildung, Fortbildung oder Pflege tätigen Personen ausgeführt werden. [2]Jugendliche im Sinne dieser Vorschrift sind alle Personen vor Vollendung des 27. Lebensjahres. [3]Steuerfrei sind auch die Beherbergung, Beköstigung und die üblichen Naturalleistungen, die diese Unternehmer den Personen, die bei den Leistungen nach Satz 1 tätig sind, als Vergütung für die geleisteten Dienste gewähren. [4]Die Sätze 1 bis 3 gelten nicht, soweit eine Leistung der Jugendhilfe des Achten Buches Sozialgesetzbuch erbracht wird;

...

Bearbeiter: Daniela Bick

Inhaltsverzeichnis

1. Inhalt und Zweck der Vorschrift

1 § 4 Nr. 23 UStG erweitert die Steuerbefreiung für unmittelbar dem Schul- und Bildungszweck dienenden Einrichtungen um die **Befreiung sog. Verbundleistungen wie Beherbergung, Beköstigung und der üblichen Naturalleistungen**. Dies gilt aber nur für Einrichtungen, die überwiegend Jugendliche für Erziehungs-, Ausbildungs- oder Fortbildungszwecke oder für Zwecke der Säuglingspflege bei sich aufnehmen, soweit die Leistungen an die Jugendlichen oder an die bei ihrer Erziehung, Ausbildung, Fortbildung oder Pflege tätigen Personen ausgeführt werden. **Ausgeschlossen** ist die Steuerbefreiung, soweit eine Leistung der Jugendhilfe nach dem **SGB VIII** erbracht wird.

2 Die Vorschrift dient sozialpolitischen Zwecken (s. BFH vom 24.05.1989, V R 127/84, BStBl II 1989, 912). Sie soll umfassend Einrichtungen im **Bereich der Jugenderziehung und -ausbildung zugutekommen** und ergänzt die weiteren Umsatzsteuerbefreiungen im Bereich der Jugenderziehung und -ausbildung.

3 Schon im UStG 1951 war eine Steuerbefreiung für die Gewährung von Beherbergung, Beköstigung und der üblichen Naturalleistungen durch Personen und Anstalten, soweit sie Personen unter achtzehn Jahren

für Erziehungs- und Ausbildungszwecke außerhalb des Wohnsitzes der Eltern bei sich aufnehmen, enthalten. Nach einigen inhaltlichen Änderungen – insbesondere im Hinblick auf den zur Begünstigung führenden Personenkreis – erhielt § 4 Nr. 23 UStG durch das **JStG 2008 mit Wirkung zum 01.01.2008** seine heutige Form.

Grundsätzlich befreit § 4 Nr. 23 UStG Leistungen im Bereich der **Beherbergung, Beköstigung und der üblichen Naturalleistungen durch Einrichtungen** im Bereich der Erziehung, Pädagogik und Jugendarbeit von der Umsatzsteuer. Hinsichtlich der weiteren Leistungen im Zusammenhang mit der Erziehung, Ausbildung und Fortbildung von Jugendlichen kommt eine Umsatzsteuerbefreiung unter den Voraussetzungen von § 4 Nr. 21 UStG, § 4 Nr. 22 UStG und § 4 Nr. 25 UStG in Betracht. Im Verhältnis zu Leistungen der freien Wohlfahrtspflege gilt vorrangig die Befreiungsvorschrift des § 4 Nr. 18 UStG. Für im Zusammenhang mit Jugendherbergen getätigte Umsätze gilt § 4 Nr. 24 UStG. Die Leistungen nach § 2 Abs. 2 SGB VIII und die Inobhutnahme nach § 42 SGB VIII sind unter den Voraussetzungen des § 4 Nr. 25 UStG steuerfrei (s. auch § 4 Nr. 23 Satz 4 UStG; s. § 4 Nr. 25 Rn. 15 ff.). 4

Einstweilen frei 5–6

2. Unionsrechtlicher Hintergrund

Die Vorschrift beruht unionsrechtlich auf **Art. 132 Abs. 1 Buchst. h und i MwStSystRL**. Danach befreien die Mitgliedstaaten eng mit der Kinder- und Jugendbetreuung verbundene Dienstleistungen und Lieferungen von Gegenständen durch Einrichtungen des öffentlichen Rechts oder andere von dem betreffenden Mitgliedstaat als Einrichtungen mit sozialem Charakter anerkannte Einrichtungen. Zudem befreien die Mitgliedstaaten die Erziehung von Kindern und Jugendlichen, Schul- und Hochschulunterricht, Aus- und Fortbildung sowie berufliche Umschulung und damit eng verbundene Dienstleistungen und Lieferungen von Gegenständen durch Einrichtungen des öffentlichen Rechts, die mit solchen Aufgaben betraut sind, oder andere Einrichtungen mit von dem betreffenden Mitgliedstaat anerkannter vergleichbarer Zielsetzung. § 4 Nr. 23 UStG entspricht **nicht vollumfänglich dem Unionsrecht**. Soweit die Vorgaben des Unionsrechts in der Norm nicht hinreichend umgesetzt wurden, kann der Steuerpflichtige seine Steuerfreiheit unmittelbar unter Berufung auf das Unionsrecht geltend machen (s. Rn. 46 ff.). 7

Einstweilen frei 8–9

3. Voraussetzungen der Steuerfreiheit des § 4 Nr. 23 UStG

Steuerbefreit sind nach § 4 Nr. 23 Satz 1 UStG die Beherbergung, Beköstigung und die üblichen Naturalleistungen durch Einrichtungen, die überwiegend Jugendliche für Erziehungs-, Bildungs- u.ä. Zwecke aufnehmen; dabei gilt die Befreiung sowohl wenn diese Leistungen gegenüber den Jugendliche erbracht werden, als auch bei der Erbringung gegenüber den Erziehern, Ausbildern usw. 10

Einstweilen frei 11–12

3.1 Begünstigter Unternehmer

Begünstigte Unternehmer sind alle „**Einrichtungen**". Darunter sind alle Unternehmer unabhängig von ihrer Rechtsform zu verstehen. Insbesondere werden davon auch unternehmerisch tätige **natürliche Personen** und **Personenzusammenschlüsse** erfasst (s. BMF vom 02.07.2008, IV B 9 – S 7183/07/10001, BStBl I 2008, 690). § 4 Nr. 23 UStG setzt voraus, dass die Unternehmer Jugendliche zu Erziehungszwecken, Ausbildungszwecken oder Fortbildungszwecken bei sich aufnehmen. Im Rahmen dieser Tätigkeit müssen die Leistungen der Beherbergung, Beköstigung und der üblichen Naturalleistungen anfallen. Die Tätigkeit muss **nicht** den **Hauptgegenstand** des Unternehmens bilden, muss aber zum Bereich der unternehmerischen Betätigung gehören (s. BFH vom 26.07.1979, V B 15/79, BStBl II 1979, 721). 13

Nach **Auffassung der Finanzverwaltung** muss der Unternehmer, der Jugendliche für Erziehungszwecke bei sich aufnimmt, eine Einrichtung auf dem Gebiet der Kinder- und Jugendbetreuung oder der Kinder- und Jugenderziehung i.S.d. Art. 132 Abs. 1 Buchst. h oder i MwStSystRL unterhalten (s. Abschn. 4.23.1 Abs. 2 Satz 6 UStAE). Daher können nach Auffassung der Finanzverwaltung – unter Beachtung der übrigen Vor- 14 aussetzungen des § 4 Nr. 23 UStG – nur **Einrichtungen des öffentlichen Rechts** auf dem Gebiet der Kinder- und Jugendbetreuung sowie der Kinder- und Jugenderziehung oder **vergleichbare privatrechtliche Einrichtungen** (auch Einzelunternehmer) die Steuerbefreiung in Anspruch nehmen (BFH vom 28.09.2000, V R 26/99, BStBl II 2001, 691); dies gilt insoweit entsprechend für Einrichtungen, die Jugendliche für die sonstigen in § 4 Nr. 23 Satz 1 UStG genannten Zwecke aufnehmen.

15 Die einschränkende Auslegung durch die Finanzverwaltung **widerspricht** den **gesetzlichen Vorgaben**, sie hat daher keine Bindungswirkung. Insofern können sich auch andere Unternehmer, z.B. ein Handwerker unter Vorliegen der übrigen Voraussetzungen des § 4 Nr. 23 UStG auf die Steuerbefreiung berufen.

16 Einstweilen frei

3.2 Steuerbegünstigte Zwecke

17 Die Steuerbefreiung nach § 4 Nr. 23 UStG ist davon abhängig, dass die **Aufnahme** der **Jugendlichen zu Erziehungs-, Ausbildungs- oder Fortbildungszwecken** erfolgt. Sie hängt nicht davon ab, in welchem Umfang die Aufnahme von Jugendlichen zu den genannten Zwecken betrieben wird; auch muss die Tätigkeit nicht der alleinige Gegenstand oder der Hauptgegenstand des Unternehmens sein (s. BFH vom 24.05.1989, V R 127/84, BStBl II 1984, 912).

3.2.1 Aufnahme Jugendlicher

18 Die Steuerbefreiung nach § 4 Nr. 23 UStG setzt voraus, dass der Unternehmer überwiegend **Jugendliche** zum Zwecke der Erziehung etc. aufgenommen hat. Jugendliche sind nach § 4 Nr. 23 Satz 2 UStG alle Personen vor Vollendung des 27. Lebensjahrs.

19 Der Unternehmer muss die steuerbegünstigten Leistungen **selbst erbringen**. Dabei ist es nicht erforderlich, dass der Unternehmer die Leistungen allein erbringt. Er kann die ihm obliegenden Leistungen zur Gänze selbst oder teilweise durch Beauftragte erbringen. Für die Steuerbefreiung nach § 4 Nr. 23 UStG ist es auch ausreichend, wenn der leistende Unternehmer konkrete Erziehungs-, Ausbildungs- oder Fortbildungszwecke, z.B. in seiner Satzung, festschreibt und den Leistungsempfänger vertraglich verpflichtet, sich im Rahmen seines Aufenthaltes an diesen pädagogischen Grundsätzen zu orientieren (s. Abschn. 4.23.1 Satz 4 UStAE). Der leistende Unternehmer erbringt auch in diesen Fällen – zumindest mittelbar – Leistungen im Sinne des § 4 Nr. 23 UStG, die über Beherbergungs- und Verpflegungsleistungen hinausgehen. **Nicht ausreichend** ist demgegenüber die bloße **Organisation der Leistungen** (s. BFH vom 01.06.2006, V R 104/01, BStBl II 2007, 142).

20 Voraussetzung ist, dass überwiegend Jugendliche für die aufgezählten begünstigten Zwecke aufgenommen werden. Das Überwiegen wird anhand des Kreises der Personen bestimmt, die der Unternehmer zu steuerbegünstigten Zwecken i.S.d. § 4 Nr. 23 UStG aufgenommen hat (s. BFH vom 24.05.1989, V R 127/84, BStBl II 1989, 912). Unerheblich ist, wenn andere Personen im Unternehmen zu nicht begünstigten Zwecken i. S. d. Vorschrift aufgenommen werden (so BFH vom 24.05.1989, V R 127/84, BStBl II 1989, 912 zum Fall eines Hoteliers, der neben den Hotelgästen seine Auszubildenden bei sich aufnimmt).

21 Für Unternehmer, die **lediglich Beköstigungsleistungen** ausführen, ohne zugleich Träger der Aus- und Fortbildungsveranstaltung zu sein, kommt die Steuerbefreiung nicht in Betracht (s. BFH vom 26.07.1979, V B 15/79, BStBl II 1979, 721). Keine Voraussetzung ist, dass die Jugendlichen **Unterkunft zur Nachtzeit** oder **volle Verpflegung** erhalten (BFH vom 1912.1963, V 102/61 U, BStBl III 1964, 110). Deshalb fallen auch Kindergärten, Kindertagesstätten etc. unter die Befreiungsvorschrift. Begünstigt ist auch die Aufnahme von Säuglingen für Zwecke der **Säuglingspflege**.

22 Der Begriff der „**Aufnahme**“ setzt ein **Obhuts- und Betreuungsverhältnis** voraus. Eine bestimmte Aufnahmedauer ist nicht vorgeschrieben, sie muss aber solange andauern, dass der im Gesetz vorausgesetzte Erziehungszweck erreicht werden kann. Abzugrenzen ist die Aufnahme zu Erziehungs-, Ausbildungs- oder Fortbildungszwecken von Leistungen der Beherbergung und Beköstigung während eines **kurzfristigen Urlaubsaufenthalts** bzw. Fahrten mit Freizeitangebot. Letztere erfüllen nicht die Voraussetzungen der „Aufnahme“, zudem spielt der Erziehungszweck nur eine untergeordnete Rolle (s. BFH vom 12.05.2009,

V R 35/07, BStBl II 2009, 1032 für die Beherbergung und Verköstigung von Jugendlichen während einer einwöchigen Kanutour und BFH vom 30.07.2008, V R 66/06, BStBl II 2010, 507 für die Beherbergung und Beköstigung von Kindern und Jugendlichen auf einem Ferienhof).

Eine Steuerbefreiung entfällt nach Satz 4 der Vorschrift, soweit **Leistungen** der **Jugendhilfe** nach dem **SGB VIII** erbracht werden. Diese Leistungen sind ausschließlich unter den Voraussetzungen von § 4 Nr. 25 UStG steuerfrei. 23

Einstweilen frei 24–25

3.2.2 Zum Zweck der Erziehung, Ausbildung und Fortbildung

Die Steuerbefreiung nach § 4 Nr. 23 UStG ist davon abhängig, dass die Aufnahme von Jugendlichen und Säuglingen zu **Erziehungs-, Ausbildungs- oder Fortbildungszwecken** erfolgt. Die Erziehungs-, Ausbildungs- und Fortbildungszwecke umfassen nicht nur den beruflichen Bereich, sondern die gesamte **geistige, sittliche und körperliche Erziehung** und **Fortbildung** von Jugendlichen (s. BFH vom 21.11.1974, II R 107/68, BStBl II 1975, 389). Hierzu gehört u.a. auch die sportliche Erziehung. Die Befreiungsvorschrift gilt deshalb sowohl bei Sportlehrgängen für Berufssportler als auch bei solchen für Amateursportler. Die Tätigkeit muss nicht der alleinige Gegenstand bzw. der Hauptgegenstand des Unternehmens sein (s. BFH vom 24.05.1989 – V R 127/83, BStBl II 1989, 912). Die Durchführung von **Klassenfahren** beispielsweise ist aber nicht nach § 4 Nr. 23 UStG steuerfrei, weil der Unternehmer die Jugendlichen nicht zur Erziehung, Ausbildung oder Fortbildung bei sich aufnimmt (s. BFH vom 21.11.2013, V R 11/11, UStB 2014, 132). 26

Der Begriff der **Erziehung** mein eine planmäßige Tätigkeit zur körperlichen, geistigen und sittlichen Formung des heranwachsenden Geschlechts mit dem Ziel, vollwertige Mitglieder der Gemeinschaft heranzubilden (s. BFH vom 21.12.1965, V 24/62 U, BStBl III 1966, 182). Zur Erziehung gehören außer der – regelmäßig im Wege des Unterrichts dargebotenen – Wissensvermittlung die Willensbildung und die Charakterbildung (s. BFH vom 21.11.1974, II R 107/68, BStBl II 1975, 389). Unter „**Ausbildung**" ist überwiegend die Vorbereitung auf einen künftigen Beruf zu verstehen (s. BFH vom 09.06.1999, VI R 50/98, BFH/NV 1999, 1683). Unter „**Fortbildung**" sind alle Maßnahmen zu verstehen, die der beruflichen Weiterbildung dienen. Der nicht berufliche Bereich ist durch den Begriff der Erziehung abgedeckt. 27

Einstweilen frei 28–29

3.3 Steuerbegünstigte Umsätze: Beherbergung, Beköstigung und die üblichen Naturalleistungen

Steuerbefreite Leistungen sind die die **Gewährung von Beherbergung, Beköstigung und üblichen Naturalleistungen**. Unter **Beherbergung** ist die Unterbringung zum Wohnen, Schlafen und Arbeiten zu verstehen. Für die **Beköstigung** ist es ausreichend, wenn einzelne warme oder kalte Speisen und Getränke angeboten werden (s. BGH vom 26.04.1990, V R 55/58, UR 1991, 54). Davon ausgenommen ist die Abgabe von alkoholischen Getränken (s. Abschn. 4.23.1 Abs. 2 Satz 13 UStAE). Leistungen der Beherbergung und Beköstigung während kurzfristiger Urlaubsaufenthalte oder Fahrten, die von Sport- und Freizeitangeboten geprägt sind, stellen keine Aufnahme zu Erziehungs-, Ausbildungs- oder Fortbildungszwecken dar (s. BFH vom 12.05.2009, V R 35/07, BStBl II 2009, 1032). 30

Zu den üblichen Naturalleistungen gehören die mit dem Aufnahmezweck unmittelbar zusammenhängenden Leistungen neben der Beherbergung und Beköstigung. Sie hängen damit von den Umständen des Einzelfalls ab. Übliche Naturalleistungen können beispielsweise sein das Waschen und Reinigen der Kleidung, die Beaufsichtigung der häuslichen Schularbeiten und der Freizeitgestaltung (s. BFH vom 19.12.1963, V 102/61 U, BStBl III 1964, 110). 31

Einstweilen frei 32–33

3.4 Steuerbegünstigte Leistungsempfänger

Steuerbegünstigte Leistungsempfänger kann nur der in § 4 Nr. 23 UStG genannte **Empfängerkreis** sein. Damit können Empfänger die Jugendliche selbst sein. Weiter können Leistungen an die in der Erziehung, 34

Ausbildung und Fortbildung oder Pflege der Jugendlichen tätigen Personen ausgeführt werden. Hierunter sind alle Personen ohne Altersbeschränkung, die bei der Pflege, Erziehung, Ausbildung und Fortbildung der Jugendlichen mitwirken, zu verstehen.

35 Dies sind insbesondere **Erzieher**, **Kindergärtnerinnen**, Säuglingsschwestern, Heimleiter, **Lehrkräfte**, Schulungskräfte bei Kursen und Lehrgängen, Personal bei der Beaufsichtigung von Schularbeiten und der Freizeitgestaltung. Begünstigt sind die Leistungen an das Erziehungs- und Pflegepersonal (im Gegensatz zu den Leistungen an das Hilfspersonal), unabhängig davon, ob es sich ggf. um Arbeitslohn in Form von Sachzuwendungen handelt.

36–37 Einstweilen frei

3.5 Beherbergung, Beköstigung und die üblichen Naturalleistungen als Vergütung für Personal, § 4 Nr. 23 Satz 3 UStG

38 Steuerfrei sind auch die Beherbergung, Beköstigung und die üblichen Naturalleistungen, welche diese Unternehmer den Personen, die bei den begünstigten Leistungen tätig sind, als Vergütung für die geleisteten Dienste gewähren. Als **Vergütung für** die **geleisteten Dienste** werden die begünstigten Umsätze (Beherbergung, Beköstigung und übliche Naturalleistungen) erbracht, wenn das Personal nach dem Arbeitsvertrag, sonstigen (mündlichen) Vereinbarung oder faktischen Umständen **neben dem Barlohn** einen zusätzlichen Lohn in Form der Sachzuwendungen erhält. Die Sachzuwendungen werden dann nicht als Vergütung für geleistete Dienste gewährt, wenn sie auf den Barlohn des Arbeitnehmers angerechnet werden (s. Abschn. 3.18.1 Abs. 7 UStAE).

39 Es ist nicht erforderlich, dass die Personen, denen die begünstigten Leistungen zugewandt werden, selbst steuerbegünstigte Tätigkeiten ausüben. Als Leistungsempfänger kommen daher insbesondere **Verwaltungspersonal**, **Küchen- und Bedienungspersonal** in Heimen, Reinigungspersonal und Hausmeister in Betracht. Anwendbar ist die Vorschrift auch auf **freiwillige Mitarbeiter und Helfer**, die in keinem Arbeitsverhältnis zu der begünstigten Einrichtung stehen.

40 Eine **Begrenzung** der Leistungen auf den **Wert der Sachleistungen** ist nicht vorgesehen. Die Naturalleistungen müssen allerdings dem üblichen Maß entsprechen, d.h. regional übliche Mengen an Lebensmitteln, Wäsche und Kleidung etc.

41–42 Einstweilen frei

4. Vorsteuerabzug

43 Die Befreiung schließt gemäß § 15 Abs. 2 Nr. 1 UStG den **Vorsteuerabzug** aus. Ein Verzicht auf die Befreiung nach § 9 UStG ist nicht möglich. Die Umsätze nach § 4 Nr. 23 UStG sind also **zwingend umsatzsteuerfrei**

44–45 Einstweilen frei

5. Voraussetzungen der Steuerfreiheit unter unmittelbarer Berufung auf das Unionsrecht im Überblick

46 Der deutsche Gesetzgeber hat die **unionsrechtlichen Vorgaben** in den Steuerbefreiungen des § 4 Nr. 23 UStG **nicht ordnungsgemäß umgesetzt**. Soweit dies den Steuerpflichtigen beeinträchtigt, kann sich dieser zur Geltendmachung seiner Umsatzsteuerfreiheit unmittelbar auf das Unionsrecht berufen. § 4 Nr. 23 UStG beruht auf Art. 132 Abs. 1 Buchst. h und i MwStSystRL. Dabei können die nationalen Gesetzgeber Dienstleistungen und Lieferungen von Gegenständen nach Art. 134 MwStSystRL von der Steuerbefreiungen ausschließen, wenn sie sie zur Ausübung der Tätigkeiten, für die Steuerbefreiung gewährt wird, nicht unerlässlich sind oder wenn sie im Wesentlichen dazu bestimmt sind, der Einrichtung zusätzliche Einnahmen durch Tätigkeiten zu verschaffen, die in unmittelbarem Wettbewerb mit Umsätzen von der Mehrwertsteuer unterliegenden gewerblichen Unternehmen bewirkt werden. Der deutsche Gesetzgeber hat jedoch von der **Wahlmöglichkeit** nach Art. 133, 134 MwStSystRL, die **Steuerbefreiung von bestimmten Bedingungen abhängig** zu machen, für § 4 Nr. 23 UStG **keinen Gebrauch** gemacht.

Einstweilen frei 47–48

5.1 Voraussetzungen einer Steuerbefreiung nach Art. 132 Abs. 1 Buchst. h MwStSystRL

Art. 132 Abs. 1 Buchst. h MwStSystRL befreit von der Umsatzsteuer **eng mit der Kinder- und Jugendbetreuung verbundene Dienstleistungen** und Lieferungen von Gegenständen durch **Einrichtungen des öffentlichen Rechts** oder andere von dem betreffenden Mitgliedstaat als Einrichtungen mit sozialem Charakter **anerkannte Einrichtungen**. 49

Voraussetzung der Steuerbefreiung ist, dass die genannten Leistungen von „Einrichtungen des öffentlichen Rechts oder anderen (privaten) Einrichtungen, die von dem betreffenden Mitgliedstaat als Einrichtung mit im Wesentlichen sozialen Charakter anerkannt worden sind", erbracht werden (s. EuGH vom 26.05.2005, C-498/03, Kingscrest Associates Ltd. und Montecello Ltd., UR 2005, 453). Dabei steht dem **Gemeinwohlzweck** der Befreiung grundsätzlich nicht entgegen, dass es sich um eine Tätigkeit mit gewerblichem Charakter handelt (s. EuGH vom 26.05.2005, C-498/03, Kingscrest Associates Ltd. und Montecello Ltd., UR 2005, 453). Keine Voraussetzung ist, dass es sich um einen **anerkannten Träger der Kinder- und Jugendhilfe** im Sinne des deutschen Rechts handelt. 50

Die Steuerbefreiung ist insbesondere nicht vom **Fehlen eines Gewinnstrebens** abhängig. Die Mitgliedstaaten dürfen zwar nach Art. 133 MwStSystRL die Befreiungsvorschrift des Art. 132 Abs. 1 Buchst h MwStSystRL von der Erfüllung zusätzlicher Voraussetzungen – wie u.a. nach Buchst. a vom fehlenden Gewinnstreben der Einrichtung – abhängig machen. Dies bedarf jedoch einer ausdrücklichen Regelung durch den Mitgliedstaat. Sie kann nicht unterstellt werden, soweit die gemeinschaftsrechtliche Befreiung nicht umgesetzt worden ist (s. BFH vom 08.11.2007, V R 2/06, BStBl II 2008, 634). Hat der Gesetzgeber selbst die Inanspruchnahme der betreffenden Befreiungen, auf die sich der Steuerpflichtige berufen kann, nicht ausdrücklich vom Fehlen eines Gewinnstrebens abhängig gemacht, kann sich die Finanzverwaltung nicht darauf berufen, dass nach der insoweit unvollständig umgesetzten nationalen Befreiungsvorschrift nur Leistungen gemeinnütziger Einrichtungen befreit sind. 51

Ein Steuerpflichtiger, der Leistungen i.S.d. vorgenannten Norm erbringt, kann sich unmittelbar auf die Mehrwertsteuersystemrichtlinie zur Geltendmachung seiner Steuerfreiheit berufen, soweit eine nationale Befreiungsvorschrift fehlt (s. BFH vom 08.11.2007, V R 2/06, BStBl II 2008, 634). 52

Eine Berufung auf Art. 132 Abs. 1 Buchst h MwStSystRL hat der BFH zuletzt für **Beherbergungsleistungen und Verpflegungsleistungen** auf einem **Ponyhof** verneint, da mangels Anerkennung keine vergleichbare Einrichtung mit sozialem Charakter vorliege (s. BFH vom 26.11.2014, XI R 25/13, BFH/NV 2015, 531). 53

Einstweilen frei 54–55

5.2 Voraussetzungen einer Steuerbefreiung nach Art. 132 Abs. 1 Buchst. i MwStSystRL

Art. 132 Abs. 1 Buchst. i MwStSystRL befreit von der Umsatzsteuer die Erziehung von Kindern und Jugendlichen, Schul- und Hochschulunterricht, Aus- und Fortbildung sowie berufliche Umschulungen und damit eng verbundene Dienstleistungen und Lieferungen von Gegenständen durch Einrichtungen des öffentlichen Rechts, die mit solchen Aufgaben betraut sind, oder andere Einrichtungen mit von dem betreffenden Mitgliedstaat anerkannter vergleichbarer Zielsetzung. 56

Der **BFH wendet** derzeit auf bestimmte Dienstleistungen, die von § 4 Nr. 23 UStG seiner Auffassung nach nicht erfasst werden, die Befreiung nach **Art. 132 Abs. 1 Buchst i MwStSystRL unmittelbar an**. So ist die Gewährung von **Mensaessen** an Studenten und Bedienstete des Studentenwerks und die **kurzfristige Vermietung von Wohnraum an Bedienstete** vom Anwendungsbereich des § 4 Nr. 23 UStG nicht erfasst. Nach Auffassung des BFH stellen jedoch die kurzfristigen Vermietungen durch Studentenwerke an Studenten sowie die Verpflegungsleistungen an Studenten und Bedienstete der Studentenwerke mit dem Hochschulunterricht eng verbundene Dienstleistungen im Sinne des Art. 132 Abs. 1 Buchst. i MwStSystRL dar (s. BFH vom 16.12.2004,V R 32/03, BStBl II 2005, 900 und BFH vom 28.09.2006, V R 57/05, BStBl II 57

2007, 846). Danach geht der BFH von einer Steuerfreiheit unmittelbar auf Grundlage des Unionsrechtes in derartigen Fällen aus. Als Argument stützt sich der BFH auf den vom Gerichtshof festgestellten Zweck der Befreiungsvorschrift, wonach der der Zugang zum Hochschulunterricht nicht durch höhere Kosten versperrt werden soll, die entstünden, wenn dieser oder die mit ihm eng verbundenen Dienstleistungen und Lieferungen der Mehrwertsteuer unterworfen wären.

58 Eine Klärung durch den **Gerichtshof** steht noch aus. Obschon auch Nichtstudenten Beherbergung und Unterkunft brauchen überzeugt die Auffassung des BFH, denn die persönlichen Voraussetzungen des Art. 132 Abs. 1 Buchst. i MwStSystRL sind erfüllt, da den Studentenwerken als Anstalten des öffentlichen Rechts im Zusammenwirken mit den Hochschulen die soziale Betreuung und Förderung der Studenten obliegt (s. BFH vom 19.05.2005, V R 32/03, BStBl II 05, 900). Eine Geltendmachung der Steuerfreiheit insoweit wird aber wohl zwingend über das Finanzgericht führen, denn das **BMF wendet** die beiden vorgenannten **Entscheidungen des BFH nicht an** (s. BMF vom 27.09.2007, IV A 6 – S 7175/07/0003, BStBl I 2007, 768).

59–60 Einstweilen frei

§ 4 Nr. 24 UStG Steuerbefreiung des Deutschen Jugendherbergswerks mit allen Untergliederungen und Landes-, Kreis- und Ortsverbänden sowie Angeschlossenen Trägern von Jugendherbergswerken, Jugendherbergspächtern und anderen Vereinigungen

[1]Von den unter § 1 Abs. 1 Nr. 1 fallenden Umsätzen sind steuerfrei:

...

24. die Leistungen des Deutschen Jugendherbergswerkes, Hauptverband für Jugendwandern und Jugendherbergen e. V., einschließlich der diesem Verband angeschlossenen Untergliederungen, Einrichtungen und Jugendherbergen, soweit die Leistungen den Satzungszwecken unmittelbar dienen oder Personen, die bei diesen Leistungen tätig sind, Beherbergung, Beköstigung und die üblichen Naturalleistungen als Vergütung für die geleisteten Dienste gewährt werden. [2]Das Gleiche gilt für die Leistungen anderer Vereinigungen, die gleiche Aufgaben unter denselben Voraussetzungen erfüllen;

...

Bearbeiter: Daniela Bick

Inhaltsverzeichnis

Rn.

1. Inhalt und Zweck der Vorschrift

Die Steuerbefreiung des § 4 Nr. 24 UStG befreit das **Deutsche Jugendherbergswerk** mit allen Untergliederungen und Landes-, Kreis- und Ortsverbänden sowie Angeschlossenen Trägern von Jugendherbergswerken, Jugendherbergspächtern und anderen Vereinigungen, die die gleichen Aufgaben unter denselben Voraussetzungen erfüllen, mit den typischen Leistungen des Jugendherbergswesens von der Umsatzsteuer. 1

Zweck der Steuerbefreiung ist die **Förderung der Jugend**. Sie steht im **Zusammenhang** mit den **weiteren Steuerbefreiungsvorschriften** des § 4 UStG, welche der Förderung von Jugendlichen dienen. So steht sie insbesondere im Zusammenhang mit den Befreiungen aus § 4 Nr. 18 UStG (Leistungen der freien Wohlfahrtspflege), § 4 Nr. 22 UStG (belehrende, kulturelle und sportliche Veranstaltungen), § 4 Nr. 23 UStG (Beherbergung, Beköstigung und übliche Naturalleistungen v.a. an Jugendliche) und § 4 Nr. 25 UStG (Leistungen der Jugendhilfe). 2

Sofern die Leistungen der Jugendherbergen nicht befreit sind, können sie nach § 12 Abs. 2 Nr. 8 UStG i.V.m. § 68 Nr. 1 Buchst. b AO **ermäßigt zu besteuern** sein, da Jugendherbergen Zweckbetriebe im Sinne des § 68 Nr. 1 Buchst. b AO darstellen (s. BFH 18.01.1995, V R 139-142/92, BStBl II 1995, 446). 3

4 Eine **Steuerbefreiung für Jugendherbergen** war bereits im **UStG 1951**, mit dem Ziel das Jugendwandern zu fördern, enthalten. Durch das UStG 1967 wurde die Steuerbefreiung auf die Beherbergung, die Beköstigung und die üblichen Naturalleistungen an das Herbergspersonal, soweit diese Leistungen als Vergütung für geleistete Dienste gewährt werden, erweitert. Eine entsprechende Regelung im damaligen § 4 Nr. 12 UStG 1951 war zeitgleich aufgehoben worden. Die Steuerbefreiung für Jugendherbergen wurde in das UStG 1980, durch das die 6. EG-Richtlinie umgesetzt werden sollte, unverändert übernommen (s. BT-Drs. 8/1779, 27).

5–6 Einstweilen frei

2. Unionsrechtlicher Hintergrund

7 Nach der Gesetzesbegründung des UStG 1980 (BT-Drs. 8/1779, 35) soll die Steuerbefreiung auf **Art. 13 Teil A Abs. 1 Buchst. Buchst. h, i und m der 6. RL** (jetzt Art. 132 Abs. 1 Buchst. h, i und m MwStSystRL) beruhen. Nach Art. 132 Abs. 1 Buchst. h MwStSystRL sind die eng mit der Kinder- und Jugendbetreuung verbundenen Dienstleistungen und Lieferungen von Gegenständen durch Einrichtungen des öffentlichen Rechts oder anderer von dem betreffenden Mitgliedstaat als Einrichtungen mit sozialem Charakter anerkannten Einrichtungen steuerbefreit. Nach Art. 132 Abs. 1 Buchst. i MwStSystRL ist zudem die die Erziehung von Kindern und Jugendlichen, Schul- und Hochschulunterricht, Aus- und Fortbildung sowie berufliche Umschuldung und damit eng verbundene Dienstleistungen und Lieferungen von Gegenständen durch Einrichtungen des öffentlichen Rechts, die mit solchen Aufgaben betraut sind oder anderer von den Mitgliedstaaten anerkannten Einrichtungen mit vergleichbarer Zielsetzung von der Mehrwertsteuer befreit. Art. 132 Abs. 1 Buchst. m MwStSystRL befreit darüber hinaus bestimmte in engem Zusammenhang mit Sport und Körperertüchtigung stehende Dienstleistungen, die Einrichtungen ohne Gewinnstreben an Personen erbringen, die Sport oder Körperertüchtigung ausüben.

8 Die genannten Steuerbefreiungen des Unionsrechts können nach **Art. 133 MwStSystRL** für Einrichtungen, die keine Einrichtungen des öffentlichen Rechts sind, von Fall zu Fall davon abhängig gemacht werden, dass sie **keine systematische Gewinnerzielung** anstreben; dass **Leitung und Verwaltung im wesentlichen ehrenamtlich** durch Personen erfolgen, die weder selbst noch über zwischengeschaltete Personen ein (un-)mittelbares Interesse an den Ergebnissen der betreffenden Tätigkeit haben; dass Preise angewendet werden, die von den zuständigen Behörden genehmigt sind oder solche, die die genehmigten Preise nicht übersteigen; bei Tätigkeiten, für die eine Preisgenehmigung nicht vorgesehen ist, müssen Preise angewendet werden, die unter den Preisen liegen, die von der Mehrwertsteuer unterliegenden gewerblichen Unternehmen für entsprechende Tätigkeiten gefordert werden; zudem dürfen die Befreiungen nicht zu Wettbewerbsverzerrungen zuungunsten von der Mehrwertsteuer unterliegenden gewerblichen Unternehmen führen.

9 Ferner ist in Fällen der auf Art. 132 Abs. 1 Buchst. h, i und m MwStSystRL beruhenden Steuerbefreiung diese unionsrechtlich ausgeschlossen, wenn die Lieferungen und Leistungen für die Umsätze, für die die Steuerbefreiung gewährt wird, nicht **unerlässlich** sind bzw. diese im Wesentlichen dazu bestimmt sind der Einrichtung zusätzliche Einnahmen durch Umsätze zu verschaffen, die in **unmittelbarem Wettbewerb mit Umsätzen von der Mehrwertsteuer unterliegenden gewerblichen Unternehmen** bewirkt werden, **Art. 134 MwStSystRL**. Sofern das deutsche Recht allerdings für den Steuerpflichtigen eine günstigere Regelung enthält, bleibt diese gleichwohl anwendbar. Denn die Mehrwertsteuersystemrichtline wirkt für den einzelnen Steuerpflichtigen nur zu seinen Gunsten unmittelbar. Im Übrigen gilt das nationale Recht.

10 Der **deutsche Gesetzgeber** hat in § 4 Nr. 24 UStG **nicht an den Wortlaut der Befreiungsvorschriften des Unionsrechts angeknüpft**, sondern nur einzelne nicht ausdrücklich von Art. 132 Abs. 1 Buchst. h, i und m MwStSystRL genannten Aspekte steuerlich begünstigt. Die nationale Regelung des § 4 Nr. 24 UStG entspricht daher nicht dem Unionsrecht. Soweit der Anwendungsbereich des § 4 Nr. 24 UStG hinter demjenigen aus dem Unionsrecht zurück bleibt, kann sich ein Steuerpflichtiger zur Geltendmachung seiner Steuerfreiheit, sofern die Regelung nicht in einem anderen Befreiungstatbestand des § 4 UStG umgesetzt wurde, unmittelbar auf das Unionsrecht berufen (s. Rn. 31 ff.).

Einstweilen frei 11–12

3. Voraussetzungen der Steuerfreiheit im Einzelnen

3.1 Steuerbefreiung des Jugendherbergswerks und diesen angeschlossener Unternehmer, § 4 Nr. 24 Satz 1 UStG

Begünstigte Unternehmer im Sinne des § 4 Nr. 24 Satz 1 UStG sind das **Deutsche Jugendherbergswerk**, der **Hauptverband für Jugendwandern und Jugendherbergen e. V.**, einschließlich der diesem Verband angeschlossenen Untergliederungen, Einrichtungen und Jugendherbergen. Der Kreis der Begünstigten wird in Abschn. 4.24.1 Abs. 1 UStAE ausführlich dargestellt. Auch die **Pächter** von Jugendherbergen und **Herbergseltern** können unter den in Abschn. 4.24.1 Abs. 1 Nr. 3 und 4 UStAE genannten Voraussetzungen zu den begünstigten Unternehmern gehören. 13

Steuerbefreit sind die **unmittelbar dem Satzungszweck dienenden Leistungen** der begünstigten Unternehmer. Abschn. 4.24.1 Abs. 2 UStAE enthält eine Aufzählung entsprechender Leistungen, hierzu gehören beispielsweise die Beherbergung und Beköstigung in Jugendherbergen, die Durchführung von Freizeiten, Wanderfahrten und Sportveranstaltungen an Jugendliche (Personen vor Vollendung des 27. Lebensjahres) und wandernde Familien mit Kindern. Die Leistungen sind aber nur dann steuerbefreit, wenn sie unmittelbar dem Satzungszweck dienen. Auch insofern enthält Abschn. 4.24.1 Abs. 3 UStAE eine Aufzählung, wann von einem entsprechenden Dienen des Satzungszwecks auszugehen ist. 14

Die **Beherbergung alleinreisender Erwachsener** ist nicht nach § 4 Nr. 24 UStG von der Umsatzsteuer befreit (s. BFH vom 18.01.1995, V R 139-142/92, BStBl II 1995, 446). Nach Auffassung des niedersächsischen FG kann für Leistungen an alleinreisende Erwachsene **unter Umständen der ermäßigte Steuersatz** nach § 12 Abs. 2 Nr. 8 Buchst. 1 UStG Anwendung finden, soweit die Leistungen nicht mehr als 10 % des gesamten Umsatzes ausmachen (s. FG Niedersachsen vom 23.10.2015, 5 K 97/14, MwStR 2016, 52, Revision anhängig unter V R 11/15). 15

Die Inanspruchnahme der Steuerbefreiung wird von der Finanzverwaltung nicht beanstandet, soweit die Leistungen **in geringerem Umfang** auch **an andere Personen erbracht** werden (s. Abschn. 4.24.1 Abs. 3 Satz 3 UStAE). Ein geringer Umfang liegt vor, wenn die Leistungen nicht mehr als 2 % der in Abschn. 4.24.1 Abs. 2 Nr. 1–6 UStAE bezeichneten Leistungen betragen, Abschn. 4.24.1 Abs. 3 Nr. 1 Satz 3 UStAE. 16

Die Steuerbefreiung des § 4 Nr. 24 UStG gilt zudem für die **Beherbergung, Beköstigung und die üblichen Naturalleistungen als Vergütung für geleistete Dienste** an Personen, die bei den unmittelbar dem Satzungszweck dienenden Leistungen tätig sind. Entsprechende Regelungen finden sich auch in den Steuerbefreiungen des § 4 Nr. 23 und Nr. 25 UStG. 17

Als **Vergütung für die geleisteten Dienste** werden die begünstigten Umsätze (Beherbergung, Beköstigung und übliche Naturalleistungen) erbracht, wenn das Personal nach dem Arbeitsvertrag, sonstigen (mündlichen) Vereinbarung oder faktischen Umständen neben dem Barlohn einen zusätzlichen Lohn in Form der Sachzuwendungen erhält. Die Sachzuwendungen werden dann nicht als Vergütung für geleistete Dienste gewährt, wenn sie auf den Barlohn des Arbeitnehmers angerechnet werden (s. Abschn. 4.24.1 Abs. 4 UStAE unter Verweis auf Abschn. 3.18.1 Abs. 7 UStAE). 18

Es ist nicht erforderlich, dass die Personen, denen die begünstigten Leistungen zugewandt werden, selbst steuerbegünstigte Tätigkeiten ausüben. Als **Leistungsempfänger** kommen daher insbesondere Verwaltungspersonal, Küchen- und Bedienungspersonal in Jugendherbergen, Reinigungspersonal und Hausmeister in Betracht. Anwendbar ist die Vorschrift auch auf freiwillige Mitarbeiter und Helfer, die in keinem Arbeitsverhältnis zu der begünstigten Einrichtung stehen. 19

Eine **Begrenzung** der Leistungen auf den **Wert der Sachleistungen** ist nicht vorgesehen. Die Naturalleistungen müssen allerdings dem üblichen Maß entsprechen, d.h. regional übliche Mengen an Lebensmitteln, Wäsche und Kleidung etc. 20

Für die **Jahre 2014 bis 2018** gilt für die **Unterbringung von Bürgerkriegsflüchtlingen und Asylbewerbern** eine **Billigkeitsregelung** (s. BMF vom 20.11.2014, IV C 2 – S 2730/0-01, BStBl I 2014, 1613). 21

Einstweilen frei 22–23

3.2 Steuerbefreiung vergleichbarer Einrichtungen, § 4 Nr. 24 Satz 2 UStG

24 Nach § 4 Nr. 24 Satz 2 UStG gilt die Steuerbefreiung auch für **andere Vereinigungen**, die **gleiche Aufgaben unter denselben Voraussetzungen** erfüllen. Für eine **Vergleichbarkeit** ist es danach insbesondere erforderlich, dass die Unterkunftsstätten der anderen Vereinigungen nach der Satzung und ihrer tatsächlichen Durchführung überwiegend Jugendlichen dienen, Abschn. 4.24.1 Abs. 5 Satz 2 UStAE. Der BFH stellt für die Frage, ob die Aufgaben gleich sind, auf einen Vergleich der Satzungen von DJH und der anderen Organisation ab (s. BFH vom 14.11.1957, V 28/55 U, BStBl III 1958, 7). Zu den insoweit begünstigten „anderen Vereinigungen" gehören der Touristenverein „Natur Freunde Deutschlands Verband für Umweltschutz, sanften Tourismus, Sport und Kultur Bundesgruppe Deutschland e.V." und die ihm angeschlossenen Landesverbände, Bezirke und Ortsgruppen sowie die Pächter der von diesen Unternehmern unterhaltenen Naturfreundehäuser, s. Abschn. 4.24.1 Abs. 5 Satz 2 UStAE.

25 **Nicht vergleichbar**, und damit nicht steuerbefreit, ist die Organisation von Zeltlagern durch einen gemeinnützigen Verein, der sich der Jugendpflege durch sportliche Veranstaltungen widmet (s. BFH vom 14.11.1957, V 28/55 U, BStBl II 1985, 7). Hinsichtlich der Frage, ob Beherbergungs- und Beköstigungsleistungen sowie das Angebot von Pauschalprogrammen einer Jugendbegegnungsstätte mit den Leistungen des Deutschen Jugendherbergswerkes vergleichbar und somit gemäß § 4 Nr. 24 UStG steuerfrei sind sowie der Frage, ob eine GmbH, die eine kleinen Gewinn erzielt, schon wegen fehlender **Gemeinnützigkeit** aus dem Anwendungsbereich des § 4 Nr. 24 UStG ausscheidet ist derzeit ein Verfahren beim BFH anhängig (so jedenfalls FG Berlin-Brandenburg vom 05.11.2014, 2 K 2274/10, MwStR 2015, 747, **Revision anhängig unter XI R 2/15**). Die Satzung des Deutschen Jugendherbergswerks schreibt zwar in § 4 ausdrücklich vor, dass der Verein selbstlos tätig wird und nicht in erster Linie eigenwirtschaftliche Zwecke verfolgt. Insoweit hat allerdings der deutsche Gesetzgeber das Fehlen einer systematischen Gewinnerzielung (d.h. die Gemeinnützigkeit) wohl nicht zur Voraussetzung der Steuerfreiheit des § 4 Nr. 24 UStG gemacht hat, wie es Art. 133 MwStSystRL zulässt. Denn die Steuerbefreiung setzt lediglich voraus, dass (bestimmte) Leistungen erbracht werden, die dem Satzungszweck unmittelbar dienen. Satzungszweck des Deutschen Jugendherbergswerks ist nach § 5 der Satzung die Förderung der Jugendhilfe, der Völkerverständigung sowie des Umwelt- und Landschaftsschutzes. Eine Einschränkung hinsichtlich des Erfordernisses einer Gemeinnützigkeit findet sich in der Regelung zum Satzungszweck nicht. Die Gemeinnützigkeit des Deutschen Jugendherbergswerkes ist demgegenüber in § 4 der Satzung geregelt, auf die in § 4 Nr. 24 UStG gerade nicht Bezug genommen wird. Vor diesem Hintergrund dürfte zumindest die fehlende Gemeinnützigkeit kein Kriterium für die Versagung der Steuerfreiheit sein (s. Rn. 36).

26–27 Einstweilen frei

4. Vorsteuerabzug

28 Die Befreiung schließt gemäß § 15 Abs. 2 Nr. 1 UStG den **Vorsteuerabzug** aus. Ein Verzicht auf die Befreiung nach § 9 UStG ist nicht möglich. Die Umsätze nach § 4 Nr. 24 UStG sind also **zwingend umsatzsteuerfrei**.

29–30 Einstweilen frei

5. Steuerfreiheit durch unmittelbare Berufung auf das Unionsrecht

5.1 Voraussetzungen der Steuerfreiheit unter unmittelbarer Berufung auf das Unionsrecht im Überblick

31 Der deutsche Gesetzgeber hat die **unionsrechtlichen Vorgaben** in den Steuerbefreiungen des § 4 Nr. 24 UStG **nicht ordnungsgemäß umgesetzt**. Soweit dies den Steuerpflichtigen beeinträchtigt, kann sich dieser zur Geltendmachung seiner Umsatzsteuerfreiheit unmittelbar auf das Unionsrecht berufen. § 4 Nr. 24 UStG beruht auf Art. 132 Abs. 1 Buchst. h, i und m MwStSystRL. Dabei können die nationalen Gesetzgeber Dienstleistungen und Lieferungen von Gegenständen nach Art. 134 MwStSystRL von der Steuerbefreiungen ausschließen, wenn sie sie zur Ausübung der Tätigkeiten, für die Steuerbefreiung gewährt wird, nicht uner-

lässlich sind oder wenn sie im Wesentlichen dazu bestimmt sind, der Einrichtung zusätzliche Einnahmen durch Tätigkeiten zu verschaffen, die in unmittelbarem Wettbewerb mit Umsätzen von der Mehrwertsteuer unterliegenden gewerblichen Unternehmen bewirkt werden. Der deutsche Gesetzgeber hat jedoch von der **Wahlmöglichkeit** nach Art. 133, 134 MwStSystRL, die **Steuerbefreiung von den dort bestimmten Bedingungen abhängig** zu machen, für § 4 Nr. 24 UStG **nicht ausdrücklich Gebrauch** gemacht.

Einstweilen frei 32–33

5.2 Voraussetzungen einer Steuerbefreiung nach Art. 132 Abs. 1 Buchst. h MwStSystRL

Art. 132 Abs. 1 Buchst. h MwStSystRL befreit von der Umsatzsteuer **eng mit der Kinder- und Jugendbetreuung verbundene Dienstleistungen** und Lieferungen von Gegenständen durch **Einrichtungen des öffentlichen Rechts** oder andere von dem betreffenden Mitgliedstaat als Einrichtungen mit sozialem Charakter **anerkannte Einrichtungen**. 34

Voraussetzung der Steuerbefreiung ist, dass die genannten Leistungen von „Einrichtungen des öffentlichen Rechts oder anderen (privaten) Einrichtungen, die von dem betreffenden Mitgliedstaat als Einrichtung mit im Wesentlichen sozialen Charakter anerkannt worden sind", erbracht werden (s. EuGH vom 26.05.2005, C-498/03, Kingscrest Associates Ltd. und Montecello Ltd., UR 2005, 453). Dabei steht dem **Gemeinwohlzweck** der Befreiung grundsätzlich nicht entgegen, dass es sich um eine Tätigkeit mit gewerblichem Charakter handelt (s. EuGH vom 26.05.2005, C-498/03, Kingscrest Associates Ltd. und Montecello Ltd., UR 2005, 453). Keine Voraussetzung ist, dass es sich um einen **anerkannten Träger der Kinder- und Jugendhilfe** im Sinne des deutschen Rechts handelt. 35

Die Steuerbefreiung ist insbesondere nicht vom **Fehlen eines Gewinnstrebens** abhängig. Die Mitgliedstaaten dürfen zwar nach Art. 133 MwStSystRL die Befreiungsvorschrift des Art. 132 Abs. 1 Buchst h MwStSystRL von der Erfüllung zusätzlicher Voraussetzungen – wie u.a. nach Buchst. a vom fehlenden Gewinnstreben der Einrichtung – abhängig machen. Dies bedarf jedoch einer ausdrücklichen Regelung durch den Mitgliedstaat. Sie kann nicht unterstellt werden, soweit die gemeinschaftsrechtliche Befreiung nicht umgesetzt worden ist (s. BFH vom 08.11.2007, V R 2/06, BStBl II 2008, 634). Hat der Gesetzgeber selbst die Inanspruchnahme der betreffenden Befreiungen, auf die sich der Steuerpflichtige berufen kann, nicht ausdrücklich vom Fehlen eines Gewinnstrebens abhängig gemacht, kann sich die Finanzverwaltung nicht darauf berufen, dass nach der insoweit unvollständig umgesetzten nationalen Befreiungsvorschrift nur Leistungen gemeinnütziger Einrichtungen befreit sind. 36

Ein Steuerpflichtiger, der Leistungen i.S.d. vorgenannten Norm erbringt, kann sich unmittelbar auf die Mehrwertsteuersystemrichtlinie zur Geltendmachung seiner Steuerfreiheit berufen, soweit eine nationale Befreiungsvorschrift fehlt (s. BFH vom 08.11.2007, V R 2/06, BStBl II 2008, 634). 37

Eine Berufung auf Art. 132 Abs. 1 Buchst. h MwStSystRL hat der BFH zuletzt für **Beherbergungsleistungen und Verpflegungsleistungen** auf einem **Ponyhof** verneint, da mangels Anerkennung keine vergleichbare Einrichtung mit sozialem Charakter vorliege (s. BFH vom 26.11.2014, XI R 25/13, BFH/NV 2015, 531). 38

Einstweilen frei 39–40

5.3 Voraussetzungen einer Steuerbefreiung nach Art. 132 Abs. 1 Buchst. i MwStSystRL

Art. 132 Abs. 1 Buchst. i MwStSystRL befreit von der Umsatzsteuer die Erziehung von Kindern und Jugendlichen, Schul- und Hochschulunterricht, Aus- und Fortbildung sowie berufliche Umschulungen und damit eng verbundene Dienstleistungen und Lieferungen von Gegenständen durch Einrichtungen des öffentlichen Rechts, die mit solchen Aufgaben betraut sind, oder andere Einrichtungen mit von dem betreffenden Mitgliedstaat anerkannter vergleichbarer Zielsetzung. Die Einschränkungen des Art. 133, 134 MwStSystRL sind nur zu beachten, wenn der nationale Gesetzgeber diese umgesetzt hat. 41

Einstweilen frei 42–43

5.4 Voraussetzungen einer Steuerbefreiung nach Art. 132 Abs. 1 Buchst. m MwStSystRL

44 **Art. 132 Abs. 1 Buchst. m MwStSystRL** befreit von der Umsatzsteuer bestimmte, in **engem Zusammenhang mit Sport und Körperertüchtigung stehende Dienstleistungen**, die Einrichtungen **ohne Gewinnstreben** an Personen erbringen, die Sport oder Körperertüchtigung ausüben. Die Einschränkungen des Art. 133, 134 MwStSystRL sind nur zu beachten, wenn der nationale Gesetzgeber diese umgesetzt hat.

45–46 Einstweilen frei

§ 4 Nr. 25 UStG Leistungen der Jugendhilfe und der Inobhutnahme

[1]Von den unter § 1 Abs. 1 Nr. 1 fallenden Umsätzen sind steuerfrei:

...

25. Leistungen der Jugendhilfe nach § 2 Abs. 2 des Achten Buches Sozialgesetzbuch und die Inobhutnahme nach § 42 des Achten Buches Sozialgesetzbuch, wenn diese Leistungen von Trägern der öffentlichen Jugendhilfe oder anderen Einrichtungen mit sozialem Charakter erbracht werden. [2]Andere Einrichtungen mit sozialem Charakter im Sinne dieser Vorschrift sind
    a) von der zuständigen Jugendbehörde anerkannte Träger der freien Jugendhilfe, die Kirchen und Religionsgemeinschaften des öffentlichen Rechts sowie die amtlich anerkannten Verbände der freien Wohlfahrtspflege,
    b) Einrichtungen, soweit sie
        aa) für ihre Leistungen eine im Achten Buch Sozialgesetzbuch geforderte Erlaubnis besitzen oder nach § 44 oder § 45 Abs. 1 Nr. 1 und 2 des Achten Buches Sozialgesetzbuch einer Erlaubnis nicht bedürfen,
        bb) Leistungen erbringen, die im vorangegangenen Kalenderjahr ganz oder zum überwiegenden Teil durch Träger der öffentlichen Jugendhilfe oder Einrichtungen nach Buchstabe a vergütet wurden oder
        cc) Leistungen der Kindertagespflege erbringen, für die sie nach § 23 Abs. 3 des Achten Buches Sozialgesetzbuch geeignet sind.

    [3]Steuerfrei sind auch
    a) die Durchführung von kulturellen und sportlichen Veranstaltungen, wenn die Darbietungen von den von der Jugendhilfe begünstigten Personen selbst erbracht oder die Einnahmen überwiegend zur Deckung der Kosten verwendet werden und diese Leistungen in engem Zusammenhang mit den in Satz 1 bezeichneten Leistungen stehen,
    b) die Beherbergung, Beköstigung und die üblichen Naturalleistungen, die diese Einrichtungen den Empfängern der Jugendhilfeleistungen und Mitarbeitern in der Jugendhilfe sowie den bei den Leistungen nach Satz 1 tätigen Personen als Vergütung für die geleisteten Dienste gewähren,
    c) Leistungen, die von Einrichtungen erbracht werden, die als Vormünder nach § 1173 Bürgerlichen Gesetzbuchs oder als Ergänzungspfleger nach § 1909 des Bürgerlichen Gesetzbuchs bestellt worden sind, sofern es sich nicht um Leistungen handelt, die nach § 1835 Absatz 3 des Bürgerlichen Gesetzbuchs vergütet werden;

...

§ 23 UStDV Amtlich anerkannte Verbände der freien Wohlfahrtspflege

Die nachstehenden Vereinigungen gelten als amtlich anerkannte Verbände der freien Wohlfahrtspflege:

1. Evangelische Werk für Diakonie und Entwicklung e.V. (bis 29.12.2014: Diakonisches Werk der Evangelischen Kirche in Deutschland e.V.);
2. Deutscher Caritasverband e.V.;
3. Deutscher Paritätischer Wohlfahrtsverband – Gesamtverband e.V.;
4. Deutsches Rotes Kreuz e.V.;
5. Arbeiterwohlfahrt – Bundesverband e.V.;
6. Zentralwohlfahrtsstelle der Juden in Deutschland e.V.;
7. Deutscher Blinden- und Sehbehindertenverband e.V.;
8. Bund der Kriegsblinden Deutschlands e.V.;
9. Verband Deutscher Wohltätigkeitsstiftungen e.V.;
10. Bundesarbeitsgemeinschaft Selbsthilfe von Menschen mit Behinderung und chronischer Erkrankung und ihren Angehörigen e.V.;

11. Sozialverband VdK Deutschland e.V.
12. Arbeiter-Samariter-Bund Deutschland e.V.

Bearbeiter: Daniela Bick

Inhaltsverzeichnis

1. Inhalt und Zweck der Vorschrift

1 § 4 Nr. 25 UStG befreit **Leistungen der Jugendhilfe** nach § 2 Abs. 2 SGB VIII und die **Inobhutnahme** nach § 42 SGB VIII, sofern **die Leistungen von einem Träger der Jugendhilfe und anderen Einrichtungen mit sozialem Charakter** erbracht werden. Ferner sind bestimmte Leistungen, die von Einrichtungen erbracht werden, die als **Vormünder** oder **Ergänzungspfleger** bestellt worden sind ebenso steuerbefreit, wie bestimmte Leistungen im Bereich der **Kindertagespflege**. Die Steuerbefreiung entlastet die im Rahmen der Jugendhilfe erbrachten Leistungen bestimmter begünstigter Träger von der Umsatzsteuer. Sie dient damit der sozialen Förderung von Kindern und Jugendlichen.

2 Die Steuerbefreiung für die Jugendhilfe steht im Zusammenhang mit den anderen Steuerbefreiungen des § 4 UStG, welche die **Förderung sozialpolitischer Ziele** bezwecken. Insofern hat beispielsweise die Steuerbefreiung aus § 4 Nr. 25 UStG Vorrang vor § 4 Nr. 23 UStG, soweit eine Beherbergung und Beköstigung in Fällen der Leistungen der Jugendhilfe des SGB VIII gegeben ist, s. § 4 Nr. 23 Satz 4 UStG. In allen anderen Fällen kann für die Beherbergung und Beköstigung die Steuerbefreiung des § 4 Nr. 23 UStG unter den dort genannten Voraussetzungen einschlägig sein. Ein Zusammenhang besteht zudem mit der Steuerbefreiung des § 4 Nr. 18 UStG für die freie Wohlfahrtspflege, § 4 Nr. 21 UStG hinsichtlich von Unterrichtsleistungen sowie § 4 Nr. 24 für das Jugendherbergswesen.

3 Zum 01.01.2008 erfolgte durch das JStG 2008 (vom 20.12.2007, BGBl I 2007, 3150) eine Neufassung des § 4 Nr. 25 UStG, um die Vorschrift an die umfangreichen neuen Leistungsangebote im Bereich der Kinder-

und Jugendhilfe anzupassen (s. BMF vom 02.07.2008, IV B 9 – S 7183/07/10001, BStBl I 2008, 690). Die Neufassung gilt für die nach ab dem 01.01.2008 ausgeführten Umsätze (s. Art. 27 Abs. 1 i.V.m. Art. 28 Abs. 4 des JStG 2008, BGBl I 2007, 3150). Die Steuerbefreiung ist zum 01.07.2013 durch das Amtshilfe-RLUmsG erweitert worden auf Leistungen, die von Einrichtungen erbrachte werden, die als Vormünder nach § 1773 BGB oder als Ergänzungspfleger nach § 1909 BGB bestellt worden sind, sofern es sich nicht um Leistungen handelt, die nach § 1835 Abs. 3 BGB vergütet werden, s. dazu BFH vom 16.10.2013, XI R 19/11, BFH/NV 2014, 190. Für vor dem 01.07.2013 erbrachte entsprechende Leistungen kommt eine Berufung auf die Steuerbefreiung für Berufsbetreuer in Betracht (s. dazu BFH vom 16.10.2013, XI R 19/11, BFH 2014, 190). Seine **letzte Erweiterung** hat § 4 Nr. 25 UStG durch Art. 7 Nr. 1 StÄndAnpG-Kroatien (BGBl I 2014, 1266) erfahren, der am **31.07.2014** in Kraft getreten ist. Durch die Änderung wurde § 4 Nr. 25 Satz 2 Buchst. b. Doppelbuchst. cc UStG **an die Neufassung des § 24 SGB VIII** im Rahmen des Gesetzes zur Förderung von Kindern unter drei Jahren in Tageseinrichtungen und in Kindertagespflege (Kinderförderungsgesetz, KiföG) vom 01.08.2013 **angepasst**.

Einstweilen frei **4–5**

2. Unionsrechtlicher Hintergrund

Unionsrechtliche Grundlage der Steuerbefreiung des § 4 Nr. 25 UStG soll nach der Gesetzesbegründung **6**
Art. 132 Abs. 1 Buchst. h MwStSystRL sein (s. BT-Drs. 544/07, 101). Art. 132 Abs. 1 Buchst h MwStSystRL sieht eine Steuerbefreiung für eng mit der Kinder- und Jugendbetreuung verbundene Dienstleistungen und Lieferungen von Gegenständen durch Einrichtungen des öffentlichen Rechts oder andere von dem betreffenden Mitgliedstaat als Einrichtungen mit sozialem Charakter anerkannte Einrichtungen vor.

Der vom **Gerichtshof** noch nicht umfassend geklärte Begriff der **„Kinder- und Jugendbetreuung“** **7**
(s. hierzu nur EuGH vom 09.02.2006, C-415/04, Kinderopvang Enschede, BFH/NV Beilage 06, 256), erfasst nach zutreffender Auffassung nicht sämtliche Leistungen des § 4 Nr. 25 UStG (so beispielsweise auch Oelmaier in Sölch/Ringleb, 75. EL. 2015, § 4 Nr. 25 UStG, Rn. 12). Unionsrechtliche Grundlage der Vorschrift sind daher **auch Art. 132 Abs. 1 Buchst. g, h, i, j, m und n MwStSystRL** (s. die Gegenüberstellung von Oelmaier in Sölch/Ringleb, 75. EL. 2015, § 4 Nr. 25 UStG, Rn. 13). Diese lauten wie folgt:

g) Eng mit der Sozialfürsorge und der sozialen Sicherheit verbundene Dienstleistungen und Lieferungen von Gegenständen, einschließlich derjenigen, die durch Altenheime, Einrichtungen des öffentlichen Rechts oder andere von dem betreffenden Mitgliedstaat als Einrichtungen mit sozialem Charakter anerkannte Einrichtungen bewirkt werden;

h) eng mit der Kinder- und Jugendbetreuung verbundene Dienstleistungen und Lieferungen von Gegenständen durch Einrichtungen des öffentlichen Rechts oder andere von dem betreffenden Mitgliedstaat als Einrichtungen mit sozialem Charakter anerkannte Einrichtungen;

i) Erziehung von Kindern und Jugendlichen, Schul- und Hochschulunterricht, Aus- und Fortbildung sowie berufliche Umschulung und damit eng verbundene Dienstleistungen und Lieferungen von Gegenständen durch Einrichtungen des öffentlichen Rechts, die mit solchen Aufgaben betraut sind, oder andere Einrichtungen mit von dem betreffenden Mitgliedstaat anerkannter vergleichbarer Zielsetzung;

j) von Privatlehrern erteilter Schul- und Hochschulunterricht;

m) bestimmte, in engem Zusammenhang mit Sport und Körperertüchtigung stehende Dienstleistungen, die Einrichtungen ohne Gewinnstreben an Personen erbringen, die Sport oder Körperertüchtigung ausüben;

n) bestimmte kulturelle Dienstleistungen und eng damit verbundene Lieferungen von Gegenständen, die von Einrichtungen des öffentlichen Rechts oder anderen von dem betreffenden Mitgliedstaat anerkannten kulturellen Einrichtungen erbracht werden.

Die Mitgliedstaaten können die Gewährung der Befreiungen nach Artikel 132 Abs. 1 Buchst. g, h, i, m **8**
und n für Einrichtungen, die keine Einrichtungen des öffentlichen Rechts sind, im Einzelfall von der Erfüllung einer oder mehrerer der folgenden **Bedingungen** abhängig machen:

a) Die betreffenden Einrichtungen dürfen keine systematische Gewinnerzielung anstreben; etwaige Gewinne, die trotzdem anfallen, dürfen nicht verteilt, sondern müssen zur Erhaltung oder Verbesserung der erbrachten Leistungen verwendet werden.
b) Leitung und Verwaltung dieser Einrichtungen müssen im Wesentlichen ehrenamtlich durch Personen erfolgen, die weder selbst noch über zwischengeschaltete Personen ein unmittelbares oder mittelbares Interesse am wirtschaftlichen Ergebnis der betreffenden Tätigkeiten haben.
c) Die Preise, die diese Einrichtungen verlangen, müssen von den zuständigen Behörden genehmigt sein oder die genehmigten Preise nicht übersteigen; bei Umsätzen, für die eine Preisgenehmigung nicht vorgesehen ist, müssen die verlangten Preise unter den Preisen liegen, die der Mehrwertsteuer unterliegende gewerbliche Unternehmen für entsprechende Umsätze fordern.
d) Die Befreiungen dürfen nicht zu einer Wettbewerbsverzerrung zum Nachteil von der Mehrwertsteuer unterliegenden gewerblichen Unternehmen führen.

8/1 Im Hinblick auf die Einschränkung des Art. 132 Abs. 1 Buchst. a MwStSystRL hält es der BFH für mit dem Unionsrecht vereinbar, dass die Träger der freien Jugendhilfe nach § 75 Abs. 1 Nr. 2 SGB VIII gemeinnützige Ziele verfolgen müssen (s. BFH vom 28.02.2002, V B 31/01, BFH/NV 02, 957 und BFH vom 08.11.2007, V R 2/06, DStR 2008, 293).

9 Nach **Art. 134 MwStSystRL** sind zudem Lieferungen von Gegenständen und Dienstleistungen von der Steuerbefreiung des Artikels 132 Abs. 1 Buchst. g, h, i, l, m und n MwStSystRL ausgeschlossen wenn:
a) Sie für die Umsätze, für die die Steuerbefreiung gewährt wird, nicht unerlässlich sind;
b) sie im Wesentlichen dazu bestimmt sind, der Einrichtung zusätzliche Einnahmen durch Umsätze zu verschaffen, die in unmittelbarem Wettbewerb mit Umsätzen von der Mehrwertsteuer unterliegenden gewerblichen Unternehmen bewirkt werden.

10 § 4 Nr. 25 UStG entspricht – auch nach seiner Neuregelung zum 01.01.2008 – seinem Wortlaut nach hinsichtlich der befreiten Leistungen nicht dem Unionsrecht. Die **Begriffsbestimmungen** aus § 4 Nr. 25 UStG orientieren sich vielmehr am nationalen **Sozialrecht**, die sich im **Unionsrecht teilweise nicht wiederfinden**. Eine **unionsrechtskonforme Auslegung der Begriffe und Befreiungen aus § 4 Nr. 25 UStG ist daher nur hinsichtlich der Begriffe möglich, die sich gleichfalls im Unionsrecht finden**. Im Übrigen scheidet eine unionsrechtskonforme Auslegung aus. Soweit die Steuerbefreiungen aus § 4 Nr. 25 UStG daher zu Lasten des Steuerpflichtigen von den im Unionsrecht genannten Steuerbefreiungen abweichen, kann sich ein Steuerpflichtiger zur Geltendmachung seiner Steuerfreiheit unmittelbar auf die MwStSystR berufen. Es ist in jedem Einzelfall zu prüfen, ob § 4 Nr. 25 UStG – ggf. im Zusammenhang mit den weiteren Befreiungsvorschriften des Bereichs (s. § 4 Nr. 18, 20 bis 24 UStG) sämtliche vom Unionsrecht steuerfrei zu stellenden Leistungen erfasst bzw. darüber hinaus geht (s. BFH vom 08.11.2007, V R 2/06, DStR 08, 293 zur bis zum 31.12.2007 geltenden Fassung). **Betreuungsleistungen einer juristischen Person** sind unter Berufung auf Art. 132 Abs. 1 Buchst. h. MwStSystRl steuerfrei, wenn ihr die Erlaubnis zum Betrieb einer Einrichtung zur Betreuung von Kindern und Jugendlichen nach § 45 SGB VIII erteilt wurde und die Kosten für diese Leistungen über einen Träger der Kinder- und Jugendhilfe gezahlt werden (s. BFH vom 06.04.2016, V R 55/14, DStR 2016, 1206).

11 **Unionsrechtswidrig** ist die an keine weitere Voraussetzungen geknüpfte Befreiung der **Vermittlung von Tagespflegepersonen** in § 4 Nr. 25 Satz 1 UStG. Denn die Steuerbefreiung des Art. 132 Abs. 1 Buchst. g MwStSystRL enthält demgegenüber die Einschränkungen, dass der Vermittler selbst die Voraussetzungen nach dieser Befreiung erfüllen muss, die Vermittlung von einer solchen Art oder Qualität ist, dass für die Eltern ein gleichwertiger Dienst ohne Mitwirken eines derartigen Vermittlers nicht gewährleistet ist, und die Vermittlung nicht im Wesentlichen dazu bestimmt ist, dem Leistenden zusätzliche Einnahmen durch Tätigkeiten zu verschaffen, die in unmittelbarem Wettbewerb mit mehrwertsteuerpflichtigen gewerblichen Unternehmen durchgeführt werden, um in den Genuss der Steuerbefreiung kommen zu können. Insoweit geht die Steuerbefreiung in § 4 Nr. 25 UStG über das Unionsrecht hinaus. Der Steuerpflichtige könnte sich, wenn es für ihn günstiger wäre, also unmittelbar auf das Unionsrecht berufen, um seine Steuerpflicht durchzusetzen.

Sind die **Umsätze einer Familientherapeutin** nicht nach § 4 Nr. 25 UStG umsatzsteuerfrei, kann sich die Steuerpflichtige unmittelbar auf die Steuerbefreiung des Art. 132 Abs. 1 Buchst. g MwStSystRL berufen (s. FG München vom 24.5.2012, 14 K 3415/10, EFG 2012, 1887). Demgegenüber sind Umsätze eines **mit Gewinnstreben betriebenen „Reiterhofs“**, der nicht als Einrichtung mit sozialem Charakter im Sinne des § 4 Nr. 25 UStG anerkannt ist, weder nach nationalem Recht, noch unter Berufung auf das Unionsrecht umsatzsteuerfrei (s. BFH vom 26.11.2014, XI R 25/13, BFH/NV 2015, 531). Für Umsätze, die vor dem 01.01.2008 erbracht wurden gilt, dass Einrichtungen, denen die Erlaubnis zum Betrieb einer Einrichtung zur Betreuung von Kindern und Jugendlichen gem. § 45 SGB VIII hatte, sich für die **Steuerbefreiung der Betreuungsleistungen** unmittelbar auf Art. 132 Abs. 1 Buchst. h MwStSystRL berufen konnte (s. BFH vom 06.04.2016, V R 55/14). 12

Einstweilen frei 13–14

3. Voraussetzungen der Steuerfreiheit im Einzelnen

3.1 Steuerbefreiung für Leistungen der Jugendhilfe und der Inobhutnahme, § 4 Nr. 25 Satz 1 und 2 UStG

3.1.1 Befreite Umsätze

Grundsätzlich befreit § 4 Nr. 25 Satz 1 und 2 UStG Leistungen der Jugendhilfe nach § 2 Abs. 2 SGB VIII und die Inobhutnahme nach § 42 SGB VIII, wenn diese Leistungen von Trägern der öffentlichen Jugendhilfe oder anderen Einrichtungen mit sozialem Charakter erbracht werden. Nach § 2 Abs. 2 SGB VIII sind **Leistungen der Jugendhilfe:** 15

1. Angebote der Jugendarbeit, der Jugendsozialarbeit und des erzieherischen Kinder- und Jugendschutzes (§§ 11 bis 14 SGB VIII),
2. Angebote zur Förderung der Erziehung in der Familie (§§ 16 bis 21 SGB VIII),
3. Angebote zur Förderung von Kindern in Tageseinrichtungen und in Tagespflege (§§ 22 bis 25 SGB VIII),
4. Hilfe zur Erziehung und ergänzende Leistungen (§§ 27 bis 35, 36, 37, 39, 40 SGB VIII),
5. Hilfe für seelisch behinderte Kinder und Jugendliche und ergänzende Leistungen (§§ 35a bis 37, 39, 40 SGB VIII),
6. Hilfe für junge Volljährige und Nachbetreuung (§ 41 SGB VIII).

Die vorgenannten Leistungen richten sich nicht nur an Kinder (noch nicht 14 Jahre alt), Jugendliche (14 bis einschließlich 17 Jahre alt) und junge Menschen (noch nicht 27 Jahre alt), sondern auch an andere Personen (wie z.B. Eltern), s. Abschn. 4.25.1 Abs. 3 und 4 UStAE. 16

Steuerbefreit können zunächst nach § 4 Nr. 25 Satz 1 und 2 UStG, § 2 Abs. 2 Nr. 1 SGB VIII i.V.m. §§ 11 bis 14 SGB VIII **Angebote der Jugendarbeit**, der Jugendsozialarbeit und des erzieherischen Kinder- und Jugendschutzes sein. Die Jugendarbeit erfasst u.a. außerschulische Jugendbildung, Jugendarbeit in Sport, Spiel und Geselligkeit, Kinder- und Jugenderholung sowie Jugendberatung (s. § 11 Abs. 3 SGB VIII). Dabei können die Angebote der Jugendarbeit auch im angemessenen Umfang Personen einbeziehen, die das 27. Lebensjahr vollendet haben (s. § 11 Abs. 4 SGB VIII). Von der Steuerbefreiung erfasst ist auch die Förderung der eigenverantwortliche Tätigkeit der Jugendverbände und Jugendgruppen (s. § 12 SGB VIII) sowie die sozialpädagogische Hilfe zur schulischen und beruflichen Ausbildung, Eingliederung in die Arbeitswelt und sozialen Integration von jungen Menschen, die zum Ausgleich sozialer Benachteiligungen oder zur Überwindung individueller Beeinträchtigungen in erhöhtem Maße auf Unterstützung angewiesen sind (s. § 13 SGB VIII). Hierzu kann auch die Unterkunft in sozialpädagogisch begleiteten Wohnformen gehören (s. § 13 Abs. 3 SGB VIII). Steuerbefreit können zudem die Angebote des erzieherischen Kinder- und Jugendschutzes i.S.d. § 14 SGB VIII für jungen Menschen und Erziehungsberechtigten sein. 17

Steuerbefreit können weiter nach § 4 Nr. 25 Satz 1 und 2 **Angebote zur Förderung der Erziehung in der Familie** (s. § 2 Abs. 2 Nr. 2 SAGB VIII i.V.m. §§ 16 bis 21 SGB VIII) sein. Die Angebote zur Förderung der Erziehung umfassen insbesondere Angebote der Familienbildung, der Beratung in allgemeinen Fragen der Erziehung und Entwicklung junger Menschen, der Familienfreizeit und der Familienerholung (s. § 16 Abs. 2 SGB VIII). Erfasst ist zudem die Betreuung von Müttern oder Vätern, die allein für ein Kind unter 18 sechs Jahren zu sorgen haben oder tatsächlich sorgen, gemeinsam mit dem Kind in einer geeigneten Wohnform, wenn und solange sie aufgrund ihrer Persönlichkeitsentwicklung dieser Form der Unterstützung bei der Pflege und Erziehung des Kindes bedürfen (s. § 19 Abs. 1 SGB VIII). Dazu gehören auch die Versorgung und Betreuung des Kindes (s. § 20 SGB VIII) und die Beratung und Unterstützung bei der Unterbringung des Kindes zur Durchsetzung der Schulpflicht (s. § 21 SGB VIII).

19 Steuerbefreit können nach § 4 Nr. 25 Satz 1 und 2 auch **Angebote zur Förderung von Kindern in Tageseinrichtungen und in Tagespflege** (s. § 2 Abs. 2 Nr. 3 i.V.m. §§ 22 bis 25 SGB VIII) sein. Tageseinrichtungen sind nach § 22 Abs. 1 SGB VIII Einrichtungen, in denen sich Kinder für einen Teil des Tages oder ganztägig aufhalten und in Gruppen gefördert werden (s. zu Einzelheiten § 22a und § 24 SGB VIII). Im Rahmen der Tagespflege werden Leistungen durch geeignete Tagespflegepersonen im Haushalt des Kindes bzw. des Personensorgeberechtigten geleistet, s. § 22 Abs. 1 SGB VIII.

20 Grundsätzlich befreit § 4 Nr. 25 UStG auch die **Vermittlung von Tagespflegepersonen** (s. § 23 Abs. 1 SGB III) von der Umsatzsteuer. Die Regelung enthält nicht die im Unionsrecht in Art. 132 Abs. 1 Buchst. g MwStSystRL vorgesehenen Einschränkungen (der Vermittler muss selbst die Voraussetzungen nach dieser Befreiung erfüllt, die Vermittlung muss von einer solchen Art oder Qualität sein, dass für die Eltern ein gleichwertiger Dienst ohne Mitwirken eines derartigen Vermittlers nicht gewährleistet ist, und die Vermittlung darf nicht im Wesentlichen dazu bestimmt sein, dem Leistenden zusätzliche Einnahmen durch Tätigkeiten zu verschaffen, die in unmittelbarem Wettbewerb mit mehrwertsteuerpflichtigen gewerblichen Unternehmen durchgeführt werden, s. dazu auch EuGH vom 09.02.2006, C-415/04, UR 2006, 470, Kinderopvang Enschede). § 4 Nr. 25 UStG steht insofern im **Widerspruch zum Unionsrecht**, da auch eine unionsrechtskonforme Auslegung aufgrund des klaren Wortlauts der Norm nicht möglich ist. Unternehmer, deren Vermittlung von Tagespflegepersonen nach den Vorgaben des Unionsrechts nicht steuerbefreit wäre haben insofern die Wahl, ob sie die in § 4 Nr. 25 UStG gewährte Steuerbefreiung in Anspruch nehmen oder unter Berufung auf das Unionsrecht von einer Steuerpflicht der Leistungen ausgehen. Letzteres ist nur möglich, wenn dies für den Steuerpflichtigen die günstigere Lösung wäre, etwa bei einem Vorsteuerüberhang.

21 Unter die Steuerbefreiung können auch die sog. **Hilfen zur Erziehung und ergänzende Leistungen** fallen nach § 2 Abs. 2 Nr. 4 SGB VIII i.V.m. §§ 27 bis 35, 36, 37, 39, 40 SGB VIII. Nach § 27 Abs. 1 SGB VIII hat ein Personensorgeberechtigter bei der Erziehung eines Kindes oder eines Jugendlichen Anspruch auf Hilfe zur Erziehung, wenn eine dem Wohl des Kindes oder des Jugendlichen entsprechende Erziehung nicht gewährleistet ist und die Hilfe für seine Entwicklung geeignet und notwendig ist. Die Hilfe zur Erziehung wird insbesondere nach Maßgabe der §§ 28 bis 35 SGB VIII gewährt, § 27 Abs. 2 Satz 1 SGB VIII. Von der **Hilfe zur Erziehung** erfasst sind insoweit insbesondere:

- Gem. § 28 SGB VIII die Erziehungsberatung durch Beratungsdienste;
- gem. § 29 SGB VIII die soziale Gruppenarbeit;
- gem. § 30 SGB VIII die Leistungen von Erziehungsbeiständen und Betreuungshelfern;
- gem. § 31 SGB VIII die sozialpädagogische Familienhilfe;
- gem. § 32 SGB VIII die Erziehung in einer Tagesgruppe;
- gem. § 33 SGB VIII die Vollzeitpflege;
- gem. § 34 SGB VIII die Heimerziehung sowie sonstige betreute Wohnformen;
- gem. § 35 SGB VIII die intensive sozialpädagogische Einzelbetreuung.

22 § 36 SGB VIII regelt die Mitwirkung der Personensorgeberechtigten und Kinder bei der Hilfe zur Erziehung sowie die Aufstellung eines Hilfeplanes. § 37 SGB VIII konkretisiert die Zusammenarbeit bei Hilfen außerhalb der eigenen Familie. Insoweit ist als ergänzende Leistung beispielsweise die unterstützende Beratung und Förderungen der Zusammenarbeit zwischen Pflegepersonen und Eltern (s. beispielsweise § 37 SGB Abs. 2 VIII) von der Umsatzsteuer befreit. Steuerbefreit sein sollen auch die Leistungen zum Unterhalt des Kindes oder Jugendlichen (s. § 39 SGB VIII), welches bzw. welcher Hilfen nach den §§ 32 bis 35 SGB VIII erhält. § 40 SGB VIII enthält insofern Sonderbestimmungen zur Krankenhilfe in den Fällen, in denen

Hilfen nach §§ 33 bis 35 SGB VIII gewährt werden. Auch diese Hilfe ist über die Verweisung in § 4 Nr. 25 UStG umsatzsteuerbefreit.

Weiter von der Umsatzsteuerbefreiung erfasst sind **Eingliederungshilfen** für seelisch behinderte Kinder und Jugendliche sowie ergänzende Leistungen hierzu (s. § 2 Abs. 2 Nr. 5 SGB VIII i.V.m. §§ 35a bis 37, 39, 40 SGB V). Dabei konstituiert § 35a SGB VIII die Grundlagen für die Eingliederungshilfe für seelisch behinderte Kinder und Jugendliche auf. Dabei kann die Eingliederungshilfe in ambulanter Form, in Tageseinrichtungen für Kinder oder in anderen teilstationären Einrichtungen, durch geeignete Pflegepersonen und in Einrichtungen über Tag und Nacht sowie sonstigen Wohnformen erbracht werden (s. § 35a Abs. 2 SGB VIII). Die Eingliederungshilfe erfasst gemäß § 35a Abs. 3 SGB VIII i.V.m. §§ 54, 56 SGB XII insbesondere Hilfen zur angemessenen Schul- und Ausbildung sowie die Hilfe in anerkannten Werkstätten für behinderte Menschen nach § 41 SGB IX, Leistungen zur Rehabilitation nach § 26 SGB IX, zur Teilhabe am Arbeitsleben nach § 33 SGB IX. Zudem gehören zur Eingliederungshilfe Leistungen zur Teilhabe an der Gesellschaft (s. § 35a Abs. 3 SGB VIII i.V.m. § 54 Abs. 1 SGB XII i.V.m. § 55 SGB IX). Neben der Eingliederungshilfe können nach den entsprechenden Vorschriften des SGB VIII auch Hilfen zur Erziehung erbracht werden. Diese sind gleichfalls unter den Voraussetzungen des § 4 Nr. 25 Satz 1 und 2 UStG von der Umsatzsteuer befreit. Sofern im Rahmen der Leistungserbringung an behinderte Kinder und Jugendliche gleichzeitig Heilbehandlungen erbracht werden, kommt für diese Leistungen die Steuerbefreiung des § 4 Nr. 14 UStG unter den darin genannten Voraussetzungen in Betracht. 23

Zuletzt wird von § 4 Nr. 25 Satz 1 und 2 UStG unter den weiteren Voraussetzungen der Norm auch die **Inobhutnahme nach § 24 SGB VIII** von der Umsatzsteuer befreit. Eine Inobhutnahme liegt vor, wenn das Jugendamt ein Kind oder Jugendlichen unter den in § 42 Abs. 1 SGB VIII genannten Voraussetzungen in Obhut nehmen muss (z.B. auf Bitte des Jugendlichen oder Kindes; bei dringender Gefahr für das Wohl des Kindes oder Jugendlichen; wenn es sich um ein ausländisches Kind oder einen ausländischen Jugendlichen handelt, der unbegleitet nach Deutschland gekommen ist und für den keine Personensorge- oder Erziehungsberechtigten im Inland vorhanden sind). Während der Inobhutnahme ist das Kind oder der Jugendliche zu unterstützen, für dessen Wohl zu sorgen und Unterhalt sowie Krankenhilfe zu gewähren; ferner können alle Rechtshandlungen für das Kind und den Jugendlichen vorgenommen werden (s. § 42 Abs. 2 und 3 SGB VIII). 24

Einstweilen frei 25–26

3.1.2 Begünstigte Einrichtung: Träger der öffentlichen Jugendhilfe gem. § 4 Nr. 25 Satz 1 UStG

Die vorgenannten Leistungen der Jugendhilfe nach § 2 Abs. 2 SGB VIII und die Inobhutnahme nach § 42 SGB VIII sind grundsätzlich steuerbefreit, wenn diese Leistungen **von Trägern der öffentlichen Jugendhilfe** (s. § 69 SGB VIII) **erbracht** werden. Träger der öffentlichen Jugendhilfe sind örtlich und überörtlich organisiert. Örtliche Träger sind die Kreise und kreisfreien Städte. Überörtliche Träger der öffentlichen Jugendhilfe werden gemäß § 69 Abs. 1 SGB VIII nach Landesrecht bestimmt. Für die Wahrnehmung der Aufgaben nach dem SGB VIII errichtet jeder örtliche Träger ein Jugendamt, jeder überörtliche Träger ein Landesjugendamt, § 69 Abs. 3 SGB VIII. Nähere Einzelheiten der Organisation ergeben sich aus § 69 Abs. 4 SGB VIII sowie aus §§ 70 bis 72 SGB VIII. Begünstigte Einrichtungen sind danach die **Jugendämter** und Landesjugendämter. 27

Einstweilen frei 28–29

3.1.3 Begünstigte Einrichtung: Andere Einrichtungen mit sozialem Charakter gem. § 4 Nr. 25 Satz 2 UStG

Die unter 3.1.1 genannten Leistungen sind auch dann steuerbefreit, wenn diese von anderen **Einrichtungen mit sozialem Charakter** erbracht werden. Der Begriff der „**Einrichtungen**“ umfasst dabei nicht nur juristische Personen oder Personengesellschaften, sondern auch natürliche Personen (s. EuGH vom 07.09.1999, C-216,97, Gregg, UR 1999, 419). Es ist nicht erforderlich, dass für die Anerkennung als eine „Einrichtung mit vergleichbarer Zielsetzung“ zumindest eine unmittelbare vertragliche Beziehung zwischen dem Staat oder seinen Untergliederungen und dem Unternehmer bestehen (so BFH vom 06.04.2016, 30

V R 55/14 unter ausdrücklicher Aufhebung der Aussage in BFH vom 08.11.2007, V R 2/06). Es kann daher für die Steuerbefreiung unter Berufung auf Art. 132 Abs. 1 Buchst. h MwStSystRL auch ausreichen, wenn der Unternehmer lediglich als Subunternehmer für eine anerkannte Einrichtung tätig geworden ist (s. BFH vom 06.04.2016, V R 55/14).

31–32 Einstweilen frei

3.1.3.1 Von der zuständigen Jugendbehörde anerkannte Träger der freien Jugendhilfe, Kirchen und Religionsgemeinschaften des öffentlichen Rechts sowie amtlich anerkannten Verbände der freien Wohlfahrtspflege, § 4 Nr. 25 Satz 2 Buchst. a UStG

33 Das Gesetz sieht zunächst vor, dass andere Einrichtungen mit sozialem Charakter im Sinne des § 4 Nr. 25 UStG von den zuständigen Jugendbehörde anerkannte Träger der freien Jugendhilfe, die Kirchen und Religionsgemeinschaften des öffentlichen Rechts sowie die amtlich anerkannten Verbände der freien Wohlfahrtspflege sind, § 4 Nr. 25 Abs. 1 Satz 2 Buchst. a UStG. **Anerkannt** werden als freie Träger der Jugendhilfe können nach § 75 Abs. 1 SGB VIII **nur juristische Personen und Personenvereinigungen**, die bestimmte **Voraussetzungen erfüllen** (u.a. Gemeinnützigkeit und fachliche sowie personelle Eignung). Zuständig für die Anerkennung ist der örtliche Träger der Jugendhilfe (s. § 85 SGB VIII). Maßgeblich für die steuerliche Anerkennung ist insofern, dass eine Anerkennung vorliegt. Das Finanzamt prüft insofern grundsätzlich nicht, ob die Voraussetzungen für die Anerkennung selbst vorliegen. Das FG Berlin-Brandenburg ist der Auffassung, dass die Beschränkung der Steuerbefreiung auf Träger der öffentlichen Jugendhilfe bzw. auf Träger der freien Jugendhilfe im Einklang mit dem Unionsrecht steht, da dadurch das Kriterium der Gemeinnützigkeit umgesetzt würde (s. FG Berlin-Brandenburg vom 05.11.2014, 2 K 2274/10). Auch der BFH geht davon aus, dass die Beschränkung der Steuerfreiheit auf Einrichtungen ohne Gewinnstreben nicht dem Grundsatz der Neutralität der Mehrwertsteuer widerspricht (s. BFH vom 26.11.2014, XI R 25/13, BFH/NV 2015, 531). Der Gesetzgeber darf unter Beachtung des Neutralitätsgrundsatzes Steuerbefreiungsvorschriften nicht ohne weiteres so eng fassen, dass einzelne Anbieter aus dem Anwendungsbereich heraus fallen, obwohl sie hinsichtlich Art und Abrechnung ihrer Leistungen den „anerkannten" Einrichtungen vergleichbar sind (s. FG Rheinland-Pfalz vom 12.11.2015, 6 K 1361/12, EFG 2016, 72). Der Ausschluss von Subunternehmern, die ihre Vergütung nicht unmittelbar von Träger der öffentlichen Jugendhilfe oder anderer anerkannter Träger i.S.d. § 4 Nr. 25 Satz 2 Buchst. a UStG erhalten, ist bei identischer Leistung mit dem Neutralitätsgrundsatz nicht vereinbar (s. FG Rheinland-Pfalz vom 12.11.2015, 6 K 1361/12, EFG 2016, 72, Revision anhängig unter V R 46/15).

34 Eine **Anerkennung** für **natürliche Personen** sieht der Gesetzeswortlaut des § 4 Nr. 25 Satz 2 Buchst. a UStG nicht vor, Einzelpersonen können nicht nach § 75 Abs. 1 SGB VIII anerkannt werden. Dies **widerspricht dem Unionsrecht**. Der unionsrechtliche Begriff der Einrichtung erfasst gerade auch natürliche Personen, sodass auch für diese grundsätzlich die Steuerbefreiung in Betracht kommen muss (s. EuGH vom 03.04.2003, C-144/00, Matthias Hoffmann, BStBl II 2003, 679). Sofern die wesentlichen Voraussetzungen des § 75 Abs. 1 SGB VIII durch eine natürliche Person erfüllt werden und die Steuerfreiheit nur daran scheitert, dass es sich gerade um eine natürliche Person handelt und nicht um einen Personenvereinigung, kommt daher zur Geltendmachung der Steuerfreiheit eine unmittelbare Berufung auf das Unionsrecht in Betracht.

35 Des Weiteren sind als Einrichtungen mit sozialem Charakter i.S.d. § 4 Nr. 25 UStG die **Kirchen und Religionsgemeinschaften** des öffentlichen Rechts anerkannt. Zuletzt nennt das Gesetz auch als Einrichtungen mit sozialem Charakter die amtlich **anerkannten Verbände der freien Wohlfahrtspflege**. Die amtlich anerkannten Verbände der freien Wohlfahrtspflege ergeben sich aus § 23 UStDV (s. Abschn. 4.18.1 Abs. 1 UStAE). Die Aufzählung ist abschließend. In § 23 UStDV nicht aufgeführte Verbände können, auch wenn sie vergleichbare Leistungen erbringen, die Steuerfreiheit nach § 4 Nr. 25 Satz 2 Buchst. a UStG nicht beanspruchen. Sofern auch die weiteren Steuerbefreiungen aus § 4 Nr. 25 UStG nicht in Betracht kommen, weil es an formalen Voraussetzungen des Gesetzes mangelt, aber vergleichbare Leistungen erbracht werden, kann unter Umständen die unmittelbare Berufung auf die Steuerbefreiung aus der Mehrwertsteuersystemrichtlinie zum Erfolg führen. Denn die Beschränkung der Steuerfreiheit auf amtlich anerkannte Verbände

der freien Wohlfahrtspflege stellt eine unionsrechtswidrige Beschränkung (s. zu § 4 Nr. 23 UStG EuGH vom 15.11.2012, C-174/11; Zimmermann, UStR 2013, 35) dar. Die Anerkennung einer Einrichtung als Einrichtung mit im Wesentlichen sozialem Charakter muss auch dann möglich sein, wenn es sich bei dem Unternehmer um keinen der in § 23 UStDV genannten Wohlfahrtsverbände handelt.

Einstweilen frei 36–37

3.1.3.2 Einrichtungen soweit sie für ihre Leistungen eine im SGB VIII geforderte Erlaubnis besitzen oder nach § 44 oder § 45 Abs. 1 Nr. 1 und 2 SGB VIII einer Erlaubnis nicht bedürfen, § 4 Nr. 25 Satz 2 Buchst. b Doppelbuchst. aa UStG

Gemäß § 4 Nr. 25 Satz 2 Buchst. b Doppelbuchs. aa UStG haben Einrichtungen, soweit sie für ihre Leistungen eine im **SGB VIII geforderte Erlaubnis** besitzen oder nach § 44 oder § 45 Abs. 1 Nr. 1 und 2 SGB VIII einer **Erlaubnis nicht bedürfen** sozialen Charakter, sodass für diese die Steuerbefreiung in Betracht kommt. Als Erlaubnistatbestände existieren: 38

- Erlaubnis zur Kindertagespflege, § 43 SGB VIII,
- Erlaubnis zur Vollzeitpflege, § 44 Abs. 1 Satz 1 SGB VIII,
- Erlaubnis für den Betrieb einer Einrichtung, in der Kinder oder Jugendliche ganztägig oder für einen Teil des Tages betreut werden oder Unterkunft erhalten, § 45 Abs. 1 Satz 1 SGB VIII,
- Erlaubnis zur Übernahme von Pflegschaften oder Vormundschaften durch rechtsfähige Vereine, § 54 SGB VIII.

Zu Einzelheiten des Geltungsbereichs der Erlaubnisse s. Abschn. 4.25.1 Abs. 2 Buchst. a Satz 3-5 UStAE. Grundsätzlich ist das Finanzamt zunächst einmal an die erteilte Erlaubnis gebunden, das Gesetz sieht insofern keine eigenständige Überprüfungskompetenz vor. Für Umsätze, die vor dem 01.01.2008 erbracht wurden gilt, dass Einrichtungen, denen die Erlaubnis zum Betrieb einer Einrichtung zur Betreuung von Kindern und Jugendlichen gem. § 45 SGB VIII hatte, sich für die Steuerbefreiung der Betreuungsleistungen unmittelbar auf Art. 132 Abs. 1 Buchst. h MwStSystRL berufen konnte (s. BFH vom 06.04.2016, V R 55/14), soweit die Kosten für diese Leistungen über einen Träger der freien Jugendhilfe abgerechnet und damit mittelbar von Trägern der Kinder- und Jugendhilfe gezahlt worden sind. 39

Einer Erlaubnis bei **Vollzeitpflege** bedarf nach § 44 Abs. 1 SGB VIII nicht, wer ein Kind oder einen Jugendlichen: 40

- Im Rahmen von Hilfe zur Erziehung oder von Eingliederungshilfe für seelisch behinderte Kinder und Jugendliche aufgrund einer Vermittlung durch das Jugendamt,
- als Vormund oder Pfleger im Rahmen seines Wirkungskreises,
- als Verwandter oder Verschwägerter bis zum dritten Grad,
- bis zur Dauer von acht Wochen,
- im Rahmen eines Schüler- oder Jugendaustausches,
- in Adoptionspflege (s. § 1744 BGB)
- über Tag und Nacht aufnimmt.

Einer Erlaubnis zum Betrieb einer Einrichtung gemäß § 45 SGB VIII bedarf nach § 45 Abs. 1 Nr. 1 und 2 SGB VIII nicht, wer eine Jugendfreizeiteinrichtung, eine Jugendbildungseinrichtung, eine Jugendherberge, ein Schullandheim (Nr. 1) oder ein Schülerheim betreibt, das landesgesetzlich der Schulaufsicht untersteht (Nr. 2). 41

Einstweilen frei 42–43

3.1.3.3 Einrichtungen sowie sie Leistungen erbringen, die im vorangegangenen Kalenderjahr ganz oder zum überwiegenden Teil durch Träger der öffentlichen Jugendhilfe oder Einrichtungen nach § 4 Nr. 25 Satz 2 Buchst. a UStG vergütet wurden, § 4 Nr. 25 Satz 2 Buchst. b Doppelbuchst. bb UStG

Einrichtung mit sozialem Charakter im Sinne des § 4 Nr. 25 UStG stellen auch Einrichtungen dar, soweit sie Leistungen erbringen, die im vorangegangenen Kalenderjahr ganz oder zum überwiegenden Teil durch 44

Träger der öffentlichen Jugendhilfe oder Einrichtungen nach § 4 Nr. 25 Satz 2 Buchst. a vergütet wurden. Gibt es kein vorangegangenes Jahr ist auf das Jahr der Leistungserbringung abzustellen. Nach Auffassung der Finanzverwaltung ist eine **Vergütung durch die vorgenannten Träger und Einrichtungen** nur dann gegeben, wenn der Leistungserbringer **von diesen unmittelbar bezahlt** wird, s. Abschn. 4.25.1 Abs. 2 Nr. 2 Buchst. c UStAE (differenzierend s. BFH vom 06.04.2016, V R 55/14). Zudem ist nach Auffassung der Finanzverwaltung die Vergütung nicht um eine eventuelle Kostenbeteiligung nach §§ 90 ff. SGB VIII, z.B. der Eltern, zu mindern. Subunternehmer, die ihre Erziehungsleistungen aufgrund einer vertraglichen Beziehung mit einem Hauptunternehmer erbringen, der seinerseits Vertragsbeziehungen zu den Jugendämtern hat, jedoch – mangels sozialrechtlicher Erforderlichkeit – nicht über die Anerkennung nach § 75 SGB VIII verfügt, können sich zur Geltendmachung ihrer Steuerfreiheit unmittelbar auf Art. 132 Abs. 1 Buchst. h MwStSystRL berufen (s. FG Rheinland-Pfalz vom 12.11.2015, 6 K 1361/12, EFG 2016, 72, Revision anhängig unter V R 46/15). Auch von einem Subunternehmer an einen Hauptunternehmer erbrachte Leistungen, der nicht nach § 75 SGB VIII anerkannt ist, erbrachte Jugendhilfeleistungen sind steuerbefreit, wenn das Jugendamt in Kenntnis des Einsatzes des Subunternehmers gegenüber dem Hauptunternehmer die Kosten der Maßnahme übernimmt, denn § 4 Nr. 25 Satz 2 Buchst. b Doppelbuchst. bb UStG setzt das Unionsrecht nicht hinreichend um.

45–46 Einstweilen frei

3.1.3.4 Einrichtungen soweit sie Leistungen der Kindertagespflege erbringen, für die sie nach § 23 Abs. 3 SGB VIII geeignet sind, § 4 Nr. 25 Satz 2 Buchst. b Doppelbuchst. cc UStG

47 Das Gesetz nennt seit dem 31.07.2014 zudem als andere Einrichtung mit sozialem Charakter i.S.v. § 4 Nr. 25 UStG Einrichtungen, die Leistungen der Kindertagespflege erbringen, für die sie nach § 23 Abs. 3 SGB VIII geeignet sind. Davor waren sie anerkannt, wenn sie Leistungen der Kindertagespflege erbracht haben, für die sie nach § 24 Abs. 5 SGB VIII vermittelt werden konnten. Da § 24 Abs. 5 SGB VIII auf § 23 Abs. 3 SGB VIII verwies, hat die Änderung keine inhaltliche Auswirkung.

48 **Geeignet** im Sinne von § 23 Abs. 3 SGB VIII sind Personen, die sich durch ihre Persönlichkeit, Sachkompetenz und Kooperationsbereitschaft mit Erziehungsberechtigten und anderen Tagespflegepersonen auszeichnen und über kindgerechte Räumlichkeiten verfügen. Sie sollen über vertiefte Kenntnisse hinsichtlich der Anforderungen der Kindertagespflege verfügen, die sie in qualifizierten Lehrgängen erworben oder in anderer Weise nachgewiesen haben. Liegt ein solch geeignete Person vor, umfasst die Förderung in Kindertagespflege nach Maßgabe von § 23 SGB VIII i.V.m. § 24 SGB VIII die Vermittlung des Kindes zu einer solch geeigneten Tagespflegeperson, soweit diese nicht von der erziehungsberechtigten Person nachgewiesen wird, deren fachliche Beratung, Begleitung und weitere Qualifizierung sowie die Gewährung einer laufenden Geldleistung an die Tagespflegeperson. Das Gesetz selbst stellt einzig darauf ab, dass die Einrichtung nach § 23 Abs. 3 SGB VIII als Tagespflegeperson geeignet ist, so dass die Steuerbefreiung auch in den Fällen greift, in denen die Leistung „privat", also ohne Vermittlung durch das Jugendamt, nachgefragt wird. Da in der Praxis aber der **Nachweis der Eignung** zumindest für die Finanzämter und Finanzgerichte schwierig ist, bietet es sich an, sich insoweit eine Bescheinigung vom Jugendamt ausstellen zu lassen. Eine Ablehnung durch die Finanzbehörden wird dadurch erheblich erschwert. Die an keine weitere Voraussetzungen geknüpfte Befreiung der Vermittlung von Tagespflegepersonen in § 4 Nr. 25 Satz 1 UStG ist unionsrechtswidrig (s. Rn. 11 ff.).

49–50 Einstweilen frei

3.2 Steuerfreie Leistungen nach § 4 Nr. 25 Satz 3 UStG

51 Gemäß § 4 Nr. 25 Satz 3 UStG sind auch die Durchführung von kulturellen und sportlichen Veranstaltungen (s. § 4 Nr. 25 Satz 3 Buchst. a UStG), die Beherbergung, Beköstigung und übliche Naturalleistungen (s. § 4 Nr. 25 Satz. 3 Buchst. b UStG) sowie Leistungen von Vormündern und Ergänzungspflegern (s. § 4 Nr. 25 Satz 3 Buchst. c UStG) von der Umsatzsteuer befreit.

Die **Durchführung von kulturellen und sportlichen Veranstaltungen** sind nach § 4 Nr. 25 Satz 3 Buchst. a UStG von der Umsatzsteuer befreit, wenn die Darbietungen von den von der Jugendhilfe begünstigten Personen selbst erbracht oder die Einnahmen überwiegend zur Deckung der Kosten verwendet werden und diese Leistungen in engem Zusammenhang mit den nach § 4 Nr. 25 Satz 1 UStG bezeichneten Leistungen stehen, s. Abschn. 4.25.2 Abs. 1 UStAE. Kulturelle Veranstaltungen sind z.B. Theater- und Konzertveranstaltungen sowie Filmvorführungen. Sportliche Veranstaltung erfassen alle Tätigkeiten, durch die die Ausbildung und Fortbildung in einer Sportart und auch die Ausübung des Sports unmittelbar gefördert werden. Begünstig sind dabei auch die Einbeziehung von Eltern in die Durchführung der kulturellen und sportlichen Veranstaltungen, sofern diese Leistungen in engem Zusammenhang mit den Leistungen der Jugendhilfe stehen, s. Abschn. 4.25.2 Abs. 2 UStAE. Für die Frage, welche Leistungen in engem Zusammenhang mit den nach § 4 Nr. 25 Satz 1 UStG genannten Leistungen stehen, ist auf die Rechtsprechung des EuGH zu den eng verbundenen Umsätzen im Sinne des Art. 132 MwStSystRL abzustellen (s. BR-Drs. 544/07, 102). 52

Gemäß § 4 Nr. 25 Satz 3 Buchst. b UStG sind zudem steuerfrei die **Beherbergung, Beköstigung und die üblichen Naturalleistungen**, die diese Einrichtungen den: 53

- Empfängern der Jugendhilfeleistungen,
- Mitarbeitern in der Jugendhilfe sowie
- den bei den Leistungen nach § 4 Nr. 25 Satz 1 UStG tätigen Personen

als Vergütung für die geleisteten Dienste gewähren. Der Begriff der „Einrichtungen" umfasst dabei unabhängig von der Rechts- und Organisationsform nicht nur juristische Personen oder Personengesellschaften, sondern auch natürliche Personen (s. EuGH vom 07.09.1999, C-216,97, Gregg, UR 1999, 419).

Steuerbefreite Leistungen sind die **Gewährung von Beherbergung, Beköstigung und üblichen Naturalleistungen**. Unter **Beherbergung** ist die Unterbringung zum Wohnen, Schlafen und Arbeiten zu verstehen. Für die **Beköstigung** ist es ausreichend, wenn einzelne warme oder kalte Speisen und Getränke angeboten werden (s. BGH vom 26.04.1990, V R 55/58, UR 1991, 54). Davon ausgenommen ist die Abgabe von alkoholischen Getränken (s. Abschn. 4.25.1 Abs. 3 Satz 2 UStAE). Zu den üblichen Naturalleistungen gehören die mit dem Aufnahmezweck unmittelbar zusammenhängenden Leistungen neben der Beherbergung und Beköstigung. Sie hängen damit von den Umständen des Einzelfalls ab. Übliche Naturalleistungen können beispielsweise sein das Waschen und Reinigen der Kleidung, die Beaufsichtigung der häuslichen Schularbeiten und der Freizeitgestaltung (s. BFH vom 19.12.1963, V 102/61 U, BStBl III 1964, 110). 54

Als **Vergütung für die geleisteten Dienste** werden die begünstigten Umsätze (Beherbergung, Beköstigung und übliche Naturalleistungen) erbracht, wenn das Personal nach dem Arbeitsvertrag, sonstigen (mündlichen) Vereinbarung oder faktischen Umständen neben dem Barlohn einen zusätzlichen Lohn in Form der Sachzuwendungen erhält. Die Sachzuwendungen werden dann nicht als Vergütung für geleistete Dienste gewährt, wenn sie auf den Barlohn des Arbeitnehmers angerechnet werden (s. Abschn. 4.18.1 Abs. 7 UStAE). 55

Es ist nicht erforderlich, dass die Personen, denen die begünstigten Leistungen zugewandt werden, selbst steuerbegünstigte Tätigkeiten ausüben. Als Leistungsempfänger kommen daher insbesondere **Verwaltungspersonal**, **Küchen- und Bedienungspersonal**, Reinigungspersonal und Hausmeister in Betracht. Anwendbar ist die Vorschrift auch auf **freiwillige Mitarbeiter und Helfer**, die in keinem Arbeitsverhältnis zu der begünstigten Einrichtung stehen. Eine **Begrenzung** der Leistungen auf den **Wert der Sachleistungen** ist nicht vorgesehen. Die Naturalleistungen müssen allerdings dem üblichen Maß entsprechen, d.h. regional übliche Mengen an Lebensmitteln, Wäsche und Kleidung etc. 56

Seit dem 01.07.2013 sind von der Umsatzsteuer nach § 4 Nr. 25 Satz 3 Buchst. c UStG auch die Leistungen befreit, die von einer Einrichtung erbracht werden, die als **Vormund** nach § 1773 BGB oder als **Ergänzungspfleger** nach § 1909 BGB bestellt worden ist, es sei denn, es handelt sich um Leistungen, die nach § 1835 Abs. 3 BGB vergütet werden. Die Vormundschaft betrifft die Personen- und Vermögenssorge für Minderjährige (s. §§ 1773, 1793 BGB), die selbst geschäftsunfähig (s. § 104 Nr. 1 BGB) bzw. beschränkt geschäftsfähig (§ 106 BGB) sind und nicht durch ihre Eltern gesetzlich vertreten sind (s. §§ 1626, 1626a, 1629 BGB). Gibt es keinen nach dem Gesetz vorgesehenen Vertretungsberechtigten, übernimmt deren 57

Funktion (d.h. die gesamte elterliche Sorge) der Vormund (s. § 1793 Abs. 1 BGB). Bestellt wird der Vormund vom Familiengericht (s. § 1774 BGB). Gemäß § 1909 Abs. 1 Satz 1 BGB erhält derjenige, der unter elterlicher Sorge oder unter Vormundschaft steht, für Angelegenheiten, an deren Besorgung die Eltern oder der Vormund verhindert sind, einen Pfleger (Ergänzungspflegschaft). Diese **Ergänzungspflegschaft** kann sich auf die gesamte Personen- und Vermögenssorge oder auf einzelne Angelegenheiten dieser Teilbereiche beziehen, s. Abschn. 4.25.1 Abs. 7 Satz 2 UStAE. Anders als die Vormundschaft kann die Pflegschaft auch für uneingeschränkt geschäftsfähige Personen angeordnet werden (s. §§ 1911, 1913 BGB) und berührt deren Geschäftsfähigkeit nicht. Rechnet ein Ergänzungspfleger seine Leistungen ab (d.h. auch ein zum berufsmäßigen Ergänzungspfleger bestellter Rechtsanwalt), fällt auf die festgesetzte Vergütung keine Umsatzsteuer an, eine solche kann ihm also auch nicht bei Kostenübernahme durch Dritte ersetzt werden (s. OLG Frankfurt vom 12.02.2015, 4 WF 209/14, JurBüro 2015, 420). Die Regelung zur **Umsatzsteuerbefreiung von Ergänzungspflegern** ist erst zum **01.07.2013** in das Gesetz eingefügt worden, für Zeiträume vor Inkrafttreten des § 4 Nr. 25 Satz 3 Buchst. c UStG konnte die Steuerbefreiung durch Berufung auf Art. 132 Teil A Abs. 1 Buchst. g und h MwStSystRL durchgesetzt werden.

58 Als eine Form der Ergänzungspflegschaft fallen auch die Leistungen von einer Einrichtung, die als **Umgangspfleger** nach § 1684 Abs. 3 BGB bestellt worden ist, unter die Steuerbefreiung nach § 4 Nr. 25 Satz 3 Buchst. c UStG (s. Abschn. 4.25.2 Abs. 7a UStAE). Die sonstigen Pflegschaften nach BGB (z.B. Abwesenheitspflegschaft nach § 1911 BGB, Nachlasspflegschaft nach §§ 1960 f. BGB, Sammlungspflegschaft nach § 1914 BGB, Pflegschaft für einen unbekannten Beteiligten nach § 1913 BGB, Pflegschaft für eine Leibesfrucht nach § 1912 BGB) sind nicht auf die Fürsorge für Minderjährige gerichtet, so dass der besondere soziale Charakter nicht gegeben ist. Für diese gilt daher die Steuerbefreiung des § 4 Nr. 25 Satz 3 Buchst. c UStG nicht.

59 Auch **Verfahrenspfleger oder -beistände** üben keine den rechtlichen Betreuern (s. Abschn. 4.16.5 Abs. 20 UStAE) oder Vormünden vergleichbare Tätigkeit aus, da sie lediglich in Gerichtsverfahren auftreten und dort die Interessen der betroffenen Personen vertreten. Eine umfassende Personen- oder Vermögenssorge wird nicht wahrgenommen. Deshalb wird auch für diese Tätigkeiten keine Umsatzsteuerbefreiung gewährt, s. Abschn. 4.25.2 Abs. 9 UStAE.

60 Liegen für Leistungen nach § 4 Nr. 25 UStG auch die Voraussetzungen der Steuerbefreiung für Reiseleistungen im Drittland (s. § 25 Abs. 2 UStG; s. § 25 Rn. 4 ff.) vor, soll die Steuerbefreiung des § 4 Nr. 25 UStG der Steuerbefreiung nach § 25 Abs. 2 UStG vorgehen (s. Abschn. 4.25.2 Abs. 10 UStAE).

61–62 Einstweilen frei

4. Vorsteuerabzug

63 Die Befreiung schließt gemäß § 15 Abs. 2 Nr. 1 UStG den **Vorsteuerabzug** aus. Ein Verzicht auf die Steuerbefreiung aus § 4 Nr. 25 UStG ist nach § 9 Abs. 1 UStG (s. zum Vorsteuerabzug § 9 Rn. 4 ff.) nicht möglich. Die Umsätze nach § 4 Nr. 25 UStG sind also **zwingend umsatzsteuerfrei**.

64–65 Einstweilen frei

5. Billigkeitsregelung im Rahmen der Flüchtlingshilfe

66 Es wird nicht beanstandet, dass umsatzsteuerliche Vorschriften, die auf vergleichbare Leistungen der jeweiligen Einrichtung an andere Leistungsempfänger bereits angewandt werden, auch auf Leistungen dieser Einrichtung, die der Betreuung und Versorgung von **Bürgerkriegsflüchtlingen und Asylbewerbern** dienen, angewendet werden, z.B. § 4 Nr. 25 UStG, s. BMF vom 09.02.2016, VV DEU BMF 2016-02-09 III C 3-S 7130/15/10001.

67–68 Einstweilen frei

6. Steuerfreiheit bzw. Steuerbarkeit unter unmittelbarer Berufung auf das Unionsrecht

Der deutsche Gesetzgeber hat die **unionsrechtlichen Vorgaben** in den Steuerbefreiungen des § 4 Nr. 25 UStG teilweise **nicht ordnungsgemäß umgesetzt**. Soweit dies den Steuerpflichtigen beeinträchtigt, kann sich dieser zur Geltendmachung seiner Umsatzsteuerfreiheit unmittelbar auf das Unionsrecht berufen. im Einzelfall ist daher zu prüfen, ob die Voraussetzungen der Steuerbefreiungen des Art. 132 Abs. 1 Buchst. g, h, i, j, m oder n MwStSystRl vorliegen. Zudem ist zu prüfen, ob die Vorgaben aus Art. 133, 134 MwStSystRl zutreffend beachtet wurden (s. auch Rn. 6 ff). insofern sind verschiedene Vorgaben des Unionsrechts nicht zutreffend umgesetzt, sodass in vielfältigen Konstellationen die unmittelbare Berufung auf das Unionsrecht Erfolg versprechen kann (s. dazu im Einzelnen die Ausführungen ab Rn. 6 ff.). **69**

Einstweilen frei **70–71**

§ 4 Nr. 26 UStG Ehrenamtliche Tätigkeit

[1]Von den unter § 1 Abs. 1 Nr. 1 fallenden Umsätzen sind steuerfrei:

...

26. die ehrenamtliche Tätigkeit,
    a) wenn sie für juristische Personen des öffentlichen Rechts ausgeübt wird oder,
    b) wenn das Entgelt für diese Tätigkeit nur in Auslagenersatz und einer angemessenen Entschädigung für Zeitversäumnis besteht;

...

Bearbeiter: Daniela Bick

Inhaltsverzeichnis

1. Inhalt und Zweck der Vorschrift

1 Die Steuerbefreiung des § 4 Nr. 26 UStG befreit die Umsätze aus der **ehrenamtlichen Tätigkeit** von der Umsatzsteuer, wenn sie für juristische Personen des öffentlichen Rechts ausgeübt wird oder wenn das Entgelt für diese Tätigkeit nur im Ersatz von Auslagen und einer angemessenen Entschädigung für Zeitversäumnis besteht. Während die Umsätze aus der Tätigkeit für eine juristische Person des öffentlichen Rechts nach § 4 Nr. 26 Buchst. a UStG stets steuerfrei sind, ist die übrige ehrenamtliche Tätigkeit nach § 4 Nr. 26 Buchst. b UStG nur dann von der Umsatzsteuer befreit, wenn das Entgelt über den Ersatz von Auslagen und einer angemessene Entschädigung für die Zeitversäumnis nicht hinausgeht.

2 Nach Auffassung des Gesetzgebers ist **Zweck der Steuerbefreiung** des § 4 Nr. 26 UStG die Begünstigung ehrenamtlicher Tätigkeiten, da sie mit persönlichem und zeitlichem Aufwand verbunden sind (s. BT-Drs. V/1581, Entwurf zu § 4 Nr. 26 UStG). Zudem soll die öffentliche Hand von der Zahlung der Umsatzsteuer freigestellt werden, die im Zusammenhang mit der Ausübung von Ehrenämtern bei der Erfüllung öffentlicher Aufgaben anfallen würde (s. § 4 Nr. 26 Buchst. a UStG).

3 Die heutige Regelung des § 4 Nr. 26 UStG gilt seit dem 01.01.1968 in unveränderter Fassung.

4–5 Einstweilen frei

2. Unionsrechtlicher Hintergrund

6 Die MwStSystRL sieht keine Steuerbefreiung für ehrenamtliche Tätigkeiten vor. Lediglich nach der in der Ratstagung am 17.05.1977 abgebeben Protokollerklärung zu Art. 4 der 6. EG-RL (jetzt Art. 9 ff. MwStSystRL) steht es den Mitgliedstaaten frei, ehrenamtliche Leistungen von der Steuer zu befreien (s. 6. Richtlinie zur Harmonisierung der Umsatzsteuern in den Europäischen Gemeinschaften, Bonn 1976, 27). Dies kann nach zutreffender Ansicht aber wohl nicht als unionsrechtliche Grundlage der Steuerbefreiung des § 4 Nr. 26 UStG angesehen werden (a.A. s. Reiß/Kraeusel/Langer/Wäger § 4 Nr. 26 Rn. 11). Denn der Gerichtshof hat bei einer Entscheidung hinsichtlich von Rückversicherungen bereits entschieden, dass Erklärungen, die bei vorbereitenden Arbeiten, die zum Erlass einer Richtlinie geführt haben, abgegeben worden sind, bei der Auslegung der Richtlinie nicht berücksichtigt werden können, wenn ihr Inhalt im Wortlaut der fraglichen Bestimmung keinen Ausdruck gefunden hat und sie somit keine rechtliche Bedeutung haben (s. EuGH vom 22.10.2009, C-242/08, Swiss Re Germany, HFR 2010, 83). Insofern existiert nach zutreffender Ansicht jedenfalls **keine unionsrechtliche Grundlage**, die eine Beibehaltung der Befreiung

in § 4 Nr. 26 UStG rechtfertigen könnte. Solange aber die Steuerbefreiung auf nationaler Ebene existiert, können sich die Steuerpflichtigen auch auf diese berufen. Ein Anwendungsvorrang der Mehrwertsteuersystemrichtlinie käme nur in Betracht, wenn eine Richtlinienbestimmung für den Steuerpflichtigen günstiger ist als die Regelung im UStG (s. insoweit auch hinsichtlich § 4 Nr. 26 Buchst. b UStG BFH vom 20.08.2009, V R 32/08, BStBl II 2010, 88).

Einstweilen frei 7–8

3. Voraussetzungen der Steuerfreiheit im Einzelnen

3.1 Ehrenamtliche Tätigkeit für eine juristische Person des öffentlichen Rechts, § 4 Nr. 26 Buchst. a UStG

Die Steuerbefreiung des § 4 Nr. 26 Buchst. a UStG setzt zunächst voraus, dass eine **ehrenamtliche Tätigkeit** vorliegt. Das UStG definiert den Begriff der ehrenamtlichen Tätigkeit nicht. Nach der Rechtsprechung des BFH werden ehrenamtlich jene Tätigkeiten ausgeübt, die in einem anderen Gesetz als dem UStG ausdrücklich als solche genannt werden, die man im allgemeinen Sprachgebrauch herkömmlicherweise als ehrenamtlich bezeichnet oder die vom materiellen Begriff der Ehrenamtlichkeit umfasst werden (st. Rechtsprechung s. etwa BFH vom 17.12.2015, V R 45/14, DStRE 2016, 542). Der materielle Begriff der Ehrenamtlichkeit setzt das **Fehlen eines eigennützigen Erwerbsstrebens**, die **fehlende Hauptberuflichkeit** und den **Einsatz für eine fremdnützig bestimmte Einrichtung** voraus (s. BFH vom 14.05.2008, XI R 70/07, BStBl II 2008, 912; Abschn. 4.26.1 Abs. 1 Satz 3 UStAE). Danach kann auch die Tätigkeit eines Ratsmitgliedes im Aufsichtsrat einer kommunalen Eigengesellschaft (s. BFH vom 04.05.1994, XI R 86/92, BStBl II 1994, 773) eine ehrenamtliche Tätigkeit im Sinne der Befreiungsvorschrift sein, Abschn. 4.26.1 Abs. 2 Satz 4 UStAE. Liegt ein eigennütziges Erwerbsstreben oder eine Hauptberuflichkeit vor bzw. wird der Einsatz nicht für eine fremdnützig bestimmte Einrichtung erbracht, kann unabhängig von der Höhe der Entschädigung nicht von einer ehrenamtlichen Tätigkeit ausgegangen werden, s. Abschn. 4.26.1 Abs. 1 Satz 6 UStAE. Die Finanzverwaltung nimmt dies insbesondere an, wenn der Zeitaufwand der Tätigkeit auf eine hauptberufliche Teilzeit- oder sogar Vollzeitbeschäftigung hindeutet bzw. das Entgelt sich an der Qualifikation des Tätigen und seiner Leistung orientiert, s. Abschn. 4.26.1 Abs. 1 Satz 7 und 8 UStAE. 9

Bei der Tätigkeit für juristische Personen des öffentlichen Rechts ist nach § 4 Nr. 26 Buchst. a UStG die **Vergütung stets steuerfrei**, weil davon ausgegangen wird, dass es sich um angemessenen Ersatz für Zeitaufwand und Auslagen handelt. Die ehrenamtlichen Tätigkeiten für juristische Personen des öffentlichen Rechts fallen aber nur dann unter § 4 Nr. 26 Buchstabe a UStG, wenn sie für deren **nichtunternehmerischen Bereich** (d.h. für den öffentlich-rechtlichen Bereich) ausgeführt werden, s. Abschn. 4.26.1 Abs. 2 UStAE und BFH 04.04.1974, V R 70/73, BStBl II 1974, 528. Juristische Personen des öffentlichen Rechts, für die ehrenamtlichen Tätigkeiten ausgeführt werden dürfen, gehören vor allem die Gebietskörperschaften, die öffentlich-rechtlichen Berufsorganisationen (z.B. Industrie- und Handelskammer, Anwaltskammer, Ärztekammer, Steuerberaterkammer, Landwirtschaftskammer), öffentlich-rechtliche Anstalten (z.B. die Bundesbank, Landeszentralbank, öffentliche Sparkassen, Rundfunkanstalten, Bundes- und Landesversicherungsanstalten), Stiftungen des öffentlichen Rechts und die öffentlich-rechtlichen Religionsgemeinschaften. Wird die ehrenamtliche Tätigkeit für den Betrieb gewerblicher Art einer Körperschaft des öffentlichen Rechts ausgeübt, kann sie nur unter den Voraussetzungen des § 4 Nr. 26 Buchstabe b UStG steuerfrei belassen werden (s. BFH vom 04.04.1974, V R 70/73, BStBl II 1974, 528; Abschn. 4.26.1 Abs. 2 Satz 3 UStAE). 10

Die **Tätigkeit im Aufsichtsrat einer Volksbank** ist nicht ehrenamtlich i.S.d. § 4 Nr. 26a, da sie von dem materiellen Begriff der Ehrenamtlichkeit nicht umfasst wird, s. BFH vom 20.08.2009, V R 32/08, BStBl II 2010, 88. Werden **Nachlasspflegschaften** in einem Umfang geführt, der die Annahme einer beruflichen Tätigkeit rechtfertigt, so wird eine solche Tätigkeit weder in einem anderen Gesetz als dem Umsatzsteuergesetz noch im allgemeinen Sprachgebrauch als ehrenamtlich bezeichnet (so BFH vom 19.04.2012, V R 31/11, BFH/NV 2012, 1831 für die Übernahme von 40 Nachlasspflegschaften und daraus resultierenden Erlösen i.H.v. 23.600 €). 11

12 Teilweise ist die Übernahme von ehrenamtlichen Tätigkeiten für juristische Personen des öffentlichen Rechts auch **gesetzlich geregelt**. Derartige Regelungen finden sich beispielsweise in den Kammergesetzen der Länder, anderen öffentlich-rechtlichen Organisationen oder Berufsverbänden, z.B. als Mitglied eines Prüfungsausschusses der Industrie- und Handelskammer, als Mitglied eines Aufsichts- oder Verwaltungsrates im öffentlichen Bereich wie z.B. Rundfunk-, Fernseh- oder Verwaltungsrat bei einer öffentlich-rechtlichen Rundfunk- und Fernsehanstalt. Die betreffende Person muss für die Steuerbefreiung des § 4 Nr. 26 buchst. a UStG bei der **Erfüllung öffentlicher Aufgaben mitwirken**, die aufgrund behördlicher Bestellung außerhalb eines haupt- oder nebenamtlichen Dienstverhältnisses stattfinden und für die allenfalls eine Entschädigung besonderer Art gezahlt wird, s. BFH vom 16.12.1987, X R 7/82, BStBl II 1988, 384. Die Mitwirkung von **Rechtsanwälten in Rechtsberatungsdiensten** ist nach Abschn. 4.26.1 Abs. 3 UStAE keine ehrenamtliche Tätigkeit, weil sie sich im Rahmen des Hauptberufs – regelmäßig auch mit der Absicht der Erzielung von Einnahmen – abspielt, s. auch BFH vom 20.8.2009, V R 32/08, UStB 2009, 312 und BFH vom 16.04.2008, XI R 68/07, BFH/NV 2008, 1368. Für die Berufung auf die Steuerfreiheit kommt es nicht darauf an, ob hauptberuflich eine selbständige Tätigkeit ausgeübt wird oder ob überhaupt einem Hauptberuf nachgegangen wird, s. BFH 16.12.1987, X R 7/82, BStBl I 1988, 384.

13 Satzung von Sparkassenverbänden fallen zwar unterunter den Gesetzesbegriff des § 4 AO, der zur Definition der ehrenamtlichen Tätigkeit im Sinn des § 4 Nr. 26 Buchst. a UStG verwendete Gesetzesbegriff ist aber enger und umfasst keine Satzung juristischer Personen des öffentlichen Rechts (s. BFH vom 17.12.2015, V R 45/14, DStRE 2016, 542). Diese (enge) Auslegung des § 4 Nr. 26 UStG ist durch das Unionsrecht geboten (s. BFH vom 17.12.2015, V R 45/14, DStRE 2016, 542). Im Übrigen könnte die Körperschaft sonst mittels Satzung selbst über die Steuerbefreiung entscheiden. Vor diesem Hintergrund hat der BFH auch entschieden, dass die **Tätigkeit im Verwaltungsrat der Sparkassen** und **Sparkassenverbände einschließlich der dort bestehenden Verbandsausschüsse und Einrichtungen** nicht von der Steuerbefreiung des § 4 Nr. 26 Buchst. a UStG erfasst wird (s. BFH vom 17.12.2015, V R 45/14, DStRE 2016, 542.

14–15 Einstweilen frei

3.2 Ehrenamtliche Tätigkeit für eine andere Organisation, § 4 Nr. 26 Buchst. b UStG

16 Die Steuerbefreiung des § 4 Nr. 26 Buchst. b UStG für **nicht von einer juristischen Person des öffentlichen Rechts erbrachte ehrenamtliche Tätigkeit** setzt voraus, dass das Entgelt für diese Tätigkeit nur in Auslagenersatz und einer angemessenen Entschädigung für Zeitversäumnis besteht.

17 Der Begriff der **ehrenamtlichen Tätigkeit** ist für den nicht-öffentlichen Bereich zu modifizieren (s. BFH vom 04.05.1994, XI R 86/92, BStBl II 1994, 773). Insofern ist neben dem Fehlen eines eigennützigen Gewinnstrebens Kennzeichen insbesondere der Einsatz für eine fremdnützig bestimmte Einrichtung, z.B. bei Tätigkeiten für Selbsthilfeeinrichtungen im genossenschaftlichen Bereich, nicht jedoch bei reinen Erwerbsgesellschaften. Dabei setzt die Ehrenamtlichkeit nicht Gemeinnützigkeit i.S.d. §§ 51 ff. AO voraus. Die Umsätze der Mitglieder der unabhängigen Kommission zur Überprüfung des Vermögens der Parteien und Massenorganisationen der DDR sind nicht von der Steuerbefreiung des § 4 Nr. 26 Buchst. b UStG erfasst, s. BFH vom 29.06.2000, V R 28/99, DStRE 2000, 1044.

18 Geht in Fällen des § 4 Nr. 26 Buchstabe b UStG das **Entgelt über einen Auslagenersatz und eine angemessene Entschädigung für Zeitversäumnis** hinaus, besteht in vollem Umfang Steuerpflicht, Abschn. 4.26.1 Abs. 4 Satz 1 UStAE. Unter **Auslagenersatz** ist die Übernahme der tatsächlich entstandenen Aufwendungen zu verstehen. Darunter fallen insbesondere Fahrtkosten, Übernachtungskosten, Verpflegung, Telefon, Bürokosten, die im Einzelnen nachzuweisen sind. Sofern keine höheren Aufwendungen nachgewiesen werden, können die einkommen- und lohnsteuerrechtlichen Pauschsätze angesetzt werden. Was als angemessene **Entschädigung für Zeitversäumnis** anzusehen ist, muss nach den Verhältnissen des Einzelfalls beurteilt werden; dabei ist eine Entschädigung in Höhe von bis zu 50 € je Tätigkeitsstunde regelmäßig als angemessen anzusehen, sofern die Vergütung für die gesamten ehrenamtlichen Tätigkeiten im Sinne des § 4 Nr. 26 Buchst. b UStG den Betrag von 17.500 € im Jahr nicht übersteigt, Abschn. 4.26.1 Abs. 4

Satz 2 UStAE. Im Hinblick auf die Nachweispflicht des Steuerpflichtigen ist der tatsächliche Zeitaufwand nachvollziehbar zu dokumentieren. Zur Ermittlung der Grenze von 17.500 € ist auf die tatsächliche Höhe der Aufwandsentschädigung im Vorjahr sowie die voraussichtliche Höhe der Aufwandsentschädigung im laufenden Jahr abzustellen, s. Abschn. 4.26.1 Abs. 4 Satz 3 UStAE. Ein (echter) Auslagenersatz, der für die tatsächlich entstandenen und nachgewiesenen Aufwendungen der ehrenamtlichen Tätigkeit vergütet wird, bleibt bei der Berechnung der Betragsgrenzen unberücksichtigt, s. Abschn. 4.26.1 Abs. 4 Satz 4 UStAE.

Eine vom tatsächlichen Zeitaufwand unabhängig z.B. **laufend gezahlte pauschale bzw. monatliche** 19
oder jährlich laufend gezahlte pauschale Vergütung sowie ein **gesondert gezahltes Urlaubs-, Weihnachts- bzw. Krankheitsgeld** stehen dem Charakter einer Entschädigung für Zeitversäumnis entgegen und führen zur Nichtanwendbarkeit der Befreiungsvorschrift mit der Folge, dass sämtliche für diese Tätigkeit gezahlten Vergütungen – auch soweit sie daneben in Auslagenersatz oder einer Entschädigung für Zeitaufwand bestehen – der Umsatzsteuer unterliegen, s. Abschn. 4.26.1 Abs. 5 UStAE. Eine pauschal gezahlte Vergütung ist unschädlich, wenn im Vertrag oder in der Satzung der Zeitaufwand beziffert ist und die in Abschn. 4.26.1 Abs. 4 UStAE genannten Betragsgrenzen nicht überschritten werden, s. Abschn. 4.26.1 Abs. 5 Satz 2 UStAE. Der tatsächliche Zeitaufwand ist glaubhaft zu machen, s. Abschn. 4.26.1 Abs. 5 Satz 3 UStAE. Aus Vereinfachungsgründen sieht die Finanzverwaltung die Gewährung der Steuerbefreiung auch ohne weitere Prüfung vor, wenn der Jahresgesamtbetrag der Entschädigungen den Freibetrag nach § 3 Nr. 26 EStG nicht übersteigt, s. Abschn. 4.26.1 Abs. 5 Satz 4 UStAE.

Einstweilen frei 20–21

4. Vorsteuerabzug

Die Befreiung schließt gemäß § 15 Abs. 2 UStG den **Vorsteuerabzug** (s. zum Vorsteuerabzug § 15 Rn. 48 ff.) 22
aus. Ein Verzicht auf die Befreiung nach § 9 UStG (s. zu den Voraussetzungen der Option § 9 Rn. 4 ff.) ist nicht möglich. Die Umsätze nach § 4 Nr. 26 UStG sind also **zwingend umsatzsteuerfrei**.

Einstweilen frei 23–24

§ 4 Nr. 27 UStG Personalgestellung

[1]Von den unter § 1 Abs. 1 Nr. 1 fallenden Umsätzen sind steuerfrei:

...

27. a) die Gestellung von Personal durch religiöse und weltanschauliche Einrichtungen für die in Nummer 14 Buchstabe b, in den Nummern 16, 18, 21, 22 Buchstabe a sowie in den Nummern 23 und 25 genannten Tätigkeiten und für Zwecke geistigen Beistands,

 b) die Gestellung von land- und forstwirtschaftlichen Arbeitskräften durch juristische Personen des privaten oder des öffentlichen Rechts für land- und forstwirtschaftliche Betriebe (§ 24 Abs. 2) mit höchstens drei Vollarbeitskräften zur Überbrückung des Ausfalls des Betriebsinhabers oder dessen voll mitarbeitenden Familienangehörigen wegen Krankheit, Unfalls, Schwangerschaft, eingeschränkter Erwerbsfähigkeit oder Todes sowie die Gestellung von Betriebshelfern an die gesetzlichen Träger der Sozialversicherung;

...

Bearbeiter: Daniela Bick

Inhaltsverzeichnis

1. Inhalt und Zweck der Vorschrift

1 § 4 Nr. 27 Buchst. a UStG befreit die **Gestellung von Personal durch religiöse und weltanschauliche Einrichtungen** für bestimmte in der Vorschrift genannte Tätigkeiten und für Zwecke geistigen Beistands. Unter diese Vorschrift fällt insbesondere die Gestellung von Krankenschwestern an Krankenhäuser, Altenheime und sonstige karitative Einrichtungen sowie die Gestellung von Ordensangehörigen an Schulen und Kirchengemeinden. Daneben befreit § 4 Nr. 27 Buchst. b Alt. 1 UStG die Personalgestellung von land- und forstwirtschaftlichen Arbeitskräften durch juristische Personen des privaten und öffentlichen Rechts, wenn die Arbeitskräfte unmittelbar land- und forstwirtschaftlichen Unternehmern mit höchstens drei Vollarbeitskräften für deren land- und forstwirtschaftliche Betriebe i.S.d. § 24 Abs. 2 UStG zur Verfügung gestellt werden. Weitere Voraussetzung ist, dass der Betriebsinhaber oder dessen voll mitarbeitende Familienangehörige wegen Krankheit, eines Unfalls, einer Schwangerschaft, eingeschränkter Erwerbsfähigkeit oder Todes ausgefallen sind. Zuletzt befreit § 4 Nr. 27 Buchst. b Alt. 2 UStG die Umsätze aus der Gestellung von Betriebshelfern an die gesetzlichen Träger der Sozialhilfe, wobei insoweit der Kreis der begünstigten Unternehmer nicht beschränkt ist.

2 Die Steuerbefreiung des § 4 Nr. 27 Buchst. a UStG soll **aus sozialen Gründen** insbesondere die Schwesterngestellung an Krankenhäuser und Altenheime, sowie die Gestellung von Ordensangehörigen an Schulen und Kirchengemeinden aus sozialen Gründen von der Umsatzsteuer befreien (BT-Drs. 8/1779). Sie dient damit der Gleichstellung privat-rechtlich organisierte religiösen und weltanschaulichen Einrichtungen mit den entsprechenden öffentlich-rechtlichen Einrichtungen. § 4 Nr. 27 Buchst b UStG soll die genannten eng mit der Sozialfürsorge verbundene Umsätze von der Umsatzsteuer befreien. Sie soll kleinere land- und forstwirtschaftliche Betriebe, die in bestimmten Notfällen Aushilfskräfte gestellt bekommen, von der Umsatzsteuer auf deren Lohn freistellen. Denn diese könnten die Umsatzsteuer wegen der Pauschalierung

nach § 24 UStG nicht als Vorsteuer abziehen. Entsprechendes gilt auch hinsichtlich der Sozialversicherungsträger, denen derartige Aushilfskräfte zum Einsatz bei Mitgliedern gestellt werden.

Die Steuerbefreiung des § 4 Nr. 27 Buchst a UStG ist mit dem UStG 1980 in das UStG aufgenommen worden (s. BT-Drs. 8/1779, 27). Bis zum **KraotienAnpG vom 25.07.2014** (BGBl I 2014, 1266) galt die Steuerbefreiung in unveränderter Form. Sie befreite danach die Gestellung von Mitgliedern geistlicher Genossenschaften und Angehörigen von Mutterhäusern für gemeinnützige, mildtätige, kirchliche oder schulische Zwecke. § 4 Nr. 27 Buchst a UStG hat durch das KroatienAnpG vollständig neu gefasst seine heutige Form erhalten. Die Vorschrift sollte **an die unionsrechtlichen Vorgaben** des für die Gestellung von Personal durch religiöse und weltanschauliche Einrichtungen an die unionsrechtlichen Vorgaben des Art. 132 Abs. 1 Buchst. k MwStSystRL **anpassen**. Nach dem bisherigen Gesetzeswortlaut waren solche Personalgestellungen nur steuerbefreit, wenn die Gestellung von Mitgliedern geistlicher Genossenschaften und Angehörigen von Mutterhäusern für gemeinnützige, mildtätige, kirchliche oder schulische Zwecke erfolgt war. 3

Die Steuerbefreiung des § 4 Nr. 27 Buchst. b UStG ist mit geringfügigen Änderungen durch das StÄndG 1992 aus der bisherigen Steuerbefreiung in § 4 Nr. 7 UStG entstanden. Bis zum 31.12.2008 war von der Steuerbefreiung des § 4 Nr. 27 Buchst. b UStG auch die Gestellung von Haushaltshilfen erfasst. Durch das JStG 2009 (BGBl I 2008, 2794) ist die Steuerbefreiung für Haushaltshilfen gestrichen worden. Die Gesetzesbegründung (BT-Drs. 16/11, 108) stellt klar, dass Haushaltshilfeleistungen nur unter den Voraussetzungen des § 4 Nr. 16 UStG befreit werden. 4

Einstweilen frei 5–6

2. Unionsrechtlicher Hintergrund

Unionsrechtlicher Hintergrund der Steuerbefreiung der **Personalgestellung** aus § 4 Nr. 27 Buchst. a UStG ist **Art. 132 Abs. 1 Buchst. k MwStSystRL**. Die Vorschrift befreit die Gestellung von Personal durch religiöse und weltanschauliche Einrichtungen für die unter den Buchstaben b, g, h und i MwStSystRL genannten Tätigkeiten und für Zwecke geistlichen Beistands von der Umsatzsteuer. Als Tätigkeit benennt die MwStSystRL insbesondere Krankenhausbehandlungen die von Einrichtungen des öffentlichen Rechts oder unter Bedingungen, welche mit den Bedingungen für diese Einrichtungen in sozialer Hinsicht vergleichbar sind, von Krankenanstalten, Zentren für ärztliche Heilbehandlung und Diagnostik und anderen ordnungsgemäß anerkannten Einrichtungen gleicher Art durchgeführt beziehungsweise bewirkt werden, eng mit der Kinder- und Jugendbetreuung verbundene Dienstleistungen und Lieferungen von Gegenständen durch Einrichtungen des öffentlichen Rechts oder andere von dem betreffenden Mitgliedstaat als Einrichtungen mit sozialem Charakter anerkannte Einrichtungen; die Erziehung von Kindern und Jugendlichen, Schul- und Hochschulunterricht, Aus- und Fortbildung sowie berufliche Umschulung und damit eng verbundene Dienstleistungen und Lieferungen von Gegenständen durch Einrichtungen des öffentlichen Rechts, die mit solchen Aufgaben betraut sind, oder andere Einrichtungen mit von dem betreffenden Mitgliedstaat anerkannter vergleichbarer Zielsetzung. 7

Bis zur Änderung durch das KroatienAnpG galt die Steuerbefreiung des § 4 Nr. 27 Buchst. a UStG seinem Wortlaut nach nur für solche Personalgestellungen, bei denen die Gestellung von Mitgliedern geistlicher Genossenschaften und Angehörigen von Mutterhäusern für gemeinnützige, mildtätige, kirchliche oder schulische Zwecke erfolgt war. Im Ergebnis beinhaltete das Unionsrecht eine deutlich umfassendere Regelung der Steuerbefreiung, sodass sich ein Steuerpflichtiger bis zum 01.10.2014 zur Geltendmachung seiner Steuerbefreiung – soweit diese in § 4 Nr. 27 UStG nicht erfasst war – unmittelbar auf Art. 132 Abs. 1 Buchst. k MwStSystRL berufen konnte (s. zur unmittelbaren Berufung auf das Unionsrecht EuGH vom 10.09.2002, C-141/00 Ambulanter Pflegedienst Kügler GmbH, UR 2002, 513). Nach Erweiterung des Anwendungsbereichs des § 4 Nr. 27 Buchst. a UStG auf den erweiterten Kreis der begünstigten Einrichtungen sowie den Wegfall des Erfordernisses des gemeinnützigen Zwecks steht § 4 Nr. 27 Buchst. a UStG nunmehr mit dem Unionsrecht im Einklang. 8

Die Vorschrift des § 4 Nr. 27 Buchst. b UStG beruht **unionsrechtlich** auf **Art. 132 Abs. 1 Buchst g MwStSystRL**. Danach befreien die Mitgliedstaaten eng mit der Sozialfürsorge und der sozialen Sicherheit 9 verbundene Dienstleistungen und Lieferungen von Gegenständen, einschließlich derjenigen, die durch Altenheime, Einrichtungen des öffentlichen Rechts oder andere von dem betreffenden Mitgliedstaat als Einrichtungen mit sozialem Charakter anerkannte Einrichtungen bewirkt werden. Die Mitgliedstaaten können die Befreiung für Einrichtungen, die keine Einrichtungen des öffentlichen Rechts sind, u.a. von den in **Art. 133 MwstSystRL genannten** Bedingungen abhängig machen, dass die betreffenden Einrichtungen keine systematische Gewinnerzielung anstreben dürfen (Buchst. a), dass die Befreiung nicht zu Wettbewerbsverzerrungen zuungunsten gewerblicher Unternehmen führen darf (Buchst. d) oder dass die Preise, die die Einrichtungen verlangen, von den zuständigen Behörden genehmigt sein müssen oder die genehmigten Preise nicht übersteigen; bei Umsätzen, für die eine Preisgenehmigung nicht vorgesehen ist, müssen die verlangten Preise unter den Preisen liegen, die der Mehrwertsteuerpflicht unterliegende gewerbliche Unternehmen für entsprechende Umsätze fordern (Buchst. c). Zudem sind nach **Art. 134 MwStSystRL** Leistungen von der Befreiung ausgeschlossen, die zur Ausübung der Tätigkeit **nicht unerlässlich** sind oder im Wesentlichen dazu bestimmt sind, der Einrichtung zusätzliche Einnahmen durch Umsätze zu verschaffen, die in unmittelbarem Wettbewerb mit Umsätzen von der Mehrwertsteuer unterliegenden gewerblichen Unternehmen bewirkt werden. Zu beachten ist, dass § 4 Nr. 27 Buchst. b UStG nur einen Teil der in Art. 132 Abs. 1 Buchst. g MwStSystRL genannten Umsätze steuerfrei stellt. Auch weitere Vorschriften des UStG (z.B. § 4 Nr. 16, Nr. 18 und Nr. 25 UStG) stellen Umsätze des Art. 132 Abs. 1 Buchst. g UStG steuerfrei. Soweit die Vorgaben des Unionsrechts in der Norm nicht hinreichend umgesetzt wurden, kann der Steuerpflichtige seine Steuerfreiheit unmittelbar unter Berufung auf das Unionsrecht geltend machen.

10 Soweit die Steuerbefreiung des § 4 Nr. 27 Buchst. b UStG **ausschließlich für juristische Personen des privaten oder des öffentlichen Rechts** gilt, existiert im Unionsrecht keine Grundlage für eine solche Beschränkung. Vielmehr erfasst die unionsrechtliche Steuerbefreiung grundsätzlich alle Leistungen, die der Grundpflege und der hauswirtschaftlichen Versorgung körperlich oder wirtschaftlich hilfsbedürftiger Personen dienen. Insofern gelten insbesondere als „andere ordnungsgemäß anerkannte Einrichtungen gleicher Art“ und „andere von dem betreffenden Mitgliedstaat als Einrichtungen mit sozialem Charakter anerkannte Einrichtungen“ nach Art. 132 Abs. 1 Buchst. g MwStSystRL auch natürliche Personen und Personalgesellschaften, die ein Unternehmen betreiben, s. EuGH vom 07.09.1999, C 216/97 Gregg, UVR 1999, 405; EuGH vom 26.05.2005, C 498/03 Kingscrest Associates und Montecello, UR 2005, 453. Soweit § 4 Nr. 27 Buchst. b UStG insoweit die **unionsrechtlichen Grundlagen nicht zutreffend umgesetzt** können sich Steuerpflichtige zur Geltendmachung ihrer Steuerfreiheit unmittelbar auf Art. 132 Abs. 1 Buchst. g MwStSystRL berufen (s. EuGH vom 10.09.2002, C 141/00 – Kügler, UR 2002, 513 sowie Rn. 28 ff.).

11–12 Einstweilen frei

3. Voraussetzungen der Steuerfreiheit im Einzelnen

3.1 Gestellung von Personal durch religiöse und weltanschauliche Einrichtungen für bestimmte Tätigkeit, § 4 Nr. 27 Buchst. a UStG

13 § 4 Nr. 27 Buchst. a UStG befreit die **Personalgestellung durch religiöse und weltanschauliche Einrichtungen**. Der Begriff erfasst alle Einrichtungen i.S.d. Art. 4 Abs. 1 und 2 GG bzw. Art. 140 GG i.V.m. Art. 137 der Weimarer Reichsverfassung. Erfasst sind daher beispielsweise Kirchen in Rechtsform einer juristischen Person des öffentlichen Rechts. Für die Steuerbefreiung kommt es nicht darauf an, ob das Ziel der Einrichtung die Verkündung oder Verbreitung bestimmter religiöser oder weltanschaulicher Ansichten ist oder ob der Hauptzweck der Einrichtung in unmittelbar mit der Religionsausübung zusammenhängenden Tätigkeiten besteht.

14 Unter **Gestellung von Personal** ist die Gestellung von selbstständigem, nicht beim leistenden Unternehmer abhängig beschäftigtem Personal (s. EuGH vom 26.01.2012, C-218/10 ADV-Allround, HFR 2012, 343) wie z.B. die Gestellung von Mitgliedern und Angehörigen der Einrichtungen, sowie zusätzlich auch die Gestellung abhängig beschäftigter Arbeitnehmer zu verstehen. Auch die Überlassung von Arbeitnehmern einer Landeskirche an ihre Stiftung, die ein Krankenhaus betreibt, ist daher umsatzsteuerfrei (s. noch unter

unmittelbarer Anwendung des Unionsrechts FG Rheinland-Pfalz vom 16.02.2005, 6 K 2348/07, DStRE 2009, 736).

Weitere Voraussetzung der Steuerbefreiung des § 4 Nr. 27 Buchst. a UStG ist, dass die **Einrichtung**, der das Personal gestellt wird, **steuerfreie Leistungen nach § 4 Nr. 14 Buchst. b, Nr. 16, 18, 21, 22 Buchst. a, Nr. 23 und 25 UStG ausführt** (z.B. Krankenhausbehandlungen, ärztliche Heilbehandlungen in Krankenanstalten, Sozialfürsorge, soziale Sicherheit, Kinder- und Jugendbetreuung, Erziehung, Schul- und Hochschulunterricht sowie Aus- und Fortbildung). Das gestellte Personal muss auch im steuerbegünstigten Bereich eingesetzt werden. Wird Personal ausschließlich für geistigen Beistand, z.B. für das Abhalten eines Gottesdienstes, gestellt, muss die aufnehmende Einrichtung keine weiteren Voraussetzungen erfüllen (s. Sterzinger, UStB 2014, 184). 15

Einstweilen frei 16–17

3.2 Gestellung von land- und forstwirtschaftlichen Arbeitskräften und Gestellung von Betriebshelfern, § 4 Nr. 27 Buchst. b UStG

§ 4 Nr. 27 Buchst. b UStG befreit zum einen die unmittelbare Gestellung von land- und forstwirtschaftlichen Arbeitskräften durch juristische Personen des privaten oder des öffentlichen Rechts für land- und forstwirtschaftliche Betriebe (s. § 24 Abs. 2 UStG) mit höchstens drei Vollarbeitskräften zur Überbrückung des Ausfalls des Betriebsinhabers oder dessen voll mitarbeitenden Familienangehörigen wegen Krankheit, Unfalls, Schwangerschaft, eingeschränkter Erwerbsfähigkeit oder Todes sowie zum anderen die Gestellung von Betriebshelfern an die gesetzlichen Träger der Sozialversicherung. Nach Auffassung der Finanzverwaltung sind dies insbesondere land- und forstwirtschaftliche Selbsthilfeeinrichtungen – Betriebshilfsdienste- und Dorfhelferinnendienste –, die in der Regel in der Rechtsform eines eingetragenen Vereins betrieben werden, s. Abschn. 4.26.2 Abs. 1 UStAE. 18

§ 4 Nr. 27 Buchst. b Alt. 1 UStG befreit **die Gestellung von land- und forstwirtschaftlichen Arbeitskräften unmittelbar an land- und forstwirtschaftliche Betriebe mit höchstens drei Vollarbeitskräften für die Verrichtung von Arbeiten in deren land- und forstwirtschaftlichen Betrieb im Sinne des § 24 Abs. 2 UStG**. Die Finanzverwaltung betont insoweit nochmal, dass die Steuerbefreiung nur für juristische Personen des privaten oder öffentlichen Rechts, nicht aber für Einzelunternehmer oder Personengesellschaften gilt, s. Abschn. 4.27.2 Abs. 2 Satz 1 UStAE (s. zur Unionsrechtswidrigkeit insoweit Rn. 10). Die land- und forstwirtschaftlichen Arbeitskräfte müssen in der Land- und Forstwirtschaft – nicht in einem Gewerbebetrieb – eingesetzt werden. Nicht entscheidend für die Inanspruchnahme der Steuerbefreiung ist aber, ob die Kosten für die Ersatzkräfte von den gesetzlichen Trägern der Sozialversicherung erstattet werden, s. Abschn. 4.27.2 Abs. 2 Satz 4 UStAE. 19

Die Finanzverwaltung fordert dabei vom Unternehmer den **Nachweis**, dass die Arbeitskräfte für einen land- und forstwirtschaftlichen Betrieb mit höchstens drei Vollarbeitskräften gestellt werden (s. Abschn. Abschn. 4.27.2 Abs. 3 Satz 1 UStAE). Dieser Nachweis kann durch eine schriftliche Erklärung des betreffenden Land- und Forstwirts geführt werden, s. Abschn. 4.27.2 Abs. 3 Satz 2 UStAE. Darüber hinaus muss der Unternehmer durch entsprechende Bescheinigungen Dritter belegen, dass die gestellten Arbeitskräfte den Ausfall des Betriebsinhabers oder eines voll mitarbeitenden Familienangehörigen wegen Krankheit, Unfall, Schwangerschaft (jeweils z.B. ärztliche Bescheinigung, Bescheinigung der Krankenhäuser oder Heilanstalten), eingeschränkter Erwerbsfähigkeit (z.B. Bescheinigung des Sozialversicherungsträgers) oder Todes überbrücken, s. Abschn. 4.27.2 Abs. 3 Satz 3 und 4 UStAE). 20

§ 4 Nr. 27 Buchst. b Alt. 2 UStG befreit die **Gestellung von Betriebshelfern an die gesetzlichen Träger der Sozialversicherung** (Berufsgenossenschaften, Krankenkassen, Rentenversicherungsträger, landwirtschaftliche Alterskassen). Betriebshelfer sind alle Arbeitskräfte, die in einem landwirtschaftlichen, forstwirtschaftlichen oder sonstigen Gewerbebetrieb für die Zwecke des Unternehmens eingesetzt werden können. Der Gesetzeswortlaut schränkt den Kreis der begünstigten Unternehmer nicht – wie bei § 4 Nr. 27 Buchst. b Alt. 1 UStG – auf juristische Personen ein. Auf die Steuerbefreiung können sich daher auch Einzelunternehmer oder Personengesellschaften berufen. Die genannten Träger sind verpflichtet, ihren 21

Mitgliedern in bestimmten Notfällen – z.B. bei einem Arbeitsunfall, einem Krankenhausaufenthalt oder einer Heilanstaltspflege – Betriebshilfe zu gewähren, Abschn. 4.27.2 Abs. 4 Satz 2 UStAE. Sie bedienen sich dabei anderer Unternehmer – z.B. der Betriebshilfsdienste und der Dorfhelferinnendienste – und lassen sich von diesen die erforderlichen Ersatzkräfte zur Verfügung stellen; die durch die eingeschalteten Unternehmer erbrachten Leistungen an die gesetzlichen Träger der Sozialversicherung sind insoweit steuerfrei, s. Abschn. 4.27.2 Abs. 4 Satz 3 und 4 UStAE. Unter die Steuerbefreiung fällt auch die „Selbstgestellung" eines Einzelunternehmers, der seine Betriebshelferleistungen gegenüber einem Träger der Sozialversicherung erbringt, Abschn. s. 4.27.2 Abs. 4 Satz 6 UStAE.

22 Die Steuerbefreiung soll nach Auffassung der Finanzverwaltung aber dann **nicht eingreifen, wenn, wenn es die gesetzlichen Träger der Sozialversicherung ihren Mitgliedern überlassen**, die **Ersatzkräfte selbst zu beschaffen**, und ihnen lediglich die dadurch entstandenen Kosten erstatten, s. Abschn. 4.27.2 Abs. 5 Satz 1 UStAE. In diesen Fällen kann aber die Steuerbefreiung für unmittelbare Leistungen an land- und forstwirtschaftliche Betriebe (s. § 4 Nr. 27 Buchst. b Alt. 1 UStG) in Betracht kommen, s. Abschn. 4.27.2 Abs. 5 Satz 2 UStAE.

23–24 Einstweilen frei

4. Vorsteuerabzug

25 Die Befreiung schließt gemäß § 15 Abs. 2 Nr. 1 UStG den **Vorsteuerabzug** (s. zum Vorsteuerabzug § 15 Rn. 48 ff.) aus. Ein Verzicht auf die Befreiung nach § 9 UStG (s. zu den Voraussetzungen der Option § 9 Rn. 4 ff.) ist nicht möglich. Die Umsätze nach § 4 Nr. 27 UStG sind also **zwingend umsatzsteuerfrei**.

26–27 Einstweilen frei

5. Steuerfreiheit durch unmittelbare Berufung auf das Unionsrecht

28 Unionsrechtliche Grundlage des § 4 Nr. 14 UStG ist Art. 132 Abs. 1 Buchst. g MwStSystRL. Die Steuerbefreiung des Art. 132 Abs. 1 Buchst g MwStSystRL setzt nach der Rechtsprechung des EuGH voraus, dass es sich **1)** um **Leistungen** handelt, die mit der **Sozialfürsorge oder der sozialen Sicherheit eng verbunden** sind und **2)** dass diese Leistungen **von Einrichtungen des öffentlichen Rechts** oder **anderen Einrichtungen, die von dem betreffenden Mitgliedstaat als Einrichtungen mit im Wesentlichen sozialem Charakter** anerkannt worden sind, erbracht werden (s. EuGH vom 26.05.2005, C-498/03, Kingscrest Associates und Montecello, BFH/NV Beilage 2005, 310). Nach Art. 133 MwStSystRL können die Mitgliedstaaten die Steuerbefreiung des Art. 132 Abs. 1 Buchst. g MwStSystRL u.a. von den Bedingungen abhängig machen:

- Dass die betreffenden Einrichtungen keine systematische Gewinnerzielung anstreben dürfen (Buchst. a),
- dass die Befreiung nicht zu Wettbewerbsverzerrungen zuungunsten gewerblicher Unternehmen führen darf (Buchst. d) oder
- dass die Preise, die die Einrichtungen verlangen, von den zuständigen Behörden genehmigt sein müssen oder die genehmigten Preise nicht übersteigen; bei Umsätzen, für die eine Preisgenehmigung nicht vorgesehen ist, müssen die verlangten Preise unter den Preisen liegen, die der Mehrwertsteuerpflicht unterliegende gewerbliche Unternehmen für entsprechende Umsätze fordern (Buchst. c).

29 Der deutsche Gesetzgeber hat die **unionsrechtlichen Vorgaben** in der Steuerbefreiung des § 4 Nr. 27 Buchst. b UStG **nicht ordnungsgemäß umgesetzt**. Soweit dies der Fall ist, kann sich ein Steuerpflichtiger zur Geltendmachung seiner Umsatzsteuerfreiheit unmittelbar auf das Unionsrecht berufen.

30 An einer ordnungsgemäßen Umsetzung fehlt es im Hinblick darauf, dass die Steuerbefreiung des § 4 Nr. 27 Buchst. b Alt. 1 UStG ausschließlich für juristische Personen gilt. Denn die unionsrechtliche Steuerbefreiung aus **Art. 132 Abs. 1 Buchst. g MwStSystRL erfasst** grundsätzlich alle Einrichtungen die Leistungen, die der Grundpflege und der hauswirtschaftlichen Versorgung körperlich oder wirtschaftlich hilfsbedürftiger Personen dienen, erbringen. Insofern gelten insbesondere als „andere ordnungsgemäß anerkannte Einrichtungen gleicher Art" und „andere von dem betreffenden Mitgliedstaat als Einrichtungen

mit sozialem Charakter anerkannte Einrichtungen“ nach Art. 132 Abs. 1 Buchst. g MwStSystRL auch natürliche Personen und Personengesellschaften, die ein Unternehmen betreiben. **Unternehmer in Form von natürlichen Personen und Personalgesellschaften**, die im Übrigen die Voraussetzungen einer Steuerbefreiung nach § 4 Nr. 27 Buchst. b Alt. 1 UStG erfüllen, können sich zur Geltendmachung ihrer Steuerfreiheit unmittelbar auf Art. 132 Abs. 1 Buchst. g MwStSystRL berufen.

Einstweilen frei **31–32**

§ 4 Nr. 28 UStG Lieferung von Gegenständen, die steuerfreien Tätigkeiten dienen

[1]Von den unter § 1 Abs. 1 Nr. 1 fallenden Umsätzen sind steuerfrei:

...

28. die Lieferungen von Gegenständen, für die der Vorsteuerabzug nach § 15 Abs. 1a ausgeschlossen ist oder wenn der Unternehmer die gelieferten Gegenstände ausschließlich für eine nach den Nummern 8 bis 27 steuerfreie Tätigkeit verwendet hat.

...

Bearbeiter: Daniela Bick

Inhaltsverzeichnis

1. Inhalt und Zweck der Vorschrift

1 Die Steuerbefreiung des § 4 Nr. 28 UStG befreit die Lieferung von Gegenständen, für die der Vorsteuerabzug nach § 15 Abs. 1a UStG ausgeschlossen ist, also bei **ertragsteuerrechtlich nicht abziehbaren Betriebsausgaben** (Alt. 1) oder wenn der Unternehmer die gelieferten Gegenstände **ausschließlich** für **Tätigkeiten** verwendet, die nach § 4 Nr. 8 bis 27 UStG steuerfrei sind und nach § 15 Abs. 2 UStG beim Erwerb **nicht zum Vorsteuerabzug berechtigt** haben (Alt. 2).

2 Die Vorschrift soll eine **Doppelbelastung mit Umsatzsteuer verhindern**, die einträte, wenn für den Erwerb eines Unternehmensgegenstandes der Vorsteuerabzug (s. zum Vorsteuerabzug § 15 Rn. 48 ff.) aufgrund des § 15 Abs. 1a UStG bzw. des § 15 Abs. 2 UStG versagt wurde, jedoch bei der anschließenden Weiterveräußerung erneut mit Umsatzsteuer belastet würde (s. BFH vom 26.04.1995, XI R 75/94, BStBl II 1995, 746).

3 Die Steuerbefreiung wurde durch das UStG 1980 vom 26.11.1979 (BGBl I 1979, 1153) in das UStG eingefügt. Die Vorschrift erfasste seit dem UStBG vom 25.08.1992 (BGBl I 1992, 1548) ab dem 01.01.1993 nur noch die unechten Steuerbefreiungen des § 4 Nr. 8 bis 27 UStG. Mit dem StEntlG 1999/2000/2002 vom 24.03.1999 (BGBl I 1999, 402) hatte der Gesetzgeber die Steuerbefreiung an die Änderungen zur Eigenverbrauchsbesteuerung angepasst. Soweit der Eigenverbrauch nach § 3 Abs. 1b und 9a UStG wegen des fehlenden Vorsteuerabzugs nicht mehr steuerbar war, bedurfte es der Steuerbefreiung nach § 4 Nr. 28 nicht mehr (BT-Drs. 14/23, 197). Durch das JStG 2008 vom 20.12.2007 (BGBl I 2007, 3150) entfiel mit der Aufhebung des § 15 Abs. 1a Nr. 3 (Ausschluss des Vorsteuerabzugs für Umzugskosten) die Nummerierung des § 15 Abs. 1a, sodass § 4 Nr. 28 entsprechend redaktionell angepasst wurde. Die heutige Fassung der Vorschrift gilt seit Inkrafttreten des JStG 2008 unverändert.

4–5 Einstweilen frei

2. Unionsrechtlicher Hintergrund

6 **Unionsrechtliche Grundlage** für § 4 Nr. 28 UStG sind **Art. 136 Buchst. a und b MwStSystRL**. Nach Art. 136 Buchst. a MwStsystRL befreien die Mitgliedstaaten die Lieferungen von Gegenständen, die aus-

schließlich für eine auf Grund der Artikel 132, 135, 371, 375, 376, 377, des Artikels 378 Absatz 2, des Artikels 379 Absatz 2 sowie der Artikel 380 bis 390 von der Steuer befreite Tätigkeit bestimmt waren von der Umsatzsteuer, wenn für diese Gegenstände kein Recht auf Vorsteuerabzug bestanden hat. Nach Art. 136 Buchst. b MwStsystRL befreien die Mitgliedstaaten die Lieferungen von Gegenständen, deren Anschaffung oder Zuordnung gemäß Artikel 176 vom Vorsteuerabzug ausgeschlossen war von der Umsatzsteuer. Nach Art. 176 MwStSystRL legt der Rat auf Vorschlag der Kommission einstimmig fest, welche Ausgaben kein Recht auf Vorsteuerabzug eröffnen. In jedem Fall werden diejenigen Ausgaben vom Recht auf Vorsteuerabzug ausgeschlossen, die keinen streng geschäftlichen Charakter haben, wie Luxusausgaben, Ausgaben für Vergnügungen und Repräsentationsaufwendungen.

Einstweilen frei 7–8

3. Voraussetzungen der Steuerfreiheit im Einzelnen

3.1 Lieferungen von Gegenständen

Die Steuerbefreiung des § 4 Nr. 28 UStG enthält **zwei Tatbestände**, die die Steuerfreiheit der Lieferung von Gegenständen gewähren. In der ersten Alternative werden die Lieferungen von Gegenständen steuerbefreit, für die der **Vorsteuerabzug nach § 15 Abs. 1a UStG ausgeschlossen** ist. Die zweite Alternative befreit die Lieferungen der Gegenstände, die der Unternehmer **ausschließlich** für eine **nach § 4 Nr. 8 bis 27 UStG steuerfreie Tätigkeit** verwendet hat. 9

Lieferung ist die Verschaffung der Verfügungsmacht an einem Gegenstand (s. § 3 Abs. 1 UStG; s. § 3 Rn. 10 ff.). § 4 Nr. 28 UStG befreit somit nicht sonstige Leistungen. § 4 Nr. 28 UStG ist weder unmittelbar noch entsprechend auf sonstige Leistungen anwendbar (s. BFH vom 26.04.1995, XI R 75/94, BStBI II 1995, 746; Abschn. 4.28.1 Abs. 1 Satz 3 UStAE). Bei der **Übertragung von Lebensversicherungsverträgen** handelt es sich nicht um die Lieferung eines Gegenstandes, sondern um eine sonstige Leistung, die nicht unter die Steuerbefreiung des § 4 Nr. 28 fällt (s. EuGH vom 22.10.2009, C-242/08. DStR 2009, 2245, Swiss Re Germany Holding GmbH; s. auch BFH vom 16.04.2008, XI R 54/06, BStBl II 2008, 772). 10

Liefergegenstände i.S.d. § 3 Abs. 1 UStG sind körperliche Gegenstände (bewegliche und unbewegliche Sachen, Grundstücke). Da der Begriff Gegenstand umsatzsteuerlich weiter zu fassen ist, gehören auch Stoffe, die wie körperliche Sachen behandelt werden (z.B. Strom Wasser, Gas, Wasserkraft), zu den Gegenständen. 11

Die **Entnahme eines Gegenstands** durch einen Unternehmer aus seinem Unternehmen für Zwecke, die außerhalb seines Unternehmens liegen, wird zwar in § 3 Abs. 1b Nr. 1UStG einer Lieferung gegen Entgelt gleichgestellt. Voraussetzung dafür ist aber nach § 3 Abs. 1b Satz 2 UStG, dass „der Gegenstand oder seine Bestandteile zum vollen oder teilweisen Vorsteuerabzug berechtigt haben. Dies ist aber gerade infolge der Verwendung für eine nach § 4 Nr. 8 bis 27 UStG steuerfreie Tätigkeit nicht der Fall. Für die Anwendung der Steuerbefreiung bleibt kein Raum. 12

Einstweilen frei 13–14

3.2 Ausschluss des Vorsteuerabzugs nach § 15 Abs. 1 a UStG, § 4 Nr. 28 Alt. 1 UStG

Die Steuerbefreiung des § 4 Nr. 28 Alt. 1 UStG gilt nur für Lieferungen von Gegenständen, für die der **Vorsteuerabzug nach § 15 Abs. 1 a UStG ausgeschlossen** ist. Gemäß § 15 Abs. 1a UStG sind nicht abziehbar Vorsteuerbeträge, die auf Aufwendungen, für die das Abzugsverbot des § 4 Abs. 5 Satz 1 Nr. 1 bis 4, 7 oder des § 12 Nr. 1 des EStG gilt, entfallen. Dies gilt nicht für **Bewirtungsaufwendungen**, soweit § 4 Abs. 5 Satz 1 Nr. 2 EStG einen Abzug angemessener und nachgewiesener Aufwendungen ausschließt (d.h. für die einkommensteuerlich zu 70 % der angemessenen und nachgewiesenen Bewirtungsaufwendungen abziehbaren Kosten bleibt der Vorsteuerabzug erhalten). 15

Die Voraussetzungen des in § 4 Abs. 5 EStG bzw. § 12 Nr. 1 EStG enthaltenen Abzugsverbots sind im Rahmen der **Umsatzsteuerfestsetzung eigenständig zu prüfen**, eine Bindung an die ertragsteuerrechtliche Behandlung besteht nicht (s. BFH vom 02.07.2008, XI R 60/06, UR 2008, 931). Für die Anwendung des 16

§ 15 Abs. 1 a UStG ist entscheidend, dass die Aufwendungen ihrer Art nach unter § 4 Abs. 5 EStG bzw. § 12 Nr. 1 EStG fallen (s. BFH vom 23.01.1992, V R 66/85, BFHE 167, 221) d.h. § 15 Abs. 1a UStG ist auch dann anwendbar, wenn § 4 Abs. 5 EStG bzw. § 12 Nr. 1 EStG für den Unternehmer ertragsteuerrechtlich keine Bedeutung haben, wenn z.B. wegen fehlender Gewinn-/Überschusserzielungsabsicht keine einkommensteuerrechtlich relevanten Einkünfte erzielt werden und somit ein Abzugsverbot weder für Gewinneinkünfte nach § 4 Abs. 5 EStG bzw. § 12 Nr. 1 EStG noch für Überschusseinkünfte nach § 9 Abs. 5 i.V.m. § 4 Abs. 5 EStG bzw. § 12 Nr. 1 EStG greift (s. Tehler in Rau/Dürwächter, Rn. 57). Auslegungsmaßstab für die Anwendung ist Art. 176 Satz 2 MwStSystRL, wonach jedenfalls diejenigen Ausgaben vom Recht auf Vorsteuerabzug ausgeschlossen sind, die keinen streng geschäftlichen Charakter haben, wie Luxusausgaben, Ausgaben für Vergnügungen und Repräsentationsaufwendungen.

17 Die Steuerbefreiung kommt nur in Betracht, wenn im Zeitpunkt der Lieferung die Vorsteuer für die gesamten Anschaffungsoder Herstellungskosten einschließlich der Nebenkosten und der nachträglichen Anschaffungs- oder Herstellungskosten nicht abgezogen werden konnte, s. Abschn. 4.28.1 Abs. 3 UStAE.

18–19 Einstweilen frei

3.3 Ausschluss des Vorsteuerabzugs nach § 15 Abs. 1a UStG, § 4 Nr. 28 Alt. 2 UStG

20 Die zweite Alternative der Steuerbefreiung aus § 4 Nr. 28 UStG befreit die Lieferungen der Gegenstände, die der Unternehmer ausschließlich für eine nach § 4 Nr. 8 bis 27 UStG steuerfreie Tätigkeit verwendet hat von der Umsatzsteuer. Die Voraussetzungen der Steuerfreiheit müssen **während des gesamten Verwendungszeitraums** vorgelegen haben, vgl. Abschn. 4.28.1 Abs. 1 Satz 2 UStAE. Die Steuerbefreiung ist auch anwendbar, wenn der Abzug der **Vorsteuer** aus den Anschaffungskosten der gelieferten Gegenstände in **unmittelbarer Anwendung der MwStSystRL** nach § 15 Abs. 2 Satz 1 Nr. 1 UStG **ausgeschlossen** war (s. BFH vom 16.05.2012, XI R 24/10, BStBl II 2013, 52; Abschn. 4.28.1 Abs. 7 UStAE).

21 Aus **Vereinfachungsgründen** kann die Steuerbefreiung nach § 4 Nr. 28 UStG auch in den Fällen in Anspruch genommen werden, in denen der Unternehmer die Gegenstände in **geringfügigem Umfang** (höchstens 5 %) für Tätigkeiten verwendet hat, die nicht nach § 4 Nr. 8 bis 27 UStG befreit sind, s. Abschn. 4.28.1 Abs. 2 UStAE. Dazu muss der Unternehmer für diese Gegenstände allerdings darauf verzichtet haben, einen anteiligen Vorsteuerabzug vorzunehmen, s. Abschn. 4.28.1 Abs. 2 Satz 2 UStAE.

22 Die Lieferung ist auch dann steuerfrei, wenn der Unternehmer den **Gegenstand für Umsätze im Ausland** verwendet, die steuerfrei gewesen wären, wenn sie im Inland ausgeführt worden wären (s. § 15 Abs. 2 Satz 1 Nr. 2 UStG). Nach § 15 Abs. Nr. 1 Buchst. b UStG und § 15 Abs. 3 Nr. 2 Buchst. b UStG greift der Vorsteuerausschluss nicht, wenn der Unternehmer die Eingangsleistungen für Umsätze im Ausland verwendet, die nach § 4 Nr. 10 oder 11 UStG steuerfrei wären und der Leistungsempfänger im Drittlandsgebiet ansässig ist oder sich die Umsätze auf Gegenstände beziehen, die in das Drittland ausgeführt werden. Denn Voraussetzung für die Steuerbefreiung nach § 4 Nr. 28 UStG ist, dass aufgrund der vorsteuerschädlichen Umsätze der Vorsteuerabzug nach § 15 Abs. 2 UStG (s. zum Vorsteuerabzug § 15 Rn. 48 ff.) ausgeschlossen ist.

23–24 Einstweilen frei

4. Verhältnis zu anderen Steuerbefreiungsvorschriften

25 Die Steuerbefreiung des § 4 Nr. 28 UStG findet über **ihren Wortlaut hinaus keine Anwendung**. Insbesondere ist keine Berufung auf die Steuerbefreiung möglich, wenn der **Vorsteuerabzug nach § 15 Abs. 1 UStG** und §§ 23, 23 a oder § 24 UStG ausgeschlossen ist. § 4 Nr. 28 UStG gilt also nicht, wenn der Unternehmer Gegenstände veräußert oder entnimmt, für die der Vorsteuerabzug nach § 15 Abs. 1 UStG ausgeschlossen war und er die Gegenstände für Zwecke seiner steuerpflichtigen Umsätze verwendet. War der Vorsteuerabzug nach § 15 Abs. 1 UStG (nicht nach § 15 Abs. 2 UStG; s. zum Vorsteuerabzug § 15 Rn. 48 ff.) nicht möglich, z.B. beim Erwerb von einem Nichtunternehmer oder von einem **Kleinunternehmer** (s. § 19 UStG; s. § 19 Rn. 3 ff.) und wird der Gegenstand für Zwecke einer vorsteuerunschädlichen Umsätze

verwendet, findet § 4 Nr. 28 UStG bei der Veräußerung keine Anwendung (s. BFH vom 16.04.1997, XI R 87/96, BStBl II 1997, 585). Zudem findet § 4 Nr. 28 UStG keine Anwendung, wenn der Vorsteuerabzug durch die **Durchschnittssatzbesteuerung nach §§ 23, 23a, 24 UStG** beschränkt ist. Wird ein während der Durchschnittssatzbesteuerung erworbener Gegenstand nach den allgemeinen Vorschriften steuerpflichtig weiterveräußert, ist der Vorsteuerabzug unter den Voraussetzungen des § 15a Abs. 7 UStG zu berichtigen.

Die Befreiungsvorschrift des § 4 Nr. 28 UStG ist auch nicht anwendbar, wenn der Unternehmer den **Vorsteuerabzug fälschlich nicht in Anspruch genommen** hat, weil er etwa irrtümlich von der Steuerfreiheit seiner Verwendungsumsätze ausgegangen ist. 26

Liegen für die Lieferungen von Gegenständen nach § 4 Nr. 28 UStG durch den Unternehmer auch die Voraussetzungen einer **Ausfuhrlieferung** (s. § 4 Nr. 1 Buchst. a, § 6 UStG; s. zum Begriff der Ausfuhrlieferung § 6 Rn. 6 ff.) bzw. einer **innergemeinschaftlichen Lieferung** (s. § 4 Nr. 1 Buchst. b, § 6a UStG; s. zum Begriff der innergemeinschaftlichen Lieferung § 6a Rn. 10 ff.) vor, geht die Steuerbefreiung des § 4 Nr. 28 UStG nach Auffassung der Finanzverwaltung diesen Steuerbefreiungen vor, s. Abschn. 4.28.1 Abs. 6 UStAE. Denn die Finanzverwaltung vertritt die Auffassung, dass die Steuerbefreiungen ohne Vorsteuerabzug (s. § 4 Nr. 8 bis 28 UStG) generell den Steuerbefreiungen mit Vorsteuerabzug (s. § 4 Nr. 1 bis 7 UStG) vorgehen. Zur Begründung beruft sich die Finanzverwaltung auf das Urteil des Gerichtshofs vom 07.12.2006 (C-240/05, Eurodental, UR 2007, 98). In der Literatur wird teilweise davon ausgegangen, dass der Gerichtshof diese Rechtsprechung zum Verhältnis zwischen unechten und echten Steuerbefreiungen wird überdenken müssen, da der Vorrang der unechten Steuerbefreiung im Binnenhandel zu Wettbewerbsverzerrungen im Verhältnis zu Lieferungen von nicht unecht befreiten Unternehmern führe (s. Stadie, UStG, 2. Aufl. 2012, Vor §§ 4–9 UStG Rz. 24 ff.; Reiß, UR 2007, 565; Achatz in Festschrift für Reiß, 2008, 169; Lippross in Festschrift für Reiß, 2008, 195). 27

Einstweilen frei 28–29

4. Vorsteuerabzug

Die Befreiung schließt gemäß § 15 Abs. 2 Nr. 1 UStG den **Vorsteuerabzug** (s. zum Vorsteuerabzug § 15 Rn. 48 ff.) aus. Ein Verzicht auf die Befreiung nach § 9 UStG (s. zu den Voraussetzungen der Option § 9 Rn. 4 ff.) ist nicht möglich. Die Umsätze nach § 4 Nr. 28 UStG sind also **zwingend umsatzsteuerfrei**. 30

Einstweilen frei 31–32

5. Nachweis der Steuerbefreiung

Die die **Steuerbefreiung begründenden Tatsachen** müssen nach den allgemeinen Grundsätzen durch den Steuerpflichtigen **nachgewiesen** werden. Dazu sieht § 4 Nr. 28 UStG keinen besonderen Buch- und Belegnachweise vor. Es sind aber die **Aufzeichnungspflichten nach § 22 UStG** einzuhalten. 33

Einstweilen frei 34–35

§ 4a UStG Steuervergütung

(1) [1]Körperschaften, die ausschließlich und unmittelbar gemeinnützige, mildtätige oder kirchliche Zwecke verfolgen (§§ 51 bis 68 der Abgabenordnung), und juristischen Personen des öffentlichen Rechts wird auf Antrag eine Steuervergütung zum Ausgleich der Steuer gewährt, die auf der an sie bewirkten Lieferung eines Gegenstands, seiner Einfuhr oder seinem innergemeinschaftlichen Erwerb lastet, wenn die folgenden Voraussetzungen erfüllt sind:
1. Die Lieferung, die Einfuhr oder der innergemeinschaftliche Erwerb des Gegenstands muss steuerpflichtig gewesen sein.
2. Die auf die Lieferung des Gegenstands entfallende Steuer muss in einer nach § 14 ausgestellten Rechnung gesondert ausgewiesen und mit dem Kaufpreis bezahlt worden sein.
3. Die für die Einfuhr oder den innergemeinschaftlichen Erwerb des Gegenstands geschuldete Steuer muss entrichtet worden sein.
4. Der Gegenstand muss in das Drittlandsgebiet gelangt sein.
5. Der Gegenstand muss im Drittlandsgebiet zu humanitären, karitativen oder erzieherischen Zwecken verwendet werden.
6. Der Erwerb oder die Einfuhr des Gegenstands und seine Ausfuhr dürfen von einer Körperschaft, die steuerbegünstigte Zwecke verfolgt, nicht im Rahmen eines wirtschaftlichen Geschäftsbetriebs und von einer juristischen Person des öffentlichen Rechts nicht im Rahmen ihres Unternehmens vorgenommen worden sein.
7. Die vorstehenden Voraussetzungen müssen nachgewiesen sein.

[2]Der Antrag ist nach amtlich vorgeschriebenem Vordruck zu stellen, in dem der Antragsteller die zu gewährende Vergütung selbst zu berechnen hat.

(2) Das Bundesministerium der Finanzen kann mit Zustimmung des Bundesrates durch Rechtsverordnung näher bestimmen,
1. wie die Voraussetzungen für den Vergütungsanspruch nach Absatz 1 Satz 1 nachzuweisen sind und
2. in welcher Frist die Vergütung zu beantragen ist.

Bearbeiter: Matthias Trinks

Inhaltsverzeichnis

1. Bedeutung der Norm

1 Die Norm regelt als Spezialbestimmung eine **Entlastung von der Mehrwertsteuer** (Vergütung, Erstattung) für nach der Abgabenordnung begünstigte Personen und juristische Personen des öffentlichen Rechts. Der diese Entlastung sonst bewirkende Vorsteuerabzug ist für den genannten Personenkreis nicht zugänglich, da er – zumindest im Kontext des § 4a UStG – nicht als Unternehmer auftritt.

2 Absatz 1 regelt die Voraussetzungen; Abs. 2 ist Ermächtigungsgrundlage für § 24 UStDV, der selbst das Verfahren und vor allem Nachweisanforderungen bestimmt. Europarechtliche Grundlage ist Art. 142 Abs. 1 Buchst. c i.V.m. Abs. 2 MwStSystRL.

2. Vergütungsempfänger

3 Begünstigt werden Einrichtungen, die gemeinnützig im weiteren Sinne (s. §§ 51 ff. AO) sind. Ausgeschlossen ist die Steuervergütung für Tätigkeiten im Rahmen eines **wirtschaftlichen Geschäftsbetriebs**.

Dort besteht in aller Regel das Recht zum Vorsteuerabzug. Tätigkeiten im **Zweckbetrieb** sind hingegen begünstigt.

Ebenfalls vergütungsberechtigt sind juristische Personen des öffentlichen Rechts, soweit sie nicht unternehmerisch tätig sind. Dabei ist nach bisherigem Recht auf § 2 Abs. 3 UStG a.F. (Betrieb gewerblicher Art) abzustellen. Frühestens ab 2017, spätestens 2021 (s. § 27 Rn. 16) erfolgt die Abgrenzung gemäß § 2b UStG (Wettbewerbsverzerrungen). 4

3. Vergütungsvoraussetzungen

Die zu vergütende Eingangsleistung muss steuerpflichtig gewesen sein. Weitere Vorstufen in der Lieferkette sind ohne Bedeutung. Der letzte Leistende muss den Umsatz zutreffend versteuert und eine **ordnungsgemäße Rechnung** ausgestellt haben. Vergütungsfähig ist stets nur das Minimum aus gesetzlich geschuldeter und ausgewiesener Steuer. Der Vergütungsempfänger muss den Steuerbetrag tatsächlich und vollständig an den Leistenden bezahlt haben. Für spätere Änderungen beim Steuerbetrag gilt § 17 UStG analog. 5

Die Lieferung muss für einen nach § 4a Abs. 1 Nr. 5 UStG begünstigten Zweck ins Drittland erfolgt sein. Das Merkmal „humanitär" ist weit auszulegen. Seine Grenze findet es jedoch spätestens bei Verstößen gegen das Außenwirtschaftsgesetz (s. BFH vom 30.01.1975, V R 143/70, BStBl II 1975, 469). Auf die Person des Empfängers im Drittland kommt es nicht an. 6

4. Nachweispflichten

Die Vergütungsvoraussetzungen sind buchmäßig nachzuweisen, s. § 24 Abs. 3 UStDV. Für die Verbringung ins Drittland ist der übliche Ausfuhrnachweis zu erbringen. Der **Eingangsumsatz** muss durch ordnungsgemäße Rechnung und Zahlungsnachweis belegt werden. 7

5. Verfahren

Der **Vergütungsantrag** ist auf amtlichem Vordruck USt 1 V beim Betriebsfinanzamt (s. § 21 AO) zu stellen. Es gelten die Grundsätze zur Steueranmeldung. Die Frist des § 24 Abs. 1 Satz 1 UStDV ist eine Ausschlussfrist, die nicht verlängert oder in den vorigen Stand nach § 110 AO zurückversetzt werden kann (s. BFH vom 05.11.1998, V B 70/98, BFH/NV 1999, 682). **Rechtsschutz** erfolgt über Einspruch und Anfechtungsklage. Vorläufiger Rechtsschutz kann nicht gewährt werden. 8

§ 4b UStG Steuerbefreiung beim innergemeinschaftlichen Erwerb von Gegenständen

Steuerfrei ist der innergemeinschaftliche Erwerb

1. der in § 4 Nr. 8 Buchstabe e und Nr. 17 Buchstabe a sowie der in § 8 Abs. 1 Nr. 1 und 2 bezeichneten Gegenstände;
2. der in § 4 Nr. 4 bis 4b und Nr. 8 Buchstabe b und i sowie der in § 8 Abs. 2 Nr. 1 und 2 bezeichneten Gegenstände unter den in diesen Vorschriften bezeichneten Voraussetzungen;
3. der Gegenstände, deren Einfuhr (§ 1 Abs. 1 Nr. 4) nach den für die Einfuhrumsatzsteuer geltenden Vorschriften steuerfrei wäre;
4. der Gegenstände, die zur Ausführung von Umsätzen verwendet werden, für die der Ausschluss vom Vorsteuerabzug nach § 15 Abs. 3 nicht eintritt.

Bearbeiter: Bernhard Becht†/Manzur Esskandari

Inhaltsverzeichnis

1. Bedeutung der Norm

1 Die Vorschrift dient zum einen der **Gleichstellung der umsatzsteuerrechtlichen Behandlung von Gemeinschaftswaren und Drittlandswaren**. Dadurch soll der Handel innerhalb der EU im Vergleich zum Handel mit Drittstaaten nicht schlechter gestellt werden. Zum anderen wird der innergemeinschaftliche Erwerb bestimmter Gegenstände, deren Lieferung im Inland steuerfrei wäre, ebenfalls steuerfrei gestellt.

2 Diese Zielsetzung verlangt, dass im Zusammenhang mit der Einfuhr gewährte Steuerbefreiungen entsprechend für den innergemeinschaftlichen Erwerb Anwendung finden. Die Vorschrift regelt daher entsprechend § 5 UStG auch zunächst bestimmte, auch bei Inlandslieferungen gewährte Steuerbefreiungen.

2. Steuerbefreiungen des innergemeinschaftlichen Erwerbs

2.1 Innergemeinschaftlicher Erwerb

3 Die Vorschrift setzt einen **steuerbaren innergemeinschaftlichen Erwerb** voraus (s. dazu die Anm. zu § 1a UStG, insb. § 1a Rn. 14 ff.).

4 Sie gilt daher u.a. nicht:

- Für den Erwerb von Privatpersonen,
- für den Erwerb durch die in § 1a Abs. 3 Satz 1 UStG genannten Personen, wenn die Erwerbsschwelle des § 1a Abs. 3 Nr. 2 UStG (s. dazu § 1a UStG; Rn. 89 ff.) nicht überschritten ist und nicht zur Erwerbsbesteuerung optiert wurde und
- einen Erwerb durch die in § 1c UStG genannten Institutionen.

5 Zweifelhaft ist, ob die Befreiung auch für Erwerbe gilt, die nach § 3d Satz 2 UStG wegen der Verwendung einer deutschen USt-Identifikationsnummer als im Inland ausgeführt gelten. Da § 3d Satz 2 UStG lediglich ein Auffangtatbestand zur Sicherung einer zutreffenden Besteuerung sein soll, ist die Steuerbefreiung zu bejahen (so auch Robisch in Bunjes, § 4b UStG, Rn. 3).

Die Steuerbefreiungen gelten auch für das innergemeinschaftliche Verbringen ins Inland, soweit dies einem innergemeinschaftlichen Erwerb gleich gestellt ist (s. dazu § 1a Rn. 6 ff. und 53 ff.) 6

Ist die **Lieferung des Gegenstandes** im Ursprungsland nach Art. 132 MwStSystRL „unecht" befreit, so soll nach Auffassung des EuGH es bei dieser Steuerbefreiung bleiben und Art. 138 MwStSystRL zurücktreten (s. EuGH Urteil vom 07.12.2006, Rs. C-240/05, UR 2007, 98). Der Tatbestand des innergemeinschaftlichen Erwerbs bleibt erfüllt (s. Reiß, UR 2007, 565, 567; a.A. Stadie in Rau/Dürrwächter, § 4b UStG Rn. 7). 7

Entsprechend der Regelung in § 5 UStG werden im Einzelnen erfasst der Erwerb von: 8

- Wertpapieren,
- gesetzlichen Zahlungsmitteln, sofern ihr Umsatz nicht wegen ihres Metallgehalts oder Sammlerwerts erfolgt, sowie allen im Inland gesetzlichen Zahlungsmittel zum aufgedruckten Wert,
- Gold für Zentralbanken,
- menschlichen Organen, menschlichem Blut und Frauenmilch,
- Luftfahrzeugen sowie dafür bestimmte Ersatzteile und Ausrüstungsgegenstände, wenn die Luftfahrzeuge überwiegend im grenzüberschreitenden Verkehr eingesetzt werden.

2.2 Erwerb von Gegenständen, deren Lieferung im Inland steuerfrei wäre (Nr. 1 und 2)

Die Nr. 1 und 2 befreien den innergemeinschaftlichen Erwerb solcher Gegenstände, deren Lieferung im Inland steuerfrei wäre. Sie entsprechen vom Wortlaut her der Steuerbefreiung bei der Einfuhr nach § 5 Nr. 1 und 2 UStG. Zu den erfassten Gegenständen i.S.d. Nr. 1 bzw. den Steuerbefreiungen nach Nr. 2 im Einzelnen kann auf § 5 UStG, Rn. 10 ff. verwiesen werden. 9

Soweit die Steuerbefreiung bei Lieferung im Inland zu einem Ausschluss des Vorsteuerabzugs führen würde, kann der Erwerb aus einem anderen Mitgliedstaat – wie bei der Einfuhr aus einem Drittstaat – zu einer im Ergebnis geringeren Belastung führen, da dort die Lieferung als innergemeinschaftliche Lieferung nach der § 6a UStG entsprechenden Vorschrift befreit ist, die den Vorsteuerabzug nicht ausschließt, § 15 Abs. 3 Nr. 1a UStG (s. Robisch in Bunjes, § 4b Rn. 5, Stadie in Rau/Dürrwächter, § 4b UStG Rn. 10). 10

Im Fall der Lieferung aus einem EU-Mitgliedstaat in ein Umsatzsteuerlager oder im Rahmen eines Zollverfahrens (**Nichterhebungsverfahren**) liegt beim Abnehmer des gelieferten Gegenstands ein innergemeinschaftlicher Erwerb vor. Dieser Erwerb ist nach Nr. 2 i.V.m. § 4 Nr. 4a und 4b UStG steuerfrei. 11

2.3 Erwerb von Gegenständen, deren Einfuhr steuerfrei wäre (Nr. 3)

Nr. 3 stellt solche innergemeinschaftliche Erwerbe steuerfrei, deren Einfuhr steuerfrei wäre. 12

Dies sind insbesondere die nach der auf § 5 Abs. 2 UStG beruhenden EUStBV (s. dazu § 5 Rn. 21 ff.). 13

Nicht eindeutig ist, ob diese Verweisung nur für Befreiungen gilt, die sich auf die Einfuhr von Gegenständen beziehen, die zum endgültigen Verbleib bestimmt sind, oder auch Befreiungen für die vorübergehende Einfuhren von Gegenständen erfasst (s. Art. 28c Teil B Buchst. b 6. EG-RL). Der Wortlaut der Nr. 3 enthält eine solche Einschränkung nicht. Deshalb wird eine Einschränkung auch unter der Berücksichtigung des Unionsrechts verneint (s. Robisch in Bunjes, § 4b UStG Rn. 7). Eine derartige Einschränkung würde ansonsten eine unzulässige unmittelbare Anwendung des Unionsrechts zu Lasten des Steuerpflichtigen darstellen. Soweit Befreiungen auf einer Verwaltungsanweisung beruhen, kann Nr. 3 nicht angewendet werden (so auch Robisch in Bunjes, § 4b UStG Rn. 7; mit Verweis auf BMF vom 17.02.1993, UR 1993, 397 zur Einfuhr von Büchern und Zeitschriften durch wissenschaftliche Bibliotheken). 14

2.4 Erwerb von Gegenständen, die für Umsätze verwendet werden, die den Vorsteuerabzug nach § 15 Abs. 3 UStG nicht ausschließen (Nr. 4)

Nach Nr. 4 ist der innergemeinschaftliche Erwerb solche Gegenstände steuerbefreit, die für Umsätze verwendet werden, für die der Vorsteuerabzug nach § 15 Abs. 3 UStG (s. zum Vorsteuerabzug § 15 Rn. 48 ff.) möglich ist. Die Befreiung erfasst nur solche Erwerbe, bei denen der Vorsteuerabzug nach § 15 Abs. 2 UStG ausgeschlossen wäre und nach § 15 Abs. 3 UStG ausdrücklich zugelassen wird. 15

15/1 Dies sind insbesondere:

- Ausfuhrlieferungen (s. § 6 UStG; s. § 6 Rn. 6 ff.),
- Lohnveredelungen an Ausfuhrgegenständen (s. § 7 UStG; s. § 7 Rn. 3 ff.), Umsätze für die Seeschifffahrt und Luftfahrt (s. § 8 UStG; § 8 Rn. 4 ff.), Umsätze mit NATO-Streitkräften (s. § 26 Abs. 5 UStG; s. § 26 Rn. 31 ff.) und
- Umsätze der Kredit- und Versicherungswirtschaft (s. § 4 Nr. 8 Buchst. a bis g, Nr. 10 Buchst. a UStG), die sich unmittelbar auf Gegenstände beziehen, die in das Drittlandsgebiet ausgeführt werden oder bei denen der Empfänger der Leistungen im Drittlandsgebiet ansässig ist.

16 **Beispiel:** Eine Exportfirma in Stuttgart erwirbt von ihrem Lieferanten in Frankreich Maschinen, um diese an einen Abnehmer in der Schweiz zu liefern. Der Lieferant versendet die Maschinen an die Exportfirma nach Stuttgart. Der Abnehmer holt sie hier ab und führt sie in die Schweiz aus.

Lösung: Die Exportfirma tätigt eine nach § 3 Abs. 6 Satz 1 UStG steuerbare Beförderungslieferung. Dies ist nach § 4 Nr. 1 Buchst. a i.V.m. § 6 Abs. 1 Nr. 2 UStG. als Ausfuhrlieferung steuerfrei. Der Vorsteuerabzug ist nach § 15 Abs. 3 Nr. 1 UStG nicht ausgeschlossen. Die Exportfirma tätigt mit dem Erwerb der Maschine nach § 1a i.V.m. § 3d UStG einen in Deutschland steuerbaren innergemeinschaftlichen Erwerb. Dieser ist nach § 4b Nr. 4 UStG steuerfrei.

17 Häufig kann der Erwerber beim Bezug der Waren aus dem übrigen Gemeinschaftsgebiet noch nicht ermitteln, welche Gegenstände in welchem Umfang im Inland, in das übrige Gemeinschaftsgebiet oder in das Drittlandsgebiet weiter geliefert werden. Hier sollte generell zur Erwerbsbesteuerungg nach § 1a Abs. 4 UStG optiert werden (s. zu den Voraussetzungen § 1a Rn. 96 ff.).

18 Die Befreiung nach § 4b Nr. 4 UStG greift auch im Rahmen eines Reihengeschäfts, das im übrigen Gemeinschaftsgebiet endet, wenn der Ort des innergemeinschaftlichen Erwerbs aufgrund der Fiktion des § 3d Satz 2 UStG (Verwendung einer deutschen USt-IdNr.) auch im Inland ist.

3. Fiskalvertreter

19 Nach § 22a Abs. 1 UStG setzt die **Bestellung eines Fiskalvertreters** voraus, dass ausschließlich steuerfreie Umsätze ausgeführt werden und kein Recht auf Vorsteuerabzug besteht. Danach würde ein innergemeinschaftlicher Erwerb eines Gegenstandes die Bestellung eines Fiskalvertreters auch dann ausschließen, wenn die dadurch entstehende Umsatzsteuer als Vorsteuer nach § 15 Abs. 3 UStG, z.B. bei der anschließenden innergemeinschaftlichen Lieferung, abgezogen werden könnte.

4. Verzicht auf die Steuerbefreiung

20 Nach dem Wortlaut des Gesetzes kann auf die Steuerbefreiung nicht verzichtet werden. Nach Abschn. 4b.1 Abs. 3 Satz 2 UStAE ist es für die nach Nr. 4 befreiten Erwerbe jedoch nicht zu beanstanden, wenn diese als steuerpflichtig behandelt werden. Dann muss auch der Vorsteuerabzug hinsichtlich der Erwerbsteuer zulässig sein (s. Robisch in Bunjes, § 4b Rn. 1). Diese Regelung vermeidet in der Praxis ggf. schwierige **Abgrenzungsfragen zwischen steuerfreien und steuerpflichtigen gemeinschaftlichen Erwerben** (s. Robisch in Bunjes, § 4b Rn. 1).

§ 5 UStG Steuerbefreiungen bei der Einfuhr

(1) Steuerfrei ist die Einfuhr

1. der in § 4 Nr. 8 Buchstabe e und Nr. 17 Buchstabe a sowie der in § 8 Abs. 1 Nr. 1, 2 und 3 bezeichneten Gegenstände;
2. der in § 4 Nr. 4 und Nr. 8 Buchstabe b und i sowie der in § 8 Abs. 2 Nr. 1, 2 und 3 bezeichneten Gegenstände unter den in diesen Vorschriften bezeichneten Voraussetzungen;
3. der Gegenstände, die von einem Schuldner der Einfuhrumsatzsteuer im Anschluss an die Einfuhr unmittelbar zur Ausführung von innergemeinschaftlichen Lieferungen (§ 4 Nummer 1 Buchstabe b, § 6a) verwendet werden; der Schuldner der Einfuhrumsatzsteuer hat zum Zeitpunkt der Einfuhr
   a) seine im Geltungsbereich dieses Gesetzes erteilte Umsatzsteuer-Identifikationsnummer oder die im Geltungsbereich dieses Gesetzes erteilte Umsatzsteuer-Identifikationsnummer seines Fiskalvertreters und
   b) die im anderen Mitgliedstaat erteilte Umsatzsteuer-Identifikationsnummer des Abnehmers mitzuteilen sowie
   c) nachzuweisen, dass die Gegenstände zur Beförderung oder Versendung in das übrige Gemeinschaftsgebiet bestimmt sind;
4. der in der Anlage 1 bezeichneten Gegenstände, die im Anschluss an die Einfuhr zur Ausführung von steuerfreien Umsätzen nach § 4 Nr. 4a Satz 1 Buchstabe a Satz 1 verwendet werden sollen; der Schuldner der Einfuhrumsatzsteuer hat die Voraussetzungen der Steuerbefreiung nachzuweisen;
5. der in der Anlage 1 bezeichneten Gegenstände, wenn die Einfuhr im Zusammenhang mit einer Lieferung steht, die zu einer Auslagerung im Sinne des § 4 Nr. 4a Satz 1 Buchstabe a Satz 2 führt und der Lieferer oder sein Beauftragter Schuldner der Einfuhrumsatzsteuer ist; der Schuldner der Einfuhrumsatzsteuer hat die Voraussetzungen der Steuerbefreiung nachzuweisen;
6. von Erdgas über das Erdgasnetz oder von Erdgas, das von einem Gastanker aus in das Erdgasnetz oder ein vorgelagertes Gasleitungsnetz eingespeist wird, von Elektrizität oder von Wärme oder Kälte über Wärme- oder Kältenetze.

(2) Das Bundesministerium der Finanzen kann durch Rechtsverordnung, die nicht der Zustimmung des Bundesrates bedarf, zur Erleichterung des Warenverkehrs über die Grenze und zur Vereinfachung der Verwaltung Steuerfreiheit oder Steuerermäßigung anordnen

1. für Gegenstände, die nicht oder nicht mehr am Güterumsatz und an der Preisbildung teilnehmen;
2. für Gegenstände in kleinen Mengen oder von geringem Wert;
3. für Gegenstände, die nur vorübergehend ausgeführt worden waren, ohne ihre Zugehörigkeit oder enge Beziehung zur inländischen Wirtschaft verloren zu haben;
4. für Gegenstände, die nach zollamtlich bewilligter Veredelung in Freihäfen eingeführt werden;
5. für Gegenstände, die nur vorübergehend eingeführt und danach unter zollamtlicher Überwachung wieder ausgeführt werden;
6. für Gegenstände, für die nach zwischenstaatlichem Brauch keine Einfuhrumsatzsteuer erhoben wird;
7. für Gegenstände, die an Bord von Verkehrsmitteln als Mundvorrat, als Brenn-, Treib- oder Schmierstoffe, als technische Öle oder als Betriebsmittel eingeführt werden;
8. für Gegenstände, die weder zum Handel noch zur gewerblichen Verwendung bestimmt und insgesamt nicht mehr wert sind, als in Rechtsakten des Rates der Europäischen Union oder der Europäischen Kommission über die Verzollung zum Pauschalsatz festgelegt ist, soweit dadurch schutzwürdige Interessen der inländischen Wirtschaft nicht verletzt werden und keine unangemessenen Steuervorteile entstehen. 2Es hat dabei Rechtsakte des Rates der Europäischen Union oder der Europäischen Kommission zu berücksichtigen.

(3) Das Bundesministerium der Finanzen kann durch Rechtsverordnung, die nicht der Zustimmung des Bundesrates bedarf, anordnen, dass unter den sinngemäß anzuwendenden Voraussetzungen von Rechtsakten des Rates der Europäischen Union oder der Europäischen Kommission über die Erstattung oder den Erlass von Einfuhrabgaben die Einfuhrumsatzsteuer ganz oder teilweise erstattet oder erlassen wird.

Bearbeiter: Bernhard Becht†/Manzur Esskandari

Inhaltsverzeichnis

1. Bedeutung der Norm

1 Mit der Steuerbefreiung wird die Gleichstellung von Gegenständen mit den im Inland hergestellten Gegenständen bezweckt, für die eine Steuerbefreiung gilt. Damit wird letztlich auch Art. 114 AEUV Genüge getan. Die Vorschrift erfasst seit 01.01.1993 nur noch die Einfuhr aus Drittstaaten, da die Einfuhr aus EU-Mitgliedstaaten ab 01.01.1993 der Besteuerung nach den Grundsätzen des innergemeinschaftlichen Erwerbs (s. §§ 1 Abs. 1 Nr. 5, 1a, 1b, 4b UStG) unterliegt. Der Begriff der Einfuhr ist im Umsatzsteuergesetz selbst nicht definiert. Er setzt voraus, dass der betreffende Gegenstand aus dem Drittlandsgebiet über die Grenze des Zollgebiets der Union hinweg in die Union verbracht wird. Über § 4b Nr. 3 UStG ist § 5 UStG auch für den innergemeinschaftlichen Erwerb von Bedeutung.

2 Die Vorschrift enthält nicht alle Befreiungen von der **Einfuhrumsatzsteuer**. Die meisten und wichtigsten Befreiungen eingeführter Gegenstände sind in der EUStBV geregelt.

3 Steuerbefreiungen haben bei der Einfuhr aus umsatzsteuerlicher Sicht grundsätzlich nur Bedeutung, wenn die Einfuhrumsatzsteuer nicht voll als Vorsteuer abgezogen werden könnte. Ansonsten führt die **Freistellung eingeführter Waren von der Einfuhrumsatzsteuer** gegenüber einer Erhebung der Steuer und anschließendem Abzug als Vorsteuer im Wesentlichen zu einer Vereinfachung der zoll- und steuerrechtlichen Behandlung. Aus wirtschaftlicher Sicht ist die Vorschrift dennoch insoweit von Bedeutung, dass sie, selbst wenn die entrichtete EUSt als Vorsteuer abzugsfähig ist, zumindest zu Zins- und Liquiditätsvorteilen führt.

4 Aufgrund der Ermächtigungen in Absatz 2 und 3 soll unter bestimmten Voraussetzungen eine Befreiung von der Einfuhrumsatzsteuer auch für Gegenstände gewährt werden können, für die keine gesetzliche Steuerfreiheit besteht.

5 Die **Durchführung der Vorschrift** obliegt den Zollbehörden (s. § 21 Abs. 1 UStG in Verbindung mit § 13 FVG). Verwaltungsanweisungen finden sich in der Vorschriftensammlung Bundesfinanzverwaltung-Zoll (VSF Z). Zur Frage, ob eine Pflichtverletzung nach Art. 204 ZK keine Einfuhrmehrwertsteuer nach sich

zieht und Einfuhrmehrwertsteuer nicht erhoben wird, hatte das FG Hamburg dem EuGH vorgelegt (s. FG Hamburg vom 18.02.2014, 4 K 130/12, AW-Prax 2014, 221-222, EuGH C-228/14). Der EuGH beantwortete die Vorlagefrage – mit Blick auf Art. 7 Abs. 3 der Sechsten Richtlinie – dahin gehend, dass weder eine Zollschuld entsteht, noch eine Einfuhr im umsatzsteuerlichen Sinne vorliegt, wenn ein Gegenstand in ein Zolllager in der EU verbracht wird. Für Waren, die als Nichtgemeinschaftswaren wieder ausgeführt werden und den in dieser Vorschrift genannten Zollverfahren zum Zeitpunkt ihrer Wiederausfuhr noch unterliegen, ihnen danach aber wegen der Wiederausfuhr nicht mehr unterliegen, keine Mehrwertsteuer geschuldet wird, und zwar auch dann, wenn eine Zollschuld ausschließlich auf der Grundlage von Art. 204 des Zollkodex entstanden ist (s. EuGH vom 02.06.2016, C-226/14, DStR 2016, 1409).

2. Allgemeines

Die Vorschrift enthält **mehrere Regelungsbereiche**. Sie enthält: 6

- In Abs. 1 Nr. 1 Verweisungen auf Gegenstände, die in §§ 4 und 8 UStG genannt sind,
- in Abs. 1 Nr. 2 Verweisungen auf bestimmte Befreiungsvorschriften der §§ 4 und 8 UStG,
- in Abs. 1 Nr. 3 die Befreiung der Einfuhr von Gegenständen,
- in Abs. 1 Nr. 4 die Bezugnahme auf die Einfuhr von Gegenständen, die die in ein Umsatzsteuerlager eingelagert werden sollen,
- in Abs. 1 Nr. 5 die Bezugnahme auf bestimmte Fälle der Auslagerung einer Drittlandsware.,
- in Abs. 1 Nr. 6 die Einfuhr von Gas, Elektrizität, Wärme oder Kälte.

Abs. 2 enthält für näher bezeichnete Gegenstände Ermächtigungen zum Erlass von Rechtsverordnungen, die der Erleichterungen des Warenverkehrs und der Vereinfachung der Verwaltung dienen. 7

Darauf gestützt wurden erlassen: 8

- Die Umsatzsteuer-Befreiungsverordnung (EUStBV) 1993,
- die Einreise-Freimengen-VO,
- die VO über Kleinsendungen nichtkommerzieller Art.

3. Die Steuerbefreiungen im Einzelnen

3.1 Bezugnahme auf Gegenstände (§ 5 Abs. 1 Nr. 1 UStG)

Die Einfuhr der in § 5 Abs. 1 Nr. 1 UStG genannten Gegenstände, ist ohne Weiteres steuerfrei. Dabei handelt es sich um: 9

- Wertpapiere (s. dazu näher Wäger, UR 2008, 102, 106),
- Goldbarren (bis 31.12.1999, da § 4 Nr. 8 k UStG) durch das StBereinG 1999 (BGBl I 1999, 2601) aufgehoben worden ist; s. dazu jetzt § 25c UStG zur Steuerbefreiung oder Einfuhr von Anlagegold),
- menschliche Organe (nur natürliche; z.B. Frischblutkonserven, Vollblutkonserven etc., s. dazu näher Abschn. 4.17.1 UStAE entsprechend; die Vorschrift gilt nicht für tierische Organe, die für den menschlichen Körper bestimmt sind; s. auch § 4 Nr. 17 a) UStG),
- menschliches Blut (keine Begünstigung gilt für durch chemische Verfahren gewonnene Bluterzeugnisse, z.B. Albumin, Globulin; dazu s. Abschn. 4.17.1 Abs. 2 UStAE),
- Frauenmilch (dabei ist ohne Bedeutung, ob die Frauenmilch bearbeitet wurde, dazu s. Abschn. 4.17.11 Abs. 3 UStAE)
- Seeschiffe und deren Ausrüstung (s. dazu § 8 Rn. 12) sowie
- Gegenstände zu ihrer Versorgung (s. dazu § 8 Rn. 16).

3.2 Bezugnahme auf Umsatzsteuerbefreiungen (§ 5 Abs. 1 Nr. 2 UStG)

Die Einfuhr der Gegenstände, die unter Abs. 1 Nr. 2 fallen, sind nur unter Berücksichtigung der Befreiungsvorschriften steuerfrei, auf die verwiesen wird. 10

Im Einzelnen handelt es sich um die Einfuhr: 11

- Von Gold für Zentralbanken (s. dazu näher § 4 Nr. 4 UStG).

- von gesetzlichen Zahlungsmitteln, falls diese nicht wegen ihres Metallgehalts oder ihres Sammlerwerts umgesetzt werden (s. dazu § 4 Nr. 8 Buchst. b UStG; § 8 Rn. 13 ff.),
- von gültigen amtlichen Wertzeichen zum aufgedruckten Wert (s. dazu § 4 Nr. 8 Buchst. i UStG; § 4 Nr. 8 Rn. 63),
- von Luftfahrzeugen unter den in § 8 Abs. 2 Nr. 1 genannten Voraussetzungen (s. dazu § 8 Rn. 21 ff.),
- von Ausrüstungsgegenständen für Luftfahrzeuge (s. § 8 Abs. 2 Nr. 2 UStG; s. dazu § 8 Rn. 12) sowie
- von Gegenständen zu deren Versorgung (s. § 8 Abs. 2 Nr. 3 UStG; s. dazu § 8 Rn. 13).

3.3 Einfuhr für innergemeinschaftliche Lieferungen (§ 5 Abs. 1 Nr. 3 UStG)

12 § 5 Abs. 1 Nr. 3 befreit Fälle, in denen Drittlandswaren eingeführt werden, die im Inland zum zoll- und steuerrechtlich **freien Verkehr** abgefertigt werden. Die Regelung beruht auf Art. 143 d) MwStSystRL.

13 Bereits im **Zeitpunkt der Einfuhr** muss feststehen, dass die Gegenstände im Anschluss an die Einfuhr vom Schuldner der EUSt in einen anderen Mitgliedstaat geliefert oder verbracht werden. Der Schuldner der EUSt hat das Vorliegen der Voraussetzungen über die innergemeinschaftliche Lieferung nachzuweisen (Abs. 1 Nr. 3 2. Halbs.). Schuldner ist der Anmelder und daneben in den Fällen der indirekten Vertretung auch die Person, für deren Rechnung die Zollanmeldung abgegeben wird. Verwendet nicht der Zollanmelder und Schuldner der Einfuhrumsatzsteuer, sondern ein Dritter die Ware für die Ausführung einer innergemeinschaftlichen Lieferung und hat er schon im Zeitpunkt der Einfuhr Verfügungsgewalt über die Ware und den Zollanmelder lediglich mit der Einfuhr derselben beauftragt, kann jedenfalls dann § 5 Abs. 1 Nr. 3 UStG nicht (entsprechend) angewandt werden, wenn die Einfuhrware nicht zur Ausführung einer innergemeinschaftlichen Lieferung verwendet worden ist (s. BFH vom 26.01.2012, VII R 77/10, BFH/NV 2012, 1491). Schuldner der Einfuhrumsatzsteuer ist grundsätzlich der Anmelder und bei indirekter Stellvertretung zusätzlich die Person, für deren Rechnung die Zollanmeldung abgegeben wird (s. Art. 201 Abs. 3 ZK). Zum Vorsteuerabzug bezüglich der Einfuhrumsatzsteuer ist dagegen nur die Person berechtigt, für deren Unternehmen die Gegenstände eingeführt werden und die im Zeitpunkt der Einfuhr umsatzsteuerliche Verfügungsmacht an diesen besitzt (s. Abschn. 15.8 Abs. 4 UStAE).

14 Das Tatbestandsmerkmal der „**unmittelbaren Anschlusslieferung**" ist auch bei zeitlich verzögerter Lieferung erfüllt (s. auch Robisch in Bunjes, § 5 UStG, Rn. 8). Abs. 57 DV EUStR verlangt u.a., dass der Gegenstand „direkt" in den anderen Mitgliedstaate versandt oder befördert wird. Dies darf aber nicht mit „sofort" gleichgesetzt werden. Ein gewisser Zeitraum für eine Umladung, einen Wechsel des Beförderungsmittels oder Beförderungsart muss möglich sein, da dies im grenzüberschreitenden Warenverkehr üblich ist (s. Möller, UStB 2009, 136, 139). Der eingeführte Gegenstand darf dabei allerdings nicht vor der Anschlusslieferung be- oder verarbeitet werden, es sei denn dass dieser Vorgang von untergeordneter Bedeutung ist (z.B. Ein- und Verpacken).

15 Die **Nutzung des Gegenstands durch Ingebrauchnahme oder Vermietung** etc. schließt die Steuerfreiheit aus.

16 Die Abs. 63 ff. EUStR enthalten Regelungen zum **Abfertigungsverfahren** bei der steuerbefreiten Anschlusslieferung.

17 Nach § 5 Abs. 1 Nr. 3 Halbs. 2 UStG hat der Schuldner der Einfuhrumsatzsteuer das Vorliegen der Voraussetzungen für die Steuerbefreiung einer innergemeinschaftlichen Lieferung nach § 6a Abs. 1 bis 3 UStG nachzuweisen (s. auch Art. 143 Abs. 2 MwStSystRL). Er hat im Einzelnen bei Anmeldung der Waren zur Abfertigung in den zoll- und steuerrechtlich freien Verkehr nachzuweisen, dass die eingeführte Ware von ihm oder in seinem Auftrag in das übrige Gemeinschaftsgebiet (nicht Inland) entsprechend § 6a Abs. 1 Nr. 1 UStG befördert oder versendet wird oder dass er die Ware zu seiner eigenen Verfügung in den anderen Mitgliedstaat verbringt (s. § 6a Abs. 2 UStG). Daneben hat er nachzuweisen, dass der Abnehmer eine der in § 6a Abs. 1 Nr. 2 UStG genannten Personen ist und der Erwerb im anderen Mitgliedstaat der Erwerbsbesteuerung unterliegt. Wie der Nachweis zu führen ist, wird in § 5 Abs. 1 Nr. 3 UStG nicht näher geregelt. Durch den Verweis auf § 6a UStG sind auch die §§ 17a UStDV zu beachten. Wegen der Einzelheiten wird auf die Kommentierung zu § 6a verwiesen.

Die Steuerbefreiung nach § 5 Abs. 1 Nr. 3 UStG mit der Folge, dass der ausländische Unternehmer keine Vorsteuerbeträge abziehen kann, ermöglicht es einem ausländischen Unternehmer, sich nach § 22a UStG durch einen **Fiskalvertreter** vertreten zu lassen, sodass auf die steuerliche Erfassung im Inland verzichtet werden kann. § 22a UStG ist nur anwendbar, wenn der ausländische Unternehmer keine Vorsteuerbeträge abziehen kann (s. § 22a Abs. 1 UStG). 18

3.4 Einfuhr zur Einlagerung in ein Umsatzsteuerlager (§ 5 Abs. 1 Nr. 4 UStG)

§ 5 Abs. 1 Nr. 4 UStG stellt sicher, dass die Einfuhr von Gegenständen, die in einem Umsatzsteuerlager eingelagert werden sollen, steuerfrei bleibt. Ausreichend ist dabei die Absicht des Einführers, die Gegenstände einzulagern. 19

3.5 Auslagerung aus einem Umsatzsteuerlager im Zusammenhang mit einer Einfuhr (§ 5 Abs. 1 Nr. 5 UStG)

Durch § 5 Abs. 1 Nr. 4 UStG wird sichergestellt, dass die Einfuhr von Gegenständen, die in ein Umsatzsteuerlager eingelagert werden sollen (s. dazu § 4 Nr. 4a UStG; s. zum Begriff insb. § 4 Nr. 4a Rn. 2 ff.), steuerfrei ist. Dazu reicht die Absicht des Einführers, die Gegenstände einzulagern. 20

3.6 Einfuhr von Gas, Wärme oder Kälte in Erdgasleitungen oder Kälte- und Wärmenetze (§ 5 Abs. 1 Nr. 6 UStG)

Nach Abs. 1 Nr. 6 ist die Einfuhr von **Gas** über das Erdgasnetz und von **Elektrizität** steuerfrei. Dadurch wird Art. 143 Abs. 1 MwStSystRL (eingefügt ab 01.01.2005) umgesetzt (hierzu s. Vellen, UR 2005, 133). Nicht unter die Steuerbefreiung fällt die Einfuhr von Gasen in anderer Form als über das Erdgasnetz, z.B. in Gasflaschen. Steuerfrei ist auch nicht die Einfuhr von Batterien, da hier keine „Elektrizität“ eingeführt wird (so Robisch in Bunjes, § 5 UStG Rn. 10). Seit 01.01.2011 ist auch die Einfuhr von Wärme oder Kälte über Wärme- oder Kältenetze steuerfrei. 21

4. Verordnungen gestützt auf § 5 Abs. 2 UStG

Abs. 2 enthält für näher bezeichnete Gegenstände Ermächtigungen zum Erlass von Rechtsverordnungen (s. Rn. 4). 22

4.1 EUSt-Befreiungsverordnung

Die **EUSt-Befreiungsverordnung** (vom 11.08.1982, BGBl I 1982, 1526, zuletzt geändert durch die Verordnung zur Änderung der Zollverordnung und der Einfuhrumsatzsteuer-Befreiungsverordnung 1983 von 24.11.2008, BGBl I 2008, 2232) knüpft im Wesentlichen an Zollbefreiungen an, die nach Kapitel I und III der VO (EWG) Nr. 918/83 des Rates vom 28.03.1983 (ABl. EG Nr. L 83, 105) über das gemeinschaftliche System der Zollbefreiungen gelten. Diese werden in §§ 1 bis 11 der VO mit geringfügigen Einschränkungen für die EUSt übernommen. 23

Die §§ 12 und 13 EUStBV enthalten eigenständige Umsatzsteuerbefreiungen bei der Einfuhr. 24

Bei **Rückwaren** (s. § 12 EUStBV) sind insbesondere die in Satz 2 enthaltenen Ausnahmen sowie zollrechtliche Nämlichkeitserfordernisse, welche grundsätzlich einen Bezug zum Ausfuhrvorgang voraussetzen, zu beachten. Die §§ 12 und 12a EUStBV enthalten unter bestimmten Voraussetzungen Steuerbefreiungen für Fälle der **Freihafenlagerung** und der Freihafenveredelung. Bei der Freihafenlagerung handelt es sich um die Einfuhr von Gegenständen, die als Gemeinschaftswaren ausgeführt und in einem Freihafen vorübergehend gelagert worden sind. Die Freihafenveredelung betrifft die Einfuhr von Gegenständen, die in einem Freihafen veredelt worden sind, wenn die bei der Veredelung verwendeten Gegenstände als Gemeinschaftswaren ausgeführt worden sind. 25

§ 13 EUStBV stellt die **Fänge deutscher Fischer** umsatzsteuerlich der Urproduktion der deutschen Landwirtschaft gleich, womit eine Umsatzsteuerbelastung entfällt. Die Steuerbefreiung hängt davon ab, dass die 26

Gegenstände auf einem deutschen Schiff und für ein Unternehmen der Seefischerei eingeführt werden. sie ist ausgeschlossen, wenn die Gegenstände vor der Einfuhr geliefert worden sind (s. § 13 Abs. 2 EUStBV).

27 § 15 EUStBV enthält eine **Kleinbetragsregelung** für Gegenstände, die für ein Unternehmen im Inland eingeführt werden. Danach wird von der Festsetzung der EUSt abgesehen für Gegenstände, die nur der EUSt unterliegen, wenn sie weniger als 10 € beträgt und nach § 15 Abs. 1 Nr. 2 UStG als Vorsteuer abgezogen werden könnte. Dies beinhaltet lediglich einen Vereinfachung, da dadurch in der Regel kein Vorteil entsteht, da andernfalls die EUSt als Vorsteuer abzugsfähig wäre.

4.2 Einreise-Freimengen-Verordnung

28 Nach der Einreise-Freimengen-Verordnung (EF-VO; vom 24.11.2008, BGBl I 2008, 2235; BGBl I 2009, 403) können Waren innerhalb bestimmter Grenzen abgabenfrei eingeführt werden Dabei sind mengen- und wertmäßige Grenzen zu beachten.

29 **Reisemitbringsel** sind Waren, die Reisende gelegentlich und ausschließlich zum persönlichen Ge- oder Verbrauch oder als Geschenk im persönlichen Gepäck eingeführt werden. Die EF-VO befreit diese von der EUSt, wenn bestimmte Mengengrenzen nicht überschritten werden. Davon werden im Wesentlichen Tabakwaren, alkoholische Getränke, Arzneimittel und Kraftstoffe erfasst. Andere Waren können als Reisemitbringsel bis zu einem Wert von 430 € durch Flug- oder Seereisende über 15 Jahren, durch auf dem Landweg Reisende über 15 Jahren bis zu einem Warenwert von 300 € EUSt-frei eingeführt werden. Bei Reisenden unter 15 Jahren beträgt die Wertgrenze einheitlich 175 €. Um übermäßige Vorteile bei den Einfuhrabgaben für Bewohner von grenznahen Gebieten zu vermeiden, sind Einschränkungen zu beachten (s. § 3 EF-VO).

4.3 Kleinsendungen nichtkommerzieller Art

30 Kleinsendungen nichtkommerzieller Art sind nach der Kleinsendungs-Einfuhrfreimengen-Verordnung (KF-VO) von der Umsatzsteuer befreit. Hier gelten ebenfalls – wie bei der EF-VO – Mengenbegrenzungen, die unter denn für Reisemitbringsel liegen. Weiterhin muss es sich um Geschenksendungen handeln, deren Wert 45 € nicht übersteigen darf.

5. Sonstige Befreiungen außerhalb des UStG

31 Außerhalb des UStG sind weitere Vorschriften zu beachten, die die Befreiung von der EUSt bestimmen. Dies sind insbesondere:

- Das Offshore-Abkommen (BGBl II 1955, 821, BGBl I 1975, 1534),
- das NATO-Truppenstatut (BGBl II 1961, 83, 1190),
- das Gesetz um Protokoll über die NATO-Hauptquartiere (BGBl II 1969, 1997, BGBl 2000, 2009),
- die EWG-VO Nr. 1410/74 betreffend Einfuhren aus Anlass von Katastrophenfällen
- die VO über EUROCONTROL vom 26.07.1972 (BGBl I 1972, 8141).

32 Weiterhin gilt eine gesetzlich nicht geregelte Befreiung von der EUSt für eingeschmuggelte **Drogen und Betäubungsmittel** sowie für die **Einfuhr von Falschgeld** (s. EuGH vom 06.12.1990, C 343-89, HFR 1991, 440; EuGH vom 05.07.1988, C-289/86, HFR 1991, 117). Der EuGH stellt dabei darauf ab, dass diese waren aufgrund ihrer Art und ihre besonderen Merkmale wieder in den erlaubten Handel gebracht noch in den Wirtschaftskreislauf einbezogen werden können. Eine allgemein Differenzierung zwischen erlaubten und unerlaubten Geschäften verbietet sich wegen des Grundsatzes der steuerlichen Wertneutralität (s. EuGH vom 29.06.2000, 455/98, Kaupo Salumets, HFR 2000, 764).

§ 6 UStG Ausfuhrlieferung

(1) [1]Eine Ausfuhrlieferung (§ 4 Nr. 1 Buchstabe a) liegt vor, wenn bei einer Lieferung
1. der Unternehmer den Gegenstand der Lieferung in das Drittlandsgebiet, ausgenommen Gebiete nach § 1 Abs. 3, befördert oder versendet hat oder
2. der Abnehmer den Gegenstand der Lieferung in das Drittlandsgebiet, ausgenommen Gebiete nach § 1 Abs. 3, befördert oder versendet hat und ein ausländischer Abnehmer ist oder
3. der Unternehmer oder der Abnehmer den Gegenstand der Lieferung in die in § 1 Abs. 3 bezeichneten Gebiete befördert oder versendet hat und der Abnehmer
   a) ein Unternehmer ist, der den Gegenstand für sein Unternehmen erworben hat und dieser nicht ausschließlich oder nicht zum Teil für eine nach § 4 Nr. 8 bis 27 steuerfreie Tätigkeit verwendet werden soll, oder
   b) ein ausländischer Abnehmer, aber kein Unternehmer ist und der Gegenstand in das übrige Drittlandsgebiet gelangt.

[2]Der Gegenstand der Lieferung kann durch Beauftragte vor der Ausfuhr bearbeitet oder verarbeitet worden sein.

(2) [1]Ausländischer Abnehmer im Sinne des Absatzes 1 Nr. 2 und 3 ist
1. ein Abnehmer, der seinen Wohnort oder Sitz im Ausland, ausgenommen die in § 1 Abs. 3 bezeichneten Gebiete, hat, oder
2. eine Zweigniederlassung eines im Inland oder in den in § 1 Abs. 3 bezeichneten Gebieten ansässigen Unternehmers, die ihren Sitz im Ausland, ausgenommen die bezeichneten Gebiete, hat, wenn sie das Umsatzgeschäft im eigenen Namen abgeschlossen hat.

[2]Eine Zweigniederlassung im Inland oder in den in § 1 Abs. 3 bezeichneten Gebieten ist kein ausländischer Abnehmer.

(3) Ist in den Fällen des Absatzes 1 Satz 1 Nr. 2 und 3 der Gegenstand der Lieferung zur Ausrüstung oder Versorgung eines Beförderungsmittels bestimmt, so liegt eine Ausfuhrlieferung nur vor, wenn
1. der Abnehmer ein ausländischer Unternehmer ist und
2. das Beförderungsmittel den Zwecken des Unternehmens des Abnehmers dient.

(3a) Wird in den Fällen des Absatzes 1 Satz 1 Nr. 2 und 3 der Gegenstand der Lieferung nicht für unternehmerische Zwecke erworben und durch den Abnehmer im persönlichen Reisegepäck ausgeführt, liegt eine Ausfuhrlieferung nur vor, wenn
1. der Abnehmer seinen Wohnort oder Sitz im Drittlandsgebiet, ausgenommen Gebiete nach § 1 Abs. 3, hat und
2. der Gegenstand der Lieferung vor Ablauf des dritten Kalendermonats, der auf den Monat der Lieferung folgt, ausgeführt wird.

(4) [1]Die Voraussetzungen der Absätze 1, 3 und 3a sowie die Bearbeitung oder Verarbeitung im Sinne des Absatzes 1 Satz 2 müssen vom Unternehmer nachgewiesen sein. [2]Das Bundesministerium der Finanzen kann mit Zustimmung des Bundesrates durch Rechtsverordnung bestimmen, wie der Unternehmer die Nachweise zu führen hat.

(5) Die Absätze 1 bis 4 gelten nicht für die Lieferungen im Sinne des § 3 Abs. 1b.

Bearbeiter: Bernhard Becht†/Manzur Esskandari

Inhaltsverzeichnis

1. Bedeutung der Norm

1 Die Besteuerung des internationalen Warenverkehrs richtet sich zur Gewährleistung der Wettbewerbsneutralität nach dem **Bestimmungslandprinzip**. Danach müssen Lieferungen in das Ausland von der Steuer befreit werden. Die wesentliche Voraussetzung für die Steuerfreiheit ist darin zu sehen, dass der Liefergegenstand tatsächlich ins Drittland gelangt. Die Besteuerung wird dem Zielland nach den dort geltenden Regelungen überlassen, wie sie auch für dort ansässige Unternehmer Anwendung finden. Vom Lieferer sind daher auch die zoll- und umsatzsteuerrechtlichen Regelungen des Ziellandes zu beachten (zum umgekehrten Fall s. § 21 UStG).

2 § 6 UStG ergänzt § 4 Nr. 1 Buchst. a UStG für die Steuerbefreiung von **Ausfuhrlieferung**en (zur Lohnveredelung s. § 7 UStG). Die Vorschrift enthält die eigentlichen Tatbestandsmerkmale der steuerfreien Ausfuhrlieferungen im Einzelnen sowie die Verpflichtungen zum Ausfuhr- und Buchnachweis (s. Abs. 4).

3 Die unionsrechtlichen Grundlagen bilden Art. 146 und 147 MwStSystRL.

4 § 6 Abs. 3a UStG schränkt den Begriff der Ausfuhrlieferung und damit mittelbar die Steuerbefreiung nach § 4 Nr. 1 Buchst. a für den privaten **Reiseverkehr** ein (s. dazu auch BMF vom 15.05.1997, BStBl I 1997, 614). Weiter enthält die Vorschrift Besonderheiten für die Ausrüstung von Beförderungsmitteln.

5 Zur Umsatzbesteuerung von Ausfuhrlieferungen s. auch insbesondere Runderlass des Auswärtigen Amtes vom 23.08.2001, UR 2002, 142.

2. Ausfuhrlieferung

2.1 Steuerbare Lieferung über die Grenze

6 Der Tatbestand der Norm setzt zunächst eine steuerbare Lieferung voraus. Erforderlich ist damit die Verschaffung der Verschaffung der **Verfügungsmach**t an einem Gegenstand (s. § 3 Rn. 19 ff. UStG). Dieser Gegenstand kann ein reines Handelsgut, ein bearbeiteter Gegenstand oder ein im Rahmen einer Werklieferung i.S.d. § 3 Abs. 4 UStG hergestellter Gegenstand sein (s. Abschn. 6.6 Abs. 5 UStAE). Die Steuerfreiheit der Ausfuhrlieferung erfasst auch erbrachte Nebenleistungen (z.B. Transportleistungen). Ebenso kommen für die Ausfuhrlieferung hergestellte Formen, Modelle und Werkzeuge, die für die Produktion der zu liefernden Gegenstände eingesetzt werden, als steuerfreie Nebenleistungen in Betracht (s. BMF vom 27.11.1995, BStBl II 1975, 1126).

7 Auch eine **Werklieferung** nach gemäß § 3 Abs. 4 UStG ist eine Lieferung und kann damit als steuerfreie Ausfuhrlieferung ausgeführt werden. Hierzu müssen die weiteren Voraussetzungen für Ausfuhrlieferungen, insbesondere die Warenbewegung in das Drittland, erfüllt sein. Wie bei einer innergemeinschaftlichen

Lieferung (s. § 6a UStG; s. zum Begriff § 6a Rn. 10 ff.) muss dem eigenen Umsatz die Warenbewegung über die Grenze zugeordnet werden können. Die Zuordnung der Warenbewegung (über die Grenze) zum eigenen Umsatz bestimmt sich nach den Kriterien für eine **Versendungs**- oder **Beförderungslieferung** gem. § 3 Abs. 6 Satz 1 UStG. Danach muss der Liefergegenstand bei einer Versendungs- oder Beförderungslieferung (**Warenbewegung**) vom Lieferanten, von dessen unmittelbarem Abnehmer oder einem von den Vertragspartnern beauftragten Dritten versendet oder befördert worden sein. Der **Lieferant**, dessen unmittelbarer **Abnehmer** oder ein von diesen beiden beauftragter Lagerhalter bzw. Lohnveredeler müssen den Transportauftrag erteilen oder mit eigenen Fahrzeugen ausführen. Dabei muss der Liefergegenstand vom Inland in das Drittlandsgebiet gelangt sein.

Beispiel: Die A-GmbH erhält von einem ebenfalls in Deutschland ansässigen Exporthandelsunternehmen, der B-Handels-GmbH, den Auftrag, Maschinenteile zu fertigen. Die B-Handels-GmbH beauftragt einen Spediteur mit der Versendung der Maschinenteile in die Schweiz zu ihren dort ansässigen Kunden. 8

Lösung: Die Steuerbefreiung der Ausfuhrlieferung kann erst dem Umsatz der B-Handels-GmbH an ihre Kunden in der Schweiz gewährt werden, weil bei der Versendung oder Beförderung durch einen inländischen Abnehmer dieser als Lieferant seiner eigenen, sich daran anschließenden Lieferung anzusehen ist (§ 3 Abs. 6 Satz 6 2. Halbsatz UStG).

Eine Werklieferung fällt demnach nicht unter § 6 UStG, wenn sie erst an dem Zielort im Drittland als ausgeführt anzusehen ist, an dem die Beförderung oder Versendung endet. Wenn demnach das fertige Werk versendet oder befördert wird, kann eine am Abgangsort steuerbare und steuerfreie Ausfuhrlieferung gegeben sein (z.B. Lieferung einer speziell gefertigten Maschine und Versand des fertigen Werkes von Deutschland ins Drittland). Keine Ausfuhrlieferung liegt dagegen vor, wenn der Gegenstand der Lieferung vom Lieferer im Zielland geliefert wird, nachdem erst dort der eigentliche Liefergegenstand entsteht und die Verfügungsmacht daran übertragen wird (z.B. Errichtung einer Anlage im Drittland im Anschluss an den Transport der Einzelteile ins Drittland). 9

Nicht erfasst vom Tatbestand der Ausfuhrlieferung ist das bloße physische **Verbringen** von Gegenständen aus dem Inland in das Drittland (z.B. die Anlieferung von Material in das Drittland zur Ausführung einer Werklieferung, Verbringen von Waren in ein **Auslieferungslager**). 10

Die Entnahme eines Pkw aus dem Unternehmen in den nichtunternehmerischen (privaten) Bereich mit anschließender Beförderung (Ausfuhr) in ein Drittland ist keine steuerfreie Ausfuhrlieferung (s. BFH vom 19.02.2014, XI R 9/13, BStBl II 2014, 597). 11

Bestehen berechtigte Zweifel an den Angaben des Abnehmers zur Ansässigkeit im Ausland, sollte der Lieferant solange auf Inrechnungstellung und Begleichung der deutschen Umsatzsteuer bestehen, bis die Richtigkeit glaubhaft nachgewiesen werden kann. Problematisch sind die Fälle der Selbstabholung durch Beauftragte des Abnehmers. Der Lieferant sollte auf **Vollmacht**en bestehen und diese in Kopie mit Angaben zur Person des Beauftragten und Kopien der **Personaldokumente** zu seinen Unterlagen nehmen. 12

Bei Lieferungen an im Drittland ansässigen Kunden des ebenfalls dort ansässigen Abnehmers im Drittland kann der Lieferung des deutschen Unternehmers nur dann die Warenbewegung in das Drittlandsgebiet zugeordnet werden, wenn die Versendung oder Beförderung unmittelbar in Vollmacht des Vertragspartners des deutschen Lieferanten erfolgt. Dies ist durch eine schriftliche Erklärung des Abnehmers nachzuweisen, in der die Abholung in seinem Namen bestätigt wird. 13

2.2 Beförderung oder Versendung in das Drittland bzw. Gebiete gemäß § 1 Abs. 3 UStG

Die Vorschrift verlangt in allen Fällen, dass der Gegenstand bei der Ausfuhr in das Drittlandsgebiet i.S.d. § 1 Abs. 2a UStG gelangt (s. zum Drittlandsgebiet § 1 Rn. 436 ff.). Damit darf keine Lieferung in das Gebiet der Mitgliedstaaten erfolgen. Dazu gehört nicht das Hoheitsgebiet von EU-Mitgliedstaaten, das ausdrücklich vom Steuergebiet der EU ausgeschlossen ist (s. Art. 6 MwStSystRL). Darüber hinaus kann eine Ausfuhr- 14 lieferung vorliegen, wenn der Gegenstand in die in § 1 Abs. 3 UStG (s. dazu § 1 Rn. 438 ff.) bezeichneten Gebiete gelangt (Freihäfen und Gewässer und Watte zwischen Hoheitsgrenze und Strandlinie).

15 Beim Untergang der Ware vor dem Grenzübertritt dürfte die Voraussetzung für die Steuerfreiheit demnach nicht erfüllt sein, sodass entgegen der eigentlichen Absicht der Beteiligten eine steuerpflichtige Lieferung gegeben ist. Ob zur Begründung der Steuerfreiheit auf die ggf. eindeutig nachweisbare ursprüngliche Absicht der Beteiligten abgestellt werden kann, ist zweifelhaft (so Robisch in Bunjes, § 6 UStG Rn. 7). Hierbei ist danach zu unterscheiden, wer das Transportrisiko zu tragen hatte. Hat der Empfänger das Risiko des zufälligen Untergangs zu tragen und demnach das Entgelt trotz Untergangs der Ware zu entrichten, dürfte die Lieferung mit Beginn des Transports als ausgeführt und letztlich nicht als grenzüberschreitend zu würdigen sein (s. Robisch in Bunjes, § 6 UStG Rn. 7).

16 Lag das Risiko des zufälligen Untergangs beim Lieferer, wird es nicht zur Entrichtung des Entgelts durch den Kunden kommen, sodass die Steuerbarkeit entfällt.

17 Die Vorschrift unterscheidet in den einzelnen Fällen danach, ob der Gegenstand befördert oder versendet wird. Die Beförderung ist die Bewegung des Gegenstands durch den Unternehmer selbst. Die Versendung erfolgt durch die Einschaltung eines beauftragten Dritten (z.B. Frachtführer, Spediteur). Beförderungs- und Versendungsfälle unterscheiden sich vor allem hinsichtlich des notwendigen Ausfuhrnachweises, sofern dieser nicht über den elektronischen **Ausfuhrnachweis** im **ATLAS-Verfahren** erfolgt (s. dazu nachfolgend Rn. 53 ff.).

18 **Beispiel:** Der Abnehmer A in New York bestellt beim Maschinenhändler H in Hamburg eine Werkzeugmaschine. H lässt die Maschine am 26.06.01 durch eine Spedition S von seiner Lagerhalle in Hamburg abholen und in den Hamburger Hafen zum Reeder R transportieren. R übergibt A am 07.07.01 in New York die Maschine. Zusammen mit der Übergabe der Maschine an S händigte H dem S auch die Warenbegleitpapiere aus. Aus diesen ergibt sich, dass die Maschine zum Versand für A in New York bestimmt war.

Lösung: Da es sich um einen Fall der Eigentumsübertragung nach § 929 BGB handelt und die Maschine zum Abnehmer transportiert wird, ist zunächst zu klären, ob sich der Lieferort nach § 3 Abs. 6 UStG am Ort des Beginns der Versendung in Hamburg befindet. Dies könnte zweifelhaft sein, da hier zwei Unternehmen mit der Beförderung der Maschine beauftragt wurden. Allerdings kann es keinen Unterschied machen, ob nur ein oder mehrere selbständige Unternehmen mit der Beförderung des Liefergegenstandes beauftragt wurden. Nach dem Sinn und Zweck des § 3 Abs. 6 UStG soll der Lieferort im Versendungsfall an dem Ort liegen, an dem der Lieferer alles in seiner Macht stehende getan hat, um den Liefergegenstand zum Abnehmer gelangen zu lassen. Dies ist im vorliegenden Fall dadurch geschehen, dass die Maschinen mit den Warenbegleitpapieren an S übergeben wurden. Aus den Warenpapieren ergibt sich ohne Zweifel, dass die Maschine zu A transportiert werden soll. Der Lieferort befindet sich daher nach § 3 Abs. 6 Satz 1 UStG am Ort des Beginns der Versendung in Hamburg. Die Lieferung ist daher steuerbar. Sie ist nach § 4 Nr. 1 UStG i.V.m. § 6 UStG steuerfrei, sofern die erforderlichen Nachweise vorliegen. Insbesondere bedarf es der Bestätigungen durch S und R.

3. Transport durch den Lieferer (§ 6 Abs. 1 Nr. 1 UStG)

19 Die Ausfuhr mit Transportveranlassung durch den Lieferer (Abs. 1 Nr. 1) kann nur durch einen Unternehmer verwirklicht werden (s. BFH vom 18.04.1991, V R 80/86, BFH/NV 1992, 206). Für Hoheitsträger (z.B. Bundeswehr) oder gemeinnützige Einrichtungen, die Gegenstände ins Drittlandsgebiet schaffen, ist § 6 UStG nicht anwendbar (zum anwendbaren Vergütungstatbestand s. § 4 UStG). Der Unternehmer muss den Gegenstand der Lieferung befördert oder versendet haben. Dadurch muss der Gegenstand ins **Drittlandsgebiet** (s. dazu § 1 Rn. 436 f.) gelangt sein (Ausnahme: Gebiet nach § 1 Abs. 3 UStG).

20 Auf den Wohnsitz oder Sitz des Abnehmers kommt es nicht an; auch Ausfuhrlieferungen an Inländer sind steuerfrei (z.B. Verkauf von Gegenständen und Rechnungsstellung an einen deutschen Kunden, der als Lieferadresse einen Ort im Drittland vorgibt).

Beispiel: Der Maschinenhersteller M aus Mannheim, verkauft und befördert mit eigenem LKW eine Maschine für 20.000 € an den deutschen Abnehmer A nach Basel (Schweiz = Drittlandsgebiet). 21

Lösung: U hat den Gegenstand in ein Drittland befördert. Die Lieferung ist im Inland steuerbar (s. § 1 Abs. 1 UStG i.V.m. § 3 Abs. 6 UStG). Bei entsprechendem Nachweis ist der Umsatz nach § 4 Nr. 1a UStG i.V.m. § 6 Abs. 1 Satz 1 UStG steuerfrei.

4. Transport durch den Abnehmer (§ 6 Abs. 1 Nr. 2 UStG)

Im Abholfall des § 6 Abs. 1 Nr. 2 UStG (Ausfuhr mit Transportveranlassung durch den Abnehmer) wird die Beförderung oder Versendung des Liefergegenstands nicht vom liefernden Unternehmer, sondern vom Abnehmer durchgeführt. 22

Anders als beim Transport durch den Lieferer muss der Abnehmer ein ausländischer Abnehmer i.S.d. Abs. 2 sein (dazu s. BFH vom 14.12.1994, XI R 70/93, BStBl II 1995, 515; BFH vom 11.02.1993, V R 90/89, UR 1993, 258; näher Abschn. 6.3 UStAE). Abnehmer ist dabei derjenige, mit dem der Lieferer das Umsatzgeschäft geschlossen hat. Diese Person muss nicht identisch sein mit dem tatsächlichen Warenempfänger. 23

Ausländische Abnehmer im Sinne des § 6 Abs. 2 UStG sind solche: 24

- Die ihren Wohnort oder Sitz im Ausland mit Ausnahme der Gebiete nach § 1 Abs. 3 UStG haben (§ 6 Abs. 2 Nr. 1 UStG) oder
- eine Zweigniederlassung eines im Inland oder den in § 1 Abs. 3 UStG bezeichneten Gebieten ansässigen Unternehmers, die ihren Sitz im Ausland, ausgenommen die bezeichneten Gebiete hat, wenn sie das Umsatzgeschäft im eigenen Namen abgeschlossen haben (§ 6 Abs. 2 Nr. 2 UStG).

Der **Begriff des Wohnorts** i.S.v. § 6 Abs. 2 Nr. 1 UStG ist nicht deckungsgleich mit dem Wohnsitzbegriff des § 8 AO. Wohnort ist der Ort, an dem der Abnehmer für längere Zeit Wohnung hat und der nicht nur aufgrund subjektiver Willensentscheidung, sondern auch bei objektiver Betrachtung als der örtliche Mittelpunkt seines Lebens anzusehen ist (s. BFH vom 31.07.1975, V R 52/74, BStBl II 1976, 80). Deshalb kann ein Abnehmer nur einen Wohnort i.S.d. § 6 Abs. 2 Nr. 1 UStG haben. Zu weiteren Abgrenzungsfragen s. Abschn. 6.3 Abs. 2 UStAE; zu Abnehmern mit wechselndem Aufenthalt Abschn. 6.3 Abs. 3 UStAE. 25

Auf die Staatsangehörigkeit des Abnehmers kommt es nicht an. Ausländische Staatsbürger, die ihren Wohnort im Inland haben, sind daher nicht ausländische Abnehmer, dagegen solche, die sich nur vorübergehend für kürzere Zeit im Inland aufhalten (z.B. Touristen (dazu s. Abschn. 6.3 Abs. 3 Nr. 3 UStAE), Geschäftsreisende). Erwirbt ein ausländischer Arbeitnehmer kurz vor der Rückreise in sein Heimatland Waren, die zur Verwendung im Heimatland bestimmt sind, wird die Eigenschaft als „ausländischer Abnehmer“ frühestens im Zeitpunkt der tatsächlichen Ausreise (Grenzübertritt) begründet (s. BFH vom 14.12.1994, XI R 70/93, BStBl II 1995, 515). 26

Das Gesetz unterscheidet in § 6 Abs. 2 Nr. 2 UStG zwischen dem Unternehmer selbst und seinen Zweigniederlassungen oder Organgesellschaften. Soweit diese das Liefergeschäft im eigenen Namen abgeschlossen haben, werden sie hinsichtlich des Sitzes wie eigenständige Unternehmer behandelt. 27

Eine Zweigniederlassung eines ausländischen Abnehmers ist daher kein ausländischer Abnehmer, wenn sie ihren Sitz im Erhebungsgebiet oder im Gebiet nach § 1 Abs. 3 UStG hat (§ 6 Abs. 2 Satz 2 UStG). Ausländische Zweigniederlassungen von inländischen Unternehmen sind dagegen ausländische Abnehmer, wenn sie das Geschäft im eigenen Namen abgeschlossen haben. 28

Eine „**Zweigniederlassung**“ liegt dann vor, wenn sie im Handelsregister bzw. einem ähnlichen Register eingetragen ist. Unmaßgeblich sind die Abgrenzungskriterien für eine „feste Niederlassung“ bzw. „Betriebsstätte“ im umsatzsteuerlichen Sinne (dazu s. Abschn. 3a.1 Abs. 3 UStAE). Allerdings ist es ggf. zugunsten des Steuerpflichtigen geboten, im Zuge einer richtlinienkonformen Auslegung an den unionsrechtlichen Begriff der **festen Niederlassung** anzuknüpfen (s. Tehler in Rau/Dürrwächter, § 6 UStG Rn. 314). 29

30 **Beispiel:** Das inländische Unternehmen U hat eine Zweigniederlassung in der Schweiz (US). US bestellt bei der Firma M in München eine Maschine. M übergibt diese Maschine in München einem Fahrer der US, welcher die Maschine mit einem werkseigenen Lkw in die Schweiz transportiert.

Lösung: Die Lieferung ist nach § 3 Abs. 6 Satz 1 UStG in Deutschland steuerbar. Die Steuerbefreiung nach § 6 Abs. 1 Nr. 1 UStG kommt nicht in Betracht, da nicht der Lieferer, sondern der Abnehmer die Maschine ins Drittland befördert. Für die Steuerbefreiung nach § 6 Abs. 1 Nr. 2 UStG ist ein ausländischer Abnehmer erforderlich. Die inländische Firma U ist kein ausländischer Abnehmer. Aufgrund der besonderen Regelung in § 6 Abs. 1 Nr. 2 UStG liegt dennoch ein ausländischer Abnehmer mit der Niederlassung in der Schweiz vor, da diese ihren Sitz im Ausland hat und die Maschine in eigenem Namen bestellt hat.

30/1 § 6 Abs. 2 Nr. 2 UStG bezweckt ausländische Niederlassungen wie ausländische Firmen zu behandeln. Dies dient der Rechtssicherheit. Der liefernde Unternehmer, der einen Lieferauftrag von einem Unternehmer mit ausländischer Adresse erhält, braucht daher nicht zu prüfen, ob hinter der Zweigniederlassung im Ausland ein inländisches Unternehmen steht.

31 Davon zu unterscheiden sind Innenumsätze zwischen dem Hauptunternehmen im Inland und der ausländischen Zweigniederlassung.

32 **Beispiel:** Das inländische Unternehmen U hat eine Zweigniederlassung in der Schweiz (US). US bestellt bei U einen Posten Schrauben. U übergibt diese Schrauben in München einem Fahrer der US, welcher die Schrauben mit einem werkseigenen Lkw in die Schweiz transportiert.

Lösung: Die Ware wird von U an eine Zweigniederlassung übergeben. Die Schrauben verlassen damit nicht den Rahmen des Unternehmens U. Nach dem Grundsatz der Unternehmenseinheit liegt nur ein einziges Unternehmen vor (§ 2 Abs. 1 Satz 2 UStG). Der Stammsitz und die Niederlassung auch im Ausland gehören zu einem Unternehmen, auch wenn sich die Niederlassung im Drittlandsgebiet befindet. Es liegt deshalb keine Lieferung i.S.d. UStG, sondern ein nicht steuerbarer Innenumsatz. Eine Lieferung wird auch nicht durch § 3 Abs. 1a UStG fingiert, da die Schweiz nicht zum Unionsgebiet gehört.

33 Der umgekehrte Fall zu § 6 Abs. 2 Nr. 2 UStG (Zweigniederlassung im Inland) wird in § 6 Abs. 2 Satz 2 UStG geregelt. Danach ist die **Zweigniederlassung eines ausländischen Unternehmens im Inland** kein ausländischer Abnehmer. Wenn eine solche sich im Inland befindliche Zweigniederlassung im eigenen Namen unter ihrer inländischen Adresse Waren bestellt, ist davon auszugehen, dass kein ausländischer Abnehmer vorliegt.

34 **Beispiel:** Die in Hamburg ansässige Zweigniederlassung RD der amerikanischen Reederei R bestellt im eigenen Namen bei der Fa. E Ersatzteile, die sie dann im Auftrag der amerikanischen Gesellschaft in die USA verschifft.

Lösung: Es liegt eine Lieferung an die RD vor. Die Lieferung der E ist in Deutschland steuerbar. Sie ist nicht nach § 6 Abs. 1 Nr. 2 UStG steuerfrei, da nach § 6 Abs. 2 Satz 2 UStG kein ausländischer Abnehmer vorliegt. RD ist war Teil des Unternehmens R. Da die Bestellung im eigenen Namen der RD erfolgte, liegt aber nach der Sondervorschrift des § 6 Abs. 2 Satz 2 UStG kein ausländischer Abnehmer vor. R kann die der Niederlassung RD in Rechnung gestellte USt als Vorsteuer geltend machen.

5. Ausfuhrlieferungen in Gebiete i.S.d. § 1 Abs. 3 UStG (§ 6 Abs. 1 Nr. 3 UStG)

35 Nach § 6 Abs. 1 Nr. 3 UStG sind Ausfuhren mittels Beförderung oder Versendung in die Gebiete nach § 1 Abs. 3 UStG (Freihäfen und Gewässer und Watte zwischen Hoheitsgrenze und Strandlinie) steuerfrei, wenn:

- Der Abnehmer ein Unternehmer ist, der den Gegenstand für sein Unternehmen erworben hat und der Gegenstand nicht ausschließlich oder nicht zum Teil für eine nach § 4 Nr. 8 bis 27 UStG steuerfreie Tätigkeit verwendet werden soll, oder
- ein ausländischer Nichtunternehmer ist und der Gegenstand im Anschluss in das Drittlandsgebiet gelangt (s. dazu näher Abschn. 6.1 Abs. 3 UStAE).

Dadurch wird die Besteuerung eines Endverbrauchs in den Gebieten des § 1 Abs. 3 UStG (s. dazu § 1 Rn. 438 ff.) sichergestellt und im Übrigen Lieferungen in einen **Freihafen** wie Lieferungen ins Drittland steuerfrei behandelt. Ob der Lieferer oder der Abnehmer den Transport veranlasst, ist unerheblich. Die Eigenschaft „ausländischer Abnehmer" ist nur für die in § 6 Abs. 1 Nr. 3 Buchst. a und b UStG genannten Bedingungen von Bedeutung. **36**

Wann ein Gegenstand für das Unternehmen erworben wurde, ist im Einzelfall zu klären. Wird der Gegenstand alsbald durch das Unternehmen weiterveräußert, ist diese Voraussetzung gegeben. **37**

Bei Gegenständen, die sowohl privat als auch unternehmerisch genutzt werden können, ist darauf abzustellen, ob sie Unternehmensvermögen werden. Überwiegt der unternehmerische Zweck zum Zeitpunkt des Erwerbs, ist grundsätzlich von Unternehmensvermögen auszugehen (s. Abschn. 6.1 Abs. 3 Satz 2 UStAE). Hierbei handelt es sich allerdings nur um eine Reglung zur Verteilung der Beweislast. **38**

Die Vorschrift ist insbesondere in den Fällen von Bedeutung, in denen der Abnehmer ein inländisches Unternehmen ist, das die Ware vom Lieferer zu seiner Verfügungsmacht in den Freihafen transportieren lässt. Die Steuerbefreiung ist aber ausgeschlossen, wenn der Abnehmer den Gegenstand zur (teilweisen) Ausführung steuerschädlicher Umsätze verwenden will. Sie gilt auch für die Fälle, in denen ein Unternehmen sein Sitz im Freihafen hat, da ein solcher Abnehmer nach § 6 Abs. 2 UStG kein ausländischer Abnehmer ist. Die Steuerfreiheit für Lieferungen an ausländische Privatpersonen in den Freihafen wird durch § 6 Abs. 3 und 3a UStG eingeschränkt, deren Voraussetzungen zusätzlich vorliegen müssen. **39**

6. Ausfuhrlieferungen im nichtkommerziellen Reiseverkehr (§ 6 Abs. 3a UStG)

§ 6 Abs. 3a UStG schränkt den Begriff der Ausfuhrlieferung und damit mittelbar die Steuerbefreiung nach § 4 Nr. 1a UStG für den privaten **Reiseverkehr** ein (s. auch BMF vom 15.05.1997, BStBl II 1997, 614; OFD Erfurt vom 25.07.1996, DStR 1996, 1773; Runderlass des Auswärtigen Amtes vom 23.08.2001 zur Steuerbefreiung für Ausfuhrlieferungen, UR 2002, 142). **40**

Ergänzend wird die Ausfuhr im Reiseverkehr in § 17 UStDV geregelt. **41**

Eine Ausfuhr im Reiseverkehr liegt vor, wenn der Gegenstand im persönlichen Reisegepäck in das Drittland oder in das Gebiet nach § 1 Abs. 3 UStG (s. dazu § 1 Rn. 438 ff.) ausgeführt wird. **42**

Zum **Reisegepäck** gehören Gegenstände (s. Abschn. 6.11 Abs. 1 Satz 2 UStAE), die vom Reisenden: **43**

- im Handgepäck befördert werden oder
- sich im vom Reisenden benutzten Fahrzeug befinden oder
- anlässlich der Reise als Reisegepäck aufgegeben werden.

Nicht zum **Reisegepäck** gehören (s. Abschn. 6.11 Abs. 1 Satz 4 UStAE): **44**

- Das vom Reisenden mitgeführte Fahrzeug,
- die Bestandteile dieses Fahrzeugs,
- das Zubehör zu diesem Fahrzeug.

Führt der Lieferer den Gegenstand der Lieferung im Reisegepäck in das Drittland aus, ist seine Lieferung unter den allgemeinen Voraussetzungen des § 6 Abs. 1 Nr. 1 UStG steuerfrei. **45**

Führt der Abnehmer den Gegenstand der Lieferung im Reisegepäck aus und hat er den Gegenstand für sein Unternehmen erworben, ist die Lieferung unter den allgemeinen Voraussetzungen des § 6 Abs. 1 Nr. 2 und 3 UStG steuerfrei. **46**

47 Führt der Abnehmer den Gegenstand der Lieferung im Reisegepäck aus und hat er den Gegenstand nicht für unternehmerische zwecke erworben, ist die Lieferung nur unter den zusätzlichen Voraussetzungen des § 6 Abs. 3a UStG und § 17 UStDV steuerfrei. Dazu sind folgende Voraussetzungen zu erfüllen:

1. Der Abnehmer hat seinen Wohnsitz oder Sitz im Drittlandsgebiet mit Ausnahme der Gebiete nach § 1 Abs. 3 UStG (s. dazu § 1 Rn. 438 ff.),
2. die Ausfuhr erfolgt spätestens vor Ablauf des dritten Kalendermonats, der auf den Monat der Lieferung folgt,
3. der Lieferer erbringt den Abnehmernachweis nach 17 UStDV.

48 Zu den Nachweispflichten im Einzelnen s. Rn. 53 ff.

7. Reihengeschäfte

49 Bei **Reihengeschäften** und entsprechenden Warenbewegungen ins Drittland muss die nach § 3 Abs. 6 UStG warenbewegte Lieferung, die als steuerfreie Ausfuhrlieferung in Betracht kommt, die Voraussetzungen des § 6 Abs. 1 UStG erfüllen. Insbesondere bei Lieferketten der die warenbewegte Ausfuhrlieferung tätigende Unternehmer entweder selbst den Transport der Gegenstände veranlassen oder, sofern der Kunde diesen übernimmt, ein ausländischer Unternehmer im Sinne des § 6 Abs. 1 Nr. 2 UStG sein (s. dazu auch Abschn. 3.14 Abs. 14 UStAE mit Beispiel).

50 Der zoll- und außenwirtschaftsrechtliche Ausführer ist nicht unbedingt auch umsatzsteuerrechtlich der Unternehmer, der eine Ausfuhrlieferung im umsatzsteuerlichen Sinne deklariert.

Wird bei zwei hintereinander geschalteten deutschen Unternehmern der Transport vom zweiten deutschen Unternehmer veranlasst, kann nur dieser eine steuerfrei Ausfuhrlieferung tätigen, denn aus Sicht des ersten deutschen Unternehmers in der Reihe liegt ein Abholfall vor, der nur dann zu einer steuerfreien Ausfuhrlieferung führen kann, wenn der Abnehmer ein Ausländer ist.

51 Um die Steuerfreiheit zu erlangen, sind die Transportbedingungen möglichst so zu gestalten und dokumentieren, dass dem zweiten Unternehmer auch umsatzsteuerrechtlich gemäß § 3 Abs. 6 UStG die Warenbewegung zugeordnet werden kann.

52 Dies alleine genügt allerdings nach der Rechtsprechung nicht, die auf das Verhalten des mittleren Unternehmers gegenüber dem ersten Lieferer abstellt. Der mittlere Unternehmer muss danach gegenüber dem ersten Lieferer offenlegen, dass er den Gegenstand selbst bereits verkauft und demnach warenbewegt liefern will (s. EuGH vom 16.12.2010, C-430/09, Euro Tyre Holding BV, UR 2011, 176; BFH vom 11.08.2011, V R 3/10, UR 2011, 909 zu innergemeinschaftlichen Reihengeschäften).

8. Nachweise (§ 6 Abs. 4 UStG)

53 Die Voraussetzungen für die Steuerbefreiung der Ausfuhrlieferung müssen vom liefernden Unternehmer nachgewiesen werden (§ 6 Abs. 4 UStG). Alle Tatbestandsmerkmale sind objektive Vorgänge, für die Nachweise zu erbringen sind. § 6 Abs. 4 UStG enthält dazu die Ermächtigung des BMF zum Erlass einer Rechtsverordnung, zur Konkretisierung der Nachweispflicht. Dies geschieht insbesondere durch den **Ausfuhrnachweis** (s. §§ 9 und 10 UStDV) und den **Buchnachweis** (s. § 13 UStDV).

8.1 Ausfuhrnachweis

8.1.1 Regelungen der UStDV

54 Die UStDV regelte bis zum 31.12.2011 den notwendigen Ausfuhrnachweis in Form von Sollvorschriften. Unterschieden wurden Beförderungsfälle (s. § 9 UStDV; Lieferer oder Abnehmer befördern den Gegenstand), Versendungsfälle (s. § 10 UStDV; Lieferer oder Abnehmer beauftragen einen Dritten mit dem Transport des Gegenstandes) und Bearbeitungs- und Verarbeitungsfälle (s. § 11 UStDV).

55 Zum 01.01.2012 wurden die Vorschriften über die Beleg- und Buchnachweisvorschriften für Ausfuhrlieferungen verschärft (jetzt Mussvorschriften) und teilweise neu geregelt (s. dazu ausführlich Huschens, UVR 2012, 72; BMF vom 06.02.2012, BStBl I 2012, 211). Dabei wurden auch bisher nur im Verwaltungswege geregelte Nachweispflichten in die UStDV aufgenommen.

Nach dem BMF-Schreiben vom 09.12.2011 (BStBl I 2012, 1287) wird es für bis zum 31.03.2012 ausgeführte Ausfuhrlieferungen nicht beanstandet, wenn der beleg- und buchmäßige Nachweis der Voraussetzungen der Steuerbefreiung noch auf Grundlage der bis zum 31.12.2011 geltenden Rechtslage geführt wird. 56

Der Ausfuhrnachweis galt in der Vergangenheit als eine materiell-rechtliche Voraussetzung für die Steuerbefreiung. Für innergemeinschaftliche Lieferungen hat der EuGH und dem folgend die BFH-rechtsprechung (s. u.a. EuGH vom 27.09.2007, C-146/05, Collee; BStBl II 2009, 78; BFH vom 06.01.2007, BStBl II 2009, 57; hierzu im Einzelnen § 6a Rn. 63, 95) entschieden, dass die in der UStDV geregelten Nachweise keine materiell-rechtlichen Voraussetzungen für die Steuerfreiheit bilden, muss dies entsprechend auch für Ausfuhrlieferungen gelten. 57

Einstweilen frei. 58

Der Unternehmer muss danach zwar grundsätzlich das Gelangen der Gegenstände in das Drittland nachweisen. Für die Steuerfreiheit sind dabei aber die Form des Nachweises und der Zeitpunkt des Nachweises nicht entscheidend. Der Unternehmer kann daher Ausfuhrlieferungen auch dann steuerfrei behandeln, wenn er den Ausfuhrnachweis zu diesem Zeitpunkt noch nicht führen kann. Es genügt, dass die objektiven Tatbestandsmerkmale der Vorschrift erfüllt sind (s. BFH vom 28.05.2009, V R 23/08, BStBl II 2010, 517). Der Ausfuhrnachweis muss ggf. bis zur letzten mündlichen Verhandlung vor dem Finanzgericht geführt werden (s. BFH vom 28.02.1980, V R 118/76, BStBl II 1980, 415; Abschn. 6.5 Abs. 3 Satz 1 UStAE). Der Buchnachweis muss aber anders als der Belegnachweis grundsätzlich bis zu dem Zeitpunkt vorliegen, zu dem der Unternehmer die Voranmeldung für den Voranmeldungszeitraum der Ausfuhrlieferung abzugeben hat (s. BFH vom 28.05.2009, V R 23/08, BStBl II BFH/NV 2009, 1565). Die Differenzierung zwischen Buch- und Belegnachweis rechtfertigt der BFH daraus, dass dem Unternehmer die Ausfuhrbelege u.U. erst nach dem Abgabezeitpunkt für die Voranmeldung vorliegen und sich aus einer erst nachträglichen Beibringung des Belegnachweises, anders als bei einem vollständigen Fehlen buchmäßiger Aufzeichnungen, keine Gefährdung des Steueraufkommens ergäbe. 59

Nach den zum 01.01.2012 (Übergangsregelung bis 31.03.2012, s. oben) neu geregelten Nachweispflichten muss nunmehr sowohl in Beförderungs- als auch in Versendungsfällen der Nachweis mittels elektronischem Ausgangsvermerk geführt werden (so auch Abschn. 6.7 Abs. 1 UStAE – neu gefasst durch BMF vom 06.02.2012), sofern die Ausfuhr im elektronischen ATLAS-Verfahren erfolgt ist (s. § 9 Abs. 1 Nr. 1 und § 10 Abs. 1 Nr. 1 UStDV). Bei zollrechtlich ordnungsgemäß erledigten Ausfuhrverfahren wird i.d.R. der Ausfuhrnachweis mittels elektronischer Ausfuhrbestätigung leicht möglich sein. Sofern die Ausfuhr nicht über ATLAS erfolgt (z.B. Ausfuhranmeldungen mit Warenwert unter 1.000 €) oder nicht erfolgen kann (Ausfall- und Sicherheitskonzept), kann weiterhin der Nachweis durch einen Versendungsbeleg oder eine Spediteursbescheinigung (Versendungsfälle) oder durch eine Ausfuhrbestätigung der Grenzzollstelle eines Mitgliedsstaates (Beförderungsfälle) geführt werden. 60

Für die Ausfuhr von Fahrzeugen (s. § 9 Abs. 2 UStDV und § 10 Abs. 2 UStDV) sowie für Bearbeitungs- und Verarbeitungsfälle (s. § 11 UStDV) gelten weitere Besonderheiten. Siehe insgesamt hierzu Abschn. 6.6 und 6.7 UStAE, BMF vom 26.04.2013, IV D 3 – S 7134/12/10002, BStBl I 2013, 714. 61

Zum Ausfuhrnachweis bei der Ausfuhr von Fahrzeugen siehe Abschn. 6.9 Abs. 11 UStAE. 62

8.1.2 Elektronisches Verfahren „ATLAS-Ausfuhr“

Von besonderer praktischer Bedeutung ist das elektronische Verfahren „ATLAS-Ausfuhr“, mit dem sowohl die zollrechtlich notwendige Anmeldung zur Ausfuhr wie auch der für Umsatzsteuerzwecke notwendige Ausfuhrnachweis elektronisch erteilt wird. Das in der Vergangenheit notwendige Sicherstellen des Ausfuhrnachweises mittels Zollstempel und physischer Rücksendung der Ausfuhrerklärung erübrigt sich damit. Die Finanzverwaltung hat zu diesem Verfahren für den umsatzsteuerlichen Ausfuhrnachweis umfassend Stellung genommen (s. Abschn. 6.2 UStAE; BMF-Schreiben vom 17.07.2009, BStBl I 2009, 855). 63

Seit 01.07.2009 besteht EU-einheitlich – mit wenigen Ausnahmen – die **Pflicht zur Teilnahme am elektronischen Ausfuhrverfahren** (s. Art. 787 ZK-DVO). Die bisherige schriftliche Ausfuhranmeldung wurde durch eine elektronische Ausfuhranmeldung ersetzt. In Deutschland steht hierfür seit dem 01.08.2006 das IT-System „ATLAS-Ausfuhr“ zur Verfügung. Die Pflicht zur Abgabe elektronischer Anmeldungen betrifft 64 alle Anmeldungen unabhängig vom Beförderungsweg (Straßen-, Luft-, See-, Post- und Bahnverkehr). Der Anmelder der Ausfuhr erhält in diesem Verfahren nach Ausfuhranmeldung bei seiner zuständigen Binnenzollstelle und nach dem bei einer Ausgangszollstelle registrierten Grenzübertritt der Ware eine elektronische Ausfuhrbestätigung in Form eines pdf-Dokuments (sog. „Ausgangsvermerk" bzw. „Alternativ-Ausgangsvermerk"; s. dazu BMF-Schreiben vom 03.05.2010, BStBl I 2010, 499).

65 Diese Dokumente werden damit nach §§ 9 und 10 UStDV zum grundlegenden Belegnachweis für Umsatzsteuerzwecke bei Ausfuhrlieferungen. Dies gilt unabhängig davon, ob der Gegenstand der Ausfuhr vom Lieferanten oder vom Abnehmer befördert oder versendet wird.

66 Nur in den Fällen, in denen es dem Unternehmer nicht möglich war, die auszuführenden Waren bei der zuständigen Ausfuhrzollstelle anzumelden, bei technischen Problemen (Systemabstürzen) oder geringwertigen Ausfuhren (mündliche Anmeldungen, Gegenstände bis zu einem Wert von 1.000 €) erkennt die Verwaltung einen in Verbindung mit den herkömmlichen Ausfuhrnachweisen i.S.d. § 9 Abs. 1 oder 10 UStDV von der Grenzzollstelle erstellten alternativen Beleg (Exemplar Nr. 3 des Einheitspapiers, Dienststempelabdruck mit Datum des Grenzübertritts) oder die Bestätigung des selbständigen Beauftragten an.

8.1.3 Ausfuhrnachweis außerhalb des IT-Verfahrens „ATLAS"

67 Wird der Transport der Gegenstände in das Drittlandsgebiet von einem vom Lieferanten oder Abnehmer eingeschalteten selbstständigen Beauftragter übernommen, muss der Ausfuhrnachweis außerhalb des IT-Verfahrens „ATLAS" durch Versendungsbelege oder handelsübliche Belege geführt werden. Versendungsbelege sind insbesondere der Eisenbahnfrachtbrief, der Luftfrachtbrief, der Posteinlieferungsschein, das zur Auftragserteilung an einen Kurierdienst gefertigte Dokument, das Konnossement, der Ladeschein, der Rollfuhrschein sowie deren Doppelstücke, wenn sich aus ihnen die Warenbewegung in das Drittlandsgebiet ergibt.

68 Wird die Versendung von einem Spediteur, Frachtführer oder Verfrachter ausgeführt, so hat der liefernde Unternehmer die in Deutschland gebräuchliche Bescheinigung für Umsatzsteuerzwecke bei der Versendung durch einen Spediteur bzw. Frachtführer (sog. weiße Spediteursbescheinigung) zu nutzen.

69 Sie muss die nach § 10 Abs. 1 Nr. 2 UStDV vorgeschriebenen Angaben enthalten zu:

- Namen und Anschrift des Ausstellers sowie dem Tag der Ausstellung,
- Namen und Anschrift des liefernden Unternehmers,
- der handelsüblichen Bezeichnung und Menge des ausgeführten Gegenstands,
- Ort und Tag der Ausfuhr oder Ort und Tag der Versendung in das Drittlandsgebiet,
- Empfänger und Bestimmungsort im Drittlandsgebiet.

70 Der Beleg ist vom Spediteur bzw. Frachtführer eigenhändig zu unterschreiben. Mit Zustimmung des zuständigen Finanzamts kann bei maschinell erstellten Spediteursbescheinigungen auf die Unterschrift verzichtet werden. Der Aussteller hat zu versichern, dass die Angaben aufgrund von Geschäftsunterlagen im Gemeinschaftsgebiet nachprüfbar sind.

8.1.4 Nachweisanforderungen für Fälle des § 6 Abs. 3 UStG

71 Für die Fälle des § 6 Abs. 3 UStG werden zusätzlich zu den Angaben nach § 13 Abs. 2 UStDV die Angaben nach § 13 Abs. 6 UStDV verlangt (s. dazu auch Abschn. 6.10 Abs. 7 UStDV):

- Angabe des Gewerbezweigs oder Berufs des ausländischen Abnehmers zum Nachweis der Unternehmereigenschaft des Abnehmers (§ 6 Abs. 6 Nr. 1 UStG) und
- den Zweck, dem das ausgerüstete oder versorgte Beförderungsmittel dient, zum Nachweis des unternehmerischen Verwendungszwecks (§ 6 Abs. 3 Nr. 2 UStG). Dabei genügt die Angabe der Art des Beförderungsmittels, wenn es seiner Art nach nur unternehmerischen Zwecken dienen kann, z.B. Lastkraftwagen, Reiseomnibus, Frachtschiff. Bei anderen Beförderungsmitteln, z.B. Personenkraftwagen, Krafträdern, Sport- und Vergnügungsbooten oder Sportflugzeugen, ist davon auszugehen, dass sie nichtunternehmerischen Zwecken dienen, es sei denn, dass nach der Gesamtheit der bei dem Unternehmer befindlichen Unterlagen kein ernstlicher Zweifel daran besteht, dass das Beförderungsmittel

den Zwecken des Unternehmens des Abnehmers dient. Eine Bescheinigung des Abnehmers über den Verwendungszweck des Beförderungsmittels reicht wegen der fehlenden Nachprüfungsmöglichkeit in der Regel nicht aus.

8.1.5 Nachweisanforderungen für Fälle des Reiseverkehrs nach § 6 Abs. 3a UStG

Führt der Abnehmer den Gegenstand im Reisegepäck für nicht unternehmerische Zwecke hat er den **Abnehmernachweis** nach § 17 UStDV zu erbringen. Zu Einzelheiten s. BMF-Schreiben vom 15.05.1997 (BStBl I 1997, 614), das in der Anlage auch Vordruckmuster für die Ausfuhr- und Abnehmerbescheinigung bei Ausfuhren im nichtkommerziellen Reiseverkehr enthält sowie Abschn. 6.11 UStAE und das Merkblatt des BMF zur Umsatzsteuerbefreiung für Ausfuhrlieferungen im nichtkommerziellen Reiseverkehr, BStBI I 2004, 535. Zu Verkäufen in Duty-Free-Shops im Transitbereich von Flughäfen siehe BFH Urteil vom 03.11.2005 (V R 63/02, BStBl II 2006, 337; keine steuerfreie Ausfuhrlieferung). 72

Bei diesem Abnehmernachweis nach § 17 UStDV muss der zollamtliche Beleg zusätzlich enthalten: 73

- Name und Anschrift des ausländischen Abnehmers,
- Identitätsnachweis nach § 17 Nr. 2 UStDV.

Der **Identitätsnachweis** kann nur erbracht werden, wenn der Abnehmer die Ware persönlich vom Zoll abfertigen lässt. Die erforderliche zollamtliche Bestätigung wird nur dann erteilt, wenn sich aus dem vorgelegten Pass eindeutig ergibt, dass es sich um einen ausländischen Abnehmer mit Wohnort im Drittlandsgebiet handelt. 74

Die Bestätigung wird z.B. nicht erteilt, wenn der Abnehmer einen im Drittland ausgestellten Pass vorlegt, in dem eine Aufenthaltserlaubnis im Bundesgebiet mit einer Gültigkeitsdauer von mehr als drei Monaten eingetragen ist und diese Erlaubnis noch nicht oder nicht vor einem Monat abgelaufen ist (s. Abschn. 6.11 Abs. 8 Nr. 2 UStAE). 75

In den folgenden Fällen wird die **Abnehmerbestätigung** nicht versagt: 76

- Ein Aufenthaltstitel von 180 Tagen stammt von einer Auslandsvertretung eines anderen EU-Mitgliedstaates und mit dem Titel wird dort kein gewöhnlicher Aufenthalt oder Wohnsitz erworben.
- Die Aufenthaltserlaubnis ist zwar formell nicht abgelaufen, der Abnehmer legt aber gleichzeitig eine Abmeldebestätigung vor, die mindestens sechs Monate vor der erneuten Ausreise ausgestellt worden ist,
- Der Abnehmer verfügt über ein Geschäftsvisum (s. Abschn. 6.11 Abs. 8 Nr. 2 Satz 4 UStAE).

Trotz fehlendem Identitätsnachweis kann in diesen Fällen die Steuerbefreiung dann gewährt werden, wenn eine entsprechende Bestätigung einer amtlichen Stelle der Bundesrepublik Deutschland m Wohnsitzstaat des Abnehmers (z.B. Konsulat) vorgelegt werden kann. Aus dieser Bestätigung muss hervorgehen, dass die Angaben über den ausländischen Abnehmer (Name und Anschrift) im Zeitpunkt der Lieferung zutreffend waren (s. Abschn. 6.11 Abs. 9 UStAE). 77

8.2 Buchnachweis

Der Buchnachweis wird erbracht, indem die Voraussetzungen der Steuerfreiheit eindeutig und leicht nachprüfbar in der Buchführung oder sonstigen Unterlagen aufgezeichnet werden. Der Umfang der notwendigen Aufzeichnungen ergibt sich aus § 13 UStDV. 78

Ebenso wie der Belegnachweis ist der Buchnachweis keine materiell-rechtliche Voraussetzung für die Steuerfreiheit. Steht objektiv fest, dass die Tatbestandsmerkmale für eine steuerfreie Ausfuhrlieferung erfüllt sind, hat ein ggf. mangelhafter Buchnachweis keinen Einfluss auf die Steuerfreiheit (s. Abschn. 6.10 Abs. 4 UStAE). 79

Der Nachweis ist bis zu dem Zeitpunkt führen, zu dem der Unternehme die Umsatzsteuer-Voranmeldung für die Ausfuhrlieferung abzugeben hat. Fehlen zu diesem Zeitpunkt die aufzeichnungspflichtigen Informationen, darf die Lieferung nicht als steuerfreie Ausfuhr deklariert werden. 80

Der Unternehmer kann fehlende oder fehlerhafte Aufzeichnungen eines rechtzeitig erbrachten Buchnachweises bis zum Schluss der letzten mündlichen Verhandlung vor dem Finanzgericht nach den für Rech- 81 nungsberichtigungen geltenden Grundsätzen ergänzen oder berichtigen. Wird der Buchnachweis weder rechtzeitig geführt, noch zulässigerweise ergänzt oder berichtigt, kann die Ausfuhrlieferung ausnahmsweise steuerfrei sein, wenn aufgrund der objektiven Beweislage feststeht, dass die Voraussetzungen des § 6 Abs. 1 bis Abs. 3a UStG vorliegen (s. BFH Urteil vom 28.05.2009, V R 23/08, BStBl II 2010, 517).

8.3 Beweislast, Billigkeit

82 Der Steuerpflichtige ist aufgrund eines vollständigen Beleg- und Buchnachweises berechtigt, die Lieferung als steuerfrei zu behandeln. Die danach vorliegenden Angaben bzw. Unterlagen unterliegen jedoch der Nachprüfung durch die Finanzverwaltung. Ergibt sich bei dieser Überprüfung nach den allgemeinen Beweisregeln deren Unrichtigkeit, ist die Ausfuhrlieferung trotz des formal vorliegenden Nachweises vorbehaltlich besonderer Umstände steuerpflichtig (s. BFH Urteil vom 31.07.2008, V R 21/06, BStBl II 2014, 344).

83 Erweisen sich die Nachweise als objektiv falsch, ist nicht im Steuerfestsetzungsverfahren, sondern im **Billigkeitsverfahren** nach § 163 AO zu entscheiden, ob eine Steuerfreiheit aufgrund unrichtiger Abnehmerangaben in Betracht kommt (s. BFH Urteil vom 30.07.2008, V R 7/03, BStBl II 2010, 1075). Dazu hat der EuGH Grundsätze zum Vertrauensschutz entwickelt (s. EuGH Urteil vom 21.02.2008, C-271/06, Netto Supermarkt, UR 2008, 508; EuGH Urteil vom 27.09.2007, C-409/04, BStBl II 2009, 70). Allerdings verlangt der BFH, das Billigkeitsverfahren nach § 163 AO regelmäßig mit dem Festsetzungsverfahren zu verbinden (s. BFH Urteil vom 30.04.2009, V R 15/07, BStBl II 2009, 744). Voraussetzung ist und bleibt aber in jedem Fall, dass sich auf Vertrauensschutz nur berufen kann, wer den ihm obliegenden Nachweispflichten in formaler Hinsicht vollständig nachgekommen ist (s. BFH vom 29.03.2016, XI B 77/15, BFH/NV 2016, 1181). Mehr ist aber dann auch nicht zu verlangen; gerade nicht erforderlich ist die inhaltliche Richtigkeit der Beleg- und Buchangaben (s. BFH vom 29.03.2016, XI B 77/15, BFH/NV 2016, 1181).

9. Einzelfälle

9.1 Zeitlich verzögerte Warenbewegung ins Drittland

84 Der Transport der Ware ins Ausland kann sich aus ganz unterschiedlichen Gründen verzögern (z.B. logistische Gründe, der Kunde nutzt einen Gegenstand vor der Bewegung ins Ausland, s. Robisch in Bunjes, § 6 UStG, Rz. 36).

85 Hier stellt sich die Frage, ob noch eine steuerfreie Ausfuhrlieferung vorliegt oder eine steuerpflichtige Inlandslieferung mit anschließendem nicht steuerbarem Verbringen ins Drittland durch den Kunden. Gelangt der Gegenstand der Lieferung tatsächlich ins Drittland, dürfte auch bei verzögerter Warenbewegung eine steuerfreie Ausfuhrlieferung anzunehmen sein (s. Robisch in Bunjes, § 6 UStG, Rz. 36; Funke UR 2009, 433, 446). Lediglich in Fällen, in denen der Gegenstand in Inland bereits benutzt wird, kann dies infrage gestellt werden, da dann ggf. ein Gegenstand anderer Art (gebrauchter, nicht mehr neuer Gegenstand) ausgeführt wird (s. Robisch in Bunjes, § 6 UStG, Rz. 36).

86 Eine bestimmte Frist für den Grenzübertritt dürfte entsprechend den Grundsätzen der EuGH-Rechtsprechung zur innergemeinschaftlichen Lieferung nicht verlangt werden (s. EuGH Urteil vom 18.11.2010, C-84/09, X/Skatteverket, s. Robisch in Bunjes, § 6 UStG, Rz. 36). Es kann danach nicht verlangt werden, dass bei einem innergemeinschaftlichen Erwerb die Beförderung eines Fahrzeugs unmittelbar nach seiner Lieferung durchgeführt wird, dass sie nicht unterbrochen wird und dass der in Rede stehende Gegenstand vor oder während dieser Beförderung nicht in irgendeiner Weise verwendet wird. Ausschlaggebend ist, in welchem Mitgliedstaat die endgültige und dauerhafte Verwendung des in Rede stehenden Fahrzeugs stattfinden wird. Seine Verwendung während des Transports, selbst zu Freizeitzwecken, stellt im Verhältnis zur allgemeinen Lebensdauer eines Fahrzeugs insoweit nur eine völlig untergeordnete Zeitspanne dar. Dies muss auch für die Ausfuhrlieferung nach § 6 USG gelten. Dabei müssen für die Absicht der Beteiligten, eine grenzüberschreitende Warenbewegung zu bewirken, die Gesamtumstände des Einzelfalls zu beachten.

9.2 Ausfuhren mit gebrochenen Transporten

Bei gebrochenen Transporten ist der Lieferer nur für eine Teilstrecke der Warenbewegung verantwortlich (z.B. transportiert der Lieferer nur eine Strecke in Deutschland bis zur Übergabestelle, ab dort wird der Transport zum ausländischen Zielort durch den Abnehmer übernommen). 87

Hier stellt sich die Frage, ob die Lieferung mit Transport bis zur Übergabestelle ausgeführt ist und der anschließende Weitertransport durch den Kunden als kundeninterner Verbringungsvorgang zu werten ist. Die Verwaltung vertritt wohl die Auffassung, dass bei gebrochenen Transporten nur die erste Transportstrecke der Lieferung zuzuordnen ist und in diesem Zusammenhang sämtliche Voraussetzungen für die Steuerfreiheit erfüllt sein müssen (s. Robisch in Bunjes, § 6 UStG, Rz. 38). Die zweite Transportstrecke wäre danach, nach Auffassung der Finanzverwaltung, als unternehmensinterner Vorgang beim Kunden zu werten. Dagegen sollten beide Transportvorgänge dem Liefervorgang zugerechnet werden, wenn nach dem Gesamtbild ein einheitlicher logistischer Vorgang gegeben ist (dazu näher s. Robisch in Bunjes, § 6 UStG, Rz. 39 m.w.N.; Robisch UR 2008, 918). 88

Beispiel: Der in Moskau (Russland) ansässige Unternehmer U bestellte bei dem Maschinenhändler M in Hamburg einen Bagger. E wurde beauftragt, den Bagger mittels eines Biefladers bis Flensburg zu transportieren, wo ihn U in Empfang nahm und auf ein Schiff verlud, mit welchem er ihn weiter nach Russland transportierte. 89

Lösung: Es liegt eine gebrochene Beförderungslieferung von E an U vor. Der Lieferort ist nach § 3 Abs. 6 bei Beginn der Beförderung in Hamburg. § 6 Abs. 1 Nr. 1 UStG greift nicht ein, da der Bagger nicht im Zuge der Beförderung durch M, sondern infolge der Weiterbeförderung durch U ins Drittland gelangt. Die Lieferung ist daher nach § 6 Abs. 1 Nr. 2 UStG steuerfrei.

9.3 Be- oder Verarbeitung vor Ausfuhr (§ 6 Abs. 1 Satz 2 UStG)

Die Be- oder Verarbeitung des Ausfuhrgegenstandes durch Beauftragte ist nach § 6 Abs. 1 Satz 2 UStG für die Steuerfreiheit unschädlich, wenn es sich um Beauftragte des Abnehmers handelt. Für Be- oder Verarbeitungen durch Beauftragte des Lieferers ist eine Sonderregelung nicht erforderlich. Sie ändern den Liefergegenstand, der vom Lieferer ausgeführt wird. Sie wirken sich nur auf die Nachweispflichten aus. 90

§ 6 Abs. 1 Satz 2 UStG betrifft Fälle, in denen der Abnehmer Material im Inland einkauft, sie im Inland zu Fertigprodukten verarbeiten lässt und im Anschluss eine Ausfuhr erfolgt. In solchen Fällen kann die Lieferung der Gegenstände als Ausfuhrlieferung nach § 6 Abs. 1 Satz 2 UStG und die Bearbeitungsleistung des Dritten als Lohnveredelung nach § 7 Abs. 1 Satz 2 UStG steuerfrei sein. 91

Da das Gelangen des Gegenstandes auch in Be- oder Verarbeitungsfällen, in den der Lieferer in der Regel den Transport nur bis zum Bearbeiter übernimmt, in das Drittland oder die in § 1 Abs. 3 UStG genannten Gebiete nachgewiesen werden muss, hat das BMF einen Musternachweis veröffentlicht, in dem der Bearbeiter mitwirken muss (s. BMF-Schreiben vom 17.01.2000, BStBl I 2000, 179; s. auch BMF-Schreiben zur innergemeinschaftlichen Lieferung vom 16.09.2013, BStBl I 2013, 1192). 92

9.4 Ausrüstung und Versorgung von Beförderungsmitteln (§ 6 Abs. 3 UStG)

Nach § 6 Abs. 3 UStG gilt die Steuerbefreiung bei der Ausfuhr für Fälle der Ausrüstung und Versorgung (s. dazu § 8 Rn. 12 ff.) von Beförderungsmitteln (s. dazu § 3a Rn. 22) nur mit Einschränkungen. 93

Die Steuerbefreiung setzt voraus, dass der Abnehmer ein ausländischer Unternehmer ist und das ausgerüstete oder versorgte Beförderungsmittel den Zwecken seines Unternehmens dient. Damit scheidet die Ausrüstung und Versorgung von privaten Beförderungsmitteln (z.B. Pkw mit Ausrüstungsgegenständen wie Reservekanister, Ersatzreifen, Abschleppseil, Segelyacht mit Versorgungsgegenständen wie Treibstoffe und Proviant) für die Anwendung der Befreiungsvorschrift aus, auch wenn sie ausländischen Abnehmern gehören. Werden die Beförderungsmittel gemischt – unternehmerisch als auch für andere Zwecke – genutzt, muss der unternehmerische Nutzungsanteil überwiegen. 94

95 Hinsichtlich der einzelnen Ausrüstungs- und Versorgungsgegenstände ist immer die Zweckbestimmung für ein bestimmtes Beförderungsmittel entscheidend, nicht alleine, dass der Gegenstand allgemein zur Ausrüstung oder Versorgung von Beförderungsmitteln geeignet ist. § 6 Abs. 3 UStG gilt nicht für Werklieferungen, bei denen Ausrüstungsgegenstände fest in ein privates Beförderungsmittel eingebaut werden (z.B. Einbau eines Austauschmotors oder eines Autoradios in einen Pkw).

§ 6a UStG Innergemeinschaftliche Lieferung

(1) [1]Eine innergemeinschaftliche Lieferung (§ 4 Nr. 1 Buchstabe b) liegt vor, wenn bei einer Lieferung die folgenden Voraussetzungen erfüllt sind:

1. Der Unternehmer oder der Abnehmer hat den Gegenstand der Lieferung in das übrige Gemeinschaftsgebiet befördert oder versendet;
2. der Abnehmer ist
   a) ein Unternehmer, der den Gegenstand der Lieferung für sein Unternehmen erworben hat,
   b) eine juristische Person, die nicht Unternehmer ist oder die den Gegenstand der Lieferung nicht für ihr Unternehmen erworben hat, oder
   c) bei der Lieferung eines neuen Fahrzeugs auch jeder andere Erwerber

   und
3. der Erwerb des Gegenstands der Lieferung unterliegt beim Abnehmer in einem anderen Mitgliedstaat den Vorschriften der Umsatzbesteuerung.

[2]Der Gegenstand der Lieferung kann durch Beauftragte vor der Beförderung oder Versendung in das übrige Gemeinschaftsgebiet bearbeitet oder verarbeitet worden sein.

(2) Als innergemeinschaftliche Lieferung gilt auch das einer Lieferung gleichgestellte Verbringen eines Gegenstands (§ 3 Abs. 1a).

(3) [1]Die Voraussetzungen der Absätze 1 und 2 müssen vom Unternehmer nachgewiesen sein. [2]Das Bundesministerium der Finanzen kann mit Zustimmung des Bundesrates durch Rechtsverordnung bestimmen, wie der Unternehmer den Nachweis zu führen hat.

(4) [1]Hat der Unternehmer eine Lieferung als steuerfrei behandelt, obwohl die Voraussetzungen nach Absatz 1 nicht vorliegen, so ist die Lieferung gleichwohl als steuerfrei anzusehen, wenn die Inanspruchnahme der Steuerbefreiung auf unrichtigen Angaben des Abnehmers beruht und der Unternehmer die Unrichtigkeit dieser Angaben auch bei Beachtung der Sorgfalt eines ordentlichen Kaufmanns nicht erkennen konnte. [2]In diesem Fall schuldet der Abnehmer die entgangene Steuer.

Bearbeiter: Manzur Esskandari

Inhaltsverzeichnis

1. Anwendungsbereich und Zweck der Vorschrift

1 Die **innergemeinschaftliche Lieferung** gem. § 6a UStG steht im Zusammenhang mit dem seit dem 01.01.1993 (Umsatzsteuer-Binnenmarktgesetz vom 25.08.1992, BGBl I 1992, 1548) geltenden Umsatztatbestand, dem innergemeinschaftlichen **Erwerb gegen Entgelt** i.S.d. § 1 Abs. 1 Nr. 5 UStG (s. dazu § 1 Rn. 260 ff.). Der innergemeinschaftliche Erwerb und die innergemeinschaftliche Lieferung sind sozusagen die beiden Seiten ein und derselben Medaille.

2 Innergemeinschaftliche Lieferungen sind nach § 4 Nr. 1 Buchst. b UStG steuerfrei. Diese Steuerbefreiung schließt beim liefernden Unternehmer den **Vorsteuerabzug** jedoch nicht aus (s. § 15 Abs. 3 Nr. 1 Buchst. a UStG; s. zu den Voraussetzungen des Vorsteuerabzugs § 15 Rn. 48 ff.). Im Ergebnis kommt es damit zu einer **vollständigen Entlastung** des Liefergegenstands von der USt im **Ursprungsland**. Die Belastung mit USt erfolgt dann durch die Besteuerung des innergemeinschaftlichen Erwerbs im Bestimmungsland.

3 Die **Steuerfreiheit nach §§ 4 Nr. 1b, 6a UStG** ist zu **unterscheiden** von der **Steuerbefreiung gem. §§ 4 Nr. 1a, 6 UStG**. Diese gilt für Lieferungen in Gebiete außerhalb der EU. Vergleichbar sind beide Steuerbefreiungen insofern, als dass es sich ebenfalls um eine echte Steuerbefreiung handelt. Der gravierende Unterschied liegt darin, dass bei einer Lieferung in Staaten außerhalb der EU ein Zollverfahren anzuwenden ist. Insbesondere für das Gelangen des Gegenstands über die Grenze liegen daher dem Unternehmer Zollbelege zum Nachweis vor. Diese fehlen bei der innergemeinschaftlichen Lieferung, da der Zoll diese Warenbewegung innerhalb der EU nicht mehr kontrolliert.

4 Wegen des Zusammenhangs zwischen innergemeinschaftlicher Lieferung und innergemeinschaftlichem Erwerb setzt die Steuerbefreiung der innergemeinschaftlichen Lieferung voraus, dass der Erwerb des Liefergegenstandes im **Bestimmungsland** der **Besteuerung** unterliegt. Lieferungen in das übrige Gemeinschaftsgebiet an Abnehmer, die den Erwerb nicht zu versteuern haben (Privatpersonen, nicht zum Vorsteuerabzug berechtigte Unternehmer, Kleinunternehmer, Land- und Forstwirte und nicht unternehmerisch tätige juristische Personen mit Erwerben unterhalb der für sie maßgeblichen Erwerbsschwelle) werden von der Steuerbefreiung nicht erfasst. Diese Lieferungen sind im Inland steuerbar und auch steuerpflichtig, wenn der Abnehmer den Gegenstand vom Inland in das übrige Gemeinschaftsgebiet befördert oder versendet.

5 Wird bei Lieferungen in das übrige Gemeinschaftsgebiet an Abnehmer, die den Erwerb nicht zu versteuern haben (**Privatpersonen**, nicht zum Vorsteuerabzug berechtigte Unternehmer, **Kleinunternehmer**, **Land- und Forstwirte** und nicht unternehmerisch tätige juristische Personen mit Erwerben unterhalb der für sie maßgeblichen Erwerbsschwelle) der Liefergegenstand durch den Lieferer oder einen von ihm beauftragten Dritten aus dem Inland in das Gebiet eines anderen EU-Mitgliedsstaats befördert oder versendet, so gilt die **Lieferung als im Bestimmungsland ausgeführt** (§ 3c UStG), wenn die besonderen Voraussetzungen auf Seiten des Abnehmers und des Erwerbers erfüllt sind. Die Lieferung ist dann dort steuerbar.

6 Unionsrechtliche Grundlage für § 6a UStG ist Art. 138 MwStSystRL.

7–9 Einstweilen frei

2. Inhalt der Vorschrift

2.1 Innergemeinschaftliche Lieferung, § 6a Abs. 1 UStG

2.1.1 Überblick

10 Eine im Inland steuerbare Lieferung ist als innergemeinschaftliche Lieferung steuerfrei nach § 4 Abs. 1 Satz 1 Nr. 1 UStG, wenn die Voraussetzungen des § 6a Abs. 1 UStG erfüllt sind. Eine **innergemeinschaftliche Lieferung** liegt nach § 6a Abs. 1 UStG unter folgenden **Voraussetzungen** vor:

- Es handelt sich um die Lieferung eines **Gegenstands gegen Entgelt durch einen Unternehmer**.
- Der Ort der Lieferung liegt im Inland.
- Der Liefergegenstand wird **in das übrige Gemeinschaftsgebiet** befördert oder versendet.
- Der **Abnehmer** ist
- ein **Unternehmer**, der den Gegenstand für sein Unternehmen erworben hat, oder eine **juristische Person**, die entweder nicht Unternehmer ist oder die Unternehmer ist, aber den Gegenstand nicht für ihr Unternehmen erworben hat, oder

- bei der Lieferung eines **neuen Fahrzeugs** auch jeder andere Erwerber.
- Der Erwerb des Gegenstands unterliegt beim Abnehmer in einem anderen Mitgliedstaat den Vorschriften der **Erwerbsbesteuerung**.

Einstweilen frei 11–12

2.1.2 Lieferung eines Gegenstands gegen Entgelt durch einen Unternehmer, § 6a Abs. 1 Satz 1 Nr. 1 UStG

Die Steuerbefreiung nach § 4 Nr. 1b UStG setzt voraus, dass die Lieferung einen **steuerbaren Umsatz** darstellt. Eine innergemeinschaftliche Lieferung fällt daher nur dann unter diese Vorschrift, wenn der Gegenstand der Lieferung von einem Unternehmer (s. zum Begriff des Unternehmers § 2 Abs. 1 Rn. 4 ff.) gegen Entgelt (s. § 10 Rn. 6 ff.) **im Rahmen seines Unternehmens** (s. § 2 Abs. 1 Rn. 55 ff.) geliefert wird und der Ort der Lieferung (s. im Einzelnen § 3 Rn. 98 ff.) im Inland liegt. Hierzu gehören auch Werklieferungen nach § 3 Abs. 4 UStG. 13

Die Übertragung eines Kundenstamms oder eines **Firmenwerts** wurde in der Vergangenheit als Lieferung behandelt, hinsichtlich derer keine innergemeinschaftliche Lieferung vorliegen kann (s. BMF vom 06.01.2009, S 7141, BStBl I 2009, 60). Infolge der EuGH-Rechtsprechung in der Rechtssache „Swiss Re" (s. EuGH vom 22.10.2009, C-242/08, „Swiss Re", BStBl II 2011, 559) sind solche Übertragungen nunmehr als **sonstige Leistungen** (s. § 3 Abs. 9 UStG) zu beurteilen (s. BMF vom 08.06.2011, S 7100, BStBl I 2011, 582), die generell nicht von der Steuerbefreiung für innergemeinschaftliche Lieferungen umfasst sind. 14

Das Vorliegen einer innergemeinschaftlichen Lieferung kommt auch nicht in Betracht für die **Lieferung von Gas über das Erdgasnetz und Elektrizität** i.S.d. § 3g UStG (s. Abschn. 6a.1 Abs. 1 Satz 3 UStAE). Gleiches gilt, wenn für die Lieferung eines Gegenstands in das übrige Gemeinschaftsgebiet auch die Voraussetzungen der Steuerbefreiung nach § 4 Nr. 17 (**menschliche Organe, Blut und Frauenmilch**), Nr. 19 (**Blindenwaren**) oder Nr. 28 (**Gegenstände für steuerfreie Tätigkeiten**) oder nach § 25c Abs. 1 und 2 (**bestimmtes Gold**) UStG vorliegen (s. Abschn. 6a.1 Abs. 2a UStAE). Für Gegenstände, bei deren Lieferung die Steuerschuldnerschaft auf den Warenempfänger nach § 13b Abs. 2 Nr. 10 UStG (**Reverse-Charge-Verfahren**) übergeht (Gold, Schrott, Mobilfunkgeräte und integrierte Schaltkreise), besteht für den Lieferer schon keine Steuerschuld. § 6a UStG kommt demgemäß in diesen Fällen nicht zur Anwendung. 15

Voraussetzung für die Steuerbarkeit und Steuerbefreiung ist die **Entgeltlichkeit** der innergemeinschaftlichen Lieferung. Zum **Entgelt** gehört alles, was der Leistungsempfänger aufwendet, um den Liefergegenstand zu erhalten (s. § 10 Abs. 1 Satz 2 UStG; s. § 10 Rn. 6 ff.). Die Steuerbefreiung einer innergemeinschaftlichen Lieferung erstreckt sich auf das gesamte Entgelt, das für die Lieferung vereinbart oder vereinnahmt worden ist (s. Abschn. 6a.1 Abs. 4 UStAE). 16

Die Person/Einrichtung, die eine steuerfreie innergemeinschaftliche Lieferung bewirken kann, muss ein **Unternehmer** sein, der seine Umsätze nach den allgemeinen Vorschriften des Umsatzsteuergesetzes besteuert (sog. **Regelversteuerer**). Auf Umsätze von Kleinunternehmern, die nicht nach § 19 Abs. 2 UStG zur Besteuerung nach den allgemeinen Vorschriften des Umsatzsteuergesetzes optiert haben, auf Umsätze im Rahmen eines land- und forstwirtschaftlichen Betriebs, auf die die Durchschnittssätze nach § 24 UStG angewendet werden, und auf Umsätze, die der Differenzbesteuerung nach § 25a UStG unterliegen, findet die Steuerbefreiung nach § 4 Nr. 1 Buchstabe b, § 6a UStG keine Anwendung (s. § 19 Abs. 1 Satz 4, § 24 Abs. 1 Satz 2, § 25a Abs. 5 Satz 2 und § 25a Abs. 7 Nr. 3 UStG). Land- und Forstwirte, die ihre Umsätze nach den **Durchschnittssätzen für land- und forstwirtschaftliche Betriebe** (s. § 24 UStG) versteuern, können somit zwar innergemeinschaftliche Lieferungen tätigen, die dann auch in einer Zusammenfassenden Meldung gemeldet werden müssen. Dennoch sind die Umsätze gem. § 24 Abs. 1 Satz 2 UStG steuerpflichtig. Zu einer Steuerbelastung kommt es allerdings regelmäßig nicht, weil in derselben Höhe beim Land- und Forstwirt ein entsprechender Vorsteuerabzug entsteht (s. § 24 Abs. 1 Satz 3 UStG). Der Erwerber im übrigen Gemeinschaftsgebiet kann die in Rechnung gestellte Umsatzsteuer im Vorsteuervergütungsverfahren erstattet bekommen. 17

18 Für **Fahrzeuglieferer** i.S.d. § 2a UStG kommt die Steuerbefreiung gem. § 4 Nr. 1 Buchst. b UStG i.V.m. § 6a UStG zur Anwendung.

19–20 Einstweilen frei

2.1.3 Der Ort der Lieferung liegt im Inland

21 Die innergemeinschaftliche (steuerfreie) Lieferung setzt eine steuerbare Lieferung i.S.v. § 1 Abs. 1 Nr. 1 UStG und damit voraus, dass der **Ort der Lieferung im Inland** liegt (s. § 3 Abs. 6–8 UStG; im Einzelnen s. § 3 Rn. 98 ff.). Sonderregelungen über den Ort der Lieferung sind u. a. in § 3c UStG (Versandhandelslieferung) und § 25c UStG (innergemeinschaftliches Dreiecksgeschäft) festgeschrieben. In der Regel muss daher die ausgeführte Lieferung physisch in Deutschland beginnen (s. § 3 Abs. 6 Satz 1 UStG).

22 **Werklieferungen** (s. § 3 Abs. 4 UStG; s. zum Begriff § 3 Rn. 77 ff.) können nur dann als innergemeinschaftliche Lieferung von der Steuerbefreiung umfasst sein, wenn das fertige Werk bereits im Inland erstellt wurde und nachfolgend (ohne bedeutende Montagearbeiten) in einen anderen EU-Staat versendet wird (s. Abschn. 6a.1 Abs. 1 Satz 4 UStAE).

23–24 Einstweilen frei

2.1.4 Der Liefergegenstand wird in das übrige Gemeinschaftsgebiet befördert oder versendet

25 Der Gegenstand der Lieferung muss **in das übrige Gemeinschaftsgebiet befördert oder versendet** werden. Die bloße Absicht, Gegenstände in einen anderen EU-Mitgliedstaat transportieren zu wollen, reicht zur Gewährung der Steuerfreiheit nicht aus.

26 **Beförderung** ist gem. § 3 Abs. 6 Satz 2 UStG (s. § 3 Rn. 110 ff.) jede Fortbewegung eines Gegenstandes, **Versenden** ist gem. § 3 Abs. 6 Satz 3 UStG, wenn jemand die Beförderung durch einen selbständig Beauftragten ausführen oder besorgen lässt. Es kommt nicht darauf an, wer (Lieferer oder Kunde/Abnehmer) die Beförderung oder Versendung ausführt (s. § 3 Rn. 110 ff.).

27 Unbeachtlich ist, ob der Lieferer oder der Abnehmer die Beförderung oder Versendung des Liefergegenstandes ausgeführt hat. Der Abnehmer muss den Liefergegenstand nach Übergabe nicht unmittelbar in das übrige Gemeinschaftsgebiet befördern, sondern kann den Gegenstand vor oder während des Transportes auch anderweitig nutzen, weil grundsätzlich **keine Frist** einzuhalten ist, in der der Transportvorgang im Bestimmungsmitgliedstaat abgeschlossen sein muss (s. EuGH vom 18.11.2010, Rs. C-84/09, UR 2011, 103).

28 Der **Anfangspunkt** der Warenbewegung muss im Inland und der **Endpunkt** der Warenbewegung muss im übrigen Gemeinschaftsgebiet liegen. Unerheblich ist, wo sich der Gegenstand zwischenzeitlich befindet. Der Liefergegenstand muss das Inland physisch verlassen haben und tatsächlich in das übrige Gemeinschaftsgebiet gelangt sein, d.h. dort physisch **angelangt sein** (s. FG Nürnberg vom 14.05.2013, 2 K 568/11, rkr. EFG 2013, 1273).

29 Dabei ist es unschädlich, wo sich der Gegenstand zwischenzeitlich, also zwischen Beginn und Ende der Lieferung, befunden hat. Dies kann also auch das Gebiet eines Drittlandes gewesen sein.

30 **Beginnt** hingegen die **Beförderung** oder **Versendung im Drittlandsgebiet**, liegt nur dann eine innergemeinschaftliche Lieferung vor, wenn der Liefergegenstand im Inland zum freien Warenverkehr abgefertigt wird. Dagegen liegt keine innergemeinschaftliche Lieferung vor, wenn der Gegenstand aus dem Drittlandsgebiet im Wege der **Durchfuhr** durch das Inland in einen anderen Mitgliedstaat gelangt und erst in diesem anderen Mitgliedstaat zum freien Verkehr abgefertigt wird. Geht der Gegenstand während der Beförderung unter, bevor er in das Gebiet eines anderen Mitgliedstaates gelangt ist, liegt eine innergemeinschaftliche Lieferung nach § 6a UStG nicht vor.

31 Die Ware wird **nicht physisch bewegt**, wenn lediglich der Herausgabeanspruch an der Ware abgetreten wird oder z.B. nur Lieferpapiere „umgeschrieben" werden, weil die Lieferung innerhalb eines Lagerorts erfolgt, aber die Ware nicht bewegt wird (s. Weymüller in BeckOK UStG, § 6a Rn. 57).

32 **Unbewegte Lieferungen** (s. § 3 Abs. 7 UStG; s. § 3 Rn. 102 f.) können schon dem Grunde nach nicht als innergemeinschaftliche Lieferung steuerbefreit sein, da ihnen eben keine Warenbewegung zugrunde liegt und somit der Transport in einen anderen EU-Mitgliedstaat ausgeschlossen ist. Hierzu zählen beispielsweise Grundstückslieferungen.

Problematisch ist die rechtliche Einordnung in der Praxis auch häufig bei sog. **Reihengeschäften**. Diese liegen vor, wenn mehrere Unternehmer über ein und denselben Gegenstand Umsätze tätigen und dieser direkt vom ersten Lieferer an den letzten Abnehmer gelangt. Einen Sonderfall des Reihengeschäfts stellt das innergemeinschaftliche Dreiecksgeschäft dar (s. § 25b Abs. 1 UStG). Das Reihengeschäft ist dadurch gekennzeichnet, das im Zuge einer Warenbewegung mehrere Liefervorgänge ausgeführt werden. Die Warenbewegung ist jedoch immer nur einer Lieferung zuzuordnen (s. § 3 Abs. 6 Satz 5 UStG). Da die innergemeinschaftliche Lieferung eine Warenbewegung voraussetzt, kann nur jeweils die bewegte Lieferung steuerbefreit sein. 33

Bei einem innergemeinschaftlichen Reihengeschäft ist die Prüfung, welche der Lieferungen als innergemeinschaftliche Lieferung steuerfrei ist, anhand der objektiven Umstände und nicht anhand der Erklärungen der Beteiligten vorzunehmen. Dies gilt auch bei Beauftragung und Bezahlung des Transports durch den letzten Abnehmer im Reihengeschäft (s. BFH vom 25.02.2015, XI R 15/14, DStR 2015, 748). Absichern kann sich der Unternehmer hinsichtlich der Zuordnung der Warenbewegung im innergemeinschaftlichen Reihengeschäft dadurch, dass er sich als erster Unternehmer (A) vom ersten Abnehmer (B) versichern lässt, dass B die Befugnis, über den Gegenstand der Lieferung wie ein Eigentümer zu verfügen, nicht auf einen Dritten übertragen wird, bevor der Gegenstand der Lieferung das Inland verlassen hat. Verstößt B gegen diese Versicherung, kommt die Gewährung von Vertrauensschutz für A in Betracht und B schuldet ggf. die deutsche Umsatzsteuer (s. § 6a Abs. 4 UStG). 34

Hinsichtlich der unbewegten Lieferung ist ein Gelangen in einen anderen EU-Mitgliedstaat – und damit eine grenzüberschreitende Lieferung – ausgeschlossen. Bei Reihengeschäften kann nach der Rechtsprechung des BFH für die Frage der Einstufung eines Umsatzes als innergemeinschaftliche Lieferung nicht – allein – entscheidend sein, ob der letzte Abnehmer eines Reihengeschäfts die Beförderung oder Versendung des Gegenstandes übernommen hat; Abschn. 3.14 Abs. 8 Satz 2 UStAE ist mit der Rechtsprechung des EuGH nicht in vollem Umfang vereinbar (s. BFH vom 25.02.2015, XI R 30/13, BFH/NV 2015, 769 auch zu der Frage welche Kriterien aus Sicht des BFH bei der Frage, der Zuordnung einer Beförderung zur ersten oder zweiten Lieferung eine Rolle spielen können). 35

Während bei einem Reihengeschäft mehrere Unternehmer über denselben Gegenstand Umsatzgeschäfte abschließen und dieser Gegenstand tatsächlich unmittelbar vom ersten Unternehmer an den letzten Abnehmer gelangt, fehlt es bei einer sog. gebrochenen Beförderung oder Versendung an der für das Reihengeschäft erforderlichen Unmittelbarkeit der Warenbewegung. Denn in diesen Fällen sind regelmäßig sowohl der Lieferer als auch der Abnehmer in den Transport des Liefergegenstands eingebunden, weil sie z.B. übereingekommen sind, sich – unabhängig von der Frage, wer Kosten und Gefahr trägt – den Transport des Liefergegenstands an den Bestimmungsort zu teilen. Der Vorgang spaltet sich damit in mehrere hintereinandergeschaltete und getrennt zu beurteilende Einzellieferungen auf. 35/1

Beispiel: Unternehmer U befördert den Liefergegenstand mit eigenem Fahrzeug zu einem Hafen, von wo aus der Liefergegenstand in seinem Auftrag eine Woche später an den Abnehmer A verschifft wird. Abnehmer A holt die vom Unternehmer U versandte Ware am Zielhafen ab und befördert sie mit eigenem Fahrzeug in sein Lager. 35/2

Eine derartige gebrochene Beförderung oder Versendung ist für die Entscheidung, ob eine innergemeinschaftliche Lieferung – oder auch eine Ausfuhrlieferung - vorliegt, unschädlich, wenn der Abnehmer zu Beginn des Transports feststeht und der liefernde Unternehmer nachweist, dass ein zeitlicher und sachlicher Zusammenhang zwischen der Lieferung des Gegenstands und seiner Beförderung sowie ein kontinuierlicher Vorgang der Warenbewegung gegeben sind (s. BMF vom 07.12.2015, III C 2 – S 7116-a/13/10001, III C 3 – S 7134/13/10001, BStBl I 2015, 1014). 35/3

2.1.5 Die Person des Abnehmers, § 6a Abs. 1 Satz 1 Nr. 2 UStG

Der Abnehmer (**Empfänger**) muss gem. § 6a Abs. 1 Nr. 2 UStG zu folgendem Personenkreise zählen: 36

- **Unternehmer**, der den Gegenstand der Lieferung für sein Unternehmen erworben hat (s. § 6a Abs. 1 Satz 1 Nr. 2 Buchst. a UStG);

- **juristische Person**, die nicht Unternehmer ist oder die den Gegenstand der Lieferung nicht für ihr Unternehmen erworben hat (s. § 6a Abs. 1 Satz 1 Nr. 2 Buchst. b UStG) oder
- bei der Lieferung eines **neuen Fahrzeugs** auch jeder andere Erwerber (s. § 6a Abs. 1 Satz 1 Nr. 2 Buchst. c UStG).

37 **Abnehmer** ist regelmäßig diejenige Person/Einrichtung, der der Anspruch auf die Lieferung zusteht und gegen die sich der zivilrechtliche Anspruch auf Zahlung des Kaufpreises richtet (s. Abschn. 6a.1 Abs. 10 Satz 2 UStAE).

38 Im Fall des § 6a Abs. 1 Nr. 2 Buchst. a UStG kommt es darauf an, dass die Person, die den Gegenstand für ihr Unternehmen erwirbt, im **Zeitpunkt der Lieferung** Unternehmer ist. Es ist nicht erforderlich, dass dieser Unternehmer im Ausland ansässig ist. Es kann sich auch um einen im Inland ansässigen Unternehmer handeln. Unerheblich ist auch, ob es sich (ggf. nach dem Recht eines anderen Mitgliedstaates) bei dem Abnehmer um einen Kleinunternehmer, um einen Unternehmer, der ausschließlich steuerfreie, den Vorsteuerabzug ausschließende Umsätze ausführt, oder um einen Land- und Forstwirt handelt, der seine Umsätze nach einer Pauschalregelung besteuert (s. Abschn. 6a.1 Abs. 11 UStAE).

39 Von der Unternehmereigenschaft des Abnehmers kann regelmäßig ausgegangen werden, wenn dieser gegenüber dem liefernden Unternehmer mit einer ihm von einem anderen Mitgliedstaat erteilten, im Zeitpunkt der Lieferung gültigen USt-IdNr. auftritt (s. Abschn. 6a.1 Abs. 12 Satz 1 UStAE).

40 Von einem **Erwerb** des Gegenstands **für das Unternehmen** des Abnehmers kann regelmäßig ausgegangen werden, wenn der Abnehmer mit einer ihm von einem anderen Mitgliedstaat erteilten, im Zeitpunkt der Lieferung gültigen **USt-IdNr. auftritt** und sich aus der **Art und Menge der erworbenen Gegenstände** keine berechtigten Zweifel an der unternehmerischen Verwendung ergeben (s. Abschn. 6a.1 Abs. 13 UStAE).

41 Das Vorliegen einer innergemeinschaftlichen Lieferung ist unabhängig von der Nationalität des Abnehmers. Auch ein deutscher Abnehmer kann Empfänger einer in Deutschland beginnenden innergemeinschaftlichen Lieferung sein, wenn er den Gegenstand beispielsweise in ein im EU-Ausland belegenes Lager liefern lässt. Es ist auch nicht erforderlich, dass der Abnehmer im EU-Ausland ansässig ist (s. Abschn. 6a.1 Abs. 11 Satz 2 UStAE).

42 Im Fall des § 6a Abs. 1 Nr. 2 Buchst. b UStG kann nur dann von der Eigenschaft der juristischen Person als zur Erwerbsbesteuerung verpflichteter Abnehmer ausgegangen werden, wenn sie gegenüber dem liefernden Unternehmer mit einer ihr von einem anderen Mitgliedstaat erteilten, im Zeitpunkt der Lieferung gültigen USt-IdNr. auftritt (s. Abschn. 6a.1 Abs. 14 Satz 4 UStAE).

43 Im Fall des § 6 Abs. 1 Nr. 2 Buchst. c UStG kommt es auf die Eigenschaft des Abnehmers nicht an. Hierbei kann es sich auch um Privatpersonen handeln. Da der innergemeinschaftliche Erwerb neuer Fahrzeuge ausnahmslos im Bestimmungsland zu besteuern ist, wird die korrespondierende Lieferung im Ursprungsland stets von der Umsatzsteuer befreit.

44 Weiterhin ist erforderlich, dass die Ware auch im Zuge der fraglichen Lieferung in die **Verfügungsmacht des Abnehmers** gelangt. Gelangt die Ware zunächst in die Verfügungsmacht eines Dritten, liegt keine Lieferung an den Abnehmer vor. Dies gilt auch dann, wenn der Abnehmer später Verfügungsmacht über die Ware erlangt. Entscheidend ist vielmehr eine Übertragung der Verfügungsmacht im Zuge der betreffenden Lieferung.

45–46 Einstweilen frei

2.1.6 Erwerbsbesteuerung beim Abnehmer, § 6a Abs. 1 Satz 1 Nr. 3 UStG

47 Zu den **Tatbestandsvoraussetzungen** der innergemeinschaftlichen Lieferung gehört nach § 6a Abs. 1 Satz 1 Nr. 3 UStG, dass der Erwerb des Liefergegenstandes beim Abnehmer in einem anderen Mitgliedstaat den **Vorschriften über die Umsatzbesteuerung**, d.h., den Vorschriften der Besteuerung des innergemeinschaftlichen Erwerbs, **unterliegt**. Demgemäß kommt die Steuerbefreiung für innergemeinschaftliche Lieferungen für andere Gegenstände als verbrauchsteuerpflichtige Waren und neue Fahrzeuge nicht in Betracht, wenn der Abnehmer Kleinunternehmer, Unternehmer, der ausschließlich steuerfreie den Vorsteuerabzug ausschließende Umsätze ausführt, Land- oder Forstwirt ist, der seine Umsätze nach einer Pau-

schalregelung versteuert, oder eine nicht unternehmerische juristische Personen ist und die innergemeinschaftlichen Erwerbe dieses Abnehmerkreises im Bestimmungsmitgliedstaat des gelieferten Gegenstands nicht der Mehrwertsteuer unterliegen, weil im Bestimmungsmitgliedstaat die dortige Erwerbsschwelle vom Abnehmer nicht überschritten wird und er dort auch nicht zur Besteuerung seiner innergemeinschaftlichen Erwerbe optiert hat.

Die Voraussetzung des § 6a Abs. 1 Satz 1 Nr. 3 UStG ist erfüllt, wenn der Abnehmer gegenüber dem 48 liefernden Unternehmer mit einer ihm von einem anderen Mitgliedstaat erteilten, im Zeitpunkt der Lieferung gültigen **USt-IdNr. auftritt** (s. BFH vom 05.02.2004, V B 180/03, BFH/NV 2004, 988). Hiermit gibt der Abnehmer zu erkennen, dass er den Gegenstand steuerfrei erwerben will, weil der Erwerb in dem anderen Mitgliedstaat den dortigen Besteuerungsvorschriften unterliegt. Es ist nicht erforderlich, dass der Erwerb des Gegenstands dort tatsächlich besteuert wird (s. Abschn. 6a.1 Abs. 18 Satz 3 UStAE; EuGH vom 27.09.2007, C-409/04, Teleos u.a., BStBl II 2009, 70; BFH vom 26.11.2014, XI R 37/12, BFH/NV 2015, 358). Unbeachtlich für die Steuerbefreiung ist deshalb, wenn der innergemeinschaftliche Erwerb in **dem anderen Mitgliedstaat steuerfrei** ist oder dem sog. **Nullsatz** (Steuerbefreiung mit Vorsteuerabzug) unterliegt (s. Abschn. 6a.1 Abs. 18 Satz 4 UStAE). Auch die Gefahr von Steuerausfällen durch Nichtbesteuerung im Erwerbsstaat steht der Steuerbefreiung nach § 4 Nr. 1 Buchst. b i.V.m. § 6a Abs. 1 Satz 1 UStG nicht entgegen (s. BFH vom 27.02.2014, V R 21/11, BStBl II 2014, 501).

Eine innergemeinschaftliche Lieferung liegt in den Fällen nicht vor, in denen es sich bei dem Abnehmer 49 um einen „**Schwellenerwerber**" i.S.d. § 1a Abs. 3 UStG handelt, der die maßgebende Erwerbsschwelle nicht überschritten hat und auch nicht auf die Anwendung dieser Erwerbsschwelle verzichtet hat (s. § 1a Rn. 81 ff.). Die Mitgliedstaaten haben individuell eine Erwerbsschwelle festgesetzt, die grundsätzlich zwischen 10.000 € und 35.000 € liegen muss (s. Art. 3 Abs. 2 MwStSystRL). Die Erwerbsschwelle gilt als überschritten, wenn der Erwerber in dem Kalenderjahr, das dem Umsatz vorausgegangen ist, innergemeinschaftliche Erwerbe von mehr als dem jeweils maßgeblichen Betrag ausgeführt hat und diesen Betrag im laufenden Kalenderjahr voraussichtlich überschreiten wird. Ist der Erwerber infolge seiner persönlichen Merkmale nicht allgemein zum Empfang steuerbefreiter innergemeinschaftlicher Lieferungen berechtigt und überschreitet er auch die Erwerbsschwelle nicht, kann er dennoch steuerfreie innergemeinschaftliche Lieferungen empfangen. Er muss in diesem Fall zur Erwerbsbesteuerung optieren (s. § 1a Abs. 4 Satz 1 UStG; s. § 1a Rn. 96 ff.).

Einstweilen frei 50–51

2.1.7 Be- oder Verarbeitung, § 6a Abs. 1 Satz 2 UStG

Gem. § 6a Abs. 1 Satz 2 UStG kann der Gegenstand der Lieferung durch Beauftragte vor der Beförderung 52 oder Versendung in das übrige Gemeinschaftsgebiet **bearbeitet oder verarbeitet** worden sein. Da es sich bei der Beförderung oder Versendung ins übrige Gemeinschaftsgebiet nicht um den identischen Gegenstand der Lieferung handelt, ist die Klarstellung in § 6a Abs. 1 S. 2 UStG erforderlich.

Wegen der umsatzsteuerlichen Behandlung der Be- oder Verarbeitung vor der Beförderung oder Versen- 53 dung in das übrige Gemeinschaftsgebiet ist zu unterscheiden, in wessen **Auftrag** der Beauftragte tätig wird. Hat den Auftrag der liefernde Unternehmer erteilt, so ist die Ausführung dieses Auftrags ein der innergemeinschaftlichen Lieferung vorgeschalteter Umsatz. Gegenstand der innergemeinschaftlichen Lieferung ist in diesem Fall der be- oder verarbeitete Gegenstand und nicht der Gegenstand vor seiner Bearbeitung oder Verarbeitung.

Wenn der Abnehmer den Auftrag zur Be- oder Verarbeitung erteilt hat, ist Gegenstand der innergemein- 54 schaftlichen Lieferung des ersten Unternehmers der noch nicht be- oder verarbeitete Gegenstand. Soll also der noch nicht be- oder verarbeitete Gegenstand innergemeinschaftlich geliefert werden, so kann die Be- oder Verarbeitung nur durch Beauftragte des **Abnehmers** oder eines folgenden Abnehmers erfolgen; die Be- oder Verarbeitung muss auf Veranlassung des Abnehmers erfolgen. Bei einem Reihengeschäft kann Auftraggeber der Be- oder Verarbeitung auch ein weiterer Abnehmer in der Kette sein. Die Be- oder Verarbeitung kann durch **mehrere Beauftragte** des Abnehmers vor der Beförderung oder Versendung des Gegenstandes in das übrige Gemeinschaftsgebiet ausgeführt werden.

55 Die **Be- oder Verarbeitung** muss nicht im Inland erfolgen. Der Ort, an dem diese Leistungen tatsächlich erbracht werden, kann sich im Inland, im Drittland oder in einem anderen Mitgliedstaat mit Ausnahme des Bestimmungsmitgliedstaats befinden (s. Abschn. 6a.1 Abs. 19 Satz 2 UStAE).

56–57 Einstweilen frei

2.2 Innergemeinschaftliches Verbringen, § 6a Abs. 2 UStG

58 Als innergemeinschaftliche Lieferung gilt nach § 6a Abs. 2 UStG auch das einer Lieferung gleichgestellte **Verbringen** eines Gegenstands (§ 3 Abs. 1a UStG; s. § 3 Rn. 48 ff.).

59 Ebenso wie bei einer innergemeinschaftlichen Lieferung nach § 6a Abs. 1 UStG ist auch bei einem innergemeinschaftlichen Verbringen nach § 6a Abs. 2 UStG die Steuerbefreiung davon abhängig, dass der Vorgang in dem anderen Mitgliedstaat der Erwerbsbesteuerung unterliegt.

60–61 Einstweilen frei

2.3 Nachweis der innergemeinschaftliche Lieferung, § 6a Abs. 3 UStG

2.3.1 Allgemeines

62 Die in § 6a Abs. 1 und 2 UStG bezeichneten Voraussetzungen einer steuerfreien innergemeinschaftlichen Lieferung müssen vom liefernden **Unternehmer nachgewiesen** werden (§ 6a Abs. 3 UStG). Durch die Anordnung, dass der Nachweis „vom Unternehmer" erbracht werden muss, statuiert § 6a Abs. 3 Satz 1 UStG insoweit ausnahmsweise eine **subjektive Beweislast** oder Beweisführungslast des liefernden Unternehmers, die den ansonsten geltenden Untersuchungsgrundsatz (Amtsermittlungsgrundsatz) des § 88 Abs. 1 Satz 1 AO und des § 76 Abs. 1 Satz 1 FGO verdrängt (s. näher Frye in Rau/Dürrwächter, § 6a UStG, Rn. 554 ff.).

63 Wie der Unternehmer den Nachweis zu führen hat, ergibt sich aus den §§ 17a–17c UStDV (s. Ermächtigungsvorschrift in § 6a Abs. 3 Satz 2 UStG). Der Nachweis besteht aus einem **Beleg- und Buchnachweis**. Nach § 17a Abs. 1 UStDV muss er Unternehmer im Geltungsbereich der UStDV durch Belege nachweisen, dass er oder der Abnehmer den Gegenstand der Lieferung in das übrige Gemeinschaftsgebiet befördert oder versendet hat. Dies muss sich aus den Belegen eindeutig und leicht nachprüfbar ergeben. Zusätzlich muss der Unternehmer nach § 17c Abs. 1 UStDV im Geltungsbereich der UStDV die Voraussetzungen der Steuerbefreiung einschließlich der USt-IdNr. des Abnehmers buchmäßig nachweisen. Beim buchmäßigen Nachweis müssen die Voraussetzungen **eindeutig und leicht nachprüfbar** aus der Buchführung zu ersehen sein. In Bearbeitungs- und Verarbeitungsfällen (s. § 6a Abs. 1 Satz 2 UStG) ergeben sich weitere Pflichten aus § 17b UStDV. Die Einzelheiten über die Art und Weise des Belegnachweises und des buchmäßigen Nachweises enthalten die §§ 17a Abs. 2-4 und 17c Abs. 2-4 UStDV.

64 Das Umsatzsteuergesetz setzt die unionsrechtliche Pflicht zur Festlegung der Nachweisbedingungen also nicht unmittelbar selbst um, sondern ermächtigt das BMF, durch Rechtsverordnung mit Zustimmung des Bundesrats im Einzelnen zu bestimmen, „wie der Unternehmer den Nachweis zu führen hat" (§ 6a Abs. 3 Satz 2 UStG). Dies hat das BMF in der UStDV getan. Diese Vorschriften sehen den sog. Beleg- und Buchnachweis vor und legen detailliert fest, mit welchen einzelnen Belegen und Aufzeichnungen der Unternehmer den Nachweis zu führen hat.

65 Der zur Festlegung der Nachweisbedingungen ermächtigte Verordnungsgeber besitzt eine weitgehende Gestaltungsfreiheit, denn die Nachweisbedingungen dienen lediglich der Ausgestaltung des Besteuerungsverfahrens, sie haben aber keinen materiellen Gehalt. Insbesondere sind die in den Verordnungsvorschriften normierten Nachweisanforderungen **keine materiell-rechtlichen Tatbestandsvoraussetzungen**. Dies entspricht mittlerweile auch der geänderten ständigen Rechtsprechung des BFH. Danach sind die Nachweispflichten nach § 6a Abs. 3 UStG und § 17a, § 17c UStDV eben gerade keine nicht materiell-rechtliche Voraussetzungen für die Steuerbefreiung (s. BFH vom 12.05.2011, V R 46/10, BStBl II 2011, 957; vom 26.11.2014, XI R 37/12, BFH/NV 2015, 358).

66 Die Vorschriften der UStDV regeln also lediglich, dass und wie der Nachweis einer innergemeinschaftlichen Lieferung zu führen ist. Liegen diese Belege vor, ist der Umsatz grundsätzlich steuerfrei (**Anscheins-**

beweis). Gleichwohl soll der sog. Belegnachweis nach Ansicht des BMF auch mit allen anderen Beweismitteln als den in § 17a UStDV genannten Belegen und der Buchnachweis auch auf andere Weise als durch die in § 17c UStDV aufgezählten Aufzeichnungen geführt werden können. Alternativ zum Beleg- und Buchnachweis hält der BFH einen **Vollbeweis** aufgrund der sog. **objektiven Beweislage** für möglich.

Kommt der Unternehmer den Nachweispflichten nicht nach, kann grundsätzlich davon ausgegangen werden, dass die Voraussetzungen für die innergemeinschaftliche Lieferung nicht vorliegen. Ausnahmsweise kann bei bzw. trotz **Nichterfüllung der formellen Nachweispflichten** etwas anderes gelten und die Steuerbefreiung ist zu gewähren. Dies ist der Fall, wenn aufgrund der objektiven Beweislage feststeht, dass die Voraussetzungen des § 6a Abs. 1 UStG vorliegen (s. BFH vom 06.12.2007, V R 59/03, UR 2008, 186; vom 22.07.2015, V R 23/14, BStBl II 2015, 559; vom 18.02.2016, V R 53/14, DStR 2016, 869). Die Zulassung eines Fahrzeugs im Ausland allein reicht beispielsweise aber nicht aus, um nachzuweisen, dass die Voraussetzungen einer steuerfreien innergemeinschaftlichen Lieferung vorliegen (s. BFH vom 25.04.2013, V R 10/11, BFH/NV 2013, 1453; vom 26.11.2014, XI R 37/12, BFH/NV 2015, 358; vom 03.02.2016, XI B 53/15, BFH/NV 2016, 954). In Betracht kommt etwa, dass aufgrund von Ermittlungen des Finanzamtes oder des Finanzgerichtes oder aber durch Spontanauskünfte von Behörden anderer Mitgliedstaaten, Zeugenaussagen (s. Englisch/Becker/Kurzenberger, UR 2010, 285, 289; Wäger, DStR 2009, 1621, 1624; Matheis/Braun, UVR 2009, 296, 301, 303) oder die zeitnahe Zulassung eines Fahrzeugs im übrigen Gemeinschaftsgebiet (s. FG Baden-Württemberg vom 20.07.2011, 14 K 4282/09, rkr., EFG 2011, 2203) feststeht, dass die Voraussetzungen des § 6a Abs. 1 UStG erfüllt sind. Der V. Senat des BFH steht demgegenüber auf dem Standpunkt, dass der Unternehmer den ihm obliegenden sicheren Nachweis der materiellen Tatbestandsmerkmale einer innergemeinschaftlichen Lieferung auch jenseits der formellen Voraussetzungen gemäß § 6a Abs. 3 UStG i.V.m. §§ 17a ff. UStDV nicht in anderer Weise als durch Belege und Aufzeichnungen führen dürfe (s. BFH vom 19.03.2015, V R 14/14, BStBl II 2015, 912; vom 08.12.2015, V B 40/15, BFH/NV 2016, 439). Namentlich ein Beweis durch Zeugen komme als Ersatz für den gesetzlich vorgesehenen Buch- und Belegnachweis grundsätzlich nicht in Betracht, und zwar weder von Amts wegen (s. § 76 Abs. 1 FGO) noch auf Antrag. Nur wenn der Formalbeweis ausnahmsweise nicht oder nicht zumutbar geführt werden könne, gebiete es der Verhältnismäßigkeitsgrundsatz, den Nachweis auch in anderer Form zuzulassen (s. BFH vom 19.03.2015, V R 14/14, BStBl II 2015, 912; vom 08.12.2015, V B 40/15, BFH/NV 2016, 439). Die Umsatzsteuerbefreiung kann versagt werden, wenn eine innergemeinschaftliche Lieferung von Gegenständen zwar tatsächlich stattgefunden hat, der Lieferer jedoch bei der Lieferung die Identität des wahren Erwerbers verschleiert hat, um diesem zu ermöglichen, die Mehrwertsteuer zu hinterziehen (s. EuGH vom 07.12.2010, C-285/09 – R, BStBl II 2011, 846). 67

Dasselbe gilt, wenn eine Steuerhinterziehung des Erwerbers vorliegt und der Lieferer nicht in gutem Glauben gehandelt und alle Maßnahmen ergriffen hat, die vernünftigerweise verlangt werden können, um sicherzustellen, dass der von ihm getätigte Umsatz nicht zu seiner Beteiligung an einer Steuerhinterziehung führt (s. EuGH vom 06.09.2912, C-273/11, Mecsek-Gabona, UR 2012, 796). 67/1

Dem entspricht die Rechtsprechung des BGH, derzufolge die Lieferung von Gegenständen an einen Abnehmer im übrigen Gemeinschaftsgebiet keine steuerfreie innergemeinschaftliche Lieferung darstellt, wenn der inländische Unternehmer in kollusivem Zusammenwirken mit dem Abnehmer die Lieferung an einen Zwischenhändler vortäuscht, um dem Abnehmer die Hinterziehung von Steuern zu ermöglichen. Werden diese Lieferungen durch die inländischen Unternehmer gleichwohl als steuerfreie innergemeinschaftliche Lieferung erklärt, macht der Unternehmer gegenüber den Finanzbehörden unrichtige Angaben i.S.v. § 370 Abs. 1 Nr. 1 der Abgabenordnung und verkürzt dadurch die auf die Umsätze nach § 1 Abs. 1 Nr. 1, § 13 Abs. 1 Nr. 1, § 13a Abs. 1 Nr. 1 UStG anfallende und von ihm geschuldete Umsatzsteuer (s. BGH vom 20.11.2008, 1 StR 354/08, BGHSt 53, 54). Dabei ist zu beachten, dass für die Annahme der Beteiligung an einer **Steuerhinterziehung** das zuständige Finanzamt/Finanzgericht auch Feststellungen zum subjektiven Tatbestand zu treffen hat. Insbesondere deshalb, weil es sich bei dem innergemeinschaftlichen Verbringen und dem damit korrespondierenden innergemeinschaftlichen Erwerb – gerade dann, wenn von einem zunächst nur vorübergehenden Verbringen auszugehen ist – um eine Rechtssituation handelt, 67/2 bei deren Fehlbeurteilung jedenfalls der subjektive Tatbestand eines Steuervergehens nicht ohne Weiteres angenommen werden kann (s. BFH vom 21.05.2014, V R 34/13, BStBl II 2014, 914).

68 Das Finanzamt darf die Belege prüfen. Stellt sich heraus, dass die Belege unrichtig sind oder bestehen begründete Zweifel an der Richtigkeit, ist der Umsatz grundsätzlich steuerpflichtig. Die Steuerbefreiung kann nur dann gem. § 6a Abs. 4 UStG weiter gewährt werden, wenn der Abnehmer die unrichtigen Angaben gemacht hat und der Unternehmer bei Beachtung seiner **Sorgfaltspflichten als ordentlicher Kaufmann** die Unrichtigkeit nicht erkennen konnte (s. EuGH vom 27.09.2007, Rs. C-409/04, UR 2007, 774; BFH vom 12.05.2009, V R 65/06, DStR 2009, 1639). Der Unternehmer handelt bei Inanspruchnahme der Steuerfreiheit nach § 6a UStG nur dann leichtfertig i.S.v. § 378 AO, wenn es sich ihm zumindest aufdrängen muss, dass er die Voraussetzungen dieser Vorschrift weder beleg- und buchmäßig noch objektiv nachweisen kann (s. BFH vom 24.07.2014, V R 44/13, BStBl II 2014, 955).

69–70 Einstweilen frei

2.3.2 Belegnachweis, §§ 17a, 17b UStDV

71 Der **Belegnachweis** ist in § 17a UStDV in seiner seit dem 01.10.2013 geltenden Fassung – und ergänzend für die Be- oder Verarbeitungsfälle (s. § 6a Abs. 1 Satz 2 UStG) in § 17b UStDV in seiner seit dem 01.01.2012 geltenden Fassung – geregelt. Die Finanzverwaltung beanstandet es nicht, wenn der beleg- und buchmäßige Nachweis der Voraussetzungen für eine bis zum 31.12.2013 ausgeführte innergemeinschaftliche Lieferung noch auf Grundlage der bis zum 31.12.2011 geltenden Rechtslage geführt wird (s. BMF vom 16.09.2013, IV D 3 – S 7141/13/10001, BStBl I 2013, 1192, 1212).

72 § 17a Abs. 1 UStDV enthält die bei allen innergemeinschaftlichen Lieferungen zu beachtenden Grundsätze des Belegnachweises. § 17a Abs. 1 UStDV bestimmt in Form einer **Generalklausel** (Mussvorschrift), dass der Unternehmer im Geltungsbereich der UStDV durch Belege nachzuweisen hat, dass er oder der Abnehmer den Liefergegenstand in das übrige Gemeinschaftsgebiet befördert oder versendet hat. Dies muss sich aus den Belegen leicht und eindeutig nachprüfbar ergeben.

73 Für die übrigen Tatbestandsmerkmale einer innergemeinschaftlichen Lieferung ist der **Belegnachweise** grundsätzlich **nicht vorgesehen**. Eine Ausnahme von diesem Grundsatz ergibt sich allein bei einem vor dem Transport be- oder verarbeiteten Gegenstand der Lieferung (s. § 6a Abs. 1 Satz 2 UStG). Hier hat der Unternehmer auch den Umstand der Be- oder Verarbeitung vor Beförderung oder Versendung durch Belege eindeutig und leicht nachprüfbar nachzuweisen (s. § 17b Satz 1 UStDV).

74 Mit welchen Belegen der Belegnachweis eindeutig und leicht nachprüfbar erbracht werden kann, ist in § 17a Abs. 2 und 3 UStDV – und für Be- oder Verarbeitungsfälle in § 17b Sätze 2 und 3 UStDV – geregelt. Danach ist ein **Doppelnachweis** zu erbringen. Dessen erste (feste) Komponente ist das **Doppel der Rechnung**. Als zweite (variable) Komponente ist grundsätzlich eine **Gelangensbestätigung** vorgesehen (s. § 17a Abs. 2 UStG). Die Gelangensbestätigung ist ein geeigneter Nachweis für alle Transporte.

75 Der Unternehmer muss den Belegnachweis einer innergemeinschaftlichen Lieferung nicht zwingend mit einer Gelangensbestätigung nach § 17a Abs. 2 Nr. 2 UStDV oder mit den in § 17a Abs. 3 UStDV aufgeführten weiteren Nachweismöglichkeiten führen (s. Abschn. 6a.2 Abs. 6 Satz 4 UStAE). Erforderlich ist aber in jedem Fall ein handelsüblicher Beleg, aus dem sich der Bestimmungsort ergibt. Allgemeine Angaben, wie die Bestätigung, den Liefergegenstand aus Deutschland oder in ein im Einzelnen bezeichnetes Bestimmungsland auszuführen, genügen nicht (s. BFH vom 22.07.2015, V R 38/14, DStR 2015, 2128).

75/1 Der Belegnachweis ist kein Selbstzweck, sondern soll dazu dienen, die Voraussetzungen der Steuerfreiheit für innergemeinschaftliche Lieferungen überprüfen zu können. Dies erfordert auch, dass Belegangaben durch z.B. Nachfragen beim Belegaussteller verifiziert werden können. Hierfür muss der Belegaussteller mit Name und Anschrift identifizierbar sein (s. BFH vom 12.05.2009, V R 65/06, BStBl II 2010, 511; vom 09.09.2015, V B 166/14, BFH/NV 2015, 1706).

75/2 Die Gelangensbestätigung ist eine mögliche Form des Belegnachweises, mit dem die Voraussetzungen der Steuerbefreiung einer innergemeinschaftlichen Lieferung für die Finanzverwaltung eindeutig und leicht nachprüfbar sind.

Die **Gelangensbestätigung** des Abnehmers hat nach § 17a Abs. 2 Nr. 2 Satz 1 UStDV folgende **Angaben** zu enthalten: 76

- Name und Anschrift des Abnehmers,
- Menge und handelsübliche Bezeichnung des Liefergegenstands,
- Bei Fahrzeugen i.S.v. § 1b Abs. 2 UStG: Angabe der Fahrzeug-Identifikationsnummer,
- Ankunftsort (Bestimmungsmitgliedstaat und -ort),
- Ankunftsmonat,
- Ausstellungsdatum und
- Unterschrift des Abnehmers oder eines von ihm zur Abnahme Beauftragten.

Die Finanzverwaltung stellt ein **Muster** in **deutscher, englischer und französischer Sprache** für eine Gelangensbestätigung zur Verfügung (Anlagen 1-3 UStAE). Das Muster muss aber nicht verwendet werden. Nachweise in anderen Sprachfassungen bedürfen nach Verwaltungsauffassung einer amtlich **beglaubigten Übersetzung** (s. Abschn. 6a.4 Abs. 5 Satz 7 UStAE). 77

Die Gelangensbestätigung kann als **Sammelbestätigung** für bis zu **ein Quartal** ausgestellt werden. Sie kann aus **mehreren Dokumenten** bestehen und in jeder – auch in elektronischer – Form erbracht werden. 78

In der Gelangensbestätigung muss der **Monat des Beförderungsendes** angegeben werden. Hinsichtlich des Ortes schadet ein Auseinanderfallen mit den Angaben des Abnehmers dann nicht, wenn auch der Abnahmeort im übrigen Gemeinschaftsgebiet belegen ist (s. Abschn. 6a.2 Abs. 3 Satz 1 UStAE). 79

Der **Abnehmer** muss immer der **tatsächliche (Letzt-)Abnehmer** sein, **Reihengeschäfte** sind offen zu legen (Abschn. 6a.4 Abs. 2 Satz 3 UStAE). 80

In jedem Fall ausreichend ist die **Unterschrift** des Abnehmers. Ausreichend ist aber – je nach Konstellation – auch die Unterschrift eines (selbständigen) Lagerhalters oder eines Angestellter des Abnehmers (s. Abschn. 6a.4 Abs. 2 Satz 3 UStAE). Die UStDV verlangt allein eine Unterschrift. Aus dem Fehlen von Firmenstempeln oder bei Vorliegen einer **unleserliche Unterschrift** können deshalb keine Zweifel an der Vertretungsmacht des Unterschreibenden gezogen werden. Nicht ausreichend ist es hingegen, wenn allein die Unterschrift des Spediteurs vorliegt. 81

Zur Übermittlung der **Gelangensbestätigung** regelt die UStDV, dass erkennbar sein muss, dass die Übermittlung im Verfügungsbereich des Abnehmers begonnen hat. Die Erkennbarkeit des Verfügungsbereichs ist gegeben, wenn keine begründeten Zweifel an einer Zurechnung bestehen (s. Abschn. 6a.4 Abs. 2 Satz 2 UStAE). Das wiederum ist insbesondere der Fall, wenn die Mailadresse bekannt ist oder die Absenderangabe im E-Mail-Header mit dem Abnehmer übereinstimmt (s. Abschn. 6a.4 Abs. 2 Satz 2 UStAE). Eine bei der Übermittlung der Gelangensbestätigung verwendete E-Mail-Adresse muss dem liefernden Unternehmer nicht bereits vorher bekannt gewesen sein (s. Abschn. 6a.4 Abs. 2 Satz 3 UStAE). Für die Erkennbarkeit des Übermittlungsbeginns im Verfügungsbereich des Abnehmers ist es unschädlich, wenn die E-Mail-Adresse eine Domain enthält, die nicht auf den Ansässigkeitsmitgliedstaat des Abnehmers oder auf den Bestimmungsmitgliedstaat der Lieferung hinweist (s. Abschn. 6a.4 Abs. 2 Satz 4 UStAE). 82

Die Maßgabe der **Eindeutigkeit und leichten Nachprüfbarkeit** gilt auch für die in § 17a Abs. 3 UStDV aufgeführten Belege, mit denen der Unternehmer anstelle der Gelangensbestätigung die Steuerbefreiung einer innergemeinschaftlichen Lieferung nachweisen kann (s. Abschn. 6a.2 Abs. 6 Satz 6 UStAE). Dem Unternehmer steht es frei, den Belegnachweis mit allen geeigneten Belegen und Beweismitteln zu führen, aus denen sich das Gelangen des Liefergegenstands in das übrige Gemeinschaftsgebiet an den umsatzsteuerrechtlichen Abnehmer in der Gesamtschau nachvollziehbar und glaubhaft ergibt (s. Abschn. 6a.2 Abs. 6 Satz 7 UStAE). 83

Bei den in § 17a Abs. 3 Nr. 1-6 UStDV genannten **Alternativbelegen** ist wie folgt zu differenzieren: 84

- Alternativ bei **Versendung durch Unternehmer oder Abnehmer**:
  - Versendungsbeleg, § 17a Abs. 3 Nr. 1 a) UStDV;
  - Spediteursbescheinigung, § 17a Abs. 3 Nr. 1 b) UStDV;
  - Tracking-and-tracing-Protokoll, § 17a Abs. 3 Nr. 1 c) UStAE;

- wenn tracking-and-tracing-Protokoll nicht möglich: Empfangsbescheinigung des Postdienstleisters über die Entgegennahme der Sendung, § 17a Abs. 3 Nr. 1 d) UStAE.

- Alternativ bei **Versendung durch Abnehmer**:
  - Nachweis der Zahlung des Kaufpreises von einem Bankkonto des Abnehmers und Spediteursbescheinigung, § 17a Abs. 3 Nr. 2 UStDV. Bei den Spediteursbescheinigungen ist danach zu unterscheiden, ob der Lieferer oder der Abnehmer den Transport beauftrag hat. Für beide Fälle stellt die Finanzverwaltung je einen Vordruck zur Verfügung (Anlage 4 bzw. 5 UStAE).

85 Alternativnachweise kommen damit nur dann in Betracht, wenn die **Ware unter Beteiligung eines Dritten** befördert wird. Bringt der Lieferant die Ware selbst zum Abnehmer oder holt dieser die Ware selbst ab, ist die Gelangensbestätigung das einzige vorgesehene Nachweispapier.

86 Der Belegnachweis kann bis zum Schluss der mündlichen Verhandlung vor dem Finanzgericht **nachgeholt** werden kann (s. Abschn. 6a.2 Abs. 1 Satz 1 UStAE).

87–88 Einstweilen frei

2.3.3 Buchnachweis (§ 17c UStDV)

89 § 17c Abs. 1 UStDV enthält die Verpflichtung des liefernden Unternehmers, die Voraussetzungen der Steuerbefreiung einschließlich der ausländischen USt-IdNr. des Abnehmers **buchmäßig** nachzuweisen. Nach Auffassung des BFH ist es unionsrechtlich nicht zu beanstanden, nach § 17c Abs. 1 Satz 1 UStDV die Steuerbefreiung einer innergemeinschaftlichen Lieferung davon abhängig zu machen, dass der Lieferer die USt-IdNr. des Erwerbers mitteilt (s. BFH vom 21.01.2015, XI R 5/13, BFH/NV 2015, 641). Die Voraussetzungen des Buchnachweises müssen „eindeutig und leicht nachprüfbar aus der Buchführung zu ersehen sein" (s. § 17c Abs. 1 Satz 2 UStDV).

90 Durch welche Aufzeichnungen der Unternehmer den **Buchnachweis** (eindeutig und leicht nachprüfbar) zu führen hat, ist im Einzelnen in § 17c Abs. 2–4 UStDV geregelt. Hierbei werden folgende **drei Konstellationen** unterschieden:

- Innergemeinschaftliche Lieferung gem. § 6a Abs. 1 UStG (§ 17c Abs. 2 UStDV),
- innergemeinschaftliches Verbringen gem. § 6a Abs. 2 UStG (§ 17c Abs. 3 UStDV) und
- innergemeinschaftliche Lieferung eines neuen Fahrzeugs an Abnehmer ohne Umsatzsteuer-Identifikationsnummer (§ 17c Abs. 4 UStDV).

91 Bei **innergemeinschaftlichen Lieferungen** und dem **innergemeinschaftlichen Verbringen** gehört zum Buchnachweis gem. § 17c Abs. 1 UStDV auch die Aufzeichnung der zutreffenden ausländischen Umsatzsteuer-Identifikationsnummer des wirklichen Abnehmers. Dieser Pflicht kommt insofern besondere Bedeutung zu, als dass sie zusammen mit der Zusammenfassenden Meldung die einzige Möglichkeit eröffnet, die Besteuerung des innergemeinschaftlichen Umsatzes im Bestimmungsland zu gewährleisten.

92 Die zutreffende Erfassung im Bestimmungsland setzt voraus, dass der Unternehmer die **richtige USt-IdNr. des wirklichen Abnehmers** aufgezeichnet hat und diese USt-IdNr. im **Zeitpunkt der Lieferung** noch gültig war (s. BFH vom 02.04.1997, V B 159/96, BFH/NV 1997, 629; Abschn. 6a.7 Abs. 2 Satz 1 UStAE). Ob die USt-IdNr. später für ungültig erklärt wird, ist insoweit unerheblich (s. EuGH vom 09.10.2014, C-492/13, Traum, UR 2014, 943).

93 Hat das **BZSt dem Unternehmer** auf Anfrage nach § 18e UStG die Gültigkeit einer USt-IdNr. **bestätigt**, so hat der liefernde Unternehmer seine Nachweispflichten – was die Aufzeichnung der USt-IdNr. betrifft – erfüllt, wenn der Inhaber der USt-IdNr. tatsächlich Abnehmer der Lieferung war (s. BFH vom 05.02.2004, V B 180/03, BFH/NV 2004, 9688; vom 05.12.2005, V B 44/04, BFH/NV 2006, 625).

94 Bei der **einfachen Bestätigungsanfrage** wird die USt-IdNr. des Empfängers überprüft, bei der **qualifizierten Anfrage** zusätzlich der Name und die Anschrift des Inhabers der USt-IdNr. Werden die Angaben in der qualifizierten Anfrage für den Lieferzeitpunkt bestätigt, hat der Unternehmer seine zumutbaren Nachweispflichten erfüllt (s. BFH vom 05.02.2004, V B 180/03, BFH/NV 2004, 988).

95 Bestehen für den Unternehmer keine Anhaltspunkte, dass die Daten des Abnehmers unzutreffend sind, kann ein weitergehender Nachweis vom Unternehmer nicht verlangt werden (s. FG Münster vom

05.02.2004, 15 V 5805/03 U DStRE 2004, 651; Hessisches FG vom 16.05.2004, 6 V 2797/03, UStB 2004, 372; FG Rheinland-Pfalz vom 10.02.2005, 6 K 1738/03, EFG 2006, 453; FG Baden-Württemberg vom 20.05.2010, 12 K 247/06, DStRE 2010, 1516).

Die **Auskunft einer ausländischen Finanzbehörde** im Rahmen der Nachprüfung der Gültigkeit der USt-IdNr., die Firma sei ein **missing trader**, lässt allein noch nicht die Annahme zu, der Empfänger der Lieferung sei nicht der wirkliche Abnehmer (s. BFH vom 05.12.2005, V B 44/04, BFH/NV 2006, 625). Dem Unternehmer obliegt nicht die weitere Pflicht, trotz qualifiziert bestätigter USt-IdNr. durch weitere Erkundigungen, z.B. Handelsregisterauszüge, die Unternehmereigenschaft des angeblichen Abnehmers nachzuweisen (s. FG Bremen vom 18.08.2003, 2 V 593/02 und 2 V 594/02, EFG 2003, 1737; FG Baden-Württemberg vom 20.05.2010, 12 K 247/06, EFG 2003, 1737). 96

Ist die **gültige USt-IdNr.** des wirklichen Abnehmers nicht aufgezeichnet worden und wird dieser Mangel nicht spätestens bis zum Schluss der mündlichen Verhandlung vor dem Finanzgericht nachgeholt, geht die Finanzverwaltung davon aus, dass nicht objektiv feststünde, an welchen Abnehmer die Lieferung bewirkt worden sei. Im Übrigen stünde gleichfalls nicht fest, dass der Erwerb des Gegenstands in dem anderen Mitgliedstaat der Erwerbsbesteuerung unterliege. Die Voraussetzungen für die Inanspruchnahme der Steuerbefreiung für eine innergemeinschaftliche Lieferung lägen dann aber nicht vor (s. Abschn. 6a.7 Abs. 2 Satz 4 UStAE). Damit wäre nach Verwaltungsmeinung die USt-IdNr. im Grunde doch wieder eine materiell rechtliche Voraussetzung der Steuerbefreiung. Diese Auffassung steht im **Widerspruch zur Rechtsprechung des EuGH**. Danach ist eine innergemeinschaftliche Lieferung auch ohne Aufzeichnung der USt-IdNr. des wirklichen Abnehmers als steuerfrei zu behandeln, wenn der Lieferer redlicherweise, und nachdem er alle zumutbaren Maßnahmen ergriffen hat, die USt-IdNr. nicht mitteilen kann und er außerdem Angaben macht, die hinreichend belegen können, dass der Erwerber ein Steuerpflichtiger ist, der bei dem betreffenden Vorgang als solcher gehandelt hat (s. EuGH vom 27.09.2012, C-587/10, VSTR, DStR 2012, 2014). Hinsichtlich der Frage, ob die Steuerbefreiung für eine innergemeinschaftliche Lieferung (hier: innergemeinschaftliches Verbringen) zu versagen ist, wenn der Lieferer zwar nicht alle ihm zumutbaren Maßnahmen im Hinblick auf formelle Erfordernisse bei der Aufzeichnung der Umsatzsteuer-Identifikationsnummer erfüllt hat, aber keine konkreten Anhaltspunkte für eine Steuerhinterziehung bestehen, der Gegenstand in einen anderen Mitgliedsstaat verbracht worden ist und auch die übrigen Voraussetzungen für die Steuerbefreiung vorliege, ist derzeit ein Vorabentscheidungsverfahren beim EuGH anhängig (s. EuGH vom 06.04.2016, C-24/15; ABl. EU 2015, Nr. C 138, 27). In seinen Schlussanträgen vom 06.04.2016 votiert Generalanwalt Henrik Saugmandsgaard, dass allein Versäumnisse bei der Aufzeichnung der Umsatzsteuer-Identifikationsnummer nicht ausreichen, um die Steuerfreiheit zu versagen. Ob sich der EuGH diesem Votum anschließen wird, bleibt aber abzuwarten. Die Finanzverwaltung hat aber schon jetzt darauf hingewiesen, dass zwar grundsätzlich die Steuerfreiheit zu versagen ist, wenn der Unternehmer den beleg- und buchmäßigen Nachweis nicht, nicht vollständig oder nicht zeitnah führen kann, dass aber ausnahmsweise dann etwas anderes gilt, wenn feststeht, dass die Voraussetzungen des § 6a Abs. 1 und 2 UStG – bzw. § 6 Abs. 1 bis 3a UStG – vorliegen. Dass es sich aber gleichzeitig in diesen Fällen bei in der Rechnung gesondert ausgewiesener Umsatzsteuer um einen unrichtigen Steuerausweis nach § 14c Abs. 1 UStG handelt (s. BMF vom 16.02.2016, III C 3 – S 7359/10/10003, BStBl I 2016, 239). 97

In Fällen der Be- oder Verarbeitung muss beim **Buchnachweis** zusätzlich die Art und der Umfang der Bearbeitung oder Verarbeitung vor der Beförderung oder der Versendung in das übrige Gemeinschaftsgebiet aufgezeichnet werden (s. § 17c Abs. 2 Nr. 7 UStDV). 98

Für die Fälle des **innergemeinschaftlichen Verbringens** i.S.d. § 6a Abs. 2 UStG bestimmt § 17c Abs. 3 UStDV zum **Buchnachweis**, dass der Unternehmer Folgendes aufzeichnen hat: 99

- Die handelsübliche Bezeichnung und die Menge des verbrachten Gegenstandes,
- bei Fahrzeugen i.S.d. § 1b Abs. 2 UStG: die Fahrzeug-Identifikationsnummer,
- die Anschrift und die Umsatzsteuer-Identifikationsnummer des im anderen Mitgliedstaat belegenen Unternehmensteils,
- den Tag des Verbringens,
- die Bemessungsgrundlage nach § 10 Abs. 4 Satz 1 Nr. 1 UStG.

100 Der Unternehmer muss den buchmäßigen Nachweis der steuerfreien innergemeinschaftlichen Lieferung bis zu dem **Zeitpunkt** führen, zu dem er die Umsatzsteuer-Voranmeldung für die innergemeinschaftliche Lieferung abzugeben hat (s. Abschn. 6a.7 Abs. 8 Satz 3 UStAE). Eine dem Unternehmer gewährte **Dauerfristverlängerung** (s. §§ 46 ff. UStDV) ist dabei zu berücksichtigen (s. Wäger, DStR 2009, 1621, 1623). Der Unternehmer kann fehlende oder fehlerhafte Aufzeichnungen eines rechtzeitig erbrachten Buchnachweises bis zum Schluss der letzten mündlichen Verhandlung vor dem Finanzgericht ergänzen oder berichtigen (s. Abschn. 6a.7 Abs. 8 Satz 3 UStAE).

101–102 Einstweilen frei

2.4 Vertrauensschutzregelung, § 6a Abs. 4 UStG

103 **Liegen** die **Voraussetzungen** einer steuerfreien **innergemeinschaftlichen Lieferung** nach § 6a Abs. 1 UStG **nicht vor**, wird die Lieferung gem. § 6a Abs. 4 UStG gleichwohl als steuerfrei angesehen, wenn:

- Der Unternehmer sie als steuerfrei behandelt hat,
- die Inanspruchnahme der Steuerfreiheit auf unrichtigen Angaben des Abnehmers beruht und
- der Unternehmer die Unrichtigkeit dieser Angaben auch bei Beachtung der Sorgfalt eines ordentlichen Kaufmanns nicht erkennen konnte.

104 Der **Vertrauensschutz** setzt voraus, dass der Unternehmer den nach der UStDV geforderten Beleg- und Buchnachweis vollständig und rechtzeitig erbringt (s. BFH vom 12.05.2009, V R 65/06, DStR 2009, 1639), aber die Beleg- und Buchangaben entweder unzutreffend sind oder aber an ihrer Richtigkeit zumindest berechtigte Zweifel verbleiben (s. Wäger, DStR 2009, 1621, 1623). In diesem Zusammenhang stellt sich die Frage des Gutglaubensschutzes erst dann, wenn der Unternehmer seinen Nachweispflichten nachgekommen ist (s. BFH vom 18.02.2015, V S 19/14, BFH/NV 2015, 866). Maßgeblich ist die **formelle Vollständigkeit**, nicht aber die inhaltliche Richtigkeit der Beleg- und Buchangaben (s. BFH vom 15.02.2012, XI R 42/10, BFH/NV 2012, 1188).

105 War die vom Abnehmer angegebene **Umsatzsteuer-Identifikationsnummer** im Zeitpunkt der Lieferung **nicht mehr gültig**, scheidet der Vertrauensschutz aus.

106 An unrichtigen Angaben des Abnehmers kommen – deshalb – in Betracht:

- Die Unternehmereigenschaft des Abnehmers,
- der Erwerb des Gegenstands der Lieferung für unternehmerische Zwecke und
- die Verbringung des Liefergegenstands in einen anderen Mitgliedstaat.

107 Um der Sorgfalt eines ordentlichen Kaufmanns zu entsprechen muss der Lieferer in **gutem Glauben** handeln und alle Maßnahmen ergreifen, die vernünftigerweise verlangt werden können, um sicherzustellen, dass der von ihm getätigte Umsatz nicht zu seiner Beteiligung an einer Steuerhinterziehung führt (s. BFH vom 25.04.2013, V R 28/11, BStBl II 2013, 656).

108 War die **Unrichtigkeit** einer **USt-IdNr. erkennbar** und hat der Unternehmer dies nicht erkannt (z.B. weil das Bestätigungsverfahren nicht oder zu einem späteren Zeitpunkt als dem des Umsatzes durchgeführt wird), genügt dies nicht der Sorgfaltspflicht eines ordentlichen Kaufmanns (s. Abschn. 6a.8 Abs. 6 Satz 1 UStAE). Gleiches gilt in Fällen, in denen der Abnehmer oder dessen Beauftragter den Gegenstand der Lieferung befördert und der liefernde Unternehmer die Steuerbefreiung in Anspruch nimmt, ohne über eine schriftliche Versicherung des Abnehmers zu verfügen, den Gegenstand der Lieferung in einen anderen Mitgliedstaat befördern zu wollen (s. Abschn. 6a.8 Abs. 6 Satz 1 UStAE).

109 An die Nachweispflichten stellt die Finanzverwaltung (Abschn. 6a.8 Abs. 7 und 8 UStAE) besonders **hohe Anforderungen**, wenn der vermeintlichen innergemeinschaftlichen Lieferung ein **Barkauf** zugrunde liegt. In Fällen dieser Art sei es dem Unternehmer auch zumutbar, dass er sich über den Namen, die Anschrift des Abnehmers und ggf. über den Namen, die Anschrift und die Vertretungsmacht eines Vertreters des Abnehmers vergewissere und entsprechende Belege vorlegen könne. Dies dürfte in dieser Allgemeinheit zu weitgehend sein. Zum einen gibt es einfach bestimmte Branchen, in denen Bargeschäfte absolut üblich sind. Zum anderen kann es nicht gänzlich unabhängig von der Höhe des Bargeschäfts gefordert werden, erhöhten Anforderungen zu entsprechen. Der Rechtssicherheit für den Unternehmer wäre es hier

dienlich, wenn die Finanzverwaltung konkrete Beträge nennen würden, von denen an sie die Beachtung gesteigerter Sorgfalt erwartete.

Nach der Rechtsprechung des BFH ist für die Erfüllung der Sorgfaltspflicht bei **Barverkäufen hochwertiger Pkw** von dem Unternehmer zu verlangen, dass er sich über den Namen, die Anschrift und die Vertretungsmacht des angeblichen Vertreters des Abnehmers vergewissert und entsprechende Belege vorlegen kann (s. BFH vom 12.05.2009, V R 65/06, BStBl II 2010, 511; vom 15.07.2004, V R 1/04, BFH/NV 2005, 81; vom 25.04.2013, 25.04.2013, V R 28/11, DStR 2013,1278; vom 14.11.2012, XI R 17/12, BStBl II 2013, 407). Auch wenn in dieser Branche Barzahlung nicht üblich ist, hat die Rechtsprechung dem Unternehmer eine ungefähre betragsmäßige Richtschnur gegeben. **110**

Einstweilen frei **111–112**

§ 7 UStG Lohnveredelung an Gegenständen der Ausfuhr

(1) [1]Eine Lohnveredelung an einem Gegenstand der Ausfuhr (§ 4 Nr. 1 Buchstabe a) liegt vor, wenn bei einer Bearbeitung oder Verarbeitung eines Gegenstands der Auftraggeber den Gegenstand zum Zweck der Bearbeitung oder Verarbeitung in das Gemeinschaftsgebiet eingeführt oder zu diesem Zweck in diesem Gebiet erworben hat und

1. der Unternehmer den bearbeiteten oder verarbeiteten Gegenstand in das Drittlandsgebiet, ausgenommen Gebiete nach § 1 Abs. 3, befördert oder versendet hat oder
2. der Auftraggeber den bearbeiteten oder verarbeiteten Gegenstand in das Drittlandsgebiet befördert oder versendet hat und ein ausländischer Auftraggeber ist oder
3. der Unternehmer den bearbeiteten oder verarbeiteten Gegenstand in die in § 1 Abs. 3 bezeichneten Gebiete befördert oder versendet hat und der Auftraggeber
   a) ein ausländischer Auftraggeber ist oder
   b) ein Unternehmer ist, der im Inland oder in den bezeichneten Gebieten ansässig ist und den bearbeiteten oder verarbeiteten Gegenstand für Zwecke seines Unternehmens verwendet.

[2]Der bearbeitete oder verarbeitete Gegenstand kann durch weitere Beauftragte vor der Ausfuhr bearbeitet oder verarbeitet worden sein.

(2) Ausländischer Auftraggeber im Sinne des Absatzes 1 Satz 1 Nr. 2 und 3 ist ein Auftraggeber, der die für den ausländischen Abnehmer geforderten Voraussetzungen (§ 6 Abs. 2) erfüllt.

(3) Bei Werkleistungen im Sinne des § 3 Abs. 10 gilt Absatz 1 entsprechend.

(4) [1]Die Voraussetzungen des Absatzes 1 sowie die Bearbeitung oder Verarbeitung im Sinne des Absatzes 1 Satz 2 müssen vom Unternehmer nachgewiesen sein. [2]Das Bundesministerium der Finanzen kann mit Zustimmung des Bundesrates durch Rechtsverordnung bestimmen, wie der Unternehmer die Nachweise zu führen hat.

(5) Die Absätze 1 bis 4 gelten nicht für die sonstigen Leistungen im Sinne des § 3 Abs. 9a Nr. 2.

Bearbeiter: Bernhard Becht†/Manzur Esskandari

Inhaltsverzeichnis

Rn.

1. Bedeutung der Norm

1 § 7 UStG ergänzt die Regelung in § 4 Nr. 1 UStG zu **Lohnveredelungen**. Die Vorschrift regelt im Einzelnen die Tatbestandsmerkmale der steuerfreien Lohnveredelungen und enthält die Verpflichtung zum **Ausfuhr- und Buchnachweis**. Sie beruht auf Art. 146 Abs. 1 Buchst. d MwStSystRL.

2 Die Lohnveredelung stellt eine sonstige Leistung dar, die an Gegenständen erbracht wird, die dem Auftraggeber gehören. Gelangen die bearbeiteten Gegenstände ins Drittland, wird die Leistung wie bei Ausfuhrlieferungen im Inland freigestellt. Die Umsatzsteuerbelastung hat nach dem Bestimmungslandprinzip im Land der Einfuhr zu erfolgen. Nach § 3a Abs. 2 UStG sind Arbeiten an beweglichen Gegenständen wie bei ausländischen Auftraggebern am Unternehmenssitz des Empfängers steuerbar. Da damit die Leistungen im Inland nicht steuerbar sind, besteht insoweit kein Anwendungsbereich mehr für die Anwendung der Steuerbefreiung nach der Vorschrift.

2. Lohnveredelung

2.1 Grundsätzliches

Der **Begriff der Lohnveredelung** wurde dem Zollrecht entnommen. Nach Abs. 1 Satz 1 fällt darunter jede Be- oder Verarbeitung eines Gegenstandes, der zu diesem Zweck in das Gemeinschaftsgebiet eingeführt oder dort erworben wird (s. auch Abschn. 7.1 Abs. 2 UStAE). Die Bearbeitung oder Verarbeitung braucht nicht der ausschließliche Zweck für die Einfuhr oder den Erwerb zu sein. Die Be- oder Verarbeitung darf dabei nicht dazu führen, dass der Gegenstand als solcher in Verbindung mit anderen Gegenständen zu einem neuen Gegenstand verändert wird. In diesem Fall liegt eine Werklieferung vor, die ggf. nach § 6 UStG steuerfrei bleiben kann (s. BFH Urteil vom 03.12.1970, V R 122/67, BStBl II 1971, 355), während es sich bei einer reinen Lohnveredelung um eine Werkleistung (s. dazu § 3 UStG Rn. 77 ff.) handelt. 3

Zur Abgrenzung zwischen **Werkleistung** und **Werklieferung** s. auch Abschn. 7.4 Abs. 1 UStAE. Bei der Reparatur von Beförderungsmitteln z.B. geht die Finanzverwaltung zur Abgrenzung davon aus, dass es sich um Werklieferungen handelt, wenn der auf das Material entfallende Entgeltsanteil mehr als 50 % beträgt (s. Abschn. 7.4 Abs. 2 UStAE). 4

Eine Einfuhr durch den Auftraggeber liegt auch dann vor, wenn dieser den zu bearbeitenden oder zu verarbeitenden Gegenstand von dem Unternehmer im Drittlandsgebiet abholen lässt. 5

2.2 Werkleistungen beim Umtausch

Für Werkleistungen i.S.d. § 3 Abs. 10 UStG erklärt Abs. 3 die Steuerbefreiung für die Lohnveredelung nach Abs. 1 für entsprechend anwendbar. Wirtschaftlich betrachtet handelt es sich um einen Be- oder Verarbeitungsvorgang, obwohl an sich eine Ausfuhrlieferung vorläge. 6

3. Befreiungstatbestände

Die Befreiungstatbestände der Lohnveredelung entsprechen denen des § 6 Abs. 1 Nr. 1 bis 3. Es wird daher auf § 6 UStG verwiesen (s. insbesondere § 6 Rn. 19–39). 7

4. Nachweispflichten

Der Unternehmer hat die Voraussetzungen für die **Steuerbefreiung** nachzuweisen (Abs. 4 Satz 1). Näheres wird in der UStDV geregelt (s. dazu die Ermächtigung in Abs. 4 Satz 2). Die Ausfuhr- und Buchnachweise für die Lohnveredelung decken sich im Wesentlichen mit denen für die Ausfuhrlieferung. Für den Ausfuhrnachweis verweist daher § 12 UStDV auf die entsprechende Anwendung der §§ 8 bis 11 UStDV mit den Vorschriften über die Führung des Ausfuhrnachweises bei Ausfuhrlieferungen. Die Ausfuhr- und Buchnachweise für die Lohnveredelung decken sich damit im Wesentlichen mit denen für die Ausfuhrlieferung. 8

Abschn. 7.1 Abs. 3 bis 5 UStAE enthält einzelne Bestimmungen der Verwaltung zum **Nachweis der Einfuhr** oder des Erwerbs zum Zweck der Be- oder Verarbeitung von Gegenständen. Danach wird nach Abschn. 7.1 Abs. 3 UStAE (mit Beispielen) dieser Zweck ohne Weiteres als gegeben erachtet: 9

- Bei einer zollamtlich bewilligten aktiven Lohnveredelung – einschließlich einer Ausbesserung – (z.B. bei Übersendung von garnen zum Verweben im Inland durch den im Drittlandsgebiet ansässigen Auftraggeber und Rücksendung des Gewebes an den Auftraggeber),
- bei der Überführung in den zollrechtlich freien Verkehr, sofern die EUSt entrichtet wurde,
- bei der Erhebung von Eingangsabgaben für den veredelten Gegenstand bei der Wiedereinfuhr durch das Bestimmungsland.
- Gleiches gilt nach Abschn. 7.1 Abs. 4 UStAE bei Wartung Reinigung und Instandsetzung von gewerblichen Binnenschiffen, Eisenbahnwagen, Containern, Omnibussen, Lastkraftwagen, Anhänger, Tankauflieger, Tanksattelschlepper und Tankcontainern und
- beim unmittelbaren Gelangen des Gegenstandes vom Lieferer an den bearbeitenden Unternehmer (s. Abschn. 7.1 Abs. 5 Satz 1 Nr. 2 UStAE).

10 Der begünstigte Zweck ist insbesondere nicht erfüllt, wenn sich aus den einzelnen Umständen ergibt, dass die Be- oder Verarbeitung nicht im Vorhinein geplant war (z.B. unerwartete Reparatur eines Fahrzeuges aus einem Drittland oder bei Erwerb des Kfz durch einen inländischen Abnehmer, das vor der Ausfuhr genutzt wurde; s. dazu näher Abschn. 7.6 UStAE).

11 Der **Ausfuhr- und Buchnachweis** wird in §§ 8 bis 13 UStDV und Abschn. 7.2 und 7.3 UStAE näher geregelt bzw. erläutert. Die Voraussetzungen müssen eindeutig und leicht nachprüfbar aus der Buchführung zu ersehen sein.

12 Auch für Lohnveredelungsfälle gelten danach die Grundsätze zum Nachweis bei innergemeinschaftlichen Lieferungen (s. dazu Abschn. 6.5 bis 6.8 UStAE). Die Vorgaben der UStDV stellen dabei keine materiell-rechtliche Voraussetzung für die Steuerfreiheit dar (s. dazu näher für die innergemeinschaftliche Lieferung § 6 UStG, Rn. 57 ff.; u.a. EuGH Urteil vom 27.09.2007, C-409/04, Teleos, BStBl II 2009, 70; diese Grundsätze zu § 6 können ohne Weiteres auf § 7 übertragen werden). Daraus folgt, dass der Unternehmer zwar grundsätzlich das Gelangen des Gegenstands in das Drittland nachweisen muss, dass für die Steuerfreiheit die Form des Nachweises und der Zeitpunkt des Nachweises aber nicht entscheidend sind. Es genügt daher, wenn der Unternehmer Lohnveredelungen vornimmt, für die die objektiven Tatbestandsmerkmale des § 7 vorliegen, aber der Ausfuhrnachweis zu diesem Zeitpunkt noch nicht geführt werden kann (s. dazu BFH Urteil vom 28.05.2009, V R 23/08, BStBl II 2010, 517).

5. Keine Begünstigung für sonstige Leistungen nach § 3 Abs. 9a Satz 2 (Abs. 5)

13 Die **Steuerfreiheit der Lohnveredelung** ist bei unentgeltlich erbrachten Leistungen i.S.d. § 3 Abs. 9a Satz 2 nach Abs. 5 ausgeschlossen. Zur unionsrechtlichen und verfassungsrechtlichen Bedenken s. Tehler in R/D, § 7 UStG, Rz. 515 ff.

§ 8 UStG Umsätze für die Seeschifffahrt und für die Luftfahrt

(1) Umsätze für die Seeschifffahrt (§ 4 Nr. 2) sind:

1. die Lieferungen, Umbauten, Instandsetzungen, Wartungen, Vercharterungen und Vermietungen von Wasserfahrzeugen für die Seeschifffahrt, die dem Erwerb durch die Seeschifffahrt oder der Rettung Schiffbrüchiger zu dienen bestimmt sind (aus Positionen 8901 und 8902 00, aus Unterposition 8903 92 10, aus Position 8904 00 und aus Unterposition 8906 90 10 des Zolltarifs);
2. die Lieferungen, Instandsetzungen, Wartungen und Vermietungen von Gegenständen, die zur Ausrüstung der in Nummer 1 bezeichneten Wasserfahrzeuge bestimmt sind;
3. die Lieferungen von Gegenständen, die zur Versorgung der in Nummer 1 bezeichneten Wasserfahrzeuge bestimmt sind. 2Nicht befreit sind die Lieferungen von Bordproviant zur Versorgung von Wasserfahrzeugen der Küstenfischerei;
4. die Lieferungen von Gegenständen, die zur Versorgung von Kriegsschiffen (Unterposition 8906 10 00 des Zolltarifs) auf Fahrten bestimmt sind, bei denen ein Hafen oder ein Ankerplatz im Ausland und außerhalb des Küstengebiets im Sinne des Zollrechts angelaufen werden soll;
5. andere als die in den Nummern 1 und 2 bezeichneten sonstigen Leistungen, die für den unmittelbaren Bedarf der in Nummer 1 bezeichneten Wasserfahrzeuge, einschließlich ihrer Ausrüstungsgegenstände und ihrer Ladungen, bestimmt sind.

(2) Umsätze für die Luftfahrt (§ 4 Nr. 2) sind:

1. die Lieferungen, Umbauten, Instandsetzungen, Wartungen, Vercharterungen und Vermietungen von Luftfahrzeugen, die zur Verwendung durch Unternehmer bestimmt sind, die im entgeltlichen Luftverkehr überwiegend grenzüberschreitende Beförderungen oder Beförderungen auf ausschließlich im Ausland gelegenen Strecken und nur in unbedeutendem Umfang nach § 4 Nummer 17 Buchstabe b steuerfreie, auf das Inland beschränkte Beförderungen durchführen;
2. die Lieferungen, Instandsetzungen, Wartungen und Vermietungen von Gegenständen, die zur Ausrüstung der in Nummer 1 bezeichneten Luftfahrzeuge bestimmt sind;
3. die Lieferungen von Gegenständen, die zur Versorgung der in Nummer 1 bezeichneten Luftfahrzeuge bestimmt sind;
4. andere als die in den Nummern 1 und 2 bezeichneten sonstigen Leistungen, die für den unmittelbaren Bedarf der in Nummer 1 bezeichneten Luftfahrzeuge, einschließlich ihrer Ausrüstungsgegenstände und ihrer Ladungen, bestimmt sind.

(3) [1]Die in den Absätzen 1 und 2 bezeichneten Voraussetzungen müssen vom Unternehmer nachgewiesen sein. [2]Das Bundesministerium der Finanzen kann mit Zustimmung des Bundesrates durch Rechtsverordnung bestimmen, wie der Unternehmer den Nachweis zu führen hat.

Bearbeiter: Bernhard Becht†/Manzur Esskandari

Inhaltsverzeichnis

1. Bedeutung der Norm

1 Die Vorschrift ergänzt die Regelung des § 4 Nr. 2 UStG (s. § 4 Nr. 2 Rn. 4 ff.). Sie bezweckt die Entlastung der Vorstufenumsätze für die **See- und Luftschifffahrt** von USt. Dadurch wird das Besteuerungsverfahren vereinfacht, da Unternehmen der See- und Luftschifffahrt überwiegend nichtsteuerbare Leistungen im Ausland erbringen, die aber den Vorsteuerabzug nicht ausschließen. Da Umsätze zur Versorgung von Schiffen Ausfuhrlieferungen gleich gestellt sind, sind sie auch deshalb von der Steuer befreit (s. EuGH vom 14.09.2006, C-181-183/04, Elmeka NE, UR 2007, 268; EuGH vom 26.06.1990, C-185/89, Velker, UR 1991, 349). Entscheidend ist damit die Zweckbestimmung der Umsätze für die See- und Luftschifffahrt. Die unionsrechtliche Grundlage findet sich in Art. 148 MwStSystRL.

2 Die Steuerbefreiung ist umfassend. Der Vorsteuerabzug bleibt nach § 15 Abs. 3 Nr. 1 a) UStG erhalten.

3 Durch das AmtshilfeRLUmsG vom 26.06.2013 (BGBl I 2013, 1809) wurde in Abs. 2 Nr. 1 ab 01.07.2013 die Schädlichkeit von nach § 4 Nr. 17b umsatzsteuerfreien Umsätzen eingeschränkt, wenn sie nur in unbedeutendem Umfang durchgeführt werden.

2. Umsätze für die Seeschifffahrt

4 Die Umsätze für die Seeschifffahrt werden in § 8 Abs. 1 UStG definiert. Nach § 3 Abs. 11 UStG ist auch die Besorgung dieser Leistungen steuerfrei. In Betracht kommen dabei nur sonstige Leistungen, die unmittelbar an Unternehmen der Seeschifffahrt bewirkt werden (s. BFH vom 06.12.2011, V R 23/01, UR 2002, 172; BMF vom 24.07.2009, BStBl I 2009, 822). Auf Dienstleistungen, mit denen natürlichen Personen gegen Entgelt ein Schiff mit Besatzung für Hochseevergnügungsreisen überlassen wird, ist die Steuerbefreiung nicht anzuwenden (s. EuGH vom 22.12.2010, C-116/10, Feltgen/Bacino, UR 2011, 694).

2.1 Seeschiffe

5 Unter Seeschiffen werden **Wasserfahrzeuge** für die Seeschifffahrt, die dem Erwerb durch die Schifffahrt oder der **Rettung Schiffbrüchiger** zu dienen bestimmt sind, verstanden. Zur Begriffsbestimmung der Seeschiffe als Fahrzeuge knüpft § 8 Abs. 1 Nr. 1 UStG an den ZT an. Nach den dort in Bezug genommen ZT-Vorschriften und den dazu ergangenen „Anmerkungen“ fallen darunter Fahrgastschiffe, Kreuzfahrtschiffe, Fährschiffe, Frachtschiffe, Lastkähne, Fischereifahrzeuge, Schlepper, Schubschiffe, Rettungsschiffe. Voraussetzung ist, dass die Wasserfahrzeuge ihrer Beschaffenheit nach seetüchtig sind und eine Rumpflänge von mindestens 12 m haben (überragende Teile werden nicht berücksichtigt). Bei Fischerei- und Rettungsfahrzeugen kommt es ohne Rücksicht auf die Länge nur auf die Seetüchtigkeit an. Unabhängig von der Erfüllung der genannten Voraussetzungen gehören nicht zu den Seeschiffen insbesondere Fahrzeuge, bei denen das Fahren im Vergleich zu ihrem Verwendungszweck von untergeordneter Bedeutung ist (z.B. Beispiel Schwimmbagger, Bohrinseln).

6 Art. 148 MWStSystRL definiert dagegen **Seeschiff**e als „Schiffe, die im entgeltlichen Passagierverkehr, zur Ausübung einer Handelstätigkeit, für gewerbliche Zwecke oder zur Fischerei sowie als Bergungs- oder Rettungsschiffe auf See oder zur Küstenfischerei eingesetzt sind, wobei im letzten Fall Lieferungen von Proviant ausgenommen sind. Das Merkmal „auf hoher See“ gilt dabei nicht nur für den Passagierverkehr, sondern auch für Handels-, Gewerbe-und Fischereischiffe. Deshalb kommt eine Befreiung nicht in Betracht, wenn die Tätigkeiten nicht auf hoher See ausgeübt werden (s. EuGH vom 14.09.2006, C-181-183/04, Elmeka NE, UR 2007, 268).

2.2 Zweckbestimmung

7 Neben der Eignung der Wasserfahrzeuge zur Seefahrt ist weiterhin erforderlich, dass die Schiffe dem Erwerb durch die Seeschifffahrt oder zur Rettung Schiffbrüchiger zu dienen bestimmt sind. Diese Zweckbestimmung muss im Zeitpunkt des Umsatzes vorliegen, für den die Steuerfreiheit gewährt werden soll. Der Begriff der Seeschifffahrt bestimmt sich nach dem öffentlichen Seerecht. Danach ist Seefahrt die Schiff-

fahrt auf die offene See über die festgelegten Küstengrenzen hinaus (s. § 1 Flaggenrechtsverordnung vom 04.07.1990, BGBl I 1990, 1389; BFH vom 02.09.1971, V R 8/67, BStBl II 1972, 45). Nicht zur Seeschifffahrt gehört damit die Binnenschifffahrt. Gelegentliche Fahrten in Binnengewässern (z.B. zum Erreichen des Hafens) ändern nichts an der Eigenschaft als Seeschiff. Der vorübergehende Einsatz in Binnengewässern ist differenziert zu betrachten:

Zum Erwerb durch die Seeschifffahrt dienen alle Schiffe, die derjenige, der darüber verfügt (Eigner, Charterer oder Mieter) auf See mit dem Ziel einsetzt, damit Einnahmen zu erzielen. Damit fallen unter die Steuerbefreiung insbesondere die entgeltliche Passagier- und Frachtbeförderung, die Hochsee- oder Küstenfischerei, die Leistungen der Hochseeschlepper, der Bergungsfahrzeuge etc. 8

Nicht unter die Vorschrift fallen: 9

- Fahrzeuge, die hoheitlichen Zwecken dienen (z.B. Kriegsschiffe, Zollfahrzeuge, Feuerschiffe),
- Sportfahrzeuge (s. FG Schleswig-Holstein vom 09.12.1987, IV 20/83, EFG 1988, 263),
- Luxusyachten (s. BFH vom 13.02.1992, V R 140/90, BStBl II 1992, 573; vom 13.02.1992, V R 141/90, BStBl II 1992, 576) und zwar auch dann nicht, wenn der Erwerber sie als Unternehmer an Freizeitsegler verchartert (s. BFH vom 13.02.1992, V R 141/90, BStBl II 1992, 576).

2.3 Umsätze von oder an Seeschiffen (§ 8 Abs. 1 Nr. 1 UStG)

Bei der **Lieferung von Seeschiffen** muss es sich um fertige Schiffe verhandeln. Auch die Lieferung gebrauchter Schiffe ist steuerfrei. Beim Umbau eines Schiffes kommt es auf die zukünftige Eignung und Zweckbestimmung als Seeschiff an. Liegt nach dem Umbau ein Seeschiff nicht mehr vor, ist § 8 Abs. 1 UStG nicht anwendbar. 10

Das Gleiche gilt auch für die **Vercharterung eines Schiffes** mit Mannschaft und Vermietung (bloße Nutzungsüberlassung). Die Vercharterung (Raumcharter) oder Vermietung eines Seeschiffes liegt in der Regel nicht vor, wenn der Reeder einem Gastronom den Wirtschaftsbetrieb an Bord überlässt (s. FG Niedersachsen vom 09.04.1991, V 599/87, EFG 1991, 704). Bei der Vercharterung ist die Leistung des Eigners einheitlich zu sehen. Steuerfrei ist daher auch die Gestellung der Besatzung und Ausrüstung (s. BFH vom 23.07.1957, I 50/55 U, BStBl III 1957, 306). 11

2.4 Ausrüstungsgegenstände (§ 8 Abs. 1 Nr. 2 UStG)

Ausrüstungsgegenstände von Seeschiffen können nach § 8 Abs. 1 Nr. 2 UStG steuerfrei geliefert, instandgesetzt, gewartet oder vermietet werden. Es handelt sich um die an Bord zum Gebrauch mitgeführten Gegenstände (z.B. nautische Geräte, Werkzeuge etc.), das Schiffszubehör (z.B. Rettungsboote, Möbel) und um Teile, die in ein bestimmtes Seeschiff eingebaut werden sollen (im Einzelnen s. Abschn. 8.1 Abs. 3 UStAE). Die Gegenstände müssen für ein bereits vorhandenes Seeschiff geliefert werden etc. Ausrüstungsgegenstände für den Bau eines neuen Schiffes fallen nicht unter § 8 Abs. 1 Nr. 2 UStG (s. Abschn. 8.1 Abs. 3 Nr. 3 UStAE). 12

2.5 Gegenstände zur Versorgung von Seeschiffen (§ 8 Abs. 1 Nr. 3 UStG)

Versorgungsumsätze für Seeschiffe sind nach § 8 Abs. 1 Nr. 3 UStG steuerfrei, soweit es sich nicht um Bordproviant für Küstenfischer handelt. Unter Küstenfischerei ist die Fischerei in deutschen Territorialgewässern, also nicht auf Hoher See, zu verstehen (s. Abschn. 8.1 Abs. 5 Satz 1 UStAE). Unter **Bordproviant** sind die ausschließlich zum Verbrauch an Bord durch die Besatzung und Passagiere bestimmen Waren (Mundvorrat) zu verstehen (s. Abschn. 8.1 Abs. 5 Satz 2 UStAE). 13

Steuerfrei sind die Umsätze mit Versorgungsgegenständen, dies sind zum Verbrauch durch die Besatzung und Fahrgäste bestimmte Waren (z.B. für Verpflegung) sowie Versorgungsgegenstände, die unmittelbar dem Betrieb des Schiffes dienen (z.B. Treibstoff). 14

Die Vorschrift gilt nicht für Umsätze auf einer vorhergehenden Handelsstufe (s. EuGH vom 14.09.2006, C-181-183/04, Elmeka NE, UR 2007, 268; EuGH vom 26.06.1990, C-185/89, Velker, UR 1991, 352; FG Bremen vom 05.01.2016, 2 K 62/13 (2)). Ebenso sind Lieferungen, wie zum Verbrauch bestimmtes Dialysematerial 15 für eine an Bord eines Kreuzfahrtschiffes von einem Dritten selbständig betriebene Dialysepraxis nicht nach § 8 Abs. 1 Nr. 2 bzw. 3 UStG umsatzsteuerfrei (s. FG Hamburg vom 13.02.2013, 5 K 20/11, EFG 2013, 1274, rkr., Revison wurde zurückgenommen, BFH vom 28.09.2015, XI R 20/13).

2.6 Versorgung von Kriegsschiffen (§ 8 Abs. 1 Nr. 4 UStG)

16 Die Versorgung von **Kriegsschiffen** ist nach § 8 Abs. 1 Nr. 4 UStG steuerfrei, wenn ein Hafen oder ein Ankerplatz im Ausland und außerhalb des Küstengebiets i.S.d. Zollrechts angelaufen werden soll. Bei ausländischen Kriegsschiffen wird das Vorliegen dieser Voraussetzungen unterstellt. Bei Kriegsschiffen der Bundeswehr ist zum Nachweis der Voraussetzungen ein **Bestellschein**, der die erforderlichen Angaben enthält, erforderlich (Abschn. 8.1 Abs. 6 UStAE).

2.7 Sonstige Leistungen für Seeschiffe (§ 8 Abs. 1 Nr. 5 UStG)

17 **Sonstige Leistungen für Seeschiffe** sind steuerfrei, wenn sie für den unmittelbaren Bedarf der Seeschiffe einschließlich ihrer Ausrüstungsgegenstände und ihrer Ladung bestimmt sind. Solche Leistungen fallen nur dann unter § 8 Abs. 1 Nr. 5 UStG, wenn sie unmittelbar an Betreiber eines Seeschiffes oder an die Gesellschaft zur Rettung Schiffbrüchiger bewirkt werden (s. BMF vom 20.01.2014, IV D 3 – S 7155/0: 002 (2013/0944121), BStBl I 2014, 154). Die Regelung ist auf Umsätze anzuwenden, die ab dem Tag nach der Veröffentlichung des Schreibens im BStBl ausgeführt werden. Das Schreiben ist im BStBl vom 31.01.2014 veröffentlicht worden und ist damit auf Umsätze ab dem 01.02.2014 anzuwenden.

18 Dabei handelt es sich insbesondere um die Leistungen von Schiffsmaklern, Havariekommissaren, Schiffsbesichtigern, Güterbesichtigern, Dispacheuren, Schleppern, Lotsen etc. (dazu näher und zu weiteren Leistungen s. Abschn. 8.1 Abs. 7 UStAE).

19 Die Vorschrift gewährt keine Steuerbefreiung für den **Betrieb von Geldspielautomaten**, die auf Seeschiffen installiert sind. Für den EuGH handelt es sich bei den von der Steuer befreiten Leistungen nur um solche, die unmittelbar mit dem Bedarf der Seeschiffe und deren Ladungen zusammenhängen, d.h. um Leistungen, die für den Betrieb dieser Schiffe notwendig sind. Dies sei bei der Einrichtung von Geldspielautomaten, die der Unterhaltung der Passagiere dienen sollen und als solche in keinem inneren Zusammenhang mit dem Bedarf der Seeschifffahrt stehen, nicht der Fall (s. EuGH vom 04.07.1985, 168/84, Brekholz, UR 1985, 226).

20 Ebenfalls nicht unter die Steuerbefreiung fallen **Vermittlungsleistungen**, da das Merkmal der Zweckbestimmung der Leistung für den unmittelbaren Bedarf der Seeschiffe nicht erfüllt ist. Diese Voraussetzung liegt nur bei der Leistung durch den Unternehmer vor, der die Leistung erbringt. Die Vermittlungsleistungen können aber nach § 4 Nr. 5 UStG steuerfrei sein (s. Abschn. 8.1. Abs. 8 UStAE).

3. Umsätze für die Luftfahrt

3.1 Begriff der Luftfahrzeuge

21 Begünstigt werden nur **Luftfahrzeuge**, die der Unternehmer im entgeltlichen Luftverkehr mit überwiegend grenzüberschreitenden Beförderungen oder Beförderungen auf ausschließlich im Ausland gelegenen Strecken durchführt. Begünstigt werden soll damit der internationale Luftverkehr. Die Befreiung greift auch dann, wenn der Unternehmer selbst nicht zu den Luftfahrtgesellschaften gehört, die im entgeltlichen internationalen Luftverkehr tätig sind, er aber das betreffende Luftfahrzeug zum Zweck der ausschließlichen Nutzung durch eine solche Gesellschaft erwirbt (s. EuGH vom 19.07.2012, C-33/11, A Oy, UR 2012, 873).

22 Werden auch **Inlandsflüge** ausgeführt, müssen die grenzüberschreitenden und reinen Auslandsflüge überwiegen. Dabei wird auf das Verhältnis der Beförderungsentgelte in den einzelnen Bereichen abgestellt (s. Abschn. 8.2. Abs. 3 Satz 2 UStAE).

23 Bei **Luftverkehrsunternehmen mit Sitz im Ausland** wird unterstellt, dass sie im Rahmen ihres entgeltlichen Luftverkehrs überwiegend internationalen Luftverkehr betreiben (s. Abschn. 8.2. Abs. 3 Satz 5 UStAE). Gleiches gilt für inländische Unternehmen, soweit sie in einer für den Besteuerungszeitraum maßgeblichen, im Bundessteuerblatt veröffentlichten Liste aufgeführt sind. Diese wird jährlich neu herausgegeben

(zuletzt BMF vom 06.01.2015, BStBl II 2015, 120). Das für das im Inland ansässige Luftverkehrsunternehmen zuständige Finanzamt prüft einmal jährlich, ob das in der Liste aufgeführte Luftverkehrsunternehmen die Voraussetzungen hierfür noch erfüllt.

3.2 Begünstigte Umsätze

Die begünstigten Umsätze entsprechen im Wesentlichen denen für Seeschiffe nach § 8 Abs. 1 UStG sowie 24
deren Besorgung (§ 3 Abs. 11 UStG). Auch Reihengeschäfte werden unter der Voraussetzung der in § 8 Abs. 2 UStG geforderten Zweckbestimmung befreit. Nach der Neufassung des Abs. 2 Nr. 1 ab 01.07.2013 soll verhindert werden, dass Luftfahrtunternehmen, die in nicht unbedeutendem Umfang rein inländische Beförderungen von kranken und verletzten Personen i.S.v. § 4 Nr. 17 Buchst. b UStG ausführen hinsichtlich ihrer Vorumsätze besser gestellt werden als Unternehmen die die Beförderungen solcher Personen mit Fahrzeugen etc. durchführen. Soweit Luftfahrtunternehmen solche Beförderungen auch grenzüberschreitend durchführen, soll es bei der Begünstigung bleiben, um sie nicht im Vergleich zu Luftfahrtunternehmen, die keine Beförderung von kranken und verletzten Personen durchführen bzw. im Wettbewerb mit im Ausland ansässigen Luftfahrtunternehmen zu benachteiligen.

Zu den **sonstigen Leistungen i.S.d. § 8 Abs. 2 Nr. 4 UStG** gehören insbesondere die Duldung der 25
Benutzung des Flughafens einschließlich der Erteilung der Start- und Landeerlaubnis, die Reinigung von Luftfahrzeugen, die Umschlagsleistungen auf Flughäfen die Leistungen der Havariekommissare sowie die mit dem Flugbetrieb zusammenhängenden sonstigen Leistungen, wie z.B. das Schleppen von Flugzeugen (s. Abschn. 8.2 Abs. 6 Satz 4 UStAE).

4. Nachweispflichten

Die **Voraussetzungen der Steuerbefreiungen** in § 8 Abs. 1 und 2 UStG müssen besonders vom Unterneh- 26
mer nachgewiesen werden. Gemäß § 18 UStDV ist § 13 Abs. 1 und 2 Nr. 1 bis 4 UStDV entsprechend anzuwenden. Zusätzlich soll der Unternehmer aufzeichnen, für welchen Zweck der Gegenstand der Lieferung oder die sonstige Leistung bestimmt ist. Die Nachweise sind grundsätzlich im Inland zu führen. Bei Reihengeschäften ausländischer Unternehmer wird aus Billigkeitsgründen hierauf verzichtet (s. Abschn. 8.3 UStAE).

§ 9 UStG Verzicht auf Steuerbefreiungen

(1) Der Unternehmer kann einen Umsatz, der nach § 4 Nr. 8 Buchstabe a bis g, Nr. 9 Buchstabe a, Nr. 12, 13 oder 19 steuerfrei ist, als steuerpflichtig behandeln, wenn der Umsatz an einen anderen Unternehmer für dessen Unternehmen ausgeführt wird.

(2) [1]Der Verzicht auf Steuerbefreiung nach Absatz 1 ist bei der Bestellung und Übertragung von Erbbaurechten (§ 4 Nr. 9 Buchstabe a), bei der Vermietung oder Verpachtung von Grundstücken (§ 4 Nr. 12 Satz 1 Buchstabe a) und bei den in § 4 Nr. 12 Satz 1 Buchstabe b und c bezeichneten Umsätzen nur zulässig, soweit der Leistungsempfänger das Grundstück ausschließlich für Umsätze verwendet oder zu verwenden beabsichtigt, die den Vorsteuerabzug nicht ausschließen. [2]Der Unternehmer hat die Voraussetzungen nachzuweisen.

(3) [1]Der Verzicht auf Steuerbefreiung nach Absatz 1 ist bei Lieferungen von Grundstücken (§ 4 Nr. 9 Buchstabe a) im Zwangsversteigerungsverfahren durch den Vollstreckungsschuldner an den Ersteher bis zur Aufforderung zur Abgabe von Geboten im Versteigerungstermin zulässig. [2]Bei anderen Umsätzen im Sinne von § 4 Nr. 9 Buchstabe a kann der Verzicht auf Steuerbefreiung nach Absatz 1 nur in dem gemäß § 311b Abs. 1 des Bürgerlichen Gesetzbuchs notariell zu beurkundenden Vertrag erklärt werden.

Bearbeiter: Hans-Hinrich von Cölln

Inhaltsverzeichnis

Rn.

1. Allgemeines

1 Gemäß § 9 UStG kann der Leistende für diejenigen seiner umsatzsteuerfreien Leistungen auf die Umsatzsteuerfreiheit verzichten, die nach den folgenden Umsätzen befreit sind:

- § 4 Nr. 8 Buchst. a bis g UStG – Finanzumsätze.
- § 4 Nr. 9 Buchst. a UStG – Umsätze, die unter das Grunderwerbsteuergesetz fallen.
- § 4 Nr. 12 UStG – Umsätze der Vermietung und Verpachtung und der Bestellung, Übertragung und Überlassung der Ausübung von dinglichen Nutzungsrechten an Grundstücken.
- § 4 Nr. 13 UStG – Umsätze der Wohnungseigentümergemeinschaften i.S.d. WEG.
- § 4 Nr. 19 UStG – Umsätze der Blinden und bestimmter Umsätze der Blindenwerkstätten i.S.d. § 143 SGB IX.

2 Die Gründe, auf die Umsatzsteuerfreiheit zu verzichten, sind vielfältig:

- Der Veräußerer kann die Vorsteuer abziehen, die auf Eingangsleistungen entfällt, die er im Rahmen der Veräußerung des Objekts bezogen hat. Dies ist ihm ohne die Option gemäß § 15 Abs. 2 Satz 1 Nr. 1 UStG verwehrt.

> **Beispiele:** Vorsteuer auf die für den Verkauf erforderliche Steuer- und Rechtsberatung, die Maklerleistung oder die Reisekosten zu Verhandlungs-Notar- und Übergabeterminen.

- Der Veräußerer verbessert die Quote der umsatzsteuerpflichtigen zu den umsatzsteuerfreien Umsätzen. Dadurch verbessert er die Quote für die abzugsfähige Vorsteuer, die auf Eingangsleistungen entfällt, die nicht direkt bestimmten Ausgangsleistungen zugeordnet werden können.

> **Beispiele:** Vorsteuer auf Allgemeinkosten wie für die Anschaffung von Büromaterialien oder Inventar, das für sämtliche Umsätze des Unternehmens genutzt wird.

- Im Falle eines Umsatzes gemäß § 4 Nr. 9 Buchst. a UStG oder – wohl seltener – des § 4 Nr. 19 UStG verhindert der Veräußerer eines Gegenstandes, der dem **Berichtigungszeitraum** gemäß § 15a UStG unterliegt, Vorsteuer gemäß § 15a UStG zu korrigieren, also an das Finanzamt erstatten zu müssen, die er bei Herstellung oder Anschaffung des Gegenstandes abgezogen hat. Ist der bzw. sind die 5- bzw. 10jährigen Berichtigungszeiträume gemäß § 15a UStG bei Veräußerung des Gegenstandes dagegen abgelaufen, bringt die Option keinen Vorteil mehr. Denn dann ist eine umsatzsteuerfreie Veräußerung des Gegenstandes für die abgezogene Vorsteuer unschädlich.
- Der Veräußerer kann unter Umständen nicht abgezogene **Vorsteuern** auf Eingangsleistungen für die Herstellung oder Anschaffung des Gegenstandes nachträglich über die Korrektur nach § 15a UStG zumindest teilweise heben.

> **Beispiele:** Der Veräußerer V hat eine Immobilie seit ihrer Herstellung vor 3 Jahren wie von Anfang an beabsichtigt zu 70 % umsatzsteuerpflichtig und zu 30 % umsatzsteuerfrei genutzt. Demgemäß hatte V die Vorsteuern auf die Eingangsleistungen zur Herstellung nur zu 70 % abgezogen. Gelingt V nun die Veräußerung der Immobilie mit einem vollständigen Verzicht der Umsatzsteuerbefreiung gemäß § 4 Nr. 9a) UStG, kann V sieben Zehntel der bisher nicht abgezogenen 30 % zum Abzug bringen.

3 Spiegelbildlich muss der Leistungsempfänger einer Option zur Umsatzsteuerpflicht durch den Veräußerer kritisch gegenüberstehen. Denn wenn er die bezogene Eingangsleistung nicht für umsatzsteuerpflichtige Ausgangsleistungen zu nutzen beabsichtigt, kann er diese Umsatzsteuer gemäß § 15 Abs. 2 Satz 1 Nr. 1 UStG nicht als Vorsteuer abziehen. Beabsichtigt er, die Immobilie teilweise umsatzsteuerpflichtig zu verwenden, kann er sich jedoch auf eine teilweise Option einlassen.

2. Voraussetzungen des Verzichts gemäß § 9 Abs. 1 UStG

4 Der Verzicht auf die Umsatzsteuerfreiheit gemäß § 9 Abs. 1 UStG – häufiger wird hierfür der Begriff der Option zur Umsatzsteuerpflicht verwendet – hat sowohl Voraussetzungen auf der Seite des Leistenden als auch auf der Seite des Leistungsempfängers.

2.1 Voraussetzungen auf der Seite des Leistenden

5 Folgende Voraussetzungen müssen auf der Seite des Leistenden erfüllt sein, um die Option gemäß § 9 UStG ausüben zu können:

- Der Leistende ist ein Unternehmer. Veräußert er einen Gegenstand, muss dieser dem Unternehmen zugeordnet (gewesen) sein (s. Abschn. 9.1. Abs. 5 Satz 1, 3 UStAE). Zwar ist diese Voraussetzung in dem Wortlaut des § 9 UStG gar nicht enthalten. Sie ergibt sich aber aus der Systematik des § 4 Nr. 9 Buchst. a UStG i.V.m. dem § 1 Abs. 1 Nr. 1 UStG, gemäß denen nur ein Unternehmer (s. zum Begriff des Unternehmers § 2 Abs. 1 Rn. 4 ff.) einen umsatzsteuerbaren Umsatz erbringen kann. Veräußert eine Privatperson oder ein Unternehmer aus seinem privaten Bereich heraus, kommt eine Option nicht in Betracht.
- Ist der Gegenstand – zumeist ein Grundstück oder grundstücksgleiches Recht – nur teilweise dem Unternehmen zugeordnet, kann entsprechend nur für den dem Unternehmen zugeordneten Teil zur Umsatzsteuerpflicht optiert werden (s. Abschn. 9.1. Abs. 5 Satz 1, 3; Abschn. 15.2c. Abs. 4 Satz 5 UStAE). Bezüglich des nichtunternehmerisch genutzten Teils liegt bereits kein Umsatz i.S.d. § 1 Abs. 1 Nr. 1 UStG vor (s. Abschn. 15.2c. Abs. 5 Satz 6 UStAE).

> **Hinweis!** Wird der nur zum Teil unternehmerisch genutzte Gegenstand veräußert, sollten für den unternehmerischen und den nicht unternehmerisch genutzten Teil zwei separate Kaufpreisbeträge vereinbart werden. Ist ein Gesamtkaufpreis vereinbart, ist dieser aufzuteilen (s. Abschn. 15.2c. Abs. 4 Satz 7 UStAE). Eine solche Aufteilung trägt jedoch das Risiko in sich, das mit dem Finanzamt Uneinigkeit über die Aufteilung herrscht. Dies ist zwar auch nicht bei sogleich in dem Kaufvertrag vereinbarten separaten Kaufverträgen ausgeschlossen. Jedoch hat das Finanzamt diesen Beträgen grundsätzlich zu folgen, da sie zivilrechtlich vereinbart und somit festgelegt wurden.

- Der Leistende ist kein Kleinunternehmer gemäß § 19 Abs. 1 Satz 1 UStG (s. zu den Voraussetzungen § 19 Rn. 3 ff.). Denn gemäß § 19 Abs. 1 Satz 4 UStG findet § 9 UStG auf Kleinunternehmer keine Anwendung (s. Abschn. 9.1 Abs. 2 Satz 1 UStAE).

> **Hinweis!** Der Leistende hat jedoch die Möglichkeit, auf die Behandlung als Kleinunternehmer i.S.d. § 19 Abs. 1 UStG gemäß § 19 Abs. 2 UStG zu verzichten. Dies ermöglicht ihm, gemäß § 9 UStG zur umsatzsteuerpflichtigen Veräußerung zu optieren. Dieses Vorgehen wird regelmäßig unter dem Stichwort der „Doppeloption" zusammengefasst.

- Der Leistende versteuert seine Umsätze aus Land- und Forstwirtschaft nicht gemäß § 24 UStG im Wege der Durchschnittssätze. Denn gemäß § 24 Abs. 1 Satz 2 UStG findet § 9 UStG keine Anwendung (s. Abschn. 9.1. Abs. 2 Satz 2 UStAE).
- Die Leistung darf nicht im Rahmen einer unentgeltlichen Wertabgabe i.S.d. § 3 Abs. 1b Satz 1 Nr. 1, 2 UStG übertragen werden (s. Abschn. 9.1. Abs. 2 Satz 3 UStAE; Wenzel in Rau/Dürrwächter, § 9 Rn. 70). Für diese greift § 9 UStG ebenfalls nicht ein. Denn der Verzicht auf die Umsatzsteuerfreiheit setzt gemäß § 9 Abs. 1 UStG voraus, dass der Leistungsempfänger ebenfalls ein Unternehmer ist (s. Abschn. 9.1. Abs. 5 Satz 1 UStAE; Wenzel in Rau/Dürrwächter, § 9 Rn. 48).

  Dies dürfte entsprechend bei einer unentgeltlichen Abgabe i.S.d. § 3 Abs. 9a UStG – z.B. von grundstücksgleichen Rechten – gelten, die regulär nicht gemäß § 3 Abs. 1 UStG im Wege einer Lieferung, sondern im Wege einer sonstigen Leistung gemäß § 3 Abs. 9 UStG übertragen werden.

  Wird die Lieferung aber unentgeltlich an einen Unternehmer abgegeben, wird durchaus auch die Auffassung vertreten, dass eine Option zur Umsatzsteuerpflicht möglich sein soll, da § 3 Abs. 1b UStG die unentgeltliche Wertabgabe der entgeltlichen Lieferung gleichstelle und § 9 UStG selbst keine Entgeltlichkeit voraussetze (s. Wenzel in Rau/Dürrwächter, § 9 Rn. 71).

  Entsprechend wird dann vertreten, dass bei einer unentgeltlichen Abgabe einer sonstigen Leistung i.S.d. § 3 Abs. 9a UStG die Option gemäß § 9 UStG möglich sei, wenn der Empfänger ein Unternehmer ist (s. Wenzel in Rau/Dürrwächter, § 9 Rn. 71).

Hinweis! Ist dem abgebenden Unternehmer bereits bei Bezug der Lieferung oder der sonstigen Leistung klar, dass er diese im Rahmen einer unentgeltlichen Wertabgabe für nichtunternehmerische Zwecke abgeben wird, so ist der Vorsteuerabzug bereits bei Erwerb ausgeschlossen (s. Abschn. 15.2b Abs. 2 Satz 5; Abschn. 15.15 Abs. 1 Satz 1 UStAE). Andererseits entfällt dann auch die Versteuerung nach § 3 Abs. 1b, Abs. 9a UStG (s. Abschn. 3.3 Abs. 1 Satz 1, 7 i.V.m. Abs. 2 Satz 1 UStAE; s. BFH vom 09.12.2010, BStBl II 2012, 53). Die Leistung bleibt somit bei Erwerb sogleich von der Zuordnung zum Unternehmen ausgeschlossen.

Nach Auffassung der Finanzverwaltung ist die Option zur Umsatzsteuerpflicht missbräuchlich und damit nicht anzuerkennen, wenn der Leistende insolvent oder nicht liquide ist (s. OFD Nürnberg vom 18.03.1991, DStR 1991, 817; OFD Nürnberg vom 17.01.1991, DStR 1991, 247; Wenzel in Rau/Dürrwächter, § 9 Rn. 170, Birkenfeld in Birkenfeld/Wäger, Das große Umsatzsteuerhandbuch, Lfg. 36, § 113, Rn. 71). Denn in diesem Fall könne der Leistende die Umsatzsteuer nicht an das Finanzamt abführen, während der Leistungsempfänger die Vorsteuer abziehen könne. 6

Diese Eingrenzung der Option vermag nicht zu überzeugen (s. BFH vom 07.03.1996, BStBl II 1996, 491; s. BFH vom 06.06.1991, BStBl II 1991, 866) und ist abzulehnen. Im Übrigen hat auch die Rechtsprechung dies nicht in einer so generellen Weise ausgeurteilt (s. BFH vom 24.02.1994, BStBl II 1994, 487; s. BFH vom 07.03.1996, BStBl II 1996, 491, gemäß dem zusätzliche Voraussetzungen erfüllt sein müssen; s. BFH vom 16.03.1993, BStBl II 1993, 736, gemäß dem zusätzliche Voraussetzungen erfüllt sein müssen). Die Finanzverwaltung versucht hier, ein ureigenstes Risiko eines jeden Gläubigers, die Solvenz des Schuldners, auf den vorsteuerabzugsberechtigten Leitungsempfänger abzuwälzen. Zwar unterliegt die Option gemäß § 9 UStG wie jedes steuerliche Gestaltungsrecht der Missbrauchskontrolle gemäß § 42 AO. Der Vorsteuerabzug und die Abführung der Umsatzsteuer stehen jedoch in keinerlei Abhängigkeit voneinander. Gemäß § 15 UStG ist für den Vorsteuerabzug des Leistungsempfängers nicht Voraussetzung, dass die Umsatzsteuer von dem Leistenden an sein Finanzamt entrichtet wird (s. BFH vom 24.02.1994, BStBl II 1994, 487; s. BFH vom 07.03.1996, BStBl II 1996, 491, gemäß dem zusätzliche Voraussetzungen erfüllt sein müssen; s. BFH vom 16.03.1993, BStBl II 1993, 736, gemäß dem zusätzliche Voraussetzungen erfüllt sein müssen). Eine solche Einführung des § 13b UStG „durch die Hintertür“ unterläuft den § 15 UStG und ist unzulässig, weil durch die Versagung der Option de facto dem Vorsteuerabzug über den Umweg des § 9 UStG eine weitere Voraussetzung hinzugefügt wird. Allenfalls bei kollusivem Zusammenwirken zwischen dem Leistenden und dem Leistungsempfänger könnte eine solche Einschränkung des Optionsrechts gerechtfertigt sein. Dann allerdings hätte das Finanzamt ein solches gemeinsames und missbräuchliches Handeln nachzuweisen. 7

2.2 Voraussetzungen auf der Seite des Leistungsempfängers

Um dem Leistenden die Option gemäß § 9 Abs. 1 UStG zu ermöglichen, muss aufseiten des Leistungsempfängers lediglich erfüllt sein, dass er die Leistung für sein Unternehmen erwirbt (s. Abschn. 9.1 Abs. 5 Satz 1 UStAE). 8

2.3 Zusätzliche Voraussetzungen für die Option gemäß § 9 Abs. 2 UStG

§ 9 Abs. 2 UStG stellt zusätzliche Voraussetzungen für die Option zur Umsatzsteuerpflicht auf, wenn: 9

- Ein Erbbaurecht i.S.d. § 1 ErbbauRG bestellt oder übertragen wird,
- Grundstücke gemäß § 4 Nr. 12 Satz 1 Buchst. a UStG vermietet oder verpachtet werden,
- Grundstücken und Grundstücksteilen zur Nutzung aufgrund eines auf Übertragung des Eigentums gerichteten Vertrags oder Vorvertrags gemäß § 4 Nr. 12 Satz 1 Buchst. b UStG überlassen werden oder bei
- der Bestellung, Übertragung oder der Überlassung der Ausübung von dinglichen Nutzungsrechten an Grundstücken gemäß § 4 Nr. 12 Satz 1 Buchst. c UStG.

2.3.1 Zusätzliche Voraussetzungen des § 9 Abs. 2 UStG gelten nicht für Altobjekte

Die zusätzlichen, durch § 9 Abs. 2 UStG aufgestellten Voraussetzungen greifen aber wiederum nicht, wenn sich die Umsätze auf sogenannte Altobjekte i.S.d. § 27 Abs. 2 UStG beziehen. In folgenden Fällen kann 10 die Option bezüglich eines Erbbaurechts ausgeübt werden, ohne dass die Voraussetzungen des § 9 Abs. 2 UStG beachtet werden müssen.

2.3.1.1 Die Abgrenzung zwischen Alt- und Neuobjekt

11 Bei der Abgrenzung zwischen einem Alt- und einem Neuobjekt sind je nach dem Zweck des Gebäudes unterschiedliche Zeitpunkte entscheidend.

12 Das Gebäude dient Wohnzwecken oder ist diesen zu dienen bestimmt. Für solch ein Gebäude ist § 9 Abs. 2 UStG nicht anzuwenden, wenn seine Errichtung:

- Vor dem 01.06.1984 begonnen und es
- vor dem 01.04.1985 fertiggestellt worden ist.

13 **Hinweis!** Gebäude, die vermietet oder verpachtet werden, fallen nicht in diese Kategorie, sondern nur solche, die nichtunternehmerisch zu Wohnzwecken genutzt werden.

14 Das Gebäude dient anderen nichtunternehmerischen Zwecken oder ist diesen zu dienen bestimmt. Für solch ein Gebäude ist § 9 Abs. 2 UStG nicht anzuwenden, wenn seine Errichtung:

- Vor dem 01.06.1984 begonnen und es
- vor dem 01.01.1986 fertiggestellt worden ist.

15 Das Gebäude dient anderen als den vorgenannten Zwecken – also unternehmerischen Zwecken wie z.B. der Vermietung, Verpachtung oder als Betriebsgelände – oder ist diesen zu dienen bestimmt. Für solch ein Gebäude ist § 9 Abs. 2 UStG nicht anzuwenden, wenn seine Errichtung:

- Vor dem 11.11.1993 begonnen und es
- vor dem 01.01.1998 fertiggestellt worden ist.

16 Eine Option zur Umsatzsteuerpflicht gemäß § 9 Abs. 1 UStG bezieht sich (nur) auf einen bestimmten Umsatz. Für die Frage, ob die zusätzlichen Voraussetzungen des § 9 Abs. 2 UStG eingreifen, kommt es daher auch auf die Fertigstellung der betreffenden Einheiten des Gebäudes an, die für den konkreten Umsatz benötigt werden (Birkenfeld in Birkenfeld/Wäger, Das große Umsatzsteuerhandbuch, Lfg. 36, § 113, Rn. 300). Ein Gebäude, das in Abschnitten errichtet worden ist, kann gleichzeitig sowohl ein Alt- als auch ein Neuobjekt i.S.d. § 27 Abs. 2 UStG sein.

2.3.1.2 Kein Neuobjekt durch Veräußerung

17 Zu beachten ist, dass aus einem Altobjekt ein Neuobjekt nur durch wesentliche Veränderung des Objekts selbst werden kann, nicht jedoch dadurch, dass es veräußert wird. Ein Altobjekt bleibt daher ein Altobjekt, selbst wenn es gemäß den nach § 27 Abs. 2 UStG maßgeblichen Stichtagen (s. dazu § 27 Rn. 67) veräußert wurde (s. Birkenfeld in Birkenfeld/Wäger, Das große Umsatzsteuerhandbuch, Lfg. 36, § 113, Rn. 287.). Hat der optierende Unternehmer das Altobjekt nicht selbst errichtet, kommt es nicht auf den Zeitpunkt der Anschaffung durch ihn, sondern – weiterhin – auf die Herstellung des Objekts an (s. Birkenfeld in Birkenfeld/Wäger, Das große Umsatzsteuerhandbuch, Lfg. 36, § 113, Rn. 287).

2.3.2 Die zusätzlichen Voraussetzungen des § 9 Abs. 2 UStG

18 Die zusätzlichen Voraussetzungen des § 9 Abs. 2 UStG schränken die Möglichkeit des Leistenden, auf die Umsatzsteuerfreiheit seiner betreffenden Umsätze zu verzichten, ein. Erschwert wird die Option dadurch, dass diese zusätzlichen Voraussetzungen nicht er, sondern der Leistungsempfänger erfüllen muss.

19 Gemäß § 9 Abs. 2 Satz 2 UStG muss der Leistende nachweisen können, dass der Leistungsempfänger die zusätzlichen Voraussetzungen erfüllt. Daher sollte sich der Leistende dies nicht nur vom Leistungsempfänger bestätigen, sondern auch vertraglich verbindlich zusichern lassen. Zwar schützt dies den Leistenden nicht vor dem Verlust der Option, wenn sich herausstellt, dass der Leistungsempfänger die zusätzlichen Voraussetzungen nicht erfüllt. Denn auf ein Verschulden stellt § 9 Abs. 2 Satz 2 UStG nicht ab. Allerdings hat der Leistende so jedenfalls immer noch zivilrechtliche Rückgriffsmöglichkeiten gegen den Leistungsempfänger.

§ 9 Abs. 2 Satz 2 UStG setzt für den Verzicht auf die Umsatzsteuerfreiheit für die in ihm bezeichneten Umsätze zusätzlich zu § 9 Abs. 1 UStG voraus: 20

- Der Leistungsempfänger muss das Grundstück, das Gegenstand der in § 9 Abs. 2 Satz 2 UStG bezeichneten Umsätze ist, ausschließlich für Umsätze einsetzen bzw. einzusetzen beabsichtigen, für die der Vorsteuerabzug nicht ausgeschlossen ist (s. Abschn. 9.2 Abs. 1 Satz 1 UStAE). Die Finanzverwaltung erkennt hierbei aber eine Bagatellgrenze an. Sofern das Grundstück zu höchstens 5 % für den Vorsteuerabzug ausschließende, im Übrigen für den Vorsteuerabzug nicht ausschließende Ausgangsumsätze verwendet wird, ist die „Ausschließlichkeit" i.S.d. § 9 Abs. 2 Satz 1 UStG (noch) gegeben (s. Abschn. 9.2 Abs. 3 UStAE; Skeptisch: FG Niedersachsen vom 11.04.2013, DStRE 2013, 1452, Nr. 4).

Hinweis! Bei dieser Voraussetzung gilt es, genau zu bleiben. Denn sie ist nicht gleichbedeutend mit dem Erbringen umsatzsteuerpflichtiger Ausgangsumsätze. Zwar führen umsatzsteuerfreie Ausgangsumsätze gemäß § 15 Abs. 2 Satz 1 Nr. 1 UStG (s. zum Vorsteuerabzug § 15 Rn. 48 ff.) regelmäßig dazu, dass der Vorsteuerabzug ausgeschlossen ist. Es bestehen jedoch eine Reihe von umsatzsteuerfreien Leistungen, für die der Vorsteuerabzug gemäß § 15 Abs. 3 UStG dennoch zulässig ist. Unternehmer, die das Erbbaurecht erwerben, erfüllen in diesen Sonderfällen somit die Voraussetzungen des § 9 Abs. 2 UStG, obwohl sie umsatzsteuerfrei Ausgangsumsätze erbringen.

Beispiel: Unternehmer G bestellt ein Erbbaurecht für ein Grundstück an den Unternehmer L, der das Objekt mit aufstehender Werkshalle für die Produktion von Luftfahrzeugen zu nutzen beabsichtigt. Die Luftfahrzeuge wiederum sind für Unternehmer bestimmt, die diese überwiegend für grenzüberschreitende Beförderungen i.S.d. § 8 Abs. 2 Nr. 1 UStG einsetzen. Unternehmer L erbringt mit der Lieferung solcher Luftfahrzeuge zwar umsatzsteuerfreie Ausgangsleistungen gemäß § 4 Nr. 2 UStG. Jedoch kann er gemäß § 15 Abs. 3 Nr. 1 Buchst. a UStG trotzdem die Vorsteuern auf Eingangsumsätze abziehen, die er für diese umsatzsteuerfreien Ausgangsleistungen verwendet. Unternehmer G kann somit gemäß § 9 Abs. 2 UStG zur umsatzsteuerpflichtigen Bestellung oder Übertragung des Erbbaurechts optieren.

- Der Leistungsempfänger darf kein Kleinunternehmer i.S.d. § 19 Abs. 1 Satz 1 UStG (s. zum Kleinunternehmer § 19 Rn. 3 ff.) sein, bei dem die Umsatzsteuer nicht erhoben wird (s. Abschn. 9.2 Abs. 2 Satz 2, 3 UStAE). Denn gemäß § 19 Abs. 1 Satz 4 UStG kann der Kleinunternehmer keinen Vorsteuerabzug gemäß § 15 UStG geltend machen (s. Abschn. 9.2 Abs. 2 Satz 2, 3 UStAE).

Hinweis! Es ist zu unterscheiden: Ein das Erbbaurecht einräumender, also veräußernder Kleinunternehmer kann nicht zur Umsatzsteuerpflicht optieren, weil gemäß § 19 Abs. 1 Satz 4 UStG der § 9 UStG auf ihn keine Anwendung findet. Ein das Erbbaurecht empfangender, also erwerbender Kleinunternehmer, blockiert die Option des Veräußerers, weil er gemäß § 19 Abs. 1 Satz 4 UStG als ein Unternehmer gilt, der Umsätze erbringt, für die der Vorsteuerabzug ausgeschlossen ist (s. Abschn. 9.2 Abs. 2 Satz 2, 3 UStAE).

Hinweis! Der Leistungsempfänger kann aber dem Veräußerer die Option ermöglichen, indem er auf die Behandlung als Kleinunternehmer i.S.d. § 19 Abs. 1 UStG gemäß § 19 Abs. 2 UStG verzichtet.

2.4 Formvorschriften für die Option

Die Option zu einer umsatzsteuerpflichtigen Grundstücksveräußerung hebt sich von Optionen bei anderen umsatzsteuerfreien Leistungen dadurch ab, dass § 9 Abs. 3 Satz 2 UStG für sie einen Formzwang enthält. Wird die Form nicht beachtet, ist die Option unwirksam. 21

2.4.1 Formvorschrift im Falle des Grundstückskaufs

Zwar ist die Ausübung der Option zur Umsatzsteuerpflicht grundsätzlich nicht an eine Form gebunden (s. Abschn. 9.1 Abs. 3 Satz 5 UStAE; Wenzel in Rau/Dürrwächter, Umsatzsteuergesetz, Kommentar, Lfg. 22

155, § 9, Rn. 111). Bei der Lieferung von Grundstücken bzw. der Übertragung grundstücksgleicher Rechte aber wird eine Ausnahme zu diesem Grundsatz der Regelfall: Die Option für solche Umsätze muss gemäß § 9 Abs. 3 Satz 2 UStG in dem Kaufvertrag erklärt werden, der wiederum gemäß § 311b BGB der notariellen Beurkundung bedarf (s. Abschn. 9.2 Abs. 9 UStAE).

23 In einer späteren Abänderung oder Ergänzung des Vertrages kann nicht mehr auf die Umsatzsteuerfreiheit verzichtet werden, selbst wenn die Abänderung oder Ergänzung notariell beurkundet ist (s. BFH vom 21.10.2015, XI R 40/13, BFH/NV 2016, 353).

24 **Hinweis!** Zivilrechtlich ist ein Kaufvertrag über ein Grundstück oder ein grundstücksgleiches Recht gemäß § 125 BGB unwirksam, wenn er nicht notariell beurkundet ist. Jedoch wird der Vertrag gemäß § 311b Abs. 1 Satz 2 BGB wirksam, wenn er trotz seiner Unwirksamkeit vollzogen, d.h. das Grundstück im Wege der Auflassung gemäß den §§ 873, 925 BGB tatsächlich übertragen wird. Fraglich ist, ob eine Option, die in einem solchen zunächst formnichtigen, durch Vollzug aber wirksam gewordenen Vertrag erklärt bzw. widerrufen wurde, umsatzsteuerrechtlich unwirksam bleibt. Denn die Form der notariellen Beurkundung wurde nicht eingehalten. Gegen eine Unwirksamkeit spricht aber zunächst der Wortlaut des § 9 Abs. 3 Satz 2 UStG. Denn dieser setzt nur voraus, dass der Vertrag notariell zu beurkunden ist, nicht aber, dass er auch tatsächlich notariell beurkundet wurde und wirksam ist. Dieses Ergebnis wird untermauert durch den Umstand, dass das auf der MwStSystRL basierende Umsatzsteuergesetz Rechtsfolgen aus der zivilrechtlichen Formvorschrift des § 125 BGB i.V.m. § 311b BGB ableitet. Eine solche zwingende Verknüpfung ist nach Rechtsprechung des EuGH aber ausgeschlossen. Er betont stets, dass die MwStSystRL ein selbständiges Recht ist, dass nicht aus anderen Gesetzen der Mitgliedstaaten abgeleitet werden kann und die Befreiungstatbestände eigenständige Begriffe darstellen (s. EuGH vom 12.06.2003, C-275/01, Rs. Sinclair Collis Ltd., Rn. 22 m.w.N.). Des Weiteren ist es auch nicht systemgerecht, wenn die §§ 1 Abs. 1 Nr. 1, 4 Nr. 9 Buchst. a UStG einerseits die durch den Kaufvertrag ausgelöste Übereignung des Grundstücks bzw. grundstücksgleichen Rechts unabhängig von dessen zivilrechtlichen Wirksamkeit erfassten, andererseits aber die Wirksamkeit der Option bzw. des Widerrufs von der Wirksamkeit des Grundstückskaufvertrages gemäß den §§ 125, 311b BGB abhängig machten. Mithin ist davon auszugehen, dass die Option zur Umsatzsteuerpflicht bzw. der Widerruf i.S.d. § 9 Abs. 3 Satz 2 UStG wirksam ist, wenn sie in dem Kaufvertrag ausgeübt wurde, der Kaufvertrag aber zunächst nach den §§ 125, 311b Abs. 1 BGB unwirksam ist, die Auflassung aber trotzdem vollzogen wurde.

2.4.2 Formvorschrift bei Erwerb durch Zwangsversteigerung

25 Wird ein Grundstück im Wege der Zwangsversteigerung gemäß der Zivilprozessordnung ersteigert, muss die Option zur Umsatzsteuerpflicht gemäß § 9 Abs. 3 Satz 1 UStG bis zur Aufforderung zur Abgabe der Gebote erklärt werden (s. Abschn. 9.2 Abs. 8 UStAE). Diese Aufforderung findet gemäß § 66 Abs. 1 ZVG zu Beginn des Versteigerungstermins nach dem Aufruf der Sache und Bekanntgabe des geringsten Gebots statt.

26 **Hinweis!** Das Zwangsversteigerungsverfahren richtet sich gemäß § 869 ZPO i.V.m. dem Zwangsversteigerungsgesetz, ZVG, dort im speziellen nach § 15 ZVG. Das ZVG regelt unter anderem die Versteigerung von Grundstücken unter hoheitlicher Mitwirkung zur Vollstreckung eines Titels, wie zum Beispiel eines durch rechtskräftiges Urteil festgestellten Zahlungsanspruchs. Für die Zwangsversteigerung ist gemäß § 1 ZVG das Amtsgericht in seiner Funktion als Vollstreckungsgericht zuständig, in dessen Bezirk das Grundstück belegen ist. Sie wird von diesem gemäß § 35 ZVG auch durchgeführt. Ordnet das Vollstreckungsgericht die Zwangsversteigerung gemäß § 15 ZVG an, ist das Grundstück gemäß § 20 ZVG beschlagnahmt, damit der freien Verfügung des Grundstückseigentümers entzogen. Er darf das Grundstück gemäß § 24 ZVG nur noch ordnungsgemäß bewirtschaften. Diese hoheitliche Beschlagnahme führt umsatzsteuerrechtlich jedoch nicht dazu, dass der Eigentümer das Grundstück zunächst an den Staat oder den Vollstreckungsgläubiger liefert. Eine Lieferung kommt erst durch den Zuschlag gemäß § 90 Abs. 1 ZVG zustande (s. Abschn. 13b.1 Abs. 2 Satz 1 Nr. 5, Beispiel, Satz 5 UStAE), weil hierdurch

das Eigentum kraft Gesetzes übergeht. Das Grundstück wird dabei direkt von dem Eigentümer an denjenigen geliefert, der den Zuschlag erhalten hat (Meistbietenden) (s. Abschn. 13b.1 Abs. 2 Satz 1 Nr. 5, Beispiel, Satz 5 UStAE; BFH vom 19.12.1985, BStBl II 1986, 500; s. Abschn. 1.2 Abs. 2 UStAE; s. BFH vom 16.04.1997, BStBl II 1997, 585; BFH vom 19.12.1985, BStBl 1986, 500). Es wird also nicht in einem Zwischenschritt an den Staat oder das Vollstreckungsgericht als dessen Organ und von diesem an den Leistungsempfänger geliefert (s. Abschn. 1.2 Abs. 2 UStAE; BFH vom 19.12.1985, BStBl 1986, 500; Nieskens in Rau/Dürrwächter, Umsatzsteuergesetz, Kommentar, Lfg. 155, § 3, Rn. 730). Die Lieferung gemäß § 1 Abs. 1 Nr. 1 UStG (s. dazu § 1 Rn. 19 ff.) ist auch nicht dadurch ausgeschlossen, dass das Grundstück mittels staatlichen Zwangs – aus Sicht des Eigentümers also nicht durch freiwilliges Handeln – an den Leistungsempfänger übertragen wird.
Das Meistgebot, das den Zuschlag erhalten hat, stellt das Nettoentgelt gemäß § 10 Abs. 1 Satz 2, 3 UStG dar, auf das die Umsatzsteuer aufzurechnen ist (s. Abschn. 13b.13 Abs. 2 UStAE).
Die umgekehrte Steuerschuldnerschaft gemäß § 13b Abs. 5 Satz 1, Abs. 2 Nr. 3 UStG ist auch hier regulär zu beachten (s. Abschn. 13b.1 Abs. 2 Satz 1 Nr. 5, Beispiel, Satz 6 UStAE).

2.4.3 Keine Formvorschrift bei Erwerb i.S.d. § 1 Abs. 2 GrEStG

Die Formvorschrift des § 9 Abs. 3 Satz 2 UStG greift dagegen nicht, wenn ein Grundstück gemäß § 1 Abs. 2 27
GrEStG erworben wird (s. Sölch/Ringleb, Umsatzsteuer, Kommentar, § 13b, Rn. 29). Nach dieser Vorschrift sind auch solche Rechtsvorgänge von der Grunderwerbsteuer erfasst, die es ermöglichen, ein Grundstück auf eigene Rechnung zu verwerten, ohne dass zuvor eine Übereignung oder ein Anspruch hierauf gewährt wurde. Umsatzsteuerrechtlich liegt gemäß § 3 Abs. 1 UStG eine Lieferung vor (s. Sölch/Ringleb, Umsatzsteuer, Kommentar, § 13b, Rn. 29), weil für ein Verschaffen der Verfügungsmacht ausreichend ist, dass der Leistungsempfänger das wirtschaftliche Eigentum an dem Grundstück erhält. § 1 Abs. 2 GrEStG erfasst hier aber einen Sachverhalt als grunderwerbsteuerpflichtig, dem gerade kein zivilrechtliches Rechtsgeschäft und daher auch keine Formvorschrift gemäß § 311b BGB unterliegt. Im Fall einer Grundstückslieferung, die gemäß § 1 Abs. 2 GrEStG grunderwerbsteuerpflichtig ist, kann die Option zur Umsatzsteuerpflicht somit formlos ausgeübt werden (s. Sölch/Ringleb, Umsatzsteuer, Kommentar, § 13b, Rn. 29).

2.5 Keine Zustimmung des Leistungsempfängers zur Option erforderlich

Die Option zur Umsatzsteuerpflicht bzw. ihr Widerruf bedarf nicht der Zustimmung des Leistungsempfän- 28
gers. Der Leistende kann – wenn die Voraussetzungen des § 9 UStG vorliegen – allein entscheiden, ob er die Grundstücksveräußerung oder andere Umsätze, für die die Option möglich sind, umsatzsteuerpflichtig behandelt. Eines Schutzes des Leistungsempfängers vor der Optionsausübung bedarf es auch gar nicht, somit auch keines Zustimmungserfordernisses. Denn der Leistungsempfänger kann de facto nicht gegen seinen Willen verpflichtet werden, zusätzlich zu einem vereinbarten Preis Umsatzsteuer i.H.v. 19 % auf diesen Preis zu entrichten.

Haben die Parteien ausdrücklich einen Bruttopreis vereinbart, muss der Leistende die Umsatzsteuer aus 29
dem Betrag heraus rechnen. Der Leistungsempfänger wird also durch eine Option nicht zusätzlich belastet.

Haben die Parteien keinerlei Bestimmung über die Umsatzsteuer getroffen – und liegt keine umgekehrte Steuerschuldnerschaft vor –, gilt der vereinbarte Preis ebenfalls als Bruttopreis (s. EuGH vom 07.11.2013, Rs. Corina Hrisi-Tulica, C-249/12, C-250/12, Tz. 43, BGH vom 28.02.2002, NJW 2002, 2312; Palandt, Bürgerliches Gesetzbuch, Kommentar, § 157, Rn. 13). Denn selbst zwischen zum Vorsteuerabzug berechtigten Unternehmern gibt es keinen Handelsbrauch, dass sich ein Preis als Nettopreis versteht, wenn hierzu nichts vereinbart wurde (s. OLG Düsseldorf vom 27.02.1976, NJW 1976, 1268; Palandt, Bürgerliches Gesetzbuch, Kommentar, § 157, Rn. 13). Der Leistende muss also auch in diesem Fall die Umsatzsteuer aus dem vereinbarten Preis heraus rechnen, wenn er optiert.

Bei einem Nettopreis ist die Umsatzsteuer zwar auf diesen aufzurechnen, sodass der Leistungsempfänger 30
diese zusätzlich zu dem Nettopreis zu tragen hat, wenn der Leistende optiert. Jedoch kann ein Nettopreis nicht gegen den Willen des Leistungsempfängers vereinbart werden. Denn ist ein solcher nicht ausdrück-

lich vereinbart, stellt der Preis einen Bruttopreis dar (s. EuGH vom 07.11.2013, Rs. Corina Hrisi-Tulica, C-249/12, C-250/12, Tz. 43; OLG Düsseldorf vom 27.02.1976, NJW 1976, 1268; Palandt, Bürgerliches Gesetzbuch, Kommentar, § 157, Rn. 13).

31 Einstweilen frei

32 **Hinweis!** Zwar kann der Leistende die Umsatzsteuer zusätzlich verlangen, wenn beide Parteien irrtümlich davon ausgegangen sind, Umsatzsteuer falle nicht an (s. BGH vom 14.01.2000, NJW-RR 2000, 1652; Palandt, Bürgerliches Gesetzbuch, Kommentar, § 157, Rn. 13). Dies setzt wiederum aber zunächst voraus, dass die Parteien davon ausgingen und vereinbart haben, der vereinbarte Preis verstehe sich netto.

33 Der Umstand, dass die Option gemäß § 9 Abs. 3 Satz 2 UStG für der notariellen Beurkundung gemäß § 311b UStG unterliegende Grundstücksgeschäfte in diesem notariellen Vertrag zu erklären ist, ändert nichts daran, dass der Leistende den Verzicht auf die Umsatzsteuerbefreiung einseitig und allein ausüben darf. Denn es handelt sich lediglich um ein Form- nicht aber um ein Zustimmungserfordernis.

34 **Hinweis!** Gleichwohl bietet es sich für den Verkäufer an, eine Zustimmung des Käufers mit in den notariellen Vertrag aufzunehmen. Denn die Zustimmung stellt klar, dass der Leistungsempfänger im Falle eines vereinbarten Nettokaufpreises mit der zusätzlichen Umsatzsteuerbelastung einverstanden ist. Daraus wiederum folgt, dass der Leistungsempfänger keinen Regress bei dem Leistenden nehmen kann, wenn er die Umsatzsteuer nicht als Vorsteuer abziehen kann oder im Rahmen des § 15a UStG abgezogene Vorsteuer zurückvergüten muss.

Vor allem, wenn die Parteien von einer Geschäftsveräußerung im Ganzen ausgehen und die Option nur vorsorglich vereinbaren, sollte die ausdrückliche Zustimmung vereinbart werden. Denn in diesem Falle kann sich die zusätzliche Belastung des Käufers mit Umsatzsteuer erst sehr viel später herausstellen.

2.6 Kein Zugang der Option beim Finanzamt erforderlich

35 Die Option zur Umsatzsteuerpflicht bzw. deren Widerruf muss nicht gegenüber dem Finanzamt erklärt oder angezeigt werden (so wohl FG Niedersachsen vom 22.08.2012, DStRE 2015, 426). Auch gegenüber dem Leistungsempfänger ist sie grundsätzlich nicht empfangsbedürftig (s. Abschn. 9.1 Abs. 3 Satz 5–8 UStAE; s. Wenzel in Rau/Dürrwächter, Umsatzsteuergesetz, Kommentar, Lfg. 155, § 9, Rn. 104). Wohl ist die Option aber insgesamt eine empfangsbedürftige Willenserklärung (Wenzel in Rau/Dürrwächter, Umsatzsteuergesetz, Kommentar, Lfg. 155, § 9, Rn. 104. Anders aber das Wahlrecht zur Zuordnung einer Leistung zu dem Unternehmen). Ein Adressat ist allerdings nicht vorgeschrieben, sie kann also typischerweise entweder dem Finanzamt oder dem Leistungsempfänger zugehen (Wenzel in Rau/Dürrwächter, Umsatzsteuergesetz, Kommentar, Lfg. 155, § 9, Rn. 104). Bei der Option für die Lieferung eines Grundstücks oder für die Übertragung eines grundstücksgleichen Rechts ist jedoch zu beachten, dass die Option gemäß § 9 Abs. 3 UStG in dem gemäß § 311b BGB zu beurkundenden Kaufvertrag erklärt werden muss. Wird das Grundstück im Rahmen einer Zwangsversteigerung veräußert, ist die Option bis zur Aufforderung zur Abgabe der Gebote in dem Versteigerungstermin abzugeben. Durch diese Formvorschriften ist die Option bei Grundstücksgeschäften somit mittelbar doch empfangsbedürftig. Die im Rahmen anderer Rechtsgeschäfte bestehende Möglichkeit, die Option durch konkludentes Handeln oder durch umsatzsteuerpflichtiges Behandeln des Umsatzes in Rechnung und Umsatzsteuer-Voranmeldung auszuüben (s. Abschn. 9.1 Abs. 3 Satz 6, 7 UStAE), scheidet bei Grundstücksgeschäften somit aus.

2.7 Zeitraum für die Option

36 Nach Auffassung der Finanzverwaltung kann die Option bzw. der Widerruf zur Umsatzsteuerpflicht kann nur bis zur formellen Bestandskraft der Jahressteuerfestsetzung ausgeübt werden (s. Abschn. 9.1 Abs. 3 Satz 1 UStAE unter Berufung auf BFH vom 10.12.2008, BStBl II 2009, 1026; a.A. BFH vom 21.10.2015, XI R 40/13, BFH/NV 2016, 353, unter ausdrücklicher Ablehnung des Abschn. 9.1 Abs. 3 Satz 1 UStAE). Die formelle Bestandskraft tritt ein, wenn die Festsetzung nicht mehr mit Rechtsmitteln, also dem Einspruch

gemäß den §§ 347 ff. AO oder der Sprungklage gemäß §§ 45 Abs. 1 Satz 1 FGO angefochten werden kann. Dies ist wiederum der Fall, wenn die einmonatige Einspruchsfrist abgelaufen ist, ohne dass Einspruch eingelegt oder Sprungklage erhoben wurde.

Hinweis! Die Einspruchsfrist beträgt gemäß § 355 Abs. 1 Satz 1 AO einen Monat, nicht vier Wochen. Während vier Wochen stets 28 Tage umfassen, kann die Frist von einem Monat zwischen 28 und 31 Tagen variieren. Des Weiteren können sich sowohl der Beginn der Frist gemäß den §§ 122, 108 Abs. 3 AO als auch das Ende der Frist gemäß § 108 Abs. 3 AO verschieben. 37

Hinweis! Nicht nur die Umsatzsteuervoranmeldung, auch die Umsatzsteuer(jahres)erklärung stellt eine Steueranmeldung i.S.d. § 168 AO dar (Hübschmann/Hepp/Spitaler, AO, Kommentar, Lfg. 210, § 168 AO, Rn. 5). Wird sie abgegeben, beginnt folglich die Monatsfrist. Enthält sie eine Erstattung bzw. Herabsetzung zugunsten des Steuerpflichtigen, beginnt die Monatsfrist erst mit Zustimmung der Finanzbehörde, weil die Steueranmeldung gemäß § 168 Satz 2 AO erst in diesem Zeitpunkt der Zustimmung wirksam wird. 38

Unerheblich ist dagegen, ob die Umsatzsteuerfestsetzung für den betreffenden Veranlagungszeitraum i.S.d. §§ 172 Abs. 1 Satz 1 AO i.V.m. § 169 Abs. 1 Satz 1 AO noch änderbar ist. Denn die Änderbarkeit der Festsetzung durch eine Änderungsvorschrift – zumeist gemäß den §§ 164, 168 AO – bedeutet nur, dass die materielle Bestandskraft der Festsetzung noch nicht eingetreten ist.

Hinweis! Zu beachten ist, ob für die Option das Formerfordernis des § 9 Abs. 3 Satz 2 UStG besteht, gemäß dem die Option bzw. der Widerruf in dem gemäß § 311b BGB notariell zu beurkundenden Kaufvertrag zu erklären ist. Der BFH hält in diesem Fall eine spätere Ausübung der Option in einer Abänderung oder Ergänzung des Vertrages nicht für zulässig, selbst wenn die Abänderung oder Ergänzung notariell beurkundet ist (s. BFH vom 21.10.2015, XI R 40/13, BFH/NV 2016, 353). Der Zeitraum für die Option, die in einem notariell zu beurkunden Kaufvertrag zu erklären ist, ist somit de facto zu einem Zeitpunkt eingeschränkt. 39

Die Rechtsprechung hat der Auffassung der Finanzverwaltung ausdrücklich widersprochen (s. BFH vom 21.10.2015, XI R 40/13, BFH/NV 2016, 353, BFH vom 19.12.2013, BFH/NV 2014, 1130; beide Urteile unter ausdrücklicher Ablehnung des Abschn. 9.1 Abs. 3 Satz 1 UStAE und unter Abgrenzung zu BFH vom 10.12.2008, BStBl II 2009, 1026). Gemäß der Rechtsprechung ist sowohl die Ausübung der Option als auch ihr Widerruf solange möglich, solange die Festsetzung für das Jahr noch anfechtbar ist oder unter dem Vorbehalt der Nachprüfung gemäß § 164 AO steht (s. BFH vom 19.12.2013, BFH/NV 2014, 1130). Dabei hält der BFH andere Änderungsvorschriften als § 164 AO nicht für ausreichend (s. BFH vom 19.12.2013, BFH/NV 2014, 1130, Tz. 19.23). 40

Insbesondere kommt aber auch der Änderungsgrund des rückwirkenden Ereignisses gemäß § 175 Abs. 1 Satz 1 Nr. 2 AO in Betracht. Denn die Ausübung oder der Widerruf der Option stellt ein Ereignis dar, dass Wirkung für den bereits ausgeübten und veranlagten Umsatz entfaltet. 41

Dass der BFH die Ausübung bzw. den Widerruf der Option im Rahmen der materiellen Bestandskraft nur bei Vorliegen des § 164 AO als möglich ansehen will, überzeugt dagegen nicht. Denn systematisch gibt es nur die formelle und die materielle Bestandskraft, aber keine Abstufung innerhalb der materiellen Bestandskraft. Somit gibt es auch keinen Grund, die Änderbarkeit auf § 164 AO zu beschränken, da alle Änderungsvorschriften den Eintritt der materiellen Bestandskraft hindern und selbständig und gleichrangig nebeneinander stehen. 42

3. Unmittelbare und mittelbare Rechtsfolgen der Option

Die Option zur Umsatzsteuerpflicht – genauer: der Verzicht auf die Umsatzsteuerbefreiung – löst mehrere unmittelbare und mittelbare Rechtsfolgen aus. 43

Einstweilen frei 44

3.1 Unmittelbare Rechtsfolge der Option

45 Die Rechtsfolge der Option ergibt sich aus § 9 Abs. 1 UStG und lässt sich – etwas anders formuliert – auch § 9 Abs. 2 Satz 1 UStG entnehmen: Die gemäß § 4 Nr. 8 Buchst. a bis g, Nr. 9 Buchst. a, Nr. 12, 13 oder 19 UStG umsatzsteuerfreien Umsätze sind als umsatzsteuerpflichtiger Umsatz zu behandeln.

3.1.1 Umsatzsteuerpflicht allein für den einzelnen Umsatz

46 Eine Option zur Umsatzsteuerpflicht wirkt immer nur für den einzelnen Umsatz. Bereits aus der Formulierung des § 9 Abs. 1 Satz 1 UStG „Der Unternehmer kann einen Umsatz (…) als umsatzsteuerpflichtig behandeln (…).“ ergibt sich, dass sich die Option auf einen ausgewählten, bestimmten Umsatz bezieht und nicht auf den Unternehmer selbst (s. Wenzel in Rau/Dürrwächter, Umsatzsteuergesetz, Kommentar, Lfg. 155, § 9, Rn. 120 f.). Die Option bewirkt daher weder, dass sämtliche umsatzsteuerfreien Umsätze des Unternehmers umsatzsteuerpflichtig werden, noch, dass alle Umsätze umsatzsteuerfrei werden, die dem § 4 Nr. 8 Buchst. a bis g, Nr. 9 Buchst. a, Nr. 12, 13 oder 19 UStG unterfallen. Sie wirkt insofern völlig anders, als die Option des Kleinunternehmers gemäß § 19 Abs. 2 Satz 1 UStG, die sich auf sämtliche Umsätze des Kleinunternehmers auswirkt.

47 Optiert der Grundstücksveräußerer beispielsweise zur umsatzsteuerpflichtigen Veräußerung des Grundstücks, werden die gemäß § 4 Nr. 12 Buchst. a UStG umsatzsteuerfreien Vermietungsumsätze aus diesem Grundstück davon nicht berührt (s. Wenzel in Rau/Dürrwächter, Umsatzsteuergesetz, Kommentar, Lfg. 114, § 9, Rn. 35). Sie bleiben somit umsatzsteuerfrei, selbst wenn der Veräußerer aus dem Grundstück nach der Option noch weitere Vermietungsumsätze erzielt, z.B. weil Nutzen und Lasten noch nicht gewechselt haben.

48 Nebenleistungen unterfallen allerdings ebenfalls der Option für die Hauptleistung, denn diese teilen das rechtliche Schicksal der Hauptleistung (s. Birkenfeld in Birkenfeld/Wäger, Das große Umsatzsteuerhandbuch, Lfg. 36, § 113, Rn. 166). Das gilt selbst dann, wenn die Nebenleistung für sich allein betrachtet gar nicht der Umsatzsteuerbefreiung des § 4 Nr. 8 Buchst. a bis g, Nr. 9 Buchst. a, Nr. 12, 13 oder 19 UStG unterfiele. Denn wenn sie in ihrer Eigenschaft als Nebenleistung überhaupt erst umsatzsteuerfrei wurde, wird sie mithin auch von der Option gemäß § 9 UStG erfasst.

3.1.2 Berechnung und Ausweis der Umsatzsteuer

49 Die Umsatzsteuer auf eine Leistung, für die gemäß § 9 UStG auf die Umsatzsteuerbefreiung verzichtet wurde, ist regulär gemäß § 10 Abs. 1 Satz 1 UStG auf das Entgelt (zum Begriff s. § 10 Rn. 6 ff.) zu berechnen. Gemäß dem oben Ausgeführten gilt für die Bemessungsgrundlage dabei Folgendes.

50 Haben die Parteien ausdrücklich einen Bruttopreis vereinbart, muss der Veräußerer die Umsatzsteuer aus dem Betrag herausrechnen.

51 Haben die Parteien keinerlei Bestimmung darüber getroffen, ob sich der vereinbarte Preis inklusive oder zuzüglich Umsatzsteuer versteht – und liegt keine umgekehrte Steuerschuldnerschaft vor – gilt der vereinbarte Preis als Bruttopreis (s. Abschn. 10.1 Abs. 3 Satz 4 UStAE; EuGH vom 07.11.2013, Rs. Corina Hrisi-Tulica, C-249/12, C-250/12, Tz. 43, BGH vom 28.02.2002, NJW 2002, 2312; Palandt, Bürgerliches Gesetzbuch, Kommentar, § 157, Rn. 13). Denn selbst zwischen zum Vorsteuerabzug berechtigten Unternehmern gibt es keinen Handelsbrauch, dass ein Preis ein Nettopreis ist, wenn hierzu nichts vereinbart wurde (s. OLG Düsseldorf vom 27.02.1976, NJW 1976, 1268; Palandt, Bürgerliches Gesetzbuch, Kommentar, § 157, Rn. 13). Der Leistende muss also auch in diesem Fall die Umsatzsteuer aus dem vereinbarten Preis heraus rechnen. Das gilt selbst dann, wenn die Parteien die Umsatzsteuer nicht als zusätzlichen Teil des Preises vereinbart haben, weil sie davon ausgegangen sind, dass keine anfällt (s. Abschn. 10.1 Abs. 3 Satz 4 UStAE).

52 Bei einem Nettopreis ist die Umsatzsteuer auf diesen aufzurechnen, sodass diese zusätzlich zu dem Nettopreis anfällt.

Hinweis! Nicht nur, aber besonders im Falle der vorsorglichen Option empfiehlt es sich, in dem Kaufvertrag ausdrücklich zu vereinbaren, ob der vereinbarte Preis zuzüglich oder inklusive Umsatzsteuer vereinbart ist. Denn ob die vorsorgliche Option tatsächlich zum Tragen kommt, stellt sich typischerweise erst nachträglich, meist einige Zeit nach Umsetzung des Grundstücksverkaufs heraus. Somit stellt sich auch erst nachträglich die Frage, ob der Leistungsempfänger verpflichtet ist, weitere 19 % auf den Kaufpreis zu entrichten (wobei die umgekehrte Steuerschuldnerschaft gemäß § 13b Abs. 5 UStG zu beachten ist). 53

Der Umsatzsteuersatz für Umsätze gemäß § 4 Nr. 8 Buchst. a bis g, Nr. 9 Buchst. a, Nr. 12, 13 oder 19 UStG beträgt gemäß § 12 Abs. 1 UStG 19 % der Bemessungsgrundlage i.S.d. § 10 Abs. 1 Satz 1, 2 UStG (s. dazu § 10 Rn. 6 ff.), wenn auf ihre Umsatzsteuerfreiheit verzichtet wurde. 54

Bezüglich des Ausweises der Umsatzsteuer ist zu berücksichtigen, dass für ein umsatzsteuerpflichtiges Grundstücksgeschäft die umgekehrte Steuerschuldnerschaft gemäß § 13b Abs. 2 Nr. 3; Abs. 5 Satz 1 UStG gegeben ist. Ein Ausweis der Umsatzsteuer in der Rechnung bzw. dem Kaufvertrag muss daher gemäß § 14a Abs. 5 Satz 3 UStG unterbleiben. Ferner ist gemäß § 14a Abs. 5 Satz 1 UStG auf die umgekehrte Steuerschuldnerschaft zwingend durch die Formulierung „Steuerschuldnerschaft des Leistungsempfängers" auf dem Rechnungsdokument hinzuweisen. Alternativ lässt die Finanzverwaltung auch diejenigen Formulierungen in anderen Sprachen zu, die in Art. 226 Nr. 11a MwStSystRL aufgeführt sind (s. Abschn. 14a.1 Abs. 6 Satz 2 UStAE). 55

3.2 Mittelbare Rechtsfolgen der Option

Neben der unmittelbaren Rechtsfolge der Option, der Umsatzsteuerpflicht für die betreffende Leistung, sind mehrere mittelbare Rechtsfolgen zu beachten: 56

- Der Leistungsempfänger schuldet im Falle eines Umsatzes gemäß § 4 Nr. 9 Buchst. a UStG die Umsatzsteuer gemäß § 13b Abs. 2 Satz 3, Abs. 5 Satz 1 UStG im Wege der umgekehrten Steuerschuldnerschaft, selbst wenn dieser im Inland erbracht wurde. Zwar greift die umgekehrte Steuerschuldnerschaft für Umsätze i.S.d. § 13b Abs. 2 Nr. 6 UStG nur für Unternehmer und juristische Personen, nicht aber für sonstige Leistungsempfänger ein. Da aber Voraussetzung für die Option gemäß § 9 UStG ist, dass ein Unternehmer für sein Unternehmen erwirbt, kommt die umgekehrte Steuerschuldnerschaft bei Ausübung einer Option stets zum Zuge.
- Sofern der bzw. die 10jährigen Berichtigungszeiträume des Veräußerers gemäß § 15a UStG noch nicht abgelaufen sind, stellt die Quote, zu der der Veräußerer gemäß § 4 Nr. 9 Buchst. a UStG auf die Umsatzsteuerpflicht verzichtet hat, zugleich die Quote für seine fiktive restliche Weiternutzung der bezogenen Leistung – zumeist eine Immobilie, Maschine oder ein sonstiger Gegenstand des Anlagevermögens – bis zum Ablauf des jeweiligen Berichtigungszeitraums dar (s. Abschn. 15a.2 Abs. 9 UStAE). Der Veräußerer kann durch die Ausübung der Option somit entweder verhindern, auf den Erwerb beziehungsweise die Herstellung des Veräußerten abgezogene Vorsteuern anteilig an das Finanzamt erstatten zu müssen oder er kann sogar bisher nicht abziehbare Vorsteuern anteilig abziehbar machen.
- Der Veräußerer kann die Vorsteuer abziehen, die auf Eingangsleistungen entfällt, die er im Rahmen der Veräußerung der Leistung bezogen hat. Dies ist ihm ohne die Option gemäß § 15 Abs. 2 Satz 1 Nr. 1 UStG verwehrt.

  Beispiel: Vorsteuer auf die für den Verkauf erforderliche Steuer- und Rechtsberatung, die Maklerleistung oder die Reisekosten zu Verhandlungs- Notar- und Übergabeterminen.

- Der Veräußerer verbessert durch die Option die Quote der umsatzsteuerpflichtigen zu den umsatzsteuerfreien Umsätzen im Rahmen seiner Gesamtumsätze (Weltumsätze). Dadurch verbessert er die Quote für die abzugsfähige Vorsteuer, die auf Eingangsleistungen entfällt, die nicht direkt bestimmten Ausgangsleistungen zugeordnet werden können.

  Beispiel: Vorsteuer auf Allgemeinkosten wie für die Anschaffung von Büromaterialien oder Inventar, das für sämtliche Umsätze des Unternehmens genutzt wird.

57 Für den Leistungsempfänger stellt der vollständige oder teilweise Verzicht auf die Umsatzsteuerfreiheit, die Messlatte dar für seinen eigenen, nun beginnenden 10jährigen Berichtigungszeitraum gemäß § 15a UStG. Hat er die auf den Erwerb entfallende Umsatzsteuer als Vorsteuer abgezogen, wird er diese anteilig an das Finanzamt zurückerstatten müssen, wenn er die bezogene Leistung nicht oder quotal nicht mindestens in eben der Höhe nutzen kann, in der der Veräußerer vollständig oder quotal zur umsatzsteuerpflichtigen Veräußerung optiert hat.

58 **Beispiel:** Der Veräußerer V hat für die Grundstückslieferung an Leistungsempfänger E vollständig zur Umsatzsteuerpflicht optiert. Der E wiederum hat die Umsatzsteuer vollständig als Vorsteuer abgezogen, da er eine vollständige umsatzsteuerpflichtige Nutzung des Objekts beabsichtigt. Gelingt E ab dem dritten Jahr bis zum Ende des Berichtigungszeitraums gemäß § 15a UStG nur noch eine umsatzsteuerpflichtige Nutzung zu 60 %, muss E acht Zehntel auf 40 % der abgezogenen Vorsteuern, insgesamt also 32 % der abgezogenen Vorsteuern an das Finanzamt erstatten.

4. „Vorsorgliche" Option und Geschäftsveräußerung im Ganzen

4.1 Die „vorsorgliche" Option als Sicherung der Geschäftsveräußerung im Ganzen

59 Sofern eine Geschäftsveräußerung im Ganzen gemäß § 1 Abs. 1a UStG vorliegt, ist eine Option zur Umsatzsteuerpflicht nicht möglich. Dennoch bestehen gegebenenfalls gewichtige Gründe, eine „vorsorgliche" Option auszusprechen. Es können nämlich gegebenenfalls Vorsteuerschäden abgewendet werden, wenn sich – typischerweise zu einem späteren Zeitpunkt – herausstellen sollte, dass keine Geschäftsveräußerung im Ganzen vorliegt.

60 **Beispiel:** Veräußerer V erwirbt zu Beginn des Jahres 01 umsatzsteuerpflichtig ein bebautes Fabrikgrundstück, das er für seine Produktion von Gegenständen einsetzt, die er umsatzsteuerpflichtig veräußert. V zieht die auf den Erwerb entrichtete Umsatzsteuer i.H.v. 100.000 € zu 100 % als Vorsteuer ab. Zum Ende des Jahres 06 veräußert er das Grundstück an E. Da E die Produktion des E fortzuführen beabsichtigt, gehen V und E von einer Geschäftsveräußerung im Ganzen i.S.d. § 1 Abs. 1a UStG und einer Übernahme des restlichen vierjährigen Berichtigungszeitraums gemäß § 15a Abs. 10 Satz 1 UStG aus. Im Rahmen einer Betriebsprüfung stellt sich heraus, dass eine Geschäftsveräußerung im Ganzen nicht vorliegt, weil der V dem E einige der für die Produktion wesentlichen Maschinen nicht mit überlassen hat und insofern nicht alle wesentlichen Betriebsgrundlagen von V auf E übertragen wurden (s. Abschn. 1.5 Abs. 1, Satz 1, Abs. 3 Satz 1, Abs. 4 Satz 4 UStAE).

Lösung: Die Grundstücksveräußerung ist mangels Geschäftsveräußerung im Ganzen somit eine umsatzsteuerbare und gemäß § 4 Nr. 9 Buchst. a UStG umsatzsteuerfreie Grundstücksveräußerung. V wird gemäß § 15a Abs. 8, 9 UStG so gestellt, als habe er das Grundstück die restlichen vier Jahre des Berichtigungszeitraums zu 100 % umsatzsteuerfrei genutzt. Mithin muss er vier Zehntel der bei Erwerb abgezogenen Vorsteuer i.H.v. 100.000 €, folglich 40.000 € an das Finanzamt erstatten.

61 Um das Risiko eines Vorsteuerschadens aus einer nicht vorliegenden aber irrtümlich angenommenen Geschäftsveräußerung im Ganzen zu verhindern oder zu begrenzen, kann vorsorglich zur Umsatzsteuerpflicht gemäß § 9 UStG optiert werden. Die vollständige oder teilweise Option bewirkt dann regulär, dass der Umsatz – vollständig oder teilweise – als umsatzsteuerpflichtige Leistung gilt, wenn die Geschäftsveräußerung im Ganzen gemäß § 1 Abs. 1a UStG – anders als angenommen – nicht vorliegt. Somit wird der Veräußerer gemäß § 15a Abs. 8, 9 UStG so gestellt, als habe er fiktiv das Grundstück für den restlichen Berichtigungszeitraum – vollständig oder teilweise – für umsatzsteuerpflichtige Zwecke weiter verwendet.

62 **Beispiel:** Im vorgenannten Beispiel hat V vorsorglich in vollem Umfang auf die Umsatzsteuerfreiheit i.S.d. § 4 Nr. 9a) UStG verzichtet. Die Grundstücksveräußerung, die ursprünglich irrig als nicht umsatzsteuerbare Geschäftsveräußerung im Ganzen angesehen wurde, ist letztlich eine umsatzsteuerbare aber

umsatzsteuerpflichtige Leistung. Der Berichtigungszeitraum wird nicht – wie von V angenommen – gemäß § 15a Abs. 10 UStG auf den E übertragen. Vielmehr greift die Fiktion des § 15a Abs. 8, 9 UStG, gemäß der die umsatzsteuerpflichtige Veräußerung fiktiv so bewertet wird, als habe der V das Grundstück die restlichen vier Jahre zu 100 % umsatzsteuerpflichtig genutzt. Mithin bedarf es keiner Berichtigung der von V bei Erwerb der Immobilie abgezogenen Vorsteuern. Die vorsorgliche Option hat so den Verlust der anteiligen Vorsteuer i.H.v. 40.000 € verhindert.
Der E andererseits trägt aus der vorsorglichen Option auch keinen Vorsteuerschaden davon. Denn er kann die Umsatzsteuer auf seinen Grundstückserwerb als Vorsteuer abziehen, weil er das Grundstück – wie zuvor V – für umsatzsteuerpflichtige Ausgangsumsätze einsetzt.

4.2 Unbedingtheit der vorsorglichen Option

Es liegt daher zwar nahe, die vorsorgliche Option unter der Bedingung auszusprechen, dass die Geschäftsveräußerung im Ganzen nicht vorliegt oder von dem Finanzamt des Veräußerers als nicht vorliegend angesehen wird. Es ergibt sich jedoch das Risiko, dass eine bedingte Option verspätet und damit unwirksam ist, wenn die Bedingung dann schließlich eintritt. 63

Der Grund hierfür liegt in der jüngeren Rechtsauffassung der Finanzverwaltung, gemäß der eine Option oder deren Widerruf nicht mehr ausgeübt werden kann, wenn die formelle Bestandskraft der Umsatzsteuerfestsetzung für das Jahr eingetreten ist (s. Abschn. 9.1 Abs. 3 Satz 1 UStAE unter Berufung auf BFH vom 10.12.2008, BStBl II 2009, 1026; die Rechtsprechung hat der Auffassung der Finanzverwaltung ausdrücklich widersprochen (s. BFH vom 21.10.2015, XI R 40/13, BFH/NV 2016, 353; BFH vom 19.12.2013, BFH/NV 2014, 1130; beide Urteile unter ausdrücklicher Ablehnung des Abschn. 9.1 Abs. 3 Satz 1 UStAE und unter Abgrenzung zu BFH vom 10.12.2008, BStBl II 2009, 1026.), in dem die – irrtümlich als Geschäftsveräußerung im Ganzen beurteilte – Leistung erbracht wurde. Dies ergibt sich aus Folgendem: 64

Wird die Option unter der Bedingung vereinbart, dass das Finanzamt das Vorliegen einer Geschäftsveräußerung im Ganzen verneint, ist diese Option zivilrechtlich betrachtet gemäß § 158 Abs. 1 BGB aufschiebend bedingt vereinbart. Erst der Eintritt der Bedingung beendet den Schwebezustand (s. Palandt, Bürgerliches Gesetzbuch, Kommentar, § 158, Rn. 3) und löst die gewollte Rechtsfolge aus. Da das Finanzamt – regelmäßig innerhalb einer Betriebsprüfung – typischerweise die Geschäftsveräußerung im Ganzen erst begutachtet, nachdem die formelle Bestandskraft für den Veranlagungszeitraum des Grundstücksumsatzes eingetreten ist, tritt die aufschiebende Bedingung regelmäßig erst lange danach ein. Die vorsorgliche Option käme somit zu spät zum Tragen und wäre unwirksam. (s. OFD Niedersachsen vom 14.02.2013, DStR 2013, 918, die aber jedenfalls insoweit gemäß Abschn. 9.1 Abs. 3 Satz 3 UStAE i.d.F. BMF vom 23.10.2013, IV D 3 – S 7198/12/10002 überholt ist.) 65

Beispiel: Veräußerer V und Leistungsempfänger E schließen im Jahr 01 einen Grundstückskaufvertrag ab. Sie gehen davon aus, dass eine Geschäftsveräußerung im Ganzen vorliegt. Zur Absicherung optiert V zur umsatzsteuerpflichtigen Veräußerung für den Fall, dass das für ihn zuständige Finanzamt das Vorliegen einer Geschäftsveräußerung im Ganzen im Rahmen einer Außenprüfung verneint. V gibt im Jahre 02 seine Umsatzsteuererklärung für den Veranlagungszeitraum 01 ab. Im Jahre 03 hilft das Finanzamt einem Einspruch des V in einer anderen Sache ab. Der abhelfende Umsatzsteuerbescheid für 01 bleibt unter dem Vorbehalt der Nachprüfung gemäß § 164 AO. Im Jahre 04 kommt das Finanzamt im Rahmen einer Außenprüfung zu dem Ergebnis, dass die von V und E angenommene Geschäftsveräußerung im Ganzen nicht vorliegt. 66
Zivilrechtlich betrachtet tritt die aufschiebende Bedingung erst im Jahre 04 ein, sodass die Option erst in diesem Jahr unbedingt wird. Die Umsatzsteuerfestsetzung für 01 ist aber bereits im Jahre 03 formell bestandskräftig geworden. Dass der Vorbehalt der Nachprüfung gemäß § 164 AO weiterhin besteht, ändert daran nichts. Denn die formelle Bestandskraft tritt ein, wenn gegen eine Steuerfestsetzung kein Einspruch oder keine Sprungklage mehr möglich ist. Ein Vorbehalt der Nachprüfung hindert aber nur

die materielle Bestandskraft. Die Finanzverwaltung könnte insofern die Auffassung vertreten, dass die vorsorgliche Option erst im Jahre 04 ausgeübt wurde, damit nach Eintritt der formellen Bestandskraft im Jahre 03 und folglich verspätet und unwirksam ist.

67 Zwar ließe sich die Bedingung auch in der Weise formulieren, dass die vorsorgliche Option ausgeübt wird, wenn keine Geschäftsveräußerung im Ganzen – also unabhängig von dem Zeitpunkt der Aufdeckung der richtigen Rechtslage – vorliegt. Diese Bedingung träte bereits zeitlich unmittelbar und damit rechtzeitig in dem Veranlagungszeitraum des Grundstücksgeschäfts ein, weil die angenommene Geschäftsveräußerung im Ganzen mit Ausführung des Umsatzes entweder sogleich vorliegt oder nicht vorliegt. Allerdings verbleibt hierbei das Risiko, dass der Wortlaut und somit der Eintritt der Bedingung immer noch als i.S.d. § 158 Abs. 1 BGB aufschiebend bedingt auslegt werden kann. Zwar geht die Finanzverwaltung mittlerweile davon aus, dass eine Option unbedingt und damit zeitlich sofort ausgeübt ist, wenn sie für den Fall erklärt ist, dass sich die Beurteilung der Parteien, es liege eine Geschäftsveräußerung im Ganzen vor, als unzutreffend erweist (s. Abschn. 9.1 Abs. 3 Satz 3 UStAE, eingeführt durch BMF vom 23.10.2013, IV D 3 – S 7198/12/10002) Jedoch ist nicht gesichert, ob diese Auffassung durch die Rechtsprechung geteilt wird (s. FG Düsseldorf vom 01.02.2013, 14 K 3144/11 U, EFG 2013, 1525, hält die bedingte Option für unproblematisch; bestätigt durch BFH vom 03.07.2014, V R 12/13, BFH/NV 2014, 1603). Denn immerhin spricht bei derartigen Formulierungen durchaus einiges für eine bedingte Option. Ferner ist nicht einmal gesichert, ob ein steuerrechtliches Wahlrecht überhaupt unter einer Bedingung abgegeben werden kann (Wenzel in Rau/Dürrwächter, Umsatzsteuergesetz, Kommentar, Lfg. 155, § 9 Rn. 124 hält eine Option unter einer Bedingung für unwirksam).

68 **Hinweis!** Die Auffassung der Finanzverwaltung gilt nur für diesen einen Fall, dass der Veräußerer optiert, um bei einer unrichtigen rechtlichen Beurteilung einer angenommenen Geschäftsveräußerung im Ganzen umsatzsteuerpflichtige Umsätze zu erbringen. Sie gilt nicht für Optionen, die unter weiteren oder anderen Bedingungen vorgenommen werden.

69 Das Risiko einer unwirksamen Option besteht dagegen nicht, wenn sie ohne Bedingung und ohne Bezug auf die von den Parteien angenommene Geschäftsveräußerung im Ganzen ausgeübt wird (s. OFD Niedersachsen vom 14.02.2013, DStR 2013, 918). Dieses mutet nur auf den ersten Blick widersprüchlich an, ist aber in sich sehr wohl schlüssig und auch rechtlich möglich. Denn, ist entgegen der Auffassung der Parteien keine Geschäftsveräußerung im Ganzen gegeben, ist die Option unbedingt und ohne Zeitversatz mit Ausführung des Umsatzes ausgeübt (OFD Niedersachsen vom 14.02.2013, DStR 2013, 918). Liegt dagegen eine Geschäftsveräußerung im Ganzen vor, läuft die vorsorgliche Option ins Leere, weil für einen nicht umsatzsteuerbaren Vorgang nicht optiert werden kann. Die vorsorgliche Option ist dann also unwirksam, aber auch unschädlich.

70 Die unbedingte vorsorgliche Option ist auch nicht rechtsmissbräuchlich i.S.d. § 42 AO. Denn sie stellt keine Umgehung der Umsatzsteuer oder eine künstliche Gestaltung dar. Denn der Gesetzgeber selbst räumt dem leistenden Unternehmer gemäß § 9 Abs. 1 UStG das Wahlrecht ein. Die Wahrnehmung eines vom Gesetz selbst eingeräumten Rechts kann aber grundsätzlich keinen Rechtsmissbrauch darstellen (s. BFH vom 07.03.1996, BStBl II 1996, 491; s. BFH vom 06.06.1991, BStBl II 1991, 866). Dies gilt umso mehr, als zu einer Geschäftsveräußerung im Ganzen gemäß § 1 Abs. 1a UStG nicht optiert werden kann. Diese liegt unabhängig davon vor, was Leistender und Leistungsempfänger annehmen oder vereinbaren. Dann ist aber auch unerheblich und somit auch für die vorsorgliche Option unschädlich, welche Rechtsmeinung die Vertragsparteien bezüglich des Vorliegens einer Geschäftsveräußerung im Ganzen in dem Kaufvertrag vertreten.

5. Widerruf der Option

5.1 Voraussetzungen des Widerrufs der Option

Der Widerruf des Verzichts auf die Umsatzsteuerbefreiung ist in § 9 UStG nicht ausdrücklich geregelt. Allerdings ist allgemein anerkannt, dass er möglich ist (s. Abschn. 9.1 Abs. 3 Satz 1, Abs. 4 Satz 1 UStAE; BFH vom 19.12.2013, BFH/NV 2014, 1130). Der Widerruf der Option folgt grundsätzlich denselben Anforderungen wie die Ausübung der Option zur Umsatzsteuerpflicht selbst (s. Abschn. 9.1 Abs. 4 Satz 1 UStAE). Insofern gilt das zur Option Ausgeführte entsprechend. 71

Dass der Widerruf denselben Voraussetzungen folgt, bedeutet in formeller Hinsicht, dass er ebenfalls die Formvorschrift des § 9 Abs. 3 UStG beachten muss, wenn er sich auf Umsätze Grundstückslieferungen außerhalb eines Zwangsvollstreckungsverfahrens gemäß § 4 Nr. 9 Buchst. a UStG handelt. Er ist somit in dem gemäß § 311b BGB notariell zu beurkundenden Vertrag zu erklären. Der BFH hält in diesem Fall eine spätere Ausübung der Option in einer Abänderung oder Ergänzung des Vertrages nicht für zulässig, selbst wenn die Abänderung oder Ergänzung notariell beurkundet ist (BFH vom 21.10.2015, XI R 40/13, BFH/NV 2016, 353). Der Zeitraum für die Option, die in einem notariell zu beurkunden Kaufvertrag zu erklären ist, ist somit de facto zu einem Zeitpunkt eingeschränkt. 72

Wird das Grundstück bzw. grundstücksgleiche Recht im Wege einer Zwangsversteigerungsverfahren erworben, dürfte der Widerruf einer Option faktisch kaum, bzw. nur innerhalb eines sehr engen Zeitfensters möglich sein. Denn der Widerruf muss gemäß § 9 Abs. 3 Satz 1 UStG bis zu der Abgabe von Geboten im Versteigerungstermin erklärt werden. 73

5.2 Rechtsfolgen des Widerrufs der Option

Durch den Widerruf entfällt die Wirkung des § 9 Abs. 1 Satz 1 UStG, gemäß der der umsatzsteuerfreie Umsatz als umsatzsteuerpflichtig zu behandeln ist. Es greift somit wieder der gesetzliche Grundfall gemäß § 4 Nr. 9a) UStG. Der betreffende, einzelne Umsatz – allerdings auch dessen Nebenleistungen – wird (wieder) umsatzsteuerfrei. 74

6. Die Teiloption

Gesetzlich nicht ausdrücklich erwähnt, aber allgemein anerkannt ist, dass eine Option zur Umsatzsteuerpflicht i.S.d. § 9 Abs. 2 UStG auch teilweise ausgeübt werden kann, obwohl sie sich auf eine einzelne, einheitliche Leistung bezieht (s. Abschn. 9.1 Abs. 6 Satz 1 UStAE). Voraussetzung ist allerdings, dass sie teilbar ist (s. Abschn. 9.1 Abs. 6 Satz 1 UStAE). Sie kommt überwiegend im Zusammenhang mit Grundstücken vor, sei es bei deren Lieferung oder bei deren Vermietung (s. Abschn. 9.1 Abs. 6 Satz 2 UStAE). Die betreffende Lieferung bzw. sonstige Leistung bleibt dadurch eine einheitliche Leistung und zerfällt nur für die Zuordnung zur Umsatzsteuerpflicht in einen umsatzsteuerpflichtigen und in einen umsatzsteuerfreien Teil. 75

6.1 Gründe für eine Teiloption

Will der Leistende zur Umsatzsteuerpflicht optieren, löst dies bei dem Leistungsempfänger einen Vorsteuerschaden aus, wenn er die bezogene Leistung nicht oder nur teilweise für eigene umsatzsteuerpflichtige Ausgangsumsätze zu verwenden beabsichtigt. 76

Beispiel: Der Leistungsempfänger E beabsichtigt, das leer stehende Bürohaus zu sanieren und 60 % der Flächen umsatzsteuerpflichtig, 40 % umsatzsteuerfrei zu vermieten. Optierte der Veräußerer V bei einem Kaufpreis i.H.v. 10.000.000 € insgesamt zur Umsatzsteuer, fiele 1.900.000 € Umsatzsteuer an, von denen der E aber nur 60 % als Vorsteuer abziehen könnte. Die restlichen 40 % – 760.000 € – blieben als nicht abziehbare Definitivbelastung zurück. 77

V andererseits hat bei der Errichtung des Gebäudes die Vorsteuer auf seine damaligen Herstellungskosten i.H.v. 800.000 € vollständig abgezogen, weil er eine zu 100 % vollständige Vermietung beabsichtigte. Verkaufte er das Objekt zu Beginn des 4. Jahres nach der erstmaligen Nutzung ohne Option zur Umsatzsteuerpflicht, würde er gemäß § 15a Abs. 9 UStG so gestellt, als nutzte er das Gebäude die restlichen 7 Jahre des Berichtigungszeitraums vollständig umsatzsteuerfrei. Er müsste mithin $^{7}/_{10}$ der 800.000 €, somit 560.000 € an sein Finanzamt zurückzahlen. V wird daher nicht auf eine Option zur umsatzsteuerpflichtigen Veräußerung verzichten wollen. Denn durch die vollständige Option wäre er so gestellt, als nutzte er das Gebäude die restlichen 7 Jahre vollständig umsatzsteuerpflichtig. Er müsste die abgezogene Vorsteuer somit nicht berichtigen und an das Finanzamt zurückzahlen.

78 Die gegensätzlichen Positionen des Veräußerers und des Leistungsempfängers lassen sich – jedenfalls teilweise – durch eine Teiloption zur Umsatzsteuerpflicht auflösen.

79 **Beispiel:** Optierte Veräußerer V in dem obigen Beispiel durch entsprechende Zuordnung der einzelnen Einheiten des Bürogebäudes zu 60 % zur umsatzsteuerpflichtigen Veräußerung, erleidet E hieraus keinen Vorsteuerschaden, weil er das Gebäude zu 60 % für umsatzsteuerpflichtige Vermietungen einzusetzen beabsichtigt. Er kann diesen Umsatzsteuerbetrag i.H.v. 1.140.000 € (60 % von 1.900.000 €) daher vollständig als Vorsteuer abziehen. V andererseits wird durch die Teiloption gemäß § 15a Abs. 9 UStG so gestellt, als nutzte er das Gebäude die restlichen 7 Jahre seines Berichtigungszeitraumes zu 60 % umsatzsteuerpflichtig, zu 40 % umsatzsteuerfrei weiter. Er muss daher statt 560.000 €, die anfielen, wenn er umsatzsteuerfrei veräußerte, lediglich 224.000 € ($^{7}/_{10}$ der 800.000 € und von diesem Betrag wiederum 40 %) an sein Finanzamt erstatten. Durch die Teiloption erleidet E folglich statt 1.900.000 € gar keinen Vorsteuerschaden, V erleidet statt 560.000 € lediglich 224.000 € Vorsteuerschaden.

80 **Hinweis!** Grundsätzlich sollte der Leistungsempfänger sich nur darauf einlassen, dass der Veräußerer eine Teiloption zur Umsatzsteuer insoweit ausübt, als der Leistungsempfänger das Objekt zu Ausgangsumsätzen verwendet, die den Vorsteuerabzug nicht ausschließen.
Ist ihm dies nicht möglich und muss er sich auf eine Option in voller Höhe einlassen, kann es trotz des durch § 15 Abs. 1b UStG beendeten Seeling-Modells aus umsatzsteuerrechtlicher Sicht Sinn machen, das Objekt – soweit möglich – bei Anschaffung oder Herstellung dennoch vollständig dem Unternehmen zuzuordnen. Zwar kann für einen privat, also unternehmensfremd genutzten Teil trotz seiner Zuordnung zum Unternehmen gemäß § 15 Abs. 1b UStG der Vorsteuerabzug insoweit nicht mehr geltend gemacht werden. Die Zuordnung zu dem Unternehmen verhindert § 15 Abs. 1b UStG aber nicht (s. Abschn. 15.6a Abs. 1 Satz 3 UStAE). Sollte innerhalb des 10jährigen Berichtigungszeitraums i.S.d. § 15a UStG eine Nutzung des unternehmensfremd genutzten Teils für unternehmerische und vorsteuerunschädliche Zwecke beabsichtigt werden, kann die auf diesen Teil entfallende Vorsteuer aus Herstellungs- oder Anschaffungskosten teilweise dann noch zum Abzug gebracht werden (s. Abschn. 15.6a Abs. 5 Satz 3 i.V.m. Satz 1, 2 UStAE). Dies ist aber nicht möglich, wenn der Unternehmer den unternehmensfremd genutzten Teil bei Anschaffung oder Herstellung des Objekts nicht dem Unternehmen zugeordnet hat (s. Abschn. 15.6a Abs. 5 Satz 3 UStAE).

6.2 Voraussetzungen der Teiloption

81 Die Voraussetzungen der Teiloption sind zunächst dieselben der vollständigen Option. Im Folgenden werden daher nur die für eine Teiloption zusätzlichen Voraussetzungen dargestellt.

81/1 Die unterschiedlichen **Nutzungsarten** müssen sich aufteilen und auf die unterschiedlichen Ausgangsumsätze zuordnen lassen (s. Abschn. 9.1 Abs. 6 Satz 1 UStAE). Für Grundstücke und Gebäude erfordert dies eine räumliche Trennbarkeit (s. Abschn. 9.1 Abs. 6 Satz 2, 3 UStAE; BFH vom 26.06.1996, BStBl II 1997, 98; FG Niedersachsen vom 11.04.2013, DStRE 2013, 1452). Nicht erforderlich ist, dass die Flächen durch Wände vollständig getrennt sind. Entscheidend ist aber, dass eine eindeutige physische Abgrenzung und Zuordnung der Flächen zu der jeweiligen Nutzungsart möglich ist. Der BFH fordert einen abgrenzbaren

Funktionsbereich der Flächen oder dass die Teilflächen Gegenstand eines separaten Mietvertrages sein können und eine Abgrenzung der Teilflächen nach baulichen Merkmalen, s. BFH vom 24.04.2014, BStBl II 2014, 732. Das FG Niedersachsen hält eine Aufteilung gar nur dann für möglich, wenn das Aufgeteilte Gegenstand eines selbständigen Mietvertrages sein kann, s. FG Niedersachsen vom 11.04.2013, DStRE 2013, 1452. Die Aufteilung der Flächen muss dabei in objektiv hinreichender Weise nachprüfbar sein (s. BFH vom 05.09.2013, BStBl II 2014, 95, Rn. 32). Das ist nicht der Fall, wenn die Aufteilung der Flächen jederzeit leicht verändert werden könnte (s. BFH vom 05.09.2013, BStBl II 2014, 95, Rn. 32).

Beispiele: 82
- Das Gebäude besteht aus mehreren Büro- und Wohneinheiten.
- Auf dem Grundstück befinden sich mehrere Gebäude oder Gebäudeflügel (s. EuGH vom 04.10.1995, C-291/92, Rs. Armbrecht).
- Ein Großraumbüro beherbergt in einem Bereich Arbeitsplätze, an denen umsatzsteuerfreie Leistungen erbracht werden und in einem anderen Bereich Arbeitsplätze, an denen umsatzsteuerpflichtige Ausgangsleistungen erbracht werden.

Nicht ausreichend ist hingegen, dass die verschiedenen Nutzungen quotal anhand der Ausgangsumsätze oder zeitlich getrennt werden (s. Abschn. 9.1 Abs. 6 Satz 3 UStAE). 83

Beispiele: 84
- Ein Operationssaal wird jeweils – bezogen auf die erwirtschafteten Honorare – hälftig für umsatzsteuerfreie Heilbehandlungen und für medizinisch nicht indizierte, umsatzsteuerpflichtige Schönheitsoperationen genutzt (s. Abschn. 4.14.1 Abs. 5 Nr. 8 UStAE).
- Der Operationssaal wird vormittags für umsatzsteuerfreie Heilbehandlungen und nachmittags für medizinisch nicht indizierte, umsatzsteuerpflichtige Schönheitsoperationen genutzt.

Für die Lieferung eines Grundstücks mit aufstehendem Gebäude kann nur einheitlich für Grund und Boden einerseits und Gebäude andererseits optiert werden (s. Abschn. 9.1 Abs. 6 Satz 4 UStAE). Es besteht also nicht die Möglichkeit, eine Option für Grund und Boden und eine andere Option für das Gebäude auszuüben. 85

Wird ein Gegenstand teilweise unternehmerisch, teilweise nicht unternehmerisch genutzt, muss er gemäß § 9 Abs. 1 UStG jedenfalls für den Teil, für den optiert werden soll, sowohl dem Unternehmen des Veräußerers zugeordnet sein, als auch dem Unternehmen des Leistungsempfängers zugeordnet werden (Die bezüglich der Zuordnung eines gemischt genutzten Gebäudes zum Unternehmen vor dem Bundesverfassungsgericht eingelegte Verfassungsbeschwerde ist nicht zur Entscheidung angenommen worden (1 BvR 2025/12 vom 21.05.2013).). Das wiederum setzt voraus, dass der Gegenstand mindestens zu 10 % unternehmerisch genutzt wird, weil nur dann eine teilweise oder vollständige Zuordnung zu dem unternehmerischen Bereich überhaupt möglich ist (s. Abschn. 15.2c Abs. 5 Satz 1 UStAE; Wenzel in Rau/Dürrwächter, Umsatzsteuergesetz, Kommentar, Lfg. 155, § 9, Rn. 58. Etwas missverständlich jedoch, weil eine Zuordnung zum Unternehmen auch dann möglich ist, wenn die umsatzsteuerpflichtige Vermietung weniger als 10 % beträgt, sofern diese zusammen mit der restlichen unternehmerischen Nutzung insgesamt mindestens 10 % beträgt. Diese restliche unternehmerische **Nutzung** kann durchaus in einer umsatzsteuerfreien Nutzung, z.B. einer umsatzsteuerfreien Vermietung beruhen, denn auch diese ist eine unternehmerische Tätigkeit). 86

6.3 Rechtsfolge der Teiloption

Die Rechtsfolge der Teiloption besteht darin, dass der Verzicht auf die Umsatzsteuerbefreiung gemäß § 9 Abs. 1 UStG nur für den ausgewählten Teil der teilbaren Leistung wirkt. Die Aufteilung bezieht sich aber allein auf die Umsatzsteuerpflicht und die Umsatzsteuerfreiheit. Die Leistung bleibt ansonsten eine **einheitliche Leistung** i.S.d. § 1 Abs. 1 Nr. 1 UStG und zerfällt nicht in zwei Leistungen. Sie ist beispielsweise einheitlich zu beurteilen hinsichtlich des Zeitpunkts der Leistung oder einer Rückabwicklung. Auch besteht nur eine einheitliche Bemessungsgrundlage gemäß § 10 Abs. 1 Satz 1, 2 UStG. 87

§ 10 UStG Bemessungsgrundlage für Lieferungen, sonstige Leistungen und innergemeinschaftliche Erwerbe

(1) [1]Der Umsatz wird bei Lieferungen und sonstigen Leistungen (§ 1 Abs. 1 Nr. 1 Satz 1) und bei dem innergemeinschaftlichen Erwerb (§ 1 Abs. 1 Nr. 5) nach dem Entgelt bemessen. [2]Entgelt ist alles, was der Leistungsempfänger aufwendet, um die Leistung zu erhalten, jedoch abzüglich der Umsatzsteuer. [3]Zum Entgelt gehört auch, was ein anderer als der Leistungsempfänger dem Unternehmer für die Leistung gewährt. [4]Bei dem innergemeinschaftlichen Erwerb sind Verbrauchsteuern, die vom Erwerber geschuldet oder entrichtet werden, in die Bemessungsgrundlage einzubeziehen. [5]Bei Lieferungen und dem innergemeinschaftlichen Erwerb im Sinne des § 4 Nr. 4a Satz 1 Buchstabe a Satz 2 sind die Kosten für die Leistungen im Sinne des § 4 Nr. 4a Satz 1 Buchstabe b und die vom Auslagerer geschuldeten oder entrichteten Verbrauchsteuern in die Bemessungsgrundlage einzubeziehen. [6]Die Beträge, die der Unternehmer im Namen und für Rechnung eines anderen vereinnahmt und verausgabt (durchlaufende Posten), gehören nicht zum Entgelt.

(2) [1]Werden Rechte übertragen, die mit dem Besitz eines Pfandscheins verbunden sind, so gilt als vereinbartes Entgelt der Preis des Pfandscheins zuzüglich der Pfandsumme. [2]Beim Tausch (§ 3 Abs. 12 Satz 1), bei tauschähnlichen Umsätzen (§ 3 Abs. 12 Satz 2) und bei Hingabe an Zahlungs statt gilt der Wert jedes Umsatzes als Entgelt für den anderen Umsatz. [3]Die Umsatzsteuer gehört nicht zum Entgelt.

(3) (weggefallen)

(4) [1]Der Umsatz wird bemessen

1. bei dem Verbringen eines Gegenstands im Sinne des § 1a Abs. 2 und des § 3 Abs. 1a sowie bei Lieferungen im Sinne des § 3 Abs. 1b nach dem Einkaufspreis zuzüglich der Nebenkosten für den Gegenstand oder für einen gleichartigen Gegenstand oder mangels eines Einkaufspreises nach den Selbstkosten, jeweils zum Zeitpunkt des Umsatzes;
2. bei sonstigen Leistungen im Sinne des § 3 Abs. 9a Nr. 1 nach den bei der Ausführung dieser Umsätze entstandenen Ausgaben, soweit sie zum vollen oder teilweisen Vorsteuerabzug berechtigt haben. Zu diesen Ausgaben gehören auch die Anschaffungs- oder Herstellungskosten eines Wirtschaftsguts, soweit das Wirtschaftsgut dem Unternehmen zugeordnet ist und für die Erbringung der sonstigen Leistung verwendet wird. Betragen die Anschaffungs- oder Herstellungskosten mindestens 500 Euro, sind sie gleichmäßig auf einen Zeitraum zu verteilen, der dem für das Wirtschaftsgut maßgeblichen Berichtigungszeitraum nach § 15a entspricht;
3. bei sonstigen Leistungen im Sinne des § 3 Abs. 9a Nr. 2 nach den bei der Ausführung dieser Umsätze entstandenen Ausgaben. Satz 1 Nr. 2 Sätze 2 und 3 gilt entsprechend.

[2]Die Umsatzsteuer gehört nicht zur Bemessungsgrundlage.

(5) [1]Absatz 4 gilt entsprechend für

1. Lieferungen und sonstige Leistungen, die Körperschaften und Personenvereinigungen im Sinne des § 1 Abs. 1 Nr. 1 bis 5 des Körperschaftsteuergesetzes, nichtrechtsfähige Personenvereinigungen sowie Gemeinschaften im Rahmen ihres Unternehmens an ihre Anteilseigner, Gesellschafter, Mitglieder, Teilhaber oder diesen nahestehende Personen sowie Einzelunternehmer an ihnen nahestehende Personen ausführen,
2. Lieferungen und sonstige Leistungen, die ein Unternehmer an sein Personal oder dessen Angehörige auf Grund des Dienstverhältnisses ausführt,

wenn die Bemessungsgrundlage nach Absatz 4 das Entgelt nach Absatz 1 übersteigt; der Umsatz ist jedoch höchstens nach dem marktüblichen Entgelt zu bemessen. [2]Übersteigt das Entgelt nach Absatz 1 das marktübliche Entgelt, gilt Absatz 1.

(6) [1]Bei Beförderungen von Personen im Gelegenheitsverkehr mit Kraftomnibussen, die nicht im Inland zugelassen sind, tritt in den Fällen der Beförderungseinzelbesteuerung (§ 16 Abs. 5) an die Stelle des vereinbarten Entgelts ein Durchschnittsbeförderungsentgelt. [2]Das Durchschnittsbeförderungsentgelt ist nach der Zahl der beförderten Personen und der Zahl der Kilometer der Beförderungsstrecke im Inland

(Personenkilometer) zu berechnen. [3]Das Bundesministerium der Finanzen kann mit Zustimmung des Bundesrates durch Rechtsverordnung das Durchschnittsbeförderungsentgelt je Personenkilometer festsetzen. [4]Das Durchschnittsbeförderungsentgelt muss zu einer Steuer führen, die nicht wesentlich von dem Betrag abweicht, der sich nach diesem Gesetz ohne Anwendung des Durchschnittsbeförderungsentgelts ergeben würde.

Bearbeiter: Manzur Esskandari

Inhaltsverzeichnis

Rn.

1. Anwendungsbereich und Zweck der Vorschrift

1 § 10 UStG betrifft auf Grund der systematischen Stellung hinter den §§ 1 ff. und 4 ff. UStG steuerpflichtige wie steuerfreie Umsätze und befasst sich nur mit der **Bemessungsgrundlage**. Dies ergibt sich aus der Stellung der Norm im Dritten Abschnitt des UStG mit der Überschrift „Bemessungsgrundlagen". Ob ein Vorgang steuerbar ist, bestimmt dagegen § 1 UStG. Für steuerfreie Umsätze ist zwar keine USt zu entrichten. Jedoch muss wegen der Aufzeichnungspflichten in § 22 Abs. 2 Nr. 1 Satz 2 UStG das Entgelt auch für die steuerfreien Umsätze festgestellt werden.

2 Die Umsatzsteuer errechnet sich dadurch, dass der in Betracht kommende Steuersatz auf die jeweilige Bemessungsgrundlage angewandt wird. Das Umsatzsteuergesetz kennt keine einheitliche, sondern mehrere Bemessungsgrundlagen für die Steuer, die in den §§ 10, 11, 25 und 25a UStG geregelt sind. In allen Vorschriften spiegelt sich das Nettoprinzip wieder, wonach die Umsatzsteuer nicht zum Entgelt gehört (s. Janzen, in Lippross/Seibel, Basiskommentar Steuerrecht, § 10 UStG Rn. 1). § 10 UStG kommt dabei immer dann zur Anwendung, wenn keine der spezielleren Regelungen (§ 11 UStG für Einfuhren, § 25 UStG bei Reiseleistungen und § 25a UStG bei Lieferung von Gebrauchtgegenständen) einschlägig ist. Damit ist § 10 UStG die grundsätzliche anzuwendende Norm zur Ermittlung der umsatzsteuerlichen Bemessungsgrundlage.

3 Für die verschiedenen Tatbestände des § 1 Abs. 1 UStG sieht § 10 UStG eine differenzierte **Ermittlung der umsatzsteuerlichen Bemessungsgrundlage** vor:

- Bei den entgeltlich erbrachten Lieferungen und sonstigen Leistungen sowie dem innergemeinschaftlichen Erwerb gegen Entgelt bestimmt sich die Bemessungsgrundlage nach dem Entgelt (§ 10 Abs. 1 Satz 1 UStG). Dies ist die von den am Leistungsaustausch Beteiligten vereinbarte Abgeltung der Leistung (subjektive Wertbemessung), nicht deren objektiver Wert. Der Begriff des Entgelts gilt sowohl für die Besteuerung nach vereinbarten Entgelten (§ 16 Abs. 1 UStG) als auch für die Besteuerung nach vereinnahmten Entgelten (§ 20 UStG).
- Bei den unentgeltlichen Leistungen knüpft das Gesetz an Einkaufspreis oder Selbstkosten für entnommene oder verwendete Gegenstände und an Ausgaben, Kosten oder Aufwendungen für die sonstige Leistung an (§ 10 Abs. 4 UStG).
- Werden Leistungen verbilligt abgegeben, findet die sog. Mindestbemessungsgrundlage Anwendung.
- Schließlich regelt § 10 Abs. 6 UStG an Stelle der Beförderungseinzelbesteuerung (§ 16 Abs. 5 UStG) eine Vereinfachung im Rahmen des Durchschnittsbeförderungsentgelts.

2. Unionsrechtlicher Hintergrund

4 Nach Art. 73 MwStSystRL umfasst die Besteuerungsgrundlage (**Steuerbemessungsgrundlage**) bei Lieferungen von Gegenständen und Dienstleistungen, die nicht unter die Art. 74-77 MwStSystRL fallen, alles, was den Wert der Gegenleistung bildet, die der Lieferer oder Dienstleistende für diese Umsätze vom Abnehmer oder Dienstleistungsempfänger oder von einem Dritten erhält oder erhalten soll, einschließlich der unmittelbar mit dem Preis dieser Umsätze zusammenhängenden Subventionen. Der Rechtsprechung des EuGH zufolge soll die Besteuerungsgrundlage die tatsächlich erhaltene Gegenleistung für die erbrachte Leistung erfassen (EuGH vom 05.05.1994, C-38/93, BStBl II 1994, 548). Daher gehört bei **Geldspielautomaten mit Gewinnmöglichkeit** der gesetzlich festgelegte Teil der Spieleinsätze, der den an die Spieler ausgezahlten Gewinnen entspricht, nicht zur Besteuerungsgrundlage.

5 Es entsprechen:

§ 10 Abs. 1 Sätze 1 bis 8 UStG:	Art. 73, Art. 83 MwStSystRL
§ 10 Abs. 1 Satz 4 UStG:	Art. 84 Abs. 1 MwStSystRL
§ 10 Abs. 1 Satz 5 UStG:	Art. 155 MwStSystRL
§ 10 Abs. 1 Satz 6 UStG:	Art. 79 Abs. 1 Buchst. c, Abs. 2 MwStSystRL

§ 10 Abs. 4 Satz 1 Nr. 1 UStG:	Art. 74 MwStSystRL
§ 10 Abs. 4 Satz 1 Nr. 2 UStG:	Art. 75 MwStSystRL
§ 10 Abs. 4 Satz 1 Nr. 3 UStG:	Art. 75 MwStSystRL
§ 10 Abs. 4 Satz 2 UStG:	Art. 78 Abs. 1 Buchst. a MwStSystRL
§ 10 Abs. 5 UStG:	Art. 80 MwStSystRL
§ 10 Abs. 6 UStG, § 25 UStDV:	Art. 394 MwStSystRL.

3. Entgelt als Bemessungsgrundlage (§ 10 Abs. 1 UStG)

3.1 Begriff und Bedeutung des Entgelts

6 Der **Begriff des Entgelts** in § 10 Abs. 1 UStG gilt sowohl für die Besteuerung nach vereinbarten Entgelten (§ 16 Abs. 1 UStG; s. dazu § 16 Rn. 5 ff.) als auch für die Besteuerung nach vereinnahmten Entgelten (§ 20 UStG; s. dazu § 20 Rn. 2 ff.). Zwischen den beiden Besteuerungsarten besteht insoweit kein Unterschied, als auch bei der Besteuerung nach vereinbarten Entgelten grundsätzlich nur das zu versteuern ist, was für die Lieferung oder sonstige Leistung tatsächlich vereinnahmt wird.

7 Im Regelfall der Besteuerung nach vereinbarten Entgelten (sog. **Sollversteuerung**; s. dazu § 20 Rn. 2) entsteht die Umsatzsteuer nach § 13 Abs. 1 Nr. 1 Buchst. a Satz 1 UStG bereits mit Ablauf des Voranmeldungszeitraums, in dem die Leistung ausgeführt wurde. Wurde das Entgelt für die Leistung im Zeitpunkt der Entstehung noch nicht vereinnahmt, ist der Besteuerung zunächst zwangsläufig das vertraglich vereinbarte Entgelt zugrunde zu legen. Letztlich soll aber auch hier immer nur das Entgelt der Umsatzsteuer unterliegen, das tatsächlich für die Leistung vereinnahmt wird. Weicht daher das tatsächlich entrichtete Entgelt vom ursprünglich vereinbarten und der Besteuerung zunächst zugrunde gelegten Entgelt ab, ist die Umsatzsteuer nach § 17 UStG zu berichtigen.

8 Die Umsatzsteuer bemisst sich gemäß § 10 Abs. 1 Satz 1 UStG bei Lieferungen und sonstigen Leistungen sowie bei innergemeinschaftlichen Erwerben nach dem entrichteten Entgelt. Das Entgelt hat damit eine Doppelfunktion, da es zum einen Voraussetzung für die Steuerbarkeit nach § 1 Abs. 1 Nr. 1 UStG ist, also für die Frage, ob überhaupt Umsatzsteuer anfällt, und zum anderen für die Ermittlung der Bemessungsgrundlage, also zur Berechnung der Höhe der Umsatzsteuer herangezogen wird.

9 „Entgelt" im Sinne von § 10 Abs. 1 Satz 2 UStG ist also – abweichend vom Sprachgebrauch – als Gegenleistung abzüglich der Umsatzsteuer, d.h. als reine Rechengröße zu verstehen (Hummel, UR 2015, 213, 218). Die Folge ist, dass der Steuersatz nie auf die (zivilrechtliche) Gegenleistung anzuwenden ist.

10 Entgelt ist dabei nach § 10 Abs. 1 Satz 2 UStG alles, was der Leistungsempfänger für die Leistung aufwendet, abzüglich darin enthaltener Umsatzsteuer (BFH vom 6.5.2010, V R 15/09, BStBl II 2011, 142). Bemessungsgrundlage für die Umsatzsteuer ist also das für die Leistung entrichtete **Nettoentgelt**. Da in Deutschland Preise grundsätzlich als Bruttopreis angegeben werden (inklusive Umsatzsteuer), muss die Umsatzsteuer zur Ermittlung des Entgelts aus dem Bruttopreis herausgerechnet werden. Nach der Rechtsprechung des EuGH enthält der zwischen den Parteien vereinbarte Preis die Umsatzsteuer, wenn bei Vertragsschluss keine Regelung zur Umsatzsteuer getroffen wurde und der leistende Unternehmer nicht die Möglichkeit hat, die Umsatzsteuer vom Leistungsempfänger wiederzuerlangen (EuGH vom 7.11.2013, Rs. C-249/12 und C-250/12, Tulica, DStRE 2014, 816).

11 Der in einer Rechnung angegebene Nettopreis sowie die dort ausgewiesene Umsatzsteuer sind für die richtige Berechnung des Entgelts ohne Bedeutung. Auszugehen ist grundsätzlich immer vom **Bruttobetrag**. Daraus sind das Entgelt und die Umsatzsteuer in der gesetzlich richtigen Höhe zu berechnen. Vereinbaren deshalb die Beteiligten rechtsirrtümlich die Gegenleistung ohne Umsatzsteuer, ist der ursprünglich vereinbarte Betrag in Entgelt und darauf entfallende Umsatzsteuer aufzuteilen (BFH vom 20.1.1997, V R 28/95, BStBl II 1997, 716).

12 Schuldet der Leistungsempfänger die Steuer nach § 13b UStG, darf der leistende Unternehmer die für seine Leistung anfallende Umsatzsteuer dem Empfänger nicht in Rechnung stellen, sondern die Steuer wird vom Empfänger auf den in der Rechnung angegebenen Nettopreis selbst geschuldet. Für die **Ermittlung der Bemessungsgrundlage** ist daher ausnahmsweise nicht vom Bruttobetrag auszugehen und daraus

die Umsatzsteuer herauszurechnen, sondern es ist immer der in der Rechnung ausgewiesene Nettobetrag (ohne Umsatzsteuer) anzusetzen (Abschn. 13b.13 Abs. 1 UStAE).

13 Mit in die Steuerbemessungsgrundlage einzubeziehen sind nach Art. 78 Buchst. a MwStSystRL auch **Steuern, Zölle, Abschöpfungen und Abgaben** mit Ausnahme der Mehrwertsteuer selbst. Daher gehören überwälzbare Verbrauchsteuern, wie z.B. die Tabaksteuer, zur Bemessungsgrundlage.

14 Bei Lieferungen und sonstigen Leistungen (§ 1 Abs. 1 Satz 1 UStG) sowie beim innergemeinschaftlichen Erwerb (§ 1 Abs. 1 Nr. 5 UStG) ist das Entgelt Bemessungsgrundlage für die Steuer. **Verbrauchsteuern**, die vom Erwerber entrichtet oder geschuldet werden, sind beim innergemeinschaftlichen Erwerb in die Bemessungsgrundlage einzubeziehen (§ 10 Abs. 1 Satz 4 UStG).

15 Entscheidend für die Charakterisierung als Entgelt ist das Bestehen eines unmittelbaren Zusammenhanges zwischen der erbrachten Leistung und der empfangenen Gegenleistung, jedoch kein innerer (synallagmatischer) Zusammenhang (BFH vom 9.11.2006, V R 9/04, BStBl II 2007, 285; vom 28.5.2013, XI R 32/11, BStBl II 2014, 411). Dieses Rechtsverhältnis kann sich auch aus gesellschaftsvertraglichen Regelungen ergeben (BFH vom 3.3.2011, V R 24/10, BStBl II 2011, 951). Im Ergebnis muss also eine immer innere **Verknüpfung zwischen Entgelt und Leistung** bestehen.

16 Ein steuerbares Entgelt i.S.d. Vorschrift liegt dementsprechend nur dann vor, wenn etwas für eine Leistung des Zahlungsempfängers an den Zahlenden (= Leistungsempfänger) aufgewandt wurde. Dabei muss die Gegenleistung in Geld ausgedrückt werden können (BFH vom 10.6.1999, V R 87/98, BStBl II 1999, 580) und für den Leistungserbringer verfügbar sein (Korn, in Bunjes, § 10 Rn. 5).

17 Eine Finalität des Handelns in dem Sinne, dass der Leistende leistet, um die Gegenleistung zu erhalten, ist nicht erforderlich (BFH vom 16.1.2003, V R 92/01, BStBl II 2003, 732). Über den vertraglich vereinbarten Preis hinausgehende Überzahlungen des Leistungsempfängers gehören daher ebenfalls zum Entgelt wie Zahlungen Dritter (Korn, in Bunjes, § 10 Rn. 5). **Entgelt für eine Leistung i.S.d. § 10 Abs. 1 Satz 2 UStG** ist alles, was der Leistende für seine Leistung vom Leistungsempfänger erhalten hat, außer der Umsatzsteuer. Zahlt der Kunde die Leistung irrtümlich doppelt oder zahlt er versehentlich zu viel, ist der Gesamtbetrag Entgelt i.S.d. § 10 Abs. 1 Satz 2 UStG (BFH vom 19.07.2007, V R 11/05, BStBl II 2007, 966; vom 27.07.2016, V B 39/16).

18 Werden Über- oder Doppelzahlungen zurückgezahlt, liegt eine Minderung der Bemessungsgrundlage nach § 17 UStG vor (BFH vom 19.07.2007, V R 11/05, BStBl II 2007, 966).

19 § 10 Abs. 1 Satz 3 UStG erweitert den Entgeltsbegriff um **tatsächliche Aufwendungen eines Dritten**, der nicht Leistungsempfänger ist. Steuerbares Entgelt eines Dritten setzt allerdings den unmittelbar wirtschaftlichen Zusammenhang zwischen der Leistung des Unternehmers und der Zahlung des Dritten voraus (vgl. Janzen, in Lippross/Seibel, Basiskommentar Steuerrecht, § 10 UStG Rn. 16).

20 Das Entgelt ist aus der Sicht des Leistungsempfängers zu bestimmen (BFH vom 13.12.1995, XI R 16/95, BStBl II 1996, 208). Dies hat zur Folge, dass über den vertraglich vereinbarten Preis hinausgehende Aufwendungen (sog. **Mehraufwendungen**) des Leistungsempfängers ebenfalls zum Entgelt gehören, wenn sie auf keinem anderen Rechts- und Anspruchsgrund beruhen als die Leistung selbst (BFH vom 13.12.1995, XI R 16/95, BStBl II 1996, 208).

21 Verlangt der Leistende für die Annahme einer Bezahlung mit Kredit- oder Geldkarte, dass der Leistungsempfänger ihm oder einem anderen Unternehmer hierfür einen Betrag entrichtet und wird der von diesem Empfänger zu zahlende Gesamtpreis durch die Zahlungsweise nicht beeinflusst, ist dieser Betrag Bestandteil der Bemessungsgrundlage für seine Leistung (Abschn. 10.1 Abs. 3 Satz 3 UStAE).

22 Das Entgelt ist auch dann Bemessungsgrundlage, wenn es dem objektiven Wert der bewirkten Leistung nicht entspricht (Abschn. 10. Abs. 2 Satz 1 UStAE). Eine Ausnahme besteht für **unentgeltliche oder verbilligte Leistungen durch Unternehmer an ihr Personal**, von Vereinigungen an ihre Mitglieder und von Einzelunternehmern an ihnen nahe stehende Personen (vgl. Abschn. 1.8, 10.6 und 10.7 UStAE). Liefert eine Kapitalgesellschaft einer Tochtergesellschaft einen Gegenstand zu einem überhöhten Preis, bildet dieser grundsätzlich selbst dann das Entgelt im Sinne des § 10 Abs. 1 UStG, wenn ein Teil der Gegenleistung ertragsteuerrechtlich als verdeckte Gewinnausschüttung zu beurteilen ist (BFH vom 25.11.1987, X R 12/87, BStBl II 1988, 210).

Wird für unterschiedlich zu besteuernde Leistungen ein **Pauschalpreis** gezahlt, muss dieser aufgeteilt werden (vgl. hierzu auch Abschn. 10.1 Abs. 11 UStAE). Die Aufteilung hat grundsätzlich nach der einfachst möglichen sachgerechten Aufteilungsmethode zu erfolgen, wobei nach BFH vom 3.4.2013, V B 125/12, BStBl II 2013, 973 nicht ernstlich zweifelhaft ist, dass die Aufteilung bei Menüs aus Speisen und Getränken nach Maßgabe der Einzelveräußerungspreise zu erfolgen hat. Diesen Grundsätzen hat sich die Verwaltung angeschlossen (Abschn. 10.1 Abs. 11 UStAE); sie gestattet aber auch andere Aufteilungsmethoden wie das Verhältnis des Wareneinsatzes, sofern diese gleich einfach sind und zu sachgerechten Ergebnissen führen. Denn die Aufteilung nach Einzelverkaufspreisen stößt natürlich dann an ihre Grenzen, wenn die Bestandteile des Kombinationsangebots im Einzelverkauf überhaupt nicht angeboten werden und somit tatsächliche Markt- oder Einzelverkaufspreise nicht verfügbar sind (s. Feil/Gundler, UR 2014, 1, 4). 23

Die **Aufteilung nach den betrieblichen Kosten** ist nach Abschn. 10.1 Abs. 11 Satz 6 UStAE nicht zulässig, weil diese nicht gleich einfach sein soll. Dass diese Annahme branchenübergreifend zutreffen soll, dürfte jedoch kaum belegbar sein (zum Segment der Systemgastronomie s. Feil/Gundler, UR 2014, 1, 4). 24

Wird eine Gegenleistung irrtümlich ohne USt vereinbart, ist diese Gegenleistung in Entgelt und USt aufzuteilen (BFH vom 20.1.1997, V R 28/95, BStBl II 1997, 716; vom 22.4.2015, XI R 43/11, BStBl II 2015, 755). 25

3.2 Geld oder andere Gegenleistungen als Entgelt

Entgelt ist jede Art von **Gegenleistung**, die der Leistungsempfänger für die Leistung aufwendet. Neben der Zahlung von Geld kann die Gegenleistung dabei auch ihrerseits in der Ausführung einer Leistung durch den Leistungsempfänger bestehen. 26

Es ist durch die Rechtsprechung des EuGH geklärt, dass die Besteuerungsgrundlage für die Lieferung eines Gegenstands oder die Erbringung einer Dienstleistung die tatsächlich dafür erhaltene Gegenleistung und nicht ein nach objektiven Kriterien geschätzter Wert ist (z.B. s. EuGH vom 20.01.2005, C-412/03, UR 2005, 194; vom 26.04.2012, C-621/10 und C-129/11, C-621/10, C-129/11, Campsa Estaciones de Servicio, UR 2012, 440; auch s. BFH vom 09.05.2015, XI B 87/14, BFH/NV 2016, 78). 27

In der Regel besteht das Entgelt in der **Zahlung von Geld**, also in Barzahlungen oder unbaren Zahlungen (Überweisung, Lastschrift, Kartenzahlung, Scheck). Geld in ausländischer Währung ist umzurechnen. Dabei sind die vom Bundesfinanzministerium monatlich veröffentlichten Umrechnungskurse zugrunde zu legen. 28

Eine **Geldleistung** liegt auch dann vor, wenn der Leistungsempfänger statt der Hingabe von Geld mit einer eigenen Geldforderung aufrechnet oder eine Geldverbindlichkeit des Leistenden übernimmt. 29

Anstelle einer Geldleistung kann die Gegenleistung ihrerseits in einer (Gegen-)Lieferung oder in der Erbringung einer **sonstigen Leistung** bestehen. Bei einem solchen Tausch oder tauschähnlichen Umsatz im Sinne des § 3 Abs. 12 UStG gilt nach § 10 Abs. 2 Satz 2 UStG der Wert jedes Umsatzes als Entgelt für den jeweiligen anderen Umsatz). 30

3.3 Umfang des Entgelts

3.3.1 Auslagen- und Unkostenersatz

Der **Umfang des Entgelts** beschränkt sich nicht auf das, was für die eigentliche Leistung entrichten wird, sondern erstreckt sich auf alles, was der Leistungsempfänger tatsächlich für die an ihn bewirkte Leistung aufwendet. 31

Nur die **durchlaufenden Posten** gehören nicht zum Entgelt, und zwar auch dann nicht, wenn sie neben einem Entgelt anfallen (BFH vom 11.2.1999, V R 46/98, BFH/NV 1999, 1048). Das sind nach § 10 Abs. 1 S. 5 UStG „die Beträge, die der Unternehmer im Namen und für Rechnung eines anderen vereinnahmt und verausgabt". 32

Die dem Leistungsempfänger in Rechnung gestellten **Nebenkosten** (z.B. Telefon, Porto, Fahrtkosten, Verpackung, Frachtkosten, Versicherung, Provisionen etc.) gehören daher ebenfalls zum Entgelt. Solche Geschäftskosten dürfen das Entgelt nicht mindern und sind in die Bemessungsgrundlage mit einzubeziehen (Abschn. 10.1 Abs. 6 Satz 1 UStAE). 33

34 Auch die vom leistenden Unternehmer geschuldeten Abgaben, Gebühren und Steuern mit Ausnahme der Umsatzsteuer gehören zum Entgelt und sind daher in die Bemessungsgrundlage für die Umsatzsteuer mit einzubeziehen (Abschn. 10.1 Abs. 6 Satz 3 UStAE). Zu diesen Abgaben und Steuern gehören z.B. Zölle und Verbrauchssteuern wie die Energiesteuer (auf Benzin, Heizöl und Gas), die Stromsteuer oder Tabaksteuer. Bei den Verbrauchssteuern handelt es sich also um eine „Steuer vor Umsatzsteuer“. Eine Erhöhung in diesem Bereich hat daher für den Fiskus einen doppelten Effekt, da insoweit nicht nur die Einnahmen aus der entsprechenden Verbrauchssteuer steigen, sondern auch das Umsatzsteueraufkommen erhöht wird.

35 Nicht zum Entgelt gehören hingegen öffentlich-rechtliche Abgaben, die nicht vom Leistenden an den Leistungsempfänger weiterbelastet werden, sondern die unmittelbar vom Leistungsempfänger aufgrund einer ihn treffenden Verpflichtung geschuldet werden, auch wenn sie durch die bezogene Leistung veranlasst sind (wie z.B. Sozialversicherungsbeiträge, BFH vom 25.6.2009, V R 37/08, BStBl II 2009, 873).

36 Erfüllt der Leistungsempfänger durch seine Zahlungen an einen Dritten sowohl eine eigene Verbindlichkeit als auch eine Schuld des leistenden Unternehmers, weil beide im Verhältnis zu dem Dritten Gesamtschuldner sind, rechnen die Zahlungen nur insoweit zum Entgelt, wie die Schuldbefreiung des leistenden Unternehmers für diesen von wirtschaftlichem Interesse ist und damit für ihn einen Wert darstellt (Abschn. 10.1 Abs. 7 Satz 5 UStAE).

37 Bei einer **Grundstücksveräußerung** gehört die gesamtschuldnerisch von Erwerber und Veräußerer geschuldete Grunderwerbsteuer auch dann nicht zum Entgelt für die Grundstücksveräußerung, wenn die Parteien des Grundstückskaufvertrags vereinbaren, dass der Erwerber die Grunderwerbsteuer allein zu tragen hat, weil der Erwerber mit der Zahlung der vertraglich übernommenen Grunderwerbsteuer eine ausschließlich eigene Verbindlichkeit begleicht (Abschn. 10.1 Abs. 7 Satz 5 UStAE).

38 Gleiches gilt hinsichtlich der vom Käufer zu tragenden **Kosten der Beurkundung des Kaufvertrags** und der Auflassung, der Eintragung ins Grundbuch und der zu der Eintragung erforderlichen Erklärungen (§ 448 Abs. 2 BGB) (BFH vom 9.11.2006, V R 9/04, BStBl II 2007, 285).

3.3.2 Entgeltminderungen und -erhöhungen

39 Zum Entgelt gehört nach § 10 Abs. 1 Satz 2 UStG alles, was der Leistungsempfänger letztlich tatsächlich für die Leistung aufwendet. Zahlungsabschläge, die vom ursprünglichen Preis für die Leistung vorgenommen werden, mindern daher das Entgelt und damit die Bemessungsgrundlage (BFH vom 13.7.2006, V R 46/05, BFH/NV2007, 169), z.B.:

- Skontoabzüge, Rabatte, Boni und Rückvergütungen,
- Minderungen wegen Mängel,
- Rückgewähr von Pfandgeldern (Abschn. 10.1 Abs. 8 UStAE).

39/1 Zu weiteren Einzelfragen zu Entgeltminderungen vgl. auch Abschn. 10.3 UStAE.

39/2 **Zahlungsabschläge** werden häufig erst in einem späteren Voranmeldungszeitraum und damit nach Entstehung der Umsatzsteuer gewährt (z.B. nachträgliche Rabatte oder Skontoabzüge). In diesen Fällen ist der Besteuerung zunächst das eigentlich vereinbarte Entgelt zugrunde zu legen und die Minderung ist erst in dem Voranmeldungszeitraum zu berücksichtigen, in dem sie auch eintritt. Die Umsatzsteuer muss also insofern nach § 17 UStG nachträglich berichtigt werden.

40 **Zahlungszuschläge**, die auf den eigentlichen Preis für eine Leistung aufgeschlagen werden, erhöhen das Entgelt und damit die Bemessungsgrundlage, z.B.:

- Bedienungszuschläge,
- Ratenkaufzuschläge oder Stundungszinsen,
- Pfandgelder (Abschn. 10.1 Abs. 8 UStAE).

41 Zahlungszuschläge sind allerdings nur dann zu berücksichtigen, wenn sie innerhalb der unmittelbaren Vertragsbeziehung zu zahlen sind. Ist die Erhöhung nicht vereinbart, sondern wird sie vom Leistungsempfänger freiwillig erbracht, so kommt es für die Einbeziehung in das Entgelt darauf an, ob der zusätzliche Teil der Gegenleistung beim zahlenden Leistungsempfänger vom Abgeltungswillen getragen ist (Radeisen,

in Schwarz/Widmann/Radeisen, UStG, § 10 Rn. 60). Das ist der Fall, wenn beim Leistungsempfänger kein anderer Grund für dieses Verhalten erkennbar ist (BFH vom 10.7.1997, V B 152/96, BFH/NV 1998, 357).

3.3.3 Abgrenzung zum „echten" Schadensersatz

Zahlungszuschläge und -abschläge erhöhen bzw. mindern nur dann das Entgelt für eine bestimmte Leistung, wenn sie in unmittelbarem Zusammenhang mit dieser Leistung stehen, also wirklich für die konkrete Leistung und nicht aus anderem Grund erhoben werden. Zusätzliche Zahlungen und Abschläge vom ursprünglichen Preis, die den Charakter einer „echten" Schadensersatzleistung haben, gehören dagegen nicht zum Entgelt für die Leistung. Schadensersatz wird nämlich nicht für die erbrachte Leistung, sondern weil der Zahlende nach Gesetz oder Vertrag für einen Schaden und seine Folgen einzustehen hat (BFH vom 16.1.2003, V R 36/01, DStR 2003, 681). 42

Den Charakter von „echtem" Schadensersatz haben z.B. die vom Leistenden oder Leistungsempfänger zu zahlenden Vertragsstrafen, Verzugszinsen und Prozesszinsen, Mahnkosten und Mahngebühren (s. Abschn. 10.1 Abs. 3 Satz 8 und 9 UStAE). Werden solche Beträge vom leistenden Unternehmer zusätzlich in Rechnung gestellt, gehören sie nicht zum Entgelt für die ausgeführte Leistung. 43

Es ist daher im Einzelfall immer genau zu ermitteln, ob ein echter Schadensersatz oder ein Entgelt gegeben ist (s. Abschn. 1.3 UStAE). Stellt eine Zahlung des Leistungsempfängers teils eine Gegenleistung und teils Schadensersatz dar, ist sie entsprechend aufzuteilen (Korn, in Bunjes, § 10 Rn. 6). 44

3.3.4 Verwertungskosten bei der Sicherungsübereignung

Bei der Sicherungsübereignung liegt erst im Zeitpunkt der Verwertung des Sicherungsguts eine Lieferung des Sicherungsgebers an den Sicherungsnehmer vor. Entgelt für diese Lieferung ist hier der Verwertungserlös, der letztlich dem Sicherungsgeber zusteht. 45

Das gilt auch in dem Umfang, wie der Erlös durch den Sicherungsnehmer nicht an den Sicherungsgeber ausgezahlt, sondern gleich mit seinen noch offenen Forderungen verrechnet wird. 46

Die **Verwertungskosten**, die dem Sicherungsnehmer entstehen und die er regelmäßig vom Verkaufserlös einbehält, gehören nach h.M. nicht zum Entgelt (Rechtsgedanke des Abschn. 10.1 Abs. 3 Satz 15 UStAE). 47

3.3.5 Durchlaufende Posten (§ 10 Abs. 1 Satz 6 UStG)

Beträge, die ein Unternehmer im Namen und für Rechnung eines anderen vereinnahmt oder verausgabt, gehören nach § 10 Abs. 1 Satz 6 UStG nicht zum Entgelt (**durchlaufende Posten**). Hierzu gehören insbesondere Beträge, die ein Unternehmer für einen Auftraggeber als Mittelsperson verauslagt und von diesem anschließend zurückfordert. Um einen durchlaufenden Posten handelt es sich dabei jedoch nur dann, wenn der Unternehmer die Beträge im Namen und auf Rechnung des Auftraggebers verauslagt hat, wenn er also nicht selbst Schuldner und damit Zahlungsverpflichteter war. Ist der Unternehmer gegenüber demjenigen, an den er den Betrag entrichtet, selbst zur Zahlung verpflichtet, leistet er sie nicht nur als Mittelsperson, sondern erfüllt damit eine eigene Zahlungsverpflichtung. Fordert er solche Beträge anschließend von seinem Auftraggeber zurück, handelt es sich nicht nur um durchlaufende Posten, sondern um die Weiterberechnung eigener Auslagen, die der Umsatzsteuer zu unterwerfen sind. Bei Zahlungen handelt es sich also immer dann um durchlaufende Posten, wenn: 48

- Die Vereinnahmung/Verausgabung nach außen erkennbar
- im fremden Namen für fremde Rechnung erfolgt und
- der vereinnahmende Unternehmer insoweit selbst keine Leistung ausgeführt oder empfangen hat (s. Janzen, in Lippross/Seibel, Basiskommentar Steuerrecht, § 10 UStG Rn. 81).

Kosten (Gebühren und Auslagen), die Rechtsanwälte, Notare und Angehörige verwandter Berufe bei Behörden und ähnlichen Stellen für ihre Auftraggeber auslegen, können als durchlaufende Posten nur dann anerkannt werden, wenn die Kosten nach Kosten-(Gebühren-)ordnungen berechnet werden und den Auftraggeber (Mandanten) als Kosten-(Gebühren-)schuldner bestimmen. Dabei ist nicht erforderlich, dass die Namen und Anschriften der Auftraggeber dem Zahlungsempfänger mitgeteilt werden (Abschn. 10.4 49

Abs. 2 Satz 4 UStAE). Steuern, öffentliche Gebühren und Abgaben, die vom Unternehmer (Rechtsanwalt, Notar, Steuerberater) geschuldet werden, sind bei ihm keine durchlaufenden Posten, auch wenn sie dem Leistungsempfänger gesondert berechnet werden (s. Abschn. 10.4 Abs. 3 Satz 1 und 2 UStAE).

50 Die **Gebühren nach dem Gerichtskostengesetz** stellen in der Regel einen durchlaufenden Posten dar, da hier der Gebührenschuldner nicht der Rechtsanwalt, sondern die Partei ist.

51 **Gebühren für die Nutzung des automatisierten Verfahrens zum Abruf von Daten aus dem maschinellen Grundbuch** sind keine durchlaufenden Posten. Hierzu gilt Folgendes:

Nach § 2 GBAbVfV (Verordnung über Grundbuchabrufverfahrensgebühren) i.V.m. § 133 Abs. 2 GBO (Grundbuchordnung) ist nicht der Auftraggeber, sondern der Notar gegenüber der Justiz Gebührenschuldner, da ihm die Genehmigung zur Einrichtung eines automatisierten Abrufverfahrens zu erteilen ist. Der Notar zahlt die **Grundbuchabrufverfahrensgebühren** daher im eigenen Namen und auf eigene Rechnung, so dass diese zum umsatzsteuerlichen Entgelt gehören. Eine Behandlung als durchlaufende Posten kommt nicht in Betracht. Eine andere Beurteilung ergibt sich auch nicht aus einem Beschluss des Bayerischen Obersten Landesgerichts (BayObLG, Beschluss vom 27.10.2004, 3Z BR 185/04, MDR 2005, 479), da es umsatzsteuerlich auf die Möglichkeit der Kostenweiterbelastung nicht ankommt.

52 Bei den Kosten für Aktenversendungspauschalen, Grundbuchauszüge, Handelsregisterauszüge, Einwohnermeldeamtanfragen ist regelmäßig der Unternehmer (Rechtsanwalt, Notar u.Ä.) der Schuldner. Somit handelt es sich lediglich um **Auslagenersatz**, der bei Weiterberechnung an den Mandanten der Umsatzsteuer unterworfen werden muss. Beantragt der Rechtsanwalt oder Notar den Grundbuchauszug, Handelregisterauszug oder stellt er eine Einwohnermeldeamtsfrage im Namen und für Rechnung des Mandanten, so dass der Mandant Kostenschuldner wird, liegt dagegen ein durchlaufender Posten vor.

53 **Durchlaufende Posten** sind (vgl. – auch zu weiteren Einzelfällen – ABC der durchlaufenden Posten bei Schuhmann in Rau/Dürrwächter, § 10 UStG Rn. 300 ff.; Janzen, in Lippross/Seibel, Basiskommentar Steuerrecht, § 10 UStG Rn. 81):

- Die vom Fahrlehrer für die Führerscheinprüfung vereinnahmten und verausgabten TÜV-Gebühren (FG Düsseldorf vom 15.02.1989, 6 K 216/81, EFG 1989, 373);
- Gebühren, die eine Werkstatt für die Hauptuntersuchung eines Kfz durch eine amtlich anerkannte Überwachungsorganisation (TÜV, Dekra etc.) vereinnahmt und verausgabt (OFD Frankfurt a.M. vom 24.6.2010, S 7100 A – 228 – St 110, UR 2010, 784);
- Verauslagte Kfz-Zulassungskosten (EuGH vom 1.6.2006, Rs. C-98/05, UR 2007, 27);
- durch einen Architekten verauslagte Baugebühren;
- die vom Entsorgungsunternehmer getragenen Deponiegebühren, wenn der Abfallerzeuger dem Deponiebetreiber z.B. aus dem Ursprungszeugnis bekannt ist (BMF vom 11.2.2000, IV D 1 – S 7200/16/00, BStBl I 2000, 360);
- Kulturförderabgaben, bei denen der Beherbergungsunternehmer nach der Satzung der jeweiligen Kommune nicht selber Abgabeschuldner ist;
- Kurtaxe, die der Zimmervermieter an die Kurverwaltung abführt (Korn, in Bunjes UStG, § 10 Rn. 68);
- Portokosten von Werbeagenturen, die die Versendung von Prospekten für ihre Kunden übernehmen, wenn Rechtsbeziehungen zwischen der Deutschen Post AG und dem Kunden zustande kommen, was die Nennung des Kunden auf dem Brief als Absender voraussetzt (vgl. OFD Frankfurt a.M. vom 4.4.2014, DStR 2014, 1450);
- Die vom Anbieter für Pflegekräfte vereinnahmten und an die Pflegekräfte weitergeleiteten Beträge sind durchlaufende Posten (BFH vom 11.11.2015, V R 3/15, BFH/NV 2016, 795), denn die Pflegekräfte sind – zumindest im Rahmen des gängigen Modells, bei dem ein Anbieter (z.B. ein Verein und Mitglied des Verbands der Wohlfahrtspflege) Verträge über Pflegeleistungen mit den Betroffenen abschließt und diese Leistungen durch Rückgriff auf selbstständige Pflegekräfte erbringt – Unternehmer;
- Bei einem Krematorium, das die Gebühr für die sog. zweite Leichenschau für die Erben als Gebührenschuldner verauslagt, liegt ein durchlaufender Posten vor. Unerheblich ist – entgegen Abschn. 10.4 Abs. 4 Satz 1 UStAE –, dass der Betreiber des Krematoriums die Gebühr als Gesamtschuldner schuldet (BFH vom 03.07.2014, V R 1/14, DStR 2014, 2126).

Keine durchlaufenden Posten sind (auch zu weiteren Einzelfällen s. Schwarz in Schwarz/Widmann/Radeisen, § 10 UStG Rn. 349 ff.): 54

- Mietnebenkosten, es sei denn, der Mieter ist selbst unmittelbarer Kostenschuldner (BFH vom 18.6.1993, V R 5/92, BFH/NV 1994, 421);
- Die Weiterberechnung von Mautbeträgen ist nach Abschn. 10.4 Abs. 4 Satz 2 UStAE und zwar weder zwischen verschiedenen Gesamtschuldnern der Maut noch durch einen Mautschuldner gegenüber einem anderen Leistungsempfänger Korn, in: Bunjes, UStG, § 10 Rn. 71);
- Auslagenersatz, z.B. Reisekosten oder Portokosten (EuGH vom 03.07.2001, C-380/99, Bertelsmann, DStRE 2001, 936).

3.3.6 Freiwillig gezahlte Beträge (Trinkgelder)

Zum Entgelt gehört nach § 10 Abs. 1 Satz 2 UStG alles, was der Leistungsempfänger für die Leistung aufwendet. Neben den eigentlich geschuldeten Beträgen gehören hierzu auch freiwillige Zahlungen an den Unternehmer, die für eine konkret ausgeführte Leistung entrichtet werden (Abschn. 10.1 Abs. 5 UStAE). Damit sind insbesondere auch die an den Unternehmer gezahlten **Trinkgelder** zusätzliches Entgelt für die Leistung und unterliegen damit der Umsatzsteuer. 55

Trinkgelder, die an Angestellte gezahlt werden, sind dagegen kein Entgelt für die Leistung des Unternehmers, sondern dienen allein der persönlichen Wertschätzung des Angestellten. Sie unterliegen daher nicht der Umsatzsteuer. 56

3.4 Zahlungen

Anders ist es mit dem **Bedienungszuschlag im Gaststättengewerbe**, denn er gehört zur vertraglich geschuldeten Gegenleistung (EuGH vom 29.03.2001, C-404/99, Kommission/Frankreich, UR 2001, 206). Er ist daher auch dann Entgelt, wenn das Bedienungspersonal ihn nicht an den Gaststättenunternehmer abführt, sondern vereinbarungsgemäß als Entlohnung einbehält (BFH vom 19.08.1971, V R 74/68, BStBl II 1972, 24). 57

3.4.1 Zahlungen Dritter als Entgelt i.S.d. § 10 Abs. 1 Satz 3 UStG

Zum **Entgelt für die Leistung** gehört nicht nur das, was der Leistungsempfänger selbst für die Leistung aufwendet (§ 10 Abs. 1 Satz 2 UStG), sondern auch Zahlungen/Zuzahlungen, die ein Dritter für die Leistung an den Leistungsempfänger an den leistenden Unternehmer entrichtet (§ 10 Abs. 1 Satz 3 UStG). Diese zusätzlichen Aufwendungen dritter Personen werden meist Zuschüsse genannt. Sie erscheinen aber auch unter den Bezeichnungen „Zuwendungen", „Beihilfe", „Prämie", „Ausgleichsbetrag", „Unterstützung" und dergleichen (vgl. Schwarz in Schwarz/Widmann/Radeisen, § 10 UStG Rn. 180). 58

Erforderlich ist in jedem Fall ein unmittelbarer wirtschaftlicher Zusammenhang des Zuschusses mit der vom Unternehmer an den Leistungsempfänger ausgeführten Leistung. Die **Zuschüsse** müssen an die Umsätze des Unternehmers anknüpfen und wirtschaftlich der Preisauffüllung dienen (Janzen, in Lippross/Seibel, Basiskommentar Steuerrecht, § 10 UStG Rn. 62). Zuschüsse sind daher Entgelt für eine Leistung an den Zahlenden, wenn (vgl. Abschn. 10.2 Abs. 1 UStAE): 59

- Ein Leistungsaustauschverhältnis zwischen dem leistenden Unternehmer (Zahlungsempfänger) und dem Zahlenden besteht;
- ein unmittelbarer Zusammenhang zwischen der erbrachten Leistung und dem Zuschuss besteht, d.h. wenn der Zahlungsempfänger seine Leistung – insbesondere bei gegenseitigen Verträgen – erkennbar um der Gegenleistung willen erbringt;
- der Zahlende einen Gegenstand oder einen sonstiger Vorteil erhält, auf Grund dessen er als Empfänger einer Lieferung oder sonstigen Leistung angesehen werden kann;
- beim Zahlenden oder am Ende der Verbraucherkette ein Verbrauch im Sinne des gemeinsamen Mehrwertsteuerrechts vorliegt.

60 **Zahlungen Dritter als Entgelt i.S.d. § 10 Abs. 1 Satz 3 UStG** stellen beispielsweise dar:

- Der Ausgleich, den ein Bundesland einem Beförderungsunternehmer für die verbilligte Beförderung von Schülern, Studenten und Auszubildenden zahlt (BFH vom 15.11.1986, V R 109/78, BStBl II 1987, 2);
- der öffentlicher Zuschuss, den eine Forstbetriebsgemeinschaft für die Waldkalkung ihrer Mitglieder erhält (BFH vom 18.6.2009, V R 77/07, UR 2010, 14.);
- Medikamentenzuzahlungen von Sozialversicherten an die Apotheke (OFD Frankfurt a.M. vom 22.1.2010, S 7280 A – 76 – St 111, UR 2010, 549).

3.4.2 Abgrenzung zu „echten" Zuschüssen

61 Das Entgelt von dritter Seite i.S.d. § 10 Abs. 1 Satz 3 UStG ist von den sog. „echten" Zuschüssen durch Dritte abzugrenzen, die einem Unternehmer nicht für eine konkret von ihm erbrachte Leistung gezahlt werden und damit kein zusätzliches, der Umsatzsteuer unterliegendes Leistungsentgelt darstellen.

62 Von **echten, nicht steuerbaren Zuschüssen** ist immer dann auszugehen, wenn die Zahlungen nicht aufgrund eines Leistungsaustauschverhältnisses erbracht werden. Das ist immer dann der Fall, wenn die Zahlungen nicht an bestimmte Umsätze anknüpfen, sondern unabhängig von einer bestimmten Leistung gewährt werden, weil z.B.:

- Der leistende Unternehmer (Zahlungsempfänger) einen Anspruch auf die Zahlung hat oder
- weil in Erfüllung einer öffentlich-rechtlichen Verpflichtung bzw.
- im überwiegenden öffentlich-rechtlichen Interesse an ihn gezahlt wird.

63 **Echte Zuschüsse** liegen auch vor, wenn der Zahlungsempfänger die Zahlungen lediglich erhält, um ganz allgemein in die Lage versetzt zu werden:

- Überhaupt tätig zu werden oder
- seine nach dem Gesellschaftszweck obliegenden Aufgaben erfüllen zu können.

64 Insbesondere **staatliche Zuschüsse, Subventionen und Beihilfen**, die z.B. aus strukturpolitischen oder sozialpolitischen Erwägungen an einen Unternehmer gezahlt werden, können danach sein:

- (Zusätzliches) Entgelt des Staates als Drittem i.S.d. § 10 Abs. 1 Satz 3 UStG für eine vom bezuschussten Unternehmer an eine anderen ausgeführte Leistung;
- ein „echter" Zuschuss an den Unternehmer, der nicht als Entgelt für eine konkret ausgeführte Leistung anzusehen ist und damit nicht der Umsatzsteuer unterliegt.

65 **Staatliche Zuschüsse an einen leistenden Unternehmer** stellen neben den Zahlungen der Leistungsempfänger dann zusätzliches Entgelt eines Dritten dar, wenn sie dem Leistungsempfänger zugutekommen sollen, der Leistungsempfänger also einen Rechtsanspruch auf die Zuzahlung für die Leistung hat, hierzu eine öffentlich-rechtliche Verpflichtung besteht oder die Zahlung zumindest im Interesse des Leistungsempfängers gewährt wird (s. Abschn. 10.2 Abs. 3 UStAE).

66 **Nicht steuerbare „echte" Zuschüsse** liegen vor, wenn Zahlungen dem bezuschussten Unternehmer zur allgemeinen Förderung seiner Tätigkeit und nicht als Gegenleistung für von ihm konkret ausgeführte Leistungen gewährt werden. Subventionen, Beihilfen, Zuschüsse und dergleichen, die ein Unternehmer ohne Bindung an bestimmte Leistungen erhält, sind daher kein Entgelt für Leistungen des Unternehmers, sondern nicht der Umsatzsteuer unterliegende „echte" Zuschüsse (im Einzelnen s. Abschn. 10.2 Abs. 7 UStAE).

67 Allein der Umstand, dass eine Leistung im öffentlichen oder allgemeinen Interesse liegt, steht der Steuerbarkeit nicht schon entgegen; entscheidend ist vielmehr, ob ein individueller Leistungsempfänger vorhanden ist, der aus der Leistung einen Vorteil zieht, der Gegenstand eines Leistungsaustauschs sein kann (BFH vom 18.12.2008, V R 38/06, BStBl II 209, 749). Deshalb führen Zahlungen, die z.B. aus struktur- oder allgemeinpolitischen oder volkswirtschaftlichen Gründen erfolgen, nicht zu einem steuerbaren Entgelt, wenn diese lediglich dazu dienen, die Tätigkeit des Unternehmers allgemein zu fördern, da die Zahlungen dann nicht einem Leistungsempfänger dienen (Korn, in: Bunjes, UStG, § 10 Rn. 62). Andererseits sind auch dem Allgemeinwohl dienende Zahlungen als Entgelt für eine Leistung zu qualifizieren, wenn die **Zahlun-**

gen als Gegenwert für eine Leistung an den Träger der öffentlichen Kasse selbst oder als Gegenwert für eine Leistung im Interesse des Trägers der öffentlichen Kasse anzusehen sind (BFH vom 18.06.2009, V R 4/08, BStBl II 2009, 10).

Soll der Zahlungsempfänger mit dem Zuschuss nur unterstützt werden, damit er seine Tätigkeit ausüben kann, fehlt es an der erforderlichen Verknüpfung von Leistung und Zuschusszahlung zu einem steuerbaren Umsatz (BFH vom 25.01.1996, V R 61/94, BFH/NV 1996, 715). **68**

In der Praxis gibt es zahlreiche Fallgruppen, für die bei Leistungen Zuschüsse gewährt werden. Im Rahmen der öffentlichen Zuschüsse wiederum ist ein Schwerpunkt der Zuschüsse bei denjenigen in der Landwirtschaft festzustellen (OFD Hannover vom 21.11.2006, S 7200 – 206 – StO 172, UR 2007, 396.). Die Verwaltung hat in zahlreichen Einzelanweisungen und in zusammengefassten Verwaltungsanweisungen jeweils zu der Frage Stellung genommen, bei welchem Zuschuss ein **echter Zuschuss oder ein zusätzliches Entgelt** anzunehmen ist (beispielsweise wegen der Zuwendungen und Ausgleichszahlungen für Verkehrsleistungen im öffentlichen Personennahverkehr vgl. OFD Nds. vom 31.3.2015, S 7200 – 283 – St 171, UR 2015, 487). Insgesamt sind klare Abgrenzungslinien nicht erkennbar. Die Fallgruppen scheinen eher nach dem jeweils gewünschten Ergebnis gebildet worden zu sein. Für die Praxis gilt daher, dass im Einzelfall die einzelnen Fallgruppen abgeprüft werden müssen und nicht eine Subsumtion des konkreten Sachverhalts eines potentiellen Zuschusses und abstrakte Tatbestandsmerkmale zu erfolgen hat. Einen umfassenden Überblick anerkannter Zuschüsse gibt das ABC der Preissubventionen/Zuschüsse bei Wagner, in Sölch/Ringleb, UStG, § 10 Rn. 153 f. **69**

3.5 Beistellungen zu Werklieferungen und Werkleistungen

Bei **Werklieferungen und Werkleistungen** nehmen das vom Besteller selbst beschaffte und dem Werkunternehmer zur Verfügung gestellte Material (Materialgestellungen) sowie die sonstigen Beistellungen nicht am Leistungsaustausch teil. Diese bei der Ausführung der Leistungen verwendeten Beistellungen gehören nicht zum Entgelt für die erbrachte Leistung und sind damit nicht in die Bemessungsgrundlage mit einzubeziehen. **70**

Wegen der wirtschaftlich gleich gelagerten Interessenlage sind trotz fehlender Verkörperung in dem fertigen Werk im Rahmen einer Werklieferung auch sonstige Beistellungen, etwa in Form einer **Personalbeistellung**, möglich (vgl. BFH vom 03.12.1970, V R 122/67, BStBl II 1971, 355; vom 12.05.1993, XI R 56/90, BStBl II 1993, 847). **71**

Sonstige Beistellungen sind nur dann nicht steuerbar, wenn sie ausschließlich für die Erstellung des Liefergegenstandes verwendet werden (s. FG Schleswig-Holstein vom 13.04.1983, IV 72/82, EFG 1984, 50; FG Münster vom 12.12.1989, XV-V 4073/84 U, EFG 1990, 493). **72**

4. Bemessungsgrundlage bei Übertragung von Rechten aus einem Pfandschein (§ 10 Abs. 2 Satz 1 UStG)

Werden Rechte übertragen, die mit dem Besitz eines Pfandscheines verbunden sind, so gilt als vereinbartes Entgelt der Preis des Pfandscheins zuzüglich der Pfandsumme (§ 10 Abs. 2 Satz 1 UStG). Die Regelung stellt klar, dass bereits in der Erfüllungsübernahme (§ 329 BGB) die Vereinbarung eines Entgelts zu sehen ist (vgl. Janzen, in Lippross/Seibel, Basiskommentar Steuerrecht, § 10 UStG Rn. 91). **73**

5. Bemessungsgrundlage beim Tausch und tauschähnlichen Umsatz (§ 10 Abs. 2 UStG)

5.1 Begriff Tausch und tauschähnlicher Umsatz (§ 3 Abs. 12 UStG)

Ein Tausch liegt vor, wenn die Gegenleistung für eine (Werk-)Lieferung ebenfalls in einer (Werk-)Lieferung besteht (§ 3 Abs. 12 Satz 1 UStG). **74**

75 **Beispiel:** Ein Landwirt liefert Kartoffeln an eine Genossenschaft und erhält dafür von dieser Dünger (Lieferung ↔ Lieferung).
Ein **tauschähnlicher Umsatz** liegt vor, wenn die Gegenleistung für eine sonstige Leistung (Werkleistung) in einer Lieferung oder einer anderen sonstigen Leistung (Werkleistung) besteht bzw. umgekehrt (§ 3 Abs. 12 Satz 2 UStG).

76 **Beispiel:**
a) Ein Steuerberater erstellt die Umsatzsteuererklärung für einen Maler, der dafür seine Steuerberaterpraxis streicht (sonstige Leistung ↔ sonstige Leistung).
b) Ein Steuerberater erstellt die Umsatzsteuererklärung für einen Metzger, der dafür ein „Kaltes Buffet" für seine Betriebsfeier liefert (sonstige Leistung ↔ Lieferung).

Beim Tausch und tauschähnlichen Umsatz unterliegen sowohl die Leistung als auch die Gegenleistung der Umsatzsteuer, wenn sie jeweils steuerbar und steuerpflichtig sind.
Ein Tausch/tauschähnlicher Umsatz liegt aber begrifflich auch dann vor, wenn eine der beiden Leistungen nicht steuerbar ist, da sie durch einen Nichtunternehmer erbracht wird.

77 **Beispiel:** Ein Spielwarenhändler bietet einer Privatperson für ein altes wertvolles Modellauto drei neue Modellautos an.

Lösung: Es handelt sich um einen Tausch i.S.d. § 3 Abs. 12 Satz 1 UStG. Steuerbar sind jedoch nur die Lieferungen der drei neuen Modellautos durch den Händler, die Lieferung des alten Modellautos durch die Privatperson ist dagegen nicht steuerbar.

78 Stehen sich die beiden Leistungen nicht gleichwertig gegenüber, erfolgt i.d.R. in der Höhe der Wertdifferenz eine Ausgleichszahlung. Ein solcher sog. Tausch bzw. **tauschähnlicher Umsatz mit Baraufgabe** kommt in der Praxis am häufigsten im Kraftfahrzeuggewerbe vor, z.B. bei der Inzahlungnahme eines gebrauchten Kraftfahrzeugs oder beim Austausch von Kraftfahrzeugteilen.

79 Der Tausch ist abzugrenzen von der sog. Hingabe an Zahlung statt. Während ein Tauschvorgang auf einem ursprünglich vereinbarten zivilrechtlichen Tauschgeschäft beruht, liegt eine **Hingabe an Zahlung statt** dann vor, wenn zwar ursprünglich vertraglich eine Zahlung als Gegenleistung vereinbart war (Kaufvertrag § 433 BGB), an deren Stelle später aber vereinbarungsgemäß eine andere Gegenleistung tritt (§ 364 Abs. 1 BGB). Umsatzsteuerlich werden auch hier die Grundsätze des Tauschs angewandt.

80 **Beispiel:** Ein Schreibwarenhändler verkauft einem Maler Zeichenutensilien für insgesamt 300 € auf Rechnung. Nachdem dieser später nicht zahlen kann, erklärt sich der Händler anstelle der Geldzahlung mit der Übereignung zweier Bilder einverstanden.

5.2 Bemessungsgrundlage

5.2.1 Ermittlung des Werts der Gegenleistung (§ 10 Abs. 2 Satz 2 UStG)

81 Zur Ermittlung der Bemessungsgrundlage beim Tausch, tauschähnlichen Umsatz und der Hingabe an Zahlung statt, ist nach § 10 Abs. 2 Satz 2 UStG als Entgelt jeweils der Wert des anderen Umsatzes, also der Wert der jeweiligen Gegenleistung anzusetzen. Die Umsatzsteuer gehört dabei nach Satz 3 nicht zum Entgelt.

82 Das Gesetz enthält dabei keine Aussage darüber, wie dieser Wert zu ermitteln ist. Ursprünglich wurde allgemein davon ausgegangen, dass der gemeine Wert i.S.d. § 9 Abs. 2 BewG anzusetzen sei, also regelmäßig der Marktpreis oder Veräußerungspreis. Mittlerweile gehen jedoch die Rechtsprechung und die Finanzverwaltung nicht mehr von dem rein objektiven gemeinen Wert (allgemeiner Markt- oder Veräußerungspreis), sondern von einem **subjektiven Wert** aus, also von dem Wert, den die Gegenleistung tatsächlich für den leistenden Unternehmer hat. Das entspricht dem, was der leistende Unternehmer tatsächlich bereit ist, für die Gegenleistung aufzuwenden, also allen Ausgaben einschließlich der Nebenleistungen, die er für die Gegenleistung aufwendet (vgl. EuGH vom 2.6.1994, C-33/93, UR 1995, 64; vom 3.7.2001, C-380/99, UR

2001, 398; BFH vom 16.4.2008, XI R 56/06, UR 2008, 700; vom 11.7.2012, XI R 11/11, DStR 2013, 33). Dieser Wert umfasst alle Ausgaben einschließlich der Kosten der Nebenleistungen, die der Empfänger aufwendet, um die fragliche Leistung zu erhalten (z.B. Beschluss des BFH vom 01.08.2002, V R 21/01, BStBl II 2003, 438; vom 16.04.2008, XI R 56/06, UR 2008, 700). Soweit der Wert des Entgelts nicht ermittelt werden kann, ist er zu schätzen (§ 162 AO).

Nur wenn der Leistende keine konkreten Aufwendungen für die erhaltene Gegenleistung tätigt, hält die Finanzverwaltung weiterhin daran fest, dass sich die Bemessungsgrundlage nach dem **gemeinen Wert der Gegenleistung** richtet (Abschn. 10.5 Abs. 1 UStAE). 83

Beispiel: Ein Unternehmen überträgt einem Fußballverein kostenlos einen Pkw mit einer Werbeaufschrift des Unternehmens, welchen der Verein regelmäßigen nutzen und damit Werbung für das Unternehmen machen soll. Der üblicher Marktpreis für solche Werbeleistungen beträgt 3.000 €, die Anschaffungskosten des Pkw betragen 25.000 € netto. 84

Lösung: Es handelt sich um einen tauschähnlichen Umsatz i.S.d. § 3 Abs. 12 Satz 2 UStG (s. dazu § 3 Rn. 159 ff.), da der Übertragung des Pkw (Lieferung) die Erbringung der Werbeleistung durch den Verein (sonstige Leistung) als Gegenleistung gegenübersteht. Als Entgelt für die Lieferung des Pkw ist nach § 10 Abs. 2 Satz 2 UStG der Wert der Gegenleistung, also der Werbeleistung durch den Verein anzusetzen. Dabei ist nicht der gemeinen Wert dieser Leistung anzusetzen, also der Marktpreis, der im gewöhnlichen Geschäftsverkehr für die (Werbe-)Leistung zu erzielen wäre. Auszugehen ist vielmehr vom subjektiven Wert, den die „Werbeleistung" für das Unternehmen hat. Dieser bestimmt sich danach, was das Unternehmer bereit war, hierfür tatsächlich aufzuwenden, also nach den Anschaffungskosten des Pkw i.H.v. 25.000 €
Der gemeine Wert der Gegenleistung ist aber dann noch anzusetzen, wenn keine konkreten Aufwendungen getätigt wurden. Soweit sich auch hiernach kein Wert ermitteln lässt, weil z.B. kein Marktpreis für eine bestimmte Leistung vorhanden ist, ist das Entgelt ggf. zu schätzen (Abschn. 10.5 Abs. 1 Satz 6 und 7 UStAE). Ist lediglich der Wert einer Leistung zu ermitteln, kann dabei jedoch i.d.R. davon ausgegangen werden, dass dieser auch dem Wert der Gegenleistung entspricht, wenn keine Baraufgabe vereinbart und geleistet wird („niemand hat etwas zu verschenken").

5.2.2 Tausch und tauschähnlicher Umsatz mit Baraufgabe

Wird neben dem gegenseitigen Austausch von Leistung von einer Partei neben ihrer Leistung noch ein Geldbetrag zugezahlt, handelt es sich um einen Tausch oder tauschähnlichen Umsatz mit Baraufgabe. 85

Tauschvorgänge mit Baraufgabe liegen insbesondere im Kraftfahrzeuggewerbe vor. So werden für die Lieferung von Kraftfahrzeugteilen (z.B. Motor, Lichtmaschine, Vergaser etc.) häufig die alten, reparaturbedürftigen Teile zur Wiederaufbereitung in Zahlung genommen und auf den Kaufpreis für das neue Teil angerechnet. Beim Kauf eines Kraftfahrzeugs wird häufig der alte Gebrauchtwagen des Käufers in Zahlung genommen und auf den Kaufpreis für das erworbene Fahrzeug angerechnet. 86

Als **Entgelt für die Lieferung eines neuen Fahrzeugteils oder Kraftfahrzeugs** ist dabei neben dem vom Käufer gezahlten Geldbetrag auch der Wert der in Zahlung genommenen Gegenstände anzusetzen. Dabei ist nach Auffassung der Finanzverwaltung vom gemeinen Wert (üblicher Marktwert) der alten Fahrzeugteile bzw. des Gebrauchtwagens auszugehen (s. Abschn. 10.5 Abs. 3 und 4 UStAE). 87

Häufig wird beim Verkauf eines Kraftfahrzeugs neben oder anstelle eines Rabatts auf den Kaufpreis, der Gebrauchtwagen des Käufers zu einem höheren Preis als dem gemeinen Wert in Zahlung genommen. Hierin liegt ein **verdeckter Preisnachlass auf den Kaufpreis**, der das Entgelt für die Lieferung des Neuwagens mindert (s. Abschn. 10.5 Abs. 4 UStAE). 88

6. Bemessungsgrundlage bei unentgeltlichen Wertabgaben (§ 10 Abs. 4 UStG)

6.1 Bemessungsgrundlage bei Entnahmen nach § 3 Abs. 1b UStG

89 Als Bemessungsgrundlage ist in den Fällen des § 3 Abs. 1b UStG nach § 10 Abs. 4 Satz 1 Nr. 1 UStG entweder der Einkaufspreis oder es sind die Selbstkosten (Herstellungskosten) des entnommenen Gegenstands anzusetzen. Vorrangig ist dabei vom **Einkaufspreis** auszugehen, die **Selbstkosten** sind nur dann anzusetzen, wenn sich kein Einkaufspreis ermitteln lässt, z.B. bei der Entnahme selbst hergestellter Gegenstände.

90 Für bestimmte Unternehmensbranchen (z.B. Gastronomie, Bäckereien, Metzgereien) setzt die Finanzverwaltung zur Vereinfachung der Besteuerung Jahrespauschbeträge für die Sachentnahmen an (vgl. Pauschbeträge für 2016, s. BMF vom 16.12.2015, BStBl I 2015, 1084).

6.1.1 Einkaufspreis

91 Bei der **Entnahme erworbener Gegenstände** ist grundsätzlich immer der Einkaufspreis zuzüglich Nebenkosten wie Transport und Verpackung anzusetzen. Anzusetzen ist der Einkaufspreis ohne Umsatzsteuer, also der Nettoeinkaufspreis (§ 10 Abs. 4 Satz 2 UStG). Maßgeblich ist dabei nicht der ursprüngliche Einkaufspreis des entnommenen Gegenstands, sondern der Einkaufspreis im Zeitpunkt der Entnahme, also die Wiederbeschaffungskosten (netto).

92 **Beispiel:** Ein Möbelhändler schenkt seiner Tochter Möbel. Der Einkaufspreis betrug ursprünglich 20.000 € zuzüglich Umsatzsteuer, der übliche Verkaufspreis beträgt 35.000 €. Zwischen Einkauf und Entnahme hat der Hersteller die Preise um 10 % erhöht.

Lösung: Als Bemessungsgrundlage für die mit der Schenkung bewirkten Entnahme (§ 3 Abs. 1b Satz 1 Nr. 1 UStG) ist nach § 10 Abs. 4 Satz 1 Nr. 1 UStG der Einkaufspreis (netto) im Zeitpunkt der Entnahme anzusetzen, also die aktuellen Wiederbeschaffungskosten beim Hersteller von derzeit 22.000 € (netto). Für die Schenkung fällt also Umsatzsteuer i.H.v. 4.180 € an.
Maßgeblich sind die Wiederbeschaffungskosten für einen gleichartigen Gegenstand, bei vorheriger Nutzung im Unternehmen also eines gleichartigen, gebrauchten Gegenstandes.

93 **Beispiel:** Ein Unternehmer schenkt seinem Sohn einen alten Firmenwagen, den er vor 5 Jahren für 39.990 € erworben hat. Aktueller Wert laut Schwacke-Liste 10.000 € netto.

Lösung: Als Bemessungsgrundlage für die mit der Schenkung bewirkten Entnahme sind die Wiederbeschaffungskosten von 10.000 € (netto) anzusetzen. Für die Schenkung fällt also Umsatzsteuer i.H.v. 1.900 € an.

94 Unterliegen nur die Bestandteile des Gegenstandes der Entnahmebesteuerung, ist als Bemessungsgrundlage nur deren Wert im Zeitpunkt der Entnahme anzusetzen (vgl. hierzu das Beispiel in Abschn. 3.3 Abs. 4 UStAE).

6.1.2 Selbstkosten

95 Bei der Entnahme selbst hergestellter Gegenstände, für die sich kein Einkaufspreis auf dem Markt ermitteln lässt, sind grundsätzlich die **Selbstkosten**, also die Herstellungskosten anzusetzen. Anzusetzen sind die Nettoherstellungskosten (§ 10 Abs. 4 Satz 2 UStG). Auch hier ist der Zeitpunkt der Entnahme entscheidend (s. BMF vom 10.7.2000, IV D1 – S 7103/5/00, UR 2000, 349). Ändern sich die Herstellungskosten also zwischen Herstellung und Entnahme, sind die Kosten anzusetzen, die im Zeitpunkt der Entnahme entstanden wären, also die Wiederherstellungskosten (netto).

96 Es gilt der Begriff der **Herstellungskosten** i.S.d. § 255 Abs. 2 HGB. Zu den Herstellungskosten gehören daher die Materialkosten (netto) sowie die Fertigungskosten (insbesondere Arbeitskosten).

97 Nicht zu den Herstellungskosten gehören der Wert der eigenen Arbeitsleistung des Unternehmers (Unternehmerlohn) sowie kalkulatorische Gewinnaufschläge.

6.2 Bemessungsgrundlage bei der Verwendung von Gegenständen nach § 3 Abs. 9a Nr. 1 UStG

6.2.1 Ansatz der vorsteuerbelasteten Ausgaben nach § 10 Abs. 4 Satz 1 Nr. 2 UStG

Die **Bemessungsgrundlage für die nichtunternehmerische Nutzung von Unternehmensgegenständen** (§ 3 Abs. 9a Nr. 1 UStG; s. dazu § 3 Rn. 131 ff.) bestimmt sich nach § 10 Abs. 4 Satz 1 Nr. 2 UStG. Danach sind die auf die nichtunternehmerische Nutzung (Privatnutzung) entfallenden Ausgaben anzusetzen, soweit diese Ausgaben zum vollen oder teilweisen Vorsteuerabzug berechtigt haben. Auszugehen ist dabei von den Ausgaben ohne Umsatzsteuer, also den Nettoausgaben (§ 10 Abs. 4 Satz 2 UStG). 98

Ausgaben nach § 10 Abs. 4 Satz 1 Nr. 2 UStG: 99

- Laufende Betriebs- und Unterhaltskosten des Gegenstandes (z.B. für Benzin, Reparaturen, Wartung, Inspektion, Strom, Wasserverbrauch),
- Anschaffungs- oder Herstellungskosten (§ 10 Abs. 4 Satz 1 Nr. 2 Satz 2 und 3 UStG):
  - bei Anschaffungs- oder Herstellungskosten bis 499 € sind diese sofort in vollem Umfang mit einzubeziehen,
  - bei Anschaffungs- oder Herstellungskosten ab 500 € sind diese auf den nach § 15a Abs. 1 UStG, maßgeblichen Zeitraum zu verteilen, grundsätzlich also auf 5 Jahre, bei Grundstücken auf 10 Jahre.

6.2.2 Bemessungsgrundlage für die nichtunternehmerische Nutzung von Grundstücken

Bei teils unternehmerisch und teils nichtunternehmerisch genutzten Grundstücken bzw. Gebäuden, die vor dem 01.01.2011 angeschafft oder hergestellt wurden, kann ein Unternehmer grundsätzlich auch weiterhin die mit der nichtunternehmerischen Nutzung in Zusammenhang stehenden Vorsteuerbeträge geltend machen, wenn er das Grundstück zu 100 % dem Unternehmen zugeordnet hat. Auf der anderen Seite unterliegt die nichtunternehmerische Nutzung in diesen „Altfällen" der Besteuerung nach § 3 Abs. 9a Nr. 1 UStG. 100

Als Bemessungsgrundlage sind dabei nach § 10 Abs. 4 Satz 1 Nr. 2 UStG die auf die nichtunternehmerische Nutzung entfallenden Ausgaben anzusetzen. Dabei sind nur solche Ausgaben zu berücksichtigen, die zum Vorsteuerabzug berechtigt haben. Nicht mit Vorsteuer belastete Kosten (z.B. **Schuldzinsen oder Grundbesitzabgaben**) sind nicht mit einzubeziehen. Anzusetzen sind nur die anteilig auf die Privatnutzung entfallenden Ausgaben. Ausgaben, die für das gesamte Gebäude anfallen (z.B. Anschaffungskosten) sind daher entsprechend dem Verhältnis der unternehmerischen und nichtunternehmerischen Nutzung aufzuteilen. 101

Beispiel: Ein Steuerberater nutzt ein in 2010 errichtetes Gebäude zu 20 % unternehmerisch (Büroräume) und zu 80 % nichtunternehmerisch (Wohnung). Das Gebäude hat er zu 100 % seinem Unternehmen zugeordnet. In 2011 sind für das Gebäude insgesamt folgende Kosten angefallen: 102

- Strom und Wasser 700 € (zuzüglich Umsatzsteuer),
- Schornsteinfeger 50 € (zuzüglich Umsatzsteuer),
- Grundbesitzabgaben 500 €,
- Schuldzinsen 4.200 €.

Die Vorsteuerbeträge aus den Herstellungskosten i.H.v. 220.000 € zuzüglich Umsatzsteuer sowie den laufenden Kosten hat er zulässigerweise in vollem Umfang geltend gemacht.

Lösung: Gemäß § 10 Abs. 4 Satz1 Nr. 2 Satz 1 i.V.m. Abs. 4 Satz 2 UStG sind als Bemessungsgrundlage die auf die Privatnutzung entfallenden Ausgaben (netto) anzusetzen, soweit sie zumindest teilweise zum Vorsteuerabzug berechtigt haben. Zu den Ausgaben gehören neben den laufenden Kosten nach § 10 Abs. 4 Nr. 2 Satz 2 und 3 i.V.m. § 15a Abs. 1 Satz 2 UStG auch die auf 10 Jahre zu verteilenden Herstellungskosten.
Berechnung der Umsatzsteuer für die Privatnutzung im Jahr 2011:
Vorsteuerbelastete Unterhaltskosten insgesamt (netto): 750 € (Strom, Wasser, Schornsteinfeger; nicht Abgaben/Schuldzinsen).

Anschaffungskosten insgesamt 220.000 €. Verteilt auf 10 Jahre = pro vollem Jahr 22.000 €. Ausgaben insgesamt 22.750 €. Bemessungsgrundlage = Privatanteil 80 % 18.200 €. Umsatzsteuer Privatnutzung 2011 (19 %) 3.458 €.

6.2.3 Bemessungsgrundlage für die nichtunternehmerische Nutzung von Fahrzeugen

103 Zur Bestimmung der Bemessungsgrundlage für die nach § 3 Abs. 9a Nr. 1 UStG (s. dazu § 3 Rn. 131 ff.) steuerbare Privatnutzung eines dem Unternehmen zugeordneten Fahrzeugs hat der Unternehmer mehrere Möglichkeiten (s. Abschn. 15.23 Abs. 5 UStAE).

104 Er kann die auf die Privatnutzung entfallenden vorsteuerbelasteten Ausgaben nach § 10 Abs. 4 Satz 1 Nr. 2 UStG ansetzen, wobei der private Nutzungsanteil entweder durch ein ordnungsgemäßes Fahrtenbuch nachzuweisen ist (**Fahrtenbuchmethode**) oder zu schätzen ist (**Schätzungsmethode**, s. Abschn. 15.23 Abs. 5 Satz 4 Nr. 3 UStAE). Fahrten zwischen Wohnung und Arbeitsstätte sowie Familienheimfahrten gelten umsatzsteuerrechtlich als betrieblich veranlasst, sie sind damit nicht in den privaten Nutzungsanteil mit einzubeziehen (s. Abschn. 15.23 Abs. 2 Satz 2 UStAE; BFH vom 5.6.2014, XI R 36/12, DStR 2014, 2074).

105 Ermittelt er für ertragsteuerliche Zwecke den Wert der Privatnutzung nach der **Fahrtenbuchmethode**, ist zwingend von diesem Wert auch bei der Ermittlung der Bemessungsgrundlage für die Umsatzbesteuerung der unternehmensfremden Nutzung auszugehen (s. Abschn. 15.23 Abs. 5 Satz 4 Nr. 1 Buchst. b und Nr. 2 UStAE). Gemeint ist dabei meines Erachtens lediglich der mit dem Fahrtenbuch ermittelte private Nutzungsanteil. Die Ermittlung der darauf entfallenden Gesamtausgaben richtet sich dagegen nicht nach erstragsteuerlichen, sondern umsatzsteuerlichen Grundsätzen. Anzusetzen sind also auch hier nur die vorsteuerbelasteten Ausgaben, wobei die Anschaffungskosten auf den § 15a-Berichtigungszeitraum und nicht auf die AfA-Nutzungsdauer zu verteilen sind. Außerdem erfolgt keine Kürzung um Aufwendungen für Batteriesysteme bei Elektro- und Hybridelektrofahrzeugen.

106 Ermittelt er für ertragsteuerliche Zwecke den Wert der Privatnutzung pauschal nach der sog. **1 %-Methode** (nur bei mindestens 50 % unternehmerischer Nutzung möglich), kann er von diesem Wert aus Vereinfachungsgründen auch für die umsatzsteuerrechtliche Bemessungsgrundlage ausgehen (s. Abschn. 15.23 Abs. 5 Satz 4 Nr. 1 Buchst. a UStAE). Für die nicht mit Vorsteuern belasteten Kosten kann er dabei einen pauschalen Abschlag von 20 % vornehmen. Auch hier erfolgt keine Kürzung um Aufwendungen für Batteriesysteme bei Elektro- und Hybridelektrofahrzeugen.

107 **Beispiel:** Ein Unternehmer nutzt einen Firmenwagen, den er bei der Anschaffung 2010 zu 100 % seinem Unternehmen zugeordnet hat, in 2011 wie folgt:
Fahrten Wohnung-Betrieb 4.000 km Privatfahrten 12.000 km betriebliche Fahrten 20.000 km insgesamt 36.000 km Laufende Kosten im Jahr 2011 insgesamt:

- Steuer und Versicherung 1.000 €,
- Benzin 6.200 € (zuzüglich 19 % Umsatzsteuer),
- Reparaturen 3.800 € (zuzüglich 19 % Umsatzsteuer) Die Anschaffungskosten betrugen 55.000 € zuzüglich Umsatzsteuer (Bruttolistenpreis 69.920 €).

Die entsprechenden Vorsteuerbeträge hat er in vollem Umfang geltend gemacht.

Lösung:

Bemessungsgrundlage nach der Fahrtenbuch- oder Schätzungsmethode

Ansatz der auf die Privatnutzung entfallenden vorsteuerbelasteten Ausgaben (netto) nach § 10 Abs. 4 Satz 1 Nr. 2 und Abs. 4 Satz 2 UStG. Die Fahrten Wohnung-Betrieb gehören zu den betrieblichen Fahrten. Anschaffungskosten (netto) verteilt auf 5 Jahre. Laufende Kosten (netto) 11.000,00 € (nicht Steuer und Versicherung, da keine Vorsteuer) 10.000,00 €. Gesamtkosten 21.000,00 €. Bemessungsgrundlage Privatnutzung ($^{12}/_{36}$) 7.000,00 €. Umsatzsteuer für die Privatnutzung in 2011 (19 %) 1.330,00 €.

Bemessungsgrundlage nach der 1 %-Methode
1 % von 69.900 € (abgerundet auf volle 100 €) = 699 € × 12 Monate in 2011 8.388,00 €.
20 % Abschlag 1.677,60 €. Bemessungsgrundlage 6.710,40 €. Umsatzsteuer für die Privatnutzung in 2011 (19 %) 1.274,98 €.

6.3 Bemessungsgrundlage bei sonstigen unentgeltlichen Leistungen nach § 3 Abs. 9a Nr. 2 UStG

Bei den sonstigen unentgeltlichen Leistungen bestimmt sich die Bemessungsgrundlage gemäß § 10 Abs. 4 Satz 1 Nr. 3 i.V.m. Abs. 4 Satz 2 UStG ebenfalls nach den für die Ausführung dieser Leistung entstandenen (Netto-)Ausgaben (s. Kap. 3.2.1). Zu berücksichtigen sind hier im Unterschied zu Abs. 4 Satz 1 Nr. 2 aber auch Ausgaben, die nicht zum Vorsteuerabzug berechtigt haben, insbesondere also auch **Kosten für den Einsatz eigener Arbeitskräfte**. 108

Beispiel: Der Inhaber einer Kfz-Werkstatt lässt seinen Privatwagen in seiner Werkstatt reparieren. Einen Teil der Arbeiten führt er selbst aus, den Rest erledigen seine Angestellten (anfallende Lohnkosten 200 €). Die benötigten Materialien entnimmt er seinem Warenlager. Dabei handelt es ausschließlich um Kleinteile zum Einkaufspreis von insgesamt 100 € zuzüglich Umsatzsteuer. 109

Lösung: Da lediglich Kleinteile (Nebenstoffe) verwendet werden, handelt es sich um eine unentgeltliche Werkleistung = fiktive sonstige Leistung nach § 3 Abs. 9a Nr. 2 UStG. Als Bemessungsgrundlage sind nach § 10 Abs. 4 Satz 1 Nr. 3 UStG die bei der Ausführung der Leistung entstandenen Ausgaben anzusetzen (netto = Abs. 4 Satz 2). Anzusetzen sind neben den Materialkosten auch die nicht vorsteuerbelasteten Ausgaben wie die Lohnkosten. Die eigene Arbeitsleistung führt dagegen nicht zu Ausgaben, deren Wert ist damit nicht mit einzubeziehen. Die Bemessungsgrundlage für diese unentgeltliche sonstige Leistung beträgt somit 300 €, die hierfür anfallende Umsatzsteuer 57 €.

Bei der **privaten Nutzung von Freizeitgegenständen** ist nur der Teil der Ausgaben zu berücksichtigen, der zu den Gesamtausgaben im selben Verhältnis steht wie die Dauer der tatsächlichen Verwendung des Gegenstands für unternehmensfremde Zwecke zur Gesamtdauer seiner tatsächlichen Verwendung (BFH vom 24.08.2000, V R 9/00, BStBl II 2001, 776). Das ist der Fall, wenn der Unternehmer über den Gegenstand – wie ein Endverbraucher – nach Belieben verfügen kann und ihn nicht (zugleich) für unternehmerischen Zwecke bereithält oder bereithalten muss (s. Abschn. 10.6 Abs. 5 Satz 2 UStAE). 110

7. Mindestbemessungsgrundlage (§ 10 Abs. 5 UStG)

7.1 Bedeutung der Mindestbemessungsgrundlage

Grundsätzlich ist der Unternehmer in seiner Preisfindung frei, d.h., die Umsatzsteuer wird im Ergebnis nach dem tatsächlichen Betrag bemessen, den der Leistungsempfänger aufwendet (§ 10 Abs. 1 S. 2 UStG), um die Leistung zu erhalten. Allerdings sieht der Gesetzgeber für die in § 10 Abs. 5 UStG genannten Fälle, in denen ein gewisses Näheverhältnis zwischen den am Leistungsaustausch Beteiligten besteht, unter bestimmten Voraussetzungen eine von den Vereinbarungen der Beteiligten abweichende Bemessungsgrundlage vor. Bei entgeltlichen Leistungen ist das vereinbarte Entgelt nach § 10 Abs. 1 UStG grundsätzlich auch dann Bemessungsgrundlage für die Umsatzsteuer, wenn es dem objektiven Wert der Leistung nicht entspricht (Abschn. 10.1 Abs. 2 Satz 1 UStAE). 111

Bei entgeltlichen Leistungen an bestimmte, dem Unternehmer nahestehende Personen sind jedoch nach § 10 Abs. 5 UStG mindestens die Werte nach § 10 Abs. 4 UStG, die bei der unentgeltlichen Abgabe der Leistungen anzusetzen wären, als Bemessungsgrundlage heranzuziehen, wenn das tatsächlich vereinbarte Entgelt unter diesen Werten bleibt (**Mindestbemessungsgrundlage**). Die Aufstockung geschieht in der Weise, dass das vereinbarte Entgelt mit den nach § 10 Abs. 4 UStG zu ermittelnden Beträgen verglichen wird; sind diese höher, stellen sie statt des tatsächlichen Entgelts die Bemessungsgrundlage dar. Damit soll verhindert 112 werden, dass ein Unternehmer, der eine Leistung eigentlich schenken will, sie nicht unentgeltlich, sondern zu einem niedrigen („symbolischen") Preis abgibt, um so Umsatzsteuer zu sparen.

7.2 Leistungen an bestimmte nahestehende Personen

113 § 10 Abs. 5 UStG gilt nur bei entgeltlichen Lieferungen und sonstigen Leistungen an bestimmte, dort abschließend aufgezählte Personen, die in einem bestimmten Näheverhältnis zum Unternehmer stehen. Als nahestehende Personen i.S.d. § 10 Abs. 5 UStG sind Angehörige i.S.d. § 15 AO sowie andere Personen und Gesellschaften anzusehen, zu denen ein Anteilseigner, Gesellschafter usw. eine enge rechtliche, wirtschaftliche oder persönliche Beziehung hat. Bei Leistungen an andere Personen bleibt es dagegen bei dem Grundsatz, dass das tatsächlich vereinbarte Entgelt unabhängig von seiner Höhe als Bemessungsgrundlage heranzuziehen ist, da man grundsätzlich davon ausgehen kann, dass ein Unternehmer Leistungen an fremde Dritte nicht ohne Grund unterhalb des Einkaufspreises bzw. der entstandenen Ausgaben abgibt.

7.2.1 Leistungen von Personenvereinigungen an ihre Anteilseigner

114 Nach § 10 Abs. 5 Satz 1 Nr. 1 Alt. 1 UStG ist bei Leistungen von Körperschaften und sonstigen Personenvereinigungen an ihre Anteilseigner, Gesellschafter, Mitglieder, Teilhaber oder diesen nahe stehende Personen die Mindestbemessungsgrundlage zu beachten.

7.2.2 Leistungen von Einzelunternehmern an ihnen nahestehende Personen

115 Zu den einem Einzelunternehmer nahestehenden Personen i.S.d. § 10 Abs. 5 Satz 1 Nr. 1 Alt. 2 UStG gehören immer dessen Angehörige i.S.d. § 15 AO (Ehegatten, Verlobte, Eltern, Kinder, Enkel etc.).

116 Als **nahestehende Personen** sind daneben aber auch all diejenigen Personen anzusehen, zu denen der Unternehmer eine enge rechtliche, wirtschaftliche oder persönliche Beziehung hat (Abschn. 10.7 Abs. 1 Satz 2 USAE). Ob dies der Fall ist, ist letztlich von einer (in der Praxis oft schwierig zu beweisenden) Einzelfallentscheidung abhängig. Ein unangemessen niedriges Entgelt ist dabei jedoch bereits als Indiz für eine solche enge Beziehung anzusehen.

117 Zu den nahestehende Personen können neben natürlichen Personen (Freunde, Geschäftspartner) auch Gesellschaften gehören, an denen der Unternehmer beteiligt ist und an die er verbilligt Leistungen ausführt.

7.2.3 Leistungen von Unternehmern an ihr Personal

118 Auch bei Leistungen, die ein Unternehmer an sein Personal oder dessen Angehörige verbilligt abgibt, ist die Mindestbemessungsgrundlage zu beachten. Nach § 10 Abs. 5 Nr. 2 UStG unterliegen Lieferungen und sonstige Leistungen, die ein Unternehmer an seine Arbeitnehmer oder deren Angehörige auf Grund des Dienstverhältnisses ausführt, der Mindestbemessungsgrundlage, wenn die Bemessungsgrundlage nach § 10 Abs. 4 UStG das durch den Arbeitnehmer entrichtete Entgelt übersteigt.

119 Eine **Leistung „auf Grund des Dienstverhältnisses" i.S.v. § 10 Abs. 5 Nr. 2 UStG** liegt vor, wenn die Leistung des Arbeitgebers zwar aus betrieblichem Anlass erfolgt, diese jedoch den privaten Bedarf der Arbeitnehmer befriedigt (vgl. BFH vom 27.02.2008, XI R 50/07, BStBl II 2009, 426). Nach der Rechtsprechung des BFH kann eine Leistung auf Grund des Dienstverhältnisses nur dann angenommen werden, wenn sie ohne Entgeltvereinbarung als unentgeltliche Leistung nach § 3 Abs. 1b Satz 1 Nr. 2 UStG steuerbar wäre (vgl. BFH vom 27.02.2008, XI R 50/07, BStBl II 2009, 426; vom 19.06.2011, XI R 8/09, BStBl II 2016, 185).

120 Bei Leistungen, die durch eigene betriebliche Erfordernisse des Unternehmers bedingt sind, ist dies nicht der Fall. Die Mindestbemessungsgrundlage findet deshalb keine Anwendung, wenn die Leistung des Arbeitnehmers an sein Personal nicht zur Befriedigung persönlicher Bedürfnisse des Personals erfolgt, sondern durch betriebliche Erfordernisse bedingt ist, weil dann keine Leistung „auf Grund des Dienstverhältnisses" vorliegt (Abschn. 10.7 Abs. 2 Satz 1 UStAE).

Mithin kommt es darauf an, ob die Leistung einen privaten Bedarf des Arbeitnehmers befriedigt oder ob sie durch die eigenen betrieblichen Erfordernisse des Unternehmens bedingt ist, sofern es sich nicht um Aufmerksamkeiten handelt (BFH vom 27.02.2008, XI R 50/07, BStBl II 2009, 426). 121

Nach der Rechtsprechung des EuGH zur **unentgeltlichen Beförderung des Arbeitnehmers zwischen Wohnung und Arbeitsstätte** (EuGH vom 06.10.1997, C-258/95, Fillibeck, UR 1998, 61) handelt es sich bei Leistungen eines Arbeitgebers für die Beförderung des Arbeitnehmers zwischen Wohnung und Arbeitsstätte grundsätzlich um die Befriedigung der persönlicher Bedürfnisse des Personals, da sie aus der Sicht des Arbeitnehmers dessen privaten Zwecken dienen. 122

Gleichwohl kann die Übernahme der Beförderung auf dieser Strecke durch den Arbeitgeber unter besonderen Umständen durch die Erfordernisse der wirtschaftlichen Tätigkeit des Unternehmens bedingt sein, so dass hierin keine Leistung des Arbeitgebers zu unternehmensfremden Zwecken zu sehen ist und der durch den Arbeitnehmer erlangte persönliche Vorteil gegenüber dem Bedarf des Unternehmens als nebensächlich erscheint (EuGH vom 06.10.1997, C-258/95, Fillibeck, UR 1998, 61). Die **Beförderung der Arbeitnehmer zur Arbeitsstätte** ist insbesondere auch dann keine Leistung „auf Grund des Dienstverhältnisses", wenn für die Arbeitnehmer keine zumutbaren Möglichkeiten bestehen, die Arbeitsstätte mit öffentlichen Verkehrsmitteln zu erreichen (BFH vom 15.11.2007, V R 15/06, BStBl II 2009, 423). 123

Zur **Abgabe von Mahlzeiten an Arbeitnehmer** hat der EuGH entschieden, es sei Sache des Arbeitnehmers, für seine Mahlzeiten zu sorgen, sodass Dienstleistungen, die in der unentgeltlichen Abgabe von Mahlzeiten an Arbeitnehmer bestehen, unter normalen Umständen dem privaten Bedarf der Arbeitnehmer dienen (EuGH vom 11.12.2008, C-371/07, Danfoss und AstraZeneca, BFH/NV 2009, 336). 124

Anders sei es, so der EuGH, wenn es die Erfordernisse der wirtschaftlichen Tätigkeit des Unternehmens unter besonderen Umständen gebieten, dass der Arbeitgeber die Bewirtung im Rahmen von Sitzungen mit aus verschiedenen Staaten angereisten Arbeitnehmern übernehme, sich das Interesse des Unternehmens an der Bereitstellung von Speisen und Getränken für seine Arbeitnehmer im speziellen Rahmen von unternehmensinternen Sitzungen darin zeige, dass er hierdurch in die Lage versetzt werde, diese Mahlzeiten rationell und effizient zu organisieren und zu kontrollieren, und dem Arbeitgeber hierdurch ermöglicht werde, Gründe für eine Unterbrechung der Sitzungen zu begrenzen, so dass die Bewirtung letztlich dem Arbeitgeber ermögliche, die Kontinuität und den ordnungsgemäßen Ablauf der Sitzungen zu gewährleisten (EuGH vom 11.12.2008, C-371/07, Danfoss und AstraZeneca, BFH/NV 2009, 336). Dabei könne zu berücksichtigen sein, dass Mahlzeiten nur aus Sandwichs und kalten Gerichten beständen, die im Sitzungsraum serviert würden. Unter derartigen Umständen erfolge die Gewährung von Mahlzeiten an Arbeitnehmer durch den Arbeitgeber nicht zur Befriedigung eines privaten Bedarfs der Arbeitnehmer, sondern zu Zwecken, die nicht unternehmensfremd seien, wobei der persönliche Vorteil, den die Arbeitnehmer daraus zögen, gegenüber den Bedürfnissen des Unternehmens als nur untergeordnet erscheine (EuGH vom 11.12.2008, C-371/07, Danfoss und AstraZeneca, BFH/NV 2009, 336). Dem folgt auch die Rechtsprechung des BFH vom 31.03.2010, V B 112/09, BFH/NV 2010, 1313). 125

Nach der in § 10 Abs. 5 Nr. 2 i.V.m. Abs. 4 UStG getroffenen Regelung ist ein Steuerpflichtiger, der für den privaten Bedarf seines Personals einen Gegenstand entnimmt oder eine Dienstleistung erbringt, weitgehend einem Endverbraucher, der einen solchen Gegenstand oder eine Dienstleistung gleicher Art erwirbt, gleichzustellen (vgl. dazu BFH-Urteil vom 19.06.2011, XI R 8/09, BFHE 234, 455, m.w.N. zur Rechtsprechung des EuGH). Daher ist der Ansatz der **Selbstkosten** als Bemessungsgrundlage dann nicht mehr vom Zweck der Vorschrift gedeckt, wenn dadurch die Umsatzsteuer für die verbilligten Lieferungen oder Leistungen eines Unternehmers an seine Arbeitnehmer höher wäre als für vergleichbare Umsätze mit sonstigen Endverbrauchern (vgl. dazu BFH-Urteil vom 19.06.2011, X R 8/09, BStBl II 2016, 185). 126

7.3 Anzusetzende Bemessungsgrundlage

Als Bemessungsgrundlage sind in den Fällen des § 10 Abs. 5 UStG mindestens die Werte nach § 10 Abs. 4 Satz 1 Nr. 1–3 UStG als Bemessungsgrundlage anzusetzen, also die Werte, die bei einer unentgeltlichen Ausführung der Leistung anzusetzen wären. 127

128 Die Werte nach § 10 Abs. 4 UStG sind nur dann anzusetzen, wenn das vereinbarte Entgelt niedriger ist. Ist das vereinbarte Entgelt zwar untypisch niedrig, entspricht es aber diesen Werten oder liegt sogar darüber, ist das **vereinbarte Entgelt** anzusetzen.

129 **Beispiel:** Der Eigentümer eines Bürogebäudes vermietet ein Büro für monatlich 300 € zuzüglich Umsatzsteuer an seine Tochter die dort eine Rechtsanwaltskanzlei betreibt (ortsübliche Miete 800 €). Für dieses Büro fallen monatlich Ausgaben i.H.v. insgesamt 250 € zuzüglich Umsatzsteuer sowie anteilig für Versicherung und Grundsteuer weitere 80 € an.

Lösung: Es handelt sich um eine entgeltliche sonstige Leistung nach § 3 Abs. 9 UStG, für die sich die Bemessungsgrundlage gemäß § 10 Abs. 1 UStG grundsätzlich nach dem entrichteten Entgelt richtet. Die Tochter als Angehörige ist jedoch eine dem Unternehmer nahestehende Person i.S.d. § 10 Abs. 5 Satz 1 Nr. 1 UStG, sodass mindestens die Werte nach § 10 Abs. 4 Satz 1 Nr. 2 UStG (vorsteuerbelastete Ausgabe netto) anzusetzen sind, wenn diese höher als das vereinbarte Entgelt sind.
Entgelt nach § 10 Abs. 1 UStG = 300 €. Vorsteuerbelastete Ausgaben nach § 10 Abs. 4 Satz 1 Nr. 2 UStG = 250 €.
Es ist das vereinbarte Entgelt von 300 € anzusetzen, da die Ausgaben nach § 10 Abs. 4 Satz 1 Nr. 2 UStG nicht höher sind. Unbeachtlich ist, dass es nicht der ortsüblichen Miete von 800 € entspricht und damit nicht marktüblich ist.
Sind die eigenen Aufwendungen i.S.d. § 10 Abs. 4 UStG des Unternehmers höher als das vereinbarte Entgelt und auch höher als das marktübliche Entgelt, ist jedoch höchstens das **marktübliche Entgelt** anzusetzen (Abs. 5 Satz 1 letzter Halbsatz) oder das vereinbarte Entgelt, wenn dieses über dem marktüblichen Entgelt liegt (Abs. 5 Satz 2).

130 **Beispiel:** Ein Händler hat noch Pullover der alten Saison auf Lager, die er ursprünglich für 100 € (netto) beim Großhändler eingekauft hat. Der Großhändler verkauft die Pullover immer noch für 100 €, am Markt lässt sich jedoch nur noch ein Preis von 80 € (netto) erzielen. Der Händler verkauft einen Pullover für 70 € zuzüglich Umsatzsteuer an seinen Bruder.
Alternative: Er verkauft den Pullover für 90 € zuzüglich Umsatzsteuer.

Lösung: Das vereinbarte Entgelt von 80 € ist niedriger als die Wiederbeschaffungskosten nach § 10 Abs. 4 Nr. 1 UStG von immer noch 100 €. Eigentlich sind daher die Wiederbeschaffungskosten von 100 € als Mindestbemessungsgrundlage anzusetzen. Da diese jedoch über dem marktüblichen Entgelt von 80 € liegen, ist maximal dieses marktüblich Entgelt von 80 € anzusetzen.
Liegt das vereinbarte Entgelt wie beim Verkauf des Pullover für 90 € zuzüglich Umsatzsteuer zwar unter den Wiederbeschaffungskosten, aber noch über dem marktüblichen Entgelt, bleibt es beim vereinbarten Entgelt von 90 € als Bemessungsgrundlage, § 10 Abs. 5 Satz 2 UStG.

7.4 Besonderheiten bei der Rechnungserteilung (§ 14 Abs. 4 Satz 2 UStG)

131 In den Fällen, in denen die Mindestbemessungsgrundlage (s. dazu § 14 Rn. 193 ff.)anzusetzen ist, ist gemäß § 14 Abs. 4 Satz 2 UStG in der Rechnung anstelle des tatsächlich vereinbarten Entgelts die Bemessungsgrundlage nach § 10 Abs. 4 UStG sowie der darauf entfallende Steuerbetrag auszuweisen.

8. Durchschnittsentgelt bei Personenbeförderungs-Einzelbesteuerung (§ 10 Abs. 6 UStG)

132 Bei **Beförderungen von Personen im Gelegenheitsverkehr mit Kraftomnibussen**, die nicht im Inland zugelassen sind, wird die Steuer abweichend von § 16 Abs. 1 UStG für jeden einzelnen steuerpflichtigen Umsatz durch die jeweils zuständige Zolldienststelle berechnet (§ 16 Abs. 5 Satz 1 UStG; sog. Beförderungseinzelbesteuerung; s. dazu § 16 Rn. 25 ff.), wenn eine Grenze zum Drittlandsgebiet überschritten wird. Damit sind für die Steuerberechnung und -anmeldung nicht mehr die Summe aller Umsätze in einem

bestimmten Zeitraum, sondern jeder einzelne Umsatz maßgeblich. Das Verfahren der Beförderungseinzelbesteuerung ist in § 18 Abs. 5 UStG geregelt.

Bei der **Beförderungseinzelbesteuerung** wird aus Vereinfachungsgründen als Bemessungsgrundlage ein Durchschnittsbeförderungsentgelt angesetzt (§ 10 Abs. 6 UStG). Das Durchschnittsbeförderungsentgelt beträgt 4,43 Cent je Personenkilometer im Inland (§ 25 UStDV). Auf diese Bemessungsgrundlage ist der allgemeine Steuersatz (§ 12 UStG) anzuwenden. Die zu entrichtende USt beläuft sich somit bei einem Steuersatz von 19 % auf 0,84 Cent für jeden in der Bundesrepublik Deutschland zurückgelegten Personenkilometer **133**

Nach § 16 Abs. 5 b UStG hat der Unternehmer die Möglichkeit, auch für die **Beförderungsleistungen im Sinne des § 16 Abs. 5 UStG** das Besteuerungsverfahren nach § 16 Abs. 1 bis 4 UStG durchzuführen, was das allgemeine Verfahren nach § 18 Abs. 3 und 4 UStG nach sich zieht (§ 18 Abs. 5 b Satz 1 UStG). Diese Besteuerung ist antragsgebunden. Der Antrag kann erst nach Ablauf des Besteuerungszeitraums gestellt werden. Der Antrag bietet sich an, wenn die tatsächlichen Entgelte unter dem Durchschnittsatz des § 10 Abs. 6 UStG lagen. **134**

§ 11 UStG Bemessungsgrundlage für die Einfuhr

(1) Der Umsatz wird bei der Einfuhr (§ 1 Abs. 1 Nr. 4) nach dem Wert des eingeführten Gegenstands nach den jeweiligen Vorschriften über den Zollwert bemessen.

(2) [1]Ist ein Gegenstand ausgeführt, in einem Drittlandsgebiet für Rechnung des Ausführers veredelt und von diesem oder für ihn wieder eingeführt worden, so wird abweichend von Absatz 1 der Umsatz bei der Einfuhr nach dem für die Veredelung zu zahlenden Entgelt oder, falls ein solches Entgelt nicht gezahlt wird, nach der durch die Veredelung eingetretenen Wertsteigerung bemessen. [2]Das gilt auch, wenn die Veredelung in einer Ausbesserung besteht und an Stelle eines ausgebesserten Gegenstands ein Gegenstand eingeführt wird, der ihm nach Menge und Beschaffenheit nachweislich entspricht. [3]Ist der eingeführte Gegenstand vor der Einfuhr geliefert worden und hat diese Lieferung nicht der Umsatzsteuer unterlegen, so gilt Absatz 1.

(3) Dem Betrag nach Absatz 1 oder 2 sind hinzuzurechnen, soweit sie darin nicht enthalten sind:
1. die im Ausland für den eingeführten Gegenstand geschuldeten Beträge an Einfuhrabgaben, Steuern und sonstigen Abgaben;
2. die auf Grund der Einfuhr im Zeitpunkt des Entstehens der Einfuhrumsatzsteuer auf den Gegenstand entfallenden Beträge an Einfuhrabgaben im Sinne des Artikels 4 Nr. 10 der Verordnung (EWG) Nr. 2913/92 des Rates zur Festlegung des Zollkodex der Gemeinschaften vom 12. Oktober 1992 (ABl. EG Nr. L 302 S. 1) in der jeweils geltenden Fassung und an Verbrauchsteuern außer der Einfuhrumsatzsteuer, soweit die Steuern unbedingt entstanden sind;
3. die auf den Gegenstand entfallenden Kosten für die Vermittlung der Lieferung und die Kosten der Beförderung sowie für andere sonstige Leistungen bis zum ersten Bestimmungsort im Gemeinschaftsgebiet;
4. die in Nummer 3 bezeichneten Kosten bis zu einem weiteren Bestimmungsort im Gemeinschaftsgebiet, sofern dieser im Zeitpunkt des Entstehens der Einfuhrumsatzsteuer bereits feststeht.

(4) Zur Bemessungsgrundlage gehören nicht Preisermäßigungen und Vergütungen, die sich auf den eingeführten Gegenstand beziehen und die im Zeitpunkt des Entstehens der Einfuhrumsatzsteuer feststehen.

(5) Für die Umrechnung von Werten in fremder Währung gelten die entsprechenden Vorschriften über den Zollwert der Waren, die in Rechtsakten des Rates der Europäischen Union oder der Europäischen Kommission festgelegt sind.

Bearbeiter: Holger Raudszus

Inhaltsverzeichnis

Rn.

1. Sinn und Zweck der Vorschrift, Allgemeines

1 § 11 UStG ist eine Vorschrift, die wie die §§ 1 Abs. 1 Nr. 5, 5 und 21 UStG ausschließlich die von den Zollbehörden verwaltete **EUSt** betrifft. Sie stellt somit im UStG einen Fremdkörper dar.

2 Auch wenn die EUSt vom Zoll erhoben wird, so hat § 11 UStG doch auch Auswirkungen auf andere Vorschriften des UStG. Insbesondere ist die **Steuerbefreiung** des § 4 Nr. 3 Buchst. a Doppelbuchst. bb UStG davon abhängig, ob die dort genannten Kosten in die Bemessungsgrundlage für die EUSt eingeflossen sind. Damit stellt § 4 Nr. 3 Buchst. a Doppelbuchst. bb UStG keine generelle Steuerbefreiung dar (s. zum Befreiungstatbestand § 4 Nr. 3 Rn. 2 ff.).

Da die Vorschrift des § 11 UStG tief in das sehr umfangreiche Zollrecht hineinreicht, kann an dieser Stelle lediglich ein Überblick erfolgen, um den Rahmen des Gesamtwerks nicht zu sprengen. 3

2. Die einzelnen Tatbestandsmerkmale

2.1 Bemessungsgrundlage, Zollwert, Transaktionswert

Die Bemessungsgrundlage für die EUSt ist der Wert des eingeführten Gegenstands, wobei § 11 Abs. 1 UStG diesbezüglich auf den **Zollwert** verweist. 4

Der **Zollwert** ist ein Begriff des Zollrechts. Er fußt auf Art. 29 Zollkodex (Verordnung (EWG) Nr. 2913/92 des Rates vom 12.10.1992 zur Festlegung des Zollkodex der Gemeinschaften, ABl. L 302 vom 19.10.1992). 5

Gem. Art. 29 Abs. 1 Zollkodex ist der Zollwert eingeführter Waren der **Transaktionswert**, das heißt der für die Waren bei einem Verkauf zur Ausfuhr in das Zollgebiet der Gemeinschaft tatsächlich gezahlte oder zu zahlende Preis, gegebenenfalls nach Berichtigung gemäß den Artikeln 32 und 33 und unter bestimmten in Art. 29 Zollkodex aufgeführten Voraussetzungen. Z.B. enthält der Zollkodex an dieser Stelle Ausführungen zu Transaktionen zwischen „verbundenen Personen“, ähnlich wie in § 10 Abs. 5 UStG. 6

Einstweilen frei 7

Liegt insbesondere kein Kaufpreis für einen eingeführten Gegenstand vor, so ist der Transaktionswert nach Maßgabe der Art. 30 und 31 Zollkodex zu ermitteln, indem vereinfacht gesagt der Preis für gleiche oder vergleichbare Gegenstände als Vergleich herangezogen wird. 8

Liegt der **Transaktionswert**, also der Preis des eingeführten Gegenstands vor, sind diesem nach Maßgabe des Art. 32 Zollkodex **hinzuzurechnen**: 9

a) Die folgende Kosten, soweit sie für den Käufer entstanden, aber nicht in dem für die Waren tatsächlich gezahlten oder zu zahlenden Preis enthalten sind:
   - Provisionen und Maklerlöhne ausgenommen Einkaufsprovisionen (ob das von einem Auktionshaus berechnete Aufgeld in den Zollwert als Einkaufsprovision einfließt, ist von den konkreten Verhältnissen im Einzelfall abhängig, s. BFH vom 21.09.2011, VII R 25/10, DStRE 2011, 1408);
   - Kosten von Umschließungen, die für Zollzwecke als Einheit mit den betreffenden Waren angesehen werden;
   - Verpackungskosten, und zwar sowohl Material- als auch Arbeitskosten;

b) der entsprechend aufgeteilte Wert folgender Gegenstände und Leistungen, die unmittelbar oder mittelbar vom Käufer unentgeltlich oder zu ermäßigten Preisen zur Verwendung im Zusammenhang mit der Herstellung und dem Verkauf zur Ausfuhr der zu bewertenden Waren geliefert oder erbracht worden sind, soweit dieser Wert nicht in dem tatsächlich gezahlten oder zu zahlenden Preis enthalten ist:
   - Der in den eingeführten Waren enthaltenen Materialien, Bestandteile, Teile und dergleichen;
   - der bei der Herstellung der eingeführten Waren verwendeten Werkzeuge, Matrizen, Gussformen und dergleichen;
   - der bei der Herstellung der eingeführten Waren verbrauchten Materialien;
   - der für die Herstellung der eingeführten Waren notwendigen Techniken, Entwicklungen, Entwürfe, Pläne und Skizzen, die außerhalb der Gemeinschaft erarbeitet worden sind;

3. Lizenzgebühren für die zu bewertenden Waren, die der Käufer entweder unmittelbar oder mittelbar nach den Bedingungen des Kaufgeschäfts für die zu bewertenden Waren zu zahlen hat, soweit diese Lizenzgebühren nicht im tatsächlich gezahlten oder zu zahlenden Preis enthalten sind;
4. der Wert jeglicher Erlöse aus späteren Weiterverkäufen, sonstigen Überlassungen oder Verwendungen der eingeführten Waren, die unmittelbar oder mittelbar dem Verkäufer zugutekommen;
5. Beförderungs- und Versicherungskosten für die eingeführten Waren und Ladekosten sowie Kosten für die Behandlung der eingeführten Waren, die mit ihrer Beförderung zusammenhängen, bis zum Ort des Verbringens in das Zollgebiet der Gemeinschaft.

Liegt der Transaktionswert, also der Preis des eingeführten Gegenstands vor, sind diesem nach Maßgabe des Art. 33 Zollkodex die nachstehenden Aufwendungen oder Kosten **nicht** in den Zollwert einzubezie- 10 hen, vorausgesetzt, dass sie getrennt von dem für die eingeführten Waren tatsächlich gezahlten oder zu zahlenden Preis ausgewiesen werden:

a) Beförderungskosten für die Waren nach deren Ankunft am Ort des Verbringens in das Zollgebiet der Gemeinschaft;

b) Zahlungen für den Bau, die Errichtung, die Montage, die Instandhaltung oder die technische Unterstützung, sofern diese Tätigkeiten an den eingeführten Waren, wie Industrieanlagen, Maschinen oder Ausrüstungen, nach der Einfuhr vorgenommen werden;

c) Zinsen, die im Rahmen einer vom Käufer abgeschlossenen Finanzierungsvereinbarung in Bezug auf den Kauf eingeführter Waren zu zahlen sind, unabhängig davon, ob der Kredit vom Verkäufer, von einer Bank oder von einer anderen Person zur Verfügung gestellt worden ist, vorausgesetzt, dass die Finanzierungsvereinbarung schriftlich abgeschlossen worden ist und der Käufer auf Verlangen nachweist, dass:
   - Solche Waren tatsächlich zu dem Preis verkauft werden, der als tatsächlich gezahlter oder zu zahlender Preis angemeldet worden ist, und
   - der geltend gemachte Zinssatz nicht höher ist als der übliche Zinssatz für derartige Geschäfte in dem Land und in dem Zeitpunkt, in dem der Kredit zur Verfügung gestellt wurde;

d) Kosten für das Recht auf Vervielfältigung der eingeführten Waren in der Gemeinschaft;

e) Einkaufsprovisionen;

f) Einfuhrabgaben und andere in der Gemeinschaft aufgrund der Einfuhr oder des Verkaufs der Waren zu zahlende Abgaben.

10/1 Damit ist erkennbar, dass in der Bemessungsgrundlage für die EUSt gem. § 11 UStG die in § 4 Nr. 3 Buchst. a Doppelbuchst. bb UStG genannten Leistungen bereits enthalten sind (s. zum Befreiungstatbestand § 4 Nr. 3 Rn. 2 ff.). Dies hat zur Folge, dass im **Regelfall** Leistungen, die sich auf Gegenstände der Einfuhr beziehen, steuerbefreit sind, weil sie nach den Vorschriften des Zollrechts bereits in die Bemessungsgrundlage für die Einfuhr eingeflossen sind und nicht doppelt besteuert werden sollen.

11 Ein musterhaftes Berechnungsschema hat Kock entwickelt (Kock, ZfZ 2012, 38).

2.2 Bemessungsgrundlage, passive Lohnveredelung

12 Während für Gegenstände, die im Inland nach Maßgabe des § 7 UStG im Inland veredelt werden (aktive Lohnveredelung) die Steuerbefreiung des § 4 Nr. 1 UStG gilt, wird für Gegenstände aus dem Gemeinschaftsgebiet, die im Drittlandsgebiet veredelt werden und danach in das Inland eingeführt werden (früher Fälle der passiven Lohnveredelung), EUSt erhoben, da insoweit ein nach § 1 Abs. 1 Nr. 4 UStG steuerbarer Vorgang vorliegt (s. zu den Voraussetzungen § 1 Rn. 239 ff.).

13 Für diese Fälle bestimmt § 11 Abs. 2 UStG, dass sich die Bemessungsgrundlage für die Einfuhr aus der Höhe des Veredelungsentgelts bzw. der durch die Veredelung hervorgerufene Wertsteigerung ergibt.

2.3 Hinzurechnungen nach § 11 Abs. 3 UStG

14 Auch § 11 Abs. 3 UStG enthält **Vorschriften zu Hinzurechnungen** zum Zollwert. Allerdings findet diese Regelung nur dann Anwendung, wenn die dort genannten Kosten nicht bereits nach Maßgabe des Art. 29 ff. Zollkodex (s. Rn. 9) in die Bemessungsgrundlage für die EUSt eingegangen sind. § 11 Abs. 3 UStG fungiert mithin lediglich als Auffangvorschrift. Die in Frage kommenden Kosten ergeben sich unmittelbar aus dem Gesetzestext.

3. Vereinfachungsregelung

15 Wenn der Betrag der Berichtigungen nach Art. 32, 33 Zollkodex (Hinzurechnungen oder Abzüge) im Zeitpunkt des Entstehens der Zollschuld nicht bestimmbar oder getrennt ausweisbar ist, kann gemäß Art. 156a Zollkodex-Durchführungsverordnung (ZK-DVO) die Anwendung von pauschalierten Hinzurechnungs- oder Abzugsbeträgen bzw. Hinzurechnungs- oder Abzugssätzen genehmigt werden. Beispielsweise liegen im Einzelfall die endgültigen Transportkosten zum Zeitpunkt der Einfuhr noch nicht vor und können allenfalls

geschätzt werden. Die Vereinfachungen sind formlos schriftlich bei dem Hauptzollamt zu beantragen, in dessen Bezirk der Betrieb des Antragstellers liegt bzw. in dessen Bezirk die Hauptbuchhaltung des Antragstellers ihren Sitz hat (s. www.zoll.de).

§ 12 UStG Steuersätze

(1) Die Steuer beträgt für jeden steuerpflichtigen Umsatz 19 Prozent der Bemessungsgrundlage (§§ 10, 11, 25 Abs. 3 und § 25a Abs. 3 und 4).

(2) Die Steuer ermäßigt sich auf 7 Prozent für die folgenden Umsätze:

1. die Lieferungen, die Einfuhr und der innergemeinschaftliche Erwerb der in Anlage 2 bezeichneten Gegenstände mit Ausnahme der in der Nummer 49 Buchstabe f, den Nummern 53 und 54 bezeichneten Gegenstände;
2. die Vermietung der in Anlage 2 bezeichneten Gegenstände mit Ausnahme der in der Nummer 49 Buchstabe f, den Nummern 53 und 54 bezeichneten Gegenstände;
3. die Aufzucht und das Halten von Vieh, die Anzucht von Pflanzen und die Teilnahme an Leistungsprüfungen für Tiere;
4. die Leistungen, die unmittelbar der Vatertierhaltung, der Förderung der Tierzucht, der künstlichen Tierbesamung oder der Leistungs- und Qualitätsprüfung in der Tierzucht und in der Milchwirtschaft dienen;
5. (weggefallen)
6. die Leistungen aus der Tätigkeit als Zahntechniker sowie die in § 4 Nr. 14 Buchstabe a Satz 2 bezeichneten Leistungen der Zahnärzte;
7. a) die Eintrittsberechtigung für Theater, Konzerte und Museen, sowie die den Theatervorführungen und Konzerten vergleichbaren Darbietungen ausübender Künstler,
   b) die Überlassung von Filmen zur Auswertung und Vorführung sowie die Filmvorführungen, soweit die Filme nach § 6 Abs. 3 Nr. 1 bis 5 des Gesetzes zum Schutze der Jugend in der Öffentlichkeit oder nach § 14 Abs. 2 Nr. 1 bis 5 des Jugendschutzgesetzes vom 23. Juli 2002 (BGBl I S. 2730, 2003 I S. 476) in der jeweils geltenden Fassung gekennzeichnet sind oder vor dem 1. Januar 1970 erstaufgeführt wurden,
   c) die Einräumung, Übertragung und Wahrnehmung von Rechten, die sich aus dem Urheberrechtsgesetz ergeben,
   d) die Zirkusvorführungen, die Leistungen aus der Tätigkeit als Schausteller sowie die unmittelbar mit dem Betrieb der zoologischen Gärten verbundenen Umsätze;
8. a) [1]die Leistungen der Körperschaften, die ausschließlich und unmittelbar gemeinnützige, mildtätige oder kirchliche Zwecke verfolgen (§§ 51 bis 68 der Abgabenordnung). [2]Das gilt nicht für Leistungen, die im Rahmen eines wirtschaftlichen Geschäftsbetriebs ausgeführt werden. [3]Für Leistungen, die im Rahmen eines Zweckbetriebs ausgeführt werden, gilt Satz 1 nur, wenn der Zweckbetrieb nicht in erster Linie der Erzielung zusätzlicher Einnahmen durch die Ausführung von Umsätzen dient, die in unmittelbarem Wettbewerb mit dem allgemeinen Steuersatz unterliegenden Leistungen anderer Unternehmer ausgeführt werden, oder wenn die Körperschaft mit diesen Leistungen ihrer in den §§ 66 bis 68 der Abgabenordnung bezeichneten Zweckbetriebe ihre steuerbegünstigten satzungsgemäßen Zwecke selbst verwirklicht,
   b) die Leistungen der nichtrechtsfähigen Personenvereinigungen und Gemeinschaften der in Buchstabe a Satz 1 bezeichneten Körperschaften, wenn diese Leistungen, falls die Körperschaften sie anteilig selbst ausführten, insgesamt nach Buchstabe a ermäßigt besteuert würden;
9. [1]die unmittelbar mit dem Betrieb der Schwimmbäder verbundenen Umsätze sowie die Verabreichung von Heilbädern. [2]Das Gleiche gilt für die Bereitstellung von Kureinrichtungen, soweit als Entgelt eine Kurtaxe zu entrichten ist;
10. die Beförderungen von Personen im Schienenbahnverkehr, im Verkehr mit Oberleitungsomnibussen, im genehmigten Linienverkehr mit Kraftfahrzeugen, im Verkehr mit Taxen, mit Drahtseilbahnen und sonstigen mechanischen Aufstiegshilfen aller Art und im genehmigten Linienverkehr mit Schiffen sowie die Beförderungen im Fährverkehr
    a) innerhalb einer Gemeinde oder

b) wenn die Beförderungsstrecke nicht mehr als 50 Kilometer beträgt;

11. [1]die Vermietung von Wohn- und Schlafräumen, die ein Unternehmer zur kurzfristigen Beherbergung von Fremden bereithält, sowie die kurzfristige Vermietung von Campingflächen. [2]Satz 1 gilt nicht für Leistungen, die nicht unmittelbar der Vermietung dienen, auch wenn diese Leistungen mit dem Entgelt für die Vermietung abgegolten sind;
12. die Einfuhr der in Nummer 49 Buchstabe f, den Nummern 53 und 54 der Anlage 2 bezeichneten Gegenstände;
13. die Lieferungen und der innergemeinschaftliche Erwerb der in Nummer 53 der Anlage 2 bezeichneten Gegenstände, wenn die Lieferungen
    a) vom Urheber der Gegenstände oder dessen Rechtsnachfolger bewirkt werden oder
    b) von einem Unternehmer bewirkt werden, der kein Wiederverkäufer (§ 25a Absatz 1 Nummer 1 Satz 2) ist, und die Gegenstände
        aa) vom Unternehmer in das Gemeinschaftsgebiet eingeführt wurden,
        bb) von ihrem Urheber oder dessen Rechtsnachfolger an den Unternehmer geliefert wurden oder
        cc) den Unternehmer zum vollen Vorsteuerabzug berechtigt haben.

Bearbeiter: Michael Stahlschmidt

Inhaltsverzeichnis

1. Steuersätze – Überblick

1 Nach § 12 Abs. 1 UStG beträgt der allgemeine Steuersatz seit dem 01.01.2007 19 %. Dieser ist auf sämtliche steuerbaren und steuerpflichtigen Umsätze anzuwenden, es sei denn der ermäßigte Steuersatz von 7 % kommt zur Anwendung, § 12 Abs. 2 UStG. Eine weitere Ausnahme ist der Durchschnittsatz für pauschalierende Landwirte nach § 24 UStG. Es besteht der Grundsatz, dass die ermäßigten Steuersätze dem allgemeinen Steuersatz vorgehen (zur Entwicklung der Steuersätze s. Heidner in Bunjes, UStG, 15. Aufl., § 12 Rn. 6).

2 Grundlage für die Anwendung des **ermäßigten Steuersatzes** nach § 12 Abs. 2 UStG ist die Anlage 2 zum UStG. Diese enthält zahlreiche Gegenstände bei denen der ermäßigte Steuersatz zur Anwendung gelangt (dazu s. BMF vom 05.08.2004, IV B 7-S 7220-46/04, BStBl I 2004, 638).

3 Falls Zweifel bestehen, ob eine beabsichtigte Lieferung oder ein beabsichtigter innergemeinschaftlicher Erwerb eines Gegenstands unter die Steuermäßigung nach § 12 Abs. 2 Nr. 1 UStG fällt, haben der Lieferer und der Abnehmer bzw. der innergemeinschaftlichen Erwerber die Möglichkeit, bei der zuständigen Dienststelle des Bildungs- und Wissenschaftszentrums der Bundesfinanzverwaltung eine unverbindliche Zolltarifauskunft für Umsatzsteuerzwecke (uvZTA) einzuholen. Diese uvZTA können auch von

den Landesfinanzbehörden (z.B. den Finanzämtern) beantragt werden (s. BMF vom 05.08.2004, IV B 7-S 7220-46/04, BStBl I 2004, 638, Tz. 8; BMF vom 23.10.2006, IV A 5-S 7220-71/06, BStBl I 2006, 622). Das Vordruckmuster kann auf den Internetseiten der Zollabteilung des Bundesministeriums der Finanzen (http://www.zoll.de) unter der Rubrik Formulare und Merkblätter ausgefüllt und herunterladen werden.

Der maßgebende Steuersatz ergibt sich aus dem Zeitpunkt in dem der Umsatz ausgeführt wird. Zu 4
beachten ist dies vor allem in den Fällen der Änderung der Steuersätze, der Einführung oder Aufhebung von Steuervergünstigungen und der Einführung oder Aufhebung von steuerpflichtigen Tatbeständen.

Unterschiedliche Steuersätze können dagegen bei wirtschaftlich abgrenzbaren Teilen, sogenannten Teil- 5
leistungen, in Betracht kommen.

2. Regelsteuersatz, § 12 Abs. 1 UStG

Die Vorschrift ist als Regel-Ausnahmevorschrift gestaltet. Dies bedeutet, dass der Regelsteuersatz von 19 % 6
grundsätzlich immer zur Anwendung kommt, wenn die folgenden Voraussetzungen erfüllt sind, d.h., wenn:

- Der Umsatz steuerpflichtig ist, d.h. es greift keine Befreiungsvorschrift,
- der ermäßigte Steuersatz, § 12 Abs. 2 UStG nicht zur Anwendung kommt,
- keine Sonderbestimmung, wie z.B. § 24 Abs. 1 UStG greift.

3. Ermäßigter Steuersatz, § 12 Abs. 2 UStG

3.1 Lieferungen, Einfuhr und innergemeinschaftlicher Erwerb (§ 12 Abs. 2 Nr. 1 UStG)

3.1.1 Begünstigte Umsätze

Nach § 12 Abs. 2 Nr. 1 UStG unterfallen dem ermäßigten Steuersatz nur Lieferungen, innergemeinschaft- 7
liche Erwerbe sowie Einfuhren der in der Anlage 2 zu § 12 Abs. 2 Nr. 1 und 2 UStG (im Weiteren Fortgang Anlage 2) aufgeführten Gegenstände mit Ausnahme der in Nr. 49 Buchst. f sowie den Nr. 53 und 54 der Anlage 2 bezeichneten Gegenstände.

Auch Werklieferungen sind begünstigt. Das fertige Werk muss aber als solches ein Gegenstand der 8
Anlage 2 sein. Die Verbindung des Gegenstandes mit dem Grund und Boden ist unschädlich. Aus dem Anwendungsbereich heraus fallen sonstige Leistungen, Werkleistungen inkludiert. Eventuell ist es möglich die Steuerermäßigung nach § 12 Abs. 2 Nr. 2 bis 13 UStG, ggf. auch als unselbständige Nebenleistung zu steuerermäßigten Leistungen in Anspruch zu nehmen. Schließlich ist die Gleichbehandlung der Lieferungen, innergemeinschaftlichen Erwerbe und Eigenverbrauchstatbestände, die Lieferungen gleichgestellt sind, notwendig, um alle Umsätze, die sich auf einen begünstigten Gegenstand beziehen, dem ermäßigten Steuersatz zu unterwerfen.

Für die Inanspruchnahme des ermäßigten Steuersatzes ist es unerheblich, wer die Umsätze erbringt und 9
wer Abnehmer der Umsätze ist. Die Gewährung des ermäßigten Steuersatzes ist nur vom Gegenstand des Umsatzes abhängig. Eine Ausnahme gibt es aber dennoch: pauschalierende Land- und Forstwirte können vom ermäßigten Steuersatz keinen Gebrauch machen. Bei diesen kommen nach § 24 UStG die Durchschnittsätze zur Anwendung.

Die Abgrenzung des Anwendungsbereichs der Steuerermäßigung erfolgt aufgrund des Gesetzeswortlauts 10
in Übereinstimmung Artikel 98 Abs. 3 MwStSystRL nach sogenannten Gattungsbegriffen. Die Bestimmung der begünstigten Gegenstände richtet sich, durch einen Verweis im UStG, nach den Vorschriften des Zolltarifs. In diesem sind sämtliche handelbaren Gegenstände gelistet. Die Anlage 2 enthält nur die betreffende Nummer des Kapitels, der Position oder der Unterposition des Zolltarifs.

Die Steuervergünstigung wird im Ergebnis für alle der Lieferung gleichgestellten Umsatzarten wie z.B. 11
Einfuhren und innergemeinschaftliche Erwerbe gewährt. An einigen Stellen wird dieser Grundsatz aber durchbrochen. So sind z.B. bei Lieferungen durch öffentlich-rechtliche Einrichtungen innerhalb deren Hoheitsbereiche die Umsätze nicht steuerbar oder Einfuhren nach der EuStBV können steuerfrei sein.

12 Grundvoraussetzung für die Steuerermäßigung ist die Auflistung des Gegenstandes der Lieferung, der Einfuhr oder des innergemeinschaftlichen Erwerbes in der Anlage 2. Die Steuerermäßigung ist demnach völlig objektbezogen. Die persönlichen Voraussetzungen des Unternehmers haben keinen Einfluss auf die Gewährung der Steuervergünstigung.

13 Auch der Empfänger des Umsatzes ist ohne Bedeutung. Es spielt demnach keine Rolle, ob der private Endabnehmer oder ein vorsteuerabzugsberechtigter Unternehmer oder aber ein nicht vorsteuerabzugsberechtigter Unternehmer Adressat des Umsatzes ist. Durch die Einbeziehung der innergemeinschaftlichen Erwerbe und der Einfuhren wird sichergestellt, dass inländische Waren mit Importwaren oder innergemeinschaftlich eingeführten Waren gleichgestellt werden.

14 Einstweilen frei

3.1.2 Abgabe von Speisen und Getränken

15 Die umsatzsteuerliche Beurteilung der Abgabe von Speisen und Getränken zum sofortigen Verzehr ist eine Herausforderung. Dies liegt daran, dass neben der Abgabe von Speisen auch noch sonstige Dienstleistungen erbracht werden. Ausgangspunkt ist der Grundsatz, dass auch Lebensmittel in zubereiteter Form unter die Steuerbegünstigung fallen. Erforderlich ist lediglich, dass zusammen mit der Speisenzubereitung oder Getränkedarreichung unterstützende Dienstleistungen erfolgen, die den sofortigen Verzehr ermöglichen (s. Art. 6 Abs. 1 Verordnung (EU) Nr. 282/11 des Rates vom 15.03.2011, ABl. EU Nr. L 77/1 (sog. MwStVO)).

16 Nur die Abgabe von Speisen und Getränken fällt unter die Ermäßigungsvorschrift des § 12 Abs. 2 Nr. 1 UStG und damit Versteuerung zu 7 %, wenn die Abgabe im Rahmen einer Lieferung nach § 3 Abs. 1 UStG erfolgt. Stellt sich der Umsatz als sonstige Leistung i. S. d. § 3 Abs. 9 UStG dar, kommt der Normalsteuersatz von 19 % zur Anwendung.

17 Ob eine Lieferung und sonstige Leistung bei Restaurationsumsätzen vorlag, richtete sich bis zum 28.12.2007 nach § 3 Abs. 9 Sätze 4 und 5 UStG, die durch das JStG 2008 (BGBl I 2007, 3150) aufgehoben wurden. Grund hierfür war eine Entscheidung des BFH, der die Vorschrift als nicht vollständig europarechtskonform angesehen hat (s. BFH vom 10.08.2006, V R 55/04, BStBl II 07, 480). Allerdings können die zu § 3 Abs. 9 Satz 4 und 5 UStG a.F. entwickelten Abgrenzungskriterien als Beweisanzeichen weiter herangezogen werden (BT-Drs. 544/07, 100).

18 Art. 98, Anhang III Kategorie 1 MwStSystRL enthält die Vorschrift, nach der die Mitgliedstaaten ermäßigte Steuersätze auf Lieferungen von Gegenständen und Dienstleistungen der in Anhang III genannten Kategorien vorsehen können. Dabei handelt es sich um Nahrungs- und Futtermittel (einschließlich Getränke, alkoholische Getränke jedoch ausgenommen), lebende Tiere, Saatgut, Pflanzen und üblicherweise für die Zubereitung von Nahrungs- und Futtermitteln verwendete Zutaten sowie üblicherweise als Zusatz oder Ersatz für Nahrungs- und Futtermittel verwendete Erzeugnisse.

19 Aus Sicht des EuGH vom 10.03.2011 ist das qualitativ überwiegende Element des besteuerten Umsatzes im Rahmen einer Gesamtbetrachtung aus Sicht eines Durchschnittverbrauchers das maßgebende Kriterium für die Anwendung des Regelsteuersatzes oder ermäßigten Steuersatzes (s. EuGH-Urteile vom 10.03.2011, C-497/09, Bog u.a., DStR 2011, 511, Rz. 62; vom 10.03.2005, C-491/03, Hermann, Slg. 05, I-2025; vom 02.05.1996, C-231/94, Faaborg-Gelting-Linien, BStBl II 1998, 282, Rn. 13 und 14; BFH vom 30.06.2011, V R 18/10, DStR 2011, 1901 mit Anm. Michel, HFR 2011, 1347; vom 18.02.2009, V R 90/07, BFHE 225, 210; vom 10.08.2006, V R 55/04, BStBl II 07, 480; vom 01.06.2006, V R 58, 59/04, BStBl II 2007, 487; vom 18.12.2008, V R 55/06, BFHE 223, 539; vom 10.08.2006, V R 38/05, BStBl II 2007, 482; vom 12.10.2006, V R 36/04, BStBl II 2007, 485).

20 Der Lieferung von Lebensmitteln werden nur solche Vorgänge zugerechnet, die nur mit der Vermarktung dieser notwendig verbunden sind. Alles andere, mithin Elemente und Handlungen, die vom „Zubereiten bis zum Darreichen der Speisen" reichen, sind dem Dienstleistungsbereich zuzuordnen (s. EuGH vom 02.05.1996, C-231/94, Faaborg-Gelting-Linien, BStBl II 1998, 282 Rn. 13).

21 Die Rechtsprechung hatte mit dieser Frage alle Hände voll zu tun. Der BFH versuchte mit Urteil vom 18.12.2008, V R 55/06 (DStR 09, 527) eine Konkretisierung. Zunächst sah der BFH, anders als noch mit

Urteil vom 01.06.2006, V R 58/04 (BStBl II 2007, 487) die Zubereitung einer Speise nicht mehr als notwendige Vorstufe ihrer Vermarktung an. Ferner ordnete er dem Dienstleistungsbereich die Beratung und Information der Kunden hinsichtlich der Zusammenstellung und Menge von Mahlzeiten für einen bestimmten Anlass, deren ansprechendes, restaurationsübliches Anrichten auf Platten und Gefäßen, die Überlassung dieser Platten und Gefäße sowie von Geschirr und/oder Besteck zur Nutzung, der Transport zum Kunden zum vereinbarten Zeitpunkt, das Abholen sowie die lebensmittelrechtlich erforderliche Reinigung der den Kunden lediglich zum Gebrauch überlassenen Gegenstände zu. Schlussfolgerung des Urteils war schließlich, dass bei der Abgabe verzehrfertig zubereiteter Speisen nur noch ein nicht nur geringfügiges Dienstleistungselement hinzutreten musste, um den ganzen Vorgang als regelbesteuerte sonstige Leistung zu beurteilen. Das Urteil blieb in der Literatur nicht ohne Beachtung (Klenk, UR 2008, 20; Flückiger, UR 2008, 799; Martin, BFH-PR 2007, 110; Heidner, UR 2009, 217).

Dem BFH war wohl offensichtlich selber unwohl. So legte er in der Folgezeit 4 unterschiedliche Fälle dem EuGH zur Vorabentscheidung vor. Im Einzelnen waren dies: 21/1

- V R 35/08, BFHE 227, 268, BStBl II 2010, 376, EuGH vom 10.03.2011, C-497/09, Manfred Bog, Nachfolgeentscheidung des BFH vom 10.08.2006, V R 35/08 in BFH/NV 2011, 1811, vom 27.10.2009, V R 3/07, BFHE 227, 259, BStBl II 2010, 372, EuGH vom 03.12.2009, C-499/09, Cinemaxx, Nachfolgeentscheidung des BFH vom 30.06.2011, V R 3/07 in DStR 2011, 1995;
- XI R 37/08, BFHE 227, 251, BStBl II 2010, 368, EuGH vom 03.12.2009, C-501/09, Lothar Lohmeyer, Nachfolgeentscheidung des BFH vom 08.06.2011, XI R 37/08 in BFH/NV 2011, 1976;
- XI R 6/08, BFHE 227, 242, BStBl II 2010, 364, EuGH vom 03.12.2009, C-502/09, Fleischerei Nier, Nachfolgeentscheidung des BFH vom 23.11.2011, XI R 6/08 in DStR 2012, 183.

Die bisherige Abgrenzung zwischen Lieferungen und sonstige Leistungen im Falle der Restaurationsleistungen stellte der EuGH mit Urteil vom 10.03.2011 (C-497/09, Bog u.a., DStR 2011, 511) auf ein neues Fundament. 22

Zur Abgrenzung zwischen Lieferungen und Dienstleistungen sind sämtliche Umstände zu berücksichtigen, unter denen der Umsatz abgewickelt wird. So sollen die charakteristischen Bestandteile ermittelt und darunter die dominierenden Bestandteile bestimmt werden (s. EuGH vom 10.03.2011, C-497/09 Bog u.a., Rn. 61, DStR 2011, 511). 23

Der EuGH stellt zunächst auf eine Gesamtbetrachtung ab. Im Focus hat er die Sicht eines Durchschnittsverbrauchers. Aus dessen Sicht sei der dominierende Bestandteil mit Rücksicht auf die qualitative und quantitative Bedeutung der Dienstleistungselemente zu bestimmen (s. EuGH vom 10.03.2011, C-497/09, Bog u.a., Rn. 62, DStR 2011, 511). 24

Der dominierende Bestandteil ist aus der Sicht des Durchschnittsverbrauchers und – im Rahmen einer Gesamtbetrachtung – mit Rücksicht auf die qualitative und nicht nur quantitative Bedeutung der Dienstleistungselemente im Vergleich zu den Elementen einer Lieferung von Gegenständen zu bestimmen (Rn. 62). Er erkennt an, dass die Vermarktung von Waren stets mit einem minimalen Dienstleistungsbestandteil einhergeht. Beispielhaft führt der EuGH das Darbieten in Regalen oder das Ausstellen einer Rechnung. Alles was darüber hinaus geht und zur Komplexität des Geschäfts führt sei umsatzsteuerlich extra zu würdigen (s. EuGH vom 10.03.2011, C-497/09 Bog u.a., Rn. 61, DStR 63, 511). 25

Neu sind diese Erkenntnisse freilich nicht. Die bisherige Rechtsprechung entschied nach ähnlichen Kriterien. Insoweit ist die „neue" Abgrenzung die „alte" Abgrenzung. Allerdings ist das Merkmal der „standardisierten Zubereitung" in der Tat neu. Bei der Beurteilung von Imbissständen und Party-Service-Betrieben ist dieses Merkmal jetzt das entscheidende. Die Zubereitung von Würsten, Pommes frites und anderen Nahrungsmitteln an Imbisswagen und Imbissständen zum sofortigen warmen Verzehr sind aus Sicht der Rechtsprechung keine Dienstleistungen, da diese Zubereitung auf einfache, standardisierte Handlungen, die in den meisten Fällen nicht auf Bestellung eines bestimmten Kunden, sondern in einer der erwarteten Nachfrage angepassten Menge vorgehalten werden. Die Gesamtbetrachtung ermittelt quasi als überwiegendes Element die Lieferung von Speisen oder Mahlzeiten zum sofortigen Verzehr. 26

27 Anders ist die Lage bei von einem **Partyservice** ins Haus gelieferten Speisen. Hier handelt es sich in den wenigsten Fällen um eine standardisierte Zubereitung. Der Dienstleistungsanteil dieses Umsatzes ist unweit höher. Zum einen ist wesentlich mehr Arbeit und Sachverstand notwendig. Zum anderen müssen die Gerichte eine gewisse Qualität und Kreativität aufweisen. Auch die Darreichungsform ist ein tragendes Element der Leistung. Insoweit handelt es sich bei der Tätigkeit eines Partyservices außer Haus um eine Dienstleistung. Der BFH hält in diesen Fällen nicht mehr an den Merkmalen Endreinigen von Geschirr (s. BFH vom 10.08.2006, V R 55/04, BStBl II 07, 480) oder Überlassung, Abholung und Reinigung von Geschirr und Besteck (s. BFH vom 18.12.2008, V R 55/06, BFHE 223, 539) fest. Lediglich in den Fällen, in denen vom Partyservice als Leistungsgegenstand nur Standardspeisen angeboten werden, sollen diese Merkmale noch eine Rolle spielen (s. BFH vom 12.10.2011, V R 66/09, DStR 12, 71; vom 25.04.2013, V R 28/11, BFH/NV 13, 1638). Zu begrüßen ist auch die Rechtsprechung, dass die Großküche in einem Altenwohn- und Pflegeheim zur Verpflegung der Bewohner keine Standardspeisen als Ergebnis einfacher und standardisierter Zubereitungsvorgänge erzeugt (s. BFH vom 12.10.2011, V R 66/09, DStR 12, 71); ebenso wie eine Verpflegung für einen Kindergarten (s. BFH vom 25.04.2013, XI R 28/11, BFH/NV 2013, 1950).

28 Alle anderslautenden Auffassungen aus Finanzverwaltung und Rechtsprechung sind überholt. Der EuGH sieht insbesondere Mobiliar als Verzehrmöglichkeit und Ablagebretter an Imbissbuden nicht als hinreichendes Dienstleistungselement an (s. EuGH vom 10.03.2011, C-497/09, Bog u.a., Rn. 73, DStR 1963, 511; BFH vom 08.06.2011, XI R 33/08, BFH/NV 2011, 1927).

3.1.3 Begünstige Warengruppen gemäß Anlage 2

29 Wie bereits oben (s. Rn. 7, 8) dargestellt ist die Anlage 2 wesentliches Element zur Beurteilung der Anwendbarkeit des ermäßigten Steuersatzes nach § 12 Abs. 2 UStG. Die Anlage 2 gliedert sich zunächst in verschiedene Warengruppen. Die Waren sind aber nicht unbedingt überschneidungsfrei in Warengruppen eingeteilt. So finden sich z.B. Lebensmittel in verschiedenen Warengruppen. Auch Druckereierzeugnisse und Kunstgegenstände können in verschiedene Warengruppen eingeordnet werden.

30 Für Produkte der Warengruppe Lebensmittel wird fast ausschließlich der ermäßigte Steuersatz angewendet. Getränke dagegen unterfallen dem Regelsteuersatz mit Ausnahme von Wasser- und Milchmischgetränken. Aus den Letztgenannten fallen aber die Getränke hinaus, die nicht pflanzlichen Ursprungs sind (s. BFH vom 09.02.2006, V R 49/04, UR 06, 403). Auch Tabakwaren finden sich nicht in der Anlage 2. Dagegen sind Erzeugnisse der Land- und Forstwirtschaft z.B. Grünfutter, Stalldünger, Häute usw. in der Anlage 2 zu finden. Ferner findet die Lieferung von Körperersatzstücken, Prothesen, Hörgeräten und sonstigen orthopädische Vorrichtungen und Apparaten zum ermäßigten Steuersatz statt.

31 Da Leistungen aus dem kultur- bzw. bildungspolitischen Bereich schon unter § 4 Nr. 20-25 UStG fallen und damit steuerbefreit sind, verbleibt nur noch ein kleiner Anwendungsbereich für die Anlage 2. Dies sind vor allem Druckerzeugnisse, für Gegenstände der bildenden Kunst sowie Sammlungsstücke. Ausgenommen sind aber die Schriften, die unter § 4 Abs. 2 Satz 2 des Gesetzes über die Verbreitung jugendgefährdender Schriften fallen. Ansonsten gilt grundsätzlich der Zolltarif. Unklarheiten sind mittels Auslegung nach den zolltariflichen Vorschriften zu beseitigen (s. BFH vom 20.02.1990, VII R 172/84, BStBl II 1990, 760).

32 Enthält eine Warenposition der Liste eine oder mehrere Zolltarifnummern oder gar ein ganzes Kapitel des Zolltarifs, so sind alle zu dieser Zolltarifnummer oder des Kapitels gehörenden Waren steuerbegünstigt. Dabei kommt es für die Tarifierung auf den Wortlaut der Zolltarifnummer mit den dazugehörigen Anmerkungen, die Vorschriften zu den Abschnitten und Kapiteln und ggf. die allgemeinen Tarifierungsvorschriften an. Gemäß § 1 der Verordnung über Erläuterungen zum deutschen Zolltarif gilt für die Abgrenzung der Gegenstände der Liste neben dem deutschen Zolltarif auch die Erläuterung zum deutschen Zolltarif in der jeweils geltenden Fassung. Zuständig für die Klärung von Zweifelsfragen über die zolltarifliche Einordnung einer Ware sind die Zolldienststellen. Unverbindliche Zolltarifauskünfte können bei der zuständigen Zolltechnischen Prüfungs- und Lehranstalt eingeholt werden (s. BMF vom 23.10.2006, BStBl I 2006, 622).

33 Da die Anlage 2 eine gewisse Unübersichtlichkeit aufweist, sind im Folgenden die Gegenstände in alphabetischer Reihenfolge mit der Verwendung des Oberbegriffs und die lfd. Nr. der Anlage aufgeführt (ange-

lehnt an Heidner in Bunjes, UStG, 15. Aufl. 2016, Rn. 36). Über die in der Klammer angegebene Nummer kann in der Anlage 2 der Gegenstand gefunden werden:

Ammoniumcarbonat (40)
Aromamischungen (46)
Backwaren (31)
Bienen (1)
Blindenhunde (1)
Blumen (8)
Briefmarken (als Sammlungsstücke) (49)
Bücher (49)
Butter (4)
Druckerzeugnisse (49)
Düngemittel, tierisch oder pflanzlich (45)
Eier (4)
Essig (Speise-) (36)
Essigsäure (42)
Fette (26)
Fische (3)
Fischerzeugnisse (28)
Fleisch (2)
Fleischerzeugnisse (28)
Früchte (11)
Fütterungsarzneimittel, aufgehoben ab 1.1.2002 (44)
Futter (23)
Futterzubereitungen (37)
Gelatine (47)
Gemüse (10)
Gemüsezubereitungen (32)
Getreide (13)
Getreidezubereitungen (31)
Gewürze (12)
Gewürzkräuter (21)
Herzschrittmacher (52)
Hörgeräte (52)
Holz (48)
Honig (4)
Hülsenfrüchte (10)
Käse (4)
Kaffee (12)
Kakaopulver (30)
Kaliumsalz des Saccharins (43)
Kartoffeln (10)
Kartoffelmehl (15)
Kerne von Früchten (22)
Knochen (5)
Körperersatzstücke (52)
Krankenrollstühle (51)
Kräutertee (21)
Kunstgegenstände (53)
Landkarten (49)

34 Die Zuordnung zu einem der in der Anlage 2 aufgeführten Gegenstände kann im Einzelfall alles andere als einfach sein. Zunächst ist immer zu prüfen, ob bei einer bestimmten Leistung eine Hauptleistung oder Nebenleistung vorliegt, die dann das Schicksal der Hauptleistung teilt. Daneben müssen auch Zutaten und Nebensachen abgegrenzt werden (s. auch BFH vom 09.10.2002, V R 5/02, UR 03, 143 zur Saatgutlieferung mit Einsaat).

35 Nicht weniger problematisch kann die Beurteilung der Warenumschließung sein. Ist diese nur Verpackung oder kann der Verpackung auch ein Gebrauchswert zukommen? Zu denken ist hier an das Beispiel

der Nutzung eines Senfglases als Trinkgefäß. Die Verpackung kann auch Anlass zum Kauf sein. Zu denken ist hier die Verpackung mit „Sondereditionen". Dann kann es sich um eine selbständige Lieferung der Sonderverpackung handeln. Liegt dagegen der Fall so, dass die Umschließung der Ware mit einer Verpackung üblich ist ohne dauerhaft einen selbständigen Gebrauchswert zu haben, liegt eine unselbständige Nebenleistung vor.

Die Tarifierung und damit die umsatzsteuerliche Behandlung, richten sich nach dem charakterbestimmenden Bestandteil. Das BMF hat in einem Schreiben umfangreich zum Thema Warenzusammenstellungen seine Sicht dargelegt (s. BMF, Schreiben vom 27.12.1983, BStBl I 1983, 567). 36

Nach Auffassung des BMF müssen Zusammenstellungen aus Waren bestehen, die zur Befriedung oder zur Ausübung einer bestimmten Tätigkeit zusammengestellt sind. Dabei ist unerheblich, ob sie sich bezüglich ihrer Verwendung ergänzen oder voneinander unabhängig sind. Außerdem müssen die Zusammenstellungen für den Einzelverkauf gemacht sein, z.B. Schachteln, Kästchen usw. 37

Besteht eine gelieferte Sachgesamtheit oder sonstige Warenzusammenstellung aus unterschiedlich zu tarifierenden Waren, die aber alle in der Liste angeführt sind, so kann der ermäßigte Steuersatz auf das gesamte Entgelt angewendet werden. Ist dagegen nur ein Teil der Waren in der Liste angeführt, ist der ermäßigte Steuersatz für den Teil der Waren nur anwendbar, wenn das Entgelt auf die einzelnen Waren aufteilbar ist. Gleiches gilt im Falle der Nebenleistungen. Ob Aufzeichnungserleichterungen nach § 63 Abs. 5 UStDV in Anspruch genommen werden können, ist in jedem Einzelfall zu prüfen. 38

Kann der charakterbestimmende Bestandteil einer Warenzusammenstellung ermittelt werden, richtet sich die Tarifierung nach diesem Bestandteil (BMF vom 27.12.1993 BStBl I 1983, 567). In jedem Falle umfasst die Steuerermäßigung das gesamte Entgelt für die begünstigte Lieferung. Es gilt auch dabei der allgemeine Grundsatz, dass die Nebenleistungen das steuerliche Schicksal der Hauptleistung teilen. Sogenannte Kombinationsartikel i.S.d. Auslegung der Kombinierten Nomenklatur (AV) 3b die keine Warensortimente sind, müssen getrennt eingereiht werden. Hier sind in der Tat Fälle denkbar, die dazu führen, dass die Lieferung eines Kombinationsartikels sowohl zum ermäßigten als auch zum allgemeinen Steuersatz erfolgten kann (s. BMF vom 21.03.2006, BStBl I 2006, 286 i.V.m. BMF vom 27.03.2012, BStBl I 2012, 370 Nr. 1306). 39

3.1.4 Unentgeltliche Wertabgaben

Die Entnahme von Gegenständen der Anlage 2 eines Unternehmers aus einem Unternehmen für unternehmensfremde Zwecke die eine Lieferung darstellen, sind der Lieferung gegen Entgelt gleichgestellt und können damit auch dem ermäßigten Steuersatz unterfallen. Die einer sonstigen Leistung gegen Entgelt gleichgestellten Tatbestände i.S.d. § 3 Abs. 9a UStG sind dagegen nicht begünstigt. Hier ist vor allem an die Entnahme von Speisen und Getränken zu denken. 40

3.1.5 Umfang der Steuervergünstigung

Die Steuervergünstigung ist davon abhängig, dass ein Gegenstand der Anlage 2 geliefert wird. Insoweit ist nun zu prüfen, ob dies der Umfang der Leistung ist. Besteht die Lieferung aus mehreren Gegenständen oder gehört zur Leistung eine sonstige Leistung, muss weiter geprüft werden, ob eine einheitliche Leistung oder mehrere verschiedene, selbständige Leistungen vorliegen. Im Falle der einheitlichen Lieferung ist eine Aufteilung in einzelne Lieferungs- oder Leistungsbestandteile unzulässig. Die einheitliche Leistung wird immer einheitlich beurteilt. Der Gegenstand der Hauptleistung muss bestimmt werden. Ist dieser in Anlage 2 enthalten, so kommt der ermäßigte Steuersatz zur Anwendung. Da die Nebenleistungen das Schicksal der Hauptleistung teilen, werden auch diese zum ermäßigten Steuersatz besteuert. Dies gilt auch für unselbständige Nebenleistungen wie Verpacken, Befördern oder Versenden des Gegenstandes der Anlag 2 durch den liefernden Unternehmer. Handelt es sich dagegen um mehrere selbständige Lieferungen, so muss jede Lieferung getrennt beurteilt werden. 41

3.1.6 Werklieferungen

42 Auch Werklieferungen nach § 3 Abs. 4 UStG gehören zu den Lieferungen. Fällt das fertige Werk in eine Kategorie der Anlage 2 so kommt die Steuerermäßigung zum Tragen. Eine feste Verbindung des fertigen Werkes mit dem Grund und Boden ist für die Gewährung der Steuerermäßigung unschädlich. Entscheidend ist aber, dass das Werk in seiner Gesamtheit, d.h. bestehend aus Hauptstoffen, Nebenstoffen und Zutaten und Unternehmerarbeitsleistung in eine der Warenpositionen der Anlage 2 fällt.

43 Ist der fertige Gegenstand nicht in der Anlage 2 enthalten, scheidet die Steuermäßigung aus. Dies gilt selbst dann, wenn Teile des Werkes aus Stoffen bestehen, die isoliert betrachtet in die Anlage 2 fallen.

3.1.7 Gehaltslieferungen

44 Ebenfalls unter die Steuerermäßigung können sogenannte Gehaltslieferungen i.S.d. § 3 Abs. 5 UStG (s. dazu § 3 Rn. 93 ff.) fallen.

45 Definitionsmäßig liegt eine Gehaltslieferung vor, wenn der Abnehmer dem Lieferer Nebenerzeugnisse oder Abfälle, die bei der Bearbeitung oder Verarbeitung des gelieferten Gegenstands entstehen, zurückgibt. Hier beschränkt sich die Lieferung auf den Gehalt des Gegenstands an den Bestandteilen, die dem Abnehmer verbleiben.

46 Zwar ist der Gehalt von Gegenständen keine Ware nach der Anlage 2 bzw. des Zolltarifs. Aber bei Gehaltslieferungen ist zu berücksichtigen, dass wirtschaftlich gleichartige Vorgänge umsatzsteuerrechtlich gleichbehandelt werden müssen. Daher ist der Gehalt eines Gegenstandes dem Gegenstand gleichzusetzen, dem er quasi entspringt. Erforderlich ist demnach nur, dass der Gehalt des Gegenstandes dem Gegenstand entspricht. Diese Auslegung folgt der Auslegung nach Nr. 4 der Allgemeinen Vorschriften für die Auslegung der Nomenklatur des Harmonisierten Systems (AV). Nach dieser ist eine Ware, die von keiner Tarifnummer ausdrücklich erfasst wird, zu behandeln wie die Ware der sie am meisten ähnelt.

3.1.8 Gegenstand mit Grund und Boden fest verbunden

47 Die feste Verbindung mit dem Grund und Boden ist für die Anwendung des ermäßigten Steuersatzes ohne Bedeutung. Dies folgt daraus, dass eine Lieferung von Gegenständen i.S.d. § 3 Abs. 1 UStG (s. dazu § 3 Rn. 10 ff.) sowohl bewegliche Sachen als auch unbewegliche Sachen, wie z.B. Grundstücke oder Bestandteile eines Grundstücks umfassen kann. Dies gilt auch für die Werklieferung.

3.1.9 Warenzusammenstellungen

3.1.9.1 Zolltarifliche Abgrenzung

48 Zolltariflich muss zwischen sogenannten Mischungen i.S.d. Allgemeinen Vorschrift für die Auslegung der Kombinierten Nomenklatur (AV) 3b 1 und Warenzusammenstellungen in Aufmachungen zum Einzelverkauf i.S.d. AV 3b 2. Alternative unterschieden werden. Von Letzterem ist auszugehen, wenn sich die in den Waren enthaltenen Stoffe bzw. Bestandteile in zwei oder mehr Tarifpositionen zuordnen lassen. Mischungen liegen dagegen vor, wenn ein charakterbestimmender Bestandteil ermittelt werden kann (vgl. AV 3b). Kann dieser charakterbestimmende Bestandteil dagegen nicht ermittelt werden, so sind die verschiedenen Waren der Mischung getrennt einzureihen und getrennt danach zu untersuchen, ob sie unter Anlage 2 fallen. Es kommen dann ggf. unterschiedliche Steuersätze zur Anwendung.

3.1.9.2 E-Paper/E-Books in Verbindung mit Printprodukten (Bundle)

49 Verlage sind dazu übergegangen neben der gedruckten Zeitung auch eine sogenannte „onlineversion" der Zeitung im Rahmen eines Zeitungsabonnements anzubieten. Gleiches ist auch bei Büchern zu beobachten. Hier ist zu prüfen, ob eine einheitliche Leistung oder aber von mehreren getrennten Leistungen auszugehen ist. Das Wesen des in Rede stehenden Umsatzes ist zu ermitteln um sich so der Frage zu nähern, ob der Unternehmer an den Abnehmer mehrere selbständige Hauptleistungen oder eine einheitliche Leistung erbringt. Die Sicht des Durchschnittsverbrauchers ist aus Sicht der Finanzverwaltung dabei maßgebend (s. Abschn. 3.10 Abs. 1 UStAE).

Herausgeprägt hat sich die Auffassung, dass die Möglichkeit der Nutzung eines sogenannten „E-Papers“ bzw. eines „E-Books“ keine Nebenleistung zur Hauptleistung „Lieferung der gedruckten Zeitung“ bzw. „Lieferung eines gedruckten Buches“ darstellt. Ersteres dient nicht zur Abrundung der Lieferung der „offline-Variante“, sondern stellt einen eigenständigen Zweck dar. Daraus folgt, dass die Bereitstellung der „online-Variante“ eine sonstige Leistung nach § 3 Abs. 9 Satz 1 UStG (s. dazu § 3 Rn. 127 ff.) darstellt und insoweit aus dem Anwendungsbereich des ermäßigten Steuersatzes herausfällt. Die Lieferung der „offline-Variante“ erfolgt dagegen zum ermäßigten Steuersatz. Zahlt der Leistungsempfänger für die „online-Variante“ ein eigenständiges Entgelt, so ist dieses selbstverständlich Bemessungsgrundlage für die Anwendung des Regelsteuersatzes. Zahlt der Leistungsempfänger ein einheitliches Entgelt, so muss dieses nach Maßgabe von Abschn. 10.1 Abs. 11 UStAE aufgeteilt werden. Grundsätzlich ist dem Verhältnis der Einzelverkaufspreise zu folgen. Die Finanzverwaltung lässt aber auch andere sachgerechte Aufteilungsmaßstäbe zu (s. BMF vom 28.11.2013, IV D 2-S 7200/13/10004, BStBl I 2013, 1594). 50

3.1.10 Warenumschließungen/Nebenleistungen

Zur Beurteilung von Warenumschließungen wird grundsätzlich auf die zollrechtliche Behandlung abgestellt. Nach AV 5 liegt eine Nebenleistung vor, wenn die Warenumschließung als Umschließung für die in ihr verpackten Waren üblich ist oder unabhängig von ihrer Verwendung als Umschließung keinen dauernden selbstständigen Gebrauchswert hat. Unbedeutend ist, ob der Gebrauchswert geringfügig ist oder nicht. Falls diese Kriterien nicht erfüllt sind richtet sich die Einreihung nach den Grundsätzen über Warenzusammenstellungen. 51

3.1.11 Abgrenzung nach dem Zolltarif

3.1.11.1 Warenbezeichnungen

Die Abgrenzung der in der Anlage 2 aufgeführten Waren richtet sich nach dem Zolltarif. Daraus folgt, dass die Liste der Waren nicht enumerativ ist. Es gilt aber auch, dass die Waren die in der Anlage 2 nicht enthalten sind oder sich in den dort bezeichneten Kapiteln, Positionen und Unterpositionen nicht finden, aus dem Kreis der ermäßigt besteuernden Waren herausfallen. 52

3.1.11.2 Verbindliche/Unverbindliche Zolltarifauskunft

Je nach Art der Lieferung bestehen unterschiedliche Zuständigkeiten bezüglich der Einholung einer verbindlichen Zollauskunft (vZTA). Bestehen Zweifel ob der Einreihung von eingeführten Waren, so kann beim Hauptzollamt Hannover eine verbindliche Zollauskunft (vZTA) eingeholt werden. Bestehen dagegen Zweifel bei einer Lieferung oder einem innergemeinschaftlichen Erwerb, so ist die zuständige Dienststelle des Bildungs- und Wissenschaftszentrums der Bundesfinanzverwaltung für die unverbindliche Zolltarifauskunft für Umsatzsteuerzwecke (uvZTA) zuständig. Die Zollbehörde ist dann 6 Jahre lang an die Einreihung der Waren aufgrund der Zollauskunft gebunden. Auch bei den Landesfinanzbehörden können UvZTA beantragt werden (s. Rz. 8 des BMF vom 05.08.2004, IV B 7-S 7220-46/04, BStBl I 2004, 638 und vom 23.10.2006, IV A 5-S 7220-71/06, BStBl I 2006, 622). 53

3.2 Steuerermäßigung für die Vermietung (§ 12 Abs. 2 Nr. 2 UStG)

Die Vermietung von Gegenständen, die in der Anlage 2 zu § 12 Abs. 2 Nr. 1 und 2 UStG aufgeführt sind, können dem ermäßigten Steuersatz von 7 % unterliegen. Erforderlich ist aber, dass für die vermieteten Gegenstände auch die Steuerermäßigung für Lieferungen (einschließlich der den Lieferungen gleichgestellten unentgeltlichen Wertabgaben), Einfuhren und innergemeinschaftliche Erwerbe in Betracht kommt. Ab dem 01.01.2014 sind Vermietungen der in Nr. 49 Buchst. f sowie den Nrn. 53 und 54 der Anlage 2 zum UStG bezeichneten Kunstgegenstände und Sammlerstücke von der Steuersatzermäßigung ausgenommen. Dies gilt seit dem 01.07.2012 auch für die Überlassung von Pferden z.B. zu Reitzwecken. 54

Im Ergebnis bedeutet dies, dass die Steuerermäßigung immer dann in Betracht kommt, wenn ein in der Anlage 2 aufgeführter nach dem Zolltarif abzugrenzender Gegenstand an einen Dritten vermietet wird. 55

Die unentgeltliche Wertabgabe aus dem Unternehmen nach § 3 Abs. 9a UStG (s. dazu § 3 Rn. 130 ff.) wird auch bei dieser Tatbestandsvariante wie die Vermietung behandelt. Die Steuerermäßigung ist aber ausgeschlossen, wenn ein Gegenstand der Anlage 2 verpachtet wird. Der Unterschied zwischen Miete und Pacht besteht darin, dass bei der Pacht nicht nur der Gebrauch der Sache, sondern auch der Genuss der Früchte (s. § 99 BGB) aus der überlassenen Sache zugestanden wird (typisch bei landwirtschaftlichen Grundstücken). Vermietung i.S.d. § 12 Abs. 2 Nr. 2 UStG erfasst demnach nur die bürgerlich-rechtliche Miete nach § 535 BGB.

56 Faktisch ist die Steuerermäßigung begrenzt auf die vermietbaren Gegenstände der Anlage 2 zu § 12 Abs. 2 Nr. 1 und 2 UStG. Dies sind insbesondere die Vermietung von Blindenführhunden, Nr. 1 der Anlage 2), Pflanzen und Blumen (durch Gartenbaubetriebe z.B. zur Dekoration bei Veranstaltungen, Nr. 7 der Anlage 2), Zeitschriften und Büchern (durch Leihbüchereien und Lesezirkel – der Verleih von Büchern durch öffentliche Büchereien ist steuerfrei nach § 4 Nr. 20 Buchst. a UStG, Nr. 49 Buchst. a der Anlage 2), Noten (z.B. an Opernhäuser oder Orchester, Nr. 49 Buchst. d der Anlage 2), Krankenfahrstühlen, Rollstühlen und ähnlichen Fahrzeugen (z.B. an Krankenhäuser, Rehazentren oder an die kranken Personen selbst, Nr. 51 der Anlage 2) oder orthopädischen Apparaten (z.B. an Krankenhäuser oder niedergelassene Ärzte, Nr. 52 der Anlage 2).

57 Als weitere Voraussetzung verlangt § 12 Abs. 2 Nr. 2 UStG, dass die Vermietung der Gegenstände eine Hauptleistung ist. Handelt es sich bei der Überlassung des Gegenstandes nur um eine Nebenleistung oder unselbständige Nebenleistung einer anderen Hauptleistung, die mit dem Regelsteuersatz besteuert wird, so ist der ermäßigte Steuersatz nach § 12 Abs. 2 Nr. 2 UStG für die Vermietung versperrt.

58 Wird der Gegenstand im Rahmen einer Lohnveredelung zur Be- oder Verarbeitung überlassen, so ist der Tatbestand der Vermietung nach § 12 Abs. 2 Nr. 2 UStG nicht erfüllt. Insoweit erfolgt auch hier eine Regelbesteuerung.

3.3 Steuerermäßigung für die Vieh- und Pflanzenzucht (§ 12 Abs. 2 Nr. 3 UStG)

59 Die Aufzucht und das Halten von Vieh, die Anzucht von Pflanzen und die Teilnahme an Leistungsprüfungen für Tiere fällt grundsätzlich unter die Steuerbegünstigung des § 12 Abs. 2 Nr. 3 UStG. Nicht nur Land- und Forstwirte können § 12 Abs. 2 Nr. 3 UStG in Anspruch nehmen, sondern alle Unternehmer mit Ausnahme der pauschalversteuernden Landwirte.

3.3.1 Aufzucht und Halten von Vieh

60 Der Begriff Vieh umfasst die Tiere, die als landwirtschaftliche Nutztiere in Nr. 1 der Anlage 2 aufgeführt sind. Seit dem 01.07.2012 ist die Aufzucht von Pferden zwar weiterhin begünstigt, nicht aber das Halten von Pferden. Im Falle von Katzen und Hunden ist weder das Halten noch die Aufzucht steuerbegünstigt. Unter dem Begriff Viehaufzucht i.S.d. § 12 Abs. 2 Nr. 3 UStG ist das Aufziehen von Jungtieren, die sich in fremden Besitz befinden und damit einem anderen Landwirt gehören gemeint, z.B. Ferkeln und Kälbern.

61 Komplizierter ist die Angelegenheit bei Pferden. Der BFH entschied, dass eine Züchterprämie nach der Rennordnung kein Entgelt darstellt (s. BFH-Urteile vom 02.10.1969, V R 163/66, BStBl II 1970, 111 und vom 06.08.1970, V R 94/68, BStBl II 1970, 730). Erzielt folglich ein Unternehmer, der Pferde zu Pferderennen schickt Rennpreise und Züchterprämien für die Siege seiner Tiere, so entfaltet er mit der Aufzucht keine umsatzsteuerbare Tätigkeit, wenn der Unternehmer Halter und Züchter der siegreichen Pferde zugleich ist.

62 Viehhaltung i.S.d. § 12 Abs. 2 Nr. 3 UStG ist die Betreuung von Tieren in fremden Besitz. Dazu gehören Unterstellung, Fütterung und die Pflege des fremden Viehs. Im Ergebnis geht es um die so genannte Pensionsviehhaltung. Aus der Steuerbegünstigung heraus fällt aber das Einstellen und Betreuen von Reitpferden, die von ihren Eigentümern für Zwecke des Freizeitsports genutzt werden (s. BFH vom 22.01.2004, V R 41/02, BFH/NV 2004, 749). Dies gilt auch für Pferde, die zu selbstständigen oder gewerblichen, nicht landwirtschaftlichen Zwecken genutzt werden (z.B. durch Berufsreiter oder Reitlehrer). Ebenfalls nicht unter die Steuerbegünstigung fallen die vorübergehende oder auch dauernde Aufnahme von Haustieren, z.B. Hunden, Katzen usw. durch Pensionen oder Tierheime.

3.3.2 Anzucht von Pflanzen

Der Tatbestand der Anzucht von Pflanzen ist ähnlich der Aufzucht von Tieren konstruiert. Die Anzucht der Pflanzen ist die Anzucht fremder Pflanzen im Werklohn für Dritte auf eigenem oder gepachtetem Gelände. Die Rückgabe der Pflanzen erfolgt dann zu dem Zeitpunkt, wenn sie für den Verkauf das notwendige Wachstum erreicht haben. Der Pflanzenzüchter überlässt dem Unternehmer Pflanzen z.B. Sämlinge, damit der Unternehmer diese auf seinem Grundstück einpflanzt, pflegt und dem Pflanzenzüchter nach dessen Weisungen zurückgibt. Bei dem Zurverfügungstellen der Sämlinge handelt es sich nach der Rechtsprechung des BFH nicht um eine Lieferung (s. BFH vom 19.7.1962, V 145/59 U, BStBl III 1959, 543). Folgerichtig kann die Rückgabe der gewachsenen Pflanzen keine Rücklieferung sein. 63

3.3.3 Leistungsprüfungen für Tiere

Tierzüchter messen ihre Zuchtergebnisse in sogenannten Leistungsprüfungen. Diese finden als Wettbewerbe in Form von Tierschauen, Pferderennen, Pferdeleistungsschauen und Turniere statt. Erhält der Unternehmer im Rahmen einer solchen Leistungsprüfung einen Geldpreis, z.B. in Form des Rennpreises, so fällt dieser unter die ermäßigte Besteuerung. Bei dem Gewinnertier muss es sich nicht um ein klassisches Zuchttier handeln. Die Teilnahme an der Leistungsprüfung ist der Begünstigungstatbestand. Allerdings ist auch denkbar, dass für die Veranstaltungen dieser Prüfungen auch der ermäßigte Steuersatz nach § 12 Abs. 2 Nr. 4 oder 8 UStG oder Steuerfreiheit nach § 4 Nr. 22 Buchst. b UStG (s. dazu § 4 Nr. 22 Rn. 25 ff.) in Betracht kommen kann. 64

3.4 Förderung der Tierzucht (§ 12 Abs. 2 Nr. 4 UStG)

Nach § 12 Abs. 2 Nr. 4 UStG kommen Leistungen in den Genuss der Steuerermäßigung, die unmittelbar der Vatertierhaltung, Förderung der Tierzucht, künstlichen Tierbesamung, Leistungs- und Qualitätsprüfung in der Tierzucht, Leistungs- und Qualitätsprüfung in der Milchwirtschaft dienen (s. auch BFH vom 17.11.1966, V 20/65, BStBl III 1967, 164). Dies sind aber nur die Tätigkeiten als Besamungsleistungen durch Besamungsgenossenschaften, Tierärzte oder Besamungstechniker, und Tiersamenlieferung an Tierhalter zur Besamung ihrer Tiere. Abschnitt 12.5 Abs. 5 UStAE enthält die Entgelte für Leistungen, die unmittelbar der Leistungs- und Qualitätsprüfung in der Tierzucht und in der Milchwirtschaft dienen. 65

Zu den begünstigten Nebenleistungen gehört der Einsatz von Impfstoffen zur tierseuchen-prophylaktischen Impfung von Zuchttieren. Dies kann auch der Fall sein, wenn zusammen mit der Besamungsleistung Arzneimittel an das Tier verabreicht werden. Auch die Überprüfung des Erfolges der Besamungsleistung z.B. mittels Ultraschalluntersuchung kann eine Nebenleistung sein. 66

3.5 Zahntechnische Leistungen (§ 12 Abs. 2 Nr. 6 UStG)

Für alle Tätigkeiten der Zahntechniker gilt die uneingeschränkte Steuerermäßigung. Auch die unentgeltlichen Wertabgaben aus dem Unternehmen sind eingeschlossen. Ebenso sind die Lieferungen von halbfertigen Teilen von Zahnprothesen steuermäßigt. Eine weitere Besonderheit ist, dass es auf die Rechtsform in der das Unternehmen ausgeübt wird nicht ankommt. Der Zahntechniker als Einzelunternehmer ist genauso begünstigt wie der Betrieb eines zahntechnischen Labors in Rechtsform der GmbH, oHG oder KG (s. Abschn. 12.4 Abs. 1 UStAE). 67

Das gesamte Leistungsspektrum des Zahntechnikers ist steuerbegünstigt wie z.B. Zahnersatz aus **jedwedem Material** (Kunststoff, Edelmetall, Nichtedelmetalllegierungen, Zahnkeramik usw.), Anfertigung von herausnehmbarem und festsitzendem Zahnersatz, Herstellung von kieferorthopädischen Geräten, Herstellung von Kieferbruchschienen, Anfertigung von Parodontoseschienen und Implantate. 68

Die Leistungen von Dentisten und Zahnärzten sind nur steuerbegünstigt, wenn diese nach § 4 Nr. 14 Buchst. a Satz 2 UStG von der Steuerbefreiung ausgeschlossen sind. Von der Steuerermäßigung erfasst werden somit nur die Lieferung oder Wiederherstellung von Zahnprothesen (Unterpositionen 9021.21 und 9021.29 00 des Zolltarifs) und kieferorthopädischen Apparaten (Unterposition 9021.10 des Zolltarifs). Vor- 69 aussetzung ist aber, dass der Dentist bzw. Zahnarzt diese in seinem Unternehmen hergestellt oder wiederhergestellt hat.

3.6 Kulturelle Leistungen (§ 12 Abs. 2 Nr. 7 Buchst. a UStG)

3.6.1 Übersicht

70 Die Steuerermäßigung nach § 12 Abs. 2 Nr. 7 Buchst. a UStG kommt nur dann zur Anwendung, wenn die Leistungen nicht unter die Steuerbefreiung des § 4 Nr. 20 UStG fallen (s. dazu § 4 Nr. 20 Rn. 10 ff.). Der sachliche Anwendungsbereich umfasst die Eintrittskarten für Theater, Konzerte, Museen und die diesen vergleichbare Dienstleistungen ausübende Künstler.

71 Umsatzsteuersystematisch verlangt § 12 Abs. 2 Nr. 7 Buchst. a UStG eine steuerbare und steuerpflichtige Leistung. Insoweit ist die Vorschrift subsidiär zur Steuerbefreiung nach § 4 Nr. 20 UStG. Die Steuerbefreiungsvorschrift genießt Anwendungsvorrang falls beide Tatbestände erfüllt sind.

72 Die Steuerbefreiung des § 4 Nr. 20 UStG greift nach § 4 Nr. 20 Buchst. a UStG nur, soweit es sich bei den Theatern, Orchestern, Kammermusikensembles, Chören und Museen um Einrichtungen des Bundes, der Länder, der Gemeinden oder Gemeindeverbände oder um andere Unternehmer handelt, denen die zuständige Landesbehörde bescheinigt, dass sie die gleichen kulturellen Aufgaben erfüllen wie die öffentlichen Einrichtungen. Darüber hinaus verlangt § 4 Nr. 20 Buchst. b UStG für die Steuerbefreiung für die Veranstaltung von Theatervorführungen und Konzerten durch andere Unternehmer nur, dass die Darbietungen selbst von den öffentlichen Einrichtungen oder den anderen Unternehmern, die die Bescheinigung besitzen, erbracht werden.

73 Der Anwendungsbereich des § 12 Abs. 2 Nr. 7 Buchst. a UStG engt sich damit ein auf Unternehmer, die keine öffentliche Einrichtung oder nicht im Besitz der Bescheinigung sind bzw. für Theater- und Konzertveranstalter, die Aufführungen solcher Unternehmer veranstalten.

74 Zusammenfassend lässt sich festhalten, dass der öffentliche Kulturbereich unter die Steuerbefreiung nach § 4 Nr. 20 UStG fällt, mit der Folge, dass der Vorsteuerabzug ausgeschlossen ist. Der private Kulturbereich fällt dagegen unter § 12 Abs. 2 Nr. 7 Buchst. a UStG, Steuerermäßigung mit Vorsteuerabzug.

3.6.2 Museen, Konzerte, Theater

75 Nach Abschnitt 12.5 Abs. 1 UStAE sind die Begriffe Theater, Konzert und Museen nach den Merkmalen abzugrenzen, die für die Steuerbefreiung maßgebend sind.

76 Bei Theateraufführungen und Konzerten handelt es sich um die Organisation und Durchführung der Aufführungen von Theaterstücken, Opern und Operetten usw. sowie von Konzerten durch Unternehmer, die selbst kein eigenes Theater, Orchester oder Ensemble führen. Dies sind vor allem Körperschaften oder private Veranstalter, die fremde Theater engagieren oder Konzertveranstalter die Tourneen oder Gastspiele organisieren. Die Rechtsprechung verlangt weiter, dass die Theateraufführung oder das Konzert den eigentlichen Zweck der Veranstaltung ausmacht. Dies darf nicht nur Beiwerk z.B. einer Promotion- oder Werbeveranstaltung sein (s. BFH vom 26.04.1995, XI R 20/94, BStBl II 1995, 519).

77 Unter dem Begriff Museen werden Kunstsammlungen und wissenschaftliche Sammlungen verstanden. Dies können technische, volkskundliche, botanische, zoologische geschichtliche oder heimatkundliche Gemälde-, Skulptur- oder Bildhauersammlungen sein.

3.6.3 Leistungen von Solisten und Ensembles

78 Ausgehend von der Rechtsprechung des EuGH ist bei Solisten- oder Ensembleleistungen an Konzertveranstalter der ermäßigte Steuersatz zur Anwendung zu bringen (EuGH vom 23.10.2003, C-109/02, BFH/NV Beilage 2004, 37). Der EuGH subsumiert unter den Begriff „ausübende Künstler" nach Europarecht die Leistungen einzelner ausübender Künstler als auch die Leistung mehrerer zu einer Gruppe zusammengeschlossenen Künstlern. Die Anzahl der Personen ist dabei ohne Belang.

3.6.4 Veranstalter bei Theatervorführungen und Konzerten/Tourneeveranstaltungen

Die Steuerbefreiung des § 12 Abs. 2 Nr. 7 Buchst. a UStG wird bei einer Veranstalterhäufung nur demjenigen Veranstalter gewährt, der die Eintrittsberechtigung verschafft. Die Steuerermäßigung erlangt bei Tournee-Veranstaltungen daher i.d.R. nur der örtliche Veranstalter. Auch die Umsätze von Ticket-Eigenhändlern aus dem Verkauf von Eintrittsberechtigungen fallen unter die Steuerermäßigungsvorschrift. Die Rechtsprechung versagt allerdings die Anwendung des ermäßigten Steuersatzes auf Vermittlungsleistungen (s. BFH vom 03.11.2011, V R 16/09, BStBl II 2012, 378). 79

Aus Sicht des BFH ist der Begriff des Veranstalters dann erfüllt, wenn derjenige, der im eigenen Namen und für eigene Rechnung die organisatorischen Maßnahmen dafür trifft, dass die Theatervorführung bzw. das Konzert abgehalten werden kann, wobei er die Umstände, den Ort und die Zeit seiner Darbietungen selbst bestimmt (s. BFH vom 25.11.1993, V R 59/91, BStBl II 1994, 336). 80

Der Begriff Konzert erfordert nicht die Darbietung einer bestimmten Musikrichtung. Erforderlich ist aber das Bespielen von Instrumenten und/oder die Benutzung der menschlichen Stimme. Dabei spielt die Wertigkeit der Darbietung keine Rolle. Wird lediglich ein Tonträger abgespielt liegt kein Konzert vor. Daher sind beispielhaft zu nennen: Klavier-, Orgel- oder Violinkonzerte, Kammerkonzerte, Rock-, Pop- oder Jazzkonzerte, volksmusikalische Konzerte, Liederabende u.ä. Der BFH hat sogar eine „Techno"-Veranstaltung als Konzert angesehen (s. BFH vom 18.08.2005, V R 50/04, BFH/NV 2006, 216). 81

3.6.5 Beispielsfälle

Akrobaten und Jongleure, mithin Artisten werden nicht von der Steuerermäßigung begünstigt. Nach Auffassung des hessischen Finanzministeriums soll dagegen ein Zauberkünstler von § 12 Abs. 2 Nr. 7 Buchst. a UStG erfasst werden (s. FM Hessen vom 15.03.1988, UR 1988, 263). Auch die Darbietung einer Tanzkapelle anlässlich einer öffentlichen Veranstaltung ist steuerermäßigt. 82

Der BFH entschied, dass die Eintrittsgelder für einen Feuerwerkswettbewerb, bei dem verschiedene Teams mit „Pflicht-" und „Kürteilen" eine Vielzahl von Feuerwerken in kreativen Kombinationen mit Farb- und Klangelementen vorführen, dem ermäßigten Umsatzsteuersatz nach § 12 Abs. 2 Nr. 7 Buchst. a UStG unterfallen können (s. BFH vom 30.04.2014, XI R 34/12, BFH/NV 2014, 1474). 83

Auch über die Anwendung des ermäßigten Steuersatzes bei einer „Dinner-Show" hatte der BFH zu befinden. Die „Dinner-Show" zeichnet sich durch die Verbindung von kulinarischen und künstlerischen Elementen aus. Wesensmerkmal ist daher, dass die Leistungen auch getrennt im Wirtschaftsleben erbracht werden können. Der BFH lehnt aber die Aufspaltung in zwei Teilleistungen ab, wenn es dem Publikum erkennbar um den einheitlichen Genuss beider Teilleistungen ankommt. Das ein Dritter bestimmte Dienstleistungen im Rahmen der „Dinner-Show" erbringen kann sieht der BFH als nicht entscheidend an. Es sei gerade das „Konzept des zusammengesetzten Umsatzes", dass die Teilleistungen unter einer einheitlichen Leistung von mehreren Leistungserbringen je nach ihrer Profession erbracht werden (s. BFH vom 10.01.2013, V R 31/10, BStBl II 2013, 352). 84

Die „Vorverkaufsgebühr" ist Teil des vom Kunden für die Konzertkarte geschuldeten Entgelts, wenn der Konzertveranstalter den Kartenvorverkauf auf eine Vermittlerin als sogenannte „Vorverkaufsstelle" überträgt. Auf diese „Vorverkaufsgebühr" ist der ermäßigte Steuersatz nach § 12 Abs. 2 Nr. 7 Buchst. a UStG anwendbar. 85

Eine Minderung der Bemessungsgrundlage für die vom Konzertveranstalter der Vorverkaufsstelle geschuldete Vermittlungsprovision folgt aus einer vereinbarten „Refundierung" zwischen Konzertveranstalter und „Vorverkaufsstelle". Die „Refundierung" mindert dagegen nicht die Bemessungsgrundlage für den Kartenverkauf (s. BFH vom 03.11.2011, V R 16/09, BStBl II 2012, 378 zur „Refundierung" der „Vorverkaufsgebühr" beim Verkauf von Konzertkarten). 86

Aus Sicht des BFH können sogar Umsätze einer „männlichen Stripgruppe" von der Umsatzsteuer befreit sein oder dem ermäßigten Steuersatz unterfallen (s. BFH vom 19.10.2011, XI R 40/09, BFH/NV 2012, 798). 87

3.7 Filmvorführungen (§ 12 Abs. 2 Nr. 7 Buchst. b UStG)

88 Alle Zweige der Filmwirtschaft, die Produktion bzw. Überlassung des Rechts zur Auswertung, der Verleih und die Vorführung der Filme sind grundsätzlich nach § 12 Abs. 2 Nr. 7 Buchst. b UStG steuerbegünstigt. Bei diesen Leistungen liegen umsatzsteuerlich allesamt sonstige Leistungen vor. Finden innerhalb einer Kette beginnend von Produktion bis Vorführung Lieferungen statt, so sind diese ggf. nur als Nebenleistungen, möglicherweise auch als unselbständige Nebenleistungen, steuerbegünstigt

3.8 Einräumung von Rechten aus dem Urheberrechtsgesetz (§ 12 Abs. 2 Nr. 7 Buchst. c UStG)

3.8.1 Übersicht

89 Die Einräumung, Übertragung und Wahrnehmung von Rechten nach dem Urheberrechtsgesetz (UrhG) werden von § 12 Abs. 2 Nr. 7 Buchst. c UStG erfasst. Die Begünstigung setzt aber voraus, dass es sich um Rechtseinräumungen u.ä. i.S.d. UrhG handelt. Die Inanspruchnahme von dem sogenannten Verbreitungsrecht nach § 17 UrhG reicht dafür nicht aus. Dies liegt dann vor, wenn der Urheber das ihm zustehende Urheberrecht wahrnimmt, z.B. durch Veräußerung das Werk-, oder Verfielfältigungsstück in den Verkehr bringt. Durch diese Handlung verschafft der Urheber dem Kunden lediglich Eigentum am Werk- bzw. Verfielfältigungsstück. Die Steuervergünstigung verlangt aber, dass die Rechtseinräumung bzw. Rechtsübertragung den wesentlichen Charakter der Leistung ausmacht.

90 Nach der zivilrechtlichen Begriffsbestimmung handelt es sich bei der Einräumung von Nutzungsrechten nach § 31 Abs. 1 UrhG um eine Berechtigung des Empfängers, das Werk neben dem Urheber oder anderen Nutzungsberechtigten, sogenanntes einfaches Nutzungsrecht nach § 31 Abs. 2 UrhG oder unter Ausschluss aller anderen Personen, sogenanntes ausschließliches Nutzungsrecht nach § 31 Abs. 3 UrhG auf die ihm vertraglich eingeräumte Art zu nutzen.

91 Lieferungen sind nicht nach § 12 Abs. 2 Nr. 7 Buchst. c UStG begünstigt, nur sonstige Leistungen. Insoweit gilt die grundsätzliche Abgrenzung (s.o.) Letztlich ist nur die vertragliche Einräumung und Übertragung von Verwertungsrechten, die ihren Ursprung im Urheberrecht haben und vom Urheber an Dritte eingeräumt werden von der Steuerbegünstigung erfasst. Das Urheberrecht ist grundsätzlich nach § 29 Abs. 1 UrhG unübertragbar.

92 Insoweit üben Verwertungsgesellschaften, die i.d.R. Vergütungsansprüche für Urheber aufgrund der Einräumung von Nutzungs- und Einwilligungsrechten verfolgen, § 31 Abs. 1 UrhG, eine steuerbegünstigte Tätigkeit aus.

3.8.2 Beispielsfälle

93 Die Tätigkeit von selbständigen Bühnen- und Kostümbildnern besteht meistens daraus, dass sie gegenüber ihrem Auftraggeber, einer Bühne bzw. Theater, die Konzeption für das Bühnenbild oder die Kostüme und Entwürfe, mit denen die geplante Veranstaltung umgesetzt werden soll erstellen. Üblicherweise erfolgt dann die konkrete Anfertigung von eigenen Werkstätten der Bühnen oder Theater. Neben der Erstellung wird auch die Aufsicht über die Herstellung des Bühnenbildes und/oder der Kostüme mit übertragen und ggf. die Anwesenheit bei Proben vereinbart.

94 Umsatzsteuerlich können bei einer derartigen Tätigkeit schwierige Abgrenzungsfragen auftauchen. So hängt es zunächst einmal im Wesentlichen davon ab, was zivilrechtlich vertraglich vereinbart wurde. Daneben kommt es aber auch auf die tatsächliche Durchführung an.

95 Um eine steuerliche Begünstigung nach § 12 Abs. 2 Nr. 7 Buchst. c UStG zu erlangen, muss die Einräumung, Übertragung und Wahrnehmung von Rechten nach dem UrhG der wesentliche Vertragsinhalt der Leistungsbeziehung sein. Dies wird immer dann der Fall sein, wenn die für eine Aufführung bestimmten Bühnenbilder oder Kostüme vom Urheber für das Theater oder die Bühne entworfen werden. Das Gepräge dieser Leistung ist die Kreativität und die schöpferische Leistung des Urhebers mithin des Bühnen- oder Kostümbildners. Die Gegenprobe ist quasi die Antwort auf die Frage, darf die Bühne bzw. Theater die

Entwürfe nutzen, ohne Übertragung der Urheberrechte. Wird diese Frage verneint, so liegt keine steuerbegünstige Leistung vor; wird sei dagegen bejaht, so liegt eine steuerbegünstigte Leistung vor.

Kommt es bei der vertraglichen Vereinbarung aber nur auf die handwerkliche Ausführung an, so ist die Steuerermäßigung nach § 12 Abs. 2 Nr. 7 Buchst. c UStG nicht einschlägig (s. BMF vom 07.02.2014, IV D 2-S 7240/11/10002, BStBl I 2014, 273). 96

Zum ermäßigten Steuersatz bei Theater, Konzerten, Museen und vergleichbaren Veranstaltungen, Musikkapellen, Solokünstler, Intendanten, Regisseure, Bühnenbildner, Zauberer sowie Veranstaltung von Konzerten durch andere Unternehmer s. auch OFD Frankfurt/M vom 14.02.2014, S 7238 A-6-St 16. 97

Ein besonderes umsatzsteuerliches Problem stellt die Besteuerung des Entgelts dar, dass Besucher in Museen o.ä. für die technische Möglichkeit entrichten, dass sie mittels multimedialer Technik Exponate o.ä. selbst erkunden. Im Kern geht es um die Leihe eines audiovisuellen Führungssystems, dass Ton- und/oder Bildsignale sendet und den Audiostream über Kopfhörer zur Verfügung stellt. Die Systeme bestehen meist aus zwei Komponenten, namentlich der Hardware und der Software, die die urheberrechtliche Übertragung gewährleistet. 98

Da es nicht zwangsläufig eine Verbindung zwischen den Systemen gibt, kann es sein, dass ein Museum die Hardware mit immer neuen urheberrechtlichen Daten nutzt, je nachdem welche Ausstellung präsentiert wird. In diesem Falle erwirbt der Museumsbetreiber die urheberrechtlichen Nutzungsrechte an den Audioführungen. Trotzdem, dass die Software und Hardware einem einheitlichen Ziel dienen, ist der BFH der Auffassung, dass sie nicht untrennbar sind (s. dazu auch BFH vom 25.06.2009, V R 25/07, BStBl II 2010, 239). Zur Begründung führt er aus, dass die Komponenten des audiovisuellen Führungssystems nicht so ineinandergreifen, dass sie bei natürlicher Betrachtung hinter das Ganze zurückträten. Dies hat zur Folge, dass der BFH zu dem Ergebnis kommt, dass die Vermietung oder Verkauf der Hardware und die Übertragung der urheberrechtlichen Nutzungsrechte zwei verschiedene selbständige Leistungen sind. Demzufolge ist bei der urheberrechtlichen Leistung der ermäßigte Steuersatz nach § 12 Abs. 2 Nr. 7 Buchst. c UStG anzuwenden, während es bei der Vermietung oder dem Verkauf beim Regelsteuersatz verbleibt (s. Thüringer Lfd vom 19.03.2013, S 7244 A-05-A 5.16). Die Herstellung der Audioführung (Software) geht dabei als Vorstufe für die eigentliche Leistung „Übertragung der urheberrechtlichen Nutzungsrechte“ in dieser auf (s. Abschn. 12.7 Abs. 22 UStAE). 99

Nach einer Verfügung der OFD Niedersachsen gilt bei fotografischen Leistungen (insbesondere bei Hochzeits- und Portraitfotografie) die Anwendung des Regelsteuersatzes nach § 12 Abs. 1 UStG (s. dazu OFD Niedersachsen vom 08.08.2013, S 7240-56-St 184). 100

Keinesfalls fallen die Leistungen von Trauerrednern bei Bestattungen unter den ermäßigten Steuersatz. Auch § 12 Abs. 2 Nr. 7 Buchst. a UStG ist nicht anwendbar. Dies liegt daran, dass die Trauerredner von den Trauernden kein Entgelt bekommen, damit sie an der Beerdigung teilnehmen können (s. OFD Frankfurt/M. vom 09.02.2012, S 7240 A-24-St 112). 101

3.9 Zirkus, Schausteller, Zoos (§ 12 Abs. 2 Nr. 7 Buchst. d UStG)

Zirkusvorführungen, die Leistungen aus der Tätigkeit als Schausteller sowie die unmittelbar mit dem Betrieb der zoologischen Gärten verbundenen Umsätze unterfallen dem ermäßigten Steuersatz. Zu den Zirkusvorführungen gehören auch eventuell veranstalte Tierschauen. Entscheidend für die Gewährung der Steuerermäßigung ist die quasi mobile Erbringung der Leistung und nicht die ortsfeste. 102

Die Steuerermäßigung bei zoologischen Gärten ist im Grunde nur für Unternehmer anwendbar, die keine öffentliche Einrichtung sind. Dies führt zu einer Zweiteilung. Während zoologische Gärten die z.B. städtisch betrieben werden, dem ermäßigten Steuersatz unterliegen ohne Vorsteuerabzug, können die in privater Rechtsform betriebenen zoologischen Gärten den ermäßigten Steuersatz mit Vorsteuerabzug in Anspruch nehmen. 103

Schaustellerleistungen sind Musikaufführungen, unterhaltende Vorstellungen oder sonstige Lustbarkeiten auf Jahrmärkten, Volksfesten, Schützenfesten o.ä. Schausteller sein erfordert den Betrieb eines Reisegewerbes (Kraeusel in Reiß/Kraeusel/Langer, § 12 UStG Rz. 277 ff., Februar 2008). 104

105 Dem ermäßigten Steuersatz unterfallen aber nur die Umsätze der zoologischen Gärten, die quasi dem Kerngeschäft, d.h. dem Betrieb des zoologischen Gartens im eigentlichen Sinne zugerechnet werden (s. BFH vom 04.12.1980, V R 60/79, BStBl II 1981, 231). Dies sind insbesondere Umsätze aus Entgelten in Eintrittsgeldern, einschließlich etwaiger Nebenleistungen (z.B. Abgabe von Wegweisern und Lageplänen). Anderweitige Hilfsumsätze und die Parkgebühren unterfallen aber dem Regelsteuersatz.

106 Die gleichen Grundsätze sind bei Zirkusveranstaltungen anzuwenden. Auch hier sind die üblicherweise mit der Zirkusveranstaltung verbundenen Nebenleistungen, z.B. der Verkauf von Programmen und die Aufbewahrung der Garderobe steuerermäßigt zu besteuern. Dagegen sind andere Nebenleistungen z.B. der Verkauf von Ton- und Bildträgern mit Aufzeichnungen von Vorführungen oder Fotografien dem Regelsteuersatz zu unterwerfen. Auch der Verleih von Zirkusmitarbeitern, z.B. die Gestellung von Clowns, Dompteuren, Artisten für Film- oder Fernsehaufnahmen hat zum Regelsteuersatz zu erfolgen.

107 Im Gegensatz zu Aquarien und Terrarien sind Tierparks keine zoologischen Gärten, ebenso wenig wie Delfinarien (s. BFH vom 20.04.1988, X R 20/82, BStBl II 1988, 796). Daher gilt für diese die Steuerermäßigung nicht. In Betracht kommt nur die Steuerfreiheit nach § 4 Nr. 20 Buchst. a UStG. Auch für botanischen Gärten bleibt nur die Steuerfreiheit nach § 4 Nr. 10 Buchst. a UStG.

3.10 Gemeinnützige Körperschaften (§ 12 Abs. 2 Nr. 8 UStG)

3.10.1 Übersicht

108 Körperschaften, die gemeinnützige, mildtätige oder kirchliche Zwecke verfolgen können von der Steuerermäßigung nach § 12 Abs. 2 Nr. 8 Buchst. a UStG Gebrauch machen. Gleiches gilt für die Leistungen der nichtrechtsfähigen Personenvereinigungen und Gemeinschaften der Körperschaften, wenn diese Leistungen, falls die Körperschaften sie anteilig selbst ausführen, insgesamt ermäßigt besteuert wären. Voraussetzung ist aber, dass die Körperschaften die gemeinnützigen, mildtätigen oder kirchlichen Zwecke ausschließlich und unmittelbar verfolgen, i.S.d. allgemeinen Gemeinnützigkeitsvorschriften nach §§ 51 ff. AO.

3.10.2 Zusammenschlüsse steuerbegünstigter Einrichtungen (§ 12 Abs. 2 Nr. 8 Buchst. b UStG)

109 Die Gewährung der Steuerermäßigung nach § 12 Abs. 2 Nr. 8 Buchst. b UStG für Leistungen von nichtrechtsfähigen Personenvereinigungen oder Gemeinschaften steuerbegünstigter Körperschaften ist von weiteren Voraussetzungen abhängig. Sämtliche Mitglieder der nichtrechtsfähigen Personenvereinigung oder Gemeinschaft müssen steuerbegünstigte Körperschaften im Sinne der §§ 51 ff. AO sein. Ferner müssen alle Leistungen, falls sie anteilig von den Mitgliedern der Personenvereinigung oder der Gemeinschaft ausgeführt werden, gemäß § 12 Abs. 2 Nr. 8 Buchst. a UStG ermäßigt besteuert werden können.

110 Unter die Steuerermäßigung fallen daher nur die Umsätze der steuerbegünstigten Bereiche der gemeinnützigen Personenvereinigung oder Gemeinschaft, z.B. Zweckbetriebe. Dagegen werden die wirtschaftlichen Geschäftsbetriebe, die keine Zweckbetriebe sind, regelbesteuert.

111 Diese Grundsätze sind auch auf gemeinschaftliche Sportveranstaltungen anzuwenden. Stellen die Einnahmen einen wirtschaftlichen Geschäftsbetrieb dar, ist die Steuerermäßigung unanwendbar (s. Abschn. 12.10 UStAE).

3.10.3 Beispielsfälle

112 Nach der Rechtsprechung des BFH können Dienstleistungen, die ein gemeinnütziger Reitsportverein im Rahmen einer Pensionspferdehaltung erbringt, umsatzsteuerbefreit oder ermäßigt zu besteuern sein (s. BFH vom 16.10.2013, XI R 34/11, BFH/NV 2014, 460).

113 Übernachtungs-und Verpflegungsleistungen, die ein gemeinnütziger Verein im Streitjahr 2007 im Zusammenhang mit umsatzsteuerfreien Seminaren erbrachte unterfallen nicht dem ermäßigten Steuersatz von 7 % gem. § 12 Abs. 2 Nr. 8 Buchst. a UStG (s. BFH vom 08.03.2012, V R 14/11, BStBl II 2012, 630). Die Beherbergungs- und Verpflegungsleistungen erbrachte der Verein zwar im Rahmen eines Zweckbetriebes nach § 68 Nr. 8 AO, allerdings wendete der BFH die umsatzsteuerrechtliche Einschränkung der Steuerermäßigung für Leistungen im Rahmen eines Zweckbetriebes nach § 12 Abs. 2 Nr. 8 Buchst. a Satz 3 UStG

an. Die Beherbergungs- und Verpflegungsleistungen stellten umsatzsteuerrechtlich einen Zweckbetrieb dar, der vorrangig der Erzielung zusätzlicher Einnahmen diente. Nach § 52 Abs. 2 Nr. 7 AO sind zusätzliche Einnahmen dann gegeben, wenn die gemeinnützige Körperschaft diese Einnahmen im Zusammenhang mit Leistungen erzielt, die nicht zur Verwirklichung des originären steuerbegünstigten Zweckes notwendig sind. Im Streitfall stand die gemeinnützige Körperschaft mit ihren Leistungen im Wettbewerb zu „normalen" Hotelleriebetrieben, die selbstverständlich den Regelsteuersatz anzuwenden hatten. Seit dem 01.01.2010 ist allerdings die Steuerbegünstigung nach § 12 Abs. 2 Nr. 11 UStG für Beherbergungsleistungen möglich.

Werden Behinderte im Rahmen eines Integrationsprojektes beschäftigt, um einer nicht gemeinnützigen Körperschaft die Anwendung des ermäßigten Umsatzsteuersatzes zu ermöglichen, so dient die Körperschaft nicht ausschließlich gemeinnützigen Zwecken. Dies hat zur Folge, dass ein Verstoß gegen das Ausschließlichkeitsgebot, § 52 Abs. 2 Nr. 2 AO, vorliegt. Damit verliert die gemeinnützige Körperschaft die Gemeinnützigkeit (s. BFH vom 23.02.2012, V R 59/09, BStBl II 2012, 544). Damit ist die Steuerermäßigungsvorschrift unanwendbar. 114

Kritisch sieht der BFH die Anwendbarkeit des ermäßigten Steuersatzes in den sogenannten Wettbewerbsfällen. Tritt z.B. eine gemeinnützige GmbH durch die Überlassung einer Eislaufhalle an Vereine in direkten Wettbewerb mit einem nicht steuerbegünstigen Betrieb gleicher Art, so sind die Umsätze mit dem Regelsteuersatz zu besteuern. Maßgebend ist der Einzugsbereich der GmbH (s. BFH vom 18.08.2011, V R 64/09, HFR 2012, 784). 115

Die Steuerermäßigung kommt auch für gemeinnützige Siedlungsunternehmen nur dann in Betracht, wenn alle Voraussetzungen der Gemeinnützigkeitsvorschriften i.S.d. §§ 51 ff. AO erfüllt sind. 116

Dagegen sind Kapitalgesellschaften von Hoheitsträgern zur Ausführung hoheitlicher Aufgaben, z.B. im Bereich der Müll- und Abwasserbeseitigung mangels Selbstlosigkeit nach § 55 AO nicht gemeinnützig und damit auch nicht steuerbegünstigt. 117

Krankenhäuser und Sportvereine, die sogenannte Katalog-Zweckbetriebe als wirtschaftliche Geschäftsbetriebe betreiben, können dies zum ermäßigten Steuersatz tun (s. Abschn. 12.9 Abs. 10 UStAE). Dies liegt daran, dass die gemeinnützige Körperschaft mit diesen Zweckbetrieben die steuerbegünstigten Zwecke unmittelbar realisiert. 118

Wirtschaftliche Geschäftsbetriebe die nach §§ 66 oder 68 Nr. 1 AO Zweckbetrieb sind, z.B. „Betreutes Wohnen", „Hausnotrufleistungen", „Betreute Krankentransporte" usw. anerkannt unterfallen als Katalogzweckbetrieb ebenfalls dem ermäßigten Steuersatz. 119

3.11 Schwimm- und Heilbäder, Kureinrichtungen (§ 12 Abs. 2 Nr. 9 UStG)

Nach § 12 Abs. 2 Nr. 9 UStG ermäßigt sich der Steuersatz bei Umsätzen, die unmittelbar mit dem Betrieb der Schwimmbäder verbunden sind sowie die Verabreichung von Heilbädern. Das Gleiche gilt für die Bereitstellung von Kureinrichtungen, soweit als Entgelt eine Kurtaxe zu entrichten ist. 120

3.11.1 Schwimmbäder

Schwimmbäder sind insbesondere Freibäder, Hallenbäder und Schwimmbäder mit besonderer Funktion, z.B. Lehrschwimmbäder oder Schwimmbäder in Hotels bzw. Freizeitparks. Sind in den Schwimmbädern auch andere Einrichtungen enthalten, wie z.B. Wannenbäder, Brausebäder und Dampfbäder führt dies zum Ausschluss der Steuerbegünstigung. 121

Steuerbegünstigt sind nur die Umsätze, die unmittelbar mit dem Betrieb des Schwimmbades verbunden sind. Es muss daher in jedem Falle Gelegenheit zum Schwimmen geben. So gehören zu den unmittelbaren Umsätzen das Entgelt für die Gestattung zur Benutzung, gleich ob Einzelbesucher, Gruppen oder Vereine. Ebenso sind die Hilfsleistungen, wie z.B. Schwimmunterricht o.ä. steuerbegünstigt, wenn sie dem „Schwimmen" nicht das Gepräge nehmen. 122

Dies bedeutet schließlich, dass alle nicht mit dem Betrieb des Schwimmbades unmittelbar verbundenen Umsätze, wie die Abgabe von Reinigungsbädern, die Lieferungen von Seife und Haarwaschmitteln, die Vermietung von Liegestühlen und Strandkörben, die Zurverfügungstellung von Unterhaltungseinrichtungen 123

(Minigolf, Tischtennis und dgl.), die Vermietung oder Verpachtung einzelner Betriebsteile, Vermietung von Parkplätzen u.v.m. nicht unter die Steuerbegünstigung fallen. Dies gilt auch für Bewirtungsumsätze eines Schwimmbades wie z.B. Kioskumsätze.

124 Die Steuerermäßigung für Umsätze von Hotelschwimmbädern erfordert, dass das Schwimmbad den Hausgästen gegen ein besonderes Entgelt, neben dem Übernachtungspreis, zur Verfügung gestellt wird. Gibt es die Benutzung des Schwimmbades als Zusatzleistung und ist die Benutzung mit dem Übernachtungspreis abgegolten, ist die Steuerermäßigung nach § 12 Abs. 2 Nr. 9 UStG tatbestandlich ausgeschlossen.

125 Eine besondere Situation bietet sich bei modernen Spaßbädern, Thermen oder Thermalbädern. In diesen wird nicht nur die Leistung „Schwimmen" angeboten, sondern auch andere Freizeitaktivitäten wie zusätzliche Sportangebote, Miete von Liegestühlen, Saunen, Solarien, Infrarotkabinen u.ä. In diesen Fällen ist zu prüfen, ob der Unternehmer mehrere Hauptleistungen an die Kunden erbringt, die umsatzsteuerliche getrennt beurteilt werden können. Nach einer Verfügung der OFD Saarbrücken sollen die Entgelte für die Nutzung des Schwimmbades, der Sauna sowie von Therapie- und Kneippabteilungen dem ermäßigten Steuersatz unterfallen (s. OFD Saarbrücken vom 13.03.1991, UR 1991, 360). Ob dies sachgerecht ist, darf bezweifelt werden. Die Aufteilung setzt einen Aufteilungsmaßstab voraus. Inwieweit dieser aus einer einheitlichen Bemessungsgrundlage dem Entgelt aufgeteilt werden kann ist fraglich.

3.11.2 Heilbäder

126 Heilbäder sind:

- Heilbäder aus anerkannten, natürlichen Heilquellen (Mineral-, Thermal-, Gasquellen) und Peloidbäder (Heilmoore, Fango, Schlick, Lehm, Sand). Sie werden abgegeben als Wannenbäder, Packungen, Teilbänder und Duschen (z.B. Wechselduschen, Nasen-, Rachen- und Vaginalduschen), als Inhalationen (Raum- und Einzelinhalationen), als Trinkkuren und in Bewegungsbädern;
- Heilbäder nach Kneippscher Therapie (z.B. Arm- und Fußbäder, Güsse, Abwaschungen, Wickel und Abbürstungen) und Heilmittel des Meeres, zu denen warme und kalte Meerwasserbäder, Meerwassertrinkkuren, Inhalationen und Meerwasserbewegungsbäder zählen;
- medizinische Zusatzbäder, Saunabäder, Dampf- und Heißluftraumbäder, Lichtbäder (z.B. Infra- oder Ultrarot, Glühlicht und UV-Licht), Physio- und Elektrotherapie (z.B. Hauffesche Arm- und Fußbäder, Überwärmungsbad, Heilmassage, Heilgymnastik und Stangerbad), Unterwasserdruckstrahl-Massagen, Darmbäder sowie die Behandlung in pneumatischen und Klima-Kammern.

127 Keine Heilbäder sind z.B. Floating-Bäder, Heubäder, Schokobäder, Kleopatrabäder und Aromabäder.

128 Für die Steuerermäßigung ist nicht entscheidend, dass die Behandlung aufgrund einer ärztlichen Behandlung erfolgt. Jegliche Form von kosmetischen Leistungen ist von der Steuerermäßigung ausgeschlossen. Dies gilt auch für Saunabäder, wenn diese nicht zu Heilwecken verabreicht werden (s. BFH vom 28.01.1999, V R 88/98, BFH/NV 1999, 992). Dient die Saunabenutzung nur dem körperlichen Wohlbefinden, z.B. integriert in einem Fitnessstudio, so dient diese Behandlung nicht der Behandlung einer Krankheit oder einer anderen Gesundheitsstörung und damit dem Schutz der menschlichen Gesundheit. Dies hat zur Folge, dass die Steuermäßigung ausgeschlossen ist (s. BFH vom 12.05.2005, V R 54/02, BStBl II 2007, 283). Die gegen dieses Urteil eingereichte Verfassungsbeschwerde nahm das Bundesverfassungsgericht nicht zur Entscheidung an (s. BVerfG vom 04.07.2006, 1 BvR 1563/05). Trotzdem ist das Bundesfinanzministerium diesem Urteil mit einem Nichtanwendungserlass entgegengetreten (s. BMF vom 20.03.2007, IV A 5-S 7243/07/0002, BStBl I 2007, 307).

129 Die Verwaltung ist wohl der Meinung, dass für die Anwendung der Steuerermäßigung zwingend erforderlich ist, dass die Verabreichung des Heilbads therapeutischen Zwecken dient. Dies erfordert eine Verordnung im Einzelfall nach § 4 der Richtlinie des Gemeinsamen Bundesausschusses über die Verordnung von Heilmitteln in der vertragsärztlichen Versorgung (Heilmittel-Richtlinie/HeilM-RL in der jeweils geltenden Fassung) in Verbindung mit dem sog. Heilmittelkatalog als Heilmittel. Dabei soll es gleich sein, ob in dem konkreten Fall eine Verordnung vorliegt. Die Leistung muss demnach nur verordnungsfähig sein (s. Abschn. 12.11 Abs. 3 UStAE).

Diese Gesamtproblematik ist allerdings nicht neu. Schon seit jeher besteht bei einem einheitlichen wirtschaftlichen Vorgang die Frage, ob das umsatzsteuerliche Entgelt in mehrere Leistungen aufgeteilt werden darf. Die Problematik hat im Gesundheitsbereich immer mehr zugenommen, da um eine „Kernleistung" zusätzliche Leistungen gestaltet werden. Als Beispiel sei nur die „Wellnesswelle" genannt, die Hotelleriebetriebe erfasst hat, die über ein Schwimmbad verfügen. Insoweit können die von der Rechtsprechung entwickelten Grundsätze zu „Fitnessstudios" als Rückgriff dienen. Hier stellte sich schon immer die Frage, wie die Zurverfügungstellung einer Sauna neben dem originären Umsatz, Nutzung der Fitnessgeräte umsatzsteuerlich zu werten ist. Die Rechtsprechung bleibt bei dem Grundsatz des einheitlichen Entgeltes. Die Aufteilung eines einheitlichen wirtschaftlichen Vorgangs ist nach Meinung des BFH dann zu unterlassen, wenn die Aufteilung gekünstelt wäre. Für die Aufteilung ist letztlich ein objektiver Maßstab notwendig (ständige Rechtsprechung zuletzt BFH-Urteil vom 12.05.2005, V R 54/02, BStBl II 2007, 283). 130

3.11.3 Kureinrichtungen

Kureinrichtungen erbringen einheitliche Gesamtleistungen, die aus den folgenden Einzelleistungen bestehen können: die Veranstaltung von Kurkonzerten, das Gewähren von Trinkkuren sowie das Überlassen von Kurbädern, Kurstränden, Kurparks und anderen Kuranlagen oder Kureinrichtungen zur Benutzung. Für die Gewährung der Steuerermäßigung nach § 12 Abs. 2 Nr. 9 UStG kommt es darauf an, dass für die Gesamtleistung ein einheitliches Entgelt gezahlt wird wie z.B. Kurtaxe, Kurabgabe oder Kurbeitrag. Die Behebung dieser Beträge muss auf Grundlage einer besonderen gesetzlichen Regelung oder vertraglichen Vereinbarungen erhoben werden. Die Steuerermäßigung wird demnach für die Leistungen gewährt, die nicht konkret nachgefragt werden müssen, sondern nachgefragt werden können. Behebt die Kureinrichtung ein Entgelt für eine konkrete Überlassung von Kureinrichtungen, wie z.B. Kursaal zum Zwecke der Veranstaltung von Konzerten, so ist die Steuerermäßigung nach § 12 Abs. 2 Nr. 9 UStG ausgeschlossen. 131

3.12 Personenbeförderungen (§ 12 Abs. 2 Nr. 10 UStG)

Uneingeschränkt unter die Steuerbegünstigung des § 12 Abs. 2 Nr. 10 UStG fallen nur noch die Personenbeförderungen im Schienenbahnverkehr, im Verkehr mit Oberleitungsomnibussen, Personenbeförderungen im genehmigten Linienverkehr mit Kraftfahrzeugen, im Verkehr mit Taxen, Personenbeförderungen mit Drahtseilbahnen und sonstigen mechanischen Aufstiegshilfen jeder Art sowie Personen- und Güterbeförderungen im Fährverkehr. Die Steuerbegünstigung von Personenbeförderungen mit Schiffen ist seit dem 01.01.2012 nur noch eingeschränkt. Diese gilt nur noch im genehmigten Linienverkehr mit Schiffen. Der Fährverkehr bleibt davon allerdings unberührt. 132

Damit sind vor allem neumodische Erscheinungen von Fortbewegungen auf dem Wasser nicht mehr steuerbegünstigt, als da wären Floßfahrten, Wildwasserrafting-Touren oder für andere Leistungen zur Ausübung des Wassersports. Ebenso sind von der Steuerbegünstigung ausgeschlossen organisierte Schiffsfahrten mit Unterhaltungscharakter wie Tanz-, Verkaufs- oder einer ähnlichen Veranstaltung. Auch Sonderfahrten wie z.B. Sommernachts- oder Feiertagsfahrten und die Vercharterung von Schiffen inklusive Besatzung zum Transport geschlossener Gesellschaften (z.B. anlässlich von Betriebsausflügen oder von privaten Feiern) sind nicht mehr steuerbegünstigt. 133

3.12.1 Beförderung innerhalb einer Gemeinde oder nicht mehr als 50 km

Grundvoraussetzung für die Anwendung des ermäßigten Steuersatzes ist, die Personenbeförderung innerhalb einer Gemeinde oder eine maximale Beförderungsstrecke von 50 Kilometern. Mit Gemeinde ist die politische Gemeinde gemeint. Als Beförderungsstrecke gilt die Strecke, auf der der Beförderungsunternehmer einen Fahrgast oder eine Mehrzahl von Fahrgästen auf Grund eines Beförderungsvertrags oder mehrerer Beförderungsverträge befördert. Aber auch die Durchführung der Personenbeförderung durch einen sogenannten Subunternehmer reicht aus. Für den Fall, dass mehrere Beförderungsverträge abgeschlossen werden, ist jede Beförderungsleistung getrennt zu beurteilen, da der oder die Beförderungsunternehmer eine entsprechende Zahl von Beförderungsleistungen erbringen. 134

135 Dagegen handelt sich lediglich um eine Beförderungsleistung, wenn der Beförderungsunternehmer mit einer Mehrzahl von Personen bzw. zur Beförderung einer Mehrzahl von Personen einen Beförderungsvertrag abgeschlossen hat. Als maßgebliche Beförderungsstrecke gilt in diesem Fall die vom Beförderungsunternehmer aufgrund des Beförderungsvertrages zurückgelegte Strecke. Diese beginnt mit dem Einstieg der ersten und endet mit dem Ausstieg der letzten beförderten Person innerhalb einer Fahrtrichtung. Im Falle der grenzüberschreitenden Beförderungen ist nur der auf das Inland entfallende Teil der Beförderungsstrecke maßgebend. Die §§ 2 bis 7 UStDV sind zu beachten.

136 Bei der Ausgabe von Fahrausweisen kommt es auf die auf dem Fahrausweis ausgefertigte Tarifentfernung an, wenn die Beförderungsleistung nur im Inland durchgeführt wird. Ist die Fahrscheinausgabe für eine Beförderungsleistung erfolgt, die sowohl Inland wie Ausland betrifft ist wiederum nur die auf das Inland entfallende Strecke maßgebend. Auch hier sind die §§ 2 bis 7 UStDV zur Abgrenzung heranzuziehen. Die Unterbrechung der Fahrt oder der Umstieg auf ein anderes Beförderungsmittel desselben Beförderungsunternehmers spielen dabei keine Rolle. Im Falle der Umwegkarten ist die Umwegstrecke mit bei der Ermittlung der Länge der Beförderungsstrecke zu berücksichtigen. Bei Streifenkarten, Netzkarten, Bezirkskarten u.ä, kommt es auf die maximal zurücklegbare Strecke an, die der Fahrgast maximal mit der entsprechenden Karte fahren kann. Im Falle der Hin- und Rückfahrt liegen selbstverständlich zwei Fahrten vor, die getrennt zu beurteilen sind.

137 Verkehrsverbünde wurden geschaffen, um den Fahrgästen einen größtmöglichen Komfort zu bieten. Dies wird im Regelfall durch die Ausgabe von Fahrausweisen erreicht, die zur Benutzung von Fahrtstrecken innerhalb des Verkehrsverbundes berechtigten, unabhängig von der Tatsache, welcher Beförderungsunternehmer für einen bestimmten Bereich zuständig ist. Der Beförderungsunternehmer bewirkt in einer derartigen Konstellation nur dann eine Beförderungsleistung unmittelbar an den Fahrgast, wenn in den Beförderungsbedingungen des Verkehrs- oder Tarifverbundes die Regelung enthalten ist, dass der Fahrgast mit dem entsprechenden Beförderungsunternehmer einen Beförderungsvertrag schließt und nicht mit dem Verkehrsverbund. Ferner muss angegeben sein, dass die Fahrausweise im Namen und für Rechnung des jeweiligen Beförderungsunternehmers verkauft werden. Die praktische Durchführung muss selbstverständlich den Beförderungsbestimmungen entsprechen.

3.12.2 Verkehr mit Taxen/Mietwagen

138 Der Verkehr mit Mietwagen ist nach herrschender Meinung nicht steuerbegünstigt (s. BFH vom 30.10.1969, V R 99/69, BStBl II 1970, 78; und BVerfG vom 11.02.1992, 1 BvL 29/87, BVerfGE 85, 238). Bei Mietwagenverkehr handelt es sich nach § 49 Abs. 4 PBefG um Beförderungsaufträge, die am Betriebssitz oder in der Wohnung des Unternehmers eingegangen werden. Diese Rechtsprechung hat der BFH auch auf die entgeltliche Überlassung im Falle von Carsharing übertragen (s. BFH vom 12.06.2008, V R 33/05, BStBl II 2009, 221). Dem Argument, aufgrund des Neutralitätsgebots der Umsatzsteuer bei Personenbeförderungen im Nahverkehr, gleich in welcher Organisationsform, zu einer einheitlichen Betrachtungsweise, d.h. steuerbegünstigt oder nicht, zu kommen hat der EuGH nicht zum Durchbruchverholfen. Er entschied in der Rechtssache Pro Med Logistik, dass es durchaus zur Anwendung unterschiedlicher Steuersätze bei der Personenbeförderung kommen kann (s. EuGH-Urteil vom 27.02.2014, C-454/12 und C-455/12, Pro Med Logistik, HFR 2014, 470). Er verlangt aber zwei Voraussetzungen. Zum einen muss aufgrund der unterschiedlichen rechtlichen Rahmenbedingungen, denen diese beiden Beförderungsarten unterliegen, die Beförderung per Taxi einen konkreten und spezifischen Aspekt der fraglichen Dienstleistungskategorie (Beförderung von Personen und des mitgeführten Gepäcks) darstellen. Dies ist dann der Fall, wenn es sich um eine Dienstleistung handelt, die getrennt von den übrigen Leistungen der Kategorie III Nr. 5 MwSt-SystRL (danach können die EU-Mitgliedstaaten „Dienstleistungen der Beförderung von Personen und des mitgeführten Gepäcks" ermäßigt besteuern) als solche bestimmbar ist.

139 Zum anderen müssen diese Unterschiede einen maßgeblichen Einfluss auf die Entscheidung des durchschnittlichen Nutzers für eine dieser Beförderungsarten haben. Ist es dagegen so, dass aufgrund einer Sondervereinbarung, die auf die Taxiunternehmen und die Mietwagenunternehmen mit Fahrergestellung unterschiedslos angewandt wird, die Beförderung von Personen per Taxi keinen konkreten und spezifi-

schen Aspekt der Beförderung von Personen und des mitgeführten Gepäcks darstellt und die im Rahmen dieser Vereinbarung durchgeführte Tätigkeit aus der Sicht des durchschnittlichen Nutzers als der Tätigkeit der Beförderung von Personen im Nahverkehr per Mietwagen mit Fahrergestellung gleichartig anzusehen ist (s. auch BFH vom 02.07.2014, XI R 39/10, HFR 2015, 74), dann steht das Unionsrecht einer Anwendung unterschiedlicher Steuersätze auf die Beförderung von Personen im Nahverkehr zum einen per Taxi und zum anderen per Mietwagen mit Fahrergestellung entgegen.

Bei der Beförderung eines Fahrgastes mit ein und derselben Taxe auf einem Hin- und Rückweg mit dazwi- 140
schen liegender Wartezeit ist es problematisch ob eine einheitliche Beförderungsleistung vorliegt oder ob es sich um zwei Beförderungsleistungen handelt. Dies hat Bedeutung für die Anwendung der 50 km Grenze. Der BFH sieht eine derartige Fahrt als eine Beförderungsleistung an (s. BFH mit Urteil vom 24.10.1990, V B 60/89, BFH/NV 1991, 562). Folglich ist die Gesamtstrecke maßgebend. Voraussetzung ist aber, dass die Taxe vor Ort auf den Fahrgast wartet um die Rückfahrt durchzuführen. Anders ist es dagegen, wenn die Taxe nicht vor Ort wartet. Fahrt der Fahrgast zum Krankenhaus hin und die Taxe entfernt sich während der Wartezeit und kommt anschließend zurück um die Rückfahrt durchzuführen, liegen zwei Beförderungsleistungen vor (s. BFH vom 31.05.2007, V R 18/05, BFH/NV 2007, 2031). Nun werden die km nicht zusammenaddiert, sondern die 50 km Grenze ist für die Hinfahrt und die Rückfahrt getrennt zu prüfen.

3.12.3 Linienverkehr/Gelegenheitsverkehr mit Omnibussen

Auch der Linienverkehr mit Omnibussen kann von der Steuerbegünstigung des § 12 Abs. 2 Nr. 10 UStG 141
erfasst sein. Aus der Begünstigung heraus fällt aber der Gelegenheitsverkehr mit Omnibussen. Dabei handelt sich üblicherweise um Ausflugsfahrten, Ferienreisen und den Verkehr mit Mietomnibussen. Für die Gewährung des ermäßigten Steuersatzes kommt es nicht auf den Zulassungsort des Omnibusses an, mit dem die Personenbeförderung im Linienverkehr ausgeführt wird.

Abgrenzungskriterium ist nicht das Verkehrsmittel, sondern die Personenbeförderungsverkehrsart, die 142
durchgeführt wird. Daher ist der Gelegenheitsverkehr mit Omnibussen immer dem Regelsteuersatz zu unterwerfen, gleich ob der Omnibus in der Bundesrepublik Deutschland straßenverkehrsrechtlich zugelassen ist oder nicht. Auch im Ausland zugelassene Omnibusse die Beförderungsleistungen im Gelegenheitsverkehr im Inland erbringen, sind dem Regelsteuersatz zu unterwerfen.

Seit dem 01.05.2004 gibt es nur noch eine Sonderregel mit Gelegenheitsverkehr von und nach der 143
Schweiz. Aus Vereinfachungsgründen wird die Umsatzsteuer im Verfahren der Beförderungseinzelbesteuerung auf der Grundlage eines Durchschnittsbeförderungsentgelts berechnet (§§ 10 Abs. 6, 16 Abs. 5 und 5b sowie 18 Abs. 5 und 5b UStG). Erforderlich ist aber, dass die Omnibusse bei Durchführung des Gelegenheitsverkehrs die Ein- oder Ausreise eine Drittlandsgrenze Deutschlands überqueren.

3.12.4 Aufstiegshilfen

Auch „Personenbeförderungen mit Drahtseilbahnen und sonstigen mechanischen Aufstiegshilfen aller Art" 144
unterliegen dem ermäßigten Steuersatz nach § 12 Abs. 2 Nr. 10 UStG. Unter diese Steuerbegünstigung fallen demnach Beförderungen mit Drahtseilbahnen, Zahnradbahnen, Seilschwebebahnen, Sessellifte und Schleppliften (auch für Wintersportzwecke – soweit es sich um selbstständige Leistungen handelt). Die Finanzverwaltung wendet die Steuerermäßigung auch auf den Verkauf von Skipässen an.

3.12.5 Genehmigter Linienverkehr

Der genehmigte Linienverkehr ist die Beförderung von Personen auf Strecken auf denen der Fuhrunter- 145
nehmer eine Genehmigung des Linienverkehrs nach den §§ 42 oder 43 PersBefG hat oder aber unter die Freistellungsverordnung zum PersBeFG fällt oder aber um eine genehmigungsfreie Sonderform des Linienverkehrs handelt. Grundvoraussetzung für die Steuerermäßigung des § 12 Abs. 2 Nr. 10 UStG ist das Vorliegen von Linienverkehr und die Anwendung des PersBefG.

Dagegen ist die Steuerermäßigung nicht zu gewähren bei sogenannten Rundfahrten mit Schiffen, die an 146
einem bestimmten Anfangspunkt beginnen und dort auch wieder enden, ohne den Fahrgästen während der Fahrt die Möglichkeit des Zu- bzw. Ausstiegs bieten (ohne Zwischenhaltestellen).

In diesen Fällen handelt es sich nicht um Linienverkehr (Linienverkehr mit Schiffen i.S.d. § 42 PBefG).

147 Nach Abschnitt 12.13 Abs. 10a Satz 4 und 5 UStAE ist von einer stillschweigenden Genehmigung des Linienverkehrs mit Schiffen auszugehen, wenn weder die verkehrsrechtlichen Bestimmungen des Bundes noch der Länder ein Genehmigungsverfahren für Personenbeförderungen im Linienverkehr mit Schiffen vorsehen.

3.12.6 Verkehrsarten

148 Maßgebendes Abgrenzungskriterium für die Gewährung der Steuerbegünstigung nach § 12 Abs. 2 Nr. 10 UStG sind die Verkehrsarten. Diese Abgrenzung bestimmt sich nach Verkehrsrecht.

Bei Schienenbahnen handelt es sich um sogenannte Vollbahnen, gleich ob Haupt- oder Nebenbahnen, Kleinbahnen sowie die sonstigen Eisenbahnen und Bergbahnen, z.B. Anschlussbahnen und Straßenbahnen. Auch Hoch- und Untergrundbahnen gelten verkehrsrechtlich als Straßenbahnen. Gleiches gilt für Schwebebahnen (s. § 4 Abs. 2 PBefG). Nach Auffassung des BFH sind auch Kleinbahnen in Tierparks und Ausstellungen Schienenbahnen (s. BFH vom 14.12.1951, II 176/51 U, BStBl III 1952, 22).

149 Nach § 4 Abs. 3 PBefG sind Oberleitungsomnibusse elektrisch angetriebene, nicht an Schienen gebundene Straßenfahrzeuge, die ihre Antriebsenergie einer Fahrleitung entnehmen.

150 Gemäß § 47 Abs. 1 PBefG handelt es sich bei Verkehr um Taxen um die Beförderung von Personen mit Personenkraftwagen, die der Unternehmer an behördlich zugelassenen Stellen bereithält und mit denen er Fahrten zu einem vom Fahrgast bestimmten Ziel ausführt. Beförderungsaufträge können sowohl am Sitz des Unternehmens als auch während der Fahrt entgegengenommen werden. Kraftfahrzeuge, die nach ihrer Bauart und Ausstattung zur Beförderung von nicht mehr als 9 Personen, einschließlich Führer, geeignet und bestimmt sind nach § 4 Abs. 4 Nr. 1 PBefG sind definitionsmäßig Personenkraftwagen. Der Verkehr mit Taxen ist genehmigungspflichtig. Über diese Genehmigung wird eine Urkunde erteilt. Der Inhaber der Urkunde ist der Unternehmer, der in den Genuss der Steuerbegünstigung nach § 12 Abs. 2 Nr. 10 UStG kommt.

151 Der Übersetzverkehr mit Schiffen zwischen zwei festen Anlegestellen (z.B. bei Flussquerungen oder im Verkehr zwischen dem Festland und Inseln) ist Fährverkehr. Eine Genehmigung ist in diesen Fällen für die Anwendung der Steuerermäßigung keine Voraussetzung.

3.12.7 Nebenleistungen

152 Mit unter die Steuerermäßigung des § 12 Abs. 2 Nr. 10 UStG fallen auch die Nebenleistung zu Beförderungsleistungen als Hauptleistungen. Zu den Nebenleistungen gehört vor allem die Beförderung des Reisegepäcks des Reisenden. Nach der EVO gehören zu diesem Reisegepäck Gegenstände, nach der EVO und nach den einheitlichen Rechtsvorschriften für den Vertrag über die internationale Eisenbahnbeförderung von Personen (CIV), Anhang A zum Übereinkommen über den internationalen Eisenbahnverkehr (COTIF) vom 09.05.1980 i.d.F. vom 03.06.1999 (BGBl II 2002, 2140).

3.12.8 Einzelfälle

153 Abschnitt 12.15 UStAE regelt die Voraussetzungen der Steuerermäßigung bei der Beförderung von Arbeitnehmern zwischen Wohnung und Arbeitsstelle. Zunächst ist Voraussetzung, dass es sich bei der Beförderung von Arbeitnehmern zwischen Wohnung und Arbeitsstelle verkehrsrechtlich um Beförderungen im genehmigten Linienverkehr handelt. Falls Zweifel bestehen, soll eine Stellungnahme der für die Erteilung der Genehmigung zuständigen Verkehrsbehörde eingeholt werden. Befördert der Arbeitgeber selber, so muss er in seiner Person die Voraussetzungen erfüllen, mithin den Linienverkehr durchführen. Wird dagegen ein Beförderungsunternehmer mit der Beförderung beauftragt, liegen umsatzsteuerrechtlich einerseits eine Leistung des Beförderungsunternehmers an den Arbeitgeber, andererseits Leistungen des Arbeitgebers an jeden Arbeitnehmer vor. Jede Leistung wird nun daraufhin untersucht, ob derjenige Unternehmer der sie ausführt, die persönlichen Voraussetzungen der Steuerbegünstigung nach § 12 Abs. 2 Nr. 10 UStG erfüllt. Für einen Arbeitgeber, der den Linienverkehr nicht selber durchführt, kommt die Steuerermäßigung

nach § 12 Abs. 2 Nr. 10 Buchstabe b UStG nicht in Betracht (s. BFH-Urteil vom 11.03.1988, V R 30/84, BStBl II 1988, 643).

Fahrten mit sogenannten „Coaster-Bahnen", also Fahrten auf schienengebundenen Schlitten zu Tal fallen dagegen nicht unter die Steuerermäßigung nach § 12 Abs. 2 Nr. 10 Buchst. b UStG. Die reine zur Verfügungstellung eines Beförderungsmittels bemannt oder unbemannt ist niemals eine Beförderungsleistung, sodass die Steuerbegünstigung nicht in Betracht kommt (s. BFH vom 20.02.2013, XI R 12/11, BStBl II 2013, 645). 154

Einstweilen frei 155

Auch die Überlassung von Draisinen wird seitens der Rechtsprechung als Vermietung eines Beförderungsmittels beurteilt und von der Steuerermäßigung nach § 12 Abs. 2 Nr. 10 Buchst. b UStG ausgeschlossen (s. BFH vom 06.12.2012, V R 36/11, BFH/NV 2013, 994). 156

3.13 Beherbergungsleistungen (§ 12 Abs. 2 Nr. 11 UStG)

3.13.1 Überblick

Die letzte politische umstrittene Steuerermäßigung findet sich in § 12 Abs. 2 Nr. 11 UStG. Danach ist die Vermietung von Wohn- und Schlafräumen, die ein Unternehmer zur kurzfristigen Beherbergung von Fremden bereithält, sowie die kurzfristige Vermietung von Campingflächen nach § 12 Abs. 2 Nr. 11 UStG steuerermäßigt. Ausgenommen sind die Leistungen, die zwar im Umfeld der Vermietungsleistungen vorkommen, nicht aber im originären Sinne Vermietungsleistungen sind. Dies gilt selbst dann, wenn ein einheitliches Entgelt gezahlt wird. In den Genuss der Steuerermäßigung kommen die Umsätze des klassischen Hotelleriegewerbes, kurzfristige Übernachtungen in Pensionen, Fremdenzimmern, Ferienwohnungen und vergleichbare Einrichtungen (zu Einzelheiten s. BMF vom 05.03.2010, IV D 2-S 7210/07/10003, BStBl I 2010, 259). 157

Falls Reiseleistungen der Margenbesteuerung nach § 25 UStG (s. dazu § 25 Rn. 4 ff.) unterfallen, gelten diese nach § 25 Abs. 1 Satz 3 UStG als einheitliche sonstige Leistung. Reiseleistungen gelten als sonstige Leistungen eigener Art und sind auch wegen eines ggf. inkludierten Beherbergungsanteils von der Steuermäßigung nach § 12 Abs. 2 Nr. 11 UStG ausgenommen. Das soll auch gelten, wenn die Reiseleistung ausschließlich eine Beherbergungsleistungen ist. 158

Das Tatbestandsmerkmal der Kurzfristigkeit wird mittels Rückgriff auf die Rechtsprechung, die zu § 4 UStG ergangen ist mit Leben gefüllt. Kurzfristig bedeutet maximal 6 Monate. Dies entschied der BFH in mehreren Entscheidungen und zwar zum einen zur Frage der Vermietung von Werkdienstwohnungen durch Arbeitgeber an Arbeitnehmer und zum anderen zur Vermietung von Abstellflächen für Fahrzeuge (s. BFH-Urteile vom 30.07.1986, V R 99/76, BStBl II 1986, 877, und vom 07.10.1987, V R 2/79, BStBl II 1988, 88), wenn sie mehr als sechs Monate dauert. Darüber hinaus zur Überlassung einer Campingfläche (s. BFH-Urteil vom 13.02.2008; XI R 51/06, BStBl II 2009, 63). 159

3.13.2 Umfang der Steuervergünstigung für Beherbergungsleistungen

Die Gewährung des ermäßigten Steuersatzes nach § 12 Abs. 2 Nr. 11 UStG setzt keinen bestimmten Mindeststandard an die Übernachtungsmöglichkeit voraus. Insbesondere ist es nicht notwendig, dass das Unternehmen, welches Beherbergungsleistungen anbietet, den Begriff des Hotelbetriebs erfüllt. Auch ist keine Eigentümerstellung hinsichtlich des Gebäudes erforderlich. Es kommt lediglich auf die kurzfristige Beherbergung an. Diese ist z.B. auch gegeben, wenn Begleitpersonen von in Krankenhäusern aufgenommenen Personen im Krankenhaus nächtigen. In diesen Fällen ist aber vorrangig zu prüfen, ob nicht ggf. § 4 Nr. 15 Buchst. c UStG zur Anwendung kommt. 160

Ferner ist nicht entscheidend, wie viele Unternehmer an der Leistungskette beteiligt sind. So ist auch die Weiterveräußerung von eingekauften Zimmerkontingenten im eigenen Namen und für eigene Rechnung an andere Unternehmer (z.B. Reiseveranstalter) nach § 12 Abs. 2 Nr. 11 UStG steuerermäßigt. 161

Da die Steuerermäßigung nach § 12 Abs. 2 Nr. 11 Satz 1 UStG wie auch § 4 Nr. 12 Satz 2 UStG die Vermietung von Wohn- und Schlafräumen zur kurzfristigen Beherbergung voraussetzt, entschied der BFH, dass es 162 an diesen Kriterien bei der Vermietung in einem „Bordell“ fehle (s. BFH vom 22.08.2013, V R 18/12, BStBl II 2013, 1058, zur Zimmervermietung an Prostituierte).

163 In negativer Hinsicht sind die Beherbergungsleistungen von den sonstigen Leistungen, wie z.B. Frühstücksleistungen, abzugrenzen. Nur die Beherberungsleistungen die unmittelbar der Vermietung zuzurechnen sind, sind nach § 12 Abs. 2 Nr. 11 UStG steuerbegünstigt. Alle anderen Leistungen, wie z.B. die Frühstückleistungen sind mit dem Regelsteuersatz zu besteuern. Das gilt auch für Pauschalpreise. § 12 Abs. 2 Nr. 11 Satz 2 UStG statuiert ein gesetzliches Aufteilungsgebot für die Leistungen die im Pauschalpreis zusammengefasst sind aber nicht unmittelbar der Beherbergung dienen (vgl. Abschn. 12.16. Abs. 8 Satz 1 UStAE).

164 Dogmatisch gesehen wird der Grundsatz, dass die Nebenleistung das Schicksal der Hauptleistung teilt, durch das gesetzliche Aufteilungsgebot durchbrochen. Der BFH hält dies für mit der MwStSystRL vereinbar (s. BFH vom 24.04.2013, XI R 3/11, BStBl II 2014, 86 m.w.N.).

165 Nach Auffassung der Finanzverwaltung erfüllen die nachfolgenden Umsätze den Grundsatz, dass die Leistung unmittelbar der Beherbergung dient (s. Abschn. 12.16 Abs. 4 UStG):

- Die Überlassung von möblierten und mit anderen Einrichtungsgegenständen (z.B. Fernsehgerät, Radio, Telefon, Zimmersafe) ausgestatteten Räumen;
- Die Überlassung des Stromanschlusses;
- Die Überlassung von Bettwäsche, Handtüchern und Bademänteln;
- Die Reinigung der gemieteten Räume;
- Die Bereitstellung von Körperpflegeutensilien, Schuhputz- und Nähzeug;
- Die Bereitstellung eines Weckdienstes;
- Die Bereitstellung eines Schuhputzautomaten;
- Das Mitunterbringung von Tieren in den überlassenen Wohn- und Schlafräumen.

3.13.3 Ausschluss von der Steuerermäßigung

166 In Abgrenzung dazu sind die folgenden Leistungen nicht steuerbegünstigt i.S.d. § 12 Abs. 2 Nr. 11 UStG (s. Abschn. 12.16 Abs. 5 UStAE):

- Die Überlassung von Tagungsräumen;
- Die Überlassung von Räumen zur Ausübung einer beruflichen oder gewerblichen Tätigkeit;
- Die gesondert vereinbarte Überlassung von Plätzen zum Abstellen von Fahrzeugen;
- Die Überlassung von nicht ortsfesten Wohnmobilen, Caravans, Wohnanhängern, Hausbooten und Yachten;
- Die Beförderungen in Schlafwagen der Eisenbahnen;
- Die Überlassung von Kabinen auf der Beförderung dienenden Schiffen;
- Die Vermittlung von Beherbergungsleistungen;
- Die Umsätze von Tierpensionen;
- Die unentgeltlichen Wertabgaben (z.B. Selbstnutzung von Ferienwohnungen).

3.13.4 Vermietung auf Campingplätzen

167 Die kurzfristige Vermietung von Campingflächen ist auch in die Steuerermäßigung nach § 12 Abs. 2 Nr. 11 UStG aufgenommen worden. Diese Leistung umfasst die Zurverfügungstellung von Flächen zum Aufstellen von Zelten ebenso wie das Abstellen von Wohnmobilen oder Wohnwagen. Auch die Fixierung letzterer mit der Erdoberfläche ist unschädlich, solange es kurzfristig ist. Hierbei handelt es sich um die Vermietung von ortsfesten Wohnwagen, Wohnanhängern, Wohncaravans und Wohnmobilen. Interessanterweise ist das Abstellen des Fahrzeugs, dass zum Ziehen des Wohnwagens oder zum Transport der Zelte verwandt wird ebenfalls steuerbegünstigt. Dasselbe gilt auch für die Lieferung des Stroms.

3.13.5 Ermittlung des steuerbegünstigten Entgeltanteils

168 Grundsätzlich sind die Leistungen, auch wenn es sich um ein pauschales Entgelt für alle Leistungen handelt, entsprechend des Regelsteuersatzes und des ermäßigten Steuersatzes aufzuteilen. Für den Fall, dass

kein gesondertes Entgelt ausgewiesen wird, ist das Entgelt im Schätzungswege auf die Leistungen aufzuteilen. Als Aufteilungsmaßstab kommt der kalkulatorische Kostenanteil für die „Teil"-Leistungen in Betracht.

Nach Auffassung der Finanzverwaltung ist es aus Vereinfachungsgründen nicht zu beanstanden, wenn auch zum Zwecke des Vorsteuerabzugs des Leistungsempfängers in einem Pauschalangebot enthaltene nicht begünstigte Leistungen zu einem Sammelposten zusammengefasst werden. Dies können, nach Abschn. 12.16 Abs. 12 UStAE, sein: 169

- Die Abgabe eines Frühstücks;
- Die Nutzung von Kommunikationsnetzen;
- Die Reinigung und das Bügeln von Kleidung;
- Der Schuhputzservice;
- Der Transport zwischen Bahnhof/Flughafen und Unterkunft;
- Der Transport von Gepäck außerhalb des Beherbergungsbetriebs;
- Die Überlassung von Fitnessgeräten;
- Die Überlassung von Plätzen zum Abstellen von Fahrzeugen.

Das Pauschalentgelt ist dann auf diese „Sammelposition" und die Beherbergungsleistung aufzuteilen. Die Finanzverwaltung erkennt auch eine pauschale Aufteilung von 20 % des Pauschalentgeltes für diese nicht begünstigen Leistungen an. Diese Möglichkeit entfällt selbstverständlich, wenn ein gesondertes Entgelt vereinbart wird. 170

3.14 Einfuhren von Kunstgegenständen und Sammlungsstücken (§ 12 Abs. 2 Nr. 12 UStG)

Eine weitere neue Steuerermäßigung enthält § 12 Abs. 2 Nr. 12 UStG, namentlich die Einfuhren der in Nr. 49 Buchst. f, und den Nrn. 53 und 54 der Anlage 2 zum UStG bezeichneten Gegenstände. Diese Neuregelung ist notwendig geworden, da durch die Neufassung des § 12 Abs. 2 Nr. 1 UStG i. V. m. Anlage 2 Nr. 49 Buchst. f, Nr. 53 und 54 UStG die Einfuhr von Kunstgegenständen und Sammlungsstücken grundsätzlich von der Steuerermäßigung ausgenommen sind. 171

Zusammen mit den Vorschriften des § 12 Abs. 2 Nr. 13 UStG und der Differenzbesteuerung gemäß § 25a UStG begrenzt § 12 Abs. 2 Nr. 12 UStG die Steuervergünstigung auf die Umsätze im Handel mit Kunstgegenständen und Sammlungsstücken. Ein enger thematischer Zusammenhang besteht mit den folgenden Vorschriften: 172

- Dem Einfuhrbegriff des § 1 Abs. 1 Nr. 4 UStG für die Steuerbarkeit dieser Umsätze;
- der damit verbundenen Steuerpflicht nach § 21 Abs. 2 UStG i.V.m. den Unionsvorschriften des ZK und
- der Möglichkeit des Vorsteuerabzugs der entstandenen EUSt für Gegenstände, die für einen Unternehmer nach § 1 Abs. 1 Nr. 4 UStG eingeführt worden sind (s. § 15 Abs. 1 S. 1 Nr. 2 UStG).

Dogmatisch fußt die Steuerermäßigung des § 12 Abs. 2 Nr. 12 UStG neu auf Art. 103 Abs. 1 MwStSystRL (s. BT-Drs. 17/12375). Die Mitgliedstaaten sind nach dieser Vorschrift ermächtigt, den ermäßigten Steuersatz auf die Einfuhr von Kunstgegenständen und Sammlungsstücken im Sinne des Art. 311 Abs. 1 Nr. 2 und 3 MwStSystRL anzuwenden. 173

Unter die Vorschrift des § 12 Abs. 2 Nr. 12 UStG fallen die folgenden Gegenstände: 174

- Briefmarken und dergleichen (z.B. Ersttagsbriefe, Ganzsachen) als Sammlungsstücke, aus Positionen 4907 00 und 9704 00 00 ZT, Nr. 49 f Anlage 2 UStG;
- Kunstgegenstände der Nr. 53 Anlage 2 UStG, und zwar
  - Gemälde und Zeichnungen, vollständig mit der Hand geschaffen, sowie Collagen und ähnliche dekorative Bildwerke, Position 9701 ZT,
  - Originalstiche, -schnitte und -steindrucke, Position 9702 00 00 ZT,
  - Originalerzeugnisse der Bildhauerkunst, aus Stoffen aller Art, Position 9703 00 00 ZT;
- Sammlungsstücke der Nr. 54 Anlage 2 UStG,
  - zoologische, botanische, mineralogische oder anatomische, und Sammlungen dieser Art, aus Position 9705 00 00 ZT,

- von geschichtlichem, archäologischem, paläontologischem oder völkerkundlichem Wert, aus Position 9705 00 00 ZT,
- von münzkundlichem Wert, und zwar
  - kursungültige Banknoten, einschließlich Briefmarkengeld und Papiernotgeld, aus Position 9705 00 00 ZT,
  - Münzen aus unedlen Metallen, aus Position 9705 00 00 ZT,
  - Münzen und Medaillen aus Edelmetallen, wenn die Bemessungsgrundlage für die Umsätze dieser Gegenstände mehr als 250 Prozent der unter Zugrundelegung des Feingewichts berechneten Metallwerts ohne USt beträgt, aus Positionen 7118, 9705 00 00 und 9706 00 00 ZT.

175 Für die Einfuhr von Sammlermünzen aus Edelmetall kommt es für die Gewährung der Steuerermäßigung auf das Feingewicht des Metallwerts an. Beträgt die Bemessungsgrundlage für die Umsätze mehr als 250 % des unter Zugrundelegung des Feingewichts berechneten Metallwerts ohne Umsatzsteuer ist der ermäßigte Steuersatz zu gewähren (s. § 12 Abs. 2 Nr. 12 UStG i.V.m. Nr. 54 Buchst. c Doppelbuchst. cc der Anlage 2 UStG).

176 Zentrale Voraussetzung ist aber ferner, dass eine Einfuhr aus Drittlandsgebiet in das Inland erfolgt. Die Gegenstände müssen nach dem Verbringen über die Inlandsgrenze (ggf. nach Zwischenschaltung eines Zollverfahrens) im Regelfall auf Antrag einer an der Einfuhr beteiligten Person durch die Zollbehörde nach den Vorschriften des ZK in den zollrechtlich freien Verkehr überführt werden.

3.15 Die Lieferungen und der innergemeinschaftliche Erwerb der in Nummer 53 der Anlage 2 bezeichneten Gegenstände (§ 12 Abs. 2 Nr. 13 UStG)

177 Der ebenfalls mit dem Amtshilferichtlinienumsetzungsgesetz eingeführte § 12 Abs. 2 Nr. 13 UStG ergänzt § 12 Abs. 2 Nr. 1 UStG. Dieser stellt die Lieferung, Einfuhr und den innergemeinschaftlichen Erwerb der in Nr. 49 Buchst. f und in den Nrn. 53 und 54 Anlage 2 UStG bezeichneten Kunstgegenstände und Sammlungsstücke unter das Regime des Regelsteuersatzes. Hierzu ist § 12 Abs. 2 Nr. 13 UStG quasi die Ausnahme von der Ausnahme und bringt den ermäßigten Steuersatz für Lieferungen und innergemeinschaftlichen Erwerb von Kunstgegenständen zur Anwendung. Erfasst werden:

- Die steuerbaren Umsätze der Urheber der Kunstgegenstände und die Rechtsnachfolger der Urheber sowie
- die steuerbaren Umsätze, die von einem Unternehmer bewirkt werden, der kein Wiederkäufer ist und die weiteren in der Vorschrift genannten Voraussetzungen erfüllt.

178 Letztlich ist zu statuieren, dass nur diese beiden besonderen Umsatzarten dem ermäßigten Steuersatz unterfallen. Dagegen sind alle nicht genannten Umsätze von Sammlungsstücken der Nr. 49 Buchst. f und 54 der Anlage 2 UStG und der gewerbliche Handel mit Kunstgegenständen der Nr. 53 der Anlage 2 UStG von der Anwendung des ermäßigten Steuersatzes ausgeschlossen.

179 Grund für diese Gesetzesänderung ist die Anpassung der Steuerermäßigung von Kunstgegenständen und Sammlungsstücken auf die europarechtliche Zulässigkeit. Welches wiederum auf ein Vertragsverletzungsverfahren der EU-Kommission zurückzuführen ist.

180 In dogmatischer Hinsicht bietet sich folgendes Bild:

1. Zunächst ist festzustellen, dass § 12 Abs. 2 Nr. 1 UStG in der Neufassung regelt, dass die Umsätze für Kunstgegenstände und Sammlungsstücke der Nr. 49 Buchst. f, Nr. 53 und 54 der Anlage 2 UStG grundsätzlich von der Steuerermäßigung ausgenommen sind;
2. Nach § 12 Abs. 2 Nr. 2 UStG sind dieselben Gegenstände im Vermietungsfalle ebenfalls von der Steuerermäßigung ausgenommen;
3. Die Ausnahme von der Ausnahme ist nun § 12 Abs. 2 Nr. 12 UStG. Danach sind nun die Einfuhrumsätze der genannten Nummern der Anlage 2 steuerbegünstigt.

4. Eine weitere Ausnahme von der Ausnahme ist § 12 Abs. 2 Nr. 13 UStG. Dieser erklärt den ermäßigten Steuersatz vor allem für Kunstgegenstände der Nr. 53 der Anlage 2, die von Unternehmern bewirkt werden, die keine Wiederverkäufer sind für anwendbar.

Tatbestandsmerkmale zur Anwendung des ermäßigten Steuersatzes nach § 12 Abs. 2 Nr. 13 UStG sind: 181
- Eine steuerbare Lieferung nach § 1 Abs. 1 Nr. 1 UStG oder ein steuerbarer innergemeinschaftlicher Erwerb nach § 1 Abs. 1 Nr. 5 UStG,
- Gegenstand der Lieferung oder des innergemeinschaftlichen Erwerbs sind Kunstgegenstände, die unter die Nr. 53 der Anlage 2 fallen, und zwar
  - Gemälde und Zeichnungen, vollständig mit der Hand geschaffen, sowie Collagen und ähnliche dekorative Bildwerke (Position 9701 ZT),
  - Originalstiche, -schnitte und -steindrucke (Position 9702 00 00)
  - Originale der Bildhauerkunst, aus Stoffen aller Art (Position 9703 00 00),
- die Lieferungen werden vom Urheber der Gegenstände oder dessen Rechtsnachfolger bewirkt oder
- die Lieferungen werden von einem Unternehmer bewirkt, der kein Wiederverkäufer i.S.d. § 25a Abs. 1 Nr. 1 Satz 2 UStG ist, und die Gegenstände
- wurden vom Unternehmer in das Gemeinschaftsgebiet eingeführt oder
- wurden von ihrem Urheber oder dessen Rechtsnachfolger geliefert oder
- die Lieferungen der Gegenstände haben den Unternehmer zum vollen Vorsteuerabzug berechtigt.

Ferner ist aus sachlicher Hinsicht zwingend erforderlich, dass die Gegenstände die Voraussetzungen der Nr. 53 der Anlage 2 UStG erfüllen. Mithin muss es sich um Kunstgegenstände der ZT-Positionen 9701, 9702 oder 9703 handeln. Die künstlerische Qualität ist kein Merkmal, d.h. diese spielt überhaupt keine Rolle. 182

Daneben sind die persönlichen Voraussetzungen in Person des Lieferers zu erfüllen. Der Unternehmer muss im Inland gegen Entgelt im Rahmen seines Unternehmens steuerpflichtige Lieferungen ausführen. Beim typischen Verkaufsmodell in der Kunstszene, dem Verkauf über eine Kunstgalerie bietet sich ein differenziertes Bild. Umsatzsteuerlich handelt es sich um zwei Umsätze, nämlich der Lieferung von dem Künstler an die Galerie, § 3 Abs. 3 UStG und eine Lieferung von der Galerie an den Käufer des Kunstgegenstandes. Die erste Lieferung ist nach § 12 Abs. 2 Nr. 13a UStG ermäßigt zu besteuern, während die zweite Lieferung dem Regelsteuersatz von 19 % unterfällt. 183

Die Frage der Urheberstellung oder der Rechtsnachfolgerstellung beurteilt sich nach dem Urheberrechtsgesetz (UrhG). Nach § 7 UrhG ist Urheber der Schöpfer des Kunstgegenstandes. Das Urheberrecht ist nach § 28 Abs. 1 UrhG vererblich. Eine Übertragbarkeit kommt aber nur in Betracht, wenn es in Erfüllung einer Verfügung von Todes wegen oder an Miterben im Wege der Erbauseinandersetzung übertragen wird, § 29 Abs. 1 UrhG. Daher sind Rechtsnachfolger nur Erben oder Vermächtnisnehmer, also Personen, die nach § 30 UrhG in die Rechtsperson des Urhebers eintreten und das Urheberrecht in Gänze erhalten. Nutzungsrechte vermitteln keine Rechtsnachfolgerstellung. Gleiches gilt für die Befugnisse nach § 29 Abs. 2 UrhG. 184

Nach § 12 Abs. 2 Nr. 13 Buchst. b UStG kommt der ermäßigte Steuersatz nur dann in Frage, wenn der Gegenstand von einem anderen Unternehmer als dem Urheber oder dessen Rechtsnachfolger geliefert und die Lieferung von einem Unternehmer bewirkt wird, der kein Wiederverkäufer ist und der Gegenstand entweder: 185
- Vom Unternehmer in das Gemeinschaftsgebiet (§ 1 Abs. 2a UStG) eingeführt wurde oder
- von seinem Urheber oder dessen Rechtsnachfolger (s. Rn. 184) an den Unternehmer geliefert wurde oder
- den Unternehmer nach § 15 UStG zum vollen Vorsteuerabzug berechtigt hat.

Wiederverkäufer ist nach § 25a Abs. 1 Nr. 1 Satz 2 UStG derjenige, der gewerbsmäßig mit beweglichen körperlichen Gegenständen handelt oder solche Gegenstände im eigenen Namen öffentlich versteigert. Durch diese Regelung trifft die Neuregelung insbesondere den gewerblichen Handel mit Kunstgegenständen. Neben den gewerblichen Kunsthändlern, z.B. Galeristen und Unternehmer werden auch diejenigen ausgeschlossen, die im Rahmen ihrer Wiederverkäufertätigkeit nur gelegentlich Kunstgegenstände veräußern oder öffentlich versteigern (s. dazu auch BMF vom 18.12.2014, BStBl I 2015, 44). 186

187 Abschließend ist festzuhalten, dass der Handel mit Sammlungsstücken von der Steuerermäßigung ausgenommen ist, da die sachlichen Voraussetzungen nicht vorliegen. Diese Gegenstände fallen nicht unter Nr. 54 Anlage 2 UStG.

§ 13 UStG Entstehung der Steuer

(1) Die Steuer entsteht

1. für Lieferungen und sonstige Leistungen
   a) bei der Berechnung der Steuer nach vereinbarten Entgelten (§ 16 Abs. 1 Satz 1) mit Ablauf des Voranmeldungszeitraums, in dem die Leistungen ausgeführt worden sind. [2]Das gilt auch für Teilleistungen. [3]Sie liegen vor, wenn für bestimmte Teile einer wirtschaftlich teilbaren Leistung das Entgelt gesondert vereinbart wird. [4]Wird das Entgelt oder ein Teil des Entgelts vereinnahmt, bevor die Leistung oder die Teilleistung ausgeführt worden ist, so entsteht insoweit die Steuer mit Ablauf des Voranmeldungszeitraums, in dem das Entgelt oder das Teilentgelt vereinnahmt worden ist,
   b) bei der Berechnung der Steuer nach vereinnahmten Entgelten (§ 20) mit Ablauf des Voranmeldungszeitraums, in dem die Entgelte vereinnahmt worden sind,
   c) in den Fällen der Beförderungseinzelbesteuerung nach § 16 Abs. 5 in dem Zeitpunkt, in dem der Kraftomnibus in das Inland gelangt,
   d) in den Fällen des § 18 Abs. 4c mit Ablauf des Besteuerungszeitraums nach § 16 Abs. 1a Satz 1, in dem die Leistungen ausgeführt worden sind,
   e) in den Fällen des § 18 Absatz 4e mit Ablauf des Besteuerungszeitraums nach § 16 Absatz 1b Satz 1, in dem die Leistungen ausgeführt worden sind;
2. für Leistungen im Sinne des § 3 Abs. 1b und 9a mit Ablauf des Voranmeldungszeitraums, in dem diese Leistungen ausgeführt worden sind;
3. in den Fällen des § 14c im Zeitpunkt der Ausgabe der Rechnung;
4. weggefallen;
5. im Fall des § 17 Abs. 1 Satz 6 mit Ablauf des Voranmeldungszeitraums, in dem die Änderung der Bemessungsgrundlage eingetreten ist;
6. für den innergemeinschaftlichen Erwerb im Sinne des § 1a mit Ausstellung der Rechnung, spätestens jedoch mit Ablauf des dem Erwerb folgenden Kalendermonats;
7. für den innergemeinschaftlichen Erwerb von neuen Fahrzeugen im Sinne des § 1b am Tag des Erwerbs;
8. im Fall des § 6a Abs. 4 Satz 2 in dem Zeitpunkt, in dem die Lieferung ausgeführt wird;
9. im Fall des § 4 Nr. 4a Satz 1 Buchstabe a Satz 2 mit Ablauf des Voranmeldungszeitraums, in dem der Gegenstand aus einem Umsatzsteuerlager ausgelagert wird.

(2) Für die Einfuhrumsatzsteuer gilt § 21 Abs. 2.

(3) (weggefallen)

Bearbeiter: Dennis Klein

Inhaltsverzeichnis

1. Bedeutung und Systematik

1 § 13 UStG regelt den **Zeitpunkt der Umsatzsteuerentstehung**, und zwar für die Grundtatbestände der Lieferungen und Leistungen nach § 1 Abs. 1 Satz 1 Nr. 1 UStG (s. dazu § 1 Rn. 19 ff.) sowie die gleichgestellten Tatbestände und Sondertatbestände. Es ist eine umsatzsteuerspezifische Konkretisierung des allgemeinen Grundsatzes nach § 38 AO, wonach Ansprüche aus dem Steuerschuldverhältnis entstehen, sobald der Tatbestand verwirklicht ist, an den das Gesetz die Leistungspflicht knüpft (s. Leonard in Bunjes, § 13 Rn. 1). Damit ein Steuerpflichtiger nicht für jede einzelne ausgeführte Lieferung oder Leistung oder gleichgestellte Tatbestände gesonderte Fristen und Erklärungspflichten beachten muss, vereinheitlicht § 13 UStG die Entstehungszeitpunkte grundsätzlich auf den Ablauf eines Voranmeldungszeitraums. Lediglich für einzelne Sondertatbestände wie Beförderungseinzelbesteuerung oder innergemeinschaftlicher Fahrzeugerwerb knüpft die Entstehung an den jeweiligen Einzelvorgang an.

2 § 13 UStG basiert auf Art. 62, 63 MwStSystRL. Art. 62 MwStSystRL unterscheidet zwischen dem **Steuertatbestand** und dem **Steueranspruch.** Nach Art. 62 Abs. 1 MwStSystRL ist Steuertatbestand der Tatbestand, durch den die gesetzlichen Voraussetzungen für den Steueranspruch verwirklicht werden. Steueranspruch ist nach Art. 62 Abs. 2 MwStSystRL der Anspruch des Steuergläubigers auf die Zahlung der Steuer. Beide treten nach Art. 63 MwStSystRL zu dem Zeitpunkt ein, zu dem die Lieferung von Gegenständen bewirkt oder die Dienstleistung erbracht wird. § 13 UStG weicht hiervon ab, indem er aus Praktikabilitätsgründen auf den Voranmeldungszeitraum abstellt.

3 Die Steuer i.S.v. § 13 UStG ist ein **unselbständiges Besteuerungsmerkmal**. Die Jahressteuer und die Vorauszahlungen entstehen nicht durch Tatbestandsverwirklichung, sondern durch Berechnung aus den Besteuerungsgrundlagen Steuertatbestand und Steueranspruch (s. Leonard in Bunjes, § 13 Rn. 8).

2. Entstehen der Steuer für Lieferungen und Leistungen, § 13 Abs. 1 Nr. 1 UStG

4 Für das Entstehen der Steuer ist zwischen der Besteuerung nach vereinbarten Entgelten (**Soll-Versteuerung**, § 16 Abs. 1 UStG; s. § 16 Rn. 5 ff.) und der Besteuerung nach vereinnahmten Entgelten (**Ist-Versteuerung**, § 20 UStG; s. § 20 Rn. 3 ff.) zu unterscheiden. Für den Regelfall der Soll-Versteuerung ist die Grundregel von § 13 UStG einfach: Die Steuer entsteht mit Ablauf des Voranmeldungszeitraums, in welchem die Lieferung oder die Leistung bewirkt wurde, spätestens aber mit der Vereinnahmung des Entgelts. Voranmeldungszeitraum ist nach § 18 Abs. 2 Satz 1 UStG das Kalendervierteljahr; bei Steuern von mehr als 7.500 € für das vorangegangene Kalenderjahr der Kalendermonat.

5 **Beispiel:** Ein Unternehmer mit monatlichem Voranmeldungszeitraum führt am 05.03. eines Jahres eine Lieferung aus. Mit Ablauf des 31.03 entsteht nach § 13 Abs. 1 Nr. 1 Buchst. a UStG die Steuer.

6 Bei der Ist-Versteuerung entsteht die Steuer gem. § 13 Abs. 1 Nr. 1 Buchst. b UStG mit Ablauf desjenigen Voranmeldungszeitraumes, in welchem die Entgelte vereinnahmt worden sind.

Beispiel: Ein Freiberufler mit monatlichem Voranmeldungszeitraum erbringt am 05.03. eines Jahres eine Leistung. Die Rechnung geht dem Auftraggeber am 10.03. zu, der diese jedoch erst am 04.05. begleicht. Mit Ablauf des 31.05. entsteht die Steuer nach § 13 Abs. 1 Nr. 1 Buchst. b UStG. 7

Für die korrespondierende **Vorsteuerabzugsberechtigung fehlt eine vergleichbare explizite Regelung. Das in** § 13 UStG enthaltene Prinzip gilt aber entsprechend. Der Vorsteueranspruch entsteht in dem Veranlagungszeitraum, in welchem dessen materiellrechtlichen Voraussetzungen nach § 15 Abs. 1 Nr. 1 Satz 1 UStG vorliegen. Diese Voraussetzungen sind kumulativ sowohl der Erhalt der Leistung als auch einer Rechnung, welche die formal zum Vorsteuerabzug erforderlichen Angaben enthält (s. §§ 14 f. UStG). 8

Problematisch für die Vorsteuer sind die Fälle, bei denen die Abzugsvoraussetzungen zunächst nur teilweise erfüllt sind. 9

Beispiel: Ein Unternehmer erhält am 20.12. eine Lieferung, die er auch sofort begleicht. Die Rechnung seines Lieferanten geht ihm jedoch erst am 05.01. des Folgejahres zu. Es stellt sich die Frage, ob er schon für den Dezember die Vorsteuer geltend machen darf oder erst für den Januar des Folgejahres. 10

Nach der Entscheidung des EuGH in der Sache „Terra Baubedarf Handel" (s. EuGH vom 29.04.2004, C-152/02, UR 2004, 323) ist das Vorsteuerabzugsrecht für den Erklärungszeitraum auszuüben, in dem die Lieferung der Gegenstände oder die Dienstleistung bewirkt wurde und der Steuerpflichtige die Rechnung besitzt. Geht die Rechnung erst zu einem späteren Zeitpunkt ein, dann kann auch erst zu diesem späteren Zeitpunkt die Vorsteuer geltend gemacht werden (s. BFH vom 24.08.2006, V R 16/05, BStBl II 2007, 340; vom 31.07.2007, V B 156/06, BFH/NV 2008, 416). 11

Weiter umstritten sind die Fälle der (zunächst) **fehlerhaften Rechnungen**, insbesondere **unvollständige Rechnungen**. Bei späterer Korrektur dieser unvollständigen Rechnung stellt sich die Frage, ob rückwirkend für den Zeitraum der erstmaligen Erteilung das Vorsteuerabzugsrecht ausübbar ist. 12

Beispiel: Ein Unternehmer erhält am 20.12. eine Lieferung inkl. Rechnung, die er auch sofort begleicht. Die Rechnung vom 20.12. enthält jedoch nicht alle nach § 14 Abs. 4 UStG erforderlichen Angaben (s. zu den erforderlichen Angaben § 14 Rn. 92 ff.). Am 05.01. des Folgejahres erhält der Unternehmer eine korrekte Rechnung. 13

Relevant ist diese Unterscheidung für den **Beginn des Zinslaufs** nach § 233a AO (s. BFH, vom 15.07.2004, V R 76/01, BStBl II 2005, 236). Der EuGH hatte in der Sache „Pannon Gép" (s. EuGH vom 15.7.2010, C-368/09, DStR 2010, 1475) entschieden, dass eine **Rechnungsberichtigung bis zur Formalentscheidung der Finanzbehörde über den Vorsteuerabzug auf den Zeitpunkt der ursprünglichen Rechnung**serteilung zurückwirken kann. Gewichtige Stimmen sehen hierin eine Abkehr von dem Grundsatz fehlender Rückwirkung nach der Entscheidung „Terra Baubedarf Handel" und messen der Rechnungsberichtigung nunmehr sehr wohl Rückwirkung zu (s. Wäger, DStR 2010, 1478; Zugmaier/Streit, DStR 2010, 2446). Die Rechtsprechung ist noch unentschlossen (s. BFH vom 19.06.2013, II R 20/12, BStBl II 2014, 738). Das Niedersächsische FG hat diese Frage darum dem EuGH vorgelegt (s. Niedersächsisches FG vom 03.07.2014, 5 K 40/14, MwStR 2014, 787). Für eine Rückwirkungsmöglichkeit spricht sich der Generalanwalt in dem Vorabentscheidungsverfahren aus (s. EuGH, Schlussanträge Generalanwalt vom 17.02.2016, C-518/14, MwStR 2016, 297). 14

Nach anderer vorzugswürdiger Auffassung dürfte in der Entscheidung „Pannon Gép" jedoch keine Abkehr von der Grundentscheidung „Terra Baubedarf Handel" zu sehen sein (s. Nieskens, UR 2010, 697; Sterzinger, UR 2010, 700; Meurer, DStR 2010, 2442). Zum einen hat sich der EuGH wegen der spezifischen Vorlagefrage in der Sache „Pannon Gép" überhaupt nicht explizit mit der Entscheidung „Terra Baubedarf Handel" auseinandergesetzt, sodass auch kein Abrücken von den dortigen Grundaussagen gegeben sein kann. Zum anderen lassen sich komplizierte Abgrenzungsfragen vermeiden. Denn bei prinzipieller Anerkennung der Rückwirkungsmöglichkeit stellt sich die Folgefrage, ob und welche Mindestanforderungen an zu korrigierende Rechnungen zu stellen sind. Auch in der Sache „Pannon Gép" lag von Anfang an immerhin eine Rechnung vor, wenngleich eine fehlerhafte. Bei ex-tunc-Rückwirkungsmöglichkeit müsste 15 abgegrenzt werden, ab wann Fehler in Rechnungen so schwerwiegend sind, dass von einer **„Nicht-Rechnung“ statt einer „nur“ fehlerhaften Rechnung auszugehen ist.**

2.1 Besteuerung nach vereinbarten Entgelten

16 Die Besteuerung nach vereinbarten Entgelten (**Soll-Versteuerung**; s. § 16 Rn. 5 ff.) ist gem. § 16 Abs. 1 UStG der Regelfall. Bei ihr entsteht die Steuer grundsätzlich mit Ablauf des Voranmeldungszeitraums, in dem die Lieferung oder sonstige Leistung ausgeführt worden ist. Ob eine ordnungsgemäße Rechnung mit gesondertem Steuerausweis vorliegt oder ob der Leistungsempfänger von seinem Vorsteuerabzugsrecht Gebrauch macht, ist für die Steuerentstehung nicht maßgeblich (s. Abschn. 13.1 Abs. 1 Satz 3 UStAE). Selbst wenn der Unternehmer steuerbare und steuerpflichtige Leistungen irrtümlich nicht als solche identifiziert und die entsprechenden Umsätze in der Umsatzsteuervoranmeldung nicht angibt, entsteht die Steuer ebenso wie bei ordnungsgemäß erklärten Umsätzen (s. BFH vom 20.01.1997, 5 R 28/05, BStBl II 1997, 716).

2.1.1 Lieferungen

17 Lieferungen gelten dann als ausgeführt, wenn der Leistungsempfänger die **Verfügungsmacht** über den zu liefernden Gegenstand erlangt (s. Abschn. 13.1 Abs. 2 Satz 1 UStAE). Bei bewegten Lieferungen und der Lieferortbestimmung nach § 3 Abs. 6 UStG bestimmt sich nach den dortigen Kriterien nicht nur der Lieferort und damit die Frage der Steuerbarkeit, sondern zugleich auch der für die Steuerentstehung maßgebende Lieferzeitpunkt (s. BFH vom 06.12.2007, V R 24/05, BStBl II 2009, 490). **Entstehungszeitpunkt** ist damit der Beginn der Beförderung oder Versendung des Gegenstandes.

18 Bei **Sukzessivlieferungsverträgen** kommt es auf den Zeitpunkt einer jeden einzelnen Lieferung an. Aus Praktikabilitätsgründen gelten Lieferungen von Gegenständen wie Elektrizität, Gas, Wärme, Kälte und Wasser jedoch erst mit Ablauf des jeweiligen Ablesezeitraums als ausgeführt (Abschn. 13.1 Abs. 2 Satz 3 UStAE).

19 Bei **Werklieferungen** kommt es auf die Ausführung an. Eine Werklieferung ist ausgeführt, sobald dem Auftraggeber die Verfügungsmacht am erstellten Werk verschafft worden ist, auch bei gesetzlichem Eigentumsübergang etwa bei verbauten Baustoffen nach §§ 946, 93, 94 BGB (s. BMF vom 12.10.2009, IV B 8 - S 7270/07/10001, BStBl I 2009, 1292). Verschaffung der Verfügungsmacht bedeutet, den Auftraggeber zu befähigen, im eigenen Namen über das auftragsgemäß fertiggestellte Werk zu verfügen (s. BFH vom 26.02.1976, V R 132/73, BStBl II 1976, 309). In der Regel erfolgt dieses mit der zivilrechtlichen Abnahme nach § 640 BGB. Die **formelle Abnahme** ist jedoch nicht zwingend Bedingung, ausreichend ist auch die stillschweigende Billigung als im Wesentlichen vertragsgemäß oder die tatsächliche Benutzung (s. Abschn. 13.2 Abs. 1 Satz 1 Nr. 1 Satz 6 UStAE).

20 Bei einem **Kauf auf Probe** nach § 454 BGB im Versandhandel kommt der Kaufvertrag noch nicht mit der Zusendung der Ware, sondern erst nach Ablauf der vom Verkäufer eingeräumten Billigungsfrist oder durch Überweisung des Kaufpreises zu Stande. Erst zu diesem Zeitpunkt ist die Lieferung dann auch umsatzsteuerlich ausgeführt (s. BFH vom 06.12.2007, V R 24/05, BStBl II 2009, 490).

21 Vom Kauf auf Probe zu unterscheiden ist ein **Kauf mit Rückgaberecht**. Hier erfolgt die Lieferung bereits mit Zusendung der Ware, so dass dann auch die Steuer entsteht. Ggf. erfolgt zu einem späteren Zeitpunkt eine Rückabwicklung, dieses ist dann aber ein neues Ereignis.

2.1.2 Sonstige Leistungen

22 Sonstige Leistungen sind im Zeitpunkt ihrer **Vollendung** ausgeführt. Bei zeitlich begrenzten Dauerleistungen wie etwa **Duldungs- oder Unterlassungsleistungen** ist die Leistung mit Beendigung des entsprechenden Rechtsverhältnisses ausgeführt (s. Abschn. 13.1 Abs. 3 Satz 2 UStAE). Zu beachten ist aber, ob bei Teilleistungen speziellere Regelungen vorgreifen, etwa zur **Mindest-Ist-Besteuerung.**

Bei einer **Werkleistung** kommt es auf die Fertigstellung des Werkes an, das ist regelmäßig die Vollendung, z.B. der Aushub einer Baugrube. Auch die Vollendung des Werkes wird häufig mit dem Zeitpunkt der Abnahme zusammenfallen, ohne dass dies aber formal Voraussetzung wäre. 23

2.1.3 Teilleistungen

Häufig kommen Teilleistungen vor. Bei Teilleistungen entsteht die Steuer mit **Ablauf des Voranmeldungszeitraums**, in welchem die Teilleistung ausgeführt worden ist (s. § 13 Abs. 1 Nr. 1 Buchst. a Satz 2 UStG). Teilleistung setzen voraus, dass eine nach wirtschaftlicher Betrachtungsweise teilbare Leistung nicht als Ganzes, sondern in Teilen geschuldet und bewirkt wird (s. BMF vom 12.10.2009, IV B 8 - S 7270/07/10001, BStBl I 2009, 1292). Eine Leistung ist nach § 13 Abs. 1 Nr. 1 Buchst. a Satz 3 UStG in Teilen geschuldet, wenn für bestimmte Teil das Entgelt gesondert vereinbart wird (s. Abschn. 13.4 UStAE). 24

Beispiel: Ein Bauunternehmer hat sich verpflichtet, zu Einheitspreisen die Maurer- und Betonarbeiten sowie den Innen- und den Außenputz an einem Bauwerk auszuführen. Die Maurer- und Betonarbeiten werden gesondert abgenommen und abgerechnet. Der Innen- und Außenputz werden später ausgeführt, gesondert abgenommen und abgerechnet. Die Steuer entsteht für die Maurer- und Betonarbeiten nach § 13 Abs. 1 Nr. 1 Buchst. a UStG bereits für den Voranmeldungszeitraums ihres Abnahmezeitpunktes. 25

Bei einer zwischenzeitlichen **Steuersatzänderung** kommt weiterhin der Steuersatz zu Anwendung, der bei Erbringung der Teilleistung galt (s. BMF vom 11.08.2006, IV A 5 – S 7210 – 23/06, BStBl I 2006, 477). 26

2.1.4 Mindest-Ist-Besteuerung

Wird das Entgelt bereits vor der Leistung oder Teilleistung ganz oder teilweise vereinnahmt, so entsteht auch die Steuer schon vorher mit deren Vereinnahmung (sog. Mindest-Ist-Besteuerung). Nach § 13 Abs. 1 Nr. 1 Buchst. a Satz 4 UStG entsteht die Steuer in den Fällen dann bereits mit Ablauf des Voranmeldungszeitraums, in dem das Entgelt oder Teilentgelt vereinnahmt wird. Spätestens mit Ablauf des Voranmeldungszeitraums der Entgeltvereinnahmung entsteht also die Steuer. 27

Beispiele: Anzahlung, Abschlagszahlungen oder Vorauszahlungen. 28

Die Anzahlung oder Vorauszahlung muss sich aber auf eine bestimmte Lieferung oder sonstige Leistung beziehen, diese sind auch für die umsatzsteuerliche Qualifikation maßgeblich (s. BFH vom 15.09.2011, V R 36/09, BStBl II 2012, 365). 29

Beispiele: 30

- Guthabenkarten im Mobilfunkbereich; die endgültige Leistung wird erst durch das Telefonieren erbracht (s. BMF vom 03.12.2001, IV B 7 – S 7100 – 292/01, BStBl I 2001, 1010).
- Gutscheine über konkret bezeichnete Leistungen; wird die ausgewiesene Leistung dann erbracht, ist ggf. noch der Differenzbetrag zu versteuern.

Wegen der Maßgeblichkeit der konkreten Leistung sind auch etwaige Steuerbefreiungen nach § 4 UStG bereits bei **Anzahlungsvereinnahmung** zu berücksichtigen. Eine Anzahlung für eine voraussichtlich steuerfreie Leistung braucht daher nicht der Steuer unterworfen werden (s. Abschn. 13.5 Abs. 4 UStAE). Ergibt sich im Nachhinein eine andere Beurteilung, so ist die Bemessungsgrundlage entsprechend § 17 UStG zu berichtigen (s. BFH vom 08.09.2011, V R 42/10, BStBl II 2012, 248). 31

Fehlt es bei Vereinnahmung noch an einer konkreten Leistungsbeziehung, so kommt die Zahlung nur als Kreditgewährung in Betracht. Freilich haben bei dauernder Geschäftsbeziehung die regelmäßig sich wiederholenden Aufträge Indizwirkung. 32

Nach Auffassung der Finanzverwaltung können **Anzahlungen** nicht nur in Barzahlungen, sondern auch in Lieferung oder sonstigen Leistungen bestehen, etwa im Rahmen eines Tausches oder eines tauschähnlichen Umsatzes (Abschn. 13.5 Abs. 2 UStAE). Nach anderer Auffassung sollen nur Zahlungen erfasst sein, da nur dann ein korrespondierender Vorsteuerabzug die vorzeitige Besteuerung rechtfertige (s. Stadie, § 13 Rn. 30). Die Auffassung der Finanzverwaltung ist vorzugswürdig, da sich das Entgelt i.S.v. § 10 Abs. 1 S. 2, 33

Abs. 2 UStG (s. zum Begriff des Entgelts § 10 Rn. 6 ff.) nicht auf reine Zahlungen beschränkt. Die vorzeitige Entgeltvereinnahmung rechtfertigt bereits die Besteuerung, ein korrespondierender Vorsteuerabzug ist keine notwendige Besteuerungsbedingung.

2.2 Besteuerung nach vereinnahmten Entgelten

34 Bei der Besteuerung nach vereinnahmten Entgelten entsteht die Steuer für Lieferung und sonstige Leistung mit **Ablauf des Voranmeldungszeitraums**, in dem die Entgelte vereinnahmt worden sind, s. § 13 Abs. 1 Nr. 1 Buchst. b UStG. Als Zeitpunkt der Vereinnahmung gilt bei Überweisung auf ein Bankkonto grundsätzlich der Zeitpunkt der Gutschrift. Beim Kontokorrentverkehr soll das Entgelt mit der Anerkennung des Saldos am Ende eines Abrechnungszeitraums vereinnahmt sein. Richtiger Auffassung nach dürfte aber auch hier auf die entsprechende Gutschrift abzustellen sein, die Anerkennung hat nur klarstellende Bedeutung.

35 Bei einem Wechsel ist der Tag der Einlösung die Vereinnahmung. Ein Scheckbetrag ist grundsätzlich bereits mit dessen Hingabe zugeflossen (s. Abschn. 13.6 Abs. 1 UStAE). Die **Abtretung einer Forderung** an Zahlungs Statt nach § 364 Abs. 1 BGB führt im Zeitpunkt der Abtretung in Höhe des wirtschaftlichen Wertes zu einem Zufluss. Gleiches gilt bei einer zahlungshalber erfolgten Zahlungsabtretung nach § 364 Abs. 2 BGB, wenn eine fällige, unbestrittene und einziehbare Forderung vorliegt (s. BFH vom 30.10.1980, IV R 97/78, BStBl II 1981, 305). Eine Aufrechnung ist im Zeitpunkt der Aufrechnungserklärung einer Zahlung gleichzusetzen (s. BFH vom 19.04.1977, VIII R 119/75, BStBl II 1977, 601).

2.3 Beförderungseinzelbesteuerung

36 Für die Beförderungseinzelbesteuerung macht § 13 Abs. 1 Nr. 1 Buchst. c UStG eine Ausnahme von der Vereinheitlichung auf den Voranmeldungszeitraum. Die Regelung betrifft nur die Personenbeförderung im Gelegenheitsverkehr mit Kraftomnibussen. Die Steuer entsteht jeweils für die einzelne Leistung in dem Zeitpunkt, in welchem der Kraftomnibus in das Inland gelangt. Die Steuer wird für jeden einzelnen steuerpflichtigen Umsatz durch die zuständige Zollstelle berechnet (Leonard in Bunjes, § 13 Rn. 25).

2.4 Elektronische Dienstleistungen nicht im Gemeinschaftsgebiet ansässiger Unternehmer

37 § 13 Abs. 1 Nr. 1 Buchst. e UStG ist Folge der Ortsbestimmung in den Bereichen Telekommunikations-, Rundfunk-, Fernseh- und elektronische Dienstleistungen gem. § 3a Abs. 5 UStG (s. § 3a Rn. 186 ff.). Nach Art. 369f MwStSystRL hat ein Steuerpflichtiger quartalsweise Steuererklärungen im Mitgliedsstaat der Identifizierung abzugeben, wenn er das besondere Besteuerungsverfahren über die „einzige Kleinanlaufstelle" nutzt (s. Becherer, DStR-KR 2014, 33).

2.5 Telekommunikations-, Rundfunk- und ähnliche Dienstleistungen

38 § 13 Abs. 1 Nr. 1 Buchst. e UStG ist Folge der Ortsbestimmung in den Bereichen Telekommunikations-, Rundfunk-, Fernseh- und elektronische Dienstleistungen gem. § 3a Abs. 5 UStG. Nach Art. 369f MwStSystRL hat ein Steuerpflichtiger quartalsweise Steuererklärungen im Mitgliedsstaat der Identifizierung abzugeben, wenn er das besondere Besteuerungsverfahren über die „einzige Kleinanlaufstelle" nutzt (s. Becherer, DStR-KR 2014, 33).

3. Entstehen der Steuer in besonderen Fällen

3.1 Unentgeltliche Wertabgaben und unentgeltliche Verwendungen, § 13 Abs. 1 Nr. 2 UStG

39 Für Leistungen i.S.d. § 3 Abs. 1b und 9a UStG entsteht die Steuer mit Ablauf **des Voranmeldungszeitraums**, in dem diese Leistungen ausgeführt worden sind (s. § 13 Abs. 1 Nr. 2 UStG). Da diese unentgeltlichen Wertabgaben und Verwendungen den entgeltlichen Leistungen gleichgestellt werden sollen, ist dies auch entsprechend auf die Steuerentstehung zu erstrecken.

Eine **Entnahme** ist ausgeführt, wenn der Gegenstand dem nichtunternehmerischen Bereich zugeführt ist und auf Dauer nicht mehr dem Unternehmen dienen soll. Eine **unentgeltliche Lieferung** ist ausgeführt, wenn der Dritte die Verfügungsmacht an dem Gegenstand erlangt hat. Eine unentgeltliche Leistung ist ausgeführt, wenn dem Dritten der Vorteil verschafft worden ist (s. Leonard in Bunjes, § 13 Rn. 27; Stadie, § 13 Rn. 41). Der Entstehungszeitpunkt ist für die Soll- und Ist-Versteuerung gleich. 40

3.2 Unrichtiger Steuerausweis, § 13 Abs. 1 Nr. 3 UStG

In den Fällen des unrichtigen Steuerausweises nach § 14c Abs. 1 Satz 1 UStG (s. zum unrichtigen Steuerausweis § 14c Rn. 4 ff.) entstand bisher die Steuer nach § 13 Abs. 1 Nr. 3 UStG in dem Zeitpunkt, in welchem die Steuer für die Lieferung oder sonstige Leistung entstand, spätestens jedoch im Zeitpunkt der Ausgabe der Rechnung. Wies der leistende Unternehmer in einer Rechnung in einer Rechnung über eine steuerpflichtige Leistung einen höheren Steuerbetrag aus, als der leistende Unternehmer nach dem Gesetz schuldet, entstand die Steuer für den Mehrbetrag in dem Zeitpunkt, in welchem die Steuer für Lieferung oder sonstige Leistung entstand. In Reaktion auf abweichende höchstrichterliche Rechtsprechung (s. BFH vom 05.06.2014, XI R 44/12, BStBl II 2016, 187) hat der Gesetzgeber § 13 Abs. 1 Nr. 3 und Nr. 4 UStG durch das Steueränderungsgesetz 2015 angepasst (BGBl I 2015, 1834). Eine Rückwirkung gibt es insofern nicht mehr. 41

Wird hingegen in einer Rechnung über eine nicht steuerbare oder steuerfreie Leistung Umsatzsteuer gesondert ausgewiesen, entsteht die Steuer nach § 13 Abs. 1 Nr. 3 UStG im Zeitpunkt der Ausgabe der Rechnung (s. BFH vom 08.09.2011, V R 5/10, BStBl II 2012, 620). Der früher in § 13 Abs. 1 Nr. 4 UStG gesondert behandelte unberechtigte Steuerausweis i.S.v. § 14c Abs. 2 UStG ist durch das Steueränderungsgesetz 2015 (BGBl I 2015, 1834) gleichgestellt und in Nr. 3 aufgenommen worden. Ein unberechtigter Steuerausweis liegt vor, wenn eine Rechnung einen Steuerbetrag ausweist, obwohl keine Lieferung oder sonstige Leistung vorliegt. Oder wenn eine Person in einer Rechnung einen Steuerbetrag ausweist, ohne hierzu berechtigt zu sein, wie etwa ein umsatzsteuerlicher Kleinunternehmer oder eine Privatperson. Wegen der latenten Vorsteuerabzugsgefahr durch die in Verkehr gebrachte Rechnung muss der Rechnungsaussteller nach § 14c Abs. 2 UStG insoweit die ausgewiesene Steuer bezahlen. Diese Steuer entsteht im Zeitpunkt der Ausgabe der Rechnung, also auch nicht erst mit Ablauf des Voranmeldungszeitraumes. Durch Berichtigung der Rechnung entfällt die Steuer nach § 14c Abs. 2 Satz 3 UStG aber auch wieder. Hierzu gehören auch die Fälle des unberechtigten Steuerausweises in Gutschriften, und zwar auch bei Gutschriften gegenüber Nichtunternehmern (s. FG Niedersachsen vom 09.10.2013, 5 K 319/12, EFG 2014, 162 rk.). 42

3.3 Zentralregulierer, § 13 Abs. 1 Nr. 5 UStG

Ein sog. Zentralregulierer übernimmt die Funktion eines Abrechnungssystems, meist um die Zahlungsströme zwischen Lieferanten und Mitgliedern von Einkaufsgemeinschaften zu organisieren. Regelmäßig zahlt der Zentralregulierer innerhalb der vom Lieferanten gesetzten Zahlungsfrist und nimmt den größtmöglichen Skontoabzug vor, unabhängig davon, wann der jeweilige Abnehmer wiederum an ihn zahlt. Der Skontoabzug stellt eine Entgeltminderung dar, die eigentlich bei dem Abnehmer zu einer korrespondierenden Vorsteuerabzugsberichtigungspflicht führt. Aus Vereinfachungsgründen darf die Vorsteuerabzugsberichtigung beim Abnehmer unterbleiben, wenn stattdessen der Zentralregulierer einspringt. Bei Änderung der Bemessungsgrundlage kann nach § 13 Abs. 1 Nr. 5 UStG eine besondere Steuerschuld (s. § 17 Abs. 1 Satz 6 UStG) des Zentralregulierers mit Ablauf des Voranmeldungszeitraums entstehen, in dem die Änderung der Bemessungsgrundlage eingetreten ist. 43

3.4 Innergemeinschaftlicher Erwerb, § 13 Abs. 1 Nr. 6 UStG

Die Steuer für den innergemeinschaftlichen Erwerb entsteht nach § 13 Abs. 1 Nr. 6 UStG mit Ausstellung der Rechnung, spätestens mit Ablauf des dem innergemeinschaftlichen Erwerbs folgenden Kalendermonats. Letztere ist relevant, wenn die Rechnung gar nicht oder später ausgestellt wird (s. Widmann, UR 1992, 262). 44

45 Wegen des Abstellens auf die Rechnungsausstellung bestehen Bedenken (s. Wagner in Sölch/Ringleb, § 13 Rn. 92; Stadie, § 13 Rn. 49). Denn danach kann der Lieferer durch Ausstellen der Rechnung die Steuer vorzeitig entstehen lassen. Trotzdem ist die Rechnungsausstellung der praktikablere Ansatzpunkt, da sich so eine Korrespondenz mit den Zusammenfassenden Meldungen des leistenden Unternehmers und den innergemeinschaftlichen Erwerben für den jeweiligen Zeitraum erreichen lässt. Zwischen Rechnungsdatum und Rechnungszugang könnten nämlich (erhebliche) Zeitverzögerungen bestehen, worunter das grenzüberschreitende Kontrollverfahren des innergemeinschaftlichen Warenverkehrs leiden würde (s. OFD Saarbrücken vom 15.03.1994, S 7277 - 1 St 24 1, UR 1994, 411).

3.5 Innergemeinschaftlicher Erwerb neuer Fahrzeuge, § 13 Abs. 1 Nr. 7 UStG

46 Für den innergemeinschaftlichen Erwerb neuer Fahrzeuge ist nach § 1b UStG die Fahrzeugeinzelbesteuerung vorgesehen (s. § 1b Rn. 4 ff.). Entsprechend entsteht nach § 13 Abs. 1 Nr. 7 UStG die Steuer am Tag des Erwerbs.

47 Bedenken bestehen hinsichtlich der europarechtlichen Grundlage von § 13 Abs. 1 Nr. 7 UStG (s. Wagner in Sölch/Ringleb, § 13 Rn. 94; Leonard in Bunjes, § 13 Rn. 32; Widmann, UR 1992, 263). Denn nach Art. 69 Abs. 1 MwStSystRL tritt beim innergemeinschaftlichen Erwerb der Steueranspruch am 15. Tag des Folgemonats auf den Monat des Steuertatbestandes ein. Die Mitgliedsstaaten dürfen aber Einzelheiten der Erklärungspflichten hinsichtlich innergemeinschaftlicher Erwerbe neuer Fahrzeuge nach Art. 2 Abs. 1b Nr. ii, 258 MwStSystRL selbst festlegen. Damit trägt das Gemeinschaftsrecht insoweit bereits die Ausnahmemöglichkeit in sich. § 13 Abs. 1 Nr. 7 UStG ist vor diesem Hintergrund richtlinienkonform auslegbar, sodass die Bedenken im Ergebnis nicht greifen.

3.6 Unrichtige Abnehmerangaben bei innergemeinschaftlichen Lieferungen, § 13 Abs. 1 Nr. 8 UStG

48 Wenn ein Abnehmer einem Lieferanten unrichtige Angaben macht, kann die innergemeinschaftliche Lieferung beim Lieferanten unter den Voraussetzungen von § 6a Abs. 4 Satz 1 UStG (s. dazu § 6a Rn. 103 ff.) als **steuerfrei** anzusehen sein. Dann schuldet der Abnehmer die Steuer, die nach § 13 Abs. 1 Nr. 8 UStG in dem Zeitpunkt entsteht, in dem die Lieferung ausgeführt wird.

3.7 Auslagerung aus Umsatzsteuerlager, § 13 Abs. 1 Nr. 9 UStG

49 Auslagerung aus dem Umsatzsteuerlager bedeutet, dass ein Gegenstand endgültig aus einem Umsatzsteuerlager herausgenommen wird (s. § 4 Nr. 4a Buchst. a Satz 2 UStG). Die Steuer entsteht nach § 13 Abs. 1 Nr. 9 UStG mit Ablauf des Voranmeldungszeitraums der Auslagerung.

4. Entstehen der Einfuhrumsatzsteuer, § 13 Abs. 2 UStG

50 Die Einfuhrumsatzsteuer entsteht in dem Zeitpunkt, in dem die **Zollschuld entsteht** (s. §§ 13 Abs. 2, 21 Abs. 2 UStG). Maßgebend sind Art. 201-216 ZK, sodass etwa das Überführen der Ware in den freien Verkehr, das Verfahren der vorübergehenden Verwendung oder die anderen dortigen Zolltatbestände maßgeblich sind.

5. Entstehen der Steueransprüche im Insolvenzverfahren

51 Während eines laufenden Insolvenzverfahrens richtet sich das Entstehen der Steuer weiter nach den umsatzsteuerlichen Vorschriften, also § 13 UStG (s. BFH vom 14.02.1978, VIII R 28/73, BStBl II 1978, 356). Die dabei entstehenden Steueransprüche führen zu Masseverbindlichkeiten nach § 55 InsO.

52 Problematischer sind die bei Insolvenzeröffnung bereits begründeten Steueransprüche i.S.v. § 38 InsO. Hierbei handelt es sich um zur Tabelle anzumeldende Insolvenzforderungen (s. BFH vom 28.06.2000, V R 87/99, BStBl II 2000, 639). Fraglich ist aber, wann Steueransprüche i.S.v. § 38 InsO begründet sind. Nach einer Auffassung sind dies nur die verwirklichten Steuertatbestände (s. BFH vom 13.07.2006, V B 70/06, BStBl II 2007, 415). Nach anderer Auffassung muss nur der Rechtsgrund für den Anspruch bereits gelegt

sein (s. BFH vom 05.10.2004, VII R 75/03, BStBl II 2006, 193; vom 27.02.2009, VII B 96/08, BFH/NV 2009, 892). Die zweite Auffassung lässt also auch nur zum Teil verwirklichte Tatbestände genügen. Zwischen der steuerlichen Entstehung und der insolvenzrechtlichen Begründung ist zu differenzieren. Steuerlich kommt es auf die vollständige Tatbestandsverwirklichung an. Die InsO kann hiervon aber losgelöst eigene Maßstäbe aufstellen, wenn es um insolvenzspezifische Kriterien wie etwa die Zugehörigkeit zu Insolvenzforderungen oder die Aufrechnungsmöglichkeiten geht. Unter dieser Prämisse ist die zweitgenannten Auffassung vorzugswürdig.

§ 13a UStG Steuerschuldner

(1) Steuerschuldner ist in den Fällen
1. des § 1 Abs. 1 Nr. 1 und des § 14c Abs. 1 der Unternehmer;
2. des § 1 Abs. 1 Nr. 5 der Erwerber;
3. des § 6a Abs. 4 der Abnehmer;
4. des § 14c Abs. 2 der Aussteller der Rechnung;
5. des § 25b Abs. 2 der letzte Abnehmer;
6. des § 4 Nr. 4a Satz 1 Buchstabe a Satz 2 der Unternehmer, dem die Auslagerung zuzurechnen ist (Auslagerer); daneben auch der Lagerhalter als Gesamtschuldner, wenn er entgegen § 22 Abs. 4c Satz 2 die inländische Umsatzsteuer-Identifikationsnummer des Auslagerers oder dessen Fiskalvertreters nicht oder nicht zutreffend aufzeichnet.

(2) Für die Einfuhrumsatzsteuer gilt § 21 Abs. 2.

Bearbeiter: Holger Raudszus

Inhaltsverzeichnis

1. Sinn und Zweck der Vorschrift, Allgemeines

1 § 13a UStG bestimmt den **Steuerschuldner**, mithin denjenigen, gegen den der Fiskus seinen Anspruch aus entstandener USt richtet. Im Wesentlichen ergeben sich die Verpflichteten unmittelbar aus dem Gesetzestext selbst, weswegen nachstehend lediglich einige Einzelfälle näher betrachtet werden.

2. Einzelfälle

2.1 Gesamtrechtsnachfolge

2 In den Fällen des Ablebens des Unternehmers oder der Aufgabe des Unternehmens ist zu prüfen, ob eine Geschäftsveräußerung im Ganzen gem. § 1 Abs. 1a UStG (s. dazu § 1 Rn. 270 ff.) vorliegt. In diesem Fall tritt der neue Unternehmer sozusagen in die Fußstapfen des vorhergehenden Unternehmers und ist unmittelbar wiederum aus § 13a Abs. 1 Nr. 1 UStG als Unternehmer Steuerschuldner.

3 Sofern das Unternehmen beendet wird, ohne das ein Fall des § 1 Abs. 1a UStG (s. dazu § 1 Rn. 270 ff.) vorliegt, bleibt der Unternehmer bis zur vollständigen Abwicklung des Unternehmens Steuerschuldner, weil insoweit auch weder das Unternehmen noch seine Unternehmereigenschaft endet (s. Abschn. 2.6 Abs. 6 UStAE). Stirbt allerdings der Unternehmer, so richten sich die Ansprüche gegen den Gesamtrechtsnachfolger auch wenn er nicht selbst zum Unternehmer im Sinne des § 2 Abs. 1 UStG (s. zum Begriff des Unternehmers § 2 Abs. 1 Rn. 44 ff.) wird (s. BFH vom 13.01.2010, BStBl II 2011, 241). In dem Urteil wir auch auf die Behandlung von Gegenständen eingegangen, die vom Erben entnommen oder veräußert werden.

2.2 Insolvenzfälle

4 Für die Zeit zwischen **Antrag auf Eröffnung eines Insolvenzverfahrens** und der **Eröffnung des Insolvenzverfahrens** wird ein vorläufiger Insolvenzverwalter bestellt.

5 Der **schwache vorläufige Insolvenzverwalter** ist kein Vermögensverwalter im Sinne des § 34 Abs. 3 AO, so dass er während des Insolvenzeröffnungsverfahrens weder die steuerlichen Pflichten des Insolvenzschuldners zu erfüllen hat noch diese erfüllen darf (s. BMF vom 20.05.2015, BStBl I 201, 476 Rn. 6, 26). § 55 Abs. 4 InsO verlagert lediglich den Zeitpunkt der Zuordnung von Steuerverbindlichkeiten in Masseverbind-

lichkeiten und Insolvenzforderungen von der Eröffnung des Insolvenzverfahrens auf den Zeitpunkt der Bestellung des schwachen vorläufigen Insolvenzverwalters vor (s. BMF vom 20.05.2015, a.a.O., Rn. 27). Weitere Einzelheiten enthält das BMF-Schreiben vom 20.05.2015, a.a.O. Folglich ergehen Steuerbescheide weiterhin gegenüber dem ursprünglichen Steuerschuldner, dem Unternehmer gem. § 13a Abs. 1 Nr. 1 UStG.

Wird ein **starker vorläufiger Insolvenzverwalter** bestellt, geht die Verfügungsbefugnis gem. § 22 Abs. 1 6
InsO auf diesen über. Dies hat zur Folge, dass grundsätzlich ab diesem Zeitpunkt keine Steuerbescheide mehr an den Unternehmer ergehen und bis dahin begründete Steueransprüche durch das Finanzamt zur Insolvenztabelle als Insolvenzforderungen anzumelden sind. Lediglich die Ansprüche, die durch die Tätigkeit des Insolvenzverwalters Masseverbindlichkeiten begründen, sind dem vorläufigen Insolvenzverwalter gegenüber unter der Massesteuernummer bekanntzugeben und von diesem aus den von ihm verwalteten Mitteln zu begleichen.

2.3 Organschaft

In Organschaftsfällen (s. dazu § 2 Abs. 2 Rn. 2 ff.) ist der Organträger Unternehmer und somit auch allei- 7
niger Steuerschuldner nach § 13a Abs. 1 Nr. 1 UStG.

2.4 Schuldner der Einfuhrumsatzsteuer

In den Fällen der **Erhebung von EUSt** in den Fällen des § 1 Abs. 1 Nr. 4 UStG verweist § 13a Abs. 2 UStG 8
lediglich auf § 21 Abs. 2 UStG. Auch dort findet der Rechtsanwender keine Antwort, da von dort aus wiederum auf die Vorschriften des Zollrechts verwiesen wird. Gem. Art. 201 Abs. 3 S. 1 Zollkodex ist der Anmelder Schuldner der EUSt sowie in Fällen der indirekten Vertretung auch derjenige, für dessen Rechnung die Zollanmeldung abgegeben wird (s. Art. 201 Abs. 3 S. 2 Zollkodex).

Anmelder ist nach Art. 4 Nr. 18 Zollkodex die Person, die in eigenem Namen eine Zollanmeldung abgibt 9
oder die Person in deren Namen eine Zollanmeldung abgegeben wird. **Person** ist nach Art. 4 Nr. 1 Zollkodex eine natürliche oder juristische Person bzw. eine Personenvereinigung ohne eigene Rechtspersönlichkeit, die aber im Rechtsverkehr wirksam auftreten kann. Allerdings bestimmt Art. 64 Abs. 2 Buchst. b Zollkodex, dass der Anmelder (mit wenigen Ausnahmen) im Gemeinschaftsgebiet ansässig sein muss. Im Drittland Ansässige müssen sich regelmäßig durch einen Anmelder, der im Gemeinschaftsgebiet ansässig ist, vertreten lassen. Nach den Ausführungen in Rn. 8 kann der im Drittland Ansässige allerdings in Fällen der indirekten Vertretung auch zum Zollschuldner und damit auch zum Schuldner der EUSt werden.

§ 13b UStG Leistungsempfänger als Steuerschuldner

(1) Für nach § 3a Absatz 2 im Inland steuerpflichtige sonstige Leistungen eines im übrigen Gemeinschaftsgebiet ansässigen Unternehmers entsteht die Steuer mit Ablauf des Voranmeldungszeitraums, in dem die Leistungen ausgeführt worden sind.

(2) Für folgende steuerpflichtige Umsätze entsteht die Steuer mit Ausstellung der Rechnung, spätestens jedoch mit Ablauf des der Ausführung der Leistung folgenden Kalendermonats:

1. Werklieferungen und nicht unter Absatz 1 fallende sonstige Leistungen eines im Ausland ansässigen Unternehmers;
2. Lieferungen sicherungsübereigneter Gegenstände durch den Sicherungsgeber an den Sicherungsnehmer außerhalb des Insolvenzverfahrens;
3. Umsätze, die unter das Grunderwerbsteuergesetz fallen;
4. Bauleistungen, einschließlich Werklieferungen und sonstigen Leistungen im Zusammenhang mit Grundstücken, die der Herstellung, Instandsetzung, Instandhaltung, Änderung oder Beseitigung von Bauwerken dienen, mit Ausnahme von Planungs- und Überwachungsleistungen. [2]Als Grundstücke gelten insbesondere auch Sachen, Ausstattungsgegenstände und Maschinen, die auf Dauer in einem Gebäude oder Bauwerk installiert sind und die nicht bewegt werden können, ohne das Gebäude oder Bauwerk zu zerstören oder zu verändern. [3]Nummer 1 bleibt unberührt;
5. Lieferungen
   a) der in § 3g Absatz 1 Satz 1 genannten Gegenstände eines im Ausland ansässigen Unternehmers unter den Bedingungen des § 3g und
   b) von Gas über das Erdgasnetz und von Elektrizität, die nicht unter Buchstabe a fallen;
6. Übertragung von Berechtigungen nach § 3 Nummer 3 des Treibhausgas-Emissionshandelsgesetzes, Emissionsreduktionseinheiten nach § 2 Nummer 20 des Projekt-Mechanismen-Gesetzes und zertifizierten Emissionsreduktionen nach § 2 Nummer 21 des Projekt-Mechanismen-Gesetzes;
7. Lieferungen der in der Anlage 3 bezeichneten Gegenstände;
8. Reinigen von Gebäuden und Gebäudeteilen. 2Nummer 1 bleibt unberührt;
9. Lieferungen von Gold mit einem Feingehalt von mindestens 325 Tausendstel, in Rohform oder als Halbzeug (aus Position 7108 des Zolltarifs) und von Goldplattierungen mit einem Goldfeingehalt von mindestens 325 Tausendstel (aus Position 7109);
10. Lieferungen von Mobilfunkgeräten, Tablet-Computern und Spielekonsolen sowie von integrierten Schaltkreisen vor Einbau in einen zur Lieferung auf der Einzelhandelsstufe geeigneten Gegenstand, wenn die Summe der für sie in Rechnung zu stellenden Entgelte im Rahmen eines wirtschaftlichen Vorgangs mindestens 5.000 Euro beträgt; nachträgliche Minderungen des Entgelts bleiben dabei unberücksichtigt;
11. Lieferungen der in der Anlage 4 bezeichneten Gegenstände, wenn die Summe der für sie in Rechnung zu stellenden Entgelte im Rahmen eines wirtschaftlichen Vorgangs mindestens 5.000 Euro beträgt; nachträgliche Minderungen des Entgelts bleiben dabei unberücksichtigt.

(3) Abweichend von den Absatz 1 und 2 Nummer 1 entsteht die Steuer für sonstige Leistungen, die dauerhaft über einen Zeitraum von mehr als einem Jahr erbracht werden, spätestens mit Ablauf eines jeden Kalenderjahres, in dem sie tatsächlich erbracht werden.

(4) [1]Bei der Anwendung der Absätze 1 bis 3 gilt § 13 Absatz 1 Nummer 1 Buchstabe a Satz 2 und 3 entsprechend. [2]Wird in den in den Absätzen 1 bis 3 sowie in den in Satz 1 genannten Fällen das Entgelt oder ein Teil des Entgelts vereinnahmt, bevor die Leistung oder die Teilleistung ausgeführt worden ist, entsteht insoweit die Steuer mit Ablauf des Voranmeldungszeitraums, in dem das Entgelt oder das Teilentgelt vereinnahmt worden ist.

(5) [1]In den in den Absätzen 1 und 2 Nummer 1 bis 3 genannten Fällen schuldet der Leistungsempfänger die Steuer, wenn er ein Unternehmer oder eine juristische Person ist; in den in Absatz 2 Nummer 5 Buchstabe a, Nummer 6, 7, 9 bis 11 genannten Fällen schuldet der Leistungsempfänger die Steuer,

wenn er ein Unternehmer ist. [2]In den in Absatz 2 Nummer 4 Satz 1 genannten Fällen schuldet der Leistungsempfänger die Steuer unabhängig davon, ob er sie für eine von ihm erbrachte Leistung im Sinne des Absatzes 2 Nummer 4 Satz 1 verwendet, wenn er ein Unternehmer ist, der nachhaltig entsprechende Leistungen erbringt; davon ist auszugehen, wenn ihm das zuständige Finanzamt eine im Zeitpunkt der Ausführung des Umsatzes gültige auf längstens drei Jahre befristete Bescheinigung, die nur mit Wirkung für die Zukunft widerrufen oder zurückgenommen werden kann, darüber erteilt hat, dass er ein Unternehmer ist, der entsprechende Leistungen erbringt. [3]Bei den in Absatz 2 Nummer 5 Buchstabe b genannten Lieferungen von Erdgas schuldet der Leistungsempfänger die Steuer, wenn er ein Wiederverkäufer von Erdgas im Sinne des § 3g ist. [4]Bei den in Absatz 2 Nummer 5 Buchstabe b genannten Lieferungen von Elektrizität schuldet der Leistungsempfänger in den Fällen die Steuer, in denen der liefernde Unternehmer und der Leistungsempfänger Wiederverkäufer von Elektrizität im Sinne des § 3g sind. [5]In den in Absatz 2 Nummer 8 Satz 1 genannten Fällen schuldet der Leistungsempfänger die Steuer unabhängig davon, ob er sie für eine von ihm erbrachte Leistung im Sinne des Absatzes 2 Nummer 8 Satz 1 verwendet, wenn er ein Unternehmer ist, der nachhaltig entsprechende Leistungen erbringt; davon ist auszugehen, wenn ihm das zuständige Finanzamt eine im Zeitpunkt der Ausführung des Umsatzes gültige auf längstens drei Jahre befristete Bescheinigung, die nur mit Wirkung für die Zukunft widerrufen oder zurückgenommen werden kann, darüber erteilt hat, dass er ein Unternehmer ist, der entsprechende Leistungen erbringt. [6]Die Sätze 1 bis 5 gelten vorbehaltlich des Satzes 10 auch, wenn die Leistung für den nichtunternehmerischen Bereich bezogen wird. [7]Sind Leistungsempfänger und leistender Unternehmer in Zweifelsfällen übereinstimmend vom Vorliegen der Voraussetzungen des Absatzes 2 Nummer 4, 5 Buchstabe b, Nummer 7 bis 11 ausgegangen, obwohl dies nach der Art der Umsätze unter Anlegung objektiver Kriterien nicht zutreffend war, gilt der Leistungsempfänger dennoch als Steuerschuldner, sofern dadurch keine Steuerausfälle entstehen. [8]Die Sätze 1 bis 6 gelten nicht, wenn bei dem Unternehmer, der die Umsätze ausführt, die Steuer nach § 19 Absatz 1 nicht erhoben wird. [9]Die Sätze 1 bis 8 gelten nicht, wenn ein in Absatz 2 Nummer 2, 7 oder 9 bis 11 genannter Gegenstand von dem Unternehmer, der die Lieferung bewirkt, unter den Voraussetzungen des § 25a geliefert wird. [10]In den in Absatz 2 Nummer 4, 5 Buchstabe b und Nummer 7 bis 11 genannten Fällen schulden juristische Personen des öffentlichen Rechts die Steuer nicht, wenn sie die Leistung für den nicht- unternehmerischen Bereich beziehen.

(6) Die Absätze 1 bis 5 finden keine Anwendung, wenn die Leistung des im Ausland ansässigen Unternehmers besteht

1. in einer Personenbeförderung, die der Beförderungseinzelbesteuerung (§ 16 Absatz 5) unterlegen hat,
2. in einer Personenbeförderung, die mit einem Fahrzeug im Sinne des § 1b Absatz 2 Satz 1 Nummer 1 durchgeführt worden ist,
3. in einer grenzüberschreitenden Personenbeförderung im Luftverkehr,
4. in der Einräumung der Eintrittsberechtigung für Messen, Ausstellungen und Kongresse im Inland,
5. in einer sonstigen Leistung einer Durchführungsgesellschaft an im Ausland ansässige Unternehmer, soweit diese Leistung im Zusammenhang mit der Veranstaltung von Messen und Ausstellungen im Inland steht oder
6. in der Abgabe von Speisen und Getränken zum Verzehr an Ort und Stelle (Restaurationsleistung), wenn diese Abgabe an Bord eines Schiffs, in einem Luftfahrzeug oder in einer Eisenbahn erfolgt.

(7) [1]Ein im Ausland ansässiger Unternehmer im Sinne des Absatzes 2 Nummer 1 und 5 ist ein Unternehmer, der im Inland, auf der Insel Helgoland und in einem der in § 1 Absatz 3 bezeichneten Gebiete weder einen Wohnsitz, seinen gewöhnlichen Aufenthalt, seinen Sitz, seine Geschäftsleitung noch eine Betriebsstätte hat; dies gilt auch, wenn der Unternehmer ausschließlich einen Wohnsitz oder einen gewöhnlichen Aufenthaltsort im Inland, aber seinen Sitz, den Ort der Geschäftsleitung oder eine Betriebsstätte im Ausland hat. [2]Ein im übrigen Gemeinschaftsgebiet ansässiger Unternehmer ist ein Unternehmer, der in den Gebieten der übrigen Mitgliedstaaten der Europäischen Union, die nach dem Gemeinschaftsrecht als Inland dieser Mitgliedstaaten gelten, einen Wohnsitz, seinen gewöhn-

lichen Aufenthalt, seinen Sitz, seine Geschäftsleitung oder eine Betriebsstätte hat; dies gilt nicht, wenn der Unternehmer ausschließlich einen Wohnsitz oder einen gewöhnlichen Aufenthaltsort in den Gebieten der übrigen Mitgliedstaaten der Europäischen Union, die nach dem Gemeinschaftsrecht als Inland dieser Mitgliedstaaten gelten, aber seinen Sitz, den Ort der Geschäftsleitung oder eine Betriebsstätte im Drittlandsgebiet hat. [3]Hat der Unternehmer im Inland eine Betriebsstätte und führt er einen Umsatz nach Absatz 1 oder Absatz 2 Nummer 1 oder Nummer 5 aus, gilt er hinsichtlich dieses Umsatzes als im Ausland oder im übrigen Gemeinschaftsgebiet ansässig, wenn die Betriebsstätte an diesem Umsatz nicht beteiligt ist. [4]Maßgebend ist der Zeitpunkt, in dem die Leistung ausgeführt wird. [5]Ist es zweifelhaft, ob der Unternehmer diese Voraussetzungen erfüllt, schuldet der Leistungsempfänger die Steuer nur dann nicht, wenn ihm der Unternehmer durch eine Bescheinigung des nach den abgabenrechtlichen Vorschriften für die Besteuerung seiner Umsätze zuständigen Finanzamts nachweist, dass er kein Unternehmer im Sinne der Sätze 1 und 2 ist.

(8) Bei der Berechnung der Steuer sind die §§ 19 und 24 nicht anzuwenden.

(9) Das Bundesministerium der Finanzen kann mit Zustimmung des Bundesrates durch Rechtsverordnung bestimmen, unter welchen Voraussetzungen zur Vereinfachung des Besteuerungsverfahrens in den Fällen, in denen ein anderer als der Leistungsempfänger ein Entgelt gewährt (§ 10 Absatz 1 Satz 3), der andere an Stelle des Leistungsempfängers Steuerschuldner nach Absatz 5 ist.

(10) [1]Das Bundesministerium der Finanzen kann mit Zustimmung des Bundesrates durch Rechtsverordnung den Anwendungsbereich der Steuerschuldnerschaft des Leistungsempfängers nach den Absätzen 2 und 5 auf weitere Umsätze erweitern, wenn im Zusammenhang mit diesen Umsätzen in vielen Fällen der Verdacht auf Steuerhinterziehung in einem besonders schweren Fall aufgetreten ist, die voraussichtlich zu erheblichen und unwiederbringlichen Steuermindereinnahmen führen. [2]Voraussetzungen für eine solche Erweiterung sind, dass

1. die Erweiterung frühestens zu dem Zeitpunkt in Kraft treten darf, zu dem die Europäische Kommission entsprechend Artikel 199b Absatz 3 der Richtlinie 2006/112/EG des Rates vom 28. November 2006 über das gemeinsame Mehrwertsteuersystem (ABl. L 347 vom 11.12.2006, S. 1) in der Fassung von Artikel 1 Nummer 1 der Richtlinie 2013/42/EU (ABl. L 201 vom 26.7.2013, S. 1) mitgeteilt hat, dass sie keine Einwände gegen die Erweiterung erhebt;
2. die Bundesregierung einen Antrag auf eine Ermächtigung durch den Rat entsprechend Artikel 395 der Richtlinie 2006/112/EG in der Fassung von Artikel 1 Nummer 2 der Richtlinie 2013/42/EG (ABl. L 201 vom 26.7.2013, S. 1) gestellt hat, durch die die Bundesrepublik Deutschland ermächtigt werden soll, in Abweichung von Artikel 193 der Richtlinie 2006/112/EG, die zuletzt durch die Richtlinie 2013/61/EU (ABl. L 353 vom 28.12.2013, 5) geändert worden ist, die Steuerschuldnerschaft des Leistungsempfängers für die von der Erweiterung nach Nummer 1 erfassten Umsätze zur Vermeidung von Steuerhinterziehungen einführen zu dürfen;
3. die Verordnung nach neun Monaten außer Kraft tritt, wenn die Ermächtigung nach Nummer 2 nicht erteilt worden ist; wurde die Ermächtigung nach Nummer 2 erteilt, tritt die Verordnung außer Kraft, sobald die gesetzliche Regelung, mit der die Ermächtigung in nationales Recht umgesetzt wird, in Kraft tritt.

Bearbeiter: Manzur Esskandari

Inhaltsverzeichnis

1. Anwendungsbereich und Zweck der Vorschrift

§ 13b UStG ist durch das Steueränderungsgesetz 2001 in das UStG eingefügt worden. Die Steuerschuldnerschaft des Leistungsempfängers – sog. **Reverse-Charge-Verfahren** – galt im Wesentlichen für die Tatbestände, die bis dahin unter das **Abzugsverfahren** gemäß §§ 18 Abs. 8, 51 bis 58 UStDV a.F. fielen. Dies waren in erster Linie die Werklieferungen und Leistungen ausländischer Unternehmer, außerdem Lieferungen sicherungsübereigneter Gegenstände durch den Sicherungsgeber an den Sicherungsnehmer außerhalb des Insolvenzverfahrens und die Zwangsversteigerung von Grundstücken. Seitdem wurde § 13b UStG kontinuierlich **erweitert**. Hintergrund dafür ist vor allem die Bekämpfung von **Umsatzsteuerkriminalität** in bestimmten besonders anfälligen Branchen und die Risikovorsorge für den Fiskus, der – wiederum in bestimmten Branchen – seine Umsatzsteueransprüche gegen den leistenden Unternehmer wegen dessen **Insolvenz** nicht mehr durchsetzen kann, während der Leistungsempfänger – korrekterweise – aber seinen Vorsteueranspruch geltend macht. Darüber hinaus soll das Reverse-Charge-Verfahren auch der Vereinfachung der Steuerdeklaration bei **Auslandssachverhalten** dienen. 1

§ 13b UStG bestimmt, dass in bestimmten Fällen nicht der leistende Unternehmer die Steuer schuldet, sondern sein Leistungsempfänger (sog. **Reverse-Charge-Verfahren**). Kann der Leistungsempfänger die geschuldete Umsatzsteuer als Vorsteuer abziehen (s. § 15 Abs. 1 Nr. 4 UStG; s. zum Vorsteuerabzug § 15 Rn. 48 ff.), vereinigen sich Steuerschuld und Vorsteuerabzug in einer Hand. Damit wird für den Fiskus das Risiko vermieden, dass der leistende Unternehmer nicht die Umsatzsteuer entrichtet, gleichwohl aber dem Leistungsempfänger die Vorsteuer erstattet werden muss. 2

§ 13b Abs. 1, Abs. 2 Nr. 1 UStG soll möglichst einfach und vollständig bestimmte steuerpflichtige Umsätze, die im Ausland ansässige Unternehmer im Inland erbringen, erfassen. Unionsrechtliche Grundlage insoweit sind Art. 194 und 196 MwStSystRL. 3

Hintergrund für den Übergang der Steuerschuld bei der **Verwertung von Sicherungsgut** (s. § 13b Abs. 2 Nr. 2 UStG) ist, dass im Stadium der Verwertung von Sicherungsgut der Sicherungsgeber häufig nicht mehr liquide ist. Der Fiskus hätte damit das Risiko, dass der illiquide Sicherungsgeber die USt für die steuerpflichtige Lieferung nicht abführt, der Leistungsempfänger jedoch seinen Vorsteuerabzug aus der Abrechnung über den Verwertungsvorgang geltend macht. Die unionsrechtliche Grundlage insoweit folgt aus Art. 199 MwStSystRL. 4

5 Bei Umsätzen, die unter das **Grunderwerbsteuergesetz** fallen, konnte bis zu dem durch das Haushaltsbegleitgesetz 2004 (vom 29.12.2003, BGBl I 2003, 3076, 3086; berichtigt durch BGBl I 2004, 69) eingeführten § 13b Abs. 2 Nr. 3 UStG ein Grundstückseigentümer, zumeist auf Veranlassung der kreditgebenden Bank, als Unternehmer zur USt optieren, wenn er das Grundstück an einen anderen Unternehmer für dessen Unternehmen verkaufte (s. § 9 Abs. 1 UStG). Das Kreditinstitut setzte dann den gesamten Verkaufspreis, also einschließlich USt, zur Tilgung des Darlehens ein. Die zu zahlende USt hatte der verkaufende Unternehmer und Darlehensnehmer abzuführen. Der Erwerber war regelmäßig mit dem Verzicht auf die USt-Freiheit des § 4 Nr. 9 Buchst. a) UStG einverstanden, denn er konnte hinsichtlich der im Kaufpreis enthaltenen USt nach § 15 Abs. 1 Satz 1 Nr. 1 UStG Vorsteuern geltend machen. Der Fiskus konnte dann jedoch das Nachsehen haben, wenn der verkaufende Unternehmer/Darlehensnehmer aufgrund Insolvenz zur Entrichtung der vereinnahmten USt nicht mehr in der Lage war. Dieses Risiko wurde dem Fiskus durch § 13b Abs. 2 Nr. 3 UStG genommen. Die Rechtsgrundlage im Unionsrecht hierfür findet sich in Art. 199 MwStSystRL.

6 In der Baubranche sah der Gesetzgeber Gefahren für den Fiskus durch ein relativ hohes Insolvenzrisiko bei Bauunternehmen und eine ebenfalls relativ hohe Betrugsanfälligkeit, die durch die Einführung einer Umkehr der Steuerschuldnerschaft bei **Bauleistungen** (s. § 13b Abs. 2 Nr. 4 UStG) reduziert werden sollten und konnten. Rechtsgrundlage im Unionsrecht: Art. 199 MwStSystRL.

7 Die Anwendung des Reverse-Charge-Verfahrens für die Lieferung von **Gas, Elektrizität, Wärme und Kälte** durch ausländische Unternehmer (s. § 13b Abs. 2 Nr. 5 Buchst. a UStG) ergibt sich aus Art. 195 MwStSystRL. Durch § 13b Abs. 2 Nr. 5 Buchst. b UStG wurde die Umkehr der Steuerschuldnerschaft auf den **Gas- und Stromhandel durch inländische** Unternehmer erweitert. Hintergrund war auch hier die Bekämpfung von Missbräuchen. Denn Gas und Elektrizität können veräußert werden, ohne dass es zu einer physischen Abnahme kommen muss (z.B. durch den Weiterverkauf zuvor erworbener Kontingente). Demzufolge sind derartige Lieferungen besonders betrugsanfällig. Unionsrechtlich ist Art. 13b Abs. 2 Nr. 5 UStG ebenfalls durch Art. 195 MwStSystRL gedeckt.

8 Die Umkehrung der Steuerschuldnerschaft bei Lieferungen von **Industrieschrott, Altmetallen** und **sonstigen Abfallstoffen** in § 13b Abs. 2 Nr. 7 UStG folgt unionsrechtlich aus Art. 199 MwStSystRL. Auch mit dieser Regelung will man Umsatzsteuerausfälle in einer – nicht nur – umsatzsteuerlichen „Risikobranche" verhindern. Immer wieder wurden Fälle bekannt, in denen entweder der leistende Unternehmer Umsätze nicht vollständig im allgemeinen Besteuerungsverfahren erfasst hatte oder der Fiskus seinen Steueranspruch beim Leistenden im Ergebnis nicht mehr hatte realisieren können. Nichtsdestotrotz hatte der Leistungsempfänger – korrekterweise – seinen Vorsteuerabzug aus der ihm erteilten Rechnung geltend gemacht.

9 Unionsrechtlich ist Art. 199 MwStSystRL gleichfalls Legitimation für die Umkehrung der Steuerschuldnerschaft bei der **Reinigung von Gebäuden und Gebäudeteilen** (§ 13b Abs. 2 Nr. 8 UStG). Hintergrund der Regelung ist erneut die Missbrauchsverhinderung. Einschränkend geht die Steuerschuld aber nur dann auf den Leistungsempfänger über, wenn er als Unternehmer selbst derartige Reinigungsleistungen erbringt.

10 Durch § 13b Abs. 2 Nr. 8 UStG findet das Reverse-Charge-Verfahren auf die Lieferung von **Goldmaterial** oder Halbfertigerzeugnissen mit einem Feingehalt von mindestens 325 Tausendstel Anwendung. Dies beruht auf Art. 198 MwStSystRL. Auch mit dieser Erweiterung des § 13b UStG wurde der Zunahme von Umsatzsteuerhinterziehungen in diesem Bereich entgegen gewirkt.

11 Insbesondere anfällig für Umsatzsteuerkarusselle war seit jeher der Handel mit Mobiltelefonen. Konsequenterweise findet die Umkehr der Steuerschuldnerschaft durch § 13b Abs. 2 Nr. 10 UStG deshalb auch für den Handel mit **Mobilfunkgeräten** und **integrierten Schaltkreisen** statt. Die Bundesregierung hatte diesbezüglich einen Antrag auf Ermächtigung gemäß Artikel 395 MwStSystRL gestellt, dem der Rat am 22.11.2010 zugestimmt hat. Durch das Gesetz zur Anpassung des nationalen Steuerrechts an den Beitritt Kroatiens zur EU und zur Änderung weiterer steuerlicher Vorschriften vom 25.07.2014 (BGBl I 2014, 1266) wurde die Steuerschuldverlagerung auf die Lieferung von **Computer-Tablets** und **Spielekonsolen** in § 13b Abs. 2 Nr. 10 i.V.m. Abs. 5 UStG ausgedehnt.

Mit dem Gesetz zur Anpassung des nationalen Steuerrechts an den Beitritt Kroatiens zur EU und zur Änderung weiterer steuerlicher Vorschriften vom 25.07.2014 (BGBl I 2014, 1266) wurde durch § 13b Abs. 2 Nr. 11 i.V.m. Abs. 5 UStG die Steuerschuldverlagerung auf die Lieferung von **Edelmetallen** und **unedlen Metallen** durch Neuregelung erweitert. Durch das Zollkodex-Anpassungsgesetz vom 22.12.2014 (BGBl I 2014, 2415) wurde eine **Bagatellgrenze** von 5.000 € eingeführt. 12

Mit dem **Steueränderungsgesetz 2015** (vom 02.11.2015, BGBl I 2015, 1834) hat der Gesetzgeber verschiedene Änderungen im § 13b UStG vorgenommen und insbesondere die Auffassung der Finanzverwaltung in das Gesetz geschrieben, dass § 13b Abs. 2 Nr. 4 UStG auch für **Betriebsvorrichtungen** Anwendung findet. 13

Daneben wurde § 13b Abs. 5 UStG insoweit ergänzt, als dass juristische Personen des öffentlichen Rechts die Umsatzsteuer für Leistungen im Sinne von § 13b Abs. 2 Nr. 4, 5 Buchst. b und Nr. 7 bis 11 UStG nicht schulden, wenn sie die Leistung für den nichtunternehmerischen Bereich beziehen. 14

Einstweilen frei 15

2. Inhalt der Vorschrift

2.1 Anwendungsfälle

2.1.1 Sonstige Leistungen nach § 13b Abs. 1 i.V.m. § 3a Abs. 2 UStG

Der Übergang der Steuerschuld nach § 13b Abs. 5 Satz 1 i.V.m. § 13b Abs. 1 UStG erfolgt, wenn: 16

- Es sich um eine **steuerpflichtige sonstige Leistung** handelt, deren Leistungsort sich nach **§ 3a Abs. 2 UStG** bestimmt,
- der leistende Unternehmer im übrigen **Gemeinschaftsgebiet** ansässig ist und
- der Leistungsempfänger **Unternehmer** oder eine **juristische Person** ist.

Die Regelung des § 13b Abs. 1 UStG ist nur auf **sonstige Leistungen** anzuwenden, nicht hingegen bei Lieferungen und Werklieferungen. Des Weiteren gilt die Verlagerung der Steuerschuld nur in den Fällen, in denen der Ort der Dienstleistung nach der Grundregel des **§ 3a Abs. 2 UStG** (s. § 3a Rn. 18 ff.) bestimmt wird. Zu einer Verlagerung der Steuerschuld auf den Leistungsempfänger kommt es demzufolge insbesondere dann, wenn ein im übrigen Gemeinschaftsgebiet ansässiger Unternehmer eine sonstige Leistung ausführt, deren Leistungsort nach der sog. Business to Business (**„B2B“**) Grundfallregelung des § 3a Abs. 2 UStG im Inland belegen ist. Dies sind solche Fälle, bei denen der Leistungsempfänger im Inland ansässig ist oder die Leistung an seine im Inland ansässige Betriebsstätte erbracht wird. Wird der Dienstleistungsort nach einer anderen Vorschrift ermittelt oder handelt es sich um eine Werklieferung, kommt der Übergang der Steuerschuld nach § 13b Abs. 2 Nr. 1 UStG in Betracht. 17

Ist der Umsatz nach § 3a Abs. 2 UStG (s. § 3a Rn. 18 ff.) steuerbar ausgeführt, aber **steuerfrei**, kann mangels Steuerschuld kein Reverse-Charge-Verfahren stattfinden. 18

Die Differenzierung zwischen dem Übergang der Steuerschuld nach § 13b Abs. 1 UStG und § 13b Abs. 2 Nr. 1 UStG wirkt sich auf den **Entstehungszeitpunkt der Steuer** aus. Denn nach § 13b Abs. 1 UStG entsteht die Steuer schon mit Ablauf des Voranmeldungszeitraums, in dem die **Leistungen ausgeführt** worden sind. Auf den Zeitpunkt der Rechnungsstellung kommt es nicht an. 19

Die **Ansässigkeit** im übrigen Gemeinschaftsgebiet richtet sich nach § 13b Abs. 7 Satz 2 UStG. 20

Zu **Unternehmer** und **juristische Person** siehe Kommentierung zu § 2 UStG (§ 2 Abs. 1 Rn. 4 ff. und § 2 Abs. 3 Rn. 1 ff.). 21

§ 13b UStG findet jedoch keine Anwendung, wenn der **leistende Unternehmer ein Kleinunternehmer** ist (s. § 13b Abs. 5 Satz 8 UStG). 22

Einstweilen frei 23–24

2.1.2 Werklieferung oder sonstige Leistung, die nicht unter § 3a Abs. 2 UStG fallen, § 13b Abs. 2 Nr. 1 UStG

Der Übergang der Steuerschuld nach § 13b Abs. 5 Satz 1 i.V.m. § 13b Abs. 2 Nr. 1 UStG erfolgt, bei: 25

- Einer **steuerpflichtigen Werklieferung** oder **sonstigen Leistung**, die **nicht** unter § **3a Abs. 2 UStG** fällt,

- wenn der Unternehmer, der die Leistung ausgeführt hat, im **Ausland** ansässiger Unternehmer ist und
- es sich beim Leistungsempfänger um einen **Unternehmer** oder eine **juristische Person des öffentlichen Rechts** handelt.

26 Alle unter § 3a Abs. 2 UStG fallenden sonstigen Leistungen werden von § 13b Abs. 1 UStG **vorrangig** erfasst.

27 § 13b Abs. 2 Nr. 1 UStG ist nur auf **Werklieferungen** und **sonstige Leistungen** anzuwenden, nicht hingegen auf Lieferungen. Ist die Werklieferung/sonstige Leistung nicht steuerbar oder steuerfrei, kommt es nicht zur Verlagerung der Steuerschuld.

28 **Werklieferungen** sind nach der Legaldefinition des § 3 Abs. 4 Satz 1 UStG solche Liefergeschäfte, bei denen der leistende Unternehmer die Bearbeitung oder Verarbeitung eines Gegenstands übernommen hat und er hierbei Stoffe verwendet, die er selbst beschafft, wenn es sich bei den Stoffen nicht nur um Zutaten oder sonstige Nebensachen handelt. Wesentliche Anwendungsfälle sind hierbei Bau- und Montageleistungen von Bauunternehmen und Handwerksbetrieben (s. Abschn. 3.8 UStAE). Wird der fertige Gegenstand im Ausland hergestellt und ins Inland verbracht, liegt eine Lieferung und damit keine Werklieferung vor. Damit greift § 1a UStG, nicht aber § 13b Abs. 2 Nr. 1 UStG.

29 Unter **die sonstigen Leistungen** im Sinne des § 3 Abs. 9 UStG im Ausland ansässiger Unternehmer sind sämtliche sonstigen Leistungen von Drittlandsunternehmern zu fassen, die im Inland steuerbar sind. Bei im übrigen Gemeinschaftsgebiet ansässigen Unternehmern unterfallen solche im Inland steuerbaren Leistungen § 13b Abs. 2 Nr. 1 UStG, die nicht bereits als B2B-Grundfallleistung des § 13b Abs. 1 UStG zu qualifizieren sind. Dies gilt insbesondere, wenn eine Sonderregelung zur Ortsbestimmung zur Anwendung kommt.

30 Die **Ansässigkeit** im Ausland richtet sich nach § 13b Abs. 7 Satz 1 UStG.

31 Zu **Unternehmer** und **juristische Person** siehe Kommentierung zu § 2 UStG. Nach § 13b Abs. 5 Satz 6 UStG ist das Reverse-Charge-Verfahren auch dann zu beachten, wenn die Leistung für den **nichtunternehmerischen Bereich** bezogen wird.

32 § 13b UStG findet jedoch keine Anwendung, wenn der **leistende Unternehmer ein Kleinunternehmer** ist (s. § 13b Abs. 5 Satz 8 UStG).

33–34 Einstweilen frei

2.1.3 Lieferung sicherungsübereigneter Gegenstände an den Sicherungsnehmer, § 13b Abs. 2 Nr. 2 UStG

35 Die **Verlagerung** der Steuerschuld nach § 13b Abs. 5 Satz 1 i.V.m. § 13b Abs. 2 Nr. 2 UStG erfolgt, **bei**:

1. Steuerpflichtigen Lieferungen **sicherungsübereigneter** Gegenstände vom Sicherungsgeber an den Sicherungsnehmer,
2. **außerhalb** des Insolvenzverfahrens,
3. wenn der Sicherungsnehmer **Unternehmer** oder **juristische Person** ist.

36 Die **Sicherungsübereignung** eines Gegenstandes stellt noch **keine Lieferung** im Sinne des § 3 Abs. 1 UStG dar (s. Abschn. 3.1 Abs. 3 Satz 1 UStAE, Abschn. 1.2 UStAE). Dem Sicherungsnehmer wird zwar zivilrechtlich Eigentum übertragen. Solange er jedoch nicht berechtigt ist, das Sicherungsgut zu verwerten, ist die Verfügungsmacht noch nicht auf ihn übergegangen. Der Sicherungsnehmer ist verpflichtet, von dem zur Sicherung übertragenen Eigentumsrecht nur gemäß den zwischen ihm und dem Sicherungsgeber getroffenen Vereinbarungen Gebrauch zu machen.

37 Der **Leistungsaustausch** kommt erst zustande, wenn der Sicherungsnehmer das Sicherungsgut an einen Dritten veräußert oder durch Dritte veräußern lässt oder es aufgrund einer Vereinbarung mit dem Sicherungsgeber selbst übernimmt. Erst mit der **Verwertung** des Sicherungsgutes erlangt der Sicherungsgeber die Verfügungsmacht daran (s. Abschn. 1.2 Abs. 1 Satz 1 UStAE). Die Verwertung des Sicherungsguts führt daher zu zwei Umsätzen (sog. **Doppelumsatz**):

- **Lieferung 1:** Lieferung des Sicherungsgebers an den Sicherungsnehmer.
- **Lieferung 2:** Lieferung des Sicherungsnehmers an den Erwerber (Abschn. 1.2 Abs. 1 Satz 2 UStAE).

Die bloße **Inbesitznahme** durch den Sicherungsnehmer führt noch nicht zur Lieferung des Sicherungsgebers (s. BFH vom 19.07.2007, V B 222/06, BStBl II 2008, 163). 38

Übernimmt der Sicherungsgeber es im Sicherungsfall, das Sicherungsgut im eigenen Namen, aber für Rechnung des Sicherungsnehmers zu verkaufen, kommt es zu einem **Dreifachumsatz** (s. Abschn. 1.2 Abs. 1a Satz 1 UStAE): 39

- **Lieferung 1:** Lieferung des Sicherungsgebers an den Sicherungsnehmer.
- **Lieferung 2:** Lieferung des Sicherungsnehmers an den Sicherungsgeber.
- **Lieferung 3:** Lieferung des Sicherungsgebers an den Erwerber.

Auch wenn der Sicherungsgeber das Sicherungsgut im eigenen Namen aber für fremde Rechnung des Sicherungsnehmers verkauft, kommt es zunächst zu einer Lieferung an den Sicherungsnehmer (Lieferung 1). Die Lieferung 2 ergibt sich dann aus § 3 Abs. 3 UStG zur **Lieferungskommission**. Da der Sicherungsgeber für Rechnung des Sicherungsnehmers handelt, liegt ein Kommissionsgeschäft vor. Auch die Lieferung 3 ergibt sich aus § 3 Abs. 3 UStG, denn diese Vorschrift fingiert zwei Lieferungen (Lieferung 2 und Lieferung 3). 40

Die Verlagerung der Steuerschuld auf den Leistungsempfänger findet nur bei solchen Lieferungen statt, die **außerhalb des Insolvenzverfahrens** erfolgen. § 13b Abs. 2 Nr. 2 UStG ist somit nur anzuwenden, wenn die Lieferung **vor Eröffnung** oder nach Einstellung oder Aufhebung des Verfahrens erfolgt. 41

Zum Insolvenzverfahren gehört **grundsätzlich nicht** das **Insolvenzeröffnungsverfahren**, auch wenn ein vorläufiger Insolvenzverwalter bestellt worden ist. Dies gilt jedenfalls dann, wenn ein schwacher vorläufiger Insolvenzverwalter (s. § 22 Abs. 2 InsO) bestellt worden ist. Im **Ausnahmefall** geht die Steuerschuldnerschaft gemäß § 13b Abs. 2 Satz 1 Nr. 2 hingegen nicht auf den Leistungsempfänger über, wenn ein **starker** vorläufiger Insolvenzverwalter (s. § 22 Abs. 1 InsO) bestellt worden ist, oder der **schwache** vorläufige Insolvenzverwalter, der zur Verwertung sicherungsübereigneter Gegenstände **befugt** ist, im vorläufigen Insolvenzverfahren sicherungsübereignete Gegenstände **verwertet**. 42

Wird das Sicherungsgut im Fall einer **Insolvenz** verwertet, hat der Sicherungsnehmer die USt aus der Verwertungshandlung nach § 170 Abs. 2 InsO an den Insolvenzverwalter **auszukehren**. Gehört der zur Sicherheit übereignete Gegenstand nicht mehr zur Insolvenzmasse, z.B. weil er aus dem insolvenzbefangenen in das insolvenzfreie Vermögen gelangt ist, so greift § 13b Abs. 2 Nr. 2 UStG ein. 43

Hat der Sicherungsnehmer einen sicherungsübereigneten Gegenstand **vor Eröffnung** des Insolvenzverfahrens **in Besitz** genommen, aber erst **nach der Eröffnung** des Insolvenzverfahrens **verwertet**, liegt keine Lieferung außerhalb des Insolvenzverfahrens i.S.d. § 13b Abs. 2 Nr. 2 UStG vor (s. BFH vom 19.07.2007, V B 222/06, BFH/NV 2007, 2210; s. BFH vom 01.03.2010, XI B 34/09, BFH/NV 2010, 1192.). Der Gläubiger hat jedoch in analoger Anwendung der §§ 13b Abs. 2 Nr. 2 UStG und 170 Abs. 2, 171 Abs. 2 S. 3 InsO einen Betrag in Höhe der wegen der Lieferung des Sicherungsguts an ihn angefallenen USt aus dem Verwertungserlös an die Masse **abzuführen** (s. BGH vom 29.03.2007, IX ZR 27/06, NZI 2007, 394). Zu **Unternehmer** und **juristische Person** siehe Kommentierung zu § 2 UStG. 44

Nach § 13b Abs. 5 Satz 6 UStG ist das Reverse-Charge-Verfahren auch dann zu beachten, wenn die Leistung für den **nichtunternehmerischen Bereich** bezogen wird. 45

§ 13b UStG findet jedoch keine Anwendung, wenn der **leistende Unternehmer ein Kleinunternehmer** ist (s. § 13b Abs. 5 Satz 8 UStG). 46

§ 13b UStG findet ebenfalls keine Anwendung, wenn der Liefergegenstand von dem Unternehmer, der die Lieferung bewirkt, unter den Voraussetzungen des § 25a UStG geliefert wird (s. § 13b Abs. 5 Satz 9 UStG). 47

Einstweilen frei 48–49

2.1.4 Umsätze, die unter das GrEStG fallen (§ 13b Abs. 2 Nr. 3 UStG)

Die **Verlagerung** der Steuerschuld nach § 13b Abs. 5 Satz 1 i.V.m. § 13b Abs. 2 Nr. 3 UStG erfolgt, **bei**: 50

1. Allen steuerpflichtigen Umsätzen, die unter das **GrEStG** fallen,
2. wenn der Leistungsempfänger **Unternehmer** oder **juristische Person** ist.

51 Entscheidend ist allein die **Steuerbarkeit nach dem Grunderwerbsteuergesetz**. Auf die tatsächliche Steuerpflicht oder die Entrichtung der Grunderwerbsteuer kommt es nicht an.

52 Namentlich sind folgende **Grundstücksumsätze** erfasst:

- Lieferung von bebauten und unbebauten Grundstücken,
- Bestellung und Übertragung von Erbbaurechten,
- Übertragung von Miteigentumsanteilen an einem Grundstück,
- Lieferung von auf fremdem Boden errichteten Gebäuden nach Ablauf der Miet- oder Pachtzeit,
- Übertragung eines Betriebsgrundstückes zur Vermeidung einer drohenden Enteignung,
- Umsätze von Grundstücken und von Gebäuden nach dem Sachenrechtsbereinigungsgesetz Entnahme von Grundstücken, unabhängig davon, ob damit ein Rechtsträgerwechsel verbunden ist,
- Lieferung von Grundstücken im Rahmen der Zwangsversteigerung.

53 Da die Umsätze, die unter das GrEStG fallen, nach § 4 Nr. 9 Buchst. a UStG steuerfrei sind, ist für die Verlagerung der Steuerschuldnerschaft auf den Leistungsempfänger (Abnehmer) Voraussetzung, dass ein **wirksamer Verzicht auf die Steuerbefreiung** (Option) durch den Lieferer vorliegt. In **zeitlicher Hinsicht** muss der Verzicht auf die Steuerbefreiung bereits im **notariell** zu beurkundenden Vertrag erklärt werden. Soweit es sich um Umsätze im Rahmen eines Zwangsversteigerungsverfahrens handelt, ist der Verzicht auf die Steuerbefreiung nur bis zur Aufforderung zur Abgabe von Angeboten zulässig (s. § 9 Abs. 3 Satz 1 UStG).

54 Der leistende Unternehmer (Verkäufer) darf die USt weder vereinnahmen noch in Rechnung stellen (s. § 14a Abs. 5 Satz 3 UStG). Er muss eine Rechnung ausstellen, in der er auf die **Steuerschuldnerschaft** des Leistungsempfängers hinzuweisen hat, § 14a Abs. 5 Satz 2 UStG. Unterlässt er dies, entsteht die Steuerschuld dennoch. Weist Verkäufer USt in der Rechnung aus, schuldet er die Steuer gemäß § 14c Abs. 2 UStG.

55 Die Verlagerung der Steuerschuldnerschaft führt dazu, dass die USt nicht mehr in die **Bemessungsgrundlage** der GrESt (s. § 9 GrEStG) **einzubeziehen** ist, weil die USt keinen Bestandteil des an den Verkäufer zu zahlenden Kaufpreises bildet. Als Gegenleistung im Sinne des GrEStG ist all das zu verstehen, was der Verkäufer nach dem maßgeblichen Verpflichtungsgeschäft vom Käufer zu fordern berechtigt ist. Geht die Steuerschuldnerschaft bei der USt auf den Leistungsempfänger über, ist die USt nicht mehr Bestandteil des zivilrechtlichen Kaufpreises.

56 Mitunter problematisch ist die Abgrenzung zur Geschäftsveräußerung im Ganzen (s. § 1 Abs. 1a UStG). Denn dort liegt mangels Steuerbarkeit kein steuerpflichtiger Umsatz vor. Vorsorglich wird in solchen Fällen für den Fall auf die Steuerbefreiung nach § 4 Nr. 9 Buchst. a) UStG verzichtet, dass **keine Geschäftsveräußerung im Ganzen** vorliegt. Die Finanzverwaltung erkennt derartige Klauseln jedenfalls dann an, wenn die Parteien im Rahmen des notariellen Kaufvertrags übereinstimmend von einer Geschäftsveräußerung im Ganzen ausgehen und lediglich für den Fall, dass sich ihre rechtliche Beurteilung später als unzutreffend herausstellt, **vorsorglich** eine Option zur Steuerpflicht vorsehen, soweit diese Option im Übrigen unbedingt ausgestaltet ist (s. Abschn. 9.1 Abs. 3 Satz 3 UStAE).

57 Zu **Unternehmer** und **juristische Person** siehe Kommentierung zu § 2 UStG. Nach § 13b Abs. 5 Satz 6 UStG ist das Reverse-Charge-Verfahren auch dann zu beachten, wenn die Leistung für den **nichtunternehmerischen Bereich** bezogen wird.

58 § 13b UStG findet jedoch keine Anwendung, wenn der **leistende Unternehmer ein Kleinunternehmer** ist (s. § 13b Abs. 5 Satz 8 UStG).

59–60 Einstweilen frei

2.1.5 Bauleistungen (§ 13b Abs. 2 Nr. 4 UStG)

61 Der Übergang der Steuerschuld auf den Leistungsempfänger gem. § 13b Abs. 5 Satz 2 i.V.m. § 13b Abs. 2 Nr. 4 Satz 1 UStG erfolgt, wenn:

- Eine sog. „**Bauleistung**" ausgeführt wird und
- der Leistungsempfänger ein **Unternehmer** ist,
- der **nachhaltig** selber Bauleistungen erbringt,

- **unabhängig** davon, ob er die Bauleistung für eine von ihm erbrachte Leistung i.S. des § 13b Abs. 2 Nr. 4 UStG verwendet.

Bauleistungen sind insbesondere **Werklieferungen** und **sonstige Leistungen**, die der Herstellung, Instandsetzung, Instandhaltung, Änderung oder Beseitigung von Bauwerken dienen, mit Ausnahme von Planungs- und Überwachungsleistungen. 62

Der Begriff des Bauwerks ist **weit auszulegen** und umfasst nicht nur Gebäude, sondern darüber hinaus sämtliche irgendwie mit dem Erdboden verbundene oder infolge ihrer eigenen Schwere auf ihm ruhende, aus Baustoffen oder Bauteilen hergestellte Anlagen (z.B. Brücken, Straßen oder Tunnel, Versorgungsleitungen). 63

Einen **Positiv- und Negativ-Katalog** der Bauleistungen im Einzelnen findet sich in Abschn. 13b.2 UStAE. Nach der Finanzverwaltung ist der Begriff der **„Bauleistung“** nach § 13b Abs. 2 UStG im selben Sinn wie in § 48 EStG auszulegen (s. Abschn. 13b.2 Abs. 2 Satz 2 UStAE). Danach orientieren sich die Begriffe der Bauleistung bzw. des Bauwerks an §§ 1 und 2 der Baubetriebe-Verordnung. Entsprechend sind die in § 1 Abs. 2 und § 2 der Baubetriebe-Verordnung genannten Leistungen regelmäßig Bauleistungen im Sinne des § 13b Abs. 2 Nr. 4 Satz 1 UStG, wenn sie im Zusammenhang mit einem Bauwerk durchgeführt werden. Zu beachten ist, dass der EuGH auf ein Vorabentscheidungsersuchen des BFH (vom 30.06.2011, V R 37/10, BFH/NV 2011, 1633) entschieden hat, dass der Begriff der Bauleistungen nicht auf Dienstleistungen beschränkt sei, sondern auch (Bau-)Lieferungen (so z.B. Werklieferungen) umfasse (s. EuGH vom 13.12.2012, C-395/11, BLV Wohn- und Gewerbebau GmbH, DStR 2012, 2593). Deshalb findet die Umkehr der Steuerschuldnerschaft insbesondere auch bei Werklieferungen von Fotovoltaikanlagen, die nicht nur auf oder an einem Gebäude oder Bauwerk installiert werden (z.B. dachintegrierte Anlagen, Auf-Dach-Anlagen oder Fassadenmontagen), sondern auch bei solchen, die auf Dauer fest mit dem Grund und Boden verbunden sind (Freiland-Fotovoltaikanlagen), Anwendung (s. Abschn. 13b.2 Abs. 5 Nr. 11 UStAE). 64

Die in der Baubetriebeverordnung nicht aufgeführten Tätigkeiten sind Bauleistungen i.S.d. § 13b UStG wenn sie sich auf die **Substanz** des Bauwerks auswirken. Erfasst sind also alle Substanzerweiterungen, Substanzverbesserungen, Substanzbeseitigungen und Substanzerhaltungen. Hierzu zählen auch Erhaltungsaufwendungen (s. Abschn. 13b.2 Abs. 3 UStAE). Reparatur- und Wartungsarbeiten an Bauwerken werden von der Finanzverwaltung nur dann als Bauleistungen anerkannt, wenn sie einen Nettowert von 500,00 € übersteigen und eine Substanzeinwirkung auf das Bauwerk gegeben ist (s. Abschn. 13b.2 Abs. 7 Nr. 15 UStAE). 64/1

Mit Urteil vom 28.08.2014 (V R 7/14, BStBl II 2015, 682) hatte der BFH entschieden, dass **Betriebsvorrichtungen** keine Bauwerke im Sinne von § 13b Abs. 2 Nr. 4 Satz 1 UStG seien (vgl. auch BFH vom 24.05.2016, V B 83/15, mit derselben Aussage für die Streitjahre 2007, 2008 und 2009). Dies hätte zur Konsequenz gehabt, dass Arbeiten an Betriebsvorrichtungen generell nicht unter § 13b Abs. 2 Nr. 4 Satz 1 UStG gefallen wären. Die Finanzverwaltung sah hier erhebliche Abgrenzungsschwierigkeiten in der Praxis. Für die Qualifizierung als Betriebsvorrichtung kommt es entscheidend auf die **Verhältnisse beim Leistungsempfänger** an, insbesondere darauf, ob die Vorrichtung betrieblichen Zwecken dient, mithin mit ihr ein Gewerbe unmittelbar betrieben wird. Für die Zwecke des § 13b UStG hat aber der leistende Unternehmer die rechtliche Beurteilung des Umsatzes vorzunehmen. Diesem sind naturgemäß die Interna des Leistungsempfängers regelmäßig nicht bekannt. Bei Errichtung einer Vorrichtung könne also davon ausgegangen werden, dass der Leistende nicht ohne weiteres beurteilt kann, für welchen Zweck die Vorrichtung durch den Leistungsempfänger später genutzt wird. Zudem laufe die vom BFH vorgenommene Abgrenzung dem Sinn und Zweck des Reverse-Charge-Verfahrens bei Bauleistungen zuwider, dessen Ziel es ist, im häufig betrugsbehafteten Bausektor die Steuerschuldnerschaft für Leistungen auf den Leistungsempfänger zu übertragen. Bei einer generellen Ausnahme von Betriebsvorrichtungen vom Anwendungsbereich dieser Regelung würden unter anderem Leistungen im Zusammenhang mit großen grundstücksbezogenen Konstruktionen (z.B. Windkraftanlagen, Schiffshebewerke) allein aufgrund der bewertungsrechtlichen Einordnung als Betriebsvorrichtung nicht der der Betrugsbekämpfung dienenden Steuerschuldverlagerung unterliegen. Erhebliche Schwierigkeiten für bauleistende Unternehmer entstünden darüber hinaus bei- 65 spielsweise aber auch beim Einbau bestimmter Anlagen wie Fahrstühlen in Gebäuden, die bewertungsrechtlich nur zum Teil als Betriebsvorrichtung anzusehen sind. Aus den genannten Gründen belegte die Finanzverwaltung die Entscheidung des BFH mit einem **Nichtanwendungserlass** (s. BMF vom 28.07.2015, III C 3 – S 7279/14/10003, DStR 2015, 1808).

66 Einstweilen frei

67 Mit Wirkung **ab 01.01.2016** hat der **Gesetzgeber** den Nichtanwendungserlass der Finanzverwaltung vom 28.07.2015 quasi in Gesetzesform gegossen und § 13b Abs. 2 Nr. 4 UStG neu gefasst. Danach gelten nunmehr als Grundstücke insbesondere „Sachen, Ausstattungsgegenstände und Maschinen, die auf Dauer in einem Gebäude oder Bauwerk installiert sind und die nicht bewegt werden können, ohne das Gebäude oder Bauwerk zu zerstören oder zu verändern". Damit sind Betriebsvorrichtungen – wieder – vom Anwendungsbereich der Norm umfasst. Die Finanzverwaltung hat dies zum Anlass genommen, den UStAE zu § 13b UStG umfassend zu ändern (s. BMF vom 10.08.2016, III C 3 – S 7279/16/1001).

68 Die Finanzverwaltung weist darauf hin, dass die „Veränderung" erheblich sein müsse (s. Abschn. 13b.1 Abs. 2 Nr. 6 Satz 3 UStAE). Unerheblich sei die Veränderung immer dann, wenn die betreffenden Sachen einfach an der Wand hängen und wenn sie mit Nägeln oder Schrauben so am Boden oder an der Wand befestigt sind, dass nach ihrer Entfernung lediglich Spuren oder Markierungen zurück bleiben (z.B. Dübellöcher), die leicht überdeckt oder ausgebessert werden können (s. Abschn. 13b.1 Abs. 2 Nr. 6 Satz 3 UStAE i.V.m. Abschn. 3a.3 Abs. 2 Satz 3 Spiegelstrich 4 Satz 2 UStAE).

69 Von Gesetzes wegen sind von den Bauleistungen ausgenommen **Planungs- und Überwachungsleistungen** wie Architekten- und Bauleiteraufgaben. Bloße **Materiallieferungen** oder Leistungen wie z.B. solche von Wasser und Energie zur Durchführung der Bauleistungen, Zurverfügungstellung von Baugeräten, Entsorgung von Bauschutt führen ebenfalls nicht zur Verlagerung der Steuerschuldnerschaft (s. Abschn. 13b.2 Abs. 7 UStAE).

70 Erbringt ein Unternehmer eine **einheitliche Leistung**, in der sowohl das Element der Bauleistung als auch ein anderes Element vorhanden sind, kommt es darauf, welches Leistungselement im Vordergrund steht. Die Leistung fällt nur dann – insgesamt – unter § 13b Abs. 2 Nr. 4 UStG, wenn das Bauleistungselement der vertraglichen Beziehung das Gepräge gibt (s. Abschn. 13b.2 Abs. 4 UStAE).

71 Zum **Unternehmer** siehe Kommentierung zu § 2 UStG.

72 Der Leistungsempfänger muss nach § 13b Abs. 5 Satz 2 UStG als Unternehmer selbst **nachhaltig Bauleistungen erbringen**. Ein Unternehmer erbringt zumindest dann „nachhaltig" Bauleistungen i.S.d. Gesetzes, wenn mind. 10 % seines Weltumsatzes (Summe seiner im Inland steuerbaren und nicht steuerbaren Umsätze) aus Bauleistungen besteht (s. Abschn. 13b.3 Abs. 3 Satz 3 UStAE). Unternehmer, die Bauleistungen unterhalb dieser Grenze erbringen, sind danach grundsätzlich keine bauleistenden Unternehmer.

73 Hat der Unternehmer zunächst keine Bauleistungen ausgeführt oder nimmt er seine Tätigkeit in diesem Bereich erst auf, ist er auch schon vor der erstmaligen Erbringung von Bauleistungen als bauleistender Unternehmer anzusehen, wenn er **nach außen erkennbar** mit ersten Handlungen zur nachhaltigen Erbringung von Bauleistungen begonnen hat (z.B. durch die Verwendung eines Geschäftskonzepts gegenüber einer Bank bei der Kreditvergabe oder die Werbung in Tages- oder Fachzeitungen bzw. -zeitschriften; die Beschaffung von Baumaschinen oder -material sowie das Einstellen von Bauarbeitskräften kann ausreichen, wenn feststeht, dass der Unternehmer damit nicht lediglich Bauträgergeschäfte abwickeln wird) und die Bauleistungen voraussichtlich mehr als 10 % seines Weltumsatzes im betragen werden (**Prognose**).

74 Nach der gesetzlichen Regelung soll davon auszugehen sein, wenn das zuständige Finanzamt dem Leistungsempfänger eine im Zeitpunkt der Ausführung des Umsatzes gültige auf längstens drei Jahre befristete **Bescheinigung** erteilt hat, die nur mit Wirkung für die Zukunft widerrufen oder zurückgenommen werden kann. Die Finanzverwaltung verwendet für diese Bescheinigung das Vordruckmuster USt 1 TG (s. BMF-Schreiben vom 01.10.2014, IV D 3 – S 7279/10/10004).

75 Die gesonderte Bescheinigung nach dem Vordruckmuster USt 1 TG weicht von der **Freistellungsbescheinigung** nach § 48b EStG ab. Hat das Finanzamt dem Unternehmer einen Nachweis nach dem Vordruckmuster USt 1 TG ausgestellt, ist er auch dann als Leistungsempfänger Steuerschuldner, wenn er diesen **Nachweis** gegenüber dem leistenden Unternehmer **nicht** – im Original oder in Kopie – verwendet oder sich

herausstellt, dass der Unternehmer nicht mindestens 10 % Weltumsatzes als Bauleistungen erbringt oder erbracht hat (s. Abschn. 13b.3 Abs. 5 Satz 1 UStAE).

Verwendet der Leistungsempfänger einen **gefälschten Nachweis** nach dem Vordruckmuster USt 1 TG und hatte der leistende Unternehmer hiervon Kenntnis, ist nicht der Leistungsempfänger, sondern der leistende Unternehmer Steuerschuldner. Das Gleiche gilt, wenn die Bescheinigung widerrufen oder zurückgenommen wurde und der leistende Unternehmer hiervon Kenntnis hatte (s. Abschn. 13b.3 Abs. 5 Satz 2 UStAE). 76

Hatte der leistende Unternehmer in diesen Fällen **keine Kenntnis** oder hat er keine Kenntnis haben können, wird es beim leistenden Unternehmer und beim Leistungsempfänger nicht beanstandet, wenn beide einvernehmlich von einer Steuerschuldnerschaft des Leistungsempfängers ausgehen und durch diese Handhabung keine Steuerausfälle entstehen; dies gilt dann als erfüllt, wenn der Umsatz vom Leistungsempfänger in zutreffender Höhe versteuert wird (s. Abschn. 13b.3 Abs. 5 Satz 3 UStAE). 77

Hat das Finanzamt dem Unternehmer **keine Bescheinigung** nach dem Vordruckmuster USt 1 TG ausgestellt, ist er als Leistungsempfänger auch dann Steuerschuldner, wenn er nachhaltig Bauleistungen erbringt. 78

Zu Sonderregeln für folgende Leistungsempfänger s. Abschn. 13b.3 Abs. 6-9 UStAE mit Regeln für: 79

- Organschaften,
- Gesellschaften/Gesellschafter,
- Wohnungseigentümergemeinschaften,
- Bauarbeitsgemeinschaften.

Bauträger fallen nur dann unter die Steuerschuldverlagerung, wenn sie nachhaltig Bauleistungen (Werklieferungen) erbringen. Dies ist regelmäßig nicht der Fall, da Bauträger Lieferungen, die unter das GrEStG fallen, erbringen. 80

Auch **Baustoffgroßhändler** erbringen regelmäßig ausschließlich Lieferungen von Baumaterial und damit keine Bauleistungen. 81

Liegen die Voraussetzungen im Übrigen vor, tritt die Umkehr der Steuerschuldnerschaft **unabhängig** davon ein, ob der Leistungsempfänger die Bauleistung für eine von ihm erbrachte Leistung i.S.d. § 13b Abs. 2 Nr. 4 UStG verwendet. Es ist also nicht erforderlich, dass die an den Leistungsempfänger erbrachten Bauleistungen mit von ihm erbrachten Bauleistungen unmittelbar zusammenhängen. Wird eine unter § 13b Abs. 2 Nr. 4 Satz 1 UStG fallende Bauleistung an einen Unternehmer für dessen **nichtunternehmerischen** Bereich erbracht und erbringt dieser nachhaltig Bauleistungen, ist er für diesen Umsatz ebenfalls als Leistungsempfänger Steuerschuldner (s. §13b Abs. 5 Satz 6 UStG). Mit Wirkung **ab 01.01.2016** gilt dieser Grundsatz allerdings nur noch **„vorbehaltlich des Satzes 10"**, der wie der Zusatz in Abs. 5 Satz 6 gleichfalls durch das Steueränderungsgesetz 2015 (vom 02.11.2015, BGBl I 2015, 1834) eingefügt worden ist. Nach § 13b Abs. 5 Satz 10 UStG schulden juristische Personen in den Fällen des § 13b Abs. 2 Nr. 4 UStG die Steuer nicht, wenn sie die **Leistung für den nichtunternehmerischen Bereich** beziehen. Gleiches gilt für § 13b Abs. 2 Nr. 5 Buchstabe b und Nr. 7 bis 11 UStG. Hintergrund des § 13b Abs. 5 Satz 6 UStG ist, dass der leistende Unternehmer häufig nicht mit Sicherheit erkennen kann, ob der Empfänger die Leistung für sein Unternehmen bezieht oder nicht. Ist eine juristische Person des öffentlichen Rechts Leistungsempfänger, kann der Unternehmer allerdings regelmäßig schon an der Art der Einrichtung, für die er tätig wird (Behörde oder Betrieb gewerblicher Art) erkennen, ob die Leistung für den unternehmerischen oder den hoheitlichen Bereich bezogen wird. Die Finanzverwaltung hatte deshalb in solchen Fällen, in denen juristische Personen des öffentlichen Rechts in nennenswertem Umfang Leistungen für ihren hoheitlichen Bereich bezogen, die von Gesetzes wegen der umgekehrten Steuerschuldnerschaft unterlagen, die Rechtsfolge des § 13b Abs. 5 Satz 6 UStG für nicht anwendbar erklärt (s. Abschn. 13b.3 Abs. 12 Satz 2 UStAE). Nunmehr hat der Gesetzgeber diese **Verwaltungsmeinung in Gesetzesform** gegossen. 82

Sind Leistungsempfänger und leistender Unternehmer in **Zweifelsfällen** übereinstimmend vom Vorliegen der Voraussetzungen des § 13b Abs. 2 Nr. 4 UStG ausgegangen, obwohl dies nach der Art der Umsätze unter Anlegung objektiver Kriterien nicht zutreffend war, gilt der Leistungsempfänger dennoch als Steuerschuldner, sofern dadurch keine Steuerausfälle entstehen. 83

84 § 13b UStG findet jedoch keine Anwendung, wenn der **leistende Unternehmer ein Kleinunternehmer** ist (s. § 13b Abs. 5 Satz 8 UStG).

2.1.6 Lieferung von Gas, Elektrizität, Wärme, Kälte (§ 13b Abs. 2 Nr. 5 UStG)

85 Die **Verlagerung** der Steuerschuld nach § 13b Abs. 5 Satz 1 i.V.m. § 13b Abs. 2 Nr. 5a UStG erfolgt, **bei**:

- Lieferungen von Gas, Elektrizität, Wärme oder Kälte unter den Voraussetzungen des § 3g UStG
- eines im **Ausland** ansässigen **Unternehmers**.

86 Nach § 3g Abs. 1 UStG ist bei der Lieferung von Gas über das Erdgasnetz, Elektrizität, Wärme oder Kälte über Wärme- oder Kältenetze an Wiederverkäufer der Lieferort dort, wo dieser Abnehmer sein Unternehmen betreibt oder eine Betriebsstätte unterhält, für welche die Gegenstände geliefert wurden, unabhängig davon, wie dieser die gelieferten Gegenstände tatsächlich verwendet.

87 Die **Ansässigkeit** im Ausland richtet sich nach § 13b Abs. 7 Satz 1 UStG.

88 Zum **Unternehmer** siehe Kommentierung zu § 2 UStG (s. § 2 Rn. 4 ff.). Nach § 13b Abs. 5 Satz 6 UStG ist das Reverse-Charge-Verfahren auch dann zu beachten, wenn die Leistung für den **nichtunternehmerischen Bereich** bezogen wird.

89 § 13b Abs. 5 **Satz 3** i.V.m. § 13b Abs. 2 Nr. 5 Buchst. b UStG wendet das **Reverse-Charge-Verfahren** an, bei:

- Lieferungen von Gas über das **Erdgasnetz**,
- die ein **nicht im Ausland** ansässiger Lieferer erbringt,
- und der Leistungsempfänger als **Wiederverkäufer** von Gas i.S. des § 3g UStG zu qualifizieren ist.

90 § 13b Abs. 5 **Satz 4** i.V.m. § 13b Abs. 2 Nr. 5 Buchst. b UStG wendet das **Reverse-Charge-Verfahren** an, bei:

- Lieferungen von **Elektrizität**,
- die ein **nicht im Ausland** ansässiger Lieferer erbringt,
- der und sowohl Leistungsempfänger als auch Lieferer als **Wiederverkäufer** von Elektrizität i.S.d. § 3g UStG zu qualifizieren sind.

91 Bei der Lieferung von Gas, Strom, Wärme oder Kälte von einem Unternehmer an einen anderen Unternehmer unter Verwendung eines Gas-, Strom- Wärme- oder Kältenetzes bestimmt sich der Ort der Lieferung nach der Verwendungsabsicht des Leistungsempfängers (s. § 3g UStG; s. § 3g Rn. 2 ff.)

92 **Wiederverkäufer** i.S.d. § 3g Abs. 1 UStG ist ein Unternehmer, dessen Haupttätigkeit in Bezug auf den Erwerb von Gas oder Elektrizität im Wiederverkauf dieser Gegenstände besteht. Bei einem Wiederverkäufer gilt der **Sitzort des Leistungsempfängers** (bzw. der Sitzort von dessen leistungsbeziehender Betriebsstätte) als Ort der umsatzsteuerlichen Lieferung (s. § 3g Abs. 1 UStG). Als Wiederverkäufer gilt insoweit ein Unternehmer, dessen eigener Verbrauch von untergeordneter Bedeutung ist. Nach Verwaltungsauffassung ist dies dann der Fall, wenn nicht mehr als 5 % der erworbenen Menge zu eigenen Zwecken verwendet werden (s. Abschn. 3g.1 Abs. 2 Satz 4 UStAE). Werden mehr als 5 %, aber weniger als 10 % der erworbenen Menge zu eigenen Zwecken verwendet, ist der Verbrauch dann von untergeordneter Bedeutung, wenn im Mittel der vergangenen drei Jahre weniger als 5 % der bezogenen Mengen zu eigenen Zwecken verwendet wurden (s. Abschn. 3g.1 Abs. 3 Satz 2 UStAE). Aus Vereinfachungsgründen kann von der Wiederverkäufereigenschaft stets dann ausgegangen werden, wenn der Erwerber zum Zeitpunkt der Ausführung eines entsprechenden Umsatzes eine amtliche Bescheinigung seines Finanzamts vorlegt, in dem die Wiederverkäufereigenschaft bestätigt wird.

93 Bei der **Lieferung von Gas und Elektrizität:an Nicht-Wiederverkäufer** wird bei der Festlegung des Lieferortes dagegen auf den **Ort des tatsächlichen Verbrauchs** dieser Gegenstände abgestellt, also meistens dort, wo sich der Zähler des Abnehmers befindet. Nutzt oder verbraucht ein solcher Abnehmer die an ihn gelieferten Gegenstände nicht tatsächlich, wird der Verbrauch dort fingiert, wo dieser Abnehmer sein Unternehmen betreibt oder eine Betriebsstätte hat, für die die Gegenstände geliefert werden (s. § 3g Abs. 2 UStG).

94 Nach § 13b Abs. 5 Satz 6 UStG ist das Reverse-Charge-Verfahren auch dann zu beachten, wenn die Leistung für den **nichtunternehmerischen Bereich** bezogen wird. Mit Wirkung **ab 01.01.2016** gilt dieser

Grundsatz allerdings nur noch „vorbehaltlich des Satzes 10“, der wie der Zusatz in Abs. 5 Satz 6 gleichfalls durch das Steueränderungsgesetz 2015 (vom 02.11.2015, BGBl I 2015, 1834) eingefügt worden ist. Nach § 13b Abs. 5 Satz 10 UStG schulden juristische Personen in den Fällen des § 13b Abs. 2 Nr. 5 Buchstabe b UStG die Steuer nicht, wenn sie die Leistung für den nichtunternehmerischen Bereich beziehen. Gleiches gilt für § 13b Abs. 2 Nr. 4 und Nr. 7 bis 11 UStG. Hintergrund des § 13b Abs. 5 Satz 6 UStG ist, dass der leistende Unternehmer häufig nicht mit Sicherheit erkennen kann, ob der Empfänger die Leistung für sein Unternehmen bezieht oder nicht. Ist eine juristische Person des öffentlichen Rechts Leistungsempfänger, kann der Unternehmer allerdings regelmäßig schon an der Art der Einrichtung, für die er tätig wird (Behörde oder Betrieb gewerblicher Art) erkennen, ob die Leistung für den unternehmerischen oder den hoheitlichen Bereich bezogen wird. Die Finanzverwaltung hatte deshalb in solchen Fällen, in denen juristische Personen des öffentlichen Rechts in nennenswertem Umfang Leistungen für ihren hoheitlichen Bereich bezogen, die von Gesetzes wegen der umgekehrten Steuerschuldnerschaft unterlagen, die Rechtsfolge des § 13b Abs. 5 Satz 6 UStG für nicht anwendbar erklärt (s. Abschn. 13b.3a Abs. 4 Satz 2 UStAE für Strom- und Gaslieferungen i.S.d. § 13b Abs. 2 Nr. 5 Buchstabe b UStG). Nunmehr hat der Gesetzgeber diese Verwaltungsmeinung in Gesetzesform gegossen.

Sind Leistungsempfänger und leistender Unternehmer in **Zweifelsfällen** übereinstimmend vom Vorliegen der Voraussetzungen des § 13b Abs. 2 Nr. 5b UStG ausgegangen, obwohl dies nach der Art der Umsätze unter Anlegung objektiver Kriterien nicht zutreffend war, gilt der Leistungsempfänger dennoch als Steuerschuldner, sofern dadurch keine Steuerausfälle entstehen. 95

§ 13b UStG findet jedoch keine Anwendung, wenn der **leistende Unternehmer ein Kleinunternehmer** ist (s. § 13b Abs. 5 Satz 8 UStG). 96

Einstweilen frei 97–98

2.1.7 Handel mit CO2-Zertifikaten (§ 13b Abs. 2 Nr. 6 UStG)

Nach § 13b Abs. 5 Satz 1 i.V.m. § 13b Abs. 2 Nr. 6 UStG schuldet der Leistungsempfänger die Steuer bei der Übertragung von: 99

- Berechtigungen nach § 3 Nr. 3 des Treibhausgas-Emissionshandelsgesetzes vom 21.07.2011 (BGBl I 2011, 1475.),
- Emissionsreduktionseinheiten i.S.v. § 2 Nr. 20 des Projekt-Mechanismus-Gesetzes,
- zertifizierten Emissionsreduktionen i.S.v. § 2 Nr. 21 des Projekt-Mechanismus-Gesetzes
- wenn der Leistungsempfänger ein Unternehmer ist.

Voraussetzung ist allein, dass es sich um eine im Inland steuerpflichtige Leistung handelt. Als sonstige Leistung wird diese nach § 3a Abs. 2 Sätze 1 und 2 UStG am Unternehmenssitz bzw. Sitz der festen Niederlassung des Leistungsempfängers bewirkt **(Leistungsort gem. § 3a Abs. 2 UStG im Inland)**. Ist der leistende Unternehmer im Inland ansässig, schuldet der Leistungsempfänger die Steuer also nach § 13b Abs. 5 Satz 1 UStG i.V.m. Abs. 2 Nr. 6 UStG. Ist der leistende Unternehmer im Ausland ansässig, kommt es zum Übergang der Steuerschuld bereits nach § 13b Abs. 5 Satz 1 i.V.m. Abs. 1 oder Abs. 2 Nr. 1 UStG. Damit kommt es im Ergebnis immer zum Übergang der Steuerschuld auf den Erwerber der CO2-Zertifikate. Zum **Unternehmer** siehe Kommentierung zu § 2 UStG. 100

Nach § 13b Abs. 5 Satz 6 UStG ist das Reverse-Charge-Verfahren auch dann zu beachten, wenn die Leistung für den **nichtunternehmerischen Bereich** bezogen wird. 101

§ 13b UStG findet jedoch keine Anwendung, wenn der **leistende Unternehmer ein Kleinunternehmer** ist (s. § 13b Abs. 5 Satz 8 UStG). 102

Einstweilen frei 103–104

2.1.8 Lieferung von Abfallstoffen (§ 13b Abs. 2 Nr. 7 UStG)

Nach § 13b Abs. 5 Satz 1 i.V.m. § 13b Abs. 2 Nr. 7 UStG wird die Steuerschuld umgekehrt, wenn: 105

- Industrieschrott, Altmetall oder sonstige Abfallstoffe i.S.d. Anlage 3 des UStG
- an einen anderen Unternehmer steuerpflichtig geliefert.

106 Die **Abgrenzung** innerhalb der einzelnen Positionen der Anlage 3 zum UStG ist im UStAE umfassend beschrieben (s. Abschn. 13b.4 Abs. 1 UStAE).

107 Soweit die Einordnung zweifelhaft ist oder bleibt, kann hinsichtlich der Frage, ob ein Stoff die Anforderung an die Eingruppierung in eine bestimmte Zolltarifnummer erfüllt, bei den Bildungs- und Wissenschaftszentren der Bundesfinanzverwaltung eine sog. **„unverbindliche Zolltarifauskunft** für Umsatzsteuerzwecke" eingeholt werden (s. Abschn. 13b.4 Abs. 1 Satz 2 ff. UStAE). Die Erteilung der unverbindlichen Zollauskunft für Umsatzsteuerzwecke ist kostenlos, soweit keine chemisch-physikalische Untersuchung zur Bestimmung der Ware erforderlich ist.

108 In der Praxis dürfte der Einholung einer unverbindlichen Zolltarifauskunft keine allzu große Bedeutung zukommen, da auch in den Fällen des § 13b Abs. 2 Nr. 7 UStG die Möglichkeit besteht, von der **Vereinfachungsregel** nach Abschn. 13b.8 UStAE Gebrauch zu machen. Haben danach die Parteien Zweifel, ob ein Liefergegenstand unter § 13b Abs. 2 Nr. 7 UStG fällt, so können sie danach einvernehmlich das Reverse-Charge-Verfahren anwenden, vorausgesetzt, der Umsatz wird vom Leistungsempfänger in zutreffender Höhe versteuert.

109 Erfolgt keine reine Lieferung von Gegenständen, die in der Anlage 3 zum UStG erfasst sind, ist zu unterscheiden, ob es sich um eine zusammengesetzte Lieferung oder die Lieferung von Mischstoffen handelt.

110 Im Fall zusammengesetzter Lieferungen werden sowohl Gegenstände geliefert, die unter Anlage 3 fallen, als auch solche, die dies nicht tun. Hier ergeben sich **unterschiedliche Steuerschuldner**. Dies ist auch bei der Rechnungsstellung zu beachten.

111 Werden **Mischstoffe** geliefert, die sowohl aus in der Anlage 3 des UStG bezeichneten als auch dort nicht genannten Gegenständen bestehen, sind die Bestandteile **grundsätzlich getrennt** zu beurteilen. Ist eine getrennte Beurteilung nicht möglich, werden diese Waren nach dem Stoff oder Bestandteil beurteilt, der ihnen ihren wesentlichen Charakter verleiht (s. Abschn. 13b.4 Abs. 3 UStAE). Es erfolgt dann eine **einheitliche Beurteilung** und dann auch einheitliche Rechnungsstellung.

112 Zum **Unternehmer** siehe die Kommentierung zu § 2 Abs. 1 UStG (Rn. 4 ff.). Nach § 13b Abs. 5 Satz 6 UStG ist das Reverse-Charge-Verfahren auch dann zu beachten, wenn die Leistung für den **nichtunternehmerischen Bereich** bezogen wird. Mit Wirkung **ab 01.01.2016** gilt dieser Grundsatz allerdings nur noch „vorbehaltlich des Satzes 10", der wie der Zusatz in Abs. 5 Satz 6 gleichfalls durch das Steueränderungsgesetz 2015 (vom 02.11.2015, BGBl I 2015, 1834) eingefügt worden ist. Nach § 13b Abs. 5 Satz 10 UStG schulden juristische Personen in den Fällen des § 13b Abs. 2 Nr. 4, Nr. 5 Buchstabe b und Nr. 7 bis 11 UStG die Steuer nicht, wenn sie die Leistung für den nichtunternehmerischen Bereich beziehen. Hintergrund des § 13b Abs. 5 Satz 6 UStG ist, dass der leistende Unternehmer häufig nicht mit Sicherheit erkennen kann, ob der Empfänger die Leistung für sein Unternehmen bezieht oder nicht. Ist eine juristische Person des öffentlichen Rechts Leistungsempfänger, kann der Unternehmer allerdings regelmäßig schon an der Art der Einrichtung, für die er tätig wird (Behörde oder Betrieb gewerblicher Art) erkennen, ob die Leistung für den unternehmerischen oder den hoheitlichen Bereich bezogen wird. Die Finanzverwaltung hatte deshalb im UStAE in einigen Konstellationen des § 13b Abs. 2 UStG in den Fällen, in denen juristische Personen des öffentlichen Rechts in nennenswertem Umfang Leistungen für ihren hoheitlichen Bereich bezogen, die von Gesetzes wegen der umgekehrten Steuerschuldnerschaft unterlagen, die Rechtsfolge des § 13b Abs. 5 Satz 6 UStG für nicht anwendbar erklärt. Bevor durch dieser Anwendungsbereich – wie geplant – durch den UStAE erweitert wurde, hat nunmehr hat der Gesetzgeber faktisch die Verwaltungsauffassung in Gesetzesform gegossen und den **Anwendungsbereich des § 13b Abs. 5 Satz 6 UStG eingeschränkt**.

113 Sind Leistungsempfänger und leistender Unternehmer in **Zweifelsfällen** übereinstimmend vom Vorliegen der Voraussetzungen des § 13b Abs. 2 Nr. 7 UStG ausgegangen, obwohl dies nach der Art der Umsätze unter Anlegung objektiver Kriterien nicht zutreffend war, gilt der Leistungsempfänger dennoch als Steuerschuldner, sofern dadurch keine Steuerausfälle entstehen.

114 § 13b UStG findet jedoch keine Anwendung, wenn der **leistende Unternehmer ein Kleinunternehmer** ist (s. § 13b Abs. 5 Satz 8 UStG).

§ 13b UStG findet ebenfalls keine Anwendung, wenn der Liefergegenstand von dem Unternehmer, der die Lieferung bewirkt, unter den Voraussetzungen des § 25a UStG geliefert wird (s. § 13b Abs. 5 Satz 9 UStG). 115

Einstweilen frei 116–117

2.1.9 Gebäudereinigung (§ 13b Abs. 2 Nr. 8)

Nach § 13b Abs. 5 Satz 5 i.V.m. § 13b Abs. 2 Nr. 8 UStG wird die Steuerschuld umgekehrt, bei: 118

- Der Reinigung von Gebäuden oder Gebäudeteilen,
- wenn der Leistungsempfänger ein **Unternehmer** ist (s. dazu § 2 Abs. 1 Rn. 4 ff.),
- der **nachhaltig** selber Reinigungsleistungen an Gebäuden oder Gebäudeteilen erbringt,
- **unabhängig** davon, ob er die Bauleistung für eine von ihm erbrachte Leistung i.S.d. § 13b Abs. 2 Nr. 8 UStG verwendet.

Die Regelung des § 13b Abs. 2 Nr. 8 UStG ist für die steuerpflichtige Reinigung von Gebäuden und Gebäudeteilen anzuwenden. Zu den **Gebäuden** gehören Baulichkeiten, die auf Dauer fest mit dem Grundstück verbunden sind. Zu den **Gebäudeteilen** zählen insbesondere Stockwerke, Wohnungen und einzelne Räume. Nicht zu den Gebäuden oder Gebäudeteilen gehören Baulichkeiten, die nur zu einem vorübergehenden Zweck mit dem Grund und Boden verbunden und daher keine Bestandteile eines Grundstücks sind, insbesondere Büro- oder Wohncontainer, Baubuden, Kioske, Tribünen oder ähnliche Einrichtungen. 119

Reinigungsleistungen sind pflegende und schützende Behandlungen von Gebäuden und Gebäudeteilen (innen und außen), von Räumen und von Fenstern, einschließlich Hausfassadenreinigung. Die Reinigung von Außenanlagen und Inventar ist nur dann erfasst, soweit es sich um eine unselbständige Nebenleistung handelt. Einen **Positiv- und Negativ-Katalog** der Gebäudereinigungsleistungen findet sich in Abschn. 13b.5 Abs. 2, 3 UStAE. 120

Zum **Unternehmer** siehe § 2 Abs. 1 Rn. 4 ff. 121

Hinsichtlich der Nachhaltigkeit siehe die **Kommentierung** zu § 13b Abs. 2 Nr. 4 UStG. 122

Liegen die Voraussetzungen im Übrigen vor, tritt die Umkehr der Steuerschuldnerschaft **unabhängig** davon, ob der Leistungsempfänger die Bauleistung für eine von ihm erbrachte Leistung i.S.d. § 13b Abs. 2 Nr. 8 UStG verwendet. Es ist also nicht erforderlich, dass die an den Leistungsempfänger erbrachten Reinigungsleistungen mit von ihm erbrachten Reinigungsleistungen unmittelbar zusammenhängen. Wird eine unter § 13b Abs. 2 Nr. 8 Satz 1 UStG fallende Reinigungsleistung an einen Unternehmer für dessen **nichtunternehmerischen** Bereich erbracht und erbringt dieser nachhaltig Reinigungsleistungen, ist er für diesen Umsatz ebenfalls als Leistungsempfänger Steuerschuldner (s. §13b Abs. 5 Satz 6 UStG). Mit Wirkung **ab 01.01.2016** gilt dieser Grundsatz allerdings nur noch „vorbehaltlich des Satzes 10", der wie der Zusatz in Abs. 5 Satz 6 gleichfalls durch das Steueränderungsgesetz 2015 (vom 02.11.2015, BGBl I 2015, 1834) eingefügt worden ist. Nach § 13b Abs. 5 Satz 10 UStG schulden juristische Personen in den Fällen des § 13b Abs. 2 Nr. 4, Nr. 5 Buchstabe b und Nr. 7 bis 11 UStG die Steuer nicht, wenn sie die Leistung für den nichtunternehmerischen Bereich beziehen. Hintergrund des § 13b Abs. 5 Satz 6 UStG ist, dass der leistende Unternehmer häufig nicht mit Sicherheit erkennen kann, ob der Empfänger die Leistung für sein Unternehmen bezieht oder nicht. Ist eine juristische Person des öffentlichen Rechts Leistungsempfänger, kann der Unternehmer allerdings regelmäßig schon an der Art der Einrichtung, für die er tätig wird (Behörde oder Betrieb gewerblicher Art) erkennen, ob die Leistung für den unternehmerischen oder den hoheitlichen Bereich bezogen wird. Die Finanzverwaltung hatte deshalb im UStAE in einigen Konstellationen des § 13b Abs. 2 UStG in den Fällen, in denen juristische Personen des öffentlichen Rechts in nennenswertem Umfang Leistungen für ihren hoheitlichen Bereich bezogen, die von Gesetzes wegen der umgekehrten Steuerschuldnerschaft unterlagen, die Rechtsfolge des § 13b Abs. 5 Satz 6 UStG für nicht anwendbar erklärt. Bevor durch dieser Anwendungsbereich – wie geplant – durch den UStAE erweitert wurde, hat nunmehr hat der Gesetzgeber faktisch die Verwaltungsauffassung in Gesetzesform gegossen und den Anwendungsbereich des § 13b Abs. 5 Satz 6 UStG eingeschränkt. 123

123/1 Sind Leistungsempfänger und leistender Unternehmer in **Zweifelsfällen** übereinstimmend vom Vorliegen der Voraussetzungen des § 13b Abs. 2 Nr. **8 UStG** ausgegangen, obwohl dies nach der Art der Umsätze unter Anlegung objektiver Kriterien nicht zutreffend war, gilt der Leistungsempfänger dennoch als Steuerschuldner, sofern dadurch keine Steuerausfälle entstehen.

124 § 13b UStG findet jedoch keine Anwendung, wenn der **leistende Unternehmer ein Kleinunternehmer** ist (s. § 13b Abs. 5 Satz 8 UStG).

125–127 Einstweilen frei

2.1.10 Goldlieferungen (§ 13b Abs. 2 Nr. 9 UStG)

128 Das Reverse-Charge-Verfahren findet gem. § 13b Abs. 5 Satz 1 i.V.m. § 13b Abs. 2 Nr. 9 UStG Anwendung, bei Lieferungen von:

- Gold mit einem Feingehalt von mindestens 325 Tausendstel, in **Rohform** oder als **Halbzeug** (aus Position 7108 des Zolltarifs),
- **Goldplattierungen** mit einem Feingehalt von mindestens 325 Tausendstel (aus Position 7109) und
- **Anlagegold** mit einem Feingehalt von mindestens 995 Tausendstel im Fall der Option nach § 25c Abs. 3 UStG (s. Abschn. 13b.6 Abs. 1 Satz 1 UStAE),
- wenn der Leistungsempfänger **Unternehmer** ist (s. § 2 Abs. 1 Rn. 4 ff.).

129 Wird in den Fällen von Anlagegold i.S.v. § 25c Abs. 2 Nr. 1 UStG nicht optiert, ist § 13b UStG wegen der Steuerfreiheit der Lieferung nicht berührt.

130 **Nicht** in den Anwendungsbereich fallen:

- Die Lieferung von **Goldmünzen** und **Schmuckgegenständen**, die unter Verwendung von Gold hergestellt worden sind,
- sonstige Leistungen im Zusammenhang mit Gold, insb. das **Einschmelzen** von Goldschmuck (s. OFD Niedersachsen, Vfg. vom 04.07.2012, S 7279 – 38 St 184),
- die Lieferung von **Zahngold** (s. OFD Niedersachsen, Vfg. vom 04.07.2012, S 7279 – 38 St 184).

131 Lieferungen von Altgold und Edelmetallen aus Abfällen/Schrott fallen unter § 13b Abs. 2 Nr. 7 UStG, Lieferungen von Edelmetallen und unedlen Metallen unter § 13b Abs. 2 Nr. 11 UStG.

132 Soweit die Einordnung eines konkreten Stoffes zweifelhaft ist oder bleibt, kann bei den Bildungs- und Wissenschaftszentren der Bundesfinanzverwaltung eine sog. **„unverbindliche Zolltarifauskunft für Umsatzsteuerzwecke"** eingeholt werden (s. OFD Niedersachsen, Vfg. vom 04.07.2012, S 7279 – 38 St 184 mit Verweis auf OFD Niedersachsen, Vfg. vom 02.11.2011, S 7220 – 31 – St). Die Erteilung der unverbindlichen Zollauskunft für Umsatzsteuerzwecke ist kostenlos, soweit keine chemisch-physikalische Untersuchung zur Bestimmung erforderlich ist.

133 Zum **Unternehmer** siehe die Kommentierung zu § 2 Abs. 1 UStG (Rn. 4 ff.). Nach § 13b Abs. 5 Satz 6 UStG ist das Reverse-Charge-Verfahren auch dann zu beachten, wenn die Leistung für den **nichtunternehmerischen Bereich** bezogen wird. Mit Wirkung **ab 01.01.2016** gilt dieser Grundsatz allerdings nur noch „vorbehaltlich des Satzes 10", der wie der Zusatz in Abs. 5 Satz 6 gleichfalls durch das Steueränderungsgesetz 2015 (vom 02.11.2015, BGBl I 2015, 1834) eingefügt worden ist. Nach § 13b Abs. 5 Satz 10 UStG schulden juristische Personen in den Fällen des § 13b Abs. 2 Nr. 4, Nr. 5 Buchstabe b und Nr. 7 bis 11 UStG die Steuer nicht, wenn sie die Leistung für den nichtunternehmerischen Bereich beziehen. Hintergrund des § 13b Abs. 5 Satz 6 UStG ist, dass der leistende Unternehmer häufig nicht mit Sicherheit erkennen kann, ob der Empfänger die Leistung für sein Unternehmen bezieht oder nicht. Ist eine juristische Person des öffentlichen Rechts Leistungsempfänger, kann der Unternehmer allerdings regelmäßig schon an der Art der Einrichtung, für die er tätig wird (Behörde oder Betrieb gewerblicher Art) erkennen, ob die Leistung für den unternehmerischen oder den hoheitlichen Bereich bezogen wird. Die Finanzverwaltung hatte deshalb im UStAE in einigen Konstellationen des § 13b Abs. 2 UStG in den Fällen, in denen juristische Personen des öffentlichen Rechts in nennenswertem Umfang Leistungen für ihren hoheitlichen Bereich bezogen, die von Gesetzes wegen der umgekehrten Steuerschuldnerschaft unterlagen, die Rechtsfolge des § 13b Abs. 5 Satz 6 UStG für nicht anwendbar erklärt. Bevor durch dieser Anwendungsbereich – wie geplant – durch den

UStAE erweitert wurde, hat nunmehr hat der Gesetzgeber faktisch die Verwaltungsauffassung in Gesetzesform gegossen und den Anwendungsbereich des § 13b Abs. 5 Satz 6 UStG eingeschränkt.

Sind Leistungsempfänger und leistender Unternehmer in **Zweifelsfällen** übereinstimmend vom Vorliegen der Voraussetzungen des § 13b Abs. 2 Nr. **9 UStG** ausgegangen, obwohl dies nach der Art der Umsätze unter Anlegung objektiver Kriterien nicht zutreffend war, gilt der Leistungsempfänger dennoch als Steuerschuldner, sofern dadurch keine Steuerausfälle entstehen. **134**

§ 13b UStG findet jedoch keine Anwendung, wenn der **leistende Unternehmer ein Kleinunternehmer** (s. zur Kleinunternehmerschaft § 19 Rn. 19 ff.) ist (s. § 13b Abs. 5 Satz 8 UStG). **135**

§ 13b UStG findet ebenfalls keine Anwendung, wenn der Liefergegenstand von dem Unternehmer, der die Lieferung bewirkt, unter den Voraussetzungen des § 25a UStG geliefert wird (s. § 13b Abs. 5 Satz 9 UStG). **136**

Einstweilen frei **137–138**

2.1.11 Lieferung von Mobilfunkgeräten, Tablet-Computern, Spielkonsolen und integrierten Schaltkreisen (§ 13b Abs. 2 Nr. 10 UStG)

Die Umkehr der Steuerschuldnerschaft nach § 13b Abs. 5 Satz 1 i.V.m. § 13b Abs. 2 Nr. 10 UStG findet statt bei der **Lieferung** von: **139**

- Mobilfunkgeräten,
- Tablet-Computern,
- Spielekonsolen und
- integrierten Schaltkreisen vor Einbau in einen zur Lieferung auf der Einzelhandelsstufe geeigneten Gegenstand,
- wenn die Summe der für sie in Rechnung zu stellenden Entgelte im Rahmen eines wirtschaftlichen Vorgangs **mindestens 5.000 €** beträgt
- und der Leistungsempfänger **Unternehmer** ist (s. § 2 Abs. 1 Rn. 4 ff.).

Mobilfunkgeräte sind Geräte, die zum Gebrauch mittels eines zugelassenen Mobilfunk-Netzes und auf bestimmten Frequenzen hergestellt oder hergerichtet wurden, unabhängig von etwaigen weiteren Nutzungsmöglichkeiten (s. Abschn. 13b.7 Abs. 1 Satz 1 UStAE). Ausweislich der Gesetzesbegründung fällt Zubehör für Mobilfunkgeräte grundsätzlich nicht unter die Regelung. Bei kombinierten Produkten (sog. Produktbundle), d.h. der gemeinsamen Lieferungen von Mobilfunkgeräten und Zubehör zu einem einheitlichen Entgelt, greift § 13b Abs. 2 Nr. 10 UStG, wenn die Lieferung des Mobilfunkgeräts die Hauptleistung darstellt. **140**

Nicht zu den Mobilfunkgeräten zählen: **141**

- CB-Funkgeräte,
- Walkie-Talkies,
- Geräte, die ausschließlich reine Daten übertragen, ohne diese in akustische Signale umzusetzen (Navigationsgeräte, Computer, soweit sie eine Sprachübertragung über drahtlose Mobilfunk-Netzwerke nicht ermöglichen (z.B. Tablet-PC), mp3-Player, Spielekonsolen, On-Board-Units).

Ein **Tablet-Computer** (aus Unterposition 84713000 des Zolltarifs) ist ein tragbarer, flacher Computer in besonders leichter Ausführung, der vollständig in einem Touchscreen-Gehäuse untergebracht ist und mit den Fingern oder einem Stift bedient werden kann (s. Abschn. 13b.7 Abs. 1a UStAE). **142**

Spielekonsolen sind Computer oder computerähnliche Geräte, die in erster Linie für Videospiele entwickelt werden. Neben dem Spielen können sie weitere Funktionen bieten, z.B. Wiedergabe von Audio-CDs, Video-DVDs und Blu-Ray Discs (s. Abschn. 13b.7 Abs. 1b UStAE). **143**

Ein **integrierter Schaltkreis** ist eine auf einem einzelnen (Halbleiter-)Substrat (sog. Chip) untergebrachte elektronische Schaltung (elektronische Bauelemente mit Verdrahtung) (s. Abschn. 13b.7 Abs. 2 Satz 1 UStAE). Der Anwendungsbereich von § 13b Abs. 2 Nr. 10 UStG endet, sobald der integrierte Schaltkreis in einen zur Lieferung auf der Einzelhandelsstufe geeigneten Gegenstand (Endprodukt) eingebaut **144** worden ist. Dies ist insbesondere der Fall, wenn das Endprodukt ohne weitere Be- oder Verarbeitung an einen Endverbraucher geliefert werden kann.

145 **Lieferungen von Mobilfunkgeräten und integrierten Schaltkreisen** fallen nur dann unter die Regelung zur Steuerschuldnerschaft des Leistungsempfängers nach § 13b Abs. 2 Nr. 10 UStG, wenn der Leistungsempfänger ein Unternehmer ist und die Summe der für die steuerpflichtigen Lieferungen dieser Gegenstände in Rechnung zu stellenden Bemessungsgrundlagen **mindestens 5.000 €** beträgt. Abzustellen ist dabei auf alle im Rahmen eines **zusammenhängenden wirtschaftlichen Vorgangs** gelieferten Gegenstände der genannten Art, um Manipulationen (z.B. durch Aufspalten der Rechnungsbeträge) zu unterbinden. Als Anhaltspunkt für einen wirtschaftlichen Vorgang dient nach Verwaltungsauffassung insbesondere die Bestellung, der Auftrag, der Vertrag oder der Rahmenvertrag mit konkretem Auftragsvolumen (s. Abschn. 13b.7 Abs. 3 Satz 3 UStAE). Lieferungen bilden stets einen einheitlichen wirtschaftlichen Vorgang, wenn sie im Rahmen eines einzigen Erfüllungsgeschäfts ausgeführt werden, auch wenn hierüber mehrere Aufträge vorliegen oder mehrere Rechnungen ausgestellt werden. **Nachträgliche Entgeltsminderungen** bleiben bei der Betragsgrenze von 5.000 € unberücksichtigt. Werden **Anzahlungen** geleistet, kommt es für die Anwendung der Betragsgrenze auf das Gesamtentgelt und nicht auf die geleistete Anzahlung an.

146 Zum **Unternehmer** siehe Kommentierung zu § 2 Abs. 1 UStG (Rn. 4 ff.).

147 Nach § 13b Abs. 5 Satz 6 UStG ist das Reverse-Charge-Verfahren auch dann zu beachten, wenn die Leistung für den **nichtunternehmerischen Bereich** bezogen wird. Mit Wirkung **ab 01.01.2016** gilt dieser Grundsatz allerdings nur noch „vorbehaltlich des Satzes 10", der wie der Zusatz in Abs. 5 Satz 6 gleichfalls durch das Steueränderungsgesetz 2015 (vom 02.11.2015, BGBl I 2015, 1834) eingefügt worden ist. Nach § 13b Abs. 5 Satz 10 UStG schulden juristische Personen in den Fällen des § 13b Abs. 2 Nr. 4, Nr. 5 Buchstabe b und Nr. 7 bis 11 UStG die Steuer nicht, wenn sie die Leistung für den nichtunternehmerischen Bereich beziehen. Hintergrund des § 13b Abs. 5 Satz 6 UStG ist, dass der leistende Unternehmer häufig nicht mit Sicherheit erkennen kann, ob der Empfänger die Leistung für sein Unternehmen bezieht oder nicht. Ist eine juristische Person des öffentlichen Rechts Leistungsempfänger, kann der Unternehmer allerdings regelmäßig schon an der Art der Einrichtung, für die er tätig wird (Behörde oder Betrieb gewerblicher Art) erkennen, ob die Leistung für den unternehmerischen oder den hoheitlichen Bereich bezogen wird. Die Finanzverwaltung hatte deshalb im UStAE in einigen Konstellationen des § 13b Abs. 2 UStG in den Fällen, in denen juristische Personen des öffentlichen Rechts in nennenswertem Umfang Leistungen für ihren hoheitlichen Bereich bezogen, die von Gesetzes wegen der umgekehrten Steuerschuldnerschaft unterlagen, die Rechtsfolge des § 13b Abs. 5 Satz 6 UStG für nicht anwendbar erklärt. Bevor durch dieser Anwendungsbereich – wie geplant – durch den UStAE erweitert wurde, hat nunmehr hat der Gesetzgeber faktisch die Verwaltungsauffassung in Gesetzesform gegossen und den Anwendungsbereich des § 13b Abs. 5 Satz 6 UStG eingeschränkt.

148 Sind Leistungsempfänger und leistender Unternehmer in **Zweifelsfällen** übereinstimmend vom Vorliegen der Voraussetzungen des § 13b Abs. 2 Nr. **10 UStG** ausgegangen, obwohl dies nach der Art der Umsätze unter Anlegung objektiver Kriterien nicht zutreffend war, gilt der Leistungsempfänger dennoch als Steuerschuldner, sofern dadurch keine Steuerausfälle entstehen.

149 § 13b UStG findet jedoch keine Anwendung, wenn der **leistende Unternehmer ein Kleinunternehmer** ist (s. § 13b Abs. 5 Satz 8 UStG).

150 § 13b UStG findet ebenfalls keine Anwendung, wenn der Liefergegenstand von dem Unternehmer, der die Lieferung bewirkt, unter den Voraussetzungen des § 25a UStG geliefert wird (s. § 13b Abs. 5 Satz 9 UStG).

151–152 Einstweilen frei

2.1.12 Lieferung von Metallen der Anlage 4 (§ 13b Abs. 2 Nr. 11 UStG)

153 § 13b Abs. 5 Satz 1 i.V.m. § 13b Abs. 2 Nr. 11 UStG ordnet das Reverse-Charge-Verfahren an:

- Für die Lieferung der in der **Anlage 4** bezeichneten Gegenstände,
- wenn die Summe der für sie in Rechnung zu stellenden Entgelte im Rahmen eines wirtschaftlichen Vorgangs **mindestens 5.000 €** beträgt

- und der Leistungsempfänger **Unternehmer** ist (s. § 2 Abs. 1 Rn. 4 ff.).

Bei den in Anlage 4 aufgeführten Gegenständen handelt es sich um Edelmetalle und unedle Metalle, insbes. Silber, Platin, Roheisen, Kupfer, Nickel, Aluminium, Blei, Zink, Zinn, Cermets in Rohform. Im Einzelnen verweist die Anlage 4 auf **Zolltarifnummern** verwiesen (s. auch Abschn. 13b.7a UStAE). 154

Hinsichtlich der Betragsgrenze von 5.000 € bleiben **nachträgliche Entgeltsminderungen** unberücksichtigt. 155

Zum **Unternehmer** siehe Kommentierung zu § 2 Abs. 1 UStG (Rn. 4 ff.). Nach § 13b Abs. 5 Satz 6 UStG ist das Reverse-Charge-Verfahren auch dann zu beachten, wenn die Leistung für den **nichtunternehmerischen Bereich** bezogen wird. Mit Wirkung **ab 01.01.2016** gilt dieser Grundsatz allerdings nur noch „vorbehaltlich des Satzes 10", der wie der Zusatz in Abs. 5 Satz 6 gleichfalls durch das Steueränderungsgesetz 2015 (vom 02.11.2015, BGBl I 2015, 1834) eingefügt worden ist. Nach § 13b Abs. 5 Satz 10 UStG schulden juristische Personen in den Fällen des § 13b Abs. 2 Nr. 4, Nr. 5 Buchstabe b und Nr. 7 bis 11 UStG die Steuer nicht, wenn sie die Leistung für den nichtunternehmerischen Bereich beziehen. Hintergrund des § 13b Abs. 5 Satz 6 UStG ist, dass der leistende Unternehmer häufig nicht mit Sicherheit erkennen kann, ob der Empfänger die Leistung für sein Unternehmen bezieht oder nicht. Ist eine juristische Person des öffentlichen Rechts Leistungsempfänger, kann der Unternehmer allerdings regelmäßig schon an der Art der Einrichtung, für die er tätig wird (Behörde oder Betrieb gewerblicher Art) erkennen, ob die Leistung für den unternehmerischen oder den hoheitlichen Bereich bezogen wird. Die Finanzverwaltung hatte deshalb im UStAE in einigen Konstellationen des § 13b Abs. 2 UStG in den Fällen, in denen juristische Personen des öffentlichen Rechts in nennenswertem Umfang Leistungen für ihren hoheitlichen Bereich bezogen, die von Gesetzes wegen der umgekehrten Steuerschuldnerschaft unterlagen, die Rechtsfolge des § 13b Abs. 5 Satz 6 UStG für nicht anwendbar erklärt. Bevor durch dieser Anwendungsbereich – wie geplant – durch den UStAE erweitert wurde, hat nunmehr hat der Gesetzgeber faktisch die Verwaltungsauffassung in Gesetzesform gegossen und den **Anwendungsbereich des § 13b Abs. 5 Satz 6 UStG eingeschränkt**. 156

Wenn die Parteien einvernehmlich von der Steuerschuld des Leistenden ausgehen und keine Steuerausfälle entstehen, wird dies derzeit von der Finanzverwaltung nicht beanstandet (s. BMF vom 26.09.2014, BStBl I 2014, 1297; s. BMF vom 05.12.2014, BStBl I 2014, 1618; s. BMF vom 22.01.2015, BStBl I 2015, 123). Die **Nichtbeanstandungsregelung** des BMF gilt für nach dem 30.09.2014 bis zum 30.06.2015 ausgeführte Umsätze. 157

Sind Leistungsempfänger und leistender Unternehmer in **Zweifelsfällen** übereinstimmend vom Vorliegen der Voraussetzungen des § 13b Abs. 2 Nr. **11 UStG** ausgegangen, obwohl dies nach der Art der Umsätze unter Anlegung objektiver Kriterien nicht zutreffend war, gilt der Leistungsempfänger dennoch als Steuerschuldner, sofern dadurch keine Steuerausfälle entstehen. 158

§ 13b UStG findet jedoch keine Anwendung, wenn der **leistende Unternehmer ein Kleinunternehmer** ist (s. § 13b Abs. 5 Satz 8 UStG). 159

§ 13b UStG findet ebenfalls keine Anwendung, wenn der Liefergegenstand von dem Unternehmer, der die Lieferung bewirkt, unter den Voraussetzungen des § 25a UStG geliefert wird (s. § 13b Abs. 5 Satz 9 UStG). 160

Einstweilen frei 161–162

2.2 Ausnahmen (§ 13b Abs. 6 UStG)

Nach § 13b Abs. 6 UStG findet eine Umkehr der Steuerschuldnerschaft **nicht** statt, wenn die Leistung des im Ausland ansässigen Unternehmers in einer Personenbeförderung besteht, die der **Beförderungseinzelbesteuerung** (s. § 16 Abs. 5 UStG) unterlegen hat (s. § 13b Abs. 6 Nr. 1 UStG) oder die mit einem **Fahrzeug im Sinne des § 1b Abs. 2 Satz 1 Nr. 1 UStG** durchgeführt worden ist (s. § 13b Abs. 6 Nr. 2 UStG). In diesen Fällen hat der Unternehmer diese Beförderungen im Wege der Beförderungseinzelbesteuerung (s. § 16 Abs. 5 UStG, § 18 Abs. 5 UStG) oder im allgemeinen Besteuerungsverfahren zu versteuern. 163

164 § 13b Abs. 1 bis 5 UStG findet ebenfalls keine Anwendung, wenn die Leistung des im Ausland ansässigen Unternehmers in einer **grenzüberschreitenden Personenbeförderung** im **Luftverkehr** besteht (s. § 13b Abs. 6 Nr. 3 UStG).

165 Räumt ein im Ausland ansässiger Unternehmer eine **Eintrittsberechtigung** für eine Messe, Ausstellung oder einen Kongress im Inland ein, schuldet der unternehmerische Leistungsempfänger gem. § 13b Abs. 5 Satz 1 und Abs. 2 Nr. 1 UStG die Umsatzsteuer. § 13b Abs. 6 Nr. 4 UStG bestimmt aber, dass – zur Vermeidung von Anwendungsschwierigkeiten – die Umkehr der Steuerschuld keine Anwendung findet.

166 Nach § 13b Abs. 6 Nr. 5 UStG findet eine Umkehr der Steuerschuldnerschaft **nicht** statt, wenn die Leistung des im Ausland ansässigen Unternehmers in einer sonstigen Leistung einer **Durchführungsgesellschaft** an im Ausland ansässige Unternehmer besteht, soweit diese Leistung im Zusammenhang mit der Veranstaltung von Messen und Ausstellungen im Inland steht. Insoweit soll vermieden werden, dass anstelle von einer im Ausland ansässigen Messedurchführungsgesellschaft eine Vielzahl im Ausland ansässiger Aussteller einer Messe hinsichtlich der erhaltenen Messeleistungen wie etwa Versorgung und Bewachung von Messeständen oder Besuchermarketing in Deutschland umsatzsteuerlich registrierungspflichtig wird, um den bezogenen Reverse-Charge-Umsatz anzumelden.

167 § 13b Abs. 1 bis 5 UStG findet ebenfalls keine Anwendung, wenn die Leistung des im Ausland ansässigen Unternehmers in der Abgabe von Speisen und Getränken zum Verzehr an Ort und Stelle (**Restaurationsleistung**) besteht, wenn diese Abgabe an Bord eines Schiffs, in einem Luftfahrzeug oder in einer Eisenbahn erfolgt (s. § 13b Abs. 6 Nr. 6 UStG). Wird eine Restaurationsleistung an Bord eines Schiffs, in einem Luftfahrzeug oder in einer Eisenbahn bewirkt, bestimmt sich der Leistungsort nach § 3e UStG, wenn die Abgabe während einer Beförderung innerhalb des Gemeinschaftsgebiets erfolgt, ansonsten nach § 3a Abs. 3 Nr. 3 Buchst. b UStG. Ist danach der Ort der sonstigen Leistung im Inland gelegen und der leistende Unternehmer im Ausland ansässig, schuldete der Leistungsempfänger die Steuer nach § 13b Abs. 5 Satz 1 und 3 i.V.m. Abs. 2 Nr. 1 UStG, wenn er ein Unternehmer oder eine juristische Person wäre. Dies würde auch dann gelten, wenn die Leistung für den nichtunternehmerischen Bereich bezogen worden wäre. Aus Gründen der Praktikabilität lässt §13b Abs. 6 Nr. 6 UStG diese Rechtsfolge nicht eintreten.

168 Einstweilen frei

2.3 Im Ausland ansässiger Unternehmer (§ 13b Abs. 7 Satz 1 UStG)

169 Nach § 13b Abs. 2 Nr. 1 und Nr. 5 Buchst. a i.V.m. Abs. 5 Satz 1 UStG schuldet der Empfänger einer steuerpflichtigen Werklieferung oder einer nicht unter § 13b Abs. 1 UStG fallenden steuerpflichtigen sonstigen Leistung bzw. der Empfänger einer Lieferung der in § 3g UStG genannten Gegenstände, die ein im Ausland ansässiger Unternehmer erbringt, die Steuer.

170 Gemäß § 13b Abs. 7 Satz 1 1. HS. UStG ist ein Unternehmer **im Ausland ansässig**, wenn er weder im Inland noch auf der Insel Helgoland oder in einem der in § 1 Abs. 3 UStG bezeichneten Gebiete einen Wohnsitz, seinen gewöhnlichen Aufenthalt, seinen Sitz, seine Geschäftsleitung oder eine Betriebsstätte (s. Abschn. 3a.1 Abs. 3 UStAE) hat.

171 Ein Unternehmer gilt auch dann als im Ausland ansässig, wenn er dort seinen Sitz, seine **Geschäftsleitung** oder eine **Betriebsstätte** und im Inland nur einen Wohnsitz oder gewöhnlichen Aufenthalt hat (s. § 13b Abs. 7 Satz 1 2. Hs. UStG). Bei der Bestimmung des Sitzes der wirtschaftlichen Tätigkeit sind verschiedene Faktoren zu berücksichtigen (z.B. statuarischer Sitz; Ort der zentralen Verwaltung; Ort, an dem die Führungskräfte zusammentreffen; Ort, an dem die Unternehmenspolitik bestimmt wird).

172 Der **Begriff der Betriebsstätte** ist unionsrechtlich als feste Niederlassung auszulegen (s. Art. 192a MwSt-SystRL; Abschn. 3a.1 Abs. 3 UStAE). Betriebsstätte im Sinne des Umsatzsteuerrechts ist danach jede feste Geschäftseinrichtung oder Anlage, die der Tätigkeit des Unternehmers dient. Eine solche Einrichtung oder Anlage kann aber nur dann als Betriebsstätte angesehen werden, wenn sie über einen ausreichenden Mindestbestand an Personal- und Sachmitteln verfügt, der für die Erbringung der betreffenden Dienstleistungen erforderlich ist. Außerdem muss die Einrichtung oder Anlage einen hinreichenden Grad an

Beständigkeit sowie eine Struktur aufweisen, die von der personellen und technischen Ausstattung her eine autonome Erbringung der jeweiligen Dienstleistungen ermöglicht.

Einstweilen frei 173

§ 13b Abs. 7 Satz 3 UStG enthält Regelungen zur **Beteiligung einer Betriebsstätte** an der Leistungsausführung. Danach gilt ein Unternehmer, der im Inland eine Betriebsstätte hat und einen Umsatz nach § 13b Abs. 2 Nr. 1 oder 5 UStG ausführt, hinsichtlich dieses Umsatzes als im Ausland ansässig, wenn die inländische Betriebsstätte an diesem Umsatz nicht beteiligt ist. 174

Eine **deutsche Steuernummer** und eine **deutsche Umsatzsteuer-Identifikationsnummer** sind kein Merkmal für die Ansässigkeit im Inland (s. Abschn. 13b.11 Abs. 2 Satz 5 und 6 UStAE). 175

Der leistende Unternehmer ist auch dann ein im Ausland ansässiger Unternehmer, wenn er in Deutschland eine **Betriebsstätte** (= feste Niederlassung) hat, die feste Niederlassung aber an dem Umsatz nicht beteiligt ist (s. § 13b Abs. 7 Satz 3 UStG). 176

Hat ein im Inland ansässiger Unternehmer eine **ausländische Betriebsstätte,** von der die Leistung erbracht wird, findet die Regelung des § 13b Abs. 2 Nr. 1 UStG keine Anwendung. 177

Wohnt ein Unternehmer im Inland und betreibt er sein Unternehmen im Ausland, ist der Steuerpflichtige nach § 13b Abs. 7 Satz 1 2. Hs. UStG ein im Ausland ansässiger Unternehmer. Nach unionsrechtlichen Vorgaben ist aus Gründen der Rechtssicherheit für den Leistungsempfänger der **Sitz der wirtschaftlichen Tätigkeit** entscheidend und nicht der Wohnsitz. Daher muss der Leistungsempfänger keine Nachforschungen anstellen, ob bei einem ausländischen Unternehmenssitz der leistende Unternehmer einen privaten Wohnsitz im Inland hat (s. EuGH vom 06.10.2011, C-421/10, DStR 2011, 1947). 178

Vermietet ein im Ausland ansässiger Unternehmer im Inland ein **Grundstück** steuerpflichtig, ist er insoweit nicht im Ausland ansässig; deshalb sind die Mieter nicht Steuerschuldner (Abschn. 13b.11 Abs. 2 Satz 2 und 3 UStAE). 179

Maßgebend für die Frage der Ansässigkeit ist der **Zeitpunkt**, in dem die Leistung ausgeführt wird (s. § 13b Abs. 7 Satz 4 UStG). Das gilt auch dann, wenn das Merkmal der Ansässigkeit im Ausland bei Vertragsabschluss noch nicht vorgelegen hat (s. Abschn. 13b.11 Abs. 2 S. 1 UStAE). 180

Ist es für den Leistungsempfänger nach den Umständen des Einzelfalls **ungewiss**, ob der leistende Unternehmer im Zeitpunkt der Leistungserbringung im Inland ansässig ist, schuldet der Leistungsempfänger die Steuer nur dann nicht, wenn ihm der leistende Unternehmer durch eine Bescheinigung des nach den abgabenrechtlichen Vorschriften für die Besteuerung seiner Umsätze zuständigen Finanzamts nachweist, dass er kein Unternehmer im Sinne des § 13b Abs. 7 Satz 1 UStG ist (s. § 13b Abs. 7 Satz 5 UStG). Die Bescheinigung muss der leistende Unternehmer bei dem für ihn zuständigen Finanzamt beantragen (s. Abschn. 13b.11 Abs. 3 UStAE). 181

Für die Bescheinigung hat die Verwaltung den **Vordruck** USt 1 TS (s. BMF vom 10.12.2013, IV D 3 – S 7279/10/10004, BStBl I 2013, 1623) eingeführt. Die Bescheinigung verliert regelmäßig ein Jahr nach dem Ausstellungsdatum ihre Gültigkeit. Sie kann aber auch für einen kürzeren Zeitraum ausgestellt werden, wenn nicht ausgeschlossen werden kann, dass der leistende Unternehmer nur für eine begrenzte Dauer (weniger als ein Jahr) im Inland ansässig bleibt (s. Abschn. 13b.11 Abs. 4 UStAE). 182

Einstweilen frei 183–184

2.4 Im übrigen Gemeinschaftsgebiet ansässiger Unternehmer (§ 13b Abs. 7 Satz 2 UStG)

§ 13b Abs. 1 UStG bezieht sich nur auf die in § 3a Abs. 2 UStG (s. dazu § 3a Rn. 18 ff.) genannten Leistungen, die von einem im **Gemeinschaftsgebiet** ansässigen Unternehmer erbracht werden, sog. innergemeinschaftliche sonstige Leistungen. 185

Der leistende Unternehmer ist gem. § 13b Abs. 7 Satz 2 UStG grundsätzlich im übrigen Gemeinschaftsgebiet **ansässig**, wenn er in den Gebieten der übrigen Mitgliedstaaten der Europäischen Gemeinschaft, die nach dem Gemeinschaftsrecht als Inland dieser Mitgliedstaaten gelten, einen Wohnsitz, einen Sitz, eine Geschäftsleitung oder eine Betriebsstätte hat. 186

187 Hat der Unternehmer allerdings seinen **Wohnsitz** im übrigen Gemeinschaftsgebiet und den Unternehmenssitz im Drittlandsgebiet, ist er ein im Drittlandsgebiet ansässiger Unternehmer. Wegen der Gebiete der übrigen Mitgliedstaaten der Europäischen Gemeinschaft, die nach dem Gemeinschaftsrecht als Inland gelten (s. Abschn. 1.10 UStAE).

188 Der Begriff der Betriebsstätte ist nicht nach § 12 AO auszulegen, sondern nach unionsrechtlichen Vorschriften. Daher ist mit **Betriebsstätte** eine feste Niederlassung gemeint (s. Art. 192a MwStSystRL; Abschn. 3a.1 Abs. 3 UStAE). Betriebsstätte im Sinne des Umsatzsteuerrechts ist danach jede feste Geschäftseinrichtung oder Anlage, die der Tätigkeit des Unternehmers dient. Eine solche Einrichtung oder Anlage kann aber nur dann als Betriebsstätte angesehen werden, wenn sie über einen ausreichenden Mindestbestand an Personal- und Sachmitteln verfügt, der für die Erbringung der betreffenden Dienstleistungen erforderlich ist. Außerdem muss die Einrichtung oder Anlage einen hinreichenden Grad an Beständigkeit sowie eine Struktur aufweisen, die von der personellen und technischen Ausstattung her eine autonome Erbringung der jeweiligen Dienstleistungen ermöglicht.

189 Hat ein im Inland ansässiger Unternehmer eine **Betriebsstätte** (**feste Zweigniederlassung**) **im übrigen Gemeinschaftsgebiet**, von der die Leistung erbracht wird, findet die Regelung des § 13b Abs. 1 UStG keine Anwendung.

190 § 13b Abs. 7 Satz 3 UStG enthält Regelungen zur **Beteiligung einer Betriebsstätte** an der Leistungsausführung. Danach gilt ein Unternehmer, der im Inland eine Betriebsstätte hat und einen Umsatz nach § 13b Abs. 1 UStG ausführt, hinsichtlich dieses Umsatzes als im übrigen Gemeinschaftsgebiet ansässig, wenn die inländische Betriebsstätte an diesem Umsatz nicht beteiligt ist.

191 Eine **Beteiligung der Betriebsstätte am Umsatz** liegt regelmäßig dann nicht vor, wenn der Unternehmer für den Umsatz nicht die personelle und technische Ausstattung der Betriebsstätte nutzt. Nicht als Beteiligung i.d.S. gelten nach Verwaltungsauffassung **unterstützende Arbeiten** durch die Betriebsstätte wie Buchhaltung, Rechnungsausstellung oder Einziehung von Forderungen. Stellt der leistende Unternehmer jedoch die Rechnung unter Angabe der USt-IdNr. der Betriebsstätte aus, gilt die Betriebsstätte als an dem Umsatz beteiligt, sodass der Unternehmer als im Inland ansässig anzusehen ist (s. Abschn. 13b.11 Abs. 1 S. 4 bis 6 UStAE, unter Hinweis auf Art. 53 MwStSystRL-DVO). Andererseits sieht die Verwaltung einen Unternehmer mit Sitz im Inland, der im Inland einen steuerbaren und steuerpflichtigen Umsatz vom Ausland aus (z.B. von einer Betriebsstätte) erbringt, selbst dann als im Inland ansässig an, wenn der Unternehmenssitz an diesem Umsatz nicht beteiligt war (s. Abschn. 13b.11 Abs. 1 S. 7 UStAE, unter Hinweis auf Art. 54 MwStSystRL-DVO).

192 **Wohnt** ein Unternehmer im Inland und **betreibt** er sein Unternehmen im **übrigen Gemeinschaftsgebiet**, ist der Unternehmer gem. § 13b Abs. 7 Satz 2 UStG ein im übrigen Gemeinschaftsgebiet ansässiger Unternehmer. **Wohnt** ein Unternehmer im übrigen Gemeinschaftsgebiet, **betreibt** er aber sein Unternehmen im Inland, ist er gem. § 13b Abs. 7 Satz 1 2. Hs. UStG kein im Ausland ansässiger Unternehmer. Daher kann er auch kein im übrigen Gemeinschaftsgebiet ansässiger Unternehmer sein, weil ein im übrigen Gemeinschaftsgebiet ansässiger Unternehmer zugleich die Voraussetzungen des im Ausland ansässigen Unternehmers erfüllen muss.

193 Maßgebend für die Frage der Ansässigkeit ist der **Zeitpunkt**, in dem die Leistung ausgeführt wird (s. § 13b Abs. 7 Satz 4 UStG). Das gilt auch dann, wenn das Merkmal der Ansässigkeit im Ausland bei Vertragsabschluss noch nicht vorgelegen hat (s. Abschn. 13b.11 Abs. 2 S. 1 UStAE).

194 Ist es für den Leistungsempfänger nach den Umständen des Einzelfalls **ungewiss**, ob der leistende Unternehmer im Zeitpunkt der Leistungserbringung im Inland ansässig ist, schuldet der Leistungsempfänger die Steuer nur dann nicht, wenn ihm der leistende Unternehmer durch eine Bescheinigung des nach den abgabenrechtlichen Vorschriften für die Besteuerung seiner Umsätze zuständigen Finanzamts nachweist, dass er kein Unternehmer im Sinne des § 13b Abs. 7 Satz 2 UStG ist (s. § 13b Abs. 7 Satz 5 UStG). Die Bescheinigung muss der leistende Unternehmer bei dem für ihn zuständigen Finanzamt beantragen (s. Abschn. 13b.11 Abs. 3 UStAE).

195 Für die Bescheinigung hat die Verwaltung den **Vordruck** USt 1 TS (s. BMF vom 10.12.2013, IV D 3 – S 7279/10/10004, BStBl I 2013, 1623) eingeführt. Die Bescheinigung verliert regelmäßig ein Jahr nach dem

Ausstellungsdatum ihre Gültigkeit. Sie kann aber auch für einen kürzeren Zeitraum ausgestellt werden, wenn nicht ausgeschlossen werden kann, dass der leistende Unternehmer nur für eine begrenzte Dauer (weniger als ein Jahr) im Inland ansässig bleibt (s. Abschn. 13b.11 Abs. 4 UStAE).

Einstweilen frei 196–197

2.5 Besonderheiten bei Entgelt von dritter Seite (§ 13b Abs. 9 UStG)

Nach § 13b Abs. 9 UStG ist das BMF ermächtigt, nähere Bestimmungen über die Anwendung der Steuer- 198 schuldnerschaft in Fällen zu treffen, in denen **ein anderer** als der Leistungsempfänger das Entgelt gewährt. In derartigen Fällen soll festgelegt werden können, dass derjenige, der das Entgelt gewährt, auch die Steuer schuldet.

Von dieser Ermächtigung wurde durch § 30a UStDV für Fälle der **unfreien Versendung** Gebrauch 199 gemacht. Grundsätzlich ist Leistungsempfänger derjenige, der aus zivilrechtlichen Verträgen berechtigt und verpflichtet ist. Ihm gegenüber erfolgt auch die Abrechnung des Leistenden. In den Fällen der unfreien Versendung oder Besorgung einer solchen (s. §§ 435 ff. HGB) erfolgt die Abrechnung über die Beförderungsleistung nicht gegenüber dem Auftraggeber (Absender), sondern gegenüber dem Empfänger der Warensendung. Aus Vereinfachungsgründen ist es deshalb sinnvoll, den Rechnungsempfänger anstelle des Auftraggebers zum Steuerschuldner zu bestimmen. Er darf auch – entsprechend den Regelungen in § 40 UStDV – den **Vorsteuerabzug** vornehmen.

§ 30a UStDV setzt voraus, dass: 200

- Der Gegenstand durch einen im Ausland ansässigen Unternehmer befördert oder die Beförderung durch einen im Ausland ansässigen Spediteur besorgt wird,
- der Empfänger der Frachtsendung ein Unternehmer oder eine juristische Person des öffentlichen Rechts ist,
- dieser die Entrichtung des Entgelts für die Beförderung oder für ihre Besorgung übernommen hat und
- aus der Rechnung die Entrichtung des Entgelts durch den Empfänger zu ersehen ist.

Nach § 30a Satz 2 UStDV gilt diese Vereinfachungsregelung auch, wenn die Leistung für den nicht **unter-** 201 **nehmerischen** Bereich bezogen wurde.

Der Rechnungsempfänger **erkennt** seine Steuerschuldnerschaft anhand der Angaben in der Rechnung. 202

Einstweilen frei 203–204

2.6 Berechnung der Steuer

Der in Rechnung gestellte **Nettobetrag** bildet die Bemessungsgrundlage für die Ermittlung der vom Lei- 205 stungsempfänger zu zahlenden Umsatzsteuer. Anders als in den Fällen, in denen der leistende Unternehmer die USt schuldet, kann hier nicht davon ausgegangen werden, dass im Zweifel die zivilrechtliche Preisvereinbarung die USt enthält (s. Abschn. 13b.13 Abs. 1 Satz. 1 UStAE).

Bei **Tausch** oder tauschähnlichen Umsatz sind § 10 Abs. 2 Satz 2 und 3 UStG zu beachten. 206

Bei Umsätzen mit **nahestehenden Personen** und bei Leistungen von im **Ausland** ansässigen Unterneh- 207 mern greift die Mindestbemessungsgrundlage gemäß § 10 Abs. 5 UStG.

Im **Zwangsversteigerungsverfahren** ist das Meistgebot der Berechnung als Nettobetrag zugrunde zu 208 legen (s. Abschn. 13b.13 Abs. 2 UStAE).

Eine **Abzugsteuer** nach § 50a EStG mindert nicht die Bemessungsgrundlage. 209

Die Übernahme der **Grunderwerbsteuer** durch den Erwerber erhöht nicht die Bemessungsgrundlage der 210 Umsatzsteuer, denn sie ist nicht Bestandteil des an den Veräußerer gezahlten Kaufpreises.

Der Leistungsempfänger hat bei der Steuerberechnung den **Steuersatz** zugrunde zu legen, der sich für 211 den maßgeblichen Umsatz nach § 12 UStG ergibt. Das gilt auch in den Fällen, in denen der Leistungsempfänger die Besteuerung nach § 19 Abs. 1 UStG oder § 24 Abs. 1 UStG anwendet (s. Abschn. 13b.13 Abs. 4 Satz 2 UStAE). Ändert sich die Bemessungsgrundlage, gilt § 17 Abs. 1 S. 1 bis 4 UStG in den Fällen des § 13b UStG.

212 Auch **Kleinunternehmer** (s. § 19 UStG; s. § 19 Rn. 19 ff.), pauschal versteuernde Land- und Forstwirte (s. § 24 UStG) und Unternehmer, die ausschließlich steuerfreie Umsätze tätigen, schulden die Steuer (s. § 19 Abs. 1 Satz 3 i.V.m. § 13b Abs. 8 UStG).

213–214 Einstweilen frei

2.7 Entstehung der Steuerschuld

215 § 13b Abs. 1 UStG bestimmt, dass für nach § 3a Abs. 2 UStG im Inland steuerpflichtige sonstige Leistungen eines im übrigen Gemeinschaftsgebietes ansässigen Unternehmers die Steuer mit Ablauf des Voranmeldungszeitraums entsteht, in dem die Leistungen **ausgeführt** worden sind. Auf den Zeitpunkt der Rechnungsstellung kommt es in den Fällen des § 13b Abs. 1 UStG nicht an.

216 Die Steuer für die in § 13b Abs. 2 UStG genannten Umsätze entsteht mit **Ausstellung der Rechnung, spätestens** jedoch mit Ablauf des der **Ausführung der Leistung folgenden Kalendermonats**. Die Erteilung der Rechnung, die für den Vorsteuerabzug erforderlich ist, ist damit nicht notwendigerweise Voraussetzung für die Begründung der Steuerschuld beim Leistungsempfänger.

217 Nach § 13b Abs. 3 UStG entsteht abweichend von § 13b Abs. 1 und Abs. 2 Nr. 1 UStG die Steuer für sonstige Leistungen, die dauerhaft über einen Zeitraum von mehr als einem Jahr erbracht werden (sog. **Dauerleistungen**), spätestens mit Ablauf eines Kalenderjahres, in dem sie tatsächlich erbracht werden.

218 Wird das **Entgelt** oder ein **Teil des Entgelts** vereinnahmt, **bevor** die Leistung oder die Teilleistung ausgeführt worden ist, entsteht insoweit die Steuer mit Ablauf des Voranmeldungszeitraums, in dem das Entgelt oder Teilentgelt **vereinnahmt** worden ist (s. § 13b Abs. 4 Satz 2 UStG).

219 Aus Vereinfachungsgründen wird es von der Finanzverwaltung nicht beanstandet, wenn der Leistungsempfänger die Steuer auf das **Entgelt oder Teilentgelt** bereits in dem Voranmeldungszeitraum **anmeldet**, in dem die Beträge von ihm **verausgabt** werden (s. Abschn. 13b.12 Abs. 3 UStAE).

220–221 Einstweilen frei

2.8 Vorsteuerabzug

222 Der Leistungsempfänger kann die Steuer, die er nach § 13b UStG schuldet, gem. § 15 Abs. 1 Satz 1 Nr. 4 UStG als Vorsteuer **abziehen**, wenn:

- Er Unternehmer (s. § 2 Abs. 1 Rn. 4 ff.) ist (Ausnahme: Kleinunternehmer (s. § 19 Rn. 19 ff.) und pauschalversteuernde Land- und Forstwirte nach § 24 UStG),
- die Leistung für sein Unternehmen ausgeführt wird und
- keine Ausschlussgründe nach § 15 Abs. 1a und 2–4 UStG vorliegen.

223 Der Leistungsempfänger ist nur zum Vorsteuerabzug berechtigt, wenn die Leistungen im Sinne von § 13b UStG für sein Unternehmen ausgeführt worden sind. Soweit auf den Leistungsempfänger die Steuerschuld wegen Inanspruchnahme von Leistungen für den **nichtunternehmerischen** Bereich übergegangen ist (s. § 13b Abs. 5 Satz 6 UStG), kann die für diese Eingangsleistungen geschuldete Umsatzsteuer nicht als Vorsteuer abgezogen werden.

224 Die auf **Anzahlungen** entfallende Steuer kann bereits in dem Voranmeldungszeitraum als Vorsteuer abgezogen werden, in dem die Zahlung geleistet wird.

225 Für den Vorsteuerabzug aus § 15 Abs. 1 Satz 1 Nr. 4 UStG ist **keine Rechnung** erforderlich.

226 Soweit an **nicht im Inland ansässige Unternehmer** Umsätze ausgeführt werden, für die diese die Steuer nach § 13b Abs. 5 UStG schulden, haben sie die für Vorleistungen in Rechnung gestellte Steuer im allgemeinen Besteuerungsverfahren und nicht im Vorsteuer-Vergütungsverfahren als Vorsteuer geltend zu machen (s. Abschn. 13b.15 Abs. 4 UStAE). Dies gilt auch für Drittlandsunternehmer, die nicht im Gemeinschaftsgebiet ansässig sind und die nur Steuer nach § 13b Abs. 5 UStG schulden. Für sie gelten aber die Einschränkungen des § 18 Abs. 9 Satz 4 und 5 UStG entsprechend (s. § 15 Abs. 4b UStG). Dadurch ist sichergestellt, dass für die nicht im Gemeinschaftsgebiet ansässigen Unternehmer die im Vorsteuervergütungsverfahren geltenden Beschränkungen und Ausschlüsse auch im allgemeinen Besteuerungsverfahren Anwendung finden, soweit sie keine inländischen Umsätze bewirken.

Erteilt der leistende Unternehmer dem Leistungsempfänger eine Rechnung, die entgegen § 14a Abs. 5 Satz 1 UStG nicht die Angabe **„Steuerschuldnerschaft des Leistungsempfängers“** enthält (Abschn. 13b.14 Abs. 1 UStG), ist dem Leistungsempfänger dennoch der Vorsteuerabzug unter den weiteren Voraussetzungen des § 15 UStG zu gewähren, da nach § 15 Abs. 1 Satz 1 Nr. 4 UStG das Vorliegen einer Rechnung nach §§ 14, 14a UStG nicht Voraussetzung für den Abzug der nach § 13b Abs. 5 UStG geschuldeten Steuer als Vorsteuer ist (Abschn. 13b.15 Abs. 2 UStG). 227

Der **leistende Unternehmer**, der Umsätze nach § 13b Abs. 1 oder 2 UStG ausgeführt hat, kann die ihm berechneten Steuern für Eingangsleistungen, die mit den bezeichneten Ausgangsumsätzen zusammenhängen, nach § 15 UStG abziehen. Der Übergang der Steuerschuldnerschaft hat hierauf keine Auswirkungen. Im Inland ansässige Unternehmer machen den Vorsteuerabzug im regelmäßigen Besteuerungsverfahren geltend. Bei im Ausland ansässigen Unternehmern wird das Vorsteuervergütungsverfahren nach § 18 Abs. 9 UStG i.V.m. §§ 59 ff. UStDV durchgeführt. Dabei gelten die Beschränkungen für Drittlandsunternehmer (s. § 18 Abs. 9 Satz 4 und 5 UStG). 228

Einstweilen frei 229–230

2.9 Anwendung des § 17 UStG

Ändert sich die Bemessungsgrundlage in einem anderen VZ, hat der Leistungsempfänger die Umsatzsteuer und die Vorsteuer entsprechend zu **berichtigen**. 231

Einstweilen frei 232–233

2.10 Rechnungserteilung

Rechnet der **Leistungserbringer** einen Umsatz ab, für den der Leistungsempfänger die USt nach § 13b Abs. 5 UStG schuldet, hat er eine **Rechnung auszustellen** (s. § 14a Abs. 5 S. 1 UStG). Der leistende Unternehmer ist auch dann zur Ausstellung von Rechnungen verpflichtet, wenn der Leistungsempfänger gem. § 13b Abs. 2 und 5 UStG Steuerschuldner ist (s. § 14a Abs. 5 Satz 1 UStG). Entsprechendes gilt in den Fällen des § 13b Abs. 1 UStG, wenn mittels einer Gutschrift abgerechnet wird (s. § 14a Abs. 1 Satz 4 UStG). Die Vorschriften zur Kleinbetragsrechnung sind nicht anwendbar (s. § 33 Satz 3 UStDV). Neben den Anforderungen von § 14 Abs. 4 UStG hat der Leistungserbringer die **Besonderheiten des § 14a UStG** zu beachten. 234

Insbesondere sind nach § 14a Abs. 1 UStG die **Umsatzsteuer-Identifikationsnummern** beider Umsatzbeteiligten anzugeben, wenn es sich um eine sonstige Leistung nach § 3a Abs. 2 UStG i.V.m. § 13b Abs. 1 UStG eines im übrigen Gemeinschaftsgebiet ansässigen Unternehmers handelt. Für im Inland steuerpflichtige Leistungen eines im übrigen Gemeinschaftsgebiet ansässigen Unternehmers i.S.v. § 13b Abs. 1 UStG ist die Rechnung nach § 14a Abs. 1 UStG spätestens am 15. Tag des Monats, der auf den Monat folgt, in dem der Steuertatbestand eingetreten ist, auszustellen. 235

Ursprünglich war es dann erforderlich, dass die Rechnung den Hinweis enthielt, dass die Steuerschuld auf den Leistungsempfänger übergegangen ist. Die Rechnungsaussteller waren insoweit hinsichtlich der Formulierung frei. Nach dem am 30.06.2013 in Kraft getretenen Amtshilferichtlinien-Umsetzungsgesetz ist dieser Hinweis nun einheitlich zwingend mit der Formulierung **„Steuerschuldnerschaft des Leistungsempfängers“** zu benennen (s. § 14a Abs. 1 Satz 1, Abs. 5 UStG). In Fällen der Besteuerung von Reiseleistungen muss die Rechnung die Angabe „Sonderregelung für Reisebüros“ enthalten, s. § 14a Abs. 6 S. 1 UStG. 236

Die Regelung gilt sowohl in den Fällen, in denen über einen in Deutschland steuerbaren Umsatz abgerechnet wird, für den der Leistungsempfänger die USt schuldet, als auch für den Fall, in dem der deutsche Unternehmer eine sonstige Leistung i.S.v. § 3a Abs. 2 UStG an einen Unternehmer im **EU-Ausland** erbringt. 237

Alternativ kommen Formulierungen in Betracht, die in anderen Amtssprachen für den Begriff „Steuerschuldnerschaft des Leistungsempfängers“ in Art. 226 Nr. 11a MwStSystRL der jeweiligen Sprachfassung verwendet werden (z.B. **„Reverse charge“**; s. Teil II des BMF-Schreibens vom 25.10.2013, BStBl I 2013, 1305) (s. Abschn. 14a.1 Abs. 6 UStAE). 238

239 Fehlt in der Rechnung der Hinweis auf die Steuerschuldnerschaft des Leistungsempfängers, hat dies **keine Auswirkung** auf den Übergang der Steuerschuldnerschaft (s. Abschn. 13b.14 Abs. 1 Satz 4 UStAE) und des Vorsteuerabzugs nach § 15 Abs. 1 Nr. 4 UStG (s. Abschn. 13b.15 Abs. 2 UStAE).

240 Im Fall eines gesonderten Steuerausweises entsteht die Steuer aufgrund **unrichtiger Rechnungsausstellung** nach § 14c Abs. 1 UStG (s. § 14c Rn. 4 ff.).

241 Nach § 14b Abs. 1 Satz 1 und Satz 4 Nr. 3 UStG haben beide Umsatzbeteiligten die Rechnung bzw. ein Doppel der Rechnung **zehn Jahre** lang aufzuheben.

242–243 Einstweilen frei

2.11 Erweiterung des Anwendungsbereichs durch Rechtsverordnung

244 Durch das Zollkodex-Anpassungsgesetz vom 22.12.2014 (BGBl I 2014, 2415) wurde § 13b Abs. 10 eingeführt, wonach durch **Rechtsverordnung** der Anwendungsbereich der Reverse Charge-Regelung bei Verdacht auf **Steuerhinterziehung in besonders schwerem Fall** erweitert werden kann. Damit soll der EU-Schnellreaktionsmechanismus zur vorübergehenden Einführung neuer Tatbestände bei der Steuerschuldnerschaft des Leistungsempfängers erfüllt werden.

245 Das Bundesministerium der Finanzen ist nunmehr ermächtigt, durch Rechtsverordnung mit Zustimmung des Bundesrats zur Vermeidung von erheblichen Steuerhinterziehungen (z.B. betrügerische Karussellgeschäfte) den Umfang der Steuerschuldnerschaft des Leistungsempfängers **(zunächst) zeitlich beschränkt** – kurzfristig für einen Zeitraum von maximal neun Monaten – zu erweitern. Voraussetzung für den Erlass der Verordnung ist – im Einklang mit dem Unionsrecht – eine entsprechende Mitteilung der Bundesregierung an die EU-Kommission und die anderen Mitgliedstaaten sowie eine Bestätigung durch die EU-Kommission, dass sie keine Einwände gegen die Maßnahme erhebt.

246 Derzeit kann der Anwendungsbereich der Steuerschuldnerschaft des Leistungsempfängers nur auf die Umsätze erweitert werden, für die **unionsrechtlich** eine solche optionale Regelung festgelegt worden ist.

247 Die vorgesehene Ausweitung des Reverse-Charge-Verfahrens macht das Umsatzsteuerrecht für Unternehmen **unübersichtlicher**. In der Folge wird es zur Zunahme von Abgrenzungsproblemen in der Praxis kommen (z.B. wenn der leistende Unternehmer und der Leistungsempfänger unterschiedliche Auffassungen zu einem umsatzsteuerlichen Sachverhalt vertreten).

248 Auch **abwicklungstechnisch** bedeutet eine kurzfristige – temporäre – Einführung neuer Sachverhalte beim Reverse-Charge-Verfahren für Unternehmen eine große Belastung – insbesondere hinsichtlich der Umstellungsmaßnahmen in der IT und bei der Rechnungsstellung:

- Kein Ausweis des Steuersatzes und der deutschen Umsatzsteuer bei den betroffenen Lieferungen in der Rechnung; andernfalls schuldet der Lieferer die Umsatzsteuer (wegen eines unrichtigen Steuerausweises nach § 14c Abs. 1 UStG), während der Empfänger keinen Vorsteuerabzug aus dieser Rechnung hat.
- In die Rechnung ist ein Hinweis aufzunehmen, dass der Leistungsempfänger die Steuer schuldet.
- Über die Änderungen in der Rechnungsstellung sind die Kunden zu informieren.

§ 13c UStG Haftung bei Abtretung, Verpfändung oder Pfändung von Forderungen

(1) [1]Soweit der leistende Unternehmer den Anspruch auf die Gegenleistung für einen steuerpflichtigen Umsatz im Sinne des § 1 Abs. 1 Nr. 1 an einen anderen Unternehmer abgetreten und die festgesetzte Steuer, bei deren Berechnung dieser Umsatz berücksichtigt worden ist, bei Fälligkeit nicht oder nicht vollständig entrichtet hat, haftet der Abtretungsempfänger nach Maßgabe des Absatzes 2 für die in der Forderung enthaltene Umsatzsteuer, soweit sie im vereinnahmten Betrag enthalten ist. [2]Ist die Vollziehung der Steuerfestsetzung in Bezug auf die in der abgetretenen Forderung enthaltene Umsatzsteuer gegenüber dem leistenden Unternehmer ausgesetzt, gilt die Steuer insoweit als nicht fällig. [3]Soweit der Abtretungsempfänger die Forderung an einen Dritten abgetreten hat, gilt sie in voller Höhe als vereinnahmt.

(2) [1]Der Abtretungsempfänger ist ab dem Zeitpunkt in Anspruch zu nehmen, in dem die festgesetzte Steuer fällig wird, frühestens ab dem Zeitpunkt der Vereinnahmung der abgetretenen Forderung. [2]Bei der Inanspruchnahme nach Satz 1 besteht abweichend von § 191 der Abgabenordnung kein Ermessen. [3]Die Haftung ist der Höhe nach begrenzt auf die im Zeitpunkt der Fälligkeit nicht entrichtete Steuer. [4]Soweit der Abtretungsempfänger auf die nach Absatz 1 Satz 1 festgesetzte Steuer Zahlungen im Sinne des § 48 der Abgabenordnung geleistet hat, haftet er nicht.

(3) [1]Die Absätze 1 und 2 gelten bei der Verpfändung oder der Pfändung von Forderungen entsprechend. [2]An die Stelle des Abtretungsempfängers tritt im Fall der Verpfändung der Pfandgläubiger und im Fall der Pfändung der Vollstreckungsgläubiger.

Bearbeiter: Michael Stahlschmidt

Inhaltsverzeichnis

1. Überblick

Das StÄndG 2003 v. 15.12.2003 (BGBl I 2003, 2645 = BStBl I 2003, 710) führte § 13c neu ein. Die Gesetzesbegründung weist als gemeinschaftsrechtliche Grundlage Art. 21 Abs. 3 6. RL jetzt Art. 205 MwStSystRL (BT-Drs. 15/1562, S. 46 und 15/1798, S. 10) aus. Diese Vorschrift berechtigt die Mitgliedstaaten dazu, eine andere Person als den Steuerschuldner zum Entrichten der Mehrwertsteuer gemeinschuldnerisch zu verpflichten. Daher ist § 13c UStG auch ohne Antrag auf Ausnahmegenehmigung nach Art. 395 MwStSystRL gemeinschaftsrechtlich zulässig. Der BFH hat mit Urteil vom 20.03.2013 die Unionsrechtskonformität des § 13c UStG ausdrücklich bestätigt (XI R 11/12, DStRE 2013, 1002). Der EuGH hat sich bisher aber noch nicht zu der Frage äußern müssen, ob § 13c UStG mit der MwStSystRL im Einklang steht. 1

§ 13c UStG dient der **Sicherstellung der Steuererhebung**. In der Gesetzesbegründung (BT-Drs. 15/1562, S. 46) heißt es: „§ 13c begründet unter bestimmten Voraussetzungen einen Haftungstatbestand für die Fälle, in denen ein Unternehmer eine Kundenforderung abtritt und der Abtretungsempfänger die Forderung einzieht oder an einen Dritten überträgt. Mit der **Festsetzung der Haftungsschuld** wird ein Gesamtschuld- 2 verhältnis im Sinne des § 44 AO begründet. Die Regelung dient der Vermeidung von Umsatzsteuerausfällen, die dadurch entstehen, dass der abtretende Unternehmer häufig finanziell nicht mehr in der Lage ist, die von ihm geschuldete Umsatzsteuer zu entrichten, weil der Abtretungsempfänger die Forderung eingezogen hat. Der Abtretungsempfänger war bisher nicht zivilrechtlich verpflichtet, diese Umsatzsteuer, die zivilrechtlich Bestandteil der abgetretenen Forderung ist, an das Finanzamt abzuführen".

3 Mit dieser Regelung wird auch eine Empfehlung des Bundesrechnungshofes umgesetzt (Bericht vom 03.09.2003 über Steuerausfälle bei der Umsatzsteuer durch Steuerbetrug und Steuervermeidung, Vorschläge an den Gesetzgeber, BT-Drs. 15/1495, S. 13. ff.).

4 Kritisch ist an dieser Vorschrift zu sehen, dass sie in zivilrechtliche Vereinbarungen zwischen zwei Unternehmen eingreift. Leistet der Abtretungsempfänger nach § 48 AO an das zuständige Finanzamt die Umsatzsteuer so kann er einer Haftungsinanspruchnahme durch Haftungsbescheid entgehen. Somit wird der Abtretungsempfänger faktisch Steuerschuldner für die ausgeführten Leistungen des Geschäftspartners. Zivilrechtlich kann dies nicht abbedungen werden, da ansonsten der Haftungsbescheid nach § 48 AO droht.

5 Erstmals findet § 13c UStG auf **Forderungsabtretungen** Anwendung, die nach dem 07.11.2003 erfolgt sind. Dabei werden auch verpfändete und gepfändete Forderung mit in den Anwendungsbereich einbezogen. Forderungen die vorher abgetreten wurden unterfallen ebenfalls dem Anwendungsbereich des § 13c UStG, wenn die Forderung erst nach dem 31.12.2003 entstanden ist (BMF vom 24.05.2004 – IV B 7 – S 7279a – 17/04, BStBl I 2004, 515).

6 Mittlerweile hat die Finanzverwaltung aber auf ein Urteil des BFH reagiert (Abschn. 13c.1 Abs. 44 UStAE). Dieser entschied, dass die Finanzverwaltungsauffassung dem eindeutigen Wortlaut des § 27 Abs. 1 Satz 1 UStG widersprach (BFH vom 03.06.2009 – XI R 57/07, BStBl II 2010, 520). Maßgebend ist nicht der Zeitpunkt des Entstehens der Forderung, sondern der Abschluss des Abtretungsvertrages. Die Wirksamkeit eines Abtretungsvertrages wird nicht davon berührt, dass die Forderung erst nach Abschluss des Abtretungsvertrages entsteht. Letztlich bedeutet dies, dass § 13c UStG auf Abtretungen, Verpfändungen oder Pfändungen erst anwendbar ist, wenn die Vereinbarung nach dem 7.11.2003 geschlossen wurde.

2. Haftungsvoraussetzungen, § 13c Abs. 1 UStG

2.1 Nichtentrichtung trotz Fälligkeit

7 Grundvoraussetzung ist zunächst, dass der leistende Unternehmer die festgesetzte Steuer im Zeitpunkt der Fälligkeit nicht oder nicht vollständig entrichtet hat. Diese Feststellung ist notwendig, damit der Abtretungsempfänger als Haftungsschuldner in Anspruch genommen werden kann.

8 Hier kommen die Besonderheiten der Erhebung der Umsatzsteuer voll zur Geltend. Es ist zwischen den einzelnen Voranmeldungszeiträumen und der Jahressteuer zu unterscheiden.

9 Falls der leistende Unternehmer für einen Voranmeldungszeitraum die maßgebliche Umsatzsteuer entrichtet hat, scheidet eine Haftung für die Umsatzsteuer von abgetretenen, verpfändeten oder gepfändeten Forderungen aus, wenn diese in der Voranmeldung enthalten sind. Dies gilt selbst dann, wenn sich für das betreffende Kalenderjahr ein Zahlbetrag ergibt, der nicht entrichtet wird (BMF vom 24.05.2004 – IV B 7 – S 7279a – 17/04, BStBl I 2004, 514).

10 Falls die Jahressteuer bereits festgesetzt wurde besteht nach Auffassung des Finanzgerichts Düsseldorf für die Finanzverwaltung die Möglichkeit für einzelne Voranmeldungszeiträume Haftungsschuldner in Anspruch zu nehmen (FG Düsseldorf vom 01.03.2013, 1 K 3492/11 H(U), EFG 2013, 1077). Nach dieser Auffassung kann die Finanzverwaltung Umsatzsteuerschulden aus Vorauszahlungsbescheiden noch vom Gläubiger, der die zugrundeliegenden Forderungen eingezogen hat, einfordern, wenn bereits die Jahressteuerschuld festgesetzt ist.

11 Durch Gestaltung kann § 13c UStG nicht umgangen werden. Erst recht nicht dadurch, dass der abtretende Unternehmer als leistender Unternehmer bei Zahlungen an das Finanzamt diese den abgetretenen, verpfändeten oder gepfändeten Forderungen zuordnet. Nach allgemeiner Auffassung gilt bei Umsatzsteuerzahlungen das Prinzip, dass die Steuer beim Nichtvollständigen Entrichten der Zahllast § 13c UStG immer

anzuwenden ist. Auch eine vorrangige Verrechnung von teilweise gezahlten Umsatzsteuern auf Beträge, die einer Abtretung zugrunde liegen ist ebenfalls unmöglich.

Die Haftung lässt sich schlussendlich nur vermeiden, wenn nach § 48 AO durch den Abtretungsempfänger die Zahlung aus der vereinnahmten Bruttoforderung geleistet wird. Es liegt eine **Zahlung auf fremde Schuld** vor. Diese ist der Finanzverwaltung gegenüber kenntlich zu machen. Der Abtretungsempfänger verliert auf diese Weise einen Teil seiner Sicherheit. Dieser Weg hat aber zur Folge, dass die Umsatzsteuerzahlung nur auf die abgetretenen, verpfändeten oder gepfändeten Umsätze begrenzt werden kann. 12

2.2 Unternehmereigenschaft von Abtretungsempfänger und leistendem Unternehmer

Sämtliche am Abtretungsgeschäft Beteiligte müssen Unternehmer i.S.d. § 2 UStG (s. § 2 Abs. 1 Rn. 4 ff.) sein. Dies gilt also für den Abtretungsempfänger, Pfandgläubiger oder Vollstreckungsgläubiger und leistenden Unternehmer (Abtretende). Kleinunternehmer i.S.d. § 19 UStG (s. § 19 Rn. 19 ff.) scheiden deswegen aus dem Anwendungsbereich der Vorschrift aus, weil gegenüber diesen keine Umsatzsteuer festgesetzt wird. Die Haftung nach § 13c UStG erfordert nicht, dass die Abtretung, Verpfändung oder Pfändung der Forderung für den unternehmerischen Bereich des Abtretungsempfängers, Pfandgläubigers oder Vollstreckungsgläubigers erfolgt. Daher sind auch Banken vom Anwendungsbereich der Norm betroffen. Im Ergebnis erfasst der Anwendungsbereich der Norm sämtliche am Geschäftsverkehr beteiligten Personen als potentielle Haftungsschuldner. Dies hat zur Folge, dass auch klassische Sicherungsvereinbarungen die als Inhalt die Abtretung von Forderungen haben, vom Anwendungsbereich der Norm erfasst werden. Im Ergebnis führt dies dazu, dass nur der Nettobetrag als Sicherungsbetrag angesehen werden kann, weil für den Umsatzsteuerbetrag die Haftung droht. 13

2.3 Steuerbarer und steuerpflichtiger Umsatz

Grundsätzlich unterfallen alle im Inland gegen Entgelt erbrachten Umsätze aus Lieferungen und sonstigen Leistungen § 13c UStG. Maßgebend ist insoweit, dass § 1 Abs. 1 Nr. 1 UStG erfüllt ist. **Nicht steuerbare Umsätze** fallen daher aus dem Anwendungsbereich des § 13c UStG heraus. Die Begründung ist recht einfach, da in diesen Fällen keine Umsatzsteuer entsteht. Nach dem Wortlaut der Norm kommt diese im Falle des unrichtigen Steuerausweises nach § 14c Abs. 1 UStG (s. § 14c Rn. 4 ff.) für einen nicht steuerbaren Umsatz im Ausland nicht zur Anwendung. 14

2.4 Abtretung und Pfändung

Der Steuerschuldner als leistender Unternehmer muss seinen Anspruch auf die Gegenleistung abgetreten oder verpfändet haben. Diese Frage ist allein nach zivilrechtlichen Maßstäben zu beurteilen und hängt nicht von der umsatzsteuerrechtlichen Wertung ab (s. so auch Leipold in Sölch/Ringleb, Umsatzsteuergesetz 74. Ergänzungslieferung 2015, Rn. 19). Auch die Pfändung im Rahmen der zivilrechtlichen Zwangsvollstreckung löst die Rechtsfolgen des § 13c UStG aus. 15

§ 13c UStG erfasst alle denkbaren Formen der Abtretung mithin auch die Globalzession (BFH vom 20.03.2013, XI R 11/12, BFHE 241/89). Ist die Entstehung hinreichend bestimmt, erfasst § 13c UStG auch die Abtretung zukünftiger Forderungen wie im Zusammenhang mit Waren- oder Bankkrediten. Hauptanwendungsfall ist demnach die Sicherungsabtretung zu Gunsten eines Kreditgebers (BFH vom 20.03.2013, XI R 11/12, DStRE 2013, 1002). Inhaltlich wird bei der Globalzession der gesamte Forderungsbestand eine Unternehmens zu Gunsten einer Bank oder eines sonstigen Sicherungsgebers abgetreten. Auch der einfache und verlängerte Eigentumsvorbehalt werden von § 13c UStG erfasst. 16

Beispiel: Baustoffhändler B liefert dem Bauunternehmer X in ständiger Geschäftsbeziehung Baumaterialien. B und X vereinbaren, dass die gelieferten Baustoffe bis zur vollständigen Bezahlung des Kaufpreises im Eigentum des X verbleiben. X ist jedoch ermächtigt, die Baustoffe an seine Kunden zu verkaufen und auch zu übereignen. Ferner ist X berechtigt, die Baustoffe im Rahmen von zu erbringenden 17

Bauleistungen zu verwenden. Dafür tritt X bereits im Voraus die Kaufpreisforderung gegenüber seinen Kunden in Höhe des Einkaufspreises ab, sogenannter verlängerter Eigentumsvorbehalt. Soweit die Kundenforderung des X für alle zwischen B und X bestehenden Verbindlichkeiten als Sicherheit dienen soll, liegt ein sogenannter erweiterter Eigentumsvorbehalt vor.

§ 13c UStG ist im vorstehenden Beispiel anwendbar, weil eine Abtretung vorliegt. Soweit Kundenforderungen vereinbart werden, haftet X für die in der Kundenforderung enthaltene Umsatzsteuer.

19 Im Gegensatz zur Abtretung wird bei einer **Verpfändung einer Forderung** eine konkrete Forderung besichert, während die Sicherungsabtretung unabhängig von einer zu besichernden Forderung ist. Daher hat der Fall der Verpfändung der Forderung kaum Praxisrelevanz.

20 Da die **Pfändung im Wege der Zwangsvollstreckung** ebenfalls von § 13c UStG erfasst wird, macht es keinen Unterschied ob die Forderung freiwillig als Sicherheit angeboten wird oder in die Forderung vollstreckt wird.

21 Denkbar ist auch die **Teilabtretung, Teilverpfändung oder Teilpfändung einer Forderung**. Dies hat zur Folge, dass die Haftung auf den in den Teilbeträgen enthaltenen Umsatzsteuerbetrag beschränkt wird.

2.5 Einziehung durch den Abtretungsempfänger

22 Weitere Voraussetzung ist, dass der Abtretungsempfänger, Pfandgläubiger oder Vollstreckungsgläubige die abgetretene, verpfändete oder gepfändete Forderung ganz oder teilweise eingezogen oder Dritten übertragen hat. Bereits der Eingang von Geldern auf ein kreditorisch geführtes Girokonto bei einer Bank kann als Vereinnahmung angesehen werden, wenn es sich um den Fall einer geduldeten Überziehung handelt (FG München, Beschluss vom 27.4.2010, 14 V 921/10, MwStR 2015, 554, rkr.). Dies soll aber nur für den Fall der **Globalzession** gelten. Die Tatsache, dass der Unternehmer später wieder über die auf dem Konto eingegangenen Gelder frei verfügen kann, ändert an der Beurteilung der Frage nichts. Die Bank vereinnahmt allein durch die Verrechnung im geduldeten Kontokorrent i.S.d. §13c UStG.

23 Der Haftung unterfällt nur der Umsatzsteuerbetrag, der auf den tatsächlich vereinnahmten Forderungsbetrag entfällt. Falls der Abtretungsempfänger, Pfandgläubiger oder Vollstreckungsgläubiger die Forderung zunächst in voller Höhe vereinnahmt und dann einen Geldbetrag ganz oder teilweise zurückzahlt geht insoweit auch die Haftung nach § 13c UStG unter. Im Ergebnis erfasst § 13c UStG nur den Forderungsbetrag der endgültig beim Abtretungsempfänger, Pfandgläubiger oder Vollstreckungsgläubiger verbleibt. Auch durch eine Vereinbarung, dass der Abtretungsempfänger, Pfandgläubiger oder Vollstreckungsgläubiger an den leistenden Unternehmer einen Betrag in Höhe der auf die Forderung entfallenden Umsatzsteuer entrichtet kann die Haftung nicht umgangen werden. In diesem Falle beschränkt sich die Haftung auf die im einbehaltenen Restbetrag enthaltene Umsatzsteuer.

24 Nach § 13c Abs. 1 Satz 3 UStG gilt die Forderung als in voller Höhe durch den Abtretungsempfänger vereinnahmt, wenn er diese an einen Dritten abgetreten hat, unabhängig von der Gegenleistung, die er selber für diese Abtretung erhalten hat.

2.6 Factoring

25 Aus dem Anwendungsbereich des § 13c UStG heraus fällt das Factoring. Dies liegt daran, dass beim Factoring die Forderung als nicht durch den Abtretungsempfänger als vereinnahmt gilt, falls der leistende Unternehmer für seine Abtretung der Forderung eine Gegenleistung in Geld bekommt. Der Geldbetrag muss aber vollständig in den Verfügungsbereich des leistenden Unternehmers gelangen. Ferner muss er völlig frei über diesen Geldbetrag verfügen können.

2.7 Insolvenzerfahren

26 Dagegen findet im Falle des Insolvenzverfahrens § 13c UStG Anwendung. Voraussetzung ist, dass der Insolvenzverwalter die Forderung nach § 166 Abs. 2 InsO einzieht. Das Absonderungsrecht für dazu, dass

der Abtretungsempfänger den vom Insolvenzverwalter eingezogenen Geldbetrag nach Abzug der Feststellungs- und Verwertungskosten nach § 170 InsO vereinnahmt.

Daran ändert auch die Tatsache nichts, dass die noch nicht festgesetzten Steuern im Insolvenzverfahren nicht mehr mittels Bescheid festgesetzt, sondern nur zur Insolvenztabelle angemeldet werden können. Ob der Insolvenzverwalter die angemeldete Steuerforderung bestreitet oder nicht ist unerheblich. Nach § 41 Abs. 1 InsO gelten die bei Verfahrenseröffnung entstandenen Steuern als fällig. Auch für den Fall, dass eine Insolvenzquote zu erwarten ist, wird von einer Nichtentrichtung der Steuer ausgegangen. Fall allerdings eine Zahlung durch den Insolvenzverwalter auf die angemeldete Umsatzsteuer geleistet wird, ist ein etwaiger Haftungsbescheid zu Gunsten des Haftungsschuldners zu ändern. 27

Nach einer im insolvenzrechtlichen Schrifttum heftigst kritisierten Entscheidung des BFH liegt eine Vereinnahmung durch den Abtretungsempfänger auch dann vor, wenn ein vorläufiger Insolvenzverwalter die abgetretene Forderung auf Grund richterlicher Ermächtigung einzieht (BFH vom 20.03.2013, XI R 11/12, DStRE 2013, 1002). Der der Entscheidung zu Grunde liegende Fall betraf einen vorläufigen Insolvenzverwalter der Forderungen einzog, die im Rahmen einer **Globalzession** abgetreten waren. Zwischen der Abtretungsempfängerin und dem Insolvenzverwalter wurde eine Vereinbarung getroffen um das Absonderungsrecht durch eine Geldzahlung abzugelten. Der BFH folgerte aus dieser Vereinbarung die Haftung der Gläubigern für die durch den Insolvenzverwalter vereinnahmten und an die Gläubigerin weitergeleiteten Forderungsbeträge. Die Gläubigern schuldet nach dieser Rechtsprechung die Umsatzsteuer nach § 13c UStG aus diesen vereinnahmten Beträgen. 28

2.8 Umgehungsmöglichkeit

Ein Ausschluss des § 13c UStG kann zivilrechtlich nicht herbeigeführt werden. Gleich welche Vereinbarung zwischen leistendem Unternehmer und Abtretungsempfänger, Pfandgläubiger oder Vollstreckungsgläubiger getroffen wird, diese ist umsatzsteuerlich unbeachtlich. Daher kann auch eine Vereinbarung zwischen Insolvenzverwalter und Abtretungsempfänger, Pfandgläubiger oder Vollstreckungsgläubiger nicht helfen, dass es sich bei den weitergeleiteten Geldern nur um Nettobeträge handeln soll. Der BFH erteilt allen zivilrechtlichen Vereinbarung, die eine Umgehung des § 13c UStG zum Ziel haben eine Abfuhr (BFH vom 20.03.2013, XI R 11/12, DStRE 2013, 1002). 29

3. Haftungsbescheid

Die Inanspruchnahme hat verfahrensrechtlich durch Haftungsbescheid zu erfolgen, § 13c Abs. 2 UStG. Daraus folgt, dass der Abtretungsempfänger, Pfandgläubiger oder Vollstreckungsgläubiger nur Haftungsschuldner, nicht aber Steuerschuldner ist. Daher muss die Finanzverwaltung § 191 AO beachten. Beide Voraussetzungen, d. h. Nichtentrichtung der Steuer zum Fälligkeitszeitpunkt und Vereinnahmung des abgetretenen Betrages durch den Abtretungsempfänger müssen gemeinsam vorliegen. Das Finanzamt hat für diesen Fall kein Ermessen, sondern es muss einen entsprechenden Haftungsbescheid nach § 13c Abs. 2 Satz 2 UStG erlassen. Während § 191 AO ein Ermessen einräumt, sieht § 13c UStG dies nicht vor. Durch Festsetzung der Haftungsschuld per Haftungsbescheid begründet die Finanzverwaltung nach § 44 AO ein Gesamtschuldverhältnis zwischen Abtretungsempfänger, Pfandgläubiger oder Vollstreckungsgläubiger und leistendem Unternehmer (BFH vom 20.03.2013 – XI R 11/12, DStRE 2013, 1002). 30

Ferner ist die **Schonfrist des § 240 Abs. 3 AO** zu beachten. Zahlt der leistende Unternehmer, der die Umsatzsteuer schuldet teilweise, so ist dies bei Erlass des Haftungsbescheides summenreduzierend zu berücksichtigen. Zahlt der Abtretende zu einem späteren Zeitpunkt die Umsatzsteuer, so entfällt ab diesem Zeitpunkt die Haftung nach § 13c UStG (Abschn. 13c.1 Abs. 14 UStAE). 31

Zwischen der geschuldeten Umsatzsteuer und der haftenden Umsatzsteuer besteht Akzessorietät. Fall also der der Haftung zugrundeliegende Umsatzsteuerbescheid geändert wird, ist auch der Haftungsbescheid in gleichem Umfange nach § 131 Abs. 1 AO zu ändern. 32

Die Zahlung der Steuer durch den leistenden Unternehmer nach Erlass des Haftungsbescheides hat zur Folge, dass dieser Haftungsbescheid aufzuheben ist. Voraussetzung ist aber, dass eine vollständige 33

Bezahlung der Umsatzsteuerschuld erfolgt, die die abgetretene, verpfändete oder gepfändete Forderungen enthält. Ein Haftungsbescheid, der als Grundlage einen Umsatzsteuervorauszahlungsbescheid hat, erledigt sich mit der Jahresfestsetzung der Umsatzsteuer. Ist der Umsatzsteuerjahresbescheid ergangen, so ist dieser Grundlage für den Haftungsbescheid (BFH vom 21.11.2013, V R 21/12, DStR 2014, 528). Im Falle der Insolvenz erledigt sich der Umsatzsteuervorauszahlungsbescheid durch die Eintragung in der Insolvenztabelle (BFH vom 21.11.2013, V R 21/12, DStR 2014, 528).

§ 14 UStG Ausstellung von Rechnungen

(1) [1]Rechnung ist jedes Dokument, mit dem über eine Lieferung oder sonstige Leistung abgerechnet wird, gleichgültig, wie dieses Dokument im Geschäftsverkehr bezeichnet wird. [2]Die Echtheit der Herkunft der Rechnung, die Unversehrtheit ihres Inhalts und ihre Lesbarkeit müssen gewährleistet werden. [3]Echtheit der Herkunft bedeutet die Sicherheit der Identität des Rechnungsausstellers. [4]Unversehrtheit des Inhalts bedeutet, dass die nach diesem Gesetz erforderlichen Angaben nicht geändert wurden. [5]Jeder Unternehmer legt fest, in welcher Weise die Echtheit der Herkunft, die Unversehrtheit des Inhalts und die Lesbarkeit der Rechnung gewährleistet werden. [6]Dies kann durch jegliche innerbetriebliche Kontrollverfahren erreicht werden, die einen verlässlichen Prüfpfad zwischen Rechnung und Leistung schaffen können. [7]Rechnungen sind auf Papier oder vorbehaltlich der Zustimmung des Empfängers elektronisch zu übermitteln. [8]Eine elektronische Rechnung ist eine Rechnung, die in einem elektronischen Format ausgestellt und empfangen wird.

(2) [1]Führt der Unternehmer eine Lieferung oder eine sonstige Leistung nach § 1 Abs. 1 Nr. 1 aus, gilt Folgendes:

1. führt der Unternehmer eine steuerpflichtige Werklieferung (§ 3 Abs. 4 Satz 1) oder sonstige Leistung im Zusammenhang mit einem Grundstück aus, ist er verpflichtet, innerhalb von sechs Monaten nach Ausführung der Leistung eine Rechnung auszustellen;
2. führt der Unternehmer eine andere als die in Nummer 1 genannte Leistung aus, ist er berechtigt, eine Rechnung auszustellen. [2]Soweit er einen Umsatz an einen anderen Unternehmer für dessen Unternehmen oder an eine juristische Person, die nicht Unternehmer ist, ausführt, ist er verpflichtet, innerhalb von sechs Monaten nach Ausführung der Leistung eine Rechnung auszustellen. [3]Eine Verpflichtung zur Ausstellung einer Rechnung besteht nicht, wenn der Umsatz nach § 4 Nr. 8 bis 28 steuerfrei ist. [4]§ 14a bleibt unberührt.

[2]Unbeschadet der Verpflichtungen nach Satz 1 Nr. 1 und 2 Satz 2 kann eine Rechnung von einem in Satz 1 Nr. 2 bezeichneten Leistungsempfänger für eine Lieferung oder sonstige Leistung des Unternehmers ausgestellt werden, sofern dies vorher vereinbart wurde (Gutschrift). [3]Die Gutschrift verliert die Wirkung einer Rechnung, sobald der Empfänger der Gutschrift dem ihm übermittelten Dokument widerspricht. 4Eine Rechnung kann im Namen und für Rechnung des Unternehmers oder eines in Satz 1 Nr. 2 bezeichneten Leistungsempfängers von einem Dritten ausgestellt werden.

(3) Unbeschadet anderer nach Absatz 1 zulässiger Verfahren gelten bei einer elektronischen Rechnung die Echtheit der Herkunft und die Unversehrtheit des Inhalts als gewährleistet durch

1. eine qualifizierte elektronische Signatur oder eine qualifizierte elektronische Signatur mit Anbieter-Akkreditierung nach dem Signaturgesetz vom 16. Mai 2001 (BGBl I S. 876), das zuletzt durch Artikel 4 des Gesetzes vom 17. Juli 2009 (BGBl I S. 2091) geändert worden ist, in der jeweils geltenden Fassung oder
2. elektronischen Datenaustausch (EDI) nach Artikel 2 der Empfehlung 94/820/EG der Kommission vom 19. Oktober 1994 über die rechtlichen Aspekte des elektronischen Datenaustausches (ABl. L 338 vom 28.12.1994, S. 98), wenn in der Vereinbarung über diesen Datenaustausch der Einsatz von Verfahren vorgesehen ist, die die Echtheit der Herkunft und die Unversehrtheit der Daten gewährleisten.

(4) [1]Eine Rechnung muss folgende Angaben enthalten:

1. den vollständigen Namen und die vollständige Anschrift des leistenden Unternehmers und des Leistungsempfängers,
2. die dem leistenden Unternehmer vom Finanzamt erteilte Steuernummer oder die ihm vom Bundeszentralamt für Steuern erteilte Umsatzsteuer-Identifikationsnummer,
3. das Ausstellungsdatum,
4. eine fortlaufende Nummer mit einer oder mehreren Zahlenreihen, die zur Identifizierung der Rechnung vom Rechnungsaussteller einmalig vergeben wird (Rechnungsnummer),

5. die Menge und die Art (handelsübliche Bezeichnung) der gelieferten Gegenstände oder den Umfang und die Art der sonstigen Leistung,
6. den Zeitpunkt der Lieferung oder sonstigen Leistung; in den Fällen des Absatzes 5 Satz 1 den Zeitpunkt der Vereinnahmung des Entgelts oder eines Teils des Entgelts, sofern der Zeitpunkt der Vereinnahmung feststeht und nicht mit dem Ausstellungsdatum der Rechnung übereinstimmt,
7. das nach Steuersätzen und einzelnen Steuerbefreiungen aufgeschlüsselte Entgelt für die Lieferung oder sonstige Leistung (§ 10) sowie jede im Voraus vereinbarte Minderung des Entgelts, sofern sie nicht bereits im Entgelt berücksichtigt ist,
8. den anzuwendenden Steuersatz sowie den auf das Entgelt entfallenden Steuerbetrag oder im Fall einer Steuerbefreiung einen Hinweis darauf, dass für die Lieferung oder sonstige Leistung eine Steuerbefreiung gilt,
9. in den Fällen des § 14b Abs. 1 Satz 5 einen Hinweis auf die Aufbewahrungspflicht des Leistungsempfängers und
10. in den Fällen der Ausstellung der Rechnung durch den Leistungsempfänger oder durch einen von ihm beauftragten Dritten gemäß Absatz 2 Satz 2 die Angabe „Gutschrift".

[2]In den Fällen des § 10 Abs. 5 sind die Nummern 7 und 8 mit der Maßgabe anzuwenden, dass die Bemessungsgrundlage für die Leistung (§ 10 Abs. 4) und der darauf entfallende Steuerbetrag anzugeben sind. [3]Unternehmer, die § 24 Abs. 1 bis 3 anwenden, sind jedoch auch in diesen Fällen nur zur Angabe des Entgelts und des darauf entfallenden Steuerbetrags berechtigt.

(5) [1]Vereinnahmt der Unternehmer das Entgelt oder einen Teil des Entgelts für eine noch nicht ausgeführte Lieferung oder sonstige Leistung, gelten die Absätze 1 bis 4 sinngemäß. [2]Wird eine Endrechnung erteilt, sind in ihr die vor Ausführung der Lieferung oder sonstigen Leistung vereinnahmten Teilentgelte und die auf sie entfallenden Steuerbeträge abzusetzen, wenn über die Teilentgelte Rechnungen im Sinne der Absätze 1 bis 4 ausgestellt worden sind.

(6) Das Bundesministerium der Finanzen kann mit Zustimmung des Bundesrates zur Vereinfachung des Besteuerungsverfahrens durch Rechtsverordnung bestimmen, in welchen Fällen und unter welchen Voraussetzungen

1. Dokumente als Rechnungen anerkannt werden können,
2. die nach Absatz 4 erforderlichen Angaben in mehreren Dokumenten enthalten sein können,
3. Rechnungen bestimmte Angaben nach Absatz 4 nicht enthalten müssen,
4. eine Verpflichtung des Unternehmers zur Ausstellung von Rechnungen mit gesondertem Steuerausweis (Absatz 4) entfällt oder
5. Rechnungen berichtigt werden können.

(7) [1]Führt der Unternehmer einen Umsatz im Inland aus, für den der Leistungsempfänger die Steuer nach § 13b schuldet, und hat der Unternehmer im Inland weder seinen Sitz noch seine Geschäftsleitung, eine Betriebsstätte, von der aus der Umsatz ausgeführt wird oder die an der Erbringung dieses Umsatzes beteiligt ist, oder in Ermangelung eines Sitzes seinen Wohnsitz oder gewöhnlichen Aufenthalt im Inland, so gelten abweichend von den Absätzen 1 bis 6 für die Rechnungserteilung die Vorschriften des Mitgliedstaats, in dem der Unternehmer seinen Sitz, seine Geschäftsleitung, eine Betriebsstätte, von der aus der Umsatz ausgeführt wird, oder in Ermangelung eines Sitzes seinen Wohnsitz oder gewöhnlichen Aufenthalt hat. [2]Satz 1 gilt nicht, wenn eine Gutschrift gemäß Absatz 2 Satz 2 vereinbart worden ist.

Bearbeiter: Andre Ossinger/Carsten Timm

Inhaltsverzeichnis

1. Einführung

1.1 Sinn und Zweck der Rechnungsvorschriften

1 Der Unternehmer kann gem. § 15 Abs. 1 Satz 1 Nr. 1 UStG nur die in einer Rechnung bzw. Gutschrift i.S.d. § 14 UStG gesondert ausgewiesene Umsatzsteuer als Vorsteuer abziehen, sodass der Rechnung im System der sog. **Netto-Allphasen-Umsatzsteuer mit Vorsteuerabzug** eine besondere Bedeutung zukommt (s. § 15 Rn. 1). Rechnungen und Gutschriften haben daher teilweise für den Vorsteuerabzug eine konstitutive Bedeutung. Durch sie wird erklärt, dass der leistende Unternehmer die ausgewiesene Umsatzsteuer an das Finanzamt abzuführen hat und zugleich ein Anspruch des Leistungsempfängers gegen das für ihn zustän-

dige Finanzamt begründet, diese Steuer als Vorsteuer von seiner Steuerschuld abzuziehen (s. FG Bremen vom 29.06.1989, II 85/89 K, EFG 1990, 82).

2 Die Rechnung hat jedoch insbesondere in den Fällen der **Umkehr der Steuerschuldnerschaft nach § 13b UStG** aus umsatzsteuerlicher Sicht an Bedeutung verloren, da in diesen Fällen der Leistungsempfänger gem. § 15 Abs. 1 S. 1 Nr. 4 UStG für seinen Vorsteuerabzug grundsätzlich keine Rechnung benötigt (s. § 15 Rn. 190). Dasselbe gilt für den Vorsteuerabzug der Steuer auf den innergemeinschaftlichen Erwerb (s. § 15 Rn. 180). Insoweit sind aber ggf. die zusätzlichen Pflichten bei der Ausstellung von Rechnungen nach § 14a UStG zu beachten. Entgegen der landläufigen Meinung enthält das Umsatzsteuergesetz keine weitreichenden Verpflichtungen zur Ausstellung einer Rechnung, s. Rn. 54 ff.

3 Die **Erteilung einer Rechnung unter Beachtung der Rechnungsvorschriften** ermöglicht bzw. erleichtert – neben der Kontrollfunktion für die zutreffende Erhebung der Umsatzsteuer durch die Finanzverwaltung (s. EuGH vom 14.07.1988, 123/87, 330/87, UR 1989, 381) – sowohl beim Leistenden als auch beim Leistungsempfänger die Beachtung der Aufzeichnungspflichten nach § 22 UStG. Zur Aufbewahrungspflicht für Rechnungen wird auf die Erläuterungen zu § 14b UStG verwiesen.

1.2 Inhalt der Vorschrift

4 Mit der **Rechnungsausstellung** verschafft der Leistende dem Rechnungsempfänger gegenüber der Finanzverwaltung die Möglichkeit, die in der Rechnung ausgewiesene Umsatzsteuer unter den weiteren Voraussetzungen des § 15 Abs. 1 Satz 1 Nr. 1 UStG als Vorsteuer (von seiner Steuerschuld) abzuziehen (s. § 15 Rn. 2). Der Vorsteuerabzug des Leistungsempfängers setzt daher eine **ordnungsgemäße Rechnung**, d.h. eine inhaltlich vollständige und zutreffende Rechnung voraus. Aufgrund dieser Rechtsfolge hat der nationale Gesetzgeber in § 14 Abs. 1 UStG den Rechnungsbegriff gesetzlich definiert (s. Rn. 20–41) und dies von § 14 Abs. 4 UStG durch die dort aufgezählten Pflichtangaben (inhaltliche Anforderungen an die Rechnung) in einer Rechnung flankiert (s. Rn. 92–192). Daneben finden ergänzend die Vereinfachungsregelungen der §§ 31–34 UStDV Anwendung. Bei diesen Normen handelt es sich daher um die zentralen Vorschriften, die bei der Rechnungserstellung zwingend zu beachten sind.

5 Dementsprechend ist der Leistende auch gem. § 14 Abs. 2 Satz 1 Nr. 2 UStG **zur Ausstellung einer Rechnung verpflichtet**, wenn er seine Leistung an einen anderen Unternehmer erbracht hat und die Rechnung insoweit der Geltendmachung des Rechts auf Vorsteuerabzug (s. § 15 Rn. 48) dient. Steht seine Leistung im Zusammenhang mit einem Grundstück, ist er gem. § 14 Abs. 2 Satz 1 Nr. 1 UStG – losgelöst von der Unternehmereigenschaft des Leistungsempfängers – zur Rechnungsausstellung verpflichtet (s. Rn. 51–65). Das Unterlassen der Rechnungsausstellung ist sanktionsbelastet (Ordnungswidrigkeit nach § 26a Abs. 1 Nr. 1 UStG).

6 Zur Erfüllung der Kontrollfunktion einer Rechnung für die Finanzverwaltung ist der Leistende darüber hinaus in den Sonderfällen des § 14a UStG auch dann zur Ausstellung einer Rechnung verpflichtet, wenn diese **nicht zum Vorsteuerabzug** berechtigt (s. § 14a Rn. 2 ff.).

7 Neben der Abrechnung durch den Leistenden mittels Rechnung, eröffnet § 14 Abs. 2 Satz 2 UStG dem Leistungsempfänger die Möglichkeit im Rahmen einer **Gutschrift** abzurechnen (s. Rn. 66–81). § 14 Abs. 2 Satz 3 UStG ermöglicht auch die Vornahme der Abrechnung durch einen Dritten im Namen des Rechnungsausstellers (s. Rn. 82–83).

8 Es kann auch mittels **elektronischer Rechnung** gem. § 14 Abs. 1 Satz 8 UStG abgerechnet werden (s. Rn. 46–50). § 14 Abs. 3 UStG regelt darüber hinaus das sog. EDI-Verfahren und die Verwendung bestimmter elektronischer Signaturen (s. Rn. 87–91). Diese Vorschrift hat jedoch seit der Gleichstellung der „gewöhnlichen" elektronischen Rechnung mit der Papierrechnung erheblich an Bedeutung verloren (s. Rn. 32).

9 Im Falle einer Vorauszahlung bzw. Anzahlung normiert § 14 Abs. 5 UStG, dass bereits vor Ausführung der Leistung eine Rechnung zu erteilen ist (s. Rn. 193–213).

10 Darüber hinaus regelt § 22c UStG die Ausstellung von **Rechnungen im Fall der sog. Fiskalvertretung** und § 24 Abs. 1 Satz 5 UStG enthält Vorschriften für die Besteuerung der land- und forstwirtschaftlichen

Betriebe nach Durchschnittssätzen. Daneben existieren weitere **Sonderregelungen zur Rechnungserteilung** für:

- Pfandgeld für Warenumschließungen (s. Abschn. 10.1 Abs. 8 UStAE),
- Austauschverfahren in der Kraftfahrzeugwirtschaft (s. Abschn. 10.5 Abs. 3 UStAE),
- Briefmarkenversteigerungsgeschäfte (s. BMF vom 07.05.1971, UR 1971, 173),
- Kraft- und Schmierstofflieferungen für den Eigenbedarf der Tankstellenagenten (s. Abschn. 3.7 Abs. 5 UStAE),
- Garantieleistungen in der Reifenindustrie (s. BMF vom 21.11.1974, BStBl I 1974, 1021),
- Garantieleistungen und Freiinspektionen in der Kraftfahrzeugwirtschaft (s. BMF vom 03.12.1975, BStBl I 1975, 1132).

1.3 Unionsrechtliche Grundlagen

Die **unionsrechtlichen Vorgaben zur Ausstellung einer Rechnung** sind entsprechend den Art. 217–240 MwStSystRL ins deutsche Recht umgesetzt, ohne aber der dortigen Grundstruktur zu folgen: 11

Rechnungen sind alle auf Papier oder elektronisch ausgestellten Dokumente oder Mitteilungen, die den Anforderungen der Art. 219a-240 MwStSystRL genügen (s. Art. 218 MwStSystRL). Elektronische Rechnungen sind solche, die in einem elektronischen Format ausgestellt und empfangen werden (s. Art. 217 MwStSystRL). Die Rechnungsstellung unterliegt den V**orschriften des Mitgliedstaats, in dem die Lieferung von Gegenständen oder die Dienstleistung als ausgeführt gilt** (s. Art. 219a Nr. 1 MwStSystRL). Ist der Leistende nicht in diesem Mitgliedstaat ansässig oder seine dortige Niederlassung nicht an der Leistungsausführung beteiligt oder wird die Mehrwertsteuer vom Erwerber oder Dienstleistungsempfänger geschuldet oder gilt die Leistung nicht innerhalb der Gemeinschaft als ausgeführt, unterliegt die Rechnungsausstellung den Vorschriften des Mitgliedstaates, in dem der Leistende seinen Sitz oder eine feste Niederlassung und in Ermangelung eben dieser, einen Wohnsitz oder gewöhnlichen Aufenthalt hat (s. Art. 219a Nr. 2 MwStSystRL). 12

Die Art. 220–225 MwStSystRL bestimmen sodann die Verpflichtung zur Rechnungsausstellung und die Art. 226–230 MwStSystRL definieren die erforderlichen Rechnungsangaben. Allerdings sind nur die Rechnungsangaben nach Art. 226 MwStSystRL obligatorisch. 13

Der Rechnungsempfänger muss der Verwendung der elektronischen Rechnung zustimmen (s. Art. 232 MwStSystRL). Die **Echtheit der Herkunft einer Papier- und einer elektronischen Rechnung** muss gewährleistet sein (s. Art. 233 MwStSystRL). Darüber hinaus erlaubt Art. 235 MwStSystRL den Mitgliedstaaten spezifische Anforderungen an die elektronische Übermittlung von elektronischen Rechnungen festzulegen. Zum 31.12.2016 sind diese Rechnungsstellungsvorschriften unter Berücksichtigung des damit verbundenen Verwaltungsaufwands von der EU-Kommission zu evaluieren (s. Art. 237 MwStSystRL), sodass zumindest bis zum Jahresende 2016 nicht mit Änderungen der Rechnungsvorschriften zu rechnen sein dürfte. 14

Nach Art. 238 MwStSystRL können sich Mitgliedstaaten für Rechnungen mit Beträgen zwischen 100–400 € auf die Einhaltung der Rechnungsangaben nach Art. 226b MwStSystRL beschränken, wenn die Einhaltung aller in den Art. 226, 230 MwStSystRL genannten Pflichtangaben aufgrund der Handels- oder Verwaltungspraktiken in den betreffenden Wirtschaftsbereichen oder aufgrund technischer Bedingungen der Erstellung der Rechnung besonders schwierig ist (sog. Kleinbetrags- und branchenspezifische Rechnungen). Weitere Vereinfachungsmöglichkeiten enthalten die Art. 239 und 240 MwStSystRL. 15

Flankiert werden diese Rechnungsvorschriften durch **Vorschriften zur Aufbewahrung elektronischer Rechnungen** (s. Art. 241 MwStSystRL), Allgemeine Pflichten (s. Art. 242, 243 MwStSystRL), Aufbewahrungspflichten (s. Art. 244–248 MwStSystRL) und das Zugriffsrecht auf in einem anderen Mitgliedstaat aufbewahrte Rechnungen (s. Art. 248a–249 MwSystRL). 16

Nachstehend erfolgt – ohne Anspruch auf Vollständigkeit – eine tabellarische **Gegenüberstellung der nationalen Regelungen des UStG/UStDV zu den unionsrechtlichen Bestimmungen der MwStSystRL**: 17

	UStG/UStDV	MwStSystRL
Definition der Rechnung	§ 14 Abs. 1 S. 1	Art. 218
Gewährleistung Echtheit der Herkunft, Lesbarkeit	§ 14 Abs. 1 S. 2	Art. 233
Zustimmungserfordernis des Rechnungsempfängers bzgl. elektronischer Rechnung	§ 14 Abs. 1 S. 7	Art. 232
Definition elektronische Rechnung	§ 14 Abs. 1 S. 8	Art. 217
Spezifische Anforderungen für elektronische Rechnung		Art. 235
Maßgebende Vorschriften für die Rechnungserteilung	§ 14 Abs. 2 S. 1	Art. 219a Nr. 1
Rechnung in Form einer Gutschrift	§ 14 Abs. 2 S. 2	Art. 224
Befreiung von der Ausstellungspflicht bei bestimmten steuerfreien Leistungen	§ 14 Abs. 2 S. 1 Nr. 2 S. 3	Art. 221 Abs. 3 Art. 220 Abs. 3
Rechnungsangaben	§ 14 Abs. 4 (...)	Art. 226
Leistender Unternehmer/Leistungsempfänger	Nr. 1	Art. 226 Nr. 5
Steuernummer/USt-IdNr.	Nr. 2	Art. 226 Nr. 3
Ausstellungsdatum	Nr. 3	Art. 226 Nr. 1
Rechnungsnummer	Nr. 4	Art. 226 Nr. 2
Leistungsbeschreibung	Nr. 5	Art. 226 Nr. 6
Leistungszeitpunkt	Nr. 6	Art. 226 Nr. 7
Angabe des Entgelts in einer Rechnung	Nr. 7	Art. 226 Nr. 8
Anzuwendender Steuersatz	Nr. 8	Art. 226 Nr. 9
Steuerbetrag	Nr. 8	Art. 226 Nr. 10
Hinweis auf die Aufbewahrungspflicht	Nr. 9	
Angabe „Gutschrift“	Nr. 10	Art. 226 Nr. 10a
Rechnungsberichtigung/Änderungsdokument	§ 31 Abs. 5 UStDV	Art. 219
Rechnungen über Kleinbeträge	§ 33 UStDV	Art. 220a, Art. 226b
Fahrausweise als Rechnungen	§ 34 UStDV	Art. 238 Abs. 1 Buchst. b
Pflicht zur Ausstellung von Rechnungen bei Anzahlungen	§ 14 Abs. 5	Art. 220 Abs. 1 S. 1 Nr. 4 und 5
Rechnungserteilung von nicht im Inland ansässigen Unternehmern	§ 14 Abs. 7	Art. 219a Nr. 2 Buchst. a
Fristen für die Ausstellung von Rechnungen	§ 14 Abs. 2	Art. 222
Keine Unterzeichnung der Rechnung	nicht normiert	Art. 229
Währungsangaben in einer Rechnung	nicht normiert	Art. 230
Zusätzliche Angaben bei Fiskalvertretung	§ 22c UStG	Art. 226 Nr. 15

18–19 Einstweilen frei

2. Rechnungsbegriff, § 14 Abs. 1 UStG

2.1 Allgemeines

Die **Definition des (umsatz-)steuerlichen Rechnungsbegriffs** findet sich in § 14 Abs. 1 Satz 1 UStG, wonach eine Rechnung jedes Dokument ist, mit dem über eine Lieferung oder sonstige Leistung abgerechnet wird, wobei dessen Bezeichnung im Geschäftsverkehr gleichgültig ist. Der Begriff „Rechnung" muss in dem Abrechnungsdokument nicht genannt sein. Demnach kann z.B. auch ein Vertrag als Rechnung angesehen werden (s. Rn. 159). Das Abrechnungsdokument muss aber wie bei jeder anderen Abrechnung auch eindeutig, klar und insbesondere unbedingt sein (s. Abschn. 14.1 Abs. 2 Satz 4–5 UStAE). 20

Hinweis! Bei Verträgen über Dauerleistungen, die vor dem 01.01.2004 geschlossen wurden, war eine Anpassung an die mit der Rechnungsrichtlinie (ABl. EG 2002 Nr. L 15, 24; umgesetzt durch das Steueränderungsgesetz 2003, BGBl I 2003, 2645) erweiterten Pflichtangaben nicht erforderlich (s. BMF vom 29.01.2004, BStBl I 2004, 258). Ein in Folge der Erhöhung des Regelsteuersatzes zum 01.01.2007 geänderter Vertrag muss aber für Zwecke des Vorsteuerabzugs des Leistungsempfängers alle nach § 14 Abs. 4 UStG erforderlichen Pflichtangaben enthalten (s. BMF vom 11.08.2006, BStBl I 2006, 477). Hierdurch wurde die Nichtbeanstandungsregelung – ohne dass es jedem Unternehmer bekannt geworden sein dürfte – faktisch aufgehoben. Es empfiehlt sich daher, entsprechende Verträge zu überprüfen und ggf. anzupassen. 21

Eine Rechnung kann nach § 31 Abs. 1 Satz 1 UStDV auch aus mehreren Dokumenten bestehen, aus deren Gesamtheit sich die nach § 14 Abs. 4 UStG geforderten Angaben insgesamt ergeben. Allerdings sind in einem dieser Dokumente das Entgelt und der darauf entfallende Steuerbetrag jeweils zusammengefasst anzugeben sowie die anderen Dokumente, aus denen sich die übrigen Angaben nach § 14 Abs. 4 UStG ergeben (s. § 31 Abs. 1 Satz 2 UStDV; sog. zentrales Abrechnungsdokument), zu bezeichnen. Als solche Dokumente können insbesondere Verträge, Auftragsschreiben, Bestellungen und Lieferscheine in Betracht kommen. Bei Fehlen einer entsprechenden Bezeichnung werden die ergänzenden Dokumente von der Finanzverwaltung regelmäßig nicht anerkannt/berücksichtigt (s. Rn. 145). Die **Definition der Rechnung im Unionsrecht** findet sich in Art. 218 MwStSystRL; danach erkennen die Mitgliedstaaten für Zwecke der Richtlinie als Rechnung alle auf Papier oder elektronisch vorliegenden Dokumente oder Mitteilungen an, die den Anforderungen des Kapitels 3 der MwStSystRL genügen. 22

Eine Verpflichtung, wonach eine **Rechnung in deutscher Sprache** auszustellen ist, besteht nicht. Aus § 239 Abs. 1 HGB und § 87 AO lässt sich lediglich herleiten, dass diese in einer lebenden Sprache zu erstellen ist. Gegebenenfalls kann die Finanzverwaltung eine Übersetzung verlangen (s. Art. 248a MwStSystRL). Eine Rechnung bzw. Gutschrift kann auch in einer Fremdwährung ausgestellt werden. 23

Rechnungen gelten handelsrechtlich als **Geschäftsbriefe**; fehlen die insoweit erforderlichen Angaben (s. §§ 37a, 125a, 177a HGB, § 35a GmbHG, § 80 AktG) hat dies – bei Beachtung der steuerlichen Vorschriften – regelmäßig keine umsatzsteuerlichen Auswirkungen. 24

Abweichend von dem Grundsatz, dass das Abrechnungspapier die Bezeichnung „Rechnung" oder eine entsprechende Bezeichnung in einer anderen Sprache nicht enthalten muss, enthält die Vorschrift des § 14 Abs. 4 Nr. 10 UStG für den Fall der Ausstellung der Rechnung durch den Leistungsempfänger oder durch einen vom Leistungsempfänger beauftragten Dritten die Verpflichtung, die Angabe „**Gutschrift**" oder eine entsprechende Bezeichnung in einer anderen EU-Landessprache (z.B. self-billing) aufzunehmen (u.a. BMF vom 25.10.2013, BStBl I 2013, 1305; s. Rn. 191). 25

Für ein und dieselbe Leistung darf grundsätzlich nur eine Rechnung ausgestellt werden (Ausnahme: Anzahlungsrechnungen). Werden dagegen mehrere Rechnungen ausgestellt, ohne dies entsprechend kenntlich zu machen (z.B. durch besondere Bezeichnungen wie **Duplikat oder Kopie**), schuldet der Rechnungsaussteller den doppelt bzw. mehrfach ausgewiesenen Umsatzsteuerbetrag nach § 14c Abs. 1 UStG (s. BFH vom 27.04.1994, XI R 54/93, BStBl II 1994, 718); dies gilt nicht, wenn **inhaltlich** identische Mehrstücke übersandt werden (s. Abschn. 14c.1 Abs. 4 Satz 5 UStAE). Sofern eine **Rechnung aus meh-** 26

reren Dokumenten besteht, sind die Regelungen für die Dokumente in ihrer Gesamtheit anzuwenden (s. Abschn. 14c.1 Abs. 4 Satz 6 UStAE).

27 Zur zehnjährigen Aufbewahrungspflicht von Rechnungen bzw. Rechnungsdoppeln des Rechnungsausstellers, s. § 14b Rn. 12 ff.

28 Der schuldrechtliche Anspruch des leistenden Unternehmers auf die in Rechnung gestellte Umsatzsteuer sowie des Entgelts unterliegt im Regelfall der **Verjährungsfrist** von drei Jahren (§ 195 BGB). Die Verjährungsfrist beginnt in diesen Fällen regelmäßig mit dem Schluss des Jahres, in dem der Anspruch entstanden ist (s. § 199 Abs. 1 BGB). Nach Eintritt der Verjährung kann der Schuldner die Leistung verweigern (s. § 214 Abs. 1 BGB). Die Verjährungsfrist kann allerdings durch eine vertragliche Vereinbarung auf längstens 30 Jahre verlängert werden (s. § 202 Abs. 2 BGB). Zum zivilrechtlichen Anspruch des Leistungsempfängers gegen den leistenden Unternehmer auf Rechnungserteilung, s. Rn. 51 und Rechnungsberichtigung, s. Rn. 215 ff.

29–31 Einstweilen frei

2.2 Echtheit der Herkunft, Unversehrtheit des Inhalts und Lesbarkeit der Rechnung, § 14 Abs. 1 Sätze 2–6 UStG

32 Die **Echtheit der Herkunft der Rechnung**, die Unversehrtheit ihres Inhalts und ihre Lesbarkeit müssen nach § 14 Abs. 1 Sätze 2-6 UStG gewährleistet werden (unionsrechtliche Grundlage Art. 233 MwStSystRL). Diese durch das Steuervereinfachungsgesetz 2011 (BGBl I 2011, 2131) rückwirkend zum 01.07.2011 eingefügten Vorschriften dienen der Gleichstellung von Papier- und elektronischen Rechnungen. Zugleich wurden die technischen Anforderungen für auf elektronischem Weg übermittelte Rechnungen reduziert.

33 Unter **Echtheit der Herkunft** ist nach § 14 Abs. 1 Satz 3 UStG die Sicherheit der Identität des Rechnungsausstellers zu verstehen. Rechnungsaussteller kann sowohl der leistende Unternehmer als auch ein von ihm beauftragter Dritter sein (s. Rn. 82). Wird mittels Gutschrift durch den Leistungsempfänger oder einen von ihm beauftragten Dritten abgerechnet (s. Rn. 66), ist dieser Rechnungsaussteller.

34 Die **Unversehrtheit des Inhalts** bedeutet, dass die nach diesem Gesetz erforderlichen Angaben nach Ausstellung bzw. während der Übermittlung der Rechnung nicht geändert werden können (s. § 14 Abs. 1 Satz 4 UStG).

35 Das **Erfordernis der Lesbarkeit einer Papierrechnung** erklärt sich von selbst: diese gilt als lesbar, wenn sie für das menschliche Auge lesbar ist (s. Abschn. 14.4 Abs. 3 Satz 4 UStAE). Besondere Bedeutung erlangt dieses Erfordernis erst für elektronische Rechnungen; so stellt Abschn. 14.4 Abs. 3 Satz 4 UStAE weiter klar, dass Rechnungsdaten die per EDI-Verfahren (s. Rn. 87), XML-Nachrichten oder anderen strukturierten elektronischen Nachrichtenformen übermittelt werden, in ihrem Originalformat nicht lesbar sind, sondern erst nach einer Konvertierung.

36 In welcher Weise die Echtheit der Herkunft, die Unversehrtheit des Inhalts und die Lesbarkeit der Rechnung **gewährleistet** werden, legt jeder Unternehmer eigenverantwortlich fest; dies kann durch jegliches innerbetriebliches Kontrollverfahren erreicht werden, das einen verlässlichen Prüfpfad zwischen Rechnung und Leistung schaffen kann (s. § 14 Abs. 1 S. 5 und 6 UStG). Die Echtheit und Unversehrtheit gilt als gewährleistet, durch Verwendung einer qualifizierten elektronischen Signatur oder eines elektronischen Datenaustausches (§ 14 Abs. 3 UStG).

37 Nicht erforderlich ist, dass die Rechnung (oder Gutschrift) mit einer **Unterschrift** versehen ist (unionsrechtliche Grundlage, Art. 229 MwStSystRL).

38 Die Echtheit der Herkunft, die Unversehrtheit des Inhalts sowie die Lesbarkeit der Rechnung müssen während des gesamten zehnjährigen Aufbewahrungszeitraums gewährleistet werden (s. § 14b Abs. 1 Sätze 1–2 UStG).

2.3 Innerbetriebliches Kontrollverfahren, § 14 Abs. 1 Sätze 5–6 UStG

39 Ein **innerbetriebliches Kontrollverfahren** im umsatzsteuerlichen Sinne wird als Verfahren verstanden, welches der Unternehmer zum Abgleich der Rechnungen mit den Zahlungsverpflichtungen einsetzt

(s. BMF vom 02.07.2012, BStBl I 2012, 726). Der Unternehmer dürfte daher bereits im eigenen Interesse ein entsprechendes Verfahren vorhalten, um zu gewährleisten, dass tatsächlich nur die Rechnungen beglichen werden, zu deren Begleichung er auch verpflichtet ist (s. Abschn. 14.4 Abs. 5 Satz 1 UStAE). Ein solches innerbetriebliches Kontrollverfahren erfüllt die Anforderungen des § 14 Abs. 1 UStG, wenn es einen **verlässlichen Prüfpfad** gibt, durch den ein Zusammenhang zwischen der Rechnung und der zugrundeliegenden Leistung hergestellt werden kann. Dies ist auch bereits zur Prüfung der Voraussetzungen des Vorsteuerabzugs erforderlich.

Ein eigenes innerbetriebliches Kontrollverfahren kann zertifiziert werden. Es besteht aber keine eigenständige Dokumentationspflicht (s. Abschn. 14.4 Abs. 6 Satz 3 UStAE). Es werden daher auch keine technischen Verfahren vorgegeben, sodass der Unternehmer jedes taugliches EDV-System verwenden kann (s. Abschn. 14.4 Abs. 5 Satz 3 UStAE). Ein **manuelles Prüfverfahren** – wie in vielen Fällen üblich – durch Abgleich der Rechnung mit den vorhandenen geschäftlichen Unterlagen (s. Abschn. 14.4 Abs. 6 Satz 2 UStAE) ist auch zulässig (s. Abschn. 14.4 Abs. 5 Satz 4 UStAE). Es bleibt abzuwarten, wie sich dieses Thema in der Zukunft, insbesondere unter dem Einfluss von Betriebsprüfungen und Rechtsprechung weiterentwickelt. Der Unternehmer ist in der Wahl des Prüfverfahrens aber grundsätzlich frei. 40

Eine inhaltlich zutreffende Rechnung rechtfertigt die Annahme, dass bei der Übermittlung keine die Echtheit der Herkunft oder die Unversehrtheit des Inhalts beeinträchtigende Fehler vorgekommen sind (s. Abschn. 14.4 Abs. 6 Satz 5 UStAE). 41

Bei elektronischen Rechnungen, die mit einer **qualifizierten elektronischen Signatur** i.S.d. § 14 Abs. 3 Nr. 1 UStG oder bei Übermittlung im sog. **EDI-Verfahren** i.S.d. § 14 Abs. 3 Nr. 2 UStG übermittelt werden, gelten die Echtheit der Herkunft und die Unversehrtheit des Inhalts als gewährleistet (s. Rn. 87). 42

2.4 Übermittlung von Rechnungen, § 14 Abs. 1 Satz 7 UStG

Die Übermittlung einer **Rechnung** kann – neben der persönlichen Übergabe des Schriftstücks – auf unterschiedlichen Wegen erfolgen, z.B. per Post oder Telefax. Die Übermittlung auf elektronischem Wege (z.B. per E-Mail oder Webdownload) bedarf der formlosen Zustimmung des Rechnungsempfängers (bloßes Einvernehmen bzw. stillschweigende Billigung – z.B. durch Zahlung – ist ausreichend, s. Abschn. 14.4 Abs. 1 UStAE). Die Rücknahme oder der Widerruf einer entsprechenden Zustimmung ist nur mit Wirkung für die Zukunft möglich. Die Verwendung einer sog. elektronischen Signatur oder des sog. EDI-Verfahrens (s. Rn. 87) zur Übermittlung einer elektronischen Rechnung ist seit dem 01.07.2011 nicht mehr vorgeschrieben. Bereits zuvor war der Abruf von Fahrausweisen in einem Online-Verfahren zulässig (s. BMF vom 29.01.2004, BStBl I 2004, 258). 43

Eine andere als die zuvor genannten Übermittlungsarten ist nicht zulässig (s. BFH vom 10.11.2009, V B 68/09, BFH/NV 2010, 479). 44

Zu den Rechtsfolgen einer mehrfachen Rechnungsübermittlung, s. Rn. 26. 45

2.5 Elektronische Rechnung, § 14 Abs. 1 Satz 8 UStG

Nach § 14 Abs. 1 Satz 8 UStG ist eine **elektronische Rechnung** eine Rechnung, die in einem elektronischen Format ausgestellt und empfangen wird (Übermittlung, s. auch Rn. 43). Das Unionsrecht definiert eine elektronische Rechnung in Art. 217 MwStSystRL. Ein bestimmtes Format ist nicht vorgeschrieben; die Echtheit der Herkunft, die Unversehrtheit des Inhalts und die Lesbarkeit muss aber gewährleistet sein (s. Rn. 32 ff.). 46

Hierunter dürften überwiegend die per E-Mail (ggf. mit PDF-Dateianhang), per Download oder mittels Datenträgeraustausch übermittelten Rechnungen fallen. Auch Rechnungen, die an ein Computer-Telefax übermittelt werden, gelten als elektronische Rechnungen. Rechnungen, die von einem Computer-Telefax an ein Standard-Telefax übermittelt werden, dürften als Papierrechnung gelten. Da aber Papier- und elektronische Rechnungen seit dem 01.07.2011 weitestgehend gleich behandelt werden, hat diese Unterscheidung kaum noch eine Bedeutung (s. Rn. 32). Zu speziellen Anforderungen an die Aufbewahrung von elektronischen Rechnungen, s. § 14b UStG. 47

48 Zu den Rechtsfolgen einer mehrfachen Rechnungsübermittlung, s. Rn. 26.

49–50 Einstweilen frei

3. Verpflichtung und Berechtigung zur Erteilung von Rechnungen, § 14 Abs. 2 Satz 1 UStG

3.1 Allgemeines

51 Entgegen der weitläufigen Auffassung besteht umsatzsteuerrechtlich keine generelle Verpflichtung des Unternehmers, für sämtliche Ausgangsumsätze Rechnungen zu erteilen. Nur in den gesetzlich definierten Fällen ist der Unternehmer umsatzsteuerrechtlich zur Ausstellung einer Rechnung verpflichtet (s. Rn. 54–62). Soweit er nicht zur Rechnungsausstellung verpflichtet ist, bleibt er hierzu aber berechtigt (s. § 14 Abs. 2 Satz 1 Nr. 2 Satz 1 UStG). Darüber hinaus besteht allerdings regelmäßig ein **zivilrechtlicher Anspruch** des Leistungsempfängers gegen den leistenden Unternehmer (soweit er denn zur Ausstellung einer Rechnung mit offenem Steuerausweis berechtigt ist) auf Erteilung einer (die Umsatzsteuer ausweisenden) Rechnung; deren Durchsetzung vor den Zivilgerichten geltend zu machen ist (s. BGH vom 26.06.2014, VII ZR 247/13, DStRE 2014, 1887 m.w.N.; auch s. § 15 Rn. 157) und der regelmäßigen Verjährungsfrist von drei Jahren unterliegt (s. § 195 BGB; auch s. Rn. 28). Dabei haben die Zivilgerichte auch umsatzsteuerrechtliche Vorfragen abschließend zu beantworten, wenn deren Beurteilung keine besonderen Schwierigkeiten tatsächlicher oder rechtlicher Natur begegnen (s. BGH vom 02.11.2001, V ZR 224/00, BFH/NV Beilage 3, 115; kritisch Stadie, UR 2011, 801).

52 Nach dem Wortlaut der Vorschrift werden von ihr alle **Unternehmer** (s. dazu § 2 Abs. 1 Rn. 4 ff.) erfasst, d.h. insbesondere auch Kleinunternehmer i.S.d. § 19 UStG und Land- und Forstwirte, die die Besteuerung nach Durchschnittssätzen gem. § 24 UStG anwenden (s. Abschn. 14.1 Abs. 3 Satz 4 UStAE).

53 Erfasst werden alle Lieferungen und sonstige Leistungen nach § 1 Abs. 1 Nr. 1 UStG. Ungeklärt ist insoweit aber, ob nach dem Gesetzeswortlaut der Unternehmer auch berechtigt ist, für unentgeltliche Leistungen i.S.d. § 3 Abs. 1b und 9a UStG Rechnungen zu erteilen (verneinend s. Wagner, in Sölch/Ringleb, UStG, § 14 Rn. 97; wohl bejahend s. Stadie in Rau/Dürrwächter, § 15 Rn. 644 und § 14 Rn. 206, der zugleich auch einen Vorsteuerabzug für den Leistungsempfänger bejaht).

3.2 Verpflichtung zur Ausstellung einer Rechnung

54 Nach **§ 14 Abs. 2 Satz 1 Nr. 1 UStG** ist der Unternehmer, der eine steuerpflichtige **Werklieferung** i.S.d. § 3 Abs. 4 Satz 1 UStG oder eine **sonstige Leistung im (engen) Zusammenhang mit einem Grundstück** ausführt, zur Ausstellung einer Rechnung innerhalb von sechs Monaten nach Ausführung der Leistung verpflichtet (unionsrechtliche Grundlage, s. Art. 220 Abs. 1, 221 Abs. 2–3 MwStSystRL). Wird das Entgelt vor Leistungsausführung vereinnahmt, ist die Rechnung in sinngemäßer Anwendung des § 14 Abs. 5 UStG innerhalb von sechs Monaten nach der Vereinnahmung auszustellen (s. Abschn. 14.1 Abs. 3 Satz 2 UStAE).

55 Diese Verpflichtung besteht unabhängig von der Unternehmereigenschaft und einer etwaigen Eigentümerstellung des Leistungsempfängers (s. Abschn. 14.1 Abs. 3 Satz 3 UStAE).

56 Von dieser Verpflichtung werden insb. **Bauleistungen nach § 13b Abs. 2 Nr. 4 UStG** (s. § 13b Rn. 61 ff.) und **sonstige Leistungen i.S.d. § 3a Abs. 3 Nr. 1 UStG** erfasst (s. § 3a Rn. 48 ff.). Ein enger Zusammenhang mit einem Grundstück ist darüber hinaus gegeben, wenn sich die gegenständlichen Leistungen nach den tatsächlichen Umständen überwiegend auf die Bebauung, Verwertung, Nutzung oder Unterhaltung, aber auch Veräußerung oder den Erwerb des Grundstücks selbst beziehen; insoweit gehören dazu auch Leistungen, die der Erschließung von Grundstücken oder der Vorbereitung von Bauleistungen dienen, sodass z.B. folgende Leistungen erfasst werden (s. Abschn. 14.2 Abs. 2 Satz 3, Abs. 3 Satz 3 UStAE):

- Planerische Leistungen,
- Leistungen der Bauüberwachung, zur Durchführung von Ausschreibungen, Prüfung von Bauabrechnungen,
- Abbruch- bzw. Erdarbeiten; Entsorgung von Bauschutt,
- Bereitstellung und Aufstellung von Baugerät,

- Gerüstbau,
- Gebäudereinigung,
- Instandhaltungsarbeiten, Wartung etc.,
- Erstellung von Außenanlagen, Grünanlagen,
- Beurkundung des Grundstückskaufvertrages,
- Vermittlungsleistungen der Makler bei Grundstücksveräußerungen oder -vermietungen.

Ein enger Zusammenhang besteht nicht bei selbständigen Leistungen, wie der Veröffentlichung von Immobilienanzeigen oder der Rechts- und Steuerberatung in Grundstückssachen. 57

Auch alltägliche Geschäfte, die mit einem Kaufvertrag abgeschlossen werden (z.B. Baumarkteinkauf durch Nichtunternehmer sowie die Lieferung von Baumaterial auf eine Baustelle eines Nichtunternehmers oder eines Unternehmers, der das Baumaterial für seinen nichtunternehmerischen Bereich bezieht), werden nicht von der Verpflichtung zur Rechnungserteilung erfasst (s. Abschn. 14.2 Abs. 5 UStAE). 58

Eine **Verpflichtung zur Ausstellung einer Rechnung** ergibt sich zudem aus **§ 14 Abs. 2 Satz 1 Nr. 2 UStG** soweit der Unternehmer eine steuerpflichtige oder eine nach § 4 Nr. 1–7 UStG steuerfreie **Leistung an einen anderen Unternehmer für dessen Unternehmen** oder eine juristische Person, die nicht Unternehmer ist, ausführt; die Rechnung ist in solchen Fällen innerhalb von 6 Monaten nach Leistungsausführung auszustellen. In den Fällen der Ausführung einer innergemeinschaftlichen Lieferung i.S.d. § 6a UStG ist allerdings eine Rechnung bereits bis zum 15. Tag des Monats, der auf den Monat der Leistungserbringung folgt, auszustellen (§ 14a Abs. 3 S. 1 UStG). 59

Hiervon ausgenommen sind aber gem. § 14 Abs. 2 Satz 1 Nr. 2 Satz 3 UStG alle Umsätze, die nach § 4 Nr. 8–28 UStG steuerfrei sind und nach dem 31.12.2008 ausgeführt werden (s. § 27 Abs. 15 UStG); unionsrechtliche Grundlage ist Art. 221 Abs. 3 MwStSystRL. Insoweit wird bei der Frage nach der Verpflichtung zur Rechnungserteilung zwischen den sog. **echten und unechten Steuerbefreiungen** unterschieden (s. § 15 Rn. 275). Die Berechtigung zur Ausstellung einer Rechnung bleibt davon aber unberührt. 60

Auch wenn insoweit keine Verpflichtung zur Rechnungserteilung besteht, sind die **Aufzeichnungspflichten** zu beachten. 61

Wird entgegen § 14 Abs. 2 Satz 1 Nr. 1 oder Nr. 2 Satz 2 UStG eine Rechnung nicht oder nicht rechtzeitig ausgestellt, handelt es sich um eine **Ordnungswidrigkeit** gem. § 26a Abs. 1 Nr. 1 UStG, die gem. § 26a Abs. 2 UStG mit einer Geldbuße bis zu 5.000 € geahndet werden kann (s. § 26a Rn. 2 ff. und 11). Die Erteilung einer nicht alle Pflichtangaben enthaltenden Rechnung gilt hingegen nicht als Ordnungswidrigkeit. Warum insbesondere die vorsätzliche Ausstellung einer fehlerhaften Rechnung keine Ordnungswidrigkeit darstellen soll, erscheint unschlüssig. 62

Einstweilen frei 63–65

4. Die Gutschrift als Abrechnungspapier, § 14 Abs. 2 Satz 2 UStG

4.1 Allgemeines

Eine Rechnung kann auch durch den Leistungsempfänger ausgestellt werden, wenn: 66

- Dies vorher vereinbart wurde (s. Rn. 70–72),
- diese Abrechnung dem leistenden Unternehmer übermittelt wird (s. Rn. 73–75),
- und dieser nicht widerspricht (s. Rn. 76–81).

In einem solchen Fall wird von einer **Gutschrift im umsatzsteuerlichen Sinne** gesprochen. Es handelt sich hierbei um eine Sonderform der Rechnung. Eine Gutschrift kann auch von einem Dritten, im Namen und für Rechnung des Leistungsempfängers, ausgestellt werden (s. § 14 Abs. 2 Satz 4 UStG, s. Rn. 82). Die Verpflichtung des leistenden Unternehmers nach § 14 Abs. 2 Satz 1 Nr. 1 und Nr. 2 Satz 2 UStG bleibt aber grundsätzlich bestehen, nur ihre Erfüllung wird mittels Abrechnung durch Gutschrift auf den Leistungsempfänger übertragen. 67

Die **kaufmännische Gutschrift**, die üblicherweise zu Zwecken eines Rechnungsstornos bzw. einer Rechnungskorrektur ausgestellt wird, stellt keine Gutschrift im umsatzsteuerlichen Sinne dar und ist insofern von dieser abzugrenzen. Eine bestimmte Bezeichnung der kaufmännischen Gutschrift ist nicht vorgese- 68 hen; diese kann z.B. als Rechnungskorrektur oder Rechnungsstorno oder mit der englischen Bezeichnung „credit note“ bezeichnet werden. Wird in einer kaufmännischen Gutschrift der Begriff „Gutschrift“ verwendet, obwohl keine Gutschrift im umsatzsteuerlichen Sinne nach § 14 Abs. 2 Satz 2 UStG vorliegt, ist dies nach Verwaltungsauffassung aber umsatzsteuerrechtlich unbeachtlich (s. Abschn. 14.3 Abs. 2 Satz 5 UStAE); die Bezeichnung „Gutschrift“ führt allein nicht zur Anwendung des § 14c UStG (s. BMF vom 25.10.2013, BStBl I 2013, 1305).

69 Die **Abrechnung mittels Gutschrift** ist für sämtliche Umsätze nach § 1 Abs. 1 Nr. 1 UStG statthaft. Die Einschränkung der Ausstellungsverpflichtung nach § 14 Abs. 2 Satz 1 Nr. 2 Satz 3 UStG (s. Rn. 60) hat keine Auswirkung auf die Berechtigung zur Abrechnung mittels Gutschrift. Grundsätzlich sind aber die Angaben nach § 14 Abs. 4 S. 1 Nr. 1–8 UStG (s. Rn. 174) und Nr. 10 UStG (s. Rn. 189) erforderlich. Dies gilt auch dann, wenn hinsichtlich einer empfangenen Leistung wie auch einer erbrachten Leistung in einem Dokument abgerechnet wird. Zur Vermeidung von Risiken ist jedoch eine getrennte Abrechnung zu empfehlen.

4.2 Berechtigung und vorherige Vereinbarung

70 Die **steuerliche Anerkennung einer Gutschrift** setzt das **Einverständnis** zwischen dem Aussteller (= Leistungsempfänger) und dem Empfänger der Gutschrift (= Leistender Unternehmer) voraus, dass mittels einer Gutschrift abgerechnet werden soll (s. § 14 Abs. 2 Satz 2 UStG).

71 Bei dem Einverständnis handelt es sich um einen privatrechtlichen Vertrag, der die „übereinstimmenden Willenserklärungen“ der Beteiligten des Leistungsaustausches enthält, über diesen Leistungsaustausch mit einer Gutschrift abzurechnen (s. Abschn. 14.3 Abs. 2 Satz 1 UStAE). Die Vereinbarung kann sich aus Verträgen oder sonstigen Geschäftsunterlagen ergeben oder mündlich getroffen werden (s. BMF vom 29.01.2004, BStBl I 2004, 258). Dabei ist die Vereinbarung zur Abrechnung mittels Gutschrift an keine besondere Form gebunden (s. Abschn. 14.3 Abs. 2 Satz 3 UStAE). Die bloße Zusendung einer Gutschrift an den leistenden Unternehmer gegen dessen Willen ist aber nicht geeignet, das erforderliche Einverständnis herzustellen, da die Vereinbarung grundsätzlich vor der Abrechnungserteilung getroffen worden sein muss (s. Abschn. 14.3 Abs. 2 Satz 2 UStAE). Fehlt es an einer ausdrücklichen vorherigen Vereinbarung, dürfte diese aber u.E. unterstellt werden, wenn der Empfänger der Gutschrift diese unwidersprochen entgegennimmt (s. auch Rn. 77).

72 Berechtigt zur Abrechnung mittels Gutschrift sind **nur Unternehmer und juristische Personen**. Unbeachtlich ist, ob der Leistungsempfänger nach § 13b Abs. 5 UStG Steuerschuldner ist. Insoweit sind aber die Sonderregelungen nach § 14a Abs. 1 und 5 UStG zu beachten.

4.3 Übermittlung, § 14 Abs. 2 Satz 3 UStG

73 Für die Wirksamkeit einer Gutschrift ist ferner Voraussetzung, dass die Gutschrift dem leistenden Unternehmer übermittelt worden ist und dieser dem Dokument nicht widerspricht (s. § 14 Abs. 2 Satz 3 UStG). Dabei setzt eine Übermittlung voraus, dass die Gutschrift dem leistenden Unternehmer so zugänglich gemacht worden ist, dass er von ihrem Inhalt Kenntnis nehmen kann; die Aufgabe zur Post ist hierfür nicht ausreichend (s. BFH vom 15.09.1994, XI R 56/93, BStBl II 1995, 275). Diese Voraussetzung muss der die Gutschrift ausstellende Unternehmer zweifelsfrei nachweisen (s. FG München vom 17.06.2004, 14 K 5251/01, FGReport 2004, 75, rkr.). Die Ausführungen zur Rn. 43 gelten entsprechend.

74 Die Zuleitung der Gutschrift an einen vom leistenden Unternehmer hierzu gem. § 164 BGB bevollmächtigten Dritten ist möglich.

75 Nach Abschn. 14.3 Abs. 2 Satz 4 UStAE ist die Gutschrift innerhalb von sechs Monaten nach Leistungsausführung bzw. Vereinnahmung des Entgelts auszustellen.

4.4 Widerspruch und dessen Folgen, § 14 Abs. 2 Satz 3 UStG

76 Die (gesamte) Gutschrift verliert ihre Wirkung als Rechnung, wenn der Empfänger der Gutschrift dieser widerspricht. Der **Widerspruch** betrifft nach dem Gesetzeswortlaut immer die gesamte Gutschrift. Die Möglichkeit, der Gutschrift zu widersprechen ist auch nicht auf Gutschriften beschränkt, die nicht ordnungsge-

mäß sind; d.h. dies gilt auch dann, wenn die Gutschrift den zivilrechtlichen Vereinbarungen entspricht und die Umsatzsteuer zutreffend ausweist (s. Abschn. 14.3 Abs. 4 Satz 3 UStAE; zur Kritik: s. Stadie, UR 2013, 365; Hummel, UR 2012, 497). Ob diese Widerspruchsmöglichkeit noch dem sog. „Verfahren zur Akzeptierung" der Gutschrift nach Art. 224 MwStSystRL entspricht, ist fraglich (auch Wagner in Sölch/Ringleb, § 14 Rn. 155). Das Umsatzsteuergesetz sieht weder eine Frist für die Ausübung des Widerspruchsrechts nach § 14 Abs. 2 Satz 3 UStG gegenüber einer Gutschrift, noch eine Frist für die Möglichkeit der Berichtigung einer Gutschrift vor, sodass diese Handlungen nur bis zu zivilrechtlichen Verjährung möglich sind (vgl. FG München vom 05.11.2004, 3 K 3209/11, EFG 2015, 427 n.w.N.).

Der **wirksame Widerspruch** wirkt in dem Besteuerungszeitraum, in dem er erklärt wird (s. BFH vom 19.05.1993, V R 110/88, BStBl II 1993, 779). Die Wirksamkeit des Widerspruchs setzt lediglich eine wirksame Willenserklärung und deren Zugang beim Aussteller der Gutschrift voraus (s. BFH vom 23.01.2013, XI R 25/11, BStBl II 2013, 417; vom 19.05.1993, BStBl II 1993, 779). Der Widerspruch ist im Übrigen an keine bestimmte Form gebunden. Im Ergebnis ist es somit das Risiko des Leistungsempfängers, dass der Leistende der Gutschrift zu einem späteren Zeitpunkt widerspricht. Mit dem Widerspruch verliert die Gutschrift zugleich auch die Wirkung einer zum Vorsteuerabzug berechtigenden Rechnung (s. § 15 Rn. 127). 77

Ein Widerspruch kann so theoretisch auch zur „Schikane" erfolgen, da mit einem Widerspruch regelmäßig der Verlust des Vorsteuerabzugs verbunden ist. Das bestehende Risiko aufseiten des Leistungsempfängers ließe sich ggfs. durch einen vertraglich vereinbarten Schadensersatzanspruch gegen den leistenden Unternehmer im Falle eines (unberechtigten) Widerspruchs entgegentreten. 78

Ungeklärt ist bisher, ob nach einem wirksamen Widerspruch der Leistungsempfänger weiterhin berechtigt ist, erneut eine Gutschrift zu erteilen oder ob durch den Widerspruch des leistenden Unternehmers zugleich auch die vorherige Vereinbarung zur Abrechnung mittels Gutschrift gegenstandslos geworden ist. Insoweit empfiehlt sich u.E. eine Abrechnung mittels Gutschrift nur bei einer laufenden Geschäftsbeziehung und sollte im Zweifel von eindeutigen zivilrechtlichen Vereinbarungen flankiert werden. 79

Einstweilen frei 80–81

5. Dritter als Rechnungsaussteller, § 14 Abs. 2 Satz 4 UStG

Nach dieser Vorschrift kann eine Rechnung bzw. Gutschrift im Namen und für Rechnung des leistenden Unternehmers bzw. des Leistungsempfängers von einem Dritten (z.B. einem Servicedienstleister oder Logistikdienstleister) ausgestellt werden (unionsrechtliche Grundlage s. Art. 220 Abs. 1 MwStSystRL). Dies bedingt u.E. eine entsprechende zivilrechtliche Berechtigung durch den „Namensträger". 82

Dritter kann grundsätzlich jeder sein, nicht jedoch der Leistungsempfänger (s. BMF vom 29.01.2004, BStBl I 2004, 258). Zur Abrechnung durch den Leistungsempfänger, s. Rn. 66. Zur Berichtigung der Rechnung bzw. Gutschrift ist der Dritte nicht berechtigt (s. § 15 Rn. 153). 83

Einstweilen frei 84–86

6. EDI oder qualifizierte elektronische Signatur, § 14 Abs. 3 UStG

Nachdem die elektronische Rechnung der Papierrechnung mit Wirkung zum 01.07.2011 gleichgestellt wurde (s. Rn. 32), nennt diese Vorschrift lediglich Beispiele für Technologien, die die **Echtheit der Herkunft und die Unversehrtheit des Inhalts bei einer elektronischen Rechnung** gewährleisten. Dies sind: 87

- Zum einen die in § 14 Abs. 3 Nr. 1 UStG genannte qualifizierte elektronische Signatur (s. **§ 2 Nr. 3 SigG) oder die qualifizierte elektronische Signatur mit Anbieter-Akkreditierung** (s. **§ 2 Nr. 15 SigG**), und
- zum anderen der in § 14 Abs. 3 Nr. 2 UStG aufgeführte elektronische Datenaustausch (nach Art. 2 der Empfehlung 94/820/EG der Kommission vom 19.10.1994 über die rechtlichen Aspekte des elektronischen Datenaustauschs, ABl. EG 1994, L 338, 98), wenn in der Vereinbarung über diesen Datenaustausch der Einsatz von Verfahren vorgesehen ist, die die Echtheit der Herkunft und die Unversehrtheit der Daten gewährleisten.

88 Zur **Erstellung einer qualifizierten elektronischen Signatur** wird ein von einem Zertifizierungsdiensteanbieter ausgestelltes qualifiziertes Zertifikat benötigt, mit dem die Identität des Zertifikatsinhabers bestätigt wird (s. § 2 Nr. 7 SigG). Dieses Zertifikat kann nur auf natürliche Personen ausgestellt werden, wobei es zulässig ist, dass eine oder mehrere natürliche Personen im Unternehmen bevollmächtigt werden, für den Unternehmer zu signieren. Eine Verlagerung der dem leistenden Unternehmer oder dem von diesem beauftragten Dritten obliegenden steuerlichen Verpflichtungen ist damit jedoch nicht verbunden (umfassend hierzu s. Abschn. 14.4 Abs. 8 UStAE).

89 Für die Anerkennung von im **EDI-Verfahren** (EDI – Electronic Data Interchange) übermittelten Rechnungen ist Voraussetzung, dass über den elektronischen Datenaustausch eine gesonderte Vereinbarung über die rechtlichen Aspekte des elektronischen Datenaustausches geschlossen wird, in der der Einsatz von Verfahren vorgesehen ist, die die Echtheit der Herkunft und die Unversehrtheit der Daten gewährleisten (zu dieser Vereinbarung, s. Abschn. 14.4 Abs. 9 UStAE).

90 Die obigen Ausführungen finden entsprechend für Gutschriften i.S.d. § 14 Abs. 2 Satz 2 UStG, Rechnungen, die im Namen und für Rechnung des Unternehmers oder eines in § 14 Abs. 2 Satz 1 Nr. 2 UStG bezeichneten Leistungsempfängers von einem Dritten ausgestellt werden (s. **§ 14 Abs. 2 Satz 4 UStG)** sowie für **Anzahlungsrechnungen i.S.d. § 14 Abs. 5 UStG** Anwendung (s. Abschn. 14.4 Abs. 10 Satz 1 UStAE).

91 Einstweilen frei

7. Pflichtangaben, § 14 Abs. 4 UStG

7.1 Allgemeines

92 § 14 Abs. 4 Satz 1 UStG beinhaltet in den Nummern 1 bis 10 die **Pflichtangaben einer Rechnung**, die auch für eine (umsatzsteuerliche) Gutschrift gelten. Die Angaben der Nummern 1 bis 8 sind in allen Rechnungen anzugeben, die Nummern 9 und 10 nur in den gesetzlich definierten Fällen, wobei für Rechnungen über Kleinbeträge und Fahrausweise allerdings die Sonderregelungen der §§ 33 und 34 UStDV gelten (s. Rn. 66 ff.). Weitere Pflichtangaben können sich aus § 14a UStG ergeben (s. § 14a Rn. 10 ff.). Die Pflichtangaben können sich auch aus mehreren Dokumenten ergeben (s. Rn. 22).

93 Die **Erteilung einer nicht ordnungsgemäßen Rechnung** gilt zwar nicht als Ordnungswidrigkeit i.S.d. § 26a Abs. 1 Nr. 1 UStG (s. Abschnitt 14.5 Abs. 1 Satz 12 UStAE), den Rechnungsaussteller kann aber u.U. die Rechtsfolge des § 14c Abs. 1 UStG treffen (s. § 14c Rn. 4 ff. zur Rechtsfolge).

94 Die Verpflichtung zur Aufnahme gesetzlich definierter Angaben in einer Rechnung verfolgt das Ziel, die Erhebung der Umsatzsteuer sowie deren Überprüfung zu gewährleisten (s. EuGH vom 14.07.1988, 123/87, 330/87, UR 1989, 381). Nach ständiger Rechtsprechung des BFH müssen die Rechnungsangaben daher eine eindeutige und leicht nachprüfbare Feststellung der Voraussetzungen für den Vorsteuerabzug ermöglichen (s. BFH vom 06.12.2007, V R 61/05, BStBl II 2008, 695). Aus der Funktion des Abrechnungspapiers als Belegnachweis folgt somit, dass der Aufwand zur Identifizierung der Leistung begrenzt sein muss (s. FG Hamburg vom 11.03.2015, 2 K 231/14).

95 Der Leistungsempfänger hat die in der Rechnung enthaltenen Angaben auf ihre **Richtigkeit** zu überprüfen; dies liegt regelmäßig in seinem eigenen Interesse, da nur eine ordnungsgemäße Rechnung zum Vorsteuerabzug berechtigt; zudem kann eine Rechnungsberichtigung zu einem späteren Zeitpunkt mit einem Zinsrisiko und dem Risiko einer erschwerten oder unmöglichen Durchsetzbarkeit verbunden sein.

96 **Achtung!** Die Ausstellung einer Rechnung setzt die korrekte umsatzsteuerrechtliche Beurteilung der Ausgangsleistung – über die abgerechnet werden soll – voraus. Hierfür (u.a. für die Frage nach der Steuerbarkeit oder einer anzuwendenden Steuerbefreiungsvorschrift bzw. einer anzuwendenden Kleinunternehmerregelung) ist auf den Leistungszeitpunkt (s. Rn. 154 ff.) abzustellen.
Hat der Unternehmer zwischenzeitlich sein Unternehmen eingestellt, kann er trotzdem noch über in der Vergangenheit erbrachte Leistungen abrechnen, da die Unternehmereigenschaft erst mit der endgültigen Abwicklung sämtlicher Rechtsbeziehungen endet (s. Abschn. 2.6 Abs. 6 Satz 3 UStAE). Ggf. ist zu

diesem Zwecke eine steuerliche Neuaufnahme/Wiederaufnahme bei den zuständigen Finanzbehörden durchzuführen.

Einstweilen frei 97

7.2 Vollständiger Name und vollständige Anschrift des Leistenden und des Leistungsempfängers (Nr. 1)

7.2.1 Allgemeines

Eine Rechnung muss den **vollständigen Namen und die vollständige Anschrift des leistenden Unternehmers sowie des Leistungsempfängers** enthalten (s. § 14 Abs. 4 Satz 1 Nr. 1 UStG und Art. 226 Nr. 5 MwStSystRL). Dabei ist diesen Anforderungen genügt, wenn sich aufgrund der in der Rechnung aufgenommenen Bezeichnungen der Name und die Anschrift sowohl des leistenden Unternehmers als auch des Leistungsempfängers eindeutig feststellen lassen (s. § 31 Abs. 2 UStDV). 98

Zur Bestimmung des leistenden Unternehmers s. § 15 Rn. 58 und zum Leistungsempfänger s. § 15 Rn. 143. 99

Das Merkmal **vollständige Anschrift des leistenden Unternehmers** erfüllt nur die Angabe der zutreffenden Anschrift des leistenden Unternehmers, unter der er seine wirtschaftlichen Aktivitäten entfaltet (s. BFH vom 22.07.2015, V R 23/14, DStR 2015, 2061). Sowohl der XI. als auch der V. Senat des BFH haben nunmehr jedoch Zweifel, ob unter Beachtung der zwischenzeitlich ergangenen EuGH-Rechtsprechung (vor allem EuGH vom 22.10.2015, C-277/14, UR 2015, 917) nicht die Angabe der postalischen Anschrift ausreicht (EuGH-Vorlagen des BFH vom 06.04.2016, XI R 20/14 und V R 25/15, DStR 2016, 1532 und 1527). Die Antwort des EuGH bleibt abzuwarten. Dem Praktiker ist anzuraten, in diesen Fällen zumindest ein Ruhen des Verfahrens zu beantragen, wen die Verwaltung den Vorsteuerabzug mangels ordnungsgemäßer Rechnung versagen will. Die Anschrift des Leistungsempfängers kann aber grundsätzlich gem. Abschn. 14.5 Abs. 2 Satz 3 UStAE durch ein Postfach oder eine Großkundenadresse ersetzt werden. Nach Abschn. 14.5 Abs. 5 Satz 2 UStAE gilt aber jede betriebliche Anschrift als vollständige Anschrift, wenn der Unternehmer über mehrere Zweigniederlassungen, Betriebsstätten oder Betriebsstellen verfügt. 100

Bei der **umsatzsteuerlichen Organschaft** können Name und Anschrift der Organgesellschaft angegeben werden, sofern der leistende Unternehmer oder der Leistungsempfänger unter dem Namen und der Anschrift der Organgesellschaft die Leistung erbracht oder bezogen hat (s. Abschn. 14.5 Abs. 4 Satz 1 UStAE). Dies ist u.E. auch zu empfehlen, s. § 15 Rn. 55. 101

Abkürzungen, Buchstaben, Zahlen oder Symbole können für Namen und Anschriften verwendet werden. Dabei ist jedoch Voraussetzung, dass ihre Bedeutung in der Rechnung oder in anderen Unterlagen eindeutig festgelegt ist und die erforderlichen anderen Unterlagen sowohl beim Aussteller als auch beim Empfänger der Rechnung vorhanden sind (s. § 31 Abs. 3 UStDV). Zudem können im Geschäftsverkehr übliche Abkürzungen verwendet werden. 102

Bei Gesellschaften sollte die **Gesellschaftsform** ordnungsgemäß angegeben werden (s. BFH vom 08.10.2009, V B 45/09, BFH/NV 2010, 261); hierzu zählt auch bei Kapitalgesellschaften in Gründung der Zusatz „i.G." sowie bei Kapitalgesellschaften in Liquidation der Zusatz „i.L.". 103

Praxishinweis! Die Frage, ob sich Name und Anschrift eindeutig feststellen lassen, kann – insbesondere bei unvollständigen bzw. unrichtigen Angaben sowie auch Abkürzungen – im Zweifel diskussionsbehaftet sein. Es ist daher empfehlenswert, immer die korrekte und vollständige Bezeichnung zu wählen. 104

In Zweifelsfällen ist zu beachten, dass das Finanzamt (mittlerweile) über die Möglichkeit verfügt, bei inländischen Steuerpflichtigen die entsprechenden Angaben bundesweit abzufragen. Bei Verwendung einer dem leistenden Unternehmer zuzuordnenden korrekten USt-IdNr. ist eine Abfrage (auch) für das übrige Gemeinschaftsgebiet möglich. 105

Rechnungen über Kleinbeträge haben gem. § 33 Satz 1 Nr. 1 UStDV und **Fahrausweise** gem. § 34 Abs. 1 Satz 1 Nr. 1 UStDV den vollständigen Namen und die vollständige Anschrift des leistenden Unternehmers zu enthalten, wobei auch in diesen Fällen § 31 Abs. 2 UStDV Anwendung findet (s. §§ 33 Satz 2, 106

34 Abs. 1 Nr. 1 Satz 2 UStDV). In der Praxis wird insbesondere bei Fahrausweisen von dieser Regelung Gebrauch gemacht (z.B. Ticket aus einem Fahrkartenautomaten der Deutschen Bahn mit Angabe „DB") Name und Anschrift des Leistungsempfängers sind hingegen nicht erforderlich; dies stellt u.E. die in der Praxis bedeutendste Vereinfachung der Kleinbetragsregelung dar. Zu den Besonderheiten bei einer Rechnung über Kleinbeträge s. Rn. 66; zu den Fahrausweisen s. Rn. 82.

7.2.2 Adressierung mit „c/o" an einen Dritten

107 Adressierungen mit „c/o" an einen Dritten sind zulässig. Voraussetzung ist jedoch, dass in einer Rechnung, die unter Nennung des Namens des Leistungsempfängers mit „c/o" an einen Dritten adressiert ist, entsprechend § 14 Abs. 4 Satz 1 Nr. 1 UStG und den Vereinfachungen des § 31 Abs. 2 und 3 UStDV die Identität des Leistungsempfängers leicht und eindeutig feststellbar ist (s. Abschn. 14.5 Abs. 3 Satz 1 UStAE). Dabei gilt die **Anschrift des Dritten** nicht als betriebliche Anschrift des Leistungsempfängers, wenn dieser unter der Anschrift des Dritten nicht gleichzeitig über eine Zweigniederlassung, eine Betriebsstätte oder einen Betriebsteil verfügt (s. Abschn. 14.5 Abs. 3 Satz 2 UStAE). Entsprechendes gilt, wenn der beauftragte Dritte mit der Bearbeitung des gesamten Rechnungswesens des Leistungsempfängers beauftragt ist (s. Abschn. 14.5 Abs. 3 Satz 3 UStAE).

7.2.3 Adressierung an (Ehegatten-)Gemeinschaften

108 Probleme mit der richtigen Bezeichnung des Leistungsempfängers stellen sich regelmäßig bei (**Ehegatten-) Gemeinschaften**. Hier können die Gemeinschafter bzw. die Ehegatten als eigenständige oder gemeinschaftliche Leistungsempfänger in Betracht kommen und ggf. nur einer von ihnen Unternehmer sein (umfassend s. § 15 Rn. 66). Einerseits reicht es für den (eigenen) Vorsteuerabzug einer unternehmerisch tätigen Gemeinschaft nicht aus, wenn nach außen nur einer der Gemeinschafter als Vertragspartner auftritt, ohne offen zu legen, dass er auch im Namen des anderen Gemeinschafters handelt, und wenn die Rechnung nur an ihn adressiert ist (s. BFH vom 23.09.2009, XI R 14/08, BStBl II 2010, 243) und anderseits gilt Entsprechendes für den Vorsteuerabzug nicht nach außen auftretender Gemeinschafter, wenn bei einer aus mehr als zwei Personen bestehenden Gemeinschaft nicht sämtliche Gemeinschafter nach außen auftreten (Offenbarung des Gemeinschaftsverhältnisses; s. FG Düsseldorf vom 20.04.2012, 1 K 1372/10 U). Maßgebend für die Frage, wem gegenüber der leistende Unternehmer eine Rechnung über die von ihm ausgeführten Leistungen erteilen wird, ist daher die Zivilrechtslage (s. FG Rheinland-Pfalz vom 23.09.2010, 6 K 2089/10, DStR 2010, 2131). Eine Ausnahme besteht nur beim sog. „Geschäft für den, den es angeht" im Rahmen von Bargeschäften des täglichen Lebens, bei denen es dem leistenden Unternehmer gleichgültig ist, wer der Vertragspartner ist (s. BFH vom 23.09.2009, XI R 14/08, BStBl II 2010, 243).

109 Nach Verwaltungsauffassung liegt in diesen Fällen eine **einheitliche Leistung an die Gemeinschaft** vor, sodass in der Rechnung über die Leistung an die Gemeinschaft nach § 14 Abs. 4 Satz 1 Nr. 1 UStG nur die Angabe des vollständigen Namens und der vollständigen Anschrift der Gemeinschaft als Leistungsempfänger verlangt werden kann (s. BMF vom 01.12.2006, BStBl I 2007, 90). Für Zwecke des Vorsteuerabzugs ist sodann jeder unternehmerisch tätige Gemeinschafter selbst berechtigt (s. § 15 Rn. 67).

7.3 Steuernummer oder USt-IdNr. (Nr. 2)

110 Eine Rechnung hat gem. § 14 Abs. 4 Satz 1 Nr. 2 UStG die dem leistenden Unternehmer vom Finanzamt erteilte **Steuernummer** oder (alternativ) die ihm vom Bundeszentralamt für Steuern erteilte **USt-IdNr.** zu enthalten (zur Erteilung einer USt-IdNr. s. § 27a UStG). Dies dient der Finanzverwaltung zur einfachen Zuordnung/Ermittlung des leistenden Unternehmers. Nach dem eindeutigen Wortlaut besteht ein Wahlrecht zwischen der Angabe der Steuernummer oder die USt-IdNr.; daraus folgt auch, dass beide Nummern alternativ oder kumulativ angegeben werden können. Das Unionsrecht benennt in Art. 226 Nr. 3 MwSt-SystRL dagegen nur die (verpflichtende) Angabe der USt-IdNr. In der Anwendungspraxis dürfte dies jedoch unproblematisch sein, soweit insb. im grenzüberschreitenden Geschäftsverkehr der Rechnungsaussteller gem. § 14a Abs. 3 und 7 UStG zur Verwendung der USt-IdNr. verpflichtet ist.

111 Aus der Vorschrift des § 14 Abs. 4 Satz 1 Nr. 2 UStG leitet der BFH mittelbar einen öffentlich-rechtlichen Anspruch auf Erteilung einer Steuernummer ab (s. BFH vom 23.09.2009, II R 66/07, BStBl II 2010, 712; BFH vom 26.02.2008, II B 6/08, DStRE 2008, 764). Dieser Anspruch besteht bereits ab dem Zeitpunkt, ab dem der Antragsteller ernsthaft erklärt, eine selbständige gewerbliche oder berufliche Tätigkeit ausüben zu wollen. Das Finanzamt kann die Erteilung einer Steuernummer nur in offensichtlichen Missbrauchsfällen ablehnen. Gerichtlich wäre dieser Anspruch mittels einer auf die Erteilung einer Steuernummer gerichteten Verpflichtungsklage durchzusetzen.

112 **Praxishinweis!** Die Finanzverwaltung bediente sich zuletzt der Umsatzsteuer-Nachschau i.S.d. § 27b UStG, um in Zweifelsfällen den Anspruch auf die beantragte Steuernummer überprüfen zu können.

113 Die **Ablehnung des Antrags auf Erteilung einer Steuernummer** greift in den Schutzbereich der Berufsfreiheit i.S.d. Art. 12 GG ein, soweit deutsche Staatsbürger oder inländische juristische Personen des Privatrechts betroffen sind. Für Angehörige anderer Mitgliedsstaaten der Europäischen Union greift insoweit der Schutz der allgemeinen Handlungsfreiheit i.S.d. Art. 2 Abs. 1 GG (s. BFH vom 23.09.2009, II R 66/07, BStBl II 2010, 712).

114 Unternehmer, die insbesondere am innergemeinschaftlichen Waren- und Dienstleistungsverkehr teilnehmen, erhalten auf Antrag neben der von ihrem Finanzamt erteilten Steuernummer eine USt-IdNr. Die USt-IdNr. bedingt regelmäßig die vorherige Erteilung einer Steuernummer; im Antrag auf Erteilung einer USt-IdNr. ist gem. § 27a Abs. 1 Satz 5 UStG die Steuernummer anzugeben.

115 Wurde keine USt-IdNr. erteilt, ist zwingend die Steuernummer anzugeben (s. Abschn. 14.5 Abs. 5 Satz 2 UStAE); wurde durch das zuständige Finanzamt eine gesonderte Steuernummer für Zwecke der Umsatzbesteuerung erteilt (z.B. wegen § 21 AO), ist diese anzugeben (s. Abschn. 14.5 Abs. 5 Satz 3 UStAE). Nach Vergabe einer neuen Steuernummer (oder USt-IdNr.), ist nur noch ausschließlich diese zu verwenden (s. Abschn. 14.5 Abs. 5 Satz 4 UStAE).

116 **Praxishinweis!** Die Angabe der Steuernummer kann missbrauchsgefährdeter sein, als die der USt-IdNr., da sich mithilfe der Steuernummer u.U. sensible Daten bei den Finanzbehörden erfragen lassen. Dieser Umstand hat in der Praxis auch bei nicht am innergemeinschaftlichen Waren- oder Dienstleistungsverkehr teilnehmenden Unternehmen zu einem Anstieg der Beantragung einer USt-IdNr. geführt.

117 Die Angabe der Steuernummer oder USt-IdNr. ist auch im Falle der **Steuerschuldnerschaft des Leistungsempfängers** i.S.d. § 13b UStG erforderlich. Bei grenzüberschreitenden sonstigen Leistungen i.S.d. § 3a Abs. 2 UStG ist ergänzend die USt-IdNr. des Leistungsempfängers anzugeben (s. § 14a Abs. 1 Satz 3 UStG).

118 Rechnet ein Unternehmer z.B. im Rahmen eines vermittelten Umsatzes oder Agenturgeschäfts einen Umsatz in fremdem Namen und für fremde Rechnung ab (z.B. Tankstellenbetreiber und Reisebüro), so hat dieser auf der Rechnung die Steuernummer bzw. USt-IdNr. des leistenden Unternehmers (z.B. der Mineralölgesellschaft oder des Reiseunternehmen) anzugeben. Zur Abrechnung durch einen Dritten, s. Rn. 82.

119 Die **deutsche USt-IdNr.** beginnt mit dem Länderkennzeichen DE und wird gefolgt von neun Ziffern (Beispiel: DE123456789). Der Aufbau der deutschen Steuernummern ist nicht bundeseinheitlich geregelt, sodass diese von Bundesland zu Bundesland variieren können. Einen rudimentären Überblick über deren Aufbau verschafft z.B. die Internetseite www.liste-finanzamt.de. Die Ergänzung der Steuernummer um zusätzliche Angabe wie z.B. den Länderschlüssel, die Finanzamtsnummer oder Anschrift des Finanzamts ist nicht erforderlich (s. Abschn. 14.5 Abs. 5 Satz 5 UStAE).

120 **Achtung!** Sofern Steuernummer bzw. USt-IdNr. (noch) nicht erteilt wurden, ist die Ausstellung einer ordnungsgemäßen Rechnung nicht möglich.

121 Bei einer umsatzsteuerlichen **Organschaft** kann die Organgesellschaft die Steuernummer des Organträgers oder die ihr oder ihrem Organträger erteilte USt-IdNr. angeben (s. Abschn. 14.5 Abs. 7 UStAE). In der Praxis kann die Verwendung der USt-IdNr. des Organträgers durch die Organgesellschaft z.B. bei innergemeinschaftlichen Leistungen zu Irritationen führen, da handelnde Gesellschaft und Inhaberin der USt-

IdNr. nicht übereinstimmen (insbesondere s. § 15 Rn. 55–57). U.E. sollte die Organgesellschaft daher grundsätzlich ihre eigene USt-IdNr. verwenden.

122 Bei **umsatzsteuerlichen Gutschriften** (s. Rn. 66) und bei der Abrechnung durch einen **Dritten** (s. Rn. 82) ist die Steuernummer bzw. die USt-IdNr. des leistenden Unternehmers anzugeben (s. Abschn. 14.5 Abs. 5 Satz 6–7 UStAE). Will der Dritte daneben zugleich auch eine eigene Leistung (in eigenem Namen und auf eigene Rechnung) gegenüber dem Leistungsempfänger abrechnen, kann der jeweilige Umsatz durch Kennziffern oder Symbole der jeweiligen Steuernummer oder USt-IdNr. zugeordnet und gesondert erläutert werden (s. Abschn. 14.5 Abs. 6 Satz 4 UStAE).

123 Die Angabe einer Steuernummer oder USt-IdNr. ist auf einer Rechnung über Kleinbeträge i.S.d. § 33 UStDV (s. Rn. 224) und auf einem Fahrausweis (s. Rn. 220) nicht erforderlich.

7.4 Ausstellungsdatum (Nr. 3)

124 Gem. § 14 Abs. 4 Satz 1 Nr. 3 UStG muss eine Rechnung das **Ausstellungsdatum** enthalten (unionsrechtliche Grundlage ist Art. 226 Nr. 1 MwStSystRL).

125 Das Ausstellungsdatum – oder auch Rechnungsdatum – ist regelmäßig der Tag, an dem das Abrechnungspapier ausgestellt wurde. Eine **Rückdatierung** ist unzulässig. Durch die Angaben des Ausstellungsdatums wird die Angabe des Leistungsdatums nicht ersetzt (s. Rn. 153), auch wenn es mit diesem identisch ist (s. BFH vom 17.12.2008, XI R 62/07, BStBl II 2009, 432).

126 Das Ausstellungsdatum einer Rechnung führt darüber hinaus u.a. gem. § 13 Abs. 1 Nr. 6 UStG zur Entstehung der Erwerbsteuer beim innergemeinschaftlichen Erwerb i.S.d. § 1a UStG und zur Entstehung der Steuer in den Fällen der Umkehr der Steuerschuldnerschaft nach § 13b Abs. 2 UStG.

127 Das Ausstellungsdatum ist auch in einer Rechnung über Kleinbeträge (s. § 33 Satz 1 Nr. 2 UStDV) und in einem Fahrausweis (s. § 34 Abs. 1 Satz 1 Nr. 2 UStDV) anzugeben.

7.5 Rechnungsnummer (Nr. 4)

128 Jede Rechnung muss eine **fortlaufende Nummer** mit einer oder mehreren Zahlenreihen, die zur Identifizierung der Rechnung vom Rechnungsaussteller einmalig vergeben wird (Rechnungsnummer) enthalten. Unionsrechtliche Grundlage ist Art. 226 Nr. 2 MwStSystRL.

129 Nach Verwaltungsauffassung soll aber eine lückenlose Abfolge der ausgestellten Rechnungsnummern nicht zwingend sein (s. Abschn. 14.5 Abs. 10 Satz 4 UStAE; a.A. s. FG Hamburg vom 30.04.2012, 5 V 18/12), obwohl dies zur Prüfung der Vollständigkeit der Aufzeichnungen sowie der erklärten Ausgangsumsätze eines Unternehmers u.E. aber hilfreich wäre.

130 Die Rechnungsnummern können aus Zahlen oder Buchstabenreihen oder aus einer entsprechenden Kombination bestehen (s. Abschn. 14.5 Abs. 10 Sätze 2–3 UStAE). Nach dem **Gebot der Einmaligkeit** darf sich eine Rechnungsnummer nicht wiederholen. Um insoweit im Jahrestakt „von vorne beginnen zu können", sollte der Rechnungsaussteller zumindest die Jahreszahl als Nummernbestandteil hinzufügen.

131 **Hinweis!** Die Frage einer fortlaufenden Vergabe der Rechnungsnummern lässt sich durch die Außenprüfung z.B. anhand einer Mehrfachbelegungs-/Lückenanalyse überprüfen.

132 Der Unternehmer ist auch berechtigt, **separate Nummernkreise** zu schaffen (s. Abschn. 14.5 Abs. 11 UStAE). Diese Rechnungsnummernkreise sind für zeitlich, geografisch oder organisatorisch abgegrenzte Bereiche zulässig, wenn gewährleistet ist (z.B. durch Vergabe einer bestimmten Klassifizierung für einen Nummernkreis), dass die jeweilige Rechnung leicht und eindeutig dem jeweiligen Nummernkreis zugeordnet werden kann und die jeweilige Rechnungsnummer einmalig ist (s. Abschn. 14.5 Abs. 11 UStAE). Eine lückenlose Abfolge soll ebenfalls nicht erforderlich sein (s. Rn. 129).

Beispiele: 133

- Nummernkreis eines Bauunternehmers für jedes einzelne Projekt aus Buchstabencode und Postleitzahl der Belegenheit der Baustelle.
- Gewerbetreibender für einzelne Filialen oder Fabrikant für einzelne Betriebsstätten/Niederlassungen.
- Organträger für jede einzelne Organgesellschaft; nach Verwaltungsauffassung darf im Rahmen eines weltweiten Abrechnungssystems verschiedener weltweiter Konzerngesellschaften aber auch nur ein fortlaufender Nummernkreis verwendet werden (s. Abschn. 14.5 Abs. 10 Satz 5 UStAE).

Bei **Verträgen über Dauerleistungen** ist es ausreichend, wenn lediglich diese Verträge eine einmalige Nummer enthalten (z.B. Wohnungs- oder Objektnummer, Mieternummer). Die dazugehörigen Zahlungsbelege bedürfen sodann keiner gesonderten fortlaufenden Nummer (s. Abschn. 14.5 Abs. 12 UStAE). 134

Im Fall der Abrechnung mittels Gutschrift ist die fortlaufende Nummer durch den Aussteller der Gutschrift zu vergeben (s. Abschn. 14.5 Abs. 13 UStAE). Er dürfte u.E. auch für Gutschriften einen eigenen Rechnungskreis schaffen. Bei Ausstellung der Rechnung durch einen Dritten (s. § 14 Abs. 2 Satz 4 UStG) kann der Dritte die fortlaufende Nummer vergeben (s. Abschn. 14.5 Abs. 13 UStAE). 135

Rechnungen über Kleinbeträge i.S.d. § 33 UStDV (s. Rn. 224) und Fahrausweise i.S.d. § 34 UStDV (s. Rn. 230) sind von dem Erfordernis der fortlaufenden Nummerierung ausgenommen und müssen daher keine Rechnungsnummer enthalten. 136

Einstweilen frei 137–138

7.6 Leistungsbeschreibung (Nr. 5)

Eine Rechnung muss nach § 14 Abs. 4 Satz 1 Nr. 5 UStG eine Angabe zur **Menge und Art (handelsübliche Bezeichnung) der gelieferten Gegenstände** oder zum **Umfang und Art der sonstigen Leistungen**, mithin eine Leistungsbeschreibung, enthalten (unionsrechtliche Grundlage s. Art. 226 Nr. 6 MwStSystRL). Diese **Angaben tatsächlicher Art** müssen insb. eine **eindeutige und leicht nachprüfbare Feststellung der Leistungen** ermöglichen, über die mit der Rechnung abgerechnet wird (s. BFH vom 08.10.2008, V R 59/07, BStBl II 2009, 218 m.w.N.). Der Aufwand zur Identifizierung der Leistungen muss dabei auf ein Minimum begrenzt sein. Sinn und Zweck ist u.a. die Sicherstellung der Nachprüfbarkeit der Anwendung des zutreffenden Steuersatzes (s. BMF vom 01.04.2009, BStBl I 2009, 525). Zweifel – wie z.B. unrichtige oder unvollständige Leistungsbeschreibungen – können zulasten des den Vorsteuerabzug begehrenden Unternehmers gehen (s. § 15 Rn. 147 ff.). 139

Als handelsüblich i.S.d. § 14 Abs. 4 Satz 1 Nr. 5 UStG wird jede im Geschäftsverkehr für einen Gegenstand allgemein verwendete Bezeichnung (z.B. auch **Markenartikelbezeichnungen**) beurteilt (s. Abschn. 14.5 Abs. 15 Satz 2 UStAE). Eine generelle Verpflichtung zur Angabe einer Geräteidentifikationsnummer besteht nicht, auch wenn dessen Austausch zwischen den Geschäftspartnern allgemein im Handelsverkehr üblich ist (s. BMF vom 01.04.2009, a.a.O.; beachte aber § 15 Rn. 31). Ausreichend sind Sammelbezeichnungen für Gegenstände gleicher Art (z.B. Baubeschläge oder Kurzwaren), wenn sie die Bestimmung des anzuwendenden Steuersatzes eindeutig ermöglichen (s. Abschn. 14.5 Abs. 15 Satz 3 UStAE). Nicht ausreichend sind Bezeichnungen allgemeiner Art, die Gruppen verschiedenartiger Gegenstände bzw. Dienstleistungen umfassen (s. Abschn. 14.5 Abs. 15 Satz 4 UStAE). 140

Hinweis! Problematisch sind oftmals Leistungsbeschreibungen, die lediglich ein Wort (z.B. Beratung oder Reparatur) umfassen, da sich in den seltensten Fällen eine Leistung mit nur einem Wort ausreichend beschreiben lässt. 141

Es empfiehlt sich daher die von § 14 Abs. 4 Satz 1 Nr. 5 UStG geforderte Leistungsbeschreibung grundsätzlich detailliert am Gesetzeswortlaut zu entwickeln und anhand des Erfordernisses der leichten und eindeutigen Nachprüfbarkeit zu überprüfen.

142 **Beispiele für regelmäßig nicht ausreichende Bezeichnungen (jeweils ohne weiteren Zusatz):**
- Geschenkartikel,
- Beratungsleistungen,
- Bauarbeiten,
- Speisen und Getränke (Frühstück auf Übernachtungsrechnung ist aber ausreichend).

143 Bei der **Ausführung sonstiger Leistungen** kann der Rechnungsaussteller statt seiner Leistungshandlung auch den beim Leistungsempfänger eintretenden Erfolg seiner Leistungshandlung bezeichnen (s. Abschn. 15.2a Abs. 4 Satz 5 UStAE).

144 Für die **Leistungsbeschreibung** können Abkürzungen, Buchstaben, Zahlen oder Symbole verwendet werden (ebenso für den Namen und die Anschrift des leistenden Unternehmers und des Leistungsempfängers, s. Rn. 102). Voraussetzung ist jedoch, dass ihre Bedeutung in der Rechnung oder in anderen Unterlagen eindeutig festgelegt ist und die erforderlichen anderen Unterlagen sowohl beim Aussteller als auch beim Empfänger der Rechnung vorhanden sind (s. § 31 Abs. 3 UStDV).

145 Zur **Identifizierung einer abgerechneten Leistung** können auch andere Geschäftsunterlagen herangezogen werden, wenn das zentrale Abrechnungsdokument (welches das Entgelt und den Steuerbetrag enthält, s. § 31 Abs. 1 Satz 2 UStDV) selbst auf diese anderen Geschäftsunterlagen verweist und die in Bezug genommenen Unterlagen eindeutig bezeichnet; die in Bezug genommenen Geschäftsunterlagen müssen der Rechnung dann aber nicht beigefügt sein (s. BFH vom 16.01.2014, V R 28/13, BStBl II 2014, 867 m.w.N.). Mit einer Bezugnahme auf andere Geschäftsunterlagen wird der Unternehmer davon entlastet, in der Rechnung selbst hinreichend detaillierte Angaben zu Art und Umfang der Leistung aufzuführen. Deshalb wird nur durch die eindeutige Bezeichnung der in Bezug genommenen anderen Unterlagen in der Rechnung sichergestellt, dass diese tatsächlich Grundlage der abgerechneten Leistung gewesen sind (s. FG Hamburg vom 17.06.2015, 3 V 91/15; FG Hamburg vom 11.03.2015, 2 K 231/14). Zu den Auswirkungen auf den Vorsteuerabzug s. § 15 Rn. 147.

146 Eine Rechnung über Kleinbeträge muss nach § 33 Satz 1 Nr. 3 UStDV ebenfalls eine Leistungsbeschreibung enthalten (auch s. Rn. 224). Bei Fahrausweisen ist keine Leistungsbeschreibung erforderlich.

147–150 Einstweilen frei

7.7 Leistungszeitpunkt (Nr. 6)

151 Eine Rechnung hat gem. § 14 Abs. 4 Satz 1 Nr. 6 UStG:
- Den Zeitpunkt der Lieferung oder sonstigen Leistung zu enthalten (**Leistungszeitpunkt**, s. Rn. 153–159) und
- in den Fällen des § 14 Abs. 5 Satz 1 UStG den Zeitpunkt der Vereinnahmung des Entgelts oder eines Teil des Entgelts, sofern der Zeitpunkt der Vereinnahmung feststeht und nicht mit dem Ausstellungsdatum der Rechnung übereinstimmt (s. Rn. 160).

152 Unionsrechtliche Grundlage dieser Bestimmung ist Art. 226 Nr. 7 MwStSystRL. Die Angabe des Leistungszeitpunkts dient der Finanzverwaltung zur Überprüfung der Rechtzeitigkeit der Besteuerung (Entstehung des Steueranspruchs) und ggf. der Überprüfung des Vorsteuerabzugs des Leistungsempfängers.

153 Der Wortlaut der nationalen Vorschrift wie auch deren unionsrechtliche Grundlage ist an dieser Stelle nicht eindeutig, da hiernach die Angabe des Leistungszeitpunkts entbehrlich erscheint, sofern diese mit dem Rechnungsdatum übereinstimmt. Die zwingende Angabe des Leistungszeitpunkts in einem solchen Fall ergibt sich jedoch aus der richtlinienkonformen Auslegung als auch aus dem Zweck des § 14 Abs. 4 Satz 1 Nr. 6 UStG (s. BFH vom 17.12.2008, XI R 62/07, BStBl II 2009, 432). Wäre die Angabe des Leistungszeitpunktes bei identischem Leistungs- und Rechnungsdatum entbehrlich, bestünde für die Finanzverwaltung stets die Ungewissheit, ob das Leistungsdatum mit dem Rechnungsdatum übereinstimmt oder Ersteres aus anderen Gründen fehlt. Eine leichte und einfache Erkennbarkeit des zutreffenden Besteuerungszeitraumes wäre mit einem derartigen Verständnis von § 14 Abs. 4 Satz 1 Nr. 6 UStG nicht zu vereinbaren. Stim-

men aber Ausstellungs- und Leistungsdatum überein, genügt eine Angabe wie z.B. „Leistungszeitpunkt entspricht Rechnungsdatum“ (s. BFH vom 17.12.2008, XI R 62/07, BStBl II 2009, 432).

Als Zeitpunkt der Lieferung oder sonstigen Leistung reicht nach § 31 Abs. 4 UStDV die **Angabe des Kalendermonats der Leistungsausführung** aus. Die verpflichtende Angabe des Leistungsdatums gilt auch im Fall einer Barzahlung (s. Abschn. 14.5 Abs. 16 Satz 4 UStAE). 154

Maßgeblicher Leistungszeitpunkt ist bei einer **Lieferung** der Tag der Verschaffung der Verfügungsmacht (hierzu s. § 3 Rn. 19 f.; Abschn. 14.5 Abs. 16 Satz 5 Nr. 3 UStAE). In den Fällen, in denen der Ort der Lieferung nach § 3 Abs. 6 UStG zu bestimmen ist, ist in der Rechnung als Tag der Lieferung der Tag des Beginns der Beförderung oder Versendung des Gegenstands der Lieferung anzugeben (s. Abschn. 14.5 Abs. 16 Nr. 2 UStAE). Bei einer unbewegten Lieferung im Reihengeschäft (s. § 3 Abs. 6 Sätze 5–6 UStG) richtet sich der Leistungszeitpunkt nach den vereinbarten Lieferklauseln. 155

Soweit eine **Rechnung auch aus mehreren Dokumenten** bestehen kann (s. Rn. 22), kann insoweit auch in dem zentralen Abrechnungsdokument (welches das Entgelt und den Steuerbetrag enthält, s. § 31 Abs. 1 Satz 2 UStDV) auf einen **Lieferschein** verwiesen werden. Sofern der Leistungszeitpunkt sich aus dem Lieferschein ergeben soll, muss in diesem neben dem Datum des Lieferscheins auch das Datum der Lieferung enthalten sein (s. Abschn. 14.5 Abs. 16 Satz 5 Nr. 1 UStAE). Der Hinweis i.S.d. Rn. 153 reicht aber aus. 156

Maßgeblicher **Leistungszeitpunkt** ist bei einer **sonstigen Leistung** der Zeitpunkt, zu dem die sonstige Leistung ausgeführt ist (s. Abschn. 14.5 Abs. 16 Satz 5 Nr. 4 UStAE). Eine sonstige Leistung ist grundsätzlich im Zeitpunkt ihrer Vollendung ausgeführt (s. Abschn. 13.1 Abs. 3 Satz 1 UStAE). Bei einer zeitlich begrenzten Dauerleistung ist die Leistung mit Beendigung des entsprechenden Rechtsverhältnisses ausgeführt, es sei denn, die Beteiligten hatten Teilleistungen vereinbart (s. Abschn. 13.1 Abs. 3 Satz 2 UStAE). Erstrecken sich die (u.E. nicht teilbaren) sonstigen Leistungen über einen Zeitraum von mehr als einem Monat, reicht die Angabe des gesamten Leistungszeitraums aus (s. Abschn. 14.5 Abs. 16 Satz 5 Nr. 4 Satz 5 UStAE). 157

Praxishinweis! Die Finanzverwaltung prüft den Zeitpunkt der Lieferung oder sonstigen Leistung insb. im Rahmen von Außenprüfungen oftmals unter Hinzuziehung weiterer Unterlagen (z.B. Protokoll der Bauabnahme). 158

Auch **Vertragsurkunden für Dauerschuldverhältnisse** (z.B. Mietvertrag) gelten als Rechnung i.S.d. § 14 Abs. 1 UStG, soweit sie die Pflichtangaben nach § 14 Abs. 4 UStG enthalten (s. Rn. 20). Fehlt in einem solchen Fall aber der Leistungszeitraum, reicht es aus, wenn sich dieser leicht und eindeutig aus Zahlungsbelegen ergibt oder sich durch diese konkretisieren lässt (s. Abschn. 14.5 Abs. 17 UStAE). Darüber hinaus dürfte aber z.B. auch ein fehlerhafter Steuerausweis in der Vertragsurkunde durch Angabe des zutreffenden Steuerbetrages auf den Überweisungsbelegen den fehlerhaften Steuerausweis berichtigen und insoweit dem Leistungsempfänger den Vorsteuerabzug ermöglichen (s. OFD Hannover vom 02.05.2002, UR 2002, 443). 159

Wird über eine noch nicht ausgeführte Lieferung oder sonstige Leistung abgerechnet, handelt es sich um eine sog. **Anzahlungsrechnung** (diese ist als solche kenntlich zu machen), in der die Angabe des Zeitpunkts der Vereinnahmung des Entgelts oder des Teilentgelts gem. § 14 Abs. 4 Satz 1 Nr. 6 UStG nur dann erforderlich ist, wenn der Zeitpunkt der Vereinnahmung feststeht und nicht mit dem Ausstellungsdatum der Rechnung übereinstimmt (s. Abschn. 14.5 Abs. 16 Satz 5 Nr. 5 UStAE). Auch in diesem Fall reicht es aus, nur den Kalendermonat der Vereinnahmung anzugeben (s. Rn. 154). 160

In einer Rechnung über Kleinbeträge i.S.d. § 33 UStDV und in einem Fahrausweis i.S.d. § 34 UStDV ist die Angabe des Leistungsdatums entbehrlich. 161

Einstweilen frei 162

7.8 Entgelt (Nr. 7)

Eine Rechnung muss gem. § 14 Abs. 4 Satz 1 Nr. 7 UStG das nach Steuersätzen und einzelnen Steuerbefreiungen aufgeschlüsselte Entgelt für die Lieferung oder sonstige Leistung sowie jede im Voraus vereinbarte 163

Minderung des Entgelts, sofern sie nicht bereits im Entgelt berücksichtigt ist, enthalten (unionsrechtliche Grundlage, s. Art. 226 Nr. 8 MwStSystRL).

164 **Entgelt** im umsatzsteuerlichen Sinne ist alles, was der Leistungsempfänger aufwendet, um die Leistung zu erhalten, abzüglich der darin enthaltenen Umsatzsteuer (s. § 10 Abs. 1 Satz 2 UStG); auf dessen Bezeichnung kommt es nicht an (z.B. Honorar, Lohn, Preis oder Vergütung). Durchlaufende Posten (z.B. die von einem Rechtsanwalt für einen Mandanten verauslagten Gerichtsgebühren nach dem GKG) zählen nicht zum Entgelt (s. § 10 Abs. 1 Satz 6 UStG). Zur Ermittlung des Entgelts, s. § 10 Rn. 6 ff.

165 In Bezug auf die **getrennte Aufschlüsselung nach Steuersätzen und einzelnen Steuerbefreiungen** dürfte es u.E. zulässig sein, wenn in der Rechnung die Entgelte für die demselben Steuersatz oder derselben Steuerbefreiung unterliegenden Entgelte zusammengefasst in einer Summe angegeben werden (sog. Paketentgelte); nicht erforderlich ist sodann eine Aufschlüsselung dieser Paketentgelte auf die im Paket enthaltenen einzelnen Leistungen.

166 Die Angabe bzw. der Hinweis auf **Entgeltminderungen** beschränkt sich auf solche Minderungen, die zwar bereits vereinbart wurden (z.B. regelmäßige Skontogewährung oder sog. Jahresbonus), deren Inanspruchnahme oder Höhe im Zeitpunkt der Ausstellung der Rechnung aber noch nicht feststeht (hierzu s. Abschn. 14.5 Abs. 19 UStAE). Dieser Hinweis kann sich auch aus anderen Dokumenten (z.B. abstrakte Konditionsvereinbarungen) ergeben, wenn in dem konkreten Abrechnungsdokument ausdrücklich auf diese Dokumente hingewiesen wird (auch s. Rn. 22).

167 **Beispiel:** A erwirbt von der Blumen- und Pflanzenmarkt OHG einen Rasenmäher Modell „Fuchs" für 200 € netto, 10 kg Rasensamen „Hyde Park" für 50 € netto, 1 Strauß Schnittblumen für netto 5 € sowie 50 Liter Qualitätsblumenerde „Flora" für 10 €. Es handelt sich um Nettobeträge. Die OHG gewährt regelmäßig 2 % Skonto.

Die Aufschlüsselung des Entgelts lässt sich in der Rechnung der Blumen- und Pflanzenmarkt OHG z.B. wie folgt darstellen:

Gegenstandsbezeichnung	**Waren zu 7 %**	**Waren zu 19 %**
1 Rasenmäher „Modell Fuchs"		200,00 €
10 kg Rasensamen „Hyde Park"	50,00 €	
1 Strauß Schnittblumen	5,00 €	
50 L Qualitätsblumenerde „Flora"		10,00 €
Summe Waren zu 7 %	55,00 €	
Summe Waren zu 19 %		210,00 €
Umsatzsteuer 7 %	3,85 €	
Umsatzsteuer 19 %		39,90 €
Rechnungsbetrag gesamt		**308,75 €**
2 % Skonto bei Zahlung bis ...		

168 Wenn in einer Rechnung über Leistungen, die verschiedenen Steuersätzen unterliegen, der Steuerbetrag durch Maschinen automatisch ermittelt und durch diese in der Rechnung angegeben wird, ist der Ausweis des Steuerbetrages in einer Summe zulässig, wenn für die einzelnen Posten der Rechnung der Steuersatz angegeben wird (s. § 32 UStDV).

Beispiel (wie Rn. 167): 169

Gegenstandsbezeichnung	**Einzelpreis**	**Kennzeichen**
1 Rasenmäher „Modell Fuchs“	200,00 €	A
10 kg Rasensamen „Hyde Park“	50,00 €	B
1 Strauß Schnittblumen	5,00 €	B
50 L Qualitätsblumenerde „Flora“	10,00 €	A
Gesamtpreis netto	265,00 €	
Umsatzsteuer	43,75 €	
Rechnungsbetrag gesamt	**308,75 €**	
A = Steuersatz 19 %; B = Steuersatz 7 %		

Die auf der Rechnung ausgewiesenen Beträge können **in jeder Währung** angegeben sein (Umkehrschluss aus § 16 Abs. 6 UStG und Art. 230 MwStSystRL). Die Umrechnung in EUR hat grundsätzlich unter Verwendung der vom BMF monatlich fortgeschriebenen Umrechnungskurse zu erfolgen. 170

Das Entgelt und eine im Voraus vereinbarte Minderung des Entgelts müssen in einer Kleinbetragsrechnung (s. Rn. 224) und in einem Fahrausweis (s. Rn. 230) nicht gesondert ausgewiesen sein. 171

Einstweilen frei 172–173

7.9 Steuersatz, Steuerbetrag und Hinweis auf Steuerbefreiung (Nr. 8)

Gem. § 14 Abs. 4 Satz 1 Nr. 8 UStG muss eine Rechnung: 174

- Den anzuwendenden Steuersatz (s. Rn. 175–177) sowie
- den auf das Entgelt entfallenden Steuerbetrag (s. Rn. 180-181) oder
- im Falle einer Steuerbefreiung einen Hinweis darauf, dass für die Lieferung oder sonstige Leistung eine Steuerbefreiung gilt (s. Rn. 183–184),

enthalten (unionsrechtliche Grundlage in Bezug auf die Angabe des anzuwendenden Steuersatzes, s. Art. 226 Nr. 9 MwStSystRL; hinsichtlich des Steuerbetrages außer bei Anwendung einer Steuerbefreiungsvorschrift, s. Art. 226 Nr. 10 MwStSystRL).

Der in der Rechnung anzugebende **Steuersatz** ist der im Zeitpunkt der Lieferung oder sonstigen Leistung geltende Steuersatz. Zur Frage des zutreffenden Steuersatzes nach einer Steuersatzerhöhung, s. § 27 Abs. 1 UStG. Für Rechnungen über Umsätze, die verschiedenen Steuersätzen unterliegen, findet § 32 UStDV Anwendung (s. Rn. 168). 175

Die Abrechnung des leistenden Unternehmers gegenüber dem Leistungsempfänger mit gesondertem Umsatzsteuerausweis über eine (grundsätzlich steuerfreie) Leistung mit Optionsmöglichkeit wird als **Verzicht auf die Steuerbefreiung nach § 9 Abs. 1 UStG** gewertet (s. Abschn. 9.1 Abs. 3 Sätze 6-7 UStAE). 176

Nationale Regelungen zum Steuersatz finden sich an folgenden Stellen: 177

- § 12 Abs. 1 UStG = 19 % (Regelsteuersatz),
- § 12 Abs. 2 UStG = 7 % (sog. ermäßigter Steuersatz),
- § 24 Abs. 1 Satz 1 Nr. 1 UStG = 5,5 % (für die Lieferung von forstwirtschaftlichen Erzeugnissen, ausgenommen Sägewerkserzeugnisse im Rahmen eines land- und forstwirtschaftlichen Betriebs),
- § 24 Abs. 1 Satz 1 Nr. 2 UStG = 19 %,
- § 24 Abs. 1 Satz 1 Nr. 3 UStG = 10,7 % (für die übrigen Umsätze i.S.d. § 1 Abs. 1 Nr. 1 UStG im Rahmen eines land- und forstwirtschaftlichen Betriebs).

178 **Praxishinweis!** Ist ein Vertrag Rechnungsbestandteil und (nur) in diesem der anzuwendende Steuersatz ausgewiesen, besteht insbesondere bei Dauerleistungen im Fall der Änderung des Steuersatzes das Risiko, dass der Steuersatz nicht angepasst wird und mithin der ausgewiesene Steuersatz nach Änderung nicht mehr korrekt ist.

179 **Achtung!** Eine sog. Proforma-Rechnung stellt keine Rechnung im Sinne des § 14 UStG dar. Im Falle der Angabe eines Umsatzsteuerbetrages empfiehlt sich zur Risikominimierung ein Zusatz, dass dieses Schriftstück nicht zum Vorsteuerabzug berechtigt.

180 Die **Angabe des Steuerbetrages** ist wiederum Voraussetzung für den Vorsteuerabzug des Leistungsempfängers (zum Vorsteuerabzug der gesondert ausgewiesenen Steuer, s. § 15 Rn. 131 ff. und zur Beschränkung der Abzugsfähigkeit auf die gesetzlich geschuldete Steuer, s. § 15 Rn. 103 ff.). Die zum Fälligkeitszeitpunkt nicht oder nicht vollständige Entrichtung der in einer Rechnung ausgewiesenen Umsatzsteuer stellt eine Ordnungswidrigkeit gem. § 26b Abs. 1 UStG dar, die mit einer Geldbuße bis zu 5.000 € geahndet werden kann (§ 26b Abs. 2 UStG).

181 Ein **Kleinunternehmer** (s. zum Begriff § 19 Rn. 15 ff.) ist nicht berechtigt, in einer Rechnung Umsatzsteuer gesondert auszuweisen (s. § 19 Abs. 1 Satz 4 UStG). Trotzdem besteht auch für den Kleinunternehmer eine Verpflichtung zur Ausstellung von Rechnungen in den in § 14 Abs. 2 Satz 1 UStG genannten Fällen (s. Rn. 52). In der Anwendungspraxis wird aber zur Klarstellung regelmäßig ein Hinweis auf den fehlenden Steuerausweis aufgenommen, z.B. „kein gesonderter Umsatzsteuerausweis als Kleinunternehmer gemäß § 19 UStG“ oder „Im ausgewiesenen Betrag ist gem. § 19 UStG keine Umsatzsteuer enthalten“. Eine normierte Hinweispflicht besteht im Gegensatz zum österreichischen Umsatzsteuerrecht jedoch nicht, da die Umsatzsteuer bei Kleinunternehmern lediglich nicht erhoben wird und mithin keine Steuerbefreiung darstellt (s. § 19 Abs. 1 Satz 4 UStG). In Österreich ist die Kleinunternehmerregelung hingegen als Steuerbefreiung ausgestaltet (s. § 6 Abs. 1 Nr. 27 UStG Österreich), sodass dort ein entsprechender Hinweis auf die Steuerbefreiung in der Rechnung aufzunehmen ist (s. § 11 Abs. 1 Nr. 3 Buchst. e UStG Österreich).

182 **Achtung!** Weist ein Kleinunternehmer in einer sog. „Kleinbetragsrechnung“ (s. Rn. 224 ff.) das Entgelt und den darauf entfallenden Steuerbetrag in einer Summe sowie den anzuwendenden Steuersatz aus, schuldet er den sich aus einer Aufteilung des in einer Summe angegebenen Rechnungsbetrags in Entgelt und Steuerbetrag ergebenden Steuerbetrag dann gemäß § 14c Abs. 2 Satz 1 UStG, wenn die Kleinbetragsrechnung alle in § 33 Satz 1 UStDV genannten Angaben enthält und deshalb vom Leistungsempfänger gemäß § 35 Abs. 1 UStDV für Zwecke des Vorsteuerabzugs verwendet werden kann (s. BFH vom 25.09.2013, XI R 41/12, BStBl II 2014, 135). Dies gilt selbstverständlich auch, wenn USt gesondert ausgewiesen wird.

183 Bei Hinweis auf die **Steuerbefreiung** bedarf es grundsätzlich nicht der Angabe der entsprechenden Rechtsgrundlage (s. Abschn. 14.5 Abs. 20 Satz 2 UStAE). Allerdings soll nach Abschn. 14.5 Abs. 20 Sätze 3–4 UStAE in der Rechnung ein Hinweis auf den Grund der Steuerbefreiung enthalten sein (z.B. „Ausfuhr“ oder „innergemeinschaftliche Lieferung“). Dies folgt auch schon aus dem Erfordernis des Belegnachweises für die Steuerfreiheit einer innergemeinschaftlichen Lieferung, die voraussetzt, dass in einer Rechnung über diese Lieferung ein Hinweis auf die Steuerbefreiung enthalten ist (s. BFH vom 26.11.2014, XI R 37/12, BFH/NV 2015, 358).

184 In den Fällen der Frage der Anwendung der **Steuerschuldnerschaft des Leistungsempfängers nach § 13b Abs. 1 UStG** erlangt der Hinweis auf eine Steuerbefreiung eine besondere Bedeutung, da der Leistungsempfänger bei steuerfreien Umsätzen nicht Steuerschuldner werden kann.

185–186 Einstweilen frei

7.10 Hinweis auf Aufbewahrungspflicht des Leistungsempfängers (Nr. 9)

187 Einen Hinweis auf die **Aufbewahrungspflicht des Leistungsempfängers nach § 14b Abs. 1 Satz 5 UStG** (s. § 14b Rn. 20) muss eine Rechnung nach § 14 Abs. 4 Satz 1 Nr. 9 UStG nur bei einer Werklieferung oder sonstigen Leistung im Zusammenhang mit einem Grundstück gegenüber einem Nichtunternehmer oder

einem Unternehmer, der die Leistung für seinen nichtunternehmerischen Bereich verwendet, enthalten. Hierbei ist es ausreichend, wenn die Rechnung z.B. einen allgemeinen Hinweis enthält, dass der Endverbraucher die Rechnung zwei Jahre aufzubewahren hat (s. Abschn. 14.5 Abs. 23 Satz 2 UStAE): „Der Rechnungsempfänger ist verpflichtet, die Rechnung aus steuerrechtlichen Gründen zwei Jahre aufzubewahren".

Ein Hinweis auf die **Aufbewahrungspflicht** ist aber entbehrlich, wenn es sich bei der steuerpflichtigen Werklieferung oder sonstigen Leistung um eine Bauleistung i.S.d. § 13b Abs. 2 Nr. 4 UStG an einen anderen Unternehmer handelt, für die dieser die Umsatzsteuer schuldet, oder mit einer Kleinbetragsrechnung i.S.d. § 33 UStDV abgerechnet wird (s. Abschn. 14.5 Abs. 23 Satz 3 UStAE). Ein solcher Leistungsempfänger ist – auch wenn er die Leistung für seinen nichtunternehmerischen Bereich verwendet – gem. § 14b Abs. 1 Satz 4 Nr. 3 UStG zur **zehnjährigen Aufbewahrung** verpflichtet. 188

7.11 Hinweis bei Abrechnung mittels Gutschrift (Nr. 10)

Gem. § 14 Abs. 4 Satz 1 Nr. 10 UStG muss eine Rechnung in den Fällen der Ausstellung der Rechnung durch den Leistungsempfänger oder durch einen von ihm beauftragten Dritten (s. Rn. 66 ff.) die Angabe „**Gutschrift**" enthalten (Unionsrechtliche Grundlage, s. Art. 226 Nr. 10a MwStSystRL). 189

Die Änderung ist am 27.06.2013 in Kraft getreten und nach § 27 Abs. 1 UStG i.V.m. Art. 31 Abs. 1 AmtshilfeRLUmsG (vom 26.06.2013, BGBl I 2013, 1809) auf Umsätze im Sinne des § 1 Abs. 1 Nr. 1 UStG anzuwenden, die nach dem 29.06.2013 ausgeführt werden; jedoch wird es nicht beanstandet, wenn in Rechnungen, die bis einschließlich 31.12.2013 ausgestellt werden, die Rechnungsangabe nach § 14 Abs. 2 Satz 2 UStG fehlt (s. BMF vom 25.10.2013, BStBl I 2013, 1305). 190

Formulierungen, die in anderen Amtssprachen der Europäischen Union für den Begriff „Gutschrift" in Art. 226 Nr. 10a MwStSystRL verwendet werden (z.B. „**Self-billing**") sind zulässig (tabellarische Auflistung s. BMF vom 25.10.2013, a.a.O., Abschn. II). Die Verwendung anderer – d.h. davon abweichender Begriffe – entspricht nicht § 14 Abs. 4 Satz 1 Nr. 10 UStG. Nach Abschn. 14.5 Abs. 24 Satz 4 UStAE soll der Vorsteuerabzug aber nicht allein wegen begrifflicher Unschärfen zu versagen sein, wenn die gewählte Bezeichnung hinreichend eindeutig ist (z.B. Eigenfaktura), die Gutschrift im Übrigen ordnungsgemäß erteilt wurde und keine Zweifel an der inhaltlichen Richtigkeit bestehen. 191

Das Abrechnungspapier hat auch dann die Angabe „Gutschrift" zu enthalten, wenn in diesem Dokument sowohl über empfangene Leistungen (Gutschrift) als auch über ausgeführte Leistungen (Rechnung) zusammen abgerechnet wird. Aus dem Dokument muss zweifelsfrei hervorgehen, über welche Leistung als Leistungsempfänger oder leistender Unternehmer abgerechnet wird; Saldierung und Verrechnung der gegenseitigen Leistungen in dem Abrechnungspapier sind unzulässig. 192

8. Rechnungserteilung bei verbilligten Leistungen (§ 10 Abs. 5 UStG), § 14 Abs. 4 Satz 2 UStG

Die Vorschrift des § 14 Abs. 4 Satz 2 UStG berechtigt den Unternehmer in den Fällen einer **verbilligten Leistung i.S.d. § 10 Abs. 5 UStG** in der Rechnung abweichend von der Angabe des (geringeren) Entgelts nach § 14 Abs. 4 Satz 1 Nr. 7 UStG und des insoweit geringeren Steuerbetrages nach § 14 Abs. 4 Satz 1 Nr. 8 UStG, die Mindestbemessungsgrundlage des § 10 Abs. 5 i.V.m. § 10 Abs. 4 UStG sowie den darauf entfallenden Steuerbetrag anzugeben; im Falle einer verbilligten Leistung i.S.d. § 10 Abs. 5 UStG an einen unternehmerischen Leistungsempfänger oder eine juristische Person wird der Unternehmer hierzu durch § 14 Abs. 4 Satz 2 UStG verpflichtet. Die Mindestbemessungsgrundlage ist jedoch bei Leistungen an einen zum vollen Vorsteuerabzug berechtigten Unternehmer dann nicht anwendbar, wenn der vom Leistungsempfänger in Anspruch genommene Vorsteuerabzug keiner Vorsteuerberichtigung nach §15a UStG unterliegt (BFH vom 05.06.2014, XI R 44/12, BStBl II 2016, 187). 193

Beispiel: Eine GmbH liefert an ihren unternehmerisch tätigen Anteilseigner einen gebrauchten Lkw zu einem Kaufpreis von 25.000 € (Wiederbeschaffungskosten 40.000 €). 194

Lösung:

Rechnungsangabe nach § 14 Abs. 4 Satz 2 UStG:

Mindestbemessungsgrundlage	40.000 €
19 % Umsatzsteuer	7.600 €

Dem Gesellschafter steht aus dieser Rechnung unter den weiteren Voraussetzungen des § 15 Abs. 1 Satz 1 Nr. 1 UStG der Vorsteuerabzug der offen ausgewiesenen Umsatzsteuer zu. Damit wird die Steuerkumulierung innerhalb einer Unternehmerkette vermieden; einerseits ist eine unionsrechtliche Ermächtigungsgrundlage nicht ersichtlich und andererseits bleiben die ähnlichen Fälle der unentgeltlichen Zuwendung hiervon unberührt.

195 Nach § 14 Abs. 4 Satz 3 UStG findet diese Vorschrift keine Anwendung für Land- und Forstwirte, die nach den Durchschnittssätzen des § 24 Abs. 1 bis 3 UStDV besteuert werden.

196–197 Einstweilen frei

9. Anzahlungsrechnungen, § 14 Abs. 5 UStG

198 Die Vorschrift des § 14 Abs. 5 UStG findet für die Rechnungserstellung im Zusammenhang mit Anzahlungen bzw. Abschlagszahlungen oder Vorauszahlungen (im Folgenden: **Anzahlungen**) Anwendung (unionsrechtliche Grundlage, s. Art. 220 Abs. 1 Satz 1 Nr. 4 und 5 MwStSystRL). Wird über Anzahlungen mittels Gutschrift abgerechnet, gilt zudem § 14 Abs. 2 Sätze 2–3 UStG (s. Abschn. 14.8 Abs. 3 UStAE).

199 **Voraus- und Anzahlungen auf vereinbarte, aber noch nicht ausgeführte Lieferungen oder sonstige Leistungen** führen gem. § 13 Abs. 1 Nr. 1 Buchst. a Satz 4 UStG bereits im Zeitpunkt ihrer Vereinnahmung zur Steuerentstehung. Damit korrespondierend ermöglicht § 15 Abs. 1 Satz 1 Nr. 1 Satz 3 UStG den Vorsteuerabzug (s. § 15 Rn. 115 ff.). Die Rechnung nach § 14 Abs. 5 UStG mit offenem Steuerausweis für eine noch nicht ausgeführte Leistung ermöglicht dem späteren Leistungsempfänger somit den Vorsteuerabzug in dem Voranmeldungszeitraum, in dem sowohl die Rechnung vorliegt und die Zahlung geleistet worden ist.

200 Auch die **Anzahlungsrechnung** muss die **Pflichtangaben nach § 14 Abs. 4 S. 1 UStG** sinngemäß enthalten, wobei in entsprechenden Rechnungen die Gegenstände der Lieferung oder die Art der sonstigen Leistung zum Zeitpunkt der Voraus- oder Anzahlung genau bestimmt sein müssen (s. BFH vom 24.08.2006, V R 16/05, BStBl II 2007, 340). Da der genaue Zeitpunkt der Leistung zum Zeitpunkt der Ausstellung der Anzahlungsrechnung regelmäßig nicht benannt werden kann, kann statt des Zeitpunkts der Lieferung oder sonstigen Leistung i.S.d. § 14 Abs. 4 Satz 1 Nr. 6 UStG der voraussichtliche Zeitpunkt oder der Kalendermonat der Leistung angegeben werden (s. Rn. 159). Wurde lediglich vereinbart, in welchem Zeitraum oder bis zu welchem Zeitpunkt die Leistung ausgeführt werden soll, ist dieser Zeitraum oder der betreffende Zeitpunkt in der Rechnung anzugeben; ist hingegen der Leistungszeitpunkt noch nicht vereinbart worden, genügt es, dass dies aus der Rechnung hervorgeht (s. Abschn. 14.8 Abs. 4 Sätze 4–5 UStAE).

201 Als Entgelt i.S.d. § 14 Abs. 4 Satz 1 Nr. 7 UStG ist die Angabe des vor der Ausführung der Leistung vereinnahmten Entgelts oder Teilentgelts anzugeben, zudem ist der auf das Entgelt oder Teilentgelt entfallende Umsatzsteuerbetrag nach § 14 Abs. 4 Satz 1 Nr. 8 UStG auszuweisen (s. Abschn. 14.8 Abs. 4 Sätze 6–7 UStAE). Im Übrigen wird auf die Kommentierung zu § 14 Abs. 4 UStG verwiesen, s. Rn. 92 ff.

202 Soweit im Rahmen der Ausstellung einer Anzahlungsrechnung auch das Entgelt und der darauf entfallende Steuerbetrag bzw. der Hinweis auf eine Steuerbefreiung (s. § 14 Abs. 4 Satz 1 Nr. 8 UStG) anzugeben ist bzw. ohne Umsatzsteuer abgerechnet werden soll, richtet sich die umsatzsteuerrechtliche Einordnung der Anzahlung entsprechend Abschn. 13.6 Abs. 4 UStAE nach der voraussichtlichen Einordnung der später noch zu erbringenden Leistung (steuerbar/steuerfrei oder steuerpflichtig). Die Einordnung der Anzahlung als nicht steuerbar oder steuerfrei ist u.E. nur dann möglich, wenn im Zeitpunkt der Vereinnahmung der Anzahlung eine entsprechende Leistungsausführung bereits mit an Sicherheit grenzender Wahrscheinlichkeit feststeht. Hierfür ist eine klare und eindeutige vertragliche Regelung zwischen dem leistenden Unternehmer und dem Leistungsempfänger erforderlich, aus denen sich die beabsichtigte (nicht steuerbare oder steuerfreie) Leistung unzweifelhaft ergibt.

Die Zusammenfassung mehrerer Anzahlungen in einer **Anzahlungsrechnung** ist möglich, wobei es genügt, wenn der Unternehmer den Gesamtbetrag der vorausgezahlten Teilentgelte und die darauf entfallende Steuer angibt (s. Abschn. 14.8 Abs. 5 Sätze 1–2 UStAE). Die Erteilung von Rechnungen mit gesondertem Steuerausweis ist auch vor Vereinnahmung einer Anzahlung möglich; sofern das im Voraus vereinnahmte Entgelt oder Teilentgelt niedriger als in der Rechnung angegeben ist, entsteht die Umsatzsteuer nur insoweit, als sie auf das tatsächlich vereinnahmte Entgelt oder Teilentgelt entfällt; in einem entsprechenden Fall bedarf es keiner Berichtigung der Rechnung (s. Abschn. 14.8 Abs. 5 Sätze 4–5 UStAE). 203

Werden die abgerechneten Anzahlungen nicht geleistet, tritt eine Besteuerung nach § 14c Abs. 2 UStG auch dann nicht ein, wenn der Unternehmer die Leistung nicht ausführt, es sei denn, die Leistung war von vornherein nicht beabsichtigt (s. BFH vom 21.02.1980, BStBl II 1980, 283; zum Vorsteuerabzug, s. § 15 Rn. 119). 204

Aus Anzahlungsrechnungen muss sich (sowohl bei der Soll- wie auch der Ist-Besteuerung) ergeben, dass damit Anzahlungen abgerechnet werden (z.B. mittels Angabe des voraussichtlichen Zeitpunkts der Leistung); dabei ist unerheblich, ob vor Ausführung der Leistung über das gesamte Entgelt oder nur einen Teil des Entgelts abgerechnet wird (s. Abschn. 14.8 Abs. 1 UStAE). 205

In einer **Endrechnung** sind die vor Ausführung der Lieferung oder sonstigen Leistung vereinnahmten Teilentgelte und die auf sie entfallenden Steuerbeträge abzusetzen, wenn über diese Teilentgelte Rechnungen i.S.d. § 14 UStG – d.h. mit Steuerausweis – ausgestellt worden sind (s. Abschn. 14.8 Abs. 7 UStAE). Im Fall von mehreren Anzahlungsrechnungen genügt es nach s. Abschn. 14.8 Abs. 7 Satz 2 UStAE, wenn der Gesamtbetrag der vorausgezahlten Entgelte oder Teilentgelte und die Summe der darauf entfallenden Steuerbeträge abgesetzt werden. Alternativ erlaubt Abschn. 14.8 Abs. 7 Satz 3 UStAE auch die Gesamtbeträge der Voraus- oder Anzahlungen abzusetzen und die darin enthaltenen Steuerbeträge zusätzlich anzugeben. Wird in der Endrechnung der Gesamtbetrag der Steuer für die Leistung angegeben, braucht der auf das verbleibende restliche Entgelt entfallende Steuerbetrag nicht angegeben zu werden (s. Abschn. 14.8 Abs. 7 Satz 4 UStAE). Auf die **Beispiele in Abschn. 14.8 Abs. 7–8 UStAE** wird verwiesen (zum Vorsteuerabzug aus einer Endrechnung s. § 15 Rn. 120). 206

Beispiel: Bauunternehmer B erstellt für den Auftraggeber A (Nichtunternehmer) einen Rohbau, für diesen er bei Baubeginn am 01.02. eine ordnungsgemäße Abschlagsrechnung i.H.v. 100.000 € zzgl. Umsatzsteuer i.H.v. 19.000 € erteilt. Nach Fertigstellung des Bauvorhabens möchte B eine Schlussrechnung über den gesamten Auftragswert i.H.v. 150.000 € (netto) erteilen. 207

Lösung:

Auftragswert (netto)	150.000 €
zzgl. Umsatzsteuer (19 %)	28.500 €
Gesamtpreis (brutto)	178.500 €
abzgl. Abschlagsrechnung vom 01.02.	119.000 €
verbleibende Restzahlung	**59.500 €**
darin enthaltene Umsatzsteuer (19 %)	**9.500 €**
In der Abschlagsrechnung enthaltene Umsatzsteuer	19.000 €

oder

	Preis	Entgelt	Umsatzsteuer
	178.500 €	150.000 €	28.500 €
./. Abschlagsrechnung vom 01.02.	119.000 €	100.000 €	19.000 €
Verbleibende Restzahlung	**59.500 €**	**50.000 €**	**9.500 €**

208 Im Fall eines **Widerrufs einer (ordnungsgemäß) erteilten Anzahlungsrechnung** ist der Unternehmer nach Abschn. 14.8 Abs. 9 Satz 1 UStG gleichwohl verpflichtet, die vorausgezahlten Entgelte oder Teilentgelte in der Endrechnung abzusetzen (zum Vorsteuerabzug s. § 15 Rn. 121).

209 Es besteht allerdings nach dem UStG **keine Verpflichtung zur Erteilung einer Endrechnung**; stattdessen kann der Unternehmer auch eine Rechnung über den verbliebenen Restbetrag (sog. Restrechnung) erteilen, in der die im Voraus vereinnahmten Teilentgelte und die darauf entfallenden Steuerbeträge nicht anzugeben sind. Es wird jedoch gem. Abschn. 14.8 Abs. 11 UStAE nicht beanstandet, wenn zusätzlich das Gesamtentgelt (ohne Steuer) angegeben wird und davon die im Voraus vereinnahmten Teilentgelte (ohne Steuer) abgesetzt werden.

210–213 Einstweilen frei

10. Vereinfachungsregelungen und Rechnungsberichtigung, § 14 Abs. 6 UStG

214 Soweit die Finanzverwaltung mit Zustimmung des Bundesrates im Rahmen der gesetzgeberischen Ermächtigung in bestimmten Fällen Vereinfachungen für die Ausstellung einer Rechnung zugelassen hat, erfolgt deren Kommentierung an den entsprechenden Stellen. Die Themenbereich der Rechnungsberichtigung (s. Rn. 215–223), Kleinbetragsrechnungen (s. Rn. 224–229) und Fahrausweise (s. Rn. 230–239) werden zusätzlich im Folgenden gesondert erläutert.

10.1 Rechnungsberichtigung, § 31 Abs. 5 UStDV

215 Rechnungen die:

- Nicht alle Angaben nach § 14 Abs. 4 oder 14 a UStG enthalten (formelle Fehler) oder
- Angaben in der Rechnung unzutreffend sind (materielle Fehler)

können gem. § 14 Abs. 6 Nr. 5 UStG i.V.m. § 31 Abs. 5 UStDV berichtigt werden; ein **Anspruch auf eine Rechnungsberichtigung oder eine neue Rechnung** ist mithin bei einer korrekten Rechnung ausgeschlossen. Zur Rechnungsberichtigung im Zusammenhang mit dem Vorsteuerabzug, umfassend s. § 15 Rn. 152 ff. Die zivilrechtliche Befugnis zur Rechnungsberichtigung ist umsatzsteuerrechtlich grundsätzlich unerheblich (s. BFH vom 11.10.2007, V R 27/05, BStBl II 2008, 438). Ziel einer Rechnungsberichtigung ist die Erstellung bzw. Sicherstellung einer ordnungsgemäßen Rechnung und damit die Beseitigung etwaiger Risiken nach § 14c UStG für den Rechnungsaussteller und Sicherstellung des Vorsteuerabzugs auf Seiten des Leistungsempfängers.

216 Für die **Form der Berichtigung** ist es ausreichend, wenn nur die fehlenden oder unzutreffenden Angaben durch ein Dokument, das spezifisch und eindeutig auf die Rechnung bezogen ist, übermittelt werden (s. § 31 Abs. 5 Satz 2 UStDV). Dazu reicht die Angabe der Rechnungsnummer der ursprünglichen Rechnung in dem Änderungsdokument aus (s. Abschn. 14.11 Abs. 1 Satz 4 UStAE). Im Übrigen gelten für dieses Dokument aber die gleichen Anforderungen an Form und Inhalt wie in §§ 14 und 14a UStG (s. Abschn. 14.11 Abs. 1 Satz 5 UStAE). Die Ausstellung einer neuen Rechnung ist folglich nicht erforderlich (hierin ist u.E. eine Vereinfachung des Besteuerungsverfahrens zu sehen). Die in der Praxis mitunter anzutreffende Lösung, in diesem Zuge auch die ursprüngliche Rechnung mit einem gesonderten Dokument zu stornieren, führt zu dem Risiko, dass die erwünschte Wirkung nicht erzielt werden kann, da das ursprüngliche Dokument gegenstandslos geworden sein dürfte.

217 Etwaige zwischenzeitliche Änderungen der formalen Rechnungsanforderungen bleiben unberücksichtigt, da sich die Anforderungen an den Inhalt der Rechnung nach den Bestimmungen richten, die zur Zeit der Ausführung der (Teil-)Leistung galten (s. § 27 Abs. 1 Satz 1 UStG).

218 Die **Rechnungsberichtigung** bedarf der **Schriftform**, was sich damit begründen lässt, dass der gesonderte Ausweis der Steuer bereits der (einfachen) Schriftform bedurfte und dies somit auch für die Berichtigung gelten muss. Dies reicht allerdings auch dann aus, wenn in einem notariell beurkundeten Kaufvertrag mit Umsatzsteuerausweis abgerechnet worden ist (s. BFH vom 11.10.2007, V R 27/05, BStBl II 2008, 438).

Nicht erforderlich ist, dass der Leistungsempfänger die ursprüngliche Rechnung zurückgibt (s. BFH vom 25.02.1993, V R 112/91, BStBl II 1993, 643).

Die **Befugnis zur Berichtigung einer Rechnung** steht grundsätzlich nur dem Rechnungsaussteller zu (s. BFH vom 27.09.1979, V R 78/73, BStBl II 1980, 228); diese Befugnis folgt aus seiner Eigenschaft als Verfasser des Dokuments. Abweichend davon kann die Berichtigung nur durch den leistenden Unternehmer selbst oder im Fall der Gutschrift durch den Aussteller der Gutschrift vorgenommen werden, wenn nach § 14 Abs. 2 Satz 4 UStG ein Dritter mit der Ausstellung der Rechnung beauftragt wurde (s. Abschn. 14.11 Abs. 2 Satz 2 UStAE). Insoweit darf der Empfänger des Abrechnungsdokuments von sich aus den Inhalt der Abrechnung nicht verändern. Eine solche Berichtigung oder Ergänzung durch den Abrechnungsempfänger ist aber anzuerkennen, wenn sich der Abrechnende die Änderungen zu eigen macht und dies aus dem Abrechnungspapier oder anderen Unterlagen hervorgeht, auf die im Abrechnungspapier hingewiesen ist (s. BFH vom 17.04.1980, V S 18/79, BStBl II 1980, 540 und § 15 Rn. 153). Die **Ergänzung oder Veränderung einer fremden Rechnung** ist als Urkundenfälschung nach § 246 StGB strafbewehrt und kann eine Steuerhinterziehung darstellen (s. BayObLG vom 26.10.1987, 4 St 164/87, UR 1988, 190). Die Umschreibung des in der Rechnung angegebenen Leistungsempfängers dürfte voraussetzen, dass der „gewünschte" Leistungsempfänger auch der Vertragspartner bzw. richtige Leistungsempfänger ist; ein beliebiger Austausch des Leistungsempfängers ist nicht möglich (s. Pump, StBp 2011, 195). 219

Sammelberichtigungen sind zulässig, da in einer Rechnung auch über mehrere Lieferungen oder sonstige Leistungen abgerechnet werden kann. Folgerichtig sind demgemäß auch Berichtigungen oder Ergänzungen im Wege von Sammelberichtigungen oder -ergänzungen zulässig. 220

Zum **zivilrechtlichen Anspruch** des Leistungsempfängers auf eine Rechnungsberichtigung bei einer fehlerhaften Rechnung, s. § 15 Rn. 157; zur Anspruchsverjährung, s. Rn. 51. 221

Einstweilen frei 222–223

10.2 Rechnungen über Kleinbeträge, § 33 UStDV

Rechnungen über Kleinbeträge (sog. **Kleinbetragsrechnungen**) liegen nach § 33 Satz 1 UStDV bei einer Rechnung bis zu einem Gesamtbetrag von 150 € (ab 01.01.2017 voraussichtlich 200 €, vgl. Referentenentwurf zum zweiten Bürokratieentlastungsgesetz) vor. Unter diesem Gesamtbetrag wird der Bruttobetrag, also die Summe aus umsatzsteuerlichem Entgelt und der Umsatzsteuer verstanden. Bei der Qualifizierung einer Rechnung als Kleinbetragsrechnung kommt es allein auf die Frage an, ob der Gesamtbetrag 150 € nicht überschreitet. Mehrere Gegenstände über die einzeln abgerechnet wird, werden auch dann nicht zusammengerechnet, wenn diese eine Sachgesamtheit bilden. 224

Die **Vereinfachungsregelungen für Kleinbetragsrechnungen** gelten gem. § 33 Satz 3 UStDV nicht für Abrechnungen über Versandhandelslieferungen i.S.d. § 3c UStG, über innergemeinschaftlichen Lieferungen nach § 6a UStG und über Leistungen, bei denen der Leistungsempfänger nach § 13b UStG die Steuer schuldet. 225

Abweichend von § 14 Abs. 4 UStG sind bei einer **Kleinbetragsrechnung gem. § 33 Satz 1 UStDV nur folgende Angaben** erforderlich: 226

- Der vollständige Name und die vollständige Anschrift des leistenden Unternehmers (s. § 14 Abs. 4 Satz 1 Nr. 1 UStG),
- das Ausstellungsdatum (s. § 14 Abs. 4 Satz 1 Nr. 3 UStG),
- die Menge und die Art der gelieferten Gegenstände oder der Umfang und die Art der sonstigen Leistung (s. § 14 Abs. 4 Satz 1 Nr. 5 UStG),
- das Entgelt und der darauf entfallende Steuerbetrag für die Lieferung oder sonstige Leistung in einer Summe (reduzierte Anforderung des § 14 Abs. 4 Satz 1 Nr. 7 UStG) sowie
- den anzuwendenden Steuersatz oder im Falle einer Steuerbefreiung einen Hinweis darauf, dass für die Lieferung oder sonstige Leistung eine Steuerbefreiung gilt (s. § 14 Abs. 4 Satz 1 Nr. 8 UStG).

Die Angabe eines konkreten Steuersatzes ist erforderlich (z.B. „inkl. 19 % USt"); eine Angabe „gesetzliche Umsatzsteuer enthalten" reicht nicht aus. Entbehrlich sind die Angabe des Leistungsempfängers, die 227

Steuernummer oder USt-IdNr., die Rechnungsnummer und der Hinweis auf die Aufbewahrungspflicht des Leistungsempfängers. Eine Trennung von Entgelt und Steuerbetrag ist ebenfalls nicht erforderlich; die Angabe des Gesamtbetrages und des Steuersatzes ist ausreichend. Wird von der Anwendung dieser Vereinfachungsregeln abgesehen, gelten die allgemeinen Rechnungsanforderungen nach § 14 Abs. 4 Satz 1 UStG.

228 Wird in einer Kleinbetragsrechnung über mehrere Leistungen abgerechnet, die **unterschiedlichen Steuersätzen unterliegen**, sind die jeweiligen Summen anzugeben und nach Steuersätzen zu trennen (s. § 33 Satz 2 i.V.m. § 32 UStDV und Abschn. 14.6 Abs. 1 Satz 2 UStAE).

229 Zum Vorsteuerabzug aus Kleinbetragsrechnungen, s. § 15 Rn. 132 ff.

10.3 Fahrausweise und Belege im Reisegepäckverkehr als Rechnungen, § 34 UStDV

230 Hiernach bestehen Vereinfachungen für Fahrausweise, die für die Beförderung von Personen ausgegeben werden sowie für Belege im Reisegepäckverkehr (s. § 34 Abs. 3 UStDV). Die Vorschrift des § 34 UStDV geht der des § 33 UStDV (Regelung über Rechnungen über Kleinbeträge) als lex speciales vor; zudem ist die Ausstellung einer Rechnung mit sämtlichen formalen Pflichtangaben i.S.d. § 14 Abs. 4 Satz 1 UStG nicht ausgeschlossen.

231 **Fahrausweise** sind Dokumente, die einen Anspruch auf Beförderung von Personen gewähren, inkl. Zuschlagskarten für zuschlagspflichtige Züge, Platzkarten, Bettkarten und Liegekarten (s. Abschn. 14.7 Abs. 1 Sätze 1–2 UStAE). Nach Abschn. 14.7 Abs. 1 Satz 3 UStAE stellen auch mit Fahrscheindruckern ausgestellte Fahrscheine Fahrausweise i.S.d. § 34 UStDV dar, wenn auf ihnen der Steuersatz in Verbindung mit einem Symbol angegeben ist (z.B. „V" mit dem zusätzlichen Vermerk „V = 19 % USt"). Keine Fahrausweise sind Rechnungen über die Benutzung eines Taxis oder Mietwagens (s. Abschn. 14.7 Abs. 1 S. 4 UStAE).

232 Ein Fahrausweis gilt nach § 34 UStDV als Rechnung i.S.d. § 14 UStG, wenn er **mindestens** die **folgenden Angaben** enthält:

- Den vollständigen Namen und die vollständige Anschrift des Unternehmers, der die Beförderungsleistung ausführt (s. § 14 Abs. 4 Satz 1 Nr. 1 UStG),
- das Ausstellungsdatum (s. § 14 Abs. 4 Satz 1 Nr. 3 UStG),
- das Entgelt und den darauf entfallenden Steuerbetrag in einer Summe (reduzierte Anforderung des § 14 Abs. 4 Satz 1 Nr. 7 UStG),
- den anzuwendenden Steuersatz, wenn die Beförderungsleistung nicht dem ermäßigten Steuersatz nach § 12 Abs. 2 Nr. 10 UStG unterliegt oder bei Fahrausweisen der Eisenbahn, die dem öffentlichen Verkehr dienen, nicht die Tarifentfernung angegeben ist (s. § 34 Abs. 1 Satz 2 UStDV), und
- im Falle der Anwendung des § 26 Abs. 3 UStG einen Hinweis auf die grenzüberschreitende Beförderung von Personen im Luftverkehr.

233 Die Beförderungsleistung innerhalb einer Gemeinde oder bei einer Beförderungsstrecke von bis zu 50 km unterliegt dem ermäßigten Steuersatz (s. § 12 Abs. 2 Nr. 10 UStG).

234 Entbehrlich sind daher bei einem Fahrausweis die Angabe des Leistungsempfängers, die Steuernummer oder USt-IdNr., die Rechnungsnummer und der Hinweis auf die Aufbewahrungspflicht des Leistungsempfängers. Eine Trennung von Entgelt und Steuerbetrag ist ebenfalls nicht erforderlich; die Angabe des Gesamtbetrages und des Steuersatzes ist ausreichend.

235 Bei der Möglichkeit, auf die Angabe des Steuersatzes zu verzichten, handelt es sich um eine absolute Ausnahme. Diese stellt in der Praxis schon aufgrund der durchschnittlichen Größe eines Fahrausweises eine Vereinfachung dar.

236 **Fahrausweise für eine grenzüberschreitende Beförderung im Personenverkehr** und im internationalen Eisenbahn-Personenverkehr gelten nur dann als Rechnungen i.S.d. § 14 UStG, wenn eine Bescheinigung des Beförderungsunternehmens darüber vorliegt, welcher Anteil des Beförderungspreises auf die Inlandsstrecke entfällt und welcher Steuersatz auf diesen Beförderungsteil entfällt (s. § 34 Abs. 2 UStDV).

237 Zum Vorsteuerabzug aus Fahrausweisen, s. § 15 Rn. 135 ff.

Einstweilen frei 238–239

11. Rechnungsstellung bei § 13b UStG, § 14 Abs. 7 UStG

Im Rahmen der Rechnungsstellung stellt sich die Frage, welche nationalen Vorschriften anzuwenden sind. 240
Im **Grundsatz** richtet sich die Anwendung der jeweiligen Rechnungsvorschriften nach den Vorschriften des Mitgliedstaates, in dem der Umsatz ausgeführt wird (s. § 14 Abs. 2 Satz 1 UStG und Art. 219a Nr. 1 MwSt-SystRL). Hiervon abweichend enthalten die §§ 14 Abs. 7 und 14a Abs. 1 UStG die folgenden **Ausnahmen**, wenn die Abrechnung nicht mittels Gutschrift durch den Leistungsempfänger erfolgt (Umsetzung Art. 219a Nr. 2 Buchstabe a, Art. 222 MwStSystRL):

Führt ein im übrige**n Gemeinschaftsgebiet ansässiger Unternehmer** einen im Inland nach § 1 Abs. 1 241
Nr. 1 UStG steuerbaren Umsatz aus, für den der Leistungsempfänger Steuerschuldner nach § 13b Abs. 5 UStG ist, gelten nach § 14 Abs. 7 UStG für die Rechnungserteilung die Vorschriften des Mitgliedstaates, in dem der Unternehmer seinen Sitz, seine Geschäftsleitung, eine Betriebsstätte, von der aus der Umsatz ausgeführt wird, oder in Ermangelung eines Sitzes seinen Wohnsitz oder gewöhnlichen Aufenthalt hat.

Der Unternehmer ist für die Anwendung des § 14 Abs. 7 Satz 1 UStG nicht im Inland ansässig, wenn er 242
weder seinen Sitz noch seine Geschäftsleitung, eine Betriebsstätte, von der aus der Umsatz ausgeführt wird oder die an der Erbringung dieses Umsatzes beteiligt ist, oder – in Ermangelung eines Sitzes – seinen Wohnsitz oder gewöhnlichen Aufenthalt im Inland hat; dies gilt auch, wenn der Unternehmer ausschließlich einen Wohnsitz oder gewöhnlichen Aufenthaltsort im Inland, aber seinen Sitz, den Ort der Geschäftsleitung oder eine Betriebsstätte im Ausland hat.

Die Vorschrift des § 14 Abs. 7 UStG kommt dagegen **nicht** zur Anwendung, sofern die am Leistungsaus- 243
tausch Beteiligten vereinbaren, dass der Leistungsempfänger **mittels Gutschrift** über den Umsatz abrechnet; es verbleibt bei den allgemeinen Grundsätzen der Rechnungserteilung nach den §§ 14, 14a UStG (s. §§ 14 Abs. 7 Satz 2, 14a Abs. 1 Satz 4 UStG).

Beispiel (s. Abschn. 14.1 Abs. 6 UStAE): 244
Der belgische Unternehmer B erbringt von seinem Unternehmenssitz in Belgien an den deutschen Unternehmer D eine Unternehmensberatungsleistung, die als sonstige Leistung im Inland nach § 3a Abs. 2 S. 1 UStG steuerbar ist. Steuerschuldner für die steuerpflichtige Leistung ist D als Leistungsempfänger (s. § 13b Abs. 5 S. 1 i.V.m. § 13b Abs. 1 UStG).

Lösung:

a) **B erteilt die Rechnung**
B hat eine Rechnung nach den in Belgien geltenden Vorgaben zur Rechnungserteilung auszustellen. Weist B in der Rechnung gesondert deutsche Umsatzsteuer aus, schuldet er diese nach § 14c Abs. 1 UStG.

b) **D rechnet vereinbarungsgemäß gegenüber B mittels Gutschrift ab**
D hat die Gutschrift nach den in Deutschland geltenden Rechnungsvorschriften auszustellen.

§ 14a UStG Zusätzliche Pflichten bei der Ausstellung von Rechnungen in besonderen Fällen

(1) [1]Hat der Unternehmer seinen Sitz, seine Geschäftsleitung, eine Betriebsstätte, von der aus der Umsatz ausgeführt wird, oder in Ermangelung eines Sitzes seinen Wohnsitz oder gewöhnlichen Aufenthalt im Inland und führt er einen Umsatz in einem anderen Mitgliedstaat aus, an dem eine Betriebsstätte in diesem Mitgliedstaat nicht beteiligt ist, so ist er zur Ausstellung einer Rechnung mit der Angabe „Steuerschuldnerschaft des Leistungsempfängers" verpflichtet, wenn die Steuer in dem anderen Mitgliedstaat von dem Leistungsempfänger geschuldet wird und keine Gutschrift gemäß § 14 Absatz 2 Satz 2 vereinbart worden ist. [2]Führt der Unternehmer eine sonstige Leistung im Sinne des § 3a Absatz 2 in einem anderen Mitgliedstaat aus, so ist die Rechnung bis zum fünfzehnten Tag des Monats, der auf den Monat folgt, in dem der Umsatz ausgeführt worden ist, auszustellen. [3]In dieser Rechnung sind die Umsatzsteuer-Identifikationsnummer des Unternehmers und die des Leistungsempfängers anzugeben. [4]Wird eine Abrechnung durch Gutschrift gemäß § 14 Absatz 2 Satz 2 über eine sonstige Leistung im Sinne des § 3a Absatz 2 vereinbart, die im Inland ausgeführt wird und für die der Leistungsempfänger die Steuer nach § 13b Absatz 1 und 5 schuldet, sind die Sätze 2 und 3 und Absatz 5 entsprechend anzuwenden.

(2) Führt der Unternehmer eine Lieferung im Sinne des § 3c im Inland aus, ist er zur Ausstellung einer Rechnung verpflichtet.

(3) [1]Führt der Unternehmer eine innergemeinschaftliche Lieferung aus, ist er zur Ausstellung einer Rechnung bis zum fünfzehnten Tag des Monats, der auf den Monat folgt, in dem der Umsatz ausgeführt worden ist, verpflichtet. [2]In der Rechnung sind auch die Umsatzsteuer-Identifikationsnummer des Unternehmers und die des Leistungsempfängers anzugeben. [3]Satz 1 gilt auch für Fahrzeuglieferer (§ 2a). [4]Satz 2 gilt nicht in den Fällen der §§ 1b und 2a.

(4) Eine Rechnung über die innergemeinschaftliche Lieferung eines neuen Fahrzeugs muss auch die in § 1b Abs. 2 und 3 bezeichneten Merkmale enthalten. Das gilt auch in den Fällen des § 2a.

(5) Führt der Unternehmer eine Leistung im Sinne des § 13b Absatz 2 aus, für die der Leistungsempfänger nach § 13b Absatz 5 die Steuer schuldet, ist er zur Ausstellung einer Rechnung mit der Angabe „Steuerschuldnerschaft des Leistungsempfängers" verpflichtet; Absatz 1 bleibt unberührt. 2Die Vorschrift über den gesonderten Steuerausweis in einer Rechnung nach § 14 Absatz 4 Satz 1 Nummer 8 wird nicht angewendet.

(6) [1]In den Fällen der Besteuerung von Reiseleistungen nach § 25 hat die Rechnung die Angabe „Sonderregelung für Reisebüros" und in den Fällen der Differenzbesteuerung nach § 25a die Angabe „Gebrauchtgegenstände/Sonderregelung", „Kunstgegenstände/Sonderregelung" oder „Sammlungsstücke und Antiquitäten/Sonderregelung" zu enthalten. [2]In den Fällen des § 25 Abs. 3 und des § 25a Abs. 3 und 4 findet die Vorschrift über den gesonderten Steuerausweis in einer Rechnung (§ 14 Abs. 4 Satz 1 Nr. 8) keine Anwendung.

(7) [1]Wird in einer Rechnung über eine Lieferung im Sinne des § 25b Abs. 2 abgerechnet, ist auch auf das Vorliegen eines innergemeinschaftlichen Dreiecksgeschäfts und die Steuerschuldnerschaft des letzten Abnehmers hinzuweisen. [2]Dabei sind die Umsatzsteuer-Identifikationsnummer des Unternehmers und die des Leistungsempfängers anzugeben. Die Vorschrift über den gesonderten Steuerausweis in einer Rechnung (§ 14 Abs. 4 Satz 1 Nr. 8) findet keine Anwendung.

Bearbeiter: Michael Stahlschmidt

Inhaltsverzeichnis

Rn.

1. Überblick

Durch das AmtshilfeRLUmsG vom 26.06.2013 (BGBl I 2013, 1809 = BStBl I 2013, 802) ist § 14a UStG mit Wirkung vom 30.06.2013 geändert worden. Eine weitere Änderung erfuhr § 14a UStG durch das Kroatien-AnpG vom 25.07.2014 (BGBl I 2014, 1126) die zum 31.07.2014 wirksam wurde. 1

2. Norminhalt

2.1 Allgemeines

Die Überschrift zeigt die Aufgabe des § 14a UStG, nämlich zusätzliche **Pflichten bei der Ausstellung von Rechnungen in besonderen Fällen** vorzuschreiben. Damit ergänzt die Vorschrift § 14 UStG. Im Ergebnis bedeutet dies, dass neben die Pflichten nach § 14 UStG in besonderen Fällen weitere Pflichten nach § 14a UStG treten. Beispielsweise müssen nun auch Privatpersonen, die ein neues Fahrzeug innergemeinschaftlich liefern, § 2a UStG (sog. **fiktiver Unternehmer**), eine Rechnung mit ergänzenden Verpflichtungen nach § 14a UStG erstellen. Über § 14a Abs. 5 Satz 2 UStG gelten für Abrechnungspapiere nach § 14a UStG ebenfalls die Anforderungen nach § 14 Abs. 4 UStG. Eine Abrechnung im Gutschriftverfahren ist selbstverständlich auch in den Fällen des § 14c UStG möglich, § 14 Abs. 2 Satz 2 UStG. Schlussendlich sind auch § 14b UStG und 14c UStG, mithin die Regelungen über die Aufbewahrung von Rechnungen und die Regelungen zum unrichtigen und unberechtigten Steuerausweis zu beachten. 2

Die Vorschrift ist im Zusammenhang mit dem Ausweis der Steuer nach § 15 Abs. 1 Satz 1 Nr. 1 UStG zu sehen. Nach dieser Vorschrift kann der Unternehmer Vorsteuerbeträge abziehen: „die gesetzlich geschuldete Steuer für Lieferungen und sonstige Leistungen, die von einem anderen Unternehmer für sein Unternehmen ausgeführt worden sind. Die Ausübung des Vorsteuerabzugs setzt voraus, dass der Unternehmer eine nach den §§ 14, 14a UStG ausgestellte Rechnung besitzt“. 3

In den Gesetzesmaterialien (s. BR-Drs. 630/03, 86) findet sich der Hinweis: „Wie bisher wird an die gesetzlich geschuldete Steuer für Lieferungen und sonstige Leistungen, die von anderen Unternehmern für sein Unternehmen ausgeführt worden sind, angeknüpft“ (s. § 15 Abs. 1 Satz 1 Nr. 1 Satz 1 UStG). Voraussetzung für den **Vorsteuerabzug** ist zusätzlich, dass der Unternehmer im Besitz einer nach § 14 UStG ausgestellten Rechnung ist (wie EuGH vom 29.04.2004, C-152/02, UR 2004, 323, Terra Baubedarf). Das bedeutet, dass eine Rechnung nur dann zum Vorsteuerabzug berechtigt, wenn sie alle Pflichtangaben nach § 14 Abs. 4 UStG und ggf. darüber hinaus die zusätzlichen Angaben nach § 14a UStG enthält. Fehlt eine der in § 14 Abs. 4 UStG und ggf. darüber hinaus die in § 14a UStG bezeichneten Angaben oder ist eine der Angaben unrichtig, ist der Vorsteuerabzug zu versagen. Der Vorsteuerabzug kann grundsätzlich somit erst mit dem Zugang einer vollständigen oder berichtigten Rechnung geltend gemacht werden.“ 4

Aber auch die **Kontrollmöglichkeiten der Finanzverwaltung** sollen durch § 14a UStG bezüglich der zusätzlichen Angaben in der Rechnung ermöglicht werden. So heißt es dazu in den Gesetzesmaterialien (s. BT-Drs. 16/11108, 48): „Die Angabe der USt-IdNr. des Leistungsempfängers ist auch deshalb erforderlich, weil der leistende Unternehmer diese Nummer für die Angabe in seiner Zusammenfassenden Meldung benötigt“. 5

§ 14a UStG beruht ursprünglich auf Art. 219a ff. MwStSystRL. Die Neufassung des § 14a UStG fußt dagegen auf den Art. 219a, 222 und 226 MwStSystRL. § 14a Abs. 2 UStG dagegen fußt auf Art. 219a, 220, 220a und 221 MwStSystRL während § 14a Abs. 3 und Abs. 4 UStG auf Art. 222 und 226 Nr. 3, 4 und Nr. 12 MwStSystRL fußt. Schließlich finden sich die unionsrechtlichen Regelungen für § 14a Abs. 5 UStG in den 6

Art. 219a, 222 und 226a Nr. 11a MwStSystRL. Art 226 Nr. 13 und 14 MwStSystRL werden durch § 14a Abs. 6 UStG umgesetzt, während § 14a Abs. 7 UStG den Art. 197 MwStSystRL umsetzt.

7 Aus Sicht der Finanzverwaltung (s. BR-Drs. 139/13, 188; BMF vom 25.10.2013, IV D 2 – S 7280/12/10002, BStBl I 2013, 1305) soll § 14a Abs. 1 UStG auf Art. 219a Nr. 2 Buchstabe a MwStSystRL beruhen. Dies ist allerdings zweifelhaft, da sich Art. 219a MwStSystRL mit der Frage befasst, welche Rechnungsstellungsvorschriften welches Mitgliedstaats der Unternehmer anzuwenden hat. Dagegen findet sich in § 14a Abs. 1 Satz 1 UStG nur die Regelung, dass der Unternehmer unter bestimmten Voraussetzungen eine Rechnung zu erstellen hat. Darüber, **welche Rechnungsstellungsvorschriften der Unternehmer anzuwenden hat**, schweigt die Vorschrift.

8 Die Finanzverwaltung vertritt die Auffassung, dass sich aus § 14 Abs. 2 Satz 1 UStG ergäbe, dass sich das anzuwendende Recht zur Rechnungsstellung nach den Mitgliedstaaten richte, in dem der Umsatz ausgeführt werde. Schließlich beruhe § 14 Abs. 2 UStG auf Art. 219a Nr. 1 MwStSystRL (s. BMF vom 25.10.2013, IV D 2 – S 7280/12/10002, BStBl I 2013, 1305).

9 Indes ergibt sich aus den europarechtlichen Begleitdokumenten zu der MwStSystRL diese Eindeutigkeit nicht. Insbesondere an der Richtlinie 2010/45 EU des Rates vom 13.07.2010 (ABl. EU Nr. L 189, 1) und dem Vorschlag für diese Richtlinie des Rates zur Änderung der Richtlinie 2006/112/EG (s. BR-Drs. 157/09) über das gemeinsame Mehrwertsteuersystem wegen der Rechnungsstellungsvorschriften, lässt sich die Kontroversität des Themas erahnen. In den Materialien zur dieser Richtlinie heißt es nämlich: „Gegenwärtig besteht eine gewisse Unsicherheit darüber, die Vorschriften welches Mitgliedstaats anzuwenden sind. Zwar besteht allgemein die Auffassung, dass die Rechnungsstellungsvorschriften des Mitgliedstaats gelten, in dem die Steuer geschuldet wird, dies ist aber nirgends ausdrücklich festgelegt. Daraus entstehen den Unternehmen gewisse Schwierigkeiten. Ein Steuerpflichtiger, der Lieferungen oder Dienstleistungen durchführt, für die die Steuer in einem anderen Mitgliedstaat geschuldet wird, müsste die Rechnungsausstellungsvorschriften des anderen Mitgliedstaats erfüllen, die aber von denen des Mitgliedstaats seiner Niederlassung abweichen können. Der Vorschlag soll dieses Problem durch die **Einführung harmonisierter Vorschriften für Rechnungen zwischen Unternehmen (B2B)** lösen, sodass ein Steuerpflichtiger, der in dem Mitgliedstaat eine Rechnung ausstellt, in dem er für Zwecke der Mehrwertsteuer erfasst ist, sicher sein kann, dass diese Rechnung EU-weit gültig ist. Dann könnten die Vorschriften auch im Mitgliedstaat des Lieferers/Dienstleistungserbringers gelten, was dem Konzept der einzigen Anlaufstelle entspricht, demzufolge Unternehmer ihre steuerlichen Pflichten von dem Mitgliedstaat aus erfüllen können, in dem sie ansässig sind."

2.2 Rechnungen bei innergemeinschaftlichen Umsätzen (§ 14a Abs. 1 UStG)

10 Führt der Unternehmer einen Umsatz in einem anderen Mitgliedstaat aus und wird die Steuer im anderen Mitgliedstaat vom Leistungsempfänger geschuldet und es fehlt an der Erteilung einer Gutschrift nach § 14 Abs. 2 UStG so hat der leistende Unternehmer eine Rechnung mit der Angabe „Steuerschuldnerschaft des Leistungsempfängers" auszustellen, § 14a Abs. 1 Satz 1 UStG. Dabei wird es im wesentlichen um die sogenannten **B2B-Geschäfte** gehen, im Regelfall Dienstleistungsumsätze, bei denen der Leistungsempfänger im EU-Ausland ansässig ist und für die dieser dann Steuerschuldner im jeweils eigenen Land wird. Weitere Voraussetzung ist, dass der Unternehmer seinen Sitz, seine Geschäftsleitung, eine Betriebsstätte, von der aus der Umsatz ausgeführt wird, oder in Ermangelung eines Sitzes oder gewöhnlichen Aufenthaltes im Inland hat. Eine im anderen Mitgliedstaat gelegene Betriebsstätte des leistenden Unternehmers darf an dem Umsatzakt nicht beteiligt sein.

11 Zunächst ist demnach Voraussetzung, dass der leistende Unternehmer seinen Sitz, die Geschäftsleitung, die Betriebsstätte von der aus der Umsatz ausgeführt wird im Inland haben muss. Falls er keinen Sitz im Inland hat muss er wenigsten seinen Wohnsitz oder gewöhnlichen Aufenthalt im Inland haben. Mit Umsätzen sind sowohl Lieferungen als auch sonstige Leistungen gemeint.

12 Der Übergang der Steuerschuldnerschaft des Leistungsempfängers bestimmt sich dagegen nach dem nationalen Mehrwertsteuerrecht des anderen Mitgliedstaats. Allerdings ist hier nach europarechtlichen Vorgaben noch einmal zu differenzieren.

Der Steuerpflichtige, der Gegenstände steuerpflichtig liefert oder eine Dienstleistung steuerpflichtig erbringt, schuldet nach Art. 193 MwStSystRL die Steuer, falls keine Ausnahme nach Art. 194 bis 199 sowie 202 greift, nach denen eine andere Person die Steuer schuldet. Ferner bestimmt Art. 196 MwStSystRL, dass der Steuerpflichtige oder die nicht steuerpflichtige juristische Person mit einer USt-IDNr. die Steuer schuldet, wenn für diese eine Dienstleistung nach Art. 44 MwStSystRL von einem in einem anderen Mitgliedstaat ansässigen Steuerpflichtigen erbracht wird. Art. 44 MwStSystRL bestimmt als Ort einer Dienstleistung an einen Steuerpflichtigen, der als solcher handelt, den Sitz seiner wirtschaftlichen Tätigkeit. Ein **inländischer Unternehmer** kann somit bei einer Dienstleistung nach Art. 196 MwStSystRL an einen anderen Unternehmer in einem anderen Mitgliedstaat sicher sein, dass die Steuerschuld auf den Leistungsempfänger übergeht. Ausgehend von Art. 219a Nr. 2 Buchstabe a MwStSystRL über § 14a Abs. 1 Satz 1 UStG richtet sich für den inländischen Unternehmer der eine Dienstleistung erbringt die Rechnungsstellung nach den nationalen Vorschriften, mithin §§ 14, 14a UStG. 13

Für den **Gutschriftsfall** gilt allerdings etwas anderes. Hier bestimmt sich das Rechnungsstellungsregime nach den Vorschriften des Mitgliedstaates, indem die Dienstleistung ausgeführt wird. 14

Beispiel: U 1 hat seinen Sitz im Inland. Er erbringt eine Dienstleistung in Italien an den dort ansässigen U 2. Die italienische Umsatzsteuer wird von U 2 geschuldet, Art. 44 MwStSystRL, § 3a Abs. 2 UStG. 15

Lösung: Gemäß Art. 219a Nr. 2a MwStSystRL muss U 1 dem U 2 einen deutschen Vorschriften entsprechende Rechnung nach §§ 14, 14a UStG erteilen.
In dieser Rechnung muss nach § 14a Abs. 1 Satz 1und 3 UStG ein Hinweis auf die Umkehr der Steuerschuldnerschaft enthalten sein. Ferner sind die deutsche und italienische USt-IDNr. anzugeben. Ein Ausweis von italienischer oder deutscher Umsatzsteuer hat zu unterbleiben.

Abwandlung: Vereinbarungsgemäß wird durch U 2 mit Gutschrift abgerechnet. 16
In diesem Gutschriftsfall muss U 2 nach Art. 219a Nr. 2a i.V.m. Art. 219a Nr. 1 MwStSystRL die Rechnungsausstellung, in Form der Gutschrift, nach den Vorschriften seines Ansässigkeitsstaats, hier Italien vorzunehmen. Der deutsche Unternehmer ist in diesem Fall mehrwertsteuerrechtlich zu keiner Rechnungsausstellung verpflichtet.

§ 14a Abs. 1 Satz 1 UStG verlangt den Übergang der Steuerschuld. Sowohl der Wortlaut des § 14a Abs. 1 Satz 1 UStG als auch des Art. 219a Nr. 2 Buchstabe a MwStSystRL enthält das Verb „schuldet". Somit sind im Falle der steuerfreien Umsätze die Rechnungsstellungsvorschriften des Mitgliedstaats anzuwenden, in dem die steuerfreie Lieferung von Gegenständen oder die Dienstleistung als ausgeführt gilt. 17

Die Erläuterungen zu den Mehrwertsteuervorschriften für die Rechnungsstellung der Generaldirektion Steuern und Zollunion der Europäischen Kommission verstehen Art. 219a Nr. 2 Buchstabe a MwStSystRL so, dass dieser immer dann gilt, wenn die Mehrwertsteuer vom Dienstleistungsempfänger geschuldet wird bzw. „im Fall der Steuerpflicht vom Dienstleistungsempfänger geschuldet wurde". 18

Nach den von der Generaldirektion Steuern und Zollunion der Europäischen Kommission herausgegebenen Erläuterungen zu den Mehrwertsteuervorschriften für die Rechnungsstellung (zitiert bei Duyfjes/v. Streit, UStB 2013, 233) muss Art. 219a Nr. 2 Buchstabe a MwStSystRL so verstanden werden, als gelte er immer dann, wenn die Mehrwertsteuer vom Dienstleistungsempfänger geschuldet wird bzw. „**im Fall der Steuerpflicht vom Dienstleistungsempfänger geschuldet wurde**". Aus den Erläuterungen folgt ferner, dass sogar bei steuerfreien Dienstleistungen grundsätzlich von einer Steuerschuld des Leistungsempfängers auszugehen ist, so dass sich die Rechnungsstellung nach den Regeln des Ursprungsmitgliedstaats richtet. Es wird sogar empfohlen, bei diesen Dienstleistungen auf der Rechnung auf die „Steuerschuldnerschaft des Leistungsempfängers" hinzuweisen (s. Duyfjes/v. Streit, UStB 2013, 233; Tehler in Rau/Dürrwächter, § 14a UStG, Rn. 59). Zwar fehlt den Erläuterungen der Generaldirektion die Rechtsverbindlichkeit, dennoch stellen sie eine Meinung für die Praxis dar. Die wortlautgetreue Anwendung des § 14a Abs. 1 Satz 1 UStG bzw. Art. 219a Nr. 2 Buchstabe a MwStSystRL führt dazu, dass ein im Inland ansässiger Unternehmer zum einen für steuerpflichtige Umsätze an einen Steuerpflichtigen in einem anderen Mitgliedstaat deutsche 19

Rechnungsstellungsvorschriften, zum anderen für steuerfreie Umsätze die Rechnungsstellungsvorschriften des anderen Mitgliedstaats anzuwenden hätte. Dies gibt selbstverständlich keinen Sinn (so auch Duyfjes/v. Streit, UStB 2013, 233; Tehler in Rau/Dürrwächter, § 14a UStG, Rn. 59) Bis zu einer Entscheidung des EuGH wird hier Rechtsunsicherheit herrschen.

20 Sind die Voraussetzungen des § 14a Abs. 1 Satz 1 UStG erfüllt, hat der Unternehmer das Abrechnungspapier, mithin die Rechnung, mit der Angabe „**Steuerschuldnerschaft des Leistungsempfängers**" zu versehen. Nach Auffassung der Finanzverwaltung kommen zur Angabe „Steuerschuldnerschaft des Leistungsempfängers" alternativ Formulierungen in Betracht, die in anderen Amtssprachen für den Begriff „Steuerschuldnerschaft des Leistungsempfängers" in Art. 226 Nr. 11a MwStSystRL der jeweiligen Sprachfassung verwendet werden, z.B. „Reverse charge" (s. Abschn. 14a.1 Abs. 6 UStAE; s. aber auch Widmann, MwStR 2013, 321). Das BMF hat seinem Schreiben eine Tabelle angefügt, in der die in anderen Amtssprachen verwendeten Begriffe für Rechnungsangaben enthalten sind (s. BMF vom 25.10.2013, IV D 2 – S 7280/12/10002, BStBl I 2013, 1305).

21 Nach § 14a Abs. 1 Satz 2 UStG ist der Unternehmer verpflichtet, die **Rechnung für eine sonstige Leistung** i.S.d. § 3a Abs. 2 UStG in einem anderen Mitgliedstaat bis zum 15. Tag des Monats, der auf den Monat folgt, in dem der Umsatz ausgeführt ist, auszustellen. Daneben bleibt es selbstverständlich beim § 14 Abs. 2 UStG, wonach die Rechnung grundsätzlich innerhalb von sechs Monaten nach Ausführung der Leistung auszustellen ist, sofern eine Verpflichtung zur Rechnungsstellung besteht. § 14a Abs. 2 Satz 3 UStG verdrängt im Wege des lex specialis nunmehr die Grundnorm des § 14 Abs. 2 UStG. Allerdings ist aus Sicht der Finanzverwaltung die Missachtung der kürzeren Frist keine Ordnungswidrigkeit nach § 26a UStG (s. Abschn. 14a.1 Abs. 3 UStAE; BMF vom 25.10.2013, IV D 2 – S 7280/12/10002, BStBl I 2013, 1305, enthält eine Übergangsregelung).

22 Eine weitere Voraussetzung für die Anwendung des § 14a Abs. 1 Satz 1 UStG ist, dass an der in Rede stehenden Leistung im anderen EU-Mitgliedstaat eine dort etwaige vorhandene Betriebsstätte des leistenden Unternehmers nicht beteiligt sein darf. Dabei darf auch keine Unterstützung in technischer und personeller Hinsicht seitens der Betriebsstätte zur Durchführung der Leistung gewährt werden.

2.3 Versandhandelslieferung nach § 3c UStG, § 14a Abs. 2 UStG

23 § 14a Abs. 2 UStG enthält die Regelung, dass im Falle einer Lieferung nach § 3c UStG im Inland der liefernde Unternehmer zur Ausstellung einer Rechnung verpflichtet ist. Dies ist eine „normale" Rechnung mit allen nach § 14 UStG erforderlichen Angaben. Dies hat zur Folge, dass die **Versandhandelslieferung** immer im Inland als steuerbar zu behandeln ist und der liefernde Unternehmer eine Rechnung mit deutscher Umsatzsteuer auszustellen hat. Diese Verpflichtung trifft auch die Lieferer aus dem übrigen Unionsgebiet, die die deutsche Lieferschwelle von 100.000 € überschreiten und die Gegenstände an Privatpersonen, Kleinunternehmer oder pauschalierende Landwirte, die allesamt die Erwerbsschwelle nicht überschreiten im Inland versenden. § 14a Abs. 2 UStG enthält keine Regelung, nach der in der Rechnung gesondert auf die Versandhandelsregelung hinzuweisen sei. Auch eine USt-IdNr. des Lieferungsempfängers ist nicht anzugeben. § 14a Abs. 2 UStG betrifft nur die inbound-Lieferungen in das Inland, nicht die outbound-Lieferungen im Rahmen der Versandhandelsregelung in das EU-Ausland. Für die letzteren gilt das Recht der EU-Mitgliedstaaten, in denen diese Lieferungen steuerbar sind.

2.4 Innergemeinschaftliche Lieferungen, § 14a Abs. 3 UStG

24 Im Falle der **innergemeinschaftlichen Lieferung** ist nach § 14a Abs. 3 Satz 1 UStG eine Rechnung bis zum 15. Tag des Monats, der auf den Monat folgt, in dem der Umsatz ausgeführt worden ist, auszustellen. In dieser ist nach § 14a Abs. 3 Satz 2 UStG auch die USt-IdNr. des Unternehmers und die des Leistungsempfängers anzugeben. Diese Regelung wurde durch das AmtshilfeRLUmsG neu eingeführt.

25 Bei **Leistungen im Zusammenhang mit § 6a UStG** besteht nunmehr die Verpflichtung zur Ausstellung nicht mehr nur, wenn der Abnehmer Unternehmer ist und der Gegenstand für unternehmerische Zwecke erworben wurde, sondern auch dann, wenn eine juristische Person Abnehmer ist, die kein Unternehmer

ist oder der Gegenstand für den nichtunternehmerischen Bereich erworben wurde. Beim innergemeinschaftlichen Verbringen gilt dies jedoch nicht, da die Begleitbelege weder Abrechnungen darstellen noch sonst irgendeine Außenwirkung entfalten und daher keine Rechnungen i.S.d. § 14 Abs. 1 UStG sind. Die Finanzverwaltung vertritt die Meinung, dass in den Verbringensfällen der inländische Unternehmer nur für den ausländischen Unternehmensteil einen Beleg auszustellen hat, in dem er die verbrachten Gegenstände anführt und der die Bemessungsgrundlage, die USt-IdNr. des inländischen und ausländischen Unternehmers enthält, eine sog. Pro-forma-Rechnung (s. Abschn. 14a.1 Abs. 3 UStAE). Ebenso muss der Hinweis auf die Steuerfreiheit beachtet werden, § 14 Abs. 4 Nr. 8 UStG.

Der Bundesfinanzhof hat verschiedentlich zu diesem Problemkreis Stellung bezogen. Er ist der Ansicht, **26** dass bei einer innergemeinschaftlichen Lieferung Voraussetzung für die Steuerfreiheit der Lieferung der zwingende Hinweis auf § 6a UStG ist (BFH vom 15.02.2012, XI R 42/10, BFH/NV 2012, 1188; BFH vom 12.05.2011, V R 46/10, BStBl II 2011, 957; BFH vom 14.11.2012, XI R 8/11, MwStR 2013, 165; anders noch BFH vom 01.02.2007, V R 41/04, DStR 2007, 754).

Ausnahmsweise soll trotz der **Nichterfüllung der formellen Nachweispflichten** die Steuerfreiheit **27** gewährt werden, wenn objektiv feststeht, dass die Voraussetzungen des § 6a Abs. 1 UStG vorliegen.

Einstweilen frei **28**

2.5 Innergemeinschaftliche Lieferungen neuer Fahrzeuge, § 14a Abs. 4 UStG

§ 14a Abs. 4 Satz 1 UStG ordnet auch in den Fällen der **innergemeinschaftlichen Lieferung eines neuen** **29** **Fahrzeugs** nach § 1b Abs. 2 und 3 UStG an, dass die Rechnung alle bezeichneten Merkmale (d.h. alle für die ordnungsgemäße Durchführung der Erwerbsbesteuerung benötigten Angaben) enthalten muss. Zusätzlich zu den Angaben nach § 14 UStG sind nach § 14a Abs. 3 UStG die Fahrzeugart nach § 1b Abs. 2 UStG (motorbetriebenes Landfahrzeug, Wasserfahrzeug, Luftfahrzeug, jeweils mit den dort bezeichneten Merkmalen wie Hubraum, Länge bzw. Starthöchstmasse) anzugeben sowie Angaben zum Neuzustand des Fahrzeugs nach § 1b Abs. 3 UStG zu machen (d.h. bei Landfahrzeugen, die km-Leistung oder der Zeitpunkt der Erstinbetriebnahme, bei Wasserfahrzeugen und Luftfahrzeugen die zurückgelegten Betriebsstunden oder den Zeitpunkt der Erstinbetriebnahme). Über § 14a Abs. 4 Satz 2 UStG gelten diese zusätzlichen Angabeverpflichtungen auch für Fahrzeuglieferer nach § 2a UStG, d.h. Nichtunternehmer oder Unternehmer, die ein neues Fahrzeug nicht im Rahmen ihres Unternehmens liefern.

2.6 Im Inland steuerbare sonstige Leistungen mit Verlagerung der Steuerschuld, § 14a Abs. 5 UStG

§ 14a Abs. 5 UStG betrifft die Fälle der **Umkehr der Steuerschuldnerschaft** nach § 13b Abs. 5 UStG in **30** den Fällen der Leistung nach § 13b Abs. 2 UStG. Das Abrechnungspapier muss die Angabe „Steuerschuldnerschaft des Leistungsempfängers“ enthalten. Auch hier kommen Alternativbezeichnungen in anderen Amtssprachen der EU in Betracht. Von dieser Regelung werden allerdings nur die reverse-charge-Umsätze nach § 13b Abs. 2 Nr. 2 bis 11 UStG erfasst, nicht aber die Nr. 1. Im letzteren Fall greift, soweit es sich um outbound-Leistungen handelt, § 14a Abs. 1 Satz 1 UStG. Dies folgt aus dem Wortlaut des 2. Halbsatzes nach § 14a Abs. 5 Satz 1 UStG, wonach § 14a Abs. 1 UStG unberührt bleibt. Bei **inbound-Leistungen** nach § 3a Abs. 2 UStG und nach § 13b Abs. 2 Nr. 1 UStG folgt aus § 14 Abs. 7 UStG, dass sich die Rechnungsstellung nach dem Recht des Ansässigkeitsstaates des leistenden Unternehmers in der EU richtet, sodass diese Fälle nicht durch § 14a Abs. 5 UStG geregelt werden müssen.

Da die **Gutschrift** auch eine Rechnung darstellt, gelten hier die gleichen, zuvor beschriebenen, Grund- **31** sätze.

Falls eine Rechnung nach § 14 Abs. 4 Satz 1 Nr. 8 UStG vorliegt, ordnet § 14a Abs. 5 Satz 2 UStG die **32** Nichtanwendung der Vorschriften über den gesonderten Steuerausweis an. Dies liegt ganz einfach daran, dass in den sog. **Reverse-charge-Fällen** die Umsatzsteuer eben nicht auszuweisen ist.

2.7 Reiseleistungen, Differenzbesteuerung, § 14a Abs. 6 UStG

33 Sowohl im Falle der **Reiseleistungen** als auch der **Differenzbesteuerung** enthält das Umsatzsteuergesetz Mindestangaben auf dem Abrechnungspapier. So ist in den Fällen der Reiseleistungen nach § 25 UStG die Angabe „Sonderregelung für Reisebüros" und in den Fällen der Differenzbesteuerung nach § 25a UStG die Angabe „Gebrauchtgegenstände/Sonderregelung", „Kunstgegenstände/Sonderregelung" oder „Sammlungsstücke und Antiquitäten/Sonderregelung" aufzuführen, § 14a Abs. 6 Satz 1 UStG. Anstelle der deutschen Begriffe kann auch auf Formulierungen in den anderen Amtssprachen der EU zurückgegriffen werden.

2.8 Innergemeinschaftliche Dreiecksgeschäfte, § 14a Abs. 7 UStG

34 Bei einer **Lieferung nach § 25 Abs. 2 UStG** hat das Abrechnungspapier den Hinweis auf das Vorliegen eines innergemeinschaftlichen Dreiecksgeschäfts und die Steuerschuld des Abnehmers zu enthalten. Dies kann durch den Vermerk „innergemeinschaftliches Dreiecksgeschäft" geschehen.

35 Grund des Hinweises ist, dass der letzte am Dreiecksgeschäft beteiligte Abnehmer durch die Hinweise in der Rechnung eindeutig und leicht erkennen können soll, dass er letzter Abnehmer in einem innergemeinschaftlichen Dreiecksgeschäft ist und die Steuerschuld auf ihn übertragen wird (s. Abschn. 25b.1 Abs. 8 UStAE).

§ 14b UStG Aufbewahrung von Rechnungen

(1) [1]Der Unternehmer hat ein Doppel der Rechnung, die er selbst oder ein Dritter in seinem Namen und für seine Rechnung ausgestellt hat, sowie alle Rechnungen, die er erhalten oder die ein Leistungsempfänger oder in dessen Namen und für dessen Rechnung ein Dritter ausgestellt hat, zehn Jahre aufzubewahren. [2]Die Rechnungen müssen für den gesamten Zeitraum die Anforderungen des § 14 Absatz 1 Satz 2 erfüllen. [3]Die Aufbewahrungsfrist beginnt mit dem Schluss des Kalenderjahres, in dem die Rechnung ausgestellt worden ist; § 147 Abs. 3 der Abgabenordnung bleibt unberührt. [4]Die Sätze 1 bis 3 gelten auch:

1. für Fahrzeuglieferer (§ 2a);
2. in den Fällen, in denen der letzte Abnehmer die Steuer nach § 13a Abs. 1 Nr. 5 schuldet, für den letzten Abnehmer;
3. in den Fällen, in denen der Leistungsempfänger die Steuer nach § 13b Absatz 5 schuldet, für den Leistungsempfänger.

[5]In den Fällen des § 14 Abs. 2 Satz 1 Nr. 1 hat der Leistungsempfänger die Rechnung, einen Zahlungsbeleg oder eine andere beweiskräftige Unterlage zwei Jahre gemäß den Sätzen 2 und 3 aufzubewahren, soweit er

1. nicht Unternehmer ist oder
2. Unternehmer ist, aber die Leistung für seinen nichtunternehmerischen Bereich verwendet.

(2) [1]Der im Inland oder in einem der in § 1 Abs. 3 bezeichneten Gebiete ansässige Unternehmer hat alle Rechnungen im Inland oder in einem der in § 1 Abs. 3 bezeichneten Gebiete aufzubewahren. [2]Handelt es sich um eine elektronische Aufbewahrung, die eine vollständige Fernabfrage (Online-Zugriff) der betreffenden Daten und deren Herunterladen und Verwendung gewährleistet, darf der Unternehmer die Rechnungen auch im übrigen Gemeinschaftsgebiet, in einem der in § 1 Abs. 3 bezeichneten Gebiete, im Gebiet von Büsingen oder auf der Insel Helgoland aufbewahren. [3]Der Unternehmer hat dem Finanzamt den Aufbewahrungsort mitzuteilen, wenn er die Rechnungen nicht im Inland oder in einem der in § 1 Abs. 3 bezeichneten Gebiete aufbewahrt. [4]Der nicht im Inland oder in einem der in § 1 Abs. 3 bezeichneten Gebiete ansässige Unternehmer hat den Aufbewahrungsort der nach Absatz 1 aufzubewahrenden Rechnungen im Gemeinschaftsgebiet, in den in § 1 Abs. 3 bezeichneten Gebieten, im Gebiet von Büsingen oder auf der Insel Helgoland zu bestimmen. [5]In diesem Fall ist er verpflichtet, dem Finanzamt auf dessen Verlangen alle aufzubewahrenden Rechnungen und Daten oder die an deren Stelle tretenden Bild- und Datenträger unverzüglich zur Verfügung zu stellen. [6]Kommt er dieser Verpflichtung nicht oder nicht rechtzeitig nach, kann das Finanzamt verlangen, dass er die Rechnungen im Inland oder in einem der in § 1 Abs. 3 bezeichneten Gebiete aufbewahrt.

(3) Ein im Inland oder in einem der in § 1 Abs. 3 bezeichneten Gebiete ansässiger Unternehmer ist ein Unternehmer, der in einem dieser Gebiete einen Wohnsitz, seinen Sitz, seine Geschäftsleitung oder eine Zweigniederlassung hat.

(4) [1]Bewahrt ein Unternehmer die Rechnungen im übrigen Gemeinschaftsgebiet elektronisch auf, können die zuständigen Finanzbehörden die Rechnungen für Zwecke der Umsatzsteuerkontrolle über Online-Zugriff einsehen, herunterladen und verwenden. [2]Es muss sichergestellt sein, dass die zuständigen Finanzbehörden die Rechnungen unverzüglich über Online-Zugriff einsehen, herunterladen und verwenden können.

(5) Will der Unternehmer die Rechnungen außerhalb des Gemeinschaftsgebiets elektronisch aufbewahren, gilt § 146 Abs. 2a der Abgabenordnung.

Bearbeiter: Ashok Riehm

Inhaltsverzeichnis

Rn.

1. Allgemeines

1 Gemeinschaftsrechtliche Grundlage sind die Art. 244-249 Mehrwertsteuersystemrichtlinie (MwStSystRL).

2 Der § 14b UStG führt die allgemeinen Vorschriften zur Rechnung des § 14 UStG fort.

3 Bis zum 31.12.2003 war die Aufbewahrung von Rechnungen nicht eigenständig im Umsatzsteuergesetz normiert. Lediglich in den Fällen einer Rechnung nach § 14a UStG war seit dem 01.01.1993 durch das Umsatzsteuer-Binnenmarktgesetz eine Anforderung über die Aufbewahrung einer Rechnung im UStG enthalten. Die seit 1993 geltende Aufbewahrungsfrist von sechs Jahren wurde durch das Steuerbereinigungsgesetz 1999 an die in § 147 Abs. 3 AO bestimmte Frist von zehn Jahren angepasst. Durch das Steueränderungsgesetz 2001 wurde dann die zehnjährige Aufbewahrungsfrist grundsätzlich in § 14a Abs. 5 UStG a.F. normiert.

2. Aufzubewahrende Rechnungen

4 Nach § 14b Abs. 1 Satz 1 UStG (s. Abschn. 14b.1 Abs. 1-3 UStAE) müssen ein Doppel folgender Rechnungen bzw. folgende Rechnungen aufbewahrt werden:

- Selbst ausgestellte Rechnungen,
- Rechnungen, die von einem Dritten in seinem Namen und für seine Rechnung ausgestellt worden sind,
- Rechnungen, die er erhalten hat,
- Rechnungen, die ein Leistungsempfänger ausgestellt hat (Gutschriften),
- Rechnungen, die von einem Dritten im Namen und für Rechnung des Leistungsempfängers ausgestellt worden sind (Gutschriften).

5 Sind bei gemeinsamer Auftragserteilung durch mehrere Personen für Zwecke des Vorsteuerabzugs ein oder mehrere Gemeinschafter als Leistungsempfänger anzusehen, hat einer dieser Gemeinschafter das Original der Rechnung und jeder andere dieser Gemeinschafter zumindest eine Kopie der Rechnung aufzubewahren.

6 Das Bayrische Landesamt für Steuern (BayLfSt) hat sich mit der Verfügung S 0317 1.1 – 4/1 St 42 vom 13.02.2012 (BAyLfSt AO Kartei § 147 AO Karte 2) mit der Archivierung von Rechnungen und Lieferscheinen auf CD befasst. Anfragen, insbesondere von Apotheken, ob (Apotheken-)Lieferanten anhand ihrer eigenen Unterlagen Archivierungs-CDs für ihre Kunden (Apotheken) erstellen können, sodass die Kunden auf die Aufbewahrung der Tagesrechnungen und ggf. auch Lieferscheine, die ihnen vom Lieferanten zugesandt worden sind, verzichten können, sind zu verneinen.

7 Rechnungen sind als empfangene **Handels- oder Geschäftsbriefe** nach § 147 Abs. 1 Nr. 2 AO bzw. bei **Verwendung als Buchungsbeleg** nach § 147 Abs. 1 Nr. 4 AO aufzubewahren. Gem. § 147 Abs. 2 Nr. 1 AO können in Papier empfangene Rechnungen dabei auch als Wiedergabe auf einem Bildträger oder anderen Datenträger aufbewahrt werden, wenn dies den Grundsätzen ordnungsmäßiger Buchführung entspricht.

8 Dies setzt u.a. voraus, dass die Wiedergabe bildlich mit dem Original-Eingangsdokument übereinstimmt. Dabei müssen alle auf dem Original angebrachten Vermerke (Eingangsstempel, Sicht- und Kontrollvermerke, Korrekturen, Kontierungen etc.) erhalten bleiben (vgl. auch Grundsätze ordnungsmäßiger DV-gestützter Buchführungssysteme (GoBS), BMF vom 07.11.1995, BStBl I 1995, 738).

Die **Grundsätze ordnungsmäßiger Führung und Aufbewahrung von Büchern, Aufzeichnungen und Unterlagen** in elektronischer Form sowie zum Datenzugriff (GoBD), BMF vom 14.11.2014, IV A 4 – S 0316/13/10003, BStBl I 2014, 1450 sowie BMF vom 05.05.2015, IV D 3 – S 7015/15/10001, BStBl I 2015, 458 und vom 23.03.2015, IV A 2 – O 2000/14/10001, BStBl I 2015, 278 definieren dabei den Weg des sogenannten ersetzenden Scannens. Das ersetzende Scannen erlaubt die Digitalisierung von Papierbelegen mit anschließender Vernichtung des Originals. Dazu bedarf es jedoch einer dokumentierten Verfahrensanweisung (Organisationsanweisung) in der festgehalten sein muss: 9

- Wer zum Scannen berechtigt ist,
- wann das Scannen erfolgt,
- was zu scannen ist,
- ob eine bildliche oder inhaltliche Übereinstimmung mit dem Original erforderlich ist,
- wie die Qualitätskontrolle auf Lesbarkeit und Vollständigkeit erfolgt,
- wie die Fehlerprotokollierung erfolgt.

Die weitere Bearbeitung hat dann ausschließlich mit dem elektronischen Beleg zu erfolgen. 10

Aufzubewahrende Unterlage im Sinne des § 147 Abs. 2 AO kann folglich nur die Rechnung oder der Lieferschein sein, der dem Kunden zeitnah mit der jeweiligen Lieferung im Original zugegangen ist, und zwar unabhängig davon, ob der Kunde auf dieser empfangenen Unterlage tatsächlich Vermerke angebracht hat. Allein mit Aufbewahrung der Archivierungs-CD, die anhand der Daten des Lieferanten erstellt worden ist, erfüllt der belieferte Kunde seine gesetzlichen Aufbewahrungspflichten folglich nicht. Die Archivierungs-CD gibt nämlich nicht die Originale des aufbewahrungspflichtigen Kunden wieder, sondern Unterlagen eines Dritten. 11

3. Aufbewahrungsdauer

Der Unternehmer hat ein **Doppel der Rechnung** bzw. die **Eingangsrechnung** selbst gem. § 14b Abs. 1 Satz 1 UStG **zehn Jahre** aufzubewahren. 12

Die Aufbewahrungspflicht beginnt gem. § 14b Abs. 1 Satz 3 UStG mit dem Schluss des Kalenderjahres, in dem die Rechnung ausgestellt worden ist. 13

§ 147 Abs. 3 AO bleibt unberührt. Danach läuft die Aufbewahrungsfrist nicht ab, soweit und solange die Unterlagen für Steuern von Bedeutung sind, für welche die Festsetzungsfrist noch nicht abgelaufen ist. 14

4. Aufbewahrungspflichtiger

Als **Aufbewahrungspflichtige** kommen sowohl Unternehmer, als auch nichtunternehmerische Leistungsempfänger in Betracht. 15

Die Aufbewahrungspflichten gelten auch: 15/1

- Für Fahrzeuglieferer (§ 2a UStG; s. § 2a Rn. 6 ff.),
- in den Fällen, in denen der letzte Abnehmer die Steuer nach § 13a Abs. 1 Nr. 5 UStG schuldet, für den letzten Abnehmer und
- in den Fällen, in denen der Leistungsempfänger die Steuer nach § 13b Abs. 2 UStG schuldet, für den Leistungsempfänger (unabhängig davon, ob die Leistung für den unternehmerischen oder nichtunternehmerischen Bereich bezogen wurde).

4.1 Aufbewahrungspflicht des Unternehmers

Ist der Leistungsempfänger Unternehmer, der die Leistungen für sein Unternehmen bezieht, so gelten die Aufbewahrungspflichten gemäß § 14b Abs. 1 Satz 1 UStG. 16

Handelt es sich bei den bezogenen Leistungen um Bauleistungen im Sinne des § 13b Abs. 2 Nr. 4 Satz 1 UStG (s. § 13b Rn. 61 ff.), die der Unternehmer im Zusammenhang mit einem Grundstück bezieht, so hat er die Rechnung ebenfalls zehn Jahre aufzubewahren (§ 14b Abs. 1 Satz 4 Nr. 3 UStG), selbst dann, wenn die Leistung für den nichtunternehmerischen Bereich bezogen wurde. 17

Einstweilen frei. 18

4.2 Aufbewahrungspflicht des nichtunternehmerischen Leistungsempfängers

19 Bei **steuerpflichtigen Werklieferungen** und sonstigen Leistungen an einen nichtunternehmerischen Leistungsempfänger ist der leistende Unternehmer verpflichtet, sofern die Leistung im Zusammenhang mit einem Grundstück steht, auf die Aufbewahrungsfrist von zwei Jahren in der Rechnung hinzuweisen (s. § 14b Abs. 1 Satz 5 UStG). In den Fällen des § 14 Abs. 2 Satz 1 Nr. 1 UStG hat der Leistungsempfänger die Rechnung, einen Zahlungsbeleg oder eine andere beweiskräftige Unterlage zwei Jahre aufzubewahren so. Als Zahlungsbelege kommen z.B. Kontobelege und Quittungen in Betracht. Andere beweiskräftige Unterlagen im Sinne des § 14b Abs. 1 Satz 5 UStG können z.B. Bauverträge, Abnahmeprotokolle nach VOB oder Unterlagen zu Rechtsstreitigkeiten im Zusammenhang mit der Leistung sein, mittels derer sich der Leistende, Art und Umfang der ausgeführten Leistung sowie das Entgelt bestimmen lassen.

20 Die Aufbewahrungspflicht gilt für den nichtunternehmerischen Leistungsempfänger auch dann, wenn der leistende Unternehmer gegen den § 14 Abs. 4 Nr. 9 UStG handelt und den Hinweis auf die Aufbewahrungspflicht in der Rechnung unterlassen hat.

21 Die Aufbewahrungspflicht besteht für den nichtunternehmerischen Leistungsempfänger ebenfalls, wenn ein Hinweis nicht erforderlich ist, weil es sich um eine Kleinbetragsrechnung im Sinne des § 33 UStDV handelt.

4.3 Aufbewahrungspflicht bei Kleinbetragsrechnungen

22 Soweit der Unternehmer Rechnungen mithilfe **elektronischer Registrierkassen** erteilt, ist es hinsichtlich der erteilten Rechnungen im Sinne des § 33 UStDV ausreichend, wenn **Tagesendsummenbons**, sogenannte **Z-Bons** aufbewahrt werden, die die Gewähr der Vollständigkeit bieten und den Namen des Geschäfts, das Ausstellungsdatum und die Tagesendsumme enthalten; im Übrigen sind die in den BMF-Schreiben vom 09.01.1996, BStBl I 1996, 34, und vom 26.11.2010, BStBl I 2010, 1342, genannten Voraussetzungen zu erfüllen. Dazu gehört nach § 147 Abs. 1 Nr. 1 AO die zur Kasse gehörenden Organisationsunterlagen, insbesondere die Bedienungsanleitung, die Programmieranleitung, die Programmabrufe nach jeder Änderung (u.a. der Artikelpreise), Protokolle über die Einrichtung von Verkäufer-, Kellner- und Trainingsspeichern u.ä. sowie alle weiteren Anweisungen zur Kassenprogrammierung (z.B. Anweisungen zum maschinellen Ausdrucken von Proforma-Rechnungen oder zum Unterdrücken von Daten und Speicherinhalten) aufzubewahren. Nach § 147 Abs. 1 Nr. 3 AO sind die gem. R 21 Abs. 7 Sätze 12 und 13 EStR 1993 mithilfe von Registrierkassen erstellten Rechnungen aufzubewahren. Nach § 147 Abs. 1 Nr. 4 AO sind die Tagesendsummenbons mit Ausdruck des Nullstellungszählers (fortlaufende sog. „Z.-Nummer" zur Überprüfung der Vollständigkeit der Kassenberichte), der Stornobuchungen (sog. Managerstornos und Nach-Stornobuchungen), Retouren, Entnahmen sowie der Zahlungswege (bar, Scheck, Kredit) und alle weiteren im Rahmen des Tagesabschlusses abgerufenen Ausdrucke der EDV-Registrierkasse (z.B. betriebswirtschaftliche Auswertungen, Ausdrucke der Trainingsspeicher, Kellnerberichte, Spartenberichte) im Belegzusammenhang mit dem Tagesendsummenbon aufzubewahren.

23 Dabei ist zu beachten, dass das BMF in seinem Schreiben vom 28.03.2006 (UR 2006, 608) klar stellt, das sich diese Regelung nur für die Grenzen des § 33 UStDV beziehen kann. Wird die Grenze des § 33 UStDV überschritten, bleibt der leistende Unternehmer nach § 14b Abs. 1 Satz 1 UStG zur Aufbewahrung des Doppels der Rechnung verpflichtet.

24 Insbesondere bei **Kleinbetragsrechnungen** existiert eine zu beachtende Besonderheit. Vor allem in der Gastronomie, als auch im Einzelhandel werden Rechnungen in der Regel auf Thermopapieren ausgestellt. Thermopapiere haben nur eine geringe Qualität und Haltbarkeit. Nach § 144 Abs. 4 AO sowie nach § 14 Abs. 1 UStG ist der leistende Unternehmer verpflichtet, dem Leistungsempfänger einen Beleg über die erbrachten Leistungen zu erteilen. Nach § 145 Abs. 2 AO sind Aufzeichnungen in der Weise vorzunehmen, dass der Besteuerungszweck erreicht wird. Aus der Vorschrift des § 145 Abs. 2 AO i.V.m. § 144 AO erwächst für den Rechnungsaussteller die Verpflichtung, Belege so zu erteilen, dass sie für das Besteuerungsverfahren geeignet sind. Daraus ergibt sich auch die Verpflichtung, Rechnungen in einer technischen Qualität zu erstellen, die es dem Rechnungsempfänger ermöglicht, seiner Aufbewahrungspflicht nachzukommen. Die

Rechnungsstellung auf Thermopapieren ist technisch mangelhaft und genügt diesen Vorgaben nicht. Da sich die Finanzverwaltung jedoch nicht in der Lage sieht, Rechnungsaussteller zur Ausstellung genügend haltbarer Belege zu zwingen, muss der Rechnungsempfänger hier Vorkehrungen treffen. In der Praxis bewährt und von der Finanzverwaltung anerkannt hat sich hierbei das Kopieren des Thermobelegs und gemeinsame Archivierung erwiesen (s. OFD Düsseldorf vom 22.01.1998, S-0317 – 5 – St 2223).

5. Aufbewahrungsort

5.1 Inländischer Unternehmer

Nach § 14b Abs. 2 Satz 1 UStG ist der Unternehmer verpflichtet, wenn er im Inland, oder in einem der in § 1 Abs. 3 UStG genannten Gebieten ansässig ist, die Rechnungen im Inland oder in einem der in § 1 Abs. 3 UStG genannten Gebieten aufzubewahren. 25

Nach § 14b Abs. 3 UStG gilt ein Unternehmer als inländisch oder in einem der in § 1 Abs. 3 UStG genannten Gebieten als ansässig, wenn er in einem dieser Gebiete seinen Wohnsitz, seine Geschäftsleitung, den Sitz oder eine Zweigniederlassung hat. 26

Bewahrt der inländische Unternehmer seine Rechnungen elektronisch auf, zum Beispiel mittels eines elektronischen Dokumentenmanagementsystems ist es zulässig, diese Daten auch im europäischen Gemeinschaftsgebiet, im Gebiet von Büsingen und auf der Insel Helgoland aufzubewahren (§ 14 Abs. 2 Satz 2 UStG). Bedingung hierfür ist, dass durch einen Online-Zugriff jederzeit eine vollständige Fernabfrage möglich ist, die Daten heruntergeladen und durch die Finanzverwaltung verwendet werden können (§ 14b Abs. 4 UStG). Das für die Umsatzbesteuerung zuständige Finanzamt ist jedoch schriftlich und unaufgefordert über den Aufbewahrungsort zu informieren. 27

5.2 Ausländischer Unternehmer

Ausländischer Unternehmer ist ein Unternehmer, der nicht im Inland oder in einem der in § 1 Abs. 3 UStG genannten Gebieten ansässig ist. Der Ausländische Unternehmer hat die Aufbewahrungspflichtigen Rechnungen im Gemeinschaftsgebiet, im Gebiet von Büsingen oder auf der Insel Helgoland aufzubewahren. 28

Ist der ausländische Unternehmer verpflichtet, die Rechnungen im Staat seiner Ansässigkeit aufzubewahren, so muss er im Gemeinschaftsgebiet Ablichtungen der Rechnungen aufzubewahren. 29

Der Unternehmer ist verpflichtet, der Finanzverwaltung auf deren Verlangen hin alle aufbewahrungspflichtigen Rechnungen und Daten unverzüglich zur Verfügung zu stellen. 30

Kommt er diesem Verlangen nicht oder nicht zeitgerecht nach, kann die Finanzverwaltung die Aufbewahrung im Inland oder ein einem der in § 1 Abs. 3 UStG benannten Gebiete verlangen. 31

6. Aufbewahrung elektronischer Rechnungen

Die Anforderungen des Umsatzsteuergesetzes an die Aufbewahrung elektronischer Rechnungen werden erfüllt, wenn durch innerbetriebliche Kontrollverfahren die Echtheit der Herkunft und die Unversehrtheit des Inhalts sichergestellt sowie die Lesbarkeit der Rechnung gewährleistet werden. 32

Wird eine elektronische Rechnung mit einer qualifizierten elektronischen Signatur übermittelt, ist auch die Signatur an sich als Nachweis über die Echtheit und die Unversehrtheit der Daten aufzubewahren, selbst wenn nach anderen Vorschriften die Gültigkeit dieser Nachweise bereits abgelaufen ist. 33

Eine **originäre elektronische Rechnung** muss elektronisch aufbewahrt werden. Dabei ist zu beachten, dass die Aufbewahrung in einem rechtskonformen Archiv erfolgt. Erfolgt die Rechnungslegung als PDF-Format, so hat die Aufbewahrung auch im PDF-Format zu erfolgen. Eine Umwandlung in ein anderes innerbetrieblich genutztes Format (Inhouse-Format) ist zwar zulässig, aber es müssen beide Versionen aufbewahrt und dem Geschäftsvorfall eindeutig zugeordnet werden. Ebenso muss die maschinelle Lesbarkeit und die Unveränderbarkeit der Daten sichergestellt sein (s. BMF-Schreiben zu den GoBD vom 14.11.2014, V A 4 – S 0316/13/10003, BStBl I 2014, 1450). 34

7. Rechtsfolgen bei Verstößen

35 Verletzungen des Unternehmers gegen seine **Aufbewahrungspflichten** nach § 14b UStG können als eine Ordnungswidrigkeit im Sinne des § 26a Abs. 1 Nr. 2 UStG geahndet werden.

36 Der **Anspruch auf Vorsteuerabzug** nach § 15 Abs. 1 Satz 1 Nr. 1 UStG bleibt hiervon zwar unberührt, der Unternehmer trägt nach allgemeinen Grundsätzen jedoch die objektive Feststellungslast für alle Tatsachen, die den Anspruch begründen. Verletzungen der GoBD (vgl. BMF-Schreiben vom 14.11.2014, BStBl I 2014, 1450) wirken sich ebenfalls nicht auf den ursprünglichen Vorsteuerabzug aus, sofern die Voraussetzungen für den Vorsteuerabzug nachgewiesen werden.

37 Sind Unterlagen für den Vorsteuerabzug **unvollständig** oder **nicht vorhanden**, kann das Finanzamt die abziehbare Vorsteuer unter bestimmten Voraussetzungen schätzen oder aus Billigkeitsgründen ganz oder teilweise anerkennen, sofern im Übrigen die Voraussetzungen für den Vorsteuerabzug vorliegen.

§ 14c UStG Unrichtiger oder unberechtigter Steuerausweis

(1) [1]Hat der Unternehmer in einer Rechnung für eine Lieferung oder sonstige Leistung einen höheren Steuerbetrag, als er nach diesem Gesetz für den Umsatz schuldet, gesondert ausgewiesen (unrichtiger Steuerausweis), schuldet er auch den Mehrbetrag. [2]Berichtigt er den Steuerbetrag gegenüber dem Leistungsempfänger, ist § 17 Abs. 1 entsprechend anzuwenden. [3]In den Fällen des § 1 Abs. 1a und in den Fällen der Rückgängigmachung des Verzichts auf die Steuerbefreiung nach § 9 gilt Absatz 2 Satz 3 bis 5 entsprechend.

(2) [1]Wer in einer Rechnung einen Steuerbetrag gesondert ausweist, obwohl er zum gesonderten Ausweis der Steuer nicht berechtigt ist (unberechtigter Steuerausweis), schuldet den ausgewiesenen Betrag. [2]Das Gleiche gilt, wenn jemand wie ein leistender Unternehmer abrechnet und einen Steuerbetrag gesondert ausweist, obwohl er nicht Unternehmer ist oder eine Lieferung oder sonstige Leistung nicht ausführt. [3]Der nach den Sätzen 1 und 2 geschuldete Steuerbetrag kann berichtigt werden, soweit die Gefährdung des Steueraufkommens beseitigt worden ist. [4]Die Gefährdung des Steueraufkommens ist beseitigt, wenn ein Vorsteuerabzug beim Empfänger der Rechnung nicht durchgeführt oder die geltend gemachte Vorsteuer an die Finanzbehörde zurückgezahlt worden ist. [5]Die Berichtigung des geschuldeten Steuerbetrags ist beim Finanzamt gesondert schriftlich zu beantragen und nach dessen Zustimmung in entsprechender Anwendung des § 17 Abs. 1 für den Besteuerungszeitraum vorzunehmen, in dem die Voraussetzungen des Satzes 4 eingetreten sind.

Bearbeiter: Torsten Krause

Inhaltsverzeichnis

1. Rechtsentwicklung

1.1 Rechtsgrundlage und Bedeutung

Die Grundlage für § 14c UStG findet sich in den Vorgaben des Art. 203 MwStSystRL. Danach wird die **Mehrwertsteuer** von jeder Person geschuldet, die diese Steuer in einer Rechnung ausweist. In den weiteren Betrachtungen müsste ergänzt werden, dass das Schulden der Steuer allein aufgrund des Ausweises in der Rechnung entsteht, da ansonsten kein Steueranspruch aufgrund der gesetzlichen Tatbestände des Leistungsaustausches entstanden wäre. Der EuGH hat hierzu mit Urteil vom 18.06.2009 (C-566/07 – Stadeco BV, UR 2009, 647) entschieden, dass jede Person die auf einer Rechnung ausgewiesene Mehrwertsteuer unabhängig davon schuldet, ob sie aufgrund eines mehrwertsteuerpflichtigen Umsatzes verpflichtet ist, diese zu entrichten. Nach Auslegung des Art. 203 MwStSystRL wird angenommen, dass nach dieser Bestimmung die Mehrwertsteuer in dem Mitgliedstaat geschuldet wird, dessen Mehrwertsteuer in einer Rechnung oder einem ähnlichen Dokument ausgewiesen ist. Dies erfolgt unabhängig davon, dass der fragliche Umsatz möglichweise in diesem Mitgliedstaat nicht steuerpflichtig war. Da gem. Art. 167 und 168 Buchst. a MwStSystRL nur die in Rechnungen ausgewiesenen Steuern als Vorsteuern abziehbar sind, die auf einem steuerpflichtigen Umsatz beruhen, ist die gem. § 14c UStG geschuldete Steuer niemals abzugsfähig. 1

2 § 14c UStG dient nach verbreiteter Meinung dem **Schutz des Steueraufkommens im Mehrwertsteuersystem**, da so sichergestellt werden soll, dass es infolge des gesonderten Steuerausweises (unabhängig ob unrichtig oder unberechtigt) nicht Vorsteuern geltend gemacht werden, während keine Umsatzsteuer abgeführt wird. Etwaig hieraus resultierenden Schäden wird vorgebeugt. Obgleich dies in der Praxis häufig anders interpretiert wird, hat § 14c UStG mithin keinen Strafcharakter (zur Anwendung des § 14c UStG s. BMF-Schreiben vom 29.01.2004, BStBl I 2004, 258). Dies wird insbesondere daran deutlich, dass es in unterschiedlichen Varianten die Möglichkeit der Berichtigung durch den Leistenden gibt. Auch hierdurch geprägt hat der EuGH (in den Urteilen vom 31.01.2013, Rs. C-642/11, Stroy trans, DB 2013, 439, Grube, MwStR 2013, 129; Rs. C-643/11, LVK, DB 2013, 442) zum Ausdruck gebracht, dass die Steuerschuld keinen Sanktionscharakter habe. Unabhängig davon, ob man die Vorschrift nun als eine Art Strafe ansieht oder nicht, bedenklich bleibt, dass – je nach Fallgestaltung – die Steuer nach § 14c UStG bestandskräftig festgesetzt sein könnte, ohne dass die Berichtigung noch vollzogen werden kann (s. hierzu z.B. FG München vom 17.11.2011, 14 V 2473/11, DStR 2012, 1272).

1.2 Entwicklung der Vorschrift

3 Die heutige Regelung des § 14c UStG wurde im Rahmen des Steueränderungsgesetzes 2003 vom 15.12.2003 (BGBl I 2003, 2645) in das UStG neu eingefügt und ersetzte die bis dahin geltenden Regelungen des § 14 Abs. 2 und 3 UStG a.F. nahezu inhaltsgleich. Der grundsätzliche Aufbau des § 14c UStG unterscheidet, differenzierter als die Regelung in der MwStSystRL, in den Absätzen 1 und 2 (wie schon der bis Ende 2003 geltende § 14 UStG in seinen damaligen Abs. 2 und 3) zwischen dem sog. **unrichtigen Steuerausweis** (s. § 14c Abs. 1 UStG) und dem sog. **unberechtigten Steuerausweis** (s. § 14c Abs. 2 UStG). Dies wird insbesondere an der unterschiedlichen Möglichkeit der nachträglichen Berichtigung deutlich. Hinsichtlich der Entstehung der Steuer erfolgte eine Änderung durch das Steueränderungsgesetz 2015 vom 02.11.2015 (BGBl I 2015, 1834) welche jedoch nicht direkt im § 14c UStG, sondern stattdessen in § 13 Abs. 1 Nr. 3 UStG zu finden ist (vgl. Kz. 5, 6).

2. Inhaltliche Grundsätze

2.1 Unrichtiger Steuerausweis

2.1.1 Grundlagen der Regelung

4 Von einem unrichtigen Steuerausweis wird ausgegangen, wenn ein Unternehmer in einer Rechnung für eine Lieferung oder eine sonstige Leistung einen höheren Steuerbetrag gesondert ausweist, als er nach den gesetzlichen Regelungen für die von ihm tatsächlich erbrachte Leistung schulden würde. Typische Anwendungsfälle für einen derartigen unrichtigen Steuerausweis sind:

- Bei einem steuerfreien Umsatz wird offen Umsatzsteuer in Rechnung gestellt, beispielsweise bei einer gem. § 4 Nr. 1b UStG steuerfreien innergemeinschaftlichen Lieferung wird dennoch Umsatzsteuer in Rechnung gestellt;
- es wird ein zu hoher Steuersatz anwendet, also z.B. wenn er 19 % in Rechnung stellt, obwohl der zutreffende Steuersatz gem. § 12 Abs. 2 UStG nur 7 % beträgt;
- es wird gesondert Umsatzsteuer ausgewiesen, obgleich die Steuerschuld gem. § 13b UStG auf den Leistungsempfänger verlagert wird.

5 Die Beispiele zeigen, dass der Anwendungsbereich sehr umfangreich ist. In den genannten Fällen des unrichtigen Steuerausweises schuldet der leistende Unternehmer neben der gesetzlichen Steuer auf den Umsatz auch den unzutreffend ausgewiesenen Mehrbetrag. Nach jahrelanger Rechtslage entstand die Steuer in diesen Fällen mit Ablauf des Voranmeldungszeitraums, in dem die Steuer für die Lieferung oder sonstige Leistung entsteht, spätestens jedoch im Zeitpunkt der Ausgabe der Rechnung. Dies führte in Fällen späterer Rechnungserteilung (z.B. Nachberechnungsfälle) dazu, dass der Unternehmer die nach § 14c Abs. 1 UStG geschuldete Steuer rückwirkend schuldete. Hierzu hatte der BFH mit Urteil vom 05.06.2014 (XI R 44/12, BStBl II 2016, 187) entschieden, dass eine nach § 14c Abs. 1 UStG geschuldete Steuer nicht vor Ablauf des Voranmeldungszeitraums entstehen kann, in dem die Rechnung mit dem unrichtigen Steueraus-

weis erteilt worden ist. Hat der Unternehmer in einer Rechnung für eine Lieferung oder sonstige Leistung einen höheren Steuerbetrag, als er für den Umsatz schuldet, gesondert ausgewiesen, schuldet er nach § 14c Abs. 1 UStG auch den Mehrbetrag.

Durch die im Rahmen des Steueränderungsgesetzes 2015 vom 02.11.2015 (BGBl I 2015, 1834) erfolgte 6
Anpassung des § 13 Abs. 1 Nr. 3 UStG, werden nun Rückwirkungsfälle vermieden. Gleichzeitig wird nunmehr für alle Fälle des § 14c UStG einheitlich geregelt, dass die wegen unrichtigen (s. § 14c Abs. 1 UStG) bzw. unberechtigten (s. § 14c Abs. 2 UStG) Steuerausweises geschuldete Steuer im Zeitpunkt der Ausgabe der Rechnung entsteht (s. BMF-Schreiben vom 02.04.2015, IV D 2 – S 7270/12/10001, BStBl I 2015, 272; s. Abschn. 13.7 UStAE).

Beispiel: Der Unternehmer U verkauft im Voranmeldungszeitraum Januar 01 einen Rollstuhl (Position 7
8713 des Zolltarifs) für insgesamt 238 € und weist in der am 02.02.01 ausgegebenen Rechnung unter Anwendung des Steuersatzes 19 % eine darin enthaltene Umsatzsteuer in Höhe von 38 € gesondert aus.

Lösung: Die gesetzlich geschuldete Steuer in Höhe von 7 % entsteht mit Ablauf des Voranmeldungszeitraums Januar 01. Der nach § 14c Abs. 1 Satz 1 UStG geschuldete Mehrbetrag entsteht im Zeitpunkt der Ausgabe der Rechnung im Februar 01. Es wird jedoch nicht beanstandet, wenn der Unternehmer die in der Rechnung ausgewiesene Steuer in voller Höhe für den Voranmeldungszeitraum Januar 01 anmeldet.

Beispiel 2: Im Rahmen einer Geschäftsveräußerung (§ 1 Abs. 1a UStG) veräußert Unternehmer U am 8
15.12.01 sein Unternehmen an einen anderen Unternehmer. Am 02.02.02 gibt U eine Rechnung aus, in der er irrtümlich Umsatzsteuer gesondert ausweist. Die nach § 14c Abs. 1 Satz 1 UStG geschuldete Steuer entsteht mit Ausgabe der Rechnung am 02.02.02."

Da eine **Gutschrift** i.S.d. § 14 Abs. 2 S. 2 UStG grundsätzlich die Wirkung einer Rechnung hat, gilt § 14c 9
UStG auch für Gutschriften. Daraus folgt, dass der Unternehmer, der einer ihm vom Leistungsempfänger erteilten – unrichtigen – Gutschrift nicht widerspricht, die gleichen Folgen beachten muss, als wäre die Rechnung von ihm erteilt worden. Durch – in Form einer wirksamen Willenserklärung – erfolgten **Widerspruch gegen die Rechnung**, kann sich der leistenden Unternehmer mithin wirksam gegen die Folgen des § 14c UStG nachträglich schützen. Zum Widerspruch im Allgemeinen hatte der BFH ausführlich in seinem Urteil vom 23.01.2013 Stellung genommen (XI R 25/11, BFH/NV 2013, 875).

Neben den „klassischen" Fällen (s. Rn. 4) kommt die Vorschrift auch zur Anwendung, wenn ein Unter- 10
nehmer über ein und dieselbe (Teil-)Leistung mehrere Rechnungen mit gesondertem Ausweis der Umsatzsteuer erteilt (s. hierzu auch OFD Karlsruhe vom 29.2.2008, S 7282, Karte 1, UR 2008, 522). Denkbare Fälle sind u.a. **Abschlagsrechnungen**, die in einer Gesamtrechnung nochmals mit „doppeltem" Steuerausweis aufgeführt werden. Gleiches gilt für **Sammelrechnungen** (z.B. bei Tankbonussystemen), wenn schon in den Einzelbelegen Steuer gesondert ausgewiesen wurde. Hier sollte durch eine konsequente Gegenrechnung etwaiger Anzahlungen (bezogen auf Anzahlungs- oder Abschlagsrechnungen) bzw. durch einen Vermerk, dass die Sammelrechnung „nicht für Zwecke des Vorsteuerabzugs gilt" sichergestellt werden, dass der Leistungsempfänger keine Dokumente erhält, aus denen ein doppelter Vorsteuerabzug generiert werden könnte. Genau diese Gefahr eines doppelten Vorsteuerabzugs würde denklogisch die Anwendung des § 14c UStG ermöglichen.

Der Wortlaut des § 14c UStG beschränkt sich auf die Formulierung „in einer Rechnung". Ein weiterer 11
Verweis, z.B. auf § 14 Abs. 4 UStG erfolgt hingegen nicht. Insofern setzt die Anwendung der Vorschrift explizit nicht voraus, dass eine Rechnung allen Merkmalen des § 14 UStG entspricht. In Abänderung seiner bisherigen Rechtsprechung hat der BFH in seinem Urteil vom 17.02.2011 (V R 39/09, BStBl II 2011, 734; a.A. Korf, UVR 2012, 109) entschieden, dass die an den Rechnungsbegriff in § 15 Abs. 1 UStG und in § 14c UStG zu stellenden Anforderungen nicht identisch sind. Dies soll sowohl für den unrichtigen, wie auch den unberechtigten Steuerausweis i.S.d. § 14c Abs. 2 UStG (s. Rz. 16) gelten. Nach Ansicht des BFH reicht es aus, wenn es sich um ein Dokument handelt, das den Rechnungsaussteller, den (vermeintlichen) Leistungsempfänger, eine Leistungsbeschreibung, das Entgelt und die gesondert ausgewiesene Umsatzsteuer

aufweist. Fraglich bzw. in der Literatur divergierend beurteilt ist, ob die Auffassung des BFH eine Grundlage in der MwStSystRL hat. Nach wohl überwiegender Meinung sei der Begriff der Rechnung in Art. 203 MwStSystRL nicht an den Maßstäben zu messen, die Art. 219a MwStSystRL (als Bezugsnorm zu § 15 UStG) für Rechnungen aufstellt, die zum Vorsteuerabzug berechtigen.

12 Ob es sich bei der Rechnung um eine **herkömmliche Rechnung** handelt, oder ob sich der unrichtige Steuerausweis gesondert aus einer Gutschrift, einem Kauf-, Miet- oder sonstigem Vertrag, Kleinbetragsrechnung gem. § 33 UStDV oder Fahrausweis gem. § 34 UStDV ergibt, ist nach Auffassung der Finanzverwaltung unerheblich (s. Abschn. 14c.1 Abs. 2 UStAE). Wichtig ist, dass z.B. eine unvollständige Leistungsbeschreibung in einer Rechnung den Vorsteuerabzug des § 15 UStG gefährden würde, jedoch bei zutreffender steuerlicher Abrechnung nicht zur Anwendung des § 14c UStG führen würde. Umgekehrt kann jedoch nicht die Anwendung von § 14c UStG mit der Begründung bestritten werden, dass die Leistungsbeschreibung bei einer Rechnung mit unrichtigem Steuerausweis beim Leistungsempfänger ohnehin keinen Vorsteuerabzug (s. zum Vorsteuerabzug § 15 Rn. 48 ff.) i.S.d. § 15 UStG ermöglicht hätte.

13 Das von dem leistenden Unternehmer erstellte Abrechnungsdokument muss in den Geschäftsverkehr gelangen. Es muss mithin die Gefahr entstehen, dass es zum Zweck des Vorsteuerabzugs benutzt werden kann. Hierfür muss gewährleistet sein, dass das Dokument den Empfänger auch hätte erreichen können. Rechnungen an reine Phantasiefirmen sollten daher nicht in den Anwendungsbereich des § 14c UStG fallen.

2.1.2 Möglichkeit der Korrektur

14 § 14c Abs. 1 S. 2 UStG erlaubt dem Ersteller der unrichtigen Rechnung die Berichtigung des in der Rechnung zu hoch ausgewiesenen Steuerbetrags gegenüber dem Leistungsempfänger mit der Folge, dass hierdurch die Steuer nach § 14c UStG vermieden wird. Eine zu niedrige Steuer ist hierbei nicht erwähnt. Das Abstellen auf den Ersteller führt auch dazu, dass im Fall der Organschaft gem. § 2 Abs. 2 UStG die Organgesellschaft, welche eine unter § 14c UStG fallende Rechnung erteilt hat, diese auch berichtigen muss. Dies unabhängig davon, dass die Folgen des § 14c UStG den Organträger treffen, da die Organgesellschaft ihre umsatzsteuerliche Selbständigkeit „verloren" hat.

15 Weder das deutsche Gesetz, noch Art. 203 MwStSystRL machen eine konkrete Angabe, wie diese Berichtigung zu erfolgen hat. Daher soll die **Berichtigung des Steuerbetrags** durch einfache Mitteilung an den Leistungsempfänger bzw. konkreter dem, der die zu korrigierende Rechnung erhalten hat, genügen. Als Konsequenz führt diese Form der Berichtigung beim leistenden Unternehmer zur entsprechenden Anwendung des § 17 Abs. 1 UStG. Die Minderung erfolgt, in dem die Rechnung gegenüber dem Leistungsempfänger berichtigt wurde (Abschn. 14c.1 Abs. 5 UStAE unter Berufung auf BFH vom 19.3.2009, V R 48/07, BStBl II 2010, 92).

16 Für den Leistungsempfänger ergeben sich keine konkreten Folgen, da er eine Steuer i.S.d. § 14c UStG ohnehin nicht als Vorsteuer abziehen konnte. Nicht auszuschließen bzw. möglicherweise sogar regelmäßig, wird die berichtigte Rechnung den Leistungsempfänger erst darüber informieren, dass ggf. bisher ein zu hoher Vorsteuerabzug geltend gemacht wurde. In derartigen Fällen muss der Leistungsempfänger den Vorsteuerabzug berichtigen. Die Berichtigung erfolgt in dem Voranmeldezeitraum, in welchem zu Unrecht die unrichtige Vorsteuer geltend gemacht wurde (s. § 15 Abs. 1 UStG). In diesen Fällen kommt auch eine Verzinsung nach § 233a AO in Betracht.

17 Eine Einschränkung zur ansonsten nicht reglementieren Berichtigung beinhaltet § 14c Abs. 1 S. 3 UStG. Dieser besagt, dass in den Fällen der **Geschäftsveräußerung im Ganzen** (s. § 1 Abs. 1a UStG; s. § 1 Rn. 378 ff.) und bei der **Rückgängigmachung des Verzicht auf eine Steuerbefreiung** (s. Option gem. § 9 UStG; s. § 9 Rn. 4 ff.), im Ergebnis § 14c Abs. 2 Sätze 3-5 UStG entsprechend anzuwenden sind. Diese besagen, dass eine Berichtigung nur dann zulässig ist, wenn die so bezeichnete Gefährdung des Steueraufkommens beseitigt worden ist. Eine solche gilt als beseitigt, wenn der Rechnungsempfänger keinen Vorsteuerabzug geltend gemacht hat oder die abgezogene Vorsteuer an die Finanzbehörde zurückgezahlt wurde. Da dies eine vorherige Kontrolle durch die Finanzbehörde notwendig macht, ist die Berichtigung in diesen Fällen schriftlich bei der zuständigen Finanzbehörde zu beantragen.

2.2 Unberechtigter Steuerausweis

2.2.1 Umfang der Regelung

Entsprechend der bereits bis zum 31.12.2003 geltenden Regelung, liegt ein sog. unberechtigter Steuerausweis vor, wenn in einer Rechnung ein Steuerbetrag gesondert ausgewiesen wird, obschon der Aussteller nicht zum gesonderten Steuerausweis berechtigt ist. Entsprechend dem Grundtenor des § 14c UStG schuldet der Rechnungsaussteller den ausgewiesenen Steuerbetrag. Neu ist ab 01.01.2004 hingegen, dass auch die **Abrechnung mittels Gutschrift** i.S.v. § 14 Abs. 2 S. 3 und 4 UStG zu einem unberechtigten Steuerausweis führen kann. Obgleich dies nicht vollständig unbestritten ist, muss das BFH-Urteil vom 07.04.2011 wohl so interpretiert werden, dass es auch zu einer Steuerschuld gem. § 14c Abs. 2 UStG aus Gutschriften, denen nicht widersprochen wird, bei Kleinunternehmern oder Nichtunternehmern kommen kann (s. BFH vom 07.04.2011, V R 44/09, BStBl II 2011, 954). Bezüglich der Begrifflichkeiten Rechnung und deren Vollständigkeit gelten die Ausführungen zu § 14c Abs. 1 UStG (s. Rn. 11). Insbesondere braucht die Rechnung für die Entstehung der Steuerschuld gem. § 14c Abs. 2 UStG nicht alle Merkmale des § 14 Abs. 4 UStG zu erfüllen (s. hierzu Abschn. 14c.2 Abs. 1 UStAE). Die Steuer entsteht gem. § 14c Abs. 2 UStG i.V.m. § 13 Abs. 1 Nr. 4 UStG im Zeitpunkt der Ausgabe der Rechnung. 18

Kennzeichnend für § 14c Abs. 2 UStG ist, dass ein Steuerausweis durch jemanden erfolgt, der zu einem derartigen Ausweis nicht berechtigt ist. Typische Personen, denen der offene Ausweis der Umsatzsteuer in aller Regel aus steuersystematischen Gründen untersagt ist, sind gem. § 14c Abs. 2 Satz 1 UStG: 19

- Kleinunternehmer i.S.d. § 19 UStG;
- die Unternehmer, die für einen Umsatz die Differenzbesteuerung gem. § 25a UStG anwenden;
- die Unternehmer, die Umsatzsteuer ausweisen, obgleich die Steuerschuld auf den Leistungsempfänger gem. § 13b UStG übergeht (s. § 14a Abs. 5 UStG);
- die Unternehmer, die in einem innergemeinschaftlichen Dreiecksgeschäft gem. § 25b UStG gegenüber dem letzten Abnehmer gleichwohl mit Umsatzsteuerausweis abrechnen (s. § 14a Abs. 7 UStG).

Auch Personen, die trotz **fehlender Unternehmereigenschaft** wie ein leistender Unternehmer abrechnen, haben keine Berechtigung zum Steuerausweis. Gerade in diesen Fällen besteht ein erhebliches fiskalisches Risiko. Denkbar hierfür sind alle natürlichen Personen, juristische Personen des privaten wie des öffentlichen Rechts, aber auch nicht rechtsfähige Personenvereinigungen, die nicht Unternehmer sind oder die Rechnungen mit offenem Steuerausweis in ihrem nichtunternehmerischen oder hoheitlichen Bereich erteilen. Obgleich dies umstritten ist, subsumiert die Finanzverwaltung gem. Abschn. 14c.2 Abs. 2 Nr. 4 UStAE auch die Fälle unter § 14 Abs. 2 UStG, in denen ein Unternehmer über eine Leistung mit offenem Steuerausweis abrechnet, die er nicht im Rahmen seines Unternehmens erbringt, z.B. beim Verkauf eines Gegenstands aus seinem Privatbereich. Zur momentanen Unsicherheit, ob die Anwendung des § 14c Abs. 2 UStG auf Nichtunternehmer europarechtlich zulässig ist, s. EuGH-Urteil vom 06.11.2003 (grundsätzlich ablehnend: EuGH vom 06.11.2003, Rs. C-78/02, C-79/02, C-80/02, Karageorgu, Petrowa und Vlachos, UR 2003, 595, gegenteilige Tendenz EuGH-Urteil vom 11.04.2013, Rs. C-138/12, Rusedespred OOD, BFH/NV 2013, 1054). 20

Weitere typische Anwendungsfälle sind sog. **Schein-, Gefälligkeits- oder Abdeckrechnungen**. Scheinrechnungen werden angenommen, wenn eine Rechnung mit offenem Steuerausweis erteilt wird, obwohl eine Lieferung oder eine sonstige Leistung überhaupt nicht ausgeführt wurde. Bei Gefälligkeits- oder Abdeckrechnungen wird häufig aus ertrags- und umsatzsteuerlicher Sicht über nicht ausgeführte oder andere als die tatsächlich ausgeführten Leistungen mit offenem Steuerausweis abgerechnet. Hierunter fallen jedoch nicht sog. Voraus- oder Anzahlungsrechnungen, wenn es tatsächlich nicht oder nicht vollständig zur Erbringung der Leistung kommt. Dies gilt zumindest dann, wenn die Nichterbringung im Zeitpunkt der Rechnungsstellung nicht bereits feststand (s. BFH vom 05.02.1998, V R 65/97, BStBl II 1998, 415). Dagegen lösen versehentlich mit gesondertem Steuerausweis gestellte Rechnungen über einen echten (nicht umsatzsteuerbaren) Schadensersatz oder in bestimmten Fällen Rechnungen, in denen unter falschem Namen abgerechnet wird, regelmäßig die Rechtsfolgen des § 14c Abs. 2 UStG aus. 21

22 Besonderheiten sind wiederum bei der **umsatzsteuerlichen Organschaft** zu beachten. Da es sich um einen einheitlichen Unternehmer handelt, hat der BFH (vgl. BFH-Urteil vom 28.10.2010, V R 7/10, BStBl II 2011, 391) entschieden, dass Rechnungen über sog. **Innenumsätze** auch im Falle eines offenen Steuerausweises nicht unter § 14c Abs. 2 UStG fallen (gl.A. Abschn. 14c.2 Abs. 2a UStAE).

2.2.2 Möglichkeit der Korrektur

23 Wie bereits zu § 14c Abs. 1 UStG ausgeführt, spricht das Gesetz lediglich von der Berichtigung des gem. § 14c Abs. 2 Sätze 1 und 2 UStG geschuldeten Steuerbetrags und nicht von der Berichtigung der Rechnung. Da die Berichtigung die **Beseitigung der Gefährdungslage** fordert, dürfte die Berichtigung der Rechnung in der Praxis unerlässlich sein. § 14c Abs. 2 Satz 3 UStG schreibt für die Anerkennung einer Berichtigung des ausgewiesenen Steuerbetrags vor, dass diese nur zulässig ist, „soweit" die Gefährdung beseitigt wurde. Nach § 14c Abs. 2 Satz 4 UStG ist die Gefährdung des Steueraufkommens beseitigt, wenn ein Vorsteuerabzug beim Empfänger der Rechnung nicht durchgeführt oder die geltend gemachte Vorsteuer an die Finanzbehörde zurückgezahlt worden ist. Da gerade in den Fällen des § 14c Abs. 2 UStG keine Leistung oder kein Leistungsempfänger tatsächlich vorgelegen haben, spricht § 14c Abs. 2 Satz 4 UStG vom „Empfänger der Rechnung" und nicht vom Leistungsempfänger. Zu beachten ist, dass die Gefährdungslage nur in der Beziehung gegenüber der Finanzbehörde entscheidend ist, nicht von Bedeutung ist hingegen, ob der Rechnungsempfänger etwaige Mehrbeträge an den Rechnungsaussteller zurückbezahlt hat.

24 Eine gesetzliche Regelung, ob die Berichtigung der gleichen Form entsprechen muss, wie die ursprüngliche Rechnung, ist nicht vorgesehen. Unter Bestätigung des Urteils des Hessischen Finanzgerichtes vom 10.02.2005 (6 K 1802/01, EFG 2005, 988) hat der BFH entschieden, dass auch eine schriftliche Berichtigung zu einem Grundstücksgeschäft erfolgen kann, dass der notariellen Beurkundung gem. § 311b BGB bedurfte (s. BFH-Urteil vom 11.10.2007, V R 27/05, BFH/NV 2008, 895). Auch wenn dies durchaus bedenklich ist, stützt der BFH dies auf Art. 219 der MwStSystRL (bzw. vormals Art. 22 Abs. 3 der 6. EG-Richtlinie) wonach „jedes Dokument", das zur Veränderung der ursprünglichen Rechnung führt, einer Rechnung gleichgestellt ist.

25 Eine Berichtigung der Steuer nach § 14c Abs. 2 UStG muss gesondert und schriftlich beim Finanzamt des Rechnungsausstellers beantragt werden. Sinnvoll wäre, dem Antrag auf Zustimmung zur Berichtigung eine Kopie der berichtigten Rechnung beifügen. Hierbei sind auch ausreichende Angaben über die Identität des Rechnungsempfängers zu machen, da nur so die fiskalische Gefährdungslage bzw. deren Beseitigung geprüft werden kann. Hierzu werden durch das Finanzamt des Rechnungsausstellers beim Finanzamt des Rechnungsempfängers Auskünfte darüber eingeholt, in welcher Höhe der Rechnungsempfänger einen aus der fraglichen Rechnung geltend gemachten Vorsteuerabzug an sein Finanzamt zurückgezahlt hat. Erst nach dieser **Zustimmung des Finanzamtes** über die Beseitigung der Gefährdungslage ist die Berichtigung des Steuerbetrags in dem Besteuerungszeitraum vorzunehmen. Die Korrektur erfolgt in dem Zeitraum, in dem die Gefährdungslage beseitigt wurde. Die genannte Zustimmung des Finanzamtes ist nur von der Beseitigung der Gefährdungslage abhängig und liegt daher nicht im Ermessen der Behörde (s. EuGH vom 19.9.2000, Rs. C-454/98, Schmeink und Cofreth und Manfred Strobel, BFH/NV Beilage 2001, 33).

26 Der EuGH fordert in dem Urteil aber die „rechtzeitige und vollständige" Beseitigung der Gefährdungslage als Voraussetzung für eine Steuerschuldberichtigung. Gerade durch die gesetzgeberische Wortwahl, wonach eine Berichtigung „soweit" möglich ist, hat der Gesetzgeber quasi auf das „vollständig" verzichtet. Die Notwendigkeit der rechtzeitigen und vollständigen Beseitigung der fiskalischen Gefährdungslage hat der EuGH mit Urteil vom 31.01.2013 nochmals ausdrücklich wiederholt (s. EuGH-Urteil vom 31.01.2013, Rs. C-642/11, Stroy trans, DB 2013, 439).

§ 15 UStG Vorsteuerabzug

(1) [1]Der Unternehmer kann die folgenden Vorsteuerbeträge abziehen:

1. die gesetzlich geschuldete Steuer für Lieferungen und sonstige Leistungen, die von einem anderen Unternehmer für sein Unternehmen ausgeführt worden sind. [2]Die Ausübung des Vorsteuerabzugs setzt voraus, dass der Unternehmer eine nach den §§ 14, 14a ausgestellte Rechnung besitzt. [3]Soweit der gesondert ausgewiesene Steuerbetrag auf eine Zahlung vor Ausführung dieser Umsätze entfällt, ist er bereits abziehbar, wenn die Rechnung vorliegt und die Zahlung geleistet worden ist;
2. die entstandene Einfuhrumsatzsteuer für Gegenstände, die für sein Unternehmen nach § 1 Abs. 1 Nr. 4 eingeführt worden sind;
3. die Steuer für den innergemeinschaftlichen Erwerb von Gegenständen für sein Unternehmen, wenn der innergemeinschaftliche Erwerb nach § 3d Satz 1 im Inland bewirkt wird;
4. die Steuer für Leistungen im Sinne des § 13b Absatz 1 und 2, die für sein Unternehmen ausgeführt worden sind. [2]Soweit die Steuer auf eine Zahlung vor Ausführung dieser Leistungen entfällt, ist sie abziehbar, wenn die Zahlung geleistet worden ist;
5. die nach § 13a Abs. 1 Nr. 6 geschuldete Steuer für Umsätze, die für sein Unternehmen ausgeführt worden sind.

[2]Nicht als für das Unternehmen ausgeführt gilt die Lieferung, die Einfuhr oder der innergemeinschaftliche Erwerb eines Gegenstands, den der Unternehmer zu weniger als 10 Prozent für sein Unternehmen nutzt.

(1a) [1]Nicht abziehbar sind Vorsteuerbeträge, die auf Aufwendungen, für die das Abzugsverbot des § 4 Abs. 5 Satz 1 Nr. 1 bis 4, 7 oder des § 12 Nr. 1 des Einkommensteuergesetzes gilt, entfallen. [2]Dies gilt nicht für Bewirtungsaufwendungen, soweit § 4 Abs. 5 Satz 1 Nr. 2 des Einkommensteuergesetzes einen Abzug angemessener und nachgewiesener Aufwendungen ausschließt.

(1b) [1]Verwendet der Unternehmer ein Grundstück sowohl für Zwecke seines Unternehmens als auch für Zwecke, die außerhalb des Unternehmens liegen, oder für den privaten Bedarf seines Personals, ist die Steuer für die Lieferungen, die Einfuhr und den innergemeinschaftlichen Erwerb sowie für die sonstigen Leistungen im Zusammenhang mit diesem Grundstück vom Vorsteuerabzug ausgeschlossen, soweit sie nicht auf die Verwendung des Grundstücks für Zwecke des Unternehmens entfällt. [2]Bei Berechtigungen, für die die Vorschriften des bürgerlichen Rechts über Grundstücke gelten, und bei Gebäuden auf fremdem Grund und Boden ist Satz 1 entsprechend anzuwenden.

(2) [1]Vom Vorsteuerabzug ausgeschlossen ist die Steuer für die Lieferungen, die Einfuhr und den innergemeinschaftlichen Erwerb von Gegenständen sowie für die sonstigen Leistungen, die der Unternehmer zur Ausführung folgender Umsätze verwendet:

1. steuerfreie Umsätze;
2. Umsätze im Ausland, die steuerfrei wären, wenn sie im Inland ausgeführt würden.
3. weggefallen

[2]Gegenstände oder sonstige Leistungen, die der Unternehmer zur Ausführung einer Einfuhr oder eines innergemeinschaftlichen Erwerbs verwendet, sind den Umsätzen zuzurechnen, für die der eingeführte oder innergemeinschaftlich erworbene Gegenstand verwendet wird.

(3) Der Ausschluss vom Vorsteuerabzug nach Absatz 2 tritt nicht ein, wenn die Umsätze

1. in den Fällen des Absatzes 2 Satz 1 Nr. 1
   a) nach § 4 Nr. 1 bis 7, § 25 Abs. 2 oder nach den in § 26 Abs. 5 bezeichneten Vorschriften steuerfrei sind oder
   b) nach § 4 Nr. 8 Buchst. a bis g, Nr. 10 oder Nr. 11 steuerfrei sind und sich unmittelbar auf Gegenstände beziehen, die in das Drittlandsgebiet ausgeführt werden;
2. in den Fällen des Absatzes 2 Satz 1 Nr. 2

a) nach § 4 Nr. 1 bis 7, § 25 Abs. 2 oder nach den in § 26 Abs. 5 bezeichneten Vorschriften steuerfrei wären oder
b) nach § 4 Nr. 8 Buchst. a bis g, Nr. 10 oder Nr. 11 steuerfrei wären und der Leistungsempfänger im Drittlandsgebiet ansässig ist oder diese Umsätze sich unmittelbar auf Gegenstände beziehen, die in das Drittlandsgebiet ausgeführt werden.

(4) [1]Verwendet der Unternehmer einen für sein Unternehmen gelieferten, eingeführten oder innergemeinschaftlich erworbenen Gegenstand oder eine von ihm in Anspruch genommene sonstige Leistung nur zum Teil zur Ausführung von Umsätzen, die den Vorsteuerabzug ausschließen, so ist der Teil der jeweiligen Vorsteuerbeträge nicht abziehbar, der den zum Ausschluss vom Vorsteuerabzug führenden Umsätzen wirtschaftlich zuzurechnen ist. [2]Der Unternehmer kann die nicht abziehbaren Teilbeträge im Wege einer sachgerechten Schätzung ermitteln. [3]Eine Ermittlung des nicht abziehbaren Teils der Vorsteuerbeträge nach dem Verhältnis der Umsätze, die den Vorsteuerabzug ausschließen, zu den Umsätzen, die zum Vorsteuerabzug berechtigen, ist nur zulässig, wenn keine andere wirtschaftliche Zurechnung möglich ist. [4]In den Fällen des Absatzes 1b gelten die Sätze 1 bis 3 entsprechend.

(4a) Für Fahrzeuglieferer (§ 2a) gelten folgende Einschränkungen des Vorsteuerabzugs:
1. Abziehbar ist nur die auf die Lieferung, die Einfuhr oder den innergemeinschaftlichen Erwerb des neuen Fahrzeugs entfallende Steuer.
2. Die Steuer kann nur bis zu dem Betrag abgezogen werden, der für die Lieferung des neuen Fahrzeugs geschuldet würde, wenn die Lieferung nicht steuerfrei wäre.
3. Die Steuer kann erst in dem Zeitpunkt abgezogen werden, in dem der Fahrzeuglieferer die innergemeinschaftliche Lieferung des neuen Fahrzeugs ausführt.

(4b) Für Unternehmer, die nicht im Gemeinschaftsgebiet ansässig sind und die nur Steuer nach § 13b Absatz 5 schulden, gelten die Einschränkungen des § 18 Abs. 9 Sätze 4 und 5 entsprechend.

(5) Das Bundesministerium der Finanzen kann mit Zustimmung des Bundesrates durch Rechtsverordnung nähere Bestimmungen darüber treffen,
1. in welchen Fällen und unter welchen Voraussetzungen zur Vereinfachung des Besteuerungsverfahrens für den Vorsteuerabzug auf eine Rechnung im Sinne des § 14 oder auf einzelne Angaben in der Rechnung verzichtet werden kann,
2. unter welchen Voraussetzungen, für welchen Besteuerungszeitraum und in welchem Umfang zur Vereinfachung oder zur Vermeidung von Härten in den Fällen, in denen ein anderer als der Leistungsempfänger ein Entgelt gewährt (§ 10 Abs. 1 Satz 3), der andere den Vorsteuerabzug in Anspruch nehmen kann, und
3. wann in Fällen von geringer steuerlicher Bedeutung zur Vereinfachung oder zur Vermeidung von Härten bei der Aufteilung der Vorsteuerbeträge (Absatz 4) Umsätze, die den Vorsteuerabzug ausschließen, unberücksichtigt bleiben können oder von der Zurechnung von Vorsteuerbeträgen zu diesen Umsätzen abgesehen werden kann.
4. weggefallen

Bearbeiter: Andre Ossinger/Carsten Timm

Inhaltsverzeichnis

1. Einführung

1.1 Sinn und Zweck des Vorsteuerabzugs

§ 15 UStG regelt die Voraussetzungen für den Vorsteuerabzug und ist insoweit die zentrale Norm der mit Wirkung ab dem 01.01.1968 aufgrund der zur Harmonisierung der Umsatzsteuer in der EWG erlassenen RL 67/227/EWG vom 11.04.1967 (ABl. 1967, 1301) eingeführten sog. **Netto-Allphasen-Umsatzsteuer mit Vorsteuerabzug**. 1

Die Umsatzsteuer ist grundsätzlich darauf angelegt, dass sie wirtschaftlich vom Endverbraucher bzw. Letztverbraucher getragen wird. Ein solcher ist üblicherweise ein Nichtunternehmer (z.B. der Konsument). Demgegenüber hat ein Unternehmer jedoch unzählige Eingangsleistungen, die er zur Ausführung seiner Ausgangsleistungen im Rahmen seines Unternehmens benötigt. Auch für diese Eingangsleistungen stellt im Regelfall der Lieferant bzw. Dienstleister Umsatzsteuer in Rechnung. Zur Entlastung des unternehmerischen Leistungsempfängers ist diesem diese Umsatzsteuer als sog. Vorsteuer vom Finanzamt zu erstatten. Diese Vorsteuererstattung erfolgt durch Verrechnung mit der von ihm für seine Ausgangsleistungen geschuldeten Umsatzsteuer im Rahmen seiner Umsatzsteuervoranmeldungen bzw. Umsatzsteuer-Jahreserklärung (s. § 16 Rn. 5 ff.). Dabei kann auch ein Vorsteuerüberschuss (Überhang der eingangsseitigen Vorsteuer gegenüber der ausgangsseitigen Umsatzsteuer) entstehen. 2

Das UStG zielt daher darauf ab, durch den Vorsteuerabzug einerseits und offener Überwälzung der Umsatzsteuer auf den Leistungsempfänger andererseits, den Unternehmer von der im Rahmen seiner wirtschaftlichen Tätigkeit angefallenen Umsatzsteuer zu entlasten. Der Vorsteuerabzug gewährleistet insoweit als integraler Bestandteil des Mechanismus des gemeinsamen Mehrwertsteuersystems folglich die Neutralität hinsichtlich der steuerlichen Belastung aller wirtschaftlichen Tätigkeiten, unabhängig von ihrem Zweck und ihrem Ergebnis (sog. **Grundsatz der Neutralität**), vorausgesetzt diese Tätigkeiten unterliegen selbst der Umsatzsteuer (s. EuGH vom 29.11.2012, C-257/11, DStRE 2013, 935, m.w.N.; vom 06.12.2012,C-285/11, DStRE 2013, 803, m.w.N.). Ausnahmen hiervon sind nur zugelassen, wenn sie in der MwStSystRL selbst vorgesehen sind (s. EuGH vom 06.07.1995, C-62/93, UR 1995, 404). Es gilt jedoch zu beachten, dass in Bezug auf die umsatzsteuerliche Belastung des Letztverbrauchs eine Gleichbehandlung hergestellt werden soll, aufgrund dessen der Unternehmer gegenüber dem Endverbraucher keine ungerechtfertigten Vorteile durch Geltendmachung des Vorsteuerabzugs genießen darf. 3

Auf die Erhebung der Umsatzsteuer durch die Finanzverwaltung oder die Entrichtung der Steuer an die Finanzverwaltung durch den Steuerschuldner kommt es nicht an (s. EuGH vom 03.03.2004, C-395/02, UR 2005, 107). Ebenso unerheblich ist die Frage, ob die Steuerberechnung nach vereinbarten (s. § 16 Abs. 1 UStG; insb. § 16 Rn. 5 ff.) oder nach vereinnahmten Entgelten (s. § 20 UStG; insbesondere § 20 Rn. 3 ff.) erfolgt. 4

1.2 Inhalt der Vorschrift

Nur Unternehmer können einen Vorsteuerabzug aus den für ihr Unternehmen bezogenen Lieferungen und sonstigen Leistungen (sog. Eingangsleistungen) beanspruchen, wenn diese von einem Unternehmer (s. Rn. 58 ff.) erbracht worden sind. Leistender und Leistungsempfänger müssen daher jeweils Unternehmer i.S.d. § 2 UStG (s. § 2 Abs. 1 Rn. 4 ff.) sein. 5

Die Nr. 1–5 der Vorschrift enthalten die grundlegenden anspruchsbegründenden Voraussetzungen für den Vorsteuerabzug (s. Rn. 48 ff.), wobei nur die gesetzlich geschuldete Umsatzsteuer, die ein Unternehmer von einem anderen Unternehmer in Rechnung gestellt bekommt oder die er selbst als Steuerschuldner schuldet, abziehbar ist. 6

7 Das Recht des Unternehmers auf den Vorsteuerabzug entsteht dem Grunde und der Höhe nach bereits im Zeitpunkt des Leistungsbezugs, sog. **Sofortabzug** (s. Rn. 73). Steht die tatsächliche unternehmerische Verwendung in diesem Zeitpunkt noch nicht fest, ist die beabsichtigte Verwendung (sog. **Verwendungsabsicht**) für den Vorsteuerabzug maßgebend (s. Abschn. 15.12 Abs. 1 Satz 7-11 UStAE).

8 Die Ausübung des Vorsteuerabzugsrechts setzt neben der tatsächlich ausgeführten Leistung im Falle der Nr. 1 auch voraus, dass der Unternehmer eine ordnungsgemäße Rechnung für diese Leistung besitzt (s. Rn. 123 ff.).

9 Der Vorsteuerabzug kann jedoch ausgeschlossen oder beschränkt sein. So enthält § 15 Abs. 1a UStG ein Abzugsverbot für Aufwendungen ohne streng geschäftlichen Charakter (s. Rn. 220 ff.) und § 15 Abs. 1b UStG ein anteiliges Abzugsverbot für die Anschaffung von teilunternehmerisch genutzten Grundstücken (s. Rn. 250 ff.). Daneben kann der Vorsteuerabzug gem. § 15 Abs. 2 UStG ausgeschlossen sein, wenn der Unternehmer die Eingangsleistungen für steuerfreie Umsätze (sog. **Ausschlussumsätze**) verwendet (s. Rn. 268 ff.). Dieser Grundsatz wird für bestimmte steuerfreie Umsätze gem. § 15 Abs. 3 UStG wieder aufgehoben (sog. **Rückausnahme**). Insoweit differenziert man zwischen vorsteuerschädlichen Umsätzen, die gem. § 15 Abs. 2 UStG den Vorsteuerabzug ausschließen und vorsteuerunschädlichen Umsätzen, die gem. § 15 Abs. 2 i.V.m. Abs. 3 UStG – trotz Steuerfreiheit – zum Vorsteuerabzug berechtigen.

10 Maßgeblich kommt es hierbei auf die direkte und unmittelbare Zuordnung der vorsteuerbehafteten Eingangsleistungen zu vorsteuerschädlichen oder -unschädlichen Ausgangsleistungen an (s. Rn. 271). Ist eine solche Zuordnung zu bestimmten Ausgangsleistungen nicht möglich – werden also Eingangsleistungen sowohl zur Ausführung von, den Vorsteuerabzug ausschließenden, steuerfreien Umsätzen (den vorsteuerschädlichen Umsätzen), als auch zur Ausführung von steuerpflichtigen oder steuerfreien Umsätzen, bei denen der Vorsteuerabzug zugelassen ist (den vorsteuerunschädlichen Umsätzen), verwendet (sog. gemischte Verwendung) – ist gem. § 15 Abs. 4 UStG nur der Teil der Vorsteuer abziehbar, der den vorsteuerunschädlichen Umsätzen zugerechnet werden kann (sog. Vorsteueraufteilung, s. Rn. 295 ff.).

11 Ändern sich bei einem Wirtschaftsgut oder bei bestimmten sonstigen Leistungen die Verwendungsverhältnisse im Zusammenhang mit vorsteuerschädlichen und -unschädlichen Ausgangsleistungen in einem der erstmaligen Verwendung nachfolgenden Besteuerungszeitraum, darf der Umfang des ursprünglichen Vorsteuerabzugs grundsätzlich nicht rückwirkend geändert werden (s. Rn. 89; Abb. 1). In diesem Fall ist eine sog. Vorsteuerberichtigung nach § 15a UStG zu Lasten als auch zu Gunsten des Unternehmers durchzuführen, wenn die Grenzen des § 44 UStDV überschritten werden (s. § 15a UStG).

1.3 Unionsrechtliche Grundlagen

12 Im Fall einer Abweichung des § 15 UStG von den Vorgaben der MwStSystRL ist eine **richtlinienkonforme Auslegung** des § 15 UStG in Betracht zu ziehen (umfassend s. Englisch in Tipke/Lang, Steuerrecht, 22. A., § 4 Rn. 30 ff.). Kann die Divergenz zwischen nationalem Recht und der MwStSystRL hierdurch nicht beseitigt werden und ist die Anwendung der MwStSystRL für den Unternehmer günstiger als die Anwendung des nationalen Rechts, so kann er sich auf die für ihn günstigere Regelung der MwStSystRL berufen, sofern diese unbedingt und hinreichend klar ist (sog. **Anwendungsvorrang**).

13 Die **MwStSystRL** regelt den Vorsteuerabzug systematisch anders als § 15 UStG und verwendet mitunter abweichende Begriffe.

14 Soweit Eingangsleistungen vom Steuerpflichtigen für Zwecke seiner besteuerten Umsätze verwendet werden, ist der Steuerpflichtige berechtigt, in dem Mitgliedstaat, in dem er diese Umsätze bewirkt, vom Betrag der von ihm geschuldeten Steuer:

- Die in diesem Mitgliedstaat geschuldete oder entrichtete Mehrwertsteuer für Gegenstände und Dienstleistungen, die ihm von einem anderen Steuerpflichtigen geliefert bzw. erbracht wurden oder werden,
- die Mehrwertsteuer, die für den innergemeinschaftlichen Erwerb geschuldet wird,
- die Mehrwertsteuer, die für die Einfuhr von Gegenständen in diesem Mitgliedstaat geschuldet wird oder entrichtet worden ist,

abzuziehen (s. Art. 168 MwStSystRL). Das Recht auf Vorsteuerabzug entsteht gem. Art. 167 MwStSystRL im Zeitpunkt der Entstehung der Steuer (zur Entstehung der Steuer s. Art. 63 MwStSystRL).

Darüber hinaus hat der Steuerpflichtige das Recht, die in Art. 168 MwStSystRL genannte Mehrwertsteuer 15 abzuziehen, soweit die Gegenstände und Dienstleistungen für Zwecke bestimmter Umsätze (insbesondere steuerfreie Ausfuhrumsätze i.S.d. Art. 146 MwStSystRL) verwendet werden (s. Art. 169 MwStSystRL).

Dieser Grundsatz wird gem. Art. 168a Abs. 1 MwStSystRL für ein dem Unternehmen zugeordnetes 16 Grundstück des Steuerpflichtigen eingeschränkt, wenn dieses sowohl für unternehmerische Zwecke als auch für seinen privaten Bedarf oder den seines Personals oder allgemein für unternehmensfremde Zwecke verwendet wird. Bei den Ausgaben im Zusammenhang mit diesem Grundstück darf höchstens der Teil der Mehrwertsteuer abgezogen werden, der auf die Verwendung des Grundstücks für unternehmerische Zwecke des Steuerpflichtigen entfällt. Eine Änderung des Verwendungsanteils wird im Rahmen der Berichtigung des Vorsteuerabzugs nach den in dem betreffenden Mitgliedstaat geltenden Vorschriften zur Anwendung der in den Art. 184–192 MwStSystRL festgelegten Grundsätzen berücksichtigt.

Weitere Einschränkungen des Rechts auf Vorsteuerabzug kann der Rat der Europäischen Union auf Vor- 17 schlag der Kommission einstimmig festlegen (s. Art. 176 MwStSystRL). Art. 177 MwStSystRL ermächtigt die Mitgliedstaaten nach Konsultation des Mehrwertsteuerausschusses aus Konjunkturgründen Investitionsgüter oder andere Gegenstände teilweise oder ganz vom Vorsteuerabzug ausschließen.

Soweit Gegenstände und Dienstleistungen von einem Steuerpflichtigen sowohl für Umsätze verwendet 18 werden, für die ein Recht auf Vorsteuerabzug besteht, als auch für Umsätze, für die kein Recht auf Vorsteuerabzug besteht, darf gem. Art. 173 Abs. 1 MwStSystRL nur der Teil der Mehrwertsteuer abgezogen werden, der auf den Betrag der erstgenannten Umsätze entfällt. Der entsprechende Pro-rata-Satz des Vorsteuerabzugs wird entsprechend den Art. 174–175 MwStSystRL für die Gesamtheit der von dem Steuerpflichtigen bewirkten Umsätze festgelegt.

Zur Ausübung des Vorsteuerabzugsrechts muss der Steuerpflichtige die in Art. 178 MwStSystRL auf- 19 gezählten Bedingungen erfüllen. Der Vorsteuerabzug wird vom Steuerpflichtigen global vorgenommen, indem er von dem Steuerbetrag, den er für einen Steuerzeitraum schuldet, den Betrag der Mehrwertsteuer absetzt, für die während des gleichen Steuerzeitraums das Abzugsrecht entstanden ist und gem. Art. 178 MwStSystRL ausgeübt wird (s. Art. 179 MwStSystRL).

Die Art. 167–183 MwStSystRL sehen jedoch von den oben genannten Grundsätzen zahlreiche Ermäch- 20 tigungen für abweichende Regelungen durch die jeweiligen Mitgliedstaaten vor. Darüber hinaus ist die Einführung zusätzlicher Ausschlüsse vom Vorsteuerabzug durch die jeweiligen Mitgliedstaaten aber nur aufgrund einer gesonderten Ermächtigung des Rates der Europäischen Union gem. Art. 395 MwStSystRL zur Vereinfachung der Steuererhebung oder zur Verhütung von Steuerhinterziehungen oder -umgehungen möglich.

1.4 Beweislast und Vertrauensschutz

Der Unternehmer trägt grundsätzlich die objektive Beweislast (**Feststellungslast**) für alle Tatsachen, die 21 den Vorsteuerabzug begründen (s. BFH vom 19.10.1978, V R 39/75, BStBl II 1979, 345). Der Nachweis kann mit allen verfahrensrechtlich zulässigen Beweismitteln geführt werden (BFH vom 05.08.1988,X R 55/81, BStBl II 1989, 120). Nach ständiger Rechtsprechung sieht § 15 UStG den **Schutz des guten Glaubens** an die Erfüllung der Voraussetzungen für den Vorsteuerabzug nicht vor (s. BFH vom 30.04.2009, V R 15/07, BStBl II 2009, 744; vom 08.12.1988, V R 28/84, BStBl II 1989, 250).

Liegen die materiellen Voraussetzungen des Vorsteuerabzugs nicht vor, kommt unter Berücksichtigung 22 des **Grundsatzes des Vertrauensschutzes** aber ein Vorsteuerabzug im **Billigkeitsverfahren** (s. §§ 163, 227 AO) in Betracht. Dies setzt aber voraus, dass der Unternehmer gutgläubig war und alle Maßnahmen ergriffen hat, die vernünftigerweise von ihm verlangt werden können, um sich von der Richtigkeit der Angaben in der Rechnung zu überzeugen und seine Beteiligung an einem Betrug ausgeschlossen ist (s.a. Rn. 26 ff.; BFH vom 30.04.2009, V R 15/07, BStBl II 2009, 744). Maßstab dürfte die Sorgfalt eines ordentlichen und gewissenhaften Kaufmanns sein.

23 Nach Auffassung der Finanzverwaltung ist es dem Unternehmer aber vorrangig zuzumuten, von sich aus alles zu tun, um die Mangelhaftigkeit der Unterlagen zu beseitigen. Eine Billigkeitsmaßnahme soll daher erst in Betracht kommen, wenn eine Vervollständigung oder nachträgliche Beschaffung der Unterlagen nicht möglich ist oder mit unzumutbaren Schwierigkeiten verbunden wäre (s. Abschn. 15.2a Abs. 7 Satz 2 Nr. 1 Satz 4-7 UStAE). Liegen diese Voraussetzungen aber vor, ist das Ermessen der Finanzverwaltung im Rahmen der Billigkeitsentscheidung sodann in der Regel auf Null reduziert und zur Sicherstellung einer richtlinienkonformen Anwendung des nationalen Rechts unter Beachtung von § 102 FGO durch die Finanzgerichte auch uneingeschränkt überprüfbar (s. BFH vom 19.11.2009, V R 8/09, BFH/NV 2010, 1141). Im Übrigen ist die Ermessensentscheidung der Finanzverwaltung im finanzgerichtlichen Verfahren aber nur eingeschränkt im Hinblick auf einen etwaigen Ermessensfehler überprüfbar (s. BFH vom 18.02.2016, V R 62/14, DStR 2016, 996). Der EuGH wird aufgrund der Vorlage des V. Senats des BFH (V R 25/15, DStR 2016, 1527) Gelegenheit erhalten, zu den Voraussetzungen des Vorsteuerabzugs aus Vertrauensschutzgründen Stellung zu beziehen.

24 Die Billigkeitsentscheidung ist ein selbständiger Verwaltungsakt i.S.d. § 118 AO, dieser kann aber gem. § 163 Satz 3 AO mit der Umsatzsteuerfestsetzung verbunden werden. Hat die Finanzverwaltung aber über einen bereits im Festsetzungsverfahren ausdrücklich oder konkludent gestellten Antrag auf eine Billigkeitsentscheidung nicht entschieden, hat der Unternehmer verfahrensrechtlich die Möglichkeit des Untätigkeitseinspruches nach § 347 Abs. 1 Satz 2 AO bzw. der Untätigkeitsklage nach § 46 FGO (s. BFH vom 12.10.2010, V B 134/09, BFH/NV 2011, 326).

25 Umstritten ist jedoch, ob an der bisherigen Rechtsprechung festzuhalten ist, dass der Schutz des guten Glaubens beim Vorsteuerabzug im Billigkeitsverfahren zu prüfen ist (BFH vom 30.04.2009, V R 21/07, BStBl II 2009, 254) oder diese Prüfung bereits im Rahmen des Festsetzungsverfahrens zu erfolgen hat (s. Stapperfend in UR 2013, 321; Wagner in Sölch/Ringleb, § 15 UStG Rn. 96). Hierfür spricht insbesondere der Neutralitätsgrundsatz, der eine Entlastung des Unternehmers von der Umsatzsteuer gebietet und gewährleistet, dass der Vorsteuerabzug grundsätzlich nicht eingeschränkt werden kann (FG Berlin-Brandenburg vom 04.06.2013, 5 R 5022/13, DStRE 2014, 364). Der V. Senat des BFH ist dieser Auffassung wiederholt entgegengetreten (zuletzt BFH vom 18.02.2016, V R 62/14, DStR 2016, 996 und vom 22.07.2015, V R 23/14, BStBl II 2015, 914). Im Hinblick auf das anhängige Verfahren beim XI. Senat (Az. XI R 22/14) sowie die EuGH-Vorlage vom 06.04.2016, XI R 20/14, DStR 2016, 1532 dürfte allerdings eine Aussetzung der Vollziehung in Betracht kommen (s. BFH vom 12.02.2015, V B 160/14, BFH/NV 2015, 861 und vom 26.09.2014, XI S 14/14, BFH/NV 2015, 158).

25/1 Von einer Billigkeitsmaßnahme sind die Fälle der **Schätzung von Vorsteuern** nach § 162 AO abzugrenzen. Eine einzelfallbezogene Schätzung ist in den Fällen vorzunehmen, in denen dem Unternehmer zwar im Zeitpunkt der Geltendmachung des Vorsteuerabzugs Originalrechnungen mit gesondertem Steuerausweis nachweislich vorlagen, diese aber danach abhanden gekommen sind (zu den Beweisfragen s. BFH vom 23.10.2014, V R 23/13, BStBl II 2015, 313). Der fehlende Nachweis des Rechnungsbesitzes kann dagegen nicht durch eine Schätzung ersetzt werden (nach Seer in Tipke/Kruse, § 162 AO Rn. 28 sei aber die Gewissheit ausreichend, dass der Unternehmer vorsteuerrelevante Lieferungen oder sonstige Leistungen bezogen hat).

1.5 Vorsteuerabzug bei Beteiligung an einer Umsatzsteuerhinterziehung

26 Die Bekämpfung von Steuerhinterziehungen, Steuerumgehungen und etwaigen Missbräuchen ist ein von der MwStSystRL anerkanntes und gefördertes Ziel. Die nationalen Behörden und Gerichte können daher das Recht auf Vorsteuerabzug versagen, wenn aufgrund der objektiven Sachlage feststeht, dass dieses Recht in betrügerischer Weise oder missbräuchlich geltend gemacht wird (s. EuGH vom 06.12.2012, C-285/11, DStRE 2013, 803; vom 21.06.2012, C-80/11 und C-142/11, DStRE 2012, 1336; vom 06.07.2006, C-439/04 und C-440/04, DStR 2006, 1274).

Hinweis! Vor der Beurteilung der Frage, ob der Vorsteuerabzug wegen der Einbeziehung in einen Betrug zu versagen ist (Beweislast: Finanzamt), ist zunächst das Vorliegen sämtlicher Voraussetzungen des Vorsteuerabzugs zu bejahen (Beweislast: Unternehmer). 27

Die Finanzverwaltung hat anhand objektiver Umstände hinreichend nachzuweisen, dass der Unternehmer wusste oder hätte wissen müssen, dass der Umsatz, für den der Unternehmer den Vorsteuerabzug begehrt, in eine vom Leistenden oder einem anderen Wirtschaftsteilnehmer auf einer vorausgehenden oder nachfolgenden Umsatzstufe begangene Steuerhinterziehung oder in einen sonstigen Betrug einbezogen war (EuGH vom 06.12.2012, C-285/11, DStRE 2013, 803, m.w.N.; krit. Hummel, UR 2014, 256; zur Frage der Beweislast: FG Münster vom 12.12.2013, DStRE 2014, 226 entgegen BFH vom 19.04.2007, V R 48/04, BStBl II 2009, 315 der die Beweislast nicht bei der Finanzverwaltung sieht). So schließt die fahrlässige Unkenntnis von der Einbeziehung in einen Betrug hiernach einen Gutglaubensschutz grundsätzlich aus (s. BFH vom 13.10.2014, V B 19/14, BFH/NV 2015, 243). Die Beurteilung dieser Frage erfordert aber regelmäßig eine Einzelfallprüfung. In diesem Zusammenhang sind die Finanzgerichte derzeit insbesondere mit den Strohmannverhältnissen als auch mit sog. „Scheinsitzen" befasst. 28

Achtung! Abzuwarten bleibt, inwieweit dem Unternehmer zukünftig im Nachhinein Informationen aus frei verfügbaren und leicht zugänglichen Quellen (z.B. Internet) von der Finanzverwaltung entgegengehalten werden. 28/1

Auch das Wissen Dritter kann dem Unternehmer in bestimmten Fällen zugerechnet werden, da derjenige, der sich zur Erfüllung seiner Verpflichtungen eines anderen bedient, nicht besser stehen darf als derjenige, der diese Verpflichtung selbst erfüllt. So kann einer GmbH nicht nur das Wissen ihres Geschäftsführers nach § 35 GmbH, sondern auch das ihrer sonstigen Angestellten in analoger Anwendung von § 166 BGB zugerechnet werden (s. BFH vom 19.05.2010, XI R 78/07, DStRE 2010, 1263). 29

Soweit der Unternehmer allerdings alle Maßnahmen getroffen hat, die vernünftigerweise von ihm verlangt werden können, um sicherzustellen, dass die von ihm bezogenen Umsätze nicht in einen Betrug einbezogen sind, steht ihm ein Vorsteuerabzug zu (s. BFH vom 19.04.2007, V R 48/04, BStBl II 2009, 315). Eine Erkundigungspflicht ist immer dann anzunehmen, wenn der Leistungsempfänger Anhaltspunkte für Unregelmäßigkeiten oder Steuerhinterziehungen in der Sphäre des Rechnungsausstellers hat (s. EuGH vom 06.09.2012, C-324/11, UR 2012, 851). Erlangt der Unternehmer erst nach der Leistungsausführung hiervon Kenntnis, dürfte dies auf den Zeitpunkt des Vorsteuerabzugs nicht zurückwirken (s. Rn. 73), sodass das Vorsteuerabzugsrecht auch nicht rückwirkend entfällt. Wird diese Kenntnis aufseiten des Leistungsempfängers jedoch nach Leistungsausführung und noch vor Ausgleich einer Rechnung erlangt, sollte u.E. nur der Ausgleich der Rechnung in Höhe des Nettobetrages erfolgen. 30

Nach Auffassung der Finanzverwaltung gehört zu den zu ergreifenden Maßnahmen insb. die dokumentierte Vergewisserung über die Unternehmereigenschaft des Leistenden (s. BMF vom 07.02.2014, IV D 2-S 7100/12/10003, BStBl I 2014, 271). Daneben kann zum Beispiel die Nichtaufzeichnung einer üblicherweise in der Lieferkette weitergegebenen Geräteidentifikationsnummer ein Indiz für eine nicht ausgeführte Lieferung und dafür sein, dass der Unternehmer wusste oder wissen konnte oder hätte wissen müssen, dass er mit seinem Erwerb an einem Umsatz beteiligt war, der in einen Umsatzsteuerbetrug oder einen sonstigen Betrug einbezogen war (s. BMF vom 01.04.2009, IV B 8-S 7280-a/07/10004, BStBl I 2009, 525). 31

Soweit Gegenstände auch ohne zivilrechtliche Eigentumsverschaffung (z.B. durch einen Dieb) geliefert werden können, bleibt der Vorsteuerabzug auch bestehen, wenn ein Lieferer zivilrechtlich nicht Eigentümer des Liefergegenstands ist (s. BFH vom 08.09.2011, V R 43/10, BStBl II 2014, 203). Dem Vorsteuerabzug steht auch nicht entgegen, wenn der Lieferer darüber hinaus beabsichtigte, den gelieferten Gegenstand vertragswidrig nochmals an einen anderen Erwerber zu liefern, denn die Absicht einer späteren Unterschlagung ist für die nach den Verhältnissen im Zeitpunkt der Lieferung maßgebliche Beurteilung unerheblich (s. BFH vom 08.09.2011, V R 43/10, BStBl II 2014, 203). 32

1.6 Aufzeichnungs- und Aufbewahrungspflichten

33 Der Unternehmer ist nach § 22 Abs. 1 UStG verpflichtet, besondere Aufzeichnungen zu tätigen (s. § 22 Rn. 29 ff.), die in § 22 Abs. 2 ff. UStG näher definiert sind. Diese Aufzeichnungen müssen gem. § 63 Abs. 1 UStDV so beschaffen sein, dass es einem sachverständigen Dritten innerhalb einer angemessenen Zeit möglich ist, einen Überblick über die Umsätze des Unternehmens und die abziehbaren Vorsteuern zu erhalten sowie die Grundlagen für die Steuerberechnung festzustellen. Die Aufzeichnungen für die Eingangsseite ergeben sich aus § 22 Abs. 2 Nr. 5 ff. UStG. Besondere Regelungen gelten beispielsweise sofern der Vorsteuerabzug ausgeschlossen oder der Unternehmer nur teilweise zum Vorsteuerabzug berechtigt ist (s. § 22 Abs. 3 UStG).

34 Die Regelungen zur Aufbewahrung von Rechnungen ergeben sich aus § 14b UStG und § 147 AO (s. § 14b Rn. 4 ff.). Die Aufbewahrungspflicht zählt jedoch, wie auch die Grundsätze ordnungsgemäßer DV-gestützter Buchführungssysteme (GoBS) sowie die Grundsätze zum Datenzugriff und zur Prüfbarkeit digitaler Unterlagen (GdPdU), nicht zu den Voraussetzungen für den Vorsteuerabzug. Bei bloßer Verletzung der Aufbewahrungspflicht bleibt der Vorsteuerabzug hiervon unberührt (s. Abschn. 14b.1 Abs. 1 UStAE). Zur Beweislast, s. Rn. 21 ff.

1.7 Sonderregelungen

35 Das Umsatzsteuergesetz enthält abweichend von § 15 UStG eine Vielzahl weiterer Bestimmungen, die sich unmittelbar auf den Vorsteuerabzug auswirken.

36 **Kleinunternehmer** i.S.d. § 19 UStG (s. § 19 Rn. 3 ff.) sind gem. § 19 Abs. 1 Satz 4 UStG nicht zum Vorsteuerabzug berechtigt. Dies gilt auch, wenn sie für ihre eigenen Umsätze Umsatzsteuer aufgrund eines unberechtigten Steuerausweises nach § 14c Abs. 2 UStG (s. § 19 Rn. 3 ff.) schulden.

37 Für die in der Anlage zu §§ 69, 70 UStDV aufgeführten Gruppen von Unternehmern eröffnet § 23 UStG i.V.m. §§ 69, 70 UStDV die Möglichkeit des Vorsteuerabzugs **nach allgemeinen Durchschnittssätzen** (s. § 23 Rn. 3 ff.). Im Falle der sog. Vollpauschalierung gem. § 70 Abs. 1 UStDV ist ein weiterer Vorsteuerabzug ausgeschlossen und bei der sog. Teilpauschalierung können nur die Vorsteuern aus den in § 70 Abs. 2 UStDV genannten Eingangsleistungen im allgemeinen Vorsteuerabzugsverfahren abgezogen werden (s. § 23 Rn. 3 ff.).

38 Ferner können Körperschaften, Personenvereinigungen und Vermögensmassen i.S.d. § 5 Abs. 1 Nr. 9 KStG unter bestimmten Voraussetzungen gem. § 23a UStG eine pauschale Vorsteuer i.H.v. 7 % ihres steuerpflichtigen Umsatzes, mit Ausnahme der Einfuhr und des innergemeinschaftlichen Erwerbs, geltend machen (s. § 23a Rn. 3 ff.).

39 Die Besteuerung bestimmter **land- und forstwirtschaftlicher Unternehmer** erfolgt gem. § 24 Abs. 1 UStG nach Durchschnittssätzen unter Ausschluss des Vorsteuerabzugs (s. § 24 Rn. 34 ff.). Erst die Option zur Regelbesteuerung ermöglicht einen Vorsteuerabzug. Dies gilt auch für den Abzug der Steuer für den innergemeinschaftlichen Erwerb als Vorsteuer (s. BFH vom 24.09.1998, V R 17/98, BStBl II 1999, 39).

40 Unternehmer, die Reiseleistungen ausführen, sind gem. § 25 Abs. 4 UStG nicht berechtigt, die ihnen für sog. **Reisevorleistungen** gesondert in Rechnung gestellte sowie die nach § 13b UStG geschuldete Umsatzsteuer als Vorsteuer abzuziehen (s. § 25 Rn. 19 ff.). Im Übrigen bleibt § 15 UStG jedoch unberührt.

41 Der **Wiederverkäufer i.S.d. § 25a UStG** darf im Fall der Option zur Differenzbesteuerung nach § 25a Abs. 2 UStG die entrichtete Einfuhrumsatzsteuer bzw. die vom Lieferer gesondert ausgewiesene Umsatzsteuer für die Lieferung bzw. Einfuhr der in § 25a Abs. 2 UStG genannten Gegenstände gem. § 25a Abs. 5 Satz 3 UStG nicht als Vorsteuer abziehen (s. § 25a Rn. 6 ff.). Im Übrigen bleibt § 15 UStG jedoch unberührt.

42 Für **im Ausland ansässige Unternehmer**, die im Inland keine bzw. nur die in § 59 UStDV genannten Umsätze ausgeführt haben, gilt unter den besonderen Voraussetzungen des § 18 Abs. 9 UStG i.V.m. §§ 59 ff. UStDV ein besonderes Verfahren für die Vergütung von Vorsteuern (s. § 18 Rn. 64 ff.); unionsrechtliche Grundlage für dieses Verfahren ist Art. 170 MwStSystRL. Die sog. Beförderungseinzelbesteuerung i.S.d. § 16 Abs. 5 UStG betrifft ebenfalls im Ausland ansässige Unternehmer, die im Inland keine oder nur die in § 59 UStDV genannten Umsätze ausgeführt haben. Hiernach wird die Umsatzsteuer für jeden einzelnen

steuerpflichtigen Umsatz durch die zuständige Zolldienststelle berechnet. Ein Vorsteuerabzug ist gem. § 16 Abs. 5 Satz 4 UStG ausgeschlossen.

Einstweilen frei 43–47

2. Der Vorsteuerabzug (Grundtatbestand), § 15 Abs. 1 Satz 1 Nr. 1 UStG

2.1 Überblick

Nach dem Grundtatbestand des § 15 Abs. 1 Satz 1 Nr. 1 UStG kann: 48

- Der abzugsberechtigte Unternehmer (= Leistungsempfänger, s. Rn. 49–57)
- die von einem anderen Unternehmer (= Leistender, s. Rn. 58–61)
- gesetzliche geschuldete Steuer für Lieferungen und sonstige Leistungen (s. Rn. 103–112)
- die für das Unternehmen des Leistungsempfängers bezogen wurde (s. Rn. 62–102)
- und für die der Leistungsempfänger eine ordnungsgemäße Rechnung besitzt (s. Rn. 123–160),

als Vorsteuer abziehen, wenn er diese Eingangsleistungen seinerseits zur Ausführung von Umsätzen verwendet, die den Vorsteuerabzug nicht ausschließen (s. Rn. 268). Dies gilt auch für Leistungsempfänger, die die Steuer für ihre Ausgangsumsätze nach vereinnahmten Entgelten gem. § 20 UStG berechnen (s. Abschn. 15.2 Abs. 2 Satz 2 UStAE). Auch hier kommt es auf die Bezahlung der Rechnung nicht an (s. Rn. 4).

2.2 Abzugsberechtigter Unternehmer

2.2.1 Allgemeines

Zum Vorsteuerabzug sind nur Unternehmer i.S.d. § 2 UStG (s. § 2 Abs. 1 Rn. 4 ff.) sowie der Fahrzeuglieferer i.S.d. § 2a UStG (s. § 2a Rn. 6 ff.), s. Rn. 333 ff. und die juristische Person des öffentlichen Rechts i.S.d. § 2b Abs. 4 i.V.m. § 2 Abs. 1 UStG berechtigt. Zur Unternehmereigenschaft s. § 2 Abs. 2 Rn 4 ff. Nicht abzugsberechtigt sind hingegen Kleinunternehmer (s. § 19 Rn. 19 ff.); (s. Rn. 36) und Nichtunternehmer (Privatleute, aber auch Unternehmer, die eine Leistung für ihre sog. nichtunternehmerische Sphäre beziehen, s. Rn. 75 ff.). 49

2.2.2 Vorsteuerabzug vor Beginn der unternehmerischen Tätigkeit

Der Vorsteuerabzug ist bereits vor Beginn der eigentlichen unternehmerischen Tätigkeit eröffnet, wenn der (künftige) Unternehmer durch objektive Anhaltspunkte seine Absicht belegen kann, eine wirtschaftliche Tätigkeit selbständig ausüben zu wollen und er in diesem Zusammenhang erste Investitionsausgaben für diese Zwecke tätigt (s. EuGH vom 08.06.2000, C-396/98, BStBl II 2003, 446). Entfällt später die Unternehmereigenschaft, wirkt dies aber nicht auf den Zeitpunkt der ursprünglichen Vorsteuerabzugsberechtigung zurück, es sei denn, der Unternehmer hat betrügerisch oder missbräuchlich gehandelt (s. EuGH vom 29.02.1996, C-110/94, BStBl II 1996, 655; zur Beweislast s. Rn. 21 ff.). Das Recht zum Vorsteuerabzug bleibt selbst dann bestehen, wenn der Finanzverwaltung bereits im Zeitpunkt der erstmaligen Steuerfestsetzung bekannt ist, dass die beabsichtigte wirtschaftliche Tätigkeit, die zu den, den Vorsteuerabzug nicht ausschließenden Umsätzen führen sollte, nicht (mehr) ausgeübt werden wird (z.B. bei erfolglosen Unternehmern, s. § 2 Abs. 1 Rn. 4 ff.; EuGH vom 08.06.2000, C-400/98, BStBl II 2003, 452). 50

Umstritten ist aber der Vorsteuerabzug für **Investitionskosten**, die **vor Gründung** (und Eintragung) **einer Gesellschaft** von den Gesellschaftern für die Zwecke und im Hinblick auf die wirtschaftliche Tätigkeit der Gesellschaft getragen werden. Einerseits sind Gesellschafter als solche im Regelfall keine vorsteuerabzugsberechtigten Unternehmer i.S.d. § 2 UStG (s. EuGH vom 26.06.2003, C-442/01, DStRE 2003, 936) und andererseits dienen diese Leistungsbezüge grundsätzlich nicht der eigenen, sondern einer fremden unternehmerischen Tätigkeit. Ein Vorsteuerabzug für sog. Investitionsgüter ist jedoch gerechtfertigt, wenn die durch Leistungsbezüge der Gründungsgesellschafter entstandenen Vermögenswerte entweder im Rahmen einer Geschäftsveräußerung i.S.d. § 1 Abs. 1a UStG oder im Wege einer Sacheinlage auf die Gesellschaft übertragen werden (s. BFH vom 11.11.2015, V R 8/15, DStR 2016, 674 m.w.N.). Dies soll aber nicht 51 für solche Leistungsbezüge gelten, die einer Übertragung auf die noch zu gründende Gesellschaft nicht zugänglich sind (z.B. Dienstleistungen die als vor der Gründung verbraucht gelten – z.B. Beratungsleistungen; es sei denn, sie gehören zu den Anschaffungs- oder Herstellungskosten der Investitionsgüter). Der Vorsteuerabzug richtet sich nach den beabsichtigten und zum Vorsteuerabzug berechtigenden Umsätzen der (noch zu gründenden) Gesellschaft (s. BFH vom 15.07.2004, V R 84/99, BStBl II 2005, 155). Dieser Vorsteuerabzug bleibt auch dann erhalten, wenn es entgegen der ursprünglichen Absicht nicht zur Errichtung der Gesellschaft kommt (s. BFH vom 11.11.20015, V R 8/15, DStR 2016, 674).

51/1 **Hinweis!** Zwischen den Gesellschaftern und der neu gegründeten Gesellschaft kann aber eine Vertragsübernahme vereinbart werden, wonach die Gesellschaft solche Dienstleistungsverträge übernimmt, welche für ihre Zwecke und im Hinblick auf ihre wirtschaftliche Tätigkeit abgeschlossen worden sind. Soweit diese Leistungen noch nicht vollständig erbracht worden sind und auch nicht als Teilleistungen einzuordnen sind (s. Rn. 117), könnte die Gesellschaft u.E. entsprechend Abschn. 3.5 Abs. 7a S. 5–7 UStAE als Leistungsempfängerin der gesamten Leistung gelten. Dann dürfte ihr aber auch der volle Vorsteuerabzug zustehen.

52 Die unentgeltliche **Nutzungsüberlassung** des von einem bisher nicht unternehmerisch tätigen Gesellschafters erworbenen Wirtschaftsguts an die Gesellschaft berechtigt hingegen nicht zum Vorsteuerabzug (s. Abschn. 15.20 Abs. 1 Satz 5 UStAE; BFH vom 06.12.2012, V ER-S 2/12, DStR 2013, 308); Ausnahme: Der Gesellschafter erbringt an die Gesellschaft eine entgeltliche Leistung, die nicht als Gesellschafterbeitrag durch die Beteiligung am Gewinn und Verlust der Gesellschaft abgegolten ist (s. BFH vom 06.06.2002, V R 43/01, BStBl II 2003, 36).

52/1 **Beispiel:** Der Gesellschafter einer Steuerberatungs-GbR, der von dieser einen Teil des Mandantenstamms gegen Entgelt nur zu dem Zweck erworben hat, diesen unmittelbar anschließend einer von ihm mitgegründeten neuen GbR unentgeltlich zur unternehmerischen Nutzung zu überlassen, ist nicht zum Vorsteuerabzug aus dem Erwerb des Mandantenstamms berechtigt (s. EuGH vom 13.03.2014, C-204/13, DStR 2014, 592).

Der Gesellschafter dürfte jedoch dann zum Vorsteuerabzug berechtigt sein, wenn er diesen Mandantenstamm im Rahmen seiner beabsichtigten Tätigkeit als Geschäftsführer der neuen GbR erworben hat und die Aufwendungen aus der Anschaffung als solche Bestandteile der von ihm erbrachten umsatzsteuerpflichtigen Dienstleistung gegenüber der neuen GbR als (selbständiger) Geschäftsführer sind (s. BFH vom 26.08.2014, XI R 26/10, DStR 2014, 2449). Zum Zusammenhang zur sog. wirtschaftlichen Gesamttätigkeit, s. Rn. 72.

53 **Besonderheiten** zum Vorsteuerabzug vor Beginn der unternehmerischen Tätigkeit einer in Gründung befindlichen **Kapitalgesellschaft:** Zunächst besteht bei der Absicht eine Kapitalgesellschaft gründen zu wollen, eine sog. Vorgründungsgesellschaft, bei der es sich regelmäßig um eine GbR und mithin um eine Personengesellschaft handelt. Hier richtet sich der Vorsteuerabzug nach den allgemeinen Regelungen (s. Rn. 51). Mit Abschluss des notariellen (Gründungs-)Vertrages entsteht die sog. Vorgesellschaft, die als Gesellschaft eigener Art mit der später im Handelsregister eingetragenen Kapitalgesellschaft identisch ist, sodass letztere den Vorsteuerabzug aus sämtlichen Leistungsbezügen der Vorgesellschaft geltend machen kann (s. BFH vom 14.10.1992, I R 17/92, BStBl II 1993, 352). Diese Grundsätze gelten auch bei Gründung einer Ein-Mann-GmbH (s. BFH vom 11.11.2015, V R 8/15, DStR 2016, 674).

2.2.3 Vorsteuerabzug nach Beendigung der unternehmerischen Tätigkeit

54 Der (Ex-)Unternehmer kann auch noch für Eingangsleistungen, die nach Beendigung seiner unternehmerischen Tätigkeit von ihm bezogen werden, zum Vorsteuerabzug berechtigt sein, wenn diese Lieferungen oder sonstige Leistungen noch mit der beendeten wirtschaftlichen Tätigkeit im direkten und unmittelbaren Zusammenhang stehen (s. Abschn. 15.1 Abs. 1 Satz 2 UStAE).

2.2.4 Besonderheiten bei der Organschaft

Besteht zwischen mindestens zwei Wirtschaftsbeteiligten eine umsatzsteuerliche Organschaft i.S.d. § 2 Abs. 2 Nr. 2 UStG ist nur der Organträger für den gesamten Organkreis (also auch für die Organgesellschaft(en)) zum Vorsteuerabzug berechtigt (zur Organschaft s. § 2 Abs. 2 Rn. 2 ff.). Innenumsätze innerhalb eines Organkreises berechtigen deshalb nicht zum Vorsteuerabzug (s. Abschn. 15.2a Abs. 12 UStAE). Werden zwischen den Beteiligten trotzdem Rechnungen mit gesondertem Steuerausweis erteilt, führt dies nicht zu einer nach § 14c Abs. 2 UStG geschuldeten Steuer (s. BFH vom 28.10.2010, V R 7/10, BStBl II 2011, 391; Abschn. 14.1 Abs. 4 UStAE). Insoweit empfiehlt es sich zur Vermeidung von Zinsnachteilen bei einer zweifelhaften bzw. fraglichen Organschaft auch für diese Innenumsätze Rechnungen zu erteilen (s. FG Mecklenburg-Vorpommern vom 26.02.2014, 3 K 59/09, DStRE 2015, 496; Az. BFH: XI R 18/14). 55

Die Berechtigung des Organträgers zum Vorsteuerabzug aus den Eingangsleistungen der Organgesellschaft richtet sich nach den Verhältnissen im Zeitpunkt des Leistungsbezugs; auf den Zeitpunkt der Rechnungserteilung kommt es nicht an (s. BFH vom 13.05.2009, XI R 84/07, BStBl II 2009, 868). Wechselt der Organträger nach dem Bezug einer Leistung durch die Organgesellschaft, aber noch vor Erhalt der Rechnung, steht weiterhin ihm und nicht dem neuen Organträger das Recht zum Vorsteuerabzug aus dieser Rechnung zu (s. BFH vom 13.05.2009, XI R 84/07, BStBl II 2009, 868). Dasselbe gilt auch bei Beendigung der Organschaft (s. Vfg. der OFD Hannover vom 11.10.2004, DStR 2005, 157). 56

Es ist nicht erforderlich, dass der Organträger in der Rechnung als Leistungsempfänger benannt wird, da er zum einen weder zivilrechtlich verpflichtet bzw. berechtigt ist und zum anderen der Vertragspartner der Organgesellschaft von dem Bestehen einer Organschaft regelmäßig keine Kenntnis hat. Nach Beendigung der Organschaft ist der Vorsteuerabzug aber grundsätzlich nur aufseiten des tatsächlichen Leistungsempfängers (auch s. Rn. 63) vorzunehmen. 57

Praxishinweis! Auch der Vorsteuerabzug im Rahmen der Organschaft setzt eine ordnungsgemäße Rechnung voraus. Zur Risikoreduzierung bei irrtümlich angenommener Organschaft oder nicht erkannter Beendigung der Organschaft empfiehlt es sich daher, dass auch in Organschaftsfällen der Rechnungsempfänger mit dem tatsächlichen Leistungsempfänger übereinstimmt. 57/1

2.3 Leistung eines anderen Unternehmers

Weitere Voraussetzung für den Vorsteuerabzug ist, dass die Lieferungen oder sonstige Leistungen von einem anderen Unternehmer i.S.d. § 2 UStG ausgeführt (= Leistender) und diese Leistung auch tatsächlich erbracht bzw. bewirkt wurden (s.a. Rn. 63). Leistender und Rechnungsaussteller müssen identisch sein (s. Rn. 140 ff.). Zur Beweislast, s. Rn. 21 ff. 58

Wer Leistender ist, ergibt sich aus den zivilrechtlichen Vereinbarungen. In der Regel ist dies derjenige, der die Lieferungen oder sonstige Leistungen im eigenen Namen gegenüber dem Leistungsempfänger selbst oder durch einen Beauftragten ausführt (s. BFH vom 28.01.1999, V R 4/98, BStBl II 1999, 628, m.w.N.). Ob eine Leistung daher dem Handelnden oder einem anderen zuzurechnen ist, hängt davon ab, ob der Handelnde gegenüber dem Leistungsempfänger im eigenen Namen oder **berechtigterweise im Namen eines anderen** (Stellvertretung, s. § 164 Abs. 1 BGB) bei der Leistungsausführung aufgetreten ist (s. BFH vom 28.01.1999, V R 4/98, BStBl II 1999, 628, m.w.N.). Mit Vorabentscheidungsersuchen vom 06.04.2016 (V R 25/15, DStR 2016, 1527 und XI R 20/14, DStR 2016, 1532) hat der BFH dem EuGH die Frage vorgelegt, ob die von einem Unternehmer geltend gemachten Vorsteuerbeträge auch dann abziehbar sind, wenn es sich unter der in der Rechnung angegebenen Anschrift lediglich um einen „Briefkastensitz" handelt. Die postalische Erreichbarkeit sollte nach bisheriger Auffassung des BFH nicht ausreichend sein; vielmehr wurde vertreten, dass die vollständige Anschrift nur dann angegeben ist, wenn der Unternehmer unter dieser Adresse auch seine wirtschaftliche Tätigkeit entfaltet (s. BFH vom 22.07.2015, V R 23/14, BStBl II 2015, 914); für weitere Ausführungen s. § 14 Rn. 98 ff. 59

Auch ein **„Strohmann"** kann Leistender sein, soweit dieser im Rechtsverkehr im eigenen Namen aber für Rechnung eines anderen auftritt. In diesen Fällen wird zivilrechtlich grundsätzlich nur der „Strohmann" verpflichtet und berechtigt, sodass diesem auch die Leistungen zuzurechnen sind, die ein anderer berech- 60 tigterweise im Namen des „Strohmanns" tatsächlich ausgeführt hat (s. BFH vom 31.01.2002, V B 108/01, BStBl II 2004, 622; für **„Treuhänder"** BFH vom 18.02.2009, V R 82/07, BStBl II 2009, 876). Unbeachtlich ist aber das „vorgeschobene" Strohmanngeschäft nach § 41 Abs. 2 AO dann, wenn es nur zum Schein abgeschlossen wird, d.h. wenn die Vertragsparteien einverständlich oder stillschweigend davon ausgehen, dass die Rechtswirkungen des Geschäfts gerade nicht zwischen ihnen, sondern zwischen dem Leistungsempfänger und dem „Hintermann" eintreten sollen (s. BFH vom 12.08.2009, XI R 48/07, BFH/NV 2010, 259, m.w.N.). Richtigerweise ist das auch dann zu bejahen, wenn der Leistungsempfänger weiß oder davon ausgehen muss, dass der Strohmann keine eigene Verpflichtung aus dem Rechtsgeschäft übernehmen will und dementsprechend auch keine eigenen Leistungen versteuern will (s. BFH vom 31.01.2002, V B 108/01, BStBl II 2004, 622).

61 Wer jedoch **unter fremdem Namen** auftritt, erbringt eine eigene Leistung, wenn nach den erkennbaren Umständen durch sein Handeln unter fremdem Namen lediglich verdeckt wird, dass er und nicht der „Vertretene" der Leistende ist (s. BFH vom 04.09.2003, V R 9/02, V R 10/02, BStBl II 2004, 627).

2.4 Für das Unternehmen bezogene Leistungen

62 Die von einem vorsteuerabzugsberechtigten Unternehmer bezogenen Lieferungen und sonstigen Leistungen berechtigten den Leistungsempfänger jedoch nur dann zum Vorsteuerabzug, wenn er diese Eingangsleistungen für sein Unternehmen bezieht (s. BFH vom 27.01.2011, V R 38/09, BStBl II 2012, 68). Der Unternehmer muss somit:

- Leistungsempfänger der Lieferungen und sonstigen Leistungen sein (s. Rn. 63–68) und
- diese Leistungen für seinen unternehmerischen Bereich beziehen (s. Rn. 69–93/1).

62/1 Abzustellen ist bei der Fragestellung, ob der Leistungsbezug für das Unternehmen erfolgt, auf die Verhältnisse zum Zeitpunkt des Bezugs der Leistung. Zu beachten ist aber grundsätzlich die sog. unternehmerische Mindestnutzung von 10 %, s. Rn. 204 ff.

2.4.1 Leistungsempfänger

63 Leistungsempfänger ist derjenige, an den eine Lieferung oder sonstige Leistung i.S.d. § 1 Abs. 1 UStG ausgeführt wird. Dies bestimmt sich grundsätzlich nach den dem Leistungsaustausch zugrunde liegenden zivilrechtlichen Vereinbarungen (s.a. Rn. 58; Abschn. 15.2b Abs. 1 Satz 1 UStAE). Leistungsempfänger ist daher regelmäßig der Auftraggeber bzw. Besteller einer Leistung (s. Abschn. 15.2b Abs. 1 Satz 1 UStAE; s.a. Seer/Geitmann, DStR 2014, 1081). Ohne Auswirkung ist daher, wer die Leistung bezahlt hat oder wem sie wirtschaftlich zuzuordnen ist (s. BFH vom 30.04.2014, XI R 33/11, BFH/NV 2014, 1239).

64 Wird die Leistung unter Missachtung des schuldrechtlichen Vertragsverhältnisses tatsächlich an einen Dritten erbracht, kann dieser aber insoweit Leistungsempfänger sein (s. Abschn. 15.2b Abs. 1 Satz 3 UStAE).

65 Es bestehen folgende Vereinfachungsregeln:

- Bei steuerpflichtigen Güterbeförderungen und dazugehörigen selbständigen steuerpflichtigen Nebenleistungen und bei der steuerpflichtigen Vermittlung dieser Leistungen, bei denen sich der Leistungsort nach § 3a Abs. 2 UStG richtet, ist der Rechnungsempfänger auch als Leistungsempfänger anzusehen (s. Abschn. 3a.2 Abs. 2 Satz 2 UStAE).
- Nach § 40 UStDV wird der Vorsteuerabzug aus einer unfreien Frachtversendung von dessen Absender auf den Empfänger übertragen, obwohl in diesen Fällen der eigentliche Leistungsempfänger der Absender der unfreien Versendung ist (für den Vorsteuerabzug ist der Empfänger der Frachtsendung als Auftraggeber anzusehen). Diese Regelung lässt kein Wahlrecht zu (s. Abschn. 15.7 Abs. 1 Satz 2 UStAE).

66 Erfolgt durch mehrere Personen eine **gemeinsame Auftragserteilung** kommt es darauf an, ob diese Personenmehrheit als umsatzsteuerrechtlich eigenständige Rechtspersönlichkeit handelt und auch so auftritt. Entscheidend ist insoweit auch hier, wer im Außenverhältnis nach den zivilrechtlichen Vereinbarungen Vertragspartner des Leistenden ist und wer die Leistung empfängt (s. BFH vom 23.09.2009, XI R 14/08, BStBl II 2010, 243). Die bezogenen Leistungen werden dann an die einzelnen Personen ausgeführt, wenn

sie dementsprechend als Leistungsempfänger anzusehen sind. Insoweit steht ihnen der Vorsteuerabzug jeweils anteilig zu (s. BFH vom 01.02.2001, V R 79/99, BStBl II 2008, 495). Daher kann auch der einzelne Ehegatte als Leistungsempfänger eines auf dem Ehegattengrundstück errichteten Gebäudes anzusehen sein (s. BFH vom 11.12.1986, V R 57/76, BStBl II 1987, 233). Die **Personenmehrheit** als solche dürfte dann Leistungsempfängerin sein, wenn sie selbst unternehmerisch tätig wird (s. BFH vom 07.11.2000, V R 49/99, BStBl II 2008, 493).

Nach Auffassung der Finanzverwaltung soll aber von einer Leistung an die Gemeinschaft auszugehen sein, wenn diese ihrerseits Leistungen an die Gemeinschafter erbringt (Abschn. 15.2b Abs. 1 Satz 6–8 UStAE). Hierfür soll es ausreichen, dass die Gemeinschaft einem Gemeinschafter den Gegenstand unentgeltlich überlässt, weil dann die Gemeinschaft als solche als wirtschaftlich und umsatzsteuerrechtlich eigenständiges Gebilde auftritt. Lediglich für Zwecke des Vorsteuerabzugs ist jeder unternehmerisch tätige Gemeinschafter selbst berechtigt (s. BMF vom 09.05.2008, IV A 5-S 7300/07/0017, BStBl I 2008, 675). Dieser Auffassung ist der BFH erneut entgegengetreten (s. BFH vom 28.08.2014, V R 49/13, DStR 2014, 2386). Eine Reaktion der Verwaltung bleibt abzuwarten. 67

Beispiel: Die Eheleute EM und EF errichten gemeinschaftlich auf ihrem eigenen Grundstück ein gemischt genutztes Gebäude mit einem Miteigentumsanteil von jeweils ½. Nach Fertigstellung wird das Gebäude von den Ehegatten zu 70 % zu eigenen Wohnzwecken und von EF zu 30 % für ihre Unternehmensberatung genutzt, die sie als Einzelunternehmerin betreibt. 68

Lösung: Die EF kann 30 % der in Rechnung gestellten Umsatzsteuer als Vorsteuer geltend machen. Der sog. Bruchteilsvorsteuerabzug bleibt jedoch auf den Miteigentumsanteil der EF beschränkt. D.h. sollen 70 % der Fläche unternehmerisch genutzt werden, beschränkt sich der Vorsteuerabzug auf 50 % (s. Abschn. 15.2b Abs. 1 Satz 11 UStAE). In diesem Zusammenhang hat der BFH entschieden, dass wenn eine aus zwei Personen bestehende Miteigentümergemeinschaft ein Gebäude herstellt, das einer der Gemeinschafter für Zwecke seiner wirtschaftlichen Tätigkeit verwendet, dieser Grundstücksteil „an ihn geliefert" wird und daher nicht Gegenstand einer Vermietung durch den anderen Gemeinschafter sein kann (s. BFH vom 07.07.2011, V R 41/09, BStBl II 2014, 73). Im Umkehrschluss kann nach Auffassung von Meyer, UStB 2014, 115 der EM aber in derartigen Fällen sein Gebäudeteil im Umfang seines Miteigentumsanteils ebenfalls seinem Unternehmen zuordnen und den entsprechenden Gebäudeteil (20 %) an EF vermieten. Insoweit dürfte aber § 15 Abs. 1b UStG zu beachten sein (s. Rn. 250 ff.).

2.4.2 Zuordnung zum Unternehmen

2.4.2.1 Grundlagen

Die an den Unternehmer ausgeführten Lieferungen und sonstigen Leistungen muss dieser für sein Unternehmen bezogen haben. Dies setzt voraus, dass diese Eingangsleistungen mit seiner **wirtschaftlichen Tätigkeit** zur Erbringung entgeltlicher Leistungen in Zusammenhang stehen (s. BFH vom 27.01.2011, V R 38/09, BStBl II 2012, 68). Das ist regelmäßig anzunehmen, wenn ein **direkter und unmittelbarer Zusammenhang** zwischen einem bestimmten Eingangsumsatz (z.B. Wareneinkauf) und einem oder mehreren Ausgangsumsätzen (z.B. Warenverkauf), die sodann auch zum Vorsteuerabzug berechtigen, bestehen (s. BFH vom 11.04.2013, V R 29/10, BStBl II 2013, 840). Mittelbar verfolgte Zwecke sind unerheblich (s. BFH vom 13.01.2011, V R 12/08, BStBl II 2012, 61). Maßstab zur direkten und unmittelbaren Zuordnung (auch wirtschaftliche Zurechnung) bestimmt sich nach dem **objektiven Inhalt** für jeden einzelnen bezogenen Gegenstand oder für jede in Anspruch genommene sonstige Leistung (s. EuGH vom 21.02.2013, C-104/12, DStR 2013, 411; BFH vom 18.12.1986, V R 18/80, BStBl II 1987, 280; Abschn. 15.16 Abs. 1 Satz 2; 15.12 Abs. 1 UStAE). 69

Merke! Ein direkter und unmittelbarer Zusammenhang besteht immer dann, wenn die für den Leistungsbezug getätigten Aufwendungen zu den Kostenelementen eines Ausgangsumsatzes gehören. 69/1

70 Wird eine Lieferung oder sonstige Leistung insoweit ausschließlich für unternehmerische Zwecke bezogen, ist sie vollständig dem Unternehmen zuzuordnen (**Zuordnungsgebot**; a.A. von Streit, UStB 2014, 120).

71 Besteht hingegen ein direkter und unmittelbarer Zusammenhang zu einem Ausgangsumsatz, der mangels wirtschaftlicher Tätigkeit nicht dem Anwendungsbereich der Umsatzsteuer unterliegt (**Zuordnungsverbot**, s. Rn. 75 ff.) oder einen sog. Ausschlussumsatz darstellt, (s. Rn. 268) ist der Vorsteuerabzug ausgeschlossen (s. Abschn. 15.2b Abs. 2 Satz 4 Nr. 2 UStAE). Ein fehlender Zusammenhang mit einer wirtschaftlichen Tätigkeit des Unternehmers liegt z.B. bei Aufwendungen für die Erstellung der Erklärung über die gesonderte und einheitliche Feststellung von gewerblichen Einkünften (s. BFH vom 08.09.2010, XI R 31/08, BStBl II 2011, 197) oder bei Strafverteidigerkosten, die üblicherweise dem Schutz der privaten Interessen des Beschuldigten dienen (s. BFH vom 11.04.2013, V R 29/10, BStBl II 2013, 840; Alvermann, Stbg 2014, 353) vor.

72 Besteht hingegen kein direkter und unmittelbarer Zusammenhang zwischen einer bestimmten Eingangsleistung und einem oder mehreren Ausgangsumsätzen kommt es darauf an, ob ein direkter und unmittelbarer Zusammenhang mit der **wirtschaftlichen Gesamttätigkeit des Unternehmens** besteht (s. Abschn. 15.2b Abs. 2 Satz 4 Nr. 3 UStAE). Dies ist zu bejahen, wenn die Kosten für die Eingangsleistungen zu den allgemeinen Aufwendungen des Unternehmens gehören und als solche Bestandteile der Preise (sog. Kostenelemente) der von dem Unternehmer erbrachten Lieferungen und sonstigen Leistungen sind (s. BFH vom 27.01.2011, V R 38/09, BStBl II 2012, 68). Diese Eingangsleistungen berechtigten sodann nach Maßgabe dieser Gesamttätigkeit zum Vorsteuerabzug (s. BFH vom 09.02.2012, V R 40/10, BStBl II 2012, 844). Es kommt daher darauf an, ob die wirtschaftliche Gesamttätigkeit insgesamt zum Vorsteuerabzug berechtigt. Werden auch Umsätze, die nicht zum Vorsteuerabzug berechtigen, ausgeführt (s. Rn. 268), sind die Vorsteuern insoweit nach § 15 Abs. 4 UStG aufzuteilen (s. Rn. 295).

72/1 **Merke!** Fehlt ein direkter und unmittelbarer Zusammenhang mit einem oder mehreren Ausgangsumsätzen, richtet sich der Vorsteuerabzug nach der wirtschaftlichen Gesamttätigkeit des Unternehmens, wenn insoweit mit den Eingangsleistungen ein direkter und unmittelbarer Zusammenhang besteht.

2.4.2.2 Verwendungsabsicht

73 Bereits **im Zeitpunkt des Leistungsbezugs** hat der Unternehmer die Entscheidung über die Zuordnung der bezogenen Lieferungen und sonstigen Leistungen zum Unternehmen zu treffen (s. Abschn. 15.12 Abs. 1 Satz 5 UStAE). Dies folgt aus dem Grundsatz des **Sofortabzugs** der Vorsteuer aus Art. 167 MwStSystRL, da hiernach das Recht auf Vorsteuerabzug in dem Zeitpunkt entsteht, in dem der Anspruch auf die abziehbare Steuer – mithin mit Ausführung der Lieferung oder sonstigen Leistung – entsteht. Steht die tatsächliche unternehmerische Verwendung im Zeitpunkt des Leistungsbezugs aber noch nicht fest, ist die beabsichtigte Verwendung (sog. **Verwendungsabsicht**) zu diesem Zeitpunkt für den Vorsteuerabzug maßgebend (s. Abschn. 15.12 Abs. 1 Satz 7-11 UStAE). Die Verwendungsabsicht muss objektiv belegt und in gutem Glauben erklärt werden (s. Abschn. 15.2c Abs. 12 Satz 3 UStAE). Siehe hierzu auch Rn. 90 ff.

74 Bei einem für das Unternehmen erfolgten Leistungsbezug bleibt daher der Untergang bzw. Verlust der bezogenen Gegenstände (z.B. Diebstahl von Waren) ohne Auswirkungen auf den Vorsteuerabzug.

2.4.2.3 Zuordnungsverbot

75 Beabsichtigt der Unternehmer die bezogene Leistung nicht für seine wirtschaftliche Tätigkeit, sondern ausschließlich und unmittelbar für eine unentgeltliche Wertabgabe i.S.d. § 3 Abs. 1b oder 9a UStG (sog. **unternehmensfremde Tätigkeiten**) oder für eine sog. nichtwirtschaftliche Tätigkeit im engeren Sinne zu verwenden, ist er nicht zum Vorsteuerabzug berechtigt (s. BFH vom 09.12.2010, V R 17/10, BStBl II 2012, 53; Abschn. 15.15 Abs. 1 UStAE).

76 Eine unternehmensfremde Tätigkeit liegt z.B. bei einer verbilligten Abgabe von Speisen und Getränken in einer Betriebskantine vor (s. BFH vom 29.01.2014, XI R 4/12, DStR 2014, 797). Demgegenüber berechtigten aber Eingangsleistungen die der Unternehmer für Geschenke von geringem Wert (35 €) oder als Warenmuster für Zwecke seines Unternehmens i.S.d. § 3 Abs. 1b Satz 1 Nr. 3 UStG zu verwenden beabsichtigt

und unentgeltliche sonstige Leistungen aus unternehmerischen Gründen im Falle des § 3a Abs. 9a UStG zum Vorsteuerabzug (s. BMF vom 02.01.2014, IIV D 2-S 7300/12/10002:001, BStBl I 2014, 119 und Rn. 94).

Nichtwirtschaftliche Tätigkeiten im engeren Sinne sind alle nichtunternehmerischen Tätigkeiten, die nicht unternehmensfremd (privat) sind und insoweit nicht zum Vorsteuerabzug berechtigen, wie z.B.: 77

- Die ideellen Zwecke eines Vereins (s. BFH vom 06.05.2010, V R 29/09, BStBl II 2010, 885),

> **Hinweis!** Ein Verein, der nicht von der Kleinunternehmerregelung Gebrauch macht, kann auf Antrag, die Vorsteuern, die sowohl den unternehmerischen als auch den nichtunternehmerischen (ideellen) Bereich betreffen, nach dem Verhältnis der Einnahmen (ohne solche aus Hilfsgeschäften) aus den beiden Bereichen aufteilen (Abschn. 2.10 Abs. 6–7 UStAE). Bindungswirkung für mindestens fünf Kalenderjahre (Abschn. 2.10 Abs. 8 Satz 2 UStAE mit Beispielen).

- der Hoheitsbereich einer juristischen Person des öffentlichen Rechts (s. BFH vom 03.03.2011, V R 23/10, BStBl II 2012, 74) und
- das bloße Erwerben, Halten und Veräußern von gesellschaftsrechtlichen Beteiligungen (s. Abschn. 2.3 Abs. 1a Satz 4 UStAE; s. Rn. 97 ff.; 323 ff.),
- Bei Anschaffung von Freizeitgegenständen (z.B. Wohnmobil) geht die Finanzverwaltung davon aus, dass diese Gegenstände der nichtunternehmerischen Tätigkeit zuzuordnen sind (s. Abschn. 15.2b Abs. 3 Satz 5 UStAE).

> **Hinweis!** Wird eine Leistung ausschließlich für unternehmensfremde oder nichtwirtschaftliche Tätigkeit im engeren Sinne bezogen, ist eine Zuordnung zum Unternehmen ausgeschlossen (**Zuordnungsverbot**).

2.4.2.4 Teilunternehmerische Verwendung

Beabsichtigt der Unternehmer bei Leistungsbezug sowohl eine Verwendung für Zwecke seiner wirtschaftlichen Tätigkeit als auch seiner nichtunternehmerischen (nichtwirtschaftlichen i.e.S. und unternehmensfremden) Tätigkeiten, ist für die Frage des Vorsteuerabzugs nach Auffassung der Finanzverwaltung zwischen vertretbaren Sachen und sonstigen Leistungen auf der einen Seite und einheitlichen Gegenständen auf der anderen Seite zu differenzieren (nach nationalem Zivilrecht können aber einheitliche Gegenstände zugleich auch vertretbare Sachen sein, s. von Streit, UStB 2014, 145). 78

Handelt es sich um die **Lieferung vertretbarer Sachen** (z.B. Heizöl) oder um eine **sonstige Leistung** (z.B. Telefondienstleistung, Miet-/Leasingleistungen), ist der Leistungsbezug entsprechend dem Verwendungszweck in einen unternehmerischen und einen nichtunternehmerischen Anteil aufzuteilen (**Aufteilungsgebot**; s. Abschn. 15.2c Abs. 2 Satz 1 Nr. 1 UStAE). Ein Vorsteuerabzug kommt nur für den Anteil der unternehmerischen Nutzung in Betracht. 79

Aus Vereinfachungsgründen kann der Unternehmer aber den Vorsteuerabzug aus Miet-/Leasingaufwendungen für Fahrzeuge in voller Höhe vornehmen und die unternehmensfremde Nutzung entsprechend Rn. 84 versteuern (s. Abschn. 15.23 Abs. 7 Satz 4 UStAE). 79/1

Bezüglich des auf die unternehmerische Nutzung entfallenden Anteils ist sodann aber zwingend weiter zwischen zum Vorsteuerabzug berechtigenden Umsätzen und solchen, die den Vorsteuerabzug ausschließen, zu differenzieren (s. Rn. 268; BFH vom 06.05.2010, V R 29/09, BStBl II 2010, 885). 79/2

Handelt es sich bei der **Lieferung** um einen **einheitlichen Gegenstand** (z.B. Fahrzeug) und besteht die nichtunternehmerische Tätigkeit in einer nichtwirtschaftlichen Tätigkeit i.e.S. (s. Rn. 77), ist der Gegenstand nur anteilig dem Unternehmen zuzuordnen (sog. **Aufteilungsgebot**) und die Vorsteuer nur entsprechend anteilig abziehbar (s. BFH vom 03.03.2011, V R 23/10, BStBl II 2012, 74; a.A. Oelmaier in Sölch/Ringleb, § 15 UStG Rn. 234). Die Aufteilung erfolgt entsprechend § 15 Abs. 4 UStG (s. Rn. 295 ff.). Beachte aber Rn. 83. 80

Bei Änderung der Verhältnisse erlaubt die Finanzverwaltung eine Vorsteuerberichtigung im Billigkeitswege (s. Abschn. 15a.1 Abs. 7 UStAE). Ferner erlaubt die Finanzverwaltung aus Billigkeitsgründen, dass der Unternehmer den Gegenstand in vollem Umfang in seinem nichtunternehmerischen Bereich belassen 81 kann (s. Abschn. 15.2c Abs. 2 Satz 1 Nr. 2 Buchst. a Satz 2 UStAE). Im Umkehrschluss aus Abschn. 15a.1 Abs. 7 UStAE kann sich der Unternehmer in diesem Fall nicht auf die vorgenannte Billigkeitsregelung zur Vorsteuerberichtigung berufen.

82 Aufwendungen, die im Zusammenhang mit dem Gebrauch, der Nutzung oder der Erhaltung eines einheitlichen Gegenstands stehen, der teilunternehmerisch genutzt wird, sind grundsätzlich nur in Höhe der unternehmerischen Verwendung für das Unternehmen bezogen (Aufteilungsgebot). Dabei ist vorrangig zu prüfen, ob die bezogene Leistung unmittelbar für die unternehmerische oder nichtunternehmerische Nutzung des Gegenstands verwendet wird. Ist eine direkte Zuordnung im Zusammenhang mit der Verwendung des Gegenstands nicht möglich, ist eine Aufteilung der Vorsteuern analog § 15 Abs. 4 UStG vorzunehmen. Diese Aufteilung kann aber auf einer sachgerechten Schätzung beruhen, die erforderlichenfalls im Voranmeldungsverfahren oder in der Jahreserklärung anzupassen ist (s. Abschn. 15.2c Abs. 2 Satz 2–5 UStAE).

83 Im **Sonderfall** der Verwendung eines einheitlichen Gegenstands sowohl für unternehmerische als **auch unternehmensfremde Zwecke** hat der Unternehmer ein **Zuordnungswahlrecht** (s. BFH vom 07.07.2011, V R 42/09, BStBl II 2014, 76). Er kann den Gegenstand – vorbehaltlich der unternehmerischen Mindestnutzung von 10 % (umstritten, s. Rn. 204 ff.) – entweder:

- Insgesamt seinem Unternehmen zuordnen,
- insgesamt seinem nichtunternehmerischen Bereich zuordnen,
- oder ihn im Umfang der tatsächlichen unternehmerischen Verwendung seinem Unternehmensvermögen zuordnen.

84 Soweit der Unternehmer in diesem Sonderfall die bezogene Leistung insgesamt seiner unternehmerischen Tätigkeit zuordnet und die gesamte Vorsteuer berechtigterweise abzieht, hat er für die private Verwendung eine unentgeltliche Wertabgabe nach § 3 Abs. 1b bzw. Abs. 9a UStG zu versteuern. In diesem Fall kann der Unternehmer für Aufwendungen, die durch die Verwendung des Gegenstands anfallen, aus Vereinfachungsgründen den vollen Vorsteuerabzug geltend machen; im Gegenzug sind diese Aufwendungen aber in die Bemessungsgrundlage für die Besteuerung der unentgeltlichen Wertabgabe einzubeziehen (s. Abschn. 15.2c Abs. 2 Satz 6 UStAE).

84/1 Sonderregelungen gelten jedoch für teilweise unternehmensfremd genutzte Grundstücke i.S.d. § 15 Abs. 1b UStG (s. Rn. 250 ff.).

85 Soweit der Unternehmer den gemischt genutzten Gegenstand seinem unternehmerischen Bereich zuordnet, in dem er ausschließlich (vorsteuerschädliche) steuerfreie Umsätze tätigt, ist der Vorsteuerabzug allerdings zu versagen (s. BFH vom 08.10.2008, XI R 58/07, BStBl II 2009, 394).

86 Im Falle der teilweisen Zuordnung im Umfang der unternehmerischen Verwendung des Zuordnungsobjekts ist zur Bestimmung der abziehbaren Vorsteuern § 15 Abs. 4 UStG entsprechend anzuwenden, s. Rn. 295 ff. (s. Abschn. 15.2c Abs. 8 Satz 1 UStAE; BFH vom 03.03.2011, V R 23/10, BStBl II 2012, 74). Zur Aufteilung bei Holdingstrukturen s. Rn. 323 ff.

87–88 Einstweilen frei

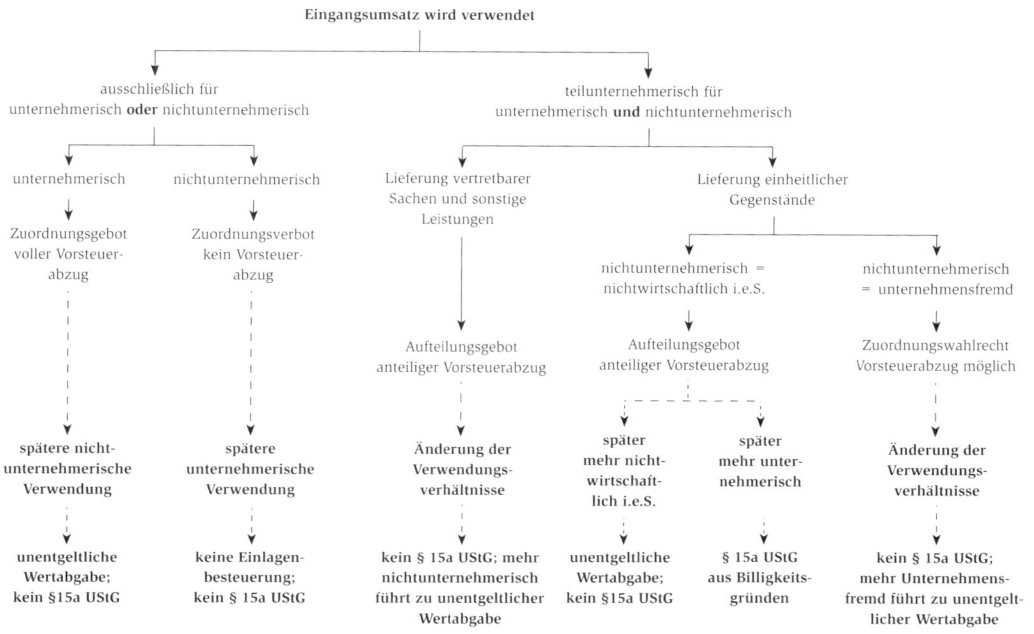 89

Abb. 1: Zuordnung von Leistungsbezügen

2.4.2.5 Zuordnungsentscheidung

Bei der Zuordnung eines einheitlichen Gegenstands **im Rahmen des Zuordnungswahlrechts** (s. Rn. 78 ff.) handelt es sich um eine Prognoseentscheidung, die sich nach der im Zeitpunkt des Leistungsbezugs beabsichtigten Verwendung für den ersten Besteuerungszeitraum richtet (s. Abschn. 15.2c Abs. 12 Satz 1 UStAE). Die Verwendungsabsicht muss objektiv belegt und in gutem Glauben erklärt werden (s. Abschn. 15.2c Abs. 12 Satz 3 UStAE). In diesem Fall kommt eine nach nationalem Verfahrensrecht mögliche rückwirkende Änderung der Steuerfestsetzung, z.B. wegen eines Vorbehalts der Nachprüfung, nicht in Betracht (s. Rn. 50). 90

Besteht von Anfang an eine dauerhafte unternehmerische Verwendungsabsicht, ist eine nur übergangsweise erfolgende nichtunternehmerische Verwendung unschädlich (s. Abschn. 15.2c Abs. 13 Satz 2 UStAE). Nach Auffassung der Finanzverwaltung ist aber eine über das erste Kalenderjahr der Nutzung hinausgehende nichtunternehmerische Nutzung schädlich (s. Abschn. 15.2c Abs. 13 Satz 7 UStAE). Dahingehend dürfte aber nach einer umfassenden Einzelbetrachtung ein nur untergeordnetes Verhältnis der vorübergehenden nichtunternehmerischen Nutzungszeit (< 10 %) zur betriebsgewöhnlichen Gesamtnutzungsdauer des jeweiligen Gegenstandes unschädlich sein (s. EuGH vom 19.07.2012, C-334/10, DStR 2012, 1551). 91

Hinweis! Sacheinlagen aus der Privatsphäre berechtigen nicht zum Vorsteuerabzug (s. Abschn. 15.2a Abs. 12 Satz 2 UStAE; kritisch von Streit, UStB 2014, 145, m.w.N.). 91/1

Die Zuordnungsentscheidung ist **zeitnah**, d.h. spätestens im Rahmen der Umsatzsteuer-Jahreserklärung bis zum Ablauf der gesetzlichen Abgabefrist – 31.05. des Folgejahres gem. § 149 Abs. 2 S. 1 AO – **zu dokumentieren**. Fristverlängerungen bleiben unberücksichtigt (s. BFH vom 07.07.2011, V R 42/09, BStBl II 2014, 76). Eine in der Umsatzsteuer-Voranmeldung (nicht) getroffene Zuordnungsentscheidung kann nur innerhalb der für die Jahresfestsetzung maßgebenden Dokumentationsfrist (31.05. des Folgejahres) korrigiert werden (s. BFH vom 07.07.2011, V R 21/10, BStBl II 2014, 81). Vor dem Hintergrund, dass Steuerer- 92 klärungen auch später abgegeben werden können, besteht insbesondere bei nichtbuchführungspflichtigen Unternehmern das Risiko, dass eine Dokumentation nicht zeitnah erfolgt.

92/1 **Beachte!** Es ist zu unterscheiden zwischen der Zuordnungsentscheidung (= sofort im Zeitpunkt des Leistungsbezugs) und der „bloßen" Dokumentation dieser Entscheidung. Beide Voraussetzungen müssen kumulativ erfüllt sein!

93 Die Geltendmachung des Vorsteuerabzugs ist ein gewichtiges Indiz für die Zuordnung eines Gegenstands zum Unternehmen; ist ein Vorsteuerabzug (teilweise) nicht möglich, kann der Unternehmer durch eine gegenüber der Finanzverwaltung abgegebenen schriftlichen Erklärung seine Entscheidung dokumentieren (s. Abschn. 15.2c Abs. 17 UStAE). Gibt es keine Beweisanzeichen für eine Zuordnung zum Unternehmen, kann diese nicht unterstellt werden (s. BFH vom 07.07.2011, V R 42/09, BStBl II 2014, 76). Als Anzeichen für die Zuordnungsentscheidung kann der Erwerb unter dem Firmennamen in Betracht kommen oder die Frage, ob der Unternehmer den Gegenstand betrieblich/privat versichert hat (s. Abschn. 15.2c Abs. 17 Satz 5 UStAE). Auch die ertragsteuerliche/bilanzielle Behandlung kann ein Indiz für die umsatzsteuerliche Behandlung sein (s. BFH vom 07.07.2011, V R 42/09, BStBl II 2014, 76).

93/1 **Beachte!** Objekt der Zuordnungsentscheidung ist grundsätzlich jeder einzelne Leistungsbezug, d.h. jeder Gegenstand und jede sonstige Leistung. Bei der zeitlich gestreckten Herstellung einheitlicher Gegenstände ist der herzustellende Gegenstand das endgültige Zuordnungsobjekt (s. Abschn. 15.2c Abs. 9 UStAE). Das Zuordnungswahlrecht hat der Unternehmer aber trotzdem schon ab Beginn des Herstellungsprozesses jeweils spätestens zum 31.05. des Folgejahres zu dokumentieren (s. Abschn. 15.2c Abs. 19 Satz 1 UStAE). Macht der Unternehmer bis zu diesem Zeitpunkt keinen Vorsteuerabzug geltend, gelten alle Leistungsbezüge bis zur Änderung der Zuordnung als für den nichtunternehmerischen Bereich bezogen und schließen den Vorsteuerabzug aus (s. Abschn. 15.2c Abs. 19 Satz 2-4 UStAE).
Nachträgliche Herstellungskosten (s. Rn. 319) bilden ein eigenständiges Zuordnungsobjekt, über dessen Zuordnung anhand der Tätigkeit zu entscheiden ist, denen die nachträglichen Herstellungskosten dienen oder dienen sollen (s. BMF vom 02.01.2014, IIV D 2-S 7300/12/10002:001, BStBl I 2014, 119; umfangreiche Beispiele s. Abschn. 15.2c Abs. 19 UStAE).

2.4.2.6 Einzelfragen: Leistungen an Arbeitnehmer

94 Bei Leistungen an Arbeitnehmer ist zwischen entgeltlichen und unentgeltlichen zu differenzieren:

- Bei entgeltlicher Leistung (Arbeitsleistung gegen Sachleistung) ist der unternehmerische Bereich betroffen mit der Folge, dass aus den dazugehörigen Eingangsleistungen der Vorsteuerabzug unter den weiteren Voraussetzungen des § 15 UStG möglich ist.
- Unentgeltliche Leistungen an Arbeitnehmer führen regelmäßig zu einer sog. unentgeltlichen Wertabgabe i.S.d. §§ 3 Abs. 1b oder Abs. 9a UStG, sodass insoweit die unternehmensfremde Sphäre des Unternehmens betroffen ist (s. Rn. 75). Besteht diese Verwendungsabsicht bei Leistungsbezug ist der Vorsteuerabzug von vornherein ausgeschlossen. Dies gilt jedoch dann nicht, wenn eine Besteuerung als unentgeltliche Wertabgabe bei sog. Aufmerksamkeiten i.S.d. § 3 Abs. 1b Satz 1 Nr. 2 und Abs. 9a UStG entfällt (s. BFH vom 09.12.2010, V R 17/10, BStBl II 2012, 53). Zum Begriff der Aufmerksamkeiten (Wertgrenze seit 01.01.2015 = 60 €) s. Abschn. 1.8 Abs. 3 UStAE und § 3 Rn. 63 ff. In diesen Fällen dürfte es aber an einem unmittelbaren und direkten Zusammenhang mit einem bestimmbaren Ausgangsumsatz mangeln (s. Rn. 69), sodass es für die Frage des Vorsteuerabzugs aus den Aufwendungen für die Anschaffung der Aufmerksamkeiten auf die wirtschaftliche Gesamttätigkeit des Unternehmens ankommt (s. Rn. 72).

95 Der Vorsteuerabzug aus Aufwendungen, die zwar auch der Befriedigung eines privaten Bedarfs der Arbeitnehmer dienen, darüber hinaus aber durch den angestrebten betrieblichen Zweck überlagert werden, ist nicht ausgeschlossen (s. Abschn. 15.15 und 1.8 Abs. 4 UStAE). Besonders hervorzuheben sind hier Aufwendungen für **Betriebsveranstaltungen** (s. Abschn. 1.8 Abs. 4 Satz 3 Nr. 6 UStAE). Die Einordnung einer

Veranstaltung als Betriebsveranstaltung sowie die Frage der Berechnung der auf den einzelnen Arbeitnehmer entfallenden Kosten richtet sich nach den lohnsteuerlichen Grundsätzen. Da Betriebsveranstaltungen zum Teil unternehmerisch und zugleich nichtunternehmerisch veranlasst sein können, wird die Zuordnung anhand der 110€-Grenze vorgenommen: Bis zu einem Betrag von 110 € ist typisierend von einer unternehmerischen Veranlassung der Betriebsveranstaltung auszugehen, darüber hinaus nicht. Bei dem Betrag von 110 € handelt es sich umsatzsteuerrechtlich weiterhin um eine Freigrenze; lediglich lohnsteuerrechtlich gilt dieser Betrag als Freibetrag. Der Unternehmer ist zum Vorsteuerabzug nach seiner wirtschaftlichen Gesamttätigkeit (s. Rn. 72) berechtigt, sofern die Aufwendungen zzgl. Umsatzsteuer für den einzelnen Arbeitnehmer pro Betriebsveranstaltung (max. 2 im Jahr) den Betrag von 110 € nicht überschreiten (s. BFH vom 09.12.2010, V R 17/10, BStBl II 2012, 53). Wird dieser Betrag dagegen überschritten, entfällt der Anspruch auf Vorsteuerabzug vollständig. In die Berechnung der 110€-Grenze waren **bis zum 31.12.2014** bestimmte Aufwendungen für den äußeren Rahmen der Veranstaltung nicht einzubeziehen (s. BFH vom 16.05.2013, VI R 94/10, DStR 2013, 2170). **Ab dem 01.01.2015** sind bei der Berechnung der 110€-Grenze neben den individuell zurechenbaren Kosten nun auch die anteiligen Gemeinkosten der Veranstaltung sowie die anteiligen Kosten einer Begleitperson des Arbeitnehmers zu berücksichtigen (s. BMF vom 14.10.2015, IV C 5-S 2332/15/10001, BStBl I 2015, 832). Führt erst diese neue Berechnungsweise zum Ausschluss des Vorsteuerabzugs kann sich der Unternehmer für bis zum 08.11.2015 durchgeführte Betriebsveranstaltungen noch auf die bis zum 31.12.2014 geltende Regelung berufen (s. BMF vom 14.10.2015, IV C 5-S 2332/15/10001, BStBl I 2015, 832).

Im Folgenden wird der Vorsteuerabzug aus Reisekosten kurz erläutert: 96

Überblick über den Vorsteuerabzug aus Reisekosten	
Fahrtkosten	Der Vorsteuerabzug aus Fahrtkosten für Fahrzeuge oder für die Benutzung öffentlicher Verkehrsmittel (Bahn, Bus, Fähre, Flugzeug, Taxi) ist unter den übrigen Voraussetzungen des § 15 UStG möglich. Zum Vorsteuerabzug aus Fahrausweisen s. Rn. 135 ff.
Übernachtungskosten	Aus Rechnungen für Übernachtungen im Rahmen einer Geschäfts- oder Dienstreise des Unternehmers oder seiner Arbeitnehmer ist der Vorsteuerabzug unter den übrigen Voraussetzungen des § 15 UStG möglich, soweit die Leistungen ausschließlich mit einer unternehmerisch veranlassten Reise im Zusammenhang stehen und die Kosten nicht unangemessen sind.
Verpflegungskosten	Aus unternehmerisch veranlassten Verpflegungskosten ist ein Vorsteuerabzug bei Vorliegen der übrigen Voraussetzungen des § 15 UStG möglich, soweit die Kosten nicht unangemessen sind. Die Ersparnis entsprechender Kosten im eigenen Haushalt löst keine Kürzung aus.
Reisekosten der Arbeitnehmer	Dienstreisen der Arbeitnehmer werden wie Geschäftsreisen des Unternehmers im Interesse des Unternehmens ausgeführt, so dass der Vorsteuerabzug möglich ist, wenn die Rechnungen an den vorsteuerabzugsberechtigten Unternehmer gerichtet sind (s. BFH vom 23.11.2000, V R 49/00, BStBl II 2001, 266). Unter diesen Voraussetzungen ist auch ein Vorsteuerabzug aus Fahrtkosten (auch für arbeitnehmereigene Fahrzeuge) möglich. Zur Sonderproblematik der Kleinbetragsrechnungen s. Rn. 132 sowie Fahrausweisen s. Rn. 135.
Ein Vorsteuerabzug aus Reisekostenpauschalen (Übernachtungs- und Kilometergelder) ist nicht zulässig.	

2.4.2.7 Überblick: gesellschaftsrechtliche Beteiligungen

97 Aufwendungen im Zusammenhang mit der Gründung einer Gesellschaft bzw. der Aufnahme eines Gesellschafters in eine Personengesellschaft betreffen zwar den unternehmerischen Bereich, entsprechende Eingangsleistungen können aber keinem bestimmten Ausgangsumsatz direkt und unmittelbar zugerechnet werden (s.a. Rn. 51). Der Vorsteuerabzug richtet sich daher nach der wirtschaftlichen Gesamttätigkeit (s. Abschn. 15.21 UStAE und Rn. 72).

98 Dient eine Kapitalbeschaffungsmaßnahme, wie die Ausgabe neuer Aktien oder Inhaberschuldverschreibungen, dem nichtunternehmerischen Bereich (s. Rn. 77), kommt kein Vorsteuerabzug in Betracht; dient sie der Stärkung eines bestimmten Geschäftsbetriebs und sind die dabei entstandenen Kosten Preisbestandteile nur bestimmter Ausgangsumsätze, ist nach Auffassung der Finanzverwaltung für den Vorsteuerabzug auf die insoweit beabsichtigte Verwendung abzustellen (s. Abschn. 15.21 Abs. 6 Satz 2 UStAE). Zu den Rechtsfragen bei Holdingsstrukturen, s. Rn. 323 ff.

99 Der Verkauf einer 100 %igen Beteiligung ist zwar gem. § 4 Nr. 8 Buchst. f UStG steuerfrei, so dass damit im Zusammenhang stehende Vorsteuerbeträge ohne eine Option nach § 9 Abs. 1 UStG nicht abzugsfähig wären, zugleich handelt es sich aber auch um eine nichtsteuerbare Geschäftsveräußerung im Ganzen i.S.d. § 1 Abs. 1a UStG (s. BFH vom 27.01.2011, V R 38/09, BStBl II 2012, 68). Somit kommt ein Vorsteuerabzug in diesen Fällen nach Maßgabe der wirtschaftlichen Gesamttätigkeit in Betracht (s. Rn. 72).

2.4.2.8 Übergangsregelung und frühere Rechtslage (bis zum 31.12.2012)

100 Die Grundsätze zur Zuordnung zum Unternehmen (Rn. 69-93/1) sind für nach dem 31.12.2012 bezogene Eingangsleistungen anzuwenden. Die Finanzverwaltung beanstandet es aber nicht, wenn sich der Unternehmer für sämtliche Eingangsleistungen, die vor dem 01.01.2013 bezogen wurden, auf die frühere Rechtslage (s. Rn. 102) beruft (s. BMF vom 24.04.2012, IV D 2-S 7300/11/10002, BStBl I 2012, 533). In diesem Fall hat der Unternehmer aber auch über den gesamten Nutzungszeitraum die Wertabgabenbesteuerung durchzuführen (s. Rn. 89, Abb. 1).

101 In den Fällen der teilunternehmerischen Grundstücksnutzung i.S.d. § 15 Abs. 1b UStG ist eine Berufung auf die o.g. Nichtbeanstandungsregelung nicht zulässig (s. BMF vom 02.01.2012, IV D 2-S 7300/11/10002, BStBl I 2012, 60). Soweit § 15 Abs. 1b UStG aber gem. § 27 Abs. 16 UStG nicht anwendbar ist, wird es bei zeitlich gestreckten Herstellungsvorgängen nicht beanstandet, wenn sich der Unternehmer auch für die der Herstellung des Grundstücks betreffenden Eingangsleistungen, die nach dem 31.12.2012 bezogen werden, noch auf die frühere Rechtslage beruft (s. BMF vom 24.04.2012, IV D 2-S 7300/11/10002, BStBl I 2012, 533).

102 Nach der bis zum 31.12.2012 geltenden Rechtslage war für die Beurteilung der Zuordnung maßgeblich, ob der Unternehmer die bezogene Leistung entweder der unternehmerischen oder der nichtunternehmerischen Tätigkeit zugeordnet hatte. Rechtsprechung und Finanzverwaltung hatten dies großzügig gehandhabt, da mithilfe der Wertabgabenbesteuerung unerwünschte Ergebnisse grundsätzlich korrigiert wurden. Aufteilbare Gegenstände und sonstige Leistungen waren auch schon zuvor nur entsprechend dem Teil ihrer unternehmerischen Verwendung als Vorsteuer abziehbar (s. Abschn. 192 Abs. 21 Nr. 1 UStR 2008). Für nicht aufteilbare Gegenstände bestand ein Zuordnungswahlrecht, wobei es im Regelfall günstiger war, die Gegenstände voll dem Unternehmen zuzuordnen und sodann die Wertabgabenbesteuerung durchzuführen (s. Abschn. 192 Abs. 21 Nr. 2 UStR 2008).

2.5 Beschränkung der Abzugsfähigkeit auf die gesetzlich geschuldete Steuer

2.5.1 Allgemeines

103 Als Vorsteuer abziehbar ist nach dem seit dem 01.01.2004 geltenden Wortlaut des § 15 Abs. 1 S. 1 Nr. 1 UStG nur die gesetzlich geschuldete Steuer. Diese muss in einer Rechnung grundsätzlich offen ausgewiesen sein; zu Rechnungen über Kleinbeträge und Fahrausweise und Belege im Reisegepäckverkehr s. Rn. 132 ff. Die gesetzlich geschuldete Steuer ist die Umsatzsteuer, die vom leistenden Unternehmer für einen im Inland nach § 1 Abs. 1 Nr. 1 UStG (s. § 1 Rn. 19 ff.) steuerbaren und steuerpflichtigen Umsatz geschuldet wird und über die mit der Rechnung abgerechnet wird.

Das Vorsteuerabzugsrecht erstreckt sich demgegenüber nicht auf eine Steuer, die nur deshalb geschuldet wird, weil sie in der Rechnung ausgewiesen wird (s. BFH vom 14.03.2012, XI R 2/10, BStBl II 2012, 653, m.w.N.). Dies gilt auch für Gutschriften i.S.d. § 14 Abs. 2 Satz 2 UStG. Die unrichtig ausgewiesene Steuer i.S.d. § 14c Abs. 1 UStG (s. Rn. 107), soweit sie die gesetzlich geschuldete Steuer überschreitet, und die unberechtigte ausgewiesene Steuer i.S.d. § 14c Abs. 2 UStG (s. Rn. 110) sind nicht als Vorsteuer abziehbar. 104

Dementsprechend sind auch nur die Steuerbeträge abziehbar, die nach dem deutschen UStG geschuldet werden (s. Abschn. 15.2 Abs. 1 Satz 3 UStAE m.w.N.). Unternehmer, die mit ausländischen Vorsteuerbeträgen belastet werden, haben sich wegen eines eventuellen Vorsteuerabzugs an den Staat zu wenden, der die Steuer erhoben hat (s. Abschn. 15.2 Abs. 1 Satz 5 UStAE). Für Vorsteuerbeträge aus dem übrigen Gemeinschaftsgebiet ist ein Vergütungsantrag an das Bundeszentralamt für Steuern zu übermitteln (s. § 18g UStG). 105

Diese Grundsätze gelten auch für den Fall der Rückgängigmachung des Verzichts auf die Steuerbefreiung (zur **Rückgängigmachung der Option**, s. § 9 Rn. 71 ff.). In der Praxis erfolgt dies regelmäßig mittels einer korrigierten Rechnung bzw. Gutschrift. Dadurch wird der Umsatz rückwirkend wieder steuerfrei und ohne Rechnungsberichtigung (s. Rn. 152 ff.) entsteht eine Steuer nach § 14c Abs. 2 UStG. Die Steuer für den berechneten Umsatz wird hingegen nicht mehr gesetzlich geschuldet. Der Leistungsempfänger verliert dadurch den Vorsteuerabzug rückwirkend im Jahr des Leistungsbezugs und nicht erst im Zeitpunkt der Rückgängigmachung des Verzichts auf die Steuerbefreiung (s. BFH vom 01.02.2001, V R 23/00, BStBl II 2003, 673). Die Rückgängigmachung des Verzichts durch den leistenden Unternehmer hat Tatbestandswirkung für den Vorsteuerabzug des Leistungsempfängers und ist deshalb ein rückwirkendes Ereignis i.S.d. § 175 Abs. 1 Satz 1 Nr. 2 AO (s. BFH vom 06.10.2005, V R 8/04, DStR 2006, 466). 106

2.5.2 Unrichtiger Steuerausweis, § 14c Abs. 1 UStG

Die unrichtig ausgewiesene Steuer i.S.d. § 14c Abs. 1 UStG ist, soweit sie die gesetzlich geschuldete Steuer überschreitet, nicht als Vorsteuer abziehbar, da es sich hierbei nicht um die gesetzlich geschuldete Steuer handelt. Ein Steuerausweis ist dann unrichtig, wenn die in einer Rechnung gesondert ausgewiesene Umsatzsteuer nicht dem gesetzlich geschuldeten Steuerbetrag entspricht (zum unrichtigen Steuerausweis, s. § 14c Rn. 4 ff.). Der unrichtige Steuerausweis kann niedriger oder höher als die gesetzliche geschuldete Steuer ausfallen. Auch der unrichtige Steuerausweis setzt die Berechtigung des Unternehmers zum Steuerausweis in einer Rechnung voraus und ist insofern vom unberechtigten Steuerausweis nach § 14c Abs. 2 UStG abzugrenzen (s. Rn. 110 ff.). 107

Bei einem **zu hohen Steuerausweis** steht dem Leistungsempfänger nur der darin enthaltene – gesetzlich geschuldete – Steuerbetrag als Vorsteuer zu (s. BFH vom 19.11.2009, V R 41/08, DStR 2010, 159). Die Höhe des Vorsteuerabzugs ergibt sich nach Auffassung des BFH in diesem Fall aber nicht durch Herausrechnung des ermäßigten Steuersatzes aus dem jeweiligen Bruttobetrag, sondern auf der Grundlage des in der Rechnung ausgewiesenen und damit die Bemessungsgrundlage bildenden Nettobetrages (s. § 10 Abs. 1 Satz 2 UStG; s. zur Bemessungsgrundlage § 10 Rn. 1 ff.). Der sich danach ergebende Steuerbetrag darf den in der Rechnung ausgewiesenen Steuerbetrag nicht übersteigen (s. BFH vom 19.11.2009, V R 41/08, DStR 2010, 159; a.A. Stadie in Rau/Dürrwächter, § 15 UStG Rn. 605; Heinrichshofen, UStB 2010, 67). Zwar deutet der BFH an, dass der darüber hinaus gehende Vorsteuerabzug bei Gutgläubigkeit im Rahmen des Billigkeitsverfahrens (s. Rn. 22 ff.) in Betracht zu ziehen sei (s. BFH vom 19.11.2009, V R 41/08, DStR 2010, 159); der Leistungsempfänger dürfte aber im Regelfall den unrichtigen Steuerausweis erkennen können. 108

Beispiel: Unternehmer A veräußert an Unternehmer B ein Buch für 100 € zzgl. offen ausgewiesener Umsatzsteuer i.H.v. 19 € (19 %) = 119 €. 108/1

Lösung: Die Veräußerung von Büchern unterliegt gem. § 12 Abs. 2 Nr. 1 UStG i.V.m. Nr. 49 der Anlage 2 dem ermäßigten Steuersatz von 7 %. Insoweit kann B nur 7 € als Vorsteuer geltend machen. Sollen die 119 € in der Buchhaltung erfasst werden, besteht bei der Buchung das Risiko, dass in der Buchhaltung

Vorsteuern i.H.v. 7,79 € (119 × 7/107) berücksichtigt werden. Nach der Gegenauffassung entspricht dieser Betrag – im Hinblick auf die Abgrenzung zwischen der gesetzlich geschuldeten Steuer und der nach § 14c Abs. 1 UStG geschuldeten Steuer (s. § 14c Rn. 4 ff.) – dem Vorsteuerabzug.

108/2 **Beachte!** Sieht das nationale Recht für eine Leistung den ermäßigten Steuersatz vor, während sie nach dem Unionsrecht dem Regelsteuersatz unterliegt, kann sich der vorsteuerabzugsberechtigte Leistungsempfänger auf den Anwendungsvorrang des Unionsrechts berufen und auch hinsichtlich des nach nationalem Recht zu hohen Steuerausweises i.S.d. § 14c Abs. 1 UStG den Vorsteuerabzug nach dem für ihn günstigeren Regelsteuersatz in Anspruch nehmen (s. BFH vom 24.10.2013, V R 17/13, BFH/NV 2014, 284).

109 Bei einem **zu niedrigen Steuerausweis** darf der Leistungsempfänger als Vorsteuer höchstens den in der Rechnung ausgewiesenen Steuerbetrag abziehen.

109/1 **Beispiel:** Unternehmer A liefert gegenüber Unternehmer B Gegenstände für 500 € zzgl. offen ausgewiesener Umsatzsteuer i.H.v. 35 € (7 %) = 535 €, obwohl für diese Lieferung nach § 12 Abs. 1 UStG Umsatzsteuer in Höhe des Regelsteuersatzes (19 %) geschuldet wird.

Lösung: Unabhängig davon, dass der leistende Unternehmer A bis zu einer Rechnungsberichtigung Umsatzsteuer i.H.v. 85,42 € (535 € × 19/119) schuldet, kann der Leistungsempfänger höchstens die offen ausgewiesene Steuer von 35 € als Vorsteuer abziehen.

2.5.3 Unberechtigter Steuerausweis, § 14c Abs. 2 UStG

110 Wird Umsatzsteuer offen ausgewiesen, obwohl der Leistende dazu nicht berechtigt ist, handelt es sich um einen unberechtigten Steuerausweis i.S.d. § 14c Abs. 2 UStG (zum unberechtigten Steuerausweis, s. § 14c Rn. 18 ff.). Der Leistende schuldet zwar die unberechtigt ausgewiesene Steuer, der Leistungsempfänger kann diese aber nicht als Vorsteuer abziehen.

111 Der **Kleinunternehmer** ist gem. § 19 Abs. 1 Satz 4 UStG nicht zum gesonderten Ausweis der Steuer in einer Rechnung berechtigt, sodass eine von diesem in Rechnung gestellte Steuer als nicht gesetzlich geschuldete Steuer i.S.d. § 14c Abs. 2 UStG angesehen wird (s. BFH vom 26.01.1978, V B 15/77, BStBl II 1978, 394). Wenn der Leistungsempfänger von der Kleinunternehmereigenschaft des Leistenden keine Kenntnis hatte und die Rechnung eine Steuernummer enthält, dürfte ein Schutz des guten Glaubens – zumindest im Billigkeitsverfahren – in Betracht kommen (s.a. Rn. 22 ff.).

112 Auch bei der Abrechnung über eine steuerbare und steuerpflichtige Lieferung oder sonstige Leistung mittels einer **Gutschrift** durch den Leistungsempfänger (s. § 14 Rn. 66 ff.) muss der leistende Unternehmer zum gesonderten Ausweis der Steuer berechtigt sein (s. Abschn. 15.2a Abs. 9 Satz 1 UStAE).

2.6 Zeitpunkt und Ausübung des Vorsteuerabzugs

2.6.1 Grundsatz

113 Der Vorsteuerabzug aus einer Eingangsleistung kann grundsätzlich erst in dem Besteuerungszeitraum geltend gemacht werden, in dem:

1. Die bezogene Lieferung oder sonstige Leistung ausgeführt wurde (s. Rn. 62) **und**
2. der vorsteuerabzugsberechtigte Unternehmer im Besitz einer ordnungsgemäßen Rechnung ist (s. Rn. 123–156).

113/1 Fallen Leistungsbezug und Empfang der Rechnung zeitlich auseinander, ist der Vorsteuerabzug für den Voranmeldungszeitraum zulässig, in dem erstmalig beide Voraussetzungen erfüllt sind (s. BFH vom 01.07.2004, V R 33/01, BStBl II 2004, 861 und Abschn. 15.2 Abs. 2 Satz 8 UStAE). Auf die Zahlung wird hierbei nicht abgestellt; im Falle einer Nicht- oder nicht vollständigen Zahlung ist jedoch die Berichtigung eines etwaigen Vorsteuerabzugs nach § 17 UStG zu prüfen. Zur Frage des Vorsteuerabzugs aufgrund einer Zahlung vor Leistungsausführung, s. Rn. 115.

Wird die Rechnung erstmalig in einem auf die Ausführung der Lieferung oder sonstigen Leistung folgenden Voranmeldungszeitraum ausgestellt, tritt grundsätzlich keine Rückwirkung auf den Zeitpunkt der Leistungsausführung ein (s. BFH vom 20.07.2012, V B 82/12, BStBl II 2012, 809 und EuGH vom 29.04.2004, C-152/02, DStRE 2004, 830). 114

Beispiel: Der Unternehmer wird im Januar 2015 mit Waren beliefert. Hierfür erhält er im März 2015 eine ordnungsgemäße Rechnung, in der Umsatzsteuer i.H.v. 190 € offen ausgewiesen wird und die er im April 2015 begleicht. 114/1

Lösung: Die Voraussetzungen für den Vorsteuerabzug liegen kumulativ erst im März 2015 vor, sodass der Unternehmer die Umsatzsteuer erst mit der Umsatzsteuervoranmeldung für den Monat März 2015 als Vorsteuer geltend machen kann.
Wird der Vorsteuerabzug im März 2015 unterlassen, kann der Unternehmer, solange noch keine Jahresfestsetzung erfolgte, eine berichtigte Voranmeldung einreichen und so den Vorsteuerabzug nachholen. Er kann den Vorsteuerabzug aber auch noch im Rahmen seiner Jahresfestsetzung für das Jahr 2015 geltend machen, da der Vorsteuerabzug nach § 16 Abs. 2 UStG für den Besteuerungszeitraum geltend zu machen ist, in dem die Berechtigung zum Vorsteuerabzug entstanden ist und der Besteuerungszeitraum nach § 16 Abs. 1 S. 2 UStG das jeweilige Kalenderjahr ist (s. BFH vom 01.12.2010, XI R 28/08, BStBl II 2011, 994); in diesem Fall wäre die Umsatzsteuer-Jahreserklärung bis zum 31.05. des Folgejahres zu übermitteln (s. Rn. 92). Letztlich dürfte daher auch aus Vereinfachungsgründen der Vorsteuerabzug in jedem Voranmeldungszeitraum, der dem Voranmeldungszeitraum der Entstehung des Vorsteuerabzugsrechts folgt, noch geltend gemacht werden. Er kann aber weder in einer Voranmeldung des Jahres 2016 noch in der Jahreserklärung 2016 geltend gemacht werden (s. BFH vom 13.02.2014, V R 8/13, BStBl II 2014, 595).

Zum Zeitpunkt des Vorsteuerabzugs aus einer Gutschrift, s. Rn. 126 ff.; wegen den Rechtsfolgen einer Rechnungsberichtigung, s. Rn. 152 ff. 114/2

2.6.2 Vorsteuerabzug aus Zahlungen vor Ausführung der Leistungen, § 15 Abs. 1 Satz 1 Nr. 1 Satz 3 UStG

Ein Vorsteuerabzug ist auch bereits vor Leistungsausführung möglich, wenn: 115

- Der Leistungsempfänger eine Zahlung vor Leistungsausführung leistet (Vorauszahlung, Anzahlung, Abschlagszahlung) und
- eine nach §§ 14, 14a UStG ausgestellte Rechnung bzw. Gutschrift vorliegt.

Das Vorsteuerabzugsrecht entsteht insoweit mit Ablauf des Voranmeldungszeitraums, in dem sowohl die Rechnung vorliegt, als auch die Zahlung geleistet wurde und ist insoweit auf die Höhe des in der Zahlung enthaltenden Umsatzsteuerbetrages beschränkt. Wird die Leistung aber doch vor Zahlung ausgeführt, richtet sich der Vorsteuerabzug wieder nach § 15 Abs. 1 Satz 1 Nr. 1 Satz 1 UStG. Zum Zeitpunkt der Leistungsausführung, s. § 15 Rn. 113 ff. 115/1

Eine Rechnung liegt jedoch nur dann vor, wenn das Abrechnungspapier als solche nach seiner Aufmachung (z.B. durch Bezeichnung als Vorausrechnung) oder nach seinem Inhalt (z.B. durch Hinweis auf einen in der Zukunft liegenden Leistungszeitpunkt) auf den ersten Blick für einen Betrachter ohne Kenntnis der Sachlage als bloße „Vorausrechnung" oder „Pro-Forma-Rechnung" erkennbar ist (s. BFH vom 05.02.1998, V R 65/97, BStBl II 1998, 415). 116

Typische **Zahlungen vor Leistungsausführung** sind Vorauszahlungen, Anzahlungen und Abschlagszahlungen. Diese sind von den Teilleistungen abzugrenzen, bei denen bereits eine Leistung erbracht wurde und insoweit ein Vorsteuerabzug ohne Erfordernis der Zahlung nach § 15 Abs. 1 Satz 1 Nr. 1 Satz 1 UStG in Betracht kommt. Teilleistungen liegen vor, wenn für bestimmte Teile einer wirtschaftlich teilbaren Leistung das Entgelt gesondert vereinbart wird (§ 13 Abs. 1 Nr. 1 Buchst. a Satz 3 UStG). Derartige Teilleistungen sind z.B. bei Mietverträgen über eine bestimmte Laufzeit gegeben, wenn sie in monatlichen Zahlungs- und Leistungsabschnitte untergliedert sind und durch die monatlichen Zahlungsaufforderungen oder -belege konkretisiert werden (s. BFH vom 18.04.2013, V R 19/12, BStBl II 2013, 842, m.w.N.). 117

118 Ist der leistende Unternehmer aber nicht willens und in der Lage, die in der Anzahlung- bzw. Vorausrechnung beschriebene Leistung zu erbringen, will er aber mit der Vorausrechnung gleichwohl den Schein einer (erbrachten oder nach Rechnung zu erbringenden) Lieferung oder sonstigen Leistung erwecken, d.h. dass der Unternehmer von vornherein nicht beabsichtigt hat, die Leistung zu erbringen, ist umstritten, ob der Vorsteuerabzug wegen unberechtigten Steuerausweises i.S.d. § 14c Abs. 2 Satz 2 UStG zu versagen ist (s. FG Münster vom 03.04.2014, 5 K 383/12 U, EFG 2014, 877, rkr.; FG BW vom 19.09.2014, 9 K 2914/12, Az. BFH: XI R 44/14).

119 Wird die **Lieferung oder sonstige Leistung** nach der Vorauszahlung **tatsächlich nicht erbracht**, ist der Vorsteuerabzug gem. § 17 Abs. 2 Nr. 2 i.V.m. Abs. 1 Satz 2 UStG zu dem Zeitpunkt, in dem feststeht, dass die Leistung nicht mehr erbracht wird, zu korrigieren (beachte aber Rn. 32). Die Korrektur setzt die Rückzahlung der Abschlagszahlung voraus (Abschn. 17.1 Abs. 7 Satz 3 UStAE; BFH vom 15.09.2011, V R 36/09, BStBl II 2012, 365 m.w.N.). Dem dürfte aber das Unionsrecht entgegenstehen; mit der Folge, dass die Korrektur in dem Zeitpunkt vorzunehmen ist, in dem das Ausbleiben der Leistung wahrscheinlich ist (s. EuGH vom 13.03.2014, C-107/13, DStR 2014, 650; a.A. Wäger, UVR 2014, 318).

120 Nach Ausführung der Lieferung oder sonstigen Leistung rechnet der leistende Unternehmer regelmäßig durch eine End- bzw. **Schlussrechnung** ab. Hat der Leistende in einer solchen Rechnung die vor Leistungsausführung vereinnahmten Teilentgelte und die auf sie entfallenden Steuerbeträge jedoch nicht nach § 14 Abs. 5 Satz 2 UStG vom Gesamtentgelt und dem darauf entfallenden Steuerbetrag abgesetzt, ist die zu hoch ausgewiesene Steuer nicht als Vorsteuer abziehbar (s. BFH vom 11.04.2002, V R 26/01, BStBl II 2004, 317). Das Gleiche gilt bei der Abrechnung mit einer Gutschrift (s. Abschn. 15.3 Abs. 5 Satz 2 UStAE).

121 Sind die Rechnungen oder Gutschriften für die im Voraus geleisteten Zahlungen im Zusammenhang mit der Erteilung der Endrechnung widerrufen oder zurückgenommen worden, ist aus der Endrechnung ebenfalls nur der auf die Restzahlung entfallende Steuerbetrag als Vorsteuer abziehbar (s. Abschn. 15.3 Abs. 5 Satz 4 UStAE).

122 Nach Auffassung der Finanzverwaltung kann ein **Kleinunternehmer**, der **zur Regelbesteuerung übergegangen** ist, den Vorsteuerabzug für eine Zahlung, die er für einen nach dem Übergang an ihn bewirkten Umsatz geleistet hat, in der Voranmeldung für den ersten Voranmeldungszeitraum nach dem Übergang zur Regelbesteuerung geltend machen (s. Abschn. 15.3 Abs. 2 UStAE). Im Umkehrschluss entfällt der Vorsteuerabzug, wenn die Leistung vor Übergang zur Regelbesteuerung erfolgte. Das Gleiche gilt beim Übergang zur Kleinunternehmerregelung des § 19 Abs. 1 UStG, wenn die Leistung erst nach dem Übergang erfolgt.

2.7 Besitz einer ordnungsgemäßen Rechnung

2.7.1 Allgemeines

123 Der Vorsteuerabzug setzt voraus, dass der vorsteuerabzugsberechtigte Leistungsempfänger im Besitz einer ordnungsgemäßen, nach den §§ 14, 14a UStG vom leistenden Unternehmer ausgestellten, Rechnung ist (zur Gutschrift s. Rn. 126). Diese Rechnung ist dann ordnungsgemäß, wenn sie den Anforderungen des § 14 Abs. 4 UStG entspricht (zum Rechnungsbegriff, s. § 14 Rn. 92 ff.). Fehlen die erforderlichen Rechnungsangaben oder sind sie unzutreffend, besteht für den Leistungsempfänger kein Anspruch auf Vorsteuerabzug, s. Rn. 147 ff. (s. BFH vom 17.12.2008, XI R 62/07, BStBl II 2009, 432). In diesem Fall kommt aber eine Rechnungsberichtigung in Betracht, s. Rn. 152 ff.

124 Die Rechnung muss grundsätzlich im Zeitpunkt des Vorsteuerabzugs im Original vorgelegen haben (s. BFH vom 16.04.1997, XI R 63/93, BStBl II 1997, 582). Hierfür trägt der Unternehmer die **Feststellungslast** (s. Rn. 21). Der spätere Verlust der Rechnung lässt den ursprünglichen Vorsteuerabzug nicht mehr entfallen. Der Unternehmer hat dann jedoch mit allen verfahrensrechtlich zulässigen Beweismitteln nachzuweisen, dass er im Zeitpunkt der Ausübung des Vorsteuerabzugs im Besitz der Originalrechnung war und die Voraussetzungen für den Vorsteuerabzug vorgelegen haben (s. BFH vom 05.08.1988, X R 55/81, BStBl II 1989, 120; vom 23.10.2014, V R 23/13, BStBl II 2015, 313: Ein hinreichend substanziierter Beweisantrag muss sich auf das Vorliegen der Originalrechnung für eine konkrete bezeichnete Eingangsleistung beziehen). Entsprechendes dürfte zwar auch für den Fall der digitalen Archivierung mit Vernichtung der

Originalbelege gelten (sog. ersetzendes Scannen). Eine Papierrechnung kann bei einem Ersetzenden Scannen grundsätzlich dann entsorgt werden, wenn Manipulationen durch den Scan-Prozess und die Aufbewahrung der digitalisierten Belege ausgeschlossen sind; die entsprechenden Prozesse sollten dokumentiert werden. Der Vorsteuerabzug dürfte jedoch nicht gefährdet sein, soweit die Rechtsprechung Vorsteuerbeträge aufgrund der Vorlage einer Rechnungskopie anerkennt (s. BFH vom 05.08.1988, X R 55/81, BStBl II 1989, 120). Zur Frage der Schätzung von Vorsteuern in diesen Fällen, s. Rn. 25/1.

Rechnungen in elektronischer Form berechtigen seit dem 01.01.2002 ebenfalls zum Vorsteuerabzug (zur elektronischen Rechnung, s. § 14 Rn. 46 ff.). 125

Auch umsatzsteuerliche **Gutschriften** sind gem. § 14 Abs. 2 Satz 2 UStG Rechnungen i.S.d. § 15 Abs. 1 Satz 1 Nr. 1 Satz 2 UStG (§ 14 Rn. 66 ff.). Das Umsatzsteuergesetz trifft aber keine eindeutige Aussage bezüglich des Zeitpunktes des Vorsteuerabzugs (s. Rn. 113 ff.) aus einer Gutschrift, allerdings muss es im Ergebnis auf die Wirksamkeit der Gutschrift ankommen. 126

Beispiel: Dem Leistenden geht eine Gutschrift über eine im August 2016 ausgeführte Leistung im September 2016 zu, die der Leistungsempfänger noch am 31. August 2016 ausgestellt hat. 126/1

Lösung: Für den Vorsteuerabzug dürfte auf den Zugang beim Leistenden, d.h. zu dem Zeitpunkt in dem der Leistende erstmals die Möglichkeit der Kenntnisnahme hat, abzustellen sein, so dass der Leistungsempfänger den Vorsteuerabzug im Voranmeldungszeitraum September 2016 vorzunehmen hat. Insoweit dürfte die Rechtsprechung des BFH weitergelten, wonach es für die Wirksamkeit einer Gutschrift auf deren Zugang beim Leistenden ankommt (s. BFH vom 15.09.1994, XI R 56/93, BStBl II 1995, 275), obwohl die damals geltende Vorschrift noch ausdrücklich die Zuleitung an den Leistenden erforderte und nunmehr § 14 Abs. 2 Satz 3 UStG lediglich von „ihm übermittelten Dokument" spricht.

Die Gutschrift verliert jedoch gem. § 14 Abs. 2 Satz 3 UStG ihre Wirkung als zum Vorsteuerabzug berechtigendes Abrechnungspapier, sobald der Empfänger der Gutschrift dem ihm übermittelten Dokument widerspricht. Dies gilt auch dann, wenn die Gutschrift den zivilrechtlichen Vereinbarungen entspricht und die Umsatzsteuer zutreffend ausweist (s. BFH vom 23.01.2013, XI R 25/11, BStBl II 2013, 417). Insoweit ist die Berichtigung des Vorsteuerabzugs in entsprechender Anwendung des § 17 UStG in dem Voranmeldungszeitraum vorzunehmen, in dem die entsprechende Willenserklärung des Empfängers der Gutschrift dem Aussteller der Gutschrift zugeht. Der V. Senat des BFH hat es hingegen offengelassen, ob die bloße Erklärung eines Widerspruchs gegen eine Gutschrift deren Rechtswirkungen entfallen lässt (s. BFH vom 25.04.2013, V R 2/13, BStBl II 2013, 844). 127

Ein Vorsteuerabzug ist hingegen nicht zulässig, wenn eine Gutschrift ohne das Einverständnis des Empfängers der Gutschrift erteilt bzw. geändert (s. Abschn. 15.2a Abs. 10 Satz 3 UStAE) oder durch eine Rechnung ersetzt wird. 128

Einer Rechnung bedarf es hingegen nicht in den Fällen des Vorsteuerabzugs der Einfuhrumsatzsteuer, der Steuer auf den innergemeinschaftlichen Erwerb (s. Rn. 180) sowie bei Verlagerung der Steuerschuld auf den Leistungsempfänger nach § 13b UStG (s. Rn. 190). 129

Auch sog. Kleinbetragsrechnungen (s. Rn. 132) und Fahrausweise sowie Belege im Reisegepäckverkehr (s. Rn. 135) können zum Vorsteuerabzug berechtigende Rechnungen sein. 130

2.7.2 Gesondert ausgewiesene Steuer

Grundsätzlich muss die Steuer in einer nach §§ 14, 14a UStG ausgestellten Rechnung gem. § 14 Abs. 4 Satz 1 Nr. 8 UStG gesondert ausgewiesen sein, d.h. sie muss das **Entgelt und** den **Steuerbetrag getrennt ausweisen**. Ausgenommen hiervon sind lediglich die Rechnungen über Kleinbeträge (s. Rn. 132) und Fahrausweise sowie Belege im Reisegepäckverkehr (s. Rn. 135). Zum gesonderten Steuerausweis, s. § 14 Rn. 174 ff. 131

2.7.2.1 Vorsteuerabzug aus Kleinbetragsrechnungen

132 Aus Kleinbetragsrechnungen, deren Gesamtbetrag 150 € nicht übersteigen darf, ist der Vorsteuerabzug möglich, soweit sie die in § 33 UStDV aufgezählten notwendigen Rechnungsangaben enthalten (zur Kleinbetragsrechnung, s. § 14 Rn. 224 ff.).

133 Für den Vorsteuerabzug aus Kleinbetragsrechnungen hat der Unternehmer gem. § 35 Abs. 1 UStDV den Rechnungsbetrag in das Entgelt und den Steuerbetrag aufzuteilen. Dabei können die auf den jeweiligen Voranmeldungszeitraum entfallenden Kleinbetragsrechnungen zusammengefasst werden, soweit derselbe Steuersatz anzuwenden ist (s. Abschn. 15.4 Abs. 1 UStAE).

133/1 **Beispiel:** Rechnungspreis 90 €, Steuersatz 19 %.

Lösung:

$$\frac{\text{Rechnungspreis} \times \text{Steuersatz}}{(100 + \text{Steuersatz})} = \frac{90\ € \times 19}{(100 + 19)} = 14{,}37\ € \text{ Vorsteuer}$$

Der auf die Rechnung entfallende Steuerbetrag kann auch mittels eines Faktors oder eines Divisors ermittelt werden (s. Abschn. 15.4 Abs. 3 UStAE).

134 Wird in einer Kleinbetragsrechnung ein zu niedriger Steuersatz angegeben, ist ein Vorsteuerabzug auf den diesem Steuersatz entsprechenden Betrag begrenzt. Wird ein höherer Vorsteuerabzug begehrt, ist eine Rechnungsberichtigung erforderlich. Da sich die Berichtigung einer Kleinbetragsrechnung oftmals als schwierig und aufwendig gestaltet, ist auch hier eine sofortige Überprüfung ratsam.

134/1 **Hinweis!** Rechnungen, insb. Kleinbetragsrechnungen und Fahrausweise, werden auch in der heutigen Zeit oftmals noch auf Thermopapier ausgestellt. Zur Gewährleistung der Lesbarkeit entsprechend § 14 Abs. 1 Satz 2 UStG über den gesamten Aufbewahrungszeitraum i.S.d. § 14b Abs. 1 Satz 1 UStG, sollten entsprechende Belege kopiert oder elektronisch archiviert werden (s. § 14b Abs. 2 UStG).

2.7.2.2 Vorsteuerabzug aus Fahrausweisen

135 Aus Fahrausweisen und Belegen i.S.d. § 34 UStDV für Beförderungen im Personen- und Reisegepäckverkehr ist der Vorsteuerabzug gemäß § 35 Abs. 2 UStDV möglich, soweit:

- Die Leistungen für das Unternehmen bezogen werden und
- auf das Inland entfallen (s. Abschn. 15.5 Abs. 1 Satz 1 UStAE) sowie
- die in § 34 UStDV aufgezählten Rechnungsangaben enthalten (zu Fahrausweisen als Rechnung, s. § 14 Rn. 230 ff.).

135/1 Bei grenzüberschreitenden Beförderungen ist die Umsatzsteuer anteilig heraus zu rechnen. Die Rechnungen über die Benutzung von Taxen und Mietwagen stellen keine Fahrausweise dar.

Der Vorsteuerabzug aus Fahrausweisen in Höhe des Regelsteuersatzes setzt gem. § 35 Abs. 2 S. 2 UStDV voraus:

- Die Angabe des Regelsteuersatzes (Nr. 1) oder
- die Angabe einer Tarifentfernung von mehr als 50 km (Nr. 2).

136 Fehlen entsprechende Angaben, ist der ermäßigte Umsatzsteuersatz (s. § 35 Abs. 2 S. 3 UStDV) anzuwenden.

137 Werden Beförderungsleistungen durch mehrere Unternehmer eines Verkehrs- oder Tarifverbundes erbracht und enthalten die ausgestellten Fahrausweise keinen Hinweis auf den Steuersatz und die Entfernung, findet der ermäßigte Steuersatz Anwendung (Abschn. 15.5 Abs. 3 Satz 4 UStAE). Dies gilt entsprechend bei gemeinsamen Fahrausweisen für Beförderungsleistungen auf Eisenbahn- oder Schiffsstrecken (s. Abschn. 15.5 Abs. 4 UStAE).

138 Der Vorsteuerabzug bei Fahrausweisen im Luftverkehr setzt gem. § 35 Abs. 2 Satz 4 UStDV voraus, dass der Steuersatz von 19 % auf dem Fahrausweis ausdrücklich angegeben ist.

139 Fahrausweise, die der Unternehmer seinen Arbeitnehmern für Fahrten zwischen Wohnung und Tätigkeitsstätte zur Verfügung stellt, berechtigen nicht zum Vorsteuerabzug, da die von den Arbeitnehmern in

Anspruch genommenen Beförderungsleistungen nicht als Umsatz für das Unternehmen anzusehen sind (s. Abschn. 15.5 Abs. 1 Satz 2–3 UStAE).

2.7.3 Identität zwischen Rechnungsaussteller und leistendem Unternehmer

Nach ständiger Rechtsprechung muss die Rechnung grundsätzlich vom leistenden Unternehmer oder vom Leistungsempfänger (Gutschrift) ausgestellt sein (s. BFH vom 28.01.1999, V R 4/98, BStBl II 1999, 628). Alternativ kann die Rechnung auch im Namen des Leistenden durch einen von diesem (bei Gutschriften vom Leistungsempfänger) beauftragten Dritten ausgestellt werden (s. Abschn. 15.2a Abs. 2 Satz 2 UStAE; s. § 14 Rn. 82 ff.). 140

Stimmt die Identität des leistenden Unternehmers mit den Rechnungsangaben nicht überein oder wird über eine nicht ausgeführte Lieferung oder sonstige Leistung abgerechnet, führt das zu einer Versagung des Vorsteuerabzugs (s. Abschn. 15.2a Abs. 6 Satz 6–7 UStAE). Es ist aber jede Bezeichnung des Leistenden ausreichend, die eine eindeutige und leicht nachprüfbare Feststellung seines Namens und seiner Anschrift ermöglicht (s. Rn. 151). 141

Hinweis! Rechnungsaussteller und leistender Unternehmer müssen grundsätzlich identisch sein. 141/1

Es besteht eine **Obliegenheit des Leistungsempfängers**, sich über die Richtigkeit der Geschäftsdaten des Rechnungserstellers (Anschrift, Firma, Rechtsform etc.) zu vergewissern (s. BFH vom 27.06.1996, V R 51/93, BStBl II 1996, 620). Verwendet der leistende Unternehmer einen unzutreffenden und ungenauen Namen (z.B. Scheinname oder Scheinfirma), kann der Vorsteuerabzug daher ausnahmsweise nur dann zugelassen werden, wenn der tatsächlich leistende Unternehmer eindeutig und leicht nachprüfbar aus dem Abrechnungspapier ersichtlich ist (s. BFH vom 07.10.1987, X R 60/82, BStBl II 1988, 34). Zu den Auslegungskriterien s. Abschn. 15.2a Abs. 2 Satz 8 Nr. 1–4 UStAE. 142

2.7.4 Identität zwischen Leistungsempfänger und Rechnungsadressat

Der Vorsteuerabzug setzt ferner eine auf **den Namen des Leistungsempfängers lautende Rechnung** voraus (s. Abschn. 15.2a Abs. 3 Satz 1 UStAE). Es ist jede Bezeichnung des Leistungsempfängers ausreichend, die eine eindeutige und leicht nachprüfbare Feststellung seines Namens und seiner Anschrift ermöglicht (s. BFH vom 02.04.1997, V B 26/96, BStBl II 1997, 443). Eine andere Rechnungsadresse ist nicht zu beanstanden, wenn aus dem übrigen Inhalt der Rechnung oder aus anderen Unterlagen, auf die in der Rechnung hingewiesen wird (s. § 31 Abs. 1 UStDV), Name und Anschrift des umsatzsteuerlichen Leistungsempfängers eindeutig hervorgehen (s. Abschn. 15.2a Abs. 3 Satz 3 UStAE). Dies gilt auch für eine Rechnung, die unter Nennung nur des Namens des Leistungsempfängers mit dem Zusatz „c/o“ an einen Dritten adressiert ist (s. § 14 Rn. 107). 143

Eine Gesellschaft bzw. Gemeinschaft kann jedoch aus einer Rechnung, die nur auf einen Gesellschafter/ Gemeinschafter ausgestellt ist, keinen Vorsteuerabzug vornehmen, wenn die Rechnung keinen Hinweis auf die Gesellschaft/Gemeinschaft als Leistungsempfänger enthält (BFH vom 05.10.1995, V R 113/92, BStBl II 1996, 111; vom 23.09.2009, XI R 14/08, BStBl II 2010, 243). 144

Eine **unzutreffende Angabe der Rechtsform des Leistungsempfängers** kann (zumindest dann) zum Verlust des Vorsteuerabzugs führen, wenn bei Angabe einer inländischen Rechtsform anstelle einer ausländischen Rechtsform eine erhöhte Verwechselungsgefahr in Bezug auf die Person des Leistungsempfängers besteht (s. BFH vom 08.10.2009, V B 45/09, BFH/NV 2010, 261). 145

Im Falle der **gemeinschaftlichen Auftragserteilung durch mehrere Personen** können nach Auffassung der Finanzverwaltung bei Vorliegen einer einheitlichen Leistung zum Zwecke des Vorsteuerabzugs eines einzelnen Gemeinschafters in der Rechnung über die Leistung an die Gemeinschaft nur die Angaben des vollständigen Namens und der vollständigen Anschrift der Gemeinschaft als Leistungsempfängerin verlangt werden (s. Abschn. 15.2a Abs. 3 Satz 8 UStAE; s. Rn. 66 ff.). Aus den nach § 22 UStG zu führenden Aufzeichnungen des Vorsteuerabzugsberechtigten müssen sich dann aber die Namen und die Anschriften der übrigen Gemeinschafter sowie deren Anteile ergeben (s. Abschn. 15.2a Abs. 3 Satz 9 UStAE). 146

2.7.5 Auswirkungen von Rechnungsmängeln

147 Für die Frage, wie sich **Mängel bei den Rechnungsangaben** auf den Vorsteuerabzug auswirken, ist zwischen den für den Vorsteuerabzug schädlichen und unschädlichen Mängeln zu unterscheiden:

- Zu den **unschädlichen Rechnungsmängeln,** die nicht zu einer Versagung des Vorsteuerabzugs führen, zählen nach Auffassung der Finanzverwaltung unbedeutende Ungenauigkeiten. Dies können z.B. Schreibfehler im Namen oder der Anschrift des leistenden Unternehmers oder des Leistungsempfängers oder bei der Leistungsbeschreibung sein, wenn eine eindeutige und unzweifelhafte Identifizierung der am Leistungsaustausch Beteiligten, der Leistung und des Leistungszeitpunkts möglich ist und die Ungenauigkeiten nicht sinnentstellend sind (s. Abschn. 15.2a Abs. 6 Satz 13 UStAE).
- Zu den **schädlichen Rechnungsmängeln**, die den Vorsteuerabzug ausschließen, zählen in einer Rechnung enthaltene Rechenfehler, fehlende Rechnungsangaben i.S.d. § 14 Abs. 4 Satz 1 Nr. 1-8 UStG oder unrichtige Angaben des Entgelts, des Steuersatzes oder des Steuerbetrages (s. Abschn. 15.2a Abs. 6 Satz 11 UStAE). Lediglich im Fall des § 14c Abs. 1 UStG kann der Vorsteuerabzug unter den übrigen Voraussetzungen des § 15 UStG in Höhe der für die bezogene Leistung gesetzlich geschuldeten Steuer vorgenommen werden (s. Rn. 108).
- Nach der Entscheidung des EuGH vom 15.09.2016, C-516/14, DStR 2016, 2216 darf aber das Recht auf Vorsteuerabzug nicht allein deshalb verweigert werden, weil die Rechnung, die der Unternehmer besitzt, nicht die Voraussetzungen von Art. 226 Nr. 6 (Leistungsbeschreibung) und 7 (Leistungsdatum) MwStSystRL erfüllt, obwohl die Finanzverwaltung über alle notwendigen Informationen verfügt, um zu prüfen, ob die materiellen Voraussetzungen für die Ausübung dieses Rechts vorliegen. Der Neutralitätsgrundsatz verlange, dass der Vorsteuerabzug gewährt wird, wenn die materiellen Voraussetzungen erfüllt sind, selbst wenn der Unternehmer bestimmten formellen Voraussetzungen nicht genügt hat. Dabei dürfe sich die Finanzverwaltung nicht auf die Prüfung der Rechnung selbst beschränken. Sie hat auch die vom Unternehmer beigebrachten zusätzlichen Informationen zu berücksichtigen, dann auch nach Art. 219 MwStSystRL wird einer Rechnung jedes Dokument und jede Mitteilung gleichgestellt, das oder die die ursprüngliche Rechnung ändert und spezifisch und eindeutig auf diese bezogen ist.
- Zu den Auswirkungen von Rechnungsmängeln siehe im Überblick die nachfolgende Tabelle (s. Rn. 151).

148 Unrichtige Angaben bei der Steuernummer oder inländischen USt-IdNr. und der Rechnungsnummer führen ebenfalls nicht zur Versagung des Vorsteuerabzugs, soweit diese Fehler für den Rechnungsempfänger nicht erkennbar waren, da eine diesbezügliche Überprüfung dem Rechnungsempfänger nicht möglich ist (s. Abschn. 15.2a Abs. 6 Satz 4-5 UStAE).

149 Enthält die Rechnung entgegen § 14 Abs. 4 Satz 1 Nr. 2 UStG nur eine **Zahlen- und Buchstabenkombination**, bei der es sich offensichtlich nicht um die dem Leistenden erteilte Steuernummer handeln kann, ist der Vorsteuerabzug aber zu versagen (s. BFH vom 02.09.2010, V R 55/09, BStBl II 2011, 235). In dem entschiedenen Fall verwendete der leistende Unternehmer in Rechnungen die Kennzeichnung „75/180 Wv", die das Finanzamt ihm gegenüber im Schriftverkehr zur Erteilung einer Steuernummer verwendet hatte. Die Vorinstanz gab der Klage der Leistungsempfängerin, die sich gegen die Versagung des Vorsteuerabzugs richtete, statt. Das FG vertrat die Ansicht, dass der Klägerin im Hinblick auf den Grundsatz der Verhältnismäßigkeit der Vorsteuerabzug aus den Rechnungen zustünde, da dies für die Klägerin nicht erkennbar gewesen sei und das Finanzamt selbst diese Kennzeichnung im Schriftverkehr mit dem leistenden Unternehmer verwendet habe (s. FG Niedersachsen vom 20.02.2009, 16 K 311/08, EFG 2009, 798). Der BFH lehnte einen Vertrauenstatbestand jedoch ab und begründete seine Auffassung damit, dass diese Zeichenfolge – durch Vergleich mit der eigenen Steuernummer ohne Weiteres erkennbar – weder in ihrem Umfang noch nach ihrem Aufbau den in der Bundesrepublik Deutschland gebräuchlichen Steuernummern ähnelte (s. BFH vom 02.09.2010, 16 K 311/08, EFG 2009, 798). Das Urteil ist in seiner Kernaussage über den entschiedenen Einzelfall hinaus kritisch zu beurteilen. Es besteht insoweit das Risiko, dass zukünftig überzogene Anforderungen an den Aufbau einer Steuernummer gesetzt werden, was bereits wegen des in jedem Bundesland unterschiedlichen Aufbaus der Steuernummern problematisch wäre. Ein bundesweit einheitlicher Aufbau der Steuernummer wäre wünschenswert.

Es besteht eine Obliegenheit des Leistungsempfängers, sich über die **Richtigkeit und Vollständigkeit der Angaben in der Rechnung** zu vergewissern (s. BFH vom 06.12.2007, V R 61/05, BStBl II 2008, 695). Dabei ist der Grundsatz der Verhältnismäßigkeit zu wahren (s. Abschn. 15.2a Abs. 6 Satz 2 UStAE). Der Vorsteuerabzug kann nur aufgrund einer Rechnung geltend gemacht werden, die eine eindeutige und leicht nachprüfbare Feststellung der Leistung ermöglicht, über die abgerechnet worden ist (s. BFH vom 10.11.1994, V R 45/93, BStBl II 1995, 395). Bei einer elektronischen Rechnung ist aufseiten des Leistungsempfängers ein innerbetriebliches Kontrollverfahren, das einen verlässlichen Prüfpfad zwischen Rechnung und Leistung schafft, sicherzustellen (s. BMF vom 02.07.2012, IV D 2-S 7287-a/09/10004:003, BStBl I 2012, 726). Siehe hierzu § 14 Rn. 39 ff. 150

Hinweis! Unternehmer bedienen sich vermehrt auch bei der Rechnungsprüfung eigener „Shared Service Center", IT-gestützter Lösungsansätze oder externer Dienstleister. Inwieweit diese eine vollumfängliche Überprüfung gewährleisten können, ist insbesondere in Bezug auf die Überprüfung der Leistungsbeschreibung fraglich. Hier ist eine sensible Einstellung der Risikoparameter - insbesondere bei kurzen Leistungsbeschreibungen und bei fehlenden Identifikationsmerkmalen eines Gegenstands - zu empfehlen. 150/1

Überblick über die Folgen von Rechnungsmängeln auf den Vorsteuerabzug

151

Tatbestandsmerkmal	Mängel schädlich/unschädlich	Rechtsgrundlage	Vermerke
	schädlich → Versagung des Vorsteuerabzugs; unschädlich → keine Auswirkung auf den Vorsteuerabzug	s.a. Abschn. 15.2a UStAE	zu den Auswirkungen von Rechnungsmängeln
Vollständiger Name und vollständige Anschrift des leistenden Unternehmers	schädlich, sofern fehlend bzw. eindeutige und unzweifelhafte Identifizierung des Unternehmers nicht möglich; auch bei Kleinbetragsrechnung und Fahrausweis Angabe erforderlich; unschädlich ist Ungenauigkeit, z.B. Schreibfehler im Namen oder der Anschrift des Unternehmers, sofern eindeutige und unzweifelhafte Identifizierung möglich	§ 14 Abs. 4 S. 1 Nr. 1 UStG; bei Kleinbetragsrechnung § 33 S. 1 Nr. 1 UStDV; bei Fahrausweis § 34 Abs. 1 S. 1 Nr. 1 UStDV	Kleinbetragsrechnung gem. § 33 S. 1 UStDV bis Gesamt(brutto)betrag 150,00 €; zur Identität zwischen Rechnungsaussteller und leistendem Unternehmer, s. Rn. 140 ff.
Vollständiger Name und vollständige Anschrift des Leistungsempfängers	unschädlich bei Rechnungen mit Gesamt(brutto)betrag < 150,00 €; ansonsten schädlich, sofern Angaben fehlend bzw. eindeutige und unzweifelhafte Identifizierung des Leistungsempfängers nicht möglich; unschädlich ist Ungenauigkeit, z.B. Schreibfehler im Namen oder der Anschrift des Leistungsempfängers, sofern eindeutige und unzweifelhafte Identifizierung möglich	§ 14 Abs. 4 S. 1 Nr. 1 UStG	bei Kleinbetragsrechnung nicht erforderlich, s.o.; zur Identität zwischen Leistungsempfänger und Rechnungsadressat, s. Rn. 143 ff.

Tatbestands-merkmal	Mängel schädlich/unschädlich	Rechts-grundlage	Vermerke
Ausstellungsdatum	grundsätzlich schädlich; auch bei Kleinbetragsrechnung und Fahrausweis; Angabe z.B. „Ausstellungsdatum und Leistungsdatum" ist unschädlich	§ 14 Abs. 4 S. 1 Nr. 3 UStG; bei Kleinbetragsrechnung § 33 S. 1 Nr. 2 UStDV; bei Fahrausweis § 34 Abs. 1 Nr. 2 UStDV	Ausstellungsdatum entspricht Rechnungsdatum; oft mit Angabe Ausstellungsort; zeitliche Grenzen für Rechnungsausstellungen in bestimmten Fällen in § 14 Abs. 2 S. 1 UStG
Fortlaufende Nummer mit ein oder mehreren Zahlenreihen (Rechnungsnummer)	schädlich, sofern fehlend oder bei erkennbar unrichtigen Angaben; für Empfänger nicht erkennbare unrichtige Angaben sind unschädlich (s. Abschn. 15.2a Abs. 6 S. 5 UStAE); unschädlich allgemein bei Kleinbetragsrechnung und bei Fahrausweis (dort kein Erfordernis)	§ 14 Abs. 4 S. 1 Nr. 4 UStG	Erkennbarkeit könnte im folgenden Beispiel angenommen werden: Rg. vom 05.01. = Nr. 36 und Rg. vom 07.01. = Nr. 28 (insbesondere wenn beide Rechnungen zusammen beim Leistungsempfänger eingehen)
Menge und Art (handelsübliche Bezeichnung) der gelieferten Gegenstände oder Umfang und Art der sonstigen Leistung	unschädlich bei Fahrausweis; unschädlich, wenn eindeutige und unzweifelhafte Identifizierung der Leistung möglich; bei einer sonstigen Leistung ist die Bezeichnung des Leistungserfolgs ausreichend (s. Abschn. 15.2a Abs. 3 Satz 4–6 UStAE); es darf auf andere Geschäftsunterlagen verwiesen werden (s. BFH vom 08.10.2008, V R 59/07, BStBl II 2009, 218); ansonsten schädlich (auch bei Kleinbetragsrechnung)	§ 14 Abs. 4 S. 1 Nr. 5 UStG; Kleinbetragsrechnung § 33 S. 1 Nr. 3 UStDV; s. BMF vom 01.04.2009, IV B 8-S 7280-a/07/10004, BStBl I 2009, 525	Bei Dauerschuldverhältnissen ist ausreichend, wenn USt im Vertrag gesondert ausgewiesen und einzelne Teilleistungen durch Belege konkretisiert (s. BFH vom 07.11.2000, V R 49/99, BStBl II 2008, 493); grundsätzlich dürfte gelten, je länger die Leistungsbeschreibung, desto besser; bei Gegenständen sollte, sofern möglich, eine Identifikationsnummer enthalten sein (z.B. bei KFZ → Fahrgestellnummer; bei Mobiltelefon → IMEI-Nummer)

Tatbestands-merkmal	Mängel schädlich/unschädlich	Rechts-grundlage	Vermerke
Zeitpunkt der Lieferung oder sonstigen Leistung bei Vereinnahmung vor Leistungs-ausführung → Zeitpunkt der Vereinnahmung	grundsätzlich schädlich; Angabe z.B. „Ausstellungsdatum und Leistungsdatum" unschädlich; unschädlich bei Kleinbetragsrechnung und Fahrausweis	§ 14 Abs. 4 S. 1 Nr. 6 UStG	Angabe auch erforderlich, wenn mit Ausstellungsdatum der Rechnung identisch (s. BFH vom 17.12.2008, XI R 62/07, BStBl II 2009, 432) – außer in den Fällen des § 14 Abs. 5 S. 1 UStG (Vereinnahmung des Entgelts oder eines Teils für noch nicht ausgeführte Leistung); Zeitpunkt der Vereinnahmung nicht erforderlich, wenn dieser noch nicht feststeht und nicht mit Ausstellungsdatum der Rechnung übereinstimmt
Entgelt nach Steuersätzen und einzelnen Steuer-befreiungen aufge-schlüsselt	schädlich; bei Kleinbetragsrechnung (§ 33 S. 1 Nr. 4 UStDV) und bei Fahrausweis (§ 34 Abs. 1 S. 1 Nr. 3 UStDV) → Angabe Entgelt und anzuwendender Steuersatz in einer Summe (Bruttobetrag) erforderlich, sofern selbst das nicht gegeben → schädlicher Mangel;	§ 14 Abs. 4 S. 1 Nr. 7 UStG	Entgelt nach § 10 Abs. 1 S. 2 UStG = Nettobetrag
Jede im Voraus vereinbarte Minde-rung des Entgelts, sofern nicht bereits im Entgelt berück-sichtigt	unschädlich;	§ 14 Abs. 4 S. 1 Nr. 7 UStG	
Anzuwendender Steuersatz	schädlich; Ausnahme: Fahrausweis als Rechnung, wenn Beförderungsleistung dem ermäßigten Steuersatz nach § 12 Abs. 2 Nr. 10 UStG unterliegt (§ 34 Abs. 1 S. 1 Nr. 4 UStDV) oder bei Fahrausweisen der dem öffentlichen Verkehr dienenden Eisenbahnen, wenn Tarifentfernung angegeben (§ 34 Abs. 1 S. 2 UStDV), s. Rn. 135	§ 14 Abs. 4 S. 1 Nr. 8 UStG	Regelsteuersatz gem. § 12 Abs. 1 UStG = 19 %; ermäßigter Steuersatz gem. § 12 Abs. 2 UStG = 7%; Lieferung forstwirtschaftliche Erzeugnisse, ausgenommen Sägewerk-erzeugnisse gem. § 24 Abs. 1 S. 1 Nr. 1 UStG = 5,5 %; für Umsätze i.S.d. § 24 Abs. 1 S. 1 Nr. 3 UStG = 10,7%

Tatbestandsmerkmal	Mängel schädlich/unschädlich	Rechtsgrundlage	Vermerke
Auf Entgelt entfallender Steuerbetrag	schädlich, wenn fehlend; wenn zu niedrig ausgewiesen, Vorsteuerabzug nur in Höhe des ausgewiesenen Betrages (s. Rn. 109); wenn zu hoch ausgewiesen, Vorsteuerabzug nur in Höhe des „gesetzlich geschuldeten Betrags" (s. Rn. 108); unschädlich bei Kleinbetragsrechnung und bei Fahrausweis	§ 14 Abs. 4 S. 1 Nr. 8 UStG	nur bei steuerpflichtigen Leistungen; kein Erfordernis bei Kleinbetragsrechnung und bei Fahrausweis (s. §§ 33, 34 UStDV); nicht in den Fällen der Steuerschuldnerschaft des Leistungsempfängers; beachte § 14 Abs. 6 S. 2 und Abs. 5 S. 2 UStG
Angabe „Gutschrift" oder entsprechende Bezeichnung in der jeweiligen EU-Landessprache (z.B. „self-billing")	grundsätzlich schädlich = > Verwendung eines anderen als die aufgelisteten Begriffe entspricht nicht § 14 Abs. 4 S. 1 Nr. 10 UStG; gleichwohl ist Vorsteuerabzug des Leistungsempfängers nicht zu versagen, wenn gewählte Bezeichnung hinreichend deutlich ist (z.B. Eigenfaktura), die Gutschrift im Übrigen ordnungsgemäß erteilt wurde und keine Zweifel an der inhaltlichen Richtigkeit bestehen (s. Abschn. 14.5 Abs. 24 S. 4 UStAE)	§ 14 Abs. 4 S. 1 Nr. 10 UStG	Abrechnung durch den Leistungsempfänger; zu den in anderen Amtssprachen verwendeten Begriffen, s. BMF vom 25.10.2013, IV D 2-S 7280/12/10002, BStBl I 2013, 1305
Hinweis auf die Aufbewahrungspflicht des Leistungsempfängers	für diese Leistungen besteht keine Möglichkeit des Vorsteuerabzugs, da der Hinweis nur Leistungen an Nichtunternehmer oder für den nichtunternehmerischen Bereich erfasst.	§ 14 Abs. 4 S. 1 Nr. 9 UStG	
Hinweis auf die Steuerschuldnerschaft des Leistungsempfängers in den Fällen des § 13b UStG	unschädlich	§ 14a Abs. 5 S. 1 UStG	zu den in anderen Amtssprachen verwendeten Begriffen, s. BMF vom 25.10.2013, IV D 2-S 7280/12/10002, BStBl I 2013, 1305

Tatbestandsmerkmal	Mängel schädlich/unschädlich	Rechtsgrundlage	Vermerke
Angabe „Sonderregelung für Reisebüros"; „Gebrauchsgegenstände/Sonderregelung", „Kunstgegenstände/ Sonderregelung" und „Sammlungsstücke/Sonderregelung"	für diese Leistungen besteht keine Möglichkeit des Vorsteuerabzugs, s. Rn. 35 ff.	§ 14a Abs. 6 S. 1 UStG	bei Reisevorleistungen nach § 25 UStG; im Falle der Differenzbesteuerung nach § 25a UStG; zu den in anderen Amtssprachen verwendeten Begriffen, s. BMF vom 25.10.2013, IV D 2-S 7280/12/10002, BStBl I 2013, 1305
Die Entscheidung über den Vorsteuerabzug trotz Rechnungsmängeln erfolgt im Billigkeitsverfahren, s. Rn. 22 ff. Zu den Auswirkungen der Berichtigung fehlerhafter Rechnungen, s. Rn. 152 ff.			

2.7.6 Berichtigung fehlerhafter Rechnungen

Eine nicht zum Vorsteuerabzug berechtigende fehlerhafte Rechnung kann grundsätzlich gem. § 31 Abs. 5 UStDV berichtigt werden. Erfolgt eine Rechnungsberichtigung, kann der Vorsteuerabzug nach (bisheriger) Verwaltungsauffassung aber erst zu dem Zeitpunkt in Anspruch genommen werden, in dem der Rechnungsaussteller die Rechnung berichtigt und diese an den Rechnungsempfänger übermittelt hat (s. Abschn. 15.2a Abs. 7 Satz 2 UStAE). 152

Hinweis! Die Buchung noch nicht abzugsfähiger Vorsteuern auf einem gesonderten Konto (z.B. „noch nicht abzugsfähige Vorsteuern") ist zu empfehlen. 152/1

Die **Rechnungsberichtigung** darf nur durch den Rechnungsaussteller bzw. Aussteller der Gutschrift erfolgen; unzulässig ist eine Korrektur durch den Rechnungsempfänger bzw. Empfänger der Gutschrift (s. BFH vom 27.09.1979, V R 78/73, BStBl II 1980, 228). Der Rechnungsempfänger kann allerdings vom Aussteller zur Berichtigung ermächtigt sein oder dieser macht sich die Änderungen bzw. Ergänzungen ausdrücklich (schriftlich) zu eigen (s. BFH vom 17.04.1980, V S 18/79, BStBl II 1980, 540). Zur Rechnungsberichtigung s. § 14 Rn. 214 ff. 153

Ob einer berichtigten Rechnung **Rückwirkung** auf den Zeitpunkt des ursprünglichen Rechnungserhalts zukommt und ob in diesem Fall ggf. einzelne Mängel rückwirkend und andere doch nur mit Wirkung für die Zukunft berichtigt werden können, ist umstritten (s. Vorlagebeschluss des FG Niedersachsen vom 03.07.2014, 5 K 40/14, DStR 2014, 2389 und anhängiges Verfahren beim BFH: V R 64/14). Die Finanzverwaltung erkannte bislang einen Vorsteuerabzug erst ab dem Zeitpunkt der Berichtigung an. Hatte der Unternehmer den Vorsteuerabzug aber bereits aufgrund der erstmaligen Rechnungserteilung in Anspruch genommen, ergab sich für ihn deshalb im Rahmen der Verzinsung nach § 233a AO ein erheblicher Zinsschaden. In zwei Verfahren des einstweiligen Rechtsschutzes hatte bereits der BFH ernstliche Zweifel daran geäußert, ob der Vorsteuerabzug aus einer zunächst fehlerhaften Rechnung auch dann versagt werden kann, wenn diese Rechnung später berichtigt wird, sofern das zunächst erteilte Dokument die Mindestanforderungen (Rechnungsaussteller, Leistungsempfänger, Leistungsbeschreibung, Entgelt, gesondert ausgewiesene Umsatzsteuer) an eine Rechnung erfüllt (BFH vom 20.07.2012, V B 82/12, BStBl II 2012, 809 und vom 10.01.2013, XI B 33/12, BFH/NV 2013, 783). Auf das niedersächsische Vorlageersuchen hat der EuGH entschieden, dass das Vorliegen einer Rechnung für den Vorsteuerabzug nur eine formelle Voraussetzung ist und daher eine Rechnungsberichtigung mit Rückwirkung für den Vorsteuerabzug **möglich** ist (EuGH vom 15.09.2016, C-518/14, DStR 2016, 2211). Einerseits sei das Vorliegen einer Rechnung nur formelle Voraussetzung für den Vorsteuerabzug und andererseits sieht der EuGH in der Verzinsung nach § 233a AO eine 154 unangemessene Belastung des Unternehmers, die im Widerspruch zum Neutralitätsgrundsatz stehe. Nach den allgemeinen Grundsätzen kann der den Vorsteuerabzug begehrende Unternehmer das Vorliegen einer Rechnungsberichtigung sodann im finanzgerichtlichen Verfahren bis zum Schluss der letzten mündlichen Verhandlung vor dem Finanzgericht geltend machen.

155 Die Finanzverwaltung dürfte sich dieser Rechtsprechung anschließen. Es gilt aber zu beachten, dass die Mitgliedstaaten nach Art. 273 MwStSystRL befugt sind, Sanktionen für den Fall der Nichterfüllung der formellen Bedingungen für die Ausübung des Vorsteuerabzugsrechts vorzusehen. In Betracht käme insoweit die Auferlegung einer Geldbuße oder eine finanzielle Sanktion, die in angemessenem Verhältnis zur Schwere des Verstoßes steht (so auch EuGH vom 15.09.2016, C-518/14, DStR 2016, 2211). Der Gesetzgeber dürfte zeitnah entsprechende Rechtsgrundlagen normieren.

156 Der EuGH hat sich allerdings nicht zu der Frage geäußert, welche Mindestanforderungen erfüllt sein müssen, damit eine Rechnung überhaupt mit Rückwirkung berichtigt werden kann. Im Streitfall mangelte es den zunächst ausgestellten Rechnungen lediglich an der Angabe der USt-IdNR. oder Steuernummer des leistenden Unternehmers. Soweit der BFH zuvor bereits ernstliche Zweifel daran geäußert hatte, ob der Vorsteuerabzug aus einer zunächst fehlerhaften Rechnung auch dann versagt werden kann, wenn diese Rechnung später berichtigt wird, sofern das zunächst erteilte Dokument die Mindestanforderungen (Rechnungsaussteller, Leistungsempfänger, Leistungsbeschreibung, Entgelt und gesondert ausgewiesene Umsatzsteuer) an eine Rechnung erfüllt (BFH vom 20.07.2012, V B 82/12, BStBl II 2012, 809; vom 10.01.2013, XI B 33/12, BFH/NV 2013, 783), dürfte u.E. eine Rückwirkung dann nicht mehr in Betracht kommen, wenn erstmals die „berichtigende" Rechnung diese Mindestanforderungen beinhaltet. Insoweit dürfte es sich dann nicht um eine Berichtigung, sondern um eine erstmalige Ausstellung einer ordnungsgemäßen Rechnung handeln, die ihrerseits erstmals zum Vorsteuerabzug berechtigt. Die erstmalige Rechnungsausstellung kann aber grundsätzlich nicht auf den Entstehungszeitpunkt des Vorsteuerabzugsrechts zurückwirken (FG Niedersachsen vom 25.10.2010, 5 K 425/08, DStRE 2011, 1337). Insoweit ist u.E. zwischen falschen und fehlenden (Mindest-)Rechnungsangaben zu differenzieren. Nur die Berichtigung einer falschen Angabe oder die Ergänzung einer nicht unter die Mindestangaben fallenden Rechnungsangabe dürfte demnach überhaupt zu einem rückwirkenden Vorsteuerabzug führen können. Insbesondere die Rückwirkung der Ergänzung unvollständiger Leistungsbeschreibungen dürfte in der Praxis ein ganz erheblicher Streitpunkt werden.

156/1 **Praxishinweis!** Eine als fehlerhaft erkannte Rechnung sollte aber trotzdem unverzüglich berichtigt werden, da weiterhin das Durchsetzungsrisiko gegenüber dem Rechnungsaussteller (z.B. bei Insolvenz des Leistenden) verbleibt. Dieses Risiko würde wiederum bei einer Abrechnung mittels Gutschrift entfallen.

2.8 Zivilrechtlicher Anspruch auf Rechnungsberichtigung

157 Der Leistende ist grundsätzlich zur **Ausstellung einer ordnungsgemäßen Rechnung** berechtigt und verpflichtet (s. § 14 Rn. 51 ff.), sodass der Leistungsempfänger das von ihm geschuldete Entgelt nach § 273 Abs. 1 BGB zurückhalten kann, bis der Leistende ihm diese Rechnung erteilt (s. BGH vom 26.06.2014, VII ZR 247/13, BB 2014, 1729). Für die gerichtliche Durchsetzung des Anspruchs auf Rechnungsberichtigung ist der Rechtsweg zu den ordentlichen Gerichten gegeben (s. BGH vom 11.12.1974, VIII ZR 186/73, NJW 1975, 310).

158 Bestehen ernstliche Zweifel, ob die Leistung der Umsatzsteuer unterliegt, kann der Leistungsempfänger die Erteilung einer Rechnung mit gesondert ausgewiesener Steuer nur verlangen, wenn der Vorgang bestandskräftig der Umsatzsteuer unterworfen wurde (s. BGH vom 26.06.2014, VII ZR 247/13, BB 2014, 1729).

159–160 Einstweilen frei

3. Einfuhrumsatzsteuer als Vorsteuer, § 15 Abs. 1 Satz 1 Nr. 2 UStG

3.1 Überblick

Nach § 15 Abs. 1 Satz 1 Nr. 2 UStG kann der abzugsberechtigte Unternehmer (s. Rn. 49–57/1): 161

- Die entstandene Einfuhrumsatzsteuer für Gegenstände (s. Rn. 163 und 168),
- die für sein Unternehmen (s. Rn. 169–171)
- nach § 1 Abs. 1 Nr. 4 UStG eingeführt worden sind (s. Rn. 172–173)

als Vorsteuer abziehen, wenn er die bezogene Lieferung zur Ausführung von Umsätzen verwendet, die den Vorsteuerabzug nicht ausschließen (s. Rn. 268). Die Unternehmereigenschaft i.S.d. § 2 UStG (s. § 2 Abs. 1 Rn. 4 ff.) muss für den Vorsteuerabzug im Zeitpunkt der Einfuhr bereits vorhanden gewesen sein.

Beachte! Der Einfuhrumsatzsteuer unterliegen gem. § 1 Abs. 1 Nr. 4 UStG aber auch Einfuhren durch Nichtunternehmer (z.B. Privatleute), die insoweit nicht zum Vorsteuerabzug berechtigt sind. 161/1

Die **Abzugsfähigkeit der Einfuhrumsatzsteuer als Vorsteuer** soll den Unternehmer nicht schlechter stellen als bei einem Inlandserwerb. Dies wird dem Neutralitätsgrundsatz gerecht. Der Vorsteuerabzug nach Nr. 1 und Nr. 2 schließen sich gegenseitig aus, sodass der Unternehmer eine im Zusammenhang mit der Lieferung eines Gegenstands gesondert in Rechnung gestellte Steuer grundsätzlich nicht neben der Einfuhrumsatzsteuer abziehen kann (s. Abschn. 15.8 Abs. 10 UStAE mit Ausnahmen). 162

3.2 Entstandene Einfuhrumsatzsteuer

3.2.1 Rechtslage seit dem 30.06.2013

Abzugsfähig ist nach der Neufassung der Vorschrift durch das Amtshilferichtlinie-Umsetzungsgesetz vom 26.06.2013 (BGBl I 2013, 1809) die **entstandene Einfuhrumsatzsteuer** für nach dem 29.06.2013 im Inland oder in den österreichischen Gebieten Jungholz und Mittelberg eingeführte Gegenstände. Für die Entstehung der Einfuhrumsatzsteuer gelten gem. § 13 Abs. 2 i.V.m. § 21 Abs. 2 UStG die Vorschriften für Zölle sinngemäß (s. § 21 Rn. 5 ff.). Die Entstehung ist durch zollamtlichen Beleg nachzuweisen (s. Abschn. 15.11 Abs. 1 Nr. 2 UStAE). 163

Die Vorschrift stellt nach ihrem Wortlaut allein auf die Entstehung ab und enthält keine Beschränkung auf die materiell rechtmäßig entstandene Steuer. Daher ist bei Vorliegen der weiteren Voraussetzungen auch eine zu hoch (z.B. fehlerhafte Berechnung der Bemessungsgrundlage, s. § 10 Rn. 6 ff. zur Berechnung der Bemessungsgrundlage) oder zu niedrig (z.B. Nichtberücksichtigung von Beförderungskosten) festgesetzte Einfuhrumsatzsteuer in voller Höhe abzugsfähig. Hierzu korrespondierend lehnen die Zollbehörden einen Erlass, eine Erstattung oder eine Nacherhebung regelmäßig ab, wenn eine Vorsteuerabzugsberechtigung in voller Höhe vorliegt. 164

3.2.2 Rechtslage bis zum 29.06.2013

Die bis zum 29.06.2013 geltende Rechtslage setzte für den Vorsteuerabzug der Einfuhrumsatzsteuer deren vorherige Entrichtung (Zahlung) voraus. Im Voranmeldungszeitraum der Entrichtung war sodann die Vorsteuer abzugsfähig; dies war durch einen zollamtlichen Beleg (z.B. Abgabenbescheid oder Ersatzbeleg des zuständigen Zollamts und bei Einfuhren über das IT-Verfahren ATLAS auch elektronisch bzw. durch Ausdruck des elektronisch übermittelten Bescheids, s. Abschn. 15.8 Abs. 1 Satz 2 i.V.m. 15.11 Abs. 1 Nr. 2 UStAE) nachzuweisen. 165

Nur im Falle eines Zahlungsaufschubs konnte die Einfuhrumsatzsteuer bereits im Zeitpunkt ihres Entstehens als Vorsteuer abgezogen werden (s. § 16 Abs. 2 Satz 3–4 UStG in der bis zum 29.06.2013 geltenden Fassung). Wurde die Einfuhrumsatzsteuer bei Fälligkeit sodann nicht oder nicht in voller Höhe entrichtet, hatte eine Berichtigung des Vorsteuerabzugs zu erfolgen. 166

Diese Rechtslage war jedoch **unionsrechtswidrig**. So entschied der EuGH auf ein französisches Vorabentscheidungsersuchen, dass das Recht auf Abzug der Einfuhrumsatzsteuer als Vorsteuer nicht von der tatsächlichen vorherigen Zahlung durch den Steuerschuldner abhängig gemacht werden kann, wenn dieser auch der Abzugsberechtigte ist (s. EuGH vom 29.03.2012, C-414/10, DStR 2012, 697). Es wurde auf Art. 168 167

Buchst. e MwStSystRL verwiesen, der den Unternehmer berechtigt, vom Betrag der von ihm geschuldeten Steuer die Mehrwertsteuer abzuziehen, die für die Einfuhr von Gegenständen geschuldet oder entrichtet worden ist und damit auch die geschuldete und noch zu entrichtende Steuer beinhaltet. Mit der Anknüpfung an die Entstehung ist die tatsächliche Zahlung mithin nicht mehr entscheidend, was nunmehr zu einem Liquiditätsvorteil führen kann.

167/1 **Hinweis!** Der EuGH hat in diesem Zusammenhang aber auch festgestellt, dass die Einfuhrumsatzsteuer nur dann geschuldet wird, wenn sie rechtlich auch durchsetzbar ist, so dass fraglich ist, ob die Einfuhrumsatzsteuer auch dann noch abgezogen werden kann, wenn der Unternehmer die Einfuhrumsatzsteuer nicht mehr entrichten muss, weil diese nicht mehr durchsetzbar ist (z.B. im Insolvenzverfahren).

168 Der Unternehmer kann sich in allen offenen Fällen jedoch auf das für ihn günstigere Unionsrecht berufen und den Abzug der entstandenen Einfuhrumsatzsteuer unmittelbar aus Art. 168 Buchst. e MwStSystRL geltend machen (s. BMF vom 15.11.2013, IV D 2-S 7300/12/10003, BStBl I 2013, 1475; vom 07.07.2011, BStBl I 2011, 739).

3.3 Einfuhr für das Unternehmen

169 Der **Unternehmer muss den Gegenstand für sein Unternehmen einführen** (s. Rn. 62 ff.). Dies liegt vor, wenn dieser den Gegenstand im Inland zum zoll- und steuerrechtlich freien Verkehr abfertigt und die Einfuhrumsatzsteuer Eingang in den Preis der Ausgangsumsätze oder in den Preis der Gegenstände oder Dienstleistungen findet, die der Unternehmer im Rahmen seiner wirtschaftlichen Tätigkeiten liefert bzw. erbringt (s. BFH vom 11.11.2015, V R 68/14, BFH/NV 2016, 357; EuGH vom 25.06.2015, C-187/14, UR 2015, 838). Daher reicht es für den Vorsteuerabzug der Einfuhrumsatzsteuer nicht aus, wenn der Unternehmer an der eingeführten Ware nur eine unternehmerische Leistung erbringt (z.B. Beförderungsleistung). Insoweit hat der BFH die bisherige Verwaltungsauffassung, nach der es für den Vorsteuerabzug auf die Verfügungsmacht an dem eingeführten Gegenstand im Zeitpunkt der Einfuhr ankommt (s. Abschn. 15.8 Abs. 4 UStAE), dahin gehend modifiziert, dass der Warenwert Eingang in den Preis der Ausgangsumsätze finden muss (s. BFH vom 11.11.2015, a.a.O.). Konsequenterweise ist daher im Fall des § 3 Abs. 8 UStG davon auszugehen, dass dem Abnehmer die Verfügungsmacht an dem Gegenstand erst im Inland verschafft wird und dementsprechend der Lieferer zum Abzug der Einfuhrumsatzsteuer berechtigt (s. Abschn. 15.8 Abs. 6 UStAE).

170 Auf die **Steuerschuldnerschaft** oder die Person, die den Gegenstand über die Grenze gebracht hat, ist nicht abzustellen (s. Abschn. 15.8 Abs. 4 Satz 3 UStAE). Mithin sind Personen, die bei der Einfuhr mitgewirkt haben (z.B. Spediteure oder Frachtführer), nicht abzugsberechtigt (s. Abschn. 15.8 Abs. 5 Satz 3 UStAE).

171 Zur Behandlung der Fälle, in denen der Abnehmer den ihm gelieferten Gegenstand nicht annimmt, nachdem dieser in das Inland eingeführt wurde, s. Abschn. 15.8 Abs. 11 UStAE.

3.4 Einfuhr nach § 1 Abs. 1 Nr. 4 UStG – Inland, österreichische Gebiete Jungholz und Mittelberg

172 Die Einfuhr nach § 1 Abs. 1 Nr. 4 UStG stellt eine Einfuhr im Inland oder in die österreichischen Gebiete Jungholz und Mittelberg dar. Nach Art. 30 MwStSystRL wird bei einer Einfuhr der Gegenstand aus dem Drittlandsgebiet in das Gemeinschaftsgebiet verbracht. Nach Art. 60 MwStSystRL erfolgt die Einfuhr in dem Mitgliedstaat, in dessen Hoheitsgebiet sich der Gegenstand im Zeitpunkt des Verbringens befindet. Eine Einfuhr, die in einem anderen Mitgliedstaat zum freien Verkehr abgefertigt worden ist, stellt mithin keine Einfuhr im Inland dar (Ausnahme: österreichische Gebiete Jungholz und Mittelberg).

173 Abziehbar ist auch die Einfuhrumsatzsteuer für die Gegenstände, die zur Ausführung bestimmter Umsätze in den in § 1 Abs. 3 UStG bezeichneten Gebieten verwendet werden, s. Abschn. 15.9 UStAE.

3.5 Ausübung und Zeitpunkt des Vorsteuerabzugs

Art. 178 Buchst. e MwStSystRL verlangt ein die Einfuhr bescheinigendes Dokument, das den Unternehmer als Empfänger der Lieferung oder Importeur und den Betrag der geschuldeten Mehrwertsteuer ausweist oder deren Berechnung ermöglicht. Als solcher gilt nach Abschn. 15.11 Abs. 1 Satz 2 Nr. 2 UStAE ein **zollamtlicher Beleg** (z.B. der Einfuhrabgabenbescheid) oder ein vom zuständigen Zollamt bescheinigter Ersatzbeleg (z.B. Ersatzbeleg für den Vorsteuerabzug nach amtlich vorgeschriebenem Muster). Bei über das IT-Verfahren ATLAS abgewickelten Einfuhren kann der Nachweis elektronisch bzw. durch einen Ausdruck des elektronisch übermittelten Bescheids über die Einfuhrabgaben geführt werden (s. Art. 52 MwSt-DVO). Das Recht auf Vorsteuerabzug ist in dem Voranmeldungszeitraum auszuüben, in dem das Abzugsrecht entstanden ist und das die Einfuhr bescheinigende Dokument vorliegt (s. BFH vom 13.02.2014, V R 8/13, BStBl II 2014, 595). 174

Weist der im IT-Verfahren ATLAS erstellte Steuerbescheid als Anmelder die unter der eingetragenen (falschen) Zollnummer registrierte Firma aus und nicht den tatsächlichen Zollbeteiligten, kann der Vorsteuerabzug aus Billigkeitsgründen auch bei unzutreffender Bezeichnung im nicht mehr änderbaren Bescheidausdruck zugelassen werden, wenn der Unternehmer durch weitere Unterlagen nachweisen kann, dass er zum Vorsteuerabzug berechtigt ist. Dies kann durch eine Bestätigung des Spediteurs über die versehentlich unrichtigen Angaben bei der Zollanmeldung erfolgen (s. OFD Karlsruhe vom 12.12.2013, UR 2014, 242). 175

Die objektive Beweislast für das Vorliegen der anspruchsbegründenden Tatsachen trägt der Unternehmer (s. Rn. 21 ff.). 176

Die **Beantragung des Vorsteuerabzugs** erfolgt über die Umsatzsteuervoranmeldung bzw. Umsatzsteuer-Jahreserklärung. Wird die Einfuhrumsatzsteuer bei Fälligkeit nicht oder nicht in voller Höhe entrichtet ist § 17 Abs. 3 UStG entsprechend anwendbar und insoweit eine Berichtigung vorzunehmen (s. Stadie in Rau/Dürrwächter, § 15 UStG Rn. 790). 177

Einstweilen frei 178–179

4. Steuer für den innergemeinschaftlichen Erwerb als Vorsteuer, § 15 Abs. 1 Satz 1 Nr. 3 UStG

4.1 Regelungsüberblick

Nach § 15 Abs. 1 Satz 1 Nr. 3 UStG kann der abzugsberechtigte Unternehmer (s. Rn. 49–57/1): 180

- Die Steuer für den innergemeinschaftlichen Erwerb von Gegenständen i.S.d. § 1 Abs. 1 Nr. 5 i.V.m. § 1a UStG (s. § 1a Rn. 14 ff.),
- die er für sein Unternehmen bezieht (s. Rn. 62–93/1),
- wenn der innergemeinschaftliche Erwerb nach § 3d Satz 1 UStG im Inland bewirkt wird (s. Rn. 183–189)

als Vorsteuer abziehen, wenn er die bezogene Lieferung zur Ausführung von Umsätzen verwendet, die den Vorsteuerabzug nicht ausschließen (s. Rn. 268).

4.2 Ausübung und Zeitpunkt des Vorsteuerabzugs

Das **Recht auf den Vorsteuerabzug** entsteht in demselben **Zeitpunkt**, in dem die Steuer für den innergemeinschaftlichen Erwerb gem. § 13 Abs. 1 Nr. 6 UStG entsteht (s. § 13 Rn. 44 ff.; s. Abschn. 15.10 Abs. 3 Satz 1 UStAE). Nach dem Sinn und Zweck der Regelung kann der Unternehmer entsprechend Art. 167 MwStSystRL grundsätzlich in dem Voranmeldungszeitraum, in dem er den innergemeinschaftlichen Erwerb zu versteuern hat, den korrespondierenden Vorsteuerabzug geltend machen (s. Abschn. 15.10 Abs. 3 Satz 2 UStAE; EuGH vom 01.04.2004, C-90/02, UR 2004, 367). Eine tatsächliche Steuerbelastung tritt im Ergebnis in diesem Zeitpunkt nur dann ein, wenn der Vorsteuerabzug durch die Abs. 1a-4 UStG ganz oder teilweise ausgeschlossen ist. Andernfalls ist die Besteuerung des innergemeinschaftlichen Erwerbs bei vorsteuerabzugsberechtigten Unternehmern wirtschaftlich betrachtet ein „Nullsummenspiel“. 181

Abweichend von § 15 Abs. 1 Satz 1 Nr. 1 Satz 2 UStG setzt die Ausübung des Vorsteuerabzugsrechts **keine Rechnung** voraus (EuGH vom 01.04.2004, C-90/02, UR 2004, 367); mithin ist auch nicht auf das 182

Vorliegen von Rechnungsvoraussetzungen abzustellen. Insoweit hat Deutschland von der nach Art. 181 MwStSystRL zugelassenen Abweichung Gebrauch gemacht.

4.3 Nach § 3d Satz 1 UStG im Inland bewirkt

183 Seit dem 30.06.2013 ist in § 15 Abs. 1 **Satz 1 Nr. 3 a.E. UStG** normiert, dass sich der Vorsteuerabzug der Erwerbsteuer auf die nach § 3d Satz 1 UStG im Inland entstandene Erwerbsteuer beschränkt. Nach § 3d Satz 1 UStG wird der innergemeinschaftliche Erwerb in dem Mitgliedstaat bewirkt, in dem sich der Gegenstand am Ende der Beförderung oder Versendung befindet (s. Art. 40 MwStSystRL). Ausgeschlossen vom Vorsteuerabzug ist mithin die **Erwerbsteuer i.S.d. § 3d Satz 2 UStG**, die entsteht, wenn der Erwerber eine von dem Mitgliedstaat am Ende der Beförderung oder Versendung abweichende USt-IdNr. verwendet (sog. fiktiver innergemeinschaftlicher Erwerb) (s. Art. 41 MwStSystRL). Diese Rechtsänderung entspricht der Rechtsprechung des EuGH (s. EuGH vom 22.04.2010, C-536/08 und C-539/08, DStR 2010, 926); im Ergebnis wird das Bestimmungslandprinzip durchgesetzt.

183/1 **Beispiel:** Der französische Lieferant F aus Paris liefert dem deutschen Unternehmer D aus Berlin Waren, die in ein Lager des D in Wien gelangen. D ist in Österreich noch nicht umsatzsteuerlich registriert und verwendet gegenüber F seine deutsche USt-IdNr.

Lösung: Die deutsche Erwerbsteuer entsteht mithin – neben der österreichischen Erwerbsteuer – nach § 3d Satz 2 UStG, da die verwendete (deutsche) USt-IdNr. vom Land des Endes der Beförderung oder Versendung (Österreich) abweicht. Der Unternehmer D ist daher grundsätzlich nicht zum Abzug der deutschen Erwerbsteuer nach § 15 Abs. 1 Satz 1 Nr. 3 UStG berechtigt.

183/2 **Beachte!** Dies führt in der Praxis nach unseren Erfahrungen zu einer erhöhten Fehleranfälligkeit und stellt insbesondere bei sog. Intercompany-Sachverhalten im In- und Ausland ein erhöhtes Risiko dar.

184 Für bis zum 29.06.2013 ausgeführte innergemeinschaftliche Erwerbe ist die alte Fassung des § 15 Abs. 1 Satz 1 Nr. 3 UStG in allen offenen Fällen entsprechend richtlinienkonform (einschränkend) auszulegen (s. BFH vom 08.09.2010, XI R 40/08, BStBl II 2011, 661).

185 Die **Entlastung des Unternehmers von der Steuer auf den fiktiven innergemeinschaftlichen Erwerb** erfolgt in diesem speziellen Fall nicht durch die Gewährung des Vorsteuerabzugs, sondern nach § 17 Abs. 2 Nr. 4 i.V.m. Abs. 1 Satz 1 UStG durch eine Verminderung der Bemessungsgrundlage für den nach § 3d Satz 2 UStG steuerpflichtigen Umsatz, wenn der Unternehmer die Besteuerung im Mitgliedstaat der Beendigung der Beförderung nachweist (s. BFH vom 01.09.2010, V R 39/08, BStBl II 2011, 658). Eine etwaige Berichtigung nach § 17 Abs. 2 Nr. 4 UStG kann in sinngemäßer Anwendung des § 17 Abs. 1 Satz 3 UStG bzw. Abs. 1 Satz 7 UStG erst in dem Besteuerungszeitraum erfolgen, in dem der Nachweis durchgeführt ist (s. BFH vom 01.09.2010, V R 39/08, BStBl II 2011, 658).

186 Im Rahmen eines **innergemeinschaftlichen Dreiecksgeschäfts** wird die Steuer für die Lieferung des ersten Abnehmers an den letzten Abnehmer nur von letzterem geschuldet, sodass nur der letzte Abnehmer zum Abzug der Erwerbsteuer als Vorsteuer berechtigt ist (s. § 25b Rn. 2 ff.).

187–189 Einstweilen frei

5. Vorsteuerabzug der nach § 13b UStG geschuldeten Umsatzsteuer, § 15 Abs. 1 Satz 1 Nr. 4 UStG

5.1 Regelungsüberblick

190 Nach § 15 Abs. 1 Satz 1 Nr. 4 UStG kann der abzugsberechtigte Unternehmer (s. Rn. 49–57/1):

- Die von ihm nach § 13b Abs. 5 UStG geschuldete Umsatzsteuer (s. § 13b Rn. 11 ff.; 16 ff.),
- aus für sein Unternehmen bezogenen Eingangsleistungen (s. Rn. 62)

als Vorsteuer abziehen, wenn er diese Eingangsleistung zur Ausführung von Umsätzen verwendet, die den Vorsteuerabzug nicht ausschließen (s. Rn. 268).

Besondere Bedeutung erlangt hier die Verwendung der empfangenen Leistungen für das Unternehmen des vorsteuerabzugsberechtigten Unternehmers (s. Rn. 62–93/1), da sowohl juristische Personen als auch Unternehmer, die die Leistungen für ihren nichtunternehmerischen Bereich beziehen, die Steuer nach § 13b Abs. 5 UStG in bestimmten Fällen schulden. 191

Beispiel: Bauleistender A lässt sich vom Malermeister M seine privaten Wohnräume streichen. A schuldet die Umsatzsteuer i.H.d. Regelsteuersatzes, ist jedoch nicht zum Vorsteuerabzug berechtigt. 191/1

Der **Vorsteuerabzug** ist auch für Kleinunternehmer i.S.d. § 19 UStG (s. § 19 Rn. 3 ff.) und für nach § 24 UStG pauschal besteuernde Land- und Forstwirte **ausgeschlossen**, obwohl auch diese Leistungsempfänger eine Besteuerung nach § 13b UStG vornehmen müssen. Deshalb steht ihnen aber gerade kein Vorsteuerabzugsrecht zu (entgegen Looks in Weymüller, § 15 UStG Rn. 125.1), da lediglich die Steuerschuldnerschaft übergeht und diese Leistungsempfänger dadurch nicht besser gestellt werden dürfen. Denn auch offen vom Leistenden ausgewiesene Umsatzsteuer können Kleinunternehmer nicht als Vorsteuer abziehen (s. Rn. 36). 192

Besonderheiten: 193

- Zur Frage des Vorsteuerabzugs aus Reisevorleistungen, s. Rn. 40 und des Abzugs der nach § 13b Abs. 5 UStG geschuldeten Steuer des Wiederverkäufers bei Differenzbesteuerung nach § 25a Abs. 2 UStG, s. Rn. 41.
- Beim sog. innergemeinschaftlichen Dreiecksgeschäft schuldet der letzte Abnehmer die Steuer für die Lieferung an diesen (s. § 25b Abs. 2 UStG), sodass dieser zum Abzug der geschuldeten Steuer als Vorsteuer berechtigt ist (s. § 25b Abs. 5 UStG). § 25b UStG geht sowohl § 13b UStG als auch § 15 Abs. 1 Satz 1 Nr. 4 UStG vor.
- Im Gemeinschaftsgebiet nichtansässige Unternehmer, die im Inland nur Steuern nach § 13b UStG schulden, haben den Vorsteuerabzug im allgemeinen Besteuerungsverfahren geltend zu machen (s. § 18 Rn. 3 ff.; BFH vom 14.04.2011, V R 14/10, BStBl II 2011, 834). Gem. **§ 15 Abs. 4b UStG** sind aber die Einschränkungen des § 18 Abs. 9 Satz 4-5 UStG entsprechend zu berücksichtigten, es sei denn sie schulden daneben auch Umsatzsteuer für die Ausführung anderer steuerpflichtiger Umsätze im Inland.
- Ein im Ausland ansässiger Unternehmer kann, wenn er entweder keine Umsätze oder nur §13b-Umsätze ausgeführt hat, seinen Vorsteuerabzug nur im Vorsteuer-Vergütungsverfahren geltend machen (s. § 18 Abs. 9 UStG, §§ 59–61a UStDV).

5.2 Ausübung und Zeitpunkt des Vorsteuerabzugs

Das Recht auf Vorsteuerabzug setzt bei § 15 Abs. 1 Satz 1 Nr. 4 UStG **keine Rechnung** voraus (s. EuGH vom 01.04.2004, C-90/02, UR 2004, 367; BFH vom 17.06.2004, V R 61/00, BStBl II 2004, 970). Insoweit kann dem Vorsteuerabzug auch der fehlende Rechnungshinweis auf die Steuerschuldnerschaft des Leistungsempfängers (s. § 14a Abs. 5 Satz 2 UStG) nicht entgegenstehen (s. Abschn. 13b.15 Abs. 2 UStAE). 194

Nach dem Sinn und Zweck der Regelung **entsteht der Vorsteuerabzug** mit Ablauf desselben Voranmeldungszeitraums, in dem die Steuer für die empfangene Leistung i.S.d. § 13b Abs. 1-2 UStG entsteht (s. § 13b Rn. 16 ff.), sodass sich die nach § 13b Abs. 5 UStG geschuldete Umsatzsteuer und der Vorsteuerabzug nach § 15 Abs. 1 Satz 1 Nr. 4 UStG unter den weiteren Voraussetzungen des § 15 UStG regelmäßig neutralisieren. 195

Der Leistungsempfänger muss zum Zwecke der Erstellung der Umsatzsteueranmeldung die Bemessungsgrundlage schätzen, sofern ihm noch keine Rechnung vorliegt (Abschn. 13b.15 Abs. 3 UStAE). 196

Wird in einer Rechnung über eine Leistung, für die der Leistungsempfänger nach § 13b Abs. 5 UStG die Steuer schuldet, trotzdem Umsatzsteuer ausgewiesen, schuldet der Rechnungsaussteller die Umsatzsteuer nach § 14c Abs. 1 UStG; diese kann der Leistungsempfänger nicht nach § 15 Abs. 1 Satz 1 Nr. 1 UStG als Vorsteuer abziehen (s. Rn. 107 ff.; zur Vereinfachungsregelung s. Rn. 199). Die übrigen Rechtsfolgen des § 13b UStG sind vom Leistungsempfänger jedoch trotzdem zu beachten, sodass der Vorsteuerabzug nach § 15 Abs. 1 Satz 1 Nr. 4 UStG davon auch unberührt bleibt. 197

198 Die auf eine Zahlung vor Leistungsausführung (bzw. **Vorauszahlung, Anzahlung, Abschlagszahlung)** entfallende Steuer kann gem. § 15 Abs. 1 Satz 1 Nr. 4 Satz 2 UStG bereits in dem Voranmeldungszeitraum als Vorsteuer abgezogen werden, in dem die Zahlung geleistet worden ist. Hierdurch wird ein Gleichklang mit der entsprechenden Steuerentstehung nach § 13b Abs. 4 Satz 2 UStG erreicht.

199 Für die Ausübung des Vorsteuerabzugs ist die **Vereinfachungsregel des Abschn. 13b.8 UStAE** entsprechend anzuwenden. Danach wird es von der Finanzverwaltung nicht beanstandet, wenn sich Leistender und Leistungsempfänger über die Anwendung von § 13b UStG in besonderen Fällen einig waren, obwohl die Voraussetzungen hierfür fraglich oder sich später herausstellt, dass die Voraussetzungen hierfür nicht vorgelegen haben und der Umsatz vom Leistungsempfänger in zutreffender Höhe versteuert wird. Für den umgekehrten Fall gilt dies aber nicht.

200 Einstweilen frei

6. Vorsteuerabzug der nach § 13a Abs. 1 Nr. 6 UStG geschuldeten Steuer, § 15 Abs. 1 Satz 1 Nr. 5 UStG

201 Diese Vorschrift ermöglicht dem sog. Auslagerer den Vorsteuerabzug der von ihm nach § 13a Abs. 1 Nr. 6 UStG geschuldeten Umsatzsteuer, soweit er Abnehmer der letzten vor der Auslagerung liegenden Lieferung ist, wenn er die Lieferung für sein Unternehmen bezieht (s. Rn. 62 ff.) und zur Ausführung von Umsätzen verwendet, die den Vorsteuerabzug nicht ausschließen (s. Rn. 268).

201/1 **Beispiel:** Der Unternehmer A veräußert in einem Umsatzsteuerlager eingelagerte Kartoffeln an den Unternehmer B, der diese für sein Unternehmen zur Weiterveräußerung bezieht.

a) B holt die Kartoffeln später aus dem Lager ab.

b) A versendet die Kartoffeln danach aus dem Lager an B.

Lösung:

a) Die Lieferung von A an B ist als Lagerlieferung nach § 4 Nr. 4a Satz 1 Buchst. a Satz 1 UStG steuerfrei. Im Zeitpunkt der Abholung (Auslagerung) durch B wird die Lieferung von A an B gem. § 4 Nr. 4a Satz 1 Buchst. a Satz 2 UStG steuerpflichtig. Steuerschuldner ist B gem. § 13a Abs. 1 Nr. 6 UStG, der die von ihm geschuldete Umsatzsteuer gem. § 15 Abs. 1 Satz 1 Nr. 5 UStG unter den weiteren Voraussetzungen des § 15 Abs. 1 UStG als Vorsteuer abziehen kann.

b) Im Unterschied zur vorherigen Lösung erfolgt hier die Auslagerung durch A, so dass diesem die Auslagerung zuzurechnen ist und er daher Steuerschuldner der steuerpflichtigen Lieferung ist. Ein Vorsteuerabzug nach § 15 Abs. 1 Satz 1 Nr. 5 UStG scheidet aber aus, da A Lieferer und nicht Abnehmer der Kartoffellieferung ist. Stellt der A dem B hierüber aber eine Rechnung nach §§ 14, 14a UStG aus, kann B die von A geschuldete Umsatzsteuer unter den weiteren Voraussetzungen des § 15 Abs. 1 Satz 1 Nr. 1 UStG als Vorsteuer abziehen.

202 Der **Vorsteuerabzug** ist auch **ohne gesonderten Ausweis der Steuer in einer Rechnung** möglich (s. BMF vom 28.01.2004, IV D 1-S 7157-1/04/IV -D 1-S 7157a-1/04, BStBl I 2004, 242). Nach dem Sinn und Zweck der Vorschrift ist der Vorsteuerabzug in dem Voranmeldungszeitraum geltend zu machen, in dem auch die durch die Auslagerung nach § 13a Abs. 1 Nr. 6 UStG ausgelöste Steuer für die Vorlieferung anzumelden ist.

203 Soweit an im Inland nicht ansässige Unternehmer Lieferungen ausgeführt werden, für die diese die Steuer als Auslagerer nach § 13a Abs. 1 Nr. 6 UStG schulden, haben diese die für Vorleistungen in Rechnung gestellte Umsatzsteuer im allgemeinen Besteuerungsverfahren und nicht im Vorsteuer-Vergütungsverfahren als Vorsteuer geltend zu machen (s. BMF vom 28.01.2004, IV D 1-S 7157-1/04/IV -D 1-S 7157a-1/04, BStBl I 2004, 242).

7. Unternehmerische Mindestnutzung, § 15 Abs. 1 Satz 2 UStG

7.1 Überblick

Nach dieser Vorschrift gilt die Lieferung, die Einfuhr oder der innergemeinschaftliche Erwerb eines gemischt genutzten (körperlichen) Gegenstands, den der Unternehmer zu weniger als 10 % für sein Unternehmen nutzt (sog. **unternehmerische Mindestnutzung**), als nicht für das Unternehmen ausgeführt. Trotz des Vorliegens der Voraussetzungen des § 15 Abs. 1 Satz 1 Nr. 1–6 UStG ist bei Unterschreiten der unternehmerischen Mindestnutzung der Vorsteuerabzug daher nicht möglich. Die Ermittlung der 10 %-Grenze folgt den bei der Aufteilung der Vorsteuer nach § 15 Abs. 4 UStG zu beachtenden Grundsätzen (s. Rn. 295 ff.). 204

Bei dieser Regelung handelt es sich aufgrund des Wortlauts und der systematischen Stellung der Vorschrift technisch nicht um ein Vorsteuerabzugsverbot. Es wird bereits vorab die Zuordnung eines Gegenstandes zum Unternehmen verhindert, soweit die unternehmerische Mindestnutzung nicht erreicht wird. Es erfolgt eine zwangsweise Zuordnung zum nichtunternehmerischen Bereich des Unternehmers. Eine entsprechende Nutzungsänderung kann deshalb auch nicht zu einer Vorsteuerberichtigung i.S.d. § 15a UStG führen (s. Abschn. 15a.1 Abs. 6 Nr. 5 UStAE). 205

Im Hinblick auf den Sofortabzug der Vorsteuer bei Leistungsbezug muss der Unternehmer seine Verwendungsabsicht, den Gegenstand mindestens zu 10 % für sein Unternehmen nutzen zu wollen, durch objektive Anhaltspunkte belegen können (s. Rn. 73 und zur Zuordnungsentscheidung, s. Rn. 90). 206

Bei Zweitfahrzeugen von Einzelunternehmern, Alleinfahrzeugen bei einer nebenberuflichen Unternehmertätigkeit oder bei Personengesellschaften – bei denen ein Gesellschafter mehr als ein Fahrzeug privat nutzt – geht die Finanzverwaltung hinsichtlich der weiteren privat genutzten Fahrzeuge regelmäßig davon aus, dass diese Fahrzeuge zu weniger als 10 % unternehmerisch genutzt werden (s. BMF vom 27.08.2004, IV B 7-S 7300-70/04, BStBl I 2004, 864; a.A. FG Saarland vom 12.04.2005, 1 K 139/02, EFG 2005, 1653, rkr.). 207

Sonstige Leistungen unterliegen nicht der unternehmerischen Mindestnutzung und dürfen daher mit ihrem unternehmerischen Anteil auch dann anteilig berücksichtigt werden, wenn sie insgesamt zu weniger als 10% für das Unternehmen bezogen werden (s. Rn. 62–93/1). Insoweit kommt der Abgrenzung zwischen Lieferungen und sonstigen Leistungen erhebliche Bedeutung zu. Ob die Trennung auch für die Herstellung von z.B. Gebäuden gelten kann, ist zumindest fragwürdig, da andernfalls zwischen Materiallieferungen und Bauleistungen mit unterschiedlichen Rechtsfolgen zu differenzieren wäre (s. Stadie in Rau/Dürrwächter, § 15 UStG Rn. 870 ff.: Gleichstellung mit einer Lieferung). 208

Beachte! Wenn der Gegenstand selbst nicht dem Unternehmen zugeordnet werden durfte, sind aber die (sonstigen) Leistungen für seinen Gebrauch und seiner Erhaltung für den unternehmerischen Einsatz des Gegenstands vom Zuordnungsverbot nicht betroffen (s. EuGH vom 08.03.2001, C-415/98, DStRE 2001, 419; Abschn. 15.2c Abs. 3 UStAE). 208/1

Eine **nachträgliche Unter- oder Überschreitung** der 10 %-Grenze in einem Folgejahr bleibt ohne Auswirkung auf den ursprünglichen Vorsteuerabzug. Eine Zwangsentnahme aus dem Unternehmensvermögen hat ebenso wenig zu erfolgen, wie im umgekehrten Fall eine Einlage nicht geboten ist. Eine Sacheinlage berechtigt im Übrigen auch nicht nachträglich zum Vorsteuerabzug bzw. zur Vorsteuerberichtigung (s. Rn. 81). 209

7.2 Unionsrechtliche Grundlagen

Die unternehmerische Mindestnutzung wurde mit Wirkung zum 01.04.1999 durch das Steuerentlastungsgesetz 1999/2000/2002 vom 24.03.1999 (BGBl I 1999, 402) eingeführt und ist grundsätzlich mit Art. 168 MwStSystRL unvereinbar. Allerdings ist nach Auffassung des Rates der Europäischen Union diese Ausnahme vom Recht auf Vorsteuerabzug zur Vereinfachung der Steuererhebung gerechtfertigt, sodass Deutschland auf Grundlage des Art. 395 MwStSystRL zu einer abweichenden Sondermaßnahme ermächtigt wurde (s. Entscheidung des Rates der Europäischen Union vom 28.02.2000, ABl. EG 2000, Nr. L 59, 12). Zu Beginn war die Ermächtigung bis zum 31.12.2002 befristet. 210

Aktuell ist die Ermächtigung für § 15 Abs. 1 Satz 2 UStG **befristet bis zum 31.12.2018** (s. Durchführungsbeschluss des Rates vom 10.12.2015, ABl. EU 2015, Nr. L 334, 12). 211

212 Inhaltlich umfasste die bis zum 31.12.2015 befristete Ermächtigung, Ausgaben für solche Gegenstände und Dienstleistungen vom Abzug der Mehrwertsteuer auszuschließen, die zu mehr als 90 % für private Zwecke des Steuerpflichtigen oder seines Personals oder allgemein für unternehmensfremde Zwecke genutzt werden (s. Durchführungsbeschluss des Rates der Europäischen Union vom 13.11.2012, ABl. EU 2012, Nr. L 319, 8). Diese Ermächtigung umfasste insoweit aber nicht solche Gegenstände und Dienstleistungen, die der Unternehmer zu mehr als 90 % für nichtwirtschaftliche Tätigkeiten nutzt (EuGH vom 15.09.2016, C-400/15, DStR 2016, 2219; Vorlage des BFH vom 16.06.2015, XI R 15/13, BStBl II 2015, 865). In diesen Fällen ist daher eine vollständige Zuordnung zum Unternehmen möglich und der Vorsteuerabzug insoweit nicht ausgeschlossen. Für Leistungsbezüge ab dem 01.01.2016 erweitert der neue Durchführungsbeschluss des Rates vom 10.12.2015 (a.a.O.) aber die Ausnahmeregelung ausdrücklich auch auf Gegenstände und Dienstleistung im Zusammenhang mit nichtwirtschaftlichen Tätigkeiten.

7.3 Geltungszeitraum

213 Die Ermächtigungen des Rates der Europäischen Union können grundsätzlich keine rückwirkende Rechtskraft entfalten, da der EuGH bereits im Zusammenhang mit einer Parallelermächtigung zu § 15 Abs. 1b a.F. UStG die entsprechende Rückwirkung verneint hat (s. EuGH vom 29.04.2004, C-17/01, BStBl II 2004, 806). Es sind keine Gründe ersichtlich, weshalb die Ausführungen des EuGH nicht auch der Ermächtigung zur unternehmerischen Mindestnutzung entgegengehalten werden können, sodass dementsprechend die unternehmerische Mindestnutzung **im Zeitraum vom 01.04.1999 bis** zur Veröffentlichung der Ratsermächtigung am **04.03.2000 nicht anwendbar** war (s. Entscheidung des Rates vom 28.02.2000, ABl. EG 2000, Nr. L 59, 12).

214 Die Verlängerung der Befristung über den 01.01.2003 hinaus (s. Rn. 210) erfolgte verspätet durch Ermächtigung vom 13.05.2003 (s. ABl. EG 2003, Nr. L 123, 47, veröffentlicht am 18.05.2003). Diese Ermächtigung war wiederum bis zum 30.06.2004 befristet und wurde wieder verspätet durch Ermächtigung vom 19.11.2004 bis zum 31.12.2009 verlängert (s. ABl. EU 2004, Nr. L 357, 33, veröffentlicht am 03.12.2004). Eine Rückwirkung wurde jeweils nicht angeordnet, sodass die unternehmerische Mindestnutzung vom **01.01.–17.05.2003** und vom **01.07.–02.12.2004** nicht durch eine Ermächtigung des Rates der Europäischen Union gedeckt war und insoweit wegen eines Verstoßes gegen Art. 168 MwStSystRL nach überwiegender Auffassung **nicht anzuwenden** ist (s.a. Küffner/Zugmaier, DStR 2005, 280; a.A. Stadie in Rau/Dürrwächter, § 15 UStG Rn. 866).

215 Zur Beurteilung der Nichtanwendbarkeit der unternehmerischen Mindestnutzung für die bezogenen Gegenstände dürfte auf den jeweiligen Lieferzeitpunkt abzustellen sein (s. Vfg. der OFD Karlsruhe vom 12.12.2013, UR 2014, 242; a.A. FG Rheinland-Pfalz vom 26.02.2009, 6 K 2641/06, EFG 2011, 673).

216–219 Einstweilen frei

8. Abzugsverbot für Aufwendungen ohne streng geschäftlichen Charakter, § 15 Abs. 1a UStG

8.1 Allgemeines

220 § 15 Abs. 1a UStG bezweckt den Ausschluss bzw. die Beschränkung des Vorsteuerabzuges für Aufwendungen, die die private Lebensführung in einem besonderen Maße berühren und keinen streng geschäftlichen Charakter haben. Der Vorsteuerausschluss für solche Eingangsleistungen, die untrennbar auch einen nichtunternehmerischen Bezug haben, ergibt sich u.E. allerdings auch schon unmittelbar aus § 15 Abs. 1 S. 1 Nr. 1 UStG (so auch FG Münster vom 10.12.2015, 5 K 4322/12 U, EFG 2016, 337 m.w.N.).

221 Die Vorschrift wurde mit Wirkung zum 01.04.1999 durch das Steuerentlastungsgesetz 1999/2000/2002 vom 24.03.1999 (BGBl I 1999, 402) mit ursprünglich drei Nummern eingefügt. Mit Wirkung vom 19.12.2006 durch das Jahressteuergesetz 2007 vom 13.12.2006 (BGBl I 2006, 2878) entspricht § 15 Abs. 1a UStG nunmehr im Wesentlichen dem vorhergehenden § 15 Abs. 1a Nr. 1 a.F. UStG.

222 Für die Beurteilung, ob Vorsteuerbeträge gem. § 15 Abs. 1a UStG vom Vorsteuerabzug ausgeschlossen sind, wird auf die Vorschriften des EStG abgestellt; die einkommensteuerrechtliche Behandlung ist für das

UStG jedoch nicht bindend (s. BFH vom 02.07.2008, XI R 60/06, BStBl II 2009, 167). Insoweit ist es für die umsatzsteuerrechtliche Behandlung ohne Bedeutung, wenn die betreffenden Aufwendungen zu Unrecht zum Betriebsausgaben- bzw. Werbungskostenabzug zugelassen wurden oder deren Abzug wegen nicht eingehaltener Formvorschriften (**Missachtung der ertragsteuerlichen Aufzeichnungspflichten**) ausgeschlossen war (s. Abschn. 15.6 Abs. 2 Satz 4–5 UStAE).

Eine spätere Veräußerung eines Gegenstandes, für den der Vorsteuerabzug nach § 15 Abs. 1a UStG ausgeschlossen war, ist gem. § 4 Nr. 28 UStG steuerfrei; eine Entnahme unterliegt insoweit gem. § 3 Abs. 1b Satz 2 UStG mangels Vorsteuerabzug aus dessen Anschaffung nicht der Umsatzsteuer. 223

8.2 Besonderheit: Verwendungsabsicht

Erfasst werden von § 15 Abs. 1a UStG aber nur solche Eingangsleistungen, bei denen bereits im Zeitpunkt des Leistungsbezugs eine Verwendung für vorsteuerabzugsschädliche Zwecke i.S.d. § 15 Abs. 1a UStG erfolgt oder beabsichtigt ist (s. Rn. 73). 224

Erfolgt die Verwendung erst in einem folgenden Voranmeldungszeitraum, ist der ursprünglich vorgenommene Vorsteuerabzug gem. § 17 Abs. 2 Nr. 5 i.V.m. Abs. 1 Satz 2 UStG für den Voranmeldungszeitraum zu berichtigen, in dem die Verwendung erstmals feststeht. Umgekehrt muss dies auch gelten, d.h. wenn der Unternehmer bei Leistungsbezug eine vorsteuerabzugsschädliche Verwendung beabsichtigte und später doch den Leistungsbezug für vorsteuerunschädliche Zwecke verwendet (es kommt aber auch eine Berichtigung nach § 15a UStG in Betracht, sofern es sich hierbei um ein abnutzbares Wirtschaftsgut handelt). Wird allerdings der Gegenstand zuerst für das Unternehmen bezogen und für vorsteuerunschädliche Zwecke genutzt und erst danach für Zwecke i.S.d. § 15 Abs. 1a UStG verwendet, findet § 17 Abs. 2 Nr. 5 UStG keine Anwendung mehr. Zu beachten ist allerdings, dass steuersystematisch unter den Voraussetzungen des § 3 Abs. 1b Satz 1 Nrn. 1-3 UStG (bzw. des § 3 Abs. 9a Nr. 2 UStG) immer dann eine Wertabgabenbesteuerung erfolgen muss, wenn der Vorsteuerabzug nicht entfallen ist (s. § 3 Abs. 1b Satz 2 UStG). 225

Hinweis! Besteht bereits bei Leistungsbezug die Absicht, den bezogenen Gegenstand für eine unentgeltliche Wertabgabe zu verwenden, ist der Vorsteuerabzug bereits nach § 15 Abs. 1 UStG ausgeschlossen (s. Rn. 75 f.). Trotz möglicher steuerstrafrechtlicher Risiken findet dies in der Praxis oftmals keine ausreichende Beachtung. 225/1

8.3 Unionsrechtliche Grundlagen

Das Unionsrecht sieht in Art. 176 Abs. 1 MwStSystRL einen Ausschluss für Ausgaben, die keinen streng geschäftlichen Charakter haben, vom Vorsteuerabzugsrecht vor. Zwar bedarf es hierzu eines Umsetzungsakts, der bisher nicht beschlossen wurde; Art. 176 Abs. 2 MwStSystRL ermöglicht es aber den Mitgliedstaaten alle Ausschlüsse beizubehalten, die schon am 01.01.1979 in ihren nationalen Rechtsvorschriften vorgesehen waren (sog. Stillhalteklausel bzw. Stillstandklausel). 226

Die Regelung des § 15 Abs. 1a UStG in seiner derzeitigen Fassung stellt keinen Verstoß gegen Unionsrecht dar. Technisch wurde zwar durch den § 15 Abs. 1a UStG erstmals ein Vorsteuerabzugsverbot eingefügt, allerdings führte zuvor bereits die sog. Eigenverbrauchsbesteuerung gem. § 1 Abs. 1 Nr. 2 Satz 2 Buchst. c UStG a.F. zu dem gleichen Ergebnis (s. BFH vom 21.05.2014, V R 34/13, BStBl II 2014, 914). 227

Es ist aber zweifelhaft, ob das Vorsteuerabzugsverbot für nach § 12 Nr. 1 EStG nicht abzugsfähige Aufwendungen noch von der Stillhalteklausel gedeckt ist, da dieses erst mit Wirkung vom 01.01.1989 in die Eigenverbrauchsbesteuerung eingefügt wurde (s. FG München vom 23.02.2006, 14 K 3585/03, EFG 2006, 1018, rkr.; a.A. FG Münster vom 07.05.2015, 5 K 2354/14 U, rkr). 228

Das **Vorsteuerabzugsverbot für Reisekosten des Unternehmers oder seines Personals** gem. § 15 Abs. 1a Nr. 2 a.F. UStG war wegen eines Verstoßes gegen die Stillhalteklausel **nicht anwendbar** (s. BFH vom 23.11.2000, V R 49/00, BStBl II 2001, 266; V R 49/00, BStBl II 2001, 266). Dies traf auch auf das Abzugsverbot für Vorsteuerbeträge aus Umzugskosten für einen Wohnungswechsel gem. § 15 Abs. 1a Nr. 3 a.F. UStG zu (s. FG Hamburg vom 04.04.2006, III 105/05, EFG 2006, 1627, rkr.). 229

8.4 Geschenke i.S.d. § 4 Abs. 5 Satz 1 Nr. 1 EStG

230 Die **Umsatzsteuer für Aufwendungen für Geschenke** jeder Art an Personen, die nicht Arbeitnehmer des Unternehmers sind, werden vom Vorsteuerabzug ausgeschlossen, wenn die Anschaffungs- oder Herstellungskosten der Zuwendungen an einen Empfänger zusammengerechnet 35 € pro Jahr übersteigen. Maßgeblich ist der Nettobetrag der Anschaffungs- und Herstellungskosten, wenn die Umsatzsteuer – ohne Berücksichtigung des § 15 Abs. 1a UStG – als Vorsteuer abziehbar wäre (s. R 4.10 Abs. 3 Satz 1 i.V.m. R 9b Abs. 2 Satz 3 EStR). Nicht anzuwenden ist diese Vorschrift für Geschenke an Arbeitnehmer des Unternehmers, s. aber Rn. 94.

231 **Geschenke** sind unentgeltliche Zuwendungen, die ohne rechtliche Verpflichtung erbracht werden und nicht im Zusammenhang mit einer Leistung des Empfängers stehen (s. Abschn. 4.10 Abs. 4 Satz 1 EStR 2012). Nicht zu den Geschenken zählen – wegen der Sonderregelung des § 4 Abs. 5 Satz 1 Nr. 2 EStG – die Bewirtungsaufwendungen (s. Rn. 233 ff.).

232 Bei der 35 €-Grenze handelt es sich um eine sog. personenbezogene Freigrenze: Wird diese überschritten ist der Vorsteuerabzug in vollem Umfang ausgeschlossen. Die Freigrenze ist für umsatzsteuerliche Zwecke auf das Kalenderjahr zu beziehen und bei deren Prüfung werden Geldgeschenke einbezogen (s. Abschn. 15.6 Abs. 4 Satz 3–4 UStAE).

8.5 Bewirtungsaufwendungen i.S.d. § 4 Abs. 5 Satz 1 Nr. 2 EStG

233 Grundsätzlich berechtigen Vorsteuerbeträge für angemessene und nachgewiesene Bewirtungsaufwendungen aus geschäftlichem Anlass in voller Höhe zum Vorsteuerabzug, auch soweit § 4 Abs. 5 Satz 1 Nr. 2 EStG einen Abzug der Bewirtungsaufwendungen als Betriebsausgaben ausschließt (s. § 15 Abs. 1a Satz 2 UStG).

234 **Bewirtungsaufwendungen** werden nach der allgemeinen Verkehrsauffassung als unangemessen beurteilt, wenn ein Missverhältnis zwischen Anlass und Höhe der Bewirtung besteht. Mangels fester betragsmäßiger Grenzen ist diesbezüglich auf eine Einzelfallprüfung abzustellen. Liegen unangemessene Bewirtungsaufwendungen vor, geht die Finanzverwaltung davon aus, dass diese nicht mehr unternehmerisch veranlasst sind und versagt den vollständigen Abzug der auf diese Aufwendungen entfallenen Vorsteuerbeträge (s. Abschn. 15.6 Abs. 6 Satz 3 UStAE).

235 Unter einer **Bewirtung** ist die unentgeltliche Überlassung oder Verschaffung von Speisen, Getränken oder sonstigen Genussmitteln zum sofortigen Verzehr zu verstehen (s. BFH vom 18.09.2007, I R 75/06, BStBl II 2008, 116). Werden zusätzlich weitere Leistungen geselliger oder unterhaltender Art dargeboten, kann der Vorsteuerabzug für diese Aufwendungen nach § 15 Abs. 1a S. 1 UStG i.V.m. § 4 Abs. 5 Satz 1 Nr. 7 UStG als unangemessene Aufwendungen ausgeschlossen sein (s. Rn. 247).

236 Die **Bewirtung von eigenen Arbeitnehmern des Unternehmers** erfolgt nicht aus geschäftlichem Anlass (s. Abschn. 4.10 Abs. 7 Satz 1 EStR 2012) und wird daher von § 4 Abs. 5 Satz 1 Nr. 2 EStG nicht erfasst (s. aber Rn. 94).

237 Eine Einschränkung des Rechts auf Vorsteuerabzug i.H.d. anteiligen einkommensteuerrechtlichen Abzugsverbots von Bewirtungsaufwendungen entsprechend der (ursprünglichen) Vorschrift des § 15 Abs. 1a Nr. 1 UStG 1999 ist nicht mit dem Unionsrecht vereinbar (s. BFH vom 10.02.2005, V R 76/03, BStBl II 2005, 509). Eine gesetzgeberische Klarstellung erfolgte mit der Einfügung des § 15 Abs. 1a Satz 2 UStG durch das Jahressteuergesetz 2007 (vom 13.12.2006, BGBl I 2006, 2878) und gilt in allen offenen Fällen.

238 Die Erfüllung der einkommensteuerrechtlichen Aufzeichnungspflichten stellt keine Voraussetzung für den Vorsteuerabzug für Bewirtungen aus geschäftlichem Anlass dar, sodass die ursprüngliche Verweisung auf § 4 Abs. 7 EStG in § 15 Abs. 1a UStG durch das Jahressteuergesetz 2007 (vom 13.12.2006, BGBl I 2006, 2878) mit Wirkung ab dem 20.12.2006 gestrichen worden ist (s. BFH vom 10.02.2005, V R 76/03, UR 2005, 337; vom 12.08.2004, V R 49/02, BStBl II 2004, 1090).

8.6 Gästehäuser i.S.d. § 4 Abs. 5 Satz 1 Nr. 3 EStG

Ein Vorsteuerabzugsverbot besteht für Vorsteuerbeträge aus Leistungsbezügen für Einrichtungen des Unternehmers, soweit sie der Bewirtung, Beherbergung oder Unterhaltung von Personen, die nicht Arbeitnehmer des Unternehmers sind, dienen und die sich außerhalb des Orts eines Betriebs des Unternehmers befinden (sog. **Gästehäuser**). 239

Vom Vorsteuerabzugsverbot werden sowohl die Vorsteuerbeträge aus den Anschaffungs- oder Herstellungskosten erfasst als auch die auf den laufenden Unterhalt der Gästehäuser entfallenen Vorsteuern. 240

Erschöpft sich jedoch die gesamte unternehmerische Tätigkeit gerade im Betrieb eines solchen Gästehauses, greift das Verbot des Betriebsausgabenabzugs dann nicht ein, wenn das Unternehmen mit Gewinnerzielungsabsicht betrieben wird (s. § 4 Abs. 5 Satz 2 EStG); das Abzugsverbot für Vorsteuerbeträge kommt folglich in diesen Fällen nicht zur Anwendung. 241

Nicht vom Vorsteuerausschluss erfasst werden: 242

- Gästehäuser, die der Bewirtung, Beherbergung oder Unterhaltung von Arbeitnehmern des Unternehmers dienen sowie
- Aufwendungen für Gästehäuser am Ort des Betriebs des Unternehmers oder
- Aufwendungen für die Unterbringung von Geschäftsfreunden in fremden Beherbergungsbetrieben.

8.7 Jagd, Fischerei, Segel- oder Motorjachten und ähnliche Zwecke i.S.d. § 4 Abs. 5 Satz 1 Nr. 4 EStG

Ein Vorsteuerabzugsverbot besteht für Aufwendungen für die Jagd, die Fischerei, Segel- oder Motorjachten sowie für ähnliche Zwecke. Ähnliche Zwecke sind solche, die in vergleichbarer Weise wie die vorgenannten bei typisierender Betrachtung einer überdurchschnittlichen Repräsentation, der Unterhaltung von Geschäftsfreunden, der Freizeitgestaltung oder der sportlichen Betätigung dienen (s. BFH vom 02.07.2008, XI R 66/06, BStBl II 2009, 206), wie z.B. Golf, Reiten, Tennis, Fliegen, Safaris (s. BFH vom 03.02.1993, I R 18/92, BStBl II 1993, 367). 243

Erschöpft sich jedoch die gesamte unternehmerische Tätigkeit gerade in diesen Zwecken, greift das Vorsteuerabzugsverbot des § 15 Abs. 1a UStG nicht ein, wenn das Unternehmen mit Gewinnerzielungsabsicht betrieben wird, da in diesen Fällen der ertragsteuerrechtliche Betriebsausgabenabzug nicht ausgeschlossen ist (s. § 4 Abs. 5 Satz 2 EStG). 244

Insoweit dient der **Betrieb einer Pferdezucht** in größerem Umfang mit erheblichen Umsätzen bei typisierender Betrachtung nicht in vergleichbarer Weise wie die ausdrücklich in § 4 Abs. 5 Satz 1 Nr. 4 EStG genannten Gegenstände einer überdurchschnittlichen Repräsentation, der Unterhaltung von Geschäftsfreunden, der Freizeitgestaltung oder der sportlichen Betätigung (s. BFH vom 12.02.2009, V R 61/06, BStBl II 2009, 828). 245

Werden die genannten Zwecke allerdings nur den eigenen Arbeitnehmern zur Verfügung gestellt, unterliegen die Vorsteuerbeträge nicht dem Abzugsverbot des § 15 Abs. 1a UStG (s. aber Rn. 94). 246

8.8 Unangemessene Aufwendungen der privaten Lebensführung i.S.d. § 4 Abs. 5 Satz 1 Nr. 7 EStG

Der Vorsteuerabzug ist für andere als die in § 4 Abs. 5 Satz 1 Nr. 1-6 und 6b EStG bezeichneten Aufwendungen, die die private Lebensführung des Unternehmers oder anderer Personen berühren ausgeschlossen, soweit sie nach allgemeiner Verkehrsauffassung im Rahmen einer Einzelfallbeurteilung als unangemessen anzusehen sind. Dies ist bei einem auffälligen Missverhältnis zwischen Aufwand und Erfolg der Fall. Eine bedeutende Praxisrelevanz kommt hier den Fahrzeugen zuteil. 247

Die Frage der Höhe des angemessenen Anteils und damit auch der anteiligen Abzugsfähigkeit der Vorsteuern unterliegt eine Einzelfallbetrachtung. 247/1

247/2 **Beispiel:** Die Aufwendungen für einen Porsche 911 Turbo des Geschäftsführers eines Maklerunternehmens wurden als unangemessen beurteilt. In dem entschiedenen Einzelfall lagen die Anschaffungskosten und Aufwendungen für das Firmenfahrzeug bei knapp über einem Drittel des Gesamtumsatzes, was als krasses Missverhältnis beurteilt wurde; zudem sei der Repräsentationsaufwand des Unternehmens von untergeordneter Bedeutung (s. FG Nürnberg vom 28.02.2008, IV 94/2006, DStRE 2008, 1116 rkr.; zum unangemessenen Fahrzeugaufwand eines Tierarztes für einen geleasten Ferrari Spider, BFH vom 29.04.2014, VIII R 20/12, BStBl II 2014, 679).

8.9 Abzugsverbot für nicht abzugsfähige Aufwendungen nach § 12 Nr. 1 EStG

248 Der Vorsteuerabzug aus Aufwendungen, die für den Haushalt des Unternehmers und für den Unterhalt seiner Familienangehörigen aufgewendet werden, ist ausgeschlossen. Nach § 12 Nr. 1 Satz 2 EStG gehören dazu auch die Aufwendungen für die Lebensführung, die die wirtschaftliche oder gesellschaftliche Stellung des Unternehmers mit sich bringen, auch wenn sie zur Förderung des Berufs oder der Tätigkeit des Unternehmers erfolgen. Diese Leistungsbezüge dürften jedoch nur schwer der unternehmerischen Sphäre zuzuordnen sein, sodass der Vorsteuerabzug bereits unter den Voraussetzungen des § 15 Abs. 1 UStG nicht in Betracht kommen dürfte (s. Rn. 75). Zur Unionsrechtswidrigkeit, s. Rn. 226 ff.

249 Einstweilen frei

9. Nicht abziehbare Vorsteuerbeträge für gemischt genutzte Grundstücke, § 15 Abs. 1b UStG

9.1 Regelungscharakter

250 Der Vorsteuerabzug aus Lieferungen, Einfuhren, dem innergemeinschaftlichen Erwerb oder für sonstige Leistungen, die im Zusammenhang mit einem gemischt genutzten Grundstück stehen, ist ausgeschlossen, soweit sie nicht auf die Verwendung des Grundstücks für Zwecke des Unternehmens entfallen (sog. **teilunternehmerische Nutzung**). Hiernach findet der Vorsteuerausschluss Anwendung auf Grundstücke, die ein Unternehmer sowohl für Zwecke seines Unternehmens als auch für Zwecke, die außerhalb seines Unternehmens liegen oder für den privaten Bedarf seines Personals verwendet. Zur – für den Vorsteuerabzug schädlichen – unternehmensfremden Nutzung gehören nur solche Grundstücksverwendungen, die ihrer Art nach zu einer unentgeltlichen Wertabgabe i.S.d. § 3 Abs. 9a Nr. 1 UStG führen können (s. Abschn. 15.6a Abs. 2 Satz 2 UStAE).

251 Eine **teilunternehmerische Verwendung** liegt nicht nur vor, wenn die verschiedenen Nutzungen räumlich voneinander abgegrenzt sind, sondern auch, wenn sie zeitlich wechselnd stattfinden (sog. alternierende Verwendung wie z.B. bei Ferienwohnungen oder Mehrzweckhallen; s. Abschn. 15.6a Abs. 2 Satz 6 UStAE). Ist die Nutzung im Zeitpunkt des Leistungsbezugs unbekannt, ist sie anfänglich zu schätzen und ggf. später eine Vorsteuerberichtigung nach § 15a UStG vorzunehmen (s. Rn. 255).

252 Der nicht abziehbare Teil der Vorsteuerbeträge ist gem. § 15 Abs. 4 Satz 4 UStG entsprechend des § 15 Abs. 4 Satz 1-3 UStG zu ermitteln (s. Rn. 298 ff.). Können einzelne Eingangsleistungen jedoch unmittelbar der ausschließlichen Verwendung für unternehmerische Zwecke zugeordnet werden, unterliegen sie weder dem Vorsteuerausschluss noch der Vorsteueraufteilung (s.a. Rn. 271). Sind Eingangsleistungen hingegen unmittelbar der unternehmensfremden Verwendung des Grundstücks zuzuordnen, werden sie insoweit schon nicht für das Unternehmen ausgeführt, sodass sie bereits nach den Voraussetzungen des § 15 Abs. 1 UStG nicht abziehbar sind (s. Rn. 75 ff.).

253 **Die auf die Herstellung eines Gebäudes entfallenen Vorsteuerbeträge** sind nach Auffassung der Finanzverwaltung einheitlich entsprechend dem (beabsichtigten) Verwendungsverhältnis aufzuteilen (s. Abschn. 15.6a Abs. 4 Satz 2 i.V.m. Abschn. 15.17. Abs. 5 UStAE).

254 Das **Zuordnungswahlrecht des Unternehmers**, diese gemischt genutzten Grundstücke seinem Unternehmen voll zuzuordnen, wenn die unternehmerische Nutzung gem. § 15 Abs. 1 Satz 2 UStG mehr als 10 % beträgt, bleibt von § 15 Abs. 1b UStG unberührt (s. Abschn. 15.6a Abs. 1 Satz 3 UStAE).

Ändert sich nachträglich innerhalb des Berichtigungszeitraums i.S.d. § 15a Abs. 1 UStG die für den ursprünglichen Vorsteuerabzug nach § 15 Abs. 1b UStG maßgebliche Verwendung des Wirtschaftsguts, liegt darin gem. § 15a Abs. 6a UStG eine Änderung der Verhältnisse i.S.d. § 15a UStG, mit der Folge, dass der Vorsteuerabzug zu berichtigen ist (s. § 15a Rn. 136). Die Änderung der Verwendung kann durch eine prozentual höhere oder verringerte Nutzung der unternehmerischen Grundstücksflächen erfolgen. Eine Vorsteuerberichtigung ist nur soweit möglich, wie das Grundstück dem Unternehmensvermögen zugeordnet wurde (s. Abschn. 15.6a Abs. 5 Satz 3 UStAE). 255

Hatte der Unternehmer das Grundstück nur im Umfang der unternehmerischen Verwendung seinem Unternehmen zugeordnet, kann bei einer späteren Veräußerung unter den Voraussetzungen des § 9 UStG lediglich auf die Steuerbefreiung des § 4 Nr. 9 Buchst. a UStG für die Lieferung des zu diesem Zeitpunkt unternehmerisch genutzten Teils verzichtet werden. Der nicht unternehmerisch genutzte Teil wird nicht im Rahmen des Unternehmens geliefert und ist insoweit nicht steuerbar (s. § 9 UStG, insbesondere § 9 Rn. 59 ff.). 256

Eine **Beendigung der unternehmerischen Verwendung** kann gem. § 15a Abs. 8 Satz 2 UStG auch zu einer Vorsteuerberichtigung führen (s. Abschn. 15.6a Abs. 6 UStAE). 257

9.2 Grundstücksbegriff

Der **Grundstücksbegriff i.S.d. § 15 Abs. 1b UStG** ist ein eigenständiger Begriff des Unionsrechts und richtet sich daher nicht nach nationalem Recht (s. BFH vom 19.07.2011, XI R 21/10, BStBl II 2012, 434; vom 23.09.2009, XI R 18/08, BStBl II 2010, 313). Nach Abschn. 3a.3 Abs. 1 Satz 3 UStAE (und Art. 13b MwSt-DVO in der ab 01.01.2017 geltenden Fassung) ist unter einem **Grundstück** folgendes zu verstehen: 258

- Ein bestimmter über- oder unterirdischer Teil der Erdoberfläche, an dem Eigentum und Besitz begründet werden kann,
- jedes mit oder in dem Boden oder unter dem Meeresspiegel befestigte Gebäude bzw. jedes derartige Bauwerk, das nicht leicht abgebaut oder bewegt werden kann,
- jede Sache, die einen wesentlichen Bestandteil eines Gebäudes oder Bauwerks bildet, ohne die das Gebäude bzw. das Bauwerk unvollständig ist, wie zum Bespiel Türen, Fenster, Dächer, Treppenhäuser und Aufzüge, und
- Sachen, Ausstattungsgegenstände oder Maschinen, die auf Dauer in einem Gebäude oder einem Bauwerk installiert sind und die nicht bewegt werden können, ohne das Gebäude oder Bauwerk zu zerstören oder zu verändern.

Maßgebend ist somit nach dem äußeren Erscheinungsbild die tatsächliche Unbeweglichkeit des Gebäudes bzw. Bauwerks, also deren feste Verbindung mit dem Grund und Boden oder dem Gebäude bzw. Bauwerk, in Abgrenzung zu den beweglichen körperlichen Gegenständen. Erfasst sind daher auch Scheinbestandteile i.S.d. § 95 BGB und Gebäude auf fremden Grund und Boden sowie alle Berechtigungen, für die die Vorschriften des bürgerlichen Rechts über Grundstück gelten, wie das Erbbaurecht bzw. das Wohnungseigentumsrecht (s. § 15 Abs. 1b Satz 2 UStG). 259

Achtung! Nicht erfasst von § 15 Abs. 1b UStG werden jedoch Gegenstände, die umsatzsteuerrechtlich selbständige Zuordnungsobjekte darstellen (s. Rn. 298); wie z.B. Fotovoltaikanlagen oder Blockheizkraftwerke (s. Abschn. 15.6a Abs. 3 Satz 3 UStAE). 259/1

9.3 Anwendungszeitraum

§ 15 Abs. 1b UStG ist gem. § 27 Abs. 16 UStG auf die dort genannten Wirtschaftsgüter anzuwenden, die aufgrund eines nach dem 31.12.2010 rechtswirksam abgeschlossenen obligatorischen Vertrages oder gleichstehenden Rechtsaktes angeschafft worden sind oder mit deren Herstellung nach dem 31.12.2010 begonnen worden ist (s. § 27 Rn. 8 ff.). Als **Beginn der Herstellung** gilt bei Gebäuden, für die eine Baugenehmigung erforderlich ist, der Zeitpunkt, in dem der Bauantrag gestellt wird; bei baugenehmigungsfreien Gebäuden, 260 für die nur Bauunterlagen einzureichen sind, der Zeitpunkt, in dem die Bauunterlagen eingereicht werden (s. § 27 Abs. 16 Satz 2 UStG).

261 Für Wirtschaftsgüter, die vor diesem Zeitpunkt angeschafft bzw. hergestellt worden sind, bleibt der volle Vorsteuerabzug weiterhin erhalten; diese Wirtschaftsgüter unterliegen, soweit eine Nutzung für nichtunternehmerische Zwecke erfolgt, der Wertabgabenbesteuerung nach § 3 Abs. 9a Nr. 1 UStG (s. Rn. 263).

262 Soweit § 27 Abs. 16 UStG nur von „Wirtschaftsgütern i.S.d. § 15 Abs. 1b" spricht, soll § 15 Abs. 1b UStG nach Auffassung von Stadie nicht für Erhaltungsaufwendungen und nachträgliche Herstellungskosten (s. § 15a Abs. 3 und 6 UStG) an einem Gebäude gelten, mit dessen Herstellung bereits vor dem 01.01.2011 begonnen worden war (s. Stadie, UR 2011, 125).

9.4 Unionsrechtliche Grundlagen

263 Durch § 15 Abs. 1b UStG, der auf Art. 168a Abs. 1 MwStSystRL beruht und durch das Jahressteuergesetz 2010 (BGBl I 2010, 1768) eingefügt wurde, wird dem sog. **„Seeling-Modell"** ein Ende bereitet. Danach konnten Unternehmer insbesondere einen Liquiditätsvorteil erlangen, indem sie das gemischt genutzte Gebäude vollständig ihrem Unternehmen zuordneten und dadurch zum vollen Vorsteuerabzug aus den Anschaffungs- bzw. Herstellungskosten berechtigt waren und den privaten Nutzungsanteil innerhalb von 10 Jahren verteilt über eine unentgeltliche Wertabgabe nach § 3 Abs. 9a Nr. 1 UStG versteuerten (s. EuGH vom 08.05.2003, C-269/00, BStBl II 2004, 378; vom 14.09.2006, C-72/05, BStBl II 2007, 32).

264 Darüber hinaus eröffnet Art. 168a Abs. 2 MwStSystRL den Mitgliedstaaten aber auch die Möglichkeit, den Vorsteuerausschluss nach Art. 168a Abs. 1 MwStSystRL auf Ausgaben im Zusammenhang mit von ihnen definierten sonstigen Gegenständen, insbesondere für bewegliche Sachen, anzuwenden. Der deutsche Gesetzgeber hat hiervon bisher keinen Gebrauch gemacht.

265–267 Einstweilen frei

10. Ausschluss des Vorsteuerabzugs für steuerfreie Umsätze, § 15 Abs. 2 und 3 UStG

10.1 Grundlagen

268 Der **Vorsteuerabzug ist generell ausgeschlossen**, soweit der Unternehmer die Eingangsleistungen, die er für sein Unternehmen bezogen hat (s. Rn. 62 ff.), zur Ausführung von:

- Steuerfreien Umsätze (s. § 15 Abs. 2 Satz 1 Nr. 1 UStG) oder
- Umsätzen im Ausland, die steuerfrei wären, wenn sie im Inland ausgeführt würden (sog. fiktiv steuerfreie Umsätze, s. § 15 Abs. 2 Satz 1 Nr. 2 UStG),

verwendet, sofern keine Rückausnahme Anwendung findet (s. Rn. 269) Hinsichtlich der fiktiv steuerfreien Umsätze entfällt der Vorsteuerabzug unabhängig von der umsatzsteuerrechtlichen Behandlung in dem Staat, in dem er bewirkt wird (s. Abschn. 15.14 Abs. 1 Satz 2 UStAE). Aus dem Umkehrschluss folgt, dass Leistungsbezüge für im Ausland ausgeführte (im Inland nicht umsatzsteuerbare) Umsätze zum Vorsteuerabzug berechtigen (s. Art. 169 Buchst. a MwStSystRL).

268/1 **Beispiel:** Unternehmer A repariert in Hamburg ein Fahrzeug des Unternehmers B aus Budapest. Ort der Leistung ist gem. § 3a Abs. 2 Satz 1 UStG Budapest. Für in diesem Zusammenhang stehende Leistungsbezüge kann A den Vorsteuerabzug geltend machen.

269 Der Ausschluss vom Vorsteuerabzug nach § 15 Abs. 2 UStG wird für bestimmte steuerfreie Umsätze nach § 15 Abs. 3 UStG durch sog. **Rückausnahmen** wieder aufgehoben. Für diese Umsätze bleibt deswegen der Vorsteuerabzug erhalten und setzt insoweit Art. 169 Buchst. b und c MwStSystRL um. Zu diesen Umsätzen gehören auch die unentgeltlichen Wertabgaben nach § 3 Abs. 1b und Abs. 9a UStG, nicht jedoch die nichtunternehmerische Verwendung eines dem Unternehmen zugeordneten Grundstücks (s. Abschn. 15.12 Abs. 1 Satz 2 UStAE).

270 Die (fiktiv) steuerfreien Ausgangsumsätze lassen sich somit hinsichtlich ihrer Auswirkungen auf den Vorsteuerabzug in:

- **Vorsteuerunschädliche Ausgangsumsätze** (sog. **Abzugsumsätze**), die den Vorsteuerabzug zulassen, und
- **vorsteuerschädliche Ausgangsumsätze** (sog. **Ausschlussumsätze**), die den Vorsteuerabzug ausschließen,

einteilen. Die Abzugsumsätze werden für Zwecke des Vorsteuerabzugs den steuerpflichtigen Ausgangsumsätzen gleichgestellt.

Für die **Zuordnung der Eingangsumsätze** zu den Abzugs- oder Ausschlussumsätzen ist entsprechend der **271** allgemeinen Grundlagen die tatsächliche Verwendung bzw. Verwendungsabsicht maßgebend (s. Rn. 73). Demnach besteht der Vorsteuerabzug aus den bezogenen Lieferungen oder sonstigen Leistungen, wenn der Unternehmer im Zeitpunkt des Leistungsbezugs die Absicht hat, die Eingangsleistungen direkt und unmittelbar zur Ausführung von vorsteuerunschädlichen Abzugsumsätzen zu verwenden (s. Rn. 69 ff.; BFH vom 22.03.2001, V R 46/00, BStBl II 2003, 433). Besteht hingegen kein direkter und unmittelbarer Zusammenhang zwischen einer bestimmten Eingangsleistung und einem oder mehreren Ausgangsumsätzen kommt es darauf an, ob ein direkter und unmittelbarer Zusammenhang mit der wirtschaftlichen Gesamttätigkeit des Unternehmens besteht (s. Rn. 72). Eine Aufteilung der angefallenen Vorsteuerbeträge gem. § 15 Abs. 4 UStG in einen abziehbaren und nicht abziehbaren Teil hat zu erfolgen, sofern die wirtschaftliche Gesamttätigkeit des Unternehmers sowohl in der Ausführung von Abzugsumsätzen als auch von Ausschlussumsätzen besteht (s. Rn. 298 ff.).

Hinweis! Der Ausschluss erstreckt sich außerdem auch auf Vorsteuerbeträge aus Aufwendungen für **271/1** Eingangsleistungen, die der Unternehmer für Ausgangsumsätze verwendet, auf die der Unternehmer unmittelbar eine Steuerbefreiung der MwStSystRL anwendet und die Voraussetzungen des § 15 Abs. 3 UStG nicht vorliegen (s. EuGH vom 26.02.2015, C-144/13, C-154/13 und C-160/13, UR 2015, 474; BFH vom 16.05.2012, XI R 24/10, BStBl II 2013, 52).

Die **Verwendungsabsicht** muss objektiv belegt und in gutem Glauben erklärt werden (Abschnitt 15.2c **272** Abs. 12 Satz 3 UStAE). Ist die Verwendungsabsicht nicht nachgewiesen oder ungewiss, ist kein Vorsteuerabzug möglich (Abschn. 15.12 Abs. 5 Satz 1 UStAE).

Insbesondere bei der Frage nach einer beabsichtigten steuerpflichtigen Vermietung von Grundstücken **273** kommen nach Auffassung der Finanzverwaltung als objektive Anhaltspunkte, die die **Verwendungsabsicht** belegen, insbesondere:

- Mietverträgen,
- Zeitungsinseraten,
- Makleraufträgen,
- Schriftwechsel mit Interessenten,
- Vertriebskonzepte und
- Kalkulationsunterlagen

einer erhöhten Bedeutung zu (s. Abschn. 15.12 Abs. 2 UStAE). Mitunter kann es sich in der Praxis als sehr schwierig erweisen, gegenüber der Finanzverwaltung eine beabsichtigte (ausschließliche) Verwendung zu Zwecken, die den Vorsteuerabzug nicht ausschließen, zu belegen.

Beispiel: Projektiert eine Projektentwicklungsgesellschaft z.B. ein Einkaufszentrum mit Büroflächen und **273/1** lassen die Unterlagen (z.B. Bauantrag, Zeitungsinserate, Abrechnungen über Reisekosten der Vermietungsabteilung), den Schluss zu, dass eine umsatzsteuerfreie Vermietung nicht gänzlich ausgeschlossen werden kann, ist bei Anwendung eines strengen Prüfungsmaßstabs durch die Finanzverwaltung das Risiko der Versagung des Vorsteuerabzugs für alle bei Leistungsbezug noch nicht umsatzsteuerpflichtig vermietete Flächen gegeben. Kann eine (spätere) steuerfreie Vermietung nicht ausgeschlossen werden (z.B. Baugenehmigung unter der Auflage, dass auch Flächen für Ärzte zur Verfügung stehen) kann vor dem Hintergrund der Risikominimierung eine Beschränkung von Anbeginn auf eine bestimmte Fläche sinnvoll sein.

273/2 **Achtung!** Der Nachweis der Verwendungsabsicht unterliegt einer strengen einzelfallbezogenen Prüfung durch die Finanzverwaltung; Unklarheiten gehen nach den allgemeinen Grundsätzen (s. Rn. 21 ff.) zulasten des Unternehmers (Abschn. 15.12 Abs. 2 UStAE).

274 Eine entgegen der Verwendungsabsicht geänderte tatsächliche Verwendung in einem der erstmaligen Verwendung nachfolgenden Besteuerungszeitraums hat keine Auswirkung auf den ursprünglichen Vorsteuerabzug, sondern kann bei Vorliegen der Voraussetzungen zu einer Vorsteuerberichtigung nach § 15a UStG führen (zur Änderung der Verhältnisse, s. § 15a Rn. 22 ff.).

10.2 Abzugsumsätze

10.2.1 Ausfuhrbezogene Umsätze

275 Zu den Abzugsumsätzen gehören neben den steuerpflichtigen Umsätzen grundsätzlich die gem. § 15 Abs. 3 **Nr. 1 Buchst. a** und **Nr. 2 Buchst. a** UStG sog. echten Steuerbefreiungen (mit Vorsteuerabzugsberechtigung):

- Steuerfreie Umsätze nach § 4 Nr. 1-7 UStG,
- Reiseleistungen mit Reisevorleistungen im Drittlandsgebiet, § 25 Abs. 2 UStG und,
- Umsätze, die nach den in § 26 Abs. 5 UStG bezeichneten Vorschriften steuerfrei sind.

276 Auch die nach § 4 Nr. 8 Buchst. a-g, Nr. 10 und Nr. 11 UStG steuerfreien Finanzierungs- und **Versicherungsumsätze** gehören grundsätzlich zu den Abzugsumsätzen, vorausgesetzt, sie beziehen sich unmittelbar auf Gegenstände, die in das Drittlandsgebiet ausgeführt werden (s. § 15 Abs. 3 **Nr. 1 Buchst. b** und **Nr. 2 Buchst. b Alt. 2** UStG). Dies ist immer dann zu bejahen, wenn diese Umsätze mit dem Gegenstand der Ausfuhr in einem direkten Zusammenhang stehen (s. Abschn. 15.13 Abs. 3 Satz 3 UStAE). Ein mittelbarer Zusammenhang ist nicht ausreichend, sodass Umsätze, die in Verbindung mit betrieblichen Vorgängen des Unternehmers stehen, die ihrerseits erst dazu dienen, die Ausfuhr zu bewirken, nicht mehr umfasst sind (s. Abschn. 15.13 Abs. 3 Satz 4 UStAE mit Beispiel).

277 Eine **Ausfuhr i.S.d. § 15 Abs. 3 Nr. 1 Buchst. b UStG** ist auch ohne Vorliegen einer Ausfuhrlieferung i.S.d. § 6 UStG anzunehmen, wenn der Gegenstand endgültig in das Drittlandsgebiet gelangt (s. Abschn. 15.13 Abs. 3 Satz 5–6 UStAE). Außerdem kann der Gegenstand vor der Ausfuhr bearbeitet oder verarbeitet werden (s. Abschn. 15.13 Abs. 3 Satz 7 UStAE). Die Ausflaggung eines Seeschiffes ist aber keine Ausfuhr (s. Abschn. 15.13 Abs. 3 Satz 8 UStAE).

10.2.2 Finanzierungs- und Versicherungsumsätze für im Drittlandsgebiet ansässige Leistungsempfänger

278 Im Fall der fiktiv steuerfreien Umsätze i.S.d. § 15 Abs. 2 Satz 2 Nr. 2 UStG berechtigen die nach § 4 Nr. 8 Buchst. a–g, Nr. 10 und Nr. 11 UStG steuerfreien Finanzierungs- und Versicherungsumsätze auch zum Vorsteuerabzug, wenn der Leistungsempfänger im Drittlandsgebiet ansässig ist, mithin diese Umsätze außerhalb des Gemeinschaftsgebiets verbraucht werden (s. § 15 Abs. 3 **Nr. 2 Buchst. b Alt. 1** UStG). Ist der Leistungsempfänger allerdings im Gemeinschaftsgebiet ansässig, greift die Rückausnahme nicht ein, sodass der Vorsteuerabzug ausgeschlossen bleibt (s. BFH vom 30.03.2006, V R 19/02, BStBl II 2007, 68). Dies gilt nur in dem Fall nicht, in dem sich die an den im Gemeinschaftsgebiet ansässigen Leistungsempfänger ausgeführte Leistung unmittelbar auf einen Gegenstand bezieht, der in das Drittlandsgebiet ausgeführt wird (s. Abschn. 15.14 Abs. 4 UStAE; Rn. 276).

279 Die **Ansässigkeit** richtet sich nach Auffassung der Finanzverwaltung bei einem Unternehmer als Leistungsempfänger, der die Leistung für sein Unternehmen bezieht, nach dem Ort, von dem aus der Leistungsempfänger sein Unternehmen betreibt; bei Leistungsbezug für eine Betriebsstätte (zum Begriff der Betriebsstätte im Umsatzsteuerrecht, s. Abschn. 3a.1 Abs. 3 Satz 1 ff. UStAE) ist auf den Ort der Betriebsstätte abzustellen (s. Abschn. 15.14 Abs. 3 Satz 2 Nr. 1 UStAE). Ist der Leistungsempfänger kein Unternehmer oder ein Unternehmer, der die Leistung für seinen nichtunternehmerischen Bereich bezieht, ist dessen Wohnsitz bzw. Sitz maßgebend (s. Abschn. 15.14 Abs. 3 Satz 2 Nr. 2 UStAE).

Soweit sich die Ansässigkeit in den vorliegenden Fällen nach der Ortsbestimmung des § 3a UStG richtet (s. BFH vom 19.05.2010, XI R 6/09, BStBl II 2011, 831), kommt es hinsichtlich der Leistung i.S.d. § 4 Nr. 11 UStG an einen Nichtunternehmer – wegen der fehlenden Benennung in § 3a Abs. 4 Satz 2 Nr. 6 Buchst. a UStG – zu einer von der Verwaltungsauffassung abweichenden Ansässigkeit beim Leistungserbringer gem. § 3a Abs. 1 UStG. 280

10.2.3 Änderungen des § 15 Abs. 3 UStG mit Wirkung vom 30.06.2013

Mit Wirkung zum 30.06.2013 wurden die Abzugsumsätze des § 15 Abs. 3 Nr. 1 Buchst. b und Nr. 2 Buchst. b UStG um die Steuerbefreiung nach § 4 Nr. 10 und 11 UStG erweitert (s. Rn. 277 ff.); ferner wurde die Rückausnahme des § 15 Abs. 3 Nr. 2 Buchst. b UStG um Umsätze, die sich unmittelbar auf Gegenstände beziehen, die in das Drittland ausgeführt werden, durch das Amtshilferichtlinie-Umsetzungsgesetz vom 26.06.2013 (BGBl I 2013, 1809) erweitert (s. Rn. 276). 281

Der Unternehmer kann sich aber auch für Zeiträume vor dem Inkrafttreten der Neuregelung unmittelbar auf die für ihn günstigere Regelung der MwStSystRL berufen, da er nach Art. 169 Buchst. c MwStSystRL ein Vorsteuerabzugsrecht für die nach Art. 135 Abs. 1 Buchst. a–f MwStSystRL steuerbefreiten Versicherungs- und Finanzumsätze hat, wenn der Leistungsempfänger im Drittlandsgebiet ansässig ist oder diese Umsätze unmittelbar mit Gegenständen zusammenhängen, die zur Ausfuhr bestimmt sind. Insoweit dient die Neuregelung lediglich der Umsetzung von Unionsrecht (s. BT-Drs. 17/11220, 41). 282

Zur Frage der unionsrechtswidrigen Einbeziehung von steuerbefreiten Umsätzen der Bausparkassenvertreter nach § 4 Nr. 11 Alt. 1 UStG, s. Oelmeier in Sölch/Ringleb, § 15 UStG Rn. 637. 283

10.2.4 Optionsmöglichkeit

Für eine weitere Gruppe von, an sich vorsteuerschädlichen, steuerbefreiten Umsätzen (sog. unechte Steuerbefreiung ohne Vorsteuerabzugsberechtigung) besteht gem. § 9 UStG die Möglichkeit, durch einen Verzicht auf die Steuerbefreiung aus einer vorsteuerschädlichen, eine vorsteuerunschädliche Verwendung werden zu lassen (s. § 9 Rn. 4 ff.). 284

Die **Option zur Steuerpflicht** bleibt für den Vorsteuerabzug auch dann bestehen, wenn der Unternehmer im Zeitpunkt des Leistungsbezugs zur Option berechtigt war, später jedoch die Voraussetzungen wegen einer Gesetzesänderung hierfür wegfallen (s. BFH vom 22.02.2001, V R 77/96, BStBl II 2003, 426). Dies gilt jedoch nicht in den Fällen, in denen der Unternehmer im Zeitpunkt des Leistungsbezugs davon ausgeht, dass seine Leistung steuerpflichtig ist, während sie bei richtiger Beurteilung ohne Recht auf Vorsteuerabzug steuerfrei ist (s. Abschn. 15.12 Abs. 1 Satz 6-7 UStAE). Maßgebend ist daher die richtige umsatzsteuerrechtliche Beurteilung (s. BFH vom 11.03.2009, XI R 71/07, BStBl II 2010, 209). 285

Bei einer **Grundstücksvermietung im Ausland** ist nach § 15 Abs. 2 Satz 1 Nr. 2 UStG zu prüfen, ob diese steuerfrei wäre, wenn sie im Inland ausgeführt würde. Diese Frage beurteilt sich allein nach deutschem Umsatzsteuerrecht (s. BFH vom 06.05.2004, V R 73/03, BStBl II 2004, 856). Der Vorsteuerabzug ist demnach nur möglich, wenn gem. § 9 UStG im Ausland die Voraussetzungen für einen Verzicht auf die unechte Steuerbefreiung des § 4 Nr. 12 Satz 1 Buchst. a UStG gegeben sind (a.A. s. Stadie in Rau/Dürrwächter, § 15 UStG Rn. 1135 ff.). Folglich ist die Grundstücksvermietung im Ausland vorsteuerunschädlich, wenn der Unternehmer die Grundstücksvermietung dort tatsächlich als steuerpflichtig behandelt hat und die in § 9 UStG normierten rein nationalen Voraussetzungen für einen Verzicht auf die Steuerbefreiung einer Grundstücksvermietung vorgelegen haben (s. Abschn. 15.14 Abs. 1 Satz 5 UStAE). 286

Diese Grundsätze sind auch im Falle einer **Grundstücksvermietung außerhalb des Gemeinschaftsgebiets** entsprechend anzuwenden. Maßgeblich ist auch in diesem Fall, ob die Vermietungsumsätze dort einer der Umsatzsteuer vergleichbaren Steuer unterliegen und die in § 9 UStG normierten Voraussetzungen vorliegen. 287

10.3 Konkurrenzen zwischen Abzugs- und Ausschlussumsätzen

288 Nach Auffassung der Finanzverwaltung gehen die (unechten) den Vorsteuerabzug ausschließenden Steuerbefreiungen denen der in § 15 Abs. 3 Nr. 1 Buchst. a und Nr. 2 Buchst. a UStG aufgeführten echten Steuerbefreiungen vor (s. Abschn. 15.13 Abs. 5 UStAE). Somit kann für Umsätze, die sowohl einer echten Steuerbefreiung mit Vorsteuerabzugsberechtigung (z.B. Ausfuhrlieferung nach § 4 Nr. 1 Buchst. a UStG) als auch einer unechten Steuerbefreiung ohne Vorsteuerabzugsberechtigung (z.B. Umsätze mit Blutkonserven nach § 4 Nr. 17 Buchst. a UStG) zuzuordnen sind, grundsätzlich kein Vorsteuerabzug beansprucht werden (zur Kritik s. Rn. 290). Demgegenüber soll aber eine Steuerbefreiung nach den in § 26 Abs. 5 UStG bezeichneten Vorschriften grundsätzlich nicht zum Ausschluss des Vorsteuerabzugs führen (s. Abschn. 15.13 Abs. 5 S. 3 UStAE).

289 Für den Fall der innergemeinschaftlichen Lieferung von Gegenständen, deren Lieferung im Inland ohne Recht zum Vorsteuerabzug steuerfrei wäre, hat sich der BFH der Verwaltungsauffassung angeschlossen (s. BFH vom 22.08.2013, V R 30/12, BStBl II 2014, 133).

289/1 **Merke!** Steuerbefreiungen ohne Vorsteuerabzugsberechtigung haben Vorrang vor Steuerbefreiungen mit Vorsteuerabzugsberechtigung.

290 Die Frage des Konkurrenzverhältnisses einer unechten Steuerbefreiung ohne Vorsteuerabzugsberechtigung zur Ausfuhrlieferung mit Vorsteuerabzugsberechtigung wurde von der Rechtsprechung bisher jedoch offen gelassen. Ein **Vorrang der unechten Steuerbefreiungen ohne Vorsteuerabzugsmöglichkeit gegenüber der Ausfuhrlieferung** ist jedoch insoweit zweifelhaft (s. Eversloh, jurisPR-SteuerR 9/2014 Anm. 6; a.A. Reiß, UR 2007, 565), als nach Auffassung des BFH für den Vorrang der unechten Steuerbefreiungen gegenüber der innergemeinschaftlichen Lieferung maßgeblich ist, dass, wenn die innergemeinschaftliche Lieferung von Gegenständen ein Recht auf Vorsteuerabzug im Abgangsmitgliedstaat eröffnen würde, obwohl die Inlandslieferung dieses Gegenstandes steuerfrei ist, derartige Gegenstände in der Gemeinschaft unter vollständiger Befreiung von der Mehrwertsteuer geliefert werden könnten, da im Hinblick auf die Steuerfreiheit der Inlandslieferung auch der innergemeinschaftliche Erwerb im Bestimmungsmitgliedstaat gem. Art. 140 Buchst. a MwStSystRL (für Erwerbsvorgänge im Inland: § 4b Nr. 1-2 UStG) steuerfrei wäre und daher ein Vorsteuerabzug ohne Besteuerung auf der folgenden Stufe erfolgen würde (s. EuGH vom 07.12.2006, C-240/05, DStRE 2007, 1042). Die Konkurrenzverhältnisse sind insoweit aber nicht vergleichbar, als im Fall der innergemeinschaftlichen Lieferung ein Unternehmer, dem eine Steuerbefreiung zugutekommt und insoweit nicht zum Vorsteuerabzug berechtigt ist, dieses Recht auch dann nicht haben kann, wenn der betreffende Umsatz eine innergemeinschaftliche Lieferung darstellt (s. BFH vom 22.08.2013, V R 30/12, BStBl II 2014, 133). Unternehmer dürfen auch im Falle einer steuerbefreiten Ausfuhrlieferung (mit Vorsteuerabzugsrecht) nicht besser gestellt werden, als wenn die Lieferung, die unter eine unechte Steuerbefreiung fällt, im Inland ohne Vorsteuerabzugsberechtigung erfolgen würde.

291 Fehlt es jedoch bei dem Konkurrenzverhältnis der unechten Steuerbefreiung und der innergemeinschaftlichen Lieferung an einer solchen Wettbewerbsverzerrung, weil der innergemeinschaftliche Erwerb im Bestimmungsland nicht steuerfrei ist, müsste sich das Vorrangverhältnis wieder umkehren (s. Reiß, UR 2007, 565). Der EuGH versagt jedoch auch für diesen Sonderfall den Vorsteuerabzug (s. EuGH vom 07.12.2006, C-240/05, C-240/05, DStRE 2007, 1042).

10.4 Verwendung zur Ausführung einer Einfuhr oder eines innergemeinschaftlichen Erwerbs, § 15 Abs. 2 Satz 2 UStG

292 Gegenstände oder sonstige Leistungen, die der Unternehmer zur Ausführung einer Einfuhr oder eines innergemeinschaftlichen Erwerbs verwendet, sind den Umsätzen zuzurechnen, für die der eingeführte oder innergemeinschaftlich erworbene Gegenstand verwendet wird (s. § 15 Abs. 2 Satz 2 UStG). Insoweit werden eingeführte oder innergemeinschaftlich erworbene Gegenstände genauso behandelt, wie die mit der Einfuhr oder dem innergemeinschaftlichen Erwerb im Zusammenhang stehenden Leistungsbezüge für den Vorsteuerabzug.

Einstweilen frei 293–294

11. Vorsteueraufteilung, § 15 Abs. 4 UStG

11.1 Grundlagen

Die Vorsteuerbeträge sind in einen abziehbaren und einen nicht abziehbaren Teil aufzuteilen, wenn der Unternehmer die für sein Unternehmen gelieferten Gegenstände und die in Anspruch genommenen sonstigen Leistungen sowohl für zum Vorsteuerabzug berechtigende, als auch für zum Vorsteuerabzug ausschließende Umsätze, verwendet (sog. **gemischte Verwendung**). 295

Maßgebend ist die direkte und unmittelbare Zuordnung der Eingangsleistungen mit Ausgangsumsätzen, die entweder das Recht zum Vorsteuerabzug eröffnen oder ausschließen (s. Rn. 271). Erst wenn der Unternehmer eine für sein Unternehmen bezogene Eingangsleistung nur zum Teil zur Ausführung von Umsätzen, die den Vorsteuerabzug ausschließen, verwendet, ohne dass eine direkte und unmittelbare Zurechnung möglich ist, ist nach § 15 Abs. 4 UStG der Teil der Vorsteuern nicht abziehbar, der den zum Ausschluss vom Vorsteuerabzug führenden Ausgangsumsätzen wirtschaftlich zuzurechnen ist. 296

Hinsichtlich jeder einzelnen Eingangsleistung ist separat zu prüfen, ob diese unter wirtschaftlichen Gesichtspunkten einem Abzugs-, Ausschluss- oder gemischt genutzten Umsatz zuzurechnen ist. Hieraus ergibt sich folgendes Prüfungsschema: 297

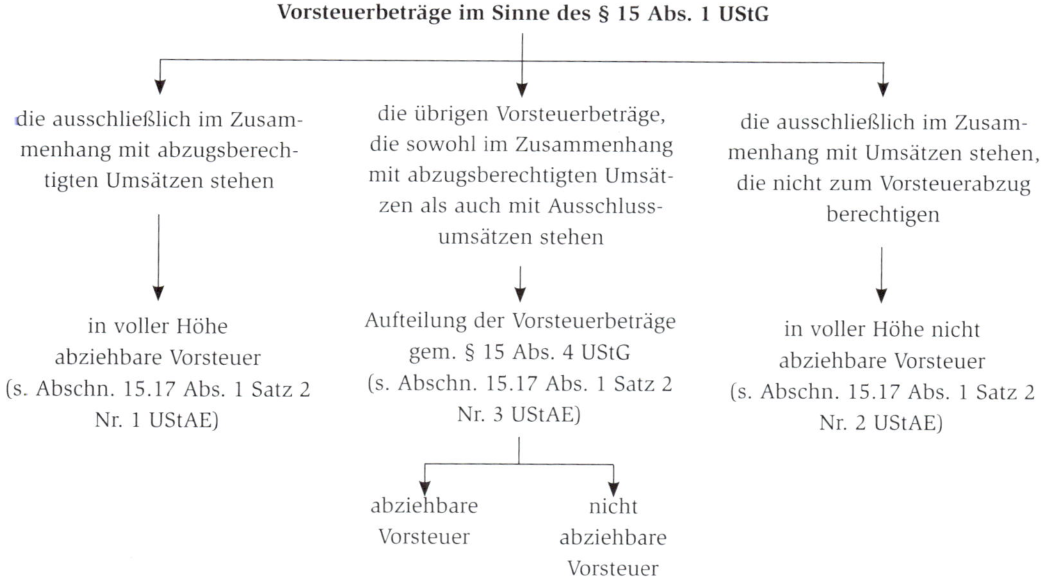

Abb. 3: Aufteilung der Vorsteuerbeträge

Die **Vorsteueraufteilung** vollzieht sich sodann in zwei Stufen: 298

- Auf der **1. Stufe** ist ggf. das gegenständliche Aufteilungsobjekt zu bestimmen; soweit im Einzelfall mehrere Leistungsbezüge zusammenzufassen sind (z.B. bei Gebäuden, s. Rn. 312 ff.),
- auf der **2. Stufe** erfolgt dann die eigentliche Aufteilung mittels eines sachgerechten Aufteilungsmaßstabs (s. Rn. 299 ff.).

11.2 Aufteilungsmethodik

Die Vorsteueraufteilung der gemischt genutzten Eingangsleistungen hat nach dem **Grundsatz der wirtschaftlichen Zurechnung** im Wege einer sachgerechten Schätzung zu erfolgen. 299

300 Nach richtlinienkonformer Auslegung des § 15 Abs. 4 Satz 3 UStG ist eine Vorsteueraufteilung für **ab 01.01.2004** bezogene Leistungen nach dem **Verhältnis der Umsätze**, die den Vorsteuerabzug ausschließen zu den Umsätzen, die zum Vorsteuerabzug berechtigen (sog. unternehmensbezogener Umsatzschlüssel) nur **zulässig, wenn keine präzisere wirtschaftliche Zurechnung möglich** ist (s. BFH vom 07.05.2014, V R 1/10, DStR 2014, 1162).

300/1 **Hinweis!** Für **bis zum 31.12.2003** bezogene Leistungen stellte der sog. objektbezogene Umsatzschlüssel stets eine sachgerechte Schätzung dar (s. BFH vom 17.08.2001, V R 1/01, BStBl II 2002, 833). Soweit aber eine präzisere Methode der wirtschaftlichen Zurechnung möglich ist (bei Gebäuden u.U. der Flächenschlüssel, s. Rn. 312), hat der Unternehmer diese für das gegenständliche Aufteilungsobjekt ab dem 01.01.2004 anzuwenden und eine Vorsteuerberichtigung nach § 15a UStG vorzunehmen (s. EuGH vom 09.06.2016, C- 332/14, DStR 2016, 1370; BMF vom 24.11.2004, IV A 5-S 7306-4/04, BStBl I 2004, 1125).

301 Die folgenden **Aufteilungsmaßstäbe** können im Einzelfall zu einer präzisieren wirtschaftlichen Zurechnung der Eingangsleistungen führen:

- Objektbezogener Umsatzschlüssel (Verwendungsumsätze des Aufteilungsobjektes),
- Flächenschlüssel bei Gebäudenutzung (s. Rn. 312),
- Erwerb/Unterhalt eines KFZ nach (Fahr-)Leistung,
- eingesetzte Arbeitskräfte,
- Produktionszeiten, Betriebsstunden, Stückzahlen, Gewichte oder Längeneinheiten,
- sog. Bankenschlüssel (s. BMF vom 12.04.2005, IV A 5-S 7306-5/05, UR 2005, 574),
- Leistungen eines Insolvenzverwalters nach dem Verhältnis der unternehmerisch begründeten zu den privaten Verbindlichkeiten, die als Insolvenzforderungen geltend gemacht werden (BFH vom 15.04.2015, V R 44/14, BStBl II 2015, 679).

302 Bei der Vorsteueraufteilung nach dem sog. **unternehmensbezogenen Umsatzschlüssel** i.S.d. Art. 173 Abs. 1, 174 MwStSystRL (Pro-Rata-Satz) ist der abziehbare Teil der Vorsteuerbeträge je Besteuerungszeitrum nach dem folgenden Bruch zu ermitteln:

$$\frac{\text{Steuerpflichtige (und Abzugs-) Umsätze}}{\text{sämtliche (steuerpflichtige und steuerfreie) Umsätze}}$$

<table>
<tr><th colspan="2">In die Berechnung des Umsatzschlüssels sind</th></tr>
<tr><th>nicht einzubeziehen ...</th><th>einzubeziehen ...</th></tr>
<tr><td>die auf die Umsätze entfallende Umsatzsteuer (s. Art 174 Abs. 1 MwStSystRL)</td><td>innergemeinschaftliche Erwerbe und Einfuhren (s. Art. 174 Abs. 1 i.V.m. Art. 168 Buchst. c–e MwStSystRL)</td></tr>
<tr><td>Hilfsumsätze mit Grundstücks- und Finanzgeschäften i.S.d. Art. 174 Abs. 2 Buchst. a–c MwStSystRL</td><td>unentgeltliche Wertabgaben, die Umsätzen gegen Entgelt gleichgestellt sind</td></tr>
<tr><td colspan="2">Umsätze, für die der Leistungsempfänger die Umsatzsteuer schuldet (s. § 13b UStG), sind nicht beim Leistungsempfänger, sondern weiterhin beim leistenden Unternehmer in die Berechnung einzubeziehen</td></tr>
</table>

303 Nach Verwaltungsauffassung werden bei der **Vorsteueraufteilung** grundsätzlich die Vorsteuerbeträge außer Betracht gelassen (s. Abschn. 15.16 Abs. 1 Satz 3–4 UStAE):

- Für die der Unternehmer kein Vorsteuerabzugsrecht hat (z.B. wegen nichtunternehmerischer Verwendung, s. Rn. 75 ff.),
- für die ein gesetzliches Abzugsverbot besteht oder
- bei denen die sonstigen Voraussetzungen des § 15 UStG nicht vorliegen und
- die ausschließlich abziehbaren oder nicht abziehbaren Ausgangsumsätzen zugeordnet werden konnten (s. Rn. 297).

Nach den unionsrechtlichen Vorgaben ist der **Aufteilungsschlüssel** gem. Art. 175 Abs. 1 MwStSystRL auf einen **vollen Prozentsatz aufzurunden**. Dies gilt jedoch dann nicht, wenn der Pro-rata-Satz nach einer anderen Methode als dem unternehmensbezogenen Umsatzschlüssel berechnet wird (s. EuGH vom 16.06.2016, C-186/15, DStR 2016, 1413; FG München vom 13.09.2016, 15 K 2390/12 U). 304

Der **Umsatzschlüssel ist auf den jeweiligen Mitgliedstaat begrenzt**. Ein Unternehmer, dessen Hauptniederlassung in einem Mitgliedstaat ansässig ist, kann für die Bestimmung des für ihn geltenden Pro-rata-Satzes nicht den Umsatz berücksichtigen, den seine in anderen Mitgliedstaaten ansässigen Zweigniederlassungen erzielt haben (s. EuGH vom 12.09.2013, C-388/11, DStRE 2014, 423). 305

Finanzamt und Finanzgericht können nur nachprüfen, ob die Methodenwahl des Unternehmers sachgerecht ist (s. BFH vom 12.03.1998, V R 50/97, BStBl II 1998, 525). Es stellt sich nun aufgrund des Vorrangs einer präziseren Zurechnungsmethode die Frage, ob der Unternehmer in Anlehnung an die bisherige Rechtsprechung zwischen mehreren präziseren Methoden wählen darf oder die präziseste Zurechnungsmethode wählen muss (bejaht: s. Heidner, UStB 2015, 75). 306

11.3 Ausübung und Zeitpunkt

Die Vorsteueraufteilung ist bereits in dem Voranmeldungszeitraum durchzuführen, in dem die vorsteuerbehafteten Eingangsleistungen für das Unternehmen bezogen werden. Soweit im Kalenderjahr die mit den Eingangsleistungen im Zusammenhang stehenden Ausgangsleistungen tatsächlich noch nicht erbracht worden sind, ist für die Vorsteueraufteilung die Verwendungsabsicht maßgebend (s. Rn. 73). 307

Soweit bei der Aufteilung der Vorsteuern aus bezogenen Gemeinkosten regelmäßig auf die Verhältnisse der gesamten Umsätze im Besteuerungszeitraum abzustellen ist, kann eine solche Aufteilung erst in der abzugebenden Umsatzsteuer-Jahreserklärung durchgeführt werden (s. BFH vom 24.04.2013, XI R 25/10, BStBl II 2014, 346). Auch entsprechend Art. 175 Abs. 2 MwStSystRL dürfte sich daher der für ein Jahr „vorläufig" geltende Pro-rata-Satz nach dem auf der Grundlage des vorangegangenen Jahres ermittelten Pro-rata-Satzes bemessen (s. Rn. 299 ff). Das endgültige materiell-rechtliche Schicksal der Vorsteueraufteilung in den Umsatzsteuer-Voranmeldungen hängt daher grundsätzlich von der Jahresfestsetzung ab (s. BFH vom 24.04.2013, XI R 25/10, BStBl II 2014, 346). Bei Änderungen im Folgejahr ist die ursprüngliche Umsatzsteuerfestsetzung nicht zu ändern; es kann aber eine Vorsteuerberichtigung nach § 15a UStG in Betracht kommen (s. Rn. 310). 308

Der **nachträgliche Wechsel der Aufteilungsmethode** ist unzulässig. Hat der Unternehmer für das Kalenderjahr des Leistungsbezugs einen sachgerechten Maßstab gewählt und ist die Umsatzsteuerfestsetzung formell bestandskräftig, ist er auch für die Folgejahre an diese Wahl gebunden (s. BFH vom 02.03.2006, V R 49/05, BStBl II 2006, 729). 309

Hinweis! Ein Wechsel der bisherigen Aufteilungsmethode ist in den Folgejahren möglich, wenn dieser nicht mehr sachgerecht ist oder bisher nicht sachgerecht war. Wurde z.B. bisher bei einem Gebäude mit erheblich unterschiedlicher Ausstattung der Flächenschlüssel angewandt, dürfte aufgrund der Rechtsprechungsänderung auf den objektbezogenen Umsatzschlüssel gewechselt werden (s. Rn. 312 f.). 309/1

Ändern sich bei einem Wirtschaftsgut, das nicht nur einmalig zur Ausführung von Umsätzen verwendet wird, nach dem Zeitpunkt der erstmaligen Verwendung die für den ursprünglichen Vorsteuerabzug maßgebenden Verhältnisse, richtet sich die Berichtigung des Vorsteuerabzugs nach § 15a UStG (s. Abschn. 15.16 Abs. 3 UStAE). Eine derartige Änderung der Verhältnisse liegt auch vor, wenn sich die Rechtslage für die Ausgangsumsätze in einem Folgejahr ändert (s. Rn. 89, Abb. 1). 310

Bei **Nichtbeachtung der Aufzeichnungspflichten nach § 22 Abs. 3 Satz 2 und 3 UStG** (s. § 22 Rn. 29 ff. zu den Aufzeichnungspflichten), sind die den einzelnen Bereichen zuzuordnenden Eingangsumsätze und die darauf entfallenden Vorsteuern nach § 162 AO im Wege der Schätzung zu ermitteln, eine Einbeziehung in die nach § 15 Abs. 4 UStG aufzuteilenden Vorsteuerbeträge soll nach Verwaltungsauffassung nicht in Betracht kommen (s. Abschn. 15.17 Abs. 2 Satz 4-5 UStAE). 311

11.4 Vorsteueraufteilung bei gemischt genutzten Gebäuden

11.4.1 Aufteilungsmethode

312 Nach neuerer Rechtsprechung des BFH umfasst der Grundsatz der wirtschaftlichen Zurechnung im Fall der gemischten Verwendung eines Gebäudes neben dem unternehmensbezogenen Umsatzschlüssel (s. Rn. 302) auch einen objektbezogenen Aufteilungsmaßstab (s. BFH vom 07.05.2014, V R 1/10, DStR 2014, 1162). Insoweit ist eine Vorsteueraufteilung sowohl nach dem Verhältnis der vorsteuerschädlich genutzten Flächen zu den vorsteuerunschädlich genutzten Flächen (sog. Flächenschlüssel) als auch dem sog. **objektbezogenen Umsatzschlüssel** (Aufteilung nach objektspezifischen Ausgangsumsätzen) sachgerecht.

313 Für die Vorsteueraufteilung nach dem **Flächenschlüssel** ist jeder Raum auf seine vorsteuerschädliche Verwendung hin zu beurteilen. Bei der Berechnung des Aufteilungsschlüssels sind nur solche Räume zu berücksichtigen, die für Ausgangsumsätze verwendet werden, d.h. Räume, die nicht unmittelbar für Ausgangsumsätze genutzt werden (z.B. Keller, Heizungsraum), werden hierbei außer Betracht gelassen. Weicht die Ausstattung der unterschiedlich genutzten Räume erheblich voneinander ab oder sind die einzelnen Geschosse unterschiedlich hoch, ist es erforderlich, den Bauaufwand den einzelnen Verwendungsumsätzen zuzuordnen (s. Abschn. 15.17 Abs. 7 Satz 6–7 UStAE).

313/1 Bei der **Anschaffung eines Gebäudes** kommt eine Vorsteueraufteilung auch nach dem Verhältnis der Ertragswerte zur Verkehrswertermittlung in Betracht (s. BFH vom 05.02.1998, V R 101/96, BStBl II 1998, 492; vom 12.03.1998, V R 50/97, BStBl II 1998, 525). Die Aufteilung nach Standflächen von Spielautomaten in einer Spielhalle (s. BFH vom 05.09.2013, XI R 4/10, BStBl II 2014, 95; vom 07.07.2011, V R 36/10, BStBl II 2012, 77) ist ebenso wie nach einem Investitionsschlüssel (s. BFH vom 18.11.2004, V R 16/03, BStBl II 2005, 503) nicht sachgerecht.

314 Nach richtlinienkonformer Auslegung des § 15 Abs. 4 Satz 3 UStG ist eine **Vorsteueraufteilung nach dem unternehmensbezogenen Umsatzschlüssel** nur dann zulässig, wenn keine **präzisiere** wirtschaftliche Zurechnung möglich ist (zu den europarechtlichen Bedenken s. Kessler/Haller, DStR 2014, 1697; a.A. Heuermann, UR 2014, 505). Der Flächenschlüssel schließt bei der Verwendung von Gebäuden deshalb als im Regelfall präzisere mögliche Zurechnung sowohl den unternehmensbezogenen wie auch den objektbezogenen Umsatzschlüssel aus (s. BFH vom 07.05.2014, V R 1/10, DStR 2014, 1162; vom 22.08.2013 – V R 19/09, DStR 2013, 2757; EuGH vom 08.11.2012, C-511/10, DStR 2012, 2333). Die Vorsteuerbeträge sind aber dann nicht nach dem Verhältnis der Flächen aufteilbar, wenn die Ausstattung der Räumlichkeiten, die verschiedenen Zwecken dienen (z.B. wegen der Höhe der Räume, der Dicke der Wände und Decken oder in Bezug auf die Innenausstattung) erhebliche Unterschiede aufweist (s. BFH vom 07.05.2014, V R 1/10, DStR 2014, 1162 m.w.N.). Die Rechtsprechung wird künftig zu entscheiden haben, was im Einzelfall „erheblich" ist. So könnte beispielsweise eine besonders aufwändige Ausstattung der Wohnräume bei gleichzeitiger einfacher Ausstattung der zur Ausführung steuerpflichtiger Umsätze genutzten Räume bei der Aufteilung der Vorsteuerbeträge nach dem Flächenschlüssel zur Annahme eines unverhältnismäßig hohen Anteils des steuerpflichtig verwendeten Leistungsbezugs und damit zu einem hohen Vorsteuerabzug führen (BFH vom 10.08.2016, XI R 31/09, DStR 2016, 2280). Eine Aufteilung nach dem Flächenschlüssel scheidet auch dann aus, wenn es zum Beispiel um nicht zu einer Gesamtnutzfläche zu addierende Nutzflächen innerhalb eines Gebäudes und auf dessen Dach geht oder wenn eine Aufteilung nach dem Flächenschlüssel aus sonstigen Gründen nicht präzisier ist (BFH vom 10.08.2016, XI R 31/09, a.a.O., m.w.N.).

315 Ist keine präzisere wirtschaftliche Zurechnung durch den Flächenschlüssel möglich, gilt der präziseste Umsatzschlüssel. Die Vorsteuerbeträge sind demnach anhand des objektbezogenen Umsatzschlüssels aufzuteilen, wenn sie den Gegenstand selbst betreffen und die objektumsatzbezogene gegenüber einer gesamtumsatzbezogenen Aufteilung genauer ist, weil ein direkter und unmittelbarer Zusammenhang zu den Ausgangsumsätzen der Verwendung bzw. Nutzung dieses Gegenstandes besteht (s. BFH vom 07.05.2014, V R 1/10, DStR 2014, 1162).

316 Der unternehmensbezogene Umsatzschlüssel ist aber vorrangig dann anzuwenden, wenn es um eine Verwendung des Gegenstandes für Umsätze des gesamten Unternehmens geht (z.B. Verwaltungsgebäude)

und die Aufwendungen insoweit zu den allgemeinen Aufwendungen des Unternehmens gehören und direkt und unmittelbar mit seiner wirtschaftlichen Gesamttätigkeit zusammenhängen (s. BFH vom 07.05.2014, V R 1/10, DStR 2014, 1162).

11.4.2 Anschaffungs-, Herstellungs- und Erhaltungsaufwand

Für den Umfang des Vorsteuerabzugs bei Aufwendungen im Zusammenhang mit gemischt genutzten Gebäuden ist zwischen (nachträglichen) Anschaffungs- bzw. Herstellungskosten und Erhaltungsaufwendungen zu differenzieren (zur vorhergehenden Zuordnung zum Unternehmen s. Rn. 69 ff.). Diese Begriffe sind nach den handelsrechtlichen Grundsätzen auszulegen (s. BFH vom 25.03.2009, V R 9/08, BStBl II 2010, 651), sodass hierfür keine Umqualifizierung von Erhaltungsaufwendungen zu Herstellungskosten nach § 6 Abs. 1 Nr. 1a EStG erfolgt (s. Abschn. 15.17 Abs. 6 UStAE). 317

Bei einer Gebäudeerrichtung sind alle Vorsteuerbeträge aus den **Anschaffungs- oder Herstellungskosten** in die Vorsteueraufteilung unter Berücksichtigung der Verwendung des gesamten Gebäudes zu vorsteuerschädlichen bzw. -unschädlichen Umsätzen einzubeziehen (sog. **einheitliches Aufteilungsobjekt**, s. BFH vom 28.09.2006, V R 43/03, BStBl II 2007, 417). Unter Beachtung der Präzisionsanforderungen (s. Rn. 299) vertrat der XI. Senat des BFH aber die Auffassung, dass bei Anschaffung oder Errichtung eines gemischt genutzten Gebäudes die Eingangsleistungen zur präziseren Bestimmung der abziehbaren Vorsteuerbeträge zunächst den steuerpflichtigen und steuerfreien Verwendungsumsätzen des Gebäudes zuzuordnen seien und sich die Vorsteueraufteilung insoweit nur noch auf die verbliebenen nicht zuordenbaren Aufwendungen beschränkt (s. EuGH-Vorlage des BFH vom 05.06.2014, XI R 31/09, DStR 2014, 1438). Der EuGH hat sich dieser Auffassung mit der Maßgabe, dass diese Vorabzuordnung nach den einzelnen Verwendungen leicht durchführbar ist, angeschlossen (EuGH vom 09.06.2016, C-332/14, DStR 2016, 1370). Allerdings hat sodann der XI. Senat daraufhin entsprechend der bisherigen Rechtsprechung und Praxis entschieden, dass sich im Fall der Errichtung eines gemischt genutzten Gebäudes eine Zuordnung der Gegenstände oder Dienstleistungen zu den Umsätzen, für die sie verwendet werden, regelmäßig als zu komplex und somit schwer durchführbar erweist (BFH vom 10.08.2016, XI R 31/09, DStR 2016, 2280). Bei der Herstellung eines gemischt genutzten Gebäudes kann für den Vorsteuerabzug daher nicht darauf abgestellt, welche Aufwendungen in bestimmte Teile des Gebäudes eingehen, sondern vielmehr kommt es insoweit auf die prozentualen Verwendungsverhältnisse des gesamten Gebäudes an. Es dürfte daher alles beim Alten bleiben. 318

Erweiterungen eines Gebäudes i.S.d. § 255 Abs. 2 Satz 1 HGB oder auch **nachträgliche Herstellungskosten** sind getrennt vom ursprünglichen Anschaffungs- oder Herstellungsvorgang zu betrachten und bilden insoweit ein eigenständiges Zuordnungs- bzw. Aufteilungsobjekt. Für den Vorsteuerabzug kommt es insoweit auch nur auf die Verwendungsverhältnisse der neuen Gebäudeteile an (s. BMF vom 02.01.2014, IIV D 2-S 7300/12/10002:001, BStBl I 2014, 119; EuGH vom 19.07.2012, C-334/10, DStR 2012, 1551; wohl a.A. Oelmaier in Sölch/Ringleb, § 15 UStG Rn. 674). Es gelten die Ausführungen zur Rn. 318. 319

Der Unternehmer kann jedoch für **Leistungen, die vor dem 01.01.2014 bezogen wurden**, auf die Verwendung des gesamten Gebäudes bei bautechnischer Verbindung und Nutzung (sog. einheitlicher Nutzungs- und Funktionszusammenhang) der neuen Gebäudeteile mit den Altflächen abstellen (Übergangsregelung des BMF vom 02.01.2014, IIV D 2-S 7300/12/10002:001; BFH vom 28.10.2010, V R 35/09, BFH/NV 2011, 1025; vom 25.03.2009, V R 9/08, BStBl II 2010, 651). Dies eröffnet die Möglichkeit für das Gesamtgebäude einen einheitlichen Aufteilungsschlüssel anzuwenden; der auch nach Ablauf der Übergangsregelung beizubehalten ist. Erhöht sich dadurch die abziehbare Vorsteuer für die Altflächen, kann dies für den Unternehmer günstiger sein. 320

Der **Vorsteuerabzug aus Erhaltungsaufwendungen** bzw. Eingangsleistungen für die Nutzung, Erhaltung und Unterhaltung des Gebäudes richtet sich nach der vorsteuerschädlichen oder -unschädlichen Verwendung des jeweiligen Gebäudeteils, für den diese anfallen (BFH vom 10.08.2016, XI R 31/09, DStR 2016, 2280). Nur wenn die Erhaltungsaufwendungen dem gesamten Gebäude zuzurechnen sind (z.B. Dachreparatur), richtet sich der Vorsteuerabzug auch bei Erhaltungsaufwendungen nach der Verwendung des gesamten Gebäudes (s. BFH vom 22.11.2007, V R 43/06, BStBl II 2008, 770). 321

322 **Beispiel (Besonderheiten bei Fotovoltaikanlagen):** U nutzt ein Gebäude teilweise auch zu vorsteuerabzugsschädlichen Zwecken. Zur Vorbereitung der Installation einer Fotovoltaikanlage ist U aus bautechnischen Gründen gezwungen, den maroden Dachstuhl zu sanieren und anschließend neu einzudecken. Aus statischen Gründen muss U aber zusätzlich auch den gesamten Dachstuhl verstärken, damit dieser die Last der Fotovoltaikanlage tragen kann. Der Betrieb der Fotovoltaikanlage dient ausschließlich zur umsatzsteuerpflichtigen Stromlieferung.

Lösung: Die Aufwendungen für die Neueindeckung bzw. **Dachsanierung** im Zusammenhang mit der Neuinstallation einer **Fotovoltaikanlage** stehen regelmäßig sowohl in einem direkten und unmittelbaren Zusammenhang mit dem Betrieb der Fotovoltaikanlage als auch mit dem Gesamtbauwerk, welches durch das Dach geschützt wird (s. BFH vom 19.07.2011, XI R 29/09, BStBl II 2012, 430; 434; 438). Insoweit sind diese Aufwendungen als Erhaltungsaufwand dem gesamten Gebäude zuzurechnen, sodass sich der Vorsteuerabzug deshalb nach der Verwendung des gesamten Gebäudes richtet (s. BFH vom 14.03.2012, XI R 26/11, BFH/NV 2012, 1192). Die Ermittlung des abziehbaren Teils der Vorsteuerbeträge richtet sich mangels Vergleichbarkeit nicht auf das Verhältnis der Dach- und Innenraumflächen, sondern regelmäßig nach dem objektbezogenen Umsatzschlüssel. Fehlt es an einem entgeltlichen Umsatz für das Innere des Gebäudes und/oder an einer entgeltlichen Nutzung der Dachfläche, kann auf das Verhältnis der fiktiven Umsätze abgestellt werden, die sich bei einer Vermietung des Daches bzw. der inneren Nutzfläche des Gebäudes ergäben. Dabei ist aber auch zu berücksichtigen, dass auch das Gebäudeinnere teilweise vorsteuerabzugsschädlich genutzt wird, sodass unter Berücksichtigung des insoweit präziseren Flächenschlüssels in einem weiteren Schritt der auf die Innenfläche entfallende abziehbare Teil der Vorsteuerbeträge anhand des Flächenschlüssels zu ermitteln ist.

Eine Verstärkung des vorhandenen Dachstuhls erfolgt jedoch einzig aus statischen Gründen für die Fotovoltaikanlage und ohne weiteren Nutzungs- und Funktionszusammenhang zum restlichen Gebäude, sodass hieraus der volle Vorsteuerabzug möglich ist (s. Vfg. des LfSt Bayern vom 07.08.2012, S 7300.2.1 – 14/48 St 33). Dasselbe gilt auch für eine Anbringung einer tritt- und druckfesten Dämmung auf einem Dach zum ordnungsgemäßen Betrieb der Fotovoltaikanlage (s. FG München vom 30.07.2013, 2 K 3966/10, EFG 2013, 1971 rkr.).

11.5 Vorsteueraufteilung bei Holdinggesellschaften

323 Erschöpft sich die Tätigkeit einer Holdingsgesellschaft auf das bloße Erwerben, Halten und Veräußern von Beteiligungen (sog. **Finanzholding**) übt sie keine wirtschaftliche Tätigkeit aus, mit der Folge aus, dass es für den Vorsteuerabzug schon an der Unternehmereigenschaft i.S.d. § 2 UStG mangelt (s.a. Rn. 77 und allgemein zu Holdinggesellschaften, § 2 Abs. 1 Rn. 25 f.).

324 Eine sog. **Führungs- bzw. Funktionsholding**, die im Sinne einer einheitlichen Leitung auch in die Verwaltung ihrer Tochtergesellschaften durch das Erbringen von (entgeltlichen) administrativen, finanziellen, kaufmännischen oder technischen Dienstleistungen eingreift, übt aber insoweit eine wirtschaftliche Tätigkeit aus. Insoweit steht dieser geschäftsleitenden Holding u.a. auch aus den Kosten, die im Zusammenhang mit dem Erwerb von Beteiligungen an diesen Tochtergesellschaften entstehen, ein Recht auf vollständigen Vorsteuerabzug zu (s. BFH vom 19.01.2016, XI R 38/12, BFH/NV 2016, 706; EuGH vom 16.07.2015, C-108/14 und C-109/14, DStR 2015, 1673). An dem hierfür erforderlichen Zusammenhang mit dem Beteiligungserwerb fehlt es aber, wenn das eingeworbene Kapital in keinem Verhältnis zu dem Beteiligungserwerb steht bzw. nach den Verhältnissen des Einzelfalls der wirtschaftlichen Tätigkeit nur eine untergeordnete Bedeutung zukommt (s. BFH vom 06.04.2016, V R 6/14, DStR 2016, 1366). Aufgrund dieser Beschränkung ist nunmehr für Zwecke des Vorsteuerabzugs regelmäßig eine genaue Untersuchung der Zuordnung der Eingangsleistungen einer geschäftsleitenden Holding und eine entsprechende Glaubhaftmachung erforderlich. Erbringt die Holding aber auch nicht zum Vorsteuerabzug berechtigende steuerfreie Leistungen an ihre Tochtergesellschaften, bedarf es einer Vorsteueraufteilung nach § 15 Abs. 4 UStG.

Eine sog. **gemischte Holding** vereint Elemente der Führungs- und Finanzholding und hat daher sowohl einen nichtunternehmerischen Bereich als auch einen unternehmerischen Bereich. Die gesellschaftsrechtlichen Beteiligungen dürften im Falle der entgeltlichen Dienstleistungserbringung regelmäßig dem unternehmerischen Bereich zuzuordnen sein (s. EuGH vom 27.09.2001, C-16/00, DStR 2001, 1795, m.w.N.). Abziehbar sind grundsätzlich aber nur die Vorsteuerbeträge, die im Zusammenhang mit den im unternehmerischen Bereich gehaltenen Beteiligungen stehen. Werden daneben auch Beteiligungen im nichtunternehmerischen Bereich gehalten, sind die für beide Bereiche bezogenen Eingangsleistungen (z.B. allgemeine Verwaltungskosten) für Zwecke des Vorsteuerabzugs analog § 15 Abs. 4 UStG aufzuteilen (s. BFH vom 03.03.2011, V R 23/10, BStBl II 2012, 74; Abschn. 15.22 Abs. 1 S. 3 UStAE). Die Vorsteueraufteilung kann sich wegen der Vielfalt und Komplexität der Sachverhalte nach dem Umsatzschlüssel – d.h. nach dem Verhältnis der Erlöse aus der operativen Tätigkeit zu den Erlösen aus der Beteiligung –, nach dem sog. Investitionsschlüssel – also den Investitionen in die wirtschaftlichen Tätigkeiten einerseits und in den Bereich nichtwirtschaftlicher andererseits – oder nach verschiedenen betriebswirtschaftlichen Größen richten. 325

Einstweilen frei 326–329

11.6 Erleichterungen bei der Vorsteueraufteilung

11.6.1 Erleichterte Aufteilung nach § 43 UStDV

Entfallen Vorsteuerbeträge aus Eingangsleistungen nur teilweise auf die nachfolgenden (steuerfreien) Ausgangsumsätze, können diese Vorsteuerbeträge trotzdem vollständig abzogen werden (s. § 15 Abs. 5 Nr. 3 UStG i.V.m. § 43 UStDV; Abschn. 15.18 Abs. 1–5 UStAE): 330

- Umsätze von Geldforderungen, denen zum Vorsteuerabzug berechtigende Umsätze des Unternehmers zugrunde liegen (s. § 43 Nr. 1 UStDV),
- Umsätze von Wechseln, die der Unternehmer von einem Leistungsempfänger erhalten hat, weil er den Leistenden als Bürge oder Garantiegeber befriedigt; es sei denn, dass die Vorsteuern, die dem Umsatz dieses Leistenden zuzurechnen sind, vom Vorsteuerabzug ausgeschlossen sind (s. § 43 Nr. 2 UStDV) und
- Sonstige Leistungen, die im Austausch von gesetzlichen Zahlungsmitteln bestehen, Lieferungen von im Inland gültigen amtlichen Wertzeichen sowie Einlagen bei Kreditinstituten, wenn diese Umsätze als Hilfsumsätze anzusehen sind (s. § 43 Nr. 3 UStDV). Eine wirtschaftliche Tätigkeit kann aber dann nicht als Hilfsumsatz in diesem Sinne eingestuft werden, wenn sie die unmittelbare, dauerhafte und notwendige Erweiterung der steuerbaren Tätigkeit des Unternehmens darstellt (s. BFH vom 19.01.2016, IX R 38/12, BFH/NV 2016, 706).

Die sich hieraus ergebende Erleichterung besteht darin, dass diese Vorsteuerbeträge nicht nach § 15 Abs. 4 UStG aufgeteilt werden müssen, sondern voll abziehbar sind. Nur bei einer ausschließlichen Zurechnung der Vorsteuerbeträge zu diesen Ausgangsumsätzen bleiben sie weiterhin vom Abzug ausgeschlossen (s. Abschn. 15.18 Abs. 1 Satz 3 UStAE). 330/1

11.6.2 Aufteilung von Verwaltungsgemeinkosten

Nach Abschn. 15.18 Abs. 6 UStAE können bei der Aufteilung von Vorsteuerbeträgen alle Vorsteuerbeträge, die sich auf die sog. **Verwaltungsgemeinkosten** beziehen (z.B. aus der Beschaffung von Büromaterial), nach einem einheitlichen Verhältnis ggf. schätzungsweise aufgeteilt werden, auch wenn einzelne Vorsteuerbeträge ausschließlich bestimmten Umsätzen zuzurechnen wären. 331

Einstweilen frei 332

12. Vorsteuerabzug für Fahrzeuglieferer i.S.d. § 2a UStG, § 15 Abs. 4a UStG

Diese Vorschrift ermöglicht dem sog. **Fahrzeuglieferer i.S.d. § 2a UStG** einen eingeschränkten Vorsteuerabzug (Unionsrechtliche Grundlage: Art. 172 MwStSystRL). Fahrzeuglieferer ist, wer als Nichtunternehmer 333 oder als Unternehmer im Rahmen seines nichtunternehmerischen Bereichs bzw. als Kleinunternehmer (s. § 19 Abs. 4 UStG) ein neues Fahrzeug i.S.d. § 1b Abs. 2–3 UStG an einen in einem anderen Mitgliedstaat ansässigen Abnehmer liefert und insoweit **nur** für diese Lieferung einem Unternehmer gleichgestellt wird (s. § 2a Rn. 6 ff.).

334 Nach § 15 Abs. 4a **Nr. 1** UStG kann der Fahrzeuglieferer nur die auf die Lieferung, die Einfuhr oder den innergemeinschaftlichen Erwerb des neuen Fahrzeugs entfallende (Einfuhr-)Umsatzsteuer unter den weiteren Voraussetzungen des § 15 Abs. 1 UStG als Vorsteuer abziehen. Vorsteuerbeträge aus den Nebenkosten sind vom Abzug ausgeschlossen.

335 Soweit Art. 172 Abs. 1 MwStSystRL von „der im Einkaufspreis enthaltenen (...) Mehrwertsteuer" spricht und die Regelung für innergemeinschaftliche Lieferungen neuer Fahrzeuge – ohne Belastung mit Umsatzsteuer im Ursprungsland – das Bestimmungslandprinzip vorsieht, muss der Fahrzeuglieferer nach richtlinienkonformer Auslegung (s. Rn. 12) auch im Falle des Erwerbs von einem Nichtunternehmer im Inland dessen im Einkaufpreis enthaltene Umsatzsteuer bei der Weiterlieferung in das Gemeinschaftsgebiet als Vorsteuer abziehen dürfen (gl.A. s. Stadie in Rau/Dürrwächter, § 15 UStG Rn. 1438; a.A. Birkenfeld in Birkenfeld/Wäger, § 185 Rn. 54; Wagner in Sölch/Ringleb, § 15 UStG Rn. 708). Andernfalls würde es zur Doppelbelastung in Gestalt von Umsatzsteuer aus der Erwerbsbesteuerung des Abnehmers auf vom Fahrzeuglieferer wirtschaftlich getragener Umsatzsteuer kommen.

336 Nach § 15 Abs. 4a **Nr. 2** UStG wird der Vorsteuerabzug sodann der Höhe nach dahin gehend beschränkt, dass der Fahrzeuglieferer die tatsächlich angefallene Vorsteuer nur bis zu dem Betrag abziehen kann, den er für die Lieferung des gegenständlichen Fahrzeugs schulden würde, wenn diese nicht gem. § 4 Nr. 1b i.V.m. § 6a UStG steuerfrei wäre.

337 Daneben kann der Fahrzeuglieferer den Vorsteuerabzug gem. § 15 Abs. 4a **Nr. 3** UStG erst im Zeitpunkt der innergemeinschaftlichen Lieferung geltend machen. Zur Deklaration gegenüber der Finanzverwaltung s. §§ 18 Abs. 4a, 18c UStG. Der Fahrzeuglieferer hat das Entgelt für seine steuerfreie Lieferung und die Ermittlung der abziehbaren Vorsteuer gem. § 22 Abs. 1 Satz 1 i.V.m. § 22 Abs. 2 Nr. 5–7 UStG aufzuzeichnen.

338 **Beispiel:** Der Nichtunternehmer N hat im Mai 2016 einen neuen PKW für 50.000 € zzgl. 9.500 € USt erworben und an den spanischen Abnehmer S im Juli 2016 für 48.000 € steuerfrei veräußert.

Lösung: N kann sich die tatsächlich angefallene Umsatzsteuer aus dem Erwerb des PKW nur in Höhe von 9.120 € (19 % von 48.000 €) mit der Umsatzsteuervoranmeldung für den Juli 2016 als Vorsteuer von der Finanzverwaltung vergüten lassen. Der Differenzbetrag gilt als bei N verbraucht. Darüber hinaus hat N auch gem. § 18 Abs. 3 UStG eine Umsatzsteuer-Jahreserklärung abzugeben, aber keine Zusammenfassende Meldung i.S.d. § 18a UStG.

13. Sonderregelungen für nicht im Gemeinschaftsgebiet ansässige Steuerschuldner i.S.d. § 13b UStG, § 15 Abs. 4b UStG

339 Wegen des unmittelbaren Zusammenhangs mit dem Vorsteuerabzug nach § 15 Abs. 1 Satz 1 Nr. 4 UStG, s. Rn. 190.

14. Vereinfachungsbestimmung für den Vorsteuerabzug, § 15 Abs. 5 UStG

340 Soweit die Finanzverwaltung mit Zustimmung des Bundesrates im Rahmen der gesetzgeberischen Ermächtigung in bestimmten Fällen Vereinfachungen beim Vorsteuerabzug zugelassen hat, erfolgt deren Kommentierung an den entsprechenden Stellen.

§ 15a UStG Berichtigung des Vorsteuerabzugs

(1) [1]Ändern sich bei einem Wirtschaftsgut, das nicht nur einmalig zur Ausführung von Umsätzen verwendet wird, innerhalb von fünf Jahren ab dem Zeitpunkt der erstmaligen Verwendung die für den ursprünglichen Vorsteuerabzug maßgebenden Verhältnisse, ist für jedes Kalenderjahr der Änderung ein Ausgleich durch eine Berichtigung des Abzugs der auf die Anschaffungs- oder Herstellungskosten entfallenden Vorsteuerbeträge vorzunehmen. [2]Bei Grundstücken einschließlich ihrer wesentlichen Bestandteile, bei Berechtigungen, für die die Vorschriften des bürgerlichen Rechts über Grundstücke gelten, und bei Gebäuden auf fremdem Grund und Boden tritt an die Stelle des Zeitraums von fünf Jahren ein Zeitraum von zehn Jahren.

(2) [1]Ändern sich bei einem Wirtschaftsgut, das nur einmalig zur Ausführung eines Umsatzes verwendet wird, die für den ursprünglichen Vorsteuerabzug maßgebenden Verhältnisse, ist eine Berichtigung des Vorsteuerabzugs vorzunehmen. [2]Die Berichtigung ist für den Besteuerungszeitraum vorzunehmen, in dem das Wirtschaftsgut verwendet wird.

(3) [1]Geht in ein Wirtschaftsgut nachträglich ein anderer Gegenstand ein und verliert dieser Gegenstand dabei seine körperliche und wirtschaftliche Eigenart endgültig oder wird an einem Wirtschaftsgut eine sonstige Leistung ausgeführt, gelten im Fall der Änderung der für den ursprünglichen Vorsteuerabzug maßgebenden Verhältnisse die Absätze 1 und 2 entsprechend. [2]Soweit im Rahmen einer Maßnahme in ein Wirtschaftsgut mehrere Gegenstände eingehen oder an einem Wirtschaftsgut mehrere sonstige Leistungen ausgeführt werden, sind diese zu einem Berichtigungsobjekt zusammenzufassen. [3]Eine Änderung der Verhältnisse liegt dabei auch vor, wenn das Wirtschaftsgut für Zwecke, die außerhalb des Unternehmens liegen, aus dem Unternehmen entnommen wird, ohne dass dabei nach § 3 Abs. 1b eine unentgeltliche Wertabgabe zu besteuern ist.

(4) [1]Die Absätze 1 und 2 sind auf sonstige Leistungen, die nicht unter Absatz 3 Satz 1 fallen, entsprechend anzuwenden. [2]Die Berichtigung ist auf solche sonstigen Leistungen zu beschränken, für die in der Steuerbilanz ein Aktivierungsgebot bestünde. [3]Dies gilt jedoch nicht, soweit es sich um sonstige Leistungen handelt, für die der Leistungsempfänger bereits für einen Zeitraum vor Ausführung der sonstigen Leistung den Vorsteuerabzug vornehmen konnte. [4]Unerheblich ist, ob der Unternehmer nach den §§ 140, 141 der Abgabenordnung tatsächlich zur Buchführung verpflichtet ist.

(5) [1]Bei der Berichtigung nach Absatz 1 ist für jedes Kalenderjahr der Änderung in den Fällen des Satzes 1 von einem Fünftel und in den Fällen des Satzes 2 von einem Zehntel der auf das Wirtschaftsgut entfallenden Vorsteuerbeträge auszugehen. [2]Eine kürzere Verwendungsdauer ist entsprechend zu berücksichtigen. 3Die Verwendungsdauer wird nicht dadurch verkürzt, dass das Wirtschaftsgut in ein anderes einbezogen wird.

(6) Die Absätze 1 bis 5 sind auf Vorsteuerbeträge, die auf nachträgliche Anschaffungs- oder Herstellungskosten entfallen, sinngemäß anzuwenden.

(6a) Eine Änderung der Verhältnisse liegt auch bei einer Änderung der Verwendung im Sinne des § 15 Absatz 1b vor.

(7) Eine Änderung der Verhältnisse im Sinne der Absätze 1 bis 3 ist auch beim Übergang von der allgemeinen Besteuerung zur Nichterhebung der Steuer nach § 19 Abs. 1 und umgekehrt und beim Übergang von der allgemeinen Besteuerung zur Durchschnittssatzbesteuerung nach den §§ 23, 23a oder 24 und umgekehrt gegeben.

(8) [1]Eine Änderung der Verhältnisse liegt auch vor, wenn das noch verwendungsfähige Wirtschaftsgut, das nicht nur einmalig zur Ausführung eines Umsatzes verwendet wird, vor Ablauf des nach den Absätzen 1 und 5 maßgeblichen Berichtigungszeitraums veräußert oder nach § 3 Abs. 1b geliefert wird und dieser Umsatz anders zu beurteilen ist als die für den ursprünglichen Vorsteuerabzug maßgebliche Verwendung. [2]Dies gilt auch für Wirtschaftsgüter, für die der Vorsteuerabzug nach § 15 Absatz 1b teilweise ausgeschlossen war.

(9) Die Berichtigung nach Absatz 8 ist so vorzunehmen, als wäre das Wirtschaftsgut in der Zeit von der Veräußerung oder Lieferung im Sinne des § 3 Abs. 1b bis zum Ablauf des maßgeblichen Berichtigungszeitraums unter entsprechend geänderten Verhältnissen weiterhin für das Unternehmen verwendet worden.

(10) [1]Bei einer Geschäftsveräußerung (§ 1 Abs. 1a) wird der nach den Absätzen 1 und 5 maßgebliche Berichtigungszeitraum nicht unterbrochen. [2]Der Veräußerer ist verpflichtet, dem Erwerber die für die Durchführung der Berichtigung erforderlichen Angaben zu machen.

(11) Das Bundesministerium der Finanzen kann mit Zustimmung des Bundesrates durch Rechtsverordnung nähere Bestimmungen darüber treffen,

1. wie der Ausgleich nach den Absätzen 1 bis 9 durchzuführen ist und in welchen Fällen zur Vereinfachung des Besteuerungsverfahrens, zur Vermeidung von Härten oder nicht gerechtfertigten Steuervorteilen zu unterbleiben hat;
2. dass zur Vermeidung von Härten oder eines nicht gerechtfertigten Steuervorteils bei einer unentgeltlichen Veräußerung oder Überlassung eines Wirtschaftsguts
   a) eine Berichtigung des Vorsteuerabzugs in entsprechender Anwendung der Absätze 1 bis 9 auch dann durchzuführen ist, wenn eine Änderung der Verhältnisse nicht vorliegt,
   b) der Teil des Vorsteuerbetrags, der bei einer gleichmäßigen Verteilung auf den in Absatz 9 bezeichneten Restzeitraum entfällt, vom Unternehmer geschuldet wird,
   c) der Unternehmer den nach den Absätzen 1 bis 9 oder Buchstabe b geschuldeten Betrag dem Leistungsempfänger wie eine Steuer in Rechnung stellen und dieser den Betrag als Vorsteuer abziehen kann.

Bearbeiter: Hans-Hinrich von Cölln

Inhaltsverzeichnis

1. Das Prinzip der Vorsteuerberichtigung gemäß § 15a UStG

1 Die Berichtigung des Vorsteuerabzugs gemäß § 15a UStG ist bei jeder unternehmerischen oder teilweise unternehmerischen Verwendung eines Wirtschaftsguts zu beachten. Das gilt nicht nur für Unternehmer, die die Vorsteuer auf die Anschaffung, Herstellung oder nachträgliche Anschaffung des Wirtschaftsguts abgezogen haben, sondern auch für diejenigen Unternehmer, die ihr Objekt zwar dem Unternehmen zugeordnet, aber die Vorsteuer dennoch nicht abgezogen haben, weil sie es für vorsteuerschädliche Ausgangsumsätze zu verwenden beabsichtigten.

2 **Hinweis!** Der korrekte Umgang mit der Vorschrift erfordert, dass der Unternehmer jegliche Anschaffungs-, Herstellungs- und nachträgliche Herstellungskosten detailliert aufzeichnet und zuordnet. Des Weiteren hat er über den 5- oder 10jährigen Berichtigungszeitraum die Nutzung des Wirtschaftsguts genau zu verfolgen, um jeglicher Korrekturverpflichtung nachkommen und so auch zu einem späteren Zeitpunkt abzugsfähig werdende Vorsteuer tatsächlich heben zu können.
Bei komplexen Wirtschaftsgütern – typischerweise Gebäuden mit mehreren separat nutzbaren Einheiten – können diese Aufzeichnungs- und Beobachtungs- und Berichtigungspflichten durchaus umfangreich werden.
Schließlich ist zu beachten, dass nicht 5 oder 10 Jahre nach der erstmaligen Verwendung alles „erledigt" sein muss. Denn für nachträgliche Anschaffungs- und Herstellungskosten entstehen gemäß § 15a UStG unabhängige Berichtigungsobjekte und -zeiträume, die unabhängig von dem Berichtigungszeitraum für die Anschaffung oder Herstellung des Wirtschaftsguts und zu einem späteren Zeitpunkt enden.

3 Das Recht gemäß § 15 Abs. 1 UStG, Vorsteuer abzuziehen, entsteht im Zeitpunkt des **Leistungsbezugs** oder einer davor liegenden Zahlung oder Teilzahlung (s. Abschn. 15a.1 Abs. 1 Satz 1 UStAE; Abschn. 15.12 Abs. 1 Satz 6 UStAE). In diesem Zeitpunkt hat der Unternehmer zu entscheiden, ob er die Leistung für den Vorsteuerabzug zulassende oder ihn ausschließende Ausgangsumsätze oder für beides einsetzt (s. Abschn. 15.12 Abs. 1 Satz 7 UStAE). Es kommt dabei allein auf die **Verwendungsabsicht** des die Eingangsleistung beziehenden Unternehmers an, und zwar auch im Hinblick auf den Umfang der Verwendung für vorsteuerschädliche oder vorsteuerunschädliche Ausgangsumsätze (s. Birkenfeld in Birkenfeld/Wäger, § 190 Rn. 2). Hierbei ist jedoch zu berücksichtigen, dass die Verwendungsabsicht anhand objektiv nachprüfbarer Beweisanzeichen festgestellt wird (s. Abschn. 15.12 Abs. 1 Satz 11, Abs. 2 UStAE).

4 Viele Wirtschaftsgüter verbrauchen sich aber nicht bei der Erbringung einer einzelnen Ausgangsleistung, sondern werden vielfach oder dauerhaft für eine Vielzahl von Ausgangsleistungen eingesetzt. Dies gilt insbesondere für Maschinen, Fahrzeuge, technische Anlagen und in besonderem Maße für Immobilien. Denn diese verfügen mit über die längsten Lebensdauern unter den Wirtschaftsgütern. Schafft der Unter-

nehmer solche „mehrfach verwendbaren" Wirtschaftsgüter an, besteht auch für diese der sofortige und vollständige Abzug der Vorsteuer (s. Birkenfeld in Birkenfeld/Wäger, § 190 Rn. 1). Die Vorsteuer wird nicht ratierlich auf die Verwendungsjahre verteilt (s. Birkenfeld in Birkenfeld/Wäger, § 190 Rn. 1).

5 Zu diesem **sofortigen Vorsteuerabzug des § 15 UStG** stellt § 15a UStG eine Korrekturvorschrift dar. Sollte sich über den sogenannten Berichtigungszeitraum – der für Grundstücke, Gebäude, sonstige wesentliche Bestandteile und grundstücksgleiche Rechte gemäß § 15a Abs. 1 Satz 2 UStG 10 Jahre für alle übrigen Wirtschaftsgüter 5 Jahre ab der erstmaligen Verwendung währt – herausstellen, dass die tatsächliche Verwendung nicht der beabsichtigten entspricht, wird die auf die Anschaffung, Herstellung oder nachträgliche Herstellung entfallende Vorsteuer anteilig berichtigt.

6 **Hinweis!** Auch für Wirtschaftsgüter, die nur einmalig zur Ausführung eines Umsatzes verwendet werden, besteht eine Korrekturvorschrift gemäß § 15a Abs. 2 UStG (s. Abschn. 15a.1 Abs. 2 Nr. 2 UStAE).

7 Hervorzuheben ist dabei zum einen, dass § 15a UStG den ursprünglichen Vorsteuerabzug gemäß § 15 UStG unberührt lässt. § 15a UStG wirkt also nicht rückwirkend in den Veranlagungszeitraum des ursprünglichen Vorsteuerabzugs. Zum anderen wirkt § 15a UStG in beide Richtungen. Wird ein Wirtschaftsgut entgegen der ursprünglichen Absicht zu vorsteuerschädlichen statt vorsteuerunschädlichen Ausgangsumsätzen verwendet, muss der Unternehmer die abgezogene Vorsteuer anteilig dem Finanzamt zurückzahlen. Verwendet er das Wirtschaftsgut entgegen seiner ursprünglichen Absicht jedoch für vorsteuerunschädliche statt für vorsteuerschädliche Ausgangsumsätze, kann er die Vorsteuer auf die ursprüngliche Anschaffung, Herstellung oder nachträgliche Herstellung anteilig nachträglich abziehen.

2. Die Grundkonstellation der Vorsteuerberichtigung gemäß § 15a UStG

8 Gemäß § 15a Abs. 1 UStG ist eine **Berichtigung des vorgenommenen oder unterlassenen Vorsteuerabzugs vorzunehmen**, wenn:

- Sich innerhalb von 5 bzw. 10 Jahren nach der erstmaligen Verwendung
- die für den Vorsteuerabzug maßgeblichen Verhältnisse bei
- einem Wirtschaftsgut ändern,
- das nicht nur einmalig zur Ausführung von Umsätzen verwendet wird.

9 Gemäß § 15a Abs. 5 UStG wird für die Berichtigung der Vorsteuer jeweils ein Jahr innerhalb des 5 bzw. 10jährigen **Berichtigungszeitraumes** betrachtet. Sind in dem jeweiligen Jahr die beabsichtigte und die tatsächliche Verwendung des Wirtschaftsgutes nicht identisch, wird 1/5 bzw. 1/10 der auf die **Anschaffung, Herstellung oder nachträglichen Herstellung** entfallenden Vorsteuern um das Verhältnis der Abweichung zwischen beabsichtigter und tatsächlicher Nutzung korrigiert.

10 **Beispiele:**

1. Unternehmer U erwirbt im Jahr 01 ein Grundstück zum Kaufpreis i.H.v. 1.000.000 € zuzüglich Umsatzsteuer in Höhe von 190.000 €. Er beabsichtigt bei Erwerb des Grundstücks, das leer stehende Gebäude umsatzsteuerpflichtig zu vermieten. U zieht daher die Umsatzsteuer in voller Höhe ab. U findet jedoch zunächst keinen Mieter, bei dem U gemäß § 9 Abs. 2 Satz 1 UStG auf die Umsatzsteuerbefreiung gemäß § 4 Nr. 12a) UStG verzichten kann. Zu Beginn des Jahres 02 vermietet U das Gebäude schließlich umsatzsteuerfrei an einen Arzt A, der darin seine Arztpraxis betreibt. Das Mietverhältnis dauert 5 Jahre an.
2. Ab dem Jahr 07 gelingt es U, das Gebäude umsatzsteuerpflichtig an einen Ingenieur zu vermieten, der darin sein Ingenieurbüro betreibt. Das Mietverhältnis dauert 5 Jahre.

Lösung:

1. Der gemäß § 15a Abs. 1 Satz 2 UStG 10jährige Berichtigungszeitraum beginnt mit der erstmaligen Verwendung (s. Birkenfeld in Birkenfeld/Wäger, § 192 Rn. 281), der Vermietung an A. Bereits in dem ersten Jahr des Berichtigungszeitraums, dem Jahr 02, weicht die beabsichtigte umsatzsteuerpflich-

tige Vermietung zu 100 % von der tatsächlichen umsatzsteuerfreien Vermietung ab. Da die Vorsteuer 190.000 € beträgt, entfällt ein Vorsteuervolumen von jeweils 19.000 € (1/10 von 190.000 €) gemäß § 15a Abs. 5 UStG auf jedes einzelne Jahr des Berichtigungszeitraums. In jedem Jahr der umsatzsteuerfreien Vermietung muss U somit 19.000 € Vorsteuer an das Finanzamt zurückzahlen.

2. Ab dem Jahr 07, dem sechsten Jahr seit Beginn der erstmaligen Verwendung des Objekts durch U im Jahre 02, entspricht die beabsichtigte der tatsächlichen Verwendung. Die auf die letzten 5 Jahre des Berichtigungszeitraums entfallenden Vorsteuervolumina von 5 × 19.000 € muss U somit nicht an das Finanzamt zurückzahlen.
Im Ergebnis hat U nach Ablauf der 10 Jahre insgesamt ein Vorsteuervolumen von 95.000 € (5 × 19.000 €) aus 190.000 €, somit 50 % des gesamten Volumens abgezogen. Dies entspricht der Nutzung des Grundstücks über die 10 Jahre zu 50 % für vorsteuerschädliche und zu 50 % für vorsteuerunschädliche Ausgangsumsätze.

3. Die Berichtigung der Vorsteuer gemäß § 15a UStG im Einzelnen

§ 15a UStG enthält mehrere Tatbestände für separate Berichtigungsobjekte. Dabei ist zu beachten, dass ein Wirtschaftsgut wie beispielsweise ein Grundstück mit einem aufstehenden Gebäude aus mehreren Berichtigungsobjekten bestehen kann. 11

3.1 Berichtigungsobjekte

Der **Berichtigungsvorschrift des § 15a UStG** unterliegen nicht nur Gegenstände wie Grundstücke, Gebäude, Fahrzeuge oder Maschinen. Auch andere Gegenstände und sonstige Leistungen können der Berichtigung des § 15a UStG unterliegen. Dies mag auf den ersten Blick verwunderlich erscheinen. Der gesetzgeberische Hintergrund besteht aber in erster Linie darin, dass Gegenstände und sonstige Leistungen in Wirtschaftsgüter (Berichtigungsobjekte) eingehen und dabei ihre Selbständigkeit verlieren. Dennoch „wirken" sie fort, weil durch sie ermöglicht wird, dass mit dem Wirtschaftsgut, in das sie eingehen, weiterhin Ausgangsumsätze erbracht werden können. 12

Hinweis! Exakt betrachtet ist das der Berichtigung unterliegende Substrat nicht ein Wirtschaftsgut, sondern die darauf ruhende Vorsteuer (s. Wenzel in Rau/Dürrwächter, § 15a Rn. 70). 13

Berichtigungsobjekte i.S.d. § 15a UStG sind: 14

- **Wirtschaftsgüter, die nicht nur einmalig zur Ausführung von Umsätzen verwendet werden gemäß § 15a Abs. 1 UStG** (s. Abschn. 15a.1 Abs. 2 Nr. 1 UStAE; Wenzel in Rau/Dürrwächter, § 15a Rn. 70, 72). Hierunter fallen typischerweise diejenigen Wirtschaftsgüter die sich ertragsteuerlich dem Anlagevermögen zugeordnet sind (s. Abschn. 15a.1 Abs. 2 Nr. 1 Satz 1 UStAE), wobei die ertragsteuerliche Einordnung für umsatzsteuerliche Zwecke nicht erheblich ist (s. Abschn. 15a.1 Abs. 2 Nr. 1 Satz 3 UStAE).
- **Wirtschaftsgüter, die nur einmalig zur Ausführung von Umsätzen verwendet werden, § 15a Abs. 2 UStG** (s. Abschn. 15a.1 Abs. 2 Nr. 2 UStAE). Auch in diese Kategorie können Grundstücke, Gebäude und grundstücksgleiche Rechte fallen, sofern der Unternehmer, z.B. innerhalb eines gewerblichen Grundstückshandels, mit ihnen handelt (s. Oelmaier in Sölch/Ringleb, § 15a Rn. 88; Wenzel in Rau/Dürrwächter, § 15a Rn. 83). Ertragsteuerlich wären sie dann entsprechend dem Umlaufvermögen zuzuordnen (s. Abschn. 15a.1 Abs. 2 Nr. 2 Satz 1 UStAE). Entsprechendes gilt, wenn die Wirtschaftsgüter zwar dem Unternehmen nicht nur zur einmaligen Ausführung von Umsätzen dienen sollten, ertragsteuerlich also dem Anlagevermögen zuzuordnen sind, aber vor einer erstmaligen Verwendung veräußert oder entnommen werden (s. Abschn. 15a.1 Abs. 2 Nr. 2 Satz 2 UStAE).
- **Nachträglich in ein Wirtschaftsgut eingehende Gegenstände**, wenn diese hierdurch ihre wirtschaftliche Eigenständigkeit selbständig verlieren, § 15a Abs. 3 Satz 1 UStG (s. Wenzel in Rau/Dürrwächter, § 15a Rn. 70; Abschn. 15a.1 Abs. 2 Nr. 3 UStAE).

- **Sonstige Leistungen an Wirtschaftsgütern**, § 15a Abs. 3 Satz 1 UStG (s. Abschn. 15a.1 Abs. 2 Nr. 4 UStAE; Wenzel in Rau/Dürrwächter, § 15a Rn. 70).
- Hierunter fallen aber nur **Leistungen, die sich im Zeitpunkt ihrer Erbringung nicht sogleich verbrauchen** (s. Abschn. 15a.6 Abs. 6 Satz 1 UStAE. Kritisch, im Ergebnis aber zustimmend: Oelmaier in Sölch/Ringleb, § 15a Rn. 320).

> **Hinweis!** Auch Erhaltungsaufwendungen können hierunter fallen (s. Abschn. 15a.6 Abs. 7 Satz 2 UStAE). Die für die Zuordnung der Vorsteuerbeträge zu dem Objekt oder dessen Teilen wichtige Unterscheidung in (nachträgliche) Anschaffungs- und Herstellungskosten einerseits und Erhaltungsaufwand andererseits ist somit nicht gleichbedeutend mit der Frage, ob durch diese Arbeiten ein eigenständiges Berichtigungsobjekt entsteht oder nicht.

- **Sonstige Leistungen, die nicht unter § 15a Abs. 3 Satz 1 UStG fallen**, § 15a Abs. 4 Satz 1 UStG (s. Abschn. 15a.1 Abs. 2 Nr. 5 UStAE). Dies gilt gemäß § 15a Abs. 4 Satz 2 UStG jedoch nur, sofern für die Leistung in einer Steuerbilanz ein Aktivierungsgebot bestünde. Hierbei ist unerheblich, ob der betreffende Unternehmer tatsächlich gemäß den §§ 140 f. AO tatsächlich zur Buchführung verpflichtet ist (s. BT-Drucks. 16/1853 vom 16.06.2006, Gesetzesbegründung zu Art. 8, zu Buchst. b.; Oelmaier in Sölch/Ringleb, § 15a, Rn. 366).
- **Nachträgliche Anschaffungs- und Herstellungskosten**, § 15a Abs. 6 UStG (s. Abschn. 15a.1 Abs. 2 Nr. 6 UStAE; Wenzel in Rau/Dürrwächter, § 15a Rn. 70).

15 Zu beachten ist die **Bagatellgrenze** des § 15a Abs. 11 UStG i.V.m. § 44 Abs. 1 UStDV, die auf sämtliche Berichtigungsobjekte des § 15a UStG anzuwenden ist. Danach unterbleibt eine Vorsteuerberichtigung insgesamt, wenn die auf das Wirtschaftsgut entfallenen Anschaffungs- oder Herstellungskosten 1.000 € nicht übersteigen (s. Oelmaier in Sölch/Ringleb, § 15a Rn. 533).

3.2 Berichtigung bei Wirtschaftsgütern, die mehrfach verwendet werden, § 15a Abs. 1 UStG

16 Ob ein Wirtschaftsgut mehrfach i.S.d. § 15a Abs. 1 UStG oder einfach i.S.d. § 15a Abs. 2 UStG verwendet wird, hängt nicht zwingend von seiner Beschaffenheit ab, sondern (auch) von dessen Verwendung. Der Steuerpflichtige hat zu entscheiden, ob das konkrete Wirtschaftsgut ein solches darstellt, das nur einmalig zur Ausführung von Ausgangsumsätzen verwendet wird oder mehrfach. Das gilt sogar für Grundstücke.

17 Besondere Vorsicht ist bei **Betriebsvorrichtungen** geboten. Sie sind zu einem Grundstück oder Gebäude eigenständige Berichtigungsobjekte i.S.d. § 15a Abs. 1 UStG (s. Oelmaier in Sölch/Ringleb, § 1 Rn. 15). Dies gilt selbst dann, wenn sie zivilrechtlich zu **wesentlichen Bestandteilen** des Grundstücks gemäß § 94 BGB geworden sind (s. Abschn. 15a.6 Abs. 1 Satz 5 i.V.m. Abschn. 4.12.10 Satz 1 UStAE). Allerdings gilt für sie der 10jährige statt der 5jährige Berichtigungszeitraum gemäß § 15a Abs. 1 Satz 2 UStG, wenn die Betriebsvorrichtung zivilrechtlich zu einem wesentlichen Bestanteil des Grundstücks geworden ist (s. Abschn. 15a.3 Abs. 1 Satz 3 UStAE; BFH vom 14.07.2010, XI R 9/09, BStBl II 2010, 1086).

18 Wird ein Wirtschaftsgut nicht insgesamt zur selben Zeit erstmals verwendet, sondern gestaffelt, beginnt auch der Berichtigungszeitraum nicht zeitgleich und einheitlich. Stattdessen entstehen gesonderte und unabhängige Berichtigungszeiträume für den jeweiligen Teil mit ihrer jeweiligen erstmaligen Verwendung (s. Abschn. 15a.3 Abs. 2 Satz 1, 2 UStAE). Dementsprechend sind auch die Vorsteuerbeträge, die auf die Anschaffung bzw. Herstellung entfallen, auf die jeweiligen Teile aufzuteilen (s. Abschn. 15a.3 Abs. 2 Satz 3 UStAE).

19

> **Hinweis!** Bei der Herstellung, Sanierung oder Modernisierung größerer Gebäude geschieht es häufig, dass sie nicht zeitgleich erstmalig verwendet werden, sondern die einzelnen Einheiten zu unterschiedlichen Zeiten. Beispielsweise können Gewerbeeinheiten im Erdgeschoss bereits in die Nutzung gehen, während in oberen Etagen noch Bau, Umbau oder Modernisierung stattfindet.

3.2.1 Wirtschaftsgüter, für die ein 10jähriger Berichtigungszeitraum gilt, § 15a Abs. 1 Satz 2 UStG

§ 15a Abs. 1 Satz 2 UStG zählt auf, welche Wirtschaftsgüter von der 10jährigen Frist erfasst sind: 20

- **Grundstücke**: Hierunter fällt der Grund und Boden, Grundstücksmiteigentum und Wohnungs- und Teileigentum an einem Grundstück gemäß dem WEG.
- **Wesentliche Bestandteile**: Dies sind in erster Linie aufstehende Gebäude, nicht aber Scheinbestandteile i.S.d. § 95 BGB (s. Birkenfeld in Birkenfeld/Wäger, § 192 Rn. 95).

> **Hinweis!** Betriebsvorrichtungen bleiben selbständige Wirtschaftsgüter und Berichtigungsobjekte, selbst wenn sie zivilrechtlich wesentliche Bestandteile des Grundstücks gemäß § 94 BGB sind (Birkenfeld in Birkenfeld/Wäger, § 192, Rz. 96, § 194 Rn. 137, 151). Ihr Berichtigungszeitraum beträgt allerdings 10 statt 5 Jahre, wenn sie wesentliche Bestandteile sind (Abschn. 15a.3. Abs. 1 Satz 3 UStAE).

- **Berechtigungen, für die die Vorschriften des bürgerlichen Rechts über Grundstücke gelten:** Hierzu zählen Nießbrauch, Grunddienstbarkeiten und Erbbaurechte (s. Birkenfeld in Birkenfeld/Wäger, § 192 Rn. 95).
- **Gebäude auf fremden Grund und Boden**.

> **Hinweis!** Gebäude auf fremden Grund und Boden sind umsatzsteuerrechtlich insofern ein Sonderfall eines Scheinbestandteils, als sie gemäß § 2 Abs. 2 Nr. 2 GrEStG der Grunderwerbsteuer (s. Pahlke/Franz, Grunderwerbsteuergesetz, § 2 Rn. 19) und deren Lieferung demgemäß auch der Umsatzsteuerbefreiung gemäß § 4 Nr. 9a) UStG unterfallen (s. Oelmaier in Sölch/Ringleb, § 4 Nr. 9 Rn. 12). Dies gilt für andere Scheinbestandteile nicht.

- **Mietereinbauten**: Sie stellen einen Gebäudeteil dar, sodass auch für sie der 10jährige Berichtigungszeitraum gilt (s. Birkenfeld in Birkenfeld/Wäger, § 192 Rn. 96).

Betriebsvorrichtungen werden hingegen nicht zu einem Wirtschaftsgut i.S.d. § 15a Abs. 1 Satz 2 UStG als dessen unselbständigen Teil erfasst (s. Birkenfeld in Birkenfeld/Wäger, § 192 Rn. 96). Sie stellen zivilrechtlich zwar zumeist wesentliche Bestandteile des Grundstücks gemäß § 94 BGB dar. Dennoch werden sie umsatzsteuerrechtlich nicht als Grundstücksteil erfasst (s. Birkenfeld in Birkenfeld/Wäger, § 192 Rn. 96). Stattdessen sind sie als selbständige Wirtschaftsgüter i.S.d. § 15a Abs. 1 Satz 1 UStG einzuordnen, für die ein Berichtigungszeitraum von 5 Jahren gilt (s. Birkenfeld in Birkenfeld/Wäger, § 192 Rn. 96). Der Berichtigungszeitraum beträgt allerdings 10 Jahre, wenn die Betriebsvorrichtung ein wesentlicher Bestandteil des Grundstücks i.S.d. § 94 BGB ist (s. Abschn. 15a.3 Abs. 1 Satz 3 UStAE). 21

3.2.2 Änderung der Verhältnisse

Für ein Wirtschaftsgut (Berichtigungsobjekt) ändern sich die Verhältnisse i.S.d. § 15a Abs. 1 UStG typischerweise in folgenden Fällen (s. Wenzel in Rau/Dürrwächter, § 15a Rn. 119). Die Aufzählung ist nicht abschließend, z.B. wird hier nicht auf eine nach dem NATO-Zabk mögliche umsatzsteuerfreie Vermietung eingegangen: 22

- Die Nutzung für umsatzsteuerpflichtige Ausgangsumsätze endet und eine solche für umsatzsteuerfreie schließt sich an.
- Die sonstige Nutzung für umsatzsteuerfreie Ausgangsumsätze endet und eine solche für umsatzsteuerpflichtige schließt sich an.
- Widerruf einer Option gemäß § 9 UStG bei einer zuvor umsatzsteuerpflichtigen Nutzung.
- Ausübung einer Option gemäß § 9 UStG bei einer zuvor umsatzsteuerfreien Nutzung.
- Umsatzsteuerfreie Veräußerung von Wirtschaftsgütern, auf deren Anschaffungs- oder Herstellungskosten ruhende Vorsteuer abgezogen worden ist:
  - Dies gilt allerdings nicht, sofern das Wirtschaftsgut im Rahmen einer Geschäftsveräußerung im Ganzen gemäß § 1 Abs. 1a UStG veräußert wird (s. Wenzel in Rau/Dürrwächter, § 15a Rn. 102, 150). Denn in diesem Fall führt der Erwerber den Berichtigungszeitraum des Veräußerers gemäß

§ 15a Abs. 10 Satz 1 fort (s. Abschn. 15a.2 Abs. 3 UStAE; Wenzel in Rau/Dürrwächter, § 15a Rn. 150).

- Ebenso wenig liegt eine Änderung der Verhältnisse vor, wenn das Wirtschaftsgut im Rahmen einer Gesamtrechtsnachfolge übernommen wird (s. Birkenfeld in Birkenfeld/Wäger, § 192 Rn. 331, Stichwort „Gesamtrechtsnachfolge"). Hierzu zählen:
  1. Erbfall i.S.d. § 1922 BGB,
  2. Umwandlungen, Verschmelzungen und Spaltungen gemäß UmwG i.V.m. UmwStG (s. Wenzel in Rau/Dürrwächter, § 15a Rn. 102),
  3. Anwachsung, bei der durch Ausscheiden des vorletzten Gesellschafters einer Personengesellschaft das Gesellschaftsvermögen auf den letzten Gesellschafter anwächst (s. Birkenfeld in Birkenfeld/Wäger, § 192 Rn. 331, Stichwort „Gesamtrechtsnachfolge").
- Begründung und Beendigung einer umsatzsteuerrechtlichen Organschaft bzw. das Ausscheiden oder Eintreten in einen fortbestehenden Organkreis (s. Wenzel in Rau/Dürrwächter, § 15a Rn. 102, 113).

- Unentgeltliche Übertragung eines Wirtschaftsguts, das ganz oder teilweise für umsatzsteuerpflichtige Ausgangsumsätze genutzt wird.
- Unentgeltliche Bestellung eines Nießbrauchs an einem Wirtschaftsgut, das ganz oder teilweise für umsatzsteuerpflichtige Ausgangsumsätze genutzt wird.
- Unentgeltliche Übertragung eines Miteigentumsanteils an einem Wirtschaftsgut, das ganz oder teilweise für umsatzsteuerpflichtige Ausgangsumsätze genutzt wurde.
- Umsatzsteuerpflichtige Veräußerung eines Wirtschaftsguts, auf dessen Anschaffungs- oder Herstellungskosten ruhende Vorsteuer nicht abgezogen worden ist.
- Einräumung bzw. Veräußerung eines Miteigentumsanteils. Dies gilt allerdings nicht, wenn die bisherige vorsteuerunschädliche Nutzung als Alleineigentümer die Quote seines nunmehrigen Miteigentumsanteils nicht übersteigt (s. Abschn. 15a.2 Abs. 4 UStAE).

Beispiel: Unternehmer U errichtet ein Gebäude zunächst als Alleineigentümer. Er beabsichtigt, dieses zu 50 % unternehmerisch für umsatzsteuerpflichtige Ausgangsumsätze zu nutzen. Zu 50 % nutzt U das Objekt für private Wohnzwecke. Er ordnet das Objekt insgesamt seinem unternehmerischen Vermögen zu. U zieht demgemäß die Vorsteuern auf die Herstellungskosten zu 50 % ab. Zu Beginn des Jahres 04 des Berichtigungszeitraums überträgt U einen Miteigentumsanteil von 50 % auf seine Tochter T, die fortan dort anstelle des U wohnt.

Lösung: Unternehmer U errichtet ein Gebäude zunächst als Alleineigentümer. Er beabsichtigt, dieses zu 50 % unternehmerisch für umsatzsteuerpflichtige Ausgangsumsätze zu nutzen. Zu 50 % nutzt U das Objekt für private Wohnzwecke. Er ordnet das Objekt insgesamt seinem unternehmerischen Vermögen zu. U zieht demgemäß die Vorsteuern auf die Herstellungskosten zu 50 % ab. Zu Beginn des Jahres 04 des Berichtigungszeitraums überträgt U einen Miteigentumsanteil von 50 % auf seine Tochter T, die fortan dort anstelle des U wohnt.

- Rechtsänderung, die eine andere umsatzsteuerrechtliche Einordnung eines Ausgangsumsatzes bewirkt, für den das Wirtschaftsgut eingesetzt wird (s. Abschn. 15a.2. Abs. 2 Nr. 5 UStAE; BFH vom 14.05.1992, V R 79/87, BStBl II 1992, 983).

Beispiel: U vermietet umsatzsteuerpflichtig an den Mieter P, der in den Räumen seinerseits umsatzsteuerpflichtige Leistungen erbringt. Nach der Gesetzesänderung des § 4 Nr. 16 UStG mit Wirkung zum 01.01.2009 sind die Leistungen des P nunmehr zwingend umsatzsteuerfrei. Die Voraussetzungen der Option gemäß § 9 Abs. 2 UStG entfallen ab diesem Zeitpunkt, sodass U nicht mehr umsatzsteuerpflichtig vermieten kann.

- Die **rechtliche Beurteilung des ursprünglichen Vorsteuerabzugs** erweist sich als unzutreffend und der Veranlagungszeitraum, in dem dieser vorgenommen wurde, ist bereits materiell bestandskräftig, somit nicht mehr änderbar (s. Abschn. 15a.2 Abs. 2 Nr. 6 UStAE; Abschn. 15a.4 Abs. 3 Satz 2 UStAE).

Beispiel: U zieht die auf die Anschaffung des Objekts entfallende Vorsteuer ab, da er das Objekt umsatzsteuerpflichtig zu vermieten beabsichtigt. Er optiert für die umsatzsteuerpflichtige Vermietung gemäß § 9 Abs. 1 UStG, obwohl der Mieter seinerseits umsatzsteuerfreie Ausgangsleistungen in dem Objekt erbringt. U geht aber davon aus, dass das Objekt ein Altobjekt i.S.d. § 27 Abs. 2 UStG darstellt, für dass die Voraussetzung des § 9 Abs. 2 UStG nicht greift. Dies stellt sich zu einem Zeitpunkt als unzutreffend heraus, in dem der Veranlagungszeitraum des ursprünglichen Vorsteuerabzugs aus der Anschaffung bereits materiell bestandskräftig ist.

Hierbei ist darauf hinzuweisen, dass die Rechtsprechung **zwei Fallgruppen** unterscheidet:

- **Fallgruppe 1:** Eine Änderung der für den Vorsteuerabzug maßgeblichen Verhältnisse liegt vor, wenn sich bei tatsächlich gleichbleibenden Verwendungsumsätzen die rechtliche Beurteilung der Verwendungsumsätze, die der Gewährung des Vorsteuerabzugs im Abzugsjahr zugrunde lag, in einem der Folgejahre als unzutreffend erweist, sofern die Steuerfestsetzung für das Abzugsjahr bestandskräftig und unabänderbar ist (BFH vom 23.10.2014, BFH/NV 2015, 288, Rn. 30).
- **Fallgruppe 2:** Eine unzutreffende Beurteilung der Voraussetzungen für den Vorsteuerabzug nach § 15 Abs. 1 Nr. 1 UStG – also nicht der Verwendungsumsätze – ist keine Änderung der (Verwendungs-)Verhältnisse im Besteuerungszeitraum der Aufdeckung der Fehlbeurteilung. Sie kann dem BFH gemäß deshalb nur durch Änderung der fehlerhaften Steuerfestsetzung selbst bei Vorliegen der Voraussetzungen einer Änderungsvorschrift korrigiert werden (s. BFH vom 23.10.2014, BFH/NV 2015, 288).

- **Unrichtiger Vorsteuerabzug aufgrund verspäteter Zuordnung des Wirtschaftsgut**, der verfahrensrechtlich im Abzugsjahr nicht mehr geändert werden kann (s. BFH vom 23.10.2014, BFH/NV 2015, 288).
- Änderung des Aufteilungsschlüssels gemäß § 15 Abs. 4 UStG für Wirtschaftsgüter, die sowohl vorsteuerunschädlich als auch vorsteuerschädlich genutzt werden.
  Dies liegt beispielsweise vor, wenn sich der Unternehmer entscheidet, von einem Aufteilungsschlüssel zu einem anderen zu wechseln (s. Wenzel in Rau/Dürrwächter, § 15a Rn. 121). Ein solcher Wechsel ist jedoch nicht mehr möglich, wenn der Veranlagungszeitraum, für den der Aufteilungsschlüssel ursprünglich gewählt wurde, formell bestandskräftig ist (s. Oelmaier in Sölch/Ringleb, § 15 Rn. 693; Wenzel in Rau/Dürrwächter, § 15a Rn. 121; Abschn. 15.17 Abs. 4 UStAE; BFH vom 10.12.2009, BFH/NV 2010, 960; BFH vom 02.03.2006, BStBl II 2006, 729; BFH vom 17.08.2001, BStBl II 2002, 833).
  Im Bereich der Immobilien läuft diese Möglichkeit seit Einführung des § 15 Abs. 4 Satz 3 UStG mit Wirkung zum 01.01.2004 (s. Art. 5 StÄndG 2003, BGBl 2003, 2645; Oelmaier in Sölch/Ringleb, § 15 Rn. 685) weitgehend leer, weil durch diese Vorschrift der Vorrang des Flächenschlüssels festgelegt und dieser de facto zu dem einzig zulässigen erhoben wird (s. BFH vom 22.08.2013, BFH/NV 2014, 278).
- Einführung des § 15 Abs. 4 Satz 3 UStG durch das StÄndG 2003 zum 01.01.2004 (s. BFH vom 22.08.2013, BFH/NV 2014, 278; EuGH vom 09.06.2016, C-332/14).

Hinweis! Dass diese Gesetzesänderung eine Änderung der Verhältnisse i.S.d. § 15a Abs. 1 UStG darstellen soll, überzeugt nicht. Zunächst widerspricht sie dem von dem BFH aufgestellten und von der Finanzverwaltung übernommenen Grundsatz, dass ein einmal gewählter, einer formellen Bestandskraft unterliegender Aufteilungsschlüssel für beide Parteien bindend ist (s. Oelmaier in Sölch/Ringleb, § 15 Rn. 694; Abschn. 15.17 Abs. 4 UStAE; BFH vom 10.12.2009, BFH/NV 2010, 960; BFH vom 02.03.2006, BStBl II 2006, 729; BFH vom 17.08.2001, BStBl II 2002, 833). Zum anderen ist diese Rechtsänderung nicht vergleichbar mit einer Rechts- oder Rechtsprechungsänderung, anhand derer sich als umsatzsteuerpflichtig beurteilte Umsätze fortan als umsatzsteuerfrei erweisen oder umgekehrt. Denn solche Änderungen verändern die umsatzsteuerrechtliche Nutzung des Wirtschaftsguts. Der Aufteilungsschlüssel selbst ist aber kein Verhältnis i.S.d. § 15a Abs. 1 UStG. Es ist lediglich eine Methode, anhand derer ermittelt wird, wie sich Verhältnisse einer Nutzung rechnerisch in einer Quote ausdrücken lassen. Eine Gesetzesänderung, gemäß der die Auswahl mehrerer möglicher Aufteilungsschlüssel geändert wird, 23 führt nicht dazu, dass sich die Nutzung des Wirtschaftsguts selbst ändert. Das ist aber das, was der BFH in seiner übrigen Rechtsprechung voraussetzt, wenn er ausführt, dass eine Rechtsänderung auch eine Änderung der Verhältnisse darstellen kann(s. BFH vom 14.05.1992, BStBl II 1992, 98). Mittlerweile hat der BFH selbst Zweifel an seiner Rechtsauffassung angemeldet (s. BFH vom 05.06.2014, BFH/NV 2014, 1334, Rn. 64). Der EuGH hat jedoch entschieden, dass die MwStSystRL in diesem Fall eine Berichtigung zwingend vorsieht und auch kein Vertrauensschutz gegeben ist (s. EuGH vom 09.06.2016, C-332/14).

3.2.3 Die Berechnung der zu berichtigenden Vorsteuerbeträge

24 Die Berechnung der Korrekturbeträge gemäß § 15a UStG kann in vielen Details komplex oder auch umstritten sein. Der grundsätzliche Mechanismus ist aber systematisch und stringent. Wird dieser nicht aus den Augen verloren, kann § 15a UStG präzise gehandhabt werden. Voraussetzung ist hierbei aber eine geeignete Dokumentation, die alle erforderlichen Angaben enthält.

3.2.3.1 Die vier grundlegenden Berechnungsschritte

25 Die Berechnung der zu berichtigenden Vorsteuerbeträge kann in vier Schritte unterteilt werden:
Schritt 1: Die Ermittlung des Vorsteuervolumens.
Schritt 2: Die Ermittlung des anteiligen Vorsteuer-Berichtigungsvolumens.
Schritt 3: Die Ermittlung des Prozentsatzes des (ursprünglichen) Vorsteuerabzugs.
Schritt 4: Die Ermittlung der Änderung der Verhältnisse.

Schritt 1: Die Ermittlung des Vorsteuervolumens

26 Zunächst ist das **gesamte Vorsteuervolumen** zu ermitteln, das auf jeweils ein Wirtschaftsgut (Berichtigungsobjekt) entfällt (s. Birkenfeld in Birkenfeld/Wäger, § 196 Rn. 71). Dafür sind alle Vorsteuerbeträge auf Eingangsleistungen zur Anschaffung, Herstellung bzw. nachträglichen Anschaffung und Herstellung zu erfassen und zu addieren, die bis zum Beginn der erstmaligen Verwendung angefallen und auch ordnungsgemäß abgerechnet worden sind (s. Birkenfeld in Birkenfeld/Wäger, § 196 Rn. 81). Dies gilt jedoch nur für die Vorsteuern, die auf die Teile des Wirtschaftsguts entfallen, die der Unternehmer seinem Unternehmen zugeordnet hat.

27 Unerheblich ist, wie lange die Zeitspanne bis zur ersten Verwendung andauert. Sämtliche Vorsteuerbeträge, die vorher anfallen, sind dem Volumen hinzuzufügen (s. Abschn. 15a.1 Abs. 3 Satz 1, 2 UStAE).

28 **Beispiel:** Unternehmer U erwirbt umsatzsteuerpflichtig eine Geschäftsausstattung für ein Restaurant in einem neu entstehenden Flughafen. Die Inbetriebnahme des Flughafens und damit auch die Eröffnung des Restaurants des U verzögern sich aber um zwei Jahre. In der Zwischenzeit nimmt U bereits Umbauten an seiner fertig eingebauten Geschäftsausstattung vor, um deren Standard zu heben und für die künftige Eröffnung des Restaurants betriebsfähig zu halten.

Lösung: Nicht nur die Vorsteuer auf den Erwerb der Geschäftsausstattung, sondern auch die Vorsteuer auf die nachträglichen Herstellungskosten sind dem Gesamtvolumen des einen Berichtigungsobjekts hinzuzufügen. Wären die für den Umbau erforderlichen Eingangsleistungen dagegen erst nach der erstmaligen Verwendung bezogen worden, würden sie stattdessen ein eigenes Berichtigungsobjekt mit eigenem Berichtigungszeitraum gemäß § 15a Abs. 6 UStG begründen (s. Abschn. 15a.8 UStAE; Wenzel in Rau/Dürrwächter, § 15a Rn. 70).

29 Auch die **Vorsteuer auf Anzahlungen**, die bis zur erstmaligen Verwendung geleistet und über die abgerechnet wurde, sind dem Gesamtvolumen hinzuzufügen (s. Birkenfeld in Birkenfeld/Wäger, § 196 Rn. 83).

30 Bei der Ermittlung des Volumens sind in diesem ersten Schritt alle Vorsteuern unabhängig davon zu erfassen, ob sie im Rahmen der beabsichtigten Verwendung abziehbar sind oder nicht (s. Birkenfeld in Birkenfeld/Wäger, § 196 Rn. 71, 81, 86).

Schritt 2: Die Ermittlung des anteiligen Vorsteuer-Berichtigungsvolumens

Gemäß § 15a Abs. 1, Abs. 5 Satz 1 UStG wird eine Berichtigung der Vorsteuer über den Zeitraum von 10 Jahren bei Grundstücken, Gebäuden oder grundstücksgleichen Rechten, bei anderen Wirtschaftsgütern über 5 Jahre, vorgenommen, wenn die beabsichtigte nicht der tatsächlichen Verwendung entspricht. Demgemäß wird das Gesamtvolumen gleichmäßig über den Berichtigungszeitraum verteilt (s. Birkenfeld in Birkenfeld/Wäger, § 196 Rn. 65, 121). Die Änderung der Verhältnisse, die für jedes Jahr des Berichtigungszeitraums erneut zu ermitteln ist und durch eine Quote ausgedrückt wird, wird dann auf dieses anteilige Berichtigungsvolumen angewendet. 31

Beispiel: Das Gesamtvolumen der Vorsteuer beträgt 1.000.000 €. Für jedes Jahr des 10jährigen Berichtigungszeitraums besteht also ein anteiliges Berichtigungsvolumen von 100.000 €. Bei einem 5jährigen Berichtigungszeitraum beträgt das Volumen dagegen 200.000 €. 32

Folgendes ist zu berücksichtigen: 33

- Eine **längere Verwendungsdauer** des Wirtschaftsguts bleibt unberücksichtigt (s. Birkenfeld in Birkenfeld/Wäger, § 196 Rn. 121).
- Eine kürzere Verwendungsdauer des Wirtschaftsguts verkürzt dagegen gemäß § 15a Abs. 5 Satz 2 UStG den Berichtigungszeitraum (s. Abschn. 15a.3 Abs. 1 Satz 4 UStAE) und erhöht demgemäß die jeweiligen anteiligen Berichtigungsbeträge (s. Birkenfeld in Birkenfeld/Wäger, § 196 Rn. 122, 193).
- Ob von einer **kürzeren Verwendungsdauer** auszugehen ist, bemisst sich grundsätzlich nach den ertragsteuerlichen Grundsätzen der betriebsgewöhnlichen Nutzungsdauer (s. Abschn. 15a.3 Abs. 1 Satz 5 UStAE). Unerheblich ist, ob die kürzere Verwendungsdauer von Anfang an geplant ist, erst später der Entschluss hierfür gefasst wird oder gar unfreiwillig eintritt (s. Birkenfeld in Birkenfeld/Wäger, § 192 Rn. 402; Lfg. 44, § 196 Rn. 194).
- Eine **Veräußerung des Wirtschaftsguts** stellt dagegen keine verkürzte Verwendungsdauer dar (s. Abschn. 15a.3 Abs. 8 Satz 1 UStAE).
- Stattdessen führt eine **Veräußerung gemäß § 15a Abs. 8 Satz 1 UStG** zu einer Änderung der Verhältnisse, wenn keine Geschäftsveräußerung im Ganzen i.S.d. § 1 Abs. 1a UStG vorliegt. § 15a Abs. 9 UStG stellt hierbei die Fiktion auf, dass das Wirtschaftsgut in dem Verhältnis von vorsteuerschädlichen zu vorsteuerunschädlichen Ausgangsumsätzen bis zum regulären Ablauf des Berichtigungszeitraums weiter genutzt wird, in welchem es auch veräußert wurde (s. Abschn. 15a.2 Abs. 9 UStAE).

Schritt 3: Die Ermittlung des Prozentsatzes des (ursprünglichen) Vorsteuerabzugs

Von dem Gesamtvolumen ist der Prozentsatz der abziehbaren Vorsteuern gemäß der beabsichtigten Verwendung des Wirtschaftsguts im Verhältnis zu der nicht abziehbaren Vorsteuer nach § 15 Abs. 4 UStG zu bilden. Dieser stellt die Ausgangsgröße für den Vergleich der Änderung der Verhältnisse i.S.d. § 15a Abs. 1 UStG dar. 34

Abziehbar sind gemäß § 15 Abs. 1, 2 UStG all jene Vorsteuern, die auf die Anschaffung oder Herstellung des Wirtschaftsguts oder Teil eines Wirtschaftsguts entfallen, das bzw. den der Unternehmer seinem Unternehmen zugeordnet hat und das bzw. den er unmittelbar für vorsteuerunschädliche – regelmäßig also umsatzsteuerpflichtige – Ausgangsumsätze einzusetzen beabsichtigt (s. Abschn. 15.2 Abs. 1 Satz 1; 15.2b Abs. 1 Satz 1 UStAE). Ein **mittelbarer Zweck** genügt dagegen nicht (s. Abschn. 15.2b Abs. 2 Satz 3 UStAE). 35

Beabsichtigt der Unternehmer, dass Wirtschaftsgut nur teilweise für vorsteuerunschädliche, im Übrigen für vorsteuerschädliche Ausgangsumsätze einzusetzen, ist der originäre Vorsteuerabzug gemäß § 15 Abs. 4 UStG aufzuteilen. Es kommt dabei allein auf die **Verwendungsabsicht** des die Eingangsleistung beziehenden Unternehmers an (s. Abschn. 15.12 Abs. 1 Satz 5, 7 UStAE; BFH vom 22.03.2001, BStBl II 2003, 433) und zwar gerade auch im Hinblick auf den Umfang der Verwendung für vorsteuerschädliche oder vorsteuerunschädliche Ausgangsumsätze (s. Birkenfeld in Birkenfeld/Wäger, § 190 Rn. 2). Hierbei ist jedoch zu berücksichtigen, dass die Verwendungsabsicht anhand objektiv nachprüfbarer Beweisanzeichen festgestellt wird (s. Abschn. 15.12 Abs. 1 Satz 11, Abs. 2 UStAE). 36

37 Bei Immobilien ist der Prozentsatz grundsätzlich gemäß § 15 Abs. 4 Satz 3 UStG anhand des **Flächenschlüssels**, also nach dem Verhältnis der Nutzflächen, zu ermitteln (s. Abschn. 15.17 Abs. 7 Satz 4 f., 8, 9 UStAE).

38 **Beispiel:** U erwirbt ein Grundstück mit aufstehendem Gebäude, das drei Einheiten beinhaltet, zu einem Kaufpreis von netto 5.263.158 €. Der Veräußerer hatte sich nicht auf eine nur teilweise Option zur Umsatzsteuer eingelassen und stattdessen in voller Höhe zur Umsatzsteuer optiert. Somit fallen auf den Nettokaufpreis 1.000.000 € Umsatzsteuer an. Die Einheit im Erdgeschoss umfasst 40 % der Nutzfläche, die Einheit im ersten Obergeschoss 30 % und die Einheit im zweiten Obergeschoss 20 %. Die restlichen 10 % entfallen auf Gemeinschaftsflächen wie Flure und Aufgänge. U beabsichtigt, das Erdgeschoss an einen Supermarkt, das erste Obergeschoss an eine Arztpraxis und das zweite Obergeschoss an einen Steuerberater zu vermieten. Da das Gebäude kein Altobjekt i.S.d. § 27 Abs. 2 UStG ist, beabsichtigt U, an den Supermarkt und an den Steuerberater umsatzsteuerpflichtig, an die Arztpraxis mangels Optionsmöglichkeit umsatzsteuerfrei zu vermieten.

Lösung: Zunächst sind die tatsächlichen Aufmaße derjenigen Teilflächen zu bestimmen, die sich eindeutig den Räumen zuordnen lassen, für die optiert bzw. für die nicht optiert wurde (s. BFH vom 20.07.1988, BStBl II 1988, 1012). Die Flächen, die vorsteuerunschädlich genutzt werden sollen, betragen 60 % (40 % und 20 %) der gesamten Flächen.

Grundflächen, die sich nicht eindeutig der umsatzsteuerfreien oder umsatzsteuerpflichtigen Nutzung zuordnen lassen, sind im Verhältnis der Flächen mit eindeutiger Nutzung, für die optiert bzw. nicht optiert wurde, zuzuordnen (s. BFH vom 20.07.1988, BStBl II 1988, 1012). Da die Flächen der Einheiten im Verhältnis 44,44 % (Erdgeschoss) zu 33,33 % (1. Obergeschoss) zu 22,22 % (2. Obergeschoss) zueinanderstehen, sind die verbleibenden 10 % der Gesamtfläche zu 66,66 %, somit 6,66 % (66,66 % der 10 %) der Gesamtfläche der vorsteuerunschädlichen und zu 33,33 %, somit 3,33 % (33,33 % der 10 %) der Gesamtfläche der vorsteuerschädlichen Nutzung zuzuordnen.

Die Quote, die auf den originären Vorsteuerabzug aus den Anschaffungskosten anzuwenden ist, beträgt somit 66,66 % (60 % der Gesamtfläche (Einheit EG und 2. OG) zuzüglich 6,66 % (aus der Aufteilung der Restflächen). Diese 66,66 % stellen die Ausgangsgröße dar, an denen im Berichtigungszeitraum die Änderung der Verhältnisse gemessen wird.

Somit zieht U einen Betrag von 666.600 € (66,66 % aus dem Gesamtvolumen i.H.v. 1.000.000 €) als Vorsteuer aus dem Erwerb ab.

Schritt 4: Die Ermittlung der Änderung der Verhältnisse

39 Ob und in welchem Umfang sich die Verhältnisse ändern und demgemäß Vorsteuer zu korrigieren ist, wird ermittelt, indem die beabsichtigte Verwendung der tatsächlichen gegenübergestellt wird. Die tatsächliche Verwendung ist dabei nach den in Schritt 3 dargestellten Grundsätzen zu ermitteln.

40 Ergibt sich hieraus eine Differenz, ist die Vorsteuer gemäß § 15a Abs. 1 Satz 1 UStG zu korrigieren. Diese Differenz stellt die Änderung der Verhältnisse i.S.d. Vorschrift dar (s. Birkenfeld in Birkenfeld/Wäger, § 196 Rn. 112). Sie ist auf das jeweilige anteilige Berichtigungsvolumen anzuwenden.

41 **Beispiele:**

1. Wie zuvor. Der Mietvertrag mit dem Supermarkt über die Einheit im Erdgeschoss wird bereits zu Beginn des Jahres 02 des Berichtigungszeitraums aufgehoben. Stattdessen vermietet U das Erdgeschoss an die Bank B, die umsatzsteuerfreie Ausgangsumsätze gemäß § 4 Nr. 8 UStG erbringt. U kann daher für dieses neue Mietverhältnis gemäß § 9 Abs. 2 UStG nicht zu einer umsatzsteuerpflichtigen Vermietung optieren.
2. Wie zuvor. Zu Beginn des Jahres 03 des Berichtigungszeitraums endet der Mietvertrag mit der Bank. Stattdessen schließt U einen Mietvertrag mit einem Haushaltswarengeschäft ab, bei dem U gemäß § 9 Abs. 2 UStG auf die Umsatzsteuerfreiheit gemäß § 4 Nr. 12a) UStG verzichtet.

3. Wie zuvor. Zu Beginn des Jahres 04 wird der Mietvertrag mit der Arztpraxis beendet. Stattdessen wird das 1. OG an einen Ingenieur vermietet, der seinerseits umsatzsteuerpflichtige Ausgangsleistungen erbringt. U optiert für dieses Mietverhältnis gemäß § 9 Abs. 2 UStG zur umsatzsteuerpflichtigen Vermietung.

Lösung:

1. Mit Beginn des Jahres 02 des Berichtigungszeitraums weicht die beabsichtigte Verwendung mit 66,66 % für vorsteuerunschädliche und 33,33 % für vorsteuerschädliche Zwecke von der tatsächlichen Verwendung ab. Da das Erdgeschoss mit 44,44 % der Fläche für vorsteuerschädliche statt wie geplant für vorsteuerunschädliche Ausgangsumsätze genutzt wird, wird das Objekt nur zu 22,22 % (Einheit im 2.OG) für vorsteuerunschädliche Ausgangsumsätze genutzt, statt wie geplant zu 66,66 %.
   Die sich daraus ergebende Differenz von 44,44 % ist auf das Berichtigungsvolumen i.H.v. 100.000 € für das Jahr 02 des Berichtigungszeitraums anzuwenden. Somit muss U für dieses Jahr 44.440 € an Vorsteuer berichtigen und an das Finanzamt zurückzahlen. Dies gilt entsprechend für die folgenden Jahre des Berichtigungszeitraums, sofern und solange sich die Verhältnisse nicht erneut ändern.
2. Da das Erdgeschoss mit 44,44 % der Fläche zu Beginn des Jahres 03 nun umsatzsteuerpflichtig vermietet wird, nutzt U das Objekt zu 66,66 % (44,44 % Einheit im EG) und (22,22 % Einheit im 2. OG) für vorsteuerunschädliche Zwecke. Die Verwendung entspricht damit wieder der beabsichtigten. Für das Jahr 03 des Berichtigungszeitraums ergeben sich mithin keine Vorsteuerkorrekturen.
3. Das Objekt wird nunmehr zu 100 % für vorsteuerunschädliche Zwecke verwendet. Im Verhältnis zu der beabsichtigten Verwendung von 66,66 % für vorsteuerunschädliche Zwecke ergibt sich somit eine Änderung der Verhältnisse zugunsten des U um 33,33 %. Diese Quote ist auf das Berichtigungsvolumen für das Jahr 04 des Berichtigungszeitraums i.H.v. 100.000 € anzuwenden. U erhält somit 33.330 € an Vorsteuern für dieses Jahr 04 von dem Finanzamt erstattet.

Zu beachten sind die **Bagatellgrenzen** gemäß den § 15a Abs. 11 UStG i.V.m. § 44 Abs. 2 UStDV. Danach unterbleibt eine Vorsteuerberichtigung, wenn die Änderung der Verhältnisse im Kalenderjahr weniger als 10 Prozentpunkte beträgt und 1.000 € nicht übersteigt (s. Oelmaier in Sölch/Ringleb, § 15a Rn. 535 f.). 42

3.2.3.2 Unterjährige und mehrfache Änderungen der Verhältnisse innerhalb des Kalenderjahres

Änderungen der Verhältnisse innerhalb eines Kalenderjahres sind zwar von der Systematik auf das gesamte Kalenderjahr zu umzulegen (s. Birkenfeld in Birkenfeld/Wäger, § 192 Rn. 341). Wie unterjährige und mehrfache Änderungen der Verhältnisse innerhalb eines Kalenderjahres zu erfassen sind, regelt § 15a UStG aber nicht ausdrücklich (Birkenfeld in Birkenfeld/Wäger, § 196 Rn. 131). Aus den §§ 18 Abs. 1 Satz 3; 16 Abs. 2 Satz 2 UStG ergibt sich, dass Korrekturbeträge gemäß § 15a UStG in den Umsatzsteuer-Voranmeldungen – damit regelmäßig monatlich – zu berücksichtigen sind (Birkenfeld in Birkenfeld/Wäger, § 196 Rn. 133). Davon ausgehend sind mehrfache, damit auch unterjährig auftretende Änderungen der Verhältnisse in den jeweiligen Voranmeldungszeiträumen zu erfassen. 43

Beispiele: Wie zuvor. Ende März des Jahres 05 des Berichtigungszeitraums endet der Mietvertrag mit dem Steuerberater im 2. OG. Am 1. April 05 mietet ein Hals-Nase-Ohren-Arzt die Einheit übergangsweise für ein halbes Jahr, da er in dieser Zeit seine eigentlichen Praxisräume sanieren muss. Ab dem 1. Oktober 05 vermietet U, der die Umsatzsteuer-Voranmeldungen monatlich abzugeben hat, das 2. OG an einen Rechtsanwalt und optiert gemäß § 9 Abs. 2 UStG zur Umsatzsteuerpflicht. 44

Lösung: In den Monaten Januar bis einschließlich März 05 ist das Objekt weiterhin zu 100 % umsatzsteuerpflichtig vermietet. Für diese Monate ergibt sich weiterhin eine Differenz von 33,33 % zu der beabsichtigten Nutzung für vorsteuerunschädliche Zwecke von 66,66 % zugunsten der vorsteuerunschädlichen Nutzung. Das anteilige Vorsteuervolumen für das Jahr 05 beträgt 100.000 € somit 8.333 € pro Monat. U erklärt daher in den Umsatzsteuer-Voranmeldungen der Monate Januar bis März 05 jeweils 2.777 € (33,33 % aus 8.333 €) an Vorsteuer-Berichtigung aus § 15a Abs. 1 UStG zu seinen Gunsten.

In den Voranmeldungszeiträumen April bis September nutzt U das Objekt zu 77,77 % (EG und 1.OG) zu vorsteuerunschädlichen und zu 22,22 % zu vorsteuerschädlichen Zwecken. Gegenüber der beabsichtigten Nutzung von 66,66 % ist dies eine Änderung der Verhältnisse von 11,11 % zugunsten der vorsteuerunschädlichen Nutzung. U erklärt daher in den Umsatzsteuer-Voranmeldungen der Monate April bis September 05 jeweils 926 € (11,11 % aus 8.333 €) an Vorsteuer-Berichtigung aus § 15a Abs. 1 UStG zu seinen Gunsten.
In den Monaten Oktober bis Dezember 05 ist das Objekt wieder zu 100 % umsatzsteuerpflichtig vermietet. Für diese Monate ergibt sich daher erneut eine Differenz von 33,33 % zu der beabsichtigten Nutzung für vorsteuerunschädliche Zwecke von 66,66 % zugunsten der vorsteuerunschädlichen Nutzung, somit ein monatlicher Berichtigungsbetrag i.H.v. 2.777 € zugunsten des U.

3.2.4 Nichtnutzung

45 Steht ein Wirtschaftsgut während des Berichtigungszeitraums, also nach seiner erstmaligen Verwendung, zwischenzeitlich nicht genutzt, kommt es auf die sich an die Nichtnutzung, beabsichtigte Verwendung des Wirtschaftsguts an (s. Birkenfeld in Birkenfeld/Wäger, § 192 Rn. 331, „Leerstand"). Die Nichtnutzung verlängert hingegen nicht den Berichtigungszeitraum (s. Birkenfeld in Birkenfeld/Wäger, § 192 Rn. 331, „Leerstand").

46 Davon zu unterscheiden ist aber eine **Nichtnutzung vor Beginn der erstmaligen Verwendung des Wirtschaftsguts**. Dieser schiebt den Beginn des Berichtigungszeitraums hinaus (s. Birkenfeld in Birkenfeld/Wäger, § 192 Rn. 331, „Leerstand").

3.2.5 Beginn und Ende des Berichtigungszeitraums

47 Der **Berichtigungszeitraum** gemäß § 15a Abs. 1 UStG beginnt – gleich ob er 5 Jahre oder für Grundstücke, grundstücksgleiche Rechte (für Erbbaurechte: s. BFH vom 19.12.2012, BFH/NV 2013, 867, Tz. 41) und Gebäude 10 Jahre währt – mit der erstmaligen Verwendung des Wirtschaftsguts (s. Birkenfeld in Birkenfeld/Wäger, § 192 Rn. 403).

48 Wird ein Wirtschaftsgut nicht als Ganzes zur selben Zeit erstmals verwendet, sondern je nach Inbetriebnahme von separat nutzbaren Einheiten in verschiedenen Abschnitten, beginnt auch der Berichtigungszeitraum nicht zeitgleich und einheitlich. Stattdessen entstehen gesonderte und unabhängige Berichtigungszeiträume für die jeweilige Einheit mit ihrer jeweiligen erstmaligen Verwendung (s. Abschn. 15a.3 Abs. 2 Satz 1, 2 UStAE; Birkenfeld in Birkenfeld/Wäger, § 192 Rn. 404). Dementsprechend sind auch die **Vorsteuerbeträge, die auf die Anschaffung bzw. Herstellung entfallen**, auf die jeweiligen Teile aufzuteilen (s. Abschn. 15a.3 Abs. 2 Satz 3 UStAE).

49 **Hinweis!** Bei der Herstellung, Sanierung oder Modernisierung größerer Gebäude ist es häufig, dass das Gebäude nicht zeitgleich erstmalig verwendet wird, sondern die einzelnen Einheiten zu unterschiedlichen Zeiten. Beispielsweise gehen Gewerbeeinheiten im Erdgeschoss bereits in die Nutzung, während in oberen Etagen noch Bau, Umbau oder Modernisierung stattfinden.

3.2.5.1 Beginn des Berichtigungszeitraums

50 Der Berichtigungszeitraum beginnt grundsätzlich zwar Tag genau mit der erstmaligen Verwendung des Wirtschaftsguts (s. Birkenfeld in Birkenfeld/Wäger, § 192 Rn. 213). Bei der Ermittlung des **Stichtages** ist aber § 45 UStDV, der das Ende eines Berichtigungszeitraums regelt, analog für dessen Beginn heranzuziehen (Birkenfeld in Birkenfeld/Wäger, § 192 Rn. 402). Beginnt die **erstmalige Verwendung** vor dem 16. eines Kalendermonats, ist dieser Monat vollständig als erster Monat des Berichtigungszeitraumes zu berücksichtigen. Der Beginn des Berichtigungszeitraums wird also auf den 1. Tag des Kalendermonats fingiert, wenn die erstmalige Verwendung vor dem 16. Kalendertag beginnt. Wird das Wirtschaftsgut dagegen erstmalig nach dem 15. Kalendertag eines Monats verwendet, ist dieser Monat vollständig unberücksichtigt

zu lassen. Die erstmalige Verwendung wird somit gemäß § 45 UStDV analog auf den 1. Tag des nachfolgenden Kalendermonats fingiert.

Beispiel: Unternehmer U errichtet eine neue Produktionsstraße. Diese ist bereits am 8. Dezember 01 fertiggestellt. Da sich die Lieferung der Rohstoffe verzögert, kann U die Produktion erst am 19. Februar 02 erstmalig aufnehmen. 51

Lösung: Der Berichtigungszeitraum beginnt mit erstmaliger Verwendung der Produktionsstraße gemäß § 15a Abs. 1 Satz 1 UStG. Der Zeitpunkt der Fertigstellung am 08.12.01 ist daher unerheblich. Die tatsächliche erstmalige Verwendung beginnt am 19.02.02. Gemäß § 45 UStDV analog bleibt der Februar 02 damit vollständig unberücksichtigt, weil die tatsächliche erstmalige Verwendung nach Ablauf des 15.02. beginnt. Der Berichtigungszeitraum beginnt somit am 01.03.02.

Der Berichtigungszeitraum ist somit nicht deckungsgleich mit den Veranlagungszeiträumen, die gemäß § 16 Abs. 1 Satz 2 UStG stets das Kalenderjahr sind (s. Birkenfeld in Birkenfeld/Wäger, § 192 Rn. 403). Stattdessen ragen Beginn und Ende des Berichtigungszeitraums in die Kalenderjahre hinein bzw. hinaus. 52

Die **Anschaffung** oder die **Fertigstellung** des Wirtschaftsguts und die erstmalige Verwendung können auseinanderfallen (s. Birkenfeld in Birkenfeld/Wäger, § 192 Rn. 403). Zwischen ihnen können auch mehrere Jahre liegen. Der Berichtigungszeitraum, der durch eine spätere **erstmalige Verwendung** erst mit Abstand zu der Anschaffung oder Herstellung des Wirtschaftsguts beginnt, wird hierdurch nicht verkürzt, sondern beträgt weiterhin für Grundstücke, Gebäude und grundstücksgleiche Rechte 10 Jahre, bzw. 5 Jahre für sonstige Wirtschaftsgüter (s. Birkenfeld in Birkenfeld/Wäger, § 192 Rn. 403). 53

Beispiel: Nach Fertigstellung des Objekts im Jahre 01 gelingt es dem Unternehmer, der eine umsatzsteuerpflichtige Vermietung beabsichtigt, nicht, einen Mieter zu finden. Das Objekt steht leer und wird erst mit Beginn des Jahres 04 erstmalig vermietet (s. Birkenfeld in Birkenfeld/Wäger, § 192 Rn. 331, „Leerstand"). 54

Lösung: Der 10jährige Berichtigungszeitraum beginnt mit dem Jahr 04. Er dauert somit bis zum Ende des Jahres 13 an.

Etwas anderes gilt aber dann, wenn mit Beginn der erstmaligen Verwendung mittlerweile die **betriebsgewöhnliche Nutzungsdauer** früher als 10 bzw. 5 Jahre endet. Dann verkürzt sich der Berichtigungszeitraum gemäß § 15a Abs. 5 Satz 2 UStG. 55

3.2.5.2 Ende des Berichtigungszeitraums

Sofern kein Fall des **verkürzten Berichtigungszeitraums** gemäß § 15a Abs. 5 Satz 2 UStG gegeben ist, endet der Berichtigungszeitraum 10 bzw. 5 Jahre nach der erstmaligen Verwendung. Da – wie oben s. Rn. 50 ausgeführt – der Stichtag des Beginns gemäß § 45 UStDV analog zu ermitteln ist, bedarf es insofern der Anwendung des § 45 UStDV zur Ermittlung des Endes nicht mehr. Denn dessen Vereinfachungsregel ergibt sich dann bereits rechnerisch. 56

Beispiel: Fortführung des Beispiels, in dem Unternehmer U die Produktion mit seiner neuen Produktionsstraße am 19.02.02 beginnt. Kalendarisch endet der 10jährige Berichtigungszeitraum am 18.02.12. (Ein Berichtigungszeitraum von 10 Jahren ergibt sich gemäß § 15a Abs. 1 Satz 2 UStG, da die Produktionsstraße zwar eine eigenständige Betriebsvorrichtung, zugleich aber wesentlicher Bestandteil der Produktionshalle ist, s. Abschn. 15a.3 Abs. 1 Satz 3 UStAE.) Da aber in analoger Anwendung des § 45 UStDV der Beginn auf den 01.03.02 verlegt wurde, endet der Berichtigungszeitraum erst am 28.02.12. Dies entspricht dem Ergebnis, dass in direkter Anwendung des § 45 UStDV erzielt wird. Denn gemäß § 45 Satz 2 UStDV ist der Februar 12 noch vollständig zu berücksichtigen, weil das rein kalendarische Ende Berichtigungszeitraums am 18.02., damit nach dem 15. Tag des Kalendermonats liegt (s. Birkenfeld in Birkenfeld/Wäger, § 192 Rn. 412). 57

58 Mit Ende des Berichtigungszeitraums sind jegliche danach eintretende Änderungen der Verhältnisse unbeachtlich (s. Birkenfeld in Birkenfeld/Wäger, § 192 Rn. 411). Sie führen nicht mehr zu einer Berichtigung der Vorsteuerbeträge. Mit Ablauf des Berichtigungszeitraums kann der Unternehmer das Wirtschaftsgut vollständig für vorsteuerschädliche Zwecke einsetzen, ohne dass sich dies auf den ursprünglichen Vorsteuerabzug auswirkt. Hierbei muss der Unternehmer aber darauf achten, dass sich ein Objekt aus mehreren Berichtigungsobjekten i.S.d. § 15a UStG zusammensetzen kann, für die mehrere selbständige Berichtigungszeiträume zu unterschiedlichen Zeitpunkten ablaufen können.

3.3 Berichtigung bei Wirtschaftsgütern, die einmalig verwendet werden, § 15a Abs. 2 UStG

59 Gemäß § 15a Abs. 2 UStG ist auch der Vorsteuerabzug zu korrigieren, der sich auf Wirtschaftsgüter bezieht, die nur einmalig verwendet werden. Die Korrektur ist – wie bei mehrfach verwendeten Wirtschaftsgütern – vorzunehmen, wenn die beabsichtigte von der tatsächlichen Verwendung abweicht (s. Abschn. 15a.5 Abs. 1 Satz 2 UStAE). Insofern gilt das zu § 15a Abs. 1 UStG unter Rn. 22–44 Kommentierte entsprechend.

60 Allerdings gibt es für einmalig verwendete Wirtschaftsgüter keinen Berichtigungszeitraum (s. Abschn. 15a.5 Abs. 1 Satz 1 UStAE). Da das Wirtschaftsgut nur einmalig verwendet wird, ist der Vorsteuerabzug in demjenigen Voranmeldungszeitraum zu korrigieren, in dem es verwendet wird (s. Abschn. 15a.5 Abs. 2 UStAE). Demgemäß ist das zu korrigierende Vorsteuervolumen in voller Höhe – und nicht verteilt über einen Zeitraum verteilt – zu berichtigen.

3.4 Berichtigung bei Gegenständen und sonstigen Leistungen, die in Wirtschaftsgüter eingehen, § 15a Abs. 3 UStG

61 § 15a Abs. 3 UStG definiert **drei Berichtigungsobjekte**, für die – neben dem eigentlichen (Haupt-)Wirtschaftsgut – selbständige Berichtigungszeiträume entstehen:

- Ein **Gegenstand geht nachträglich in ein Wirtschaftsgut** ein und verliert hierbei seine körperliche und wirtschaftliche Eigenart endgültig, § 15a Abs. 3 Satz 1 UStG. Ändern sich dann die Verhältnisse an dem Wirtschaftsgut, in das der Gegenstand eingegangen ist, ist die Vorsteuer auf den untergegangenen Gegenstand (mit) zu berichtigen.

> **Hinweis!** Der Gegenstand i.S.d. § 15a Abs. 3 Satz 1 UStG, der seine Eigenart verliert und in dem Hauptobjekt aufgeht, entspricht dem Bestandteil i.S.d. § 3 Abs. 1b Satz 2 UStG und wird daher auch als „Bestandteil" bezeichnet (s. Abschn. 15a.6 Abs. 1 Satz 1 UStAE). Er ist insbesondere von der Betriebsvorrichtung abzugrenzen, die umsatzsteuerrechtlich ihre Selbständigkeit als Wirtschaftsgut behält, selbst wenn sie zivilrechtlich ein wesentlicher Bestandteil i.S.d. § 94 BGB ist (s. Abschn. 4.12.10 Satz 1 UStAE) und die gemäß § 15a Abs. 1 UStG zu berichtigen ist.

- Eine sonstige Leistung wird an einem Wirtschaftsgut ausgeführt, § 15a Abs. 3 Satz 1 UStG. Ändern sich dann die Verhältnisse an dem Wirtschaftsgut, in die sonstige Leistung eingegangen ist, ist die Vorsteuer auf die sonstige Leistung (mit) zu berichtigen.
- Mehrere, in ein Wirtschaftsgut eingefügte Gegenstände und/oder sonstige Leistungen werden zu einem **einheitlichen Berichtigungsobjekt** zusammengefasst, s. § 15a Abs. 3 Satz 2 UStG.

> **Hinweis!** Gegenstand und sonstige Leistung bilden zwar jeweils ein selbständiges Berichtigungsobjekt (s. Birkenfeld in Birkenfeld/Wäger, § 194 Rn. 47). Ob sich die Verhältnisse an ihnen ändern, richtet sich aber danach, ob sich die Verhältnisse an dem Wirtschaftsgut ändern, in das sie eingegangen sind (s. Birkenfeld in Birkenfeld/Wäger, § 194 Rn. 102). Die Berichtigungsvorschriften des § 15a Abs. 3 Satz 1 und 2 UStG unterscheiden sich insofern von den anderen Berichtigungstatbeständen, insbesondere desjenigen für nachträgliche Anschaffungs- und Herstellungskosten gemäß § 15a Abs. 6 UStG. Denn bei diesen anderen ist selbständig und separat für das Berichtigungsobjekt zu

prüfen, ob sich dessen Verhältnisse ändern. Bei den anderen Berichtigungstatbeständen können die Änderungen der Verhältnisse von den Änderungen der Verhältnisse des Hauptobjekts abweichen. Bei den Berichtigungstatbeständen des § 15a Abs. 3 Satz 1 und 2 UStG sind sie dagegen mit denjenigen des (Haupt-)Wirtschaftsguts identisch.

Die Berichtigungstatbestände des § 15a Abs. 3 UStG für in Wirtschaftsgüter eingehende Gegenstände und sonstige Leistungen einerseits und des § 15a Abs. 6 UStG für **nachträgliche Anschaffungs- und Herstellungskosten** andererseits können sich überschneiden. Dieses Konkurrenzverhältnis wird dahingehend aufgelöst, dass § 15a Abs. 6 UStG dem Berichtigungstatbestand des § 15a Abs. 3 UStG gegenüber vorrangig ist (s. Abschn. 15a.6 Abs. 2 UStAE). 62

Hinweis! Die Einordnung, ob es sich um ein Berichtigungsobjekt gemäß des vorrangigen § 15a Abs. 6 UStG für nachträgliche Anschaffungs- oder Herstellungskosten handelt oder um ein Berichtigungsobjekt gemäß des nachrangigen § 15a Abs. 3 UStG für Gegenstände oder sonstige Leistungen, die in ein Wirtschaftsgut eingehen, führt zu erheblichen Unterschieden. Denn – wie oben dargestellt – folgt im Falle des § 15a Abs. 3 UStG die Änderung der Verhältnisse derjenigen des Hauptobjekts während diese im Falle des § 15a Abs. 6 UStG unabhängig davon zu beurteilen ist. 63

Wird ein Gegenstand oder eine sonstige Leistung in ein anderes Wirtschaftsgut gemäß § 15a Abs. 3 UStG eingefügt, ist somit zunächst zu prüfen, ob die Maßnahme zu Anschaffungs- oder Herstellungskosten führt. Dann ist auf das Berichtigungsobjekt § 15a Abs. 6 UStG anzuwenden. Führt die Maßnahme hingegen zu Erhaltungsaufwendungen, ist § 15a Abs. 3 UStG anzuwenden (s. Birkenfeld in Birkenfeld/Wäger, § 194 Rn. 43, 47). 64

3.4.1 Anderer Gegenstand, der in ein Wirtschaftsgut eingeht

Der Berichtigungstatbestand des § 15a Abs. 3 Satz 1 UStG erfasst Gegenstände, die in ein Wirtschaftsgut eingehen und dabei ihre körperliche und wirtschaftliche Eigenart endgültig verlieren. Ein solcher Gegenstand ist ein **Bestandteil** (s. Abschn. 15a.6. Abs. 1 Satz 1 UStAE), wie er auch in § 3 Abs. 1b Satz 2 UStG benannt ist (s. Birkenfeld in Birkenfeld/Wäger, § 194 Rn. 121). Bestandteile sind nicht selbstständig nutzbare Gegenstände, die mit dem Wirtschaftsgut in einem einheitlichen Nutzungs- und Funktionszusammenhang stehen (s. Abschn. 15a.6 Abs. 1 Satz 2; 3.3. Abs. 2 Satz 3 UStAE). Der Gegenstand darf seine körperliche oder wirtschaftliche Eigenart nicht behalten, wenn er in das Wirtschaftsgut eingeht, bzw. zurückerlangen, wenn er aus dem Wirtschaftsgut wieder abgetrennt würde (s. Abschn. 15a.6 Abs. 1 Satz 4 UStAE). Er darf somit nicht ohne Weiteres von dem Wirtschaftsgut trennbar sein (s. Birkenfeld in Birkenfeld/Wäger, § 194 Rn. 132). 65

Hinweis! Der Bestandteil ist insbesondere von der Betriebsvorrichtung abzugrenzen, die umsatzsteuerrechtlich ihre Selbständigkeit als Wirtschaftsgut behält, selbst wenn sie zivilrechtlich ein wesentlicher Bestandteil i.S.d. § 94 BGB ist (zum Begriff der Betriebsvorrichtung s. Abschn. 4.12.10 Satz 1 UStAE) und die gemäß § 15a Abs. 1 UStG zu berichtigen ist. 66

Beispiele: Bestandteile sind z.B. in einem Kraftfahrzeug: Austauschmotor, fest installiertes Navigationsgerät, (nachgerüstete) Klimaanlage oder Standheizung. Demgegenüber ist kein Bestandteil z.B. ein nicht fest installiertes Navigationsgerät. Bestandteile eines Gebäudes sind z.B. Einbauküchen, Fenster, Aufzüge, Klimaanlagen (s. Abschn. 15a.6 Abs. 1 Satz 6 Nr. 2 UStAE), ferner Heizung, Be- und Entlüftungsanlagen, Warmwasseraufbereitungsanlagen. 67

Keine Voraussetzung ist, dass das Einfügen des Gegenstandes zu einer Werterhöhung des Wirtschaftsguts führt (Abschn. 15a.6. Abs. 1 Satz 3 UStAE). 68

69 **Hinweis!** Ob durch das Einfügen des Bestandteils in das Wirtschaftsgut eine Werterhöhung dieses Wirtschaftsguts eingetreten ist, ist aber unter anderem von Bedeutung, wenn das Wirtschaftsgut entnommen wird, ohne dass deren Entnahme gemäß § 3 Abs. 1b UStG zu versteuern ist. In diesem Fall geht die Finanzverwaltung davon aus, dass eine eigenständige Entnahme i.S.d. § 3 Abs. 1b UStG bezüglich des Bestandteils vorliegt, wenn die Werterhöhung im Zeitpunkt der Entnahme des Wirtschaftsguts nicht vollständig verbraucht ist (s. Abschn. 15a.6 Abs. 13 Satz 1, 2 UStAE). Ist sie dagegen vollständig verbraucht, nimmt die Finanzverwaltung eine Änderung der Verhältnisse gemäß § 15a Abs. 3 Satz 3 UStG an (s. Abschn. 15a.6 Abs. 14 Satz 1, 2 UStAE).

Die Auffassung der Finanzverwaltung ist jedoch umstritten. Es wird auch vertreten, dass im Falle eines vollständigen Wertverlusts weder eine eigenständige Entnahme, noch eine Änderung der Verhältnisse vorliegen kann (s. Birkenfeld in Birkenfeld/Wäger, § 194 Rn. 132, 361). Folgerichtig läge dann aber eine kürzere Verwendungsdauer gemäß § 15a Abs. 5 Satz 2 UStG vor, wenn der Berichtigungszeitraum des Bestandteils bei Entnahme noch nicht abgelaufen war (s. zur Verkürzung der Verwendungsdauer aufgrund ursprünglich nicht geplanter Ereignisse: Birkenfeld in Birkenfeld/Wäger, § 192 Rn. 402; Birkenfeld in Birkenfeld/Wäger, § 196 Rn. 194).

3.4.2 Sonstige Leistung, die an einem Wirtschaftsgut ausgeführt wird

70 § 15a Abs. 3 Satz 1 UStG erfasst weiterhin sonstige Leistungen, die u.a. an einem Wirtschaftsgut i.S.d. § 15a Abs. 1 UStG ausgeführt werden. Dies sind sonstige Leistungen, die unmittelbar an einem Wirtschaftsgut ausgeführt werden (Abschn. 15a.6. Abs. 5 Satz 2 UStAE) und auf dessen Substanz oder die seiner Bestandteile einwirken (Birkenfeld in Birkenfeld/Wäger, § 194 Rn. 231).

71 **Beispiele:** Die Überholung oder Wartung des Motors eines Fahrzeug oder der Heizungsanlage eines Gebäudes werden unmittelbar an dem Wirtschaftsgut ausgeführt (s. Birkenfeld in Birkenfeld/Wäger, § 194 Rn. 231). Begutachtungen oder Bewertungen eines Fahrzeugs oder die Buchführung für ein Grundstück dagegen nicht. Denn sie wirken nicht auf das Wirtschaftsgut körperlich ein (s. Birkenfeld in Birkenfeld/Wäger, § 194 Rn. 232).

72 Ferner dürfen die sonstigen Leistungen nicht im Zusammenhang mit der Anschaffung oder Herstellung des Wirtschaftsguts stehen, sondern müssen unabhängig davon erbracht worden sein (s. Birkenfeld in Birkenfeld/Wäger, § 194 Rn. 234). Anderenfalls gehen die Aufwendungen für diese sonstigen Leistungen mit in die **Anschaffungs- und Herstellungskosten** und damit in das (Haupt-)Berichtigungsobjekt gemäß § 15a Abs. 1 UStG ein.

73 Unerheblich ist, ob die sonstige Leistung zu einer **Werterhöhung** des Wirtschaftsguts führt (s. Abschn. 15a.6 Abs. 5 Satz 3 UStAE). (Nur) **werterhaltende Maßnahmen** sind mithin ebenfalls von § 15a Abs. 3 Satz 1 UStG erfasst (Abschn. 15a.6. Abs. 5 Satz 4, Abs. 7 Satz 2 UStAE).

74 **Hinweis!** Ob durch das Einfügen des Bestandteils in das Wirtschaftsgut eine Werterhöhung dieses Wirtschaftsguts eingetreten ist, ist aber unter anderem von Bedeutung, wenn das Wirtschaftsgut entnommen wird, ohne dass dessen Entnahme gemäß § 3 Abs. 1b UStG zu versteuern ist. In diesem Fall geht die Finanzverwaltung davon aus, dass eine eigenständige Entnahme i.S.d. § 3 Abs. 1b UStG bezüglich der sonstigen Leistung vorliegt, wenn die Werterhöhung im Zeitpunkt der Entnahme des Wirtschaftsguts nicht vollständig verbraucht ist (s. Abschn. 15a.6 Abs. 13 Satz 1, 2 UStAE). Ist sie dagegen vollständig verbraucht, nimmt die Finanzverwaltung eine Änderung der Verhältnisse gemäß § 15a Abs. 3 Satz 3 UStG an (s. Abschn. 15a.6 Abs. 14 Satz 1, 2 UStAE).

Die Auffassung der Finanzverwaltung ist jedoch umstritten. Es wird auch vertreten, dass im Falle eines vollständigen Wertverlusts weder eine eigenständige Entnahme, noch eine Änderung der Verhältnisse vorliegen kann (s. Birkenfeld in Birkenfeld/Wäger, § 194 Rn. 132, 361). Folgerichtig läge dann aber eine kürzere Verwendungsdauer gemäß § 15a Abs. 5 Satz 2 UStG vor, wenn der Berichtigungszeitraum des

Bestandteils bei Entnahme noch nicht abgelaufen war (s. zur Verkürzung der Verwendungsdauer aufgrund ursprünglich nicht geplanter Ereignisse: Birkenfeld in Birkenfeld/Wäger, § 192 Rn. 402; Lfg. 44, § 196 Rn. 194).

Nach Auffassung der Finanzverwaltung stellen nur solche sonstige Leistungen ein Berichtigungsobjekt i.S.d. § 15a Abs. 3 Satz 1 UStG dar, die im Zeitpunkt des Leistungsbezugs nicht sogleich verbraucht sind (s. Abschn. 15a.6 Abs. 7 Satz 1 UStAE). Anderenfalls liegt überhaupt kein Berichtigungsobjekt vor, für den ein Berichtigungszeitraum zu führen ist. 75

Diese Auffassung der Finanzverwaltung weist zwar in die richtige Richtung, ist aber nicht stimmig (s. Birkenfeld in Birkenfeld/Wäger, § 194 Rn. 242). Entscheidend für die Einstufung einer sonstigen Leistung als Berichtigungsobjekt ist vielmehr, ob die sonstige Leistung im Zeitpunkt einer Änderung der Verhältnisse bereits verbraucht ist (s. Birkenfeld in Birkenfeld/Wäger, § 194 Rn. 243 f.). Ist dies der Fall, gibt es keinen Anlass für eine Berichtigung, weil die sonstige Leistung nicht mehr für geänderte Verhältnisse verwendet werden kann. Dass die Auffassung der Finanzverwaltung unrichtig ist, zeigt sich bereits an den Beispielen, die sie selbst aufstellt. Denn die Wartungsarbeit an einer Heizung verbraucht sich nicht sogleich, wenn sie ausgeführt wird. Vielmehr wirkt sie über den Wartungsintervall der Heizung fort. Auch eine Reinigungsleistung verbraucht sich über einen Zeitraum, der von dem Grad der Verschmutzung abhängt (s. Birkenfeld in Birkenfeld/Wäger, § 194 Rn. 252). 76

Die von der Finanzverwaltung vorgenommene Abgrenzung zielt aber letztlich auf ein vergleichbares Ergebnis ab und ist gegenüber der dogmatisch korrekten Abgrenzung einfacher zu handhaben. Denn ansonsten müsste jede sonstige Leistung, die an einem Wirtschaftsgut ausgeführt wird, zunächst als Berichtigungsobjekt behandelt und demgemäß auch eine entsprechende Dokumentation angelegt und geführt werden. Bei jeglicher Änderung von Verhältnissen an dem Wirtschaftsgut wäre dann zu prüfen, welche der sonstigen Leistungen sich bis dahin noch nicht verbraucht haben und daher eine Änderung zu berechnen wäre. Weiterhin wäre für nahezu jede an einem Wirtschaftsgut ausgeführte sonstige Leistung zu prüfen, ob eine verkürzte Nutzungsdauer i.S.d. § 15a Abs. 5 Satz 2 UStG besteht und diese anzusetzen. 77

Im Ergebnis ist es für den Steuerpflichtigen handhabbarer und für das Finanzamt besser zu administrieren, sich schnell verbrauchende sonstige Leistungen – wie in Abschn. 15a.6. Abs. 6 Satz 1–3 UStAE vorgesehen – sogleich als Berichtigungsobjekt im Sinne des § 15a Abs. 3 Satz 1 UStG auszuscheiden. 78

Hinweis! Sofern solche Leistungen an Betriebsvorrichtungen ausgeführt werden, sind sie ebenfalls Berichtigungsobjekte i.S.d. § 15a Abs. 3 Satz 1 UStG, allerdings bezogen auf das von dem Grundstück oder Gebäude selbständige Wirtschaftsgut der Betriebsvorrichtung, die ein selbständiges Berichtigungsobjekt i.S.d. § 15a Abs. 1 darstellt. Die Änderung der Verhältnisse richtet sich dann nicht nach derjenigen des Grundstücks oder des Gebäudes, sondern nach derjenigen der Betriebsvorrichtung. 79

3.4.3 Dauer des Berichtigungszeitraums

Der Berichtigungszeitraum für ein Berichtigungsobjekt i.S.d. § 15a Abs. 3 UStG ist von dem Wirtschaftsgut, in das es eingeht, bezüglich des Beginns und des Endes unabhängig (s. Birkenfeld in Birkenfeld/Wäger, § 196 Rn. 162). Ob die Laufzeit aber grundsätzlich 5 oder 10 Jahre beträgt, richtet sich gemäß des Verweises auf § 15a Abs. 1 UStG danach, ob für das (Haupt-)Wirtschaftsgut ein Berichtigungszeitraum von 5 oder 10 Jahren gilt (s. Abschn. 15a.6 Abs. 3 Satz 2, Abs. 8 Satz 2 UStAE). 80

Für die Frage, ob der Bestandteil oder die sonstige Leistung einer verkürzten Verwendungsdauer i.S.d. § 15a Abs. 5 Satz 2 UStG unterliegt, kommt es gemäß § 15a Abs. 5 Satz 3 UStG hingegen nicht darauf an, ob das Wirtschaftsgut, in das sie eingehen, einer solchen verkürzten Verwendungsdauer unterliegt (s. Abschn. 15a.6 Abs. 3 Satz 3 UStAE). Stattdessen ist dies für den Bestandteil oder die sonstige Leistung eigenständig und unabhängig von dem Wirtschaftsgut, das sie aufnimmt, zu beurteilen (s. Abschn. 15a.6 Abs. 3 Satz 4, Abs. 8 Satz 3 UStAE). 81

3.4.4 Beginn und Ende des Berichtigungszeitraums

82 Gemäß § 15a Abs. 3 Satz 1, Abs. 1 Satz 1 UStG beginnt der Berichtigungszeitraum regulär mit der erstmaligen Verwendung. Da Bestandteil und sonstige, an einem Wirtschaftsgut ausgeführte Leistung trotz ihres Eingehens in das Wirtschaftsgut selbständige Berichtigungsobjekte mit jeweils selbständigen Berichtigungszeiträumen bleiben, ist für deren Beginn darauf abzustellen, in welchem Zeitpunkt das Wirtschaftsgut mit ihnen als eingefügtem Bestandteil bzw. als ausgeführter sonstiger Leistung erstmals verwendet wird (s. Birkenfeld in Birkenfeld/Wäger, § 194 Rn. 283).

3.4.5 Änderung der Verhältnisse

83 Gegenstand und sonstige Leistung i.S.d. § 15a Abs. 3 UStG bilden zwar ein selbständiges Berichtigungsobjekt (s. Birkenfeld in Birkenfeld/Wäger, § 194 Rn. 48). Ob sich die Verhältnisse an ihnen ändern, richtet sich aber danach, ob sich die Verhältnisse an dem Wirtschaftsgut ändern, in das sie eingegangen sind (s. Birkenfeld in Birkenfeld/Wäger, § 194 Rn. 102, 261).

84 Da gemäß § 15a Abs. 3 Satz 1 UStG die Regelung des § 15a Abs. 1 UStG entsprechend anzuwenden ist, wird im Übrigen auf die Kommentierung zu § 15a Abs. 1 UStG verwiesen.

3.4.6 Zu einer Maßnahme zusammengefasste Bestandteile und sonstige Leistungen

85 Mehrere Bestandteile und sonstige Leistungen, die an einem Wirtschaftsgut ausgeführt werden, sind gemäß § 15a Abs. 3 Satz 2 UStG zu einem Berichtigungsobjekt zusammenzufassen, wenn sie innerhalb einer Maßnahme vorgenommen werden.

3.4.6.1 Verklammerungswirkung des § 15a Abs. 3 Satz 2 UStG

86 Die Vorschrift dient dazu, § 15a Abs. 3 Satz 1 UStG leichter handhaben zu können. Denn typischerweise werden – z.B. im Rahmen einer Maßnahme zur Erhaltung einer komplexen technischen Anlage, eines Gebäudes oder eine Maschine – mehrere oder gar eine Vielzahl von Bestandteilen in das Objekt eingefügt oder sonstige Leistungen daran ausgeführt. § 15a Abs. 3 Satz 2 UStG fasst diese einzelnen Leistungen zu einer Maßnahme zusammen, sodass sie als ein Berichtigungsobjekt mit einem einheitlichen Berichtigungszeitraum geführt werden. Auch die Regelungen der §§ 44 f. UStDV sind auf die Maßnahme als Ganzes anzuwenden. So gilt beispielsweise die Grenze des § 44 Abs. 1 UStDV i.H.v. 1.000 € für die Maßnahme insgesamt, nicht für deren einzelne Bestandteile oder sonstige Leistungen.

87 Zwar ist eine solche Verklammerung auch ohne § 15a Abs. 3 Satz 2 UStG denkbar, weil eine im tatsächlichen aus mehreren Einzeltätigkeiten und Bestandteilen bestehende Tätigkeit regelmäßig zivilrechtlich und damit auch umsatzsteuerrechtlich eine einheitliche Leistung bilden (s. Oelmaier in Sölch/Ringleb, § 15a Rn. 334; BFH vom 28.10.2014, BFH/NV 2015, 244, Rn. 16).

88 **Beispiel:** Unternehmer U lässt erhaltende Maßnahmen an seinem Lastkraftwagen (Dreiseitenkipper für Schüttgut) ausführen, ohne dass hierbei eine wesentliche Verbesserung eintritt. Hierbei werden der Motor grundüberholt, das Fahrzeug neu lackiert und die Mechanik der Kippbrücke erneuert.

Lösung: Die Arbeiten stellen zivilrechtlich eine aus Einzelkomponenten bestehende aber einheitliche Leistung zur Überholung des Lastkraftwagens dar. Sie ist daher auch umsatzsteuerrechtlich eine Leistung und somit auch ohne die Anwendung des § 15a Abs. 3 Satz 2 UStG bereits als ein Berichtigungsobjekt im Sinne des § 15a Abs. 3 Satz 1 UStG anzusehen.

89 Die Klammerwirkung des § 15a Abs. 3 Satz 2 UStG geht aber weiter als die im Rahmen der Bestimmung einer Leistung i.S.d. § 1 Abs. 1 Nr. 1 UStG vorzunehmende wirtschaftliche Betrachtungsweise (s. Oelmaier in Sölch/Ringleb, § 15a Rn. 334). Insbesondere werden gemäß § 15a Abs. 3 Satz 2 UStG auch Leistungen zu einem Berichtigungsobjekt verklammert, die von verschiedenen Leistenden empfangen werden und daher getrennte Leistungen i.S.d. § 1 Abs. 1 Nr. 1 UStG darstellen (s. Abschn. 15a.6 Abs. 11 Satz 4 und Beispiel 1 UStAE; Oelmaier in Sölch/Ringleb, § 15a Rn. 334).

Beispiel: Wie zuvor. U lässt aber die Überholung des Motors von Kraftfahrzeugmeister L, die Lackierung von Lackierer E und die Erneuerung der Kippbrücke von dessen Hersteller F ausführen. 90

Lösung: Es liegen drei separate Leistungen i.S.d. § 1 Abs. 1 Nr. 1 UStG an U vor. Diese werden gemäß § 15a Abs. 3 Satz 2 UStG zu einem Berichtigungsobjekt verklammert, weil sie innerhalb einer Maßnahme, der Grundüberholung des Lastkraftwagens, durch U bezogen werden.

Die **Verklammerung des § 15a Abs. 3 Satz 3 UStG** ist sowohl möglich für: 91

- Verschiedene Gegenstände, die in ein Wirtschaftsgut eingefügt werden (Bestandteile),
- verschiedene sonstige Leistungen, die an einem Wirtschaftsgut ausgeführt werden,
- verschiedene Gegenstände (Bestandteile) und verschiedene sonstige Leistungen, die an einem Wirtschaftsgut ausgeführt werden (s. Oelmaier in Sölch/Ringleb, § 15a Rn. 330, 334),
- verschiedene Gegenstände (Bestandteile) und/oder sonstige Leistungen, unabhängig davon, ob sie von demselben oder von unterschiedlichen Leistenden empfangen werden (s. Abschn. 15a.6 Abs. 11 Satz 4 UStAE; Oelmaier in Sölch/Ringleb, § 15a Rn. 330, 334).

3.4.6.2 Voraussetzungen des § 15a Abs. 3 Satz 2 UStG

Die **Voraussetzungen für eine Verklammerung zu einem Berichtigungsobjekt** sind gemäß § 15a Abs. 3 Satz 2 UStG: 92

- Die bezogenen Bestandteile und sonstigen Leistungen müssen sich auf ein Wirtschaftsgut beziehen (s. Abschn. 15a.6 Abs. 11 Satz 1, 5 UStAE).
- Die bezogenen Bestandteile und sonstigen Leistungen müssen innerhalb einer Maßnahme bezogen worden sein (s. Oelmaier in Sölch/Ringleb, § 15a Rn. 331).

3.4.7 Zusammenfassendes Beispiel für § 15a Abs. 3 Satz 1, 2 UStG

Anhand des folgenden Beispiels werden die wesentlichen Punkte bei der Anwendung des § 15a Abs. 3 UStG im Überblick veranschaulicht: 93

Beispiel: In ein bisher schon klimatisiertes Gebäude, das mit Beginn des Jahres 01 erstmalig verwendet wurde, wird zu Beginn des Jahres 09 die alte Klimaanlage durch eine neue Klimaanlage ersetzt. Zu Beginn des Jahres 12 wird das Treppenhaus neu gestrichen. Das Gebäude wird im Jahre 09 und 12 vollständig umsatzsteuerpflichtig vermietet. Der Vermieter V zieht daher die Vorsteuern für beide Maßnahmen in voller Höhe ab. Zu Beginn des Jahres 13 beginnt ein neues Mietverhältnis, für das der V nicht zur umsatzsteuerpflichtigen Vermietung optiert. 94

Lösung: Die Klimaanlage ist gemäß § 15a Abs. 3 Satz 1 UStG ein Gegenstand, das in ein anderes Wirtschaftsgut eingeht und hierbei seine körperliche und wirtschaftliche Eigenständigkeit verliert. Da sie keinen Spezialzwecken, sondern dem Raumklima des Gebäudes dient, ist sie keine Betriebsvorrichtung, sodass der vorrangige § 15a Abs. 1 UStG ausscheidet (s. Oelmaier in Sölch/Ringleb, § 4 Nr. 12 Rn. 21). Sie führt auch nicht zu nachträglichen Anschaffungs- und Herstellungskosten i.S.d. ebenfalls vorrangigen § 15a Abs. 6 UStG (s. Abschn. 15a.6. Abs. 2 UStAE), da das Gebäude nicht wesentlich verbessert wird. Eine vergleichbare Klimaanlage bestand auch vorher schon in dem Gebäude.
Da beide Maßnahmen getrennt ausgeführt wurden, können sie nicht gemäß § 15a Abs. 3 Satz 2 UStG zu einem gemeinsamen Berichtigungsobjekt zusammengefasst werden.
Der Berichtigungszeitraum beträgt gemäß § 15a Abs. 3 Satz 1 i.V.m. Abs. 1 Satz 2 UStG 10 Jahre, da die Klimaanlage in ein Gebäude, somit in ein Wirtschaftsgut i.S.d. § 15a Abs. 1 Satz 2 UStG eingefügt wird. Dass der Berichtigungszeitraum des Gebäudes selbst nur noch 2 Jahre läuft, ist unerheblich (s. Birkenfeld in Birkenfeld/Wäger, § 194 Rn. 181). Der Berichtigungszeitraum für den Bestandteil beginnt mit der erstmaligen Verwendung des Wirtschaftsgutes, nachdem die Klimaanlage in es eingefügt wurde, somit mit Beginn des Jahres 09 und endet mit Ablauf des Jahres 18 (s. Birkenfeld in Birkenfeld/Wäger, § 194 Rn. 283).

Der Anstrich des Treppenhauses stellt eine sonstige Leistung i.S.d. § 15a Abs. 3 Satz 1 UStG dar. Der Berichtigungszeitraum beträgt gemäß § 15a Abs. 3 Satz 1 i.V.m. Abs. 1 Satz 2 UStG 10 Jahre, da der Anstrich in ein Wirtschaftsgut i.S.d. § 15a Abs. 1 Satz 2 UStG eingefügt wird. Dass der Berichtigungszeitraum des Gebäudes im Jahre 12 bereits abgelaufen ist, ist unerheblich, da die sonstige Leistung ein selbständiges Berichtigungsobjekt mit einem von dem Wirtschaftsgut unabhängigen Berichtigungszeitraum darstellt (s. Birkenfeld in Birkenfeld/Wäger, § 194 Rn. 281). Er beginnt mit der erstmaligen Verwendung des Wirtschaftsgutes, nachdem der Anstrich ausgeführt wurde, somit mit Beginn des Jahres 12 (s. Abschn. 15a.6 Abs. 11 Satz 8 UStAE) und endet mit Ablauf des Jahres 21.
Mit der umsatzsteuerfreien Vermietung des Gebäudes zu Beginn des Jahres 13 ändern sich für beide Berichtigungsobjekte die Verhältnisse zu 100 %. Denn bei Bezug beider Maßnahmen beabsichtigte U, diese vollständig für vorsteuerunschädliche Zwecke einzusetzen. Nunmehr werden sie vollständig für vorsteuerschädliche Zwecke eingesetzt, weil das Gebäude vollständig für umsatzsteuerfreie Ausgangsumsätze verwendet wird. Dass das Gebäude selbst keiner Berichtigung nach § 15a Abs. 1 UStG mehr unterliegt, weil für dieses der 10jährige Berichtigungszeitraum bereits abgelaufen ist, ist für die Berichtigungsobjekte gemäß § 15a Abs. 3 UStG wiederum unerheblich, da sie über einen selbständigen Berichtigungszeitraum verfügen.
U hat somit die Vorsteuern auf die beiden Maßnahmen zu korrigieren. Die Berichtigung ist nach § 15a Abs. 3 Satz 1 UStG gemäß § 15a Abs. 1 UStG entsprechend vorzunehmen.

3.4.8 Änderung der Verhältnisse durch Entnahme des Wirtschaftsguts, § 15a Abs. 3 Satz 3 UStG

95 § 15a Abs. 3 Satz 3 UStG enthält im Gegensatz zu § 15a Abs. 3 Satz 1 und 2 UStG kein weiteres Berichtigungsobjekt, sondern stellt einen zusätzlichen Tatbestand der Änderung der Verhältnisse für Bestandteile und sonstige, in ein Wirtschaftsgut eingefügte Leistungen auf. Dieser **zusätzliche Änderungstatbestand** liegt vor, wenn das Wirtschaftsgut, in das die Bestandteile und sonstige Leistungen eingefügt wurden, aus dem Unternehmen entnommen wird, ohne dass die Entnahme des (Haupt-)Wirtschaftsgutes als unentgeltliche Wertabgabe gemäß § 3 Abs. 1b UStG zu versteuern ist. § 15a Abs. 3 Satz 3 UStG soll dazu dienen, hierbei einen unversteuerten Letztverbrauch zu vermeiden (s. Oelmaier in Sölch/Ringleb, § 15a Rn. 336). Wenn nämlich die Anschaffung oder Herstellung des Wirtschaftsguts, in das die Bestandteile oder sonstigen Leistungen eingefügt wurden, nicht zum Vorsteuerabzug berechtigte, wird dessen Entnahme gemäß § 3 Abs. 1b Satz 2 UStG nicht umsatzversteuert (s. Abschn. 15a.6 Abs. 12 UStAE). Damit bliebe auch die „Mitentnahme" der eingefügten Bestandteile und sonstigen Leistungen unversteuert, wenn und obwohl für diese Vorsteuerabzug geltend gemacht wurde (s. Oelmaier in Sölch/Ringleb, § 15a Rn. 336) und ihre „Mitentnahme" selbst keine eigenständige Entnahme gemäß § 3 Abs. 1b UStG ist (s. Abschn. 15a.6 Abs. 13 Satz 1 UStAE).

3.4.8.1 Vor § 15a Abs. 3 Satz 3 UStG vorrangige, eigenständige Entnahme

96 Eine Änderung der Verhältnisse gemäß § 15a Abs. 3 Satz 3 UStG ist nachrangig zu einer eigenständigen Entnahme des in das Wirtschaftsgut eingefügten Gegenstandes bzw. der sonstigen Leistung (s. Abschn. 15a.6 Abs. 13 Satz 2 UStAE).

97 Nach Auffassung der Finanzverwaltung ist danach zu unterscheiden, ob der in das Wirtschaftsgut eingefügte Bestandteil oder die sonstige Leistung zu einer Werterhöhung des Wirtschaftsguts geführt hat, die noch nicht verbraucht ist, wenn das Wirtschaftsgut entnommen wird (s. Abschn. 15a.6 Abs. 13 Satz 1 UStAE). Liegt noch kein vollständiger Verbrauch vor, ist eine eigenständige, isolierte Entnahme des Bestandteils bzw. der sonstigen Leistung i.S.d. § 3 Abs. 1b UStG gegeben, die zu versteuern ist (s. Abschn. 15a.6 Abs. 13 Satz 1 UStAE). Es besteht somit eine Entnahme unabhängig davon, dass das Wirtschaftsgut selbst nicht gemäß § 3 Abs. 1b UStG umsatzsteuerpflichtig entnommen wird.

Beispiel: Unternehmer U hat ein Grundstück mit aufstehendem Gebäude aus privater Hand erworben, das er umsatzsteuerpflichtig vermietet. Er lässt die WC-Räume renovieren und das Dach neu decken, ohne dass das Gebäude hierdurch wesentlich verbessert wird. Gleichwohl wird sein Wert hierdurch gesteigert. U zieht die Vorsteuer auf diese Leistungen ab. Bereits ein Jahr danach entnimmt der U das Grundstück. 98

Lösung: Die Kosten der Renovierung der WC-Räume und das Decken des Dachs sind Erhaltungsaufwendungen, keine nachträglichen Herstellungskosten i.S.d. des vorrangigen § 15a Abs. 6 UStG, da die ausgeführten Arbeiten das Objekt nicht wesentlich verbessern oder erweitern. Da beide Maßnahmen einem Wirtschaftsgut zuzuordnen sind und innerhalb von 6 Monaten bezogen wurden, sind sie ein zusammengefasstes Berichtigungsobjekt gemäß § 15a Abs. 3 Satz 1, 3 UStG.
Da nach einem Jahr die durch die Erhaltungsmaßnahmen erzielte Werterhöhung des Objekts noch nicht verbraucht ist, liegt eine eigenständige Entnahme der zusammengefassten Maßnahme i.S.d. § 3 Abs. 1b UStG vor. § 15a Abs. 3 Satz 3 UStG ist nicht einschlägig.

3.4.8.2 Nachrangige Änderung der Verhältnisse für den Bestandteil/die sonstige Leistung

Ist dagegen die durch den eingefügten Bestandteil bzw. durch die sonstige Leistung ursprünglich entstandene **Werterhöhung des Wirtschaftsguts** im Zeitpunkt der Entnahme des Wirtschaftsgutes bereits vollständig verbraucht, liegt keine eigenständige, gemäß § 3 Abs. 1b UStG zu versteuernde Entnahme des Bestandteils bzw. der sonstigen Leistung vor (s. Abschn. 15a.6 Abs. 14 Satz 1 UStAE). Stattdessen liegt aber nach Auffassung der Finanzverwaltung dann eine Änderung der Verhältnisse gemäß § 15a Abs. 3 Satz 3 UStG vor. 99

Die hier dargestellte Auffassung der Finanzverwaltung ist umstritten. Sie wird als nicht mit der MwStSystRL konform angegriffen (s. Birkenfeld in Birkenfeld/Wäger, § 194 Rn. 361 f.). Gegen die Finanzverwaltung wird vertreten, dass die Entnahme eines wirtschaftlich verbrauchten Bestandteils bzw. einer sonstigen Leistung weder eine zu versteuernde Entnahme gemäß § 3 Abs. 1b UStG, noch eine Vorsteuerkorrektur gemäß § 15a Abs. 3 Satz 3 UStG auslöst (s. Birkenfeld in Birkenfeld/Wäger, § 194 Rn. 362). 100

Hinweis! Bei Gegenständen ist darauf zu achten, ob sie bei ihrer Einfügung ihre wirtschaftliche und körperliche Eigenständigkeit verlieren. Ist dies nicht der Fall, liegt gar kein Bestandteil und kein Berichtigungsobjekt i.S.d. § 15a Abs. 3 Satz 1 UStG vor. Vielmehr bliebt der Gegenstand ein selbständiges Berichtigungsobjekt i.S.d. § 15a Abs. 1 UStG, dessen Entnahme sogleich eigenständig zu beurteilen ist und für den § 15a Abs. 3 Satz 3 UStG nicht, auch nicht nachrangig, gilt. 101

3.5 Berichtigung bei sonstigen Leistungen, die mehrfach verwendet werden, § 15a Abs. 4 UStG

Für den Vorsteuerabzug auf sonstige Leistungen i.S.d. § 3 Abs. 9 UStG gelten die § 15a Abs. 1, 2 UStG entsprechend. § 15a Abs. 4 UStG erfasst sowohl sonstige Leistungen die mehrfach, als auch solche, die nur einmalig verwendet werden (s. Abschn. 15a.7 Abs. 2 UStAE). Insofern wird auf die Kommentierung zu § 15a Abs. 1, 2 UStG unter Rn. 16–60 verwiesen. 102

Voraussetzung für § 15a Abs. 4 UStG ist jedoch weiterhin, dass die sonstige Leistung: 103

- Zu aktivieren wäre – unabhängig davon, ob der Steuerpflichtige zur Buchführung verpflichtete ist – oder
- Vorsteuer bereits vor Empfang der Leistung gezogen werden konnte, also aus Voraus- oder Anzahlungen (s. Abschn. 15a.7 Abs. 3 Satz 3 UStAE).

§ 15a Abs. 4 UStG erfasst jedoch nur solche sonstige Leistungen, die nicht unter § 15a Abs. 3 UStG fallen. Sonstige Leistungen, die in ein anderes Wirtschaftsgut eingehen, sind daher nach § 15a Abs. 3 UStG zu berichtigen. 104

105 **Typische sonstige Leistungen**, die unter § 15a Abs. 4 UStG fallen sind (s. Abschn. 15a.7 Abs. 1 Satz 2 UStAE):

- Lizenzen,
- Patente,
- Computersoftware, soweit sie keine Lieferung i.S.d. § 3 Abs. 1 UStG darstellen, somit Individualsoftware.

3.6 § 15a Abs. 5 UStG

106 Für **Berichtigungsobjekte i.S.d. § 15a Abs. 1 Satz 1 UStG** beträgt das Korrekturvolumen pro Kalenderjahr des Berichtigungszeitraums ein Fünftel des gesamten Vorsteuervolumens. Für Berichtigungsobjekte i.S.d. § 15a Abs. 1 Satz 1 UStG beträgt das Korrekturvolumen pro Kalenderjahr des Berichtigungszeitraums ein Zehntel des gesamten Vorsteuervolumens. Im Einzelnen wird auf die Darstellung der einzelnen Berechnungsschritte unter Rn. 24–44 verwiesen.

3.7 § 15a Abs. 6 UStG, Berichtigung bei nachträglichen Anschaffungs- und Herstellungskosten

107 Führen Maßnahmen zu Aufwendungen, die als nachträgliche Anschaffungs- und Herstellungskosten einzuordnen sind, entsteht gemäß § 15a Abs. 6 UStG ein selbständiges Berichtigungsobjekt mit einem selbständigen Berichtigungszeitraum (s. Abschn. 15a.8 Abs. 1 Satz 1, 5 UStAE). Die Vorsteuer, die auf die nachträglichen Anschaffungs- und Herstellungskosten entfällt, ist alleinig diesem Berichtigungsobjekt und nicht dem ursprünglichen Wirtschaftsgut zuzuordnen (s. Abschn. 15a.8 Abs. 1 Satz 6 UStAE). Gemäß § 15a Abs. 6 UStG ist § 15a Abs. 1 UStG für dieses gesonderte Berichtigungsobjekt entsprechend anzuwenden.

108 Die Berichtigungstatbestände des § 15a Abs. 3 UStG für in Wirtschaftsgüter eingehende Gegenstände und sonstige Leistungen einerseits und des § 15a Abs. 6 UStG für **nachträgliche Anschaffungs- und Herstellungskosten** andererseits können sich überschneiden. Dieses Konkurrenzverhältnis wird dahingehend aufgelöst, dass § 15a Abs. 6 UStG dem Berichtigungstatbestand des § 15a Abs. 3 UStG gegenüber vorrangig ist (Abschn. 15a.6. Abs. 2 UStAE).

109 Auch bei nachträglichen Anschaffungs- oder Herstellungskosten ist zu unterscheiden, ob die dadurch angeschaffte bzw. hergestellte Maßnahme nur einmalig oder mehrfach zur Erzielung eines Umsatzes eingesetzt wird (s. Abschn. 15a.8 Abs. 2 UStAE). Im Bereich der Immobilien werden durch nachträgliche Anschaffungs- oder Herstellungskosten schwerpunktmäßig wiederum Wirtschaftsgüter geschaffen, die der mehrfachen Ausführung eines Umsatzes dienen.

110 Für die **Begriffe der Anschaffungs- und der Herstellungskosten** wird grundsätzlich auf die Begriffsbestimmung des Einkommensteuerrechts abgestellt (s. Abschn. 15.17 Abs. 6 Satz 1 UStAE; Wenzel in Rau/Dürrwächter, § 15a Rn. 73), da in den §§ 10 Abs. 4 Satz 2 Nr. 2, 15a Abs. 6 UStG die Begriffe zwar erwähnt, in dem Umsatzsteuergesetz aber dennoch nicht definiert werden (s. Oelmaier in Sölch/Ringleb, § 10 Rn. 392). Dies gilt auch für den Begriff der nachträglichen Anschaffungs- und Herstellungskosten (s. Oelmaier in Sölch/Ringleb, § 15a Rn. 406). Die Umqualifizierung von **Erhaltungsaufwendungen** in Herstellungskosten gemäß § 6 Abs. 1 Nr. 1a EStG wird allerdings nicht mit übernommen (s. Abschn. 15.17 Abs. 6 Satz 2 UStAE).

111 **Nachträgliche Herstellungskosten** liegen vor, wenn sie entweder:

- Zu einer wesentlichen, über den ursprünglichen Zustand hinausgehenden Verbesserung des Wirtschaftsguts durch deutliche Erhöhung des Gebrauchswerts oder
- zu einer Mehrung der Substanz des ursprünglichen Wirtschaftsguts (s. Oelmaier in Sölch/Ringleb, § 15a Rn. 408)

führen.

112 **Hinweis!** Liegt dagegen Erhaltungsaufwand vor, kann dieser nur ein Berichtigungsobjekt gemäß § 15a Abs. 3 UStG darstellen (s. Oelmaier in Sölch/Ringleb, § 15a Rn. 300 ff., 410).

Berichtigungsobjekte gemäß § 15a Abs. 6 UStG treten typischerweise durch umfassende **Sanierungen** und **Modernisierungen** oder durch **Erweiterung** des (Haupt-)Wirtschaftsguts auf, bei Gebäuden z.B. durch **Aufstockung**, Dachgeschossausbau oder Anbau auf. 113

Beispiel: Fortführung des Beispiels mit dem aus drei Einheiten bestehenden Objekt. Im Jahr 06 seit erstmaliger Verwendung des Objekts lässt U das Objekt um einen Anbau erweitern. Der Anbau ist eine eigenständige vierte Einheit und separat nutzbar. Die auf die Herstellung des Anbaus entfallenden Vorsteuern betragen 200.000 €. U beabsichtigt, den Anbau umsatzsteuerfrei als Wohnraum zu vermieten. Daher zieht er keine Vorsteuern ab. U vermietet den Anbau ab Juli 06. 114

Lösung: Der Anbau stellt gemäß § 15a Abs. 6 UStG ein eigenständiges Berichtigungsobjekt dar. Gemäß § 15a Abs. 6, 1 Satz 2 UStG beträgt der Berichtigungszeitraum 10 Jahre. Dieser beginnt mit dessen erstmaliger Verwendung im Juli 06 unabhängig von dem Berichtigungszeitraum des ursprünglichen Gebäudes (s. Birkenfeld in Birkenfeld/Wäger, § 197 Rn. 52). Das Vorsteuer-Berichtigungsvolumen von 200.000 € ist alleinig dem Anbau zuzuordnen (vgl. Abschn. 15a.8. Abs. 1 Satz 6 UStAE). Die Verhältnisse des ursprünglichen Objekts, dessen drei Einheiten zurzeit zu 100 % für vorsteuerunschädliche Zwecke verwendet wird, ändern sich durch die Verwendung des Anbaus durch vorsteuerschädliche Zwecke nicht (s. Birkenfeld in Birkenfeld/Wäger, § 197 Rn. 53). Denn ursprüngliches Objekt und Anbau stellen zwei selbständige Berichtigungsobjekte i.S.d. § 15a UStG dar. Das eine wird zu 100 %, das andere zu 0 % für vorsteuerunschädliche Zwecke verwendet.

Da gemäß § 15a Abs. 6 UStG die Regelung des § 15a Abs. 1 UStG entsprechend anzuwenden ist, wird im Übrigen auf die Kommentierung zu § 15a Abs. 1 UStG verwiesen. 115

3.8 § 15a Abs. 7 UStG

Gemäß § 15a Abs. 7 UStG gilt als eine Änderung der Verhältnisse i.S.d. § 15a Abs. 1 UStG ebenfalls: 116

- Der Übergang von der Nichterhebung der Umsatzsteuer gemäß § 19 UStG (Kleinunternehmerschaft) zur Erhebung und umgekehrt.
- Der Übergang von der regulären zu der Besteuerung nach Durchschnittssätzen gemäß den §§ 23, 23a, 24 UStG.

Auf die Kommentierung zu der Änderung der Verhältnisse in den Rn. 22 ff. wird verwiesen. 117

3.9 § 15a Abs. 8 UStG

Die Veräußerung oder **unentgeltliche Abgabe** von Wirtschaftsgütern, die nicht nur einmalig verwendet werden, verkürzt den Berichtigungszeitraum nicht, sondern stellt eine Änderung der Verhältnisse i.S.d. § 15a Abs. 1 UStG dar. 118

Hierzu zählt aber nicht: 119

- Der Übergang des Wirtschaftsguts im Rahmen der Gesamtrechtsnachfolge wie der Erbschaft oder im Rahmen von Umwandlungsvorgängen i.S.d. UmwG (s. Birkenfeld in Birkenfeld/Wäger, § 192 Rn. 331, Stichwort „Gesamtrechtsnachfolge").
- Der Übergang des Wirtschaftsguts im Rahmen einer Geschäftsveräußerung im Ganzen i.S.d. § 1 Abs. 1a UStG.

Für Wirtschaftsgüter, die nur einmalig zur Ausführung eines Umsatzes verwendet werden, greift § 15a Abs. 8 UStG bereits systematisch nicht, da gemäß § 15a Abs. 2 UStG für diese kein Berichtigungszeitraum läuft. Für sie bedarf es des § 15a Abs. 8 UStG gar nicht, weil die Veräußerung die einmalige Verwendung darstellt. Diese ist dann der beabsichtigten Verwendung gegenüber zu stellen und löst bei Abweichungen die sofortige und vollumfängliche Berichtigung gemäß § 15a Abs. 8 UStG aus. 120

3.10 § 15a Abs. 9 UStG

§ 15a Abs. 9 UStG stellt im Falle einer Veräußerung gemäß § 15a Abs. 8 UStG die Fiktion auf, dass das Wirtschaftsgut (**Berichtigungsobjekt**) in dem Verhältnis von vorsteuerschädlichen zu vorsteuerunschädlichen 121

Ausgangsumsätzen bis zum regulären Ablauf des Berichtigungszeitraums weiter genutzt wird, in welchem es auch veräußert wurde (Abschn. 15a.2. Abs. 9 UStAE).

122 **Beispiel:** Unternehmer U beabsichtigt bei Herstellung des Wirtschaftsguts, für das ein Berichtigungszeitraum von 5 Jahren gemäß § 15a Abs. 1 Satz 1 gilt, dieses zu 66,66 % für vorsteuerunschädliche und zu 33,33 % für vorsteuerschädliche Ausgangsumsätze einzusetzen. U zieht daher 66,66 % der auf die Herstellung anfallenden Vorsteuern i.H.v. insgesamt 1.000.000 €, somit 666.660 € ab. Zu Beginn des dritten Jahres des Berichtigungszeitraums veräußert U das Wirtschaftsgut – ohne dass eine Geschäftsveräußerung im Ganzen gemäß § 1 Abs. 1a UStG vorliegt – und optiert dabei in voller Höhe zur Umsatzsteuer.

Lösung: U wird gemäß § 15a Abs. 9 UStG so gestellt, als habe er das Wirtschaftsgut für die restlichen 2 Jahre des Berichtigungszeitraums zu 100 % – statt wie bisher zu 66,66 % – für vorsteuerunschädliche Ausgangsumsätze genutzt. Demgemäß kann U aus den restlichen 2 anteiligen Berichtigungsvolumina von je 200.000 € (1.000.000 € ./. 5) je 33,33 % (66.660 €), insgesamt noch 133.320 € (2 × 66.660 €), zum Abzug bringen.

123 Für die Berechnung wird im Einzelnen auf die Kommentierung unter Rn. 24–44 verwiesen.

3.11 § 15a Abs. 10 UStG

124 Ist die Veräußerung umsatzsteuerrechtlich eine Geschäftsveräußerung im Ganzen i.S.d. § 1 Abs. 1a UStG, stellt dies keine Änderung der Verhältnisse dar (Abschn. 15a.10 Abs. 1 Satz 1 Nr. 1 UStAE). Stattdessen wird gemäß § 15a Abs. 10 Satz 1 UStG der restliche Berichtigungszeitraum von dem Erwerber fortgeführt (s. Abschn. 15a.10 Abs. 1 Satz 2; 15a.2 Abs. 3 UStAE). Ob sich bei dem **Erwerber** eine Änderung der Verhältnisse ergibt, wird weiterhin nach dem Verhältnis des durch den **Rechtsvorgänger** ursprünglich vorgenommenen Vorsteuerabzugs bemessen (s. Abschn. 15a.10 Abs. 1 Satz 3 UStAE). Aus der Perspektive des Wirtschaftsguts (Berichtigungsobjekts) ergeben sich somit keine Änderungen. Lediglich der Steuerpflichtige, der die Verwendung zu beobachten und etwaige Berichtigungen vorzunehmen hat, wird ausgewechselt.

125 **Hinweis!** Aus diesem Grund muss sich der Erwerber eines Wirtschaftsguts im Falle einer Geschäftsveräußerung im Ganzen i.S.d. § 1 Abs. 1a UStG vor dem Erwerb darüber informieren, ob und in welchem Verhältnis der Erwerber Vorsteuern auf Anschaffungs- oder Herstellungskosten und nachträgliche Anschaffungs- und Herstellungskosten abgezogen hat. Dabei ist zu betonen, dass bezogen auf ein Berichtigungsobjekt, vor allem im Bereich der Grundstücke oder grundstücksgleiches Recht, mehrere Berichtigungszeiträume laufen können.

Gerade der Umstand, dass eine Geschäftsveräußerung im Ganzen gemäß § 1 Abs. 1a UStG keine Änderung für das Berichtigungsobjekt außer dem Wechsel des Berichtigenden bedeutet, kann für den Erwerber, aber auch für den Veräußerer, große umsatzsteuerliche Risiken oder Chancen bedeuten. Denn der Erwerber hat abgezogene oder nicht abgezogene Vorsteuerbeträge des Veräußerers zu korrigieren. Nachzahlungen schuldet er, Erstattungen fallen ihm zu.

126 § 15a Abs. 10 Satz 2 UStG verpflichtet den Veräußerer, dem Erwerber alle **erforderlichen Angaben** zu machen, die dem Erwerber die Durchführung etwaiger Vorsteuerkorrekturen während der Dauer des fortgeführten Berichtigungszeitraums ermöglichen. Dieser Anspruch umfasst in erster Linie die von der **Aufzeichnungspflicht** gemäß § 22 Abs. 4 UStG erfassten Unterlagen.

3.12 § 15a Abs. 11 UStG

127 Von der Ermächtigung des § 15a Abs. 11 UStG, Vereinfachungen für die Vorsteuerkorrekturen gemäß § 15a UStG zu ermöglichen, hat das Bundesministerium der Finanzen mit §§ 44, 45 UStDV Gebrauch gemacht. Diese Vereinfachung bezieht sich vornehmlich auf die Einführung einer **Bagatellgrenze** und auf die Berechnung des Beginns und des Endes des **Berichtigungszeitraums**.

128 Im Einzelnen wird auf die Kommentierung unter Rn. 12–15 sowie Rn. 50–55 und Rn. 56–58 verwiesen.

§ 16 UStG Steuerberechnung, Besteuerungszeitraum und Einzelbesteuerung

(1) [1]Die Steuer ist, soweit nicht § 20 gilt, nach vereinbarten Entgelten zu berechnen. [2]Besteuerungszeitraum ist das Kalenderjahr. [3]Bei der Berechnung der Steuer ist von der Summe der Umsätze nach § 1 Abs. 1 Nr. 1 und 5 auszugehen, soweit für sie die Steuer in dem Besteuerungszeitraum entstanden und die Steuerschuldnerschaft gegeben ist. [4]Der Steuer sind die nach § 6a Abs. 4 Satz 2, nach § 14c sowie nach § 17 Abs. 1 Satz 6 geschuldeten Steuerbeträge hinzuzurechnen.

(1a) [1]Macht ein nicht im Gemeinschaftsgebiet ansässiger Unternehmer von § 18 Abs. 4c Gebrauch, ist Besteuerungszeitraum das Kalendervierteljahr. [2]Bei der Berechnung der Steuer ist von der Summe der Umsätze nach § 3a Abs. 5 auszugehen, die im Gemeinschaftsgebiet steuerbar sind, soweit für sie in dem Besteuerungszeitraum die Steuer entstanden und die Steuerschuldnerschaft gegeben ist. [3]Absatz 2 ist nicht anzuwenden.

(1b) [1]Macht ein im übrigen Gemeinschaftsgebiet ansässiger Unternehmer (§ 13b Absatz 7 Satz 2) von § 18 Absatz 4e Gebrauch, ist Besteuerungszeitraum das Kalendervierteljahr. [2]Bei der Berechnung der Steuer ist von der Summe der Umsätze nach § 3a Absatz 5 auszugehen, die im Inland steuerbar sind, soweit für sie in dem Besteuerungszeitraum die Steuer entstanden und die Steuerschuldnerschaft gegeben ist. [3]Absatz 2 ist nicht anzuwenden.

(2) [1]Von der nach Absatz 1 berechneten Steuer sind die in den Besteuerungszeitraum fallenden, nach § 15 abziehbaren Vorsteuerbeträge abzusetzen. [2]§ 15a ist zu berücksichtigen.

(3) Hat der Unternehmer seine gewerbliche oder berufliche Tätigkeit nur in einem Teil des Kalenderjahres ausgeübt, so tritt dieser Teil an die Stelle des Kalenderjahres.

(4) Abweichend von den Absätzen 1, 2 und 3 kann das Finanzamt einen kürzeren Besteuerungszeitraum bestimmen, wenn der Eingang der Steuer gefährdet erscheint oder der Unternehmer damit einverstanden ist.

(5) [1]Bei Beförderung von Personen im Gelegenheitsverkehr mit Kraftomnibussen, die nicht im Inland zugelassen sind, wird die Steuer, abweichend von Absatz 1, für jeden einzelnen steuerpflichtigen Umsatz durch die zuständige Zolldienststelle berechnet (Beförderungseinzelbesteuerung), wenn eine Grenze zum Drittlandsgebiet überschritten wird. [2]Zuständige Zolldienststelle ist die Eingangszollstelle oder Ausgangszollstelle, bei der der Kraftomnibus in das Inland gelangt oder das Inland verlässt. [3]Die zuständige Zolldienststelle handelt bei der Beförderungseinzelbesteuerung für das Finanzamt, in dessen Bezirk sie liegt (zuständiges Finanzamt). [4]Absatz 2 und § 19 Abs. 1 sind bei der Beförderungseinzelbesteuerung nicht anzuwenden.

(5a) Beim innergemeinschaftlichen Erwerb neuer Fahrzeuge durch andere Erwerber als die in § 1a Abs. 1 Nr. 2 genannten Personen ist die Steuer abweichend von Absatz 1 für jeden einzelnen steuerpflichtigen Erwerb zu berechnen (Fahrzeugeinzelbesteuerung).

(5b) [1]Auf Antrag des Unternehmers ist nach Ablauf des Besteuerungszeitraums an Stelle der Beförderungseinzelbesteuerung (Absatz 5) die Steuer nach den Absätzen 1 und 2 zu berechnen. [2]Die Absätze 3 und 4 gelten entsprechend.

(6) [1]Werte in fremder Währung sind zur Berechnung der Steuer und der abziehbaren Vorsteuerbeträge auf Euro nach den Durchschnittskursen umzurechnen, die das Bundesministerium der Finanzen für den Monat öffentlich bekannt gibt, in dem die Leistung ausgeführt oder das Entgelt oder ein Teil des Entgelts vor Ausführung der Leistung (§ 13 Abs. 1 Nr. 1 Buchstabe a Satz 4) vereinnahmt wird. [2]Ist dem leistenden Unternehmer die Berechnung der Steuer nach vereinnahmten Entgelten gestattet (§ 20), so sind die Entgelte nach den Durchschnittskursen des Monats umzurechnen, in dem sie vereinnahmt werden. [3]Das Finanzamt kann die Umrechnung nach dem Tageskurs, der durch Bankmitteilung oder Kurszettel nachzuweisen ist, gestatten. [4]Macht ein nicht im Gemeinschaftsgebiet ansässiger Unternehmer von § 18 Absatz 4c Gebrauch, hat er zur Berechnung der Steuer Werte in fremder Währung nach den Kursen umzurechnen, die für den letzten Tag des Besteuerungszeitraums nach Absatz 1a

Satz 1 von der Europäischen Zentralbank festgestellt worden sind; macht ein im übrigen Gemeinschaftsgebiet (§ 13b Absatz 7 Satz 2) ansässiger Unternehmer von § 18 Absatz 4e Gebrauch, hat er zur Berechnung der Steuer Werte in fremder Währung nach den Kursen umzurechnen, die für den letzten Tag des Besteuerungszeitraums nach Absatz 1b Satz 1 von der Europäischen Zentralbank festgestellt worden sind. [5]Sind für die in Satz 4 genannten Tage keine Umrechnungskurse festgestellt worden, hat der Unternehmer die Steuer nach den für den nächsten Tag nach Ablauf des Besteuerungszeitraums nach Absatz 1a Satz 1 oder Absatz 1b Satz 1 von der Europäischen Zentralbank festgestellten Umrechnungskursen umzurechnen.

(7) Für die Einfuhrumsatzsteuer gelten § 11 Abs. 5 und § 21 Abs. 2.

Bearbeiter: Manzur Esskandari

Inhaltsverzeichnis

1. Anwendungsbereich und Zweck der Vorschrift

1 Mit § 16 UStG beginnt der 5. Abschnitt des UStG, der im Wesentlichen **Verfahrensvorschriften** enthält. Zu Beginn legt § 16 Abs. 1 Satz 1 UStG mit der Sollbesteuerung die grundsätzlich anzuwendende **Besteuerungsart** fest. Darüber hinaus enthält Abs. 1, ebenso wie Abs. 1a, 1b und 2 Bestimmungen über den regelmäßig geltenden **Besteuerungszeitraum** sowie wesentliche Grundsätze der Steuerberechnung. Die Absätze 3 und 4 regeln die Fälle verkürzter Besteuerungszeiträume. In den Abs. 5, 5a, 5b und 7 finden sich Sonderregelungen über die Berechnung der Umsatzsteuer im Zusammenhang mit der **Beförderungseinzelbesteuerung** (s. § 16 Abs. 5 und 5b UStG), der **Fahrzeugeinzelbesteuerung** (s. § 16 Abs. 5a UStG) und der **Einfuhrumsatzsteuer** (s. § 16 Abs. 7 i.V.m. § 11 Abs. 5, § 21 Abs. 2 UStG). § 16 Abs. 6 UStG schließlich beschäftigt sich mit der **Umrechnung** von Werten in fremder Währung.

2 § 16 UStG ist insbesondere im **Zusammenhang mit § 18 UStG** zu sehen, auch wenn beide Normen durch § 17 UStG getrennt werden. § 17 UStG regelt, wie und wann sich Änderungen der Bemessungsgrundlage (z.B. Skonti, uneinbringliche Forderungen) auf **die Steuerberechnung** auswirken. § 18 UStG befasst sich mit der Frage, in welcher Form und in welchem Zeitraum Voranmeldungen bzw. Steuererklärungen abzugeben sind, in denen die nach § 16 UStG ermittelten Beträge dem Finanzamt übermittelt werden.

3 Auf den ersten Blick regelt § 16 UStG die **Berechnung der Steuer** sowohl hinsichtlich der anzuwendenden Methode als auch des dafür maßgeblichen Besteuerungszeitraums. Vorab wäre jedoch das **Voranmeldungsverfahren** zu beachten, welches in § 18 UStG geregelt ist. Hierfür wiederum maßgeblich ist der

Zeitpunkt der Entstehung der Steuer, welcher sich nach § 13 UStG richtet. Jedenfalls zusammen mit der **Korrekturvorschrift** des § 17 UStG bildet § 16 UStG die Grundlage für das Steuerfestsetzungsverfahren, welches in § 18 UStG seinen Niederschlag gefunden hat. § 16 UStG ist dabei zum einen der **Grundsatz der Abschnittsbesteuerung** zu entnehmen, wonach die Berechnung der Steuern für einen bestimmten Besteuerungszeitraum durchgeführt wird. Ihr stehen die Fälle der **ausnahmsweise** im Umsatzsteuerrecht anzufindenden **Einzelbesteuerungen** (Fahrzeug- und Beförderungseinzelbesteuerung, Besteuerung der Einfuhrumsatzsteuer) gegenüber. Zum anderen findet sich in § 16 UStG der **Grundsatz der Sollbesteuerung**. Das Gegenstück hierzu bildet die in § 20 UStG geregelte **Istbesteuerung**.

Zur Frage, bis wann ein Unternehmer, dem die Besteuerung nach vereinnahmten Entgelten gem. § 20 UStG gestattet wurde, **zur Sollbesteuerung nach § 16 UStG zurückkehren** kann, hat das Niedersächsische FG vom 22.12.2010, 16K 303/10, EFG 2011, 749 entschieden, dass der Steuerpflichtige bis zum Eintritt der formellen Bestandskraft des Steuerbescheids zur Sollbesteuerung zurückkehren kann. Nach Auffassung des FG muss ein Unternehmer von der Gestattung nach § 20 UStG keinen Gebrauch machen. Deshalb könne er bis zum Eintritt der formellen Bestandskraft zur Besteuerung nach § 16 UStG zurückkehren. Das FG sieht darin ein rückwirkendes Ereignis gem. § 175 Abs. 1 Nr. 2 AO. Zudem beruhte die Änderung des Umsatzsteuerbescheides in solchen Fällen auf einem Antrag des Steuerpflichtigen i.S.d. § 174 Abs. 4 Satz 1 AO, sodass das Finanzamt, gestützt auf eine dieser Rechtsnormen, den entsprechenden Umsatz versteuern könne. 4

2. Besteuerungszeitraum

2.1 Grundsatz (§ 16 Abs. 1 Satz 2 UStG)

Grundsätzlich ist das **Kalenderjahr** der Besteuerungszeitraum (s. § 16 Abs. 1 Satz 2 UStG). Dies gilt auch, wenn der Unternehmer ein vom Kalenderjahr abweichendes Wirtschaftsjahr hat. Anders als das Ertragsteuerrecht (s. § 4a Abs. 1 Nr. 1 und 2 EStG) kennt das Umsatzsteuerrecht keine abweichenden Wirtschaftsjahre. 5

2.2 Ausnahmen

2.2.1 Einortregistrierung gem. § 18c Abs. 4c UStG (§ 16 Abs. 1a Satz 1 UStG)

Hat der im Drittlandsgebiet ansässige Unternehmer elektronische Dienstleistungen i.S.v. § 3a Abs. 5 UStG (s. Abschn. 3a.12 UStAE) an Nichtunternehmer mit Wohnsitz im Gemeinschaftsgebiet ausgeführt, und macht er gem. § 18 Abs. 4c UStG von der **Einortregistrierung** (One-Stop-Shop) in Deutschland Gebrauch, ist das **Kalendervierteljahr** der Besteuerungszeitraum (s. § 16 Abs. 1a Satz 1 UStG). Ausnahmen hiervon nach § 16 Abs. 4 UStG sind nicht möglich. Denn dieser verweist gerade nur auf die Absätze 1, 2 und 3 und nicht auf Absatz 1a. Voranmeldungen sind nicht zu erstellen. 6

Macht ein Drittlandsunternehmer, der als Steuerschuldner ausschließlich **elektronische Dienstleistungen** an Nichtunternehmer im Gemeinschaftsgebiet nach § 3a Abs. 5 UStG erbringt und in keinem anderen Mitgliedstaat umsatzsteuerlich erfasst ist, gem. § 18 Abs. 4c UStG von seinem Wahlrecht der Einortregistrierung in Deutschland Gebrauch, so ist bei der Berechnung der Steuer von der Summe aller Umsätze nach § 3a Abs. 5 UStG auszugehen, die im Gemeinschaftsgebiet steuerbar sind, soweit für sie in dem Besteuerungszeitraum die Steuer entstanden und die Steuerschuldnerschaft gegeben ist (s. § 16 Abs. 1a S. 2 UStG). Stattdessen kann sich der Unternehmer **auch in einem anderen Mitgliedstaat** erfassen (registrieren) lassen und die für die im Gemeinschaftsgebiet erbrachten Dienstleistungen geschuldete Steuer dort erklären und entrichten (s. Art. 358 ff. MwStSystRL i.V.m. § 18 Abs. 4d UStG). 7

Macht der Unternehmer von seinem Wahlrecht zugunsten des § 18 Abs. 4c UStG Gebrauch, darf auf die Summe aller Umsätze nach § 3a Abs. 5 UStG nicht einheitlich der deutsche Steuersatz angewendet werden. Vielmehr ist die Steuer nach den Steuersätzen der jeweiligen Mitgliedstaaten zu berechnen, in denen die Umsätze ausgeführt wurden. Die **Ortsbestimmung des § 3a Abs. 5 UStG** wird nämlich durch die Einortregistrierung nicht überlagert (s. Raudzsus in Schwarz/Widmann/Radeisen, § 16 UStG Rn. 36). 8

9 **Vorsteuerbeträge** sind von der geschuldeten Steuer **nicht abzusetzen.** Sie können nach § 18 Abs. 9 Satz 1 UStG i.V.m. § 59 Nr. 4 UStDV allein im **Vorsteuervergütungsverfahren** geltend gemacht werden. Die ansonsten für nicht im Gemeinschaftsgebiet ansässige Unternehmer geltenden Beschränkungen bei der Vorsteuervergütung (s. § 18 Abs. 9 Sätze 4 und 5 UStG) gelten in diesem Fall nicht (s. § 18 Abs. 9 Satz 6 UStG).

10–11 Einstweilen frei

2.2.2 Unternehmerische Tätigkeit in einem Teil des Kalenderjahres (§ 16 Abs. 3 UStG)

12 **Beginnt** oder **beendet** der Unternehmer seine Tätigkeit innerhalb eines Kalenderjahres, so ist der Besteuerungszeitraum nur der Teil des Kalenderjahres, auf den sich die Ausübung seiner unternehmerischen Tätigkeit bezieht.

13 Die Unternehmereigenschaft beginnt mit dem ersten nach außen erkennbaren, auf eine Unternehmertätigkeit gerichteten Tätigwerden, wenn die spätere Ausführung entgeltlicher Leistungen beabsichtigt ist (Verwendungsabsicht) und die Ernsthaftigkeit dieser Absicht durch objektive Merkmale nachgewiesen oder glaubhaft gemacht wird (s. Abschn. 2.6 Abs. 1 Satz 1 UStAE). Als Nachweis für die Ernsthaftigkeit sind Vorbereitungshandlungen anzusehen, wenn bezogene Gegenstände oder in Anspruch genommene sonstige Leistungen **(Eingangsleistungen)** ihrer Art nach nur zur unternehmerischen Verwendung oder Nutzung bestimmt sind oder in einem objektiven und zweifelsfrei erkennbaren Zusammenhang mit der beabsichtigten unternehmerischen Tätigkeit stehen **(unternehmensbezogene Vorbereitungshandlungen)** (s. Abschn. 2.6 Abs. 2 Satz 1 UStAE).

14 Die Unternehmereigenschaft endet mit dem **letzten Tätigwerden**. Der Zeitpunkt der Einstellung oder Abmeldung eines Gewerbebetriebs ist unbeachtlich. Unternehmen und Unternehmereigenschaft erlöschen erst, wenn der Unternehmer alle Rechtsbeziehungen abgewickelt hat, die mit dem (aufgegebenen) Betrieb in Zusammenhang stehen (s. BFH vom 21.04.1993, XI R 50/90, BStBl II 1993, 696; s. auch BFH vom 19.11.2009, V R 16/08, BStBl II 2010, 319). Die spätere Veräußerung von Gegenständen des Betriebsvermögens oder die nachträgliche Vereinnahmung von Entgelten gehören noch zur Unternehmertätigkeit (s. Abschn. 2.6 Abs. 6 Satz 4 UStAE).

15–16 Einstweilen frei

2.2.3 Anordnung eines kürzeren Besteuerungszeitraums (§ 16 Abs. 4 UStG)

17 Zur **Sicherung des Steueraufkommens** kann das Finanzamt einen kürzeren Besteuerungszeitraum als das Kalenderjahr bestimmen, wenn:

- Der Eingang der Steuer gefährdet oder
- der Unternehmer damit einverstanden ist.

18 Die Verkürzung des Besteuerungszeitraumes wegen **Gefährdung der Steuer** kommt z.B. wegen drohender Insolvenz bzw. straf- oder bußgeldrelevanten steuerlichen Verhaltens des Steuerpflichtigen in Betracht.

19 Die Anordnung eines kürzeren Besteuerungszeitraums mit **Zustimmung** des Unternehmers kommt z. B. in Betracht, wenn Finanzamt und Steuerpflichtiger ein Interesse daran haben, im Rechtsbehelfsverfahren eine Grundsatzfrage beschleunigt zu klären (s. Raudzsus in Schwarz/Widmann/Radeisen, § 16 UStG Rn. 21). Der Unternehmer hat aber keinen Rechtsanspruch auf Anordnung eines verkürzten Besteuerungszeitraums. In der Praxis wird von dieser Bestimmung kaum Gebrauch gemacht, zumal die Klärung einer Rechtsfrage auch durch Einspruch bzw. Klage im Voranmeldungsverfahren erreicht werden kann (s. Raudzsus in Schwarz/Widmann/Radeisen, § 16 UStG Rn. 21).

20 Weil § 16 Abs. 4 UStG nicht nur Abweichungen von Abs. 1 und 2, sondern auch von Abs. 3 UStG zulässt, kann das Finanzamt demzufolge sowohl den vollen Besteuerungszeitraum (Kalenderjahr) als auch den schon nach § 16 Abs. 3 UStG verkürzten Besteuerungszeitraum weiter abkürzen.

21 Die Entscheidung über die Verkürzung liegt im pflichtgemäßen **Ermessen** (s. § 5 AO) des Finanzamts.

22 Die Anordnung des kürzeren Besteuerungszeitraums durch das Finanzamt hat zur Folge, dass die USt nach § 18 Abs. 3 Satz 2 UStG binnen eines Monats nach Ablauf des verkürzten Besteuerungszeitraums

anzumelden ist und dass die (positive) Differenz zur Summe der vorangemeldeten USt einen – weiteren – Monat nach Eingang der Anmeldung fällig wird (s. § 18 Abs. 4 Satz 1 UStG).

Einstweilen frei 23–24

2.2.4 Beförderungseinzelbesteuerung (§ 16 Abs. 5, 5b UStG)

Bei Beförderungen von Personen im Gelegenheitsverkehr mit Kraftomnibussen, die nicht im Inland zugelassen sind, wird die Steuer abweichend von § 16 Abs. 1 UStG für jeden einzelnen steuerpflichtigen Umsatz durch die jeweils zuständige Zolldienststelle berechnet (s. § 16 Abs. 5 Satz 1 UStG; **sog. Beförderungseinzelbesteuerung**), wenn eine Grenze zum Drittlandsgebiet überschritten wird. Damit sind für die Steuerberechnung und -anmeldung nicht mehr die Summe aller Umsätze in einem bestimmten Zeitraum, sondern jeder einzelne Umsatz maßgeblich. Als Folge hierzu haben die betroffenen Unternehmer für jeden einzelnen Umsatz eine Steuererklärung abzugeben (s. § 18 Abs. 5 Nr. 1 UStG). 25

Zuständig sind in diesem Bereich nicht die Finanzämter, sondern die **Zolldienststellen**, die für die zuständigen Finanzbehörden handeln. 26

Grundsätzlich können bei dieser Besteuerungsmethode **Vorsteuerabzüge** nach § 16 Abs. 2 UStG oder die Kleinunternehmereigenschaft des Unternehmers (s. § 19 Abs. 1 UStG) **nicht berücksichtigt** werden (s. § 16 Abs. 5 Satz 4 UStG). Die Steuerschuldnerschaft des Leistungsempfängers kommt bei diesen Beförderungsleistungen gleichfalls nicht in Betracht (s. § 13b Abs. 6 Nr. 1 UStG). 27

Hinsichtlich der Vorsteuer gilt jedoch etwas anderes, wenn der Unternehmer gemäß § 16 Abs. 5b UStG zur Regelbesteuerung **optiert** hat. Da aber ohnehin die Vorsteuern in einem sog. Vorsteuer-Vergütungsverfahren (s. §§ 59 ff. UStDV) geltend gemacht werden können, führt dies nur zu einer anderen verfahrensrechtlichen Abwicklung, grundsätzlich aber nicht zu einer Benachteiligung des Unternehmers. 28

Führt der Unternehmer noch **weitere steuerpflichtige Umsätze** im Inland aus, so gelten insoweit die allgemeinen Regeln der §§ 16 und 18 UStG. Von der für diese Umsätze berechneten Steuer können auch diejenigen Vorsteuerbeträge abgesetzt werden, die der Beförderungseinzelbesteuerung zuzurechnen sind. 29

Das **Verfahren der Beförderungseinzelbesteuerung** ist in § 18 Abs. 5 UStG geregelt. Schon vor Antritt der Fahrt muss der Beförderer für jede Fahrt eine Steuererklärung nach amtlich vorgeschriebenem Vordruck in zwei Stücken bei der zuständigen Zolldienststelle abgeben (s. § 18 Abs. 5 Nr. 1 UStG). Diese setzt nach § 18 Abs. 5 Nr. 2 UStG die Steuer auf beiden Stücken der Steuererklärung für das zuständige Finanzamt fest und gibt einen Teil dem Beförderer zurück. Der Beförderer muss zugleich die Steuer entrichten und erhält hierfür eine Steuerquittung. Diese hat er zusammen mit seinem Stück der Steuererklärung während der Fahrt bei sich zu führen (s. § 18 Abs. 5 Nr. 2 UStG). Ändert sich im Nachgang die Anzahl der Personenkilometer, muss er nach § 18 Abs. 5 Nr. 3 UStG bei der Zolldienststelle, bei der er die Grenze zum Drittlandsgebiet überschreitet, eine weitere Steuererklärung in zwei Stücken abgeben, um die geänderte Zahl zu melden. Die Zolldienststelle setzt dann grundsätzlich die Steuer neu fest. Aufgrund der Einzelbesteuerung besteht keine darüber hinausgehende Verpflichtung zur Abgabe einer (zusätzlichen) Voranmeldung oder Jahressteuererklärung. 30

Zur Sicherung des Steueraufkommens ist die Zolldienststelle nach § 18 Abs. 11 UStG berechtigt, im Rahmen von zeitlich und örtlich begrenzten **Kontrollen** die nach ihrer äußeren Erscheinung nicht im Inland zugelassenen Kraftomnibusse anzuhalten und die tatsächlichen und rechtlichen Verhältnisse festzustellen, die für die Umsatzsteuer maßgebend sind. Diese festgestellten Daten werden den zuständigen Finanzbehörden übermittelt. Zuständige Zolldienststelle ist nach § 16 Abs. 5 Satz 2 UStG die Ein- oder Ausgangszollstelle, bei der der Kraftomnibus ins Inland gelangt oder dieses verlässt. Die Zolldienststelle handelt dabei für das Finanzamt, in dessen Bezirk sie liegt, § 16 Abs. 5 Satz 3 UStG. 31

Aus der Formulierung „wenn eine **Grenze zum Drittlandsgebiet überschritten** wird" folgt, dass die Beförderungseinzelbesteuerung nicht auf den Personenbeförderungsverkehr beschränkt ist, bei dem eine Grenze zum Drittlandsgebiet überschritten wird. Ihr unterliegen deshalb auch Beförderungen, die nur im Inland durchgeführt werden, wie z.B. auf Sonderfahrten während eines Aufenthaltes des Fahrzeuges im Inland (s. Abschn. 16.2 Abs. 2 Satz 2 UStAE). 32

33 Kraftomnibusse sind Kraftfahrzeuge, die nach ihrer Bauart und Ausstattung zur Beförderung von mehr als neun Personen, einschließlich Fahrzeugführer, geeignet und bestimmt sind (s. § 4 Abs. 4 Nr. 2 PBefG). Der **Gelegenheitsverkehr** mit Kraftomnibussen umfasst die Ausflugsfahrten, die Ferienzielreisen und den Verkehr mit Mietomnibussen (s. § 46 i.V.m. §§ 48, 49 PBefG).

34 Der Beförderungseinzelbesteuerung unterliegt nur der steuerpflichtige Teil der **im Inland steuerbaren Beförderungsstrecke** (s. § 3b Abs. 1 Satz 2 UStG). Inländische Streckenanteile, die nach den §§ 2 oder 5 UStDV als ausländische Beförderungsstrecken anzusehen sind, bleiben unberücksichtigt. Streckenanteile, die nach den §§ 3 oder 6 UStDV als ausländische Beförderungsstrecken anzusehen sind, sind in die Besteuerung einzubeziehen.

35 Voraussetzung ist ferner, dass der Beförderer Unternehmer i.S.d. § 2 UStG ist (s. § 2 Abs. 1 Rn. 4 ff.) und die Beförderungsleistung **im Rahmen seines Unternehmens** gegen Entgelt (s. § 1 Abs. 1 Nr. 1 UStG; s. § 1 Rn. 19 ff.) ausführt (s. Abschn. 16.2 Abs. 6 UStAE). Einzelner **Umsatz** ist die einzelne Fahrt, die – gleich aus welcher Richtung – zur Überquerung der Drittlandsgrenze führt (s. § 18 Abs. 5 UStG). Die Steuer entsteht in dem Zeitpunkt, in dem der Kraftomnibus aus dem Drittlandsgebiet in das Inland gelangt (s. § 13 Abs. 1 Nr. 1c UStG). Sie wird gem. § 10 Abs. 6 UStG nach einem **Durchschnittsbeförderungsentgelt** je Personenkilometer der Beförderungsstrecke im Inland bemessen. Dieses beträgt gem. § 10 Abs. 6 UStG i.V.m. § 25 UStDV 4,43 Cent. Die zu entrichtende USt beläuft sich somit bei einem Steuersatz von 19 % auf 0,84 Cent für jeden in der Bundesrepublik Deutschland zurückgelegten Personenkilometer.

36 Bei der **Ermittlung der Personenkilometer** (Vervielfachung der Anzahl der beförderten Personen mit der Anzahl der Kilometer der inländischen Beförderungsstrecke) bleiben nach Verwaltungsauffassung der Fahrer, der Beifahrer, Begleitpersonen, die Angestellte des Beförderers sind (z.B. Reiseleiter, Dolmetscher und Stewardessen), sowie unentgeltlich mit beförderte Kleinkinder (unter 4 Jahren) außer Betracht. Dagegen sind Personen, die der Beförderer aus privaten Gründen unentgeltlich mit befördert (z.B. Angehörige), mitzuzählen, soweit eine sonstige Leistung i.S.v. § 3 Abs. 9a S. 1 Nr. 2 UStG vorliegt, die nach § 3f UStG im Inland ausgeführt wird (s. Abschn. 16.2 Abs. 7 UStAE).

37 Nach § 16 Abs. 5b UStG hat der Unternehmer die Möglichkeit, auch für die Beförderungsleistungen im Sinne des Absatzes 5 das Besteuerungsverfahren nach § 16 Abs. 1 bis 4 UStG durchzuführen, was das allgemeine Verfahren nach § 18 Abs. 3 und 4 UStG nach sich zieht (s. § 18 Abs. 5b Satz 1 UStG). Diese Besteuerung ist antragsgebunden. Der **Antrag** kann erst nach Ablauf des Besteuerungszeitraums gestellt werden. Da trotz dieses Wahlrechts die Beförderungseinzelbesteuerung zunächst durchzuführen ist, handelt es sich nicht um eine echte Optionsmöglichkeit (s. Müller in BeckOK, § 16 UStG Rn. 246). Der Antrag bietet sich an, wenn die tatsächlichen Entgelte unter dem Durchschnittsatz des § 10 Abs. 6 UStG (s. § 10 Rn. 132 ff.) lagen.

38–39 Einstweilen frei

2.2.5 Fahrzeugeinzelbesteuerung (Absatz 5a)

40 Bei der Fahrzeugeinzelbesteuerung geht es um eine besondere Besteuerungsform für den innergemeinschaftlichen Erwerb von Kraftfahrzeugen. Betroffen sind im Ergebnis nur **Privatpersonen,** nichtunternehmerisch tätige Personenvereinigungen und **Unternehmer, die das Fahrzeug nicht für ihr Unternehmen erwerben**. Dieser Personenkreis hat jedes Mal, wenn er ein **Neufahrzeug** erwirbt, diesen Erwerb innerhalb der Frist des § 18 Abs. 5a UStG der Steuer unterwerfen. Abweichend vom ansonsten im Umsatzsteuerrecht bestehenden Grundsatz der Abschnittsbesteuerung wird also auch hier eine Ausnahme gemacht und jeder einzelne steuerpflichtige Erwerb berechnet.

41 **Bemessungsgrundlage** ist das Entgelt für jeden einzelnen Erwerb. Die Steuer **entsteht** gem. § 13 Abs. 1 Nr. 7 UStG am Tag des Erwerbs. Das Besteuerungsverfahren ist im Einzelnen in § 18 Abs. 5a UStG geregelt. Das für Nichtunternehmer zuständige Finanzamt (s. § 21 Abs. 2 AO) setzt die Erwerbsteuer für jeden einzelnen steuerpflichtigen Erwerb fest. Daher hat der Erwerber eine **Steueranmeldung** abzugeben. Kommt der Erwerber dieser Verpflichtung nicht nach, kann das Finanzamt die Steuer selbst festsetzen (s. § 18 Abs. 5a UStG).

Bei der Fahrzeugeinzelbesteuerung dürfen **Vorsteuerbeträge** nicht abgesetzt werden, denn der unter § 16 Abs. 5 UStG fallende Personenkreis ist von vornherein nicht zum Vorsteuerabzug berechtigt. 42

Einstweilen frei 43–44

3. Steuerberechnung (§ 16 Abs. 1 und Abs. 2 UStG)

3.1 Allgemeines

Die Berechnung der Umsatzsteuer ist nach § 16 Abs. 1 Satz 3 und Abs. 2 UStG die rechnerische Zusammenfassung zweier getrennt zu behandelnder **unselbständiger Besteuerungsgrundlagen**. Auf der einen Seite steht die Ausgangssteuer (einschließlich der Hinzurechnung evtl. zusätzlich geschuldeter Steuerbeträge) und auf der anderen Seite die abziehbaren Vorsteuerbeträge gem. § 15 Abs. 1 UStG (einschließlich evtl. als Vorsteuer abziehbarer Einfuhrumsatzsteuer). Das Ergebnis dieser Berechnung ist der **Saldo** oder die **Zahllast**, die als Steuerschuld oder Vergütungsanspruch des Unternehmers festgesetzt wird. Der Saldo kann positiv oder negativ sein. Sind die Vorsteuerbeträge niedriger als die für seine Umsätze **geschuldete Umsatzsteuer**, so hat der Unternehmer den Unterschiedsbetrag, der vom Gesetzgeber als zu entrichtende Steuer (s. § 18 Abs. 3 und 4 UStG), die im allgemeinen Sprachgebrauch auch als **Umsatzsteuerzahllast** bezeichnet wird, an das Finanzamt zu entrichten. Übersteigen die Vorsteuerbeträge die für die Umsätze **geschuldete Steuer**, so hat der Unternehmer in Höhe des Unterschiedsbetrags, der vom Gesetzgeber als Überschuss bezeichnet wird, einen **Auszahlungsanspruch** gegenüber dem Finanzamt. 45

Die Vorschrift über die Steuerberechnung ist grundsätzlich auch von **ausländischen Unternehmern** zu beachten, wenn sie im Inland Umsätze ausführen. Für die Besteuerung ist es ohne Belang, ob der Unternehmer in- oder ausländischer Staatsangehöriger ist, ob er seine unternehmerische Tätigkeit vom Inland aus entfaltet (z.B. über eine Betriebsstätte, Niederlassung oder vom zweiten Wohnsitz aus) oder ausschließlich vom Ausland her tätig wird. Dies gilt nicht, wenn das sog. Vorsteuervergütungsverfahren anzuwenden ist (s. § 18 Abs. 9 S. 1 UStG), das explizit von § 16 UStG abweichende Regelungen enthält (s. Raudzsus in Schwarz/Widmann/Radeisen, § 16 UStG Rn. 24). 46

Einstweilen frei 47–48

3.2 Summe der Umsätze

Ausgangspunkt der Steuerberechnung ist die Ermittlung der Besteuerungsgrundlage „Summe der Umsätze". **Voraussetzung** ist gem. § 16 Abs. 1 Satz 3 UStG die Entstehung der jeweiligen Steuer gem. § 13 Abs. 1 UStG sowie die Steuerschuldnerschaft i.S.v. § 13a UStG oder § 13b UStG. 49

Die Summe der Umsätze kann sich aus folgenden **Einzelumsätzen** zusammensetzen: 50

- Lieferungen oder sonstige Leistungen i.S.v. § 1 Abs. 1 Nr. 1 UStG. Dazu gehören auch die einer entgeltlichen Lieferung oder entgeltlichen sonstigen Leistung gleichgestellten Tatbestände i.S.v. § 3 Abs. 1b, Abs. 9a UStG.
- Innergemeinschaftliche Erwerbe im Inland (s. § 1 Abs. 1 Nr. 5 UStG).

Dem sich aus § 2 Abs. 1 Satz 2 UStG ergebenden Grundsatz der Unternehmenseinheit folgend setzt sich die **„Summe der Umsätze"** aus allen vom Unternehmer ausgeführten Leistungen zusammen. Es sind daher alle von ihm erbrachten Leistungen in einer Voranmeldung oder Steuererklärung zusammenzufassen, auch wenn er mehrere Betriebe führt. Dies gilt selbst dann, wenn die Betriebe wirtschaftlich gesehen in keinem Zusammenhang stehen. Auch die geographische Lage in unterschiedlichen Gemeinden ist irrelevant. 51

Die nach § 1 Abs. 1 Nr. 4 UStG anfallende **Einfuhrumsatzsteuer** wird bei der Ermittlung der Umsätze nicht berücksichtigt (s. § 16 Abs. 1 Satz 3 UStG). Die Einfuhr wird gem. § 16 Abs. 7 i.V.m. § 21 Abs. 2 UStG nach den Zollvorschriften besteuert. 52

Einstweilen frei 53

3.3 Hinzurechnung der geschuldeten Steuerbeträge

54 Der Ausgangssteuer sind die nach den § 6a Abs. 4 Satz 2 UStG, § 14c UStG, § 17 Abs. 1 Satz 6 UStG geschuldeten Steuerbeträge **hinzuzurechnen**. Die Hinzurechnung hat in dem Besteuerungszeitraum zu erfolgen, in dem die Steuer entstanden ist.

55 Im Fall des § 6a Abs. 4 Satz 2 UStG handelt es sich um die **Steuerschuld des Abnehmers** einer innergemeinschaftlichen Lieferung, wenn der Lieferer aufgrund der unrichtigen Angaben des Abnehmers auf die Steuerfreiheit seiner Lieferung vertrauen konnte.

56 Nach § 14c Abs. 1 UStG liegt die **Steuerschuld beim dem Unternehmer,** der in einer Rechnung einen höheren Steuerbetrag ausweist, als er für den Umsatz schuldet. § 14c Abs. 2 UStG betrifft den Fall der Steuerschuld aufgrund **unberechtigten Steuerausweises**. In beiden Fällen schuldet der Unternehmer den zu Unrecht ausgewiesenen (Mehr-) Betrag, und hat diesen in die Berechnung seiner Steuerschuld einzubeziehen. Nach § 13 Abs. 1 Nr. 3 bzw. 4 UStG entsteht die Steuer spätestens mit Ausgabe der Rechnung.

57 § 17 Abs. 1 Satz 6 UStG schließlich greift bei Steuerschuld aufgrund von **Zentralregulierungsgeschäften.** Danach kann die Berichtigung eines Vorsteuerabzugs unterbleiben, soweit ein dritter Unternehmer den auf die Minderung des Entgelts entfallenden Steuerbetrag an das Finanzamt entrichtet. In diesem Fall ist der dritte Unternehmer Schuldner der Steuer, und damit derjenige, der die Steuer berechnen und anzumelden bzw. zu erklären hat. Die Steuer entsteht mit Ablauf des Voranmeldungszeitraums, in dem die Änderung der Bemessungsgrundlage eingetreten ist (s. § 13 Abs. 1 Nr. 5 UStG).

58–59 Einstweilen frei

3.4 Hinzurechnung der Entgelts- und Vorsteuerberichtigungen

60 Soweit nach § 15a oder § 17 UStG **Berichtigungen** vorzunehmen sind, müssen diese bei der Steuerberechnung berücksichtigt werden.

61–62 Einstweilen frei

3.5 Abzusetzende Vorsteuerbeträge (Absatz 2 Satz 1)

63 Von der nach § 16 Abs. 1 UStG berechneten Steuer sind die in den Besteuerungszeitraum fallenden, nach § 15 UStG abziehbaren Vorsteuerbeträge abzusetzen. Dabei handelt es sich um die im Besteuerungszeitraum **entstandenen** Vorsteuerbeträge. Materiell-rechtliche Voraussetzung hierfür ist in der Regel die tatsächliche Ausführung der bezogenen Leistung, sowie Ausstellung und Empfang der Rechnung. Zudem darf bis zum Ende des Besteuerungszeitraumes keiner der in § 15 Abs. 2 und 3 UStG geregelten Abzugssperren verwirklicht werden.

64 Nach § 16 Abs. 2 Satz 2 UStG ist des Weiteren die in § 15a UStG geregelte **Korrektur** der Vorsteuerbeträge zu berücksichtigen und zwar in dem Besteuerungszeitraum, in dem die maßgebliche Änderung der Verhältnisse eingetreten ist.

65 Für den **Abzug der EUSt** beinhaltete § 16 Abs. 2 Satz 3 UStG eine Ausnahme. Danach durfte nur die entrichtete Einfuhrumsatzsteuer abgezogen werden. Diese Regelung war unionsrechtswidrig (s. EuGH vom 29.3.2012, C-414/10, DStR 2012, 697). Mit Wirkung vom 30.6.2013 wurde § 16 Abs. 2 Satz 3 UStG deshalb aufgehoben. Seitdem kann die Einfuhrumsatzsteuer bereits bei ihrer Entstehung und unabhängig von ihrer Entrichtung abgezogen werden (s. § 15 Abs. 1 Satz. 1 Nr. 2 UStG).

66–67 Einstweilen frei

3.6 Abzusetzende Beträge aufgrund Entgelts- und Vorsteuerberichtigungen

68 Die Berücksichtigung von Vorsteuerbeträgen, die sich infolge einer Änderung der Bemessungsgrundlage nach § 17 UStG ergeben, ist in § 16 Abs. 1 und 2 UStG zwar nicht explizit vorgesehen. § 16 Abs. 2 Satz 2 UStG stellt jedoch eine bloße Klarstellung und folglich keine abschließende Regelung dar, verbietet also die Berücksichtigung dieser Beträge nicht (s. Müller in BeckOK, § 16 UStG Rn. 73). Entgeltserhöhungen nach § 17 UStG und Vorsteuerberichtigungen zu Ungunsten des Unternehmers nach § 15a UStG werden daher bei der Steuerberechnung nach § 16 Abs. 1 UStG hinzugerechnet. Entgeltsminderungen und Vorsteuerbe-

richtigungen zu Gunsten des Unternehmers werden nach § 16 Abs. 2 UStG **steuermindernd** berücksichtigt. Für § 15a UStG ist dies in § 16 Abs. 2 Satz 2 UStG ausdrücklich geregelt.

Einstweilen frei 69–70

4. Umrechnung ausländischer Werte (§ 16 Abs. 6 UStG)

Werte in fremder Währung sind zur Berechnung der Umsatzsteuer und Vorsteuer nach § 16 Abs. 6 UStG 71 grundsätzlich nach **den amtlichen Briefkursen** in Euro umzurechnen. Diese gibt das Bundesministerium für Finanzen monatlich als Durchschnittskurse bekannt. Bei der Besteuerung nach **vereinbarten Entgelten** ist für die Umrechnung der **Umsatzsteuer** grundsätzlich der Durchschnittskurs des Monats maßgebend, in dem die Leistung steuerbar ausgeführt wurde. Kursänderungen zwischen Ausführung der Leistung und der Vereinnahmung des Entgelts bleiben unberücksichtigt. § 17 UStG findet insoweit keine Anwendung. Eine Ausnahme gilt, wenn das Entgelt ganz oder teilweise vorher vereinnahmt wird (s. § 13 Abs. 1 Nr. 1 Buchst. a Satz 4 UStG). Hierfür ist der Durchschnittskurs des Monats maßgebend, in dem das Entgelt oder der Teil des Entgelts vereinnahmt wurde. Kann der Vorsteuerabzug für Anzahlungen vorgenommen werden (s. § 15 Abs. 1 Satz 1 Nr. 1 Satz 3 UStG), ist hierfür der Monat der Zahlung ausschlaggebend.

Bei Anwendung der Ist-Besteuerung gem. § 20 sind die Entgelte nach den **Durchschnittskursen** des 72 Monats umzurechnen, in dem sie vereinnahmt werden (s. § 16 Abs. 5 Satz 2 UStG).

Aus Vereinfachungsgründen kann das Finanzamt gestatten, dass die Umrechnung regelmäßig nach den 73 Durchschnittskursen vorgenommen wird, die das Bundesministerium der Finanzen für den Monat bekannt gegeben hat, der **dem Monat vorangeht**, in dem die Leistung ausgeführt oder das Entgelt vereinnahmt wird (s. Abschn. 16.4 Abs. 2 Satz 2 UStAE).

In den Fällen der **Einortregistrierung** nach § 18 Abs. 4c UStG sind sämtliche im Gemeinschaftsgebiet 74 ausgeführten Umsätze in **einer** Steuererklärung anzugeben. Hierbei muss der Drittlandsunternehmer nach § 16 Abs. 6 Satz 4 UStG bei der Umrechnung von Werten in fremder Währung einheitlich den von der Europäischen Zentralbank festgestellten Umrechnungskurs des letzten Tags des Besteuerungszeitraums (Satz 4) bzw., falls für diesen Tag kein Umrechnungskurs festgelegt wurde, den für den nächsten Tag nach Ablauf des Besteuerungszeitraums festgelegten Umrechnungskurs anwenden (Satz 5) zu Grunde legen. Die Anwendung eines monatlichen Durchschnittskurses entsprechend § 16 Abs. 6 UStG ist nicht möglich (s. Abschn. 16.4 Abs. 3 i.V.m. 3a.16 Abs. 10 UStAE).

Einstweilen frei 75–76

5. Einfuhrbesteuerung (§ 16 Abs. 7 UStG)

Für die **Umrechnung** der Werte bei der Einfuhrumsatzsteuer gilt § 16 Abs. 7 UStG, der auf § 11 Abs. 5 77 UStG verweist.

§ 17 UStG Änderung der Bemessungsgrundlage

(1) [1]Hat sich die Bemessungsgrundlage für einen steuerpflichtigen Umsatz im Sinne des § 1 Abs. 1 Nr. 1 geändert, hat der Unternehmer, der diesen Umsatz ausgeführt hat, den dafür geschuldeten Steuerbetrag zu berichtigen. [2]Ebenfalls ist der Vorsteuerabzug bei dem Unternehmer, an den dieser Umsatz ausgeführt wurde, zu berichtigen. [3]Dies gilt nicht, soweit er durch die Änderung der Bemessungsgrundlage wirtschaftlich nicht begünstigt wird. [4]Wird in diesen Fällen ein anderer Unternehmer durch die Änderung der Bemessungsgrundlage wirtschaftlich begünstigt, hat dieser Unternehmer seinen Vorsteuerabzug zu berichtigen. [5]Die Sätze 1 bis 4 gelten in den Fällen des § 1 Abs. 1 Nr. 5 und des § 13b sinngemäß. [6]Die Berichtigung des Vorsteuerabzugs kann unterbleiben, soweit ein dritter Unternehmer den auf die Minderung des Entgelts entfallenden Steuerbetrag an das Finanzamt entrichtet; in diesem Fall ist der dritte Unternehmer Schuldner der Steuer. [7]Die Berichtigungen nach den Sätzen 1 und 2 sind für den Besteuerungszeitraum vorzunehmen, in dem die Änderung der Bemessungsgrundlage eingetreten ist. [8]Die Berichtigung nach Satz 4 ist für den Besteuerungszeitraum vorzunehmen, in dem der andere Unternehmer wirtschaftlich begünstigt wird.

(2) Absatz 1 gilt sinngemäß, wenn

1. das vereinbarte Entgelt für eine steuerpflichtige Lieferung, sonstige Leistung oder einen steuerpflichtigen innergemeinschaftlichen Erwerb uneinbringlich geworden ist. 2Wird das Entgelt nachträglich vereinnahmt, sind Steuerbetrag und Vorsteuerabzug erneut zu berichtigen;
2. für eine vereinbarte Lieferung oder sonstige Leistung ein Entgelt entrichtet, die Lieferung oder sonstige Leistung jedoch nicht ausgeführt worden ist;
3. eine steuerpflichtige Lieferung, sonstige Leistung oder ein steuerpflichtiger innergemeinschaftlicher Erwerb rückgängig gemacht worden ist;
4. der Erwerber den Nachweis im Sinne des § 3d Satz 2 führt;
5. Aufwendungen im Sinne des § 15 Abs. 1a getätigt werden.

(3) [1]Ist Einfuhrumsatzsteuer, die als Vorsteuer abgezogen worden ist, herabgesetzt, erlassen oder erstattet worden, so hat der Unternehmer den Vorsteuerabzug entsprechend zu berichtigen. [2]Absatz 1 Satz 7 gilt sinngemäß.

(4) Werden die Entgelte für unterschiedlich besteuerte Lieferungen oder sonstige Leistungen eines bestimmten Zeitabschnitts gemeinsam geändert (z.B. Jahresboni, Jahresrückvergütungen), so hat der Unternehmer dem Leistungsempfänger einen Beleg zu erteilen, aus dem zu ersehen ist, wie sich die Änderung der Entgelte auf die unterschiedlich besteuerten Umsätze verteilt.

Bearbeiter: Marcus Ermers

Inhaltsverzeichnis

1. Allgemeines

1.1 Überblick über die Vorschrift

1 § 17 Abs. 1 S. 1 UStG regelt die **Pflicht zur Berichtigung des für einen ausgeführten Umsatz geschuldeten Steuerbetrags** durch den leistenden Unternehmer, wenn sich die Bemessungsgrundlage für einen steuerpflichtigen Umsatz nach § 1 Abs. 1 Nr. 1 UStG im Nachhinein geändert hat. Hierzu korrespondierend erhält § 17 Abs. 1 S. 2 dazu die Verpflichtung des Leistungsempfängers zur Berichtigung des in Anspruch genommenen Vorsteuerbetrages. Sinngemäß gilt die Vorschrift auch für den entgeltlichen innergemeinschaftlichen Erwerb im Inland gem. § 1 Abs. 1 Nr. 5 UStG, sowie für die Fälle der Steuerschuldnerschaft des Leistungsempfängers gem. § 13b UStG (s. § 17 Abs. 1 S. 5 UStG). § 17 Abs. 1 S. 7 UStG verlagert den Zeitpunkt für die Anpassung einer nachträglich geänderten Bemessungsgrundlage aus dem Zeitraum, in dem der Umsatz getätigt worden ist, in den Besteuerungszeitraum, in dem die Änderung der Bemessungsgrundlage eingetreten ist. Die Regelungen des § 17 Abs. 1 UStG gelten gem. § 17 Abs. 2 UStG sinngemäß für die Fälle der Uneinbringlichkeit des Entgelts (s. § 17 Abs. 2 Nr. 1 UStG), der Nichtausführung einer Leistung (s. § 17 Abs. 2 Nr. 2 UStG), der Rückgängigmachung einer Leistung (s. § 17 Abs. 2 Nr. 3 UStG), der doppelten Erwerbsbesteuerung (s. § 17 Abs. 2 Nr. 4 UStG) sowie der nachträglichen steuerlichen Verwendung i.S.v. § 15 Abs. 1a UStG (s. § 17 Abs. 2 Nr. 5 UStG). Sollte die EUSt herabgesetzt, erlassen oder erstattet werden, regelt § 17 Abs. 3 UStG die Berichtigung des Vorsteuerabzugs. Nach § 17 Abs. 4 UStG besteht die Verpflichtung zur Erstellung eines Beleges in Sonderfällen.

2 Die Vorschrift soll für möglichst alle Fälle der Änderung von Bemessungsgrundlagen eine Anpassung an die zutreffende Bemessungsgrundlage sicherstellen. Im Ergebnis soll sich die Umsatzbesteuerung auf den Umfang der tatsächlich vereinnahmten Gegenleistung beschränken. Parallel dazu soll sich die Vorsteuerabzugsberechtigung des Leistungsempfängers der Höhe der Umsatzsteuerbelastung anpassen, um ein Gleichgewicht herzustellen (s. BFH vom 31.05.2001, V R 71/99, BStBl II 2003, 206).

3 § 17 UStG ergänzt die Vorschriften des § 10 UStG zur Bemessungsgrundlage und des § 15 UStG zum Vorsteuerabzug und stellt letztendlich sicher, dass sich Umsatzsteuer und Vorsteuer nach dem tatsächlichen Entgelt bemessen.

1.2 Entwicklung der Vorschrift

4 § 17 UStG hat eine lange Entwicklungsgeschichte seit dem § 18 UStG vom 26.07.1918 bis heute gehabt. Inhaltlich unterscheiden sich die zur Zeit des früheren Umsatzsteuersystems geltenden Vorgängervorschrif-

ten von denen des Mehrwertsteuersystems mit Vorsteuerabzug erheblich, weil wegen des Fehlens von Vorsteuern und deren Rückgewähr im alten System Berichtigungsschwerpunkt allein die Änderung von Entgelten bilden konnte. Daneben spielte die Unterscheidung zwischen der Versteuerung nach vereinnahmten Entgelten, die früher den Regelfall bildete, und der Versteuerung nach vereinbarten Entgelten (heute der Regelfall) eine erhebliche Rolle. Einzelne Bestandteile der heute in § 17 UStG enthaltenen Regelung sind erst nach und nach in die Vorschrift eingefügt worden.

5 Wesentliche Änderungen der Vorschriften erfolgten durch das **Umsatzsteuer-Binnenmarktgesetz** vom 28.08.1992 (BGBl I 1992, 1548) ab 1993 durch Einbeziehung des innergemeinschaftlichen Erwerbs (s. § 1 Abs. 1 Nr. 5 UStG) und Einfügung des § 17 Abs. 2 Nr. 4 UStG. Durch das **Steuerentlastungsgesetz** 1999/2000/2002 vom 24.03.1999 (BStBl I 1999, 304) wurde § 17 Abs. 1 UStG an den Wegfall der Eigenverbrauchsbesteuerung angepasst und § 17 Abs. 2 Nr. 5 UStG angefügt. Durch das **Steueränderungsgesetz** 2001 vom 20.12.2001 (BGBl I 2001, 3922) wurde der Anwendungsbereich auf die Fälle des § 13b UStG ausgeweitet. Durch das Gesetz zur Umsetzung von EU-RL in nationales Steuerrecht und zur Änderung weiterer Vorschriften vom 09.12.2004 (BGBl I 2004, 3310) wurde § 17 Abs. 1 UStG neu formuliert. Dies war eine Reaktion auf die Rechtsprechung des EuGH zur Behandlung von Preisnachlassgutscheinen (s. EuGH vom 15.10.2002, Rs. C-427-98, BStBl II 2004, 328). Die vorerst letzte Änderung der Vorschrift erfolgte durch das Jahressteuergesetz 2009 (BGBl I 2008, 2794). Dabei wurde die in § 17 Abs. 2 Nr. 5 UStG enthaltene Verweisung auf § 15 Abs. 1a Nr. 1 UStG durch eine Verweisung auf § 15 Abs. 1a UStG ersetzt; dies sollte – laut Gesetzesbegründung – nur eine redaktionelle Anpassung gewesen sein.

1.3 EU-rechtliche Grundlagen

6 Die Änderung der Bemessungsgrundlage hatte in der 6. EG-Richtlinie und hat in der MwStSystRL jeweils eine zweigeteilte Grundlage. Zum einen wurde bzw. wird in beiden Richtlinien die **Berichtigung des geschuldeten Steuerbetrags** und zum anderen die **Berichtigung des Vorsteuerabzugs** geregelt. Art. 90 Abs. 1 MwStSystRL behandelt die Fälle der Annullierung, der Rückgängigmachung und des Preisnachlasses nach dem Bewirken des Umsatzes und lässt die Steuerbemessungsgrundlage „unter den von den Mitgliedstaaten festgelegten Bedingungen" vermindern. Art. 90 Abs. 2 MwStSystRL erlaubt den Mitgliedstaaten Abweichungen. Eine besondere Regelung enthält Art. 92 MwStSystRL für die Kosten zurückzugebender Warenumschließungen.

7 Der deutsche Gesetzgeber erfüllt mit der Regelung des § 17 UStG die EU-rechtlichen Ermächtigungen.

1.4 Verhältnis zur Abgabenordnung

8 Die **Berichtigung** nach § 17 UStG erfolgt im Zeitpunkt der nachträglichen Änderung (s. BFH vom 13.07.2006, IV B 70/06, BStBl II 2007, 415). Für eine Korrektur der ursprünglichen Steuerfestsetzung nach den **Berichtigungsvorschriften** der Abgabenordnung besteht kein Raum, da sie ja von der nachträglichen Änderung der Bemessungsgrundlage nicht berührt wird, also rechtmäßig ist.

9 Der BFH hatte in seinem Urteil vom 27.10.2009 (VII R 4/08, BStBl II 2010, 257) ausgeführt, dass § 17 UStG lediglich eine aus Gründen umsatzsteuerrechtlicher Systematik und Praktikabilität geschaffene verfahrensrechtliche Sonderregelung gegenüber den Änderungsvorschriften des § 164 Abs. 2 bzw. des § 175 Abs. 1 Nr. 2 AO ist und sich die Wirkung dieser Norm nur auf die Bestimmung des Korrekturzeitraums im Steuerrechtsverhältnis zwischen Steuerpflichtigen und Fiskus beschränkt.

10 Im Rahmen des § 15a UStG ist zu beachten, dass Berichtigungen nach § 17 UStG den für die Vorsteuerkorrektur maßgeblichen Vorsteuerbetrag des § 15a UStG beeinflussen.

1.5 Anwendungsbereich

11 § 17 UStG bezieht sich auf alle in der Norm genannten Arten **steuerpflichtiger Umsätze**, und zwar:

- Entgeltliche steuerbare Lieferungen und sonstige Leistungen nach § 1 Abs. 1 Nummer 1 UStG (§ 17 Abs. 1 S. 1 UStG).

- den entgeltlichen Lieferungen und sonstigen Leistungen gleichgestellte Sachverhalte (s. § 1 Abs. 1 Nr. 1 UStG i.V.m. § 3 Abs. 1b und Abs. 9a UStG); s. BFH vom 19.11.2009, V R 41/08, DStR 2010, 159.
- den innergemeinschaftlichen Erwerb gemäß § 1 Abs. 1 Nr. 5 i.V.m. § 1a UStG (s. § 17 Abs. 1 Satz 5 UStG).
- die Steuerschuldnerschaft des Leistungsempfängers nach § 13b UStG (analoge Anwendung des § 17 Abs. 1 S. 5 UStG).
- Sondertatbestände des § 17 Abs. 2 UStG (Uneinbringlichkeit des Entgelts, nicht Ausführung der Leistung, Rückgängigmachung der Leistung, doppelte Erwerbsbesteuerung, nachträgliche steuerschädliche Verwendung).
- Änderungen bei der Einfuhrumsatzsteuer (s. § 17 Abs. 3 UStG).

§ 17 UStG gilt für alle Unternehmer i.S.d. § 2 UStG (zum Unternehmerbegriff s. § 2 Abs. 1 Rn. 4 ff.), da 12
der Gesetzestext keine Beschränkungen vorsieht. **Einschränkungen** ergeben sich allerdings, wenn der Unternehmer keine steuerpflichtigen Umsätze ausführt. Nichtunternehmer sind grundsätzlich von der Berichtigung nach § 17 UStG nicht betroffen. Berichtigungspflichten für sie können sich aber im Rahmen des innergemeinschaftlichen Erwerbs nach § 1b UStG oder im Falle des unberechtigten Steuerausweises i.S.d. § 14c Abs. 2 UStG ergeben.

2. Rechnungslegung

Für die Anwendung des § 17 UStG ist eine Änderung der Bemessungsgrundlage des zu Grunde liegenden 13
Umsatzes Voraussetzung. Es stellt sich daher die Frage, welche Auswirkungen dies auf die Rechnungslegung des leistenden Unternehmers hat. Generell ist der leistende Unternehmer bei Ausführung der Leistung berechtigt bzw. bei einem unternehmerischen Leistungsempfänger verpflichtet (s. § 14 Abs. 2 UStG), eine Rechnung mit offen ausgewiesener Umsatzsteuer zu erteilen.

Ändert sich die Bemessungsgrundlage im Nachhinein müssen zwei Fälle unterschieden werden: 14

1. Nachträgliche Verminderung der Bemessungsgrundlage.
2. Nachträgliche Erhöhung der Bemessungsgrundlage.

2.1 Nachträgliche Verminderung der Bemessungsgrundlage

Bei einer **nachträglichen Verminderung der Bemessungsgrundlage** ist der in der Rechnung ausgewie- 15
sene Steuerbetrag zu hoch. Insofern ist eine Berichtigung der Rechnung nach § 14 UStG unerheblich. Der in der Rechnung zu hoch ausgewiesene Steuerbetrag wird auch nicht nach § 14c Abs. 1 UStG geschuldet. Der BFH geht davon aus, dass § 17 Abs. 1 UStG insoweit § 14c Abs. 1 UStG verdrängt (s. BFH vom 30.11.1995, V R 57/94, BStBl II 1996, 206). Der leistende Unternehmer muss daher seine ursprünglich richtig erteilte Rechnung im Nachhinein nicht korrigieren (Abschn. 17.2 Abs. 6 Satz 3, 4 UStAE, zur Behandlung bei der Ausgabe von Gutscheinen). Andererseits ist der Leistungsempfänger auch ohne die Berichtigung der ursprünglichen Rechnung verpflichtet, den bisher zu hoch in Anspruch genommen Vorsteuerabzug entsprechend zu berichtigen (s. BFH vom 30.11.1995, V R 57/94, BStBl II 1996, 206).

2.2 Nachträgliche Erhöhung der Bemessungsgrundlage

Bei einer **nachträglichen Erhöhung der Bemessungsgrundlage** ist der in der Rechnung ausgewiesene 16
Steuerbetrag zu niedrig. Für den leistenden Unternehmer ergibt sich nicht nur eine Berichtigung nach § 17 Abs. 1 S. 1 UStG, sondern schon aus § 10 Abs. 1 S. 2 und 3 UStG, der das Entgelt unabhängig von einer zeitlichen Komponente definiert. Eine Berichtigung der ursprünglich richtigen Rechnung ist aus Sicht des leistenden Unternehmers aber auch in diesem Fall nicht erforderlich, da die Entstehung der Steuerschuld grundsätzlich nicht an die Erteilung einer Rechnung anknüpft. Etwas zweifelhaft erscheint jedoch, ob auch der Leistungsempfänger ohne durch den leistenden Unternehmer berichtigte Rechnung berechtigt ist, den Vorsteuerabzug entsprechend zu berichtigen; § 15 Abs. 1 S. 1 Nr. 1 UStG setzt nämlich für die Vornahme des Vorsteuerabzugs grundsätzlich das Vorliegen einer Rechnung voraus.

3. Zeitpunkt der Berichtigung

17 Nach § 17 Abs. 1 S. 7 UStG ist die Berichtigung in dem Besteuerungszeitraum vorzunehmen, in dem die Änderung der Bemessungsgrundlage eingetreten ist. Grundsätzlich ist bei der Umsatzsteuer das Kalenderjahr der Besteuerungszeitraum (s. § 16 Abs. 1 S. 2 UStG). Die Berichtigungspflicht tritt jedoch bereits für den Voranmeldungszeitraum ein.

18 § 17 UStG erfordert eine **nachträgliche Änderung der Bemessungsgrundlage**. Ergibt sich die Änderung der Bemessungsgrundlage bereits in dem Besteuerungszeitraum, indem auch die Umsatzsteuer für die Leistung entsteht, muss der Unternehmer in seiner Voranmeldung bzw. Jahreserklärung von vornherein die geänderte Bemessungsgrundlage angeben (s. BFH vom 29.01.1987, V R 53/76, BStBl II 1987, 516).

19 **Beispiel:** Unternehmer X liefert am 14.05. Waren an Unternehmer Y im Wert von 1.000 € zzgl. 19 % (= 190 €) USt. Die Ware wird (alternativ):

a) am 30.05.

b) am 02.06.

unter Abzug von 3 % Skonto bezahlt. X besteuert seine Umsätze monatlich nach vereinbarten Entgelten.

Lösung:

a) Die USt entsteht mit Ablauf des Monats Mai (s. § 13 Abs. 1 S. 1 Nr. 1 Buchst. a S. 1 UStG); die Bezahlung ist unbeachtlich. Da die Zahlung noch im Mai erfolgt, entsteht die USt bereits auf der Basis des durch den Skonto geminderten Entgelts (s. § 10 Abs. 1 S. 2 UStG) i.H.v. 970,00 € (x 19 % = 184,30 €) und muss so in der USt-Voranmeldung für Mai erklärt werden. Y kann aus des Rechnung im Voranmeldungszeitraum Mai Vorsteuern i.H.v. 184,30 € geltend machen (s. § 15 Abs. 1 S. 1 Nr. 1 UStG).

b) Da die Bezahlung erst im Juni erfolgt, muss X in der USt-Voranmeldung Mai den Umsatz nach dem vereinbarten Entgelt erklären (= 1.000,00 × 19 % = 190,00 €). Da er dieses Entgelt später jedoch nicht vereinnahmt, erfolgt im Juni eine Änderung der Bemessungsgrundlage gem. § 17 Abs. 1 S. 1 UStG. X muss in der Voranmeldung für Juni die USt berichtigen (Zahlungsbetrag: 1.154,30 € (1.190,00 € ./. 3 %) × 19/119 = 184,30 (bisher 190,00 €)). Y kann aus des Rechnung im Voranmeldungszeitraum Mai Vorsteuern i.H.v. 190,00 € geltend machen (s. § 15 Abs. 1 S. 1 Nr. 1 UStG). Im Juni tritt für ihn jedoch der Fall des § 17 Abs. 1 S. 2 UStG ein und er muss die beanspruchte Vorsteuer um 5,70 € mindern.

4. Anwendungsfälle

4.1 Nachträgliche Minderungen der Bemessungsgrundlage

20 Hauptanwendungsfall des § 17 Abs. 1 UStG sind **nachträgliche Entgeltsminderungen** z.B. wegen:

- Skontoabzügen,
- Minderungen des Kaufpreises wegen Sach- oder Rechtsmängeln und
- Gewährung von Rabatten, Boni und Rückvergütungen.

21 Eine **nachträgliche Minderung des Kaufpreises** ist immer in einen Entgeltsanteil und einen Steueranteil aufzuteilen. Das gilt auch dann, wenn der Skontoabzug vom Leistungsempfänger nur vom Entgelt (ohne Umsatzsteuer) berechnet wird (Abschn. 17.1 Abs. 3 S. 2 UStAE).

22 **Beispiel:** Unternehmer X liefert Waren an Unternehmer Y im Wert von 100.000 € zzgl. 19 % (= 19.000 €) USt. Y zahlt unter Abzug von 3 % Skonto von 100.000 € = 3.000 € und überweist 116.000 € an X.

Lösung: Die Minderung des Entgelts beträgt (3.000,00 € : 1,19) =) 2.521,00 €. X muss die Umsatzsteuer und Y den Vorsteuerbetrag jeweils um 479,00 € mindern.

23 Beispiele für nachträgliche **Entgeltsminderungen**:

- Der **Bonus** ist ein Preisnachlass, der regelmäßig erst nachträglich gewählt und meist von der Höhe der Umsätze in einem bestimmten Zeitraum abhängig ist. Wird der Bonus erst nach der Zahlung der Gegenleistung gewährt, ist er erst mit dem Zufluss beim Leistungsempfänger zu berücksichtigen. Skonti und Rabatte werden regelmäßig bei der Zahlung berücksichtigt. Sie sind deshalb in dem Besteuerungszeitraum der Zahlung zu berücksichtigen. Erfolgt die Zahlung in einem dem Umsatz nachfolgenden Besteuerungszeitraum, liegt eine Entgeltminderung i.S.d. § 17 Abs. 1 UStG (s. Klenk in Sölch/Ringleb, § 17 Rn. 29; abweichend Stadie in Rau/Dürrwächter, § 17 Rn. 154 ff.: Skonto als Entgelt für eine steuerfreie Kreditgewährung).

- Bei der Verwendung von **Kunden- bzw. Bonuskarten** der verschiedenen Unternehmer und Systembetreiber (z.B. Payback, etc.) kommt es beim Einlösen der Bonuspunkte zu keiner Entgeltminderung (s. hierzu OFD Magdeburg vom 29.09.2011, S 7200 – 168 – St 244, StEK UStG 1980 § 10 Abs. 1, 2 Nr. 320).
- Die **Abtretung der Forderung** aus einer ausgeführten Leistung wirkt sich grundsätzlich nicht auf die Bemessungsgrundlage aus, denn maßgeblich ist nicht, was der leistende Unternehmer erhält, sondern was der Leistungsempfänger für die Leistung aufwendet (s. § 10 Abs. 1 S. 2 UStG). Wird ein Anspruch auf Gegenleistung unter Nennwert veräußert, tritt allein durch die Abtretung keine Änderung der Bemessungsgrundlage ein. Soweit der Abtretungsempfänger die Forderung nicht eintreiben kann und der Leistungsempfänger daher weniger als zunächst vereinbart für die Leistung aufwendet, sind die Steuer aus der ursprünglichen Leistung und der Vorsteuerabzug des Leistungsempfängers zu korrigieren (BFH vom 06.05.2010 – V R 15/09, BStBl II 2011, 142 und Abschn. 17.1 Abs. 6 UStAE).

Beispiel: Unternehmer X hat eine Kaufpreisforderung i.H.v. 5.950 € einschl. 950 € Umsatzsteuer gegen einen zum Vorsteuerabzug berechtigten Abnehmer für 4.500 € an ein Inkassobüro abgetreten. Dieses kann aber nur noch 4.000 € einziehen. Der Rest von 1.950 € ist uneinbringlich.

Lösung: Die nach § 17 Abs. 2 Nr. 1 UStG vorzunehmende Berichtigung der Steuer beim Lieferer und der Vorsteuer beim Abnehmer beträgt 15,97 % von 1.950 € (brutto). Die Uneinbringlichkeit der Lieferung muss vom Lieferer nachgewiesen werden. Die Korrekturen sind in dem Voranmeldungszeitraum vorzunehmen, in dem die Uneinbringlichkeit eingetreten ist.

- Die **Umrechnung von Werten in fremder Währung** ist keine Entgeltsänderung. Sie ist abschließend in § 16 Abs. 6 UStG geregelt (s. hierzu die Kommentierung zu § 16 UStG).
- Eine **Herstellervergütung**, die an einen späteren Teilnehmer in der Abnehmerkette gezahlt wird, führt zu einer Entgeltsminderung (s. EuGH vom 24.10.1996, C-317/94, Elida Gibbs, IStR 1996, 536 = BStBl II 2004, 324).
- Die **Hingabe an Zahlungs statt** führt zu einer Änderung der Bemessungsgrundlage, wenn der Wert des hingegebenen Gegenstandes nicht der bei der Lieferung vereinbarten Gegenleistung in Geld entspricht (s. Stadie in Rau/Dürrwächter, § 17 Rn. 165). Werden statt des Geldes andere Gegenstände erfüllungshalber hingegeben, ändert sich dadurch die Bemessungsgrundlage zunächst nicht.
- **Preisnachlässe**, die dem Abnehmer von Reiseleistungen vom Reisebüro für eine vom Reisebüro lediglich vermittelte Reise gewährt werden, mindern nicht die Bemessungsgrundlage des Umsatzes der vom Reisebüro dem Reiseveranstalter gegenüber erbrachten Vermittlungsleistung (s. BMF vom 27.02.2015, IV D 2-S 7200/07/10003, 2015/0112608, BStBl I 2015, 232 und Abschn. 17.2 Abs. 10 UStAE). Die geänderte Rechtsprechung des BFH führt dazu, dass es nicht mehr zu einer Minderung der Bemessungsgrundlage kommt, wenn ein Vermittler dem Empfänger des von ihm vermittelten Umsatzes einen Teil des Preises für den vermittelten Umsatz vergütet. Auch Preisnachlässe, die dem Telefonkunden vom Vermittler des Telefonanbietervertrages gewährt werden, mindern nicht die Bemessungsgrundlage des Umsatzes der vom Vermittler dem Telefonunternehmen gegenüber erbrachten Vermittlungsleistungen. Da der vom Vermittler gewährte Preisnachlass nicht das Entgelt für die Leistung des Vermittlers an seinen Auftraggeber mindert, führt dies auch nicht zu einer Berichtigung des Vorsteuerabzugs aus der vermittelten Leistung beim (End-)Kunden.
- Die **Minderung des Kaufpreises wegen Sach- oder Rechtsmängeln** wird bereits durch Erklärung des Käufers gegenüber dem Verkäufer wirksam (s. § 441 Abs. 1 S. 1 BGB). War der Kaufpreis bereits

gezahlt, tritt die umsatzsteuerliche Entgeltminderung erst mit der Rückzahlung des Kaufpreises oder einer gleichwertigen Gutschrift des Verkäufers ein (s. OFD Hannover vom 17.01.2006, S 7330 – 25 – StO 181, BBK 4/2006, 4575).

- Erfolgt die Zahlung des Leistungsempfängers an den leistenden Unternehmer mittels **Kreditkarte**, nimmt die Kreditkartenorganisation bei der Zahlung an den Unternehmer einen Zahlungsabzug (= Provision) vor. Der Zahlungsabzug ist Entgelt für die Leistung des Kreditkartenemittenten an das Vertragsunternehmen und führt deshalb nicht zu einer Entgeltsminderung für die vom Kreditkarteninhaber bezogene Leistung.
- **Rücknahme von Leergut und Rückzahlung des Pfandbetrages** begründen eine Entgeltsminderung (s. Abschn. 10.1 Abs. 8 UStAE).
- Behält der Leistungsempfänger einer **Bauleistung** den Abzugsbetrag von 15 % zwar ein, führt ihn jedoch pflichtwidrig nicht an das Finanzamt ab, so bedeutet dies keine Entgeltminderung.
- **Finanzierungskosten**, die ein Kfz-Händler anteilig dafür übernimmt, dass vom Hersteller Zinsen gewährt werden, die unterhalb der Marktzinsen liegen, mindern nicht die Bemessungsgrundlage für die Lieferung der Fahrzeuge.
- Beim **echten Factoring** wird die Forderung des bisherigen Gläubigers vollen Umfangs übertragen, ohne dass davon das Geschäft berührt wird, aus dem die Forderung stammt. Die Differenz zwischen dem Nennwert der Forderung und dem Betrag, den der Factor dem bisherigen Gläubiger für die Abtretung der Forderung zahlt, mindert das Entgelt aus dem zugrunde liegenden Umsatz nicht (ebenso Stadie, in Rau/Dürrwächter, § 17 UStG, Rn. 144 f., siehe hierzu auch BFH vom 10.12.2009, V R 18/08, BStBl II 2010, 657). Sie ist Entgelt für die Tätigkeit des Factors bei der Einziehung der Forderungen und für die Risikoübernahmen. Der Factor ist damit Unternehmer. Dagegen erbringt der Forderungsverkäufer (Anschlusskunde) mit der Abtretung keine Leistung an den Factor. Für die USt muss das Factoring aufgrund der Rechtsprechung des EuGH wie ein Kreditverhältnis behandelt werden, obwohl nach deutschem Zivilrecht eine Abtretung von Forderungen gegeben ist. Für das **unechte Factoring**, bei dem der Anschlusskunde aufgrund des Rückgriffsrechts des Factors nicht von der Zahlungsverpflichtung frei wird, gilt dasselbe wie für das echte Factoring (s. Stadie in Rau/Dürrwächter, § 17 UStG Rn. 144).
- Zu **verdeckten Preisnachlässen** s. Abschn. 10.5 Abs. 4, 5 UStAE. Die Verwaltung geht auch hier von der Verpflichtung aus, dass die Rechnung nach § 14c Abs. 1 UStG zu berichtigen ist.
- Wird ein **Wechsel** vor Fälligkeit diskontiert und zieht die Bank diese Beträge ab, mindern sie das Entgelt (s. Abschn. 10.3 Abs. 6 S. 1 UStAE). Die Verwaltung geht in derartigen Fällen von der Verpflichtung aus, die Rechnung entsprechend zu berichtigen, ansonsten würde die USt auf den Wechseldiskont nach § 14c Abs. 1 UStG geschuldet (s. Abschn. 10.3 Abs. 6 S. 4 UStAE).

4.2 Nachträgliche Erhöhungen der Bemessungsgrundlage

24 Beispiele für nachträgliche **Entgeltserhöhungen**:

- Der **Ausgleichsanspruch**, der einem Handelsvertreter nach § 89b HGB nach Beendigung des Vertragsverhältnisses zusteht, erhöht nachträglich das Entgelt für die von dem Handelsvertreter erbrachten Vermittlungsleistungen (s. BFH vom 25.06.1998, V R 57/97, BStBl II 1999, 102). Problematisch wird dies allerdings, wenn die Vermittlungsleistungen teilweise steuerfrei und teilweise steuerpflichtig erfolgt sind. Stadie (in Rau/Dürrwächter, § 3a a.F. Rn. 152) will diese Schwierigkeit dadurch vermeiden, indem er die Ausgleichszahlung als Gegenleistung für eine eigenständige sonstige Leistung, die im Aufbau von Kundenbeziehungen liegt, ansieht.
- **Genossenschaftliche Rückvergütungen**, die von dem Umfang der Leistungen der Mitglieder abhängig sind, stellen nachträgliche Erhöhungen der Entgelte dar (s. BFH vom 06.06.2002, V R 59/00, BStBl II 2003, 214).
- **Mahnkosten**, die von einem säumigen Schuldner erstattet werden, sind Schadensersatz und erhöhen nicht das Entgelt (s. Abschn. 1.3 Abs. 6 UStAE).

- Versehentliche **Doppelzahlungen** führen zu einer Entgeltserhöhung (s. Urteil des BFH vom 13.12.1995, BStBl II 1996, 208). Wird die Doppelzahlung erstattet, stellt dies eine erneute Minderung des Entgelts dar (s. BFH vom 19.07.2007, V R 11/05, BStBl II 2007, 966).

4.3 Änderung der Bemessungsgrundlage gem. § 17 Abs. 1 S. 3 UStG

4.3.1 Allgemeines

Die Vorschrift des § 17 Abs. 1 S. 3 UStG, die sich unmittelbar auf § 17 Abs. 1 S. 2 UStG bezieht, regelt, 25
dass der Leistungsempfänger den Vorsteuerabzug aus einer empfangenen Leistung nicht berichtigen muss, wenn er wirtschaftlich durch die Änderung der Bemessungsgrundlage für den Umsatz seines Leistungsgebers nicht begünstigt. Hiervon werden die Fälle des:

- **Preisnachlassgutscheins** (Hingabe an Zahlungs statt durch einen Endabnehmer) und
- **Preiserstattungsgutscheins** (Erstattung durch den ausgebenden Unternehmer an den Endabnehmer)

geregelt (s. Abschn. 17.2 Abs. 3 UStAE).

4.3.2 Preiserstattung an spätere Abnehmer in der Leistungskette

Preiserstattungen können u.a. auf der Grundlage von **Preiserstattungsgutscheinen** erfolgen. Das sind 26
Gutscheine, durch deren Einlösung der Abnehmer nachträglich von dem Hersteller oder in dessen Auftrag von einem anderen eine teilweise Erstattung des von ihm entrichteten Kaufpreises enthält. Sie werden häufig in Form eines Aufdrucks auf der Warenverpackung an den Kunden ausgegeben. Der Hersteller, der Preiserstattungsgutscheine einlöst, kann gem. § 17 Abs. 1 S. 1 UStG die Bemessungsgrundlage für seine steuerpflichtigen Lieferungen auch dann mindern, wenn er die Preiserstattung nicht an seinen Abnehmer, sondern an einen in der Leistungskette nachfolgenden Endabnehmer leistet (s. Abschn. 17.2 Abs. 5 UStAE).

Beispiel 1: 27

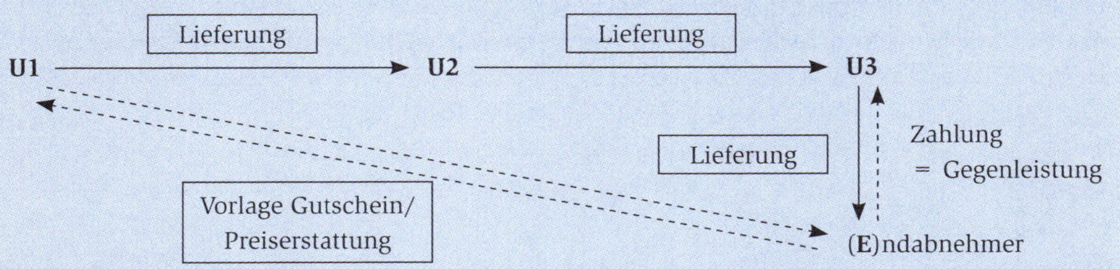

Lösung: U1 liefert den Gegenstand an U2. U2 zahlt den Rechnungsbetrag für den Eingangsumsatz an U1 und kann den Vorsteuerabzug beanspruchen. Auch wenn U1 später den Gutschein einlöst wird U2 dadurch wirtschaftlich nicht begünstigt, da U1 deswegen seine Entgeltsforderung gegen U2 nicht mindert. Für U2 besteht keine Berichtigungspflicht hinsichtlich der Vorsteuer (s. § 17 Abs. 1 S. 2, 3 UStG). Für die Lieferung des U2 an U3 ergeben sich keine Folgen. Da für U2 keine Berichtigungspflicht nach § 17 Abs. 1 S. 1 UStG gegeben ist, die Bemessungsgrundlage seines Ausgangsumsatzes hat sich nicht geändert, liegt für U3 ebenfalls kein Fall des § 17 Abs. 1 S. 2 UStG vor; U3 hat den Vorsteuerabzug aus der Rechnung des U1 und schuldet die USt für seine Lieferung an E. Der Gutschein spielt für U3 keine Rolle, da er diesen nicht an Zahlungs statt annimmt. U1 berichtigt bei Einlösung des Gutscheins durch E die USt seines Ausgangsumsatzes (an U2) nach § 17 Abs. 1 S. 1 UStG. Nach § 17 Abs. 1 S. 3 UStG hat dies für U1 jedoch keine Folgen.

Beispiel 2: Hersteller A verkauft an den Zwischenhändler B eine Kamera für 1.000 € zuzüglich 190 € 28
gesondert ausgewiesener Umsatzsteuer. B verkauft diese Kamera an den Endverbraucher C für 2.000 € zuzüglich 380 € gesondert ausgewiesene Umsatzsteuer und übergibt C einen von A ausgegebenen

Warengutschein mit einem Nennwert von 119 €. C legt den Warengutschein A vor und erhält von diesem eine Vergütung in Höhe von 119 € (Preisnachlassgutschein oder „Cash- Back" Gutschein).

Lösung: Hersteller A kann die Bemessungsgrundlage seiner Lieferung um 100 € mindern (119 € : 1,19). Die geschuldete Umsatzsteuer des A vermindert sich um 19 €. Einer Rechnungsberichtigung gegenüber B bedarf es nicht. B hat in Höhe des in der Rechnung des A ausgewiesenen Umsatzsteuerbetrags – unter den weiteren Voraussetzungen des § 15 UStG – einen Vorsteuerabzug in Höhe von 190 €. Seine Bemessungsgrundlage für die Lieferung an C beträgt 2.000 €, die darauf entfallende Umsatzsteuer 380 €. Dem Fiskus fließen demnach insgesamt 361 € Umsatzsteuer zu (Abführung von 380 € durch C abzüglich der Minderung in Höhe von 19 € bei A). Dies entspricht dem Umsatzsteuerbetrag, der in dem vom Endabnehmer C tatsächlich aufgewendeten Betrag enthalten ist, mit dem C also tatsächlich wirtschaftlich belastet ist (2.261 € : 1,19 × 19 %).

4.3.3 Preisnachlässe durch Verkaufsagenten

29 Verkaufsförderung durch Preisnachlässe betreiben in der Praxis nicht nur die Hersteller, sondern auch Vermittler, die in den Vertrieb eingeschaltet sind und für ihre Tätigkeit von dem Hersteller bzw. Verkäufer Provisionen erhalten. Die Finanzverwaltung hat – in Anlehnung an die Rechtsprechung des BFH (s. BFH vom 27.02.2014, V R 18/11, BStBl II 2015, 306 und vom 03.07.2014, V R 3/12, BStBl II 2015, 307) hierzu am 27.02.2015 Abschn. 17.2 Abs. 10 UStAE geändert. Die Grundsätze sind in allen offenen Fällen anzuwenden.

30 **Beispiel:** Fahrzeughändler (F), der Fahrzeuge im Namen und für Rechnung des Herstellers verkauft (Verkaufsagent), räumt den Fahrzeugkäufern einen Preisnachlass ohne Beteiligung der Herstellerfirma zu Lasten seiner Provision ein. Die Herstellerfirma erteilt dem Fahrzeugkäufer eine Rechnung über den vollen Listenpreis und schreibt dem Fahrzeughändler die volle Provision nach dem Listenpreis gut. Der Fahrzeughändler (Verkaufsagent) gewährt dem Fahrzeugkäufer den zugesagten Preisnachlass in bar, durch Gutschrift oder durch Sachleistungen (z.B. Zubehör). Der Fahrzeugkäufer ist Unternehmer, der das Fahrzeug für sein Unternehmen erwirbt.

Lösung: Der vom Fahrzeughändler (Agent) eingeräumte Preisnachlass mindert weder das Entgelt der Lieferfirma noch die Provision des Fahrzeughändlers (Agenten). Der Fahrzeughändler (Agent) ist nicht berechtigt, dem Abnehmer eine Abrechnung über den Preisnachlass mit Ausweis der Umsatzsteuer zu erteilen und einen entsprechenden Vorsteuerabzug vorzunehmen, weil zwischen ihm und dem Abnehmer kein Leistungsaustausch stattfindet. Da der vom Fahrzeughändler gewährte Preisnachlass nicht das Entgelt für die Leistung des Vermittlers an seinen Auftraggeber mindert, führt dieser auch nicht zu einer Berichtigung des Vorsteuerabzugs aus der vermittelten Leistung beim (End-)Kunden (Fahrzeugkäufer).

4.4 Änderung der Bemessungsgrundlage gem. § 17 Abs. 1 S. 4 UStG

31 Im Unterschied zu § 17 Abs. 1 S. 3 UStG erfasst § 17 Abs. 1 S. 4 UStG die Fällen, in denen der Endabnehmer ein ganz oder teilweise zum Vorsteuerabzug berechtigter Unternehmer ist. Hier muss der Endabnehmer den Vorsteuerabzug aus seinem Eingangsumsatz entsprechend des Gutscheins mindern, da er durch die Verbilligung seines Leistungsbezugs wirtschaftlich begünstigt ist. Für den vorgeschalteten Leistungsgeber kommt es hingegen nicht zu einer Minderung der Bemessungsgrundlage (s. Abschn. 17.2 Abs. 4 UStAE).

Beispiel: 32

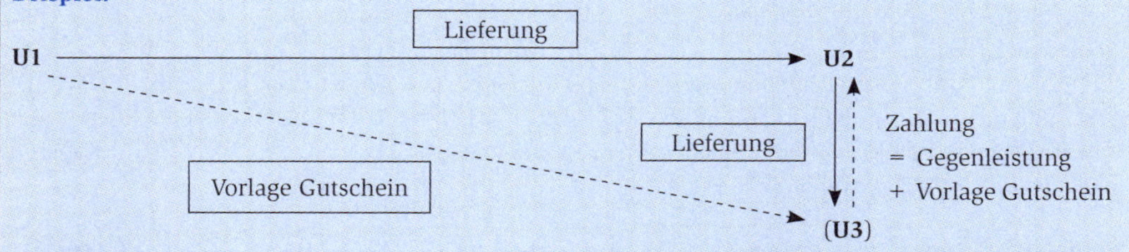

Lösung: Da U3 durch die Hingabe des Gutscheins an U2 dessen Leistung verbilligt erlangt, ist er wirtschaftlich begünstigt und kann den Vorsteuerabzug dementsprechend nach § 15 Abs. 1 Nr. 1 i.V.m. § 17 Abs. 1 S. 4 UStG nur aus dem tatsächlich durch ihn aufgewandten Betrag geltend machen. U2 schuldet für seinen Umsatz an U3 die volle USt, seine Bemessungsgrundlage setzt sich aus der Zahlung des U3 und der Erstattung des Gutscheins durch U1 zusammen. Da bei U2 kein Fall des § 17 Abs. 1 S. 1 UStG vorliegt, ist U3 nicht nach § 17 Abs. 1 S. 2 UStG zur Berichtigung der Vorsteuer verpflichtet; § 17 Abs. 1 S. 3 UStG kann demnach ebenfalls nicht greifen.

Nach § 17 Abs. 1 S. 8 UStG muss der Endabnehmer seine Vorsteuer in dem Besteuerungszeitraum mindern, 33
in dem er wirtschaftlich begünstigt ist. Dies ist im Moment der Hingabe oder der Einlösung des Gutscheins.

4.5 Änderung der Bemessungsgrundlage beim innergemeinschaftlichen Erwerb

Nach § 17 Abs. 1 S. 5 UStG gilt die **Berichtigungspflicht** für die Fälle des innergemeinschaftlichen Erwerbs 34
nach § 1 Abs. 1 Nr. 5 UStG sinngemäß. Unter die Vorschrift des § 1 Abs. 1 Nr. 5 UStG fallen im Wesentlichen:

- Der innergemeinschaftliche Erwerb nach § 1a UStG und
- der innergemeinschaftliche Erwerb neuer Fahrzeuge nach § 1b UStG.

Ob eine Änderung der Bemessungsgrundlage vorliegt ist nach den allgemeinen Kriterien des § 17 Abs. 1 35
S. 1 UStG zu prüfen. Tritt eine Änderung der Bemessungsgrundlage ein, muss der Unternehmer dies in der Voranmeldung des betreffenden Besteuerungszeitraums nach § 17 Abs. 1 S. 7 UStG erfassen. Gleichzeitig wirkt sich dies auf die Vorsteuerabzugsberechtigung aus. Insoweit liegt ein Fall des § 17 Abs. 1 S. 1 UStG **und** des § 17 Abs. 1 S. 2 UStG vor, da Steuerschuldnerschaft und Vorsteuerabzugsberechtigung in einer Person zusammentreffen. Ist der Unternehmer zum vollen Vorsteuerabzug berechtigt, gleichen sich somit die gegenläufigen Änderungen aus.

Bei **nachträglichen Änderungen der Bemessungsgrundlage beim innergemeinschaftlichen Erwerb** 36
neuer Fahrzeuge durch Nichtunternehmer gem. § 1b UStG, muss der Erwerber nach § 17 Abs. 1 S. 1 und S. 5 UStG die Erwerbssteuer bzw. Steueranmeldung berichtigen. Die Berichtigung muss dann innerhalb von zehn Tagen nach der Änderung erfolgen (s. § 18 Abs. 5a UStG).

4.6 Änderung der Bemessungsgrundlage beim Wechsel der Steuerschuldnerschaft gem. § 13b UStG

Nach § 17 Abs. 1 S. 5 UStG gilt die **Berichtigungspflicht** für die Fälle des Wechsels der Steuerschuldner- 37
schaft nach § 13b UStG entsprechend. Die Vorschrift des § 13b UStG regelt den Übergang der Steuerschuldnerschaft für bestimmte in § 13b Abs. 1 und Abs. 2 UStG aufgelistete Umsätze auf den Leistungsempfänger (s. § 13b Abs. 5 UStG). S. hierzu auch die Kommentierung zu § 13b UStG.

Tritt bei den Fällen des § 13b UStG nachträglich eine Änderung der Bemessungsgrundlage ein (s. § 17 38
Abs. 1 UStG), ist der Leistungsempfänger als Steuerschuldner zur Berichtigung in dem Berichtigungszeitraum verpflichtet, in dem die Änderung eintritt (s. § 17 Abs. 1 S. 7 UStG). Gleiches gilt für den Vorsteuerabzug. Da bei den Fällen des § 13b UStG auch die Steuerschuldnerschaft und die Vorsteuerabzugsberechtigung in einer Person zusammen treffen, verwirklicht der vorsteuerabzugsberechtigte Unternehmer

sowohl einen Fall des § 17 Abs. 1 S. 1 UStG als auch des § 17 Abs. 1 S. 2 UStG. Besteht eine vollständige Vorsteuerabzugsberechtigung, gleichen sich die Änderungen gegenläufig aus.

39 Problematisch ist der Fall, wenn der leistende Unternehmer – entgegen § 14a Abs. 5 UStG – in der Rechnung die Umsatzsteuer gesondert ausweist, so schuldet er diese Steuer nach § 14c Abs. 1 UStG. Die Berichtigung dieser Rechnung nach § 14c Abs. 1 S. 2 i.V.m. § 17 Abs. 1 UStG setzt dabei die Rückzahlung der bisher gesondert ausgewiesenen Steuer an den Leistungsempfänger voraus (s. hierzu OFD Karlsruhe vom 25.09.2012, S 7282, www.ofd-karlsruhe.de).

4.7 Änderung der Bemessungsgrundlage bei Zentralregulierungsgeschäften gem. § 17 Abs. 1 S. 6 UStG

40 Die **Zentralregulierung** übernimmt die Funktion eines Abrechnungssystems, meist um die Zahlungsströme zwischen Lieferanten und Mitgliedern von Einkaufsgemeinschaften zu organisieren. Das Mitglied bestellt die Waren direkt bei dem Lieferanten, der seinerseits die Lieferung direkt vornimmt.

41 Die **Einkaufsgemeinschaft** ist mit dem Mitglied durch einen Mitglieds- oder Gesellschaftervertrag verbunden, der Lieferant durch einen Zentralregulierungsvertrag. Der Kaufvertrag zwischen dem Mitglied und einem Lieferanten ist der Ausgangspunkt für die Bearbeitung der entstandenen Verbindlichkeiten, die Einkaufsgemeinschaft übernimmt nun eine Bürgschaft für das Mitglied. Die Verbindlichkeiten der einzelnen Mitglieder werden nun summiert und zum Zeitpunkt der Skontofälligkeit beglichen.

42 Nach – alter – Auffassung der Finanzverwaltung führt auf der Seite des Lieferanten der durch den Zentralregulierer vorgenommene Skontoabzug zur Anwendung des § 17 Abs. 1 S. 1 UStG. Die Leistungsempfänger ihrerseits bezahlen den Rechnungsbetrag an den Zentralregulierer. Aufgrund der Vereinbarungen zwischen dem Zentralregulierer und seinen Mitgliedern (= Leistungsempfänger) können diesen den Forderungsbetrag zeitnah oder unter Verlängerung des Zahlungsziels bezahlt. Somit stellt beim Leistungsempfänger der von ihm tatsächlich gegenüber dem Zentralregulierer erhaltene Skontoabzug einen Fall des § 17 Abs. 1 S. 2 UStG dar.

43 Allerdings kann die Berichtigung des Vorsteuerabzugs unterbleiben, wenn ein dritter Unternehmer den auf die Minderung des Entgelts entfallenden Steuerbetrag an das Finanzamt entrichtet; in diesem Fall ist der dritte Unternehmer Schuldner der Steuer (s. Abschn. 17.1 Abs. 4 UStG).

44 Nach neuer Rechtsprechung des BFH (s. BFH vom 03.07.2014, V R 3/12, BStBl II 2015, 307) mindern **Preisnachlässe** nicht die Bemessungsgrundlage für die Leistungen, die der Zentralregulierer gegenüber den Lieferanten erbringt. Sie führen dementsprechend auch nicht zu einer Berichtigung des Vorsteuerabzugs beim Anschlusskunden aus den Warenbezügen.

4.8 Uneinbringlichkeit des Entgelts (§ 17 Abs. 2 Nr. 1 UStG)

4.8.1 Allgemeines

45 § 17 Abs. 1 UStG gilt sinngemäß, wenn das vereinbarte Entgelt für eine steuerpflichtige Lieferung, sonstige Leistung oder einen steuerpflichtigen innergemeinschaftlichen Erwerb uneinbringlich geworden ist. Im Fall der **Uneinbringlichkeit** ist davon auszugehen, dass der Leistungsempfänger in Höhe des uneinbringlichen Teils der Gegenleistung nichts für die bezogene Leistung aufwendet. Dementsprechend sind die vom Unternehmer geschuldete Steuer und der vom Leistungsempfänger in Anspruch genommene Vorsteuerabzug zu berichtigen.

4.8.2 Uneinbringlichkeit

46 Der Begriff der Uneinbringlichkeit wird in § 17 Abs. 2 Nr. 1 UStG nicht definiert. Nach Abschn. 17.1 Abs. 5 S. 3 UStAE liegt Uneinbringlichkeit insbesondere vor, wenn:

1. Der Schuldner zahlungsunfähig ist,
2. den Forderungen die Einrede des Forderungsverzichts entgegen gehalten werden kann,

3. der Anspruch auf Entrichtung des Entgelts nicht erfüllt wird und bei objektiver Betrachtung damit zu rechnen ist, dass der Leistende die Entgeltforderung ganz oder teilweise jedenfalls auf absehbare Zeit rechtlich oder tatsächlich nicht durchsetzen kann.

Uneinbringlichkeit setzt somit voraus, dass die zugrunde liegende Forderung einerseits noch nicht erfüllt, andererseits aber weder rechtlich noch tatsächlich durchsetzbar ist. Rechtlich nicht mehr durchsetzbar ist eine Forderung, wenn sie gerichtlich erfolglos geltend gemacht wurde, mit einer gerichtlichen Durchsetzung nicht mehr gerechnet werden kann oder begründete Einreden erhoben werden. Die Beweislast liegt beim Gläubiger. Er muss detailliert darlegen, in welchem Umfang er rechtliche Maßnahmen geprüft bzw. ergriffen hat; bloße Zweifel des Gläubigers an der Durchsetzbarkeit der Forderung reichen für eine Berichtigung noch nicht aus. 47

Als Hauptfall der mangelnden Durchsetzbarkeit aus tatsächlichen Gründen ist die **Zahlungsunfähigkeit** anzusehen. **Uneinbringlichkeit wegen Zahlungsunfähigkeit** setzt zudem grundsätzlich voraus, dass Vollstreckungsmaßnahmen erfolglos waren bzw. objektiv feststeht, dass der Schuldner nicht mehr zahlen kann. **Zahlungsunwilligkeit** reicht nicht aus, um die Uneinbringlichkeit zu begründen (s. FG Thüringen vom 01.12.2009, 3 K 921/07, DStRE 2011, 105). Andererseits liegt Uneinbringlichkeit vor, wenn der Schuldner die Zahlungen über einen Zeitraum verweigert (s. BFH vom 31.05.2001, V R 71/99, BStBl II 2003, 206). 48

Der in der Baubranche übliche vertragliche **Einbehalt eines Teils des Entgelts zur Absicherung von Gewährleistungsansprüchen** über einen Zeitraum von zwei bis fünf Jahren berechtigt zur Berichtigung nach § 17 Abs. 2 Nr. 1 UStG wegen Uneinbringlichkeit bereits für den Voranmeldungszeitraum der Leistungserbringung (s. BFH vom 24.10.2013, V R 31/12, BStBl II 2015, 674). Der BFH begründete seine Entscheidung damit, dass eine Vorfinanzierung der Umsatzsteuer über mehrere Jahre im Verhältnis zur Besteuerung der Unternehmer, die eine IST-Besteuerung durchführen dürfen, mit dem Gleichheitsgrundsatz unvereinbar sei. Leider ging der BFH in seiner Urteilsbegründung nicht auf weitere, ähnliche gelagerte Fälle, wie z.B. beim Ratenkauf, ein. 48/1

4.8.3 Besonderheit: Insolvenz

Nach der neueren Rechtsprechung des BFH (vom 09.10.2010, V R 22/10, BStBl II 2011, 996) begründet die Insolvenz über das Vermögen des leistenden Unternehmers eine Berichtigung nach § 17 UStG bezüglich der noch offenen Entgeltforderungen. 49

Dies bedeutet, dass spätestens zum Zeitpunkt der **Eröffnung des Insolvenzverfahrens** – unabhängig von einer später möglichen Insolvenzquote – die Forderung in voller Höhe uneinbringlich i.S.d. § 17 Abs. 2 Nr. 1 UStG ist (s. Abschn. 17.1 Abs. 16 S. 1 UStAE). Grund hierfür ist, dass die Gläubiger mit Eröffnung des Insolvenzverfahrens ihre Forderungen von Rechts wegen nicht mehr gegenüber dem Unternehmer durchsetzen können (s. BFH vom 13.11.1986, V R 59/79, BStBl II 1987, 226). In einer neueren Entscheidung des BFH (vom 24.09.2014, V R 48/13, BStBl II 2015, 506), finden die Grundsätze zu den Steuerberichtigungen im Insolvenzverfahren (s. Abschn. 17.1 Abs. 11 UStAE) sowie im Insolvenzeröffnungsverfahren bei Bestellung eines sog. starken vorläufigen Insolvenzverwalters (s. Abschn. 17.1 Abs. 12 UStAE) regelmäßig auch im Falle der Bestellung eines sog. schwachen vorläufigen Insolvenzverwalters Anwendung. 50

Danach werden aufgrund der Bestellung eines sog. schwachen vorläufigen Insolvenzverwalters mit allgemeinem Zustimmungsvorbehalt (s. § 21 Abs. 2 Nr. 2 2. Alternative InsO), mit Recht zum Forderungseinzug (s. §§ 22 Abs. 2, 23 InsO) oder mit Berechtigung zur Kassenführung die noch ausstehenden Entgelte für zuvor erbrachte Leistungen im Augenblick vor der Eröffnung des vorläufigen Insolvenzverfahrens aus Rechtsgründen uneinbringlich. Uneinbringlich werden auch die Entgelte für die Leistungen, die der Insolvenzschuldner nach Bestellung des schwachen vorläufigen Insolvenzverwalters mit allgemeinem Zustimmungsvorbehalt, mit Recht zum Forderungseinzug oder mit Berechtigung zur Kassenführung bis zur Beendigung des Insolvenzeröffnungsverfahrens (s. §§ 26, 27 InsO) erbringt. In der Folge sind die Steuerbeträge für Leistungen, deren Entgelte aus Rechtsgründen uneinbringlich geworden sind, nach § 17 Abs. 2 Nr. 1 Satz 1 in Verbindung mit Abs. 1 Satz 1 UStG zu berichtigen. Im Anschluss an die Uneinbringlichkeit kommt es durch die Vereinnahmung des Entgeltes gem. § 17 Abs. 2 Nr. 1 Satz 2 UStG zu einer 50/1 zweiten Berichtigung. Dem steht nicht entgegen, dass die erste Berichtigung aufgrund Uneinbringlichkeit und die zweite Berichtigung aufgrund nachfolgender Vereinnahmung ggf. im selben Voranmeldungs- oder Besteuerungszeitraum zusammentreffen.

50/2 Diese zweite Steuerberichtigung nach § 17 Abs. 2 Nr. 1 Satz 2 UStG erfolgt im Gegensatz zur ersten Berichtigung nach § 17 Abs. 2 Nr. 1 Satz 1 in Verbindung mit Abs. 1 Satz 1 UStG im Unternehmensteil Insolvenzmasse und führt daher zu Masseverbindlichkeiten nach § 55 Abs. 4 InsO. Diese Grundsätze wurden durch das BMF-Schreiben vom 18.05.2016 in den Umsatzsteueranwendungserlass übernommen.

51 Korrespondierend zur Umsatzsteuerberichtigung (s. § 17 Abs. 2 Nr. 1 UStG i.V.m. § 17 Abs. 1 S. 1 UStG) im Zeitpunkt der Eröffnung des Insolvenzverfahrens ist der Vorsteuerabzug beim Leistungsempfänger nach § 17 Abs. 2 Nr. 1 i.V.m. § 17 Abs. 1 S. 2 UStG zu korrigieren (s. Abschn. 17.1 Abs. 16 UStAE).

52 Von der umsatzsteuerrechtlichen Behandlung der Uneinbringlichkeit ist die ertragsteuerliche Behandlung der **Bewertung von Forderungen** zu unterscheiden. Im Umsatzsteuerrecht muss die konkrete Forderung uneinbringlich sein. Deshalb führen einkommensteuer- und handelsrechtlich zulässige pauschale Wertberichtigungen von Forderungen nicht zur teilweisen Uneinbringlichkeit i.S.d. § 17 Abs. 2 Nr. 1 UStG (s. Abschn. 17.1 Abs. 5 S. 7 UStAE). Hingegen ist bei Einzelwertberichtigungen evtl. eine Deckungsgleichheit zwischen Ertrag- und Umsatzsteuer gegeben; i.d.R. ergeben sich jedoch betragsmäßige Abweichungen. Fällt beispielsweise eine Forderung wegen der Eröffnung des Insolvenzverfahrens aus und bestehen keine Aussichten auf eine Insolvenzquote, ergibt sich ertragsteuerlich die Wertberichtigung in voller Höhe; umsatzsteuerlich liegt Uneinbringlichkeit nach § 17 Abs. 2 Nr. 1 UStG vor. Ist jedoch eine Quote absehbar, kann ertragsteuerlich nur bis auf die Quote wertberichtigt werden; umsatzsteuerlich liegt dennoch eine Uneinbringlichkeit in voller Höhe vor. Hieran ändert sich auch nichts, wenn Rückgriffsmöglichkeiten bestehen (z.B. Ausfallversicherung oder Bürgschaft).

53 Wird das Entgelt für eine Leistung nach früher erfolgter Berichtigung nachträglich vereinnahmt, sind nach § 17 Abs. 2 Nr. 1 S. 2 UStG sowohl die USt als auch die Vorsteuer erneut zu berichtigen. Dabei ist natürlich darauf zu achten, dass bei – zwischenzeitlich evtl. eingetretene Steuersatzänderungen – die Umsatzsteuer nur mit dem ursprünglichen Steuersatz wiederauflebt (hierzu BMF vom 11.08.2006 – IV A 5 – S 7210 – 23/06, BStBl I 2006, 477). Eine nachträgliche Vereinnahmung liegt auch bei Zahlung durch Dritte (§ 10 Abs. 1 S. 3 UStG) vor.

4.9 Nicht ausgeführte oder rückgängig gemachte Leistung

4.9.1 Nicht ausgeführte Leistungen (§ 17 Abs. 2 Nr. 2 UStG)

54 Wird das Entgelt oder ein Teil des Entgelts für eine noch auszuführende Leistung im Voraus vereinnahmt, entsteht die Steuer insoweit bereits mit Ablauf des Voranmeldungszeitraums, in dem das Entgelt oder ein Teil des Entgelts vereinnahmt worden ist. Der Leistungsempfänger ist in diesen Fällen vor Ausführung der Leistung – unter den Voraussetzungen des § 15 Abs. 1 Nr. 1 S. 3 UStG – zum Vorsteuerabzug berechtigt. Wird die Leistung, für die An- bzw. Vorauszahlungen bewirkt worden sind, anschließend nicht ausgeführt, sind gem. § 17 Abs. 2 Nr. 2 UStG in sinngemäßer Anwendung des § 17 Abs. 1 UStG der geschuldete Steuerbetrag und der in Anspruch genommene Vorsteuerabzug zu berichtigen. Dabei ist es ohne Belang, ob die Rückzahlung der Anzahlung zivilrechtlich als Schadensersatz wegen Nichterfüllung oder wegen Rücktritts auf dem dadurch zustande gekommen Rückgewährschuldverhältnis beruht (s. BFH vom 14.02.2008, V B 165/06, BFH/NV 2008, 999).

55 Nach der geänderten Rechtsprechung des BFH (vom 18.09.2008, V R 56/06, BStBl II 2009, 250), ist nunmehr eine Berichtigung nach § 17 UStG erst bei **tatsächlicher Rückzahlung des vereinnahmten Entgelts** möglich (s. BFH vom 02.09.2010, V R 34/09, BStBl II 2011, 991 und auch vom 15.09.2011, V R 36/09, BStBl II 2012, 365; vgl. Abschn. 17.1 Abs. 7 S. 3 UStAE).

56 In entsprechender Anwendung des § 17 Abs. 2 Nr. 2 UStG ist die Bemessungsgrundlage zu ändern, wenn sich im Nachhinein ergibt, dass eine Leistung nicht der USt unterliegt (s. BFH vom 08.09.2011, V R 42/10, BStBl II 2012, 245 und Abschn. 13.5 Abs. 4 S. 3 UStAE). S. hierzu auch das Beispiel 5 in Abschn. 17.1 Abs. 7 UStAE.

Wird die **Anzahlung wegen Nichtausführung der Leistung an den Leistungsempfänger zurückgezahlt**, ist dieser Betrag auch dann als Vorsteuer zu berichtigen, wenn er den aufgrund der Anzahlung nach § 15 Abs. 1 S. 1 S. 3 UStG abziehbaren Vorsteuerbetrag als Vergütungsanspruch nach § 46 Abs. 1 AO abgetreten hat (s. BFH vom 14.02.2008, V B 165/06, BFH/NV 2008, 999). 57

4.9.2 Rückgängig gemachte Leistungen (§ 17 Abs. 2 Nr. 3 UStG)

Nach § 17 Abs. 2 Nr. 3 UStG ist § 17 Abs. 1 UStG entsprechend anzuwenden, wenn eine steuerpflichtige Lieferung, sonstige Leistung oder ein steuerpflichtiger innergemeinschaftlicher Erwerb rückgängig gemacht worden ist. Bei einer Lieferung besteht die Rückgängigmachung darin, dass die Verfügungsmacht rückübertragen wird. Eine sonstige Leistung kann nur in solchen Fällen rückgängig gemacht werden, in denen der wirtschaftliche Effekt wieder aufgehoben werden kann (s. BFH vom 20.08.1999, V B 74/99, BFH/NV 2000, 243). Die Berichtigungen von Umsatzsteuer und Vorsteuer sind davon abhängig, dass wegen der Rückgängigmachung der Leistung auch die Gegenleistung zurückgewährt worden ist (s. BFH vom 02.09.2010, V R 34/09, BStBl II 2011, 991). 58

In diesem Fall der Rückgängigmachung erhält der Lieferer für die zwischenzeitliche Nutzung des Liefergegenstandes häufig ein Entgelt. An die Stelle der Lieferung tritt dann ein Leistungsaustausch in Form der Nutzungsüberlassung gegen Entgelt. 59

4.10 Tätigung von Aufwendungen i.S.d. § 15 Abs. 1a UStG

Nach § 17 Abs. 2 Nr. 5 UStG gilt § 17 Abs. 1 UStG auch dann sinngemäß, wenn Aufwendungen i.S.d. § 15 Abs. 1a UStG getätigt werden. § 15 Abs. 1a UStG regelt den Vorsteuerausschluss für Aufwendungen, für die das Abzugsverbot des § 4 Abs. 5 S. 1 Nr. 1 bis 4, 7, Abs. 7 oder des § 12 Nr. 1 EStG gilt (s. Abschn. 15.6 UStAE). 60

Hierzu gehören im Einzelnen: 61

- **Aufwendungen für Geschenke** an Personen, die Arbeitnehmer des Steuerpflichtigen sind (s. § 4 Abs. 5 S. 1 Nr. 1 EStG);
- **Aufwendungen für die Bewirtung von Personen aus geschäftlichem Anlass** (s. § 4 Abs. 5 S. 1 Nr. 2 EStG);
- **Aufwendungen für Einrichtungen des Steuerpflichtigen**, soweit sie der Bewirtung, Beherbergung oder Unterhaltung von Personen dienen, die nicht Arbeitnehmer des Steuerpflichtigen sind (s. § 4 Abs. 5 S. 1 Nr. 3 EStG);
- Aufwendungen für Jagd oder Fischerei, für Segelyachten oder Motoryachten sowie für ähnliche Zwecke (s. § 4 Abs. 5 S. 1 Nr. 4 EStG);
- Andere Aufwendungen, die die private Lebensführung berühren und als unangemessen anzusehen sind (s. § 4 Abs. 5 S. 1 Nr. 7 EStG);
- Die o.a. Aufwendungen, bei denen gegen die Aufzeichnungspflichten verstoßen wird (s. § 4 Abs. 7 EStG);
- Aufwendungen, die ertragsteuerlich unter § 12 Nr. 1 EStG fallen.

Beispiel 1 (Abschn. 15.6 Abs. 5 UStAE): Unternehmer X schenkt seinem Geschäftskunden Y im Februar eine Uhr aus seinem Warenbestand. Die Uhr wurde im Vorjahr für 30,00 € zzgl. 5,70 € USt eingekauft. Im Dezember erhält Y ein Weihnachtspräsent, das X für 30,00 € zzgl. 5,70 € USt eingekauft hat.

Lösung: Durch das zweite Geschenk im Dezember wird die Grenze des § 4 Abs. 5 S. 1 Nr. 1 EStG überschritten, sodass auch die Aufwendungen für das erste Geschenk im Februar nicht abziehbar werden. X muss in der USt-Voranmeldung für Dezember eine Vorsteuerberichtigung nach § 17 Abs. 2 Nr. 5 UStG i.H.v. 5,70 € für das erste Geschenk vornehmen. Die Vorsteuer aus dem zweiten Geschenk i.H.v. von ebenfalls 5,70 € fällt unter § 15 Abs. 1a UStG und ist nicht abziehbar.

Beispiel 2: Unternehmer X erwirbt im Mai Gegenstände im Wert von 100 € zzgl. 19 % USt = 19 €, in der Absicht, diese eigenbetrieblich zu nutzen. Im Dezember verschenkt er diese Gegenstände jedoch an einen Geschäftsfreund.

Lösung: Im Mai entscheidet sich die Zuordnung nach der geplanten Verwendung (s. Abschn. 15.2c UStAE). Da X eine Verwendung im Unternehmen plant und kein Vorsteuerausschluss besteht, hat er in diesem Monat einen Vorsteuerabzug i.H.v. 19 €. Im Dezember hat X dann Aufwendungen i.S.d. § 15 Abs. 1a UStG getätigt und fällt in die Berichtigungspflicht nach § 17 Abs. 2 Nr. 5 UStG. (**Hinweis:** In der Literatur wird dieser Fall allerdings kontrovers diskutiert hinsichtlich der Frage, ob § 3 Abs. 1b UStG Vorrang hat (s. hierzu Stadie in Rau/Dürrwächter, § 17 Rn. 283 und Abschn. 3.3. Abs. 10 ff. UStAE).)

4.11 Einfuhrumsatzsteuer gem. § 17 Abs. 3 UStG

62 Die Einfuhrumsatzsteuer, die als Vorsteuer abgezogen worden ist, kann durch die für die Einfuhrumsatzsteuer zuständige Zollstelle herabgesetzt, erlassen oder erstattet werden. Nach § 17 Abs. 3 UStG hat der Unternehmer in solchen Fällen den Vorsteuerabzug entsprechen zu berichtigen. Die Berichtigung ist gem. § 17 Abs. 3 S. 2 i.V.m. § 17 Abs. 1 S. 7 UStG in dem Voranmeldungszeitraum vorzunehmen, in dem die Umsatzsteuer erstattet worden ist (s. hierzu Stadie in Rau/Dürrwächter, § 17 Rn. 315).

§ 18 UStG Besteuerungsverfahren

(1) [1]Der Unternehmer hat bis zum 10. Tag nach Ablauf jedes Voranmeldungszeitraums eine Voranmeldung nach amtlich vorgeschriebenem Datensatz durch Datenfernübertragung nach Maßgabe der Steuerdaten-Übermittlungsverordnung zu übermitteln, in der er die Steuer für den Voranmeldungszeitraum (Vorauszahlung) selbst zu berechnen hat. [2]Auf Antrag kann das Finanzamt zur Vermeidung von unbilligen Härten auf eine elektronische Übermittlung verzichten; in diesem Fall hat der Unternehmer eine Voranmeldung nach amtlich vorgeschriebenem Vordruck abzugeben. [3]§ 16 Abs. 1 und 2 und § 17 sind entsprechend anzuwenden. [4]Die Vorauszahlung ist am 10. Tag nach Ablauf des Voranmeldungszeitraums fällig.

(2) [1]Voranmeldungszeitaum ist das Kalendervierteljahr. [2]Beträgt die Steuer für das vorangegangene Kalenderjahr mehr als 7.500 Euro, ist der Kalendermonat Voranmeldungszeitraum. [3]Beträgt die Steuer für das vorangegangene Kalenderjahr nicht mehr als 1.000 Euro, kann das Finanzamt den Unternehmer von der Verpflichtung zur Abgabe der Voranmeldungen und Entrichtung der Vorauszahlungen befreien. [4]Nimmt der Unternehmer seine berufliche oder gewerbliche Tätigkeit auf, ist im laufenden und folgenden Kalenderjahr Voranmeldungszeitraum der Kalendermonat. [5]Satz 4 gilt entsprechend in folgenden Fällen:

1. bei im Handelsregister eingetragenen, noch nicht gewerblich oder beruflich tätig gewesenen juristischen Personen oder Personengesellschaften, die objektiv belegbar die Absicht haben, eine gewerbliche oder berufliche Tätigkeit selbständig auszuüben (Vorratsgesellschaften), und zwar ab dem Zeitpunkt des Beginns der tatsächlichen Ausübung dieser Tätigkeit, und
2. bei der Übernahme von juristischen Personen oder Personengesellschaften, die bereits gewerblich oder beruflich tätig gewesen sind und zum Zeitpunkt der Übernahme ruhen oder nur geringfügig gewerblich oder beruflich tätig sind (Firmenmantel), und zwar ab dem Zeitpunkt der Übernahme.

(2a) [1]Der Unternehmer kann an Stelle des Kalendervierteljahres den Kalendermonat als Voranmeldungszeitraum wählen, wenn sich für das vorangegangene Kalenderjahr ein Überschuss zu seinen Gunsten von mehr als 7.500 Euro ergibt. [2]In diesem Fall hat der Unternehmer bis zum 10. Februar des laufenden Kalenderjahres eine Voranmeldung für den ersten Kalendermonat abzugeben. [3]Die Ausübung des Wahlrechts bindet den Unternehmer für dieses Kalenderjahr.

(3) [1]Der Unternehmer hat für das Kalenderjahr oder für den kürzeren Besteuerungszeitraum eine Steuererklärung nach amtlich vorgeschriebenem Datensatz durch Datenfernübertragung nach Maßgabe der Steuerdaten-Übermittlungsverordnung zu übermitteln, in der er die zu entrichtende Steuer oder den Überschuss, der sich zu seinen Gunsten ergibt, nach § 16 Absatz 1 bis 4 und § 17 selbst zu berechnen hat (Steueranmeldung). [2]In den Fällen des § 16 Absatz 3 und 4 ist die Steueranmeldung binnen einem Monat nach Ablauf des kürzeren Besteuerungszeitraums zu übermitteln. [3]Auf Antrag kann das Finanzamt zur Vermeidung von unbilligen Härten auf eine elektronische Übermittlung verzichten; in diesem Fall hat der Unternehmer eine Steueranmeldung nach amtlich vorgeschriebenem Vordruck abzugeben und eigenhändig zu unterschreiben.

(4) [1]Berechnet der Unternehmer die zu entrichtende Steuer oder den Überschuss in der Steueranmeldung für das Kalenderjahr abweichend von der Summe der Vorauszahlungen, so ist der Unterschiedsbetrag zugunsten des Finanzamts einen Monat nach dem Eingang der Steueranmeldung fällig. [2]Setzt das Finanzamt die zu entrichtende Steuer oder den Überschuss abweichend von der Steueranmeldung für das Kalenderjahr fest, so ist der Unterschiedsbetrag zugunsten des Finanzamts einen Monat nach der Bekanntgabe des Steuerbescheids fällig. 3Die Fälligkeit rückständiger Vorauszahlungen (Absatz 1) bleibt von den Sätzen 1 und 2 unberührt.

(4a) [1]Voranmeldungen (Absätze 1 und 2) und eine Steuererklärung (Absätze 3 und 4) haben auch die Unternehmer und juristischen Personen abzugeben, die ausschließlich Steuer für Umsätze nach § 1 Abs. 1 Nr. 5, § 13b Absatz 5 oder § 25b Abs. 2 zu entrichten haben, sowie Fahrzeuglieferer (§ 2a).

[2]Voranmeldungen sind nur für die Voranmeldungszeiträume abzugeben, in denen die Steuer für diese Umsätze zu erklären ist. 3Die Anwendung des Absatzes 2a ist ausgeschlossen.

(4b) Für Personen, die keine Unternehmer sind und Steuerbeträge nach § 6a Abs. 4 Satz 2 oder nach § 14c Abs. 2 schulden, gilt Absatz 4a entsprechend.

(4c) [1]Ein nicht im Gemeinschaftsgebiet ansässiger Unternehmer, der als Steuerschuldner ausschließlich Umsätze nach § 3a Abs. 5 im Gemeinschaftsgebiet erbringt und in keinem anderen Mitgliedstaat für Zwecke der Umsatzsteuer erfasst ist, kann abweichend von den Absätzen 1 bis 4 für jeden Besteuerungszeitraum (§ 16 Abs. 1a Satz 1) eine Steuererklärung auf amtlich vorgeschriebenem Vordruck bis zum 20. Tag nach Ablauf jedes Besteuerungszeitraums abgeben, in der er die Steuer selbst zu berechnen hat; die Steuererklärung ist dem Bundeszentralamt für Steuern elektronisch zu übermitteln. [2]Die Steuer ist am 20. Tag nach Ablauf des Besteuerungszeitraums fällig. [3]Die Ausübung des Wahlrechts hat der Unternehmer auf dem amtlich vorgeschriebenen, elektronisch zu übermittelnden Dokument dem Bundeszentralamt für Steuern anzuzeigen, bevor er Umsätze nach § 3a Abs. 5 im Gemeinschaftsgebiet erbringt. [4]Das Wahlrecht kann nur mit Wirkung vom Beginn eines Besteuerungszeitraums an widerrufen werden. [5]Der Widerruf ist vor Beginn des Besteuerungszeitraums, für den er gelten soll, gegenüber dem Bundeszentralamt für Steuern auf elektronischem Weg zu erklären. [6]Kommt der Unternehmer seinen Verpflichtungen nach den Sätzen 1 bis 3 oder § 22 Abs. 1 wiederholt nicht oder nicht rechtzeitig nach, schließt ihn das Bundeszentralamt für Steuern von dem Besteuerungsverfahren nach Satz 1 aus. [7]Der Ausschluss gilt ab dem Besteuerungszeitraum, der nach dem Zeitpunkt der Bekanntgabe des Ausschlusses gegenüber dem Unternehmer beginnt.

(4d) Die Absätze 1 bis 4 gelten nicht für nicht im Gemeinschaftsgebiet ansässige Unternehmer, die im Inland im Besteuerungszeitraum (§ 16 Abs. 1 Satz 2) als Steuerschuldner ausschließlich Umsätze nach § 3a Abs. 5 erbringen und diese Umsätze in einem anderen Mitgliedstaat erklären sowie die darauf entfallende Steuer entrichten.

(4e) [1]Ein im übrigen Gemeinschaftsgebiet ansässiger Unternehmer (§ 13b Absatz 7 Satz 2), der als Steuerschuldner Umsätze nach § 3a Absatz 5 im Inland erbringt, kann abweichend von den Absätzen 1 bis 4 für jeden Besteuerungszeitraum (§ 16 Absatz 1b Satz 1) eine Steuererklärung nach amtlich vorgeschriebenem Datensatz durch Datenfernübertragung bis zum 20. Tag nach Ablauf jedes Besteuerungszeitraums übermitteln, in der er die Steuer für die vorgenannten Umsätze selbst zu berechnen hat; dies gilt nur, wenn der Unternehmer im Inland, auf der Insel Helgoland und in einem der in § 1 Absatz 3 bezeichneten Gebiete weder seinen Sitz, seine Geschäftsleitung noch eine Betriebsstätte hat. [2]Die Steuererklärung ist der zuständigen Steuerbehörde des Mitgliedstaates der Europäischen Union zu übermitteln, in dem der Unternehmer ansässig ist; diese Steuererklärung ist ab dem Zeitpunkt eine Steueranmeldung im Sinne des § 150 Absatz 1 Satz 3 und des § 168 der Abgabenordnung, zu dem die in ihr enthaltenen Daten von der zuständigen Steuerbehörde des Mitgliedstaates der Europäischen Union, an die der Unternehmer die Steuererklärung übermittelt hat, dem Bundeszentralamt für Steuern übermittelt und dort in bearbeitbarer Weise aufgezeichnet wurden. [3]Satz 2 gilt für die Berichtigung einer Steuererklärung entsprechend. [4]Die Steuer ist am 20. Tag nach Ablauf des Besteuerungszeitraums fällig. [5]Die Ausübung des Wahlrechts nach Satz 1 hat der Unternehmer in dem amtlich vorgeschriebenen, elektronisch zu übermittelnden Dokument der Steuerbehörde des Mitgliedstaates der Europäischen Union, in dem der Unternehmer ansässig ist, vor Beginn des Besteuerungszeitraums anzuzeigen, ab dessen Beginn er von dem Wahlrecht Gebrauch macht. [6]Das Wahlrecht kann nur mit Wirkung vom Beginn eines Besteuerungszeitraums an widerrufen werden. [7]Der Widerruf ist vor Beginn des Besteuerungszeitraums, für den er gelten soll, gegenüber der Steuerbehörde des Mitgliedstaates der Europäischen Union, in dem der Unternehmer ansässig ist, auf elektronischem Weg zu erklären. [8]Kommt der Unternehmer seinen Verpflichtungen nach den Sätzen 1 bis 5 oder § 22 Absatz 1 wiederholt nicht oder nicht rechtzeitig nach, schließt ihn die zuständige Steuerbehörde des Mitgliedstaates der Europäischen Union, in dem der Unternehmer ansässig ist, von dem Besteuerungsverfahren nach Satz 1 aus. [9]Der Ausschluss gilt ab dem Besteuerungszeitraum, der nach dem Zeitpunkt der Bekanntgabe des Ausschlusses gegenüber dem Unternehmer beginnt. [10]Die

Steuererklärung nach Satz 1 gilt als fristgemäß übermittelt, wenn sie bis zum 20. Tag nach Ablauf des Besteuerungszeitraums (§ 16 Absatz 1b Satz 1) der zuständigen Steuerbehörde des Mitgliedstaates der Europäischen Union übermittelt worden ist, in dem der Unternehmer ansässig ist, und dort in bearbeitbarer Weise aufgezeichnet wurde. [11]Die Entrichtung der Steuer erfolgt entsprechend Satz 4 fristgemäß, wenn die Zahlung bis zum 20. Tag nach Ablauf des Besteuerungszeitraums (§ 16 Absatz 1b Satz 1) bei der zuständigen Steuerbehörde des Mitgliedstaates der Europäischen Union, in dem der Unternehmer ansässig ist, eingegangen ist. [12]§ 240 der Abgabenordnung ist mit der Maßgabe anzuwenden, dass eine Säumnis frühestens mit Ablauf des 10. Tages nach Ablauf des auf den Besteuerungszeitraum (§ 16 Absatz 1b Satz 1) folgenden übernächsten Monats eintritt.

(5) In den Fällen der Beförderungseinzelbesteuerung (§ 16 Abs. 5) ist abweichend von den Absätzen 1 bis 4 wie folgt zu verfahren:
1. Der Beförderer hat für jede einzelne Fahrt eine Steuererklärung nach amtlich vorgeschriebenem Vordruck in zwei Stücken bei der zuständigen Zolldienststelle abzugeben.
2. [1]Die zuständige Zolldienststelle setzt für das zuständige Finanzamt die Steuer auf beiden Stücken der Steuererklärung fest und gibt ein Stück dem Beförderer zurück, der die Steuer gleichzeitig zu entrichten hat. [2]Der Beförderer hat dieses Stück mit der Steuerquittung während der Fahrt mit sich zu führen.
3. [1]Der Beförderer hat bei der zuständigen Zolldienststelle, bei der er die Grenze zum Drittlandsgebiet überschreitet, eine weitere Steuererklärung in zwei Stücken abzugeben, wenn sich die Zahl der Personenkilometer (§ 10 Abs. 6 Satz 2), von der bei der Steuerfestsetzung nach Nummer 2 ausgegangen worden ist, geändert hat. [2]Die Zolldienststelle setzt die Steuer neu fest. [3]Gleichzeitig ist ein Unterschiedsbetrag zugunsten des Finanzamts zu entrichten oder ein Unterschiedsbetrag zugunsten des Beförderers zu erstatten. [4]Die Sätze 2 und 3 sind nicht anzuwenden, wenn der Unterschiedsbetrag weniger als 2,50 Euro beträgt. [5]Die Zolldienststelle kann in diesen Fällen auf eine schriftliche Steuererklärung verzichten.

(5a) [1]In den Fällen der Fahrzeugeinzelbesteuerung (§ 16 Abs. 5a) hat der Erwerber, abweichend von den Absätzen 1 bis 4, spätestens bis zum 10. Tag nach Ablauf des Tages, an dem die Steuer entstanden ist, eine Steuererklärung nach amtlich vorgeschriebenem Vordruck abzugeben, in der er die zu entrichtende Steuer selbst zu berechnen hat (Steueranmeldung). [2]Die Steueranmeldung muss vom Erwerber eigenhändig unterschrieben sein. [3]Gibt der Erwerber die Steueranmeldung nicht ab oder hat er die Steuer nicht richtig berechnet, so kann das Finanzamt die Steuer festsetzen. [4]Die Steuer ist am 10. Tag nach Ablauf des Tages fällig, an dem sie entstanden ist.

(5b) [1]In den Fällen des § 16 Abs. 5b ist das Besteuerungsverfahren nach den Absätzen 3 und 4 durchzuführen. [2]Die bei der Beförderungseinzelbesteuerung (§ 16 Abs. 5) entrichtete Steuer ist auf die nach Absatz 3 Satz 1 zu entrichtende Steuer anzurechnen.

(6) [1]Zur Vermeidung von Härten kann das Bundesministerium der Finanzen mit Zustimmung des Bundesrates durch Rechtsverordnung die Fristen für die Voranmeldungen und Vorauszahlungen um einen Monat verlängern und das Verfahren näher bestimmen. [2]Dabei kann angeordnet werden, dass der Unternehmer eine Sondervorauszahlung auf die Steuer für das Kalenderjahr zu entrichten hat.

(7) [1]Zur Vereinfachung des Besteuerungsverfahrens kann das Bundesministerium der Finanzen mit Zustimmung des Bundesrates durch Rechtsverordnung bestimmen, dass und unter welchen Voraussetzungen auf die Erhebung der Steuer für Lieferungen von Gold, Silber und Platin sowie sonstige Leistungen im Geschäft mit diesen Edelmetallen zwischen Unternehmern, die an einer Wertpapierbörse im Inland mit dem Recht zur Teilnahme am Handel zugelassen sind, verzichtet werden kann. [2]Das gilt nicht für Münzen und Medaillen aus diesen Edelmetallen.

(8) (weggefallen)

(9) [1]Zur Vereinfachung des Besteuerungsverfahrens kann das Bundesministerium der Finanzen mit Zustimmung des Bundesrates durch Rechtsverordnung die Vergütung der Vorsteuerbeträge (§ 15) an im Ausland ansässige Unternehmer, abweichend von § 16 und von den Absätzen 1 bis 4, in einem besonderen Verfahren regeln. [2]Dabei kann auch angeordnet werden,

1. dass die Vergütung nur erfolgt, wenn sie eine bestimmte Mindesthöhe erreicht,
2. innerhalb welcher Frist der Vergütungsantrag zu stellen ist,
3. in welchen Fällen der Unternehmer den Antrag eigenhändig zu unterschreiben hat,
4. wie und in welchem Umfang Vorsteuerbeträge durch Vorlage von Rechnungen und Einfuhrbelegen nachzuweisen sind,
5. dass der Bescheid über die Vergütung der Vorsteuerbeträge elektronisch erteilt wird,
6. wie und in welchem Umfang der zu vergütende Betrag zu verzinsen ist.

[3]Einem Unternehmer, der im Gemeinschaftsgebiet ansässig ist und Umsätze ausführt, die zum Teil den Vorsteuerabzug ausschließen, wird die Vorsteuer höchstens in der Höhe vergütet, in der er in dem Mitgliedstaat, in dem er ansässig ist, bei Anwendung eines Pro-rata-Satzes zum Vorsteuerabzug berechtigt wäre. [4]Einem Unternehmer, der nicht im Gemeinschaftsgebiet ansässig ist, wird die Vorsteuer nur vergütet, wenn in dem Land, in dem der Unternehmer seinen Sitz hat, keine Umsatzsteuer oder ähnliche Steuer erhoben oder im Fall der Erhebung im Inland ansässigen Unternehmern vergütet wird. [5]Von der Vergütung ausgeschlossen sind bei Unternehmern, die nicht im Gemeinschaftsgebiet ansässig sind, die Vorsteuerbeträge, die auf den Bezug von Kraftstoffen entfallen. [6]Die Sätze 4 und 5 gelten nicht für Unternehmer, die nicht im Gemeinschaftsgebiet ansässig sind, soweit sie im Besteuerungszeitraum (§ 16 Abs. 1 Satz 2) als Steuerschuldner ausschließlich elektronische Leistungen nach § 3a Abs. 5 im Gemeinschaftsgebiet erbracht und für diese Umsätze von § 18 Abs. 4c Gebrauch gemacht haben oder diese Umsätze in einem anderen Mitgliedstaat erklärt sowie die darauf entfallende Steuer entrichtet haben; Voraussetzung ist, dass die Vorsteuerbeträge im Zusammenhang mit elektronischen Leistungen nach § 3a Abs. 5 stehen.

(10) Zur Sicherung des Steueranspruchs in Fällen des innergemeinschaftlichen Erwerbs neuer motorbetriebener Landfahrzeuge und neuer Luftfahrzeuge (§ 1b Abs. 2 und 3) gilt Folgendes:

1. Die für die Zulassung oder die Registrierung von Fahrzeugen zuständigen Behörden sind verpflichtet, den für die Besteuerung des innergemeinschaftlichen Erwerbs neuer Fahrzeuge zuständigen Finanzbehörden ohne Ersuchen Folgendes mitzuteilen:
   a) bei neuen motorbetriebenen Landfahrzeugen die erstmalige Ausgabe von Zulassungsbescheinigungen Teil II oder die erstmalige Zuteilung eines amtlichen Kennzeichens bei zulassungsfreien Fahrzeugen. 2Gleichzeitig sind die in Nummer 2 Buchstabe a bezeichneten Daten und das zugeteilte amtliche Kennzeichen oder, wenn dieses noch nicht zugeteilt worden ist, die Nummer der Zulassungsbescheinigung Teil II zu übermitteln,
   b) bei neuen Luftfahrzeugen die erstmalige Registrierung dieser Luftfahrzeuge. [2]Gleichzeitig sind die in Nummer 3 Buchstabe a bezeichneten Daten und das zugeteilte amtliche Kennzeichen zu übermitteln. [3]Als Registrierung im Sinne dieser Vorschrift gilt nicht die Eintragung eines Luftfahrzeugs in das Register für Pfandrechte an Luftfahrzeugen.
2. In den Fällen des innergemeinschaftlichen Erwerbs neuer motorbetriebener Landfahrzeuge (§ 1b Absatz 2 Satz 1 Nummer 1 und Absatz 3 Nummer 1) gilt Folgendes:
   a) [1]Bei der erstmaligen Ausgabe einer Zulassungsbescheinigung Teil II im Inland oder bei der erstmaligen Zuteilung eines amtlichen Kennzeichens für zulassungsfreie Fahrzeuge im Inland hat der Antragsteller die folgenden Angaben zur Übermittlung an die Finanzbehörden zu machen:
      aa) den Namen und die Anschrift des Antragstellers sowie das für ihn zuständige Finanzamt (§ 21 der Abgabenordnung),
      bb) den Namen und die Anschrift des Lieferers,
      cc) den Tag der Lieferung,
      dd) den Tag der ersten Inbetriebnahme,
      ee) den Kilometerstand am Tag der Lieferung,
      ff) die Fahrzeugart, den Fahrzeughersteller, den Fahrzeugtyp und die Fahrzeug-Identifizierungsnummer,
      gg) den Verwendungszweck.

[2]Der Antragsteller ist zu den Angaben nach den Doppelbuchstaben aa und bb auch dann verpflichtet, wenn er nicht zu den in § 1a Absatz 1 Nummer 2 und § 1b Absatz 1 genannten Personen gehört oder wenn Zweifel daran bestehen, dass die Eigenschaften als neues Fahrzeug im Sinne des § 1b Absatz 3 Nummer 1 vorliegen. [3]Die Zulassungsbehörde darf die Zulassungsbescheinigung Teil II oder bei zulassungsfreien Fahrzeugen, die nach § 4 Absatz 2 und 3 der Fahrzeug-Zulassungsverordnung ein amtliches Kennzeichen führen, die Zulassungsbescheinigung Teil I erst aushändigen, wenn der Antragsteller die vorstehenden Angaben gemacht hat.

b) [1]Ist die Steuer für den innergemeinschaftlichen Erwerb nicht entrichtet worden, hat die Zulassungsbehörde auf Antrag des Finanzamts die Zulassungsbescheinigung Teil I für ungültig zu erklären und das amtliche Kennzeichen zu entstempeln. [2]Die Zulassungsbehörde trifft die hierzu erforderlichen Anordnungen durch schriftlichen Verwaltungsakt (Abmeldungsbescheid). [3]Das Finanzamt kann die Abmeldung von Amts wegen auch selbst durchführen, wenn die Zulassungsbehörde das Verfahren noch nicht eingeleitet hat. [4]Satz 2 gilt entsprechend. [5]Das Finanzamt teilt die durchgeführte Abmeldung unverzüglich der Zulassungsbehörde mit und händigt dem Fahrzeughalter die vorgeschriebene Bescheinigung über die Abmeldung aus. [6]Die Durchführung der Abmeldung von Amts wegen richtet sich nach dem Verwaltungsverfahrensgesetz. [7]Für Streitigkeiten über Abmeldungen von Amts wegen ist der Verwaltungsrechtsweg gegeben.

3. In den Fällen des innergemeinschaftlichen Erwerbs neuer Luftfahrzeuge (§ 1b Abs. 2 Satz 1 Nr. 3 und Abs. 3 Nr. 3) gilt Folgendes:

a) [1]Bei der erstmaligen Registrierung in der Luftfahrzeugrolle hat der Antragsteller die folgenden Angaben zur Übermittlung an die Finanzbehörden zu machen:

aa) den Namen und die Anschrift des Antragstellers sowie das für ihn zuständige Finanzamt (§ 21 der Abgabenordnung),
bb) den Namen und die Anschrift des Lieferers,
cc) den Tag der Lieferung,
dd) das Entgelt (Kaufpreis),
ee) den Tag der ersten Inbetriebnahme,
ff) die Starthöchstmasse,
gg) die Zahl der bisherigen Betriebsstunden am Tag der Lieferung,
hh) den Flugzeughersteller und den Flugzeugtyp,
ii) den Verwendungszweck.

[2]Der Antragsteller ist zu den Angaben nach Satz 1] Doppelbuchstabe aa und bb auch dann verpflichtet, wenn er nicht zu den in § 1a Abs. 1 Nr. 2 und § 1b Abs. 1 genannten Personen gehört oder wenn Zweifel daran bestehen, ob die Eigenschaften als neues Fahrzeug im Sinne des § 1b Abs. 3 Nr. 3 vorliegen. [3]Das Luftfahrt-Bundesamt darf die Eintragung in der Luftfahrzeugrolle erst vornehmen, wenn der Antragsteller die vorstehenden Angaben gemacht hat.

b) [1]Ist die Steuer für den innergemeinschaftlichen Erwerb nicht entrichtet worden, so hat das Luftfahrt-Bundesamt auf Antrag des Finanzamts die Betriebserlaubnis zu widerrufen. [2]Es trifft die hierzu erforderlichen Anordnungen durch schriftlichen Verwaltungsakt (Abmeldungsbescheid). [3]Die Durchführung der Abmeldung von Amts wegen richtet sich nach dem Verwaltungsverfahrensgesetz. [4]Für Streitigkeiten über Abmeldungen von Amts wegen ist der Verwaltungsrechtsweg gegeben.

(11) [1]Die für die Steueraufsicht zuständigen Zolldienststellen wirken an der umsatzsteuerlichen Erfassung von Personenbeförderungen mit nicht im Inland zugelassenen Kraftomnibussen mit. [2]Sie sind berechtigt, im Rahmen von zeitlich und örtlich begrenzten Kontrollen die nach ihrer äußeren Erscheinung nicht im Inland zugelassenen Kraftomnibusse anzuhalten und die tatsächlichen und rechtlichen Verhältnisse festzustellen, die für die Umsatzsteuer maßgebend sind, und die festgestellten Daten den zuständigen Finanzbehörden zu übermitteln.

(12) [1]Im Ausland ansässige Unternehmer (§ 13b Absatz 7), die grenzüberschreitende Personenbeförderungen mit nicht im Inland zugelassenen Kraftomnibussen durchführen, haben dies vor der erstmaligen Ausführung derartiger auf das Inland entfallender Umsätze (§ 3b Abs. 1 Satz 2) bei dem für die Umsatzbesteuerung zuständigen Finanzamt anzuzeigen, soweit diese Umsätze nicht der Beförderungseinzelbesteuerung (§ 16 Abs. 5) unterliegen. [2]Das Finanzamt erteilt hierüber eine Bescheinigung. [3]Die Bescheinigung ist während jeder Fahrt mitzuführen und auf Verlangen den für die Steueraufsicht zuständigen Zolldienststellen vorzulegen. [4]Bei Nichtvorlage der Bescheinigung können diese Zolldienststellen eine Sicherheitsleistung nach den abgabenrechtlichen Vorschriften in Höhe der für die einzelne Beförderungsleistung voraussichtlich zu entrichtenden Steuer verlangen. [5]Die entrichtete Sicherheitsleistung ist auf die nach Absatz 3 Satz 1 zu entrichtende Steuer anzurechnen.

Bearbeiter: Torsten Krause

Inhaltsverzeichnis

1. Rechtsentwicklung

1.1 Rechtsgrundlage und Bedeutung

§ 18 UStG und die auf der Grundlage der Ermächtigungsvorschriften (s. § 18 Abs. 6, 7, 9 UStG) erlassenen 1
Vorschriften der §§ 46 bis 48 und 59 bis 62 UStDV regeln das **Verfahren zur Anmeldung, Festsetzung und Entrichtung bzw. Vergütung der Umsatzsteuer**. Darin enthalten ist auch die Auszahlung eines etwaigen Überschusses und zwar sowohl für den Besteuerungszeitraum Kalenderjahr als auch für das monatliche oder vierteljährliche Voranmeldungsverfahren und die Beförderungseinzelbesteuerung im Sinne § 16 Abs. 5 UStG. Ferner beinhalten speziell § 18 Abs. 4c und 4d UStG **Sonderregelungen für nicht im Inland ansässige Unternehmer**. In § 18 Abs. 10 UStG sind zudem detaillierte Regelungen zur Sicherung der Besteuerung innergemeinschaftlicher Erwerbe neuer Fahrzeuge aufgenommen. Mit den in § 18 Abs. 12 UStG getroffenen Regelungen sollen insbesondere Wettbewerbsnachteile deutscher Unternehmer bei der Personenbeförderung und Steuerausfälle vermieden werden.

Die Vorschrift dient der Regelung des gesamten allgemeinen Besteuerungsverfahrens und wird aufgrund 2
des breiten Anwendungsfeldes ständig ergänzt bzw. erweitert. Dies führt im Ergebnis jedoch auch dazu, dass die Übersichtlichkeit teilweise abhandengekommen ist. Neben den allgemeinen Regelungen des § 18 UStG sind in diesem Zusammenhang die in den §§ 18a bis 18d UStG geregelten weiteren Erklärungs- und Meldepflichten zu beachten. Hierbei handelt es sich um die Verpflichtung zur Abgabe der sog. **Zusammenfassenden Meldungen** über innergemeinschaftliche Lieferungen und sonstige Leistungen (s. § 18a UStG), der gesonderten Erklärung über innergemeinschaftlichen Lieferungen und sonstigen Leistungen (s. § 18b UStG), der in § 18c UStG i.V.m. der **Fahrzeuglieferungs-Meldepflichtverordnung** vom 18.03.2009 (BGBl I 2009, 630) bestehenden Meldepflicht bei der Lieferung neuer Fahrzeuge und der nach § 18d UStG festgelegten Berechtigung von Finanzbehörden im Rahmen der Zusammenarbeit der Verwaltungsbehörden der Mitgliedstaaten der EU die Vorlage von Unterlagen fordern. Zudem besteht ein enger Zusammenhang mit § 18f UStG, nachdem bei Steueranmeldungen die Zustimmung des Finanzamtes i.S.d. § 168 Satz 2 AO von einer Sicherheitsleistung abhängig gemacht werden kann. Durch den Charakter als Vorschrift über den Verfahrensablauf besteht eine enge Verbindung mit den Vorschriften der Abgabenordnung.

1.2 Entwicklung der Vorschrift

Die Vorschrift in der heutigen Form besteht im Wesentlichen seit dem 01.01.1980. Seither wird sie jedoch 3
regelmäßig ergänzt bzw. geändert. Im Rahmen der Änderung zum 01.01.1980 wurden u.a. die Regelungen über das Abzugsverfahren und das Vergütungsverfahren eingeführt. Eine wesentliche Änderung erfolgte ab dem 01.01.2002. Seither gilt für neu gegründete Unternehmen die Pflicht zur Abgabe monatlicher Voranmeldungen (s. § 18 Abs. 1 Satz 4 UStG). Das Abzugsverfahren wurde ab 01.01.2002 durch die Regelungen der Umkehrung der Steuerschuldnerschaft i.S.d. § 13b UStG ersetzt und daher in die eigenständige gesetzliche Regelung in § 13b UStG „ausgegliedert“. Durch das StVergAbG wurden § 18 Abs. 4c und 4d UStG und in § 18 Abs. 9 Satz 8 UStG eingefügt. Mit Wirkung ab 01.01.2005 wurde durch das StÄndG 2003 § 18 Abs. 1 Satz 1 UStG die Abgabe der Voranmeldung auf elektronischem Weg eingeführt. Durch das SteuerbürokratieabbauG wurde in § 18 Abs. 1 Satz 1 UStG statt des amtlich vorgeschriebenen Vordrucks der amtlich vorgeschriebene Datensatz durch Datenfernübertragung vorgeschrieben. Ferner wurden die Grenzen für die Voranmeldezeiträume geglättet und erhöht.

Im Rahmen der Umsetzung des sog. Mehrwertsteuerpaketes 2010-2015 erfolgte ab 01.01.2010 durch das 4
JStG 2009 eine umfassende Änderung des in § 18 Abs. 9 UStG geregelten Vorsteuervergütungsverfahrens.

5 Eine weitere wesentliche Änderung erfolgte durch das JStG 2010 (BGBl I 2010, 1768). Durch eine Änderung des § 18 Abs. 3 UStG ist ab 01.01.2011 vorgeschrieben, dass Umsatzsteuerjahreserklärungen ausschließlich elektronisch abzugeben sind.

2. Grundsätze des Verfahrens

2.1 Grundlagen der Erklärungsabgabe

6 Gem. § 18 UStG sind Unternehmer verpflichtet, grundsätzlich bis zum 10. Tag nach Ablauf des Voranmeldezeitraumes eine **Voranmeldung** abzugeben. Diese Voranmeldung, aber auch die jede andere Erklärung gilt als Steuererklärung i.S.d. § 150 AO. Die Verpflichtung zur Abgabe trifft somit, mit Ausnahme der Fälle des § 18 Abs. 4b und 5a UStG, die Unternehmer (s. § 149 Satz 1 AO i.V.m. § 18 Abs. 1 Satz 1, Abs. 3 Satz 1, Abs. 4c, 4d, 5 UStG). § 18 Abs. 4b UStG erfasst die Vertrauensschutzregelung bei innergemeinschaftlichen Lieferungen i.S.d. § 6a Abs. 4 Satz 2 UStG und die Fälle des unberechtigten Steuerausweises i.S.d. § 14c Abs. 2 UStG. Über § 18 Abs. 5a UStG werden die Fälle der Fahrzeugeinzelbesteuerung (s. § 16 Abs. 5b UStG) einbezogen.

7 Neben den Unternehmern (bzw. in den o.g. Ausnahmefälle auch Nichtunternehmern) sind auch gesetzliche Vertreter und Vermögensverwalter i.S.d. § 34 AO zur Erklärungsabgabe verpflichtet. Ebenso wie **„Strohmann"-Geschäftsführer** sind auch „faktische Geschäftsführer" oder Verfügungsberechtigte i.S.d. § 35 AO (s. BFH vom 05.08.2010, V R 13/09, BFH/NV 2011, 81) erklärungspflichtig. Im Rahmen von **Insolvenzverfahren** trifft die Erklärungspflicht hinsichtlich der seiner Verwaltung obliegenden Masse den Insolvenzverwalter (s. BFH vom 19.11.2007, VII B 104/07, BFH/NV 2008, 334). Dies gilt zumindest für den sog. „starken" vorläufigen Insolvenzverwalter (s. BFH vom 16.10.2009, VIII B 346/04, BFH/NV 2010, 56), nicht jedoch für den sog. „schwachen" vorläufigen Insolvenzverwalter (s. BFH vom 27.05.2009, VII B 156/08, BFH/NV 2009, 1591). Im Falle der Zwangsverwaltung unterliegen der Schuldner und auch der Zwangsverwalter jeweils für ihre Tätigkeitsbereiche getrennt der Erklärungspflicht (s. BFH vom 10.04.1997, V R 26/96, BStBl II 1997, 552). So bleibt bei Grundstücken der Grundstückseigentümer Träger der Umsätze und damit Schuldner der Umsatzsteuer. Gleichzeitig hat jedoch der Zwangsverwalter gem. § 34 AO die Verpflichtung, die durch seine Zwangsverwaltung begründeten Vorgänge dem Finanzamt zu erklären und die Umsatzsteuer abzuführen. Bei der **Zwangsverwaltung** unterliegenden Grundstücken ist die Umsatzsteuer im Regelfall für jedes Grundstück gesondert zu ermitteln (s. BFH vom 18.10.2001, V R 44/00, BStBl II 2002, 171). Auch Kleinunternehmer i.S.d. § 19 UStG unterliegen der regulären Erklärungspflicht (s. Abschn. 18.7 Abs. 1 UStAE). Hinsichtlich der Besonderheiten bei Landwirten s. Abschn. 18.6 Abs. 2 und 3 UStAE i.V.m. Abschn. 24.6 Abs. 6 UStAE. Bei Organschaftsverhältnissen obliegt die Steuererklärungspflicht dem Organträger.

8 **Erklärungspflichtig** sind nach § 18 Abs. 4a UStG zudem Unternehmer und juristische Personen:

- Die Steuer für innergemeinschaftliche Erwerbe (s. § 1 Abs. 1 Nr. 5 UStG) entrichten müssen,
- als Leistungsempfänger (s. § 13b UStG) die Umsatzsteuer schulden,
- für innergemeinschaftliche Dreiecksgeschäfte (s. § 25b Abs. 2 UStG) Steuer entrichten müssen,
- die Fahrzeuglieferer i.S.d. § 2a UStG sind.

9 Für Personen, die keine Unternehmer sind und Steuerbeträge nach § 6a Abs. 4 Satz 2 UStG oder nach § 14c Abs. 2 UStG schulden, gilt Absatz 4a entsprechend. Gleiches gilt gem. § 6 a Abs. 4 Satz 2 UStG auch für Abnehmer einer nur vermeintlich steuerfreien innergemeinschaftlichen Lieferung.

10 Für die vorgenannten Personen besteht die Pflicht zur Abgabe der Erklärungen unabhängig davon, ob nach der eigenen Auffassung umsatzsteuerbare und umsatzsteuerpflichtige Umsätze vorliegen. Dies liegt darin begründet, dass Erklärungen „lediglich" die Finanzbehörden über die Besteuerungsgrundlagen informieren sollen, die letztendliche Entscheidung jedoch im Rahmen der Festsetzung der Steuer durch die Finanzbehörde erfolgt.

11 Soweit **Unternehmer im Rahmen eines Gesamtobjekts gemeinschaftlich Umsätze ausführen** oder empfangen, können für die Umsatzsteuer die Besteuerungsgrundlagen dann gesondert festgestellt werden (s. § 180 Abs. 2 AO). Insbesondere werden hierbei die Höhe der Vorsteuer aus Umsätzen, die Hersteller

oder Erwerber im Rahmen eines Gesamtobjekts empfangen haben, soweit ein Vorsteuerabzug nach § 15 UStG oder eine Berichtigung des Vorsteuerabzugs nach § 15a UStG in Betracht kommt, sowie die Optionsfähigkeit der Umsätze, die durch Vermietung oder Verpachtung des Objekts (s. § 4 Nr. 12 UStG) bewirkt werden, festgestellt.

2.2 Örtliche Zuständigkeit und Form der Erklärung

Nach § 21 Abs. 1 Satz 1 AO ist das Finanzamt zuständig, in dessen Bezirk der Unternehmer sein Unterneh- 12
men ganz oder überwiegend betreibt. Soweit dies aus dem Ausland erfolgt, bestimmt sich die Zuständigkeit gemäß § 21 Abs. 1 Satz 2 AO nach der Verordnung über die örtliche Zuständigkeit für die Umsatzsteuer im Ausland ansässiger Unternehmer (USt-ZuständigkeitsVO, vom 23.12.2001; BGBl I 2001, 3794, 3814). Für die Umsatzsteuer von Personen, die keine Unternehmer sind (z.B. für die Fälle der Fahrzeugeinzelbesteuerung) ist das Finanzamt zuständig, das für die Besteuerung nach dem Einkommen zuständig ist (s. § 21 Abs. 2 AO).

Für **Umsatzsteuervoranmeldungen** ist gemäß § 18 Abs. 1 Satz 1 UStG bereits ab 01.01.2005 die elektro- 13
nische Übermittlung nach Maßgabe der **Steuerdaten-Übermittlungsverordnung** (StDÜV) vorgeschrieben. Dies konnte bis zum 31.12.2012 entweder mit oder ohne Authentifizierung geschehen. Nach § 6 Abs. 1 StDÜV i.V.m. § 150 Abs. 6 AO ist ab dem 01.01.2013 zu beachten, dass Umsatzsteuervoranmeldungen, Anträge auf Dauerfristverlängerung und Anmeldungen einer Sondervorauszahlung nur noch elektronisch authentifiziert übermittelt werden können. Hierfür muss eine Registrierung beim ElsterOnline-Portal erfolgen (www.elsteronline.de). Bis zum 31.08.2013 wurde auch eine Abgabe ohne Authentifizierung weiterhin akzeptiert.

Wie auch in anderen Fällen der elektronischen Einreichung von Steuererklärungen kann die zuständige 14
Finanzbehörde zur **Vermeidung unbilliger Härten** nach § 18 Abs. 1 Satz 2 UStG im Einzelfall auf die elektronische Übermittlung verzichten. Hierzu ist ein begründeter Antrag notwendig. Eine „**unbillige Härte**" ist regelmäßig anzunehmen, wenn die elektronische Übermittlung für den Steuerpflichtigen wirtschaftlich oder persönlich unzumutbar ist (s. § 150 Abs. 8 AO ab 01.01.2009). Eine **wirtschaftliche oder persönliche Unzumutbarkeit** soll insbesondere vorliegen, wenn der Unternehmer nicht im Besitz entsprechender technischer Einrichtungen ist bzw. eine Anschaffung derselben mit einem nicht unerheblichen finanziellen Aufwand verbunden wäre. Denkbar wäre auch, eine Begründung auf mangelnde individuelle Kenntnisse und Fähigkeiten zu stützen (s. dazu ausführlich BFH vom 14.03.2012, XI R 33/09, BStBl II 2012, 477). Die Anwendungsfälle werden, nicht zuletzt aufgrund der weiten Verbreitung des Internets, eher die Ausnahme sein. Soweit eine Abgabe ausnahmsweise auf dem amtlich vorgeschriebenen Vordruck zulässig ist, hat der Unternehmer die von der Finanzverwaltung herausgegebenen Vordrucke (ggf. auch fotokopierten) zu verwenden. Die Steuererklärung ist außerdem eigenhändig zu unterschreiben (s. § 18 Abs. 3 Satz 3 Halbsatz 2 UStG).

Durch eine Änderung im Rahmen des JStG 2010 (BGBl I 2010, 1768) ist für Umsatzsteuerjahreserklärun- 15
gen im Grundsatz ab VZ 2011 ebenfalls die elektronische Übermittlung nach Maßgabe der StDÜV verpflichtend (s. BMF vom 26.09.2011, BStBl I 2011, 913). Ab 01.01.2013 kann die **Umsatzsteuerjahreserklärung** nur noch elektronisch authentifiziert übermittelt werden (BMF vom 15.06.2012, BStBl I 2012, 669). Auch hier können Ausnahmen zur Vermeidung unbilliger Härten zugelassen werden.

2.3 Ablauf der Steuererhebung

Im Regelfall (Ausnahme: Einzelsteuererklärung gem. § 18 Abs. 5 UStG, bei denen der Beförderer lediglich 16
eine Steuererklärung nach amtlich vorgeschriebenen Vordruck abzugeben hat) hat der Steuerpflichtige nicht nur alle besteuerungserheblichen Fakten und die sonstigen Umstände in den Steuererklärungen anzugeben. Er hat zusätzlich auch die Umsatzsteuer selbst zu berechnen (§§ 18 Abs. 1 Satz 1, Abs. 3 Satz 1, Abs. 4a, 4b, 4c und 5a Satz 1, § 18 Abs. 9 Satz 4 UStG). Dies gilt sowohl für den Steuerbetrag der auf seine Umsätze entfällt, als auch für die anzurechnenden Vorsteuern und die sich danach ergebende Steuerzahlungsschuld bzw. ein etwaiges Guthaben.

17 Die Abgabe einer Voranmeldung, ein Antrag im Vergütungsverfahren und Steuererklärungen nach § 18 Abs. 3, 4a, 4b, 4c und 5a UStG stehen gem. § 168 Abs. 1 AO jeweils einer Steuerfestsetzung unter dem Vorbehalt der Nachprüfung (s. § 164 AO) gleich. Ergibt sich in der **Steueranmeldung** ein Überschuss, so bedarf es für den Eintritt dieser Folge erst der Zustimmung des Finanzamtes (s. BFH vom 28.02.1996, XI R 42/94, BStBl II 1996, 660). Der bis dahin bestehende Schwebezustand wird erst durch die Zustimmung oder durch den Erlass eines eine abweichende Steuer oder einen abweichenden Überschuss festsetzenden Steuerbescheides beseitigt. Obgleich es für die Zustimmung keine bestimmte Frist gibt, hat der Unternehmer Anspruch auf Auszahlung der Vorsteuer in angemessener Frist. Als angemessen wird hierbei regelmäßig eine Frist von 6 Monaten angesehen (s. BFH vom 06.10.2005, V B 140/05, BFH/NV 2006, 473). Die Zustimmung nach § 168 Satz 2 AO bedarf keiner bestimmten Form, sie kann schriftlich, (fern-)mündlich oder in anderer Form, sogar stillschweigend (etwa durch Auszahlung des Erstattungsbetrages) erfolgen.

18 Mit dem Bekanntwerden der Zustimmung beginnt verfahrensrechtlich die **Einspruchsfrist** gem. § 355 Abs. 1 Satz 2 AO. Erfolgt die Zustimmung schriftlich oder elektronisch, ist diese mit einer Rechtsbehelfsbelehrung zu versehen, da andernfalls die Jahresfrist des § 356 Abs. 2 AO gilt. Ist hingegen keine Zustimmung erforderlich, bedarf es keiner Rechtsbehelfsbelehrung, sodass der Einspruch gem. § 355 Abs. 1 AO innerhalb eines Monats einzulegen ist (s. BFH vom 25.06.1998, V B 104/97, BFH/NV 1998, 1548).

19 Die vom Unternehmer gem. Rn. 16 selbst berechnete Steuer ist im Falle von Voranmeldungen am jeweils 10. Tage nach Ablauf des Voranmeldungszeitraums fällig (s. § 18 Abs. 1 Satz 4 UStG). Dies gilt nach herrschender Auffassung selbst dann, wenn die Umsatzsteuervorauszahlung vom Finanzamt wegen Nichtabgabe der Voranmeldung oder wegen Abweichung von der Voranmeldung festgesetzt wird. Die Finanzverwaltung gewährt bei einer von der Voranmeldung abweichenden höheren Steuerfestsetzung für den nachzuzahlenden Differenzbetrag allerdings eine **Zahlungsfrist i.S.d. § 220 Abs. 2 AO**. Sollte der Unternehmer bei der Berechnung der zu entrichtenden Steuer oder den Überschuss in der Steueranmeldung für das Kalenderjahr von der Summe der Vorauszahlungen abweichen, so ist der Unterschiedsbetrag einen Monat nach dem Eingang der Steueranmeldung fällig (s. § 18 Abs. 4 Satz 1 UStG). Wird die zu entrichtende Umsatzsteuer oder der Vorsteuerüberschuss vom Finanzamt abweichend von der Steueranmeldung für das Kalenderjahr festgesetzt, so ist der Unterschiedsbetrag einen Monat nach der Bekanntgabe des Steuerbescheids fällig (Satz 2). Die Fälligkeit der Vorauszahlungen (= rückständige Vorauszahlungen) wird durch die Abgabe der Jahressteuererklärung bzw. die Festsetzung der Jahressteuer indes nicht aufgehoben (s. § 18 Abs. 4 Satz 3 UStG).

20 Der Unternehmer hat je nach Einzelfall nicht nur für das Kalenderjahr, sondern auch für einen ggf. kürzeren Besteuerungszeitraum, eine Steuererklärung nach amtlich vorgeschriebenem Vordruck abzugeben, in der er die zu entrichtende Umsatzsteuer oder den Vorsteuerüberschuss, der sich zu seinen Gunsten ergibt, zu berechnen hat. In solchen Fällen hat die Steueranmeldung binnen eines Monats nach Ablauf des kürzeren Besteuerungszeitraums (vgl. § 16 Abs. 3 und 4 UStG) zu erfolgen.

21 Die **pflichtwidrige Nichtabgabe** (oder unrichtige Abgabe) einer Umsatzsteuervoranmeldung führt zu einer Steuerverkürzung auf Zeit; die Nichtabgabe (oder unrichtige Abgabe) einer Umsatzsteuerjahreserklärung bewirkt die endgültige Steuerverkürzung.

2.4 Festsetzung von Verspätungs- und Säumniszuschlägen

22 Im Falle einer **nicht fristgerechten Abgabe** von Umsatzsteueranmeldungen kann das Finanzamt einen **Verspätungszuschlag** i.S.d. § 152 AO festsetzen, welcher 10 % der festgesetzten Steuern nicht überschreiten darf. Mithin entfällt dies, wenn die Vorauszahlung nicht mehr als 0 € beträgt (s. BFH vom 27.06.1989, VIII R 73/84, BStBl II 1989, 955). Werden sowohl die Umsatzsteuervoranmeldungen als auch die **Umsatzsteuerjahreserklärung** verspätet abgegeben, kann für jedes Verfahren ein Verspätungszuschlag festgesetzt werden (s. BFH vom 16.05.1995, XI R 73/94, BStBl II 1996, 259). Für einen verspätet gestellten **Antrag auf Dauerfristverlängerung** (s. § 18 Abs. 6 UStG, s.a. Rn. 19 ff.) kann hingegen kein Verspätungszuschlag festgesetzt werden, weil der Antrag keine „Steuererklärung“ ist.

Hinzu kommt, dass das Finanzamt bei der verspäteten Abgabe von Steuererklärungen **Säumniszuschläge** verhängen (s. § 240 AO) kann. Die hierfür notwendige Säumnis tritt nach § 240 Abs. 1 Satz 3 AO allerdings erst nach Eingang der Voranmeldung bzw. der Jahreserklärung bei der Finanzbehörde ein. Lediglich bei einer Säumnis von bis zu drei Tagen ab Fälligkeit wird kein Säumniszuschlag erhoben, s. § 240 Abs. 3 AO (Ausnahme: Barzahlung oder Scheckhingabe). 23

2.5 Erstattung eines Überschusses

Ergibt sich aus der eingereichten Anmeldung oder Erklärung ein Überschuss (z.B. Vorsteuerüberhang), hat das Finanzamt diesen zu erstatten. Es handelt sich insoweit um einen **Steuervergütungsanspruch i.S.d. § 37 Abs. 1 AO**, der mit Ablauf des jeweiligen Voranmeldungszeitraums entsteht und mit der Bekanntgabe der Steuerfestsetzung fällig wird (s § 168 Satz 2 AO i.V.m. § 220 Abs. 2 Satz 2 AO). Ggf. kann die Auszahlung von Sicherheiten abhängig gemacht werden (s. § 18f UStG). Über einen ggf. nach Verrechnung verbleibenden Vorsteuerüberschuss für den jeweiligen Voranmeldungszeitraum kann durch Abtretung, Pfändung oder Aufrechnung verfügt werden (s. BFH vom 24.01.1995, VII R 144/92, BStBl II 1995, 862 und vom 12.10.1999, VII R 98/98, BStBl II 2000, 486). Die Fälligkeit von Vorauszahlungen und die dadurch entstandene Aufrechnungslage werden durch den Jahressteuerbescheid nicht berührt (s. BFH vom 24.01.1995, VII R 144/92, BStBl II 1995, 862). 24

3. Voranmeldeverfahren

3.1 Grundlagen des Voranmeldeverfahrens

Der Unternehmer hat gem. § 18 Abs. 1 Satz 1 UStG jeweils bis zum 10. Tag nach Ablauf jedes Voranmeldungszeitraums eine Voranmeldung nach amtlich vorgeschriebenem Vordruck abzugeben. Ab dem 01.01.2005 ist die **elektronische Übermittlung** der Umsatzsteuervoranmeldungen nach den Vorgaben der StDÜV grundsätzlich zwingend vorgeschrieben. Ist dieser 10. Tag ein Feiertag, Sonntag oder Samstag, so endet die 10-Tages-Frist mit dem Ablauf des nächsten Werktages. Die ursprünglich geltende sog. **Schonfrist** (5 Tage) wurde für die ab dem 01.01.2004 endenden Veranlagungszeiträume aufgehoben (s. BMF vom 01.04.2003, BStBl I 2003, 239). 25

Der **Voranmeldezeitraum** ergibt sich aus § 18 Abs. 2 UStG. Grundsätzlich ist das Kalendervierteljahr als Voranmeldezeitraum zu beachten (s. § 18 Abs. 2 Satz 1 UStG). Sofern die Steuer für das vorangegangene Kalenderjahr mehr als 7.500 € beträgt, ist der Unternehmer gem. § 18 Abs. 2 Satz 2 UStG dagegen zur monatlichen Abgabe von Voranmeldungen verpflichtet. Über § 18 Abs. 2a UStG wird die Möglichkeit zur monatlichen Voranmeldungsabgabe auch dann eingeräumt, wenn sich für den Unternehmer im Vorjahr ein Überschuss zu seinen Gunsten von mehr als 7.500 € ergeben hat. Dies soll eine schnellere Erstattung von Vorsteuerüberhängen ermöglichen. Sofern Unternehmer hiervon Gebrauch machen, muss zur Ausübung dieser Option bis zum 10.02. des laufenden Jahres eine Voranmeldung für den ersten Kalendermonat abgeben werden. Um eine gewisse Praktikabilität zu gewährleisten, ist der Unternehmer an die Ausübung des Wahlrechts für das gesamte Jahr gebunden. 26

In Neugründungsfällen ist zu beachten, dass der Unternehmer im Jahr der Gründung und im folgenden Kalenderjahr den Kalendermonat als Voranmeldungszeitraum gesetzlich vorgeschrieben wird (s. § 18 Abs. 2 Satz 4 UStG, dazu BMF vom 24.01.2003, BStBl I 2003, 153). Dies gilt u.a. in Fällen der **Umwandlung** (z.B. in Fällen der **Verschmelzung** (s. § 2 UmwG), **Spaltung** (s. § 123 UmwG), **Vermögensübertragung** (s. § 174 UmwG)). Die gleichen Grundsätze gelten ferner bei der **Betriebsaufspaltung**, soweit durch die Betriebsaufspaltung keine Organschaft begründet wird. Ein Neugründungsfall i.S.d. § 18 Abs. 2 Satz 4 UStG ist nicht anzunehmen, wenn für eine neue aufgenommene gewerbliche und berufliche Tätigkeiten keine Umsatzsteuer festzusetzen ist. Dies kann beispielsweise bei Kleinunternehmern und Landwirten vorkommen. Gleiches gilt für Fälle des **Formwechsels** (§ 190 UmwG) und des **Gesellschafterwechsels** (s. Abschn. 18.7 Abs. 1 und 2 UStAE). 27

Die Voranmeldungen verlieren ihre Wirksamkeit in dem Moment, in dem die Jahressteuerfestsetzung erfolgt. Allerdings hat diese Form der Erledigung nur Wirkung für die Zukunft. Die Fälligkeit der Vor- 28 auszahlungen und beispielsweise eine auf den Vollstreckungstitel des Vorauszahlungsbescheides in der Vergangenheit gestützte Vollstreckungsmaßnahme (vgl. BFH vom 15.06.1999, VII R 3/97, BStBl II 2000, 46 bzw. § 18 Abs. 4 Satz 3 UStG) bleiben unberührt.

29 Ergeht ein **Umsatzsteuerjahresbescheid** während eines Einspruch- oder Klageverfahrens gegen einen Vorauszahlungsbescheid, wird dieser zum Gegenstand des Verfahrens (s. § 365 Abs. 3 Satz 1 bzw. § 68 Satz 1 FGO). Im Anschluss an ein Ergehen eines erledigenden Umsatzsteuerjahresbescheids liegt ein berechtigendes Interesse an der Feststellung der Rechtswidrigkeit eines Umsatzsteuer-Vorauszahlungsbescheids nur in Ausnahmefällen vor. Denkbar wäre ein solcher Fall insbesondere bei einer Aussetzung der Vollziehung des Vorauszahlungsbescheids oder bei einer noch bestehenden Pfändung aufgrund dieses Bescheids. Eine ggf. vom Finanzamt gewährte Aussetzung der Vollziehung des Vorauszahlungsbescheides fällt mit der Jahreserklärung regelmäßig weg, weil die Aussetzung der Vollziehung nach § 69 Abs. 2 Satz 8 FGO auf den Betrag beschränkt ist, der sich nach Anrechnung der festgesetzten Vorauszahlungen ergibt. Etwaige Säumniszuschläge infolge der Nichtentrichtung der zuvor ausgesetzten Beträge sind regelmäßig wegen sachlicher Unbilligkeit nach § 227 AO zu erlassen (s. BFH vom 20.05.2010, V R 42/08, BStBl II 2010, 955).

3.2 Besonderheiten im Voranmeldeverfahren

30 Der Unternehmer kann gem. § 18 Abs. 2 Satz 3 UStG von der **Verpflichtung zur Abgabe von Voranmeldungen und Entrichtung von Vorauszahlungen befreit werden**, wenn die Steuer für das vorangegangene Kalenderjahr nicht mehr als 1.000 € betragen hat und es sich nicht um einen Neugründungsfall (s. § 18 Abs. 2 Satz 4 UStG) handelt. Hat sich im Vorjahr kein Überschuss zugunsten des Unternehmers ergeben, ist die Befreiung grundsätzlich von Amts wegen zu erteilen. Sie unterbleibt in begründeten Einzelfällen (z.B. bei nachhaltiger Veränderung in der betrieblichen Struktur oder wenn der Steueranspruch gefährdet erscheint oder im laufenden Jahr mit einer wesentlich höheren Steuer zu rechnen ist). Hat das vorangegangene Kalenderjahr einen Überschuss zugunsten des Unternehmers ergeben, verbleibt es von Amts wegen bei dem Kalendervierteljahr als Voranmeldungszeitraum. Anträgen der Unternehmer auf Befreiung von der Verpflichtung zur Abgabe vierteljährlicher Voranmeldungen ist in diesen Fällen jedoch regelmäßig stattzugeben.

31 Unabhängig von der Regelung des § 18 Abs. 2 Satz 3 UStG kann das Finanzamt den Unternehmer von der Abgabe der Voranmeldungen befreien, z.B. wenn und soweit in bestimmten Voranmeldungszeiträumen regelmäßig keine Umsatzsteuer entsteht.

32 **Beispiel (s. Abschn. 18.6 Abs. 1 UStAE):** Ein Aufsichtsratsmitglied erhält im Monat Mai eines jeden Jahres vertragsgemäß eine Vergütung von 30.000 €. Das Finanzamt kann das Aufsichtsratsmitglied für die Monate, in denen es keine Entgelte erhält, von der Abgabe der Voranmeldungen befreien. Die Befreiung ist davon abhängig zu machen, dass in den betreffenden Voranmeldungszeiträumen tatsächlich keine Umsatzsteuer entstanden ist.

33 Weitere Sonderregelungen gelten für Unternehmer, die gemäß § 24 UStG von der **Durchschnittsbesteuerung** Gebrauch machen (Land- und Forstwirte). Diese haben Voranmeldungen über die Verpflichtung nach § 18 Abs. 4a UStG hinaus – sofern sie vom Finanzamt nicht besonders aufgefordert werden – insbesondere nur dann abzugeben und Vorauszahlungen zu entrichten, wenn:

1. Umsätze von Sägewerkserzeugnissen bewirkt werden, für die der Durchschnittssatz nach § 24 Abs. 1 Satz 1 Nr. 2 UStG gilt, oder
2. Umsätze ausgeführt werden, die unter Berücksichtigung der Vereinfachungsregelung des Abschn. 24.6 UStAE zu einer Vorauszahlung oder einem Überschuss führen und für die wegen der Abgabe der Voranmeldungen keine besondere Ausnahmeregelung gilt, oder
3. Steuerbeträge nach § 14c UStG geschuldet werden.

34 Nach Abschn. 18.5 UStAE wird es nicht beanstandet, wenn Einzelhändler und Handwerker, die die in § 20 UStG geregelte **Ist-Besteuerung** nicht in Anspruch nehmen können, jedoch von der vereinfachten Verbu-

chung ihrer Kreditverkäufe nach R 5.2 Abs. 1 Satz 7 Buchstabe b EStR zulässigerweise Gebrauch machen, bei der Erfassung der Außenstände wie folgt verfahren:

1. Bei der Berechnung der Umsatzsteuer für einen Voranmeldungszeitraum bleiben die ausstehenden Entgelte für ausgeführte steuerpflichtige Lieferungen und sonstige Leistungen unberücksichtigt. Die Zahlungseingänge aus diesen Kreditgeschäften sind wie Zahlungseingänge aus Bargeschäften in dem Voranmeldungszeitraum zu versteuern, in dem sie vereinnahmt worden sind.
2. Zum 31.12. eines jeden Jahres hat der Unternehmer anhand der nach R 5.2 Abs. 1 Satz 7 Buchstabe b EStR geführten Kladde die ausstehenden Entgelte festzustellen und in der Voranmeldung für den Monat Dezember den Entgelten zuzurechnen. Der Forderungsbestand am 31.12. des Vorjahres ist in dieser Voranmeldung von den Entgelten abzusetzen.

Ändern sich die **Steuersätze** im Laufe eines Kalenderjahres, sind die Außenstände am Tage vor dem Inkrafttreten der geänderten Steuersätze zu ermitteln und in der nächsten Voranmeldung den Entgelten zuzurechnen, auf die die bisherigen Steuersätze Anwendung finden. In dieser Voranmeldung sind die ausstehenden Entgelte am 31.12. des Vorjahres von den Entgelten abzusetzen. Die Entgelte, die am Tage vor dem Inkrafttreten einer Änderung des Steuersatzes ausstehen, sind in der letzten Voranmeldung des Besteuerungszeitraums von den Entgelten abzusetzen, die den geänderten Steuersätzen unterliegen. 34/1

3.3 Dauerfristverlängerung

3.3.1 Gesetzliche Ermächtigung

Die in Kapitel 3.1 dargestellte Abgabefrist bis zum 10. des darauf folgenden Kalendermonats bzw. Kalendervierteljahres hat in der Praxis zu erheblichen Schwierigkeiten geführt. Zur zeitlichen Entlastung gibt § 18 Abs. 6 UStG die Ermächtigung durch Rechtsverordnung eine sog Dauerfristverlängerung zuzulassen, durch die die Abgabefristen um einen Monat verlängert werden. Gleichzeitig kann und wird regelmäßig angeordnet, dass der Unternehmer eine **Sondervorauszahlung** auf die Steuer für das Kalenderjahr zu entrichtet. In §§ 46–48 UStDV wird diese Ermächtigung praxistauglich umgesetzt. Der Antrag auf Dauerfristverlängerung muss nicht jährlich wiederholt werden, da die Dauerfristverlängerung solange als gewährt gilt, bis der Unternehmer seinen Antrag zurücknimmt oder das Finanzamt die Fristverlängerung widerruft (Abschn. 18.4 UStAE). 35

3.3.2 Dauerfristverlängerung gem. § 46 UStDV

Aufgrund der Formulierung in § 46 UStDV hat das Finanzamt dem Unternehmer auf Antrag die Frist für die Abgabe der Voranmeldungen und für die Entrichtung der Vorauszahlung um einen Monat zu verlängern. Mithin besteht im Grundsatz ein Rechtsanspruch auf die Fristverlängerung. Die **Gewährung der Dauerfristverlängerung** kann auch stillschweigend erfolgen. Die Finanzbehörde kann den Antrag lediglich dann ermessenskonform ablehnen oder eine bereits gewährte Fristverlängerung widerrufen, wenn der Umsatzsteueranspruch gefährdet erscheint. Dies kann regelmäßig angenommen werden, wenn beispielsweise der Unternehmer seine Voranmeldungen nicht oder nicht rechtzeitig abgibt oder die tatsächlich angemeldete Vorauszahlung nicht entrichtet (s. Abschn. 18.4 Abs. 1 UStAE). 36

Das grundsätzliche **Recht auf eine Fristverlängerung** gilt auch für Unternehmer, die ausschließlich Steuern für Umsätze gemäß §§ 1 Abs. 1 Nr. 5, 13b Abs. 5, 25b Abs. 2 und 2a UStG zu entrichten haben. 37

3.3.3 Sondervorauszahlung gem. § 47 UStDV

Durch § 47 UStDV wird geregelt, dass Unternehmer die die Gewährung der Dauerfristverlängerung in Anspruch nehmen wollen, regelmäßig eine Sondervorauszahlung zu entrichten haben. Zu beachten ist, dass dies nur für Unternehmer gilt, die Voranmeldungen monatlich abzugeben haben. Sind hingegen die Voranmeldungen quartalsweise einzureichen, entfällt die Verpflichtung zur Entrichtung einer Sondervorauszahlung trotz Gewährung einer Dauerfristverlängerung. 38

Die **Höhe der Sondervorauszahlung** beträgt 1/11 der Summe der Vorauszahlungen für das vorangegangene Kalenderjahr. Sofern der Unternehmer seine gewerbliche oder berufliche Tätigkeit im vorangegan- 39 genen Kalenderjahr nur zeitweise ausgeübt hat, ist die Summe der tatsächlichen Vorauszahlungen dieses Zeitraums auf einen „fiktiven“ Jahreswert umzurechnen. Beginnt der Unternehmer seine gewerbliche oder berufliche Tätigkeit im laufenden Kalenderjahr, bemisst sich die Sondervorauszahlung auf der Grundlage der zu erwartenden Vorauszahlungen dieses Kalenderjahrs. Sollte ein Unternehmer nach § 18 Abs. 2a UStG „freiwillig“ den Kalendermonat als Voranmeldezeitraum wählen, wird keine Sondervorauszahlung festgesetzt, weil keine positive Steuerschuld im vorangegangenen Kalenderjahr bestanden haben kann.

40 Während der Antrag auf Dauerfristverlängerung nicht jährlich wiederholt werden muss, ist die Sondervorauszahlung von den Unternehmern, die ihre Voranmeldungen monatlich abzugeben haben, für jedes Kalenderjahr, für das die Dauerfristverlängerung gilt, bis zum 10.02. zu berechnen, anzumelden und zu entrichten. Auf die Sondervorauszahlung finden die für die Steuern geltenden Vorschriften der AO Anwendung, z.B. die Vorschriften über die Festsetzung von Verspätungszuschlägen nach § 152 AO (s. BFH vom 07.07.2005, V R 63/03, BStBl II 2005, 813) und über die Verwirkung von Säumniszuschlägen nach § 240 AO.

41 Einstweilen frei

42 Das Finanzamt kann die Sondervorauszahlung im Einzelfall abweichend von § 47 UStDV niedriger festsetzen, wenn:

1. Infolge von Rechtsänderungen die vorgeschriebene Berechnung zu einem offensichtlich unzutreffenden Ergebnis führt oder
2. die Vorauszahlungen des Vorjahres durch außergewöhnliche Umsätze beeinflusst worden sind, mit deren Wiederholung nicht zu rechnen ist.

3.3.4 Verfahrensweise der Dauerfristverlängerung und der Sondervorauszahlung

43 Bis einschließlich 2010 hatte der Unternehmer den Antrag auf Dauerfristverlängerung sowie die Anmeldung der Sondervorauszahlung mit dem amtlich bestimmten bundeseinheitlichen Vordruck (USt 1 H) vorzunehmen. Ab 2011 regelt § 48 Abs. 1 UStDV dass der Antrag nach amtlich vorgeschriebenem Datensatz nach Maßgabe der StDÜV zu übermitteln ist. Vergleichbar mit anderen Bereichen kann hierfür in Härtefällen eine Ausnahme greifen.

44 Wie unter Kap. 3.3.3 ausgeführt, braucht der **Antrag auf Dauerfristverlängerung nicht jährlich wiederholt zu werden**. Da sich die Sondervorauszahlung regelmäßig an den Umsätzen des letzten Jahres orientiert, ist die Sondervorauszahlung in jedem Jahr neu bis zum 10.02. eines Kalenderjahres zu berechnen, anzumelden und zu entrichten. Für das Finanzamt besteht nach allgemein üblichen Regeln die Möglichkeit, die Sondervorauszahlung nach den jeweiligen Verhältnissen ganz oder teilweise stunden, wenn die fristgerechte Entrichtung im Einzelfall zu einer erheblichen Härte führen sollte. Weiter kann das Finanzamt die Sondervorauszahlung im Einzelfall auch abweichend von § 47 UStDV niedriger festsetzen s. Kap. 3.3.3.

45 Die festgesetzte Sondervorauszahlung ist bei der Festsetzung der Vorauszahlung für den letzten Voranmeldungszeitraum anzurechnen, für den die Fristverlängerung im jeweiligen Besteuerungszeitraum in Anspruch genommen werden konnte (s. § 48 Abs. 4 UStDV). Die Sondervorauszahlung wird daher grundsätzlich bei der Berechnung der Vorauszahlung für den Monat Dezember angerechnet. Hat der Unternehmer seine gewerbliche oder berufliche Tätigkeit im Laufe eines Kalenderjahres eingestellt, hat er die Anrechnung bereits in der Voranmeldung für den Voranmeldungszeitraum vorzunehmen, in dem der Betrieb eingestellt oder der Beruf aufgegeben worden ist. Bei einem **Verzicht des Unternehmers auf die Dauerfristverlängerung** und bei einem Widerruf durch das Finanzamt im Laufe des Kalenderjahres gilt § 48 Abs. 4 Satz 1 UStDV entsprechend (s. BFH vom 16.12.2008, VII R 17/08, BStBl II 2010, 91).

4. Jahreserklärung

4.1 Grundlagen der Erklärungsabgabe

46 Anders als in anderen Steuerrechtsgebieten gibt es für die Umsatzsteuer keine abweichenden Wirtschaftsjahre, da als Besteuerungszeitraum gem. § 16 UStG grundsätzlich das Kalenderjahr gilt. Aus diesem Grund ist eine jährliche Erklärungsabgabe erforderlich. Im Falle von abweichenden Wirtschaftsjahren in der Gewinnermittlung ist eine Umrechnung auf das Kalenderjahr vorzunehmen. Hat der Unternehmer seine

gewerbliche oder berufliche Tätigkeit nur in einem Teil des Kalenderjahres ausgeübt, so tritt dieser Teil an die Stelle des Kalenderjahres (s. § 16 Abs. 3 UStG). In Ausnahmefällen kann das Finanzamt einen kürzeren Besteuerungszeitraum bestimmen, wenn der Eingang der Steuer gefährdet erscheint oder der Unternehmer damit einverstanden ist.

Während Umsatzsteuerjahreserklärungen bis zum 31.12.2010 auf amtlichen Vordrucken abzugeben und eigenhändig zu unterschreiben waren, sind diese ab 01.01.2011 **elektronisch** zu übermitteln. Durch die parallele Pflicht zur Abgabe einer Jahreserklärung wird die Verpflichtung zur Abgabe von monatlichen oder vierteljährlichen Voranmeldungen nicht eingeschränkt. Die getrennte Betrachtung wird auch dadurch deutlich, dass ein sich ergebener Überschuss in einer Voranmeldung nicht auf die Jahreserklärung vorgetragen werden kann. Allenfalls denkbar wäre, die Auszahlung von einer Sicherheitsleistung abhängig zu machen. Sollte bei der Festsetzung der Umsatzsteuer ein Unterschiedsbetrag für das Kalenderjahr ermittelt werden, ist dieser Betrag gemäß § 37 AO zu erstatten oder zu verrechnen. Andernfalls ist der ausstehende Betrag vom Steuerpflichtigen innerhalb eines Monats nach dem Eingang der Steueranmeldung fällig. Im Regelfall ist die Umsatzsteuererklärung für das Kalenderjahr bis zum 31.05. des folgenden Kalenderjahr abzugeben (s. § 149 AO). Auf die Fristverlängerung bei steuerlicher Beratung wird hingewiesen. 47

5. Besonderheiten der Erwerbsbesteuerung für Fahrzeuglieferer und bei innergemeinschaftlichen Dreiecksgeschäften

Sofern natürliche und juristische Personen ausschließlich Steuer auf innergemeinschaftliche Erwerbe i.S.d. § 1 Abs. 1 Nr. 5 UStG zu entrichten haben, Leistungsempfänger i.S.d. § 13b Abs. 5 UStG sind oder als letzte Abnehmer beim innergemeinschaftlichen Dreiecksgeschäft i.S.d. § 25b UStG sind, gelten nach § 18 Abs. 4a UStG **spezielle Erklärungspflichten**. Die genannten Unternehmer sind zur Abgabe von Voranmeldungen nur für diejenigen Kalendermonate verpflichtet, in denen die erwähnten Umsätze zu erklären sind. 48

6. Einzelbesteuerungsverfahren

6.1 Beförderungseinzelbesteuerung

Befördert ein Unternehmer Personen im Gelegenheitsverkehr mit einem Kraftomnibus, der nicht im Inland zugelassen ist, wird die Umsatzsteuer für jede einzelne Beförderungsleistung durch die zuständige Zolldienststelle berechnet und festgesetzt, wenn bei der Ein- oder Ausreise eine Grenze zwischen dem Inland und dem Drittlandsgebiet (z.B. Grenze zur Schweiz) überschritten wird (s. § 16 Abs. 5, § 18 Abs. 5 UStG; Abschn. 16.2 UStAE). Ob der Unternehmer ein ausländischer Beförderer ist, ist unerheblich. Der Beförderer hat für jede einzelne Fahrt eine Steuererklärung nach amtlich vorgeschriebenem Vordruck in zwei Exemplaren bei der **zuständigen Zolldienststelle** abzugeben; die zuständige Zolldienststelle hat die Umsatzsteuer auf beiden Exemplaren der Steuererklärung festzusetzen und ein Stück dem Beförderer zurückzugeben, der die Umsatzsteuer sogleich entrichten muss. Dieses Exemplar hat der Beförderer mit der Steuerquittung während der Fahrt bei sich zu führen. Überschreitet der Beförderer die Grenze zum Drittlandsgebiet, so muss er bei der zuständigen Zolldienststelle eine weitere Steuererklärung in zwei Exemplaren abgeben, wenn sich die Zahl der beförderten Personen und die Zahl der Kilometer, von der bei der Steuerfestsetzung ausgegangen worden ist, geändert hat. Die Zolldienststelle setzt dann die Umsatzsteuer neu fest. 49

Wird im Einzelfall geltend gemacht, dass die Voraussetzungen für eine Besteuerung nicht gegeben seien, muss dies in eindeutiger und leicht nachprüfbarer Form gegenüber der Zolldienststelle nachgewiesen werden. Anderenfalls setzt die Zolldienststelle die Umsatzsteuer durch Steuerbescheid fest (s. § 155 Abs. 1 AO). Stellt der Unternehmer gemäß § 16 Abs. 5b UStG den Antrag an Stelle der Beförderungseinzelbesteuerung die Besteuerung nach allgemeinen Vorschriften durchzuführen, so hat er nach § 18 Abs. 5b Satz 1 UStG eine Umsatzsteuerjahreserklärung abzugeben und dabei die Steuer selbst zu berechnen. Auf die hiernach zu entrichtende Steuer ist die bereits durch die Beförderungseinzelbesteuerung entrichtete Steuer anzurechnen (s. § 18 Abs. 5b Satz 2 UStG). Auf das vom BMF herausgegebene Merkblatt vom 15.12.10, BStBl I 2010, 1504 und auf Abschn. 18.8 UStAE wird hingewiesen. 50

51 **Nicht im Inland ansässige Unternehmer** können Vorsteuerbeträge, die den der Einzelbesteuerung unterliegenden Beförderungsleistungen zuzurechnen sind, in einem besonderen Verfahren geltend machen, mit der Folge, dass sie ihnen dann zu vergüten sind (s. §§ 59 bis 61 UStDV Vergütungsverfahren). Wegen weiterer Einzelheiten des Vergütungsverfahrens. Hat der Unternehmer jedoch nach § 16 Abs. 5b Satz 1 UStG zum allgemeinen Besteuerungsverfahren optiert, kann er die Vorsteuern auch in diesem Verfahren beanspruchen.

6.2 Fahrzeugeinzelbesteuerung

52 Beim innergemeinschaftlichen Erwerb neuer Fahrzeuge (s. § 1b UStG) durch andere Erwerber als die in § 1a Abs. 1 Nr. 2 UStG genannten Personen – also insbesondere Privatpersonen – hat der Erwerber für jedes erworbene neue Fahrzeug eine **Steuererklärung für die Fahrzeugeinzelbesteuerung** nach amtlich vorgeschriebenem Vordruck abzugeben (s. § 16 Abs. 5a, § 18 Abs. 5a UStG). Der Erwerber hat die Steuererklärung eigenhändig zu unterschreiben und ihr die vom Lieferer ausgestellte Rechnung beizufügen. §§ 167 und 168 AO sind anzuwenden. Siehe im Übrigen Abschn. 18.9 UStAE.

53 Der Erwerber hat die **Steuererklärung** für die Fahrzeugeinzelbesteuerung innerhalb von 10 Tagen nach dem Tag des innergemeinschaftlichen Erwerbs (s. § 13 Abs. 1 Nr. 7 UStG) abzugeben und die Steuer zu entrichten. Dabei ist der Vordruck USt 1 B zu verwenden (s. BMF vom 09.10.2006, BStBl I 2006, 616). Gibt er keine Steuererklärung ab oder berechnet er die Steuer nicht richtig, kann das Finanzamt die Steuer – ggf. im Schätzungswege – festsetzen. Der Schätzung sind regelmäßig die Mitteilungen zugrunde zu legen, die dem Finanzamt von den für die Zulassung oder Registrierung von Fahrzeugen zuständigen Behörden (s. § 18 Abs. 10 Nr. 1 UStG) oder dem für die Besteuerung des Fahrzeuglieferers zuständigen EU-Mitgliedstaat zur Verfügung gestellt werden. Die örtliche Zuständigkeit des Finanzamtes richtet sich § 21 AO.

7. Verzicht auf Steuererhebung

54 Nach § 18 Abs. 7 UStG kann das BMF zur Vereinfachung des Besteuerungsverfahrens durch Rechtsverordnung bestimmen, dass und unter bestimmten Voraussetzungen auf die Erhebung der Steuer für Lieferungen von Gold, Silber und Platin sowie sonstige Leistungen im Geschäft mit diesen Edelmetallen zwischen Unternehmern, die an einer Wertpapierbörse im Inland mit dem Recht zur Teilnahme am Handel zugelassen sind, verzichtet werden kann. Das gilt nicht für Münzen und Medaillen aus diesen Edelmetallen. Von dieser Ermächtigung hat das BMF mit § 49 UStDV Gebrauch gemacht:

55 Auf die Erhebung der Steuer für die **Lieferungen von Gold, Silber und Platin** sowie für die sonstigen Leistungen im Geschäft mit diesen Edelmetallen wird verzichtet, wenn:

1. Die Umsätze zwischen Unternehmern ausgeführt werden, die an einer Wertpapierbörse im Inland mit dem Recht zur Teilnahme am Handel zugelassen sind,
2. die bezeichneten Edelmetalle zum Handel an einer Wertpapierbörse im Inland zugelassen sind und
3. keine Rechnungen mit gesondertem Ausweis der Steuer erteilt werden.

56 Es handelt sich insoweit nicht um eine Steuerbefreiung i.S.d. § 4 UStG, sondern um eine bloße Nichterhebung bzw. Aussetzung. Folglich bleibt auch dem Grunde nach der Vorsteuerabzug erhalten.

8. Sonderregelung für nichtansässige Unternehmer

8.1 Elektronische Dienstleistungen von Drittlandsunternehmern

57 Während für die sonstigen Leistungen i.S.d. § 3a Abs. 4 Nr. 13 UStG an Unternehmer der Leistungsort nach dem Sitz bzw. der Niederlassung des Leistungsempfängers bestimmt wird, gelten vergleichbare Leistungen an Nichtunternehmer grundsätzlich an dem Ort ausgeführt, von dem aus der Unternehmer sein Unternehmen betreibt (s. § 3a Abs. 1 Satz 1 UStG). Abweichend hiervon **verlagert § 3a Abs. 4 Nr. 13 UStG den Leistungsort ins Drittland**, wenn der Leistungsempfänger im Drittland ansässig ist (**s. § 3a Rn. 127, 189**). Korrespondierend wird nach § 3a Abs. 5 UStG für die in § 3a Abs. 4 Nr. 13 UStG bezeichneten sonstigen Leistungen, die von einem im Drittlandsgebiet ansässigen Unternehmer an einen Nichtunternehmer mit

Sitz oder Wohnsitz im Gemeinschaftsgebiet ausgeführt werden, der Leistungsort an den Ort verlagert, wo der Empfänger (Nichtunternehmer) seinen Sitz oder Wohnsitz hat.

Über die Regelungen in §§ 18 Abs. 4c und 4d UStG wird ein **spezielles Besteuerungsverfahren für nicht im Gemeinschaftsgebiet ansässige Unternehmer** gestattet, die auf elektronischem Weg sonstige Leistungen an Leistungsempfänger (Nichtunternehmer) mit Wohnsitz oder Sitz im Gemeinschaftsgebiet erbringen. Der im Drittlandsgebiet ansässige Unternehmer wäre zur Abgabe von Steueranmeldungen in jedem Mitgliedstaat verpflichtet, in dem er Leistungen an die Nichtunternehmer erbracht hat. Aus Vereinfachungsgründen besteht die Möglichkeit, diese Umsätze in einem einzigen Verfahren in einem der Mitgliedstaaten anzumelden und zu versteuern. Europarechtliche Grundlage ist Art. 359 ff. der MwStSystRL. 58

Der in mehreren Mitgliedstaaten Umsätze ausführende Unternehmer wählt hierzu frei, in welchem Mitgliedstaat er sich registrieren lässt. In diesem Staat sind alle in der EU an Nichtunternehmer erbrachten elektronischen Dienstleistungen anzumelden. Der Unternehmer, der in Deutschland registriert werden möchte, hat die Ausübung des Wahlrechts auf amtlich vorgeschriebenen, elektronisch zu übermittelnden Dokument dem BZSt anzuzeigen, bevor er Umsätze nach § 3a Abs. 5 UStG im Gemeinschaftsgebiet erbringt (§ 18 Abs. 4c Satz 3 UStG). In diesem er macht dort die erforderlichen Angaben: 59

- Zum Beginn und zur Beendigung seiner Tätigkeit (Art. 360 MwStSystRL) und
- zu seiner Identität (Art. 361 MwStSystRL).

Der Mitgliedstaat der Identifizierung erteilt ihm eine IdNr. (Art. 362 MwStSystRL). 60

Soweit sich der Drittlandsunternehmer für die Sonderregelung entscheidet, ist er nach § 18 Abs. 4c Satz 1 UStG verpflichtet, für jedes Quartal als Besteuerungszeitraum (s. § 16 Abs. 1a Satz 1 UStG) beim BZSt eine elektronische Umsatzsteuererklärung bis zum 20. des Folgemonats abzugeben. Er muss darin die Umsätze i.S.d. § 3a Abs. 4 Nr. 13 UStG für alle Mitgliedstaaten anmelden (s. § 16 Abs. 1a Satz 2 UStG; Abschn. 3.16 Abs. 9 Satz 2 UStAE) und die Steuer selbst errechnen. Zur Währungsumrechnung s. § 16 Abs. 6 Satz 4 und 5 UStG und Abschn. 3.16 Abs. 10 UStAE. Die Steuer ist am 20. Tag nach Ablauf des Kalendervierteljahres fällig (s. § 18 Abs. 4c Satz 2 UStG). Wurden keine Umsätze ausgeführt, ist eine „**Nullanmeldung**" abzugeben. Er macht keinen Vorsteuerabzug, sondern nur Vorsteuervergütung geltend (s. Art. 368 MwStSystRL). Verstößt er wiederholt gegen die Pflichten aus der Sonderregelung, wird seine Registrierung vom Mitgliedstaat der Identifizierung gelöscht (s. Art. 363 MwStSystRL). 61

Sollte der Unternehmer in einem anderen Mitgliedstaat der EU registriert sein, regelt § 18 Abs. 4d UStG, dass der Drittlandsunternehmer nicht zur Abgabe von Umsatzsteuer-Erklärungen verpflichtet ist, wenn er im Inland nur Leistungen i.S.d. § 3a Abs. 5 UStG erbringt und diese Umsätze in einem anderen Mitgliedstaat erklärt und versteuert. Dies gilt allerdings nur, wenn der Unternehmer diese Voraussetzungen während des gesamten Kalenderjahres erfüllt; ansonsten hat er für den Rest des Jahres eine Erklärung abzugeben. 62

8.2 Elektronische Dienstleistungen von Inlandsunternehmern

Bereits im Rahmen der Novellierung bzw. Neustrukturierung der Ortsvorschriften für sonstige Leistungen zum 01.01.2010 wurde EU-Ebene beschlossen, dass elektronische Dienstleistungen sowie Telekommunikations-, Rundfunk- und Fernsehdienstleistungen ab 01.01.2015 am Ort des Endverbrauchs der Umsatzsteuer zu unterwerfen sind. Entsprechende Regelungen beinhaltet § 18h UStG. 63

9. Vergütungsverfahren

9.1 Grundlagen des Vergütungsverfahrens

9.1.1 Gesetzliche Ermächtigung und Zweck

Vorsteuerbeträge kann jeder Unternehmer fordern, wenn ihm aufgrund einer Leistung für sein Unternehmen Umsatzsteuerbeträge in einer Rechnung gesondert ausgewiesen werden (s. § 15 Abs. 1 Satz 1 Nr. 1 UStG). Infolge der Änderungen des UStG zum 01.01.1980 haben seither auch ausländische Unternehmer grundsätzlichen einen aus § 15 UStG ableitbaren Anspruch auf Erstattung inländischer Vorsteuer. Hierbei ist es zunächst nicht von Bedeutung, ob diese Unternehmer im Inland auch Umsätze zu versteuern haben. 64

Im Grundfall bedeutet dies, dass die Unternehmer, die im Inland keine Umsätze ausführen, sich nur für die Geltendmachung dieses Vorsteuerabzugs im Inland für steuerliche Zwecke erfassen lassen müssten. Mit dem Ziel der Vereinfachung und „Beschleunigung" des Verfahrens erfolgt die Vergütung in einem solchen Fall in einem besonderen Verfahren, dem **Vorsteuervergütungsverfahren**. Rechtsgrundlage sind hierfür über die Ermächtigung in § 18 Abs. 9 UStG die §§ 59 bis 61 UStDV. Diese greifen anstelle der üblichen Registrierung über § 16 UStG i.V.m. § 18 Abs. 1-4 UStG.

65 Nach der Richtlinie 2008/9/EG zur Regelung der Erstattung der Mehrwertsteuer an **in einem anderen Mitgliedstaat** ansässige Steuerpflichtige vom 12.02.2008 (ABl. EU 2008 Nr. L 44 S. 23) wurde ab dem 01.01.2010 das papiergestützte Verfahren durch ein neues, rein elektronisches Verfahren ersetzt. Bis dahin galt einheitlich das auf den Vorgaben der 8. EG-RL vom 06.02.1979 (ABl. EG Nr. L 331 S. 11, zuletzt geändert durch die Richtlinie 2006/98/EG vom 20.11.2006 (ABl. EU Nr. 363 S. 129) und der 13. EG-RL vom 17. 11.1986 (ABl. EG Nr. L 326 S. 40) beruhende Verfahren. Die Änderung zum 01.01.2010 erfolgte insbesondere aufgrund einer überlangen Verfahrensdauer und eines erheblichen Verwaltungsaufwandes innerhalb der EU. Entsprechend wurden die in § 18 Abs. 9 UStG und §§ 59 und 61 UStDV geregelten Grundsätze zur Umsetzung der Vorgaben der 9. EG-RL Richtlinie durch das JStG 2009 vom 19.12.2008 (BStBl I 2008, 2794) angepasst.

9.1.2 Grundsätzliche Voraussetzungen

66 Voraussetzung für die Anwendung des Vergütungsverfahrens ist es, dass der ausländische Unternehmer im Vergütungszeitraum entweder keine Umsätze oder nur die in § 59 Abs. 1 Nr. 1 bis 4 UStDV bezeichneten Umsätze im Inland ausgeführt hat. Ist dies der Fall, erfolgt die Erstattung der Vorsteuerbeträge zwingend in dem besonderen Vergütungsverfahren. Es besteht mithin insoweit kein Wahlrecht (s. Abschn. 18.15 Abs. 1 Satz 1 UStAE). Besteht hingegen die Pflicht zur Abgabe einer Steuererklärung, ist das Vergütungsverfahren ausgeschlossen. Der Unternehmer, der eine Umsatzsteuererklärung für das Kalenderjahr abzugeben hat, ist berechtigt, auch alle in diesem Jahr entstandenen Vorsteuerbeträge in der Jahreserklärung geltend zu machen. Dies gilt auch für Vorsteuerbeträge, für die der Unternehmer einen unterjährigen Vergütungsantrag stellen könnte (s. BFH vom 14.04.2011, V R 14/10, DStR 2011, 1514; a.A. Abschn. 18.15 Abs. 1 Satz 4 Nr. 2 und Nr. 3 UStAE). Das im Inland durchzuführende Vergütungsverfahren i.S.d. § 18 Abs. 9 UStG umfasst nur die nach deutschem Recht entstandene Vorsteuer. Die **Vergütung von ausländischen Vorsteuern** ist nach den Vorschriften des anderen Landes vorzunehmen (s. § 18g UStG). Unternehmer im Inland können das Vergütungsverfahren in anderen Staaten beantragen. Die Vergütung von Vorsteuer aus anderen Staaten richtet sich nach deren Vorschriften und vollzieht sich durch die dort zentral zuständigen Erstattungsbehörden. § 18g UStG ist zu beachten.

67 Als weitere Anforderung ist zu beachten, dass für die Vorsteuervergütung sämtliche materiell-rechtlichen Voraussetzungen des Vorsteuerabzugs vorliegen müssen. Das heißt auch, dass insbesondere kein Ausschlusstatbestand nach § 15 Abs. 2 UStG greifen darf.

68 Ein Vergütungsanspruch kann im Regelfall abgetreten werden (s. §§ 46 Abs. 1 bis 3, 170 Abs. 3 AO). Die Abtretung muss auf einem amtlichen vorgeschriebenen Vordruck angezeigt werden.

9.1.3 Vergütungsberechtigter Unternehmer

69 Zur inländischen Vorsteuervergütung sind nur solche Unternehmer berechtigt, die im Ausland ansässig sind, wobei der Begriff der Ansässigkeit richtlinienkonform auszulegen ist (s. BFH vom 22.05.2003, V R 97/01, BStBl II 2003, 819). § 10 AO findet insoweit keine Anwendung. Für eine Ansässigkeit im Ausland dürfen somit im Inland weder der Sitz der wirtschaftlichen Tätigkeit, noch eine feste Niederlassung vorhanden sein (s. Art. 43 und Art. 56 MwStSystRL). Unter dem Sitz der wirtschaftlichen Tätigkeit wird der Ort verstanden, an dem die wesentlichen Entscheidungen zur allgemeinen Leitung dieser Gesellschaft getroffen und die Handlungen zu deren zentraler Verwaltung vorgenommen werden (s. EuGH vom 28.06.2007, C-73/06, Pflanzer Luxembourg Sarl, UR 2007, 654). Für die Annahme einer festen Niederlassung wird ein hinreichender Grad an Beständigkeit sowie eine Struktur, die eine Erbringung von Umsätzen ermöglicht,

vorausgesetzt. Nicht erforderlich ist hingegen, dass der betreffende Unternehmer rechtlich die alleinige Verfügungsmacht über Räumlichkeiten, Personal und Einrichtung hat.

Sobald ein ausländischer Unternehmer Umsätze über im Inland belegende feste Niederlassungen (**Betriebsstätte**) ausführt und für diese Umsätze die Umsatzsteuer schuldet, kann er die Vorsteuern auch dann im allgemeinen Besteuerungsverfahren geltend machen, wenn die Leistung nicht über die inländische feste Niederlassung, sondern direkt von der ausländischen Hauptniederlassung bezogen wurde. Unternehmer, die ein im Inland gelegenes Grundstück besitzen und steuerpflichtig oder steuerfrei vermieten, sind hinsichtlich ihrer Vermietungsumsätze als im Inland ansässig zu behandeln (Abschn. 13b.11 Abs. 2 Satz 2 UStAE). Für sie gilt somit nicht das Vergütungsverfahren, sondern das normale Besteuerungsverfahren. 70

Voraussetzung für die Anwendung des Vergütungsverfahrens ist ferner, dass der nicht im Inland ansässige Unternehmer im Vergütungszeitraum entweder keine Umsätze im Inland ausgeführt hat, oder nur die in § 59 Abs. 1 Nr. 2 bis 4 UStDV bezeichneten Umsätze. Auch eine auf den Unternehmer übergehende Steuerschuldnerschaft kann somit das Vergütungsverfahren ausschließen. Hat der Unternehmer hingegen keine Umsätze oder nur die in § 59 Abs. 1 Nr. 2 bis 4 UStDV bezeichneten Umsätze ausgeführt, findet eine Geltendmachung der Vorsteuerbeträge nur im Vergütungsverfahren statt. 71

Der ausländische Unternehmer hat durch behördliche Bescheinigung des Staates, in dem er ansässig ist, nachzuweisen, dass er als Unternehmer unter einer Steuernummer eingetragen ist. Der Nachweis ist nach dem Muster USt 1 TN zu führen. Diese sog „**Unternehmerbescheinigung**" muss den Vergütungszeitraum abdecken und bestätigen, dass der Antragsteller Unternehmer i.S.d. Umsatzsteuerrechts ist (s. BFH vom 18.01.2007, V R 22/05, BStBl II 2007, 426). Die Bescheinigung ist materiell-rechtliche Voraussetzung für die Vergütung, darf jedoch nicht älter als ein Jahr sein und sich nicht auf die Vergangenheit erstrecken. Die Bescheinigung begründet grundsätzlich die Vermutung, dass der Inhaber in dem Staat, der die Bescheinigung ausgestellt hat, ansässig und mehrwertsteuerpflichtig ist. Durch die Bescheinigung entsteht eine widerlegbare tatsächliche Vermutung für die Frage der Ansässigkeit. Im seit 1.1.2010 geltenden elektronischen Verfahren erfolgt dier Bestätigung der Unternehmereigenschaft durch den Staat der Antragstellung. 72

Beantragt ein Kleinunternehmer (§ 19 UStG) die Vergütung von Vorsteuerbeträgen im Verfahren, so gilt dies als Verzicht auf die Steuerfreiheit. 73

9.1.4 Sachliche Einschränkung

Ausschließlich bei Unternehmern aus dem sog. Drittlandsgebiet kommt als weitere Voraussetzung hinzu, dass gem. § 18 Abs. 9 Satz 4 UStG zwischen dem betreffenden Staat und Deutschland eine **Gegenseitigkeit in der Gewährung der Vergütung** gegeben sein muss. Eine Aufstellung dieser Drittstaaten enthält das Schreiben des BMF vom 22.02.2013 (BStBl I 2013, 268). Dieses übliche Gegenseitigkeitserfordernis verstößt nicht gegen das Diskriminierungsverbot und wird als gemeinschaftsrechtskonform angesehen. Eine weitere **sachliche Einschränkung für Drittlandsunternehmer** besteht darin, dass die Vergütung von Vorsteuerbeträgen aus dem Bezug von Kraftstoffen in jedem Fall ausgeschlossen ist (s. § 18 Abs. 9 Satz 5 UStG; zur Ausnahme für elektronische Dienstleistungen s. § 18 Abs. 9 Satz 6 UStG). 74

9.1.5 Vergütungszeitraum

Für die Unternehmer besteht die Möglichkeit, den jeweiligen Vergütungszeitraum selbst zu wählen. Voraussetzung ist lediglich, dass der Zeitraum mindestens 3 aufeinander folgende Kalendermonate in einem Kalenderjahr umfassen muss und höchstens ein Kalenderjahr betragen darf. Ausnahmen sind u.a. denkbar, wenn beispielsweise eine Vergütung nur für die Monate November und Dezember oder auch für den Monat Dezember als Vergütungszeitraum erforderlich ist. Als Vergütungszeiträume kommen nur volle Kalendermonate in Betracht. 75

9.1.6 Wechsel des Verfahrens

Aufgrund der speziellen Anforderungen und der Vielfalt geschäftlicher Aktivitäten, kann es sein, dass im Laufe eines Kalenderjahrs Vorsteuer zeitweise im Wege des Vergütungsverfahrens vergütet werden muss und zeitweise im allgemeinen Besteuerungsverfahren abzuziehen ist. Da dieser Fall nicht selten 76 vorkommt, hat die Finanzverwaltung hierfür detaillierte Regelungen vorgesehen (s. Abschn. 18.15 Abs. 1 Satz 4 Nr. 1–4 UStAE). Danach gilt, dass vom Beginn des Voranmeldungszeitraums an, in dem das allgemeine Besteuerungsverfahren durchzuführen ist, weil beispielsweise durch die Ausführung von Umsätzen das inländische Erklärungsverfahren einschlägig ist, die Zuständigkeit des Bundeszentralamtes für Steuern endet. Mithin kommt dann das Vorsteuervergütungsverfahren nicht mehr zu Anwendung (vgl. aber Rn. 64). Für den ausländischen Unternehmer ist dann das Finanzamt des Umsatzschwerpunktes (s. § 21 AO) zuständig, wobei im Bereich eines Landes die Zuständigkeit eines zentralen Finanzamtes gegeben sein kann. Werden im Laufe des Jahres erneut die Voraussetzungen des Vergütungsverfahrens erfüllt, so bleibt es gleichwohl bei der Zuständigkeit des genannten Finanzamts.

77 Sofern die Voraussetzungen für das allgemeine Besteuerungsverfahren in einem Voranmeldungszeitraum vorliegen, hat der Unternehmer eine Voranmeldung abzugeben. Nach Ablauf des Jahres ist eine Jahreserklärung abzugeben. Hierbei ist dann die Steuer für das Jahr festzusetzen, wobei Vorsteuerbeträge nicht zu berücksichtigen sind, die im Vergütungsverfahren vergütet wurden (s. § 62 Abs. 1 UStDV). **Vorsteuerbeträge, die vom Vergütungsverfahren ausgeschlossen sind**, können nur im allgemeinen Besteuerungsverfahren berücksichtigt werden. Vorsteuerbeträge, die unter das Vergütungsverfahren fallen, können dagegen nicht alternativ im allgemeinen Besteuerungsverfahren geltend gemacht werden (vgl. aber Rn. 64).

78 Für die Vergütungszeiträume ist ein Antrag nach amtlich vorgeschriebenem Muster abzugeben. In beiden Fällen sind die abziehbaren Vorsteuerbeträge durch Vorlage der Rechnungen und Einfuhrbelege im Original nachzuweisen (s. § 62 Abs. 2 UStDV).

9.2 Verfahren im Detail

9.2.1 Anträge bis zum 31.12.2009

79 Der Antrag auf Vergütung ist eine **Steueranmeldung gemäß § 150 Abs. 1 Satz 2 AO**, sodass für die Vergütung grundsätzlich das Bundeszentralamt für Steuern zuständig ist. Unabhängig davon, ob der ausländische Unternehmer im übrigen Gemeinschaftsgebiet oder im Drittlandsgebiet ansässig ist, musste für die Beantragung der Vergütung der Vorsteuerbeträge ein besonderer Vordruck verwendet werden. Dieser Vordruck musste in deutscher Sprache ausgefüllt und eigenhändig unterschrieben werden (s. § 18 Abs. 9 Satz 5 UStG a.F.). Für Vergütungsanträge von einem im übrigen Gemeinschaftsgebiet ansässigen Unternehmer wurde das Erfordernis der eigenhändigen Unterschrift mittlerweile für EU-rechtswidrig erachtet (s. EuGH vom 03.12.2009, C- 33/08, Yaesu Europa BV, DStR 2009, 2593). Bei Anträgen von nicht in einem anderen Mitgliedsstaat ansässigen Unternehmern gilt die Pflicht hingegen weiterhin. Wenn nicht alle Angaben und Erklärungen enthalten waren, die nach dem amtlich vorgeschriebenen Vordruck erforderlich waren, war ein Vorsteuervergütungsantrag unwirksam. Auch ein nicht amtliches Formular konnte verwendet werden, sofern dieses nur geringe Abweichungen aufwies.

80 In dem im Vorsteuervergütungsverfahren abzugebenden Antrag hat der Unternehmer die Vorsteuerbeträge im Einzelnen aufzuführen. Durch Vorlage der Originalbelege waren die Angaben zu belegen (s. § 18 Abs. 9 Satz 4 UStG a.F.). Die Rechnungen hatte der Unternehmer grundsätzlich mit dem Vergütungsantrag im Original vorzulegen, Zweitschriften oder Kopien waren ausnahmsweise zugelassen. Ferner hatte der Unternehmer den **Gesamtbetrag der Vergütung selbst zu berechnen**.

81 Zeitlich war zu beachten, dass der **Vergütungsantrag** spätestens 6 Monate nach Ablauf des Kalenderjahrs zu stellen war, in dem der Vergütungsanspruch entstanden ist (s. § 18 Abs. 9 Satz 3 UStG a.F.). Diese Frist war eine Ausschlussfrist und konnte nicht rückwirkend nach z.B. nach § 109 AO verlängert werden (s. BFH vom 21.10.1999, V R 76/98, BStBl II 2000, 214). Ggf. konnte eine Wiedereinsetzung in den vorigen Stand nach § 110 AO in Betracht kommen.

82 Ferner war Voraussetzung für die Vergütung, dass durch eine behördliche Bescheinigung des ausländischen Staates nachgewiesen wurde, dass es sich beim Antragsteller um einen Unternehmer handelte, der dort unter einer Steuernummer geführt wurde. Die Vergütung musste zudem mindestens 200 € betragen, es sei denn, der Vergütungszeitraum umfasste das Kalenderjahr oder den letzten Zeitraum eines Kalenderjahrs. Dann musste die Mindestvergütung 25 € betragen. Für nicht im Gemeinschaftsgebiet ansässige

Unternehmer musste die Vergütung mindestens 500 € betragen; umfasste der Vergütungszeitraum das Kalenderjahr oder den letzten Zeitraum eines Jahres betrug die Mindestvergütung 250 € (s. § 61 Abs. 2 UStDV a.F.).

Typischerweise war es nicht erforderlich, zu jedem Einzelbeleg darzulegen, zu welcher unternehmerischen Tätigkeit die erworbenen Gegenstände oder empfangenen sonstigen Leistungen verwendet worden war. Pauschale Erklärungen reichten regelmäßig aus. Gleichwohl musste der unternehmerische Bezug glaubhaft dargestellt werden. 83

Insbesondere zur **Verwaltungsvereinfachung** galt zudem: 84

- Bei Rechnungen, deren Gesamtbetrag 150 € nicht überstieg und bei denen das Entgelt und die Umsatzsteuer in einer Summe angegeben sind (s. § 33 UStDV) konnte der Antragsteller die Rechnungen getrennt nach Kostenarten z.B. für Treibstoff, für Übernachtung etc. mit laufenden Nummern versehen und sie mit diesen Nummern, den Nummern der Rechnungen und mit den Bruttobetragsrechnungen in gesonderten Aufstellungen zusammenfassen. Die zusammengefassten Bruttorechnungsbeträge waren dann aufzurechnen. Aus dem Endbetrag jeder Kostenart war dann die darin enthaltene Umsatzsteuer herauszurechnen und in den Antrag zu übernehmen.
- Bei Fahrausweisen, in denen das Entgelt und der Steuerbetrag in einer Summe angegeben sind (s. § 34 UStDV) galt entsprechendes.
- Bei Belegen über EUSt konnte der Antragsteller die Belege mit laufenden Nummern versehen und in einer gesonderten Aufstellung zusammenfassen. Auch hier sind die Steuerbeträge aufzurechnen und in den Antrag zu übernehmen.

Den gesonderten Aufstellungen waren die Originalrechnungen und die Originalbelege beizufügen. 85

9.2.2 Anträge ab dem 01.01.2010

9.2.2.1 Hintergrund der Änderung

Das bis dahin geltende Verfahren hatte sich in der Praxis nicht bewährt bzw. wurde als sehr langwierig und aufwendig empfunden. Aus diesem Grund wurde das Verfahren mit der Richtlinie 2008/9/EG zur Regelung der Erstattung der Mehrwertsteuer **an in einem anderen Mitgliedstaat** ansässige Steuerpflichtige vom 12.02.2008 (ABl. EU 2008 Nr. L 44 Seite 23) ab dem 01.01.2010 geändert. Das bisherige papiergestützte Verfahren durch ein neues, rein elektronisches Verfahren ersetzt. Der deutsche Gesetzgeber hat in den §§ 18 Abs. 9 UStG bzw. §§ 59 und 61 UStDV die Vorgaben der Richtlinie in deutsches Recht umgesetzt. Das BMF hat zu der Änderung durch das JStG 2009 mit Schreiben vom 03.12.2009 (BStBl I 2009, 1520) ausführlich Stellung genommen (s. Abschn. 18.10 bis 18.16 UStAE). 86

9.2.2.2 Persönliche Voraussetzungen

Vergütungsberechtigt sind systembedingt nach wie vor lediglich im Ausland ansässige Unternehmer. Dies sind nach nunmehr festgelegter Definition Unternehmer, die weder im Inland noch auf der Insel Helgoland oder in einem der in § 1 Abs. 3 UStG bezeichneten Gebiete einen Wohnsitz, einen Sitz, die Geschäftsleitung oder eine Betriebsstätte haben. Entscheidend ist jeweils der Zeitpunkt, in dem die jeweilige Leistung an den Unternehmer ausgeführt wurde (s. § 59 Abs. 2 UStDV). Der bisherige Verweis auf § 13b UStG konnte nicht aufrecht gehalten werden, da nach § 13b UStG strukturell verändert wurde und so die Voraussetzungen divergieren. Die Voraussetzungen in § 59 Abs. 2 UStDV sind wiederum richtlinienkonform auszulegen, sodass die gemeinschaftsrechtlich verwendeten Begriffe des „**Sitzes der wirtschaftlichen Tätigkeit**“ und der „**festen Niederlassung**“ zu beachten sind. Die übrigen persönlichen Voraussetzungen sind unverändert geblieben. 87

9.2.2.3 Differenzierung der Verfahrensweise nach Ansässigkeit

Die wesentliche Änderung des Verfahrens ab 01.01.2010 besteht darin, dass seither zwischen ausländischen Unternehmer, die in einem anderen Mitgliedsstaat ansässig sind und solchen, die nicht in einem anderen Mitgliedsstaat ansässig sind, zu unterscheiden ist. Für die erstgenannten Unternehmer kommt es seither 88 zu einem völlig veränderten elektronischen Verfahren, während es für nicht in einem andern Mitgliedsstaat ansässige Unternehmer weitgehend bei der bisherigen Regelung verbleibt.

a) Verfahren für ausländische Antragsteller, die in einem anderen Mitgliedsstaat ansässig sind, § 61 UStDV

89 Anders als bisher sind **Anträge auf Vergütung der Mehrwertsteuer** nicht mehr unmittelbar im Mitgliedstaat der Vergütung einzureichen. Die in einem anderen Mitgliedstaat ansässigen Unternehmer müssen seither ihre elektronischen Anträge gemäß §§ 18 Abs. 9 Satz 2 Nr. 5, 61 Abs. 1 UStDV nach amtlich vorgeschriebenem Datensatz durch Datenfernübertragung gemäß SteuerdatenÜbermittlungsverordnung (StDÜV) über das in ihrem Ansässigkeitsstaat für sie eingerichtete elektronische Portal an den Mitgliedstaat der Vergütung richten (der Mitgliedstaat der Erstattung bleibt also weiterhin Adressat des Vergütungsantrags). Der Ansässigkeitsmitgliedstaat hat insoweit die Funktion eines elektronischen Briefkastens. Der Mitgliedstaat, in dem der Antragsteller ansässig ist, prüft den Antrag auf Vollständigkeit sowie auf dessen Zulässigkeit (insbesondere Unternehmereigenschaft des Antragstellers). Im neuen Verfahren entfällt deshalb die schriftliche Unternehmerbescheinigung, die bisher vom örtlich zuständigen Finanzamt ausgestellt wurde. Die **Vollständigkeitsprüfung** erfolgt automationsgestützt durch die Festlegung von Pflichtfeldern. Der Ansässigkeitsmitgliedstaat hat innerhalb von 15 Kalendertagen nach Eingang des Vergütungsantrags diesen an den Vergütungsmitgliedstaat weiterzuleiten. Mit der elektronischen Weiterleitung bestätigt der Ansässigkeitsmitgliedstaat, dass der Antragsteller Steuerpflichtiger ist und dass die USt-Identifikationsnummer oder Registrierungsnummer für den Vergütungszeitraum gültig ist.

90 Der Vergütungsantrag muss dem Mitgliedstaat, in dem der Steuerpflichtige ansässig ist, spätestens am 30.09. des auf den Vergütungszeitraum folgenden Kalenderjahres vorliegen (s. § 18 Abs. 9 Satz 2 Nr. 2, § 61 Abs. 2 Satz 1 UStDV). Der Unternehmer muss folglich seinen elektronischen Antrag bis zum 30.09. bei seinem Ansässigkeitsmitgliedstaat einreichen. Hierüber erhält er unverzüglich eine elektronische Empfangsbestätigung (s. Art. 15 der Richtlinie 2008/9/EG). Der Ansässigkeitsmitgliedstaat prüft zunächst, ob der Unternehmer berechtigt ist, einen Vergütungsantrag zu stellen und leitet bei entsprechender Zustimmung den Antrag an den Erstattungsmitgliedstaat weiter (s. Art. 18 der Richtlinie 2008/9/EG). Wegen der Anfangsprobleme bei der praktischen Durchführung des neuen Verfahrens wurde die Frist, bis zu der EU-einheitlich Vergütungsanträge für das Kalenderjahr 2009 eingereicht werden können, bis zum 31.03.2011 verlängert (s. BMF vom 01.11.2010, BStBl I 2010, 1280). Die Frist ist gewahrt, wenn der Antrag innerhalb der Frist beim Portal des Ansässigkeitsstaats eingereicht wird (s. Art. 15 Abs. 1 Satz 1 der 9. EG-RL). Dies gilt allerdings nur dann, wenn der Antrag die in Art. 8, 9 und 11 der 9. EG-RL genannten Pflichtangaben enthält. Ein unvollständiger Antrag wahrt die Frist nicht; Rechnungen können allerdings nachgereicht werden. Bei der Frist handelt es sich um eine Ausschlussfrist, so dass Wiedereinsetzung nach § 110 AO möglich ist (s. Abschn. 18.13 Abs. 3 Satz 2 UStAE).

91 Der Unternehmer muss in einem **Antrag auf Vorsteuervergütung** bestimmte Angaben machen, aber keine Originalbelege mehr beifügen. Insbesondere muss der Unternehmer die Art der erworbenen Gegenstände und bezogenen Dienstleistungen nach bestimmten Kennziffern aufschlüsseln (s. Art. 8 und 9 der Richtlinie 2008/9/EG). Die Vorlage von Originalrechnungen bzw. Einfuhrdokumenten ist nicht mehr zwingend materiell-rechtliche Voraussetzung für die Vorsteuervergütung. Der Vergütungsmitgliedstaat kann aber verlangen, dass der Antragsteller zusammen mit dem Vergütungsantrag auf elektronischem Wege eine Kopie der Rechnung oder es Einfuhrdokuments einreicht, falls die Steuerbemessungsgrundlage sich auf mindestens 1.000 € (für Kraftstoffe auf 250 €) beläuft (s. Art. 10 der Richtlinie 2008/9/EG). Darüber hinaus kann der Mitgliedstaat der Erstattung, soweit er der Auffassung ist, dass er nicht über alle relevanten Informationen für die Entscheidung über eine vollständige oder teilweise Vergütung verfügt, insbesondere beim Antragsteller zusätzliche und weitere zusätzliche Informationen anfordern. Diese können die Einreichung des Originals oder einer Durchschrift einer Rechnung oder eines Einfuhrdokuments umfassen, wenn der Vergütungsmitgliedstaat begründete Zweifel am Bestehen einer bestimmten Forderung hat (s. Art. 20 der Richtlinie 2008/9/EG). Das BZSt kann somit die Originalbelege anfordern, wenn es wegen der Höhe

der beantragten Vergütung Zweifel hat, s. § 61 Abs. 2 Satz 3 und 4 UStDV, Art. 10 der 9. EG-RL. Die bisher geltende Pflicht zur Vorlage der Originalbelege entfällt.

Die **Mindestbeträge für die Antragstellung** betragen entsprechend Art. 17 der Richtlinie 2008/9/EG 50 € für Jahresanträge (bislang: 25 €) und 400 € für Quartalsanträge bzw. Anträge, die mehr als drei Monate aber weniger als ein Jahr betreffen (bislang: 200 €) (vgl. § 61 Abs. 3 UStDV). 92

Der Mitgliedstaat der Erstattung teilt dem Antragsteller innerhalb von vier Monaten ab Eingang des Erstattungsantrags in diesem Mitgliedstaat mit, ob er die Erstattung gewährt oder den Erstattungsantrag abweist (s. Art. 19 Abs. 2 der Richtlinie 2008/9/EG). Gemäß § 18 Abs. 9 Satz 2 Nr. 5 UStG, § 51 Abs. 4 UStDV ist der – positive oder negative – Bescheid über den Vergütungsantrag in elektronischer Form zu erteilen (s. Abschn. 18.13 Abs. 8 UStAE). Das dürfte i.d.R. die Übermittlung durch E-Mail sein. Die Ablehnung ist mit Gründen zu versehen, s. Art 23 der 9. EG-RL. Dagegen gibt es ggf. den Einspruch und die Klage, wie nach deutschem Recht üblich. 93

Der **Erstattungsmitgliedstaat** darf vom Antragsteller zusätzliche Informationen einfordern, wenn diese für eine ordnungsgemäße Bearbeitung des Antrags erforderlich sind. Bei begründeten Zweifeln darf der Erstattungsmitgliedstaat auch die Einreichung der Originalbelege verlangen (s. Art. 20 der Richtlinie 2008/9/EG). Wenn der Mitgliedstaat der Erstattung weitere Informationen oder Unterlagen anfordert, muss er dies innerhalb der Vier-Monats-Frist tun und hat dann max. sechs Monate Zeit, über den Antrag zu entscheiden (s. Art. 21 der Richtlinie 2008/9/EG). Benötigt der Mitgliedstaat weitere Informationen, muss er dem Antragsteller innerhalb von acht Monaten die Entscheidung über den Antrag mitteilen. 94

Die Erstattung muss spätestens **10 Tage nach Ablauf der Fristen** des Art. 19 und 21 erfolgen (s. Art. 22 Abs. 1 der Richtlinie 2008/9/EG; Abschn. 18.13 Abs. 7 UStAE). Die Fristen verlängern sich entsprechend, wenn das BZSt zusätzliche Unterlagen anfordert und dafür Fristen setzt. Bei Nichteinhaltung der genannten Fristen kann ein Untätigkeitseinspruch (s. § 347 Abs. 1 Satz 2 AO) erhoben werden. Im deutlichen Unterschied zum bisherigen Recht regeln §§ 18 Abs. 9 Satz 2 Nr. 6, 61 Abs. 5 UStDV, Art. 26 der 9. RL eine gesetzliche Verpflichtung, die Vergütung zu verzinsen (s. Abschn. 18.13 Abs. 9 UStAE). Der Zinslauf beginnt grundsätzlich mit Ablauf von 4 Monaten und 10 Werktagen nach Eingang des Vergütungsantrages beim BZSt. Die Frist verlängert sich, wenn das Amt Unterlagen anfordert und dafür neue Fristen setzt, § 61 Abs. 5 Satz 2 und 3 UStDV. Der Anspruch auf Verzinsung entfällt bei Verletzung etwaiger Mitwirkungspflichten. 95

b) Verfahren für ausländische Antragsteller, die nicht in einem anderen Mitgliedsstaat ansässig sind

Die Regelungen für nicht in einem anderen Vertragsstaat ansässige Unternehmer entsprechen weitestgehend dem bisherigen Recht. Insbesondere sind die Vorschriften über: 96

- Die Frist zur Antragstellung (sechs Monate),
- die Selbstberechnung der Vergütung,
- die Vorlage der Originalbelege,
- die Verpflichtung, den Antrag eigenhändig zu unterschreiben und
- die Vorlage der „Unternehmerbescheinigung“

aus § 18 UStG a.F. in die Neufassung des § 61a UStDV übernommen worden.

Auch die Regelungen über das **Erfordernis einer Gegenseitigkeitsvereinbarung** sind beibehalten worden. Gleiches gilt für den Ausschluss der Erstattung von Vorsteuer auf Kraftstoffe (vgl. § 18 Abs. 9 Satz 5 UStG). Lediglich die Wertgrenzen sind für das Kalendervierteljahr von 500 € auf 1.000 € und für das Kalenderjahr bzw. dessen letzten Zeitraum von 250 auf 500 € angehoben worden (§ 61 a Abs. 3 UStDV; Abschn. 18.14 Abs. 6 UStAE). Ferner ist der Vergütungsbetrag ist zu verzinsen (Abschn. 18.14 Abs. 10 UStAE). 97

10. Grenzüberschreitende Personenbeförderung

§ 18 Abs. 12 UStG ist die gesetzliche Grundlage dafür, dass im Ausland ansässige Unternehmer, die grenzüberschreitende Personenbeförderung mit nicht im Inland zugelassenen Kraftomnibussen durchführen, 98 diese Tätigkeit beim Finanzamt anzeigen müssen, soweit sie erstmalig diese Umsätze ausführen und diese Umsätze nicht unter § 16 Abs. 5 UStG fallen oder die Steuerschuldnerschaft auf den Leistungsempfänger übergeht. Durch die ab 01.01.2005 anzuwendende Regelung sollen Wettbewerbsnachteile deutscher Unternehmer und Steuerausfälle vermieden werden.

99 Das nach § 21 AO zuständige Finanzamt erteilt hierüber eine Bescheinigung, die während jeder Fahrt mitzuführen ist, damit sie auf Verlangen den zuständigen Zolldienststellen vorgelegt werden kann. Andernfalls können die Zolldienststellen eine **Sicherheitsleistung** nach den abgabenrechtlichen Vorschriften in Höhe der für die einzelne Beförderungsleistung voraussichtlich zu entrichtenden Steuer verlangen, die jedoch auf die zutreffende Jahressteuer angerechnet werden würde (vgl. BMF vom 20.09.2006, BStBl I 2006, 563).

§ 18a UStG Zusammenfassende Meldung

(1) [1]Der Unternehmer im Sinne des § 2 hat bis zum 25. Tag nach Ablauf jedes Kalendermonats (Meldezeitraum), in dem er innergemeinschaftliche Warenlieferungen oder Lieferungen im Sinne des § 25b Absatz 2 ausgeführt hat, dem Bundeszentralamt für Steuern eine Meldung (Zusammenfassende Meldung) nach amtlich vorgeschriebenem Datensatz durch Datenfernübertragung nach Maßgabe der Steuerdaten-Übermittlungsverordnung zu übermitteln, in der er die Angaben nach Absatz 7 Satz 1 Nummer 1, 2 und 4 zu machen hat. [2]Soweit die Summe der Bemessungsgrundlagen für innergemeinschaftliche Warenlieferungen und für Lieferungen im Sinne des § 25b Absatz 2 weder für das laufende Kalendervierteljahr noch für eines der vier vorangegangenen Kalendervierteljahre jeweils mehr als 50.000 Euro beträgt, kann die Zusammenfassende Meldung bis zum 25. Tag nach Ablauf des Kalendervierteljahres übermittelt werden. [3]Übersteigt die Summe der Bemessungsgrundlage für innergemeinschaftliche Warenlieferungen und für Lieferungen im Sinne des § 25b Absatz 2 im Laufe eines Kalendervierteljahres 50.000 Euro, hat der Unternehmer bis zum 25. Tag nach Ablauf des Kalendermonats, in dem dieser Betrag überschritten wird, eine Zusammenfassende Meldung für diesen Kalendermonat und die bereits abgelaufenen Kalendermonate dieses Kalendervierteljahres zu übermitteln. [4]Nimmt der Unternehmer die in Satz 2 enthaltene Regelung nicht in Anspruch, hat er dies gegenüber dem Bundeszentralamt für Steuern anzuzeigen. [5]Vom 1. Juli 2010 bis zum 31. Dezember 2011 gelten die Sätze 2 und 3 mit der Maßgabe, dass an die Stelle des Betrages von 50.000 Euro der Betrag von 100.000 Euro tritt.

(2) [1]Der Unternehmer im Sinne des § 2 hat bis zum 25. Tag nach Ablauf jedes Kalendervierteljahres (Meldezeitraum), in dem er im übrigen Gemeinschaftsgebiet steuerpflichtige sonstige Leistungen im Sinne des § 3a Absatz 2, für die der in einem anderen Mitgliedstaat ansässige Leistungsempfänger die Steuer dort schuldet, ausgeführt hat, dem Bundeszentralamt für Steuern eine Zusammenfassende Meldung nach amtlich vorgeschriebenem Datensatz durch Datenfernübertragung nach Maßgabe der Steuerdaten-Übermittlungsverordnung zu übermitteln, in der er die Angaben nach Absatz 7 Satz 1 Nummer 3 zu machen hat. [2]Soweit der Unternehmer bereits nach Absatz 1 zur monatlichen Übermittlung einer Zusammenfassenden Meldung verpflichtet ist, hat er die Angaben im Sinne von Satz 1 in der Zusammenfassenden Meldung für den letzten Monat des Kalendervierteljahres zu machen.

(3) [1]Soweit der Unternehmer im Sinne des § 2 die Zusammenfassende Meldung entsprechend Absatz 1 bis zum 25. Tag nach Ablauf jedes Kalendermonats übermittelt, kann er die nach Absatz 2 vorgesehenen Angaben in die Meldung für den jeweiligen Meldezeitraum aufnehmen. [2]Nimmt der Unternehmer die in Satz 1 enthaltene Regelung in Anspruch, hat er dies gegenüber dem Bundeszentralamt für Steuern anzuzeigen.

(4) Die Absätze 1 bis 3 gelten nicht für Unternehmer, die § 19 Absatz 1 anwenden.

(5) [1]Auf Antrag kann das Finanzamt zur Vermeidung unbilliger Härten auf eine elektronische Übermittlung verzichten; in diesem Fall hat der Unternehmer eine Meldung nach amtlich vorgeschriebenem Vordruck abzugeben. [2]§ 150 Absatz 8 der Abgabenordnung gilt entsprechend. [3]Soweit das Finanzamt nach § 18 Absatz 1 Satz 2 auf eine elektronische Übermittlung der Voranmeldung verzichtet hat, gilt dies auch für die Zusammenfassende Meldung. [4]Für die Anwendung dieser Vorschrift gelten auch nichtselbständige juristische Personen im Sinne des § 2 Absatz 2 Nummer 2 als Unternehmer. [5]Die Landesfinanzbehörden übermitteln dem Bundeszentralamt für Steuern die erforderlichen Angaben zur Bestimmung der Unternehmer, die nach den Absätzen 1 und 2 zur Abgabe der Zusammenfassenden Meldung verpflichtet sind. [6]Diese Angaben dürfen nur zur Sicherstellung der Abgabe der Zusammenfassenden Meldung verwendet werden. 7Das Bundeszentralamt für Steuern übermittelt den Landesfinanzbehörden die Angaben aus den Zusammenfassenden Meldungen, soweit diese für steuerliche Kontrollen benötigt werden.

(6) Eine innergemeinschaftliche Warenlieferung im Sinne dieser Vorschrift ist

1. eine innergemeinschaftliche Lieferung im Sinne des § 6a Absatz 1 mit Ausnahme der Lieferungen neuer Fahrzeuge an Abnehmer ohne Umsatzsteuer-Identifikationsnummer;

2. eine innergemeinschaftliche Lieferung im Sinne des § 6a Absatz 2.

(7) [1]Die Zusammenfassende Meldung muss folgende Angaben enthalten:

1. für innergemeinschaftliche Warenlieferungen im Sinne des Absatzes 6 Nummer 1:
   a) die Umsatzsteuer-Identifikationsnummer jedes Erwerbers, die ihm in einem anderen Mitgliedstaat erteilt worden ist und unter der die innergemeinschaftlichen Warenlieferungen an ihn ausgeführt worden sind, und
   b) für jeden Erwerber die Summe der Bemessungsgrundlagen der an ihn ausgeführten innergemeinschaftlichen Warenlieferungen;
2. für innergemeinschaftliche Warenlieferungen im Sinne des Absatzes 6 Nummer 2:
   a) die Umsatzsteuer-Identifikationsnummer des Unternehmers in den Mitgliedstaaten, in die er Gegenstände verbracht hat, und
   b) die darauf entfallende Summe der Bemessungsgrundlagen;
3. für im übrigen Gemeinschaftsgebiet ausgeführte steuerpflichtige sonstige Leistungen im Sinne des § 3a Absatz 2, für die der in einem anderen Mitgliedstaat ansässige Leistungsempfänger die Steuer dort schuldet:
   a) die Umsatzsteuer-Identifikationsnummer jedes Leistungsempfängers, die ihm in einem anderen Mitgliedstaat erteilt worden ist und unter der die steuerpflichtigen sonstigen Leistungen an ihn erbracht wurden,
   b) für jeden Leistungsempfänger die Summe der Bemessungsgrundlagen der an ihn erbrachten steuerpflichtigen sonstigen Leistungen und
   c) einen Hinweis auf das Vorliegen einer im übrigen Gemeinschaftsgebiet ausgeführten steuerpflichtigen sonstigen Leistung im Sinne des § 3a Absatz 2, für die der in einem anderen Mitgliedstaat ansässige Leistungsempfänger die Steuer dort schuldet;
4. für Lieferungen im Sinne des § 25b Absatz 2:
   a) die Umsatzsteuer-Identifikationsnummer eines jeden letzten Abnehmers, die diesem in dem Mitgliedstaat erteilt worden ist, in dem die Versendung oder Beförderung beendet worden ist,
   b) für jeden letzten Abnehmer die Summe der Bemessungsgrundlagen der an ihn ausgeführten Lieferungen und
   c) einen Hinweis auf das Vorliegen eines innergemeinschaftlichen Dreiecksgeschäfts.

[2]§ 16 Absatz 6 und § 17 sind sinngemäß anzuwenden.

(8) [1]Die Angaben nach Absatz 7 Satz 1 Nummer 1 und 2 sind für den Meldezeitraum zu machen, in dem die Rechnung für die innergemeinschaftliche Warenlieferung ausgestellt wird, spätestens jedoch für den Meldezeitraum, in dem der auf die Ausführung der innergemeinschaftlichen Warenlieferung folgende Monat endet. [2]Die Angaben nach Absatz 7 Satz 1 Nummer 3 und 4 sind für den Meldezeitraum zu machen, in dem die im übrigen Gemeinschaftsgebiet steuerpflichtige sonstige Leistung im Sinne des § 3a Absatz 2, für die der in einem anderen Mitgliedstaat ansässige Leistungsempfänger die Steuer dort schuldet, und die Lieferungen nach § 25b Absatz 2 ausgeführt worden sind.

(9) [1]Hat das Finanzamt den Unternehmer von der Verpflichtung zur Abgabe der Voranmeldungen und Entrichtung der Vorauszahlungen befreit (§ 18 Absatz 2 Satz 3), kann er die Zusammenfassende Meldung abweichend von den Absätzen 1 und 2 bis zum 25. Tag nach Ablauf jedes Kalenderjahres abgeben, in dem er innergemeinschaftliche Warenlieferungen ausgeführt hat oder im übrigen Gemeinschaftsgebiet steuerpflichtige sonstige Leistungen im Sinne des § 3a Absatz 2 ausgeführt hat, für die der in einem anderen Mitgliedstaat ansässige Leistungsempfänger die Steuer dort schuldet, wenn

1. die Summe seiner Lieferungen und sonstigen Leistungen im vorangegangenen Kalenderjahr 200.000 Euro nicht überstiegen hat und im laufenden Kalenderjahr voraussichtlich nicht übersteigen wird,
2. die Summe seiner innergemeinschaftlichen Warenlieferungen oder im übrigen Gemeinschaftsgebiet ausgeführten steuerpflichtigen Leistungen im Sinne des § 3a Absatz 2, für die der in einem anderen Mitgliedstaat ansässige Leistungsempfänger die Steuer dort schuldet, im vorangegangenen Kalenderjahr 15.000 Euro nicht überstiegen hat und im laufenden Kalenderjahr voraussichtlich nicht übersteigen wird und

3. es sich bei den in Nummer 2 bezeichneten Warenlieferungen nicht um Lieferungen neuer Fahrzeuge an Abnehmer mit Umsatzsteuer-Identifikationsnummer handelt.

[2]Absatz 8 gilt entsprechend.

(10) Erkennt der Unternehmer nachträglich, dass eine von ihm abgegebene Zusammenfassende Meldung unrichtig oder unvollständig ist, so ist er verpflichtet, die ursprüngliche Zusammenfassende Meldung innerhalb eines Monats zu berichtigen.

(11) [1]Auf die Zusammenfassende Meldung sind ergänzend die für Steuererklärungen geltenden Vorschriften der Abgabenordnung anzuwenden. [2]§ 152 Absatz 2 der Abgabenordnung ist mit der Maßgabe anzuwenden, dass der Verspätungszuschlag 1 Prozent der Summe aller nach Absatz 7 Satz 1 Nummer 1 Buchstabe b, Nummer 2 Buchstabe b und Nummer 3 Buchstabe b zu meldenden Bemessungsgrundlagen für innergemeinschaftliche Warenlieferungen im Sinne des Absatzes 6 und im übrigen Gemeinschaftsgebiet ausgeführte steuerpflichtige sonstige Leistungen im Sinne des § 3a Absatz 2, für die der in einem anderen Mitgliedstaat ansässige Leistungsempfänger die Steuer dort schuldet, nicht übersteigen und höchstens 2.500 Euro betragen darf.

(12) [1]Zur Erleichterung und Vereinfachung der Abgabe und Verarbeitung der Zusammenfassenden Meldung kann das Bundesministerium der Finanzen durch Rechtsverordnung mit Zustimmung des Bundesrates bestimmen, dass die Zusammenfassende Meldung auf maschinell verwertbaren Datenträgern oder durch Datenfernübertragung übermittelt werden kann. [2]Dabei können insbesondere geregelt werden:

1. die Voraussetzungen für die Anwendung des Verfahrens;
2. das Nähere über Form, Inhalt, Verarbeitung und Sicherung der zu übermittelnden Daten;
3. die Art und Weise der Übermittlung der Daten;
4. die Zuständigkeit für die Entgegennahme der zu übermittelnden Daten;
5. die Mitwirkungspflichten Dritter bei der Erhebung, Verarbeitung und Übermittlung der Daten;
6. der Umfang und die Form der für dieses Verfahren erforderlichen besonderen Erklärungspflichten des Unternehmers.

[3]Zur Regelung der Datenübermittlung kann in der Rechtsverordnung auf Veröffentlichungen sachverständiger Stellen verwiesen werden; hierbei sind das Datum der Veröffentlichung, die Bezugsquelle und eine Stelle zu bezeichnen, bei der die Veröffentlichung archivmäßig gesichert niedergelegt ist.

Bearbeiter: Torsten Krause

Inhaltsverzeichnis

1. Rechtsentwicklung

1.1 Rechtsgrundlage und Bedeutung

1 Die **Zusammenfassende Meldung** (ZM) hat nach der Einführung des Binnenmarktes und des damit verbundenen Wegfalls der Grenzkontrollen innerhalb der Gemeinschaft grundlegende Bedeutung für die Überwachung des innergemeinschaftlichen Warenverkehrs, da andernfalls erhebliche Missbräuche und Steuerhinterziehungen im innergemeinschaftlichen Handel befürchtet werden. Auf Basis der mit Hilfe der zusammenfassenden Meldung gesammelten Daten ist für die Steuerbehörden eine Feststellung möglich, in welchem Umfang der von ihr zu prüfende Steuerpflichtige u.a. steuerfreie Lieferungen unter Verwendung seiner in dem jeweiligen Staat erteilten USt-IdNr bezogen hat. Zu diesem Zweck werden die von den Unternehmen gemeldeten Daten zunächst elektronisch erfasst. Auf Anfrage der jeweils anfragenden Steuerbehörden werden die Daten sodann unmittelbar über das sog. Mehrwertsteuer-Informationsaustausch-System (MIAS) dem anfragenden Staat erteilt. Die Meldepflicht nach § 18a UStG gilt unabhängig von der **Meldepflicht** nach § 18b UStG.

2 **Rechtsgrundlage** der zusammenfassenden Meldung ist Art. 262 ff. MwStSystRL (zuvor Art. 28h, Art. 22 Abs. 6b und c 6. EG RL).

1.2 Entwicklung der Vorschrift

3 § 18a UStG wurde im Rahmen des BinnenmarktG mit Wirkung zum 01.01.1993 in das UStG eingefügt. Hintergrund bzw. europäische Rechtsgrundlagen waren die Art. 22 Abs. 6b und 12b 6. EG-RL (vergleichbar heute Art. 262–271 MwStSystRL) bzw. Art. 4 Abs. 1 Satz 3 der EG-ZusammenarbeitsVO. Wichtigste anschließende Änderungen waren zunächst die ab 01.01.1996 durch das sog. JStG 1996 vom 11.10.95 (BGBl I 1995, 1250) erfolge Anpassung an die Novellierung der **innergemeinschaftlichen Lohnveredelung** sowie die ab 01.01.1997 durch das UStÄndG 1997 vom 12.12.96 (BGBl I 1996, 1851) mit eingefügte Neuregelung für **innergemeinschaftliche Dreiecksgeschäfte** i.S.d. § 25b UStG. Zudem wurde im Rahmen des StÄndG 03 (BGBl I 2003, 2645) Abs. 1 Satz 5 ersatzlos aufgehoben und Abs. 9 Satz 2 ergänzt.

4 Im Rahmen des JStG 2007 wurde festgelegt, dass die ZM ab 01.01.2007 elektronisch abzugeben ist. Dies gilt ab 01.01.2010 auch für sonstige „innergemeinschaftliche" Leistungen (s. JStG 2009, BGBl I 2009, 2794). Mit dem EU-Vorgaben-UmsetzungsG (BGBl I 2010, 386) wurden u.a. die **Abgabefristen** und die **Meldezeiträume** ab 01.07.2010 geändert.

2. Inhaltliche Grundsätze

2.1 Persönliche Meldepflicht

5 Die Pflicht zur Abgabe einer zusammenfassenden Meldung besteht für alle Unternehmer i.S.d. § 2 UStG, die zur Abgabe von Steuervoranmeldungen und Steuererklärungen verpflichtet sind und die in den jeweiligen Meldezeiträumen meldepflichtige Umsätze ausgeführt haben (s. § 18a Abs. 1 Satz 1 bzw. Abs. 2 Satz 1 UStG). **Meldepflichtige Umsätze** in diesem Sinne sind:

- Innergemeinschaftliche Warenlieferungen i.S.d. § 18a Abs. 6 UStG,
- innergemeinschaftliche Dreiecksgeschäfte i.S.d. § 18a Abs. 1 UStG und
- seit 01.01.2010 innergemeinschaftliche Dienstleistungen (sonstige Leistungen) i.S.d. § 3a Abs. 2 UStG (klargestellt in § 18a Abs. 2 UStG, da die im Zeitraum 01.01.2010 bis 30.06.2010 richtlinienkonform ausgelegt werden muss (s. Art. 262 Buchst. c, Art. 196 MwStSystRL).

6 Sofern keine entsprechenden Umsätze getätigt wurden, entfällt die Meldung. **Nullmeldungen** sind somit nicht notwendig (s. BMF vom 15.06.2010, IV D 3 -S 7427 /08/10003-03 , BStBl I 2010, 569, Rn. 1). Sollte im jeweiligen Fall ein Fiskalvertreter bestellt sein, so hat dieser gem. § 22b Abs. 2 Satz 2 UStG für den Unternehmer die Meldepflicht zu erfüllen, unter der ihm erteilten USt-IdNr. Sollte der Unternehmer in mehreren Mitgliedstaaten ansässig sein, hat er in jedem Mitgliedstaat eine ZM abzugeben. Er muss hierbei jedoch darauf achten, dass er jeden einzelnen Ausgangsumsatz einem „leistenden" **Unternehmensteil** („USt-IdNr.") zuweist und entsprechend unter der USt-IdNr. meldet.

Auch **pauschalierende Landwirte**, die meldepflichtige Umsätze ausführen, sind zur Meldung verpflichtet (s. § 24 Abs. 1 Satz 2 UStG), obgleich diese die Steuerbefreiung des § 4 Nr. 1 Buchst. b UStG (s. zur Steuerbefreiung § 4 Rn. 1) gar nicht in Anspruch nehmen können (s. Abschn. 18a.1 Abs. 3 UStAE). Gleiches gilt gemäß § 18a Abs. 5 Satz 4 UStG für die nichtselbstständigen juristischen Personen i.S.d. § 2 Abs. 2 Nr. 2 (Organgesellschaften; s. § 2 Abs. 2 Rn. 9). Aus diesem Grund erhalten diese gem. § 27a Abs. 1 Satz 3 UStG auf Antrag eine eigene USt-IdNr., auch wenn der Organträger bereits eine USt-IdNr. hat. Im Rahmen eines innergemeinschaftlichen Dreiecksgeschäfts ist auch der mittlere Unternehmer (= erste Abnehmer) gem. § 18a Abs. 1 Satz 1 UStG meldepflichtig. 7

Nach § 18a Abs. 4 UStG sind lediglich **Kleinunternehmer** i.S.d. § 19 Abs. 1 UStG (s. § 19 Rn. 3 ff.) von der Pflicht zur Meldung befreit. 8

2.2 Sachliche Meldepflicht

Nach dem gesetzlichen Wortlaut unterliegen der Meldepflicht innergemeinschaftliche Warenlieferungen i.S.d. § 18a Abs. 6 UStG, innergemeinschaftliche Dreiecksgeschäfte i.S.d. § 18a Abs. 1 UStG und innergemeinschaftliche Dienstleistungen (sonstige Leistungen) i.S.d. § 3a Abs. 2 UStG (s. § 3a Rn. 18 ff.). 9

2.2.1 Innergemeinschaftliche Lieferungen

Die verpflichteten Unternehmer haben **innergemeinschaftlichen Lieferungen** i.S.d. § 6a Abs. 1 UStG (s. § 6a Rn. 10 ff.) sowie jedes einer Lieferung gleichgestelltes innergemeinschaftliche Verbringen i.S.d. § 6a Abs. 2 UStG (s. § 6a Rn. 58 ff.) zu melden. Ausgenommen von der Meldepflicht als innergemeinschaftliche Warenlieferung sind die Lieferungen neuer Fahrzeuge an Abnehmer ohne USt-IdNr. (s. § 18a Abs. 6 Nr. 1 Halbsatz 2 UStG), mithin insbesondere solche an private Letztverbraucher (s. § 6a Abs. 2 Buchst. c UStG). Für sie gilt jedoch seit dem 01.07.2010 eine Meldepflicht nach § 18c UStG i.V.m. der FzgLiefMeldV (s. die Anmerkungen zu § 18c UStG; s. insb. § 18c Rn. 4 ff.). Unter die Pflicht fallen auch die Lieferungen des ersten Unternehmers an den ersten Abnehmer im Rahmen der innergemeinschaftlichen Dreiecksgeschäfte i.S.d. § 25b UStG. 10

In den Fällen des § 18a Abs. 6 Nr. 1 UStG muss die Meldung nach § 18a Abs. 7 Nr. 1 UStG die USt-IdNr. jedes Erwerbers, die ihm im anderen Mitgliedstaat erteilt worden ist und unter der die Lieferungen an ihn ausgeführt worden sind (Buchst. a) sowie für jeden Erwerber die Summe der Bemessungsgrundlagen der an ihn ausgeführten innergemeinschaftlichen Lieferungen (Buchst. b) enthalten. In den Fällen des innergemeinschaftlichen Verbringens ist in der Meldung die USt-IdNr. des Unternehmens im dem anderen Mitgliedstaat, in den der Gegenstand verbracht worden ist (Buchst. a), sowie die darauf entfallende Summe der **Bemessungsgrundlagen** (Buchst. b) anzugeben. 11

2.2.2 Innergemeinschaftliche Dreiecksgeschäfte i.S.d. § 25b Abs. 2 UStG

Für die **innergemeinschaftlichen Dreiecksgeschäfte** sieht § 18a Abs. 7 Nr. 4 UStG vor, dass die ZM folgenden Inhalt haben muss: 12

- Die USt-IdNr. eines jeden letzten Abnehmers, die ihm in dem Staat erteilt worden ist, in dem die Beförderung/Versendung beendet worden ist (Buchst. a),
- für jeden letzten Abnehmer die Summe der Bemessungsgrundlagen der an ihn ausgeführten Lieferungen (Buchst. b),
- sowie der Hinweis auf das Vorliegen eines innergemeinschaftlichen Dreiecksgeschäfts (Buchst. c). Der Hinweis erfolgt im Vordruck der ZM (USt ZM 2010, abrufbar unter www.bzst.de) in Spalte 3 durch Eintragung der Kennziffer „2“.

2.2.3 Innergemeinschaftliche sonstige Leistungen i.S.d. § 3a Abs. 2 UStG

Im Rahmen des JStG 2009 wurde festgelegt, dass der Unternehmer ab dem 01.01.2010 auch die im übrigen Gemeinschaftsgebiet steuerpflichtigen **sonstigen Leistungen** i.S.d. § 3a Abs. 2 UStG (s. dazu § 3a Rn. 18 ff.) zu melden hat (s. § 18a Abs. 2 UStG), falls der im anderen Mitgliedstaat ansässige Leistungsempfänger die 13

Steuer im anderen Mitgliedstaat schuldet. Die ursprünglich in § 18a Abs. 1 Satz 2 UStG a.F. zum 01.01.2010 eingefügte Regelung wurde zum 01.07.2010 nochmals als neuer § 18a Ab. 2 UStG geändert. Hintergrund war eine zu weite Form der bis dato geltenden Fassung (s. Rn. 6).

14 Im übrigen Gemeinschaftsgebiet steuerfreie Umsätze bzw. Umsätze die nicht unter § 3a Abs. 2 UStG (s. § 3a Rn. 18 ff.) fallen sind nicht zu melden. Gleiches gilt für im Drittland steuerpflichtige Leistungen.

15 Bei den **sonstigen Leistungen** sind folgende Angaben notwendig:

- Die USt-IdNr. jedes Leistungsempfängers, die jenem in einem anderen Mitgliedstaat erteilt worden ist und unter der die steuerpflichtigen sonstigen Leistungen an jenen erbracht wurden (Abs. 7 Nr. 3 Buchst. a UStG),
- für jeden Leistungsempfänger die Summe der Bemessungsgrundlagen der an ihn erbrachten steuerpflichtigen sonstigen Leistungen (Buchst. b) und
- einen Hinweis auf das Vorliegen einer sonstigen Leistung i.S.d. § 3a Abs. 2 (Buchst. c). Im Vordruck der ZM (USt ZM 2010, abrufbar unter www.bzst.de) ist hierfür in Spalte 3 die Eintragung der Kennziffer „1" als Hinweis vorgesehen.

16 **Beispiel:** Ein Unternehmen mit Sitz im Inland erbringt für den französischen Unternehmer FU (nur in Frankreich registriert) drei Leistungen:

1. Allgemeine steuerliche Beratungsleistung,
2. Grundstücksgutachten über einer französischen Grundstück,
3. Grundstücksgutachten über ein italienisches Grundstück.

Welche dieser Leistungen ist/sind in der zusammenfassenden Meldung zu erfassen?

Lösung: Da nur die erste Leistung der Ortsbestimmung nach § 3a Abs. 2 UStG (s. § 3a Rn. 18 ff.) unterliegt, ist auch nur diese zu melden.

2.3 Verfahrensweise der Meldung

2.3.1 Meldezeitraum

17 In der bis zum 30.6.2010 geltenden Fassung war Meldezeitraum für alle meldepflichtigen Umsätze regelmäßig das **Kalendervierteljahr** (aber Ausnahme bei Nichtüberschreitung der Bagatellgrenze § 18a Abs. 9 UStG a.F. bzw. § 18a Abs. 6 UStG a.F.). Die Meldung war jeweils bis zum 10. Tag des Folgemonats zu machen. Seit dem 1.7.2010 sind mögliche Meldezeiträume nunmehr der Kalendermonat (in Fällen des § 18a Abs. 1 Satz 1 UStG), das Kalendervierteljahr (bei § 18a Abs. 1 Satz 2 und 5 sowie Abs. 2 UStG) oder das Kalenderjahr (bei Nichtüberschreitung der **Bagatellgrenze** des § 18a Abs. 9 UStG).

18 Die ZM ist seither jeweils bis zum 25. Tag des Folgemonats abzugeben, wobei aktuell über eine Verlängerung der Frist beraten wird. Besteht für den Unternehmer eine **Dauerfristverlängerung** (s. §§ 46 ff. UStDV), gilt diese seit dem 01.07.2010 nicht mehr für die Abgabe der ZM (s. § 18a Abs. 1 Satz 6 UStG a.F. wurde gestrichen).

19 Seit dem 01.07.2010 gilt somit regelmäßig:

- Als Meldezeitraum für innergemeinschaftliche Lieferungen und innergemeinschaftliche Dreiecksgeschäften der Kalendermonat (§ 18a Abs. 1 Satz 1 UStG), damit der ebenfalls monatlich erfolgende **Datenaustausch** zwischen den EU-Mitgliedstaaten erfolgen kann;
- für innergemeinschaftliche sonstigen Leistungen i.S.d. § 3a Abs. 2 UStG verbleibt es hingegen nach § 18a Abs. 2 Satz 1 UStG beim Meldezeitraum Kalendervierteljahr. Muss der Unternehmer allerdings auch nach § 18a Abs. 1 UStG innergemeinschaftliche Warenlieferungen oder Lieferungen i.S.d. § 25b UStG monatlich melden (Mischfall), sind nach § 18a Abs. 2 Satz 2 UStG etwaige Angaben zu sonstigen Leistungen i.S.d. § 3a Abs. 2 UStG in der Meldung für den letzten Monat des Quartals zu machen.

20 Neben dem Regelfall sind eine Reihe von **Ausnahmeregelungen** zu beachten:

1. Bei **innergemeinschaftliche Lieferungen und Dreiecksgeschäften** bleibt der Meldezeitraum das Kalendervierteljahr, wenn die Summe der innergemeinschaftlichen Lieferungen und Dreiecksgeschäfte im Meldequartal und den 4 Vorquartalen jeweils nicht mehr als 50.000 € pro Quartal betragen hat

(s. § 18a Abs. 1 Satz 2 und 5 UStG). Die Grenze von 50.000 € wurde aufgrund europarechtlicher Vorgaben planmäßig ab 2012 von 100.000 € auf 50.000 € herabgesetzt. Durch Ankreuzen auf dem Formular USt ZM 2010 kann der Unternehmer auf die Anwendung dieser Ausnahmeregelung gegenüber dem BZSt verzichten (s. § 18a Abs. 1 Satz 4 UStG). Obgleich sich dies nicht aus dem Gesetz ergibt, geht das BMF davon aus, dass die Wahl den Unternehmer bis zum Zeitpunkt des Widerrufs, mindestens aber für die Dauer von 12 Kalendermonaten bindet (s. BMF vom 15.06.2010, IV D 3 -S 7427 /08/10003-03, BStBl I 2010, 569, Rn. 7). Die Rechtsmäßigkeit dieser Auffassung ist somit zweifelhaft.

2. Da die Betragsgrenze regelmäßig im Laufe eines Quartals überschritten wird, ist der Unternehmer nach § 18a Abs. 1 Satz 3 UStG verpflichtet, eine ZM für den laufenden Kalendermonat und die ggf. bereits abgelaufenen Kalendermonate des Quartals bis zum 25. des Folgemonats abzugeben, in dem die Betragsgrenze überschritten wurde.
3. Aus Praktikabilitätsgründen wird es für „**Mischfälle**" (Meldung von sonstigen Leistungen und Lieferungen) nicht beanstandet, wenn der Unternehmer „aus Gründen der Vereinfachung" nach § 18a Abs. 3 UStG auch die sonstigen Leistungen im Sinne des § 3a Abs. 2 UStG freiwillig monatlich melden. Die Nutzung dieses Wahlrechts ist dem BZSt anzuzeigen (s. § 18a Abs. 3 Satz 2 UStG).

2.3.2 Zeitpunkt der Meldung

Entscheidend für die Erstellung einer zutreffenden ZM ist neben den Meldezeiträumen auch die Regelung, 21 zu welchem **Zeitpunkt** ein wirtschaftlicher Vorgang jeweils zu melden ist. Dies wird in § 18a Abs. 8 UStG geregelt, wobei sich auch diese Rechtslage – wegen Art. 264 Abs. 2 MwStSystRL – zum 01.07.2010 geändert hat.

Innergemeinschaftliche Warenlieferungen i.S.d. § 18a Abs. 6 UStG sind für den Meldezeitraum zu 22 melden, in dem die Rechnung erteilt worden ist, spätestens jedoch für den Meldezeitraum, in dem der Folgemonat nach Ausführung des Umsatzes endet (s. § 18a Abs. 8 Satz 1 UStG). Lieferungen nach § 25b Abs. 2 UStG im Rahmen innergemeinschaftlicher Dreiecksgeschäfte sind für den Meldezeitraum zu melden, in dem die Lieferung ausgeführt worden ist (s. § 18a Abs. 8 Satz 2 UStG).

Seit dem 1.7.2010 ist in § 18a Abs. 8 Satz 2 UStG geregelt, dass steuerpflichtige innergemeinschaftliche 23 sonstige Leistungen i.S.d. § 3a Abs. 2 UStG für den Meldezeitraum zu melden sind, in dem die sonstige Leistung ausgeführt worden ist. Auf die bis dahin entscheidende **Rechnungserteilung** kommt es seit dem 01.07.2010 nicht mehr an. Dies führt in der Praxis jedoch zu dem Problem, dass die genaue Bemessungsgrundlage häufig erst im Rahmen der Rechnungserteilung feststehen wird. Es wird somit häufig vorkommen, dass sowohl der Leistende (in Voranmeldung und ZM) als auch der Leistungsempfänger (in der Voranmeldung) die Bemessungsgrundlage schätzen müssen. Der sinnvolle zeitnahe Datenabgleich der Mitgliedstaaten wird durch diese Schätzungen erschwert oder gar unmöglich.

Zu beachten sind überdies die Besonderheiten bei § 13b UStG, da es nunmehr auf die Ausführung 24 ankommt. Sollte eine steuerpflichtige sonstige Leistung dauerhaft über einen Zeitraum von mehr als einem Jahr erbracht werden, ist die Leistung spätestens mit Ablauf eines jeden Kalenderjahres, in dem sie erbracht wurde, zu besteuern (s. § 13b Abs. 3 UStG). Sie ist deshalb für das IV. Quartal (im Regelfall) oder den Dezember (bei Option nach § 18a Abs. 3 UStG) zu melden.

2.3.3 Änderung der Bemessungsgrundlage

Sofern sich die Bemessungsgrundlage eines meldepflichtigen Vorgangs ändert, gilt die Meldepflicht auch 25 bei dieser Änderung. In einem solchen Fall ist die ZM entsprechend zu berichtigen (§ 18a Abs. 7 Satz 2 UStG i.V.m. § 17 UStG). Die Änderung der Bemessungsgrundlage ist von der **Berichtigung** einer unrichtigen/unvollständigen ZM zu unterscheiden (s. Rn. 29).

Für die Angaben der Bemessungsgrundlagen sind Werte in fremder Währung auf Euro nach den amtli- 26 chen Briefkursen umzurechnen, die das BMF als **Durchschnittskurse** für den jeweiligen Monat öffentlich bekannt gibt (s. § 18a Abs. 7 Satz 2, § 16 Abs. 6 UStG).

2.4 Form der Meldung

27 Die ZM ist dem BZSt nach dem dafür vorgeschriebenen amtlichen Datensatz durch Datenfernübertragung nach Maßgabe der Steuerdatenübermittlungs-Verordnung (StDÜV) zu übermitteln. Hierfür wird auf der Homepage (www.bzst.de) eine Ausfüllanleitung angeboten. Lediglich in besonderen Ausnahmefällen kann zur Vermeidung unbilliger Härten durch das Finanzamt die Abgabe in Papierform gestattet werden. Eine erteilte Ausnahmegenehmigung für die Umsatzsteuervoranmeldung gilt auch für die ZM. Obgleich die ZM keine Steuererklärung ist, finden gem. § 18a Abs. 11 UStG die für Steuererklärungen geltenden Vorschriften der AO Anwendung. Insbesondere kann die Abgabe der ZM nach §§ 328 ff. AO mit einem Zwangsgeld erzwungen werden. Die Festsetzung eines Verspätungszuschlages (s. § 152 AO) ist durch § 18a Abs. 11 Satz 2 UStG auf 1 % der Bemessungsgrundlage aller nach § 18a Abs. 7 Satz 1 Nr. 1 Buchst. b und Nr. 2 Buchst. b UStG zu meldenden innergemeinschaftlichen Warenlieferungen begrenzt. Seit 2010 sind auch die meldepflichtigen innergemeinschaftliche Dienstleistungen (s. § 18 Abs. 7 Satz 1 Nr. 3 Buchst. b UStG) in die Berechnung der Höhe des **Verspätungszuschlags** einzubeziehen.

28 Sofern ein Unternehmer vorsätzlich oder leichtfertig eine ZM nicht, nicht richtig, nicht vollständig oder nicht rechtzeitig abgibt oder wenn er eine ZM nicht oder nicht rechtzeitig berichtigt, kann dies mit einer **Geldbuße** bis zu 5.000 € geahndet werden.

2.5 Berichtigung einer falschen Meldung

29 Der Unternehmer hat eine falsche Meldung innerhalb eines Monats nach Erkennen des Fehlers zu berichtigen (s. § 18a Abs. 10 UStG). Eine **unrichtige oder unvollständige ZM** muss für den Meldezeitraum berichtigt werden, in dem die unrichtigen oder unvollständigen Angaben erklärt wurden (s. Abschn. 18a.5 Abs. 1 Satz 1 UStAE). Keine Fehler sind indes die nachträglichen Änderungen der Bemessungsgrundlage (s. Rn. 25).

§ 18b UStG Gesonderte Erklärung innergemeinschaftlicher Lieferungen und bestimmter sonstiger Leistungen im Besteuerungsverfahren

[1]Der Unternehmer im Sinne des § 2 hat für jeden Voranmeldungs- und Besteuerungszeitraum in den amtlich vorgeschriebenen Vordrucken (§ 18 Abs. 1 bis 4) die Bemessungsgrundlagen folgender Umsätze gesondert zu erklären:

1. seiner innergemeinschaftlichen Lieferungen,
2. seiner im übrigen Gemeinschaftsgebiet ausgeführten steuerpflichtigen sonstigen Leistungen im Sinne des § 3a Absatz 2, für die der in einem anderen Mitgliedstaat ansässige Leistungsempfänger die Steuer dort schuldet, und
3. seiner Lieferungen im Sinne des § 25b Abs. 2.

[2]Die Angaben für einen in Satz 1 Nummer 1 genannten Umsatz sind in dem Voranmeldungszeitraum zu machen, in dem die Rechnung für diesen Umsatz ausgestellt wird, spätestens jedoch in dem Voranmeldungszeitraum, in dem der auf die Ausführung dieses Umsatzes folgende Monat endet. [3]Die Angaben für Umsätze im Sinne des Satzes 1 Nummer 2 und 3 sind in dem Voranmeldungszeitraum zu machen, in dem diese Umsätze ausgeführt worden sind. [4]§ 16 Abs. 6 und § 17 sind sinngemäß anzuwenden. [5]Erkennt der Unternehmer nachträglich vor Ablauf der Festsetzungsfrist, dass in einer von ihm abgegebenen Voranmeldung (§ 18 Abs. 1) die Angaben zu Umsätzen im Sinne des Satzes 1 unrichtig oder unvollständig sind, ist er verpflichtet, die ursprüngliche Voranmeldung unverzüglich zu berichtigen. [6]Die Sätze 2 bis 5 gelten für die Steuererklärung (§ 18 Abs. 3 und 4) entsprechend.

Bearbeiter: Torsten Krause

Inhaltsverzeichnis

1. Rechtsentwicklung

1.1 Rechtsgrundlage und Bedeutung

Unternehmer haben nach § 18b UStG in ihren Voranmeldungen sowie Jahreserklärungen für jeden Voranmeldungs- und Besteuerungszeitraum die Bemessungsgrundlagen der **innergemeinschaftlichen Lieferungen**, **innergemeinschaftlichen sonstigen Leistungen** i.S.d. § 3a Abs. 2 UStG sowie die Lieferungen i.S.d. § 25b Abs. 2 UStG gesondert zu erklären. Dies ungeachtet dessen, dass diese Lieferungen steuerfrei (s. § 4 Nr. 1 Buchst. b i.V.m. § 6a UStG) oder durch den Leistungsempfänger zu versteuern (s. § 13b Abs. 1 und 5 UStG bzw. § 25b Abs. 2 UStG) sind. Die Vorschrift soll eine Überprüfung der Angaben in den **Zusammenfassenden Meldungen** ermöglichen und steht somit in Zusammenhang mit der Überwachung des innergemeinschaftlichen Waren- und Leistungsverkehrs. Die nach § 18b UStG in die Erklärung aufzunehmenden Angaben korrespondieren im Regelfall mit den vorgeschriebenen Angaben der Zusammenfassende Meldung gem. § 18a UStG. Abweichungen können sich aber u.a. im Fall der umsatzsteuerlichen 1

Organschaft (s. dazu § 2 Abs. 2 Rn. 2 ff.) ergeben, weil insoweit § 18a Abs. 5 Satz 4 UStG eine Verpflichtung zur Angabe vorsieht, jedoch nach § 18 Abs. 1–4 UStG (und damit einhergehend § 18b UStG) keine Pflicht zur Erklärungsabgabe vorsieht.

2 § 18b UStG wurde durch das BinnenmarktG vom 25.08.1992 (BGBl I 1992, 1548) mit Wirkung zum 01.01.1993 neu in das UStG eingefügt. Die damalige **Rechtsgrundlage** hierfür war Art. 22 Abs. 4 Buchst. c 6. EG-RL (nunmehr Art. 251 Buchst. a MwStSystRL).

1.2 Entwicklung der Vorschrift

3 Durch Art. 1 Nr. 9 des UStÄndG vom 09.08.1994 (BGBl I 1994, 2058) wurden Satz 1 neu gefasst und die Sätze 3 und 5 eingefügt. Diese Änderung erfolgte mit Wirkung ab dem 17.08.1994. Im Rahmen des JStG 1996 vom 11.10.1995 (BGBl I 1995, 1250) wurde § 18b an die Neuregelung der **innergemeinschaftlichen Lohnveredelung** mit Wirkung ab 01.01.1996 angeglichen. Aufgrund der Neuregelung innergemeinschaftlicher Dreiecksgeschäfte i.S.d. § 25b durch das UStÄndG 97 vom 12.12.1996 (BGBl I 1996, 1851) wurde mit Wirkung vom 01.01.1997 Satz 1 ergänzt und Satz 2 neu hinzugefügt. Die Pflicht zur gesonderten Erklärung von sonstigen Leistungen i.S.d. § 3a Abs. 2 UStG (sog. Innergemeinschaftliche Dienstleistungen) in § 18b Satz 1 Nr. 2 UStG wurde durch das JStG 2009 vom 19.12.2008 (BGBl I 2008, 2794) eingefügt. Hintergrund ist, dass ab dem 01.01.2010 auch grenzüberschreitende sonstige Leistungen nach § 3a Abs. 2 UStG gesondert gemeldet werden. Diese Umsätze sind ab dem 01.07.2010 bereits in dem Voranmeldungszeitraum anzumelden, in dem die sonstigen Leistungen tatsächlich ausgeführt wurden (s. § 18b Sätze 2, 3 UStG i.d.F. des EU-Vorgaben-UmsetzungsG – BGBl I 2010, 386).

2. Inhaltliche Grundsätze

2.1 Persönliche Meldepflicht

4 Die **persönliche Meldepflicht** besteht zunächst für alle Unternehmer i.S.d. § 2 UStG (s. § 2 Abs. 1 Rn. 4 ff.; zur Unternehmereigenschaft s. § 2 Abs. 1 Rn. 4 ff.), die zur Abgabe von Steuervoranmeldungen und Steuererklärungen verpflichtet sind und in dem jeweiligen Zeitraum:

- Innergemeinschaftliche Warenlieferungen im Inland ausgeführt haben,
- oder als Zwischenhändler von der Möglichkeit Gebrauch gemacht haben, die Steuerschuld nach § 25b UStG auf den Abnehmer zu verlagern, oder
- innergemeinschaftliche sonstige Leistungen nach § 3a Abs. 2 UStG ausgeführt haben.

5 Sofern der Unternehmer aufgrund anderer Vorschriften von der Verpflichtung zur Abgabe von Voranmeldungen befreit ist, gilt dies auch dann, wenn er innergemeinschaftliche Lieferungen getätigt hat. Da bei der **umsatzsteuerlichen Organschaft** entsprechende Umsätze bereits in der Erklärung des Organträgers gemeldet werden, gilt die Meldepflicht nicht für Organgesellschaften i.S.d. § 2 Abs. 2 Nr. 2 UStG. Auf ausdrückliche gesetzliche Diktion in § 18 Abs. 4a UStG müssen auch Fahrzeuglieferer i.S.d. § 2a UStG ihre Lieferungen in einer Voranmeldung und zusätzlich in einer Jahreserklärung melden.

2.2 Sachliche Meldepflicht

6 Nach dem gesetzlichen Wortlaut haben die Unternehmer die Bemessungsgrundlagen der innergemeinschaftlichen Lieferungen, innergemeinschaftlichen sonstigen Leistungen i.S.d. § 3a Abs. 2 UStG sowie die Lieferungen i.S.d. § 25b Abs. 2 UStG gesondert zu erklären.

2.2.1 Innergemeinschaftliche Lieferungen

7 Die verpflichteten Unternehmer haben die Bemessungsgrundlagen der innergemeinschaftlichen Lieferungen i.S.d. § 6a Abs. 1 UStG (s. § 6a Rn. 10 ff.) und des den Lieferungen gleichgestellten innergemeinschaftlichen Verbringens i.S.d. § 6a Abs. 2 UStG (s. § 6a Rn. 58 ff.) anzugeben. Keine Voraussetzung ist, dass die jeweilige Lieferung auch tatsächlich steuerfrei war. Liefert ein Unternehmer im Rahmen seines Unternehmens **neue Fahrzeuge** an Abnehmer ohne USt-IdNr, sind diese Lieferungen gesondert zu erfassen (s. Zeile 22 des amtlichen Vordrucks).

2.2.2 Innergemeinschaftliche Dreiecksgeschäfte i.S.d. § 25b Abs. 2 UStG

Die Verpflichtung zur Meldung bei **innergemeinschaftlichen Dreiecksgeschäften** nach § 25b Abs. 2 UStG wurde durch das UStÄndG 1997 vom 12.12.1996 (BGBl I 1996, 1851) eingefügt. Nach dem Wortlaut entsteht der Eindruck, dass ein im Inland nicht ansässiger Zwischenhändler dann eine Steuererklärung einreichen muss, wenn er für seine Lieferung von der Möglichkeit der Verlagerung der Steuerschuld nach § 25 b Abs. 2 UStG Gebrauch gemacht hat. Dies entspricht jedoch nicht dem Willen der Vereinfachungsregelung des § 25b UStG. Vielmehr ist die Regelung so zu verstehen, dass die Meldepflicht dann besteht, wenn ein im Inland zur Abgabe von Steuererklärungen verpflichteter Zwischenhändler sich unter Verwendung seiner deutschen USt-IdNr in einem anderen Mitgliedstaat an einem innergemeinschaftlichen Dreiecksgeschäft beteiligt, für das die in diesem Mitgliedstaat § 25b entsprechenden Vorschriften gelten. Sie begründet also die Meldepflicht für die nicht im Inland steuerbare Lieferung des **Zwischenhändlers**. Eine entsprechende Meldepflicht besteht für den Zwischenhändler auch bei der Zusammenfassenden Meldung i.S.d. § 18a UStG. 8

2.2.3 Innergemeinschaftliche sonstige Leistungen i.S.d. § 3a Abs. 2 UStG

Der Meldepflicht unterliegen ab 01.01.2010 auch die im übrigen Gemeinschaftsgebiet ausgeführten steuerpflichtigen sonstigen Leistungen nach § 3a Abs. 2 UStG, für die der in einem anderen Mitgliedstaat ansässige Leistungsempfänger nach den Grundsätzen der Umkehrung der **Steuerschuldnerschaft** die Steuer dort schuldet (s. § 18b Satz 1 Nr. 2 UStG). 9

Zu beachten ist, dass der Gesetzgeber im Rahmen des StEUVUmsG vom 08.04.2010 (BGBl I 2010, 386) § 18b Satz 1 Nr. 2 UStG zum 01.07.2010 nochmals „redaktionell" ändern musste. Wie auch im Rahmen der Zusammenfassenden Meldung musste klargestellt werden, dass nur Umsätze i.S.d. § 3a Abs. 2 UStG erklärungspflichtig sind. Der bis dahin geltende Wortlaut i.d.F. des JStG 2009 war im Hinblick auf Art. 44, 196 MwStSystRL und den durch die VO 1798/2003/EG vorgesehenen **Datenaustausch** der Mitgliedstaaten zu weit gefasst, da er auch sonstige Leistungen umfasste, bei denen die Bestimmung des Ortes der sonstigen Leistungen abweichend vom sog. „Grundtatbestand des § 3a Abs. 2 UStG" z.B. nach § 3a Abs. 3 Nr. 1 bis Nr. 3 Buchst. b UStG erfolgte. 10

2.3 Verfahrensweise der Meldung

Sämtliche nach § 18b UStG erforderlichen Meldungen sind grundsätzlich auf den für Voranmeldungen und Jahreserklärungen vorgeschriebenen amtlichen Datensätzen durch Datenfernübertragung nach Maßgabe der **Steuerdatenübermittlungs-Verordnung** (StDÜV) dem zuständigem Finanzamt zu übermitteln (s. § 18 Abs. 1 Satz 1 UStG). Die elektronische Übermittlung ist ab dem 01.01.2011 auch für die Umsatzsteuerjahreserklärung grundsätzlich verpflichtend (s. § 18 Abs. 3 Satz 1 UStG). 11

Hinsichtlich der **Meldezeiträume** ist genauer zu differenzieren. Nach § 18b Satz 2 UStG sind bei innergemeinschaftlichen Lieferungen die Angaben grundsätzlich in dem Voranmeldungszeitraum zu machen, in dem die Rechnung für die innergemeinschaftliche Lieferung erteilt wurde. Wird keine Rechnung erteilt oder wird diese erst später als in dem ersten Monat, der auf die Lieferung folgt, ausgestellt, ist die Lieferung in der Voranmeldung für den Monat zu erfassen, der auf den Monat der Lieferung folgt. Da beim innergemeinschaftliche Verbringen i.S.d. § 6a Abs. 2 UStG per se keine Rechnungen ausgestellt werden (s. Abschn. 14a.1 Abs. 3 Satz 2 UStAE), sind diese Vorgänge immer in der Meldung für den Monat zu erfassen, der auf die Ausführung des Verbringens folgt. 12

Innergemeinschaftliche Dreiecksgeschäfte i.S.d. § 25b UStG sind in der Meldung für den **Anmeldezeitraum** zu erfassen, in dem die Lieferung ausgeführt wurde (s. § 18b Satz 3 UStG). 13

Bei den „innergemeinschaftlichen" sonstigen Leistungen nach § 3a Abs. 2 UStG galt für die bis zum 30.06.2010 erbrachten Umsätze, dass die Angaben im Voranmeldungszeitraum der Rechnungsstellung, spätestens jedoch in dem auf den Monat der Leistungsausführung folgenden Monat zu machen sind. Für nach dem 30.06.2010 erbrachte Umsätze ist nach § 18b Satz 3 UStG nunmehr festgelegt, dass die Angaben 14 in der Meldung für den Anmeldezeitraum zu erfassen sind, in dem die sonstigen Leistungen tatsächlich ausgeführt wurden.

15 **Hinweis!** Die dargestellten Meldezeitpunkte gelten auch für Unternehmer, die nach § 20 UStG die Besteuerung nach vereinnahmten Entgelten vornehmen. Es kommt für die Meldung somit nicht auf den Zeitpunkt der Vereinnahmung des Entgelts an.

2.4 Pflicht zur Berichtigung

16 Unternehmer, die in den USt-Voranmeldungen (s. § 18b Satz 5 UStG) oder Steuererklärungen (s. § 18b Satz 6 UStG) fälschlicherweise meldepflichtige Umsätze erklärt und damit das Mahnverfahren des BZSt zur Abgabe einer Zusammenfassenden Meldung nach § 18a UStG ausgelöst haben, sind bei Erkennen des Fehlers verpflichtet, die Voranmeldungen (Steuererklärungen) zu berichtigen. Die **Berichtigungspflicht** endet erst, wenn die Festsetzungsverjährung eingetreten ist. Zu beachten ist, dass die bisherige **Drei-Monats-Frist** ab dem 01.07.2010 regelmäßig auf einen Monat verkürzt wurde, s. § 18a Rn. 29. Sollte es zu einer Änderung der Bemessungsgrundlage für die zu erklärenden Umsätze kommen, stellt dies keinen Fall der Berichtigung in diesem Sinne dar. Stattdessen sind gem. § 18b Satz 4 UStG die Grundsätze über die Änderung der Bemessungsgrundlage sinngemäß anzuwenden. An gleicher Stelle ist zudem geregelt, wie Werte in fremder Währung in sinngemäßer Anwendung des § 16 Abs. 6 UStG **umzurechnen** sind.

17 Grundsätzlich ist die ursprüngliche Erklärung zu berichtigen, wobei hier für die Berichtigung hinsichtlich der Form dieselben Regeln gelten, wie für die Meldung selbst. Aufgrund des in der Rechtsprechung mehrfach definierten Verhältnisses der USt-Voranmeldungen zu den USt-Jahresbescheiden (s. BFH vom 19.05.2005, V R 31/03, BStBl II 2005, 671) kann eine Berichtigung einer fehlerhaften Voranmeldung auch über die Jahreserklärung erfolgen. Grundsätzlich verlieren die ursprünglichen Vorauszahlungsbescheide durch den Umsatzsteuerbescheid ihre Wirksamkeit, sodass eine Berichtigungspflicht quasi auf den Umsatzsteuerbescheid übergeht (s. § 18b Satz 6 UStG).

§ 18c UStG Meldepflicht bei der Lieferung neuer Fahrzeuge

[1]Zur Sicherung des Steueraufkommens durch einen Austausch von Auskünften mit anderen Mitgliedstaaten kann das Bundesministerium der Finanzen mit Zustimmung des Bundesrates durch Rechtsverordnung bestimmen, dass Unternehmer (§ 2) und Fahrzeuglieferer (§ 2a) der Finanzbehörde ihre innergemeinschaftlichen Lieferungen neuer Fahrzeuge an Abnehmer ohne Umsatzsteuer-Identifikationsnummer melden müssen. [2]Dabei können insbesondere geregelt werden:

1. die Art und Weise der Meldung;
2. der Inhalt der Meldung;
3. die Zuständigkeit der Finanzbehörden;
4. der Abgabezeitpunkt der Meldung.
5. (weggefallen)

Bearbeiter: Torsten Krause

Inhaltsverzeichnis

1. Rechtsentwicklung

1.1 Rechtsgrundlage und Bedeutung

Sofern **neue Fahrzeuge** i.S.d. § 1b Abs. 2 und 3 UStG (s. § 1b Rn. 10 ff.) an nicht unternehmerisch tätige 1
Personen in anderen Mitgliedstaaten ausgeführt werden, sind diese Lieferungen nach § 4 Nr. 1 Buchst. a UStG i.V.m. § 6a Abs. 1 Nr. 2 Buchst. c UStG von der Umsatzsteuer befreit. Der im Inland geregelten Steuerbefreiung steht die Besteuerung des innergemeinschaftlichen Erwerbs neuer Fahrzeuge durch den Abnehmer im anderen Mitgliedstaat gegenüber (sog. **Fahrzeugeinzelbesteuerung**). § 18c UStG wurde durch das BinnenmarktG vom 25.08.1992 (BGBl I 1992, 1548) mit Wirkung zum 01.01.1993 neu in das UStG eingefügt. Die damalige Rechtsgrundlage hierfür war Art. 22 Abs. 6 Buchst. d 6. EG-RL (nunmehr Art. 254 MwStSystRL). Ziel der Vorschrift ist es, zur Sicherstellung des Steueraufkommens die Erhebung zweckdienlicher Daten zu legitimieren, die anderen Mitgliedstaaten zur Verfügung gestellt werden können.

1.2 Entwicklung der Vorschrift

Bis zur Änderung des Gesetzes durch das StVBG (BGBl I 2001, 3922) wurde die Weitergabe der Infor- 2
mationen von der Gegenseitigkeit und dem regelmäßigen **Informationsaustausch** abhängig gemacht. Dieses Erfordernis wurde jedoch aufgegeben, um die tatsächliche Weitergabe nicht unnötig zu blockieren. Im Rahmen des EURLUmsG vom 09.12.2004 (BGBl I 2004, 3310) wurde die Vorschrift mit Wirkung ab 16.12.2004 modifiziert.

2. Inhaltliche Grundsätze

2.1 Ermächtigung

Ausweislich § 18c S. 1 UStG kann das BMF zur Sicherung des Steueraufkommens durch einen Austausch 3
von Auskünften mit anderen Mitgliedstaaten mit Zustimmung des Bundesrates durch Rechtsverordnung bestimmen, dass Unternehmer (s. § 2 Abs. 1 Rn. 4 ff.) und Fahrzeuglieferer (s. § 2a Rn. 1 ff.; s. § 2

Rn. 6 ff.) der Finanzbehörde ihre innergemeinschaftlichen Lieferungen neuer Fahrzeuge an Abnehmer ohne Umsatzsteuer-Identifikationsnummer melden müssen. Von dieser Ermächtigung hat das BMF mit der **Fahrzeuglieferungs-Meldepflichtverordnung** (FzgLiefgMeldV) vom 18.03.2009 (BGBl I 2009, 630), welche mit Wirkung zum 01.07.2010 in Kraft getreten ist (vgl. § 5 FzgLiefgMeldV), Gebrauch gemacht. Zu melden ist daher jede **innergemeinschaftliche Lieferung** eines neuen Fahrzeugs an einen Abnehmer ohne USt-IdNr. (§ 18c Satz 1 UStG, vgl. § 1 FzgLiefgMeldV). Zum Begriff des neuen Fahrzeugs vgl. § 1b Abs. 3 UStG (s. § 1b Rn. 10 ff.).

2.2 Persönliche und Sachliche Meldepflicht

4 Die persönliche Meldepflicht betrifft nach § 18c Satz 1 UStG i.V.m. § 3 der FzgLiefgMeldV Unternehmer (s. § 2 Abs. 1 Rn. 4 ff.) oder **Fahrzeuglieferer** (s. § 2a Rn. 6 ff.), die meldepflichtige Lieferungen ausführen. Aufgrund des Verweises auf § 2a UStG werden Nichtunternehmer hinsichtlich der innergemeinschaftlichen Lieferungen neuer Fahrzeuge mit Unternehmern gleichgestellt. Es wird insoweit eine Unternehmereigenschaft fingiert.

5 **Hinweis!** Aufgrund des allgemeinen Verweises auf die §§ 2, 2a UStG trifft die Regelung also auch für Kleinunternehmer und pauschalierende Land- und Forstwirte sowie Fiskalvertreter zu. Liefert ein Unternehmer hingegen neues Fahrzeug außerhalb seines Unternehmens, gilt er insoweit als Nichtunternehmer (s. § 2a Satz 2 UStG; s. § 2a Rn. 6 ff.).

6 Der **notwendige inhaltliche Umfang** der Meldung wird durch § 2 FzgLiefgMeldV wie folgt bestimmt:

1. Den Namen und die Anschrift des Lieferers,
2. die Steuernummer und bei Unternehmern i.S.d. § 2 UStG (s. dazu § 2 Abs. 1 Rn. 4 ff.) zusätzlich die USt-IdNr. des Lieferers,
3. den Namen und die Anschrift des Erwerbers,
4. das Datum der Rechnung,
5. den Bestimmungsmitgliedstaat,
6. das Entgelt (Kaufpreis),
7. die Art des Fahrzeugs (Land-, Wasser- oder Luftfahrzeug),
8. den Fahrzeughersteller,
9. den Fahrzeugtyp (Typschlüsselnummer),
10. das Datum der ersten Inbetriebnahme (wenn vor dem Rechnungsdatum),
11. den Kilometerstand (bei motorbetriebenen Landfahrzeugen), die Zahl der bisherigen Betriebsstunden auf dem Wasser (bei Wasserfahrzeugen) oder die Zahl der bisherigen Flugstunden (bei Luftfahrzeugen), wenn diese am Tag der Lieferung über Null liegen,
12. die Kfz-Identifizierungs-Nummer (bei motorbetriebenen Landfahrzeugen), die Schiffs-Identifikations-Nummer (bei Wasserfahrzeugen) oder die Werknummer (bei Luftfahrzeugen).

2.3 Verfahrensweise der Meldung

7 Der zu beachtende **Meldezeitraum** ist das Kalendervierteljahr, in dem die Lieferung ausgeführt worden ist. Der Meldeverpflichtete hat die Meldung bis zum 10. Tag nach Ablauf des Meldezeitraums beim BZSt einzureichen (vgl. § 1 Abs. 1 Satz 1 FzgLiefgMeldV). Sofern dem Unternehmer eine Dauerfristverlängerung zur Abgabe der USt-Voranmeldung gewährt wurde (s. § 46 UStDV) gilt diese auch für die Meldung nach der FzgLiefgMeldV (s. § 1 Abs. 1 Satz 3 FzgLiefgMeldV). Nichtunternehmer oder Unternehmer, die ein Fahrzeug außerhalb ihres Unternehmens liefern und deshalb als Nichtunternehmer behandelt werden, erhalten diese Fristverlängerung hingegen nicht.

8 Grundsätzlich ist für jedes Fahrzeug ist eine **gesonderte Meldung** elektronisch abzugeben (§ 1 Abs. 1 Satz 2 FzgLiefgMeldV). Gem. § 150 Abs. 8 AO i.V.m. § 1 Abs. 2 Nr. 1 FzgLiefgMeldV ist zur Vermeidung **unbilliger Härten** eine Befreiung von der elektronischen Abgabe möglich, in diesem Fall hat eine Abgabe auf Papier zu erfolgen. Unbillige Härten sind insbesondere dann anzunehmen, wenn die Schaffung der

technischen Möglichkeiten für eine elektronische Übermittlung des amtlichen Datensatzes nur mit einem nicht unerheblichen finanziellen Aufwand möglich wäre oder wenn der Unternehmer nach seinen individuellen Kenntnissen und Fähigkeiten nicht oder nur eingeschränkt in der Lage ist, die Möglichkeiten der Datenfernübertragung zu nutzen (s. Abschn. 18c.1 Abs. 2 S. 3 UStAE i.V.m. Abschn. 18a.1 Abs. 4 S. 3 bis 6 UStAE). Die in § 2a UStG genannten Fahrzeuglieferer haben ein Wahlrecht zwischen elektronischer Abgabe oder Abgabe auf Papier (s. § 1 Abs. 2 Nr. 2 FzgLiefgMeldV).

2.4 Sanktionierung

Die erforderliche Meldung ist nicht mit einer Steuererklärung gleichzusetzen. Auch eine auf die für Steuererklärung geltenden Vorschriften verweisende Norm fehlt (anders als z. B. § 18a Abs. 11 UStG für die Zusammenfassende Meldung). Etwaige Verstöße gegen die Meldepflicht sind aber bußgeldbewehrt. Wer vorsätzlich oder leichtfertig entgegen § 1 Abs. 1 Satz 1 FzgLiefgMeldV eine Meldung nicht, nicht richtig, nicht vollständig oder nicht rechtzeitig macht, handelt **ordnungswidrig** (s. § 26a Abs. 1 Nr. 6 UStG i.V.m. § 4 FzgLiefgMeldV). Ein solcher Verstoß kann mit einem **Bußgeld** bis zu 5.000 € geahndet werden. 9

§ 18d UStG Vorlage von Urkunden

[1]Die Finanzbehörden sind zur Erfüllung der Auskunftsverpflichtung nach der Verordnung (EU) Nr. 904/2010 des Rates vom 7. Oktober 2010 über die Zusammenarbeit der Verwaltungsbehörden und die Betrugsbekämpfung auf dem Gebiet der Mehrwertsteuer (ABl. L 268 vom 12.10.2010, S. 1) berechtigt, von Unternehmern die Vorlage der jeweils erforderlichen Bücher, Aufzeichnungen, Geschäftspapiere und anderen Urkunden zur Einsicht und Prüfung zu verlangen. [2]§ 97 Absatz 2 der Abgabenordnung gilt entsprechend. [3]Der Unternehmer hat auf Verlangen der Finanzbehörde die in Satz 1 bezeichneten Unterlagen vorzulegen.

Bearbeiter: Torsten Krause

Inhaltsverzeichnis

1. Rechtsentwicklung

1.1 Rechtsgrundlage und Bedeutung

1 Mit dem Ziel der Verbesserung und Intensivierung der Zusammenarbeit der Verwaltungsbehörden der Mitgliedstaaten zur **Bekämpfung** der **MwSt-Hinterziehung**, berechtigt § 18d UStG die Finanzbehörden zum einen, die Unternehmen zur Vorlage der Informationen und erforderlichen Unterlagen aufzufordern und zum anderen, die notwendige Informationen weiterzugeben. § 18d UStG wurde durch das BinnenmarktG vom 25.08.1992 (BGBl I 1992, 1548) mit Wirkung zum 01.01.1993 neu in das UStG eingefügt. Die ursprüngliche Einführung basierte auf Art. 5 der Verordnung (EWG) 218/92.

1.2 Entwicklung der Vorschrift

2 Ob ein **Auskunfts- und Vorlageverlangen** an den Unternehmer rechtmäßig ist, hängt in erster Linie davon ab, ob das zugrunde liegende Auskunftsersuchen des anderen Mitgliedstaates rechtmäßig war. Eine diesbezügliche Prüfung war bislang anhand der Verordnung EG Nr. 1798/2003 (EG-VO) durchzuführen, die jedoch durch die Verordnung (EU) Nr. 904/2010 ersetzt worden. Im Rahmen des AmtshilfeRLUmsG (BT-Drs. 17/13722 und BRats-Drs. 477/13) erfolgte erneute eine redaktionelle Anpassung, obgleich die EU-VO bereits seit dem 01.01.2012 als unmittelbar geltendes Recht zu beachten ist.

2. Inhaltliche Grundsätze

2.1 Ermächtigung zum Auskunftsersuchen

3 Ausweislich § 18d Satz 1 UStG sind die Finanzbehörden zur Erfüllung der Auskunftsverpflichtung nach der Verordnung (EU) Nr. 904/2010 des Rates vom 07.10.2010 über die Zusammenarbeit der Verwaltungsbehörden und die **Betrugsbekämpfung** auf dem Gebiet der Mehrwertsteuer (ABl. L 268 vom 12.10.2010, S. 1) berechtigt, von Unternehmern die Vorlage der jeweils erforderlichen Bücher, Aufzeichnungen, Geschäftspapiere und anderen Urkunden zur Einsicht und Prüfung zu verlangen.

4 Die EU-VO sieht die Zusammenarbeit der mitgliedstaatlichen Verwaltungsbehörden durch folgende **Maßnahmen** vor:

- Informationsaustausch auf Ersuchen (Art. 7–12 EU-VO),
- Informationsaustausch ohne vorheriges Ersuchen (Art. 13–16 EU-VO),

- Speicherung und Austausch bestimmter Informationen (Art. 17–24 EU-VO),
- Ersuchen um Zustellung durch die Verwaltung (Art. 25–27 EU-VO),
- Anwesenheit in den Amtsräumen der Behörden und Teilnahme an behördlichen Ermittlungen (Art. 28 EU-VO),
- gleichzeitige Prüfungen (Art. 28, 29 EU-VO),
- Aufbau von Eurofisc (Art. 33–37 EU-VO – Frühwarnsystem zur Bekämpfung des Mehrwertsteuerbetruges).

Nach Art. 7 EU-VO sind die zuständigen Behörden der Mitgliedstaaten verpflichtet, den zuständigen Behörden anderer Mitgliedstaaten auf Antrag Auskünfte zu erteilen. Unter bestimmten Umständen (Betrug oder Gefahr eines Steuerverlustes) ist auch ein Informationsaustausch ohne vorheriges Ersuchen zulässig (s. Art. 13 ff. der EU-VO). 5

2.2 Zuständigkeit und Umfang

Das **Auskunftsersuchen** ist von der Behörde durchzuführen, welche nach § 21 AO für die Umsatzbesteuerung des Vorgangs zuständig ist, auf den sich das Ersuchen bezieht (s. Abschn. 18d.1 Abs. 1 Satz 1 UStAE). Sofern in Ausnahmefällen diese Behörde nicht festgestellt werden kann, ist die Finanzbehörde zuständig, in deren Bezirk die Ermittlungshandlungen vorzunehmen sind (s. Abschn. 18d.1 Abs. 1 Satz 2 UStAE). 6

Das Auskunftsersuchen kann alle Auskünfte umfassen, die für die korrekte Festsetzung der Mehrwertsteuer, die Kontrolle der richtigen Anwendung der Mehrwertsteuer insbesondere auf grenzüberschreitende Umsätze (Lieferungen und Dienstleistungen) sowie die Bekämpfung des Mehrwertsteuerbetrugs geeignet sind (s. Art. 7 i.V.m. Art. 1 der EU-VO). 7

2.3 Vorlageverlangen

Nach § 18d Satz 3 UStG kann die Finanzbehörde von Unternehmern die **Vorlage** von Büchern, Aufzeichnungen, Geschäftspapieren und anderen Urkunden an Amtsstelle verlangen (s. § 18d Satz 2 i.V.m. § 97 Abs. 2 AO). Eine Pflicht zur Vorlage ergibt sich zusätzlich aus der EU-VO und § 117 Abs. 4 AO. Entgegen dem eindeutigen Wortlaut wird in der Literatur teilweise die Auffassung vertreten, dass auch von Nichtunternehmern eine solche Vorlage verlangt werden kann (s. Stadie § 18d Rz. 2). Das FA kann die Unterlagen auch beim Unternehmer selbst einsehen, wenn dieser einverstanden ist oder wenn die Unterlagen für eine Vorlage an Amtsstelle ungeeignet sind (s. § 97 Abs. 2 AO). Sofern die Daten auf Datenträgern gespeichert sind, hat der Unternehmer diese lesbar zu machen, ggf. auszudrucken (s. § 97 Abs. 2 i.V.m. § 147 Abs. 5 AO). 8

Obgleich die Ermittlungen im Inland ausschließlich von den Beamten der zuständigen Finanzbehörden geführt dürfen (s. Art. 28 EU-VO), ist es zulässig, dass Beamte der ersuchenden Behörde bei **behördlichen Ermittlungen** der ersuchten Behörde zugegen sind. Dies setzt eine entsprechende Absprache zwischen der ersuchenden und der ersuchten Behörde voraus. **Ersuchende Behörde** ist lt. der Definition gem. Art. 2 Abs. 1 Buchst. d) der Verordnung (EU) Nr. 904/2010 des Rates vom 07.10.2010 über die Zusammenarbeit der Verwaltungsbehörden und die Betrugsbekämpfung auf dem Gebiet der Mehrwertsteuer, kurz: EU-VO (ABl. der EU 2010, L 268/1) das zentrale Verbindungsbüro, eine Verbindungsstelle oder jeder zuständige Beamten eines Mitgliedstaats, der im Namen der zuständigen Behörde ein Amtshilfeersuchen stellt. **Ersuchte Behörde** ist laut der Definition gem. Art. 2 Abs. 1 Buchst. e) EU-VO (ABl. der EU 2010, L 268/1) das zentrale Verbindungsbüro, eine Verbindungsstelle oder jeder zuständigen Beamten eines Mitgliedstaats, der im Namen der zuständigen Behörde ein Amtshilfeersuchen entgegennimmt. 9

2.4 Verfahrensweise und Sanktionierung

Das Ersuchen um Auskunft und behördliche Ermittlungen sollen durch die ersuchende Behörde unter Verwendung eines Standardformulars an die ersuchte Behörde übermittelt werden (s. Art. 7 i.V.m. Art. 58 Abs. 2 EU-VO (ABl. der EU 2010, L 268/1)). Die ersuchte Behörde, welches in Deutschland regelmäßig das örtlich zuständige Finanzamt ist, ist sodann gehalten, die Auskünfte möglichst kurzfristig, spätestens 10 jedoch drei Monate nach dem Zeitpunkt des Eingangs des Ersuchens (s. Art. 10 Abs. 1 EU-VO, ABl. der EU 2010, L 268/1) zu erteilen. Dies gilt vor allem auch für die **Einzelauskünfte**, bei denen die Auskünfte bestimmte Einzelfälle betreffen. Sollten der ersuchten Behörde die angeforderten Informationen bereits aktenkundig vorliegen, verkürzt sich diese Frist auf höchstens einen Monat (s. Art. 10 Abs. 2 EU-VO, ABl. der EU 2010, L 268/1).

11 Sind für die Erteilung der Auskünfte weitere Angaben oder Unterlagen durch die betreffenden Unternehmer erforderlich, ist eine schriftliche Aufforderung mit Fristsetzung zur Vorlage dieser Unterlagen an den betroffenen Unternehmer zu erlassen. In der Aufforderung ist im Einzelnen anzugeben, welche Unterlagen vorzulegen sind. Ferner ist der Unternehmer darauf hinzuweisen, dass die Aufforderung ein Verwaltungsakt ist, gegen den **Rechtsmittel** eingelegt werden können. Die Einlegung eines Einspruches und Klage (einschließlich AdV) sind zulässig.

12 Die Vorlage der Unterlagen kann durch die Finanzbehörde mit **Zwangsmitteln** gemäß § 328 AO durchgesetzt werden. Sollte eine Vorlage dennoch nicht, nicht vollständig oder nicht rechtzeitig erfolgen, kann dies gemäß § 26a Abs. 1 Nr. 7, Abs. 2 UStG als **Ordnungswidrigkeit** mit einer Geldbuße bis zu 500 € geahndet werden. Werden vorsätzlich Unterlagen nicht oder nicht vollständig vorgelegt, kommt eine Steuerhinterziehung i.S.d. § 370 AO, eine Beihilfe hierzu oder eine leichtfertige Steuerverkürzung i.S.v. § 378 AO in Betracht. Dies gilt zumindest dann, wenn hierdurch die zutreffende Besteuerung in einem anderen Mitgliedstaat vereitelt oder zumindest verzögert wird.

§ 18e UStG Bestätigungsverfahren

Das Bundeszentralamt für Steuern bestätigt auf Anfrage

1. dem Unternehmer im Sinne des § 2 die Gültigkeit einer Umsatzsteuer-Identifikationsnummer sowie den Namen und die Anschrift der Person, der die Umsatzsteuer-Identifikationsnummer von einem anderen Mitgliedstaat erteilt wurde;
2. dem Lagerhalter im Sinne des § 4 Nr. 4a die Gültigkeit der inländischen Umsatzsteuer-Identifikationsnummer sowie den Namen und die Anschrift des Auslagerers oder dessen Fiskalvertreters.

Bearbeiter: Torsten Krause

Inhaltsverzeichnis

1. Rechtsentwicklung

1.1 Rechtsgrundlage und Bedeutung

Die Vorschrift regelt den Anspruch des Unternehmers auf eine **Bestätigung** über die **Gültigkeit** einer von einem anderen Mitgliedstaat erteilten **Umsatzsteuer-Identifikationsnummer** (USt-IdNr.), die ein Abnehmer oder Leistungsempfänger gegenüber dem Unternehmer verwendet. § 18e UStG wurde durch das BinnenmarktG vom 25.08.1992 (BGBl I 1992, 1548) mit Wirkung zum 01.01.1993 neu in das UStG eingefügt. Die ursprüngliche Einführung basierte auf Art. 5 der Verordnung ((EWG) 218/92) vom 27.01.1992, ersetzt durch Art. 27 Abs. 4 der EGVO 1798/2003 vom 7.10.2003 über die Zusammenarbeit der Verwaltungsbehörden auf dem Gebiet der Mehrwertsteuer und zur Aufhebung der VO (EWG) Nr. 218/92 (EG-VO). 1

Ziel des **Bestätigungsverfahrens** ist, dem Unternehmer im Falle von Zweifeln an der Richtigkeit der Angaben seines Abnehmers oder dessen Identität eine Möglichkeit zu geben, dessen Angaben zu überprüfen. Gerade bei Aufnahme einer neuen Geschäftsbeziehung und wenn Art und Umfang der Lieferung keinen sicheren Rückschluss auf die Unternehmereigenschaft des Abnehmers zulassen, kann dies von erheblicher Bedeutung sein, da eine Reihe von Vorschriften daran anknüpfen, dass der Unternehmer gewissen Sorgfaltspflichten nachkommt. 2

Werden beispielsweise bei einer innergemeinschaftlichen Lieferung die Angaben des Abnehmers durch eine **qualifizierte Bestätigungsabfrage** des Lieferanten bestätigt, kann diesem häufig keine Verletzung seiner Sorgfaltspflicht nach § 6a Abs. 4 UStG (zur Sorgfaltspflicht s. § 6a Rn. 103 ff.) vorgeworfen werden (s. BFH vom 05.02.2004, V B 180/03, BFH/NV 2004, 988). Zu beachten ist, dass sich eine zur Steuerpflicht führende Bösgläubigkeit auch aus Umständen ergeben kann, die nicht mit den Beleg- und Buchangaben zusammenhängen (s. BFH vom 25.04.2013, V R 28/11, BStBl II 2013, 656). 3

Die Verwendung einer **USt-IdNr.** ist ferner für die Ortsbestimmung bestimmter sonstiger Leistungen (seit dem 1.1.2010 vor allem als Nachweis der Unternehmereigenschaft für § 3a UStG; zur Unternehmereigenschaft s. § 2 Abs. 1 Rn. 4 ff.) und für die Steuerfreiheit für Umsatzsteuerlager i.S.d. § 4 Nr. 4a UStG (zum Begriff s. § 4a Rn. 2 ff.) von Bedeutung. USt-IdNr. beginnen immer mit einem Präfix bestehend aus zwei Großbuchstaben. Dieses Präfix wird meistens aus dem zweistelligen ISO-3166-Alpha-2-Ländercode desjenigen EU-Landes gebildet, in dem das Unternehmen seinen Sitz hat. Darauf folgen bis zu zwölf alphanumerische Zeichen deren Gültigkeit durch Prüfziffernverfahren bzw. durch ein anderes Fehlererkennungsverfahren (z.B. die dänische, britische oder portugiesische UID) sichergestellt wird. Die USt-IdNr. eines 4 in Deutschland ansässigen Unternehmens beginnt also immer mit DE. Weitere Detailinformationen zum Aufbau sind unter www.bzst.de abrufbar.

1.2 Entwicklung der Vorschrift

5 Im Rahmen des StÄndG 03 (BGBl I 2003, 2645) wurde die Vorschrift mit Wirkung zum 01.01.2004 um die Neuregelung des § 18e Nr. 2 UStG ergänzt. Dies vor dem Hintergrund der Einführung des Steuerbefreiung umsatzsteuerlicher Lager i.S.d. § 4 Nr. 4a UStG. Die bisherige Regelung des § 18e UStG ist in einen neuen § 18e Nr. 1 UStG eingeflossen. Die EG-VO 1798/2003 wurde durch Art. 31 VO Nr 904/2010/EU vom 07.10.2010 ersetzt.

2. Inhaltliche Grundsätze

2.1 Antragsberechtigung

6 Aufgrund des eindeutigen Wortlautes des § 18e Nr. 1 UStG sind ausschließlich Unternehmer i.S.d. § 2 UStG (s. dazu § 2 Abs. 1 Rn. 4 ff.) berechtigt, eine Bestätigung nach § 18e UStG zu beantragen. Ferner ist Voraussetzung, dass der Unternehmer für umsatzsteuerliche Zwecke registriert ist (s. Abschn. 18e.1 Abs. 1 Satz 2 UStAE). Diese Einschränkung ist nicht nachvollziehbar, zumal Art. 31 Abs. 1 EU-VO allen Personen einen Anspruch auf Bestätigung einräumt, die an innergemeinschaftlichen Warenlieferungen und Dienstleistungen beteiligt sind. Danach hätten u.a. auch juristische Personen, die keine Unternehmer sind und Fahrzeuglieferer i.S.d. § 2a UStG einen **Bestätigungsanspruch** und ggf. auch ein Bestätigungsinteresse. Durch die Novellierung zum 01.01.2004 ist zudem der Lagerhalter eines **Umsatzsteuerlagers** nach § 18e Nr. 2 UStG berechtigt, sich eine inländische USt-IdNr. bestätigen zu lassen.

2.2 Umfang der Bestätigung

7 Hinsichtlich der Bestätigungsform ist zwischen der einfachen und der qualifizierten **Bestätigungsabfrage** zu unterscheiden. Während bei der einfachen Anfrage nur das Bestehen einer ausländischen USt-IdNr. angefragt und bestätigt wird, bestätigt die qualifizierte Abfrage neben der ausländischen USt-IdNr mindestens den Firmennamen und den Ort des Abnehmers (s. Abschn. 18e.1 Abs. 4 UStAE und Art. 31 Abs. 2 EU-VO). Bestätigt werden die entsprechenden Angaben dann vom Bundeszentralamt für Steuern (BZSt).

8 Die Bestätigung beschränkt sich in jedem Fall darauf, die in dem Antrag gemachten Angaben positiv oder negativ zu bestätigen. Sind nicht alle Angaben richtig, teilt das BZSt mit, welche Angaben (Name, Ort, Postleitzahl, Straße) nicht bestätigt werden können (s. Abschn. 18e.1 Abs. 4 Satz 2, 3 UStAE). Durch das Verfahren können nur die Angaben entsprechend dem Datenbestand bei der in dem anderen Mitgliedstaat zuständigen Behörde geprüft und bestätigt werden. Dieser **Datenbestand** kann jedoch auch veraltet oder von Anfang an unzutreffend gewesen sein. Insofern muss eine Fehlermeldung nicht bedeuten, dass die Angaben falsch sind. So war bei der Anlage der elektronischen Bestände u.a. nur eine begrenzte Anzahl von Rechtsformen möglich, so dass sich hieraus häufiger Fehlermeldungen ergeben haben.

9 Für die Erfüllung der Sorgfaltspflichten bei innergemeinschaftlichen Lieferungen ist zu beachten, dass zwingend eine qualifizierte Abfrage zur Erfüllung der nach § 347 HGB zu erfüllenden Sorgfaltspflichten erforderlich ist. Diese sollte möglichst am Tag der Lieferung erfolgen.

2.3 Verfahrensweise

10 Zuständig für das Bestätigungsverfahren des § 18e UStG ist das Bundeszentralamt für Steuern – Außenstelle Saarlouis – 66 738 Saarlouis (Telefon: 0 68 31/4 56–4 44; Telefax: 0 68 31/4 56–1 20 und 1 46, 1 47). Das **Onlinebestätigungsverfahren** erfolgt über die Internetseite des Bundeszentralamts für Steuern (http://www.bzst.de). Ein Antrag auf Bestätigung kann schriftlich, telefonisch, per Telekopie oder online gestellt werden. Die Antwort erfolgt grundsätzlich schriftlich, bei Internetanfragen allerdings nur auf Wunsch des Anfragenden durch Anklicken des entsprechenden Feldes. Eine einfache Abfrage muss die USt-IdNr des anfragenden Unternehmers oder, wenn eine solche nicht vorliegt, seine Steuernummer, unter

der er umsatzsteuerlich geführt wird, sowie die von einem anderen Mitgliedstaat erteilte USt-IdNr, die bestätigt werden soll, enthalten (s. Abschn. 18e.1 Abs. 3 UStAE). Sofern eine qualifizierte Abfrage durchgeführt werden soll, sind zusätzlich auch der Name und die Anschrift des Inhabers der zu bestätigenden Nummer anzugeben (s. Abschn. 18e.1 Abs. 4 UStAE).

Gegen eine **Ablehnung** der Bestätigung durch das Bundeszentralamt für Steuern, kann Einspruch eingelegt werden. Ferner könnte bei Ablehnung des Einspruchs eine Verpflichtungsklage (s. § 40 FGO) erhoben werden. 11

§ 18f UStG Sicherheitsleistung

[1]Bei Steueranmeldungen im Sinne von § 18 Abs. 1 und 3 kann die Zustimmung nach § 168 Satz 2 der Abgabenordnung im Einvernehmen mit dem Unternehmer von einer Sicherheitsleistung abhängig gemacht werden. [2]Satz 1 gilt entsprechend für die Festsetzung nach § 167 Abs. 1 Satz 1 der Abgabenordnung, wenn sie zu einer Erstattung führt.

Bearbeiter: Torsten Krause

Inhaltsverzeichnis

1. Rechtsentwicklung

1.1 Rechtsgrundlage und Bedeutung

1 Die Vorschrift des § 18f wurde durch Art. 1 Nr. 5 des Gesetzes zur Bekämpfung von Steuerverkürzungen bei der Umsatzsteuer und zur Änderung anderer Steuergesetze (Steuerverkürzungsbekämpfungsgesetz – StVBG –) vom 19.12.2001 (BGBl I 2001, 3922; BStBl I 2002, 32) mit Wirkung ab 01.01.2002 eingefügt. Hintergrund der Einführung war insbesondere, dass der **Missbrauch** des UStG durch Geltendmachung von – unberechtigten – **Vorsteuerüberschüssen** eingedämmt wird. Ferner sollte zur Förderung der Liquidität von Unternehmen die Möglichkeit einer schnelleren Erstattung insbesondere von Vorsteuerüberschüssen ermöglicht werden, da andernfalls die Auszahlung vorangemeldeter Vorsteuerüberhänge häufig erst nach umfangreicher Prüfung erfolgte.

1.2 Vereinbarkeit mit geltenden EU-Recht

2 Die **Vereinbarkeit des § 18f UStG mit geltendem Unionsrecht** ist nicht unumstritten (s. u.a. Nieskens, UR 2002, 53). Jedoch geht die herrschende Auffassung davon aus, dass kein Verstoß gegen Unionsrecht vorliegt. Dies wird vor allem damit begründet, dass das gemeinsame Recht der Mitgliedstaaten den Vorsteuerabzug zwar bei Vorlage der Rechnung zulässt, hierbei jedoch immer die Richtigkeit der Angaben des Steuerpflichtigen unterstellt. Dieses grundsätzliche Recht durch eine **Sicherheitsleistung** einzuschränken würde nur dann bedenklich sein, wenn die zur Sicherung des Mehrwertsteueraufkommens getroffenen Maßnahmen gegen den Grundsatz der Verhältnismäßigkeit verstoßen würden.

3 Auch die amtliche Begründung des RegE (s. BT-Drs. 14/6883) spricht davon, dass das Finanzamt in Ausübung seines **pflichtgemäßen Ermessens** die Auszahlung von **Erstattungsbeträgen** nur dann von Sicherheitsleistungen abhängig machen, wenn unklar ist, ob die Voraussetzungen für den Vorsteuerabzug vorliegen.

4 Vor diesem Hintergrund ist auch festzustellen, dass der Gesetzeswortlaut des § 18f UStG zwar die Erhebung der Sicherheitsleistung quasi in das „freie“ Ermessen des Finanzamtes stellt, jedoch der UStAE die Vorschrift einschränkend interpretiert (vgl. Abschn. 18 f.1 Abs. 1 und 3 UStAE). Danach kann die Finanzbehörde **im Einvernehmen** mit dem Unternehmer die nach § 168 Satz 2 AO erforderliche Zustimmung von einer Sicherheitsleistung abhängig machen, **wenn Zweifel an der Richtigkeit der eingereichten Steueranmeldung bestehen**.

2. Inhaltliche Grundsätze

2.1 Abgrenzung des Anwendungsbereiches

Die Notwendigkeit einer **Zustimmung** nach § 168 Satz 2 AO besteht für Steueranmeldungen in Form der Voranmeldungen (vgl. § 18 UStG, Rn. 25 ff.) als auch in Form der Jahreserklärung (vgl. § 18 UStG, Rn. 45), soweit die Steueranmeldung zu einer Herabsetzung der bisher entrichteten USt („Soll“-Minderung) oder zu einer Vergütung angemeldeter Vorsteuerbeträge (Vorsteuererstattung) führt. Ferner wird die Erhebung einer Sicherheitsleistung auch dann zugelassen, wenn die Finanzbehörde nach § 167 Abs. 1 Satz 1 AO von der Voranmeldung abweicht. 5

2.2 Einvernehmen mit dem Steuerpflichtigen

Aufgrund des eindeutigen Gesetzeswortlautes setzt die Festsetzung von Sicherheitsleistungen zwingend das „**Einvernehmen**“ mit dem Steuerpflichtigen voraus. Dies gilt insbesondere in den Fällen, in denen der Steuerpflichtige eine umfangreiche Vorsteuererstattung erwartet und ansonsten umfangreiche Prüfungsmaßnahmen des Finanzamtes deren vollständige Auszahlung verhindern würden. Mit der gesetzlichen Möglichkeit der Sicherheitsleistung kann der Steuerpflichtige nunmehr die Vorsteuer bis zur Klärung etwaiger Fragen erhalten, wenn er dem FA eine Sicherheit anbietet. 6

2.3 Voraussetzung für die Erhebung

§ 18f UStG gibt dem Finanzamt die Möglichkeit, trotz Prüfungsbedürftigkeit des geltend gemachten Erstattungsanspruchs die **Zustimmung nach § 168 Satz 2 AO** zu erteilen, wenn der Unternehmer eine Sicherheit leistet. Die Zustimmung wird erst mit der Stellung der Sicherheitsleistung wirksam (aufschiebende Bedingung). Wie dargestellt sind hierbei die Grundsätze der Verhältnismäßigkeit zu beachten. Bei der Ausübung des Ermessens sind daher nicht nur die in einzelnen gesetzlichen Bestimmungen vorgeschriebenen Voraussetzungen, sondern auch die Grundsätze der Gleichmäßigkeit der Besteuerung, der **Verhältnismäßigkeit** der Mittel, der Erforderlichkeit, der Zumutbarkeit, der Billigkeit und von Treu und Glauben sowie das Willkürverbot und das Übermaßverbot zu beachten. Danach dürfte eine Sicherheitsleistung zumindest immer dann gerechtfertigt sein, wenn eine eventuelle Rückforderung der Steuervergütung gefährdet erscheint 7

Sofern die bestehenden Zweifel in der jeweiligen Erklärung durch eine **Umsatzsteuer-Nachschau** oder eine **Umsatzsteuer-Sonderprüfung** kurzfristig ausgeräumt werden können, wird eine Sicherheitsleistung grundsätzlich als nicht sachgerecht angesehen. Daher ist sie im Regelfall nur in Fällen anzuwenden, in denen die erforderliche Prüfung der Rechtmäßigkeit der geltend gemachten Erstattungsbeträge wegen der besonderen Schwierigkeiten des zu beurteilenden Sachverhalts voraussichtlich länger als sechs Wochen in Anspruch nimmt (s. Abschn. 18f.1 Abs. 3 UStAE). Die Anwendung der Regelung darf nicht zu einer Verzögerung bei der Prüfung des Erstattungsanspruchs führen. Die Finanzverwaltung ist gehalten, weder die Prüfung der Steueranmeldung im Hinblick auf die vom Unternehmer geleistete Sicherheit hinauszögern, noch die Prüfung von der Leistung einer Sicherheit abhängig zu machen. 8

2.4 Höhe der Sicherheitsleistung

Häufig wird von der Finanzverwaltung „wegen der (angeblich) einfacheren Handhabung“ die **Bankbürgschaft** als Sicherheit (s. Abschn. 18f.1 Abs. 4 Satz 2 UStAE) bevorzugt. Nach § 241 AO kann der Steuerpflichtige indes unter den dort genannten Sicherheiten wählen. Bei der Festlegung der Höhe der Sicherheitsleistung ist neben der Höhe der Steuer sowohl das Ausfallrisiko zu Lasten des Fiskus als auch die Liquidität des Unternehmers zu berücksichtigen (s. Abschn.18f.1 Abs. 5 UStAE). Da § 18f UStG keine betragsmäßigen Vorschriften enthält, darf die Finanzverwaltung im Rahmen der pflichtgemäßen und verhältnismäßigen Ermessensausübung einerseits nur dann Sicherheiten verlangen, wenn der Betrag nicht unerheblich ist. Auch bezüglich der Höhe hat die Finanzverwaltung eine sachgerechte Höhe nicht zu überschreiten. 9

3. Rechtsschutz

10 Grundsätzlich steht es dem Unternehmer frei, eine vorgeschlagene Sicherheit zu leisten oder den Abschluss der Prüfung abzuwarten. Umgekehrt hat der Unternehmer auch die Möglichkeit, dem FA von sich aus eine Sicherheitsleistung anzubieten, um zu erreichen, dass die Zustimmung zur Steueranmeldung nach § 168 Satz 2 AO ohne Verzögerung durch die Prüfung unverzüglich erteilt wird. Das Verlangen nach einer Sicherheitsleistung ist eine nicht selbstständig anfechtbare aufschiebende Bedingung (s. § 120 Abs. 1, Abs. 2 Nr. 3 AO) zur Zustimmung nach § 168 Satz 2 AO.

11 Theoretisch wäre auch denkbar, dass der Unternehmer einen **Untätigkeitseinspruch** einlegt, wenn über die Zustimmung zur Steueranmeldung nicht binnen angemessener Frist entschieden worden ist (s. § 347 Abs. 1 Satz 2 AO). Eines vorherigen besonderen Antrags auf Erteilung der Zustimmung bedarf es nicht, denn dieser ist bereits in der Steueranmeldung enthalten.

12 Die Sicherheit ist unverzüglich zurückzugeben, wenn der zu sichernde Anspruch erloschen ist (s. Abschn. 18f.1 Abs. 6 UStAE).

§ 18g UStG Abgabe des Antrags auf Vergütung von Vorsteuerbeträgen in einem anderen Mitgliedstaat

[1]Ein im Inland ansässiger Unternehmer, der Anträge auf Vergütung von Vorsteuerbeträgen entsprechend der Richtlinie 2008/9/EG des Rates vom 12. Februar 2008 zur Regelung der Erstattung der Mehrwertsteuer gemäß der Richtlinie 2006/112/EG an nicht im Mitgliedstaat der Erstattung, sondern in einem anderen Mitgliedstaat ansässige Steuerpflichtige (ABl. EU Nr. L 44 S. 23) in einem anderen Mitgliedstaat stellen kann, hat diesen Antrag nach amtlich vorgeschriebenem Datensatz durch Datenfernübertragung nach Maßgabe der Steuerdaten-Übermittlungsverordnung dem Bundeszentralamt für Steuern zu übermitteln. [2]In diesem hat er die Steuer für den Vergütungszeitraum selbst zu berechnen.

Bearbeiter: Torsten Krause

Inhaltsverzeichnis

1. Rechtsentwicklung und Bedeutung

1 § 18g UStG wurde im Rahmen des JStG 2009 (BGBl I 2009, 2794) mit Wirkung ab 01.01.2010 neu in das UStG aufgenommen worden. Die Regelung setzt Art. 7 der Richtlinie 2008/9/EG zur Neuregelung des **Vorsteuervergütungsverfahrens** in deutsches Recht um. Im Rahmen des sog. Mehrwertsteuerpaketes 2010–2015 wurde das Vorsteuervergütungsverfahren zwischen den Mitgliedstaaten spürbar vereinfacht. Die Konsequenz für im Inland ansässige Unternehmer besteht darin, dass **Vergütungsanträge** an andere Mitgliedstaaten nach dem 31.12.2009 über das deutsche BZSt (genauer: das hierfür eingerichtete sog. „**elektronisches Portal**“ des BZSt) einzureichen sind. Für den inländischen Unternehmer bestehen somit zumindest für den ersten Schritt der Einreichung keine Verwaltungs- oder Sprachbarrieren.

2 Als Gegenstück zu der Neuregelung des § 18g UStG für **Steuerinländer** ist die Vergütung der Vorsteuer in Deutschland für im übrigen Unionsgebiet ansässige Unternehmer entsprechend in § 18 Abs. 9 UStG i.V.m. § 61 UStDV ebenfalls mit Wirkung zum 01.01.2010 neu geregelt.

2. Inhaltliche Grundsätze

2.1 Abgrenzung des Anwendungsbereiches

3 Zu beachten ist, dass die Regelung ausschließlich auf **Vergütungsanträge** Anwendung findet, die von Steuerinländern für in anderen Mitgliedstaaten gezahlte Vorsteuerbeträge gestellt werden. Für Vorsteuern aus Drittländern i.S.d. § 1 Abs. 2a Satz 3 UStG ergaben sich zum 01.01.2010 keine nennenswerten Änderungen, sodass nach wie vor die jeweiligen Besonderheiten des entsprechenden Drittlandes zu beachten sind.

2.2 Vergütungsverfahren

2.2.1 Einreichung des Vergütungsantrages

4 Mit Wirkung vom 01.01.2010 sind die betroffenen Vergütungsanträge zwingend auf elektronischem Weg beim BZSt abzugeben. Als mögliche **Einreichungsportale** kommen hierbei das „ELSTER-Portal“ (https://www.elsteronline.de/eportal/) und das „BZSt Online Portal (BOP)“ (https://www.elsteronline.de/bportal) in Betracht. Für die Einreichung des Antrages ist zunächst eine **Registrierung** des Unternehmers oder

seines Bevollmächtigten erforderlich (s. BMF vom 03.12.2009, IV B 9 - S 7359/09/10001, BStBl I 2009, 1520, Tz. 35). Sofern die Einreichung durch einen Bevollmächtigten erfolgt, ist zu beachten, dass sich dieser nur einmal registrieren lassen muss und hierüber sämtliche Anträge für seine Mandanten stellt.

5 Die **Frist** zur Abgabe des Antrags endet am 30. September des Folgejahres (Eingang beim BZSt, s. Abschn. 18g.1 Abs. 3 Sätze 1-2 UStAE). Der Unternehmer hat den Antrag vollständig auszufüllen, sonst wahrt er die **Antragsfrist** nicht (s. Art. 15 Satz 2 EG-RL 2008/9/EG). Der Eingang des Antrags wird vom BZSt elektronisch bestätigt (s. BMF vom 03.12.2009, IV B 9 - S 7359/09/10001, BStBl I 2009, 1520, Tz. 45).

6 Ausweislich § 18g Satz 2 UStG hat der Unternehmer die **Vergütungssumme** selbst zu berechnen (mindestens 50 € für Jahresantrag und 400 € für Quartalsantrag, s. BMF vom 03.12.2009, IV B 9 - S 7359/09/10001, BStBl I 2009, 1520, Tz. 36; Abschn. 18.g.1 Abs. 3 Satz 3, 4 UStAE). Es handelt sich also um eine **Steueranmeldung** i.S.d. § 150 Abs. 1 Satz 3, § 155 Abs. 4 AO. Gleichzeitig soll hierdurch Art. 8 Abs. 2 Buchst. f RL 2008/9EG in deutsches Recht umgesetzt werden, wonach im Vergütungsantrag für jeden Mitgliedstaat der Vergütung und für jede Rechnung oder jedes Einfuhrdokument der Betrag der abziehbaren Vorsteuer in der Währung des Vergütungs-Mitgliedstaats anzugeben ist.

2.2.2 Formerfordernisse des Antrages

7 Die in dem **Vergütungsantrag** enthaltenen **Pflichtangaben** (z.B. Mitgliedstaat der Erstattung, Name und Anschrift des Antragstellers und des Lieferers/Leistenden, Angaben zu den einzelnen Rechnungen etc.) sind in Abschn. 18g.1 Abs. 4 und 5 UStAE abschließend aufgeführt (s. Art. 8 Abs. 1 und 2 EG-RL 2008/9/EG).

8 Der Vergütungsantrag muss nach Art. 8 Abs. 1 RL 2008/9/EG folgende Angaben enthalten (s. BMF vom 03.12.2009, IV B 9 - S 7359/09/10001, BStBl I 2009, 1520, Tz. 37):

a) Den Vergütungs-Mitgliedstaat;
b) Name und vollständige Anschrift des Antragstellers;
c) eine Adresse für die elektronische Kommunikation;
d) eine Beschreibung der Geschäftstätigkeit des Antragstellers, für die die Gegenstände und Dienstleistungen erworben wurden, auf die sich der Antrag bezieht;
e) den Vergütungszeitraum, auf den sich der Antrag bezieht;
f) eine Erklärung des Antragstellers, dass er während des Vergütungszeitraums keine Lieferungen von Gegenständen bewirkt und Dienstleistungen erbracht hat, die als im Vergütungs-Mitgliedstaat bewirkt gelten, mit Ausnahme bestimmter steuerfreier Umsätze (Beförderungsleistungen nach § 4 Nr. 3 UStG) und Umsätze, für die der Leistungsempfänger die USt schuldet (s. Art. 3 Buchst. b Ziffern i und ii Richtlinie 2008/9/EG), oder innergemeinschaftliche Erwerbe und daran anschließende Lieferungen i.S.d. § 25b Abs. 2 UStG;
g) die USt-IdNr. oder Steuernummer des Antragstellers;
h) seine Bankverbindung (inklusive IBAN und BIC).

9 Daneben sind nach Art. 8 Abs. 2 RL 2008/9/EG im Antrag für jeden **Vergütungs-Mitgliedstaat** und für jede Rechnung oder jedes Einfuhrdokument folgende Angaben zu machen (s. BMF vom 03.12.2009, IV B 9 – S 7359/09/10001, BStBl I 2009, 1520, Tz. 38):

a) Name und vollständige Anschrift des Lieferers oder Leistenden;
b) (außer im Falle der Einfuhr) die USt-IdNr. des Lieferers oder Leistenden oder die ihm vom Vergütungs-Mitgliedstaat zugeteilte Steuernummer;
c) (außer im Falle der Einfuhr) das Präfix des Mitgliedstaats der Vergütung im Sinne des Art. 215 MwStSystRL);
d) Datum und Nummer der Rechnung oder des Einfuhrdokuments;
d) Bemessungsgrundlage und Steuerbetrag (USt bzw. MwSt) in der Währung des Vergütungs-Mitgliedstaats;
f) selbst berechnete Vergütungssumme (abziehbare Steuer) in der Währung des Vergütungs-Mitgliedstaats;

g) ggf. der nach Art. 6 RL 2008/9/EG berechnete und als Prozentsatz ausgedrückte Pro-rata-Satz des Vorsteuerabzugs;

h) Art der erworbenen Gegenstände und Dienstleistungen, und zwar aufgeschlüsselt nach folgenden Kennziffern gemäß Art. 9 Abs. 1 R 2008/9/EG:
   (1) = Kraftstoff;
   (2) = Vermietung von Beförderngsmitteln;
   (3) = Ausgaben für Transportmittel (andere als unter Kennziffer 1 oder 2 beschriebene Gegenstände und Diensteistungen);
   (4) = Maut und Straßenbenutzugsgebühren;
   (5) = Fahrtkosten wie Taxikosten, Kosten für die Benutzung öffentlicher Verehrsmittel;
   (6) = Bherbergung;
   (7) = Speisen, Getränke und Restaurantdiensleistungen;
   (8) = Eintrittsgelder für Messen und Austellungen;
   (9) = Luxusausgaben, Ausgaben für Vergnügungen und Repräsentationsafwendungen;
   (10) = Sonstiges. Wird die Kennziffer 10 verwendet, ist die Art der gelieferten Gegenstände oder erbrachten Dienstleistunge anzugeben.

Der Vergütungs-Mitgliedstaat kann nach Art. 9 Abs. 2 RL 2008/9/EG vom Antragsteller verlangen, dass er zusätzliche elektronisch verschlüsselte Angaben zu jeder Kennziffer gemäß Art. 9 Abs. 1 vorlegt, sofern dies erforderlich ist. Ferner kann nach Art. 10 RL 2008/9/EG verlangt werden, dass der Antragsteller zusammen mit dem Antrag auf elektronischem Wege eine Kopie der Rechnung oder des Einfuhrdokuments einreicht, falls die Bemessungsgrundlage auf der Rechnung/dem Einfuhrdokument mindestens 1.000 € oder den Gegenwert in der jeweiligen Landeswährung beträgt. Bei Rechnungen über Kraftstoff gilt ein **Schwellenwert** von 250 € (oder Gegenwert in Landeswährung). 10

2.2.3 Verfahrensablauf

Das BZSt beschränkt sich nach der Einreichung darauf, den Antrag auf Vollständigkeit und Zulässigkeit zu prüfen (s. Art 18 EG-RL 2008/9/EG). Die Weiterleitung des Antrags an den **Erstattungsstaat** erfolgt nicht, wenn der Antragsteller: 11

- Kein Untnehmer i.S.d. Umsatzsteuerrechts oder Kleinunternehmer ist,
- nur Gegenstände liefert oder Dienstleistungen erbringt, die den Vorsteuerabzug ausschließen, oder
- nach den Durchschnittssätzen für land- und forstwirtschaftliche Betriebe besteuert wird.

Ferner übermittelt das BZSt dem Antragsteller nach Eingang des Vergütungsantrages eine **Empfangsbestätigung** (s. Abschn. § 18g.1 Abs. 12 UStAE). 12

Sollte sich das BZSt gegen eine **Weiterleitung** entscheiden (z.B. wegen fehlender Unternehmereigenschaft), wird auch dies dem Antragsteller elektronisch mitgeteilt. Eine derartige Entscheidung ist nicht als Steuerbescheid i.S.d. § 155 Abs. 1 Satz 3, Abs. 4 AO anzusehen. Nicht abschließend geklärt ist, ob es sich bei der genannten Ablehnung der Weiterleitung um einen allgemeinen Verwaltungsakt i.S.d. § 118 AO handelt (ausführlich s. Treiber, in Sölch/Ringleb, UStG § 18g Rn. 10-16). 13

Andernfalls leitet das BZSt den Antrag innerhalb von 15 Tagen nach Eingang an den **Erstattungsstaat** weiter (s. Abschn. 18g.1 Abs. 11 UStAE), der dann wiederum dem Antragsteller eine Empfangsbestätigung auf elektronischem Weg übermittelt. Die hieran anschließende Bearbeitung des Antrags vom erstattenden Mitgliedstaat richtet sich nach dem Recht des jeweiligen Erstattungsstaats. Sie hat sich jedoch an der unionsrechtlichen Vorgabe (Richtlinie 2008/9/EG) zu orientieren. An dieser Stelle ist u.a. eine **Verzinsungspflicht** für den Vorsteuervergütungsantrag vorgesehen (s. BFH vom 17.04.2008, V R 41/06, DStR 2008, 2162). Erfolgt die Vergütung erst nach Ablauf der Erstattungsfrist (grundsätzlich 4 Monate, bei Nachfragen der Finanzbehörden bis zu 8 Monate) ist der Erstattungsbetrag zu verzinsen. Die Zinshöhe richtet sich nach den jeweiligen nationalen Verzinsungsbestimmungen (s. § 61 Abs. 5 UStDV). Zur Vermeidung von verlängerten Bearbeitungszeiten ist es in der Praxis häufig empfehlenswert, sämtliche Rechnungen und Belege in Dateiform einzureichen, damit unnötige Rückfragen vermieden werden können. 14

§ 18h UStG Verfahren der Abgabe der Umsatzsteuererklärung für einen anderen Mitgliedstaat

(1) [1]Ein im Inland ansässiger Unternehmer, der in einem anderen Mitgliedstaat der Europäischen Union Umsätze nach § 3a Absatz 5 erbringt, für die er dort die Steuerschuldet und Umsatzsteuererklärungen abzugeben hat, hat gegenüber dem Bundeszentralamt für Steuern nach amtlich vorgeschriebenem Datensatz durch Datenfernübertragung nach Maßgabe der Steuerdatenübermittlungsverordnung anzuzeigen, wenn er an dem besonderen Besteuerungsverfahren entsprechend Titel XII Kapitel 6 Abschnitt 3 der Richtlinie 206/112/EG des Rates in der Fassung von Artikel 5 Nummer 15 der Richtlinie 2008/8/EG des Rates vom 12.Februar 2008 zur Änderung der Richtlinie2006/112/EG bezüglich des Ortes der Dienstleistung (ABl. L 44 vom 20.2.2008, S. 23) teilnimmt. [2]Eine Teilnahme im Sinne des Satzes 1 ist dem Unternehmer nur einheitlich für alle Mitgliedstaaten der Europäischen Union möglich, in denen er weder einen Sitz noch eine Betriebsstätte hat. [3]Die Anzeige nach Satz 1 hat vor Beginn des Besteuerungszeitraums zu erfolgen, ab dessen Beginn der Unternehmer von dem besonderen Besteuerungsverfahren Gebrauch macht. [4]Die Anwendung des besonderen Besteuerungsverfahrens kann nur mit Wirkung vom Beginn eines Besteuerungszeitraums an widerrufen werden. [5]Der Widerruf ist vor Beginn des Besteuerungszeitraums, für den er gelten soll, gegenüber dem Bundeszentralamt für Steuern nach amtlich vorgeschriebenem Datensatz auf elektronischem Weg zu erklären.

(2) Erfüllt der Unternehmer die Voraussetzungen für die Teilnahme an dem besonderen Besteuerungsverfahren nach Absatz 1 nicht, stellt das Bundeszentralamt für Steuern dies durch Verwaltungsakt gegenüber dem Unternehmer fest.

(3) [1]Ein Unternehmer, der das in Absatz 1 genannte besondere Besteuerungsverfahren anwendet, hat seine hierfür abzugebenden Umsatzsteuererklärungen bis zum 20. Tag nach Ablauf jedes Besteuerungszeitraums nach amtlich vorgeschriebenem Datensatz durch Datenfernübertragung nach Maßgabe der Steuerdaten-Übermittlungsverordnung dem Bundeszentralamt für Steuern zu übermitteln. [2]In dieser Erklärung hat er die Steuer für den Besteuerungszeitraum selbst zu berechnen. [3]Die berechnete Steuer ist an das Bundeszentralamt für Steuern zu entrichten.

(4) [1]Kommt der Unternehmer seinen Verpflichtungen nach Absatz 3 oder den von ihm in einem anderen Mitgliedstaat der Europäischen Union zu erfüllenden Aufzeichnungspflichten entsprechend Artikel 369 k der Richtlinie 206/112/EG des Rates in der Fassung von Artikel 5 Nummer 15 der Richtlinie 2008/8/EG des Rates vom 12. Februar 2008 zur Änderung der Richtlinie 2006/112/EG bezüglich des Ortes der Dienstleistung (ABl. L 44 vom 20.02.2008, S. 23) wiederholt nicht oder nicht rechtzeitig nach, schließt ihn das Bundeszentralamt für Steuern von dem besonderen Besteuerungsverfahren nach Absatz 1 durch Verwaltungsakt aus. [2]Der Ausschluss gilt ab dem Besteuerungszeitraum, der nach dem Zeitpunkt der Bekanntgabe des Ausschlusses gegenüber dem Unternehmer beginnt.

(5) Ein Unternehmer ist im Inland im Sinne des Absatzes 1 Satz 1 ansässig, wenn er im Inland seinen Sitz oder seine Geschäftsleitung hat oder, für den Fall, dass er im Drittlandsgebiet ansässig ist, im Inland eine Betriebsstätte hat.

(6) Auf das Verfahren sind, soweit es vom Bundeszentralamt für Steuern durchgeführt wird, die §§ 30, 80 und 87a und der Zweite Abschnitt des Dritten Teils und der Siebente Teil der Abgabenordnung sowie die Finanzgerichtsordnung anzuwenden.

Bearbeiter: Torsten Krause

Inhaltsverzeichnis

Rn.

1. Rechtsentwicklung und Bedeutung

Seit 01.01.2015 gilt als der Ort, an dem Telekommunikationsdienstleistungen, Rundfunk- und Fernsehdienstleistungen und elektronische Dienstleistungen an Nichtunternehmer erbracht werden, der Ort, an dem der Leistungsempfänger seinen Sitz, Wohnsitz oder gewöhnlichen Aufenthaltsort hat (s. Art. 58 MwStSystRL n.F.; Art. 5 Nr. 1 RL 2008/8/EG des Rates vom 12.02.2008 zur Änderung der RL 2006/112/EG bezüglich des Ortes der Dienstleistung, ABl. EU Nr. L 44/11 vom 20.02.2008; Art. 9 Nr. 2 des Gesetzes zur Anpassung des nationalen Steuerrechts an den Beitritt Kroatiens zur EU und zur Änderung weiterer steuerlicher Vorschriften, BGBl I 2014, 1266 vom 30.07.2014). Dies hat zur Folge, dass sich der leistende Unternehmer in jedem Mitgliedstaat, in dem er eine Leistung erbringt, registrieren müsste. § 18h UStG enthält **Verfahrensvorschriften bezüglich der Abgabe der Umsatzsteuererklärung** für einen anderen Mitgliedstaat, wenn der Unternehmer Telekommunikationsdienstleistungen, Rundfunk- und Fernsehdienstleistungen und elektronische Dienstleistungen i.S.d. § 3a Abs. 5 UStG in der ab 01.01.2015 geltenden Fassung an Privatpersonen in der EU erbringt. Die Vorschrift regelt insbesondere die Registrierung beim Bundeszentralamt für Steuern, die Abgabe der Umsatzsteuererklärungen sowie Sanktionen im Falle wiederholter Unzuverlässigkeit. Mit dem Ziel der Vereinfachung besteht im Fall der Leistungserbringung an Nichtsteuerpflichtige gem. § 18h UStG die Möglichkeit, sich in nur einem EU-Mitgliedstaat registrieren zu lassen und dort die Steuererklärung einzureichen (sogenannter „**Mini-One-Stop-Shop**"). 1

§ 18h UStG in der vorliegenden Form ist zum 01.10.2014 in Kraft getreten (s. Art. 28 Abs. 4 i.V.m. Art. 8 des Gesetzes zur Anpassung des nationalen Steuerrechts an den Beitritt Kroatiens zur EU und zur Änderung weiterer steuerlicher Vorschriften, BR-Drs. 291/14 vom 04.07.2014). Gem. § 27 Abs. 20 UStG in der ab 01.10.2014 gültigen Fassung ist die Abgabe von Umsatzsteuererklärungen in dem vereinfachten Verfahren für Besteuerungszeiträume möglich, die nach dem 31.12.2014 enden. Dementsprechend stellt das **Bundeszentralamt für Steuern** das Online-Portal, in dem sich Unternehmen für die Teilnahme an diesem Verfahren registrieren können, zur Verfügung (www.bzst.de). 2

2. Inhaltliche Grundsätze

2.1 Materielle Voraussetzungen

Bereits im Rahmen der Novellierung bzw. Neustrukturierung der **Ortvorschriften für sonstige Leistungen** zum 01.01.2010 wurde auf Unionsebene beschlossen, dass elektronische Dienstleistungen sowie Telekommunikations-, Rundfunk- und Fernsehdienstleistungen ab 01.01.2015 am **Ort des Endverbrauchs der Umsatzsteuer** zu unterwerfen sind. Entsprechende Regelungen beinhaltet § 18h UStG. § 18h UStG enthält Verfahrensvorschriften bezüglich der Abgabe der Umsatzsteuererklärung für einen anderen Mitgliedstaat, wenn der Unternehmer Telekommunikationsdienstleistungen, Rundfunk- und Fernsehdienstleistungen und elektronische Dienstleistungen i.S.d. § 3a Abs. 5 UStG in der ab 01.01.2015 geltenden Fassung an Privatpersonen in der EU erbringt. Die Vorschrift regelt insbesondere die Registrierung beim Bundeszentralamt für Steuern, die Abgabe der Umsatzsteuererklärungen sowie Sanktionen im Falle wiederholter Unzuverlässigkeit. 3

Zur Vermeidung eines unkalkulierbaren Registrierungsausmaßes von betroffenen EU-Unternehmern in anderen EU-Mitgliedstaaten hat der Gesetzgeber mit § 18h UStG ein vereinfachtes Deklarationsverfahren eingeführt, die sogenannte „**einzige Anlaufstelle**" (sog. „One-Stop-Shop"). So wird z.B. ein in Deutschland ansässiger Unternehmer die ausländische Umsatzsteuer für diese Dienstleistungen an Nichtunternehmer im EU-Ausland im Rahmen der eigenen Voranmeldung gegenüber dem für ihn im Inland zuständigen Betriebsstättenfinanzamt deklarieren und die Umsatzsteuer an dieses abführen. Der **Mini-One-Stop-Shop** (MOSS oder M1SS), mithin die kleine einzige Anlaufstelle (KEA), ist ein neues (freiwilliges) Besteuerungsverfahren, das dem Unternehmen ermöglicht, die o.g. Umsätze in dem EU-Staat zu erklären, in dem es ansässig ist. Zu diesem Zweck sind – zusätzlich zu Umsatzsteuer-Voranmeldung und ggf. Zusammenfas- 4 sender Meldung – vierteljährliche Erklärungen über ein Internetportal der zuständigen nationalen Behörde (in Deutschland voraussichtlich das BZSt) zu übermitteln. Die Erklärung muss bis zum 20. Tag nach Quartalsende übermittelt werden. Auch die Zahlung erfolgt im Ansässigkeitsstaat, die zuständige Behörde übernimmt dann die Verteilung auf die einzelnen Staaten.

2.2 Formelle Voraussetzungen

5 Nach dem Wortlaut des § 18h Abs. 1 UStG haben Unternehmer, die im Inland i. S.d. Abs. 5 ansässig sind und am besonderen Besteuerungsverfahren teilnehmen wollen, dies gegenüber dem BZSt anzuzeigen. Die **Registrierung** hat elektronisch nach Maßgabe der StDÜV über das Portal des BZSt zu erfolgen. Gem. § 18h Abs. 5 UStG sind zur Teilnahme Unternehmer berechtigt, die im Inland ihren Sitz oder ihre Geschäftsleitung haben (Halbsatz 1), oder im Drittlandsgebiet ansässige Unternehmer, die im Inland eine Betriebsstätte haben (Halbsatz 2). Die Regelung tritt damit neben § 13b Abs. 7 Satz 1 UStG und § 59 Satz 2 UStDV. Der Gesetzgeber hat dabei erneut die Gelegenheit vertan, die Begrifflichkeiten des UStG endlich an das insoweit maßgebliche Unionsrecht anzupassen, ohne dass er dafür eine Begründung angegeben hat. Maßgeblich ist nämlich im Falle des Halbsatzes 1, ob der Unternehmer im Inland den Sitz seiner wirtschaftlichen Tätigkeit (s. Art. 369b i.V.m. Art. 369a Abs. 1 Nr. 1 Alt. 1 MwStSystRL) hat. Im Falle des Halbsatzes 2 kommt es darauf an, ob eine feste Niederlassung (s. Art. 369b i. V. m. Art. 369 a Abs. 1 Nr. 1 Alt. 2 MwStSystRL) vorliegt.

6 Im Fall der **Organschaft** zeigt der Organträger die Teilnahme am MOSS-Verfahren an. Die Teilnahme an dem besonderen Verfahren ist nur einheitlich für alle Mitgliedstaaten möglich, in denen der Unternehmer keine Betriebsstätte/feste Niederlassung hat und in denen er derartige Umsätze erbringt, was Art. 369b Satz 2 MwStSystRL in deutsches Recht umsetzt. Der Unternehmer kann nicht für manche Mitgliedstaaten das MOSS-Verfahren nutzen und sich in anderen Mitgliedstaaten registrieren lassen.

7 **Beispiel:** Der im Inland ansässige Unternehmer U führt elektronische Dienstleistungen an Nichtsteuerpflichtige in der gesamten Union aus. Er bezieht in erheblichem Umfang Eingangsleistungen, die mit der Umsatzsteuer Spaniens belastet sind. Ihm schwebt vor, sich in Spanien registrieren zu lassen, um Umsatzsteuer und Vorsteuer in Spanien im allgemeinen Besteuerungsverfahren zu erklären, während er für die übrigen Mitgliedstaaten gerne das MOSS-Verfahren nutzen möchte.

Lösung: Die **Teilnahme am MOSS-Verfahren** ist **nur einheitlich für alle Mitgliedstaaten** möglich, in denen U nicht ansässig ist. Das allgemeine Besteuerungsverfahren in Spanien UK neben dem MOSS-Verfahren ist möglich, wenn U über eine feste Niederlassung im Spanien verfügt.

8 Sollte der **Unternehmer im Drittlandsgebiet ansässig** sein, kann er das vereinfachte Verfahren dann in Anspruch nehmen, wenn er im Inland eine Betriebsstätte unterhält (s. § 18h Abs. 5 UStG). Unternehmer, die weder Sitz noch feste Niederlassung in Deutschland haben, sind zwar vom Verfahren nach § 18h (sog. „**EU-Regelung**") ausgeschlossen. Für sie ist aber zu prüfen, ob das Verfahren nach § 18 Abs. 4c und 4d i.V.m. Art. 358a ff. MwStSystRL (sog. „Nicht-EU-Regelung") möglich ist. Zuständig ist ebenfalls das BZSt.

9 Konkrete Angaben dazu, welchen Inhalt die Anzeige haben muss, enthält das Gesetz nicht. Dies darf allerdings nicht dahingehend gedeutet werden, dass eine elektronische Übermittlung des bloßen Satzes „ich möchte am MOSS-Verfahren teilnehmen" für eine Anzeige ausreichen würde. Vielmehr schreibt Art. 57e MwStVO vor, dass der Mitgliedstaat der Identifizierung (im Falle des § 18h also Deutschland) den Steuerpflichtigen anhand der USt-IdNr. i.S.d. Art. 214 f. MwStSystRL (s. § 27a UStG) identifiziert. Ergänzend dazu bestimmt Art. 3 Abs. 1 der Verordnung 815/2012/EU (ZusammenarbeitsDVO), dass der Mitgliedstaat der Identifizierung den anderen Mitgliedstaaten Angaben zur Identität des Steuerpflichtigen, der die EU-Regelung in Anspruch nimmt, sowie die **erteilte Identifikationsnummer** übermittelt. Dies geschieht durch eine einheitliche elektronische Mitteilung gemäß Anhang I der Verordnung 815/2012/EU. Für die EU-Regelung ist Spalte C zu verwenden.

10 Nach Ansicht der Finanzverwaltung (s. Abschn. 18.7a UStAE) muss der Unternehmer dem für dieses Besteuerungsverfahren zuständigen BZSt vor Beginn des Besteuerungszeitraums, ab dessen Beginn er von

diesem Besteuerungsverfahren Gebrauch macht, die Anwendung auf dem **amtlich vorgeschriebenen, elektronisch zu übermittelnden Dokument** anzeigen. Erbringt der Unternehmer erstmals derartige Leistungen, gilt die Ausübung des Wahlrechts ab dem Tag der ersten Leistungserbringung, wenn die Anzeige gegenüber dem BZSt bis zum 10. Tag des auf die erste Leistungserbringung folgenden Monats erfolgt. Ändern sich die Angaben der Anzeige, hat der Unternehmer dem BZSt die Änderungen bis zum 10. Tag des auf den Eintritt der Änderungen folgenden Monats auf elektronischem Weg mitzuteilen.

Die **Vereinfachungsregelung** gilt ausschließlich im Fall der Erbringung von Telekommunikationsdienstleistungen, Rundfunk- und Fernsehdienstleistungen und elektronischen Dienstleistungen. Diese muss der Unternehmer in einem anderen Mitgliedstaat der Europäischen Union erbringen. Dies ist dann der Fall, wenn diese Leistungen an Nichtunternehmer in anderen Mitgliedstaaten erbracht werden, weil der Ort der Leistung für diese Fälle ab dem 01.01.2015 auf den Ort des Leistungsempfängers verlegt wird. Weiterhin muss der Unternehmer in dem anderen Mitgliedstaat die Steuer schulden und dort einer Pflicht zur Abgabe von Umsatzsteuererklärungen unterliegen. 11

Ab 01.01.2015 wird somit auch für **EU-Unternehmer, die elektronische Leistungen an einen privaten Endverbraucher erbringen**, ein weiterer Schritt hin zum EU weit angestrebten Prinzip zur Besteuerung im Bestimmungsland (Verbrauchsort) von Leistungen umgesetzt. Die Neuregelung erstreckt sich insbesondere auf folgende Leistungen: 12

- **„Telekommunikationsdienstleistungen“** wie u.a. Dienstleistungen zum Zweck der Übertragung, Ausstrahlung oder des Empfangs von Signalen, Schrift, Bild und Ton oder Informationen jeglicher Art einschließlich der damit im Zusammenhang stehenden Abtretung oder Einräumung von Nutzungsrechten und der Bereitstellung Zugangs zu globalen Informationsnetzen.
- **„Rundfunk- und Fernsehdienstleistungen“**, d.h. Rundfunk- und Fernsehprogramme, die über Kabel, Antenne oder Satellit verbreitet werden.
- **„Elektronische Dienstleistungen“**, also Leistungen, die über das Internet oder ein elektronisches Netz, einschließlich Netze zur Übermittlung digitaler Inhalte, erbracht werden.

Soweit die Neuregelung **Telekommunikationsleistungen bzw. Rundfunk- und Fern-sehdienstleistungen** betrifft, wird sie wohl nur eine überschaubare Anzahl von Unternehmen tangieren. Anders sieht es bei den auf elektronischem Weg erbrachten Dienstleistungen aus. Hierzu gehören z.B. (s. im Detail Abschn. 3a.12 UStAE): 13

- Bereitstellung von Websites, Webhosting, Fernwartung von Programmen und Ausrüstungen;
- Bereitstellung von Software und deren Aktualisierung;
- Bereitstellung von Bildern (z.B. Gewährung des Zugangs zu oder das Her-unterladen von Desktop-Gestaltungen, Fotos, Bildern und Bildschirmschonern);
- Bereitstellung von Texten und Informationen;
- Bereitstellung von Datenbanken (z.B. Suchmaschinen, Internetverzeichnisse);
- Bereitstellung von Musik (z.B. Gewährung des Zugangs zu oder das Herunterladen von Musik auf PC, Handys usw. und die Gewährung des Zugangs zu oder das Herunterladen von Jingles, Ausschnitten, Klingeltönen und anderen Tönen);
- Bereitstellung von Filmen und Spielen, einschließlich Glücksspielen und Lotterien;
- Bereitstellung von Sendungen und Veranstaltungen aus den Bereichen Politik, Kultur, Kunst, Sport, Wissenschaft und Unterhaltung;
- Erbringung von Fernunterrichtsleistungen;
- Online-Versteigerungen (soweit es sich nicht bereits um Web-Hosting-Leistungen handelt) über automatisierte Datenbanken und mit Dateneingabe durch den Leistungsempfänger, die kein oder nur wenig menschliches Eingreifen erfordern (z.B. Online-Marktplatz, Online-Einkaufsportal);
- Internet Service-Pakete, die mehr als nur die Gewährung des Zugangs zum Internet ermöglichen und weitere Elemente umfassen (z.B. Nachrichten, Wetterbericht, Reiseinformationen, Spielforen, Web-Hosting, Zugang zu Chatlines usw.).

14 Nicht unter die Neuregelung fällt die **Lieferung von Gegenständen, die im Internet bestellt werden**, z.B. Bücher oder Musik-CDs. Die Neuregelung betrifft jedoch Unternehmen, für den Download von elektronischen Büchern (E-Books) oder auch IT-Dienstleister. Aber auch der reine Betreiber einer Website oder eines Portals kann betroffener Unternehmer sein, wenn die Leistung über sein Portal abgerufen wird.

15 Betroffene Unternehmer, die diese Dienstleistungen an Nichtunternehmer im Gemeinschaftsgebiet erbringen, müssen ab 2015 nach den jeweiligen nationalen Umsatzsteuerregelungen des Bestimmungslandes Umsatzsteuer in Rechnung stellen. Dies erfordert neben den technischen Voraussetzungen, die Art des Leistungsempfängers und den Verbrauchsort der Leistung ordnungsgemäß zu bestimmen und langfristig zu dokumentieren, auch die **Umsetzung der materiell-rechtlich notwendigen ordnungsgemäßen Rechnungsstellung** unter Berücksichtigung des ausländischen Steuerrechts. Mit der Besteuerung am Verbrauchsort geht die Inrechnungstellung des Umsatzsteuersatzes des jeweiligen Bestimmungslandes einher.

2.3 Erklärungsabgabe

16 Der Unternehmer hat seine Umsatzsteuererklärungen gem. § 18h Abs. 3 Satz 1 UStG bis zum 20. Tag nach Ablauf jedes Besteuerungszeitraums nach **amtlich vorgeschriebenem Datensatz durch Datenfernübertragung nach Maßgabe der Steuerdaten-Übermittlungsverordnung** dem Bundeszentralamt für Steuern zu übermitteln. Sicherlich ist festzustellen, dass die unterschiedlichen Terminen für die Abgabe der Umsatzsteuervoranmeldung gem. § 18 Abs. 1 UStG, für die Erklärung gem. § 18h Abs. 3 UStG und die Zusammenfassende Meldung gem. § 18a Abs. 1 UStG nicht unkritisch sind.

17 Im Rahmen dieser Erklärung hat der Unternehmer die **Steuer selbst zu berechnen** und die berechnete Steuer an das Bundeszentralamt für Steuern zu entrichten (s. § 18h Abs. 3 Satz 2 und 3 UStG).

2.4 Ablehnung bzw. Widerruf

18 Soweit der Unternehmer die Voraussetzungen für die Teilnahme am besonderen Besteuerungsverfahren nicht erfüllt, erhält er vom Bundeszentralamt für Steuern einen ablehnenden Bescheid, gegen den er Einspruch einlegen kann (s. § 18h Abs. 2 UStG). Dem Wortlaut nach scheint es sich also um einen feststellenden Verwaltungsakt zu handeln. Weitergehende Präzisierungen enthält § 18h Abs. 2 nicht. Ein **positiver Bescheid über die Zulassung zum Verfahren** ist nicht vorgesehen.

19 Sollte der Unternehmer nicht mehr an dem besonderen Besteuerungsverfahren teilnehmen wollen, kann er gegenüber dem Bundeszentralamt für Steuern seine Teilnahme mit Wirkung vom Beginn eines Besteuerungszeitraums widerrufen. Dieser **Widerruf** muss jedoch vor Beginn des Besteuerungszeitraums, für den er gelten soll, auf elektronischem Wege erklärt werden (s. § 18h Abs. 1 Satz 4 und 5 UStG). Außerdem bewirkt eine freiwillige Beendigung der Teilnahme nach Art. 57g Abs. 3 MwStVO eine Sperrfrist von zwei Folgequartalen für alle Mitgliedstaaten:

20 **Beispiel:** Der im Inland ansässige Unternehmer U führt elektronische Dienstleistungen an Endverbraucher in anderen Mitgliedstaaten aus und nimmt seit 01.01.2015 am MOSS-Verfahren teil. Er widerruft am 10.06.2015 seine Teilnahme am MOSS-Verfahren gegenüber dem BZSt. Am 10.07.2015 besinnt sich U anders und registriert sich beim BZSt erneut für das MOSS-Verfahren.

Lösung: Der Widerruf des U ist zum 01.07.2015 wirksam geworden. Für das III. und IV. Quartal 2015 darf U am MOSS-Verfahren an sich nicht teilnehmen (s. Art. 57g Abs. 3 MwStVO). Da jedoch die Registrierung des U zum IV. Quartal 2015 gemäß § 18h Abs. 1 UStG wieder wirksam wird, ist U für das IV. Quartal 2015 durch Bescheid des BZSt gemäß § 18h Abs. 2 UStG vom MOSS-Verfahren auszuschließen. Übersieht das BZSt den Ausschluss und erlässt keinen Bescheid gemäß § 18h Abs. 2 UStG, darf U für das IV. Quartal 2015 Steuererklärungen im MOSS-Verfahren abgeben.

21 Ferner hat das BZSt grundsätzlich seinerseits die Möglichkeit, Unternehmer, die ihren Verpflichtungen wiederholt nicht oder nicht rechtzeitig nachkommen, vom besonderen Besteuerungsverfahren für künftige Besteuerungszeiträume auszuschließen. Dies erfolgt ebenfalls durch einen Verwaltungsakt, gegen den das Einspruchsverfahren gegeben ist. Der **Ausschluss eines Unternehmers vom Verfahren** ist bei wiederhol-

ten Verstößen im Zusammenhang mit der Abgabe der Umsatzsteuererklärungen oder mit den Aufzeichnungspflichten des Unternehmers zulässig (s. § 18h Abs. 4 UStG).

2.5 Zahlung

Der Unternehmer hat gem. § 18h Abs. 3 Satz 3 UStG die errechnete Steuer an das BZSt zu entrichten. Zahlungen an die Mitgliedstaaten des Verbrauchs sind (zunächst) nicht zu leisten (s. Art. 62 Abs. 1 MwStVO). Die **Steuer** ist mit Einreichung der Steuererklärung, spätestens aber mit Ablauf der Frist zur Abgabe der Steuererklärung zu entrichten (s. Art. 369i MwStSystRL). Bei jeder Zahlung ist die Referenznummer der betreffenden Erklärung anzugeben (s. Art. 62 Abs. 2 Satz 3 MwStVO). 22

Wird die Steuer nach Weiterleitung der Zahlung an den Mitgliedstaat des Verbrauchs später herabgesetzt, hat der Mitgliedstaat des Verbrauchs die Steuer zu erstatten (s. Art. 63 Abs. 2 MwStVO). Allerdings sieht Art. 63 Abs. 3 MwStVO für Besteuerungszeiträume bis einschließlich 2018 die **Erstattung durch das BZSt** vor. 23

Zahlt der Unternehmer die angemeldete Steuer nicht (in voller Höhe) fristgerecht, erhält er vom BZSt 10 Tage nach Ablauf der Zahlungsfrist eine Mahnung. Mit der Information an den Mitgliedstaat des Verbrauchs endet die Zuständigkeit des BZSt: Für alle nachfolgenden Schritte der Steuererhebung (ggf. Zweitmahnung, Vollstreckung) sind die Mitgliedstaaten des Verbrauchs zuständig und Zahlungen aufgrund weiterer Maßnahmen sind fortan dorthin zu richten. Bei mehrfacher Nichtzahlung besteht außerdem die Gefahr, dass das BZSt einen Ausschluss verfügt (s. Rn. 19 ff.). 24

Auch die **Festsetzung von Zinsen und Verspätungszuschlägen**, die Verwirkung von Säumniszuschlägen oder Verhängung von Geldbußen erfolgt nach dem Recht des Mitgliedstaats des Verbrauchs, der dafür zuständig ist; Zahlungen darauf sind ebenfalls dorthin zu richten. 25

§ 19 UStG Besteuerung der Kleinunternehmer

(1) [1]Die für Umsätze im Sinne des § 1 Abs. 1 Nr. 1 geschuldete Umsatzsteuer wird von Unternehmern, die im Inland oder in den in § 1 Abs. 3 bezeichneten Gebieten ansässig sind, nicht erhoben, wenn der in Satz 2 bezeichnete Umsatz zuzüglich der darauf entfallenden Steuer im vorangegangenen Kalenderjahr 17.500 Euro nicht überstiegen hat und im laufenden Kalenderjahr 50.000 Euro voraussichtlich nicht übersteigen wird. [2]Umsatz im Sinne des Satzes 1 ist der nach vereinnahmten Entgelten bemessene Gesamtumsatz, gekürzt um die darin enthaltenen Umsätze von Wirtschaftsgütern des Anlagevermögens. [3]Satz 1 gilt nicht für die nach § 13a Abs. 1 Nr. 6, § 13b Absatz 5, § 14c Abs. 2 und § 25b Abs. 2 geschuldete Steuer. [4]In den Fällen des Satzes 1 finden die Vorschriften über die Steuerbefreiung innergemeinschaftlicher Lieferungen (§ 4 Nr. 1 Buchstabe b, § 6a), über den Verzicht auf Steuerbefreiungen (§ 9), über den gesonderten Ausweis der Steuer in einer Rechnung (§ 14 Abs. 4), über die Angabe der Umsatzsteuer-Identifikationsnummern in einer Rechnung (§ 14a Abs. 1, 3 und 7) und über den Vorsteuerabzug (§ 15) keine Anwendung.

(2) [1]Der Unternehmer kann dem Finanzamt bis zur Unanfechtbarkeit der Steuerfestsetzung (§ 18 Abs. 3 und 4) erklären, dass er auf die Anwendung des Absatzes 1 verzichtet. [2]Nach Eintritt der Unanfechtbarkeit der Steuerfestsetzung bindet die Erklärung den Unternehmer mindestens für fünf Kalenderjahre. [3]Sie kann nur mit Wirkung vom Beginn eines Kalenderjahres an widerrufen werden. [4]Der Widerruf ist spätestens bis zur Unanfechtbarkeit der Steuerfestsetzung des Kalenderjahres, für das er gelten soll, zu erklären.

(3) [1]Gesamtumsatz ist die Summe der vom Unternehmer ausgeführten steuerbaren Umsätze im Sinne des § 1 Abs. 1 Nr. 1 abzüglich folgender Umsätze:

1. der Umsätze, die nach § 4 Nr. 8 Buchstabe i, Nr. 9 Buchstabe b und Nr. 11 bis 28 steuerfrei sind;
2. der Umsätze, die nach § 4 Nr. 8 Buchstabe a bis h, Nr. 9 Buchstabe a und Nr. 10 steuerfrei sind, wenn sie Hilfsumsätze sind.

[2]Soweit der Unternehmer die Steuer nach vereinnahmten Entgelten berechnet (§ 13 Abs. 1 Nr. 1 Buchstabe a Satz 4 oder § 20), ist auch der Gesamtumsatz nach diesen Entgelten zu berechnen. [3]Hat der Unternehmer seine gewerbliche oder berufliche Tätigkeit nur in einem Teil des Kalenderjahres ausgeübt, so ist der tatsächliche Gesamtumsatz in einen Jahresgesamtumsatz umzurechnen. [4]Angefangene Kalendermonate sind bei der Umrechnung als volle Kalendermonate zu behandeln, es sei denn, dass die Umrechnung nach Tagen zu einem niedrigeren Jahresgesamtumsatz führt.

(4) [1]Absatz 1 gilt nicht für die innergemeinschaftlichen Lieferungen neuer Fahrzeuge. [2]§ 15 Abs. 4a ist entsprechend anzuwenden.

Bearbeiter: Jörg W. Hellmer

Inhaltsverzeichnis

1. Stand der Gesetzgebung

1 Der § 19 UStG wurde zuletzt durch Artikel 6 Gesetz zur Umsetzung steuerlicher EU-Vorgaben sowie zur Änderung steuerlicher Vorschriften Gesetz vom 08.04.2010, BGBl I 2010, 386 geändert.

2 Die **gemeinschaftsrechtliche Fundierung der Besteuerung von Kleinunternehmern** ergibt sich aus Art. 281–294 MwStSystRL. Nach der MwStSystRL werden die Umsätze steuerbefreit. Nach deutschem

Recht wird die Steuer auf diese Umsätze nicht erhoben. Beide Regelungen führen zur Nichtabziehbarkeit der Vorsteuer.

2. Zweck und Inhalt der Norm

Die Umsatzsteuer auf Umsätze nach § 1 Abs. 1 Nr. 1 UStG wird von Gesetzes wegen **nicht erhoben**, wenn der Bruttoumsatz des inländischen Unternehmers im vorangegangenen Jahr 17.500 € nicht überstiegen hat und im laufenden Jahr 50.000 € voraussichtlich nicht übersteigt (s. § 19 Abs. 1 S. 1 UStG). 3

Auch die Anwendung der MwStSystRL beschränkt sich lediglich auf jeweils inländische Unternehmen. 4

Das Gesetz regelt somit einen Verzicht auf die Steuererhebung aus Praktikabilitätsgründen. Es handelt sich um eine **Bagatellgrenze**, die der Verwaltungsvereinfachung dienen soll. 5

Kleinunternehmer im Sinne dieser Vorschrift sollen grds. wie Unternehmer behandelt werden, die lediglich steuerfreie Umsätze erbringen. Auf die Umsätze wird keine Steuer erhoben, es wird somit auch keine Steuer in Rechnung gestellt. Kleinunternehmer sind auch nicht zum Vorsteuerabzug berechtigt. 6

Der Kleinunternehmer ist nicht zum **gesonderten Ausweis der Steuer** (s. § 14 Abs. 4 UStG) in einer Rechnung berechtigt (s. § 19 Abs. 1 S. 4 UStG). Wird die Umsatzsteuer trotzdem ausgewiesen, so schuldet der Kleinunternehmer diese nach § 14c Abs. 2 S. 1 UStG. Der Empfänger der Leistung ist allerdings nicht zum Vorsteuerabzug berechtigt, da vom Kleinunternehmer keine Rechnung nach § 14 UStG ausgestellt werden kann (s. § 15 Abs. 1 S. 1 Nr. 1 S. 2 UStG). 7

Ausnahme: Konnte der Leistungsempfänger nicht erkennen, dass die Rechnung mit Umsatzsteuerausweis von einem Kleinunternehmer ausgestellt wurde, kommt Vertrauensschutz in Betracht (auch s. BFH vom 25.09.2013, XI R 41/12, BStBl II 2014, 135 für Kleinbetragsrechnungen). 8

Der Kleinunternehmer ist zum Vorsteuerabzug nicht berechtigt (s. § 19 Abs. 1 S. 4 UStG). Da dieser Grundsatz auch in der Vorbereitungsphase einer Unternehmung angewendet werden muss, in der allerdings die Umsätze noch nicht bekannt sind, kann der Vorsteuerabzug nur durch zeitnahe Ausübung der **Option zur Regelbesteuerung nach § 19 Abs. 2 UStG** gesichert werden. Der Kleinunternehmer hat weiterhin kein Optionsrecht für steuerfreie Umsätze nach § 9 UStG. 9

Wirtschaftlich führt die Anwendung der Kleinunternehmerregelung, im Vergleich zu Regelbesteuerung mit Vorsteuerabzug, zu einer **Ungleichbehandlung**. Der Kleinunternehmer hat einen erheblichen Preisvorteil, wenn er an Endkunden Leistungen erbringt. 10

Beispiel Leistung an Endverbraucher: 11

	von Regelunternehmer	von Kleinunternehmer
Wareneinkaufspreis	1.000 €	1.000 €
Vorsteuer	abziehbar	190 €
Wareneinsatz	1.000 €	1.190 €
+ Rohgewinnaufschlag	800 €	800 €
Umsatzsteuer 19 %	342 €	entfällt
Endpreis für Verbraucher	**2.142 €**	**1.990 €**

Ein **Überschreiten der schädlichen Gesamtumsätze** führt somit zu einem erheblichen Wettbewerbsnachteil. 12

Erbringt der Kleinunternehmer erhebliche Leistungen an vorsteuerabzugsberechtigte Endkunden kehrt sich der Nachteil in einen Vorteil um. 13

14

Beispiel Leistung an Regelunternehmer:

	von Regelunternehmer	von Kleinunternehmer
Wareneinkaufspreis	1.000 €	1.000 €
Vorsteuer	abziehbar	190 €
Wareneinsatz	1.000 €	1.190 €
+ Rohgewinnaufschlag	800 €	800 €
Umsatzsteuer 19 %	abziehbar	entfällt
Endpreis für Verbraucher	**1.800 €**	**1.990 €**

15 In diesen Fällen sollte der Kleinunternehmer auf die Anwendung der Nichterhebung verzichten (s. § 19 Abs. 2 UStG).

16 Die **Umsatzsteuer für die Einfuhr von Gegenständen** (§ 1 Abs. 1 Nr. 4 UStG) und für innergemeinschaftliche Erwerbe (s. § 1 Abs. 1 Nr. 5 UStG) hat der Kleinunternehmer abzuführen.

17 Die Kleinunternehmerregelung findet keine Anwendung in den Fällen der **Beförderungseinzelbesteuerung nach § 16 Abs. 5 UStG**. Nach der ausdrücklichen Regelung des § 19 Abs. 1 S. 3 UStG fällt die nach § 13a Abs. 1 Nr. 6, nach § 13b Abs. 5, § 14c Abs. 2 und § 25b Abs. 2 UStG geschuldete Steuer ebenfalls nicht unter die Kleinunternehmerregelung.

18 Die Regelungen lassen sich wie folgt zusammenfassen:

<table>
<tr><th colspan="3">Besteuerung der Kleinunternehmer (s. § 19 Abs. 1 UStG)</th></tr>
<tr><td rowspan="2">USt für Umsätze i.S.v. § 1 Abs. 1 Nr. 1 UStG wird nicht erhoben</td><td>nach vereinnahmten Entgelten bemessener Gesamtumsatz abzüglich Umsätze von WG des Anlagevermögens (s. § 19 Abs. 1 S. 2 UStG) einschließlich USt beträgt
• im vorangegangenen Kj. nicht mehr als 17.500 €
UND
• im laufenden Kj. voraussichtlich nicht mehr als 50.000 €, s. § 19 Abs. 1 UStG</td><td rowspan="2">Wahlrecht: Verzicht auf die Steuerbefreiung, s. § 19 Abs. 2 UStG</td></tr>
<tr><td>Nur Unternehmer, die im Inland oder in den in § 1 Abs. 3 UStG bezeichneten Gebieten ansässig sind, s. § 19 Abs. 1 S. 1 UStG</td></tr>
</table>

<table>
<tr><th colspan="4">Folgerungen des § 19 Abs. 1 UStG (s. Abschn. 19.1 UStAE): Umsatzsteuer nach</th></tr>
<tr><td>§ 1 Abs. 1 Nr. 1 UStG</td><td>§ 1 Abs. 1 Nr. 4 UStG (EUSt)</td><td>§ 1 Abs. 1 Nr. 5 UStG (Erwerbsteuer)</td><td>§ 13a Abs. 1 Nr.6 UStG
§ 13b Abs. 5 UStG
§ 14c Abs. 2 UStG
§ 25b Abs. 2 UStG</td></tr>
<tr><td>wird nicht erhoben</td><td>wird erhoben</td><td rowspan="2">wird nur unter bestimmten Voraussetzungen (Überschreiten der Erwerbsschwelle oder Verzicht) erhoben</td><td>wird erhoben, § 19 Abs. 1 S. 3 UStG</td></tr>
<tr><td rowspan="2">§ 19 Abs. 1 S. 1 UStG
AUSNAHME: Innergemeinschaftliche Lieferungen neuer Fahrzeuge, entsprechende Anwendung des § 15 Abs. 4a UStG, s. § 19 Abs. 4 UStG.</td><td rowspan="2"></td><td rowspan="2"></td></tr>
<tr><td>§ 1a Abs. 3 Nr. 1b UStG/
ABER: Option über § 1a Abs. 4 UStG</td></tr>
</table>

3. Maßgebliche Umsatzgrenzen des § 19 Abs. 1 UStG

Die maßgeblichen Umsätze dürfen im vorangegangenen Kalenderjahr **17.500 €** nicht überschritten haben und im **laufenden Kalenderjahr** voraussichtlich **50.000 €** nicht übersteigen, § 19 Abs. 1 UStG. 19

Dabei ist nicht auf die Bemessungsgrundlage nach § 10 UStG, sondern auf die vom Unternehmer vereinnahmten **Bruttobeträge** und in den Fällen des § 10 Abs. 4 und 5 UStG auf die Bemessungsgrundlage zzgl. ggf. darauf entfallende Umsatzsteuer abzustellen (Abschn. 19.1 Abs. 2 S. 3-4 UStAE). Diese Umsätze berechnen sich wie folgt: 20

Gesamtumsatz gem. § 19 Abs. 3 UStG nach vereinnahmten Entgelten (s. § 19 Abs. 1 S. 2 UStG), s. Abschn.19.1 Abs. 2 S. 1–2 UStAE (auch Umsätze, die nach § 1 Abs. 3 UStG wie Umsätze im Inland behandelt werden sowie auch Umsätze, für die nach § 13b Abs. 5 UStG ein Anderer als Leistungsempfänger Steuerschuldner ist, s. Abschn.19.3 Abs. 1 S. 1 UStAE); ohne	
a)	die private Verwendung eines dem Unternehmen zugeordneten Gegenstandes, die nicht nach § 3 Abs. 9a Nr.1 UStG steuerbar ist
b)	Umsätze, für die der – voraussichtliche – Kleinunternehmer nach § 13b Abs. 5 UStG als Leistungsempfänger Steuerschuldner ist, s. Abschn.19.3 Abs. 1 S. 2 UStAE
c)	Umsätze mit Wirtschaftsgütern des Anlagevermögens (Verkauf oder Entnahme), s. Abschn.19.1 Abs. 6 UStAE
=	Zwischensumme
+	auf die Zwischensumme entfallende USt
=	Maßgeblicher Umsatz gemäß § 19 Abs. 1 UStG, s. Abschn.19.1 Abs. 3 S. 3 UStAE

Für die **Ermittlung des Gesamtumsatzes** nach § 19 Abs. 3 UStG ist auf die vereinbarten Entgelte und nicht auf den Differenzbetrag gemäß § 25 Abs. 3 UStG bzw. § 25a Abs. 3 UStG abzustellen (s. Abschn. 19.3 I 5 UStAE). 21

Es sind außerdem folgende Regelungen von Bedeutung: 22

Umsatzgrenzen des § 19 Abs. 1 UStG			
vorangegangenes Kj.: 17.500 €	laufendes Kj.: 50.000 €	Neuaufnahme der Tätigkeit im Kalenderjahr	Übergang im Erbweg

Vorangegangenes Kalenderjahr

Der oben definierte **Gesamtumsatz** darf im vorangegangenen Kalenderjahr **17.500 €** nicht überschritten haben, § 19 Abs. 1 S. 1 UStG. Der § 19 Abs. 1 S. 1 UStG gilt auch dann, wenn bereits zu Beginn des Jahres voraussehbar ist, dass der Jahresumsatz wieder unter 17.500 € sinken wird (s. BFH vom 18.10.2007, V B 164/06, BStBl II 2008, 263; Abschn. 19.1 Abs. 3 S. 1 UStAE). 23

Laufendes Kalenderjahr

Der Gesamtumsatz darf im laufenden Kalenderjahr **50.000 €** voraussichtlich nicht übersteigen, § 19 Abs. 1 S. 1 UStG. 24

Da vom **geschätzten Umsatz** auszugehen ist, kann es vorkommen, dass der Umsatz auf bis zu 50.000 € geschätzt, nachher aber festgestellt wird, dass er darüber lag. 25

Dies ändert nichts an der Anwendung des § 19 Abs. 1 UStG, sofern die ursprünglichen Schätzungsgrundlagen zutreffend waren (s. Abschn. 19.1 Abs. 3 Satz 5 UStAE). Zur Überprüfung muss der Unternehmer die Verhältnisse darlegen, aus denen sich die Höhe des voraussichtlichen Umsatzes ergibt. 26

27 **Beispiel:** Z erzielte in 01 einen Umsatz i.S.d. § 19 Abs. 1 UStG von 11.000 €. Wegen des Auftrags- und Kundenbestands ist zu Beginn des Jahres 02 mit einem Umsatz von 18.000 € zu rechnen. Im April kann Z Geschäftsbeziehungen zu einem Großabnehmer knüpfen und erhält einen nicht eingeplanten Auftrag. Dadurch erreicht er in 02 einen Umsatz i.S.d. § 19 Abs. 1 UStG i.H.v. 66.000 €.

Lösung: Für 02 bleibt es bei der Kleinunternehmerbesteuerung nach § 19 Abs. 1 UStG, da nach den Verhältnissen zu Beginn dieses Jahres von einem Umsatz von bis zu 50.000 € auszugehen war (s. Abschn. 19.1 Abs. 3 UStAE).

Neuaufnahme der unternehmerischen Tätigkeit

28 Bei Neuaufnahme der unternehmerischen Tätigkeit im Laufe eines Kalenderjahrs ist vom erwarteten Umsatz für dieses Jahr auszugehen. Die für das Erstjahr maßgebende Grenze ist dann **17.500 €** (Abschn. 19.1 Abs. 4 UStAE).

29 Gemäß § 19 Abs. 3 S. 3–4 UStG muss in den Fällen, in denen der Unternehmer seine Tätigkeit nicht während des ganzen Kalenderjahres ausgeübt hat, eine **Umrechnung auf** einen **Jahresbetrag** durchgeführt werden. Dabei sind angefangene Kalendermonate wie volle Kalendermonate zu behandeln, sofern nicht eine Umrechnung auf Tagesbasis für den Steuerpflichtigen vorteilhafter ist.

30 **Beispiel:** M gründet am 12.08.01 ein Unternehmen. Er erwartet einen Umsatz bis zum 31.12.01 von 3.000 €. Nach § 19 Abs. 3 S. 3–4 UStG entspricht das einem Jahresumsatz von $^{12}/_{5}$ × 3.000 € = 7.200 €. Für 01 ist nach Abschn. 19.1 Abs. 4 UStAE die Kleinunternehmerregelung möglich. Am 31.12.01 stellt sich heraus, dass der Umsatz 8.000 € betrug.

Lösung: Da der Vorjahresumsatz umgerechnet $^{12}/_{5}$ × 8.000 € = 19.200 € betrug, kann für das Jahr 02 § 19 Abs. 1 UStG nicht mehr angewendet werden.

31 Eine **unternehmerische Tätigkeit** kann schon beginnen, wenn nach der Aufforderung eines späteren Auftraggebers ein Angebot für eine Lieferung oder eine sonstige Leistung gegen Entgelt abgegeben wird (s. BFH vom 18.11.1999, V R 22/99, BStBl II 2000, 241). Bei der Umrechnung des tatsächlichen Gesamtumsatzes in einen Jahresgesamtumsatz nach § 19 Abs. 3 UStG ist daher der Zeitraum seit dem Beginn der rechtserheblichen Handlungen zu berücksichtigen.

32 Bei der Schätzung kommt es regelmäßig auf die **Verhältnisse zu Beginn des Jahres** an. Das gilt auch, wenn das Unternehmen um einen neuen Betrieb erweitert wird (s. Abschn. 19.1 Abs. 3 S. 2–4 UStAE).

33 **Beispiel:** Der Unternehmer Y erwirbt am 01.08.02 einen weiteren Betrieb. Dadurch wird der voraussichtliche Umsatz seines Unternehmens in 02 über 50.000 € liegen. Ohne den Zukauf hätte die Schätzung 35.000 € betragen.

Lösung: Da es auf die Verhältnisse zu Beginn des Jahres ankommt, wird der Umsatz von 50.000 € voraussichtlich nicht überschritten. Y kann daher § 19 Abs. 1 UStG anwenden (s. Abschn. 19.1 Abs. 3 S. 3 UStAE).

34 Inwieweit es möglich ist, die Umsatzsteuer bei nachträglichem Übergang zur Normalbesteuerung hinzuzurechnen, ist eine zivilrechtliche Fragestellung. So wird ein Nichtunternehmer nicht bereit sein, seine Rechnung um die gesetzliche Umsatzsteuer nachträglich erhöhen zu lassen. Dann trifft den Unternehmer auch wirtschaftlich die Umsatzsteuer.

35 Bei einem Unternehmer, der seinen **landwirtschaftlichen Betrieb verpachtet**, und der keine weitere Tätigkeit im Bereich der Landwirtschaft ausübt, sodass die Durchschnittssatzregelung des § 24 UStG nicht mehr angewendet werden kann, kann auf den voraussichtlichen Gesamtumsatz des laufenden Kalenderjahres abgestellt werden. Dies gilt auch dann, wenn die Verpachtung im Laufe eines Kalenderjahres beginnt (s. Abschn. 19.1 Abs. 4a UStAE).

Übergang eines Unternehmens im Erbweg

Geht ein Unternehmen im Erbweg auf einen Unternehmer über, so kann der Erbe die Besteuerung für das laufende Kalenderjahr so **fortführen**, wie sie für den jeweiligen Teil des Unternehmens ohne Berücksichtigung der Gesamtumsatzverhältnisse anzuwenden wäre (s. Abschn. 19.1 Abs. 5 UStAE). 36

Beispiel: Der Unternehmer Y unterliegt der Regelbesteuerung. Am 06.08.01 erwirbt er im Erbweg von seinem Vater V einen weiteren Betrieb. V war bislang Kleinunternehmer nach § 19 Abs. 1 UStG. 37

Lösung: Y kann für seinen Betrieb die Regelbesteuerung und für den vom Vater ererbten Betrieb die Kleinunternehmerregelung fortführen. Alternativ dazu kann er auch für beide Unternehmensteile ab 06.08.01 die Regelbesteuerung anwenden (s. Abschn. 19.1 Abs. 5 UStAE). Ab 01.01.02 gelten dann die Vorschriften einheitlich für das gesamte Unternehmen des Y.

4. Verzicht auf die Steuerbefreiung

Auf die Anwendung von § 19 Abs. 1 UStG kann trotz Vorliegen der Voraussetzungen durch **Erklärung** (kein Antrag) **verzichtet** werden, § 19 Abs. 2 UStG. 38

Die Erklärung wirkt vom Beginn eines bestimmten Kalenderjahres bzw. bei Beginn der unternehmerischen Tätigkeit während eines Jahres ab Beginn der Tätigkeit (s. Abschn. 19.2 Abs. 1 Satz 4 Nr. 1 UStAE). 39

Für die Erklärung ist keine bestimmte Form vorgeschrieben (s. Abschn. 19.2 Abs. 1 Satz 4 Nr. 2 Satz 1 UStAE). 40

Bereits die Abgabe einer Umsatzsteuervoranmeldung oder einer Umsatzsteuer-Erklärung, in der Umsatzsteuer berechnet wird, ist eine derartige Erklärung (s. Abschn. 19.2 Abs. 1 Satz 4 Nr. 2 Satz 2 UStAE). 41

Die Erklärung kann bis zur **Unanfechtbarkeit der Steuerfestsetzung** abgegeben werden (s. Abschn. 19.2 Abs. 1 Satz 3 UStAE). 42

In Zweifelsfällen muss das Finanzamt den Kleinunternehmer fragen, welcher Besteuerungsform er seine Umsätze unterwerfen will. Verbleiben Zweifel, kann eine **Option zur Regelbesteuerung** nicht angenommen werden (s. Abschn. 19.2 Abs. 1 Satz 4 Nr. 2 Satz 5 UStAE; BFH vom 24.07.2013, XI R 14/11, BStBl II 2014, 210). 43

Ein Kleinunternehmer kann mit einer nur für einen Unternehmensteil erstellten Umsatzsteuererklärung nicht rechtswirksam auf die Anwendung des § 19 Abs.1 UStG verzichten, BFH vom 24.07.2013, XI R 31/12. 44

Nach **Eröffnung des Insolvenzverfahrens** steht die Befugnis, auf die Kleinunternehmerregelung zu verzichten, dem Insolvenzverwalter zu. Er übt dieses Recht für das gesamte Unternehmen des Insolvenzschuldners aus, BFH vom 20.12.2012, BStBl II 2013, 334. 45

Die Erklärung kann vor Eintritt der Unanfechtbarkeit der Steuerfestsetzung **zurückgenommen** werden. Der Unternehmer kann dann die Rechnungen mit gesondertem Umsatzsteuer-Ausweis nach § 14c Abs. 2 UStG berichtigen, s. Abschn. 19.2 Abs. 2 UStAE. 46

Ab **Unanfechtbarkeit der Steuerfestsetzung** ist der Unternehmer **fünf Jahre** an den Verzicht **gebunden**, § 19 Abs. 2 S. 2 UStG. Bis zu diesem Zeitpunkt kann er die Erklärung mit Wirkung für die Vergangenheit zurücknehmen, s. Abschn. 19.2 Abs. 3 UStAE. 47

Zur Unanfechtbarkeit der Steuerfestsetzung s. Abschn. 19.2 Abs. 5 und 6 UStAE. 48

Nach **Ablauf der Bindungsfrist** kann der Unternehmer mit dem Beginn eines jeden Jahres wieder auf § 19 Abs. 1 UStG übergehen. Die Rechnungen, in denen Umsatzsteuer gesondert ausgewiesen ist, können in diesem Fall nach § 14c Abs. 2 S. 3-5 UStG berichtigt werden, s. Abschn. 19.2 Abs. 4 UStAE. Bei einem Verzicht auf § 19 Abs. 1 UStG steht dem Unternehmer dann auch wieder die Option nach § 9 UStG offen (sog. **Doppeloption**). 49

5. Gesamtumsatz nach § 19 Abs. 3 UStG

Der **Gesamtumsatz** i.S.d. § 19 Abs. 3 UStG knüpft nicht an die tatsächlich besteuerten, sondern an die steuerbaren Umsätze des § 1 Abs. 1 Nr. 1 UStG an: 50

Summe steuerbarer Umsätze nach § 1 Abs. 1 Nr.1 UStG einschließlich Umsätze nach § 1 Abs. 3 UStG, die wie Umsätze im Inland zu behandeln sind, sowie Umsätze, für die ein Anderer als Leistungsempfänger nach § 13b Abs. 5 UStG Steuerschuldner ist, s. Abschn. 19.3 Abs. 1 S. 1 UStAE
./. steuerfreie Umsätze nach – § 4 Nr. 8i UStG – § 4 Nr. 9b UStG – § 4 Nr. 11-28 UStG
./. steuerfreie Umsätze nach – § 4 Nr. 8a-h UStG – § 4 Nr. 9a UStG – § 4 Nr. 10 UStG } wenn sie Hilfsumsätze sind
= Gesamtumsatz i.S.d. § 19 Abs. 3 UStG

51 Die **Einfuhr** (s. § 1 Abs. 1 Nr. 4 UStG) rechnet nicht zu den maßgeblichen Umsätzen. Dasselbe gilt für die Erwerbsteuer nach § 1 Abs. 1 Nr. 5 UStG.

52 Dem § 13b UStG (Steuerschuldner ist hier der Leistungsempfänger, an den der Kleinunternehmer leistet) unterliegende Umsätze und Umsätze, die nach § 1 Abs. 3 UStG wie Umsätze im Inland zu behandeln sind, gehören zum Gesamtumsatz, s. Abschn. 19.3 Abs. 1 S. 1 UStAE.

53 Nicht zum Gesamtumsatz rechnen Umsätze, für die der Kleinunternehmer als Leistungsempfänger die USt nach § 13b Abs. 5 UStG schuldet, s. Abschn. 19.3 Abs. 1 S. 2 UStAE.

54 Zum **Gesamtumsatz** gehört nicht die private Verwendung eines dem Unternehmen zugeordneten Gegenstandes, die nicht nach § 3 Abs. 9a Nr.1 UStG steuerbar ist, s. Abschn. 19.3 Abs. 1 S. 2 UStAE.

55 **Beispiel:** F lässt auf seinem Grundstück ein Einfamilienhaus errichten. In einem Raum des Gebäudes betreibt F ein Kiosk. F weist das gesamte Gebäude seinem Unternehmensvermögen zu.

Lösung: Die private Verwendung des zu eigenen Wohnzwecken genutzten Gebäudes ist nicht steuerbar und geht daher nicht in den Gesamtumsatz nach § 19 Abs. 3 UStG ein.

56 Nicht zum Gesamtumsatz gehören nicht steuerbare Geschäftsveräußerungen nach § 1 Abs. 1a UStG.

57 **Lieferungen an den letzten Abnehmer in einem innergemeinschaftlichen Dreiecksgeschäft** (§ 25b Abs. 2 UStG) gehören nicht zum Gesamtumsatz beim letzten Abnehmer, s. Abschn. 19.3 Abs. 1 S. 3 UStAE.

58 In den Fällen der **Margenbesteuerung** nach den §§ 25, 25a UStG (dazu s. § 25 Rn. 24 ff.) bestimmt sich der Gesamtumsatz – abweichend von dem sonst maßgebenden Entgelt – nach dem vereinnahmten Entgelt und nicht nach dem Differenzbetrag, s. Abschn. 19.3 Abs. 1 S. 4–5 UStAE.

59 **Abzuziehen** sind die im obigen Schaubild genannten **steuerfreien Umsätze**, sofern nicht nach § 9 UStG zur Steuerpflicht optiert wurde, s. Abschn. 19.3 Abs. 2 S. 1–3 UStAE.

60 Steuerfreie Umsätze nach § 19 Abs. 3 S. 1 Nr. 2 UStG (vor allem die **Finanzumsätze des § 4 Nr. 8a–h UStG**) sind nur abzuziehen, wenn es sich um Hilfsumsätze handelt.

61 Als Abzug kommen Finanzumsätze i.d.R. bei Produktions- und Handelsunternehmen infrage, nicht jedoch bei Banken. Ein **Hilfsgeschäft** ist auch die Veräußerung eines Betriebsgrundstücks, s. Abschn. 19.3 Abs. 2 Sätze 4–5 UStAE.

62 **Beispiel:** G verkauft an den ausländischen Abnehmer L Ware für 10.000 €. Er erhält den Gegenwert in US-$ und vermittelt den Umtausch in €. Hierfür berechnet er dem Abnehmer eine Gebühr i.H.v. 100 €.

Lösung: Die 100 € gehören nicht zum Gesamtumsatz, da die Vermittlung des Devisenumtauschs (s. § 4 Nr. 8b UStG) ein Hilfsumsatz zur Lieferung der Ware darstellt, s. § 19 Abs. 3 S. 1 Nr. 2 UStG.

63 Der Gesamtumsatz ist immer ein Jahresumsatz.

64 War der Unternehmer nur während eines Teils des Kalenderjahrs tätig, ist ein fiktiver Gesamtumsatz **auf das Kalenderjahr hochzurechnen**, s. § 19 Abs. 3 S. 3-4 UStG sowie Abschn. 19.3 Abs. 3 S. 1–4 UStAE.

Bei der Umrechnung ist nach Monaten vorzugehen, wobei angefangene Monate als volle Monate rechnen. Ist die Umrechnung nach Tagen günstiger, so kann auch sie gewählt werden, s. § 19 Abs. 3 S. 4 UStG. 65

Beispiel: U beginnt seine unternehmerische Tätigkeit am 01.07.01. Er erzielt einen Gesamtumsatz nach vereinnahmten Entgelten incl. USt i.S.v. § 19 Abs. 3 UStG von 8.760 €. Anlagegegenstände wurden nicht veräußert. 66

Lösung: Nach der Behandlung von angefangenen Monaten als volle Monate ergibt sich ein Jahresgesamtumsatz von $^{12}/_{6}$ × 8.760 = 17.520 €, sodass § 19 Abs. 1 UStG einschließlich 01 nicht zur Anwendung kommen könnte. Die Umrechnung nach Tagen führt aber zu einem Jahresgesamtumsatz von $^{386}/_{184}$ × 8.760 = 17.377 €, sodass bei Vorliegen der weiteren Voraussetzungen § 19 Abs. 1 UStG zur Anwendung kommen kann.

Die Umrechnung in einen Jahresbetrag gilt jedoch **nicht für Umsätze mit Anlagegegenständen**. Anlagenabgänge sind vor der Umrechnung auf einen Jahresbetrag abzuziehen und nach der Umrechnung dem ermittelten Betrag hinzuzurechnen, s. Abschn. 19.3 Abs. 3 S. 5–6 UStAE. 67

Beispiel: A hat sein Unternehmen am 12.04.01 eröffnet und bis 31.12.01 15.000 € Umsatz erzielt. Darin enthalten ist mit 5.500 € der (vorzeitige) Verkauf eines Computers, da er sich als zu groß erwies. 68

Lösung: Der Gesamtumsatz des Jahres 01 i.S.d. § 19 Abs. 3 UStG beträgt (15.000 € ./. 5.500 €) × $^{12}/_{9}$ = 12.666 €. Für 01 kann § 19 Abs. 1 UStG in Anspruch genommen werden, für 02 ebenfalls, sofern 50.000 € voraussichtlich nicht überschritten werden. Hinweis: Gemäß Abschn. 19.3 Abs. 3 Satz 6 UStAE ist der Umsatz aus der Veräußerung von Anlagevermögen nach der Umrechnung zwar wieder hinzuzurechnen. Dies widerspricht jedoch § 19 Abs. 1 S. 2 UStG sowie Abschn. 19.1 Abs. 6 S. 1–2 UStAE, wonach die Umsätze von Wirtschaftsgütern des Anlagevermögens (Veräußerung und Entnahme) bei der Ermittlung der Umsatzgrenzen unberücksichtigt bleiben.

Zu den steuerlichen **Folgen des Wechsels der Besteuerungsform** kommt es darauf an, in welchem Zeitraum die Leistungen erbracht worden sind. Darüber hinaus sind in diesen Fällen gemäß § 15a Abs. 7 UStG generell die Berichtigungsnormen des **§ 15a UStG anzuwenden**. 69

6. Kleine Fälle zur Verdeutlichung

Fall 1: F hat am 1.1.01 ein kleines Handelsgeschäft eröffnet. In 01 ist Umsatzsteuer i.H.v. 3.800 € entstanden. Für das Jahr 02 ist eine Zahllast von 5.500 € zu erwarten. Tatsächlich beträgt sie aufgrund der geänderten Konkurrenzverhältnisse nur 2.500 €. Die Werte beziehen sich auf die vereinnahmten Entgelte abzüglich Vorsteuerbeträge. Die zum Vorsteuerabzug berechtigenden Vorleistungen betragen 50 % des Umsatzes. Welche verfahrensrechtlichen Aspekte sind bei der Umsatzsteuer (Steuersatz 19 %) zu beachten? 70
Beurteilen Sie die Jahre 01 und 02. Zahllast und Umsatz des Jahres 01 wurden bei Geschäftsaufnahme zutreffend geschätzt.

Lösung Fall 1: Aufgrund der entstandenen Umsatzsteuer (Zahllast) liegt der steuerpflichtige Umsatz (Bruttobetrag einschließlich Umsatzsteuer, s. Abschn. 19.1 Abs. 2 S. 3 UStAE) von F nach § 1 Abs. 1 Nr. 1 UStG im Jahr 01 mit (100/50 × 3.800) × 119/19 = 47.600 € über 17.500 €.
Damit ist F kein Kleinunternehmer i.S.d. § 19 Abs. 1 UStG, § 19 Abs. 1 und 3 UStG. Die Berechnung erfolgt hier nach vereinnahmten Entgelten, s. § 19 Abs. 1 S. 1-2 und Abs. 3 UStG. Da F das Unternehmen in 01 eröffnet hat, liegt für dieses Jahr kein Vorjahresumsatz vor. Maßgebend für die Anwendung des § 19 Abs. 1 UStG ist dann die Grenze von 17.500 € im Erstjahr, s. Abschn. 19.1 Abs. 4 UStAE.
F unterliegt der Regelbesteuerung und muss für jedes Kalenderjahr eine Umsatzsteuer-Jahreserklärung abgeben, §§ 16 Abs. 1 S. 2 und 18 Abs. 3 UStG.
Hierfür sind nach § 16 Abs. 1 S. 1 UStG die vereinbarten Entgelte maßgebend.

Da jedoch der Gesamtumsatz in den Jahren 01 und 02 jeweils 500.000 € nicht überschreitet, kann F die Umsatzsteuer auch nach vereinnahmten Entgelten gemäß § 20 S. 1 Nr. 1 UStG ermitteln. Zwar stellt § 20 S. 1 Nr. 1 UStG auf den Umsatz des Vorjahres ab und ein solcher liegt für das Jahr 01 nicht vor. Im Rahmen des § 20 UStG ist aber von dem auf das erste Kalenderjahr hochgerechneten Umsatz auszugehen, s. Abschn. 20.1 Abs. 4 UStAE. Die Besteuerung nach vereinnahmten Entgelten erfordert gemäß § 20 UStG einen Antrag des Steuerpflichtigen.
Die Besteuerung nach vereinnahmten Entgelten ergibt für das Jahr 01 eine Zahllast von 3.800 € und für 02 eine Zahllast von 2.500 €.
Während des Kalenderjahres ist F unter den Voraussetzungen des § 18 UStG zur Abgabe von Umatzsteuer-Voranmeldungen verpflichtet. Die Umatzsteuer-Voranmeldungen sind in den Jahren 01 und 02 monatlich abzugeben, da F die unternehmerische Tätigkeit in 01 aufgenommen hat, § 18 Abs. 2 S. 4 UStG. Der § 18 Abs. 2 S. 1–3 UStG ist nicht erfüllt, da § 18 Abs. 2 S. 4 UStG als lex specialis vorgeht.
F kann nach § 46 UStDV i.V.m. § 18 Abs. 6 UStG eine Dauerfristverlängerung um einen Monat beantragen. Wegen der monatlichen Abgabe von UStVA ist in diesem Fall eine Sondervorauszahlung von $^1/_{11}$ der Summe der Vorauszahlungen für das vorangegangene Kalenderjahr zu leisten, § 47 UStDV.

71 **Fall 2:** Der Arzt X erzielt in 01 60.000 € Umsatz und in 02 155.000 €. Die Praxis hat er am 01.04.01 eröffnet. X besitzt eine ETW, die er ab 01.01.01 für 400 € mtl. vermietet hat. Nebenbei handelt er mit Schmucktellern. Der Umsatz daraus betrug in 01 14.000 € und in 02 22.000 €. Der Umsatz des Jahres 01 enthält mit 1.500 € den Verkauf eines Schranks, in dem bislang die Teller aufbewahrt wurden. Mit dem Handel mit Schmucktellern begann X am 5.2.01. Ist X Kleinunternehmer?

Lösung Fall 2: Die Frage nach der Kleinunternehmereigenschaft i.S.d. § 19 Abs. 1 UStG entscheidet sich nach der Höhe des Gesamtumsatzes i.S.v. § 19 Abs. 3 UStG.
Zum Gesamtumsatz gehören alle Umsätze i.S.d. § 1 Abs. 1 Nr. 1 UStG, ausgenommen die in § 19 Abs. 3 S. 1 Nr. 1–2 UStG aufgeführten Tatbestände.
Die Arzttätigkeit fällt unter § 4 Nr.14 UStG und die Vermietung unter § 4 Nr.12 UStG. Der Gesamtumsatz besteht daher ausschließlich aus dem Verkauf der Schmuckteller. Auszuscheiden ist jedoch nach § 19 Abs. 1 S. 2 UStG der Verkauf von Gegenständen des Anlagevermögens, s. Abschn. 19.1 Abs. 6 S. 1 UStAE (entgegen s. Abschn. 19.3 Abs. 3 S. 5–6 UStAE). Solches liegt bei dem Schrank vor. Der Gesamtumsatz des Jahres 01 beträgt damit 14.000 € ./. 1.500 € = 12.500 €.
X hat seine unternehmerische Tätigkeit am 01.01.01 mit der Vermietung der Wohnung begonnen und im Laufe des Jahres 01 um die Arztpraxis sowie den Schmucktellerhandel erweitert. Nach Abschn. 19.1 Abs. 4 UStAE ist dann von der Grenze i.H.v. 17.500 € auszugehen. X hat seine Tätigkeit in 01 während des gesamten Kalenderjahres ausgeübt, sodass keine Umrechnung in einen Jahresbetrag nach § 19 Abs. 3 S. 3–4 UStG erfolgt.
Unterstellt, dass der Gesamtumsatz zu Beginn der Tätigkeit abschätzbar war (der Schmucktellerhandel wurde ja erst am 05.02.01 begonnen), sind die Kriterien des § 19 Abs. 1 UStG für das Jahr 01 erfüllt. Da der Gesamtumsatz im Jahr 02 die Grenze von 50.000 € nicht überschritt und dies bereits abschätzbar war, sind die Kriterien des § 19 Abs. 1 UStG auch für das Jahr 02 erfüllt.
In 03 kann X von § 19 Abs. 1 UStG keinen Gebrauch machen, da der Gesamtumsatz des Vorjahres mit 22.000 € die Obergrenze für das Vorjahr von 17.500 € überschreitet. X kann auch für die Jahre 01 und 02 freiwillig durch eine Erklärung nach § 19 Abs. 2 UStG gegenüber dem FA auf die Anwendung des § 19 Abs. 1 UStG verzichten.

72 **Fall 3:** Wie Fall 2, jedoch wird die Wohnung erst ab 01.01.02 vermietet und der Umsatz aus den Schmucktellern beträgt in 01 18.000 €.

Lösung Fall 3: Die Aussagen zu Fall 2 gelten auch hier.
Durch die Vermietung der Wohnung ab 1.1.02 beginnt das Unternehmen jedoch erst am 5.2.01 mit dem Handel von Schmucktellern. Daher ist der Umsatz des Jahres 01 gem. § 19 Abs. 3 S. 3–4 UStG in einen Jahresumsatz umzurechnen. Der Gesamtumsatz des Jahres 01 beträgt (18.000 € ./. 1.500 €) × $^{12}/_{11}$ = 18.000 €. Eine Umrechnung nach Tagen ist mit $^{365}/_{330}$ × (18.000 € ./. 1.500 €) = 18.250 € nicht vorteilhafter. Da im Erstjahr der Betrag von 17.500 € überschritten wird, kann § 19 Abs. 1 UStG weder für das Jahr 01 noch für 02 angewendet werden.

Fall 4: C hat für sein Unternehmen in 01 vierteljährlich Umsatzsteuer-Voranmeldung abgegeben mit jeweils 600 € Zahllast. In 02 betrugen die vierteljährlichen Zahlungen 2.400 € und in 03 wurden monatlich 700 € Vorauszahlungen geleistet. Welche Möglichkeiten hat C für die Jahre 02 und 03, seine Vorauszahlungen zu verschieben? 73

Lösung Fall 4: Nach § 18 Abs. 6 UStG i.V.m. den §§ 46 ff. UStDV kann C Dauerfristverlängerung beantragen. Da die Zahllast des Jahres 01 mehr als 1.000 € aber nicht mehr als 7.500 € betrug, hat C in 02 korrekt vierteljährlich Umsatzsteuer-Voranmeldungen abgegeben, s. § 18 Abs. 2 UStG.
C kann nach § 46 UStDV eine Dauerfristverlängerung um einen Monat erreichen. Der Antrag auf Fristverlängerung ist innerhalb der Frist für die Abgabe der Umsatzsteuer-Voranmeldungen per Datenfernübertragung einzureichen, § 48 Abs. 1 UStDV. C kann die Dauerfristverlängerung in Anspruch nehmen, solange das Finanzamt ihr nicht widerspricht, s. Abschn. 18.4 Abs. 1 UStAE. Eine Sondervorauszahlung ist bei vierteljährlicher Abgabe der Umsatzsteuer-Voranmeldungen nicht zu leisten, s. § 47 UStDV.
In 03 muss C die Fristverlängerung nicht mehr beantragen, s. Abschn. 18.4 Abs. 3 UStAE. Da aber die Zahllast in 02 die Grenze von 7.500 € überschritten hat, muss C in 03 monatlich Umsatzsteuer-Voranmeldungen abgeben, s. § 18 Abs. 1 und 2 UStG.
Bei monatlicher Abgabe von Umsatzsteuer-Voranmeldungen ist bei Dauerfristverlängerung eine Sondervorauszahlung nach amtlich vorgeschriebenem Datensatz zu berechnen, durch Datenfernübertragung zu übermitteln und zu entrichten, §§ 47 Abs. 1, 48 Abs. 1 und 2 UStDV. Sie beträgt $^{1}/_{11}$ × 4 × 2.400 = 872 €, ist bis zum 10.02.03 zu zahlen und kann mit der Umsatzsteuer-Voranmeldungen Dezember 03 verrechnet werden, § 48 Abs. 4 UStDV. Damit ergibt sich für den Dezember 03 eine Erstattung des Finanzamts an C i.H.v. 700 € ./. 872 € = 172 €.

§ 20 UStG Berechnung der Steuer nach vereinnahmten Entgelten

[1]Das Finanzamt kann auf Antrag gestatten, dass ein Unternehmer,

1. dessen Gesamtumsatz (§ 19 Abs. 3) im vorangegangenen Kalenderjahr nicht mehr als 500.000 Euro betragen hat, oder
2. der von der Verpflichtung, Bücher zu führen und auf Grund jährlicher Bestandsaufnahmen regelmäßig Abschlüsse zu machen, nach § 148 der Abgabenordnung befreit ist, oder
3. soweit er Umsätze aus einer Tätigkeit als Angehöriger eines freien Berufs im Sinne des § 18 Abs. 1 Nr. 1 des Einkommensteuergesetzes ausführt,

die Steuer nicht nach den vereinbarten Entgelten (§ 16 Abs. 1 Satz 1), sondern nach den vereinnahmten Entgelten berechnet. [2]Erstreckt sich die Befreiung nach Satz 1 Nr. 2 nur auf einzelne Betriebe des Unternehmers und liegt die Voraussetzung nach Satz 1 Nr. 1 nicht vor, so ist die Erlaubnis zur Berechnung der Steuer nach den vereinnahmten Entgelten auf diese Betriebe zu beschränken. [3]Wechselt der Unternehmer die Art der Steuerberechnung, so dürfen Umsätze nicht doppelt erfasst werden oder unversteuert bleiben.

Bearbeiter: Michael Stahlschmidt

Inhaltsverzeichnis

1. Allgemeines

1 Die Möglichkeit der sogenannten **Ist-Besteuerung** enthielt bereits das UStG 1967 in § 20 UStG. Die Vorschrift wurde mehrmals geändert. Die Änderungen betrafen aber zumeist die Grenzen, ab denen die Ist-Besteuerung noch zulässig ist. Die letzte Änderung führte zu der heute immer noch geltenden Umsatzgrenze von 500.000 €. Art. 66 Buchst. b MwStSystRL ist die unionsrechtliche Basis für § 20 UStG.

2. Grundprinzip der Umsatzsteuer

2.1 Soll-Besteuerung

2 Das Grundprinzip der Umsatzsteuer ist die sogenannte Soll-Besteuerung. Die Umsatzsteuer entsteht aufgrund des Leistungsumsatzes nach dem vereinbarten Entgelt. Die Zahlung des Rechnungsbetrages spielt keine Rolle. Anders als die Soll-Besteuerung stellt die **Ist-Besteuerung** nur auf die Zahlungseingänge ab. Der Zeitpunkt der Leistungsbewirkung spielt keine Rolle, die tatsächliche Vereinnahmung des Entgelts ist maßgebend für den Zeitpunkt der Entstehung und die Höhe der Steuer. Die Ist-Besteuerung stellt somit eine Ausnahme zur Regelbesteuerung des § 16 UStG nach vereinbarten Entgelten dar. Gedacht ist die Ist-Besteuerung als Vereinfachungsregel für Unternehmen mit nicht mehr als 500.000 € Umsatz. Diese Grundsätze gelten sowohl für nicht buchführungspflichtige Unternehmen wie auch für Freiberufler. Mit dieser Ausnahmeregelung soll eine Erleichterung für Unternehmer mit Umsätzen von nicht mehr als 500.000 €, für nicht buchführungspflichtige Unternehmen und für Freiberufler erreicht werden.

2.2 Ist-Besteuerung

2.2.1 Allgemeines

Erfüllt der Unternehmer die Voraussetzungen des § 20 Satz 1 Nr. 1-3 UStG, so kann er die Besteuerung nach vereinnahmten Entgelten vornehmen. Die Rechtsform spielt grundsätzlich keine Rolle. Auch für Unternehmer, die ihre Vorsteuer nach Durchschnittssätzen gem. §§ 23, 23a UStG errechnen, sowie für die Durchschnittsbesteuerung land- und forstwirtschaftlicher Betriebe nach § 24 UStG kommt die Regelung in Betracht. Lediglich für **Kleinunternehmer**, die nach § 19 Abs. 1 UStG nicht besteuert werden, ist § 20 UStG unbeachtlich. Verzichtet der Kleinunternehmer dagegen auf die Anwendung der Kleinunternehmerregelung gem. § 19 Abs. 2 UStG tritt die Besteuerung nach vereinbarten Entgelten ein, sofern nicht ein Antrag nach § 20 UStG gestellt wird. § 20 UStG gilt nicht für Nichtunternehmer. 3

2.2.2 Maßgebende Wertgrenzen

Maßgebende Wertgrenze ist, dass der Vorjahresumsatz im Falle der Nichtfreiberufler und nicht buchführungsbefreiten Unternehmer 500.000 € Umsatz nicht überschreiten. Abgestellt wird nach § 19 Abs. 3 UStG auf den Gesamtumsatz. Die Ermittlung des Vorjahresumsatzes hat nach der Besteuerung zu erfolgen, die für diesen Besteuerungszeitraum galt, d.h. entweder Soll- oder Ist-Besteuerung. Falls die Tätigkeit im Vorjahr aufgenommen wurde, ist aus dem tatsächlichen Umsatz ein fiktiver Jahresumsatz zu errechnen (s. Abschn. 20.1 Abs. 4 UStAE). Auf den Umsatz des laufenden Jahres kommt es bei § 20 UStG nicht an. Im Jahr des Beginns der gewerblichen oder beruflichen Tätigkeit ist auf den voraussichtlichen Jahresgesamtumsatz des ersten Geschäftsjahres abzustellen (s. Abschn. 20.1 Abs. 4 Satz 2 UStAE). 4

2.2.3 Gestattung durch die Finanzbehörde

Die Finanzbehörde kann gemäß § 20 Satz 1 Nr. 2 UStG auch denjenigen Unternehmern die **Besteuerung nach vereinnahmten Entgelten** gestatten, die grundsätzlich nach §§ 140, 141 AO steuerrechtlich zur Buchführung verpflichtet wären, denen aber für das Steuerrecht nach § 148 AO davon Befreiung erteilt wurde. Bei der Befreiung nach § 148 AO handelt es sich um einen begünstigenden Verwaltungsakt nach § 131 Abs. 2 AO. Dieser kann nach § 148 Satz 3 AO i.V.m. § 131 Abs. 2 AO widerrufen werden, auch wenn der Bewilligungsbescheid selber keinen Widerrufsvorbehalt trägt. Macht die Finanzverwaltung vom Widerruf gebrauch, so entfällt die Ist-Besteuerung und es ist zwingend zur Soll-Besteuerung zu wechseln. Diese Grundsätze sind für jeden Betrieb des Unternehmers separat anzuwenden. So kann es zu einem Nebeneinander von Soll- und Ist-Besteuerung kommen. 5

2.2.4 Besonderheit Angehörige des freien Berufes

Da die Angehörigen der freien Berufe i.S.d. § 18 Abs. 1 Nr. 1 EStG weder nach HGB noch nach der AO Buchführungspflichtig sind, können sie unabhängig von Umsatzgrenzen die Ist-Besteuerung nutzen. Diese Möglichkeit scheidet aus Sicht der Finanzverwaltung aus, wenn der Unternehmer in Bezug auf die in der Vorschrift genannten Umsätze buchführungspflichtig ist (s. Abschn. 20.1 Abs. 1 Sätze 6 und 7 UStAE). Dies gilt auch dann, wenn der Unternehmer freiwillig Bücher führt (s. BFH vom 22.07.2010, V R 4/09, BStBl II 2013, 590). Somit ist nicht die fehlende Buchführungspflicht entscheidend, sondern die Frage, ob der Unternehmer tatsächlich Bücher führt (s. Abschn. 20.1 Abs. 1 Satz 5 UStAE; BFH vom 11.02.2010, V R 38/08, BStBl II 2010, 873). 6

In den Genuss der Ist-Besteuerung kommen nur die Tätigkeiten nach § 18 Abs. 1 Nr. 1 EStG und die Katalog- sowie ähnlichen Berufe. Außen vor bleiben § 18 Abs. 1 Nr. 2 EStG, Lotterieeinnehmer und § 18 Abs. 1 Nr. 3 EStG, sonstige selbständige Arbeit, z.B. für Testamentsvollstreckung und Aufsichtsratsmitglieder. 7

2.2.5 Freiberufler-GmbH

Eine Freiberufler-GmbH ist kraft Gesetzes, § 2 Abs. 2 Satz 1 GewStG ein **Gewerbebetrieb** und damit kein Angehöriger eines freien Berufes. § 20 Satz 1 Nr. 3 UStG findet somit in diesem Falle keine Anwendung. § 20 Satz 1 Nr. 3 UStG ist personenbezogen auszulegen. Außerdem ist das Tatbestandsmerkmal „als Ange- 8 höriger eines freien Berufs im Sinne von § 18 Abs. 1 Nr. 1 des Einkommensteuergesetzes" nach den Kriterien der zitierten Vorschrift zu bestimmen. Folglich scheidet eine GmbH, auch eine Freiberufler-GmbH aus der Gruppe der Unternehmer, der die Ist-Besteuerung aufgrund der ausgeübten Tätigkeit gestattet werden kann aus (s. BFH vom 22.07.1999, V R 51/98, BStBl II 1999, 630). Allerdings bleibt es der Freiberufler-GmbH unbenommen, in den Fällen des § 20 Satz 1 Nr. 1 oder Nr. 2 UStG einen Antrag auf Ist-Besteuerung zu stellen.

9 Führt die Freiberufler-GmbH aber aufgrund anderer Vorschriften gesetzlich oder freiwillig Bücher, so kommt eine **Gestattung der Ist-Besteuerung** nicht in Betracht (s. BFH vom 22.07.2010, V R 4/09, BFH/NV 2011, 161 und vom 22.07.2010, V R 36/08, BFH/NV 2011, 316). Die Verfassungsbeschwerde gegen dieses Urteil wurde nicht zur Entscheidung angenommen (s. BVerfG vom 20.03.2013, 1 BvR 3063/10, UR 2013, 468). Die Finanzverwaltung hat sich der Rechtsprechung des BFH angeschlossen (s. BMF vom 31.07.2013, BStBl I 2013; unter Änderung von Abschn. 20.1 Abs. 1 UStAE). Einschränkend weist die Finanzverwaltung aber darauf hin, dass eine freiwillige Buchführung in diesem Sinne nur vorliegt, wenn der Unternehmer seinen ertragsteuerlichen Gewinn auch tatsächlich durch Betriebsvermögensvergleich nach §§ 4 Abs. 1, 5 EStG ermittelt, nicht aber, wenn er Aufzeichnungen allein für Zwecke einer Einnahme-Überschuss-Rechnung nach § 4 Abs. 3 EStG führt (s. OFD Niedersachsen vom 17.12.2013, S 7369-28-St 181/182, DStR 2014, 750). Letzteres käme z.B. in Betracht, wenn die Aufzeichnungen allein zu Zwecken der Kontrolle offener Posten im Rahmen von OPOS-Listen geführt werden.

2.2.6 Formale Voraussetzung für die Ist-Besteuerung

10 Der Unternehmer hat einen Antrag zu stellen, um die Sonderregelung der Ist-Besteuerung zu nutzen. Die zeitliche Zäsur für diesen Antrag ist die Bestandskraft der jeweiligen Umsatzsteuer-Jahresfestsetzung (s. BFH vom 10.12.2008, XI R 1/08, BStBl II 2009, 1026; Abschn. 20.1 Abs. 1 Satz 1 UStAE). Erfüllt der Antragsteller die Voraussetzungen des § 20 Satz 1 Nr. 1 bis 3 UStG, kann dem Antrag entsprochen werden (s. Abschn. 20.1 Abs. 1 Satz 2 UStAE). Die Genehmigung wird unter den Vorbehalt des jederzeitigen Widerrufs gestellt und erstreckt sich wegen des Prinzips der Abschnittsbesteuerung stets auf das volle Kalenderjahr. Der Bundesfinanzhof hat entschieden, dass die Ist-Besteuerung nach § 20 Satz 1 Nr. 2 UStG nur im Fall von besonderen Härten, wie z.B. dem Überschreiten der nach § 20 Satz 1 Nr. 1 UStG bestehenden Umsatzgrenze aufgrund außergewöhnlicher und einmaliger Geschäftsvorfälle, nicht aber allgemein aufgrund einer fehlenden Buchführungspflicht in Betracht kommt (s. BFH vom 11.02.2010, V R 38/08, BStBl II 2010, 873).

11 Das UStG enthält keine Formvorschriften für den Antrag. Insoweit kann der Antrag schriftlich, mündlich, fernmündlich oder durch schlüssiges Verhalten gestellt werden. Zu beobachten ist, dass der Antrag in der Praxis vielfach konkludent gestellt wird, indem der Unternehmer in seinen USt-Voranmeldungen oder der USt-Erklärung die Umsätze nach vereinnahmten Entgelten erklärt und besteuert (s. BFH vom 11.05.2011, V B 93/10, BFH/NV 2011, 1406). Entscheidend ist aber, dass das Finanzamt dies erkennen kann. Empfehlenswert ist in jedem Falle die schriftliche Antragstellung. Der Antrag kann nur für ein Kalenderjahr gestellt werden (s. Abschn. 20.1 Abs. 1 Satz 3 UStAE). Daraus folgt, dass nur ab Beginn eines Kalenderjahres und nicht während des Kalenderjahres zur Ist-Besteuerung übergegangen werden. § 20 UStG enthält keine Bindungswirkung, sodass der Unternehmer nur ein Kalenderjahr lang an seinen Antrag gebunden ist.

12 Voraussetzung für die Besteuerung nach vereinnahmten Entgelten ist die **Gestattung durch die Finanzverwaltung**. Dies geht eindeutig aus dem Wortlaut des Eingangssatzes des § 20 EStG hervor. Die Finanzverwaltung selber verwendet aber den Begriff Genehmigung (s. Abschn. 20.1 Abs. 1 Satz 1 UStAE).

13 Die Entscheidung über den Antrag ist eine Ermessensentscheidung. Stattgeben darf die Finanzverwaltung dem Antrag nur bei Vorliegen der Voraussetzungen des § 20 Satz 1 Nr. 1, 2 oder 3 UStG. Eine Versagung der Gestattung darf nicht ermessenswidrig sein und kann insoweit überprüft werden. Denkbar wäre eine Versagung in dem Falle, in dem die Anwendung der Ist-Besteuerung nicht zu einer Vereinfachung, sondern zu einer Erschwerung der Feststellung der steuerlichen Verhältnisse führte. Ist der Antrag auf Ist-Besteuerung konkludent gestellt, so ist der Antrag rückwirkend auf den Beginn des Kalenderjahres zu gestatten. Die zeitliche Zäsur ist insoweit die formelle Bestandskraft der Jahressteuerfestsetzung. Nach

Eintritt dieser kommt eine rückwirkende Genehmigung der Besteuerung nach vereinnahmten Entgelten nicht mehr in Betracht (s. BFH vom 10.12.2008, XI R 1/08, BStBl II 2009, 1026).

Die Gestattung muss dem Antragsteller bekannt gegeben werden. Erforderlich hierfür ist allerdings eine nach außen erkennbare Entscheidung der Finanzbehörde. Dies kann z.B. ein **Umsatzsteuerbescheid** sein (s. BFH vom 28.08.2002, V B 65/02, BFH/NV 2003, 210). Nach § 124 Abs. 2 AO bleibt die Gestattung gültig, solange sie nicht zurückgenommen oder widerrufen wird oder sich durch Zeitablauf erledigt. Stellt der Unternehmen die Tätigkeit ein, für die die Ist-Besteuerung gestattet wurde und nimmt er eine neue Tätigkeit auf oder aber auch die aufgegebene, so muss er einen neuen Antrag auf Gestattung stellen. Die Gestattung bezieht sich immer auf ein volles Kalenderjahr und nicht auf einzelne Voranmeldungszeiträume (s. Abschn. 20.1 Abs. 1 Satz 3 UStAE). 14

2.2.7 Wirkung der Ist-Besteuerung

Die **Wirkung der Ist-Besteuerung** ist, dass der Unternehmer nunmehr die Umsatzsteuer nach den vereinnahmten Entgelten berechnen darf. Dies gilt sowohl für die Voranmeldungszeiträume, als auch für die Jahressteuerermittlung, § 16 Abs. 1 Satz 1 UStG und § 18 Abs. 1 bis 3 UStG. Der unterjährige Wechsel zwischen Soll- und Ist-Besteuerung ist unzulässig. Die Umsatzsteuer entsteht für den Leistungsaustausch mit Vereinnahmung des Entgelts. Entscheidend ist somit der Zahlungsmittelzufluss beim Unternehmer. Maßgebend ist damit der tatsächlich vereinnahmte Betrag und nicht der im Abrechnungspapier ausgewiesene Betrag. Der Betrag gilt dann als vereinnahmt, wenn der Unternehmer über diesen wirtschaftlich verfügen kann. 15

Bei den folgenden umsatzsteuerlichen Regelungen gibt es **keinen Unterschied zwischen Ist- und Soll-Besteuerung**: 16

- Erfassung der unentgeltlichen Wertabgaben nach § 1 Abs. 1 Nr. 1 UStG i.V.m. § 3 Abs. 1b UStG und § 3 Abs. 9a Nr. 1 und Nr. 2 UStG;
- Einfuhr und des innergemeinschaftlichen Erwerbs;
- Steuerschuld wegen zu hohen oder unberechtigten Steuerausweises in einer Rechnung nach § 14c Abs. 1 oder Abs. 2 UStG;
- Steuerentstehung durch Änderung der Bemessungsgrundlage;
- Steuerentstehung nach § 6a Abs. 4 Satz 2 UStG;
- Entstehung für die USt des Auslagerers nach § 4 Nr. 4a Satz 1 Buchst. a Satz 2 UStG (s. § 13 Abs. 1 Nr. 2 bis 9 UStG);
- Steuerschuld nach § 13b Abs. 1 und Abs. 2 i.V.m. Abs. 5 UStG bei Übergang der Steuerschuldnerschaft auf den Leistungsempfänger;
- zeitliche Zuordnung der Vorsteuern nach § 16 Abs. 2 UStG.

Grundsätzlich kommt es auch bei der Ist-Besteuerung für den **Vorsteuerabzug** nicht auf die Zahlung bzw. Begleichung der Rechnung an, soweit die Leistung bereits empfangen wurde und eine ordnungsgemäße Rechnung i.S.d. § 14 Abs. 4 UStG mit offenem Steuerausweis vorliegt (s. § 15 Abs. 1 Satz 1 Nr. 1 UStG i.V.m. § 16 Abs. 2 UStG). 17

Bei den deklaratorischen Pflichten gibt es ebenfalls keinen Unterschied zwischen Ist-Besteuerung und Soll-Besteuerung. In beiden Fällen müssen je nach Vorliegen der Voraussetzungen Umsatzsteuervoranmeldungen und eine Umsatzsteuerjahreserklärung abgeben werden. Im Falle der Ist-Besteuerung gilt dies auch dann, wenn keine Entgelte vereinnahmt wurden (s. BFH vom 08.01.2004, V B 37/03, BFH/NV 2004, 829). 18

Für den Fall der Steuersatzänderungen oder sonstigen Änderungen des materiellen Rechts kommt es auf den Zeitpunkt an, in dem der Umsatz ausgeführt wird, § 27 Abs. 1 UStG. Ist der Zeitpunkt nach Inkrafttreten einer Steuersatzänderung, so ist der geänderte Steuersatz anzuwenden. Auf weitere Aspekte wie Vertragsabschluss, Entgeltvereinnahmung oder Rechnungserteilung kommt es nicht an. 19

§ 20 Satz 3 UStG geht davon aus, dass ein **Wechsel von der Ist-Besteuerung zur Soll-Besteuerung** zulässig ist. Vorschiften, wie dieser Wechsel vonstattengeht, gibt es nicht. Das Gesetz spricht lediglich davon, dass Umsätze nicht doppelt erfasst werden oder unversteuert bleiben dürfen. 20

21 Eine **Nichterfassung von Umsätzen** droht beim Wechsel von der Soll- zur Ist-Besteuerung nicht, soweit während der Geltung der Soll-Besteuerung nach § 13 Abs. 1 Nr. 1 Buchst. a Satz 4 UStG wegen Vereinnahmung vor Ausführung des Umsatzes bereits eine Versteuerung von Vorauszahlungen und Anzahlungen stattgefunden hat. Im Falle der Anzahlung bleibt es dann bei dieser Erfassung. Der Restbetrag zum Entgelt wird dann auch erst nach der Vereinnahmung erfasst. Für vor dem Wechsel ausgeführte Umsätze wird dann die Besteuerung nach den vereinnahmten Entgelten angewandt.

§ 21 UStG Besondere Vorschriften für die Einfuhrumsatzsteuer

(1) Die Einfuhrumsatzsteuer ist eine Verbrauchsteuer im Sinne der Abgabenordnung.

(2) Für die Einfuhrumsatzsteuer gelten die Vorschriften für Zölle sinngemäß; ausgenommen sind die Vorschriften über den aktiven Veredelungsverkehr nach dem Verfahren der Zollrückvergütung und über den passiven Veredelungsverkehr.

(2a) [1]Abfertigungsplätze im Ausland, auf denen dazu befugte deutsche Zollbedienstete Amtshandlungen nach Absatz 2 vornehmen, gehören insoweit zum Inland. [2]Das Gleiche gilt für ihre Verbindungswege mit dem Inland, soweit auf ihnen einzuführende Gegenstände befördert werden.

(3) Die Zahlung der Einfuhrumsatzsteuer kann ohne Sicherheitsleistung aufgeschoben werden, wenn die zu entrichtende Steuer nach § 15 Abs. 1 Satz 1 Nr. 2 in voller Höhe als Vorsteuer abgezogen werden kann.

(4) [1]Entsteht für den eingeführten Gegenstand nach dem Zeitpunkt des Entstehens der Einfuhrumsatzsteuer eine Zollschuld oder eine Verbrauchsteuer oder wird für den eingeführten Gegenstand nach diesem Zeitpunkt eine Verbrauchsteuer unbedingt, so entsteht gleichzeitig eine weitere Einfuhrumsatzsteuer. [2]Das gilt auch, wenn der Gegenstand nach dem in Satz 1 bezeichneten Zeitpunkt bearbeitet oder verarbeitet worden ist. [3]Bemessungsgrundlage ist die entstandene Zollschuld oder die entstandene oder unbedingt gewordene Verbrauchsteuer. [4]Steuerschuldner ist, wer den Zoll oder die Verbrauchsteuer zu entrichten hat. [5]Die Sätze 1 bis 4 gelten nicht, wenn derjenige, der den Zoll oder die Verbrauchsteuer zu entrichten hat, hinsichtlich des eingeführten Gegenstands nach § 15 Abs. 1 Satz 1 Nr. 2 zum Vorsteuerabzug berechtigt ist.

(5) Die Absätze 2 bis 4 gelten entsprechend für Gegenstände, die nicht Waren im Sinne des Zollrechts sind und für die keine Zollvorschriften bestehen.

Bearbeiter: Bernhard Becht†/Manzur Esskandari

Inhaltsverzeichnis

1. Bedeutung der Norm

Die meisten Staaten sind sich einig, dass der internationale Handels- und Dienstleistungsverkehr nicht durch Doppelbesteuerungen in zwei Staaten belastet werden kann. Nur der Endverbraucher soll mit der Umsatzsteuer eines Staates belastet werden kann. In der internationalen Umsatzbesteuerung hat sich das **Bestimmungslandprinzip** durchgesetzt, d.h. der Staat soll besteuern, in dem die Ware an den Endverbraucher gelangt. Sobald ein Gegenstand die Grenze erreicht und vom Ausland in das Inland wechselt, entlastet der ausländische Fiskus von allen Belastungen ausländischer Umsatzsteuer (z.B. durch eine Umsatzsteuervergütung oder Steuerbefreiung von **Ausfuhrlieferungen**). Damit „überschreitet" nur der reine Netto-Warenwert die Grenze. 1

Die **EUSt** wird ab 01.01.1993 nur noch für die Einfuhr von Gegenständen aus Drittländern erhoben. 2

Durch die EUSt werden Waren aus dem Drittland einer Umsatzsteuerbesteuerung unterworfen, die dem Niveau inländischer Waren entspricht und damit im internationalen Handel eine wettbewerbsneutrale Besteuerung nach dem **Bestimmungslandprinzip** sicherstellt. Daher ist in § 1 Abs. 1 Nr. 4 UStG der besondere Tatbestand der Einfuhr (in das Inland oder die österreichischen Gebiete Jungholz und Mittel- 3 berg) vorgesehen. Die EUSt ist damit keine eigenständige Steuer, sondern ein Bestandteil der Umsatzsteuer. § 21 UStG enthält die Besonderheiten der EUSt, die vor allem das Erhebungsverfahren und die Zuordnung betreffen. Neben § 21 UStG gibt es eine Reihe weiterer spezieller Vorschriften im UStG (z.B. § 5, § 11, § 15 Abs. 1 Satz 1 Nr. 2 UStG). Die durch § 21 Abs. 2 UStG angeordnete sinngemäße Geltung des **Zollrechts** setzt die nach EU-Recht erforderliche enge Anbindung der EUSt an das Zollrecht um. Dadurch gewinnt das Zollrecht Einfluss auf das Umsatzsteuerrecht, weswegen zollrechtliche Kenntnisse für den grenzüberschreitenden Warenverkehr auch für die Anwendung des Umsatzsteuerrechts von Bedeutung sind. Dies gilt auch im Rahmen des innergemeinschaftlichen Warenverkehrs (z.B. beim vorübergehenden Verbringen).

2. Verbrauchsteuer (§ 21 Abs. 1 UStG)

4 Die EUSt ist eine Verbrauchsteuer i.S.d. AO. Damit steht das Steueraufkommen dem Bund nach Art. 106 Abs. 1 Nr. 2 GG zu. Der Bund hat neben der Ertragshoheit auch die Verwaltungshoheit (s. Art. 108 Abs. 1 GG). Die Steuererhebung erfolgt durch die Hauptzollämter einschließlich ihrer Nebenstellen (z.B. Zollamt; § 16 AO, §§ 1, 12 FVG). Örtlich zuständig ist das Hauptzollamt in dessen Bezirk sich der steuerbegründende Tatbestand (Einfuhr von Gegenständen in das Zollgebiet, § 1 Nr. 4 UStG) verwirklicht, an den das Gesetz die Steuerpflicht knüpft und das Hauptzollamt, von dessen Bezirk aus der Steuerpflichtige sein Unternehmen betreibt (s. §§ 17, 23 AO).

3. Anwendung des Zollrechts (§ 21 Abs. 2 UStG)

5 Die Einfuhrumsatzsteuer gehört zwar in das **System der Umsatzsteuer**, weil sie beim Import der Gegenstände für die gleiche steuerliche Belastung wie bei Inlandswaren sorgt. Dennoch wird sie von Besonderheiten geprägt. § 21 Abs. 2 UStG verweist auf die sinngemäße Anwendung der Vorschriften für Zölle und meint damit, dass die Einfuhrumsatzsteuer nicht nur in die Zuständigkeit der Zollbehörden fällt, sondern ihre Erhebung an die Existenz des Zollbescheids über die Entrichtung der Einfuhrumsatzsteuer gebunden ist. Im normalen Umsatzsteuersystem hat der Unternehmer die Steuer selbst zu berechnen und an sein zuständiges Finanzamt abzuführen. Die Einfuhrumsatzsteuer entsteht mit dem Antrag auf Abfertigung zum freien Verkehr. Der amtliche Zollbeleg weist hinsichtlich des Vorsteuerabzugs die gleichen Qualitäten wie eine Rechnung auf. Daher ist es besonders wichtig, dass der den Vorsteuerabzug begehrende Unternehmer im Einfuhrbeleg auch als Abnehmer bezeichnet wird. Durch den – nach EU-Recht gebotenen – Verweis in § 21 Abs. 2 UStG auf die Zollvorschriften, die nicht schon aufgrund des UStG unmittelbar gelten (z.B. Zollgebiet § 1 Abs. 2 UStG, Zollwert § 11 UStG) und sinngemäß anzuwenden sind, soll die Festsetzung von Zoll und EUSt in einem einheitlichen Verfahren von ein- und derselben Behörde in einem Bescheid aufgrund einheitlicher Feststellungen einfach und zweckmäßig ermöglicht werden. Im Einzelfall muss allerdings geprüft werden, ob die Zollvorschriften auch auf die EUSt zugeschnitten sind (s. BFH vom 26.04.1988, VII R 124/85, HFR 1988, 558). Auf die EUSt als Eingangsabgabe sind die Zollvorschriften auch dann anzuwenden, wenn keine Zölle entstehen (s. Art. 71 Abs. 2 MwStSystRL). Als „sinngemäß" anzuwendende Vorschriften kommen vor allem der Zollkodex, der Gemeinsame Zolltarif und das deutsche ZollVG in Betracht (zur Dienstvorschrift EUSt s. Möller, EU-UStB 2009, 13).

6 Tatbestand der EUSt ist aufgrund des Vorrangs der Zollvorschriften das körperliche Verbringen der Ware in das Zollgebiet der Gemeinschaft. Ein Einfuhrtatbestand liegt vor, wenn ein körperlicher Gegenstand nach den zollrechtlichen Vorschriften vom Drittlandsgebiet in das Inland oder in die zum österreichischen Hoheitsgebiet gehörenden Gemeinden Jungholz und Mittelberg (Kleines Walsertal) gelangt. Das „Gelangen" des Gegenstands in das Inland und die österreichischen Sondergebiete setzt die Abfertigung zum freien Verkehr in der Gemeinschaft auf einen Abnehmer voraus (§ 1 Abs. 1 Nr. 4 UStG). Auf den Leistungsaustausch wie bei der Umsatzsteuer kommt es nicht an.

7 Für den umsatzsteuerlichen Einfuhrtatbestand ist nicht alleine das Verbringen des Gegenstandes in das Inland entscheidend, sondern dass er hier grundsätzlich der Besteuerung unterliegt, d.h. im Regelfall eine Einfuhrumsatzsteuerschuld entsteht (s. Abschn. 15.8 Abs. 2 UStAE). Die umsatzsteuerrechtliche Einfuhr

ist z.B. zu verneinen, wenn sich die Drittlandsware in einem zollrechtlichen Nichterhebungsverfahren (z.B. externen Versandverfahren) befindet.

Die **Einfuhrumsatzsteuerschuld** entsteht nicht nur mit der Annahme der Anmeldung zur Überführung der Ware in den zoll- und umsatzsteuerrechtlich freien Verkehr, sondern auch, wenn die Einfuhrzollschuld wegen vorschriftwidrigen Verbringens (z.B. Schmuggel), wegen des Entziehens aus der zollamtlichen Überwachung (z.B. Diebstahl aus einem Zolllagerverfahren) oder Verfehlungen (z.B. keine fristgerechte Anmeldung einer zollrechtlichen Bestimmung im Status der vorübergehenden Verwahrung) wegen der sinngemäßen Anwendung der Zollvorschriften auf die Einfuhrumsatzsteuer entsteht. 8

Abnehmer und damit **Schuldner** der Einfuhrumsatzsteuer kann der Kunde, ein nachfolgender Abnehmer oder der Lieferant selbst sein. Unerheblich ist, ob der Einführer im Inland oder im Ausland ansässig ist. Schuldner der Einfuhrumsatzsteuer ist die Person, die in eigenem Namen eine Zollanmeldung abgibt oder in deren Namen eine Zollanmeldung abgegeben wird (s. BFH vom 29.01.2015, V R 5/14, BStBl II 2015, 567). Darauf, dass tatsächlich Einfuhrumsatzsteuer angefallen ist, kommt es nicht an (s. BFH vom 29.01.2015, V R 5/14, BStBl II 2015, 567). Befinden sich Gegenstände zwar körperlich im Inland, aber zollrechtlich in einem besonderen Nichterhebungsverfahren, gelten diese insoweit nicht als eingeführt. Gem. Art. 84 Abs. 1 a) Zollkodex gehören hierzu das **Versandverfahren**, das **Zolllagerverfahren**, die aktive Veredelung nach dem **Nichterhebungsverfahren**, das Umwandlungsverfahren und die **vorübergehende Verwendung**. 9

Die **Bemessungsgrundlage** der EUSt bestimmt sich nach § 11 UStG (s. § 11 UStG, Rn. 1 ff.). Ebenso bestimmen sich der Steuersatz und der Vorsteuerabzug nach dem UStG. Befreiungsvorschriften sind in der **EUSt-Befreiungsordnung** (BGBl I 1992, 1526; 1994, 302 und 2004, 21) geregelt. 10

Nach § 21 Abs. 2 Satz 2 UStG ist die Anwendung der Vorschriften über den aktiven Veredelungsverkehr nach dem Verfahren der Zollrückvergütung (s. Art. 114 Abs. 1b und Abs. 2b, 124 ZK) und den passiven Veredelungsverkehr (Art. 145 ZK) ausgeschlossen. 11

Trotz der Regelung in § 21 Abs. 1 UStG sind auf die EUSt damit nicht mehr alle Vorschriften der AO, die die Verbrauchsteuern betreffen anwendbar. Art 221 Abs. 3 Satz 1 ZK, der eine dreijährige Festsetzungsfrist bestimmt, hat Vorrang vor § 169 Abs. 2 Satz 1 Nr. 1 AO, der eine einjährige Festsetzungsfrist vorsieht. Die zehnjährige Festsetzungsfrist des § 169 Abs. 2 AO bei Steuerhinterziehung ist nach Art 221. Abs. 3 Satz 2 ZK anwendbar. Die Änderungsvorschriften der §§ 172 ff. AO werden durch Art. 220, 225 bis 242 ZK verdrängt, siehe Witte, Zollkodex, vor Art. 220 ZK Rn. 23 ff. und Art. 221 Rz. 25. Die Sachhaftung beginnt mit der Einfuhr (s. § 76 Abs. 2 AO). § 76 AO ist unter der Voraussetzung des Art. 232 Abs. 1 a) ZK anwendbar, wenn der Abgabenbetrag nicht fristgerecht entrichtet worden ist. 12

Die **Zollanmeldung** ist zugleich **Einfuhrumsatzsteueranmeldung** und der Zollschuldner ist zugleich Einfuhrumsatzsteuerschuldner. Schuldner der Einfuhrumsatzsteuer i.S.d. § 3 Abs. 8 UStG ist daher die Person, die in eigenem Namen eine Zollanmeldung abgibt oder in deren Namen eine Zollanmeldung abgegeben wird. Darauf, dass tatsächlich Einfuhrumsatzsteuer angefallen ist, kommt es nicht an (s. BFH vom 22.01.2015, V R 5/14, BStBl II 2015, 567). 13

Ausländische Unternehmer können sich in Deutschland eines **Fiskalvertreters** bedienen (s. §§ 21a UStG ff.). Dabei handelt es ich um eine umsatzsteuerrechtliche Vertretung. Durch die Zurverfügungstellung der USt-Identifikationsnummer an den ausländischen Unternehmer wird die Identität zwischen dem Schuldner der EUSt und dem Inhaber der USt-Identifikationsnummer gewahrt. 14

Die zollrechtliche Stellvertretung nach Art. 5 ZK bleibt von der Fiskalvertretung unberührt. Diese muss aber so gewählt werden, dass der durch den Fiskalvertreter umsatzsteuerrechtlich vertretene Unternehmer Schuldner der EUSt wird (s. Abs. 74 DV EUStR). 15

Im IT-Verfahren **ATLAS** werden die erforderlichen Angaben im Feld „Zusätze" erklärt. Bei der steuerbefreiten Anschlusslieferung sind das zuständige Finanzamt und die deutsche USt-Identifikationsnummer des Fiskalvertreters anzugeben (s. Abs. 75 DV EUStR). 16

4. Abfertigungsplätze außerhalb des Inlandes (§ 21 Abs. 2a UStG)

17 Deutsche Zollbeamte dürfen nach § 21 Abs. 2a UStG auf bestimmten Plätzen im Ausland (z.B. in Gemeinschaftszollämtern, die durch internationale Abkommen dazu bestimmt sind) Amtshandlungen, die die EUSt betreffen, vornehmen. Die Vorschrift geht als spezielle Regelung den Zollvorschriften abweichend von § 21 Abs. 2 UStG vor.

5. Zahlungsaufschub und Vorsteuerabzug (§ 21 Ab. 3 UStG)

18 **Zollschuldner** können die Fälligkeit der Abgaben durch den sog. **Zahlungsaufschub** (s. § 223 AO, Art 224 ZK) hinausschieben. Entsprechendes gilt nach § 21 Abs. 2 UStG, Art. 224 ZK für die EUSt. Dadurch sollen Liquiditätsnachteile beim Unternehmer vermieden werden. Der Zahlungsaufschub wird grundsätzlich auf Antrag gegen Sicherheitsleistung zur Sicherung der gestundeten Abgaben gewährt (mit Ausnahmen für Behörden und Anstalten des öffentlichen Rechts, die mit Privatunternehmern nicht im Wettbewerb stehen). Der Sicherungszweck entfällt bei Unternehmern, die zum Vorsteuerabzug berechtigt sind. Deshalb lässt § 21 Abs. 3 UStG für die EUSt den Zahlungsaufschub ohne Sicherheitsleistung zu.

19 Die **Einfuhrumsatzsteuer** konnte bislang als Vorsteuer nur geltend gemacht werden, wenn sie nachweislich entrichtet wurde. Diese Voraussetzung verstieß nach der Rechtsprechung des EuGH gegen das Unionsrecht. Der Gesetzgeber hat deshalb auf dieses Erfordernis verzichtet (s. § 15 Abs. 1 Satz 1 Nr. 2 UStG i.d.F. des AmtshilfeRLUmsG). Danach kann der Unternehmer den Vorsteuerabzug für die entstandene Einfuhrumsatzsteuer für Gegenstände geltend machen, die für sein Unternehmen nach § 1 Abs. 1 Nr. 4 UStG eingeführt wurden. Der Vorsteuerabzug ist damit schon zu dem Zeitpunkt zulässig, in dem die zollamtliche Erfassung mittels Eingangsabgabenbescheid erfolgt. Dies beseitigt den bisherigen Liquiditätsnachteil, der bislang nur durch die Gewährung eines Zahlungsaufschubs vermieden werden konnte. Auch bei erst nachträglich zum freien Verkehr angemeldeten Waren werden auf diese Weise Zinsrisiken wegen zu später Entrichtung der Einfuhrumsatzsteuer ausgeschlossen.

20 Für den Bezug ein und desselben Gegenstands kann grundsätzlich nicht zugleich eine vom Lieferanten in Rechnung gestellte Steuer und die Einfuhrumsatzsteuer als Vorsteuer abgezogen werden. Schuldet bei einer im Inland steuerbaren Lieferung der Abnehmer oder ein nachfolgender Abnehmer die Einfuhrumsatzsteuer, ist die der Einfuhr vorangegangene Lieferung gem. § 4 Nr. 4b UStG steuerfrei.

21 **Beispiel:** Ein Großhändler in den USA versendet Ersatzteile nach Deutschland. Der Abnehmer stand bei Beginn der Versendung noch nicht fest. Nach dem Eintreffen der Ersatzteile auf dem Flughafen Frankfurt wird ein Abnehmer in Hamburg gefunden, der die Ware gegenüber dem Großhändler bezahlt, sie jedoch sofort an einen Abnehmer in Stuttgart veräußert. Dieser lässt die Ware auf seinen Namen zum freien Verkehr abfertigen.

Lösung: Die Ersatzteile sind für den Abnehmer in Stuttgart eingeführt worden. Er ist berechtigt, die Einfuhrumsatzsteuer als Vorsteuer abzuziehen. Die Lieferungen des US-amerikanischen Großhändlers und des Abnehmers in Hamburg sind im Inland steuerbar, aber nach § 4 Nr. 4b UStG steuerfrei.

6. Weitere Einfuhrumsatzsteuer (§ 21 Abs. 4 UStG)

22 Die **gemeinschaftlichen Einfuhrabgaben** gehören als Hinzurechnung zum EUSt-Wert.

23 Entstehen diese Einfuhrabgaben erst nach dem Zeitpunkt des Entstehens der erstmaligen EUSt-Schuld, käme es systembedingt zu einem Ausfall von EUSt. **§ 21** Abs. 4 UStG enthält für diese Fälle einen eigenen Entstehungstatbestand, für eine „weitere EUSt". Dieser Begriff wird als technischer Ausdruck in den geregelten Fällen verwendet. Diese sind in Abs. 50 DV EUStR aufgeführt (z.B. Zollschuldentstehung wegen Entziehens aus der **zollamtlichen Überwachung** im Rahmen einer tariflichen Verwendung zur besonderen Verwendung).

24 **§ 21** Abs. 4 UStG steht im Zusammenhang mit § 11 Abs. 3 Nr. 2 UStG, der Zölle und Verbrauchsteuern; die im Zeitpunkt der Wareneinfuhr entstehen, zur Bemessungsgrundlage für die EUSt rechnet. Wenn die Ware zunächst in einem besonderen Zoll- oder Verbrauchsteuer-Verkehr verbleibt, bleibt die Abgabenschuld

aufschiebend bedingt. Sie wird unbedingt, wenn der Steuerpflichtige die Ware zweckwidrig in den freien Verkehr entnimmt. In diesem Zeitpunkt entsteht auf der Grundlage der entstandenen Abgabe eine weitere EUSt. Die weitere EUSt entsteht nicht, wenn der Steuerschuldner zum Vorsteuerabzug berechtigt ist, weil die Nacherhebung in diesen Fällen das Umsatzsteuer-Aufkommen nicht beeinflusst.

7. EUSt auf Gegenstände, die keine Waren i.S.d. Zollrechts sind (§ 21 Abs. 5 UStG)

§ 21 Abs. 5 UStG regelt die Anwendung der Zollvorschriften auf Gegenstände wie Elektrizität, Gas, Wasser, Kälte, Dampf und ähnliches. Durch diese Vorschrift soll klargestellt werden, dass die Zollvorschriften auch dann sinngemäß für die EUSt gelten, wenn Gegenstände eingeführt werden, die keine Waren i.S.d. § 1 Abs. 2 Satz 1 ZG sind und für die es keine Zollvorschriften gibt (s. Nieskens in Rau/Dürrwächter, § 21 UStG Rn. 380). 25

Bei der Einfuhr solcher Gegenstände werden deshalb insbesondere alle Zollvorschriften sinngemäß angewendet, soweit sie nicht nach § 21 Abs. 2 Satz 1 UStG von der Geltung für die EUSt. ausgeschlossen sind. Das gilt vor allem für die Vorschriften des Zollrechts über die Erfassung der Gegenstände bei der Einfuhr, den EUSt-Antrag, die EUSt-Anmeldung und die Versteuerung der Gegenstände einschließlich Fälligkeit und Zahlungsaufschub der EUSt. sowie für die Einfuhr der Gegenstände im Rahmen eines Sammelzollverfahrens (s. dazu und weiteren anwendbaren Vorschriften näher Nieskens in Rau/Dürrwächter, § 21 UStG, Rn. 381 ff.). 26

§ 22 UStG Aufzeichnungspflichten

(1) [1]Der Unternehmer ist verpflichtet, zur Feststellung der Steuer und der Grundlagen ihrer Berechnung Aufzeichnungen zu machen. [2]Diese Verpflichtung gilt in den Fällen des § 13a Abs. 1 Nr. 2 und 5, des § 13b Absatz 5 und des § 14c Abs. 2 auch für Personen, die nicht Unternehmer sind. [3]Ist ein land- und forstwirtschaftlicher Betrieb nach § 24 Abs. 3 als gesondert geführter Betrieb zu behandeln, so hat der Unternehmer Aufzeichnungspflichten für diesen Betrieb gesondert zu erfüllen. [4]In den Fällen des § 18 Abs. 4c und 4d sind die erforderlichen Aufzeichnungen auf Anfrage des Bundeszentralamtes für Steuern auf elektronischem Weg zur Verfügung zu stellen; in den Fällen des § 18 Absatz 4e sind die erforderlichen Aufzeichnungen auf Anfrage der für das Besteuerungsverfahren zuständigen Finanzbehörde auf elektronischem Weg zur Verfügung zu stellen.

(2) Aus den Aufzeichnungen müssen zu ersehen sein:

1. [1]die vereinbarten Entgelte für die vom Unternehmer ausgeführten Lieferungen und sonstigen Leistungen. [2]Dabei ist ersichtlich zu machen, wie sich die Entgelte auf die steuerpflichtigen Umsätze, getrennt nach Steuersätzen, und auf die steuerfreien Umsätze verteilen. [3]Dies gilt entsprechend für die Bemessungsgrundlagen nach § 10 Abs. 4, wenn Lieferungen im Sinne des § 3 Abs. 1b, sonstige Leistungen im Sinne des § 3 Abs. 9a sowie des § 10 Abs. 5 ausgeführt werden. [4]Aus den Aufzeichnungen muss außerdem hervorgehen, welche Umsätze der Unternehmer nach § 9 als steuerpflichtig behandelt. [5]Bei der Berechnung der Steuer nach vereinnahmten Entgelten (§ 20) treten an die Stelle der vereinbarten Entgelte die vereinnahmten Entgelte. [6]Im Falle des § 17 Abs. 1 Satz 6 hat der Unternehmer, der die auf die Minderung des Entgelts entfallende Steuer an das Finanzamt entrichtet, den Betrag der Entgeltsminderung gesondert aufzuzeichnen;
2. [1]die vereinnahmten Entgelte und Teilentgelte für noch nicht ausgeführte Lieferungen und sonstige Leistungen. [2]Dabei ist ersichtlich zu machen, wie sich die Entgelte und Teilentgelte auf die steuerpflichtigen Umsätze, getrennt nach Steuersätzen, und auf die steuerfreien Umsätze verteilen. [3]Nummer 1 Satz 4 gilt entsprechend;
3. [1]die Bemessungsgrundlage für Lieferungen im Sinne des § 3 Abs. 1b und für sonstige Leistungen im Sinne des § 3 Abs. 9a Nr. 1. [2]Nummer 1 Satz 2 gilt entsprechend;
4. die wegen unrichtigen Steuerausweises nach § 14c Abs. 1 und wegen unberechtigten Steuerausweises nach § 14c Abs. 2 geschuldeten Steuerbeträge;
5. die Entgelte für steuerpflichtige Lieferungen und sonstige Leistungen, die an den Unternehmer für sein Unternehmen ausgeführt worden sind, und die vor Ausführung dieser Umsätze gezahlten Entgelte und Teilentgelte, soweit für diese Umsätze nach § 13 Abs. 1 Nr. 1 Buchstabe a Satz 4 die Steuer entsteht, sowie die auf die Entgelte und Teilentgelte entfallenden Steuerbeträge;
6. die Bemessungsgrundlagen für die Einfuhr von Gegenständen (§ 11), die für das Unternehmen des Unternehmers eingeführt worden sind, sowie die dafür entstandene Einfuhrumsatzsteuer;
7. die Bemessungsgrundlagen für den innergemeinschaftlichen Erwerb von Gegenständen sowie die hierauf entfallenden Steuerbeträge;
8. [1]in den Fällen des § 13b Absatz 1 bis 5 beim Leistungsempfänger die Angaben entsprechend den Nummern 1 und 2. 2Der Leistende hat die Angaben nach den Nummern 1 und 2 gesondert aufzuzeichnen;
9. die Bemessungsgrundlage für Umsätze im Sinne des § 4 Nr. 4a Satz 1 Buchstabe a Satz 2 sowie die hierauf entfallenden Steuerbeträge.

(3) [1]Die Aufzeichnungspflichten nach Absatz 2 Nr. 5 und 6 entfallen, wenn der Vorsteuerabzug ausgeschlossen ist (§ 15 Abs. 2 und 3). [2]Ist der Unternehmer nur teilweise zum Vorsteuerabzug berechtigt, so müssen aus den Aufzeichnungen die Vorsteuerbeträge eindeutig und leicht nachprüfbar zu ersehen sein, die den zum Vorsteuerabzug berechtigenden Umsätzen ganz oder teilweise zuzurechnen sind. [3]Außerdem hat der Unternehmer in diesen Fällen die Bemessungsgrundlagen für die Umsätze, die nach § 15 Abs. 2 und 3 den Vorsteuerabzug ausschließen, getrennt von den Bemessungsgrundlagen der

übrigen Umsätze, ausgenommen die Einfuhren und die innergemeinschaftlichen Erwerbe, aufzuzeichnen. [4]Die Verpflichtung zur Trennung der Bemessungsgrundlagen nach Absatz 2 Nr. 1 Satz 2, Nr. 2 Satz 2 und Nr. 3 Satz 2 bleibt unberührt.

(4) In den Fällen des § 15a hat der Unternehmer die Berechnungsgrundlagen für den Ausgleich aufzuzeichnen, der von ihm in den in Betracht kommenden Kalenderjahren vorzunehmen ist.

(4a) Gegenstände, die der Unternehmer zu seiner Verfügung vom Inland in das übrige Gemeinschaftsgebiet verbringt, müssen aufgezeichnet werden, wenn

1. an den Gegenständen im übrigen Gemeinschaftsgebiet Arbeiten ausgeführt werden,
2. es sich um eine vorübergehende Verwendung handelt, mit den Gegenständen im übrigen Gemeinschaftsgebiet sonstige Leistungen ausgeführt werden und der Unternehmer in dem betreffenden Mitgliedstaat keine Zweigniederlassung hat oder
3. es sich um eine vorübergehende Verwendung im übrigen Gemeinschaftsgebiet handelt und in entsprechenden Fällen die Einfuhr der Gegenstände aus dem Drittlandsgebiet vollständig steuerfrei wäre.

(4b) Gegenstände, die der Unternehmer von einem im übrigen Gemeinschaftsgebiet ansässigen Unternehmer mit Umsatzsteuer-Identifikationsnummer zur Ausführung einer sonstigen Leistung im Sinne des § 3a Abs. 3 Nr. 3 Buchstabe c erhält, müssen aufgezeichnet werden.

(4c) [1]Der Lagerhalter, der ein Umsatzsteuerlager im Sinne des § 4 Nr. 4a betreibt, hat Bestandsaufzeichnungen über die eingelagerten Gegenstände und Aufzeichnungen über Leistungen im Sinne des § 4 Nr. 4a Satz 1 Buchstabe b Satz 1 zu führen. [2]Bei der Auslagerung eines Gegenstands aus dem Umsatzsteuerlager muss der Lagerhalter Name, Anschrift und die inländische Umsatzsteuer-Identifikationsnummer des Auslagerers oder dessen Fiskalvertreters aufzeichnen.

(4d) [1]Im Fall der Abtretung eines Anspruchs auf die Gegenleistung für einen steuerpflichtigen Umsatz an einen anderen Unternehmer (§ 13c) hat

1. der leistende Unternehmer den Namen und die Anschrift des Abtretungsempfängers sowie die Höhe des abgetretenen Anspruchs auf die Gegenleistung aufzuzeichnen;
2. [1]der Abtretungsempfänger den Namen und die Anschrift des leistenden Unternehmers, die Höhe des abgetretenen Anspruchs auf die Gegenleistung sowie die Höhe der auf den abgetretenen Anspruch vereinnahmten Beträge aufzuzeichnen. [2]Sofern der Abtretungsempfänger die Forderung oder einen Teil der Forderung an einen Dritten abtritt, hat er zusätzlich den Namen und die Anschrift des Dritten aufzuzeichnen.

[2]Satz 1 gilt entsprechend bei der Verpfändung oder der Pfändung von Forderungen. [3]An die Stelle des Abtretungsempfängers tritt im Fall der Verpfändung der Pfandgläubiger und im Fall der Pfändung der Vollstreckungsgläubiger.

(4e) [1]Wer in den Fällen des § 13c Zahlungen nach § 48 der Abgabenordnung leistet, hat Aufzeichnungen über die entrichteten Beträge zu führen. [2]Dabei sind auch Name, Anschrift und die Steuernummer des Schuldners der Umsatzsteuer aufzuzeichnen.

(5) Ein Unternehmer, der ohne Begründung einer gewerblichen Niederlassung oder außerhalb einer solchen von Haus zu Haus oder auf öffentlichen Straßen oder an anderen öffentlichen Orten Umsätze ausführt oder Gegenstände erwirbt, hat ein Steuerheft nach amtlich vorgeschriebenem Vordruck zu führen.

(6) Das Bundesministerium der Finanzen kann mit Zustimmung des Bundesrates durch Rechtsverordnung

1. nähere Bestimmungen darüber treffen, wie die Aufzeichnungspflichten zu erfüllen sind und in welchen Fällen Erleichterungen bei der Erfüllung dieser Pflichten gewährt werden können, sowie
2. Unternehmer im Sinne des Absatzes 5 von der Führung des Steuerhefts befreien, sofern sich die Grundlagen der Besteuerung aus anderen Unterlagen ergeben, und diese Befreiung an Auflagen knüpfen.

Bearbeiter: Frank Weigand

Inhaltsverzeichnis

1. Allgemeines

1.1 Rechtsentwicklung

1 Die Vorschrift des § 22 UStG ist in der heute vorliegenden Form im Wesentlichen seit dem 01.01.1980 gültig. Änderungen erfolgten z.B. im Zuge der Einführung des Binnenmarktes zum 01.01.1993. Hier wurden die §§ 22 Abs. 2 Nr. 7 und 22 Abs. 4a und b UStG eingefügt, die sich mit der Bemessungsgrundlage für den innergemeinschaftlichen Erwerb, der Verbringung von Gegenständen ins Gemeinschaftsgebiet zur eigenen Verfügung und erhaltenen Gegenständen aus dem Gemeinschaftsgebiet, also mit Binnenmarktvorgängen befassen. Durch das StÄndG 2001 (BGBl I 2001, 3794) wurde § 22 Abs. 1 Satz 2 UStG neu gefasst und § 22 Abs. 2 Nr. 8 UStG angefügt. Diese Änderungen wurden durch die Einführung des § 13b UStG (Umkehr der Steuerschuldnerschaft) erforderlich. Mit dem StÄndG 2003 (BGBl I 2003, 660) wurden § 22 Abs. 2 Nr. 9 UStG und § 22 Abs. 4c UStG eingefügt, die dem Konstrukt des Umsatzsteuerlagers Rechnung trugen. Außerdem erfolgten Änderungen bei § 22 Abs. 1 Satz 2 UStG und § 22 Abs. 2 Nr. 3 und 4 UStG. Mit dem

Gesetz zur Umsetzung von EU-Richtlinien in nationales Steuerrecht wurden § 22 Abs. 4d und Abs. 4e UStG eingefügt. Redaktionelle Änderung erfuhr die Vorschrift durch das Gesetz zur Neuorganisation der Bundesfinanzverwaltung ..., mit der der Begriff „Bundesamt für Finanzen" durch „Bundeszentralamt für Steuern" ersetzt wurde. Die Regelung der Aufzeichnungspflichten in § 22 Abs. 4e Satz 1 UStG zu Fällen des § 13d UStG wurde mit JStG 2008 (BGBl I 2007, 3150) aufgehoben. Der Charakter der Vorschrift hat sich aber trotz der Änderungen insgesamt gesehen seit dem 01.01.1980 weitgehend erhalten.

1.2 Sinn und Zweck der Vorschrift

Die Umsatzsteuer ist eine Anmeldesteuer i.S.d. § 150 Abs. 1 AO. Der Unternehmer berechnet die Steuer in seinen Umsatzsteuervoranmeldungen bzw. seiner Umsatzsteuererklärung selbst. Die Umsatzsteuervoranmeldung steht dabei einer Steuerfestsetzung unter dem Vorbehalt der Nachprüfung gleich (s. § 168 AO). Die meisten der beim Finanzamt eingehenden Umsatzsteuervoranmeldungen werden entweder gar nicht, zunächst nicht oder nur überschlägig vom Finanzamt geprüft. Der Unternehmer führt also eine Selbstveranlagung durch, der die Finanzverwaltung in vielen Fällen folgt bzw. folgen muss. Das Finanzamt muss deshalb auf die Richtigkeit der Angaben des Unternehmers weitgehend vertrauen. Aus diesem Grund kommt den Aufzeichnungen des Unternehmers eine besondere Bedeutung zu, weil nur anhand dieser Aufzeichnungen eine – spätere – Prüfung der Besteuerungsgrundlagen durch das Finanzamt in angemessener Zeit möglich ist. 2

Es liegt aber auch im **Interesse des Unternehmers,** Aufzeichnungen richtig und rechtzeitig zu führen, weil er nur mit genauen Aufzeichnungen die richtigen Besteuerungsgrundlagen ermitteln und rechtzeitig seine Umsatzsteuervoranmeldung- oder Erklärung übermitteln kann. 3

§ 22 UStG bildet die Grundlage der umsatzsteuerlichen Aufzeichnungspflichten. Er regelt wie und von wem Aufzeichnungen für die Umsatzsteuer zu führen sind. Viele Unternehmer befriedigen die Erfordernisse des § 22 UStG durch das Erfüllen der Buchführungspflichten der **§§ 140–147 AO** oder des HGB. Es lösen aber auch nicht buchführungspflichtige Unternehmer (z.B. die eine Gewinnermittlung nach § 4 Abs. 3 EStG führen oder Unternehmer mit Einkünften aus Vermietung und Verpachtung) oder im Inland nicht ansässige Unternehmer oder Nicht-Unternehmer umsatzsteuerrechtlich relevante Sachverhalte aus. Deren Aufzeichnungspflichten und auch die Aufzeichnungspflichten Dritter (z.B. Lagerhalter, Forderungsabtreter) sind deshalb über § 22 UStG als **lex specialis** zusätzlich zu den Aufzeichnungen in §§ 140–147 AO erfasst, weil diese alleine nicht alle möglichen umsatzsteuerlich relevanten Sachverhalte erfassen würden. 4

1.3 Kreis der betroffenen Personen

Die **Aufzeichnungspflichten** des § 22 UStG haben grundsätzlich **alle Unternehmer zu erfüllen** (s. § 22 Abs.1 Satz 1 **UStG**). 5

Von besonderen Aufzeichnungspflichten erfasst werden die folgenden Unternehmer und Personen: 6

a) Die Lagerhalter eines Umsatzsteuerlagers (s. § 22 Abs. 4c UStG),
b) die Abtretenden und die Abtretungsempfänger eines Anspruchs auf Gegenleistung bzw. der Verpfändung einer Forderung (s. § 22 Abs. 4d UStG),
c) die Haftenden, die für vom leistenden Unternehmer nicht abgeführte USt in Anspruch genommen werden sollen (s. § 22 Abs. 4e UStG),
d) die Kleinunternehmer i.S.d. § 19 UStG,
e) die Land- und Forstwirte,
f) die Unternehmer die nach allgemeinen Durchschnittsätzen besteuern (s. § 23 UStG),
g) die Körperschaften, Personenvereinigungen und Vermögensmassen die nach Durchschnittsätzen besteuern (s. § 23a UStG),
h) die sogenannten Straßenhändler (s. § 22 Abs. 5 UStG).

Für die Unternehmer der Ziffern d) bis h) gelten allerdings bestimmte Erleichterungen der Aufzeichnungspflichten (s. §§ 65 bis 68 UStDV). 7

8 Neben den Unternehmern haben auch bestimmte **Nicht-Unternehmer** besondere Aufzeichnungspflichten gem. § 22 Abs. 1 S. 2 UStG zu beachten. Es handelt sich dabei um:

a) Personen, die **unrichtig oder ungerechtfertigt** Umsatzsteuer in Rechnungen **ausgewiesen** haben (s. §§ 14c Abs. 1 und 2 UStG),
b) Personen, die gem. § 13a Abs. 1 UStG i.V.m. § 1a Abs. 1 UStG oder § 1b Abs. 1 UStG als **Erwerber** von Gegenständen oder von neuen Fahrzeugen **im innergemeinschaftlichen Verkehr** anzusehen sind,
c) Personen, die als **letzter Abnehmer** im Rahmen eines **Dreiecksgeschäftes** i.S.d. § 25b Abs. 2 UStG anzusehen sind,
d) den **Leistungsempfänger** gem. § 13b Abs. 5 UStG **bei der Umkehr der Steuerschuldnerschaft** (sogenanntes Reverse-Charge-Verfahren) i.S.d. § 13b UStG.

9 Es wird deutlich, dass der von den umsatzsteuerlichen Aufzeichnungspflichten betroffene Personenkreis viel weiter gefasst ist, als der Personenkreis der unter eine Buchführungspflicht der AO fällt. Vor diesem Hintergrund wird die Bedeutung des § 22 UStG als Ergänzung der abgabenrechtlichen Aufzeichnungspflichten deutlich.

1.4 Divergenz zwischen § 22 UStG und §§ 145 ff. AO

10 § 22 Abs. 2 UStG regelt, dass Daten, wie z.B. **vereinbartes bzw. vereinnahmtes Entgelt, Bemessungsgrundlage, Trennung der Entgelte nach Steuersätzen, Steuersätze, Entgeltsminderungen** aufzuzeichnen sind. Es handelt sich um „Grunddaten“, die sich aus den laufenden Umsatzgeschäften ergeben. Diese Aufzeichnungen sind den im Rahmen einer Buchführung zu tätigenden Aufzeichnungen sehr ähnlich und dürften deshalb bei vielen Unternehmern schon üblicherweise und/oder aus dem Eigeninteresse einen Überblick über die Geschäftsabläufe zu erhalten, aufgezeichnet werden.

11 Ganz anders verhält es sich aber mit den in § 22 Abs. 3 bis 4 UStG geforderten Aufzeichnungen. Das Gesetz fordert zum Beispiel die Aufzeichnung von:

a) **Berechnungsgrundlagen** zum Ausgleich bei der Berichtigung des Vorsteuerabzugs gem. § 15a UStG.
b) **Gegenständen**
   aa) die der Unternehmer ins übrige Gemeinschaftsgebiet zur vorübergehenden Verwendung verbringt (s. § 22 Abs. 4a UStG),
   bb) die beweglich sind und die der Unternehmer von einem EU-Unternehmer zur Ausführung einer sonstigen Leistung erhält (s. § 22 Abs. 4c UStG).
c) **Bestandsaufzeichnungen des** Lagerhalters über eingelagerte Gegenstände sowie **Namen, Anschrift** und **USt-IdNr.** des Auslagerers (s. § 22 Abs. 4c UStG).
d) **der Höhe abgetretener Ansprüche** sowie **Namen und Anschrift** jeweils des Abtretenden oder des Abtretungsempfängers (s. § 22 Abs. 4d UStG).
e) **der Höhe der entrichteten Beträge** sowie **Name und Anschrift** und **Steuernummer** (s. § 22 Abs. 4e UStG).

12 Diesen Daten kommt eine reine Kontrollfunktion zu. Sie geben der Finanzverwaltung die Möglichkeit die Richtigkeit der Sachverhalte zu prüfen und zu kontrollieren.

13 § 22 UStG fordert also neben der Aufzeichnung der Daten aus den Umsatzgeschäften auch die Aufzeichnung anderer Sachverhalte und Daten. Diese Daten müssen zum Teil auch durch Dritte (Lagerhalter, Forderungsabtreter) aufgezeichnet werden. Das Wesen dieser aufzuzeichnenden Daten ist sehr unterschiedlich und weicht von dem, was abgabenrechtlich aufzuzeichnen ist, doch mitunter erheblich ab.

2. Form der Aufzeichnungen

14 Der Gesetzgeber hat dem BMF die Möglichkeit eingeräumt, dass es mit Zustimmung des Bundesrates, durch Rechtsverordnung nähere Bestimmungen darüber treffen kann, wie die Aufzeichnungen zu erfüllen sind (s. § 22 Abs. 6 Nr. 1 UStG). Das BMF hat davon Gebrauch gemacht und in §§ 63 ff. UStDV Regelungen zu den Aufzeichnungspflichten getroffen.

Allgemeine Grundsätze zur Form der Aufzeichnungen ergeben sich aus § 63 Abs. 1 UStDV. Danach müssen die Aufzeichnungen so beschaffen sein, dass es einem **sachverständigen Dritten innerhalb angemessener Zeit möglich ist, einen Überblick über die Umsätze und Vorsteuern zu erhalten**. Die Vorschrift ist dem Wortlaut des § 145 Abs. 1 AO entlehnt und lediglich an die Umsatzsteuer angepasst. 15

Welche Form die Aufzeichnungen haben müssen, ergibt sich auch für die Aufzeichnungen gem. § 22 UStG aus den §§ 146 und 147 AO, welche als allgemeine Ordnungsvorschriften für die Buchführung und für Aufzeichnungen anzusehen sind (s. § 146 Abs. 6 AO). 16

Nach § 146 Abs. 1 AO sind die Aufzeichnungen **vollständig, richtig, zeitgerecht** und **geordnet** vorzunehmen und **Kasseneinnahmen und Kassenausgaben** sollen **täglich** festgehaltenwerden. Die tägliche Erfassung von Kasseneinnahmen und Kassenausgaben gilt aber nicht bei nicht buchführungspflichtigen Unternehmern (z.B. § 4 Abs. 3-Rechner auch Einnahmeüberschussrechner genannt). Diese sind nicht zur Führung eines Kassenbuches verpflichtet (s. BFH vom 16.02.2006, X B 57/05, BFH/NV 2006, 940). 17

Nach § 146 Abs. 3 AO müssen die Aufzeichnungen in einer **lebenden Sprache** vorgenommen werden. Erfolgen die Aufzeichnungen nicht in deutscher Sprache, kann die Finanzbehörde Übersetzungen verlangen. Bei der Verwendung von **Abkürzungen, Ziffern, Buchstaben** oder **Symbole**, muss die **Bedeutung** eindeutig festliegen. 18

§ 146 Abs. 4 AO regelt, **dass Aufzeichnungen nicht** in einer Weise **verändert** werden dürfen, dass der ursprüngliche Inhalt nicht mehr feststellbar ist. 19

Gemäß § 146 Abs. 5 AO können die erforderlichen Aufzeichnungen in der **geordneten Ablage von Belegen** bestehen oder **auf Datenträgern** geführt werden. Es ist also nicht Voraussetzung, dass weitere (Grund-)Aufzeichnungen vorgenommen werden, wenn die Form der Belegsammlung den Grundsätzen ordnungsmäßiger Buchführung (GoB) entspricht. Das gilt als erfüllt, wenn die Belegsammlung den **Zweck für die Besteuerung erfüllt** und sich ein **sachverständiger Dritter** innerhalb angemessener Zeit einen Überblick verschaffen kann. Das dürfte bei vielen kleineren Unternehmern der Fall sein. 20

Bei der Führung der Aufzeichnungen auf Datenträgern muss insbesondere sichergestellt sein, dass während der Dauer der Aufbewahrungsfrist die Daten **jederzeit verfügbar sind und unverzüglich lesbar gemacht** werden können. 21

3. Ort der Aufzeichnungen

Das UStG regelt nicht, wo die Aufzeichnungen zu führen sind. Es gilt insoweit die allgemeine Regelung der AO auch für § 22 UStG. Bücher und die sonst erforderlichen Aufzeichnungen sind demnach grundsätzlich im **Geltungsbereich dieses Gesetzes** zu führen und aufzubewahren (s. § 146 Abs. 2 AO). 22

Besteht eine **Betriebsstätte im Ausland** für die Bücher nach ausländischem Recht zu führen sind und auch geführt werden, müssen die Aufzeichnungen nicht im Geltungsbereich des Gesetzes geführt werden. **Auf schriftlichen Antrag** des Steuerpflichtigen kann das Finanzamt bewilligen, dass elektronische Bücher und sonstige erforderliche **elektronische Aufzeichnungen** oder Teile davon **außerhalb des Geltungsbereichs** dieses Gesetzes geführt und aufbewahrt werden. 23

Voraussetzung ist, dass: 24

a) Der Steuerpflichtige der zuständigen Standort des Datenverarbeitungssystems und bei Beauftragung eines Dritten dessen Namen und Anschrift mitteilt,
b) der Steuerpflichtige bestimmten Pflichten ordnungsgemäß nachgekommen ist,
c) der Datenzugriff nach Grundsätzen zum Datenzugriff und zur Prüfbarkeit digitaler Unterlagen (GDPdU) in vollem Umfang möglich ist und
d) die Besteuerung hierdurch nicht beeinträchtigt wird.

4. Aufbewahrung der Aufzeichnungen

4.1 Aufbewahrungspflichten

25 Die Pflichten zur Aufbewahrung der Aufzeichnungen ergeben sich, in Ermangelung einer eigenen Regelung im UStG, aus § 147 AO. Dass die Aufzeichnungen für § 22 UStG aufzubewahren sind, ergibt sich aus § 147 Abs. 1 AO, wonach:

a) Bücher und **Aufzeichnungen**, Inventare, Jahresabschlüsse, Lageberichte, die Eröffnungsbilanz sowie die zu ihrem Verständnis erforderlichen Arbeitsanweisungen und sonstigen Organisationsunterlagen (s. § 147 Abs. 1 Nr.1 AO),
b) die empfangenen Handels- oder Geschäftsbriefe (s. § 147 Abs. 1 Nr.2 AO),
c) Wiedergaben der abgesandten Handels- oder Geschäftsbriefe (s. § 147 Abs. 1 Nr. 3 AO),
d) Buchungsbelege (s. § 147 Abs. 1 Nr. 4 AO),
e) bestimmte Unterlagen zu Zollanmeldungen (s. § 147 Abs. 1 Nr. 4a AO),
f) sonstige Unterlagen, soweit sie für die Besteuerung von Bedeutung sind (§ 147 Abs. 1 Nr. 5 AO)

geordnet aufzubewahren sind.

26 Die Unterlagen können, mit Ausnahme der Jahresabschlüsse, der Eröffnungsbilanz und der Unterlagen zu den Zollanmeldungen, auch als Wiedergabe auf einem **Bildträger** oder auf anderen **Datenträgern** aufbewahrt werden. Es muss allerdings sichergestellt sein, dass das den Grundsätzen ordnungsmäßiger Buchführung (GoB) entspricht und dass außerdem sichergestellt ist, dass die Wiedergabe oder die Daten mit den Unterlagen inhaltlich übereinstimmen und sie während der Dauer der Aufbewahrungsfrist **jederzeit verfügbar** sind und **lesbar und verwertbar** gemacht werden können.

4.2 Aufbewahrungsfristen

27 Wie für die Aufbewahrungspflichten sind auch für die Aufbewahrungsfristen, die Regelungen des § 147 AO auch für die Aufzeichnungen des § 22 UStG maßgeblich. Für die **Unterlagen gemäß Ziffer 4.1. a), d) und e) (Rn. 25)** also:

- Bücher und **Aufzeichnungen**, Inventare, Jahresabschlüsse, Lageberichte, die Eröffnungsbilanz sowie die zu ihrem Verständnis erforderlichen Arbeitsanweisungen und sonstigen Organisationsunterlagen (s. § 147 Abs. 1 Nr. 1 AO),
- Buchungsbelege (s. § 147 Abs. 1 Nr. 4 AO),
- bestimmte Unterlagen zu Zollanmeldungen (s. § 147 Abs. 1 Nr. 4a AO)

beträgt die **Aufbewahrungsfrist 10 Jahre**. Für alle **anderen Unterlagen** beträgt Aufbewahrungsfrist **6 Jahre**. Zu beachten ist, dass die Aufbewahrungsfrist nicht abläuft, solange die Festsetzungsfrist (s. § 169 Abs. 2 Satz 2 AO) noch nicht abgelaufen ist. Das ist insbesondere bei langen Rechtsbehelfsverfahren möglich. Der Unternehmer hat in diesem Fall solche Unterlagen aufzubewahren, die für diese noch nicht verjährten Steuern – hier die Umsatzsteuer – von Bedeutung sind.

5. Folgen der Nichterfüllung von Aufzeichnungspflichten

28 Die Aufzeichnungspflichten des § 22 UStG haben keine materiell-rechtliche Bedeutung für das Besteuerungsverfahren. Im Gegensatz zu bestimmten Buchnachweispflichten (z.B. bei Ausfuhrlieferungen §§ 6 i.V.m. 4 Nr. 1a UStG) führt das Fehlen oder ein Mangel bei den Aufzeichnungen nach § 22 UStG nicht zwingend zu steuerlichen Folgen, wie z.B. der Versagung des Vorsteuerabzugs. Den Aufzeichnungspflichten kommt „nur" ein formeller Charakter zu. Das Fehlen oder der Mangel der Aufzeichnungen kann aber unter bestimmten Umständen zu Folgen im Besteuerungsverfahren führen und auch Bußgeld- oder strafrechtliche Folgen nach sich ziehen.

6. Inhalt und Ausgestaltung der Aufzeichnungspflichten

6.1 Aufzeichnung der Entgelte

Nach § 22 Abs. 2 Nr. 1 UStG hat der Unternehmer die **vereinbarten Entgelte für ausgeführte Lieferungen und sonstigen Leistungen aufzuzeichnen.** Entgelt ist der Betrag, den der Leistungsempfänger aufwendet, jedoch ohne die Umsatzsteuer (s. **§ 10 Abs. 1 Satz 2 UStG).** Diese Pflicht die vereinbarten Entgelte aufzuzeichnen, obliegt nur dem Unternehmer, der seine Umsätze **nach dem „Soll" versteuert**. Versteuert der Unternehmer seine Umsätze nach **vereinnahmten Entgelten** gem. § 20 UStG (**„Ist-Versteuerer"**), hat er die **vereinnahmten Entgelte statt der vereinbarten Entgelte für ausgeführte Lieferungen und sonstige Leistungen aufzuzeichnen** (s. **§ 22 Abs. 2 Nr. 1 S. 5 UStG).** Das heißt, dass der „Soll-Versteuerer" den Netto-Erlös (vereinbarte Entgelte) und der „Ist-Versteuerer" den Brutto-Erlös inklusive USt (vereinnahmte Entgelte) aufzuzeichnen hat. 29

Aus den Aufzeichnungen des Unternehmers muss außerdem ersichtlich sein, wie sich die Entgelte auf die steuerpflichtigen **Umsätze getrennt nach Steuersätzen** und auf die **steuerfreien Umsätze** (s. **§ 22 Abs. 2 Nr. 1 Satz 2 UStG) verteilen.** 30

Zu ersehen sein muss gem. § 22 Abs. 2 Nr. 1 Satz 4 UStG ebenfalls, für welche **Umsätze** der Unternehmer gem. § 9 UStG auf die Steuerfreiheit verzichtet, also **zur Umsatzsteuerpflicht optiert** hat. Die Option zur Steuerpflicht eröffnet das Recht auf Vorsteuerabzug und wird deshalb oft dann in Anspruch genommen, wenn hohe Vorsteuerbeträge anfallen. Die Aufzeichnungen dienen der Kontrolle, ob eine Option zur Steuerpflicht überhaupt zulässig ist. 31

6.2 Aufzeichnung erhaltener Entgelte vor Ausführung der Leistung

Vereinnahmt der Unternehmer das **Entgelt oder einen Teil des Entgelts vor Ausführung seiner Leistung**, hat er die erhaltenen Entgelte bzw. Teilentgelte, getrennt nach Steuersätzen, steuerfreien Umsätzen und auf Optionsumsätze i.S.d. § 9 UStG verteilt aufzuzeichnen (s. **§ 22 Abs. 2 Nr. 2 UStG**). 32

6.3 Aufzeichnung der Vorsteuern

Der Unternehmer hat das **Entgelt für** an ihn erberachte Lieferungen und sonstige Leistungen aufzuzeichnen. Auch die in den Rechnungen **ausgewiesene USt (Vorsteuer)** hat der Unternehmer aufzuzeichnen. Zahlt der Unternehmer das **Entgelt oder einen Teil des Entgelts vor Ausführung der Leistung an ihn** und entsteht die Steuer hat er **die erhaltenen Entgelte** bzw. Teilentgelte, getrennt nach Steuersätzen, steuerfreien Umsätzen und auf Optionsumsätze i.S.d. § 9 UStG verteilt aufzuzeichnen (s. **§ 22 Abs. 2 Nr. 5 UStG**). Nach § 13 Abs. 1 Nr. 1a Satz 4 UStG entsteht die Steuer mit Ablauf des Voranmeldungszeitraums, in dem das Entgelt oder das Teilentgelt vereinnahmt worden ist (Mindest-Ist-Besteuerung). Der Begriff „Mindest-Ist" resultiert aus der Tatsache, dass bis zum 01.01.1994 die Steuer nur entstand, wenn die Teilzahlung größer als 10.000 DM war. Die **Aufzeichnungspflicht entfällt** jedoch, **wenn** der **Vorsteuerabzug ausgeschlossen** ist (s. **§ 22 Abs. 3 Satz 1 UStG). Bei nur teilweiser Berechtigung zum Vorsteuerabzug (Vorsteueraufteilung) müssen die Vorsteuerbeträge leicht nachprüfbar aufgezeichnet werden** (s. **§ 22 Abs. 3 Satz 2 UStG**). 33

6.4 Aufzeichnung unentgeltlicher und verbilligter Leistungen

Nach § 22 Abs. 2 Nr. 1 Satz 3 UStG muss der Unternehmer die **Bemessungsgrundlagen** gem. § 10 Abs. 4 UStG aufzuzeichnen. Es handelt sich um die **unentgeltlichen Leistungen des Unternehmers an seine Arbeitnehmer oder Vereinigungen an ihre Mitglieder** (s. **§§ 3 Abs. 1b Nr. 2 und 3 Abs. 9a UStG).** Auch **verbilligte Lieferungen oder sonstige Leistungen**, die Körperschaften und Personenvereinigungen im Sinne des § 1 Abs. 1 Nr. 1 bis 5 des Körperschaftsteuergesetzes, nichtrechtsfähige Personenvereinigungen sowie Gemeinschaften im Rahmen ihres Unternehmens an ihre Anteilseigner, Gesellschafter, Mitglieder, Teilhaber oder Einzelunternehmer **an** ihnen **nahestehende Personen** ausführen und für die die Mindestbemessungsgrundlage i.S.d. § 10 Abs. 5 UStG (s. dazu § 10 Rn. 111 ff.) zur Anwendung kommt, muss der Unternehmer aufzeichnen (s. **§ 22 Abs. 2 Nr. 1 Satz 3 UStG**). 34

6.5 Aufzeichnung unentgeltlicher Wertabgaben

35 Der Unternehmer muss **unentgeltliche Wertabgaben** aufzeichnen und zwar mit ihrer **Bemessungsgrundlage** (s. **§ 22 Abs. 2 Nr. 3 UStG). Bei Entnahmen** (s. **§ 3 Abs. 1b Nr. 1 UStG) ist das der Einkaufpreis** ggfs. zzgl. Nebenkosten oder die Selbstkosten. Bei der Ausführung sonstiger Leistungen für nicht unternehmerische Zwecke (s. **§ 3 Abs. 9a UStG) ist Bemessungsgrundlage die entstandenen Kosten**.

6.6 Aufzeichnung von Entgeltsminderungen durch Dritte

36 Die **Minderung des Entgelts** bei Änderung der Bemessungsgrundlage i.S.d. § 17 Abs. 1 Satz 6 UStG ist aufzuzeichnen (s. **§ 22 Abs. 2 Nr. 1 Satz 6**). Es handelt sich dabei um die Fälle der sog. **Zentralregulierer**. Diese übernehmen für einen Unternehmer (meist Genossenschaftsmitglieder von Einkaufsgenossenschaften) die Bezahlung einer Kaufpreisforderung, wobei sie Entgeltsminderungen (z.B. Rabatte oder Skonti) in Anspruch nehmen. Der Unternehmer (Schuldner) leistet in voller Höhe an den Zentralregulierer. Diese **Entgeltsminderung** hat der Zentralregulierer **gesondert aufzuzeichnen**, weil der Leistende die USt aufgrund der von ihm gewährten Entgeltsminderung berichtigt und der Schuldner den vollen Vorsteuerabzug aus der Rechnung geltend machen dürfte, weil ihm die Minderung gar nicht bekannt ist.

6.7 Aufzeichnung von unrichtigem und unberechtigtem Steuerausweis

37 Der Unternehmer der eine Steuer **zu hoch** ausgewiesen hat (s. **§ 14c Abs. 1 UStG) und der Unternehmer oder der Nicht-Unternehmer der eine Steuer zu Unrecht ausgewiesen** hat (s. **§ 14c Abs. 2 UStG) ist verpflichtet die geschuldeten Steuerbeträge** aufzuzeichnen (s. **§ 22 Abs. 2 Nr. 3 UStG i.V.m. § 22 Abs. 1 Satz 2 UStG**). Tatsächlich wird dieser Pflicht, insbesondere bei Fällen des § 14c Abs. 2 UStG (Scheinrechnungen und Scheinfirmen), in der Praxis kaum nachgekommen, weil die betroffenen Personen oft nichts von ihren Pflichten wissen.

6.8 Aufzeichnung bei der Einfuhr

38 **§ 22 Abs. 2 Nr. 6 UStG regelt, dass die Bemessungsgrundlage für die Einfuhr** von Gegenständen und die entstandene **Einfuhrumsatzsteuer** aufzuzeichnen sind. Gemäß § 64 UStDV ist der Aufzeichnungspflicht genügt, wenn die Aufzeichnung der Einfuhrumsatzsteuer mit einem Hinweis auf den Zollbeleg versehen ist. Hintergrund ist der, dass die Einfuhrumsatzsteuer als Vorsteuer abgezogen werden darf (s. **§ 15 Abs. 1 Nr. 2 UStG) und durch den Zollbeleg der Nachweis der Steuerentstehung geführt wird.** Die **Aufzeichnungspflicht entfällt** jedoch, **wenn** der **Vorsteuerabzug ausgeschlossen** ist (s. **§ 22 Abs. 3 Satz 1 UStG**). **Bei nur teilweiser Berechtigung zum Vorsteuerabzug (Vorsteueraufteilung) müssen die Vorsteuerbeträge leicht nachprüfbar aufgezeichnet werden** (s. **§ 22 Abs. 3 Satz 2 UStG**).

6.9 Aufzeichnung bei innergemeinschaftlichen Erwerb

39 Der **innergemeinschaftliche Erwerb** birgt die Besonderheit, dass ein steuerbarer und meist steuerpflichtiger Umsatz bewirkt wird. Der Unternehmer muss deshalb gem. § 22 Abs. 2 Nr. 7 UStG die **Bemessungsgrundlage und den Steuerbetrag** aufzeichnen.

6.10 Aufzeichnung bei Umkehr der Steuerschuldnerschaft

40 Sowohl der Leistende als auch der Leistungsempfänger haben in Fällen der **Umkehr der Steuerschuldnerschaft** Aufzeichnungen zu tätigen (s. **§ 22 Abs. 2 Nr. 8 UStG). Es sind die vereinbarten oder vereinnahmten Entgelte getrennt nach Steuersätzen aufzuzeichnen, wobei der Leistende die Daten gesondert aufzeichnen muss.**

6.11 Aufzeichnung von Berechnungsgrundlagen bei Vorsteuerberichtigung

41 **§ 15a UStG regelt die Berichtigung des Vorsteuerabzuges** von Wirtschaftsgütern, wenn sich im Berichtigungszeitraum die Verhältnisse für den Vorsteuerabzug ändern. Nach § 22 Abs. 4 UStG hat der Unternehmer hierfür **Berechnungsgrundlage** vorzuhalten.

Aufzuzeichnen sind: 42

a) Anschaffungs- oder Herstellungskosten,
b) Vorsteuerbetrag,
c) Zeitpunkt der erstmaligen Verwendung,
d) Verhältnisse der Verwendung (Anteil der zum Vorsteuerabzug berechtigt),
e) Berichtigungszeitraum,
f) Änderung von Verhältnissen.

6.12 Aufzeichnungen im Zusammenhang mit Umsatzsteuerlagern

Wird ein Gegenstand in ein Umsatzsteuerlager eingebracht (Einlagerung) handelt es sich insoweit um eine steuerfreie Lieferung. Genauso verhält es sich mit Lieferungen innerhalb des Lagers. Wird aber der Gegenstand aus dem Umsatzsteuerlager entnommen wird der **Auslagerer** Steuerschuldner gem. § 13a Abs. 1 Nr. 6 UStG. Er schuldet die Steuer, deren Bemessungsgrundlage der vorhergehende Erwerb oder die Einfuhr darstellt. Aufzuzeichnen hat der Auslagerer gem. § 22 Abs. 2 Nr. 9 UStG die **Bemessungsgrundlage** und den **Steuerbetrag**. 43

Derjenige der ein Umsatzsteuerlager betreibt (**Lagerhalter**) muss ebenso Aufzeichnungen führen (s. **§ 22 Abs. 4c UStG). Er hat Bestandsaufzeichnungen** und im **Falle von Auslagerungen** den **Namen,** die **Anschrift** und die **inländische Umsatzsteueridentifikationsnummer des Auslagerers** oder des Fiskalvertreters aufzeichnen. 44

6.13 Aufzeichnung bei Abtretung von Ansprüchen

Werden Forderungen abgetreten oder verpfändet, so haben sowohl der **Abtretende** als auch der **Abtretungsempfänger** den **Namen und die Anschrift des Anderen und die Höhe des Betrages** aufzuzeichnen (s. **§ 22 Abs. 4d UStG).** 45

Derjenige der einen Zahlungsanspruch abgetreten bekommen hat und gem. § 13c UStG i.V.m. § 48 AO an das Finanzamt leisten soll), hat die **Höhe der entrichteten Beträge, Namen und Anschrift des Schuldners der USt und Steuernummer** des Schuldners aufzuzeichnen (s. § 22 Abs. 4e UStG). 46

6.14 Aufzeichnungspflichten von Kleinunternehmern

Grundsätzlich haben **Kleinunternehmer** i.S.d. § 19 UStG die gleichen Aufzeichnungspflichten wie die anderen Unternehmer. Nach § 65 UStDV erfahren sie aber erhebliche Erleichterungen. So müssen Kleinunternehmer nur den **Wert erhaltener Gegenleistungen für ihre Lieferungen oder sonstigen Leistungen und die sonstigen Leistungen der Nutzungsentnahmen** aufzeichnen. 47

6.15 Aufzeichnungspflichten von „Straßenhändlern"

Für die **Unternehmer, die keine gewerbliche Niederlassung** begründen oder außerhalb einer Niederlassung auf öffentlichen Straßen oder von Haus zu Haus Umsätze ausführen (sog. „Straßenhändler") haben grundsätzlich ein **Steuerheft** nach amtliche vorgeschriebenen Vordruck zu führen. Das Steuerheft ähnelt im Aufbau einem Kassenbuch. Der Unternehmer hat darin Einnahmen und Ausgaben zu erfassen. Das Steuerheft ist dem Finanzamt regelmäßig vorzulegen. Die Institution des Steuerheftes ist heute überholt, weil die meisten Unternehmer heute über eine feste Niederlassung (im Zweifel in der eigenen Wohnung) verfügen. Damit sind sie gem. § 68 Abs. 1 Nr. 1 UStDV von der Führung des Heftes befreit. 48

6.16 Befreiungen und Erleichterungen der Aufzeichnungspflichten

6.16.1 Anwendung allgemeiner Durchschnittsätze

Unternehmer die nicht zur Buchführung verpflichtet sind, können unter den Voraussetzungen der §§ 69 und 70 UStDV ihre abziehbaren **Vorsteuerbeträge ganz oder zum Teil nach bestimmten Prozentsätzen ermitteln** (s. § 23 UStG). Je nachdem, wie der Unternehmer vorgeht, ist er dann auch ganz oder teilweise von den Aufzeichnungspflichten des § 22 Abs. 2 Nr. 5 UStG **befreit** (s. § 66 UStDV). 49

6.16.2 Anwendung des Durchschnittsatzes für „kleine" Körperschaften

50 Körperschaften, Personenvereinigungen und Vermögensmassen i.S.d. § 5 Abs. 1 Nr. 9 KStG, (meist kleine Vereine) die ausschließlich und unmittelbar gemeinnützigen, mildtätigen oder kirchlichen Zwecken dienen sind berechtigt ihren **Vorsteuerabzug pauschal mit 7 %** des steuerpflichtigen Umsatzes zu berechnen, **wenn** ihr **steuerpflichtiger Umsatz**, mit Ausnahme der Einfuhr und des innergemeinschaftlichen Erwerbs, im vorangegangenen Kalenderjahr **35.000 € nicht** überstiegen hat. Ein weiterer Vorsteuerabzug ist ausgeschlossen (s. § 23a UStG). Konsequenterweise sind sie **von der Aufzeichnung der Vorsteuerbeträge** gem. § 22 Abs. 2 Nr. 5 UStG **befreit** (s. § 66a UStDV).

6.16.3 Anwendung des Durchschnittsätze für Land- und Forstwirtschaft

51 **Land- und forstwirtschaftliche** Betriebe können eine Durchschnittsatzbesteuerung unter den Voraussetzungen des § 24 UStG in Anspruch nehmen. Sie sind damit **von fast allen Aufzeichnungspflichten befreit**, mit Ausnahme der Lieferungen bestimmter Sägewerkserzeugnisse, Getränke und alkoholischen Flüssigkeiten. Das sind die Lieferungen, die der Landwirt mit dem vollen Steuersatz von 19 % versteuern muss (s. § 24 Abs. 1 Nr. 2 UStG). Außerdem muss ein unrichtiger oder unberechtigter Steuerausweis und innergemeinschaftliche Erwerbe aufgezeichnet werden.

7. Zusammenrechnung der Aufzeichnungen

7.1 Nettoaufzeichnungen

52 Am **Schluss jedes Voranmeldungszeitraums** muss der Unternehmer die:

a) Entgelte,
b) Teilentgelte,
c) Bemessungsrundlage eines innergemeinschaftlichen Verbringens oder von unentgeltlichen oder verbilligten Leistungen i.S.d. § 10 Abs. 4 und 5 UStG,
d) unberechtigt ausgewiesene Steuer nach § 14c UStG,
e) Entgeltsminderungen (der Zentralregulierer) i.S.d. § 17 Abs. 1 Satz 6 UStG und
f) Vorsteuerbeträge

zusammenrechnen (s. **§ 63 Abs. 2 UStDV). Das ist der Grundsatz d**er zu führenden Aufzeichnungen, bei denen der Unternehmer die Nettobeträge (Entgelte) zu erfassen. Man spricht dabei von den genannten **Nettoaufzeichnungen**.

7.2 Bruttoaufzeichnungen

53 **§ 63 Abs. 3 UStDV lässt eine erste Erleichterung zu. Der Unternehmer darf Entgelt oder Teilentgelt mit Steuerbetrag in einer Summe, Bemessungsgrundlagen gem. § 10 Abs. 4 und 5 UStG und Steuerbetrag und Entgeltsminderungen und Minderung des Steuerbetrages jeweils in einer Summe (brutto) aufzeichnen. Hier spricht man von Bruttoaufzeichnungen**. Am Schluss des Voranmeldungszeitraums muss gem. § 63 Abs. 3 Satz 3 UStDV aus den Bruttoaufzeichnungen, Entgelte, Teilentgelte usw. zu errechnen und aufzuzeichnen.

7.3 Erleichterung bei Aufzeichnungen

54 In bestimmten Branchen (z.B. im Einzelhandel, der mit vielen unter verschiedene Steuersätze fallenden Waren handelt), ist es schwierig eine Trennung von Entgelten oder Teilentgelte nach Steuersätzen vorzunehmen. Für solche Unternehmer sieht § 63 Abs. 4 und 5 UStG Erleichterungen vor. Ist wegen Art und Umfang des Geschäfts eine **Trennung der Entgelte** und Teilentgelte nach Steuersätzen **nicht zumutbar**, **kann** das Finanzamt **auf Antrag** gestatten, dass Entgelte und Teilentgelte **nachträglich auf der Grundlage der Wareneingänge** oder nach anderen Merkmalen trennt. Das Verfahren darf aber nicht wesentlich von dem Ergebnis einer nach Steuersätzen getrennten Aufzeichnung der Entgelte abweichen (s. § 63 Abs. 4 UStDV).

Zulässig ist auch das „**Aufschlagsverfahren**“ (s. Abschn. 22.6.3–8. UStAE). Hier sind ermittelte Aufschlagsätze der Ermittlung der Entgelte usw. zu Grunde zu legen. Gleiches gilt für das „**Abschlagsverfahren**“. **Beförderungsunternehmen** haben die Möglichkeit die Beträge mit repräsentativen Verkehrszählungen zu ermitteln (s. Abschn. 22.6.17 UStAE). 55

§ 22a UStG Fiskalvertretung

(1) Ein Unternehmer, der weder im Inland noch in einem der in § 1 Abs. 3 genannten Gebiete seinen Wohnsitz, seinen Sitz, seine Geschäftsleitung oder eine Zweigniederlassung hat und im Inland ausschließlich steuerfreie Umsätze ausführt und keine Vorsteuerbeträge abziehen kann, kann sich im Inland durch einen Fiskalvertreter vertreten lassen.

(2) Zur Fiskalvertretung sind die in § 3 Nr. 1 bis 3 und § 4 Nr. 9 Buchstabe c des Steuerberatungsgesetzes genannten Personen befugt.

(3) Der Fiskalvertreter bedarf der Vollmacht des im Ausland ansässigen Unternehmers.

Bearbeiter: Michael Stahlschmidt

Inhaltsverzeichnis

1. Inhalt und Zweck

1 Das Institut der **Fiskalvertretung** wurde durch Art. 1 Nr. 14 Umsatzsteuer-Änderungsgesetz 1997 (Gesetz zur Änderung des Umsatzsteuergesetzes und anderer Gesetze vom 12.12.1996, BGBl I 1996, 1851) mit Wirkung zum 01.01.1997 eingeführt, namentlich in den §§ 22a bis 22e UStG. Die Finanzverwaltung hat sich mit dem weiterhin gültigen BMF-Schreiben zur Einführung eines Fiskalvertreters in das USt-Recht (s. BMF vom 11.05.1999, IV D 2 – S 7395 – 6/99, BStBl I 1999, 515) befasst, welches allerdings weder in die UStR noch in den UStAE übernommen wurde. Die letzte Änderung erfuhr die Vorschrift durch Art. 3 des 7. StBÄndG vom 24.06.2000, BGBl I 2000, 874). In § 22a Abs. 2 UStG wurde die Angabe „§§ 3 und 4 Nr. 9 Buchstabe c des Steuerberatungsgesetzes“ durch die Angabe „§ 3 Nr. 1 bis 3 und § 4 Nr. 9 Buchstabe c des Steuerberatungsgesetzes“ mit Wirkung zum 01.07.2000 ersetzt.

2 § 22a UStG fußt auf Art. 204 Abs. 1 Unterabs. 1 MwStSystRL. Die Regelung ermöglicht die **Bestellung** eines **Steuervertreters für Steuerpflichtige** als **Steuerschuldner**, die nicht in dem Mitgliedstaat ansässig sind, in dem die Mehrwertsteuer geschuldet wird.

3 Das Rechtsinstitut der Fiskalvertretung dient der **Vereinfachung der Durchführung der Erklärungs- und Meldepflichten von im Ausland ansässigen Unternehmern**, die in Deutschland steuerfreie innergemeinschaftliche Lieferungen ausführen, wenn sie ansonsten keine steuerpflichtigen Umsätze in Deutschland ausführen und keine Vorsteuerbeträge abziehen können. Diese Unternehmer müssen nach § 18a UStG beim BZSt die ZM abgeben.

2. Voraussetzungen des § 22a UStG

4 Als Ausgangsnorm des **Rechtsinstituts der Fiskalvertretung** enthält § 22a Abs. 1 UStG die Regelung, dass der im Ausland ansässige Unternehmer sich eines Fiskalvertreters bedienen kann, wenn er im Inland ausschließlich steuerfreie Umsätze tätigt und nicht zum Vorsteuerabzug berechtigt ist. Der Unternehmer ist in seiner Entscheidung frei, ob er vom Rechtsinstitut des Fiskalvertreters Gebrauch machen will. Eine Verpflichtung dazu besteht nicht. Auch die Beauftragung mehrerer Fiskalvertreter ist möglich.

5 Zur Fiskalvertretung berechtigt sind alle **Personen**, die zur Hilfe in Steuersachen nach dem StBerG berechtigt sind, s. Rn. 20.

6 Einstweilen frei

Nach § 22a Abs. 1 UStG hat der Unternehmer, der vom Rechtsinstitut der Fiskalvertretung Gebrauch machen will, folgende Voraussetzungen zu erfüllen: 7

1. Er muss Unternehmer sein;
2. er darf weder im Inland noch in einem der in § 1 Abs. 3 UStG genannten Gebiete seinen Wohnsitz, seinen Sitz, seine Geschäftsleitung oder eine Zweigniederlassung haben (d.h. der Unternehmer muss im Ausland ansässig sein; s. § 22a Abs. 3 UStG);
3. er muss im Inland ausschließlich steuerfreie Umsätze ausführen und kann keine Vorsteuerbeträge abziehen.

2.1 Ansässigkeit im Ausland

Ansässigkeit im Ausland bedeutet, dass der Unternehmer weder im Inland noch in einem der in § 1 Abs. 3 UStG genannten Gebiete seinen Wohnsitz, seinen Sitz, seine Geschäftsleitung oder eine Zweigniederlassung haben darf. Die Definitionen der Begriffe Wohnsitz, Sitz, Geschäftsleitung oder Zweigniederlassung richten sich nach §§ 8, 10, 11 und 12 Nr. 2 AO. Inland i.S.d. UStG ist das Gebiet der Bundesrepublik Deutschland mit Ausnahme des Gebiets von Büsingen, der Insel Helgoland, der Freihäfen sowie der Gewässer und Watten zwischen der Hoheitsgrenze und der jeweiligen Strandlinie sowie der deutschen Schiffe und der deutschen Luftfahrzeuge in Gebieten, die zu keinem Zollgebiet gehören, § 1 Abs. 2 Satz 1 UStG. Die in § 1 Abs. 3 UStG genannten Gebiete sind die Freihäfen und die Gewässer und Watten zwischen der Hoheitsgrenze und der jeweiligen Strandlinie. 8

Die Definitionen „**im Ausland ansässiger Unternehmer**" nach § 13b Abs. 7 Satz 1 UStG (Steuerschuldnerschaft des Leistungsempfängers) und § 59 Satz 2 UStDV (Vorsteuer-Vergütungsverfahren) sind nicht mit der Definition i.S.d. § 22a UStG kompatibel. 9

Die Finanzverwaltung weist darauf hin, dass Abschn. 240 Abs. 2 UStR 1996 (entspricht Abschn. 18.10 Abs. 1 Satz 4 UStAE) entsprechend anzuwenden ist, weshalb Unternehmer, die ein im **Inland gelegenes Grundstück** besitzen und vermieten oder beabsichtigen zu vermieten, als im Inland ansässig zu behandeln sind (s. BMF vom 11.05.1999, IV D 2 – S 7395 – 6/99, BStBl I 1999, 515, Tz. 5). 10

Zu welchem Zeitpunkt die Voraussetzungen der Ansässigkeit im Ausland vorliegen müssen, lässt sich dem UStG nicht entnehmen. Aus dem Sinn und Zweck der Norm ist der maßgebliche Zeitpunkt der **Zeitpunkt der Ausführung der Leistung**. 11

Ohne Bedeutung für die Ansässigkeit im Inland ist, ob der Unternehmer bei einem Finanzamt im **Inland umsatzsteuerlich geführt** wird oder ob ihm eine **deutsche USt-IDNr.** erteilt wurde (s. Abschn. 13b.11 Abs. 2 Satz 5 und 6 UStAE). 12

2.2 Ausführung von ausschließlich steuerfreien Umsätzen und kein Vorsteuerabzug

Die Fiskalvertretung ist nur möglich bei der **Ausführung von ausschließlich steuerfreien Umsätzen ohne Vorsteuerabzug**. Die Regelung soll die Fälle erfassen, in denen ein im Ausland ansässiger Unternehmer Waren über Deutschland einführt und an einen Unternehmer in einem anderen EU-Mitgliedstaat liefert (vgl. BR-Drs. 390/96, 82). 13

Das nachfolgende **Beispiel** soll den Anwendungsfall der Fiskalvertretung darstellen: 14

> **Beispiel:** Der in Italien ansässige Unternehmer I bestellt bei dem Hersteller L in Liechtenstein einen Stanzautomaten „verzollt und versteuert". Mit der Beförderung des Stanzautomaten an I beauftragt L den in Deutschland ansässigen Spediteur B. Die Maschine wird in Memmingen zum freien Verkehr abgefertigt.
>
> **Lösung:** Die Kosten der Beförderungsleistung sind Teil der Bemessungsgrundlage der Einfuhr. Der Ort der Lieferung wäre grundsätzlich in Liechtenstein. Da aber L bzw. der von ihm beauftragte B Schuldner der Einfuhrumsatzsteuer ist, verlagert sich der Ort der Lieferung nach § 3 Abs. 8 UStG in das Inland. L erbringt im Inland eine steuerfreie innergemeinschaftliche Lieferung nach § 4 Nr. 1 Buchst. b, § 6a

UStG. Nach § 5 Abs. 1 Nr. 3 UStG ist die Einfuhr ebenfalls steuerfrei, da sich an diese unmittelbar eine innergemeinschaftliche Lieferung anschließt. Hierfür ist aber Voraussetzung, dass die deutsche USt-IdNr. des Fiskalvertreters gegenüber den Zollbehörden verwendet wird. Ebenso ist der auf das Inland entfallende Teil der Beförderungsleistung des B steuerfrei gemäß § 4 Nr. 3 Satz 1 Buchst. a Doppelbuchst. bb UStG, da sich die grenzüberschreitende Beförderung des B auf einen Gegenstand der Einfuhr bezieht und die Kosten der Beförderungsleistung in der Bemessungsgrundlage für diese Einfuhr enthalten sind. L kann für seine Erklärungspflichten in Deutschland einen Fiskalvertreter bestellen, sofern er im Inland ausschließlich steuerfreie Umsätze ausgeführt hat und keinen Anspruch auf Erstattung von Vorsteuerbeträgen hat.

15 Das Ausführen von steuerpflichtigen Umsätzen, als **quasi schädliche Umsätze**, schließt die Fiskalvertretung nach § 22a UStG aus. Die Finanzverwaltung (s. BMF vom 11.05.1999, IV D 2 – S 7395 – 6/99, BStBl I 1999, 515, Tz. 7) nimmt auch in den folgenden Fällen schädliche Umsätze an:

- Der Vertretene führt steuerpflichtige Werklieferungen oder sonstige Leistungen aus, für die der Leistungsempfänger nach § 13b Abs. 1 und Abs. 2 Nr. 1 i.V.m. Abs. 5 UStG Steuerschuldner ist (das BMF-Schreiben vom 11.05.1999 weist noch auf das Abzugsverfahren hin, das jedoch zum 01.01.2002 durch die Steuerschuldnerschaft des Leistungsempfängers ersetzt worden ist);
- der Vertretene führt steuerpflichtige Umsätze aus, für die gem. § 18 Abs. 7 UStG i.V.m. § 49 UStDV auf die Erhebung der darauf entfallenden Steuer verzichtet wird;
- der Vertretene tätigt innergemeinschaftliche Erwerbe im Rahmen von **innergemeinschaftlichen Dreiecksgeschäften**, die nach § 25b Abs. 3 UStG als besteuert gelten, und steuerpflichtige Lieferungen im Rahmen von innergemeinschaftlichen Dreiecksgeschäften erbringt, für die die Steuer vom letzten Abnehmer gem. § 25b Abs. 2 UStG geschuldet wird;
- der Vertretene **ist Empfänger einer steuerpflichtigen Werklieferung** oder **sonstigen Leistung** eines im Ausland ansässigen Unternehmers, für die der **Leistungsempfänger** nach § 13b Abs. 1 und Abs. 2 Nr. 1 i.V.m. Abs. 5 UStG **Steuerschuldner** (ggf. mit Vorsteuerabzugsberechtigung) ist (das BMF-Schreiben vom 11.05.1999 weist noch auf die Null-Regelung gem. § 52 Abs. 2 UStDV hin, das jedoch zum 01.01.2002 durch die Einführung der Steuerschuldnerschaft des Leistungsempfängers entfallen ist).

16 Nach Auffassung der Finanzverwaltung bedeutet für das Tatbestandsmerkmal, **keine Vorsteuern** abziehen, auch, dass der Vertretene für den gleichen Zeitraum nicht am Vorsteuervergütungsverfahren nach § 18 Abs. 9 UStG teilnimmt (s. BMF vom 11.05.1999, IV D 2 – S 7395 – 6/99, BStBl I 1999, 515, Tz. 7).

17 Die Fiskalvertretung endet entweder durch **Kündigung** durch den Fiskalvertreter oder **Widerruf** durch den Vertretenen oder durch **Untersagung** seitens der zuständigen Finanzbehörde nach § 22e UStG.

18 Für den Fall, das der im Ausland ansässige Unternehmer als Vertretener, in einem Kalenderjahr zunächst nur steuerfreie Umsätze im Inland tätigt und später im Kalenderjahr steuerpflichtige Umsätze ausführt oder gar Vorsteuerbeträge abzieht, ist eine **Fiskalvertretung** tatbestandlich **ausgeschlossen**. Nach Auffassung der Finanzverwaltung soll dies ab dem Zeitpunkt des **schädlichen Ereignisses** für die Zukunft gelten (s. BMF vom 11.05.1999, IV D 2 – S 7395 – 6/99, BStBl I 1999, 515, Tz. 8).

19 Einstweilen frei

2.3 Zur Fiskalvertretung befugte Personen, § 22a Abs. 2 UStG

20 Durch die Verweisung des § 22a Abs. 2 UStG auf § 3 Nr. 1–3 und § 4 Nr. 9 Buchst. c StBerG wird der **Personenkreis** der zur **Fiskalvertretung befugt** ist begrenzt. Hierzu gehören: Steuerberater, Steuerbevollmächtigte und Steuerberatungsgesellschaften, Rechtsanwälte, niedergelassene europäische Rechtsanwälte, Rechtsanwaltsgesellschaften, Wirtschaftsprüfer, Wirtschaftsprüfungsgesellschaften, vereidigte Buchprüfer, Buchführungsgesellschaften und Partnergesellschaften, deren Partner die Voraussetzungen des § 3 StBerG erfüllen. Ferner sind **Speditionsunternehmen** nach § 4 Nr. 9 Buchst. c StBerG zur Fiskalvertretung berechtigt.

§ 22a Abs. 2 UStG ist nicht eindeutig zu entnehmen, dass die Angehörigen der in § 3 Nr. 1 bis 3 StBerG genannten Berufsgruppen **im Inland ansässig** sein müssen. Dies folgt aber bereits aus dem Sinn und Zweck der Fiskalvertreterregelung, wonach der Fiskalvertreter die umsatzsteuerlichen Pflichten des ausländischen Unternehmers im Inland erfüllen soll. Ferner stellt § 22d Abs. 2 UStG klar, dass der Fiskalvertreter bei dem Finanzamt geführt werden muss, der für seine Umsatzbesteuerung zuständig ist, folglich in dessen Bezirk der Fiskalvertreter sein eigentliches Unternehmen betreibt. Somit muss der Fiskalvertreter im Inland ansässig sein. 21

2.4 Vollmacht des im Ausland ansässigen Unternehmers

Um eine wirksame Fiskalvertretung zu begründen, muss der im Ausland ansässige Unternehmer eine **Vollmacht** erteilen, § 22a Abs. 3 UStG. Dabei ist darauf zu achten, dass von Anfang an die Befugnis des Fiskalvertreters eindeutig geregelt ist. Die Vollmacht muss spätestens vorliegen, wenn der im Ausland ansässige **Unternehmer Leistungen ausführt**. Die Schriftform ist zwar nicht zwingend erforderlich, aus Beweisvorsorgegründen aber empfehlenswert (s. BMF vom 11.05.1999, IV D 2 – S 7395 – 6/99, BStBl I 1999, 515, Tz. 14). Werden mehrere Fiskalvertreter beauftragt, müssen demzufolge auch mehrere Vollmachten erteilt werden. 22

In zivilrechtlicher Hinsicht schließen der vertretene, im Ausland ansässige Unternehmer und der Fiskalvertreter einen Vertrag, der die Erfüllung umsatzsteuerpflichtiger Rechte und Pflichten zum Gegenstand hat. 23

§ 22b UStG Rechte und Pflichten des Fiskalvertreters

(1) [1]Der Fiskalvertreter hat die Pflichten des im Ausland ansässigen Unternehmers nach diesem Gesetz als eigene zu erfüllen. [2]Er hat die gleichen Rechte wie der Vertretene.

(2) [1]Der Fiskalvertreter hat unter der ihm nach § 22d Abs. 1 erteilten Steuernummer eine Steuererklärung (§ 18 Abs. 3 und 4) abzugeben, in der er die Besteuerungsgrundlagen für jeden von ihm vertretenen Unternehmer zusammenfasst. [2]Dies gilt für die Zusammenfassende Meldung entsprechend.

(3) [1]Der Fiskalvertreter hat die Aufzeichnungen im Sinne des § 22 für jeden von ihm vertretenen Unternehmer gesondert zu führen. [2]Die Aufzeichnungen müssen Namen und Anschrift der von ihm vertretenen Unternehmer enthalten.

Bearbeiter: Michael Stahlschmidt

Inhaltsverzeichnis

1. Überblick

1 Die gesetzliche Einführung des **Rechtsinstitut der Fiskalvertretung** wurde in § 22a UStG beschrieben. § 22b UStG fußt auf der sog. Kann-Bestimmung des Art. 204 MwStSystRL.

2. Norminhalt

2 § 22b Abs. 1 UStG statuiert, dass der Fiskalvertreter die fremden umsatzsteuerlichen Pflichten wie eigene zu erfüllen hat. Hierzu gehören insbesondere die **Erklärungs- und Meldepflichten** gegenüber der Finanzverwaltung und dem Bundeszentralamt für Steuern. Hieraus folgt, dass der Fiskalvertreter nicht nur die Pflichten des Vertretenen zu beobachten hat, sondern auch die Rechte wie der Vertretene ausüben kann. In praxi wird es sich im Wesentlichen um Auskunfts- und Antragsrechte handeln (s. Radeisen in Schwarz/Widmann/Radeisen, § 22b Rn. 5).

2.1 Pflichten des Fiskalvertreters

3 Der Fiskalvertreter hat nach § 22b Abs. 2 Satz 1 UStG unter der ihm für die Fiskalvertretung erteilten Steuernummer, § 22d Abs. 1 UStG, eine **Umsatzsteuerjahreserklärung** für das Kalenderjahr abzugeben. Es besteht keine Verpflichtung zur Abgabe von Umsatzsteuervoranmeldungen. Dies gilt selbst in den Fällen der Betriebseröffnung, da § 22b UStG nur auf § 18 Abs. 2 UStG verweist. Nach § 22b Abs. 2 Satz 1 UStG muss der Fiskalvertreter die Umsätze der durch ihn vertretenen ausländischen Unternehmer zusammenfassen. Einzelaufstellungen sind nicht erforderlich. Diese Grundsätze gelten auch für die abzugebende zusammenfassende Meldung, § 22b Abs. 2 Satz 2 UStG. Allerdings unterscheidet sich der Abgabezeitraum bei der zusammenfassenden Meldung und der Umsatzsteuer. Grundsätzlich muss die zusammenfassende Meldung monatlich abgegeben werden, ggf. auch vierteljährlich, § 18a UStG. Eine Befreiung ist aber möglich, wenn die Summe der Umsätze der von ihm Vertretenen (insgesamt) die in § 18a Abs. 9 UStG bezeichneten Beträge im vorangegangenen Jahr nicht überstiegen hat und im laufenden Jahr voraussichtlich nicht übersteigen wird (s. BMF vom 11.05.1999, IV D 2 – S 7395 – 6/9, BStBl I 1999, 515, Tz. 18).

4 § 22b Abs. 2 Satz 2 UStG weist zur **Abgabe der ZM** darauf hin, dass die Verpflichtungen zur Abgabe einer USt-Erklärung für das Kalenderjahr entsprechend gelten. Es stellt sich die Frage, ob die ZM im Falle der Fiskalvertretung ebenfalls nur jährlich abzugeben ist. Diese Frage ist jedoch zu verneinen, weil die USt-Erklärung für das Kalenderjahr und die ZM einen unterschiedlichen Regelungszweck haben. Die ZM

dient der zeitnahen Weitermeldung steuerrelevanter Daten in einen anderen EU-Mitgliedstaat zur Prüfung, ob der Leistungsempfänger den innergemeinschaftlichen Erwerb versteuert hat. Im Falle der Fiskalvertretung gelten deshalb für die Abgabe der ZM die allgemeinen Fristen nach § 18a UStG (s. auch BMF vom 11.05.1999, IV D 2 – S 7395 – 6/99, BStBl I 1999, 515, Tz. 17).

2.2 Aufzeichnungspflichten

Der Fiskalvertreter muss die allgemeinen Aufzeichnungspflichten nach § 22 UStG erfüllen. Die Aufzeichnungen sind für die vom Fiskalvertreter vertretenen Unternehmern getrennt zu tätigen. Der Fiskalvertreter hat somit die vereinbarten Entgelte der steuerfreien Umsätze nach Vertretenen getrennt aufzuzeichnen. § 22b Abs. 3 Satz 2 UStG verpflichtet den Fiskalvertreter ferner, in den Aufzeichnen Namen und Anschrift der vertretenen Unternehmer festzuhalten. Nur so können die Finanzbehörden erfahren, für welche Unternehmer die Fiskalvertretung übernommen worden ist. Falls die Sachverhaltsaufklärung beim Fiskalvertreter nicht zum Ergebnis führt, kann die Finanzverwaltung sich an den im Ausland ansässigen Unternehmer wenden. 5

Auch die Pflichten im Zusammenhang mit **Rechnungsausstellung**, §§ 14, 14a und 22c UStG und Rechnungsaufbewahrung und Beleg- und Buchnachweise treffen den Fiskalvertreter. Dies wird über die Verweisung in § 22b Abs. 1 Satz 1 UStG und der Formulierung „... die Pflichten ...“ erreicht. 6

2.3 Rechte des Fiskalvertreters

§ 22b Abs. 1 Satz 2 UStG billigt dem Fiskalvertreter die gleichen Rechte wie dem Vertretenen zu. Ebenso wie die zu erfüllenden Pflichten beziehen sich diese Rechte nur auf die Umsätze, die unter die Fiskalvertretung fallen. Zu den Rechten gehören z.B. der Antrag auf Fristverlängerung, das Bestätigungsverfahren nach § 18e UStG zur Überprüfung der USt-IdNr. des Empfängers oder der Einspruch im außergerichtlichen Rechtsbehelfsverfahren z.B. gegen Festsetzung von Verspätungszuschlägen im Sinne des § 152 AO oder Androhung und Festsetzung von Zwangsmitteln. 7

Auch die Vertretungsbefugnis im finanzgerichtlichen Verfahren, welches die Fiskalvertretung zum Gegenstand hat, folgt aus § 22b Abs. 1 Satz 2 UStG (so auch Nieskens in Rau/Dürrwächter, § 22b Rn. 25, Korn in Bunjes, § 22b Rn. 10; a.A. Mößlang in Sölch/Ringleb, § 22b Rn. 3). 8

2.4 Verstoß gegen die Erklärungspflichten

Selbstverständlich muss der Fiskalvertreter die für die Abgabe der Umsatzsteuerklärung und die Abgabe der ZM zu beachtenden Fristen zur Erfüllung der Erklärungspflichten (§ 18 Abs. 3 und 4 UStG sowie § 18a und § 18b UStG) beobachten. Bei Verstoß sind die **Androhung und Festsetzung eines Zwangsgeldes**, §§ 328–333 AO, möglich. Ferner kommt auch ein Bußgeld von bis zu 5.000 € nach § 26a Abs. 1 Nr. 5 i.V.m. § 26a Abs. 2 UStG in Betracht, wenn der Fiskalvertreter eine zusammenfassende Meldung nach § 18a UStG, nicht, nicht richtig, nicht vollständig oder nicht rechtzeitig abgibt oder eine zusammenfassende Meldung nicht oder nicht rechtzeitig berichtigt (s. auch BMF vom 11.05.1999, IV D 2 – S 7395 – 6/99, BStBl I 1999, 515, Tz. 20). Darüber hinaus ist in diesen Fällen auch die Festsetzung eines Verspätungszuschlages bis zu 2.500 € gegen ihn möglich, § 152 AO i.V.m. § 18a Abs. 11 UStG. Denkbar ist auch, dass der Fiskalvertreter in besonderen Fallkonstellationen originärer Steuerschuldner wird. Dies kommt unter den Voraussetzungen von § 14c Abs. 1 UStG oder § 14c Abs. 2 UStG, wenn der Fiskalvertreter die Rechnung selbst erteilt. 9

Der Wortlaut des § 22a UStG lässt die Fiskalvertretung als Steuer- oder Haftungsschuldner für steuerpflichtige Umsätze ausscheiden. Eine Inanspruchnahme des Fiskalvertreters ist somit in den Fällen, in denen ein vom Fiskalvertreter als steuerfrei behandelter Umsatz von der Finanzbehörde als steuerpflichtig eingeordnet wird (z.B. wegen des Fehlens des erforderlichen Beleg- und/oder Buchnachweises, wegen Irrtums des Fiskalvertreters etc.) ausgeschlossen. Der Vertretene hat lediglich einen **zivilrechtlichen Schadensersatzanspruch gegenüber dem Fiskalvertreter** (s. Nieskens in Rau/Dürrwächter, § 22b Rn. 19; vgl. auch Ketter, DStR 1997, 99). Insoweit ist die Formulierung im BMF-Schreiben vom 11.05.1999, IV D 2 – S 7395 – 6/99, BStBl I 1999, 515, Tz. 20) missverständlich in der es heißt, dass der Fiskalvertreter „nur nach 10 den allgemeinen Vorschriften in Haftung genommen werden kann". Offen bleibt ob die Finanzverwaltung eine zivilrechtliche Haftung oder eine Haftung als Steuerschuldner meint. Nur in den Fällen des unberechtigten oder unrichtigen Steuerausweises ist der Fiskalvertreter originärer Steuerschuldner.

§ 22c UStG Ausstellung von Rechnungen im Fall der Fiskalvertretung

Die Rechnung hat folgende Angaben zu enthalten:
1. den Hinweis auf die Fiskalvertretung;
2. den Namen und die Anschrift des Fiskalvertreters;
3. die dem Fiskalvertreter nach § 22d Abs. 1 erteilte Umsatzsteuer-Identifikationsnummer.

Bearbeiter: Michael Stahlschmidt

Inhaltsverzeichnis

1. Allgemeines

§ 22c UStG ordnet den **Mindestinhalt** der Angaben in Rechnungen bei der Fiskalvertretung an. Diese Angaben sind notwendig, damit der Geschäftsverkehr vom Rechtsinstitut der Fiskalvertretung Kenntnis bekommen kann. Der Leistungsempfänger erfährt so, dass ein in Deutschland ansässiger Fiskalvertreter die Pflichten des Vertretenen übernommen hat. Die in § 22c UStG genannten Inhalte treten neben die inhaltlichen Voraussetzungen der Rechnungen nach § 14 UStG, bzw. 14a UStG. Im Einzelnen sind zu nennen: 1

1. Ein Hinweis auf die Fiskalvertretung
2. der Name und die Anschrift des Fiskalvertreters
3. die dem Fiskalvertreter für diesen Zweck gesondert nach § 22d Abs. 1 UStG erteilte Umsatzsteuer-Identifikationsnummer.

2. Pro-Forma-Rechnungen

Nach Auffassung der Finanzverwaltung gelten diese Grundsätze auch für die sog. „Pro-Forma-Rechnungen", die der Unternehmer in den Fällen des innergemeinschaftlichen Verbringens ausstellen muss, §§ 14, 14a UStG (s. BMF vom 11.05.1999, IV D 2 S. 7395 – 6/99, BStBl I 1999, 515 Tz. 21). Allerdings fehlt eine gesetzliche Verpflichtung, die dem Fiskalvertreter vorschreibt, Rechnungen auszustellen. Eine derartige Pflicht folgt weder aus § 22b UStG noch aus § 22c UStG (so auch Mößlang in Sölch/Ringleb, § 22c Rn. 2; anders Nieskens in Rau/Dürrwächter, § 22c Rn. 4, Püschner, UVR 2000, 237). Die abweichende Meinung beruft sich auf das Zusammenspiel der Normen des § 22b UStG und § 22c UStG. Da der Fiskalvertreter nach § 22b UStG verpflichtet sei, die Rechte und Pflichten des Vertretenen als eigene wahrzunehmen, gehöre hierzu auch die Ausstellung von Rechnungen. Eine solche Auslegung führte allerdings dazu, dass der Unternehmer durch die Einschaltung eines Fiskalvertreters auf seine grundlegende Pflicht, Rechnungen auszustellen, verzichten könnte. Dieses Ergebnis ist unbefriedigend, da der Fiskalvertreter in der Regel nicht in die zivilrechtlichen Vereinbarungen zwischen dem ausländischen Unternehmer und dem Leistungsempfänger eingegliedert ist. Zutreffend ist somit, dass die Rechnung bei der Fiskalvertretung sowohl vom Vertretenen als auch vom Fiskalvertreter ausgestellt werden kann (s. BMF vom 11.05.1999, IV D 2 S. 7395 – 6/99, BStBl I 1999, 515 Tz. 21). 2

3. (Kein) gesonderter Umsatzsteuerausweis

Der gesonderte Ausweis von Umsatzsteuer hat zu unterbleiben, da bei der Fiskalvertretung nur über steuerfreie Umsätze abgerechnet wird. Wird die Umsatzsteuer trotzdem gesondert ausgewiesen, schuldet der Fiskalvertreter die ausgewiesene Steuer nach § 14c Abs. 2 UStG (s. dazu § 14c Rn. 14 ff.), weil der Fiskalvertreter nur für steuerfreie Umsätze eingeschaltet werden darf und die Steuer folglich unberechtigt ausgewiesen worden ist (so auch Korn in Bunjes, § 22c UStG Rn. 2, 12; § 14c Rn. 126). Die Steuerschuld 3 trägt in diesen Fällen allein der Fiskalvertreter, da er nach § 22b Abs. 1 Satz 1 UStG verpflichtet ist, die Pflichten des Vertretenen als eigene zu erfüllen.

§ 22d UStG Steuernummer und zuständiges Finanzamt

(1) Der Fiskalvertreter erhält für seine Tätigkeit eine gesonderte Steuernummer und eine gesonderte Umsatzsteuer-Identifikationsnummer nach § 27a, unter der er für alle von ihm vertretenen im Ausland ansässigen Unternehmen auftritt.

(2) Der Fiskalvertreter wird bei dem Finanzamt geführt, das für seine Umsatzbesteuerung zuständig ist.

Bearbeiter: Michael Stahlschmidt

Inhaltsverzeichnis

1. Allgemeines

Durch Art. 1 Nr. 14 Umsatzsteuer-Änderungsgesetz 1997 vom 12.12.1996, BGBl I 1996, 1851 = BStBl I 1996, 1560) ist durch die Einfügung der §§ 22a bis 22e UStG das Institut der **Fiskalvertretung** in das UStG eingeführt worden. § 22d UStG regelt für den Sonderfall der Fiskalvertretung die Erteilung einer gesonderten Steuernummer und einer gesonderten USt-IdNr. und bestimmt, welches Finanzamt für den Fiskalvertreter zuständig ist. Wegen weiterer Einzelheiten s. § 22a UStG Rn. 1–3. 1

2. Pflichten des Fiskalvertreters

Der **Fiskalvertreter** hat die Pflichten des von ihm vertretenen im Ausland ansässigen Unternehmers als seine eigene zu erfüllen, § 22b Abs. 1 UStG. Dazu gehören die Abgabe der Umsatzsteuerjahreserklärung und die zusammenfassende Meldung bei den zuständigen Finanzbehörden. Zu diesem Zweck benötigt der Fiskalvertreter eine gesonderte Steuernummer und Umsatzsteueridentifikationsnummer. § 22d Abs. 1 UStG ist die Rechtsgrundlage, aufgrund derer ihm die Steuernummer und die USt-IdNr. erteilt wird. Der Fiskalvertreter hat diese dann für alle von ihm vertretenen Unternehmer zu verwenden. Nach § 22d Abs. 2 UStG ist das Finanzamt für die Erteilung der Steuernummer zuständig, in dessen Bezirk der Fiskalvertreter sein Unternehmen ganz oder überwiegend betreibt, § 21 Abs. 1 AO. 2

In rechtstheoretischer Hinsicht wird mit dieser Vorschrift das Prinzip durchbrochen, dass **jeder Unternehmer nur eine Steuernummer und eine USt-IdNr.** erhält. Auch die Abwicklung von Umsätzen verschiedener Unternehmer unter einer Steuernummer oder USt-IdNr. ist dem Umsatzsteuergesetz sonst fremd. 3

Der Fiskalvertreter muss sowohl die Steuernummer als auch die USt-IdNr. neben seinen eigenen beantragen. Der Antrag ist formlos beim zuständigen Finanzamt zu stellen. Besondere Fristen sind gesetzlich nicht geregelt. Aus praktischen Gründen empfiehlt sich aber eine zeitnahe Beantragung, da sonst möglicherweise die zivilrechtlich übernommenen steuerlichen Pflichten nicht ordnungsgemäß erfüllt werden können. So ist die **USt-IdNr. des Fiskalvertreters** in den Rechnungen über die Leistungen des vertretenen im Ausland ansässigen Unternehmers nach § 22c Nr. 3 UStG anzugeben. Daher ist die USt-IdNr. vom Fiskalvertreter vor Erteilung der Rechnung über die erste Leistung zu beantragen. 4

Die Vollmacht muss bei Beantragung der Steuernummer nicht vorgelegt werden. Die Finanzverwaltung verlangt aber, und das zu Recht, ein Glaubhaft machen, dass der Antragsteller zum **befugten Personenkreis nach § 22a Abs. 2 UStG** gehört (vgl. BMF vom 11.5.1999, IV D 2 – S 7395 – 6/99, BStBl I 1999, 515, Tz. 16). 5

Nach § 27a UStG erhält der Fiskalvertreter für seine Tätigkeit außerdem eine **gesonderte USt-IdNr.**, § 22d Abs. 1 UStG. Die Beantragung hat beim BZSt zu erfolgen. 6

3. Zuständigkeitsregelung

7 Die **Zuständigkeitsregelung** des § 22d Abs. 2 UStG ist konsequent. Nur Personen die die Unternehmereigenschaft besitzen, können Fiskalvertreter sein. Dies sind die Angehörigen der steuerberatenden Berufe und Speditionsunternehmen, mithin allesamt Unternehmer i.S.d. § 2 UStG. Die Unternehmereigenschaft begründet der Fiskalvertreter damit mit seiner originären Tätigkeit und nicht mit der Fiskalvertretung. Falls der Fiskalvertreter im Ausland ansässig ist, richtet sich die Zuständigkeit nach § 21 Abs. 1 Satz 2 AO i.V.m. der UStZusV.

8 Der im Ausland ansässige vertretene Unternehmer ist nicht gezwungen, für jeden von ihm im Inland ausgeführten steuerfreien Umsatz einen Fiskalvertreter zu bestellen. Daher ist es denkbar, dass die vom Fiskalvertreter abgewickelten Umsätze bei einem anderen zuständigen Finanzamt erklärt werden müssen als diejenigen Umsätze, für die der ausländische Unternehmer keinen Fiskalvertreter beauftragt hat, § 22d Abs. 2 UStG. Hier bleibt es bei der **Zuständigkeit nach § 21 Abs. 1 Satz 2 AO i.V.m. § 1 UStZustV**.

§ 22e UStG Untersagung der Fiskalvertretung

(1) Die zuständige Finanzbehörde kann die Fiskalvertretung der in § 22a Abs. 2 mit Ausnahme der in § 3 des Steuerberatungsgesetzes genannten Person untersagen, wenn der Fiskalvertreter wiederholt gegen die ihm auferlegten Pflichten nach § 22b verstößt oder ordnungswidrig im Sinne des § 26a handelt.

(2) Für den vorläufigen Rechtsschutz gegen die Untersagung gelten § 361 Abs. 4 der Abgabenordnung und § 69 Abs. 5 der Finanzgerichtsordnung.

Bearbeiter: Michael Stahlschmidt

Inhaltsverzeichnis

1. Allgemeines

1 Durch Art. 1 Nr. 14 Umsatzsteuer-Änderungsgesetz 1997 vom 12.12.1996 (BGBl I 1996, 1851 = BStBl I 1996, 1560) ist durch die Einfügung der §§ 22a bis 22e UStG das Institut der Fiskalvertretung in das UStG eingeführt worden. § 22e UStG enthält Regelungen zur **Untersagung der Fiskalvertretung** (z.B. unter welchen Voraussetzungen die Fiskalvertretung untersagt werden kann). Wegen weiterer Einzelheiten s. § 22a UStG Rn. 1–3.

2. Verletzung der Pflichten

2 Verletzt der Fiskalvertreter die ihm auferlegten Pflichten, so kann er von der Fiskalvertretung ausgeschlossen werden. Nach § 22e Abs. 1 UStG führt die Finanzverwaltung ein Untersagungsverfahren durch. Dieses ist nur gegen die in § 22a Abs. 2 UStG mit Ausnahme der in § 3 StBerG genannten Angehörigen der steuerberatenden Berufe notwendig. Falls ein Angehöriger des letztgenannten Personenkreises eine Pflichtverletzung begeht, wird diese ausschließlich nach Berufsrecht geahndet.

3 Nach § 22e Abs. 2 UStG finden für den vorläufigen Rechtsschutz gegen die Untersagung § 361 Abs. 4 AO und § 69 Abs. 5 FGO Anwendung. Dadurch haben der Einspruch und die Klage gegen die Untersagung der Fiskalvertretung die Hemmung der Vollziehung des angefochtenen Verwaltungsaktes zur Folge, sodass die Fiskalvertretung grundsätzlich bis zum Abschluss des Verfahrens weiter ausgeübt werden darf (s. BMF vom 11.05.1999, IV D 2 – S 7395 – 6/99, BStBl I 1999, 515, Tz. 31).

4 Die Finanzverwaltung hat mit § 22e UStG ein Instrument an die Hand bekommen, mit dem sie ungeeignete Personen als Fiskalvertreter ausschließen kann. Die Einführung der Fiskalvertretung sollte Sicherung und Effizienz des Kontrollverfahrens zur ordnungsgemäßen Besteuerung unterstützten (s. Gesetzesbegründung, BR-Drs. 390/96, 86). Daher bedarf es der Möglichkeit, ungeeignete Personen von der Fiskalvertretung auszuschließen, die erwiesenermaßen nicht über die erforderliche Zuverlässigkeit verfügen.

3. Zuständigkeiten für das Tätigwerden

5 Die Zuständigkeit für das Tätigwerden nach § 22e Abs. 1 UStG obliegt der zuständigen Finanzbehörde. Näheres führt das Gesetz nicht aus. In Betracht kommt das Finanzamt, dass dem Fiskalvertreter die Steuernummer für die Fiskalvertretung erteilt hat. Aber auch das BZSt kommt in Betracht, da dies ja die USt-Id-Nr. vergeben hat.

4. Untersagungsverfahren

6 Gleich welche Finanzbehörde das Untersagungsverfahren startet, so ist in jedem Falle die Information darüber an die andere Finanzbehörde weiterzugeben. Undenkbar wäre der Fall, dass das BZSt das Untersagungsverfahren startet und das zuständige Finanzamt nichts unternimmt.

7 Erforderlich für die **Versagung der Fiskalvertretung** nach § 22e UStG ist der wiederholte Verstoß gegen die dem Fiskalvertreter nach § 22b UStG auferlegten Pflichten. Ein einmaliger Verstoß rechtfertigt die Untersagung nicht. Dabei kommt es nicht auf die Schwere des Verstoßes an. Handelt der Fiskalvertreter aber ordnungswidrig i.S.d. § 26a UStG reicht für die Untersagung ein einmaliger Verstoß.

5. Ordnungswidrigkeiten

8 Nach § 26a UStG handelt sich dabei um folgende Ordnungswidrigkeiten:

Der Fiskalvertreter:

1. Stellt entgegen § 14 Abs. 2 Satz 1 Nr. 1 oder 2 Satz 2 UStG eine Rechnung nicht oder nicht rechtzeitig aus;
2. bewahrt entgegen § 14b Abs. 1 Satz 1 UStG, auch i.V.m. § 14b Abs. 1 Satz 4 UStG, ein dort bezeichnetes Doppel oder eine dort bezeichnete Rechnung nicht oder nicht mindestens zehn Jahre auf, § 26a Abs. 1 Nr. 2 UStG);
3. gibt entgegen § 18a UStG eine ZM nicht, nicht richtig, nicht vollständig oder nicht rechtzeitig ab oder berichtigt eine ZM nicht oder entgegen § 18a Abs. 10 UStG nicht rechtzeitig berichtigt, § 26a Abs. 1 Nr. 5 UStG oder
4. legt entgegen § 18d Satz 3 UStG die dort bezeichneten Unterlagen nicht, nicht vollständig oder nicht rechtzeitig vor.

9 Die **Sanktion der Ordnungswidrigkeit** ist nach § 26a Abs. 2 UStG mit einer Geldbuße bis zu 5.000 € durch die Finanzbehörde möglich. Diese Sanktion tritt neben die durch § 22e Abs. 1 UStG mögliche Untersagung der Fiskalvertretung.

6. Anordnung der Untersagung

10 Die Gesetzesbegründung zu § 22e Abs. 1 UStG weist aus, dass die Untersagung der Fiskalvertretung anzuordnen ist, wenn der Fiskalvertreter wiederholt gegen die ihm nach § 22b UStG auferlegten Pflichten verstößt (s. BR-Drs. 390/96, 86). Aus dieser Formulierung ließe sich der gesetzgeberische Wille ableiten, dass quasi ein gebundenes Ermessen oder überhaupt kein Ermessen vorliegen soll. Dies geht aus rechtsstaatlichen Überlegungen zu weit. Immerhin handelt es sich bei der Untersagung der Fiskalvertretung um einen Eingriff in Art. 12 GG der Berufsfreiheit, der der Rechtfertigung bedarf. Insoweit ist die Entscheidung nach § 22e Abs. 1 UStG eine Ermessensentscheidung. Dies folgt grundsätzlich auch aus § 5 AO. Ein Automatisches Untersagen nach mehrmaligem Verstoß gegen die Pflichten ist somit nicht gegeben.

11 Bei der **Untersagung der Fiskalvertretung** handelt es sich um einen Verwaltungsakt i.S.d. § 118 AO. Daher sind bei Erlass desselben die Vorschriften über die Verwaltungsakte seitens der Finanzverwaltung zu beachten. Als Rechtsbehelf kommt der Einspruch ist Betracht, § 347 Abs. 1 Satz 1 Nr. 1 AO, mit der sich möglicherweise anschließenden Klage vor dem zuständigen Finanzgericht gegen die Einspruchsentscheidung. § 361 Abs. 4 AO und § 69 Abs. 5 FGO sind im Falle der Untersagung als vorläufige Rechtsschutznormen anwendbar. Diese Vorschriften hemmen die sofortige Vollziehbarkeit des angefochtenen Verwaltungsaktes. Der Fiskalvertreter kann demnach während eines Einspruchsverfahrens bzw. eines Klageverfahrens seine Tätigkeit weiter ausüben (s. auch BMF vom 11.05.1999, IV D 2 – S 7395 – 6/99, BStBl I 1999, 515, Tz. 31). Dies ist auch gerechtfertigt, da der Eingriff in die Berufsausübung eine einschneidende Maßnahme darstellt und im Falle des Obsiegens die wirtschaftlichen zumeist negativen Folgen nicht rückgängig gemacht werden können (s. Radeisen in Schwarz/Widmann/Radeisen, § 22e Rn. 21).

12 Die Finanzbehörde kann aber die hemmende Wirkung nach § 361 Abs. 4 Satz 2 AO bzw. § 69 Abs. 5 Satz 2 FGO durch besondere Anordnung ganz oder z.T. beseitigen, wenn sie dieses im öffentlichen Inter-

esse für geboten hält (s. auch BMF vom 11.05.1999, IV D 2 – S 7395 – 6/99, BStBl I 1999, 515, Tz. 31). Ob und wie eine derartige Fallgestaltung aussehen könnte, ist offen.

§ 22e Abs. 1 UStG kann nur Anwendung finden bei Fiskalvertretern die nicht zu den steuerberatenden Berufen i.S.d. § 3 StBerG gehören. Bei diesen gilt ansonsten die Ahndung von Pflichtverstößen durch das Berufsrecht, insbesondere Rücknahme und Widerruf der Zulassung nach § 55 StBerG, § 14 BRAO und § 20 WPO. Bis zur Rechtskraft einer derartigen Entscheidung besteht die Befugnis zur Fiskalvertretung weiter. **13**

Aus § 411 AO folgt die Beteiligung der zuständigen Berufskammer, falls die Finanzbehörde gegen Angehörige der in § 3 StBerG genannten Berufe die Untersagung der Fiskalvertretung anordnen will. Die Entscheidung ob ein berufsaufsichtsrechtliches Verfahren oder bei der zuständigen Staatsanwaltschaft ein Antrag auf Einleitung eines berufsgerichtlichen Verfahrens anzustrengen ist, obliegt der jeweiligen Berufskammer. **14**

§ 23 UStG Allgemeine Durchschnittssätze

(1) Das Bundesministerium der Finanzen kann mit Zustimmung des Bundesrates zur Vereinfachung des Besteuerungsverfahrens für Gruppen von Unternehmern, bei denen hinsichtlich der Besteuerungsgrundlagen annähernd gleiche Verhältnisse vorliegen und die nicht verpflichtet sind, Bücher zu führen und auf Grund jährlicher Bestandsaufnahmen regelmäßig Abschlüsse zu machen, durch Rechtsverordnung Durchschnittssätze festsetzen für
1. die nach § 15 abziehbaren Vorsteuerbeträge oder die Grundlagen ihrer Berechnung oder
2. die zu entrichtende Steuer oder die Grundlagen ihrer Berechnung.

(2) Die Durchschnittssätze müssen zu einer Steuer führen, die nicht wesentlich von dem Betrag abweicht, der sich nach diesem Gesetz ohne Anwendung der Durchschnittssätze ergeben würde.

(3) [1]Der Unternehmer, bei dem die Voraussetzungen für eine Besteuerung nach Durchschnittssätzen im Sinne des Absatzes 1 gegeben sind, kann beim Finanzamt bis zur Unanfechtbarkeit der Steuerfestsetzung (§ 18 Abs. 3 und 4) beantragen, nach den festgesetzten Durchschnittssätzen besteuert zu werden. [2]Der Antrag kann nur mit Wirkung vom Beginn eines Kalenderjahres an widerrufen werden. [3]Der Widerruf ist spätestens bis zur Unanfechtbarkeit der Steuerfestsetzung des Kalenderjahres, für das er gelten soll, zu erklären. [4]Eine erneute Besteuerung nach Durchschnittssätzen ist frühestens nach Ablauf von fünf Kalenderjahren zulässig.

§§ 69, 70 USDtV

§ 69 Festsetzung allgemeiner Durchschnittssätze

(1) [1]Zur Berechnung der abziehbaren Vorsteuerbeträge nach allgemeinen Durchschnittssätzen (§ 23 des Gesetzes) werden die in der Anlage bezeichneten Prozentsätze des Umsatzes als Durchschnittssätze festgesetzt. [2]Die Durchschnittssätze gelten jeweils für die bei ihnen angegebenen Berufs- und Gewerbezweige.

(2) Umsatz im Sinne des Absatzes 1 ist der Umsatz, den der Unternehmer im Rahmen der in der Anlage bezeichneten Berufs- und Gewerbezweige im Inland ausführt, mit Ausnahme der Einfuhr, des innergemeinschaftlichen Erwerbs und der in § 4 Nr. 8, 9 Buchstabe a, Nr. 10 und 21 des Gesetzes bezeichneten Umsätze.

(3) Der Unternehmer, dessen Umsatz (Absatz 2) im vorangegangenen Kalenderjahr 61 356 Euro überstiegen hat, kann die Durchschnittssätze nicht in Anspruch nehmen.

§ 70 Umfang der Durchschnittssätze

(1) [1]Die in Abschnitt A der Anlage bezeichneten Durchschnittssätze gelten für sämtliche Vorsteuerbeträge, die mit der Tätigkeit der Unternehmer in den in der Anlage bezeichneten Berufs- und Gewerbezweigen zusammenhängen. [2]Ein weiterer Vorsteuerabzug ist insoweit ausgeschlossen.

(2) [1]Neben den Vorsteuerbeträgen, die nach den in Abschnitt B der Anlage bezeichneten Durchschnittssätzen berechnet werden, können unter den Voraussetzungen des § 15 des Gesetzes abgezogen werden:
1. die Vorsteuerbeträge für Gegenstände, die der Unternehmer zur Weiterveräußerung erworben oder eingeführt hat, einschließlich der Vorsteuerbeträge für Rohstoffe, Halberzeugnisse, Hilfsstoffe und Zutaten;
2. die Vorsteuerbeträge
   a) für Lieferungen von Gebäuden, Grundstücken und Grundstücksteilen,
   b) für Ausbauten, Einbauten, Umbauten und Instandsetzungen bei den in Buchstabe a bezeichneten Gegenständen,
   c) für Leistungen im Sinne des § 4 Nr. 12 des Gesetzes.

[2]Das gilt nicht für Vorsteuerbeträge, die mit Maschinen und sonstigen Vorrichtungen aller Art in Zusammenhang stehen, die zu einer Betriebsanlage gehören, auch wenn sie wesentliche Bestandteile eines Grundstücks sind.

Bearbeiter: Bernhard Becht†/Manzur Esskandari

Inhaltsverzeichnis

1. Bedeutung der Norm

§ 23 Abs. 1 UStG dient der Vereinfachung des Besteuerungsverfahrens, indem das BMF ermächtigt wird **Durchschnittssätze** für die Berechnung der nach § 15 UStG abziehbaren Vorsteuerbeträge oder die zu entrichtende Steuer oder die Grundlagen ihrer Berechnung festzusetzen. Die Regelung ist anwendbar nur für bestimmte Gruppen von Unternehmern, bei denen hinsichtlich der Besteuerungsgrundlagen annähernd gleiche Verhältnisse vorliegen und die nicht verpflichtet sind, Bücher zu führen und aufgrund jährlicher Bestandsaufnahmen regelmäßig Abschlüsse zu machen. 1

Die Pauschalierung der Vorsteuer in Gestalt von Durchschnittssätzen unterscheidet sich von der Schätzung (s. § 162 AO) dadurch, dass sie nicht den Einzelfall, sondern Gruppen von Unternehmern im Auge hat. Während es Ziel der **Schätzung** ist, den tatsächlichen Verhältnissen möglichst nahe zu kommen, bildet die Pauschalierung aus Vereinfachungsgründen nur einen **Durchschnitt** für Unternehmer, bei denen „annähernd" gleiche Verhältnisse vorliegen. 2

2. Voraussetzungen der Durchschnittssatzbesteuerung

2.1 Verordnung zu § 23 Abs. 1 UStG

Das BMF hat von der Ermächtigung in § 23 Abs. 1 UStG zur **Festsetzung von Durchschnittssätzen Gebrauch** gemacht. In den §§ 69 und 70 UStDV werden die näheren Einzelheiten bestimmt. In einer Anlage zu den genannten Vorschriften werden die einzelnen Berufs- und Gewerbezweige festgelegt, für die die Durchschnittssatzregelung gelten soll. Nur wenn die Tätigkeit einem dieser Zweige zugeordnet werden kann, keine Verpflichtung zur Buchführung nach §§ 140, 141 O besteht und die Umsatzgrenze von 61.356 € nach § 69 Abs. 3 UStDV nicht überschritten wird, können die allgemeinen Durchschnittssätze angewendet werden. 3

2.2 Maßgebender Umsatz (§ 69 Abs. 2 UStDV)

Die **Anwendung der Durchschnittssätze** ist berufsbezogen, nicht unternehmensbezogen. Nur derjenige Umsatz, der im Rahmen des jeweiligen, in der Anlage näher bezeichneten Berufs- oder Gewerbezweiges aufgeführt ist, ist dabei maßgebend. Auszunehmen sind nach § 69 Abs. 2 UStDV Einfuhren, innergemeinschaftliche Erwerbe, die Geld- und Kreditumsätze i.S.v. § 4 Nr. 8 UStG und die nach § 4 Nr. 9a und 4

Nr. 10 UStG steuerfreien Umsätze, die anderen Verkehrssteuern unterliegen und die unmittelbar Schul- und Bildungszwecken dienenden Umsätze nach § 4 Nr. 21 UStG. Andere steuerfreie Umsätze sind im Umkehrschluss dem Umsatz und damit auch zur Bemessungsgrundlage für die Anwendung der Durchschnittssätze zuzurechnen (s. BFH vom 11.08.1994, XI R 99/92, BStBl II 1995, 346).

5 Auf den Gesamtumsatz wird nicht abgestellt (s. Abschn. 23.1 Abs. 2 Satz 3 UStAE).

6 Die Anwendung der Durchschnittssätze wird nicht dadurch ausgeschlossen, dass Unternehmer der in der Anlage bezeichneten Berufs- und Gewerbezweige auch **Umsätze ausführen, die üblicherweise in das Gebiet anderer Berufs- bzw. Gewerbezweige fallen**. Bei den Handelsbetrieben müssen jedoch die Umsätze der in der „Anlage" jeweils bezeichneten Gegenstände überwiegen (s. Abschn. 23.2 Abs. 2 UStAE).

7 In allen anderen Fällen können die Durchschnittssätze eines Berufs- oder Gewerbezweiges auch dann angewendet werden, wenn die Umsätze aus der zusätzlichen Tätigkeit 25 % des gesamten Umsatzes aus dem jeweiligen Berufs- oder Gewerbezweig (einschließlich des Umsatzes aus der zusätzlichen Tätigkeit) nicht übersteigen (s. Abschn. 23.2 Abs. 2 Satz 3 UStAE). Überschreitet der Umsatzanteil der zusätzlichen Tätigkeit die genannte Grenze, können die in Betracht kommenden Durchschnittssätze auf die Umsätze aus der Haupttätigkeit, nicht aber auf die Umsätze aus der Nebentätigkeit angewendet werden. Fällt die Nebentätigkeit auch unter eine der in der Anlage bezeichneten Berufs- und Gewerbezweige, kann ggf. auch hierfür ein Durchschnittssatz infrage kommen. S. zum Ganzen auch Abschn. 23.2 Abs. 2 UStAE.

2.3 Umsatzgrenze von 61.356 € (§ 69 Abs. 3 UStDV)

8 Nach § 69 Abs. 3 UStDV können die Durchschnittssätze nicht in Anspruch genommen werden, wenn die maßgeblichen Umsätze im vorangegangenen Kalenderjahr 61.356 € überstiegen haben. Diese seit 01.01.1993 (damals 120.000 DM) geltende Grenze sollte zur Anpassung an die wirtschaftlichen Verhältnisse erhöht werden (zur „Realitätsferne" s. auch Stadie in Rau/Dürrwächter, § 23 UStG Rn. 27. Auch hier wird nicht auf den **Gesamtumsatz des Unternehmers** abgestellt (s. Abschn. 23.1 Abs. 2 Satz 3 UStAE), da für diesen dieser Umsatz die besonderen Umsätze der einschlägigen Berufs- oder Gewerbezweige anzusetzen sind.

9 Hat der Unternehmer, der einen Durchschnittssatz in Anspruch nehmen will, seine gewerbliche oder berufliche Tätigkeit nur in einem Teil des vorangegangenen Kalenderjahres ausgeübt, so ist der tatsächliche Umsatz in einen **Jahresumsatz** umzurechnen, wobei § 19 Abs. 3 UStG entsprechend anzuwenden ist (s. Abschn. 23.1 Abs. 3 Satz 1 UStAE).

10 Bei **Betriebseröffnung innerhalb des laufenden Kalenderjahres** ist der voraussichtliche Umsatz dieses Jahres maßgebend. Das gilt auch dann, wenn sich nachträglich herausstellen sollte, dass der tatsächliche Umsatz vom voraussichtlichen Umsatz abweicht (s. BFH vom 27.06.2006, V B 143/05, BStBl II 2006, 732; Abschn. 23.1 Abs. 3 Satz 3 UStAE).

11 Erwirbt ein Unternehmer ein anderes Unternehmen im Wege der Gesamtrechtsnachfolge, kann für die Berechnung des Umsatzes des vorangegangenen Kalenderjahres von einer Zusammenrechnung der Umsätze des Unternehmers und seines **Rechtsvorgänger**s abgesehen werden (s. Abschn. 23.1 Abs. 3 Satz 3 UStAE).

2.4 Vollpauschalierung (§ 70 Abs. 1 UStDV)

12 § 70 UStDV stellt klar, dass die festgesetzten Durchschnittssätze der Berechnung der gesamten abziehbaren Vorsteuern dienen, die mit der Tätigkeit der Unternehmer in den in der Anlage zu §§ 69 und 70 UStDV Abschn. A bezeichneten Berufs- und Gewerbezweigen zusammenhängen. Ein weiterer Vorsteuerabzug ist – für Bezüge in dem Zeitraum, für den der Unternehmer von der Pauschalierungsmöglichkeit Gebrauch macht – insoweit ausgeschlossen (**Vollpauschalierung**).

Beispiel: Ein Journalist ermittelt seine Vorsteuern ab dem Jahr 02 nach Durchschnittssätzen. Im Dezember 01 hatte er eine neue Computeranlage gekauft. Die Rechnung dafür geht bei ihm im Januar 02 ein. Im Januar 02 kauft er einen neuen Schreibtisch. Die Rechnung geht ihm Ende Januar 02 zu. 13

Lösung: Die in der Rechnung für die Computeranlage ausgewiesene USt kann der Journalist bei der USt-Veranlagung für das Jahr 01 nicht als Vorsteuer abziehen, da die Rechnung erst im Jahr 02 vorlag. Er kann diese Vorsteuer aber in voller Höhe neben dem für 02 ermittelten Durchschnittssatz bei der USt Veranlagung 02 abziehen. Dies gilt nicht für die Rechnung für den Schreibtisch, da dieser Bezug zeitlich in dem Zeitraum erfolgt, indem die Vorsteuer nach Durchschnittssätzen pauschaliert wird.

2.5 Teilpauschalierung gemäß § 70 Abs. 2 UStDV

Abweichend von der Vollpauschalierung nach § 70 Abs. 1 UStDV bestimmt § 70 Abs. 2 UStDV für die in Abschn. B der Anlage zu den §§ 69 und 70 UStDV bezeichneten Berufsgruppen, dass neben den dort bezeichneten Durchschnittssätzen und unter den Voraussetzungen des § 15 UStG Vorsteuerbeträge für Gegenstände abgezogen werden können, die der Unternehmer zur Weiterveräußerung erworben oder eingeführt hat, einschließlich der Vorsteuerbeträge für Rohstoffe, Halberzeugnisse, Hilfsstoffe und Zutaten sowie die Vorsteuerbeträge für: 14

a) Lieferungen von Gebäuden, Grundstücken und Grundstücksteilen,
b) Ausbauten, Einbauten, Umbauten und Instandsetzungen bei den in Buchst a) bezeichneten Gegenständen, und
c) Leistungen i.S.d. § 4 Nr. 12 UStG.

Das gilt allerdings nicht für Vorsteuerbeträge, die mit Maschinen und sonstigen Vorrichtungen aller Art im Zusammenhang stehen, die zu einer **Betriebsanlage** gehören, auch wenn sie wesentliche Bestandteile eines Grundstückes sind. 15

Damit können gesondert die Vorsteuern auf den Wareneingang einschließlich Kosten für Fracht etc. abgezogen werden. Ebenso die Vorsteuern aus Energielieferungen wie Kohle, Strom, Gas, Wasser usw., soweit sie unmittelbar für die Produktion notwendig sind. Weiterhin sind abziehbar Vorsteuern auf Raumkosten, insbesondere aus Miet- oder Pachtaufwand (Kaltmiete und ggf. Nebenkosten). 16

2.6 Anlage zu §§ 69 und 70 UStDV

Die **Anlage zu §§ 69 und 70 UStDV** gliedert sich in 2 Teilabschnitte (A und B). 17

Abschnitt A beinhaltet die Durchschnittssätze für die Berechnung der Vorsteuerbeträge nach § 70 Abs. 1 UStDV. Abschnitt B betrifft die Durchschnittssätze für die Berechnung eines Teils der Vorsteuerbeträge nach § 70 Abs. 2 UStDV. 18

Die Durchschnittssätze beziehen sich dabei auf den nach § 69 Abs. 2 UStDV näher bestimmtem Umsatz. 19

Der **Abgrenzung der einzelnen Berufs- und Gewerbezweige** liegt in den Fällen des Abschnitts A Teile I bis III und des Abschnitts B Nr. 1, 3 bis 6 der Anlage der UStDV die „Systematik der Wirtschaftszweige" Ausgabe 1961 – herausgegeben vom Statistischen Bundesamt – zugrunde. Diese Systematik kann nach Abschn. 23.2 Abs. 1 Satz 3 f. UStAE bei Zweifelsfragen zur Abgrenzung herangezogen werden (s. Abschn. 23.2 Abs. 1 Satz 3f. UStAE). Entgegen dieser Verwaltungsanweisung sollte die jeweils aktuelle Fassung herangezogen werden, zuletzt aus dem Jahr 2008. Dadurch würde auch den internationalen Entwicklungen Rechnung getragen. 20

Zu Abgrenzungsproblemen bei einzelnen Berufsgruppen s. Abschn. 23.2 Abs. 3–6 UStAE. 21

3. Durchschnittssätze

3.1 Bemessung der Durchschnittssätze (§ 23 Abs. 2 UStG)

Nach § 23 Abs. 2 UStG müssen die Durchschnittssätze zu einer USt führen, die nicht wesentlich von dem Betrag abweicht, der sich ohne Anwendung der Durchschnittssätze ergeben würde. Diese Vorgabe gilt für den Verordnungsgeber für die Bemessung der Durchschnittssätze. Die Vorschrift ist durch Art. 281 MwSt- 22

SystR gedeckt, wonach die Mitgliedstaaten „vereinfachte Modalitäten … insbesondere Pauschalregelungen anwenden können." Dies darf nach dem genannten Artikel jedoch nicht zu einer Steuerermäßigung führen.

3.2 Anwendung der Durchschnittsätze

23 § 23 Abs. 2 UStG erlaubt dem Finanzamt nicht im Einzelfall von den durch Verordnung festgelegten Durchschnittssätzen abzuweichen, wenn sich gegenüber den tatsächlich angefallenen Vorsteuerbeträgen eine beträchtliche Abweichung ergibt (s. BFH vom 11.01.1990, V R 189/84, BStBl II 1990, 405). Die in der Anlage zu §§ 69 und 70 UStDV festgesetzten Durchschnittssätze sind sowohl für den Unternehmer als auch das Finanzamt verbindlich. Ein **Abweichen von den Verhältnissen** wird im Einzelfall in Kauf genommen.

4. Wechsel der Besteuerungsform

24 **Wechselt ein Unternehmer von der Regelbesteuerung zur Durchschnittsbesteuerung**, so kann er Vorsteuern, die auf vor Beginn der Durchschnittsbesteuerung bewirkte Leistungen entfallen, unter den Voraussetzungen des § 15 UStG trotzdem noch gesondert abziehen. Dies gilt auch dann, wenn die diesbezügliche Rechnung erst nach dem Beginn der Durchschnittsbesteuerung vorliegt. Der Vorsteuerabzug ist immer dem Besteuerungszeitraum zuzuordnen, in dem die Lieferung oder sonstige Leistung an den Unternehmer bewirkt worden ist (s. BFH Urteil vom 06.12.1979, V R 87/72, BStBl II 1980, 279). Die zeitliche Abgrenzung richtet sich ausschließlich nach dem Zeitpunkt der Leistung i.S.v. § 13 UStG. Auf den Zeitpunkt des Eingangs der Rechnung (oder die Entrichtung der EUSt) kommt es nicht an. Entsprechendes gilt auch für den umgekehrten Fall des Wechsels von der Durchschnittsbesteuerung zur Regelbesteuerung.

25 Sinngemäß gilt dies auch für **Teilleistungen i.S.v. § 13 Abs. 1 Nr. 1a UStG**. Bei einer einheitlichen sonstigen Leistung, die sich sowohl auf einen Zeitraum der Regelbesteuerung, als auch auf einen der Durchschnittsbesteuerung erstreckt, ist der ebenfalls der Leistungszeitpunkt maßgebend. Dies ist der Zeitpunkt, an dem die einheitliche Leistung insgesamt erbracht ist.

5. Verfahren (§ 23 Abs. 3 UStG)

26 Die **Durchschnittsbesteuerung** wird nur auf **Antrag** des Unternehmers durchgeführt (s. § 23 Abs. 3 Satz 1 UStG). Der Antrag kann bis zur Unanfechtbarkeit der Steuerfestsetzung gestellt werden (s. dazu i.E. Abschn. 19.2 Abs. 6 UStAE). Dabei ist unter Unanfechtbarkeit die formelle Bestandskraft der erstmaligen Steuerfestsetzung zu verstehen, die auch in der Steuerfestsetzung unter Vorbehalt der Nachprüfung oder in einer Steueranmeldung bestehen kann (s. BFH Urteil vom 19.12.1985, V R 167/82, BStBl II 1986, 420; BFH vom 11.12.1997, V R 50/94, BStBl II 1998, 420).

27 Eine **besondere Form** ist für den Antrag nicht vorgeschrieben. Es genügt schlüssiges Handeln (BFH vom 11.12.1997, V R 50/94, BStBl II 1998, 420), indem der Unternehmer z.B. in den USt-Voranmeldungen oder in der Jahreserklärung die Vorsteuern nach einem Durchschnittssatz berechnet und erklärt. Auch darin ist ein Antrag zu sehen. Eines besonderen Bescheides seitens des FA bedarf es nur bei Ablehnung des Antrags (s. Abschn. 23.4 Abs. 2 Satz 3 UStAE).

28 Der **Antrag auf Anwendung von Durchschnittssätzen** kann nur mit Wirkung vom Beginn eines Kalenderjahres an widerrufen werden (s. § 23 Abs. 3 Satz 2 UStG). Der **Widerruf** ist spätestens bis zur Unanfechtbarkeit der Steuerfestsetzung des Kalenderjahres, für das er gelten soll, zu erklären (s. § 23 Abs. 3 Satz 3 UStG). Hat ein Unternehmer widerrufen, so ist die Stellung eines erneuten Antrags auf Anwendung von Durchschnittssätzen erst nach Ablauf von 5 Kalenderjahren zulässig (s. § 23 Abs. 3 Satz 4 UStG).

29 Ein **Widerruf** i.S. dieser Vorschrift liegt nicht vor, wenn der Antrag auf Besteuerung nach Durchschnittssätzen zurückgenommen wird, bevor die Steuerfestsetzung zumindest eines Kalenderjahres, für das ein Durchschnittssatz in Anspruch genommen wurde, unanfechtbar geworden ist (s. Abschn. 23.4 Abs. 3 UStAE).

30 Der **Wegfall von Voraussetzungen für die Anwendung von Durchschnittssätzen** (z.B. Wechsel der Betriebsart, Eintritt in die Buchführungspflicht, Überschreiten der 61.356 €-Grenze) gilt nicht als Widerruf, wenn der Unternehmer die Durchschnittssätze für dasjenige Kalenderjahr wieder in Anspruch nimmt, bei

dessen Beginn die Voraussetzungen erstmals wieder vorliegen. Macht der Unternehmer davon aber keinen Gebrauch, so gilt dies als Widerruf mit Wirkung von Beginn des Kalenderjahres, ab, für das die Durchschnittssätze zuerst nicht mehr angewendet werden durften (s. Abschn. 23.4 Abs. 4 UStAE).

Im Falle der **Gesamtrechtsnachfolge** wirken Antrag und Widerruf des Vorgängers nicht in der Person des Erwerbers fort (s. BFH vom 11.01.1990, V R 189/84, BStBl II 1990, 405). Beim Erwerb im Wege der **Einzelrechtsnachfolge** ist der Erwerber trotz § 1 Abs. 1a Satz 3 UStG bei einer Geschäftsveräußerung an vom Verkäufer ausgeübte Wahlrechte nicht gebunden. **31**

6. Aufzeichnungspflichten gemäß § 66 UStDV

Die Regelung des § 23 UStG soll die **Besteuerung von kleineren Unternehmern** vereinfachen. Daher wird der Unternehmer nach § 66 UStDV von den **Aufzeichnungspflichten** nach § 22 Abs. 2 Nr. 5 und 6 UStG befreit ist, soweit er die abziehbaren Vorsteuerbeträge nach einem Durchschnittssatz gemäß §§ 69 und 70 UStDV berechnet. Nicht aufgezeichnet werden müssen danach die Entgelte für steuerpflichtige Leistungen, die an den Unternehmer ausgeführt worden sind, die im Rahmen der **Mindest-Ist-Besteuerung** (s. § 13 UStG) vor Ausführung dieser Umsätze bezahlten Entgelte und Teilentgelte, soweit für diese die USt entsteht, sowie die auf die Entgelte und Teilentgelte entfallenden Steuerbeträge; das Gleiche gilt hinsichtlich der Bemessungsgrundlagen für den innergemeinschaftliche Erwerb und die Einfuhr von Gegenständen sowie die dafür entrichtete EUSt. **32**

Im Fall der **Teilpauschalierung** nach § 70 Abs. 2 UStDV müssen die zusätzlich abziehbaren Vorsteuerbeträge aufgezeichnet werden. **33**

Unberührt bleiben die **Aufzeichnungspflichten für Ausgangsumsätze nach § 22 Abs. 2 Nr. 1–4 UStG** (für eigene Umsätze, Eigenverbrauch etc.). **34**

§ 23a UStG Durchschnittssatz für Körperschaften, Personenvereinigungen und Vermögensmassen im Sinne des § 5 Abs. 1 Nr. 9 KStG des KStG

(1) [1]Zur Berechnung der abziehbaren Vorsteuerbeträge (**§ 15**) wird für Körperschaften, Personenvereinigungen und Vermögensmassen im Sinne des **§ 5 Abs. 1 Nr. 9 des Körperschaftsteuergesetzes**, die nicht verpflichtet sind, Bücher zu führen und auf Grund jährlicher Bestandsaufnahmen regelmäßig Abschlüsse zu machen, ein Durchschnittssatz von 7 Prozent des steuerpflichtigen Umsatzes, mit Ausnahme der Einfuhr und des innergemeinschaftlichen Erwerbs, festgesetzt. [2]Ein weiterer Vorsteuerabzug ist ausgeschlossen.

(2) Der Unternehmer, dessen steuerpflichtiger Umsatz, mit Ausnahme der Einfuhr und des innergemeinschaftlichen Erwerbs, im vorangegangenen Kalenderjahr 35.000 Euro überstiegen hat, kann den Durchschnittssatz nicht in Anspruch nehmen.

(3) [1]Der Unternehmer, bei dem die Voraussetzungen für die Anwendung des Durchschnittssatzes gegeben sind, kann dem Finanzamt spätestens bis zum 10. Tag nach Ablauf des ersten Voranmeldungszeitraums eines Kalenderjahres erklären, dass er den Durchschnittssatz in Anspruch nehmen will. [2]Die Erklärung bindet den Unternehmer mindestens für fünf Kalenderjahre. [3]Sie kann nur mit Wirkung vom Beginn eines Kalenderjahres an widerrufen werden. [4]Der Widerruf ist spätestens bis zum 10. Tag nach Ablauf des ersten Voranmeldungszeitraums dieses Kalenderjahres zu erklären. [5]Eine erneute Anwendung des Durchschnittssatzes ist frühestens nach Ablauf von fünf Kalenderjahren zulässig.

Bearbeiter: Klaus Pientka

Inhaltsverzeichnis

1. Allgemeines

1 Die **Vorsteuerpauschalierung** soll für die betroffenen Vereine eine Erleichterung und Vereinfachung darstellen. Die erforderliche Konsultation nach der 6. EG-Richtlinie ist erfolgt und es bestehen keine Einwendungen gegen die Vereinfachungsregelung.

2 Ziel dieser Vereinfachung ist durch einen pauschalen Durchschnittsatz von 7 % des steuerpflichtigen Umsatzes die Berechnung der abziehbaren Vorsteuern zu vereinfachen. Davon ausdrücklich ausgenommen sind die Einfuhren und die innergemeinschaftlichen Erwerbe; diese dürfen nicht einbezogen werden.

3 Soweit die Vereinfachung in Anspruch genommen wird, scheidet der Abzug der tatsächlichen Vorsteuern aus.

2. Voraussetzung für die Vorsteuerpauschalierung

4 Die Regelung des § 23a UStG kann unter folgenden Voraussetzungen in Anspruch genommen werden:

- Antrag,
- Steuerpflichtiger Vorjahresumsatz < / = 35.000 € (s. § 23a Abs. 2 UStG) – nicht Gesamtumsatz i.S.d. § 19 UStG,
- Keine Verpflichtung zur Führung von Büchern (s. § 23a Abs. 1 UStG).

5 Im Falle der Gründung des Vereins im laufenden Jahrs, ist der voraussichtliche Umsatz des Gründungsjahres maßgebend (s. BFH vom 27.06.2006, V B 143/05, UR 2006, 646). Werden die 35.000 € im laufenden Jahr überschritten, entfällt die Pauschalierungsmöglichkeit für das folgende Jahr.

3. Erklärung des Unternehmers

Die Pauschalierungsmöglichkeit nach § 23a UStG ist neben dem regulären Vorsteuerabzug ein **steuerliches Wahlrecht.** Die Erklärung bedarf keiner besonderen Form. Nach der Rechtsprechung des BFH vom 19.12.1985 (V R 167/82, BStBl II 1986, 420) kann ein solcher Antrag auf Pauschalierung auch durch für die Pauschalierung erforderlichen Angaben im Voranmeldungsverfahren erfolgen. 6

Eine solche Erklärung bindet den Unternehmer mindestens **5 Jahre** (s. § 23a Abs. 3 S. 2 UStG). Der Unternehmer kann dem Finanzamt spätestens bis zum 10. Tag nach Ablauf des ersten Voranmeldungszeitraums eines Kalenderjahres erklären, dass er den Durchschnittssatz in Anspruch nehmen will. 7

Die Erklärung kann nur mit Wirkung vom Beginn eines Kalenderjahres an widerrufen werden. Der Widerruf ist spätestens bis zum 10. Tag nach Ablauf des ersten Voranmeldungszeitraumes dieses Kalenderjahres zu erklären. Eine erneute Anwendung des Durchschnittssatzes ist frühestens nach Ablauf von fünf Kalenderjahren zulässig. 8

4. Sonstiges

Soweit ein Verein **die** Vorsteuerpauschalierung anwendet, regelt § 66a UStDV eine Erleichterung von der Aufzeichnungspflicht. Insoweit entfällt die Aufzeichnungspflicht (s. § 22 Abs. 2 Nr. 5 und 6 UStG). 9

Der Wechsel zur Pauschalierung der Vorsteuern und zum Regelabzug kann eine **Vorsteuerberichtigung** nach § 15a UStG zu Folge haben. 10

§ 24 UStG Durchschnittssätze für land- und forstwirtschaftliche Betriebe

(1) [1]Für die im Rahmen eines land- und forstwirtschaftlichen Betriebs ausgeführten Umsätze wird die Steuer vorbehaltlich der Sätze 2 bis 4 wie folgt festgesetzt:

1. für die Lieferungen von forstwirtschaftlichen Erzeugnissen, ausgenommen Sägewerkserzeugnisse, auf 5,5 Prozent,
2. für die Lieferungen der in der Anlage 2 nicht aufgeführten Sägewerkserzeugnisse und Getränke sowie von alkoholischen Flüssigkeiten, ausgenommen die Lieferungen in das Ausland und die im Ausland bewirkten Umsätze, und für sonstige Leistungen, soweit in der Anlage 2 nicht aufgeführte Getränke abgegeben werden, auf 19 Prozent,
3. für die übrigen Umsätze im Sinne des § 1 Abs. 1 Nr. 1 auf 10,7 Prozent

der Bemessungsgrundlage. [2]Die Befreiungen nach § 4 mit Ausnahme der Nummern 1 bis 7 bleiben unberührt; § 9 findet keine Anwendung. [3]Die Vorsteuerbeträge werden, soweit sie den in Satz 1 Nr. 1 bezeichneten Umsätzen zuzurechnen sind, auf 5,5 Prozent, in den übrigen Fällen des Satzes 1 auf 10,7 Prozent der Bemessungsgrundlage für diese Umsätze festgesetzt. [4]Ein weiterer Vorsteuerabzug entfällt. [5]§ 14 ist mit der Maßgabe anzuwenden, dass der für den Umsatz maßgebliche Durchschnittssatz in der Rechnung zusätzlich anzugeben ist.

(2) [1]Als land- und forstwirtschaftlicher Betrieb gelten

1. die Landwirtschaft, die Forstwirtschaft, der Wein-, Garten-, Obst- und Gemüsebau, die Baumschulen, alle Betriebe, die Pflanzen und Pflanzenteile mit Hilfe der Naturkräfte gewinnen, die Binnenfischerei, die Teichwirtschaft, die Fischzucht für die Binnenfischerei und Teichwirtschaft, die Imkerei, die Wanderschäferei sowie die Saatzucht;
2. Tierzucht- und Tierhaltungsbetriebe, soweit ihre Tierbestände nach den §§ 51 und 51a des Bewertungsgesetzes zur landwirtschaftlichen Nutzung gehören.

[2]Zum land- und forstwirtschaftlichen Betrieb gehören auch die Nebenbetriebe, die dem land- und forstwirtschaftlichen Betrieb zu dienen bestimmt sind. [3]Ein Gewerbebetrieb kraft Rechtsform gilt auch dann nicht als land- und forstwirtschaftlicher Betrieb, wenn im Übrigen die Merkmale eines land- und forstwirtschaftlichen Betriebs vorliegen.

(3) Führt der Unternehmer neben den in Absatz 1 bezeichneten Umsätzen auch andere Umsätze aus, so ist der land- und forstwirtschaftliche Betrieb als ein in der Gliederung des Unternehmens gesondert geführter Betrieb zu behandeln.

(4) [1]Der Unternehmer kann spätestens bis zum 10. Tag eines Kalenderjahres gegenüber dem Finanzamt erklären, dass seine Umsätze vom Beginn des vorangegangenen Kalenderjahres an nicht nach den Absätzen 1 bis 3, sondern nach den allgemeinen Vorschriften dieses Gesetzes besteuert werden sollen. [2]Die Erklärung bindet den Unternehmer mindestens für fünf Kalenderjahre; im Falle der Geschäftsveräußerung ist der Erwerber an diese Frist gebunden. [3]Sie kann mit Wirkung vom Beginn eines Kalenderjahres an widerrufen werden. [4]Der Widerruf ist spätestens bis zum 10. Tag nach Beginn dieses Kalenderjahres zu erklären. [5]Die Frist nach Satz 4 kann verlängert werden. [6]Ist die Frist bereits abgelaufen, so kann sie rückwirkend verlängert werden, wenn es unbillig wäre, die durch den Fristablauf eingetretenen Rechtsfolgen bestehen zu lassen.

Umsatzsteuer-Durchführungsverordnung zu § 24 Abs. 4 des Gesetzes

§ 71 Verkürzung der zeitlichen Bindungen für land- und forstwirtschaftliche Betriebe.

[1]Der Unternehmer, der eine Erklärung nach § 24 Abs. 4 Satz 1 des Gesetzes abgegeben hat, kann von der Besteuerung des § 19 Abs. 1 des Gesetzes zur Besteuerung nach § 24 Abs. 1 bis 3 des Gesetzes mit Wirkung

vom Beginn eines jeden folgenden Kalenderjahres an übergehen. [2]Auf den Widerruf der Erklärung ist § 24 Abs. 4 Satz 4 des Gesetzes anzuwenden.

Bearbeiter: Dennis Klein

Inhaltsverzeichnis

1. Bedeutung und Zusammenhang mit anderen Rechtsvorschriften

1.1 Durchschnittssatzbesteuerung und Pauschalierung für Land- und Forstwirte

Die Durchschnittssätze für land- und forstwirtschaftliche Betriebe nach § 24 UStG sind eine bereichsspezifische Ausnahme von den allgemeinen Besteuerungsregeln, die eine organisatorische und finanzielle Erleichterung für die land- und forstwirtschaftlichen Betriebe bezwecken. Auf land- und forstwirtschaftliche Umsätze fallen spezifische **Durchschnittssteuersätze von 5,5 %, 19 %** oder **10,7** % an, denen zugleich kraft gesetzlicher Pauschalierung **gleich hohe Vorsteuerbeträge** zugeordnet sind (s. § 24 Abs. 1 Satz 3 UStG). Umsatzsteuer und Vorsteuer gleichen sich also aus, sodass für die land- und forstwirtschaftlichen Betriebe typischerweise **keine Umsatzsteuerzahllast** entsteht. 1

Wenn die tatsächlichen Vorsteuerbeträge niedriger sein sollten, verbleibt der finanzielle Vorteil beim Land- und Forstwirt. Sollten hingegen die tatsächlichen Vorsteuerbeträge höher sein als die Pauschalsätze, ist zwar nach § 24 Abs. 1 Satz 4 UStG ein weiterer Vorsteuerabzug versperrt. In solchen Fällen bleibt dem Land- und Forstwirt dafür aber nach § 24 Abs. 4 UStG die **Option zur Regelbesteuerung.** 2

Zugleich macht die **Pauschalbesteuerung für den land- und forstwirtschaftlichen Betrieb eine kontinuierliche Aufzeichnung der Betriebseinnahmen und Betriebsausgaben** mit genauer Belegführung entbehrlich, da sich Umsatzsteuer und Vorsteuer kraft Gesetzes ausgleichen. Dies korrespondiert mit der **fehlenden Buchführungspflicht** jedenfalls für die typischen kleinbäuerlichen Betriebe, denen über die umsatzsteuerlichen Erklärungspflichten auch nicht mittelbar eine Buchführungspflicht auferlegt sein 3 soll. Die Pflicht zur Abgabe einer zusammenfassenden Meldung nach § 18a UStG bleibt aber unberührt (s. Abschn. 18a.1 Abs. 3 UStAE; s. auch § 18a Rn. 7).

1.2 Anwendung übriger Umsatzsteuervorschriften

4 Abgesehen von der Durchschnittssatzbesteuerung und der Vorsteuerpauschalierung gelten jedoch weitgehend die allgemeinen umsatzsteuergesetzlichen Vorgaben, also insbesondere zu Leistungsaustausch, Unternehmereigenschaft oder Entgelt (s. Leonard in Bunjes, § 24 Rn. 4). Land- und Forstwirte weisen die Durchschnittssatzsteuer auch offen in ihren Rechnungen aus (s. § 24 Abs. 1 Satz 5 UStG) und ermöglichen so den Leistungsempfängern den entsprechenden **Vorsteuerabzug** nach § 14 UStG. Anders als bei Steuerbefreiungen mit Wegfall des Vorsteuerabzugs treten durch die Durchschnittssatzbesteuerung also typischerweise keine Nachteile auf der Abnehmerseite auf.

1.3 Pauschalierungserlaubnis der Mehrwertsteuersystemrichtlinie

5 Die **Erlaubnis für die Durchschnittssatzbesteuerung als Ausnahme von den allgemeinen Besteuerungsregelungen** findet sich in Art. 295 bis 305 MwStSystRL (Art. 25 6. EG-RL). Danach sind **Pauschalregelungen für landwirtschaftliche Erzeuger** gestattet. Der Sinn und Zweck solcher Pauschalregelungen besteht in der **Verwaltungsvereinfachung**. Eine Subventionierung ist jedoch nicht bezweckt, da nach Art. 299 MwStSystRL ein Verbot der Überkompensation der Mehrwertsteuer-Vorbelastung durch die Pauschalausgleich-Prozentsätze besteht.

6 Ob § 24 UStG diesem Subventionierungsverbot in allen Einzelheiten gerecht wird, ist zu bezweifeln (s. Stadie, § 24 Rn. 2). So rügt etwa der Bundesrechnungshof die fehlende kontinuierliche Kontrolle und Anpassung der Pauschalsteuersätze und der damit angenommenen tatsächlichen Vorsteuerbelastung. Zu niedrig bemessene Pauschalsätze würden eine Überkompensation und de facto eine **Subventionierung** der Land- und Forstwirtschaft bewirken (s. Bundesrechnungshof, Jahresbericht 2013, Bemerkung 12).

7 Angesichts des **Ausnahmecharakters** der Pauschalierungsmöglichkeiten und des Subventionierungsverbotes ist vor dem Hintergrund von Art. 299 MwStSystRL eine enge Auslegung der Tatbestandsmerkmale geboten (s. EuGH vom 26.05.2005, C-43/04 „Stadt Sundern", UR 2005, 397; BFH vom 22.09.2005, V R 28/03, BStBl II 2006, 280).

2. Land- und forstwirtschaftliche Betriebe, § 24 Abs. 2 UStG

2.1 Land- und forstwirtschaftliche Urproduktion

8 Land- und forstwirtschaftliche Betriebe sind für umsatzsteuerliche Zwecke eigenständig in § 24 Abs. 2 UStG definiert. Die ertragsteuerliche Definition i.S.v. § 13 EStG ist formal nicht bindend, wenngleich in weiten Teilen vergleichbar. Kennzeichen und auch Bedingung des umsatzsteuerlichen land- und forstwirtschaftlichen Betriebes ist die **eigene Erzeugertätigkeit** unter planmäßige Nutzung der **natürlichen Kräfte des Bodens**. Wegen des Ausnahmecharakters der Durchschnittssatzbesteuerung und der durch Art. 295, 299 MwStSystRL gebotenen engen Auslegung der Tatbestandsmerkmale bildet dieser Rahmen auch die Rechtfertigungsgrenze für die Durchschnittssatzbesteuerung (s. Leonard in Bunjes, § 24 Rn. 30).

9 Außerhalb dieser Urproduktion liegende Umsätze müssen der **Regelbesteuerung unterliegen.** Wegen der eigenständigen umsatzsteuerlichen Tatbestandsmerkmale sind die einkommensteuerlichen Kriterien etwa zu Umsatzgrenzen bei Fremderzeugnissen oder Lohnarbeiten nicht maßgeblich (s. BFH vom 24.09.2009, XI B 30/09, BFH/NV 2010, 72; Leonard in Bunjes, § 24 Rn. 27).

2.1.1 Landwirtschaft

10 Zu den land- und forstwirtschaftlichen Betrieben gehört nach § 24 Abs. 2 Satz 1 Nr. 1 UStG zunächst die Landwirtschaft an sich. Landwirtschaft ist die **planmäßige Nutzung** der **natürlichen Kräfte des Bodens**, mittels derer der Unternehmer **Pflanzen** oder **Tiere** erzeugt und die dadurch selbst gewonnenen Erzeugnisse verwertet (s. BFH vom 13.03.1987, V R 55/77, BStBl II 1987, 467; FG Niedersachsen vom 07.02.2002, 5 K 614/99, EFG 2002, 871 rkr.). Entsprechendes gilt für die Forstwirtschaft.

§ 24 Abs. 2 Satz 1 Nr. 1 UStG führt weitere Fälle land- bzw. forstwirtschaftlicher Tätigkeit auf, die Pflanzen und Pflanzenteile mit Hilfe der Naturkräfte gewinnen und als gesetzliche Konkretisierung der Urproduktion im umsatzsteuerlichen Sinne dienen. Die Auflistung orientiert sich an Art. 295 Abs. 1 Nr. 2 MwStSystRL in Verbindung mit Anhang VII. Die aufgelisteten Tätigkeiten wie Wein-, Garten-, Obst- und Gemüsebau, Baumschulen und Saatzucht sind nicht abschließend, wie die Formulierung „alle Betriebe, die Pflanzen und Pflanzenteile mit Hilfe der Naturkräfte gewinnen" verdeutlicht. 11

Ebenfalls zur Land- und Forstwirtschaft gehören nach § 24 Abs. 2 Satz 1 Nr. 1 UStG Betriebe der **Fischwirtschaft** (Binnenfischerei, Teichwirtschaft, Fischzucht für die Binnenfischerei und Teichwirtschaft) sowie außerdem die **Imkerei und Wanderschäferei**. Auch hier liegt die Nutzung der natürlichen Kräfte des Bodens im Vordergrund. 12

2.1.2 Tierzucht und Tierhaltung

Nach § 24 Abs. 2 Satz 1 Nr. 2 UStG gehören auch die **Tierzucht** und die **Tierhaltungsbetriebe** zur Land- und Forstwirtschaft, soweit ihre Tierbestände nach §§ 51, 51a BewG zur landwirtschaftlichen Nutzung gehören. Hierin kommt wiederum eine Prägung durch die **Bodenressourcennutzung** zum Ausdruck, denn der Betrieb muss das **Futter** für die Tiere jedenfalls in erheblichem Umfang **selber erzeugen** können (s. BFH vom 29.06.1988, X R 33/82, BStBl II 1988, 922). Dies ist in §§ 51, 51a BewG durch die Relationen von Vieheinheiten zu landwirtschaftlich genutzten Flächen angelegt. 13

Beispiel: Ein landwirtschaftlicher Betrieb verfügt über 20 Hektar landwirtschaftlich genutzter Flächen. Nach § 51 BewG gehören Tierbestände von nicht mehr als 10 Vieheinheiten zur landwirtschaftlichen Nutzung. Die Vieheinheiten ergeben sich wiederum aus dem Tierbestand nach dem Futterbedarf. Nach Anlage 1 zu § 51 BewG sind etwa Kühe mit einer Vieheinheit anzusetzen. Im Beispiel würden also bis zu 20 Kühe noch zur landwirtschaftlichen Nutzung gehören, weitere darüber hinaus aber nicht mehr. 14

Vorbild ist das typische **kleinbäuerliche** Bild der Landwirtschaft, während demgegenüber die gewerbliche Tierzucht durch den externen Bezug des Futters nicht mehr durch die eigenen bzw. eigenbewirtschafteten Bodenressourcen begrenzt ist. Letztlich steckt in dieser Differenzierung auch das Ziel, die kleinbäuerlichen Strukturen vor intensiver **gewerblicher Tierzucht** und **„Industrialisierung"** der Landwirtschaft zu schützen (s. Leonard in Bunjes, § 24 Rn. 68). 15

Beispiele: Als Beispiele für Tierhaltung und Tierzucht in diesem Sinne lassen sich etwa anführen die Rindviehzucht und -haltung, die Kaninchenzucht und -haltung, die Schweinezucht und -haltung oder Schafzucht und -haltung. 16

Es müssen aber Tiere sein, die herkömmlicherweise und typischerweise in landwirtschaftlichen Betrieben gezüchtet und gehalten werden. Das sind zumindest die in **Anlage 1** zu § 51 BewG aufgeführten Tiere. Aber auch andere landwirtschaftliche Nutztiere wie etwa Esel oder Maultiere gehören hierzu (s. Klenk in Sölch/Ringleb, 71. Lfg., § 24 Rn. 228). 17

Die Haltung, Zucht und Ausbildung von **Pferden**, auch zu Renn-, Turnier- und Dressurpferden soll noch zur Landwirtschaft gehören, wenn der Betrieb eine ausreichende **Futtergrundlage** bildet (s. BFH vom 31.03.2004, I R 71/03, BStBl II 2004, 742). Ist hingegen im Sinne eines **Reiterhofes** der Reitunterricht und die Überlassung der Reitanlagen prägend für den Betrieb, dann soll keine Landwirtschaft mehr vorliegen (s. BFH vom 16.07.1987, V R 22/78, BStBl II 1988, 83). 18

Nicht mehr als landwirtschaftliche, sondern als gewerbliche Tierzucht gelten die **Hundezucht** (s. BFH vom 30.09.1980, VIII R 22/79, BStBl II 1981, 210), die **Katzenzucht** (s. BFH vom 19.12.2002, IV R 47/01, BStBl II 2003, 507), die **Zierfischzucht** (s. Abschn. 24.1 Abs. 2 Satz 2 UStAE) und die Zucht von **Kleintieren** wie Hamstern, Meerschweinchen oder Zwergkaninchen (s. BFH vom 16.12.2004, IV R 4/04, BStBl II 2005, 347). 19

Die gemeinschaftliche Tierhaltung im Rahmen von **Erwerbs- und Wirtschaftsgenossenschaften, Mitunternehmerschaften oder Vereinen ist nach** § 51a BewG nur unter den dortigen einschränkenden Vor- 20 aussetzungen eingeschlossen, um Nichtlandwirte von der Zuordnung zur Landwirtschaft auszuschließen (s. BFH vom 26.04.1990, V R 90/87, BStBl II 1990, 802).

2.1.3 Forstwirtschaft

21 Forstwirtschaft bedeutet die Bewirtschaftung von **Hoch-, Mittel- und Niederwald** inklusive nicht bewirtschafteter Flächen wie etwa Wälder in Naturschutzgebieten (s. Leonard in Bunjes, UStG, § 24 Rn. 85). Die Bewirtschaftung von **Sonderkulturen** etwa für Weihnachtsbäume gilt als Landwirtschaft und nicht als Forstwirtschaft (s. Abschn. 24.2 Abs. 4 Satz 3 UStAE).

2.2 Nebenbetriebe

22 Zur Land- und Forstwirtschaft gehören nach § 24 Abs. 2 Satz 2 UStG auch die Nebenbetriebe, die dem land- und forstwirtschaftlichen Betrieb zu dienen bestimmt sind. Sie sind zu dienen bestimmt, wenn sie unmittelbar auf dessen Bedürfnisse ausgerichtet sind und überwiegend dessen Erzeugnisse bearbeiten oder verarbeiten (s. BFH vom 12.10.2000, VII R 46/98, BFH/NV 2001, 352). Solche **Verarbeitungsbetriebe können etwa Mühlen,** Obstkeltereien oder Brennereien sein.

23 Es muss sich dabei aber um die Verwendung aus **eigener** land- und forstwirtschaftlicher Produktion stammender Erzeugnisse handeln, die darüber hinaus ihren land- und forstwirtschaftlichen Charakter nicht verlieren dürfen. Dies ergibt sich aus Art. 295 Abs. 2 MwStSystRL, wonach als landwirtschaftliche Erzeugung auch noch die Verarbeitungstätigkeiten gehören, die ein Landwirt bei im Wesentlichen aus seiner landwirtschaftlichen Produktion stammenden Erzeugnissen mit normalerweise in land-, forst- oder fischwirtschaftlichen Betrieben verwendeten Mitteln ausübt (s. Abschn. 24.2 Abs. 2 Satz 2 UStAE). Es handelt sich bei derartigen Betrieben um Betriebe der **sog. ersten Verarbeitungsstufe**.

24 **Beispiele:** Fischräucherei eines Forellenteichwirtschaftsbetriebes; Brennerei eines Weinbaubetriebes.

25 Erfüllt der Betrieb die vorgenannten Kriterien nicht mehr, liegt kein bloßer Nebenbetrieb, sondern ein **gesonderter Gewerbebetrieb vor. Für den darf dann aber nicht mehr die** Durchschnittssatzbesteuerung greifen.

26 **Beispiel:** Ein Landwirt baut Gurken an und verarbeitet diese selbst, indem er sie wäscht, zerschneidet, Wasser, Essig, Zucker und Gewürze beigibt und anschließend abgefüllt als Konserven veräußert.

Lösung: Bei dem Endprodukt handelt es sich um Produkt der **sog. zweiten Verarbeitungsstufe**, für das der Landwirt nicht mehr die Durchschnittssatzbesteuerung nutzen darf.

27 Da der Nebenbetrieb dem land- und forstwirtschaftlichen Betrieb zu dienen bestimmt ist, muss der Unternehmer des Nebenbetriebes auch mit dem Unternehmer des Hauptbetriebes **identisch** sein (s. BFH vom 12.03.1992, V R 55/88, BStBl II 1992, 982). Schließen sich mehrere Landwirte zu einem gesonderten Nebenbetrieb zusammen, liegt diese Unternehmeridentität nicht mehr vor.

28 **Beispiel:** Mehrere Landwirte schließen sich zu einem Maschinenring zusammen, in welchem sie ihre eigenen Landmaschinen gemeinsam nutzen und so die vorhandenen technischen Ressourcen besser ausschöpfen.

Lösung: Mangels Unternehmeridentität ist dieser Maschinenring kein Nebenbetrieb i.S.v. § 24 Abs. 2 Satz 2 UStG.

2.3 Gewerbebetriebe kraft Rechtsform

29 Ausgenommen von den land- und forstwirtschaftlichen Betrieben sind nach § 24 Abs. 2 Satz 3 UStG Gewerbebetriebe kraft Rechtsform, unabhängig davon, inwieweit ihre tatsächliche Tätigkeit ansonsten die Merkmale der Land- und Forstwirtschaft erfüllt. Das Merkmal Gewerbebetrieb kraft Rechtsform ist dem Ertragsteuerrecht entlehnt und passt nicht recht zur rechtsformunabhängigen Umsatzsteuer. Gemeint sind Betriebe, die nach § 2 Abs. 2 GewStG als Gewerbebetriebe gelten (s. Stadie, § 24 Rn. 13). Zu den Gewerbe-

betrieben kraft Rechtsform gehören die **Kapitalgesellschaften und Kapitalgesellschaften & Co.**, die nach § 2 Abs. 2 Satz 1 GewStG bzw. § 2 Abs. 2 Satz 1 GewStG i.V.m. § 15 Abs. 3 Nr. 2 EStG als Gewerbebetrieb gelten.

Beispiele: GmbH, GmbH & Co. KG. 30

Die Rechtsprechung vermag für diese Differenzierung keine ausreichende Rechtfertigung zu erkennen und sieht in § 24 Abs. 2 Satz 3 UStG einen **Verstoß gegen das Unionsrecht** (s. BFH vom 16.04.2008, XI R 73/07, BStBl II 2009, 1024). Die Finanzverwaltung gestattet daher auch diesen die Pauschalbesteuerung (s. BMF vom 01.12.2009, IV B 8 – S 7410/08/100002 – DOK 2009/0794941, BStBl I 2009, 1611; Abschn. 24.1 Abs. 1 UStAE). Derartige Unternehmer haben damit ein **Wahlrecht** § 24 UStG anzuwenden oder nach § 24 Abs. 2 Satz 3 zu verfahren (s. BFH vom 28.08.2014, V B 28/14, BFH/NV 2014, 1916). Den gewerblich geprägten Personengesellschaften ist dies jedenfalls gestattet, soweit eine Trennung der land- und forstwirtschaftlichen Umsätze von den gewerblichen Umsätzen möglich ist. 31

Eine sachliche Rechtfertigung für diese Differenzierung nach der Rechtsform ist freilich aus dem Ausnahmecharakter der Durchschnittssatzbesteuerung und dessen Begründung abzuleiten. Die Durchschnittssatzbesteuerung dient als **Bürokratieerleichterung** für land- und forstwirtschaftliche Betriebe und soll diese u.a. von der Notwendigkeit einer kaufmännischen Buchführung befreien. Bei den Gewerbebetrieben kraft Rechtsform liegt aber ohnehin eine Buchführungspflicht vor, so dass die Ausnahmebestimmung obsolet ist. 32

Überdies darf der Gesetzgeber im Rahmen seiner **Typisierungsbefugnis** vorsehen, kleinbäuerliche Strukturen in Form von Einzelunternehmen oder typischen Personengesellschaften zu fördern, bei denen regelmäßig mitarbeitende Gesellschafter vorliegen. Dies ist jedenfalls bei typisierender Betracht bei den genannten Gewerbebetrieben kraft Rechtsform nicht zwingend. Auch Art. 296 Abs. 2 MwStSystRL erlaubt die Differenzierung, nur für bestimmte Gruppen landwirtschaftlicher Erzeuger Pauschalregelungen einzuführen. 33

3. Land- und forstwirtschaftliche Umsätze, § 24 Abs. 1 UStG

§ 24 Abs. 1 UStG sieht drei verschiedene Durchschnittssätze für Umsätze land- und forstwirtschaftlicher Betriebe vor: 34

- 5,5 % für die Lieferung von forstwirtschaftlichen Erzeugnissen,
- 19 % für die Lieferung bestimmter Sägewerkserzeugnisse, Getränke sowie alkoholischer Flüssigkeit und
- 10,7 % für die übrigen Lieferungen und sonstigen Leistungen der land- und forstwirtschaftlichen Betriebe.

Der Regelfall und häufigste Fall ist der Durchschnittssatz von 10,7 %. 34/1

3.1 Landwirtschaftliche Lieferungen

3.1.1 Eigenerzeugnisse

Die Durchschnittssätze sind nur für die Umsätze mit land- und forstwirtschaftlichen Erzeugnissen anzuwenden, die auch im Rahmen des land- und forstwirtschaftlichen Betriebes **selbst erzeugt** worden sind (s. Abschn. 24.2 Abs. 1 S. 2 UStAE). Wegen der nach Art. 295 MwStSystRL gebotenen engen Auslegung von Tatbestandsmerkmalen sind dementsprechend **zugekaufte Produkte** von der Durchschnittssatzbesteuerung ausgeschlossen (s. BFH vom 14.06.2007, V R 56/05, BStBl II 2007, 158). 35

Wegen der eigenständigen umsatzsteuerlichen Qualifikation greifen auch nicht die ertragsteuerlichen Kriterien zu Hilfs- oder Nebenumsätzen. Dies wurde früher noch anders beurteilt, sofern unschädliche Zukaufsgrenzen von regelmäßig 20 % nicht überschritten wurden, im Einzelfall bis zu 30 % (s. BFH vom 05.11.1975, VIII R 254/71, BStBl II 1975, 118). Diese aus der ertragsteuerlichen Perspektive herrührende Beurteilung ist jedoch bei richtlinienkonformer Auslegung von § 24 UStG nicht haltbar (s. Leonard in Bunjes, § 24 Rn. 28). Für die Lieferung zugekaufter landwirtschaftlicher Produkte gilt also unabhängig von einer Zukaufsgrenze die **Regelbesteuerung und nicht die Durchschnittssatzbesteuerung.** 36

37 **Beispiel:** Ein Landwirt betreibt einen Hofladen, in welchem er selbst erzeugtes Obst und Gemüse veräußert. Zusätzlich kauft er andere landwirtschaftliche Erzeugnisse hinzu und veräußert diese ebenfalls in seinem Hofladen.

Lösung: Für die Lieferung der zugekauften Erzeugnisse darf er nicht die Durchschnittssatzbesteuerung in Anspruch nehmen.

38 Lediglich aus **Vereinfachungsgründen** dürfen diese zugekauften Produkte bei der Lieferung in die Durchschnittssatzbesteuerung einbezogen werden, sofern die Umsätze mit ihnen im laufenden Kalenderjahr **4.000 €** nicht überschreiten (Abschn. 24.6 Abs. 2 UStAE).

3.1.2 Verarbeitungstätigkeit

39 Soweit ein Landwirt Erzeugnisse zwar hinzukauft, diese sodann aber im eigenen Betrieb durch **urproduktive Tätigkeit** weiterverarbeitet, liegen durch diese Tätigkeit wiederum eigene Erzeugnisse vor (s. Abschn. 24.2 Abs. 1 S. 6 UStAE). Dann unterfällt die Lieferung dieser Erzeugnisse **komplett** der Durchschnittssatzbesteuerung.

40 **Beispiel:** Ein Landwirt kauft Samen ein, sät diesen aus, kultiviert die Pflanzen, erntet diese und veräußert sie sodann.
Lösung: Die Lieferung der geernteten Pflanzen unterliegt der Durchschnittssatzbesteuerung.

41 Aus der landwirtschaftlichen Urproduktion stammen zum einen all diejenigen Erzeugnisse, die der Landwirt bis zur **Verkaufsreife** kultiviert hat. Zum anderen wird angenommen, dass spätestens nach Ablauf von **drei Monaten** die Erzeugnisse aus der eigenen Urproduktion stammen (s. Abschn. 24.2 Abs. 1 S. 11 UStAE). Die Kultivierungszeit kann freilich kürzer sein.

42 **Beispiel:** 10tägige Jungpflanzen werden zum Durchschnittssatz geliefert.

43 Für Tiere gilt entsprechendes; also auch hier die 3-Monats-Frist.

44 **Beispiel:** Ein Landwirt erwirbt Ferkel und mästet diese. Nach vier Monaten veräußert er die Schweine an einen Schlachthof.

Lösung: Bei Vorliegen der übrigen Voraussetzungen nach § 24 Abs. 2 Satz 1 Nr. 2 UStG unterliegt die Lieferung dem Durchschnittssatz.

45 Der Erzeuger soll im Zeitpunkt des Zukaufs bereits die Zuordnung vornehmen, ob die Produkte zum baldigen Absatz bestimmte Waren sind oder zu den potentiell selbst erzeugten weiter kultivierten Produkten gehören. Die Geltendmachung des **Vorsteuerabzugs** bei Regelbesteuerung oder die Auslage in einer Verkaufseinrichtung wie dem Hofladen haben **indiziellen Charakter** (s. Abschn. 24.2 Abs. 1 Satz 9 UStAE).

46 Selbst wenn zugekaufte Ware ursprünglich zum direkten Weiterverkauf bestimmt war, in der Folge aber länger als drei Monate im Betrieb bleibt und während dieser Zeit weiter kultiviert wird, handelt es sich um selbsterzeugte Produkte, die der Durchschnittssatzbesteuerung unterliegen. Gegebenenfalls ist eine Berichtigung der Vorsteuer vorzunehmen (s. Abschn. 24.2 Abs. 1 Satz 12 UStAE).

47 Voraussetzung bei Hinzuerwerb und Weiterverarbeitung von Waren ist, dass die Erzeugnisse im Wesentlichen aus **eigener Urproduktion** stammen. Hierzu müssen Sie zu mindestens **75 %** aus eigener Produktion stammen (s. Abschn. 24.2 Abs. 3 UStAE). Auch darf das Erzeugnis insgesamt nicht den land- und forstwirtschaftlichen Charakter verlieren, muss also noch zur **ersten Verarbeitungsstufe** gehören (s. Abschn. 24.2 Abs. 2 UStAE). Produkte der zweiten und weiteren Verarbeitungsstufen unterliegen in jedem Fall der Regelbesteuerung, unabhängig vom Umfang des Zukaufs. Die Erzeugung von **Biogas oder die Energieversorgung** durch **Wind-, Solar- oder Wasserkraft ist gewerblich, wenn die Erzeugung für den eigenen betrieblichen Bedarf** nicht überwiegt (s. Leonard in Bunjes, UStG, § 24 Rn. 33).

48 Die Ausführung der Verarbeitungstätigkeiten durch Lohnunternehmer ist unerheblich.

Beispiel: Ein Landwirt betreibt Schweinezucht und lässt die Schweine von einem gewerblichen Lohnunternehmer schlachten und in Hälften zerlegen. Diese Schweinehälften liefert der Landwirt dann an einen fleischverarbeitenden Betrieb. 49

Lösung: Die Lieferung der Schweinehälften unterliegt der Durchschnittssatzbesteuerung. Die Ausführung der Schlacht- und Zerlegungsarbeiten durch einen Lohnunternehmer steht dem nicht entgegen.

Bei **Vermischung** eigener Erzeugnisse und zugekaufter Produkte kommt es auf die **Trennbarkeit** sowie das Verhältnis von eigenerzeugten zu zugekauften Produkten an. Bei untrennbarer Vermischung und einem **beigemischten Anteil** von nicht mehr als **25 %** unterliegt der Umsatz aus den Endprodukten noch vollständig der Durchschnittssatzbesteuerung. Sind in dem Endprodukt zu mehr als 25 % zugekaufte Produkte enthalten, unterliegt der Umsatz mit dem Endprodukt komplett der Regelbesteuerung. 50

Beispiel: Ein Imker verfügt über 350 kg selbst erzeugten Honig und kauft 50 kg Honig hinzu. Die beiden Honigmengen vermischt er und verkauft die Gesamtmenge. 51

Lösung: Da der Anteil des zugekauften Honigs nicht mehr als 25 % des Endprodukts ausmacht, unterliegt die Lieferung der Gesamtmenge der Durchschnittssatzbesteuerung.

Sind die Produkte trennbar miteinander vermischt, so unterliegen die selbst erzeugten Produkte der **Durchschnittssatzbesteuerung** und die zugekauften Produkte der **Regelbesteuerung** (s. Abschn. 24.2 Abs. 3 UStAE). Die prozentualen Anteile sind in solchen Fällen unbeachtlich. 52

Beispiel: Ein Landwirt verfügt über 700 kg selbst erzeugte Kartoffeln, muss aber 1.000 kg an einen Abnehmer liefern. Er kauft 300 kg Kartoffeln hinzu und liefert die gesamte Menge. 53

Lösung: Da die Kartoffeln nicht untrennbar miteinander vermischt werden, unterliegt die Menge der selbst erzeugten Produkte der Durchschnittssatzbesteuerung. Für die zugekauften Kartoffeln gilt hingegen die Regelbesteuerung.

3.1.3 Veräußerung von Anlagevermögen

Da die Durchschnittssatzbesteuerung nur für die Umsätze land- und forstwirtschaftlicher Eigenerzeugnisse gedacht ist, unterliegt der Verkauf von Anlagevermögen grundsätzlich der **Regelbesteuerung** (s. Abschn. 24.2 Abs. 6 Satz 2 UStAE). 54

Beispiel: Ein Landwirt veräußert einen Traktor, den er zuvor drei Jahre in seinem landwirtschaftlichen Betrieb für landwirtschaftliche Zwecke genutzt hat. 55

Aus **Vereinfachungsgründen** darf jedoch auch der Verkauf von Anlagevermögen in die Pauschalierung eingehen, wenn das verkaufte Anlagegut vom Zeitpunkt der Anschaffung bis zum Zeitpunkt des Verkaufs zu **mindestens 95 %** für land- und forstwirtschaftliche Umsätze verwendet worden ist und der Unternehmer insoweit auf den anteiligen **Vorsteuerabzug verzichtet** (s. Abschn. 24.2 Abs. 6 Satz 3 UStAE). Zeiträume, in denen der Unternehmer zur Regelbesteuerung nach § 24 Abs. 4 UStG optiert hat, bleiben für Zwecke der Prüfung der 95 %-Grenze außer Betracht (s. BFH vom 13.11.2013, XI R 2/11, DStR 2014, 89). 56

Beispiel: Hat der Landwirt aus dem vorigen Beispiel den Traktor vor drei Jahren angeschafft und seitdem zu mindestens 95 % für land- und forstwirtschaftliche Umsätze eingesetzt, gilt auch für den Verkauf des Gebrauchttraktors die Durchschnittssatzbesteuerung. 57

Ist das verkaufte Anlagegut hingegen zu mehr als 5 % außerhalb der Pauschalierung eingesetzt worden, unterliegt die Veräußerung der **Regelbesteuerung** und gegebenenfalls einer Berichtigung nach § 15a UStG. 58

3.2 Landwirtschaftliche Dienstleistungen

Auch landwirtschaftliche Dienstleistungen unterliegen der Durchschnittssatzbesteuerung. Nach Art. 295 Abs. 1 Nr. 5 MwStSystRL handelt es sich hierbei um solche Dienstleistungen, die von einem landwirtschaft- 59 lichen Erzeuger mithilfe seiner **Arbeitskräfte** und oder der normalen **Ausrüstung** seines land-, forst- oder fischwirtschaftlichen Betriebes vorgenommen werden. Als Orientierung enthält die **Anlage VIII** zur MwSt-SystRL eine nicht abschließende Aufzählung derartiger landwirtschaftlicher Dienstleistungen.

60 Als typische **Dienstleistungen gelten** nach Abschn. 24.3 Abs. 1 Satz 1 UStAE insbesondere:

- Anbau-, Ernte-, Dresch-, Press-, Lese- und Einsammelarbeiten, einschließlich Säen von Pflanzen;
- Verpackung und Zubereitung, wie etwa Trocknung, Reinigung, Zerkleinerung, Desinfektion und Einsilierung landwirtschaftlicher Erzeugnisse;
- Lagerung landwirtschaftlicher Erzeugnisse;
- Hüten, Zucht und Mästen von Vieh;
- Vermietung normalerweise in land-, forst- und fischwirtschaftlichen Betrieben verwendeter Mittel zu land-, forst- und fischwirtschaftlichen;
- technische Hilfe;
- Vernichtung schädlicher Pflanzen und Tiere, Behandlung von Pflanzen und Böden durch Besprühen;
- Betrieb von Be- und Entwässerungsanlagen;
- Beschneiden und Fällen von Bäumen und andere forstwirtschaftliche Dienstleistungen.

3.2.1 Nebentätigkeit zur land- und forstwirtschaftlichen Urproduktion

61 Die Ausrüstung muss nicht ausschließlich für den land- und forstwirtschaftlichen Betrieb verwendet werden. Erbringt etwa ein Landwirt mit seinen Maschinen Dienstleistungen für andere Land- und Forstwirte, so können seine landwirtschaftlichen Dienstleistungen noch zur Durchschnittsbesteuerung gehören. Es gibt keine feste absolute oder relative Grenze für den Umfang der Verwendung im eigenen land- und forstwirtschaftlichen Betrieb und für außerbetriebliche Zwecke (s. BFH vom 24.09.2009, XI B 30/09, BFH/NV 2010, 72). Da allerdings der Kern und die Rechtfertigung für die Durchschnittssatzbesteuerung in der eigenen landwirtschaftlichen Urproduktion bestehen, dürfen die Dienstleistungen nur eine **ergänzende Tätigkeit** sein. Allein mit der Erbringung land- und forstwirtschaftlicher Dienstleistungen kann ein Unternehmer also nicht zum landwirtschaftlichen Erzeuger werden.

62 **Beispiel:** Ein Lohnunternehmer, der mit seinem Maschinenpark ausschließlich Dienstleistungen für Land- und Forstwirte erbringt, aber keine eigene landwirtschaftliche Urproduktion unterhält, ist umsatzsteuerlich kein Land- und Forstwirt und unterliegt der Regelbesteuerung.

63 In der Praxis orientiert sich die Finanzverwaltung an einer **Nichtaufgriffsgrenze** von **51.500 €**, deren Überschreiten ein Indiz für eine Tätigkeit außerhalb der Land- und Forstwirtschaft sein kann (Abschn. 24.3 Abs. 3 UStAE). Die sonstigen Leistungen an Landwirte und Nichtlandwirte sind hierzu zusammenzufassen. Die Betragsgrenze an sich ist zwar noch kein alleiniges Kriterium, das Überschreiten bedeutet indes eine **widerlegbare Vermutung** dafür, dass diese Leistungen nicht mit dem normalen Maschinenbestand ausgeführt werden. Die Beweislast für das Gegenteil liegt beim Land- und Forstwirt. Weitere Kriterien sind heranziehbar, etwa inwiefern der Maschinen- und Ausrüstungsbestand über die Anforderung des eigenen Betriebes hinausgeht.

3.2.2 Nichtlandwirtschaftliche Dienstleistungen

64 Die sonstigen Leistungen müssen beim **Leistungsempfänger** normalerweise zur land- und forstwirtschaftlichen Erzeugung beitragen. Dienen sie beim Leistungsempfänger hingegen nichtlandwirtschaftlichen bzw. nichtforstwirtschaftlichen Zwecken, sind die sonstigen Leistungen von der Durchschnittssatzbesteuerung ausgeschlossen (s. Abschn. 24.3 Abs. 5 UStAE).

65 **Beispiel:** Ein pauschalierender Landwirt vermietet Wohnmobilbesitzern in einer ansonsten für eigenbetriebliche Zwecke genutzten Lagerhalle Stellplätze für die Wintermonate.

Lösung: Die Vermietung der Stellplätze erfolgt zu außerlandwirtschaftlichen Zwecken, die Umsätze unterfallen nicht der Durchschnittssatzbesteuerung.

Auch der Einsatz von Arbeitskräften kann eine sonstige landwirtschaftliche Leistung sein. Entsprechend der Wirtschaftsgüter sind die im land- und forstwirtschaftlichen Betrieb beschäftigten Arbeitnehmer einzubeziehen (s. Abschn. 24.3 Abs. 4 UStAE). 66

Beispiel: Ein Landwirt setzt einen im eigenen landwirtschaftlichen Betrieb beschäftigten Arbeiter auch als Fahrer für den Zuckerrübentransport als landwirtschaftliche Dienstleistung für andere Landwirte ein. 67

Lösung: Diese sonstige Leistung unterliegt der Durchschnittssatzbesteuerung. Ist der Arbeiter hingegen ausschließlich zum Zuckerrübentransport eingesetzt, liegt eine regelbesteuerte sonstige Leistung vor. Eine klare Abgrenzung oder Beschäftigungsquote im eigenen Betrieb besteht allerdings nicht. Maßgeblich muss ein Überwiegen des Einsatzes für den eigenen landwirtschaftlichen Betrieb sein.

Nichtlandwirtschaftliche sonstige Leistungen unterliegen der Regelbesteuerung. Dazu gehören im Allgemeinen sämtliche **Dienstleistungen an Nichtlandwirte** und die **langfristige Vermietung** von Gegenständen an alle Leistungsempfänger, unabhängig ob Landwirt oder Nichtlandwirt. Eine Mietdauer ab 12 Monaten gilt als langfristig (s. Abschn. 24.3 Abs. 6 UStAE). Die Rechtsprechung vermag aus dem Gemeinschaftsrecht allerdings **keinen generellen Ausschluss** der Nichtlandwirte als Dienstleistungsempfänger herzuleiten (s. BFH vom 21.01.2015, XI R 13/13, DStRE 2015, 681). 68

Der **Regelbesteuerung unterliegt auch** die Verpachtung: 69

- Des gesamten land- und forstwirtschaftlichen Betriebes (s. BFH vom 06.12.2001, V R 6/01, BStBl II 2002, 555),
- eines Teilbetriebes (s. BFH vom 25.11.2004, V R 8/01, BStBl II 2005, 896),
- von Gebäude mit Inventar oder
- von Grundstücken (s. Klenk in Sölch/Ringleb, 71. Lfg., § 24 Rn. 93).

Dies gilt unabhängig davon, ob die Verpachtung an einen Landwirt oder Nichtlandwirt erfolgt. Denn für die Pauschalierung muss es sich um eine **eigenbetriebene** land- und forstwirtschaftliche Tätigkeit handeln, so dass die Verpachtung nicht mehr beim Verpächter, sondern andernfalls beim Pächter zur Land- und Forstwirtschaft gehören kann. 69/1

Weitere Beispiele für nichtlandwirtschaftliche Dienstleistungen sind: 70

- Die **Pensionspferdehaltung** (s. BFH vom 13.11.2011, V R 65/09, BStBl II 2011, 465; vom 21.01.2015, XI R 13/13, DStRE 2015, 681);
- Beherbergung und Beköstigung von Fremden, also **„Ferien auf dem Bauernhof“** (s. BMF vom 28.11.2005, IV A 5 –S 7410-57/05, BStBl I 2005, 1065);
- **Entsorgungsdienstleistungen** wie die Abfuhr von Klärschlamm oder Speiseresteverwertung (s. BFH vom 24.01.2013, V R 34/11, DStRE 2013, 737; vom 24.01.2013, XI R 27/11, UR 2013, 352);
- die entgeltliche Unterbringung und Verpflegung von Arbeitnehmern des land- und forstwirtschaftlichen Betriebes, etwa Saisonarbeitern. Diese Leistung dient überwiegend den privaten Bedürfnissen der Arbeitnehmer und unterliegt nicht der Durchschnittssatzbesteuerung (s. Abschn. 24.3 Abs. 12 UStAE);
- Verpachtung des **Eigenjagdrechtes** (s. EuGH vom 26.05.2005, C 43/04 „Stadt Sundern“, UR 2005, 397).

3.3 Forstwirtschaftliche Lieferungen und Leistungen

Für forstwirtschaftliche Lieferung und sonstige Leistungen gilt grundsätzlich Entsprechendes. Als forstwirtschaftliche Erzeugnisse nach § 24 Abs. 1 Satz 1 Nr. 1 UStG kommen insb. **Stammholz** (Stämme und Stammteile), Schwellenholz, Stangen, Schichtholz, Industrieholz, Brennholz und forstliche Nebenerzeugnisse wie Forstsamen, Rinde, Baumharz, Schmuckgrün, Pilze und Beeren in Betracht (Abschn. 24.2 Abs. 4 UStAE). Voraussetzung ist entsprechend der Landwirtschaft, dass diese Erzeugnisse im Rahmen der Forstwirtschaft anfallen. 71

Ebenfalls zu den forstwirtschaftlichen Erzeugnissen gehören nach § 24 Abs. 1 Satz 1 Nr. 2 UStG **Sägewerkserzeugnisse.** Dies sind etwa Balken, Bohlen, Kanthölzer, besäumte und unbesäumte Bretter sowie Holzwolle und Holzmehl (s. Abschn. 24.2 Abs. 5 UStAE). 72

4. Gesondert geführte Betriebe, § 24 Abs. 3 UStG

73 Übt ein Land- und Forstwirt neben der Land- und Forstwirtschaft noch eine andere, regelbesteuerte Tätigkeit wie etwa einen Gewerbebetrieb aus, liegt nach § 2 Abs. 1 Satz 2 UStG zwar ein einheitliches Unternehmen vor. Nach § 24 Abs. 3 UStG ist der land- und forstwirtschaftliche Betrieb aber als ein **gesondert geführter Betrieb** zu behandeln; für diesen sind insgesamt die Regelungen zur Durchschnittssatzbesteuerung anzuwenden.

74 Bedeutung hat dies für die Abziehbarkeit von Vorsteuerbeträgen. Im Rahmen des land- und forstwirtschaftlichen Betriebes kommt nur die **Vorsteuerpauschalierung** nach § 24 Abs. 1 Satz 3 UStG zum Tragen, im Übrigen ist aber der Vorsteuerabzug möglich. Verwendet ein Land- und Forstwirt die Eingangsleistungen sowohl für regelbesteuerte als auch pauschal versteuerte Ausgangsumsätze, ist eine **Vorsteueraufteilung vorzunehmen** (s. BFH vom 11.06.2008, XI B 194/07, BFH/NV 2008, 1548).

75 Für die Ermittlung der Kleinunternehmerbefreiung nach § 19 Abs. 1 UStG ist der **Gesamtumsatz** als Summe aus pauschalbesteuerter und regelbesteuerter Tätigkeit maßgeblich. Die Rechtsfolgen des § 19 Abs. 1 UStG beschränkt sich hingegen auf die Umsätze außerhalb der Durchschnittssatzbesteuerung (s. Abschn. 24.7 Abs. 4 Satz 3 UStAE).

5. Verzicht auf die Durchschnittssatzbesteuerung, § 24 Abs. 4 UStG

76 Der Land- und Forstwirt kann auf die Durchschnittssatzbesteuerung nach § 24 Abs. 4 UStG verzichten. Die **Option** ist durch Erklärung gegenüber dem Finanzamt bis zum 10. Tag eines Kalenderjahres mit Wirkung vom **Beginn des vorangegangenen Kalenderjahres** auszuüben (Ausschlussfrist). An die Option ist der Land- und Forstwirt für **fünf** Jahre gebunden.

77 Vorteilhaft kann der Verzicht auf die Durchschnittssatzbesteuerung bei **hohen Investitionen** sein, um den **tatsächlichen Vorsteuerabzug** zu erhalten. Wegen der fünfjährigen Bindungsfrist sind in den Vorteilhaftigkeitsvergleich auch die kommenden Jahre miteinzubeziehen.

78 Der Wechsel der Besteuerungsform kann innerhalb des Berichtigungszeitraums eine **Vorsteuerberichtigung** nach § 15a UStG auslösen. Der Vorsteuerberichtigungszeitraum beträgt für Anlagevermögen grundsätzlich **fünf** Jahre und beginnt mit der erstmaligen tatsächlichen Verwendung des Wirtschaftsgutes. Bei **Grundstücken** einschließlich ihrer **wesentlichen Bestandteile** verlängert sich der Berichtigungszeitraum auf **zehn** Jahre. Auf Dauer in ein Gebäude eingebaute Betriebsvorrichtungen sind wesentliche Bestandteile, so dass für sie der zehnjährige Berichtigungszeitraum gilt.

79 **Beispiel:** Entlüftungsanlagen und Fütterungsanlagen in einem Stall.

§ 25 UStG Besteuerung von Reiseleistungen

(1) [1]Die nachfolgenden Vorschriften gelten für Reiseleistungen eines Unternehmers, die nicht für das Unternehmen des Leistungsempfängers bestimmt sind, soweit der Unternehmer dabei gegenüber dem Leistungsempfänger im eigenen Namen auftritt und Reisevorleistungen in Anspruch nimmt. [2]Die Leistung des Unternehmers ist als sonstige Leistung anzusehen. [3]Erbringt der Unternehmer an einen Leistungsempfänger im Rahmen einer Reise mehrere Leistungen dieser Art, so gelten sie als eine einheitliche sonstige Leistung. [4]Der Ort der sonstigen Leistung bestimmt sich nach § 3a Abs. 1. [5]Reisevorleistungen sind Lieferungen und sonstige Leistungen Dritter, die den Reisenden unmittelbar zugutekommen.

(2) [1]Die sonstige Leistung ist steuerfrei, soweit die ihr zuzurechnenden Reisevorleistungen im Drittlandsgebiet bewirkt werden. [2]Die Voraussetzung der Steuerbefreiung muss vom Unternehmer nachgewiesen sein. 3Das Bundesministerium der Finanzen kann mit Zustimmung des Bundesrates durch Rechtsverordnung bestimmen, wie der Unternehmer den Nachweis zu führen hat.

(3) [1]Die sonstige Leistung bemisst sich nach dem Unterschied zwischen dem Betrag, den der Leistungsempfänger aufwendet, um die Leistung zu erhalten, und dem Betrag, den der Unternehmer für die Reisevorleistungen aufwendet. [2]Die Umsatzsteuer gehört nicht zur Bemessungsgrundlage. [3]Der Unternehmer kann die Bemessungsgrundlage statt für jede einzelne Leistung entweder für Gruppen von Leistungen oder für die gesamten innerhalb des Besteuerungszeitraums erbrachten Leistungen ermitteln.

(4) [1]Abweichend von § 15 Abs. 1 ist der Unternehmer nicht berechtigt, die ihm für die Reisevorleistungen gesondert in Rechnung gestellten sowie die nach § 13b geschuldeten Steuerbeträge als Vorsteuer abzuziehen. [2]Im Übrigen bleibt § 15 unberührt.

(5) Für die sonstigen Leistungen gilt § 22 mit der Maßgabe, dass aus den Aufzeichnungen des Unternehmers zu ersehen sein müssen:
1. der Betrag, den der Leistungsempfänger für die Leistung aufwendet,
2. die Beträge, die der Unternehmer für die Reisevorleistungen aufwendet,
3. die Bemessungsgrundlage nach Absatz 3 und
4. wie sich die in den Nummern 1 und 2 bezeichneten Beträge und die Bemessungsgrundlage nach Absatz 3 auf steuerpflichtige und steuerfreie Leistungen verteilen.

Bearbeiter: Bernhard Becht†/Manzur Esskandari

Inhaltsverzeichnis

1. Bedeutung der Vorschrift

1 Leistungen von **Reiseveranstaltern** setzen sich meist aus vielen Einzelleistungen (z.B. Beförderung, Unterkunft, Verpflegung, Vermittlung, Ticketverkauf) zusammen, die z.T. von anderen Unternehmern an verschiedenen Orten erbracht werden. Aus der Anwendung der allgemeinen Grundsätze der §§ 3 und 3a UStG ergeben sich je nach Art und Ort dieser Leistungen unterschiedliche umsatzsteuerliche Rechtsfolgen. Diese Uneinheitlichkeit soll durch § 25 UStG vermieden werden. Die Vorschrift legt einen einheitlichen **Leistungsort** (s. § 3a Abs. 1 UStG) fest. Leistungen des Reiseveranstalters sind im Ergebnis insgesamt wie Vermittlungsleistungen zu behandeln.

2 Reine Vermittlungsleistungen grenzüberschreitender Beförderungen werden von der Vorschrift nicht erfasst, sie können unter den Voraussetzungen von § 4 Nr. 5 UStG steuerbefreit sein (s. dazu § 4 Nr. 5 Rn. 10 ff.).

3 Die von der EG-Kommission geplante Änderung des Art. 26 6. EG-RL (s. Art. 306 f. MwStSystRL) zur Harmonisierung der Reiseleistungen ist gescheitert (s. dazu näher Henkel, UStB 2004, 360 m.w.N. und Gestaltungshinweisen).

2. Subjektiver Anwendungsbereich der Vorschrift

4 § 25 UStG regelt unmittelbar die **Besteuerung der Reiseveranstalter**. Die Vorschrift stellt allein auf das Erbringen von Reiseleistungen durch einen Unternehmer ab, es kommt nicht darauf an, dass diese Leistungen der Hauptgegenstand des Unternehmens sind. Sie ist daher auch z.B. auf Reiseleistungen eines Warenhauses anwendbar.

5 Dabei kommt es auf die Art der angebotenen Leistung nicht an (Einzelleistungen wie die Vermietung von Ferienhäusern werden genauso erfasst wie oder Pauschalleistungen, z.B. bei Hotelaufenthalt mit Fahrt und Verpflegung). Die Leistungen müssen durch den Reiseveranstalter im eigenen Namen erbracht werden, die **Vermittlertätigkeit** reicht nicht aus (zur Abgrenzung s. auch FG Rheinland-Pfalz vom 07.08.2014, 6 K 2092/13, DStRE 2015, 1257; s. BFH vom 20.11.1975, V R 138/73, BStBI II 1976, 307; BFH vom 26.06.2008, V B 42/07, BFH/NV 2008, 1894; FG Rheinland-Pfalz vom 10.07.2014, 6 K 1782/13, DStRE 2015, 105; zu Kettengeschäften s. BFH vom 20.03.2014, V R 25/11, DStRE 2014, 928.). Dabei müssen **Reisevorleistungen** in Anspruch genommen werden. Die Zuordnung einer Nebenleistung zu mehreren (Haupt-)Reisevorleistungen scheidet aus, wenn die einzelnen Reisevorleistungen bei unterschiedlichen Unternehmern eingekauft worden sind (s. FG Rheinland-Pfalz vom 07.08.2014, 6 K 2092/13, DStRE 2015, 1257).

6 Der Unternehmer muss nicht für eigene Rechnung handeln, FG Nürnberg vom 07.07.2015, 2 K 261/13. Reiseleistungen liegen auch dann vor, wenn der Steuerpflichtige als Kommissionär i.S.d. § 3 Abs. 11 UStG in eigenen Namen und auf fremde Rechnung gegenüber dem Endkunden tätig wird (s. BFH vom 07.10.1999, V R 79 und 80/98, BStBI II 2004, 308; BFH vom 02.02.2006, V R 25/03, BStBl II 2006, 788). Der entgegenstehenden Verwaltungsauffassung (Abschn. 3.15 Abs. 4 Satz 5 UStAE) hat der BFH erneut widersprochen (s. BFH vom 15.07.2011, XI B 71/10, BFH/NV 2011, 1929).

7 **Leistungsempfänger** ist derjenige, der in unmittelbare Vertragsbeziehungen zu dem Reiseveranstalter tritt. Der Leistungsempfänger braucht die Leistung nicht selbst in Anspruch zu nehmen (z.B. bei Familienreisen); Reisender kann auch ein Dritter sein. Die Reiseleistung muss für einen Endkunden (Reisenden) bestimmt sein (B2C-Geschäft), für Reiseleistungen an andere Unternehmer (B2B-Geschäft) ist § 25 UStG nach dem eindeutigen Wortlaut nicht anwendbar (s. BFH vom 15.01.2009, V R 9/06, BStBI II 2010, 433; BFH vom 02.03.2006, V R 25/03, BFH/NV 2007, 1765). Diese Beschränkung ist mit dem Unionsrecht nicht vereinbar.

8 Die **Grundlagen der Reiseleistungsbesteuerung** sind in Art. 306 bis 310 MwStSystRL verankert. Diese differenzieren im Gegensatz zu § 25 UStG nicht zwischen gegenüber Geschäfts- und Privatreisenden erbrachten Umsätzen. Nach dem Urteil des Gerichtshofs vom 26.09.2013 (C-189/11, Kommission/Spanien, UR 2013, 835) ist die **Margenbesteuerung** auch auf Umsätze „mit allen Arten von Kunden" anzuwenden. Art. 306 bis 310 MwStSystRL sind im Sinne der Kundenmaxime auszulegen sei, die Regelung somit bei der Erbringung von Reiseleistungen „an alle Arten von Kunden" und nicht – entsprechend der Reisenden-

maxime – nur bei Leistungen an Endverbraucher anwendbar sei, s. FG Niedersachsen vom 11.06.2015, 16 K 53/15. Dem hat sich der BFH im Urteil vom 21.11.2013 (V R 11/11, UR 2014, 372; Leistungen an Vereine) angeschlossen. Der Unternehmer kann sich, wenn dies zu steuerlich günstigeren Ergebnissen führt, daher auf die Richtlinie berufen (s. BFH vom 21.11.2013, V R 33/10, BFH/NV 2014, 800; BFH vom 20.03.2014, V R 25/11, DStRE 2014, 928), die entgegen der inländischen Regelung des § 25 UStG über die Margenbesteuerung nicht darauf abstellt, ob die Reiseleistung an einen Endverbraucher und nicht an einen Unternehmer erbracht worden ist. Hierdurch eröffnet sich ein Gestaltungsspielraum. Es kann zur Nicht- aber auch zur Doppelbesteuerung kommen.

Beispiel: Ein in Deutschland ansässiger Unternehmer rechnet Hotel, Verpflegung und Flughafentransfer in Spanien an einen Unternehmer ab. 9

Lösung: Die Leistung des in Deutschland ansässigen Unternehmers unterliegt nicht der Umsatzsteuer. Spanien verweist das Besteuerungsrecht an Deutschland, da Reiseleistungen an Unternehmer der Margenbesteuerung am Sitz des Leistenden unterliegen. Deutschland schränkt die Besteuerung über § 25 UStG aber auf Reiseleistungen an Nichtunternehmer ein. Damit verweist Deutschland die Besteuerung über § 3a Abs. 3 und § 3b UStG an Spanien. Dies führt zur Nichtbesteuerung im Ausland ansässigen Unternehmern an andere Unternehmer erbracht werden.

Werden Leistungen in Deutschland von im Ausland ansässigen Unternehmern an andere Unternehmer erbracht, droht eine **Doppelbesteuerung**. Diese kann nur vermieden werden kann, wenn sich der Leistungsempfänger auf die günstigere MwStSystRL beruft und deshalb keine Steuerschuld auf ihn übergehen kann. 10

Für Reiseleistungen an andere Unternehmer (sog. **Kettengeschäft**) ist § 25 UStG nicht anwendbar (s. BFH vom 15.01.2009, V R 9/06, BStBl II 2010, 433, BFH vom 20.03.2014, V R 25/11, DStRE 2014, 928). Hierbei ist zu berücksichtigen, dass die Richtlinie eine § 25 Abs. 3 Satz 3 UStG entsprechende Vorschrift, wonach der Steuerpflichtige ein Wahlrecht hat, die Margenbesteuerung statt für jede einzelne Leistung für Gruppen von Leistungen oder für sämtliche Leistungen anzuwenden, nicht kennt (s. hierzu EuGH vom 26.09.2013, C-193/11, Kommission/Spanien, UR 2013, 835, Rn. 101 ff.). Beruft sich der Steuerpflichtige nicht auf die Richtlinie, bleibt es ohne die Anwendung des § 25 UStG bei der Einzelbetrachtung der Leistungen. 11

3. Besteuerung der Reiseleistung

3.1 Begriff der Reiseleistung

Unter eine **Reiseleistung** fallen alle Leistungen, zu denen der Reiseveranstalter aufgrund des mit dem Leistungsempfänger abgeschlossenen Vertrags verpflichtet ist. Die Beförderung des Reisenden muss nicht Bestandteil der Leistung sein (s. EuGH vom 12.11.1992, C-163/91, Van Gin-Mel, UR 1995, 302). Auch eine einzige Reiseleistung gegenüber einem Reisenden unterliegt der **Margenbesteuerung**. Eine Reiseleistung liegt daher auch dann vor, wenn sich die Leistung des Reiseveranstalters darauf beschränkt, dem Reisenden eine Ferienwohnung zur Verfügung zu stellen (s. BFH vom 21.01.1993, V B 95/92, BFH/NV 1994, 346; BFH vom 07.10.1999, V R 79 und 80/98, BStBI II 2004, 308, FG Nürnberg, 07.07.2015, 2 K 261/13). Bei der einzigen Leistung muss es sich um eine **Kernleistung** (Beförderungs- oder Unterbringungsleistung) handeln. Für den Fall des isolierten Verkaufs von Veranstaltungskarten (z.B. Opernbesuche) hat der EuGH entschieden, dass eine Leistung eines Reisebüros nur dann unter die Sonderregelung fällt, wenn sie die Durchführung einer Reise betrifft (s. EuGH vom 09.12.2010, C 31/10, Minerva Kulturreisen GmbH, DStR 2010, 2576). 12

3.2 Einheitliche Leistung: Erfordernis von Reisevorleistungen und Leistungsort

§ 25 UStG ist nur anwendbar, wenn der Reiseveranstalter **Reisevorleistungen** in Anspruch nimmt. Alle Reiseleistungen, die der Reiseveranstalter erbringt, gelten als eine einheitliche sonstige Leistung. Der Ort dieser sonstigen Leistung ist der Ort, von dem aus der Reiseveranstalter sein Unternehmen betreibt bzw. die **Betriebsstätte**, die die Reiseleistung erbringt (s. § 3a Abs. 1 UStG). 13

3.3 Einzelfälle

14 **Reiseleistungen** i.S.d. § 25 UStG liegen z.B. in folgenden Fällen vor:

- **Erwerb eines „Pakets" von Flugtickets**, um hieraus durch Verbindung mit anderen Leistungen (z.B. Unterkunft und Verpflegung) eine Pauschalreise zusammenzustellen, durch einen Tickethändler oder ein Reisebüro (s. Abschn. 25.1 Abs. 5 Nr. 1 Satz 3 UStAE).
- **Durchführung von Sprachreisen** (z.B. Auslandsaufenthalte von Schülern während der Schulferien) und Sprachstudienaufenthalten einschließlich Beförderung und Betreuung im Ausland. Auf den Zweck und die Dauer des Auslandaufenthalts der Teilnehmer kommt es nicht an (s. BFH vom 01.06.2006, V R 104/01, BStBl II 2007, 142; EuGH vom 13.10.2005, C-200/04, IST, UR 2005, 694). Dies gilt nach Art. 26 der 6. EG-RL bzw. Art. 306 f. MwStSystRL auch für den Fall, dass der Wirtschaftsteilnehmer kein Reisebüro oder Reiseveranstalter im üblichen Wortsinne ist, sondern gleichartige Umsätze im Rahmen einer anderen Tätigkeit erbringt.
- Bietet ein Hotelier gegen Zahlung eines Pauschalpreises seinen Kunden neben der Unterkunft regelmäßig auch die Beförderung von weit entfernten Abholstellen zum Hotel an, erbringt er Reiseleistungen hinsichtlich der von Dritten bezogenen Transportdienstleistung (s. EuGH vom 22.10.1998, C-308/96 und C-94/97, Madgett und Baldwin, UR 1999, 38 mit Anm. Vellen).
- Die **Betreuungsleistungen eines Konsularservice**s (Beschaffung der Visa Bestätigung durch Kontaktaufnahme zu Referenzunternehmen vor Ort) sind gegenüber der bloßen Beschaffung des Touristenvisums als selbständige sonstige (Reise-)Leistung anzusehen (s. BFH vom 02.03.2006, V R 25/03, BStBl II 2006, 788).

15 **Keine Reiseleistungen** i.S.d. § 25 UStG liegen z.B. in folgenden Fällen vor:

- Bei sog. **Kaffeefahrten** (Busfahrten mit Verkaufsveranstaltungen) handelt es sich nicht um Reiseleistungen, wenn der Busunternehmer gegenüber den Teilnehmern als Veranstalter auftritt. Anders ist es aber, wenn der Verkaufsveranstalter auch als Veranstalter der Reise nach außen hin auftritt. Dann stehen i.d.R. die touristischen Leistungen derart im Vordergrund, dass es sich insgesamt um eine Reiseleistung i.S.v. § 25 handelt. Zu Reiseleistungen im Zusammenhang mit Verkaufsveranstaltungen und bei sog Gewinnreisen s. OFD Koblenz, Vfg. vom 08.04.2003, S 7419 A – St 44 3, DStR 2004, 92.
- **Vercharterung einer Segelyacht**, da keine Beförderung- und Unterbringungsleistungen ausgeführt werden, sondern den Charterern ermöglicht wird, mit der auf Zeit überlassenen Yacht eine selbst organisierte Reise durchzuführen (s. FG München vom 18.05.2006, 14 K 265/05, EFG 2006, 1374).
- **Vom Reiseveranstalter obligatorisch angebotene Reiserücktrittsversicherung**. Diese stellt keine unselbständige Nebenleistung zur Reiseleistung, sondern eine selbständige steuerfreie Versicherungsleistung gern § 4 Nr. 10 Buchst. b UStG dar (s. BFH vom 13.07.2006, V R 24/02, BStBl II 2006, 935).

3.4 Reisevorleistungen (§ 25 Abs. 1 Satz 5 UStG)

16 § 25 UStG verlangt die Inanspruchnahme von **Reisevorleistungen**. Dies sind alle Reiseleistungen, die dem Reisenden unmittelbar zugutekommen und von einem anderen als dem Reiseveranstalter erbracht werden, insbesondere Leistungen von Beförderungsunternehmen und Hotels. Die Inanspruchnahme von Reisevorleistungen liegt vor, wenn der Dritte (eigentlicher Leistungsträger) auf Veranlassung des Reiseunternehmers gegenüber dem Reisenden tatsächlich tätig wird.

17 Für die Frage, ob **Leistungen Dritter** dem Reisenden unmittelbar zugutekommen, sind die umsatzsteuerrechtlichen Leistungsbeziehungen sowie die ihnen zugrunde liegenden zivilrechtlichen Rechtsverhältnisse zwischen dem Dritten und dem Unternehmer bzw. zwischen dem Unternehmer und dem Leistungsempfänger ohne Bedeutung (s. BFH vom 25.01.1993, V B 95/92, UR 1993, 263). Bei der **Vermietung von Ferienhäusern** ist deshalb entscheidend, ob die Zuweisung des Objekts vor Ort in die tatsächliche Verfügungsmacht des Vermieters (Dritten) gestellt ist (Reisevorleistung) oder durch den Reiseveranstalter selbst erfolgt (Eigenleistung).

18 Soweit der **Reiseveranstalter Reiseleistungen mit eigenen Mitteln erbringt** (z.B. Beförderung in eigenen Autobussen), ist § 25 UStG unanwendbar (s. Abschn. 25.1 Abs. 8 UStAE). Hier gelten die allgemeinen

Vorschriften für sonstige Leistungen. Bei einem einheitlichen Reisepreis muss das Entgelt aufgeteilt werden in Eigen- und Fremdleistung. Nur für den auf die Fremdleistung (= Reisevorleistung) entfallenden Anteil gilt § 25 UStG. Die Aufteilung soll grundsätzlich in dem prozentualen Verhältnis erfolgen, in dem die Eigenleistungen zu den Fremdleistungen stehen, aber auch andere Aufteilungsmaßstäbe sind zugelassen, wenn sie zu einem sachgerechten Ergebnis führen (s. Abschn. 25.3 Abs. 2 und 3 UStAE). Zur Aufteilung bei Pauschalreisen mit eigenen Bussen nach tatsächlichen Kosten s. Urteil des FG Münster vom 19.08.2003 (5 K 6965/99 U, EFG 2003, 1743).

3.5 Steuerfreie Reisevorleistungen

Nach Abs. 2 sind Reiseleistungen steuerfrei, soweit die ihnen zuzurechnenden **Reisevorleistungen im Drittlandsgebiet** (zur Definition s. § 1 Abs. 2a UStG) bewirkt werden. Die Reiseleistung ist daher insgesamt steuerfrei, wenn sowohl die übrigen Reisevorleistungen als auch die mit der Reise verbundenen Beförderungsleistungen ausschließlich im Drittlandsgebiet erbracht werden. Werden die Reisevorleistungen nur zum Teil im Drittlandsgebiet erbracht, so ist die Reiseleistung nur insoweit steuerfrei, als die Reisevorleistungen auf das Drittlandsgebiet entfallen. Dies gilt auch für Reisevorleistungen, die in der Beförderung von Personen mit Flugzeugen und Schiffen bestehen. In diesen Fällen hat der Reiseveranstalter die gesamte Beförderungsleistung nach Maßgabe der zurückgelegten Strecken erforderlichenfalls im Schätzungswege aufzuteilen, soweit sie jeweils auf das Drittlandsgebiet und das Gemeinschaftsgebiet entfallen. 19

Beispiele: 20

- Wird ein Bustransfer im Gemeinschaftsgebiet bewirkt und die Kreuzfahrtschiffsreise im Drittlandsgebiet erbracht, unterliegt (nur) der Bustransfer der Margenbesteuerung (s. BFH vom 19.10.2011, XI R 18/09, DStRE 2012, 756).
- Die Visabeschaffung eines Reiseveranstalters für Russlandreisen erfolgt im Inland und stellt damit keine steuerfreie Reisevorleistung dar (s. FG Hamburg vom 06.11.2012, 1 K 52/10, EFG 2013, 410).

Abschn. 25 Abs. 4 UStAE enthält eine nicht ganz unproblematische **Vereinfachungsregelung**: Liegt der Zielort der Personenbeförderung im Drittlandsgebiet, gilt die Beförderungsleistung insgesamt als im Drittlandsgebiet erbracht, mit der Folge der Steuerbefreiung. Liegt der Zielort der Personenbeförderung im Gemeinschaftsgebiet, gilt die Beförderungsleistung insgesamt als im Gemeinschaftsgebiet erbracht. Fraglich ist, ob diese Vereinfachungsregelung eine Maßnahme zur Vereinfachung der Steuererhebung i.S.v. Art. 395 MwStSystRL darstellt. Nach Auffassung der EG-Kommission, die einem entsprechenden Antrag Deutschlands nicht gefolgt ist, ist dies nicht der Fall (s. Rädler/Lausterer, UR 1995, 285). 21

3.5.1 Nachweispflicht

Zur **Nachweispflicht der steuerbefreiten Reiseleistungen** s. Abs. 2 Satz 3 und § 72 UStDV. 22

3.5.2 Verhältnis zu den allgemeinen Steuerbefreiungsvorschriften

Soweit Abs. 2 keine Anwendung findet, sind für einheitliche Reiseleistungen die **allgemeinen Steuerbefreiungsvorschriften** (z.B. § 4 Nr. 25 UStG) zu prüfen (s. Abschn. 25.1 Abs. 12 UStAE). 23

3.6 Bemessungsgrundlage

3.6.1 Margenbesteuerung

Nach der Regelung zur Bemessungsgrundlage in § 25 Abs. 3 UStG ist nur der **Aufschlag**, den der Reiseveranstalter auf die Reisevorleistungen erhebt, der Umsatzsteuer zu unterwerfen (Margenbesteuerung; § 25 Abs. 3 Satz 1 UStG). Diese Marge ist durch Gegenüberstellung der Kosten für die Reisevorleistungen (brutto) und des gesamten Reisepreises (brutto) zu ermitteln; aus der sich so ergebenden Bruttomarge ist die USt herauszurechnen (§ 25 Abs. 3 Satz 2 UStG). 24

25 **Beispiel:** Ein Reiseveranstalter in Stuttgart bietet eine Pauschalreise in den Schwarzwald an, an der 50 Personen teilnehmen. Der Einzelpreis für die Reise (Fahrt, Unterkunft, Verpflegung) beträgt 500 €. Der Busunternehmer, der die Beförderung durchführt, erhält 3.000 €, das Hotel für Unterkunft und Verpflegung 17.000 €.

Lösung: Der Gesamteinnahme von 25.000 € stehen somit Kosten von 20.000 € gegenüber. Die Marge von 5.000 € ist das Bruttoentgelt. Die umsatzsteuerliche Bemessungsgrundlage beträgt 4.202 € (5.000 € ./. (15,96 % von 5.000 €)).

26 § 25 Abs. 3 Satz 3 UStG sieht Erleichterungen für **Pauschalreisen** vor, da die Errechnung der Marge für die einzelne Leistung bei Pauschalreisen mit erheblichen Schwierigkeiten hinsichtlich der Zuordnung der Reisevorleistungen verbunden sein kann. Die Regelung erlaubt dem Unternehmer, die Marge für bestimmte Gruppen von Reiseleistungen oder für sämtliche Reisen während des Besteuerungszeitraums (Gesamtmargenbildung) zu ermitteln. S. dazu das Beispiel in Abschn. 25.3 Abs. 4 UStAE.

27 Sind in der Gesamtleistung neben der nach § 25 UStG zu versteuernden Reiseleistung auch nach allgemeinen Grundsätzen zu versteuernde Eigenleistungen enthalten sind, ist die Aufteilung des Gesamtentgelts erforderlich. Diese Aufteilung kann im Verhältnis der Kosten erfolgen. Es ist aber auch zulässig, den der Eigenleistung entsprechenden Teil des Pauschalpreises nach Marktpreisen zu ermitteln (EuGH vom 22.10.1998, C-308/96 und C-94/97, Madgett und Baldwin UR 1999, 38 mit Anm. Vellen), s. dazu ausführlich Henkel UR 2000, 312 ff., mit Berechnungsbeispielen und Kritik an der Praktikabilität der Vorschrift.

28 Zu den **Aufwendungen** für Reisevorleistungen gehören auch Kosten, die einer einzelnen Reiseleistung nicht unmittelbar zugeordnet werden können. Mietet z.B. der Reiseveranstalter Räumlichkeiten an, die mangels Teilnehmerzahl nicht vollständig belegt werden, beeinflusst dieser Aufwand die Marge. Entsteht dabei eine negative Marge (Verlust), kann diese im Rahmen der Anwendung von § 25 Abs. 3 Satz 3 UStG mit positiven Margen verrechnet werden. Eine Verrechnung negativer Margen mit anderen steuerpflichtigen Umsätzen (z.B. Provisionen von Reisebüros) ist nicht möglich.

29 Die **Verdienstmarge** muss dem Kunden nicht offengelegt werden. Dies soll durch § 25 UStG gerade vermieden werden (s. FG Münster vom 20.09.2005, 15 K 4373/99 U).

30 Gewährt ein Reisebüro als Vermittler dem Abnehmer von Reiseleistungen (Endkunden) für die von ihm lediglich vermittelte Reise einen **Preisnachlass**, mindert dieser entgegen der bisherigen Rechtsprechung (s. BFH vom 12.01.2006, V R 3/04, BStBl II 2006, 479) die Bemessungsgrundlage der vom Reisebüro dem Reiseveranstalter gegenüber erbrachten Vermittlungsleistung nicht (s. BFH vom 27.02.2014, V R 18/11, BFH BStBl II 2015, 306; EuGH vom 16.01.2014, C-300/12, Ibero Tours, UR 2014, 234;

31 **Beispiel:** Das Reisebüro R erhält für die Vermittlung von Segelreisen des Veranstalters V eine Provision von 20 %. R gewährt einem Kunden einen Frühbucher-Rabatt von 10 % auf den Katalogpreis der Reise von 1.500 €, sodass der Kunde nur 1.500 € an R zu zahlen hat. R selbst hat an V den Katalogpreis von 1.800 € zu zahlen. R erhält eine Provision von V in Höhe von 360 €.

Lösung: Der Preisnachlass wirkt sich auf die Bemessungsgrundlage bei R nicht aus. R hat 360 € zu versteuern. Diese Bemessungsgrundlage mindert sich nicht nach § 17 durch den Preisnachlass.

3.6.2 Negative Margen

32 Negative Margen können entstehen, wenn die Aufwendungen für die Reisevorleistungen einer angebotenen Pauschalreise höher sind als der durch diese erzielte Reiseerlös (z.B. durch last-minute-Angebote, Preisminderungen, Fehlkalkulation). Aus negativen Margen ist kein Vorsteuerabzug möglich. Es entsteht keine negative Margensteuer. Negative Margen sind auch nicht in andere Kalenderjahre übertragbar. Eine Verrechnung mit einem Vorsteuerüberhang aus regelbesteuerten Umsätzen scheidet aus.

33 Macht der Unternehmer von § 25 Abs. 3 Satz 3 UStG Gebrauch, in dem er Gruppenmargen ermittelt oder die Gesamtmargenbildung wählt, kann die Verrechnung mit anderen positiven Margen erfolgen.

3.7 Vorsteuerabzug für Reisevorleistungen

Die Steuerbefreiung nach § 25 Abs. 2 UStG führt nicht zum Verlust des Vorsteuerabzugs (§ 15 Abs. 3 Nr. 2 UStG). 34

§ 25 Abs. 4 UStG schließt dagegen den Vorsteuerabzug nach § 15 UStG, der im Übrigen unberührt bleibt, für Reisevorleistungen aus. Dies gilt auch in den Fällen, in denen der Reiseveranstalter als Leistungsempfänger die Steuer nach § 13b UStG schuldet. Reisevorleistungen sind dabei nur solche, die dem Reisenden unmittelbar zugutekommen. Dadurch wird vermieden, dass die Umsatzsteuer zweifach gemindert wird, da bei der Ermittlung der Bemessungsgrundlage nach § 25 Abs. 3 UStG die Reisevorleistungen abgezogen werden. 35

Für andere Aufwendungen, die dem Reiseveranstalter im Zusammenhang mit der Reise entstehen, bleibt der Vorsteuerabzug erhalten. Hierzu gehören z.B. Vorsteuerbeträge, die beim Erwerb von Einrichtungsgegenständen, Büromaschinen und Büromaterial anfallen (s. Abschn. 25.4 Abs. 4 Satz 3 UStAE). 36

Für Reisevorleistungen i.S.d. § 25 Abs. 2 Satz 1 UStG entfällt der Vorsteuerabzug, denn diese Leistungen unterliegen im Inland nicht der Besteuerung. 37

Zum Vorsteuerabzug der Reiseveranstalter bei Personenbeförderungsleistungen mit Flugzeugen s. BMF vom 30.03.2006, IV A 5-S 7200-13/06, BStBl I 2006, 308; mit Omnibussen s. BMF vom 07.12.2000, IV D 1-S 7156d-4/00, BStBI I 2001, 98. 38

4. Rechnungsstellung

In der Rechnung ist auf die Anwendung der Sonderregelung des § 25 UStG durch einen Zusatz wie z.B. „Reiseleistungen" hinzuweisen (s. § 14a Abs. 6 Satz 1 UStG). Ein gesonderter Steuerausweis ist nicht zulässig (s. § 14a Abs. 6 Satz 2 UStG). Die **unberechtigt ausgewiesene Margensteuer** wird vom Reiseunternehmer geschuldet (s. § 14c Abs. 2, § 13a Abs. 1 Nr. 4 UStG). Darüber hinaus gibt der Unternehmer in diesem Fall seine Kalkulation und den Aufschlagsatz preis. 39

5. Aufzeichnungspflichten

Abs. 5 verweist bezüglich der **Aufzeichnungspflichten** im Wesentlichen auf § 22 UStG. Die Vorschrift begründet wegen der Besonderheiten des § 25 UStG zusätzliche Aufzeichnungspflichten für: 40

- Die Gegenleistung des Leistungsempfängers,
- die Aufwendungen des Reiseveranstalters für die Reisevorleistungen,
- die Bemessungsgrundlage nach § 25 Abs. 3 UStG und
- die Aufteilung auf steuerpflichtige und steuerfreie Leistungen.

§ 72 UStDV verlangt einen entsprechenden **buchmäßigen Nachweis**. Zu Einzelheiten siehe Abschn. 25.5 UStAE und Wenzel in Rau/Dürrwächter, § 25 UStG, Rn. 151 ff. 41

6. Umsatzsteuervoranmeldungen bei Margenumsätzen

Da der Bezug der Reisevorleistungen, die Durchführung der Reisen und insbesondere die dem Unternehmer zukommende Anzahlung des Leistungsempfängers regelmäßig nicht in einen Voranmeldungszeitraum fallen, kann der Unternehmer die **steuerpflichtige Marge im Wege der sachgerechten Schätzung** ermitteln (s. Abschn. 25.3 Abs. 4 UStAE). Er kann dazu auf Basis von Kalkulationen oder Erfahrungssätzen des Vorjahrs die als Bemessungsgrundlage geschätzten Werte zugrunde legen. In der Umsatzsteuer-Jahreserklärung ist darauf zu achten, dass sich nach endgültiger Feststellung der Bemessungsgrundlage nicht regelmäßig höhere Abschlusszahlungen ergeben (s. Abschn. 25.3 Abs. 7 Satz 4 UStAE). 42

§ 25a UStG Differenzbesteuerung

(1) Für die Lieferungen im Sinne des § 1 Abs. 1 Nr. 1 von beweglichen körperlichen Gegenständen gilt eine Besteuerung nach Maßgabe der nachfolgenden Vorschriften (Differenzbesteuerung), wenn folgende Voraussetzungen erfüllt sind:

1. Der Unternehmer ist ein Wiederverkäufer. Als Wiederverkäufer gilt, wer gewerbsmäßig mit beweglichen körperlichen Gegenständen handelt oder solche Gegenstände im eigenen Namen öffentlich versteigert.
2. Die Gegenstände wurden an den Wiederverkäufer im Gemeinschaftsgebiet geliefert. Für diese Lieferung wurde
   a) Umsatzsteuer nicht geschuldet oder nach § 19 Abs. 1 nicht erhoben oder
   b) die Differenzbesteuerung vorgenommen.
3. Die Gegenstände sind keine Edelsteine (aus Positionen 71 02 und 71 03 des Zolltarifs) oder Edelmetalle (aus Positionen 71 06, 71 08, 71 10 und 71 12 des Zolltarifs).

(2) Der Wiederverkäufer kann spätestens bei Abgabe der ersten Voranmeldung eines Kalenderjahres gegenüber dem Finanzamt erklären, dass er die Differenzbesteuerung von Beginn dieses Kalenderjahres an auch auf folgende Gegenstände anwendet:

1. Kunstgegenstände (Nummer 53 der Anlage 2), Sammlungsstücke (Nummer 49 Buchstabe f und Nummer 54 der Anlage 2) oder Antiquitäten (Position 9706 00 00 des Zolltarifs), die er selbst eingeführt hat, oder
2. Kunstgegenstände, wenn die Lieferung an ihn steuerpflichtig war und nicht von einem Wiederverkäufer ausgeführt wurde.

Die Erklärung bindet den Wiederverkäufer für mindestens zwei Kalenderjahre.

(3) Der Umsatz wird nach dem Betrag bemessen, um den der Verkaufspreis den Einkaufspreis für den Gegenstand übersteigt; bei Lieferungen im Sinne des § 3 Abs. 1b und in den Fällen des § 10 Abs. 5 tritt an die Stelle des Verkaufspreises der Wert nach § 10 Abs. 4 Nr. 1. Lässt sich der Einkaufspreis eines Kunstgegenstandes (Nummer 53 der Anlage 2) nicht ermitteln oder ist der Einkaufspreis unbedeutend, wird der Betrag, nach dem sich der Umsatz bemisst, mit 30 Prozent des Verkaufspreises angesetzt. Die Umsatzsteuer gehört nicht zur Bemessungsgrundlage. Im Fall des Absatzes 2 Satz 1 Nr. 1 gilt als Einkaufspreis der Wert im Sinne des § 11 Abs. 1 zuzüglich der Einfuhrumsatzsteuer. Im Fall des Absatzes 2 Satz 1 Nr. 2 schließt der Einkaufspreis die Umsatzsteuer des Lieferers ein.

(4) Der Wiederverkäufer kann die gesamten innerhalb eines Besteuerungszeitraums ausgeführten Umsätze nach dem Gesamtbetrag bemessen, um den die Summe der Verkaufspreise und der Werte nach § 10 Abs. 4 Nr. 1 die Summe der Einkaufspreise dieses Zeitraums übersteigt (Gesamtdifferenz). Die Besteuerung nach der Gesamtdifferenz ist nur bei solchen Gegenständen zulässig, deren Einkaufspreis 500 Euro nicht übersteigt. Im Übrigen gilt Absatz 3 entsprechend.

(5) Die Steuer ist mit dem allgemeinen Steuersatz nach § 12 Abs. 1 zu berechnen. Die Steuerbefreiungen, ausgenommen die Steuerbefreiung für innergemeinschaftliche Lieferungen (§ 4 Nr. 1 Buchstabe b, § 6a), bleiben unberührt. Abweichend von § 15 Abs. 1 ist der Wiederverkäufer in den Fällen des Absatzes 2 nicht berechtigt, die entstandene Einfuhrumsatzsteuer, die gesondert ausgewiesene Steuer oder die nach § 13b Absatz 5 geschuldete Steuer für die an ihn ausgeführte Lieferung als Vorsteuer abzuziehen.

(6) § 22 gilt mit der Maßgabe, dass aus den Aufzeichnungen des Wiederverkäufers zu ersehen sein müssen

1. die Verkaufspreise oder die Werte nach § 10 Abs. 4 Satz 1 Nr. 1,
2. die Einkaufspreise und
3. die Bemessungsgrundlagen nach den Absätzen 3 und 4.

Wendet der Wiederverkäufer neben der Differenzbesteuerung die Besteuerung nach den allgemeinen Vorschriften an, hat er getrennte Aufzeichnungen zu führen.

(7) Es gelten folgende Besonderheiten:

1. Die Differenzbesteuerung findet keine Anwendung
   a) auf die Lieferungen eines Gegenstands, den der Wiederverkäufer innergemeinschaftlich erworben hat, wenn auf die Lieferung des Gegenstands an den Wiederverkäufer die Steuerbefreiung für innergemeinschaftliche Lieferungen im übrigen Gemeinschaftsgebiet angewendet worden ist,
   b) auf die innergemeinschaftliche Lieferung eines neuen Fahrzeugs im Sinne des § 1b Abs. 2 und 3.
2, Der innergemeinschaftliche Erwerb unterliegt nicht der Umsatzsteuer, wenn auf die Lieferung der Gegenstände an den Erwerber im Sinne des § 1a Abs. 1 die Differenzbesteuerung im übrigen Gemeinschaftsgebiet angewendet worden ist.
3. Die Anwendung des § 3c und die Steuerbefreiung für innergemeinschaftliche Lieferungen (§ 4 Nr. 1 Buchstabe b, § 6a) sind bei der Differenzbesteuerung ausgeschlossen.

(8) Der Wiederverkäufer kann bei jeder Lieferung auf die Differenzbesteuerung verzichten, soweit er Absatz 4 nicht anwendet. Bezieht sich der Verzicht auf die in Absatz 2 bezeichneten Gegenstände, ist der Vorsteuerabzug frühestens in dem Voranmeldungszeitraum möglich, in dem die Steuer für die Lieferung entsteht.

Bearbeiter: Torsten Krause

Inhaltsverzeichnis

1. Rechtsentwicklung

1.1 Rechtsgrundlage und Bedeutung

§ 25a UStG regelt die Besteuerung der Umsätze, welche Wiederverkäufer mit dem Handel von gebrauchten Gegenständen erzielen. Abweichend von der regelmäßigen Bemessungsgrundlage, z.B. nach § 10 Abs. 1 UStG, wird in diesen Fällen nicht das Entgelt, welches der Erwerber aufwendet, sondern lediglich die Differenz zwischen dem Verkaufspreis und dem Einkaufspreis des Gebrauchtgegenstands der Besteuerung unterworfen. Folglich muss also zur Feststellung der Bemessungsgrundlage eine Differenz zwischen zwei Beträgen ermittelt werden. Die Steuer, welche aus dieser Bemessungsgrundlage durch Herausrechnung ermittelt wird, ist dann auch die Zahllast des Unternehmers für den Umsatz. Zu beachten ist, dass ein Vorsteuerabzug aus der Anschaffung des später weiterverkauften Gegenstandes ungeachtet sonstiger Einschränkungen grundsätzlich nicht in Betracht kommt, da eine **Voraussetzung für die Anwendung der Differenzbesteuerung** u.a. auch ist, dass für die Lieferung des Gegenstands an den Unternehmer keine 1

Umsatzsteuer geschuldet wurde oder der Lieferer seinerseits die Differenzbesteuerung angewandt hat (vgl. § 25a Abs. 1 Nr. 2 UStG, Rn. 14).

2 Die zu entrichtende Umsatzsteuer wird aus der Differenz herausgerechnet. Ziel der Regelung ist es, dass hierdurch die Umsatzsteuer gemildert wird, welche entsteht, wenn ein – regelmäßig bereits bei einem früheren Umsatz mit Steuer belasteter – gebrauchter Gegenstand aus Privathand wieder in den unternehmerischen Umlauf gelangt. Sollte er erneut unternehmerisch verkauft werden, würde ansonsten im Rahmen einer weiteren Veräußerung erneut Umsatzsteuer anfallen. Ob hier von einer, durch die Differenzbesteuerung vermiedenen Mehrfachsteuerbelastung gesprochen werden kann, ist umstritten.

3 Seit dem 1.1.2007 sind die Art. 311 bis 341 MwStSystRL, welche die Regelungen aus der bis dahin geltenden 6. EG-Richtlinie unverändert übernommen haben, als Rechtsgrundlage anzusehen.

1.2 Entwicklung der Vorschrift

4 Die aktuell geltende Regelung geht zunächst bereits auf den in der Zeit vom 01.7.1990 bis zum 31.12.1994 geltenden § 25a UStG zurück. Dieser regelte jedoch nur die Differenzbesteuerung mit Gebrauchtfahrzeugen. Mit Wirkung zum 01.04.1999 erfolgten kleinere Änderungen in den Abs. 1, 3 und 7 UStG, da hierdurch die Tatbestände der unentgeltlichen Wertabgabe gem. § 3 Abs. 1b und Abs. 9a UStG entsprechend umgesetzt wurden. Durch Art. 14 des Gesetzes zur Umrechnung und Glättung steuerlicher Euro-Beträge (Steuer-Euroglättungsgesetz) vom 23.12.2000 (BGBl I 2000, 1790, BStBl I 2001, 3) wurde die **Wertgrenze zur Bildung einer Gesamtdifferenz** in Abs. 4 von 1.000 DM auf 500 € umgestellt. Durch Art. 18 Nr. 16 des Gesetzes zur Änderung steuerlicher Vorschriften (Steueränderungsgesetz 2001 – StÄndG 2001) vom 20.12.2001 (BGBl I 2001, 3794, BStBl I 2002, 4), wurde in § 25 a Abs. 5 S. 3 UStG angeordnet, dass der differenzbesteuernde Unternehmer, der durch die Regelung gem. § 13b UStG beim Empfang einer Lieferung von einem ausländischen Unternehmer Steuerschuldner wird, im Falle des § 25a Abs. 2 UStG die von ihm geschuldete Steuer nicht als Vorsteuer gem. § 15 Abs. 1 Nr. 4 UStG abziehen darf.

5 § 25a UStG in der heutigen Struktur gilt seit dem 1.1.2004 und wurde fortan mehrfach modifiziert. Durch Art. 7 Nr. 10 des Jahressteuergesetzes 2007 vom 13.12.2006 (BGBl I 2006, 2878, BStBl I 2007), wurde mit Wirkung ab dem 19.12.2006 die Zolltarifnummer in § 25a Abs. 2 S. 1 Nr. 1 UStG geändert. Mit Art. 6 des Gesetzes zur Umsetzung steuerlicher EU-Vorgaben sowie zur Änderung steuerlicher Vorschriften vom 8.4.2010 (BGBl I 2010, 386, BStBl I 2010, 334) erfolgte in Abs. 5 die Verweisung auf § 13b Abs. 5 UStG. Art. 10 Nr. 12 des Gesetzes zur Umsetzung der Amtshilferichtlinie sowie zur Änderung steuerlicher Vorschriften (Amtshilferichtlinie-Umsetzungsgesetz – AmtshilfeRLUmsG) vom 26.6.2013 (BGBl I 2013, 1809, BStBl I 2013, 802), fügte im Zusammenhang mit der Einschränkung des ermäßigten Steuersatzes für Kunstwerke gem. § 12 Abs. 2 Nr. 12 und 13 UStG (vgl. Unverdorben, MwStR 2014, 191) in § 25a Abs. 3 UStG mit Wirkung ab dem 1.1.2014 die Regelung zu der sog. Pauschalmarge ein. Eine Anpassung an das EuGH-Urteil vom 29.3.2012 (Rs. C-414/10, Veleclair, UR 2012, 602) erfolgte durch das Gesetz zur Anpassung des nationalen Steuerrechts an den Beitritt Kroatiens zur EU und zur Änderung weiterer steuerrechtlicher Vorschriften (KroatienAnpG) vom 25.7.2014 (BGBl I 2014, 1266, BStBl I 2014, 1126). Seither kann gem. § 25a Abs. 5 UStG bereits die entstandene Einfuhrumsatzsteuer abgezogen werden kann, während der frühere Wortlaut des § 25 Abs. 5 UStG auf die entrichtete Steuer abstellte.

2. Inhaltliche Grundsätze

2.1 Lieferung beweglicher körperlicher Gegenstände

6 Zunächst ist festzuhalten, dass es sich um **Lieferungen i. S. d. § 1 Abs. 1 Nr. 1 UStG** handeln muss. Seit dem 01.04.1999 ist zu beachten, dass gem. § 3 Abs. 1b UStG bestimmte unentgeltliche Abgaben von Gegenständen aus einem Unternehmen den entgeltlichen Lieferungen i. S. v. § 3 Abs. 1 UStG gleichgestellt werden. Der Anwendungsbereich dürfte jedoch sehr eingeschränkt sein, da die Anwendung des § 3 Abs. 1b UStG grundsätzlich einen Vorsteuerabzug beim Erwerb unterstellt. Dieser ist jedoch tatbestandlich bereits hinderlich für § 25a UStG. Für die Anwendung der Differenzbesteuerung ist weiterhin Voraussetzung, dass

der Ort der Lieferung im Inland gem. § 1 Abs. 2 UStG belegen sein muss, da andernfalls eine Steuerbarkeit nicht eintritt. Für den Ort der Lieferung sind die §§ 3 Abs. 6–8 UStG maßgeblich.

Nach dem eindeutigen Gesetzeswortlaut unterliegen der Differenzbesteuerung **bewegliche körperliche Gegenstände**. Hingegen kommt es nach § 25a Abs. 1 UStG nicht darauf an, ob der Gegenstand gebraucht ist, sodass auch Umsätze mit neuen Gegenständen von der Vorschrift umfasst sein könnten. In der Praxis dürfte es sich allerdings im Regelfall um Gebrauchtgegenstände handeln, da die Differenzbesteuerung nur gilt, wenn der Unternehmer ein Wiederverkäufer ist und dazu für die Lieferung des Gegenstands im Gemeinschaftsgebiet an den Wiederverkäufer USt nicht geschuldet oder gem. § 19 Abs. 1 UStG nicht erhoben wurde oder wenn für diese Lieferung die Differenzbesteuerung vorgenommen wurde (vgl. § 25a Abs. 1 Nr. 1 und 2 UStG). Dies liegt regelmäßig dann vor, wenn zuvor zumindest eine gewisse Nutzung bei einem Nichtvorsteuerabzugsberechtigten Vorerwerber vorgelegen hat. 7

Da z.B. auch **lebende Tiere** zivilrechtlich als Sachen eingeordnet werden, sind sie dem Begriff der Gegenstände zuzuordnen. Deshalb sind auch Umsätze mit Tieren begünstigt, wenn sie ein Wiederverkäufer aus der Hand von Nichtunternehmern mit dem Ziel des Wiederverkaufs erworben hat (vgl. EuGH-Urteil vom 1.4.2004, Rs. C-320/02, Förvaltnings AB Stenholmen, UR 2004, 253). 8

2.2 Unternehmer als Wiederverkäufer

§ 25a UStG setzt weiterhin voraus, dass der Unternehmer, der die Anwendung begehrt, als **Wiederverkäufer** gilt. Ein solcher liegt vor, wenn gewerbsmäßig mit beweglichen körperlichen Gegenständen gehandelt wird oder solche Gegenstände im eigenen Namen öffentlich versteigert werden. Es ist nicht zwingend Voraussetzung, dass es sich um einen sog. typischen Gebrauchtwarenhändler, wie z.B. einen Gebrauchtfahrzeug-, Antiquitäten- oder Altmetallhändler handelt. Durch die Neufassung zum 1.1.1995 sind u.a. auch Banken, die Sicherungsgüter aus der Hand von Privatpersonen verwerten, von § 25a UStG betroffen. Ähnliches gilt für als Eigenhändler auftretende Versteigerer. Ein Unternehmer, der Gegenstände seines Anlagevermögens, welche er unter den sonstigen Voraussetzungen des § 25a UStG angeschafft hat, nach deren Gebrauch im Unternehmen veräußert, wird hingegen dadurch nicht Wiederverkäufer. 9

Nach zunächst anderslautender Verwaltungsmeinung hat sich das BMF mit Schreiben vom 11.10.2011 dem BFH angeschlossen und Abschn. 25a.1 Abs. 4 S. 3 UStAE mit einer Übergangsfrist bis zum 1.1.2012 entsprechend neu gefasst. Seither gilt, dass eine Anschaffung für das Anlagevermögen regelmäßig nicht unter § 25a UStG fällt (vgl. zuvor abweichende Auffassung der OFD Koblenz vom 24.4.1998, S 7421 A – St 513, DB 1998, 1543, BFH-Urteil vom 29.6.2011, XI R 15/10, BFH/NV 2011, 1808, BStBl II 2011, 839, heutige Verwaltungsmeinung in BMF vom 11.10.2011, IV d 2 – S 7421/07/10002, BStBl I 2011, 983). 10

2.3 Vorrausetzungen der Lieferung an den Wiederverkäufer

Die Anwendung des § 25a UStG kommt – bei Vorliegen der übrigen Voraussetzungen – für alle Gegenstände in Betracht, die an den Wiederverkäufer im Gemeinschaftsgebiet geliefert worden sind. Mithin gilt die Vorschrift mittlerweile nicht nur auf im Inland erworbene, sondern auf alle im Gemeinschaftsgebiet angeschafften Gebrauchtgegenstände. Erwerbe im Drittlandsgebiet sind hingegen nicht von § 25a UStG betroffen. 11

> **Beispiel:** Ein Autohändler mit Sitz in Lörrach kauft in der Schweiz von einem Privatmann ein gebrauchtes Fahrzeug und verbringt es nach Deutschland, um es hier zu verkaufen. Auf diesen Verkauf findet § 25a UStG keine Anwendung, denn die Schweiz ist Drittland. 11/1

Zu beachten ist ferner, dass die Differenzbesteuerung keine Anwendung auf die Lieferungen eines Gegenstands, den der Wiederverkäufer innergemeinschaftlich erworben hat, findet (vgl. § 25a Abs. 7 Nr. 1 Buchst. a UStG). Dies gilt zumindest dann, wenn auf die Lieferung des Gegenstands an den Wiederverkäufer (im übrigen Gemeinschaftsgebiet) die Steuerbefreiung für innergemeinschaftliche Lieferungen angewendet worden ist. Gleiches gilt für die innergemeinschaftliche Lieferung eines neuen Fahrzeuges i.S.d. § 1b Abs. 2 und 3 UStG (vgl. § 25a Abs. 7 Nr. 1 Buchst. b UStG). 12

13 Weil der **Erwerb von Todes** wegen nicht zum Zweck des gewerblichen Verkaufs erfolgt, schließt der Erwerb im Wege der Erbfolge durch einen Wiederverkäufer die Anwendung des § 25a UStG regelmäßig aus. Auch bei der unentgeltlichen Einlage in das Unternehmen aus der Privatsphäre des Unternehmers fehlt es an einer Lieferung an den Unternehmer.

14 Kennzeichnend und gleichzeitig zwingende Voraussetzung für die Differenzbesteuerung ist gem. § 25a Abs. 1 Nr. 2 UStG, dass aus der Lieferung an den Wiederverkäufer:

- Keine Umsatzsteuer geschuldet wurde,
- eine solche aufgrund der Anwendung des § 19 Abs. 1 UStG nicht erhoben wurde, oder
- ebenfalls die Differenzbesteuerung angewandt wurde.

15 Alle vorgenannten Fälle haben gemeinsam, dass für sie **kein Anspruch auf Vorsteuerabzug beim Wiederverkäufer** besteht. Obgleich § 25a Abs. 3 UStG bei der Ermittlung der Differenz von einem Einkaufspreis spricht, wurde bislang häufig die Auffassung vertreten, dass es ausdrücklich nicht notwendig sei, dass die Lieferung entgeltlich erfolgt. In einem solchen Fall wird zur Berechnung ein Einkaufspreis von 0 € fingiert. Jedoch hat der BFH mit Urteil vom 18.12.2008 (V R 52707, BStBl II 2009, 860) entschieden, dass es sich bei der für die Differenzbesteuerung gem. § 25a Abs. 1 Nr. 2 UStG erforderlichen Lieferung stets um eine entgeltliche Lieferung handeln muss (vgl. hierzu auch Abschn. 25a.1 Abs. 4 UStAE).

16 Umsatzsteuer wird für eine Lieferung beispielsweise dann nicht geschuldet, wenn die Lieferung aufgrund fehlender Unternehmereigenschaft des Lieferers nicht steuerbar ist. Mithin kommt § 25a UStG in Betracht, wenn der Unternehmer den Gebrauchtgegenstand vom Hoheitsbereich einer juristischen Person des öffentlichen Rechts oder von einem Privatmann im Inland oder im übrigen Gemeinschaftsgebiet erwirbt. Dem gleichzusetzen ist auch der **Erwerb aus dem nichtunternehmerischen Bereich eines Unternehmers**, z.B. aus der ideellen Sphäre eines Vereines, falls dieser auch einen – die Unternehmereigenschaft begründenden – wirtschaftlichen Geschäftsbetrieb unterhält. Ferner wird eine Umsatzsteuer z.B. dann nicht geschuldet, wenn die Veräußerung an den Wiederverkäufer zwar aus dem Unternehmensvermögen erfolgt, dies aber z.B. nach § 4 Nr. 28 UStG umsatzsteuerfrei ist. Vergleichbare Fälle wären nach § 4 Nr. 8 und 10 UStG denkbar.

17 Die Differenzbesteuerung kommt tatbestandlich auch zur Anwendung, wenn für die Lieferung des Gebrauchtgegenstands durch den Veräußerer Umsatzsteuer nicht erhoben wird, weil dieser als sog. **Kleinunternehmer i.S.d. § 19 Abs. 1 UStG** anzusehen ist. Voraussetzung dafür ist, dass der Lieferer Unternehmer ist und sein Umsatz im Vorjahr nicht höher war als 17.500 € und der Umsatz im laufenden Jahr voraussichtlich 50.000 € nicht übersteigt.

18 Denkbar wäre überdies, dass der an den Wiederverkäufer verkaufende Unternehmer ebenfalls die Differenzbesteuerung anwendet. In einem solchen Fall würde ebenfalls keine Umsatzsteuer offen ausgewiesen werden.

2.4 Ausnahmeregelung

19 Nach der abschließenden Aufzählung in § 25a Abs. 1 Nr. 3 UStG, ist die Differenzbesteuerung ausgeschlossen bei der Lieferung von Edelsteinen aus Positionen 7102 und 7103 des Zolltarifs und bei der Lieferung von Edelmetallen aus Positionen 7106, 7108, 7110 und 7112 des Zolltarifs, also z.B. bei Gold, Silber oder Platin. Vgl. zudem Rn. 41.

3. Besonderheiten in der Differenzbesteuerung

3.1 Option zur Differenzbesteuerung bei Umsätzen mit Kunstgegenständen und Antiquitäten

20 Aufgrund der Regelung in § 25a Abs. 2 UStG kann der Unternehmer **zur Differenzbesteuerung optieren**, wenn er folgende Gegenstände mit der Möglichkeit zum Vorsteuerabzug erworben hat:

1. Kunstgegenstände (Nr. 53 der Anlage 2), Sammlungsstücke (Nr. 49 Buchst. f und Nr. 54 der Anlage 2) oder Antiquitäten (Position 9706 00 00 des Zolltarifs; Rz. 1), die er selbst eingeführt hat (§ 25a Abs. 2 Nr. 1 UStG) oder

2. Kunstgegenstände, wenn die Lieferung an ihn steuerpflichtig war und nicht von einem Wiederverkäufer ausgeführt wurde (§ 25a Abs. 2 Nr. 2 UStG).

Mit der Optionsmöglichkeit ist bezweckt, dass insbesondere bei Kunstgegenständen, die von dem Künstler an Kunsthändler geliefert werden oder die von Kunsthändlern aus dem Drittland in das Inland eingeführt werden, auch die Differenzbesteuerung angewandt werden kann. Aufgrund des Verbots des Vorsteuerabzugs hinsichtlich der entrichteten Einfuhrumsatzsteuer oder der gesondert ausgewiesenen Steuer (vgl. § 25a Abs. 5 S. 3 UStG), kommt es allerdings im Ergebnis zur gleichen steuerlichen Belastung wie bei der Regelbesteuerung. 20/1

Die **Option gem. § 25a Abs. 2 UStG** hat gegenüber dem Finanzamt spätestens bis zur Abgabe der ersten Voranmeldung im laufenden Kalenderjahr zur erfolgen und bindet den Wiederverkäufer für mindestens zwei Kalenderjahre. Spezielle Formvorschriften sind nicht zu beachten. Eine Widerrufsmöglichkeit ist jedoch gesetzlich nicht vorgesehen. Obgleich es keine klare Regelung hierzu gibt, wird angenommen, dass für den Fall, in dem ein Wiederverkäufer nur eine Umsatzsteuer-Jahreserklärung abgeben (vgl. § 18 Abs. 2 UStG), die Anwendung des § 25a Abs. 2 UStG bis zur Abgabe der Jahressteuererklärung möglich ist. 21

Zu beachten ist, dass mit Wirkung zum 1.1.2014 der **ermäßigte Steuersatz gem. § 12 Abs. 2 Nr. 13 UStG auf Kunstgegenstände** (s. § 12 Rn. 177 ff.) eingeschränkt wurde. Das BMF vertritt hierzu die Ansicht (vgl. BMF-Schreiben vom 18.12.2014, IV D 2 – S 7246/07/10001, BStBl I 2015, 44 bzw. Abschn. 25a.1 Abs. 7 UStAE), dass die Wirkung der Erklärung nicht auf die Gegenstände beschränkt ist, die erst nach dem Beginn des Kalenderjahres erworben werden, d. h. sie umfasst auch Gegenstände, die vor diesem Zeitpunkt erworben wurden und erst danach veräußert werden. Dies unterstellt, umfasst die Erklärung auch die vor dem 1.1.2014 erworbenen Gegenstände, wobei nicht bedeutsam ist, wann sie tatsächlich veräußert werden. Dies ist insbesondere deshalb zu beachten, weil durch die Option zur Differenzbesteuerung zwingend der Regelsteuersatz angewandt werden muss (vgl. § 25a Abs. 5 S. 1 UStG), während für diese Kunstgegenstände ohne Option noch der ermäßigte Steuersatz Anwendung gefunden hätte. 22

Ferner vertritt die Finanzverwaltung die Ansicht, dass der optionale Übergang von der allgemeinen Besteuerung zur Differenzbesteuerung oder umgekehrt eine Änderung der für den Vorsteuerabzug maßgeblichen Verhältnisse darstellt, mithin könnte dies zu einer Korrektur des Vorsteuerabzugs im Sinne des § 15a UStG führen. Eine Berichtigung ist gem. § 15a Abs. 2 UStG bei Wirtschaftsgütern, die nur einmalig zur Ausführung eines Umsatzes verwendet werden, in dem Besteuerungszeitraum vorzunehmen, in dem das Wirtschaftsgut unter den jeweils veränderten Verhältnissen geliefert wird. Geht der **Unternehmer von der allgemeinen Besteuerung zur Differenzbesteuerung über**, bedarf es keiner Berichtigung gem. § 15a UStG, wenn der Unternehmer bei der Lieferung des Gegenstands gem. § 15a Abs. 8 UStG auf die Anwendung der Differenzbesteuerung dann wieder verzichtet oder wenn er nach Ablauf der Bindungsfrist gem. § 15a Abs. 2 UStG zur allgemeinen Besteuerung zurückkehrt und das Wirtschaftsgut erst danach liefert. 23

3.2 Bemessung des Umsatzes

Die Umsatzsteuer wird gem. § 25a Abs. 3 UStG nach dem Betrag bemessen, um den der Verkaufspreis den Einkaufspreis für den Gegenstand übersteigt. Diese Berechnung ist nur anwendbar auf entgeltliche Lieferungen. Für unentgeltliche Lieferungen wird im 2.Halbsatz wird auf § 10 Abs. 4 UStG verwiesen. Entsprechendes gilt für die Fälle des § 10 Abs. 5 UStG, mithin die rechtlich sehr umstrittenen **Mindestbemessungsgrundlage** (s. zur Mindestbemessungdgrundlage § 10 Rn. 111 ff.). Durch die Formulierung «übersteigt» wird angenommen, dass nur eine positive Differenz zu einer Besteuerung führt, während eine negative Differenz keine Steuer auslöst. Da gesetzlich in § 25a Abs. 3 UStG nur vom Einkaufspreis gesprochen wird, jedoch nicht die Nebenkosten erwähnt werden, ist davon auszugehen, dass die Nebenkosten nicht anzusetzen sind. Dementsprechend ergibt sich eine höhere Marge als bei Berücksichtigung der Nebenkosten. 24

Gemäß § 25a Abs. 3 S. 2 UStG gehört die Umsatzsteuer nicht zur Bemessungsgrundlage. Somit ist die Umsatzsteuer aus dem als Bemessungsgrundlage ermittelten Betrag herauszurechnen. 25

25/1 **Beispiel:** Der Wiederkäufer erwirbt von einer Privatperson einen Gebrauchtgegenstand für 10.000 €. Er kann diesen Gegenstand später nur für 9.500 € weiterverkaufen. In diesem Fall ist die Differenz zwischen Einkaufspreis und Verkaufspreis i. H. v. 500 € negativ, sodass nach der Differenzbesteuerung keine Umsatzsteuer aus diesem Umsatz anfällt. Sofern er den Gegenstand hingegen für 11.190 € verkaufen kann, beträgt die Differenz 1.190 €. Aus dieser Differenz wird sodann gem. § 25 a Abs. 3 i.V.m. Abs. 5 UStG die Umsatzsteuer nach dem Regelsteuersatz herausgerechnet. Damit beträgt die Bemessungsgrundlage 1.190 € und die daraus resultierende Umsatzsteuer 190 €.

26 Ergänzend wird in § 25a Abs. 3 S. 3 UStG geregelt, dass der Einkaufspreis in den Fällen der Einführung von Kunstgegenständen (vgl. § 25a Abs. 2 Nr. 1 UStG) dem Wert gem. § 11 Abs. 1 UStG zuzüglich der Einfuhrumsatzsteuer entspricht, d. h. dem **Zollwert**. Da dieser Wert ein Nettowert ist, erhöht Einfuhrumsatzsteuer den Einkaufspreis für die Anwendung des § 25a UStG noch.

27 Sollten Kunstgegenstände an den Wiederverkäufer steuerpflichtig geliefert worden sein, der Wiederverkäufer jedoch gem. § 25a Abs. 2 Nr. 2 UStG zur Anwendung des § 25a UStG optiert haben, ist der **Einkaufspreis ein Bruttopreis**, d. h., die Umsatzsteuer des Lieferers ist in diesen Preis einzubeziehen (vgl. § 25a Abs. 2 Nr. 2 UStG.

28 Nach der zum 01.01.2014 eingeführten Neuregelung ist für eine nach dem 31.12.2013 ausgeführte Lieferung eines Kunstgegenstands zu beachten, dass abweichend von dem regelmäßig anzusetzenden Differenzbetrag zwischen Verkaufspreis und Einkaufspreis gem. § 25a Abs. 3 S. 2 UStG 30 % des Verkaufspreises anzusetzen sind, wenn sich der Einkaufspreis des Kunstgegenstands nicht ermitteln lässt oder wenn der Einkaufspreis unbedeutend ist. Abschn. 25a.1 UStAE wurde hierfür um einen Abs. 11a ergänzt wurde, welcher von einer sog. „**Pauschalmarge**“ spricht. Gem. Abschn. 25a.1 Abs. 11a UStAE lässt die Finanzverwaltung die Pauschalmarge nur für Kunstgegenstände, die unter Nr. 53 der Anlage 2 zum UStG fallen, zu. Dies sind insbesondere „Gemälde und Zeichnungen, vollständig mit der Hand geschaffen, sowie Collagen u.ä. dekorative Bildwerke, Originalstiche, -schnitte und -steindrucke, Originalerzeugnisse der Bildhauerkunst aus Stoffen aller Art.“

29 In Abschn. 25a.1 Abs. 11a UStAE legt die Finanzverwaltung ferner für den unbedeutenden Einkaufspreis eines Kunstgegenstands den Betrag von 500 € ohne ggf. anfallende Umsatzsteuer fest. Aus dem Gesetz gibt es hierfür allerdings keinen konkreten Anhaltspunkt, was in der Praxis durchaus zu Diskussionen führen könnte.

3.3 Bildung einer Gesamtdifferenz

30 In Anlehnung an Art. 318 MwStSystRL erlaubt § 25a Abs. 4 UStG die gesamten innerhalb eines Besteuerungszeitraums ausgeführten Umsätze nach dem Gesamtbetrag zu bemessen, um den die Summe der Verkaufspreise und der Werte nach § 10 Abs. 4 Nr. 1 UStG die Summe der Einkaufspreise dieses Besteuerungszeitraums übersteigt. Hierbei wird von einer sog. **Gesamtdifferenz** gesprochen, die somit auch die Verrechnung von Verlustgeschäften und Gewinngeschäften ermöglicht. Die Besteuerung nach der Gesamtdifferenz ist nur bei Gegenständen erlaubt, deren Einkaufspreis jeweils 500 € nicht übersteigt.

31 Sofern sich der Ankauf und der Verkauf der Gegenstände, für die die Gesamtdifferenz gebildet wird, nicht im gleichen Besteuerungszeitraum befinden, können sich durch die Bildung der Gesamtdifferenz Fälle der Nichtbesteuerung oder der zu hohen Besteuerung ergeben, da ein „Übertrag“ in das jeweils nächste Jahr nach Abschn. 25a.1 Abs. 13 UStAE nicht zugelassen ist. Da die Umsatzsteuer eine Jahressteuer ist (vgl. § 18 UStG), können nur innerhalb desselben Besteuerungszeitraums negative mit positiven Gesamtdifferenzen einzelner Voranmeldungszeiträume verrechnet werden.

3.4 Anzuwendender Steuersatz bzw. Vorsteuerabzug

32 Gemäß § 25a Abs. 5 S. 1 UStG wird bei der Anwendung der Differenzbesteuerung stets auf die Bemessungsgrundlage der allgemeine Steuersatz gem. § 12 Abs. 1 UStG, also aktuell 19 %, angewandt. Der ermäßigte Steuersatz i.H.v. 7 % kommen somit nicht zur Anwendung. Insofern sollte nach Ermittlung der Marge auch geprüft werden, ob die Anwendung der Differenzbesteuerung nicht zu einem aus steuerlicher

Sicht ungünstigerem Ergebnis führt, als die Anwendung eines eventuell ermäßigten Steuersatzes auf den gesamten Verkaufspreis. Gemäß § 14a Abs. 6 UStG besteht für den differenzbesteuernden Wiederverkäufer ein **Verbot des offenen Steuerausweises**. Hierdurch wird zum einen verhindert, dass der Erwerber einen Vorsteuerabzug geltend macht und zum anderen wird verhindert, dass der Wiederverkäufer seine Marge offenlegen muss. Diese könnte ansonsten leicht retrograd aus der ausgewiesenen Steuer abgeleitet werden.

Sämtliche Steuerbefreiungen sind auch bei der Differenzbesteuerung einschlägig, mit Ausnahme der 33
Steuerbefreiung für innergemeinschaftliche Lieferungen (vgl. § 4 Nr. 1b i. V. m. § 6a UStG). So wäre es beispielsweise denkbar, dass ein Gegenstand der Differenzbesteuerung unterworfen, für die sich ergebene Bemessungsgrundlage jedoch die Steuerbefreiung für eine Ausfuhrlieferung in Anspruch genommen wird (vgl. § 4 Nr. 1a i. V. m. § 6 UStG). In geeigneten Fällen kann hierdurch auch das Risiko, welches beispielsweise aus der Nichteinhaltung der Buch- und Belegpflichten der §§ 9 ff. UStDV herrührt, minimiert werden.

Dem Wiederverkäufer steht – ungeachtet dessen, dass typischerweise Erwerbe von Nichtunternehmern 34
ohnehin keinen Vorsteuerabzug ermöglichen – auch in den Fällen kraft Gesetz kein Vorsteuerabzug zu, in denen er steuerpflichtig beliefert wurde (vgl. § 25a Abs. 5 S. 2 UStG). Auch eine ggf. nach § 13b UStG übergehende Steuer, welche grundsätzlich nach § 15 Abs. 1 Nr. 4 UStG vorsteuerabziehbar wäre, ist über § 25 Abs. 5 UStG vom Vorsteuerabzug ausgeschlossen. Beachtet werden muss jedoch, dass der **Ausschluss vom Vorsteuerabzug** nicht allgemein gilt, sondern nur für die tatsächlich der Differenzbesteuerung unterworfenen Gegenstände. Sonstige Vorbezüge oder Gemeinkosten gestatten hingegen unter Beachtung der sonstigen Tatbestandsmerkmale den Abzug von Vorsteuern.

3.5 Besondere Aufzeichnungspflichten

Im Rahmen seiner Aufzeichnungspflichten gem. § 22 UStG i.V.m. § 25a Abs. 6 UStG muss der Wieder- 35
verkäufer die Verkaufspreise oder die Werte nach § 10 Abs. 4 Nr. 1 UStG, die Einkaufspreise und die Bemessungsgrundlagen nach § 25a Abs. 3 und 4 UStG aufzeichnen. Die **Aufzeichnungen über die Differenzbesteuerung** sind getrennt von den übrigen Aufzeichnungen vorzunehmen. Es reicht aus, wenn sich die aufzeichnungspflichtigen Angaben aus der Buchführung ergeben, indem z.B. entsprechende Konten eingerichtet werden.

Allein ein **Verstoß gegen diese Aufzeichnungsvorschriften** führt nicht dazu, dass die Differenzbesteu- 36
erung nicht mehr angewendet werden kann, da die Aufzeichnungspflichten nicht Voraussetzung für die Differenzbesteuerung sind. Der Unternehmer kann die Aufzeichnungen nachholen, weil sie nicht zeitnah vorgenommen werden müssen (Urteil des FG Berlin vom 21.12.1999, 7 K 5176/98). Ein Fehlen von Aufzeichnungen kann allerdings Anlass geben, die Besteuerungsgrundlagen zu schätzen.

Dagegen ist die Differenzbesteuerung ausgeschlossen, wenn aufgrund fehlender oder unvollständiger 37
Aufzeichnungen nicht feststellbar ist, ob die Voraussetzungen für die Anwendung der Differenzbesteuerung überhaupt vorliegen. Die Beweislast liegt insoweit beim Unternehmer, da dieser eine wirtschaftliche Begünstigung begehrt. Bestehende Zweifel gehen daher zu seinen Lasten.

Soweit das Finanzamt wegen fehlender bzw. nicht ordnungsgemäßer Aufzeichnungen nicht feststellen 38
kann, ob der Einkauf eines wiederverkauften Gegenstands entgeltlich und ohne Umsatzsteuerschuld angekauft wurde, ist die Anwendung der Differenzbesteuerung ausgeschlossen. In einem solchen Fall kommt mithin die Regelbesteuerung zur Anwendung (vgl. OFD Niedersachsen, Vfg. vom 21.05.2015, S 7421 – 24 – St 181).

Zu beachten ist ferner, dass durch das AmtshilfeRLUmsG vom 26.06.2013 (BGBl I 2013, 1809, BGBl II 39
2013, 1120) seit 01.07.2013 auch die **Pflichtangaben für die verschiedenen Anwendungsbereiche der Margenbesteuerung** präzisiert wurden. Wo bisher in der Rechnung ein Hinweis auf die Sonderregelungen genügte, muss nunmehr:

- Bei Reiseleistungen (§ 25 UStG) die Formulierung „Sonderregelung für Reisebüros“,
- bei der Differenzbesteuerung nach § 25a UStG (je nach Sachverhalt) die Formulierung „Gebrauchtgegenstände/Sonderregelung“ bzw. „Kunstgegenstände/Sonderregelung“ bzw. „Sammlungsstücke und Antiquitäten/Sonderregelung“.

40 Die Finanzverwaltung beanstandet es allerdings nicht, wenn bei Rechnungen, die bis zum 31.12.2013 (einschließlich) ausgestellt werden, die neuen Pflichtangaben noch nicht berücksichtigt sind (BMF-Schreiben v. 25.10.2013, IV D 2 – S 7280/12/10002). Die Pflichtangaben dürfen ausweislich der genannten Verwaltungsmeinung auch in anderen Amtssprachen erfolgen, müssen jedoch den in Art. 226 Nr. 13 und 14 MwStSystRL in der jeweiligen Sprachfassung verwendeten Begriffen entsprechen. Beispielsweise zulässig sind die englischen Begriffe „Margin scheme/Travel agents" bei Reiseleistungen, „Margin scheme/Second-hand goods" bei Gebrauchtgegenständen, Margin scheme/Works of Art" bei Kunstgegenständen bzw. „Margin scheme/Collector's items and antiques" bei Sammlungsstücken und Antiquitäten. Obgleich der Hinweis auf die Differenzbesteuerung Bestandteil der Rechnung ist, kann die Verwaltung die Anwendung der Differenzbesteuerung nicht verweigern, nur weil ein Unternehmer in seiner Ausgangsrechnung nicht auf die Anwendung der Differenzbesteuerung nach § 25a UStG hinweist (FG Düsseldorf, Urteil vom 23.5.2014, Az. 1 K 2537/12 U; rechtskräftig).

3.6 Ausschluss der Differenzbesteuerung

41 Die **Ausschlusstatbestände des § 25a Abs. 7 UStG** sind sehr vielschichtig und sollten klar differenziert werden. Zunächst ist über § 25a Abs. 7 Nr. 1 UStG die Differenzbesteuerung ausdrücklich für Gegenstände ausgeschlossen, die der Wiederverkäufer innergemeinschaftlich erworben hat, wenn auf die Lieferung des Gegenstands an den Wiederverkäufer (im übrigen Gemeinschaftsgebiet) die Steuerbefreiung für innergemeinschaftliche Lieferungen angewendet worden ist. Dies ist systemgerecht, weil bei diesen Gegenständen insofern zunächst ein korrespondierender innergemeinschaftlicher Erwerb beim Wiederverkäufer vorlag. Ebenfalls ist die Differenzbesteuerung ausgeschlossen, soweit der Wiederverkäufer ein neues Fahrzeug i.S.d. § 1b Abs. 2 und 3 UStG innergemeinschaftlich liefert.

42 Der **innergemeinschaftliche Erwerb gem. § 1a UStG** unterliegt nicht der Umsatzsteuer, wenn auf die Lieferung der Gegenstände an den Erwerber die Differenzbesteuerung im übrigen Gemeinschaftsgebiet angewendet wurde.

43 Aufgrund der Regelung in § 25a Abs. 7 Nr. 3 UStG ist zu beachten, dass die sog. **Versandhandelsregelung gem. § 3c UStG** und die **Steuerbefreiung für innergemeinschaftliche Lieferungen gem. § 6a UStG** bei der Anwendung der Differenzbesteuerung nicht zur Anwendung kommen. Mithin wird insoweit das Bestimmungslandprinzip, welches den ausgeschlossenen Regelungen zugrunde liegt, nicht angewendet. Auch die deutsche Lieferschwelle spielt für den ausländischen Wiederverkäufer also in diesen Fällen auch keine Rolle. Wie in Rn. 33 dargestellt, bleibt die Ausfuhrsteuerbefreiung gem. § 4 Nr. 1a i.V.m. § 6 UStG indes anwendbar.

3.7 Option zur Regelbesteuerung

44 Der Wiederverkäufer hat grundsätzlich nach § 25a Abs. 8 UStG die Option, für jede Lieferung auf die Anwendung der Differenzbesteuerung zu verzichten. In diesem Fall wird der Umsatz nach den allgemeinen Vorschriften versteuert. Einschränkung findet das allgemeine Optionsrecht nur darin, dass im Falle einer Gesamtdifferenzbildung i.S.d. § 25a Abs. 4 UStG (Rz. 30.) kein Optionsrecht besteht. Da die Gesamtdifferenz gerade eine Einzelbetrachtung vermeiden soll, wäre ein isoliertes Optionsrecht nicht sachgerecht. Losgelöst von der Gesamtdifferenz kann der Wiederverkäufer jedoch für jeden einzelnen Umsatz eine für ihn optimale Option ausüben. Im Allgemeinen dürfte eine **Option zur Regelbesteuerung** nur sinnvoll sein, wenn der Abnehmer ein vorsteuerabzugsberechtigter Unternehmer ist.

45 Die Option wird ohne jede weitere Form dadurch ausgeübt, dass der Wiederverkäufer die allgemeinen Besteuerungsregeln beachtet. Insbesondere dürfte der gesonderte Ausweis von Umsatzsteuer auf der Grundlage der allgemeinen Vorschriften in einer Rechnung als Verzicht auf die Anwendung von § 25a UStG zu betrachten sein. Vorwiegend in den Fällen des § 25a Abs. 2 UStG ist zu beachten, dass der **Vorsteuerabzug bei der Option zur Regelbesteuerung gem. § 25a Abs. 8 UStG** erst in dem Voranmeldungszeitraum möglich ist, indem die Lieferung, für die optiert wurde, stattfindet.

§ 25b UStG Innergemeinschaftliches Dreiecksgeschäft

(1) [1]Ein innergemeinschaftliches Dreiecksgeschäft liegt vor, wenn

1. drei Unternehmer über denselben Gegenstand Umsatzgeschäfte abschließen und dieser Gegenstand unmittelbar vom ersten Lieferer an den letzten Abnehmer gelangt,
2. die Unternehmer in jeweils verschiedenen Mitgliedstaaten für Zwecke der Umsatzsteuer erfasst sind,
3. der Gegenstand der Lieferungen aus dem Gebiet eines Mitgliedstaates in das Gebiet eines anderen Mitgliedstaates gelangt und
4. der Gegenstand der Lieferungen durch den ersten Lieferer oder den ersten Abnehmer befördert oder versendet wird.

[2]Satz 1 gilt entsprechend, wenn der letzte Abnehmer eine juristische Person ist, die nicht Unternehmer ist oder den Gegenstand nicht für ihr Unternehmen erwirbt und die in dem Mitgliedstaat für Zwecke der Umsatzsteuer erfasst ist, in dem sich der Gegenstand am Ende der Beförderung oder Versendung befindet.

(2) Im Fall des Absatzes 1 wird die Steuer für die Lieferung an den letzten Abnehmer von diesem geschuldet, wenn folgende Voraussetzungen erfüllt sind:

1. Der Lieferung ist ein innergemeinschaftlicher Erwerb vorausgegangen,
2. der erste Abnehmer ist in dem Mitgliedstaat, in dem die Beförderung oder Versendung endet, nicht ansässig. Er verwendet gegenüber dem ersten Lieferer und dem letzten Abnehmer dieselbe Umsatzsteuer-Identifikationsnummer, die ihm von einem anderen Mitgliedstaat erteilt worden ist als dem, in dem die Beförderung oder Versendung beginnt oder endet,
3. der erste Abnehmer erteilt dem letzten Abnehmer eine Rechnung im Sinne des § 14a Abs. 7, in der die Steuer nicht gesondert ausgewiesen ist, und
4. der letzte Abnehmer verwendet eine Umsatzsteuer-Identifikationsnummer des Mitgliedstaates, in dem die Beförderung oder Versendung endet.

(3) Im Fall des Absatzes 2 gilt der innergemeinschaftliche Erwerb des ersten Abnehmers als besteuert.

(4) Für die Berechnung der nach Absatz 2 geschuldeten Steuer gilt die Gegenleistung als Entgelt.

(5) Der letzte Abnehmer ist unter den übrigen Voraussetzungen des § 15 berechtigt, die nach Absatz 2 geschuldete Steuer als Vorsteuer abzuziehen.

(6) [1]§ 22 gilt mit der Maßgabe, dass aus den Aufzeichnungen zu ersehen sein müssen

1. beim ersten Abnehmer, der eine inländische Umsatzsteuer-Identifikationsnummer verwendet, das vereinbarte Entgelt für die Lieferung im Sinne des Absatzes 2 sowie der Name und die Anschrift des letzten Abnehmers;
2. beim letzten Abnehmer, der eine inländische Umsatzsteuer-Identifikationsnummer verwendet:
   a) die Bemessungsgrundlage der an ihn ausgeführten Lieferung im Sinne des Absatzes 2 sowie die hierauf entfallenden Steuerbeträge,
   b) der Name und die Anschrift des ersten Abnehmers.

[2]Beim ersten Abnehmer, der eine Umsatzsteuer-Identifikationsnummer eines anderen Mitgliedstaates verwendet, entfallen die Aufzeichnungspflichten nach § 22, wenn die Beförderung oder Versendung im Inland endet.

Bearbeiter: Brigitte Dankl

Inhaltsverzeichnis

1. Allgemeines

1.1 Einführung

1 Durch das UStÄndG 97 vom 12.12.1996 (BGBl I 1996, 1851) wurde die Vorschrift neu in das UStG mit Wirkung ab 01.01.1997 eingefügt. Die unionsrechtliche Vorgabe ergibt sich aus Art. 138f; 140f MwStSystRL (vorher Art. 28c Teil E Abs. 3 der 6. EG-Richtlinie). Diese Vorschrift wiederum setzt die Erste Vereinfachungs-Richtlinie vom 14.12.1992 (ABlEG Nr. L 384, 47) um.

1.2 Bedeutung

2 Mit der Einführung der besonderen Regelung für Dreiecksgeschäfte sollte eine Vereinfachung von speziellen innergemeinschaftlichen Reihengeschäften erreicht werden. Nach den Grundsätzen des EuGH gilt für ein Reihengeschäft, dass **nur eine Lieferung** die warenbewegte Lieferung sein kann. Somit kann auch nur eine Lieferung als steuerfreie innergemeinschaftliche Lieferung angesehen werden. Alle anderen Lieferungen eines Reihengeschäfts (sogen. ruhende Lieferungen) sind entweder im Ausgangsmitgliedstaat oder im Empfangsmitgliedstaat steuerbar und i.d.R. steuerpflichtig. Von den beteiligten Unternehmern sind daher im Ausgangs- und im Empfangsmitgliedstaat steuerliche Verpflichtungen zu erfüllten. Gerade der mittlere Unternehmer eines Reihengeschäfts ist aber oftmals weder im Ausgangs- noch im Empfangsmitgliedstaat ansässig und müsste sich daher zur Umsatzsteuer registrieren lassen. Um den administrativen Aufwand einer Registrierung zu vermeiden, wurde die Vereinfachung für das innergemeinschaftliche Dreiecksgeschäft eingeführt. Dies wird am nachfolgenden Beispiel nochmal verdeutlicht.

3 **Beispiel:** Der spanische Unternehmer S bestellt bei dem französischen Unternehmer F Waren. F wiederum bestellt die Waren bei dem Unternehmer D in Deutschland. D versendet die Waren direkt an S, alle beteiligten Unternehmer treten unter der USt-IdNr. ihres Landes auf.

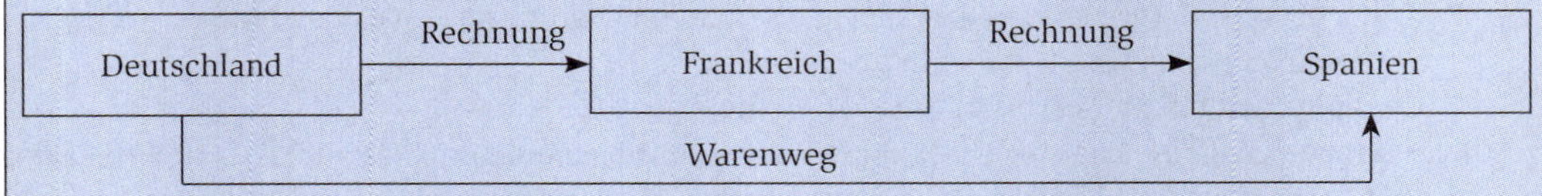

Lösung ohne Vereinfachungsregelung für Dreiecksgeschäft:

- D tätigt eine steuerfreie innergemeinschaftliche Lieferung an F, da D die bewegte Lieferung zuzuordnen ist (s. § 4 Nr. 1 Buchst. b i.V.m. § 6a UStG).
- F tätigt einen innergemeinschaftlichen Erwerb in Spanien (entsprechend § 3d Satz 1 UStG) und in Frankreich, da er seine französische USt-IdNr. verwendet hat (entsprechend § 3d Satz 2 UStG). Diese zusätzliche Erwerbsbesteuerung in Frankreich ist für F problematisch, da er nach einer Entscheidung des EuGH (vom 22.04.2010, C-539/08 Facet, DStR 2010, 926) aus dieser Erwerbsbesteuerung nicht

zum zeitgleichen Abzug der Erwerbsumsatzsteuer als Vorsteuer berechtigt ist. Erst wenn F die Besteuerung des Erwerbs in Spanien nachweist, kann die Besteuerung in Frankreich aufgehoben werden.

- F tätigt zusätzlich in Spanien eine steuerbare und steuerpflichtige Lieferung an S. Für diese Lieferung ist jedoch das Reverse-Charge-Verfahren in Spanien anwendbar. F müsste daher eine Rechnung ohne Umsatzsteuer stellen mit dem Hinweis auf Reverse-Charge.

F müsste sich ohne die Vereinfachungsregelung des Dreiecksgeschäfts in Spanien registrieren lassen und den innergemeinschaftlichen Erwerb besteuern.

Lösung mit Vereinfachungsregelung für Dreiecksgeschäft:

- D tätigt eine steuerfreie innergemeinschaftliche Lieferung an F, da D die bewegte Lieferung zuzuordnen ist (s. § 4 Nr. 1 Buchst. b i.V.m. § 6a UStG).
- F überträgt seine Steuerschuld für die steuerbare und steuerpflichtige Lieferung in Spanien auf S (entsprechend § 25b Abs. 2 UStG). Der innergemeinschaftliche Erwerb gilt im Falle der Übertragung der Steuerschuld als besteuert (entsprechend § 25b Abs. 3 UStG).

F muss sich nicht in Spanien registrieren lassen und muss auch keinen innergemeinschaftlichen Erwerb in Frankreich besteuern.

1.3 Umsatzgeschäfte von drei Unternehmern

Voraussetzung für ein innergemeinschaftliches Dreiecksgeschäft ist, dass drei Unternehmer über denselben Gegenstand ein Umsatzgeschäft abschließen und dieser Gegenstand direkt vom ersten Lieferanten an den letzten Abnehmer gelangt (s. § 25b Abs. 1 Satz 1 Nr. 1 UStG). 4

Der Lieferer und der erste Erwerber müssen Unternehmer sein und bezüglich der Lieferung im Rahmen ihres Unternehmens tätig werden. Die Unternehmereigenschaft bestimmt sich nach dem Recht des Mitgliedsstaates, in dem die Beförderung endet. Auch Kleinunternehmer und pauschalierende Landwirte können von der Vereinfachungsregelung des Dreiecksgeschäfts profitieren, sofern sie für umsatzsteuerliche Zwecke erfasst sind. 5

Der letzte Abnehmer muss grundsätzlich auch ein Unternehmer sein, er kann aber auch eine juristische Person des öffentlichen und privaten Rechts sein, die nicht Unternehmer ist oder den Gegenstand nicht für ihr Unternehmen erwirbt, wenn sie über eine USt-IdNr. des Bestimmungsmitgliedstaates verfügt (s. Abschn. 25b Abs. 2 Satz 6 UStAE). 6

Ein innergemeinschaftliches Dreiecksgeschäft kann auch zwischen drei unmittelbar nacheinander liefernden Unternehmern bei Reihengeschäften mit mehr als drei Beteiligten vorliegen, wenn die drei unmittelbar nacheinander liefernden Unternehmer am Ende der Lieferkette stehen (s. Abschn. 25b Abs. 2 Satz 2 UStAE). 7

Beispiel: Der deutsche Unternehmer D bestellt Elektrogeräte bei S in Spanien. S wiederum bestellt die Elektrogeräte bei I in Italien und I gibt die Bestellung an NL in den Niederlanden weiter. Die Waren werden direkt von NL zu D versendet. I hat den Spediteur beauftragt und weist nach, dass er den Gegenstand in seiner Eigenschaft als Lieferer versendet hat (Ausnahme nach § 3 Abs. 6 Satz 6 UStG). Alle Unternehmer treten jeweils unter der USt-IdNr. ihres Landes auf. 8

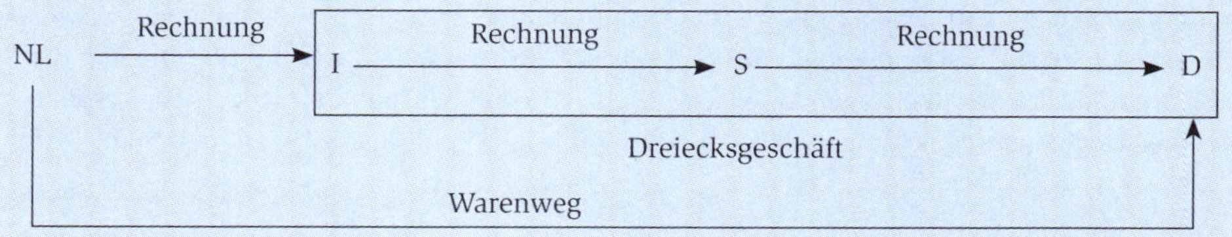

Lösung: Zwischen allen beteiligten Unternehmern liegt ein Reihengeschäft vor. Nach Auffassung des BMF liegt zwischen I, S und D ein innergemeinschaftliches Dreiecksgeschäft vor, da I in seiner Eigenschaft als Lieferant die Waren versendet hat.

9 Nachdem die deutsche Finanzverwaltung fordert, dass die drei unmittelbar nacheinander liefernden Unternehmer am Ende der Lieferkette stehen, würde bei nachfolgendem Fall das innergemeinschaftliche Dreiecksgeschäft nicht zur Anwendung kommen.

10 **Beispiel:** Der deutsche Unternehmer D bestellt Elektrogeräte bei S in Spanien. S wiederum bestellt die Elektrogeräte bei I in Italien und I gibt die Bestellung an NL in den Niederlanden weiter. Die Waren werden direkt von NL zu D versendet. NL hat den Spediteur beauftragt. Alle Unternehmer treten jeweils unter der USt-IdNr. ihres Landes auf.

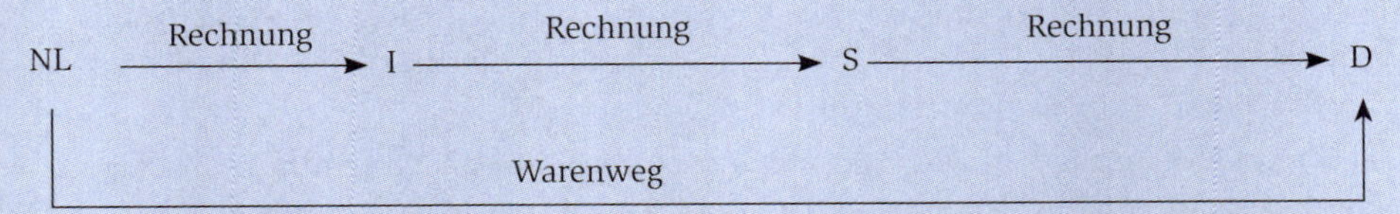

Lösung: Zwischen allen beteiligten Unternehmern liegt ein Reihengeschäft vor. Nach Auffassung des BMF liegt hier allerdings kein abgespaltenes innergemeinschaftliches Dreiecksgeschäft vor, da NL die steuerfreie innergemeinschaftliche Lieferung tätigt und somit die drei unmittelbar nacheinander liefernden Unternehmer nicht am Ende der Lieferkette stehen.

11 Diese Auffassung wird jedoch nicht von allen anderen Mitgliedstaaten geteilt. Damit kann es zu unterschiedlichen Auffassungen zwischen den Mitgliedstaaten bezüglich einer etwaigen Registrierungspflicht im Bestimmungsmitgliedstaat der nicht im Bestimmungsmitgliedstaat ansässigen Unternehmer kommen. Für die Praxis bedeutet dies, dass bei einem Reihengeschäft mit mehr als drei beteiligten Unternehmern im jeweils betroffenen Mitgliedstaat angefragt werden muss, ob die Abspaltung eines Dreiecksgeschäfts möglich ist.

12 Auch wenn z.B. ein Organträger und eine Organgesellschaft an einem Reihengeschäft mit zwei weiteren Unternehmern beteiligt sind, so führt das zu einem Reihengeschäft mit vier Beteiligten, da eine deutsche Organschaft im Ausland nicht als Organschaft und somit als ein Unternehmer anerkannt wird und auch aus deutscher Sicht wird eine Organschaft im Ausland nicht anerkannt. Die Organschaft entfacht ihre Wirkung (nur ein Unternehmer) daher nur im jeweiligen Inland.

1.4 Umsatzsteuerliche Erfassung in verschiedenen Mitgliedstaaten

13 Als weitere Voraussetzung für das Vorliegen eines innergemeinschaftlichen Dreiecksgeschäfts kommt hinzu, dass alle beteiligten Unternehmer in jeweils verschiedenen Mitgliedstaaten für Zwecke der Umsatzsteuer registriert sind (s. § 25b Abs. 1 Satz 1 Nr. 2 UStG). Nicht erforderlich ist, dass die beteiligten Unternehmer in dem Mitgliedstaat, dessen USt-IdNr. sie verwenden, auch ansässig sind.

14 Für den ersten Erwerber (mittlerer Unternehmer) ist zu beachten, dass in anderen Mitgliedstaaten Einschränkungen gelten können. Sofern ein erster Erwerber eine USt-IdNr. des Bestimmungsmitgliedstaates besitzt, kann er die Steuerschuld nicht mehr auf den letzten Erwerber übertragen (dies ist u.a. z.B. in Spanien und Belgien der Fall, wobei in Belgien unter bestimmten vertraglichen Bedingungen doch wieder ein Dreiecksgeschäft möglich sein kann). Aus Sicht dieser Mitgliedstaaten ist eine Übertragung der Steuerschuld nicht nötig, da der Übertragende (erster Erwerber) ohnehin schon umsatzsteuerlich registriert ist und von einer Vereinfachung daher abgesehen werden kann. Aus deutscher Sicht gilt diese Einschränkung nicht.

Beispiel: Der deutsche Unternehmer D bestellt Waren bei B in Belgien. B wiederum bestellt die Waren bei NL in den Niederlanden. NL versendet die Waren direkt an D. B ist umsatzsteuerlich in Deutschland registriert, alle Unternehmer verwenden jedoch die USt-IdNr. ihres Ansässigkeitsstaates. 15

Lösung: Zwischen den beteiligten Unternehmern liegt ein innergemeinschaftliches Dreiecksgeschäft vor, da alle Unternehmer unter verschiedenen USt-IdNr. auftreten. B kann seine belgische USt-IdNr. verwenden, obwohl er auch in Deutschland umsatzsteuerlich registriert ist.

Allerdings liegt kein innergemeinschaftliches Dreiecksgeschäft vor, wenn mehrere an dem Dreiecksgeschäft beteiligte Unternehmer die USt-IdNr. desselben Mitgliedstaates verwenden (Beispiel s. Abschn. 25b.1 Abs. 3 UStAE). 16

1.5 Tatsächliche Warenbewegung von einem Mitgliedstaat in den anderen Mitgliedstaat

Unabdingbar ist auch, dass der Liefergegenstand tatsächlich von einem Mitgliedstaat in einen anderen gelangt, d.h. der Liefergegenstand muss definitiv im anderen Mitgliedstaat ankommen. Die Warenlieferung darf daher nicht unmittelbar aus einem Drittland oder in ein Drittland erfolgen. Lediglich in Fällen des § 3 Abs. 8 UStG ist das Gelangen von einem Mitgliedstaat in den anderen erfüllt, wenn der erste Lieferer den Gegenstand zuvor in das Gemeinschaftsgebiet eingeführt hat (s. Abschn. 25b.1 Abs. 4 UStAE). Auch die reine Durchfuhr durch ein Drittland stellt eine Warenbewegung von einem Mitgliedstaat in den anderen dar, wie z.B. Beginn des Warentransports in Italien, Ende des Warentransports in Deutschland und Durchfuhr über die Schweiz). Auch wenn während des Warentransports mehrere Mitgliedstaaten durchfahren werden, ist nur maßgebend, dass Beginn und Ende des Warentransports in unterschiedlichen Mitgliedstaaten liegen. 17

Unschädlich ist auch das Be- oder Verarbeiten des Gegenstandes durch Beauftragte des ersten Lieferers vor der Beförderung oder Versendung in den anderen Mitgliedstaat, da der bearbeitete oder verarbeitete Gegenstand der eigentliche Liefergegenstand ist (s. Abschn. 25b.1 Abs. 4 Satz 4, 5 UStAE). 18

1.6 Beförderung oder Versendung durch den ersten Lieferer oder ersten Abnehmer

Der erste Lieferer oder der erste Abnehmer müssen den Liefergegenstand aus einem Mitgliedstaat in einen anderen Mitgliedstaat befördern oder versenden. Sofern der erste Abnehmer befördert oder versendet, muss er in seiner Eigenschaft als Abnehmer auftreten (s. § 3 Abs. 6 Satz 6 1. Alt. UStG), damit die bewegte Lieferung dem ersten Lieferanten zugeordnet werden kann. 19

Nach deutschem Recht liegt jedoch kein Dreiecksgeschäft vor, wenn der Liefergegenstand durch den letzten Abnehmer befördert oder versendet wird, sog. Abholfall (s. Abschn. 25b.1 Abs. 5 Satz 4 UStAE). Diese Auffassung wird von einigen Mitgliedstaaten geteilt, so z.B. von Dänemark, Österreich, Luxemburg, Polen, Slowenien. Während andere Mitgliedstaaten auch in Abholfällen ein Dreiecksgeschäft annehmen, so z.B. Schweden, Bulgarien, Belgien, Malta u.a. (hierzu auch Winter, UR 1998, 209). Aufgrund dieser unterschiedlichen Auffassung kann es in den einzelnen Mitgliedstaaten zu unterschiedlichen Behandlungen kommen. Zur Lösung eines derartigen Konflikts sieht die deutsche Finanzverwaltung vor, dass bei Reihengeschäften hinsichtlich der Zuordnung der bewegten Lieferung der Beurteilung eines anderen Mitgliedstaates gefolgt werden kann (s. Abschn. 3.14 Abs. 11 UStAE). Fraglich ist allerdings, wie der deutschen Finanzverwaltung die abweichende Beurteilung des anderen Mitgliedstaates nachgewiesen werden kann. Hierzu könnte der Nachweis der entsprechenden Deklaration in diesem Land ausreichend sein (s. Robisch in Bunjes, § 25b UStG Rn. 17). Aus der praktischen Erfahrung heraus kann die abweichende Beurteilung (z.B. Zuordnungsregeln für die bewegte Lieferung) auch mittels Aussagen der ausländischen Finanzverwaltung (z.B. auf deren Internet-Seite) nachgewiesen werden. 20

Die Auffassung der deutschen Finanzverwaltung, dass die Zuordnung der bewegten Lieferung davon abhängig ist, wer von den beteiligten Unternehmern die Beförderung ausgeführt bzw. wer den Spediteur 21 beauftragt hat (s. Abschn. 3.14 Abs. 7 UStAE) ist ohnehin kritisch zu sehen. Der EuGH hat in dem Verfahren Euro Tyre Holding BV (vom 16.12.2010, C-430/09, DStR 2011, 23) nicht bestätigt, dass die Transportbedingungen maßgebend sind. Grundsätzlich ist eine Gesamtbetrachtung der Verhältnisse erforderlich und das Auftreten des mittleren Unternehmers. Dieser Auffassung ist auch der BFH gefolgt (s. BFH vom 11.08.2011, V R 3/10, BFH/NV 2011, 2208). In seiner neueren Rechtsprechung stellt der BFH entscheidend darauf ab, zu welchem Zeitpunkt der mittlere Unternehmer dem letzten Abnehmer die Verfügungsmacht an der Ware verschafft (s. BFH vom 25.02.2015, XI R 15/14, DStR 2015, 901). Auch Art. 141 MwStSystRL sieht nicht vor, dass in Abholfällen die Vereinfachungsregelungen des Dreiecksgeschäfts nicht anwendbar sind, wie auch die Regelungen in anderen Mitgliedstaaten zeigen.

2. Übergang der Steuerschuld

2.1 Voraussetzungen

22 Die Steuerschuld für die Lieferung an den letzten Abnehmer, also die Steuerschuld des mittleren Unternehmers, geht auf den letzten Abnehmer über, wenn dieser Lieferung ein innergemeinschaftlicher Erwerb vorausgegangen ist (s. § 25b Abs. 2 Nr. 1 UStG). Der erste Abnehmer tätigt einen innergemeinschaftlichen Erwerb in dem Mitgliedstaat, in dem der Transport endet und zugleich auch in dem Mitgliedstaat, dessen USt-IdNr. er verwendet (s. § 3d Satz 1 und 2 UStG).

23 Des Weiteren darf der erste Abnehmer nicht in dem Mitgliedstaat ansässig sein, in dem der Warentransport endet. Sofern er dort ansässig ist, kommt es zu keinem Übergang der Steuerschuldnerschaft. Hintergrund hierfür ist, dass es keiner Vereinfachung (Übergang der Steuerschuld) bedarf, da ein ansässiger Unternehmer ohnehin Steuerabgabeverpflichtungen zu erfüllen hat. Zur Bestimmung der Ansässigkeit können die Ausführungen zu § 13b Abs. 7 und § 22a UStG herangezogen werden, sofern der Warentransport in Deutschland endet. Bei Warentransporten in andere Mitgliedstaaten ist die Ansässigkeit nach dem dort geltenden Recht zu bestimmen bzw. die Voraussetzungen für den Übergang der Steuerschuld (s. Rn. 14). Dabei ist auch die Umsetzung des Art. 141 Buchst. c MwStSystRL in den einzelnen Mitgliedstaaten zu beachten. Danach darf der erste Abnehmer nicht im Ausgangsmitgliedstaat (Mitgliedstaat in dem der Warentransport beginnt) für Mehrwertsteuerzwecke erfasst sein. In § 25b UStG ist diese Voraussetzung nicht genannt.

24 Der erste Abnehmer muss außerdem gegenüber dem ersten Lieferer und dem letzten Abnehmer dieselbe USt-IdNr. verwenden, diese USt-IdNr. darf aber weder vom Ausgangsmitgliedstaat noch vom Bestimmungsmitgliedstaat erteilt worden sein (s. § 25b Abs. 2 Nr. 2 UStG). Damit kommt das Dreiecksgeschäft in allen Mitgliedstaaten immer dann zur Anwendung, wenn der erste Abnehmer weder im Ausgangs- noch im Bestimmungsmitgliedstaat über eine USt-IdNr. verfügt. Sofern er jedoch im Ausgangs- oder Bestimmungsmitgliedstaat umsatzsteuerlich registriert ist, ist die Anwendbarkeit des Dreiecksgeschäfts zu prüfen (s. Rn. 14). Unter Verwendung der USt-IdNr. ist ein positives Tun des ersten Abnehmers, in der Regel bei Vertragsabschluss, zu sehen (s. Abschn. 3a.2 Abs. 10 UStAE). Eine im Briefkopf eingedruckte USt-IdNr. reicht allein nicht aus, um von einem aktiven Verwenden einer USt-IdNr. auszugehen. Der erste Abnehmer muss daher sicherstellen, dass sein Lieferant auch die von ihm verwendete USt-IdNr. in der Rechnung aufführt. Dies ist immer dann wichtig, wenn der erste Abnehmer über mehrere USt-IdNr. verfügt.

25 Wenn der erste Abnehmer im Drittland ansässig ist und keine anderen Umsätze (außer erster Abnehmer in einem Reihengeschäft) in den Mitgliedstaaten tätigt, kommt das Dreiecksgeschäft grundsätzlich nicht zur Anwendung. Es scheitert an der Voraussetzung, dass der Drittlandsunternehmer über eine USt-IdNr. verfügt, die ihm von einem anderen Mitgliedstaat – außer Ausgangs- und Bestimmungsmitgliedstaat – erteilt worden ist. Je nach Ausgestaltung, wem die bewegte Lieferung zuzuordnen ist, müssen sich diese Drittlandsunternehmer im Mitgliedstaat des Beginns des Transports oder der Beendigung des Transports umsatzsteuerlich registrieren lassen.

26 Auch für den letzten Abnehmer bestehen Verpflichtungen bzgl. der Verwendung der USt-IdNr. Er muss eine USt-IdNr. des Mitgliedstaates verwenden, in dem die Beförderung oder Versendung endet (s. § 25b Abs. 2 Nr. 4 UStG). Andernfalls kommt es nicht zu einem Übergang der Steuerschuld vom ersten Abneh-

mer auf den letzten Abnehmer. Verwendet der letzte Abnehmer daher eine andere USt-IdNr. als die des Bestimmungsmitgliedstaates oder aber keine USt-IdNr., dann kommt es nicht zu einem Übergang der Steuerschuld und der erste Abnehmer müsste sich grundsätzlich im Bestimmungsmitgliedstaat registrieren lassen. Bezüglich der Verwendung der USt-IdNr. siehe auch Rn. 24 vorher.

Auch muss der erste Abnehmer dem letzten Abnehmer eine Rechnung i.S.d. § 14a Abs. 7 UStG erteilen 27
in der die Steuer nicht gesondert ausgewiesen wird (s. § 25b Abs. 2 Nr. 3 UStG). Diese Vorschrift über die Rechnungserteilung ist materielle Voraussetzung, dass die Steuerschuld auf den letzten Abnehmer übergeht (s. Abschn. 25b.1 Abs. 8 Satz 1 UStAE). Für Sachverhalte vor 2010 soll lt. FG München vom 16.07.2015, 14 K 1813/13 allerdings ein Hinweis auf die einschlägige Bestimmung der Richtlinie oder auf die einschlägige nationale Vorschrift ausreichen ein zusätzlicher Hinweis auf den Übergang der Steuerschuldnerschaft sei nicht erforderlich. Neben den Pflichtangaben nach § 14 Abs. 4 UStG sind daher noch zusätzliche Angaben erforderlich. Demnach muss ein Hinweis auf das Vorliegen eines Dreiecksgeschäfts auf der Rechnung ersichtlich sein, wobei dieser Hinweis umgangssprachlich erfolgen kann und auch nicht in deutscher Sprache erfolgen muss, wie z.B. „innergemeinschaftliches Dreiecksgeschäft § 25b", „triangulation simplification acc. to Art 141 VAT Directive". Außerdem ist ein Hinweis auf den Übergang der Steuerschuld auf den letzten Abnehmer in der Rechnung anzubringen. Durch diese Hinweise soll sichergestellt werden, dass der letzte Abnehmer eindeutig erkennen kann, dass er der letzte Abnehmer in einem Dreiecksgeschäft ist und die Steuerschuld des ersten Abnehmers auf ihn übergegangen ist. Auch für den Hinweis bezüglich Übergang der Steuerschuldnerschaft gibt es keine Formvorschriften, sodass Hinweise wie „Übergang der Steuerschuld auf den Leistungsempfänger" oder „Reverse Charge" als ausreichend anzusehen sind. Auf der Rechnung müssen außerdem die USt-IdNr. des ersten und letzten Abnehmers ersichtlich sein. Das Verbot, eine Rechnung mit Steuerausweis zu stellen, ergibt sich sowohl aus § 25b Abs. 2 Nr. 3 UStG als auch aus § 14a Abs. 7 Satz 3 UStG. Nachdem bei falscher bzw. unvollständiger Rechnungstellung die Steuerschuld nicht übergeht, ist der zutreffenden Rechnungstellung große Sorgfalt zu widmen. Gerade in der Praxis zeigt sich häufig, dass die Hinweise bezüglich Dreiecksgeschäft und/oder Übergang der Steuerschuld fehlen. Eine Rechnungskorrektur nach § 31 Abs. 5 UStDV sollte möglich sein, allerdings kann der Übergang der Steuerschuld erst dann zum Zeitpunkt der zutreffenden Rechnungstellung erfolgen (Eintritt der materiellen Voraussetzung). Die Ausführungen zur Rechnungstellung gelten nur für Dreiecksgeschäfte, die in Deutschland enden. Sofern das Dreiecksgeschäft in einem anderen Mitgliedstaat endet, richtet sich die Rechnungstellung nach den dortigen Vorschriften. Hierbei empfiehlt es sich, die Vermerke bzgl. Dreiecksgeschäft und Übergang Steuerschuld mit der Formulierung aufzunehmen, die derjenige Bestimmungsmitgliedstaat vorsieht.

2.2 Rechtsfolgen für den ersten Abnehmer

2.2.1 Fiktive Besteuerung des innergemeinschaftlichen Erwerbs

Sofern die Voraussetzungen für den Übergang der Steuerschuld erfüllt sind, gilt auch der innergemein- 28
schaftliche Erwerb des ersten Abnehmers als besteuert (s. § 25b Abs. 3 UStG). Diese fiktive Besteuerung gilt sowohl für den Mitgliedstaat, in dem der Transport endet als auch für den Mitgliedstaat, dessen USt-IdNr. verwendet wird (s. Abschn. 25b.1 Abs. 7 UStAE). Somit ergeben sich für den ersten Abnehmer keine steuerlichen Verpflichtungen im Bestimmungsmitgliedstaat. Sofern der mittlere Unternehmer seine deutsche USt-IdNr. verwendet und der Warentransport in einem anderen Mitgliedstaat endet, bewirkt diese Fiktion, dass die Rechtsfolge des § 3d Satz 2 UStG – nämlich Besteuerung des Erwerbs aufgrund Verwendung der USt-IdNr. – entfällt. Kritisch kann diese Fiktion dann werden, wenn zwar bei analoger Anwendung der deutschen Voraussetzungen ein Dreiecksgeschäft im anderen Mitgliedstaat anzunehmen wäre, allerdings nach der dortigen Auslegung die Voraussetzungen für ein Dreiecksgeschäft und der damit einhergehende Übergang der Steuerschuld nicht gegeben sind (z.B. aufgrund einer umsatzsteuerlichen Registrierung des ersten Abnehmers im Bestimmungsmitgliedstaat). Da der Übergang der Steuerschuld materielle Voraussetzung für die Besteuerungsfiktion des innergemeinschaftlichen Erwerbs ist, dürfte die Besteuerungsfiktion in diesem Fall nicht anwendbar sein. Solange in diesen Fällen daher die Besteuerung

des innergemeinschaftlichen Erwerbs im Bestimmungsmitgliedstaat nicht nachgewiesen ist, droht die Versagung des Vorsteuerabzugs aus dem innergemeinschaftlichen Erwerb (s. BFH vom 01.09.2010, V R 39/08, BStBl II 2011, 658 und vom 08.09.2010, XI R 40/08, BStBl II 2011, 661; Abschn. 15.10 Abs. 2 Satz 2 UStAE). In der Praxis wird die deutsche Finanzverwaltung jedoch das Vorliegen der Voraussetzungen nach deutschem Recht als Beurteilungsmaßstab heranziehen.

2.2.2 Aufzeichnungs- und Erklärungspflichten des ersten Abnehmers

29 Neben den allgemeinen Aufzeichnungspflichten nach § 22 UStG sind bei den innergemeinschaftlichen Dreiecksgeschäften noch weitere Aufzeichnungspflichten zu erfüllen (s. § 25b Abs. 6 Nr. 1 UStG), sofern der erste Abnehmer eine deutsche USt-IdNr. verwendet und die Warenbeförderung in einem anderen Mitgliedstaat endet. Verwendet der erste Abnehmer allerdings eine USt-IdNr. eines anderen Mitgliedstaates, so ist er von den allgemeinen Aufzeichnungspflichten nach § 22 befreit, wenn der Transport in Deutschland endet (s. § 25b Abs. 6 Satz 2 UStG). Zusätzlich aufzuzeichnen sind demnach das vereinbarte Entgelt für die Lieferung an den letzten Abnehmer, sowie dessen Name und Anschrift.

30 Als erster Abnehmer eines Dreiecksgeschäfts ergeben sich auch Erklärungspflichten (s. §§ 18a, 18b UStG), sofern die deutsche USt-IdNr. verwendet wird und der Warentransport in einem anderen Mitgliedstaat endet. Somit muss der erste Abnehmer das Dreiecksgeschäft in einer besonderen Kennziffer der Umsatzsteuervoranmeldung (Kennziffer 42 in UStVA2014) und in der Umsatzsteuerjahreserklärung anmelden und auch eine Zusammenfassende Meldung abgeben (s. § 18a Abs. 1 und Abs. 7 Nr. 4 UStG). Eine Intrastat-Meldung ist in Deutschland nicht abzugeben, da diese grundsätzlich nur in den Mitgliedstaaten abzugeben sind, die von der Warenbewegung körperlich als Versendungs- oder Eingangsmitgliedstaat betroffen sind.

2.3 Rechtsfolgen für den letzten Abnehmer

2.3.1 Übergang der Steuerschuld des ersten Abnehmers

31 Wenn alle in § 25b Abs. 2 Nr. 1-4 UStG genannten Voraussetzungen vorliegen und der Warentransport in Deutschland endet, geht die Steuerschuld des ersten Abnehmers zwingend auf den letzten Abnehmer über (s. Abschn. 25b.1 Abs. 6 Satz 2 UStAE). Durch die Übertragung der Steuerschuld wird der letzte Abnehmer Steuerschuldner für die vom ersten Abnehmer an ihn ausgeführte Lieferung. Die Besteuerung richtet sich daher nach den Tatsachen, die beim ersten Abnehmer zugrunde liegen. Sofern an den letzten Abnehmer eine steuerfreie Lieferung vorliegt, kann die Steuerschuld nicht übergehen. Dennoch sollten auch hier die Folgen des Dreiecksgeschäfts zur Anwendung kommen hinsichtlich der Anmeldungs- und Aufzeichnungspflichten (s. Schilcher in Hartmann/Metzenmacher, § 25b UStG Rn. 160, 161). Für die Berechnung der geschuldeten Steuer gilt die Gegenleistung als Entgelt (s. § 15b Abs. 4 UStG). Dies ist stets der Nettobetrag ohne Umsatzsteuer. Die Umsatzsteuer ist vom letzten Abnehmer mit dem zutreffenden Steuersatz selbst zu berechnen.

2.3.2 Aufzeichnungs- und Erklärungspflichten des letzten Abnehmers

32 Auch für den letzten Abnehmer, der eine deutsche USt-IdNr. verwendet, ergeben sich besondere Aufzeichnungspflichten (s. § 25b Abs. 6 Nr. 2 UStG), wenn der Warentransport in Deutschland endet. Demnach muss er die Bemessungsgrundlage der Lieferung des ersten Abnehmers an ihn aufzeichnen und die hierauf entfallende Umsatzsteuer, sowie den Namen und die Anschrift des ersten Abnehmers.

33 Weiterhin ergeben sich auch für den letzten Abnehmer Erklärungspflichten (s. §§ 18 Abs. 4a, 18b UStG). Somit muss der letzte Abnehmer den Übergang der Steuerschuld in einer besonderen Kennziffer der Umsatzsteuervoranmeldung (Kennziffer 69 in UStVA2014) und in der Umsatzsteuerjahreserklärung anmelden. Auch ist eine etwaige Intrastat-Meldung in Deutschland abzugeben. Eine Zusammenfassende Meldung ist nicht abzugeben, da diese Verpflichtung nur für den ersten Abnehmer besteht.

2.4 Beispielsfälle

Die Regelungen zum Dreiecksgeschäft werden in den nachfolgenden Beispielsfällen veranschaulicht. 34

Beispiel 1: Deutscher Unternehmer ist der erste Lieferer 35

D in Deutschland verkauft Waren an F in Frankreich und F wiederum verkauft diese Waren an I in Italien. D beauftragt den Transport, alle Unternehmer verwenden die USt-IdNr. ihrer Mitgliedstaaten.

Rechnungsweg: D → F → I
Warenweg: D → I

Lösung: D tätigt eine innergemeinschaftliche Lieferung an F, da er die Ware von D nach I transportieren lässt (s. § 6a UStG). Es ist für D ohne Bedeutung, dass er von F eine französische USt-IdNr. erhält, die Waren aber nach Italien liefert. Ob ein Dreiecksgeschäft vorliegt, ist für D nicht maßgebend, da er der erste Unternehmer in der Reihe ist. Er muss auf seiner Rechnung daher lediglich den Vermerk bezüglich einer innergemeinschaftlichen Lieferung angeben. In der Rechnung darf keine Umsatzsteuer ausgewiesen werden. Vermerke bezüglich eines Dreiecksgeschäfts sind in seiner Rechnung nicht aufzuführen. D meldet die Warenlieferung daher auch als innergemeinschaftliche Lieferung in seiner Voranmeldung, Umsatzsteuerjahreserklärung und in der ZM an. Auch eine Intrastatmeldung müsste D ausfüllen, sofern er die Liefergrenzen überschreitet.

Für F und I ist zu prüfen, ob die Regelungen des Dreiecksgeschäfts Anwendung finden. Aus deutscher Sicht würde ein Dreiecksgeschäft vorliegen. In der Rechnung darf keine Umsatzsteuer ausgewiesen werden. Die Aufzeichnungs- und Erklärungspflichten des F als ersten Abnehmer richten sich demnach nach den Vorgaben des Umsatzsteuerrechts in Frankreich, da F die französische USt-IdNr. verwendet. Auch hier wird analog zur deutschen Sichtweise eine spezielle Kennziffer in der Voranmeldung und ZM auszufüllen sein

Für I würde die Steuerschuld des F auf ihn übergehen. Die Aufzeichnungs- und Erklärungspflichten für I richten sich nach den Vorgaben des Umsatzsteuerrechts in Italien.

Beispiel 2: Deutscher Unternehmer ist erster Abnehmer 36

B in Belgien verkauft Waren an D in Deutschland und D wiederum verkauft diese Waren an AT in Österreich. D beauftragt den Transport in seiner Eigenschaft als erster Abnehmer, alle Unternehmer verwenden die USt-IdNr. ihrer Mitgliedstaaten.

Rechnungsweg: B → D → AT
Warenweg: B → AT

Lösung: B tätigt eine innergemeinschaftliche Lieferung an D, da er die Ware von B nach AT transportieren lässt. Es ist für B ohne Bedeutung, dass er von D eine deutsche USt-IdNr. erhält, die Waren aber nach Österreich liefert. Ob ein Dreiecksgeschäft vorliegt, ist für B nicht maßgebend, da er der erste Unternehmer in der Reihe ist. In der Rechnung darf keine Umsatzsteuer ausgewiesen werden. Seine Aufzeichnungs- und Erklärungspflichten richten sich nach belgischem Recht. Analog zur deutschen Sichtweise müsste er seine innergemeinschaftliche Lieferung in einer speziellen Kennziffer melden und eine ZM abgeben, sowie eine etwaige Intrastat-Erklärung erstellen.

Für D würde aus deutscher Sicht ein Dreiecksgeschäft vorliegen. Demnach geht seine Steuerschuld auf AT über. Aufgrund der Verwendung seiner deutschen USt-IdNr. müsste D einen innergemeinschaftlichen Erwerb nach § 3d Satz 2 UStG besteuern, denn die Waren wurden nicht nach Deutschland transportiert. Durch die Fiktion des § 25b Abs. 3 UStG gilt jedoch die Steuer auf den innergemeinschaftlichen Erwerb als entrichtet, d.h. die Steuerschuld gilt als erloschen. Die Aufzeichnungs- und Erklärungspflichten des D richten sich nach dem deutschen Umsatzsteuergesetz, da er seine deutsche USt-IdNr. verwendet hat. Demnach muss D nach § 25b Abs. 6 Nr. 1 UStG den Namen und die Anschrift des letzten Abnehmers erfassen sowie das vereinbarte Entgelt. Außerdem muss D in seiner Rechnung auf das Dreiecksgeschäft und den Übergang der Steuerschuld hinweisen. In der Rechnung darf keine Umsatzsteuer ausgewiesen

werden. Des Weiteren muss D das Dreiecksgeschäft in seiner Voranmeldung und Umsatzsteuerjahreserklärung unter einer speziellen Kennziffer melden sowie eine ZM abgeben.
Für AT würde die Steuerschuld des D auf ihn übergehen. Die Aufzeichnungs- und Erklärungspflichten für AT richten sich nach den Vorgaben des Umsatzsteuerrechts in Österreich.

37 **Beispiel 3: Deutscher Unternehmer ist letzter Abnehmer**
B in Belgien verkauft Waren an F in Frankreich und F wiederum verkauft diese Waren an D in Deutschland. F beauftragt den Transport in seiner Eigenschaft als erster Abnehmer, alle Unternehmer verwenden die USt-IdNr. ihrer Mitgliedstaaten.

Rechnungsweg: B → F → D
Warenweg: B → D

Lösung: B tätigt eine innergemeinschaftliche Lieferung an F, da er die Ware von B nach D transportieren lässt. Es ist für B ohne Bedeutung, dass er von F eine französische USt-IdNr. erhält, die Waren aber nach Deutschland liefert. Ob ein Dreiecksgeschäft vorliegt, ist für B nicht maßgebend, da er der erste Unternehmer in der Reihe ist. In der Rechnung darf keine Umsatzsteuer ausgewiesen werden. Seine Aufzeichnungs- und Erklärungspflichten richten sich nach belgischem Recht. Analog zur deutschen Sichtweise müsste er seine innergemeinschaftliche Lieferung in einer speziellen Kennziffer melden und eine ZM abgeben, sowie eine etwaige Intrastat-Erklärung erstellen.
Für F liegen die Voraussetzungen für ein Dreiecksgeschäft vor und seine Steuerschuld geht auf D über. Demzufolge würde sein innergemeinschaftlicher Erwerb, den er aufgrund der Verwendung seiner französischen Umsatzsteuer in F versteuern müsste, als besteuert gelten. Die Erklärungs- und Aufzeichnungspflichten für F bzgl. dieses Dreiecksgeschäfts richten sich nach französischem Recht. Analog der deutschen Sichtweise muss er das Dreiecksgeschäft in einer speziellen Kennziffer anmelden und eine ZM abgeben. Auf der Rechnung müssten sich Hinweise bzgl. Übergang der Steuerschuld und Dreiecksgeschäft befinden. In der Rechnung darf keine Umsatzsteuer ausgewiesen werden.
Für D geht die Steuerschuld aus der Lieferung des F an ihn zwingend über, da die Voraussetzungen des § 25b Abs. 1 und 2 UStG vorliegen. D muss die Steuer auf den Umsatz von F an ihn in einer speziellen Kennziffer in der Umsatzsteuervoranmeldung und Umsatzsteuerjahreserklärung anmelden. Diese Steuer muss er selbst berechnen. Außerdem muss D Aufzeichnungen führen nach § 25b Abs. 6 Nr. 2 UStG. Aus diesen Aufzeichnungen muss Name und Anschrift des F ersichtlich sein sowie die Bemessungsgrundlage für den Umsatz.

38 **Beispiel 4: Deutscher Unternehmer als erster Abnehmer ist im Bestimmungsmitgliedstaat Spanien für umsatzsteuerliche Zwecke registriert**
S in Spanien bestellt bei D in Deutschland Waren. Da D diese Waren nicht vorrätig hat, bestellt D diese Waren bei seinem Lieferanten F in Frankreich. F sendet die Waren direkt zu S. Alle Unternehmer treten unter der USt-IdNr. ihres Mitgliedstaates auf. D ist umsatzsteuerlich in Spanien registriert.

Rechnungsweg: F → D → S
Warenweg: F → S

Lösung: F tätigt eine innergemeinschaftliche Lieferung an D, da er die Ware von F nach S transportieren lässt. Es ist für F ohne Bedeutung, dass er von D eine deutsche USt-IdNr. erhält, die Waren aber nach Belgien liefert. Ob ein Dreiecksgeschäft vorliegt, ist für F nicht maßgebend, da er der erste Unternehmer in der Reihe ist. In der Rechnung darf keine Umsatzsteuer ausgewiesen werden. Seine Aufzeichnungs- und Erklärungspflichten richten sich nach französischem Recht. Analog zur deutschen Sichtweise müsste er seine innergemeinschaftliche Lieferung in einer speziellen Kennziffer melden und eine ZM abgeben, sowie eine etwaige Intrastat-Erklärung erstellen.

Für D würde aus deutscher Sicht ein innergemeinschaftliches Dreiecksgeschäft vorliegen, da drei verschiedene USt-IdNr. verwendet wurden und die Ware von einem Mitgliedstaat in einen anderen gelangt ist. Auch die Voraussetzungen, die in § 25b Abs. 2 UStG aufgeführt sind, würden nach deutscher Auffassung vorliegen. Allerdings würde in Spanien die Steuerschuld des D nicht auf den letzten Abnehmer S nach den dortigen Dreiecksgeschäftsregelungen übergehen, da D in Spanien umsatzsteuerlich registriert ist. Eine Dreiecksgeschäfts-Vereinfachung kommt daher nicht in Betracht. D muss daher aus spanischer Sicht seine spanische USt-IdNr. verwenden und in Spanien einen innergemeinschaftlichen Erwerb anmelden. Die Lieferung an S würde in Spanien dem sog. „Local-Reverse-Charge" unterliegen. Die Rechnung des D an S darf daher keine spanische Umsatzsteuer ausweisen. In der deutschen Voranmeldung und Steuererklärung wäre der Umsatz des D unter der Kennziffer für in Deutschland nicht steuerbare Umsätze zu melden. Eine ZM Meldung in Deutschland unterbleibt. Verwendet D dennoch seine deutsche USt-IdNr., so schuldet er einen innergemeinschaftlichen Erwerb in Deutschland, kann aber die Vorsteuer auf den innergemeinschaftlichen Erwerb nicht zeitgleich abziehen gem. Abschn. 15.10 Abs. 2 Satz 2 UStAE. Erst wenn D die Besteuerung des Erwerbs in Spanien nachweist, kann die Besteuerung in Deutschland aufgehoben werden.

Anhand dieses Beispiels wird aufgezeigt, dass bei umsatzsteuerlichen Registrierungen des ersten Erwerbers im Bestimmungsmitgliedstaat stets eine Abklärung mit dem Recht des Bestimmungsmitgliedstaates vorzunehmen ist.

S muss die Steuer auf die Lieferung des D an ihn abführen, allerdings nicht nach den Verpflichtungen des Dreiecksgeschäfts sondern des Local-Reverse-Charge.

Beispiel 5: Deutscher Unternehmer als erster Abnehmer versendet die Ware in seiner Eigenschaft als Lieferer 39

F in Frankreich verkauft Waren an D in Deutschland und D wiederum verkauft diese Waren an AT in Österreich. D beauftragt den Transport in seiner Eigenschaft als Lieferer gem. § 3 Abs. 6 Satz 6 2. Alternative UStG, alle Unternehmer verwenden die USt-IdNr. ihrer Mitgliedstaaten.

Rechnungsweg: F → D → AT

Warenweg: F → AT

Lösung: Nach deutscher Auffassung würde kein Dreiecksgeschäft vorliegen, da D die Waren in seiner Eigenschaft als Lieferer versendet hat.

Nach österreichischem Recht könnten aber die Voraussetzungen für ein Dreiecksgeschäft vorliegen, da das österreichische Recht die abweichende Zuordnung der bewegten Lieferung analog § 3 Abs. 6 Satz 6 2. Alternative UStG nicht kennt. Nach französischem Recht ist die Beauftragung des Transports ohnehin nicht maßgebend, vielmehr ist i.d.R. demjenigen Unternehmer die bewegte Lieferung zuzuordnen, der die entsprechenden Versendungsdokumente besitzt. D könnte daher beantragen, dass Deutschland die Behandlung des Reihengeschäfts nach der österreichischen und französischen Auffassung anerkennt und er deshalb die Melde- und Aufzeichnungspflichten des ersten Abnehmers wahrnimmt.

Beispiel 6: Deutscher Unternehmer als letzter Abnehmer holt die Waren ab. 40

B in Belgien verkauft Waren an F in Frankreich und F wiederum verkauft diese Waren an D in Deutschland. D holt die Waren bei B ab, alle Unternehmer verwenden die USt-IdNr. ihrer Mitgliedstaaten.

Rechnungsweg: B → F → D

Warenweg: B → D

Lösung: Nach § 25b Abs. 1 Nr. 4 UStG liegt ein Dreiecksgeschäft nur dann vor, wenn der Gegenstand der Lieferung durch den ersten Lieferanten oder den ersten Abnehmer befördert oder versendet wird. Bei Abholung durch D als letzten Abnehmer ist diese Voraussetzung nicht erfüllt. Es kommt daher zu folgender Beurteilung:

B würde aus deutscher Sicht eine ruhende Lieferung in Belgien tätigen und müsste in seiner Rechnung belgische Umsatzsteuer ausweisen.
F wäre aus deutscher Sicht die bewegte Lieferung zuzuordnen und er würde somit in Belgien eine innergemeinschaftliche Lieferung tätigen. Nachdem die innergemeinschaftliche Lieferung in Belgien steuerbar wäre, müsste sich F in Belgien umsatzsteuerlich registrieren lassen. Dies ist unabhängig davon, ob die Lieferung steuerfrei wäre. F müsste in seiner Rechnung auf die innergemeinschaftliche Lieferung hinweisen und dürfte keine Umsatzsteuer ausweisen. Auch wären eine ZM und eine etwaige Intrastat-Meldung abzugeben in Belgien.
D muss einen innergemeinschaftlichen Erwerb in Deutschland anmelden und eine etwaige Intrastat-Meldung abgeben.

41 **Beispiel 7: Dreiecksgeschäft und Einfuhr aus dem Drittland**

D in Deutschland bestellt Waren von F in Frankreich. F bestellt diese Waren bei U in USA. U führt die Waren in den Niederlanden ein, da er dort auch umsatzsteuerlich registriert ist. U versendet die Waren nach der Einfuhr direkt an D. U tritt unter seiner niederländischen USt-IdNr. auf, F und D treten unter der USt-IdNr. ihres Mitgliedstaates auf.

Rechnungsweg: USA/NL → F → D
Warenweg: NL → D

Lösung: U tätigt aus deutscher Sicht durch den Verkauf an F eine steuerbare Lieferung in NL, da er der Schuldner der Einfuhrumsatzsteuer ist, s. § 3 Abs. 8 UStG. Da U den Transport beauftragt hat, ist ihm die bewegte Lieferung zuzuordnen. U tätigt somit eine steuerfreie innergemeinschaftliche Lieferung in den Niederlanden. In seiner Rechnung muss U auf die innergemeinschaftliche Lieferung verweisen und darf keine Umsatzsteuer ausweisen. Auch müsste er eine ZM und eine etwaige Intrastat-Meldung in den Niederlanden abgeben.
Für F liegen die Voraussetzungen des Dreiecksgeschäfts vor, da der Beginn des Reihengeschäfts nicht in USA sondern in den Niederlanden ist. Die Steuerschuld des F geht auf D zwingend über. Demzufolge würde sein innergemeinschaftlicher Erwerb, den er aufgrund der Verwendung seiner französischen Umsatzsteuer in F versteuern müsste, als besteuert gelten. Die Erklärungs- und Aufzeichnungspflichten für F bzgl. dieses Dreiecksgeschäfts richten sich nach französischem Recht. Analog der deutschen Sichtweise muss er das Dreiecksgeschäft in einer speziellen Kennziffer anmelden und eine ZM abgeben. Auf der Rechnung müssten sich Hinweise bzgl. Übergang der Steuerschuld und Dreiecksgeschäft befinden. In der Rechnung darf keine Umsatzsteuer ausgewiesen werden.
Für D geht die Steuerschuld aus der Lieferung des F an ihn zwingend über, da die Voraussetzungen des § 25b Abs. 1 und 2 UStG vorliegen. D muss die Steuer auf den Umsatz von F an ihn in einer speziellen Kennziffer in der Umsatzsteuervoranmeldung und Umsatzsteuerjahreserklärung anmelden. Diese Steuer muss er selbst berechnen. Außerdem muss D Aufzeichnungen führen nach § 25b Abs. 6 Nr. 2 UStG. Aus diesen Aufzeichnungen muss Name und Anschrift des F ersichtlich sein sowie die Bemessungsgrundlage für den Umsatz.

42 **Beispiel 8: Dreiecksgeschäft und Einfuhr in den Bestimmungsmitgliedstaat**

D in Deutschland bestellt Waren von F in Frankreich. F bestellt diese Waren bei U in USA. D führt die Waren in Deutschland ein. U beauftragt den Transport der Waren von USA nach Deutschland. U ist in den Niederlanden umsatzsteuerlich registriert und tritt unter seiner niederländischen USt-IdNr. auf, F und D treten unter der USt-IdNr. ihres Mitgliedstaates auf.

Rechnungsweg: USA/NL → F → D
Warenweg: USA → D

Lösung: Es liegt ein Reihengeschäft vor, da die Ware unmittelbar von USA nach Deutschland gesendet wird. Der Warentransport beginnt in USA, da U die Waren nicht in der EU einführt. U muss daher eine Rechnung ohne Umsatzsteuer an F stellen.

Für F liegen die Voraussetzungen des Dreiecksgeschäfts nicht vor, da die Waren direkt nach Deutschland eingeführt werden und somit nicht von einem EU-Mitgliedstaat in einen anderen gelangen. F führt demnach eine ruhende Lieferung aus, die in Deutschland steuerbar ist. Die Lieferung ist nach § 4 Nr. 4b UStG steuerfrei, da seine Lieferung an den D der Einfuhr vorangeht. F wäre daher grundsätzlich registrierungspflichtig in Deutschland. Allerdings wird in diesen Fällen auf eine Registrierung verzichtet, s. BMF vom 28.01.2004 (BStBl I 2004, 242 Beispiel 33). F muss daher eine Rechnung ohne Umsatzsteuer stellen und auf die Steuerfreiheit verweisen.

D meldet in Deutschland die Einfuhr an und kann die Einfuhrumsatzsteuer in seiner Voranmeldung/Umsatzsteuerjahreserklärung abziehen. Aus der Lieferung des F an ihn ergeben sich für D keine Verpflichtungen.

§ 25c UStG Besteuerung von Umsätzen mit Anlagegold

(1) [1]Die Lieferung, die Einfuhr und der innergemeinschaftliche Erwerb von Anlagegold, einschließlich Anlagegold in Form von Zertifikaten über sammel- oder einzelverwahrtes Gold und über Goldkonten gehandeltes Gold, insbesondere auch Golddarlehen und Goldswaps, durch die ein Eigentumsrecht an Anlagegold oder ein schuldrechtlicher Anspruch auf Anlagegold begründet wird, sowie Terminkontrakte und im Freiverkehr getätigte Terminabschlüsse mit Anlagegold, die zur Übertragung eines Eigentumsrechts an Anlagegold oder eines schuldrechtlichen Anspruchs auf Anlagegold führen, sind steuerfrei. [2]Satz 1 gilt entsprechend für die Vermittlung der Lieferung von Anlagegold.

(2) Anlagegold im Sinne dieses Gesetzes ist:
1. Gold in Barren- oder Plättchenform mit einem von den Goldmärkten akzeptierten Gewicht und einem Feingehalt von mindestens 995 Tausendstel;
2. Goldmünzen, die einen Feingehalt von mindestens 900 Tausendstel aufweisen, nach dem Jahr 1800 geprägt wurden, in ihrem Ursprungsland gesetzliches Zahlungsmittel sind oder waren und üblicherweise zu einem Preis verkauft werden, der den Offenmarktwert ihres Goldgehalts um nicht mehr als 80 Prozent übersteigt.

(3) [1]Der Unternehmer, der Anlagegold herstellt oder Gold in Anlagegold umwandelt, kann eine Lieferung, die nach Absatz 1 Satz 1 steuerfrei ist, als steuerpflichtig behandeln, wenn sie an einen anderen Unternehmer für dessen Unternehmen ausgeführt wird. [2]Der Unternehmer, der üblicherweise Gold zu gewerblichen Zwecken liefert, kann eine Lieferung von Anlagegold im Sinne des Absatzes 2 Nr. 1, die nach Absatz 1 Satz 1 steuerfrei ist, als steuerpflichtig behandeln, wenn sie an einen anderen Unternehmer für dessen Unternehmen ausgeführt wird. [3]Ist eine Lieferung nach den Sätzen 1 oder 2 als steuerpflichtig behandelt worden, kann der Unternehmer, der diesen Umsatz vermittelt hat, die Vermittlungsleistung ebenfalls als steuerpflichtig behandeln.

(4) Bei einem Unternehmer, der steuerfreie Umsätze nach Absatz 1 ausführt, ist die Steuer für folgende an ihn ausgeführte Umsätze abweichend von § 15 Abs. 2 nicht vom Vorsteuerabzug ausgeschlossen:
1. die Lieferungen von Anlagegold durch einen anderen Unternehmer, der diese Lieferungen nach Absatz 3 Satz 1 oder 2 als steuerpflichtig behandelt;
2. die Lieferungen, die Einfuhr und der innergemeinschaftliche Erwerb von Gold, das anschließend von ihm oder für ihn in Anlagegold umgewandelt wird;
3. die sonstigen Leistungen, die in der Veränderung der Form, des Gewichts oder des Feingehalts von Gold, einschließlich Anlagegold, bestehen.

(5) Bei einem Unternehmer, der Anlagegold herstellt oder Gold in Anlagegold umwandelt und anschließend nach Absatz 1 Satz 1 steuerfrei liefert, ist die Steuer für an ihn ausgeführte Umsätze, die in unmittelbarem Zusammenhang mit der Herstellung oder Umwandlung des Goldes stehen, abweichend von § 15 Abs. 2 nicht vom Vorsteuerabzug ausgeschlossen.

(6) Bei Umsätzen mit Anlagegold gelten zusätzlich zu den Aufzeichnungspflichten nach § 22 die Identifizierungs-, Aufzeichnungs- und Aufbewahrungspflichten des Geldwäschegesetzes mit Ausnahme der Identifizierungspflicht in Verdachtsfällen nach § 6 dieses Gesetzes entsprechend.

Bearbeiter: Andre Ossinger/Carsten Timm

Inhaltsverzeichnis

1. Bedeutung der Norm

Die Vorschrift stellt eine Sonderregelung für die Besteuerung von Umsätzen mit Anlagegold dar und regelt insbesondere deren **Steuerbefreiung**. Hierdurch wurde die Richtlinie 98/80/EG (s. ABl EG 1998 Nr. L 281, 31) in das nationale Recht umgesetzt (nunmehr Art. 344 ff. MwStSystRL) und ersetzt die bis zum 31.12.1999 geltende Regelung des § 4 Nr. 8 Buchst. k UStG. Hierdurch erfolgt eine Gleichstellung mit anderen steuerfreien Finanzumsätzen. 1

2. Umfang der Steuerbefreiung

Nach § 25c Abs. 1 Satz 1 UStG ist die Lieferung, die Einfuhr sowie der innergemeinschaftliche Erwerb von Anlagegold steuerbefreit. Daneben zählt § 25c Abs. 1 Satz 1 2. HS UStG auch verschiedene sonstige Leistungen i.S.d. § 3 Abs. 9 UStG auf, die eine Ähnlichkeit zur Goldlieferung aufweisen und insoweit der Lieferung von Anlagegold gleichgestellt werden (s. Abschn. 25c.1 Abs. 1 UStAE). Unionsrechtliche Grundlage s Art. 346 MwStSystRL. 2

U.E. führt diese Gleichstellung dazu, dass sich die Ortsbestimmung wegen dieser sog. Lieferfiktion abweichend von § 3a UStG nach den Regelungen über den Ort der (ruhenden) Lieferung richtet. 3

Soweit andere sonstige Leistungen, wie z.B. Optionsgeschäfte mit Anlagegold nicht unter die Lieferfiktion fallen, kommt ggf. eine Steuerbefreiung nach § 4 Nr. 8 Buchst. e UStG in Betracht. 4

Steuerfrei ist gem. § 25c Abs. 1 Satz 2 UStG auch die **Vermittlung der Lieferung von Anlagegold** (unionsrechtliche Grundlage s. Art. 347 MwStSystRL). 5

Die Regelungen der §§ 18 Abs. 7 UStG, 49 UStDV bleiben unberührt (zum Verzicht auf die Steuererhebung im Börsenhandel mit Edelmetallen s. § 18 Rn. 54 ff.). 6

Greifen neben § 25c UStG auch Steuerbefreiungen für Ausfuhrlieferungen i.S.d. § 4 Nr. 1 Buchst. a UStG, innergemeinschaftliche Lieferungen i.S.d. § 4 Nr. 1 Buchst. b UStG oder Goldlieferungen an Zentralbanken i.S.d. § 4 Nr. 4 UStG, ist die Steuerbefreiung des § 25c UStG lex specialis (s. Abschn. 25c.1 Abs. 7 UStAE). 7

3. Anlagegold

3.1 Goldbarren und Goldplättchen i.S.d. § 25c Abs. 2 Nr. 1 UStG

Zum Anlagegold gehören Goldbarren und -plättchen in firmenspezifischer typisierter eckiger Form mit Herstellerangabe und einem von den Goldmärkten akzeptierten Gewicht und einem Feingehalt von mindestens 995 0/00, dabei sind gem. Art. 56 MWSt-DVO mindestens die in Anhang III dieser VO aufgeführten Einheiten und Gewichte erfasst: 8

Einheit	**Gehandelte Gewichte**
Kilogramm	12,5 / 1
Gramm	500 / 250 / 100 / 50 / 20 / 10 /5 / 2,5 / 2
Unze (1 oz = 31,1035 g)	100 / 10 / 5 ½ / ¼
Tael (1 teal = 1,193 oz)	10 / 5 / 1
Tola (1 tola = 3,75 oz)	10

3.2 Goldmünzen i.S.d. § 25c Abs. 2 Nr. 2 UStG

Ferner gehören zum Anlagegold Goldmünzen, die einen Feingehalt von mindestens 900 ‰ aufweisen, nach dem Jahr 1800 geprägt wurden, in ihrem Ursprungsland gesetzliches Zahlungsmittel sind oder waren und üblicherweise zu einem Preis verkauft werden, der den Offenmarktwert (aktueller Goldpreis) ihres Goldgehalts um nicht mehr als 80 % übersteigt. Insbesondere Sammlermünzen werden im Unterschied hierzu oftmals aufgrund ihres hohen (numismatischen) Wertes um ein Vielfaches höher als ihr reiner Goldgehalt gehandelt. 9

10 Die Europäische Kommission veröffentlicht gem. Art. 345 MwStSystRL zum Ende eines jeden Jahres im Amtsblatt der EU Reihe C ein (nicht abschließendes) Verzeichnis der Goldmünzen, die die vorgenannten Kriterien für die Steuerbefreiung erfüllen. Für Umsätze von Goldmünzen, die in dem Verzeichnis enthalten sind, gilt die Sonderregelung nach § 25c UStG während des gesamten Jahres, das auf das Jahr der Veröffentlichung folgt (s. Abschn. 25c.1 Abs. 3 UStAE).

11 Die Veröffentlichung des Verzeichnisses für das Jahr 2016 erfolgte am 26.11.2015 (s. ABl EU 2015 Nr. C 393, 3) und für das Jahr 2014 wurde erst am 08.05.2014 veröffentlicht (s. ABl EU 2014 Nr. C 138, 4), gilt aber trotzdem für das gesamte Jahr 2014 (s. BMF vom 15.10.2014, BStBl I 2014, 1369). Es wird jedoch nicht beanstandet, wenn Unternehmer für vor dem 08.05.2014 ausgeführte Umsätze von Goldmünzen, die in dem zuvor genannten Verzeichnis enthalten sind, die Steuerbefreiung nicht in Anspruch genommen haben, weil die Voraussetzungen (s. Rn. 9) nicht erfüllt waren (s. BMF vom 15.10.2014, a.a.O.). Für das Jahr 2013 wurde kein Verzeichnis veröffentlicht, sodass aus Vereinfachungsgründen das am 02.12.2011 für das Jahr 2012 veröffentlichte Verzeichnis (s. ABl EU 2011 Nr. C 351, 17) auch für das Jahr 2013 anzuwenden ist (s. BMF vom 31.01.2013, UR 2013, 375).

12 Der Unternehmer kann für nicht in dem Verzeichnis aufgeführte Goldmünzen die Voraussetzungen der Steuerbefreiung im Einzelfall in geeigneter Form nachweisen (s. Abschn. 25c.1 Abs. 3 Satz 3 UStAE).

13 Der **Metallwert von Goldmünzen** ist dabei grundsätzlich anhand des von der Londoner Börse festgestellten aktuellen Tagespreises (Nachmittagsfixing) für die Feinunze Gold zu ermitteln. Dieser in US-Dollar festgestellte Wert ist anhand der aktuellen Umrechnungskurse in Euro umzurechnen (s. Abschn. 25c.1 Abs. 3 Satz 5-6 UStAE).

14 Sind die Goldmünzen nicht steuerbefreit, kommt bis zum 31.12.2013 der ermäßigte Steuersatz gem. § 12 Abs. 2 Nr. 1 UStG i.V.m. Anlage 2, lfd. Nr. 54 Buchst. c Doppelbuchst. cc in Betracht. Mit Wirkung ab dem 01.01.2014 greift diese Begünstigung nur noch für Einfuhren (s. § 12 Rn. 7 ff.).

4. Vorsteuerabzug aus Eingangsumsätzen

15 Die Steuerbefreiung nach § 25c Abs. 1 UStG hat zur Folge, dass die mit den genannten Umsätzen zusammenhängenden Vorsteuern nach § 15 Abs. 2 UStG vom Vorsteuerabzug ausgeschlossen sind. Nur in den von § 25c Abs. 4 Nrn. 1-3 UStG bestimmten Fällen ist ein Vorsteuerabzug für einen Unternehmer, der steuerfreie Umsätze nach § 25c Abs. 1 UStG ausführt, möglich:

- Die Lieferung von Anlagegold, das der Unternehmer von einem anderen Unternehmer erworben hat, der zur Besteuerung nach § 25c Abs. 3 UStG optiert hat.
- Der Erwerb von Gold mit einem Feingehalt von weniger als 995 Tausendstel, wenn der Unternehmer dieses anschließend in Anlagegold i.S.d. § 25c Abs. 2 UStG umwandelt.
- Für Dienstleistungen, die in der Veränderung der Form, des Gewichts oder des Feingehalts des Goldes bestehen.

16 Darüber hinaus kann der Unternehmer, der Anlagegold herstellt, die in unmittelbarem Zusammenhang mit der Herstellung oder Umwandlung stehenden Vorsteuern gem. § 25c Abs. 5 UStG abziehen, da diese Eingangsleistungen nicht bereits von der Befreiung nach § 25c UStG profitieren.

17 Ein ausschließlicher Zusammenhang wird jedoch u.E. nicht gefordert, sodass § 15 Abs. 4 UStG zu beachten ist (zur Vorsteueraufteilung s. § 15 Rn. 295 ff.).

5. Verzicht auf die Steuerbefreiung

18 Der Unternehmer, der Anlagegold herstellt oder Gold in Anlagegold umwandelt, kann jedoch unter den Voraussetzungen des § 25c Abs. 3 Satz 1 UStG bei einer Lieferung an einen anderen Unternehmer für dessen Unternehmen auf die Steuerbefreiung des § 25c Abs. 1 UStG verzichten (Umsetzung von Art. 348 MwStSystRL).

19 Dasselbe gilt für einen Unternehmer, der üblicherweise Anlagegold zu gewerblichen Zwecken an andere Unternehmer liefert, bezüglich der Lieferung von Goldbarren i.S.d. § 25c Abs. 2 Nr. 1 UStG gem. § 25c

Abs. 3 Satz 2 UStG (unionsrechtliche Grundlage s. Art. 349 MwStSystRL). Dabei muss die gewerbliche Lieferung von Anlagegold nicht Hauptzweck des Unternehmens sein (z.B. bei Banken).

Soweit der Lieferer zur Steuerpflicht optiert hat, kann auch der Unternehmer, der diesen Umsatz vermittelt hat, seine Vermittlungsleistung (s. Rn. 5) als steuerpflichtig behandeln (§ 25c Abs. 3 Satz 3 UStG). Unionsrechtliche Grundlage: Art. 350 MwSystRL. 20

Hinweis! Da der Vermittler regelmäßig keine Kenntnis von der Optionsausübung des Leistenden hat, ist es zu empfehlen, einen entsprechenden zivilrechtlichen Auskunftsanspruch mit dem Auftraggeber zu vereinbaren. 21

Für die Ausübung des Verzichts reicht es aus, wenn der Unternehmer mit Umsatzsteuer abrechnet (zur Ausübung s. § 9 Rn. 4 ff.). 22

Der Verzicht führt zur Steuerpflicht des Umsatzes und insoweit zum Vorsteuerabzug der nicht bereits nach § 25c Abs. 4 und 5 UStG abziehbaren Vorsteuern. 23

Beachte! Soweit auf die Steuerbefreiung verzichtet wurde, ist bei Lieferungen von Anlagegold mit einem Feingehalt von mindestens 995 ‰ nach § 25c Abs. 3 UStG der Leistungsempfänger zugleich Steuerschuldner gem. § 13b Abs. 2 Nr. 9 UStG (s. § 13b Rn. 22). 24

Die Rechtsfolgen der Rückgängigmachung des Verzichts auf die Steuerbefreiung richten sich nach den zu § 9 UStG entwickelten Grundsätzen (s. § 9 Rn. 71 ff.). Einer Zustimmung des Leistungsempfängers bedarf es nicht (s. BFH vom 10.12.2009, XI R 7/08, BFH/NV 2010, 1497). 25

6. Zusätzliche Aufzeichnungspflichten

Über die üblichen Aufzeichnungspflichten nach § 22 UStG (s. § 22 Rn. 29 ff.) hinaus müssen gem. § 25c Abs. 6 UStG die Identifizierungs-, Aufzeichnungs- und Aufbewahrungspflichten des Geldwäschegesetzes (BGBl I 2008, 1690) beachtet werden, ausgenommen die Identifizierungspflicht in Verdachtsfällen nach § 6 GwG. 26

Hinweis! Der Unternehmer kann daneben Verpflichteter i.S.d. § 2 Abs. 1 GwG sein. 27

Diese zusätzlichen Pflichten werden allein zum Zwecke der Besteuerung begründet und begründen insoweit keine eigenständigen Pflichten nach dem GwG (s. BT-Drucks. 14/2070, 29). 28

Danach müssen Unternehmer folgende Pflichten bei Umsätzen mit Anlagegold, die einen Wert von 15.000 € übersteigen, erfüllen (s. BMF vom 16.03.2000, BStBl I 2000, 456): 29

- Aufzeichnung von Name, Geburtsdatum, Anschrift, Art, Nummer und ausstellende Behörde eines Ausweispapieres (z.B. Reisepass oder Personalausweis; s. § 8 Abs. 1 GwG).
- Kopien der vorgelegten Dokumente sind mindestens 5 Jahre aufzubewahren (s. § 8 Abs. 3 GwG). Die Abspeicherung auf Datenträgern ist zulässig (s. § 8 Abs. 2 GwG).

Diese zusätzlichen Aufzeichnungspflichten sind u.E. wegen Art. 356 MwStSystRL materielle Voraussetzung für die Steuerbefreiung, sodass bei deren Unvollständigkeit die Steuerbefreiung zu versagen ist. 30

Zur Deklaration: BMF vom 16.03.2000, a.a.O. 31

§ 25d UStG Haftung für die schuldhaft nicht abgeführte Steuer

(1) [1]Der Unternehmer haftet für die Steuer aus einem vorangegangenen Umsatz, soweit diese in einer nach § 14 ausgestellten Rechnung ausgewiesen wurde, der Aussteller der Rechnung entsprechend seiner vorgefassten Absicht die ausgewiesene Steuer nicht entrichtet oder sich vorsätzlich außer Stande gesetzt hat, die ausgewiesene Steuer zu entrichten und der Unternehmer bei Abschluss des Vertrags über seinen Eingangsumsatz davon Kenntnis hatte oder nach der Sorgfalt eines ordentlichen Kaufmanns hätte haben müssen. [2]Trifft dies auf mehrere Unternehmer zu, so haften diese als Gesamtschuldner.

(2) [1]Von der Kenntnis oder dem Kennenmüssen ist insbesondere auszugehen, wenn der Unternehmer für seinen Umsatz einen Preis in Rechnung stellt, der zum Zeitpunkt des Umsatzes unter dem marktüblichen Preis liegt. [2]Dasselbe gilt, wenn der ihm in Rechnung gestellte Preis unter dem marktüblichen Preis oder unter dem Preis liegt, der seinem Lieferanten oder anderen Lieferanten, die am Erwerb der Ware beteiligt waren, in Rechnung gestellt wurde. [3]Weist der Unternehmer nach, dass die Preisgestaltung betriebswirtschaftlich begründet ist, finden die Sätze 1 und 2 keine Anwendung.

(3) [1]Örtlich zuständig für den Erlass des Haftungsbescheides ist das Finanzamt, das für die Besteuerung des Unternehmers zuständig ist. [2]Im Fall des Absatzes 1 Satz 2 ist jedes Finanzamt örtlich zuständig, bei dem der Vorsteueranspruch geltend gemacht wird.

(4) [1]Das zuständige Finanzamt hat zu prüfen, ob die Voraussetzungen für den Erlass des Haftungsbescheides vorliegen. [2]Bis zum Abschluss dieser Prüfung kann die Erteilung der Zustimmung im Sinne von § 168 Satz 2 der Abgabenordnung versagt werden. [3]Satz 2 gilt entsprechend für die Festsetzung nach § 167 Abs. 1 Satz 1 der Abgabenordnung, wenn sie zu einer Erstattung führt.

(5) Für den Erlass des Haftungsbescheides gelten die allgemeinen Grundsätze, mit Ausnahme des § 219 der Abgabenordnung.

Bearbeiter: Bernhard Becht†/Manzur Esskandari

Inhaltsverzeichnis

1. Bedeutung und Anwendungsbereich der Norm

1 Der Haftungstatbestand des § 25d UStG ist insbesondere zur Bekämpfung des **Umsatzsteuerbetrug**s in Form der sog. **Karussellgeschäft**e durch das StVBG (BGBl I 2001, 3922; BStBl I 2002, 32) ab dem 01.01.2002 eingeführt worden (s. Abschn. 25d.1 Abs. 1 UStAE).

2 Eine Beschränkung der Anwendbarkeit des § 25d UStG auf Umsatzsteuerkarusselle, wie sie der BFH (s. BFH vom 28.02.2008, V R 44/06, BStBl II 2008, 586) erwogen hat, ist allerdings mangels Beschränkung des Gesetzeswortlauts nicht angebracht (s. dazu näher Schuska, MwStR 2015, 323). Zu strafrechtlichen

Änderungen durch das StBVG s. Nieskens in Rau/Dürrwächter, § 25d Rn. 5; Schuska, MwStR 2015, 323. Das BMF hat zur Anwendung des § 25d UStG mit Schreiben vom 29.03.2004 (BStBl I 2004, 450) und Abschn. 25d.1 UStAE Stellung genommen.

Im Rahmen von Karussellgeschäften werden die Regelungen des UStG zu innergemeinschaftlichen Lieferungen und Erwerben durch den Aufbau von grenzüberschreitenden Lieferketten genutzt, um in den Genuss des Vorsteuerabzugs gelangen, ohne aber die in der Kette entstehende USt anzumelden oder zu entrichten (s. hierzu Merk UR 2001, 97; Kemper UR 2005, 1; Widmann UR 2005, 14; Grube, MwStR 2013, 8 ff.; Hummel, UR 2014, 256 ff.). Zu einem Beispiel für Karussellgeschäfte s. Leonard in Bunjes, § 2d, Rn. 1. 3

§ 25d UStG bezweckt die **Inhaftungsnahme jedes Unternehmers**, der in Karussellgeschäfte verwickelt ist und Kenntnis von der schuldhaften Nichtabführung der USt hat. Nach § 25d Abs. 4 Satz 2 UStG kann bis zum Abschluss dieser Prüfung die Vorsteuererstattung durch Versagung der Zustimmung nach § 168 Satz 2 AO verweigert werden. 4

Zur verstärkten Prüfung evtl. Karussellgeschäfte ist beim Bundeszentralamt für Steuern eine „**Arbeitseinheit zur Unterstützung der Umsatzsteuersonderprüfung der Länder**" gebildet worden. Diese nimmt zentral Meldungen prüfungswürdiger Fälle entgegen (zu den Aufgriffskriterien im Einzelnen s. die Liste bei Hillmann-Stadtfeld, DStR 2002, 434, 435). 5

Die Anwendung des § 25d UStG schließt die Haftung nach § 71 AO nicht aus (s. BFH vom 12.09.2014, VII B 99/13, BFH/NV 2015, 161). 6

2. Vereinbarkeit mit EU-Recht

§ 25d UStG stellt eine verfahrensrechtliche (nationale) Vorschrift dar. Die MwStSystRL enthält dazu keine Regelung. Das **Unionsrecht** überlässt hier, wie auch in anderen Bereichen, die Regelung des Verfahrensrechts dem nationalen Gesetzgeber. 7

Der EuGH hat einen dem § 25d UStG vergleichbaren Haftungstatbestand im englischen Recht zur Bekämpfung des Karussellbetruges für EU-rechtskonform erachtet (s. EuGH vom 11.05.2006, C-384/04, Federation of Technical Industries, UR 2006, 410). Zur Bedeutung der Aussagen des Urteils für § 25d UStG s. ausführlich Schuska, MwStR 2015, 323, 324 ff. m.w.N. 8

3. Voraussetzungen der Haftung (§ 25d Abs. 1 Satz 1, Abs. 2 UStG)

3.1 Haftungsschuldner

Haftungsschuldner kann nur ein Unternehmer sein. Auch wenn nach dem Wortlaut das Abs. 1 ein Kleinunternehmer, ein pauschalierender Land- und Forstwirt oder ein Unternehmer als Haftungsschuldner in Betracht kommt, der nur steuerfreie, nicht zum Vorsteuerabzug berechtigende Ausgangsumsätze tätigt folgt nach allgemeiner Auffassung aus der Zuständigkeitsregelung des § 25d Abs. 3 Satz 2 UStG und aus der Gesetzesbegründung, dass nur ein vorsteuerabzugsberechtigter Unternehmer als Haftungsschuldner herangezogen werden kann (s. Widmann, DB 2002, 166; Nieskens in Rau/Dürrwächter, § 25d Rn. 51). 9

Auch ein **im Ausland ansässiger Unternehmer** kann Haftungsschuldner sein. Dem stehen die Zuständigkeitsregelungen in § 25 Abs. 3 und 4 UStG nicht entgegen. Die Inhaftungsnahme ausländischer Unternehmer kommt nicht nur bei einer Registrierung im Inland in Betracht, sondern auch soweit sie vorsteuervergütungsberechtigt sind und einen entsprechenden Antrag beim Bundesamt für Finanzen gestellt haben (s. Nieskens in Rau/Dürrwächter., § 25d Rn. 52). 10

3.2 Vorangegangener Umsatz

Die Haftung besteht für den „vorangegangenen" Umsatz. Erfasst wird dadurch nicht nur der unmittelbare Eingangsumsatz des Unternehmers, sondern auch der Umsatz auf einer vorangegangenen Vorstufe. Diese Auslegung ist erforderlich, um Umgehungsgestaltungen zu vermeiden (durch Zwischenschaltung eines weiteren inländischen „**missing trader"-Unternehmens**; für die enge Auslegung allerdings s. Kühn/Winter, UR 2001, 478). 11

3.3 Rechnung mit gesondertem Steuerausweis

12 Die Haftung erstreckt sich auf die Steuer, die „in einer nach § 14 UStG ausgestellten Rechnung" ausgewiesen ist. Hierunter ist eine **Rechnung** i.S.d. § 14 Abs. 4 UStG (s. § 14 Rn. 20 ff.) zu verstehen, in der das **Nettoentgelt** gesondert ausgewiesen sein muss und die Steuernummer/USt-IdNr des Ausstellers und eine fortlaufende Rechnungsnummer enthalten sind (zu den einzelnen Angaben einer Rechnung s. § 14 Rn. 15 ff.).

13 Für nicht abgeführte Steuer i.S.d. § 14c Abs. 1 und 2 UStG scheidet die Haftung aus (a.A. s. Mende/Huschens, INF 2002, 65, 69). Die Vorschrift als Missbrauchsvorschrift soll verhindern, dass Steuerbeträge als Vorsteuer ausgezahlt werden, die von den Finanzämtern nicht als Steuer vereinnahmt wurden. Soweit der Vorsteuerabzug nicht gegeben ist, bedarf es des Haftungstatbestandes daher nicht. Die Möglichkeit der Geltendmachung eines Vorsteueranspruchs ist damit Voraussetzung für die Haftung (s. Widmann, DB 2002,166, 168). Nur die für den Umsatz „gesetzlich geschuldete Steuer" ist als Vorsteuer abziehbar ist (s. EuGH vom 13.12.1998, C-342/87, Genius Holding, EuZW 1990, 230, UR 1991, 83; BFH vom 02.04.1998, V R 34/97, BStBl II 1998, 695; BFH vom 06.02.2007, VR 3/06, BStBl II 2009, 203; Abschn. 15.2 Abs. 1 Satz 2, 25d.1 Abs. 3 UStAE). Dabei ist zu betonen, dass die Versagung des Rechts auf Vorsteuerabzug und die Haftung für die Steuerschuld jeweils unterschiedlichen Voraussetzungen und Bestimmungen der MwStSystRL unterliegen und deshalb strikt zu trennen unterliegen (zum Verhältnis der Haftung nach § 25d UStG zum Vorsteuerabzug nach § 15 Abs. 1 Nr. 1 UStG unter Berücksichtigung der MwStSystRL s. näher Schuska, MWStR 2015, 323, 327 ff.; zur Kumulierung von Sanktionen beim Umsatzsteuerkarussell unter Berücksichtigung des Urteils des EuGH vom 18.12.2014, C-131/13, DStR 2015, 573 s. Winter, DStR 2015, 578; enger Wäger, UR 2015, 81, 98).

3.4 Vorsätzliches Nichtentrichten der Umsatzsteuer

14 Der Aussteller der Rechnung muss mit der vorgefassten Absicht gehandelt haben, die ausgewiesene Steuer nicht zu entrichten, oder sich vorsätzlich außerstande gesetzt haben, die ausgewiesene Steuer zu entrichten.

15 Das Nichtentrichten der USt selbst fällt unter den **Ordnungswidrigkeitentatbestand** des § 26b UStG. Bei gewerbs- oder bandenmäßigem Vorgehen sieht das Gesetz strafrechtliche Folgen in § 26c UStG vor.

3.5 Kenntnis oder Kennenmüssen des Haftenden

16 Während in der ursprünglichen Fassung der Vorschrift nach dem StVBG die Haftung positive Kenntnis voraussetzte, der als Haftungsschuldner in Anspruch zu nehmende Leistungsempfänger bei Abschluss des Vertrages über seinen Eingangsumsatz also Kenntnis davon gehabt haben musste, dass ein Rechnungsaussteller in der Lieferkette entsprechend seiner vorgefassten Absicht die ausgewiesene USt nicht entrichtet oder sich vorsätzlich außerstande gesetzt hat, die ausgewiesene USt zu entrichten, verlangt die geltende Gesetzesfassung nur noch, dass der potenzielle Haftungsschuldner von der Nichtentrichtung der USt eines vorangegangenen Umsatzes nach der Sorgfalt eines ordentlichen Kaufmanns Kenntnis hätte haben müssen.

17 Darüber hinaus enthält § 25d Abs. 2 Satz 1 und 2 UStG eine (widerlegbare) Fiktion für den subjektiven Tatbestand. Danach ist von der **Kenntnis oder dem Kennenmüssen** insbesondere dann auszugehen, wenn:

- Der Unternehmer für seinen Umsatz einen Preis in Rechnung stellt, der zum Zeitpunkt des Umsatzes unter dem marktüblichen Preis liegt oder
- der dem Unternehmer in Rechnung gestellte Preis unter dem marktüblichen Preis liegt oder
- der dem Unternehmer in Rechnung gestellte Preis unter dem Preis liegt, der seinem Lieferanten oder anderen Lieferanten, die am Erwerb der Ware beteiligt waren, in Rechnung gestellt wurde.

18 Als „**marktüblich**" ist der Preis anzusehen, der im gewöhnlichen Geschäftsverkehr unter fremden Dritten unter Berücksichtigung der Handelsstufe üblicherweise realisiert wird (s. Abschn. 25d.1 Abs. 5 Satz 2 UStAE). Weist der Unternehmer nach, dass die Preisgestaltung betriebswirtschaftlich begründet ist, gilt die

oben genannte Fiktion nicht. Dieser in § 25d Abs. 2 Satz 3 UStG enthaltene Möglichkeit des Gegenbeweises trägt dem Grundsatz der Verhältnismäßigkeit Rechnung.

Dies dürfte in der Praxis häufig zu Auseinandersetzungen mit dem Finanzamt führen, da vor dem Hintergrund von „Rabatt- und Preisschlachten" Ware oft unterhalb des marktüblichen Preises abgegeben wird (Nieskens, UR 2004, 105, 130). Der Unternehmer sollte eine Dokumentation der betriebswirtschaftlichen Gründe vorzuhalten, warum Ware unter Marktpreis an Dritte verkauft oder eingekauft worden ist (s. dazu Küffner, DStR 2004, 766, 769). 19

Führt der Unternehmer den Nachweis nach § 25d Abs. 2 Satz 3 UStG, dass die **Preisgestaltung wirtschaftlich begründet** ist, prüft die Finanzverwaltung dessen ungeachtet, ob die Tatbestandsmerkmale der Kenntnis oder des Kennenmüssens aufgrund anderer Tatsachen als der Preisgestaltung vorliegen (s. Abschn. 25d.1 Abs. 6 Satz 3 UStAE). In diesen Fällen liegt die Darlegungs- und Beweislast für die Haftungsvoraussetzungen des § 25d Abs. 1 Satz 1 UStG beim Finanzamt. 20

Die **Kenntnis oder das Kennenmüssen des Haftenden bei Abschluss des Vertrages über seinen Eingangsumsatz** bezieht sich darauf, dass ein Rechnungsaussteller auf den Vorstufen entsprechend seiner vorgefassten Absicht die ausgewiesene Steuer nicht entrichtet. Insoweit muss es ausreichen, dass der Vorunternehmer bei Vertragsschluss die Absicht hatte, die USt nicht zu entrichten und dann später entsprechend dieser Absicht gehandelt hat. In diesem Sinne ist die „missglückte Gesetzesformulierung" (so Widmann, DB 2002, 165, 168) auszulegen, da der der Leistungsempfänger im Zeitpunkt des Vertragsabschlusses noch keine Kenntnis (oder fahrlässige Unkenntnis i.S.d. Kennenmüssens) davon haben kann, dass sein Vertragspartner seine – noch nicht entstandene – USt nicht entrichtet hat. 21

Die **Kenntnis oder das Kennenmüssen i.S.d.** § 25d **Abs. 1 UStG** muss auch dann verneint werden, wenn der Leistungsempfänger z.B. aus der Zeitung erfahren hat, dass einer seiner Vorlieferanten einen Insolvenzbetrug begangen hat (s. Forster/Schorer, UR 2002, 361, 363 m.w.N; Nieskens UR 2002, 53, 73). Die Vorschrift ist insoweit entsprechend ihrer Zielrichtung (Bekämpfung der Umsatzsteuerbetrugs in Form von Karussellgeschäften) eng auszulegen. 22

Beispiel: Der Käufer zahlte lediglich die Umsatzsteuer bar gegen Quittung. 23

Lösung: In diesem Fall muss jeder Kaufmann davon ausgehen, dass die Umsatzsteuer in der Folgezeit nicht durch den Leistenden entrichtet werden soll. Nach der Sorgfalt eines ordentlichen Kaufmanns hätte er Kenntnis von der Nichtabführung der Umsatzsteuer an das Finanzamt haben müssen (s. FG Sachsen-Anhalt Urteil vom 27.03.2008, 1 K 437/05).

Beispiel: Eine GmbH erwarb Gegenstände zum marktüblichen Preis von 7.300 € zzgl. 1.168 € Umsatzsteuer von einer Firma A die sich im vorläufigen Insolvenzverfahren befand. Der Verkauf wurde vom vorläufigen Insolvenzverwalter genehmigt, während die Abführung der Umsatzsteuer von ihm abgelehnt wurde. Für diese nicht abgeführte Umsatzsteuer wurde die GmbH nach § 25d UStG in Haftung genommen. Als Begründung führte das Finanzamt aus, dass die GmbH durch das vorläufige Insolvenzverfahren hätte wissen müssen, dass die ausgewiesene Umsatzsteuer nicht abgeführt würde. Das FG gab der Klage der GmbH gegen den Haftungsbescheid statt. 24

Lösung: In Insolvenzfällen kann nicht generell davon ausgegangen werden, dass der spätere Insolvenzschuldner die Absicht hat, die von ihm in einer Rechnung ausgewiesene Umsatzsteuer nicht zu entrichten (s. BFH vom 28.02.2008, V R 44/06, BStBl II 2008, 586). Die Darlegungs- und Feststellungslast liegt beim für den Erlass des Haftungsbescheides zuständigen Finanzamt. Im vorläufigen Insolvenzverfahren dürften nach den Ausführungen des BFH die Haftungsvoraussetzungen regelmäßig nicht erfüllt sein. Der Begründung des Finanzamts, dass bei der Bestellung eines sog. schwachen vorläufigen Insolvenzverwalters (s. § 21 Abs. 2 Nr. 2 Alt. 2 InsO) die vom Insolvenzschuldner ausgewiesene USt mangels Zustimmung des Insolvenzverwalters üblicherweise nicht zur Entrichtung gelange, wurde in ihrer Allgemeinheit eine Absage erteilt (dazu auch Farr, DStR 2007, 706 m.w.N.).

3.6 Haftung als Gesamtschuldner (§ 25d Abs. 1 Satz 2 UStG)

25 Bei mehreren Haftenden sieht § 25d Abs. 1 Satz 2 UStG die **Gesamtschuldnerschaft** vor. Dies ist wegen der Haftung für alle vorangegangenen Umsatzstufen naheliegend.

26 In der Praxis ergeben sich daraus für das Finanzamt erhebliche Probleme, da in den Fällen, in denen mehrere Haftungsschuldner als Gesamtschuldner in Anspruch genommen werden sollen, die Aufzählung aller in Betracht kommenden Haftungsschuldner erforderlich ist (s. Mende/Huschens, INF 2002, 65, 69). Fehlt diese, führt dies i.d.R. zur Rechtswidrigkeit des Haftungsbescheids (s. FG Niedersachsen vom 27.02.1992, XI 484/87, EFG 1992, 498). Die Ermittlung und die Benennung aller in Betracht kommenden Gesamtschuldner ist bei der Aufdeckung von Karussellgeschäften aufwändig und schwierig. Daher verlangt Abschn. 25d.1 Abs. 8 Satz 3 UStAE ein abgestimmtes Vorgehen der beteiligten Finanzämter.

4. Örtliche Zuständigkeit (§ 25d Abs. 3 UStG)

27 Örtlich zuständig für den Erlass des Haftungsbescheids ist nach § 25d Abs. 3 Satz 1 UStG das Finanzamt, das für die Besteuerung des Unternehmers zuständig ist, gegen den sich die Haftung richten soll.

27/1 Bei Vorliegen einer **Gesamtschuldnerschaft** ist jedes Finanzamt zuständig, bei dem die Vorsteuer beantragt wurde. Dadurch wird jedes Finanzamt ermächtigt, in eigener Zuständigkeit einen Haftungsbescheid zu erteilen, sofern ihm gegenüber ein Vorsteueranspruch geltend gemacht wird.

5. Prüfung der Haftung und vorläufige Versagung des Vorsteuerabzugs (§ 25d Abs. 4 UStG)

5.1 Prüfung der Haftung

28 Nach § 25d Abs. 4 Satz 1 UStG hat das zuständige Finanzamt zu prüfen, ob die **Voraussetzungen für den Erlass eines Haftungsbescheides** vorliegen. Diese Vorschrift dient letztlich nur der Klarstellung, da sich diese Verpflichtung schon aus allgemeinen Grundsätzen ergibt.

5.2 Vorläufige Versagung des Vorsteuerabzugs (§ 25d Abs. 4 Satz 2 UStG)

29 § 25d Abs. 4 UStG erlaubt die Lösung der Problematik des **Umsatzsteuerbetrugs mit Karussellgeschäften** ggf. über die Versagung der Vorsteuerabzugsberechtigung. Dies ist nach der Rechtsprechung des EuGH zulässig (s. EuGH vom 12.01.2006, C-354/03, 355/03 und 484/03, Optigen Ltd u.a., DStR 2006, 133; s. auch BFH vom 17.06.2010, XI B 88/09, BFH/NV 2010, 1875). Nach § 25d Abs. 4 Satz 2 UStG kann bis zum Abschluss der Prüfung der Haftungsinanspruchnahme der Vorsteuerabzug versagt werden, wenn der Unternehmer, Glied einer Lieferkette ist und wusste oder wissen musste, dass andere Unternehmer ihre Umsatzsteueranmeldungen nicht entrichten. Dies geschieht durch Versagung der Erteilung der Zustimmung nach **§ 168 Satz 2 AO**, auch im Fall der Festsetzung nach § 167 Abs. 1 Satz 1 AO, wenn sie zu einer Erstattung führt. Dadurch soll dem örtlich zuständigen Finanzamt ermöglicht werden, ggf. den Anspruch auf Erstattung der Vorsteuer mit dem Haftungsanspruch aufzurechnen.

30 Die Vorschrift wird in der Literatur für unionsrechtswidrig gehalten, da sie – im Gegensatz zu § 18 f UStG — nicht die (erlaubte) Überprüfung der Abzugsberechtigung zum Gegenstand hat (s. Leonard in Bunjes, § 25d Rn. 27). Der Vorsteuerabzug nach § 15 UStG sei nicht zusätzlich davon abhängig, dass der leistende Unternehmer oder ein Vorlieferer in der Kette die geschuldete USt auch tatsächlich entrichtet hat. Daraus folge die Unionsrechtswidrigkeit der Vorschrift, wenn diese keine verhältnismäßige Maßnahme zur Sicherung des Steueraufkommens beinhalte (s. Leonard in Bunjes, § 25d Rn. 27). Die Vorschrift müsse daher EU-rechtskonform unter Beachtung des Grundsatzes der Verhältnismäßigkeit dahin ausgelegt werden, dass eine Erstattung der Vorsteuer gegen Sicherheit bis zum Abschluss der Prüfung eines Haftungsbescheids zu erfolgen hat (s. Leonard, UR 2002, 241, 244). Dafür müssen dem Finanzamt konkrete Anhaltspunkte für eine Haftung des Leistungsempfängers nach der Vorschrift vorliegen und das Sicherheitsverlangen ist aus Gründen des Übermaßverbots auf die Höhe der Haftungssumme nach § 25d UStG zu beschränken (s. Leonard in Bunjes, § 25d Rn. 27 a.E.).

6. Keine Subsidiarität der Haftung (§ 25d Abs. 5 UStG)

Für den Erlass des Haftungsbescheides gelten nach § 25d Abs. 5 UStG die allgemeinen Grundsätze mit Ausnahme des § 219 AO. Damit sind insbesondere die allgemeine Vorschriften der §§ 118 bis 133 AO anzuwenden. Die Einschränkung des § 219 AO, wonach der Haftungsschuldner aufgrund des Haftungsbescheides nur in Anspruch genommen werden, soweit zuvor die **Vollstreckung** in das bewegliche Vermögen des Steuerschuldners ohne Erfolg geblieben ist oder aussichtslos erscheint, gilt nach § 25d Abs. 5 UStG allerdings nicht. 31

§ 26 UStG Durchführung, Erstattung in Sonderfällen

(1) [1]Die Bundesregierung kann mit Zustimmung des Bundesrates durch Rechtsverordnung zur Wahrung der Gleichmäßigkeit bei der Besteuerung, zur Beseitigung von Unbilligkeiten in Härtefällen oder zur Vereinfachung des Besteuerungsverfahrens den Umfang der in diesem Gesetz enthaltenen Steuerbefreiungen, Steuerermäßigungen und des Vorsteuerabzugs näher bestimmen sowie die zeitlichen Bindungen nach § 19 Abs. 2, § 23 Abs. 3 und § 24 Abs. 4 verkürzen. [2]Bei der näheren Bestimmung des Umfangs der Steuerermäßigung nach § 12 Abs. 2 Nr. 1 kann von der zolltariflichen Abgrenzung abgewichen werden.

(2) Das Bundesministerium der Finanzen kann mit Zustimmung des Bundesrates durch Rechtsverordnung den Wortlaut derjenigen Vorschriften des Gesetzes und der auf Grund dieses Gesetzes erlassenen Rechtsverordnungen, in denen auf den Zolltarif hingewiesen wird, dem Wortlaut des Zolltarifs in der jeweils geltenden Fassung anpassen.

(3) [1]Das Bundesministerium der Finanzen kann unbeschadet der Vorschriften der §§ 163 und 227 der Abgabenordnung anordnen, dass die Steuer für grenzüberschreitende Beförderungen von Personen im Luftverkehr niedriger festgesetzt oder ganz oder zum Teil erlassen wird, soweit der Unternehmer keine Rechnungen mit gesondertem Ausweis der Steuer (§ 14 Abs. 4) erteilt hat. [2]Bei Beförderungen durch ausländische Unternehmer kann die Anordnung davon abhängig gemacht werden, dass in dem Land, in dem der ausländische Unternehmer seinen Sitz hat, für grenzüberschreitende Beförderungen im Luftverkehr, die von Unternehmern mit Sitz in der Bundesrepublik Deutschland durchgeführt werden, eine Umsatzsteuer oder ähnliche Steuer nicht erhoben wird.

(4) [1]Die Umsatzsteuer wird einem Konsortium, das auf der Grundlage der Verordnung (EG) Nr. 723/2009 des Rates vom 25. Juni 2009 über den gemeinschaftlichen Rechtsrahmen für ein Konsortium für eine europäische Forschungsinfrastruktur (ABl. L 206 vom 8.8.2009, S. 1) durch einen Beschluss der Kommission gegründet wurde, vom Bundeszentralamt für Steuern vergütet, wenn

1. das Konsortium seinen satzungsgemäßen Sitz im Inland hat,
2. es sich um die gesetzlich geschuldete Umsatzsteuer handelt, die in Rechnung gestellt und gesondert ausgewiesen wurde,
3. es sich um Umsatzsteuer für Lieferungen und sonstige Leistungen handelt, die das Konsortium für seine satzungsgemäße und nichtunternehmerische Tätigkeit in Anspruch genommen hat,
4. der Steuerbetrag je Rechnung insgesamt 25 Euro übersteigt und
5. die Steuer gezahlt wurde.

[2]Satz 1 gilt entsprechend für die von einem Konsortium nach § 13b Absatz 5 geschuldete und von ihm entrichtete Umsatzsteuer, wenn diese je Rechnung insgesamt 25 Euro übersteigt. [3]Die Sätze 1 und 2 sind auf ein Konsortium mit satzungsgemäßem Sitz in einem anderen Mitgliedstaat sinngemäß anzuwenden, wenn die Voraussetzungen für die Vergütung durch die in § 4 Nummer 7 Satz 5 genannte Bescheinigung nachgewiesen wird. [4]Mindert sich die Bemessungsgrundlage nachträglich, hat das Konsortium das Bundeszentralamt für Steuern davon zu unterrichten und den zu viel vergüteten Steuerbetrag zurückzuzahlen. [5]Wird ein Gegenstand, den ein Konsortium für seine satzungsgemäße Tätigkeit erworben hat und für dessen Erwerb eine Vergütung der Umsatzsteuer gewährt worden ist, entgeltlich oder unentgeltlich abgegeben, vermietet oder übertragen, ist der Teil der vergüteten Umsatzsteuer, der dem Veräußerungspreis oder bei unentgeltlicher Abgabe oder Übertragung dem Zeitwert des Gegenstands entspricht, an das Bundeszentralamt für Steuern zu entrichten. [6]Der zu entrichtende Steuerbetrag kann aus Vereinfachungsgründen durch Anwendung des im Zeitpunkt der Abgabe oder Übertragung des Gegenstands geltenden Steuersatzes ermittelt werden.

(5) Das Bundesministerium der Finanzen kann mit Zustimmung des Bundesrates durch Rechtsverordnung näher bestimmen, wie der Nachweis bei den folgenden Steuerbefreiungen zu führen ist:

1. Artikel III Nr. 1 des Abkommens zwischen der Bundesrepublik Deutschland und den Vereinigten Staaten von Amerika über die von der Bundesrepublik zu gewährenden Abgabenvergünstigungen

für die von den Vereinigten Staaten im Interesse der gemeinsamen Verteidigung geleisteten Ausgaben (BGBl. 1955 II S. 823);

2. Artikel 67 Abs. 3 des Zusatzabkommens zu dem Abkommen zwischen den Parteien des Nordatlantikvertrags über die Rechtsstellung ihrer Truppen hinsichtlich der in der Bundesrepublik Deutschland stationierten ausländischen Truppen (BGBl. 1961 II S. 1183, 1218);
3. Artikel 14 Abs. 2 Buchstabe b und d des Abkommens zwischen der Bundesrepublik Deutschland und dem Obersten Hauptquartier der Alliierten Mächte, Europa, über die besonderen Bedingungen für die Einrichtung und den Betrieb internationaler militärischer Hauptquartiere in der Bundesrepublik Deutschland (BGBl. 1969 II S. 1997, 2009).

(6) Das Bundesministerium der Finanzen kann dieses Gesetz und die auf Grund dieses Gesetzes erlassenen Rechtsverordnungen in der jeweils geltenden Fassung mit neuem Datum und unter neuer Überschrift im Bundesgesetzblatt bekannt machen.

Bearbeiter: Stefan Greif

Inhaltsverzeichnis

1. Allgemeines

Mit § 26 UStG hat der Gesetzgeber die Bundesregierung und damit das BMF ermächtigt, in dem beschriebenen Umfang Regelungen zur Ergänzung des UStG zu treffen. Während die Absätze 1 und 3 es dem BMF erlauben, materiell-rechtliche Regelungen zu treffen, betrifft Abs. 5 lediglich formelle Nachweiserfordernisse. Die Abs. 2 und 6 ermöglichen es dem BMF, redaktionelle Anpassungen vorzunehmen. Abs. 4 ist insoweit ein Fremdkörper im Rahmen des § 26, als er keine Ermächtigung enthält, sondern eine materielle und endgültige Anspruchsgrundlage für Konsortien auf Steuererstattung für eine europäische Forschungsinfrastruktur. 1

§ 26 Abs. 1, 2 und 5 fordern den Erlass von Rechtsverordnungen, welche der Zustimmung des Bundesrats bedürfen. Diese **Rechtsverordnungen haben den Charakter von Rechtsnormen**. 2

Die **Rechtsverordnungen binden die Verwaltung und die Finanzgerichte** wie Gesetzesvorschriften. Sofern Gerichte jedoch Zweifel daran haben, ob die Verordnungen mit höherrangigem Recht vereinbar sind (insbesondere dem GG), müssen sie die Verordnung nicht anwenden. Eine Anrufung des BVerfG ist, anders als bei für verfassungswidrig erachteten Gesetzen, nicht nötig. 3

§ 26 Abs. 3 UStG ermächtigt das BMF, eine Verwaltungsanweisung zu erlassen. Grundsätzlich erlangen die Stpfl. durch eine Verwaltungsanweisung keine einklagbaren Rechte. Jedoch sind die Finanzbehörden im Rahmen der Selbstbindung der Verwaltung an sie gebunden. 4

5 Für § 26 UStG selbst gibt es keine Grundlage in der MwStSystRL, jedoch für die einzelnen Regelungen, die auf Grundlage von § 26 UStG getroffen werden können. Für reine Ausführungsvorschriften (wie z.B. Abs. 6) ist keine unionsrechtliche Grundlage nötig.

2. Umfang der Steuerbefreiungen, Steuerermäßigungen und des Vorsteuerabzugs (§ 26 Abs. 1 UStG)

6 § 26 Abs. 1 UStG enthält eine weitreichende Ermächtigung zur Anpassung des Umfangs der Steuerbefreiungen, Steuerermäßigungen und des Vorsteuerabzugs. Die Maßnahmen müssen sich jedoch am Umfang der in diesem Gesetz enthaltenen Steuerbefreiungen und Steuerermäßigungen, an den gesetzlichen Regeln zum Vorsteuerabzug und an § 19 Abs. 2, § 23 Abs. 3 und § 24 Abs. 4 UStG orientieren. § 26 Abs. 1 UStG erlaubt es dem BMF also nicht, das UStG nach Belieben um materiell rechtliche Vorschriften zu ergänzen oder zusätzliche Steuerbefreiungen einzuführen.

7 Die Generalklausel des § 26 Abs. 1 UStG wird von spezielleren Ermächtigungen überlagert. Im Bereich des Vorsteuerabzugs enthalten die § 15 Abs. 5 und § 15a Abs. 11 UStG weitere Ermächtigungen und auch an andere Stelle im Gesetz finden sich weitere Ermächtigungen (z.B. in § 6 Abs. 4 S. 2 oder § 14 Abs. 6 UStG). Auf Grundlage der Summe dieser Ermächtigungen sind die UStDV und die EUStDV entstanden.

8 Beispiele für Verordnungen, die auf Grundlage von § 26 Abs. 1 UStG erlassen wurden, sind die §§ 23, 30 und 71 UStDV.

9 Weitaus wichtigere Verordnungen (wie z.B. §§ 31 ff. und §§ 35 ff. UStDV) beruhen auf den o.g. anderen Ermächtigungen. Die praktische Bedeutung von § 26 Abs. 1 UStG ist somit eher gering.

10 Von der Möglichkeit, bei der Bestimmung des Umfangs der Steuerermäßigung nach § 12 Abs. 2 Nr. 1 UStG vom Zolltarif abzuweichen (s. § 26 Abs. 1 S. 2 UStG), macht das BMF derzeit keinen Gebrauch.

3. Anpassung an den Wortlaut des Zolltarifs (§ 26 Abs. 2 UStG)

11 Der Zolltarif ist z.B. für die Abgrenzung im Rahmen des § 4 Nr. 4a UStG, § 12 Abs. 2 Nr. 1 und 2 UStG oder § 13b Abs. 2 Nr. 7 von Bedeutung.

12 § 26 Abs. 2 UStG ermöglicht es, das UStG ohne aufwändiges Gesetzgebungsverfahren an Änderungen im Zolltarif anzupassen. Da Art. 12 der Verordnung (EWG) Nr. 2658/87 des Rates vom 23.07.1987 eine jährliche Aktualisierung des Zolltarifs vorsieht, schafft § 26 Abs. 2 UStG die Grundlage, um auf diese Aktualisierungen zeitnah zu reagieren.

13 Nicht von der Ermächtigung erfasst ist jedoch die Möglichkeit, die Regelungen im UStG (z.B. zur Steuerschuld des Leistungsempfängers) auf weitere Positionen des Zolltarifs auszudehnen. Dies ist dem Gesetzgeber vorbehalten.

4. Grenzüberschreitende Beförderungen von Personen im Luftverkehr (§ 26 Abs. 3 UStG)

4.1 Allgemeines

14 Nach § 26 Abs. 3 UStG ist das BMF berechtigt, anzuordnen, dass die Steuer für grenzüberschreitende Beförderungen im Luftverkehr niedriger festzusetzen oder ganz oder zum Teil zu erlassen ist, soweit der Unternehmer keine Rechnung ausstellt, in der USt ausgewiesen ist (s. § 14 Abs. 4 UStG).

15 Nach § 3b Abs. 1 S. 2 UStG wäre grundsätzlich der auf das Inland entfallende Teil der Beförderung steuerbar und steuerpflichtig, der auf das Ausland entfallende Teil wäre nicht steuerbar. Diesem Grundsatz steht § 26 Abs. 3 UStG nicht entgegen, denn nach der herrschenden Auffassung handelt es sich bei der Vorschrift nicht um eine echte Steuerbefreiung, sondern um eine Ermächtigung zu einer **Billigkeitsmaßnahme**. Unionsrechtlich ist die Vorschrift von Art. 371 i.V.m. Anhang X B Nr. 10 MwStSystRL (Fortgeltung alter nationaler Steuerbefreiungen) gedeckt.

4.2 Umfang der Steuerbefreiung

Die Steuerbefreiung umfasst nur Personenbeförderungen im Luftverkehr. Nicht erfasst sind somit Beförderungen von Gegenständen (hier kommt eine Befreiung nach § 4 Nr. 3 UStG in Betracht). Auch nicht begünstigt sind eigenständige Leistungen an Bord, die nicht im Flugpreis enthalten sind (also z.B. der Verkauf von Alkohol und Tabak an Bord, z.B. s. BFH vom 27.02.2014, V R 14/13, BStBl II 2014, 869). Auch eine grenzüberschreitende Beförderung mit anderen Reisemitteln (insbesondere Bussen) ist nicht erfasst. Lt. Urteil des EuGH vom 13.07.2000, (C-36/99 – Idéal tourisme, DStRE 2000, 924) ist dies auch nicht zu beanstanden. 16

4.3 Voraussetzungen der Steuerbefreiung

Die Leistung muss von einem Luftverkehrsunternehmer erbracht werden. Zu den Einzelheiten s. Abschn. 26.1 UStAE. 17

Es muss eine grenzüberschreitende Beförderung gegeben sein. Eine Definition enthält § 3b Abs. 1 Satz 4 UStG. Zu den Einzelheiten, insbes. bei Zwischenlandungen und Flugunterbrechungen, s. Abschn. 26.2 UStAE. 18

Erfolgt die Beförderung durch mehrere Luftverkehrsunternehmen, liegt dennoch nach dem Luftverkehrsrecht nur eine einzige Beförderung vor. Auch dem Unternehmer, dessen Leistungsteil sich nur auf das Inland erstreckt, kann daher die Steuer erlassen werden (s. Abschn. 26.3 UStAE). 19

4.4 Durchführung

§ 26 Abs. 3 UStG gilt grundsätzlich für in- und ausländische Fluggesellschaften. Bei ausländischen Gesellschaften kann die Steuerbefreiung jedoch davon abhängig gemacht werden, dass in ihrem Sitzstaat im Gegenzug von deutschen Gesellschaften ebenfalls keine USt (oder vergleichbare Steuer) erhoben wird. Siehe Abschn. 26.4 UStAE. 20

Zu Fragen der Zuständigkeit wird auf Abschn. 26.5 UStAE verwiesen. 21

5. Vergütung an ein Konsortium für eine europäische Forschungsinfrastruktur (§ 26 Abs. 4 UStG)

Nach Art. 151 Abs. 1 Buchst. b, Abs. 2 MwStSystRL werden internationale Organisationen im Inland durch Vergütung von der Umsatzsteuer freigestellt. Die entsprechende Regelung für Konsortien für eine europäische Forschungsinfrastruktur (ERIC) enthält § 26 Abs. 4 UStG. Der Gesetzgeber hat sich dabei für eine Vergütungslösung entschieden, statt die Umsätze an die Konsortien direkt von der Steuer zu befreien (wie z.B. im Falle des Abs. 5). 22

Vergütungsberechtigt sind Konsortien für eine europäische Forschungsinfrastruktur, die auf Grundlage der VO (EG) Nr. 723/2009 des Rates vom 25.06.2009 (ABl. L 206, 1) durch Beschluss der EU-Kommission gegründet wurden. Die Konsortien müssen die Abkürzung ERIC im Namen führen. 23

§ 26 Abs. 4 UStG betrifft grundsätzlich nur Konsortien mit satzungsgemäßem Sitz im Inland. Bei im EU-Ausland ansässigen Einrichtungen greift vorrangig die Steuerbefreiung nach § 4 Nr. 7 Buchst. d (s. § 4 Nr. 7 Buchst. d UStG). Ist diese Steuerbefreiung nicht anwendbar, weil der Liefergegenstand nicht in den anderen Mitgliedsstaat gelangt, können nach § 26 Abs. 4 Satz 3 UStG auch in anderen Mitgliedsstaaten ansässige Einrichtungen die Vergütung beantragen, wenn sie eine Bescheinigung nach § 4 Nr. 7 Satz 5 UStG vorlegen. 24

Vergütet werden kann nur die gesetzlich geschuldete und gesondert in einer Rechnung ausgewiesene Steuer. Nicht vergütet wird Steuer, die nach § 14c UStG geschuldet wird. 25

Die vorsteuerbelasteten Leistungen müssen für die satzungsgemäße und nichtunternehmerische Tätigkeit des Konsortiums in Anspruch genommen worden sein. Der Wortlaut des § 26 Abs.4 Satz 2 Nr. 3 impliziert, dass eine Vergütung auf Grundlage von Anzahlungsrechnungen nicht möglich ist. 26

Bei Minderungen der Bemessungsgrundlage und bei späterer nicht satzungsgemäßer Verwendung der Leistung (z.B. Weiterverkauf der Gegenstände), ist der Vergütungsbetrag anteilig zurückzuzahlen. 27

28 Die Vergütung ist für Rechnungen möglich, auf denen **mindestens ein Steuerbetrag von 25 €** ausgewiesen ist. Voraussetzung der Vergütung ist ferner, dass dieser Steuerbetrag auch an den Leistenden gezahlt wurde.

29 Vergütet wird auch die Steuer, die das Konsortium nach § 13b Abs. 5 UStG schuldet.

30 Zuständig für die Vergütung ist das BZSt. Einen speziellen Vergütungsantrag, Vergütungszeitraum oder eine Vergütungsfrist gibt es jedoch nicht. Bis zum Ablauf der Festsetzungsfrist kann daher die Vergütung formlos beantragt werden.

6. Steuerbefreiungen für Umsätze an ausländische Streitkräfte (§26 Abs. 5 UStG)

31 § 26 Abs. 5 UStG enthält lediglich eine Ermächtigung an das BMF, den Nachweis der Steuerfreiheit für Umsätze an ausländische Streitkräfte näher zu regeln. Diese Regelung findet sich in § 73 UStDV. Die Steuerbefreiungen selbst finden sich in den völkerrechtlichen Abkommen.

31/1 Die Steuerbefreiungen nach den in § 26 Abs. 5 UStG genannten Vorschriften sind vorranging vor den allgemeinen Vorschriften des § 4 anzuwenden (s. BMF-Schreiben vom 04.11.2015, III C 2 – S 7304/15/10001, BStBl I 2015, 886).

6.1 Offshore-Steuerabkommen

32 Durch das Offshore-Steuerabkommen vom 15.10.1954 (Abs. 5 Nr. 1) werden die von den USA im Interesse der gemeinsamen Verteidigung geleiteten Ausgaben von der Umsatzsteuer befreit. Begünstigt sind somit nur **Verteidigungsausgaben** wie z.B. die Beschaffung von Ausrüstung.

33 Die Beschaffung muss durch Stellen der USA oder durch Stellen anderer Regierungen, die von den USA benannt werden, erfolgen. Auch Lieferungen an deutsche Stellen können daher steuerfrei sein, allerdings nur, wenn diese die Leistung an die US-Streitkräfte weitergeben.

34 Als Belegnachweis für die Steuerfreiheit dient grundsätzlich ein ordnungsgemäß ausgefüllter **Abwicklungsschein** oder eine Bescheinigung der deutschen Behörde. Muster finden sich im BMF-Schreiben vom 22.12.2004, IV A 6 – S 7492 – 13/04 (BStBl I 2004, 1200).

6.2 NATO-Zusatzabkommen

35 Durch das NATO-Zusatzabkommen vom 03.08.1959 (s. § 26 Abs. 5 Nr. 2 UStG) werden Lieferungen und sonstige Leistungen an NATO-Truppen und das zivile Gefolge von USt befreit. Die Leistungen können dabei sowohl **militärischen und dienstlichen Zwecken als auch dem privaten Verbrauch** dienen.

36 Begünstigt sind im Inland erbracht Umsätze; bei Lieferungen ins Drittland kommt jedoch eine steuerfreie Ausfuhr in Betracht. Nicht begünstigt sind Leistungen im Zusammenhang mit dem privaten Wohnraumbedarf (z.B. Bauleistungen), Leistungen im Zusammenhang mit der Vermögensanlage (z.B. Lieferung von Gold) oder Lieferungen von Gegenständen für die Weiterlieferung.

37 Die Lieferung oder sonstige Leistung muss von einer **amtlichen Beschaffungsstelle** in Auftrag gegeben worden sein. Das BMF veröffentlicht regelmäßig eine Liste von Stellen, die zur Auftragsvergabe berechtigt sind (zuletzt BMF-Schreiben vom 01.02.2016, III C 3 – S 7492/07/10001, Stand vom 01.01.2016).

38 Die Steuerbefreiung muss bei der Berechnung des Preises berücksichtigt werden, d.h. der Leistende muss den Preis erkennbar in Höhe der Steuerbelastung mindern. In der Rechnung ist auf die Steuerbefreiung hinzuweisen.

39 Auch hier erfolgt der belegmäßige Nachweis der Steuerfreiheit über einen ordnungsgemäß ausgefüllten Abwicklungsschein.

40 Bezüglich der weiteren Einzelheiten wird auf die BMF-Schreiben vom 22.12.2004, IV A 6 – S 7492 – 13/04 (BStBl I 2004, 1200) und vom 18.08.2015, III C – S 7492/08/10002 (BStBl I 2015, 654) verwiesen.

6.3 Militärische Hauptquartiere

Nach dem NATO-Hauptquartier-Ergänzungsabkommen vom 13.03.1967 (s. § 26 Abs. 5 Nr. 3 UStG) werden Lieferungen und sonstige Leistungen an NATO-Hauptquartiere, die von diesen in Auftrag gegeben wurden, von der USt befreit. Auch hier kann die Beschaffung über deutsche Behörden abgewickelt werden. 41

Die Voraussetzungen der Steuerbefreiung entsprechen grundsätzlich den Voraussetzungen der Steuerbefreiung nach dem NATO-Zusatzabkommen. Gemäß BMF-Schreiben vom 22.07.2011, IV D 3 – S 7493/07/10001 (BStBl I 2011, 749) sind die Regelungen entsprechend anzuwenden. Das BMF-Schreiben enthält auch eine Liste der begünstigten Hauptquartiere. 42

Alle drei genannten Steuerbefreiungen schließen den Vorsteuerabzug nicht aus (s. § 15 Abs. 3 Nr. 1 Buchst. a, Nr. 1 Buchst. a UStG) 43

7. Neubekanntmachung des Gesetzes und der Rechtsverordnungen (§ 26 Abs. 6 UStG)

Durch § 26 Abs. 6 UStG hat der Gesetzgeber das BMF ermächtigt, das UStG selbst und die auf der Grundlage des UStG erlassenen Rechtsverordnungen in der jeweils geltenden Fassung mit neuem Datum und unter neuer Überschrift im BGBl neu bekannt zu machen. 44

Die letzte Neubekanntmachung des UStG und der UStDV erfolgte am 21.02.2005 (BGBl I 2005,386). 45

Zahlreiche Verlage und das BMF selbst veröffentlichen in gedruckter Form oder im Internet regelmäßig konsolidierte Fassungen des UStG und der Verordnungen. Dabei handelt es sich jedoch nicht um Neubekanntmachung im Sinne dieser Vorschrift. Diese nicht-amtlichen Fassungen führen jedoch dazu, dass der amtlichen Fassung in der Praxis nur noch eine geringe Bedeutung zukommt. 46

§ 26a UStG Bußgeldvorschriften

(1) Ordnungswidrig handelt, wer vorsätzlich oder leichtfertig

1. entgegen § 14 Abs. 2 Satz 1 Nr. 1 oder 2 Satz 2 eine Rechnung nicht oder nicht rechtzeitig ausstellt,
2. entgegen § 14b Abs. 1 Satz 1, auch in Verbindung mit Satz 4, ein dort bezeichnetes Doppel oder eine dort bezeichnete Rechnung nicht oder nicht mindestens zehn Jahre aufbewahrt,
3. entgegen § 14b Abs. 1 Satz 5 eine dort bezeichnete Rechnung, einen Zahlungsbeleg oder eine andere beweiskräftige Unterlage nicht oder nicht mindestens zwei Jahre aufbewahrt,
4. entgegen § 18 Abs. 12 Satz 3 die dort bezeichnete Bescheinigung nicht oder nicht rechtzeitig vorlegt,
5. entgegen § 18a Absatz 1 bis 3 in Verbindung mit Absatz 7 Satz 1, Absatz 8 oder Absatz 9 eine Zusammenfassende Meldung nicht, nicht richtig, nicht vollständig oder nicht rechtzeitig abgibt oder entgegen § 18a Absatz 10 eine Zusammenfassende Meldung nicht oder nicht rechtzeitig berichtigt,
6. einer Rechtsverordnung nach § 18c zuwiderhandelt, soweit sie für einen bestimmten Tatbestand auf die Bußgeldvorschrift verweist, oder
7. entgegen § 18d Satz 3 die dort bezeichneten Unterlagen nicht, nicht vollständig oder nicht rechtzeitig vorlegt.

(2) Die Ordnungswidrigkeit kann in den Fällen des Absatzes 1 Nr. 3 mit einer Geldbuße bis zu fünfhundert Euro, in den übrigen Fällen mit einer Geldbuße bis zu fünftausend Euro geahndet werden.

(3) Verwaltungsbehörde im Sinne des § 36 Absatz 1 Nummer 1 des Gesetzes über Ordnungswidrigkeiten ist in den Fällen des Absatzes 1 Nummer 5 und 6 das Bundeszentralamt für Steuern.

Bearbeiter: Christian Reiter

Inhaltsverzeichnis

1. Regelungsziel

1 Im Rahmen der Bußgeldvorschrift des § 26a UStG werden regelmäßig Zuwiderhandlungen des Steuerpflichtigen gegen umsatzsteuerliche Mitwirkungsvorschriften bei Teilnahme am innergemeinschaftlichen Waren- und Dienstleistungsverkehr und zur wirksamen Bekämpfung der Schwarzarbeit sanktioniert.

2. Tatbestand

2 Der objektive Tatbestand des § 26a Abs. 1 UStG umfasst einen enumeratorischen Katalog bußgeldbewehrter Ordnungswidrigkeiten.

3 § 26a Abs. 1 Nr. 1 UStG ahndet die **Verletzung der Rechnungsausstellungspflicht** des § 14 Abs. 2 Satz 1 Nr. 1 bzw. Nr. 2 Satz 2 UStG. Zur Ausstellung einer Rechnung innerhalb von sechs Monaten ist der Unternehmer einer steuerpflichtigen Werklieferung oder sonstigen Leistung im Zusammenhang mit einem Grundstück verpflichtet. Dasselbe gilt für Umsätze an einen anderen Unternehmer für dessen Unternehmen oder an eine juristische Person, die nicht Unternehmerin ist, bzw. für steuerfreie Leistungen mit Ausnahme von Umsätzen nach § 4 Nr. 8 bis 28 UStG. Ausgestellt ist die Rechnung mit Eingang in den Herrschaftsbereich des Leistungsempfängers im Zeitpunkt der Leistungsausführung.

4 Wird ein **Doppel einer vorgeschriebenen Rechnung**, die der Unternehmer selbst oder ein Dritter in seinem Namen oder ein Leistungsempfänger ausgestellt haben, bzw. die der Unternehmer erhalten hat, nicht entsprechend der Regelung des § 14b Abs. 1 Satz 1, 4 UStG für 10 Jahre aufbewahrt, kann dieses Verhalten gem. **§ 26a Abs. 1 Nr. 2 UStG** sanktioniert werden.

Erweitert wird die Bußgeldbewehrung gem. **§ 26a Abs. 1 Nr. 3 UStG** auf den Verstoß gegen die zweijährige Aufbewahrungspflicht des § 14b Abs. 1 Satz 5 UStG, die den Fahrzeuglieferer gemäß § 2a UStG, den letzten Abnehmer in den Fällen eines innergemeinschaftlichen Dreiecksgeschäftes bei Steuerschuldnerschaft (s. § 13a Abs. 1 Nr. 5 UStG) und den Leistungsempfänger in den Fällen der übergegangenen Steuerschuldnerschaft nach § 13b Abs. 2 UStG trifft. 5

Ebenfalls sanktioniert wird der Verstoß gegen die Pflicht zur Vorlage notwendiger Bescheinigungen des § 18 Abs. 12 Satz 3 UStG im Zusammenhang mit der Umsatzbesteuerung **grenzüberschreitender Personenbeförderungen** mit nicht im Inland zugelassenen Kraftomnibussen (s. **§ 26a Abs. 1 Nr. 4 UStG**). 6

Geschützt wird durch **§ 26a Abs. 1 Nr. 5 UStG** die Pflicht zur korrekten, vollständigen und fristgerechten Abgabe der **Zusammenfassenden Meldungen** im Sinne des § 18a UStG. Zur Pflichterfüllung ist nunmehr auch der im Inland registrierte Unternehmer, der im EU-Ausland eine steuerpflichtige Dienstleistung ausführt, für die der Leistungsempfänger im EU-Ausland die Steuerschuld trägt, verpflichtet. 7

Die Norm des **§ 26a Abs. 1 Nr. 6 UStG** ahndet den Verstoß gegen die Rechtsverordnung gem. § 18c UStG (seit dem 01.07.2010 geltende **Fahrzeuglieferungs-Meldepflichtverordnung,** FzgLiefgMeldV, BGBl I 2009, 630 ff.) und die darin festgelegte Meldepflicht über innergemeinschaftliche Lieferungen neuer Fahrzeuge an Abnehmer ohne Umsatzsteuer-Identifikationsnummer. 8

Schließlich verfolgt **§ 26a Abs. 1 Nr. 7 UStG** den Verstoß gegen die Unterlagenvorlagepflicht des § 18d Satz 3 UStG (z.B. Bücher, Aufzeichnungen, Geschäftspapiere und andere Urkunden). 9

Den subjektiven Tatbestand erfüllt, wer vorsätzlich oder leichtfertig die in § 26a Abs. 1 UStG sanktionierten Aufbewahrungs-, Vorlage und Rechnungsausstellungspflichten missachtet. 10

3. Rechtsfolge

Der Katalog der Sanktionen umfasst die Verhängung von Geldbußen, die bei **500 €** (s. § 26a Abs. 1 Nr. 3 UStG) beginnen und **bis zu 5.000 €** (alle übrigen Tatbestände des § 26a Abs. 1 UStG) betragen. 11

§ 26b UStG Schädigung des Umsatzsteueraufkommens

(1) Ordnungswidrig handelt, wer die in einer Rechnung im Sinne von § 14 ausgewiesene Umsatzsteuer zu einem in § 18 Absatz 1 Satz 4 oder Abs. 4 Satz 1 oder 2 genannten Fälligkeitszeitpunkt nicht oder nicht vollständig entrichtet.

(2) Die Ordnungswidrigkeit kann mit einer Geldbuße bis zu fünfzigtausend Euro geahndet werden.

Bearbeiter: Christian Reiter

Inhaltsverzeichnis

1. Regelungsziel

1 Die durch das Steuerverkürzungsbekämpfungsgesetz (StVBG vom 19.12.2001, BGBl I 2011, 3922 ff.) zum 1. Januar 2002 eingeführte Norm des § 26b UStG soll insbesondere das durch sog. **„Umsatzsteuerkarussellgeschäfte"** gefährdete staatliche Steueraufkommen im Bereich der Umsatzsteuer bei fehlender Sanktionsmöglichkeit als Steuerhinterziehung (aufgrund ordnungsgemäßer Erfüllung der Erklärungspflichten) gem. § 370 AO sicherstellen.

2 Beispiel für die Funktionsweise eines Umsatzsteuerkarussells **(s. Gaede, Flore/Tsambikakis, § 26b UStG, Rn. 4):** Ein Unternehmer liefert aus dem EU-Ausland regelmäßig eine teure und leicht transportable Ware als steuerfreie innergemeinschaftliche Lieferung nach Deutschland an einen weiteren Unternehmer (sog. „missing-trader") für z.B. 100.000 €. Der missing-trader muss zwar den innergemeinschaftlichen Erwerb (s. § 1 Abs. 1 Nr. 5, 1a UStG) versteuern, kann aber in korrespondierender Höhe einen Vorsteuerabzug geltend machen (s. § 15 Abs. 1 Nr. 3 UStG). Als Zwischenglied der Kette hat sich der missing-trader beim Finanzamt ordnungsgemäß registriert, fungiert jedoch nur als Scheinunternehmen, das im Inland gegen einen geringen Gewinnaufschlag an einen weiteren Unternehmer (sog. „distributor") liefert (z.B. für 104.000 €). Der missing-trader meldet die in der Rechnung ausgewiesene Umsatzsteuer zutreffend an, begleicht diese aber nach planvoller Absicht nicht (z.B. wegen Insolvenz). Der dritte Unternehmer in der Kette zahlt im ersten Schritt den vereinbarten Bruttobetrag und liefert die hochpreisige Ware dann verbilligt an einen ausländischen Unternehmer (z.B. für 95.000 €). Die vorgenannte Lieferung ist für den distributor eine steuerfreie innergemeinschaftliche Lieferung (s. §§ 4 Nr. 1b, 6a UStG). Der entstehende Vorsteuervergütungsanspruch aus der Lieferung des missing-trader geht zu Lasten des Steueraufkommens und verbilligt den Preis der Ware erheblich.

2. Tatbestand

3 Als tatbestandsmäßige Handlungen kommen die **Nichtentrichtung oder die nicht vollständige Entrichtung** der in einer Rechnung im Sinne des § 14 UStG (s. § 14 Rn. 20 ff.) ausgewiesenen Umsatzsteuer zu den in § 18 Abs. 1 Satz 3 oder Abs. 4 Satz 1 oder 2 UStG gesetzlich vorgesehenen Fälligkeitszeitpunkten in Betracht.

4 Erforderlich ist in diesem Zusammenhang das Vorliegen einer in den Verkehr gebrachten Rechnung, die die gesetzlichen Mindestanforderungen des Vorsteuerabzugs gem. § 15 Abs. 1 Satz 1 Nr. 1 UStG (z.B. Steuernummer) erfüllt.

5 Der Tatbestand kann nur durch vorsätzliches Unterlassen erfüllt werden (so auch Gaede in Flore/Tsambikakis, § 26b UStG, Rn. 32; so nun auch Leonard in Bunjes, § 26b, Rn. 5). Der Gesetzeswortlaut ist hierzu nicht eindeutig, sollte aber im Interesse einer sachgerechten teleologischen Reduktion der Vorschrift keine Sanktion fahrlässigen Verhaltens vorsehen (z.B. Nichtentrichtung infolge Vergessens bzw. kurzfristiger Liquiditätsengpässe).

Bei Fehlen des Vorsatzes kann zumindest die mit einem Bußgeld bis zu 1 Mio. € (oder bei Verbandsgeldbuße Verzehnfachung des Betrages auf 10 Mio. €) bewehrte Ordnungswidrigkeit des § 130 OWiG zur Anwendung kommen, wenn die im Unterlassen des § 26b UStG liegende Zuwiderhandlung gegen steuerliche Pflichten z.B. auf einem Auswahl- und/oder Organisationsverschuldens des Betriebsinhabers beruht. 6

3. Rechtsfolge

Verhängt werden kann gem. § 26b Abs. 2 UStG eine Geldbuße bis zu **50.000 €**. Die Höhe der Geldbuße richtet sich nach § 17 OWiG, der insoweit auch Kriterien vorgibt. Bei der Verhängung einer Geldbuße gilt das **Opportunitätsprinzip**, wonach die Finanzverwaltung von einer Sanktion im Rahmen einer sachgerechten Ermessensausübung sogar vollständig absehen kann, wenn der „Betroffene dem Finanzamt unverzüglich und plausibel darlegt, weshalb ihm eine fristgerechte Entrichtung trotz ernsthaften Bemühens nicht möglich ist oder war und er anschließend in der gesetzten Frist die Umsatzsteuer entrichtet und dadurch die Gefährdung des Umsatzsteueraufkommens beseitigt." (Bericht des FinAussch. zum Entwurf des StVBG vom 14.11.2001, BT-Drs. 14/7471, zu Nr. 6). Bei drohenden Zahlungsproblemen kann ein möglichst frühzeitiges Herantreten an die Finanzverwaltung in den Grenzen der Selbstbelastungsfreiheit sachdienlich sein, um Ermittlungen nach § 26b UStG vorzubeugen. 7

Eine **strafbefreiende Selbstanzeige** nach § 371 AO kommt mangels ausdrücklichen gesetzgeberischen Verweises nicht in Betracht (a.A. für eine analoge Anwendung des § 371 AO Gaede in Flore/Tsambikakis, § 26b UStG, Rn. 39). 8

§ 26c UStG Gewerbsmäßige oder bandenmäßige Schädigung des Umsatzsteueraufkommens

Mit Freiheitsstrafe bis zu fünf Jahren oder mit Geldstrafe wird bestraft, wer in den Fällen des § 26b gewerbsmäßig oder als Mitglied einer Bande, die sich zur fortgesetzten Begehung solcher Handlungen verbunden hat, handelt.

Bearbeiter: Christian Reiter

Inhaltsverzeichnis

1. Regelungsziel

1 Der ebenfalls durch das Steuerverkürzungsbekämpfungsgesetz (StVBG vom 19.12.2001, BGBl I 2001, 3922 ff.) zum 1. Januar 2002 eingeführte Straftatbestand des § 26c UStG soll die „organisierte" Schädigung des Umsatzsteueraufkommens in den verschärften Formen der gewerbsmäßigen Begehung oder der Handlung als Mitglied einer Bande ahnden.

2 **Schutzgut** des § 26c UStG ist der **Fiskus und der Wettbewerb zwischen Unternehmern**, da es hier zu Verzerrungen infolge der Einschaltung von Umsatzsteuerkarussellen kommen kann (s. Leonard in Bunjes, § 26c, Rn. 2; Gaede in Flore/Tsambikakis, § 26c UStG, Rn. 5). Kritisiert wird an der Einführung des § 26c UStG die Schaffung eines Straftatbestands außerhalb des Sanktionensystems der Abgabenordnung (s. Schauf in Kohlmann, § 370 AO, Rn. 1199.2; zu den verfassungsrechtlichen Bedenken wegen Unbestimmtheit der Norm s. Gaede in Flore/Tsambikakis, § 26c UStG, Rn. 3).

2. Tatbestand

3 § 26b UStG stellt den Grundtatbestand zur Qualifikation des § 26c UStG dar. Als tatbestandsmäßige Begehungsformen des echten Unterlassungsdelikts (s. Gaede, Flore/Tsambikakis, § 26c UStG, Rn. 3) kommen ebenfalls die **Nichtentrichtung oder die nicht vollständige Entrichtung** der in einer Rechnung im Sinne des § 14 UStG (s. § 14 Rn. 20 ff.) ausgewiesenen Umsatzsteuer zu den in § 18 Abs. 1 Satz 3 oder Abs. 4 Satz 1 oder 2 UStG gesetzlich vorgesehenen Fälligkeitszeitpunkten in Betracht. Verdrängt wird § 26c UStG bei gleichzeitiger Erfüllung der Tatbestandsvoraussetzungen der Steuerhinterziehung nach § 370 AO (s. Klenk in Sölch/Ringleb, § 26c, Rn. 11).

4 Erforderlich ist aber – neben der Erfüllung der Voraussetzungen des § 26b UStG – zusätzlich die Erfüllung des Qualifikationstatbestands in Form des persönlichen Merkmals des gewerbs- oder bandenmäßigen Vorgehens.

5 **Gewerbsmäßig** ist die Schädigung des Umsatzsteueraufkommens, wenn sich der Täter durch die wiederholte Begehung des Tatbestands des § 26c UStG eine fortlaufende Einnahmequelle von einigem Umfang und über eine gewisse Dauer verschaffen will (s. BGH vom 17.06.2004, 3 StR 344/03, BGHSt 49, 177). Bei Vorliegen der beschriebenen Absicht, die durch eigennütziges Verhalten wie die Intention, Aufwendungen durch die Nichtentrichtung der Umsatzsteuer zu ersparen, indiziert wird, ist bereits die erste angestrebte Tat als gewerbsmäßig anzusehen (zur Kritik an der Übertragung der bisher tradierten Auslegung des Tatbestandsmerkmals der Gewerbsmäßigkeit auf den neuen Tatbestand des § 26c UStG s. Gaede in Flore/Tsambikakis, § 26c UStG, Rn. 13 ff.).

6 Eine **bandenmäßige** Begehung des Tatbestands des § 26c UStG erfordert den ausdrücklichen oder konkludenten Zusammenschluss von mindestens 3 Personen, die sich mit dem Willen verbunden haben, künftig und über eine gewisse Dauer mehrere (individuell auch noch nicht näher bestimmte) Straftaten im Sinne des § 26c UStG zu begehen (s. BGH vom 22.03.2001, GSSt 1/00, BGHSt 46, 321; auch hier mit

Bedenken gegen eine Übertragung der aus dem allgemeinen Strafrecht abgeleiteten Begrifflichkeit der „bandenmäßigen" Begehung: s. Gaede in Flore/Tsambikakis, § 26c UStG, Rn. 22 ff.). Der Unterschied zur Mittäterschaft liegt in der auf eine gewisse Dauer angelegten Verbindung mehrerer Personen zu zukünftiger gemeinsamer Deliktsbegehung (s. BGH vom 22.03.2001, GSSt 1/00, BGHSt 46, 321).

Für die Erfüllung des subjektiven Tatbestands genügt **Eventualvorsatz**, der sich insbesondere auf die 7
vorgenannten qualifizierenden Merkmale erstrecken muss. Bei Fehlen des Vorsatzes kann zumindest die mit einem Bußgeld bis zu 1 Mio. € (bei Verbandsgeldbuße Verzehnfachung auf den Höchstbetrag von 10 Mio. € möglich) bewehrte Ordnungswidrigkeit des § 130 OWiG zur Anwendung kommen, wenn die im Unterlassen des § 26c UStG liegende Zuwiderhandlung gegen steuerliche Pflichten z.B. auf einem Auswahl- und/oder Organisationsverschuldens des Betriebsinhabers beruht.

3. Rechtsfolge

Sanktionen des § 26c UStG sind **Freiheitsstrafe bis zu 5 Jahren** oder **Geldstrafe**. Eine strafbefreiende 8
Selbstanzeige nach § 371 AO kommt mangels ausdrücklichen gesetzgeberischen Verweises nicht in Betracht (a.A. s. Gaede in Flore/Tsambikakis, § 26c UStG, Rn. 32 f.).

§ 27 UStG Allgemeine Übergangsvorschriften

(1) [1]Änderungen dieses Gesetzes sind, soweit nichts anderes bestimmt ist, auf Umsätze im Sinne des § 1 Abs. 1 Nr. 1 und 5 anzuwenden, die ab dem Inkrafttreten der maßgeblichen Änderungsvorschrift ausgeführt werden. [2]Das gilt für Lieferungen und sonstige Leistungen auch insoweit, als die Steuer dafür nach § 13 Abs. 1 Nr. 1 Buchstabe a Satz 4, Buchstabe b oder § 13b Absatz 4 Satz 2 vor dem Inkrafttreten der Änderungsvorschrift entstanden ist. Die Berechnung dieser Steuer ist für den Voranmeldungszeitraum zu berichtigen, in dem die Lieferung oder sonstige Leistung ausgeführt wird.

(1a) [1]§ 4 Nr. 14 ist auf Antrag auf vor dem 1. Januar 2000 erbrachte Umsätze aus der Tätigkeit als Sprachheilpädagoge entsprechend anzuwenden, soweit der Sprachheilpädagoge gemäß § 124 Abs. 2 des Fünften Buches Sozialgesetzbuch von den zuständigen Stellen der gesetzlichen Krankenkassen umfassend oder für bestimmte Teilgebiete der Sprachtherapie zur Abgabe von sprachtherapeutischen Heilmitteln zugelassen ist und die Voraussetzungen des § 4 Nr. 14 spätestens zum 1. Januar 2000 erfüllt. [2]Bestandskräftige Steuerfestsetzungen können insoweit aufgehoben oder geändert werden.

(2) § 9 Abs. 2 ist nicht anzuwenden, wenn das auf dem Grundstück errichtete Gebäude

1. Wohnzwecken dient oder zu dienen bestimmt ist und vor dem 1. April 1985 fertig gestellt worden ist,
2. anderen nichtunternehmerischen Zwecken dient oder zu dienen bestimmt ist und vor dem 1. Januar 1986 fertig gestellt worden ist,
3. anderen als in den Nummern 1 und 2 bezeichneten Zwecken dient oder zu dienen bestimmt ist und vor dem 1. Januar 1998 fertig gestellt worden ist,

und wenn mit der Errichtung des Gebäudes in den Fällen der Nummern 1 und 2 vor dem 1. Juni 1984 und in den Fällen der Nummer 3 vor dem 11. November 1993 begonnen worden ist.

(3) § 14 Abs. 1a in der bis zum 31. Dezember 2003 geltenden Fassung ist auf Rechnungen anzuwenden, die nach dem 30. Juni 2002 ausgestellt werden, sofern die zugrunde liegenden Umsätze bis zum 31. Dezember 2003 ausgeführt wurden.

(4) [1]Die §§ 13b, 14 Abs. 1, § 14a Abs. 4 und 5 Satz 3 Nr. 3, § 15 Abs. 1 Satz 1 Nr. 4 und Abs. 4b, § 17 Abs. 1 Satz 1, § 18 Abs. 4a Satz 1, § 19 Abs. 1 Satz 3, § 22 Abs. 1 Satz 2 und Abs. 2 Nr. 8, § 25a Abs. 5 Satz 3 in der jeweils bis zum 31. Dezember 2003 geltenden Fassung sind auch auf Umsätze anzuwenden, die vor dem 1. Januar 2002 ausgeführt worden sind, soweit das Entgelt für diese Umsätze erst nach dem 31. Dezember 2001 gezahlt worden ist. [2]Soweit auf das Entgelt oder Teile des Entgelts für nach dem 31. Dezember 2001 ausgeführte Umsätze vor dem 1. Januar 2002 das Abzugsverfahren nach § 18 Abs. 8 in der bis zum 31. Dezember 2001 geltenden Fassung angewandt worden ist, mindert sich die vom Leistungsempfänger nach § 13b geschuldete Steuer um die bisher im Abzugsverfahren vom leistenden Unternehmer geschuldete Steuer.

(5) [1]§ 3 Abs. 9a Satz 2, § 15 Abs. 1b, § 15a Abs. 3 Nr. 2 und § 15a Abs. 4 Satz 2 in der jeweils bis 31. Dezember 2003 geltenden Fassung sind auf Fahrzeuge anzuwenden, die nach dem 31. März 1999 und vor dem 1. Januar 2004 angeschafft oder hergestellt, eingeführt, innergemeinschaftlich erworben oder gemietet worden sind und für die der Vorsteuerabzug nach § 15 Abs. 1b vorgenommen worden ist. [2]Dies gilt nicht für nach dem 1. Januar 2004 anfallende Vorsteuerbeträge, die auf die Miete oder den Betrieb dieser Fahrzeuge entfallen.

(6) Umsätze aus der Nutzungsüberlassung von Sportanlagen können bis zum 31. Dezember 2004 in eine steuerfreie Grundstücksüberlassung und in eine steuerpflichtige Überlassung von Betriebsvorrichtungen aufgeteilt werden.

(7) § 13c ist anzuwenden auf Forderungen, die nach dem 7. November 2003 abgetreten, verpfändet oder gepfändet worden sind.

(8) § 15a Abs. 1 Satz 1 und Abs. 4 Satz 1 in der Fassung des Gesetzes vom 20. Dezember 2001 (BGBl. I S. 3794) ist auch für Zeiträume vor dem 1. Januar 2002 anzuwenden, wenn der Unternehmer den Vorsteuerabzug im Zeitpunkt des Leistungsbezugs auf Grund der von ihm erklärten Verwendungsab-

sicht in Anspruch genommen hat und die Nutzung ab dem Zeitpunkt der erstmaligen Verwendung mit den für den Vorsteuerabzug maßgebenden Verhältnissen nicht übereinstimmt.

(9) § 18 Abs. 1 Satz 1 ist erstmals auf Voranmeldungszeiträume anzuwenden, die nach dem 31. Dezember 2004 enden.

(10) § 4 Nr. 21a in der bis 31. Dezember 2003 geltenden Fassung ist auf Antrag auf vor dem 1. Januar 2005 erbrachte Umsätze der staatlichen Hochschulen aus Forschungstätigkeit anzuwenden, wenn die Leistungen auf einem Vertrag beruhen, der vor dem 3. September 2003 abgeschlossen worden ist.

(11) § 15a in der Fassung des Artikels 5 des Gesetzes vom 9. Dezember 2004 (BGBl. I S. 3310) ist auf Vorsteuerbeträge anzuwenden, deren zugrunde liegende Umsätze im Sinne des § 1 Abs. 1 nach dem 31. Dezember 2004 ausgeführt werden.

(12) Auf Vorsteuerbeträge, deren zugrunde liegende Umsätze im Sinne des § 1 Abs. 1 nach dem 31. Dezember 2006 ausgeführt werden, ist § 15a Abs. 3 und 4 in der am 1. Januar 2007 geltenden Fassung anzuwenden.

(13) § 18a Abs. 1 Satz 1, 4 und 5 in der Fassung des Artikels 7 des Gesetzes vom 13. Dezember 2006 (BGBl. I S. 2878) ist erstmals auf Meldezeiträume anzuwenden, die nach dem 31. Dezember 2006 enden.

(14) § 18 Abs. 9 in der Fassung des Artikels 7 des Gesetzes vom 19. Dezember 2008 (BGBl. I S. 2794) und § 18g sind auf Anträge auf Vergütung von Vorsteuerbeträgen anzuwenden, die nach dem 31. Dezember 2009 gestellt werden.

(15) § 14 Abs. 2 Satz 1 Nr. 2 und § 14 Abs. 3 Nr. 2 in der jeweils ab 1. Januar 2009 geltenden Fassung sind auf alle Rechnungen über Umsätze anzuwenden, die nach dem 31. Dezember 2008 ausgeführt werden.

(16) [1]§ 3 Absatz 9a Nummer 1, § 15 Absatz 1b, § 15a Absatz 6a und 8 Satz 2 in der Fassung des Artikels 4 des Gesetzes vom 8. Dezember 2010 (BGBl. I S. 1768) sind nicht anzuwenden auf Wirtschaftsgüter im Sinne des § 15 Absatz 1b, die auf Grund eines vor dem 1. Januar 2011 rechtswirksam abgeschlossenen obligatorischen Vertrags oder gleichstehenden Rechtsakts angeschafft worden sind oder mit deren Herstellung vor dem 1. Januar 2011 begonnen worden ist. [2]Als Beginn der Herstellung gilt bei Gebäuden, für die eine Baugenehmigung erforderlich ist, der Zeitpunkt, in dem der Bauantrag gestellt wird; bei baugenehmigungsfreien Gebäuden, für die Bauunterlagen einzureichen sind, der Zeitpunkt, in dem die Bauunterlagen eingereicht werden.

(17) § 18 Absatz 3 in der Fassung des Artikels 4 des Gesetzes vom 8. Dezember 2010 (BGBl. I S. 1768) ist erstmals auf Besteuerungszeiträume anzuwenden, die nach dem 31. Dezember 2010 enden.

(18) § 14 Absatz 1 und 3 ist in der ab 1. Juli 2011 geltenden Fassung auf alle Rechnungen über Umsätze anzuwenden, die nach dem 30. Juni 2011 ausgeführt werden.

(19) [1]Sind Unternehmer und Leistungsempfänger davon ausgegangen, dass der Leistungsempfänger die Steuer nach § 13b auf eine vor dem 15. Februar 2014 erbrachte steuerpflichtige Leistung schuldet, und stellt sich diese Annahme als unrichtig heraus, ist die gegen den leistenden Unternehmer wirkende Steuerfestsetzung zu ändern, soweit der Leistungsempfänger die Erstattung der Steuer fordert, die er in der Annahme entrichtet hatte, Steuerschuldner zu sein. [2]§ 176 der Abgabenordnung steht der Änderung nach Satz 1 nicht entgegen. [3]Das für den leistenden Unternehmer zuständige Finanzamt kann auf Antrag zulassen, dass der leistende Unternehmer dem Finanzamt den ihm gegen den Leistungsempfänger zustehenden Anspruch auf Zahlung der gesetzlich entstandenen Umsatzsteuer abtritt, wenn die Annahme der Steuerschuld des Leistungsempfängers im Vertrauen auf eine Verwaltungsanweisung beruhte und der leistende Unternehmer bei der Durchsetzung des abgetretenen Anspruchs mitwirkt. [4]Die Abtretung wirkt an Zahlungs statt, wenn

1. der leistende Unternehmer dem Leistungsempfänger eine erstmalige oder geänderte Rechnung mit offen ausgewiesener Umsatzsteuer ausstellt,
2. die Abtretung an das Finanzamt wirksam bleibt,
3. dem Leistungsempfänger diese Abtretung unverzüglich mit dem Hinweis angezeigt wird, dass eine Zahlung an den leistenden Unternehmer keine schuldbefreiende Wirkung mehr hat, und

4. der leistende Unternehmer seiner Mitwirkungspflicht nachkommt.

(20) § 18h Absatz 3 und 4 in der Fassung des Artikels 8 des Gesetzes vom 25. Juli 2014 (BGBl. I S. 1266) ist erstmals auf Besteuerungszeiträume anzuwenden, die nach dem 31. Dezember 2014 enden.

(21) § 18 Absatz 2 in der am 1. Januar 2015 geltenden Fassung ist erstmals auf Voranmeldungszeiträume anzuwenden, die nach dem 31. Dezember 2014 enden.

(22) [1]§ 2 Absatz 3 in der am 31. Dezember 2015 geltenden Fassung ist auf Umsätze, die nach dem 31. Dezember 2015 und vor dem 1. Januar 2017 ausgeführt werden, weiterhin anzuwenden. [2]§ 2b in der am 1. Januar 2016 geltenden Fassung ist auf Umsätze anzuwenden, die nach dem 31. Dezember 2016 ausgeführt werden. [3]Die juristische Person des öffentlichen Rechts kann dem Finanzamt gegenüber einmalig erklären, dass sie § 2 Absatz 3 in der am 31. Dezember 2015 geltenden Fassung für sämtliche nach dem 31. Dezember 2016 und vor dem 1. Januar 2021 ausgeführte Leistungen weiterhin anwendet. [4]Eine Beschränkung der Erklärung auf einzelne Tätigkeitsbereiche oder Leistungen ist nicht zulässig. [5]Die Erklärung ist bis zum 31. Dezember 2016 abzugeben. [6]Sie kann nur mit Wirkung vom Beginn eines auf die Abgabe folgenden Kalenderjahres an widerrufen werden."

Bearbeiter: Matthias Trinks

Inhaltsverzeichnis

1. Allgemeines

1 Die Norm legt den **Anwendungszeitpunkt bei Gesetzesänderungen** fest. Hierfür wird im Grundsatz der Leistungszeitpunkt als Stichtag bestimmt, Abs. 1. Die Absätze 1a ff. beinhalten gesonderte Anwendungsbestimmungen für einzelne Gesetzesänderungen.

2. Grundsatzregelung, § 27 Abs. 1 UStG

2 § 27 Abs. 1 UStG gibt als **Stichtag für die Anwendung von Gesetzänderungen** den **Leistungszeitpunkt** vor. Erfasst ist jegliche Änderung des UStG (z.B. betreffend Steuerbarkeit, Steuerbefreiung, Steuersatz, Verfahrensvorschriften). Unter den Leistungsbegriff fallen Lieferungen und sonstige Leistungen nach § 1 Abs. 1 Nr. 1 UStG, sowie der innergemeinschaftliche Erwerb nach § 1 Abs. 1 Nr. 5 UStG. Für Einfuhren nach § 1 Abs. 1 Nr. 4 UStG sind die zollrechtlichen Vorschriften maßgeblich.

3 Von Bedeutung ist die Grundsatzregelung vor allem für Fälle der **Ist-Besteuerung**. Da auf den Leistungszeitpunkt abzustellen ist, müssen zum Zeitpunkt der Vereinnahmung vorgenommene Besteuerungen (z.B. bei Anzahlung, Vorauszahlung) berichtigt werden, wenn bei Leistungserbringung die neue Gesetzeslage anzuwenden ist. Im Einzelfall gewährt die Finanzverwaltung gleichwohl oftmals Nichtbeanstandungsregelungen.

4 **Beispiel:** Hotelier H erhält im Dezember 2009 Vorkasse für eine Hotelübernachtung im Februar 2010.

Lösung: Das im Dezember vereinnahmte Entgelt unterliegt der Mindest-Istversteuerung nach § 13 Abs. 1 Nr. 1 Buchst. a Satz 4 UStG i.H.v. 19 %. Da zum 01.01.2010 der Steuersatz für Hotelübernachtungen gesenkt wurde, beträgt der anzuwendende Steuersatz bei Leistungserbringung nur noch 7 %. Spätestens in der Umsatzsteuervoranmeldung für den Leistungszeitraum – hier Februar 2010 – ist eine Berichtigung vorzunehmen. Die Differenz von 12 Prozentpunkten wird durch das zuständige Finanzamt erstattet.

5 Bei Erbringung von Teilleistungen mit Vereinnahmung vor dem Stichtag ist auf die jeweiligen Teilleistungen die geltende Gesetzeslage vor oder nach Änderung anzuwenden. Voraussetzung ist die Erteilung einer ordnungsgemäßen Endrechnung (Schlussrechnung).

3. Vermietung von Altbauten, Abs. 2

Für bestimmte steuerfreie Umsätze kann nach § 9 Abs. 1 UStG zur Umsatzsteuerpflicht optiert werden. Bei Vermietungsumsätzen wird die Optionsmöglichkeit gemäß § 9 Abs. 2 UStG u.a. dadurch eingeschränkt, dass das jeweilige Gebäude ausschließlich zur Erzielung vorsteuerunschädlicher Umsätze verwendet werden darf. Die Finanzverwaltung gewährt eine Bagatellregelung, die jedoch im Zweifelsfall nicht durchgesetzt werden kann (s. Endert/Trinks, MwStR 2013, 724). Die Einschränkung nach § 9 Abs. 2 UStG wird für die Vermietung von Altbauten über § 27 Abs. 2 UStG aufgehoben. Voraussetzung ist Baubeginn und -fertigstellung vor dem jeweils gesetzlich benannten Stichtag. 6

Der Begriff des Wohnhauses erfährt umsatzsteuerlich keine eigene Definition. Hierzu kann auf die einkommensteuerlichen Grundsätze zurückgegriffen werden (s. § 7b Abs. 1 Satz 1 EStG). Gleiches gilt für die Frage, ab welchem Zeitpunkt ein Neubau vorliegt. In bestimmten Fällen führen auch umfangreiche Umbauten zu einem Neubau i.S. dieser Vorschrift (s. zuletzt rkr. Urteil des FG Hamburg vom 05.09.2012, 6 K 169/11 – n.v. –). 7

4. Übergangsbestimmungen, Abs. 1a und 3 ff.

§ 27 Abs. 1a und 3 ff. UStG regeln für bestimmte Gesetzänderungen die Anwendungszeitpunkte gesondert. Das betrifft insbesondere Antrags- und rückwirkende Regelungen. Größtenteils sind bereits weit zurückliegende Besteuerungszeiträume betroffen. Hierfür wird auf die Kommentierung zu den einzelnen gesetzlichen Bestimmungen verwiesen. 8

Neu eingeführt wurde mit dem sogenannten **Kroatien-Anpassungsgesetz** zum 31.07.2014 Abs. 19. Die Regelung ist die Konsequenz des Wechselspiels von BFH, BMF und Gesetzgeber zur einvernehmlichen Steuerschuldumkehr bei Bauleistungen. Seit 01.10.2014 existiert eine gesetzliche Regelung, welche die frühere Verwaltungspraxis zur Vereinfachungsregelung nach Abschn. 13b.8 Abs. 8 UStAE a.F. vor dem 05.02.2014 teilweise abbildet. In der Zwischenzeit (Februar bis September 2014) konnte die Vereinfachung im Wege der Nichtbeanstandung angewendet werden. 9

Aufgrund der Negierung der früheren Verwaltungsauffassung durch den BFH (s. Urteil des BFH vom 22.08.2013, BStBl II 2014, 128) musste der Gesetzgeber eine Regelung für den Fall schaffen, in dem zumindest einer der Beteiligten – vor allem der Leistungsempfänger – an der (aus heutiger Sicht) zu Unrecht vereinbarten und von der Verwaltung nun unbeanstandeten Steuerschuldumkehr nachträglich nicht weiter festhalten will. Diese Abwicklung wird durch § 27 Abs. 19 UStG geregelt. 10

Beantragt der Leistungsempfänger die Erstattung der zu Unrecht nach § 13b UStG abgeführten Steuer, trifft die **Steuerschuldnerschaft** den Leistenden. Für ihn soll kein Vertrauensschutz bestehen (s. ausführlich Lippross, NWB 2015, 677). Unter den genannten Voraussetzungen kann der Leistende seinen resultierenden Anspruch auf Vergütung der Umsatzsteuer zahlungsbefreiend an das zuständige Finanzamt abtreten. Zahlungsgestörte oder nicht bestehende bzw. durchsetzbare Forderungen sollen wohl zulasten des Leistenden gehen. Zumindest entsteht bei ihm aber keine unvermeidbare Zinsbelastung, da der Antrag des Leistungsempfängers insoweit als rückwirkendes Ereignis nach § 233a Abs. 2a AO anzusehen ist. 11

Das Antragsrecht des Leistungsempfängers bringt keinen allgemein gültigen Vorteil für ihn mit sich. Zwar entstehen für die zu Unrecht abgeführte Umsatzsteuer nach § 13b UStG rückwirkend Erstattungszinsen über § 233a Abs. 2 AO. Jedoch bleibt dieser ökonomische Mehrwert nur bestehen, wenn die Umsatzsteuer in der Vergangenheit nicht gleichzeitig als Vorsteuer abgezogen wurde. Solche Fälle können etwa bei Bauträgern entstehen. 12

Nachdem die Finanzgerichte im Rahmen vieler Verfahren zum vorläufigen Rechtsschutz sehr unterschiedlich geurteilt haben, ist die Linie des BFH eindeutig. Das Gericht gewährt Aussetzung der Vollziehung in mittlerweile ständiger Rechtsprechung unter Verweis auf eine mögliche Verfassungswidrigkeit der Neuregelung (zuletzt BFH, Beschluss vom 23.05.2016, V B 20/16 – n.v. –). In den vorliegenden Hauptsacheentscheidungen gehen die Finanzgerichte indes von deren Rechtmäßigkeit aus (s. Urteil des FG Münster vom 15.03.2016, 15 K 1553/15 U, EFG 2016, 855, Az. des BFH: V R 16/16). Nach hier vertretener Auffassung ist 13 die Rückwirkung rechtmäßig. Die frühere Verwaltungsregelungsvereinfachung konnte keinen Vertrauensschutz begründen, weil sie schon bei ihrer Einführung offenkundig rechtswidrig war.

14 Ebenfalls mit dem Kroatien-Anpassungsgesetz wurde Abs. 20 zum 01.10.2014 eingeführt. Die Regelung stellt klar, dass das neue Erklärungsverfahren (sogenanntes „mini-one-stop-shop", kleine einzige Anlaufstelle) nach § 18h UStG ab 2015 zur Anwendung kommt. Die Regelung des § 18h UStG wurde vor allem aus technischen Gründen vorzeitig einfügt, damit sich interessierte Unternehmer basierend auf der gesetzlichen Grundlage für das neue Verfahren vorab anmelden können.

15 Im Rahmen des ZollkodexAnpG wurde Abs. 21 eingeführt. Die Norm stellt klar, dass die parallel vorgenommene Meldeverschärfung gemäß § 18 Abs. 2 Satz 4 UStG auch bereits (länger) bestehende **Vorratsgesellschaften** und **Firmenmäntel** betrifft. Dies ist unter Berücksichtigung der Missbrauchsvermeidung zweck- und rechtmäßig.

16 § 27 Abs. 22 UStG regelt die Anwendung von § 2b UStG zur **Besteuerung der öffentlichen Hand**. Aufgrund der Anwendungsregelung gilt § 2b UStG materiell erst ab 2017. Da § 2b UStG in vielen Fällen zu einer grundlegend anderen Besteuerung führt als zuvor, wurde eine großzügige Übergangsregelung festgeschrieben. Betroffene juristische Personen des öffentlichen Rechts können die Anwendung der Neuregelung insgesamt durch Ausübung des Wahlrechts auf jeden 1. Januar bis spätestens 2021 hinauszögern (ausführlich zur Neuregelung s. Küffner/Rust, DStR 2016, 1633).

§ 27a UStG Umsatzsteuer-Identifikationsnummer

(1) [1]Das Bundeszentralamt für Steuern erteilt Unternehmern im Sinne des § 2 auf Antrag eine Umsatzsteuer-Identifikationsnummer. [2]Das Bundeszentralamt für Steuern erteilt auch juristischen Personen, die nicht Unternehmer sind oder die Gegenstände nicht für ihr Unternehmen erwerben, eine Umsatzsteuer-Identifikationsnummer, wenn sie diese für innergemeinschaftliche Erwerbe benötigen. [3]Im Fall der Organschaft wird auf Antrag für jede juristische Person eine eigene Umsatzsteuer-Identifikationsnummer erteilt. [4]Der Antrag auf Erteilung einer Umsatzsteuer-Identifikationsnummer nach den Sätzen 1 bis 3 ist schriftlich zu stellen. [5]In dem Antrag sind Name, Anschrift und Steuernummer, unter der der Antragsteller umsatzsteuerlich geführt wird, anzugeben.

(2) [1]Die Landesfinanzbehörden übermitteln dem Bundeszentralamt für Steuern die für die Erteilung der Umsatzsteuer-Identifikationsnummer nach Absatz 1 erforderlichen Angaben über die bei ihnen umsatzsteuerlich geführten natürlichen und juristischen Personen und Personenvereinigungen. [2]Diese Angaben dürfen nur für die Erteilung einer Umsatzsteuer-Identifikationsnummer, für Zwecke der Verordnung (EU) Nr. 904/2010 des Rates vom 7. Oktober 2010 über die Zusammenarbeit der Verwaltungsbehörden und die Betrugsbekämpfung auf dem Gebiet der Mehrwertsteuer (ABl. L 268 vom 12.10.2010, S. 1), für die Umsatzsteuerkontrolle für Zwecke der Amtshilfe zwischen den zuständigen Behörden anderer Staaten in Umsatzsteuersachen sowie für Übermittlungen an das Statistische Bundesamt nach § 2a des Statistikregistergesetzes verarbeitet oder genutzt werden. [3]Das Bundeszentralamt für Steuern übermittelt den Landesfinanzbehörden die erteilten Umsatzsteuer-Identifikationsnummern und die Daten, die sie für die Umsatzsteuerkontrolle benötigen.

Bearbeiter: Bernhard Becht†/Manzur Esskandari

Inhaltsverzeichnis

1. Bedeutung der Norm

Die Vorschrift regelt – gestützt auf **Art. 214 MWStSystRL** – das **Verfahren zur Erteilung der USt-IdNr.** durch das Bundeszentralamt für Steuern sowie die Befugnis der Landesfinanzbehörden zur Weiterleitung der für die Erteilung der USt-Identifikationsnummer sowie deren Verarbeitung, Nutzung und Weitergabe durch das Bundeszentralamt für Steuern an die zuständigen Behörden auch anderer Mitgliedstaaten. 1

Die USt-IdNr. ist Teil des **Kontrollmechanismus** im Rahmen des ab dem 01.01.1993 errichteten Binnenmarktes. Durch ihre Erteilung wird bestätigt, dass der Verwender Unternehmer ist oder zumindest der deutschen Umsatzsteuer unterliegt. Auf diese Angaben kann ein Dritter vertrauen. 2

Sie dient insbesondere dem **Nachweis der Steuerfreiheit** innergemeinschaftlicher Lieferungen i.S.d. § 6a UStG (s. dazu § 6a Rn. 10 ff.) und der Überprüfung, ob der Abnehmer seinen steuerlichen Pflichten nachkommt. 3

Weiter hat sie Bedeutung u.a. in folgendem Zusammenhang: 4

- **Bestimmung des Leistungsortes** bei Dienstleistungen und die daran anknüpfenden Meldepflichten seit Einführung der neuen Regelungen in § 3a UStG durch das sog. MWSt-Paket zum 01.01.2010,
- Gesonderte USt-Identifikationsnummer für den **Fiskalvertreter** nach § 22d UStG,
- Anwendung der **Vereinfachungsregelung** für innergemeinschaftliche Dreiecksgeschäfte i.S.d. § 25b UStG,

- **Begründung der Steuerpflicht** durch Verwendung eine USt-Identifikationsnummer nach § 3d Abs. 2 UStG.

2. Verfahren

2.1 Antragserfordernis

5 Die USt-IdNr. wird grundsätzlich nur auf **schriftlichen Antrag** erteilt. Der Antrag muss von dem betreffenden Unternehmer (bzw. seinem Vertreter) selbst gestellt werden. Lieferanten oder andere Personen, die ein Interesse an der Erteilung haben können, sind dazu nicht berechtigt. Eine bestimmte Form sieht das Gesetz für den Antrag nicht vor. Der Antrag ist schriftlich unter Angabe des Namens und der Anschrift des Antragstellers, des zuständigen Finanzamtes und der Steuernummer, unter der er dort umsatzsteuerlich geführt wird, an das BZSt – Dienstsitz Saarlouis –, 66740 Saarlouis, zu richten (s. Abschn. 27a.1 Abs. 1 Satz 1 UStAE). Anträge können auch über das Internet (www.bzst.de) gestellt werden (s. Abschn. 27a.1 Abs. 1 Satz 2 UStAE). Fahrzeuglieferer i.S.d. § 2a UStG erhalten keine USt-IdNr.

6 Wird der Antrag **vom Organträger** für eine Organgesellschaft gestellt (s. dazu Rn. 9 und § 2 Abs. 2 Rn. 2 ff.), muss er folgende Angaben enthalten (s. Abschn. 27a.1 Abs. 3 Satz 3 UStAE):

- Die Steuernummer, unter der der Organkreis für Zwecke der Umsatzsteuer geführt wird;
- den Namen und die Anschrift des Organträgers;
- die USt-Identifikationsnummer des Organträgers (soweit bereits erteilt);
- die Bezeichnung des Finanzamts, bei dem der Organkreis für Zwecke der Umsatzsteuer geführt wird;
- den Namen und die Anschriften der einzelnen Organgesellschaften, die am innergemeinschaftlichen Handelsverkehr teilnehmen;
- die Steuernummern, unter denen die Organgesellschaften ertragsteuerlich geführt werden;
- die Bezeichnung der zuständigen Finanzämter, bei denen die Organgesellschaften ertragsteuerlich geführt werden.

7 Bei der **steuerlichen Neuaufnahme** kann der Unternehmer die Erteilung einer USt-IdNr. auch bei dem zuständigen Finanzamt beantragen (Abschn. 27a.1 Abs. 1 Satz 4 UStAE). Dieser Antrag wird, zusammen mit den erforderlichen Angaben über die Erfassung für Zwecke der Umsatzsteuer, an das BZSt weitergeleitet (Abschn. 27a.1 Abs. 1 Satz 4 und 5 UStAE). Jedoch kann das Verfahren verkürzt werden, wenn nach der steuerlichen Erfassung mit der Mitteilung der Steuernummer durch das Finanzamt der Antrag direkt beim Bundeszentralamt für Steuern gestellt werden (insbesondere bei **ausländischen Unternehmern**). Der Unternehmer kann schriftlich unter Angabe der ggf. bereits erteilten USt-IdNr. beim BZSt – Dienstsitz Saarlouis – 66740 Saarlouis beantragen, dass die Anschrift gespeichert wird, unter der er im innergemeinschaftlichen Geschäftsverkehr auftritt (sog. Euro-Adresse), Abschn. 27a.1 Abs. 2 UStAE.

2.2 Antragsberechtigung

8 **Antragsberechtigte sind Unternehmer** i.S.v. § 2 UStG (s. dazu § 2 Abs. 1 Rn. 4 ff.) sowie juristische Personen, die nicht Unternehmer sind (s. zur Unternehmereigenschaft von juristischen Personen § 2 Abs. 3 Rn. 1 ff.). Der Antragsteller muss bei einem inländischen Finanzamt für umsatzsteuerliche Zwecke registriert sein. Für folgende Personen besteht nur dann ein Anspruch auf Erteilung der USt-IdNr., wenn sie diese für innergemeinschaftliche Lieferungen oder innergemeinschaftliche Erwerbe oder für erhaltene innergemeinschaftliche Dienstleistungen benötigen (s. dazu auch die Ausführungen zu § 6a UStG; insb. § 6a Rn. 10 ff.):

- Kleinunternehmer i.S.v. § 19 UStG,
- pauschalversteuernde Landwirte i.S.v. § 24 UStG,
- Unternehmer, die ausschließlich Umsätze tätigen, die den Vorsteuerabzug ausschließen,
- juristische Personen, die nicht Unternehmer sind.

9 Jeder Anspruchsberechtigte erhält grundsätzlich **nur eine USt-IdNr.** Die Gebietskörperschaften Bund und Länder können für einzelne **Organisationseinheiten** (z.B. Ressorts, Behörden und Ämter) eine USt-Identifikationsnummer erhalten (s. Abschn. 27a.1 Abs. 3 Satz 4, 1a.1 Abs. 3 UStAE). **Fiskalvertreter** können

nach § 22d Abs. 1 eine **zweite USt-IdNr.** für ihre Fiskaltätigkeit beantragen. Im Fall der Organschaft können gesonderte USt-IdNr. erteilt werden **für den Organträger** und **jede Organgesellschaft** (s. dazu Abschn. 27a.1 Abs. 3 Satz 1 UStAE und zu den Begriffen § 2 Abs. 2 Rn. 2 ff.).

2.3 Erteilung bzw. Aufhebung der USt-Identifikationsnummer

Hat eine natürliche Person durch **Anmeldung eines Gewerbes** ernsthaft die Absicht bekundet, unterneh- 10 merisch i.S.d. § 2 UStG (§ 2 Rn. 4 ff. UStG) tätig zu werden, ist ihr außer in Fällen eines offensichtlichen, auf die Umsatzsteuer bezogenen Missbrauchs auf Antrag eine Steuernummer für Umsatzsteuerzwecke zu erteilen (s. BFH vom 23.09.2009, II R 66/07, DStR 2009, 2665; zum Anspruch auf Erteilung s. auch EuGH vom 14.03.2013, C-527/11, UR 2013,392 m.w.N.; Kemper, DStR 2014, 1654). Der Gerichtshof stellt auch klar, dass die USt-IdNr. nur ein **Formerfordernis zum Zwecke der Kontrolle** darstellt und damit das Recht auf Vorsteuerabzug und auf Steuerbefreiung einer innergemeinschaftlichen Lieferung nicht in Frage stellen dürfe. Die Weigerung, eine USt-IdNr. zuzuteilen, dürfe daher keinen Einfluss auf den Vorsteuerabzug und auf eine Steuerbefreiung haben.

Die USt-IdNr. kann zwar **schriftlich und mündlich** erteilt werden. Der UStAE sieht in Abschn. 27a.1 11 Abs. 1 Satz 3 die schriftliche Bekanntgabe an den Antragsteller vor. Fallen die Vorrausetzungen für die Erteilung weg, kann die **Aufhebung** der USt-IdNr. beim Bundeszentralamt für Steuern beantragt werden. Die Aufhebung ist auch von Amts wegen nach § 130 ff. AO möglich. Zum Aufbau der USt-IdNr. s. die Ausführungen zu § 18e UStG (s. insbesondere § 18e Rn. 4).

2.4 Rechtsschutz

Gegen eine zu Unrecht erteilte USt-IdNr. kann **Einspruch** (s. § 347 AO) eingelegt werden und ggf. Anfech- 12 tungsklage (s. § 40 FGO) erhoben werden (s. Lohse, UVR 1994, 2). Vorläufiger Rechtsschutz ist durch Aussetzung der Vollziehung nach § 361 Abs. 3 AO bzw. § 69 Abs. 2 FGO zu gewähren.

Wird die Erteilung der USt-IdNr. abgelehnt, ist dagegen der Einspruch (s. § 347 AO) und ggf. die Ver- 13 pflichtungsklage (s. § 40 FGO) zulässig. **Vorläufiger Rechtsschutz** ist im Wege der einstweiligen Anordnung möglich (s. § 114 FGO). Allerdings wird ein entsprechender Antrag in der Regel erfolglos sein, da ansonsten die Hauptsache vorweggenommen würde.

3. Übermittlung von Daten durch das Bundeszentralamt für Steuern

Das Bundeszentralamt für Steuern darf die im Rahmen des Erteilungsverfahrens erlangten Daten spei- 14 chern, verarbeiten und an die für die Kontrolle der Umsatzsteuer zuständigen Behörden im Inland und in anderen Mitgliedstaaten **weiterleiten. Die Weitergabe der Daten darf dabei nach § 27a Abs. 2 Satz 2 UStG nur** für umsatzsteuerliche Zwecke erfolgen. Die Verwendung für andere Zwecke, insbesondere für die **Ertragsbesteuerung**, ist unzulässig. Darüber hinaus erlaubt § 27a Abs. 2 Satz 2 UStG auch die Weitergabe an das **Statistische Bundesamt** nach § 2a StatistikregisterG.

§ 27b UStG Umsatzsteuer-Nachschau

(1) [1]Zur Sicherstellung einer gleichmäßigen Festsetzung und Erhebung der Umsatzsteuer können die damit betrauten Amtsträger der Finanzbehörde ohne vorherige Ankündigung und außerhalb einer Außenprüfung Grundstücke und Räume von Personen, die eine gewerbliche oder berufliche Tätigkeit selbständig ausüben, während der Geschäfts- und Arbeitszeiten betreten, um Sachverhalte festzustellen, die für die Besteuerung erheblich sein können (Umsatzsteuer-Nachschau). [2]Wohnräume dürfen gegen den Willen des Inhabers nur zur Verhütung dringender Gefahren für die öffentliche Sicherheit und Ordnung betreten werden.

(2) [1]Soweit dies zur Feststellung einer steuerlichen Erheblichkeit zweckdienlich ist, haben die von der Umsatzsteuer-Nachschau betroffenen Personen den damit betrauten Amtsträgern auf Verlangen Aufzeichnungen, Bücher, Geschäftspapiere und andere Urkunden über die der Umsatzsteuer-Nachschau unterliegenden Sachverhalte vorzulegen und Auskünfte zu erteilen. [2]Wurden die in Satz 1 genannten Unterlagen mit Hilfe eines Datenverarbeitungssystems erstellt, können die mit der Umsatzsteuer-Nachschau betrauten Amtsträger auf Verlangen die gespeicherten Daten über die der Umsatzsteuer-Nachschau unterliegenden Sachverhalte einsehen und soweit erforderlich hierfür das Datenverarbeitungssystem nutzen. [3]Dies gilt auch für elektronische Rechnungen nach § 14 Absatz 1 Satz 8.

(3) [1]Wenn die bei der Umsatzsteuer-Nachschau getroffenen Feststellungen hierzu Anlass geben, kann ohne vorherige Prüfungsanordnung (§ 196 der Abgabenordnung) zu einer Außenprüfung nach § 193 der Abgabenordnung übergegangen werden. [2]Auf den Übergang zur Außenprüfung wird schriftlich hingewiesen.

(4) Werden anlässlich der Umsatzsteuer-Nachschau Verhältnisse festgestellt, die für die Festsetzung und Erhebung anderer Steuern als der Umsatzsteuer erheblich sein können, so ist die Auswertung der Feststellungen insoweit zulässig, als ihre Kenntnis für die Besteuerung der in Absatz 1 genannten Personen oder anderer Personen von Bedeutung sein kann.

Bearbeiter: Bernhard Becht†/Manzur Esskandari

Inhaltsverzeichnis

1. Bedeutung der Norm

Die Vorschrift wurde in Reaktion auf aufgedeckte Betrugsfälle in Form von **Karussellgeschäften** durch das Steuerverkürzungsbekämpfungsgesetz (StVBG) vom 19.12.2001 (BGBl I 2001, 3922) in das Gesetz eingefügt. Sie berechtigt das Finanzamt ohne vorherige Ankündigung und außerhalb einer Außenprüfung Grundstücke und Räume während der Geschäfts- und Arbeitszeiten zu betreten, um für die Besteuerung erhebliche Sachverhalte festzustellen (Abs. 1 Satz 1). Nach Abs. 1 Satz 2 wird das Betreten von Wohnräumen zur Verhütung dringender Gefahren für die öffentliche Sicherheit und Ordnung erlaubt. Nach Abs. 2 sind die betroffenen Personen verpflichtet, Aufzeichnungen, Bücher, Geschäftspapiere und andere Unterlagen vorzulegen und Auskünfte zu erteilen. Die **Umsatzsteuer-Nachschau** wurde in das Gesetz eingefügt, da nach Auffassung des Gesetzgebers dem Umsatzsteuerbetrug mit den bestehenden Regeln der AO (Betriebsprüfung, Umsatzsteuersonderprüfung) nicht ausreichend begegnet werden konnte. Durch die nicht angekündigte Umsatzsteuer-Nachschau soll dem Finanzamt ermöglicht werden, die tatsächlichen Verhältnisse eines Unternehmens zu ermitteln um damit ordentliche Unternehmen von solchen zu unterscheiden, die in erster Linie dazu eingesetzt werden, den Fiskus zu schädigen. Ursprünglich sollte in § 88b AO eine „Allgemeine Nachschau" eingefügt werden. Im Verlauf des Gesetzgebungsverfahrens wurde die Nachschau auf die USt begrenzt und die Regelung wegen des rechtssystematischen Zusammenhangs in das UStG eingefügt (s. BT-Drs. 14/7471, 5, 8). Für die Einfuhrumsatzsteuer ist Vorschrift in der Praxis aufgrund der weiterreichenden Befugnisse nach den Regelungen über die Steueraufsicht in § 209 AO kaum von Bedeutung. 1

Mittlerweile wurde auch die **Lohnsteuer-Nachschau** in § 42g EStG geregelt (eingeführt zum 30.06.2013, BGBl I 2013, 1809). 2

2. Rechtsentwicklung

Die Vorschrift wurde durch das Steuerverkürzungsbekämpfungsgesetz (StVBG; BGBl I 2001, 3922) in das UStG eingefügt. Sie ist am 01.01.2002 in Kraft getreten. Das BMF hat dazu mit Schreiben vom 23.12.2002 Stellung genommen (IV B 2 – S 7420 – 415/02, BStBl I 2002, 1447). 3

Mit den Änderungen an die Anforderungen an **elektronische Rechnungen** in § 14 Abs. 1 und 3 UStG (s. § 14 Rn. 87 ff.) durch das Steuervereinfachungsgesetz 2011 vom 01.11.2011 (BGBl I 2001, 2131) wurden die Befugnisse des Finanzamts bei der Umsatzsteuer-Nachschau zum 01.07.2011 erweitert. Abs. 2 Satz 2 und 3 erlauben danach gespeicherte Daten einzusehen und – soweit erforderlich – das Datenverarbeitungssystem des Unternehmens zu nutzen. Dadurch soll eine effektive Umsatzsteuerkontrolle bei der Verwendung von elektronischen Unterlagen und Rechnungen sichergestellt werden. 4

3. Verfassungsmäßigkeit

In der Literatur wird § 27b UStG teilweise für **verfassungswidrig** gehalten, da der Gesetzgeber das Zitiergebot des Art. 19 Abs. 1 Satz GG für die Einschränkung von Grundrechten nicht beachtet habe (s. dazu die Nachweise bei Leonard in Bunjes, § 27b UStG, Rn. 7; Hilbert, StB 2013, 244, 248). 5

Bei Geschäfts- und Betriebsräumen wird nur ein reduzierter Grundrechtsschutz gewährleistet. Tätigkeiten eines Unternehmers wirken bei reinen **Betriebs- und Geschäftsräumen** nach außen. Sie berühren damit die Interessen der Allgemeinheit und erlauben insoweit ohne Verletzung des Schutzbereiches von Art. 13 GG ein Betretungs- und Besichtigungsrecht der Finanzbehörden. Dieses **Betretungs- und Besichtigungsrecht** ist lediglich am Verhältnismäßigkeitsmaßstab des Art. 2 Abs. 1 GG zu messen (s. BFH vom 04.10.1988, VII R 59/86, NJW 1989, 855). Daneben ist auch noch Art. 12 (Berufsausübungsfreiheit mit Schranken) zu beachten. Für diese GG-Artikel gilt das Zitiergebot nicht (s. BVerfG vom 04.05.1983, 1 BvL 46 und 47/80, NJW 1983, 2869). 6

Beim **Betreten von Wohnräumen** (s. § 27b Abs. 1 Satz 2; für die Nichtigkeit nur dieser Bestimmung s. Haep, UR 2008, 445) ist Art. 13 GG berührt. Allerdings ist bei offensichtlichen Grundrechtseinschränkungen die Appell- und Warnfunktion des **Zitiergebotes** nicht notwendig. Dass sich der Gesetzgeber der Einschränkung aus Art. 13 GG bewusst war, folgt schon daraus, dass Abs. 1 Satz 2 den Gesetzesvorbehalt 7 des Art. 13 Abs. 7 GG (s. Art. 13 Abs. 3 GG a.F.) in Bezug nahm (s. Leonard in Bunjes, § 27b UStG, Rn. 7). Selbst ein möglicher Verstoß gegen das Zitiergebot führt nicht zur Nichtigkeit des gesamten UStG oder von Umsatzsteuerbescheiden (s. BFH vom 18.05.2011, VII B 195/10, BFH/NV 2011, 1743; Leonard in Bunjes, § 27b UStG, Rn. 7 m.w.N.).

4. Voraussetzungen der Umsatzsteuer-Nachschau (§ 27b Abs. 1 UStG)

4.1 Anlass

8 Die Nachschau setzt einen konkreten **Anlass und Aufklärungsbedarf** voraus.

9 Nach Abschn. 27b Abs. 2 UStAE ist die Nachschau insbesondere bei folgenden Anlässen angezeigt:

- Existenzprüfungen bei Unternehmensgründungen,
- Entscheidungen bei Zustimmungen nach § 168 Satz 2 AO,
- Erledigung von Auskunftsersuchen zum Vorsteuerabzug anderer Finanzämter (Kontrollmitteilungen),
- Erledigung von Auskunftsersuchen anderer Mitgliedstaaten.

10 Sachverhalte, die eine USt-Nachschau rechtfertigen können, sind nach der Verwaltungsregelung:

- Unternehmerexistenz,
- Vorhandensein von Anlage- und Umlaufvermögen,
- einzelne Eingangs- und Ausgangsrechnungen,
- einzelne Buchungsvorgänge,
- Verwendungsverhältnisse.

11 Nachschauen ohne konkreten Einzelfallanlass und ohne die Notwendigkeit der Sicherstellung einer gleichmäßigen Festsetzung und Erhebung der Umsatzsteuer scheiden aus.

12 Der bloße Verdacht, der Steuerpflichtige könne bei rechtzeitiger Ankündigung einer Prüfung manipulieren, begründet kein Betretungs- und Besichtigungsrecht.

4.2 Berechtigte

13 Betretungsberechtigt sind die mit der Erhebung und Festsetzung der USt betrauten **Amtsträger der Finanzbehörde** (s. § 7 AO). Dies sind regelmäßig **USt-Sonderprüfer** oder auch besondere Ermittlungsbeamte des Finanzamts. Sie können ohne vorherige Ankündigung und außerhalb einer Außenprüfung tätig werden. Die §§ 193 ff. AO finden keine Anwendung (s. Abschn. 27b.1 Abs. 1 Satz 3, 4 UStAE).

4.3 Betroffene

14 Zum Dulden des Betretens sind Personen verpflichtet, die die eine selbständige berufliche oder gewerbliche Tätigkeit ausüben. Wenn damit Unternehmer i.S.d. § 2 Abs. 1 Satz 1 UStG (§ 2 Rn. 4 ff.) erfasst werden, ist die Nachschau auch zulässig und notwendig, wenn Zweifel an der Unternehmerexistenz bestehen (s. BMF vom 01.07.2010, BStBl I 2010, 625; Abschn. 27b Abs. 1 Satz 2 UStAE; a.A. H/M § 27b UStG, Rn. 29).

4.4 Umfang des Betretungsrechts

4.4.1 Zeitlicher Umfang

15 Das Betretungsrecht besteht während der üblichen Geschäfts- und Betriebszeiten, nur mit Zustimmung des Betroffenen auch zu anderen Zeiten. Wird außerhalb der Geschäftszeiten noch gearbeitet, ist die Nachschau auch zu diesen Zeiten zulässig (s. Abschn. 27b Abs. 5 Satz 6 UStAE). Dies gilt im Gegensatz zu § 200 Abs. 3 Satz 1 AO, der auf die üblichen Geschäfts- und Arbeitszeiten abstellt.

4.4.2 Geschäfts- und Betriebsräume

16 Objekt der Nachschau sind zunächst „**Grundstücke und Räume von Personen, die ein gewerbliche oder berufliche Tätigkeit selbständig ausüben**“. Die Vorschrift verstößt nicht gegen Art. 13 GG.

4.4.3 Private Wohnräume

Für **private Wohnräume** gilt der Schutz des Art. 13 GG unmittelbar. Sie dürfen daher nach Abs. 1 Satz 2 UStG gegen den Willen des Inhabers nur zur Verhütung dringender Gefahren für die öffentliche Sicherheit und Ordnung betreten werden. Dies entspricht der Grundrechtsschranke des Art. 13 Abs. 7 GG. 17

Eine dringende Gefahr für die öffentliche Sicherheit und Ordnung ist gegeben, wenn ohne ihre Abwehr **wesentliche Rechtsgüter verletzt** werden (s. BVerfG vom 13.02.1964, 1 BvL 17/61, 1 BvR 494/60, 1 BvR 128/61, BVerfGE 17, 232). Die Sicherung des Steueraufkommens ist zwar ein Rechtsgut hohen Rangs. Dennoch ist das Betreten von privaten Wohnräumen wegen der Grundrechtskollision auf Ausnahmefälle zu beschränken (s. BFH vom 12.08.1955, III 65/55 U, BStBl III 1955, 283). Die Sicherstellung der gleichmäßigen Festsetzung und Erhebung der Umsatzsteuer muss konkret gefährdet sein. Der Grundsatz der Verhältnismäßigkeit verlangt dazu ein abgestuftes Handeln. Ein Anwendungsfall für diese Ausnahmesituation ist z.B. im Fall der Beteiligung an einem Umsatzsteuerkarussell zu bejahen. 18

4.4.4 Gemischt genutzte Räume

Nach Abschn. 27b Abs. 5 Satz 1 UStAE besteht das Betretungsrecht in gleichen Umfang wie bei Geschäftsräumen, wenn die zu betretenden Räume auch zu Wohnzwecken genutzt werden. Diese Ansicht kann aufgrund ihrer Undifferenziertheit nicht allgemein zugestimmt werden (s. dazu auch Haep UR 2008, 445). 19

Abzustellen ist auf die Gegebenheiten im Einzelfall. Diese sind dahingehend zu würdigen, ob der Wohnungsinhaber die Räume erkennbar vorrangig als Wohn- oder Geschäftsräume benutzt. **Anhaltspunkte für die unternehmerische Nutzung** können sein: 20

- Die Räumlichkeiten werden in der Steuererklärung (oder der Gewerbeanmeldung) als Geschäfts- oder Betriebsräume bezeichnet,
- Die Räumlichkeiten können auch von Kunden oder Lieferanten aufgesucht werden,
- Räumlichkeiten sind von dem Rest der Wohnung baulich getrennt.

Bestehen Zweifel an der Einordnung, ist aufgrund der Bedeutung des Art. 13 GG von Wohnräumen auszugehen, sodass das Betreten ohne richterliche Anordnung nur unter den Voraussetzungen des Abs. 1 Satz 2 zulässig ist (s. dazu Rn. 16; Leonard in Bunjes, § 27b UStG, Rn. 12). 21

Das Finanzamt hat sich bei der Nachschau auf das bloße Betreten und Besichtigten der Räume zu beschränken. Sie stellt keine Durchsuchung dar. **Durchsuchungen** sind von § 27b UStG nicht gedeckt (s. Abschn. 27b.1 Abs. 5 Satz 3 UStAE). Das Finanzamt darf sich einen Eindruck über die tatsächlichen Verhältnisse vor Ort verschaffen, die sich ohne weiteres aktives Tun offenbaren. Das Öffnen von Schränken etc. ist daher nicht gestattet. 22

Nach Auffassung der Finanzverwaltung (s. OFD Magdeburg vom 20.02.2012, DStR 2012, 909) ist das Fotografieren in den unternehmerisch oder teilweise unternehmerisch genutzten Räumlichkeiten zu den üblichen Betriebs- und Geschäftszeiten zulässig. Der Unternehmer selbst darf nicht fotografiert werden. Dabei muss der Grundsatz der Verhältnismäßigkeit beachtet werden. 23

Da es sich bei dem reinen Betreten nicht um einen Verwaltungsakt handelt, besteht für das Finanzamt keine rechtliche Möglichkeit, den **Realakt des Betretens** nach §§ 328 ff. AO durchzusetzen. Allerdings kann bei Verweigerung des Zutritts durch den Steuerpflichtigen nach Abs. 3 zu einer Außenprüfung übergegangen werden, sodass dann Zwangsmittel zur Verfügung stehen. 24

5. Vorlage von Aufzeichnungen (§ 27b Abs. 2 UStG)

Die Vorlage von **Aufzeichnungen**, Büchern und Geschäftspapieren sowie das Erteilen von Auskünften kann nach Abs. 2 verlangt werden, wenn dies nach objektiven Gesichtspunkten zweckdienlich ist. Die Zweckdienlichkeit ist bei Zweifeln von der Verwaltung nachzuweisen. Zweckdienlichkeit liegt bei der Geltendmachung hoher Vorsteuerbeträge z.B. vor, wenn sich das Finanzamt nicht nur das angeschaffte Wirtschaftsgut zeigen lässt, sondern auch die entsprechenden Belege (Kaufvertrag etc.) vorlegen lässt. 25

Nach Abs. 2 Satz 2 können auch elektronisch gespeicherte Aufzeichnungen, Bücher, Geschäftspapiere, andere Urkunden und elektronische Rechnungen i.S.d. § 14 Abs. 1 Satz 8 UStG (s. § 14 Rn. 46 ff.) auf 26

Verlangen des Finanzbeamten eingesehen werden. Dieser ist berechtigt, hierfür das **Datenverarbeitungssystem** des Unternehmers zu nutzen.

27 Da es sich bei dem Ersuchen – im Gegensatz zum Betreten – um einen Verwaltungsakt handelt, ist das Ersuchen auf Nachfrage zu begründen.

28 Kommt der Unternehmer seinen **Mitwirkungspflichten** nicht nach, kann nach Abs. 3 zu einer Außenprüfung übergegangen werden (s. Abschn. 27b.1 Abs. 9 UStAE).

6. Übergang zur Außenprüfung (§ 27b Abs. 3 UStG)

29 Nach Abs. 3 kann die **Nachschau ohne vorherige Prüfungsanordnung** (s. § 196 AO) zu einer Außenprüfung nach § 193 AO übergehen. Auf den Übergang zur Außenprüfung soll nach Abs. 3 Satz 2 schriftlich hingewiesen werden. Der schriftliche Hinweis ist ein Verwaltungsakt, der im Ermessen der Finanzbehörde steht. Er ersetzt die Prüfungsanordnung i.S.d. § 197 Abs. 1 AO. Nach Abschn. 27b.1 Abs. 9 Satz 10 UStAE gelten die allgemeinen Grundsätze über den notwendigen Inhalt von Prüfungsanordnungen entsprechend.

30 Der Hinweis muss daher enthalten:

- Welche Steuerarten die Prüfung umfassen soll,
- welche Zeiträume erfasst werden,
- gegen welche Person sich die Prüfung richtet.

31 Die mündliche Mitteilung dürfte rechtsstaatlichen Mindestanforderungen genügen (s. Leonard in Bunjes, § 27b UStG, Rn. 22 m.w.N. zu den verschiedenen Auffassungen).

32 Die der Nachschau folgende Außenprüfung ist auf die USt beschränkt (s. Abschn. 27b.1 Abs. 9 Satz 2, 3 UStAE; Umsatzsteuersonderprüfung). Eine allgemeine Außenprüfung ohne Ankündigung ist nach § 197 Abs. 1 Satz 1 AO nur zulässig, wenn der Prüfungszweck mit der Prüfungsanordnung als gefährdet erscheint (z.B. bei Verdunklungsgefahr). Ansonsten sind die in §§ 193 ff. AO geregelten Formalien einzuhalten.

33 Der Übergang zur Außenprüfung hat zur Folge, dass insbesondere die Vorschriften der §§ 164 Abs. 3 Satz 3 (Aufhebung des Vorbehalts der Nachprüfung), 171 Abs. 4 (Ablaufhemmung), 173 Abs. 2 Satz 1 und 2 (Änderungssperre), 204 ff. (verbindliche Zusage) AO anzuwenden sind (s. auch Abschn. 27b.1 Abs. 7 UStAE).

7. Verwertung der Ergebnisse (§ 27b Abs. 4 UStG)

34 Die Nachschau ist keine Außenprüfung. Eine Schlussbesprechung findet nicht statt. Es wird kein Außenprüfungs-Bericht erstellt. Damit wird auch die Festsetzungsfrist nicht nach § 171 Abs. 4 AO gehemmt. Dies kommt nur dann in Betracht, wenn zu einer Außenprüfung nach Abs. 3 übergegangen wird.

35 Abs. 4 lässt die Auswertung der getroffenen Feststellungen auch für andere Steuerarten zu. Das bedeutet nicht, dass dadurch eine allgemeine Betriebsprüfung durchgeführt wird. Die Nachschau ist auf die USt beschränkt. Die dabei gewonnenen Erkenntnisse dürfen lediglich für andere Steuerarten verwertet werden. Soweit die Feststellungen auch Dritte betreffen, können sie auch diesen gegenüber ausgewertet werden. Dies dürfte in der Praxis vor allem die Umsatzsteuer von Lieferanten etc. betreffen, aber auch die Einkommensteuer von Arbeitnehmern.

8. Selbstanzeige

36 Nach der **bis 31.12.2014 geltenden Rechtslage** war unklar, ob die **Selbstanzeige nach § 371 AO** mit Erscheinen des Finanzbeamten zur USt-Nachschau ausgeschlossen war. Die Rechtsprechung sieht in der Nachschau eine Prüfung i.S.d. § 371 Abs. 2 Nr. 1 a) AO a.F., sodass danach die Selbstanzeige mit Erscheinen des Finanzbeamten ausgeschlossen ist (s. dazu die Nachweise bei Leonard in Bunjes, § 27b UStG, Rz. 23; a.A. Leonard in Bunjes, a.a.O., da keine Prüfungsmaßnahme gegeben sei). Dies ist zweifelhaft, da die Nachschau keine Außenprüfung i.S.d. der §§ 193 ff. AO ist. Sie ist aber auch keine Prüfung im Sinne des § 371 AO, da sie einer solchen vorausgeht (s. Schauf in Kohlmann, Steuerstrafrecht, § 371 AO, Rz. 136).

Wurde nach Abs. 3 aufgrund eines schriftlichen Hinweises zu einer Außenprüfung übergegangen, ist die Selbstanzeige mit der Aushändigung des schriftlichen Hinweises ausgeschlossen.

Seit **01.01.2015** ist der Fall der USt-Nachschau nach § 371 Abs. 2 Nr. 1 e) UStG geregelt. Danach tritt die Sperrwirkung ein, wenn der Amtsträger der Finanzbehörde zur Nachschau erschienen ist und sich ausgewiesen hat. 37

Wird die Nachschau durchgeführt und werden dabei durch den Amtsträger strafrechtlich relevante Sachverhalte entdeckt, ist eine wirksame Selbstanzeige zudem nach § 371 Abs. 1 Nr. 2 AO ausgeschlossen. 38

9. Rechtsschutz

Die Nachschau als solche ist schlichtes Verwaltungshandeln. Wird der Betroffene aufgefordert das Betreten zu dulden, Aufzeichnungen oder Bücher vorzulegen oder einen Auskunft zu erteilen, ist darin ein rechtsmittelfähiger Verwaltungsakt zu sehen (s. Abschn. 27b.1 Abs. 8 UStAE). 39

Dagegen kann der Unternehmer bzw. Betroffene **Einspruch einlegen**. Mit Beendigung der USt-Nachschau wird der Einspruch (oder eine Anfechtungsklage) unzulässig. Die Rechtswidrigkeit kann dann nur noch mit der Fortsetzungsfeststellungsklage (s. § 100 Abs. 1 Satz 4 FGO) festgestellt werden, wenn deren Zulässigkeitsvoraussetzungen vorliegen. Hierfür muss ein berechtigtes Interesse bestehen, z.B. um Amtshaftungsansprüche geltend zu machen oder ein Verwertungsverbot zu erreichen. 40

Aufgrund einer rechtswidrigen Nachschau gewonnene Erkenntnisse und Beweismittel dürfen nicht verwertet werden. Sind diese bereits in einem Steuerbescheid berücksichtigt, muss der Bescheid angefochten werden, um das steuerliche Verwertungsverbot durchzusetzen (s. Abschn. 27b Abs. 10 Satz 5 UStAE). 41

10. Vollstreckung

Die im Rahmen einer USt-Nachschau ergehenden Verwaltungsakte können vollstreckt, d.h. mit den **Zwangsmitteln nach §§ 328 ff. AO** durchgesetzt werden. Strittig ist, ob ein gewaltsames Eindringen in die Räume des Unternehmers, der die Nachschau nicht duldet, im Wege des unmittelbaren Zwangs unter den Voraussetzungen des § 328 AO zulässig ist (s. dazu die Nachweise bei Leonard in Bunjes, § 27b UStG, Rn. 31). 42

In der Praxis dürfte die zwangsweise Durchführung einer Nachschau eher die Ausnahme sein, da im Fall der Weigerung des Betroffenen, die Nachschau zu gestatten, der Einsatz der Steuerfahndung mit ihren strafprozessualen Befugnissen angezeigt sein dürfte (s. Widmann, DB 2002, 166, 170). Zudem dürfte auch der Charakter der Nachschau, eine zeitnahe und kursorische Kontrolle zu ermöglichen, gegen die Anwendung von Zwangsmitteln im Einzelfall sprechen. 43

§ 28 UStG Zeitlich begrenzte Fassungen einzelner Gesetzesvorschriften

(1) weggefallen

(2) weggefallen

(3) weggefallen

(4) § 12 Abs. 2 Nr. 10 gilt bis zum 31. Dezember 2011 in folgender Fassung:

„10.

a) die Beförderung von Personen mit Schiffen,

b) die Beförderung von Personen im Schienenbahnverkehr, im Verkehr mit Oberleitungsomnibussen, im genehmigten Linienverkehr mit Kraftfahrzeugen, im Verkehr mit Taxen, mit Drahtseilbahnen und sonstigen mechanischen Aufstiegshilfen aller Art und die Beförderung im Fährverkehr

aa) innerhalb einer Gemeinde oder

bb) wenn die Beförderungsstrecke nicht mehr als 50 Kilometer beträgt."

Bearbeiter: Matthias Trinks

Inhaltsverzeichnis

1. Allgemeines

1 Die Norm ist eine **Sonderregelung** für Vorschriften, die zeitlich befristet gelten oder erst zu einem bestimmten Zeitpunkt in der Zukunft in Kraft treten sollen. Nach § 28 UStG kann eine Norm für den angegeben Zeitraum daher einen anderen Inhalt haben, als in der eigentlichen gesetzlichen Vorschrift bestimmt ist.

2 Belegt ist derzeit nur § 28 Abs. 4 UStG. Die anderen Absätze (1–3, 5–6) sind in der Vergangenheit weggefallen. Die Vorschriften entfielen jedoch nicht rückwirkend. Theoretisch können frühere Besteuerungszeiträume daher noch betroffen sein. Praktisch ist dies aber nahezu ausgeschlossen, da alle Absätze spätestens zum 01.01.1995 aufgehoben wurden.

2. Bedeutung des § 28 Abs. 4 Buchst. a UStG

3 Inhaltlich praxisrelevant ist § 28 Abs. 4 UStG. Vom 01.01.1984 bis 31.12.2011 war die **Personenbeförderung mit Schiffen** uneingeschränkt ermäßigt besteuert (davor steuerfrei). Die Regelung war seit jeher als bloße Übergangsregelung konzipiert, über die Jahre jedoch stetig verlängert worden. Die letzte Befristung bis zum 31.12.2011 durch das JStG 2008 lief aus. Insbesondere hatte der Bundesrechnungshof die Subventionierung der Schifffahrt mit deutlich über 200 Mio. € stark kritisiert. Europarechtliche Grundlage war Art. 393 Abs. 2 MwStSystRL.

4 Mit **Ablauf der Befristung** ist die Fortschreibung in § 28 Abs. 4 UStG letztlich überflüssig, da im Grunde zum 01.01.2012 eine normale Gesetzesänderung in Kraft trat. Damit dient § 28 UStG im Moment nur als Platzhalter. Die Regelung ist auf Umsätze, die nach dem 31.12.2011 ausgeführt werden nicht mehr anwendbar.

3. Abweichende Altregelung

5 Für Besteuerungszeiträume seit dem 01.01.2012 gilt die Steuerermäßigung für die Personenbeförderung mit Schiffen nicht mehr uneingeschränkt. Sie gilt nun – wie bei den anderen ermäßigten Beförderungen – nur noch im genehmigten Linienverkehr innerhalb einer Gemeinde oder bei Beförderungen bis maximal 50 Kilometer, s. § 12 Abs. 2 Nr. 10 UStG.

4. Inhaltliche Bestimmungen

In Bezug auf die Altregelung bedeutet dies, dass die allgemeinen Bestimmungen der Neuregelung Anwendung finden. Einzig die Entfernungsbeschränkung entfiel für die Altregelung, sodass auch weitere Fahren ermäßigt besteuert werden konnten. Bereits unter der Altregelung galten etwa die Bestimmungen zum **Schiffsbegriff** oder der Grundsatz, dass die Beförderung im Vordergrund stehen muss. Pauschalreisen mit Kabinenschiffen unterlagen daher auch vor 2012 der Regelbesteuerung (s. Urteil des BFH vom 01.08.1996, BStBl II 1997, 160). Bei **grenzüberschreitenden Beförderungen** (s. zu dem Begriff § 3b Rn. 8 f.) ist nach § 3b UStG überhaupt nur der inländische Teil der Beförderung in Deutschland steuerbar. 6

§ 29 UStG Umstellung langfristiger Verträge

(1) [1]Beruht die Leistung auf einem Vertrag, der nicht später als vier Kalendermonate vor dem Inkrafttreten dieses Gesetzes abgeschlossen worden ist, so kann, falls nach diesem Gesetz ein anderer Steuersatz anzuwenden ist, der Umsatz steuerpflichtig, steuerfrei oder nicht steuerbar wird, der eine Vertragsteil von dem anderen einen angemessenen Ausgleich der umsatzsteuerlichen Mehr- oder Minderbelastung verlangen. [2]Satz 1 gilt nicht, soweit die Parteien etwas anderes vereinbart haben. [3]Ist die Höhe der Mehr- oder Minderbelastung streitig, so ist § 287 Abs. 1 der Zivilprozessordnung entsprechend anzuwenden.

(2) Absatz 1 gilt sinngemäß bei einer Änderung dieses Gesetzes.

Bearbeiter: Matthias Trinks

Inhaltsverzeichnis

1. Bedeutung der Norm

1 Maßgeblich ist stets das geltende Umsatzsteuerrecht im Zeitpunkt der Leistungserbringung. Besonderheiten ergeben sich, wenn über eine Leistung vor einer **Steuersatzänderung** ein Vertrag einschließlich Preisvereinbarung geschlossen wurde, die Leistung aber erst nach der Steuersatzänderung ausgeführt wird. Das Gesetz sieht in § 29 Abs. 1 UStG für bestimmte Fallgruppen einen zivilrechtlichen **Ausgleichsanspruch für umsatzsteuerliche Mehr- und Minderbelastungen** vor, die sich **durch Gesetzesänderungen** ergeben. Abs. 2 der Norm gewährleistet die Anwendung dieser Grundsätze bei späteren Änderungen des Umsatzsteuergesetzes. Unionsrechtliche Grundlage ist Art. 95 MwStSystRL.

2 **Beispiel:** Unternehmer U bucht im August 2009 für den Sommer 2010 eine Hotelübernachtung für 119 € einschließlich 19 % Umsatzsteuer gegen Vorkasse.

Lösung: Da zum 01.01.2010 der Steuersatz für Hotelübernachtungen gesenkt wurde, beträgt der Preis nur noch 100 € + 7 € Umsatzsteuer. U kann sich den Unterschiedsbetrag i.H.v. 12 € vom Hotel erstatten lassen.

2. Voraussetzungen

3 Voraussetzung des zivilrechtlichen Ausgleichsanspruchs ist zunächst, dass der Vertrag mindestens **vier Monate** vor dem Inkrafttreten der Gesetzesänderung geschlossen wurde. Bei **Steuersenkungen** hat der Leistungsempfänger einen Ausgleichsanspruch, bei **Steuererhöhungen** der Leistende. Die Regelung gilt bei Gesetzänderungen betreffend die Steuerbarkeit, den Steuersatz oder eine Steuerbefreiung.

4 Der **Ausgleichsanspruch** kann **frei modifiziert** werden. Die Beteiligten können ihn – auch per AGB – erweitern, beschränken oder gänzlich ausschließen. Unzulässig sind lediglich AGB-Bestimmungen zulasten privater Endkunden. Die Regelung ist ferner nicht bei **Netto- oder Festpreis**vereinbarungen anwendbar. Insoweit ergibt sich der Ausschluss des Ausgleichsanspruchs aus der vertraglichen Vereinbarung. Ein ausdrücklicher Ausschluss ist nicht Voraussetzung. Werden keine Vereinbarungen zur Umsatzsteuer getroffen, gelten vereinbarte Preise als Bruttopreise, welche § 29 UStG unterfallen.

5 Beispielhaft genannt seien folgende **Umsatzsteuerklauseln**:

- „Alle vereinbarten Preise verstehen sich als Festpreise und schließen jegliche Nachforderungen aus." Es liegt ein Festpreis vor. § 29 UStG ist nicht anwendbar. Steueränderungen gehen zulasten des Leistungsempfängers.

- „Die vereinbarten Preise schließen die jeweils gesetzliche Umsatzsteuer ein.“
  Es liegen umsatzsteuerliche Festpreise vor. Zivilrechtlich kann dennoch eine Preisanpassung vorzunehmen sein, auch innerhalb der Viermonatsfrist (s. LG Wuppertal vom 11.01.2012, 8 S 54/11, UR 2012, 847).
- „Preise sind Nettopreise zzgl. der jeweils gültigen MwSt.“
  Es liegt eine Nettopreisvereinbarung vor. Die Bruttopreise passen sich ohne Anwendung von § 29 UStG an.

Wird lediglich eine Umsatzsteuerklausel für eine Steuererhöhung oder für eine Steuersenkung getroffen, gilt die jeweils andere Steueränderung als ungeregelt (s. OLG München vom 06.10.2011, 23 U 2140/11). § 29 UStG ist dann anwendbar. 6

3. Inhalt des Ausgleichanspruchs

Die **Höhe des Ausgleichsanspruchs** umfasst grundsätzlich stets den gesamten steuerlichen Änderungsbetrag (s. BGH vom 22.03.1972, VII ZR 3/71, NJW 1972, 874). In Zweifelsfällen entscheiden die ordentlichen Gerichte (s. Abschn. 29.1 Abs. 3 UStAE). Insofern stellt § 29 Abs. 1 Satz 3 UStG ausdrücklich klar, dass in streitigen Fällen § 287 Abs. 1 ZPO entsprechend anzuwenden ist. Danach entscheidet das Gericht über die Höhe der Mehr- oder Minderbelastung unter Würdigung aller Umstände nach freier Überzeugung. 7

Der Ausgleichsanspruch unterliegt der allgemeinen **Verjährungsfrist** nach §§ 194 ff. BGB (drei Jahre). Macht der Berechtigte von seinem Anspruch keinen Gebrauch, scheidet ein Billigkeitserlass aus (s. BFH vom 20.12.1973, V R 71/71, BStBl II 1974, 149). 8

4. Regelung des § 29 Abs. 2 UStG

Zum 01.01.1982 ist § 29 Abs. 2 UStG eingefügt worden. Dieser gewährleistet dass auch bei künftigen Steuersatzänderungen durch die sinngemäße Anwendung des § 29 Abs. 1 UStG die Grundsätze des § 29 UStG berücksichtigt werden müssen. 9

Stichwortverzeichnis

B

C

D

F

H

I

L

M

N

O

P

V